KULINARISCHES LEXIKON

Gesamtredaktion: Niklaus Strässle, Zürich

Fachredaktion und Beratung:
Friedrich-Wilhelm Ehlert, Küchenmeister – Fachautor, Luzern:
Das Kulinarische A bis Z, Die Küche, Geräte und Geschirr,
Das Zubereiten und Kochen;
Monika Cremer und Silvia Faller, Dipl. Oecotrophologinnen,
Idstein im Taunus: *Die Nährwerte*

2., durchgesehene Auflage, 1998
© 1997 Hallwag AG, Bern

Lektorat: Urs Aregger
Einbandgestaltung: Robert Buchmüller
Herstellung: Sabine Meier
Satzleitung: Hanspeter Guggisberg
Satz, Fotolithos und Druck: Hallwag AG, Bern
Bindung: Schumacher AG, Schmitten

ISBN 3-444-10499-5

Hallwag

CÉDRIC DUMONT

KULINARISCHES LEXIKON

KOCHKUNST
LEBENSMITTEL · LÄNDERKÜCHEN
NÄHRWERTE

*HALLWAG VERLAG
BERN UND STUTTGART*

INHALT

Zum Geleit   7

Einleitung   9

Das Kulinarische A bis Z   11

Die Küche, Geräte und Geschirr   573

Das Zubereiten und Kochen   613

Die Küchen der Welt   633

Die Nährwerte   831

Zeichen, Aussprache und besondere Buchstaben   863

Abkürzungen   865

Bildnachweis und Dank   869

ZUM GELEIT

Ein Jahrhundert und gleichzeitig ein Jahrtausend gehen zur Neige. Liegt es da nicht nahe, Bilanz zu ziehen, die Errungenschaften aus der Vergangenheit umfassend zu würdigen und auf diese Weise auch für Zukünftiges gewappnet zu sein? Im persönlichen Umfeld fällt dies dem einen leicht, dem anderen schwer. Wer aber fühlte sich in der Lage, eine solche Aufgabe für einen ganzen Wissens- und Erfahrungsbereich an die Hand zu nehmen, wie es Kochkunst und Ernährung sind? Im besten Fall wird sich ein ad hoc zusammengestelltes Kollektiv von Spezialisten diese Riesenarbeit auf die Schultern laden. Die unterschiedliche Textur und die persönlichen Kriterien der Bewertung sind dann aber unschwer zu erkennen, und so wird das Ergebnis sich als Flickenteppich, als «Stückwerk», darstellen.

Nichts von all dem bei diesem fünfteiligen Werk und seinem Autor, dem in der Gastronomie beschlagenen Musiker, Publizisten und Medienmann Cédric Dumont. Sein KULINARISCHES LEXIKON besticht durch die ganze Anlage, die Texte, die Bebilderung, die Gestaltung. Was Spannweite, Systematik und sprachliche Konzentration betrifft, so sucht es seinesgleichen. Ein knappes Jahrzehnt intensivster Auseinandersetzung mit der oft sinnenfrohen Materie kommt darin zum Ausdruck in Form einer gelungenen Mischung von dichter und sachlich zuverlässiger Information einerseits und persönlichen Gedanken und Werthaltungen andrerseits.

Und zudem ist der Verfasser dieses hervorragenden Nachschlagewerkes ein ebenso weltgereister wie auch belesener und naturverbundener Zeitgenosse. Als einer, der sich mit den Lebensgrundlagen auseinandergesetzt hat, zeigt er sich bereit, für die Anliegen der bedrohten Natur einzustehen und als Gourmet, als «Gastronomade», auch Verantwortung zu übernehmen.

Das Buch ist eine echte Perle in der Kette der bedeutenden gastronomischen Literatur. So kann es allen mit der Küche Verbundenen, an deren Terminologie, fachlichen Zusammenhängen und Schöpfungen Interessierten bestens empfohlen werden. Kulinarischen Fachpersonen wird es ebenso dienen wie allen Laien und insbesondere jenen, die auf dem Weg sind, sich ein fundiertes Wissen über alle Belange der Gastronomie anzueignen.

Cédric Dumonts KULINARISCHES LEXIKON ist aus dem Geiste verfaßt, der auch die Union der europäischen Spitzenköche, die EUROTOQUES, beseelt, in schriftlicher Form festgehalten in unserem Ehrenkodex oder auch im Manifest GOURMETS FOR NATURE. Möge dieses Werk seinen Beitrag leisten zur Förderung unverfälschter Naturprodukte und regionaler Erzeugnisse, damit ernährungs- und qualitätsbewußtes Kochen weiterhin und vielleicht sogar vermehrt möglich werden!

Ernst-Ulrich Schassberger
Präsident EUROTOQUES Deutschland,
Union der europäischen Spitzenköche

EINLEITUNG

Dies Buch schrieb ein vielgereister Musiker. Solche Affinität zur Gastronomie, die wir ganz wörtlich als «Lehre von der Pflege des Magens» verstehen wollen, mag nur auf den ersten Blick überraschen, denn die Tonkunst und die Kochkunst haben einiges gemeinsam, beide sind die Gabe, Zutaten, seien es Töne, seien es Nahrungsmittel, harmonisch und nach eigenen Gesetzen zusammenzufügen, wozu Talent, Handwerk und Fleiß gehören. Hinzu kam in meinem Fall die Erkenntnis, daß die Gastronomie eines Landes, eines Volkes oft ebensoviel über ihre Kultur aussagt wie die anderen geistigen und künstlerischen Leistungen, «die Zivilisationen erkennt man an der Güte ihrer Küche», meinte der kluge Beobachter Georges Duhamel lakonisch. Die tägliche, aber auch die nichtalltägliche Kost sind, von Korn und Kartoffeln bis zum Reis, vom Brot bis zu Pizza und Matze, vom Schlacht- bis zum Erntedankfest, ein Stück Ethnologie und Sozialkunde, das heimatliche Vertrautheit weckt wie grenzüberschreitende Neugier und Wissensdurst.

Da lag der Schritt nahe, die Summe meiner kulinarischen Erfahrungen zu ziehen. Das vorliegende Werk soll also erweisen, daß auch die Kochkunst und Ernährung ein Teil unserer Kultur sind. Dabei habe ich mich nicht gescheut, da oder dort eine eigene Meinung, ein persönliches Urteil einfließen zu lassen, die Gastronomie ist nun einmal eine Geschmackssache. Von jeher habe ich mich allerdings am billigen Sprichwort gestoßen, über Geschmack lasse sich nicht streiten: natürlich kann man das, und ganz besonders darüber, was guter und was schlechter Geschmack sei. Das trifft ganz wörtlich auf die Kulinarik zu, weshalb ich mich befleißigt habe, als Grundlage ein alles in allem möglichst unvoreingenommenes, unverfälschtes Bild zu entwerfen vom Stand der internationalen Gastronomie am Ende unseres Jahrhunderts, von ihren Bestandteilen und Zubereitungen, angefangen bei den ehr- und behaltenswürdigen Traditionen der Vergangenheit bis zum nivellierenden Fast-Food und, auch, zur Besinnung auf Natürlichkeit in unseren Tagen – «artgerecht» und «umweltschonend» sind nur zwei Anstöße.

Die Titel der einzelnen Kapitel sprechen für sich selbst: *Das kulinarische A bis Z* listet alphabetisch auf, was alles für die Gastronomie der Welt von Belang und Bedeutung ist, wobei das Hauptgewicht auf den deutschsprachigen Raum gelegt wurde, ohne deshalb selbst entfernte Gebiete zu vernachlässigen. Eigentliche Rezepte sind darin nicht enthalten, denn dafür gibt es heutzutage Kochbücher jede Menge; hingegen wurde die Zusammensetzung bestimmter Speisen hineingenommen, wenn sie für diese typisch und wesentlich ist. Manche Namen werden, wie das bei Nachschlagewerken üblich ist, ohne Erwähnung irgendwelcher Patente und Warenzeichen genannt, was also nicht heißt, daß sie deswegen frei sind.

Die Kapitel *Die Küche, Geräte und Geschirr* sowie *Das Zubereiten und Kochen* sollen darlegen, daß zum Kochen nicht nur gutes Werkzeug gehört, sondern auch Können, Sorgfalt und viel, viel Arbeit – erst dann wird der Kochlöffel zum Zauberstab.

Das Kapitel *Die Küchen der Welt* – von einer globalen «Weltküche» kann man zum Glück noch nicht reden – führt uns auf eine faszinierende Reise durch die Kulinarik vieler Länder. Nach einem kurzen Blick auf die landschaftlichen und historischen Gegebenheiten wird auf bemerkenswerte Nahrungsmittel und Speisen hingewiesen, die für die betreffende Gegend bestimmend sind. Ich bin mir bewußt, dabei aus Platzgründen manchmal recht summarisch und unvollständig vorgegangen zu sein, aber die Andeutungen sollen dazu anregen, auf eigene Faust beziehungsweise mit dem eigenen Magen Entdeckungsfahrten zu unternehmen, was bei der steigenden Zahl von fremden, exotischen Gaststätten heute ja auch zu Hause möglich ist.

Die Tabelle und die Erklärungen zu den *Nährwerten* schließlich lagen bei den Ernährungswissenschaftlerinnen («Oecotrophologinnen» heißen sie im Fachjargon) Monika Cremer und Silvia Faller in bewährten Händen.

Einen besonderen Dank schulde ich dem im wahren Sinne unermüdbaren Niklaus Strässle, der mir mit stilistischem Gespür und – auch das gehört dazu – schonungsloser Akribie bei der Abfassung des Manuskripts zur Seite stand, wie auch dem kochkundigen und erfahrenen Friedrich-Wilhelm Ehlert, der mir so manchen guten Rat gab.

Wie das bei Lexika unabänderlich ist, mußten wir vor der Drucklegung einen Redaktionsschluß festlegen. Mag sein, daß wir deswegen diese oder jene Information, Entwicklung nicht mehr berücksichtigen konnten – der aufmerksame Leser sei um Nachsicht gebeten.

Während der jahrelangen Arbeit an diesem Buch habe ich viel gelernt. Daß es Ihnen bei der Lektüre, beim Nachschlagen nicht anders ergehe, das wünscht sich

Ihr

Cédric Dumont

DAS KULINARISCHE A BIS Z

Aachener Leberwurst [Aachen, Stadt und Regierungsbezirk in Nordrhein-Westfalen] Kochstreichwurst aus mind. 10% Leber mit Schweine-, evtl. a. etwas Rindfleisch, Schweinemasken, Flomen und Speck

Aachener Printe Lebkuchenart, ↑ Printe

Aal schlangenförmiger Knochenfisch aus dem Süßwasser, der sich im Meer fortpflanzt (aus dem Fluß viermal fetter als aus dem Meer), wird a. gezüchtet; je nach Alter fingerlanger, durchsichtiger *Glasaal* (Larve nach etwa 4 Jahren, zum Braten, Fritieren, Sautieren), als *Gelb-, Grünaal* (7–10 Jahre) oder *Blankaal* (ab 10 Jahren); schleimige Haut, mit Ausnahme des Schwanzendes grätenloses, sehr fettes, etwas schwer verdauliches, aber wohlschmeckend zartes Fleisch; am besten 300–500 g schwer und nicht zu dick als *Spitzkopfaal* (fettärmer als *Breitkopfaal*) auf dem Weg zurück ins Meer, wird fangfrisch (und auf Wunsch enthäutet) als *Grüner Aal* angeboten, läßt sich jung ganz grillen, später in Stücken blau *(Aal blau)* oder im Kräutersud *(Aal grün)* kochen, a. sonst für alle Zubereitungen geeignet (Grillen ohne Öl), kann für Pasteten, Galantinen, Ragouts usw. und in Gelee *(Saurer Aal)* verarbeitet werden; bes. gut geräuchert als *Spickaal*; Achtung: rohes Aalblut ist giftig (alle Meeresküsten außer Westküste Amerikas und Südatlantik); ↑ a. Aal grün, Aalsuppe, Blankaal, Breitkopfaal, Gelbaal, Grünaal, Räucheraal, Satzaal, Spitzkopfaal

Aal | blau in Stücken blau gek. Aal, ↑ Aal
-bricke Bratfisch aus kl. Aalen ohne Kopf
– grün, anguille au vert Aalstücke mit geh. gedünsteten (Aal-)Kräutern, Gewürzen, Weißwein, Zitronensaft usw. in Sauce aus mit Fischsud, Eigelben, geh. Kräutern und Sahne gebundener heller Mehlschwitze, dazu Pellkartoffeln und Gurkensalat in Dill-Sahne-Sauce (Berlin, Belgien u. a.)
– in Gelee ↑ Aal, Saurer
-kräuter Mischung aus versch. Kräutern, darunter Basilikum, Bohnenkraut, Dill, Estragon, Kerbel, Majoran, Petersilie, Salbei, Schnittlauch, Selleriekraut, Thymian, Zitronenmelisse; zur ↑ Aalsuppe u. ä.
-suppe, (Hamburger) [hamburgisch: *aal'ns*, alles drin] urspr. Suppe mit allem, was zur Hand war, aber ohne Aal («Aalsuppe ohne»), heute kräftige, leicht süß-saure Suppe aus Aalstücken, Pökel-, Rindfleisch, Schinkenknochen, Gemüsen der Saison, Schwemmklößchen, Dörrpflaumen, Lorbeer, Zwiebeln und ↑ Aalkräutern, mit Salz, Pfeffer, Zucker und Weinessig abgeschmeckt («Aalsuppe mit»)
Saurer – dünner Aal in Gelee (Schleswig-Holstein)

Aalmutter Meerfisch mit aalähnlichen Jungen, feines Fleisch, wie Aal zubereitbar (Küstengewässer Europas bis Ostsee und Weißes Meer)

Aalquappe, Aalraute, -rutte, Quappe, Ruppe, Rutte, Trüsche der einzige Süßwasserdorsch aus klaren, kühlen Fließgewässern, aalförmiger Körper mit sehr magerem weißem, zartem und aromatischem Fleisch, eignet sich für alle Zubereitungen (auf der Haut gebraten, in Kräutersud oder Saucen), für Fischsuppen; die übergroße, zart aromatische Leber ist in Butter geb. oder gebr. eine Delikatesse (Europa, Rußland, Nordasien, Nordamerika)

Aalrauchmettwurst schnittfeste, mittelkörnige, fette und dunkel geräucherte Rohwurst aus Schweinefleisch

Aalraute, Aalrutte ↑ Aalquappe

aam ind.: Mango
– chur getrocknete, pulverisierte unreife Mangos, in Indien als Gewürz verwendet

Der Aal, ein «aalglatter», fetter Speisefisch

Das schillernde, ohrförmige Gehäuse des Abalone

Ääzensupp, Ätzesupp Suppe aus geschälten Erbsen mit Schweinefleisch, Mettwurst und Kartoffeln (Nordrhein-Westfalen)

Abalone, Meerohr, Ohrschnecke, Seeohr kl., immer seltenere Meeresschnecke, festes, sehr wohlschmeckendes Fleisch, muß vor der Zubereitung aber weichgeklopft werden, läßt sich backen, braten, dämpfen, dünsten, pochieren; a. in Konserven erhältlich (alle wärmeren Meere, insbes. Amerika, Japan)

abat(t)is frz.: Geflügelklein

abats [frz. *abattre,* schlachten] eßbarer Abgang, Innereien von geschlachtetem Vieh

abbacchio ital.: Milchlamm, 4–8 Wo. alt

Aberdeen [Grafschaft in Ostschottland] Mastrind-Rasse, ↑ Rind

Abgänge, Parüre(n) Abfälle, Haut, Sehnen, die beim Vorbereiten, Zuschneiden von Fleisch, Wild, Geflügel, Fisch, Pilzen usw. übrigbleiben, lassen sich für Fonds, Saucen u. ä. verwenden

abgedeckte Querrippe ↑ Rind/Fleischstücke

Abmagerungsdiät, Schlankheitskur diätetische Behandlung von Übergewicht durch weniger Aufnahme als Verbrauch von Energie, versch. Methoden, darunter:
  Atkins-Diät [Dr. Robert Atkins, amerik. Arzt] ausschließlich eiweiß- und fetthaltige Lebensmittel, keine Kohlenhydrate; einseitig, für Gicht- und Herzkranke nicht zu empfehlen
  Banting-Diät [Sir Frederick Banting, kanadischer Physiologe, Entdecker des Insulins, 1891–1941] 1 kg mageres Fleisch, 100 g Gemüse und Obst pro Tag, eingeschränkte Flüssigkeitszufuhr; schwierig durchzuhalten
  Brigitte-Diät [Frauenzeitschrift «Brigitte»] vollwertige, ausgewogene Kost mit 1000–1500 kcal, 4180–6270 kJ pro Tag; gute Wirkung
  Cooley-Diät Fleisch-, Eier-, Gemüsekost mit zusätzlich Magermilch, Obstsäften und etwas Brot, keine Mehlspeisen und kein Zucker; nur kurzfristig durchführbar
  Energiereduzierte Mischkost Energiezufuhr in mehreren kl. Mahlzeiten durch 15% Eiweiß, 30–35% Fett, 50–55% Kohlenhydrate bei 800–1500 kcal, 3340–6270 kJ pro Tag, kein Alkohol; schwer einzuhalten, aber wirksam
  Fasten 0 bis etwa 600 kcal, 2510 kJ pro Tag; sollte nur unter ärztlicher Aufsicht durchgeführt werden; ↑ a. Modifiziertes Fasten, Saftfasten
  Formuladiät genau definierte Nährstoffgemische mit Zusatz von Gemüse und Obst, unter 1000 kcal, 4180 kJ pro Tag; industriell flüssig oder als Pulver erhältlich; eintönig, aber wirksam
  Hollywood-Kur mageres Fleisch, Eier, Gemüse, Salat, Obst, etwas Toast; nur kurzfristig durchführbar, für Gichtkranke nicht zu empfehlen
  Mayo-Diät [hat nichts mit der berühmten amerik. Mayo-Klinik zu tun] eiweißreich mit vielen gek. Eiern, magerem Fleisch, Gemüse und Obst
  Modifiziertes Fasten Abbau von Fettgewebe bei Erhaltung des Körperproteins mit 1,5 g Eiweiß pro Kilogramm Körpergewicht, 300–400 kcal, 1250–1670 kJ pro Tag durch Eiweiß und Kohlenhydrate; unter ärztlicher Kontrolle lange durchführbar
  Nulldiät ohne jede Nahrungsenergie bei reichlicher Aufnahme von brennwertfreien Flüssigkeiten, bei längerer Dauer Zufuhr von Mineralstoffen, Spurenelementen und Vitaminpräparaten; sehr wirksam, sollte aber unter ärztlicher Kontrolle durchgeführt werden
  Punkt(e)diät Kohlenhydrate (Brot, Gemüse, Obst) stark eingeschränkt, Eiweiß, Fett, Alkohol unbeschränkt erlaubt; auf die Dauer gesundheitlich bedenklich
  Reisdiät vier Wo. lang 400–800 kcal, 1670–3340 kJ pro Tag mit Reis, wenig Fleisch und Gemüse; a. für Nierenkranke und bei hohem Blutdruck
  Saftfasten Mineralstoffe und Vitamine nur durch Gemüse-, Obstsäfte, Kräutertees und warme Gemüseabkochungen, 150–300 kcal, 630–1260 kJ pro Tag; bloß kurzfristig durchführbar
  Schroth-Kur [Johann Schroth, österr.-schlesischer Landwirt und Naturheilkundler, 1800–1856] abwechselnd Trockentage (altes Brot, Dörrobst, Wasserbreie usw.) und Trinktage (Wein, a. Suppen, Tee) zum Entschlacken, 300–1000 kcal, 1250–4180 kJ pro Tag, reich an Kohlenhydraten; kurz durchführbar, a. gegen Zivilisationskrankheiten
  Trennkost, (Haysche) [Howard Hay, amerik. Arzt, um 1900] naturbelassene, möglichst rohe Vollwertkost bei zeitlich getrennter Aufnahme der Nährstoffe Eiweiß

(Fisch, Eier, Quark u. ä.) und Kohlenhydrate (Brot, Hülsenfrüchte, Kartoffeln, Reis, Teigwaren u. ä.); erste Forderung gesundheitlich empfehlenswert, zweite wissenschaftlich fragwürdig (zu wenig Milch- und Vollkornprodukte)

Weight-Watchers-Diät [engl.: Gewicht-Aufpasser] angereicherte Mischkost mit viel Eiweiß und wenig Fett, etwa 1200 kcal, 5020 kJ pro Tag

abricot frz.: Aprikose

Absinth Würzpflanze, ↑ Wermut

aburá jap.: Fett, Öl

Acajounuß trop. Nuß, ↑ Cashewnuß

acarajé kl. Kloß aus geschälten, pürierten Bohnen, Garnelen und Zwiebeln, in Öl schwimmend knusprig braun gebacken (Brasilien)

accompagnement [frz.: Begleitung, ausgespr. *akōpanjmā*] Beilage

aceite span.: Öl

aceituna span.: Olive

Acerola, Ahorn-, Puerto-Rico-Kirsche, Westindische Kirsche [port. *acer*, Ahorn] ovale oder runde, orangene bis rote, kirschenähnliche Steinfrucht, sehr hoher Vitamin-C-Gehalt, weich und saftig, aber sehr sauer, läßt sich nicht roh essen; Saft oder Pulpe werden jedoch für Marmelade, Speiseeis, Getränke und (a. als Pulver) zur Vitaminanreicherung von Lebensmitteln verwendet (Westindien, Mittel-, a. Südamerika)

Acesulfam künstlicher Süßstoff, 130–200mal süßer als Zucker, nicht hitzeempfindlich

aceto ital.: Essig
  – balsamico ↑ Essig/Balsamessig

achar(d) pikante Mischung von geh. Gemüsen und Früchten in gewürztem Essig (Indien)

Achatschnecke gr. Landschnecke, wird im Fernen Osten gezüchtet, ist aber nicht so delikat wie die Weinbergschnecke

achia, atchia junge Bambussprossen, mit scharfen Gewürzen in Essig eingemacht (Indien)

Achote Fettfarbstoff, ↑ Annatto

Achtfuß Meeresweichtier, ↑ Krake

acid, acide engl., frz.: sauer, scharf

Acidität Säuregehalt

Ackerbohne ↑ Bohne/Sorten

Ackersalat ↑ Salat/Feldsalat

acorda Suppe aus in knoblauchgewürzter Brühe eingeweichten Brotstücken mit Schweine- oder Geflügelfleisch, Meerestieren, Gewürzen, Kräutern usw., wird oft zu gegr. Sardinen gereicht (Portugal)

Ädäppelschlat, -schlot kölnisch: Kartoffelsalat

Adelinensalat in Essig und Öl eingelegte Schwarzwurzelstücke, mit leichter Mayonnaise gebunden, mit Gurken- und Tomatenscheiben garniert

Adermin Vitamin B_6, ↑ Vitamine

adiowan ind. Gewürz, ↑ ajwain

ADI-Wert [engl. *A*cceptable *D*aily *I*ntake] die höchste duldbare, für den menschlichen Körper unschädliche Tagesdosis einer Chemikalie oder eines Fremd-, Zusatzstoffs in Lebensmitteln

Adlerfarn, warabi wildwachsendes, a. kultiviertes Farngewächs, junge eingerollte Triebe erinnern als feines Frühlingsgemüse an Grünen Spargel; a. in Konserven erhältlich (China, Japan, Korea, angelsächsische Länder u. a.)

Adlerfisch Meerfisch mit ausgezeichnetem Fleisch (Ostatlantik, Nordsee, Mittelmeer, Schwarzes Meer)

Adlonsalat [Adlon, einst berühmtes Hotel Unter den Linden in Berlin] Streifen von gek. Knollensellerie, Roten Rüben, Kartoffeln und rohen Äpfeln mit Feldsalat in Essig-Öl-Sauce

Admirals-Art, (à l') amiral Garnitur aus geb. Austern, Miesmuscheln, Krebsschwänzen, Champignonköpfen, Trüffelscheiben usw., zu Meerfischen in sauce Nantua oder sauce normande; a. gebundene Fischkraftbrühe mit diesen Zutaten, a. Fischklößchen, Hummer, Pilzen, Reis

adobado span.: eingelegt, gepökelt; Pökelfleisch, Sauerbraten

adobo Schweineragout, in Essigwasser gekocht (Philippinen)

Affenbrotbäume in Madagaskar

Adrio, attriau Frikadelle, ↑ attriau

Adventskohl Niederrhein, Vorderpfalz: Kopfkohl, Wirsing, im Freien überwintert, Apr.–Mai geerntet

Adzukibohne   ↑ Bohne/Sorten

Aero-Schokolade, Luftporenschokolade Schaumschokolade mit kl. Luftblasen

Aettekees Brüsseler Käse, ↑ fromage de Bruxelles

Affenbrotfrucht, Baobab gurkenförmige Kapselfrucht mit süßsaurem Fleisch von kürbisähnlichem Geschmack mit vielen Kernen, dient als Nahrungsmittel, Öl, Getränk; junge Blätter a. als Gemüse (Afrika, Madagaskar, Australien)

affettato ital.: in Scheiben geschnitten; Aufschnitt

Afrikanische Art, (à l') africaine Garnitur aus in Öl oder Dampf ged. Gemüsen (Auberginen, Gurken, Tomaten, Zucchini, Pilzen) und Schloßkartoffeln mit versch. Gewürzen, zu gr. Hammelfleischstücken in brauner Tomatenkraftsauce

Agar-Agar, Ceylontang, Gelose, Japanische Gelatine, Pflanzengelatine pflanzliches Dickungsmittel aus braunen oder roten Meeresalgen mit hohem Mineralgehalt, geschmacksneutral und kalorienfrei, meist feingemahlen in Flocken-, Stangen- oder Streifenform angeboten; für Cremes, Gelees, Puddings, Saucen, kann a. die tierische ↑ Gelatine ersetzen; nicht zusammen mit Milch aufkochen, in Büchsen trocken aufbewahren (Ostasien)

agémono   jap.: Fritiertes, in Fett, Öl schwimmend Gebakkenes

Agenpflaume Halbtrockenpflaume aus Agen, frz. Stadt an der Garonne

aglio ital.: Knoblauch
- **e olio** frischer Knoblauch und heißes Olivenöl, zu Teigwaren

agneau frz.: Lamm(fleisch)

agnello ital.: Lamm(fleisch)

agnellotto, agnollotto vier- oder rechteckige Teigtasche mit Füllung aus geh. Fleisch, Geflügel, Wurst, Gemüse und Ricotta oder Käse (Piemont, a. Lombardei, Toskana, Italien)

Agnès Sorel [Geliebte König Karls VII. von Frankreich, um 1422–1450] Garnitur aus Geflügelschaumfarce mit gebr. Champignonscheiben und Pökelzungenstreifen, zu Kalbfleisch, weißem Geflügel, Omeletts in sauce allemande; a. Geflügelrahmsauce mit dieser Garnitur

agnollotto ital.: Teigtasche, ↑ agnellotto

Agrasel österr.: Stachelbeere

agresto ital.: saurer Saft aus unreifen Trauben, wird a. anstelle von Zitronensaft verwendet

Agrumen [ital. *agrumi*, von *agro*, sauer] Zitrusfrüchte

aguacate span.: Avocado

agurets russ.: Gurke

Ägyptische Art, (à l') égyptienne mit Auberginen und/ oder Tomaten sowie Reis

Ägyptische Zwiebel ↑ Zwiebel/Luftzwiebel

Ahlbeere ↑ Johannisbeere, Schwarze

Ahle Worscht «Alte Wurst», schnittfeste Rohwurst aus Rind- und Schweinefleisch, ausgetrocknet und durchgereift (Kassel)

Ahornkirsche trop. Steinfrucht, ↑ Acerola

Ahornsirup, Ahornsaft abgezapfter, eingedickter (engl.: *maple sirup*) oder kristallisierter (engl.: *maple sugar*) Saft des Zuckerahorns, apartes, karamelartiges Aroma, zu Beeren, Pfannkuchen (↑ pancake), Puddings, Speiseeis usw., als Brotaufstrich oder zum Süßen (v. a. Kanada und Vermont, USA)

Ährengetreide Gerste, Roggen, Weizen

Ähzesupp kölnisch: Erbsensuppe

Aida-Salat, salade Aïda [Aida, Titelgestalt der gleichnamigen Oper von Verdi, 1871] Scheiben von rohen Artischockenböden und geschälten Tomaten, Krauser Endivie, Streifen von grünen Paprikaschoten, hartgek. Eiweiß in Essig-Öl-Sauce mit Senf, darüber durchgesiebtes hartgek. Eigelb

aïgo saou, saû Fischsuppe mit Kartoffeln, Tomaten und Zwiebeln; die Brühe wird auf mit Olivenöl getränkten Brotscheiben serviert, Fische und Kartoffeln gesondert (Provence, Südfrankreich)

aiguillette, Bruststreifen [frz.: Schnürsenkel] schmaler Streifen Geflügel-, Federwildbrust, a. anderes Fleisch

ail frz.: Knoblauch
- **doux** junger, milder Knoblauch, a. als Gemüse verwendbar

aile frz.: Flügel

aileron frz.: Flügelspitze; Fischflosse

aïoli, ailloli [frz. *ail*, Knoblauch] würzige Mayonnaise aus geschälten Knoblauchzehen, Eigelb und Olivenöl, paßt zu allem, was in gesalzenem Wasser gegart wurde, zu Vorspeisen, kaltem Fleisch, pochiertem Fisch, Fischsuppen, Froschschenkeln, Schnecken, gek. Gemüse, hartgek. Eiern, Salaten usw. (Provence, Südfrankreich)

airelle noire frz.: Heidelbeere

airelle rouge frz.: Preiselbeere

Aitel Süßwasserfisch, ↑ Döbel

ajam indon.: Huhn

ajinomoto jap.: Gewürzsalz mit kl. Pfefferschoten usw.

ajitsuké jap.: gewürzt

ajo span.: Knoblauch, Knoblauchbrühe

ajvar würzig-saurer Brei aus Auberginen, Paprikaschoten mit Knoblauchsaft, Olivenöl, Zitronensaft und geh. Petersilie; Beilage zu Grillgerichten, Lammkoteletts, Würsten usw., auch Brotaufstrich; läßt sich im Kühlschrank aufbewahren (Südosteuropa, insbes. Kroatien, Serbien)

ajwain, adiowan thymianähnliches Gewürz, meist als getr. Samen erhältlich, für Gemüsegerichte (Hülsenfrüchte), Brot, Gebäck (Indien)

akaiwashi jap.: getr. (gesalzene, in Reiskleie eingelegte) Sardinen

Akazienhonig ↑ Honig/Sorten

Akee, Aki(pflaume) trop. quittenförmige Frucht mit gelbem, pfirsichähnlichem und mild nussigem Fleisch; wird gern (mit kräftigen Aromazutaten, Curry u. ä.) als Beilage zu Fleisch, Fisch oder in Eintöpfe gegeben; hält bei Zimmertemperatur 1–2 Wochen (Westafrika, Brasilien, Westindien, Karibik, Südflorida u. a.)

Alabaster-Ei bunt gefärbte, glänzende Schaumzuckerware

à la carte frz.: nach der Speisekarte

Aland Süßwasserfisch, ↑ Orfe

alaska čorba gehaltvolle Suppe aus Donaufischen, über geröstetem Weißbrot angerichtet (Serbien)

Alaskalachs ↑ Lachs

Albacore Meerfisch, ↑ Thunfisch, Weißer

Albedo die weißliche, schwammige Innenschicht der Schale von Zitrusfrüchten; ↑ a. Flavedo

Albeli kleinwüchsige Art der ↑ Felchen aus den Tiefen ost- und innerschweizerischer Seen, weißes, schmackhaftes, aber etwas trockenes Fleisch, wird am besten fritiert oder gebakken

Alberge kl. frühreifende Aprikose

Albertkeks Keks mit mind. 9,9 g praktisch wasserfreiem Fett auf 100 g Getreideerzeugnissen und/oder Stärken

Albertsauce ↑ Sauce/sauce Albert

Albi-Art, (à l') albigeoise [Albi, Stadt am Tarn in Südwestfrankreich] Garnitur aus gef. Tomaten und Kartoffelkroketten, zu Fleisch

Albionsuppe [Albion, alter Name für Britannien] Geflügelkraftbrühe mit Geflügelklößchen samt Gänseleber und Hahnenkämmen, grünen Spargelspitzen und Trüffelstreifen; leicht gebundene Fischkraftbrühe mit Hummerklößchen und Trüffelstreifen

Albock landsch. für Große Bodenrenke, ↑ Renke

albondiga, albondiguilla Kloß, Klößchen aus geh. Fleisch, Fisch mit Brot, Eiern, Kräutern, Gewürzen, geriebenem Käse usw., oft in Weißwein und/oder Tomatensauce geschmort (Spanien, Südamerika)

alboronia, boronia Gemüsesuppe aus Auberginen, Kürbis, Tomaten mit Reibebrot, Knoblauch, Kümmel, Paprika und Safran (Spanien)

Albufera, (à la d') Albuféra [Herzog von A., frz. Marschall, der nach dem Sieg über die Engländer bei der Lagune Albufera nahe Valencia 1808 von Napoleon geadelt wurde] Garnitur aus Risotto mit Gänseleber- und Trüffelwürfeln sowie mit Ragout aus Champignons, Hahnennierchen, Hühnerklößchen und Trüffeln gef. Blätterteigtorteletts, zu weißem Geflügel in sauce Albuféra

Albumin Eiweißstoff

alcachofa span.: Artischocke

al dente [ital. *dente*, Zahn] beißfest, außen nicht zu weich, innen gerade gar

alénois frz.: Gartenkresse

Alexander Lucas Birnensorte, ↑ Birne

Alexandra [Königin von Großbritannien und Irland, 1844–1925] Garnitur aus grünen Spargelspitzen und Trüffelscheiben zu Gerichten mit weißer Sauce oder aus Artischockenvierteln zu Gerichten mit brauner Sauce

alfajor span.: Gewürzkuchen; Leb-, Pfefferkuchen; mit Creme gef. Teigscheiben (Spanien, Südamerika)

Alfalfa Futterpflanze, ↑ Luzerne

Alfoncino, Beryx edler Tiefseefisch aus der Familie der Schleimköpfe, wird nach dem Tod tiefrot, wenig Gräten, festes weißes Fleisch, für alle Zubereitungen (Atlantik, Pazifik, insbes. Neuseeland bis Japan)

Alfons XIII. [König von Spanien, 1886–1941] Garnitur aus geb. Auberginenscheiben und Tomaten-Paprika-Sauce, zu in Butter gebr. Seezunge

al forno ital.: im Ofen gebacken, gebraten, überbacken

Alge, Meeralge, Meersalat, Seetang einfache, eßbare Meerpflanze, knackig, mild nach Meer und manchmal leicht süßlich schmeckend, reich an hochwertigen Mineralstoffen, Spurenelementen, Vitaminen und Ballaststoffen, wegen ihres hohen Jodgehalts gesundheitlicher Wert aber dennoch umstritten; läßt sich (blanchiert) als Gemüse, Salat, Würze für Suppen, Gebäck usw. verwenden; im Fernen

Osten Grundnahrungsmittel, getr. aus Japan († arame, hijiki, kombu, mekabu, nori, wakame), a. aus Nordwestfrankreich und Schottland importiert; † a. Agar-Agar, Alginat, Dulse, Glasschmalz

Algen-Amur Süßwasserfisch, † Karpfen/Silberkarpfen

Algerische Art, (à l') algérienne [Algerien, nordafrik. Republik, bis 1962 frz. Kolonie] Garnitur aus Süßkartoffelkroketten, a. Artischockenböden und mit Knoblauch in Olivenöl ged. Tomaten, dazu leichte Tomatensauce mit Paprikastreifen, zu Fleisch und Geflügel

Alginat aus Algen gewonnenes Dickungs- und Geliermittel (England, Frankreich, Norwegen, USA, Japan u. a.)

Alhambrasalat [Alhambra, prachtvolle islamische Schloßburg in Granada, span. Andalusien] Streifen Chicorée oder Kopfsalat und Würfel von gek. Artischockenböden, Knollensellerie sowie Rote Rüben in leichter Mayonnaise

al horno span.: im Ofen, in der Röhre gebacken, gebraten, überbacken

Alice-Salat Apfelkügelchen, rote Johannisbeeren, feingeschn. Mandeln in mit Zitronensaft gesäuerter Sahne, in ausgehöhlten mürben Äpfeln zwischen Kopfsalatherzen angerichtet

alioli span.: aïoli

allemande, (sauce) [frz.: deutsche Sauce] † Sauce/sauce allemande

Allgäuer Bergkäse [Allgäu, dt. Voralpengebiet mit Milchwirtschaft] vollfetter Hartkäse aus roher Kuhmilch mit kl. Löchern, geschmeidiger Teig, 45–62 % Fett i. Tr., herzhaft würzig bis süßlich pikant, je nach Alm und Alter milder oder kräftiger; † a. Bergkäse

Allgäuer Emmentaler im Allgäu hergestellter † Emmentaler

Alligatorbirne trop. Frucht, † Avocado

allspice [engl. *spice*, Gewürz] Piment

allumette [frz.: Streichholz] lange dünne Blätterteigstange, salzig oder süß; † a. Kartoffel/Streichholzkartoffeln

almásrétes ung.: Apfelstrudel

almeja span.: Miesmuschel

almendra span.: Mandel, Mandelkern

almoço port.: Mittagessen

almond engl.: Mandel

almuerzo span.: Mittagessen

alose frz.: Alse

alouette sans tête [frz.: Lerche ohne Kopf] Fleischroulade

aloyau frz.: ganzes Lendenstück, Roastbeef vom Rind mit Contrefilet und Filet

Alpenbrot Lebkuchen, † Magenbrot

Alp(en)käse † Bergkäse

Älplermakkaroni, Älplermagrone Eintopf aus schichtweise angerichteten Teigwaren (Hörnli, Makkaroni o. ä.) in feuerfester Form oder Pfanne mit oder ohne gek. Kartoffeln und gerösteten Zwiebelringen, a. Porree, Schinken usw., mit viel Butter, Milch oder Sahne und geriebenem Bergkäse überbacken (Innerschweiz)

al pomodoro ital.: mit Tomaten(sauce)

alsacienne, (à l') † Elsässer Art

Alse, Maifisch heringsähnlicher Wanderfisch aus Küstengewässern und Flüssen, vom Aussterben bedroht, wird deshalb a. gezüchtet; schmackhaftes Fleisch, weibl. fetter und größer; läßt sich backen, braten, grillen, Filets eignen sich für alle Zubereitungen (Küsten des Nordatlantiks)

al sugo ital.: in (Fleisch-)Sauce

altbacken Brot: 2–3 Tage alt, nicht mehr frisch, aber noch nicht ganz hart

Alte Art, (à l') ancienne Frikassee (aus Lamm, Huhn), Ragout (aus Kalb, Lamm, Truthahn) oder Schmorgericht (aus Kalbsbries, Rind, Poularde) mit Champignons und geh. Perlzwiebeln; † a. Hausfrauen-Art

Altländer Hochzeitssuppe [Altes Land, Flußmarsch am Westufer der Elbe] † Hochzeitssuppe, Altländer

Altmärkerbrot [Altmark, nördl. Teil des Bezirks Magdeburg] Roggenmischbrot, ein- oder zweiseitig angeschoben und gemehlt

Alttier ausgewachsenes weibl. Dam-, Rot-, Elchwild, nachdem es das erste Kalb gesetzt hat

Altweiberschmecken Würzkraut, ↑ Salbei

ālū ind.: Kartoffel

amande frz.: Mandel(kern)

amandine [frz. *amande*, Mandel] weiches Mandeltörtchen, oft mit Früchten, Mandelcreme gef. und mit Aprikosenglasur überzogen

Amarant(h) [griech. *amáranton*, nicht welkende Pflanze] trop. Getreidesorte, deren sehr kleine, mild nussige Samen (reich an Mineralstoffen, Eiweiß, Fett, Stärke und Ballaststoffen) sich (geröstet, gepoppt) ganz, in Flockenform oder wie andere Getreidekörner zum Brot- und Backwarenbakken, als Suppeneinlage für Vollwertgerichte, Müesli usw. verwenden lassen; Blätter können a. als kräftiges, spinatähnliches Gemüse zubereitet werden (Mittel-, Südamerika, USA, Ferner Osten)

Amarelle ↑ Kirsche/Sauerkirsche

amaretto [ital.: leicht bitter] Mandelmakrone, weich oder hart (urspr. Piemont, Norditalien, a. Tessin)

amatriciana, all', matriciana [Amatrice, Bergdorf in den ital. Abruzzen] würzige Zubereitung von Teigwaren mit grobgewürfelter Schweinebacke oder durchwachsenem Speck, Pfefferschötchen, Tomatenstücken, Zwiebelwürfeln und geriebenem Schafskäse

Amazonenmandel ↑ Paranuß

ambassadeur, ambassadrice ↑ Botschafter-Art

Ambrosia griech. Mythos: die Speise, der die Götter ihre ewige Jugend und Unsterblichkeit verdanken

amchoor, amchur, Mangopulver Gewürz aus unreifen, geschälten, an der Sonne getr. und pulverisierten Mangos, pikantes Aroma, süßsäuerlicher, leicht harziger Geschmack; wird anstelle von Zitronensaft oder zum Säuern von Chutneys, Curries, Gemüsen, Pickles u. ä. verwendet (Indien, Südostasien)

amêijoa port.: Miesmuschel

Ameisensäure stechend riechende pflanzliche oder tierische Flüssigkeit (Brennessel, Ameise usw.), wird hie und da für Obsterzeugnisse als Konservierungsmittel benutzt, ist gesundheitlich jedoch nicht unbedenklich; wird a. synthetisch hergestellt

américaine, (à l') ↑ Amerikanische Art, Amerikanischer Salat, Sauce/sauce américaine

American Dressing ↑ Salatsauce/Cremige Salatsaucen

Amerikaner feines halbkugeliges Gebäck aus Rührteig mit Backpulver, flache Seite oft mit Schokoladen- oder Zuckerglasur bestrichen

Amerikanische Art, (à l') américaine Hummer-, a. andere Meereskrebsstücke mit Schalotten, Tomaten, Würzkräutern in heißer Butter oder heißem Olivenöl sautiert, mit Cognac flambiert und mit Weißwein abgelöscht; Fisch mit Hummerschwanzscheiben und sauce américaine; Kraftbrühe mit Hummer- und Tomatenpüree, als Einlage Hummerschwanzwürfel; Eier, Grillfleisch, Geflügel mit Maiskroketten und Tomatenpüree

Amerikanische Moorbeere, Moosbeere ↑ cranberry

Amerikanischer Salat Scheiben von gek. Kartoffeln und geschälten Tomaten, Streifen von Staudensellerie in Essig-Öl-Sauce, darüber Scheiben von hartgek. Eiern und Zwiebelringe

Amerikanische Salatsauce ↑ Salatsauce/Klare Salatsauce

Amerikanische Sauce ↑ Sauce/sauce américaine

Aminosäure stickstoffhaltige Säure, Baustein der Eiweißstoffe, physiologisch unentbehrlich, geschmacksbeeinflussender und diätetisch wirksamer Zusatzstoff für Lebensmittel

Ammer ↑ Kirsche/Sauerkirsche

Ammerländer Mettwurst [Ammerland, Landkreis in Niedersachsen] grobe, geräucherte Rohwurst aus Rind- und Schweinefleisch

Ammerländer Schinken ↑ Schinken/Sorten

Amorelle ↑ Kirsche/Sauerkirsche

Amorkarpfen ↑ Karpfen/Amorkarpfen

amourette(s) frz.: Rückenmark von Lamm, Rind oder (am feinsten) Kalb, in Stücken für Vorgerichte, Pasteten, Ragouts, Salate usw.; in der Küchensprache a. Stierhoden

Amsoi Gemüsepflanze, ↑ Sareptasenf

Amur, (Weißer) ↑ Karpfen/Graskarpfen

Amurkarpfen ↑ Karpfen/Gras-, Marmor-, Silberkarpfen

amuse-bouche, amuse-gueule [frz.: Gaumenfreude] Appetithäppchen, Vor-Vorspeise, sollte nicht scharf oder stark gewürzt sein, sondern eher mild und pikant

amydolata ngriech.: Mandelkuchen

Ananas [Guadeloupe: *nana meant*, köstliche Frucht] aromatische, saftige Tropenfrucht mit verholztem Strunk im Innern und süßsäuerlichem Fleisch mit charakteristischem Aroma; wirkt abführend, entschlackend, harn-, schweißtreibend und verdauungsfördernd; bei leicht auszupfbaren Blättern genußreif, das frische Fleisch sollte duften und auf Fingerdruck leicht nachgeben, aber keine Druckstellen aufweisen; frisch das ganze Jahr erhältlich, am besten Sept.–Apr., in Dosen (in Scheiben, großen, kleinen Stücken als *Chunks, Titbits,* mehr oder weniger gezuckert, ohne Zucker, *im eigenen Saft*), als Fruchtsaft oder als Fruchtkonzentrat; eignet sich pur als durstlöschende Frucht, als exotische Beigabe für Vorspeisen, salzige oder süße (Obst-)Salate, pikante (fernöstliche, Curry-)Gerichte, paßt (gebr., gegr.) zu (Schweine-)Fleisch, Schinken, Geflügel, Fisch, läßt sich zu Konfitüre, Chutney einmachen, kandieren, aber frisch nicht gelieren, reift bei Raumtemperatur nach, hält sich im Plastikbeutel (Stücke besser als ganz) nicht unter 5 °C gekühlt 3–4 Tage, läßt sich in Scheiben oder Stücken im eigenen Saft bis 4 Mon., in Sirup bis 6 Mon. tieffrieren (urspr. Paraguay, heute a. Süd-, Zentralamerika, Westindien, Hawaii, Azoren, West-, Südafrika, Thailand u. a.)

Ananas bayer.: a. Erdbeere

Ananasguava exot. Frucht, ↑ Feijoa

Ananaskirsche exot. Frucht, ↑ Kapstachelbeere

Ananasmelone israel. Wassermelone, ↑ Melone

anatra ital.: Ente

Anatto, Achote trop. Farbstoff, ↑ Annatto

anchoa span.: Sardelle

anchoïade, anchoyade Sardellenpaste mit Knoblauch, Olivenöl, a. einem Schuß Essig usw.; zu kaltem Fleisch, gargezogenem Fisch, Gemüsen usw. (Provence, Südfrankreich)

anchois frz.: Sardelle; ↑ a. Sauce/sauce aux anchois

Anchose süßsäuerliche Fischhalbkonserve aus frischen, gefrorenen oder tiefgefrorenen Heringen, Sprotten und anderen Fischen, mild gesalzen und mit Kräutern, Gewürzen und Zucker in Aufguß oder Öl eingelegt; sehr kalt zu lagern; ↑ Anchovis, Appetitsild, Gabelbissen, (Kräuter-)Hering, Matjesfilet

anchova port.: Sardelle

Anchovis, Anschovis ganze, meist ausgenommene Sprotte (wird oft fälschlich als Sardelle ausgegeben), nach dem Fang ohne oder mit Kopf und Schwanz in Salzlake, Zucker und Würzsud pikant eingelegt, a. als streichfertige Tubenpaste erhältlich; ↑ a. Appetitsild

anchovy engl.: Sardelle

ancienne, (à l') ↑ Alte Art

Andalusische Art, (à l') andalouse [Andalusien, Landschaft in Südspanien] Garnitur aus fritierten Auberginenscheiben, gef. oder sautiertem Gemüsepaprika, gef. oder geschmolzenen Tomatenhälften und Reis (Pilaw, Risotto), a. Würstchen, Wurstscheiben, in gebundenem Bratensaft, zu gr. Fleischstücken, Seezungenfilets, in Kraftbrühen, Suppen usw., kalt a. als Salat; ↑ a. Sauce/sauce andalouse

andouille(tte) gewürzte Gekrösewurst aus kleingeschn. Darm- und anderen Stücken vom Schwein, a. Kuttelflecken

Ananas, die «Königin der Tropenfrüchte»

vom Kalb, groß meist kalt in Scheiben, klein meist warm, gegr. gegessen (Frankreich)

aneletti, anellini   ital.: kl. Teigringe aus Hartweizenmehl, gern als Auflauf zubereitet (Sizilien u. a.)

aneth   frz.: Dill

Aneurin   Vitamin B_1, ↑ Vitamine

Angelika, Brust-, Dreieinigkeitswurzel, Engelwurz, Gartenangelika   [lat. *angelicus*, was den Engeln zukommt] Würz- und Heilpflanze, wirkt appetitanregend, beruhigend, entspannend; Blätter, junge Stiele (frisch), Samen, Wurzeln (getr.) angenehm würzig-bittersüß; würzen Fischsuppen, Salate, Marmeladen, Früchte, Kompott usw.; grüne Stengel können wie Bleichsellerie zubereitet werden, kandiert oder in Sirup eingelegt als Dekoration für Süßspeisen, Gebäck, Naschwerk (ganz Europa)

Angelschellfisch   frischer Schellfisch, vor den britischen Inseln mit der Angel gefangen; ↑ aber a. Schellfisch

angels on horseback   [engl.: Engel zu Pferd] ausgelöste Austern, gepfeffert, mit hauchdünnen Scheiben Frühstücksspeck umwickelt und am Holzspießchen kurz in heißer Butter gebraten (England, USA)

angeschoben   Brot: im Backofen aus dicht nebeneinander liegenden Teilstücken geb., durchgehende Krume

anglais   [frz.: englisch] ↑ Fleisch, Garstufen

anglaise, (à l')   ↑ Englische Art

Angler(fisch)   Meerfisch, ↑ Seeteufel

Angostura   [erstmals 1824 vom dt. Arzt Dr. Siegert in der venezolanischen Stadt Angostura, heute Ciudad Bolívar, als Heilmittel hergestellt] Markenartikel, bitterer Extrakt aus Baumrinden, Kräutern und Gewürzen, hoher Alkoholgehalt; pikante Würze von Braten-, Salatsaucen, Eintöpfen, Fleisch-, Fischmarinaden, Gelees, Obstsalaten, Trockenobstkompott, Speiseeis, Getränken usw. (Trinidad, Westind. Insel)

anguilla   ital.: Aal

anguille   frz.: Aal

Angurie   Fruchtgemüse, ↑ Wassermelone

Angus, (Black)   Mastrind-Rasse, ↑ Rind
   Deutsch –   Mastrind-Rasse, ↑ Rind

Anis, Brotsamen, Runder Fenchel, Süßer Kümmel   getr. Spaltfrüchte einer Würz- und Heilpflanze, wirken appetitanregend, krampflösend, verdauungsfördernd; süßlich würziger Geschmack, ganz, zerquetscht oder pulverisiert erhältlich, verlieren gemahlen aber schnell ihren Geschmack, deshalb in kl. Mengen ungemahlen kaufen und erst bei Bedarf zerstoßen, bewahren dann ihr Aroma bis 1 Jahr; Würze für Fisch- und andere Suppen, Krusten-, Schaltiere, Dauerwürste, Möhren, Rotkohl, Kürbis, Tomaten, grüne und andere Salate, (Apfel-)Kompotte, Pflaumenmus, Obstsalate, süße Aufläufe, Puddings, Brot, Back-, Süßwaren, (Weihnachts-) Gebäck usw.; halten sich dunkel, kühl, trocken und gut verschlossen aufbewahrt ungemahlen länger (1–3 Jahre) als gemahlen (urspr. Levante, heute a. Mittelmeer, Rußland); ↑ a. Sternanis

Anisbrötchen, -brötli   rechteckiges Kleingebäck aus dem Model mit Anis- und Kirschgeschmack, muß an der Luft weich und zart werden, am besten nach 2–3 Wo. in der Blechdose (Ostschweiz); ↑ a. Anisplätzchen

Anischampignon, Schafchampignon   sehr guter, aber madenanfälliger Speisepilz mit Anis-, Mandelgeruch, eignet sich für viele Zubereitungen und läßt sich gut trocknen, sollte aber nicht zu oft und zu viel genossen werden; gute Zeit Juni–Okt.; ↑ a. Champignon

Anisplätzchen, schweizerd.: **Änischräbeli, -guetzli**   mit Anis gewürztes, rundes Biskuitgebäck, zart und weich, wird 2–3 Wo. nach dem Backen hart, behält aber bis 4 Wo. seinen Geschmack

Anke   mdal.: Große Schwebrenke, ↑ Renke

Anke(n)   schweizerd.: Butter

Ankeziger   ↑ Schabziger mit mind. 15% Butter (Ostschweiz)

Annakartoffeln   ↑ Kartoffel/Zubereitungen

Annatto, Achote, Anatto, Bixin, Orlean   gelbroter Fettfarbstoff aus den fleischigen Samenschalen des Orleanstrauchs, zum Färben von Lebensmitteln, für Butter jedoch nicht zugelassen (trop. Amerika, a. übrige Tropenländer)

anneau   frz.: Ring, Reif

Annettekartoffeln   ↑ Kartoffel/Zubereitung

Annettesalat   [frz. *Annette,* Ännchen] Miesmuscheln, Pellkartoffelscheiben und Würfelchen von Staudensellerie in leichter Mayonnaise

Annone [span. *anona*, Indianersprache der Antillen] süße, wohlschmeckende Frucht aus der Familie der trop. Flaschenbaumgewächse; ugs. a. für Cherimoya

Cherimoya, Chirimoya [Indianer Perus: kalter Samen] runde grüne Frucht mit weißem Fleisch, sehr aromatisch und süß, wird (mit Zitronen- oder Limettensaft beträufelt und ohne ungenießbare Kerne, eisgekühlt bes. erfrischend) roh ausgelöffelt, püriert oder zerdrückt, eignet sich a. für Cremespeisen, Obstsalate usw.; hält sich bei 12–14 °C 2–3 Wo., gehört nicht in den Kühlschrank (urspr. nördl. Anden, heute a. Süd-, Mittelamerika, Südkalifornien, Afrika, Indien u. a., imp. v. a. Sept.–Febr. aus Spanien, Nov.–Dez. aus Brasilien, Israel)

Netzannone, Ochsenherz rundliche rotbraune Frucht, saftig süßes, aber fades Fleisch, wird zerkleinert oder passiert mit Milch, Sahne für Cremes, Desserts, Puddinge u. ä. verwendet (trop. Südamerika, Antillen, Südflorida, Philippinen, Malaysia, Indien u. a.)

Schuppenannone, Rahm-, Zimt-, Zuckerapfel, Süßsack oval oder herzförmig, weiße bis bläuliche, samtige Haut, cremig süßes Fleisch mit vielen Kernen, köstlich erfrischender Geschmack, gute, aber rasch verderbliche Dessertfrucht (urspr. Bergländer Südamerikas, inzw. a. Westindien, Karibik, Südflorida, Indien u. a.)

Stachelannone, Guanábana, Sauersack längliche dunkelgrüne Frucht, erfrischend süßsäuerliches, zart aromatisches Fleisch, reich an Vit. B und C, für Cremes, Desserts, Gelees, Torten, Speiseeis, meist jedoch als Saft genossen (trop. Südamerika, Äquatorländer)

Anquito Kürbissorte, intensives Melonenaroma, meist leicht gewürzt roh gegessen (Argentinien)

Ansatz Vorteig, ↑ Teig/Sorten

Anschovis gesalzene Sprotte, ↑ Anchovis

Antiber Art, (à l') antiboise [Antibes, malerischer Hafen und Kurort an der frz. Riviera] mit Weißfischchen, zerstoßenem Knoblauch und geh. Petersilie geb. Eier; mit Tomaten- und Zucchettischichten gratinierte Rühreier; mit Sardellenfilets, Thunfischstückchen und mit Knoblauch zerriebenen Brotkrumen gegr. Tomaten; kalte gef. Tomaten

anticucho Grillspießchen von würzig marinierten Kalbsherz- und -leberstückchen in einer scharfen Sauce aus Chilis, Knoblauch, Zwiebeln, Öl und Zitronensaft; (Straßen-)Imbiß oder Vorspeise (Peru)

Antillen-Art, (à l') antillaise [Antillen, Inselbrücke zwischen Nord- und Südamerika] Garnitur aus Reis und mit geschmolzenen Tomaten, Gemüsen, a. Ananas oder Bananen, zu Fisch, Krustentieren, Geflügel; Süßspeise aus exot. Früchten mit Rum und/oder Vanille

antipasto, antipasti ital.: kaltes oder warmes Vorgericht, Vorspeisen in versch. Zusammensetzung

Antonkraut Würzkraut, ↑ Rosmarin

Antwerpener Art, (à l') anversoise [Antwerpen, belg. Stadt und Hafen] Garnitur aus jungen, in Butter oder Sahne ged. Hopfensprossen auf Artischockenböden, in Torteletts, zu Eiern, mit Salzkartoffeln zu Kalb-, Rindfleisch

à part [frz.: für sich] gesondert zubereitet, serviert, berechnet

Apfel die wichtigste und bei uns meistgegessene Kernfrucht, seit alters her verbreitet und deshalb a. in der Legende überliefert, von der Bibel bis zu Schneewittchen und Wilhelm Tell, auf unserem Kontinent allein über 30 Hauptsorten, die nach ihrer Verwendung in *Tafeläpfel*, *Wirtschafts-* oder *Kochäpfel* und *Mostäpfel* eingeteilt werden; reife Tafeläpfel müssen eine glatte, straffe Haut haben und duften; sie werden in Handelsklassen sortiert, die jedoch nur das Äußere (Größe, Form, Sorte, Aussehen) kennzeichnen, über Geschmack und Verwendungseigenschaften dagegen nichts aussagen; es ist deshalb durchaus angebracht, aus ökonomischen Gründen, v. a. zum Backen, Braten, Kochen, unscheinbare Exemplare zu wählen; im übrigen aufgepaßt: a. minderwertige Sorten werden manchmal mit irreführenden Gütesiegeln und falschen Qualitätsangaben angeboten; in jedem Fall bleiben Äpfel kalorienarm und sehr gesund, reich an Vitaminen (vorw. unter der Schale), Mineralstoffen (vorw. im Kerngehäuse), Fruchtsäuren, Pektinen und leicht resorbierbaren Kohlenhydraten; sie wirken verdauungsfördernd, mild abführend und darmregulierend, sollten jedoch von Diabetikern nicht gegessen werden.

Äpfel sind äußerst vielseitig verwendbar, zum Rohgenuß, zum Backen, (im Teig) Braten, Dünsten, Gratinieren, Kochen, Pochieren, für Salate, (Pfann-)Kuchen, kalte Suppen, Speiseeis, zu (Schweine-)Fleisch, Leber, Schinken, Geflügel, a. als Würze (Fleischgerichte, Rotkohl, Sauerkraut), Chutneys usw.; daneben werden sie getrocknet, in Stücken als Konserven, als Gelee, Kompott, Konfitüre, gek. Püree, Saft usw. angeboten.

Äpfel sollten in dunklen, luftigen, kühlen, aber frostfreien Räumen aufbewahrt werden; da sie heute jederzeit frisch und fachkundig gelagert erhältlich sind, lohnt es sich jedoch selten, sie länger als ein, zwei Wochen (im Kühlschrank) bei sich zu behalten; ganz zum Tiefkühlen ungeeignet, lassen sie sich für Kompott in Zuckersirup eingelegt, für Kuchen u. ä. in Wasser blanchiert bis 8 Mon. einfrieren (urspr. zwischen Schwarzem und Kaspischem Meer, heute weltweit, Aug. bis mind. Mai aus einheimischer Produktion, daneben aus Italien, Frankreich, Argentinien, Chile, USA, Südafrika, Australien, Neuseeland u. a.)

EINIGE APFELSORTEN

Name	Herkunft, Verbreitung	Genußreife	Eigenschaften, Haltbarkeit
Alkmene	1930er Jahre Frankfurt/Oder	Sept.–Okt.	knackig fest und saftig; süßfruchtig, erfrischend säuerlich und aromatisch; Tafel-, Back-, Brat-, Koch-, Salatapfel, a. für Apfelkuchen; hält sich kühl gelagert bis Mitte Dez.
Berlepsch **Baron de Berlepsch** **Goldrenette** **Freiherr von Berlepsch**	um 1800 Grevenbroich, Niederrhein Rheinland, Süddeutschland, Schweiz u. a.	Mitte Sept.–Dez.	knackig frisch und sehr saftig; feinwürzig säuerlich, aromatisch und harmonisch, der «Riesling» unter den Äpfeln, behält lange seinen Geschmack; Tafel-, Back-, Brat-, Koch-, Salatapfel, a. für Kompott, Apfelmus, Apfelkuchen; hält sich kühl gelagert 12–20 Wo., im CA-Lager bis Mai
Berner Rose **Berner Rosenapfel** **Rose de Berne**	1868/88 Oppligen, Bern, Schweiz Schweiz, Südwest-, Mitteldeutschland	Ende Sept.–Nov.	fein und saftig, zu groß mehlig; erfrischend säuerlich würzig; Tafel-, Back-, Brat-, Kochapfel; hält sich kühl gelagert bis Ende Dez.
Bosko(o)p, **(Schöner von, aus)** **Renette von Montfort**	1856 Boskoop bei Gouda, Holland Holland, Belgien, Deutschland (Bodensee, Niederelbe, Rheinland u. a.), Österreich, Schweiz, Dänemark, Ile-de-France	Okt.–Mitte Jan.	fest und saftig, später mürbe, reich an Vit. C; kräftig herb-säuerlich und fruchtig, erfrischend würzig; sehr guter Tafel-, Back-, Brat-, Dünst-, Koch-, Salatapfel, a. für Apfelkuchen, Apfelmus; hält sich kühl gelagert 12–20 Wo., im CA-Lager bis Mitte Mai
Cox Orange **Cox's Orange Pippin**	um 1825 Colnbrook Lawn, Buckinghamshire, England West-, Mittel-, Nordeuropa, Neuseeland	Okt.–Mitte Nov.	fest, frisch und saftig, später angenehm mürbe; süßweinig und würzig mit feiner, aromatischer Säure; sehr guter Tafel-, Back-, Brat-, Dünst-, Koch-, Salatapfel, a. für Apfelmus; hält sich kühl gelagert 6–12 Wo., im CA-Lager bis Febr.
Elstar	1955 Elst, Wageningen, Holland (Sortenschutz) Holland, Belgien, Deutschland (Bodensee, Rheinland), Südtirol, Schweiz	Ende Sept.–Mitte Dez.	angenehm knackig und saftig; erfrischend feinsäuerlich und aromatisch; Tafel-, Back-, Koch-, Salatapfel, a. für Apfelmus, hält sich kühl gelagert 8–12 Wo., im CA-Lager bis Mitte März
Glockenapfel	vor 1865 Altes Land, Niederelbe, Deutschland Deutschland (Bodensee, Niederelbe), Schweiz	Febr.–Mitte März	fest und wenig saftig; herbsäuerlich und erfrischend säuerlich; Tafel-, Back-, Brat-, Koch-, Salatapfel, a. für Apfelmus; hält sich kühl gelagert bis Ende Mai, im CA-Lager bis Mitte Juli
Gloster	1969 Jork, Altes Land, Niederelbe, Deutschland Deutschland (Bodensee, Niederelbe, Rheinland u. a.), Steiermark, Schweiz, Holland, Belgien, Frankreich, Italien (Südtirol, Trient)	Nov.–Mitte Dez.	saftig; feinfruchtig mild und aromatisch; Tafel-, Back-, Brat-, Dünst-, Koch-, Salatapfel, a. für Apfelmus; hält sich kühl gelagert 8–16 Wo., im CA-Lager bis Mitte Mai

APFELSORTEN

Name	Herkunft, Verbreitung	Genußreife	Eigenschaften, Haltbarkeit
Golden Delicious Gelber Köstlicher	um 1890 Clay County, West Virginia, USA USA, Deutschland (Bodensee, Niederelbe, Rheinland u. a.), Steiermark, Schweiz, Holland, Belgien, Frankreich, Italien, Spanien, Dänemark u. a., a. Südafrika	Okt.–Jan.	knackig fest bis schwach mürbe, saftig; duftend süßlich-wäßrig und säurearm, gern etwas fade; Tafel-, Back-, Koch-, Salatapfel, a. für Apfelmus; hält sich kühl gelagert 12–22 Wo., im CA-Lager bis Ende Juni
Goldparmäne Goldrenette Reine des Reinettes	16. Jh. Normandie (?), Frankreich, dann England Deutschland (Bodensee, Niederelbe, Rheinland, Südwesten), Schweiz, Frankreich	Okt.–Mitte Nov.	knackig fest und saftig, später weich, aber nicht trocken; edle, fruchtige Säure, nussiges Aroma; Tafel-, Back-, Brat-, Dünst-, Koch-, Most-, Salatapfel, a. für Apfelkuchen; hält sich (nicht zu) kühl gelagert 6–10 Wo.
Granny Smith	1868 Eastwood bei Sidney, Australien Australien, Neuseeland, Südafrika, Frankreich, Italien, Schweiz, Argentinien, Chile	Dez.–Jan.	fest und sehr saftig; feinsäuerlich mit schwachem Aroma; ausgesprochener Tafelapfel, aber a. für Gelees, Konfitüren, Chutneys u. ä.; hält sich kühl gelagert 16–22 Wo., im CA-Lager bis Juli
Gravensteiner Calville de Gravenstein Ernteapfel Sonnenkönig	1669 Apenrade, Jütland, Dänemark Dänemark, Norwegen, Schweden, Deutschland (Bodensee, Niederelbe), Österreich, Schweiz, Italien	Ende Aug.– Ende Sept.	locker und sehr saftig, später mürbe; betonter Apfelduft; erfrischend süß-säuerlich; sehr guter Tafelapfel, aber a. für alle Zubereitungen, Apfelkuchen, Apfelmus, für Apfelbranntwein; hält sich kühl gelagert 4–8 Wo.
Holsteiner Cox	um 1920 Eutin, Schleswig-Holstein	Sept.–Okt.	sehr saftig und fest, später mürbe; feinsäuerlich, wenig Aroma, erfrischend würzig; Tafel-, Back-, Brat-, Dünst-, Koch-, Salatapfel; hält sich kühl gelagert 8–14 Wo., im CA-Lager bis Mitte März
Idared	1935 Moscow, Idaho, USA USA, Frankreich, Italien, Steiermark, Schweiz, Belgien	Okt.–Febr.	fest und sehr saftig; mildsäuerlich, wenig Aroma; Tafel-, Back-, Brat-, Dünst-, Salatapfel, a. für Apfelkuchen, Apfelmus und für Diabetiker geeignet; hält sich kühl gelagert bis Ende März, im CA-Lager bis Ende Mai
Iduna	1971 Wädenswil, Zürich, Schweiz Schweiz u. a.	Mitte Okt.– Mitte März	knackig, mildsäuerlich und erfrischend; Tafel-, Back-, Kochapfel; hält sich kühl gelagert bis Mai, im CA-Lager bis Juli
Ingrid Marie	um 1910 Fünen, Dänemark Nordeuropa, Schweiz	Sept.–Jan.	saftig, später mehlig weich; erfrischend säuerlich, wenig Aroma; sehr guter Tafel-, Back-, Koch-, Salatapfel, a. für Apfelkuchen; hält sich kühl gelagert 8–12 Wo., im CA-Lager bis März
Jamba	1954 Jork, Altes Land, Niederelbe, Deutschland Deutschland, Schweiz	Mitte Aug.– Mitte Sept.	sehr saftig und knackig, später locker bis weich; erfrischend säuerlich, fruchtig und aromatisch; guter Tafel-, Back-, Bratapfel, a. für Apfelkuchen, Apfelmus; hält sich kühl gelagert bis Ende Okt.

APFELSORTEN

Name	Herkunft, Verbreitung	Genußreife	Eigenschaften, Haltbarkeit
James Grieve	1880 Edinburgh, Schottland Europa, u. a. Holland, Belgien, Deutschland (Bodensee, Niederelbe, Rheinland), Steiermark, Schweiz, Skandinavien	Mitte Aug.–Sept.	saftig und weich, später locker und mürbe; erfrischend feinsäuerlich und würzig, Tafel-, Brat-, Dünst-, Koch-, Salatapfel, a. für Apfelmus; hält sich kühl gelagert 4–6 Wo., im CA-Lager bis Juni
Jonagold	1943 Geneva, New York, USA West-, Mitteleuropa, u. a. Holland, Belgien, Deutschland (Bodensee, Rheinland), Steiermark, Schweiz, Südtirol, Frankreich	Ende Okt.–Mitte Dez.	saftig und locker, später weich und mürbe; harmonisch süßsäuerlich, ausgewogen aromatisch; Tafel-, Back-, Dünst-, Koch-, Salatapfel, a. für Apfelmus; hält sich kühl gelagert 10–16 Wo., im CA-Lager bis Mitte Juni
Jonathan	1826 Kingston, New York, USA USA, Europa, u. a. Südtirol, Deutschland (Bodensee, Niederelbe), Steiermark, Ost-, Zentralschweiz, Osteuropa, Moldaurepublik	Okt.–Dez.	ziemlich saftig, aber nicht knackig; angenehm säuerlich, wenig Aroma, sehr guter Tafel-, Koch-, Salatapfel, a. für Apfelmus; hält sich kühl gelagert 10–20 Wo., im CA-Lager bis Ende Mai
Klarapfel Transparent	Mitte 19. Jh. Riga, Lettland Europa, u. a. Deutschland (Bodensee, Niederelbe), Steiermark, Schweiz	ab Baum Mitte Juli–Aug.	saftig, locker und mürbe, rasch mehlig; erfrischend säuerlich, vollreif milder Tafelapfel zum sofortigen Verzehr, zum Kochen nicht geeignet; nur einige Tage haltbar, hält sich kühl gelagert 2 Wo.
Maigold	1944/64 Wädenswil, Zürich, Schweiz Schweiz u. a.	Febr.–März	knackig fest und saftig; feinfruchtig und leicht säuerlich, birnenähnlicher Geschmack; Tafel-, Back-, Kochapfel; hält sich kühl gelagert bis Ende Mai, im CA-Lager bis Mitte Juli
Marina	1970 Wädenswil, Zürich, Schweiz Schweiz u. a.	Mitte Okt.–Jan.	harmonisch saftig und aromatisch; hält sich kühl gelagert bis Ende März, im CA-Lager bis Ende Mai
Melrose	1930er Jahre Wooster, Ohio, USA USA, Mitteleuropa, u. a. Frankreich, Südwestdeutschland	Mitte Okt.–Nov.	saftig fest, später weich, aromatisch süßfruchtig; Tafel-, Kochapfel; hält sich kühl gelagert bis Febr., im CA-Lager bis Juni
Red Delicious Starking	um 1870 Iowa, USA USA, Südeuropa, Argentinien, Neuseeland	Nov.–Dez.	knackig fest und sehr saftig; süßlich, aber fade; Tafelapfel, jedoch a. für alle Zubereitungen geeignet; hält sich kühl gelagert bis Mitte Febr., desgleichen im CA-Lager
Rubinette Rafzubin	1966 Rafz, Zürich, Schweiz (Sortenschutz) Schweiz, a. übriges Europa, USA, Südafrika, Australien, Neuseeland	ab Baum Ende Sept.–Dez.	knackig saftig; intensiv fruchtig aromatisch; Tafelapfel, jedoch a. für alle Zubereitungen geeignet; hält sich kühl gelagert bis Ende Febr.
Sauergrauech Grauech	19. Jh. Bern, Schweiz Schweiz	Ende Sept.–Dez.	sehr saftig, kräftig säuerlich und höchst aromatisch, v. a. Most-, aber a. Tafel-, Kompottapfel, für Mus und Saucen; hält sich kühl gelagert bis Ende Jan.

Apfelernte auf moderne Art

Apfel|**beignet** ↑ Apfelküchlein
 --Birnen-Kraut ↑ Apfelkraut mit Birnen
 -butter frische Butter mit Apfelstücken, Apfelwein, Gewürznelken und Zimt
 -chüechli schweizerd.: Apfelküchlein
 -dicksaft Süßmittel aus erhitztem, eingedicktem Apfelsaft
 -essig ↑ Essig/Fruchtessig
 -flocken ↑ Trockenapfel
 – im Schlafrock geschälter, ausgestochener Apfel mit Füllung aus Marzipanrohmasse, Rum und in Rum eingeweichten Korinthen, Rosinen, in Mürbe- oder Blätterteig gebacken
 -kompott nicht passierte Apfelstücke mit Zucker
 -kranz ged., mit Rosinen und Rum aromatisierte Äpfel in zarter Blätterteighülle
 -krapfen ↑ Apfelküchlein
 -kraut ohne Zucker stark eingedampfter, dicker brauner Saft von frischen, ungeschälten Äpfeln, fein säuerlich, als Brotaufstrich, für Kartoffelpuffer (Rheinland); a. Rotkohl mit Apfelstücken oder -püree (Bayern)
 -kren geraspelte Äpfel mit geriebenem Meerrettich, a. mit etwas Sahne gebunden und mit Salz, Zucker, Essig, Weißwein, Zitronensaft o. ä. abgeschmeckt; zu gek. Rindfleisch (Österreich)
 -küchlein, -beignet, -krapfen, -kücherl, -spalten quergeschnittene Apfelringe oder -scheiben, in Ausbackteig gewendet und schwimmend in heißem Öl knusprig goldbraun gebacken; noch warm mit Zimt und Zucker bestreut und sofort serviert; viele reg. Varianten (Deutschland, Österreich, Schweiz u. a.)
 -mark dicker, nicht entsafteter Brei aus gek., passierten reifen, sauren Äpfeln mit oder ohne Zucker; in Dosen oder Fässern erhältlich
 -mus reife, geschälte und ausgestochene Äpfel, in wenig Wasser oder Apfelsaft gekocht und passiert, mehr oder weniger gesüßt; läßt sich bis 12 Mon. sehr gut einfrieren, a. sonst heiß in fest verschließbare Gläser eingefüllt bis 6 Mon. aufbewahren
 -pulver pulverisierte Apfelringe
 -püree Brei aus roh geriebenen Apfelstücken
 -ringe, Ringäpfel Trockenobst, an der Luft oder im Backofen getr. Scheiben geschälter, ausgestochener Äpfel
 -rösti Kartoffelpuffer mit geriebenem Apfel
 -sauce ↑ apple sauce
 -schnitten Stücke von geschälten, ausgestochenen Äpfeln (ohne Zuckerzusatz: Dunstapfelschnitten)
 -strudel blättrig geschnittene Äpfel mit Butter, Semmelbröseln, Zimt, Zucker, Rosinen und Schuß Rum in dünnem Strudelteig, werden warm, a. kalt gezuckert und

meist mit Vanillesauce serviert (urspr. Böhmen, Österreich)
–, Alt-Wiener Apfelstrudel mit saurer Sahne
-tasche feines Gebäck aus Plunder- oder Blätterteig mit Apfelfüllung, glasiert und mit Staubzucker bestreut
-würfel ↑ Trockenapfel

Apfelbanane ↑ Banane/Sorten

Apfelsine [altholl. *appelsina,* Apfel aus China] ↑ Orange

Apfeltäubling Speisepilz, mild süßlich, aber madenanfällig, nicht roh eßbar, gute Zeit Juni–Sept.

à point [frz.: auf den Punkt] gerade richtig gegart; ↑ a. Fleisch/Garstufen

Apoldscher Herrgott [Apolda, Stadt im Bezirk Erfurt] mit Kartoffeln und Birnen in Kümmelbrühe geschm. Schweinebauch (Thüringen)

Apostelkuchen ↑ Brioche

appareil [frz.: Apparat] zur Zurichtung einer Speise benötigte Gerätschaften

Appenzeller (Käse) [zwei schweiz. Halbkantone im Vorland der Alpen] halbharter Schnittkäse aus roher Kuhmilch, ziemlich fester, plastisch speckiger Teig mit haselnußgroßen Löchern, vollfett mind. 50% Fett i. Tr., kräftig würzig, viertelfett (Räßkäse, Säntis) 20% Fett i. Tr., herber und schärfer; gute Zeit Sommer, Herbst, Winter (Appenzell, St. Gallen, Thurgau)

Appetithäppchen, -schnittchen ↑ amuse-bouche, Canapé

Appetitsild ausgenommene, geteilte, enthäutete und entgrätete Anchovis aus dem Würzsud; dän.: filetierter Gewürz-, Kräuterhering

appetizer engl.: appetitanregende, pikante Vorspeise

apple engl.: Apfel
 – pie Schüsselpastete aus Blätter- oder Mürbeteig mit Füllung von dünnen Apfelscheiben, Muskatnuß, Piment, Zucker, Zimt und Zitronensaft, warm oder kalt mit Vanilleeis, -sauce, ↑ custard, oder süßer Sahne gegessen (USA, England)
 – sauce dünnes, sehr schwach gesüßtes, leicht mit Zimt, nach Belieben a. Butter und Salz gewürztes Apfelmus; warm zu Schweinebraten, gebr. Ente, Gans u. ä. (England, a. Schweden)

Aprikose, Marille [lat. *praecox,* frühreif] aparte, aufbauende, nahrhafte Steinfrucht, der «armenische Apfel» des Plinius, zart süßsäuerliches Fleisch, unreif hart und herb, reif weich und saftig, aber transportempfindlich, überreif matschig und mehlig; wirkt blutbildend, magenberuhigend, verdauungsfördernd.
Die Aprikose sollte eine samtige, straffe Haut ohne Grünstich haben und auf leichten Fingerdruck nachgeben; läßt sich (nur reif vom Baum, denn sie reift nach der Ernte nicht nach) roh essen, backen, dünsten, kochen, schmoren, trocknen, in Gläsern (mit Zuckerlösung, Alkohol usw.) einmachen; eignet sich mehr oder weniger gezuckert als Beilage, Gelee, Kompott, Konfitüre (a. zum Überziehen von Backwaren), rohes oder gek. Püree, für Salate, Saucen, Cremes, Desserts, Sorbets, Kuchen, Torten, Speiseeis usw., wird a. als Konserve oder Trockenobst (ebenfalls zum Kochen und Schmoren) angeboten.
Gute Zeit einh. Juni–Aug.; die Aprikose läßt sich sehr gut mit Stein ohne Zucker bis 6 Mon., halbiert ohne Zucker bis 8 Mon. einfrieren (urspr. China, heute a. einh. aus Weinbaugebieten Deutschlands, Österreichs, der Schweiz und imp. aus Mittelmeerländern, Mittelosteuropa, Israel, Nord-, Südafrika, Asien, Kalifornien u. a.)

Aprikose, Japanische exot. Frucht, ↑ Kaki

Aprikosen|glasur, Aprikotur Glasur aus Aprikosenmarmelade, Wasser, Zucker und Zitronensaft; als Isolierschicht in Gebäck, als Glasur oder Dekoration

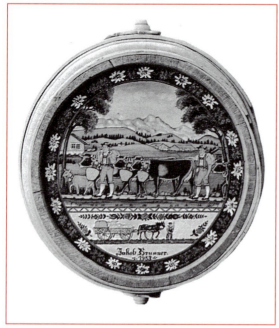

Appenzeller Bauernmalerei auf dem Boden eines Melkeimers

-kern der in einem harten Kern eingeschlossene Samen der Aprikose, ähnelt in Geruch und Geschmack der Mandel und wird wie diese verwendet

Aprikotur ↑ Aprikosenglasur

Aquakultur die intensive Aufzucht von Wassertieren in Netzgehegen und/oder geschützten bzw. künstlichen Gewässern, ökologisch nicht immer unbedenklich

Arabische Petersilie Korianderblätter, ↑ Cilantro

Arachidöl ↑ Öl/Erdnußöl

Arachis|nuß ↑ Erdnuß
 -öl ↑ Öl/Erdnußöl

aragosta ital. wörtl.: Hummer, oft aber a. Languste

arame jap.: eßbares, leicht süßliches Seegras als Zugabe für Suppen, Salate, zu Gemüse, Getreide, Tofu; ↑ Alge

arancia ital.: Orange, Apfelsine

arancini [ital.: kl. Orangen] getr., kandierte Orangen-, Pomeranzenschalen, oft mit Schokolade und Nußsplittern überzogen

Araschis|nuß ↑ Erdnuß
 -öl ↑ Öl/Erdnußöl

Arborio ↑ Reis/Sorten

Arbuse Melonenart, ↑ Melone/Wassermelone

Arbutus der wilde, a. kultivierte Erdbeerbaum mit kirschgroßen, kugeligen Früchten, cremig weiches, saftiges Fleisch mit viel Samen, süßsäuerlich, aber ohne viel Geschmack, haupts. für die Herstellung von Konserven, Getränken verwendet (Mittelmeerländer, insbes. Süditalien, Korsika, Süd- und Südwesteuropa)

archiduc ↑ Erzherzogs-Art

archiduchesse ↑ Erzherzogin-Art

ardei (umpluți) rumän.: (gefüllte) Paprikaschote

Ardennen-Art, (à l') ardennaise [Ardennen, Gebirge in Nordfrankreich, a. Luxemburg, Südbelgien] Feder-, Haarwild u. ä. mit Wacholderbeeren und/oder Wacholderbranntwein

Ardennen-Schinken ↑ Schinken/Sorten

arenque span.: Hering

Argenteuil [Vorort an der Seine unterhalb von Paris, für seine Spargelkulturen bekannt] Spargel (a. nur Spitzen) als (pürierte) Beilage, Garnitur, Umlage, in Saucen, zu pochierten, wachsweichen Eiern, Geflügel (Poularde), Seezunge, a. (mit sauce hollandaise) Fleisch; Gemüsesalat in Mayonnaise mit weißen Spargelspitzen und Scheiben von hartgek. Eiern

Arktische Brombeere ↑ Moltebeere

Arlesische Art, (à l') arlésienne [Arles, südfrz. Stadt am Rhonedelta] Garnitur aus in Olivenöl geb. Auberginenscheiben, mit Knoblauch gewürztem Tomatenfleisch, a. ged. Zucchini, und in Mehl fritierten Zwiebelscheiben, zu Tournedos, Lammnüßchen, Seezunge

Armagnac-Pflaume in Armagnac eingelegte Backpflaume

ar maḥschī ägypt.: gefüllte Eierkürbisse

Armer Ritter, Goldschnitte, Verlorenes Brot, Versoffene Jungfrau (altbackene) in Milch eingeweichte panierte und in Fett gebr. Weißbrot- oder Zwiebackscheibe, mit Zimt u. ä., (Vanille-)Zucker bestreut oder in Weinschaum-, Vanillesauce mit Kompott o. ä. als einfache Süßspeise

armoise frz.: Beifuß

arnaïki ngriech.: Lamm

arní ngriech.: Hammel

Aroma, Aromat wohlriechender Stoff, aromavermittelnde, appetitanregende Zutat wie Kräuter, kleingeschn. Wurzelgemüse, Gewürze u. ä., zum Würzen von Speisen; ugs. auch Streuwürze, flüssige Würze

arrabbiata, all' [ital.: schnell zubereitet] mit scharfer Sauce aus Knoblauchzehen, Pfefferschötchen, Zwiebeln usw. gewürzt; meist zu Fleisch oder Teigwaren

Arracacha, Arracacia rübenartige, leicht verdauliche Knollenfrucht, sollte innerhalb 4–5 Wo. verwertet werden, läßt sich kochen, fritieren, pürieren (südamerik. Anden)

arrosto ital.: gebraten; (Rost-)Braten

arrowroot engl.: Pfeilwurz

arroz span., port.: Reis(gericht)
 – a la valenciana Reis mit geh. Fleisch, Muscheln, Schnecken usw. (Spanien)

Artischockenpflanzung

Artagnan, (à la d') [Charles Graf von A., 1611–1677, Musketier des frz. Königs Ludwig XIV., einer der Helden in den «Drei Musketieren» von Alexandre Dumas Vater] Garnitur aus Steinpilzen in Béarnaisesauce, kl. gef. Tomaten und Kartoffelkroketten; zu Fleisch und Geflügel

Artischocke [arab. *ardi-schauki,* Erddorn] Knospe eines edlen Distelgewächses, eine kulinarische (und sehr gesunde) Delikatesse von zart bitterlichem, pflanzlich-herbem Geschmack, magen-, leber-, gallenfreundlich, wirkt verdauungsfördernd, entgiftend und cholesterinsenkend; sie kommt, vor dem Blühen geerntet, in zwei gleichwertigen Sorten vor: klein, länglich mit spitzen, violetten, locker anliegenden Blättern oder groß, rund mit dachziegelartig übereinanderliegenden Blättern (und größerem Boden). Der Kopf der Artischocke muß fest geschlossen und ohne Flecken sein, die Blätter nicht angetrocknet; sie läßt sich klein, jung und erntefrisch (Artischockenherzen, vorw. im Frühling in südl. Ländern, bei uns eher selten) mit Olivenöl, Salz und Pfeffer roh oder kurz blanchiert, a. fritiert ganz essen, wird jedoch gewöhnlich bei herausgedrehtem Stiel im Emailletopf mit Salzwasser gekocht, wonach das Fruchtfleisch unter den Hüllblättern mit den Zähnen abgestreift und von einer Sauce (Béarnaise, Hollandaise, Mayonnaise u. ä.) begleitet wird; ansonsten kann man sie, insbes. die fleischigen Blütenböden, gründlich von Blättchen und dem faserigen «Heu» direkt über dem Boden befreit, backen, braten, schmoren, füllen, überbacken und warm oder kalt servieren.

Frische Artischocken werden fast das ganze Jahr hindurch – am besten Mitte Apr.–Nov. – aus dem Mittelmeerraum, Frankreich (Bretagne u. a.), den USA und a. Holland (aus dem Treibhaus) importiert, in Deutschland selbst von der Bergstraße, Pfalz u. a.; sie können 4 Min. blanchiert gut verpackt bis 8 Mon. tiefgekühlt und dann gefroren weiterverwendet werden; daneben kann man zu (etwas faderen) Konserven in Dosen, Gläsern greifen; ↑ a. Artischokkenboden

Artischocke, Chinesische Wurzelgemüse, ↑ Stachys

Artischocke, Spanische Distelgemüse, ↑ Karde

Artischockenboden der fleischige Blütenboden der Artischocke; zur Gewinnung werden der Stiel abgedreht und die Blätter mit einem scharfen Messer von außen nach innen abgeschnitten; im übrigen ↑ Artischocke

Artois, (d') [Prinz Graf von A., 1757–1836, nachmals König Karl X. von Frankreich] Suppe aus gelben Erbsen;

Garnitur aus mit Grünen Erbsen gef. Kartoffeltörtchen in Madeirasauce, zu Lammfleisch; ↑ a. Dartois

Arviuls außen knackige, innen knusprige Ravioli aus Kartoffelteig mit Füllung aus Streifen durchwachsenem Speck und Schalottenwürfeln, mit gerösteten Salbeiblättern bestreut, mit brauner Butter übergossen, mit Parmesan bestreut und mit Salbeizweig belegt (Graubünden, Nordostschweiz)

arzan   pers.: Hirse

asación   span.: Braten

asado   span.: Braten (vom Spieß); im Freien auf einem Eisenrost über Kohlenglut gegr. Braten (Argentinien, Uruguay)

asam, asem   [ind., indon.: sauer] Schote der Tamarinde, säuerliches Fruchtmark als Gelee, Püree, zum Marinieren und Würzen
– **asaman** indon.: allerlei saure Saucen, Essigfrüchte

Asant, Stinkasant   harzige Substanz aus Stengeln und Wurzeln des Riesenfenchels, wird gemahlen in winzigen Mengen als beißendes, knoblauch-, zwiebelähnliches Gewürz verwendet; der unangenehme Geruch verschwindet beim Kochen, eignet sich für Gemüsegerichte (Hülsenfrüchte), Pickles und Saucen (Orient, Indien, Ostasien)

asazuke   jap.: leicht gesalzen, eingelegt

Aschantinuß   ↑ Erdnuß

Äsche, Asche, Äschling, Gräsling, Mailing, Springer, Strommaräne   edler Lachsfisch aus frischem, klarem Fließwasser, mageres, festes und feines Fleisch mit leichtem Thymianduft, muß frisch sein, beste Zeit Okt.–Jan.; läßt sich (behutsam) backen, braten, dämpfen, dünsten, kochen, grillen, pochieren, schmoren, für Fischfarcen (Europa, Skandinavien, Nordrußland)

Aschenbrödelsuppe, consommé Cendrillon   Geflügelkraftbrühe mit Einlage von Champignon-, Hühnerbrust-, Trüffelstreifen, gef. Eierstich und Erbsenpüree

Äschenkaviar   Rogen der Äsche, selten, aber höchst delikat, darf nur leicht gesalzen werden, am besten Jan.–Febr., manchmal etwas früher oder später

Aschkuchen   ↑ Napfkuchen

Aschlauch   ↑ Zwiebel/Schalotte

Äschling   Süßwasserfisch, ↑ Äsche

Ascorbin(säure)   Vitamin C, ↑ Vitamine

asem   indon. Gewürz, ↑ asam

Asiago   Schnitt- und Reibekäse aus teilweise entrahmter Kuhmilch, hart (fett oder halbfett) und pikant oder weich und mild-würzig, 34–52 % Fett i. Tr., ganzes Jahr genießbar (Venetien u. a., Italien)

Asiatische Birne   exot. Kernfrucht, ↑ Nashi

asin   indon.: salzig; gesalzen, gepökelt

Askalonzwiebel   [Askalon, levantinische Stadt] ↑ Zwiebel/Schalotte

Askanischer Topf   [Askanier, dt. Grafen- und Fürstengeschlecht aus Aschersleben im Ostharz] in Butter gebr. Kalbssteaks mit in Weinbrand flambierten ged. Champignonscheiben, Tomatenwürfeln und Bratkartoffeln in Pilzsauce

asma yaprağı   türk.: Weinblatt

asparago   ital.: Spargel

Aspartam(e)   1965 entwickelter künstlicher Süßstoff aus Eiweißbausteinen, 180–200mal süßer als Zucker, schmeckt rein, sehr zuckerähnlich, ist aber nicht hitzebeständig, für Backen und Kochen deshalb ungeeignet

asperge   frz.: Spargel

Asperl   österr.: Mispel

aspic   frz.: Aspik; Lavendel

Aspik   [lat. *aspis*, Natter] kaltes Geleegericht mit gegartem Fleisch, Geflügel, Wild, Fisch, Krustentieren, Gemüsen und/oder Eiern, in Schalen, Formen oder gestürzt serviert; oft (fälschlich) a. Bezeichnung der ↑ Gelee selbst; ↑ a. Fleischglace, Fischglace, Gallert, Sülze

assaisonnement   frz.: Würze, Zutat

assiette   frz.: Teller; a. das Gericht darauf; in der Küche: kl. Glas- oder Porzellanschüssel zum Anrichten von Vorgerichten, Salaten usw.
– **anglaise** [frz.: englischer Teller] kalter Roastbeef-, Fleisch-, Schinkenteller

astakós   ngriech.: Languste

Astoriasalat [Astoria, eines der ersten Luxushotels in New York] Birnen-, Pampelmusenwürfel, Paprikaschotenstreifen, Haselnußspäne in Essig-Öl-Sauce

Astorsalat [Astor, amerik. Milliardärsfamilie dt. Ursprungs] Gurkenscheiben, Streifen von Feldsalat und roten Paprikaschoten, Brunnenkresse in saurer Sahnesauce mit Olivenöl und Zitronensaft

aşure süße Suppe aus gek. zerstoßenem Weizen, Bohnen, Trockenerbsen mit Trockenfeigen, Nüssen, Mandeln und Rosinen (Türkei)

atajif ägypt.: süßer oder mit Käse gef., in Öl geb. Teig

atchia ind.: junge Bambussprossen, ↑ achia

Athener Art, (à l') athénienne [Athen, Hauptstadt Griechenlands] mit Olivenöl und geschmolzenen Zwiebeln zubereitetes Lamm, Geflügel, a. Spießgerichte, dazu Auberginen, Paprikaschoten, Tomaten und Pilawreis

ätherisches Öl, etherisches Öl aus Pflanzen gewonnener duftender Stoff

atjar, atschär sauer eingelegtes Gemüse wie (Essig-)Gurken, Zwiebelchen u. a., Beilage zur Reistafel, als Mixed Pickles usw. (Indonesien, Indien)

Atkins-Diät ↑ Abmagerungsdiät

Atlantiklachs Lachsart, ↑ Lachs

Atlantische Art [Atlantischer Ozean, das Meergebiet westl. der Straße von Gibraltar] gebr. Fleischstücke in konzentrierter Madeirasauce, mit geschm. Tomatenvierteln garniert, dazu Okra, Maiskölbchen und Bratkartoffeln

at(t)riau, Adrio Frikadelle aus geh. Schweineleber, Kalbfleisch, Kräutern und Zwiebeln im Schweinenetz (Schweiz, Savoyen, Nordfrankreich)

atschär indon.: sauer eingelegtes Gemüse, ↑ atjar

atta ind.: Weizenmehl aus naturbelassenen Körnern

attereau frz.: gek. oder rohe Stücke Fleisch, Innereien, Meeresfrüchte, Gemüse mit Schinken, Zunge, Champignons usw. in konzentrierter Sauce am hölzernen oder metallenen Spießchen paniert und fritiert

atum port.: Thunfisch

atún span.: Thunfisch

Ätzesupp kölnisch: Erbsensuppe, ↑ Ääzesupp

Aubergine, Eierfrucht, melanzane [frz., ausgespr. *oberschin*, aus dem arab. *al-bādinğān*] trop. Gemüsefrucht, lang, keulenförmig oder rund mit weißer, gelber, grüner, roter oder dunkelvioletter Schale und weißem Fleisch ohne viel Eigengeschmack, wirkt entzündungshemmend, regt Stoffwechsel, Leber, Galle an und senkt Cholesterinspiegel, für Diabetiker geeignet; roh giftig.
Die Aubergine muß fest, schwer und reif sein (reift a. bei Zimmertemperatur nach) mit glatter, glänzender Schale, die auf leichten Fingerdruck nachgibt, und weichen weißen Kernen; ihr flauer Geschmack läßt den Charakter der sie begleitenden Gewürze (Basilikum, Estragon, Knoblauch, Oregano, Rosmarin, Thymian, Pfeffer, Zimt, Zitronensaft, Sojasauce usw.) und anderen Gemüse (Paprikaschoten, Tomaten, Zucchini, Zwiebeln, a. Kartoffeln usw.) um so intensiver hervortreten; sie ist fester Bestandteil klassischer Mittelmeer-Gemüsetöpfe wie Imam bayildi, Musaka, Ratatouille und läßt sich vorher kurz in Salzwasser eingelegt (jung ungeschält, sonst in Scheiben geschnitten oder mit Hackfleisch, Eiern usw. gefüllt und kräftig gewürzt) bei langer Garzeit in viel Öl oder Fett backen, braten, dünsten, grillen, schmoren, überbacken, roh jedoch nur eingelegt genießen.
Auberginen werden das ganze Jahr, frisch am besten Mitte Juli–Mitte Nov., aus den Mittelmeerländern, dem Nahen Osten, Nordafrika und dem übrigen Afrika, Mittelamerika, a. Holland (Treibhaus) u. a. importiert; im Gemüsefach des Kühlschranks 5–6 Tage haltbar, können in Scheiben oder Würfeln blanchiert bis 8 Mon. eingefroren werden (urspr. Indien, China, heute alle tropischen, subtropischen, a. gemäßigten Zonen)

Aubert, (à l') [Daniel François Esprit A., 1782–1871, frz. Opernkomponist] Garnitur aus mit Geflügelpüree gef. Artischockenböden, zu kl. Fleischstücken und Geflügel in Madeirasauce

Aue Mutterschaf, ↑ Lamm

Auerhahn, Auerhuhn das größte Federwild, rar geworden, darf bei uns nur sehr beschränkt (nur Hähne im Mai) gejagt werden; Fleisch gern ziemlich trocken und zäh, muß deshalb vor der Zubereitung abhängen und gebeizt werden, am besten Brust, Keulen (Waldgebiete Europas, Asiens)

Aufbruch Jägersprache: das Eingeweide des erlegten Wilds

Aufgerollter Aal mit Kräuterfarce bestrichene Aalroulade, im Ofen in Wein gesotten (Baden)

Blüten und Frucht des Erdbeerbaums Arbutus

Auflauf warmes, überkrustetes Gericht aus versch. rohen oder gek. Zutaten (salzig: Fleisch, Geflügel, Wild, Fisch, Krustentiere, Gemüse, Kartoffeln, Reis, Teigwaren usw.; süß: Obst, Schokolade, Vanille usw.), in möglichst flacher, feuerfester Form mit Eier-Sahne-, Eier-Milch-Mischung, Eierteig oder dicker Sauce (Béchamel o. ä.) gebunden und im Ofen überbacken; läßt sich a. in Mikrowelle oder Kombinationsgerät rasch vor- und zubereiten; temperaturempfindlich, muß aus dem Ofen sofort serviert werden; ↑ Baeckeoffa, Brotauflauf, Soufflé

   -krapfen, beignet soufflé Spritzkuchen aus Brandmasse, in Fett schwimmend ausgebacken; ↑ a. Beignet, Spritzkuchen

au four [frz.: im Ofen] im Ofen gebacken, überbacken

Aufschnitt, (kalter) gek., gebr. kaltes Fleisch, Schinken, Würste, in Scheiben als Brotbelag, Imbiß, kalte Mahlzeit; läßt sich unverpackt oder verpackt bis 2 Mon. einfrieren und dann aufgetaut anrichten

Augenbohne ↑ Bohne/Sorten

au gratin frz.: gratiniert, im Ofen heiß überbacken

Augsburger [Augsburg, Stadt im bayer. Schwaben] würziges Brühwürstchen aus Rind-, Schweinefleisch und Speck, meist zum Braten

Aumale, (à la d') [Henri d'Orléans, Herzog von A., 1822–1897, vierter Sohn des Königs Louis-Philippe von Frankreich, General und Historiker] Garnitur aus mit Gänseleber-, Zungenragout, Gurken und Zwiebelhälften gef. Teigtörtchen in Madeirasauce, zu gef. Poularde; Rühreier mit in Madeirasauce sautierten geschmolzenen Tomaten und Nierenwürfeln

Aurora, aurore [röm. Göttin der Morgenröte] allg. mit Tomatenpüree oder -sauce; leicht gebundene Kraftbrühe mit Tomatenpüree und Hühnerbruststreifen; Salat aus Apfelscheiben und Nußkernen in Blättern vom Kopfsalatherz, dazu Sauce aus Tomatenpüree, Sahne, Senf und Zitronensaft; ↑ a. Sauce/sauce aurore

Ausbackteig ↑ Teig/Sorten

aus der Decke schlagen Jägersprache: Abziehen des Fells von Schalenwild

Ausgezogene ↑ Schmalznudeln

Auerhahn in der Balz

Auskernerbse schweizer.: Palerbse

Auslegeteig ↑ Teig/Sorten

auspahlen nordd.: enthülsen

Auster [griech. *ostéon*, harte Schale, Muschel] das «Meer in der Muschel», das erlesenste Meeresschaltier, a. ohne Perle eine kulinarische Perle, schmeckt nach See, Salz und frischer Brise; wird in den Gezeitenzonen flacher Küstengewässer gezüchtet.

Die Schalen der lebenden, frischen Auster sollten fest geschlossen sein, im übrigen bestimmen Herkunft und Größe die Qualität; dank der schnellen Transportverbindungen und guten Kühlmöglichkeiten ist sie heute das ganze Jahr durch genießbar (Ausnahme: in der Zeit des Ablaichens ab August wird sie gern wäßrig-milchig); am besten schmeckt das Fleisch der auf Eis liegenden Auster, mit der Austerngabel vom Boden der Schale gelöst, im Naturzustand, jeder zusätzliche Schnickschnack wie Vinaigrette, Zitrone, von noch Schärferem ganz zu schweigen, trübt nur die reine Frische des Schaltiers; es wird bedächtig, andächtig gekaut (nicht «geschlürft»), mit einem Schlückchen Meerwasser aus der Schale hinuntergespült, dazu sanftes Roggenbrot mit leicht gesalzener Butter und ein trockener, herber Weißwein, Champagner oder guter Sekt; etwas anderes ist es, wenn man die Auster zur Abwechslung einmal abstreift, brät, gratiniert, grillt (↑ angels on horseback), pochiert, räuchert: auch dann entwickelt sie einen besonderen Reiz; man kann sie ebenfalls konservieren, tieffrieren oder sogar lufttrocknen.

Gängige Austernsorten
Europäische Auster [engl.: common, flat, plate oyster, frz.: huître plate] flach, glatt und rund, milder Geschmack; wird heute, da von Seuchen heimgesucht, gern (unter diesem Namen) durch die Japanische oder die Pazifische Auster ersetzt

  Frankreich: Belon aus der Bretagne (Arcachon, Bouzigue, Cancale, Carnac, Courseulle, Dive, Marennes, Paimpol, Quiberon, Roscoff)
  Handelsgewichte: 6 20 g; 5 30 g; 4, 1/0 40 g; 3, 2/0 50 g; 2, 3/0 60 g; 1, 4/0 70 g; 0, 5/0 100–120 g; 00, 6/0 90–99 g; 000, 7/0, pieds de cheval 100–120 g; 0000 150 g
  Belgien: Oostende
  Holland: Imperialen, Zeelands
  Handelsgewichte: 3/0 60 g; 4/0 75 g; 5/0 90 g; 6/0 105 g; 6/0 E 120 g
  England: Colchester, Helford, Pyefleet, Whitstable
  Handelsgewichte wie Frankreich
  Irland: Cork, Galway, Rossmore, Red-Bank (wild von natürlichen Muschelbänken)
  Handelsgewichte wie Frankreich
  Dänemark: Limfjord

Deutschland: Zuchtversuche in Nord- und Ostsee, Amrum, Röm, Sylt, Flensburger Förde, Geltinger Bucht

Felsenauster, Portugiesische Auster [engl.: cupped, Portuguese oyster, frz.: huître creuse] länglich gewölbt mit rauher, zerklüfteter Schale, robust und kräftig, nicht ganz so edel wie die Europäische Auster

Frankreich: gleiche Orte wie die Europäische Auster, nach der Züchtung in reinen, planktonreichen Klärbecken, den *claires*, gekennzeichnet: *fine de claire* pro m² 20 Austern 2 Mon. lang, *spéciale de claire* pro m² 5 Austern 6 Monate lang

Amerikanische Auster [amerik.: Eastern, Atlantic oyster] größer, aber weniger fein als die Europäische Auster

Atlantikküste der USA: Blue Point, Cape Cod, Kent Island usw.

Handelsgewichte: *large* mehr als 100 g; *medium* 50–100 g; *small* weniger als 50 g

Westamerikanische Auster [amerik.: Western oyster] sehr delikat

Pazifikküste der USA: Native, Olympia

Handelsgewichte wie Amerikanische Auster

Pazifische Felsenauster, Japanische Auster [amerik.: Pacific oyster] widerstandsfähig, recht groß und ergiebig; ersetzt heute a. europäische, durch Seuchen dezimierte Austernsorten

Westküste der USA, China, Hongkong, Japan, Korea, Indopazifik, Südsee

Handelsgewichte: *très grosse*, TG, *very large* mehr als 100 g; *grosse*, G, *large* 80–100 g; *moyenne*, M, *medium* 50–79 g; *petite*, P, *small* weniger als 50 g

Austern|Rockefeller, oysters Rockefeller [im Restaurant «Antoine's» in New Orleans zu Ehren der amerik. Unternehmerfamilie Rockefeller kreiert] Austern, mit Butter, durchwachsenem Speck, Bleichsellerie, Frühlingszwiebeln, Petersilie, Spinat, Semmelbröseln, Tabasco-Sauce, Paprikapulver, Pfeffer und einigen Tropfen Pastis gegrillt oder im Ofen gebacken

-sauce, Chinesische, hox you Essenz von Austern, die den Eigengeschmack von Speisen verstärkt; zu Meeresfrüchten, Fleisch, Geflügel usw.

Austernfisch Meerfisch, ↑ Seewolf, Gestreifter

Austernpilz, Austernsaitling, -seitling, Kalbfleisch-, Muschelpilz, Pleurotus eßbarer, muschelförmiger Blätterpilz, heute meist auf Strohballen gezüchtet, aber a. wildwachsend, wohlschmeckende Alternative zum Champignon, duf-

Austernpilze in mit Stroh ausgepolstertem Kistchen

tig saftig, mild-aromatischer Geschmack nach Wald; nur jung verwendbar, läßt sich braten, dünsten, fritieren, grillieren, kochen, panieren; in Essig, Öl und Kräutern als Vorspeise, als Beilage zu Rühreiern, in Suppen, Gulasch, Ragouts, Pasteten, Saucen usw.; kühl und trocken oder im Gemüsefach des Kühlschranks aufbewahrt 2–3 Tage haltbar, kann jung in Essig eingelegt, a. getr. werden; das ganze Jahr erhältlich (urspr. Südostasien, heute a. Deutschland, Schweiz, Holland, Belgien, Frankreich, Spanien, Ungarn u. a.)

Auszugsmehl feinstes kleiefreies Weizenmehl aus Grieß, Type 405

Auvergner Art, (à l') auvergnate [Auvergne, hist. Landschaft in Mittelfrankreich mit Viehzucht und Käsewirtschaft] mit Pökelfleisch, Schinken, Speck, Blauschimmel-, Cantalkäse

aux fines herbes frz.: mit feinen Kräutern

aveline frz.: Haselnuß

avellana ital., span.: Haselnuß

aves span.: Geflügel

avgolémono Hühnerbrühe mit Reis, Eiern und Zitrone (Griechenland)

Avitaminose Erkrankung durch Vitaminmangel

Avocado, Alligatorbirne, Butterfrucht [aztekisch *ahuacatl*, Butter des Urwalds] birnenförmige, sehr gesunde exot. Steinfrucht, Obst und Gemüse zugleich mit fettem, cremigem Fleisch von zartem Aroma und mild nussigem Geschmack.

Die Avocado muß vollreif sein mit schwärzlichen Flecken in der auf sanften Fingerdruck nachgebenden Haut und von butterweichem Fleisch, reift jedoch bei Zimmertemperatur nach; sie läßt sich nicht kochen, kann aber roh, längs aufgeschnitten, entkernt und passend gewürzt, mit salzigen (Meeresfrüchte, Lachs, Räucher-, Thunfisch, Schinken, Geflügel, Gemüse, Salate, Eier, Käse usw.) oder (nicht ganz so gut) süßen (Äpfel, Zitrusfrüchte, Feijoa, Guave, Kapstachelbeere, Karambole, Cremes, Schlagsahne usw.) Zutaten gefüllt oder kombiniert werden, a. als Brotaufstrich, Vorspeise (mit Zitronensaft, Salz, Pfeffer, einer Essig-Öl-Sauce, einer Füllung), für Suppen, Saucen, Salate, Desserts usw. geeignet.

Das ganze Jahr importiert erhältlich, beste Zeit Okt.– Apr.; hält sich im Kühlschrank 2–3 Tage, läßt sich püriert bis 3 Mon. einfrieren (urspr. Guatemala, Mexiko, heute ganz Süd- und Zentralamerika, Westindien, Florida, Kalifornien, Mittelmeerländer, Israel – bes. kalorienarm –, Südafrika, Kamerun, Kenia, Indonesien, Australien u. a.)

Avocado-Dip grüne Avocado-Sauce, ↑ guacamole

avola ital.: Süßmandel (Sizilien)

Avorio falsche dt. Schreibart für Arborio, ↑ Reis/Sorten

ayam indon.: Huhn

ayette Westschweiz: Schweinehals

Aylesbury duck [Aylesbury, engl. Grafschaft in Buckinghamshire] Entenrasse, ↑ Ente/Hausente

Azarole, Azaroldorn Weißdornstrauch, pflaumengroße Früchte mit Apfelgeschmack; als Kompott verwendbar (Mittelmeerländer)

azeite port.: (Oliven-)Öl

azeitona port.: Olive

Aziagurke ↑ Gurke/Schälgurke

Azuki Hülsenfrucht, ↑ Bohne/Adzukibohne

B

B chem. Zeichen von Bor, ↑ Spurenelemente

baba [russ. *bába,* Bauernfrau, Großmutter] runder, mit Spirituosen (Rum, Kirsch u. ä.) oder Sirup getränkter Napfkuchen aus Hefeteig mit Rosinen

Babaco trop. Frucht, kernlos, saftig und erfrischend säuerlich, kann als Frischobst mit der Schale gegessen werden, aber a. für Konfitüren, Kompott, Speiseeis geeignet, unreif grün als Gemüse; läßt sich ungekühlt 4 Wo. lagern (Ecuador, Neuseeland, Insel Guernsey, Italien, Griechenland, Israel u. a.)

Babassu-Öl ↑ Öl/Sorten

Babettli schweizerd.: kl. zartes, schmackhaftes Stück aus der Hinterhachse des Rinds

babi indon.: Schwein

babka [poln.: Großmutter] Napf-, Hefekuchen aus gezuckertem Hefeteig mit Orangen-, Zitronenschalen und Rosinen, mit Zuckerglasur überzogen

Baby-Ananas bes. kleine Ananas ohne festen Kern (Südafrika)

Babybanane kleinwüchsige Banane, ↑ Banane/Sorten

Baby-Beet kl. Rote Bete, ↑ Rübe/Rote Rübe

Baby-Gouda holl. Schnittkäse, ↑ Geheimratskäse

Babylachs kl. Zuchtlachs, zart, aber etwas fade

baby lomo gegr. Rinderfilet von etwa 1 kg Gewicht (Argentinien, Südamerika)

Babymais ↑ Mais

Baby-Steinbutt junger Steinbutt

bacal(l)ao span.: Kabeljau, Dorsch
 – **salado, seco** Stockfisch

bacalhau (fresco) port.: Kabeljau, Dorsch
 – **(seco)** Stockfisch

baccalà ital.: Klippfisch

Bachblümlein Wildkraut, ↑ Huflattich

Bache ausgewachsenes weibl. Wildschwein

Bachforelle ↑ Forelle/Arten

Bachkresse Gewürzkraut, ↑ Kresse/Brunnenkresse

Bachsaibling Süßwasserfisch, ↑ Saibling

Backaromen, Backessenzen meist künstlich hergestellte Stoffe zum Aromatisieren von Backwaren, hitzestabil

Bäckchen die Backe unterhalb der Augen von Forelle, Seeteufel u. ä., bes. delikat

Bäcker-Art, Bäckerin-Art, (à la) boulangère im (Bäkker-)Ofen (in Butter) gebratene gr. Stücke (Schaf-)Fleisch, a. Fisch mit zerquetschten Kartoffeln und Zwiebeln

Backerbsen erbsengroße Brandmassekugeln als Suppeneinlage

Bäckerhefe ↑ Backhefe

Bäckerin-Art ↑ Bäcker-Art

Bäckerkartoffeln ↑ Backesgrumbeere

Bäckerofen ↑ Baeckeoffa

Backesgrumbeere, Bäckerkartoffeln Eintopf aus magerem Schweinebauch, geräuchertem Speck, Kartoffeln und Zwiebeln mit Gewürznelken, Lorbeer, Zimt, Sahne und Weißwein (Rheinhessen)

Backessenzen ↑ Backaromen

Backferment Lockerungs- und Triebmittel aus Getreide und Honig, zum Brotbacken

Backfett gut emulgierendes Pflanzenfett oder Öl mit hohem Verbrennungspunkt, zum darin (nur einmal) schwimmend Ausbacken

Backfisch zu kleiner Meerfisch, der nach dem Fang wieder ins Wasser zurückgeworfen wird; ↑ a. Bratfisch

Backgewürz Mischung versch. pulverisierter Gewürze (Anis, Gewürznelken, Koriander, Muskat, Piment usw., auch mit Orangenblüten-, Zitronenöl) zum Würzen von Backteig, meist industriell verpackt

Backhefe, Bäckerhefe, Bärm, Preßhefe teigige, krümelige Masse aus Hefezellen, Backhilfsmittel zum Lockern von Teig u. ä., als Preßhefe in Würfeln oder als Trockenhefe im Handel; ↑ a. Hefe

Backhend(e)l, Backhenderl, (Wiener) flachgeklopftes Hähnchen, Hühnchen, a. Teile davon einschließlich Leber und Magen, paniert und in Fett schwimmend ausgebacken; heute oft a. vom Grill (Österreich)

Backhonig ↑ Honig/Gewinnung

Backhuhn ↑ Backhendl

Backmehl Mischung von Mehl, Backpulver, Aromen, Gewürzen, Rosinen, a. Ei- oder Milchpulver, Mandeln, Zucker usw.; zur Herstellung von Kuchen

Backmischung Mischung von trockenen Zutaten (Backmittel, Backtriebmittel, Mehl, Gewürze, Nüsse, Zucker usw.), wird mit Eiern, Fett, Milch oder Wasser zu einem Teig für Backwaren gerührt

Backmittel pasten-, pulverförmiges, cremeartiges, flüssiges Erzeugnis aus Lebensmitteln oder Zusatzstoffen, zum Erleichtern und/oder Verbessern der Herstellung von Backwaren

Backoblate Dauerbackware, ↑ Oblate

Backobst, Dörrobst bei über 100 °C getrocknete Früchte, die dabei ein eigenes Aroma entwickelt haben; muß luftig und trocken aufbewahrt werden, läßt sich ohne Beigabe verpackt bis 6 Mon. tiefkühlen; ↑ a. Trockenfrüchte

Backöl Backaroma mit Speiseöl als Lösungsmittel; nicht trocknendes, beim Erhitzen nicht schäumendes Öl

Backpflaume ↑ Trockenpflaume

Backpulver Backtreibmittel aus Natron, einer Säure und Mineralsalzen zum Lockern eines Teigs; sollte rein weiß sein, hält sich in verschlossenem Behälter kühl und trocken aufbewahrt 6–8 Monate

backs engl.: Rückenstücke von Geflügel, nach Gewicht abgepackt und (tief)gefroren
 – **and necks** Rücken- und Halsstücke von Geflügel, nach Gewicht abgepackt und (tief)gefroren

Backsteinkäse südd.: Limburger Käse

Backteig ↑ Teig/Sorten

Backtreib-, -triebmittel ↑ Backpulver, Triebmittel

Backus fränkisch: Reibekuchen

Backware Produkt aus Getreide oder Getreideerzeugnissen und/oder Stärke, passende Kräuter: Anis, Fenchel, Kümmel, Zwiebel u. a.; ugs. meist süßes (Klein-)Gebäck; ↑ a. Gebäck

Bacon engl.: (Frühstücks-)Speck, mager mit Fleischstreifen, gepökelt, geräuchert oder ungeräuchert und hauchdünn geschnitten, wird beim Braten bes. kroß; a. ganze gepökelte Schweinehälfte; ↑ a. Speck/Frühstücksspeck
 ♀ **and eggs** (Spiegel-)Eier mit Speck

bácska ung.: Rebhuhn

Badekräutel Würzkraut, ↑ Liebstöckel

Badian trop. Gewürz, ↑ Sternanis

Badische Art [Baden, dt. Land in Baden-Württemberg] (Rauch-)Fleisch (geräucherter Bauch) und Speck mit ged. Rotkohl, dazu meist Kartoffelpüree; a. Fisch mit Fischklößchen, Champignons, kl. Zwiebeln, saurer Sahne und Zitronenscheibe

Badisches Landbrot ↑ Schwarzwälder Brot

Baeckeoffa, Bäckerofen [urspr. am Backtag nach dem Brotbacken im noch heißen Ofen zubereitet] Eintopf aus Lamm-, Rind-, Schweinefleisch mit Möhren, Porree, Zwiebeln, Kartoffeln, Kräutern, Gewürzen und Weißwein, in der Tonschüssel serviert (Elsaß, a. Baden)

Bagatellesalat [frz. *bagatelle,* Kleinigkeit] Champignon- und Möhrenstreifen mit Spargelspitzen in Essig-Öl-Sauce

bagel [amerik. aus dem jidd. *Beygel,* österr. *Beugel*] kl. Ring aus Hefeteig mit wenig Butter und reinem Eiweiß; wird meist waagrecht durchgeschnitten, mit Butter bestrichen und zu Räucherfisch oder Weichkäse gegessen (urspr. jüd. Küche)

bagna cauda, bagna caôda [ital.: warme Sauce] pikante warme Sauce aus Knoblauchzehen und Sardellen in Oliven- und/oder Nußöl und Butter, in die rohes Gemüse gedippt wird, a. zu gek. Gemüse (Piemont, Italien, Provence, Südfrankreich)

bagoong Philippinen: Garnelenpaste

Bagration [zu Ehren der Prinzessin B., Gemahlin eines russ. Generals, 1765–1812, von ihrem frz. Koch Antonin Carême] Makkaroni zu gef. Eiern, fetten Suppen, Salat; Russischer Salat zu Langusten, Seezunge; Garnitur aus Geflügelpüree oder -ragout mit Pökelzungen- und Trüffelstreifen

Baguette, flûte, Französisches Brot, Pariser Brot [frz.: Stäbchen] lange weiße, knusprige Stange Weizenbrot mit starker Kruste, wird nicht geschnitten, sondern von Hand gebrochen (urspr. Frankreich)

bahmi indon.: Eiernudeln, ↑ bami

Baiana, à port.: auf Bahia-Art (Brasilien)

báicài chin.: Chinakohl

baie frz.: Beere

báifàn chin.: blanker Reis ohne Zutaten

Baguettes, das tägliche Brot der Franzosen

báiguǒ chin.: Ginkgo-Pflaume

báimǐ chin.: geschälter, polierter Reis

bain-marie frz.: Wasserbad

Baiser [frz.: Kuß, ausgespr. *bäsē*] Schaumgebäck, ↑ Meringe

Baisermasse, Meringue-, Schaummasse Grundmasse aus fest geschlagenem Eiweiß und locker daruntergezogenem (Vanille-)Puderzucker und Weizenpuder, für Kuchen und Torten

baked engl.: gebacken, gebraten
 - **beans** Feuer- und/oder Weiße Bohnen, mit gepökeltem Schweinefleisch oder Schinkenspeck, Pfefferschoten, Zwiebeln, Gewürznelken, Pfeffer, Senf, braunem Zucker usw. lange in ofenfester Form, gedeckter Kasserolle gebacken (Boston, Neuengland, USA)
 - **potato, Grillkartoffel** gr. festkochende Kartoffel, in der Schale in Alufolie geb., meist mit Crème fraîche, saurer Sahne oder Schnittlauchquark serviert (urspr. USA)

baklava, baqlava übersüßer Blätterteigstrudel mit Füllung aus Mandeln, Pistazien oder Walnüssen, Rosinen usw., mit Muskat und Zimt gewürzt, warm mit Honig oder (parfümiertem) Zuckersirup übergossen (Südosteuropa, Vorderasien)

bakmi indon.: Eiernudeln, ↑ bami

Bakonyer Art, Bakonyi módra [Bakony, Landschaft nördl. des ung. Plattensees] Fleisch-, Fisch-, Eiergericht mit Pilzen in Paprika-Sahne-Sauce (Ungarn)

balachan dunkle Paste aus Garnelen oder Fisch (Indonesien)

balaḥ arab.: Datteln

Balchen mdal.: Große Bodenrenke, ↑ Renke

balik russ.: geräucherter Hausen-, Störrücken; heute a. Name für nach altem Verfahren geräucherten Lachs

Ballaststoffe, Nahrungsfasern pflanzliche Rohfasern, die nicht verdaut und verwertet werden, hingegen Darmtätigkeit und Stuhlgang anregen, den Cholesterinspiegel senken, das Kauen intensivieren und das Hungergefühl dämpfen; viele Ballaststoffe: Getreideprodukte, Vollkornbrot, Hülsenfrüchte, Kohlgemüse, Salate, Obst, Nüsse; keine Ballaststoffe: Fleisch, Fisch, Eier, Milchprodukte; empfohlene Tagesration: mind. 30 g

Ballen   mdal.: Große Bodenrenke, ↑ Renke

Ballenwild   Dachs, Hase, Wildkaninchen u. ä.; ↑ a. Niederwild, Wild

Balleron   dicke geräucherte Aufschnittwurst (Schweiz)

Ballhäuschen   Kugel aus geb. Rührmasse

ballot(t)ine   kl. schnittfeste Roulade aus entbeintem Fleisch, (Wild-)Geflügel, entgrätetem Fisch mit Füllmasse, warm oder kalt in Gelee (urspr. Frankreich)

Balsam   [griech. *bálsamon,* Balsamstrauch] Gemisch und Linderungsmittel aus Harzen und ätherischen Ölen; ugs. Name a. der ↑ Pfefferminze

Balsamapfel, Bittermelone   orientalisches Kürbisgewächs, rotes Fruchtfleisch, als Gemüse verwendbar (Tropenländer)

Balsambirne   Bittergurke, ↑ Carella

Balsamessig   ↑ Essig/Sorten

Balsamgurke   Bittergurke, ↑ Carella

Balsamine, Springkraut   Wildgemüse, dessen Blätter mit anderen Kräutern als Suppengemüse verwendet werden können

Balsamkraut   wohlriechende Pflanze wie Minze, Pfefferminze u. ä.

Balsampflaume, Gelb-, Mangopflaume, Tahitiapfel   pflaumenartige Frucht eines trop. Obstbaums, säuerlich aromatisch, kann roh oder gek. gegessen werden, a. für Gelee, Kompott, Marmelade geeignet (Polynesien, Madagaskar, Vorderindien, Java, Westafrika, Westindien, trop. Amerika u. a.)

Balthasarsalat   [Balthasar, einer der Heiligen Drei Könige] getrennt in Zitronensaft marinierte Würfel von Äpfeln und Knollensellerie sowie Tomatenwürfel in Senfmayonnaise auf Chicoréeblättern in Essig-Öl-Sauce

Baltimore   [Stadt in Maryland an der Ostküste der USA] Garnitur aus Maiskörnern, grünen Paprikaschoten und Tomatenscheiben, zu Fleisch und Geflügel

Balzac, (à la)   [Honoré de B., frz. Schriftsteller, 1799–1850, schrieb a. eine «Physiologie gastronomique»] Garnitur aus Geflügelklößchen mit gef. Oliven, zu kl. Fleischstücken in sauce chasseur

Bamberger (Hörnchen)   [Bamberg, Stadt im bayer. Oberfranken] Blätterteighörnchen; gekrümmte, festkochende Kartoffelsorte

Bamberger Zwiebel   mit gewürztem Hackfleisch gefüllte gr. Zwiebel (Franken)

bamboo shoot   amerik.: Bambussprosse

bamboo sprout   engl.: Bambussprosse

Bambussprosse, Bambusschößling, -spitze   kegeliger Trieb des trop. Baumgrases Bambus, wird jung wie Spargel gestochen, elfenbeinfarbiges Fleisch, angenehm und eher neutral.
In Ostasien verbreitetes, beliebtes Nahrungsmittel, muß auf jeden Fall gegart werden, läßt sich bei uns als Feingemüse gebr., ged., gek. zu anderen Gemüsen, zu Fleischspeisen, in Suppen, Salaten, Nudel-, Teiggerichten usw. verwenden; frisch selten und nur Febr.–März erhältlich (aus Kaiserstuhl, Ligurien u. a.), sonst in Stücken oder Streifen aus der Dose (urspr. Tropen Ostasiens, heute a. Indien, Philippinen, Mittel-, Südamerika, USA u. a.); ↑ a. achia

bami, bahmi, bakmi   indon.: (chinesische) Eiernudeln, dick oder dünn
 --goreng   ↑ goreng/bami-goreng

bami(j)a, bamya   Balkan: Fruchtgemüse, ↑ Okra

banana split, Bananen-Split   geschälte Banane mit Vanilleeis, Schokoladensauce und (oft künstlicher) Schlagsahne (USA)

Banane   [arab.: *banān,* Finger] exot. Frucht einer alten Kulturpflanze, wächst senkrecht aus der Staude und krümmt sich der Erde zu; im letzten Jh. in Europa eingeführt, sehr nahr- und schmackhaft, säurearm und leicht verdaulich, gute Diätfrucht; soll kühl, aber nicht im Kühlschrank aufbewahrt werden

> Sorten
> **Apfelbanane**   kleinwüchsig mit dünner gelber Schale (am besten mit braunen Flecken), angenehm säuerlich mit leichtem Apfelgeschmack, kann roh, ausgebacken, flambiert, in Obstsalaten usw. gegessen, a. als Dekoration verwendet werden (Südostasien, Kenia, Brasilien)
> **Babybanane, Gelbe Zuckerbanane**   kleinwüchsig, süß und aromatisch, geeignet zum Flambieren und als Dessertfrucht (Thailand, Malaysia, Indien, Kenia, Kolumbien, Kanarische Inseln)
> **Gemüse-, Koch-, Mehlbanane, Plante, Platano, Pferdebanane**   groß mit grüner, gelber, roter, violetter Schale (die sich nicht leicht abziehen läßt), mehlig und

stärkereich; roh nicht genießbar, läßt sich aber (gut gewürzt) als Kartoffelersatz vielseitig zubereiten, backen, braten, fritieren, kochen, pürieren usw.; Beigabe zu Fleisch, Gemüse, in Suppen, Eintöpfen usw. (Afrika, Costa Rica, Südamerika, Südostasien)
Obstbanane die bei uns verbreitetste Banane, mild süßlich mit dezenter Säure, reif bei gelber Schale, eßreif mit (nicht zu vielen) braunen Flecken; leicht verdaulich und kochsalzarm, deshalb gute Baby-, Schon- und Sportlerkost; roh, z. B. als Zwischenverpflegung, eßbar, läßt sich aber a. (mit Gewürzen wie Cayennepfeffer, Curry, Gewürznelken, Ingwer, Piment, Vanille, Zimt) braten, flambieren, grillen, kochen, schmoren, überbacken und für Salate, als Zutat zu Fleisch, Speck, Fisch, für Desserts usw. verwenden; kann bei Zimmertemperatur aufbewahrt und nachgereift werden (rund um den Äquator, v. a. Mittel-, Südamerika, Afrika)
Rote Banane schmeckt wie die Obstbanane, muß vollreif sein (Malaysia, Thailand, Indonesien)

Bandnudeln durch Walzen oder Pressen bandartig geformte Nudeln; ↑ a. Lasagne

banica, baniza mit Schafskäse gef. Blätterteiggebäck (Bulgarien, Serbien)

Bankiersart, (à la) banquière «reiche» Garnitur aus Geflügelklößchen mit Champignons und Trüffelscheiben in Geflügelrahmsauce mit Trüffeln, zu Kalbsbries, Geflügel auf gerösteter Weißbrotschnitte, in Pasteten u. ä.; die gleiche Garnitur ohne Champignons in Madeirasauce, zu Tournedos, Kalbs- oder Lammnüßchen auf gerösteter Weißbrotschnitte

Bankvieh schweiz.: Schlachtvieh

bannock rundes, flaches Brot aus ungesäuertem Teig, kann Toast ersetzen (Schottland, Nordengland)

Banon [Ort im Hochland der frz. Provence] Weichkäse aus (im Winter) Schaf-, (im Sommer) Ziegen- oder (das ganze Jahr) Kuhmilch, in branntweingetränkte Kastanien-, Walnußblätter, a. Bohnenkraut gewickelt, geschmeidiger Teig, 45 % Fett i. Tr., mild nussig, gelbe Haut mit Schimmelflecken muß vor Verzehr abgeschabt werden; wird a. mit Kräutern und Gewürzen in Öl oder Wein eingelegt (Obere Provence)

banquière, (à la) ↑ Bankiersart

Banting-Diät ↑ Abmagerungsdiät

Baobab ↑ Affenbrotfrucht

Bappe, Bappi schweizerd.: Brei, Mus

baqlava süßer Strudel, ↑ baklava

bar frz.: Wolfsbarsch

baran poln.: Hammel

baranek poln.: Lamm

baránka Fastenkringel aus Nudel- oder Weizenteig (Rußland)

bárány ung.: Lamm

barbacoa, (en) [südamerik.: Gitter aus Holzstecken über einem Erdloch zum Rösten von Fleisch] Eintopf aus Lammfleisch, Erbsen, Möhren, Kartoffeln und Reis, mit Koriander, Pfeffer und Salz auf glühender Holzkohle lange gegart (Mexiko, Zentralamerika)

Barbarakraut Küchenkraut, ↑ Kresse/Winterkresse

Barbarie-Ente [frz. *barbarie,* Berberei] Entenrasse, ↑ Ente/Hausente

Barbe, Flußbarbe karpfenartiger Süßwasserfisch aus klaren, fließenden Gewässern, heute selten geworden; etwas fades und grätiges, aber feines Fleisch, läßt sich braten (Filets in Butter), dünsten, grillen, schmoren; Rogen ist vor der Zubereitung zu entfernen (Europa)

Barbecue [amerik., ausgespr. *bābikju,* nach dem indianischen *barbacoa,* Holzrost] (Fest-)Essen im Freien mit urspr. über offenem Feuer in einer Grube, heute meist am Spieß, auf einem Rost oder erhitzten Steinen gegr. Fleisch (ganzes Tier oder Stücke), a. Meeresfrüchte, Fisch usw. mit versch. würzigen Zutaten und Beilagen (urspr. USA)
 -öl ↑ Öl/Sorten
 -sauce ↑ Grillsauce
 ♀ **spice, Hickory-, Rauchsalz, Holzkohlenaroma** pikante Gewürzmischung mit leichtem Rauchgeschmack, für gebr., gegr. Fleisch, Geflügel, Fisch, Saucen usw.

barbe-de-capucin [frz.: Kapuzinerbart] Wilde Zichorie, mild-bitterliche Art Chicorée; gebleichter Löwenzahn; Schwarzkümmel; versch. Speisepilze

Barberie-Ente Entenrasse, ↑ Ente/Hausente

barbouni ngriech.: Rotbarbe

barbue frz.: Glattbutt, Kleist

Der Weißblütige Bärlauch, einst ein bewährtes Volksmittel

barche, berke [hebr. *berache,* Segensspruch] ungesäuertes Brot aus Weizenmehl; über ihm wird der Sabbatsegen gesprochen (jüd. Küche)

barde [frz.: Harnisch] dünne fette Speckscheibe zum Umwickeln oder Belegen von Fleisch usw.

Bärendreck österr., schweiz.: Lakritze

Bärengarnele Meereskrebs, ↑ Garnele/Arten

Bärenkrebs, Großer, Kleiner zehnfüßiger Meereskrebs, eher selten, aber, bes. Schwanzfleisch, sehr schmackhaft, läßt sich wie Hummer zubereiten, v. a. grillieren (Mittelmeer, Ostatlantik, a. Indopazifik)

Bärentatze Gattung von Speisepilzen, ↑ Ziegenbart

Barille ostschweizerdeutsch: Aprikose

Bär(en)lauch, Waldknoblauch, Wilder Knoblauch, Wurm-, Zigeunerlauch Wildgemüse aus schattigen, feuchten Wäldern, lanzettförmige Blätter kräftig würzig, wirken verdauungsfördernd, lassen sich, vor der Blüte gesammelt, in Suppen, Saucen, als Mischsalat oder leicht ged. als Gemüse verwenden, in Gratins, Omeletts, Risottos, zu Fleisch, Fisch usw., können gehackt als Würze Knoblauch und Zwiebel ersetzen; gute Zeit März–Apr.; lassen sich ihres intensiven Geruchs wegen nicht gut tiefkühlen

barm engl.: (Bier-)Hefe

Bärm(e) Sachsen: Preßhefe

Baron ↑ Lamm/Fleischstücke

barquette [frz.: kleine Barke] Teigschiffchen, ↑ Schiffchen

Barrakuda, Pfeilhecht hechtähnlicher Raubfisch aus dem Meer, manchmal fälschlich Meerhecht genannt; festes, jung ausgezeichnetes Fleisch (trop. Gewässer, Mittelmeer, Ostatlantik, Stiller Ozean)

Barramundi Meerfisch, weißes, festes, aber zartes Fleisch von sehr gutem Geschmack, läßt sich backen, grillieren usw. (Indischer, Pazifischer Ozean, v. a. vor Australien)

Barrakudas sind Raub-, aber auch beliebte Speisefische

Barsch Süßwasserfisch, ↑ Flußbarsch

Barschtsch, barszcz saure Suppe aus Roten Rüben usw. (jüd., poln. Küche), ↑ Borschtsch

Bart bei Meermuscheln der außen sitzende Mantelrand, wird meist entfernt; bei Miesmuscheln a. die auf der Schale sitzenden Haft- und Byssusfäden, mit denen sich die Tiere am Grund verankern, werden ebenfalls vor der Zubereitung entfernt

Bartgrundel Süßwasserfisch, ↑ Schmerle

Basilikum, Basilien-, Josefs-, Königs-, Hirnkraut, Königsbalsam, Suppenbasil [griech. *basilikós*, königlich] Würz- und Küchenpflanze, deren Blätter pikant frisch duften und süßlich, pfeffrig würzig schmecken; wirken magenfreundlich und verdauungsfördernd; in versch. Sorten erhältlich, u. a. *Dark Opal, Rubin,* dunkelrot mit Nelkenaroma, für ital. Gerichte, *Genoveser,* frisch und aromatisch, für ital. Gerichte, *Lemon,* mit Zitronenaroma, *Mexikanisch,* robust mit zartem Zimtaroma, für süßsaure Gerichte, Salate, Süßspeisen, *Wild,* kräftig mit Pimentaroma, für gek. heiße Speisen, indische Gerichte u. ä.
Das Basilikum ist aus der italienischen, südfranzösischen Küche nicht wegzudenken (↑ pesto, pistou, Pizza, salsa verde); paßt daneben (gek. mit verstärktem Geschmack) ganzblättrig, zerzupft oder in Streifen geschnitten zu den meisten Gemüsesuppen, Tomatengerichten, jungem Gemüse und Hülsenfrüchten, frischen Salaten, Eiern, Kräutersaucen, Mayonnaisen, zu (gegrilltem) Kalb-, Lammfleisch, Würsten, Geflügel, Fisch, Krustentieren, a. Melonen, Zitrusfrüchten, kurz zu allem, dem die sonnige Frische des Südens ansteht.
Basilikum ist das ganze Jahr erhältlich, beste Zeit frisch jedoch Juni–Sept., würzt am stärksten (deshalb schnell, aber sparsam verwenden) im Sommer vom nördl. Mittelmeer, wird im Winter an sonnigen, geschützten Plätzen aber a. bei uns gezogen; büßt getrocknet an Aroma ein, sollte deshalb lieber in Essig, (Oliven-)Öl und Salz eingelegt werden; kann unblanchiert in Folie gut bis 6 Mon. tiefgekühlt und dann gefroren weiterverwendet werden (urspr. trop. Indien, heute alle Tropen und gemäßigten Zonen, insbes. Mittelmeerländer, Südosteuropa)
   Süßes – intensiver mit Anisaroma (Ostasien)

Baskische Art, (à la) basquaise [Baskenland, westl. Teil der Pyrenäen] Omelett, Geflügel u. ä. mit Gemüsepaprika, Knoblauch, Tomaten, a. (Bayonne-)Schinken; Garnitur aus (Bayonne-)Schinken, Annakartoffeln und Steinpilzen, zu gr. Fleischstücken

Basler Brunsli [Basel, Schweizer Stadt beidseits des Rheins nahe der deutschen und der französischen Grenze] Weihnachtsgebäck in Herz-, Kleeblatt-, Kreuz- usw. Form mit geriebenen Mandeln, dunkler Schokolade, Gewürznelken, Zimt, Zucker usw.; sollte knapp ausgekühlt sofort in Blechdose oder Plastikbeutel verwahrt bzw. tiefgekühlt werden, damit es außen knusprig, innen jedoch weich bleibt

Basler Leckerli kl. rechteckiger Lebkuchen mit Honig, geh. Mandeln, Haselnüssen, Muskatnuß, Gewürznelken, Zimt, Orangeat, Zitronat usw. und Zuckerglasur; für die Kirchenväter am Basler Konzil 1431–1449 erstmals gebakken

Basler Mehlsuppe sämige Suppe aus Mehl, Butter oder Fett, geriebenem Käse und Wasser oder Brühe mit nach Belieben Sahne, geh. Majoran, Petersilie, Schnittlauch, Zwiebeln, Muskat und gerösteten Weißbrotwürfeln, während der berühmten Basler Fasnacht bes. beliebt

Basmati-Reis ↑ Reis/Sorten

Bastardkirsche Kirschengruppe, ↑ Kirsche

Bastardmakrele Meerfisch, ↑ Stöcker

Bastardsauce ↑ Sauce/sauce bâtarde

Bastardzucker feuchter, feinkörniger Mischzucker

bâtarde, sauce ↑ Sauce/sauce bâtarde

Batate, Patata [Indianersprache Haitis: *batata,* Süßkartoffel] trop. Knollenfrucht, orangerot-fleischig mehliger, trockener als creme-, weißfleischig; süßlicher, etwas fader Geschmack.
Die Batate läßt sich mit oder ohne (nach dem Kochen mit kaltem Wasser abschrecken) Schale wie die Kartoffel zubereiten (kurze Garzeit), behält aber immer ihren süßlichen Eigengeschmack; eignet sich (in Alufolie) geb., (in heißer Asche) gebr., gek., (für Chips) fritiert, überbacken oder v. a., salzig oder mit Honig, Zucker usw. süß gewürzt, püriert als Beilage zu Fleisch usw., geschält und gek. als Salat; die Blätter können als Gemüse Mangold oder Spinat ersetzen.
Die Batate sollte fest und glattschalig sein; sie ist leicht verderblich und hält sich in dunklem, luftigem, trockenem Raum bei Zimmertemperatur nicht länger als 2–3 Wochen (urspr. Peru, Mittelamerika, heute a. Brasilien, Norden Südamerikas, südl. USA, China, Japan, Indonesien, Westafrika, Israel, Spanien, Portugal u. a.)
Was in Nordamerika als *sweet potato* angeboten wird, ist häufig die ↑ Jamswurzel

Bataviasalat ↑ Salat/Sorten

bateau [frz.: Schiff] schiffchenförmiges Pastetchen mit beliebiger Füllung

batelière, (à la) ↑ Flußschiffer-Art

bath Ostasien: Reis

Bath bun [Bath, Heilbad und Kurort in der südengl. Grafschaft Somerset] kl. rundes Brötchen aus Hefeteig, a. mit Sultaninen und geh. Zitronat

batôn(net) [frz.: Stab, Stäbchen] trockenes Blätter- oder Mandelteigstäbchen

Battelmatt, Bettelmatt fetter oder halbfetter Bergkäse aus Vollmilch von der Kuh, ähnelt dem Tilsiter, mind. 45% Fett i. Tr., reicher, intensiver Geschmack (Tessin, Norditalien)

battuto [ital.: Geschlagenes] Emulsion aus Speck mit aromatischen Gemüsen und Würzpflanzen, in Öl angeröstet; Basis für Suppen, Fleischgerichte usw. (Norditalien)

Bauch der hintere untere Teil des Rumpfes von Schlachttieren, ↑ Kalb, Schwein/Fleischteile; ↑ a. Flanke

Bauchlappen ↑ Rind/Fleischteile, Dünnung

Bauchspeck ↑ Speck/Bauchspeck

baudroie frz.: Seeteufel

Bäuerinnen-, Bauern-Art, Ländliche Art, (à la) paysanne Mischung aus kleingeschn. Gemüse (Kartoffeln, Kohl, Möhren, Sellerie, Weiße Rübchen, Zwiebeln), a. Speckwürfeln, zu geschm. Fleisch, Geflügel, Fisch, Omeletts; Fleischbrühe mit Gemüsen der Saison und Kartoffeln; mit aromatischen Kräutern in Brühe gek. Kartoffelscheiben; Omelett mit Kartoffeln, Sauerampferstreifen und feinen Kräutern

Bauernblutwurst ↑ Blutwurst

Bauernbratwurst schnittfeste Rohwurst, ↑ Polnische, meist nicht zum Braten bestimmt

Bauernbrot ↑ Brot/Spezialsorten

Bauernbutter österr.: Landbutter

Bauernfrühstück herzhaftes Pfannengericht aus Bratkartoffeln, Speck, (Rühr-)Eiern usw., mit Schnittlauch bestreut (dazu Gewürz- oder Speckgurken u. ä.); ↑ a. Hoppelpoppel

Bauern-Gouda holl. Schnittkäse, ↑ Gouda, Bauerngouda

Bauern-Handkäse ↑ Sauermilchkäse

Bauernkarpfen Süßwasserfisch, ↑ Karausche

Bauernkartoffeln in Öl, Fett und/oder Butter knusprig gebr. Kartoffelscheiben mit Speck- und Zwiebelwürfelchen

Bauernkernöl ↑ Öl/Kürbiskernöl

Bauernkäse allg. bäuerlich hergestellter Käse; halbfester Schnittkäse, 45% Fett i. Tr., mild bis würzig (Wasserburg, Oberbayern); halbfester Schnittkäse aus Kuh- und Schafmilch, 45% Fett. i. Tr., pikant säuerlich bis herb aromatisch (Steiermark, Österreich); holl. Schnittkäse, ↑ Gouda, Bauerngouda; ↑ a. Sauermilchkäse

Bauernkrapfen österr.: Schmalznudeln

Bauernleberwurst grobe Kochstreichwurst, ↑ Hausmacherleberwurst

Bauernrahm rohe, saure Sahne mit versch. Fettgehalt

Bauernsalat Kartoffelscheiben mit blättrig geschn. Möhren, Sellerieknollen, Weißen Rüben und Zwiebelwürfeln in Essig-Öl-Sauce

Bauernschinken ↑ Schinken/Erzeugnisse

Bauernschmaus Gericht aus Schweinefleisch, Würsten, Kartoffeln, Knödeln, Sauerkraut usw. (Süddeutschland, Österreich)

Bauernseufzer [dem Metzger nach der Hausschlachtung zustehende Wurst] schnittfeste, mittelkörnige Rohwurst aus Rind-, Schweinefleisch und Fettgewebe oder Brühwurst aus Rind-, Schweinefleisch und Speck, a. Majoran (Franken, Bayerischer Wald u. a.)

Bauernspätzle Teigspätzle aus Mehl und Frischeiern (Schwaben)

Bauernspeck ↑ Speck/Bauernspeck

Bauernstuten, (Münsterländer, Westfälischer) freigeschobenes rundes oder angeschobenes langes, helles Weizen- oder Weizenmischbrot, mit Hefe gelockert, manchmal mit Zusatz von Trockenfrüchten und Milch

Bauernsuppe, potage à la paysanne Gemüsesuppe aus kleingewürfelten Möhren, Porree, Sellerie, Weißen Rüben, Zwiebeln und Kartoffeln, mit gerösteten Weißbrotwürfeln und Kerbel serviert

Bauernwurst, Bauernwürstchen, Jagdwürstchen Brühwürstchen aus Rind-, Schweinefleisch und Speck; ↑ a. Augsburger, Pfälzer, Regensburger

Baumkuchen feiner Kuchen aus in Schichten geb. Biskuitteig, a. Nüssen und/oder Nougat, Marzipanmasse, mit Schokoladenüberzug oder Zuckerglasur (urspr. Salzwedel im Bezirk Magdeburg)

Baummelone Südfrucht, ↑ Papaya

Baumnuß alemann.: Walnuß

Baumnußöl ↑ Öl/Walnußöl

Baumpilz ostasiatischer Speisepilz, ↑ mu-err, shii-take

Baumstachelbeere Südfrucht, ↑ Karambole

Baumstamm, bûche Biskuitroulade mit Füllung aus Butter-, Schokoladen-, a. Kaffee-, Nußbuttercreme, in Frankreich trad. Weihnachtsgebäck; ↑ a. bûche de Noël

Baumtomate exot. Frucht, ↑ Tamarillo

Baumwollner Kloß aus gek. Kartoffeln (Franken)

Baunzerl kl. längliches, mürbes Milchbrötchen (Österreich)

Bavariablu halbfester Schnitt- (eher Weich-)Käse aus Kuhmilch mit außen weißem, innen blauem Edelpilz, fast cremiger Teig, 70% Fett i. Tr., kräftiges Aroma und sahnig würziger Geschmack; sollte ausgereift sein (Deutschland)

bavarois [frz.: bayerisch] kalte Süßspeise aus mit Gelatine und Schlagsahne gebundener Englischer Creme und/oder Fruchtpüree; allg. a. gestürztes Püree; ↑ a. Bayerische Creme

bavaroise ↑ Bayerische Creme

Baweuse österr.: Pafese

Bayerische Bierwurst grobe Brühwurst nach Art der ↑ Bierwurst, nachgeräuchert a. als Dauerware

Bayerische Blutwurst Wurst aus zerkleinerten Innereien, Blut, Speck- und Schwartenwürfeln im Naturdarm, meist warm gegessen

Bayerische Creme, (crème) bavaroise [im 18. Jh. bei bayerischen Prinzen in Paris beliebte Süßspeise] sahnig milde, süße Creme aus mit Puderzucker schaumig gerührtem Eigelb, heißer Milch mit Vanillemark, Gelatine und steifer Schlagsahne, kann mit Kaffee, Schokolade, Mandeln, Nüssen, Früchten, Kirschwasser usw. aromatisiert werden; wird dickflüssig in Gläsern serviert oder, meist, gestockt gestürzt (und mit Himbeersauce, a. Fruchtkompott, Schokoladensauce, Krokant angereichert) serviert

Bayerische Dampfnudeln ↑ Dampfnudeln

Bayerischer Senf ↑ Senf/Sorten

Bayerisches Hausbrot freigeschobenes Roggen- oder Weizenmischbrot, rund oder lang mit blanker oder gemehlter Oberfläche

Bayerischkraut ↑ Bayrischkraut

Bayonne-Schinken ↑ Schinken/Sorten

Bayrischkraut, Bayerisches Kraut feingeschn. oder gehobelter Weißkohl, mit Schweineschmalz, Bauchspeckwürfeln, Apfel-, Zwiebelstücken, gemahlenem Kümmel usw. in Essig, Salz, Pfeffer und Zucker gegart, süß-sauer

Bayrisch Malz ↑ Malzbonbon

bean engl.: Bohne
   black – Schwarze Bohne

Béarnaise (sauce), Béarner Sauce [um 1840 im Pariser Restaurant Henri IV nach der Heimat Béarn dieses frz. Königs benannt] eine der klassischen frz. Saucen, gehört zur Grammatik wie zur Poetik der guten Küche; aufgeschlagene, sämige Buttersauce mit Eigelb, Schalotten, Estragon- oder Weinessig, Weißwein, Würzkräutern (Estragon, Kerbel, Petersilie) und Pfefferkörnern, eine Art warme Mayonnaise ohne Öl; der Sud läßt sich auf Vorrat einfrieren; zu gebr., gegr. Rind-, Lammfleisch, gegr. Lachs usw.

Beatrice, Béatrice [florentinisches Edelfräulein, Geliebte und Muse Dantes] Frühlingsgarnitur aus sautierten Artischockenbodenvierteln, kl. glasierten Karotten, neuen Kartoffeln und frischen ged. Morcheln; gemischter Salat aus weißem Geflügelfleisch, Kartoffeln, Spargelspitzen und Trüffeln in leichter Senfmayonnaise

Beaucaire [südfrz. Stadt am Unterlauf der Rhone in fruchtbarer Ebene mit einst berühmten Märkten] Gemüsesuppe aus Kohl-, Porree-, Selleriestreifen mit Hühnerleberwürfeln, Perlgraupen und geriebenem Käse; mit Fischfarce gef. Aal auf Bett von Champignons, Schalotten und Zwiebeln in mit Weißwein und Cognac versetztem Sud; gemischter Salat aus Chicorée-, Selleriestreifen, gek. Schinken, säuerlichen Äpfeln mit geh. Estragon, Kerbel, Petersilie in leichter Senfmayonnaise und Rand aus Kartoffeln sowie Roten Rüben

Der Marquis de Béchameil, Erfinder der nach ihm benannten Sauce

Beaufort, (Gruyère de) [Dorf in Savoyen] Hartkäse aus roher Kuhmilch, gepreßter Teig, mind. 59% Fett i. Tr., rahmig und fruchtig nussig, einer der besten Hartkäse Frankreichs, gute Zeit Sept.–Mai (Savoyen, Dauphiné)

Beauharnais [Fanny de B., 1789–1860, Kusine der frz. Kaiserin Joséphine und spätere Gemahlin des Großherzogs Karl von Baden] Garnitur aus gef. überbackenen Champignons und ged. Artischockenvierteln; pochierte Eier auf Artischockenböden; Süßspeise mit Bananen und Rum

bebotee Pudding aus Lammfleisch, Brötchen, Eiern, Sahne und Zwiebeln, mit Currypulver, Zitronensaft usw. gewürzt, im Wasserbad gegart (Malaysia)

becfigue frz.: kl. Sing- und Wandervogel, ↑ Drossel, Grasmücke, Krammetsvogel

Béchamel(sauce) [Marquis de Béchameil, Haushofmeister des Königs Ludwig XIV. von Frankreich] weiße Grundsauce, Milchsauce aus Butter, Mehl, Milch, Sahne, a. Würzzutaten (Zwiebeln, Muskat, Salz, Pfeffer usw.); Stammform vieler Saucen, Grundlage vieler Suppen, zum Binden und zu Huhn, Fisch, Eiern, Gemüsen usw.

bêche-de-mer frz.: Seegurke

Becherling, (Orangeroter) a. roh genießbarer Speisepilz, aber mehr dekorativ als schmackhaft, gute Zeit Mai–Okt.

Becherpastete, Dariole, Füllpastete, Timbale im Wasserbad in einer Blech- oder Porzellanform pochierte und gestürzte Füllung aus Farce, Püree, Ragout u. ä. in, a. ohne Pasteten-, Nudelteig, Eierkuchen usw., salzig oder süß, meist warm, aber a. kalt

Becki schweizerd.: Becken, rechteckige Kupferpfanne; henkellose gr. Tasse

bēd(a) arab.: Ei

beef engl., ausgespr. *bīf:* Rind(fleisch)

beefalo Kreuzung zwischen Rind und Büffel (Nordamerika)

Beefburger Steak aus Rinderhackfleisch, ↑ Hamburger

Beefsteak, Filet(beef)steak, Lendensteak [engl.: Rinderschnitte, ausgespr. *bīfstēk*] fingerdicke Scheibe aus der Filetmitte, a. aus Roastbeef, Hüfte oder Kluft des Rinds, darf nur blutig bis rosa gebr. oder gegr. werden; ↑ a. Deutsches Beefsteak, Filet, Fleisch/Garstufen, Rind/Fleischteile, -stücke, Steak/Ochsensteak, Tatar

   -**hack** ↑ Tatar
   – **Tatar** ↑ Tatar

beeftea, Fleischtee [engl., ausgespr. *bīftī*] stark konzentrierte Kraftbrühe aus sehr frischem Rindfleisch, evtl. mit gewürfelten Gemüsen (Kohlrabi, Möhren, Porree, Sellerie, Tomaten, Zwiebeln usw.), Kräutern und Gewürzen (Lorbeer, Suppengrün, schwarzer oder weißer Pfeffer usw.), heiß als Suppe in der Tasse oder, im Weckglas zubereitet, eiskalt mit Tabasco und Portwein oder mit Zitrone und Wodka als stärkendes Getränk, *bullshot*

Beeren, Beerenfrüchte, -obst ↑ Obst

Beete, (Rote) [lat. *beta*, Rote Rübe] nordd.: Rote Rübe

Beetenbartsch Eintopf aus Suppenfleisch, Roten Rüben, Suppengrün, Gewürznelken, Lorbeer, Majoran, Pfefferkörnern, Kartoffelmehl, Essig, Zucker und saurer Sahne, dazu Salzkartoffeln (Ostpreußen)

Beffe bindegewebsfreies Fleischeiweiß

Beifuß, Besen-, Gänse-, Johannis-, Jungfern-, Weiberkraut Gewürz- und Küchenkraut, Verwandter des Wermuts, die «Mutter aller Kräuter» der Germanen und Kelten, gerebelte Blütenrispen (Blätter ungenießbar) werden frisch oder getrocknet, ganz oder gemahlen verwendet; ihre mild bitterliche Herbe macht Fett bekömmlich, passen deshalb zu fetten Speisen (Schwein, Ente, Gans, Aal usw.), Eintöpfen, Hülsenfrüchten, Schmalz usw., aber a. als Alternative zum Schnittlauch (Europa, nördl. Asien, Nordafrika, a. Nord-, Südamerika und ganze Welt)

Beigel österr.: Flügel oder Schenkel vom ↑ Backhendl

Beignet [frz., ausgespr. *bänjä*] Krapfen, in Backteig getauchte, in siedendem Fett schwimmend ausgebackene Lebensmittel (Fleisch, Fisch, Gemüse, Käse, Obst); ↑ a. Käsekrapfen
    ≃ soufflé   ↑ Auflaufkrapfen

Běi-jīng tián-yā   chin.: Peking-Ente

Beilage   ↑ Garnitur

Beilche Schmorgericht aus Rindfleisch und Kartoffeln (Westfalen)

Bein österr., schweiz.: Knochen

Beinfleisch Deutschland: Wadenfleisch des Rinds; Österreich: Querrippe, Leiterstück, Spannrippe des Rinds

Beinscheibe, Markpfeife quergeteiltes Stück aus der Hesse des Rinds, der Hachse des Kalbs mit eingewachsenem, markhaltigem Röhrenknochen, kräftig, zum Kochen

Beinschinken   ↑ Schinken/Erzeugnisse

Beinwell, Bein-, Speckwurz, Himmelsbrot, Wallwurz Küchenkraut, Blätter von süßlichem Geschmack, frisch, getr. oder pulverisiert als borretschähnliche Würze, frische Blätter a. als spinatähnliches Gemüse, in Eierkuchenteig fritiert oder geh. als Salat (Europa, Asien, a. Nordamerika)

Beiried österr.: Rippenstück, Roastbeef vom Rind

Beis(e)l österr.: Kneipe, Wirtschaft, kl. Restaurant

Beißkohl Gemüse, ↑ Mangold

Beißwurzel Wurzelgemüse, ↑ Meerrettich

Beiz schweizerd.: Kneipe, Wirtschaft, kl. Restaurant

Beize   ↑ Marinade

Bekassine Sumpfschnepfe, ↑ Schnepfe

Belche(n) am Bodensee Name des ↑ Bleßhuhns

Belegfrüchte, Belegobst, Dickzuckerfrüchte, Konfitfrüchte kandierte Früchte, von denen die Dickzuckerlösung abgelaufen, abgetropft ist; zum Dekorieren, Garnieren

Belgier Mastrind-Rasse, ↑ Rind

Belgische Endivie   ↑ Salat/Chicorée

belindjo indon.: eßbare Samen des Gnemonbaums

belle-de-nuit [frz.: Schöne der Nacht, Wunderblume] Salat aus Krebsschwänzen und Trüffelscheiben in mit Pfeffer gewürzter Essig-Öl-Sauce

belle fermière, (à la), Schöne-Pächterin-Art Rinderkraftbrühe mit in Butter ged. Gemüsen, Weißen Bohnen und kl. Kartoffelscheiben; Salat aus Streifen von gek. Kartoffeln, Roten Bohnen, grünen Paprikaschoten und Sellerie, mit Senfsahne gebunden

Belle-Hélène [«Die schöne Helena», Komische Oper von Jacques Offenbach, 1864] Garnituren aus gegr. Champignons, Grünen Erbsen, glasierten Karotten, geschmolzenen Tomaten und Kartoffelkroketten, zu gr. Fleischstücken, oder aus mit Béarnaisesauce gef. Artischockenböden, Kresse und Strohkartoffeln, zu Tournedos; Hühnerbrüstchen auf Kroketten mit Spargelspitzen und Trüffelscheibe; Salat aus Selleriestreifen in Mayonnaise mit geh. Kerbel; meist jedoch Süßspeise aus in Sirup pochierten Früchten, i. a. Birnen (Birne Helene) auf Vanilleis mit heißer Schokoladensauce

Bellelay-Käse [Bellelay, ehem. Kloster im Schweizer Kt. Bern] ↑ Tête de Moine

bellevue, (en) [Château de Bellevue, Besitztum der Madame de Pompadour] Krustentiere, Fische, Geflügel kalt in glänzender Geleehülle

belon Auster mit festem, grauweißem Fleisch und feinherbem Jodgeschmack von der bretonischen Küste des Morbihan am Atlantik (Frankreich); ↑ Auster

Bel Paese [ital.: Schönes Land] Markenname für einen weichen, doch schnittfesten Butterkäse aus Kuhmilch, gepreßter Teig, mind. 50% Fett i. Tr., zart säuerlich und gut bekömmlich; angenehmer Dessertkäse, u. zum Kochen oder Überbacken (urspr. Lombardei, Italien); ↑ a. Italico

belsöségpörkölt ung.: Pörkölt aus Innereien

beluga russ.: Hausen, gr. Stör, Lieferant des teuersten, bes. großkörnigen Kaviars
    – malossol milder, wenig gesalzener Hausen-Kaviar; ↑ a. Hausen, Kaviar

Bemmchen, Bemme sächsisch: mit Butter bestrichene, a. belegte Brotschnitte

Benediktiner-Art, (à la) bénédictine [Benediktiner, katholische Ordensleute] (Fasten-)Garnitur aus Stockfisch- und Kartoffelpüree mit Sahnesauce, zu Fisch

Benjamin-Art Garnitur aus gef. Champignonköpfen, getrüffelten Dauphine-Kartoffeln, zu Schnitzeln und Steaks in Madeirasauce

Benzoësäure organische Säure aus dem Pflanzenreich, scharfer, kratzig saurer Geschmack, wird (a. synthetisch hergestellt) zur Konservierung von Nahrungsmitteln verwendet

beras, berasi indon.: (enthülster) Reis

Berberhuhn Hühnerfrikassee mit Orangenschalen (jüd. Küche)

Berberitze, Sauerdorn längliche, scharlachrote Beere eines dornigen Zierstrauchs, bitter-säuerlich, roh ungenießbar; wird zu Gelee, Kompott, Mark, Marmelade, a. Branntwein und Likör verarbeitet, im Orient a. als Würze zu Reisgerichten verwendet, Sept.–Okt. reif (Mitteleuropa)

berche jüd. Festtagsbrot, -gebäck, ↑ barche, challe

Bercheux [Joseph B., Advokat und Dichter, 1765–1839, führte in einem langen Gedicht den Begriff «Gastronomie» ein] in Butter, Cognac und Zitronensaft gegarte Fasanenbrüste in Teigformen mit Fasanenpüree und Bratensaft

Bercy [Pariser Quartier mit einst berühmten Weinmärkten] mit Wein und Schalotten(butter) zubereitet; ↑ a. Sauce/sauce Bercy
 beurre –, Bercy-Butter Schalottenbutter mit Rindermark, Weißwein und Petersilie; zu gegr. Fleisch, Fisch usw.

Bereflade schweizerd.: flacher Birnenkuchen (Appenzell, Ostschweiz)

berenjena span.: Aubergine

Bergamotte [Berga, span. Stadt, wohin Kolumbus die Frucht von den Kanarischen Inseln brachte] kugelige bis birnenförmige hellgelbe Zitrusfrucht, Kreuzung zwischen Bitterorange und Limette; roh ungenießbar, wird für Konfitüren u. ä. verwendet, Saft würzig säuerlich, das ätherische Öl aus der Schale zum Aromatisieren, für Liköre usw. (Süditalien, Elfenbeinküste, Brasilien, Westindien); a. Name für eine Birnenform, ↑ Birne

bergère, (à la) ↑ Schäferin-Art

Bergilt Meerfisch, ↑ Rotbarsch

Bergische Kaffeetafel, Kaffee mit Essen Milchreis, Waffeln, a. Brezeln, Korinthenstuten, Rosinenplätzchen, selbst Zwiebäcke mit Guß, Schwarzbrot mit Butter u. ä. zu einer Kanne Kaffee mit Sahne und Zucker (Bergisches Land)

Bergkäse, Alpkäse Sammelbegriff für Hartkäse aus Kuhmilch von den Bergregionen der europäischen Alpen, schnittfester Teig mit keinen oder wenigen kl. Löchern, mager (unter 15% Fett i. Tr.), halbfett (29%) bis vollfett (45% und mehr), mild aromatisch bis kräftig herb; ↑ Allgäuer Bergkäse, Battelmatt, Beaufort, Brienzer Käse, Raclettekäse u. a. Stichwörter

Bergspinat Blattgemüse, ↑ Guter Heinrich

berke jüd. Festtagsbrot, ↑ barche

Berlepsch ↑ Apfel/Sorten

Berliner | Bollenfleisch ↑ Bollenfleisch
 – (Land-)Brot freigeschobenes Roggen- oder Roggenmischbrot, stark ausgebacken und meist lang mit gemehlter, gemaserter Oberfläche, kräftiger Geschmack
 – Knacker schnittfeste Rohwurst aus Schweine- und Rindfleisch, mit Knoblauch gewürzt und geräuchert, wird meist gekocht
 – Leber ↑ Leber auf Berliner Art
 – Leichenfinger ↑ Leichenfinger
 – Luft [1899 Schlager «Das ist die Berliner Luft» von Paul Lincke] Süßspeise aus schaumig gerührtem Eigelb, steif geschlagenem Eiweiß, Wasser und Gelatine oder gelatiniertem Apfelsaft, Vanillezucker, Zitronenschale usw., gekühlt aus dem Förmchen gestürzt; dazu gezuckerte Beeren, Kompott oder rote Fruchtsaftsauce und Kleingebäck
 – Pfannkuchen schwimmend ausgebackene Hefeteigkugel mit Marmeladenfüllung, mit feinem Zucker bestreut
 – Preßwurst Blutwurst mit kl. Speckwürfeln
 – Rollmops ↑ Rollmops
 – Schnitzel gek. Kuheuter in Scheiben, paniert und gebraten, dazu Kartoffelsalat
 – Schrippe Brötchen, ↑ Schrippe
 – Schüsselwurst Kochstreichwurst, ↑ Grützleberwurst
 – Zungenwurst Blutwurst, ↑ Zungenrotwurst

berlingot frz.: süßer Pfefferminz- oder Fruchtbonbon

Bermudasalat [Bermudas, Inselgruppe im nördl. Atlantik] Prinzeßbohnen und Streifen roter Paprikaschoten in Essig-Öl-Sauce

Bermudazwiebel ↑ Zwiebel/Gemüsezwiebel

Berna Blondorangensorte, ↑ Orange

Bernard [Emile B., Küchenmeister Kaiser Wilhelms I.] Garnitur aus gebr. Steinpilzen, ged. Tomatenwürfeln und geb. Kartoffelkroketten oder -püree; zu Fleisch in Tomatensauce

Berner|Erbsensuppe [Bern, Schweizer Kanton mit immer noch ländlichem Mittelland] Suppe aus Gelben Erbsen mit Speckwürfeln, Möhren, Porree, Sellerie, Zwiebeln usw. und gerösteten Brotwürfeln, dazu oft ↑ Gnagi
- **Platte, Bernerplatte** opulente Schlachtplatte aus gepökelter Hachse, Rippchen, Ohren und Schwanz vom Schwein, Magerspeck, Siedfleisch vom Rind, Zungenwurst, (Emmentaler) Würstchen mit Sauerkraut und/oder Sauerrüben, Gemüsen wie (Dörr-)Bohnen, Kartoffeln, Knoblauch, Möhren, Porree, Sellerie, Zwiebeln usw., Gewürzen wie Gewürznelken, Lorbeer, Wacholderbeeren usw. und Weiß- oder Apfelwein
- **Rösti** Schweizer Bratkartoffeln, ↑ Rösti
- **Züpfe** Brotzopf aus Weißmehl, frischer Hefe, Butter, lauwarmer Milch, Eiern und Salz, mit Eigelb bestrichen und gebacken

Bernitschke Heidekrautfrucht, ↑ Preiselbeere

Berny mit Mandelsplittern überbackene Kartoffelkroketten; Garnitur aus mit Linsenpüree gef. Torteletts nebst diesen Kroketten, zu Wild, a. Fleisch in leichter Pfeffersauce

Berry-Art, (à la) berrichonne [Berry, hist. Landschaft Mittelfrankreichs mit Geflügel-, Viehzucht und Ackerbau] Garnitur aus geschm. Grünkohl, Kastanien, glasierten Zwiebelchen, Scheiben mageren Specks usw., zu Schmorfleisch

Bertram Küchenkraut, ↑ Estragon

Beryx Tiefseefisch, ↑ Alfoncino

besan ind.: Kichererbsenmehl

Beseli schweizerd.: ganz dünne Grüne Spargel, für Suppen, Salate, zum Garnieren usw.

Besenkraut Küchenkraut, ↑ Beifuß

Besinge Beerenfrucht, ↑ Heidelbeere

Bestrahlung Konservierungsmethode durch Vorbeiführen von Lebensmitteln an einer radioaktiven Quelle mit Gammastrahlen, die je nach Dosis das Auskeimen verhindern (Kartoffeln, Zwiebeln), die Haltbarkeit von Gemüsen und Früchten verlängern und Mikroorganismen (Bakterien, Listerien, Salmonellen) abtöten; Lebensmittel werden durch Bestrahlung nicht radioaktiv, büßen jedoch an Geschmack und Vitaminen ein, weswegen Gegner sie für fragwürdig und unnötig halten; bestrahlte Lebensmittel sollten jedenfalls als solche gekennzeichnet sein

besugo span.: Brasse, Karpfenfisch

Beta-Carotin Provitamin A, ↑ Vitamine

Bete, (Rote) [lat. *beta*, Rote Rübe] nordd.: Rote Rübe

Betelnuß Samen der Betelpalme, enthält Fett, Gerbstoffe, Kohlenhydrate und Zucker, bräunlich geröstet erfrischend und stimulierend, in Asien als Nahrungs-, aber a. als Rauschmittel gekaut (Sundainseln, Süd-, Südostasien, Ostafrika)

Bethmännchen, Betmännscher [Bethmann, Frankfurter Bankiersfamilie] kugelrundes Konfekt aus Marzipanrohmasse, Puderzucker, Rosenwasser und drei halben geschälten Mandeln (für ebenso viele überlebende von urspr. vier Nachkommen), mit gezuckertem Ei goldgelb gebacken (Frankfurt a. Main)

bette, blette frz.: Mangold

Bettelmann Auflauf aus geriebenem Schwarz-, a. Weißbrot, Apfelmus, Eiern, Mandeln, Rosinen usw.

Bettelmatt Bergkäse, ↑ Battelmatt

betterave frz.: Rote Rübe

Beugel Hörnchen, Kipfel aus Hefeteig, meist mit Nußmasse gefüllt (Österreich)

beurre frz., ausgespr. *bör*: Butter
- **aux fines herbes** Kräuterbutter
- **Bercy** ↑ Bercy, beurre
- **blanc** [frz.: weiße Butter] zarte Buttersauce mit geh. Schalotten, Weißwein(essig) und/oder Fischsud und Gewürzen, leicht säuerlich; zu Fisch, sollte auf vorgewärmten Teller gereicht werden
- **Café de Paris** [ehem. Restaurant am Boulevard des Italiens in Paris, in der Belle Epoque «Tempel der Eleganz»] Kräuterbutter mit vielen Gewürzen und Aromaten
- **Chivry** ↑ Chivry
- **d'écrevisses** Krebsbutter
- **maître d'hôtel** ↑ Maître d'hôtel, beurre
- **manié, Mehlbutter** mit Mehl verknetete Butter zum Andicken und Binden von Saucen oder Suppen
- **marchand de vin** ↑ marchand de vin
- **meunière** [frz.: Müllerinbutter] gebräunte, mit etwas Zitronensaft verfeinerte Butter, muß schäumend frisch serviert werden
- **Montpellier** ↑ Montpellier-Butter
- **noisette, Nußbutter** haselnußbraun erhitzte, dickflüssige Butter
- **pour les escargots** ↑ Schneckenbutter

↑ a. Colbert

beurré(e) frz.: gebuttert

Beusche(r)l Innereien, insbes. Lunge, a. Herz von Schlachttieren; a. säuerliches «Haschee», Feingehacktes daraus (Böhmen, Österreich, Süddeutschland)
   Salon ≗ langsam gek. Kalbslunge und -herz, in dünne Scheiben geschnitten und mit Mehl, Gewürznelken, Lorbeer, Thymian, Wurzelwerk, Zwiebel, Weinessig, Zitronensaft, Pfeffer und Senf leicht gebräunt, mit Essiggurken, Kapern, Sardellenfilet, Knoblauchzehe, Zwiebel, Petersilie und Zitronenschale gewürzt, mit Sahne oder Sauerrahm verfeinert, meist mit Semmelknödeln (Österreich)

Beutelwurst ↑ Westfälische Beutelwurst

bhara, bharva ind.: gefüllt

bhatoora ind.: Hefeteig mit Joghurt, Kartoffeln und Mehl, ausgerollt und in Fett schwimmend ausgebacken

bhindi ind.: Okra

bhojia ind.: mit Gewürzen geschm. Gemüse

Bibeleskäs(e) Rahmquark (mit Schnittlauch), meist mit Brot oder Pellkartoffeln gegessen (Baden-Württemberg)

biber türk.: Pfeffer
   - dolması gef. Paprikaschote

Biber(fladen) [lat. *pigmentum*, Gewürz, oder *piper*, Pfeffer] würziges Honiggebäck mit Anis, Gewürznelken, Koriander, Muskat u. a., in Holzmodel geb., oft mit Füllung aus Mandeln, Honig, Rosenwasser, Zucker, abgeriebenen Orangen-, Zitronenschalen usw.; in Klarsichtfolie 1 Mon. haltbar (Appenzell, St. Gallen, Ostschweiz)

Bibernell(e) Küchenkraut, ↑ Pimpernell

Bickbeere nordd.: Heidelbeere

Biebeleskäs ↑ Bibeleskäs

bien cuit [frz.: gut gekocht] gar, gut (durch)gebraten; ↑ Fleisch/Garstufen

Bienenhonig ↑ Honig

Bienenstich flacher Hefekuchen mit Decke aus Butter, Honig, Mandelsplittern und Zucker, nach dem Auskühlen meist mit Vanillecreme und/oder Schlagsahne gefüllt (Deutschland)

Bierbrezel ↑ Laugengebäck in Brezelform, meist mit Salz bestreut, zum Bier gegessen

Bieressig Essig aus mit Sprit vergorenem Bier

Bierhefe ober- oder untergärige ↑ Hefe, entbittert und getr., für diätetische Zwecke

Bierkäse Mitteldeutschland: überreifer Sauermilchkäse, mit Bier oder verdünntem Essig behandelt; Süddeutschland: ↑ Weißlacker; ↑ a. Pinzgauer Bierkäse

Bierrettich ↑ Radi

Biersauce über in Malzbier eingeweichtem Pfefferkuchen passiertes gek. Suppengemüse, a. Pastinake, wieder aufgek., gewürzt, mit Stärkemehl und Butter gebunden, zu Karpfen u. a. Süßwasserfischen

Bierschinken Brühwurst aus feingemahlenem Rind-, Schweine-, a. Geflügelfleisch, Speck und groben Fleischeinlagen, a. Pistazien und Senfkörnern; als Aufschnitt u. ä.

Biersuppe Suppe aus mit Mehlschwitze gebundenem (dunklem) Bier und versch. Zutaten: Butter, Eigelb, Ingwer, Kümmel, Muskat, Zimt, Zitronensaft, Salz, Zucker usw. (Deutschland)

Bierteig Teig aus Bier, Mehl, Öl, Salz usw., a. Eigelb, Eiweiß; zum Ausbacken von Kalbskopf, Fisch, Gemüsen, Obst(küchlein) usw.

Bierweckerln Brötchen aus Sauerteig (Bayern)

Bierwurst grobe Brühwurst aus halbmagerem, fein gemahlenem Rind-, Schweinefleisch und Speck mit Fleisch-,

Gesalzene Brezeln machen Durst nach Bier

Speckwürfeln und Knoblauch, wird a. geräuchert (Bayern u. a.)

bife port.: (Beef-)Steak, Schnitzel

biff norw., schwed.: schieres Fleisch; Filet, Steak, Beefsteak
 -stek norw., schwed.: Beefsteak

Bifflamott südd.: bœuf à la mode

biff Lindström [Sigfrid Lindström, schwed. Lyriker, 1892–1950] Medaillon aus Tatar mit Roten Rüben, geh. Zwiebeln, Ei und Kapern, in Butter gebraten (Schweden)

Bifidus Bakterienart, die Milch milde säuert und (ungekocht) die Darmflora aufbauen hilft

Bifighurt Sauermilcherzeugnis, ↑ Bioghurt

bifte(c)k frz., skand. usw.: Beefsteak

bifun jap.: Nudeln aus Reisstärke

bigarade, bigaradia frz., ital.: Bitterorange, Pomeranze
 à la – frz.: (Ente) in ↑ Sauce/sauce bigarade

Bigaradie Bitterorange, ↑ Pomeranze

bigarreau frz.: Knorpelkirsche

bigoli ital.: dicke Spaghetti aus (Buch-)Weizenmehl und Eiern (Mantua); Spaghetti aus Vollkornmehl (Venetien)

bigorneau frz.: Strandschnecke

bigos deftiger Eintopf aus Schweine-, Kalbfleisch, Speck, Schwarte, Kochwürsten, Sauer-, Weißkraut, (getr.) Pilzen, Kastanien, Äpfeln, Backpflaumen usw. in Brühe mit Kümmel, Lorbeer, Zucker, saurer Sahne und Weißwein (Polen u. a.)

bihun indon.: Reisnudeln

Binätsch schweizerd.: Spinat

Bindegewebe Körpergewebe mit Eiweiß, hat im Organismus umhüllende, haltgebende, verbindende Funktion, Träger a. des Fetts

Bindemittel, liaison Mittel zum Eindicken, Gelieren von Flüssigkeiten und Speisen, ↑ Agar-Agar, Gelatine, Gummiarabikum, Mehl, Stärke, Tragant u. a., a. Eigelb

Bindenendivie ↑ Salat/Endivie, Krause Endivie

Bindenfleisch, Hobelfleisch Schweiz.: fettarmes, schwach gepökeltes, an der Luft getr. Muskelfleisch vom Rind (Graubünden, Ostschweiz); ↑ a. Bündnerfleisch

Bindesalat ↑ Salat/Römersalat

Binja, Bintje leicht mehligkochende Kartoffel, ↑ Kartoffel/Sorten

Bio- gesetzlich nicht geschützter Hinweis auf biologischen Anbau

Biobin pflanzliches Bindemittel aus gemahlenen Johannisbrotkernen und Kalziumlactat

Biogerm Weizenkeime, deren voller Nährwert erhalten blieb, ungek. zu Milchspeisen, Müesli, Fleisch-, Gemüsegerichten, Salaten usw.

Bioghurt, Bifighurt, Biogarde, Sanoghurt Sauermilcherzeugnis aus besonderen Bakterienstämmen, dem Joghurt ähnlich mild säuerlich, diätetisch wirksam; hält sich bei dunkler, kühler Lagerung etwa 3 Wochen

Biokost ↑ Naturkost

Biologischer Anbau ↑ Ökologischer Anbau

Biotin wasserlösliches Vitamin, ↑ Vitamine

Bircher-Benner-Kost [Dr. Maximilian Oskar Bircher-Benner, 1867–1939, Schweizer Diätarzt und Ernährungsreformer] vegetarische Rohkost aus Rohsäften, rohem Gemüse, Kartoffeln und Obst, Nüssen, Vollkornschrot, rohen Salaten, Kräutern, kaltgepreßten Ölen und Honig, evtl. auch Brot, Milch, Milchprodukten, Haferflocken und Zucker; ↑ a. Birchermus

Birchermus, Birchermüesli [↑ Bircher-Benner-Kost; wird in mißverstandenem Schweizerdeutsch noch oft «Müsli» = «Mäuschen» genannt] leichte Früchtediätspeise, original aus eingeweichten Haferflocken, Joghurt, Wasser, geraffelten Äpfeln, geriebenen Mandeln oder Walnüssen, Honig und Zitronensaft, heute a. aus sonst garten-, kellerfrischem, vitaminhaltigem Obst (Beeren, Birnen, Kirschen, Pflaumen, a. Ananas, Aprikosen, Bananen, Kiwis, Mangos, Orangen, Papayas, Pfirsichen usw.), eingeweichten, ballaststoffreichen Getreideflocken (Buchweizen, Gerste, Hirse, Reis, Roggen, Soja, Weizen), Eiweiß und Kalzium zuführender Milch (a. Kondens-, Mandelmilch), Joghurt u. ä., Zitronensaft, Honig und geriebenen Nüssen; gut zum Frühstück, aber a. als gesunde (Zwischen-)Mahlzeit

Bire schweizerd.: Birne

Birewecke(n) Hefebrot mit in Obstbrand eingelegtem Backobst (urspr. Birnen) oder sonst Früchten (Elsaß)

Birkenpilz, Kapuzinerröhrling wilder, eßbarer Röhrenpilz, wächst unter Birken, muß jung und trocken sein, angenehmer Geschmack, vielfältig verwendbar, in Mischpilzgerichten oder Suppen, läßt sich in Scheiben in Olivenöl braten, in Essig einlegen und trocknen, gute Zeit Juni–Okt.

Birkhuhn europäisches Wildhuhn aus moorigem, sumpfigem Gelände und umliegenden Gehölzen, a. in felsigem Gebirge bis oberhalb der Baumgrenze; sehr selten, bei uns geschützt

Birne [lat. *pirum*, Birne] uralte süße Kernfrucht, von der es mind. 1500 Sorten gibt, als *Bergamottes* mit runder, als *Flaschenbirnen* mit länglicher Form, als *Butterbirnen* mit schmelzendem, saftigem Fleisch.
Die Frucht, gesund (nicht mehr Zucker, sondern nur weniger Säure als der Apfel), bekömmlich und verdauungsfördernd, läßt sich vollreif sofort essen und paßt roh zu geräuchertem oder luftgetr. Schinken, Käse usw., kurz gedünstet (und mit Gewürznelken, Ingwer, Zimt, a. Chili, Pfeffer usw. gewürzt oder mit Ingwersahne, Preiselbeerkompott u. ä. gefüllt) zu Rindfleisch, geräuchertem Schweinefleisch, Wild oder mit Nüssen, Vanilleeis (Birne Helene, ↑ Belle-Hélène), Schlagsahne usw. als Nachtisch oder für Kuchen;

Birnenbaum im Blütenflor

kann als Gelee, Gratin, Kompott, Püree, a. Obstwein zubereitet oder gedörrt werden.

Die Birne reift, obwohl druckempfindlich, bei Zimmertemperatur rasch nach, darf aber noch nicht eßbar a. in dunklem, kühlem, luftigem Keller gelagert werden; sie ist zum Tiefkühlen ungeeignet, läßt sich jedoch in Stücken in Zukkersirup blanchiert bis 8 Mon. einfrieren (urspr. Anatolien, Kaukasus, heute a. Deutschland, Österreich, Schweiz, Belgien, Holland, Frankreich, Italien, Argentinien, Chile, USA, Südafrika, China u. a.)

EINIGE BIRNENSORTEN

Name	Herkunft / Verbreitung	Genußreife	Eigenschaften / Haltbarkeit
Abbé Fétel / **Abbate Fetel**	1869/86 Chessy-les-Mines, Frankreich Frankreich, Italien, Schweiz u. a.	Okt.–Nov.	mildes Aroma, schmelzend; gute Tafelbirne; hält sich kühl gelagert bis Ende Dez., im CA-Lager bis Ende Febr.
Bosc / **Beurré d'Apremont** / **Boscs Flaschenbirne** / **Kaiser Alexander**	1799 Apremont, Haute-Saône, Frankreich Frankreich, Schweiz u. a.	Okt.–Nov.	knackend saftig; frisch und doch lieblich, sehr süß; sehr gute Tafelbirne, a. für Gebäck; hält sich kühl gelagert bis Ende Jan., im CA-Lager bis Ende Apr.
Bunte Juli / **Bunte Julibirne**	1857 Rouen, Seine-Maritime, Frankreich Hausgärten	Mitte Juli–Aug.	mäßig saftig und weich, rasch mürbe bis mehlig; süßlich und zimtartig würzig; Tafelbirne
Bürgermeisterbirne / **Köstliche von Charneu(x)** / **Légipont**	um 1800 Luik bei Lüttich, Belgien Belgien, Holland, Norddeutschland, Rheinland	Sept.–Febr.	schmelzend und saftig; sehr süß und aromatisch; Tafel- und Kochbirne; hält sich kühl gelagert 6–18 Wo., im CA-Lager bis März
Clairgeau / **Clairgeaus Butterbirne**	1838 Nantes, Frankreich Hausgärten	Mitte Okt.–Mitte Dez.	schmelzend und sehr saftig; angenehm süß mit feiner, schwacher Säure, würzig und leicht herb; Tafel- und Dörrbirne; hält sich kühl gelagert bis Jan.
Clapp / **Clapps Favorite** / **Clapps Liebling**	um 1860 Dorchester, Massachusetts, USA	Ende Juli–Ende Aug.	trocken und sehr saftig; angenehm mildsüß und weinwürzig; Tafel- und Kompottbirne; hält sich kühl gelagert 3–6 Wo.
Conférence / **Konferenzbirne**	1860/85 Sawbridgeworth, Hertfordshire, England	Mitte Sept.–Nov.	saftig schmelzend; sehr süß und würzig; Tafelbirne; hält sich kühl gelagert 6–20 Wo., im CA-Lager bis Mitte Apr.
Doppelte Philipp / **beurré Philippe**	1800/09 Nordfrankreich Frankreich, Italien, Schweiz	Ende Sept.–Okt.	mäßig saftig, rasch teigig; erfrischend feinherb süßlich; Tafelbirne; hält sich kühl gelagert bis Mitte Dez.
Edelcrassane / **passe-crassane** / **passa crassana**	1845/55 Rouen, Nordfrankreich Frankreich, Italien, Schweiz	Ende Okt.–Jan.	körnig schmelzend und sehr saftig; würzig süß, wenig Aroma; Tafelbirne, hält sich kühl gelagert 6–20 Wo., im CA-Lager bis Apr.
Elsa / **Herzogin Elsa**	19. Jh. um Stuttgart Hausgärten, Württemberg, Sachsen	Mitte Sept.–Mitte Okt.	körnig saftig, später weich und breiig; angenehm süßsäuerlich, schwach würzig und aromatisch; Tafel-, Dörr-, Koch-, Saftbirne; hält sich kühl gelagert bis Ende Okt.

BIRNENSORTEN

Name	Herkunft / Verbreitung	Genußreife	Eigenschaften / Haltbarkeit
Gellert / Gellerts Butterbirne / Hardy	1820 Boulogne-sur-Mer, Frankreich	Sept.–Mitte Nov.	grobkörnig und sehr saftig, gelegentlich mürbe, später teigig; intensiv weinsäuerlich süß und erfrischend würzig, edles Aroma Tafel- und (ohne Schale) Kochbirne; hält sich kühl gelagert 4–10 Wo.
Gräfin / Gräfin von Paris	1893 Dreux, Eure-et-Loire, Frankreich Hausgärten	Mitte Nov.–Jan.	körnig und wenig saftig; süßlich, leicht herb und feinsäuerlich; Tafelbirne; hält sich kühl gelagert bis März
Gute Luise (von Avranches) / Louise bonne	1778 Avranches, Normandie, Frankreich Frankreich, Schweiz u. a.	Mitte Sept.–Okt.	fein, schmelzend und sehr saftig; süßlich, schwach fruchtig und aromatisch; Tafel- und Kochbirne; hält sich kühl gelagert bis Mitte Jan., im CA-Lager bis Mitte März
Guyot / Jules Guyot / Limonera	um 1870 Troyes, Aube, Frankreich Frankreich, Schweiz, Italien, Spanien	Juli–Aug.	weich und sehr saftig; wenig gewürzt; Tafelbirne; hält sich kühl gelagert 2–4 Wo.
Kochbirne	Norddeutschland	ab Mitte Aug.	versch. kl. grüne Sorten, die beim Kochen hart bleiben; als Beilage, für Kompott und Desserts; nicht lagerfähig
Lucas / Alexander Lucas	um 1870 Blois, Loire-et-Cher, Frankreich	Nov.–Jan.	schmelzend saftig, erfrischend süßfruchtig bis leicht wäßrig, wenig Aroma; Tafelbirne; hält sich kühl gelagert 4–12 Wo.
Pastorenbirne / curé	1760 Châtillon-sur-Indre, Frankreich	Mitte Nov.–Mitte Jan.	saftig zergehend, süßlich mit feiner Säure, schwach aromatisch; Tafel-, Dörr-, Koch-, Saftbirne; hält sich kühl gelagert bis Mitte Apr.
Santa Maria	Italien Italien u. a.	Mitte Aug.–Okt.	schmelzend saftig, süßsäuerlich, fein würzig; Tafelbirne; hält sich kühl gelagert bis Mitte Nov.
Trévoux, (Frühe von)	1862 Trévoux, Ain, Frankreich	Juli–Mitte Aug.	weich und saftig, gern etwas mehlig; aromatisch und fein säuerlich; Tafel- und Kochbirne; hält sich kühl gelagert bis Mitte Sept.
Vereinsdechant / decana del comizio / doyenné-du-comice	um 1845 Angers, Maine-et-Loire, Frankreich Frankreich, Schweiz u. a.	Ende Sept.–Mitte Okt.	fein schmelzend und saftig; harmonisch aromatisch; Tafelbirne, a. zum Backen; hält sich kühl gelagert 6–16 Wo., im CA-Lager bis Ende Febr.
Vienne, (Triumph aus, von) / triomphe de Vienne	1864 Montagnon, Isère, Frankreich Frankreich, Schweiz u. a.	Ende Sept.–Mitte Okt.	feinkörnig und schmelzend saftig; süß und angenehm säuerlich würzig, schwach aromatisch; Tafelbirne; hält sich kühl gelagert bis Ende Okt.
Williams / **Bartlett** / bon-chrétien williams / **Williams Christbirne**	um 1770 Aldermaston, Berkshire, England Italien (Emilia-Romagna u. a.), Deutschland (Bodensee, Neckar, Niederelbe, Rheinland), Schweiz (Wallis), Steiermark	Mitte Aug.–Okt.	zart schmelzend und sehr saftig, mildsüß aromatisch mit leichtem Vanillegeschmack; sehr gute Tafel-, Koch-, Kompott-, Konservenbirne, aber druckempfindlich; a. für Birnenbranntwein; hält sich kühl gelagert 4–8 Wo., im CA-Lager bis Mitte Dez.

Birne Helene ↑ Belle Hélène

Birnenblaukraut ged. Rotkohl mit Birnenstücken

Birnenkraut ↑ Obstkraut

Birnenmelone Südfrucht, ↑ Pepino

Birnentomate ↑ Tomate/Ovale Tomate

Bisamklee Steinkleeart, ↑ Zigerklee

Bischofsbrot Rührkuchen mit Feigen, Mandeln, Pistazien, Rosinen, Schokolade, Zitronat usw. mit steifgeschlagenem Eiweiß

Bischofskirsche mit Essig und Zucker roh eingelegte Kirsche

Bischofsmütze Gemüsefrucht, ↑ Kürbis/Patisson

biscotte frz.: Zwieback; ↑ a. Biskotte

biscuit [frz.: zweimal gebacken] Frankreich: Zwieback; luftiges, durch Hefe und Eischnee leicht gemachtes Gebäck, ↑ a. génoise; England: süßer oder salziger Keks; Zwieback; Nordamerika: weiches Brötchen

Biskotte österr.: Löffelbiskuit

Biskuit luftiges Backwerk aus Getreideerzeugnissen und/oder Stärken, warm oder kalt geschlagenen Eiern, heißer Butter und abgeriebener Zitronenschale; läßt sich einfrieren und 2–3 Mon. lagern; ↑ a. Löffelbiskuit, Masse/Biskuitmasse, Wiener Masse
 -**kapsel** ↑ Kapsel
 -**masse** aufgeschlagene ↑ Masse aus mit Zucker, abgeriebener Zitronenschale schaumig gerührten Eigelben, mit Zucker steif geschlagenen Eiweißen, Mehl, Speisestärke und warmer Butter, muß sehr heiß und schnell gebacken werden; locker und luftig, für Rollen, (gef.) Torten u. ä., hält sich tiefgekühlt 3 Mon.; ↑ a. Wiener Masse
 -**rolle, -roulade** etwa 1 cm dicke Scheibe geb. Biskuitmasse, gerollt und mit Marmelade, aromatisierter Creme o. ä. gefüllt, mit Puderzucker bestreut
 -**schöberlsuppe** kräftige Rinderbrühe mit Einlage von luftigen Eierkuchenrauten (Österreich)
 -**teig** unzutreffender Ausdruck für Biskuitmasse

Bismarck|hering [Otto von Bismarck, 1815–1898, dt. Staatsmann und Gründer des Deutschen Reichs von 1871] kalt marinierter Hering, ↑ Hering/Bismarckhering
 -**salat** kl. Streifen von Kopfsalat und Rotkohl in Essig-Öl-Sauce mit geriebenem Meerrettich

-**suppe** leicht gebundene Rinderkraftbrühe mit Champignon-, (Chester-)Käsewürfeln und Portwein; Samtsuppe aus Kalbskopfbrühe mit Garnelenpüree und gerösteten Weißbrotwürfeln

bisque Cremesuppe aus pürierten Krustentieren mit Crème fraîche, Weißwein und Cognac (urspr. Frankreich)

bissarà Algerien: Saubohnen

bistecca ital.: Beefsteak
 – **(alla) fiorentina** [ital.: florentinisches Beefsteak] gr. Lendenstück mit Filet und Knochen von 1½ Jahre jungem (Chianina-)Rind, auf dem Grill oder einer heißen Platte gebr., erst anschließend gesalzen, gepfeffert und mit etwas Olivenöl begossen, reicht meist für zwei Personen
 – **(alla) milanese** [ital.: Mailändisches Beefsteak] Mailänder Schnitzel, ↑ Schnitzel, Wiener

Bistro(t) [*b'stroje*, Ruf der 1815 Paris besetzenden russ. Kosaken nach schneller Bedienung] Weinausschank, einfache Wirtschaft

bitingān, bitinzān ägypt., arab.: Aubergine

bitók, bitki kräftig gewürzter Hackfleischklops von Hammel oder Rind, meist mit eingeweichtem Weißbrot, (getr.) Pilzen, Zwiebeln usw. in Sauerrahmsauce (Rußland)

bitterbal holl.: Krokettenklößchen

Bittergurke ↑ Carella

Bitterkäse Sauermilchkäse mit Schimmel (Ostfriesland)

Bittermandel Steinfrucht des Mandelbaums, deren Kerne in geringen Mengen (enthalten Blausäure, die sich durch Erhitzen aber verflüchtigt) zum Aromatisieren von (Weihnachts-)Gebäck, Cremes, Grießpudding usw. verwendet werden; heute meist durch Bittermandelöl, ↑ Öl/Sorten, ersetzt (Mittelmeerländer, Naher Osten)

Bittermelone orient. Kürbisgewächs, ↑ Balsamapfel

Bitterorange Zitrusfrucht, ↑ Pomeranze, a. Bergamotte

Bitterschokolade ↑ Schokolade

Bixin Fettfarbstoff, ↑ Annatto

bjalo salamureno sírene in Öl eingelegter Weißkäse aus pasteurisierter Schafmilch, a. milder, Kuhmilch, weißer Teig, 46% Fett i. Tr., salzig säuerlich (Bulgarien)

Blå Castello dän. Edelpilzkäse, ↑ Castello blue

black bean engl.: Schwarze Bohne

blackberry [engl.: schwarze Beere] Brombeere

black bun [engl.: schwarzes Brötchen] Früchtekuchen mit Korinthen, Rosinen, geh. Mandeln, Gewürzen, Weinbrand usw. (Schottland)

blackpudding engl.: Grützwurst mit Blut

blanc frz.: weiß; Frischkäse
 – battu stark geschlagener Frischkäse, 0% oder 45% Fett i. Tr., mild und erfrischend, kann anstelle von Quark verwendet werden (Westschweiz)
 – manger, Mandelsulz [frz.: Weißes Essen] kalte Süßspeise aus Mandelmilch mit Gelatine und Sahne, a. Früchten, Likören usw.

Blankaal Aal mit grauweißer, silberglänzender Bauchseite auf der Rückwanderung zu den Laichplätzen

Blankett, blanquette [frz.: weißes Gericht] Ragout aus weißem Fleisch (Kalb, Lamm, Kaninchen, Hähnchen), a. Fisch oder Gemüse, in einer weißen, mit Eigelb und Sahne gebundenen Sauce, wird im Unterschied zum ↑ Frikassee von der Sauce separiert in Fleischbrühe gegart

Blasenkirsche exot. Frucht, ↑ Kapstachelbeere

Blasenschinken Rohpökelware aus geräucherten, gereiften Schinkenstücken, von einer Hülle umgeben

Blasenschmalz Schweineschmalz in Blasen

Blasenwurst grobe Brühwurst aus Rind-, Schweinefleisch und Speck in der Schweinsblase, wird a. geräuchert (Göttingen u. a.)

Bläßhuhn Wasserhuhn, ↑ Bleßhuhn

Blatt vorderer Rumpfteil, Schulter des Schalenwilds; ↑ a. Bug

Blätterfleisch ↑ Geschnetzeltes

Blätterkohl ↑ Kohl/Chinakohl

Blätterkrokant hauchdünne Scheibe Krokant, für Pralinen, Zuckerwaren usw.

Blättermagen Magen der Wiederkäuer, ↑ Pansen

Blätterpilze Klasse der höheren Pilze mit Lamellen an der Hutunterseite, viele eßbare (Champignon, Reizker u. a.), aber a. giftige Arten, ↑ Pilze

Blätterteig leichter, lockerer Teig, ↑ Teig/Sorten
 -gebäck feine Backware aus einem ohne Triebmittel und Hefe hergestellten, intensiv ausgerollten und mehrfach zusammengefalteten (tourierten) Grundteig, knusprig und goldgelb geb., möglichst frisch zu verzehren; hält sich luftdicht verpackt im Kühlschrank 2–3 Tage, tiefgefroren 3 Monate
 -halbmond ↑ fleuron
 -pastete ↑ bouchée, vol-au-vent
 -schnittchen ↑ dartois
 -stab, -stange ↑ allumette

Blattgemüse Gemüsegruppe, ↑ Gemüse

Blattgold bis zu 0,0001 mm feingewalztes Gold, kann zur Dekoration von Konditoreiwaren und anderen Speisen verwendet werden; eher eine Spielerei als, wie man meinen könnte, Verschwendung – Gold in dieser verschwindenden Menge ist in jedem Fall um vieles billiger als die Speise, die es ziert

Blattkohl Kohl, dessen Blätter als Nahrungsmittel dienen, insbes. Grünkohl, ↑ Kohl/Grünkohl

Blattmangold Gemüsesorte, ↑ Mangold

Blattrippe Teilstück des Rinderviertels, ↑ Spannrippe

Blattsalat Gruppe von Salatpflanzen, ↑ Salat/Sorten

Blattsellerie ↑ Sellerie/Sorten

Blattsenf ↑ Kohl/Chinesischer Blattsenf

Blattspinat ↑ Spinat; a. nicht gehackter, aus ganzen Blättern zubereiteter Spinat

Blattstielgemüse Gemüsegruppe, ↑ Gemüse

Blattzichorie ↑ Salat/Sorten

Blatz Rheinland: feine Backware, ↑ Stuten

Blaubarsch, Blaufisch Raubfisch aus dem Meer, leicht verderbliches, gräuliches, aber sehr feines und fetthaltiges Fleisch, läßt sich bes. gut braten und räuchern, aber a. sonst für alle Zubereitungen geeignet; frisch oder tiefgefroren im Handel (Mittelmeer, subtrop., trop. Meere)

Blaubeere ↑ Heidelbeere

Blauchabis schweizerd.: Rotkohl

Blaue Bohne ↑ Bohne/Sorten

Bläuel Meerfisch, ↑ Gabelmakrele

Blaue Milch Magermilch; verwässerte Milch

Blauer Wittling Meerfisch, ↑ Wittling

Blauer Ziegenfisch farbenprächtiger Meerfisch, feinkörniges Fleisch mit ausgezeichnetem Aroma, läßt sich wie Kabeljau zubereiten (Nordwestatlantik)

Blauer Zipfel Bratwurst, ↑ Zipfel, Blauer

Blaufelchen Süßwasserfisch, ↑ Renke/Große Schwebrenke

Blaufisch ↑ Blaubarsch

Blauhai ↑ Haie

Blaukabis schweizerd.: Rotkohl

Blaukrabbe, blue crab, Virginia crab Meereskrebs, weiches, sehr schmackhaftes Fleisch; läßt sich a. tieffrieren und (oft nur Scheren) zu Konserven verarbeiten (amerik. Atlantikküste, a. Mittelmeer, Ägäis)

Blaukraut südd., schweiz.: Rotkohl

Blauleng schlanker, aalförmiger Dorschfisch aus den Nordmeeren, festes, fettarmes, eiweißreiches, schmackhaftes weißes Fleisch, läßt sich braten, räuchern, a. zu Stockfisch verarbeiten; wird von Kennern höher bewertet als der Leng

Bläuling, Lackpilz, Lacktrichterling eßbarer Blätterpilz von angenehm zart-würzigem Geruch, aber madenanfälligem, eher zähem Fleisch, als Mischpilz verwendbar; gute Zeit Juni–Nov.

Blauschimmelkäse ↑ Käse/Festigkeit

Blechkuchen auf dem Backblech geb. flacher Kuchen, meist aus Hefeteig, mit versch. Belag; ↑ a. Fladen

Blechsemmel Brötchen aus leichtem Milchteig, auf einem Blech in Dampf gebacken (Schlesien)

Blei, Brachse(n), Brasse flacher Karpfenfisch aus dem Süßwasser, gr. Exemplare (wenig) fettarmes, weiches, aber grätiges und etwas fades Fleisch, läßt sich v. a. braten, grillen, räuchern, aber a. andere Zubereitungen möglich (Seen und langsam fließende Gewässer in Mitteleuropa, nördl. Alpen und Pyrenäen)

Das Bleßhuhn, ein jagdbarer Wasservogel

Bleichlauch Zwiebelgemüse, ↑ Porree/Bleichlauch

Bleichsellerie gezüchteter, gebleichter ↑ Sellerie/Staudensellerie

Bleichspargel weißer ↑ Spargel

Blendlingsbutter Butter aus Milch von der ersten Weidezeit, nicht haltbar

Bleßhuhn, Bläßhuhn, Belche(n) entengroßes Wasserhuhn von den bewachsenen Ufern europäischer u. a. Seen und Teiche; jung und enthäutet genußfähiges Fleisch, Jagdzeit Sept.–Dez.

blette frz.: Mangold

bleu [frz.: blau] Fleisch: stark blutig gebr., innen noch roh; Süßwasserfische: in aromatischem Essigsud blau gek.; Käse: Blauschimmel-, Edelpilzkäse
  – **d'Auvergne** geschmeidiger Edelpilzkäse aus Kuhmilch, weicher Teig mit blauem Innenschimmel, mind. 40 % Fett i. Tr., dem Roquefort ähnlicher kräftiger Geschmack, je nach Alter aromatisch bis herb pikant; gute Zeit Ende Juni–Okt. (Zentralmassiv, Mittelfrankreich)
  – **de Bresse, Bresse bleu** geschmeidiger, fast streichfähiger Blauschimmelkäse aus pasteurisierter Kuhmilch, 50 % Fett i. Tr., dem Gorgonzola ähnlich, je nach Alter mild bis kräftig pilzig, ohne Rinde zu essen; ganzes Jahr genießbar (südl. Burgund, Frankreich)
  – **de Gex** ↑ Gex, Bleu de

Blicke, Blikke Süßwasserfisch, ↑ Güster

Blicken alte Weizenart, ↑ Einkorn

blin, blini, Plinsen kl., nicht zu dünner, in Butter geb. Hefefladen aus Buchweizen-, a. Hirse-, Weizenmehl, locker, weich und saugfähig; wird i. a. mit eiskalter saurer Sahne, evtl. Crème fraîche zu Kaviar, geräuchertem Lachs, geh. Salzheringen u. ä. gegessen; a. süß mit Honig als Nachtisch (Rußland)

Blinda, Blinder Käse Käse ohne Löcher

Blindes Huhn, Blindhuhn Eintopf aus Grünen und Weißen Bohnen, Möhrenscheiben, gewürfelten Kartoffeln, Schinken, a. Rindfleisch und/oder durchwachsenem Speck, Kochäpfeln und/oder festen reifen Birnen usw. (Westfalen)

blitwa serbokroat.: Mangold

Blitzblätterteig ↑ Teig/Sorten

Blitzkuchen ↑ Éclair

bloater [engl. *to bloat,* räuchern] frischer, fetter, gleich nach dem Fang leicht gesalzener Hering, meist gegr. oder in der Pfanne gebr. zum Frühstück (England)

Blöcher Backwerk aus Mehl, Butter, Eigelb, Zucker und Arrak mit saurer Sahne, in siedendem Fett goldbraun geb., mit Zimt und Zucker bestreut (Franken)

Blockmalz ↑ Malzbonbon

Blockschokolade Schokolade einfacher Qualität in Blöcken statt Tafeln; zum Raspeln, Schmelzen, für Rührkuchen, Schokoladensaucen usw.

Blockware tiefgefrorene Lebensmittel, die zu mehreren Stücken als Block zusammenhängen; ↑ a. Rollende Ware

Blockwurst Dauerwurst, ↑ Plockwurst

blodbudding, Blutpudding Pastete aus Roggenmehl, Speckwürfeln, Schweineblut, Fleischbrühe, Wurstfett, Gewürzen und Rosinen (Dänemark, Skandinavien)

Blondorange ↑ Orange/Sorten

bløtkake Sahnetorte mit frischen Früchten (Norwegen)

Blotwoosch kölnisch: Blutwurst

blue engl.: blau; Blauschimmelkäse

blueberry [engl.: Blaubeere] Heidelbeere, insbes. nordamerik. Züchtung, sehr groß, aber innen weiß und ohne viel Geschmack

blue cheese dressing cremige Salatsauce aus Essig, Öl, Frischkäse und/oder Roquefort mit Salz, Pfeffer, geh. Dill, Petersilie und Schnittlauch, zu Blattsalaten und kaltem Geflügel

blue crab engl.: Blaukrabbe

bluefish engl.: Blaubarsch

blue point ↑ Auster, Amerikanische

Blume ↑ Kalb, Rind, Schwein/Fleischteile, -stücke

Blumenhändler-Art, (à la) fleuriste Garnitur aus kl. Gemüsestücken, gefüllten ged. Tomaten und Schloßkartoffeln, zu kl. Fleischstücken

Blumenkohl Blütenkohl, ↑ Kohl/Sorten
   -suppe, potage à la Dubarry Rahmsuppe mit Blumenkohl

Blumenkohlpilz Speisepilz, ↑ Glucke, Krause

Blumenkresse Gemüsepflanze, ↑ Kresse/Kapuzinerkresse

Blumenmädchen-Art, (à la) bouquetière Garnitur aus Sträußchen verschiedenfarbiger Gemüse mit Kartoffeln, dazu Holländische Sauce und leichter Jus, zu gr. gebratenen Fleischstücken, Tournedos, ged. Geflügel; a. Würfelgemüse in Béchamelsauce

Blunze(n) bayer., österr.: Blutwurst mit kl. Speckwürfeln

Blut rote Gewebeflüssigkeit im Körper von Mensch und Tier; jenes von Schlachtvieh, Geflügel, Wild wird als Zutat, Bindemittel, a. als Symbol der Lebenskraft bei der Herstellung und Zubereitung versch. Lebensmittel und Speisen (Pfeffer, Ragouts, Suppen, Würste usw.) verwendet

Blutbrot Spezialbrot mit Zusatz von Rinder- oder Schweineblut

Blütenblätter eßbare Blütenblätter von Fresien, Pelargonien, Rosen, Veilchen u. ä., in Zucker konserviert a. als Verzierung

Blütengemüse Artischocke, Blumenkohl, Brokkoli

Blütenhonig ↑ Honig/Sorten

Blütenkohl ↑ Kohl/Blumenkohl

Blutente Entenrasse, ↑ Ente, Hausente

blutig ↑ Fleisch/Garstufen

Blutmagen Blutwurst, ↑ Roter Schwartenmagen

Blutorange ↑ Orange/Sorten

Blutpudding dän. Pastete, ↑ blodbudding

Blutwurst Kochwurst aus Schweineblut, Speckwürfeln und Stücken Schweinefleisch, -innereien (Leber, a. Herz, Lunge) usw., zahlreiche reg. Sorten; ↑ a. Rotwurst, Schwarzwurst
   -gewürz Mischung aus Kardamom, Majoran, Piment, schwarzem Pfeffer und Thymian

Bobbes feines Gebäck aus Hefe-, Mürbeteig oder Biskuitmasse, mit Früchten oder Ölsamenmasse gef., mit Streuseln belegt, nach dem Backen mit Puderzucker bestreut

Bobbybohne ↑ Bohne/Sorten

bobotie würziger Auflauf aus meist durchgedrehtem Lammfleisch, Eiern, Zwiebeln, Mandeln, Rosinen usw. mit Curry, Pfeffer, Salz und Zucker, versch. reg. Varianten; Eintopf aus Rinderhackfleisch, Weißbrot, Zwiebeln, Milch und Eiern, Erdnüssen, Rosinen usw. mit Curry, Lorbeer, Salz und Zitronensaft, versch. reg. Varianten (Südafrika)

bocado port.: Bissen, Happen

Bocage-Schinken [Bocage, Landschaft der Normandie, Nordwestfrankreich] ↑ Schinken/Sorten

Bock ausgewachsenes Männchen geweih- oder horntragender Tiere (Schaf, Ziege, Reh, Gemse usw.); ugs. a. männl. Kaninchen

Bocksbart Gemüsepflanze, ↑ Haferwurz

Bockshornklee, Griechisches Heu, Kuhbohne, Kuhhorn, Ziegenhornklee Küchenkraut (Hülsenfrucht), wirkt nervenstimulierend, fördert Aufbaustoffwechsel, intensiv bitterlicher Geschmack; Bestandteil des Currypulvers, würzt Suppen, Eintöpfe, stärkehaltiges Gemüse (Indien, West-, Kleinasien, Ägypten, Südeuropa)

Bockwurst [in Berlin zu Bockbierfesten eingeführt] feines Brühwürstchen aus Rind-, Schweinefleisch und Speck, meist mit Knoblauch, Paprika, Schalotten, Koriander, weißem Pfeffer usw. gut gewürzt, in Berlin groß und dick, in München lang und dünn; oft paarweise angeboten, muß, wenn in Dosen sterilisiert, vor dem Verzehr gebrüht werden, wird meist mit zarter Schweinedarmhülle verzehrt

boćwina poln.: Mangold, Rübenkraut

Bodenhaltung die zusammengepferchte Haltung von Hühnern in Hallen, nicht artgerecht

Bodenrenke, (Große, Kleine) Süßwasserfisch, ↑ Renke

Bodenrübe Gemüseknolle, ↑ Kohlrübe

boemboe indon.: Gewürz(mischung)

boerenkaas [holl.: Bauernkäse] Käse aus nicht pasteurisierter Kuhmilch, leicht gepreßter Teig; meist jedoch Name für den ↑ Gouda

boerenkool holl.: Grünkohl

bœuf frz.: Ochse, männl. kastriertes Rind; Rindfleisch
   – à la mode [frz.: Rindfleisch nach der Mode] Rindsbraten mit Würfeln von entbeinten Kalbsfüßen, Möhren, Zwiebelchen, a. Spickspeck, Sellerie usw. und Gewürzen (Lorbeer, Petersilienstengel, Thymian usw.) in Rotwein, a. Cognac mariniert, kräftig angebraten und geschmort
   – bourguignon [frz.: Burgunder Rindfleisch] Ragout aus mit Bauchspeck, Schalotten, Zwiebeln usw. in Rotwein geschm. Rindfleisch-(orig. Ochsenschwanz-)stükken

Böfflamott [aus dem frz. *bœuf à la mode*] in Essig und Wasser mit Suppengemüse und Gewürzen mariniertes Rindfleisch, in Butterschmalz und Rotwein gekocht (Bayern)

bográcsgulyás ung.: Kesselgulasch

Bohémienne-Art, (à la) bohémienne [«La Bohémienne», 1869, Oper von Michael William Balfe] mit Gänseleber und Trüffeln; Ragout aus feingewürfeltem Fleisch, Gemüse, wachsweichen Eiern usw. in kalter Béchamelsauce; Lammkotelett mit geschmolzenen Tomaten, fritierten Zwiebeln und Reis; kurzgebr. Huhn mit Fenchel, Knoblauch, Paprika, Tomaten und Reis

Böhmerwaldbrot dunkles freigeschobenes Roggenbrot, lang oder rund mit leicht gemehlter Oberfläche, kräftiger Geschmack

Böhmische Art nach Art der hist. Landschaft Böhmen im einstigen Königreich Österreich-Ungarn, deren üppige, ländlich-raffinierte Küche mit den Begriffen Knödel, Palatschinken usw. nur unzulänglich beschrieben ist, ↑ diesbezügliche Eigennamen

Böhmische Knödel ↑ Knödel/Serviettenknödel

Bohne [ahd. *bōna*, die Geschwollene] Hülsenfrucht (oder Kern daraus) eine der ältesten Kulturpflanzen, wird in aller Welt als Gemüse und Futter angebaut, um die 500 Sorten, bei uns meist als *Gartenbohne, Grüne Bohne* in zwei Formen: *Buschbohne, Fisole, Strauch-, Zwergbohne* von ohne Stütze wachsender niedriger, buschiger Pflanze mit kurzen, kräftigen Stengeln, und *Stangen-, Kletterbohne* von an Stützen wachsender hochwüchsiger Schlingpflanze mit langen dünnen Stengeln; frische Bohnen sollten fest, glatt und saftig sein ohne bräunliche, faulige Stellen; getrocknete Bohnen müssen vor der Zubereitung eingeweicht und wegen des giftigen Eiweißstoffs Phasin immer mind. 10–15 Min. gegart werden; passende Kräuter: Bohnenkraut, Dost, Estragon, Knoblauch, Koriander, Petersilie, Quendel, Thymian, Zwiebel; frisch in einer Tüte im Gemüsefach des Kühlschranks bis 3 Tage haltbar, läßt sich blanchiert bis 12 Mon., ausgekernt bis 8 Mon. tiefkühlen und dann gefroren weiterverwenden; gute Zeit frisch einh. Juni–Mitte Okt., imp. März–Mai; kann a. getrocknet und eingesalzen werden (urspr. trop. Wälder Süd- und Mittelamerikas, dann a. Ostasien und Europa, insbes. Frankreich, Italien, Spanien, Deutschland – Buschbohnen aus Niedersachsen, Schleswig-Holstein, Stangenbohnen aus Baden-Württemberg, Nordrhein-Westfalen, Rheinland –, Österreich, Schweiz)

Sorten
Ackerbohne, Pferdebohne gr. Bohnenkern, meist als Viehfutter verwendet, kann aber a. als Gemüse zubereitet werden, Einweichzeit 7–8 Std., Garzeit 1–1½ Std. (urspr. Südasien, inzwischen a. Mittel-, Nordeuropa); ↑ a. Dicke Bohne
Adzukibohne, Azuki kl. dunkelroter oder schwarzer Kern der Sojabohne, hoher Nährstoffgehalt, leicht verdaulich, süßlicher, jedoch kräftiger Geschmack, wird beim Kochen sehr zart, Einweichzeit 1 Std., Garzeit 1–1½ Std. (Ostasien, China, Korea, Japan); ↑ a. Keimling
Augenbohne, Kuherbse saftige, leicht erdige Kerne einer Spargelbohnenart mit dunklem Ring, frisch, a. getr. oder konserviert (u. a. aus den USA) als Gemüse verwendbar (West-, Mittelafrika, trop. Amerika u. a.)
Blaue Bohne violette Busch- oder Stangenbohne
Bobbybohne rundliche Grüne Bohne mit viel Samen (Ägypten, Afrika, a. Inland)
Bohnenkerne die enthülsten, getr. Samen der Bohne, weiß und mehlig mild, je dunkler, desto herber und aromatischer; müssen vor dem Kochen eingeweicht und dürfen erst dann weich gesalzen und gewürzt werden
Borlotti-Bohne kl. oder gr. Kern einer Stangenbohne, weichkochend und bittersüß, in Italien frisch oder getr. für Suppen (minestrone), Eintöpfe, Salate, Einweichzeit 7–8 Std., Garzeit 1–2 Std., gute Zeit frisch Sommer, Herbst, läßt sich ausgekernt und blanchiert gut bis 3 Mon. einfrieren; bei uns meist getr. erhältlich (Süd-, Mittelitalien, Südschweiz)
Braune Bohne länglicher brauner Kern, herzhafter Geschmack, für Suppen, Eintöpfe, u. ä., Einweichzeit 7–8 Std., Garzeit 1–2 Std.
Brechbohne kl. runde oder ovale, fleischige Buschbohne, zartes, aromatisches Fruchtfleisch, feine Samen, fadenlos, wird vor dem Kochen in Stücke gebrochen, gut für Gemüsesuppen, Gemüse, Salate, als Beilage zu Fleisch oder Fisch, meist als Dosen- oder Tiefkühlware angeboten
Canellino weißlicher, mehlig weichkochender Kern, Einweichzeit 7–8 Std., Garzeit 1–2 Std.; oft in Konserven angeboten (urspr. Toskana, Mittelitalien, inzw. ganz Europa)
Coco-Bohne, Breite Bohne, Schwertbohne flache, breite Stangenbohne, große Kerne, frisch oder getr. für Suppen, Pürees, Gemüse (v. a. Spanien)
Dicke Bohne, Acker-, Puff-, Saubohne, Große Bohne gr. nierenförmiger Kern einer Wickenart, leicht herb, ausgesprochen eiweiß-, kohlenhydrat-, mineralstoffreich, wirkt aufbauend, für Diabetiker verträglich, Einweichzeit 7–8 Std., Garzeit 1–2 Std., eignet sich v. a. jung als Gemüse, Salat, für Eintöpfe, als Beilage zu Geräuchertem u. ä.; gute Zeit einh. März–Mai, imp. Jan.–Sept.; kann ausgekernt und blanchiert gut bis 8 Mon. tiefgekühlt werden (urspr. Südwestasien, Orient bis Mittelmeerraum, inzw. a. ganz Asien, Europa, v. a. Marokko, Türkei, Italien, Spanien, Frankreich, England, Deutschland – Niedersachsen, Nordrhein-Westfalen, Schleswig-Holstein –, Österreich, Schweiz)
Dörrbohne gedörrte Dicke Bohne
Fave grüner Kern der Dicken Bohne (Südeuropa)
Feuerbohne, Prunkbohne, Türkische Bohne robuste Stangenbohne, junge zarte Hülse wie a. große bunte Samen genießbar, kräftiger Geschmack, zerfällt beim Kochen, gut für Suppen, Pürees u. ä. (Mittelamerika, Mitteleuropa, insbes. Steiermark)
Flageolett-, Krüllbohne flachovale Hülse, länglich nierenförmiger Kern, köstlich frisch und zart, Einweichzeit 7–8 Std., Garzeit 1–2 Std., bei uns meist getr. in Dosen oder Gläsern, eignet sich als Gemüse, für Suppen, Pürees, Salate, zu Lammfleisch usw., gute Zeit frisch Aug.–Sept. (Frankreich, Westschweiz, a. Italien, Spanien u. a.)
Goabohne, Flügelbohne ↑ Goabohne
Helmbohne, Faselbohne Stangenbohne, junge Hülsen, unreife Samen, a. Wurzeln als Kochgemüse, junge Blätter und Triebe roh wie Spinat, a. getr. als Bohnenkern genießbar (urspr. trop. Afrika, inzwischen a. Indien, Südostasien, Ägypten, Ost-, Westafrika, Süd-, Mittelamerika, Karibik u. a.)
Keniabohne sehr dünne, faden- und samenlose Gartenbohne, zart und delikat (Afrika)

Kidneybohne, (Rote), Indianerbohne, Rote Bohne rotbrauner Kern, süßlich und mehlig kochend, Einweichzeit 7–8 Std., Garzeit 1–2 Std., gut als Gemüse (Amerika, Afrika); ↑ a. baked beans, chili con carne
Limabohne, Duffin-, Mond-, Rangunbohne sehr kleine, milde Kerne, werden beim Kochen mehlig weich, behalten aber ihre Form, Einweichzeit 7–8 Std., Garzeit 1–2 Std., gut für Salate, a. als Gemüse (trop. Amerika, Subtropen)
Mottenbohne, Mückenbohne kl. braune Kerne, Grundlage vieler ind. Gerichte
Mung(o)bohne, Jerusalem-, Linsenbohne, Lunja gelbe oder grüne Kerne, aus denen oft die Sojabohnensprossen gewonnen werden, Einweichzeit 1 Std., Garzeit 45–60 Min. (China, Indonesien, subtrop. Afrika, Mittelamerika) ↑ a. Keimling
Palbohne frischer, aus der Hülse gelöster Kern der Grünen Bohne
Perlbohne kl. kugeliger, weißer Kern, mehlig kochend, für Suppen, Eintöpfe, Pürees, als Gemüse (Nordamerika, Italien, Abessinien, China)
Prinzeßbohne, Delikateßbohne jung gepflückte grüne und sehr feine Buschbohne mit kurzer Hülse, zartem Fruchtfleisch, würzigen dünnen Samen und ohne Faden, wird unzerteilt gek. als feines Gemüse oder Salat, a. als Beilage zu Fleisch, Wild, Lachs usw.; läßt sich einfrieren und 1 Jahr aufbewahren
Reisbohne trop. Trockenbohne, wird meist zu Reis oder anstelle von Reis gegessen (Südostasien, Ostafrika)
Riesenbohne, Soissonsbohne gr. flache Dicke Bohne, gut als Gemüse, Püree, für Suppen, Eintöpfe, Schmorgerichte u. ä. (Deutschland, Frankreich, Spanien u. a.)
Schneidebohne, Schnibbel-, Schnittbohne breite, flache Grüne Bohne, eher grobes Fruchtfleisch, gr. Kerne, oft dicker Faden, wird vor dem Garen in feine Streifen geschnitten, für Suppen, als Gemüse, läßt sich blanchiert unverpackt oder verpackt bis 12 Mon. tiefkühlen und dann gefroren weiterverwenden
Schwarze Bohne, black bean, frijol weißer Kern, würzig-süßlicher Geschmack, weich kochend, Einweichzeit 7–8 Std., Garzeit 1–2 Std., für Eintöpfe, Salate (Amerika, insbes. Mexiko); ↑ a. feijoãda
Sojabohne ↑ Soja
Spargelbohne, Spaghetti-, Stricknadel-, Strumpfbandbohne dünne grüne Stangenbohne mit langer, bleistiftdicker Hülse und eßbaren Samen, süßlicher Geschmack, wird wie die Gartenbohne verwendet (urspr. Südosteuropa, heute a. trop. Afrika, Westindien, trop. Nordamerika, Kalifornien u. a.); ↑ a. Augenbohne
Speckbohne Stangenbohne mit langer, rund-ovaler, fleischiger Hülse und breiten gelblichen Kernen, süßer als andere Sorten, für Suppen, Pürees u. ä. (Deutschland, Holland u. a.)
Trockenkochbohne getr. Kerne der Grünen Bohne

Urdbohne frühreif gr. schwarze Kerne, ungeschält als Kochgemüse, später kl. olivgrüne Kerne, geschält und gemahlen für Brot, Gebäck usw.; grüne Hülsen a. als Kochgemüse (Südasien, Indien, Ostafrika, Tropen)
Wachsbohne, Butter-, Gemüsebohne gelbe Busch- oder Stangenbohne, zarter Geschmack, eignet sich bes. für Salate, a. zum Konservieren
Wachtelbohne, Bunte Bohne längliche gesprenkelte Weiße Bohne, mehlig, jedoch fest kochend, für Suppen, Pürees, Salate (Italien, Chile, Nordamerika, China)
Weiße Bohne gr. glatte, glänzende Kerne, sehr milder Geschmack, Einweichzeit 7–8 Std., Garzeit 1–2 Std., für Suppen (minestrone), Eintöpfe (cassoulet), Salate usw. (Europa u. a.)

Bohnenkäse ↑ Tofu

Bohnenkeimlinge, Bohnensprossen zarte Keimlinge der Mung- oder Sojabohne, vielseitig verwendbares, gesundes Gemüse als Beilage zu Gemüse, Salaten, Fleisch- und Reisgerichten, meist in Dosen erhältlich (Ostasien)

Bohnenkerne ↑ Bohne/Sorten

Bohnenkraut, Kölle, Pfefferkraut, Saturei Küchenkraut von herbwürzigem, pfeffrigem Geschmack, wirkt krampflösend, magenstärkend, macht schwere Speisen leichter verdaulich, paßt deshalb zu allen Hülsenfrüchten, zu Gurken, Tomaten, aber a. zu (Bohnen-, Erbsen-, Linsen-, Fleisch-) Suppen, (Schaf-)Fleisch, Wild, Fisch, (mehligem) Gemüse, Pilzen, Füllungen, Teigwaren, Würsten und Salaten; sollte erst kurz vor Ende der Garzeit zugegeben werden; frische junge Triebe bes. pikant, lassen sich aber a. in Essig einlegen, trocknen und tiefkühlen; gute Zeit frisch Juni–Sept. (urspr. Schwarzes Meer, östl. Mittelmeergebiete, heute a. Mittel-, Ost- und Südeuropa, insbes. Frankreich, Spanien)

Bohnenpaste dicke Würzpaste aus fermentierten Bohnen, Weizenmehl, Hefe und Gewürzen, scharf mit Chili und Sojabohnen, süßlich nur mit Sojabohnen (China)

Bohnenquark ↑ Tofu

Bohnensprossen ↑ Bohnenkeimlinge

Bohnensuppe gebundene Suppe aus Bohnen mit (Fleisch-)Brühe, Kräutern (Bohnenkraut usw.), Zwiebeln, geräuchertem Speck usw., viele reg. Varianten: Lothringen: aus Grünen Bohnen mit Kartoffelpüree; Rheinland: aus grünen Kletterbohnen mit Kartoffeln und saurer Sahne; Serbien: aus Weißen Bohnen mit Paprika, Porree, (Fleisch-)Brühe und Gewürzen; Spanien: aus Braunen Bohnen mit Hammelfleisch, Kartoffeln, Gewürzen, Olivenöl und Rotwein

Boieldieu, (à la) [François-Adrien B., frz. Opernkomponist, 1775–1834] Geflügelkraftbrühe mit Gänseleber, Hühner- und Trüffelklößchen; Eier mit Gänselebercreme und Trüffelstreifen in Champignonsauce; mit Gänseleber und Hühnerfleisch gef. Huhn

Bokwaiten westfälisch: Buchweizen

Bolivar [Simón de B., Befreier Südamerikas von den Spaniern und Nationalheld, 1783–1830] Biskuittorte mit Mandeln und Puderzucker

Bolle Mitteldeutschland: Zwiebel

bolle norw.: Kloß

Bölle(n) schweizerd.: Zwiebel
  -flade, -tünne, -wähe Zwiebelkuchen
  -schwitze in Butter goldgelb gebr. Zwiebeln

Bollenfleisch Eintopf aus Lammfleischwürfeln und ganzen enthäuteten Zwiebeln, evtl. mit Knoblauch, Kümmel und Lorbeer gewürzt, meist mit «Quetschkartoffeln», zerstampften Kartoffeln, gegessen (Berlin)

bollito ital.: gekocht, gesotten; Suppenfleisch
  – misto kräftiges Gericht aus in mit Möhren, Sellerie, Zwiebeln, a. Petersilie usw. gewürztem Wasser gesottenem Fleisch (Rind, Kalb, Zunge, Huhn, a. Würsten usw.), viele reg. Varianten; gern mit grüner Sauce, ↑ salsa verde, gereicht (v. a. Norditalien)

bolo port.: Kuchen

bolognese, alla, (à la) bolognaise [ital: auf Art von Bologna, «la grassa», «die fette», Haupt- und Schlemmerstadt der norditaliProvinz Emilia-Romagna] Teigwaren, Schmorgerichte u. ä. in konzentrierter, würziger Hackfleischsauce mit kleingeh. Schinkenwürfeln, Möhren, Sellerie, Tomaten, Zwiebeln, Kräutern, Gewürzen, Wein und Bouillon; a. allg. für diese Region typische Gerichte (Fleischspießchen, Makkaroni, Ragouts usw.)

Boltje, Bontje nordd.: Bonbon

Buschbohnen am Strauch

Bombage das Hervorwölben der Böden von Konservenbüchsen durch Gasentwicklung; es ist anzunehmen, daß sich der Inhalt (a. wenn er nicht so aussieht) zersetzt hat, er ist wegzuwerfen

Bombay duck [engl.: Bombay-Ente] kl. durchsichtiger, sonnengetrockneter Heringsfisch, feiner, scharfer Imbißhappen oder Würzzutat für Currygerichte (Westküste Indiens, Malediven)

Bombaysalat [Bombay, Hauptstadt des ind. Bundesstaats Maharashtra] körnig gek. Reis mit Mangowürfeln und roten Paprikaschoten in Essig-Öl-Sauce

Bombe zusammengesetzte Speise aus halbkugeliger oder granatförmiger Hülle mit Füllung

bombe glacée frz.: Eisbombe

Bonbel weicher Schnittkäse aus pasteurisierter Kuhmilch, gepreßter Teig, je nach Rinde 25% (hellgelb) oder 50% (rötlich) Fett i. Tr., milder Geschmack, ganzes Jahr genießbar (Frankreich)

Bonbon [frz. *bon,* gut] harte oder weiche Zuckerware zum Lutschen oder Knabbern; ↑ a. Karamelbonbon

Bondanuß Gewürz, ↑ Muskat

bongo bongo breiiges Gericht aus Muschelfleisch, Lotuswurzeln mit Kokosfleisch, Spinat und Sahne (Südseeinseln)

Bonifatiussalat [Bonifatius, Name versch. katholischer Heiliger und Päpste] Weinbergschnecken, Artischockenböden und ged. Champignonscheiben in Essig-Öl-Sauce mit Estragon und Kerbel

Bonito, Echter, Gestreifter Thun, Skipjack kl. ↑ Thunfisch, festes, ausgezeichnetes Fleisch, läßt sich wie Thunfisch zubereiten, insbes. kurzbraten, a. dünsten, grillen, schmoren; in Europa aus dem westl. Mittelmeer besser als aus dem östlichen; a. konserviert im Handel (alle warmen und gemäßigt warmen Meere, insbes. Japan, USA, Peru); ↑ a. Unechter Bonito
    Atlantischer –, Pelamide Meerfisch aus der Familie der ↑ Thunfische, meist als Frischfisch im Handel, ausgezeichnetes Fleisch, läßt sich dünsten, garen, grillen, schmoren (trop., subtrop. Atlantik, Nordsee, Mittelmeer, Schwarzes Meer)
    -flocken in hauchdünne Späne gehobelter, geräucherter, an der Luft hartgetrockneter Bonito, meist konserviert (Japan u. a.)

bonne femme [fr.: Frau aus dem Volk] ↑ Hausfrauen-Art, Sauce/sauce bonne femme

Bonnefoy ↑ Sauce/sauce Bonnefoy

Bontoux, (à la) [Eugène B., 1842–1904, frz. Finanzmann und Spekulant] Makkaronikroketten, zu Fleisch in Madeirasauce

bookwe(e)ten holst.: Buchweizen

boquera, boquerón span.: Sardelle

Bor chemisches, biologisch notwendiges Spurenelement, steigert den Stoffwechsel, in Gemüsen, Früchten enthalten, darf nicht als Konservierungsmittel gebraucht werden

borani Gemüsegericht aus Spinat u. ä. mit Reis und Joghurt (Türkei)

Bordeaux-Art [Bordeaux, Hafen-, Handels- und Weinstadt in Südwestfrankreich] ↑ bordelaise

Bordeaux-Sauce ↑ Sauce/sauce bordelaise

Bordeaux-Senf ↑ Senf/Sorten

bordelaise,(à la), Bordeaux-Art [Bordelais, das Weinbaugebiet um die Hafen- und Handelsstadt Bordeaux in Südwestfrankreich] mit Rindermark, Schalotten und Rot- oder Weißweinsauce, ↑ Sauce/sauce bordelaise

Bordomar Art des ↑ Red Snapper

Bordüre, bordure [frz. *bordure,* Umrahmung] runde oder ovale, eßbare Einfassung – salzig aus Farcen, Grieß, Kartoffeln, Reis usw., süß aus Cremes, Grieß, Milchreis usw. – von Gerichten aus Fleisch, Geflügel, Fisch, Süßspeisen usw.

börek längliche Art Krapfen aus hauchdünnen Blätterteigschichten mit Füllung aus (rohem) Fleisch oder (Schaf-)Käse usw., in Öl fritiert oder in der flachen Pfanne geb.; als Gang einer Mahlzeit, Imbiß oder zum Picknick (urspr. Zentralasien, heute a. Türkei, Balkan, Naher Osten)

Borgel(blüten) Würzkraut, ↑ Borretsch

borjú ung.: Kalb

Borkenschokolade Schokolade in lockeren, borkenähnlichen Röllchen

Borlotti-Bohne ↑ Bohne/Sorten

Borneotalg [Borneo, größte Insel des Malaiischen Archipels] ↑ Tenkawangfett

Bornholm-Lachs [Bornholm, dän. Ostseeinsel] ↑ Lachs

Bornkassen Gewürzkraut, ↑ Kresse/Brunnenkresse

boronia span. Gemüsesuppe, ↑ alboronia

Borretsch, Borgel(blüten), Gurkenkraut, Liebäuglein, Wohlmutsblume Würzkraut, wirkt lindernd, harntreibend, stärkt Herz und Nerven, kühler, erfrischend gurkiger Geschmack; frische Blätter werden jung ganz, ausgewachsen (mit Aromaverlust) geh. oder in Streifen verwendet; v. a. gut in (kalten) Gurken- und anderen Sommersalaten, Suppen, Weißkohl, Saucen, Kräuterbutter, Mayonnaisen, Marinaden, Joghurt, Frischkäse usw., aber a. zu Grillgerichten, Fisch, Eiergerichten, Omeletts, Gemüseragouts, Risotto, Teigwaren usw., selbst als spinatähnliches Gemüse; gute Zeit Mai–Sept. (urspr. Naher Osten, heute wild oder kultiviert ganz Ost-, Süd-, Westeuropa u. a.)
 -**blüten** hübsche blaue, mild-würzige Zutat zum Dekorieren, Garnieren von Salaten, Getränken usw. sowie zum Aromatisieren von Kräuteressig u. ä.

Börschkohl ↑ Kohl/Wirsing

Borschtsch, Barschtsch [russ. *burák*, Rote Rübe] osteuropäisches Nationalgericht, dicke, mit Mehl und saurer Sahne gebundene Suppe aus Roten Rüben, Weißkohl, Rindfleisch, Schinken, Räucherspeck, Würsten, Kartoffeln usw. mit Dill, Knoblauch, Lorbeer und Essig in vielen reg. Varianten; jeder Teller wird mit einem Löffel saurer Sahne abgeschmeckt (Rußland, Polen, Rumänien, Ukraine u. a.)

borsos ung.: gepfeffert, gesalzen

Bosko(o)p ↑ Apfel/Sorten

Boston baked beans [Boston, Hafen-, Handels- und Industriestadt in Massachusetts, USA] amerik. Bohneneintopf, ↑ baked beans

boterham holl.: mit Butter oder Margarine bestrichene Brotschnitte, Stulle
 aangekleede – belegtes Butterbrot

Botschafter-, Botschafterin-Art, ambassadeur, ambassadrice reiche Garnitur aus Gänse-, Geflügellebermousse, mit Champignon-Schalotten-Püree gef. Artischockenböden, Herzoginkartoffeln, geriebenem Meerrettich usw., zu Fleisch; Püreesuppe aus frischen Grünen Erbsen mit ged. Kopfsalat- und Sauerampferstreifen

bottarga ital.: flacher brauner Riegel aus gesalzenem, an der Meeresluft getr., festgepreßtem Meeräschen-, a. Thunfischrogen, intensiver Geschmack, wird in dünnen Scheiben als Vorspeise gegessen, beste Zeit Aug.–Okt.; kühl gelagert monatelang haltbar (Sardinien, Venedig, Ligurien u. a.)

Bottermelksupp Buttermilchsuppe mit Graupen oder Grießklößchen und Speckwürfeln (Niedersachsen)

botwina, baotwinja, botwinka Polen: Gemüsesuppe aus jungen Roten Rüben, deren Blättern usw.; Rußland: kalte Gemüsesuppe aus Roten Rüben, Gurken, Zwiebeln, Würzkräutern (Brennesseln, Dill, Lorbeer, Meerrettich, Sauerampfer usw.) und Kwas, dazu gek. Knorpelfisch (Stör o. ä.) und Krebse

bouchée [frz.: Mundvoll] Mundbissen; gef. Pastetchen, meist blind geb. Törtchen aus Blätterteig (salzig) oder Löffelbiskuit (süß) als Vorspeise, Zwischengericht, Dessert
 – **à la reine** rundes «Königinpastetchen» mit Kleinragout aus Geflügel-, Kalbfleisch, Champignons usw. mit Gewürzen und in weißer Rahmsauce

bouchère (à la) ↑ Fleischersfrauen-Art

boudin (noir) Blutwurst, Blunzen mit (Schweine-)Fett, Zwiebeln, Würzzutaten, a. Gemüse, Früchten, Milch usw. in vielen reg. Varianten (Frankreich)
 – **blanc** Wurst aus weißem Fleisch (Kalb-, mageres Schweinefleisch, Kaninchen, Geflügel, a. Fisch) mit Schweine- oder Kalbfett, Milch, Sahne, Eiern, Mehl usw. und Würzzutaten (Frankreich)

Bouillabaisse [frz. *bouilli*, gekocht, *abaissé*, schnell weggenommen] der klassische Fischeintopf, die «Sonnensuppe» des provenzalischen Südens, läßt sich nur in gr. Portionen zubereiten nach so vielen Rezepten wie Kennern und Liebhabern; viele, mind. dreierlei frische Felsenfische aus dem Mittelmeer, darunter unbedingt Drachenkopf, a. Krustentiere, auf lebhaftem Feuer mit Fenchel, Porree, Tomaten, Zwiebeln usw., a. Kartoffeln und Gewürzen wie Knoblauch, Safran, einem Stückchen Orangenschale in Olivenöl gargezogen; Brühe und Fische werden separat serviert, jene über (mit Knoblauch und Knoblauchmayonnaise eingeriebenen) trockenen Weißbrotscheiben (Provence, Südfrankreich)

bouilli frz.: gekocht, gesotten; gek. Rindfleisch, Sied-, Suppenfleisch

bouillie frz.: Brei, Mus aus in einer Flüssigkeit gek. Mehl; Schleimsuppe; Kinderbrei

Bouillon [frz. *bouillir*, sieden, ausgespr. *bujõ*] klare Fleisch-, Geflügel-, Gemüsebrühe, passende Kräuter: Estragon, Knoblauch, Petersilie, Porree, Zwiebel; in der Küchensprache meist einfache Suppe aus Rindfleisch, Rinderknochen, Suppengrün und Gewürzen, wird passiert, aber nicht geklärt, darf Fettaugen haben
 -**fett** Rindertalg

-kartoffeln, Brühkartoffeln in Fleischbrühe mit Speck und Wurzelgemüse gek. Kartoffelstücke

-präparate, -würfel feste, halbfeste oder flüssige Extrakte, aus denen eine klare Fleischbrühe hergestellt werden kann

-würstchen Brühwürstchen aus Rind-, Schweinefleisch und Speck, meist mit Fleischbrühe und grob zerschnittenem Brät

boula boula Palmweinsuppe mit Fisch- oder Fleischeinlage, Gewürzen usw. in vielen reg. Varianten, oft kalt mit frischer Sahne gereicht (Ozeanien)

boulangère, (à la) ↑ Bäcker-Art

boulette [frz.: Kügelchen] Fleischklops; ↑ a. Bulette

bouquet frz., ausgespr. *bukä:* Bukett, Bund, Büschel, Strauß, Duft, Würze; a. Name der Sägegarnele

– garni, Kräuterbukett, -bündel Würzsträußchen aus zu einem Bündel geschnürten gemischten Kräutern (klassisch: Lorbeerblatt, Petersilienstengel, Thymianzweig, aber a. Bohnenkraut, Porree, Rosmarin, Salbei, Stangensellerie usw.), a. Gemüsen und Gewürzen; dient zum Aromatisieren von Brühen, Suppen, Schmorgerichten, Saucen usw., wird vor dem Anrichten entfernt (urspr. Südfrankreich)

bouquetière, (à la) ↑ Blumenmädchen-Art

Bourbonensalat [frz. Dynastie mit versch. Herrschern in Frankreich, Spanien u. a.] Streifen gek. Schinken, Äpfel, und Rote Rüben mit kurzgeschn. gek. Makkaroni in Essig-Öl-Sauce, vor dem Anrichten mit gewürzter Mayonnaise gebunden

Bourbon-Vanille die beste ↑ Vanille

bourcette frz.: Feldsalat

Bourgeois Art des ↑ Red Snapper

bourgeoise, (à la) ↑ Bürger-Art

bourguignonne, (à la) ↑ Burgunder Art, Sauce/sauce bourguignonne

bourrache frz.: Borretsch

bourride [frz. *bourrer*, vollstopfen, sich vollessen] provenzalisches Fischgericht, etwas feiner als die ↑ Bouillabaisse: Die eher kleinen, weißfleischigen Mittelmeerfische und anderseits Kartoffeln sowie Gemüse in mit Eigelb gebundener Brühe und kräftiger Knoblauchmayonnaise werden wie bei jener getrennt gereicht, erstere mit gerösteten Brotscheiben (Südfrankreich)

Boursin milder Doppel-, Dreifachrahmfrischkäse aus Kuhmilch, cremiger Teig, 70% Fett i. Tr., selten, aber am besten ohne jede Gewürz-, Kräuterzutat (Knoblauch, Pfeffer usw.), das ganze Jahr genießbar (Normandie, Frankreich)

boutargue, poutargue «Weißer Kaviar», flaches Würstchen aus gesalzenem, gepreßtem Meeräschenrogen, wird in Scheiben gegessen (Provence, Südfrankreich)

Bovese in Schmalz geb. Weißbrotschnitte, ↑ Pafese

Bovist Bauchpilz, ungiftige Arten meist jung eßbar, aber von keinem bes. kulinarischen Wert, gute Zeit Aug.–Okt.

Bovril Fleischextrakt aus Kanada

Bowe(e)re, Bowerli [frz. *pois vert,* grüne Erbse] schweizerd.: Grüne Erbse

Boysenbeere Rückkreuzung der Loganbeere mit Brom- und Himbeere, kräftiges, angenehmes Aroma, transportempfindlich, deshalb meist tiefgefroren im Handel; gut für Konfitüren, Joghurt, Speiseeis usw. (Kalifornien, USA, Neuseeland)

Brabanter Art, (à la) brabançonne [Brabant, Landschaft in Nordostbelgien und den südl. Niederlanden mit Gemüsezucht] mit Chicorée, Hopfensprossen, Rosenkohl; Garnitur aus mit diesen Erzeugnissen gef., überbackenen und mit Mornaysauce überzogenen Tortelletts und Kartoffelkroketten, zu gr. (Schaf-)Fleischstücken

Brachse(n) Karpfenfisch, ↑ Blei

Brachsmen schweizerd.: Karpfenfisch, Blei

braciola ital.: Rücken- oder Lendenstück von Schlachtvieh; Roulade

brački sir kl., sehr harter Schafskäse, oft in Olivenöl gereift (Kroatien)

brado ausgenommener, entgräteter, kaltgeräucherter Hering, milder Geschmack (Holland)

Bragança, Bragance [vierte und letzte Dynastie Portugals] Garnitur aus kl. gedünsteten, mit Béchamelsauce gef.

Bananenstaude mit leicht gekrümmten Früchten, den «Fingern» und «Händen»

Tomaten und Kartoffelkroketten, zu Tournedos, Lammnüßchen u. ä.

Brägel Baden: Angebratenes (Brei, Kartoffeln, Nudeln); Ostschweiz: Brei aus Beeren, Kirschen

Brägele Baden, Schwarzwald: Bratkartoffeln

Brägen nordd.: Hirn
 -**wurst** ↑ Bregenwurst

braise [frz.: Kohlenglut] Schmorfleisch

braiser frz.: schmoren

bramata gelber, grobkörniger Mais, lange Kochzeit, für Polenta u. ä. (Graubünden, Tessin, Schweiz)

Brambeere ↑ Brombeere

bramble(berry) engl.: Brombeere

brambor tschech.: Kartoffel

bramborová polevká Suppe aus gewürfelten Kartoffeln, Knollensellerie, Kohl und Möhren mit Champignons, Knoblauch, Majoran und gebr. Speckscheiben (Tschechien, Slowakei)

Brame mdal.: Brombeere

bran engl.: (Weizen-)Kleie

branche frz.: Ast, Stange, Zweig

brandade mit Olivenöl oder Milch, oft a. Kartoffelbrei angemachtes Stockfischpüree, meist mit Knoblauch gewürzt (Languedoc, Provence, Südfrankreich)

Brandkäse Kuhmilchkäse aus Sauermilchquark und Butter, mit Bier gereift (Hessen, Sachsen, Westfalen)

Brandmasse, Brühmasse, oft unzutreffend **Brandteig** ↑ Masse aus gek. Milch oder Wasser, Butter, Mehl und später untergerührten Eiern, im Topf abgebrüht oder abgebrannt; leicht, gehaltvoll und knusprig, geschmeidig und spritzfähig, vielseitig verwendbar mit Salz für Gnocchi, Nocken u. ä., mit Zucker für Desserts, Spritzgebäck (Éclairs, Profiterolles, Windbeutel), Tortenböden usw.

brandy engl.: Branntwein, Cognac, Weinbrand

Das altertümliche Hospital Gottes in Beaune, auch berühmt für seine alljährlichen Auktionen von Burgunderweinen

 - -**butter** engl.: mit Weinbrand und Puderzucker verrührte Butter, zum ↑ Plumppudding
 - -**sauce** ↑ hard sauce

Branntweinessig Essig aus gegärtem Branntwein, ↑ Essig/Handelsessig

Brantôme, (à la) [Pierre de Bourdeille, Seigneur de B., um 1540–1614, frz. Schriftsteller] Weißweinsauce mit Gemüse- und Trüffelstreifchen, a. Risotto, zu Fisch

branzino ital.: Wolfsbarsch

brasato ital.: geschmort; Schmorbraten; ↑ a. manzo brasato
 - **al Barolo** zarter Rinder- oder Kalbsbraten, mit Speck, Möhren, Sellerie, Knoblauch, Kräutern und Gewürzen stundenlang in schwerem (Barolo-)Rotwein geschmort (Piemont, Ligurien u. a., Norditalien)

Brasilianischer Salat, salade brésilienne [Brasilien, Republik im östl. Südamerika] Ananaswürfel und körniger Reis in Sahne mit Zitronensaft und Salz

Brasilianische Suppe, soupe brésilienne Kraftbrühe mit Püree von Schwarzen Bohnen, gek. Reis, geh. Tomaten, Suppengemüse und Speck

Brasilkastanie, Brasilnuß ↑ Paranuß

Brasse(n) nordd., mitteld.: Karpfenfisch, Blei

Brät fein zerkleinerte, manchmal pikant gewürzte Rohmasse aus Fleisch, a. Fettgewebe, unter Zusatz von Trinkwasser und Kochsalz, für Brühwürste, a. Füllungen, Klöße u. ä., ↑ a. Hackfleisch/Arten

Bratapfel entkernter, mit Butter, Honig, Nüssen, Rosinen, a. Marmelade oder Marzipanmasse gef., zuvor eingeschnittener säuerlicher Apfel, im Ofen geb., mit Zimt und Zucker bestreut, warm gegessen

Bratbückling nicht ausgenommener oder ausgenommener gesalzener, kaltgeräucherter Hering mit Kopf, muß vor dem Verzehr gebraten oder anderweitig erhitzt werden

Bratbutter schweiz.: Butterschmalz

Braten zum Braten geeignetes, im natürlichen Zustand belassenes, bratfertig zugeschnittenes Stück Fleisch, sollte bei mittlerer Hitze mit Fett angebraten und bei niedriger Hitze mit geschlossenem Deckel fertiggegart werden; a. schon gebr. oder gegr. Stück Fleisch

-saft, -fond, -jus, -satz am Boden des Bratgeschirrs angesetzter Saft von gebr. Fleisch, wird mit Braunem ↑ Fond abgelöscht und evtl. entfettet; a. industriell hergestellt
  -sauce klare oder leicht gebundene braune Sauce, a. mit Fleischextrakt vorgefertigt oder industriell hergestellt
  -schmalz mit Gewürzen (Majoran, Thymian, Zwiebeln, a. Äpfeln usw.) aromatisierter Schweineschmalz

Bratenkraut Küchenkraut, ↑ Majoran

Bratfisch, Bratmarinade, Röstfisch verschieden vorbereiteter frischer, gefrorener oder tiefgefrorener Fisch oder Teil davon, der mit oder ohne Panierung, pflanzliche Beigaben usw. in Essig, Öl, Saucen gebr., geb., gegr. oder geröstet wurde

Brathähnchen ↑ Huhn/Züchtungen

Brathering Bratfisch, ↑ Hering

Brathühnchen ↑ Huhn/Züchtungen: Brathähnchen

Bratkartoffeln, Röstkartoffeln rohe oder gegarte (Pell-)Kartoffelscheiben oder -würfel, mit Fett, Schmalz oder Butter, a. mit Speck, Schinken, Wurststücken, Ei und/oder Gewürzen (Kümmel, Majoran, Zwiebeln u. ä.) usw. in der Pfanne gebraten, viele reg. Varianten; heute a. tiefgekühlt, als Konserve oder Trockenerzeugnis im Handel; ↑ a. Rösti

Bratklops ↑ Frikadelle

Bratkluft nordd.: Oberschale des Rinds

Bratl bayer., österr.: (Schweine-)Braten

Bratling Frikadelle aus Gemüse, geschrotetem Getreide und/oder Hülsenfrüchten

Brätling, Brotpilz, Milchbrätling gr. eßbarer, derber Blätterpilz aus der Familie der Milchlinge, Reizker, mildes weißes Fleisch, leicht bitterliche Milch, kann nur gebacken werden, läßt sich nicht konservieren oder trocknen, gute Zeit Juli–Sept.

Bratmarinade ↑ Bratfisch

Bratöl ↑ Öl/Sorten

Bratrollmops ↑ Rollmops mit eingerollten Gewürzen und sonst pflanzlichen Beigaben

Bratsatz ↑ Bratensaft

Bratspieß ↑ Spieß

Bratwurst meist zum Braten oder Grillen bestimmte Brüh-, Koch- oder Rohwurst; Brühwürstchen aus Kalb-, Rind-, Schweinefleisch und Speck, in Norddeutschland groß und lang, in Süddeutschland kleiner, zum Braten in der Pfanne oder auf dem Grill, selbst gekühlt nicht lange haltbar (urspr. mit Kümmel gewürzt, aus Thüringen); ↑ a. Grobe Bratwurst
  -gewürz Mischung aus Muskatblüte und Pfeffer
  -hack ↑ Brät, Hackfleisch/Arten
  – in Biersauce ↑ Stolzer Heinrich

Braunalge Meerpflanze, ↑ Alge

Braune Bohne ↑ Bohne/Sorten

Braune Butter geschmolzene, unter Rühren gebräunte Butter

Brauner Champignon wild wachsender ↑ Champignon

Brauner Fond ↑ Fond

Brauner Kandis ↑ Kandis

Brauner Kuchen hamburgisch: Pfeffernuß

Brauner Lebkuchen ↑ Lebkuchen, Brauner

Brauner Nougat ↑ Nougat, Brauner

Brauner Reis ↑ Reis/Braunreis

Brauner Zucker ↑ Zucker/Sorten

Braune Sauce Grundsauce, ↑ Sauce

Braunhäubchen Speisepilz, ↑ Maronenpilz

Braunkappe Speisepilz, ↑ Riesenträuschling, Rotbrauner

Braunkohl nordd.: Grünkohl

Braunkuchen hamburgisch: Pfeffernuß

Braunmehl in Butterschmalz, Fett o. ä. langsam und unter Rühren braun geröstetes Mehl

Braunpilz ostasiatischer Speisepilz, ↑ mu-err

Braunreis ↑ Reis

Braunschweiger [Braunschweig, Bezirk und Stadt in Niedersachsen] streichfähige, leicht geräucherte Mettwurst aus fettreichem Schweine-, Rindfleisch und Fettgewebe; ↑ a. Blutwurst, Leberwurst

Braunsenf ↑ Senf, Schwarzer

Brausebonbon, Brauselutscher, Schleckbrause Zuckerware, mit Brausepulver gef. Hartkaramelle mit versch. Aromen und angenehm prickelndem Geschmack

Bräutchensuppe, consommé petite mariée Geflügelkraftbrühe mit Mandelmilch, Kerbelblättern und Einlagen von Eierstich

Brautkraut Würzkraut, ↑ Rosmarin

bread engl.: Brot
- **sauce** dicke Sauce aus frisch geriebener Weißbrotkrume, Butter, Zwiebeln, Gewürznelken, Muskat, Cayennepfeffer usw. mit Milch und süßer Sahne; zu (Wild-)Geflügel usw.

breakfast engl.: Frühstück

brebis frz.: (Mutter-)Schaf; Schafskäse

Brechbohne ↑ Bohne/Sorten

Brecherbse ↑ Erbse/Sorten: Zuckererbse

Brechspargel ↑ Spargel

Bregen nordd.: Hirn
-**wurst** streichfähige Rohwurst aus Schweine-, Rindfleisch und Fettgewebe mit oder ohne Hirn, oft mit Zwiebeln, Ingwer, Muskat und Weißem Pfeffer gewürzt (Niedersachsen u. a.); ↑ a. Gelbwurst, Hirnwurst

Bréhan [Dorf an der bretonischen Westküste Frankreichs mit Gemüsekultur] Garnitur aus mit Bohnenkernenpüree gef. Artischockenböden, mit Holländischer Sauce überzogenen Blumenkohlröschen und Petersilienkartoffeln, zu gr. Fleischstücken

Brei zerkleinerte, weichgekochte, dickflüssige Masse aus meist pflanzlichen Lebensmitteln (Gemüse, Getreide, Obst usw.); ↑ a. Mus, Püree

Breislauch Küchenkraut, ↑ Schnittlauch

Breite Bohne ↑ Bohne/Coco-Bohne

Breitkopfaal Aal mit breitem Maul, weniger fett als der Spitzkopfaal

Breitlauch Zwiebelgemüse, ↑ Porree

Breitling Heringsfisch, ↑ Sprotte

Bremer Klaben [Bremen, Freie Hansestadt und Bundesland in der Marsch an der Unterweser] ↑ Klaben

Bremer Kluten bissengroßer rot-weißer Fondantbarren mit Pfefferminzgeschmack, oft zur Hälfte mit Schokolade überzogen

Bremer Pinkel Kochstreichwurst, ↑ Pinkel; in Bremen trad. Wintergericht (Grünkohl und Pinkel)

Bremer Schwarzbrot angeschobenes oder im Kasten geb. Roggenschrotbrot, lang mit glänzender oder gemehlter Oberfläche

Brennbeere ↑ Brombeere

Brennessel, Donner-, Haber-, Hanfnessel, Esselkraut Wildkraut, reich an Vitaminen und Wirkstoffen, wirkt blutbildend, junge Schößlinge und kl. zarte Blätter von leicht säuerlich würzigem Geschmack eignen sich vor der Blüte, etwa März–Juni, für Frühlingssalate, Suppen, Saucen und (püriert) als Gemüse, lassen sich mit Geräuchertem, Speck, Kartoffeln, Eiern, Spinat, Zwiebeln und/oder anderen Garten- und Wildkräutern kombinieren (alle gemäßigten Zonen, so a. Europa u. a.); ↑ a. Wildkräuter

Brennsuppe Suppe aus in der Pfanne mit Butter angebräuntem, in Wasser aufgerührtem Hafer-, a. Mais- oder Weizenmehl, mit Kümmel gewürzt (Vorarlberg u. a.)

Brennt's trad. Gericht aus grobgemahlenem, angeröstetem Weizenmehl, das mit Wasser oder Brühe zu einem Brei gek. wird (Allgäu, Schwaben)

Brennwert Energiemenge, die bei der Verbrennung, Verwertung von Nährstoffen (Eiweiß, Fett, Kohlenhydrate) im Organismus entsteht, wird in ↑ Kalorien und seit 1978 in ↑ Joule gemessen

Brenten [holl. *prenten,* aufdrucken] Konfekt aus im Ofen geb. zerstoßenen Mandeln, Eigelb, Mehl, Rosenwasser und Puderzucker (Frankfurt a. Main)

brésilien(ne) frz.: brasilianisch

Breslauer [Breslau, Stadt und Bezirk in Niederschlesien, heute Wrocław] Brühwurst aus Rind-, Schweinefleisch und Speck, der ↑ Lyoner ähnlich

Bressane, (à la) ↑ Bresse-Art

bressaola gepökeltes, an der Luft getr. mageres Rindfleisch, geschmeidig und saftig, wird in hauchdünnen Scheiben gegessen und gern mit Öl, Zitronensaft und frisch gemahlenem schwarzem Pfeffer angemacht (urspr. Veltlin, Norditalien)

Bresse fruchtbare frz. Landschaft zwischen Jura und Saône mit berühmter Geflügelzucht (↑ Bresse-Geflügel) und vielen feinen Agrarprodukten (Eier, Karden, Käse, Mais, Sahne usw.)
- **-Art, (à la) bressane** mit Bresse-Geflügel; dieses mit Füllung aus Champignons, Gänseleber, a. Trüffelscheiben; Blätterteiggebäck, Fladen, Kuchen, Salat mit Geflügelleber
- **bleu** Blauschimmelkäse, ↑ bleu de Bresse
- **-Geflügel** Hühner, Poularden, Kapaune, Puten usw. aus der Bresse, mit blau-weiß-rotem Gütesiegel eines der besten Geflügel, im Freiland mit Körnerfutter aufgezogen, vor der Schlachtung mit Mais und Milchpulver gefüttert; ↑ Huhn/Züchtungen

Bretonische Art, (à la) bretonne [Bretagne, frz. Halbinsel zwischen Atlantik und Ärmelkanal mit bedeutenden Gemüsekulturen und Hochseefischerei] Garnitur aus ganzen oder pürierten Weißen Bohnen, a. mit sauce bretonne, ↑ Sauce/sauce bretonne gebunden und mit geh. Petersilie, zu (Schaf-)Fleisch

Brettspätzle Spätzle, die von Hand geschabt und nicht industriell hergestellt wurden

Brezel [lat. *brachium*, (verschlungener) Unterarm] knuspriges Gebäck aus zweimal verschlungenen Teigsträngen, salzig aus Hefeteig, ↑ Laugenbrezel, süß aus Blätter-, Hefe-, Mürbeteig; ↑ a. Bierbrezel

Brezen, Brez'n südd., österr.: Laugenbrezel

brick [engl.: Back-, Ziegelstein] halbfester, ziegelförmiger Schnittkäse aus Kuhmilch, 50 % Fett i. Tr., mild und leicht süßlich, meist in Scheiben verpackt (USA)

Bricke Fluß- und Meerfisch, ↑ Neunauge

Brie [frz. Landschaft östl. von Paris] Weichkäse aus roher, a. pasteurisierter Vollmilch von der Kuh mit heller Schimmelrinde (muß nur bei Aschereifung entfernt werden), braucht einige Wochen Reife; Teig soll elastisch, aber noch nicht fließend sein, mind. 40 % Fett i. Tr., zart mild mit erdig-haselnussigem Geschmack; gute Zeit Juli–März (urspr. Landschaften Brie und Champagne, heute a. anderswo, Name ist keine Herkunftsgarantie)

Brienzer Käse, Mutschli [Brienz, Ort am Ende des gleichnamigen Sees] meist vollfetter, harter Bergkäse aus frisch gemolkener Kuhmilch, mind. 45 % Fett i. Tr., mildaromatisch (Bezirk Interlaken, Kt. Bern, Schweiz)

Bries, Brieschen, Bröschen, Kalbsmilch, Midder, Milcher, Milke, Schweser die zarte Thymus-, Wachstumsdrüse aus dem vorderen Brustkorb vom jungen Kalb, a. Lamm, eine kulinarische Delikatesse mit relativ niedrigem Cholesteringehalt, das Herzbries, Nüßchen noch feiner als das längliche Halsbries; muß ganz frisch sein, kompakt und weiß oder blaßrosa, sollte vor der Zubereitung gut gewässert, sauber pariert, evtl. blanchiert werden, läßt sich (vorgegart) backen, braunbraten, dämpfen, fritieren, grillen, sautieren, kurzschmoren und wegen seines neutralen, aber köstlichen Geschmacks mit vielerlei (weißen) Saucen, Gewürzen, Gemüsen und sonst Beilagen kombinieren; hält sich im Kühlschrank frisch 1 Tag, blanchiert 2 Tage, kann verpackt bis 1 Mon. eingefroren und dann aufgetaut zubereitet werden

Brieslesuppe Cremesuppe mit Kalbsbriespüree (Baden)

Jean-Anthelme Brillat-Savarin, französischer Richter und geistvoller Gastrosoph

Brigade ↑ Küchenbrigade

Brighton, à la [Brighton, engl. Seebad an der Kanalküste] Garnitur aus ged. Austern und Zwiebelchen, zu ged. Meerfisch in Weißweinsauce mit engl. Senf

Brigitte-Diät ↑ Abmagerungsdiät

brignolle frz.: Backpflaume; a. Pfirsichsorte

brik dreieckige Tasche aus hauchdünnem Grießteig mit Füllung aus geh. Hammelfleisch, Zwiebeln, Minze, a. Ei, Käse usw., in Öl gebacken (Tunesien); ↑ a. malsuqa

Brikke Fluß- und Meerfisch, ↑ Neunauge

Brillat-Savarin [Jean-Anthelme B.-S., 1755–1826, hoher frz. Justizbeamter und Gastrosoph, dessen geistreiche «Psychologie des Geschmacks» heute noch zu den Klassikern der gastronomischen Literatur zählt] Garnitur aus mit Gänseleber- oder Schnepfensoufflé gef. Torteletts, zu Federwild in Demiglace mit Wildessenz; Hummermedaillons mit Champignons und Trüffeln; in Cognac flambierte Schnitzel mit Champignonrahmsauce; wachsweiche Eier mit Spargelspitzen; a. Doppelrahm-Weichkäse aus Kuhmilch mit Crème fraîche, 75% Fett i. Tr., cremig und leicht säuerlich (Normandie, Frankreich); ↑ a. consommé Brillat-Savarin

Brimsen, Brinsenkäse, Liptauer schwach gereifter, quarkartiger Labkäse aus Schaf-, a. Kuhmilch, je nach Mischung 25% bis max. 48% Fett i. Tr., buttrig mild, wird auch geräuchert und/oder gewürzt (Tschechien, Slowakei, Ungarn, Österreich u. a.) ↑ a. Liptauer

brinza russ.: Schafskäse

Brioche, Apostel-, Prophetenkuchen [altfrz. *brier*, zermalmen, zerstoßen] lockeres, leicht süßliches Hefebrot aus Butter, Mehl, Milch und Eiern, meist klein und rund mit kugeligem Kopf; delikates Frühstücksgebäck, a. zum Tee, zu Vorspeisen, als Teigmantel usw., am besten ofenwarm; ↑ a. Teig/Briocheteig

brique [frz.: Ziegelstein] Weichkäse aus Ziegen-, a. Ziegen- und Kuhmilch, geschmeidiger Teig, 40–45% Fett i. Tr., angenehm nussiger Geschmack, gute Zeit Juni–Nov. (Auvergne, Frankreich); ↑ a. Eisbiskuit

brisling norw.: in Öl konservierte Sprotte

brisolée geröstete Kastanien mit Käse (Wallis, Westschweiz)

Buttrige Brioches – klein und groß ein apartes Hefegebäck

brisolette frz.: Art Frikadelle aus Kalb- und Schweinehack, in ovaler Form paniert und gebraten

Brisse [Baron Léon B., 1813–1876, frz. Journalist und Verfasser gastronomischer Bücher] Garnitur aus mit Hühnerfarce gef. Zwiebeln und mit Oliven gef. Teigtörtchen, zu gr. Fleischstücken

Bristol, (à la) [wahrsch. nach dem gleichnamigen Pariser Grand-Hôtel] Garnitur aus kl. Reiskroketten, kl. weißen Bohnenkernen in Rahmsauce und Schloßkartoffeln, zu gr. Rindfleisch-, Lammfleischstücken, Tournedos, Lammnüßchen u. ä.

Bristolsalat Streifen von gek. Knollensellerie, Äpfel, Pfeffergurken, Tomaten und gebr. Hühnerbrust in leichter Mayonnaise

broccio, brocciu Weißkäse, Quark aus Schaf-, a. Ziegenmilch, mind. 45% Fett i. Tr., milder bis kräftiger Geschmack, am besten frisch, *frais*, gute Zeit Apr.–Nov., sonst a. reif und trocken, *demi-sec* (Korsika, Frankreich)

broccoletto Rübenkohl, ↑ cima di rapa

broccolo Blütenkohl, ↑ Kohl/Brokkoli

broche, à la frz.: vom Brat-, Grillspieß

brochet frz. Hecht

brochette [frz.: Spießchen] auf einen Spieß gesteckte gegr. Stücke Fleisch, Fisch, Meeresfrüchte und/oder andere Zutaten

Brockelbohnen Grüne, gebrochene Bohnen mit gewürfeltem, angebratenem Dörr- und Schweinefleisch (Pfalz)

Brockelerbsen südd.: Grüne Erbsen

Bröckelkohl Blütenkohl, ↑ Kohl/Brokkoli

Brockfleisch Wiener Schlachtessen, ↑ Bruckfleisch

brød, bröd skand.: Brot

brodet (påribarski), brudet [serbokroat.: nach Fischerart] Suppe aus Meerfischen oder Krebsen, Reis oder Polenta, Knoblauch, Tomaten, Zwiebeln und Öl mit versch. Zutaten und Gewürzen, viele reg. Varianten (Kroatien, Serbien)

brodetto Fischsuppe mit Knoblauch, Zwiebeln, gerösteten Brotscheiben usw. (Italien, Jugoslawische Länder)

brodo Brühe von gek. Fleisch, a. Fisch oder Gemüse (Italien)

Brogliesauce [Broglie, frz. Adelsgeschlecht] ↑ Schinkensauce

Broiler [engl.: der Brater, zu Bratende] etwa 60 Tage altes, 1 kg schweres Brathähnchen, -hühnchen, zart und wohlschmeckend; deutsch reg.: Hähnchen zum Grillen

Brokkoli Blütenkohl, ↑ Kohl/Sorten

Brombeere, Brambeere, Brummbäre, Brummelbeere, Kr(o)atzbeere [mhd. *brama*, Dornstrauch] dunkelrote bis schwarze Beere aus kugeligen Steinfrüchtchen, meist wildwachsend, aber a. kultiviert, wirkt blutstillend, blutzuckersenkend, entzündungshemmend, gegen Diarrhöe; aromatisch süßsäuerlich, läßt sich frisch genießen, aber a. für Gelees, Kompotte, Kuchen, Marmeladen, Sirupe usw. verwenden oder konservieren; verdirbt rasch, kann jedoch gezuckert unverpackt oder verpackt für 12 Mon. tiefgekühlt werden; gute Zeit einh. Mitte Juli bis erste Fröste (Europa – Deutschland: Baden-Württemberg, Hessen, Nordrhein-Westfalen, Rheinland-Pfalz –, Asien, Nord-, Südamerika u. a.)

Arktische – ↑ Moltbeere

Brosame Brot-, Gebäckkrümel

Broschen Wachstumsdrüse des jungen Kalbs, a. Lamms, ↑ Bries

Brösel südd., österr.: Brot-, Gebäckkrümel; Paniermehl

Brösmeli schweizerd.: Brot-, Gebäckkrümel; Paniermehl

Brot [ahd. *prōt*, Gegorenes] uraltes, wertvolles Grundnahrungsmittel aus Mehl, Wasser, Salz und Sauerteig oder Hefe, nach Kneten, Formen und Lockern im Backofen hergestellt, in Deutschland allein mehr als 200 Sorten; da Brot heute oft aus Fertigmischungen voller Chemikalien hergestellt wird, achte man als Gewähr für unverfälschte Qualität darauf, daß der Bäcker eine Getreidemühle benutzt und in drei Stufen natürlichen Sauerteig herstellt.
Außer für den Verzehr mit oder ohne Beilagen ist Brot Grundlage vieler reg. Zubereitungen wie Suppen, Aufläufe, Füllungen, Gebackenes, Gebratenes usw.; es läßt sich bei Zimmertemperatur in trockenem Behälter mit Lüftungsschlitzen (Schnittfläche mit Folie abgedeckt) aufbewahren und verpackt je nach Sorte 1–6 Mon. tiefkühlen; ↑ a. angeschoben, freigeschoben

Sorten

Mischbrot zu gleichen Teilen aus Roggen- und Weizenmehl

Roggenbrot, Landbrot aus mind. 90% Roggenmehl, grobporig, schmeckt kernig aromatisch und leicht säuerlich, am besten einige Tage alt mit großen Löchern und knuspriger Kruste; 7–9 Tage haltbar, läßt sich so frisch wie möglich und gut verpackt eingefroren bis 1 Mon. tiefkühlen

Roggenmischbrot, Graubrot, Kommißbrot aus mehr als 50%, jedoch weniger als 90% Roggenmehl, schmeckt würzig aromatisch; 5–6 Tage haltbar

Roggenschrotbrot aus mind. 90% Roggenbackschrot

Roggenvollkornbrot aus mind. 90% Roggenvollkorn mit natürlichem Sauerteig, schmeckt würzig bis kräftig säuerlich

Schrotbrot aus mind. 90% Roggen- und Weizenbackschrot in beliebigem Verhältnis

Vollkornbrot aus mind. 90% Roggen- und Weizenvollkorn in beliebigem Verhältnis mit natürlichem Sauerteig, Krume graubraun (dunkelbraun ist gefärbt); hält sich so frisch wie möglich und gut verpackt tiefgekühlt sehr gut bis 1 Mon.

Weizenbrot, Weißbrot aus mind. 90% Weizenmehl, oft mit Milch, Fett, Hefe, Salz und Zucker geb., milder Geschmack, 1–3 Tage haltbar, hält sich so frisch wie möglich und gut verpackt tiefgekühlt bis 1 Mon.

Weizenmischbrot, Graubrot aus mehr als 50%, jedoch weniger als 90% Weizenmehl, helle, lockere Krume, milder, neutraler Geschmack; bis 4 Tage haltbar, hält sich so frisch wie möglich und gut verpackt tiefgekühlt bis 1 Monat

Weizenschrotbrot, Graham aus mind. 90% Weizenbackschrot

Weizenvollkornbrot aus mind. 90% Weizenvollkorn, schmeckt mild bis würzig nussig

Spezialsorten

Bauernbrot, Landbrot aus mind. 90% Roggen- und/oder Weizenmehl, kräftige Kruste, aromatischer Geschmack

Butter(toast)brot mit mind. 5% Butter oder 4,1% Butterreinfett

Buttermilchbrot, Joghurt-, Kefir-, Molken-, Sauermilchbrot mit mind 15% Sauer- oder Trockenmilcherzeugnissen

Diabetikerbrot, Kleberbrot Diätbrot mit mind. 45% Stärke, hohem Klebergehalt und wenig Kohlenhydraten, für Diabetiker geeignet

Diätbrot nach Diätvorschrift eiweiß-, gluten-, natrium- usw. freies Brot

Dreikorn-, Vierkorn- usw., **Mehrkornbrot** aus Roggen- und/oder Weizenmehl mit Zusatz von einem oder mehreren Getreidemahlerzeugnissen

Früchtebrot ↑ Früchtebrot

Gerstenbrot, Gerstelbrot vor dem Backen in offenem Feuer geflämmte, gesprenkelte Teigstücke

Gewürzbrot Brot mit Zugabe von Gewürzen (Koriander, Kümmel u. ä.) oder Gewürzmischungen

Grahambrot nach Angaben des amerik. Arztes Dr. Graham, 1794–1891, aus Weizenvollkornschrot ohne Hefe und Salz geb., schmeckt neutral bis nussig, wird a. ungesäuert angeboten, für natriumarme Diät geeignet; ugs. Name a. des gewöhnlichen Weizenschrotbrots

Holzofenbrot in Backräumen aus steinernen oder steinartigen Sohlen oder Decken in direkt mit unbehandeltem Holz befeuerten Öfen gebacken

Kastenbrot aus Hefeteig, der in einem Kasten verschlossen gebacken wird

Kleiebrot Brot mit Zugabe von mind. 10% Speisekleie

Klopferbrot Brot aus sehr fein gemahlenem Getreide mit aufbereitetem Klebereiweiß, bes. leicht verdaulich

Knäckebrot [schwed. *knäckebröd,* Knackbrot] hartes, mürbes Flachbrot aus Roggen-, Weizenmehl oder -schrot mit oder ohne Gewürze und Milchzusatz, schnell geb. und anschließend getrocknet, schmeckt je nach Getreide-

Brot ist die Nahrung des Lebens (Jonathan Swift)

art und Bräunung neutral bis würzig, bei trockener Lagerung lange haltbar

Leinsamenbrot Brot mit Zugabe von mind. 8% Leinsamen

Maisbrot dunkles, süßliches Brot mit bis 66% Maismehl, oft a. Sultaninen

Milchbrot Brot mit mind. 50% Vollmilch, Trockenmilcherzeugnissen oder verdünnter Kondensmilch

Ölsamenbrot Brot mit Zugabe von mind. 8% Ölpflanzenkernen (Lein, Sesam, Sonnenblume usw.)

Pumpernickel [ugs. *Pumper*, Darmwind, wegen der blähenden Wirkung] schwarzes Brot (in Scheiben) aus Roggenschrot und -mehl, mit Sauerteig geführt und mind. 16 Std. in Dampfkammern geb., schmeckt säuerlich bittersüß (urspr. Westfalen)

Quarkbrot mit mind. 15% Quark

Rosinenbrot mit mind. 15% Rosinen und/oder Korinthen und/oder Sultaninen

Sauerteigbrot Roggenbrot mit ausschließlich Sauerteig als für die Backfähigkeit erforderliche Säuremenge

Schinkenbrot halbrundes Vollkorn- oder Schrotbrot, freigeschoben, angeschoben oder im Kasten geb., herzhaft aromatischer Geschmack

Schlüterbrot Roggenbrot mit Zusatz von aufgeschlossener Kleie, schmeckt aromatisch süßlich

Schnitzerbrot [Dr. J. G. Schnitzer, dt. Zahnarzt und Ernährungsreformer] Vollkornbrot aus biologisch angebauten, frisch gemahlenen Getreidekörnern

Sesambrot Brot mit Zugabe vom mind. 8% Sesamkernen

Simonsbrot dunkles Roggen- oder Weizenvollkornbrot aus trockengereinigten, gequollenen Getreidekörnern, als Kastenbrot in der Dampfkammer geb., schmeckt süßlich herb

Sojabrot Brot mit Zugabe von mind. 10% zerkleinerten Sojaerzeugnissen

Steinmetzbrot [Stefan Steinmetz, dt. Mühleningenieur, 1858–1930] Brot aus Roggen- und Weizenkörnern, die im Naßschälverfahren vorsichtig enthülst und lange geb. wurden, bekömmlich und kräftig würzig

Steinofenbrot in Öfen gebacken, die aus Natur- und/oder Kunststeinen, Schamott oder sonst nichtmetallischen Materialien mit bes. niedriger Temperaturleitzahl bestehen

Toastbrot lockeres Weißbrot mit Fett, außen knusprig, innen elastisch, schmeckt lieblich mild, ist röstfähig; bis 7 Tage haltbar, läßt sich a. geschnitten sehr gut bis 1 Mon. einfrieren

Trockenflachbrot mit Hefe, Sauerteig, a. physikalisch gelockertes Brot

Weizenkeimbrot Brot mit mind. 10% Weizenkeimen

Zwiebelbrot deftiges Mischbrot mit gerösteten Zwiebeln

Brotauflauf ↑ Auflauf mit geriebenem Schwarzbrot, geschlagenem Eiweiß, schaumig gerührter Butter und Eigelb, Himbeersaft, Rosinen und abgeriebener Zitronenschale, dazu Himbeersaft oder Aprikosensauce

Brötchen, Schrippe, Semmel, Weck(e, -en) knuspriges Kleingebäck aus Weizen-, a. Misch-, Roggen- usw. Mehl, rund oder länglich, mit oder ohne Einschnitt (Ausbund); bleibt höchstens 5 Std. frisch, je nach Teig 1–3 Tage haltbar, läßt sich so frisch wie möglich, noch lauwarm und gut verpackt 1–6 Mon. einfrieren; Zusammensetzung ↑ Brot

Broteinheit, BE Wirkung von 12 g Glukose auf den menschlichen Stoffwechsel

Brotfisch die Fischart eines Gewässers, die dem Fischer wirtschaftlichen Nutzen bringt

Brotfrucht, breadfruit Frucht des Brotfruchtbaums mit keinen oder wenig Samen; das feinfaserige, teigige, hellgelbe Fleisch schmeckt gek. mild nach Kartoffeln und kann, unreif geerntet, frisch gek., geb., geröstet als Gemüse vielseitig verwendet werden; das Mark wird a. zu Mehl gemahlen (urspr. Polynesien, inzw. alle Tropen)

Brotgetreide Getreidearten, die zur Herstellung von Brot dienen, v. a. Roggen und Weizen

broth engl.: (Fleisch-)Brühe, Bouillon; Suppe

Brotkäse, Brot-Edamer ↑ Edamer-Käse in Brotform mit gelbem Paraffinüberzug (Holland)

Brotkümmel Gewürz, ↑ Kümmel

Brotpanade ↑ Panade

Brotpilz Speisepilz, ↑ Brätling

Brotpudding entrindetes, in Weißwein eingeweichtes, durch ein Sieb passiertes Weißbrot, mit zerlassener Butter, Eigelb, Zimt, Zucker und Eischnee in der gebutterten, mit Paniermehl ausgekleideten Auflaufform gegart

Brotsamen Würzpflanze, ↑ Anis

Brotsauce ↑ bread sauce

Brotsockel ↑ Sockel

Brotsuppe Rinderbrühe, a. Starkbier mit feinen angerösteten Scheibchen Bauern-, Roggen-, Schwarzbrot, Knoblauchzehe, Zwiebeln, Kräutern und Gewürzen (Kümmel,

Majoran, Petersilie, schwarzer Pfeffer, Schnittlauch usw.), Butter und Schweineschmalz (Bayern)

Brotzeit südd.: Zwischenmahlzeit vor- oder nachmittags, gern aus (Weiß-)Würsten, Leberkäse, Schinken, Speck, Käse usw.

broufade, broufado Schmorgericht aus mariniertem Rindfleisch, Aromaten, Kapern und Sardellenfilets (Provence, Südfrankreich)

brouillade [frz. *brouiller,* brodeln, vermengen] Rührei (oft mit Pilzen, Trüffeln, Spargelspitzen)

brouillé frz.: vermischt, verrührt; geschlagen
 œufs –s Rühreier

Brousse Frischkäse aus ungesalzener Schaf-, a. Kuhmilch, zart cremiger Teig, 45 % Fett i. Tr., milder Geschmack, wird gern gewürzt als Vorspeise oder gezuckert als Nachspeise gegessen; gute Zeit Nov.–Apr. (Provence, Südfrankreich)

browny Schokoladenschnitte mit Nüssen (USA)

Bruchbohnen beschädigte Bohnen

Bruchreis bei der Behandlung gebrochener Reiskörner, ↑ Reis

Bruchspargel ↑ Spargel

Bruckfleisch Fleisch, das keiner Ablagerung bedarf und küchenfertig verkauft wird, insbes. Innereien vom Kalb (Bries) oder Rind (Herzröhre, Leber, Milz, Zwerchfell); Schlachtgericht daraus mit Schweineschmalz, Zwiebeln, Wurzelgemüse (Möhren, Petersilienwurzeln, Porree, Sellerieknollen usw.) sowie Lorbeer, Majoran, Thymian, Essig, Rinderbrühe, Mehl und Rotwein, dazu meist Semmelknödel (Österreich)

brudet serb. Fischeintopf, ↑ brodet

brugnole frz.: Kreuzung zwischen Pfirsich und Pflaume, löst sich schwer vom Stein, gute Zeit Juni–August

Brühbohnen, (Rheinische) milchsäurevergorene Schneidebohnen

Brühe klare, kräftige Flüssigkeit, in der Fleisch, Knochen, Geflügel, Fisch, Gemüse u. a. Nahrungsmittel gek. wurden, Grundlage guter Suppen, Saucen usw.; läßt sich eingefroren einige Wochen aufbewahren; a. konzentriert als Würfel, Paste u. ä. im Handel; ↑ a. Consommé

Brühkartoffeln ↑ Bouillonkartoffeln

Brühkäse, Filata-Käse, Knetkäse in heißem Wasser gebrühter, gekneteter Käse aus feinkörnigem, ausgezogenem Teig, frisch oder gereift, weich oder fest, geräuchert oder ungesäuert, von mildem bis pikantem Geschmack wie z. B. Burrata, Kaschkaval, Mozzarella, Provolone u. ä. (Italien, Südosteuropa); a. Sauermilchkäse (Brandenburg)

Brühmasse ↑ Brandmasse

Brühpolnische Brühwürstchen aus feingeschnittenem Rind-, Schweinefleisch und Speck

Brühteig unzutreffender Ausdruck für ↑ Brandmasse

Brühwürfel ↑ Suppenwürfel

Brühwurst durch Backen, Braten, Brühen u. ä. ohne Bindemittel mit Gewürzen und Wasser heiß behandelte, a. geräucherte Wurstware aus fein oder grob zerkleinertem Kalb-, Rind- oder Schweinefleisch, oft mit versch. Einlagen, in Deutschland allein gegen 800 Arten; läßt sich im Kühlschrank aufbewahren, sollte aber schnell verbraucht werden

Brühwürstchen kl. Brühwurst, meist zum Warmverzehr

Brühwursthalbfabrikat ↑ Wurst/Sammelgruppen

Brummbeere, Brummelbeere Beerenfrucht, ↑ Brombeere

Brunch [engl. *breakfast,* Frückstück – *lunch,* Mittagessen] aus Frühstück und Mittagessen zusammengesetzte substantielle Mahlzeit zwischen 10 und 12 Uhr, meist ein englisches Frühstück mit kalten und warmen Zutaten

Brunnenkresse Gemüse- und Gewürzpflanze, ↑ Kresse

brunoise [frz.: die Gebräunte, ausgespr. *bruno̱ās*] feinwürfelig geschn. (Wurzel-)Gemüse (Möhren, Petersilie, Porree, Sellerie, a. Zwiebeln usw.), kurz angeschwitzt, als Garnitur, Aromaträger und Würze zu Suppen, Saucen, Füllungen oder als aromatische Zutat zu Fleisch, Fisch, Krebsen, Salaten usw.; ↑ chiffonade, Julienne, Röstgemüse, Suppengrün

Brunsli, (Basler) Kleingebäck, Plätzchen aus ungeschälten, gemahlenen Mandeln, Mehl, Eiweiß, Gewürznelken, Koriander, Zimt, Kirschwasser und bitterer (pulverisierter) Schokolade, knusprig feucht und bitterlich (Basel, Nordostschweiz)

bruschetta goldbraun geröstete, mit Knoblauch eingeriebene, von (neuem) Olivenöl durchtränkte Scheibe Land-

Die Grand'Place in Brüssel

brot, großzügig gepfeffert und gesalzen, kann a. mit Auberginen-, Bohnen-, Fenchel-, Tomatenpüree bestrichen werden, heiß als so einfache wie raffinierte Vorspeise oder als Imbiß zu einem Glase Wein (urspr. Abruzzen, Latium, Toskana, Italien); ↑ a. crostino

Brüsseler Art, (à la bruxelloise) [Brüssel, Hauptstadt Belgiens] Garnitur aus ged. Chicorée, Rosenkohl und Schloßkartoffeln in leichter Madeirasauce, zu Fleisch; Eier mit Chicorée und Rosenkohl

Brüsseler Chicorée, Endivie feine Salat- und Gemüsepflanze, ↑ Salat/Chicorée

Brüsseler Käse ↑ fromage de Bruxelles

Brüsseler Kohl Wintergemüse, ↑ Kohl/Rosenkohl

Brüsseler Salat ↑ Salat/Chicorée

Brusselsekaas Brüsseler Käse, ↑ fromage de Bruxelles

Brust der vordere oder obere Teil des Rumpfes von Schlachtvieh, Geflügel usw., ↑ Kalb, Lamm, Rind, Schwein, Huhn/Fleischteile, -stücke

-streifen ↑ aiguillette

Brustbeere Südfrucht, ↑ Jujube

Brustwurzel Würz- und Heilpflanze, ↑ Angelika

bruxelloise, (à la) ↑ Brüsseler Art

bubble and squeak Eintopf aus gebr. Fleischresten von Hammel, Kalb oder Rind mit Kartoffeln, Kohl und anderen Gemüsen wie Möhren, Rosenkohl, Zwiebeln usw. (England)

bubble gum [engl.: Luftblasengummi] elastischer Kaugummi, der sich zu Ballons vor dem Mund aufblasen läßt

Bubenspitzle schwäbisch: Schupfnudeln

bucatini dicke Hohlnudeln aus Hartweizen (Latium, Süditalien)

buccellato Kranz aus Hefe-, Mürbeteig mit Trockenfrüchten, zu Weihnachten und Karneval üblich (Sizilien, Süditalien)

Buchecker, Buchel, Buchnuß kl. braune Früchte der Rotbuche, Fettgeh. geschält 21%, süßlich nussiger, leicht bitterlicher Geschmack, lassen sich zu Speiseöl oder geb., geröstet als Mandel-, Nußersatz verwenden

bûche de Noël [frz.: Weihnachtsscheit] trad. Weihnachtsgebäck in Form eines Baumstamms, Biskuitrolle mit Füllung aus Buttercreme o. ä., a. mit Kakaopulver bestreut

Buchel, Buchnuß ↑ Buchecker

Buchtel, Wuchtel süßer Hefeteigkloß, mit Marmelade, Mohn, Pflaumenmus oder Quark gef. und mit Fett auf dem Blech gebacken (Bayern, Böhmen, Österreich)

Buchweizen, Heide-, Pater-, Tataren-, Taterkorn kein Getreide, sondern dreieckige, hartschalige, braune Kornfrüchte eines anspruchslosen Knöterichgewächses, die geschält und geröstet oder ungeröstet zu Grieß, Grütze, Mehl, Schrot gemahlen werden können, wirken gefäßabdichtend; kräftiger, angenehm bitterlicher und herzhaft nussiger Geschmack, bes. in der Vollwertküche vielseitig verwendbar für Breie, Klöße, Frikadellen, Pfannkuchen, Suppen, Auflaufe, Eintöpfe, Teigwaren usw.; Garzeit 1 Tasse Buchweizen in 2 Tassen Wasser 15–20 Min.; die Blüten liefern guten Honig (China, Japan, Sibirien, Europa – Polen, Frankreich, Holland, Süddeutschland, Österreich, die Schweiz – u. a.); ↑ a. blin, kásha, Keimling, Pizokel, Rote Grütze

Buchweizenhonig ↑ Honig/Sorten

Buckellachs kleinste Lachsart aus dem Nordpazifik, wird a. gezüchtet; ↑ Lachs

Bückling, Bücking, Pöckling, Pökeling nicht ausgenommener oder ausgenommener, leicht gesalzener und heißgeräucherter ganzer Hering mit Kopf; *Bratbückling:* noch nicht genußfertig, muß vor dem Verzehr gebr. oder anderweitig erhitzt werden; *Bücklingsfilet:* aus dem Heringsfilet mit Haut, meist aber entgrätet; *Delikateßbückling:* ausgenommener Hering von bes. guter Qualität, ohne Kopf; *Heringsbückling:* ausgenommener, kaltgeräucherter Salzhering; *Ostseebückling:* der zarteste Bückling; *Schleibückling:* aus Ostseeheringen, bes. zum Räuchern geeignet

bud engl: Knospe; Keim

bue ital.: Ochse(nfleisch)

Büfett ↑ Büffett

Büffel dem Wildrind verwandtes Horntier
 -**käse** ↑ Mozzarella

Büffett, Büfett, Buffet [aus dem Frz.] Anrichte, Schanktisch; in der Gastronomie oft Tisch mit kalten und/oder warmen, salzigen und/oder süßen Speisen und Getränken zum Selbstbedienen

Bug, Schulter oberes Vorderglied des Kalbs, Rinds, Schafs, Schweins, Wilds, ↑ Fleischteile, -stücke der betr. Tiere

Bügel österr.: Schenkel oder Flügel des Brathähnchens

Bugfilet ↑ Falsches Filet

Bügle, Büglein südd.: Vorderbeine kl. Schlachttiere (Hase, Kaninchen, Zicklein usw.)

buglione ital.: Brühe, Suppe

buisson [frz.: Busch, Strauch] pyramidenförmig angerichtete Speise

Bukett Küchensprache: Kräuterbündel, ↑ bouquet

Bulbenzwiebel ↑ Zwiebel/Luftzwiebel

bülbülyuvası [türk.: Nachtigallennest] Süßspeise aus Blätterteigstücken mit Butterschmalz, gemahlenen Haselnüssen oder Mandeln und Pistazien, Zucker, Zitronensaft und Rosenwasser (Türkei)

Bulette [frz. *boulette*, Kügelchen, von den Hugenotten nach Berlin gebracht] rundlich ovale Kugel aus durchgedrehtem Rind- und Schweinefleisch, eingeweichten Brötchen (Schrippen) mit Ei, Zwiebel und Pfeffer, nach Belieben a. anderen (Würz-)Zutaten, in heißem Schmalz goldbraun gebraten, warm, aber a. gern kalt als Zwischenimbiß zu Bier gegessen (Berlin)

bulghur, bulgur Weizenschrot, ↑ burgul

Bulle, Farren, Fasel, Stier geschlechtsreifes männl. Rind; *Mastbulle:* junges, 1¼–3 Jahre altes, ausgemästetes Tier; *Wurstbulle:* ausgewachsenes, muskulöses Tier, ↑ a. Rind

bullshot [engl.: Ochsenschuß] Fleischtee, ↑ beeftea

bumbu indon. Gewürz(mischung)
 – **kacang** Erdnußsauce

bun engl.: (Korinthen-, Kuchen-)Brötchen

Bündnerfleisch, Bindenfleisch [Graubünden, Alpenkanton im Südosten der Schweiz] fettarmes, schwach gepökeltes, 10–15 Wo. an der Luft getr. und gepreßtes Fleisch von der Keule (Ober-, Unterschale, Schwanzrolle) des Rinds, Fettgeh. 4–6%; wird hauchdünn geschn. von Hand gegessen; ungekühlt lange haltbar, läßt sich luftdicht verpackt bis 3 Mon. tiefkühlen

Bündner Gerstensuppe, Schoppa da Giutta, Jotta Suppe oder Eintopf aus Rollgerste, geräuchertem Rind-, Schweinefleisch, Speck usw. mit Kartoffeln, Knollensellerie, Porree, Sellerie-, Wirsingblättern, Gewürznelken, Lorbeer, gespickter Zwiebel usw., dazu oft Engadiner Würste, Siedfleisch u. ä.

Bündner Kernschinken ↑ Schinken/Sorten

Bundrübe (Frühlings-)Möhre mit Grün

Bundzwiebel ↑ Zwiebel/Lauchzwiebel

Bünnerpel Pellkartoffeln mit Heringsstip (Bergisches Land)

Bunte Bohne ↑ Bohne/Wachtelbohne

Bunte Finken Eintopf aus Schweinebauch, Grünen und Weißen Bohnen, Möhren, Porree, Weißen Rüben und Kartoffeln mit Pfeffer, Salz und Zucker (Norddeutschland)

Buntfrüchte tiefgekühlte Brombeeren, Erdbeeren, Himbeeren, Johannisbeeren, Kirschen u. a. farbige Früchte

Buntspargel Spargel, der über der Erde wächst und deshalb grün oder rosa bis violett ist

buñuelo in Öl geb. Spritzkuchen (Katalonien, Spanien u. a.)

buongustaio ital. Feinschmecker

Burahockerle dicke Eierkuchenstücke, Flädle, mit geschlagenem Eiweiß, löffelweise in Fett schwimmend ausgebacken (Vorarlberg, Österreich)

burák russ.: Rote Rübe

bürbora Kürbissuppe mit Reis (Tessin, Südschweiz)

Bu(u)re... schweizerd.: Bauern...

Burehamme schweizerd.: Bauernschinken

burek Strudel aus mehreren Teiglagen und versch. Füllungen wie Fleisch, Schinken, Geflügel, Spinat, Pilzen, Käse usw., auch süß mit Äpfeln, Quark usw. (urspr. Türkei, Kroatien, Serbien)

Burgbeißer rohe Dauerwurst auf Art des ↑ Landjägers, aber größer, geräuchert und pikant gewürzt (Schwaben)

Bürger-Art, Bürgerliche Art, (à la) bourgeoise Garnitur aus glasierten Möhren, kl. Zwiebeln und gebr. Brustspeckwürfeln, zu Schmorfleisch

Bürgermeisterkartoffeln ↑ Kartoffeln/Rahmkartoffeln

Bürgermeisterstück ↑ Rind/Fleischteile, -stücke

Burgfrauen-Art, (à la) châtelaine Garnituren aus mit Kastanien- und Zwiebelpüree gef. Artischockenböden, geschm. Kopfsalat und Nußkartoffeln zu Fleisch und Geflügel in Madeirasauce oder aus ged. Kastanien zu Eiergerichten

burghul Weizenschrot, ↑ burgul

burgonya ung.: Kartoffel

burgul, bulghur, bulgur, burghul vorgek., gedarrte und geschrotete Weizenkörner, Art Graupen, arab. Grundnahrungsmittel, grob- oder feinkörnig im Handel, nussiger Geschmack, neutrale Beilage zu salzigen (Fleisch, Gemüse usw.), a. süßen Gerichten; Kochzeit 10–12 Min., nicht länger als 1 Jahr haltbar (Mittlerer, Vorderer Osten, Nordafrika)

Burgunder Art, (à la) bourguignonne [Burgund, hist. Landschaft und Weinregion in Ostfrankreich] in (Burgunder) Rotwein gek. oder geschm. kl. Fleischstücke, Geflügel, Fische, Eier; meist mit Garnitur aus Champignonvierteln, glasierten Zwiebelchen und Speckstreifen, -würfeln, zu geschm. Rindfleisch, Schinken u. ä. im Schmorsaft

Burgunder Fondue ↑ Fondue bourguignonne

Burgundersauce ↑ Sauce/sauce bourguignonne

Burgunderschinken ↑ Schinken/Erzeugnisse; a. Kochschinken in Burgundersauce

buridda, burrida Gericht aus Mittelmeerfischen, Tintenfischen, Krustentieren usw. mit Kartoffeln und Gemüsen in kräftiger Knoblauchmayonnaise und mit Eigelb gebundener Brühe (Ligurien, Sardinien, Italien)

Bü(ü)rli schweizerd.: Bauernbrötchen mit krosser Rinde, zu zweien oder vieren zusammengebacken und auseinandergebrochen

Burmareis Reis aus Burma

burma tak mit Hammelfleisch, Hühnerleber, Reis und Gewürzen gef. Weinblätter, in Fett gebacken (Iran)

burrata Knetkäse mit Füllung aus Ricotta, Schlagsahne und Salz, cremig mild (Apulien, Süditalien)

burrida Fischgericht, ↑ buridda

Burrino kl. Käse in Kürbisform, in der Mitte ein Stück Molkenbutter, leicht säuerlich pikant (Süditalien)

burro ital.: Butter

burtuqal arab. («portugiesisch»): Orange, Apfelsine

Burzelkraut Gemüsepflanze, ↑ Portulak

Buschbohne Bohnenform, ↑ Bohne

busecca, büséca ital.: Kaldaunen, Kutteln; a. dicke Suppe daraus mit Borlotti-Bohnen, Kartoffeln, Möhren, Porree, Sellerie, Tomaten, Wirsing, Zwiebeln, Kümmel, Safran usw. und geriebenem Parmesankäse (Lombardei, Norditalien, Tessin, Südschweiz)

Busserl [österr.: Kuß] Meringue

butifarra Spanien: Schwartenmagen, Preßkopf; Peru: Schinkenbrötchen

Butt Plattfischfamilie, ↑ Doggerscharbe, Flunder, Glattbutt, Heilbutt, Hundszunge, Kliesche, Scholle, Steinbutt

Büttenkäse, Magerkäse halbfester Schnittkäse aus Magermilch mit Buttermilch (Holstein)

Butter [griech. *boútyron*, Kuhquark] Fettprodukt aus mind. 80% Kuhmilch und süßer oder gesäuerter Sahne oder Molkensahne, a. max. 16% Wasser und Kochsalz, wertvolles, bekömmliches Lebensmittel; sollte frisches, unverfälschtes Aroma haben, Farbintensität ist kein Qualitätsmerkmal, Farbe sollte jedoch einheitlich sein

Sorten
Sauerrahmbutter (Schweiz: **Vorzugsbutter**) aus pasteurisierter Sahne mit Milchsäurebakterien, aromatischer Geschmack
Süßrahmbutter (Schweiz: **Vorzugsbutter**) ohne Säuerung, milder, leicht süßlicher, sahniger Geschmack
Mildgesäuerte Butter mit spezifischen Milchsäurebakterien
Gesalzene Butter mit 0,1–2% Kochsalz

Handelsklassen
nach Wertmerkmalen für Geruch, Geschmack, Gefüge, Aussehen, Konsistenz (max. insgesamt 25 Punkte) bewertet
Markenbutter nur aus Sahne, je Eigenschaft mind. 4 Punkte; als Brotaufstrich, für Cremes, Saucen und zum Verfeinern von Speisen
Molkereibutter aus Sahne oder Molkensahne, je Eigenschaft mind. 3 Punkte; Verwendung wie Markenbutter
Kochbutter aus erhitzter, aber nicht unbedingt hocherhitzter Milch, Sahne oder Molkensahne, zum Backen, Braten, Kochen, Dünsten
Landbutter aus in Milcherzeugerbetrieben hergestellter Milch; ↑ Landbutter

Butter bleibt bei Zimmertemperatur plastisch und streichfähig, läßt sich aber im Kühlschrank (bei 0 °C 20–30 Tage) oder tiefgekühlt (bei 8–10 °C etwa 6 Mon., bei 15–18 °C etwa 12 Mon.) aufbewahren; ↑ a. beurre, Kräuterbutter

Butter|bonbon Hart- oder Weichkaramelle mit mind. 4% Butterfett
-**brot** mit Butter bestrichene (und belegte) Brotschnitte
-**(toast)brot** ↑ Brot/Spezialsorten
-**creme, crème au beurre** Füllcreme für Torten u. ä. aus mit Eigelb und Zucker schaumig gerührter Süßrahmbutter (alle Zutaten sollten gleiche Temperatur haben) sowie Geschmackszutaten (Kaffee, Schokolade, Vanille, Nüsse, Zitronenschale, Weinbrand, Rum, Liköre usw.)
-**erbsen** in Butter ged. Grüne Erbsen
-**fett** geschmolzene und anschließend zentrifugierte Butter, weiche Konsistenz, zum Backen usw.
-**gebäck, -backwaren** feine Back- oder Dauerbackware mit keinen anderen Fetten und Ölen als Butter
-**kartoffeln** in mit wenig Wasser gek. Butter geschwenkte Kartoffeln; ↑ a. Petersilienkartoffeln
-**käse** ↑ Butterkäse
-**keks** Keks mit mind. 100 g Butter auf 1 kg Mehl
-**küche** Küche, die für die Zubereitung von Lebensmitteln keine anderen Fette und Öle als Butter verwendet
-**kuchen** knusprig brauner, innen weicher Blechkuchen aus Hefeteig mit Belag von Butter, gehobelten Mandeln, Zimtpulver und Zucker
-**linsen** Zuckerdragées, deren Kern mind. 40% Butterschmalz enthält
-**milch** dem entsäuerten Rahm entzogene Flüssigkeit, fast fettfrei, hoher gesundheitlicher Wert und verdauungsfördernd, (a. mit Zutaten wie Fruchtsaft, Kakao, Zucker u. a.) angenehmes Erfrischungsgetränk, aber a. zu Suppen, Saucen oder Gebäck; kühl und dunkel aufzubewahren
--**brei, -suppe, Karmelkbree** pikantes Püree aus Buttermilch mit Graupen, Salz und Zucker (Friesland)
--**brot** ↑ Brot/Spezialsorten
--**käse** Sauermilchkäse aus Buttermilch, dem Speisequark ähnlich, wird als Kochkäse oder Kräuterkäse hergestellt
--**quark** Frischkäse aus saurer Buttermilch, a. mit entrahmter Milch, ungereift dem Speisequark ähnlich
-**mischungen** cremig gerührte Butter mit ungek. Zutaten (Gewürze, Kräuter, Käse, Meerrettich, Schnecken, Pfeffer, Senf usw.), gek. Zutaten (duxelles, Mark, Rotwein usw.) oder mit der Butter warm zubereiteten Zutaten (Krustentiere usw.), Beigabe zum Aromatisieren und/oder Verfeinern von Suppen, Saucen, Gerichten; ↑ a. beurre
-**nockerln** in zerlassener Butter geschwenkte oder mit Brauner Butter übergossene Nockerln aus Butter, Ei und Mehl (Österreich)
-**sauce** ↑ Sauce/Buttersauce
-**schmalz, -öl, -reinfett, Schmelzbutter** reines, von Wasser und Eiweiß befreites Milchfett, gutes Back-, Bratfett mit ausgeprägtem Buttergeschmack, haltbarer als Butter, bei unter 5 °C bis 3 Jahre
-**spekulatius, -stollen, -streuselkuchen** Backwaren, deren Teig Butter oder Butterschmalz als Fett enthält
-**stollen** feine Backware aus schwerem Hefeteig mit mind. 40% Butter oder 32,8% Butterschmalz und 70% Trockenfrüchten; ↑ Stollen
-**teig** österr.: Blätterteig
-**zwieback** Zwieback mit ausschließlich Butter oder Butterschmalz statt anderen Fetten
geklärte – von Milchrückständen, Salz und Wasser befreite Butter
gesalzene – ↑ Butter/Sorten

Mai ♀ Butter von Kühen, die nach dem Winter Frühlingsgräser und -kräuter gefressen haben, kräftiger Geschmack; Tirol: leichte Schlagsahne mit Zimt und Zucker

zerlassene – bei schwacher Hitze geschmolzene, abgeschäumte Butter

Butterbirne bes. saftige, schmelzende Birne

Butterblume Wildkraut, ↑ Löwenzahn

Butterbohne ↑ Bohne/Wachsbohne

Butterfisch guter Speisefisch von der Ostküste der USA, dort frisch oder gefroren im Handel; ↑ a. Buttermakrele

Butterfrucht exot. Frucht, ↑ Avocado

Butterkäse halbfester Schnittkäse aus pasteurisierter Kuhmilch, vollfett bis rahmig, elastischer bis cremiger Teig, 45–60 % Fett i. Tr., sehr milder, leicht säuerlicher Geschmack, zu Brot, zum Schmelzen, a. mit Früchten (Deutschland)

Butterkohl ↑ Kohl/Schnittkohl

Buttermakrele, fälschlich oft **Butterfisch** fetter Meerfisch, meist gefrorenes oder a. geräuchertes Steak im Handel (Südafrika)

Buttermilch ↑ Butter/Buttermilch

Butternußkürbis birnenförmige Kürbisart, Fleisch vielseitig verwendbar (urspr. Südamerika, heute a. Nordeuropa)

Butterpilz wohlschmeckender Speisepilz, zartes Fleisch, aber madenanfällig, sollte in nicht zu großen Mengen und mit abgezogener Huthaut gut gek. und gewürzt werden, gute Zeit Juli–Okt., verdirbt schnell, sofort zu verwenden

Buttersalat ↑ Salat/Sorten

Lord Byron, der Poet als romantischer Held

Buttersauce mit Butter und Eigelb aufgeschlagene Sauce, ↑ Béarnaise, Sauce/sauce bâtarde, Choron, divine, hollandaise, maltaise, mousseline u. a.

butterscotch süße Sauce aus karamelisiertem Zucker, geschmolzener Butter und geschlagener Sahne, wird warm oder kalt serviert; hält sich im Kühlschrank bis 2 Wochen (USA u. a.)

B-Vitamine ↑ Vitamine

Byron-Art [George G. N. Lord Byron, 1788–1824, engl. Dichter mit bewegtem Leben] gebr. Hammelkoteletts und -nieren mit Zwiebelpüree und brauner Sauce

C

Ca chem. Zeichen für Kalzium, ↑ Mineralstoffe

caballa span.: Makrele

cabanossi grobe, pikante Brühwurst aus Rind-, Schweinefleisch, Fettgewebe, Knoblauch und Gewürzen, oft nachgeräuchert, für Eintöpfe u. ä. (Balkan)

cabbage engl.: Kohl, Kohlkopf, Kohlpflanze

Cabécou [südfrz. mdal. *cabicou,* Zicklein] kl. flacher Ziegen- oder Schafskäse, weicher Teig, 45% Fett i. Tr., fein nussig, manchmal mit Essig oder Pflaumenschnaps eingelegt, in Weinblatt gehüllt (Südwestfrankreich)

cabillaud frz.: Kabeljau

caboc milder, cremiger, in Hafermehl gewendeter Käse (Schottland)

cabra span.: Ziege, Geißbock; Ziegenkäse

cabri frz.: Zicklein

cacciatora, alla [ital.: nach Jäger-Art] Lamm, Huhn, Kaninchen, a. Reis mit Knoblauch, Rosmarin, Essig usw. (Mittelitalien) oder mit Tomaten, Zwiebeln, Speck, a. Pilzen usw. zubereitet (Süditalien)

cacciucco trad. ital. Fischsuppe aus Drachenkopf, Hai, Knurrhahn, Meeraal, Krebsen, Tintenfischen usw.; viele reg. Varianten (urspr. Toskana)

Cachounuß ↑ Cashewnuß

çaçık erfrischender Gurkensalat mit Joghurt, Knoblauch, Dill, Minze, Olivenöl usw. (Türkei)

cacio ital.: Käse(laib)

-cavallo [ital.: Käse auf dem Pferderücken] Brühkäse aus Vollmilch von der Kuh, mind. 44% Fett i. Tr., nach 3 Mon. fein mild als Tafelkäse, nach 6–12 Mon. säuerlich pikant zum Reiben (Mittel-, Süditalien)

Cadenera Blondorange, ↑ Orange

cadetje [holl.: Kadettchen] Backwerk aus Weizenmehl, Butter und Edamer- oder Kümmelkäse

Caerphilly [Dorf in Wales] Schnittkäse aus Kuhmilch, dem ↑ Cheddar ähnlich, weißer, weicher Teig, 48% Fett i. Tr., jung frisch und leicht säuerlich, gereift schärfer und leicht bitter (England)

Caesar salad [von Caesar Cardini in seinem Restaurant «Caesar's Place» in Tijuana, Mexiko, kreiert] Römischer Salat mit Eiern, Knoblauchzehen und gerösteten Weißbrotwürfeln in Olivenöl, Worcester(shire)sauce, Zitronensaft mit geriebenem Parmesankäse und Sardellenfilets (Kalifornien, USA)

Café Anglais [frz.: Englisches Café, 1802–1913 Pariser Restaurant von großem gastronomischem Ruf] Garnitur aus mit Champignon- und Trüffelpüree gef. Artischockenböden, zu Fleisch in Madeirasauce

Café de Paris [zwei berühmte Pariser Restaurants, 1822–1856, 1878–1953, «Tempel der Eleganz und der Gastronomie»] nach letzterem benannt *beurre Café de Paris,* Kräuterbutter mit vielen Gewürzen und Aromaten, sowie *sauce Café de Paris* aus Kräuterbutter mit dicker süßer Sahne

cài chin.: Gemüse

caille frz.: Wachtel

caillette, gayette Schweinehack mit geh. Blattgemüse und Aromaten im Schweinenetz (Südostfrankreich)

caisse, en [frz.: im Kasten] Ragout, Vorgericht u. ä. im Töpfchen

caju bras.: Cashewnuß

cake engl., ausgespr. *keik:* Kuchen, süßes Gebäck; Fladen; Pfannkuchen, im dt. Sprachgebrauch oft leichter Früchtekuchen in Kastenform mit Korinthen, Rosinen, Gewürznelken, Ingwer, Muskat, Orangeat, Zitronat, Arrak usw.

calabaza span.: Kürbis

Calabrese Blondorange, ↑ Orange

CA-Lagerung [engl. *C*ontrolled *A*tmosphere, kontrollierte Umgebung] Lagerung von Gemüse und Obst in kontrollierter, möglichst gleichbleibend sauerstoffarmer und kohlensäurehaltiger Luft, verlängert die Lagerfähigkeit

calamaro, calamar ital., span.: Kalmar, zehnarmiger Tintenfisch

Calamondin exot. Zitrusfrucht, ↑ Kalamansi

Calciferol Vitamin D, ↑ Vitamine

Calcium fachsprachlich für Kalzium, ↑ Mineralstoffe

caldeirada [port.: Kesselvoll] langsam gek. Fischragout, Fischsuppe mit Kartoffeln, Zwiebeln und Olivenöl

caldo ital.: warm; port., span.: (heiße) Brühe, Suppe, Eintopfgericht

Calenberger Knappwurst ↑ Knappwurst, Calenberger

calisson süßes, rautenförmiges, mit Zuckerguß überzogenes Mandelgebäck (Aix-en-Provence, Südfrankreich)

callaloo soup dicke Suppe aus Rauchfleisch, Garnelen, Okra, Spinat, Zwiebeln mit Mehl und Pfeffer (Trinidad)

callos span.: Kutteln, Kaldaunen

calzone [ital.: Hose] Tasche aus Brot- bzw. Pizzateig mit Öl, Schmalz und einer cremigen Füllung aus Ricotta, Eiern (Mozzarella-)Käse, Schinken-, Wurstwürfeln, a. nur Gemüse (Süditalien)

camarão port.: Garnele, Krabbe

Camargo [Marie-Anne C., 1710–1770, in Frankreich erfolgreiche belg. Tänzerin] Garnitur aus mit Nudeln in Rahmsauce sowie Gänseleber- und Trüffelscheibe gef. Torteletts; zu kl. Zwischengerichten und Tournedos in Trüffelsauce

Camargue-Reis rötlicher Reis aus dem frz. Rhonedelta

camaro port. (bras.): Hühnersuppe

camarón span.: (Säge-)Garnele

Marie Marel gilt als Erfinderin des Camembert

Cambacérès [Jean-Jacques Régis de C., 1753–1824, frz. Staatsmann und Feinschmecker] Rahmsuppe aus Huhn, Taube, Krebsen mit Klößchen aus dem gleichen Fleisch; Makkaronipastete mit Gänseleber; Lachsforelle mit Krebsen und Trüffeln

Cambridge-Sauce [Herzog Adolphus Frederick C., 1774–1850, jüngster Sohn König Georgs III. von England] cremige Sauce aus Senf, hartgek. Eiern, Kapern, geh. Kräutern, Sardellen usw.: zu kaltem Fleisch

Camembert [normannisches Dorf in Frankreich] Weichkäse aus roher, a. (weniger gut) pasteurisierter Kuhmilch mit weißer Schimmelrinde, geschmeidiger Teig, vollfett (Frankreich u. a., 45–50% Fett i. Tr.) oder halb- und dreiviertelfett (Frankreich, Deutschland u. a., 20–30% Fett i. Tr.) erhältlich; je nach Stufe mild-säuerlich bis pikant kräftig, feines Pilzaroma, mit Rinde genießbar, sollte cremig sein, aber noch nicht fließen; gute Zeit Sommer, Herbst, Winter, läßt sich in feuchtes Tuch gewickelt im Gemüsefach des Kühlschranks 2–3 Tage aufbewahren (echt aus dem gleichnamigen Dorf, heute aber a. andernorts hergestellt, Name nicht mehr als Herkunftsgarantie geschützt)

Camerani [Barthélemy-André C., 1735–1816, ital., in Paris erfolgreicher Schauspieler und Feinschmecker] gebundene Suppe mit Hühnerlebern und Makkaroni; Garnitur aus mit Gänseleberpüree und Makkaroni gef. Torteletts, zu Kalbsbries oder Geflügel in Geflügelrahmsauce

camote span.: Batate, Süßkartoffel

canache frz.: Schokoladencreme, ↑ Creme/Pariser Creme

Canapé, Kanapee [frz.: Ruhebett] kl. Weißbrotschnitte, drei-, recht-, viereckig, oval oder rund geformt, naturbelassen, in Butter gebraten oder geröstet phantasievoll belegt, bestrichen oder garniert als Appetithappen, Vorspeise, Imbiß, zu Getränken usw.

canard frz.: Ente

Cancale [frz. Badeort und Fischerdorf am Golf von Saint-Malo am Ärmelkanal mit Austernzucht] ↑ Auster/Sorten

Cancaler Art, (à la) cancalaise Garnitur aus pochierten (Cancale-)Austern, Garnelenschwänzen, a. Seezungenstreifen und Hechtklößchen u. ä., zu Meerfischen in sauce normande oder Weißweinsauce; Fischsuppe mit pochierten (Cancale-)Austern und Tapioka

cancha braungeröstete Maiskörner, kräftiger Rauchgeschmack, als Imbiß, Proviant; gemahlen mit Pfefferschoten, getr. Gemüse usw. für herzhafte Suppen (Peru, Südamerika)

candy engl.: Kandiszucker; amerik: Konfekt, Süßigkeit, Zuckerwerk

Caneel, Canehl Zimtrinde, ↑ Kaneel

canela span.: Zimt

Canellino ↑ Bohne/Sorten

caneton, canette frz.: junge, bis 2 Mon. alte Ente

cangrejo span.: (Fluß-)Krebs, (Strand-)Krabbe

cánh vietnam.: Suppe
 – **chua** süß-saure Fischsuppe mit Frühlingszwiebeln, Karotten, Sojabohnensprossen, Tamarindenmark, Chili, Ingwer usw., mit Minzeblättern garniert
 – **miê'n** Hühnersuppe mit langen, flachen Glasnudeln, Morcheln, Koriander, Schnittlauch usw.

canja Hühnerbrühe, -suppe mit Reis, a. frischer Minze (Portugal)

canneliert gerippt

cannelle frz.: Zimt

Cannellino ↑ Bohne/Sorten

Cannelloni gr. Röhrennudeln, Teigrollen, hausgemacht aus Mehl und Eiern, industriell aus Mehl und Wasser, mit versch. Füllungen aus Hackfleisch, Fisch, Gemüse usw., meist überbacken und mit Béchamel-, Tomatensauce o. ä. serviert; lassen sich ofenfertig verpackt gut bis 3 Mon. tieffrieren (urspr. Campania, Piemont, Sizilien, Italien)

cannolo in Öl ausgebackene knusprige Teigrolle mit Füllung aus gesüßter Ricotta und kandierten Früchten, a. Schokolade, mit Puderzucker oder Vanillin bestreut (urspr. Sizilien, Süditalien)

Cantal [Erhebung und Hochfläche im frz. Zentralmassiv] der älteste frz. Käse, halbfester Schnittkäse aus roher oder (weniger kräftig) pasteurisierter Kuhmilch, gepreßter Teig, 45% Fett i. Tr., fein haselnussig, leicht salzig, am besten 4 Mon. alt, eignet sich a. zum Schmelzen, gute Zeit Juni–Sept. (Auvergne, Mittelfrankreich)

Cantaloup-Melone [Cantalupo, Sommerresidenz der Päpste in der Nähe von Rom] Zuckermelone, ↑ Melone/Kantalup-Melone

cantuccio, cantuccino trockener, goldbrauner Mandelkeks mit Anissamen und Pinienkernen, a. Vanille-Aroma, wird in Italien zum Schluß eines Mahls gern in süßen Wein (Marsala, Vin Santo u. ä.) oder Rotwein getunkt; läßt sich in geschlossener Blechdose lange aufbewahren (Toskana)

canvas back duck Ostküste der USA: Tauchente

Capella mehligkochende Kartoffelsorte mit kräftigem Geschmack

Gefüllte Cannelloni, eines der vielen Pastawunder Italiens

capelli d'angelo [ital.: Engelshaar] sehr lange, dünne Fadennudeln für Suppen

capellini [ital. *capello*, Haar] Fadennudeln, nicht so dünn wie capelli d'angelo, nicht so dick wie Spaghetti

capilotade, en [frz. aus dem span. *capirotada*, braune Knoblauchsauce] in kl. Stücken geschmort

caponata trad. Eintopf aus geschm. Gemüse (Auberginen, grüne Paprikaschoten, Tomaten, Zwiebeln u. ä.) in süß-saurer Sauce mit Basilikum, Knoblauch, Petersilie, Oliven, Sardellen usw., in die man Brot tunkt, wird oft kalt als Vorspeise gegessen (Süditalien)

Capotes große Kapern

cappelletti [ital. *cappello*, Hut] Teighütchen mit Hackfleisch- (Reggio Emilia) oder Käsefüllung (Romagna)

caprese [ital.: aus Capri] frischer, leichter Salat aus reifen Tomaten und Mozzarella-Käse in Würfeln, Knoblauch, Olivenöl und Basilikum (Italien)

Caprice (des dieux) [frz.: Götterlaune] Doppelrahmkäse aus pasteurisierter Kuhmilch, industriell hergestellt, weicher Teig, 60 % Fett i. Tr., sahnig sanft (Champagne, Frankreich)

Caprisalat [Capri, ital. Insel im Golf von Neapel] dünne Pellkartoffelscheiben in heißer Fleischbrühe mit Essig, Öl, Salz und Pfeffer, mit Orangenfilets garniert

capucine frz.: Kapuzinerkresse; a. kl. Kapernsorte; ↑ a. Kapuziner-Art

Capuns, Krautkapaunen, Mangoldwickel Spätzleteigstücke mit kleingeschn. Magerspeck, Bündnerfleisch, Landjäger, Salsiz u. ä., Brot, Käse, geh. Porree, Zwiebeln, Kräutern, Korinthen, in Mangoldblätter verpackt, mit Käse bestreut und mit heißer, geschmolzener Butter übergossen (Graubünden, Südostschweiz)

caracola span.: (Weinberg-)Schnecke

Carambola trop. Frucht, ↑ Karambole

Caramel gebrannter Zucker, ↑ Karamel

carapau port.: Stichling

carbonada span.: Schmorgericht, ↑ Karbonade; Argentinien, Chile, Peru: Eintopf aus Würfeln von Rindfleisch, Kartoffeln, Süßkartoffeln, Maiskolben, Tomaten, Zucchini, frischen oder eingemachten Früchten usw., meist in einem ausgehöhlten Kürbis gedünstet; a. Backwerk aus Milch, Eiern, eingemachtem Obst usw.

carbon(n)ade frz.: Schmorgericht, ↑ Karbonade

carbonara, alla [ital.: nach Köhler-Art] Teigwaren o. ä. in einer Sauce aus Butter, Sahne, Eiern, Speck, geriebenem Parmesankäse und einer Prise Muskat (urspr. Aostatal, Norditalien)

carcino ital.: Strandkrabbe

carciofo ital.: Artischocke

cardamome frz.: Kardamom

cardinal, (à la) ↑ Kardinals-Art, Sauce/sauce cardinal

cardon, cardy, cardone frz., ital.: Karde

Cardy Gemüsepflanze, ↑ Karde

Carella, Balsambirne, -gurke, Bittergurke, Karella bitteres, gurkenähnliches Gemüse, wird meist ged. oder in heißem Fett angebacken, a. gebr. oder gek., oft mit Hackfleisch, Zwiebelmus usw. gef. und mit Curry, Koriander u. ä. gewürzt; läßt sich bei 1–2 °C 20–30 Tage aufbewahren (urspr. Indien, heute alle Tropen und Subtropen)

Carême [Antonin C., frz. Meisterkoch, 1783–1833, Begründer der Großen französischen Küche und Erfinder zahlloser Rezepte] u. a. Kalbs- oder Geflügelkraftbrühe mit Kopfsalatstreifen, dünnen Scheiben Karotten, Weißen Rübchen und Spargelspitzen; Fischklößchen, Trüffelscheiben und Blätterteigstückchen zu Meerfisch in Rahmsauce; mit Schinkenpüree, gef. Oliven und Kartoffelkroketten zu Fleisch in Madeirasauce u. v. m.

Cargoreis Bearbeitungsart von ↑ Reis

cari ind., frz. u. a.: Curry

Carignan, (à la) [Ortschaft an der Chiers in den frz. Ardennen] Garnitur aus mit Gänseleber gef. Eiern, mit Spargelspitzen gef. Artischockenböden zu Fleisch (Tournedos, Lammnüßchen u. ä.) auf Torteletts aus Annakartoffeln in Madeira- oder Portweinsauce; Süßspeise aus mit Schokoladeneis gef., pochierten Äpfeln, Birnen, Pfirsichen auf Biskuitteigboden, mit Vanilleglasur überzogen

carmélite, (à la) ↑ Karmeliter-Art

Carmen [Titelgestalt einer Oper von Georges Bizet, 1873/74] auf spanische Art mit Gemüsepaprika und/oder

Tomaten; Kraftbrühe mit Tomatenpüree und Paprikaschoten, als Einlage Paprikaschoten, Tomatenstücke, Reis und Kerbel; Samtsuppe mit Reismehl und Tomatenpüree, als Einlage Paprikaschotenstreifen, Tomatenwürfel und Reis; Salat aus Grünen Erbsen, gerösteten Paprikaschoten, weißem Hühnerfleisch und gek. Reis in Essig-Öl-Sauce mit Senf oder leichter Mayonnaise und geh. Estragon

Carmencita, (à la) Garnitur aus ged. Paprikaschoten, geschmolzenen Tomaten, a. geb. Kartoffeln, zu Fleisch

Carnaroli ↑ Reis/Sorten

carne ital., port., span.: Fleisch (a. von Früchten); Fleischspeise

– cruda [ital.: rohes Fleisch] feingeh. oder durchgedrehtes Rindfleisch, mit Öl und Zitronensaft beträufelt, evtl. mit rohen, geh. Butter-, Steinpilzen bestreut (Aostatal, Piemont); ↑ a. carpaccio

Carnegie, (à la) [Andrew C., 1835–1919, amerik. Großindustrieller und Wohltäter] Garnitur aus mit Spargelspitzen gef. Artischockenböden, Trüffelscheibchen und geb. Kartoffeln, zu kl. Fleischstücken

Carob getr. Schotenfrüchte des Johannisbrotbaums, zu Pulver zermahlen, a. zu schokoladenähnlichen Tafeln gepreßt, fettarm, aber reich an Vitaminen und Ballaststoffen, sollten kontrolliert-biologische Qualität haben, können (bes. in der Vollwertküche) Kakao oder Schokolade erset-

Die Küche des englischen Prinzregenten, wo Carême, der Begründer der klassischen französischen Küche, kurz wirkte

zen, a. für (nicht zusätzlich gesüßte) Puddings, Quarkspeisen, Gebäck, Süßigkeiten (Mittelmeerländer)

Carolina [zwei südl. atlantische Staaten der USA] ↑ Reis/Sorten

caroline, Karoline kl. Blitzkuchen aus Brandmasse mit Füllung aus Gänseleber, Schinken, Lachs, Käse usw., warm oder kalt als Vorspeise (urspr. Frankreich)

Carotin Provitamin A, ↑ Vitamine

carpa ital.: Karpfen

Carpaccio [Vittore C., venezianischer Maler] orig. von Giuseppe Cipriani in seiner Harry's Bar in Venedig kreiert: rohe, hauchdünne Scheiben von Rindfleisch bester Qualität (Filet, Hüfte o. ä.) mit Salz und Pfeffer gewürzt, mit Olivenöl und Zitronensaft oder Essig beträufelt, dazu urspr. rosa Mayonnaise mit Tomatenmark, Worcester(shire)sauce und Weinbrand, heute oft mit gehobeltem jungem Parmesankäse bestreut, a. zusätzlich mit Knoblauch, Majoran, Oregano, Thymian, Pilzen usw. gewürzt; inzwischen allg. auch andere frische Nahrungsmittel (Kalb-, Lammfleisch, Fisch, Gemüse usw.) in sehr dünn geschn. oder geklopften sowie in (nicht zu stark gewürzter) Säure marinierten Scheiben, dazu nach Belieben rohe oder gebr. Gemüse, Pilze; ↑ a. carne cruda

carpe frz.: Karpfen

carrageen getr. ↑ Irländisch Moos, Bindemittel aus Meeresalgen

carré [frz.: Geviert] Kotelett- und Nierstück von Schlachtvieh, ↑ Karree

   º de l'Est [frz. Viereck des Ostens] Weichkäse aus pasteurisierter Kuhmilch, weicher Teig, 45–50% Fett i. Tr., camembertartig mild und herb zugleich, gute Zeit Sept.–Mai (urspr. Champagne, Lothringen, Frankreich)

carrelet frz.: Scholle

carte du jour frz.: Tagesspeisekarte

cartoccio ital.: Tüte; Alufolie, Pergamentpapier

Carubin ↑ Johannisbrotkernmehl

Caruso [Enrico C., 1873–1921, berühmter ital. Opernsänger] Salat aus Ananas- und Tomatenwürfeln in saurer Sahne mit Zitronensaft

casalinga, (alla) ital.: auf häusliche, Hausfrauen-Art

Casanova, (à la) [Giacomo C., 1725–1798, ital. Abenteurer, Frauenheld und Schriftsteller] Garnitur aus pochierten Austern, Miesmuscheln und Trüffelscheiben, zu Fisch in Weißweinsauce; Sauce aus Mayonnaise mit hartgek., geh. Eigelb, Estragon und Trüffeln; Salat aus Staudensellerie- und Trüffelscheiben in Mayonnaise, als Garnitur Scheiben von hartgek. Eiern und Brunnenkresse

caşcaval rumän. Schafskäse, ↑ Kaschkawal

Cashewkern, Cashewnuß, Acajounuß, Elefantenlaus, Kaschunuß Fruchtkern des Nierenbaums, fettarm, aber viele Kohlenhydrate, wirkt magenberuhigend, nervenstärkend; roh ungenießbar, wird deshalb geschält und geröstet angeboten, zarter, knuspriger, mandelartig süßlicher Geschmack, zum Knabbern, zu asiat. (Curry-)Gerichten, Teigwaren, Obstsalaten, als Rohkost usw.; läßt sich trocken und luftig in der Schale, als Kern nur kurze Zeit aufbewahren; ergibt a. fettes, schmackhaftes Öl (urspr. Brasilien, inzw. a. Süd-, Mittelamerika, Westindien, Hawaii, Kongo, Ägypten, Südostasien)

casônsei rechteckige, gebogene Teigtaschen mit versch. Füllungen wie Wurst, geriebenem Brot, Spinat, Käse, Makronen, Sultaninen usw. (Lombardei, Italien)

Cassata orig.: Biskuit-, Sandteigboden mit Schichten von gesüßter Ricotta oder Schokolade und kandierten Früchten, heute meist Eistorte, -riegel von Speiseeis versch. Aromen mit kandierten Früchten, Nüssen, Makronen usw. (urspr. Sizilien, Abruzzen, Italien)

Cassave Stärkemehl, ↑ Tapioka

casse-croûte [frz.: Krustenbrecher] Stulle, Pausenbrot; Imbiß, Brotzeit; rasch eingenommene, leichte Mahlzeit

Cassia ↑ Kaneel, Zimt

Nierenförmige Cashewkerne

cassis frz.: Schwarze Johannisbeere

cassolette, Kassolette [frz.: Räucherpfanne] (Vor-)Gericht, Ragout o. ä. in kl. feuerfester Form oder Pfanne

cassonade frz.: Brauner Zucker

cassoulet [südfrz. *cassole,* glasiertes Tongeschirr] deftiges Kasserollengericht in vielen reg. Varianten: in Brühe mit Gänseschmalz, Speck, Gewürzen und Aromaten lange langsam geschm. Weiße Bohnen mit Schweinefleisch *(c. de Castelnaudary),* Hammelfleisch, a. Rebhuhn *(c. de Carcasson)* oder eingemachter Gans, Ente und Knoblauchwürsten *(c. de Toulouse)* (urspr. Languedoc, Südfrankreich)

castagno ital.: Kastanie

Castello blue, Blå Castello Blauschimmelkäse, weicher Teig, 70 % Fett i. Tr., sahnig mild mit ausgeprägtem Pilzaroma (Dänemark)

castillane, (à la) ↑ Kastilische Art

catalane, (à la) ↑ Katalanische Art

Catalogna Salatpflanze, ↑ Salat/Blattzichorie

Catchup Würzsauce, ↑ Ketchup

catfish engl.: Zwergwels

catsup Würzpaste, ↑ Ketchup

causa Chile: leichte Mahlzeit; Peru, *c. a la limena:* mit frischen Chilis, feingeh. Zwiebeln, Pfeffer, Olivenöl und Zitronensaft gewürztes Kartoffelpüree, mit süßen Kartoffeln, Maniokknollen, Garnelen, Maiskolben, hartgek. Eiern, Frischkäse, Oliven usw. phantasievoll garniert

Cauxer Art, (à la) cauchoise [Caux, fruchtbare Landschaft an der Kanalküste Nordfrankreichs] in Apfelwein geschm. Seezunge mit Krebsen, a. Miesmuscheln, pochierten Austern, fritierten Stinten und Champignons; Hasen-, Kaninchenrücken mit Aromaten in Sahne-Senf-Sauce, dazu in Butter sautierte Äpfel; Salat aus Kartoffelscheiben, Selleriestengeln und gewürfeltem gek. Schinken in Sauce aus Crème fraîche, Apfelessig und Kerbel (Normandie, Frankreich)

Cavaillon Stadt im Vaucluse in Südostfrankreich, wichtiges Anbau- und Handelszentrum von (Früh-)Gemüse (Spargeln, Melonen usw.) und Obst

caviar frz.: Kaviar

Graf Benso di Cavour, Vorkämpfer der Einigung Italiens

– d'aubergines Püree von geb. Auberginen mit Knoblauch, schwarzen Oliven usw. in Olivenöl, rauchiger, leicht bitterer Geschmack (Südfrankreich)

cavolata ital.: Kohlgericht

cavolo ital.: Kohl

Cavour [Camillo Graf Benso di C., 1810–1881, ital. Staatsmann aus Piemont] Garnituren aus mit Geflügelleberpüree gef. Champignonköpfen und geriebenem Parmesankäse auf runden, flachen Maisbreiböden, zu Zwischengerichten, oder aus Grießkroketten, Ravioli und/oder Lasagne zu gr. Fleischstücken; mit feiner Geflügelfarce gef., mit Speck und Trüffelscheiben gespickte Poularde, dazu Butternudeln und geriebener Parmesankäse

Cayennepfeffer, Guineapfeffer beißend scharfes Würzpulver aus gemahlenen, gemörserten roten Chilis, verleiht Fleisch, Fisch, Suppen, Gemüsen, Salaten, Eintöpfen usw. einen feurigen Geschmack (Südamerika, Afrika, Indien u. a.)

cazöla, cazzuola deftiger Schweinefleischtopf mit Polenta (Norditalien, Tessin, Südschweiz)

cazuela span.: Kasserolle, Schmortopf; gewürztes Fleischgericht daraus

cazzuola Schweinefleischtopf, ↑ cazöla

cebiche, ceviche in gesalzenem Limonen- und Zitronensaft mit Knoblauch, Oregano, Pfefferschoten, Zwiebelringen u. ä. marinierte und gegarte Würfel von rohen Fischen, a. Krustentieren, oft mit süßen Kartoffeln, Maiskolben und grünem Salat serviert (Peru, Mittel-, Südamerika)

cebolla span.: Zwiebel

ceia port.: Abendessen

céleri frz.: Sellerie

celery engl.: Sellerie

Célestine [Vorname der Arbeitgeberin und späteren Verlobten eines Küchenchefs in Lyon] mit Champignons und geschälten Tomaten sautiertes Hühnchen, mit Cognac flambiert, mit Weißwein übergossen, mit geh. Knoblauch und Petersilie bestreut; ↑ a. consommé Célestine

Cellulose organische Verbindung, Kohlenhydrat, Hauptbestandteil der pflanzlichen Zellwände

cena ital., span.: Abendessen

cendre frz.: Asche
  sous la – über glühender Herdasche, Holzkohlenglut gegart

Cendré in Rebholzasche gereifter Käse aus entrahmter Kuhmilch, weicher Teig, 20–30 % Fett i. Tr., jung sehr nussig, gute Zeit Juli–Nov. (Burgund, Champagne, Orléanais, Frankreich)

Cendrillon, consommé ↑ Aschenbrödelsuppe

cèpe frz.: Röhrling, insbes. Steinpilz

cerdo span.: Schwein, Schweinefleisch

Cerealien, Zerealien [lat. *Ceres*, Göttin der Ackerfrüchte] Getreide-, Feldfrüchte; insbes. zu Flocken (engl.: *flakes*), Grütze, Schrot usw. verarbeitete Getreidekörner *(cereals)* wie Gerste *(barley)*, Hafer *(oat)*, Hirse *(millet)*, Mais *(corn)*, Roggen *(rye)*, Weizen *(wheat)* und Weizenkleie *(bran)*, hoher Nährwert; mit Milch, Joghurt, Quark oder Saft, im Müesli (mit versch. weiteren Zutaten) oder in Breien *(porridge)*, Suppen, Desserts, Gebäck usw. hochwertiges, gesundes Nahrungsmittel; ↑ a. Getreide
  -wurst Kochwurst mit Zusatz von Getreideerzeugnissen (Mehl, Grütze, Brot, a. Reis) und Kartoffeln

cereza span.: Kirsche

cerfeuil frz.: Kerbel

cerise frz.: Kirsche

cerneau frz.: grüne Baum-, Walnußhälfte, oft zum Aperitif im Saft von unreifen Trauben *(verjus)* getränkt und mit geh. Kerbel serviert

cervelas, Cervelas Frankreich: feine Schlackwurst; Schweiz (Cervelat, Cervela, Servela): geräucherte Brühwurst aus Rindfleisch mit Schwarten, Speck und Würzstoffen, wird kalt (z. B. als Wurstsalat), aber a. warm aus dem Sud, (am Stecken) erhitzt, gegrillt usw. verzehrt; ↑ a. Cervelatwurst, Servela

Cervelatwurst schnittfeste, feinkörnige Rohwurst aus Rind-, Schweinefleisch und Speck; ↑ a. cervelas, Servela

cervelle frz.: Hirn

ćevap (gewürzter) Spießbraten (Orient)

ćevapčići mit Gemüsepaprika, Knoblauchzehe und Öl gegrillte Röllchen aus geh. Kalb-, Lamm-, Rindfleisch, meist mit ajvar, grünen Paprikaringen, Tomatenvierteln, frischen geh. Zwiebeln, a. Reis serviert (Südosteuropa)

Cevenner Art, (à la) cévenole [Cevennen, südfrz. Schiefergebirge] mit ganzen, zerkleinerten, pochierten usw. Kastanien

ceviche marinierter Meerfisch, ↑ cebiche

Ceylon [Insel im Ind. Ozean, heute Sri Lanka]
  –-Caneel, -Canehl, -Zimt Gewürz, ↑ Zimt
  -spinat, Indischer Spinat, Malabarspinat, Surinam-Portulak grüne oder rotgrüne Gemüsepflanze, leicht säuerliche Blätter und junge Triebe werden als mildes, leicht schleimiges Gemüse zubereitet (urspr. trop. Asien, heute a. Westafrika, trop. Amerika)
  -tang Dickungsmittel aus getr. Algen, ↑ Agar-Agar
  -zimt ↑ Zimt

Chabichou der älteste frz. Weichkäse aus Ziegen-, manchmal a. Schafmilch mit Außenschimmel, geschmeidiger Teig, 45 % Fett i. Tr., ausgeprägt würzig und pikant, gute Zeit Mai–Nov. (Poitou, Westfrankreich)

Chabis schweizerd.: Weißkohl

Chacheli schweizerd.: Tasse, Schüsselchen

-mues geriebener Emmentalerkäse mit dicker saurer Sahne, Eigelben, Curry, Thymian usw., in Gratinform goldgelb überbacken

chachuka Eier in geschm. Gemüse wie Okra, Paprikaschoten, Tomaten, Zwiebeln usw. (Afrika)

chà giò Reisblattrolle mit Füllung aus fein geh. Hühnerbrust, Garnelenfleisch, Frühlingszwiebeln, Karotten, Glasnudeln usw., goldbraun fritiert und mit Minze gewürzt, meist in Salat-, Kräuterblätter gewickelt und mit einer Dipsauce, ↑ nuoc mam, serviert (Vietnam)

Chaîne des Rôtisseurs [frz.: Kette, Gilde der Brat- und Spießköche] alte Koch- und Feinschmeckerbruderschaft, die auf die mittelalterlichen Bratkochzünfte zurückgeht und 1950 in Paris wiedererweckt wurde; ihr Credo ist «Gebrauch und Achtung des Bratspießes, der in seiner Einfachheit und Direktheit das Symbol der einfachen und direkten französischen Küche ist»; inzw. Tausende von Mitgliedern in vielen Ländern; Insignien sind ein Orden an Edelmetallkette mit farbiger Schärpe um den Hals, Emblem ein blau-weiß-rotes Schild mit Wappen

challe, berche Festtagsgebäck aus Hefeteig ohne Milch und Butter, aber oft mit Rosinen, mit Mohnkörnern bestreut (jüd. Küche)

chalva, chalwa [hebr.: Milch, Emulsion] Süßspeise aus dickem Zuckersirup, Honig oder Melasse mit Sesamöl usw. (Naher Osten)

Chambérysalat [Chambéry, frz. Stadt in den Voralpen] kl. Würfel von Hummer, Räucherlachs, Artischockenböden, Grünen Bohnen und Pfeffergurken, mit Mayonnaise gebunden und in ausgehöhlte Tomaten gefüllt

Chambord [Henri Charles Graf von Ch., 1820–1883, frz. Thronprätendent] in Rotwein geschm. große ganze Fische (Karpfen, Lachs, Seezunge o. ä.) mit Fischklößchen, Seezungenfilets, sautierter Fischmilch, gek. Krebsen, Champignonköpfen, Trüffeln und gerösteten Weißbrotwürfeln

Chambordsauce ↑ Sauce/sauce genevoise mit Fischfond und Rotwein, zu Fisch

Chämi schweizerd.: Kamin, Räucherkammer

Champagnerkraut Sauerkraut mit Champagner, darf nur kurz knackig gek. werden

Champagnersenf ↑ Senf/Sorten

Champignon, Egerling, Tafelpilz geschätzter, wohlschmeckender Hutpilz von hohem ernährungsphysiologischem und diätetischem Wert, wird in versch. Arten angeboten: *Anischampignon, Schafchampignon,* würziges Aroma, gute Zeit Mai–Okt.; *Brauner Champignon,* gute Zeit Juli–Okt; *Stadtchampignon,* gute Zeit Mai–Herbst; *Waldchampignon,* gute Zeit Okt.; *Wiesenchampignon,* gute Zeit Mai–Okt.; meist jedoch als *Garten-, Kultur-, Zuchtchampignon,* der in dunklen, feuchten Räumen kommerziell gezogen wurde und deshalb das ganze Jahr frisch erhältlich ist mit weißem bis gelb-bräunlichem oder gar sattbraunem, saftigem Fleisch, angenehm milder bis würziger Geschmack; sollte festen Körper haben – je größer und dunkler (rosa Champignon, Steinchampignon u. a.), desto aromatischer – und geschlossenen Kopf mit straffen Lamellen; die Köpfe des Riesenchampignons eignen sich bes. zum Füllen; zum Säubern nicht Wasser verwenden, sondern (mit dem Pilzputzpinsel) abbürsten und mit Küchenkrepp abreiben, sollte nicht zu lange gek. und nur dezent gewürzt werden, kann für Scheiben mit dem Eierschneider statt dem Messer blättrig zerteilt werden. Achtung: Wilde Champignons enthalten gern Schadstoffe und sehen oft dem giftigen weißen Knollenblätterpilz zum Verwechseln ähnlich.

Champignons sind (immer ohne Stiel) vielseitig verwertbar: zu Fleisch-, Fisch-, Käsegerichten, Eierspeisen, Kartoffeln, Gemüse, Teigwaren usw., (a. roh) zu Salaten, Saucen, (Creme-)Suppen, Gehacktem, Frikassees, Pasteten, Pürees, Soufflés usw., Köpfe werden a. pikant gefüllt; passende Gewürze: Basilikum, Knoblauch, Oregano, Paprika, Thymian usw.; die Pilze sollten möglichst rasch verwendet werden, halten sich unbehandelt und locker gestapelt an einem kühlen, luftigen Ort oder im Gemüsefach des Kühlschranks aber 1–3 Tage, lassen sich in Fett geschmort 3–4 Mon., blanchiert oder fertig gekocht bis 8 Mon. tiefkühlen.

Champignons sind a. in Dosen konserviert erhältlich:

Anis- oder Schafchampignons, geschätzte, leicht duftende Speisepilze

I. Wahl = frisch geerntet, kl. geschlossene ganze Köpfe; II. Wahl = größere, leicht geöffnete Köpfe, kräftiger Geschmack (von Feinschmeckern bevorzugt); III. Wahl = offene Köpfe, Stücke und Stiele.
(Urspr. Frankreich, heute a. Belgien, Holland, England, Deutschland, Österreich, Schweiz, Polen, Kanada, Taiwan, China und ganze Welt); ↑ a. champignon

champignon frz.: Pilz (allgemein)
- **de couche** (Zucht-)Champignon
- **de Paris** frz.: Champignon

Champignon|cremesuppe milde, helle gebundene Suppe aus Champignons, feingewürfelten Zwiebeln und anderen würzenden Zutaten (Zitronensaft usw.) a. industriell gefertigt angeboten
- **-essenz** konzentrierter Champignonfond
- **-fond** Saft von ged. Champignons und/oder Champignonabfällen
- **-sauce** braun: Kraftsauce mit Champignonfond und ged. Champignonscheiben, zu gebr. Fleisch; weiß: ↑ Sauce/sauce allemande mit Champignonfond und ged. Champignonscheiben, zu ged. weißem Fleisch

chancelier, à la ↑ Kanzler-Art

chancho adobado gepökeltes, eingelegtes Schweinefleisch; insbes. in Essig, Knoblauch, Kümmel usw. marinierte Würfel Schweinefleisch, in Orangen- und Zitronensaft geschmort und mit Süßkartoffeln serviert (Peru, Südamerika)

chanfaina span: Lungenragout; Katalanien: dicke, pikante Sauce aus gewürfelten Paprikaschoten, Zwiebeln und versch. anderen Gemüsen, in heißem Öl gekocht und mit Kümmel, frischer Minze, Petersilie und Pfeffer gewürzt, zu weißem Fleisch und Geflügel; Antillen: Scheiben ausgeb. Hammelleber mit zerschnittenem Gemüsepaprika und zerstoßenem Knoblauch

chanoine, (à la) ↑ Domherren-Art

chanoinesse, (à la) ↑ Stiftsdamen-Art

chanterelle frz.: Pfifferling

chantilly, (crème) [Chantilly, Stadt nördl. von Paris, Schloß mit einst renommierter Küche] ungesüßte Schlagsahne; ↑ a. Sauce/sauce chantilly

Chanukkakrapfen [Chanukka, jüd. Lichterfest] in Öl geb. Hefekrapfen (jüd. Küche)

chao chin.: Reisnudeln

chaouā auf Kartoffelscheiben über Dampf gegartes Lammfleisch, mit Kreuzkümmel gewürzt (Marokko)

Chaource [Ort im frz. Bezirk Aube] sahniger, brieähnlicher Schimmelkäse aus Kuhmilch, weicher Teig, 45–50% Fett i. Tr., aromatischer, milchig säuerlicher Geschmack, gute Zeit Juli–Nov. (Champagne u. a., Frankreich)

chapati dünner Brotfladen aus Attamehl, ohne Fett und Treibmittel über offenem Feuer gebacken (Indien)

chapelure [frz.: *chapeler*, abschaben] Semmelbrösel, fein geriebenes weißes Brot zum Panieren und Gratinieren

chapon frz.: Kapaun; frz. Küchensprache a. mit Knoblauch eingeriebenes in Olivenöl geröstetes Stück Weißbrotkruste, meist zu grünen Salaten (Provence), oder in Milchbrei eingeweichte Brotkruste (Normandie)

charcoal engl.: Holzkohle

charcuterie frz.: Fleisch-, Wurstwaren; Aufschnitt-, Fleischteller; Fleisch-, Feinkostladen

charcutière, (à la) ↑ Metzger-Art

Charentais-Melone frz. Zuckermelone, ↑ Melone/Kantalup-Melone

Charentes Landschaft in Westfrankreich gegen den Atlantik zu mit vorzüglicher Viehzucht (Rinder, Schafe) und Gemüse-, Fruchtkultur (Bohnen, Erbsen, Kohl, Melonen usw.)

chariot frz.: (Vorspeisen-, Käse-, Dessert-)Wagen

charivari [frz.: Durcheinander] Rinderkraftbrühe mit ged. Scheiben von Knollensellerie, Möhren, Weißen Rübchen, Weißkohl und Zwiebeln; Salat aus gewürfelten Äpfeln, Birnen, Champignons, Knollensellerie, Möhren, Pellkartoffeln, Roten Rüben, Salzgurken in gewürzter Mayonnaise

Charlotte [entweder vom altfrz. *chauld*, warm, oder nach der Frau des engl. Königs Georg III.] gestürzte Süßspeise aus einer mit Löffelbiskuit oder Weißbrotscheiben ausgelegten, mit Creme, Püree, ged. Obst usw. gefüllten zylindrischen Form, knusprig geb., trocken oder mit (Schlag-)Sahne serviert; kann ohne Teig a. aus Fisch oder Gemüse zubereitet werden
- **– (à la) russe** [frz.: Russische Charlotte] Bayerische Creme mit Schlagsahne, Vanille, a. kandierten Früchten oder sonstigen Aromaten in einem Kranz von Löffelbiskuits

François René Vicomte de Chateaubriand

Charol(l)ais [Charolles, südburgundische Stadt] Mastrind-Rasse mit bes. saftigem, zartem Fleisch

charque, charqui sonnengetrocknetes Kalb-, Rind-, Schaf- oder Lamafleisch, in Streifen oder gemahlen, ungesalzen oder gesalzen, als Würze für Suppen, Eintöpfe, Eierspeisen (Südamerika)

Chartres, (à la) [Robert Herzog von Ch., 1840–1910, Enkel des Königs Louis-Philippe von Frankreich] mit Estragon

chartreuse, (en), Kartäusergericht [frz.: Kartause] Fleisch, Geflügel (i. a. Federwild) oder Fisch mit kleingeschn. Gemüse (i. a. Kohl) und Speck in der Becherform

charūf arab.: Hammel

Chäs schweizerd.: Käse
 -chüechli, Käseküchlein kl. rundes Törtchen aus geriebenem o. ä. Teig mit Belag aus (geriebenem, gechmolzenem) Hartkäse, geb. und warm gegessen (Ostschweiz)
 -schnitte ↑ Käseschnitte
 -wähe dünner, flacher Blechkuchen mit Belag aus geriebenem Emmentaler, Greyerzer oder einem ähnlichen Hartkäse mit verquirlten Eiern, Milch und/oder Sahne, Muskat, Pfeffer usw., goldbraun geb. und heiß gegessen, viele reg. Varianten (Schweiz)

chasseur [frz.: Jäger] kl. Wurst aus magerem Rind- und Schweinefleisch, getrocknet und kaltgeräuchert; mit Sauce aus Champignons, Schalotten, Tomaten und Weißwein; mit Wildpüree; Name a. des livrierten Pagen, Gehilfen im Hotel oder Restaurant; ↑ a. Weidmanns-Art

château frz.: Schloß, ↑ a. Kartoffel/Schloßkartoffeln

Chateaubriand [wahrsch. nach dem Küchenchef des frz. Staatsmanns und Schriftstellers François René Vicomte de Ch., 1768–1848] Doppelendenstück vom Rind, ↑ Steak/Ochsensteak: Europäischer Schnitt 2 c
 -sauce, sauce Chateaubriand Fleischglace mit Reduktion aus geh. Schalotten, Weißwein, etwas Zitronensaft, frischer Butter und Cayennepfeffer, zu gegr. Fleisch

châtelaine, (à la) ↑ Burgfrauen-Art

Chatham [William Pitt der Ältere, 1. Earl of Ch., 1708–1778, engl. Staatsmann] Garnitur aus Pökelzungenscheiben, Butternudeln und weißer Zwiebelsauce mit Champignonscheiben; zu gespickter, geschm., glasierter Kalbsnuß

cha-ts'ai chin.: sauer eingelegtes Gemüse

Chauchat [Jacques Louis Henri Ch., 1863–1927, Artillerie-Offizier, konstruierte das frz. Maschinengewehr] Fisch (Glattbutt, Seezunge, Wittling o. ä.) in mit Butter und Eigelben gebundener Weißweinsauce in Ring von Kartoffelscheiben

Chaudeau [frz.: warmes Wasser] warme, aber a. kalte Weinschaumcreme, -sauce, in Frankreich selbst *sabayon* genannt

Chaud-froid, chaudfroid [frz.: warm-kalt] Gericht, das warm zubereitet und kalt serviert wird; Sülzspeise aus Fleisch-, Geflügel-, Wild- oder Fischstücken in Gelee; Sulzsauce aus gelatinehaltiger Brühe, reduziertem Hühnerfond, o. ä., ↑ Sauce/sauce chaud-froid, zum Überziehen von Fleischstücken, Häppchen usw.

Chaumes Weichkäse aus Kuhmilch, geschmeidiger Teig mit feiner Rotflora, 50% Fett i. Tr., dezent mild, ohne Rinde zu essen, eignet sich a. zum Schmelzen (Frankreich)

chausson [frz.: geschmeidige Fußbekleidung] Strudel, Blätterteigtasche mit Frucht-, i. a. Apfelkompott, lauwarm oder kalt; a. als Vorspeise salzig mit Kleinragout, Käse usw. gefüllt heiß serviert

Chayote, Chocho, XuXu (ausgespr. *schuschu*) Frucht eines trop. Kürbisgewächses mit neutralem, leicht süßlichem Fleisch und eßbarem, nussigem Kern, sollte vor Verzehr einige Zeit bei Zimmertemperatur ruhen; geschält in Scheiben (und gewürzt) vielseitig verwendbar, roh als Salat, warm als Suppeneinlage, a. gebacken und/oder gefüllt als Beilage, Gemüse, in Saucen, ja als Kompott, Süßspeise, für Torten usw.; in den Anbauländern a. Knollen und Sprossen als Gemüse (urspr. Mexiko, Mittelamerika, Brasilien, heute a. Afrika, Westindien, Kalifornien, Hawaii, Indien, Philippinen, Australien, Neuseeland, vereinzelt a. Spanien, Südfrankreich u. a.)

Cheddar [Städtchen in der engl. Grafschaft Somerset] der in der Welt weitestverbreitete Schnittkäse aus frischer, vollfetter Kuhmilch, meist industriell mit hellroter Rinde hergestellt, besser jedoch vom Bauernhof, *farmhouse,* mit gräulicher Rinde, gepreßter Teig, mind. 48% Fett i. Tr., haselnussiger, mild aromatischer Geschmack (urspr. England, heute a. Nordamerika, Australien, Neuseeland); ↑ a. Welsh rarebit

cheese engl.: Käse
 -burger Klops aus gebr. Rinderhackfleisch, darüber geschmolzenem Käse, a. Tomatenscheiben usw. in aufgeschnittenem weichem Brötchen oder zwischen zwei Weißbrotscheiben (urspr. USA)
 -cake Kuchen mit Frischkäse-, Quarkfüllung (USA)
 - dressing Salatsauce aus Mayonnaise mit geriebenem Parmesankäse, Paprika und Selleriesalz

chelo vorgek. Reis, in einem tiefen Topf mit Fett und wenig Wasser gegart (Iran)
 – -kabab in Joghurt, Oregano, Pfeffer, Zimt, Zitronen-, Zwiebelsaft mariniertes und gegrilltes Schaffleisch mit Reis (Iran)

chemise, (en) [frz.: Hemd] in (natürlicher) Hülle, in Folie oder Pergament gegart

cherbah Suppe aus Schaffleisch, Chilis, Minze, Tomaten, Zwiebeln, getr. Aprikosen und Fadennudeln (Algerien)

Cherimoya trop. Frucht, ↑ Annone/Sorten

cherry engl.: Kirsche

Cherry-Tomate ↑ Tomate/Kirschtomate

chervil engl.: Kerbel

Cheschtene schweizerd.: Kastanie

Cheshire, Chester [mittelengl. Grafschaft, Stadt und Marktzentrum in derselben] Hartkäse aus salzhaltiger Kuhmilch, leicht gepreßter Teig, 48% Fett i. Tr., rot mild nussig, weiß milchig mild, schmeckt bes. zu einem Glas Portwein; in Deutschland, Frankreich u. a. auch Name für den ↑ Cheddar
 Blue – cremiger Blauschimmelkäse, pikanter, aber milder Geschmack

Chesterfield [Philip Dormer Stanhope, 4. Earl of Ch., 1694–1773, brit. Staatsmann und Schriftsteller] Garnitur aus Hummerschwanzscheiben und kl. Trüffelkugeln, zu Fisch

chestnut engl.: Kastanie

chevalière, (à la) ↑ Ritter-Art

chèvre frz.: Ziege; Ziegenkäse, 45% Fett i. Tr., je nach Herkunft mild bis streng, gute Zeit i. a. Apr.–Nov., ↑ Ziegenkäse

chevreuil frz.: Reh

Chevreuse [malerisches Tal nordöstl. von Paris mit Gemüsekultur] Garnitur aus mit Champignonpüree und Trüffelscheiben gef. Artischockenböden sowie Nußkartoffeln, zu Tournedos, Lammnüßchen u. ä.; sämige Hühnerrahmsuppe mit Kerbelblättern; Spiegeleier mit geriebenem Käse in

Landhaus in Cheshire, Heimat des gleichnamigen Käses

Kranz von Bohnenpüree; mit blanchiertem Kerbel (Blätter und Knollen) gef. Omelett

chevrotin frz.: 6 Mon. junges Dam-, Reh-, Rotwild; kl. milder Ziegenkäse, i. a. 45% Fett i. Tr., gute Zeit Apr.–Nov. (Bourbonnais, Savoyen u. a., Frankreich)

chewing gum engl.: Kaugummi

Chianina [Chiana-Tal, Toskana, Italien] Mastrind-Rasse, ↑ Rind

Chiboust-Creme ↑ crème Chiboust

chicharrón span.: Grieben, kroß gebr. Schweineschwarte; Argentinien: Gericht aus ged., gebr. Würfeln von Rinder-, Schweinefleisch mit Porree

chicken engl.: Huhn, Hähnchen, (Brat-)Hühnchen
– **(à la) king** Ragout aus weißem Hühnerfleisch, mit Sahne, geh. Pilzen, grünem Pfeffer und Sherry gebunden, in dicker Sauce aus geschlagenen Eigelben und Butter, oft auf Toast serviert (USA)
– **broth** Hühnersuppe mit Bleichsellerie, Möhren, Porree, Weißen Rüben und Reis (England)
-**burger** Hacksteak aus Hühnerfleisch
– **-curry** mit Currypulver, Chilis, Knoblauch, Schalotten, Ingwer, Zimt usw. gewürztes Hühnergericht, viele Varianten (Indien, England, USA u. a.)
– **Maryland** [Maryland, einer der südatlantischen Staaten der USA] in Milch getauchte, in Paniermehl mit Eigelb gerollte Stücke entbeintes Huhn, in Butter goldgelb gebraten, dazu Rahmsauce mit Eigelben (USA)
– **oyster** [engl.: Hühnerauster] austernförmiges Stück Fleisch aus dem Rücken des Huhns, sehr schmackhaft
– **pie, pye** Teigpastete mit Füllung aus Hühnerfleisch, Speck, Mohrrübenscheiben, kl. weißen Zwiebeln u. ä., mit Butter und Sahne, viele reg. Varianten (England, südl. USA u. a.)

chicle Milchsaft der Sapodilla, liefert eingedickt die Masse für Kaugummi (Mittelamerika)

Chicorée feine Salat- und Gemüsepflanze, ↑ Salat/Sorten
Roter – ↑ Salat/Sorten: Radicchio

chicorée frz.: Endivie

chiffonade [frz.: Zerknittertes, ausgespr. *schifonād*] in lange schmale Streifen geschn. Blätter von frischen Gemüsen und Kräutern (Chicorée, Endivie, Kopfsalat, Lattich, Mangold, Sauerampfer, Spinat u. ä.), meist als Garnitur für Supen usw., in Butter, Milch oder Sahne blanchiert; a. Suppe damit; ↑ a. brunoise, Julienne, Röstgemüse

Chilischoten, tropische Verwandte des Paprikas

chile, chiles mexikanischer Name des Chili, wird dort fritiert, paniert, a. gef. als Gemüse oder getr. als Würze verwendet

Chilegarnele Meereskrebs, ↑ Garnele/camarón

Chili, Chilis, Chillies, kolumbianischer, spanischer, türkischer, ungarischer usw. Pfeffer, Teufelspfeffer kl. Gewürzpfefferschote, scharfes Küchen- und Einmachgewürz, wirkt appetitanregend, verdauungsfördernd, ist bei empfindlichem Magen jedoch nicht ratsam; je kleiner, desto schärfer, ohne Scheidewände und Kerne milder: *rot* brennend scharf, *gelb* mittelscharf, *grün* milde, *orange* sehr milde; läßt sich ganz kochen, in Essig, Öl usw. einlegen, trocknen, als Würze für Fleisch-, Fisch-, Kohl-, Käsegerichte, Eintöpfe, Salatsaucen usw. verwenden; frische Schote hält sich im Gemüsefach des Kühlschranks mehrere Wochen, gemahlen und dunkel, kühl, trocken aufbewahrt bis 4 Jahre (urspr. Südamerika, heute alle trop. Gebiete, u. a. Südostasien, Indonesien, Westindien, a. Süd-, Osteuropa) ↑ a. Cayennepfeffer, Paprika/Gewürzpaprika, Peperoni, romesco, rouille, sambal, Tabasco
– **con carne** scharf gewürzter Eintopf aus grünen Chilis, Rindfleisch in Streifen, Rinderhack, Roten Bohnen, Knoblauchzehen, Tomaten, Zwiebeln mit Cayennepfeffer, Chili- und Paprikapulver, Lorbeer, Thymian usw. (Mexiko, südwestl. USA u. a.)
-**essig, -öl** Tischwürze, für Salate, zum Beträufeln
-**pulver, chili powder** Gewürz, echt nur aus getr., gemahlenen Chilischoten, mild bis sehr scharf im Handel, oft mit anderen Gewürzen (Gewürznelken, Knoblauch, Koriander, Kreuzkümmel, Oregano, Paprika, Zwiebeln usw.) vermischt
-**sauce** China: aus Chilis, Essig und Salz, sehr scharf; Ostasien, USA: aus Chilipulver, Tomatenmark, Zwiebeln, Zucker, Essig und Aromazutaten, zu gebr., gebr. Fleisch, Fondues usw., als Saucenwürze; ↑ a. sambal

chilled engl.: (eis-)gekühlt

Chillies Gewürzschoten, ↑ Chili

chimichurri scharfe Würzsauce aus Rotweinessig und Sonnenblumenöl mit feingeh. Knoblauchzehen und Petersilie, dazu a. Avocado-, Tomatenwürfel, gelbe Paprikaschoten, Schalotten usw., zu Steaks, Grilladen, Kurzgebratenem (Argentinien)

Chinakarpfen ↑ Karpfen/Marmorkarpfen

Chinakohl ↑ Kohl/Sorten

Chinalauch ↑ Schnittknoblauch

Chinapfeffer ↑ Sichuanpfeffer

Chinasalat ↑ Salat/Sorten

chin-che chin.: Kumquat

Chinesische Artischocke Wurzelgemüse, ↑ Stachys

Chinesische Dattel Südfrucht, ↑ Jujube

Chinesische Dattelpflaume exot. Frucht, ↑ Kaki

Chinesische Eier, Tausendjährige Eier in Asche, roter Erde, Kalk, Reishülsen, Salzlake oder Zucker eingelegte Hühnereier, die anschließend in Kellern und Gewölben lange weiterfermentieren, wodurch sich das Eiweiß zu bernsteinfarbener Gelatine, das Eigelb zu einem grünlichen Quark verdickt; mit Essig, Soja und geh. Ingwer auch für ungewohnte Zungen eine Delikatesse (China)

Chinesische Haselnuß trop. Steinfrucht, ↑ Lychee

Chinesische Kastanie Schwimmpflanzenfrucht, ↑ Wasserkastanie

Chinesische Morchel ostasiatischer Speisepilz, ↑ mu-err

Chinesische Nudeln Eiernudeln aus Weizenmehl (dān min), Glasnudeln aus gemahlenem Mungbohnenkeimen (fěn-sī, gelten als Gemüse, müssen vor Verwendung eingeweicht werden) oder Reisnudeln (ho fan), als Einlage für Suppen, kroß oder weich gebraten als Beilage, Garnitur oder für Pfannengerichte (China u. a.)

Chinesische Petersilie Korianderblätter, ↑ Cilantro

Chinesische Quitte exot. Frucht, ↑ Kaki

Chinesischer Blattsenf ↑ Kohl/Chinesischer Blattsenf

Chinesischer Essig aus Reis destillierter roter, a. brauner, schwarzer Essig, mild süßlich

Chinesischer Rettich Rettich-Art, ↑ Japanischer Rettich

Chinesischer Salat ↑ Salat/Chinasalat

Chinesischer Senfkohl ↑ Kohl/Chinakohl

Chinesische Stachelbeere exot. Frucht, ↑ Kiwi

Chinesische Wintermelone exot. Gemüsefrucht, ↑ Wachskürbis

Chinois [frz.: Chinese] kl. Bitterorange, säuerlich bitter, meist kandiert, sonst für Getränke u. ä. (urspr. China, heute a. Mittelmeer-Riviera, Sizilien, Kalabrien, Algerien u. a.)

Chinon, (à la) chinonaise [Stadt im frz. Loiretal] Garnitur aus mit Wurstbrät gef. Grünkohlköpfchen und Petersilienkartoffeln, zu gr. geschmorten Fleischstücken; a. in Nußöl knusprig gebr. Hase oder Neunauge

chip [engl.: Span, Splitter] kl. dünner Streifen, Scheibchen; ↑ a. fish and chips

chipiron frz.: Tintenschnecke (Südwestfrankreich)

chipolata frz.: Perlwürstchen, ↑ cipollata
— , **(à la)** Garnitur aus Champignons, gerösteten Kastanien, glasierten Karotten, Zwiebelchen und gebr. Speck mit Cipollata-Würstchen, zu geschm. Fleisch, Geflügel, Wild, Eiern; Pudding aus Schweinenieren, Füllmasse und Würstchen

Chipollata dt. Schreibart von ↑ cipollata

chipotle sehr scharfe rote ↑ Chili-Schote

chips [engl.: Späne, Splitter] ↑ Kartoffel/Kartoffelchips

Chirimoya trop. Frucht, ↑ Annone/Cherimoya

Chironja Zitrushybride, Kreuzung zwischen Grapefruit und Orange, etwas größer und süßer als diese

Chivry(butter), Beurre Chivry Butter mit feinen Kräutern, zu kalten Vorspeisen oder für ↑ Sauce/sauce Chivry

chladnik kalte Suppe, ↑ chlodnik

chleb, chlep russ.: Brot

chlodnik, chladnik kalte Suppe aus mit saurer Sahne gebundenen Gurken, Fenchel und Sauerampfer, oft mit hartgek. Eiern serviert, a. mit Fisch, Möhren, Petersilienwurzel, Roten, Weißen Rüben, Zwiebeln usw. angereichert und mit Dill, Estragon, Petersilie usw. gewürzt; a. Kaltschale (Baltikum, slawische Länder)

Chlor, Chlorid chem. Element, ↑ Mineralstoffe

Chneublätz, Chnüüblätz [schweizerd.: Knieflicken] ausgeb., mit Puderzucker bestreuter Teigfladen (Ostschweiz)

Chnobli schweizerd.: Knoblauch

Chnüüblätz ↑ Chneublätz

Chocho trop. Kürbisgewächs, ↑ Chayote

choclo Südamerika: junger Maiskolben; Gericht damit

choesels belg.: Bauchspeicheldrüse des Ochsen; Ragout aus Ochsenfleisch und -innereien mit Zwiebeln und Bier

choice engl.: (erste, ausgesuchte) Wahl
- **lard** Schweineschmalz aus Flomen und entschwartetem Rückenspeck (USA)

Choiseul [Etienne François Herzog von Ch., 1719–1785, frz. Staatsmann und prunkliebender Grandseigneur] pochierte Seezunge in Weißweinsauce mit Streifen von weißen Trüffeln; mit Gänseleber gef. Artischockenböden, zu Fleisch

Choisy [frz. Stadt im Marne-Tal südl. von Paris einst mit Gemüsekulturen] mit Kopfsalat; Garnitur aus halbiertem, geschm. Kopfsalat; pochierte Seezunge in Weißweinsauce mit Champignon-, Kopfsalatstreifen; Omelett mit Kopfsalatstreifen und Sahne in Rahmsause

choix frz.: Wahl, Auswahl

Cholermues Omelett aus Eiern, Milch und Sahne, in Stücke zerschn. und knusprig geb., mit Zimt und Zucker bestreut, oft mit Apfel-, Birnenstücken serviert (Innerschweiz)

Cholesterin [griech. *cholē*, Galle, *stereós*, hart, fest] Blutfett, das vorw. in tierischen Lebensmitteln vorkommt, aber a. vom menschlichen Organismus selbst hergestellt wird (500–2000 mg täglich) und zur Bildung von Geweben, Zellmembranen, Gallensäure, Hormonen, Vit. D u. v. m. für den Körperaufbau unerläßlich ist, bei übermäßiger zusätzlicher Einnahme jedoch zu gesundheitlichen Schäden führen kann (Arteriosklerose, Infarkt sind nicht einwandfrei nachgewiesen); empfohlene Tagesration nicht mehr als 300 mg; Empfehlungen zur Senkung des Cholesterinspiegels: möglichst fettarme, ausgewogene Ernährung, nicht mehr als 60–80 g Fett pro Tag, Verzicht auf bes. cholesterinreiche Lebensmittel, Fritiertes und Paniertes, vermehrter Verzehr ballaststoffreicher Lebensmittel
Besonders cholesterinarm: pflanzliche Fette und Öle, Meerfische, Getreide und Getreideerzeugnisse, Gemüse, Kartoffeln, Hülsenfrüchte, Pilze, Milch und Milchprodukte, Käse, Nüsse, Obst und Obstprodukte, die meisten Süßspeisen.
Besonders cholesterinreich: fettes Fleisch, Innereien, fette Fische, Eigelb, Butter, Sahne, Mayonnaise, Pommes frites, Omeletts, Buttercreme-, Sahnetorten, Schokoladenschaum; ↑ a. Kapitel Die Nährwerte

Chop [engl.: Schnitte, ausgespr. *tschopp*] Kotelett, Schnitzel, ↑ a. Lamm/Fleischstücke

chop chai Eintopf aus getrennt bereiteten Zutaten (Streifen von Schweinefleisch und Eierkuchen, Champignons, Möhren, Spinat, Zwiebeln, Glasnudeln usw.) mit Glutamat, Sesamsamen und Sojasauce (Korea)

chopped engl.: gehackt

chop suey pikant würziges Gericht aus in Reiswein, Sojasauce, Ingwer marinierten, knackig gebr. Streifen Schweinefleisch mit Bambussprossen, Bleichsellerie, Pilzen, Palmmark, Sojabohnenkeimlingen, Wasserkastanien usw. (China u. a.)

chorba Balkan, Vorderer Osten: Suppe
- **m'qatfa** Eintopf aus Hammelfleisch, vielen Gemüsen (Kichererbsen, Kartoffeln, Möhren, Tomaten, Zucchini usw.), Nudeln und Gewürzen (Algerien)

chorizo span.: (Brat-, Knack-)Wurst; insbes. mit Chilis, Knoblauch und Rosenpaprika mehr oder weniger scharf gewürzte weiche Wurst aus grob geh. Schweine-, a. Rind-, Pferde-, Eselfleisch, meist schwach geräuchert, wird roh oder ausgebacken gegessen (Spanien u. a.)

Choron [frz. Koch und Restaurateur im 19. Jh.] Garnitur aus mit Erbsen oder Spargelspitzen gef. Artischockenböden und Nußkartoffeln, zu kl. Fleischstücken in tomatisierter Béarnaise-Sauce; ↑ a. Sauce/sauce Choron

chou, choux frz.: Kohl, Kraut; Windbeutel, Brandmassegebäck
- **à la crème** Sahnebaiser, mit Creme oder Schlagsahne gef. Windbeutel
- **au fromage** ↑ Käsewindbeutel
- **blanc** frz.: Weißkohl
- **de Bruxelles** [frz.: Brüsseler Kohl] Rosenkohl
- **-fleur** Blumenkohl, Karfiol
- **frisé, de Milan, de Savoie** frz.: Wirsing
- **-navet** frz.: Kohl-, Steckrübe

- **-rave** Kohlrabi
- **- rouge** Rotkohl

choucroute frz.: Sauerkraut
  - garnie, alsacienne opulente Schlachtplatte mit gepökeltem Schweinefleisch, Schinken, geräuchertem Bauchspeck, Würsten usw., mit (Elsässer) Weißwein angegossen, im Sauerkrautbett, gute Zeit Sept.–Dez. (Elsaß, Nordfrankreich)

chouriço port.: Wurst

chow über gr. Hitze in der Pfanne gerührtes Gericht aus zerkleinertem Fleisch, Geflügel, Fisch, Gemüse usw. (China)
  - chow in dickem Sirup süßsauer eingelegte Gemüse (Chilis, Paprikaschoten, Tomaten, Weißkohl usw.) und/oder Früchte mit Gewürzen (Curry, Gewürznelken, Ingwer, Knoblauchzehen, Zimt, Zwiebeln usw.) (China, Indien, USA)
  - mein kroß gebr. (Glas-, Reis-)Nudeln; Gericht daraus mit Hühner-, Schweinefleisch, Garnelen, Gemüsen (Bleichsellerie, Bohnensprossen, Chinakohl, Frühlingszwiebeln usw.), Champignons, Wasserkastanien usw. und Ingwer, Knoblauch, Sojasauce (China)

chowder [aus der frz. *chaudière*, Kochkessel] angedickte Suppe aus Fisch, Meeresfrüchten, Muscheln, Speck, Kartoffeln und Zwiebeln, a. Mais, Paprikaschoten, Tomaten usw. (USA, Kanada)
  clam - Suppentopf aus grob geh. Sandklaffmuscheln, a. Austern und/oder Meerfischen mit Speck, Zwiebeln, a. Suppengemüse, Kräutern in Wasser, Milch oder Sahne, dazu meist Crackers (Neuengland, USA); ↑ a. Manhattan clam chowder

Chräbeli schweizerd.: Anisplätzchen, Springerle

Chrazete kl. Pfannkuchenstücke, mit Butter oder Schmalz goldbraun knusprig gebacken, gern zu frischem Spargel serviert (Baden)

Chremsel in Öl oder Schmalz geb. Knödel aus Matzenmehl, Kartoffeln, Roten Rüben usw. (jüd. Küche)

Chriesi schweizerd.: Kirsche
  -brägel, -prägel flüssiges Kompott aus entsteinten Kirschen, Maizena, Zucker, Zimt, Rotwein usw., a. mit gerösteten Brotwürfeln; a. Auflauf aus entsteinten oder nicht entsteinten Kirschen, Buttersemmeln, Butter, Milch, Eiern, Zucker, Zimt, Zitrone, im Ofen gebacken
  -tütschli mit Stiel in Pfannkuchenteig getauchte, in Öl geb. Kirschen

Christmas pudding [engl.: Weihnachtspudding] ↑ Plumpudding

Christstollen, Dresdener Stollen, Stollen, Weihnachtsstollen trad. Weihnachtsgebäck aus (Rosen-)Mehl, Hefe, Butter, Fett (früher Schmalz oder Pferdefett), Milch und Zucker mit wie das Christkind in Windeln eingeschlagener Marzipanmasse mit Stollengewürz (Kardamom, Muskatblüten, Vanillemark), Vanille-Extrakt, geriebenen Mandeln, Rosinen, Korinthen, Sultaninen, Orangeat, Zitronat, Rum; wird mit flüssiger Butter bestrichen und dick mit Puderzucker bestreut; je größer, desto saftiger, hält sich bis zu einem halben Jahr (urspr. Dresden, Sachsen)

Christusfisch Meerfisch, ↑ Petersfisch

Chrom chem. Element, ↑ Spurenelemente

Chrosle schweizerd.: Stachelbeere

Chrüsimüsi schweizerd.: Gemengsel, Mischmasch

Chru(u)t schweizerd.: Kraut; Aargau: Spinat
  -wähe Mürbeteigkuchen mit Belag von Spinat, Speck, Eigelb, Sahne, Zwiebeln, mit Majoran, Muskatnuß usw. gewürzt (Aargau, Ostschweiz)

Chrysantheme Zierpflanze, wird a. als Gemüsepflanze verwendet; ↑ a. Salatchrysantheme

Chueche schweizerd.: Kuchen

Chüechli schweizerd.: (schmalzgeb.) Küchlein

Chufa(nuß) Wurzelknoten, ↑ Erdmandel

Chügelipastete ↑ Luzerner Chügelipastete

chuleta span.: Kotelett, Rippenstück; Kalbs-, Hammel-, Schweinerippchen; paniertes Schnitzel; Fleischklößchen; Kalifornien: dünne, mit Semmelbröseln panierte Hackfleischfrikadelle mit geh. Petersilie und Zwiebeln, Eiern, geriebenem Parmesankäse in Tabascosauce mit Olivenöl und frisch gemahlenem Pfeffer

Chümi schweizerd.: Kümmel

Chum-Lachs Lachssorte, ↑ Lachs

Chüngel schweizerd.: Kaninchen

chun-juǎn chin.: Frühlingsrolle

chunk engl.: Brocken, Klumpen

chupe Gericht aus geh. Fleisch mit Kartoffeln oder Maiskolben und Gewürzen (südl. Südamerika)

churrasco auf offenem Feuer gebr., gegr. Stück Fleisch; Rostbraten (Argentinien, Südbrasilien, Uruguay)

churro in der Pfanne in heißem Öl geb. und aus dem Geschirr servierter Spritzkuchen, wird a. zum Frühstück in Schokolade oder Kaffee getunkt oder als leichtes Dessert gegessen (Spanien)

Chuscht schweizerd.: Aroma, Geschmack

Chutney süßsäuerliche dickflüssige Würzmarmelade aus kleingeschn. Früchten (Ananas, Äpfel, Aprikosen, Mango, Melone, Zitrusfrüchte usw.) und/oder Gemüsen (Kürbis, Paprika, Tomaten, Zucchini usw.) in Essig, Ingwer, Pfeffer, Zucker, a. Rosinen, Zwiebelscheiben und weiteren Gewürzen (Gewürznelken, Koriander, Safran u. ä.), unzählige Varianten von süß über fruchtig bis scharf verkocht; pikante Beilage zu (kaltem oder warmem, gegr. oder kurzgebr.) Fleisch, Wild, Geflügel, Fisch, Curry, Reis, Eiern, Salaten usw.; läßt sich kühl und dunkel lagern (urspr. Ostindien, heute a. England u. a.); ↑ a. Relish

Chüttene schweizerd.: Quitte

chwórost russ.: Räderkuchen

ciast(k)o poln.: Kuchen

ciboulette frz.: Schnittlauch

cibulka tschech.: Zwiebel

Cicorino Salatpflanze, ↑ Salat/Sorten

cicvara Maisbrei mit Ei und Sahne, wird i. a. mit Frischkäse, Milch oder Sahne serviert (Montenegro)

ciernik kl. Quarkteigkugel, ↑ sirnik

Cilantro, Arabische, Chinesische Petersilie frische grüne Blätter der Korianderpflanze, in der außereuropäischen Küche fein geh. als Würzkraut, darf erst gegen Ende der Garzeit beigegeben werden; läßt sich einfrieren, mit Öl und Salz konservieren, aber nicht trocknen (Ostasien, Mittelamerika, Lateinamerika u. a.)

cima di rapa, Stengelkohl, broccoletto Rübenkohl, kleiner als die Brokkoli, kräftiges, leicht bitterliches Kohlaroma, sollte feste, knackige Stiele und frische Blätter haben, wird mit Stengel, Blütenständen und Blättern als Gemüse oder Beilage zubereitet, bes. gut kurz gedämpft; gute Zeit Mai–Nov.; hält sich in Plastikbeutel im Gemüsefach des Kühlschranks bis 7 Tage (Süditalien u. a.)

cimier frz. (Ausdruck heute nicht mehr üblich): die hintere Hälfte eines Wildrückens; ugs.: Lendenstück, insbes. von Wild

cimone ital.: größere Sorte der ↑ cima di rapa

cinnamon engl.: Zimt

cioppino ↑ Kalifornischer Fischtopf

ciorba bulg., rumän.: Suppe; ↑ a. tschorba

cipolla ital.: Zwiebel

cipollata, chipolata, Perlwürstchen [ital. *cipolla*, Zwiebel] kl. Rohwurst aus Brät, wird meist, aber nicht immer mit Zwiebeln gewürzt und in Butter oder Öl ged. gegessen
  alla – Fleisch-, Eiergarnitur aus cipollata mit ausgelassenen Speckwürfeln, glasierten Karotten, geschm. Kastanien, sautierten Champignons und Zwiebelchen; Pudding mit Füllung aus cipollata und Schweineleber

Citrat Salz der Zitronensäure ↑ Kuttermittel

Citronat ↑ Zitronat

Citronelle, Zitronell-, Zitronengras Küchen- und Würzkraut, Grassorte mit ätherischem Öl und von duftigem Zitronenaroma, knollig verdickte weiße Enden, a. grüne Blätter frisch oder getrocknet erhältlich, sollte vor Gebrauch als Gewürz ohne Hüllblätter gehackt oder zerdrückt werden; für asiat. Gerichte, mit Öl gemischt zu gegr. Fleisch, Fisch, Gemüsen, zum Würzen von Fonds, Suppen usw.; hält sich frisch in Zeitungspapier gewickelt im Gemüsefach des Kühlschranks mehrere Wochen (urspr. Südindien, Ceylon, heute a. ganz Ostasien, Brasilien, Guatemala, Haiti u. a.)

Citrusfrüchte ↑ Obst/Zitrusfrüchte

civet frz.: Wildpfeffer, würziges Ragout von Haarwild, a. Geflügel, Fischen usw. in Blutsauce und Rotwein mit kl. Zwiebeln, Pilzen und Speck

Cl chem. Zeichen für Chlor, ↑ Mineralstoffe

clafoutis rustikaler Auflauf aus mit Biskuit-, Eiermasse überbackenen frischen, a. getr. Früchten, i. a. nicht entsteinten schwarzen Süßkirschen (Limousin, Zentralfrankreich u. a.)

clair(e) frz.: hell, klar, nicht gebunden

claire frz.: künstliches Klärbecken für die Austernzucht

clam England: Venusmuschel; Frankreich: Quahogmuschel; USA: a. Sandklaffmuschel
– **chowder** Muscheltopf, ↑ chowder/clam chowder

Clamart, (à la) [Vorort südwestl. von Paris einst mit Erbsenkulturen] mit Grünen Erbsen, ganz oder püriert; Garnitur aus Artischockenböden oder Torteletts mit Füllung aus in Butter gek. Erbsen, zu kl. Fleischstücken, mit Macaire- oder Schloßkartoffeln zu gr. Fleischstücken

clambake [engl.: Muschelbraterei] auf heißen Steinen in einer Grube zwischen Seetang gegarte Klaffmuscheln, a. Rinderfilet, Geflügel, Fisch, Krustentiere und Gemüse wie Kartoffeln, Maiskolben usw. (Neuengland, nordöstl. USA)

Clapp, Clapps Liebling ↑ Birne/Sorten

Clementine [von Pater Pierre Clément um die letzte Jahrhundertwende in Algerien erstmals gezogen] kl. Zitrusfrucht, Kreuzung zwischen Mandarine und Pomeranze resp. Tangerine, saftig und aromatisch süß, wenig bis keine Kerne, gute Zeit Okt.–Febr.; läßt sich wie die Mandarine lagern (Mittelmeerländer, a. Südafrika, Uruguay)

Clermont, (à la) [Clermont-Ferrant, Hauptstadt der mittelfrz. Landschaft Auvergne] mit Grünkohl und/oder Kastanien, Produkten der Auvergne; Garnituren aus Kohlrouladen und braungebr. Kartoffelwürfeln, zu gr. Fleischstücken, oder aus geb. Artischockenvierteln, Kastanienwürfeln und gef. Zwiebeln, zu kl. Fleischstücken; gestürztes Kastanienpüree mit Rum

Clivia festkochende Kartoffelsorte

clotted cream [engl.: klumpige Sahne] dicke gelbe Sahneschicht auf rahmiger Milch, die erhitzt und wieder abgekühlt wurde (England)

clovisse frz.: Kreuzmuster-Teppichmuschel

club sandwich Dreidecker aus zwei mit Butter oder Mayonnaise bestrichenen, mit Salatblatt belegten (Toast-)Brotscheiben, zuoberst eine Weißbrotscheibe, mit Schichten aus Hühner-, Truthahnfleisch, gebr. Frühstücksspeck, Tomatenscheiben usw., mit Zahnstocher zusammengehalten, kalt oder warm serviert (USA); ↑ a. Sandwich

Club Steak ↑ Steak/Ochsensteak: Amerikanischer Schnitt 2

cmok mit Pflaumen, Aprikosen u. a. gef. Knödel (Slowenien)

Co chem. Zeichen für Kobalt, ↑ Spurenelemente

Cobalamin Vitamin B_{12}, ↑ Vitamine

çoban [türk.: Hirt, Schäfer] Salat aus kleingeschn. Gurken, Paprika, Tomaten und Zwiebeln, mit gebröckeltem Ziegenkäse bestreut, mit schwarzen Oliven garniert

Coburger Schinken ↑ Schinken/Sorten

cochinillo, cochinito span.: (Span-)Ferkel

cochon frz.: Schwein, Schweinefleisch
– **de lait** [frz.: Milchschwein] Spanferkel

cocido span.: gekocht, gesotten; gar, gebacken; Suppenfleisch; Eintopf aus Rind-, Schweine-, a. Hühnerfleisch, Schinken, Chorizo-Würsten und Gemüsen (Kichererbsen, Möhren, Porree, Weißkohl, Zwiebeln, Kartoffeln usw.) mit Knoblauch, Lorbeer, Petersilie usw., wird oft in drei Gängen serviert

cock-a-leekie, cockie-leekie engl.: Hühnerbrühe mit Lauchstreifen *(leeks)*, Suppenhuhnwürfeln *(cock)*, Graupen und Backpflaumen, mit geh. Petersilie bestreut (Schottland)

cockle engl.: Herzmuschel

Cocktail [engl.: Hahnenschwanz] eigentlich Mixgetränk, aber a. kalte Mischung von Vorspeisen, in gekühltem Becher oder Glas serviert

Cocktailkirsche in Zuckerlösung eingelegte, mit Bittermandelöl behandelte, meist ankandierte und gefärbte Sauerkirsche, aromatisch süß; als Garnitur oder in (Mix-)Getränken

Cocktailsauce ↑ Sauce/Cocktailsauce

Cocktailtomate ↑ Tomate/Kirschtomate

Cocktailwürstchen nur 5 cm langes Brühwürstchen, ↑ Würstchen

Coco-Bohne ↑ Bohne/Sorten

cod engl.: Kabeljau, Dorsch, Schellfisch

coda ital.: Schwanz
– **di rospo** Seeteufelschwanz

Der Camembert, Klassiker der französischen Weichkäse, in Spanholz- und anderen Schachteln weltweit verbreitet

coddle Gericht aus Schweinswürstchen, Schinken oder Speck mit Zwiebeln, Kartoffeln und Petersilie (Irland)

codfish amerik.: Kabeljau, Dorsch, Schellfisch

cœur frz.: Herz; abgerundetes, zentrales Stück einer Frucht, eines Gemüses

Coffee-Sugar ↑ Kandis/Formen

Coho Lachssorte, ↑ Lachs

Colanuß ↑ Kolanuß

colazione ital.: Frühstück, Mittagessen

colbassa schnittfeste Rohwurst aus Rind- und Schweinefleisch, mit Knoblauch gewürzt (Spanien)

Colbert [Jean-Baptiste C., 1619–1683, der tatkräftigste Minister König Ludwigs XIV. von Frankreich] Würzbutter mit geh. Estragon, Petersilie und Fleischglace, zu Grillfleisch, pochiertem, gebackenem Fisch, Austern, Eiern usw.; Geflügelkroketten, kl. fritierte Eier und Trüffeln, zu Fleisch; Geflügelkraftbrühe mit kl. pochierten Eiern und rund zugeschnittenem Frühlingsgemüse; ↑ a. Sauce/sauce Colbert

Jean-Baptiste Colbert

colcannon, kailkenny Gericht aus gek. Kartoffeln und Kohl mit Sahne, Salz und Pfeffer (Irland, Schottland, England)

Colchester [Stadt nahe dem Ärmelkanal in der engl. Grafschaft Essex] runde ↑ Auster, fester Biß, kräftiger Geschmack

cold cuts amerik.: Aufschnitt

cold meat engl.: Aufschnitt

cole engl.: Kohl, a. Raps
– **slaw** Krautsalat aus mit feingeh. Gurken, Sellerie, Zwiebeln in Salatsauce kühl marinierten Spitz- oder Weißkohlstreifen (USA)

colin frz.: Seehecht, -lachs

colle [frz.: Kleister] eingeweichte, ausgedrückte und aufgelöste Gelatine

collé(e) frz.: gebunden

Saftige Früchte der vielfältigen botanischen Gattung Citrus

collop engl.: kl. Scheibe Fleisch oder Speck, insbes. rundes Endstück vom Rinderfilet

Colman-Senf ↑ Senf/Englischer Senf

colombine, Kolombine [Colombina, kokette Frauenfigur der ital. Commedia dell'arte] Grießkrokette mit Füllung aus Fleischragout oder -püree, meist warm als Vorspeise

colombo [Colombo, Hauptstadt von Sri Lanka] Gewürzmischung, Art milder Curry aus Jamaikapfeffer, Knoblauch, Koriander, Kurkuma, getr. Mangofleisch, Safran und Zimt (Antillen)

Columbiasalat [Columbia, Strom im Westen Nordamerikas, Distrikt der USA] Bananen-, Bleichsellerie-, a. Apfelscheiben, Weinbeeren in Mayonnaise mit ungesüßter Schlagsahne und Zitronensaft

cô'm vietn.: (zerstoßener, gerösteter) Reis

comida span.: Nahrung, Speise; Essen; Mahlzeit

çömlek türk.: Tontopf; ↑ a. kebap/çömlek kebap

commodore, à la ↑ Kommodoren-Art

common crab engl.: Taschenkrebs

Communes große ↑ Kapern

compote frz.: Kompott; a. Brei, Mus; Terrine

comte, purée du ↑ Grafensuppe

Comté (gruyère de) [Franche-Comté, ehem. Pfalzgrafschaft Burgund] großlaibiger Hartkäse aus Kuhmilch, gepreßter Teig, 45% Fett i. Tr., geschmacklich zwischen den Schweizer Hartkäsen Emmentaler und Greyerzer, buttrigfruchtig, aber nicht süßlich, gute Zeit Apr.–Dez. (Dép. Doubs, Jura, Haute-Saône, Ostfrankreich)

comtesse, à la ↑ Gräfin-Art, Gräfinsalat, Gräfinsuppe

concassé(e) frz.: zerkleinert, zerstoßen, grobgehackt, geschrotet
 – de tomates, geschmolzene Tomaten kl. Würfel des gehäuteten, entkernten Fleischs von Tomaten, meist mit Butter, Salz und Pfeffer weichgedünstet

conch engl. (ausgespr. *konk*): Flügelschnecke, Familie von Meeresweichtieren, deren Muskelfleisch weichgeklopft oder gehackt genießbar ist (v. a. Florida, Westküste der USA, Bahamas)

concha span.: Muschel(schale)

conchiglia ital.: Muschel(schale)

conchiglie ital.: gerippte Teigmuscheln für Suppen und Saucen

concombre frz.: Gurke

concorde [altrömische Göttin der Eintracht, die mit einem Füllhorn dargestellt wurde] Garnitur aus grünen Erbsen, jungen Karotten und Kartoffelpüree, zu gr. Fleischstücken

Condé, à la [Prinzen von C., frz. Adelsgeschlecht, Seitenlinie der Bourbonen] Püree aus Roten Bohnen (und Rauchspeck) zu geschm. Fleischstücken; pochierte Früchte, i. a. Aprikosen, mit Milchreis in einer Aprikosen-Kirsch-Sauce; Blätterteigtörtchen mit Mandelcreme
 -glasur geschmeidige weiße Masse aus rohem Eiweiß, geh. Mandeln und Puderzucker, zum Bestreichen von Gebäck, Süßspeisen und Torten
 -reis mit Milch, Butter und Zucker zubereiteter, mit Eigelb gebundener, mit Vanille und abgeriebener Zitronenschale aromatisierter Reis in Fruchtsauce

condiment frz.: Würze, Würzmittel, Gewürz

conejo span.: Kaninchen

Conférence Birnensorte, ↑ Birne/Sorten

confiserie frz.: Feingebäck, Konfekt; Feinbäckerei, Konditorei

confit [frz.: eingelegt, eingemacht, kandiert] im eigenen Fett geschm., in Steingut- oder Glastopf eingemachtes gewürztes Fleisch (Gans, Ente, a. Schwein usw.); zum Verzehr, kalt oder warm gebraten, werden nach Erwärmen des Schmalzes die Fleischstücke herausgenommen (Südwestfrankreich)

confortino dünnes, knuspriges Honig-, Nußgebäck (Piemont, Italien)

cōng chin.: Lauch, Porree; Zwiebel

congee in Wasser oder Brühe gegarter Rundkornreis mit Geflügel, Fisch, Gemüse, Pilzen usw. (China)

Conger Meerfisch, ↑ Meeraal

coniglio ital.: Kaninchen

consommé, Kraftbrühe [frz.: vollendet, ausgespr. *kŏßommē*] klare, kräftige, mit magerem Rindfleisch, Gemüsen und Eiweiß geklärte Fleisch-, Geflügel-, Wild-, a. Fisch-, seltener Krustentierbrühe (mit Einlagen), urspr. warm oder kalt zu Beginn des Abendessens serviert

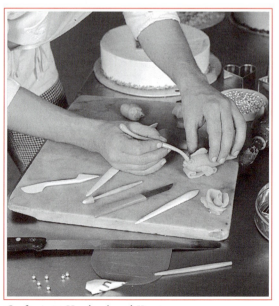

Confiserie ist Handwerk und Kunst

— **à la brunoise** Kraftbrühe, Bouillon mit kleingewürfelten Karotten, Porree, Sellerie, Weißen Rübchen und Zwiebeln sowie Grünen Bohnen in Stücken und Erbsen
— **à la madrilène** Hühnerkraftbrühe mit Tomatenfleisch, kühl oder sogar geeist, aber a. warm serviert
— **à la parisienne** Kraftbrühe, Bouillon mit feingewürfeltem, in Butter ged. Gemüse, Eierstichscheiben und Kerbelblättern
— **à la reine** leicht gebundene Hühnerkraftbrühe mit Streifen weißen Hühnerfleischs und Eierstichstücken
— **Brillat-Savarin** mit Tapioka gebundene Kraftbrühe mit Streifen weißen Hühnerfleischs, geschm. Kopfsalat, Sauerampfer und kl. Eierstichrauten oder mit Champignon-, Karotten-, Trüffelstreifen
— **Célestine** gebundene Hühnerkraftbrühe mit feinen Streifen weißen Hühnerfleischs, Kräutereierstich und Kerbelblättern
— **Colbert** ↑ Colbert
— **double** starke, konzentrierte Fleisch-, Kraftbrühe mit der doppelten Menge Klärfleisch
— **mockturtle** falsche Schildkrötensuppe: Rinderkraftbrühe mit kl. Kalbfleisch- und Kalbskopfwürfeln, Suppengemüse, Würzpflanzen (Basilikum, Lorbeer, Majoran, Porree, Thymian u. ä.) usw.
— **princesse** Hühnerkraftbrühe mit Geflügelklößchen und grünen Spargelspitzen, Perlgraupen, Erbseneierstich und Hühnerbruststreifen
— **royale, à la royale** Fleisch- oder Hühnerkraftbrühe mit in Würfel, Streifen o. ä. geschn. Eierstich; ↑ a. Kaiser-Art

Conti [frz. Prinzengeschlecht] Garnitur aus (pürierten) Linsen, a. mageren Brustspeckstreifen, zu geschm. Fleischstücken

Continental, à la [Name versch. Hotels] Garnitur aus gebr. Lammnieren auf Artischockenbodenvierteln, zu kl. Fleischstücken in Madeirasauce

contorno, -ni ital.: Beilage(n)

contre-filet, contrefilet frz.: flaches Roastbeef, ↑ Steak/Ochsensteak, Europäischer Schnitt 2

Convenience Food [engl.: handliche Nahrung] industriell hergestellte, küchen-, gar-, zubereitungs- und/oder servierfertige (ready to serve) Lebensmittel; werden aus wirtschaftlichen Gründen heute von vielen Gaststätten eingesetzt, ohne daß es der Konsument immer weiß; obwohl die geschmackliche Einbuße oft gering ist, genügen sie selten den Ansprüchen einer gehobenen Küche

cookie amerik.: (mürbes, süßes) Kleingebäck, Keks

Cooley-Diät ↑ Abmagerungsdiät

coperto ital.: Besteck, Gedeck

coppa ital.: in Darm abgefüllter, gewürzter, luftgetr. Schweinenacken und -filet, aromatisch zart und mürbe (Emilia-Romagna u. a.)

coq frz.: Hahn, Hähnchen, in der Küchensprache a. Hühnchen
— **au vin** [frz.: Hahn im Wein] frz. Regionalgericht mit vielen Varianten, original: Stücke von erstklassigem, mit Getreide gefüttertem, abgezogenem, mit Knoblauch eingeriebenem, angebratenem Hähnchen werden in einer Sauce aus (bestem) rotem, a. weißem Wein der Gegend mit Speckwürfeln, Wurzelgemüse, Zwiebelchen, Pilzen, Kräutern gek. und über Nacht darin ruhen gelassen; anderntags wird das Fleisch aufgewärmt und mit der aufgekochten Sauce übergossen (urspr. Burgund)

coq rouge Tropenfisch, ↑ Kardinalsfisch

coque frz.: Schale (von Eiern, Nüssen usw.); Herzmuschel
œuf à la — weichgek. Drei-Minuten-Ei

coquelet frz.: Küken

coquillage frz.: Schaltier; in der Küchensprache außer Auster a. Jakobs-, Miesmuschel

coquille frz.: Muschel(schale); a. ein Gericht (Püree, Ragout u. ä.) darin
— **Saint-Jacques** ↑ Jakobsmuschel

corail [frz.: Koralle] der mehr dekorative als geschmacksintensive rote Rogen von Krusten- und Schaltieren; das grüne Mark von Krusten- und Schaltieren, das beim Kochen rot wird

čorba, çorba serb., türk. usw.: Suppe, ↑ a. tschorba

corbeille frz.: Korb, Körbchen

cordeiro port.: Lamm, Lammfleisch

cordero span.: Lamm, Lammfleisch

Cordon bleu ↑ Schnitzel

coregone, corégone ital., frz.: Renke, Felchen

corn engl.: Korn(frucht), Getreide; Nordamerika, Australien: Mais
— **cake** ↑ Maiskuchen

– on the cob Zuckermaiskörner am Kolben, in kochendem Wasser (ohne Salz) gegart

corned beef, Kraftfleisch [engl.: gepökeltes Rindfleisch] Fleischkonserve, mageres, gepökeltes Rindfleisch, vorgek. und grob zerkleinert in Dosen gepreßt; kühl und trocken aufbewahrt fast unbegrenzt haltbar (urspr. Argentinien)
Deutsches ≗ in Brühe geliertes corned beef

cornet frz.: Tüte, Röllchen, Teighörnchen; Hippentüte; Eistüte

Cornflakes engl. (ausgespr. *kornflĕks*): gewalzte Flocken aus entkeimten Mais mit oder ohne Zusatz von Malz, Salz und Zucker, meist mit Milch oder Joghurt als Frühstücksgericht

corn fritters Küchlein aus Maiskörnern, getrennten Eiern, Butter, Weizenmehl, Salz, frisch gemahlenem Pfeffer und Zucker (Pennsylvania, USA)

cornichon frz.: Essiggürkchen

Cornish pasty, pie [Cornwall, engl. Grafschaft] Pastete aus zartem Mürbe-, a. Blätter-, Hefeteig mit Füllung von gewürfeltem Rind- oder Hammelfleisch und Kartoffeln, a. Möhren und anderen Gemüsen, meist warm mit Petersilie als Vorgericht (Südwestengland)

Coronilla, Wildguave exot. Frucht, der Guave ähnlich, weiches, sehr aromatisches Fleisch mit viel Vitamin C, läßt sich frisch essen oder für Desserts pürieren (Kolumbien)

corsé frz.: kräftig, stark

Cosberg-Salat Kreuzung zwischen Grünem und Römischem Salat, ↑ Salat/Sorten

costata ital.: Rippenstück mit oder ohne Knochen, i. a. vom Rind

costoletta ital.: Kotelett vom Kalb, Schaf, Schwein oder gr. Haarwild
 – alla milanese, viennese Mailänder, Wiener ↑ Schnitzel

côte frz.: Rippe, Rippenstück eines Schlachttiers
 – d'agneau, de bœuf, de mouton, de porc, de veau Rippenstück, Kotelett von Lamm, Rind, Hammel, Schwein, Kalb

côtelette frz.: Kotelett, Rippenstück von kleinerem Schlachtvieh (Kalb, Lamm, Schwein)

cotoletta ital.: Kotelett, insbes. Kalbskotelett mit Knochen
 – alla milanese, viennese Mailänder, Wiener ↑ Schnitzel

cotriade [frz. *cotret*, Holzbündel] Eintopf aus urspr. mit Kartoffeln, Zwiebeln auf Holz gegarten fangfrischen, einfachen Atlantikfischen; meist werden die Fisch- und Kartoffelstücke zuerst gereicht, darauf die Brühe als Suppe (Bretagne)

cottage cheese [engl.: Hüttenkäse] feuchter, körniger Frischkäse aus gesäuerter Kuhmilch, oft mit leicht gesalzener Sahne, geschmeidiger Teig, 4–20% Fett i. Tr., fein sahnig und mild aromatisch, läßt sich vielseitig anmachen und mit Gewürzen, Kräutern, Früchten usw. salzig oder süß anreichern; zum Tiefkühlen ungeeignet (urspr. USA, in Deutschland a. als Dessertquark, Katenkäse angeboten)

couenne frz.: Schweine-, Speckschwarte

couleur, Kulör [frz.: Farbe, ausgespr. *kulör*] braune Zuckerfarbe, ↑ Zuckercouleur

coulibiac [vom frz. Meisterkoch Escoffier der russ. *kulebjáka* nachempfunden, dem Ballet russe von Monte Carlo gewidmet] brotförmige Pastete aus Crêpes, Aal, Lachs, Sardinen usw., Reis und hartgek. Eiern in Briocheteig; ↑ a. kulebjáka

coulis flüssiges Püree aus Krustentieren, Gemüsen, Früchten usw., salzig oder süß, Basis für Suppen, Saucen, Süßspeisen (Frankreich u. a.)

Coulommiers [Stadt östl. von Paris, Marktzentrum in der Landschaft Brie] Weichkäse aus Kuhmilch mit weißem Außenschimmel, weicher Teig, 45–50% Fett i. Tr., brieartig sahnig und haselnussig, Okt.–Mai kurz vor dem Fließen am besten (Ile-de-France, Champagne u. a.)

coupe frz.: Schale; Becher, Kelch; Pokal; Anschnitt
 – Danmark Vanilleeis mit warmer Schokoladensauce und Schlagsahne
 – glacée Eisbecher
 – Melba Pfirsichsüßspeise, ↑ Pfirsich Melba

Coupe Süßspeise in Becher oder Schale; dekorativer Eisbecher, -kelch mit Früchten, Nüssen, Sahne, Sirup usw. (Schweiz u. a.)

couque [belg.: Kuchen] Hefeteig-, Lebkuchen- oder Blätterteiggebäck mit Korinthen usw., wird lauwarm mit Butter bestrichen (Flandern)

courgette frz.: Zucchino

couronne frz.: Kranz, Brotring

Court-Bouillon [frz. kurze Bouillon, ausgespr. *kurbujō*] mit aromatischen Gemüsen (Bleichsellerie, Möhren, Porree, Zwiebeln usw.) und Kräutern (Dill, Lorbeer, Petersilie, Thymian usw.) gewürzter, manchmal mit Essig oder Wein versetzter Sud zum Ansetzen von Fischen, Krusten-, Schaltieren, a. weißem Fleisch, Innereien, Gemüsen usw.; ↑ a. fumet

couscous frz.: ↑ kuskus

couvert frz. [ausgespr. *kuwär*]: Geschirr und Besteck einer Person für eine Mahlzeit, wird in romanischen Gaststätten oft gesondert berechnet

couverture [frz.: Überzug] Überzugsmasse aus Schokolade, ↑ Kuvertüre

Cox Orange Apfelsorte, ↑ Apfel/Sorten

cozido port.: gekocht, gar; Eintopf aus gek. Rind-, Schweine-, Hühnerfleisch mit Würsten, Kartoffeln und Kohl, dazu Reis

cozza, cozze ital.: Miesmuschel(n)

Cr chem. Zeichen für Chrom, ↑ Spurenelemente

crab engl.: Krabbe, Kurzschwanzkrebs

crabe frz.: (eßbarer) Meereskrebs

crab meat engl.: Fleisch aus Beinen und Scheren von gek. Steinkrabben und Kurzschwanzkrebsen in Dosen; ↑ a. tanner crab

Cracker, Kräcker engl., amerik.: kl. knuspriger, ungesüßter Keks aus mit Wasser gebundenem Weizenmehl und wenig Schweineschmalz; wird zum Aperitif, zu Fleisch, Käse usw. serviert und oft pikant bestrichen

cranberry, Amerikanische Moor-, Moosbeere [engl.: Kranichbeere] Beerenfrucht eines Halbstrauchs, der Preiselbeere verwandt, rund oder oval und rot, fördert Darm- und Blasentätigkeit, schmeckt säuerlich herb und erfrischend; wird ged., aber a. roh gegessen, paßt (als Gewürz, bes. in Sauce) zu Wild, Fleisch, Geflügel (in den USA trad. zum Truthahn), für Vorspeisen, Suppen, Pasteten, als Gelee, Kompott, Pudding, zu Süßspeisen, Quark, Konfitüren, Chutneys, für Cremes usw.; gute Zeit Okt.–Apr.; hält sich im Kühlschrank monatelang, läßt sich gut einfrieren (nordöstl. USA, Kanada, a. Holland, Süd- und Norddeutschland, Polen u. a.)
 - **sauce** Sauce aus Moorbeerengelee und geriebener Orangenschale (USA)

crapaudine, (en) [frz. *crapaud*, Kröte] gespaltenes, breitgeklopftes, paniertes und grilliertes Geflügel (Hühnchen, Küken, Taube u. ä.)

crawfish, crayfish engl.: Signalkrebs, Meereskrebstier (USA, Australien, Neuseeland, Asien)

cream engl.: Sahne, Rahm; Creme(püree, -sauce, -suppe); ↑ a. clotted cream
 - **tea** Tee mit ↑ scones

Crécy [Name zweier für ihre Gemüsekultur bekannter Orte in Frankreich] mit Karotten oder Möhren, i. a. als Püree, aber a. kleingewürfelt, rund geschnitten und/oder glasiert

crema ital., span.: Sahne, Rahm; Creme
 - **batida** südamerik.: Schlagsahne
 - **catalana** Creme aus Milch, Eiern, Zimt und Zucker, mit Karamelzucker überzogen (Spanien)
 - **di mascarpone, Zola** cremige Mischung aus Gorgonzola und Mascarpone, a. mit Nußkernen, zerdrückter Knoblauchzehe, grünem Pfeffer usw. (Italien)

Cremantschokolade ↑ Schokolade

Creme, Krem sahnige, dickflüssige bis pastenförmige Zubereitung von Lebensmitteln; feine, mit Sahne zubereitete Süßspeise; süße Füllung für Süßigkeiten und Torten; Kaffeesahne; ↑ a. Suppe/Rahmsuppe
 Bayerische – ↑ Bayerische Creme
 Butter- ↑ Buttercreme
 Diplomaten-, crème diplomate Englische Creme mit Gelatine und Schlagsahne, mit Maraschino, Rum oder Weinbrand parfümiert, a. mit versch. Zutaten wie kandierten Früchten, Makronen usw.
 Englische –, crème anglaise dickflüssige Creme aus gek. Milch oder Sahne, Eigelb, Zucker und Vanillemark mit Aromazutaten, zu kalten oder warmen Desserts, Flammeris, Kompott, Speiseeis usw.
 gebrannte – ↑ crème brûlée
 Karamel ♀ ↑ Karamelcreme
 Konditor ♀, crème pâtissière Füllcreme aus Milch, Eigelb, Mehl oder Speisestärke, Zucker und Vanillemark, gestürzt als Dessert, Flammeri, Pudding; kühl nicht mehr als 2 Tage haltbar
 Mandel ♀ Konditorcreme mit geh. oder gemahlenen Mandeln

Pariser –, canache Creme aus Schokolade und frischer Sahne, evtl. mit Butter, Nougat, Mandeln, Nüssen, Spirituosen

Russische –, crème russe dickflüssige Creme aus im Wasserbad mit Zucker, Vanille, Rum oder Weinbrand schaumig geschlagenen Eiern und Schlagsahne, eiskalt serviert

crème frz.: Sahne, Rahm; Creme-, Rahmsuppe; Creme; Süßspeise; ↑ a. sauce crème
- **anglaise** ↑ Creme/Englische Creme
- **au beurre** Buttercreme
- **bavaroise** ↑ Bayerische Creme
- **brûlée, Gebrannte Creme** gestockte Sahne-Eier-Creme, mit Zucker unterm heißen Grill karamelisiert, abgekühlt mit brauner Oberfläche im Förmchen serviert
- **(au) caramel** ↑ Karamelcreme
- **chantilly** frz.: Schlagsahne
- **Chiboust** [C., Konditor an der Rue Saint-Honoré in Paris, der 1846 die Saint-Honoré-Torte erfand] Konditorcreme mit Eischnee und gek. Zucker, leichter als diese; Füllung a. der Saint-Honoré-Torte
- **de truffes** Schokoladencreme
- **diplomate** ↑ Creme/Diplomatencreme
- **double** dickflüssiger Doppelrahm, in Frankreich ungesäuert, für Deutschland u. a. ganz leicht angesäuert, Fettgeh. 40%, für Saucen oder aufgeschlagen zu Desserts, Kuchen, Obst usw.
- **fleurette** [frz.: Blümchensahne] leichter, flüssiger, von der Milch abgeschöpfter Rahm, Fettgeh. 10–12%, nur zwei Tage haltbar
- **fouettée** frz.: geschlagene Sahne
- **fraîche** [frz.: frische Sahne] dickflüssige bis stichfeste (in Deutschland u. a. meist leicht angesäuerte) Sahne aus pasteurisierter Kuhmilch, Fettgeh. mind. 30%, angenehm prickelnder, jedoch sahnig milder Geschmack, kochfest und säurebeständig, aber nicht schlagbar, flockt beim Erhitzen nicht aus; feiner, edler Ersatz für saure oder süße Sahne; im Kühlschrank etwa 14 Tage haltbar
- **pâtissière** ↑ Creme/Konditorcreme
- **russe** ↑ Creme/Russische Creme
- **à la –** frz.: mit Sahne, Sahnesauce

Creme-Eis ↑ Speiseeis

Cremesauce ↑ Sauce/sauce crème

Cremeschnitte, Tausendblätterkuchen, millefeuille Gebäck aus einzeln geb. Blätterteigscheiben mit Füllung aus (Vanille-)Creme und/oder Schlagsahne, darf mit Messer und Gabel gegessen werden

Cremesuppe ↑ Suppe/Rahmsuppe

cremino ital.: Eiscreme; Rahmkäse; Schokoladenbonbon mit Cremefüllung; süßer Grießbrei

Cremona-Salat [C., nordital. Stadt am linken Ufer des Po, für ihren Geigenbau berühmt] Stachys- und Tomatenscheiben mit Sardellenfilets in Essig-Öl-Sauce mit Senf und feinen Kräutern

créole, (à la) ↑ Kreolen-Art

crêpe [frz. aus dem lat. *crispus*, kraus, gekräuselt] leichter, hauchdünner Pfannkuchen aus mit Flüssigkeit (Milch, Wasser) zusammengequirltem Mehl und dann Eiern, in der Pfanne mit Öl und zerlassener Butter gebacken; läßt sich ohne Beilagen essen, meist jedoch salzig (aus z. B. dunklem Buchweizenteig) oder süß (aus hellem Weizenmehl) mit vielerlei phantasievollen Füllungen, von Kaviar, Muscheln über Hackfleisch, Schinken, Speck, Wurst, Eiern, Gemüsen und Käse bis zu Marmeladen, Cremes, Früchten, Schokolade, Speiseeis usw.; hält sich mit Pergamentpapier aufgeschichtet im Kühlschrank 3 Tage, tiefgekühlt 2 Mon. (Spezialität der Bretagne, aber a. anderswo); ↑ a. blin, crespella, Eierkuchen, flensje, Georgette, Palatschinken

Zum Flambieren bereite Crêpes

- **Suzette** [Ende des 19. Jh. Spezialität des Restaurants Chez Maire in Paris, später vom frz. Koch der Rockefellers Henri Charpentier in den USA bekannt gemacht] in Orangenbutter geb., mit Orangenlikör (Curaçao, Grand Marnier o. ä.) und/oder Cognac flambierte crêpe

crépinette, Netzwürstchen plattes Würstchen aus Hackfleisch (Schwein, Kalb, Lamm, Geflügel usw.) mit geh. Petersilie im Schweinenetz

crespella ital.: salzige crêpe aus Weizenmehl

cresson frz.: Kresse

crevette, Crevette frz., schweiz.: Garnele
- **grise** Nordseegarnele, -krabbe, Granat
- **rose** Tiefseegarnele aus den Nordmeeren
- **rouge** Große Tiefseegarnele, Gamba aus Mittelmeer und Atlantik

Crispsalat ↑ Salat/Sorten

croissant [frz.: zunehmende Mondsichel] Hörnchen, Kipfel aus Hefe- oder Blätterteig mit Süßrahmbutter, zart mürbe, am besten ofenwarm, wird nicht geschnitten, sondern abgebissen

cromesqui frz.: Art Krokette, ↑ kromeski

croquant frz.: knackend, knusprig, krustig; Knusperkeks, knuspriges Gebäck

croque-madame [frz.: Knabberei für die Dame] ↑ croque-monsieur mit Ananasscheibe

croquembouche, croque-en-bouche [frz.: kracht im Mund] Pyramide aus gef., mit Karamelfäden umsponnenen Brandmassebällchen

croque-monsieur [frz.: Knabberei für den Herrn] Scheiben gek. Schinken und Käse (Comté, Gruyère o. ä.) zwischen zwei Scheiben Toast- oder altbackenem Weißbrot, die auf beiden Seiten in Butter oder Öl gebacken wurden; Schnellimbiß

croquette frz.: Krokette

crosne frz. [Crosne, Dorf im Dép. Seine-et-Oise, wo die Knollenpflanze zum erstenmal in Europa angebaut wurde]: Stachys

crostacei ital.: Krebs-, Krustentiere

crostata Mürbeteigkuchen mit ricotta, Creme, Marmelade, Früchten usw. unter der Kruste (Italien)

crostino in Butter oder Olivenöl geröstete Scheibe helles Bauern-, Land-, Weiß- oder Toastbrot mit versch. pikanten Belägen: Würzbutter, Leberfarcen, Schinken, Zunge, Fisch, Muscheln, a. Rauke, Tomaten usw., mit Knoblauch, Salbei u. ä. gewürzt und oft (mit Käse) überbacken, als Vorspeise, Imbiß; a. in Butter oder Olivenöl gerösteter Weiß- oder Graubrotwürfel als Suppeneinlage (Italien); ↑ a. bruschetta

Crottin (de Chavignol) [frz.: Pferdeapfel aus Chavignol] kl. runder Weichkäse aus meist Ziegen-, a. Schafmilch, geschmeidiger Teig, mind. 45% Fett i. Tr., mit dem Alter immer ausgeprägterer, intensiverer Geschmack, oft gegr. warm zu grünem Salat serviert, gute Zeit Apr.–Nov. (Sancerrois, Berry, Loire-Gebiet in Mittelfrankreich)

croustade frz.: gef. Törtchen, ↑ Krustade

croûte frz.: Kruste, Rinde; dickes Brot mit viel Rinde; getoastetes oder in Butter, Öl geröstetes (ausgehöhltes) Weißbrot; Teigboden, -hülle, -mantel
- **au fromage** mit Weißwein und/oder Kirschwasser beträufelte, mit geriebenem (Greyerzer) Hartkäse, Eiern und Gewürzen (Cayennepfeffer, Knoblauchzehe, Muskat, Paprika, Pfeffer usw.) im Grill überbackene oder in Fritieröl schwimmend ausgebackene Toast- oder Weißbrotscheiben, wird warm serviert (Westschweiz)
- **au sel** Salzkruste

croûton frz.: in Butter oder Öl geb. Weißbrotwürfel

Croutonwecken österr.: längliches Brot mit Kruste

crown roast engl.: Kronenbraten

cru frz.: roh, unbearbeitet, ungekocht

crudités [frz.: Rohkost] Platte mit rohen, frischen oder kurz blanchierten, meist in Stäbchen oder Streifen geschn. oder gerafflelten Gemüsen (kl. Artischocken, Blumenkohlröschen, Fenchel, Gurken, Karotten, Radieschen, Sellerie, Tomaten), Pilzen oder Früchten (Avocado, Apfel, Banane, Orange, Pampelmuse usw.), mit versch. kalten Saucen als Vorspeise

crudo ital.: roh, unbearbeitet, ungekocht

crumble [engl.: Krümel] Streuselkuchen ohne Boden aus Mehl, Butter, Mandeln, Zimt usw., in der Backform mit Früchten (oft Stachelbeeren) gemischt (England, USA u. a.)

crumpet knuspriges Frühstücks- oder Teegebäck aus lockerem, ziemlich flüssigem Hefeteig, in flacher, gußeiserner Pfanne geb., lauwarm mit reichlich zerlassener Butter, Orangenmarmelade usw. serviert (England, USA u. a.)

«Crudités», rohe Kost als Appetitanreger

Crunchy, Granola [engl. *to crunch,* knirschen] süße Speise aus Flocken, Nüssen, Samen, Trockenfrüchten sowie viel Honig und/oder braunem Zucker, mit Öl vermischt und in heißer Luft geröstet als (kalorienreiches) Frühstück oder Zwischenmahlzeit (urspr. England, USA); ↑ a. Getreideriegel

crustacea engl. : Krebs-, Krustentiere

crustacés frz.: Krebs-, Krustentiere; Schaltiere aus dem Meer

csikós tokány Hirtengulasch aus in Streifen geschn. Schweinefleisch, Räucherspeck mit Paprikaschoten, Tomaten und Zwiebeln, in Schweineschmalz angebr., mit Knoblauch und Paprika gewürzt, mit saurer Sahne gebunden (Ungarn)

csipetke Nudeln aus papierdünnem Teig aus Ei und Mehl ohne Wasser, von Hand gezupft (Ungarn)

csirke ung.: Huhn

Cu chem. Zeichen für Kupfer, ↑ Spurenelemente

cubaine, à la ↑ Kubanische Art

cubaito Süßspeise aus Honig, Sesamsamen und Zucker (Sizilien)

cuisine frz.: Küche
- **du marché** marktgerechte Küche mit dem Angebot des Tages, der Saison
- **minceur** Abmagerungs-, Schlankheitskost
- **naturelle** [vom Schweizer Meisterkoch Anton Mosimann in London kreiert] Kochen mit natürlichen Zutaten ohne Butter, Sahne, Alkohol, fast ohne Salz und Zucker, gesund, aber nicht langweilig

nouvelle – [frz.: Neue Küche] 1972 von den frz. Gastrokritikern Gault und Millau eingeführter Begriff für einen schon vom Meisterkoch Auguste Escoffier befolgten Kochstil weg von komplizierten, überladenen Zubereitungen zu natürlicher Kost mit Eigengeschmack durch knappe Garzeiten, frische Zutaten und Verzicht auf Mehl, fette Saucen, Marinaden usw. – eine leichte Küche, die Wohlgeschmack, Vitamine und Mineralstoffe erhält, aber nicht immer leicht nachzukochen ist; nicht eigentlich neu, sondern Rückbesinnung auf alte Kochpraktiken

cuisse frz.: Keule, Hinterviertel, Schlegel eines Schlachttiers; Schenkel von Geflügel oder Frosch (grenouille)

cuissot frz.: Keule, Schlegel von gr. Haarwild

cuit, (bien) frz.: (gut) gekocht, (durch)gebraten, gesotten, gebacken

cul frz.: Hinterteil
- **d'artichaut** Artischockenboden

Culatello (di Zibello) ↑ Schinken/Sorten

culotte [frz.: Kniehose] Schwanzstück von Schlachttieren; Kalb: Hüfte, a. die beiden Keulen, Schlegel; Lamm: die beiden Keulen an einem Stück

cultivateur, (soupe) [frz.: Landwirt] Kraftbrühe aus Würfeln von Karotten, Porree, Weißen Rüben und Zwiebeln, dazu feingeschn. Kartoffeln und Brustspeckwürfel

Cumberlandsauce [Cumberland, Grafschaft im Nordwesten Englands und Herzogstitel] kalte Würzsauce aus rotem Johannisbeergelee, Orangen-, Zitronenschalenstreifen, a. zerkl. Kirschen, Gewürzen usw., rotem Port- oder anderem Südwein, (englischem) Senf, Cayennepfeffer, Zucker, Zitronensaft usw., zu kaltem Fleisch, Enten-, Gänsebraten, (Wild-)Geflügel, Haarwild, Schinken, Pasteten, Vorspeisen usw. (urspr. England)

Cumin Gewürz, ↑ Kreuzkümmel

cumin frz.: Kümmel

Cumquat kl. Zitrusfrucht, ↑ Kumquat

curcuma frz.: Kurkuma

curd engl.: geronnene Milch, Quark

ćuretina serbokroat.: Truthahn

Curnonsky Maurice Edmond Sailland C., 1872–1956, «Prinz der Gastrosophen» und kulinarischer Schriftsteller, Gründer der «Académie des gastronomes»; ihm zu Ehren viele Rezepte

Curry [ind. *kari*, Sauce] Mischung aus 3 bis 15 und mehr gemahlenen Gewürzen (Gewürznelken, getrockneter Ingwer, Kardamom, Koriander, Kreuzkümmel, Kurkumawurzel, Macis, Muskatnuß, Zimt, dazu Bockshornklee, rote Chilis, Knoblauch, Mohn-, Senfsamen, Rosmarin u. a.), in Indien und a. im übrigen Ostasien je nach Haushalt und Gericht eigens zusammengestellt und sehr scharf (für Lamm, Schwein, Gemüseeintöpfe usw.), bei uns meist milder (für Huhn, Kaninchen, Fisch usw.) angeboten, von hellgelb bis orangerot, süßlich bis feurig pikant und rezent; Name a. für Gerichte damit aus Fleisch, Geflügel, Fisch, Meeresfrüchten, Eiern, Gemüsen, Reis usw.

-pulver, ≙ **powder** frisch gemahlener Curry mit höchstens 5% Kochsalz, hält sich im dunklen Glas fest verschlossen bis zu einem halben Jahr; sollte vor Verwendung sanft in Butter angeschwitzt werden

-sauce gebundene Sauce mit reichlich Curry sowie Fleischbrühe, Sahne, Äpfeln, Zwiebeln usw.

-wurst Bratwurst aus Schweinebrät mit Haut oder Kalb-, Rindfleisch ohne Haut, in heißem Fett gebraten und mit einer scharfen Sauce aus Currypulver, Cayennepfeffer, Chilis, Ketchup, Rosenpaprika, Worcester(shire)-sauce usw. serviert, ein eher deftiges Vergnügen, das mit dem raffinierten Geschmack echt indischer Currygerichte wenig zu tun hat (Berlin u. a.)

Curuba längliche, blaßgelbe Frucht einer Kletterpflanze, geleeartiges, mild säuerliches Fleisch von feinem Duft, läßt sich roh auslöffeln oder für Kaltschalen, Cremes, Desserts, Kuchen, Torten, Speiseeis, Sorbets usw. sowie a. zum Aromatisieren von Milchprodukten wie Joghurt, Quark u. ä. verwenden, hält sich im Kühlschrank 10–14 Tage (Andenhöhen von Kolumbien, Peru, Venezuela, a. Neuseeland)

Cussy [Marquis de C., 1766–1837, frz. Hofmann und Feinschmecker, erfand 366 Hühnchenrezepte] Garnitur aus mit Champignonpüree gef. Artischockenböden oder mit Kastanienpüree gef. Champignonköpfen, Hähnchenlebern und Trüffelspänen, zu kl. Fleischstücken und geschm. Geflügel in Madeira- oder Portweinsauce

custard puddingartige Nachspeise, Art Eierstich aus mit Milch geschlagenen Eiern (a. nur Eigelben), gesüßt oder ungesüßt, kann mit Früchten, Nüssen usw. angereichert werden und wird warm oder gekühlt (im Näpfchen karamelisiert) serviert (England u. a.)

custard apple engl.: Netzannone

cutlet engl.: Kotelett, Rippenstück; Karbonade; Krokette; Schnitzel

Cyanocobalmin Name für Vitamin B_{12}, ↑ Vitamine

Cyclamat künstlicher Süßstoff, 30- bis 50mal süßer als Zucker, koch-, back-, hitzebeständig, eignet sich v. a. zum Süßen von diätetischen Lebensmitteln, sauren Fruchtsäften usw.; wird oft Saccharin beigegeben

cyros marinierte, gewürzte Lamm- oder Schweinefleischscheiben, über Holzkohlenfeuer am Spieß geröstet (Griechenland)

czernina Schwarzsauer, mit Backobst in Gänseblut gek. Gänseklein mit Einlagen und Gewürzen (Polen)

Curnonsky (vorne links) an der Tafel von Prosper Montagné

D

Dachs Haarwild, Fleisch etwas süßlicher als jenes des Schweins; Schinken wird gern geräuchert; Fett ähnlich dem Gänsefett; Jagdzeit Aug.–Okt.; unterliegt der Trichinenschau

dà-dŏu chin.: Sojabohne

daikon jap.: gr. weißer Hybridrettich, milder Geschmack

daim frz.: Damhirsch

dal ind.: Hülsenfrüchte

dalchini ind.: Zimt

dal dhokli vegetarisches Currygericht aus Linsen, Weizenbrot, Cayennepfeffer, Ingwer usw. (Indien)

Dalken, Talken Mehlspeise aus mit Eischnee gelockertem Hefeteig, a. aus Grieß-, Kartoffel-, Quarkmasse, i. a. mit Pflaumenmus (Powidl) bestrichen oder gefüllt (Böhmen, Österreich)

Dalmatinische Creme [Dalmatien, Küstenlandschaft am Ostrand des Adriatischen Meers] ↑ Bayerische Creme mit Vanilleschote, mit Biskuitbröseln und geh. Kompott-, Maraschinokirschen vermischt

dame blanche [frz.: «Die Weiße Dame», Titel einer komischen Oper von Adrien Boieldieu, 1824] Name versch. Desserts mit weißen oder hellfarbenen Zutaten wie Mandelcreme, Meringue, Vanilleeis u. ä.

Damhirsch ausgewachsenes männl. Tier des ↑ Damwilds, in Deutschland, Schweden, Irland u. a. auch in Freigehegen gezüchtet

Dampfel bayer., österr.: Sauerteig, Vorteig, ↑ Teig/Ansatz

Dampferl ↑ Dampfnudel

Dampfkammerbrot krustenloses Brot, in geschlossenen Kästen in strömendem Dampf lange gebacken

Dampfkartoffeln ↑ Kartoffel/Zubereitungen

Dampfl bayer., österr.: Sauerteig, Vorteig, ↑ Teig/Ansatz

Dämpflauch in Wasserdampf bei geschlossenem Topf gegarter Porree (Süddeutschland)

Dampfnudeln, (Aufgezogene), Dampferl im Topf mit aufgesetztem Deckel gegarte süßliche Hefeklöße, meist warm mit krossen Speckwürfeln und Backobst, a. süß mit Vanillesauce usw. serviert; lassen sich einfrieren (Süddeutschland, Elsaß); ↑ a. Rohrnudeln

Dampfrostbraten in flacher Kasserolle mit Speck, Gemüse, Kartoffeln und Zwiebeln weichgedünstete Scheibe aus dem Zwischenrippenstück eines Jungochsen (Österreich)

Dampfschmalz in Dampf geschmolzener Schmalz aus dem Fettgewebe des Schweins

Dampfwurst Brühwürstchen aus Rind-, Schweinefleisch, Fettgewebe und Bindegewebe oder Innereien (Berlin); Brühwürstchen aus Rind-, Schweinefleisch und Speck (München)

Damtier weibl. Tier des Damwilds

Damhirsche auf der Wiese

Damwild Hirschart, kleiner als das Rotwild, Fleisch fettdurchwachsen, bes. schmackhaft und zart; 1. Lebensjahr: *Kalb,* Jagdzeit Sept.–Jan.; bis 2½ Jahre männl.: *Schmalspießer,* Jagdzeit Juli–Febr., weibl.: *Schmaltier,* Jagdzeit Juli–Jan.; alte Tiere männl.: *Hirsch,* weibl.: *Alttier,* Jagdzeit Sept.–Jan.; für kulinarische Verwertung eignen sich bes. Kälber und Schmalspießer, -tiere; wird heute a. gezüchtet, verliert dann aber an Wildgeschmack; Fleischstücke ↑ Reh (Europa, Kleinasien u. a.)

dàn chin.: Ei

Danablu, Danish Blue Cheese blaugeäderter Edelpilzkäse aus Kuhmilch, streichfähig oder schnittfest, 50% (kräftig scharf) oder 60% (milder) Fett i. Tr. (Dänemark)

Danbo, Dänischer Steppenkäse Schnittkäse aus pasteurisierter Vollmilch von der Kuh, fester Teig, 30% oder 45% Fett. i. Tr., je nach Herstellung und Alter aromatisch bis kräftig pikant, oft mit Kümmelsamen gewürzt (Dänemark)
 Luxus- –, Gamalost 8–24 Wochen ausgereifter Danbo, bes. herzhafter Geschmack; ↑ a. Gamalost

Danicheff [«Les Danicheff», Drama von Alexandre Dumas Sohn, 1876] gemischter Salat aus Artischockenböden, rohen Champignons, blanchiertem Knollensellerie in Streifen, dünnen Kartoffelscheiben und Spargelspitzen in flüssiger Mayonnaise, mit hartgek. Eiern, Krebsschwänzen und Trüffelstreifen garniert; Süßspeise (Kuchen, Schaum) aus Pralinécreme mit Kaffee- oder Rumaroma

Danilosalat [Graf Danilo, Partie in der Operette «Die lustige Witwe» von Franz Lehár, 1905] körnig gek. Reis mit Würfeln von gerösteten roten Paprikaschoten und Tomaten, grobgeschn. Chicorée, Orangenspalten und geh. Schnittlauch in Salatsauce aus Estragonessig, Öl, Chilisauce, Pilzchutney und Senfpulver

Dänische Art, à la danoise Schaumsauce mit Sardellenbutter, zu gek. Meerfisch; Püreesuppe aus Entenfleisch mit Artischocken, Entenklößchen und Marsalawein; Püreesuppe aus Wildfleisch mit Linsen, Madeirawein und Wild-, Trüffelscheiben; Rahmsauce mit Champignonfond und Hühnerpüree; Salat aus Räucherlachs-, Gurken-, Knollensellerie- und Rote-Rüben-Streifen in Essig-Öl-Sauce mit geh. Estragon, Kerbel, Schnittlauch und Zwiebeln, mit Eierscheiben garniert

Dänischer Brie Weichkäse in der Art des ↑ Brie

Dänischer Butterkäse ↑ Esrom

Dänischer Camembert Weichkäse in der Art des ↑ Camembert

Dänischer Lachs Lachssorte, ↑ Lachs

Dänischer Plunder feines Gebäck, ↑ Kopenhagener, Plundergebäck

Dänischer Plunderteig ↑ Plunder

Dänischer Salat Streifen von Räucherlachs, Gewürzgurken, Knollensellerie und gek. Roten Rüben in Essig-Öl-Sauce mit Kräutern, mit hartgek. Eierscheiben garniert

Dänischer Steppenkäse ↑ Danbo

Dänischer Tilsiter ↑ Havarti

Danish Blue Cheese ↑ Danablue

Danish pastry engl.: Blätterteiggebäck; ↑ a. Plundergebäck

danoise, à la ↑ Dänische Art

daoen ↑ daun

Darblay [frz. Industriellenfamilie mit Müllereibetrieben] mit Eigelb und Sahne gebundene Kartoffelsuppe, darin Gemüsestreifen, darüber Kerbel

dari afrik. Hirse, ↑ durra, Sorg(h)um

dariole frz.: Becherpastete

Darm Innerei von Kalb, Lamm, Rind, Schwein, wird v. a. zu Wursthüllen verarbeitet; ↑ a. Kunstdarm

darne frz.: dicke, quergeschnittene Scheibe aus dem Mittelstück gr. Fische

Darrmalz gedörrtes Malz

dartois [François-Victor D., frz. Theatermann im 19. Jh.] Blätterteigschnitte mit pikanter (Sardellen, Sardinen, Krebse, Geflügel, Gänseleber usw.) oder süßer (Konditorcreme, Konfitüre usw.) Füllung

Dartois, à la d'Artois [Prinz Graf von Artois, 1757–1836, der spätere König Karl X. von Frankreich] Garnitur aus glasierten Karotten und Weißen Rübchen, geschm. Sellerieherzen und braun gebr. Kartoffelwürfeln, zu gr. Fleischstücken; dicke Suppe aus Weißen Bohnen mit Gemüsestreifen; Lammbraten mit Grünen Erbsen in Kartoffeltörtchen und Madeirasauce; ↑ a. Artois, (d')

Daheen trop. Wurzelknolle, ↑ Taro

Ägyptischer Bauer mit frischen Datteln

dashi   klare, konzentrierte Brühe aus Bonitoflocken, Shiitakepilzen, Seetang und Sojasauce (Japan)

Dätscherkuchen   Kartoffelpuffer mit Eiern, Quark, saurer Sahne, Speckwürfeln usw. (Thüringen)

Datschi   mit Zwetschgen, a. Äpfeln, Weinbeeren usw. und meist Schlagsahne belegter Hefeblechkuchen (Schwaben, Süddeutschland); ↑ a. Reiberdatschi

Dattel   [semitisch, griech. *dáktylos*, Finger] nahrhafte Frucht der Dattelpalme mit länglichem, hartem Kern, der «Finger des Lichts» der Araber, uralte Kulturpflanze, in den arab. Ländern heute noch Grundnahrungsmittel, wird frisch (reif geerntet, schockgefroren) oder getrocknet importiert, leicht verdaulich, magen-, darmfreundlich, nervenstärkend; frisch weniger honigsüß als getrocknet, vielseitig verwendbar: roh als Frischobst, zu Fleisch, Schinken, Käse, in Salaten, für Kuchen usw., salzig (mit Quark, Nüssen usw.) oder süß (mit Marzipan, Nougat usw. gef.) als Vorspeise, Kompott, Dessert, Konfekt u. ä.; gute Zeit Okt.–Febr., sollte kühl und luftig aufbewahrt werden, hält sich aber a. dann nur wenige Tage, bei 0–1 °C 4–6 Wo. läßt sich entkernt und/oder gef. bis 6 Mon. einfrieren (urspr. Mesopotamien, dann a. subtrop. Nord-, Südafrika, Israel, Südeuropa, Westindien, USA, Australien u. a., wichtigste Anbauländer Ägypten, Irak, Iran, Saudi-Arabien, Pakistan u. a.)

Dattelpflaume, Lotos-, Lotusfrucht, Schwarze Dattel, Schwarze Sapote   dunkle, kirschgr. Beerenfrucht des Lotosbaums, sehr süß, kann (wegen des Tanningehalts heiß gewässert) frisch gegessen oder getrocknet werden (westl. Asien, Balkan, Mittelmeerländer); ↑ a. Kaki, Persimone

Dattel-Snack   mit Schokolade überzogene Datteln

daube, (en)   [span. *dobar*, schmoren] frz.: geschmort; Gericht aus Fleisch (meist Rind, aber a. Hammel, Schwein, Poularde, Pute, Gans, Fasan usw.), Gemüse und Pilzen, das stundenlang mit wenig Flüssigkeit (u. a. Wein) in einem gedeckten Topf aus Stein, Ton oder verzinntem Kupfer bei schwacher Hitze geschmort wurde

Dauerbackware   feine Backware mit niedrigem Wassergehalt und fetthaltigem Teig, deren Genießbarkeit durch längere Lagerung nicht beeinträchtigt wird, ist trotzdem dunkel und trocken aufzubewahren; ↑ Biskuit, Keks, Lebkuchen, Zwieback u. a.

Dauerfleisch(ware)   ↑ Dauerware

Dauerlutscher   sehr harte Dragée-Kugel aus Saccharose, zum Lutschen; Name a. für ↑ Stielbonbon

Dauermarone   eßbare ↑ Kastanie

Dauermilcherzeugnis   ↑ Dauerware

Dauersahne   ↑ Dauerware

Dauerware   Lebensmittel, das durch geeignete Verfahren haltbar gemacht worden ist, durch Einsalzen, Einzuckern, Einsäuern, Gären, Trocknen, Sterilisieren, Einfrieren, Fleisch durch Pökeln, Räuchern, Milch, Sahne durch Kondensieren, Pulverisieren usw.

Dauerwurst   schnittfeste ↑ Rohwurst, lange gereift und getrocknet, a. geräuchert, von erhöhter Qualität und Haltbarkeit, läßt sich unverpackt bis ½ Jahr aufbewahren; ↑ a. Cervelatwurst, Landjäger, luftgetrocknete Mettwurst, Plockwurst, Salami

Daumont-Art, (à la) Daumont   [Herzog Louis-Marie-Céleste d'Aumont, 18. Jh.] Garnitur aus Fischklößchen, Krebsschwänzen, Champignons usw., zu gr. geschmorten Fischen in Sauce normande mit Krebsbutter

daun, daoen   indon., malaiisch: Blatt (einer Gewürzpflanze)

– **kari pla** Curryblätter, aromatisch lorbeerartig, frisch oder getr. im Handel
– **kemangi** südostasiatische Basilikumart
– **keruk perut** Limonenblätter, getr. Blätter eines asiat. Zitrusbaums
– **ketumbar** Koriander, chin. Petersilie, aromatisches Küchenkraut; Blätter, Stengel und Wurzeln verwendbar
– **pandam** Blatt des Schraubenbaums, stark aromatisch
– **salam** Lorbeerblatt
– **salan** Gewürzmyrtenblatt

Dauphin [frz.: Thronfolger; König Ludwig XIV. erließ den Kärrnern dieses Käses den obligaten Zehnten zu Gunsten des Dauphins] mit feinen Gewürzen und Kräutern aromatisierter Weichkäse aus Kuhmilch, geschmeidiger Teig, 50 und mehr Prozent Fett i. Tr., aromatisch bis pikant würzig (Hennegau, Nordfrankreich)

Dauphin-Art, Thronfolger-Art, (à la) dauphine Fleisch, Wild usw. mit ↑ pommes dauphine; mit Brandmasse in Fett geb. Kartoffeln, dazu Madeirasauce

Dauphine-Kartoffeln   ↑ pommes dauphine

Dauphine-Masse   Kartoffeln mit Brandmasse

daurade   frz.: Goldbrasse

Debrecziner, Debreziner, debreceni (kolbász) [Debrecen, Debreczin, Stadt und Wirtschaftsraum in Nordostungarn] Brühwürstchen aus Rind-, Schweinefleisch und Speck; roh: schnittfeste Rohwurst aus Rind-, Schweinefleisch und Fettgewebe; Österreich: stark gewürzte Rohwurst aus Schweinefleisch und Speck

Debrecziner Speck   leicht überbratener, mit Paprika gewürzter Schweinespeck

Debreziner   ↑ Debrecziner

Decke   die behaarte Haut von Haarwild

Decksauce   ↑ Sauce/chaud-froid

Deelenschinken   ↑ Schinken/Katenschinken

deep-sea prawn   engl.: Tiefseegarnele

Degenfisch   Meerfisch, ausgezeichnetes Fleisch, läßt sich backen, braten, grillieren (gemäßigter, trop. Atlantik)

Degustation   das Kosten, Probieren, Prüfen von Lebensmitteln und Getränken auf Aussehen, Konsistenz, Geruch und Geschmack

Deichgrafen-, Deichhauptmannskäse   milder Schnittkäse, ähnlich dem ↑ Geheimratskäse

Deidesheimer Pfannkuchen [Deidesheim, Stadt an der Weinstraße in Rheinland-Pfalz] mit gebr. Apfel-, Blutwurstscheiben und Zwiebelringen gef., ungesüßter Eierkuchen

Déjazet-Art [Virginie D., 1798–1875, Schauspielerin, nach der ein Theater am Boulevard du Temple in Paris benannt wurde] panierter, gebr. Fisch mit Estragonbutter oder -sauce

déjeuner   frz.: Mittagessen
  petit –   Frühstück

Deka   österr.: Dekagramm, 10 Gramm

Dekor   Verzierung einer Backware, Torte

Dekorierzucker   ↑ Zucker/Sorten

Delfter Garnelensalat [Delft, hist. Stadt in Südholland] Garnelen und Eierscheiben in leichter Kräutermayonnaise auf Salatblättern

deli   engl., amerik.: Delikatessen-, Feinkostladen; meist Lebensmittelladen mit Gerichten zum Mitnehmen; ↑ a. delicatessen

delicatessen   amerik: Feinkost (Aufschnitt, kaltes Fleisch, geräucherter Fisch, Salate, Roggenbrot usw.)

délice   frz.: Genuß, Köstlichkeit, Wonne; Phantasiename für feine Gebäckkreationen

délicieux   frz.: köstlich, lecker

Delikateß | bohne   ↑ Bohnen/Prinzeßbohne
  -bückling   heißgeräucherter Hering, ↑ Bückling
  -gurke   ↑ Gurke/Gewürzgurke
  -hering   marinierter ↑ Hering
  -leberwurst   Kochstreichwurst aus mind. 30 % Schweineleber sowie Schweine-, Kalb- oder Jungrindfleisch, Flomen und Speck
  – **-Rotwurst**   Blutwurst aus Schweineblut, -fleisch, -leber, -herz, -speck, -zunge usw., viele reg. Varianten
  – **-Saftschinken**   ↑ Schinken/Saftschinken
  -senf   ↑ Senf/Mittelscharf
  – **-Würstchen**   Brühwürstchen aus fein zerkl. Rind-, Schweinefleisch und Speck

Delikatesse   kulinarische Spezialität von besonderem Genuß, Leckerbissen

Delmonicokartoffeln [Delmonico, einst bekanntes Restaurant in New York] Streifen oder Würfel von gek. Kartoffeln in Sahnesauce, mit geriebenem Weißbrot, a. Paprikawürfeln und Butterflöckchen überbacken

Delmonicosalat Würfel von Äpfeln und Knollensellerie in Sahnemayonnaise

Delmonico Steak ↑ Steak/Ochsensteak: Amerikanischer Schnitt 1

Del-Monte-Salat Ananasecken, Apfelscheiben, Streifen von Bleichsellerie und grünen Paprikaschoten in Senfmayonnaise mit Sardellenpaste

Demerara-Zucker ↑ Zucker/Sorten

Demeter [griech. Göttin der Vegetation] ↑ Naturkost

demi frz.: halb
- **-anglais** ↑ Fleisch/Garstufen
- **-deuil** [frz.: Halbtrauer] Gericht aus weißen und schwarzen Zutaten, insbes. weißes Fleisch (Poularde o. ä.) mit Trüffelscheiben unter der Haut oder mit Trüffelsplittern gespickt, a. Kartoffelsalat, Nudeln, Krustentiere usw. mit diesen Zutaten; Salat aus Kartoffel- und Trüffelstreifen in Senfsauce mit Sahne
- **-glace, Demiglace, Kraftsauce** braune Grundsauce, mit gerösteter Mehl gebundener Braten-, Kalbsfond, in der Regel mit Madeirawein oder Sherry abgeschmeckt, a. mit Schinken, Pilzen, Tomaten angereichert, entfettet und passiert; zum Binden von Fleischsaucen, zum Aromatisieren versch. Zubereitungen; a. konzentrierter Fischfond
- **-sel** leicht gesalzener Frischkäse aus pasteurisierter Kuhmilch, 40–45 % Fett i. Tr., milchig sanft (Normandie, Nordwestfrankreich)
- **-Suisse** Doppelrahmfrischkäse, ↑ Suisse

Demidof(f), Demidov, Demidow [Prinz Anatolij Demidov, Gemahl einer Nichte Napoleons] Garnitur aus in Butter ged. Halbmonden von Karotten und Weißen Rübchen, Selleriewürfeln und Scheiben von kl. Zwiebeln, zu (Wild-) Geflügel

Demiglace ↑ demi-glace

Demut Würzkraut, ↑ Thymian

dendeng in Knoblauch und Gewürzen marinierte, gedörrte und in Öl knusprig gebr. Scheiben Büffelfleisch (Indonesien)

dent-de-lion frz.: Löwenzahn

denté frz.: Zahnbrasse

dente, al ital.: bißfest, außen nicht zu weich, innen gerade gar

Derby [engl. Grafschaft] Schnittkäse aus Kuhmilch, fester Teig, 48 % Fett i. Tr., mild, wird gern mit dem Saft zerstoßener Salbeiblätter (Sage Derby) oder a. sonst Kräutern, Zwiebeln, Rosinen, Nüssen usw. pikant gewürzt, paßt bes. zu Früchten, Portwein oder Bier (Mittelengland)

Derby, (à la) [vom Küchenchef Giroix um 1900 zu Ehren eines engl. Grafen und Rennstallbesitzers dieses Namens in Monte Carlo kreiert] leichte, mit Reis gebundene Tomatenpüreesuppe, als Einlage Ochsenschwanzwürfel; mit Gänseleber und getrüffeltem Pilawreis gef. Poularde, dazu in Portwein gek. Trüffeln und Gänseleberschnitten; Reissalat mit Streifen pochierter Champignons und gek. Schinkens sowie Grünen Erbsen in Essig-Öl-Sauce mit leichter Mayonnaise, als Garnitur geschälte Walnußhälften

desayuno span.: Frühstück

Descar(s) [Herzog des Cars, Haushofmeister König Ludwigs XVIII. von Frankreich] Garnitur aus ged. Artischockenböden mit Hühnerfleischwürfeln und Kartoffelkroketten, zu gr. Fleischstücken

Désirée leicht mehlig kochende Kartoffelsorte

Deslignac-Suppe, consommé Deslignac leicht gebundene Geflügel-, a. Rinderkraftbrühe mit Eierstichwürfeln und rund ausgestochenen Kerbel- und Kopfsalatblättern

Dessert [frz. *desservir*, die Speisen abtragen – was aufgetischt wird, wenn alles andere abgeräumt ist] Nachtisch, der letzte Gang einer Mahlzeit, verführerischer Genuß bei vollem Magen, i. a. eine Süßspeise (heute meist weniger gezuckert als ehedem), die in Farbe und Konsistenz zum bisher Servierten kontrastieren soll und wie die Sauce die Phantasie des Kochs herausfordert – sie kann kapriziös luftig bis bombastisch sahnig sein (Cremes, Crêpes, Eisspeisen, Mehlspeisen, Parfaits, Puddings, Soufflés u. v. m.), aber a. aus Käse, Obstsalat, Früchten, Gebäck usw. bestehen.
-früchte in Spirituosen (Armagnac, Arrak, Rum o. ä.), auch mit Zucker eingelegtes Obst

Detsch fränkisch: Pfannkuchen

Deutsch Angus Mastrind-Rasse, ↑ Rind

Deutsche Art, (à l') allemande mit Deutscher Sauce, ↑ Sauce/sauce allemande; Kartoffelpüree und/oder in Butter geschwenkte Nudeln mit gebundenem Bratensaft, zu gr. Fleischstücken; Scheiben von gebr. Kalbsleber, ged. Paprikaschoten, glasierten Zwiebelchen mit Bratkartoffeln in Madeirasauce, zu kl. Fleischstücken

Deutsche Ente Entenrasse, ↑ Ente/Hausente

Deutsche Landbutter ↑ Landbutter

Deutsche Markenbutter ↑ Butter/Handelsklassen

Deutsche Molkereibutter ↑ Butter/Handelsklassen

Deutscher Honig ausschließlich in Deutschland gewonnener Honig

Deutscher Kaviar Rogen des Seehasen, ↑ Kaviar

Deutscher Salat Salat aus gewürfelten Äpfeln, Gurken, Kartoffeln und Salzheringen mit Scheiben von Roten Rüben, hartgek. Eiern und Heringstreifen in Essig-Öl-Sauce mit hartgek. Eiern, Senf und geh. Zwiebeln

Deutscher Thymian wilder Feldthymian, ↑ Thymian

Schule von Fontainebleau: die Jagdgöttin Diana

Deutsche Sauce weiße Grundsauce, ↑ Sauce/sauce allemande

Deutsches Beefsteak rund-ovaler Hackfleischklops, ↑ Hacksteak

Deutsches Corned Beef ↑ Corned Beef, Deutsches

Deutsche Suppe Rinderkraftbrühe mit Scheiben von Frankfurter Würstchen und Streifen von in Bouillon gek. Rotkraut

devil(l)ed [engl. teuflisch] scharf gewürzt, gebraten, gegrillt

Devonshire-Sauce [Grafschaft in Südwestengland, Adelstitel] ↑ sauce allemande mit gewürfelter Pökelzunge

Dextrose ↑ Traubenzucker

DFD-Fleisch [engl. *d*ark, dunkel, *f*irm, fest, *d*ry, trocken] minderwertiges, (durch Massentierhaltung und Streß vor dem Schlachten) nicht normal gereiftes Fleisch vom Rind, a. Schwein, schlecht haltbar und zur Herstellung von rohen Erzeugnissen (Knochenschinken, Rohwürste usw.) nicht geeignet

Dhudi Kürbisart, ↑ Dudhi

Diabetiker... für Zuckerkranke mit Fruktose, Süß-, Zuckeraustauschstoffen usw. versetzte diätetische Nahrungsmittel (Brot, ↑ Kleberbrot, Marmelade, Süßspeisen, -waren usw.), die den Zuckergehalt der Ernährung herabsetzen

Diabetikerbrot ↑ Brot/Spezialbrote

diable [frz.: Teufel] scharf gewürzt, in scharfer Sauce, ↑ a. Sauce/sauce diable; Sammelname a. versch. Meerfische mit gr. Kopf und Maul wie der Drachenkopf, Seeskorpion, Seeteufel, Teufelsrochen

diablotin frz.: kl. gratinierte Käseschnitte, meist als Vorspeise oder Suppeneinlage; überzuckertes Schokoladeplätzchen; Knallbonbon

Diana-Art, (à la) Diane [italische Göttin der Wälder und der Jagd] mit Wildpüree; Wildkraftbrühe mit Madeirawein, dazu Klößchen aus Fasanenfarce und Trüffelscheiben; Wild mit Kastanienpüree und Wildfarce; Wachteln im Töpfchen mit geschm. Kopfsalat und tomatisierter Demiglace; ↑ a. Sauce/sauce Diane

Diät(kost) [griech. *diaita,* gesunde Lebenshaltung] der Konstitution gemäße, «vernünftige» Lebens- und Ernährungsweise durch frische, vitaminreiche Kost, Ausgleich zwischen Fetten, tierischem Eiweiß, Kohlenhydraten usw., auch für Feinschmecker ein Schlüssel zum Wohlbefinden; im engeren Sinne Kost zur Vorbeugung bzw. Heilung von ernährungsbedingten Krankheiten oder gegen Übergewicht; ↑ a. Abmagerungsdiät, Fasten, Schonkost

Diätbrot   ↑ Brot/Spezialsorten

diätetisch   für bes. Ernährungsbedürfnisse, gegen Erkrankungen, Mangelerscheinungen, Überempfindlichkeiten usw. therapeutisch zusammengesetzt oder verarbeitet

Diätsalz   ↑ Salz/Arten

diavola, alla   [ital.: auf Hexenart] scharf (mit Chilis, roten Pfefferschoten u. ä.) gewürzt; in scharfer Sauce (in Italien oft plattgedrücktes Huhn)

Dibbelabbes   [saarländisch: *Dibbe*, Topf] Pfannengericht aus geriebenen Kartoffeln mit Ei, kleingeschn. Porree, Zwiebeln usw., gern mit Apfelkompott, Spiegeleiern oder kurzgebr. Fleisch serviert (Saarland)

Dickbein   unterer Teil des ↑ Eisbeins vom Schwein

Dicke   Brühwürstchen aus Rind-, Schweinefleisch und Fettgewebe

Dicke Bohne   ↑ Bohne/Sorten

Dicke Milch   sauer gewordene, nicht pasteurisierte verquirlte Vollmilch, mit geriebenem Schwarzbrot, braunem oder Zimt-Zucker bestreut, in Tonschüssel serviert, erfrischender Sommerimbiß (Mecklenburg, Pommern, Berlin u. a.)

Dicker Bug, dickes Bugstück   Schulterstück von Schlachttieren, ↑ Bug

Dickkopf   Süßwasserfisch, ↑ Döbel

Dickmilch   saure Milch, ↑ Sauermilch

Dicksaft   durch Eindampfen konzentrierter Obstsaft (Äpfel, Birnen, Trauben), in der Vollwertküche Ersatz für Industriezucker

Dickungsmittel, Gelier-, Verdickungsmittel   pflanzliche, tierische oder synthetische Stoffe zum Andicken oder Binden von Flüssigkeiten; ↑ Agar-Agar, Alginat, Gelatine, Guar, Gummiarabikum, Johannisbrotkernmehl, Karayagummi, Pektin, Stärke, Tragant, Xanthan

Dickzuckerfrüchte   kandierte Früchte, ↑ Belegfrüchte

Diebich   gebutterter Hefeteigkloß mit Wurst oder ged. Backobst (Niedersachsen)

Diegenes   Vorarlberg: Räucher-, Selchfleisch

Dielenschinken   ↑ Schinken/Katenschinken

Diepper Art, (à la) dieppoise   [Dieppe, frz. Hafenstadt und Badeort am Ärmelkanal] Garnitur aus Garnelenschwänzen und Miesmuscheln in Weißweinsauce mit Fischsud, zu Meerfischen (Glattbutt, Seezunge, Wittling usw.) und Meeresfrüchten; in Weißwein marinierte Heringe, Makrelen u. ä.; Weißweinsauce mit Butter, Muschelfond, Garnelenschwänzen und Miesmuscheln

Dijoner Art, (à la) dijonnaise   [Dijon, Hauptstadt der Côte d'Or im frz. Burgund] mit Senf(sauce), ↑ Sauce/sauce dijonnaise, (pikant) oder mit Johannisbeerlikör, *cassis* (süß)

Dijon-Salat   Scheiben von gek. Kartoffeln und Gewürzgurken in leichter Senfmayonnaise mit feingeschn. Bleichsellerie

Dijon-Senf   ↑ Senf/Sorten

Dill, Gurken-, Kapernkraut, Till   Würzkraut, dessen gefiederte Blätter, Blattstengel und Samen verwendet werden, wirkt anregend, magenstärkend, harntreibend, schleimlösend; erfrischend aromatisch und süßlich würzig; das feine Grün (das nicht lange gek. werden darf) läßt sich tieffrieren, aber nicht trocknen, die Samen lassen sich in Essig einlegen, trocknen und einfrieren.
Dill paßt (ungekocht) nicht nur zu Aal, Krabben, Muscheln, (Gravad) Lachs, Gurken(salat), in helle Sahnesaucen, sondern a. anderweitig zu Fischen, Fleisch (Lamm, Schweinebraten usw.), jungen Kartoffeln, Gemüsen (Blumenkohl, Zucchini u. ä.), Pilzgerichten, in klare Suppen, Salate, Mayonnaise, Kräuterbutter, -quark, Essigkonserven usw.; das ganze Jahr im Handel, beste Zeit frisch Apr.–Aug. (urspr. Südeuropa, Mittelmeerraum, Rußland, Westasien, heute a. Nord-, Ost-, Südosteuropa, Indien, USA u. a.)
   -gurken in Gewürzen und Kräutern (v. a. Dill) eingelegte grüne, unreife Gurken
   -öl ätherisches Öl aus Dillkraut und -samen, zum Aromatisieren von (Salat-)Saucen, Suppen, Gurkengerichten usw.

dim sum   [chin.: Herzenswonnen] kl. säuerliche, süße oder süßsaure Happen mit Fisch, Meeresfrüchten, Fleisch, Gemüsen, pikant mit Curry, Sesam, Soja usw. gewürzt, in phantasievoller Zubereitung und Verpackung (Nudelteigtaschen, Reismehlrollen, Hefeklößchen usw.), im Bambusdämpfkorb über Wasserdampf gegart und vom Morgen bis zum frühen Nachmittag zu grünem Tee serviert (urspr. Südostchina)

dinde, dindon frz.: Truthahn, Puter, Truthenne, Pute

Diner, dîner frz.: (festliches) Abendessen; ↑ a. Souper

Dinkel, Schwabenkorn, Spelt, Spelz(weizen) alte, schon in der Bronzezeit verbreitete anspruchslose, winterharte Getreideart, Vorgänger des Weizens, hoher Eiweißgehalt, würzig aromatischer Geschmack, früher für Mehl (Spätzle), heute meist für ↑ Grünkern aus halbreifen Körnern angebaut; eignet sich zum Backen, für Suppen, Klöße und pikante warme Gerichte; Garzeit gequollen 1 Std. (urspr. Südwestasien, heute vorw. Rheinland und alemann. Gebiete Deutschlands, Vorarlbergs, der Ostschweiz); ↑ a. Einkorn, Zweikorn

dinner engl.: Essen, Hauptmahlzeit des Tages, a. Festessen

Dip [engl.: eintauchen] kalte, pikante Sauce, Emulsion, in die kl. Happen, rohes Gemüse usw. getaucht werden können; ↑ a. sashimi; USA: (süße) Sauce

Diplomat ↑ Diplomatenpudding; a. Eisbombe mit kandierten Früchten

Diplomaten-Art, (à la) diplomate mit Hummer- und Trüffelscheiben, in Deutschland a. mit Hahnenkämmen und -nierchen, Kalbsbries und Champignons; mit Tapioka gebundene Geflügelkraftbrühe mit Scheiben von Würstchen aus Geflügelfarce und Trüffelscheiben; sauce normande mit Hummerbutter, Hummerfleisch- und Trüffelwürfeln, zu gr. Fischstücken; süßherber Salat aus Ananas, rohen Champignons, Kartoffeln in Mayonnaise, Schlagsahne und Zitrone, a. mit Trüffelscheiben

Diplomaten|creme ↑ Creme/Diplomatencreme
  -pudding, Kabinettpudding Pudding aus mit Eiermilch im Wasserbad gegartem Biskuit oder Weißbrot, mit Vanillesauce oder Weinschaum serviert
  -sauce ↑ Sauce/sauce diplomate

Dippehas, Tippe-Haas [hessisch: Hase im Topf] Hasenfleischwürfel, mit Schweinenacken oder -bauch in Schweineschmalz angebraten, mit geriebenem Roggenbrot und/oder Lebkuchen, Wurzelgemüsen, Gewürzen usw. in (Spätburgunder-)Rotwein und Bouillon in einem mit Brotteig

Das frische Kraut und getrocknete Samen des Dills, heilsames Universalgewürz in vielen Küchen der Welt

versiegelten Topf im Backofen gegart (Frankfurt am Main u. a.)

Dirlitze   Steinbeere, ↑ Kornelkirsche

Dirndl   [österr.: Mädchen] Kornelkirsche

dirty rice   [engl.: schmutziger Reis] Gericht aus gek. Langkornreis mit geh. Schweinefleisch, Hühnerlebern, -mägen, Bleichsellerie, Frühlingszwiebeln und Paprikaschoten, zerdrückten Knoblauchzehen, Gewürzen und Petersilie (Louisiana, USA)

dish   engl.: Schüssel, Platte, Teller; Gericht, Speise

Distelfeige   exot. Frucht, ↑ Kaktusfeige

Distelkohl   Gemüsepflanze, ↑ Karde

Distelöl   ↑ Öl/Sorten

ditali, ditalini, ditaloni   [ital.: Fingerhüte] kl. Röhrennudeln aus Hartweizengrieß, gerillt oder glatt, für dicke Gemüsesuppen, Gemüse-, Tomatensaucen und Muscheln

divine, sauce   ↑ Sauce/sauce divine

divinity   [engl.: Herrlichkeit] süßes Konfekt aus Eiweiß, Maissirup, Zucker usw. (USA)

djahé   indon.: Ingwer

djamur   indon.: Ohrlappenpilz

dji   chin.: Huhn

djintan   indon.: (Kreuz-)Kümmel

djischa   Suppe aus getr. Bohnen, Zwiebeln und Weizenschrot in Brühe mit Kamelfett, mit Piment und Safran gewürzt (Marokko)

djuveč   deftiger Eintopf aus Schweine-, a. Hammelfleisch mit Gemüsen (Auberginen, Grünen Bohnen, Möhren, Tomaten, Peperoni usw.), Kartoffeln und Reis, mit Knoblauch, Zwiebeln usw. stark gewürzt (Serbien, Balkanländer)

Döbekoche   Rheinland; Topfenkuchen

Döbel, Aitel, Dickkopf   karpfenartiger Süßwasserfisch, schmackhaftes festes, aber grätiges Fleisch, läßt sich braten, grillen, fritieren (Europa, Vorderasien)

Doblefina   Blutorangensorte, ↑ Orange

Dobos-Torte, dobostorta   [Lajos Dobos, Budapester Zuckerbäcker, ausgespr. *Doboschtorte*] runde Torte aus acht Biskuitböden, ohne Fettzusatz kalt angeschlagen, mit Schichten aus Butter-, a. leichter Vanillecreme und Kuvertüre, mit Karamelglasur überzogen (Ungarn, Österreich)

dodine   gerolltes entbeintes Geflügel, mit Möhren, Zwiebeln, a. Champignons in Wein und Gewürzen geschmort (Mittel-, Südwestfrankreich)

Doggerscharbe, Rauhe Scharbe   Plattfisch, etwas wäßriges, aber zartes Fleisch für alle Zubereitungen außer Dünsten, Schmoren, wird a. geräuchert (als Stückenflunder) angeboten (Nordatlantik); ↑ a. Kliesche

dolce   ital.: süß, mild; Süßspeise, Kuchen, Torte
   – al mascarpone   Torte aus Löffelbiskuitteig mit cremigem Belag aus Mascarpone, flüssiger Sahne und Zitronensaft, mit geh. Pinienkernen garniert
   – brusco   sauersüße Leber mit Polenta und Rotweinsauce (Graubünden, Nordostschweiz)

dolci   ital.: Dessert, Nachtisch; Süßigkeiten, Zuckerwerk

dolma   türk.: (salzig oder süß) gewürzt; Roulade

dolmadaki   ngriech.: Weinblätter

dolmádes, dolmáthakia, doulma   mit geh., kräftig gewürztem Hammelfleisch, Reis und Pinienkernen gef. Wein-, a. sonst Gemüseblatt, kalt serviert (Griechenland, Balkan, Vorderasien)

domates   ngriech.: Tomaten

dolmáthakia   gef. Gemüseblatt, ↑ dolmádes

domburi, donburi   Reisgericht (mit Beigaben) im Porzellantopf (Japan)

Domherren-Art, (à la) chanoine   mit Garnelensauce bestrichene, überbackene Fischfilets, dazu Sardellensauce

Dominostein   Würfel aus Schichten geb. braunen Lebkuchenteigs mit Lagen aus Fruchtmark, Marzipan o. ä., mit Schokolade- usw. Glasur überzogen

Donaulachs   Süßwasserfisch, ↑ Huchen

donburi   jap. Reisgericht, ↑ domburi

Don Carlos, à la   [Don Carlos, span. Infant, Titelheld eines Trauerspiels von Schiller, 1787] Garnitur aus ged. Champignons und roten Paprikaschoten, zu Fleisch in Madeirasauce

döner kebap ↑ kebap, döner

Don Juan, à la [Don Juan, span. Liebesabenteurer, Gestalt der europäischen Dichtung] Garnitur aus mit Geflügelragout gef. Blätterteigpastetchen, Champignons und Trüffelscheiben, zu Geflügel in Kraftsauce

Donkopilz dickfleischiger ↑ Shiitake

Donnernessel Wildkraut, ↑ Brennessel

Döppekooche Topfkuchen aus Kartoffeln mit durchwachsenem Speck, Schweineschmalz, Eiern, Zwiebeln und Muskat, meist zu Fleisch serviert (Eifel)

Doppellendenstück ↑ Steak/Ochsensteak: Europäischer Schnitt 2c

Doppel-Raffinade ↑ Zucker/Sorten

Doppelrahm ↑ Sahne/Doppelsahne, ↑ a. crème double
  -frischkäse streichfähiger Frischkäse aus Milch und Sahne mit wenig Labzusatz ohne Reifung, 60–85 % Fett i. Tr., sahnig und leicht säuerlich, wird a. mit Kräutern, zerstoßenem Pfeffer usw. gewürzt; ↑ a. Gervais
  -käse Frischkäse mit mind. 65 % Fett i. Tr.

Doppelstück ↑ double

Doppeltes Filet-, Lendenstück ↑ Chateaubriand

doppskov in Rahmsauce mit Zwiebeln ged. Würfel Fleisch, Schinken, gek. Kartoffeln mit Spiegelei (Schweden)

dorada span.: Goldbrasse, Graubarsch

dorade frz.: Goldbrasse, Graubarsch

doré(e) frz.: glänzend goldbraun gebacken, gebraten

Dorffuß Blattgemüse, ↑ Guter Heinrich

Dörfliche Art, (à la) villageoise weißes Fleisch, Geflügel in sauce villageoise; Fleischbrühe mit Porree, Wirsingstreifen, Fadennudeln und Kerbel

Doria [genuesisches Adels- und Seefahrergeschlecht] salziges oder süßes Gericht in den ital. Farben Grün (mit Gurken, Grünen Spargeln, Pistazienkernen usw.), Weiß (mit Geflügelklößchen, Sellerie, weißen Trüffeln usw.) und Rot (mit Hahnenkämmen, Roten Rüben usw.); mit weißen (Piemont-)Trüffeln; in der Küche ugs. a. einfache Garnitur aus frischen ged. Gurken

Dorngarnele ↑ Garnele/Ostseegarnele

Dornhai, -fisch ↑ Haie

Dörrbohne ↑ Bohne/Sorten

Dörrfleisch durchwachsener, geräucherter Speck vom Schweinebauch mit oder ohne Knochen

Dörrfrüchte ↑ Backobst

Dörrgemüse veraltet für ↑ Getrocknetes Gemüse

Dörrobst ↑ Backobst

d'Orsay ↑ Orsay

Dorsch ↑ Kabeljau vor der Geschlechtsreife und aus der Ostsee

Dorsche ↑ Kohlrübe

Dorschleber die Leber des Dorschs, Kabeljaus oder anderer dorschartiger Fische, hoher Nährwert, gek., gebr. oder als Dauerkonserve in Öl schmackhaft und gesund
  -öl, -tran Öl aus frischen Dorschlebern; ↑ a. Lebertran
  -paste Paste aus frischen, in gesalzenem Wasser gek., gewürzten Dorschlebern
  -pastete, -wurst Fischpaste bzw. -dauerkonserve aus mind. 50 % frischer Leber sowie Fleisch und Rogen von Dorsch, Kabeljau oder anderen dorschartigen Fischen

Dosenkartoffeln sterilisierte Kartoffelkonserven

Dosenkäse urspr. in der Schweiz hergestellter Schmelzkäse, heute a. anderer, in Dosen verpackter, haltbar gemachter Käse (Camembert u. ä.)

Dosenmilch ↑ Kondensmilch

Dosenschinken Kochschinken oder gek. Vorderschinken in Dosen, verschlossen und kühl gelagert mind. ½ Jahr haltbar

Dosensuppe ↑ Suppenkonserven

Dosenwürstchen konservierte Brühwürstchen aus Rind- oder Kalb- und Schweinefleisch mit Gewürzen

Dost, (Wilder) Kräuterpflanze, ↑ Oregano

Dotschn bayer.: Kohlrübe

Dotter Eigelb, a. Ackerunkraut, ↑ Leindotter

Dotterpilz ↑ Pfifferling

dòu chin.: Bohne, Erbse
   - -fu Sojaquark, ↑ Tofu
   - -miáo, -yá-cài Sojabohnenkeime, -sprossen
   dà - Sojabohne

double [frz.: doppelt] die beiden Keulen von Kalb oder (meist) Lamm an einem Stück
   crème - ↑ crème double

Double Gloucester [Gloucestershire, engl. Grafschaft mit Vieh- und Milchwirtschaft] Hartkäse aus Kuhmilch, trockener Teig, 48% Fett i. Tr., mild nussig (Südwestengland)

doughnut [engl.: Teignuß] in heißem Fett schwimmend ausgebackener Teigkringel (USA) oder Teigkloß (England), mit Zimt und Zucker bestreut, sollte möglichst frisch gegessen werden

Douglassalat [Douglas, schottisches Adelsgeschlecht] halbierte oder geviertelte Kopfsalatherzen und Tomatenscheiben in Kräutermarinade mit Tomatenketchup, mit geh. Ei bestreut

Douglassuppe, consommé Douglas Kraftbrühe mit Einlage von Artischockenböden, Kalbsbries, Spargelspitzen und Kerbelblättern

doulma gef. Weinblatt, ↑ dolmádes

doux, douce frz.: süß, mild; weich

Dover sole [Dover, engl. Hafenstadt am Ärmelkanal] Plattfisch aus dem Meer, England: Seezunge, USA: Pazifische Rotzunge

Drachenauge trop. Südfrucht, ↑ Longane

Drachenkopf, (Großer Roter), rascasse Meerfisch mit unförmigem, dornigem Kopf und giftigen Stacheln in der Rückenflosse, festes, etwas trockenes, aber aromatisches und sehr delikates Fleisch, läßt sich (im Sud) braten, dämpfen, füllen, kochen, pochieren, in Frankreich unerläßlicher Bestandteil der Bouillabaisse und anderer Fischsuppen, gute Zeit Frühling und Herbst (Mittelmeer, a. Atlantik)

Drachenkraut Küchenkraut, ↑ Estragon

Dragée [frz.: Zuckerwerk] echt: Mandel, Haselnuß, Pistazie u. ä. in Zuckerguß; a. sonst flüssiger, weicher oder harter Kern (a. Arzneimittel) in Zucker- oder Schokoladenhülle

Dragomirow, (à la) [D., vornehmes russ. Geschlecht] Garnitur aus Miesmuscheln, zu mit Mornaysauce überbackenem Fisch

Dragon(kraut) Küchenkraut, ↑ Estragon

dragonella, dragoncello ital.: Estragon

Dragonerspieß Stücke Rind-, Schweinefleisch und würzende Beigaben (Gurken, Paprikaschoten, Zwiebeln usw.) zum Braten oder Grillieren am Spieß

Dreiecksmuschel Meeresschaltier, ↑ Muschel

Dreieinigkeitswurzel Würz- und Heilpflanze, ↑ Angelika

Dreierlei gemischtes Hack aus Kalb-, Rind- und Schweinefleisch

Dreikönigskuchen zum Dreikönigstag am 6. Januar geb. Kuchen aus Halbblätter- oder Hefeteig, in den eine Münze, Papierkrone, Bohne oder Mandel als Symbol der Huldigung gegenüber dem Christkind eingebacken oder aufgesetzt ist; wer sie findet, ist für diesen Tag «Bohnenkönig»

Dreikornbrot ↑ Brot/Spezialsorten

Dreiviertelfettkäse Käse mit 30–45% Fett i. Tr.

Dresd(e)ner Blutwurst [Dresden, Kreis und Hauptstadt Sachsens] Blutwurst aus Schweinefleisch, -masken, Speck, Schwarten und Blut

Dresd(e)ner Stollen ↑ Christstollen aus Dresden mit mind. 20 Teilen Butter, 20 Teilen Margarine, 70 Teilen Trockenfrüchten und 10 Teilen Mandeln auf 100 Teile Getreideerzeugnisse

Dressiergebäck ↑ Spritzgebäck

Dressing [engl.: Zubereitung] klare oder gebundene Salatsauce aus Essig oder Zitronensaft, Öl usw., evtl. mit versch. Zutaten wie zerkleinerten hartgek. Eiern, Gemüsen, Kräutern, Ketchup, Senf u. a., oft gebrauchsfertig in Flaschen abgefüllt (urspr. USA)
   American, French, Italian - ↑ Salatsauce

Drexel-Art [Drexel, ehemals Hotelier in Frankfurt am Main] Garnitur aus Strohkartoffeln und Béarnaise-, Tomatensauce, zu Filetsteaks

Drillinge bes. kleine Kartoffeln

Die Gräfin du Barry, Favoritin König Ludwigs XV.

Droge in der Küchensprache getr. Kräuter und/oder Blätter, Blüten, Holz, Rinde, Samen, Wurzeln von Pflanzen, deren würziges Aroma beim Trocknen erhalten bleibt

Drops [engl.: Tropfen] saurer Fruchtbonbon

Drossel Sing- und Zugvogel, der sich auf der Rückwanderung im Herbst von Feigen und Trauben ernährt und dann deshalb bes. schmackhaft ist, sollte aus Naturschutzgründen jedoch nicht mehr gejagt und gegessen werden (Italien, Frankreich u. a.)

Drosselbeere Strauchfrucht, ↑ Vogelbeere

drumstick [engl.: Trommelschlegel] Unterschenkel von Geflügel

dscharīsch arab.: zermahlen, zerquetscht (Getreide); Grütze

dschī chin.: Sauce

dschidiān arab.: Zicklein

dschu-ssun chin.: Bambussprossen

dú, dúr, dúzi chin: Kalb

Dubarry, (à la), Du Barry [Gräfin du Barry, 1743–1793, Geliebte König Ludwigs XV. von Frankreich] allg. mit Blumenkohl; Garnitur aus mit geriebenem Käse überbackenen Blumenkohlröschen und Schloßkartoffeln in sauce Mornay, zu kl. und größeren Fleischstücken; Rahmsuppe aus püriertem Blumenkohl in Fleischbrühe mit Crème fraîche (Deutschland: Sahne) und Petersilie; Salat aus ged. Blumenkohlröschen, Radieschen und Kresseblättern in Salatsauce mit Zitronensaft

Dubley Garnitur aus gegr. Champignonköpfen und mit Champignonpüree gef. Herzoginkartoffeln, zu gr. Fleischstücken

Dubois [Urbain D., 1826–1901, Küchenmeister Kaiser Wilhelms I., verfaßte versch. Kochbücher] Garnitur aus Champignons und Geflügelklößchen, zu Wachteln oder sonst Wildgeflügel auf Champignon-, Fleisch-, Kastanienpüree

duchesse [frz.: Herzogin] ↑ Herzogin-Art, Kartoffel/Zubereitungen: Herzoginkartoffeln

　º-Masse mit Ei gebundene Masse für Kartoffelkroketten; ↑ a. Kartoffel/Zubereitungen: Herzoginkartoffeln

duchesse, (à la) ↑ Herzogin-Art, Kartoffel/Zubereitungen: Herzoginkartoffeln

Duchesse kl. Krapfen aus Brandmasse mit salziger (würziges Fleischpüree usw.) oder süßer (Creme, Schlagsahne, Schokolade usw.) Füllung, als Vorspeise, Garnitur oder Nachtisch

duck engl.: Ente

Dudhi, Dhudi Flaschenkürbisart, mit weißem, festem Fleisch, kalorienarm, fader, neutraler Geschmack, läßt sich dünsten, schmoren (Kenia, Afrika, Indien)

Duffinbohne ↑ Bohne/Limabohne

Duftreis ↑ Reis/Sorten

Dugléré [Adolphe D., 1805–1884, frz. Meisterkoch, der «Mozart der Küche»] Garnitur aus geh. Schalotten, Tomaten und Knoblauchzehe, evtl. Champignons, mit Weißwein usw., zu Glattbutt, Goldbrasse, Wolfsbarsch, Seezunge o. ä.

Dukatenkartoffeln österr.: mit Butter auf dem Blech geb. dicke Kartoffelscheiben

Dukatennudeln feine Süßspeise aus in der gefetteten Pfanne mit zerlassener Butter ausgebackenen Gär-, Hefeteigstücken (Österreich)

dukkah Gewürzmischung aus gerösteten Nüssen und Koriander, Kreuzkümmel, schwarzem Pfeffer, Sesam, Zimt usw., für gegr. Fleisch, Gemüsesalate, hartgek. Eier usw. (Ägypten)

dulce span.: süß; Nach-, Süßspeise
 – **de leche** gek., mit Zucker karamelisierte Milch (Lateinamerika)

Dulse Seetang, spinatartiges Gemüse (Atlantik-, Pazifikküste); ↑ Alge

Dumas [Alexandre D. Vater, 1802–1870, frz. Schriftsteller, Feinschmecker und Verfasser eines Küchenlexikons] Garnitur aus glasierten Karotten, ged. Kohlköpfchen und Speckwürfeln in Demiglace, zu Fleisch; Salate aus Lattich mit geh. Eiweiß, Sardellen, Kerbel und Thymian in mit Paprika gewürztem Eigelb und Öl oder aus geschälten, mit Champagner, Likör oder Mandelmilch übergossenen Trüffeln oder aus Gurken, Kartoffeln, Roten Rüben und Tomaten in Sardellenmayonnaise, mit Ei, Gewürzgurke und Kräutern garniert

dumpling engl.: Knödel, (gef.) Mehlkloß

dùn chin.: schmoren, langsam kochen

Dundee cake [Dundee, Industrie- und Hafenstadt in Schottland] Früchtekuchen mit kandierten Kirschen, Rosinen, Korinthen und Mandeln

Alexandre Dumas Vater

Dungeness crab gr. kalifornischer Taschenkrebs, rar geworden, weshalb bloß männl. Tiere von einer bestimmten Größe gefangen werden dürfen, nur am Fangort frisch erhältlich (Westküste der USA)

Dünkli dünne, leicht geröstete Schnitten altbackenes Brot als Suppeneinlage, können in der Blechdose aufbewahrt werden (Ostschweiz); ↑ a. Schnäfel(i)

Dünne Brühwürstchen nach Art der ↑ Würstchen

Dünne schweizerd.: flacher Blechkuchen, ↑ Tün(n)e

Dünnung Flanke hinter den Rippen von Schaf oder Schalwild, zum Schmoren; ↑ a. Lappen

Dunst griffkörniges Mahlerzeugnis zwischen Grieß und Mehl zur Herstellung von Teigwaren und Gebäck; kühl, trocken und verschlossen aufzubewahren; ↑ a. Grieß

Dunstäpfel (in gezuckertem Weißwein) ged. Äpfel

Dunst-, Dünstfrüchte, Dunstobst ↑ Kompottfrüchte in reinem Wasser statt Zuckerlösung, für Diabetiker geeignet

Dunstgericht, estouffade mit wenig Flüssigkeit langsam geschm. Fleisch, (Wild-)Geflügel oder Wild, meist mit Karotten und Zwiebelchen in Weinsauce

Dunstkoch österr.: Pudding

Dunstobst ↑ Dunstfrüchte

duogh Joghurtart (Iran)

dur(e) frz.: hart, herb; Fleisch: zäh

durchgebraten [frz.: *bien cuit, à point*; engl.: *well-done*] ↑ Fleisch/Garstufen

durchwachsen mit natürlichen Fettadern durchsetztes Stück Fleisch; ↑ a. Marmorierung, Speck/Bauchspeck

Durham-Rind Rinderrasse aus der nordenglischen Grafschaft Durham

Durian, Durion, Stinkfrucht längliche Tropenfrucht von penetrantem Gestank, aber gutem, sahnigem Geschmack nach Vanille und Zwiebeln, gehaltvoll und kalorienreich, läßt sich (mit Zucker bestreut) roh essen, (zu Reisgerichten) braten, kochen, für Marmeladen, Kuchen, Speiseeis usw. verwenden, Kerne lassen sich rösten (trop. Südostasien, a. Afrika, Südamerika)

Durian, tropische Baumfrucht von extremem Geruch und Geschmack

Duroc [Géraud D., Graf von Friaul, frz. General, 1772–1813, Generaladjutant Napoleons] Garnitur aus gebr. Würfeln von jungen Kartoffeln mit geschmolzenen Tomaten, zu kl. Fleischstücken, gebr. Geflügel in sauce chasseur

Durone gr., goldgelbe oder schwarze Süßkirsche (Italien)

durr(h)a, dari, Mohrenhirse afrikanische Hirseart, meist für den Sorg(h)um-Hirsebrei, ↑ Sorg(h)um, verwendet (Äthiopien, Sudan, südl. Ostafrika)

Durumweizen hartkörniger ↑ Weizen

Duse [Eleonora D., 1858–1924, ital. Tragödin] Garnitur aus Grünen Bohnen, ged. Tomaten und Parmentierkartoffeln, zu gr. Fleischstücken; a. Meerfisch (Seezunge o. ä.) in Fischbrühe mit Krebsbutter, in sauce Mornay überbacken, auf Pilawreis mit ged. Garnelen und Trüffelscheiben angerichtet

Düsseldorfer Senf ↑ Senf/Extrascharf

duveč serbischer Eintopf, ↑ djuveč

duxelles [nach der Ortschaft Uzel in der Bretagne oder nach dem Koch La Varenne des Marquis d'Uxelles] in Butter sautiertes Gemisch aus feingeh., ged. Champignons, a. sonst. Pilzen, Schalotten und/oder Zwiebeln, dient als Füllung, Garnitur, Beilage oder Einlage für Saucen usw.; wird zur Füllung von Gemüsen a. mit Brät, Brot, Tomatenmark, Weißwein usw. angereichert

dyre-kjott norw.: Renfleisch

džulbastija mariniertes, grilliertes Rinderschnitzel mit viel Zwiebeln (Kroatien, Serbien)

E

eastern oyster amerik. Auster von der Atlantikküste der USA, fleischiger, aber nicht wohlschmeckender als die europäische

easy peeler engl.: leicht zu schälende (Zitrus-)Frucht

Eberesche Holzgewächs mit Beeren, ↑ Vogelbeere
   Mährische – süße Sorte der Eberesche (Sudeten)

Eberraute, Eberwurzel, Stab-, Stangenwurz Würzstrauch, junge Blattspitzen frisch oder getr. fein bitterlich mit Zitronenaroma, würzen (sparsam verwendet) fettes Fleisch, Braten, Saucen, Salate (urspr. Südosteuropa, Vorderasien, heute a. Ost-, Süd-, Mitteleuropa, Nordamerika)

écailler frz.: Austern öffnen

écarlate, (à l') [frz.: scharlachrot] rotfarbig (mit Tomaten, roter Sauce u. ä.); in Salpeterlake gepökelt; Garnitur aus Pökelzunge, Champignons und Trüffeln in Madeirajus, zu Fleisch

échalote frz.: Schalotte

échine frz.: Rückgrat; Rippen-, Rückenstück des Rinds; Nacken, Kamm, Hals des Schweins

Echte Lakritze schwach gesüßte Zuckerware (Scheibchen, Stange) aus Süßholzextrakt

Echter Mousseron Speisepilz, ↑ Knoblauchschwindling

Echter Reizker, Edelreizker milder, leicht bitterlicher Speisepilz aus der Familie der Milchlinge, gern vermadet und nicht roh eßbar, frisch, saftig und trocken geputzt jedoch gut zu braten, grillieren, in Omeletts, als Salat oder zum Einfrieren, (in Essig) Einlegen; gute Zeit Aug.–Nov.

Echter Ritterling, Grünling, Grünreizker vorzüglicher, hochwertiger Speisepilz aus der Gattung der Blätterpilze, angenehmer Mehlgeruch, süßlich haselnussiger Geschmack, nicht roh eßbar, gute Zeit Okt.–Dez.

Eckschinken ↑ Speck/Schinkenspeck

Éclair, Blitzkuchen, Liebesknochen [frz.: Blitz] luftige Stange aus Brandmasse, mit (aromatisierter) Creme oder Schlagsahne gefüllt, mit Schokolade oder Glasur überzogen; ↑ a. Windbeutel

écossaise, (à l') ↑ Schottische Art

écrevisse frz.: Flußkrebs

Edamer, Edamer Kaas [Edam, Stadt in der Provinz Nordholland] Schnittkäse aus Kuhmilch mit gelbem oder (für den Export) rotem Wachsüberzug, gepreßter, halbfester Teig, mind. 40% Fett i. Tr., jung sahnig mild und leicht säuerlich, ausgereift (besser) pikant würzig, kann a. geschmolzen als Brot-, Toastbelag oder als Reibkäse verwendet werden, hält sich bei 8–14 °C mehrere Wochen (Alkmaar, Holland, a. Belgien u. a.)
   Deutscher – Edamer Käse aus Deutschland, 30–50% Fett i. Tr., mild duftig

Eddysalat Ananasecken, Apfelscheiben, Grapefruitschnitze, entkernte Weinbeeren und geh. Nüsse in leichter Mayonnaise

Edelfisch bes. feiner Süßwasserfisch (Aal, Lachs, Forelle, Hecht, Karpfen, Renke, Saibling, Schleie, Zander); ↑ a. Feinfisch

Edelhirsch männl. Rotwild

Edelkastanie eßbare ↑ Kastanie

Edelkrebs ↑ Flußkrebs

Edelmaräne Süßwasserfisch, ↑ Renke/Kleine Schwebrenke

Edelpilz guter Speisepilz (Champignon, Pfifferling, a. Steinpilz u. a.)

Edelpilzkäse ↑ Käse/Blauschimmelkäse

Edelreizker Speisepilz, ↑ Echter Reizker

Eduard VII. von England, ein königlicher Dandy

Edelsäcker ausgelöstes, als Tasche eingeschnittenes Kotelettstück mit Füllung aus gek. Sauerkraut, gewürfelten Gewürzgurken, Räucherspeck, Zwiebeln mit Senf, in Mehl gewendet und in heißem Fett knusprig gebacken, meist mit Kartoffelpüree und Salat serviert (Hessen)

Edelschimmelkäse ↑ Käse/Sauermilchkäse

Edelwild Rotwild

Eduard VII., Edouard VII., Edward VII. [König Eduard VII. von England, 1841–1910, als Prince of Wales eine der Säulen der Pariser Lebewelt] nach ihm viele Gerichte, u. a. in Weißwein pochierter Glattbutt mit Herzoginkartoffeln in Muschelrahmsauce; mit Gänseleber, Reis und Trüffeln gef. Poularde in Currysauce mit roten Paprikaschotenwürfeln und ged. Gurkenstücken in Rahmsauce; wachsweiche oder pochierte Eier auf Risotto mit Trüffeln und Zungenscheiben; kl. Teigschiffchen, mit Rhabarber gefüllt und mit grünem Fondant glasiert

eel engl.: Aal

eend(vogel) holl.: Ente

Egerling landsch.: Champignon

egg engl.: Ei
   – dish Eierspeise
   fried – (beidseitig geb.) Spiegelei
      – sunny side up einseitig geb. Spiegelei
   hard-boiled – hartgek. Ei
   scrambled – Rührei
   soft-boiled – weichgek. Ei

Egli schweizerd.: Flußbarsch, in der Schweiz meist kleiner als anderswo

égyptienne, (à l') ↑ Ägyptische Art

Ei eines der wichtigsten, beliebtesten und vielseitigsten Lebensmittel, im Sprachgebrauch ohne Angabe der Herkunft (↑ Sorten) das Ei des Haushuhns, «für die Küche, was der Artikel für die Rede» (Grimod de La Reynière), höchste biologische Wertigkeit, aber keine Ballaststoffe und relativ viel Cholesterin; neben zahlreichen schmackhaften Gerichten daraus ein rechtes Zaubermittel der Kochkunst, zum Binden, Bräunen, Panieren, für Cremes, Mayonnaisen, Saucen, Teigwaren, Mehlspeisen, Gebäck u. v. m.; in der Schale (je nach Hennenrasse braun oder weiß, ohne Einfluß auf die Qualität) sitzt das gallertartige, durchsichtige *Eiklar, Eiweiß, Weißei* und darin das *Eigelb, Eidotter,* dessen Farbe vom Futter abhängt; beide lassen sich bei Bedarf trennen. Die Zucht der Legehennen wird als Bodenhaltung (in gr. geschlossenen Hallen) oder Freiland-, Auslaufhaltung (die in Hallen gehaltenen Tiere haben a. Auslauf ins Freie) bezeichnet; fehlt eine solche Angabe, handelt es sich meist um Batterie- oder Käfighaltung (in der Schweiz seit 1992 verboten), ↑ a. Huhn/Haltung); Benennungen wie «Gutshof-Ei», «nestfrisch» u. ä. sind nicht verbindlich. Die einzige verläßliche Gewähr für wirklich frische Eier wäre das kontrollierbare Legedatum; da dieses jedoch immer noch zu selten angegeben wird, kann man es als Behelf ab dem Datum, von dem an das Ei kühl aufbewahrt werden sollte, 18 Tage zurück berechnen; die übrigen Güte- (nur Aussehen und Frische) und Gewichtsklassen sind von Land zu Land verschieden; i. a. gelten folgende Vorschriften:

Güteklassen
A Extra bes. frisch; Abpackung höchstens 5 Tage nach Legedatum, Verkauf bis höchstens 12 Tage nach Abpackung
A sehr frisch; Abpackung bis höchstens 8 Tage nach Legedatum, Verkauf bis höchstens 18 Tage nach Abpackung

B Zweite Qualität, nicht mehr ganz frisch und einwandfrei, oft gekühlt oder sonst haltbar gemacht, keine Verkaufsfristen vorgeschrieben
C für industrielle Verwertung bestimmt, nicht im Einzelhandel

Gewichtsklassen
　Deutschland:
　XL　70 g und darüber
　L　65 bis 69 g
　M　55 bis 64 g
　S　unter 55 g
　Österreich:
　1　70 g und darüber
　2　65–69 g
　3　60–64 g
　4　55–59 g
　5　50–54 g
　6　45–49 g
　7　unter 45 g
　Schweiz:
　Großei über 65 g
　Normalei 50–65 g
　Kleinei unter 50 g

Bei sachgemäßer Lagerung (mit der Spitze nach unten, nicht in der Nähe geruchsintensiver Lebensmittel an kühlem Ort oder im Kühlschrank) können frische Eier noch etwa 10 Tage zum Kochen, weitere 10–14 Tage zum Backen, Braten verwendet werden, nachdem sie auf Raumtemperatur erwärmt worden sind; die Frische läßt sich feststellen, indem man das rohe Ei in Salzwasser legt: bleibt es auf dem Boden liegen, ist es ganz frisch, richtet es sich, mit der Spitze am Boden, auf, ist es nicht mehr frisch und verwendbar.
Für Mikrowellen eignen sich nur Eierspeisen, bei deren Zubereitung Eiweiß und Eigelb getrennt oder miteinander verquirlt werden; ↑ a. Auflauf, Gratin, Omelett, Pudding, Soufflé und weitere Stichwörter

Sorten
Enten-, Gänse-, Putenei größer und fettreicher als das Hühnerei, schwerverdaulich, darf wegen häufigem Salmonellenbefall nur hartgek. (10–12 Min.) oder durchgebr. verzehrt werden und ist deshalb a. für Rühreier, Spiegeleier, Mayonnaise u. ä. nicht geeignet
Hühnerei ↑ Ei
Kiebitzei der Kiebitz steht unter Naturschutz, seine Eier dürfen nicht gesammelt und verkauft werden
Möwenei Ei der Lachmöwe (Größe wie Zwerghuhnei), der Sturmmöwe (wie Hühnerei) oder der Silbermöwe (wie Gänseei), gern etwas fischig, muß ganz frisch sein und wegen häufigem Salmonellenbefall bei milder Hitze mind. 12–15 Min. hartgek. werden; gute Zeit Mai–Mitte Juni; mit Streifen Grünen Salats und/oder Kresse,

Spiegeleier in der Pfanne

Radieschen u .ä., Salz zu grobem Brot mit Butter eine delikate Vorspeise
Wachtelei kl. gesprenkeltes Ei von Wachteln, die meist in Massentierfarmen gezüchtet werden, das ganze Jahr frisch oder hartgekocht in Gläsern eingelegt erhältlich, bes. hoher Vitamin- und Mineralstoffgehalt, kann frisch 2 Min. (weich) oder 6 Min. (hart) gekocht werden; Verwendung wie Hühnerei, zu kalten Platten, Salaten usw.

Zubereitungen
Chinesische Eier ↑ Chinesische Eier
Eiereinlauf, Eierflöckchen, -wölkchen Suppeneinlage aus mit Salz, Pfeffer oder Muskat, a. mit geh. Kräutern gewürzten Eiern
Eierhaber ↑ Kratzete
Eierkuchen, Pfannkuchen Fladen aus in der Pfanne mit Fett, geb. Eigelben, steifem Eischnee, Mehl und Flüssigkeit (Milch, a. Selterswasser, Wasser), eignet sich mit Salat, Gemüse, Obst für eine schnelle Mahlzeit, läßt sich mit Bückling, Kräutern, Speck, Käse usw. würzen, a. salzig (mit Hackfleisch, Quark usw.) oder süß (mit Gelee, Marmelade usw.) füllen; kann eingefroren und unter dem Grill aufgetaut werden; ↑ a. Crêpe, Kaiserschmarren, Omelett, Palatschinken
Eierkutteln, œufs à la tripe nicht zu dünne Scheiben hartgek. Eier unter warmem Püree von in Butter ged. (Frühlings-)Zwiebeln, Milch, Muskat usw., zu oder auf Toast
Eiermilch Mischung aus mit Zucker geschlagenen Eiern und mit Vanille, Zitronensaft o. ä. aromatisierter Milch, als Guß für (Obst-)Kuchen
Eierpanade, Eipanade Masse aus Eiern, zerlassener Butter, Milch und Mehl, mit Muskatnuß, Salz und Pfeffer gewürzt, zum Binden von Farcen und Klößen
Eiersauce grobgeh. hartgek. Eier und Petersilie in Béchamelsauce, zu Fisch

Eierschmarrn in kl. Stücke zerzupfte Eierkuchen, mit salzigen (Salz usw.) oder süßen (Zucker, Kompott usw.) Zutaten angerichtet (Bayern)

Eierschnee, Eischnee steif geschlagenes Eiweiß; muß exakt vom Eigelb getrennt und kalt in einer fettfreien Rührschüssel mit sauberem Schwinggerät geschlagen werden

Eierspeise Gericht aus oder mit Eiern; ↑ a. Auflauf, Crêpe, Kaiserschmarren, Meringue, Palatschinken, piperade, Salzburger Nockerln, Tortilla, Soufflé und andere Stichwörter

Eierstich, Eierflan, -pudding, Royale im Wasserbad gek. verquirlte, mit Salz, Pfeffer, a. Muskatnuß, geh. Kräutern, Tomatenmark usw. gewürzte Eier, in Scheiben, Streifen oder Würfeln als Suppeneinlage

Ei im Glas weichgek., gepelltes Ei, ganz in einem Glas und nach Geschmack gewürzt serviert

Gebackene Eier aufgeschlagene Eier, in heißem Öl beidseitig gebacken, bis das Eiweiß fest ist

Gekochtes Ei höchstens 4 Tage altes Ei, an der stumpfen Seite angestochen und bei mittlerer Hitze in kochendem Wasser nach der Uhr gekocht – 3 Min.: weiches Ei, Eiweiß teilweise fest, Eigelb noch flüssig; 4 Min.: pflaumen-, wachsweiches Ei, Eiweiß fest, ebenso der größte Teil des Eigelbs, das in der Mitte aber noch weich ist; 6 Min.: Eiweiß und Eigelb fest, Eigelb innen noch zart; 10–15 Min. in bereits siedendem Wasser: hartgekochtes Ei, Eiweiß und Eigelb fest (aber nicht schwerer verdaulich als das weiche Ei), zum Tiefkühlen ungeeignet

Hartes Ei ↑ Gekochtes Ei

Omelett zusammengeb. Rührei, ↑ Omelett

Pochiertes, Verlorenes Ei rohes Ei (ganz frisch und kühl), das 2½–4 Min. in leise siedendem Wasser mit einem Schuß Essig gargezogen wurde

Rühreier Pfannengericht, weiche, cremige Masse aus in geschmolzener Butter mit etwas Sahne, Milch und/oder Wasser verquirlten Eiern, sollte noch leicht flüssig sein, kann mit Kräutern, Paprika, Zwiebeln, Pilzen, Käse usw. gewürzt werden

Spiegel-, Setzei in der gebutterten, heißen Pfanne aufgeschlagenes Ei, im Ofen oder unter ständigem Begießen mit heißer Butter auf dem Herd bedeckt gegart, bis das Eiweiß milchig und das Eigelb wachsweich ist

Wachsweiches Ei ↑ Gekochtes Ei

Weiches Ei ↑ Gekochtes Ei

Eich(en)blattsalat, Eichenlaubsalat ↑ Salat/Sorten

Eichelkürbis amerik. Kürbisart mit dicker Schale und gelblichem, süßem Fleisch

Eichsfelder Schinken ↑ Schinken/Sorten

Eidotter das Gelbe des Eies, ↑ Ei

Eier|backwaren feine Backwaren mit mind. 4 Volleiern oder Eidottern auf 1 kg Getreideerzeugnissen

-dauerbackwaren Dauerbackwaren mit mind. 180 g Volleiern oder 64 g Eidottern auf 1 kg Getreideerzeugnissen

Eierfrucht Gemüsefrucht, ↑ Aubergine

Eiergraupen ↑ tarhonya

Eierhaber Eierkuchen, ↑ Kratzete

Eierkraut Küchenkraut, ↑ Estragon; a. in Streifen geschn. süßer Eierkuchen, oft mit Rosinen und mit süßem Wein begossen (Rheinpfalz)

Eierkremeis ↑ Speiseeis/Creme-Eis

Eierkürbis trop. Gurkengewächs, ↑ Chayote

Eierpflaume Steinfrucht, ↑ Pflaume

Eierpilz ↑ Pfifferling

Eierschecke Blechkuchen aus Hefeteig mit Belag aus Quark, Eigelb, Mandelblättern, Rosinen, abgeriebener Zitronenschale und Puddingmasse aus Butter, Milch, Eiern und Zucker, nach dem Backen mit heißem Fett bepinselt und mit Zucker bestreut (Sachsen, Schlesien)

Eierschwamm(erl) Speisepilz, ↑ Pfifferling

Eierteigware Teigware mit gesetzlich festgelegtem Zusatz von frischen Eiern, Volleimasse oder Volleipulver

Eierzwieback Zwieback mit mind. 180 g Vollei, 64 g Eigelb oder entsprechenden Eiprodukten auf 1 kg Getreideerzeugnissen

Eifeler Brot [Eifel, linksrheinisches Schiefergebirge] langes, freigeschobenes Weizen- oder Roggenmischbrot mit leicht gemehlter Oberfläche

Eigelb das Gelbe des Eies, ↑ Ei

Eiklar das Weiße des Eies, ↑ Ei

Einback weiches Milch-Hefe-Gebäck, dessen Scheiben durch nochmaliges Backen zu Zwieback werden

Einbrenne Verdickungsmittel, ↑ Mehlschwitze

Einbrennsuppe braune Mehlsuppe, meist mit Kümmel gewürzt (Süddeutschland, Österreich)

Einfrieren ↑ Tiefkühlen

Eingedickte Milch ↑ Kondensmilch

Eingelegter Hering in (Heringsmilch-)Sauce oder sonst. Aufguß marinierter ausgenommener, entgräteter Hering ohne Kopf

Eingemachtes österr.: Frikassee

Eingesalzene Pilze durch Zusatz von Kochsalz haltbar gemachte ganze oder zerschnittene, blanchierte oder nicht blanchierte Speisepilze

Eingeweide ↑ Innereien; a. Organe des Magen-Darm-Traktes von Schlachttieren

Einkorn, Blicken alte Weizenart, heute kaum noch angebaut und dann zu Grieß, Grünkern verarbeitet (Vorderasien, Armenien, Balkan, a. Süddeutschland); ↑ a. Dinkel, Zweikorn

Einlage feste Bestandteile von Suppen, Pasteten, Saucen, durch die sie oft ihren Namen erhalten

Einlauf flockige Suppeneinlage aus mit (Panier-)Mehl verquirlten Eiern

Einlegegurke ↑ Gurke/Sorten

Einmach österr.: (helle) Mehlschwitze

Einmachzucker ↑ Zucker/Sorten

Einschlagbrötchen maschinell eingeschlagenes Brötchen; ↑ a. Spitzbrötchen

Einsiedlerkrebs, Eremitenkrebs Krebstier aus dem Meer, feines Fleisch, läßt sich wie Garnelen zubereiten

Einspänner Wiener Würstchen, meist mit Meerrettich (Tirol)

Eintopf Gericht, bei dem versch. Zutaten (Fleisch, Würste, Schinken, Geflügel, Fisch, Gemüse, Hülsenfrüchte, Pilze, Kartoffeln, Reis, Teigwaren usw.) zusammen in einem Schmortopf (lange) gegart werden, unzählige nationale und reg. Varianten, kann je nach Zusammensetzung und/oder Zubereitung deftige Hausmannskost oder eine kulinarische Delikatesse sein

Eipulver, Trockenei durch Wasserentzug pulverisiertes Hühnerei, luftdicht verschlossen monatelang haltbar

Eis gefrorenes Wasser in festem Aggregatzustand; ugs. auch für ↑ Speiseeis
 -auflauf ↑ Soufflé glacé
 -becher, coupe glacée in einer breiten Schale angerichtetes Speiseeis, mit (kandierten) Früchten, Schlagsahne, Spirituosen usw. aromatisiert und dekoriert
 -bombe, bombe glacée Schichten von Eiscremes mit einem oder versch. Aromen aus der halbkugeligen Metallform, mit (kandierten) Früchten, Schlagsahne, Spirituosen usw. aromatisiert und dekoriert
 -creme, -krem ↑ Speiseeis/Eiscreme
 -parfait, parfait glacé nicht zu hart gefrorene Eigelb-Zucker-Masse mit Schlagsahne, urspr. mit Kaffee, heute a. mit anderen Aromen, Sirup, Fruchtpüree usw. parfümiert
 -soufflé ↑ Soufflé glacé
 -torte mehrere Eisschichten auf parfümiertem Biskuitboden aus der Springform, mit (kandierten) Früchten, Schlagsahne, Schokoladeraspeln, geh. Pistazien usw. garniert

Eisacktaler Bauernschinken [Eisacktal, Flußtal in Südtirol] ↑ Schinken/Sorten

Eisbein, Dickbein, Schweinshachse, -haxe, Stelze, Surhachse [zum Eislauf geeigneter Knochen] vorderer oder hinterer Unterschenkel des Schweins zwischen Knie- bzw. Ellbogen- und Fußwurzelgelenk (unterer Teil mit Zehen: Spitzbein, übriger, fleischigerer Teil: Dickbein), wird nördl. der Mainlinie gepökelt und gek., südl. gebraten, trad. mit Erbsenpüree, Sauerkraut usw. genossen (Deutschland u. a.); ↑ a. Wädli
 -pastete Brühwurst aus Rind-, Schweinefleisch, Eisbein, Schwarten und Speck mit groben Einlagen von Eisbein und Schwarte

Eisbergsalat ↑ Salat/Sorten

Eisblume Gemüsepflanze, ↑ Eiskraut

Eisbonbon, Erfrischungsbonbon erfrischend säuerliche Hartkaramelle mit kühlendem Geschmack nach Menthol, Pfefferminze, a. Früchten

Eischwermasse sehr zarte ↑ Rührkuchenmasse mit den gleichen Teilen Mehl, Eiern, Fett und Zucker sowie Geschmackszutaten

Eisen chem. Element, ↑ Spurenelemente

Eischnee steifgeschlagenes Eiweiß

Eischwerteig ↑ Teig/Sorten

Eierkuchen Gebäck aus in einem Waffeleisen dünn ausgeb. Rührmasse, heiß zu Röllchen oder Tüten gewickelt

Eishörnchen, Eistüte, -waffel Waffel für den Verzehr zu Speiseeis; Waffelhülle (Hörnchen, Muschel, Schiffchen, Tüte) zum Füllen mit Speiseeis

Eiskonfekt Konfektstück aus Kokos- oder anderem Fett, Kakaopulver, Zucker und Geschmacksstoffen, durch Zugabe von Menthol oder Traubenzucker erfrischender Geschmack

Eiskraut, Eisblume, Kristallkraut Gemüsepflanze, bei uns meist aus Treibhäusern, Blätter werden als Gemüse wie Spinat verwendet, a. roh als Salat oder zur Dekoration, gute Zeit Inland Juli–Okt. (urspr. Südafrika, heute a. Mittel-, Südeuropa, Kalifornien, Australien, Indien)

Eismeerkrabbe, Nordische Meereskrebstier, ↑ Nordische Eismeerkrabbe

Eissalat ↑ Salat/Eisbergsalat

Eistüte, Eiswaffel ↑ Eishörnchen

Eiswasser eisgekühltes Wasser zum Abschrecken von gek. grünem Gemüse

Eiszapfen längliches weißes, rettichähnliches Radieschen

Eiweckerl bayer.: Milchbrötchen

Eiweiß, Protein der lebenswichtigste Grundnährstoff, wesentlicher Bestandteil aller pflanzlichen und tierischen Zellen, hilft die Körperorgane, Blut, Enzyme, Fermente, Hormone, Milch, Samen, Sekrete usw. aufbauen und erhalten, macht schlank, steigert Gedächtnis und Intelligenz, empfohlene Zufuhr pro Kilogramm Körpergewicht und Tag 0,8 g (a. mehr ist nicht schädlich); am besten in Mischkost pflanzlicher und tierischer Herkunft zu sich genommen, beträchtliche Eiweißlieferanten: (fettarmes) Fleisch, Fisch, Getreideprodukte, Vollkorn, Soja, Hülsenfrüchte, Eier, Milch und Milchprodukte, Nüsse; ↑ a. Fett, Kohlenhydrate

Eiweißglasur Masse aus rohem Eiweiß mit Puderzucker, zum Bestreichen von Gebäck, Torten, Süßspeisen

Elainesalat Würfel von Birnen und Grapefruits sowie geh. rote Paprikaschoten in Essig-Öl-Sauce

Elbbutt ↑ Flunder von der Nordseeküste

Elbe Heringsfisch, ↑ Finte

Elbo Schnittkäse aus Kuhmilch, 30–45% Fett i. Tr., mild und leicht süßlich (Dänemark)

Elch, Elen größte, schwerste Hirschart, Hauptjagdzeit Sept.–Nov.; zur kulinarischen Verwertung eignen sich

Der Elch, mächtiger Hirsch des Nordens

Kälber und einjährige Jungbullen, Schmaltiere, schmackhaft würziges Fleisch, Zubereitung wie Hirsch (Nordeuropa, Polen, Rußland, Asien, Nordamerika)

elderberry engl.: Holunderbeere

Elefantenlaus exot. Fruchtkern, ↑ Cashewnuß

Elemes getr. Weinbeere, ↑ Rosine/Zibebe

Elen nordische Hirschart, ↑ Elch

Eleonore [E. von Österreich, 1498–1558, Gemahlin des Königs Franz I. von Frankreich] Seezungenfilet auf ged. Kopfsalatstreifen mit Paprika-Weißwein-Sauce

Elfenbeinsauce ↑ Sauce/sauce ivoire

Elisenlebkuchen auf Oblate geb. Lebkuchen mit mind. 12,5% Mandeln und/oder Hasel-, Walnußkernen

Elixier [arab. *al-iksīr*, Stein der Weisen] konzentrierte klare Suppe; in Alkohol eingelegte aromatische Zutaten

Ellendale Zitrushybride, vermutlich Kreuzung zwischen Mandarine, Tangerine und Orange, sehr saftig, gute Zeit Aug.–Sept. (urspr. Australien, a. USA, Argentinien, Uruguay)

Eller Wildbeere, ↑ Holunder

Elritze kl. Karpfenfisch aus dem Süßwasser, früher gern mariniert gegessen (Europa, Asien)

Elsässer Art, Elsässische Art, (à l') alsacienne [Elsaß, frz. Landschaft am Oberrhein mit vielen kulinarischen Spezialitäten] mit Sauerkraut, Schinken, gepökeltem Schweinefleisch, Würsten usw.: mit Gänseleber; Garnitur aus mit ged. Sauerkraut gef. Torteletts und runden Schinkenscheiben, zu (Schweine-)Fleisch, Ente, Gans, Fasan; Fruchtkuchen mit Eierguß; ↑ a. Baeckeoffa, choucroute garnie, Straßburger Art

Elsässer Milchfladen ↑ Milchfladen, Elsässer

Elsbeere kl. Scheinfrucht der Eberesche, reich an Vit. C., angenehm feinsäuerlich, für Gelees, Marmeladen usw.

Elysée-Art [Elysée, Parkanlage und Promenade in Paris] Garnitur aus Champignonköpfen, panierten und in Butter gebr. Kalbsbriesscheiben, zu Zwischengerichten, Steaks u. ä. in Béarnaisesauce

embutido span.: Wurst, Wurstware; Philippinen: Rolle aus geh. Schweinefleisch, Schinken, Chorizos, Mehl, hartgek. Eiern, süßen Mixed Pickles, Rosinen und Tomatenmark, in ein Tuch gewickelt und in Rindfleischbrühe gegart, wird kalt mit Tomatensauce gegessen

Emderkäse fester Schnittkäse aus Kuhmilch in der Art des Gouda (Emsgebiet, Nordfriesland)

émincé [frz.: in dünne Scheiben geschn.] Geschnetzeltes

Emmasalat gehobelte Salatgurken und Tomatenscheiben in Essig-Öl-Sauce mit Borretsch oder Kerbel und Dill

Emmentaler (Käse), Schweizer Käse [Tal der Großen Emme, Berg- und Hügellandschaft im schweiz. Kanton Bern] schnittfester Hartkäse aus Rohmilch von Kühen, die auf den Almen nur Weidegras oder Heu gefressen haben, mit vielen etwa kirschgroßen Löchern, mehrere Monate bis 1 Jahr gereift, geschmeidiger Teig, durchschn. 49% Fett i. Tr., saftig mit mild nussigem Geschmack, jung leicht süßlich, mit dem Alter kräftiger, läßt sich a. raffeln, eignet sich vollreif zum Überbacken und als Würzzutat; sollte in (nicht zu dünne) Scheiben geschnitten sofort verbraucht werden, kann jedoch am Stück bei 10–12 °C kühl und (in feuchtem Leinentuch) gegen Austrocknen geschützt 8–14 Tage aufbewahrt werden, läßt sich aber nicht tiefkühlen.
Nur echt mit dem originalen Emmentaler-Schriftzug und dem Gütesiegel mit Alphornbläser, wird aber a. in Deutschland (Allgäuer Emmentaler, Hartkäse nach Emmentaler Art), Dänemark, Finnland, Frankreich (emment[h]al français, ↑ a. Comté), England, USA (Swiss) und vielen anderen Ländern wie Argentinien, Israel, ehem. Jugoslawien, Ungarn, Rußland, Tschechien, Slowakei, u. a. nachgeahmt

    Rahm-Emmentaler Emmentaler mit Reifezeit von nur 3–4 Mon. und mit mehr Milchfett, durchschnittlich 56% Fett i. Tr., mild cremiges Aroma

Emmentalerli Brühwurst aus geh. Kuh-, Bullen-, Schweinefleisch, Schwarte und Speck, mit Knoblauch, Muskat, Pfeffer und Zwiebeln gewürzt (Kt. Bern, Schweiz)

Emmer alte Weizenart, ↑ Einkorn, Zweikorn

empanada [span.: eingeteigt] Fleisch-, Fisch- usw. Pastete, salzig pikant, a. süß gef. Tasche aus Brot, Blätter- usw. Teig, im Ofen oder schwimmend in Öl ausgebacken (Spanien, Lateinamerika)

empereur, (à l') ↑ Kaiser-Art

emping (– tangkil) Süßspeise aus feingestampften und gerösteten jungen Reiskörnern oder anderen Körnerfrüchten (Indonesien)

em sua tinta port.: in der eigenen Tinte gegarter Tintenfisch

Emu Laufvogel, kleiner als der Strauß, Keule dunkles Fleisch von wildartigem Geschmack (urspr. Australien, heute a. in Israel, Frankreich, Spanien u. a. gezüchtet)

Emulgator öliger bis wachsartiger, a. pulverförmiger Stoff, der die Bildung von Emulsionen (Backwaren, Brot, Fette, Fleischwaren, Mayonnaisen, Milchprodukte, Speiseeis, Stärkeprodukte, Süßwaren usw.) bewirkt und fördert; ↑ a. Lecithin

Emulsion feinste, gleichmäßige Verteilung zweier ineinander nicht löslicher Flüssigkeiten, wobei die eine sich in Tröpfchenform in der anderen hält, meist durch Rühren, oft mit Verdickungsmitteln und Zusatzstoffen hergestellt

enchilada gr. Tortilla, Maisfladen mit versch. Füllungen, mit Sauce übergossen und gebacken (Guatemala, Mexiko)

en croûte frz.: in der (Teig-)Kruste, im (Blätterteig-)Mantel; ↑ a. croûte

en daube frz.: Schmorbraten, im Topf serviert

endive (belge) frz.: Chicorée

Endivie ↑ Salat/Sorten
  Rote – ↑ Salat/Radicchio

Energie [griech. *enérgeia,* wirkende Kraft] in der Ernährungslehre die Antriebskraft, die dem Körper über die Nahrung zugeführt wird, besteht aus Eiweiß, Kohlenhydraten, Fett und wird in Kilokalorien (kcal) oder Kilojoule (kJ) gemessen; überschüssige Nahrungsenergie wird im Körper als Fett abgelagert; empfohlene Zufuhr bei normaler, vorw. sitzender Tätigkeit etwa 2000–2400 kcal, 8368–10 042 kJ pro Tag

Energiereduzierte Mischkost ↑ Abmagerungsdiät

Engadiner Nußtorte, tuorta da nuschs [Engadin, Hochtal des Inns in Graubünden] Kuchenboden aus mürbem, a. festem, geriebenem Teig mit Belag aus Walnußkernen, Butter, Schlagsahne, Honig, Zucker und Decke aus Butterteig und verquirltem Eigelb, viele lokale Varianten (Graubünden, Südostschweiz)

Engelhai Meerfisch, ↑ Haie

Engelshaar Fadennudeln, ↑ capelli d'angelo

Engelwurz Würz- und Heilpflanze, ↑ Angelika

englisch ↑ Fleisch/Garstufen

Englische Art, (à l') anglaise Gemüse: in Wasser, Dampf gegart, mit geh. Petersilie, (geschmolzener) Butter, Kräutersauce usw. angerichtet; Fleisch, Geflügel: in heller Grundbrühe gekocht, gesotten oder pochiert; Fisch, Fleischstücke: vor dem Sautieren oder Fritieren englisch paniert; ↑ a. Creme, Englische

Englische Butter mit feingeh. Estragon, Kerbel und Petersilie verknetete Butter, mit engl. Senf, Worcester(shire)sauce und Zitronensaft abgeschmeckt

Englische Creme ↑ Creme/Englische Creme

Englische Meerrettichsauce ↑ Meerrettichsauce, Englische

Englische Minze Würzkraut, ↑ Pfefferminze

Englische Pastete ↑ pie

Englischer Käse feiner Teekuchen mit Mandeln, Orangeat, Zitronat, Rosinen, Rum usw. und Puderzucker zum Bestäuben; hält sich in Alufolie bis 2 Wo. (Hamburg)

Englischer Kuchen feiner Sandkuchen mit Rosinen, Sultaninen, Korinthen und mind. zweierlei kandierten Früchten

Englischer Salat Salat aus Streifen Bleichsellerie und Scheiben Roter Rübe

Englischer Sellerie Bleichsellerie, ↑ Sellerie

Englischer Senf ↑ Senf/Sorten, Senfpulver

Englischer Spinat Gemüsepflanze, ↑ Gartenampfer, Sauerampfer

Englische Sauce ↑ Creme/Englische Creme mit Milch und Schlagsahne, zu Süßspeisen

Englisches Gewürz ↑ Piment

en Guete schweizerd.: Guten Appetit

Enokipilz Zuchtpilz, Champignon-ähnlicher Geschmack (Japan)

en papillote [frz.: eingewickelt] in Pergamentpapier oder Alufolie gegart

ensaimada span.: gr. luftige Teigschnecke, mit Zucker bestreut (urspr. Balearen)

ensalada span.: Salat

en surprise [frz.: überraschend] auf überraschende Art zubereitete, versteckt präsentierte Speise

Ente [ahd. *enita, anut*] kurzbeiniges Geflügel, der «Vogel des Feinschmeckers» von zartem Fleisch (vom Weibchen aromatisch saftiger, vom Erpel würziger), je nach Rasse in etwa 10 Wo. schlachtreif, sollte aber nie älter als 1 Jahr (hellgelbe Füße, weicher Schnabel, biegsames Brustbein) und 1800–2200 g schwer sein, soll bei tiefer Temperatur lange genug braten oder schmoren, wird gern mit Früchten (Orangen, Pampelmusen, Ananas), in (mit Blut gebundener) Rotweinsauce usw. angerichtet; gute Zeit Sept.–Jan.; kann pfannenfertig verpackt bis 4 Mon. eingefroren und dann aufgetaut zubereitet werden

Hausente stammt von der Stockente ab und wird das ganze Jahr gezüchtet, heißt 8–9 Wo. alt *Frühmastente*, 8 Mon. alt *Jungente*; viele Rassen, u. a. *Aylesbury* aus England, saftig und zart; *Barbarie-Ente* (fälschlich a. *Barberie-Ente*), Kreuzung zwischen Flugentenweibchen und wildem Erpel, bes. mageres, würziges Fleisch, wird vorwiegend in Frankreich (Bretagne u. a.) gezüchtet; *Blutente, Nantaiser, Rouen-Ente*, nicht ausgeblutet und deshalb bes. saftig und delikat, kann rosa gebr. werden; *Deutsche, Hamburger Ente*, weißliche Haut, muß durchgebr. werden; *Flug-, Moschusente*, kräftig entwickelte Brust und wenig Fett; *Peking-Ente*, weiße schnellwüchsige, dickbrüstige chinesische Rasse, mit Kichererbsen, Sorghum, Hirse- und Weizenhäcksel gemästet nach 9–12 Wo. schlachtreif (wird a. in Deutschland, USA u. a. gezüchtet), Zubereitung ↑ Peking-Ente, hält sich tiefgekühlt 6 Monate

Wildente magerer und kalorienärmer als die Hausente, muß aber jung und frisch sein mit hellgrauen Füßen und vor der Zubereitung im Federkleid unausgenommen 3–4 Tage abhängen; Jagdzeit je nach Art zwischen Okt. und 14. Jan., beste Zeit Okt.–Nov.; versch. Arten: *Schwimmente* (Stockente, kleinere Knäk- und Krickente, bes. delikat, Löffel-, Pfeifente) und *Tauchente* (gern tranig und deshalb weniger empfehlenswert)

Enten-Ei ↑ Ei/Sorten

Enten(stopf)leber kleiner, kräftiger, dafür preiswerter als die ↑ Gänseleber

Entenschnitzel dünn geschn. gebratene Entenbrust

entrada port., span.: Vorspeise

Entrecote, entrecôte Zwischenrippenstück vom Rind, ↑ Steak/Ochsensteak: Europäischer Schnitt 2

Entree, entrée [frz.: Anfang, Beginn] (warmes) Zwischengericht nach Suppe und/oder Vorspeise; heute oft a. erstes warmes Gericht nach der Suppe

Entrefine Blutorangensorte, ↑ Orange

entremesa, entremeses span.: Vorspeise, Zwischen-, Beigericht

entremets [frz.: Zwischengericht] warme, kalte oder geeiste Nach-, Süßspeise nach dem Käse, vor dem Obst; in der Küchensprache a. Gemüsegericht, Beignet, Crêpe, Krokette, Omelett

E-Nummer, EU-Nummer [früher:] **EG-, EWG-Nummer** Zahlencode der Europäischen Union zur Kennzeichnung von ↑ Zusatzstoffen

Enzym, Ferment von lebenden Zellen erzeugte Eiweißverbindung, bewirkt im menschlichen Körper biochemische Vorgänge wie Abbau der Nahrungsmittel, Verdauung, Aufbau körpereigener Substanzen, kann aber a. Allergien auslösen; wird durch Blanchieren, Erhitzen, Pasteurisieren zerstört; spielt a. bei der Gärung eine Rolle

épaule frz.: Schulter, Blatt, Bug von Kalb, Schaf oder Schwein, Hals, Nacken, Kamm, Schulter vom Rind

éperlan frz.: Stint

épi de maïs frz.: Maiskolben

Epigramm [griech. *epígramma*, kurzes Gedicht] Bruststück (mit Kotelett) vom Hammel, Lamm, a. Reh, paniert und grilliert oder sautiert

épinard(s) frz.: Spinat

Époisses [Ort an der Côte d'Or in Burgund] cremiger Weichkäse mit Rotschmiere aus Vollmilch von der Kuh, geschmeidiger Teig, 45% Fett i. Tr., pikanter Bodengeschmack, wird meist mit Tresterbranntwein (marc de Bourgogne) verfeinert, muß reif, fast flüssig sein und kann deshalb als Dessertkäse mit dem Löffel gegessen werden, gute Zeit Mitte Juni–Mitte März (Burgund)

Eppich Würzpflanze, ↑ Sellerie

Erbse, Gartenerbse, Grüne Erbse [mhd. *erbeiz*] die Prinzessin unter den Hülsenfrüchten, das ideale Frühlingsgemüse, von dem man meist nur die Samen verwendet, sollte wie

Edamerkugeln und Gouda-Flachzylinder auf dem Käsemarkt in Alkmaar, Nordholland

jenes überhaupt jung sein, die prallen Schoten frischgrün und knackig; wichtiger Eiweißlieferant, wirkt aufbauend, knochen- und muskelfestigend, schmeckt erfrischend süßlich; darf nicht roh gegessen werden; Trockenerbsen müssen überdies vor der Zubereitung geschält 1 Std., ungeschält 7–8 Std. eingeweicht werden; läßt sich mit Fleisch, gleichzeitig reifem Gemüse (Kohlrabi, Karotten, Spargeln u. ä.), Kartoffeln, Reis, in Suppen, Salaten usw. anrichten, passende Kräuter: Basilikum, Kerbel, Koriandergrün, Kresse, Majoran, Petersilie, Pfefferminze, Schnittlauch, Thymian, a. Estragon; *Pflückerbsen* sind frisch Ende Mai–Anf. August erhältlich, Güteklasse I: sehr gute Qualität, Güteklasse II: marktfähige Qualität, kann nur sehr kurz locker gelagert werden; *Dosenerbsen* werden mit steigender Kerngröße von «extrafein» über «sehr fein» und «mittelfein» bis «Gemüseerbse» sortiert; gute Zeit einh. Juni–Mitte Sept., imp. Jan.–Okt.; passende Kräuter: Bohnenkraut, Dost, Estragon, Knoblauch, Koriander, Petersilie, Quendel, Thymian, Zwiebel; hält sich im Gemüsefach des Kühlschranks 1–2 Tage, kann ausgekernt und blanchiert unverpackt oder verpackt sehr gut bis 12 Mon. tiefgekühlt und dann gefroren weiterverwendet werden; ohne Qualitätsverlust a. tiefgekühlt im Handel (urspr. östl. Mittelmeerraum, Vorder-, Mittelasien, inzw. ganze Welt, v. a. Europa, USA, Indien); ↑ a. Erbsenpüree, Keimling, Kichererbse, risi e bisi, Saint-Germain.

Über 100 Sorten, darunter:

Gartenerbse, Markerbse die meistangebotene Erbse, leicht flachgedrückte Schote, kl. runzlige, fast eckige Körner, bes. zart und süß, wird ohne zähe Hülse zubereitet; läßt sich nicht trocknen, jedoch blanchiert gut bis 12 Mon. einfrieren (Deutschland, Österreich, Schweiz, England u. a.)

Gelbe Erbse, Pal-, Roll-, Schalerbse hoher Stärkegehalt, runde Schale, kugelrunde Körner, ganz jung noch lieblich zart, ausgereift jedoch eher mehlig fade, zum Trocknen geeignet (Frankreich, Belgien, Holland u. a.); ↑ a. Löffelerbse

Spargelerbse, Flügelerbse junge Erbsenhülse von spargelähnlichem Geschmack, für Gemüsesuppen, -platten, als Beilage; gute Zeit Juni–Okt. (Süd-, Westeuropa, v. a. England)

Trockenerbse, getrocknete, trockene Erbse fast ausschließlich Gelbe Erbse, die ausgereift geerntet und anschließend getrocknet, a. geschält, geschliffen und poliert wurde, ist ganz (*Schälerbse*) oder halb, zerfallen (*Splittererbse*) im Handel; höherer Nährwert und weniger süßlich als die Gartenerbse, grün kräftiger als gelb, sehr sättigend; eignet sich bes. für Suppen, Püree u. ä.

Zuckererbse, Brech-, Knackerbse, Kaiserschote, Kefe, Zuckerschote unreif geerntete Erbse, deren zarte, süßliche Samen samt Hülle im ganzen roh wie a. (kurz) ged., gek., sautiert genießbar sind; gute Zeit einh. Mai–Aug., imp. Dez.–Sept.; a. tiefgekühlt erhältlich; hält sich in Plastikbeutel im Gemüsefach des Kühlschranks bis 7 Tage, läßt sich blanchiert sehr gut bis 12 Mon. einfrieren

Erbsenpüree Püree aus eingeweichten, gek. und durch ein Sieb passierten geschälten Gelben Erbsen, kann mit Butter und geschlagenem Ei verfeinert und/oder mit kroß gerösteten Zwiebelringen garniert werden

Erbsensuppe aus ungeschälten Gelben Erbsen

Erbsmehl gemahlene geschälte (meist Gelbe) Erbsen

Erbswurst Konserve aus meist in Wurstform gepreßtem Erbsmehl, mit Fett, Speck, Gewürzen und Salz, für Erbsensuppe (kurze Garzeit), a. zum Binden von Saucen

Erdapfel südd., österr.: Kartoffel
  -laibchen Kartoffelkrokette
  -schmarrn Kartoffelpuffer

Erdartischocke Wintergemüse, ↑ Topinambur

Erdbeerbaumfrucht Südfrucht, ↑ Arbutus

Erdbeere Scheinfrucht der Erdbeerstaude, eines Rosengewächses, die «Königin des Beerenobstes» von einzigartigem Duft, gut verträglich (außer bei Allergie dagegen), appetitanregend, blutbildend und -reinigend, verdauungsfördernd, wirkt gegen Gicht und Rheuma; die Handelsklassen sagen nur etwas über Größe und äußeren Zustand aus, nichts dagegen über Geschmack und Verwendungsmöglichkeiten, zu bevorzugen sind kleine, dunkle Sorten.

Die Erdbeere ist druck- und wasserempfindlich, sie sollte deshalb unversehrt sein und von intensivem Aroma; sie muß vor Genuß und Zubereitung schonend behandelt werden: in Wasser (unter weichem Strahl) kurz waschen, dann abtropfen, putzen und evtl. zuckern; sie läßt sich mit Zitrone, Orange, Wein, Champagner, Spirituosen usw., selbst mit etwas gemahlenem Pfeffer würzen, mit kalter süßer Sahne, Cremes, Speiseeis, Käse usw. kombinieren und paßt (püriert) in warme Aufläufe, Flammeris, Kaltschalen, Puddings, Quark- und Mehlspeisen, Rote Grütze, Obstsalate usw., wird aber a. zu Marmelade, Mark, Pulpe, Sirup, Naßkonserven usw. verarbeitet; gute Zeit einh. Mai–Juli, aus Spätkulturen bis Okt.; hält frisch und reif auf Küchenpapier nebeneinander gelegt im Gemüsefach des Kühlschranks nicht länger als 1 Tag, läßt sich aber a. unverpackt (in Sieb) oder verpackt, ungezuckert, gezuckert oder püriert für 6–8 Mon. einfrieren (alle gemäßigten, subtrop. bis arktischen Zonen, außer Inland a. importiert – oft aus dem

Entenzucht

Treibhaus und bestrahlt – aus Italien, Spanien, Frankreich, Belgien, Holland, Polen, Rumänien, Dänemark, Sept.–Apr. aus Israel, Südafrika, Chile, Mexiko, USA u. a.)

Wald-, Knickbeere kl. wildgewachsene Erdbeere, weniger saftig, aber bes. aromatisch, wird allerdings heute a. oft gezüchtet (Eurasien)

Erdbirne Wintergemüse, ↑ Topinambur; Sachsen: Kartoffel

Erdély ung.: Siebenbürgen, Transsilvania; ↑ rakott káposzta, Siebenbürgener Holzplatte, tokány

Erdkastanie Gemüsepflanze, ↑ Kerbelrübe

Erdmandel, Chufa(nuß) mandelförmiger Wurzelknoten des Zypergrases, nussiger Geschmack, kann roh, als Gemüse gek. oder geröstet zubereitet werden (urspr. Nordafrika, heute a. Spanien, Westafrika, Madagaskar, Ostindien, Nord-, Mittel-, Südamerika u. a.)

Erdnuß, Arachis-, Aschanti-, Kamerunnuß, peanut keine Nuß, sondern eine hochwertige, nahrhafte Hülsenfrucht, wächst im Boden; in der Schale ungeröstet oder ausgelöst geröstet und gesalzen im Handel; fettig-haselnussiger Geschmack; geröstet, gesalzen, gewürzt zum Knabbern («Fernsehnüßchen»), geschält für Saucen, Indonesische Reistafel usw.; läßt sich kühl und trocken je nach Außentemperatur einige Wochen bis mehrere Monate aufbewahren, hält sich ungeschält im Kühlschrank 6 Mon. (urspr. Voranden Südamerikas, heute a. China, Indien, Westafrika, Israel, Türkei, Italien, Spanien, Nord- und ganz Südamerika)

-butter unzulässige Bezeichnung für Erdnußmark

-fett gehärtetes Erdnußöl, weiß, fast geruch- und geschmacklos

-kern geschälte, gebrühte oder leicht geröstete und gesalzene Erdnuß

-mark, -creme, -mus cremige, streichfähige Masse aus gerösteten oder ungerösteten, fein gemahlenen Erdnußkernen als Brotaufstrich oder Füllmasse

-öl ↑ Öl/Sorten

Erdrübe Wurzelknolle, ↑ Kohlrübe

Erfrischungsbonbon Hartkaramelle, ↑ Eisbonbon

Erika-Suppe Geflügelrahmsuppe mit Püree von roten Paprikaschoten, in Tasse mit einer Haube ungesüßter Schlagsahne serviert

Erpel die männliche Ente

Errötendes Mädchen Süßspeise aus geschlagener süßer oder saurer Sahne mit in Rotwein aufgelöster Gelatine und Rum-Aroma, wird gekühlt und mit Schokoladeraspeln bestreut serviert

erwtensoep met kluif Erbsensuppe mit Eisbein, Schweinefleisch, -knöchelchen u. ä., a. geräucherter Wurst, Sellerie und Suppengrün (Holland)

Erzherzogin-Art, (à l') archiduchesse Karoffelpastetchen mit Spargelspitzen

Erzherzogs-Art, (à l') archiduc Garnitur aus Gemüsepaprika und Zwiebeln, zu Geflügel, Seezunge, Eiern usw. in Ungarischer Sauce, ↑ Sauce/sauce hongroise; mit Cognac, Madeira, Portwein oder Whisky parfümierte Fischsauce

Esau, Ésaü [E., Sohn Isaaks, vom Bruder Jakob für ein Linsengericht um sein Erstgeburtsrecht gebracht] mit Linsenpüree

escabache, escabèche span., port.: scharfgewürzte Marinade

escalope frz.: dünne Scheibe Fleisch, Geflügel, Fisch zum Kurzbraten oder Grillen; Schnitzel

escargot frz.: (Weinberg-)Schnecke

escar(i)ole frz.: Winterendivie, ↑ Salat/Endivie

Geerntete Erdnüsse im Korb

Eschlauch ↑ Zwiebel/Schalotte

Escoffier Auguste E., frz. Meisterkoch, 1846–1935, verfaßte einen noch heute gebrauchten «Guide culinaire», von und nach ihm zahlreiche Rezepte

Eskariol Winterendivie, ↑ Salat/Endivie

espada span.: Schwertfisch

espadarte port.: Schwertfisch

espagnole, (à l') ↑ Spanische Art

espagnole, (sauce) ↑ Sauce/sauce espagnole

Esplanadesalat [frz. *esplanade*, freier Platz, Glacis] Scheibchen Ananas, Äpfel und Tomaten sowie feingeschn. Bleichsellerie in Essig-Öl-Sauce oder Sahnemayonnaise, kalt serviert

Esrom, Dänischer Butterkäse [E., Klosterruine auf Seeland] halbfester Schnittkäse aus pasteurisierter Vollmilch von der Kuh, 45% und 60% Fett i. Tr., leicht säuerlich pikant (Dänemark)

Esselkraut Wildkraut, ↑ Brennessel

Essenz konzentrierte Mischung von Geruchs- und Geschmacksstoffen zum Aromatisieren von Nahrungsmitteln und Zubereitungen, a. künstlich hergestellt; konzentriert eingek. Brühe aus Fleisch, Geflügel, Gemüse, ↑ a. Fond, Fumet

Essig durch Oxydation in Essigsäure vergärte alkoholische, klare Flüssigkeit, regt Geschmacks- und Geruchsnerven an, Würz-, a. Konservierungsmittel für Speisen, Gemüse, Kräuter, Früchte usw., Beize für Fleisch, läßt sich bei edler Qualität auch pur als Aperitif oder Digestif trinken; dunkel und kühl (aber nicht unter −4 °C) in Behälter aus Holz, Glas oder Porzellan aufbewahrt im Sommer bis 2 Mon., im Winter bis 4 Mon. haltbar.
Je nach Rohstoff v. a.:

   Sorten
   Balsamessig, aceto balsamico der edelste, kostbarste Essig (im Alter pro Gramm teurer als Kaviar, Trüffeln) aus dem eingek. Most süßer weißer ital. Trauben, in Holzfässern aus Eiche, Kastanie, Kirschbaum, Esche und Maulbeerbaum bis zu Jahrzehnten gereift, unnachahmlich herb süßsäuerlich, kann selbst pur getrunken werden, für Fleisch, Leber, Piccata, Geflügel, Fisch, Salat aus Meereskrebsen, Gemüse, Zucchettiblüten, dunklen Blattsalaten, Teigwaren, Saucen, a. Beerenfrüchten usw. (Modena, Emilia-Romagna, Italien)

   Frucht-, Obstessig aus vergärtem Obstwein (in Deutschland meist Apfelwein), mild fruchtig, *Apfelessig* bes. reich an Mineralstoffen, für Kalbsbries, Schweinefleisch, Gemüse, Gurken, Krautsalat usw.; *Himbeeressig* leicht süßlich, für Leber, Gänseleber, Geflügel, Wild, feine Blatt-, Gemüse-, Fruchsalate usw.
   Gewürz-, Kräuteressig Handels-, Weinessig mit Gewürzen (Gewürznelken, Ingwer, Muskatnuß, Schalotten, Senfkörnern usw.) oder Kräutern (Basilikum, Dill, Estragon, Kerbel, Liebstöckel, Melisse, Minze, Salbei, Thymian usw.); *Estragonessig* für ged., gebr. Fisch, Fischsuppen, Béchamel-, Kapern- und andere helle Saucen, Kartoffel-, Tomatensalat usw.; *Gurkenessig* für grüne Salate, Gurkensalat, zum Einlegen von Gurken usw.; *Knoblauchessig* für Fischsud, -suppen, pikante Suppen und Salate, Schnekken-, Kräuterbutter usw.; *Minzessig* für Fenchel, Gemüsesalate, Gurken usw.; *Provence-Essig* mit provenzalischen Kräutern, für alle Salate usw.; *Schalotten-, Zwiebelessig* für Butter-, Salatsaucen, Salate usw.
   Handels-, Speise-, Tafelessig aus Branntwein (klarem Alkohol aus Kartoffeln, Getreidekörnern usw.) 5% Säure, fast kein eigenes Aroma, wird deshalb meist gewürzt; ↑ a. Gewürz-, Kräuteressig
   Reisessig aus Reiswein, mit 3% Säure mild süßlich und weich, mit 5% schärfer, weiß zu scharfen Gerichten, rot zu gek. Krustentieren, schwarz zu Schmorgerichten, ged. Fleisch, Saucen usw. (Südostasien)
   Weinessig zu 20% oder 40% aus Wein, Rest aus Branntwein, 5% Säure, intensiver als Handelsessig; *Sherryessig* für gebr. Geflügel, Meereskrebstiere, warmes Gemüse, Blatt-, Fleisch-, Nudelsalate usw.

   Echter, Reiner – ganz aus (meist rotem) Wein, 6–7% Säure, bes. fein und intensiv, sparsam oder verdünnt zu verwenden

Essig|früchte vorgek. Obst, insbes. Birnen und Pflaumen, in Weinessig, Zucker, a. mit Gewürzen (Gewürznelken, Zimt u. ä.) süßsauer eingelegt

-gemüse tafelfertig blanchierte Gemüsestücke, in Weinessig mit Gewürzen, Kräutern, a. Zucker eingelegt; ↑ a. Mixed Pickles, Rote Rübe

-gurke Gurkensorte, ↑ Gurke/Einlegegurke

-konserven tischfertige Gemüse oder Salate in Essigaufguß, evtl. mit Gewürzen, Kräutern, Kochsalz gewürzt; wenn nicht luftdicht und pasteurisiert verpackt, nur begrenzt haltbar

-kraut Küchenkraut, ↑ Ysop

-mutter die im Essigbehälter, -faß gebildete Bakterienkultur zum Umwandeln von Wein in Essig

– -Öl-Sauce ↑ Vinaigrette

-pilz in einem Sud aus Essig, Gewürzen, Salz eingelegter Speisepilz

-sauce ↑ Vinaigrette

-zwiebel ↑ Zwiebel/Perlzwiebel

Eßkastanie ↑ Kastanie

Estérel-Suppe, soupe de l'Estérel [Estérel, rötliches Felsmassiv an der frz. Mittelmeerküste] Kraft-, Fleischbrühe mit Püree aus Weißen Bohnen, Kürbis und pochierten Nudeln

Esterházy, Eszterházy [Magnatengeschlecht aus Ungarn] ↑ Rostbraten Esterházy
– **-Gulasch** Gulasch mit Kapern und Zitronenschale

estofado span.: gedünstet, geschmort; Schmorbraten

estomac frz.: Magen

estouffade frz.: Dunst-, Schmorgericht

Estragon, Bertram, Dragon-, Eier-, Schlangenkraut, Kaisersalat [lat. *drago*, Drache, Schlange] exklusives Küchenkraut aus der Familie der Beifußgewächse, wirkt appetitanregend, entlastet Magen und Darm, duftig sommerlicher Geruch, kraftvoll würziger, leicht süßlicher Geschmack; zwei Sorten: *Aromatischer, Deutscher, Französischer E.*, delikat aromatisch, *Russischer, Sibirischer E.* derber und schärfer; längliche grüne Blätter und Zweigspitzen sollten frisch, während der Blüte geerntet verwendet werden, sonst tiefgefroren oder in Essig eingelegt, getrocknet schmecken sie nämlich muffig und bitter.
Estragon ist sparsam zu verwenden und erst gegen Ende der Garzeit an die Speisen zu geben; es paßt geh. zu Fleischbrühe, dunklem und hellem Fleisch, Geflügel (Hühnchen), zu Fisch (Aal, Thunfisch), Garnelen, Eierspeisen, Gemüsen, grünen und rohen Salaten, in feine weiße Saucen, Kräuterbutter, Marinaden, Essigkonserven usw.; es gehört in die Béarnaisesauce und zu den fines herbes; gute Zeit Mitte März–Okt. (urspr. Südasien, Sibirien, heute a. ganz Ost-, Südeuropa, v. a. Frankreich, Italien, und westl. Nordamerika)
 -**essig** ↑ Essig/Sorten: Gewürzessig
 -**öl** ↑ Öl/Sorten
 -**sauce** ↑ Sauce/sauce à l'estragon
 -**senf** ↑ Senf/Sorten

esturgeon frz.: Stör

et türk.: Fleisch; Fruchtfleisch

Etherisches Öl ↑ Ätherisches Öl

étouffé(e), étuvé(e), (à l') frz.: gedämpft, geschmort

Eukalyptus [griech. *eũ*, wohl, *kalýptein*, verhüllen] immergrüner Baum mit schmalen Blättern
 -**bonbon** Hartkaramelle mit Eukalyptusöl, aromatisch und schleimlösend
 -**honig** ↑ Honig/Sorten
 -**öl** ätherisches Öl aus den getr. Blättern des Eukalyptusbaums, kampferartiger Geruch, erfrischend würzigkühler Geschmack, zum Aromatisieren von Zuckerwaren und Essenzen

Euter die Milchdrüse des weibl. Säugetiers, in der Umgangs- und Küchensprache meist vom Rind, gehört zu den Innereien, muß lange gek. werden; das Euter der jungen Kuh kann, in Scheiben geschnitten, geschm. und paniert, a. als Ragout oder Füllung für Pasteten, Terrinen u. ä. verwendet werden; ↑ a. Berliner Schnitzel

evaporieren [lat. *vapor*, Dampf] eindampfen, verdampfen, ↑ a. Kondensmilch

Eva-Salat Würfel von gek. Schinken, Knollensellerie, Salatgurke, Champignons, Äpfeln usw. in Sauce aus saurer Sahne, Salz und Zitronensaft, evtl. in ausgehöhlten Äpfeln angerichtet

Excelsior [erfolgreiches Ballett von Manzotti und Marenco, Paris 1881] Garnituren aus geschm. Kopfsalat und Schmelzkartoffeln, zu Lamm-, Rindfleisch, oder aus Hummerragout, zu Seezungenrouladen in sauce normande; Rahm-, Samtsuppe mit Gerste und Püree von Grünem Spargel

Exoten tropische oder subtropische, wildwachsende oder kultivierte Gemüse und Früchte wie Bambussprossen, Granatapfel, Guave, Lychee, Mango, Okra, Papaya, Passionsfrucht u. v. a.

Exotische Früchte ↑ Obst

Extrakt eingedickter Auszug aus pflanzlichen oder tierischen Stoffen; ↑ a. Essenz, Fond

Extrascharfer Senf ↑ Senf/Sorten

extra vergine Klasse des Olivenöls, ↑ Öl/Olivenöl

Extrawurst extrafeine, mit Knoblauch gewürzte Kalbfleischwurst (Österreich)

F

F chem. Zeichen für Fluor, ↑ Spurenelemente

Fadennudeln, vermicelles, vermicelli sehr dünne, fadenförmige Nudeln, meist als Suppeneinlage

Faferl österr.: Teigtasche, Spätzle

faggot [engl.: Bündel] Frikadelle aus Schweineleber, Speck, Zwiebeln und Salbeiblättern im Schweinenetz (Wales)

fagiolino ital.: Grüne Schnittbohne

fagiolo ital.: Bohne

faisan frz.: Fasan

fajardo span.: Pastete aus Fleisch im Blätterteig

falafel, falafil, felafel kl. in Sojaöl fritierte Kugeln aus Hülsenfruchtkernen (Kichererbsen, Dicken Bohnen u. ä.), meist mit geh. Porree und Zwiebelchen, frischem Koriander, pürierter Knoblauchzehe und durchschn. 12 Gewürzen, darunter Gewürznelken, Koriander, Kümmel, Kreuzkümmel, Muskat, schwarzer, weißer Pfeffer und Zimt (Vorderasien)

Falsche Lende ↑ Rind/Fleischteile, Fleischstücke

Falscher Hase berlinerisch: Hackbraten

Falsches Filet ↑ Rind/Fleischteile, Fleischstücke

Falsches Kotelett Scheibe Schweinebauch

Falstaff-Art [Sir John Falstaff, Schelmengestalt aus Shakespeares «Heinrich IV.» und «Die lustigen Weiber von Windsor»] Garnitur aus sautierten Steinpilzen und geschmolzenen Tomaten, zu in Butter gebr. Fisch

fàn chin.: tischfertig zubereitete Speise, insbes. Reis

fanchette, fanchonnette [frz.: weibl. Vorname «Fränzchen»] kl. mit Konditorcreme gef., mit Baisermasse überbackenes Blätterteigtörtchen; kl. Konfekt

Fanchettesalat Streifen von gebr. Hühnerbrust, rohen Champignons und Chicorée in Essig-Öl-Sauce, evtl. mit geh. Trüffeln

fancy engl.: feinst, luxuriös, phantasievoll

Fancysalat Ananas-, Tomatenwürfel, Streifen von Bleichsellerie, roter Paprikaschote und körnig gek. Reis in Mayonnaise mit Zitronensaft

Fanny Adams [engl. Seemannssprache, nach einer 1867 ermordeten Frau] Hammelfleisch in Dosen (England)

FAO engl. *Food and Agriculture Organization*, Fachorganisation der Vereinten Nationen für Ernährung, Landwirtschaft und Forstwesen

far frz.: Auflauf, Brei aus grobem Getreidemehl; Art Serviettenknödel, salzig oder süß; a. Fladen, süß mit gedörrten oder karamelisierten Früchten, Marmelade usw., salzig mit Speck

Faraona ital.: Perlhuhn

Farbzucker ↑ Zuckercouleur; a. mit Farbstoff versetzter Zucker

Farce, Füllung [frz., ausgespr. *farß*] mehr oder weniger fein geh. oder sonst zerkl. aromatische Masse aus rohen oder gek. Produkten (Fleisch, Geflügel, Wild, Fisch, Krustentiere, Gemüse, Pilze, hartgek. Eigelbe mit Lockerungs-, Bindemitteln, Gänseleber, Gewürzen, Kräutern, in Milch eingeweichtem Weißbrot, Schinken, Zwiebeln usw.) zum Füllen von Fleisch, Geflügel, Wild, Fisch, Krustentieren, Pasteten, Terrinen, Teigwaren usw., in Form von Klößchen a. als Suppeneinlage, Beilage; ↑ a. duxelles, mousseline

farci frz.: gefüllt
   petits -s [kl. Gefüllte] mit zerkl. Fleisch, Brät, Milch, Weißbrotwürfeln, Kräutern usw. gefüllte ausgehöhlte Gemüse (Auberginen, Paprika, Tomaten, Zucchini, Zucchiniblüten, Zwiebeln usw.), warm oder kalt serviert (Südfrankreich)

farcito ital.: gefüllt, a. gespickt

farfalle [ital.: Schmetterlinge] zarte Nudeln in Schmetterlingsform, zu Tomatensaucen, Pürees aus Frühgemüse, Meeresfrüchten usw.

Farfel Suppeneinlage usw. aus Ei, Mehl und Salz (jüd. Küche)

farina ital.: Mehl, i. a. Weizenmehl

farine frz.: Mehl, i. a. Weizenmehl

farinha port.: Mehl; Brasilien: Maniokmehl

Farinzucker ↑ Zucker/Brauner Zucker

fårkjøtt norw.: Hammelfleisch

Farmersteak Beefsteak vom Grill, aus der Pfanne

Farren männl. Rind, ↑ Bulle

Färse, Kalbe, Kalbin, Queene, Starke weibl. Jungrind zwischen 3 Mon. und 2 Jahren, das noch nicht gekalbt hat, feinfaseriges, fettmarmoriertes Fleisch, zart und saftig; Fleischteile und -stücke ↑ Rind

farsumagru Roulade aus magerem Kalb- oder Rindfleisch mit reicher Füllung aus Hackfleisch, rohem Schinken, Wurst, hartgek. Ei, Schafskäse, Knoblauch, Zwiebeln, Kapern, Petersilie usw. (Sizilien, Süditalien)

Fasan schmackhaftes Wildgeflügel, heute jedoch meist gezüchtet und mit Hühnerfutter aufgezogen; aus der Jagd aber immer noch ein «König des Federwilds», weswegen der Kenner sich nicht daran stößt, wenn er ab und zu auf ein Schrotkorn beißt; Jagdzeit: Okt.–14. Jan., beste Zeit ab Nov.
Der Vogel (Hahn besser als Henne) mit zarter weißer Brust und dunklen Keulen von wild-aromatischem Geschmack sollte jung sein (biegsame Brustspitze, gelbe Ständer, kurze, weiche, stumpfe Sporne) und vor der Zubereitung 3 Tage (aber nicht länger) an einem kühlen luftigen Ort abhängen; er muß vor dem Braten oder Schmoren immer mit Speck umbunden und sollte nicht zu lange oder zu stark erhitzt werden; läßt sich frisch nicht länger als 1 Mon., zubereitet 10–12 Mon. einfrieren (Europa, Asien)

Faschiertes österr. u. a.: durch den Wolf gedrehtes Fleisch, Hackfleisch
　　⚬Laibchen, Laiberl ↑ Frikadelle

Faschingskrapfen, -küchle ↑ Fastnachtskrapfen

Fasel männl. Rind, ↑ Bulle

Faselbohne ↑ Bohne, Helmbohne

Fasnachts-Chüechli [schweizerd.: Fastnachtsküchlein] Gebäck aus Mehl, Butter, Milch und Salz, schwimmend in heißem Fett ausgebacken (Basel, Nordostschweiz)

fasoli ngriech.: Bohnen

Fasten sich für eine bestimmte Zeit freiwillig einiger oder aller Speisen enthalten, dient der Entlastung der Kreislauf- und Verdauungsorgane, der Entschlackung und Gewichts-

Fasanenpaar im freien Feld

abnahme, kann auch für den Feinschmecker gelegentlich heilsam sein; ↑ a. Abmagerungsdiät

Modifiziertes – ↑ Abmagerungsdiät

Fastenkraut, Hechtenkraut Fischfilet (Hecht, Kabeljau, Schellfisch o. ä.) auf Sauerkraut mit Apfel- und Zwiebelstückchen, Sahne, Eigelb, Salz, Pfeffer und geriebener Muskatnuß, dazu Pellkartoffeln (Bayern)

Fast-Food [engl.: Schnelle Kost] in besonderen Gaststätten(-ketten) meist zur Selbstbedienung angebotene (standardisierte, vorfabrizierte) Schnell-, Steh-Imbisse von Hamburger, Hühnchen, Pizza bis Hummer, von Sandwich und Salaten bis Austern, zeitsparend, aber in manchen Fällen a. kulinarisch besser als ihr Ruf

Fastnachtskrapfen, Faschingskrapfen in Ausbackfett geb. Hefeteigkugel, oft mit Marmelade gefüllt und mit Zuckerglasur überzogen; ↑ a. Berliner Pfannkuchen

fasulja ägypt., arab.: Bohne

fatto in casa ital.: hausgemacht

Faubonne (-Suppe), potage Faubonne gebundene Suppe aus Püree von Weißen Bohnen, a. Grünen, Pal-Erbsen mit Gemüsestreifen (Möhren, Porree, Weißen Rübchen, Sellerie), einem Petersilienstrauß und Kerbelblättchen

Faubourgsalat [frz. *faubourg,* Vorstadt] ↑ Vorstadtsalat

Faustkäse faustgr. Sauermilchkäse, ↑ Handkäse

faux, fausse frz.: falsch, unecht, nachgemacht

faux-filet [frz.: falsches Filet] ↑ Steak/Ochsensteak: Europäischer Schnitt 2

Favart [Charles Simon F., 1710–1792, frz. Librettist und Direktor der Opéra Comique] Garnitur aus Geflügelklößchen und mit Steinpilzen in weißer Rahmsauce gef. Blätterteigtörtchen, zu Geflügel oder Kalbsbries in Geflügelrahmsauce mit Krebsbutter

Fave Hülsenfrucht, ↑ Bohne/Sorten

favoris [frz.: die Bevorzugten] feines Gebäck aus Brandmasse oder Mürbeteig

favorite, (à la) [nach der Oper «La Favorite» von Gaetano Donizetti, 1840] Rahmsuppe aus Spargeln mit ged. Kopfsalat und Spargelspitzen; Garnituren aus Artischockenbodenvierteln mit Sellerieherzen und Schloßkartoffeln, zu gr. Fleischstücken, und aus Gänseleber-, Trüffelscheiben und Spargelspitzen, zu kl. Fleischstücken; Salat aus fein geschn. Krebsschwänzen, Spargelspitzen und Trüffeln in Sauce aus Olivenöl und Zitronensaft mit geh. Sellerie und feinen Kräutern

Frische Feigen, schon im Altertum beliebt

Fe chem. Zeichen für Eisen, ↑ Spurenelemente

Fechser Hopfentrieb; Seitenwurzel des Meerrettichs

fécule frz.: Stärkemehl

fedelini ital.: Fadennudeln, dünner als Spaghetti

Federkohl Wintergemüse, ↑ Kohl/Grünkohl

Federvieh ↑ Hausgeflügel

Federwild ↑ Wildgeflügel

Fédora [Titel eines Dramas von Victorien Sardou, 1882] Garnitur aus mit Spargelspitzen gef. Blätterteigtörtchen, Möhren, Weißen Rübchen, Orangenfilets und geschm. Kastanien, zu gr. Fleischstücken

fegato ital.: Leber

Fehlrippe ↑ Rind/Fleischteile: Kamm, Fleischstücke; Kamm

Feige [lat. *ficus*] birnenförmige, nahrhafte Frucht eines Maulbeerbaums, seit dem Altertum klassische Nahrung der Völker des Nahen Ostens, grüngelb (säuerlich aromatisch)

bis blauviolett (süßlich fade) mit hellrosa bis rötlichem, cremigem Fleisch, angenehm süßlicher Geschmack, leicht verdaulich und blutbildend, wirkt gegen Leberstörungen, Gallenleiden, Verstopfung; leicht verderblich, sollte frisch feine, zarte, fleckenlose Haut und weiches, saftiges Fleisch haben. Vollreif bei Raumtemperatur vielseitig verwendbar: als Frischobst oder Rohkost (geschält oder aus der Schale gelöffelt), als Vorspeise zu Schinken, Wurst, Käse usw., (sehr kurz) gek., ged., pochiert zu Fleisch, Geflügel usw., als Nachspeise (mit Schlagsahne und/oder Obstwässern, Weinbrand) oder als Kompott, Obstsalat, Chutney, für Früchtebrote usw.; gute Zeit frisch Dez.–Mai (Südamerika), Juni–Juli (Spanien, Italien), Sept.–Nov. (Südfrankreich); läßt sich gewaschen und ohne Stiel verpackt und gezuckert bis 8 Mon. tiefkühlen.

Trockenfeigen kommen vorw. aus der Türkei, Griechenland und Kalifornien (urspr. Kleinasien, dann gesamter Mittelmeerraum, Israel, a. Südafrika, Brasilien, Kalifornien, Australien u. a., aus Deutschland a. vom Bodensee, Oberrhein)

Feigendrossel   Sing- und Wandervogel, ↑ Drossel

Feigenkaktus   ovale, süße Frucht einer Kakteengattung, wird ohne stachlige Schale gegessen (Mittelamerika, Mittelmeerländer)

feijão   port.: Bohne; Brasilien: Schwarze Bohne

Feijoa, Ananasguave   kl. grasgrüne exot. Frucht, der Guave ähnlich, geleeartiges Fleisch von pikant säuerlichem Geschmack, wird roh geschält oder ausgelöffelt als Frischobst genossen, eignet sich für Gelees, Kompotte, Obstsalate, Konfitüren, Tortenbelag, Speiseeis; nicht lange haltbar (Südamerika, Florida, Kalifornien, Frankreich, Italien, Neuseeland, Indochina)

feijoada   deftiges Gericht aus getr. Rindfleisch, gepökelter Zunge, a. frischem Rind-, Schweinefleisch, Speck, Würsten usw. mit gek. Schwarzen Bohnen, Reis, Maniokmehl und Grünkohl, dazu heiße Saucen und Orangenscheiben (Brasilien)

   – completa   Festessen, reichhaltige feijoada

Feinbrot   Weizen- oder Roggenmischbrot aus hellem Mehl

Feine Kräuter   ↑ Fines herbes

Feinfisch   hochwertiger Meerfisch (Flunder, Heilbutt, Rotzunge, Scholle, Seezunge, Steinbutt u. ä.); ↑ a. Edelfisch

Feingebäck   feine Backwaren aus geb., gerösteten, getr. usw. Teigen oder Massen mit mehr als 10 Teilen Fett und/oder Zucker auf 90 Teile Getreide, Getreideerzeugnissen und/oder Stärke; ↑ a. Kleingebäck

Feinkost   Lebens-, Genußmittel gehobener Qualität, oft (als Salat usw.) verzehrfertig zubereitet

Feinschmecker-Art, (à la) gastronome   Garnitur aus glasierten Kastanien, Morcheln und kl. pochierten Trüffeln mit Hahnenkämmen und -nierchen, zu Kalbsbries und gef. Geflügel; sautierte Kartoffeln mit Trüffeln

felafel   Kichererbsfrikadelle, ↑ falafel

Felchen   Süßwasserfisch, ↑ Renke

Feldgeschrei   Eintopf aus versch. frischen Gartengemüsen in Kraftbrühe

Feldgicker, Feldkieker   [*gicken,* gegen das Austrocknen in die Erde stecken] schnittfeste Rohwurst aus grobkörnig gemahlenem Schweinefleisch und Speck, oft mit Knoblauch, Muskatnuß, weißem Pfeffer, a. Himbeersaft, Honig verarbeitet (Thüringen)

Feldhase   Wildhase, der hauptsächlich außerhalb von Wäldern lebt, ↑ Hase

Feldhuhn   kurzschwänziger Hühnervogel vom offenen Gelände (Rebhuhn, Wachtel u. ä.); ugs. a. Rebhuhn

Feldkieker   schnittfeste Rohwurst, ↑ Feldgicker

Feldkümmel   Gewürz, ↑ Kümmel

Feldsalat   ↑ Salat/Sorten

Feldthymian   ↑ Quendel, (Welscher)

Felsenchampignon   Zuchtchampignon aus Frankreich

Felsengarnele   Meereskrebs, ↑ Garnele/Arten

Femis   Stengelgemüse, ↑ Fenchel

fenalår   eingepökelte, geräucherte und bis 16 Wo. im Freien getr. Hammelkeule, kräftiges Aroma, wird mit Fladenbrot und Butter oder saurer Sahne gegessen (Norwegen)

Fenchel, Femis, Fenikel, Frauenfenchel, Langer Kümmel   [lat. *feniculum,* nach Heu duftend] alte Gemüse- und Gewürzpflanze; in der Küchensprache i. a. der *Gemüse-, Knollen-, Süß-, Zwiebelfenchel* mit verdickten, zu Knollen zusammengewachsenen Blattansätzen, die magenfreundlich, entzündungshemmend, verdauungsfördernd wirken und frisch würzig nach Anis schmecken; das Stengelgemüse ist druckempfindlich, sollte weiße Knollen mit knackigen Stielen und frischem grünem Blattwerk haben; wird für die Zu-

Fenchelknollen, ein aromatisches Gemüse

bereitung in Scheiben, Schnitze oder Streifen geschnitten; kann roh mit Zitronensaft geraspelt oder paniert als Vorspeise gegessen werden, paßt ged., gek., geschm., sautiert, überbacken, in Öl fritiert zu Fisch, (Kalb-)Fleisch, Geflügel, Salaten, als Gemüse (mit Auberginen, Tomaten, Zucchini u. ä.), in pikante Füllungen, Saucen, a. zu Brot, Kuchen, in Vierteln mit Zitronensaft als Nachtisch; gute Zeit Mitte Mai–Dez.; kann ungewaschen in Plastiktüte im Gemüsefach des Kühlschranks 1 Wo. aufbewahrt werden, läßt sich in Scheiben blanchiert unverpackt oder verpackt gut bis 8 Mon. tiefkühlen und dann gefroren weiterverwenden (urspr. China, Kleinasien, Mittelmeerraum, heute v. a. Süditalien, Spanien, Südfrankreich, Griechenland, Nordafrika, a. Holland, Schweiz, in Deutschland Rheinland, Süddeutschland).
Daneben gibt es den *Gartenfenchel*, aus dessen Früchten das aromatische, beruhigende, schleimlösende Fenchelöl gewonnen wird, und den *Gewürz-, Pfefferfenchel*, die Wildform, deren Samen, Kraut und Stengel als Würze verwendet werden, ↑ Gewürzfenchel
　-öl　↑ Öl/Sorten
　-samen　Kern des wilden ↑ Gewürzfenchels
　Runder –　Würzpflanze, ↑ Anis

fennel　engl.: Fenchel

Fennich　Kolbenhirse, ↑ Hirse

fenouil　frz.: Fenchel

fěn-sī　chin. Glasnudeln

féra　frz.: Große Bodenrenke, Sand-, Weißfelchen

Ferkel　junges, bis 14 Wo. altes Schwein

Ferment　Eiweißverbindung, ↑ Enzym

Fermentation　↑ Gärung

fermier　frz.: auf dem Bauernhof, handwerklich, nicht industriell hergestellt; Käse: auf dem Bauernhof aus frischer roher Milch hergestellt

fermière, (à la)　↑ Pächter-Art

Fertigmehl　österr.: Backmehl

Fervaal　[Musikalische Dichtung von Vincent d'Indy, 1897] Garnitur aus ged. Artischockenböden und mit Schinkenwürfeln gef. Kartoffelkroketten, zu warmen Vorspeisen und Fleisch in Kalbsjus

Fesen　alte Getreideart, ↑ Dinkel

fesenjan　geschm. Fasan, a. Ente, Huhn, in Walnußsauce (Iran)

Fester Schnittkäse　Käsegruppe, ↑ Käse

Festfleischige Früchte　↑ Obst

Feta　rindenloser, leicht bröckeliger halbfester bis weicher Weißkäse aus Schaf-, a. Ziegen- und/oder Kuhmilch, in Kochsalzlake gereift, ungepreßter Teig, 45–60% Fett i. Tr., pikant und salzig-säuerlich, a. als Salatzutat verwendbar (Griechenland, Südosteuropa u. a.)

Fett　geschmackverstärkende Substanz aller pflanzlichen und tierischen Zellen, ergiebiger Energiespender, der dem menschlichen Körper die benötigten Betriebsmittel zuführt, flüssiger, weicher oder harter Grundnährstoff mit wichtigen physiologischen und chem. Funktionen; täglicher Bedarf nicht mehr als 70–85 g; verschlossen, dunkel und kühl aufzubewahren.
Zu den pflanzlichen oder vegetabilen Fetten gehören die *Fruchtfette* (Olivenöl, Palmöl usw.) sowie die *Samenfette* (Erdnußöl, Kakaobutter, Kokosfett, Palmkernfett, Rapsöl, Sojaöl, Sonnenblumenöl usw.), zu den tierischen oder animalischen Fetten das *Milchfett* (Butter, Käse usw.) sowie die *Gewebe-, Körperfette,* der von Eiweiß und Wasser befreite, durch Erhitzen, Abpressen oder Zentrifugieren gewonnene Anteil des Fettgewebes (Rinderfett, Schweinefett, Fischfett, Waltran usw.); ↑ a. Backfett, Cholesterin, Eiweiß, Fettsäure, Kohlenhydrat, Öl, Speisefett

Fettammer　Federwild, ↑ Ortolan

Fettbad　↑ Fritüre

Fettbecher　Schweineschmalz und Wurstbrät mit oder ohne Grieben; Brotaufstrich, zu Kohlgerichten

Fette Henne Speisepilz, ↑ Glucke, Krause

Fetter Speck ↑ Speck/Sorten

Fettfisch Meerfisch mit über 2% Fettgeh. im Filet; *Halbfettfisch:* etwa 3% Fettgeh. (Rotbarsch u. ä.); *Ganzfettfisch:* bis 25% Fettgeh. (Hering u. ä.); ↑ a. Magerfisch

Fettgebäck, Fettgebackenes feine Backware aus Hefe- und/oder Mürbeteig, in heißem Fett oder Öl meistens pflanzlicher Herkunft schwimmend ausgebacken, Fettgeh. 10–35%

Fettgehalt der Gehalt eines Nahrungsmittels an Fettstoffen in Prozenten des Produktgewichts; ↑ a. Fett in der Trockenmasse

Fettgewebe vorw. Fett enthaltendes tierisches Gewebe aus dem Bereich der Körperhöhlen, nicht aber vom Darm oder Gekröse, wird meist vom Fleisch abgetrennt, in Wurstwaren verarbeitet oder zur Gewinnung von Schlachtfetten verwendet

Fettglasur ↑ Kakaoglasur

Fetthärtung, Hydrierung, Umesterung Verfahren zur Herstellung von festen bis halbfesten, streichfähigen Fetten aus pflanzlichen oder tierischen Ölen

Fetthering stark gesalzener ↑ Hering

Fett in der Trockenmasse, Fett i. Tr., F. i. Tr. Fettgehalt eines Käses, dem das Wasser entzogen wurde (Trockenmasse: Fett, Eiweiß, Milchsäure, -zucker, Salz, Vitamine, Enzyme); der reale Fettgehalt beträgt demnach nur etwa ein Drittel bis die Hälfte des Fetts in der Trockenmasse; ↑ a. w f f

Fettkäse Käse mit mind. 45% Fettgehalt

Fettleber die Leber gestopfter Gänse oder Enten, ↑ Gänseleber

Fettsäure Bestandteil der Fette und Öle, durch Spaltung von Fetten gewonnen; nach der chem. Zusammensetzung gibt es *gesättigte Fettsäuren* mit hohem Schmelzpunkt, von fester Konsistenz (z. B. Kakaobutter, Kokosfett, Rindertalg, Schweinespeck), und *ungesättigte Fettsäuren* mit tiefem Schmelzpunkt, flüssig (z. B. Distel-, Kürbiskern-, Mais-, Oliven-, Soja-, Sonnenblumen-, Walnußöl, Fischöl); empfohlene Zufuhr pro Tag: 10 g; ↑ a. Fett

Fettschnitte mit Fett (Schweineschmalz o. ä.) bestrichene Brotscheibe

Fettsemmel in Fett geknetete Semmel

fettucine ital.: breite Bandnudeln, oft mit Spinat grün, mit Tomatenmark rot gefärbt

feu de bois frz.: Holzkohlenfeuer, -grill

Feuerbaum Nadelholz, ↑ Wacholder

Feuerbohne ↑ Bohne/Sorten

Feuertopf Eintopf aus Fleisch und Gemüsen mit scharfen Gewürzen; ↑ a. Mongolischer Feuertopf

feuille frz.: Blatt

feuilletage frz.: Blätter-, Butterteig

feuilleté(e) frz.: aus Blätterteig; Blätterteigpastete

fève frz.: Dicke Bohne, Puff-, Saubohne

Fiakergulasch [österr. *Fiaker,* Lohnkutscher] Gulasch mit wachsweichen Eiern, Gurken und Rostbratwürstchen

fiambre span.: kalt; kalte Küche; kalter Aufschnitt, kalte Fleisch-, Fischspeise

fico, fichi ital.: Feige(n)

Figarosalat [Figaro, Name des witzigen, schwatzhaften Barbiers in Lustspielen von Beaumarchais und Opern von Mozart und Rossini] Streifen von Pökelzunge, Bleichsellerie, Kopfsalat und Roter Rübe in Tomatenmayonnaise, mit Sardellenfilets garniert

figue frz.: Feige

Filata-Käse [ital. *filare,* Fäden ziehen] in heißem Wasser gebrühter Knetkäse mit «gezogenem» Teig

Filderkraut [Filder, fruchtbare Hochebene südöstl. von Stuttgart] ↑ Kohl/Spitzkohl

filēki serbokroat.: Kutteln

Filet, Lende, Lungen-, Schlachtbraten, Schwein a.: **Lummel, Lummer** [frz.: Netzgewebe] langer schmaler Strang unterhalb des Rückenmuskels auf beiden Seiten des Rückgrats von Schlachttieren (Kalb, Rind, Schwein u. a.); feines Fleischstück, mager, zart, aber manchmal a. nicht sehr geschmacksintensiv; muß in sehr heißem Fett rasch angebr. werden, damit es saftig bleibt; ↑ a. Kalb, Lamm, Rind, Schwein/Fleischteile, -stücke, Fleisch/Garstufen,

Steak; Geflügel: abgelöste Brustmuskulatur; Fisch: herausgelöstes, entgrätetes Rückenstück
- **-beefsteak** ↑ Beefsteak
- **-gulasch** Gulasch aus Ochsenfiletspitzen
- **-kotelett** fingerdicke Scheibe aus dem Kotelettstrang vom Kalb oder Schwein mit eingewachsenem Knochen und angewachsenem Filet
- **- -Medaillon** ↑ Medaillon
- **- mignon, Lendchen** [frz.: niedliches Filet] kl. Scheibe aus der zarten Filetspitze des Rinds (↑ Steak/Ochsensteak: Europäischer Schnitt 2a), a. des Kalbs oder Schweins
- **-pastete** Brühwurstpastete mit Einlage von Rindsfiletstücken, Schweinefleisch und Speck
- **- -Rotwurst** Blutwurst mit Fleisch(filet)stücken und Speck vom Schwein
- **-spieß** Fleischspieß mit Stücken aus der Filetspitze vom Rind
- **-spitzen** streifig oder würfelig geschnittene Stücke aus der Filetspitze vom Rind, meist als Pfannen-, Saucengericht
- **-steak** ↑ Beefsteak
- **- (-spitzen) Stroganow** ↑ Stroganow
- **- Wellington** [Arthur Herzog von Wellington, 1769–1852, britischer Feldmarschall und Staatsmann] Mittelstück des Rinderfilets, mit Trüffeln gespickt, mit duxelles, Pilzen o. ä. gef., im Blätterteigmantel

filet frz.: a. Flüssigkeitsfaden, dünner Flüssigkeitsstrahl

filfil arab.: Pfeffer, Paprika

Filoteig ↑ Teig/Phylloteig

Finanzmannsart, (à la) financière Garnitur aus Ragout von Geflügel-, Kalbsklößchen, Hahnenkämmen und -nierchen, Champignonköpfen und Trüffelscheiben in Madeirasauce mit Trüffelessenz, zu gr. Fleischstücken, Kalbsbries, Geflügel, in Pasteten, auf gerösteten Weißbrotschnitten usw.; braune Sauce aus Demiglace mit Trüffelessenz, zu Kalbsbries, Geflügel, Pasteten

fine de claire Austernsorte aus dem Klärbecken, ↑ Auster

fines herbes, Feine Kräuter [frz., ausgespr. *finsärb*] aromatische Mischung aus möglichst frisch geschn. oder geh., meist grünen Kräutern (Estragon, Kerbel, Lauchzwiebeln, Petersilie, Schnittlauch usw.) als Würze für Fleisch, Geflügel, Gemüse, Omeletts, Salate, Saucen, Frischkäse usw.; ↑ a. Sauce/sauce aux fines herbes

Fingerbiskuit ↑ Löffelbiskuit

Fingernudeln gek., durchgepreßte, mit Eiern und Mehl in Butter gebr. Kartoffeln (Bayern)

finger sandwich engl.: bes. kleines Sandwich, von Hand zu essen

Finkenwerder [Marschinsel in der Niederelbe bei Hamburg mit Obstanbau] gut lagerfähiger Winterapfel
- **- (Speck-)Scholle** ↑ Speckscholle, (Finkenwerder)

finnan haddie, haddock engl.: geräucherter Schellfisch, ↑ haddock

finocchio, finocchi ital.: Fenchel

Finte, Elbe heringsähnlicher Wanderfisch, durch die zunehmende Verschmutzung der Gewässer bedroht, wird meist geräuchert (alle Küsten Europas)

fiore di latte [ital.: Milchblume] frische ↑ Mozzarella aus Büffelmilch

fiorentina, fiorentino ital.: florentinisch; ↑ a. bistecca (alla) fiorentina

fiore sardo [ital.: sardische Blume] Hartkäse aus Schaf-, a. Ziegenmilch, fester Teig, mind. 36% Fett i. Tr., aromatisch pikant, als Tafelkäse oder zum Reiben verwendbar (Sardinien)

Fisch seit Jahrtausenden eines der wertvollsten Nahrungsmittel des Menschen, denn er ist leicht verdaulich und, wenn aus gesunden Gewässern, reich an hochwertigem Eiweiß, am Spurenelement Jod, an ungesättigten Fettsäuren, Mineralstoffen und Vitaminen, arm dagegen an Kohlenhydraten, Cholesterin und meist a. Fett; für den Koch und Feinschmecker kommt hinzu, daß bei der Zubereitung der Phantasie keine Grenzen gesteckt sind, vorausgesetzt allerdings, er sei wirklich frisch, die Haut gespannt, die Schuppen fest anliegend, die Augen klar und glänzend, die Kiemen hellrot und feucht, das Fleisch fest; er sollte am Tag des Einkaufs zubereitet werden.
Fische lassen sich (so schonend wie möglich) backen, braisieren, dünsten, (in der Folie) garen, (blau) kochen, grillieren, fritieren, panieren, poëlieren, sautieren, mit den verschiedensten Saucen kombinieren usw.; wenn das empfindliche Tier mit Sorgfalt zubereitet wird, nicht zu heiß oder zu lange gegart, damit das Fleisch durchscheinend weiß, saftig und zart kernig bleibt, eines der nicht nur gesündesten, sondern a. schmackhaftesten Nahrungsmittel.
Man unterscheidet zwischen
Meer-, Seefischen mit den *Knorpelfischen* (Haie, Rochen, Seedrachen) und den *Knochen-, Grätenfischen* (alle übrigen Arten); die modernen Zurichtungsmethoden und Transportmöglichkeiten sorgen dafür, daß sie a. im Binnenland frisch erhältlich sind; wegen der hemmungslosen Überfischung der Bestände in unseren Tagen kommt der

↑ Aquakultur zunehmende Bedeutung zu, die Qualität dieser Fische bleibt konstant, und sie sind jederzeit verfügbar, lassen sich i. a. luftdicht verpackt jedoch nur bis 1 Mon. tiefkühlen; und den
Süßwasserfischen, deren etwa 5000 Arten je nach Lebensbedingungen sehr unterschiedlich sind.
Fische halten im Kühlschrank frisch 2–3 Tage, gek. 3–4 Tage, gebr., geräuchert 3–5 Tage, in geöffneter Konserve 2–3 Tage, mariniert in Dosen 10–30 Tage, mariniert in geöffneter Dose 4–6 Tage; sie lassen sich mit wenig Qualitätsverlust tiefkühlen (in Milch auftauen), a. mannigfaltig konservieren, räuchern, einsalzen, in Öl, Saucen einlegen usw.; ↑ a. Fettfisch, Magerfisch

Fisch | erzeugnis, -ware Lebensmittel aus Fischen oder Fischteilen, a. Krebs-, Weich- und Schaltieren, durch Braten, Kochen, Marinieren, Räuchern, Salzen oder Trocknen hergestellt; ↑ a. Anchose, Bratfisch, Fischfett

-farce Püree aus rohen Fischfilets (bes. geeignet: Aal, Äsche, Forelle, Hecht, Lachs, Zander) mit Brot oder Mehlpanade, Eiweiß und Sahne, a. Gewürzen, zum Füllen von Pasteten u. ä.

Fisch- und Krabbenkutter auf der Rückkehr vom Fang

-filet parallel zur Rückengräte abgetrenntes, enthäutetes und entgrätetes Fischfleisch (Kabeljau, Rotbarsch, Scholle, Seelachs, Seezunge u. ä., a. Hering, Makrele, Sprotte u. a.)
-fond, fumet stark eingekochter, fast sirupartiger, aromatischer Sud aus Fischgräten (vorzugsweise von Plattfischen), a. anderen Resten (Augen und Kiemen ausgenommen), a. mit Pilzen, Schalotten, Zwiebeln, Aromaten usw., Grundlage und Würze für Suppen, Saucen, Gelees usw.; ↑ a. Essenz
-fondue ↑ Fondue
-gelee ↑ Gelee
-glace kräftiger, stark reduzierter Fischfond
-happen, -häppchen, -bissen mundgerechte Teile von Fischfilets oder von entgräteten ausgenommenen Fischen ohne Kopf und Schwanzflosse
-kloß, -bällchen, -frikadelle, -klops in Brühe gegartes Klößchen aus Fischfarce; a. Dauerkonserve aus zerkleinerten Fischteilen mit Milch, Milcherzeugnissen, Binde-, Dickungsmitteln und Würzen, gek. oder gebr., a. in Aufgüsse, Saucen eingelegt oder tiefgefroren
-konserve in luftdicht verschlossenem Behälter abgepacktes, in Aufguß (Öl, Marinade, Creme, Sauce usw.) bewahrtes, genußfertiges Fischerzeugnis; *Halbkonserve, Fischpräserve* in Dose oder Glas hält sich im Kühlschrank bis 12 Wo.; *Dauer-, Vollkonserve* in verpackter Dose, Glas oder Aluminiumschale sollte an einem trockenen, kühlen Ort gelagert werden, hält sich in Essig (Brathering u. ä.) bis 6 Mon., in Sauce (Tomatensauce u. ä.) mind. 1 Jahr, im Naturzustand (Krabben, Muscheln u. ä.) 1–2 Jahre, a. länger; ↑ a. Anchose, Fischrogen, Kaviar. Wölbt sich der Deckel der Dose oder eines Glases, ist der Inhalt nicht mehr genießbar.
-milch(er) Sperma, Samenflüssigkeit männl. Fische
-öl, -fett, -tran durch Auspressen oder Extraktion aus Fischen oder Fischteilen (Leber usw.) gewonnenes Öl, hoher Gehalt an Vit. A und D; ↑ a. Lebertran, Tran
-paste streichfähige Masse aus fein zerkleinerten weitgehend von Gräten befreiten Fischteilen mit oder ohne Milcherzeugnisse, Binde-, Dickungsmittel und Würzstoffe
-pastete aus Feinfischen (Aal, Forelle, Lachs) und feinen Zutaten
-rogen, Laich, Rogen die unbefruchteten, nicht abgelaichten Eier des weibl. Fischs, kühl zu lagern; ↑ a. corail, Kaviar
-röllchen zylinderförmig bis rund geformte Produkte aus ganzen oder grob zerteilten Fischfilets
-stäbchen längliche panierte und meist vorgebr. Fischstücke, vorw. aus grätenfreien, tiefgefrorenen Fischfilets
-sud ↑ Court-Bouillon
-suppe Gericht aus Fischen der Meeres-, v. a. Mittelmeerländer mit vielen Zutaten von ausgesprochen nationalem, reg. Charakter wie z. B. Aalsuppe (Hamburg),

Sardinenfang auf hoher See

Bouillabaisse, bourride (Frankreich), cacciucco (Italien), Fishmonger's Soup (USA), Zarzuela (Spanien) u. v. m.
-tran ↑ Fischöl
-ware ↑ Fischerzeugnis
-wurst Wurst aus fein zerkleinertem, entgrätetem Fischfleisch mit Gewürzen, Salz, a. Fett und Speck, gek. oder geräuchert, in Därmen, Dosen oder Konserven abgefüllt
Surimi ↑ surimi

Fischersalat, salade des pêcheurs Würfel von Sardellenfilets, gebr. Zwiebeln und körnigem Reis in Essig-Öl-Sauce mit Senf und geh. Petersilie

Fischkartoffeln geschälte kleine, gek. Kartoffeln

fish engl.: Fisch
– and chips in Mehl, Ei, Öl und Bier heiß ausgeb. Fischfiletstücke (Dorsch, Kabeljau, Schellfisch, Wittling u. ä.) mit Pommes frites, dazu nach Belieben Malzessig, Ketchup, Tatarsauce, Zitronensaft oder sonst eine pikante Sauce, Beilage

fisk dän., norw., schwed.: Fisch

fiskebolle Fischklößchen, meist in Kapernsauce (Dänemark, Norwegen)

fiskepudding Auflauf aus verrührten, durchgedrehten Fischfilets (Dorsch, Hecht, Kabeljau, Schellfisch o. ä.) mit Kartoffelmehl, Milch oder Sahne und Gewürzen, wird mit Holländischer oder Senf-Sauce serviert (Norwegen)

Fisole [arab. *fasulija*, Bohne] böhm., österr.: Buschbohne

F. i. Tr. ↑ Fett in der Trockenmasse

Five Spices [engl. Fünf Gewürze] Würzpulver aus Fenchelsamen, Gewürznelken, Kardamom oder Pfeffer, Sternanis und Zimt, wird zum Braten, Grillen, Kochen usw., aber nicht für Salate verwendet (Ostasien)

Fjordlachs gezüchteter Lachs aus Norwegen

Flachbrot ↑ Fladenbrot

Flachrippe Teilstück des Rinderviertels, ↑ Spannrippe

Fladen dünner, flacher geb. Mehl- oder Eierkuchen, ↑ a. Blechkuchen; Schweiz: flaches süßes Gebäck aus einer gewürzten, lebkuchenartigen Masse

Fladenbrot, Flachbrot flaches, in einer offenen, gußeisernen Pfanne ohne Treibmittel hergestelltes Gebäck aus Gersten-, Hafer-, a. Roggen-, Weizenmehl mit mehr Kruste als Krumen, knusprig und trocken (uspr. Kaukasien, Nordeuropa); ↑ a. Knäckebrot

Flädle in mit Räucherspeck ausgeriebener Pfanne geb. dünne Eierkuchen aus Milch, flüssiger Butter, Eiern, Mehl und Öl mit Kerbel, Muskat, Petersilie, Schnittlauch (Teig sollte vor dem Backen ausquellen), werden entweder mit Hackfleisch oder Konfitüre gefüllt oder in feinen Streifen als Suppeneinlage verwendet (Schwaben)

Flädli schweizerd.: in schmale Streifen geschn. dünner Eierkuchen, Suppeneinlage

Flageolettbohne ↑ Bohne/Sorten

flake engl.: Blatt, Flocke, Schuppe

flamande, (à la) ↑ Flämische Art

Flambales Früchte in hochprozentigem, aromatischem Branntwein (Äpfel in Calvados, Aprikosen, Erdbeeren, grüne Feigen in Weinbrand, Birnen, Stachelbeeren in Gin, Pflaumen in Armagnac usw.)

flambé(e) frz.: flambiert; flambierte Speise

Flämische Kanallandschaft

flamiche Brotkuchen, urspr. nur mit geschmolzener Butter, heute a. mit Gemüsen und Käse (Flandern, Nordfrankreich) oder Porree (Burgund, Pikardie) belegt (Frankreich)

Flämische Art, (à la) flamande [Flandern, Landschaft an der Nordseeküste Belgiens, Frankreichs und Hollands] allg.: mit Rosenkohl, mit rohem oder gek. Chicorée, in Bier ged.; Garnitur aus ged. Grünkohlkugeln, glasierten Möhren, Weißen Rübchen, Salzkartoffeln, a. Pökelzunge, Wurstscheiben, Speckwürfeln usw. zu geschm., gek. Fleisch, Gans u. ä., Salat aus Chicorée-, Kartoffelstreifen, geh. Heringsfilets und Zwiebeln in Essig-Öl-Sauce mit geh. Kerbel und Petersilie; ↑ a. hochepot

Flamm(en)kuchen, Flammeküeche, tarte flambée dünner flacher Hefebrotteig, mit Crème fraîche oder Quark, geriebenem Käse, Eigelb, Speckwürfeln und geh. Zwiebeln belegt, im Bäcker-, Holzkohlenofen knusprig gebacken (Nordelsaß)

Flammeri [engl. *flummery*, Mehlbrei] gestürzte Süßspeise aus Reismehl, Grieß, Sago, Stärke o. ä., mit pürierten roten Früchten oder Fruchtsaft, a. Spirituosen übergossen und kalt serviert; ugs. a. ↑ Pudding

Flan [altfrz. *flado*, Scheibe] puddingartiger Fladen aus mürbem Teig oder sonst einer durch Ei gestockten Masse mit Belag, salzig (Geflügelleber, Meeresfrüchte, Gemüse usw.) oder süß (Cremes, Früchte usw.); Frankreich: a. feste (karamelisierte), gestürzte Eiweißcreme (flan au caramel); Lateinamerika: a. süßer Auflauf

Flanke Fleischstück von Kalb (Bauch), Rind oder Schaf (Dünnung), ↑ Fleischteile, -stücke der betr. Schlachttiere, Lappen

flaó(n) span.: Fladen

Flaschenkürbis ↑ Kürbis/Arten

Flaschenschinken Rollschinken ohne Eisbeinknochen, in Form eines Flaschenhalses zusammengenäht

Flaschentomate ↑ Tomate/Ovale Tomate

Fläschknepp ↑ Fleeschknepp

Flavedo die äußere Schalenschicht von Zitrusfrüchten, ist meist gelb bis orange und enthält ätherische Öle; ↑ a. Albedo

flavor, flavour amerik., engl.: Aroma, Duft, Wohlgeschmack; Würze, aromatischer Extrakt

Flechtgebäck aus Strängen von Hefe-Feinteig mit oder ohne Füllung geflochtene Zöpfe

Flechtsemmel Hefegebäck aus drei Teigsträngen mit wenig Fett und Zucker (urspr. Sachsen, Schlesien)

Fleck Gericht aus eßbarem Eingeweide des Rinds, ↑ Kutteln

Flecke(r)l kl. Nudelteigquadrat als Suppeneinlage oder (mit Kraut, Fleisch, Schinken usw.) gefüllt als Hauptspeise (Böhmen, Österreich)

Fleckenrochen flacher Meerfisch, ↑ Rochen

Fleckhering, -makrele gespaltener und auseinandergeklappt heißgeräucherter Hering bzw. Makrele mit Kopf, bes. schmackhaft und gut haltbar

Fledermaus ↑ Rind/Fleischstücke

Fleeschknepp, Fläschknepp Kloß aus geh. Kalb-, Rind- und Schweinefleisch mit Eiern, geriebenem Weißbrot, Majoran, Rosmarin, Thymian, Salz, Pfeffer und Muskat, meist mit Meerrettichsauce und Salzkartoffeln serviert (Rheinland-Pfalz)

Fleisch in der Küchensprache alle eßbaren Weichteile (Muskeln, Organe, Drüsen, Fett) geschlachteter oder erlegter warmblütiger Tiere, hochwertiges Aufbau- und Nahrungsmittel, enthält Eiweiß, viele Mineralstoffe und Vitamine, aber a. Cholesterin und Fett (das an der Oberfläche jedoch weggeschnitten werden kann); je nach Tier sind Geschmack, Nährwert und Zubereitungsmöglichkeiten seines Fleischs unterschiedlich, immer aber hängt die Qualität von Rasse, Geschlecht, Alter, Haltung, Fütterung, Schlachtung und Lagerung ab, weshalb a. der Feinschmecker Wert darauf legt, daß das Tier Freiraum hatte, natürliches Licht, gute, gesunde Fütterung, und keine Medikamente, Spritzen erhielt – das Fleisch von durch Haltung, Transport und Schlachtung gestreßten Tieren ist qualitativ minderwertig; man achte beim Einkauf von Fleisch ferner darauf, daß nicht durch Rotlicht Frische vorgetäuscht wird, daß es nicht von Frost-, Gefrierbrand befallen und das angegebene Verbrauchs- oder Mindesthaltbarkeitsdatum nicht überschritten ist, auf sog. Gütesiegel, Prüfnummern u. ä. ist kein Verlaß.

Unterschieden wird nach den Bezeichnungen *wie gewachsen (w. gew.):* Fleisch mit den natürlichen eingewachsenen Knochen, Fett und Schwarte, *mit Beilage (m. B.):* knochenloses Fleisch mit bloß einem Anteil Knochen, *ohne Knochen (o. Kn.):* ausgebeintes Fleisch ohne Knochen.

Fleisch kann man kochen (erhält den Eigengeschmack), braten, kurzbraten, dünsten, grillieren, panieren, sautieren, schmoren, es eignet sich bes. für Mikrowellen- und Kombinationsgeräte; es hält sich im Kühlschrank roh 3–5 Tage, geh. 1 Tag, geh. gebr. 3–4 Tage, gek., gebr. 4–6 Tage, es läßt sich portioniert ohne Knochen in gefriergeeigneter Packung fett etwa 4 Mon., mager etwa 7 Mon. gut einfrieren, wobei es vor der Zubereitung im Kühlschrank aufgetaut und anschließend sofort gegart werden sollte; ↑ a. Hackfleisch, Innereien, Kalb, Lamm, Rind, Schwein, Wild und weitere Stichwörter

Garstufen des Fleisches

deutsch	englisch	französisch	Eigenschaften	Garzeit (durchschnittlich, kann je nach Qualität und Dicke des Fleischstücks stark variieren)
blau sehr blutig	blue very rare, raw	bleu	nur gerade angebraten, innen noch roh, Fleischsaft dunkelrot	ca. 6 Min.
blutig sehr englisch	rare	saignant	Kern blutig rot, innen rosa, Fleischsaft rötlich	ca. 7 Min.
rosa englisch	medium rare	à point demi-anglais	in der Mitte blutig, Fleischsaft rosa	ca. 8 Min.
halb, mittel durchgebraten	medium	à point anglais	Fleisch rosa, Fleischsaft hell und nahezu klar	ca. 10 Min.
ganz durch durchgebraten	well-done	bien cuit	Fleisch rosa bis grau, Fleischsaft fließt nicht mehr	12–15 Min.

Beim Rindersteak u. ä. haben die beiden letzten Garstufen in einem Gourmet-Lexikon nichts zu suchen, es ist dann trocken und ohne jeden Eigengeschmack.

Fleisch|bällchen   ↑ Fleischklops
-blutmagen Blutwurst mit Würfeln aus bluthaltiger Schwartenmasse, in Schweinemagen gefüllt; ↑ a. Rotwurst
-bratling   ↑ Frikadelle, Hacksteak
-brühe Bouillon aus Rindfleisch und/oder Fleischextrakt, a. (vorher angebr.) Knochen, mit Möhren, Knollensellerie, Petersilienwurzeln, Porree, Weißen Rüben usw.; läßt sich verpackt bis 1 Mon. tiefkühlen und dann gefroren oder aufgetaut verwenden
-dauerwaren ↑ Dauerware
-extrakt, Tafelbouillon [Erfinder Justus von Liebig, 1803–1873] dunkelbraune, wäßrige, leim- und fettfreie Paste aus aromatischem, eingedicktem Fleischsaft, ↑ Jus, wirkt appetitanregend und verdauungsfördernd, zum Verfeinern von Suppen und Saucen
-farce   ↑ Fleischfüllung
-fondue Fondue aus Fleischstücken, ↑ Fondue bourguignonne
-füllung, -farce, -fülle, -füllsel Masse aus fein zerkleinertem Fleisch mit stärkehaltigen Lockerungsmitteln und Ei, a. Sahne, zum Füllen von Braten, Geflügel, Ravioli, Rouladen usw.
-gelee   starre Masse aus mit Kalbfüßen eingek. oder mit Gelatine gebundener Fleischkraftbrühe; ↑ a. Gelee
-glace   ↑ Glace
-jus   ↑ Jus
-käs(e)   fein durchgedrehte Brühwurstmasse aus Rind- und Schweinefleisch mit Pökelstoffen in Form eines geb. oder gebrühten Laibes; ↑ a. Leberkäs(e), Grober, Roter Fleischkäs(e)
-klops, -bällchen, -küchle, -pflanzerl kugeliges, ellipsenförmiges oder flachovales Klößchen aus mind. 70 % geh. Fleisch mit Ei, Lockerungsmitteln (Brot, Brötchen o. ä.) und würzenden Zutaten, gegart und meist gebraten
-knepp   ↑ Fleeschknepp
-knochen   kleischtragender Rinderknochen
-kraftbrühe   konzentrierte ↑ Fleischbrühe
-küchle   ↑ Fleischklops
-la(i)berl   österr.: Deutsches Beefsteak, Frikadelle
-leberwurst   Kochstreichwurst aus mind. 20 % Leber sowie Schweinefleisch und Speck mit Schweinefleischwürfeln und Speckeinlagen
-magen   ↑ Fleischrotwurst
-nockerl   pochierter Hackfleischkloß, oft im Schweinenetz (Süddeutschland)
-pflanz(er)l   bayer., südd., österr.: Fleischklops
-reifung   Lagerung von Fleisch bei 2 °C, um es aromatisch und zart zu machen, Kalb, Schaf: 5–10 Tage, Rind: 3–20 Tage, Schwein: 4–7 Tage
-rotwurst, Fleischmagen   Blutwurst mit Würfeln von bluthaltigem Schwartenmagen
-saft   ↑ Jus
-salat   Feinkostsalat aus Streifen Rind-, Kalb- und/oder Schweinefleisch mit Mayonnaise oder Salatmayonnaise, zerkleinerten Gurken, Gewürzen und anderen Würzstoffen, Kartoffeln, Äpfeln usw., versch. Varianten
-soljanka   ↑ soljánka

-speck durchwachsener, geräucherter Speck

-spieß, Dragoner-, Zigeunerspieß mit Würzbeigaben (Gurken, Paprikaschoten-, Zwiebel- usw. Würfel) wechselweise am Holzspieß aufgereihte Magerfleischstücke (Kalb, Rind mind. 70 %, Geflügel, Wild mind. 65 %) und Speck, zum Braten oder Grillieren

-stücke, große Kalbsnuß, -frikandeau, -rücken, Lamm-, Hammelkeulen und -rücken, Rinderfilet, Roastbeef, Tournedos u. ä.

-stücke, kleine Koteletts, Medaillons, Nüßchen u. ä.

-sülze, Gallertschüssel klein geschn. Fleisch (a. von Geflügel), Fettgewebe und Schwarte, mit Aspik überzogen; österr.: a. Aspik

-tee ↑ beeftea

-vieh für Fleischbildung gezüchtete, aufgezogene Schlachttiere

-vogel schweizerd.: Roulade

-wurst Brühwurst aus fein geschn. Rind-, Schweinefleisch und Fettgewebe, a. mit Majoran und Muskatnuß

Fleischersfrauen-Art, (à la) bouchère mit Ochsenmark

Fleischerzwiebel sehr große Zwiebel, für den Spieß geeignet

Fleischkraut Salatpflanze, ↑ Salat/Sorten

Fleischtomate ↑ Tomate

Flemen Fleischstück vom Rind, ↑ Rind/Fleischstücke: Dünnung, Lappen

flensje holl.: (dünner) Pfannkuchen, Fladen

flet frz.: Flunder

flétan frz.: Heilbutt

fleuriste, (à la) ↑ Blumenhändler-Art

fleuron [frz.: Blumenzierat, Kleinod] kl. geb. Blätterteighalbmond, -dreieck, -stange als Beilage, Garnitur, Dekoration

Fleury [André-Hercule de F., 1653–1743, frz. Kardinal und Minister König Ludwigs XV.] Garnitur aus gebr. Kalbsnierenscheiben, Kartoffelkroketten und tomatisierter Demiglace, zu kl. Fleischstücken, Steaks

Flieder, Schwarzer ↑ Holunder

Fliederbeere nordd.: Holunderbeere

Fliederbeersuppe Suppe aus Holunderbeeren mit Äpfeln, Stärkemehl, Zitronensaft, -schale und Zucker, meist mit Grießklößchen, heiß oder kalt als Vorspeise oder Dessert (Hamburg)

Flocken in Schälmühlen zerquetschter, gedämpfter Hafer, Mais, Weizen, a. Kartoffel oder Reis, ↑ a. Getreideflocken, Haferflocken

Flockenstieliger Hexenröhrling ↑ Hexenröhrling, Flockenstieliger

fløde, floede dän.: Rahm, Sahne

Flomen, Liesen Fettgewebe zwischen Bauchfell und innerer Bauchmuskulatur des Schweins, dient zur Herstellung des feinen Schweineschmalzes; ↑ a. Schmer

Flönz kölnisch: Blutwurst

Florentiner knuspriges flaches Dauergebäck aus Mandeln oder Haselnüssen mit Butter, Sahne, Honig, Zucker, Orangeat, Zitronat, Früchten und Gewürzen, Unterseite mit Schokolade überzogen

Florentiner Art, alla fiorentina, (à la) florentine [Florenz, Hauptstadt der ital. Toskana] mit Spinat (als Blattgemüse oder püriert), zu Fisch, weißem Fleisch, Eiern usw.; nach Rezepten aus Florenz; ↑ a. bistecca fiorentina

Florentiner Salat ↑ Salat/Römersalat

Florian [Sankt Florian, römischer Heiliger und Schutzpatron Oberösterreichs] Garnitur aus geschm. Kopfsalat, glasierten Möhren, Zwiebeln und Schmelzkartoffeln, zu Schaffleisch; Geflügelkraftbrühe mit Frühlingsgemüse und Eiern; ↑ a. Sankt Florian

Floridasalat [Florida, der südöstlichste Staat der USA] Scheibchen von Ananas, Bananen und Grapefruit in Sahnemayonnaise, mit geh. Walnüssen bestreut

fløte norw.: Rahm, Sahne

Flott nordd.: Rahm, Sahne

Flottkäse Weichkäse, ↑ Schichtkäse

Flotzmaul vordere Kopfhaut des Rinds, wird u. a. für Ochsenmaulsalat verwendet

flour engl.: Mehl

Fluden Apfelkuchen mit Nüssen und Rosinen (jüd. Küche)

Flügelbohne Gemüsepflanze, ↑ Goabohne

Flügelbutt, Glasbutt, Schafsnut, Sche(e)fsnut Plattfisch aus dem Meer, festes, etwas trockenes, aber schmackhaftes Fleisch, alle Zubereitungen außer Dünsten und Schmoren (Nordsee, Nordostatlantik, Mittelmeer)

Flügelerbse Hülsenfrucht, ↑ Erbse/Sorten: Spargelerbse

Flügelschnecke Meeresweichtier, ↑ conch

Flugente Gezähmte Wildente, ↑ Ente/Hausente

Flugwild ↑ Wildgeflügel

Flunder, Grau-, Sand-, Struffbutt platter, schollenartiger Meer-, a. Brackwasser- und Flußfisch, festes, sehr mageres, nicht bes. feines Fleisch, frisch (gute Zeit Okt.–Dez.) oder geräuchert erhältlich, alle Zubereitungen außer Dünsten und Schmoren (Nordostatlantik einschl. Ostsee, westl. Mittelmeer); in Norddeutschland a. geräucherte Scholle

Fluor, Fluorid chem. Element, ↑ Spurenelement

Flußaal Süßwasserfisch, der sich im Meer vermehrt, ↑ Aal

Flußbarbe Süßwasserfisch, ↑ Barbe

Flußbarsch, Egli feiner Süßwasserfisch, wird a. gezüchtet, nährstoffreich und kalorienarm, sehr mageres, festes, aromatisches und leicht verdauliches Fleisch, muß frisch sein (tiefgekühlt aus Holland, Irland, Kanada importiert), läßt sich jung fritieren, älter und größer außer Pochieren alle Zubereitungen; gute Zeit alternierend Sommer und Herbst; läßt sich pfannenfertig vorbereitet bis 2 Mon. tiefkühlen (Europa – außer Südeuropa, Schottland, Norwegen – bis Nordasien, Nordamerika)

Flußkrebs Krustentier aus fließenden Süßwassern, der kleine Bruder des Hummers, mit roten Beinen (pattes rouges) bes. gut, schmeckt in Suppen, Saucen, Aspik, Gelee usw., aber am besten ganz einfach frisch (in Dill) gekocht; dazu muß er aufgeknackt werden, indem man die Scheren und Beine ablöst, Kopf und Schwanz durch eine Drehung abtrennt, das Scherenfleisch auslöst und nach Druck auf die Schwanzflosse das Fleisch herauszieht; hat man das einmal gelernt, ist er mit seinem feinen, aromatischen Fleisch von herzhaft nussigem Geschmack eine kulinarische Delikatesse; daneben läßt er sich backen, dämpfen, dünsten, grillen, pochieren, schmoren.
Heute ist der Krebs ganzjährig erhältlich, seine beste Zeit ist jedoch immer noch Juni–Sept.; er läßt sich in Sud gek. gut bis 3 Mon. tiefkühlen (vereinzelt Holstein und Bayern, sonst meist Polen, Türkei, jugoslawische Länder, Rumänien, Rußland, Kenia, USA u. a.); ↑ a. Galizierkrebs

Flußschiffer-Art, (à la) batelière Garnitur aus pochierten Champignons, geb. Eiern, Krebsen und glasierten Zwiebelchen, zu Fisch; Seezungenfilets auf Krebsschwanz- und Miesmuschelragout im Teigschiffchen, dazu Kräuter-Weißwein-Sauce; grillierte Makrelen in Grüner Sauce

flûte [frz.: Flöte] Weizenbrotstange, ↑ Baguette

Flutten ↑ Kartoffelflutten, Pflutten

focaccia [ital. *focara*, Kohlenbecken] knuspriger (Brot-, Hefeteig-)Fladen aus dem Holzofen mit versch. Belag, salzig (Gemüse, Oliven, Zwiebeln, Wurst, Käse, getr. Kräuter usw.) oder süß (Anis, Honig, Mandeln, Rosinen usw.)

Fogas, Fogasch, Fogosch ung., österr.: Zander (aus der Donau)
   szelet ung.: Zanderfilet

foie frz.: Leber
– **blond** Geflügelleber
– **de canard** Enten(stopf)leber
– **de volaille** Geflügelleber
– **d'oie** Gänse(stopf)leber
– **gras** Enten-, Gänsestopfleber; Pastete mit 75% Enten-, Gänsestopfleber

Follhering Hering vor dem Ablaichen

Folsäure ↑ Vitamine

Fond [frz.: Basis, Boden eines Gefäßes, ausgespr. *fõ*] konzentrierter Auszug aus stark zerkl. Knochen und Fleischabfällen, Krustentieren oder Fischen (↑ Fischfond), mit Gemüsen, Wurzelwerk, Kräutern lange offen gek. und gründlich entfettet, Grundbrühe für Suppen, helle oder

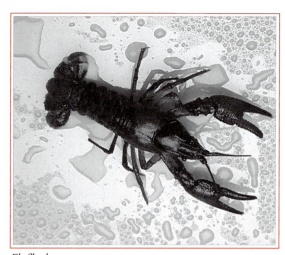

Flußkrebs

dunkle Saucen, die er kräftigt und verfeinert; die Bereitung guter Fonds ist zeitaufwendig, sie lassen sich jedoch auf Vorrat kochen und im Kühlschrank aufbewahren oder einfrieren, müssen dann aber wieder kurz aufgek. werden; nochmals eingek. Fond ↑ Glace; ↑ a. Court-Bouillon, Essenz, Sauce

≗ **blanc, heller Fond**   aus hellem Fleisch, Knochen oder Sehnen (Kalb, Geflügel) und aromatischen Gemüsen, für helle Saucen, Ragouts aus weißem Fleisch (blanquette, Frikassee), Geflügel usw.

≗ **brun, dunkler Fond, braune Grundsauce**   aus braun gerösteten Knochen und Sehnen (Parüren) von Kalb oder Wild mit aromatischen Gemüsen, zu dunklen Saucen

≗ **d'artichaut**   frz.: Artischockenboden

≗ **de poisson**   ↑ Fischfond

≗ **lié**   mit Butter, crème double, Sahne gebundener Fond

Fondant(masse), Schmelz-, Zuckerglasur   [frz.: *fondant*, schmelzend, zergehend, ausgespr. *fodã*] schneeweiße, zäh- bis halbflüssige, geschmacklich neutrale Schmelzmasse aus kristallisiertem Zucker, zum Überziehen, -glänzen von Konfekt, Torten usw., zum Füllen von Bonbons u. ä.; läßt sich in Gefäß oder Plastikbeutel luftdicht verpackt aufbewahren

Fondantkartoffel   ↑ Kartoffel/Schmelzkartoffeln

Fondue   [frz.: die Geschmolzene, ausgespr. *fodü*] urspr. westschweiz. Älplergericht, inzwischen über die Schweiz hinaus ein internat. «Gesellschaftsspiel, bei dem man satt wird» (Zeitschrift «essen&trinken»); in einem mit Knoblauchzehen ausgeriebenen Steinguttopf, dem «caquelon», wird geriebener oder fein gehobelter Hartkäse mit Weißwein unter Rühren leicht aufgek., Kirsch mit Maizena oder Kartoffelmehl dazugegeben und nach kurzem Kochen mit Pfeffer und Muskatnuß gewürzt; auf einem Spirituskocher köchelt das sämige Fondue weiter, worauf die Gäste (die dadurch bald zu Freunden werden) auf eine lange Gabel gespießte Brotwürfel hineintunken (aufgepaßt: verliert man einen, kostet das eine Runde!).

Es gibt viele reg. Varianten (Freiburg, Neuenburg, Waadtland u. a. Schweizer Kantone, a. Savoyen, Ostfrankreich) mit versch. Käsen oder Käsemischungen (Emmentaler, Greyerzer, Sbrinz, Vacherin, Cantal, Comté usw.).

Weil die Fondue (in der deutschen Schweiz *das* Fondue genannt) schwer aufliegen kann, rät man i. a., dazu Schwarztee zu trinken; da es einem meist jedoch schwerfällt, für einen Genuß auf den andern zu verzichten, bleibe man ruhig beim kühlen trockenen, herben Weißwein (möglichst aus der Region) und besänftige den Magen mit ein, zwei Gläschen Kirsch oder a. einem anderen gebrannten Wasser. Die Beliebtheit der Käsefondue hat zu mancherlei Variationen angeregt, darunter:

Das oder die Fondue, Käse als Freundschaftstiegel

Fondue Bacchus   dünne Scheiben Schweine- oder Kalbsfilet werden auf Holzspießchen gesteckt und in Metalltopf voll kochendem Weißwein mit Stücken Gemüse (Karotten, Knoblauch, Porree, Sellerie, Zwiebeln usw.) und Gewürzen (Gewürznelken, Lorbeer, Pfeffer, Salz usw.) getunkt

Fondue bourguignonne, Burgunder Fondue   Würfel von zartem Rind-, a. Kalb-, Schweinefleisch (Filet, Hüfte) werden auf spezielle Gabeln oder Holzspießchen gesteckt und in heißes Pflanzenfett oder (Fondue-)Öl getunkt

Fondue chinoise, Chinesisches Fondue   dünne Scheiben von zartem Rind-, a. Kalb-, Schweinefleisch (Filet, Hüfte) oder Hühnchen-, Truthahnbrust werden aufgerollt auf ein Holzspießchen gesteckt und in kräftige, brodelnde Brühe von Rind oder Huhn getunkt; zuletzt wird in Tassen die Bouillon (mit Nüdelchen, Sherry, Port-, Weißwein verfeinert) serviert

Fischfondue   Fondue bourguignonne mit gerollten Fischfilets und/oder Meeresfrüchten (im Backteig) statt Fleisch

Zu diesen Fondues reicht man nach Belieben versch. Saucen (Béarnaise, Curry, Ketchup, Knoblauch, Mayonnaise, Meerrettich, Paprika, Remoulade, Tatar, Tomaten, Vinaigrette usw.), rohe Gemüse, Salate, Würzzutaten (Chutney, Cornichons, Erdnüßchen, Essiggurken, Maiskölbchen,

Mixed Pickles, Oliven, Perlzwiebeln, Senffrüchte, süßsaure Früchte usw.), Kartoffelchips, Trockenreis, Brötchen, Toast; als Getränk ist neben weißem ein nicht zu schwerer Rotwein oder Bier angebracht

Fondue-Öl   ↑ Öl/Sorten

fonduta [ital.: die Geschmolzene] geschlagene, sämige Mischung aus frischer Vollmilch, reifem (Fontina-)Käse, Butter und Eigelb, wird mit gerösteten Brotwürfeln serviert, mit frischen, darüber gehobelten weißen Trüffelscheiben eine kulinarische Köstlichkeit

Fontainebleau [Stadt südöstl. von Paris unweit des linken Seine-Ufers inmitten eines Waldes mit Renaissanceschloß] ungesalzener Frischkäse aus Kuhmilch, schaumiger Teig, 60 % Fett i. Tr., mild und sahnig, a. gezuckert als Nachspeise genießbar (Île-de-France)

Fontainebleau, (à la)   Garnitur aus fein gewürfelten Gemüsestücken in kl. Herzoginkartoffelschiffchen, zu kl. Fleischstücken

Fontanges [Herzogin und verschwenderische Favoritin König Ludwigs XIV. von Frankreich] gebundene Fleisch-, Geflügelbrühe mit pürierten Grünen Erbsen, Sauerampferstreifen, Eigelb in Crème fraîche und mit Kerbelblättern

Fontina halbharter, schnittfester Bergkäse aus roher Kuhmilch, elastischer Teig, mind. 45 % Fett i. Tr., mild süßlich und nussig würzig, als Tafelkäse verwendbar oder zum Kochen, Überbacken (Aostatal, Norditalien)

fool [engl.: Narr] geh. Füllfleisch

Forelle [mhd. *forhele,* die Gesprenkelte] Süßwasser-, a. Meerfisch aus der Familie der Lachse, heute aus Zuchtteichen jederzeit verfügbar, frisch aus dem Wildwasser jedoch, obwohl immer seltener, am besten; sollte fangfrisch am Tag der Zubereitung getötet und am Einkaufstag genossen werden, ist aber a. aus dem Tiefkühler gut; feines, zart nussiges, eiweißhaltiges und je nach Art fettarmes bis fettes Fleisch (kann gezüchtet aber a. recht fade sein); alle Zubereitungen, klassisch jedoch (ungeschuppt) in einem würzigen Sud mit Möhren, Sellerie, Zwiebeln, Lorbeer und Kräutersträußchen blau gek. oder nach Müllerin-Art in Milch, dann in Mehl gewendet, in Butter gebr. und mit Zitrone beträufelt; kann pfannenfertig vorbereitet gut bis 3 Mon. tiefgekühlt werden (einheimische Gewässer, imp. aus Dänemark, Belgien, Frankreich u. a.)

Arten
Bach-, Schwarz-, Steinforelle aus kühlen, sauerstoffreichen Fließgewässern, die kleinste, schmackhafteste Forelle, gute Zeit Mai–Sept., wird a. gezüchtet
Lachs-, Meerforelle wilde bzw. gezüchtete Forelle aus dem Meer, rosafarbenes Fleisch, bes. aromatisch; a. mit Karotinzusatz gefütterte Regenbogenforelle, saftig und zart
Meerforelle wandernde Lachsforelle aus Meer und Süßwasser, wird a. gezüchtet und fangfrisch, tiefgekühlt oder geräuchert angeboten
Regenbogenforelle robuster Wanderfisch aus Salz- und Süßwasser, urspr. von der nordamerik. Pazifikküste eingeführt, wird heute meist gezüchtet
Seeforelle aus kühlen, sauerstoffreichen (Voralpen-, Alpen- u. a.) Seen, eine der besten Forellen, gute Zeit Mai–Sept., wird a. gezüchtet

Forellenkaviar   ↑ Kaviar

forestière (à la)   ↑ Förster-Art

formaggino Italien: frischer Tafelkäse mit geschmeidig weichem Teig; Lombardei, Tessin: kl. frischer, a. gewürzter Tafelkäse aus Ziegen- und Kuhmilch, oft (mit Kräutern) in Öl eingelegt

formaggio   ital.: Käse

formentone   ital.: Mais

Formuladiät   ↑ Abmagerungsdiät

forno ital.: (Back-, Brat-)Ofen, Back-, Bratrohr
   al –   im Ofen gebacken, überbacken

forschmák Gericht aus geh. Hering mit überbackenen Kartoffeln (Rußland, Baltikum)

Förster-Art, (à la) forestière Garnituren aus in Butter ged. wilden Pilzen (Morcheln, Pfifferlinge, Steinpilze u. ä.)

Regenbogenforelle

zu kl. Fleischstücken, Geflügel, a. Eiern, Gemüse, oder aus Champignons u. ä. mit gebr. Kartoffel-, Speckwürfeln, zu gr. Fleischstücken

Försterinsalat kl. gekochte Kartoffeln und ged. Morchelscheiben in Speckmarinade, mit geh. Petersilie bestreut

Fotzelschnitte [schweizerd.: *Fotzel*, Lump] Armer Ritter

foul arab.: Bohne, ↑ fūl

four frz.: (Back-, Brat-)Ofen, Back-, Bratrohr, Backwerk, ↑ petits fours
  au - im Ofen gebacken, überbacken

Fourme d'Ambert [altfrz. *fourme,* (Käse-)Form, *Ambert,* Bergdorf im Zentralmassiv] Schimmelkäse aus Kuhmilch, weicher Teig mit Innenschimmel, 45 % Fett i. Tr., ausgeprägt pikanter, leicht bitterlicher Geschmack, gute Zeit Mitte Juni–Mitte Dez. (Zentralfrankreich)

fourniture [frz.: Lieferung, Vorrat] gebrauchsfertige Zugaben, Kräuter zum Salat

fourré(e) frz.: gefüllt

fours, petits frz.: Konfektgebäck, ↑ petits fours

fowl(s) engl.: Geflügel

Foyot, sauce ↑ Sauce/sauce Foyot

fragola ital.: Erdbeere

frais, fraîche frz.: frisch, kühl

fraise frz.: Erdbeere; a. Gekröse, Kuttelfleck

framboise frz.: Himbeere

frambuesa span.: Himbeere

française, (à la) ↑ französische Art

Francatelli [Charles Elmé F., 1850–1901, Schweizer Küchenchef, Haushofmeister der Königin Victoria von England] kl. dünner, mit getrüffeltem Fasanenpüree gef. Eierkuchen, mit Johannisbeergelee und Pfeffersauce angerichtet

Françillon [im gleichnamigen Drama von Alexandre Dumas Sohn 1887 bekanntgemachtes Rezept] Salat aus Kartoffelscheiben und Miesmuscheln in Weißwein-Salatsauce mit geh. Sellerie und Trüffeln

frangipane [Frangipani, ital. Parfümhersteller, der im 17. Jh. in Paris ein Duftwasser mit bitteren Mandeln kreierte] gek. Füllcreme aus Eiern, Milch, Mehl oder Speisestärke, Vanille und zerstoßenen Mandeln; a. Name für Mischung aus Konditor- und Mandelcreme

frango port.: Hähnchen

Frankenlaib Roggenmischbrot, ↑ Fränkisches Brot

Frankfurter | Fleischwurst ↑ Lyoner
  - **Grüne Sauce** [Frankfurt am Main, Großstadt und Wirtschaftszentrum in Hessen] ↑ Grüne Sauce
  - **Kranz** kranzförmiger Kuchen aus Sand-, Biskuitteig, mit mehreren Schichten Buttercreme gefüllt und bestrichen, mit Mandel- oder Nußkrokant bestreut
  - **Fleischwurst** ↑ Lyoner
  - **Leberwurst** grob geh. Kochstreichwurst, der ↑ Hessischen Leberwurst ähnlich
  - **Pudding** im Wasserbad gegarter Pudding aus Butter, Eigelb, Zucker, Nuß-, Zwiebackbröseln mit Anis, Kardamom, Muskat und Zimt, wird mit einer heißen Rotweinsauce serviert
  - **Suppe** mit Wacholderbeeren gek. Rinderkraftbrühe, mit in Fleischbrühe gegarten Rotkohlstreifen und Scheiben von Frankfurter Würstchen garniert, dazu Reibkäse
  - **Würstchen** mageres, knackiges Brühwürstchen aus Schweinefleisch mit Gewürzen, sehr heiß geräuchert und im Kern noch roh, nur echt aus Frankfurt a. Main oder Neu-Isenburg, sonst «nach Frankfurter Art»; Österreich: Bockwurst

Fränkische Bauernblutwurst [Franken, Landschaft am Mittel- und Obermain] der ↑ Rheinischen Blutwurst ähnlich
  - **Bratwurst** Art ↑ Rostbratwurst
  -**r Bauernschinken** ↑ Schinken/Sorten
  -**r Leberpreßsack** Sülzwurst aus mind. 10 % Leber, max. 10 % anderen Innereien und Schweinefleisch sowie Speckwürfeln
  -**r Rotgelegter** Blutwurst aus Schweinefleisch, -masken, Speck und bluthaltigen Schwarten
  -**s (Land-)Brot, Frankenlaib** freigeschobenes Roggenmischbrot, rund, a. lang, stark ausgebacken mit gemehlter oder glänzender Oberfläche

Franklin [Alfred-Louis-Auguste F., 1850–1917, frz. Schriftsteller und Feinschmecker] Garnitur aus Fischklößchen, Garnelenschwänzen, Hummerscheiben, Champignons und Trüffelscheiben, zu Seezunge u. ä. in sauce normande

Franzbrot, -brötchen knuspriges Plundergebäck aus Hefeteig, Butter, Zimt und Zucker (Norddeutschland)

Franz Josef I. [Kaiser von Österreich, König von Ungarn, 1830–1916] Auflaufpudding aus Biskuitmasse mit kandierten Früchten, mit Schokoladenmasse überzogen, mit Schlagsahne serviert

Franzosesupp, Franzosensuppe [während der frz. Besetzungen entstanden] Gemüsesuppe aus Kochfleisch, Suppenknochen, frischem, knackigem Saisongemüse mit Gewürznelken, Lorbeer, Zwiebeln, Petersilie oder Schnittlauch usw. (Hessen, Rheinland-Pfalz)

Französische Art, (à la) française Blumenkohlröschen in sauce hollandaise; mit frischen Grünen Erbsen; Garnitur aus ged. Blumenkohlröschen, geschm. Kopfsalat, Spargelspitzenbündelchen und mit kleingewürfeltem Gemüse gef. Herzoginkartoffeln, zu gr. Fleischstücken

Französisches Brot ↑ Baguette

Frappé [frz.: geschlagen] erfrischende Süßspeise mit Früchten oder Fruchtstücken und Speiseeis oder Sorbet, wird kühl, aber nicht gefroren serviert; a. Mischgetränk

frappieren kalt stellen

Frascati [Restaurant und Unterhaltungsstätte im Paris des Directoire und des Empire] Garnitur aus in Mehl gebr. Gänseleberscheiben, Champignonköpfen, Spargelspitzen und Herzoginkartoffeln, zu gr. Fleischstücken in Fleischjus

Frauenfenchel Stengelgemüse, ↑ Fenchel

Frauenkraut Würzkraut, ↑ Zitronenmelisse

Frauentäubling eßbarer Lamellenpilz, wohlschmeckend mild, aber madenanfällig, muß gewürzt werden, läßt sich a. trocknen; gute Zeit Juni–Okt.

freeze engl.: (ge)frieren

Fregatt(en)makrele Meerfisch, ↑ Unechter Bonito

Freibankfleisch hygienisch nur bedingt taugliches, deshalb billigeres, aber voll genußfähiges Fleisch

Freiburger Vacherin Halbweichkäse, ↑ Vacherin fribourgeois

freigeschoben im Backofen freiliegendes Brot von runder oder ovaler Form mit allseitiger Kruste

Freilandgemüse in freiem Land (Feld oder Garten) angebautes Gemüse

freír span.: backen, (in der Pfanne) braten

French bean [engl.: französische Bohne] Grüne Bohne, Feuer-, Gartenbohne

French Dressing ↑ Salatsauce

French fried (potatoes) engl.: Pommes frites

French toast engl.: Armer Ritter, insbes. in Eiermilch gewendetes Toastbrot, in der Pfanne mit Butter oder Margarine goldbraun gebr., mit knusprig gebr. Speckstreifen belegt und mit Ahornsirup beträufelt (Nordamerika)

Freneuse [Gemeinde an der Seine im Pariser Becken] Püreesuppe aus Weißen Rübchen und Kartoffeln, mit Crème fraîche oder Milch verrührt

fresa span.: Erdbeere

fresco ital.: frisch, kühl

Fresser schlachtreifer, über 4 Mon. alter Jungbulle, der außer mit Milch und Milchersatz schon mit Gras und Heu gefüttert wurde, dunkles, festes Fleisch

fressure frz.: Herz, Leber, Lunge, Milz von Schlachttieren, a. Ragout daraus

friand frz.: Häppchen; mit Hackfleisch, Schinken, Käse usw. gef. Blätterteigpastetchen; kl. Mandelbiskuit

friandise frz.: Leckerei, Naschwerk; kl. süßes Gebäck

fricandeau frz.: Frikandeau

fricassée frz.: Frikassee

fricó span.: Geschmortes; ↑ a. guisado

Fridatten geb. Teigstreifen, ↑ Frittaten

fried engl.: gebacken

Friese Nagelkaas, Friesischer Nelkenkäse [Friesland, Küstengebiet an der Nordsee] Schnittkäse aus Kuhmilch mit Nelkenköpfen (ohne Gewürz: *Kanterkaas*), gepreßter Teig, 40% Fett i. Tr., eigenwilliger, zart pikanter Geschmack

Frikadellen mit Gemüse

Friesentorte Torte aus Blätterteigböden, Pflaumenmus und mit Rum gewürzter Schlagsahne

Friesischer Pfannfisch grobgewürfelter, mit Zwiebeln angebratener Meerfisch in mit Kartoffelscheiben ausgelegter und abgedeckter Pfanne knusprig gebr., mit geh. Petersilie bestreut

frijol, fríjol span.: Bohne; Mexiko u. a.: Schwarze Bohne

Frikadelle, Boulette, Bratklops, Bulette, Fleischbratling flach- bis rund-ovaler Kloß aus mit Lockerungsmitteln (eingeweichte Semmeln, Semmelmehl, Weißbrot), Salz, Gewürzen, a. Ei und Zwiebeln gebr. Hackfleisch; kann a. aus Geflügel, Wild, Fisch zubereitet werden; ↑ a. Bulette, Hacksteak

Frikandeau [ausgespr. *frikãdo*] Teilstück von der Kalbskeule, insbes. Ober- und Unterschale, a. Nußstück von Schwein oder Wild; zum Kurzbraten, (gespickt) Braten oder Schmoren

Frikandelle Scheibe ged. Fleisch; ↑ a. Frikadelle

Frikassee [frz. *fricasser*, zerkleinern] Ragout aus hellen Fleischstücken (Kalb, Lamm, Geflügel, a. Fisch in weißer, mit Mehl gebundener, gewürzter (Gewürznelken, Lorbeer, Zwiebeln, Muskatnuß, Wein, Zitrone usw.) Sauce gek., mit Ei und Sahne legiert

Frillice Salatzüchtung, ↑ Salat/Sorten

Frischbackware vor der Krustenbildung aus dem Backofen genommene Backware, muß vor dem Verzehr im vorgeheizten Backofen fertig geb. werden, kühl zu lagern, begrenzt haltbar

Frischer Speck ungeräucherter ↑ Speck

Frische Suppe Gemüsesuppe aus Suppenfleisch, Markknochen, Suppengrün und feinen Gemüsen (Schleswig-Holstein)

Frischfisch nach dem Fang unbehandelter oder nur gereinigter, ausgenommener, zerteilter, gekühlter Fisch

Frischfleisch nicht behandeltes, aber evtl. gefrorenes Fleisch

Frischkäse ↑ Käse/Weißkäse

Frischling junges Wildschwein im 1. Lebensjahr

Frischsahne pasteurisierte Schlagsahne, begrenzte Haltbarkeit, deshalb stets im Kühlschrank aufzubewahren

Frischwaffel ↑ Kaffeewaffel

Frisée Krause Endivie, Winter-, Bindenendivie, ↑ Salat/Endivie

frito span.: in der Pfanne gebacken, gebraten

fritot frz.: fritierter Krapfen mit Fleisch-, Fisch-, Gemüsefüllung im Teig, heiß gegessen

frittata Eierkuchen aus leicht geschlagenen Eiern ohne Milch und Mehl, nur mit Salz, Pfeffer, evtl. Aromaten, Gemüsen u. ä. gewürzt und mit wenig Fett in der Pfanne beidseitig gebacken; oft a. Omelett aus Teigwarenresten

Frittaten österr.: goldgelb geb. dünne Teigstreifen aus Mehl, Milch und Ei, Suppeneinlage

Fritten in Fett geb. Kartoffelstifte, ↑ pommes frites

fritter engl.: fettgeb. Krapfen mit Füllung von Meeresfrüchten, Austern, Früchten usw. (England, USA)

fritto ital.: gebacken; (in Fett, Öl) Ausgebackenes
 – misto Gericht aus im Teig schwimmend ausgeb. Stücken Fleisch, Gemüse, a. Pilze, Fisch, Meeresfrüchten usw.

frittura ital.: in heißem Fett oder Öl schwimmend ausgeb. Nahrungsmittel; gemischtes Ausgebackenes

Fritüre, Fettbad, friture (heißes) Back-, Bratfett oder -öl; Fettbad daraus zum Fritieren; a. die darin ausgeb. Fleisch-, Geflügel-, Fischstücke, Meeresfrüchte, Gemüse, Backwaren usw.
  -fett, -öl, Siedefett, -öl pflanzliches Öl, das sich bes. zum Fritieren eignet, hoch erhitzbar und nicht spritzend ist sowie von neutralem Geschmack; das gleiche Öl sollte nicht mehr als drei-, viermal verwendet werden

frivolité [frz.: Kleinigkeit] kl. Appetithappen, Vorgericht; kl. Törtchen

frokost dän., norw.: Frühstück; a. zweites Frühstück, Imbiß
  – bord Frühstücksbüffett

fromage frz.: Käse
  – blanc Frischkäse, Quark
  – des Bruxelles, Aettekees, Brusselse-, Hettekaas Brüsseler Käse, magerer Weichkäse aus pasteurisierter oder teilentrahmter Kuhmilch mit Schmiere, 1–30 % Fett i. Tr., feucht und salzig würzig, als kräftiger Imbiß (Belgien)
  – de Pyrénées ↑ Pyrenäenkäse
  – d'Italie Leberkäse
  – du Curé [Pfarrerkäse] Weichkäse aus Kuhmilch, speckiger Teig, 40 % Fett i. Tr., ausgeprägter Erdgeschmack (Bretagne, Loire-Atlantique, Frankreich, a. England)

Froschschenkel die muskulösen, enthäuteten Hinterbeine des Gras-, Wasser-, Ochsenfrosches, delikater, etwas fader Geschmack, der deshalb (allerdings nicht zu kräftig) mit Gewürzen, Kräutern, Knoblauch, Saucen oder in Teig überbacken werden muß; am besten von Hand gegessen; der Tierfreund merkt sich: die Tiere werden meist aus dem Ausland (Osteuropa, Indonesien, Kuba u. a.) importiert, oft unter qualvollen Umständen gefangen, gezüchtet und transportiert

Frou-Frou [Komödie von Meilhac und Halévy, Paris 1869] Geflügelkraftbrühe mit Karottenperlen, Brandmassenkügelchen und Kerbelblättern; Salat aus Bleichsellerie, Chicorée, Roten Rüben und Eiweißstreifen mit Kerbel und Trüffelspänen

Frucht nach der Befruchtung aus dem Fruchtknoten entstandenes Gebilde, das den Samen bis zur Reife umschließt; ugs. a. Obst; ↑ a. Sammelfrucht, Scheinfrucht
  -bonbon, Drops harte oder weiche Zuckerware mit Fruchtgeschmack aus Fruchtsäuren sowie natürlichen oder künstlichen Aromastoffen
  -cocktail Mischung aus Früchten (Ananas, Birnen, Pfirsiche, Weinbeeren) mit Aufguß; ↑ a. Gemischte Früchte
  -eis ↑ Speiseeis
  -essig ↑ Essig/Sorten
  -gelee ↑ Gelee
  -gemüse Früchte einjährig angebauter Gemüsearten wie Auberginen, Gurken, Kürbis, Melonen, Okra, Paprika, Tomaten usw.
  -gummi Gummibonbon aus Zucker, Glukosesirup, Fruchtsäuren sowie natürlichen oder künstlichen Aromastoffen; ↑ a. Goldbär
  -joghurt Joghurt mit Früchten, Fruchtteilen, a. Fruchtaromen, -pasten, -säften, -sirupen sowie Zucker, läßt sich kühl oder, wenn wärmebehandelt, ohne Kühlung aufbewahren
  -kaltschale ↑ Fruchtsuppe, Kaltschale
  -konfitüre, -marmelade streichfähige Zubereitung aus Zuckerarten und Pulpe einer oder mehrerer Fruchtarten
  -mark, Fruchtpüree, Obstmark Brei aus frischen, mehr oder weniger fein zerkleinerten oder passierten Früchten, a. mit zerkleinerten Fruchtstücken, zur Herstellung von Konfitüren, Marmeladen, für Süßspeisen, Eiscremes usw.; läßt sich püriert ohne Zucker bis 6 Mon., gezuckert bis 8 Mon. einfrieren
  -mehl ↑ Johannisbrotkernmehl
  -paste geleeartige Zuckerware aus natürlichen Fruchtbestandteilen
  -pastete feiner Blätter- oder Briocheteig mit Füllung von Fruchtwürfeln, meist mit Aprikosensauce gebunden
  -pulp(e), -pülpe Brei aus weichgedämpften frischen Früchten mit oder ohne Zucker, a. unzerteilten Früchten und/oder gr. Fruchtstücken in Konservierungsflüssigkeit, zur Herstellung von Joghurts, Konfitüren, Marmeladen o. ä.
  -püree ↑ Fruchtmark
  -salat ↑ Obstsalat
  -schalen, kandierte ↑ kandierte Fruchtschalen
  -schnitte flachgepreßte Paste aus Trockenfrüchten, Mandeln, Nüssen, Getreide, Gewürzen, Fruchtzucker, Honig usw.
  -senf ↑ Senf/Sorten
  -suppe, Fruchtkaltschale süße, sämige, kalte Suppe aus Wasser oder Milch, Fruchtsaft und Dickungsmitteln (Sago, Stärke, Tapioka, pflanzliche Quellstoffe) mit Früchten oder Fruchtstücken; ↑ a. Kaltschale
  -zucker, Fructose, Fruktose Zuckerart aus dem Saft süßer Früchte oder Honig, meist zusammen mit Traubenzucker, hohe Süßkraft, leberschonend, kalorienarm und für Diabetiker geeignet, als Pulver oder Sirup im Handel

Früchte ↑ Obst

Früchte, kandierte ↑ Kandierte Früchte

Früchte|brot lange oder runde Backware mit mind. gleich viel Trockenfrüchten (Äpfeln, Birnen, Datteln, Fei-

gen, Sultaninen, kandierten Früchten usw.) und Mandeln oder Nüssen wie Getreideerzeugnissen und/oder Stärke
  -**cocktail** ↑ Fruchtcocktail, Gemischte Früchte
  -**quark** Frischkäse mit bis zu 30% Früchten oder Fruchterzeugnissen
  -**senf** ↑ Senf/Sorten

Fruchtessig ↑ Essig/Sorten

Fructose ↑ Fruchtzucker

Frühjahrslorchel Speisepilz, ↑ Lorchel

Frühlings-Art, printanier, (à la) printanière Garnitur aus zartem jungem, in Butter ged. (Frühlings-)Gemüse, zu Fleisch, Geflügel, Eiern; Geflügelkraftbrühe mit Grünen Bohnen, Erbsen, Karotten, Kopfsalat, Sauerampfer, Spargelspitzen und Weißen Rübchen

Frühlingsrolle, loempia, lumpia walzenförmig gerolltes Teigblatt aus Mehl, Wasser, Salz und etwas Schweineschmalz oder Öl mit Füllung von Bambus-, Sojabohnensprossen, Mungbohnenkeimen, Schweine-, Hühnerfleisch, Garnelen, Gemüsen, Pilzen, Glasnudeln usw., in der Pfanne erhitzt oder in Fett, Öl schwimmend gegart (China, Indonesien, Südostasien)

Frühlingssalat getrennt gegarte Blumenkohlröschen, kleingeschn. Bohnen, junge Karotten, Knollenselleriescheiben in Essig-Öl-Sauce, ebenfalls getrennt angerichtet und mit Tomatenscheiben garniert

Frühlingszwiebel ↑ Zwiebel/Sorten

Frühlingsrollen mit Reis und Sojasauce

Frühlorchel Speisepilz, ↑ Lorchel

Frühmastente ↑ Ente

Frühmastgans ↑ Gans

Frühstück eigtl. das in der Frühe gegessene Stück Brot, heute die erste Mahlzeit des Tages, kann je nach Nationalität, Region, Gewohnheit und Bedürfnis im zwiefachen Sinne frugal – bescheiden und/oder fruchtig – bis reichlich und üppig sein

Frühstücksfleisch, (Tafelfertiges), luncheon meat fein geh. Rind-, Schweinefleisch und Speck mit Gewürzen, Salz und Zucker in Konserven (urspr. USA)

Frühstücksschinken ↑ Speck/Schinkenspeck

Frühstücksspeck ↑ Speck/Sorten

Frühzwetschge, (Bühler) Kreuzung zwischen Pflaume und Zwetschge, sehr aromatisch und süß, ab August reif (Bühl, Nordbaden)

fruit engl., frz.: Frucht
  –s de mer frz.: Meeresfrüchte

frukost schwed.: Frühstück

Fruktose ↑ Fruchtzucker

frumenty Brei aus Weizen, Milch, Eigelb, Rosinen und Zucker (England, USA)

fruta span.: Frucht
  – bomba Mittel-, Südamerika: Papaya

Frutigkäse [Frutigen, Bezirkshauptort an der Lötschbergbahn im schweiz. Kt. Bern] Käse aus Ziegenmilch, 45% Fett i. Tr.

fruto port.: Frucht

frutti di mare ital.: Meeresfrüchte, oft mariniert oder paniert in Öl gebacken

frutto, frutta ital.: Frucht, Früchte, Obst

Fuchsbeere Beerenfrucht, ↑ Preiselbeere

Fuchshai Meeresfisch, ↑ Haie

fudge abbeißbare, mürbe Weichkaramelle aus Zuckersirup (England, Nordamerika)

Fugu, Kugelfisch Keulenfisch aus dem Meer, köstliches Fleisch, aber hochgiftige Gallenblase, Leber und Eierstöcke, darf deshalb (vorw. in Japan) nur von erfahrenen, diplomierten Köchen zubereitet werden; Fleisch wird in hauchdünne Scheiben geschnitten und roh, seltener gek. mit Sojasauce, Zitronensaft, a. geriebenem Rettich, Chilipfeffer usw. gegessen; gute Zeit: kalte Monate; a. ausgenommen (also ungiftig) tiefgekühlt erhältlich (Meer zwischen Japan und Korea); ↑ a. tessa

fūl, foul arab.: kl. Puff- oder Saubohne, roh oder getr. gekocht, a. geschrotet wichtiges Nahrungsmittel; a. Suppe oder Eintopf daraus

Füllcreme   ↑ Konditorcreme

Füllhorn   Speise- und Würzpilz, ↑ Herbsttrompete

Füllmasse   marzipan-, persipanähnliches Erzeugnis aus Mehl, Milch, Stärke, Honig, Zucker, Früchten, Mandeln, Nüssen und Schokolade

Füllpastete   ↑ Becherpastete

Füllung   ↑ Farce

fumé(e) frz.: geräuchert

fumet [frz.: Aroma, Duft, ausgespr. *fümä*] ↑ Fischfond

fungo, funghi   ital.: Pilz, Pilze

Furchengarnele   Meereskrebs, ↑ Garnele/Arten

Furchenkrebs   Familie der Meereskrebse, ↑ Langostino

Fürsten-Art, Prinzen-Art, (à la) princière   Weißweinsauce mit Krebsbutter, Krebsschwanzwürfeln und Trüffelstreifen, zu Fisch; Salat aus Gurken- und Trüffelwürfeln in Remoulade

Fürst-Pückler-Eis(bombe)   [vom Lausitzer Konditor Schultz einem Fürsten Pückler gewidmet] Eisbombe aus Schichten Erdbeer-, Schokoladen- und Vanilleeis mit maraschinogetränkten Makronen

Das verführerische dreifarbige Fürst-Pückler-Eis

fusilli   hausgemachte, gedrehte Spindelnudeln aus Hartweizen und Wasser oder Eiern, lang oder kurz, meist zu trockenen Gerichten (Süditalien)

Füße   in der Küchensprache gelatinehaltige Fortbewegungsorgane von Kalb, Lamm, Rind und Schwein, zählen zu den Innereien, lassen sich garziehen, schmoren, a. fritieren, grillen, für Brühen, Schmorgericht usw.

fyllda strutar   mit vanillierter Schlagsahne gef. Teigtüte (Dänemark)

Fynbo   Halbhartkäse aus Kuhmilch mit Rinde aus Paraffinschicht, schnittfester Teig, 30–46 % Fett i. Tr., mild aromatisch (Insel Fyn, Dänemark)

G

gabah indon.: Reis mit Hülse

Gabelbissen, Kräuterbissen, -happen Filets vom enthäuteten Hering, in Happen zerteilt und mit Kräutern süßsauer eingelegt

Gabeldorsch Meerfisch, angenehmes Fleisch, läßt sich klein a. ganz fritieren (Nordostatlantik, a. Mittelmeer)

Gabelfrühstück zweites Frühstück, Zwischenmahlzeit am Vormittag

Gabelmakrele, Bläuel Meerfisch aus der Familie der Stachelmakrelen, delikates Fleisch (Ostatlantik, a. Mittelmeer)

Gabelrollmops ↑ Rollmops

Gabriele, Gabrielle [Komödie von Emile Augier, Paris 1849] Garnitur aus flachen Kartoffelkroketten mit geh. Hühnerfleisch, Trüffeln, geschm. Kopfsalat und Ochsenmarkscheiben, darauf kl. Fleischstücke in Madeirasauce; Geflügelkraftbrühe mit rohem Eigelb, Geflügeleierstichwürfeln und Krebsschwänzen; Fisch in Weißweinsauce mit Tomatenpüree

Gadden Meerfisch, ↑ Wittling

Gadiden dorschartige Meerfische wie Dorsch, Kabeljau, Köhler, Lengfisch, Pollack, Schellfisch, Seelachs, Wittling

gado-gado Sojasauce mit Erdnußbutter, Chilipaste, Knoblauch, Ingwer, Zitronengras, Pflanzen- oder Kokosöl, Kokosnußmilch, braunem Zucker und Zitronensaft; Gericht oder Salat aus rohen und gek. Gemüsen sowie Früchten in dieser Sauce (Indonesien)

gai thailändisch: Huhn, Hühnerfleisch

Gaisburger Marsch [Gaisburg, Ort bei Stuttgart, nach dessen Dorfwirtschaft die Einjährig-Freiwilligen aus den umgebenden Kasernen einst gern marschierten] Eintopf aus Rindfleisch, Möhren, Petersilienwurzeln, Porree, Sellerieknollen, Zwiebeln mit Gewürznelken, Lorbeer, Petersilie sowie Fleischbrühe, Kartoffelwürfeln und Spätzle; wird mit dem Löffel gegessen (Schwaben)

Galaktose Zuckerart, kommt in der Natur meist mit anderen Zuckerarten verbunden vor, so in Guar, Johannisbrotkernmehl, Gummiarabikum, Milchzucker

galantine [altfrz. *galatine*, Gelee] in Fleisch oder Haut gehüllte, gelierte, schnittfeste Art Rollpastete aus entbeintem Geflügel oder taschenförmig eingeschnittenem Fleisch, a. Fisch, mit versch. Füllungen aus Fleisch-, Speck- oder Sahnefarce (Pökelzunge, Schinken, Eier, Gänseleber, Pistazien, Trüffeln usw.), schwimmend in gesalzenem Wasser oder in Brühe gegart; ↑ a. ballotine, Parfait, Pastete, Terrine

Gälbe Brate schweizerd.: «Gelber Braten», Schweinebraten mit Gemüsen und Gewürzen in Bouillon aus Essig, Mehl, saurer Sahne und Safran (Bern)

galette flacher runder Kuchen aus Buchweizen-, a. Blätter- oder Hefeteig mit viel Butter und versch. Belag, salzig oder süß, am besten frisch vom Blech (Bresse, Bretagne, Frankreich)

Galgant, Laos-, Siamwurzel, Siam-Ingwer ingwerähnliche, brennend scharfe Wurzel, in Scheiben geschnitten oder geh. als Würze für klare Suppen, oft a. in Gewürzmischungen (Südostasien)

Gal(l)ia-Melone Netzmelone, ↑ Melone

galinha port.: Huhn, Henne

Galizierkrebs Sumpfkrebs, weniger und nicht ganz so feines Fleisch wie der Flußkrebs, heute meist aus der Türkei eingeführt (Osteuropa, Rußland, Asien); ↑ a. Flußkrebs

Gallatisalat ged. Champignonscheiben und gek. Spargelspitzen in Essig-Öl-Sauce

Gallert(e) erstarrte Flüssigkeit mit oder ohne Einlagen, ↑ Aspik, Gelee

  -schüssel ↑ Fleischsülze

galletto ital.: Hühnchen, junger Hahn

gallina ital., span.: Huhn, Henne

Gallische Art, (à la) gauloise [Gallien, röm. Name Frankreichs mit dem gallischen Hahn als Sinnbild] Hahnenkämme und -nierchen zu Geflügelkraftbrühe, Eiern, Pasteten, Teigtörtchen u. ä.; Garnitur aus mit Ragout aus Champignons, Krebsschwänzen und Trüffelscheiben gef. Teigschiffchen; zu gr. Fleischstücken

Galloway [Stadt und Landschaft in Schottland] Mastrind-Rasse, ↑ Rind

galotiri Weichkäse aus Schafmilch (Griechenland)

Galuschel Speisepilz, ↑ Pfifferling

galuschka, galuska Klößchen, Nockerl aus (Buchweizen-)Mehl, a. Butter, Eiern und saurer Sahne, in ausgelassener Butter geschwenkt, als Suppeneinlage, zu Geflügel, Ragouts, Pörkölts usw. (Ungarn, Ukraine u. a.)

Gamalost, Gammelobst halbharter Sauermilchkäse aus Kuh-, a. Ziegenmilch mit Schimmel, brauner, körniger Teig, 0,5–3 % Fett i. Tr., beißendes Aroma, kräftig pikanter Geschmack (Südnorwegen); a. Name für zwei Jahre alten ↑ Danbo/Luxus-Danbo

gamba span.: Sägegarnele, Rosa Krabbe

gamberetto ital.: Garnele

gambero ital.: Krebs, Garnele

Gambetta [Léon G., 1838–1882, frz. Staatsmann] Garnitur aus gebr. Auberginenscheiben und Tomatenhälften, zu kl. Fleischstücken, Steaks; Salat aus Artischockenboden- und Trüffelscheiben in leichter Mayonnaise mit geh. Estragon

Gambo Gemüsefrucht, ↑ Okra

game engl.: Wild, Wildbret

Gammelost norw. Sauermilchkäse, ↑ Gamalost

gammon engl.: geräucherter Schinken

Gams(wild) landsch.: Gemse

Gämse Gebirgstier, ↑ Gemse

ganache frz.: Konditorcreme aus Butter, Crème fraîche und Schokolade, zum Füllen von Gebäck, Torten u. ä.

Gandaria exot., pflaumenartige Steinfrucht, klebriges, saftiges Fleisch, süß bis sauer, kann süß roh gegessen werden, wird aber meist sauer für Chutneys, Marmeladen oder gewürzt als scharfe Beilage verwendet (Malaiischer Archipel)

Gangfisch Süßwasserfisch, ↑ Renke/Kleine Schwebrenke

Gans [ahd. *gans*, Faucherin] älteste gezähmte Geflügelart, nur bis zum Alter von 1 Jahr schmackhaft und zart (Brustfilet, Keulen, Gänseklein usw.), schwer verdauliches, aber (samt Fett und Kruste) sehr wohlschmeckendes Fleisch; sollte helle Haut, volle Brustpartie und biegsamen Rückenknochen haben; *Frühmastgans,* 3–5 Mon. alt, nach 11–12 Wo. Mast 2,5–3,5 kg schwer; *Hafermastgans,* im Herbst auf abgeernteten Kornfeldern gemästet; *Junge Gans,* 9–10 Mon. alt, 3,5–5 kg schwer, gute Zeit Nov.–Dez.; *Martinsgans,* am Martinitag, 11. Nov., geschlachtet und serviert, ↑ Martinsgans, i. a. am besten nicht älter als 5 Mon. und etwa 5 Pfund schwer.
Die Gans wird meistens (ganz, a. gef., und nicht länger als 5 Viertelstunden) gebr., a. geschmort; passende Kräuter: Bohnenkraut, Estragon, Knoblauch, Petersilie, Thymian, Ysop, Zwiebel; kann pfannenfertig verpackt 4–8 Mon. eingefroren und dann aufgetaut zubereitet werden (einheimisch, a. aus Polen, Ungarn u. a. eingeführt)
   Wild ♀, Grau ♀ weniger fett als die Hausgans, Jagdzeit Aug., Nov.–14. Jan. (meist importiert)

Gänse|brust gepökeltes, nicht zu stark geräuchertes Bruststück der Gans, frisch, gefroren oder tiefgekühlt im Handel, bes. in Deutschland als Brotbelag beliebt; ↑ a. Spickgans
  -ei ↑ Ei/Sorten: Entenei
  -fett ↑ Gänseschmalz
  -klein, Gansjung kleingeschn. Kopf, Hals, Flügel, Füße, Herz, Leber und Magen der geschlachteten Gans, läßt sich mit Wurzelwerk kochen
  -(stopf)leber die Leber gemästeter Gänse, muß frisch, fein, geschmeidig, sauber pariert sein und sollte, wenn nicht ganz, in nicht zu dünnen Scheiben angeboten werden; unter versch. frz. Bezeichnungen im Handel: *foie gras entier, frais, au naturel,* ganz am Stück, frisch und naturbelassen, die beste Gänseleber, wird kurz überbrüht roh oder warm serviert; *foie gras mi-cuit,* schonend gegart, meist vakuumverpackt in Plastikfolie, hält sich bis 1 Mon.; *bloc de foie gras,* Riegel aus 50 % Gänseleber, von Farce oder Speck umhüllt; zum Tiefkühlen ungeeignet; ↑ a. Gänseleberpain, -parfait, -pastete.
Ohne Frage eine kulinarische Köstlichkeit von einzigartig zartem Geschmack, aber ebenso zweifellos das sieche Organ eines unsanft zwangsüberernährten Vogels – «eine übergroße Gänseleber, sie mag noch so gut schmecken, setzt doch immer eine kranke Gans voraus» (Clemens Brentano) – und deshalb in manchen Ländern (Deutschland, Österreich, Schweiz) verboten; so muß sich jeder selbst für den Feinschmecker oder Tierfreund in sich

entscheiden (in Frankreich: Elsaß, Périgord, Gascogne, Landes, Dordogne u. a., aber a. in Ungarn, Polen, Bulgarien, Israel u. a.).

-lebercreme 75% geh. Gänseleber mit Kalbfleischfarce u. ä. *(crème de foie gras)* oder 55–30% geh. Gänseleber mit durchgedrehtem Fleisch, Kalbsleber usw. *(crème de foie d'oie, crème au foie)*

-leberpain Gänseleberpastete in Laibform, a. als Konserve in Dosen

-leberparfait feines Püree aus frischer Stopfleber in Grundmasse von Schweinefleisch und Gelee

-leberpastete Pastete aus 70% Gänselebereinlagen in Grundmasse von fein geh. Kalbs-, Schweineleber, Kalbsnuß, Speck und Gewürzen (Trüffeln, Lorbeer, Thymian, Cognac, Madeirawein usw.), meist in Steinguttöpfen oder Terrinen abgefüllt, ebenfalls zum Tiefkühlen ungeeignet

-leberpâté ↑ Gänseleberpastete

-leberwurst Kochstreichwurst mit groben Einlagen von Gänse-, Schweineleber in Grundmasse aus fein geh. Schweinefleisch, Speck und Gänseschmalz

-schmalz, -fett Fett aus Brust und Eingeweide der Gans, weich, fein und angenehm mild

-schwarzsauer mit Wurzelgemüse und Zwiebeln gegartes Gänseklein, mit Gänseblut gebunden, mit Gewürznelken, Lorbeer, Pfeffer, Piment, Zucker usw. gewürzt, dazu Backobst mit Brühe und Blut-Mehl-Gemisch sowie Kartoffelklöße (Pommern)

-sülze, -weißsauer mit Kalbsfüßen, Wurzelgemüsen, Kräutern und Gewürzen gegartes Gänsefleisch und -klein, in mit Essig gewürzter Brühe geliert und kalt serviert (Mecklenburg, Pommern, Berlin)

Gänseblümchen Wiesen- und Gartenpflanze, reich an Mineralstoffen und Vitaminen, junge Triebe als Würzkraut in Salaten, Kräuterbutter, Frischkäse usw.; ↑ a. Wildkräuter

Herde weißer Gänse, eines der ältesten Hausgeflügel

Gänsefuß Blattgemüse, ↑ Guter Heinrich

Gänsekraut Küchenkraut, ↑ Beifuß

Gansjung(es), Gansel bayer., österr.: Gänseklein

Gap(e)ron [frz. landsch. *gape,* Buttermilch] halbfester Schnittkäse aus Butter- oder entrahmter Milch von der Kuh mit Zusatz von Knoblauch und Pfeffer, gepreßter Teig, um 30% Fett i. Tr., pikanter Knoblauchgeschmack, gute Zeit Okt.–März (Auvergne, Frankreich)

garam masala Mischung aus gemahlenen Gewürzen (Gewürznelken, Kardamom, Koriander, Kümmel, Pfeffer, Zimt usw.), zum Aromatisieren von Curry und als Würzbeilage (Indien)

garbanzo span.: Kichererbse

garbure derber Eintopf aus eingemachter Ente, Gans, a. Schweine- oder sonst gepökeltem Fleisch mit Grün- oder Weißkohl und gartenfrischen Gemüsen (Südwestfrankreich)

Garde-Manger ↑ Küchenbrigade

Gareisl Süßwasserfisch, ↑ Karausche

Gärgemüse durch Milchsäuregärung konserviertes Gemüse wie Sauerkraut, Bohnen, Salzgurken usw.

Garibaldi [Giuseppe G., ital. Freiheitskämpfer, 1807–1882] Rinderkraftbrühe mit Tomatenwürfeln und klein geschn. Spaghetti; Geflügelkraftbrühe mit Tapiokakugeln und klein geschn. Spaghetti; Sauce aus mit Sardellenbutter aufgeschlagener Demiglace mit Cayennepfeffer und Knoblauch; Salat aus feinen Streifen von Äpfeln, Bleichsellerie und roten Paprikaschoten auf Salatblättern, mit Mayonnaise bedeckt

garida ngriech.: gr. Garnele

garlic engl.: Knoblauch

Garnele, Crevette, Krevette zehnfüßiger Schwimmkrebs aus dem Meer, a. Süßwasser (gezüchtet), weichschalig und ohne Scheren, ungeschält oder geschält und roh oder gek. (frisch oder tiefgekühlt) im Handel, sollte bei mittlerer Hitze kurz gegart werden; in bis 3000 Arten und Unterarten weitverbreitet, darunter:

    Bärengarnele, tiger prawn große Garnele, bes. in der Küche Asiens geschätzt (Indopazifik)

    Camarón, Chilegarnele schmackhaftes Fleisch (Indopazifik, südl. Ostatlantik)

Teller gekochter Garnelen

    Felsengarnele aus Salz- und Süßwasser, ↑ Rosenberg-Garnele, Sägegarnele, Steingarnele

    Furchengarnele von Sandböden und in Flußmündungen, sehr geschätzt (Ostatlantik, Mittelmeer)

    Geißelgarnele, prawn, shrimp gr. Garnelenart, ↑ Bärengarnele, Furchengarnele

    Nordseegarnele, Nordsee-, Strandkrabbe, Granat eigentlich ein Langschwanzkrebs aus Küsten- (Watt-) und Tiefwassern, wird nach dem Fang sofort an Bord gek.; man löst, «puhlt» ihn aus der Schale, indem man Kopf und Schwanz gegeneinander dreht, die Schale auseinanderzieht; fein nussiger Geschmack, sollte möglichst natur, ungewürzt in heißem Salzwasser gezogen gegessen werden (Nord-, Ostsee, Ostatlantik, Mittelmeer, Schwarzes, Weißes Meer)

    Riesengarnele, jumbo, king, tiger prawn, shrimp bes. große, bis zu 250 g schwere Garnele

    Rosenberg-Garnele, freshwater prawn gr. Garnele, wohlschmeckend und bes. fleischig, wird tiefgefroren aus Asien eingeführt und meist unter dem unzulässigen Namen «Hummerkrabbe» angeboten (Indopazifik)

    Sägegarnele, Rosa Krabbe, bouquet, crevette rose, gamba gilt in Frankreich und am Mittelmeer als beste Garnele (Nordsee, Ostatlantik, Mittelmeer)

    Sandgarnele kl. Garnelenart aus Nordatlantik und Nordpazifik, ↑ Nordseegarnele

    Steingarnele, Ostseegarnele aus Meerestiefen haupts. im Sommer gefangen (Ostsee, Atlantik, Mittelmeer, Schwarzes Meer)

    Tiefseegarnele, -krabbe, Grönland-, Nordmeergarnele mittlere Größe, Hauptfangzeit März–Okt. (Nordmeere, nördl. Küsten der USA)

Garnitur die Beilage, Umlage, Verzierung eines Gerichts aus Fleisch, Geflügel, Wild, Fisch usw., die geschmacklich wie farblich zu diesem und seiner Sauce passen soll, es vervollständigt; a. Einlage für Suppen, Saucen; die Garnitur bestimmt oft den Namen der betr. Speise

Garstufen des Fleisches ↑ Fleisch/Garstufen des Fleisches

Garten... ↑ das betr. Hauptwort

Gartenampfer, Englischer Spinat, Gemüseampfer Gemüsepflanze und Küchenkraut, wie Spinat als Gemüse verwendbar, gute Zeit März–Nov., milde Winter; im Gemüsefach des Kühlschranks 1–2 Tage haltbar (urspr. Ost-, Südosteuropa bis Vorderasien); ↑ a. Sauerampfer

Gartenangelika Würz- und Heilpflanze, ↑ Angelika

Gartenbohne Hülsenfrucht, ↑ Bohne

Gartenchampignon Zuchtpilz, ↑ Champignon

Gartenerbse Hülsenfrucht, ↑ Erbse/Sorten

Gartenfenchel Gewürzpflanze, ↑ Fenchel

Gartenkresse Gewürzpflanze, ↑ Kresse

Gartenkürbis Gemüsefrucht, ↑ Kürbis/Arten

Gartenmelde Krautpflanze, ↑ Melde

Gartenmelisse Würzkraut, ↑ Zitronenmelisse

Gartenraute Küchenkraut, ↑ Raute

Gartensalat ↑ Salat/Kopfsalat

Gärtnerin-Art, (à la) jardinière gemischtes Gemüse, ↑ jardinière, in sauce hollandaise, zu gr. Fleischstücken in Kalbsjus

Gärtnerinsalat kl. Würfel von gek. Grünen Bohnen, Knollensellerie, Möhren mit Blumenkohlröschen und Grünen Erbsen in Essig-Öl-Sauce, mit Eierscheiben und Brunnenkresse garniert

Gärung, Fermentation natürlicher oder durch Bakterien, Hefe, Schimmelpilze hervorgerufener Abbau von organischen Stoffen, insbes. Eiweiß oder Zucker, macht Produkte verdaulicher und proteinhaltiger; wird v. a. in Asien, Afrika, Nord-, Südeuropa künstlich herbeigeführt in Nahrungsmitteln wie Backwaren (Hefeteig usw.), Milcherzeugnissen (Joghurt, Käse, Sauermilch usw.), Gemüsen (Gurken, Rote Rüben, Sauerkraut usw.), Getreide (Reis, Soja usw.), Flüssigkeiten (Essig, Bier, Wein usw.)

Gasteiner Strudel [Bad Gastein, Kurort im österr. Land Salzburg] dünn ausgerollter Hefeteig mit Ei, gemahlenen Mandeln, Rosinen, Zitronat und Zucker, dazu Mandelmilch oder Vanillesauce

Gastronom [griech. *gaster*, Magen, *nomos*, Brauch, Gesetz] Feinschmecker, der sich in der guten Küche und der Geschichte, Zubereitung der Speisen auskennt; Kochkünstler; Gastwirt (eines Restaurants mit feiner Küche), ↑ a. Gourmand, Gourmet

gastronome, (à la) ↑ Feinschmecker-Art

Gastrosoph [griech. *gaster*, Magen, *sophos*, klug, weise] einer, der Speisen und Getränke mit Sorgfalt auszuwählen, Tafelfreuden weise zu genießen und klug über sie zu debattieren weiß

gâteau frz.: Kuchen, Gebäck
  - de foie Leberpastete, -terrine
  - glacé Eistorte

gaufre, gaufrette zarte, knusprige Waffel, meist mit Vanille, Orangenwasser, Zimt u. ä. aromatisiert (Frankreich); ↑ a. Waffel, Lütticher

gauloise (à la) ↑ Gallische Art

Gautier, à la [Théophile G., 1811–1872, frz. Schriftsteller] Garnitur aus Austern, Fischklößchen und Champignons in weißer Fischgrundsauce mit Butter, zu Meerfisch

gayadina russ.: Rindfleisch

gayette frz.: Gericht mit Schweinehack, ↑ caillette

gazpacho [span.: Gericht für die Feldarbeiter] nicht gek., gekühlte Sommersuppe aus knackig frischem Gemüse (geschälte, entkernte Gurken, Paprikaschoten, Tomaten, Gemüsezwiebeln, Knoblauchzehen, Sellerie usw.) und eingeweichten Weißbrotwürfeln in Tomatensaft, Rotweinessig, Olivenöl mit Paprikapulver, Kümmel, Petersilie usw., wird original aus dem Tontopf mit Holzlöffeln gegessen; Brotgericht aus Brocken eines in der Asche oder auf offenem Feuer geb. Eierkuchens (urspr. Andalusien, Spanien)

Gebäck feine Backware aus Getreide oder Getreideerzeugnissen, süß oder salzig: Kuchen, Keks, Waffel usw.; a. Backware aus Brotteig; ↑ a. Backware

Gebackene Mäuse in Fett geb. Hefeteigstücke (Österreich)

Gebackenes fritierter Krapfen, ↑ fritot

Gebrannte Creme   ↑ crème brûlée

Gebrannte Mandeln, (Erd-, Mandel-)Nüsse rohe oder geröstete Samenkerne mit glasiertem Zuckerüberzug, sehr klebrig; geröstete, warmdragierte Samenkerne, nicht klebrig

Gebrannter Zucker   ↑ Karamel

Gebrühte Krakauer   Brühwurst, ↑ Krakauer

Gedeck die für eine Mahlzeit benötigten Gegenstände (Geschirr, Eßbesteck, Serviette); die in einem Restaurant zu einem Gesamtpreis angebotene Speisen- und Getränkefolge, ↑ Menü

Gedrücktes Brötchen   ↑ Spitzbrötchen

Geelchen   Speisepilz, ↑ Pfifferling

Geest   Sproßpilz, ↑ Hefe

Gefillte Fisch, kimšta zuvis Gericht aus Füllung von Fischfleisch, Eiern, Mazzenmehl, Zwiebeln, Gewürzen usw. in Haut von Süßwasserfischen (Forelle, Hecht, Karpfen, Weißfisch), bei schwacher Hitze in Fischfond gegart, mit dem daraus gewonnenen Gelee überzogen (jüd. Küche)

Geflämmtes Marzipan   ↑ Marzipan, Königsberger

Geflügel alle nutz- und eßbaren Vogelarten, i. a. ↑ Hausgeflügel; ↑ a. Wildgeflügel

Geflügel|-Bierschinken Brühwurst aus Rind-, Schweinefleisch und Speck mit Einlagen von Geflügelfleisch; ↑ Bierschinken

- **-brühe**   ↑ Geflügelfond
- **-brühwurst** Brühwurst aus Geflügelfleisch, v. a. von Huhn oder Truthahn
- **-brust**   ↑ Geflügelfilet, Geflügelteile
- **-cremesauce**   ↑ Sauce/sauce suprême
- **-essenz**   sehr stark eingek. Hühnerfond
- **-fett**   aus dem Fettgewebe des Hausgeflügels gewonnenes Fett
- **-filet**   von Haut und Knochen befreite Brustmuskulatur von Geflügel
- **-fond** Fond aus Hausgeflügelabfällen und -karkassen, kann verpackt bis 2 Mon. tiefgekühlt und dann gefroren oder aufgetaut weiterverwendet werden; a. Suppenhuhn mit Champignonabfällen, Wurzelwerk, Zwiebeln usw., abgeschäumt und passiert
- **-gelee**   mit Gelatine gelierte, erkaltete klare Geflügelkraftbrühe
- **-glace**   stark reduzierter weißer Geflügelfond, zum Verfeinern von Saucen
- **-hälfte**   ↑ Geflügelteile
- **-innereien**   ↑ Geflügelklein
- **-keule**   ↑ Geflügelteile
- **-klein** gut geputzte, klein geschn. Hals, Herz, Magen, Flügelspitzen und Füße von Hausgeflügel, läßt sich mit Wurzelwerk dünsten, garziehen, grillen, schmoren; kann verpackt bis 2 Mon. eingefroren und dann aufgetaut verwendet werden
- **-klößchen**   Klößchen aus gemahlenem Hühnerfleisch mit Butter, Sahne, Ei und Paniermehl als Suppeneinlage
- **-kraftbrühe**   zusätzlich mit Hausgeflügelabfällen und -karkassen gek. Rinderkraftbrühe
- **-leberwurst**   Kochstreichwurst mit Hausgeflügel-, a. Schweineleber, Geflügel-, Schweinefleisch und Fettgewebe, a. Geflügelherzen, -mägen usw.
- **-mousseline**   Schaumfarce aus Hühnerfleisch, in Förmchen im Wasserbad gegart und mit Geflügelrahmsauce bedeckt
- **-oberschenkel**   ↑ Geflügelteile
- **-pastete**   Kochstreichwurst (also nicht eigentlich Pastete) mit mind. 40% Geflügelfleisch sowie Schweinefleisch, Fettgewebe und etwas Leber, a. Kondensmilch, Sahne und Eiern
- **-pilaw**   Reisgericht, ↑ Pilaw, mit Hühnerfleischwürfeln, zerkl. Paprikaschoten, Tomaten und Zwiebeln, Safran und Kräutern
- **-rahmsauce**   ↑ Sauce/sauce suprême
- **-rahmsuppe, crème de volaille**   entbeintes, püriertes Hausgeflügelfleisch, in dünner Béchamelsauce verkocht und mit süßer Sahne abgerundet
- **-salat**   Salat aus mind. 20% Geflügelfleischstücken oder -streifen mit Knollen- u. a. Gemüse, Pilzen, Ei, Früchten, Nüssen usw. in Mayonnaise oder sonst einer Würzsauce
- **-samtsauce, velouté de volaille**   mit Reismehl gebundene Geflügelsuppe, mit Geflügelpüree, Eigelb und süßer Sahne legiert
- **-schenkel**   ↑ Geflügelteile
- **-steak**   quer zur Faserung geschnittenes Stück aus der Brustmuskulatur von Hausgeflügel, insbes. Huhn oder Truthahn
- **-suppe, purée de volaille**   sämige Suppe aus mit Reis in Bouillon gek. Hausgeflügelfleisch, gewürzt und mit Butter abgerundet
- **-teile**   *Brust* (beidseits des Brustbeins gelagerte kräftige Brustmuskulatur mit oder ohne Brustbein, Haut, Knochen, ↑ a. Geflügelfilet); *Hälfte* (halber, längs des Brustbeins und der Wirbelsäule geteilter Tierkörper, evtl. mit Herz, Leber, Muskelmagen und/oder Hals); *Schenkel, Keule* (*Oberschenkel:* Geflügelbein vom Hüftgelenk bis zum Kniegelenk mit Muskelfleisch und Haut, *Unter-*

Gemüse, vielfältig, farbenfroh und – gesund

schenkel: Geflügelbein zwischen Knie- und Fußgelenk mit Muskelfleisch und Haut); a. Rücken, Hals und Innereien, ↑ Geflügelklein

-unterschenkel ↑ Geflügelteile

-zephir mit geschlagener ungesüßter oder gesüßter Sahne vermischte feine Farce aus Geflügelfleisch, warm oder kalt

Gefrieren Herunterkühlen von Lebensmitteln auf Temperaturen unterhalb des Gefrierpunkts zur Verlängerung der Haltbarkeit und besseren Verwertbarkeit der Nährstoffe Eisen, Eiweiß und der Vitamine; ↑ a. Tiefkühlen

Gefrier|fisch tiefgefrorener ganzer oder geteilter, unausgenommener oder ausgenommener Fisch mit oder ohne Kopf, ↑ a. Gefrieren, Tiefkühlen

-fleisch auf unterhalb −2 °C gekühltes Fleisch oder Fleischstücke (v. a. Rind, Schaf, Schwein, Wild) zur Verlängerung der Haltbarkeit; ↑ a. Gefrieren, Tiefkühlen

-geflügel gefrorenes oder tiefgefrorenes Geflügel, ↑ a. Gefrieren, Tiefkühlen

-getrocknet bei −25 bis −40 °C tiefgefrorenes Lebensmittel, dem im Vakuum das Wasser entzogen wurde und dadurch Aroma und Vitamine erhalten blieben; in undurchlässiger Verpackung lange haltbar

Gefrorenes ↑ Speiseeis

Gefüllte Kalbsbrust mit versch. Farcen (Rinder-, Schweinehack, Speck, Brot, Ei, Champignons, Zwiebeln usw., mit Estragon, Lorbeer, Petersilie, Thymian, Weinbrand usw. gewürzt) gef. Kalbsbrust, mit Möhren, Zwiebeln, Brustknochen usw. in Fleischbrühe und Weißwein geschmort und glasiert

Gefüllter Bonbon Bonbon mit Füllung von Cremes, Früchten, Marmeladen, Likören usw., oft mit Schokolade überzogen

Gefüllter Fisch ↑ Gefüllte Fisch

Gefüllter Schweinebauch ↑ Gefüllte Schweinebrust, jedoch in Bauchmuskulatur gehüllt

Gefüllter Schweinefuß, -kopf ↑ Gefüllte Schweinebrust, jedoch in genähte Schwarte gehüllt

Gefüllte Schweinebrust grobe Brühwurst aus Schweine-, Rindfleisch und Speck in Schweinebrustmuskulatur, als Aufschnitt

Gewürze und andere Waren auf einem arabischen Markt

Gehacktes ↑ Hackfleisch

gehärtete Fette, Öle feste, streichfähige Fette aus tierischen oder pflanzlichen Ölen

Geheimnis Gulasch als Zwischenmahlzeit (Tirol)

Geheimratskäse, Baby-Gouda sehr kl. ↑ Gouda, Schnittkäse aus Kuhmilch, geschmeidig weicher Teig, mild buttrig, jung und frisch zu essen (Holland)

Gehirn ↑ Hirn

Geigenrochen flacher Meerfisch, ↑ Rochen

Geisha, à la [Gesellschafterin in jap. Teehäusern] pochierte Fischfilets auf flachen Kartoffelkroketten in Currysauce mit Tomatenwürfeln und geh. Petersilie

Geiß mdal., südd., österr., schweiz.: Ziege

Geißbart Speisepilz, ↑ Ziegenbart

Geißbrasse(n), Weißbrasse(n) der Goldbrasse ähnlicher Meerfisch, feines Fleisch, gute Zeit Frühling, meist gefroren, aber a. frisch angeboten (Mittelmeer, a. Ostatlantik)

Geißelgarnele Meereskrebs, ↑ Garnele/Arten

Geißfuß Wildkraut, ↑ Giersch

geklärte Butter in der Pfanne zerlassene Butter, abgeschäumt und vorsichtig vom Bodensatz getrennt

gekochter Kloß ↑ Kloß

Gekröse, Inster [mhd. *kræses,* Krauses] eßbares Gedärm, Magen (außer Labmagen) und Netz von Schlachttieren, meist Kalb, samt Fettablagerungen, für Würste und vorw. säuerliche Gerichte; ↑ a. Geflügelklein, Geschlinge, Kaldaunen, Kutteln

Gel ↑ Gelee

Gelatine, Speisegelatine leimähnlicher, durchsichtig klarer, geschmacksneutraler tierischer Gelierstoff, kollagenhaltiges sterilisiertes und getr. Eiweiß aus vorw. Schweineschwarten, entfetteten Knochen, enthaarten Rinderhäuten usw., Verdickungs-, Bindemittel für Aspik, Gelee, Sülze, Würste usw.; in dünnen Blättern oder zu körnigem Pulver gemahlen im Handel, muß zur Verwendung in kaltem Wasser aufgeweicht und anschließend in heißer, aber nicht kochender Flüssigkeit aufgelöst werden; hält trocken und luftig aufbewahrt fast unbegrenzt

gelato ital.: Speiseeis

Gelbaal 7–10 Jahre alter Aal während der Wachstumsperiode im Süßwasser vor der Rückwanderung zu den Laichplätzen; ↑ Aal

Gelbe Erbse Hülsenfrucht, ↑ Erbse/Sorten

Gelber Braten ↑ Gälbe Brate

Gelber Ingwer Gewürzknolle, ↑ Kurkuma

Gelber Lauch Zwiebelgemüse, ↑ Porree/Bleichlauch

Gelbe Rübe Wurzelgemüse, ↑ Rübe/Arten

Gelber Zentner Sommerkürbis, ↑ Kürbis

Gelbe Tomate ↑ Tomate/Sorten

Gelbe Zuckerbanane ↑ Banane/Sorten, Babybanane

Gelbflossen-Thunfisch Meerfisch, ↑ Thunfisch, Yellowfin

Gelbfuß Speisepilz, ↑ Kuhmaul

Gelb(schmier)käse ↑ Sauermilchkäse

Gelbling Speisepilz, ↑ Pfifferling

Gelbpflaume trop. Frucht, ↑ Balsampflaume

Gelbröhrchen Speisepilz, ↑ Pfifferling

Gelbstriemen kl. Meerbrasse, festes, aber grätiges, leicht verderbliches Fleisch, meist für Fischsuppen, läßt sich aber a. backen, braten, grillen, schmoren (Ostatlantik)

Gelbwurst helle und milde, fein gekutterte Brühwurst aus Jungrind-, Kalb- und/oder Schweinefleisch mit Speck in gelb gefärbter Hülle, für Aufschnitt

Gelbwurz Gewürzknolle, ↑ Kurkuma

Gelee, Gel [frz. *gelée*, die Gefrorene, Erstarrte] entfettete, geklärte Flüssigkeit, die mit Essig, Wein oder Zitrone ergänzt mit Geliermitteln hergestellt wird und nach Erkalten erstarrt, zum Tiefkühlen nicht geeignet; mit Agar-Agar oder Gelatine zubereitete Süßspeise; gelierte Marmelade aus einer oder mehreren Fruchtarten; ↑ a. Aspik
  -früchte Nachbildung von Früchten aus Gelee mit aromatisierten Essenzen und Farbstoffzusatz
  – -Marmelade Gelee aus dem Saft von Zitrusfrüchten und feingeschn. Schale

Bienen beim Wabenbau

-speise, Götterspeise, Wackelpeter Kristallpudding aus Obstsaft mit Gelatine oder Pektin

gelée royale [frz.: Gelee für die Königin] Futtersaft der Bienen, gilt als (umstrittenes) homöopathisches Stärkungsmittel

Geliermittel, Gelierstoffe ↑ Dickungsmittel

Gelierzucker ↑ Zucker/Sorten

Gellerts Butterbirne ↑ Birne/Birnensorten

Gelose Geliermittel, ↑ Agar-Agar

Gelünge Innereien von Schalenwild, ↑ Geräusch

Gemischte Früchte Mischung aus mind. vier der nachstehenden Obstarten: Äpfel, Aprikosen, Birnen, Erd-, Heidel-, Him-, Johannis-, Preisel-, Stachelbeeren, Kirschen, Pfirsichen, Pflaumen, Quitten in Konserven; ↑ a. Fruchtcocktail

Gemischtes Hack ↑ Hackfleisch/Arten

Gemischtes Kraut Mischung aus Apfel- und Rübenkraut

Gemischtkost ↑ Mischkost

Gemse, Gams, Gämse ziegenartiges, horntragendes Huftier aus dem Gebirge, jung als Kitz oder Jährling dunkles, aromatisches, zum Teil talgig fettes Fleisch (sollte in der Decke und ausgenommen etwa 1 Wo. abgehangen werden), jenes älterer Tiere gern etwas streng, zäh und deshalb meist mariniert (für Gemspfeffer u. ä.); Hals (Träger), Blatt (Schulter), Rücken (Ziemer), Keule (Schlegel) lassen sich wie Reh zubereiten; Jagdzeit Aug.–14. Dez.; kann pfannenfertig verpackt bis 12 Mon. tiefgekühlt werden (europäische Hoch- und Mittelgebirge, a. Asien, Nordamerika)

Gemüse [mhd. *gemuese*, Brei] meist einjährige Nutzpflanze, im weiteren Sinn a. Kartoffel, Keimling, Pilz, die roh (a. fein geschn., geraspelt), gek. oder konserviert einer vollwertigen, gesunden Ernährung dient; kalorienarm, aber hohe Nährstoffdichte, vom Freiland mehr Vital-, weniger Schadstoffe als aus dem Treibhaus; muß, wenn nicht ausgespr. Lagersorte (Kartoffel, Möhre, Rote Rübe, Zwiebel u. a.) oder natürlich konserviert, saisonfrisch und nicht zu lange gelagert sein; sollte vor der Zubereitung in fließendem warmem Wasser gründlich gewaschen, nach der Zubereitung sofort verzehrt und nicht warmgehalten werden.

Gemüse wird bei mittlerer Hitze möglichst naturbelassen, schonend und nur leicht gewürzt gegart; es läßt sich blanchieren, dämpfen, dünsten, einlegen, glasieren, kochen, schmoren, a. braten, als Püree, Rohkost, Salat usw. zubereiten und eignet sich bes. für die Mikrowelle; passende Kräuter: Basilikum, Borretsch, Estragon, Kerbel, Knoblauch, Petersilie, Pfefferminze, Quendel, Rosmarin, Salbei, Sauerampfer, Schalotte, Thymian, Wacholder, Ysop, Zwiebel; Gemüse ist kühl und dunkel zu lagern und hält sich (blanchiert) tiefgekühlt bis 12 Mon., in geöffneter Konserve im Gemüsefach des Kühlschranks 5–7 Tage.

Man unterscheidet i. a. folgende sich zum Teil überschneidende Gruppen: *Algengemüse,* Meerespflanzen, ↑ Alge; *Blatt-, Salatgemüse* (alle Salatarten, Kresse, Mangold, Melde, Rapunzel, Sauerampfer, Spinat, Weinblätter, Zichorie u. a.), oft hoher Nitratgehalt; *Blattstielgemüse* (Bleichsellerie, Rübstiel, Rhabarber); *Blütengemüse* (Artischocke, Blumenkohl, Brokkoli), ↑ a. Kohlgemüse; *Fruchtgemüse* (Aubergine, Gurke, Kürbis, Mais, Okra, Paprika, Tomate, Zucchino); *Knollengemüse* (Knollensellerie, Kohlrabi, Radieschen, Rote Rübe, Steckrübe); *Kohlrübe* (alle Kohlarten), ↑ a. Blüten-, Knollengemüse; *Pilze,* ↑ Pilze; *Samengemüse* (Grüne Bohne, Grüne Erbse, Kastanie), nur gek. genießbar, ↑ a. Schotengemüse; *Schotengemüse, Hülsenfrüchte* (Bohne, Erbse, Linse, Soja), hoher Eiweißgehalt; *Sprossengemüse* (Adzukibohne, Erbse, Kichererbse, Kresse, Linse, Luzerne, Senf, Sonnenblume, Weizen u. a.), ↑ a. Keimling; *Stengel-, Stielgemüse* (Bleichsellerie, Fenchel, Hopfen, Karde, Spargel u. a.), ↑ a. Blattstielgemüse; *Wildgemüse* (wildwachsende Pflanzen wie Brennessel, Brunnenkresse, Huflattich, Löwenzahn, Sauerampfer u. a.), ↑ a. Blattgemüse; *Wurzel-, Knollengemüse* (Batate, Kartoffel, Knollensellerie, Möhre, Pastinake, Radieschen, Rettich, Rote, Weiße Rübe, Schwarzwurzel, Topinambur, Wurzelpetersilie u. a.), roh oder gek. genießbar, ↑ a. Knollengemüse; *Würzgemüse* (Dill, Petersilie, Schnittlauch, Schnittsellerie u. a. Küchenkräuter); *Zwiebelgemüse* (Knoblauch, Porree, Schalotte, Schnittlauch, Zwiebel u. a.)

Gemüse auf englische Art in Salzwasser gegart, gut abgetropft und mit frischer Butter angerichtet

Gemüse auf griechische Art in Sud aus Wasser, Olivenöl, Salz und Zitronensaft gegart, mit Fenchel, Koriander, Lorbeer, Sellerie und Pfeffer gewürzt, gern als Vorspeise serviert

Gemüse|ampfer Gemüsepflanze, ↑ Gartenampfer, Sauerampfer

- **-banane** Bananensorte, ↑ Banane
- **-bohne** ↑ Bohne/Wachsbohne
- **-fenchel** Stengelgemüse, ↑ Fenchel
- **-kürbis** ↑ Kürbis/Gartenkürbis, Zucchino
- **-lauch** Zwiebelgemüse, ↑ Porree
- **-mais** Maissorte, ↑ Mais
- **-mark** gärfähiges, unvergorenes oder milchsauer vergorenes Erzeugnis aus passiertem ganzem oder geschältem Gemüse ohne Abtrennen des Saftes
- **-nudel** mit püriertem Gemüse und/oder Kräutern gefärbte Teigware; a. Nudel mit Gemüsestreifen
- **-paprika** ↑ Paprika
- **-salat** Salat aus mit Mayonnaise, Gewürz- oder Salatsauce gebundenen gek. Gemüsewürfeln (Bohnen, Erbsen, Möhren, Rüben, a. Kartoffeln u. a.)
- **-streifchen** ↑ Julienne
- **-zwiebel** ↑ Zwiebel/Sorten

Gemüsegärtnerin-Art, (à la) maraîchère allg. mit frischem Gemüse, a. mit Rosenkohl, Schwarzwurzeln und Schloßkartoffeln; Garnitur aus ged. Artischockenbodenvierteln, geschm. Gurkenstücken, glasierten Karotten und Zwiebelchen, zu geschm. Fleisch in Schmorsaft; Püreesuppe aus Kürbis, Kartoffeln und Sahne; Suppe nach ↑ Hausfrauen-Art mit Kartoffeln, Fadennudeln und Streifen von Kopfsalat, Portulak, Sauerampfer, Blattspinat sowie Kerbelblättern

Die Gemse, jung ein feines Wildbret

genevoise frz.: genferisch, ↑ Genfer Art, Sauce/sauce genevoise

Genfer Art, (à la) genevoise [Genf, Stadt und Kanton am Genfer See in der Westschweiz] Süßwasserfisch (aus dem Genfer See) in Sauce aus Fischsud, Röstgemüse und Rotwein; ↑ a. Sauce/sauce genevoise

Genfer Sauce   ↑ Sauce/sauce genevoise

geng   chin.: Suppe

genièvre   frz.: Wacholder(beere)

génoise   [frz.: genuesisch, ausgespr. *schenoās*] leichte Biskuitgrundmasse, ↑ Wiener Masse; leichter Biskuitkuchen aus Wiener Masse, oft mit kandierten Früchten, Mandeln und Aromastoffen, wird gern mit Cremes, Marmelade o. ä. gefüllt

Gentechnik [Gen: Erbanlage, Erbfaktor, nach griech. *génos*, Gattung, Geschlecht] die biotechnische Veränderung von Erbgut durch Verpflanzung artfremder Gene, an der die Wissenschaft seit 1973 arbeitet und die heute a. für den Nahrungsmittelmarkt entwickelt wird; sie ermöglicht die Züchtung von Tieren, Pflanzen und Mikroorganismen mit neuen Eigenschaften, von der «eierlegenden Milchsau mit vier Schinken» (vorläufig eine Horrorvision) bis zu schädlingsresistentem Gemüse und kalorienarmen Teigwaren.

Die Gentechnologie ist ein Schritt von der natürlichen Nahrung zur standardisierten Industrieproduktion und deshalb immer noch umstritten: Die Befürworter versprechen sich eine rationellere, hygienischere Herstellung von Nahrungsmitteln, längere Frische, Haltbarkeit und Widerstandskraft, billigere Ware und intensiveren (wenn nicht gar fremdartigen) Geschmack, die Gegner befürchten eine Störung des Gleichgewichts in der Natur, Verlust der genetischen Vielfalt und langfristig unerwünschte gesundheitliche, ökologische, soziale Folgen.

Unbestreitbar sind die Forderungen, daß gentechnisch manipulierte Nahrungsmittel gesundheitlich unbedenklich und umweltschonend sein sollten (was kurzzeitig nicht leicht nachzuweisen ist) und daß sie eindeutig als solche gekennzeichnet werden.

Genueser Art, à la génoise [Genua, ital. Hafenstadt an der ligurischen Mittelmeerküste] Garnitur aus Karpfenmilch, Krebsfleisch und Champignons, zu Fisch in Genueser Sauce

Genua, «La Superba», «die stolze» Hafenstadt an der italienischen Riviera

Genueser Brot, pain de Gênes Gebäck aus leichter Biskuitmasse mit viel Butter und zerstoßenen Mandeln, wird trocken oder gef. angeboten

Genueser Masse leichte Biskuitgrundmasse, ↑ Wiener Masse

Genueser Sauce, sauce génoise Mayonnaise mit zerstoßenen Mandeln, Pistazien, feingeh. Kräutern (Estragon, Kerbel, Kresse, Petersilie usw.) und Zitronensaft, zu kaltem Fleisch und Fisch

Genußmittel Lebensmittel, das mehr seines Geschmacks, seiner anregenden Wirkung als seiner Nährstoffe wegen genossen wird (Gewürze, Küchenkräuter, Kaffee, Tee usw.)

Genußsäure organische Säure, die in der Natur weitverbreitet ist, heute aber vorw. synthetisch oder biotechnisch hergestellt wird: Apfel-, Essig-, Milch-, Wein-, Zitronensäure u. a.

Georgette [nach dem gleichnamigen Lustspiel von Victorien Sardou, 1885] mit Krebsragout gef. ganze gek. Kartoffeln oder Rührerei; Rahmsuppe aus Karotten- und Tomatenpüree; süße Crêpe mit in Rum getränkten Ananaswürfeln, Aprikosenmarmelade und Puderzucker, im Ofen glasiert

Georgische Art [Georgien, Landschaft in Transkaukasien] kugelige, panierte und geb. Reiskroketten, zu Fleisch in Tomatensauce

Georgsritterling Speisepilz, ↑ Maipilz

geräucherte Bratwurst schnittfeste Rohwurst aus Rind-, Schweinefleisch und Fettgewebe, a. Knoblauch, wird meist gekocht und nicht gebraten

geräucherte Makrele, Räuchermakrele ausgenommene, heißgeräucherte Makrele ohne Kopf

geräucherter Bauchspeck, Dörrfleisch, geräuchertes Bauchfleisch Bauchfleisch junger Schweine mit Knorpeln und Schwarte, gepökelt und warm geräuchert, Fettgeh. etwa 50 %

geräucherter Fisch ↑ Räucherfisch

geräucherter Lachs ↑ Räucherlachs

Geräuchertes südd.: Rauchfleisch, ↑ Schinken/Erzeugnisse

Geräusch, Gelünge Jägersprache: Herz, Leber, Lunge und Nieren von Schalenwild

Gericht als Mahlzeit zubereitete, angerichtete Speise

geriebene Semmel ↑ Paniermehl

geriebener Teig ↑ Teig/Sorten

geriebenes Weißbrot durch ein Drahtsieb geriebenes frisches, entrindetes Weißbrot, zum Einbröseln, Überbacken oder für Grilladen

gerinnen der Übergang einer Flüssigkeit oder Masse in gelatineartigen, flockigen, klumpigen Zustand durch falsche Behandlung, Überfetten, Überhitzen

Gerippte Tomate ↑ Tomate/Arten

Germ österr.: Hefe
  -kipferl Hefeteighörnchen
  -knödel ↑ Knödel

Germinal-Suppe, consommé Germinal [Germinal, der 7. Monat im frz. Revolutionskalender, 21. März–19. April] Kraftbrühe mit Estragon, als Einlage Geflügelklößchen mit Estragon und Kerbel, Grünen Erbsen, kleingeschn. Grünen Bohnen und grünen Spargelspitzen

Germiny-Suppe, potage Germiny [Graf von Germiny, ehem. Gouverneur der Banque de France] mit Eigelb und Sahne legierte Fleischbrühe mit Kerbel- und Sauerampferblättern

Germon Weißer ↑ Thunfisch

Gérômé [nach der frz. Stadt Gérardmer in den Vogesen] runder Bergkäse mit Rotschmiere aus i. a. pasteurisierter Kuhmilch, weicher Teig, 45–50% Fett i. Tr., aromatisch würzig (Lothringen)

Gerste eine der ältesten Getreidearten, vollwertig mit hohem Anteil an Vitaminen, Mineralstoffen und Spurenelementen, leicht verdaulich, natürliches Heilmittel gegen Nierenerkrankungen und Stoffwechselstörungen; als Mehl, Brei, (Fladen-)Brot, Graupen, Grütze, für Suppen, pikante warme Gerichte, Aufläufe, Salate, Vollwertkost usw. verwendbar; Garzeit: 1 Tasse Gerste in 2½ Tassen Wasser 1½ Stunden (ganze Welt, insbes. China, Rußland, Afrika, Kanada); ↑ a. Graupen, Keimling

Gerstel österr.: Graupe

Gerstelbrot ↑ Gersterbrot

Gersten|graupen ↑ Graupen
  -grütze ↑ Grütze

Gerstenfeld

-malz ↑ Malz
-suppe ↑ Graupensuppe

Gerstenzucker, Malzzucker Bonbonmasse aus Malzextrakt

Gersterbrot, Gerstelbrot Spezialbrot, dessen Teig vor dem Backen in offenem Feuer «gegerstert», geflämmt wurde

Gerupfter zerdrückter Camembert mit Quark, Schmelzkäse, Eigelb und Gewürzen (Franken)

Gervais ungereifter, fettiger, streichfähiger Doppelrahmfrischkäse aus Vollmilch von der Kuh und Sahne, a. gezuckert als Dessert gegessen; kühl 14 Tage haltbar (Frankreich); ↑ a. Suisse

geś poln. [ausgespr. *gäsch*]: Gans

Gesalzene Butter ↑ Butter/Sorten

Gesälz, Gsälz zuckerhaltiges, eingek. Obst als Brotaufstrich (Schwaben)

Geschlinge Organe aus Maul-, Rachenhöhle, Hals und Brusthöhle von Schlachttieren, v. a. Schwein (Zunge, Schlund, Lunge, Herz, Leber); ↑ a. Gekröse

Geschmälzte Teigwaren, die nach dem Kochen in der Pfanne mit heißem Fett, Schmalz geröstet und geschwenkt wurden (Süddeutschland)

Geschmolzene Kartoffeln ↑ Schmelzkartoffeln

Geschmolzene Tomaten ↑ concassée de tomates

Geschnetzeltes, Saucen-, Scheibenfleisch, émincé in dünne Scheiben geschnittenes, sautiertes Fleisch in gebundener Sauce
  Zürcher-, Züri-Gschnätzlets kl. dünne Scheiben Kalbsfilet, a. Kalbsniere, und Champignons, in der Pfanne mit Mehl bestäubt angebraten, dazu in Butter ged. feingeh. Schalotten oder Zwiebeln, mit (Schweizer) Weißwein und Sahne abgelöscht und gut gewürzt, mit geh. Petersilie bestreut (Zürich, Ostschweiz)

Geschwellte schweizerd.: Pell-, Schalenkartoffeln

Geschwollene ↑ Wollwurst

Geselchtes ↑ Selchfleisch

gęsina poln. ausgespr. *gäschina*: Gänsefleisch, Gänsebraten

Gesponnener Zucker Art Zuckerwatte, zum Dekorieren von Backwaren

Gest niederd.: Hefe

gestovt, gestowt [niederd.: Stove, kastenartiger Fußschemel mit Behälter für glühende Kohle] gedünstet, geschmort; Norddeutschland a.: in Mehlsauce

Gestreifter Seewolf Meerfisch, ↑ Seewolf, Gestreifter

Gestreifter Thun Meerfisch, ↑ Bonito

Getreide, Körnerfrüchte [mhd. *getregede*, Bodenertrag] die stärkehaltigen Körner zu den Gräsern gehörender Kulturpflanzen, altes Grundnahrungsmittel, das fast alle für den Menschen und für viele Tiere wichtigen Nähr- und Vitalstoffe enthält; *Sommergetreide:* im Frühling gesät, im Herbst geerntet, *Wintergetreide:* im Herbst gesät, im folgenden Sommer geerntet; ungeschält vollwertiger als geschält; ↑ Buchweizen (eigentlich ein Knöterichgewächs), Cerealien, Dinkel, Flocken, Gerste, Grünkern, Hafer, Hirse, Keimlinge, Kleie, Reis, Roggen, Weizen
  -erzeugnisse Produkte aus gereinigtem Getreide, das (durch Erhitzen, Fraktionieren, Quetschen, Zerkleinern) weiter verarbeitet wurde
  -flocken durch Dämpfen und Pressen hergestelltes Lebensmittel aus geschälten ausgewalzten Getreidekörnern,

leicht verdaulich und ernährungsphysiologisch wertvoll; lassen sich gut verschlossen, kühl und trocken gelagert bis 6 Mon. aufbewahren; ↑ a. Flocken
  -**riegel** in Formen gepreßter ↑ Crunchy

Getrocknete Erbse ↑ Erbse/Sorten, Trockenerbse

Getrocknetes Gemüse, Dörr-, Quell-, Trockengemüse unter Erhaltung der Inhalts- und Geschmackswerte schonend getr. Gemüsedauerwaren; verpackt bis 1 Jahr haltbar

gevogelte holl.: Geflügel, Federwild

gewachsen, wie ↑ Fleisch

Gewichte ↑ Maße und Gewichte

Gewiegtes ↑ Hackfleisch

Gewürz [ahd. *wurz*, Wurzel] Teil einer Pflanzenart, der seiner Geschmacks- und Geruchsstoffe wegen Lebensmitteln zugesetzt wird, um diese schmackhaft, besser verdaulich und/oder pikant zu machen; man unterscheidet: *Blüten* und *Knospen* (Kapern, Nelken u. a.), *Früchte* und *Samen* (Muskat, Paprika, Pfeffer, Piment, Senf, Vanille, Zitrone u. a.), *Rinden* (Zimt u. a.), *Wurzeln* und *Wurzelstöcke* (Ingwer, Kurkuma, Sellerie u. a.) und *Zwiebeln* (Knoblauch, Zwiebeln u. a.); *Pilze* zählen ebenfalls zu den Gewürzen, sofern sie ausschließlich ihrer würzenden Eigenschaften halber verwendet werden.
Gewürze sollten i. a. möglichst frisch und schnell verbraucht werden, geröstet sind sie geschmacksintensiver und spröder; sie halten sich ungemahlen länger als gemahlen, sollten dunkel, kühl und trocken gelagert werden und sind in Dosen oder Glas bis 1 Jahr haltbar; ↑ a. Kräuter und einzelne Stichwörter

Gewürz|aroma, -essenz, -extrakt Auszug mit natürlichen Aromastoffen aus Gewürzen
  -**brot** ↑ Brot/Spezialsorten
  -**essig** ↑ Essig/Sorten
  -**fenchel, Fenchelsamen, Pfefferfenchel** grünlichbrauner, dem Kümmel ähnlicher Kern der Fenchelstaude, süß-würzig anisartiger Geschmack, ganz, geschrotet oder gepulvert als aromatischer Geschmacks- und Würzzusatz zu Fleisch, Geflügel, Fisch, Saucen, Marinaden, Brot, Kuchen usw. (Thüringen, Osteuropa, China, Indien, Ägypten, Argentinien u. a.)
  -**gurke** Gurkensorte, ↑ Gurke/Einlegegurke
  -**hering** ↑ Kräuterhering
  -**körner** exot. Gewürze, ↑ Piment
  -**kräuter** ↑ Kräuter
  -**kuchen** ↑ Lebkuchen
  -**nelke, Näglein, Nelke** getr. Blüte des Gewürznelkenbaums, voll ätherischen Öls mit Nelkenduft und feurigscharfem Geschmack, hebt den Geschmack von Speisen, wärmt und erleichtert die Atmung, beste Sorte *Amboina* aus Ostindien, sparsam dosiert als Würze vielseitig verwendbar für Brühen, Fleisch, Wild, Fisch, Gemüse, Saucen, Marinaden, (Birnen-)Kompott, Feigen, Süßspeisen, Backwaren usw.; hält sich dunkel, kühl und trocken gelagert bis 3 Jahre (Ost-, Westindien, Madagaskar, Molukken, Brasilien u. a.)
  -**öl** ↑ Öl/Sorten
  -**paprika** Würzfrucht, ↑ Paprika/Sorten
  -**pflanzen** ↑ Kräuter
  -**plätzchen** meist runde, kräftig gewürzte Dauerbackware
  -**printe** Gebäck aus Printenteig, kräftig gewürzt, a. mit ganzen Korianderfrüchten; a. Printe
  -**salz** grobes Salz mit mind. 15% fein gemahlenen Gewürzen und/oder Kräutern
  -**schinken** ↑ Schinken/Sorten
  -**senf** ↑ Senf
  -**sträußchen** ↑ bouquet garni
  -**zwiebel** Gemüsesproß, ↑ Zwiebel
  Suppen- Mischung aus Gewürzen, insbes. getr. Suppen-, Würzkräutern, und würzenden Gemüsen

Gex, Bleu de [Landschaft am Fuß des frz. Juras] Blauschimmelkäse aus Kuhmilch, leicht gepreßter Teig, mind. 45% Fett i. Tr., leicht säuerlich mild bis pikant, gute Zeit Juli–Sept. (Ain, Franche-Comté, Nordostfrankreich)

Gezogener Zucker der von Zuckerbäckern für Dekorationen, Figuren u. ä. verwendete Zucker

ghee ind.: Fett; insbes. Brat-, Kochfett aus geklärter Butter oder Pflanzenfett, ranzig schmeckend; kann im Kühlschrank bis 1 Jahr aufbewahrt werden
  usli- – Butter
  vanaspati - Pflanzenfett

gherkin engl.: Essig-, Pfeffergurke

Gianduja weiche Schokolade mit fein gemahlenen Haselnüssen, a. Mandeln und/oder anderen Nüssen

giardinetto [ital.: Gärtchen] gemischtes Gemüse, frisch und farbenfroh aus dem Garten; a. gemischte Süßspeisen, Speiseeis

gibelotte [frz. *gibier*, Wild] in Weiß- oder Rotwein geschm. Kaninchenfrikassee

gibier frz.: jagdbares Wild, Wildbret; Wildgericht

Die «Goldfrüchte» des ostasiatischen Gingkobaumes

giblet engl.: Innereien, Geflügelklein

Gichtbeere ↑ Johannisbeere, Schwarze

Gichtstock Würzkraut, ↑ Liebstöckel

Giebel Süßwasserfisch, ↑ Silberkarausche

Giersch, Geißfuß würziges Wildkraut, junge Triebe für Kräuterbutter, Salate usw.; ↑ a. Wildkräuter

Gigot frz., ausgespr. *schigo:* Keule, Schlegel, meist von Hammel, Lamm oder Reh; a. Poularden-, Truthahnschenkel

gilderne joch jidd.: Hühnersuppe, wird trad. am Sabbat aufgetischt (jüd. Küche)

gimblette mit Anis, Mandeln, Orange, Vanille, Zitrone usw. aromatisierter, gezuckerter Brandmasse-, Hefeteigkringel (Südfrankreich)

gingembre frz.: Ingwer

ginger engl.: Ingwer
  – bread, – nut Dauerbackware, Rührkuchen mit Sirup und viel Ingwer

Gingkopflaume, Ginkonuß, -pflaume, ginnan, Weiße Nuß pflaumenähnliche Frucht eines ostasiatischen Baumes, Frucht (a. in Dosen) zu Geflügel und Fisch, Kern (Nuß) geröstet als Gewürz (Ostasien)

Ginseng gelbe Rübe des Araliastrauchs, die «Wurzel des Lebens» der Chinesen, der sie therapeutische und aphrodisiakische Wirkungen zuschreiben; fenchelartiger Geschmack, kann a. in Alkohol eingelegt oder getr., feingeh. als Würze für Gebäck usw. ähnlich dem Ingwer verwendet werden (Korea, Mandschurei)

Girardi, à la [Alexander G., 1850–1918, Wiener Volksschauspieler] Garnitur aus Austern, Garnelen und Champignons, zu Fisch in grüner Kräutersauce

girolle frz.: Pfifferling; Westschweiz a. Gerät zum Abhobeln der ↑ Tête de Moine

giros, gyros [griech. *gyrízo,* drehen] marinierte, am Drehspieß gegr. dünne Scheiben Schweine-, Lamm-, a. Kalbfleisch (Griechenland); ↑ a. döner kebap

Gitzi schweizerd.: Zicklein, Ziegenlamm; Braten daraus

Gjetost norw. Molkenkäse, ↑ Mysost

Glace [frz.: Eis, Eisglanz, ausgespr. *glaß*] Fleischextrakt, zu Sirup eingek. aromatische, nicht gebundene, ungesalzene Brühe von Kalb-, Geflügel-, Wild-, a. Fischfleisch, die beim Erkalten fest wurde und sich schneiden läßt, zum Glasieren, Überglänzen, zum Verfeinern von Suppen und Saucen; Zuckerüberzug für Gebäck, Speiseeis mit mind. 3 % Fett
  ≗ **fondante** frz.: Fondant
  ≗ **royale** weiße Zuckerglasur aus Eiweiß, Staubzucker und Zitronensaft

Glacé-Salat ↑ Salat/Sorten

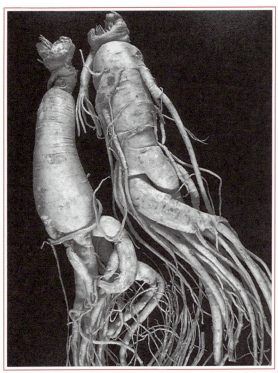

Ginseng, die «Wurzel des Lebens» der Chinesen

Glacier ↑ Küchenbrigade

Glacierte Marone, marron glacé kandierte, in Zuckersirup eingemachte Eßkastanie

Glacierter Schinken mit Puderzucker bestäubter, unter dem Grill oder Salamander karamelisierter Schinken mit goldgelber Kruste

Glahrke Meerfisch, ↑ Rotzunge

Glane Tirol: Preiselbeere

Glarner Kräuterkäse [Glarus, Kt. der Ostschweiz] ↑ Schabziger

Glarner Pastete Blätterteiggebäck mit Füllung aus Dörrzwetschgenpaste und süßer Mandelmasse (Glarus, Ostschweiz)

Glarner Schabziger Kräuterkäse, ↑ Schabziger

Glasaal durchsichtiger Jungaal, ↑ Aal

Glasbutt Plattfisch aus dem Meer, ↑ Flügelbutt

Glasierte... ↑ Glacierte...

Glasierte Früchte abgetropfte kandierte Früchte, mit Zuckerschicht überzogen

Glaskirsche ↑ Kirsche/Bastardkirsche

glasmästarsill [schwed.: Glaserhering] Heringshappen mit Ingwer, Meerrettich, Möhren, Zwiebeln, Lorbeer, Senf und Weinessig

Glasnudeln dünne, durchsichtige, schlüpfrige Nudeln aus Mungbohnen-, Reis-, Sojamehl oder Seetang, müssen nicht vorgek. werden, kommen roh ins heiße Öl (China, Japan, Indonesien u. a.)

Glasschmalz, Meeresbohne, Queller, salicorne Gemüsepflanze vom Meeresrand, aus Brackwasser, Stengel salziger Meergeschmack, lassen sich roh als Salat, ged. oder gek. als pikantes Gemüse zubereiten, gute Zeit Apr.–Juli; hält sich im Kühlschrank 2–3 Wochen (Küsten Nordwesteuropas); ↑ a. Alge

Glasur, Zuckerglanz, -glasur, -guß mehr oder weniger glänzender, a. aromatisierter, gefärbter Überzug für Gebäck und Süßspeisen; *Eiweißglasur:* aus mit Puderzucker verrührtem Eiweiß, wird gespritzt und trocknet schnell; *Gekochte Glasur:* aus Zucker und Wasser, wird getrocknet leicht brüchig; *Wasserglasur:* aus in heißem Wasser verrührtem Puderzucker, wird getrocknet stumpf glänzend; ↑ a. Aprikotur, Fondant

Glattbutt, Kleist, Tarbutt schollenartiger Plattfisch aus dem Meer, Verwandter des Steinbutts, aber nicht ganz so feines, etwas trockenes Fleisch, für alle Zubereitungen außer Dünsten und Schmoren (Nordostatlantik, Mittelmeer)

Glatthai Meerfisch, ↑ Haie

Glattrochen flacher Meerfisch, ↑ Rochen

Gliesche Meerfisch, ↑ Rotzunge

Glitscher, Klump, Wetzstein länglicher Kloß aus geriebenen wie auch gek. Kartoffeln mit Mehl, Ei und Wasser (Hessen u .a.)

Globesalat, Globussalat [Globus, die Weltkugel] Würfel von Ananas, Äpfeln und Grapefruits sowie entkernte Mandarinenspalten und geh. grüne Oliven in Essig-Öl-Sauce

Glockenapfel ↑ Apfel/Sorten

Glory herzförmige, fleischige Blätter des Losbaums, Rippen können wie Karden oder Spargel, entrippte Blätter können wie Spinat zubereitet werden (Nordamerika)

Gloster ↑ Apfel/Sorten

Gloucester, Double [Gloucester, südwestengl. Grafschaft und Herzogstitel] engl. Hartkäse, ↑ Double Gloucester

Gloucestersauce Mayonnaisesauce mit gek., geh. Fenchelknollen und -kraut, saurer Sahne, engl. Senf, Cayennepfeffer, Zitronensaft und Worcester(shire)sauce

Glucke, Blumenkohlpilz, Fette, Krause Henne schmackhafter Speisepilz, würziger Geruch, nussiger Geschmack, läßt sich mit (Braten-)Saucen, in Risottos usw. zubereiten, gute Zeit Aug.–Nov.

Glücksbringer-Art (falsch) eingedeutscht für ↑ mascotte

Glücksklee Zier- und Gemüsepflanze, Wurzelrüben als Gemüse, zartsäuerliche Blättchen als Würze für Suppen und Salate (urspr. Mexiko, inzw. a. ganz Europa)

Glucose, Glukose [griech. *glykýs*, süß] ↑ Traubenzucker
 -sirup ↑ Stärkesirup

Glums(e) Ostpreußen u. a.: Dicke Milch, Quark

Gluscht schweizerd.: Gelüst, Appetit

Glutamat, Glutaminat, Natriumglutamat weißes, kristallisiertes Natriumsalz aus pflanzlichem Eiweiß (meist Mais, Sojabohnen, Weizen, Zuckerrüben), ohne Eigengeschmack, verstärkt aber Aroma und Geschmack aller nicht-süßen Speisen (außer Eiern); ↑ a. Streuwürze

Gluten nach dem Auswaschen von Weizenmehl zurückgebliebenes Klebereiweiß, begünstigt die Backeigenschaften des Mehls; ↑ a. Kleber

glutenfrei Backware, die kein Eiweiß aus Gerste, Hafer, Roggen, Weizen enthält

Gnagi schweizerd.: gepökelte, a. geräucherte Teile (Brustspitze, Gliedmaße, Kopf, Schwanz) vom Schwein, roh oder gek. erhältlich, wird meist warm gegessen

gnocchi [ital. *gnocco*, Klumpen] Klößchen, Nocken aus Grieß-, Kartoffel-, Mais- oder anderem Mehl, mit Butter, (Parmesan-)Käse, a. Tomaten- oder sonst eine Sauce in Salzwasser gek. oder pochiert; lassen sich blanchiert gut bis 3 Mon. tieffrieren

Goabohne, Flügelbohne [Goa, Territorium Indiens] Gemüsepflanze und Hülsenfrucht, unreife grüne Hülsen, a. junge Blätter, Blüten, zarte Triebe, reife Samen lassen sich als Gemüse kochen, fleischige Wurzeln a. roh eßbar (Südostasien, Ost-, Westafrika, Karibik)

Gobelinsalat [frz. *gobelin*, Wandteppich] Scheiben von rohen Artischockenböden, Champignons, Kartoffeln, Sellerieknollen, Spargelspitzen und Trüffeln in mit Estragon und Zitronensaft gewürzter Mayonnaise

Godard [nach dem Belletristen Godard-d'Aucour, 1716–1795, oder nach dem ehem. gleichnamigen Küchenchef des Élysée-Palastes] Garnitur aus Kalbs- oder Geflügelklößchen mit Hahnenkämmen, -nierchen, glasiertem Kalbs- oder Lammbries, geh. Champignonköpfen und Trüffeln, zu gr. Fleischstücken, Bries, gr. Geflügel (Poularde) in sauce Godard; ↑ a. Sauce/sauce Godard

godiveau [westfrz. *gogue de veau*, Kalbswürstchen] Klößchen aus Kalbs-, a. Geflügel-, Fischhack und/oder -farce

gohan jap.: gek. Reis

Golatsche flacher Hefekuchen, ↑ Kolatsche

Gold ↑ Blattgold

Goldapfel ↑ Tomate

Gnocchi, kleine italienische Nocken

Goldbär, Gummibär [1922 von Hans Riegel in Bonn-Kessenich erfunden] farbiger, süßer Fruchtgummi aus Aromen, Fruchtzubereitungen, Gelatine, Pflanzenöl, Stärke, Zitronensäure und Zucker, elastisch und beim Kauen im Munde zergehend

Goldbarsch Meerfisch, ↑ Rotbarsch

Goldbeere exot. Frucht, ↑ Kapstachelbeere

Goldbrasse, Dorade, dorade royale die edelste Meerbrasse, festes, mageres und schmackhaftes Fleisch, bes. feine Filets, läßt sich backen, braten, dämpfen, dünsten, garziehen, grillieren, pochieren, schmoren, in Salzkruste garen, a. roh marinieren, gute Zeit Juli–Okt. (Ostatlantik, Mittelmeer)

Goldbutt Plattfisch aus dem Meer, ↑ Scholle

Golden Delicious ↑ Apfel/Sorten

Golden Joich klare Hühnersuppe mit Gemüsen (jüd. Küche)

Goldhühner, Salzburger ↑ Salzburger Goldhühner

Goldlachs Lachsfisch aus der Tiefsee

Goldleistenkäse mdal.: Sauermilchkäse mit Gelbschmiere in Stange, pikanter Geschmack

Goldmakrele Meerfisch, ausgezeichnetes Fleisch, in Scheiben oder Steaks für alle Zubereitungen geeignet (gemäßigte, trop. Meere, Mittelmeer)

Goldorange Zitrusfrüchte, ↑ Kumquat

Goldparmäne ↑ Apfel, Sorten

Goldröhrling, Lärchenröhrling guter Speisepilz, aber nicht zum Dörren, gute Zeit Juli–Okt.

Goldschnitte einfache Süßspeise, ↑ Armer Ritter

Gold und Silber Eintopf aus geschm. Schweinefleisch, Bohnenkernen, Knoblauch und Möhren (Schwaben)

golubzý russ.: (mit Hirseklößen gef.) Kohlroulade, Krautwickel

goma jap.: Sesam

gomasio, goma-shio, Sesamsalz Würzmittel aus leicht angerösteten, zerstoßenen Sesamkörnern und Meersalz, zu Getreide- und Gemüsegerichten (Japan, Orient)

Gombo Gemüsefrucht, ↑ Okra

gombóc ungar.: Knödel

Gomfi schweizerd.: Konfitüre, Marmelade

gomolya Weißkäse aus eingek. Schaf- oder Kuhmilch, Art ↑ Liptauer (Ungarn)

Gomser [Goms, Tal der obersten Rhone in der Schweiz] harter Bergkäse, pikantes Aroma, für Raclette geeignet (Wallis, Westschweiz)

gooseberry engl.: Stachelbeere

gordales gr. Olivensorte

goreng indon.: gebacken, gebraten, geröstet
  bami – [indon.: gebratene Nudeln] mit Eiernudeln, Garnelen und versch. Zutaten wie Streifen Eierkuchen, Schweinefleisch, kleingeschn. Gemüsen (Chinakohl, Knoblauch, Möhren, Porree, Schalotten, Sellerie, Zwiebeln u. a.) und vielen Gewürzen (Chili, Sambal, Sojasauce usw.), in der Pfanne gebr. und serviert
  nasi – [indon.: gebratener Reis] bami goreng mit Reis statt Nudeln

Gorgonzola [Stadt nordöstl. von Mailand] berühmter ital. Edelpilzkäse aus frischer Vollmilch von der Kuh, einige Wo. gereift, weicher Teig mit blauem oder grünem Innenschimmel, mind. 48% Fett i. Tr., cremig und je nach Sorte mild, *dolce,* oder würzig, *piccante,* mit Rinde als Dessertkäse genießbar, aber a. zum Kochen, für Füllungen, Suppen, Saucen, Pastagerichte usw. (Lombardei)
  – Dressing ↑ Salatsauce/Käsesaucen
  – Mascarpone Gorgonzola mit Schichten ↑ Mascarpone und Nußkernen, ausgezeichneter, erfrischender Tafel- und Dessertkäse (urspr. Feinkostladen Peck, Mailand)
  – -Sauce Rahmsauce mit durch ein Sieb gestrichenem Gorgonzola

Gössel nordd.: Gänseküken

Götterspeise Süßspeise aus Schichten von Schwarzbrotkrumen mit geriebener Schokolade, süßer Schlagsahne, a. Preiselbeeren usw., gekühlt in Glas oder Glasschüssel serviert (versch. Gegenden Deutschlands); ↑ a. Geleespeise

Gotteslachs, Königsfisch Meerfisch, lachsähnlich rötliches, fettes Fleisch (warme, gemäßigt warme Meere)

Göttinger [Göttingen, Kreis- und Universitätsstadt an der Leine im südl. Niedersachsen] grobe Brühwurst aus Rind-, Schweinefleisch und Speck, a. nachgeräuchert als Dauerware für Aufschnitt

Gouda, Goudse kaas [Stadt bei Rotterdam] Schnittkäse aus vollfetter Kuhmilch, halbfester Teig, mind. 48% Fett i. Tr., jung (4–6 Wo. gereift) frisch und sahnig mild, mittelalt (2–6 Mon. gereift) herzhaft pikant und leicht nussig, zum Gratinieren, Überbacken geeignet, alt (über 8 Mon. gereift) aromatisch und kräftig würzig (Südholland); ↑ a. Geheimratskäse
  Bauern- –, Goudse boerenkaas Schnittkäse aus frischer Rohmilch vom Bauernhof, mind. 53% Fett i. Tr., ausgeprägt würzig

Auf dem Käsemarkt von Gouda, Südholland

Gouffé, (à la) [Jules G., 1807–1877, frz. Meisterkoch, Verfasser grundlegender Kochbücher] Garnituren aus mit Morcheln und Spargelspitzen in Butter und Sahne gef. Törtchen aus Herzoginkartoffeln, zu kl. sautierten Fleischstücken in Madeira-Kalbfond, oder aus Champignon-, Trüffelstreifen und Kalbfleischklößchen, zu Risotto

gougère lockeres, kugel- oder ringförmiges Gebäck aus Brandmasse mit Hartkäse, eignet sich kalt zu Weindegustationen oder lauwarm als Vorspeise (Burgund, Champagne u. a., Frankreich)

goujon frz.: Gründling; a. Stift, Streifen

Gounod [Charles G., frz. Komponist, 1818–1893] Rahmsuppe aus Grünen Erbsen mit Geflügelfleisch- und gerösteten Weißbrotwürfeln sowie Kerbelblättern; braun sautiertes, mit Weinbrand flambiertes Huhn mit Artischockenböden, Champignons, Möhren, Trüffeln in Bratensaft mit Tomatenpüree

Gourmand frz.: Feinschmecker (nicht etwa Vielfraß), der weiß und genießt, was er ißt; ↑ a. Gastronom, Gourmet

gourmandise [frz.: Schleckerei] kl. Leckerbissen, mit Toast und Butter als Vorspeise, Imbiß u. ä.

Gourmet [frz.: urspr. Weinkenner] Feinschmecker, der gutes Essen zu schätzen und zu beurteilen weiß; ↑ a. Gastronom, Gourmand

Gournay [Gournay-en-Bray, Ortschaft im Dép. Seine-Maritime] Weichkäse aus Kuhmilch, Art kl. Camembert mit geschmeidigem Teig, 45 % Fett i. Tr., mild, leicht salzig und säuerlich, gute Zeit Juni–Dez.; a. als Frischkäse aus pasteurisierter Kuhmilch hergestellt (Normandie, Frankreich)

goût frz.: Geschmack

Goutaler neue holl. Käsesorte, schnittfester Hartkäse, Mischung aus Emmentaler und Gouda, geschmeidiger Teig, 30 % oder 45 % Fett i. Tr., feines Aroma

gowjadina russ.: Rindfleisch

grädde schwed.: Rahm, Sahne

Grafensuppe, purée du comte Gemüse- und Linsenpüree mit Streifen von Wurzelgemüse

Gräfin-Art, (à la) comtesse Garnitur aus ged. Kopfsalat, Kalbfleischklößchen und gebundener Kalbsjus, zu (mit Trüffeln gespickten, in Butter gebr.) kl. Fleischstücken, Kalbsbries oder Geflügel

Gräfinsalat Würfel von Äpfeln, Knollensellerie und Tomaten in gewürzter Mayonnaise

Gräfinsuppe, crème comtesse Rahmsuppe mit blanchierten, gek. Spargeln, als Einlage ged. Kopfsalat-, Sauerampferstreifen und blanchierte Spargelköpfe

Grahambrot ↑ Brot/Spezialsorten; ugs. a. Weizenschrotbrot

graisse frz.: Fett, Schmalz

Grambeere Heidekrautfrucht, ↑ Krähenbeere

gram dal ind.: halbe gelbe Kichererbsen

Grammel bayer., österr.: Griebe

gramolata fein zerstoßenes Wassereis aus Fruchtfleisch, als Erfrischung während und nach dem Essen gereicht (Italien); ↑ a. granita

Granadilla Verwandte der Passionsfrucht, fleischiger und zarter als diese (Mittel-, Südamerika); a. Name allg. der Passionsfrucht

Grana Padano [ital.: Körniger vom Po] Hartkäse aus Kuhmilch von körniger Struktur und bes. hartem, trockenem Teig, 32 % Fett i. Tr., würzig, aber nicht scharf, voll und weich, eignet sich zum Hobeln und Reiben (rechte Seite des Po in der Lombardei, Norditalien); ↑ a. Parmesan

Granäsche Meerfisch, ↑ Meeräsche

Granat Meereskrebs, ↑ Garnele/Nordseegarnele
  -schnitte geschälte Nordseegarnelen auf gebutterter Schwarzbrotscheibe mit warmem Rührei (dt. Nordseeküste)

Granatapfel [lat. *granatus*, körniger Edelstein] hartschalige Scheinbeere des gleichnamigen Baums, wegen ihrer vielen Körner von alters her Sinnbild der Fruchtbarkeit (Muster des Meißener Porzellans), wirkt magenberuhigend und gegen Durchfall; wird nicht geschnitten, sondern aufgebrochen, das aromatisch süßsäuerliche Fleisch läßt sich (mitsamt den herben Kernen) roh auslöffeln, eignet sich für Crêpes, Puddings, Süßspeisen, Eisdesserts, ausgepreßt a. für Saft und Sirup (Grenadine), Kerne als säuerliche Würze zu oriental. Fleischgerichten, Hackfleisch, Fisch, Spiegeleiern, Salaten usw.; gute Zeit imp. Okt.–Dez.; läßt sich gut transportieren und bis 3 Mon. kühl lagern (urspr. Afghanistan, Iran, heute a. Mittelmeerraum – insbes. Spanien, Italien, Zypern –, Kanarische Inseln, Madeira, Brasilien, Kalifornien)

Granatäpfel zierten schon die Gärten Babylons

grand-duc, (à la) ↑ Großherzogs-Art

Grandel Heidekrautfrucht, ↑ Preiselbeere

grand-mère ↑ Großmutter-Art

grand veneur ↑ Oberjägermeister-Art

granita, granité [ital. *granito*, gekörnt] körnig zerstoßenes Wassereis aus schwach gesüßtem Fruchtsirup oder einer anderen aromatisierten Flüssigkeit (Kaffee, Likör, Zitrone usw.), wird als Erfrischung zwischen zwei Gängen oder nach dem Essen serviert; ↑ a. gramolata, Sorbet

Granny Smith ↑ Apfel/Sorten

Granola Frühstücksspeise, Imbiß, ↑ Crunchy

Granulat [lat. *granulum*, Körnchen] körnige Substanz; körniger Kristallzucker

Grapefruit [engl.: Traubenfrucht] Zitrusfrucht, wahrsch. Zufallssämling aus Orange und Pampelmuse, oft fälschlich a. für letztere so genannt; wirkt appetitanregend, darmreinigend, verdauungsfördernd, gute Diätkost, herb-säuerliches Fleisch, weiß feinsäuerlich, rosa lieblich würzig, rot am süßesten und saftigsten; nicht nur Frühstücksfrucht, sondern a. als Rohkost geeignet, zu Entenfleisch, Meerfischen, in Obstsalaten, auf Torten usw.; beste Zeit Okt.–Apr. (urspr. Karibik, heute a. Mittel-, Südamerika, USA, Israel, Zypern, Mittelmeerländer, Afrika, China)

gras-double frz.: der abgebrühte fetteste Teil des Rindermagens

Gräser schlachtreifer Jungbulle, ↑ Rind

Grashecht einjähriger, hellgrüner Hecht

Graskarpfen ↑ Karpfen/Arten

Graskäse, Graskaas, Maikaas junger Gouda, im Frühling aus der ersten Weidemilch hergestellt (Holland)

Graslauch Küchenkraut, ↑ Schnittlauch

Gräsling Süßwasserfisch, ↑ Äsche

Grasmücke Sing- und Wandervogel; kulinarische Verwendung ↑ Drossel

Grata etwas festkochende Kartoffelsorte

Gräte [ahd. *grāt*, Rückgrat] Bindegewebsverknöcherung des Fisches, wird vor dem Genuß entfernt
 -nfisch ↑ Fisch/Knochenfisch

Gratin [frz. *gratter*, abschaben, was man vom Boden des Kochgefäßes abkratzt, ausgespr. *graṫä*] mit Weißbrot-, Semmelbröseln, Butter oder Ei und geriebenem Käse bei gr. Hitze in eisernem Topf oder Glasform überbackenes Gericht mit goldgelber, -brauner Kruste
 ♀ **dauphinois** klassisch: in mit Butter und Knoblauch ausgeriebenem Topf nur mit Crème fraîche gratinierte dünne rohe Kartoffelscheiben; heute oft mit Eiern, Milch, Sahne und geriebenem Käse; zum Tiefkühlen ungeeignet (urspr. Dauphiné, frz. Alpenlandschaft)
 -sauce mit geh. Schalotten und Weißwein stark eingek. Fischfond sowie Kraftsauce mit Duxelles und geh. Petersilie, zum Überkrusten von Fisch

Graubarsch, Seekarpfen Meerbrasse, festes, aromatisches Fleisch, läßt sich braten, grillen (Atlantik, Mittelmeer)

Graubrot versch. reg. Mischbrotsorten, ↑ Brot/Sorten, Roggenmischbrot, Weizenmischbrot

Graubündner... [Graubünden, nordostschweiz. Alpenkanton] ↑ Bündner...

Graubutt Plattfisch, ↑ Flunder

Graugans ↑ Gans/Wildgans

Grauhai Meerfisch, ↑ Haie

Graukappe, Graukopf, Nebelgrauer Trichterling, Nebelkappe Speisepilz, aufdringlich würzig-süßer Geruch, mehliger Geschmack, nur nicht zu große Exemplare als Mischpilz verwendbar, gute Zeit Sept.–Nov.

Graukäse magerer Sauermilchkäse mit oder ohne Schimmel, 45% Fett i. Tr., kräftiger, erfrischend säuerlicher Geschmack, wird gern a. mit Essig, Öl und Zwiebeln gegessen (Steiermark, Österreich, Tirol)

Graukopf Speisepilz, ↑ Graukappe

Graupen, Kälberzähne, Perl-, Rollgerste entspelzte, geschälte, rund geschliffene und polierte Gersten-, a. Weizenkörner (am feinsten: *Perlgraupen*) als Einlage für Suppen, Schleime, Krankenkost, Süßspeisen usw.; kürzere Kochzeit als normale Gerstenkörner, Garzeit 1 Tasse Graupen in 2½ Tassen Wasser 1½ Stunden; verpackt 6 Mon. haltbar; a. Suppennudeln in Körnchenform
   -eintopf in Terrine gek. Perlgraupen, Schweinerippchen, Möhren, Porree und Zwiebeln, mit Petersilie bestreut

Graute Baunen mit Speck deftiges Gericht aus Puffbohnen mit Bohnenkraut, gerösteten Räucherspeckwürfeln und Salzkartoffeln (Westfalen)

gravad lax, gravedlachs, gravlaks, gravlax [skand: vergrabener Lachs] mit Dill, Pfeffer, Salz und Zucker gepökelte Lachsfilets, früher während des Marinierens unter einer Schicht Erde, heute im Eisschrank kühl gehalten (Skandinavien)

Gravensteiner ↑ Apfel/Sorten

Gräwala fränkisch: Röstbrotwürfel

grecque, (à la) ↑ Griechische Art

Greinwurzel Wurzelgemüse, ↑ Meerrettich

gremolata duftende Würzmischung aus fein geh. Knoblauchzehe, Petersilie und geriebener Zitronen-, a. Orangenschale, meist als Garnitur zu geschm. Fleisch; a. gekörntes Fruchteis (Italien)

Grenadierfisch Meerfisch, wenig, aber ausgezeichnetes, grätenfreies, mageres Fleisch, läßt sich (im Teig) backen, braten, panieren (Nordostatlantik)

grenadin frz.: dicke runde, gespickte Scheibe Filet oder Nuß vom Kalb, a. weißes Truthahnfleisch

Grenobler Art, (à la) grenobloise [Grenoble, ostfrz. Alpenstadt an der Isère] Fisch auf Müllerin-Art mit Kapern, Zitronenwürfeln, a. gerösteten Brotkrumenwürfeln

grenouille frz.: Frosch
   cuisse de – Froschschenkel

Greßling kl. karpfenartiger Fisch, ↑ Grundel

Greste bayer.: geröstete Kartoffeln

Grevé dem Emmentaler ähnlicher Halbhartkäse, 30–45% Fett i. Tr. (Schweden)

Greyerzer, Gruyère [Greyerz, Gruyère, Bezirk und altes Grafenstädtchen im schweiz. Kt. Freiburg im Üchtland] Hartkäse aus Rohmilch von Kühen ohne Silagefütterung, einer der bekanntesten, meistverzehrten Schweizer Käse, kleiner und a. mit kleineren Löchern als der Emmentaler, mind. 4 Mon. bis 12 Mon. Reifung, durchschn. 50% Fett i. Tr., voller, würzig pikanter Geschmack, je nach Alter mild *(doux)* bis rezent *(salé)*, läßt sich als Tafelkäse essen oder für Fondue reiben, eignet sich aber a. zum Überbacken und Würzen; hält sich, am Stück sowie kühl und feucht gelagert, 8–14 Tage, darf jedoch nicht tiefgekühlt werden (urspr. Voralpengebiet von Freiburg im Üchtland, heute a. Kantone Bern, Jura, Neuenburg, Waadt – echt mit Qualitäts- und Herkunftsgarantie SWITZERLAND –, aber a. Frankreich u. a.)

gribi russ.: Pilze

gribiche, (sauce) ↑ Sauce/sauce gribiche

Grick schweizerd.: Kalbsherz, -lunge

Griebe, Grammel, Krammel Bindegewebe, knuspriger Rückstand nach dem Ausschmelzen von tierischem Fettgewebe, ↑ Schweineschmalz; a. kleiner Speckwürfel
   -nschmalz ungewürztes oder mit säuerlichen Äpfeln, Majoran usw. gewürztes Schweineschmalz mit Grieben aus frischem Rückenspeck oder Flomen, Brotaufstrich
   -nwurst Blutwurst mit kl. Speckwürfeln

Griechische Art, (à la) grecque Gemüse in aromatischer Marinade mit Olivenöl und Zitronensaft, meist kalt (als Vorspeise) serviert; Hammelfleischbrühe mit Erbsenpüree und Hammelfleisch-, Gemüsewürfeln; körnig gek. Reis, ↑ Pilaw, mit Wurstbrät, Grünen Erbsen und Würfeln von roten Paprikaschoten; Fisch in Weißweinsauce mit Fenchel, Sellerie und Koriander

Griechischer Salat Scheiben von Paprikaschoten, Salatgurken, Tomaten und Zwiebeln in Essig-Öl-Sauce, dazu schwarze Oliven, darüber Fetakäsebrösel

Griechisches Heu Küchenkraut, ↑ Bockshornklee

Griechische Zwiebeln   ↑ Zwiebeln, Griechische

Grie Soß frankfurtisch: Grüne Sauce

Schloß und Städtchen Greyerz im Schweizer Kanton Fribourg

Grieß geschälte, geschrotete Weizen-, a. Gersten-, Hafer-, Mais-, Reiskörner; dunkel, kühl, luftig und trocken aufbewahrt etwa 6 Mon. haltbar

    Hartweizen- aus harten, glasierten Durumweizenkörnern, bleibt beim Kochen schnittfest, eignet sich für Teigwaren, Aufläufe, Klöße, Suppeneinlagen usw.

    Mais- eignet sich für Polenta

    Weichweizen- aus den Mehlkernen des Weizens, wird beim Kochen weich, eignet sich für Suppen, Breie, Puddinge usw.

    -flammeri ↑ Flammeri

    -knödel ↑ Knödel

    -krokette ↑ colombine

    -nocken, -nockerln Klößchen aus Weizengrieß mit Butter, Ei(gelb), Salz und frisch gemahlener Muskatnuß, auf dem Backblech mit Butterflöckchen und geriebenem Käse überbacken

    -schmarren mit Butter, Eiern und Zucker in der Pfanne geb. Grießbrei, mit der Gabel aufgerissen, dazu meist Pflaumenröster (Österreich)

griglia ital.: Grill, Rost

Grillade frz.: über einer Feuerstelle, auf dem Grill oder Rost gegartes Stück Fleisch, seltener Geflügel, Fisch; ↑ a. Barbecue

Grillage Österreich u. a.: Krokant

Grillen, Grillieren [lat. *craticulum*, Flechtwerk] (gewürzte, a. marinierte) Nahrungsmittel auf dem mit Öl bepinselten (Holzkohlen-)Rost, am (Dreh-)Spieß oder ähnlichen Geräten garen, einst zur Ernährung, heute meist als Freizeitvergnügen; zum Grillen bes. geeignet sind vom *Kalb:* Koteletts, *Lamm:* Hachse, Keule (ganz oder in Scheiben), Koteletts, Rücken; *Rind:* Huftsteaks, Lende, Roastbeef (ganz oder als Steaks); *Schwein:* Hachse, Koteletts, Lende, Nacken, Rippchen, Schnitzel; *Geflügel:* Hähnchenbrust (mit Haut und Knochen), Hähnchenflügel, -schenkel, Entenbrust, -keule, Truthahnbrust, -schenkel; *Fische, Krustentiere:* Blei, Forelle, Garnele, Hering, Kabeljau, Lachsforelle, Lachs (Koteletts), Rotbarsch, Seeaal; *Gemüse:* Auberginen, Champignons, Maiskolben, Paprikaschoten, Tomaten, Zwiebeln, Zucchini; dazu meist eine ↑ Grillsauce usw.

Griller ↑ Bratwurst

Grillette deutsch reg.: gegrilltes Hacksteak

Grillkartoffel ↑ baked potato

Grillöl ↑ Öl/Bratöl

Grillsauce, Barbecue-Sauce, Grillsoße kalte, pikante, meist süß-saure Würzsauce, oft aus Tomatenmark, Gurken, Essig, Gewürzen usw., als Beilage zu Grillgerichten, Würstchen u. ä.

Grillwurst ↑ Bratwurst

Grimaldi [genuesisches Adelsgeschlecht, seit 1715 a. Herrscherhaus von Monaco] Ragout aus klein geschn. Champignons, Kaisergranat, Makkaroni und Trüffeln, zu Fisch

Grindelwald(n)er, Grindelwald-Käse [Grindelwald, Kurort und Gemeinde im Berner Oberland] harter Alp-, Bergkäse aus Kuhmilch, wird gern mit Senf gegessen (Kt. Bern, Schweiz)

griotte frz.: Weichselkirsche

Griotte mit Weichselkirsche und Likör gef. Praline

grissino ital: dünne, knusprige Stange aus Brotteig, wird irgendwann am Tag vor oder zu ital. Gerichten gegessen

grive frz.: Drossel

Griwala fränkisch: Griebe

Grobe Bratwurst Brühwürstchen aus Schweinefleisch, manchmal a. bis zu 30% Kalb- oder Rindfleisch mit Brät, meist roh angeboten zum Verzehr in gebr. oder gebrühtem Zustand

Grobe Fleischwurst grobe Brühwurst aus Rind-, Schweinefleisch und Fettgewebe, ↑ Fleischwurst

Grobe Leberwurst Kochstreichwurst mit 10% (einfach) bis mind. 15% (extra) Leber, max. 40% anderen Innereien, Schweinefleisch, Speck, a. Flomen, Bindegewebe

Grobe Lyoner grobe Brühwurst aus Rind-, Schweinefleisch und Speck

Grobe Mettwurst grobkörnige, streichfähige Rohwurst aus Schweine-, a. Rindfleisch und Fettgewebe, zum raschen Verzehr bestimmt

Grober Fleischkäs(e), Grober Leberkäs(e) körnig zerkleinerte Brühwurstmasse aus Rind-, Schweinefleisch, bei Leberkäs(e) außerhalb Bayerns 5% Leber, im übrigen ↑ Fleischkäse, Leberkäs(e)

Grobe Schinkenwurst grobkörnige Brühwurst aus Rind-, Schweinefleisch und Speck mit zum Teil kirschengroßen Fleischteilen, als Aufschnitt

Grobe Stadtwurst grobe Brühwurst aus Rind-, Schweinefleisch und Speck, bis erbsengroße Körnung

Grobe Teewurst ↑ Teewurst

Gröner Hein [niederd.: Grüner Heinrich] Eintopf aus Räucherschinken oder Bauchspeck in Scheiben, Grünen Bohnen, kl. harten Kochbirnen mit Bohnenkraut, Petersilie und weißem Pfeffer, dazu meist Pellkartoffeln (Hamburg, Holstein)

Grönlandgarnele, -krabbe [Grönland, «grünes Land», dän. Insel im nordwestl. Atlantik] Meereskrebs, ↑ Garnele/Tiefseegarnele

Grönlandlachs Lachssorte, ↑ Lachs

Groppen Familie von gepanzerten Meerfischen mit breitem, flachem Kopf wie Seehase, Seeskorpion usw.

groseille frz.: Johannisbeere

Große Bodenrenke Süßwasserfisch, ↑ Renke/Arten

Große Bohne ↑ Bohne/Dicke Bohne

große Fleischstücke ↑ Fleischstücke, große

Große Lende ↑ Rind/Fleischstücke

Große Maräne Süßwasserfisch, ↑ Renke/Große Bodenrenke

grosse pièce [frz.: großes Stück] das große Fleischstück, Haupt-, Paradestück einer Mahlzeit

Große Pilgermuschel ↑ Pilgermuschel

Großer Bärenkrebs Meerkrebs, ↑ Bärenkrebs

Großer Hans im Topf (in der Serviette) ged. Mehlkloß mit Kardamom, Korinthen, Rum, abgeriebener Zitronenschale usw.; dazu Kompott oder Fruchtsauce (Norddeutschland)

Große Sandklaffmuschel Meeresweichtier, ↑ Sandklaffmuschel, Große

Großer Schirmpilz Speisepilz, ↑ Schirmling

Großer Schmierling Speisepilz, ↑ Kuhmaul

Großer Thun Meerfisch, ↑ Thunfisch/Roter Thunfisch

Große Schwebrenke Süßwasserfisch, ↑ Renke/Arten

Großherzogs-Art, (à la) grand-duc [zu Ehren versch. russischer Adliger, die in der Belle Époque Pariser Restaurants besuchten] Garnitur aus grünen Spargelspitzen und Trüffelscheiben, meist mit sauce Mornay überbacken, zu Fleisch oder (mit Krebsschwänzen) Fisch, Geflügel, Eiern usw.

Großjägermeister-Art ↑ Oberjägermeister-Art

Großkopf Meerfisch, ↑ Meeräsche, Großköpfige

Großmutter-Art, grand-mère einfaches, nach Hausfrauen-Art zubereitetes Gericht, oft im Schmortopf angerichtet; insbes. Fleisch oder Geflügel mit Speckstreifen, Champignons, glasierten Zwiebelchen und knusprig gebr. kleinen Kartoffeln

Gröste bayer.: geröstete Kartoffeln

Gröstl österr.: Bratkartoffeln mit Fleisch, Wurst oder Speck und Ei (Tirol u. a.); ↑ a. Bauernfrühstück, Hoppelpoppel

Grot Klut [niederd.: Großer Kloß] Kloß aus Hefeteig mit Rosinen, in Scheiben mit Butter braun gebraten (dt. Nordseeküste)

grouper engl.: Zackenbarsch

grouse engl.: (Schottisches) Moorhuhn

gruau frz.: Mehl(grütze)

Grum(m)beere, Grumbiehr [Grundbirne] südwestd., insbes. pfälzisch: Kartoffel

Grumbel elsässisch: Kartoffel

Grümmel, Grummet Zuckerkristalle, ↑ Kandis

Grünaal Aal vor der Rückwanderung zu den Laichplätzen, ↑ Aal; ↑ a. Aal grün, Grüner Aal

Grünalge Meerpflanze, ↑ Alge

Grünbart Austernart, ↑ Auster

Grundel, Greßling, Gründling sehr kleiner karpfenartiger Fisch aus Meer und Flußmündungen, delikates Fleisch, meist gebr. oder fritiert (Nordostatlantik, Mittel-, Schwarzmeer)

Grundkorn Getreideprodukt, ↑ Grünkern

Grundsauce Sauce (Braune, Weiße Grundsauce, Butter-, Ölgrundsauce usw.), aus der durch Zugabe von Aromaten und Gewürzen neue, geschmacklich charakteristische Saucen hergestellt werden können

Grüne Bohne Hülsenfrucht, ↑ Bohne/Gartenbohne

Grüne Erbse Hülsenfrucht, ↑ Erbse

Grüne Mandel Steinfrucht, ↑ Pistazie

Grüne Minze aromatische Pflanze, ↑ Minze, Pfefferminze

Grüner Aal fangfrischer Aal auf dem Weg zurück ins Meer, ↑ Aal; ↑ a. Aal grün, Grünaal

Grüner Heinrich nordd. Eintopf, ↑ Gröner Hein

Grüne Walnuß ↑ Walnuß, Grüne

Grüner Hering frisch gefangener, unbehandelter Hering

Grüner Kloß ↑ Kloß, Thüringer Kloß

Grüner Meerrettich jap. Meerrettich, ↑ wásabi

Grüner Pfeffer ↑ Pfeffer

Grüner-Pfeffer-Senf ↑ Senf/Sorten

Grüner Salat ↑ Salat/Kopfsalat

Grüner Spargel ↑ Spargel/Grünspargel

Grüner Speck ↑ Speck/Sorten

Grüne Sauce, sauce verte Mayonnaise mit feingeh. Kräutern (Estragon, Fenchel, Kresse, Petersilie, Spinat usw.) und Zitronensaft, wird wie Mayonnaise gereicht, insbes. zu pochiertem Fisch, Meeresfrüchten, kalten Eiern usw.; ↑ a. salsa verde

    Frankfurter – –, Grie Soß, Sößche Sauce aus mind. sieben frischen, feingeh. Kräutern (Borretsch, Dill, Estragon, Kerbel, Kresse, Liebstöckel, Petersilie, Pimpernell, Schnittlauch, Zitronenmelisse) und Schalotten oder Zwiebelchen mit hartgek. Eiweißstreifen, zerdrücktem Eigelb, (Haselnuß-)Öl, Joghurt, Schmand oder saurer Sahne, Pfeffer, Salz, Zucker und Zironensaft oder Essig, zu kaltem gek. Rindfleisch, Braten, Suppenfleisch, geb. grilliertem Fisch, neuen Kartoffeln, mit Quark vermischt als Brotaufstrich usw. (Hessen)

Grüne Tomate Gemüsefrucht, ↑ Tomate, Tomatillo

Grüne Walnuß ↑ Walnuß, Grüne

Grüne Zwiebel ↑ Zwiebel/Frühlingszwiebel

Grünkern, Grund-, Grünkorn aromatisches, vollwertiges Getreideprodukt aus dem noch weichen, saftigen Korn des ↑ Dinkels im Stadium der Halb-, Milchreife, nach der Ernte ab Mitte Juni geschält, gedarrt und über offenem Holzfeuer geröstet; würzig nussiger, leicht rauchiger Geschmack, wird als ganzes Korn (als Einlage für Suppen, Eintöpfe, als Beilage und würzige Zutat), Grieß, Schrot (zum Binden von würzigen Brüh-, Gemüsesuppen, für Aufläufe, Klöße, Puddings usw.) und Mehl (zum Binden von Suppen, Saucen, für Eierkuchen, Gebäck) angeboten; Garzeit gequollen 40 Min. (Schwaben u. a.)

Grünknochen Meerfisch, ↑ Hornhecht

Grünkohl ↑ Kohl/Sorten

Grünkorn Dinkelgetreideprodukt, ↑ Grünkern

Grünkraut grüne Keime, Sprossen von Alfalfa, Bockshornklee, Getreide, Rettich, Sonnenblumenkernen u. ä., mild nussig und angenehm scharf, als Vollwertkost und Würze für Suppen, Saucen, Salate usw.

Grünling, Grünreizker Speisepilz, ↑ Echter Ritterling

Grünschimmelkäse ↑ Käse/Blauschimmelkäse

Grünschuppiger Täubling, Grüntäubling feiner, festfleischiger Speisepilz, gute Zeit Juli–Sept.

Grünspargel ↑ Spargel

Grüntäubling Speisepilz, ↑ Grünschuppiger Täubling

Grünzwiebel ↑ Zwiebel/Lauchzwiebel

Grützblutwurst Blutwurst aus Schweinemasken, Schwarten, Speck und Blut

Grütze [ahd. *gruzzi*, Grieß] geschälte, grob bis fein gemahlene Getreidekörner (i. a. Buchweizen, Hafer, aber a. Gerste, Grünkern, Hirse u. a.), für Breie, Schleime, Suppen, a. Würste usw.; Brei daraus; ↑ a. Rote Grütze

Grütz(leber)wurst Kochstreichwurst aus Schweinefleisch und -masken, Fett- und Bindegewebe, Leber und anderen Innereien, wird warm verzehrt; ↑ a. Grützblutwurst

Gruyère frz.: Greyerzer (Käse)
  ○ **de Beaufort** ↑ Beaufort
  ○ **de Comté** ↑ Comté

Gsälz eingek. Früchte, ↑ Gesälz

Gschnatter Anschnitt ↑ Rind/Fleischstücke

Gschnätzlets schweizerd.: Geschnetzeltes

Gschwellti schweizerd.: Pell-, Schalenkartoffeln

Gschwollne bayer.: Wollwurst

Gselchtes südd., österr. u. a.: Pökelfleisch

Gstell schweizerd.: Kalbsherz, -lunge

guacamole, Avocado-Dip dicke grüne Sauce aus pürierten Avocados, Pfefferschoten, Tomaten, Zwiebeln und frischem Korianderkraut, zu Gemüsegerichten, in Tortillas, als würzige Beilage oder Dip für Salate usw. (Mexiko)

Guajave trop. Frucht, ↑ Guave

Guanábana trop. Frucht, ↑ Annone/Stachelannone

guar Dickungsmittel aus den Samen der ind. Guarpflanze

guarnición span.: Beilage, Garnitur

Guatl bayer.: Bonbon

Guave, Guajave, Guayave apfelförmige Frucht eines trop. Myrtengewächses, wirkt gegen Durchfall, intensiver Wohlgeruch, lieblich süßsäuerlicher Geschmack, muß reif oder nachgereift sein, ist dann dünn geschält und ohne Kerne als Frischobst genießbar, aber a. als Gelee, Kompott, Konfitüre,

Die Guave, aromatische Tropenfrucht

Gugelhupfe, die klassischen Napfkuchen

Paste, Saft usw., zu Käse, als Belag von Obstkuchen usw.; kann unreif grün nachgereift und kühl bei etwa 5 °C gelagert werden (Brasilien, Kolumbien, Mexiko, Florida, Kalifornien, Hawaii, Mittelmeerländer, Israel, Südafrika, Indien u. a.)

Gudbrandsdal Gjetost [Gudbrandsdal, Tallandschaft im Südosten Norwegens] mit Sahne verfeinerter ↑ Mysost-Käse

Guets(l)i, Guetzli schweizerd.: Kleingebäck, Plätzchen

Gugelhopf schweiz.: Gugelhupf

Gugelhupf, Kugelhupf [mit «hüpfender», nach oben gewölbter Oberfläche] feiner, luftiger, mit Hefe (oder Backpulver) geb. Napfkuchen, oft mit Rosinen, geh. Mandeln und Zitronenschale (Süddeutschland, Österreich, Schweiz, Elsaß u. a.); ↑ a. Napfkuchen

Güggeli schweizerd.: Brathähnchen

Guggumere schweizerd.: Gurke

guinea fowl engl.: Perlhuhn

Guineahuhn [Guinea, Republik in Westafrika] afrik. Hühnerrasse, wird a. in den USA, in Europa u. a. gezüchtet, dunkles, nach Wildgeflügel schmeckendes Fleisch

Guineapfeffer gemahlene Chilis, ↑ Cayennepfeffer

güiro Antillen, Venezuela: Flaschenkürbis

guisado span.: Schmor-, Würzfleisch (mit Sauce und Kartoffeln)

gulai bagar indon.: Lammfleisch-Curry, dazu gek. Reis

Gulasch, gulyás [ung.: Viehhirte] in Ungarn eigtl. ↑ Gulaschsuppe; anderswo Gericht aus nicht zu kl. Würfeln von üblicherweise Rind-, aber a. Kalb- oder Schweinefleisch und Kartoffeln mit fein geschn. grünen Pfefferschoten, Tomaten, Zwiebeln, Knoblauch, Kümmel, Gänse- oder Schweineschmalz, frischem rotem Paprikapulver und Brühe, in einem Topf geschichtet und im Backofen langsam geschmort, wird mit Salzkartoffeln oder Teigwaren serviert; läßt sich einfrieren; ↑ a. csikós tokány, Esterházy-Gulasch, Fiakergulasch, Kesselgulasch, parpikás, Pörkölt, Saftgulasch, Székely-Gulasch, tokány

-suppe, gulyás(leves) Gulasch in gebundener Rindfleischbrühe

gül-reçel türk.: Rosenmarmelade

gül-suyu türk.: Rosenwasser

gulyás ung.: Gulasch

Gumbo Gemüsefrucht, ↑ Okra; Eintopf aus Austern, Garnelen usw., a. Würsten, Hühnerfleisch usw. in Mehlschwitze mit getr., zerriebenen Okrablättern (New Orleans, südl. USA, u. a.)

gum jum [chin.: Goldene Nudeln] getr. Tigerlilienknospen

Gummeli Innerschweiz: Kartoffel

Gummiarabikum Dickungsmittel aus den Harzen versch. Akazienbäume (Afrika, Australien)

Gummibär Fruchtgummi, ↑ Goldbär

Gundelrebe, Gundermann Wildkraut, junge blühende Triebe frisch oder getr. leicht aromatisch-bitterliche Würze; ↑ a. Wildkräuter

Gurke [griech. *ágouros,* (unreife) Gurke] alte Kulturpflanze, Kürbisgewächs, das kaum Kalorien enthält, dafür viele Mineralstoffe und deshalb entwässert, Fett abbaut, Blutzucker reguliert; sollte frisch sein mit straffer Haut und sich weder am Hals noch in der Mitte biegen lassen; da die Mineralstoffe unter der Schale liegen, nicht oder nur dünn schälen; zu Gurken passen Borretsch, Dill, Knoblauch, Petersilie, Pfeffer, Portulak, Zwiebeln; gute Zeit einh. Mitte Mai–Okt., imp. ganzes Jahr; bei 9–11 °C 4–5 Tage haltbar, läßt sich roh und unblanchiert bis 6 Mon. einfrieren (urspr. Himalaya, a. trop. Afrika, Importländer heute Italien, Frankreich, Holland, Belgien, Deutschland – Baden-Württemberg, Bayern, Rheinland –, Ungarn, Polen, Rumänien, USA u. a.)

Sorten

Einlegegurke kleinste (Cornichon, Essig-, Pfeffergürkchen) bis größere (Gewürzgurke, Saure Gurke) Arten, im Freien gewachsen und mit Schale in Gewürzen, Kräutern, Essig, a. Zucker eingelegt; pikante Beilage zu kaltem Fleisch, Schinken, Wurstplatten, Sülze, Käse, belegten Broten, Bratkartoffeln usw.; zum Kochen und Tiefkühlen nicht geeignet; gute Zeit einh. Juli–Mitte Okt.
Minigurke kl. Salatgurke aus dem Freiland, angenehm süßlich-aromatisch (Mittelmeerländer, USA, a. Nordeuropa, Deutschland)
Salatgurke, Schlangengurke lang und schlank, meist aus dem Gewächshaus, für Salate (ohne Kerngehäuse) und Rohkost, aber a. zum Einlegen, unaufdringlicher Geschmack, ist nach gründlichem Abwaschen mit Schale leichter verdaulich (ganze Welt)
Salzgurke in Salzwasser mit Dill, a. Estragon, Meerrettich, Weinblättern u. ä. eingelegte Gurke
Schäl-, Aziagurke größte, dickste Gurkenart mit grüner oder gelber Schale, wird geschält und haupts. eingelegt (Senf-, Zuckergurke); ugs. a. für Schmorgurke
Schmorgurke festfleischig, prall und rund, wird geschält, aber nicht entkernt, kräftiger Geschmack, ausgezeichnet als kalorienarmes Gemüse, a. zu anderen Gemüsen (Auberginen, Paprika, Tomaten u. ä.), geräuchertem Speck, zum Füllen mit Hackfleisch und Reis, für Suppen, Eintöpfe, Gulasche usw., a. zum Einlegen, gute Zeit Juli–Sept.
Senfgurke in Essig mit Senfkörnern, andern Gewürzen, Kräutern und Salz pasteurisierte ausgereifte, geschälte, entkernte Stücke Schälgurke; ↑ a. Zuckergurke
Zuckergurke Senfgurke mit mind. 20% Zucker

Gurkenkraut Würzkraut, ↑ Borretsch, Dill

Gurunuß ↑ Kolanuß

Guß süßer Überzug aus Ei, Milch und Zucker für Gebäck, Torten u. ä., ↑ a. Fondant, Glasur

Güster, Blicke, Giebel, Pliete kl. grätiger Süßwasserfisch, läßt sich braten, grillen, a. räuchern (nördl. der Pyrenäen und Alpen bis Ural und Kaspisches Meer)

Gustostück [österr. *Gusto,* Appetit, Geschmack] bes. feines Stück Rindfleisch wie Bein-, Hieferscherzel, Hieferschwanzel, Tafelstück; ↑ Rind/Fleischstücke

Gutenbergsuppe [Johannes Gutenberg, um 1397–1468, in seiner Heimatstadt Mainz Erfinder des Buchdrucks] Rinderkraftbrühe mit Scheiben von Frankfurter Würsten, Erbsen, Spargelspitzen, gewürfelten Champignons und Wurzelgemüse

Guter Heinrich, Bergspinat, Dorf-, Gänsefuß spinatähnliches Blattgemüse, roh für Mischsalate, kann a. ged. oder roh wie Spinat zubereitet werden (Europa, Nordamerika)

Gutsch schweizerd.: Schuß, Schwall

Gutshofkäse ↑ Herrgårdsost

Gutsleberwurst Kochstreichwurst, ↑ Leberwurst

Gutsrotwurst Blutwurst aus Schweinefleisch, Speck und bluthaltigen Schwarten

güveç, güvetsch türk.: kl. Topf zum Backen, Schmoren; Eintopf aus mit Joghurt geschm. Fleisch und Gemüse

Gwerch, (Närnberger, Nürnberger) Ochsenmaulsalat mit Stadtwurst und harten Eiern in Scheiben sowie Zwiebeln (Nürnberg)

gyoshoku jap.: Fischspeise

gyros Grillfleisch, ↑ giros

gyū(niku) jap.: Rindfleisch
  - teriyaki ↑ teriyaki

haan(tje) holl.: Hahn, Hähnchen

Haarwild die felltragenden, jagdbaren Säugetiere, können verpackt bis 6 Mon. tiefgefroren und dann aufgetaut zubereitet werden; ↑ a. Ballenwild, Schalenwild, Schwarzwild, Wild

haba span.: Bohne (Gemüse, Kaffee, Kakao)

Habana, à la [La Habana, Havanna, Hauptstadt der sozialistischen Republik Kuba] Garnitur aus roten und aus grünen Paprikaschotenwürfeln, Champignons, Zwiebelchen und geschmolzenen Tomaten, zu Meerfisch in Kräutersauce; ↑ a. Havanna-Art

Haber schweizerd.: Hafer

Habernessel Wildkraut, ↑ Brennessel

Habichtspilz, Rehpilz gr. Speisepilz, jung nach Abbrühen genießbar, je älter, desto herber und zäher, oft a. madig; ebenfalls getrocknet als Würzpulver verwendbar; gute Zeit Aug.–Nov.

haché, hachis frz.: fein gehackt, gemahlen; kleingeh., fein zerkleinertes Fleisch, a. Fisch, Gemüse; in der Pfanne gebr. Gericht aus Hackfleisch

Hachse, Haxe unterer Teil des Beines von Schlachttieren, insbes. Kalb oder Schwein (Eisbein); Hinterhachse meist fleischiger und zarter als Vorderhachse; zum Braten

Hack ugs.: Hackfleisch

Hackbraten, Falscher Hase Rinder- und/oder Schweinehackfleisch mit eingeweichten altbackenen Brötchen, Weißbrot oder Semmelmehl, Gewürzen, a. Eiern, Zwiebeln usw. in Kasten- oder Laibform gebraten

Hackepeter, Mett (zubereitetes) Hackfleisch; rohes mageres Hackfleisch vom Schwein, a. Rind, mit würzigen Zutaten (Zwiebeln, Pfeffer, Salz usw.) angemacht, mit Salzgurke, a. Zwiebelwürfeln garniert, oft zu oder auf Brötchen-, Schrippenhälfte; muß frisch zubereitet, kann nicht aufbewahrt werden (Berlin)

Häckerle Schlesien: Salzheringe, Äpfel und hartgek. Eier in kl. Stücken mit saurer Sahne angemacht, meist zu Pellkartoffeln; Süddeutschland: Hackfleisch vom Schwein

Hackfleisch, Gehacktes, Gewiegtes mehr oder weniger fein zerkleinertes rohes Fleisch, von Rind, Kalb, Schwein, Schaf, a. Geflügel, Wild, Innereien, leichtverdaulich, aber a. leichtverderblich, muß am Tag der Herstellung verkauft und sollte nicht länger als 6–8 Std. im Kühlschrank aufbewahrt werden; kann mit eingeweichten Brötchen, Eiern usw. aufgelockert sowie gewürzt werden, läßt sich braten, kochen und für Suppen, Eintöpfe, Saucen verwenden, eignet sich für Mikrowelle; einfrieren in Deutschland wegen Bakterienanfälligkeit verboten

Arten
Beefsteakhack ↑ Tatar
Brät, Bratwursthack, Kalbsbrät durchgedrehtes rohes, gewürztes Schweine-, Rind- und/oder Kalbfleisch; ↑ a. Brät
Gemischtes Hack kleingeh. Fleisch von Rind oder Schwein, bis 30 % Fett
Hackfleisch zum Rohessen ↑ Tatar
Ochsen-, Rinderhack, Rindermett durchgedrehtes rohes Rindfleisch mit feinen Sehnen und bis zu 20 % Fett
Schabefleisch ↑ Tatar
Zubereitetes Hackfleisch ↑ Hackepeter

Hackfrüchte Feldpflanzen mit Knollen und Wurzeln, deren Boden während des Wachstums durch Hacken gelockert werden muß (Kartoffeln, Topinambur, Karotten u. a.)

Hacksteak, Deutsches Beefsteak, Fleischbratling, Hackstück rundlich- bis flach-ovales Stück Rinderhackfleisch mit Ei, eingeweichtem Brot oder Paniermehl, geh. Zwiebeln und Gewürzen, in Butterschmalz gebacken; bleibt saftig, wenn man es vor der Zubereitung mit einem dünnen Streifen durchwachsenem Speck umwickelt; ↑ a. Frikadelle

haddock (smoked), finnan haddie aufgespaltener, leicht gesalzener und kaltgeräucherter Schellfisch ohne Kopf und Hauptgräte, gekocht oder gebraten beliebtes Frühstücksgericht (England)

Hafaloab [alemann.: Topflaib] Laib aus in (Gersten-)Suppe oder Schmalz gek. Mais- oder Weizenmehl, wird in Scheiben geschnitten (Vorarlberg)

Hafekäse Sauermilchkäse (Oberrhein)

Hafen schweizerd.: Topf

Hafer [niederd. *haver,* Futter für den Ziegenbock] Rispen-Getreide, früher Hauptnahrungsmittel, heute als wertvolle Vollwertkost wieder geschätzt, leicht verdaulich, hilft gegen Magen- und Darmverstimmungen, senkt Cholesterinspiegel; weicher Kern von mild nussigem, fruchtig süßem Geschmack; wird zu Flocken, Mehl und Müesli verarbeitet für Suppen, Breie, Schleime, Kleinkindernahrung usw.; Garzeit gequollen 1 Std.; durch seinen hohen Fettgehalt sehr empfindlich, muß in durchlüftetem Raum kühl und trocken aufbewahrt werden und ist nur wenige Wochen lagerfähig (alle gemäßigten Zonen); in versch. Formen im Handel:
-**flocken, oats** geschälte, gedarrte und gewalzte Haferkörner, als Rohkost (↑ a. Birchermüesli), Brei, Schleim oder sonst als Zutat; dunkel und trocken aufbewahrt bis 1 Jahr haltbar
-**grütze, Porridge** Grütze aus grobgeschnittenen Haferkörnern, als Brei (zum Frühstück), vegetarische Speise oder in Suppen
-**körner** können im Reformhaus oder zu Hause gemahlen werden, der gesündeste Hafer
-**mark** sehr kl. Flocken aus gequollenen und gewalzten geschroteten Haferkörnern, leicht verdaulich, für Kinder und Kranke geeignet
-**mehl** für Schleimsuppen, Nudelteig, nicht jedoch für Brot, da ihm der Kleber fehlt
Nackt ⚥ spelzenlose Hafersorte, bes. viele Vitalstoffe; ↑ a. Keimling

Haferkümmel Gewürz, ↑ Kreuzkümmel

Haferl, Häferl österr.: größere Tasse

Hafermastgans ↑ Gans

Haferwurz(el), Bocksbart Gemüsepflanze, ähnelt der Schwarzwurzel und wird wie diese zubereitet (Asien, Nordafrika, Südeuropa, a. Süddeutschland, England)

Hagebutte, Hifte, Hüffe, Mehl-, Rosenbeere Scheinfrucht der Wilden Heckenrose, a. anderer Rosenarten, herbsäuerlicher Geschmack, kann zu Mark (für Füllungen, Desserts, Kuchen) Gelee, Konfitüre, Brotaufstrich, Sauce (für Geflügel, Wild usw.), a. Tee, Saft, Wein, Likör verarbeitet werden; gute Zeit Ende Sept.–Nov.; läßt sich gut ohne Zucker bis 8 Mon., mit Zucker bis 12 Mon. einfrieren (Eurasien)

Hagelzucker ↑ Zucker/Sorten

Häge(n)mark landsch.: Hagebuttenmark

haggis [engl. *to hag,* hacken] in Schafsmagen gegarte, mit Leberfarce gebundene Innereien vom Schaf (Herz, Leber, Lunge, Nieren, Zunge usw.) mit Hafergrütze, Nierenfett und Zwiebeln, wird meist mit Kartoffel- und Steckrübenpüree gegessen (Schottland)

Hahn männl. Vogel, insbes. männl. Haushuhn

Hähnchen ↑ Huhn/Brathähnchen

Hahnenkamm der rote Fleischwulst auf dem Kopf männl. Hühner, wenig Geschmack, aber gebraten oder fritiert als Vorspeise, Beilage, in Ragouts usw. eine kulinarische Spezialität; a. mit Nußmasse gef. Blätterteiggebäck; Gattung von Speisepilzen, ↑ Ziegenbart

Hahnenkammkoralle Speisepilz, ↑ Ziegenbart

Hahnennierchen gewässert und blanchiert als Vorspeise oder Beigabe eine Delikatesse

Haie Ordnung fleischfressender Knorpelfische aus dem Meer mit fettarmem Fleisch; wegen Überfischung vom Aussterben bedroht; darunter:
Blauhai Fleisch in Japan mehr als in Europa geschätzt (trop., gemäßigte Meere, Mittelmeer, a. Nordsee, Nordmeere)
Dornhai schmackhaftes Fleisch, fest und fettarm, läßt sich bes. gut räuchern, in Deutschland oft als *See-, Steinaal* angeboten; wird meist zu Fischprodukten verarbeitet, aber a. frisch auf Eis (Dänemark: *Königsaal*) angeboten, läßt sich backen, braten, dünsten, pochieren, schmoren oder in Gelee marinieren; die geräucherten Bauchlappen als ↑ *Schillerlocken* im Handel (gemäßigt warme Meere)
Engelhai, Meerengel festes weißes Fleisch, kommt ganz oder enthäutet als Frischfleisch auf den Markt, läßt sich backen, braten, dünsten, garziehen (Nordatlantik, Mittelmeer)
Fuchshai gutes, aber etwas zähes Fleisch (westl. Mittelmeer, Nordostatlantik, Pazifikküste Nordamerikas)
Glatthai guter Speisefisch, läßt sich backen, braten, dünsten, garziehen (Ostatlantik, Mittelmeer)
Grauhai weißes, wohlschmeckendes Fleisch (gemäßigt warme Meer)
Heringshai festes Fleisch von kalbfleischähnlichem Geschmack, a. (geräuchert) als *Kalbfisch* oder *Seestör* im Handel, für alle Zubereitungsarten (Südpazifik, Nord- und Südatlantik)
Katzenhai festes, schmackhaftes Fleisch, a. enthäutet, ohne Kopf und Schwanz angeboten, läßt sich backen, braten, dünsten (Ostatlantik, Mittelmeer)

Der Grauhai, ein lebendiger Torpedo

Haifischflossensuppe Kraftbrühe aus den feinen Muskelfasern der Rücken- oder Floßflosse des Katzenhais mit Fleischextrakt und/oder Hühnerfleisch, Bambussprossen, Porree, Pilzen, a. Wein, und vielen Gewürzen (China)

hájdučki ćevap [kroatisch: Räuberspieß] am Spieß gebr. Lamm, Kalb-, Rind-, Schweinefleisch mit Reis und ↑ djuveč (exjugoslawische Länder)

hakusai jap.: Chinakohl

halászlé ungebundene Fischsuppe aus Karpfen-, a. anderen Süßwasserfischstücken, Fischklößchen, Rogen und Fischmilch, mit Paprika, Zwiebeln usw. gewürzt, viele reg. Varianten (Ungarn)

halāwa, halāwe arab.: Süßigkeit; Bonbon, Zuckerkonfekt; süßes Gebäck; Nachtisch; a. Türkischer Honig, ↑ helva

Halbbitter-, Zartbitterschokolade Schokolade mit mind. 50% Kakao

Halbblätterteig Blätterteig mit weniger Touren

Halberstädter Würstchen [Halberstadt, Landkreis im Bezirk Magdeburg] Brühwürstchen aus Rind-, Schweinefleisch und Speck

Halbfester Schnittkäse Käsegruppe, ↑ Käse

Halbfettbutter ↑ Milchhalbfett

Halbfettkäse Käse mit 20–35% Fett i. Tr., ↑ Käse

Halbfettmargarine Margarine aus pflanzlichen Ölen und Fetten mit 39–41% Fettgehalt, Brennwert etwa die Hälfte der normalen ↑ Margarine

Halbfettmilch halbentrahmte Milch mit 18 g Milchfett

Halbfleischtomate ↑ Tomate

Halbgefrorenes halbfest gefrorenes Speiseeis aus geschlagener Sahne und Früchten; ↑ a. Parfait

Halbhartkäse Käsegruppe, ↑ Käse/Schnittkäse

Halbkonserve ↑ Präserve

Halbrahm, Halbsahne ↑ Sahne/Halbsahne

Halbweichkäse Käsegruppe, ↑ Käse/Halbfester Käse

haldi ind.: Kurkuma

halia indon.: Ingwer

hallaca Päckchen aus mit Huhn, Schweine-, Rindfleisch, Knoblauch, Paprika, Tomaten, Zwiebeln, Gewürzen usw. gef. Maisteig, in Bananenblättern gedämpft (Kolumbien, Venezuela)

Hallergold-Käse vollfetter Weichkäse in Stangenform

Hallimasch, Honigpilz leicht säuerlich-herber Speisepilz, sollte jung sein, darf nicht roh gegessen, sondern muß ohne Stiel gut abgebrüht und durchgekocht werden, gute Zeit Sept. bis erste Novemberfröste

haloua Nordafrika: Honigkuchen

Hals Fleischstück hinter dem Kopf von Schlachttieren, ↑ Kalb, Lamm, Rind, Schwein/Fleischteile, -stücke
 -**grat** Rind: Kamm, Siegel-, Zungenstück zwischen Hals und Hochrippe, für Fleischfondue, Sauerbraten usw.; Kalb, Schwein: ↑ Hals

haluschka, haluška [tschech.: Kügelchen] Mehlknödel; dicke Nudel; Fleckel, viereckiges Teigstück, in Schmalz geb., mit Speckgrieben, Quark oder süß belegt (Böhmen)

halva Türkischer Honig, ↑ helva

Hallimasche, die häufigsten Speisepilze, roh giftig

Halve Hahn, Röggelche met Kies Limburger, Mainzer (Düsseldorf) oder Holländer (Köln) Käse auf kl. runden Roggenbrötchen, dazu («met Kompott») scharfer Senf (Rheinland)

halwā arab.: Süßigkeit, Konfekt

ham engl.: Schinken
 – **and eggs** Spiegeleier mit gek. Schinken
 – **and haddie** Gericht aus geräuchertem Schellfisch und dünnen Scheiben Räucherschinken mit Butter und frisch gemahlenem Pfeffer (Schottland)

hamaguri jap.: Venusmuschel

ḥamal arab.: Lamm

Hamantasche [zur Feier des Sieges der pers. Juden über den Wesir Haman] dreieckige Teigtasche mit Füllung aus süßem Mohnbrei, Zwetschgenmus, a. Datteln, Nüssen, Rosinen usw. (jüd. Küche, insbes. zum Purimfest)

Hamburger, Beefburger [angeblich von einem zugewanderten dt. Restaurateur in Erinnerung an die Verpflegung mit Frikadellen, ↑ Rundstück warm, während der Überfahrt in Amerika auf den Markt gebracht, ausgespr. *hämbörger*] flachgedrücktes Steak aus frisch geh. magerem Schulterfleisch, Roastbeef, Hüftdeckel o. ä. vom Rind, orig. ohne Zutaten oder nur mit etwas zerlassener Butter, Salz und Pfeffer gebraten zwischen zwei halben Brötchen; sollte innen rosa, locker und saftig sein, kann nach Geschmack zusätzlich mit Muskat, Ketchup, Mayonnaise, Salatblatt, Gurken-, Tomatenscheiben usw. gewürzt und dekoriert werden (urspr. USA)

Hamburger|Aalsuppe [Hamburg, Freie und Hansestadt zu beiden Seiten der Niederelbe in Nordwestdeutschland, bedeutende Hafen- und Handelsstadt] ↑ Aalsuppe
 – **(Schwarz-)Brot** angeschobenes oder im Kasten geb. Roggenschrotbrot, lang mit dunkler, glänzender Oberfläche
 – **Ente** ↑ Ente/Hausente
 – **(Stuben-)Küken** 6–8 Wo. altes Mastküken
 – **Mehlklüten** ↑ Klüten
 – **National** Eintopf aus Würfeln von Schweinebauch, Steckrüben und Kartoffeln mit Decke von Räucherspeckwürfeln und Zwiebelringen, in der Pfanne braun gebraten
 – **Plockfinken** ↑ Plockfinken
 – **Rauchfleisch** rohes Pökelfleischerzeugnis aus Blume, Oberschale oder Schwanzstück des Rinds
 – **Rundstück** ↑ Rundstück
 – **Speck** überzuckerter Würfel aus Schichten von rotem und von grünem Gelee mit Schaummasse

Lady Emma Hamilton

– **Steak** kurzgebr. Kluftsteak vom Rind mit geb. Zwiebelringen und Kartoffelpüree
– **Stubenküken** ↑ Hamburger (Stuben-)Küken

Hamilton, à la [Lady H., um 1765–1815, Geliebte des britischen Admirals Nelson] Meerfisch in grüner Kräutersauce mit grünen Oliven, Sardellenstreifen als Dekoration

Hamiltonsauce Johannisbeergelee, geriebener Meerrettich, feingeh. Sauerkirschen und Weißwein, mit Paprika, Senf und Worcester(shire)sauce abgeschmeckt, zu kaltem Fleisch, Schweine-, Hammelfleisch oder Wild

Hamiltonsuppe, crème Hamilton Gerstenrahmsuppe mit Gemüsewürfeln, Curry und Sahne

Hamlin Blondorangensorte

Hämmche met surem Kappes kölnisch: Eisbein mit Sauerkraut

Hamme schweizerd.: Schinken, meist ganz mit Knochen

Hammel, Schöps für die Mästung kastriertes männl. Schaf, in der Küchensprache a. allgemein ausgewachsenes Schaf, Fleischteile, -stücke ↑ Lamm

Hammelfett, Schöpsenfett, Hammel-, Schöpsentalg aus Fettgeweben im Innern des Schafs ausgeschmolzen, ausgeprägter Geruch und Geschmack

Hammelfleisch Fleisch vom Hammel, ugs. und handelsüblich a. vom jungen weiblichen Schaf

Hammelmöhre Würzelrübe, ↑ Pastinak

Hammeltalg ↑ Hammelfett

Handelsessig ↑ Essig/Sorten

Handkäse, Faustkäse von Hand geformter Sauermilchkäse aus entrahmter, pasteurisierter Kuhmilch, fast fettfrei, aber eiweiß- und mineralstoffreich, gelblicher, geschmeidiger Teig, mild aromatisch bis pikant, kann kernig oder durchgereift (aber nicht überreif) genossen werden, wird nicht mit der Gabel gegessen, sondern mit dem Messer auf Butterbrot geschaufelt, dazu gern Apfelwein oder ein herber Weißwein; hält sich in Plastik bis 4 Wo. im Kühlschrank (Hessen u. a.); ↑ a. Harzer Käse

Handkäs mit Musik runder reifer Handkäse in Marinade aus (Apfel-)Essig, Öl, Pfeffer, a. Kümmel und Zwiebeln, mit dünnen Zwiebelringen bedeckt, wird auf Bauernbrot mit Schmalz, Butter oder zu Pellkartoffeln gegessen, dazu vorzugsweise Apfelwein (Äppelwoi) oder Bier (Frankfurt am Main u. a.)

Hanfnessel Wildkraut, ↑ Brennessel

Hanfsuppe Suppe aus mit Hirsemehl gebundenen gek. Hanfkörnern, Salz und etwas Zucker (Oberschlesien)

Hangtown fry [von einem kalifornischen Galgenvogel wegen der zeitraubenden Beschaffung der Zutaten als Henkersmahlzeit erbeten] Pfannengericht aus verquirlten Eiern, Austern, Räucherschinken, Frühstücksspeck mit Semmelbröseln, geh. Petersilie, Zwiebeln usw. (Kalifornien, USA)

Hannoversche | Bregenwurst [Hannover, Hauptstadt und Bezirk des Landes Niedersachsen] Kochstreichwurst aus Rind-, Schweinefleisch, Fettgewebe, Schweinemasken mit, aber a. ohne Hirn
– **Semmel** süßes Weißbrot in Stollenform, mit oder ohne Rosinen
– **Weiße, Weißgekochte, Weißwurst** grobe, fette Kochstreichwurst aus Schweinefleisch, Flomen und Innereien

Hansa festkochende Salatkartoffel, ↑ Kartoffel/Sorten

Härdöpfel [schweizerd.: Erdapfel] Kartoffel
-stock Kartoffelpüree

hard sauce, brandy-sauce schaumige Puddingsauce aus Butter, Puderzucker und Weinbrand (England)

hare engl.: Hase

hareng frz.: Hering

hari chutney ka pullao aromatischer Pilaw mit Basmati-Reis, Kartoffeln, grünen Chilischoten, frisch geriebener Kokosnuß, Minze, Nelken, Zimt usw. (Hyderabad, Indien)

haricot frz.: Bohne
 – **vert** Grüne (Hülsen-)Bohne

haring holl.: Hering

harira Marokko: mit Safran gewürzte Suppe

harissa, hrīssa sehr scharfe Würzpaste aus kl. roten frischen oder getr. Chilis, Cayennepfeffer, Knoblauch, Koriander und Olivenöl, mit Kreuzkümmel und getr. Eisenkraut-, Pfefferminzblättern usw. gemischt, für Suppen, Eintöpfe, couscous, Fleisch usw. (Nordafrika, Nahost)

Harnsäure Endprodukt, Kristallpulver des Eiweißstoffwechsels, außer im menschlichen Körper spurenweise in tierischen Geweben enthalten, kann bei übermäßigem Konsum von gesättigten Fetten und Alkohol nicht gänzlich ausgeschieden werden und Gichtanfälle hervorrufen; ↑ a. Purin

Harrach camembertähnlicher Weichkäse (Österreich, Ungarn)

Hartfett Fett mit einem Schmelzpunkt über 36 °C

Hartgrieß Grieß aus Durumweizen

Hartkaramelle, Karamelbonbon harter, glasiger Karamelbonbon

Hartkäse ↑ Käse/Festigkeit

Hartkrokant, -nougat ↑ Nougat, Brauner

Hartschalenobst ↑ Schalenobst

Härtung ↑ Fetthärtung

Hartweizen ↑ Weizen

Hartwurst geräucherte oder nicht geräucherte schnittfeste Wurst (Landjäger, Salami u. ä.), gut lagerfähig

Harveysalat Salat aus Chicorée- und Kopfsalatstreifen in engl. Würzsauce (Harveysauce), mit Brunnenkresse garniert

Goslar im Harz, einer landschaftlich wie kulturhistorisch reizvollen Region Mitteldeutschlands

Harzer Käse, Handkäse, Harzer Roller, Harzkäse
[Harz, dt. Mittelgebirge] kalorienarmer Gelbkäse aus Sauermilchquark, fester Teig, weniger als 10% Fett i. Tr., sollte durchgereift sein, dann von herzhaft deftigem, pikantem Geschmack, a. mit Kümmel und/oder Weißschimmel erhältlich (Mitteldeutschland)
– – **mit Schmalz** Harzer Käse auf mit Braten-, Gänseschmalz und Zwiebeln bestrichener Scheibe Roggen- oder Schwarzbrot
– – **Tatar** mit der Gabel zerdrückter durchgereifter Harzer Käse mit feingeh. Kümmel oder sonst Kräutern, Zwiebeln, scharfem Senf, Pfeffer und Öl, dazu a. Kapern, Pfeffergürkchen, Radieschen, Rettich, Tomatenscheiben u. ä.

Harzer Knüst, Kartoffelscheibe ungeschälte, längs halbierte Kartoffel, mit Öl oder Gänseschmalz bestrichen und mit Salz, Pfeffer, Kümmel bestreut, a. mit Räucherspeck, Thüringer Mett, Zwiebelringen usw. belegt geb., wird gern zu Kräuterquark oder mit grünem Salat gegessen (Thüringen)

Harzer Schmorwurst geräucherte Brühwurst aus magerem Schweinefleisch und Speck, mit Kümmel gewürzt

hasban gewürzte Kuttelwurst (Nordafrika)

Haschee [frz.: *hacher,* hacken] feingeh., nicht durchgedrehtes Fleisch, Innereien, a. Geflügel, Fisch, oft mit Sauce gebunden; a. mit Gewürzen, Zwiebeln usw. gewürztes, in der Pfanne gebr. Gericht daraus

Hase Ballenwild, wildlebendes Nagetier, braunrotes, zartes, aromatisches Fleisch des *Wald-, Berghasen* würziger als jenes des *Feld-, Moorhasen,* am besten 4–12 Wo. altes Jungtier (weiße, spitze Zähne, einreißbare Löffel) und nicht schwerer als 2½ kg; sollte vor der Zubereitung im Fell und unausgenommen 2–4 Tage abhangen, kann ganz gebraten oder in Stücken zubereitet werden: *Rücken, Blatt* (jüngere Tiere zum Braten, als Filet, Medaillons usw., ältere Tiere als Medaillons, gebeizt zum Schmoren), *Keulen* (jüngere Tiere zum Braten, gebeizt zum Schmoren), *Läufe* (jüngere Tiere zum Braten und Schmoren, für Pfeffer und Ragouts, Fleisch älterer Tiere muß vorher gebeizt werden), *Hals, Bauch* (für Pfeffer, Ragouts, Fonds und Saucen); Jagdzeit Okt.–14. Jan.; läßt sich pfannenfertig verpackt bis 6 Mon. einfrieren (Inland, heute meist Osteuropa, Argentinien u. a.); ↑ Hasenblut, Hasenklein, Hasenpfeffer, Hasenrücken; ugs. a. für Hauskaninchen
   Falscher – (gef.) Hackbraten

Hasel kl. Karpfen-, Weißfisch aus dem Süßwasser, viele Gräten, aber schmackhaftes Fleisch, läßt sich v. a. braten, grillen (Europa nördl. der Pyrenäen, Alpen)

Haselnüsse und Kätzchen am Strauch

Haselhuhn rebhuhngroßes Wildgeflügel, in Deutschland nicht jagdbar, anderswo Jagdzeit Sept.–Okt., zartes wohlschmeckendes, aber gern etwas trockenes Fleisch, wird deshalb meist bardiert und/oder übergossen (Nord-, Mittel-, Osteuropa)

Haselnuß, Pimpernuß, Welschhasel hartschalige Frucht des Haselstrauchs, wächst wild in Gebüschen und Wäldern, wird in Südeuropa a. gezüchtet, nahrhaft und leicht verdaulich, wirkt blutstillend, gefäßverengend, wird mit (luftig und kühl bis 5 Jahre lagerfähig) oder ohne (4–6 Mon.) Schale angeboten, a. gehackt, gehobelt oder gemahlen; als Rohkost, für Backwerk, Schokoladewaren, Süßspeisen usw.; beste Zeit frisch Sept.–Dez. (Inland, Mittelmeerländer, Rußland, USA); ↑ a. Öl/Haselnußöl
   -creme mit Zucker und Gelatine in Milch verrührte geröstete geriebene Haselnüsse mit Schlagsahne
   -öl ↑ Öl/Sorten
   -rolle auf dem Blech ausgeb. Brandmaße mit geriebenen Haselnüssen, mit Kirschwasser-Buttercreme und gerösteten Haselnüssen bestrichen, aufgerollt und mit Kirschwasserfondant glasiert
   -sauce ↑ Sauce/sauce noisette
   -torte Kuchen aus Wiener Masse mit geriebenen Haselnüssen, mit Haselnuß-Buttercreme gefüllt und mit geh. gerösteten Haselnüssen sowie Puderzucker bestreut

Hasen|blut das vom frischgeschossenen Hasen aufgefangene, mit Essig verquirlte Blut, für Hasenpfeffer, Wildsaucen usw.

-klein Kopf, Hals, Bauchlappen und Innereien des Hasen

-pfeffer Hasenklein mit frischem Hasenblut und Rotwein als Ragout

-rücken Sattelstück des Hasen, wird enthäutet und gespickt rosa gebraten

hashed engl.: gehackt, kleingeschnitten

Has(e) im Topf ↑ Dippehas, Tippe-Haas

Hasliberg-Käse ↑ Sbrinz

Hast niederd.: gesottenes Fleisch, ↑ a. Pfefferpotthast

Hatzfeld [Hermann Fürst von H., 1848–1910, königlich preußischer Oberstmundschenk] Rebhuhnkraftbrühe mit Bleichselleriestreifen und Sherry

Häupt(e)lsalat österr.: Kopfsalat

Hausbrot Brot für den täglichen Bedarf, ↑ Brot/Sorten, Spezialsorten

Hausen, Beluga der größte ↑ Stör, Lieferant des teuersten Kaviars, aber a. hervorragendes Fleisch, läßt sich braten, grillen, räuchern (Schwarzes, Asowsches, Kaspisches Meer); ↑ a. Kaviar

Hausente ↑ Ente/Hausente

Hausfrauen-Art, bonne femme einfach, familiär, ländlich zubereitet, gedünstet oder geschmort und oft im Kochgeschirr serviert; mit Garnitur aus Kartoffelwürfelchen, Zwiebelchen und Magerspeck; Suppe aus Porree und Kartoffeln mit Fleischbrühe, Wasser oder Milch; Fisch: in Fischsud und Weißwein pochiert, mit Champignons und Petersilie; ↑ a. Alte Art, Haushälterin-Art, Hering Hausfrauen-Art, Sauce/sauce bonne femme

Hausgeflügel auf dem Bauernhof oder in Farmen als Haus- und Nutztier aufgezogenes Federvieh, «was die Leinwand für den Maler, ist das Geflügel für den Koch» (Brillat-Savarin), wohlschmeckendes, i. a. fettarmes und eiweißreiches Fleisch – nicht der Tierfreund allein, a. der Feinschmecker achtet darauf, daß die Vögel artgerecht und naturnah gehalten werden, nur dann nämlich ist es wirklich saftig und zart; Handelsklasse A: vollfleischig, beste Qualität, Handelsklasse B: fleischig, evtl. kl. Verletzungen; Handelsklasse C: nicht mehr hochwertig; Hausgeflügel wird frisch, gekühlt oder tiefgefroren angeboten, *brat-, kochfertig:* küchenfertig ohne Hals, Kopf, Ständer, Speise-, Luftröhre und Innereien, diese verpackt im Innern; *grillfertig:* wie bratfertig, aber ohne Innereien; *frisch:* sofort nach dem Schlachten im Handel.

Für den Umgang mit Hausgeflügel gilt (wegen der Salmonellengefahr): Verpackung gut beseitigen und sofort wegwerfen; die Tiere stets in gedecktem Gefäß im Kühlschrank aufbewahren; vor dem Zubereiten mit Haushaltpapier trockentupfen; benutztes Geschirr und Hände jederzeit und sorgfältig reinigen; Produkte immer vollständig durchgaren (Salmonellen werden bei 70 °C abgetötet); Hausgeflügel läßt sich braten, dünsten, fritieren, grillen, kochen, poêlieren, schmoren, ist für Mikrowelle bes. geeignet; passende Kräuter und Gewürze: Anis, Basilikum, Beifuß, Chili, Curry, Dill, Dost, Estragon, Knoblauch, Koriander, Liebstökkel, Majoran, Paprika, Petersilie, Pfeffer, Piment, Quendel, Rosmarin, Salbei, Schalotten, Thymian, Zimt, Zitrone, Zwiebel; Hausgeflügel hält sich im Kühlschrank frisch 3–6 Tage, gebr., gek. 4–6 Tage, läßt sich 4–10 Mon. tiefkühlen; ↑ Ente, Gans, Huhn, Perlhuhn, Taube, Truthahn, Wachtel, a. Geflügelklein, Geflügelteile, Wildgeflügel.

Haushälterin-Art, (à la) ménagère mit einfachen, preiswerten Zutaten; ↑ a. Hausfrauen-Art

Haushaltsraffinade, Haushaltszucker ↑ Zucker/Sorten

Haushaltzwiebel ↑ Zwiebel/Speisezwiebel

Haushofmeister-Butter ↑ maître d'hôtel, beurre

Haushuhn ↑ Huhn

Hauskaninchen gezüchtetes ↑ Kaninchen

Hausmacher-Art herzhafte Zubereitung nach Art des Hauses, mit Würsten, Sülze u. dgl.

Hausmacherleberwurst, Bauernleberwurst grobe Kochstreichwurst aus Schweinefleisch, Binde-, Fettgewebe, Schweinemasken, Leber und anderen Innereien

Haussülze hausgemachte Schweinefleischsülze

Haustaube ↑ Taube

Häutelwerk südd.: Schwarte, enthaarte, gebrühte Haut von Kalbsköpfen und -füßen

Hautgout, haut-goût [frz.: starker Geschmack] ausgeprägter Wildgeschmack durch Zersetzung des Fleischeiweißes beim langen Abhängen, heute nur noch selten gewünscht

Havanna-Art [Havanna, Hauptstadt von Kuba] Garnitur aus Champignons, Paprikaschotenwürfeln, geschmolzenen Tomaten, glasierten Zwiebelchen, zu Fisch in Kräutersauce; Salat aus Kaisergranatschwänzen und Spargelspitzen auf Salatblättern in Mayonnaise mit Gurkenpüree; ↑ a. Habana

Havarti, Dänischer Tilsiter [H., Gutshof auf Seeland] halbharter Schnittkäse aus Kuhmilch, 30–50 % Fett i. Tr., herb pikant und leicht säuerlich, vielfältig, vom Frühstück bis zum Dessert (mit Früchten) genießbar (Dänemark)

Hawaii-Art [H., Inselgruppe im Stillen Ozean, Bundesstaat der USA] mit Ananasstücken

Haxe, Haxn südd., a. schweizerd.: Hachse

Haysche Trennkost ↑ Abmagerungsdiät/Trennkost

hazelnut engl.: Haselnuß

Hecht, Hengste, Schnöck Raubfisch aus dem Süßwasser, aus Flüssen besser als aus Teichen, wird a. gezüchtet; am besten nicht zu groß, zweijährig und von Sept.–Jan.; sehr mageres, festes, aromatisches, aber grätiges und gern etwas trockenes Fleisch, bes. gut in Weißwein gedünstet, sonst für alle Zubereitungen, läßt sich a. zu Farcen, Klößchen, Mousses, für Pasteten u. ä. verarbeiten; kann pfannenfertig bis 2 Mon. tiefgefroren werden (Europa, Asien, Nordamerika)
 -klößchen Klößchen aus püriertem Hechtfleisch mit Eiweiß und Panade, gewürzt und mit süßer Sahne vermengt

Hechtbarsch Süßwasserfisch, ↑ Zander

Hechtdorsch Meerfisch, ↑ Seehecht

Hechtenkraut bayer. Fischgericht, ↑ Fastenkraut

Hedwig nordd.: Hefebrötchen mit Korinthen und Zucker

Heensch Eifel: Buchweizen

Hefe, Geest, Germ einzellige Sproßpilze, die Kohlendioxyd entwickeln und dadurch alkoholische Gärung erregen sowie einen Teig lockern und aufgehen lassen; sollte geschmeidig sein, rosabraun, angenehm duften, läßt sich gut einfrieren; ↑ a. Backhefe, Bierhefe
 -brot Weizen- oder Weizenmischbrot mit Backhefe als Treibmittel, milder Geschmack
 – -Extrakt schonend eingedampfter Zellsaft von Reinzucht- oder Bierhefen, dunkelbraune Paste oder Pulver, als Brotaufstrich, zur Geschmacksverbesserung und -verstärkung von Suppen, Fleischbrühen, Speisen und Saucen
 -flocken getr., gepreßte Hefe, hoher Gehalt an essentiellen Aminosäuren, Vitaminen und Mineralstoffen, zum Würzen von Speisen
 -gebäck süßes Gebäck aus Hefeteig mit Zutaten (Eier, kandierte Früchte, Honig, Mandeln, Nüsse usw.) das nach dem Aufgehen im Backofen oder schwimmend in Fett gebacken wurde; ↑ Berliner, Bienenstich, Gugelhopf, Hefekranz, Nußgipfel, Panettone, Plunder, Schnecke usw.
 -kloß, -knödel ↑ Germknödel
 -kranz Brioche- oder Hefeteiggebäck in Kranz- oder Zopfform
 -stück Vorteig, ↑ Teig/Ansatz
 -teig ↑ Teig/Sorten

Heidebrot freigeschobenes, langes Roggenmischbrot mit genarbter, glänzender Oberfläche, kräftiger Geschmack

Heidegrütze in Wasser gek. Buchweizenschrot (Lüneburger Heide, Niedersachsen)

Heidehonig ↑ Honig/Sorten

Heidekorn Kornfrucht, ↑ Buchweizen

Heidelbeere, Besinge, Bick-, Blau-, Schwarz-, Waldbeere [auf der Heide wachsende Beere] kugelförmige Beerenfrucht eines Heidekrautgewächses, wächst wild als *Waldblaubeere*, gezüchtet als *Gartenheidelbeere*, ↑ Kulturheidelbeere (in Nordamerika bes. große Form, ↑ blueberry); wirkt adstringierend, appetitanregend und gegen Durchfall; saftig und aromatisch süßsauer, kann roh als Frischobst genossen werden, in Süßspeisen, auf Backwerk usw., läßt sich, a. getrocknet, zu Gelee, Kompott, Konfitüre, Mark, Pulpe, gek. Püree usw. verarbeiten und konservieren; gute Zeit Juni–Sept., wird nicht gewaschen, ist frisch druckempfindlich und nicht gut haltbar, läßt sich hingegen ohne Zucker bis 8 Mon., mit Zucker bis 12 Mon. tiefkühlen (Eurasien, insbes. Inland, Österreich, Slowakei, Tschechien, Polen, Balkanländer, Frankreich, Nordamerika u. a.)

Heide(n)mehl Buchweizenmehl

Heidensterz Gericht aus Buchweizenmehl, Grieben usw. (Niedersachsen u. a.)

Heidesand rundes Plätzchen aus Mürbeteig mit Creme aus gebräunter Butter, Zucker, Vanillezucker, Sahne und Salz, oft oben und unten mit Kristallzucker bestreut (Niedersachsen u. a.)

Heideschinken ↑ Schinken/Sorten

Heidschnucke, Heideschaf sehr alte, kleine, genügsame Wildschafrasse, die sich von Heidekraut ernährt; delikat aromatisches Fleisch, das etwas nach Hammel, aber a. nach Wild schmeckt, wird deshalb gern mit Lorbeer, Wacholderbeeren u. a. Wildgewürzen zubereitet (Lüneburger Heide)

Heilbutt, (Atlantischer, Pazifischer, Weißer) [niederd.: *Hilligbutt,* Butt für heilige Tage] größter, schwerster Plattfisch aus dem Meer, festes, fettarmes, schmackhaftes Fleisch, weiß und nicht zu groß am besten; für alle Zubereitungen, a. zum Räuchern; gute Zeit Frühling, Aug.–Dez. (Nordatlantik, Pazifik)
 Schwarzer – feinfaseriges, fettreiches Fleisch, a. in Stücken geräuchert im Handel (Nordatlantik)

Heilpflanze wildwachsende oder kultivierte Pflanze, die frisch oder getrocknet als Heilmittel dienen kann

Heinrich IV. ↑ Henri IV

Heinrich-IV.-Salat Würfel von Artischockenböden und gek. Kartoffeln mit geh. Zwiebeln, Kräutern in Essig-Öl-Sauce

Heißräuchern ½–2 Std. bei 40–90 °C räuchern

Heißweck(en) kaltes Gebäckstück aus Hefeteig mit Korinthen und Zuckerguß, zwischen den Hälften mit Butter oder Schlagsahne bestrichen

Heiti schweizerd.: Heidelbeere

Helder [Pariser Restaurant im 19. Jh., nach der gleichnamigen holl. Hafenstadt] Garnitur aus mit Spargelspitzen, geschmolzenen Tomaten und kl. Nußkartoffeln gef. Artischockenböden, zu kl. Fleischstücken in Béarnaisesauce

Helena, Schöne ↑ Belle-Hélène

Helenensuppe, consommé Hélène Kraftbrühe mit Tomatensaft, als Einlage Eierstichscheiben und kl. Parmesan-Profiteroles

Helgoländer Steak [Helgoland, dt. Felseninsel in der Nordsee] mit Kräuter-, Tomaten- und Holländer Sauce in den Helgoländer Farben Grün-Rot-Weiß überzogenes gebr. Kalbssteak

Helianth ↑ Sonnenblume

Heller Fond ↑ Fond

Heller Seelachs ↑ Pollack

Helle Sauce neutrale, gebundene Sauce aus mit Brühe oder Sahne abgelöschter (gewürzter) heller Mehlschwitze; ↑ a. Sauce

Helmbohne ↑ Bohne/Sorten

helva, halva Südosteuropa: türk. Honig aus Weizenmehl oder Grieß, Sesamöl oder -mehl, Honig oder Zucker, a. Butter; Indien, Pakistan: in Sirup zu Brei eingek. Grieß, Weizen, Kürbisse, Linsen, Möhren usw.

Helvetia, à la [H., lat. das Land der Helvetier, die Schweiz] mit Spinat und mit Zwiebelpüree gef. Tomaten, zu kl. Fleischstücken in Madeirasauce

Hendl bayer., österr.: (Brat-)Hähnchen

Hendljunges österr.: Hühnerklein

Hengste Süßwasserfisch, ↑ Hecht

Henne weibl. Haushuhn, a. weibl. Tier der Hühnervögel

Henne, Fette Speisepilz, ↑ Glucke, Krause

Henri IV, Heinrich IV. [frz. König, der erste Bourbone, 1553–1610] Garnitur aus Artischockenböden und/oder Kartoffelstäbchen mit Kresse, zu grillierten oder sautierten Fleischstücken, Innereien (Nieren) usw. in Béarnaisesauce; ↑ a. Heinrich-IV.-Salat, poule au pot

Henriettesalat Würfel von gek. Möhren sowie Blumenkohlröschen, Weiße Bohnen, a. Trüffelscheiben in Essig-Öl-Sauce mit geh. Estragon und Schalotten

Henriettesuppe, consommé Henriette Suppentopf aus Ochsenfleisch, Mark, Huhn, Karotten, Kohl, Porree, Sellerie, pochierten Eiern, ital. Suppenteigwaren und geriebenem Parmesankäse

herbes frz.: Kräuter
 – de Provence für die südfrz. Landschaft typische, aromatische Gewürzkräuter wie Basilikum, Bohnenkraut, Lorbeer, Rosmarin, Thymian usw., oft gehackt und/oder getrocknet
 fines – ↑ fines herbes

Herbstlorchel Speisepilz, gern etwas zäh, aber frischer, leicht bitterlicher Geschmack, roh giftig, muß gründlich abgebrüht oder getrocknet werden, gute Zeit Aug.–Nov.

Herbstrübe ↑ Rübe/Weiße Rübe

Herbsttrompete, Füllhorn, Totentrompete sehr guter Speise- und Würzpilz aus der Familie der Pfifferlinge, wächst unter Buchen und Eichen; dünnfleischig, angenehmer Geruch und Geschmack, nur jung und nicht roh eßbar, eignet sich für Mischpilzgerichte, Suppen, Mischgemüse, Saucen, zu Fisch usw., getrocknet und gemahlen als Aromazutat und Würze, gute Zeit Aug.–Nov.

HERING

201

Würzige Herbsttrompeten im Wald

Herbstweißkohl ↑ Kohl/Spitzkohl

Herbstzichorie Salatpflanze, ↑ Salat/Fleischkraut

Hereford [Herefordshire, mittelengl. Grafschaft] Mastrind-Rasse, ↑ Rind

hergma Fischbrühe mit Kalbshachsenfleisch, mit Essig, Chilis, Knoblauch, Sellerie und Zitronensaft gewürzt (Tunesien)

Hering Meerfisch, einer der meistgegessenen, beliebtesten Speisefische mit hohem Vit.-D-Gehalt, der nicht nur konserviert, mariniert, geräuchert werden kann, sondern a., obschon grätig, frisch, *grün*, geb., gebr., ged., gegr. genießbar ist; beste Zeit Apr.–Juli (Nordatlantik einschl. Nord-, Ostsee, Nordpazifik; ↑ a. Bückling, Kaltmarinade, Kipper, Kronsild, Lachsbückling, Lachshering, Rollmops, Saurer Hering
    Bismarck ♀ [nach einem um 1890 Küstenfischern zur Förderung des Absatzes vom damaligen Reichskanzler Bismarck übertragenen Recht, diesen Namen zu tragen] in kalter Marinade aus Essig, Pfefferkörnern, Zwiebeln und Salz, a. weiteren Gewürzen eingelegter, fast ausgenommener Hering ohne Kopf, mit oder ohne Schwanzflosse, aber mit Haut, sollte säuerlich, aber nicht zu sauer sein; bei kühler Lagerung 2–3 Mon. haltbar
    Brat ♀ gebr. Hering ohne Kopf, a. mit oder ohne pflanzliche Beigaben in Essigaufguß, Saucen oder Öl eingelegt
    Delikateß ♀ ausgenommener, nicht entgräteter kl. zarter Hering ohne Kopf in Marinade
    Fett ♀ stark gesalzener frischer, fetter Hering, seegekehlt
    Fleck ♀ großer ausgenommener Hering
    Leer ♀, Ihle, Yhlenhering abgelaichter, magerer Hering, gekehlt oder ungekehlt, meist hartgesalzen, aber nicht von besonderer Qualität
    Matjes ♀, maatjesharing [holl. *maagdelijk,* jungfräulich, *meisje,* Mädchen] junger Hering, gut ernährt und noch nicht laichreif, leicht gesalzen, bes. fett und mild mit zartsalzigem Meergeschmack, wird noch wie hergebracht frischgefangen ab April/Mai bis Juni, Juli angeboten und verzehrt (in Holland, Schottland, Irland kleiner, aber milder und zarter als in Deutschland), ist heute jedoch, obwohl wie bisher im Frühsommer gefangen, dank moderner Biotechnologie a. das ganze Jahr hindurch erhältlich; sollte ungewässert am Einkaufstag verzehrt werden; nach alter Sitte wird der Matjeshering in Holland stehend als Doppelfilet mit der Hand am Schwanz gehalten und kopfüber gegessen, in Norddeutschland mit neuen Pellkartoffeln, Grünen Bohnen und ausgelassenem Speck, in Skandinavien mit Roten Rüben, a. Kartoffelauflauf; ↑ a. Bückling, Rollmops
    Salz ♀ durch Salzen haltbar gemachter Hering mit (gefüllt) oder ohne (ungefüllt) Milch oder Rogen, *mildgesalzen* (Salzgehalt 6–20 %) oder als Fetthering *hartgesalzen* (mind 20 %); sollte vor der Zubereitung in Wasser oder Milch und Wasser eingelegt werden; a. geräuchert im Handel
    Voll ♀, Norweger Hering, Sloehering mit Milch oder Rogen angefüllter Hering kurz vor oder zu Beginn der

Gepökelte Heringe im Holzfaß

Laichzeit, ab Aug. im Handel, oft hartgesalzen oder geräuchert; ↑ a. Bückling

Wrack ♀ beschädigter Salzhering

Eingelegter – ausgenommener, a. entgräteter Hering ohne Kopf in Heringsmilch- oder anderer Sauce, Aufguß

Marinierter – ausgenommener, nicht entgräteter Hering ohne Kopf aus Essig-Salz-Bad und anschließender Marinade mit Kräutern und Gewürzen

Saurer – ausgenommener, nicht entgräteter Hering mit Kopf in Marinade

Herings-, Matjesfilet Hausfrauen-Art (Matjes-)Heringsfilets in Marinade von passierten (Milchner-)Heringen, saurer Sahne, weißem Pfeffer, etwas Zucker, Essig, säuerlichen Apfel-, Salzgurkenscheiben, Zwiebelringen, Lorbeer und Senfkörnern, dazu Pellkartoffeln und Bier (urspr. Ostdeutschland)

Herings|bückling ↑ Bückling

-butter Butter mit feingeh. (Matjes-)Heringsfilets und Zwiebeln, am besten über Nacht ziehen gelassen, dazu kräftiges Grau- oder Schwarzbrot (Norddeutschland)

-häckerle (Matjes-)Heringsfilets mit säuerlichen Äpfeln, durchwachsenem geräuchertem Speck, Zwiebeln, hartgek. Eiern, saurer Sahne, Senf und geh. Petersilie (Schlesien)

-röllchen Bratfisch aus geformten Heringsfilets mit würzenden Zutaten

-salat, Polnischer, Roter Salat Salat aus Würfeln oder Streifen von Heringsfilets, gek. Rindfleisch, Fleischwurst, Pellkartoffeln, Roten Rüben, Gewürzgurken mit Kapern usw. in Weinessig-Öl-Sauce, mit hartgek. Eiern und Mayonnaise garniert, dazu heiße Würstchen und Brötchen

-stip(p) gesäuerte oder gesalzene Stücke Heringsfilet in Marinade aus Milch, saurer Sahne, Mayonnaise u. ä. mit säuerlichen Äpfeln, Gurken, Zwiebeln usw. und Lorbeer, Pfefferkörnern, Piment, Senf, a. Heringsrogen (Köln)

Heringsfisch Meerfisch, ↑ Petersfisch

Heringshai Meerfisch, ↑ Haie

Heringskönig Meerfisch, ↑ Petersfisch

Herlitze Steinbeere, ↑ Kornelkirsche

Hermine(n)salat Streifen von gebr. Hühnerbrust, Bleichsellerie, Chicorée und gek. Kartoffeln in gewürzter Mayonnaise

Herrenpilz Speisepilz, ↑ Steinpilz

Herrgårdsost, Gutshofkäse harter Schnittkäse aus Kuhmilch, schnittfester Teig, 30–45% Fett i. Tr., mild-aromatisch, nussiger Geschmack, guter Tafel- und Kochkäse (Schweden)

Herve [Region in der Provinz Lüttich] Weichkäse mit Rotschmiere aus entrahmter Kuhmilch, geschmeidiger Teig, 45% Fett i. Tr., kräftig und pikant, paßt zu Bier, gute Zeit Juli–Nov. (Belgien)

Herz Hauptorgan des Gefäßsystems, in der Küchensprache Innerei von Kalb (am zartesten), Rind, Schaf oder Schwein, feinfaseriges Muskelfleisch, eiweißreich und sehr fettarm, viele Vitamine und Mineralstoffe; gutes mageres, zartes Fleisch, läßt sich (in Scheiben oder geschnetzelt) braten, grillen, kochen, sautieren, schmoren, a. füllen; passende Gewürze: Lorbeer, Petersilie, Zwiebel; kann verpackt bis 2 Mon. tiefgefroren und dann aufgetaut zubereitet werden

Herzkirsche ↑ Kirsche/Süßkirsche

Herzkotelett Kotelett vom hinteren Rippenstück des Kalbs, ausgezeichnetes Fleisch; ↑ a. Kalb/Fleischstücke, Kotelett

Herzmuschel Familie von Meeresweichtieren, die «Austern der Armen», wenig, aber festes, schmackhaftes Fleisch, gut gewässert, roh oder geb., gebr., ged., pochiert ausgezeichnet, gute Zeit Okt.–Apr. (alle Meere, insbes. Nordsee, Küsten Frankreichs, Italiens, Spaniens, Portugals u. a.)

Herzogin-Art, (à la) duchesse mit Herzoginkartoffeln, ↑ Kartoffel/Zubereitungen, umrandet oder garniert, zu kl. Fleischstücken (Tournedos), Fisch, Eiern usw. in Madeirasauce; Gebäck: mit Mandeln

Herzoginkartoffeln ↑ Kartoffel/Zubereitungen

Herzoginsalat kl. Scheiben von Bananen, gek. Kartoffeln und Knollensellerie sowie Spargelspitzen in leichter Kräutermayonnaise, evtl. Trüffelstreifen als Dekoration

Herzoginsauce Béchamelsauce mit Butter und Sahne, darin geh. Champignons und geh. Pökelzunge

Herzoginsuppe leicht mit Sago gebundene Geflügelkraftbrühe mit Eierstichwürfeln und Kopfsalatstreifen

Herztrost Würzkraut, ↑ Zitronenmelisse

Hagebutten, die roten Früchte wilder Rosen

Herzwurst Brühwurst aus Rind-, Schweinefleisch und Speck mit groben Würfeln vorgek. Herzmuskulatur, für Aufschnitt

Hesse, Wade Fleisch vom vorderen oder hinteren Unterschenkel des Rinds, a. Kalbs, zum Kochen für Gulasch usw.; ↑ a. Hachse

Hessische Bratwurst [Hessen, Bundesland in Mitteldeutschland] Brühwürstchen, ↑ Rostbratwurst

Hessische Kartoffelwurst Kochmettwurst aus Schweinefleisch, Flomen, Speck und Kartoffeln, wird warm verzehrt

Hessische Leberwurst grobe Kochstreichwurst aus mind. 15 % Leber, max. 40 % anderen Innereien sowie Schweinefleisch, Flomen, Speck und Bindegewebe

Hettekaas belg. Käse, ↑ fromage de Bruxelles

Heubeere schweizerd.: Heidelbeere

Heurige österr.: Frühkartoffel

Heuschreckenkrebs Meereskrebstier, zartes, aromatisches, dem Kaisergranat ähnliches, aber nicht ganz so feines Schwanzfleisch, wird oft als *Scampo, Scampi* angeboten, läßt sich braten, dämpfen, grillen, pochieren (Küstenzonen warmer Meere)

Hexenröhrling, Flockenstieliger, Schusterpilz sehr guter, festfleischiger und selten madiger Speisepilz, nicht roh genießbar, muß kräftig durchgekocht werden, gute Zeit Mai–Nov.

Hickorynuß [*hickory,* nordamerik. Walnußbaum] ↑ Pecannuß

Hickorysalz Gewürzmischung, ↑ barbecue spice

Hieferschwanzel ↑ Rind/Fleischstücke

Hifte Rosenfrucht, ↑ Hagebutte

high tea engl.: Mahlzeit zwischen 17 und 18 Uhr, gewöhnlich mit Fleisch, Salat, ged. Früchten, Gebäck und – natürlich – Tee

higo span.: Feige

Sudanese beim Dreschen von Hirse

Flockenstieliger Hexenröhrling

hijiki jap.: Meeresalge, eingeweicht und getrocknet als Gemüse mit Tofu, Zwiebeln usw., a. als Würze für fritierte Gerichte; ↑ Alge

Hilligbitter Würzpflanze, ↑ Wermut

Himalaja, Himalaya Eistorte, ↑ vacherin (glacé)

Himbeere erfrischende Sammelfrucht eines Rosengewächses, wirkt magenschonend, darmregulierend, gegen Fieber; typisches, süßes Aroma, aus dem Wald intensiver als gezüchtet, läßt sich frisch (leicht gezuckert mit Sahne oder Quark, in Obstsalaten, zu Süßspeisen, Speiseeis usw.) genießen, püriert als Gelee, Konfitüre, Mark, Pulpe usw., gute Zeit Juli–Sept.; sehr empfindlich, deshalb möglichst sofort und höchstens kurz in lauwarmes Wasser getaucht verwenden, notfalls nur wenige Tage dunkel und kühl auf Tablett ausgebreitet aufbewahren, läßt sich jedoch sehr gut ohne Zucker bis 8 Mon., mit Zucker bis 12 Mon. tiefkühlen (Mittel-, Nordeuropa – Deutschland: Baden-Württemberg, Hamburg, Niedersachsen, Nordrhein-Westfalen, Rheinland-Pfalz –, östl. Nordamerika, Asien)

Himbeeressig ↑ Essig/Sorten

Himmelreich Pfalz: Bandnudeln mit Butter, Eiern, Milch und kleingeschn. Schnittlauch in Essig-Öl-Marinade mit Zwiebelwürfeln, Petersilie und Schnittlauch; Schlesien: Rauchfleisch und Dörrobst mit Salz, Zitronensaft und Zucker, dazu Kartoffel- oder Hefeklöße

Himmelsbrot Küchenkraut, ↑ Beinwell

Himmelsziege ugs. für Sumpfschnepfe, ↑ Schnepfe

Himmel un Äd, Himmel und Erde Kartoffelpüree und säuerliches Apfelmus mit gebr. Speckwürfeln und in Schmalz gerösteten Zwiebelscheiben, dazu meist gebr. Blutwurst, a. Leberwurst, gek. Schweinefleisch usw. (Niederrhein)

himmis arab.: Kichererbse

Himmlische Sauce ↑ Sauce/sauce divine

hindle wake [engl. *hen of the wake,* Kirmeshuhn] kaltes Suppenhuhn mit Pflaumenfüllung in Sauce aus Hühnerbrühe, geschlagenen Eiern, Maisstärke sowie Schale und Saft von Zitronen

Hinterkamm Kammstück vom Rind, ↑ Rind/Fleischteile

Hintermeisel österr.: Beinfleisch vom Rind

Hippe, Hohlhippe Gebäck aus Hippenmasse, die nach dem Backen gebogen oder gerollt wird, a. mit Schlagsahne o. ä. gef., mit Schokolade überzogen («Schlotfeger»)

Hippenmasse Teig aus Eiern, Mehl, Mandeln oder Marzipan, Sahne, Zimt und Zucker, für Hippen, Desserts, Dekorationen usw.

Hirn, Brägen, Bregen [ahd. *hirni,* Horn, Kopf, Spitze] lebenswichtiges Drüsenorgan im Schädel, in der Küchensprache Innerei von Kalb, Lamm, a. Rind, Schwein, vitamin- und fettreich, cholesterin- und lecithinhaltig; leicht verdaulich, zart und mild, muß frisch sein, feucht und gleichmäßig rund, sollte vor der Zubereitung immer gewässert, warm blanchiert und kalt abgeschreckt werden, läßt sich garziehen, sautieren, a. fritieren, gratinieren, panieren, pürieren; nicht lagerfähig, eignet sich nicht zum Einfrieren
- **-schöberl** Suppeneinlage aus Kalbshirn, schaumig gerührter Butter, steifem Eischnee, Eiern, Semmeln, Champignons und Petersilie (Österreich)
- **-suppe** Rahmsuppe mit Püree von gek. Kalbshirn (Schwaben)
- **-wurst** feine Brühwurst aus Kalbshirn, Kalb- oder Jungrindfleisch, Schweinefleisch und Speck, als Aufschnitt; ↑ a. Bregenwurst, Gelbwurst

Hirnkraut Würz- und Küchenpflanze, ↑ Basilikum

Hirringsstip kölnisch: Heringsstip

Hirsch Wildart, dessen männl. Tiere ein Geweih tragen, ↑ Damwild, Elch, Reh, Ren, Rotwild, Sikawild; ugs. ausgewachsenes männl. Dam-, Rotwild, sollte vor der Zubereitung in der Decke und ausgenommen etwa 1 Wo. abhangen und sollte nicht älter als 3 Jahre sein, dunkelbraunes Fleisch von kerniger Struktur, jung zum Braten und Grillen, älter zum Schmoren
- **-kalb** Jungtier des männl. Dam-, Rotwilds im ersten Lebensjahr

Hirsefeld

Hirschhornsalz Ammoniumverbindung, Lockerungs- und Backtreibmittel für flaches Gebäck, muß gut verschlossen aufbewahrt werden

Hirschmöhre Wintergemüse, ↑ Pastinak

Hirschschwamm Gattung von Speisepilzen, ↑ Ziegenbart

Hirse [ahd. *hirsi,* Ernährendes] Getreidegras, in weiten Teilen der Welt Grundnahrungsmittel, das aber a. bei uns als Vollwertkost wiederentdeckt wird, kl. harte, mineralstoffreiche Körner von mild würzigem Geschmack können salzig oder süß wie Reis oder Gerste verwendet werden, als Flocken wie Haferflocken; Garzeit: 1 Tasse Hirse in 3 Tassen Wasser 15–20 Min. (urspr. Gebirgslagen Zentral- und Ostasiens, heute a. China, Korea, Japan, Indien, Afghanistan, Iran, Türkei u. a.); ↑ a. Rippenhirse, Sorg(h)um

Hirsotto Risotto aus Hirsekörnern; Ostschweiz: Gericht aus Hirse, geh. Zwiebeln, Bouillon, Butter, Fett oder Öl und geriebenem Käse

Hirtenbrot Imbißbrot mit Käse und Mettwurst

Hirtengulasch ↑ csikós tokány

Hirtenmädchensuppe, purée pastourelle Püreesuppe aus Scheiben von Maipilzen, Porree und Kartoffeln, als Einlage ged. Maipilzscheiben und geröstete Kartoffelwürfelchen

H-Milch frühere Bezeichnung für ultrahocherhitzte Milch, ↑ Ultrahocherhitzung

Hobelfleisch ↑ Bindenfleisch

Hobelkäse schnittfester oder harter Bergkäse, der mit dem Käse- oder Gurkenhobel in feine Späne geschnitten ist, läßt sich von Hand mit Brot und Wein essen, a. in der Küche warm verwenden (Alpenregionen der Schweiz)

Hobelspäne, Räderkuchen ineinander gezogene, in Fett schwimmend ausgeb. Streifen Mürbeteig, mit Puderzucker bestreut

hochepot, hutspot fetter Eintopf aus Schweineohren und -schwanz, Rinderbrust, Ochsenschwanz, Hammelschulter usw., grünem Suppengemüse und/oder Pastinake mit Butter, Ingwer, Essig, Zitrone usw., viele reg. Varianten (Flandern); ↑ a. hodge-podge, hotchpotch

Hochrippe, Hohe Rippe, Hochrücken ↑ Rind/Fleischteile, -stücke

Hochstraßer Weichkäse aus Vollmilch oder teilweise entrahmter Milch von der Kuh, 45% Fett i. Tr., pikanter Geschmack (Ungarn)

Hochwild das ursprünglich dem Adel vorbehaltene Wild: Schalenwild (außer Reh), Dam-, Rot-, Sikawild, Auerwild, Muffelwild, Steinwild, Gemse, Elch, Wisent, Stein-, Seeadler; ↑ a. Niederwild

Hochzeitssuppe, (Altländer) deftige Suppe aus magerem Suppenfleisch mit Knochen, Rindersteak oder Bratenresten, Möhren, Porree, Sellerie mit Butter, Mehl, Sahne usw., dazu in kl. Schalen Graupen und Rosinen (Altes Land an der Elbe, Niedersachsen)

Hochzeitswurst mittelfeine Kochwurst aus Kopffleisch von Rind und Schwein, mit Zimt gewürzt (Stade, nordöstl. Niedersachsen)

Höckerli schweizerd.: Buschbohne

hodge-podge, hotchpotch, hotpot [engl.: Mischmasch] Eintopf aus Hammel-, Schweine-, a. Geflügelfleisch mit Schweinsohren, -füßen, Würstchen, Graupen, Kartoffeln, Möhren, Porree, Knollensellerie, Weißen Rüben, Zwiebeln, a. Nieren, Pilzen usw. mit Knoblauch, Lorbeer, Petersilie, weißem Pfeffer usw., viele reg. Varianten (Flandern bis England); ↑ a. hochepot, hotchpotch, hotpot

ho fan chin.: Reisnudeln

Hohenlohe [Chlodwig, Fürst zu H.-Schillingsfürst, 1819–1901, dt. Politiker, Botschafter in Paris und Reichskanzler] Garnitur aus mit Estragonpüree in sauce Choron gef. Artischockenböden, gebr. Gänseleberscheiben und kl. Bratkartoffeln, zu Fleisch, Geflügel

Hohlhippe ↑ Hippe

Hohlnudeln ↑ Makkaroni

Hohlpastete ↑ vol-au-vent

Hoisin-Sauce, Peking-Sauce süße bräunliche Sauce aus Sojabohnen, Chilis, Knoblauch, Gewürzen, Wasser und Zucker, meist zu Peking-Ente serviert (China)

Holder(e), Holer südd., schweizerd.: Holunder

hollandaise, (sauce) ↑ Sauce/sauce hollandaise

Holländer (Käse) dank saftigen Marschweiden, hochgezüchtetem Milchvieh und jahrhundertelanger Erfahrung versch. ausgezeichnete Käse, inzw. Hauptexport der Niederlande nach Deutschland; jeder echte Holländer trägt als Qualitätsgarantie eine «Reichskontrollmarke» in der Rinde; ↑ Edamer, Geheimratskäse, Gouda; in Norddeutschland heißt der Gouda Holländer, in Süddeutschland der Edamer

Holländer Mandelkuchen Backware, Stollen aus Hefeteig mit Mandelfüllung, aprikotiert und glasiert

Holländer Tomate ↑ Tomate/Runde Tomate

Holländische Art, (à la) hollandaise pochierte Eier, in Wasser gek. Gemüse (Artischocken, Blumenkohl, Mangold, Spargeln usw.), pochierte Fische mit ↑ Sauce/sauce hollandaise; Salat aus Scheiben von säuerlichen Äpfeln, Bücklingsfilets und körnigem Reis in Essig-Öl-Sauce mit Senf; a. allg. nach holländischen Rezepten; ↑ a. Holländischer Salat

Holländische Sauce ↑ Sauce/sauce hollandaise

Holländischer Salat Würfel von gek. Kartoffeln und Räucherlachs mit feingeh. Schnittlauch und Zwiebeln in Essig-Öl-Sauce, nach Belieben Kaviar als Dekoration

Holländischer Senf ↑ Senf/Weißer

Holländisches Beefsteak, Hollandse biefstuk rosa gebr., gepfeffertes Keulen-, Kluftsteak vom Rind mit Pommes frites, Buttererbsen und kl. Champignons (Holland)

Holler bayer., österr.: Holunder
 -küchle in Teig ausgeb. Holunderblüten (Baden-Württemberg)

Hollischke Kohlroulade mit Rindfleisch (jüd. Küche)

Hollywood-Kur ↑ Abmagerungsdiät

Holsteiner Cox [Holstein, südl. Teil des norddt. Bundeslands Schleswig-Holstein] ↑ Apfel/Sorten

Holsteiner Katenschinken ↑ Schinken/Sorten: Katenschinken

Holsteiner Marsch-Käse ↑ Wilstermarsch(käse)

Holsteinschnitzel, fälschlich oft a. **Holsteiner Schnitzel** ↑ Schnitzel

Holsteinsuppe Tomatensuppe mit Blumenkohlröschen, Hummerklößchen und Spargelspitzen

Holunder, Eller, Holder, Holler, Schwarzer Flieder schwärzliche, in Dolden wachsende Wildbeeren eines Geißblattstrauchs, wirken blutreinigend, harn- sowie schweißtreibend und gegen Erkältungen, Halsbeschwerden; schmecken süßsäuerlich herb, sind leicht verdaulich und roh schwach giftig, lassen sich aber (rasch) gekocht zu Suppen, Gelee, Kompott, Marmelade, Mus, Saft, Fruchtwein, Branntwein, Likör u. a. verarbeiten; gute Zeit Inland Aug.–Sept., lassen sich ohne Zucker für 8 Mon., mit Zucker für 12 Mon. gut tiefkühlen (gemäßigte Zonen Eurasiens)

  -küchlein in Fett ausgeb. Holunderdolden

Holunderbeeren am Strauch

Holzkohle durch Erhitzen unter ungenügendem Luftzutritt verkohltes Holz

Holzkohlenaroma ↑ barbecue spice

Holzmakrele Meerfisch, ↑ Stöcker

Holzofenbrot ↑ Brot/Spezialsorten

Holzohr ostasiat. Speisepilz, ↑ mu-err

homard frz.: Hummer
  sauce – ↑ Sauce/sauce homard

hominy Brei aus in heißer Milch gequollenem Maisgrieß und Butter, dazu kalte Sahne (Nordamerika)

ḥommos arab.: Kichererbse, ↑ ḥummus

homogenisieren zwei an sich nicht vermischbare Stoffe unter hohem Druck vermengen; ↑ a. Pasteurisieren, Ultrahocherhitzung

honey engl.: Honig

hōngkǎo chin.: backen, rösten, toasten

hóngmèn, hóngshāo chin.: in Sojasauce gegart

hongroise, (à la) ↑ Ungarische Art

hongroise, sauce ↑ Sauce/sauce hongroise

Honig [ahd. *honang,* der Goldfarbene] klebrige, (dick)flüssige oder kristalline Masse, die Bienen aus süßen Blüten- oder Pflanzensäften gewinnen, verarbeiten und speichern, Nahrungs- und Naturheilmittel von hohem gesundheitlichem Wert, wirkt gegen Husten und Heiserkeit, aufbauend und wundenheilend; süßer, würzig blumiger Geschmack, wegen der strengen Verordnungen ausländisch so gut wie einheimisch, eignet sich als Brotaufstrich, zum Backen, Kochen und Süßen; zu fester Honig wird ins warme Wasserbad getan, zu flüssiger in den Kühlschrank, läßt sich kühl, trocken und möglichst luftdicht (in Gläsern, nicht in Metall) verpackt mind. 6 Mon. aufbewahren (einheimisch, ganz Europa, Mittel-, Südamerika, a. Rußland, Neuseeland, Australien, China u. a.); ↑ a. Invertzuckercreme

  Gewinnung, Sorten
  Akazienhonig hellgelb bis durchsichtig, flüssig, mildlieblicher Geschmack, als Tafelhonig und zum Süßen (Frankreich, Ungarn, Rumänien, Kanada u. a.)
  Back-, Industriehonig nicht vollwertig, aber genießbar und zum Backen, Weiterverarbeiten geeignet

Honig mit Waben im Glas

Blütenhonig aus dem Nektar von Pflanzenblüten
Buchweizenhonig braun und herbsüß, für Pfefferkuchen u. ä. (China, Kanada, Osteuropa, a. Deutschland, Frankreich u. a.)
Eukalyptushonig goldgelb, durchsichtig und zähflüssig, würzig (Australien)
Heidehonig aus der Gemeinen Heide, Erika, goldbraun, geleeartig oder dickflüssig, viele Mineralstoffe, hocharomatisch, oft etwas herb, als Tafelhonig oder für Gebäck (Norddeutschland u. a.)
Honigtauhonig Tannen-, Waldhonig aus zuckerhaltigen Ausscheidungen der Blätter und Nadeln in Gehölzen lebender Pflanzen, dunkel und harzig würzig
Kleehonig wassergelb bis weiß, meist fest, mild aromatisch, als Tafelhonig (Europa, Kanada, nördl. USA)
Kunsthonig ↑ Invertzuckercreme
Lavendelhonig gelb bis weißlich, flüssig oder fest, eisenhaltig, aromatisches Lavendelparfüm, meist als Tafelhonig (Frankreich, Spanien u. a.)
Linden(blüten)honig zartgelb bis grünlich, flüssig oder fest, kräftiger bis herber Geschmack, für Tafel oder Küche (einheimisch, Osteuropa, Ferner Osten)
Mischblütenhonig weiß- bis braungelb, flüssig oder fest, mild bis kräftig (einheimisch, Argentinien, Mexiko, Kuba, China, a. Osteuropa, Spanien)
Orangen(blüten)honig hell- bis goldgelb, flüssig, sanfter, aromatischer Orangengeschmack, als Tafelhonig (Israel, Algerien, Spanien, USA)
Preßhonig auf kaltem Wege aus den Waben gepreßt
Rapshonig fest und kräftig, ähnelt dem Kleehonig (Norddeutschland, Skandinavien, Tschechien, Slowakei, Polen, Ungarn, Kanada)
Rosmarinhonig hellgelb, flüssig oder fest, ausgeprägter Geschmack, guter Tafelhonig (Mittelmeerländer)
Salbeihonig hellbraun, zähflüssig, herzhafter Geschmack, als Tafelhonig (USA, a. Mittelmeerländer)
Scheiben-, Wabenhonig aus den von Bienen gebauten und verdeckelten unbebrüteten, vom Menschen nicht berührten Waben
Schleuderhonig aus in einer Zentrifuge ausgeschleuderten entdeckelten und brutfreien Waben
Seimhonig nach gelindem Erwärmen gepreßt
Sonnenblumenhonig goldgelb, fest, kräftiger Geschmack (Spanien, Rußland u. a.)
Speisehonig, Tafelhonig vollwertig, zum unmittelbaren Genuß bestimmt
Tannenhonig dunkelbraun bis grünlich schwarz, zähflüssig, würzig und bes. aromatisch, als Tafelhonig (Deutschland, Polen, Tschechien, Slowakei, Frankreich u. a.)
Thymianhonig dunkel goldgelb, aromatisch mit ausgeprägtem Geschmack, läßt sich gut streichen (Südfrankreich u. a.)
Tropf-, Lauf-, Senkhonig aus zerkleinerten Waben ausgeflossen
Wald-, Koniferenhonig mittel- bis dunkelbraun, meist zähflüssig, würzig und aromatisch (Europa, USA u. a.)

Honig|bonbon Hart- oder Weichkaramelle mit mind. 5% Bienenhonig, a. gefüllt und/oder mit Kräuterzusatz, vorw. im Winter gegen Erkältungen gelutscht
  -ersatz ↑ Invertzuckercreme
  -(leb)kuchen gewürzter Lebkuchen mit mind. 50% der verwendeten Zuckerarten Honigtrockenmasse
  -kuchengewürz ↑ Lebkuchengewürz
  --Salz-Brot Brot aus Mehl, Wasser, Honig und Salz, dessen Teig durch vom Honig ausgelöste Gärung gelockert ist
  Türkischer – ↑ Türkischer Honig

Honigblatt Würzkraut, ↑ Zitronenmelisse

Honigmelone Zuckermelone, ↑ Melone

Honigpilz Speisepilz, ↑ Hallimasch

Honigtauhonig ↑ Honig/Sorten

Hopfen mehrjähriges Rankengewächs, heute fast nur noch zum Bierbrauen angebaut; junge Triebe, ↑ Hopfensprossen, leicht gedünstet beliebtes Frühjahrsgemüse (Europa, Asien, Nordamerika)
  -käse, Lüdger Käse Hartkäse aus entrahmter, geronnener Kuhmilch, a. Sauermilchquark, mit Salz und Anis oder Kümmel gewürzt, zwischen Hopfenblättern gereift, 40% Fett i. Tr., feinwürziger Hopfengeschmack, läßt sich meist nur hobeln oder reiben (Nordrhein-Westfalen)

-sprossen, -spargel die jungen Triebe des Hopfens, roh als Salat oder gekocht als exklusives Gemüse vielfältig verwendbar, gute Zeit März–Mai

hopje [Baron Hop, holl. Diplomat, dem der Genuß von Kaffee vom Arzt verboten war] Kaffee-, Mokkabonbon, Hartkaramelle mit Kaffee oder Kaffee-Extrakt, meist mit Butter, Milch und/oder Sahne (urspr. Amsterdam)

Hoppelpoppel [landsch.: Vermischtes] in einer Pfanne gebr. feingeschn. Reste von gek. Rindfleisch, Braten, Schinken, Speck o. ä. mit Kartoffeln, verquirlten Eiern und Zwiebelringen, mit sauren Gurken, Petersilie und Schnittlauch garniert, Art Bauernfrühstück, heute jedoch meist Mittagessen (Berlin u. a.)

Hopping John [engl.: der hüpfende Hans] gek. Reis mit getr. Augenbohnen, Frühstücksspeck, geh. Knoblauch, Zwiebeln und Chilipulver, mit Petersilie und Schnittlauch garniert (South Carolina, USA)

Hormon Stoff, der durch Drüsen in das Blut abgegeben wird und die Tätigkeit von Organen beeinflußt; Geschlechtshormone u. ä. werden bei Schlachttieren oft unzulässigerweise zur Steigerung des Masterfolgs eingesetzt

Hörnchen halbrundes, gewickeltes Kleingebäck aus Weißbrot- oder Hefeteig; Teigware aus Hartweizengrieß

Horneburger Apfelsorte fürs Backen oder Kochen (Niederelbe)

Hornhecht, Grünknochen Meerfisch mit grünen Gräten, trockenes, feines Fleisch, läßt sich backen, braten, dünsten, schmoren, a. für Suppen, Eintöpfe u. ä. geeignet, geräuchert bes. gut (Nordostatlantik)

Hörnle, Hörnli südd., schweizerd.: gerippte oder glatte, mehr oder weniger lange und gebogene Hohlnudel, als Beilage, mit Zutaten als Hauptgericht, für Aufläufe, Nudelsalate usw.

Hornmelone exot. Frucht, ↑ Kiwano

horno span.: (Back-, Brat-)Ofen; Feuerstelle, Bratröhre

hors calibres [frz.: außer der Art] gr. Kapern, ↑ Kaper

Hors-d'œuvre [frz.: außerhalb der Speisenfolge] appetitanregende Vorspeisen, kalt oder warm, unzählige Möglichkeiten und Varianten von Meeresfrüchten bis Obst

horseradish engl.: Meerrettich

hors sol [frz.: außerhalb des Bodens] ↑ Hydrokultur

hortaliça port.: Gemüse

Hortense-Suppe, crème Hortense [Königin Hortense de Beauharnais, 1783–1837, Mutter Napoleons III.] Geflügelrahmsuppe mit Geflügelklößchen, Karottenperlen und Spargelspitzen

hoso-maki kl. Roulade aus in getr. Seetangblätter, ↑ yakinori, gehüllten gek. Reis, rohem Fisch, Gemüse, Pilzen usw. (Japan)

hot engl.: warm, heiß; scharf gewürzt

hotchpotch kräftig gewürztes Schaf-, a. sonst. Fleischragout mit vielen frischen Gemüsen wie Blumenkohl, Bohnen, Erbsen, Karotten, Lattich, geh. Zwiebeln usw. (Schottland); ↑ a. hochepot, hodge-podge, hotpot

Hot dog [engl.: heißer Dackel] in längliches, aufgeschnittenes Brötchen gelegtes heißes (Frankfurter) Würstchen, meist mit Senf und/oder Ketchup gewürzt (urspr. USA)

Hoteliersart, (à l') hôtelière Kräuterbutter mit Champignonpüree, geh. Petersilie und Zitronensaft, zu grilliertem oder sautiertem Fleisch oder Fisch

hotpot [engl.: heißer Topf] Eintopf mit Hammelfleisch, -nieren, Kartoffeln und Pilzen, manchmal sogar Austern (England); ↑ a. hochepot, hodge-podge, hotchpotch

hovězí tschech.: Rind

hox you ↑ Austernsauce, Chinesische

HPS engl.: *Hand Picked Selected,* handverlesen

HP-Sauce [engl.: *House-of-Parliament-,* Parlaments-Sauce] Sauce aus orient. Gewürzen und Früchten (Datteln, Rosinen, Tamarinden usw.), zu Fleisch, Fisch, Eiern, Pasteten usw.

hrīssa arab. Würzpaste, ↑ harissa

HTST ↑ Ultrahocherhitzung

huáng-dòu chin.: Sojabohne

huancaina, à la ↑ papas à la huancaina

Hubertus [belg. Missionar, um 655–727, Patron der Jäger] mit Bratäpfeln und Preiselbeeren

Huchen, Donaulachs, Rotfisch Lachsfisch aus dem Süßwasser, begehrter Speisefisch, aber immer seltener, gute Zeit Mai–Juli, Nov.–Febr.; weißes, wohlschmeckendes Fleisch, läßt sich wie Lachs zubereiten (obere Donau-, Isar-, Rhein-, Rhonegebiete)

huevo span.: Ei

Hufeisen Austernsorte

Hüferschwanzel ↑ Rind/Fleischstücke, -teile

Hüffe Rosenfrucht, ↑ Hagebutte

Huflattich, Bachblümlein Wildkraut, reich an Vitaminen und Mineralstoffen, eignet sich für Salate und als Würze; ↑ a. Wildkräuter

Huft schweiz.: Hüfte

Hüftdeckel nordd.: Runde Nuß, kugeliges Fleischstück aus der oberen Keule des Rinds; ↑ a. Tafelspitz

Hüfte ↑ Kalb, Rind, Schwein/Fleischteile, -stücke

Huftsteak ↑ Steak, Ochsensteak: Europäischer Schnitt 3

Huhn, Haushuhn zahmes, bei uns am häufigsten gezüchtetes und verzehrtes Geflügeltier, heute durch tierquälerische Massenhaltung in Verruf geraten, frisch und gesund jedoch, mit einer starken Hornhaut an den Füßen, zart, delikat und leicht verdaulich (*Kornhuhn*, natürlich im Freiland aufgezogen: dünne, fettarme Haut, festes Muskelfleisch; *Kunsthuhn*, künstlich und billig mit Fischmehl u. dgl. in Boden- oder Käfighaltung aufgezogen: gelbe, tranige Fetthaut, wenig Brust- und Muskelfleisch); der Tierfreund wie der Feinschmecker merkt sich also: je freier und natürlicher das Huhn aufgewachsen ist, desto zufriedener ist es, desto besser schmeckt es, man achte deshalb auf die Haltung:
Freilandhaltung im Freigehege, mind. 10 m² Auslauffläche pro Huhn, Eier in Nestern
Intensive Auslaufhaltung tagsüber Zugang zur Auslauffläche, mind. 2½ m² pro Huhn
Bodenhaltung in riesigen Ställen mit 1000–5000 Tieren, 7, 8 oder mehr Hühner pro m²
Volierenhaltung Hallen mit Sitzstangen und Zwischenböden, höchstens 25 Hühner pro m²
Käfighaltung 3–5 Hennen in einem (zu kleinen) Käfig
Das Huhn wird meist pfannen- bzw. kochfertig angeboten. Es läßt sich braten, grillen, kochen, schmoren (Zubereitung im übrigen ↑ Hausgeflügel); es hält sich, wenn nicht schon tiefgefroren eingekauft, bei –6 °C bis –8 °C bis 6 Mon. und kann pfannenfertig bis 8 Mon. bei mind. –18 °C eingefroren werden, sollte dann aber erst vollständig aufgetaut ohne Auftauflüssigkeit gut abgespült weiterverwendet werden.

Zerlegung:

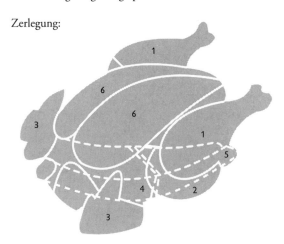

Schenkel in Unterschenkel (1) und Oberschenkel (2) zerlegen; Flügel (3) abtrennen; Rippen durchschneiden, um Rücken und Brust zu trennen; Rücken längs des Rückgrats zerlegen (4, 5); die Brust (6) längs halbieren; ↑ a. Geflügelteile

Züchtungen
Brathähnchen, Poulet 5–8 Wo. altes, bratfertiges Tier beiderlei Geschlechts, vor der Geschlechtsreife geschlachtet, 700–1200 g schwer, Brustbeinknorpel noch biegsam, läßt sich ganz oder in Stücken braten, fritieren, grillen, panieren, schmoren; hält sich frisch im Kühlschrank 2–5 Tage, gebr. 1–3 Tage, tiefgekühlt 8 Mon.
Bressehuhn, poulet de Bresse in der Bresse am Rande des frz. Juras in Burgund 120 Tage auf mind. 10 m² mit Zusatz von Mais und Milch(pulver) natürlich aufgezogen, das unbestreitbar beste und gesündeste Huhn, seit 1957 durch die Herkunftsbezeichnung *Appellation d'origine contrôlée* und das blau-weiß-rote Gütesiegel geschützt, erkennbar an den schwarzgrauen Füßen und der zarten weißen Haut
Junger Hahn mind. 1600 g schweres Hähnchen
Jungmasthähnchen keine 10 Wo. alt, bes. zart, kann wie die Poularde zubereitet werden
Kapaun, Kapp-, Masthahn junger kastrierter, gemästeter Hahn, 1,75–2,5 kg schwer, nur noch selten gezüchtet
Küken, poussin 6–7 Wo. alt, 400–600 g schwer, läßt sich backen, braten, grillen, sautieren; ↑ a. Stubenküken
Masthähnchen gemästeter Junghahn, 8–14 Wo. alt
Mistkratzer Freilandhuhn aus Kleinbetrieb
Mistkratzerle, Mistkratzerli südd., elsässisch, schweizerd.: sehr junges Freilandhuhn oder -hähnchen
Poularde, Masthuhn früher sterilisierte Henne, heute gemästetes Junghuhn oder -hähnchen bis zur Ge-

Freilaufende Haushühner

schlechtsreife, 10–20 Wo. alt, über 1200 g schwer, läßt sich backen, braten, grillen, kochen, schmoren oder in Stücken zubereiten; a. aus der Bresse erhältlich, ↑ Bresshuhn

Stubenküken 3–5 Wo. altes, urspr. während der kalten Jahreszeit mit wenig Bewegung und viel Futter in der Stube aufgezogenes Hühnchen, 350–450 g schwer, eine Züchtung, mit der Deutschland Weltklasse erreicht (vorw. Vierlande bei Hamburg)

Suppenhenne Batteriehuhn nach der Legeperiode, minderwertige Qualität

Suppenhuhn 12–15 Mon. alte Henne nach der ersten Legeperiode, 1,2–2,4 kg schwer, meist trockenes, grobfaseriges Fleisch, für Suppen, Eintöpfe; Leber für Galantinen, Pasteten, Terrinen u. ä. geeignet

Hühner|brühe Brühe aus Suppenhuhn oder Hühnerklein mit geh. Kalbsknochen und Wurzelwerk

- **-brüstchen, -filet** enthäuteter, ausgelöster Brustteil, das beste Stück vom Huhn
  - **--Curry** ↑ Chicken-Curry
- **-ei** ↑ Ei
- **-klein** Hals, Innereien und Flügelenden des Huhns, für Suppen, Ragouts o. ä.
- **-pörkölt** Hühnerstücke, mit Paprikaschoten, Tomaten, Zwiebeln und angeröstetem Speck in Bouillon weichgedünstet, mit Knoblauch u. a. gewürzt (Ungarn)
- **-teile** einzeln verpackt erhältlich: Hälften, Brust (mit oder ohne Haut und Knochen), Ober-, Unterschenkel, Hühnerklein, Hühnerleber
- **-topf, Huhn im Topf** ↑ poule au pot

huile frz.: Öl
- **blanche** Mohnöl

huître frz.: Auster
- **creuse** Felsenauster
- **plate** flache Auster

Hülsenfrüchte, Leguminosen, Schotenfrüchte, -gemüse in einer länglichen Hülse, die reif an einer Seite aufspringt, angewachsene, gereifte und getr. Samen von Gemüse- und Futterpflanzen (etwa 10 000 Arten, darunter botanisch: Bohne, Erbse, Erdnuß, Linse, Sojabohne, ugs.: Bohne, Erbse, Linse), dank ihres hohen Gehalts an hochwertigem pflanzlichem Eiweiß in vielen Entwicklungsländern Grundnahrungsmittel; roh voller Giftstoffe, die aber durch Einweichen und Kochen unschädlich gemacht werden; zusammen mit fettem Fleisch sehr kalorienreich, leicht zubereitet (und geschickt gewürzt) jedoch ein wertvolles, delikates Gericht, sogar als Alternative zu Fleisch und Fisch, sie enthalten nämlich neben dem üppigen Eiweiß reichlich Vitamine, Mineral- und Ballaststoffe, sind allerdings schwerer verdaulich als frisches Gemüse; halten sich luftig und trocken (am besten in einem verschlossenen Gefäß) aufbewahrt etwa 1 Jahr

Humbertsalat [Humbert, Umberto I., 1844–1900, König von Italien] Würfel von roten Paprikaschoten und Tomaten in Essig-Öl-Sauce

Hummer großwüchsiger, zehnfüßiger Meereskrebs, für die Küche ein Luxusprodukt, vor allem, wenn er kurz vor dem Panzerwechsel und 2–3 Mon. danach, etwa von März bis zum Herbst, bes. vollfleischig (und dabei äußerlich unansehnlich, löchrig und fleckig) ist, Idealgewicht 500–700 g, am besten tragende Weibchen mit ungelegten, gek. wie das ganze Tier roten Eiern, dem *corail* (Koralle); hält man die Hummerschale gegen das Licht, sieht man, wieviel Fleisch darin ist, a. muß der Brustpanzer fest sein. Im Handel werden angeboten: *Europäischer Hummer*, feines, leicht süßliches Fleisch, oder *Amerikanischer Hummer, lobster*, weniger fein, etwas festeres, grobfaseriges, herberes Fleisch; sollte lebendfrisch sein, nicht älter als 1 Wo. nach dem Fang (wird neuerdings a. zu züchten versucht, dann jedoch mit Medikamenten und Antibiotika gemästet); Hummer wird meist lebend in sprudelnd heißem (Meer-)Salzwasser (nicht zu lange) gekocht; zu bedenken bleibt jedoch, daß das Tier a. in siedendem Wasser nicht schmerzlos, sondern qualvoll stirbt; wird es unmittelbar davor unter Strom gesetzt oder mit einem schweren Messer getötet, leiden

Qualität und Fleisch nicht; nach Entfernung von Magen und Darm wird das Scheren- und das Schwanzfleisch, letzteres in Scheiben, serviert, am besten leicht mit Dill oder Kümmel gewürzt, lauwarm zu Schalottenbutter, Mayonnaise, einer aufgeschlagenen Sauce und/oder feinem Gemüse (Artischockenböden, Bohnen, Erbsen, Spargel u. ä.); er läßt sich aber a. gebacken, gedämpft, grilliert, pochiert usw. zu besonderen Gerichten weiterverarbeiten, paßt zu Cocktailsauce, in Suppen usw.; Hummer kann nur gekocht eingefroren und kurz aufbewahrt werden, ist tiefgekühlt und aus Konserven oft zäh und fade (Europäischer Hummer: Nordostatlantik – Norwegen, Irland, England, Bretagne, Westküste Spaniens; Amerikanischer Hummer: Nordwestatlantik – Kanada, USA)

Hummer | à l'américaine, armoricaine [der zweite Name ist zwar ebenfalls üblich, aber falsch, die Zubereitung hat mit Armorika, der alten Bretagne, nichts zu tun] in heißer Butter und in heißem Olivenöl mit Schalotten, Tomaten und Würzkräutern sautierte Hummerwürfel, mit Cognac flambiert und mit Weißwein abgelöscht
 – **(à la) Newburg(h)** ↑ Newburg(h)
 – **Thermidor** [von Napoleon nach dem 11. Monat des frz. Revolutionskalenders Juli–Aug. so getauft] Hummerstücke in der Schale, mit Schalottensauce und Käse überbacken

Hummerkrabbe nicht zugelassene Bezeichnung der Tiefseegarnele, ↑ Garnele

Hummersauce   ↑ Sauce/sauce homard

ḥummus, ḥommos arab.: Kichererbse; cremige Paste aus gemahlenen Kichererbsen und ↑ tahin, a. etwas Knoblauch, Oliven- oder Sesamöl, Zitronensaft usw., zu Hammelfleisch (Mittlerer, Naher Osten)

hūn chin.: Nahrungsmittel tierischer Herkunft; Fleisch-, a. Fischgericht; a. kräftig duftendes Gemüse

Hundeblume Wildkraut, ↑ Löwenzahn

Hundszunge Meerfisch, ↑ Zungenbutt

Hunsrücker Brot [Hunsrück, rheinisches Schiefergebirge zwischen Mosel und Nahe] freigeschobenes Roggenmischbrot, lang und stark ausgebacken mit dunkler, a. gemehlter Oberfläche, kräftig säuerlich

hún-tún-tāng Fleischbrühe mit gek. Fleischklößchen (China)

Hunyadi töltöt [Johann Hunyadi, 1385–1456, ung. Heerführer und Reichsverweser] dünn geklopfter Rostbra-

Der Hummer, das «Wappentier der Gourmets» (Teubner)

ten mit Mischung aus gerührter Butter, Eigelb, Eischnee, geh. Schinken und Makkaronischeiben, zusammengerollt in Schweineschmalz gebräunt, mit grünen Paprikastreifen, Tomaten- und gebr. Zwiebelscheiben in paprizierter Bouillon und saurer Sahne gedünstet (Ungarn)

hure frz.: Preßsack, Kopf(sülze) von Schwein, Wildschwein, a. Hecht oder Salm

Husaren-Art, (à la) hussarde Garnitur aus mit Spinatpüree gef. Champignonköpfen und mit Zwiebelpüree gef. Tomaten, zu sautiertem Fleisch und kl. Fleischstücken; Rinderschmorbraten mit gef. Auberginen, Kartoffeln und geriebenem Meerrettich; tomatisierte ↑ Sauce/sauce espagnole mit Schinkenwürfeln, geh. Schalotten, Zwiebeln, Petersilie und geriebenem Meerrettich

Husarenfilet mit Schinken- und Salzgurkenstreifen gespicktes, in Sahnesauce geschmortes Filetsteak vom Rind, dazu Salzkartoffeln (Österreich)

Husarenfleisch dünne Scheiben Rinder-, Kalbs- und Schweinefilet, dick mit Paprika bestrichen, mit gebr. Zwiebelringen belegt, in brauner Grundsauce geschmort, mit Weinessig und saurer Sahne abgeschmeckt, dazu Salzkartoffeln (Österreich)

Husarensauce ↑ Husaren-Art

hussarde, (à la) ↑ Husaren-Art

Hustenbonbon, Kräuterbonbon Bonbon mit Frucht- oder Pflanzensäften (Eibischwurzel usw.), Malzextrakt, Lakritzen und ätherischen Ölen (Eukalyptus, Menthol usw.), hustenstillend und gegen Erkältungen

hutspot flandrischer Eintopf, ↑ hochepot

Hüttenkäse körniger Frischkäse, ↑ cottage cheese

Hüttensalz im Schmelzofen geglühtes, keimfreies Steinsalz, in Tafelform oder gemahlen angeboten

Hüttenschmaus Pfannengericht aus Fleisch, Wurst, Käse usw. mit Kartoffeln

Hutzel Dörrfrucht, insbes. Dörrbirne
  -brot, Schnitzbrot Früchtebrot mit Dörrobst (Birnen, Feigen, Pflaumen usw.), Nüssen, Pinienkernen, Rosinen und Orangeat, mit Anis, Fenchel, Gewürznelken, Koriander, Zitronenschale und Zwetschgenwasser aromatisiert (Baden-Württemberg, Süddeutschland)

Hutzucker Zuckerraffinade in Kegelform, ↑ Zucker/Sorten

Hybride aus einer oder versch. Kreuzungen hervorgegangene Frucht, Pflanze oder Tier

Hydrierung Fetthärtung durch Anlagern von Wasserstoff an ungesättigte Fettsäuren

Hydrokultur, Hors-sol-Kultur landwirtschaftlicher Anbau auf einem Substrat (Steinwolle, Nährsalzlösung) statt des gewachsenen Bodens, wobei die erforderlichen Wasser- und Nährstoffe (meist elektronisch gesteuert) in der optimalen Dosierung zugeführt werden, den Produkten aus Gewächs- und Tunnelhäusern vorzuziehen

Hyssop Küchenkraut, ↑ Ysop

I

Ibsche Küchenkraut, ↑ Ysop

Icacopflaume, Ikakopflaume pflaumenartige trop. Frucht, reich an Kalzium und Phosphor, weißes, süßes, trockenes Fleisch mit eßbaren Kernen, roh genießbar, aber besser als Kompott oder zum Einkochen zu verwenden (südl. USA, Antillen, Zentral- und Südamerika)

iceberg salad engl.: Eisbergsalat

ice cream engl.: Eiscreme

Ickelei Süßwasserfisch, ↑ Ukelei

içpilav [türk.: Reis mit Inhalt] Reis mit feingeschn. (Schaf-)Fleisch und/oder Leber mit Piment, Zwiebeln, Pinienkernen, Korinthen, Zimt usw., in Bouillon gekocht meist als Füllung verwendet

Idaho-Kartoffel, Idaho potato [Idaho, Kordillerenstaat der USA mit intensivem Ackerbau] mehlige Kartoffelsorte, zum Braten im Ofen oder in der Folie geeignet

Idared ↑ Apfel/Sorten

I. E. **I**nternationale **E**inheit für Menge biologisch aktiver Substanzen wie Antibiotika, Hormone, Seren, Vitamine

Igname Knollenpflanze, ↑ Jamswurzel

Ihle(nhering) abgelaichter ↑ Hering

ika jap.: Tintenfisch

Ikakopflaume trop. Frucht, ↑ Icacopflaume

ikan indon.: Fisch
 - **air tawar, – darat** Süßwasserfisch
 - **kering** getr. Fisch
 - **laut** Meerfisch
 - **teri** kl. getr. Fische (Sardellen u. ä.), in Öl ausgeb., gehören auf die indon. ↑ Reistafel

ikra russ.: Kaviar

Ilama trop. Frucht, der Cherimoya ähnlich, cremiges, schmackhaftes Fleisch (Mexiko u. a.)

île flottante [frz.: schwimmende Insel] ↑ Schnee-Eier

Illipéfett irrtümlich für ↑ Tenkawangfett

Illustrierte Salzgurke in Senf gerollte Gurkenscheiben, mit Streifen von Emmentaler und Sardellenfilets angerichtet und mit hartgek. Eiern, Schinkentütchen, Kapern usw. garniert

Ilona [ung.: Helena] Geflügelrahmsuppe mit Püree von frischen Grünen Erbsen, mit Haube ungesüßter Sahne und mit Paprikapulver bestäubt in Tassen serviert

imâm bayıldı [türk.: der Imam, Vorbeter in der Moschee, fiel vor Entzücken in Ohnmacht] Gericht aus mit Tomatenwürfeln, Zwiebeln, Oliven, Knoblauch, Petersilie usw. gef., in Olivenöl geb. Auberginenscheiben; a. nur mit ihrem Fleisch gef. Auberginen, Tomaten, Zwiebeln, oft mit gek. Reis und versch. Zutaten (Rosinen usw., Gewürzen, Aromaten)

Imitierte Wildschweinpastete Brühwurstpastete aus Rind-, Schweinefleisch und Speck mit groben Magerfleischeinlagen

impératrice, (à l') ↑ Kaiserin-Art

Imperial Frischkäse aus entrahmter Milch, leicht gesalzen und fettarm (Österreich)

Imperial holl. Austernsorte, ↑ Auster

impériale, (à l') ↑ Kaiserin-Art

Impériaux beste Malaga-Trauben-Rosinen

Indian österr.: Truthahn

Indian corn engl.: Mais

Indianer(krapfen), indiáner österr., ung.: Mohrenkopf

Indianer-Feige getr. Kaki, ↑ Kaki/Kakifeige

Indianerbohne ↑ Bohne/Kidneybohne

Indianerreis Wilder ↑ Reis

Indianische Feige getr. exot. Frucht, ↑ Kaktusfeige

Indische Art, (à l') indienne Fleisch, Geflügel, Fisch, Eier usw. mit Curry und/oder lockerem Reis

Indische Dattel exot. Hülsenfrucht, ↑ Tamarinde

Indische Feige getr. exot. Frucht, ↑ Kaktusfeige

Indische Lotoswurzel trop. Beerenfrucht, ↑ Dattelpflaume

Indischer Safran Ingwergewächs, ↑ Kurkuma

Indischer Salat Würfel von Äpfeln, Mangos und Tomaten, feingeh. Zwiebeln und gek. Reis in Currysauce mit Champignonketchup und Zitronensaft, mit Streifen roter Paprikaschoten dekoriert

Indischer Senf Gemüsepflanze, ↑ Sareptasenf

Indischer Spinat trop. Gemüsepflanze, ↑ Ceylonspinat

Indische Sauce weiße Grundsauce bzw. weiße Fischgrundsauce mit Kokosmilch und Sahne, in Butter angeschwitzten geh. Zwiebeln, weißem Pfeffer und Zitronensaft, zu hellem Fleisch, Geflügel bzw. zu Fisch

Indisches Gewürz ↑ Curry

Indonesische Reistafel ↑ Reistafel, (Indonesische)

Industriehonig ↑ Honig/Backhonig

Infantin-Art [Infantin, Prinzessin des span. Königshauses] Garnitur aus gegr. Champignons, gef. Tomaten, Makkaroni und Strohkartoffeln, zu kl. Fischstücken in Madeirasauce; leicht gebundene Geflügelkraftbrühe mit Gemüsepaprikastreifen und Kerbelblättern, dazu mit Gänseleberpüree gef. Windbeutelchen aus Brandmasse

infusion frz.: Aufguß, (Gesundheits-, Kräuter-)Tee

Ingredienz [lat. *ingrediantia,* das Hineinkommende] Zutat, Bestandteil

Ingwer [sanskritisch *śṛṅgavera,* der Hornförmige] alte Kulturpflanze, Wurzelstock einer Schilfstaude, wirkt antisep-

Ingwer, Knollenwurzeln aus den Tropen

tisch, kreislauf- und verdauungsfördernd, macht Fleisch mürbe; würziger, je nach Alter und Beschaffenheit mehr oder weniger scharfer Geschmack; sollte frisch dünne, nicht ausgetrocknete Haut und festes Fleisch haben, gemahlen aromatisch sein; nicht nur Gewürz, sondern frisch, straff und saftig – je jünger, desto besser – delikates Gemüse zu Fleisch, Geflügel, Saucen usw. (urspr. Ostasien, heute a. Indien, Westafrika, Brasilien, Costa Rica u. a.); in verschiedenen Formen erhältlich:

  Frischer ungeschälter Ingwer muß abgeschabt, evtl. mariniert werden und eignet sich in dünne Scheiben geschnitten oder (wenn zu faserig) gewürfelt zu fernöstl. Gerichten, Meereskrebs- und Schaltieren, Gemüsesuppen, Marinaden, a. für fruchtige Desserts, Kompotte, Schokoladespeisen usw.; gerieben oder zerdrückt für Gelees, Konfitüren, getr. zum Einlegen von süßsauren Saucen, ausgepreßt für Marinaden; hält sich im Gemüsefach des Kühlschranks 2–3 Wo., tiefgekühlt bis 2 Jahre

  Frischer geschälter Ingwer wie ungeschälter Ingwer verwendbar, aber nur wenige Tage haltbar

  Getrockneter Ingwer zum Einlegen von Kürbis, Gurken, süß-sauren Früchten, für Chutneys usw.

  Ingwerpflaumen pflaumengroße Ingwerstücke, in Zucker eingelegt

  Ingwerpulver zum Würzen von Fleisch-, Fischgerichten, Salatsaucen, Cremes, Puddings, Süßspeisen, Backwerk usw.

  Ingwersirup in Sirup eingelegter Ingwer, zum Würzen süß-saurer oder süßer Speisen; ↑ a. Stem-Ingwer

  Kandierter Ingwer– gezuckert oder ungezuckert eingelegt, zu Lamm, Schweinefleisch, Reis-Curry-Gerichten, a. für Saucen, Cremes, Schokoladespeisen, Kuchen usw.

Ingwer, Gelber Gewürzknolle, ↑ Kurkuma

Inkareis Samenkorn, ↑ Quinoa

inky-pinky Eintopf aus geh. Braten-, Rindfleischresten, gek. Möhren, Zwiebeln usw. in Bratensauce mit Mehl und Essig, dazu geröstete Weißbrotscheiben (Schottland)

Innereien die eßbaren Gedärme und inneren Organe von Schlachttieren, Wild und Geflügel, Prüfsteine für Kochkultur und Küchenkunst, nährstoffreich (Eiweiß, Mineralstoffe, Vitamine, Spurenelemente, aber a. Cholesterin), leicht verdaulich und wohlschmeckend; können bis 6 Mon. tiefgekühlt werden; ↑ Bries, Darm, Füße, Geflügelklein, Gekröse, Herz, Hirn, Kopf, Kutteln, Leber, Lunge, Mark, Milz, Netz, Nieren, Ohren, Schnauze, Schwanz, Zunge
— **-Sülze** Sülzwurst aus Würfeln oder Streifen von Innereien, Schweinekopfhaut und Speck in Gallerte

innocent [frz.: unschuldig] junges Täubchen

insalata ital.: Salat

Instant... [engl.: *instant*, sofortig, ausgespr. *instänt*] pulverisiertes, meist getr. Fertigprodukt (Suppe, Sauce, Kartoffelpüree, Pudding, Kakao, Kaffee usw.), das in Flüssigkeit sofort löslich und verzehr- bzw. trinkfertig ist

Inster eßbares Gedärm von Schlachttieren, ↑ Gekröse

Integrierter Anbau umweltschonender Anbau mit wenig Chemie, Pflanzenschutz durch natürliche Helfer und tierische Nützlinge, z. B. Flor- oder Schwebfliegen gegen Blattläuse

Invertzucker ↑ Zucker/Sorten
— **-creme** früher Kunsthonig genannt, Honigersatz aus Invertzucker mit Honigaroma, Karamel und Weinsäure, hellgelb bis bräunlich, dickflüssig bis fest

involtino ital.: gef. Roulade aus (Kalb-)Fleisch, a. Fisch oder Gemüse

Irischer Lachs [Irland, die westl. Britische Insel im Atlantischen Ozean, geteilt in Nordirland und Republik Irland] ↑ Lachs/Atlantiklachs

Irish Stew [engl.: Irisches Schmorgericht] deftiger Eintopf aus lange gek. Hammelfleisch, zahllose Varianten, trad. in Hühner- oder Rinderbrühe mit Lorbeer, schwarzem Pfeffer, a. Knoblauch, Kümmel, Thymian und Zwiebeln, oft (aber nicht original) a. Möhren, Porree, Sellerie, Weißkohl usw. (Irland)

Irisöl ↑ Veilchenwurzelöl

Iriswurzel Wurzelstock der Schwertlilie, ↑ Veilchenwurzel

Irländisch(es) Moos Bindemittel aus getr. Rotalgen, für Cremespeisen, Fruchtgelees, Kakaomilch, Puddings, Tortenguß, Speiseeis usw. (Kanada, Frankreich, Portugal, Nordafrika, Indonesien, Philippinen); ↑ a. carrageen

Irma-Art Rinderkraftbrühe mit Champignonstreifen und Hühnerklößchen, mit Curry gewürzt; Geflügelrahmsuppe mit currygewürzten Hühnerklößchen und Spargelspitzen; Salat aus Blumenkohlröschen, Grünen Bohnen, Gurkenscheiben, Spargelspitzen in Sahnemayonnaise mit geh. Estragon und Kerbel, mit Brunnenkresse- und Kopfsalatstreifen bestreut

Irmgard mehlig festkochende Kartoffelsorte

Isabella-Art, à l'Isabelle [Isabella II., Königin von Spanien, 1830–1904] Geflügelkraftbrühe mit Erbsen, Geflügelklößchen und Streifen von schwarzen Trüffeln; Salat aus fein geschn. Artischockenböden, Champignons, Kartoffeln, Sellerie, Trüffeln in Essig-Öl-Sauce mit Kerbel

isard frz.: Pyrenäengemse

iscas port.: Leber; Gericht daraus mit gebr. Zwiebeln

Ischler Krapfen [Bad Ischl, oberösterreichischer Kurort im Salzkammergut] auf dem Blech geb. Kugel aus Mehl, mit Eigelb und Zucker schaumig gerührter Butter, gemahlenen Mandeln, Zimt, abgeriebener Zitronenschale und Eischnee, mit Fondant glasiert, mit kandierter Kirsche und Angelikablättern verziert

Ischler Törtchen rundes Plätzchen aus zwei Mandel-Zimt-Teigscheiben, dazwischen dünn mit Himbeermarmelade bestrichen, mit Puderzucker bestreut (Oberösterreich)

ishiyaki jap.: auf dem Kieselsteingrill geb. Gericht

Kurhaus Bad Ischl

islim kebap mit Lammfleisch gef., im Topf oder Ofen ged. Auberginen-, Paprikaschoten- und Tomatenscheiben (Türkei)

Isomalt Zuckeraustauschstoff, ↑ Zuckeralkohol

Istanbul-Pilaw, Istanbul pilav [Istanbul, früher Byzanz, Konstantinopel, größte Stadt der Türkei beidseits des Bosporus] Pilaw mit Hühnerleber, Erbsen, Mandeln und Pistazien (Türkei)

i. T. in der Trockenmasse, ↑ Fett in der Trockenmasse

Italian Dressing [engl.: Italienische Sauce) Salatsauce mit Gorgonzola

Italico dem ↑ Bel Paese (geschützter Markenname) ähnlicher Butterkäse (Italien)

Italienische Art, (à l') italienne allg. mit typischen ital. Erzeugnissen wie Mittelmeergemüsen, Teigwaren usw.; mit ↑ Sauce/sauce italienne; Garnitur aus Artischockenvierteln und mit Käse gebundenen Makkaronikroketten, zu Fleisch oder Geflügel in sauce italienne

Italienische Meringe geschlagenes Eiweiß, mit Zucker und Zuckerlösung heiß unterzogen

Italienische Nocken ↑ gnocchi

Italienischer Salat Streifen von gebr. Kalbfleisch, Salami, Grünen Bohnen, Erbsen, Gewürzgurken, Karotten, Knollensellerie, Tomaten, Kartoffeln, Äpfeln, Sardellen usw. in Mayonnaise, mit hartgek. Eiern, Anchovisfilets, Kapern, Oliven usw. garniert

Italienische Salami ↑ Salami

Italienische Sauce ↑ Sauce/sauce italienne

i. Tr. in der Trockenmasse, ↑ Fett in der Trockenmasse

ivoire, sauce [frz. *ivoire,* Elfenbein] ↑ Sauce/sauce ivoire

ızgara türk. Grill, Rost
 – köfte gegr. Frikadelle aus Rinderhack mit eingeweichtem Brot, Eiern und Zwiebeln, mit Knoblauch, Paprika, Petersilie und Thymian gewürzt (Türkei)

İzmir köftesi [İzmir, früher Smyrna, türk. Hafen am Ägäischen Meer] gebr. Bällchen oder Röllchen aus Lamm- oder Hammelhack mit eingeweichtem Brot, Eiern, Zwiebelsaft, geh. Petersilie und Gewürzen in Sauce mit Paprikaschoten, Tomaten, Kümmel, Pfeffer, Salz und Zucker

J

J chem. Zeichen für Jod, ↑ Spurenelemente

jabalí span.: Wildschwein

Jabugo ↑ Schinken/Sorten

Jáca, Jackfrucht exot. Baumfrucht, ↑ Nangka

Jackson-Art [Andrew Jackson, 1767–1845, 7. Präsident der USA] mit Tapioka gebundene Püreesuppe aus Kartoffeln und grünen Bohnenkernen mit Porreestreifchen; pochierte Seezunge mit ged. Zwiebelchen in Rahmsauce, mit geh. Petersilie bestreut, mit Blätterteigstangen serviert

Jacquelinesuppe mit Eigelb und Sahne legierte Fischsuppe, als Einlage Grüne Erbsen, kugelig geschn. Möhren, Spargelspitzen und körnig gek. Reis

Jaffa-Sweetie Zitrushybride, Kreuzung zwischen Grapefruit und Pomelo, sehr süßes Fleisch (Israel)

Jagdwurst grobe, heiß geräucherte Brühwurst aus Rind-, Schweinefleisch und Speck in kirschengroßen Stücken

Jagdwürstchen Brühwürstchen, ↑ Bauernwurst

Jäger-Art ↑ chasseur, Sauce/sauce chasseur, a. Oberjägermeister-Art, Weidmanns-Art

Jägersauce ↑ Sauce/sauce chasseur

Jägersuppe dunkle gebundene Suppe mit Pilzen

jaggery engl.: Palmzucker

jagnię poln.: Lamm

jagnje serb., slowen.: Lamm

jagnječvina, jagnječina serb., slowen.: Lammfleisch

jahe indon.: Ingwer

Jakobslachs nach einem Jahr in den Geburtsfluß aufsteigender ↑ Lachs

Jakobsmuschel, Pilgermuschel, coquille Saint-Jacques [Trinkgefäß und Erkennungszeichen der Pilger zur Grabstätte des Apostels Jacobus im span. Santiago de Compostela] gr. Kammuschel aus dem Meer mit festem, aber beißzartem, feinem und leicht süßlichem Muskelfleisch (Nuß), das einen milden, angenehmen Geruch haben sollte; frisch aromatischer, zarter als tiefgefroren oder in Dosen, bis 3 Tage nach Anlieferung genießbar, läßt sich aus der Schale gelöst (und in der Schale serviert) kurz braten, dämpfen, grillieren, pochieren, räuchern, a. roh essen; der orangerote Rogensack, der *corail*, Koralle, ist roh und nicht blanchiert eine Delikatesse; wird im Handel oft mit jenem der Großen Pilgermuschel oder Reisemantelmuschel verwechselt; gute Zeit frisch Okt.–März (Atlantikküsten Schottlands, Irlands, der Isle of Man, Frankreichs, a. – weniger voluminös – der USA und Kanadas)

Jakobszwiebel Küchenkraut, ↑ Schnittlauch

jalebi brezelförmiges Hefeteiggebäck, in Öl ausgebacken, in Sirup aus Zucker und Rosenessenz getaucht, meist heiß gegessen (Indien)

jam [engl.: Zerquetschtes] Marmelade, im strengen Sinn nur aus Zitrusfrüchten, insbes. Pomeranzen

Jamaica pepperpot [Jamaica, Insel der Großen Antillen im Karibischen Meer] Suppentopf aus Rinderbrühe mit Auberginen, Okraschoten, Spinat, Zwiebeln und Bataten, als Einlagen Schweineschwänze und Riesengarnelen, mit Chilis, Piment, Thymian stark gewürzt, mit Kokosmilch gebunden

Jamaikapfeffer exot. Gewürz, ↑ Piment

Jamaikasalat mit Mayonnaise gebundene Bananen-, Orangen-, Pampelmusenwürfel, Kirschen und geh. Haselnüsse in Bananenschalen, mit gerösteten Haselnüssen bestreut

Jambalaja, Jambalaya, Yambalaya [span. *jamón*, Schinken] pikanter Eintopf aus Langkornreis mit Schinken, Räucherbrust, Garnelen, a. Huhn, Austern, Flußkrebsen usw., versch. gewürfelten Gemüsen (Knoblauch, Paprikaschoten, Tomaten, Zwiebeln usw.), mit Cayennepfeffer, Chilipulver, Lorbeer, Oregano, Petersilie, Thymian usw. gewürzt (Kreolenküche der südl. USA)

Jamba-Raps alte Kulturpflanze, für Öl, Senf, Salate und als Gemüse angebaut (Indien, Iran, a. Griechenland, Südfrankreich, Spanien)

jambon frz.: Schinken

Jambos, Jambuse, Rosenapfel apfelgroße, nach Aprikosen schmeckende Beerenfrucht, Rosenaroma, trockenes, festes Fruchtfleisch, kann roh gegessen werden, wird zu Gelee, Kompott, Marmelade usw. verarbeitet, Blüten zu Konfekt (urspr. Malaysia, Sri Lanka, Indien, dann a. Tropen Südostasiens und Südamerikas)

James Grieve ↑ Apfel/Sorten

jamón span.: Schinken

Jamswurzel, Igname, Knollenbohne, Yam Wurzelknollen bildende Kletterpflanze mit rund 150 Arten, stärkereich und mehlig, süßlich oder bitter, bes. in Asien, Afrika, Amerika und der Karibik gekocht, in Scheiben geröstet oder in Form von Chips geschätztes Nahrungsmittel, in Europa als *Kartoffel-, Wasseryam* eher noch Luxusgemüse (trop., subtrop. Zonen Asiens, Afrikas, Amerikas); ↑ a. Sauerklee

jancetina serb.: Lammfleisch, -braten

Janhinnerk, Jan Hinnerk würziger Pfannkuchen aus Buchweizen- und Weizenmehl, Eiern, fettem Speck und sehr dünnem Kaffee, wird heiß mit Preiselbeeren oder dünnem Heidehonig gegessen (Emsland, Niedersachsen)

Jan im Sack Serviettenknödel aus Graupen, Reis, Dörrpflaumen, Rosinen und Zucker, mit brauner Butter übergossen (Westfalen)

janje serbokroat., slowen.: Lamm

janjeće serbokroat.: Lammfleisch

Japan-Hummer falsche Bezeichnung der ↑ Königskrabbe

Japanische Aprikose exot. Frucht, ↑ Kaki

Japanische Art, (à la) japonnaise [Japan, ostasiat. Kaiserreich aus vielen Inseln im Pazifischen Ozean] mit Knollenziest; Garnitur aus Knollenziest in Törtchen und Kartoffelkroketten; Salat aus Ananas-, Orangen-, Tomatenwürfeln auf Kopfsalatblättern mit Crème fraîche, Zitronensaft und Puderzucker; Eisbombe aus Teeschaum und Pfirsicheis

Japanische Artischocke Knollengemüse, ↑ Stachys

Japanische Birne asiat. Frucht, ↑ Nashi

Japanische Gelatine Dickungsmittel, ↑ Agar-Agar

Japanische Kartoffel Knollengemüse, ↑ Stachys

Japanische Languste Langustenart aus den Küstengewässern Ostafrikas, Australiens und des warmen Pazifiks, ↑ Languste

Japanische Mispel subtrop. Frucht, ↑ Loquat

Japanische Orange kl. Zitrusfrucht, ↑ Kumquat

Japanische Pflaume, Susine trop. Steinfrucht, pflaumenähnlich saftig, als Frischobst oder wie Pflaume verwendbar, gute Zeit Juni–Aug. (urspr. China, Japan, dann a. Italien, Südfrankreich, Spanien, Nordafrika, Kalifornien)

Japanischer Rettich, Chinesischer Rettich, Orient-Rettich Art des ↑ Rettichs, sehr mild, roh oder ged. als Suppeneinlage oder Gemüsebeilage, a. in Konserven erhältlich (China, Japan, a. Deutschland u. a.)

Japanischer Salat Würfel von Ananas und Tomaten sowie Orangenschnitze in Sauce aus dicker Sahne, Orangen-, Zitronensaft mit Paprika und Salz

Japankohl ↑ Kohl/Chinakohl

Japankrabbe gr. Meereskrebs, ↑ Königskrabbe

Japanperle kl. Tapiokakugel als Suppeneinlage

Japanpfeffer Gewürz, ↑ Sichuanpfeffer

japonais [frz.: Japaner, ausgespr. *schaponä*] Torte oder Törtchen aus Baiser-Masse, ↑ Meringe, mit leicht gerösteten, fein geriebenen Haselnüssen oder Mandeln, meist mit Mokka-Buttercreme gefüllt; Bestandteil der ↑ Zuger Kirschtorte

japonaise, (à la) ↑ Japanische Art

jardinière [frz.: Gärtnerin] Mischung aus klein geschn., einzeln gek. Grünen Bohnen, Karotten, Weißen Rübchen, a. Blumenkohlröschen, Flageolettbohnen u. ä.; ↑ a. Gärtnerin-Art

Jarlsberg [J., alte Wikingersiedlung am Westufer des Oslofjords] schnittfester Hartkäse aus pasteurisierter Kuhmilch, fetter Teig mit Löchern und gelber Rinde, 45% Fett i. Tr., nussiger, mild süßlicher Geschmack (Südnorwegen)

jarret frz.: Hachse, Hesse von Schlachtvieh

Jasminblüten Blüten eines Ölstrauchs, intensiver Duft, exot. Gewürz für Gebäck, Fleisch, Geflügel

Jauersche Brühwürstchen nach Art des ↑ Würstchens

Jause österr.: Vesper, Zwischenmahlzeit (meist am Nachmittag)

Javanischer Salat [Java, Sundainsel im Malaiischen Archipel] Orangenfilets auf Salatherzen, mit dicker Sahne überzogen, mit Zitronensaft und geriebenem Meerrettich gewürzt, mit Orangenschalenstreifen bestreut

Jean Bart [frz. Seeheld, 1650–1702] kräftige Fischrahmsuppe mit Fischklößchen, Porreestreifen, Tomatenwürfeln und kleingeschn. Makkaroni

Jeannette-Art, à la Jeannette Gemüsesuppe aus Porree, Weißen Rüben und Kartoffeln mit Grünen Bohnen, Erbsen, Kerbel- und Sauerampferstreifen; Salat aus Blumenkohlröschen, Grünen Bohnen, Brunnenkresse und geh. Kräutern

jeera ind.: Kreuzkümmel

Jeffersonsalat [Thomas Jefferson, 1743–1826, 3. Präsident der USA] Streifen von roten Paprikaschoten, Staudensellerie, nudelig geschn. Römischem Salat in Roquefort-Salatsauce

jelly engl.: Gelee, Sülze
– **sauce** Sauce aus Johannisbeergelee mit Gewürzen (Nordamerika)

jemista ngriech.: gef. Zucchini

Jenny Lind [Sopransängerin, 1820–1887, die «Schwedische Nachtigall»] Wildkraftbrühe mit Champignon- und Wachtelbruststreifen

Jerome halbfester Schnittkäse, weicher Teig mit pikantem Geschmack (Österreich)

Jerusalem-Artischocke Knollengemüse, ↑ Topinambur

Jerusalembohne ↑ Bohne/Mung(o)bohne

Jessica [Tochter des Juden Shylock in Shakespeares «Kaufmann von Venedig»] Garnitur aus mit Ochsenmarkwürfeln gef. Artischockenböden, sautierten Morcheln, ged. Schalotten und Annakartoffeln, zu kl. Fleischstücken und Geflügelbrüstchen; mit geh. Morcheln und Spargelspitzen gef. Omelett

jet frz.: Sproß, Trieb

Jettinger Rübe [Jettingen, Marktgemeinde in Schwaben, Bayern] ↑ Rübe/Weiße Rübe

jī chin.: Huhn
– **dàn** Hühnerei
– **ròu** Hühnerfleisch

jiang yong chin.: Sojasauce

jijtso russ.: Ei

jintan indon.: Kümmel

Jockey-Club-Salat, salade Jockey-Club [Jockey-Club, Vereinigung zur Pflege und Organisation des Pferdesports, 1833 in Paris gegründet] Spargelspitzen und Trüffelstreifen, in Essig und Öl angemacht, mit Mayonnaise gebunden

Jod chem. Element, ↑ Spurenelemente
-**salz** Diätsalz, zur Steigerung der Jodzufuhr mit Zusatz von 15–25 mg Jod

Joghurt, Yoghurt durch Zusatz bestimmter Milchsäurebakterien aus Voll-, teilentrahmter oder Magermilch,

Thermophile Zubereitung von Joghurt

a. Sahne gewonnene säuerliche Art Dickmilch, enthält mehr Milchsäure als saure Milch, stichfest (*Stichjoghurt*), sämig (*Rührjoghurt*) oder flüssig (*Trinkjoghurt*), gesundes, diätetisches Nahrungsmittel, erleichtert und fördert die Verdauung; erfrischend säuerlich aromatisch, a. mit Geschmackszusätzen erhältlich, ebenso in versch. Fettstufen: *Sahnejoghurt* (10% Fett), *Vollmilchjoghurt* (3,5% Fett), *fettarmes Joghurt* (1,5–1,8% Fett), *Magerjoghurt* (bis 0,3% Fett). Joghurt läßt sich (mit Cerealien, Früchten usw.) zum Frühstück, im Müesli, als Zwischenmahlzeit verzehren, a. in Salatsaucen, zum Backen und Kochen verwenden; immer kühl zu lagern, nur mit der Aufschrift «wärmebehandelt» a. außerhalb des Eisschranks, zum Tiefkühlen jedoch ungeeignet (urspr. im Balkan aus Schaf- oder Ziegenmilch; ↑ a. Bioghurt.

-brot ↑ Brot/Spezialsorten

-käse Doppelrahmfrischkäse, Brie- oder Camembertkäse mit Joghurtkulturen

-sauce ↑ terbiye

Johannisbeere [um Johanni, dem Namenstag Johannes des Täufers, am 24. Juni, reif] sehr saftige Strauchfrucht mit weichem Fleisch und vielen Samenkernen, leicht verdaulich, blutreinigend, harn-, schweißtreibend, leberfreundlich; meist frisch, aber a. in Konserven erhältlich; läßt sich ohne Zucker bis 8 Mon., mit Zucker bis 12 Mon. sehr gut tiefkühlen.

Sorten

Rote Johannisbeere, Träubli erfrischend säuerlich, saftig und appetitanregend, eignet sich gezuckert zum Rohessen, für Cremes, Gelee, Marmelade, Rote Grütze, Quark- und Süßspeisen, Sorbets, Kuchen, a. als Beilage zu Reh, Kaninchen, Käse; gute Zeit frisch Mitte Juni–Aug., läßt sich frisch kühl und dunkel nicht länger als 1 Tag aufbewahren, aber (mit Himbeeren) einmachen und einfrieren (Nordosteuropa – Deutschland: Baden-Württemberg, Hamburg, Hessen, Niedersachsen, Nordrhein-Westfalen, Rheinland-Pfalz –, Nordwestasien)

Johannisbeertraube vom Strauch

Johannisbrote, ein legendäres Nahrungsmittel

Schwarze Johannisbeere, Ahl-, Cassis-, Gicht-, Wanzenbeere herb würzig und säuerlich, eignet sich für Kompotte, Gelees, Marmelade, Getränke; gute Zeit Juli–Aug. (urspr. Südosteuropa, a. Asien, heute meist aus Mittel-, Ost-, Südeuropa – Deutschland: Baden-Württemberg, Hessen, Niedersachsen, Nordrhein-Westfalen, Rheinland-Pfalz)

Weiße Johannisbeere aromatisch süß, milder, aber a. empfindlicher als die Rote Johannisbeere

Johannisbrot, Carob, Karobe, Karube [nach Johannes dem Täufer] dunkle, hartschalige Schotenfrucht, die «Treber» der Bibel, fleischig süßes, je nach Alter saftiges bis zähes Mark, läßt sich nicht schälen, aber ganz roh essen, hilft getrocknet gegen Durchfall; gute Zeit Herbst (urspr. östl. Mittelmeerraum, a. Dalmatien, Italien, Spanien); ↑ a. Carob

-kernmehl, Carubin Mehl aus Johannisbrotkernen, Dickungs- und Geliermittel für Lebensmittel

Johanniskraut Küchenkraut, ↑ Beifuß

Johannislauch ↑ Winterzwiebel

John Dory, John Doree engl.: Petersfisch

Johnny cake Maiskuchen, heiß vom Blech gegessen (Bahamas)

joint engl.: Hauptstück eines geschlachteten Tieres

Joinville [François Ferdinand von Orléans, Herzog von J., 1818–1900, dritter Sohn des Königs Louis Philippe von Frankreich] Garnitur aus gek. Champignons, Garnelen- oder Krebsschwänzen und Trüffelscheiben, zu (Platt-)Fischen in ↑ Sauce/sauce Joinville

jollof Eintopf aus Reis, Hühnerfleisch, Speck, Garnelen, Grünen Bohnen, Tomaten, Zwiebeln und Gewürzen (Liberia, Westafrika)

Jonagold ↑ Apfel/Sorten

Jonathan ↑ Apfel/Sorten

Jonchée ungesalzener Frischkäse aus Kuh-, Schaf- oder Ziegenmilch, 45% Fett i. Tr., cremig und mild, kann pur oder gezuckert gegessen werden, gute Zeit Juli–Nov. (Poitou, Frankreich)

Jorco südamerik. Frucht, ↑ Madroño-Frucht

Jordanischer Salat [Jordanien, Königreich in Vorderasien] körnig gek. Reis mit Bananen-, Tomatenwürfeln in Zitronen-Öl-Marinade, mit Mayonnaise und Tomatenketchup gebunden, mit Mandelsplittern bestreut

Josefskraut Küchenkraut, ↑ Basilikum, Ysop

Josephine [Josephine, Kaiserin der Franzosen, erste Gemahlin Napoleons] Kraftbrühe mit Püree von Grünen Erbsen und feinen Gemüsestreifen

Josop Küchenkraut, ↑ Ysop

Jostabeere Kreuzung zwischen Schwarzer Johannisbeere und Stachelbeere, dicke dunkle Haut, hoher Vitamin-C-Gehalt, säuerlich herbsüßer Geschmack, zum Rohessen und für aromatische Marmeladen, Gelees und Säfte, läßt sich gut einfrieren (Max-Planck-Institut)

Joule [nach dem engl. Physiker James Prescott Joule, 1818–1889, ausgespr. *dschūl*] 1848 eingeführte internat. Maßeinheit für den Brennwert eines Lebensmittels; 1 Kilojoule (kJ) = 0,24 Kilokalorien (kcal); 1 kcal = 4,18 kJ; ↑ a. Kalorie

jowl engl.: Backe, Wange eines Schlachttiers; a. Fischkotelett

Judasohr ostasiat. Speisepilz, ↑ mu-err

Judenkirsche ugs. für Kornelkirsche und versch. Beerenarten

judía span.: Bohne

Judic [Anna Damiens, genannt Dame Judic, frz. Schauspielerin und Sängerin der Operette und Opéra-Comique] Garnitur aus ged. Kopfsalathälften, gef. Tomaten, Schloßkartoffeln, a. Hahnenkämmen, -nierchen, Trüffelscheiben, zu kl. Fleischstücken, Kalbsbries, kl. Geflügel usw. in feiner Demiglace; Geflügelrahmsuppe mit Kopfsalatstreifen und versch. weiteren Einlagen (Geflügelfarce, Hahnennierchen, Trüffelstücken); Salat aus Würfeln von gek. Kartoffeln, Möhren und Roten Rüben, kleingeschn. Grüne Bohnen, Blumenkohlröschen in Essig-Öl-Sauce mit Kräutermayonnaise, mit Scheiben von Rosenkohl und Roten Rüben garniert

juha serbokroat.: (Wurst-)Suppe

juice engl.: Saft

Jujube, Brustbeere, Chinesische Dattel oliven- bis eigroße Frucht des Judendorns, angenehm süßsauer, als Tafelfrucht genießbar, a. zu Gelee, Kompott, Marmelade usw. verarbeitet, getrocknet oder kandiert (urspr. Nordchina, dann a. Ostasien, Mittelmeerländer, Südeuropa, USA)

Jules Guyot ↑ Birne/Sorten

Julienne [frz., ausgespr. *schüljänn*] in feinste Streifen geschn. Gemüse, Pilze, a. Gewürzgurken, Paprikaschoten, Schinken, Zunge, Geflügelfleisch, Zitrusfruchtschalen, als Einlage in Suppen, Saucen, als Beilage, Rohkost usw.; ↑ a. brunoise, chiffonade, Röstgemüse, Suppengrün

Juliettesalat kurze Streifen von gek. Grünen Bohnen, Artischockenböden und Knollensellerie in leichter Mayonnaise, mit Streifen Bleichsellerie in Essig-Öl-Sauce dekoriert

Julischkasalat [ung.: Julischka, Julia] Streifen von Bleichsellerie, Chicorée und Roten Rüben in Zitronensaft-Öl-Sauce, mit Paprikapulver gewürzt

Jungbulle männl. Jungrind, ↑ Jungochse

Junge Ente, Gans nach der ersten Federreife geschlachtete Ente, Gans, Brustbeinfortsatz noch biegsam

Junger Hahn ↑ Huhn/Züchtungen

Jungfern-Art Garnitur aus gebr. Kalbsbriesscheiben und Hahnenkämmen, zu kl. Geflügelstücken in Béchamelsauce

Jungfernbraten Lendenbraten vom Schwein (Österreich)

Jungfernkraut Küchenkraut, ↑ Beifuß

Jungfernöl kaltgepreßtes Öl, das nach dem Filtrieren unmittelbar genußtauglich ist; ↑ Olivenöl

Jungfernsauce Béchamelsauce mit Schlagsahne und feingeh. Artischockenböden, zu Geflügel

Jungfrauensalat Bleichselleriestreifen in Senfmayonnaise, mit geh. gekochtem Schinken, a. Trüffelstreifen bestreut

Jungmasthähnchen   ↑ Huhn/Züchtungen

Jungochse junges, noch nicht ausgewachsenes männl. Rind im Alter von 3–24 Mon., hochwertiges Fleisch

Jus, Jüs, Fleischsaft [frz.: Saft, ausgesprochen *schü*] nahr- und schmackhafter brauner Saft, der beim Garen von Fleisch heraustritt und meist mit Knochen und Gemüse würzig konzentriert wird, so daß er nach Entfetten beim Erkalten geliert, läßt sich im Eiswürfelbehälter des Kühlschranks einfrieren; a. Fruchtsaft

Jussière [vermutlich nach dem frz. Botaniker Bernard de Jussieu, 1699–1777] Garnitur aus ged. Kopfsalat, gef. Zwiebeln, Schloßkartoffeln, a. glasierten Möhren, zu kl. Fleischstücken

Juvianuß   ↑ Paranuß

Juwelenbarsch Meerfisch aus der Familie der Zackenbarsche, saftiges Fleisch, läßt sich backen, braten, dämpfen, dünsten, grillieren, pochieren, schmoren (afrik. Küstengewässer, vor den Malediven, a. Mittelmeer)

Juwelenbarsch im Korallenriff

K

K chem. Zeichen für Kalium, ↑ Mineralstoffe

kabāb arab.: gebr. Fleisch, ↑ kebap

Kabeljau Meerfisch, heißt bis zur Geschlechtsreife und aus der Ostsee Dorsch, so weitverbreitet, daß er gern unterbewertet wird, als Angelfisch besser als vom Fangschiff, aus der Nordsee kräftiger und größer als aus der Ostsee; festes, sehr mageres, zartes Fleisch (filetiert, in Scheiben, als Schwanzstück) ohne Gräten, läßt sich backen, braten, dämpfen, dünsten, grillen, pochieren, schmoren; Bäckchen und Leber (aus der Lebertran gewonnen wird) eine Delikatesse; wird a. zu ↑ *Klipp-* oder ↑ *Stockfisch* getrocknet oder gesalzen; das ganze Jahr über erhältlich, am besten jedoch im Frühling (Nordatlantik einschl. Nord-, Ostsee)

Kabinettpudding ↑ Diplomatenpudding

Kabis südd., schweizerd.: Weißkohl

Kabul [Hauptstadt von Afghanistan] süßliche Würzsauce auf russ. Art

kačamak Polenta aus Maismehl mit Schafskäse (Montenegro)

kacang, kachang indon.: Erdnuß

kačkavalj serbokroat. Schafskäse, ↑ Kaschkawal

Der Kabeljau, Konsumfisch schlechthin

kaczka poln.: Ente

kadaif, kadayıf süßer Honig- oder Sirupteig (Griechenland, Türkei)

Kaddigbeere ↑ Wacholderbeere

kadetje holl.: (weiches) Brötchen, Semmel

kadın budu [türk.: Frauenschenkel] gr. flache Frikadelle aus Hammel- oder Rinderhack, Reis, Eiern, Käse und Zwiebeln, mit Petersilie, Pfeffer und Piment gewürzt, in Mehl und Eiern gewälzt und gebacken oder gebraten

kadın göbek [türk.: Frauennabel] süßes Gebäck aus Butter, Mehl und Eiern mit geh. Pistazien und Zuckersirup, in heißem Öl ausgebacken

kafalatiri gebrannter Käse aus Schaf- oder Ziegenmilch, gepreßter Teig, 40–50% Fett i. Tr., pikanter Geschmack (Griechenland)

Kaffee|bonbon ↑ hopje
 -obers Süßrahm aus Vollmilch mit mind. 10% Fettgehalt (urspr. Österreich)
 -rahm, -sahne ↑ Sahne/Kaffeesahne
 -schokolade ↑ Mokkaschokolade
 -waffel, Frischwaffel feine, im Waffeleisen hergestellte Backware, frisch zu verzehren

Kaffee mit Essen ↑ Bergische Kaffeetafel

Kaffir-Limette, -Limone kl. Zitrusfrucht, ↑ Limette/Kaffir-Limette

kafta orient. Fleischklößchen, ↑ kefta

kâğıt kebap türk.: Papierkebap, ↑ kebap

Kahlwild weibl. Dam- oder Rotwild und seine Kälber

kai jap.: Muschel

kailkenny Kartoffel-Kohl-Gericht, ↑ colcannon

Die stimulierenden Früchte des Kakaobaums

kaimak türk. usw.: Sahne, Rahm

Kaiser-Art, (à l') empereur gebr. Tomatenhälften mit Rindermarkscheiben, Spargelspitzen und Parmentierkartoffeln, zu Fleisch in Trüffelsauce; ↑ a. Kaiserliche Art

Kaiserfleisch entbeintes, gepökeltes und geräuchertes Fleisch aus dem Kotelettstrang des Schweins; Österreich: gebeizter und gek. Schweinebauch, warm verzehrt

Kaisergranat, Tiefseekrebs, scampo (unzulässige Bezeichnungen: **Hummerkrabbe, Langustenschwanz, Langustine, Tiefseehummer**) Krebstier aus dem Meer, kann es mit dem verwandten Hummer aufnehmen, im Schwanzteil feines, delikates Fleisch, ungeschält oder geschält und roh (frisch oder tiefgekühlt) erhältlich; läßt sich dämpfen, fritieren, grillen, kochen, pochieren, sautieren, sollte bei mittlerer Hitze kurz gegart werden (Norwegen, Island, Schottland, Irland, Marokko, a. westl. Mittelmeer, Adria)

Kaiserin-Art, (à l') impératrice mit Geflügelrahmsauce; klare Geflügelkraftbrühe mit Hahnenkämmen, -nierchen, Spargelspitzen und Kerbelblättern; mit Bayerischer Creme gebundene, gestürzte Milchreiscreme mit kandierten Früchten und Himbeersauce

Kaiserkirsche festfleischige Süßkirsche, sehr süß und aromatisch, meist gezuckert in Konserven

Kaiserliche Art, (à l') impériale versch. reiche Garnituren: Geflügelklößchen, Hahnenkämme, -nierchen in Kraftbrühe; Garnelen-, Krebsschwänze und Trüffelstreifen zu Fisch (Forelle, Seezunge u. ä.); Gänseleber- und Trüffelstreifen zu Geflügel; ↑ a. Kaiser-Art

Kaiserling delikater Speisepilz aus der Gattung der Wulstlinge, nicht roh eßbar; vom Aussterben bedroht, sollte geschont werden

Kaisersalat Küchenkraut, ↑ Estragon

Kaiserschmarr(e)n lockerer, mit Gabeln zerrissener Eierkuchen, wird aufgetürmt und mit Puderzucker bestreut zu Pflaumenmus oder Kompott serviert; läßt sich ohne Zucker und gesalzen a. zu grünem Salat essen (Österreich, a. Süddeutschland u. a.)

Kaiserschote Hülsenfrucht, ↑ Erbse/Sorten: Zuckererbse

kajmak [türk. *kaymak*, Sahne] krümeliger Frischkäse aus der Sahne von Schafmilch, je nach Alter mild bis pikant würzig, wird a. mit Hackfleisch zusammen gebraten (Serbien)

Kakao|(bohne) [aztekisch *cacauatl*, Kakaokern] Samen des Kakaobaums, an der Luft fermentiert und getrocknet, dunkelbraun mit typischem Aroma, wird zur Herstellung meist, aber nicht nur süßer Produkte, ↑ Schokolade, verwendet (urspr. Mexiko, heute a. übriges Südamerika – Brasilien, Ecuador, Venezuela –, Westafrika – Elfenbeinküste, Ghana, Kamerun, Nigeria – und Malaysia)

-**butter** gelbliches Samenkernfett der Kakaobohne, zur Herstellung von Schokolade, Überzugsmassen usw.

-**creme** kakaohaltige Zuckerware zur Weiterverwendung in Süßwaren

-**glasur, Fettglasur** kakaohaltige Fettglasur zum Überziehen von Back-, Süßwaren, Eiscremes usw.

-**konfekt** figürliche kakaohaltige Zuckerwaren

-**masse** Halbfabrikat aus gerösteten gereinigten, geschälten und gemahlenen oder gewalzten Kakaobohnen, herb und bitter, zur Herstellung von Schokolade, Überzugsmassen usw.

-**pulver** entölte, pulverisierte Kakaomasse

kakavia Suppe aus Meerfischen, Meeresfrüchten, Fenchel oder Bleichsellerie, Tomaten, Zwiebeln, Lorbeer, Thymian, Olivenöl, Weißwein usw. mit gerösteten Weißbrotwürfeln (Griechenland)

Kaki, Chinesische Quitte, Dattelpflaume, Japanische Aprikose tomatengroße, süße exot. Frucht mit weichem, geleeartigem Fleisch, leicht verdaulich und energiespendend, Babynahrung, muß mit glasiger Schale fast überreif sein; fruchtig süß ohne viel Eigengeschmack; wird als Frischobst ausgelöffelt, eignet sich aber a. für Obstsalate (mit Bananen, Birnen, Melonen, Orangen, Trauben usw.), Kompott, Konfitüre, püriert als Creme, zu Joghurt, Quarkspeisen, Speiseeis usw.; läßt sich ganz bis 4 Mon., püriert bis 6 Mon. gut tiefkühlen (urspr. Ostasien, heute a. alle übrigen wärmeren Regionen wie Mittelmeerländer, Südamerika u. a.); ↑ a. Sharonfrucht

-feige, Indianer-Feige, Indische Feige sonnengetrocknete Kaki, meist für Vollwertkost und fernöstl. Gerichte verwendet

kaki jap.: Auster

Kaktusfeige, Distelfeige, Indianische, Indische Feige, Opuntia, Stachelbirne, -feige, Tuna birnengr. Frucht des Indischen Feigenkaktus, läßt sich wegen der feinen Stacheln nicht von bloßer Hand anfassen, wirkt entschlackend und leicht abführend; mild säuerliches und etwas fades Fleisch von birnenähnlichem Geschmack und mit vielen harten Kernen, wird als Frischobst ausgelöffelt, in Scheiben (mit Frischkäse) gegessen oder für Obstsalate, Cremes u. ä. verwendet (alle trop. und subtrop. Gebiete, u. a. Mittelmeerländer, Zentral-, Südamerika)

kala estnisch, finnisch: Fisch

- kastike Grundsauce aus Butter, Mehl, Fischsud, geh. Dill, Petersilie, Schnittlauch usw., zu Fisch (Finnland)

- kukko in Roggen- oder Weizenbrotteig eingeb. Fische und fette Schweinefleischstücke (Finnland)

kala ghana ind.: kl. schwarze Kichererbsen

Kalamansi, Calamondin kl. Zitrusfrucht mit sehr saurem Fleisch (Indonesien, Malaysia, Philippinen)

kalas schwed.: Schmaus, Festessen

Kalb [ahd. *chalp*, Junges] das männl. oder weibl. Rind im ersten Lebensjahr, vom Kopf bis zum Schwanz lückenlos genießbar, am besten etwa 8 Wo. alt, eiweißreiches, fettarmes und gut verträgliches Fleisch; seit den überhandnehmenden tierfeindlichen Mastmethoden mit Hormon-, Östrogenspritzen und Antibiotika ist das Kalb zu Recht in Verruf geraten, denn sein Fleisch wird so in der Tat gesundheitlich bedenklich und im Geschmack neutral wie seine Farbe; jenes rötliche des Weidekalbs hingegen hat durchaus Charakter, es schmeckt feinwürzig nussig und muß behutsam gegart werden; passende Kräuter und Gewürze: Basilikum, Cayennepfeffer, Currypulver, Edelsüßpaprika, Fenchel, Ingwer, Kapern, Kerbel, Knoblauch, Minze, Petersilie, Weißer Pfeffer, Rosmarin, Salbei, Thymian, Ysop, Zitronensaft, Zwiebel; kann verpackt für 9 Mon. tiefgekühlt und aufgetaut weiterverwendet werden; ↑ a. Steak; Name a. des Dam-, Rotwilds im ersten Lebensjahr

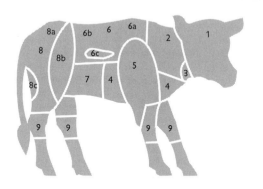

Fleischteile
1. Kopf
2. Hals, Kamm, Nacken, Stich
   Österreich: Halsfleisch, Halsel
3. Bries, Kalbsmilch, Milcher
   Österreich: Bröschen
   Schweiz: Milken
4. Brust
5. Schulter, Blatt, Bug, Schaufel
   Schweiz: Laffe
6. Rücken

6a. Kotelett-, Rippenstück
   Österreich, Schweiz: Karree
6b. Nieren-, Sattelstück
   Österreich: Nierenbraten
   Schweiz: Nierstück
6c. Filet
7. Bauchlappen, Dünnung, Flanke
   Österreich: Dünne Brust
   Schweiz: Brust
8. Keule, Schlegel
   Schweiz: Schenkel, Stotzen
8a. Kleine Nuß, Schwanzstück
   Österreich: Schlußbraten
   Schweiz: Unterspälte
8b. Große Nuß
8c. Frikandeau (mit Unterschale, in der Innenseite der Keule Oberschale)
9. Hachse, Haxe, Bein
   Österreich: Stelze
   Schweiz: Stotzen

Innereien
↑ Bries, Herz, Hirn, Kutteln, Leber, Lunge, Niere, Zunge

Fleischstücke
Bauch(lappen) zum Schmoren, als Rollbraten, für Frikassee, Gulasch, Ragout
Bries ↑ Bries
Brust zum Kochen, Schmoren, gerollt oder gefüllt als Braten, für Blankett, Frikassee, Ragout, Tendron, ↑ a. Kalbsbrust
Filet sollte zimmerwarm in die Pfanne kommen, als kl. Braten, in Scheiben für Medaillons, Spießchen, Fleischfondue
Frikandeau zum als Ganzes Braten, als Röllchen, a. Schnitzel; Spitze zum Kurzbraten, Kopf für Blankett, Frikassee, Ragout
Geschnetzeltes kl. dünne, quer zur Faser geschn. Scheiben oder Streifen aus fettgewebe- und sehnenarmem Kalbfleisch; ↑ a. Geschnetzeltes, Zürcher
Hachse, Haxe kräftiges, mageres Muskelfleisch um einen Röhrenknochen, wird meist geschmort, aber a. zum (als Ganzes oder in Scheiben) Braten, Grillen, Kochen, für Gulasch und Ragout bes. geeignet; ↑ a. ossobuco
Hals aromatisch und saftig, zum Braten, Kochen, Schmoren, für Blankett, Frikassee, Gulasch, Ragout
Keule zum (als Ganzes, in einzelnen Teilen oder geschnetzelt) Braten, als Schnitzel
Kopf ↑ Kalbskopf
Kotelettstück zum (als Ganzes) Braten, Kurzbraten, für Koteletts, Rückensteaks
Nierenstück, Sattel zum Braten, für Kalbsnierenbraten, Rückensteaks
Nuß zum als Ganzes Braten, für Nüßchen, Schnitzel, Steaks, Minutengerichte
Oberschale fettfrei und zartfaserig, zum Braten, Kurzbraten, in Scheiben für Schnitzel, a. Steaks
Rücken zum als Ganzes oder längsgespalten Braten, für Koteletts, Lenden- oder Rückensteaks
Schulter gefüllt, gerollt als Braten, zum Dünsten, Kochen, Schmoren, für Blankett, Frikassee, Geschnetzeltes, Gulasch, Ragout, Schnitzel, Steaks
Tendron dünne Scheibe Brustfleisch mit Knorpel ohne Brustbein
Unterschale zum Braten, Kurzbraten, für Kalbsvögel, Rouladen, gr. Schnitzel, Spickbraten

Kalbe weibl. Jungrind, ↑ Färse

Kälberzähne ↑ Graupen

Kalbfisch, Seestör heißgeräucherte Scheiben vom Heringshai, ↑ Haie/Heringshai

Kalbfleisch|käse brühwurstartiges Erzeugnis aus Rindfleisch, Kalb- oder Jungrindfleisch, Schweinefleisch und Speck, in Laibform gebrüht, meist als feiner Aufschnitt
 -röllchen ↑ Kalbsröllchen
 --Sülze Sülzwurst aus Kalbfleischwürfeln in klarem Gelee
 -wurst Brühwurst aus Kalb-, Jungrind-, Schweinefleisch und Speck

Kalbfleischpilz Speisepilz, ↑ Austernpilz

Kalbin weibl. Jungrind, ↑ Färse

Kalbs|beuschel ↑ Beuschel
 -blankett ↑ Blankett
 -brät ↑ Hackfleisch/Brät
 -braten Braten aus Rippenstück, Frikandeau, Keule oder Rücken vom Kalb
 -bratwurst, Weißwurst Brühwürstchen aus Kalb- (etwa 20%), Jungrind-, Schweinefleisch und Speck; ↑ a. Weißwurst, Münchner
 -bries ↑ Bries
 -brust, (Gefüllte) entbeinte, mit feiner Farce aus Hackfleisch, Reis, Brötchen, Spinat, Butter, Milch, Eigelb, Rosinen usw. gef. Kalbsbrust, mit Gewürznelken, Lorbeer, Pfeffer usw. gewürzt und geschmort oder gekocht
 -farce Füllung aus mehrfach durchgedrehtem Kalbfleisch und Rindernierenfett, gewürzt und mit Ei, Sahne gebunden
 -fond ↑ fond blanc
 -frikandeau ↑ Frikandeau
 -frikassee ↑ Frikassee
 -fuß entbeiner, blanchierter Kalbsfuß, zum (gef.) Braten, Kochen, Schmoren; wird a. für Gelee und Saucen ausgekocht
 -gekröse Magen, Netz und Darm des Kalbs
 -geschnetzeltes ↑ Geschnetzeltes, Kalb/Fleischstücke
 -grenadin ↑ grenadin
 -hachse, -haxe ↑ Kalb/Fleischstücke, ossobuco
 -karree ↑ Karree
 -käse ↑ Kalbfleischkäse
 -kopf wird meist in Essigkräutersauce als *tête de veau vinaigrette* oder in Tomatensauce serviert, läßt sich aber a. füllen, fritieren, in Würfeln oder klein geschn. als Suppeneinlage, als Beilage zu anderen Gerichten usw. zubereiten
 -kotelett ↑ Kotelett
 -leber die bevorzugte Leber von Schlachttieren, zart, locker und schmackhaft, am besten in Scheiben kurz saftig gebraten, gegrillt, aber a. (geschnetzelt) gedünstet
  – Berliner Art gebratene, mit ged. säuerlichen Apfelscheiben, gebr. Zwiebelringen und knusprigen Speckscheiben belegte Kalbsleber, dazu meist Kartoffelpüree
  – venezianische Art, fegato alla veneziana dünne Kalbsleberscheiben, mit Schalotten oder Zwiebeln,

Öl, Butter und geh. Petersilie, a. Salbei in der Pfanne gebacken

-leberwurst Kochstreichwurst aus mind. 30% Schweineleber, Kalb-, Schweinefleisch und Flomen, kann, muß aber nicht Kalbsleber enthalten

-lendchen die zwei unter den Nieren gelegenen Fleischstücke, gespickt ganz gebraten oder zu Medaillons geschnitten

-medaillon ↑ Kalbsnüßchen

-milch, -milcher, -milke ↑ Bries

-niere die bevorzugte Niere von Schlachttieren, wird als Ganzes gebraten oder in Scheiben sautiert

-nierenbraten Nierstück und Niere des Kalbs, wird gerollt gebraten, gedünstet oder geschmort

-nuß Muskelstück aus der Keule des Kalbs

-nüßchen, -medaillon Scheibe aus dem Filet, rund zusammengebunden, wird in Butter gebraten

-röllchen, -vogel mit Kalbsbrät, gek. Ei, a. Essiggurken, Speck usw. gef. Schnitzel, meist mit frischem Speck umwickelt und mit Kräutern, Lorbeer, Zwiebeln, Zitronenschale usw. geschmort; ↑ a. Kalbsvögerl

-rücken Sattel vom Kalb, meist als Ganzes (gespickt) gebraten

-schäuferl ged. Kalbsschulterschnitte (Süddeutschland)

-schnitzel Scheibe aus Nuß oder Frikandeau (Unterschale) des Kalbs, wird paniert oder unpaniert sautiert; ↑ a. Schnitzel

-steak dicke Scheibe aus Sattelstück, Nuß, Frikandeau oder Unterschale des Kalbs, meist in Butter gebraten

-stelze österr.: Kalbshachse

-vogel ↑ Kalbsröllchen

-vögerl mit Wurzelwerk und Zwiebeln angeröstetes Stück von der Kalbshachse (Österreich)

-zunge wird blanchiert, enthäutet und angebraten oder mit Wurzelwerk gekocht

Kaldaunen, Löser [lat. *caldus,* warm] die Eingeweide geschlachteter Tiere, insbes. ↑ Kutteln; ↑ a. Gekröse, Pansen

Der schlanke Kalmar wird gut zubereitet nicht zäh

kale engl.: (Grün-)Kohl; schottisch: Suppe daraus

Kalebasse Kürbisfrucht, ↑ Kürbis/Flaschenkürbis

kali dal ind.: Schwarze Bohnen; Gericht daraus

Kalifornischer Fischtopf, cioppino [Kalifornien, südlichster Pazifikstaat der USA] Eintopf aus Fischfiletstücken, Meeresfrüchten, geh. Bleichsellerie, Knoblauchzehen, Paprikaschoten, Tomaten, Zwiebeln usw. in Rot- oder Weißwein, mit zerstoßenen Fenchelsamen, geh. Petersilie, Thymian usw. gewürzt (San Francisco)

Kalifornischer Salat Ananasscheiben, Orangenfilets, Blumenröschen, Prinzeßbohnen auf Salatblättern, mit Mayonnaise überzogen

Kalifornische Salatsauce Salatsauce mit Grapefruitsaft statt Essig

Kalifornische Sauce Doppelrahm und Tomatenketchup mit Paprikapulver, Tabasco, Worcester(shire)sauce und Zitronensaft

Kalium chem. Element, ↑ Mineralstoffe

Kaliumkarbonat ↑ Pottasche

Kal(a)mar zehnarmiger Tintenfisch aus dem Meer, zarter als der Tintenfisch Sepia, festes, mageres, angenehm krebsähnliches Fleisch, muß frisch sein und evtl. vor der Zubereitung faserig geklopft werden; bleibt, wenn nicht lange genug gegart, aber gern zäh, eignet sich für Fischsuppen, zum Backen, Braten, Dämpfen, Dünsten, Fritieren, Schmoren, wird oft gefüllt, a. tiefgefroren eingelegt oder in Dosen angeboten (flache Küstengewässer)

Kalmück Meerfisch, ↑ Pollack

Kalmus, Magenwurz würziges Aronstabgewächs, dessen Wurzel getrocknet oder gemahlen wie Muskatnuß oder süß eingelegt wie Ingwer verwendet wird

kalonji ind.: Schwarzkümmel

kalops Ragout aus Rindfleischwürfeln und saurer Sahne mit Lorbeer und Piment (Schweden)

Kalorie [lat. *calor,* Wärme, Hitze] internat. Maßeinheit für den Brennwert eines Lebensmittels: Wärmemenge, die benötigt wird, um 1 g Wasser bei Normaldruck von 14,5° auf 15,5 °C zu erwärmen; 1 Kilokalorie (kcal) = 4,18 Kilojoule (kJ), 1 kJ = 0,24 kcal; durchschn. Tagesbedarf (stark von persönlicher Konstitution und individuellen Ener-

Kamelherde in der Dämmerung

gie-, Nährstoffbedürfnissen abhängig) bei leichter Tätigkeit Frauen 1800–2200 kcal, Männer 2000–2600 kcal, bei mittelschwerer Tätigkeit Frauen 2200–2800 kcal, Männer 2600–3200 kcal, bei schwerer Tätigkeit Frauen 2800–3400 kcal, Männer 3200–3800 kcal; ↑ a. Joule

Kalte Küche das Zubereiten kalter Speisen wie Aspiks, Mayonnaisen, Salate, Vorspeisen usw., a. die Zubereitung kalter Platten, kalter Büfetts

Kalte Platten, kaltes Büf(f)et abwechslungsreich, appetitlich zusammengestellte kalte Speisen

Kaltgepreßtes Öl durch Pressen aus nicht oder nur mäßig vorgewärmter Saat gewonnenes Öl, bitter-herber Geschmack, etwas erhöhter Vitamingehalt; ↑ Öl

Kalträucherung ↑ Räuchern

Kaltschale kalte gesüßte Suppe aus Wasser oder Milch, Fruchtsaft, a. Wein oder Bier mit Einlagen wie Früchten, Eierschaum, Makronen, Sago usw. (Deutschland); ↑ a. Fruchtsuppe

Kalzium, Calcium chem. Element, ↑ Mineralstoffe

Kamel [altsemitisch *gamal*] gr. Paarhufer und Wiederkäuer mit einem (Dromedar) oder zwei (Trampeltier) Höckern, in seinem Herkunftsgebiet Last- und Reittier, zottiges Haar, aus dem man Wolle gewinnt; daneben Fleisch als beliebtes, preiswertes Nahrungsmittel, von jungen Tieren erinnert es an Kalbfleisch und wird als Ragout, dünne Steaks usw. zubereitet, die Keule von Dromedaren wird ganz oder gehackt gegart; ebenfalls werden Herz und Kutteln verwendet (Nordafrika, Orient, Zentralasien)

Kamerune in Fett geb., ungefülltes Faschingsgebäck aus Krapfen- oder Berliner-Pfannkuchen-Teig

Kamerunnuß [Kamerun, präsidiale Republik im Westen Zentralafrikas] ↑ Erdnuß

Kamin Öffnung im Teigdeckel von Pasteten, durch die beim Backen der Dampf entweichen kann

Kaminwurz Süddeutschland: geräucherte Mettwurst; Tirol: geräucherte Hartwurst

Kamm der obere Teil des Halses von Säuge- und Schlachttieren; ↑ Kalb, Lamm, Rind, Schwein/Fleischteile; ↑ a. Hahnenkamm
  -kotelett ↑ Kotelett
  -speck Speck vom Hals oder vorderen Rücken des Schweins

Kammkoralle Speisepilz, ↑ Ziegenbart

Kammlott nordd.: Rinderbeinscheibe

Kammuschel Familie von Meeresweichtieren, zartes, leicht süßliches Fleisch; ↑ a. Jakobsmuschel

Kamtschatkakrebs gr. Meereskrebs, ↑ Königskrabbe

Kamut [ägypt.: das goldene Korn] Getreideart mit dicken Spelzen, Vorgänger des Weizens, viel Eiweiß, Mineralstoffe und ungesättigte Fettsäuren, für Kuskus, Nudeln, als Mehl für Brot, Gebäck, Kuchen, Pfannkuchen usw. (urspr. Mesopotamien)

Kanadalachs [Kanada, Staat in Nordamerika] Lachsart, ↑ Lachs

Kanapee belegtes Schnittchen, ↑ Canapé

Kandierte Blüten in konzentrierter Zuckerlösung getränkte und anschließend getr. Blüten (Holunder, Jasmin, Veilchen u. a.), Süßigkeit oder Dekoration

Kandierte Früchte, Kanditen in konzentrierter Zuckerlösung getränkte und anschließend getr. Früchte, a. Gemüse oder Pflanzenteile; lassen sich gut verpackt bis 6 Mon. einfrieren

Kandierte Fruchtschalen in konzentrierter Zuckerlösung getränkte und anschließend getr. Schalen von Zitrusfrüchten, ↑ a. Citronat, Orangeat, Sukkade

Kandis(zucker), Zuckerkand gr. Kristalle aus einer reinen, hochprozentigen Zuckerlösung, weiß geschmacksneutral, hellbraun bis schwarz aus karamelisiertem Zucker und mit leichtem Karamelgeschmack; in versch. Formen erhältlich:
  Coffee-Sugar [engl.: Kaffeezucker] aus Zuckerrohr, braun und klein zerstoßen, zum Süßen von Kaffee und Tee (England)
  Grümmel, Grummet braun und klein zerstoßen, sehr aromatisch, für Gebäck, Desserts, zum Süßen von Getränken
  Kluntjes unregelmäßige braune oder weiße Brocken, für Getränke und zum Karamelgeschmack passende Gerichte
  Krustenkandis größere, unregelmäßige braune Brokken, für Getränke und zum Karamelgeschmack passende Gerichte
  Würfelkandis braun und/oder weiß, wie Würfelzucker verwendbar

Kanditen österr.: kandierte Früchte, a. allg. Süßigkeiten

Kaneel, Caneel, Canehl, Cassia, Chinesischer Zimt, Kassia dem Zimt verwandtes Gewürz, dick und dunkel, sehr intensiv aromatisch und scharf, meist als Paste erhältlich; im übrigen ↑ Zimt (Burma, China, Indonesien, Seychellen u. a.); a. Name für ↑ Zimt

kang kong chin.: Wasserspinat

Känguruh Beuteltier, dessen hochwertiges, fettfreies, dem Rindfleisch ähnliches Fleisch von zartem Wildgeschmack v. a. in Australien, aber a. exportiert geschätzt wird (Australien, Neuseeland, Neuguinea, Tasmanien u. a.)

Kaninchen, coniglio, lapin [lat. *cuniculus*] Ballen-, Niederwild, Nagetier mit weißem, zartem, leicht verdaulichem Fleisch von hohem Eiweiß- und niedrigem Fett-, Cholesteringehalt, beste Zeit Sept.–Nov., beim wilden *(Wildkaninchen)* kräftiger und süßlich würziger als beim zahmen Tier *(Hauskaninchen, «Stallhase»)*; sollte jung sein (Nasenbein läßt sich eindrücken) und vor der Zubereitung bis 3 Tage abhangen; wird (in der Reihenfolge der Qualität) zerlegt in: Rücken (Karree, Sattel), Schenkel (Keulen, Schlegel), Lende und Brust, Vorderbeine (Vorderläufe), Leber und Nierchen eine Delikatesse; läßt sich braten, schmoren (passende Kräuter: Estragon, Kerbel, Knoblauch, Petersilie, Rosmarin, Zwiebel), a. beizen, für Pfeffer, Ragouts u. ä. verwenden. Es ist nicht ratsam, das Kaninchen als Ganzes zuzubereiten, da die einzelnen Teile versch. lange Garzeiten benötigen; kann in Folie bis 5 Tage im Kühlschrank aufbewahrt werden, läßt sich pfannenfertig verpackt sehr gut bis 12 Mon. tiefkühlen; ↑ a. Wildkaninchen

Kantalup-Melone [Cantalupa, Dorf bei Rom] Zuckermelone, ↑ Melone

Kanten [niederd. *kant*, Ecke] berlinerisch, nordd.: Anschnitt, Endstück des Brots; dicke Brotschnitte

Kanterkaas friesischer Schnittkäse, ↑ Friese Nagelkaas

Kantwurst Österreich: luftgetr. Hartwurst aus Rind-, Schweinefleisch und Speck

Kanzler-Art Garnituren aus Pariser Kartoffeln und glasierten Zwiebelchen mit Demiglace, zu Fleisch, und aus Holländischer Sauce mit Kaviar, zu Fisch

kao chin.: backen, grillen, rösten
  – **ròu** gebr., gegr. Fleisch, Braten
  – **yā** Pekingente

kapama [türk.: Verschluß, Verhüllung] ged. Lammfleisch auf Bett von Frühlingszwiebeln, Möhren, Porree, Salatblättern usw., mit Dill bestreut

Kapaun   ↑ Huhn/Züchtungen

Kaper [griech. *kápparis*] appetitanregendes Gewürz, kl. Blütenknospe des Kapernstrauchs, wird vor dem Blühen in Salzlake eingelegt, dann gewässert und mit Essig in kl. Gefäße abgepackt, im Mittelmeerraum a. nur in Salz konserviert (dann am reinsten, frischesten); in Italien (Sizilien) werden a. die ganzen Blüten in Öl eingelegt; pikant bitterer, säuerlicher, manchmal scharf beißender Geschmack; in versch. Größen erhältlich: *Nonpareilles,* die kleinsten, feinsten, mild würzig, *Surfines, Capucines,* sehr klein und fein, *Mifines,* mittelgroß und kräftig, *Communes, Capotes,* die größten Kapern, bißfest und herzhaft, würzen gehackt am besten. Kapern dürfen nicht gekocht werden und passen zu Frikassees, Hackfleisch (Königsberger Klopse, Tatar usw.), Ragouts, Aufschnitt und kaltem Fleisch, Fisch, Gemüsen (Artischocken, Avocados, Blumenkohl, Chicorée, Kartoffeln, Pfefferschoten, Weißkohl, Tomaten usw.), Remouladen, weißen (Butter-)Saucen, Salaten, Garnituren usw. (Spanien, Mallorca, Südfrankreich, andere Mittelmeergebiete, USA)

Kapern|äpfel   die eingelegten Früchte der Kaper
  -butter   mit Kapern und Essig oder Zitronensaft gewürzte Butter, zu feinem Fisch
  -sauce   ↑ Sauce/sauce aux câpres

Kapernkraut   Würzkraut, ↑ Dill

Kapoköl   fettes Speiseöl aus den Samen des Wollbaums (Java, Vorder-, Hinterindien, Afrika, trop. Länder)

káposzta   ung.: Kohl, Kraut
  - leves   Kohlsuppe

káposztás   ung.: mit Kohl, Kraut angemacht, gefüllt
  - kocka   Kohl-, Krautflecken
  - rétes   Kohl-, Krautstrudel

Kappes   [lat. *caput,* Kopf] westd.: Weißkohl
  roter rude -   westd.: Rotkohl

Kapphahn   kastrierter Hahn, ↑ Huhn/Züchtungen: Kapaun

Kapriziöser Salat   Streifen von gebr. Hühnerbrust, Pökelzunge, gek. Schinken, Artischockenböden und Trüffeln in Senfmayonnaise

kapros, kaproz   ung.: mit Dill gewürzt, zubereitet

Kapsel   auf ein Blech gestrichene, rechteckig geb. Biskuitmasse

Kapstachelbeeren, die «Goldbeeren» der Tropen

Kapselfrucht   durch Verwachsen von zwei oder mehr Fruchtblättern entstandene Frucht, enthält mehrere Samen; ↑ a. Schote

Kapstachelbeere, Ananas-, Blasenkirsche, Goldbeere, Physalis, Pohe   robuste kirschengroße gelbe Beere eines exot. Nachtschattengewächses mit trockener, papierener Hülle, wirkt gegen Gicht, Rheuma, Nierenstörungen; Fruchtfleisch angenehm säuerlichsüß, saftig und erfrischend, mit kl. eßbaren Samen roh genießbar, a. als Belag für Kuchen, in Obstsalate, als Kompott, gek. Püree oder Konfitüre; gute Zeit Dez.–Juni, ab und zu a. als Dosenfrucht in leichtem Sirup erhältlich (urspr. Südamerika, dann a. andere subtrop. Länder, insbes. Kenia, Madagaskar, Südafrika, Indien, Australien, Neuseeland)

kapuska   bräunlich ged. Kohl mit geh. Fleisch (Türkei)

kapusniak   mit saurer Sahne gebundene Suppe aus Weißkohl, Mohrrüben, Petersilienwurzeln, Sellerie, Zwiebeln, geräuchertem Bauchfleisch und Speck vom Schwein, Würstchen usw. (Polen, Rußland)

kapusta poln., russ., tschech.: Kohl, Kraut
 – kwaschnaja Sauerkraut

Kapuste böhm., österr.: Wirsingkohl

Kapuziner-Art, à la capucine [Kapuziner, katholischer Bettelorden der Franziskaner] Garnitur aus gef. Champignon- und Kohlköpfchen, zu Fleisch in Madeirasauce; Geflügelkraftbrühe mit Kopfsalat- und Spinatstreifen, dazu mit Hühnerpüree gef. Windbeutelchen

Kapuzinerbart Wildkraut, ↑ Schlitzwegerich

Kapuzinerkresse Gewürzpflanze, ↑ Kresse

Kapuzinerpilz, -röhrling Speisepilz, ↑ Birkenpilz

Kara Zitrusfrucht, Kreuzung zwischen zwei Mandarinensorten, wenig Kerne, saftig und kräftig (Kalifornien)

Karambole, Baumstachelbeere, Carambola, Sternfrucht längliche Beerenfrucht des trop. Gurkenbaums, saftiges Fruchtfleisch, säuerlich durstlöschend (blaßgrün saurer als goldgelb), sollte rasch, ohne Braunfärbung verwendet werden, ergibt zerschnitten hübsche Sternchen; roh, aber besser gegart genießbar, a. für Obstsalate, Sorbets, Curries, Fleischsaucen, als Gelee, Kompott, Konfitüre, Kuchenbelag, Saft usw., gute Zeit Dez.–Apr., läßt sich kühl (aber nicht im Kühlschrank) aufbewahren; a. in Dosen erhältlich (Südostasien, Indien, Karibik, trop. Nord-, Südamerika, Hawaii, Florida, a. Afrika u. a.)

Karamel|(zucker), Gebrannter Zucker Masse aus geschmolzenem Zucker, je nach Art der trockenen Erhitzung hell- bis tiefbraun, bittersüß bis intensiv bitter und rauchig aromatisch, für Cremes, Puddings, Saucen, Süßspeisen, Zuckerwaren, zum natürlich Bräunen, Färben von Saucen
 -bonbon, Karamelle harte oder weiche Zuckerware aus gebranntem, gebräuntem Zucker
 -creme, crème (au) caramel feine, zarte Creme aus Zucker mit Milch, a. Sahne, Eiern und Vanille, im Wasserbad im Ofen gegart, dickflüssig oder (meist mit mehr Eiweiß) gestockt aus dem gebutterten, mit karamelisiertem Zucker ausgegossenen Näpfchen, Schälchen, Töpfchen gestürzt, läßt sich (mit Kaffee, Schokolade, Likören usw.) vielseitig aromatisieren und/oder mit frischen Früchten, Kompott u. ä. kombinieren, wird oft gekühlt mit Schlagsahne serviert; kann zugedeckt und ungestürzt bis 3 Tage im Kühlschrank aufbewahrt werden
 -köpfli schweizerd.: aus dem Töpfchen gestürzte Karamelcreme
 -milch heiße Milch mit karamelisiertem Zucker und Vanillezucker

-pudding im Wasserbad gegarter Pudding aus Butter, Eiern, Mehl, Milch, Vanille und mit Zucker zu Schnee geschlagenem Eiweiß sowie karamelisiertem Zucker

karasumi aus Fisch- (Meeräschen-)Rogen bereitetes Gericht (Japan)

Karausche, Bauern-, Schneiderkarpfen, Gareisl Karpfenfisch aus dem Süßwasser, wird a. gezüchtet, sehr schmackhaftes Fleisch, läßt sich wie der Karpfen zubereiten (vorw. Osteuropa)

Karayagummi Dickungsmittel aus den Pflanzenteilen ind. Stinkbäume

Karbei Gewürz, ↑ Kümmel

Karbonade [lat. *carbo,* Kohle] nordd.: fingerdicke Scheibe mit eingewachsenem Knochen aus dem Kotelettstrang vom Halsbereich des Kalbs oder Schweins, meist mit Ei und

Karambolen, «Sternfrüchte»

Semmelmehl paniert und kurz gebraten; österr. a. Frikadelle; ↑ a. Kotelett

Karbonadenfisch zum Zubereiten von Fischkarbonaden geeigneter Meerfisch (Angler, Katfisch, Seeteufel, Seewolf, Steinbeißer u. ä.)

Karbonadenschinken ↑ Schinken/Lachsfleisch

Karbonadenspeck ↑ Speck/Sorten

Kardamom Gewürz, Samenkapsel einer Staude aus trop. Regenwäldern, wirkt antiseptisch, herzanregend, kühlend und magenstärkend; blumigsüßliches Aroma, mild würziger Geschmack; Samenfrucht sollte erst unmittelbar vor Gebrauch aus der Kapsel geschält und zerstoßen werden, würzt Suppen, Saucen, Wurstwaren, Curries, Pilaw, (Hefe-, Weihnachts-)Gebäck, Leb-, Obstkuchen (Sri Lanka, Südindien, Sumatra, China u. a.)

Karde, Cardy, Distelkohl, Kardone, Kardy, Spanische Artischocke distelartige Gemüsepflanze, gesäuberte, in Stücke geschn. innere Stengel feines, intensiv bitterliches Artischockenaroma, sollte feste, knackige, gebleichte Blattstiele haben; lassen sich mit einer Dipsauce roh essen, werden aber meist in Béchamel- oder Käsesauce (überbacken) serviert, a. in feinen Streifen gekocht und lauwarm in Essig-Öl-Sauce; gute Zeit Ende Sept.–Dez.; hält sich in feuchtes Tuch gewickelt, dunkel und kühl aufbewahrt bis 7 Tage; a. in Dosen erhältlich

Kardinals-Art, (à la) cardinal [Kardinal, höchster katholischer Würdenträger nach dem Papst in purpurroter Tracht] Fisch mit Hummerscheiben oder in rosaroter Hummersauce; (geeiste) Süßspeise mit roten Früchten oder in rotem Fruchtsirup; ↑ a. Sauce/sauce cardinal

Kardinalsfisch, coq rouge leuchtend roter Tropenfisch, festes, mageres Fleisch, läßt sich gut dämpfen (Südatlantik)

Kardone, Kardy Gemüsepflanze, ↑ Karde

Karella Bittergurke, ↑ Carella

Karfiol österr., schles., südd.: Blumenkohl

kari ind., indon. usw.: Curry

Kariblätter süßlich scharfe Blätter der Karipflanze (Indien)

Karibu Nordamerika: Ren, Rentier

kari kari, Tagalog-Topf Beinscheiben vom Rind mit Grünen Bohnen, Sellerieknollen, Zwiebeln, Reismehl, gerösteten, geh. Erdnüssen und Schweineschmalz mit Knoblauch, Soja- oder Fischsauce und schwarzem Pfeffer (Philippinen)

Karkasse Gerippe von rohem oder gegartem Geflügel oder Wild, a. anderen Kleintieren, Fischen, Krustentieren, aus dem man einen Fond für Saucen kochen kann

Karlsbader Kolatsche [Karlsbad, Kurort in Westböhmen] mit Himbeermarmelade, a. Mohn oder Quark gef. Hefeteigplätzchen (Tschechien, Slowakei)

Karlsbader Oblade, Oblate hauchdünne Waffel mit Vanille- oder sonst süßer Füllung (Tschechien, Slowakei)

Karmelbree friesländisch: Buttermilchbrei

Karmeliter-Art, (à la) carmélite [Karmeliter, katholischer Bettelorden mit brauner Tracht unter weißem Mantel] Geflügelbrüstchen, pochierte Eier usw. in weißer Sauce mit versch. Einlagen (Krebsschwänze, Trüffelscheiben usw.)

Karmelitersalat Würfel von gek. Kartoffeln, Roten Rüben, Eiern und geh. Zwiebeln, Sardellen in Essig-Öl-Sauce

Karmelitersuppe weiße Mehlschwitze mit Weißwein, Fischfond, Tomatenmark usw., mit Butter und Sahne verfeinert, als Einlage Fischklößchen

Kar(n)melk niederd.: Buttermilch

Karmenatl Tirol: Frikadelle

karnıyarık mit Hackfleisch gef. Auberginen (Türkei)

Karobe Schotenfrucht, ↑ Johannisbrot

Karolinareis Langkornreis, ↑ Reis/Sorten

Karoline Blitzkuchen, ↑ caroline

Karotin, Carotin Provitamin A, ↑ Vitamine

Karotte im strengen Sinn der Möhre verwandte rundliche, bes. feine Mohrrübe, ugs. und schweizerd.: ↑ Möhre

Karpatenkäse, Karpatsky sir [Karpaten, Gebirge im südöstl. Mitteleuropa] Hartkäse, dem Emmentaler ähnlich (Ukraine)

Karpfen gr. Teich- oder Flußfisch, wird heute meist in Teichanlagen gezüchtet, fettarmes bis (gemästet) fettreiches, schmackhaftes, leichtverdauliches Fleisch, am besten etwa 3 Jahre alt (nicht nur im Winter), muß nach dem Fang mind. 24 Std. lebend gewässert werden; läßt sich blau kochen, auf Müllerin-Art oder im Rohr ausbacken, braten, dämpfen, dünsten, schmoren, panieren und füllen, a. räuchern; kann pfannenfertig vorbereitet gut bis 2 Mon. tiefgekühlt werden (urspr. China, heute weltweit)

Arten
Amorkarpfen [urspr. aus dem ehemaligen Benediktinerkloster Amorbach in Unterfranken] Spiegelkarpfen in Portionsgröße, wird meist fritiert
Amurkarpfen [Amur, Grenzfluß zwischen Ostsibirien und China] ↑ Gras-, Marmor-, Silberkarpfen
Graskarpfen, Weißer Amur wohlschmeckendes, aber grätiges Fleisch (China, a. in Europa gezüchtet)
Leder-, Nacktkarpfen Zuchtkarpfen ohne oder mit wenig Schuppen
Marmorkarpfen Chinakarpfen, sehr schmackhaft, heute a. in Europa gezüchtet
Silberkarpfen, Algen-Amur Chinakarpfen, weißes, angenehmes Fleisch, heute a. in Europa gezüchtet
Spiegelkarpfen Zuchtkarpfen mit wenigen unregelmäßigen Schuppen
Wild-, Schuppenkarpfen die Stammform des Karpfens, schmal mit kl. Kopf und Maul, in langsam fließenden Flüssen freilebend, bes. eiweiß- und vitaminreich
Zeilkarpfen Zuchtkarpfen mit Reihen gr. Schuppen

Karpfenfische Ordnung der Knorpelfische aus dem Süßwasser, ↑ Barbe, Döbel, Hasel, Karausche, Karpfen, Plötze, Schleie, Ukelei usw.

Karpfenmilch das Sperma männl. Karpfen, eine Delikatesse

Karpfensud Sud aus Wasser mit Lorbeer, Petersilie, Porree, Sellerie, Zwiebel, weißen, schwarzen Pfefferkörnern und viel Salz

Karree, carré längsgespaltene Seite des vorderen Kalbs-, Schaf- oder Schweinerückens mit Kotelett und Sattel

Kartäusergericht ↑ chartreuse

Kartäuserkloß [Kartäuser, katholischer Eremitenorden] in mit Eigelb, verquirlter Milch, Vanille und Zucker eingeweichte abgeriebene Brötchenviertel, in Eiweiß und Paniermehl gewendet, in viel Butter goldgelb geb., mit Zimtzucker bestreut und mit Vanillesauce serviert

Kartoffel, Erdapfel [spätlat. *terrae tuber,* Erdapfel] eines der universalsten Vollnahrungsmittel von hohem Wirkwert, unterirdische, stärkereiche Knolle, Stengelverdickung eines

Kartoffelernte

Nachtschattengewächses; sehr gesund (Nährwert in der ganzen Kartoffel mit Schale verteilt) und leicht verdaulich, sie schwemmt nicht auf, sondern aus, macht also entgegen landläufiger Meinung nicht dick.
Kartoffelknollen sollten keimfrei und fest sein ohne grüne Stellen; sie werden erst kurz vor dem Kochen geschält und, wenn sie in der Schale gebacken werden, vorher eingestochen; einmal gegart, werden sie möglichst rasch verzehrt; Kartoffeln sind äußerst vielseitig verwendbar, ↑ Zubereitungen; unter den etwa 200 Sorten unterscheidet man *sehr frühe* (Juni–Mitte Juli, können a. ungeschält und nur geschrubbt verwendet werden, sind nicht lagerfähig, für Mikrowelle geeignet), *frühe* (Juli–Mitte Aug., bis Herbst lagerfähig, für Mikrowelle geeignet), *mittelfrühe* (Mitte Aug.–Sept., bis Jahresende lagerfähig) und *mittelspäte bis späte* (Mitte Sept.–Nov., bis März lagerfähig); *neue Kartoffeln* sind kürzlich geerntete, meist festkochende Sorten.
Die Sorten, ↑ Tabelle, lassen sich in drei Kochtypen einteilen: *festkochende (Salat-)Kartoffeln,* meist langoval, niedriger Stärkegehalt, springen beim Kochen nicht auf, schnittfest und feinkörnig feucht, für Kartoffelsalat, Brat-, Pell-, Salzkartoffeln, Gratin, Eintöpfe, Rösti; *vorwiegend festkochende Kartoffeln,* springen beim Kochen nur wenig auf, feinkörnig und mäßig feucht, mittelfest bis mehlig, für Salz-, Brat-, Pellkartoffeln, a. Suppen, Salat, Pommes frites u. ä., Eintöpfe, Gratin, Kartoffelpuffer; *mehligkochende Kartoffeln,* hoher Stärkegehalt, springen beim Kochen auf, werden trocken, grobkörnig und mehlig, für Püree, Folienkartoffeln, Gnocchi, Klöße, Knödel, Puffer, Suppen, Eintöpfe, Pommes frites u. ä., gr. Exemplare für Grillkartoffeln, ↑ baked potato, Kartoffelgebäck, u. ä.
Zum Lagern kühl und dunkel in durchlüftetem Raum aufbewahren, zum Einkellern (nur einwandfreie Knollen, nicht vor Mitte Oktober) in dunklem luftigem Keller bei etwa 3–6 °C; (urspr. Anden Südamerikas, heute weltweit)

Kandis und anderes Zuckersüßes

EINIGE KARTOFFELSORTEN

Name	Knollenform	Reife	Kochtyp
Achat	rundoval	mittelfrüh	vorw. festkochend
Ackersegen	rundoval	spät	mehlig festkochend
Adretta	rund	mittelfrüh	mehligkochend
Agnes	rund bis rundoval	spät	mehlig festkochend
Agria	langoval	mittelfrüh	vorw. festkochend
Anni	langoval	mittelfrüh	schwach mehlig kochend
Arkula	rundoval	sehr früh	vorw. festkochend
Arnika	rundoval	früh	vorw. festkochend
Atica	langoval bis lang	sehr früh	vorw. festkochend
Aula	rundoval	mittelspät	mehligkochend
Berber	oval	sehr früh	vorw. festkochend
Berolina	rundoval	früh	vorw. festkochend
Bettina	oval	mittelfrüh	vorw. festkochend
Bintje	oval bis langoval	mittelfrüh	vorw. mehligkochend
Bona	rund	mittelfrüh	mehlig festkochend
Carola	langoval	sehr früh	vorw. festkochend
Charlotte	langoval bis lang	früh	festkochend
Christa	langoval	sehr früh	vorw. festkochend
Cilena	lang	früh	festkochend
Cinja	langoval	früh	vorw. festkochend
Clivia	rundoval	mittelfrüh	vorw. festkochend
Concorde	rundoval	mittelfrüh	vorw. festkochend
Cornelia	rundoval	mittelfrüh	mehlig festkochend
Corona	rund	früh	festkochend
Datura	rundoval	mittelspät	mehligkochend
Désirée	oval	mittelfrüh	vorw. festkochend
Dobra	oval	sehr früh	vorw. festkochend
Eba	kurz- bis langoval	mittelspät	mehlig festkochend
Erna	rundoval	mittelfrüh	festkochend
Erntestolz	rundoval	mittelspät	mehligkochend
Exquisa	langoval gebogen	mittelfrüh	festkochend
Flava	rundoval	mittelfrüh	festkochend
Forelle	langoval	früh	mehlig festkochend
Gloria	langoval	sehr früh	vorw. festkochend
Grandifolia	oval	mittelfrüh	vorw. festkochend
Granola	rundoval	mittelfrüh	vorw. festkochend
Grata	rundoval	mittelfrüh	vorw. festkochend
Hansa	langoval	mittelfrüh	festkochend

Herzkirschen am Ast

Name	Knollenform	Reife	Kochtyp
Heida	rund	spät	mehlig festkochend
Hela	langoval	sehr früh	vorw. festkochend
Hertha	kurzoval bis rund	spät	mehlig festkochend
Ilona	rundoval	früh	mehligkochend
Ilse	rundoval	mittelfrüh	vorw. festkochend
Irmgard	rundoval	mittelfrüh	mehligkochend
Isabell	rundoval	sehr früh	vorw. festkochend
Jakob	oval bis langoval	mittelfrüh	vorw. festkochend
Jetta	rundoval	mittelfrüh	vorw. festkochend
Karat	rundoval	früh	vorw. festkochend
Karatop	rundoval	sehr früh	vorw. festkochend
Karla	rundoval	sehr früh	vorw. festkochend
Lerche	rund- bis langoval	mittelfrüh	festkochend
Libora	rundoval	mittelspät	vorw. festkochend
Likaria	rundoval	mittelfrüh	mehligkochend
Linda	langoval	mittelfrüh	festkochend
Liu	rund	mittelfrüh	vorw. festkochend
Lyra	rundoval	mittelfrüh	vorw. festkochend
Maja	rundoval	mittelfrüh	vorw. festkochend
Matilda	kurzoval	mittelfrüh	eher mehligkochend
Minerva	rundoval	sehr früh	vorw. festkochend
Miriam	langoval	früh	vorw. festkochend
Monza	rundoval	spät	mehligkochend
Nena	rundoval	mittelfrüh	vorw. festkochend
Nicola	langoval	mittelfrüh	festkochend, nicht zu kühl lagern
Ostara	kurzoval	sehr früh	vorw. festkochend
Palma	oval	mittelfrüh	vorw. festkochend
Panda	rund bis kurzoval	spät	mehligkochend
Premiere	rundoval	sehr früh	vorw. festkochend
Prima	rundoval	sehr früh	vorw. festkochend
Punika	rundoval	früh	festkochend
Quarta	rundoval	mittelfrüh	vorw. festkochend
Rikea	oval	früh	vorw. festkochend
Rita	rundoval	sehr früh	vorw. festkochend
Rosara	langoval	sehr früh	vorw. festkochend
Roseval	oval	mittel- bis sehr spät	vorw. festkochend
Roxy	oval	mittelfrüh	vorw. festkochend
Saskia	rundoval	sehr früh	vorw. festkochend
Saturna	rundoval	mittelspät	mehligkochend
Secura	oval	mittelfrüh	vorw. festkochend

Name	Knollenform	Reife	Kochtyp
Selma	lang	mittelfrüh	festkochend
Semena	langoval	sehr früh	vorw. festkochend
Sieglinde	langoval	früh	festkochend
Sirtema	rund bis kurzoval	sehr früh	vorw. festkochend
Solara	oval	mittelfrüh	vorw. festkochend
Solina	rundoval	mittelfrüh	vorw. festkochend
Stella	lang, hörnchenförmig	mittelfrüh	festkochend
Ukama	langoval	sehr früh	vorw. festkochend
Urgenta	oval bis langoval	mittelfrüh	festkochend
Valetta	langoval	mittelfrüh	festkochend
Vera	rund	sehr früh	ziemlich festkochend
Virginia	rundoval	spät	leicht mehlig kochend

Zubereitungen, Erzeugnisse

Kartoffel|auflauf pürierte Kartoffeln mit Eidotter, Eischnee und Sahne, in mit Butter bestrichener Auflaufschüssel gebacken

-chips dünne, in Fett oder Öl knusprig durchgeb. Kartoffelscheiben, zum Knabbern a. verzehrfertig angeboten

-fäden, -schnee, Schneekartoffeln heiß durch eine Kartoffelpresse getriebene Salzkartoffeln

-gratin ↑ gratin dauphinois

-flutten Klöße aus zerstampften Kartoffeln, Mehl, Milch und Käse, mit heißer Butter und gebräunten Zwiebeln übergossen, im Ofen gebacken (Süddeutschland, Schweiz)

-klöße, -knödel Knödel aus passierten mehligen Kartoffeln mit Butter, Eiern und Muskat, a. kochfertig in Packung oder als Kartoffelkloßpulver erhältlich

-krokette ↑ Krokette

-masse korrekter Name für Kartoffelteig, ↑ Teig/Kartoffelteig

-mehl ugs.: Kartoffelstärke

-nocken ↑ gnocchi

-puffer Fladen aus trockenem Mus von (Herbst-)Kartoffeln mit Mehl, evtl. etwas Backpulver, Eiern, Zwiebelchen, Muskat, Salz, in Schweineschmalz angebraten, nach Geschmack dick und duftig oder dünn und kroß, wird heiß serviert; ↑ a. Reibekuchen

-püree, -brei, -mus, Quetsch-, Stampfkartoffeln weichgek., passierte mehligkochende Sorten, durch die Kartoffelpresse gedrückt oder mit dem Kartoffelstampfer zerkleinert, mit Salz, Pfeffer, frisch gemahlener Muskatnuß gewürzt, mit Butterflöckchen zusammengerührt und kochendheiße Milch daruntergezogen

-salat noch warme, in Essigbrühe eingelegte und abgetropfte Scheiben von kl. festkochenden Kartoffeln (müssen die Flüssigkeit aufsaugen) in Marinade aus Essig-Öl-Sauce, Salatcreme, -mayonnaise oder sonst gewürzter Sauce mit beliebigen Zutaten (Borretsch, Estragon, Gurken, Knoblauch, Majoran, Petersilie, Quendel, Rosmarin, Schalotte, Schnittlauch, Ysop, Zwiebel usw.)

-scheibe ↑ Harzer Knüst

-snacks Kartoffelerzeugnis zum Knabbern, ↑ Kartoffelchips, Kartoffelsticks

-sticks dünne, in Fett oder Öl knusprig ausgebackene Kartoffelstäbchen zum Knabbern, a. verzehrfertig angeboten

-stock schweizerd.: Kartoffelpüree

-suppe Püreesuppe von Kartoffeln, zahllose reg. Varianten

-teig korrekt: Kartoffelmasse, ↑ Teig/Kartoffelteig

Annakartoffeln, pommes Anna [vom frz. Meisterkoch Adolphe Dugléré, 1805–1884, für Anne Deslions, eine Gesellschafsdame des Fin de siècle kreiert] runde rohe Kartoffelscheiben, in einer Form oder Pfanne geschichtet mit geklärter Butter im Ofen gebacken, zu Fleisch oder Geflügel

Annettekartoffeln, pommes Annette Annakartoffeln aus Kartoffelstäbchen statt -scheiben

Bernykartoffeln, pommes Berny mit Mandelsplittern panierte, überbackene Kartoffelkroketten, -kugeln

Bratkartoffeln ↑ Bratkartoffeln

Dampfkartoffeln, pommes vapeur im Dampfkocher gegarte ganze Kartoffeln

Herzoginkartoffeln, Duchesse-Kartoffeln, pommes duchesse [vom frz. Meisterkoch Auguste Escoffier in London für die Herzogin von Kent kreiert] Häufchen oder Kroketten aus durchs Sieb passierten Kartoffeln mit untergerührter Butter und Eigelben, im Backofen leicht braun überbacken

Lorettekartoffeln, pommes Lorette [Notre-Dame-de-Lorette, Pariser Quartier, in dem einst die leichten Mädchen lebten] mit geriebenem Käse vermischte Dauphinemasse, ↑ Kartoffelpüree, in Halbmondform goldgelb überbacken

Nußkartoffeln, pommes noisette in Butter goldgelb gebratene, mit geh. Petersilie bestreute Kartoffeln in Haselnußform, zu kl. Fleischstücken

Parmentierkartoffeln in Butter goldgelb gebratene, mit geh. Schnittlauch bestreute Kartoffelwürfel; ↑ a. Parmentier

Pellkartoffeln, Quellkartoffeln in der Schale gegarte meist festkochende oder neue Kartoffeln

Polsterkartoffeln, Kissenkartoffeln, pommes soufflées in Fett blanchierte Kartoffelscheiben, goldgelb fritiert, bis sie sich aufblähen

Pommes chips ↑ Kartoffel/Zubereitungen: Kartoffelchips

Pommes frites ↑ pommes frites

Rahmkartoffeln, Bürgermeister-, Sahnekartoffeln in Sahne sämig gekochte, mit Cayennepfeffer und Muskat gewürzte Kartoffelscheiben

Salzkartoffeln gleich große, geschälte und in Salzwasser gegarte Kartoffeln

Schaumkartoffeln, pommes mousseline durchgestrichene gek. Kartoffeln, gewürzt und mit Butter, ungesüßter Sahne vermischt

Schloßkartoffeln, pommes château oval geschnittene, in Butter braungebr. und mit geh. Petersilie bestreute Kartoffeln

Schmelzkartoffeln, Fondantkartoffeln, pommes fondantes mit viel Butter bestrichene, mit Fleischbrühe, a. Bratenfett oder Schmalz bedeckte längs halbierte Kartoffeln, im Ofen gegart

Schneekartoffeln, Kartoffelfäden geschälte, in Salzwasser gek. Kartoffeln, durch ein grobes Sieb passiert

Soufflékartoffeln ↑ Polsterkartoffeln

Streichholzkartoffeln, Schnürsenkel-, Stäbchenkartoffeln, pommes allumettes, shoestring potatoes streichholzgroße Kartoffelstäbchen, in Fett schwimmend ausgebacken, zu Kurzgebratenem ohne Sauce

Strohkartoffeln, pommes paille kl. kurze Kartoffelstäbchen, in Fett schwimmend ausgebacken, zu Kurzgebratenem ohne Sauce

↑ a. baked potato, Macaire, pommes (de terre), Rösti

Kartoffel, Japanische Wurzelgemüse, ↑ Stachys

Kartoffelmehl, Kartoffelstärke großkörnige Stärke aus zerkleinerten Kartoffeln, Bindemittel für Suppen, Saucen, Puddings usw., a. für die Herstellung feiner Backwaren

Kartoffelwurst Kochstreichwurst aus Schweine-, a. Rindfleisch, Fettgewebe, fein zerkleinerten Kartoffeln und Brötchen mit Muskatnuß und Nelkenpulver; dazu Bohnen- und Sauerkraut (urspr. Hunsrück)

Kartoffelyam Knollengemüse, ↑ Jam

Karube Schotenfrucht, ↑ Johannisbrot

karyaprak Fleischbällchen mit Kichererbsen und Zucchini (Nordafrika)

kaşar türk.: Schafskäse, ↑ Kaschkawal

káscha russ.: dicker Brei, Grütze
 – **gretschnavaja** Buchweizengrütze, wird mit viel flüssiger Butter, saurer Sahne, a. knusprig geb. Speckwürfeln, feingeh. Zwiebeln usw. angerichtet

kaschamak bulg.: Maisbrei, Polenta

kaschar türk.: Schafskäse, ↑ Kaschkawal

kascher nach den mosaischen Reinheitsgeboten, ↑ koscher

kaschiza russ.: dünner Brei, Grützsuppe

Kaschkawal, (bulg. **kaskaval,** griech. **kasseri,** rumän. **caşcaval,** serbokroat. **kaçkavalj,** türk. **kaşar, kaschar**) gebrühter, schnittfester Hartkäse aus meist roher Schafmilch, a. Schaf-, Kuh- und/oder Ziegenmilch, feinkörniger Teig, mind. 40 % Fett i. Tr., pikant und leicht salzig (Balkan, Südosteuropa)

Kaschunuß exot. Fruchtkern, ↑ Cashewnuß

Käse [lat. *caseus*] eines der ältesten Nahrungsmittel der Menschheit, auf der ganzen Welt in über 3000 Sorten hergestellt, besteht aus dem durch Lab oder Säuerung dickgelegten, mehr oder weniger fetthaltigen Eiweiß der Milch von Kühen, Schafen, Ziegen, a. Büffelkühen usw.; einer der wichtigsten Lieferanten von tierischem Eiweiß, Kalzium und vielen Vitaminen, für den einfachen Esser wie für den Feinschmecker eines der abwechslungsreichsten, verführerischsten Vergnügen, meist in natura verzehrt (als Frühstück, Imbiß, Mahlzeit) – in vielen Ländern, v. a. in Frankreich, wird jedes ordentliche Essen (vor oder statt dem Dessert, a. zu grünem Salat) mit einer Auswahl von Käsen (mit Birnen, Nüssen, Trauben usw.) bei einer Temperatur von 18 °C beendigt, die man am besten in folgender Reihenfolge genießt: zuerst ein frischer Schafs- oder Ziegenkäse, dann ein milder Weichkäse, zuletzt ein pikanter Blauschimmelkäse –; überdies ist Käse aber a. zum Kochen vielfältig verwendbar, sollte dann jedoch mind. 45 % Fett i. Tr. enthalten und frisch geraspelt oder gerieben sein: zum Binden (Hart- oder Schnittkäse, der sich reiben läßt, für

KÄSE

Käse, eines der wert- und geschmackvollsten Nahrungsmittel

Suppen, Saucen usw.), zum Gratinieren (harte, trocken Sorten, die sich reiben lassen), zum Schmelzen (vollfette, junge Schnittkäse), zum Würzen (pikante, schärfere Sorten, für Dips, Eierspeisen, Fisch, zum Überkrusten von Braten, für Salat- und kalte Saucen usw.) und in oder mit Teig (milde, leicht schmelzende Sorten, die sich raspeln oder würfeln lassen, für Pizzas, Quiches, Soufflés usw.); in der Mikrowelle schmilzt Käse schnell, nimmt aber keine Farbe an und bildet keine Kruste, er erhitzt schnell, ohne zu verlaufen.

Käse sollte möglichst offen am Stück gekauft werden, Schimmel ist nicht schädlich, kann aber das Aroma beeinflussen; wird ebenfalls (mit einem Würfel Zucker) unter der Käseglocke oder am Stück in einem mit Salzwasser, Weinessig oder Wein getränkten Tuch aufbewahrt. Man unterscheidet die versch. Käsegruppen nach Fett- und Festigkeitsgrad:

Fettgehalt
mager unter 10% Fett i. Tr., durchschn. 0,1–0,2% Fettgeh., 65–150 kcal, 271–627 kJ, (a)
viertelfett mind. 10% Fett i. Tr., durchschn. 4–9% Fettgeh., 95–230 kcal, 397,1–961,4 kJ, (b)
halbfett mind. 20% Fett i. Tr., durchschn. 12–16% Fettgeh., 200–300 kcal, 836–1254 kJ, (c)
dreiviertelfett mind. 30% Fett i. Tr., durchschn. 18–26% Fettgeh., 250–385 kcal, 1045–1608 kJ, (d)
(voll)fett mind. 40% Fett i. Tr., durchschn. 20–30% Fettgeh., 265–400 kcal, 1107,7–1672 kJ, (e)
Rahm mind. 50% Fett i. Tr., durchschn. 15–30% Fettgeh., 170–350 kcal, 710,6–1463 kJ, (f)
Doppelrahm mind. 60% Fett i. Tr., durchschn. 23–32% Fettgeh., 250–325 kcal, 1045–1358,5 kJ, (g)
↑ a. Fettgehalt, Fett in der Trockenmasse, Trockenmasse, Rotschmierkäse, Sauermilchkäse, Schafs-, Ziegenkäse

Festigkeit
Hartkäse Fettgeh. e, f, auch g; mind. 60% Trockenmasse, Rest Wasser; körnig rauh bis geschmeidig, während der bis dreijährigen Reifezeit entsteht durch Gärung manchmal Kohlendioxyd, das nicht entweichen kann und Löcher bildet; kann in Folie oder Pergament im kühlen Keller oder Gemüsefach des Eisschranks 2–3 Wo., in Stücken 3 Tage aufbewahrt werden, läßt sich nicht einfrieren; ↑ Bergkäse, Cheddar, Comté, Emmentaler, Greyerzer, Parmesan, Sbrinz u. a.
(Fester) Schnittkäse Fettgeh. d, e, f, auch g; 44–57% Trockenmasse; schnittfest; kann wie Hartkäse 1–2 Wo., in Stücken 3 Tage aufbewahrt werden, läßt sich (am besten vollfett und jung) 2–3 Mon. einfrieren; ↑ Appenzeller, Edamer, Geheimratskäse, Gouda, Leicester, Tilsiter u. a.

KÄSE

Halbfester, halbharter Schnittkäse, Halbhart-, Halbweichkäse Fettgeh. d, e, f, g; 44–55% Trockenmasse; geschmeidig und weich; kann wie Hartkäse 1–2 Wo. in Stücken 3 Tage aufbewahrt werden, läßt sich (am besten vollfett und jung) 2–3 Mon. einfrieren; ↑ Bel Paese, Butterkäse, Edel-, Schimmelpilzkäse, Esrom, Reblochon, Saint-Nectaire, Steinbuscher, Weißlacker

Blau-, Grünschimmelkäse, Edelpilzkäse von blaugrünen Schimmeladern durchzogener, gereifter halbfester Schnitt-, a. Weichkäse, Fettgeh. d, e, f; 48–60% und mehr Trockenmasse; je nach Reifegrad rezent bis pikant würzig; kann in der Originalverpackung im Gemüsefach des Kühlschranks 1 Wo. aufbewahrt werden, läßt sich nicht einfrieren; ↑ Bavariablu, Bleu, Castello blue, Danablu, Gorgonzola, Roquefort, Stilton u. a.

Weichkäse Fettgeh. c, d, e, f; 35–52% Trockenmasse; geschmeidig und weich; kann unter Käseglocke in kühlem Raum bis 1 Wo. aufbewahrt werden, läßt sich nicht einfrieren; ↑ Doppelrahmkäse u. a.

Weichkäse mit Schimmel von Schimmel bedeckt, der mitgegessen werden kann; Fettgeh. d, e, f, g; mind. 52% Trockenmasse; geschmeidig und weich; kann in Originalverpackung bei Zimmertemperatur bis zur Reife 1–3 Tage aufbewahrt werden, läßt sich nicht einfrieren; ↑ Brie, Camembert, Gorgonzola u. a.

Weichkäse mit Schmiere mit während der Reifung gewaschener Rinde und Überzug von gelben bis roten Schmierebakterien; Fettgeh. c, d, e, f, g; mind. 52% Trockenmasse; geschmeidig und weich; kann in Originalverpackung unter Käseglocke in kühlem Raum 1 Wo. aufbewahrt werden, läßt sich nicht einfrieren; ↑ Limburger, Livarot, Maroilles, Münsterkäse, Pont-l'Evêque, Romadur, Rotschmierkäse, Vacherin, Weinkäse u. a.

Weißkäse, Frischkäse nicht oder nur wenige Tage gereift aus pasteurisierter Käsereimilch; Fettgeh. a bis g; versch. Gehalt an Trockenmasse; ohne Rinde, pastenartig oder körnig; milder, leicht säuerlicher Geschmack, oft mit Kräutern (Borretsch, Dill, Estragon, Knoblauch, Kresse, Kümmel, Melisse, Petersilie, Salbei, Ysop, Zwiebel) oder Früchten gewürzt, pikant bis süß, sollte frisch sein und sofort nach Herstellung verzehrt werden, läßt sich nicht einfrieren; ↑ Boursin, Cottage Cheese, Mozzarella, Quark, Rahm-, Doppelrahmkäse, Ricotta, Schichtkäse

Sauermilchkäse aus Sauermilch- oder Labquark, Fettgeh. a; rund 35% Trockenmasse; kann in Originalverpackung in Keller oder kühlem Raum 3–5 Tage aufbewahrt werden, läßt sich nicht einfrieren; ↑ Bauern-Handkäse, Harzer, Mainzer, Stangenkäse, Spitzkäse u. a.

Zieger(käse), Ziger aus Sauermilchquark oder einer aus Magermilch und/oder Molke gewonnenen quarkähnlichen Masse; Fettgeh. a; weniger als 1% Trockenmasse; kann in Originalverpackung in Keller oder kühlem Raum 3–5 Tage aufbewahrt werden, läßt sich nicht einfrieren; ↑ Molkenkäse, Schabziger

↑ a. Fondue, Kochkäse, Molkenkäse, Quark, Raclette, Schafskäse, Schmelzkäse, Ziegenkäse

Käse|auflauf zarte Masse aus geriebenem Käse, Butter, Mehl, Milch, Eigelb, Eischnee und Gewürzen, im Ofen gebacken

-creme Eierstich mit geriebenem Parmesankäse und Paprika, in Förmchen im Wasserbad pochiert

-fondue ↑ Fondue

-krapfen, beignets de fromage nußgroße Stücke Brandmasse mit gewürfeltem Schweizer Käse, in Fett schwimmend ausgebacken

-kuchen, Quarkkuchen Deutschland: Hefe- oder Mürbeteigboden mit Belag von Quark, Eigelb, Sahne, Korinthen, Zucker und Zitronenschale, im Ofen gebakken; Schweiz: ↑ Chäswähe

-küchlein ↑ Chäschüechli

-nocken ↑ Kasnocken

-pastetchen kl. Pastete aus Butterteig, mit Käsecreme gefüllt

-salat Salat aus Hartkäse in kl. Scheiben oder Würfeln mit feingeschn. Zwiebeln, geh. Schnittlauch in Salatsauce (Deutsche Schweiz)

-sauce ↑ Sauce/sauce Mornay

-schnitte, Chässchnitte, croûte au fromage in Butter angeröstete Brotschnitte, mit Scheibe Emmentaler, Greyerzer, a. Appenzeller, Tilsiter- u. ä. Käse, oft zusammen mit Schinken, Eigelb, Milch, Champignons, Schalotten, Weißwein, a. Spiegelei usw. im Ofen, in der gedeckten Pfanne, unter dem Grill usw. goldgelb überbacken, viele reg. Varianten (Schweiz u. a.)

-schnitzel ↑ Schnitzel/Cordon bleu

-spätzle, Kässpätzle, -spatzen Spätzle mit geriebenem Emmentaler und Röstzwiebeln, mit brauner Butter übergossen (Allgäu, Schwaben); ↑ a. Kasnocken

-stangen Blätterteigstangen, mit geriebenem Parmesankäse, Cayennepfeffer und Ei bestrichen, mit Reibkäse bestreut im Ofen gebacken

-törtchen ↑ ramequin

-wasser ↑ Molke

-windbeutel, chou au fromage mit Käsecreme gef. Windbeutel

Käsekohl ↑ Kohl/Blumenkohl

kashrut biblische Reinheitsvorschriften für die Ernährung (jüd. Küche); ↑ a. koscher

kaskrut [frz. *casse-croûte,* Pausenbrot] leichte Zwischenmahlzeit (Nordafrika)

Kasnocken, Kasnockerl Nocken von Teig aus geriebenem Weißbrot, Mehl, Milch, Eiern mit Graukäse, Zwiebeln, Petersilie und Schnittlauch (Tirol)

Kassave Stärkemehl, ↑ Tapioka

Kasseler [nach dem Berliner Fleischermeister Cassel] gepökeltes, geräuchertes Schweinefleisch vom Rippenstück, a. Kamm oder Bauch, gebraten oder im Ofen gebacken

Kasseler Braten [Kassel, Stadt beidseits der Fulda in Nordhessen] Braten aus dem Nacken des Schweins

Kasseler Brot freigeschobenes Roggen- oder Weizenmischbrot, lang mit glatter, glänzender Oberfläche, mild säuerlich

Kasseler Leberwurst grobe Kochstreichwurst aus mind. 15 % Leber, max. 40 % anderen Innereien, Schweinefleisch, Speck, Flomen und Bindegewebe

Kasseler Rippe(n)speer, Rücken [nach dem Berliner Fleischermeister Cassel] gepökeltes und geräuchertes Kotelettstück vom Schwein, läßt sich braten, grillen, kochen

Kasseler Strünkchen die Stiele des Römersalats, ↑ Salat/Sorten, spargelähnliches Gemüse

Kasseler Weckeweck, Weckwerk Kochstreichwurst aus Schweinefleisch, Kalbskopf, in Wurstbrühe getränkten Semmeln, Zwiebeln, Kümmel, Majoran usw., wird in der Pfanne erhitzt und gern mit Kartoffeln und Sauerkraut gegessen (Nordhessen)

kasseri griech. Schafskäse, ↑ Kaschkawal

Kassia chin. Zimt, ↑ Kaneel

Kassolette ↑ cassolette

Kassonade ↑ Zucker/Brauner Zucker

Kässpätzle, -spatzen ↑ Käsespätzle

Kastanie [griech. *kástanon*, Kastanienbaum] hartschalige Nuß des Kastanienbaums, nahrhaft und sättigend, reichlich Ballaststoffe, wenig Fett, reguliert den Basen-Säure-Haushalt, für Diabetiker geeignet; aparter mild süßlicher Geschmack, drei Arten im Handel: *Edelkastanie* (ab Sept.–Okt., nicht haltbar, sollte bald gegessen werden), *Marone* (Ende Sept.–Okt., größer und haltbarer) und *Dauermarone* (Mitte Nov.–Dez., groß und lange haltbar). Kastanien sollten glatt, fest sein und eine glänzende Schale haben; sie sind nur geschält genießbar, wofür sie auf der gewölbten Seite längs oder kreuzweise eingeritzt auf einem Backblech und/oder im Backofen geröstet, in Salzwasser gekocht oder mit sprudelnd heißem Wasser überbrüht werden; außer dem Rohgenuß (mit oder ohne Butter) kann man sie am Stück, püriert (↑ a. Vermicelles), glasiert (↑ marron glacé), karamelisiert vielseitig salzig oder süß verwenden als Beilage zu Rot-, Rosenkohl, Wild, als Geflügelfüllung, für Süßspeisen, Torten usw.; beste Zeit Sept.–Jan., vakuumverpackt fast so gut wie frisch, geschält und tiefgekühlt 10–12 Mon. haltbar; in Dosen ganz und geschält erhältlich, ungesalzen und ohne Zucker a. als Püree (urspr. Kleinasien, heute a. Süd- bis Mitteleuropa – Deutschland: Bodensee, Rheinland u. a., Schweiz: Tessin –, Ungarn, Balkan, Schwarzes Meer, China, Japan, Nordamerika u. a.); ↑ a. castagnaccio, Clermont, Montblanc

Kastanien|mehl getr., zu Mehl verarbeitete Kastanie, für dicke Breie, Fettgebackenes, Kuchen

   -püree, gesüßtes, Kastaniencreme klebrige süße Creme aus passierten Kastanien und Zucker mit einer Vanilleschote; ↑ a. Vermicelles

   -püree, ungezuckertes passierte Kastanien als Beilage, Füllung oder Zutat zu Fleisch, Wild, Geflügel, Gemüsen, kann mit Kräutern usw. aromatisiert werden; läßt sich sehr gut bis 12 Mon. einfrieren

Kästchen, (im) eingedeutscht für ↑ caisse, en

Kastanie mit aufgesprungener Stachelhülle

Kastenbrot ↑ Brot/Sorten

Kästene schweiz.: Kastanie

Kastenpastete in länglicher Kastenform geb. Krustenpastete, ↑ Pastete

Kastenpickert in Kastenform geb. Hefeteig aus Weizenmehl, geriebenen Kartoffeln, Eiern und Rosinen, in Scheiben geschnitten und in Butter goldbraun gebraten, wird heiß gegessen (Westfalen)

Kastilische Art, (à la) castillane [Kastilien, Hochland im Innern Spaniens] Garnitur aus in Olivenöl geschmolzenen Tomaten, geb. Zwiebelringen und Kartoffelkroketten, zu Lammnüßchen, Tournedos, gr. Fleischstücken, Geflügel in Bratensaft mit Tomatensauce

Kastormehl Mehl der Puffbohne

Kastorzucker   ↑ Zucker/Sorten

kastradina Hammelfleisch mit Kohl und Kartoffeln (Montenegro)

Käswähe schweiz.: Käsekuchen, ↑ Chäswähe

Katalanische Art, (à la) catalane [Katalonien, Landschaft im Nordosten Spaniens] Garnituren aus Auberginenwürfeln und Pilawreis, zu gr. Fleischstücken, oder aus Cipollatawürstchen, pochierten Kastanien, entsteinten Oliven und geschälten Tomaten, zu Fleisch; Tournedos, Lammnüßchen o. ä. auf Artischockenböden mit gegr. Tomaten; Salat aus gerösteten Paprikaschotenwürfeln, gebr. Zwiebeln und körnigem Reis in Essig-Öl-Sauce

Katenkäse [Kate, kl. niederdt. Bauernhaus] dt. für ↑ cottage cheese

Katenrauchwurst schnittfeste Rohwurst aus Rind-, Schweinefleisch und Speck, in dünnem Kaltrauch lange geräuchert, herzhaft aromatisch, gut lagerfähig

Katenschinken   ↑ Schinken/Sorten

Katfisch Meerfisch, ↑ Seewolf, Gestreifter

Katharinchen, Thorner Lebkuchen, ↑ Thorner Katharinchen

Katharinensuppe kräftige Fischrahmsuppe mit Garnelenschwänzen und Grünen Erbsen

Kathrinchen Lebkuchen

katsuo jap.: Bonito
 – bushi getr. Filet vom Bonito, meist in hauchdünne Scheiben geschnitten

Katzengeschrei mit Farce aus Bratenresten gef. Omelett (Bayern); Sauerkrautauflauf mit Schweinebauch, braunen Zwiebelringen und Brotkrumen (Schwaben)

Katzenhai Meerfisch, ↑ Haie

Katzenhochzeit böhm. Gericht, ↑ kočičí svatba

Katzenzunge zungenförmiges, dünnes Spritzgebäck aus Butter, Zucker, Vanille mit Eiweiß, Mehl und Sahne, knusprig und zart, zu Eisspeisen, Cremes, Fruchtsalaten, Getränken usw., lange haltbar; a. zungenförmige, dünne Schokolade

Kaubonbon weiche Zuckerware wie Weichkaramelle, mit Kaugummimasse gef. Bonbon, Fruchtgelee u. ä.

Kaugummi, chewing gum Kaumasse aus natürlichen Harzen, Wachsen oder Latexarten, Weichmachern, Zucker und Aromastoffen, meist Minze

Kaukasischer Salat [Kaukasus, Hochgebirge zwischen Schwarzem und Kaspischem Meer] Scheiben von Auberginen, Tomaten und Zucchini, mit Knoblauch, Paprika, Salz, geriebenem Käse, Paniermehl und Öl im Ofen gebacken, mit Dill und Zitronensaft gewürzt, eiskalt serviert

Kaulbarsch, Kugelbarsch, Pfaffenlaus kl. Süßwasserfisch aus Flüssen, Seen und Haffen, delikates, angenehmes Fleisch, am besten ganz gebraten, a. für Fischsuppen (nördl. der Pyrenäen und Alpen, Rußland bis Sibirien)

Kavalierspitz   ↑ Rind/Fleischstücke

Kaviar, Caviar präparierte Eier (Rogen) versch. Störarten, a. anderer Fische, eine nicht nur noble, sondern a. kulinarische Delikatesse, je heller, großkörniger und zartschaliger, desto feiner; kommt original (a. aus Zuchtfarmen) von versch. Störfischen (die allerdings wegen der auch dort zunehmenden Wasserverschmutzung immer seltener werden) aus dem Kaspischen Meer; *Beluga* vom großen, raren Hausen, festes, großes Korn (0 hellgrau, 00 mittelgrau, 000 dunkelgrau) mit zarter Haut, feines Aroma; *Asetra, Osetra, Oss(i)etra, Ossiotr* vom mittelgroßen Schipp, Ship, Waxdik, mittleres, braun- bis schwarzgraues Korn mit zarter Haut, saftig und leicht nussig, von Kennern bevorzugt; *Sevruga* vom kleinen Scherg, hell- bis dunkelgraues Korn mit zarter Haut, intensiver Eigengeschmack, eine (relativ) preisgünstige Alternative, a. für Canapés, zum Dekorieren usw.; *malossol* heißt mild gesalzen, *parnaja* von im Winter

Kebap vom Drehspieß

gefangenem Stör; *Preßkaviar* sind zu kleine oder geplatzte Körner, in Leinentüchern gepreßt und fast cremig, der preiswerteste Kaviar; heute wird a. in Westfrankreich von Stören aus der Gironde wieder ausgezeichneter milder Kaviar gewonnen.

Kaviar genießt man am besten pur (ohne Zitrone!) aus der Originalblechbüchse auf Eis mit einem Horn-, Perlmutt-, Schildpatt-, a. Holzlöffel nach Belieben zu Blinis, gerösteten Graubrotscheiben, Pell- oder in Alufolie geb. Kartoffeln mit Crème fraîche oder saurer Sahne, dazu ein eiskühler Wodka, Champagner, trockener Weißwein oder schwarzer Tee, aber ja kein Bier; hält sich in der (ungeöffneten) Stülpdeckeldose im Kühlschrank bei −2 bis +7 °C 2 Wo., in Ringpulldose oder Glas bis 6 Mon., in angebrochenem Behälter bis 3 Tage, zum Tiefkühlen ungeeignet (Kaspisches Meer, Iran, Rußland).

Deutscher Kaviar der Rogen des Seehasen, feinkörnig und fest, rot oder schwarz gefärbt, zur Dekoration in der kalten Küche

Forellenkaviar von gr. Forellen, dem echten Kaviar nicht unähnlich (Dänemark, Island, Norwegen)

Ketakaviar, Lachskaviar, Roter Kaviar vom Ketalachs, gr. rote Körner, gern etwas salzig, aber mehr als nur Kaviarersatz, hat seine Liebhaber

↑ a. bottarga, boutargue

Kaviar|brot langes, dünnes, rundes Stangenbrot aus Weizenmehl

-butter mit (gewöhnlichem Preß-)Kaviar vermengte Butter, wird durch ein Sieb gestrichen und gekühlt serviert, zu Fisch, Rindfleisch usw.

-creme Masse aus geräuchertem Dorschrogen, als Brotaufstrich usw. (Schweden u. a.)

-sauce lauwarme Holländische Sauce mit Kaviar

Kölner − ↑ Kölner Kaviar

kavun türk.: Zuckermelone

kaymak türk.: Sahne, Rahm

kcal Kilokalorie, ↑ Kalorie

kebap, kabāb, kebabi allg. gebratenes Fleisch, insbes. scharf gewürzte, am Spieß gebr., a. im Ofen geb., im Topf gebr., geschm. Stücke Fleisch, a. Speck, Geflügel, Meerestiere und/oder Gemüse (Paprikaschoten, Tomaten, Zucchini, Zwiebeln u. ä.), Pilze (Orient bis Indien)

çömlek − [türk.: Topfkebap] mit Gemüse und Zwiebeln gedünstete gr. Stücke Hammelfleisch

döner − [türk.: gedrehtes kebap] (mariniertes) stark gewürztes Lamm- oder Hammelfleisch, am senkrechten

Drehspieß vor etagenweise angeordnetem Holzkohlenfeuer gebr. und in dünnen Scheiben abgeschnitten
kâğit – [türk.: Papierkebap] in Papier eingefaltetes, mit Zwiebeln gebratenes kl. Fleischstück
patlican – [türk.: Auberginenkebap] gr. Stück ged. Hammelfleisch mit gebr. Auberginen
pideli – [türk.: Fladenkebap] kl. am Spieß gebr. Fleischstücke auf gerösteten, mit siedender Butter getränkten Fladen
salçalı – [türk.: Saucenkebap] pideli kebap mit Tomatensauce
seek(h) – ↑ seek(h) kebap
şiş – [türk.: Spießkebap] am Spieß gebr. (Hammel-, Lamm-)Fleischstücke
talaş – [türk.: Spankebap] mit (Geflügel-)Fleisch gef. Blätterteigpastete

kebbeh in steinernem Mörser fein und zart gestampftes Lammfleisch mit Knoblauch, Zwiebeln, Weizenschrot, gerösteten Pinienkernen usw. (Libanon, Vorderer Orient)

kecap indon.: dicke Sojasauce, ↑ ketjap

kedgeree, kegeree Pfannengericht aus Langkornreis und geschabtem geräuchertem Fisch (Heilbutt, Schellfisch o. ä.) mit Butter, Milch, Currypulver, geh. Petersilie, a. gewürfelten harten Eiern, oft zum Frühstück serviert (England, nach einem – andersartigen – ind. Gericht)

kefalotiri harter Rohmilchkäse aus Schaf- oder Schaf- und Ziegenmilch, 48–50% Fett i. Tr., pikant salzig (Griechenland)

Kefe alem., schweizerd.: Zuckererbse

Keferfil Kärnten: Kerbel

Kefir Sauermilchprodukt aus urspr. Stuten-, heute Kuhmilch, wird nicht durch Milchsäurebakterien, sondern durch einen Hefepilz sauer gegärt, enthält je nach Reife 0,2–0,8% Alkohol und etwas Kohlensäure; verdauungsfördernd, erfrischender, leicht prickelnder, hefiger Geschmack, a. mit Früchten usw. aromatisiert erhältlich; genußreif, wenn der Becherdeckel sich zu wölben beginnt, vor Gebrauch schütteln und kühl verzehren; bei Zimmertemperatur aufzubewahren, zum Tiefkühlen ungeeignet (urspr. Kaukasien)
   -brot ↑ Brot/Spezialsorten: Buttermilchbrot

kefta, kafta, keftedes, kufta gebr. (Hack-)Fleischbällchen, viele reg. Varianten (Balkan, Vorderer Orient, Nordafrika)

keftes ngriech.: Hackfleischbällchen, ↑ kefta, köfte

kegeree engl. Pfannengericht, ↑ kedgeree

kehlen einem Fisch die Kiemen und einen Teil des Leibesinnern (Darm, Herz, Leber, Magen) entfernen

Keilchen ostpreußisch: Klößchen

Keiler über 2 Jahre altes männl. Wildschwein

Keimbrot ↑ Weizenkeimbrot

Keime pflanzliche Organe (Knollen, Pilzsporen, Samen, Wurzeln, Zwiebeln), aus denen sich eine neue Pflanze entwickelt; a. Mikroorganismen (Bakterien, Hefen, Schimmelpilz usw.)

Keimling die sich nach dem Durchbrechen oder Abwerfen der Samenschale entwickelnde, noch vom Samengewebe zehrende junge Pflanze mit zunehmendem Nährwert, reich an Ballast-, Mineralstoffen und Vitaminen, gesund und schadstoffrei, zart und wohlschmeckend, für Salate, mit Quark vermischt als Brotbelag, kurz gedämpft für Gemüsegerichte usw.; hält sich im Kühlschrank 2–3 Tage; ↑ a. Sproß
Einige Getreide, Hülsenfrüchte usw., die besonders gut keimen und sich als vollwertige Nahrung einsetzen lassen: Adzukibohne (erbsenartig süßlich, Einweichzeit 12 Std.), Bockshornklee (würzig herb, Einweichzeit 5–8 Std.), Buchweizen (wenig Geschmack, wird nicht eingeweicht), Erbse (süßlich, Einweichzeit 12 Std.), Gartenkresse (würzig scharf, Einweichzeit 4–6 Std.), Gerste (sehr süßlich, Einweichzeit 12 Std.), Hafer (sehr süßlich, Einweichzeit 4 Std.), Kichererbsen (frisch nussig, Einweichzeit 12 Std.), Leinsamen (nussig, Einweichzeit 4 Std.), Linse (leicht süßlich nussig, Einweichzeit 12 Std.), Luzerne (frisch, leicht herb nussig, Einweichzeit 4–6 Std.), Mung(o)bohne (knackig frisch, süßlich, Einweichzeit 12 Std., a. roh verzehrbar), Rettich (würzig scharf, Einweichzeit 4–6 Std., a. roh verzehrbar), Roggen (süßlich würzig, Einweichzeit 12 Std.), Senf (würzig scharf, Einweichzeit 4–6 Std., a. roh verzehrbar), Sojabohne (knackig frisch, erbsenartig, Einweichzeit 12 Std.), Weizen (süßlich mild, Einweichzeit 12 Std.)

Keks kl. oder mäßig gr. Dauerbackware aus Getreideerzeugnissen und/oder Stärke und Butter, Milch, Fett, Zucker, Eiern, Gewürzen, Triebmitteln usw.; kühl, dunkel und trocken gelagert monatelang haltbar

Kemirinuß harte, trockene Nuß von mandelartigem Geschmack, zum Aromatisieren und Binden von (Curry-)Saucen, für Backwaren usw. (Ostasien, Indonesien)

Keniabohne ↑ Bohne/Sorten

kentjoer, kentjur indon.: Gewürzlilie

Kerbel(kraut), Korbel-, Kuchel-, Kufel-, Suppenkraut feines Würzkraut, blutdrucksenkend, junge Blätter zartaromatischer Anis-, Fenchelgeschmack, gehört in die ↑ Fines herbes und die ↑ Grüne Sauce, paßt zu (Kalb-)Fleisch, Fisch, Suppen, Frühlingsgemüse, jungen Kartoffeln, Salaten, Eiern, Käsegerichten, in Kräuterbutter, Remouladen, (Butter-, Salat-)Saucen usw.; am besten frisch vor der Blüte Juni–Sept., im Winter aus dem Treibhaus weniger aromatisch, verträgt kein langes Kochen, läßt sich schlecht trocknen oder einfrieren, jedoch in Essig einlegen (urspr. Südosteuropa, Südrußland, Westasien, heute a. ganz Europa, Mittelmeerraum, USA u. a.)

Kerbelrübe, Erdkastanie, Knollenknobel Wurzel einer Gemüsepflanze, mehlig süßes Fleisch, delikat kastanienähnlicher, aber würziger, intensiverer Geschmack, läßt sich (in der Schale) braten oder kochen, schmeckt warm mit viel Butter oder Holländischer Sauce, kalt mit Essig-Öl-Sauce als Salat (Nord-, Mitteleuropa bis Kleinasien)

Kerbelsaft österr.: Bratenjus mit geh. Kerbel

kerie indon.: Curry

kering indon.: trocken, getrocknet

Kernfrüchte, Kernobst ↑ Obst

Kernöl österr.: dunkles Kürbiskernöl

Kernschinken ↑ Schinken/Erzeugnisse

kesar ind.: Safran (meist aus Kaschmir)

kesarache bathe Süßspeise aus in Butter angeschwitztem Reis mit Orangenfilets, Rosinen und Zucker, mit Safran und Mandelstiften (Indien)

keşkek Weizengrieß mit Fleisch und geschmolzener Butter (Türkei)

keşkül [türk.: Bettlerschale] Dessert aus Reis, Milch, Eigelb, Mandeln, Kokosraspeln, Pistazienkernen sowie Zucker (Türkei)

kespari ind.: Kichererbse

Kesselfleisch, Wellfleisch fettdurchwachsenes Fleisch vom Schwein(ebauch), möglichst frisch in gewürztem Wasser gekocht (Bayern)

Kesselgulasch, bográcsgulyás Eintopf aus Rindfleisch und Kartoffeln in Würfeln, zerkleinerten Paprikaschoten, Tomaten, kleingeh. Knoblauch, Zwiebeln und Kümmel, dazu gezupfter Nudelteig aus Ei und Mehl; viele reg. Varianten (Ungarn)

Keste bad.: Kastanie

Ketakaviar ↑ Kaviar/Sorten

Ketalachs, Kett Lachsart aus den Nord- und Eismeeren, wird a. gezüchtet, liefert den Ketakaviar, ↑ Kaviar/Sorten

ketan indon.: Klebreis

Ketchup, catchup, catsup dickliche Würzsauce, meist aus Tomatenmark, aber a. Curry, Gewürzkräutern, Paprika, Zwiebeln, mit Gewürznelken, Ingwer, Knoblauch, Muskat, Weinessig, Zitronensaft, Selleriesalz, Salz, Pfeffer, Cayennepfeffer, Zucker und Bindemitteln, ohne Aroma- und Konservierungsstoffe hergestellt, fruchtig süß bis pikant oder süßsauer, paßt zu Pommes frites, Hackfleisch, Grillfleisch und -geflügel, Meeresfrüchten, Gemüse, Saucen usw.; geschlossene Flasche bis 1 Jahr, angebrochene bis 6 Wo. im Kühlschrank haltbar (urspr. Ostindien, heute via England überall)

ketjap (benteng), kecap dicke Würzpaste aus Sojasauce mit Gewürzen, *asin* salzig und scharf, *manis* dunkel und süß (Indonesien); ↑ a. taoco

Kett ↑ Ketalachs

ketumbar indon.: Koriander

Keule Hinterbein von Schlachttieren (Kalb: Oberschale, Nußstück, Frikandeau; Schaf: Gigot; Rind: Schwanzstück, Oberschale, Kugel, Blume), Geflügel und Wild

Keulenpilz Gattung von Speisepilzen, ↑ Ziegenbart

Keulenrochen flacher Meerfisch, ↑ Rochen

Keulenschinken ↑ Schinken/Kernschinken

khara ind.: einfach, wenig gewürzt

khas-khas ind.: Weiße Mohnsamen

kheer (Reis-)Pudding, meist mit Kardamom, Mandelsplittern, Gewürznelken oder Zimt, Rosinen und Rosenwasser süß zubereitet (Indien)

khoschaf Obstsalat aus getr. Früchten wie Aprikosen, a. Backpflaumen, Feigen, Pfirsichen usw. und Mandeln, Pinien- oder Pistazienkernen (Mittlerer Osten)

Kichererbse, Kicherling, Platterbse [lat. *cicer,* Kichererbse] Hülsenfrucht, Same einer alten Kulturpflanze, sehr gesund, etwas mehlig mit neutralem, leicht nussigem Geschmack; muß vor dem Garen 12 Std. eingeweicht und dann mind. 3 Std. (Schnellkochtopf 45 Min.) gekocht werden, läßt sich ansonsten wie die Erbse zubereiten, der sie gleichkommt, für Ein-, Gemüsetöpfe, Suppen usw. kochen, pürieren, schmoren, a. roh knabbern oder zu Mehl mahlen; passende Gewürze: Bockshornklee, Dill, Koriander, Kresse, Kreuzkümmel, Ingwer, Salbei, Thymian usw.; meist getrocknet, a. kochfertig gewürzt in Dosen angeboten, frisch im Kühlschrank 1 Wo. haltbar, läßt sich gut einfrieren (urspr. Vorderasien, heute alle trop. und subtrop. Regionen, v. a. Indien, Pakistan, Türkei, Äthiopien, Nordafrika, Südeuropa, Südamerika); ↑ a. Keimling

Kidneybohne, kidney bean [engl. *kidney,* Niere], ↑ Bohne/Sorten

Kiebitzei kl. geflecktes Ei des Watvogels Kiebitz, Sammeln aus Artenschutzgründen heute in Deutschland verboten

Kieler Sprotte [Kiel, Landeshauptstadt von Schleswig-Holstein] zarte, saftige geräucherte ↑ Sprotte

kiełbasa Wurst aus Schweinefleisch mit Knoblauch und Pfeffer (Polen)

kiku jap.: Chrysantheme, getr. Blätter werden als Gemüse verwendet

Kilch Bodensee: kl. Bodenrenke

kılıçbalığı türk.: Schwertfisch

kilkis norw.: in Salzlake mit Gewürzen eingelegte Sardellen

Kilojoule, kJ 1000 ↑ Joules

Kilokalorie, kcal 1000 ↑ Kalorien

kimas ngriech.: Hackfleisch

kim chee, kimtschi in Essig und heller Sojasauce mit geh. Frühlingszwiebeln, zerdrücktem Knoblauch, Ingwer, Chilipulver, Zucker usw. scharf eingelegtes Gemüse, v. a. Chinakohl und/oder Rettich (Korea)

Keimende Kichererbsen

kimšta žuvis litauisch: Gefüllte Fisch

Kindlesbrei süße Teigfäden in heißer Milch (Schwaben)

king crab engl.: Königskrabbe

king prawn engl.: Riesengarnele

Kingston Schnittkäse, dem Cheddar verwandt (Mittelengland)

kinoko jap.: Pilz

kip holl.: Henne, Huhn

Kipfel, Kipferl österr.: Hörnchen, kl. gebogenes Weißbrotgebäck; a. Mürbeteighörnchen mit geriebenen Mandeln oder Nüssen und Vanille-Aroma

-koch Brei aus Kipfeln, Milch, Äpfeln, Mandeln, Rosinen usw.

kipper [engl.: einsalzen, räuchern] auseinandergeklappter, vorgesalzener und kaltgeräucherter Hering ohne Kopf, muß vor dem Verzehr gebacken, gebraten oder sonstwie erhitzt werden, in England (mit Toast und Rührei) beliebtes Frühstücksgericht oder Imbiß; a. in Öl eingelegt als Konserve erhältlich

kippesoep holl.: Hühnersuppe

Kirchweihnudeln ↑ Schmalznudeln

Kirsche [griech. *kérasos,* Kirschbaum, nach der gleichnamigen antiken Kolonialstadt am Schwarzen Meer, aus der er stammt] Steinfrucht eines Obstgehölzes, schon im Alter-

tum bekannt, wirkt blutbildend, entzündungshemmend, je nach Art süß bis säuerlich; sollte trocken sein, von kräftiger Farbe und mit festem, glattem Fleisch; läßt sich roh essen, aber a. (meist entsteint) bei kurzer Garzeit vielseitig verwenden; hält sich entsteint im Alubeutel ungekühlt 1 Jahr, kann entsteint mit oder ohne Zucker, verpackt oder unverpackt bis 6 Mon. tiefgekühlt werden, a. in Konserven erhältlich (urspr. Region des Schwarzen Meeres, inzwischen alle gemäßigten Zonen).
Die fast 400 Kirschenarten verteilen sich je nach Gehalt an Fruchtsäure auf drei Hauptgruppen:

Süßkirsche ausgezeichnete Tafelfrucht, dunkel oder hell, gekocht gern etwas fade, gute Zeit einh. Juni–Aug.: *Herzkirsche*, weiches, sehr saftiges Fleisch; *Knorpel-, Knubber-, Krammelkirsche*, festes, knackiges Fleisch, saftig, gute Zeit einh. Juni–Aug.; schwarz mit Stein ohne Zucker bis 6 Mon., ohne Stein und Zucker bis 8 Mon., ohne Stein mit Zucker bis 12 Mon. gut einfrierbar, gelb oder rot zum Tiefkühlen ungeeignet; konserviert als ↑ Kaiserkirsche erhältlich

Bastardkirsche Kreuzung zwischen Süß- und Sauerkirsche, dunkel *(Süßweichsel)* oder hell, bunt *(Glaskirsche)*, süßlich-sauer, wird meist wie die Sauerkirsche verwendet; ↑ a. Kornelkirsche, Maraschinokirsche

Sauerkirsche, Morelle, Weichsel fein bis betont säuerlich und erfrischend, gesundheitlich wertvoll, Säure regt Darm- und Nierentätigkeit an, wirkt appetitanregend und entwässernd, enthält jedoch kaum Vitamine; läßt sich roh essen, aber a. (nicht zu lange) kochen, einmachen und überhaupt vielseitig verwenden als Gelee, Kompott, Konfitüre, für Aufläufe, Desserts, Eierkuchen, Kuchen, Mehlspeisen, Torten, zu gek. Schinken, Ente, Wild, pikanten Fleischgerichten u. v. m.; sollte stets entsteint werden, nach Verzehr kein Wasser und keine Säfte zu sich nehmen; gute Zeit einh. Juli–Aug., entsteint mit Zucker gut bis 10 Mon. einfrierbar; einige Sorten: *Amarelle, Ammer, Amorelle*, frühreifend, weiches, sehr saftiges Fleisch; *Maikirsche*, weiches, sehr saftiges Fleisch; *Schattenmorelle* (nach dem Château Morel in Frankreich), dunkel und saftig; ↑ a. Maraskakirsche, Montmorency

Kirschen|knödel Knödel aus Kartoffelteig mit drei, vier nicht entsteinten Kirschen (Böhmen, Österreich u. a.)
 -michel, -plotzer in einer Form geb. Auflauf aus mit heißer Milch durchgekneteten Semmeln oder Grieß, schaumig gerührter Butter, Eigelb, Eischnee, Zucker usw. sowie (nicht entsteinten) Kirschen und Kirschwasser (Süddeutschland)

Kirsch|sauce mit Zucker, Zitronenschale und Zimt in Rotwein gekochte, mit Stärkemehl gebundene entkernte dunkle Sauerkirschen, warm zu Savarins u. a. Süßspeisen, a. zu Wildschwein
 -strudel Strudel mit Füllung aus Kirschen, gerösteten Brotwürfelchen, Zucker und abgeriebener Zitronenschale
 -suppe mit Zucker im eigenen Saft weichged. Sauerkirschen, darüber mit Weißbrotkrume, Zucker und abgeriebener Zitronenschale in Wasser weichgek. Sauerkirschen
 -tomate ↑ Tomate/Arten
 -torte, Zuger ↑ Zuger Kirschtorte
 -tropfen Praline mit flüssiger, alkoholhaltiger Füllung von Kirschwasser

Kischke mit Maismehl, getr. Zwiebeln und Küchenresten gef. Rinderdärme (jüd. Küche)

kisjeli, kissel süßsäuerlicher (Kartoffel-)Mehlbrei mit passierten, mit Stärke gebundenen Johannis-, a. Preiselbeeren, eiskalt mit Milch oder (saurer) Sahne serviert (Rußland)

Kissenkartoffeln ↑ Kartoffel/Zubereitungen: Polsterkartoffeln

Kitte österr.: Quitte

Kitz, Kitze Jungtier von Ziege, Gemse, Reh

Kiwano, Horn-, Swanimelone exot. Frucht, mit Gurke und Melone verwandt, Geschmack zwischen Banane und Limone, läßt sich ähnlich der (nicht versippten) Kiwi (mit Samenkernen) als Dessertfrucht auslöffeln, aber a. für Obstsalate, Süßspeisen, als Gemüse und Beilage zu Fisch-, Fleischgerichten verwenden; gute Zeit Jan.–Juli, hält sich bei Raumtemperatur (und nicht im Kühlschrank) bis 6 Mon.; noch recht selten und deshalb teuer (urspr. trop. Afrika, heute a. Neuseeland, Italien – «Lemonbana» –, Israel, Kenia, Südafrika)

Kiwi, Chinesiche Stachelbeere [Straußvogel Kiwi, Wahrzeichen Neuseelands] eigroße exot. Frucht eines Rankengewächses, gut verdaulich, fördert Blutzirkulation, gegen Infektionskrankheiten, baut Cholesterin ab; grünes Fleisch von säuerlichsüßem Geschmack, das ganze Jahr erhältlich, am besten jedoch Juni aus neuer Ernte; sollte noch hart eingekauft werden und bei Zimmertemperatur einige Tage nachreifen; läßt sich (mit Limonen-, Zitronensaft) aus der Fruchthälfte löffeln, geschält in Scheiben, Spalten, Vierteln, Würfeln aber a. sonst vielseitig verwenden: als Garnitur, in Obst-, Gemüsesalaten, als Kuchenbelag, als Speiseeis, Sorbet (warm) zu kurzgebr. Fleisch, Schinken, Fisch, Meeresfrüchten, Käse usw., als Chutney, Konfitüre; wird mit Joghurt, Quark, Sahne stehen gelassen gern bitter; hält sich hart kühl oder im Kühlschrank gelagert bis 6 Mon., reif gelagert im Gemüsefach des Kühlschranks 2–3 Wo., läßt sich ohne Zucker bis 4 Mon., mit Zuckersirup bis

Kiwis am Zweig

8 Mon. tiefkühlen, in Dosen a. als Fruchtpaste, Kompott, Marmelade erhältlich (urspr. China, Taiwan, heute a. Neuseeland, Australien, Schweiz, Frankreich, Italien, Spanien, Griechenland, Holland, England, Rußland, Kalifornien, Chile u. a.)

kız memesi tel kadayıf [türk.: Jungfernbusen aus Sirupteigfäden] süßes Gericht aus Teigfäden mit Butterschmalz, Walnußkernen, geriebenen Pistazien oder Walnüssen und Zuckersirup

kJ Kilojoule, ↑ Joule

kjød, kjøtt norw.: Fleisch
 – bolle Klößchen aus Rinder- und Schweinehack mit Kartoffelpüree und Milch, mit Ingwer, Pfeffer gewürzt und braun angebraten, dazu Sauce aus süßer Sahne

kjufteta Osteuropa, Vorderer Orient u. a.: Hackfleischbällchen, ↑ köfte

Klaben, (Bremer) Art Stollen, süßes Hefeweißbrot mit Mandeln, Korinthen und Rosinen; ↑ a. Kloben, Klöben

Klachlsuppe gut gewürzte, oft mit saurer Sahne gebundene Brühe mit Schweinehachsenstücken (Österreich)

Kladderadatsch [ugs.: Durcheinander] quadratisches Gebäck aus Hefeteig mit Butter und Korinthen, mit Zuckerglasur überzogen (Preußen)

Klaffmuschel Familie eßbarer Meeresweichtiere, ↑ Sandklaffmuschel, Große

Klarapfel ↑ Apfel/Sorten

klares Mehl mit kalter Flüssigkeit angerührtes Mehl

Klare Suppe nicht gebundene Suppe

Klärfleisch grobgeh., fettfreies Rindfleisch zum Klären von Brühen, Fonds

Klatschkäse, Klatschkees niederrheinisch: Frischkäse, Quark

Klausenburger Krautauflauf, Kolozsvári rakott káposzta [Klausenburg, rumän. Stadt in Siebenbürgen] Kasserollengericht aus Sauerkraut, Reis, Schweinefleischstückchen, Debrecziner Würsten und gerösteten Zwiebeln, mit Paprikapulver, Pfeffer gewürzt, mit Knochenbrühe und saurer Sahne aufgegossen, im Backofen gegart (Rumänien, Ungarn)

Kleber Eiweißstoffe der Getreidekörner, für die Backfähigkeit des Mehls wichtig, pulverisiert a. Zusatz zu Back-, Teigwaren, Speisewürzen, diätetische Lebensmittel; ↑ a. Gluten
 -brot ↑ Brot/Spezialsorten: Diabetikerbrot
 -teigwaren mit Kleber angereicherte Teigwaren

Kléber [Jean-Baptiste K., 1753–1800, frz. General aus Straßburg] Garnitur aus mit Gänseleberpüree gef. Artischockenböden, zu kl. Fleischstücken in Trüffelsauce

Klebreis stark klebende Reisart (China)

Kleehonig ↑ Honig/Sorten

Kleie zerkleinerte, beim Vermahlen von Getreide anfallende Schalenteile samt den Keimlingen, enthalten neben Zellulose Eiweiß, Vitamine B_1, E und Stärke
 -brot ↑ Brot/Spezialsorten

Klein die geringwertigen Teile von Geflügel und Wild (Hals, Flügel, Magen, Füße usw.)

Kleine Bodenrenke Süßwasserfisch, ↑ Renke/Bodenrenke

kleine Fleischstücke ↑ Fleischstücke, kleine

Kleine Maräne, Marenke Süßwasserfisch, ↑ Renke

Kleiner Bärenkrebs Meereskrebs, ↑ Bärenkrebs

Kleine Speisezwiebel ↑ Zwiebel/Sorten

Kleinfleisch Schnauze, Rüssel, Ohren, Spitzbein, fleischtragende Brustknochen und Rippen, Wirbelknochen und Schwanz des Schweins

Kleingebäck kl. Gebäckarten aus Weizen-, a. Weizen- und Roggenmehl, die meist statt Brot zu den Mahlzeiten verzehrt werden (Brezeln, Brötchen, Hörnchen, Semmeln u. ä.)

Kleinherzogs-Art, petit-duc Garnitur aus mit Geflügelpüree gef. Törtchen, Spargelspitzen und Trüffelscheiben, zu kl. Fleischstücken in Madeirasauce

Kleinkürbis Gemüsekürbis, ↑ Zucchino

Kleinmünster kl. Münsterkäse

Kleist Meerfisch, ↑ Glattbutt

Kletterbohne Bohnenform, ↑ Bohne

Kletzen südd., österr.: Dörrbirnenhälften, getr. Mostbirnen
  -brot kl. Brot aus Roggen- oder Weizenhefeteig, mit Dörrobst, v. a. -birnen, Anis, Fenchel, Nüssen, Piment, Zimt usw. gebacken (Süddeutschland, Österreich)
  -nudeln Teigtäschchen mit Füllung aus Quark (Topfen) oder zerhackten, aufgeweichten Dörrbirnen, mit Kerbelkraut und brauner Minze gewürzt (Kärnten)

Kliebensuppe [ugs. *klieben*, spalten] Suppe aus Milch und Mehl, beides mit Ei gebunden, mit Zimt und abgeriebener Zitronenschale gewürzt (Pommern)

Kliesche, Scharbe schollenartiger Plattfisch aus dem Meer, fettarmes, gutes, aber etwas fades Fleisch, alle Zubereitungen außer Dünsten und Schmoren, meist tiefgefroren, a. geräuchert im Handel (Nordostatlantik einschl. Nord-, Ostsee); ↑ a. Doggerscharbe

Klippfisch geköpfter, ausgenommener Magerfisch (Kabeljau, Leng, Lumb, Schellfisch, Seelachs), gesalzen und (früher auf Klippen) an der Luft getrocknet, einst eine natürliche Konserve, vielerorts aber immer noch eine traditionelle, beliebte (Fasten-)Speise; das Fleisch soll hart und weißlich sein, muß vor der Zubereitung mind. 24 Std. gewässert werden; ↑ a. Laberdan, Stockfisch

Kloaze Tirol: Dörrbirne

Kloben Weizenbrot mit Rosinen (Hamburg); ↑ a. Klaben, Klöben

Klöben, Klöven Hefegebäck mit Mandeln, Korinthen, Rosinen und Zitronat, noch heiß mit flüssiger Butter bepinselt, mit Puderzucker bestäubt, wird zum Verzehr meist mit Butter bestrichen (Hamburg, Norddeutschland); ↑ a. Klaben, Kloben

Klöpfer Brühwürstchen aus Rind-, Schweinefleisch und Fett-, Bindegewebe; Basel, Nordostschweiz: Cervelat, ↑ cervelas

Klopferbrot ↑ Brot/Spezialsorten

Kloppschinken in mit Muskatnuß und Pfeffer gewürzter Milch marinierter Schinken (Mecklenburg, Pommern)

Klops teigähnliche Masse aus Fleisch, Fisch usw. in kugeliger bis flachovaler Form, ↑ a. Kloß
  Königsberger, Saurer – ↑ Königsberger Klops

Kloß kugelige Beilage aus Grieß, Hefeteig, Kartoffeln, Mehl, Semmeln, a. Fleisch, Leber, Wild, Geflügel, Fisch usw., in Salzwasser gekocht oder gedämpft, a. gebraten; heute am vorteilhaftesten vorgefertigt aus der Packung; sollte in anfangs sprudelnd heißem Wasser, dann bei zurückgenommener Hitze gargezogen werden, nach der Zubereitung sofort servieren; läßt sich gut einfrieren; ↑ a. Klops, Knödel
  Gekochter – aus frisch gek., heiß durchgepreßten oder am Vortag kalt geriebenen Kartoffeln mit Grieß, Mehl, Stärkemehl, a. Weißbrot, Eiern usw., viele reg. Varianten, zu gesalzenen oder süßen Gerichten
  – halb und halb aus gek. und rohen Kartoffeln, viele reg. Varianten, zu gesalzenen (Sauerbraten u. ä.) oder süßen Gerichten (urspr. Franken, Thüringen)
  Roher, Grüner – aus rohen geriebenen Kartoffeln, zu fetten, herzhaften Gerichten; ↑ a. Thüringer Kloß

Klößchen kl. kugelige Suppeneinlage aus Fleisch, Leber, Mark, Schinken, Speck, Grieß, Mehl, Semmeln usw., a. mit Kräutern u. ä. gewürzt

Klosterkäse Deutschland, Schweiz: halbfester Schnittkäse, versch. Varianten; Österreich: Weichkäse mit Schmiere, versch. Varianten

Klostersalat Würfel von Salatgurken und gek. Kartoffeln in Essig-Öl-Sauce

Klotze österr.: Dörrbirne

Klöven Hefegebäck, ↑ Klöben

Klubsalat mit Mayonnaise gebundene Paprikaschoten-, Staudensellerie-, a. Trüffelstreifen auf Salatblättern, mit Apfelscheiben garniert

Kluft Teil der Rinderkeule, ↑ Rind/Fleischteile
-**steak** Scheibe aus der Rinderkeule, ↑ Steak/Ochsensteak: Europäischer Schnitt 4

Klump Kartoffelkloß, ↑ Glitscher

Kluntje großes Stück weißer Kandis (Ostfriesland)

Klut, Klüten, Klütje niederd.: Kloß, Klößchen, meist aus Grieß oder Mehl

Knabbeln frisches Weißbrot aus dem Ofen, zerbrochen und nochmals gebacken, in Milchkaffee mit Zucker eingeweicht (Münsterland)

Knabberartikel, Snackartikel pikante Produkte zum Knabbern (Crackers, Erdnüsse, Mandeln, Pommes chips u. ä.), meist zu Getränken serviert

knäckebröd [schwed.: Knackbrot] Knäckebrot

Knäckebrot ↑ Brot/Spezialsorten

Knacker Brühwürstchen aus Rind-, Schweinefleisch, Fett- und Bindegewebe; ↑ a. Knackwurst

Knackerbse ↑ Erbse/Sorten: Zuckererbse

Knackmandel ↑ Krachmandel

Knackwurst, (Dicke, Rote) Brühwürstchen aus vorgepökeltem Rind- und fettem Schweinefleisch, mit Muskatnuß und Pfeffer gewürzt, die dünne, feste Schale knackt beim Hineinbeißen; Österreich: Brühwurst aus Rindfleisch und Speck; ↑ a. Knappwurst

Knäkente Entenrasse, ↑ Ente/Wildente

Knapkoek knuspriges, mit Zucker bestreutes Buttergebäck in Scheiben (Nordrhein-Westfalen)

Knappwurst, Knackwurst Kochstreichwurst aus Schweinefleisch, Innereien, Fett- und Bindegewebe
–, **Calenberger** Kochstreichwurst aus Schweine-Innereien mit etwas Getreide (Hannover)

Knäudele fränkisch: Kloß

knedle, knedlík poln., serbokroat., tschech.: Kloß, Knödel

Knerken Teegebäck aus Mehl, Schmalz, gesalzener Butter, saurer Sahne, Kardamom und Zucker (Halligen)

Knetkäse ↑ Brühkäse

Knetteig ↑ Teig/Mürbeteig, Pastetenteig

Knickbeere ↑ Erdbeere/Walderdbeere

Knickei Ei mit beschädigter Schale, aber intakter Eihaut, genußtauglich, aber nicht lagerfähig

Knieper Meereskrebs, ↑ Taschenkrebs

Knipp Pfanne voll Streifen oder Würfeln von Schweinebauchfleisch, gek. Schwarte, Graupen und Kraftbrühe, muß vor dem Verzehr erhitzt werden (Niedersachsen)

Knobel bayer., österr.: Knoblauch

Knoblauch, Knofel [ahd. *chlofalouh,* gespaltener Lauch] Knolle eines Zwiebelgewächses, eines der stärksten, gesündesten Gewürze, dank seiner so kräftigen wie heilsamen Wirkung in vielen Ländern von alters her geschätzt, wegen seines durchdringenden Geruchs in anderen eher gemieden; Knoblauch ist ein wirksames Antibiotikum, Antiseptikum, er regt Blutkreislauf und Verdauung an, entschlackt, senkt Blutdruck und Cholesterin, beugt Gefäßveränderungen vor; der Geruch ist so penetrant, weil das ätherische Öl Allicin nach Genuß nicht nur durch den Atem, sondern auch durch die Haut ausgeschieden wird – dagegen helfen Äpfel, Honig, Milch, frische Petersilie, Rotwein; jung im Frühling angebraten, mitgekocht, mitgeschmort schmeckt und wirkt Knoblauch weniger intensiv und milder, desgleichen, wenn die ganze oder halbe Zehe vor Gebrauch mit einem breiten

Junger Knoblauch auf einem französischen Markt

Messer zerquetscht wird; ansonsten aber ist er eines der köstlichsten Gewürze, das uns die Natur zu bieten hat, was schon daraus hervorgeht, daß er in den Ländern mit den besten, charaktervollsten Küchen der Welt, von Frankreich über Südeuropa bis China, bes. stark verbreitet ist.

Frische Knoblauchzehen sollten trocken und weiß sein, nicht welk, fleckig oder verfärbt, der Keim nicht mehr grün; sie sollten erst gegen Ende der Garzeit zugegeben werden, da sie sonst gern bitter werden; mit der ganzen, geschälten Knolle lassen sich Brotscheiben abreiben (↑ bruschetta), Salatschüsseln und Pfannen zum Aromatisieren ausreiben; mit Knoblauch läßt sich eine Lammkeule u. ä. spicken; ganze, oft mit der Haut gek. Knollen eignen sich als Würzbeilage zu Suppen, Fleisch, Geflügel, Wild, Fisch, Ragouts, Saucen, Gemüse, Kartoffeln usw.; mit der geh. zerstoßenen oder pürierten Zehe lassen sich (sparsam eingesetzt) ebenfalls Fleisch, Fisch, Gemüse, Kartoffeln, Salate, Mayonnaisen, Cremes, Pasten, Froschschenkel, Schnecken usw. würzen (↑ aïoli, pistou, tapenade); hält sich an einem trockenen, durchlüfteten Ort kühl oder bei Zimmertemperatur aufbewahrt weiß bis 6 Mon., rosa bis 1 Jahr; läßt sich roh und unblanchiert verpackt bis 6 Mon. einfrieren (urspr. Zentralasien, heute weltweit kultiviert)

Knoblauch|mayonnaise ↑ aïoli
   -öl ätherisches Öl aus den Zwiebeln des Knoblauchs, durchdringender Geruch und Geschmack
   -sauce ↑ aïoli, pesto
   -wurst schnittfeste Rohwurst aus Rind-, Schweinefleisch und Fettgewebe, mit Knoblauch kräftig gewürzt; a. allg. mit Knoblauch gewürzte Fleischwurst

Knoblauchschwindling, Echter Mousseron, Küchenschwindling guter Speisepilz, stark nach Knoblauch riechendes Fleisch, gute Zeit Juni–Okt.

Knobli schweizerd.: Knoblauch

Knochen fester Teil des Skeletts von Wirbeltieren, enthält wertvolle Mineral- und Aromastoffe; *Fleischknochen:* Wirbelknochen mit anhaftendem Fleisch, *Markknochen:* Röhrenknochen mit Mark; wird zur Bereitung von Kraftbrühen, Suppen usw. verwendet; läßt sich verpackt bis 2 Mon. einfrieren
   -fett, Sudfett gelbliches, streichfähiges Speisefett aus erhitzten Knochen
   -fische größte Ordnung der Meer- und Süßwasserfische mit verknöchertem Skelett; ↑ a. Fisch, Knorpelfische
   -mark ↑ Mark
   -schinken ↑ Schinken/Erzeugnisse

Knöcherlsulz Kalbs- oder Schweinefüße in Sülze (Bayern)

Knöchle südd.: Schweinshachse

Knödel südd., böhm., österr. u. a.: Kloß, nicht nur salzig, sondern a. süß aus Hefeteig mit Früchten zubereitet, sollte in siedendem Wasser gegart werden; läßt sich gut einfrieren
   Germ – Kloß aus Hefe, Mehl, Milch, Fett, Ei und Zitronenschale mit einer Füllung aus mit Zucker, Rum, Zimt angemachtem Pflaumen-, Zwetschgenmus, a. von anderen Früchten, in zerlassener Butter gewendet und mit geriebenem Mohn und Zucker bestreut, viele reg. Varianten
   Grieß – aus in Milch aufgequollenem Grieß mit Butter, Eiern, gerösteten Weißbrotwürfeln, Muskatnuß usw.
   Semmel – aus altbackenen Semmeln, Milch, Eiern, Butterschmalz, durchwachsenem Speck, Zwiebeln, (glattblättriger) Petersilie, weißem Pfeffer usw., zu Fleisch, Saucen, Pilzen usw. (Bayern)
   Servietten –, Böhmische – in dicke Scheiben geschn. Teiglaib aus Mehl, Eigelb, Toastbrotwürfeln und Eischnee, in Servietten gerollt und in Salzwasser leicht gesotten, mit flüssiger Butter begossen
   Speck – aus altbackenen Semmeln, Milch, Eiern, Speck- und Salamistreifen usw.; in Fleischbrühe als Vorgericht oder Imbiß (Bayern, Tirol)

Knödelsuppe, Tiroler ↑ Tiroler Knödelsuppe

Knofel bayer., österr.: Knoblauch

Knolle fleischige Verdickung von Sproß-, Wurzelteilen bestimmter Pflanzen oder Verbindungen daraus, in der Eiweiß, Fett, Stärke gespeichert sind; ↑ Sproßknolle, Wurzelknolle; ugs. a. für Kartoffel

Knollen|bohne Gemüseknolle, ↑ Jamswurzel
   -fenchel Stengelgemüse, ↑ Fenchel
   -gemüse Pflanzen, die unterirdisch stärkehaltige Knollen bilden wie Kartoffel, Arrowroot, Batate, Maniok, Okra, Topinambur, Yam u. ä.; ↑ a. Gemüse/Knollengemüse, Wurzelgemüse
   -knobel Gemüsepflanze, ↑ Kerbelrübe
   -sellerie ↑ Sellerie/Sorten
   -ziest Wurzelgemüse, ↑ Stachys

Knöpfle, Knöpfli alemann., schweizerd.: in kochendes Salzwasser geschabte Teigstückchen aus Mehl und Eiern, in Butter geschwenkt, werden a. mit Käse bestreut und überbacken; lassen sich blanchiert gut bis 3 Mon. tiefkühlen; ↑ a. Spätzle

Knopfstück Fleischstück, ↑ Kugel

Knorpel festes, aber elastisches Bindegewebe, das die Gelenk-Enden überzieht, das Knochengerüst ergänzt und in weichen Organen lagert; ↑ a. tendron

-fische Ordnung der Meerfische mit Knorpelskelett wie Haie, Rochen, Störe

-kirsche, Knupperkirsche ↑ Kirsche/Süßkirsche

Knorr, Carl Heinrich dt. Nahrungsmittelchemiker, 1800–1875, erfand den Fleischextrakt mit Zusatz von präparierten Mehlen aus Bohnen, Erbsen, Grünkern, Linsen, Sago und Tapioka

Knurrhahn, Seehahn Familie von stacheligen Meerfischen mit weißem, schmackhaftem Fleisch, eignet sich für fast alle Zubereitungen außer Dünsten, Grillen, Schmoren, wird a. enthäutet und ohne gepanzerten Kopf angeboten (Atlantik, Nord-, Ostsee, Mittel-, Schwarzmeer); ↑ a. Roter Knurrhahn

Knust niederd.: Anschnitt, Endstück des Brotlaibs

Kobalt chem. Element, ↑ Spurenelemente

Kobe-Rind [Kobe, Hauptstadt der jap. Provinz Hiogo auf Honschu] Mastrind-Rasse, ↑ Rind

kobichi bhaij geschm. Weißkohl mit Curry, Koriander und Zitronensaft (Indien)

Koch österr.: Brei, Auflauf, gek. Mehlspeise

Köch Eintopf aus (geräuchertem) Schweinefleisch, Speckscheiben, Kartoffeln und Äpfeln (Glarus, Ostschweiz)

Koch|banane ↑ Banane/Gemüsebanane
  -butter ↑ Butter/Handelsklassen
  -fischwaren Erzeugnisse aus versch. vorbereiteten Frischfischen oder Fischteilen, die durch Kochen oder Dämpfen mit Essig, Genußsäuren, Salz und Konservierungsmitteln gar gemacht wurden
  -käse, Pott-, Topfkäse aus angereiftem Sauermilchquark geschmolzener Käse, mit Gewürzen (Gewürznelken, Kümmel usw.), a. Butter, Butterschmalz oder Sahne versetzt, versch. Fettstufen, meist als Brotaufstrich
  -margarine ausschließlich zum Braten und Kochen geeignete Margarine, mit Vorbehalt zu verwenden
  -mettwurst Rohwurst aus Rind-, Schweinefleisch und Fettgewebe, wird gekocht verzehrt; grobe Kochstreichwurst aus Schweinefleisch und Fettgewebe
  -pökelware naß oder schnell gepökeltes Fleisch (Rippchen, Schinken, Schweineschulter, Zunge u. a.), das gekocht oder zum Kochen bestimmt angeboten wird
  -salami grobe Brühwurst aus Rind-, Schweinefleisch und Speck, a. nachgeräuchert als Dauerware erhältlich, meist für Aufschnitt
  -salat ↑ Kohl/Chinakohl, Salat/Römersalat
  -salz für die menschliche Ernährung verwendetes ↑ Salz

-|-ersatz Salzmischung, ↑ Salz/Diätsalz
-schinken ↑ Schinken/Erzeugnisse
-schokolade ↑ Schokoladenglasur
-streichwurst kalte, schnittfeste bis streichfähige Kochwurst mit erstarrtem Fett oder Lebereiweiß
-wurst hitzebehandelte Wurst aus vorw. vorgekochten (Magerfleisch, Innereien, Speck, Schwarten, Sehnen) neben rohen Bestandteilen (Blut, Leber, Gewürze usw.), die nochmals gekocht und evtl. kaltgeräuchert wurden, meist in Schweinemagenhülle; nur begrenzt haltbar, läßt sich im Kühlschrank aufbewahren, sollte aber möglichst rasch verzehrt werden, ↑ Blut-, Leber-, Zungenwurst, Preßsack, Schwartenmagen, Sülzwurst

kochfertig konserviertes Gericht, das zum Verzehr nur noch erhitzt werden muß

kočičí svatba, Katzenhochzeit Gericht aus Schweinefleisch mit Weißen Bohnen, Graupen, Champignons und Zwiebeln, mit geriebenem Käse bestreut (Böhmen)

kød dän.: Fleisch
  – bolle Fleischkloß, Klops

Koder fettreiches Fleischstück, ↑ Wamme

koek holl.: (Honig-)Kuchen

koekie holl.: Keks, Teegebäck

koeping indon.: Ohrlappenpilz

Kofer gewölbte Waffel (Schwaben)

koffietafel Brotzeit mit Kaffee, Tee oder Milch (Holland)

köfte, keftedes, kjufteta, kofta, kufta Kloß, Knödel; Frikadelle aus Schaf- oder Rinderhack, mit Knoblauch, Kreuzkümmel, Pfefferminze, Zwiebeln usw. scharf gewürzt, viele reg. Varianten (Südosteuropa, Nordafrika, Vorderer bis Ferner Osten u. a.)

Kohl, Kraut [lat. *caulis*, Kohlstrunk] wertvolle Gemüsepflanze, deren Blätter, Stengel und Blüten für die Ernährung gezüchtet werden, schon seit der Jungsteinzeit in Mitteleuropa verbreitet, reich an Eiweiß, Nährsalzen und Vitaminen, (Kochen mit ein paar Scheiben altem Brot oder Walnüssen nimmt den oft lästigen Kohlgeruch), hält sich i. a. im Gemüsefach des Kühlschranks 10–30 Wo.; ↑ a. cima di rapa, Kohlrabi, Kohlrübe, Meerkohl

Sorten
Blumenkohl, Blüten-, Käse-, Traubenkohl, Karfiol fleischig verdickter, fest verschlossener Blütenstand einer

Kohl, ein in vielerlei Sorten gedeihendes Universalgemüse mit Kopf

Kohlpflanze ohne Strunk, leicht verdaulich, feinzarter Geschmack; darf frisch nicht fischig riechen, muß jedoch nicht schneeweiß, darf a. elfenbeinfarben sein; kann roh als Salat genossen werden, wird als Gemüse als Ganzes (mit etwas Milch im Kochwasser) gegart, läßt sich für Aufläufe, in oder mit Saucen usw. dämpfen, fritieren, überbacken; gute Zeit einh. Juni–Nov., hält sich im Gemüsefach des Kühlschranks 3–5 Tage, läßt sich blanchiert unverpackt oder verpackt gut 8–10 Mon. tiefkühlen und gefroren zubereiten (urspr. Kleinasien, heute weltweit kultiviert, haupts. Europa und Asien)

Brokkoli, Broccoli, Bröckel-, Spargelkohl [ital. *broccolo,* Kohlsprosse] grüner Vorfahr des Blumenkohls, jedoch würziger und doch feiner als dieser und leicht verdaulich, wirkt blutdruckregulierend, reich an Karotin, Magnesium und Vitamin C, wirkt blutdruckregulierend; sollte sattgrün, geschlossen sein ohne welke Blätter und noch nicht blühend; läßt sich wie Blumenkohl, aber mit Stengeln und zarten Blättern zubereiten als Vorspeise (mit Teigwaren), zu Meeresfrüchten, Fleisch, mit Kartoffelpüree, in Sülzen, als Kuchenbelag usw., Stengel lassen sich wie Spargeln anrichten, Blätter wie Wirsing; passende Gewürze: frisch geriebene Muskatnuß, geröstete Pinienkerne; gute Zeit einh. Juni–Nov.; hält sich im Gemüsefach des Kühlschranks 1–2 Tage, läßt sich blanchiert sehr gut bis 12 Mon. tiefkühlen und gefroren zubereiten (Italien, Spanien, Holland, Deutschland, Frankreich, England, USA u. a.)

Chinakohl, Blätter-, Japan-, Pekingkohl, Kochsalat Kreuzung zwischen Chinesischem Senfkohl und Speiserübe, spitzovaler, langer oder kurzer Kopf mit gelblichen, gekräuselten Blättern frisch knackig und sehr ergiebig, leicht verdaulich und nicht blähend, als Gemüse, Salat, a. als Diät-, Krankenkost verwendbar, kann roh (mit weiteren Zutaten) als Salat zubereitet werden (passende Kräuter: Knoblauch, Petersilie, Schalotten, Schnittlauch, Zwiebeln), gek. (am besten mit Milch oder Milchwasser, aber immer bißfest) ged., geschm. als mildes, bekömmliches Gemüse; gute Zeit einh. Sept.–Mitte Nov., sonst Apr.; hält sich im Gemüsefach des Kühlschranks bis 10 Tage, kann unblanchiert gut bis 6 Mon. tiefgefroren werden (urspr. Nordchina, Ostasien, heute a. Deutschland, Schweiz, Österreich, Holland, Norditalien, Spanien, Israel, Nordamerika u. a.)

Chinesischer Blattsenf, Senfkohl, Pak-choi, Paksoi Blattstielgemüse, kalorienarm und vitaminreich, herbbitterlich milde, sollte feste, knackige Stiele und frische Blätter haben; grüne Blätter kleingschn. roh als Salat oder bei kurzer Garzeit (sparsam gesalzen) gek., ged., geschm. als Gemüse, weiße fleischige Stengel roh (wenig gewürzt und gesalzen) als Salat; gute Zeit einh. Sept.–Dez., hält sich in Plastikbeutel im Gemüsefach des Kühlschranks bis 7 Tage (urspr. Südostasien, inzw. a. Holland u. a.)

Grünkohl, Blatt-, Braun-, Feder-, Kraus-, Pflück-, Winterkohl deftiges Wintergemüse mit dunkelgrünen, krausen Blättern, angenehm würzig und süßlich herb, am besten nach dem ersten Frost, sollte feste, knackige Stiele und frische tiefgrüne, nicht gelbliche Blätter haben; norddeutsche Spezialität: meist mit glasierten Zwiebeln in Schweine- oder Gänseschmalz, Gewürzen usw. gegart gern zu Gepökeltem, Geräuchertem, Kochwürsten u. ä., in Bremen, Oldenburg zu Pinkelwurst (↑ Kohl und Pinkel), in Hamburg zu Schweinebacke und karamelisierten Bratkartoffeln, in Niedersachsen zu Brägenwurst, in Schleswig-Holstein zu geräuchertem Speck; läßt sich a. pochieren, schmoren, füllen und v. a. auf Vorrat kochen und aufwärmen; gute Zeit einh. Nov.–Febr., kann blanchiert bis 12 Mon. eingefroren werden; a. in Dosen erhältlich (urspr. östl. Mittelmeerraum, heute ganz Nordwesteuropa)

Palmkohl ↑ Palmkohl

Romanesco, Minarettkohl, Türmchenblumenkohl [ital.: der Römische] grüne Blumenkohlzüchtung, schmeckt intensiver und weniger kohlig als dieser, kann aber ebenso behandelt werden; gute Zeit Mitte Juli–Okt.; hält sich in Plastikbeutel im Gemüsefach des Kühlschranks einige Tage (urspr. Italien, heute a. Holland u. a.)

Römischer Kohl Gemüsesorte, Blatt- ↑ Mangold

Rosenkohl, Brüsseler Kohl, Rosenwirsing, Sprossenkohl Wintergemüse, der kleinste, jüngste Sproß der Kohlfamilie, vor mehr als 150 Jahren in Belgien aus dem Wildkohl gezüchtet, sollte fest geschlossene grüne Röschen haben, am besten nach den ersten Frösten; wird kurz in wenig Wasser gekocht, gedämpft, glasiert und nach Belieben mit einer Prise Zucker, a. Muskat, Pfeffer, Speck, Schinken, Kastanien, geriebenem Käse, Madeira, Zitronensaft gewürzt; am feinsten jedoch pur zu Fleisch, Frikadellen, Würsten, (Wild-)Geflügel, Wild, a. Aufläufen, Suppen, Salaten usw.; gute Zeit einh. Sept.–Febr., hält sich fest geschlossen im Gemüsefach des Kühlschranks nur bis 2 Tage, läßt sich blanchiert unverpackt oder verpackt sehr gut bis 12 Mon. tiefkühlen und gefroren zubereiten (urspr. Region Brüssel, heute alle westl. Küstengebiete Europas, a. Polen u. a.)

Rotkohl, Blau-, Rotkraut blauvioletter Kopfkohl, färbt sich tief purpurrot, wenn man ihn mit etwas Öl andünstet und ihm angedämpft Essig, Wein oder Zitronensaft zufügt; kräftig würziger Geschmack; der Kopf sollte möglichst schwer sein, unbeschädigt und fest geschlossen; er eignet sich bes. für den Schnellkochtopf und nicht nur zu Schweinebraten, sondern a. (möglichst ohne Rippen und mit in Streifen geschn. Blättern) als eigenständiges Gemüse (evtl. mit Äpfeln, Preiselbeeren oder sonst lauwarmem Obst, Ananas, Mango, Zitrusfrüchten, Kastanien, Johannisbeergelee, jungem kräftigem Rotwein usw.) zu Fleisch, (Wild-)Geflügel, Wild, selbst zu Fisch und Meeresfrüchten, nicht zuletzt roh gehobelt als Salat, weniger für Aufläufe und Eintöpfe; passende Kräuter und Gewürze: Gewürznelken, Ingwer, Kardamom, Koriander, Kümmel, Lorbeer, Majoran, Piment, Rosmarin, Thymian, Zimt; benötigt bei Würzung weniger Fett und wird dadurch leichter bekömmlich. Praktisch das ganze Jahr erhältlich, am besten jedoch Mitte Juli–Febr., hält sich im Gemüsefach des Kühlschranks bis 14 Tage, läßt sich gekocht gut einfrieren; a. in Dosen, Gläsern und tiefgekühlt angeboten (urspr. Kleinasien, inzw. ganz Mittel- und Nordeuropa)

Schnittkohl, Butterkohl Gartenkohl mit krausen Blättern, violett, grün oder gelb; wird als spinatähnliches Gemüse gedämpft oder gekocht (Mittelmeerküsten, Norddeutschland, Holland u. a.)

Senfkohl ↑ Kohl/Chinesischer Blattsenf

Spitzkohl, Filderkraut, Herbstweißkohl Verwandter des Weißkohls mit kegelförmigem Kopf, feiner, lockerer als jener, zart und leicht verdaulich; ist in wenigen Minuten gar und läßt sich, a. gefüllt, für Suppen, Saucen, mit sommerlichen Zutaten oder wie Weißkohl verwenden; gute Zeit Mai–Juni, hält sich im Gemüsefach des Kühlschranks bis 2 Tage (Deutschland, Italien, Frankreich, Holland)

Stengelkohl ↑ cima di rapa

Weißkohl, Kappes, (Weiß-)Kraut grünlich-weißer Kopfkohl, sollte fest und glänzend sein, läßt sich vielseitig verwenden: roh und fein geschn. als Rohkost und Salat, ged., gek. als Gemüse, als Püree ged. durch ein Sieb gestrichen und mit etwas Sahne, a. Speck verfeinert, süßsauer mit Essig, Honig und Ingwer in Öl angedünstet, paßt zu winterlichen Gerichten, für Suppen, Rouladen (↑ Krautwickel), zu (Schweine-)Fleisch, Würsten; usw., a. als Kuchenbelag, wird in Osteuropa gern geschmort und im übrigen oft zu ↑ Sauerkraut verarbeitet; gute Zeit Mai–Okt., hält sich im Gemüsefach des Kühlschranks bis 14 Tage, läßt sich unblanchiert sehr gut bis 3 Mon. einfrieren (Mittel-, Nord-, Osteuropa, China, Japan u. a.); ↑ a. bigos, Borschtsch, garbure, olla podrida

Wirsing(kohl, -kraut), Börsch-, Pörsch-, Welschkohl, Savoyer Kohl eines der zartesten Kohlgewächse mit platten oder runden, grünen oder (fester) gelben, kraus gewellten Blättern, angenehm würziger, fein nussiger Geschmack, darf keine Frostschäden haben, rasselt beim Schütteln; der helle Frühwirsing eignet sich für knackige Salate und feine Gerichte, der gelbe oder dunkelgrüne Herbst-, Winterwirsing für deftige Zubereitungen; sollte blanchiert und gut abgetropft, dann schonend kurz und ohne viel Fett gegart werden, eignet sich gek. oder ged. (mit Knoblauch, Kümmel, Lorbeer, Muskat, Rosmarin, Thymian usw. gewürzt, mit brauner Butter oder a. Crème fraîche übergossen) als Gemüse, zu Kartoffeln, kurzgebr. Fleisch, Leber, rohem Schinken, (Wild-)Geflügel, Edelfisch usw., für Suppen (↑ minestrone), Eintöpfe; gute Zeit Mai–Jan., hält sich im Gemüsefach des Kühlschranks bis 14 Tage, läßt sich blanchiert 6–12 Mon. einfrieren (Deutschland, Schweiz, Frankreich, Holland, England, Polen, Rußland u. a.)

Kohl|roulade   ↑ Krautwickel
-sprossen die Röschen des Blumenkohls; ↑ a. Kohl/Rosenkohl
-suppe aus Weißkohlstreifen, gepökeltem Schweinebauch, Porree und Kartoffelstücken, mit Kümmel gewürzt; ↑ a. bigos, Borschtsch, garbure, olla podrida
-wickel   ↑ Krautroulade

Kohle(n)hydrat organischer Grundnährstoff aus Kohlen-, Sauer- und Wasserstoff, wichtiger Energieträger, zu dem z. B. Stärke und Zucker gehören, 1 g liefert 4,1 kcal, 17 kJ; Kohle(n)hydrate entlasten die Leber und verbrennen Fett, machen also bei vernünftigem Tagesverbrauch (300–380 g, davon aber nicht mehr als 10 % in Form von Zucker!) nicht fett; sie sind u. a. enthalten in Mehl, Graupen, Grieß, Reis, Teigwaren, Vollkornnudeln, Getreide, Haferflocken, Hülsenfrüchten, Gemüse, Kartoffeln, (Vollkorn-, Knäcke-)Brot, Trockenobst, Honig, Zucker, Frucht-, Gemüsesäften u. a.

Köhler, Seelachs Dorschfisch aus dem Meer, wird in rot eingefärbten Scheiben als Seelachs angeboten und hat deshalb a. diesen Namen angenommen; festes, sehr mageres, etwas trockenes Fleisch, hoher Jod- und Kaliumgehalt; frisch, in Öl gek. oder geräuchert erhältlich, eignet sich für alle Zubereitungen außer Grillen, a. für Fischsuppen, Füllungen, Ragouts usw.; gute Zeit Jan.–Apr., Okt.–Dez. (Nordatlantik einschl. Nordsee, Skagerrak, Kattegatt)

Kohlrabi, Oberkohlrabi, Oberrübe [ital. *cavolo*, Kohl, *rapa*, Rübe] rundlich verdickter Stengel eines Kohlgemüses, jung zart und bekömmlich, hellgrün (meist aus dem Treibhaus, mild) oder blau-violett (meist vom Freiland, aromatisch), feiner, delikater Geschmack; Knollen sollten glatt, ohne Risse und innen noch nicht holzig sein, die Blätter saftig grün; Kohlrabi sollte geschält und sofort verbraucht werden, wobei man die Blätter geh. mitverwenden kann; läßt sich als Rohkost zubereiten, daneben kochen, gratinieren, füllen als Beilage zu Fleisch, Schinken, Geflügel, für Eintöpfe, Suppen, Salate usw., die Blätter als spinatähnliches Gemüse; gute Zeit Apr.–Okt., hält sich im Gemüsefach des Kühlschranks 1–2 Tage, läßt sich blanchiert sehr gut bis 12 Mon. einfrieren; a. in Konserven erhältlich (Nordost-, Nordwestdeutschland, Österreich, Schweiz, Holland, Italien, Frankreich, Polen, Rumänien u. a.)

Kohlroulade   ↑ Kraut/Krautroulade

Kohlrübe, Boden-, Erd-, Schmalz-, Steckrübe, Dorsche schmackhaftes, gesundes Gemüse, fleischige gelbe Wurzelknolle aus einer Kreuzung zwischen Kohlrabi und Herbstrübe; bei den neuen Sorten ist der früher holzerdige Geschmack herb-süßer Zartheit gewichen, die sich mit etwas Zucker beim Garen noch mildern läßt; gekocht oder püriert zu kräftigen Aufläufen, Eintöpfen, Braten, a. als Salat und (gef.) Gemüse; gute Zeit Sept.–Apr., kann im Keller gelagert und in Scheiben, geraffelt oder als Fertiggericht bis 6 Mon. eingefroren werden (urspr. westl. Mittelmeerraum, heute alle gemäßigten Zonen)

Kohlsprossen   österr.: Rosenkohl

Kohl und Pinkel fetter Eintopf aus braun gek. Grünkohl, Pinkel, Kasseler Rippenspeer, Kochwürsten und frischem gestreiftem Speck, wird nicht vor dem ersten Frost gegessen (Bremen – Hauptgang des Schaffermahls –, Niedersachsen, Westfalen)

Kohlwurst nordd.: grobe Kochmettwurst aus Schweinefleisch und -masken, manchmal a. etwas Rindfleisch, wird warm verzehrt

Kokos(nuß) [span. *coco,* Äffchen, Narrengesicht] Steinfrucht der Kokospalme, des restlos nutzbaren «Baumes des Himmels» der Inder, mit lederiger Haut, faseriger Hülle und harter Schale, in der sich Wasser und Fruchtfleisch befinden, wird meist ohne Außenhaut und Faserhülle angeboten, sollte wenigstens etwas Wasser enthalten, was durch Schütteln festzustellen ist.
Um sie zuzubereiten, durchbohrt man mit Nagel, Ahle, Korkenzieher o. ä. die dunklen Keimstellen der Schale, läßt die Flüssigkeit ausfließen und erhitzt die Nuß im Ofen, damit sie aufspringt; darauf werden die Schalen zerschlagen und das Fruchtfleisch herausgelöst; kann frisch geknabbert oder als Beilage verwendet werden zu ind., indon., malaysischen oder anderen exot. Gerichten, Curries, zu Fleisch, Geflügel, Meerfrüchten, a. Süßspeisen usw.; ↑ a. Kokosflocken; hält sich ungeschält, geschält, am Stück oder gerieben eingefroren bis 1 Mon. (urspr. Melanesien, Malaysia, Afrika, heute alle trop. Küsten); ↑ a. Kopra

Kokosnüsse in der hohen, biegsamen Palmkrone

Kokos|berge Dauerbackware aus Kokosflocken mit Eigelb, Zucker und Wasser, in kl. Häufchen gebacken und mit Puderzucker bestreut

-creme, -cremepaste aus püriertem Kokosfleisch, in Dosen erhältlich, ungesüßt als aromatisches Fett zum Backen, gesüßt für Desserts

-fett, -butter, -öl ↑ Öl/Sorten

-flocken, -raspeln aus getr. Kokosfleisch, nahrhaft und aromatisch, für Backwaren, Saucen, Speiseeis, ungeröstet als Zutat zu Obstsalaten, Puddings, als Füllung in Teig usw., geröstet zu Currygerichten, über Früchte zu Fleisch, in salzigem oder süßem Reis usw.; a. Zuckerware aus nicht entöltem geraspeltem Kokosfleisch in Fondantmasse

-makronen Makronengebäck aus Kokosflocken, Eiweiß und Zucker, evtl. Mehl oder Stärke, a. Eigelb, Malz, Gewürzen, Honig usw.

-milch Gemisch aus fein geriebenem Kokosfleisch und warmem Wasser oder Milch, kohlensäurehaltig, fettfrei und aromatisch, bei Gastritis ratsam, zum Ablöschen von Currygerichten, für Saucen usw.; als Konzentrat a. in Dosen erhältlich

-sahne eingedickte Kokosmilch, a. in Dosen erhältlich

-schokolade Schokolade mit mind. 5% und max. 40% Kokosflocken

-wasser die Flüssigkeit im Innern der Kokosnuß, erfrischend aromatisch

Kokosette österr.: Kokosflocken

kokum die abgeschälte, getr. Haut der Frucht des Garciniabaums, salzig-saurer Geschmack, als Gewürz und Säuerungsmittel verwendet (Südostasien, trop. Länder)

koláč tschech.: Kolatsche

Kola|nuß, Cola-, Gurunuß Nuß des Kolabaums, leicht bitterlich, anregend und erfrischend, meist luftgetrocknet erhältlich

-schokolade koffeinhaltige Schokolade aus Kakaobutter und Kolapulver oder -auszügen

Kolatsche, Golatsche flacher runder oder quadratischer Hefekuchen, mit Quark, Mohn, a. Pflaumen-, Himbeermarmelade usw. gefüllt, kann überbacken werden, schmeckt frisch bes. gut (urspr. Böhmen)

kolbász ung.: Wurst, insbes. Rohwurst aus Rind-, Schweinefleisch und Speck, mit Paprika und Pökelsalz gewürzt

Kolbenhirse kleinkörnige Hirse (China, Japan, Zentralasien, Indien)

kolde bord [dän.: kalte Platte] kaltes Büfett in der Art des schwed. ↑ smörgåsbord

kolduny kl. Teigklößchen, mit Fleischfarce gefüllt, mit brauner Butter übergossen und mit saurer Sahne serviert (Baltikum, Polen)

Kollath-Kost [Prof. Dr. Werner Kollath, 1892–1970, dt. Arzt und Ernährungsforscher] Vollwerternährung nach sechs Wertstufen von «besonders» bis «nicht empfehlenswert»

Kölle Küchenkraut, ↑ Bohnenkraut

Kölner Kaviar, Kölscher Kaviar [Köln, Stadt beidseits des Rheins in Nordrhein-Westfalen] Imbiß aus enthäuteter, in dicke Scheiben geschn. geräucherter Kräuterblutwurst mit feinen Zwiebelringen und scharfem Senf zu gr. Roggenbrötchen

Kölner Leberwurst Kochstreichwurst aus mind. 40 % Schweineleber, Schweinefleisch, Flomen und Speck, ungeräuchert und frisch im Handel

kolokýthi ngriech.: Kürbis

Kolombine Grießkrokette, ↑ colombine

Kolozsvári rakott káposza ung.: Klausenburger Krautauflauf

Kölscher Kaviar ↑ Kölner Kaviar

Kolumbianischer Pfeffer Gewürzschote, ↑ Chili

Komarowskisalat Scheibchen von gebr. Hühnerbrust, Hummer und rohen Champignons, Chicoréestreifen in Kräutermarinade mit geh. Estragon

kombu jap.: brauner Zuckerriementang, breitblättriges, süßliches Meergemüse, hoher Glutamatgehalt; Würzmittel für Fleisch und Fisch, a. Suppen und Tees; ↑ Alge

kome jap.: Reis

Kommißbrot [Kommiß, ugs. Heeresvorräte, Militär] ↑ Brot/Sorten: Roggenmischbrot

Kommodoren-Art, à la commodore [engl. *commodore*, Geschwaderkommandeur bei der Marine] Garnitur aus Fischklößchen, Krebsschwanzkroketten und Miesmuscheln, zu Meerfischen in sauce normande mit Krebsbutter; gebundene Fischbrühe mit pochierten Miesmuscheln und Tomatenwürfeln

Kompott in Zuckerlösung ged., gek. Obst; ↑ a. Dunstfrüchte

Kompottfrüchte, Kompottobst Obstkonserve, tafelfertiges Erzeugnis, ↑ a. Dunstfrüchte

konāfa ägypt.: süßer Makkaroniteig mit Mandeln, Nüssen und Sirup

Kondensmilch durch Eindicken und Wasserentzug kondensierte Milch

konbu Palmentang, getr. als Suppengrundlage, Würze zu Fleisch, Fisch usw. (Japan)

Konditorcreme ↑ Creme/Konditorcreme

Konditoreis ↑ Speiseeis/Creme-Eis

Konditorfarbe wasserlösliche Lebensmittelfarbe

Konfekt kl. feine Zuckerwaren; Schweiz: Kleingebäck

Konfettisalat Mainz: Heringssalat

Konfitfrüchte kandierte Früchte, ↑ Belegfrüchte

Konfitkirsche kandierte Kirsche

Konfitüre streichfähige Zubereitung aus Mark oder Pulpe einer Frucht (ausgen. Äpfel, Birnen, nicht steinlösende Pflaumen, Kürbis, Melone, Weintrauben) mit Fruchtstücken oder -fleisch und Zuckersirup, läßt sich a. in der Mikrowelle einkochen; bei Zimmertemperatur aufzubewahren, läßt sich gut bis 8 Mon. einfrieren; ↑ a. Marmelade

Koniferenhonig ↑ Honig/Waldhonig

Königin-Art, (à la) reine versch. feine Zubereitungsarten, meist Geflügel mit Kalbsbries, Champignons, Trüffeln usw. in Geflügelrahmsauce; ↑ a. Königinpastete, Königinsalat, Königinsauce, Königinsuppe

Königin-Isabelle-Salat [Isabella II., 1830–1904, span. Königin] Hummerscheibchen, Garnelen, Lachsstücke in Essig-Öl-Sauce, auf Kopfsalat angerichtet, mit roten Paprikastreifen dekoriert

Königin Margot, Reine Margot [Roman von Alexandre Dumas Vater, 1845] Garnitur aus Geflügelfarce mit Mandelpüree und Hühnerschaumklößchen mit Krebs- und Pistazienbutter, zu pochiertem (und damit gef.) Geflügel in sauce suprême mit Mandelmilch; Rahmsuppe aus Geflügelpüree, dünner Béchamelsauce, Mandelmilch und Sahne, als Einlage Klößchen aus Geflügelfarce und Pistazienpüree

Königinpastete, bouchée à la reine [nach der Königin Maria Leszczyńska, Gemahlin Ludwigs XV., 1703–1768] Blätterteigpastetchen mit Kleinragout aus gek. Geflügel-

und/oder Kalbfleisch, Champignons usw. in weißer Rahmsauce

Königinsalat Streifen von gebr. Hühnerbrust und Bleichsellerie in leichter Mayonnaise, mit Eierachteln und geh. Trüffeln garniert

Königinsauce, sauce à la reine Geflügelrahmsauce mit Hühnerbruststreifen und Sahne, zu Geflügel

Königinsuppe, consommé, purée à la reine leicht gebundene Geflügelkraftbrühe mit Einlage von Eierstich mit Hühnerpüree und Hühnerbruststreifen; Geflügelrahmsuppe mit Eigelb, Butter, Reis und Sahne, als Einlage Hühnerfleischwürfel

Königliche Art, Königs-Art, (à la) royale mit Eierstich; Garnituren aus Champignons, Geflügelklößchen, a. Gänseleberschnitten, zu pochiertem Geflügel in sauce royale, oder aus pochierten Austern, Fischklößchen, Champignons und Trüffeln, zu pochiertem Fisch (Forelle, Lachs, Steinbutt u. ä.); warme oder kalte Süßspeise (Pudding, Soufflé, Coupe usw.) aus erlesenen Zutaten; ↑ a. royale

Königlicher Salat gek. Spargelstücke in Kräutermarinade und Sahnemayonnaise, mit feingeh. Garnelen, Pökelzunge und Trüffeln garniert

Königsaal Dänemark: frischer Dornhai

Königsbalsam Würzpflanze, ↑ Basilikum

Königsberger Fleck [Königsberg, ostpreußische Stadt, heute russ. Kaliningrad] klein geschn., mit Wurzelgemüse in Fleischbrühe gek. Kutteln, mit Lorbeer, Majoran, Essig sowie Gewürz- und Pfefferkörnern gewürzt (Ostpreußen)

Königsberger Klops, Saurer Klops, Soßklops Klößchen aus Kalbs-, a. Rinder-, Schweinehack, in Wasser oder heißer Milch eingeweichten Brötchen mit feingeh. Salzhering oder Sardellen, Sellerie, Zwiebel und Lorbeerblatt, in kochender Fleischbrühe gargezogen, in mit Mehl, Eigelb und Sahne gebundener Sauce daraus gegart, mit Kapern und weißem Pfeffer gewürzt, mit Petersilie bestreut, dazu Salzkartoffeln und Bier (urspr. Ostpreußen, heute a. Berlin, Brandenburg u. a.)

Königsberger Marzipan ↑ Marzipan

Königsfisch Meerfisch, ↑ Gotteslachs

Königskrabbe, Japankrabbe, Kamtschatka-, Kronenkrebs gr. Meereskrebs, männl. größer und ergiebiger als weibl., aus Scheren, Beinen und Schwanz feines, sehr wohlschmeckendes Fleisch; meist in Konserven und/oder tiefgefroren, oft fälschlich als *Japan-Hummer* angeboten (Nordpazifik, Alaska, Beringsee, Rußland, Antarktis, Argentinien, Chile u. a.); ↑ a. Riesenkrabbe

Königskraut Würzpflanze, ↑ Basilikum

Königskuchen feiner Kastenkuchen aus Sandmasse mit Eiern, Butter, Korinthen, Rosinen, Sultaninen, Orangeat, Zitronat, mit Puderzucker bestreut
 – rheinische Art in einer mit Blätterteig ausgelegten, mit (Himbeer-)Konfitüre bestrichenen Form geb. Königskuchen mit Blätterteiggitter und mit kandierten Kirschen

konnyaku geleeartiger, durchsichtiger Laib aus Stärkemehl von der Aronwurzel, Suppeneinlage, Beilage usw. (Japan)

konomiyaki Art Pizza mit Fleisch und Gemüse (Japan)

Konserve durch Sterilisation, a. Pasteurisierung haltbar gemachte Nahrungs- und Genußmittel in luftdicht verschlossenen Dosen, Gläsern u. ä., trocken und lichtgeschützt aufzubewahren, hält sich als *Halbkonserve* (Fisch, gek. Schinken usw.) im Kühlschrank 6 Mon., bei +10 °C 3 Mon., als *Dreiviertelkonserve* (Brüh-, Leberwürste, Sülze usw.) bei +10 °C 12 Mon., als *Vollkonserve* mehrere Jahre, *Gemüsekonserve* 3–4 Jahre, *Obstkonserve* 2 Jahre; ↑ a. Präserve

Konservierungsmittel Stoffe, die Lebensmitteln zum Haltbarmachen und gegen Verderb in kl. Mengen zugesetzt werden (Alkohol, Kochsalz, Konservierungsstoffe, Zucker usw.), müssen gesundheitlich unbedenklich sein und dürfen Geruch und Geschmack der betr. Nahrungsmittel nicht verändern

Konservierungsstoffe Zusatzstoffe, die Mikroorganismen in oder auf Lebensmitteln abtöten und dadurch den Verderb verzögern

Koogtäubchen Taube aus eingedeichtem Land am Meer mit salzreichem Futter

Kopenhagener (Gebäck), Dänischer Plunder [in Kopenhagen, der Hauptstadt Dänemarks, *wienerbrød* genannt] süßes Feingebäck aus gezogenem Hefe-, a. Blätter-, Strudelteig in versch. Formen, a. mit Früchten, Marmelade usw. gefüllt, mit Kardamom, Vanille usw. gewürzt; ↑ a. Plunder

Kopf in der Küchensprache Innerei von Kalb, Lamm oder Schwein, läßt sich als Ganzes oder in Stücken braten, fritieren, grillen, garziehen, schmoren

Kopfkohl ↑ Kohl/Rotkohl, Weißkohl, Wirsing

Köpfli schweiz.: gestürzte Flammeri-, Puddingportion

Kopfsalat Gruppe von Salatpflanzen, ↑ Salat/Sorten

Kopfstück Fleischstück, ↑ Kugel

Kopra fetthaltiges, getr., zerschn. Kernfleisch der Kokosnuß

Korallenpilz Pilzfamilie mit korallenähnlichem Fruchtkörper, ↑ Ziegenbart

Korbelkraut Würzkraut, ↑ Kerbel

Korbkäse Sauermilchkäse mit feinem Edelschimmel, 30–50% Fett i. Tr., mild würzig bis – mit zunehmendem Alter – leicht pikant (Deutschland)

Koriander, Wanzendill Würzpflanze, deren kugelige Samen bes. in der ausländischen Küche (Griechenland, Indien, Thailand, Südamerika) sehr verbreitet sind, wirken fieberhemmend, krampf- und schleimlösend, schmecken herbwürzig mit Laucharoma und süßlichem Nachgeschmack; vorsichtig dosiert sehr vielseitig verwendbar; ganz mitgek. zu Curries, exot. Gerichten, (Lamm-)Fleisch, Geflügel, Wildbeizen, Fisch, Schaltieren, Gemüsen (Blumenkohl, Rote Beten, Sellerie usw.), Pasteten, Gebäck usw., gemahlen mitgekocht zu Leber, Zunge, Hackfleisch, Würsten, Krustentieren, Marinaden, Hülsenfrüchten, Salaten, Rohkost, Saucen, Chutney, Fruchtkompott, Gebäck usw.; passende andere Gewürze: Gewürznelken, Lorbeer, Piment, Zwiebeln.
Koriandergrün, -kraut sind die frischen grünen Blätter der Pflanze, sie dürfen erst gegen Ende der Garzeit als Würze beigegeben werden (urspr. Nordafrika, Vorder-, Westasien, heute a. Ostasien, Rußland, Osteuropa, Mittelmeerländer u. a.)
    -öl dünnflüssiges Speiseöl, mild aromatisch

Korinthe [Korinth, griech. Hafen- und Handelsstadt] kl. kernlose getr. Weinbeere (Griechenland, Türkei), ↑ Rosine

Korinthenbrot Hefegebäck mit Korinthen und Vanillezucker; läßt sich gut einfrieren

korma ind.: schmoren; geschmort

Korn Samen von Getreide und Gräsern; (Brot-)Getreide; ↑ a. corn

Kornelkirsche, Dirlitze, Herlitze, Judenkirsche, Kroatzbeere Steinbeere des gelben Hornstrauchs, säuerlich herb und schwer vom Stein löslich, deshalb meist für Gelees, Kompotte, Marmelade verwendet (Mitteleuropa, Balkan, Vorderer Orient, Nordasien)

Körnerfrüchte ↑ Getreide

koschari Reis mit Linsen, Oliven und Zwiebeln (Ägypten)

koscher, kascher [hebr. *kašer*, einwandfrei, gesetzmäßig] nach den mosaischen Reinheitsgeboten, dem Kashruth des Talmuds zubereitet und verzehrt: Fleisch und Milch, Milchprodukte dürfen nicht zusammen gekocht und gegessen werden; Fleisch nur von geschächteten, ausgebluteten Wiederkäuern und Tieren mit gespaltenen Klauen (also kein Schwein, Esel, Pferd, Kamel, Wild, keine Fische ohne Schuppen, Bauchfüßler, Krustentiere, Muscheln, Frösche, Schnecken usw.); Butter und Milch nur zum Frühstück, u. a. m. (jüd. Küche)

koshin jap.: dünner ↑ Shiitake-Pilz

Köste Tirol: Eßkastanie

Blattstengel und pfefferkorngroße Früchte des Korianders

Köstliche Art geschmolzene Tomaten in ↑ Sauce/sauce hollandaise und kl. gek. Kartoffeln, zu Fisch; ↑ a. Köstlicher Salat

Köstlicher Salat Kopfsalatherzen mit Ananasecken, Orangenspalten und Tomatenscheiben in Sahne-Salatsauce

Köstliche von Charneu(x) Winterbirne, ↑ Birne/Sorten

koštrum slowen.: Hammel

Kotelett, Karbonade, Rippenspeer [frz. *côtelette*, Rippchen] knochenhaltige Scheibe aus der rückenseitigen Muskulatur, dem Kotelettstrang von Kalb, Schaf oder Schwein, zum Kurzbraten; *Stiel-, Herz-, Mittel-, Rippenkotelett:* Fleischscheibe mit gebogenem Rückenknochen von Kalb, Schaf oder Schwein; *Lummer-, Filet-, Lendenkotelett:* mit Filetstückchen, vom Schaf mit Rippenknochen (↑ Lamm/Fleischstücke, Chop), vom Schwein fast ohne Rippenknochen; *Kamm-, Nackenkotelett:* nur mit kl. Halswirbelknochen, hoher Fettgehalt, eignet sich bes. zum Panieren, Füllen; Fisch: Seitenteil ohne Gräten; ↑ a. Karree, Kasseler Rippe(n)speer

kotópulo ngriech.: Huhn

kött schwed.: Fleisch
– **bullar** Fleischklößchen, Frikadelle

koumis fermentierte Stutenmilch, ↑ kumiß

Kouskous orient. Getreidegrieß, ↑ couscous

koyun türk.: Hammel

Krabbe Kurzschwanzkrebs aus dem Meer mit breitovalem oder mehreckigem Rumpf, ↑ Blaukrabbe, Königskrabbe, Schwimmkrabbe, Taschenkrebs u. a.; ugs. (biologisch aber falsch) a. Nordseekrabbe, ↑ Garnele/Nordseegarnele

Krabben|brot ↑ krupuk
 -fleisch Fleisch entschälter, gek. Nordseegarnelen
 – in Schale, Speisekrabben Fleisch nicht entschälter, gek. Nordseegarnelen

Kräbeli Baden: Anisgebäck

Kracherle, Krächerle Baden: geröstete Brotwürfel

Krachmandel, Knackmandel süße Mandelsorte mit dünner, poröser Schale (Spanien, Südfrankreich u. a.)

Krachsalat ↑ Salat/Eisbergsalat

Krähenbeere, Frucht eines nordischen Heidekrautes

Kräcker Dauerbackware, ↑ Cracker

Kraftbrühe ↑ consommé

Kraftfleisch ↑ corned beef

Kraftmehl Kartoffel-, Stärkemehl

Kraftsauce ↑ demi-glace

Krähenbeere, Grambeere schwarze oder rote Frucht einer Heidekrautpflanze, säuerlicher Geschmack, wird in Skandinavien gern als Kompott gegessen (Nordeuropa, Nordasien, Nordamerika); ↑ a. cranberry, Moosbeere

Krakauer [Krakau, alte poln. Kulturstadt an der oberen Weichsel] grobe Brühwurst aus Rind-, Schweinefleisch und Speck, a. («gebrüht») Fettgewebe, oft mit Knoblauch oder Kümmel gewürzt, nachgeräuchert als Dauerware; ↑ a. Rohe Krakauer

Krakauer Art mit Sardellenstreifen gespicktes Fleisch in Madeirasauce

Krake, Achtfuß, Oktopus Meeresweichtier, achtarmiger, schalenloser Tintenfisch, das feste, magere Fleisch des kl. jungen Tieres ist zart und schmackhaft, muß aber meist weichgeklopft, blanchiert und lange genug gegart werden, läßt sich backen, braten, dämpfen, pochieren, a. kleingeschnitten und/oder fritiert verwendbar (Atlantik, Nordsee, Mittelmeer, Westpazifik u. a.)

krakeling holl.: Brezel, kl. Kringel

Kram die inneren Teile von Schlachttieren, insbes. Herz, Lunge, Verdauungsorgane

Krammel Speckwürfel, ↑ Griebe

Krammelkirsche ↑ Kirsche/Süßkirsche

Krammetsbeere ↑ Wacholderbeere

Krammetsvogel, Wacholderdrossel jagdbare Singvogelart, sehr schmackhaft, oft unausgeweidet zubereitet, sollte heute aus Naturschutzgründen nicht mehr gejagt und gegessen werden (Mitteleuropa)

Kranbeere ↑ Preiselbeere

Kranawett, Kranewit bayer., österr.: Wacholderbeere

Kranichbeere nordische Sumpfbrombeere, ↑ Moltebeere

kransekage [dän.: Kranzkuchen] Festkuchen aus Ringen von Marzipanmasse, mit Eiweißspritzglasur überglänzt, zu dekorativem Turm zusammengesetzt (Dänemark, Norwegen)

Kranz, Frankfurter ↑ Frankfurter Kranz

Kranzdarm Dünndarm des Rindes

Kranzkuchen Backware aus Hefe- oder Plunderteig, oft mit Trockenfrüchten und/oder Füllung von Marzipan oder Nußmasse, meist geflochten und zu einem Ring geformt, nach dem Backen mit Fondant glasiert oder mit Zucker und Mandeln oder Nüssen bestreut

Krapfen in Teig getauchte, in Fett schwimmend ausgeb. Stücke Fleisch, Gemüse o. ä.; kugeliges Schmalzgebäck, ↑ Beignet, Berliner Pfannkuchen; nordd.: Eierkuchen

Krappe landsch.: Griebe

Kräppel Rheinland: Fastnachtsgebäck in der Art des ↑ Berliner Pfannkuchens

Kratzbeere ↑ Brombeere, Kornelkirsche

Krätzer landsch.: Flußbarsch

Kratzete, Eierhaber Eierkuchen aus Mehl, Milch, Eiern, Salz, wenig Zucker usw., in der Pfanne in Stücke getrennt und vermengt; zu Spargeln, Waldpilzen u. ä. (Baden)

Kräudele Griebenwurst aus reinem Schweinefleisch mit Knoblauch, Kümmel, Majoran, Muskat, Piment, Pfeffer (weiß) oder Blut, Knoblauch, Koriander, Majoran, Muskat, Piment, Pfeffer (schwarz)

Krausbeere ↑ Preiselbeere, Stachelbeere

Krause Endivie ↑ Salat/Endivie

Krause Glucke Speisepilz, ↑ Glucke, Krause

Krause Jägerschnitte Konfekt aus Eischnee mit geriebenen Mandeln und Pistazien auf Oblaten (Schwaben)

Krauseminze Gewürz- und Heilpflanze, ↑ Minze

Krausgebackenes in Fett schwimmend ausgeb. Mürbeteigstreifen, mit Zimtzucker bestreut

Krauskohl ↑ Kohl/Grünkohl, Wirsingkohl

Krauspetersilie ↑ Petersilie

Kraussalat ↑ Salat/Sorten

Kraut südd., österr.: (Rot-, Weiß-)Kohl
  -krapfen Bayern: Sauerkraut, geriebene Äpfel und Speckwürfel in Nudelteigtasche; Schwaben: mit Sauerkraut, Speck und Zwiebeln gef. Nudelteigstreifen, in Schmalz gedünstet
  -kuchen Hefeteigboden mit Mischung aus Weißkohlstreifen und Speckwürfeln (Schwaben)
  -pirogge Mürbe- oder Hefeteigtasche mit Füllung aus Weißkohl, Schinkenwürfeln, geh. harten Eiern usw. (Rußland)
  -roulade, -wickel in Weißkohl- oder Wirsingblatt gerollte würzige Füllung aus Schweinemett, Hackfleisch, Speckwürfeln, eingeweichten Brötchen usw. und Sauerkraut, mit Kümmel, Paprikapulver, Petersilie, Pfeffer u. a. gewürzt, viele reg. Varianten; dazu meist Salzkartoffeln mit kroß gebr. Speckscheiben (Südwestdeutschland u. a.)
  -spätzle Spätzle mit Sauerkraut, gebr. Speck-, Schinkenwürfeln und Zwiebeln (Schwaben)
  -strudel mit ged. Weißkohl, Schinkenwürfeln und geröstetem Paniermehl gef. Strudel, im Ofen gebacken (Österreich)
  -suppe ↑ kapusniak
  -wickel ↑ Kraut/Krautroulade

Krautbeere Heidefrucht, ↑ Preiselbeere

Kräuter, Küchen-, Würzkräuter Würz-, Heilpflanzen, deren oberirdische Teile nicht verholzen und deren grüne Blätter Aromastoffe enthalten, je frischer (und möglichst ungewaschen), desto aromatischer und wesentlich besser als getrocknet; reich an Vit. und Spurenelementen, wecken Appetit, regen Verdauung und Stoffwechsel an, sollten i. a. kurz vor Gebrauch mit den Fingern zerzupft oder fein geschnitten, aber nicht gehackt und erst beim Servieren zugegeben werden (Bohnenkraut, Liebstöckel, Thymian dürfen mitkochen); bleiben in einem Glas mit Wasser oder einem feuchten Tuch im Gemüsefach des Kühlschranks frisch,

KRÄUTER-VADEMEKUM

Name	frisch verwenden	getrocknet im Handel	läßt sich trocknen	läßt sich einfrieren	läßt sich in Essig einlegen	läßt sich in Öl einlegen
Basilikum		×	×	×	×	×
Bohnenkraut		×	×	×	×	
Dill		×		×	×	
Estragon		×		×	×	×
Gartenkresse	×					
Kerbel				×		
Liebstöckel			×	×	×	
Majoran		×	×	×		
Minze			×	×		
Oregano	×	×				
Petersilie		×		×	×	
Pimpinelle				×		
Portulak	×			×		
Rosmarin		×	×	×	×	×
Salbei		×	×	×		
Schnittlauch	×			×		
Thymian		×	×	×	×	×
Tripmadam	×					
Zitronenmelisse				×	×	

können in einem Topf an geschütztem Platz (Wintergarten u. ä.) überwintern, sind in Essig oder Öl eingelegt und dunkel, kühl aufbewahrt einige Monate haltbar, lassen sich i. a. gewaschen, unblanchiert gehackt, a. getrocknet gut bis 6 Mon. tiefkühlen; ↑ bouquet garni, Fines herbes, Gewürze, Provencekräuter und einzelne Stichwörter

Kräuter|bissen ↑ Gabelbissen
 -bonbon ↑ Hustenbonbon
 -bukett, -bündel ↑ bouquet garni
 -butter, beurre aux fines herbes Butter mit Zusatz von Kräutern, zu Hackbraten, Steaks, gegr. Fleisch und Gemüse, ged. und gebr. Fisch, Reis, Teigwaren, über Gemüse, Kartoffeln, als Brotaufstrich usw.
 -essig ↑ Essig/Sorten: Gewürzessig
 -happen ↑ Gabelbissen
 -hering, Gewürzhering bes. gr. und fetter Hering, ausgenommen und ohne Kopf, mild gesalzen und mit Gewürzen, Kräutern gereift
 -käse harter Ziegerkäse, a. Frisch-, Schmelzkäse mit Zusatz von Kräutern; ↑ a. Schabziger
 -marinade Salatsauce aus 1 Teil Essig, 2–3 Teilen Öl sowie feingeh. frischen Kräutern (Dill, Estragon, Petersilie, Pimpernell, Schnittlauch u. ä.)
 -mayonnaise Mayonnaise mit feingeh. frischen Kräutern (Kerbel, Kresse, Petersilie, Sauerampfer u. ä.)
 -öl ↑ Öl/Sorten
 -quark Frischkäse mit bis 15% frischen Kräutern
 -sauce ↑ Sauce/sauce aux fines herbes
 -senf Senf/Sorten
 -sträußchen ↑ bouquet garni

Krautfleisch ↑ Székely-Gulasch

Krautkrapfen ↑ Kraut/Krautkrapfen

Krautsalat gehobelter Rot- oder Weißkohl mit Apfelwürfeln in Essig-Öl-Sauce

Krautstiele schweiz.: Mangold

Krautwickel südd., österr., schweiz.: Kohlroulade, Krautroulade

Krautwurst Kochstreichwurst aus Schweinefleisch, -masken, Binde-, Fettgewebe, Leber und gek. Weißkraut, a. Semmeln, frisch oder geräuchert erhältlich (urspr. Schlesien)

Kräwe Mischung aus gek. Sauerkraut und Kartoffelpüree, zu (Schweine-)Fleisch, Würsten u. ä. (Mosel)

Krebbel Rheinland: Gebäck nach Art des Berliner Pfannkuchens

Krebs im Wasser lebender Gliederfüßler mit von Chininpanzer umhülltem Leib; ugs. a. für ↑ Flußkrebs; ↑ Blaukrabbe, Einsiedlerkrebs, Garnele, Hummer, Languste, Schwimmkrebs, Steinkrabbe, Taschenkrebs u. a.

Krebs|butter, beurre d'écrevisses feingestoßene Schalen und Abfälle von Krebsen, Röstgemüse, Gewürze usw. in Butter oder Butterfett, als Brotaufstrich, für Suppen, Füllungen, Saucen und Krustentiergerichte
  -nasen fleischige Kopfbruststücke von abgek. Flußkrebsen ohne Schwanz und Scheren, gefüllt als Beilage oder Dekoration
  -pulver, -mehl gemahlene Schalen, Scheren und/oder Fleisch von Flußkrebsen
  -schwänze Fleisch aus den abgek. Schwänzen von Flußkrebsen, a. als Vollkonserve im Handel
  -suppe Samtsuppe aus Krebskrusten und einer neutralen Brühe; mit getr. Krebspulver o. ä. auch als Vollkonserve im Handel
  -tiere ↑ Krustentiere

Krem, Kreme eingedeutscht für ↑ Creme
  -eis ↑ Speiseeis/Creme-Eis

Krempentrichterling Speisepilz, ↑ Trichterling

Kren südd., österr.: Meerrettich
  -fleisch gek. Rind-, a. Schweinefleisch mit Meerrettich (Österreich)

krendel süßes, brezelförmiges Gebäck aus Hefeteig mit Eigelb, Safran, Rum, Vanillinzucker, mit Puderzucker bestäubt, wird mit Butter oder süßlicher Schlagsahne gegessen und/oder in heiße Schokolade gestippt (urspr. Rußland)

krent holl.: Korinthe

krentenbol, -brood holl.: Korinthen-, Rosinenbrot

Kreolen-Art, (à la) créole [Kreolen, in Südamerika geborene Nachkommen europäischer Kolonisten und/oder afrikanischer Neger] gesalzen mit Kreolenreis, Gemüsepaprika, Tomaten, Zwiebeln, süß mit Ananas, Bananen, Vanille, Rum

Kreolenreis in Salzwasser mit Butter körnig gek. Reis, der im Ofen in einem mit Butter ausgestrichenen Gefäß getrocknet wurde

Kreolensalat Streifen von Bleichsellerie und grünen Paprikaschoten mit körnig gek. Reis in gewürzter Mayonnaise, auf Kopfsalatblättern angerichtet

Kreolensauce mit Knoblauch in Öl angeschwitzte, mit Wein abgelöschte Tomatenwürfel, grüne, rote Pfefferschoten und feingeh. Zwiebeln in brauner Grundsauce, mit Cayennepfeffer und Zitronensaft abgeschmeckt, mit Pfefferschotenstreifen garniert, zu Meerfisch, Muscheln

kreplech Kräpfchen, kl. mit Hackfleisch gef. Nudelteigtasche, oft als Suppeneinlage (jüd. Küche)

Kresse krautige Gemüse-, Gewürzpflanze, Salat- und Küchenkraut, meist kurz für
Gartenkresse würzig-frisches, pikantes Aroma, scharfer rettichartiger Geschmack, sollte nicht gewaschen und (außer für Kräuterbutter, Quark) gehackt werden; zu klaren Suppen, kaltem Braten, Geflügel, gebr., ged. Fisch, Garnelen, Krebsen, Langusten, Eiergerichten, kalten Platten, Mayonnaisen, Remouladen, Saucen, Salaten, Sandwiches usw.; das ganze Jahr erhältlich, läßt sich auf der Fensterbank ziehen und zugedeckt im Kühlschrank aufbewahren (urspr. Nord-, Ostafrika, Südwestasien, heute a. Dänemark, Frankreich, Belgien, Holland, England u. a.); ↑ a. Keimling
Brunnenkresse, Bachkresse, Bornkassen, Wasserkresse, -senf, Weiße Kresse wächst wild an und in Gewässern, gute Zeit Sept.–Apr., wird a. (selten) angebaut, prickelnd scharf und rettichartig; frisch als Salat, (geh.) als Würze für Brühen, Suppen, Grillgerichte, Kartoffeln, Pilze, Fisch, Garnelen, Muscheln, kalte Saucen, Quark usw.: läßt sich als Rohkost oder (nur kurz gegart) wie Spinat verwenden; hält sich mit den Wurzeln in Wasser an kühlem Ort einige Tage (urspr. Westasien, Südosteuropa, heute a. Deutschland, Frankreich, Holland, Belgien, England, Portugal, USA u. a.); ↑ a. Löffelkraut, Wildkräuter

Gartenkresse im Karton

Kapuzinerkresse, Blumenkresse frische saftige Blätter geh. für (Misch-)Salate, junge Triebe feingeh. als Würze für Essig, Fleisch-, Geflügel-, Schaltier-, Eiergerichte, Quark usw., unreife Samen und geschlossene Knospen in Essig eingelegt als Kapernersatz, farbenfrohe Blüten als dekorative, eßbare Garnitur; gute Zeit Apr.–Okt. (urspr. Südamerika, heute a. ganz Europa u. a.)

Winterkresse, Barbarakraut herb säuerlich, für (Misch-)Salate, mit anderen Kräutern (Borretsch, Schnittlauch o. ä.) als Brotaufstrich, als Würze für Saucen, a. gek. als Gemüse (Südwesteuropa, Nordafrika, Asien, Nordamerika, Australien, Neuseeland)

Kretzer Bodensee: Flußbarsch

Kreude Rübensaft

Kreusel Gemüse- und Würzpflanze, ↑ Portulak

Kreuzkümmel, Cumin, Haferkümmel, Kumin, Mutter-, Pfaffen-, Pfefferkümmel, Römischer, Welscher Kümmel dem gewöhnlichen Kümmel verwandtes Gewürz, jedoch besonderes, eigenwillig scharfes Aroma; läßt sich als Mischgewürz, zu ind., mexikanischen, Curry-, Reisgerichten, (Linsen-)Suppen, Hackfleisch, Hülsenfrüchten, für Eintöpfe, Brote, Kekse, Kuchen usw. verwenden; hält sich verschlossen und dunkel, kühl, trocken gelagert bis 3 Jahre, gemahlen jedoch nicht länger als 1 Jahr (China, Indien, Iran, Ägypten, Syrien, Libanon)

Kreuzmuster-Teppichmuschel, vongola eßbare, feine ↑ Venusmuschel aus dem Meer, möglichst frisch gedünstet oder pochiert, a. roh sehr schmackhaft (Atlantik, Mittelmeer); ↑ a. Teppichmuschel

Krevette Schwimmkrebs, ↑ Garnele

Krickente Entenrasse, ↑ Ente/Wildente

Kriebelnuß kl. Walnußsorte

Krill kl. Leuchtkrebs aus dem Meer, hoher Eiweißgehalt

Kringel ringförmiges Backwerk, Brezel

Kristallkraut Gemüsepflanze, ↑ Eiskraut

Kristallraffinade, -zucker ↑ Zucker/Raffinade

Kroatzbeere schles.: Brombeere, insbes. wildwachsende Waldbrombeere; a. Name der Kornelkirsche

kroepoek [indon., ausgespr. *krupuk*] Krabbenbrot, ↑ krupuk

Krokant, Grillage knusprige Masse aus harten, zerkleinerten Nüssen (Erdnüsse, Mandeln, Pekannüsse, Pistazienkerne, Walnüsse u. ä.) und karamelisiertem Zucker, für Konditorei- und Zuckerwaren; ↑ a. Nougat, Brauner

Krokette, Krustel, croquette in Fett ausgeb., goldbraun paniertes Bällchen, Plätzchen, Rolle meist aus Kartoffeln, Eiern, Mehl und Muskat, aber a. aus Fleisch, Fisch, Gemüse, Reis usw., zu Braten, Wild, Pfannen-, Zwischengerichten, Gemüsen usw.

Krokodil Kriechtier aus dem Süßwasser der Tropen und Subtropen mit festem weißem Fleisch – am zartesten vom Schwanz – von hühnchen-, kalbfleischähnlichem Geschmack, wird zur Verwertung in Farmen gezüchtet (Australien, Südafrika)

Kromeski, cromesqui in Eierkuchen- oder Speckstreifen gehüllte Krokettenmasse aus Fleisch, Fisch, Kartoffeln, Gemüse usw., durch Backteig gezogen und fritiert, warm serviert, a. gezuckert als Süßspeise; Polen: dünner, durch Backteig gezogener Eierkuchen; Rußland: in Schweinenetz gehüllte, durch Backteig gezogene Krokettenmasse

krompir, krompira slowen., serbokroat.: Kartoffel

Kron ↑ Kronfleisch

Kronawettbeere österr. u. a.: Wacholderbeere

Kronenbraten, crown roast rund zu einer Krone gebogener Kotelettstrang vom Kalb, Schaf oder Schwein, im Ofen gebraten; a. aus zusammenhängenden Würstchen herstellbar

Kronenkrebs gr. Meereskrebs, ↑ Königskrabbe

Kronenschinken ↑ Schinken/Kernschinken

Kronfleisch Zwerchfellfleisch vom (jungen) Rind, meist mit Möhren, Porree, Sellerie, Zwiebeln leicht gekocht und mit Essiggurken, frisch geriebenem Meerrettich und grobem Salz auf Holzteller serviert, dazu Brezen oder Holzofenbrot (Bayern, Österreich); ↑ a. Rind/Fleischstücke

Kronsardine, Kronsild Kaltmarinade aus kl. ausgenommenen, nicht entgräteten Ostseeheringen ohne Kopf, mild und zart; mit Zwiebeln gewürzt a. Russische Sardine genannt (Skandinavien)

Kronsbeere niederd.: Preiselbeere

Kronsild ↑ Kronsardine

Kropffelchen Bodensee: kl. Bodenrenke

kropok indon.: Krabbenbrot, ↑ krupuk

Krüllbohne ↑ Bohne/Flageolettbohne

Krume das weiche, lockere Innere von Brot und anderen Backwaren

Krümeltorte Sauerkirschen mit gehobelten Mandeln zwischen zwei Böden von Teigkrümeln

krumpir serb.: Kartoffel

krumpli ung.: Kartoffel

krupnik Graupensuppe mit kleingeschn. Wurzelwerk, Zwiebeln, Eigelb, saurer Sahne und Zitronensaft (Polen)

krupuk, kroepoek, kropok hauchdünne, in Öl fritierte Scheibe aus gemahlenen Garnelen, Tapiokamehl und Gewürzen, zum Knabbern und als Beilage zu Nudel-, Reisgerichten oder Salaten (Indonesien)

Kruselbeere ↑ Stachelbeere

Kruspel österr.: Bindegewebe, Knorpel
  -spitz ↑ Rind/Fleischstücke

Krustade, Krustentörtchen, croustade meist blind gebackenes, warmes, mit Ragout aus Fleisch, Meeresfrüchten, Eiern, Pilzen usw. gef. Törtchen aus Blätter-, Mürbe-, Brotteig, Grieß, Kartoffelmasse oder Reis, als Vorgericht

Krustazeen ↑ Krustentiere

Krustchen, Krüstchen eingedeutscht für ↑ croûton

Kruste äußere dichte Rinde des Brots; a. ausgehöltes Weißbrotstück als Pasteteneinsatz

Krustel ugs.: Krokette

Krusten(speise), croûte Teigböden oder Brotscheiben, getoastet oder in Butter, Öl geröstet, als (ausgehöhlte) Unterlage für salzige (Schinken, Meeresfrüchte, Pilze, Käse usw.) oder süße (Früchte, Marmelade, Nüsse usw.) Zutaten, oft überbacken

Krustenlikör ↑ Likörkonfekt

Krustenpastete ↑ Kastenpastete

Krustenpudding eingedeutscht für warme ↑ Charlotte

Krustentiere, Krebstiere, Krustazeen zehnfüßige Krebse aus dem Meer, a. Süßwasser, mit chininhaltigem Panzer, eine der ältesten Delikatessen der Welt, Nahrungsmittel schon des Urmenschen; werden in zwei Unterordnungen unterteilt: *Garnelen, garnelenartige Langschwanzkrebse* einerseits und *Panzerkrebse* anderseits; letztere teilen sich wiederum in drei Gattungen: *langschwänzige Bodenkrebse* (Flußkrebs, Hummer, Languste u. a.), *Mittelkrebse* (Einsiedlerkrebs, Steinkrabbe u. a.) und *Kurzschwanzkrebse, Echte Krabben* (Blaukrabbe, Schwimmkrabbe, Taschenkrebs u. a.)

kuài-zi chin.: Eßstäbchen

Kubanische Art [Kuba, sozialistische Republik in Westindien, die größte Insel der Großen Antillen] Garnitur aus mit Würfeln von Paprikaschoten und geschmolzenen gef. Torteletts, mit Knoblauch gewürzt zu kl. Fleischstücken

Kubanischer Salat Streifen von Bleichsellerie, grünen Paprikaschoten, Tomaten und Zwiebelringe in leichter Mayonnaise

Kuba-Spinat, Winterportulak frostharte Gemüsepflanze mit frischen grünen Blättern, mild und recht neutral im Geschmack, lassen sich als Salat oder spinatähnliches Gemüse verwenden; gute Zeit Nov.–Apr., halten sich im Gemüsefach des Kühlschranks bis 1 Wo. (urspr. Indianer Nordamerikas, heute a. Kuba, Nordwesteuropa, Australien)

kubba, kubbe arab.: Klößchen o. ä. aus geschabtem oder zerstampftem Hammelfleisch mit ↑ burgul oder gek. Reis und kleingeh. Zwiebeln

ku chai chin.: Schnittknoblauch

Kuchelkraut Würzkraut, ↑ Kerbel, Majoran

Kuchen größeres, in einer Backform geb. Gebäck aus Mehl, Eiern, Fett, Zucker und versch. Zutaten, wird je nach Grundsubstanz unterteilt in *Biskuit* (geschlagene Eier oder nur Eischnee), *Hefekuchen* (Hefe), *Mürbegebäck* (Butter oder ein anderes Fett), *Pulverkuchen* (Backpulver), *Weihnachtsgebäck* (Hirschhornsalz oder Pottasche); hält sich im Kühlschrank 3–6 Tage, läßt sich unverpackt oder verpackt bis 4 Mon. einfrieren und dann aufgetaut anrichten

Küchenbrigade die Arbeitsgemeinschaft aller Köche und Lehrlinge in einem gewerblichen Restaurationsbetrieb; dazu gehören u. a.:
  Küchenchef, chef de cuisine verantwortlicher Leiter der Küche
  Küchenchef-Stellvertreter, sous-chef Vertreter des Küchenchefs

Saucier, Saucenkoch [ausgespr. *ßoßjē*] für Saucen, Fleisch-, Geflügel-, Wild-, a. Fischgerichte, warme Vorspeisen

Rotisseur, Bratenkoch, rôtisseur [ausgespr. *rotißör*] für Grilladen, Gerichte aus (Brat-)Ofen und Friteuse

Poissonnier, Fischkoch [ausgespr. *poaßonjē*] für Fischgerichte

Entremetier, Gemüse- und Suppenkoch, entremétier [ausgespr. *ātrmätjē*] für Suppen, Gemüse-, Kartoffelgerichte, Getreide-, Eier-, Käsespeisen, Vollwertkost, vegetarische Gerichte

Garde-manger [ausgespr. *gardmäschē*] Überwachung der kalten Küche und Kühlräume, Verarbeiten und Zuschneiden von rohem Fleisch, Geflügel, Wild, Fisch, Herstellung von Salaten, kalten Vorspeisen, Saucen und Büfettgerichten

Patissier, Süßspeisenkoch, pâtissier [ausgespr. *patīßjē*] für Teig-, Süßspeisen, a. Teiggerichte für die warme Küche

Glacier, Eisspeisenkoch [ausgespr. *glaßjē*] Gehilfe des Patissiers, zuständig für Eisspeisen und Gefrorenes

küchenfertig vorbereitetes Lebensmittel, das nur noch gegart, evtl. gewürzt und mit Wasser, Milch, Salatsauce angerichtet werden muß

Küchenkäse Frischkäse, Quark

Küchenkräuter ↑ Kräuter

Küchenlauch Zwiebelgemüse, ↑ Porree

Küchenpolei Würzkraut, ↑ Thymian

Küchenschwindling Speisepilz, ↑ Knoblauchschwindling

Küchenzwiebel ↑ Zwiebel/Speisezwiebel

Kücken österr.: Küken

Kuddu kl. Melonenart (Vorderasien)

Kufelkraut Würzkraut, ↑ Kerbel

kufta orient. Fleischklößchen, ↑ kefta

Kugel, Kopfstück, Nuß Fleischstück aus der Rinderkeule, zum Braten, Schmoren; ↑ a. Nuß (Fleischstück)

kugel [jidd. *k'ugal,* rund] Mehlkloß, oft mit Nudeln und Obst als ↑ schalet zubereitet (jüd. Küche)

Kugelbarsch Süßwasserfisch, ↑ Kaulbarsch

Kuelfisch Meerfisch, ↑ Fugu

Kugelhupf Napfkuchen, ↑ Gugelhopf

Kügelipastete ↑ Luzerner Chügelipastete

Kugelschinken ↑ Schinken/Nußschinken

Kuh weibl. Hausrind nach dem ersten Kalben, ↑ Kuhfleisch, Rind; a. sonst weibl. Tier von Hirschen u. a.

Kuhblume Wildkraut, ↑ Löwenzahn

Kuhbohne Küchenkraut, ↑ Bockshornklee

Kuherbse Hülsenfrucht, ↑ Bohne/Augenbohne

Kuhfleisch Fleisch von mehr als 3 Jahre alten Kühen, die trächtig waren, als Bank- und Verarbeitungsfleisch verwendbar

Kuhhorn Küchenkraut, ↑ Bockshornklee

Kuhkäse mit Kümmel gewürzter Sauermilchkäse mit Edelschimmel (urspr. Schlesien, heute a. Franken)

Kuhmaul, Gelbfuß, Großer Schmierling guter Speisepilz, nach dem Pflücken muß Schleimschicht entfernt werden, gute Zeit Juli–Okt., nicht lange haltbar

Kuhpilz, Kuhröhrling Speisepilz, zäh-elastisches Fleisch, das sich beim Kochen lila färbt, läßt sich nur als Mischgemüse oder mariniert verwenden; gute Zeit Juli–Okt.

kuka ngriech.: Dicke Bohne

Küken ↑ Huhn/Züchtungen

Kukumer schweizerd.: Gurke

Kukuruz österr. u. a.: Mais

kulebjáka, kulibiak Pastete aus Hefe-, a. Blätter-, Mürbeteig mit versch. rezenten Füllungen (oft Lachs, Vesiga, Kohl, a. Fleisch, Reis usw.), immer aber hartgek. Eiern, wird mit flüssiger Butter begossen (Rußland)

kulinarisch [lat. *culina,* Küche] die Kochkunst betreffend

kulitsch Haubenkuchen in Form einer Pyramide, die den Berg Golgatha symbolisiert, aus Hefeteig mit Korinthen, Rosinen, kandierten Fruchtwürfeln, Kardamom, Rum,

Kuhpilz, im Herbst von den Küsten bis zu den Alpen anzutreffen

Vanille usw. mit Guß aus Wasser, Zitronensaft und Puderzucker, trad. russ. Ostergebäck

Kulör ↑ couleur

kultscha Fladen aus Hefe-Butter-Teig, wird von Hand gebrochen (Mittelasien)

Kulturchampignon Zuchtpilz, ↑ Champignon

Kulturheidelbeere gr. dunkelblaue Heidelbeersorte, fleischig, aromatisch und wenig Kerne, hoher Diätwert, haltbar und transportfähig, gute Zeit Juli–Sept. (Nordamerika, a. England, Holland, Norddeutschland, Polen)

Kulturpreiselbeere gr. Moosbeere, ↑ cranberry

kumbu jap.: Seetang, Braun-, Rotalge

Kumin Gewürz, ↑ Kreuzkümmel

kumiß fermentierte Stutenmilch, ↑ kumys

Kümmel, Brot-, Feld-, Matten-, Wiesenkümmel, Karbei getr. Spaltfrüchte der Kümmelpflanze, wirken appetitanregend, entkrampfend, magenfreundlich, intensiver, leicht anisartiger süßlicher Geschmack; ganz, gemahlen, zerquetscht (am kräftigsten) oder geschrotet erhältlich, als Würze zu fetten Speisen, Hammel-, Schweinefleisch, Kohl- und Zwiebelgerichten, Sauerkraut, Krautsalat, (gratinierten) Kartoffeln, Käse, Brot, (salzigem) Gebäck usw.; hält sich dunkel, kühl und trocken aufbewahrt bis 4 Jahre (urspr. östl. Mittelmeerländer, heute a. ganz Europa, Rußland, Ägypten u. a.); ↑ a. Kreuzkümmel, Schwarzkümmel
   Langer – Gemüsepflanze, ↑ Fenchel
   Römischer – Gewürz, ↑ Kreuzkümmel
   Süßer – Würzpflanze, ↑ Anis
   Welscher – Gewürz, ↑ Kreuzkümmel

kumpis litauisch: (geräucherter) Schinken

Kumquat, Cumquat, Nagami, Zwergorange, -pomeranze kl. pflaumengroße Zitrusfrucht, Schale würzig süß, Fruchtfleisch säuerlich herb; läßt sich, da nicht chemisch behandelt, samt Schale essen, zu Konfitüre verarbeiten, paßt als Dekoration, Garnitur und Aromageber in Blatt-, Obstsalate, Süßspeisen, Speiseeis, auf Kuchen, a. (in kl. Scheiben statt Orangenscheiben) zu Fleisch, Wild, Ente, Curries usw.: kühl zu lagern und schnell zu verbrauchen; kann a. in Sirup oder Alkohol eingelegt werden (urspr. China, Vietnam, heute a. Japan, Afrika, Israel, Marokko, Italien, Brasilien, Nordamerika); ↑ a. Limequat

Langusten, Krustentiere ohne Scheren, aber mit feinstem Fleisch im Schwanz

Kumst landsch.: Sauerkraut

kumys, kumiß russ.: gegorene Stutenmilch, dem Joghurt ähnlich

kunafa Süßspeise aus Teigfäden mit Honig und Nüssen (Vorderer Orient)

kūnbù chin.: Braunalge

kunci indon.: Gewürz aus der Kurkumawurzel, leicht erdiger Geschmack

Küngel schweizerd.: Kaninchen

Kunstdarm aus natürlichen oder synthetischen Erzeugnissen hergestellte Wursthülle, nicht zum Mitverzehr; ↑ a. Naturdarm

Kunsthonig ↑ Invertzuckercreme

Kunstspeiseeis ↑ Speiseeis

Kupfer chem. Element, ↑ Spurenelemente

kuping indon.: Ohrlappenpilz

Kürbchen Name für kl. Kürbisgewächse, meist als Marrow, Zucchini usw. angeboten

Kürbis [lat. *cucurbita*] gr. Frucht einer am Boden rankenden Gemüsepflanze, leicht verdaulich, wirkt kräftigend, regenerierend, vitalisierend, schmeckt mildsüßlich nussig; sollte unversehrte Schale ohne Druckstellen, Flecken haben und nicht überreif sein, als Sommerkürbis nur wenige Tage haltbar, als Winterkürbis an kühlem, trockenem Ort bis zum Frühjahr haltbar, angeschnitten in Folie im Gemüsefach des Kühlschranks bis 10 Tage, läßt sich ungekocht nicht tiefkühlen (urspr. bei den Indianern Südamerikas); unzählige Arten, darunter:
   Flaschenkürbis, Kalebasse festes weißes Fruchtfleisch, milder Geschmack, kann nicht roh gegessen, unreif jung jedoch als Kochgemüse zubereitet werden (urspr. südl. Zentralafrika, heute alle trop., subtrop. Zonen); ↑ a. Dudhi
   Gartenkürbis, Gemüse-, Sommerkürbis wird halbreif geerntet, dünne Haut, helles wäßriges Fleisch, kurze Garzeit, gute Zeit einh. Mitte Juni–Okt.; hält sich kühl und trocken aufbewahrt bis 2 Wo. (urspr. Südamerika, Mexiko, Westindien, heute a. Frankreich, Spanien, Israel sowie Deutschland u. a.); ↑ a. Chayote, Marrow, Zucchetto
   Patisson, Bischofsmütze, Melonenkürbis, squash urspr. Kreuzung zwischen Gurke und Kürbis, platt und

rund, kalorienarm, muß jung nicht geschält werden, weißes, süßliches Fleisch, wird als Beilage zu Gerichten sautiert und/oder gefüllt; gute Zeit einh. Juli–Okt., läßt sich geschält und in Stücken blanchiert gut bis 6 Mon. tiefkühlen (urspr. Südamerika, heute a. Südafrika, Europa)

Riesenkürbis, Moschus-, Speise-, Winterkürbis wird reif geerntet, dicke Schale, gelbes Fleisch, roh nicht genießbar, gedünstet, gratiniert, gekocht püriert jedoch als Gemüse, a. für Suppen, Chutneys, Kompott verwendbar, eingelegt als Essiggemüse; gute Zeit einh. Sept. bis erster Frost; hält sich kühl und trocken aufbewahrt mehrere Mon., als Schnitze in Folie im Gemüsefach des Kühlschranks bis 10 Tage, kann roh bis 6 Mon. tiefgefroren werden (urspr. Brasilien, Mexiko, heute alle gemäßigten Zonen, v. a. Italien, Frankreich, Griechenland)

Spaghettikürbis das faserige Fleisch bildet im Innern spaghettiähnliche Fäden, die herausgelöffelt oder mit der Gabel herausgezogen werden können, sehr kalorienarm, für Diabetiker geeignet, werden warm wie Spaghetti zubereitet oder kalt mit pikanten Saucen; gute Zeit Aug.–Dez. (urspr. Japan, heute a. Israel, Frankreich u. a.); ↑ a. Anquito, Rondino, Schlangenkürbis

Kürbis|brot Brot aus Hefeteig und Kürbispüree, mit Kürbiskernen, Gewürznelken, Ingwer, Zimt gewürzt und mit Kürbiskernen bestreut, im Ofen goldbraun gebacken (Ostpreußen)

-kerne Kerne des Gartenkürbis, nicht nur wohlschmeckend, sondern a. gesund: reich an ungesättigten Fettsäuren, regen Blase und Niere an, stärken Prostata, ganz oder als Granulat erhältlich; zum Knabbern oder als Würze zu Brot, Kuchen, Müesli, Pasteten, Hackfleisch, pikanten und süßen Salaten usw.

-kernöl ↑ Öl/Sorten

Ohne Kurkumawurzeln kein Curry

kuritsa russ.: Huhn

Kurkuma, Gelber Ingwer, Gelbwurz, Indischer Safran knollig verdickte Wurzel eines Ingwergewächses, getrocknet oder fein gemahlen im Handel, gut bekömmlich, gallen-, magenfreundlich, schmeckt mild pfeffrig und leicht bitter; färbt Speisen gelb, als Würze für Currymischungen, Reisgerichte, gek., ged. Geflügel, Krustentiere, Blumenkohl, Mayonnaisesalate, Senfsaucen usw. (urspr. Ost-, Südindien, Südchina, heute a. Südostasien, Westindien); Name a. für Stärkemehl aus dem Pfeilwurz

Kurpflaume ↑ Trockenpflaume

kurumb arab.: Kohl, Kraut

Kurzschwanzkrebs ↑ Krustentiere

Kurz und Klein Baden: ↑ Schweinsknöchel

kuskus, couscous, saksū arab. Grundnahrungsmittel aus gemahlenen, zu Kügelchen gerollten Getreidekörnern (im Norden v. a. Hartweizen, im Süden Hirse), die in einem Siebtopf über kochendem Wasser mit Fleisch, Gemüse usw., a. süß mit Datteln, Rosinen, Milch usw. gedämpft werden; oft stark gewürzt (Koriander, Lorbeer, Pfeffer, Rosmarin, Safran, Zimt usw.) oder mit starker Würzsauce, ↑ harissa (Nordwestafrika, a. Syrien, Naher Osten)

Küstenhecht Meerfisch, ↑ Seehecht

Küsterkuchen Teegebäck aus Butter, Mehl, Salz, Zucker, gemahlenen Mandeln, Bittermandelaroma, abgeriebener Zitronenschale und Rum, mit Puderzucker bestreut, wird gern mit Johannisbeergelee oder Pflaumenmus bestrichen; gut haltbar, läßt sich in Blechdosen aufbewahren (Deutschland)

kutjá Brei aus Graupen, Gerste oder Reis mit Honig und Rosinen (Rußland)

Kuttelfleck Gericht aus ↑ Kutteln

Kuttelkraut ugs. Majoran; Österreich: Thymian

Kutteln, Kaldaunen die zarten, eßbaren Teile des Magen-Darm-Trakts (Pansen, Blätter-, Netz-, Labmagen, Dünndarm) des Rinds, in Frankreich, Italien u. a. auch vom Kalb oder Lamm, leicht verdaulich und eine kulinarische Delikatesse, sollten kleingeschnitten und vorgekocht gekauft werden; lassen sich in feine Streifen geschnitten mit Kräutern, Gemüsen, Gewürzen usw., a. als Salat nach vielen reg. Rezepten zubereiten; können verpackt bis 2 Mon. eingefroren und dann aufgetaut weiterverwendet werden (Schwaben,

Ostpreußen, Schweiz, Bulgarien, Italien, Frankreich, Spanien, arab. Länder, England, USA u. a.); ↑ a. tripes à la mode de Caen, trippa alla romana

Kutter(hilfs)mittel Mischung aus Kochsalz, Zitronensäure, Citrat und Schnellumrötungsmitteln zur Förderung des Wasserbindungsvermögens von Fleisch, für die Herstellung von Brühwürsten

kuttern [engl. *to cut*, schneiden] (Wurst-)Fleisch, Speck u. ä. im Fleischwolf oder Kutter fein zerkleinern

Kutterscholle vom Schiffkutter aus gefangene Scholle, bes. frisch

Kuvertüre, Couverture Schokoladenüberzugsmasse mit mind. 31% Kakaobutter und 2,5–16% fettfreier Kakaotrockenmasse, dunkel oder (mit Milch) hell; wird grobgehackt in warmem Wasserbad geschmolzen, kühlt unter Rühren bis kurz vor dem Erstarren ab und wird abermals im Wasserbad lau erwärmt, zum Überziehen von Back- und Konditoreiwaren

kuzu türk.: Lamm

kwas, kwaß gegorenes, säuerliches Getränk aus Roggenmehl oder -brot, heißem Wasser und Malz, a. Pfefferminze, Rosinen, Zucker, wird oft in Suppen verwendet (Rußland)

L

Lab Ferment aus der Schleimhaut des Magens junger Kälber, a. Schafe und Ziegen, das Milch gerinnen läßt

-käse, Süßmilchkäse aus mit Lab erwärmter Milch dickgelegter Käse wie Brie, Camembert, Emmentaler, Romadur, Tilsiter u. a.

labane cremiger, gesalzener Quark aus Schafmilch (arab. Länder)

Laberdan frischer, ausgenommener, geköpfter Magerfisch (Kabeljau, Leng, Lumb, Schellfisch, Seelachs), in Lake gesalzen und gelagert, in Fässern gelagert (Norwegen u. a.); ↑ a. Klippfisch, Stockfisch

Labmagen Drüsenmagen der Wiederkäuer, Teil der ↑ Kutteln

Labskaus [engl. *lob's course,* Essen für einen Kerl] Seemannsgericht aus durch den Fleischwolf gedrehtem gepökeltem Rindfleisch (als Ersatz Corned beef), Kartoffeln, Zwiebeln und Gewürzen (Gewürznelken, Koriander, Lorbeer, Muskat, Senf), mit eingelegten Roten Rüben, Salzgurken, Bismarckheringen, Matjesfilets oder Rollmöpsen und einem Spiegelei garniert, viele reg. Varianten (urspr. auf See und an nördl. Meeresküsten)

labskovs dän.: Labskaus

lâchmacun im Ofen mit Hackfleisch geb. Fladen (Türkei)

Lachs, Salm [ahd. *lahs,* der Gefleckte] edler Fisch, Wanderer zwischen Strom und Ozean, fettreiches rosa Fleisch von bes. Wohlgeschmack, wird wild (bewegliche, biegsame Schwanzflosse) oder gezüchtet (stumpfe Schwanzflosse, verkümmertes Rückgrat, kl. Kopf) aus Aquakulturen (manchmal wenig artgerecht gehalten und mit Antibiotika, Medikamenten, Farbstoffen gemästet) angeboten, geschmacklich ohne wesentlichen Unterschied (merke: *Wildwasserlachs* ist nicht wild aufgewachsener, sondern in Wildwassern gezüchteter Lachs, ↑ a. Buckellachs, Ketalachs); je heller das Fleisch, desto fetter und geschmacksintensiver ist es, sollte möglichst frisch sein und darf höchstens 24 Std. im Kühlschrank aufbewahrt werden; läßt sich roh (geräuchert) als Carpaccio oder Tatar zubereiten, eignet sich für alle Zubereitungen (nicht fachgerecht grilliert gern trocken), wird meist jedoch als *Rauch-, Räucherlachs* angeboten; die Scheiben sollten möglichst groß sein, von gleichmäßiger Farbe ohne dunkle Flecken mit angenehm rauchigem, aber nicht fischigem Geschmack; gute Zeit wild: Juni–Juli, gezüchtet: Okt.–Dez.; muß (mit Messer und Gabel) sofort gegessen werden, hält sich vakuumverpackt unter 8 °C bis 16 Tage, eingefroren bis 4 Mon.; a. als Halb- oder Vollkonserve im Handel; ↑ a. Babylachs.

Man unterscheidet zwischen

Atlantiklachs aus dem Nordatlantik: *Norwegen-Lachs,* meist aus Zuchtfarmen (fett, mild und zart), *Dänischer, Bornholm-, Grönland-Lachs,* der feinste Atlantiklachs (hell); *Ostseelachs* von der schwed. Küste und aus der nördl. Ostsee (fett, hell, zart, eignet sich zum Räuchern, ↑ Stremellachs); *Irischer, Schottischer Lachs* (orangerot, feinfaserig, mäßig fett, intensiv aromatisch) sowie dem

Pazifiklachs, Alaska-, Kanadalachs aus dem Nordpazifik von Kalifornien über Kanada, Alaska bis Japan, meist tiefgefroren oder in Dosen angeboten: *Chum-, Ketalachs, Silver Bright* (hell bis dunkelrot, liefert den Keta- ↑ Kaviar), *Coho, Silberlachs* (feinfaserig, fett, eignet sich zum Räuchern), *Pink* (rosa, feinfaserig und mager, eignet sich nicht zum Räuchern), *Red King, Spring,* der beste Pazifiklachs (groß und fett), *Sockeye* (tief orangerot, mäßig fett und fest); ↑ a.gravad lax

Geräucherter Lachs ↑ Räucherlachs

Lachs|bückling kaltgeräucherter, ausgenommener Salzhering ohne Kopf

-carpaccio Carpaccio aus hauchdünn geschn. rohem Lachs

-ersatz lachsähnlich rosa gefärbte Erzeugnisse (Scheiben, Schnitzel, Seiten) von Seelachs, Köhler oder kabeljauartigen Fischen, in Öl konserviert; ↑ a. Seelachspaste, -scheiben, -schnitzel

-fleisch ↑ Schinken/Erzeugnisse

-forelle ↑ Forelle/Lachsforelle

-hering kaltgeräucherter Salzhering mit Kopf, fett und schmackhaft

-kaviar ↑ Kaviar/Ketakaviar

-kotelett geräucherte Lachsscheibe

-paste ↑ potted salmon

-schinken ↑ Schinken/Lachsfleisch

-tatar durchgedrehtes oder geh. rohes Lachsfleisch

Läckerli schweizerd.: Leckerli

Lackpilz, Lacktrichterling Speisepilz, ↑ Bläuling

lactaire frz.: Reizker

Lactit [lat. *lac,* Milch] Zuckeraustauschstoff, ↑ Zuckeralkohol

Lactoflavin Vitamin B_2, ↑ Vitamine

Lactose ↑ Milchzucker

Lady-Curzon-Suppe [Lady Curzon, Gemahlin des Marquis Curzon of Kedleston, Vizekönig von Indien 1899–1905] klare (Schildkröten-)Suppe mit Curry und einem Schuß Sherry unter Schlagsahnehaube, manchmal gratiniert

ladyfinger, ladies' finger [engl.: Damenfinger] Löffelbiskuit; a. Name einer Gemüsefrucht, ↑ Okra

Lady-Morgan-Suppe [vom frz. Meisterkoch Antoine Carême zu Ehren der irischen Schriftstellerin Lady Sidney Morgan, 1783–1850, kreiert] Fischkraftbrühe mit pochierten Austern, Garnelen-, Krebsklößchen und Streifen von Fischfilets, Champignons, Trüffeln; Reiscreme und Geflügelsamtsuppe mit Würfeln von Hühnerfleisch und Hahnenkämmen

Laffe schweizerd.: Schulterstück von Schlachttieren

lager schwed.: Lorbeer

Lagerrübe ↑ Rübe/Möhre

Lagerung von Lebensmitteln empfohlene Richtlinien sind meist auf der Verpackung angegeben: *gekühlt lagern:* bei 3–9 °C im Kühlschrank; *kühl lagern:* bei höchstens 18 °C; *Zimmertemperatur:* bei 18–22 °C; *trocken lagern:* bei höchstens 70 % relativer Luftfeuchtigkeit; *lichtgeschützt:* an dunklen Orten, in Dosen, Kartons u. ä.; Haltbarkeit in dunklem, trockenem, nicht zu warmem Raum: Kakao, Mehl u. a. 6 Mon.; Dosenbrot, Fett, Fleischkonserven, Grieß, Haferflocken, Honig, Hülsenfrüchte, Kaffee,

Springender Lachs

Kartoffeltrockenprodukte, Knäckebrot, Kondensmilch, Marmelade, Öl, Schmalz, Teigwaren, Zwieback u. a. 1 Jahr; Gemüsevollkonserven, Reis, Salz, Tee, Zucker u. a. 2 Jahre

Läggerli baseld.: Leckerli

lahana türk.: Kohl, Kraut
- **dolmas** Krautwickel, mit Hammelhackfleisch, Paprika und Reis gef. Kohlblatt (Türkei, Vorderer Orient)

laḥm arab.: Fleisch
- **charūf** Hammelfleisch
- **mafrūma** Hackfleisch

lahmacun im Ofen geb. Fladen mit Hackfleisch (Türkei)

Laibacher Eis österr.: Eisbergsalat

Laibchen, Laiberl südd., österr.: Gebäck oder (Hack-)Fleischspeise in kl. runder Form

Laiberkäs München: Leberkäse

Laich ↑ Fischrogen

laillole Ringkuchen, ↑ taillole

laitance frz.: Milch, weiße Samenflüssigkeit männl. Fische

laitue frz.: Gartensalat, Lattich

Lake konzentrierte, 10- bis 18prozentige Salzlösung zum Pökeln von Fleisch usw. oder zum Haltbarmachen von Gemüsen, Früchten usw.; die beim Trockenpökeln von Fleisch oder beim Einsalzen von Fisch heraustretende Flüssigkeit

Lakfleisch ↑ Pökelfleisch

lakka finnisch: Moltbeere

Lakmé-Art [Lakmé, Oper von Léo Delibes, 1883] Garnitur aus mit Puffbohnenpüree gef. Torteletts und gebr. Champignons, zu Fleisch oder Geflügel in Tomatensauce

Lakmé-Salat Würfel von roten Paprikaschoten und Tomaten, geh. Zwiebeln und körnig gek. Reis in Essig-Öl-Sauce mit etwas Curry

Lakritze ausgek., eingedickter Wurzelsaft des ↑ Süßholzes, mit Stärke, Stärkesirup, Verdickungsmitteln und Zucker zu Süßwaren in Form von Bändern, Pastillen, Röhren, Stangen, Streifen usw. verarbeitet

laks dän., norw.: Lachs

Laktoflavin ↑ Lactoflavin

Laktose ↑ Milchzucker

Lakto-Vegetarismus Ernährungsweise, ↑ Vegetarismus

lamb engl.: Lamm(fleisch)

Lamballe-Suppe, potage Lamballe [Princesse de Lamballe, 1740–1792, Freundin und Hausmeisterin der frz. Königin Marie-Antoinette] gebundene Fleischsuppe mit Erbsenpüree

Lambertsnuß [mhd. *lampartisch,* lombardisch] Art der Haselnuß

Lamm das bis zu 1 Jahr alte Jungtier des Schafs, in der Küchensprache a. allgemein für letzteres; zartes, weiches, so aromatisches wie – da das Tier meist natürlich im Freien aufwächst – gesundes Fleisch von ausgeprägtem (aber bei guter Qualität nicht penetrantem) Geschmack; Handelsklassen: *Milchlamm,* mit Milch aufgezogen, bis 6 Mon. alt, helles, zartfaseriges, sanftes, gern etwas fades Fleisch; *Mastlamm,* bis 12 Mon. altes weibl. Tier, das nicht zur Zucht benutzt wurde, auf der Weide oder im Stall gefüttert, ziegelrotes, zartfaseriges, saftiges zartes Fleisch; *Hammel,* bis 2 Jahre altes männl. kastriertes Tier (Bocklamm) oder nicht zur Zucht benutztes weibl. Tier, dunkelrotes, grobfaseriges Fleisch; *Schaf,* weibl. Tier, das geworfen hat, oder männl. kastriertes Tier über 2 Jahre, dunkelrotes Fleisch, nur zum Kochen oder Schmoren; *Bock,* über 12 Mon. altes männl. Tier, das nicht kastriert wurde, dunkelrotes Fleisch, nur zum Kochen oder Schmoren; der Kenner bevorzugt das würzige Fleisch von *Weidemastlämmern* (dt. Nordseeküste, Niederbayern, Schweizer Alpenland, Bretagne, Normandie, Hochebenen der Provence in Frankreich, Irland, Schottland), ↑ a. pré-salé, ansonsten wird das Lamm meist tiefgefroren von Neuseeland und Australien eingeführt.
Lammfleisch sollte feinfaserig, trocken und nicht zu fett sein; es wird meist gebraten oder geschmort, wobei das Fett erst nach dem Kochen abgetrennt wird, und muß so heiß wie möglich aufgetischt werden, im übrigen ↑ Fleischstücke; passende Gemüse und Kräuter: Basilikum, Beifuß, Dicke Bohnen, Prinzeßbohnen, Bohnenkraut, Dost, Estragon, Knoblauch, Lorbeer, Minze, Oregano, Quendel, Rosmarin, Salbei, Thymian, Wermut, Zimt, Zwiebel; die Innereien (Bries, Herz, Hirn, Nieren) sind eine kulinarische Delikatesse; gute Zeit Aug.–Okt.; hält sich vakuumverpackt bis 2 Wo. im Kühlschrank, Stücke in Folie bis 4 Tage, kann verpackt bis 9 Mon. tiefgekühlt und dann langsam im Kühlschrank aufgetaut zubereitet werden; ↑ a. Hammel, Hammelfleisch

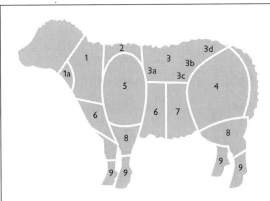

3a. Kotelettstück
   Österreich: Schöpsenkoletts
3b. Lendenkotelett, Nierenstück, Sattel
   Schweiz: Nierstück
3c. Filet, Lende, Medaillons, Nüßchen
3d. Österreich: Schlußbraten
4. Keule
   Österreich: Schlegel
   Schweiz: Gigot, Schlegel
5. Blatt, Bug, Schulter
   Schweiz: Laffe
6. Brust, Spitzbrust
   Österreich: Brüstel
7. Bauch, Dünnung, Flanke
   Österreich: Bauchfleisch
   Schweiz: Brust
8. Hachse, Haxe
   Österreich: Stelze
9. Fuß

Innereien
↑ Bries, Herz, Hirn, Leber, Niere, Zunge

Fleischteile
1. Hals
   Österreich: Halsfleisch
1a. Bries
   Österreich: Bröschen
   Schweiz: Milken
2. Kamm, Nacken
   Österreich: Karree
3. Rücken
   Schweiz: Karree, Sattel

Fleischstücke
Baron die beiden mit dem Nierenstück zusammenhängenden Keulen
Bauch wird oft an der Brust belassen, fettdurchwachsen, zum Kochen, Schmoren, für Eintöpfe, Gulasch, Ragout, Stew, a. Rollbraten
Bries ↑ Bries
Brust kräftig durchwachsen, zum (gerollt) Braten, Kochen, Schmoren, a. Füllen, für Suppen, Eintöpfe, Epigramme, Gulasch, Ragout, Stew
Chop Portionsscheibe aus dem Nierenstück samt Filetanteil quer über den Sattel geschnitten, mit oder ohne Knochen, zum Kurzbraten, Braten
Doppelstück, double die beiden Keulen
Epigramm ↑ Epigramm
Filet, Nüßchen fettmarmoriert und zart, meist aus dem Rücken geschnitten, zum Kurzbraten, Braten
Fuß zum Füllen
Hachse zum Braten, Kochen, Schmoren
Hals, Kamm, Nacken flach oder gerollt, durchwachsen und saftig, zum Braten (nur vom Lamm), Kochen, Schmoren, für Eintöpfe, Navarin, Ragout, Stew
Keule, Gigot mürbes Fleisch, muß abgehangen sein, zum (als Ganzes) Braten, Grillen, Kochen, a. Pökeln, für Steaks, Spießchen, Ragout, Stew
Lammkrone zu einer Krone rund zusammengebundener Rücken mit Kotelettknochen
Rücken zum Braten (als Lammkrone usw.), Grillen, a. Schmoren, für Chops, Koteletts, Doppelkoteletts, Nüßchen; ↑ a. Lammlachs
Sattel doppeltes Lendenkotelettstück
Schulter sehr zart mit oder ohne Knochen, zum (ohne äußeren Fettbesatz, a. gerollt oder in Würfeln) Braten, Grillen, Kochen, Schmoren, für Eintöpfe, Gulasch, Navarin, Ragout, Spießchen, Stew
Spalier zwei gegeneinander gestellte Stielkoteletts
Viertel eine Keule und längsgespaltener Sattel

lammestek norw.: Lammbraten

Lammkrone ↑ Lamm/Fleischstücke

Lammlachs das ausgelöste, zurechtgeschnittene Rückenfleisch des Lamms

Lammnetz Anhang des Bauchfells vom Lamm, ↑ Schweinenetz

Lammspalier ↑ Lamm/Fleischstücke: Spalier

lampong ind.: schwarzer Pfeffer

Lamprete aalförmiger Fluß- und Meerfisch, ↑ Neunauge

lamproie frz.: Neunauge

Lancashire [Grafschaft in Nordwestengland] halbfester, streichfähiger Käse aus Kuhmilch, krümeliger Teig, 48% Fett i. Tr., mild buttrig

Landbrot ↑ Brot/Sorten: Roggenbrot, Spezialsorten: Bauernbrot

Landbutter, Bauernbutter nicht in Molkereien, meist auf dem Bauernhof hergestellte Butter, etwas körnig, zum sofortigen Verzehr bestimmt, 48% Fett i. Tr., jung mild, gereift kräftig

landgang [norw.: Landung] armlanges, dick mit Butter bestrichenes, mit Fleisch, Fisch, Käse und Salat belegtes Brot, dazu Bier und Aquavit

Landjäger flachgepreßte, hartgetrocknete und geräucherte Rohwurst aus Rind-, Schweinefleisch und Fettgewebe, oft mit Speckwürfeln und Kümmel, gut haltbar

Landkäse, (Schwäbischer) weicher, aber schnittfester Butterkäse, geschmeidiger Teig, 50% Fett i. Tr., jung mild säuerlich, gereift würzig

Landleberwurst grobe Kochstreichwurst aus mind. 15% Leber, bis zu 60% Schweine-Innereien, Schweinefleisch, Speck, Flomen und Bindegewebe, a. als Konserve angeboten

Ländliche Art ↑ Bäuerinnen-Art

Ländlicher Salat Kopfsalatblätter mit geh. Kerbel und Schnittlauch in Senfmarinade, nach Belieben mit Knoblauch gewürzt

Landrauchschinken ↑ Schinken/Erzeugnisse: Katenschinken, Sorten: Holsteiner Katenschinken

Landschinken ↑ Schinken/Erzeugnisse: Bauernschinken

Landsknechtsalat Würfel von Rindfleisch, Pökelzunge, magerem Schinken, Hartwurst, gek. Kartoffeln, Gewürzgurken und geh. Zwiebeln in Kräuter-Salatsauce mit etwas Senf, Eierviertel als Dekoration

Langer Kümmel Stengelgemüse, ↑ Fenchel

Langfisch Meerfisch, ↑ Leng

Langflossenthun Meerfisch, ↑ Thunfisch/Weißer Thunfisch

Langkornreis ↑ Reis/Arten

Langos dünne, in Fett ausgeb. Hefefladen, mit Salz und Paprikapulver bestreut (Österreich)

langosta ital., span.: Languste

langostin(o) span.: Kaisergranat; a. Langustenschwanz

Langostino Furchenkrebs aus dem Meer, hervorragendes Fleisch, frisch nur in Chile u. a., sonst meist tiefgefroren, oft unter dem falschen Namen Scampi angeboten (Südostpazifik)

langouste frz.: Languste

langoustine frz.: Kaisergranat

Langres [landwirtschaftliches Zentrum in der Haute-Marne, Nordostfrankreich] weicher bis halbfester Schnittkäse mit Rotflora, geschmeidiger Teig, 45% Fett i. Tr., schmelzend und angenehm pikant, gute Zeit Nov.–Juni (Champagne, Nordfrankreich)

Langschwanzkrebs ↑ Krustentiere

langue frz.: Zunge

Languedocer Art, (à la) languedocienne [Languedoc, südfrz. Provinz] mit Auberginen, Steinpilzen, Tomaten; Garnitur aus mit Mehl in Öl geb. Auberginenscheiben, fein geschn., in Öl gebr. Steinpilzen und geschmolzenen Tomaten, dazu mit Knoblauch und Petersilie gewürzter Jus, zu gr. Fleischstücken, Geflügel, Eiern

Languste [lat. *locusta*, Heuschrecke] Langschwanzkrebs aus dem Meer, ohne Scheren, aber mit langen Antennenfühlern, ähnelt in vielem dem Hummer, gilt aber, nicht ganz zu Recht, für etwas weniger fein als dieser, wird heute a. gezüchtet und künstlich gemästet, festes weißes Fleisch; sollte lebendfrisch sein mit nach innen gerolltem Schwanz und sich beim Berühren der Stirnhörner über den Augen bewegen, Zubereitung ↑ Hummer; wird lebend, frisch gekocht ganz oder nur dessen Schwanzteil (a. fälschlich als Hummerschwanz, in den Mittelmeerländern gern vom Bärenkrebs) angeboten oder tiefgekühlt in Dosen, kann nur gekocht eingefroren und kurz aufbewahrt werden, ist tiefgekühlt und aus Konserven oft zäh und fade (alle Weltmeere)

Langustine unzulässiger Name für Kaisergranat

Lanner-Schnitte [Joseph Lanner, 1801–1843, österr. Tanzkomponist] Gebäck aus Butter, Eigelb, geriebenen Haselnüssen auf Oblaten (Österreich)

laos thailändisch: Galgant

Laoswurzel ↑ Galgant

lapereau frz.: junges (Wild-)Kaninchen, a. junger Hase

Lapérousesalat [Lapérouse, im 19. Jh. bekanntes Luxusrestaurant in Paris] Würfel von gek. Schinken, Artischockenböden, Grünen Bohnen, Tomaten und geh. Zwiebeln in saurer Sahne mit etwas Zitronensaft

lapin frz.: Kaninchen

Lappen, Dünnung, Flanke, Flemen, Lempen Fleischstück aus dem Rinderhinterviertel, zum Kochen für Gulasch, meist für Fleisch-, Wursterzeugnisse

Lappenpickert Westfalen: Kartoffelpuffer

lapskojs schwed.: Labskaus

Lärchenröhrling Speisepilz, ↑ Goldröhrling

lard frz.: Speck; engl., amerik.: Schweinefett

Lardöl ↑ Schmalzöl

lardon frz.: Spickspeck in (gebr.) Streifen, Stückchen

Laruns [Ort in den nordöstl. Pyrenäen] Schafskäse, 45 % Fett i Tr., sehr mild und nussig, wird mit zunehmender Reife pikanter, gute Zeit Juni–Nov. (Béarn, Frankreich)

Lasagne breite, rechteckige Teigblätter aus Hartweizengrieß, Weißmehl, a. Eiern, i. a. mit Fleisch, Gemüse, Käse, a. Saucen in Form geschichtet und im Ofen überbacken; lassen sich ofenfertig verpackt gut bis 3 Mon. tieffrieren (Italien)

lasagnette gewellte Bandnudeln aus Hartweizengrieß (Toskana, Italien)

latke Kartoffelpuffer, Reibekuchen (jüd. Küche)

latte ital.: Milch

Lattich [lat. *lactuta,* Kopfsalat mit Milchsaft] Gruppe von Salatpflanzen, ↑ Salat/Blattsalat

Lattughino ↑ Salat/Lollo

Latwerge alemann., schweizerd.: Frucht-, insbes. Birnen-, Zwetschgenmus

Laube Süßwasserfisch, ↑ Ukelei

Laubfrosch mit Hackfleisch, eingeweichten Semmeln, Eiern, Zwiebeln, Muskat, Petersilie, geh. Zwiebeln usw. gef., zusammengerolltes und geschm. blanchiertes Spinatblatt mit saurer Sahne, dazu gern Kartoffelpüree oder breite Nudeln (Baden, Ostschweiz)

Lauch [ahd. *louh,* der Gebogene] mildes Zwiebelgemüse, ↑ Porree; Name a. für Schnittlauch oder junge Zwiebel
    Gelber – ↑ Porree/Breitlauch

Lauchzwiebel ↑ Zwiebel/Frühlingszwiebel, Lauchzwiebel

Lauf Jägersprache: das Bein der jagdbaren Säugetiere

Laufhonig ↑ Honig/Tropfhonig

Laugenbrezel, Brezen, Brez'n vor dem Backen in Natronlauge gelegte Hefeteigbrezel mit glänzend brauner Kruste und knuspriger oder weicher Krume, mit grobkörnigem Salz, Kümmel oder anderen Gewürzen bestreut, mit oder ohne Butter zu Frühstück oder Bier (Süddeutschland u. a.)

Laugengebäck feine Backware aus Teigen mit niedrigem Fett- und Zuckergehalt mit knuspriger oder weicher Krume und glänzend brauner Kruste

Laurasalat [Laura, 1307–1348, Angebetete des Dichters Petrarca] Streifen von Äpfeln und grünen Paprikaschoten in Mayonnaise, auf Kopfsalatblättern angerichtet

Lasagna, eine der ältesten italienischen Teigwaren

laurier frz.: Lorbeer

lauro ital.: Lorbeer

Läuterzucker, Zuckersirup in Wasser (mit Vanillestange) lauwarm gek., schaumlose Weißzuckerlösung, zum Herstellen von Glasuren, Karamel, Zuckerfäden, a. als Garflüssigkeit für Früchte, zum Süßen von Buttercreme oder eingekocht als Obstglasur; Härtegrade: *Karamel,* bei 160–177 °C erhitzt, *harter Bruch,* bei 149–154 °C, *schwacher Bruch,* bei 132–143 °C, *harter Ball,* bei 121–130 °C, *fester Ball,* bei 118–121 °C, *weicher Ball,* bei 112–116 °C, *Faden,* bei 106–113 °C

Lavallière [Françoise Louise Herzogin von La Vallière, 1644–1710, Mätresse König Ludwigs XIV. von Frankreich, oder Eugénie Feniglie, genannt Eve Lavallière, 1869–1929, Operettendiva] Geflügelrahmsuppe mit Selleriecreme und Sahne, als Einlage Sellerie-Eierstich und kl. Windbeutel; gegr. Lammkotelett mit Artischockenböden und pürierten Spargelspitzen in sauce bordelaise; Geflügel oder Kalbsbries mit Krebsen und Trüffeln; Seezungenfilets mit pochierten Austern, Fisch- und Champignonklößchen in sauce normande

Lavata ↑ Salat/Sorten

Lavendel [lat. *lavare,* waschen, baden, als Duftzutat dafür] aromatische Staudenpflanze, wirkt erfrischend, entspannend, gegen Entzündungen und (Kopf-)Schmerzen; junge Blattriebe werden am besten frisch, aber a. getrocknet und abgerieben als anregende, leicht bitterliche Würze zu Braten, Fischsuppen, Kräuterbutter usw. verwendet, Bestandteil der ↑ herbes de Provence; Blüten lassen sich wenige Min. gedämpft als aromatische Zutat zu (Lamm-)Fleisch beigeben (Mittelmeerländer, als Gartenpflanze a. in Südfrankreich, Deutschland, England u. a.)

 -honig ↑ Honig/Sorten

laver engl.: Purpurtang, rote Seealge, wird gekocht als Brei angeboten, meist mit Hafermehl zu kl. Kuchen geformt (England)

lax schwed.: Lachs, Salm

lazanki poln.: kl. quadratische Nudeln

leaf lard amerik.: Schweineschmalz aus ganzen Flomen

Lebensmittel Produkt, das dazu bestimmt ist, in unverändertem, zubereitetem oder verarbeitetem Zustand vom Menschen verzehrt zu werden; besteht aus Baustoffen (Eiweiß, Mineralstoffe, Wasser), Brennstoffen (Fette, Kohlenhydrate), Wirkstoffen (Mineralstoffe, Vitamine), Ballaststoffen (Zellulose, Fasern, Pektin u. a.) und Aroma-, Geschmacksstoffen (ätherische Öle, organische Säuren u. a.); ↑ a. Genußmittel, Nahrungsmittel

Lebensmittelzusatzstoffe ↑ Zusatzstoffe

Leber [ahd. *lebara,* die Fettige, Klebrige] Drüsenorgan von (möglichst jungem) Schlachtvieh, feine, wohlschmeckende Innerei, fettarm, enthält viele Vitamine und Mineralstoffe, bei ungesunder Ernährung der Tiere aber a. Rückstände von Chemikalien und Medikamenten; wird meist in heißem Fett schonend kurz und nicht zu scharf sautiert, gebraten, a. gegrillt, sollte innen zartrosa bleiben, kann, wenn nicht geschnetzelt, in nicht zu dünne Scheiben geschnitten werden, passende Kräuter: Majoran, Rosmarin, Salbei, Edelsüßpaprika, Weißer Pfeffer, Zwiebeln, Zitronensaft, säuerliche Äpfel usw.; oft a. für Pasteten, zu Farcen, Würsten verarbeitet; kann verpackt bis 2 Mon. eingefroren und dann aufgetaut zubereitet werden, wird dann aber gern mehlig und trocken

 Enten-, Gänseleber ↑ Entenleber, Gänseleber
 Hühner-, Putenleber ähnelt geschmacklich der Rindsleber, für Aufläufe, Ragouts u. ä.
 Kalbsleber die feinste Leber, hellbraun und locker, zart und mild, läßt sich kurz braten, dünsten, fritieren, grillieren, schmoren, bleibt bei schonender Zubereitung saftig
 Lammleber angenehm würzig und zart, sollte vor der Zubereitung in Milch eingelegt werden; wie die Kalbsleber verwendbar, am besten in zerlassener Butter langsam in der Pfanne gebraten
 Rindsleber kräftig, manchmal etwas bitter (kann in Milch eingelegt werden), i. a. dunkelrot, aber je heller, desto jünger und zarter, läßt sich braten, fritieren, grillieren, schmoren
 Schweineleber kräftig und körnig porös, dunkelbraun, sollte vor der Zubereitung in Milch eingelegt werden, läßt sich braten, dünsten, fritieren, grillieren, schmoren

Leber|auf Berliner Art gemehlte, gebr. Schnitten von Kalbs-, a. Rinds-, Schweineleber mit angebr. säuerlichen Apfelscheiben, Bratfett und hellbraun gerösteten Zwiebelringen, -scheiben, dazu meist Kartoffelpüree

 – auf Tiroler Art gebr. Leber in Sauerrahmsauce mit Garnitur aus geschmolzenen Tomaten, geb. Zwiebelringen und Jus

 -käs(e) Brühwurstmasse aus fein zerkleinertem Rind-, Schweinefleisch, Fettgewebe und 5 % Leber (Süddeutschland, Österreich)

 Münchner Leberkäs, Laiberkäse fein zerkleinerte Brühwurstmasse aus Rind-, Schweinefleisch und Speck mit geh. Majoran, Muskat, Zwiebeln, wie ein Brotlaib goldgelb und knusprig gebacken (München, Bayern)

-knödel Knödel aus 10–30% geh. Kalbs- oder Rindsleber, Nieren-, Schweinefett, Lockerungsmitteln (Brötchen, Weißbrot, Semmelmehl) und Gewürzen (Majoran, Petersilie, Zwiebeln usw.), in Fleischbrühe gegart, a. kochfertig angeboten, als Suppeneinlage oder Beilage (Süddeutschland, Österreich)
-knöpfli lockere Klößchen aus Kalbsleberpüree mit Mehl, Eiern, Speck und Gewürzen, in Fleischbrühe gegart (Ostschweiz)
- -Mousse ↑ Leberpastete
-pain ↑ Pain mit Leberanteil
-parfait ↑ Parfait mit Leberanteil
-paste Kochstreichwurst aus mind. 25% Leber, Schweinefleisch, Speck, Flomen und Bindegewebe
-pastete streichfähige bis schnittfeste Kochwurst aus mind. 30% Schweine- und/oder Kalbsleber, Schweine- und/oder Kalbfleisch, Speck und Flomen; ↑ a. Gänseleberpastete
-rotwurst Blutwurst mit Leberwürfeln in bluthaltiger Schwartenmasse
-spatz, -spätzle Klößchen, Würstchen aus Kalbsleber, Butter, Eiern, Semmelmehl, Majoran und Petersilie, in Fleischbrühe gegart (Süddeutschland)
-suppe Rinderbrühe mit Kalbsleber-, Möhren- und Schalottenscheiben, Speckwürfeln, Lorbeer, Thymian und Weißbrotwürfelchen (Österreich)
-tran fettes, gereinigtes Öl aus frischen Lebern von Magerfischen (Dorsch, Kabeljau, Schellfisch, a. Heilbutt, Thunfisch), reich an Vitaminen, Mineralstoffen, außerdem Eiweiß, Fetten und Kohlenhydraten, Stärkungsmittel
 --emulsion Präparat aus mind. 40% Lebertran mit Eiern, Zucker und Geschmacksstoffen (Fruchtsäften usw.)
-wurst Kochstreichwurst mit über 10% Leber und höchstens 40% anderen Innereien, Schweinefleisch, Flomen und Bindegewebe, i. a. mit Kardamom, Macis, Majoran, Muskat, Pfeffer, Piment usw. gewürzt, viele reg. Varianten; ↑ a. Grobe Leberwurst

Lebkuchen, Lebzelten [hebr., jidd. *leb*, Herz] süße, gewürzte Dauerbackware aus Massen oder Teigen mit oder ohne Oblatenunterlage, kann in vielen Formen überzogen, belegt, bestreut, verziert, glasiert oder gefüllt sein, enthält außer Gewürzen (Anis, Gewürznelken, Ingwer, Kardamom, Koriander, Macis, Piment, Zimt usw.) oft Mandeln, Nüsse, Früchte und Fruchterzeugnisse, Orangeat, Zitronat; kühl, trocken und gut verschlossen aufzubewahren (urspr. Nürnberg, Bayern)
 -gewürz, Honigkuchengewürz (gebrauchsfertige) Gewürzmischungen (Anis, Gewürznelken, Ingwer, Kardamom, Koriander, Muskatnuß, Piment, Zimt usw.), für Weihnachtsgebäck u. ä.

Brauner – Lebkuchen ohne Oblatenunterlage mit mind. 5 kg Zuckerarten auf 10 kg Getreideerzeugnissen und/oder Stärken
Weißer – ↑ Weißer Lebkuchen

leche span.: Milch

lechón span.: (Span-)Ferkel

Lecithin, Lezithin fettähnliche Substanz in pflanzlichen und tierischen Zellen, wird als Backmittel und Emulgator, a. für Aufbaupräparate und Kräftigungsmittel verwendet

Leckerli, Läckerli, Läggerli Ostschweiz: rechteckiges, lebkuchenartiges Kleingebäck, viele reg. Varianten, hart und kroß oder weich und feucht, z. B. aus Mehl mit Honig, Haselnüssen, Mandeln, Gewürznelken, Muskatnußpulver, Zimt, Puderzucker, Orangeat, Zitronat usw., Kirsch, mit Zuckerglasur bestrichen (Basel), oder aus Mehl und Butter mit Marzipanmasse, mit verschiedenfarbiger Zuckerglasur bestrichen (Zürich)

lecsó, Letscho Gemüsetopf aus in Schweineschmalz ged. hellgelben, a. grünen Paprikaschoten, kl. Tomaten, Zwiebeln, Räucherspeck usw., als Hauptgericht mit Frikadellen, Räucherwürsten, Würstchen, hartgek. Eiern usw. oder als Beilage zu Fleisch, Pilzen, als Zutat zu ged. Reis oder als Zwischenmahlzeit (Ungarn)

Lederkarpfen ↑ Karpfen/Arten

ledvinková polevká tschech.: Nierensuppe aus Kalbsnierenscheiben mit in Schweineschmalz angeschwitzten Kartoffel- und Zwiebelscheiben in Brühe mit Knoblauch, Kümmel und Paprika

ledvinky tschech.: Niere

Leekoung fränkisch: Nürnberger Lebkuchen

Leerdamer [Leerdam, Gemeinde in Südholland] Hartkäse aus Kuhmilch, geschmeidiger Teig, 45% Fett i. Tr., mild und nussig, als Tafelkäse oder zum Kochen

Leerhering abgelaichter Hering

Leghorn Haushuhnrasse mit weißem Gefieder und weißschaligen Eiern

legumbres span.: Gemüse

légume(s) frz.: Gemüse

legumes port.: Gemüse

legumi ital.: Gemüse

Leguminosen [lat.: *legumen,* Hülsenfrucht] Hülsenfrüchte

Leicester [mittelengl. Grafschaft mit viel Weidewirtschaft] Hartkäse aus Kuhmilch mit orangerotem Teig, dem ↑ Cheddar ähnlich, 45–50% Fett i. Tr., kräftiger, würziger Geschmack

Leichenfinger, (Berliner) länglicher wurstförmiger Sauermilchkäse (Berlin, Norddeutschland)

Leichte Küche Koch- und Ernährungsmethode, die Wohlgeschmack mit gesunder Bekömmlichkeit verbindet, arbeitet schonend mit frischen Qualitätsprodukten, kurzen Garverfahren (Dünsten), fast ohne Fett, salz-, zuckerarm und mit kalorienarmen Ballaststoffen; ↑ a. cuisine, nouvelle

Leidener Käse, Leidse Kaas [Leiden, alte Stadt im Polderland] Schnittkäse aus vorgereifter, entrahmter Kuhmilch und etwas Buttermilch, mit Kümmelsamen gewürzt, trockenelastischer Teig, 20 bis 40% Fett i. Tr., pikant würzig (Holland)

Leindotter, Dotter Ackerunkraut, aus dessen Samen das fette Leindotteröl, deutsche Sesam-, Dotteröl gewonnen wird

Leineweber deftiges Pfannengericht aus in Eierkuchenteig überbackenen Kartoffelstreifen und Speckwürfeln (Westfalen u. a.)

Leinöl ↑ Öl/Sorten

Leinsamen, Leinsaat kl. länglicher, flacher, brauner Samen der Lein-, Flachspflanze, aus dem das Leinöl gewonnen wird (urspr. Westasien, heute ganz Europa, Asien, Nordamerika); ↑ a. Keimling
 -**brot** ↑ Brot/Spezialsorten

Leipziger Allerlei [Leipzig, die führende Groß- und Kulturstadt Mitteldeutschlands] trad. Gemüsegericht aus getrennt gek. Blumenkohl, Erbsen, jungen Möhren, getr. Morcheln, Spargeln, Zwiebeln und abgek. Flußkrebsen mit Muskatnuß, Petersilie, Semmelbröseln in Sauce aus Eigelb, Krebsbutter und Sahne; in vereinfachter Zusammensetzung a. als Mischgemüse in Dosen erhältlich

Leipziger Lerchen [kreiert, als 1880 die Jagd auf Feldlerchen verboten wurde] Gebäck aus Mürbeteig mit Füllung aus geriebenen bitteren und süßen Mandeln, Butter, Mehl, Eiweiß und Aprikosenmarmelade

leitão port.: Spanferkel

leite port.: Milch

Leiterchen gek. Schweinerippenknochen mit wenig Fleisch, meist mit Sauerkraut serviert (Frankfurt am M.)

Leiterstück Oberrippe vom Rind

lekach Honig- oder Zuckerlebkuchen ohne Butter oder Schmalz (jüd. Küche)

lemon engl.: Zitrone
 - **cheese cake** mit ↑ lemon curd gef. Tortelett aus Mürbe- oder Halbblätterteig, mit Puderzucker bestäubt und gebacken
 - **cream dressing** Salatsauce aus Mayonnaise mit Zitronensaft, etwas Zucker und gesüßter Schlagsahne
 - **curd** Schaummasse aus Butter, Eigelb, Zucker, Zitronensaft und abgeriebener Zitronenschale
 - **pepper** Würzmischung aus getr. Zitronenschale, Knoblauch, Pfeffer u. a.
 - **sauce** braune Butter mit Zitronensaft und Worcester-(shire)sauce, zu Steaks u. ä.
 - **sole** Echte Rotzunge, Pazifische Scharbe

Lempen Fleischstück vom Rind, ↑ Lappen

Lenclos Zubereitungsarten, ↑ Ninon

Lendchen Filetscheibe, ↑ Filet mignon

Lende Fleischstück vom hinteren Rückenteil des Schafs, zum Braten und Kurzbraten; allg. Name a. für das Filet von Kalb, Rind oder Schwein; ↑ a. Filet, Lummel

Lenden|braten Rinderfilet
 -**schnitte** Scheibe flaches oder rundes Roastbeef oder Filet vom Rind, ↑ Medaillon, Tournedos
 -**spitzen** kl. Würfel aus dem Filetkopf des Rinds, zum Braten, Grillen
 -**steak** ↑ Beefsteak

Leng(fisch) aalförmiger Dorschfisch aus dem Meer, sehr mageres weißes und angenehmes Fleisch, am besten im Frühling und Herbst, eignet sich für alle Zubereitungen außer Grillen, wird a. zu Klippfisch verarbeitet oder luftgetrocknet, ↑ spillånga (Nordostatlantik, a. Mittelmeer); ↑ a. Blauleng

lenguado span.: Seezunge

Lentilla Linsenmehl, für Kuchen, Pasteten u. ä.

lentille frz.: Linse

LIEBSTÖCKEL

Leo XIII. [Leo XIII., 1810–1903, bedeutender Papst und Diplomat] Garnitur aus Geflügelklößchen, Scampi und Makkaroni, zu Geflügel in Geflügelrahmsauce

Leoni bayer.: Brühwurst, ↑ Lyoner

Léopold [Léopold II., 1865–1909, König der Belgier] Garnitur aus mit Champignonstreifen und ged., geh. Schalotten in Rahmsauce gef. Torteletts, zu kl. Fleischstücken, Geflügel

Leopoldsalat dicke Chicoréestreifen in Essig-Öl-Sauce, mit Tomatenscheiben bedeckt, mit leichter Mayonnaise überzogen, mit Ananaswürfelchen garniert

lepre ital.: Hase

Lerche mehligkochende Kartoffelsorte

Lesdiguières, (à la) [François de Bonne, Herzog von L., 1543–1626, frz. Marschall] Garnitur aus gr., mit Spinat gef. Zwiebeln, mit ↑ Sauce/sauce Mornay im Ofen überbacken, zu geschm. Fleisch, Geflügel in Bratensaft

Letscho ungar. Paprikagemüse, ↑ lecsó

lettuce engl.: Kopfsalat

leverpostej Schweineleberpastete mit Eiern, Speck, Zwiebeln, Gewürzen, Anchovisfilets, Fleischbrühe, Schlagsahne usw. (Dänemark)

levraut frz.: Junghase zwischen 2 und 4 Monaten

Lewwerknepp pfälzisch: Leberkloß

Lezithin Fettsubstanz, ↑ Lecithin

liaison frz.: Bindemittel

libamáj ung.: (einheimische) Gänseleber

Lichee trop. Frucht, ↑ Lychee

Liebäuglein Würzkraut, ↑ Borretsch

Liebesapfel ↑ Tomate

Liebesgrübchen dünnes Blätterteigplätzchen mit Blätterteigring und Johannisbeergeleefüllung

Liebesknochen Gebäck aus Brandmasse, ↑ Éclair

Liebesperlen bunte Zuckerperlen zur Verzierung von Back-, Süß- und Schokoladewaren; ↑ a. Nonpareille

Liebig, Justus von dt. Chemiker, 1803–1873, Erfinder des ↑ Backpulvers und des ↑ Fleischextrakts

Lieblings-Art (fälschlich) eingedeutscht für ↑ favorite, (à la)

Lieblingssalat Streifen von gek. Hühnerbrust mit Spargelspitzen und Trüffeln in Sahnemayonnaise

Liebstöckel, Badekräutel, Gicht-, Lobstock, Maggi-, Saukraut [lat. *ligusticum,* Ligurisches Kraut] robuste Kräuterpflanze, wirkt (bes. Wurzel) harntreibend, gegen Blähungen und Katarrhe, Blätter duften kräftig (getrocknet weit weniger als frisch) pfeffrig nach Sellerie, Zitrone mit einem Hauch Moschus, erinnern an Maggi, würzen (vorsichtig dosiert) deftige Gerichte, Eintöpfe, (Erbsen-, Kartoffel-) Suppen, Brühen, Schmorgerichte, Hackfleisch, Geflügel, Süßwasserfische, Eier-, Kartoffelspeisen, Gemüsetöpfe, Hülsenfrüchte, Saucen, Salate, Frischkäse, eignen sich für Füllungen, Pasteten, Marinaden, Kräuterbutter usw., zum in Essig Einlegen, Trocknen und Einfrieren; junge Blätter und Stiele a. als Gemüse; Samenkörner als Würze für Käse; Stengel können kandiert werden; Apr.–Sept. im Handel, beste Zeit frisch Mai–Aug. (urspr. Iran, heute a. Mittel-, Südeuropa u. a.)

Gefiederte Blätter des Liebstöckels

Liederkranz, Old Heidelberg dem ↑ Limburger ähnlicher Käse (USA)

Lieder ohne Worte dickes gebr. Kalbsschnitzel mit Demiglace und verlorenem Ei, mit Béarnaisesauce bedeckt und mit Essiggemüse, Krebsfleisch, Sardellenringen, a. Kaviar, Oliven und Zitronenscheiben garniert (Hamburg, Niedersachsen)

liégeoise, (à la) ↑ Lütticher Art

Liegnitzer Bombe [Liegnitz, heute poln. Lignica, Stadt in Niederschlesien] urspr. gef. Honigkuchen in Form einer runden, hohen Bombe; heute allg. mit Marzipan und/oder Früchten, Nüssen, Korinthen, Orangeat, Zitronat usw. gefüllt, mit Schokoladenglasur überzogener Honigkuchen

Liesen landsch.: Flomen

lièvre frz.: Hase

light engl.: leicht

ligne frz.: Angelschnur

Ligurische Art, (à la) ligurienne [Ligurien, ital. Küstenland am Golf von Genua] Garnitur aus kl. gef. Tomaten, Safranrisotto und in Eigelb gebräunten Herzoginkartoffeln, zu gr. Fleischstücken

lihamurekepiiras Fleischpastete im Teig mit saurer Sahne (Finnland)

Likörkonfekt, Krustenlikör Zuckerware aus dünner Zuckerkruste oder Schokoladenhülle mit flüssigem Inhalt von Spirituosen (Kirsch, Pflaumenbranntwein, Weinbrand, Williamsbirnen-Brand usw.)

Lilienknospen getr. Knospen der Lilie, in Butter oder Öl ged. als delikate Beilage zu Fleisch, Geflügel oder Fisch (China)

Liliput-Eier kl. Hartdragées in Eiform, meist mit flüssiger, alkoholfreier Füllung

Lilli-Art Garnitur aus Artischockenböden mit Gänseleber- und Trüffelscheiben sowie Torteletts aus Annakartoffeln, zu kl. Fleischstücken in Trüffelsauce

Limabohne ↑ Bohne/Sorten

Limande Plattfisch aus dem Meer, Name sowohl für die ↑ Kliesche wie a. für die ↑ Rotzunge

limão port.: Zitrone

Limburger [Limbourg, Grafschaft in der belg. Provinz Lüttich] Weichkäse mit Rotschmiere aus Kuhmilch, nach außen weich, nach innen fest, 20–50% Fett i. Tr., aufdringlicher Duft, kräftig scharfer, sehr pikanter Geschmack, zu Brot, als herzhafter Imbiß mit Bier, Wein usw., gute Zeit Sept.–März (urspr. Belgien, heute a. Deutschland, Schweiz, Polen, Israel, Australien, USA u. a.); ↑ a. Liederkranz, Münsterkäse, Romadur, Weißkäse

lime engl.: Limette

Limequat kl. Zitrusfrucht, Kreuzung zwischen Kumquat und Limette, läßt sich, da unbehandelt, mit Schale essen, eignet sich als Aromazutat, Dekoration, Garnitur zu Fleisch, Fisch, für Desserts, Marmeladen (Tropen, Subtropen, Israel, Südafrika, USA u. a.)

Limette, Limone, Lumie kl. dünne Zitrusfrucht mit dünner Schale, kernloses, sehr saftiges, hocharomatisches Fruchtfleisch, noch würziger und pikanter als die Zitrone; sollte gleichmäßig grüne bis gelbe, glänzende Farbe haben, läßt sich samt der unbehandelten Schale essen und verwerten, wie die ↑ Zitrone verwendbar, kann im Gemüsefach des Kühlschranks aufbewahrt werden (Brasilien, Ecuador, Mexiko, Kalifornien u. a.)

Die zierlichen Limetten sind auch Saftlieferanten

Linsen, seit biblischen Zeiten ein Volksnahrungsmittel

Getrocknete – Gewürz aus der Limette, scharfaromatisches Zitrusaroma, für Eintöpfe und Saucen, gemahlen zum Aromatisieren von Butter und Marinaden

Kaffir-Limette, -Limone Limette mit dicker, schrumpeliger Schale, starkem Aroma und wenig Saft, dünn abgeschälte Schale und in hauchdünne Scheiben geschn. Blätter als Würze für asiat. Gerichte u. ä. (Thailand)

Limfjord [Wasserstraße durch das dän. Nordjütland, verbindet Kattegatt mit der Nordsee] Austernsorte, ↑ Auster

limón span.: Zitrone

Limone Zitrone; dt. a. für Limette

Limousin Mastrind-Rasse

Limousin-Art, (à la) limousine [Limousin, hist. Landschaft in Westfrankreich] Garnitur aus in Bouillon, Schweinefett, Essig und Zucker gek. Rotkohlstreifen mit geriebenen Äpfeln und zerstoßenen Kastanien, zu Fleisch, insbes. Schweinebraten; mit Wurstbrät und Champignons gef. Geflügel; mit Kartoffel- und Schinkenwürfeln gef. Omelett

limpa, limpé [schwed.: (weicher) Brotlaib] Brot aus Hartweizen- und Roggenmehl, mit Fenchel, Kümmel und Orangenschalen gewürzt

Lind Zubereitungsart, ↑ Jenny Lind

Linden(blüten)honig ↑ Honig/Sorten

lingue di passero [ital.: Spatzenzungen] flache Bandnudeln, meist mit frischen Tomaten und/oder Cremesaucen serviert (Süditalien)

Linse Hülsenfrucht, getr. flacher, runder, leicht gewölbter Samen des Linsenstrauchs, einer der ältesten Kulturpflanzen und Hauptnahrungsmittel des Menschen (das Erstgeburtsrecht für ein Linsengericht im Alten Testament), schmeckt körnig kräftig; wird bei uns meist nach Größen sortiert: *Riesenlinsen,* Durchmesser 7 mm und mehr, nicht die beste Linse, aber die dekorativste; *Heller-, Tellerlinsen,* 6–7 mm; *Mittellinsen,* 4,5–6 mm; *Zuckerlinsen, kleine Linsen,* kleiner als 4,5 mm, bes. wohlschmeckend (und am billigsten); einige Sorten: *blonde, helle Linsen,* die gebräuchlichsten; *grüne Linsen,* darunter die dunkel glänzende frz. *Puy-Linse,* eine der feinsten, schmackhaftesten Linsen, daneben weichkochende (Kanada), festkochende (Kanada, USA, Argentinien, Chile, Türkei) oder kleinkörnige Sorten (Kanada, Türkei, China); *rote Linsen,* im Mittleren Osten Grundnahrungsmittel, fein und zart, ungeschält kräftiger, zerfällt geschält schnell, bes. für Suppen, Pürees, Salate. Linsen müssen normalerweise nicht eingeweicht, aber vor dem Kochen sorgfältig abgespült und zunächst ohne Salz und Säuren (Essig, Wein u. ä.) gekocht werden; eignen sich (a. püriert) für Suppen, Aufläufe, Eintöpfe, als Gemüse, Vollwertkost, zu Pökel-, Rauchfleisch, Speck, Kartoffeln, Nudeln, Pilzen, Reis, Spätzle; passende Gemüse: Porree, Sellerie, Wurzelgemüse, Zwiebeln, passende Zutaten: Äpfel, Backpflaumen, Birnen, Nüsse, Rosinen, Sonnenblumenkerne, passende Gewürze: alle Kräuter, Chili, Lorbeer, Oregano, schwarzer Pfeffer, Zimt, Honig, abgeriebene Zitronenschale.

Linsen sind Bestandteil vieler nationaler Gerichte: mit Speck, Zwiebeln, Petersilie, Rotwein (Frankreich), mit Knoblauch, Zwiebeln, Salbei, Olivenöl (Italien), mit rohen Zwiebeln (Spanien), kalt mit Knoblauch, Olivenöl, Zitronensaft (Orient), mit Macis (Rußland) usw.; a. in Dosen erhältlich; halten sich trocken, kühl und dunkel aufbewahrt 4–5 Jahre (urspr. östl. Mittelmeerraum, heute ganze Welt); ↑ a. Keimling

Linsen|bohne ↑ Bohne/Mung(o)bohne

-keimlinge müssen selbst gezogen werden, enthalten neben den hochwertigen Stoffen der Linse Vit. C und E, für Vollwertkost

– und Spätzle mit Möhrenwürfeln und Rauchfleisch oder Saitenwürstchen gek. Linsen, mit geschmalztem Mehl gebunden, mit Essig und Pfeffer abgeschmeckt, dazu kleingeschn. geröstete Zwiebeln und Spätzle (Schwaben)

Linzerteig [Linz, Hauptstadt des österr. Bundeslandes Oberösterreich beidseits der Drau] ↑ Teig/Sorten

Linzer Torte Füllung aus Johannisbeer-, a. Himbeer-, Preiselbeer-, sogar Aprikosenkonfitüre zwischen Boden und Gitter eines knusprigen, mit gemahlenen süßen Mandeln, Kuvertüre, Gewürznelken und Zimt verfeinerten Mürbeteigs (urspr. Donaumonarchie, heute überall)

lipide frz.: Fett, Öl

Lippfisch barschartiger Meerfisch, grobes, süßliches, nicht bes. schmackhaftes Fleisch, meist für Fischsuppen, läßt sich aber a. backen, braten, dünsten, schmoren (Ostatlantik, Mittelmeer)

Liptauer(käse) [Liptovský, Stadt in der Mittelslowakei] pikante, streichfähige Mischung aus Brimsen oder Quark aus urspr. Schaf-, a. Kuhmilch, Butter und Sahne mit feingeh. Kräutern, Zwiebeln, edelsüßem Paprikapulver, Schnittlauch und sonst. Würzzutaten (urspr. tschech. Karpaten, heute a. Österreich, Tschechien, Slowakei, Ungarn, Bayern u. a.)

Lisettesuppe, Lison (à la) Rahmsuppe mit Staudensellerie und Trüffelscheiben

Lippfisch im Felsenriff

Lison, (à la) [frz. Lison, Lieschen] Garnitur aus mit geschm., geh. Kopfsalat, Eigelb und Sahne gef. Blätterteigtorteletts sowie Kartoffelkroketten mit geh. Pökelzunge, zu Fleisch in Bratensaft; ↑ a. Lisettensuppe

Lison-Suppe, crème Lison Kraftbrühe mit Reis- und Selleriecreme

lista ital.: Speisekarte

Litauische Art [Litauen, baltische Republik an der Ostsee] Garnitur aus in saurer Sahne ged. Champignons, zu Fleisch in Madeirasauce; ↑ a. litewski sup

Litchi exot. Frucht, ↑ Lychee

litewski sup, Litauische Suppe Püreesuppe von Kartoffeln und saurer Sahne mit Streifen geräucherter Gänsebrust, kl. gebr. Schweinswürstchen, Sauerampfer, Sellerieknollen und hartgek., paniertem halbem Ei (Rußland)

Litschi exot. Frucht, ↑ Lychee

Little Gem [engl.: kl. Juwel] ↑ Salat/Mini-Eisberg

livanec tschech.: Liwanze

Livarot [Marktplatz im Pays d'Auge] Weichkäse aus Kuhmilch mit rötlicher Rinde, einer der großen Käse Frankreichs, elastischer Teig, 40–45 % Fett i. Tr., ausgeprägt kräftigwürziger Geschmack, gute Zeit Juni–Dez., ohne Rinde zu essen (Normandie, Frankreich)

Livländer Vorschmack [Livland, Landschaft an der baltischen Küste der Ostsee] mit Muskatnuß und Pfeffer gewürzte Mischung aus Salzheringswürfeln, Butter, Eigelb und Eischnee, im Ofen geb. und heiß serviert (Baltikum)

Livorner Art, alla livornese [Livorno, Provinz und Hafenstadt an der Westküste Italiens] Garnitur aus geschälten Tomaten, Pfefferschötchen und Knoblauchzehen, zu Fisch

Liwanze, lívanec kl. flacher Pfannkuchen aus Hefeteig mit Muskatnuß, Zitronenschale und steifem Eischnee, mit Marmelade, meist Pflaumenmus (Powidl) bestrichen, mit Zimt und Zucker bestreut, oft mit Schlagsahne garniert (Böhmen)

llagosta span.: Languste

lobscou(r)se engl.: Labskaus

lobster engl.: Hummer
   flathead – Bärenkrebs
   Norway – Kaisergranat
   spiny – amerik.: Languste

Lobstock Würzkraut, ↑ Liebstöckel

locro kreolischer Eintopf aus ganzem oder gemahlenem, in Wasser gek. Mais oder Weizen mit frischem oder gedörrtem Fleisch und je nach Region versch. Zutaten (Südamerika)

locust bean gum engl.: Johannisbrotkernmehl

Lodde kl. Meerfisch, dem ↑ Stint ähnlich (nördl. Eismeer, Nordpazifik)

loempia indon.: Frühlingsrolle

Löffelbiskuit, Biskotte, Fingerbiskuit zartes, fingerförmiges Biskuitgebäck, Beilage zu Desserts, Speiseeis u. ä.

Löffelente Entenrasse, ↑ Ente/Wildente (Nordeuropa)

Löffelerbse eingeweichte Gelbe Erbse, meist mit Pökelfleisch, Speck, Porree, Sellerie, Zwiebeln, Kartoffeln und Gewürzen zu Püree verkocht und mit dem Löffel gegessen (Berlin u. a.)

Löffelkraut, Löffelkresse Küchenkraut und Salatpflanze von den Meeresküsten und anderen salzhaltigen Gebieten, scharf senfartiger Geruch und salzigbitterer Geschmack, frische junge Blätter für sich oder mit anderen Blattgemüsen als Salat, gekocht als pikante Beilage, Brotbelag oder zu saurer Milch, im übrigen wie Kresse verwendbar (Küstengebiete Nord-, Westeuropas)

Löffeltest das Drücken eines Löffels auf gebr. Fleisch: gibt es stark nach, ist es innen noch roh, gibt es schwach nach, ist es innen leicht blutig, gibt es kaum nach, ist es durchgebraten

Loganbeere [nach dem Richter J. H. Logan in Santa Cruz, Kalifornien] Zufallskreuzung zwischen wilder Brombeere und roter Himbeere, weich, zart und süßsäuerlich, kann roh gegessen werden, eignet sich a. für Gelees, Konfitüren, Tortenbelag, Sirups usw. (urspr. Kalifornien, Pazifikküste der USA)

loin engl.: Lende, Lendenstück

lokshe jüd.: breite Nudel

lokum [arab. verstümmelt: «Wonne des Schlundes»] Süßigkeit aus Stärkemehl, ↑ qatr und aromatischen Essenzen, die über Haselnüsse, Mandeln, Pistazien u. ä. gegossen werden (Naher Osten, Arabische Länder)

lollipop amerik.: Lutschbonbon am Stiel

Lollo (biondo, rosso) ↑ Salat/Sorten

Lolly ↑ Stielbonbon

Lombardische Art, alla lombarda [Lombardei, nordital. Landschaft und Region] Garnitur aus Risotto und überbackenen gef. Tomaten, a. geh. weißen Trüffeln, zu Braten, kl. Fleischstücken in Madeirasauce

Lombardo ital.: Hartkäse, ↑ Grana

lombok indon.: Chilischote: *asin* in Salzlake eingelegt, *hejau* grün, *mérah* rot, *rabit* klein und scharf

lomo span.: Rücken, Rückenbraten

London broil amerik.: Lendenstück vom Rind

Longane, Drachenauge nußartige Südfrucht mit glasig hellem Fleisch und aromatisch süßem Geschmack, kann geschält und entkernt als Frischobst gegessen, für Obstsalate, Desserts verwendet und zu Kompott, Konserven, Sirup usw. verarbeitet werden (urspr. China, heute alle Tropen und Subtropen)

Longchamp, (potage) [Pferderennbahn bei Paris] gebundene Fleischbrühe mit Püree von frischen Grünen Erbsen, Nudeln, Sauerampferstreifen und Kerbelblättern

longe frz.: Lendenstück vom Kalb; Nierenstück, Roastbeef vom Rind, Rippen-, Rückenstück vom Schwein

Longhorn Mastrind-Rasse, ↑ Rind

Longuevillesuppe [Anne Herzogin von L., 1619–1679, Schwester des frz. Prinzen von Condé, für ihren Geist und ihre Schönheit berühmt] Püreesuppe aus Grünen Erbsen mit Teigstreifen und Sauerampfer

lontong in Bananenblättern gegarter oder zu Kuchen gepreßter Reis (Indonesien)

Loquat, Japanische Mispel, Wollmispel pflaumengroße Frucht des subtrop. Loquatbaums, festes, aromatisches, angenehm säuerliches Fleisch, läßt sich vollreif (mit braunen Flecken) geschält roh essen, paßt a. in Obstsalate, Cremes, als Gelee, Kompott, Konfitüre, Kuchenbelag usw., Samen mandelähnlich; gute Zeit imp. Dez.–Juni, a. als Konserve erhältlich (urspr. China, Japan, heute a. Nordindien, Mittelmeerländer, Mittel-, Südamerika, Florida, Kalifornien)

Lorbeer, Suppenblatt Blatt eines immergrünen Strauchs, herb-aromatisches Gewürz, wirkt anregend, sollte dunkelgrün sein, ist frisch intensiver als getrocknet, wird vor Verwendung eingerissen und nach dem Kochen entfernt, entfaltet sein Aroma nur sehr langsam; gehört ins bouquet garni und ist als Würze a. sonst vielseitig verwendbar, u. a. in Bouillons, Suppen, zu Fleisch (Kalb, Rind, Sauerbraten), Frikassees, Leber, Geflügel, Wild, (pochiertem) Fisch, Meeresfrüchten, für Kartoffel-, Kuttelgerichte, Eintöpfe, Auberginen, Weiß-, Sauerkraut, Pasteten, Ragouts, Füllungen, Beizen, a. Kompotte usw.; das ganze Jahr erhältlich (urspr. Kleinasien, heute a. Türkei, exjugoslawische Länder, Griechenland, Italien u. a.)

Lorchel, Stockmorchel Speisepilz, gern etwas zäh, aber frischer, etwas bitterlicher Geschmack, roh giftig, muß gründlich abgebrüht und lange gekocht werden, gute Zeit Aug.–Nov., a. (giftiger) März–Mai

Lord Chesterfield [engl. Adelsfamilie] kräftige Rinderkraftbrühe mit Kräutern, Klößchen, Cayennepfeffer und Sherry

Lorenzo Salat aus Kopf- und Feldsalat, Scheiben von Roten Rüben, hartgek. Eiern und Birnen in Öl-Essig-Sauce mit Chilisauce und Senf; Salatsauce aus Essig, Öl mit geriebenem Knoblauch, Chilisauce und engl. Senfpulver

Lorette [Notre-Dame-de-Lorette, Pariser Quartier, in dem einst die leichten Mädchen lebten] Garnitur aus kl. Geflügelkroketten, Spargelspitzen oder Grünen Erbsen und Trüffelscheiben, zu kl. Fleischstücken in gebundenem Kalbsjus; Geflügelkraftbrühe mit Paprikapfeffer, als Einlage Kerbelblätter, Spargelspitzen und Trüffelscheiben, dazu Kugeln von Lorettekartoffeln, ↑ Kartoffel/Zubereitungen: Lorettekartoffeln; Salat aus Feldsalat-, Knollenselleriestreifen und gek. Roten Rüben in Essig-Öl-Sauce

Lori leicht mehligkochende Kartoffelsorte

lorraine, (à la) ↑ Lothringer Art

Lose Finken mit magerem Speck und Salzgurken gef., mit Muskatnuß und Pfeffer gewürzte Rindfleischscheiben, mit Zwiebeln angebraten, mit Lorbeer, Thymian, Malzbier usw. im Ofen geschmort (Flandern)

Löser ↑ Kaldaunen

Lothringer Art, (à la) lorraine [Lothringen, hist. Landschaft im Nordosten Frankreichs] Garnitur aus in Rotwein ged. Rotkohl, Schmelzkartoffeln, a. geriebenem Meerrettich, zu Schmorfleisch; Spiegeleier oder Omelett, mit Räucherspeck und Käse im Ofen oder in der Pfanne überbacken

Lothringer Speckkuchen ↑ quiche lorraine

Lotosfrucht, Lotospflaume trop. Beerenfrucht, ↑ Dattelpflaume

Lotoswurzel, (Indische), Lotosnuß genießbare Teile der Wasserpflanze Lotos: stärkehaltiger Wurzelstock, junge Stiele, Blätter, Blütenknospen als Gemüse, mandelartige Samen geb., gek., geschm. als Beilage zu salzigen oder süßen Speisen, geschält als Mandelersatz oder in Sirup eingelegt als Würzbeilage; a. als Konserve erhältlich (urspr. Wolgadelta, Iran, Indien, heute ganz Südasien)

Grubenlorchel, eine nahe Verwandte der Stockmorchel

Lotte das Schwanzstück des ↑ Seeteufels

lotte (de mer) frz.: Seeteufel

lotte de rivière frz.: Trüsche

Lotus Hornklee; ugs. a. für Lotoswurzel
-frucht trop. Beerenfrucht, ↑ Dattelpflaume

loubia, lubja Gericht aus Weißen oder Roten Bohnen mit Chilis, Gewürznelken, Knoblauch, Kreuzkümmel, Paprika usw., meist zu Hammelfleisch (Algerien, Nordafrika)

Louis XIV, XV ↑ Ludwig XIV., XV.

Louise heiße Sauce aus Rinderkraftbrühe, Butter, Mehl und feingeh. Zwiebeln, zu Schweinefleisch; Salat aus Pampelmusenfilets und entkernten, geschälten Weinbeeren auf Salatblättern mit Mayonnaise und geh. Haselnüssen

Louisette Rahmsuppe aus Staudensellerie mit Grünen Erbsen sowie Hühner- und Trüffelstreifen; Salat aus Römischem Salat, Tomatenwürfeln und entkernten, geschälten Weinbeeren in Essig-Öl-Sauce

Louisiana, Louisiane [Staat am Golf von Mexiko im Südwesten der USA] mit Maispüree und Gemüsepaprikawürfeln gef. Geflügel, dazu Maistörtchen, Reispastetchen, Süßkartoffeln, gebr. Bananen und gebundener Kalbs- oder Geflügeljus

Louisianasalat kl. Scheiben Bananen, Blutorangen und Tomaten in Sauce aus Tomatenmark, Zitronensaft, Öl, Pfeffer, Salz, etwas Zucker und ungesüßter Schlagsahne

Louissalat Würfel von Ananas, mürben Äpfeln und Staudensellerie in Rahmmayonnaise mit Sherry

loup(-de-mer) [frz.: Meerwolf] Wolfsbarsch, a. anderer gefräßiger Meerfisch

loup atlantique, du nord frz.: Seewolf

Löwenzahn, Butter-, Hunde-, Kuhblume staudiges Wildkraut, dessen gesunde Blätter, a. Knospen und Wurzeln verwendet werden können, wirken harntreibend, schmecken aromatisch und leicht bitterlich; junge, knackig frische Blätter ohne braunen Rand (innen am feinsten) als zarter Salat, passende Kräuter: Kerbel, Knoblauch, Schalotte, Zwiebel, (gebleicht) als spinatartiges Gemüse, geh. für Suppen, Eintöpfe, Saucen, Kräuterquark usw., verschlossene Knospen gedämpft zu Eierspeisen, Omeletts usw., Wurzeln wie Spargeln in Rahmsauce usw.; gute Zeit März–Mai (Blätter, Knospen), Frühling, Herbst (Wurzeln); hält sich im Gemüsefach des Kühlschranks nicht länger als 1 Tag (Asien, Europa u. a., v. a. Frankreich, Belgien, Italien, Schweiz, Deutschland)

lowzina Konfekt aus gemahlenen Mandeln, Kardamom, Zucker, Rosenwasser, Zitronensaft usw. (Irak)

Lübecker Marzipan [Lübeck, Hansestadt in Schleswig-Holstein an der unteren Trave und Lübecker Bucht der Ostsee], ↑ Marzipan

Lübecker National Eintopf aus Würfeln von durchwachsenem Schweinefleisch, Kartoffeln, Kohlrüben, Möhren, grobgeh. Zwiebeln und Petersilie

lubja nordafrik. Bohnengericht, ↑ loubia

Lübsche Füllung [niederd.: Lübecker Füllung] Füllung aus säuerlichen Äpfeln, Weißbrotwürfeln, Entenfett, Kardamom, Salbei, Zimt, Rosinen, Rum und Weißwein für gebr. Ente

Lucca-Auge [Pauline Lucca, 1841–1908, österr. Sopran, die «Wiener Nachtigall»] gewürztes Tatar auf runder, in Butter gebr. Weißbrotscheibe, mit Austern und Kaviar garniert

luccio ital.: Hecht

Luckele schwäb.: junges Huhn, das mit Quark gefüttert wird

Luckeleskäs schwäb.: Frischkäse, Quark, meist mit Sauermilch, geh. Dill, Kümmel, Petersilie und Schnittlauch auf Weißbrotscheibe gestrichen

Lucullus [Lucius Licinius L., um 117 bis um 57 v. Chr., röm. Feldherr und Feinschmecker] mit bes. reichen Zutaten wie Gänseleber, Artischockenböden, Trüffeln, Trüffelsauce mit Hahnenkämmen, -nierchen u. ä.; Geflügelkraftbrühe mit Wachtelessenz, als Einlage Geflügelklößchen, Wachtelbrüstchen und Trüffelscheiben

Lucuma trop. Frucht, mango-, vanilleartiges Aroma, nussiger Geschmack, zum roh Essen, für Cremes, Desserts, Speiseeis, als Kuchenbelag (Chile, Westküste Südamerikas, a. Mexiko, Afrika, Indien, Südostasien, Australien)

Lüdger Käse ↑ Hopfenkäse

Ludwig XIV., Louis XIV [der frz. «Sonnenkönig», 1638–1715] Garnitur aus mit Champignonpüree gef. Artischockenböden zu kl. Fleischstücken in Trüffelsauce

Ludwig XV., Louis XV [frz. König, 1710–1774] Garnitur aus Artischockenböden, Champignon- und Trüffelwürfeln, zu kl. Fleischstücken, Kalbsbries, Zwischengerichten in Trüffelsauce

Luftbrot diätetisches Brot ohne Kleber-Eiweiß, leicht und waffelähnlich, gegen Verdauungsbeschwerden, Eiweißallergien usw.

luftgetrocknete Mettwurst schnittfeste Rohwurst aus Schweinefleisch, Speck und wenig Rindfleisch, ohne Räucherung an der Luft getrocknet, leichter Hefegeschmack

Luftporenschokolade ↑ Aero-Schokolade

Luftspeck frisch gepökelte Speckseite, ohne Räucherung an der Luft getrocknet

Luftzwiebel ↑ Zwiebel/Sorten

luganiga ital.: dünne, längliche, halbfeste Kochsalami

Luikse wavel ↑ Waffel, Lütticher

lukanika Würstchen aus magerem Schweinefleisch, Schweineschwarte und Rückenspeck mit Knoblauch, Koriander, Lorbeer, Majoran, Piment, Thymian, abgeriebener Orangenschale und Rotwein (Griechenland)

Lukullus ↑ Lucullus

lula port.: Tintenfisch, Kalmar

Lully [Jean-Baptiste L., 1632–1687, frz. Komponist ital. Herkunft, der seine Karriere als Küchenjunge am Hof von Paris begann] Spiegeleier mit Makkaroni, rohen, gebr. Schinkenscheiben und Tomatenwürfeln

Lulo Südfrucht, ↑ Naranjilla

lumaca, -che ital.: Schnecke(n); kurze dicke Hohlnudel in Schneckenform (Kampanien, Ligurien)

Lumb Meerfisch, festes weißes Fleisch von leicht hummerähnlichem Geschmack, meist als Filet im Handel; wird a. zu Stockfisch verarbeitet (Nordatlantik)

Lumie Zitrusfrucht, ↑ Limette

Lummel [lat. *lumbus*, Lende] österr.: Lendenfleisch, Lendenbraten

Lummer landsch.: Schweinefleisch
  -braten ↑ Schwein/Fleischstücke
  -kotelett Rippenstück, ↑ Kotelett

Lumpfisch Meerfisch, ↑ Seehase

lumpia indon.: Frühlingsrolle

lunch engl.: (schnelles, leichtes) Mittagsmahl, a. zweites Frühstück, meist mit kaltem Aufschnitt, Wurstwaren, Eiern, gemischten Salaten, Sandwiches usw., dazu Kaffee, Tee, Bier

luncheon engl., amerik.: Frühstück, Imbiß
  – meat ↑ Frühstücksfleisch

Lüneburger Brot [Lüneburg, Stadt und Moor-, Solbad in der niedersächsischen Heide] ganzseitig angeschobenes, helles Roggenmischbrot, vor dem Backen in offenem Feuer geflämmt, glatte Oberfläche

Lunge Innerei, schwammiges Atmungsorgan meist vom Kalb, a. von Rind oder Schwein, geringer Nährwert, fettarm, eisen- und eiweißreich; kann gek. und in Scheiben geschnitten oder in würzigem Sud (mit Zitronensaft oder Essig, Lorbeer, Piment, schwarzem Pfeffer usw.) weichgekocht werden; ↑ a. Beuschel

Lungen|strudel Lungenhaschee mit Ei, feingeschn. Zwiebeln und Petersilie in Strudelteig (Österreich)
  -wurst Brühwürstchen aus Rind-, Schweinefleisch, Fettgewebe und Lunge

Lungenbraten [lat. *lumbus*, Lende] österr.: Lenden-, Filetbraten vom Rind

Lungenstück österr.: Rindsfilet

Lüngerl südd.: Kalbslunge; Gericht daraus mit Kalbsherz, Suppengrün, Lorbeer, Pimentkörnern, Essig und saurer Sahne, dazu Semmelknödel, als Vorspeise, Imbiß, a. kl. Mittagessen (Bayern)

Lungä, Lungge schweizerd.: Lunge von Schlachtvieh

Lunja Hülsenfrucht, ↑ Bohne/Mung(o)bohne

Lünt nordd.: Nierenfettgewebe des Schweins

Lünte nordd.: Schweineniere

Lupine Futterpflanze, deren bohnenähnliche Hülsenfrüchte als Salat verwendet werden können (Mittelmeerraum)

lupo di mare [ital.: Meerwolf] Hummer, Seewolf, Katfisch

Lustige Witwe [berühmte Operette von Franz Lehár, 1905] Salat aus Apfel-, Chicoréescheibchen, Orangen-, Pampelmusenwürfeln und Haselnußkernen in Mayonnaise, mit roten und/oder grünen Paprikastreifen garniert

lutefisk [norw.: Laugenfisch] im Freien getr., gelaugter Kabeljau, wenig Geschmack

lutfisk [schwed.: Laugenfisch] im Freien getr., gelaugter Leng

Lütticher Art, (à la) liégeoise [Liège, Lüttich, belg. Stadt und Provinz] mit Wacholderbeeren und/oder Wacholderbranntwein

Lütticher Salat gek. Grüne Bohnen, Streifen von Salzheringen und gek. Kartoffeln in Weinessig-Öl-Sauce mit geh. Zwiebel

Lütticher Waffel ↑ Waffel, Lütticher

Luxor [oberägypt. Stadt am Nil] Salat aus Streifchen von Grünen Bohnen, roten Paprikaschoten, Tomaten und Hühnerbrust in Zitronen-Öl-Marinade

Luxus-Danbo dän. Schnittkäse, ↑ Danbo: Luxus-Danbo

Luzerne, Alfalfa Futterpflanze, aus deren Samen Keimlinge gezüchtet werden können, ↑ Keimling

Luzerner Chügeli-, Kügelipastete [Luzern, Stadt und Kt. der Innerschweiz am Vierwaldstätter See] Blätterteigrondelle mit kugeliger Füllung aus Weißbrötchen und Eiweiß, Schweine-, Kalbfleisch, Kalbs-, Schweinebrät, a. Äpfeln, Butter, Mehl, Milch oder Weißwein, Champignons, Koriander, Majoran, (in Alkohol eingelegten) Rosinen, Pfeffer, Muskatnuß, etwas Bouillon, Sahne und geh. Mandeln

Lychee, Lichee, Litchi, Litschi pflaumengroße Steinfrucht eines subtrop. Baums, glasig weißes, saftiges Fleisch, feinsäuerlicher Geschmack nach Muskat und Rosen; wird (aus der Dose wesentlich fader als frisch) roh gegessen oder

Lychees mit weißem Fruchtfleisch und braunem Kern

in Obstsalaten, als Kompott (nur kurz erhitzt), Beilage zu (Schweine-)Fleisch, Geflügel, Fisch, Reis usw. zubereitet, läßt sich a. kandieren; gute Zeit frisch Nov.–Febr., hält sich bei 0 °C 2–3 Wo., kann eingefroren werden; a. getrocknet im Handel (urspr. Südchina, Vietnam, heute a. Hinterindien, Indien, Australien, Neuseeland, Madagaskar, Réunion, Südafrika, Kenia, Brasilien, Florida, Hawaii u. a.)

Lyoner, Leoni Deutschland, Schweiz: feingekutterte Brühwurst aus Rind-, Schweinefleisch und Speck, wird heiß, vorwiegend aber kalt gegessen, gut als Wurstsalat; Frankreich: aus fettem Schweinefleisch und Pistazienkernen, mild, nur leicht gesalzen und gewürzt

Lyoner Art, (à la) lyonnaise [Lyon, frz. Handels- und Feinschmeckerstadt, die «von drei Flüssen begossen wird, Rhone, Saône und Beaujolais»] mit geh., ged. Zwiebeln; ↑ a. Sauce/sauce lyonnaise

Lyoner Kartoffeln Bratkartoffeln mit Zwiebeln

maan dal ind.: Schwarze Bohne

maatjesharing holl.: Matjeshering

Macadamia, Australische Nuß [1857 nach dem Wissenschaftler Dr. John McAdam, Sekretär des Philosophischen Instituts im austral. Bundesstaat Victoria benannt] fettreiche Nuß eines Baums aus Queensland mit sehr harter Schale, aber sahnigem Kern von apartem, sanft kastanienartigem Geschmack, läßt sich frisch rösten und heiß essen, aber a. wie Haselnuß für Cremes, Gebäck, Konfekt, Speiseeis usw. verwenden; a. in Dosen erhältlich (Australien, Süd-, Ostafrika, Süd-, Mittelamerika, Südkalifornien, Hawaii u. a.)

Macaire [Robert Macaire, im 19. Jh. populäre frz. Räuberfigur] mit Butter, Salz und Pfeffer zerquetschte mehligkochende Kartoffeln, beidseitig in der Pfanne gebraten

macaron frz.: Makrone

maccheroni [ital.: Zerquetschte] Makkaroni

Macdonaldsuppe Rinderkraftbrühe mit spinatgef. Teigtaschen, Kalbshirn-Eierstich und Gurkenwürfeln; Geflügelrahmsuppe und Kalbshirnpüree mit Gurkenwürfeln und Sherry

mace engl.: Muskatblüte

macédoine [frz., nach der Vielvölkerlandschaft Makedonien im südöstl. Europa des Altertums] warmes oder kaltes Gemisch von kleingewürfeltem Gemüse oder Obst

Macetera ital. Blondorangensorte

Machandel nordd.: Wacholder

macis frz.: Muskatblüte

mackerel engl.: Makrele

MacMahon [Graf von M., frz. Marschall und Staatsmann, 1808–1893] Garnitur aus grünen Bohnenkernen, in Butter gerösteten Kartoffeln und Trüffelscheiben, zu Fleisch in Madeirasauce; Kalbsrahmsuppe mit Kalbshirnpüree und Kalbshirn-, Gurkenwürfeln

Mâcon-Art, (à la) mâconnaise [Mâcon, Rebgebiet an der Saône im frz. Burgund] mit feinen Kräutern gek. Fischstücke mit sautierten Champignons, glasierten Zwiebelchen, gerösteten Weißbrotwürfeln und Krebsen

Madagaskar-Caneel, -Canehl, Zimt Gewürz, ↑ Zimt

Madeira port. Atlantikinsel, von daher trockener bis würzig süßer weißer Aperitif- oder Dessertwein, seines ausgeprägten Aromas wegen gern zum Kochen verwendet; ↑ a. Sauce/sauce madère

  -gelee Gelee mit süßem dunklem Madeirawein, in Würfeln als Garnitur oder Dekoration
  -sauce ↑ Sauce/sauce madère
  -zwiebel ↑ Zwiebel/Gemüsezwiebel

madeleine [nach dem Bauernmädchen Madeleine, welches das Gebäck dem frz. König Stanislaw Lesczyński in Lothringen darreichte] kl. weiches Mandelküchlein aus luftiger Butter-Eier-Masse, mit Vanille, Zitrone oder Orangenblütenwasser parfümiert (urspr. Lothringen); ↑ a. Magdalenen-Art

Madeleine Angevine frühreife weiße Traubensorte, leichter Muskatgeschmack

Madelon [Titel eines Liedes, das die frz. Soldaten und die Alliierten im Zweiten Weltkrieg sangen] kl. Gebäck aus Brandmasse in S-Form, mit Johannisbeergelee gefüllt und mit grobem Zucker bestreut

madère frz.: Madeira(wein)

Madrider Suppe, consommé (à la) madrilène kalte, a. warme Geflügelkraftbrühe mit Sellerieessenz, Tomatenmark und Paprikapfeffer, als Einlage warme rote Paprikaschoten- und Tomatenwürfelchen, meist in Tassen serviert

Madroño-Frucht, Jorco eßbare Frucht eines südamerik. Baumes, säuerliches, leicht aromatisches Fleisch, kann roh verzehrt oder zu Gelee usw. verarbeitet werden (nordwestl. Südamerika)

mafrūm arab.: Hackfleisch

Magdalenen-Art, (à la) madeleine Garnitur aus mit Püree von Weißen Bohnen gef. Torteletts und/oder mit weißem Zwiebelpüree gef. Artischockenböden, zu kl. Fleischstücken, Geflügel in Demiglace; weiße Rahmsauce und Krebsbutter mit Garnelenschwänzen und Selleriewürfeln, zu Fisch

Magellan [port. Seefahrer, um 1480–1521, umsegelte als erster die Erde] Rebhuhnrahmsuppe mit Madeira und gerösteten Weißbrotwürfeln

Magen erweiterter Abschnitt des Verdauungskanals, Teil der Innereien von Schlachttieren

Magenbrot, Alpenbrot mit Anis, Gewürznelken, Kardamom, Muskat, Zimt, Zitronat usw. gewürzter Leb- oder Honigkuchen in Form eines kl. Brotlaibs, meist mit Kakaoglasur; Ostschweiz: glasiertes Kirchweihgebäck aus Mehl, Triebsalz oder Pottasche, Schokoladen-, Nelkenpulver, Zimt und Zitrone

Magenkraut Würzpflanze, ↑ Wermut

Magenta [ital. Stadt in der Provinz Mailand, 1859 Kriegsschauplatz] mit Pfeilwurzmehl leicht gebundene Geflügelkraftbrühe mit Trüffelklößchen, Champignon- und Trüffelstreifen, Tomatenwürfeln; Béarnaisesauce mit geh. Kräutern und Tomatenwürfeln

Magenwurz Würzwurzel, ↑ Kalmus

Magerfisch Meerfisch mit weniger als 2% Fettgeh. im Filet wie z. B. Kabeljau, Schellfisch, Seelachs; hält sich tiefgekühlt 7 Mon.; ↑ a. Fettfisch

Magergeflügel Geflügel mit geringem Fettansatz wie z. B. Brathühnchen, Puter, Suppenhuhn

Magerkäse Käse mit höchstens 10% (Österreich: 15%) Fettgeh.; ↑ a. Büttenkäse

Magermilch praktisch fettfreie (max. 0,5% Milchfett), entrahmte Milch
   -pulver, Trockenmagermilch Trockenmilcherzeugnis aus entrahmter Milch mit max. 1,5% Fettgeh. und höchstens 5% Wasser
   -quark ↑ Quark

Maggerunsen Nocken aus gek. Kartoffeln, Mehl, Milch und Salz (Tirol)

Maggi [Julius M., ausgespr. *madschi*, 1846–1912, schweiz. Erfinder der nach ihm benannten Suppenwürze und anderer Brüherzeugnisse] pflanzliche Suppen- und Saucenwürze aus Getreide- und Hülsenfruchtschalen mit vorgetäuschtem Fleischgeschmack
   -kraut ugs., schweizerd.: Liebstöckel

maggiorana ital.: Majoran

Magnesium chem. Element, ↑ Mineralstoffe

magret, maigret frz.: Brustfilet von Geflügel, i. a. Ente, meist in dünnen Scheiben rosa gebraten

Magsamen Ölsamen, ↑ Mohn

magyar, magyul ung.: ungarisch

mahallebi, muhallebi puddingartiger Brei aus Milch, Kochwasser von Reis, Reisstärke, Eigelb und Zucker, mit Puderzucker, a. Zimtpulver bestäubt und mit Rosenwasser beträufelt (Türkei)

mañleb Gewürz, kl. Kern einer wilden Kirsche, enthält entgegen landläufiger Meinung keine Blausäure, leicht bitterer Mandelgeschmack, sollte vor Gebrauch gemahlen werden, für Kekse, Kuchen, Süßspeisen (Mittelmeerraum, Nahost)

Mahón, (quero de) Schnittkäse aus Kuh- und etwas Schafmilch, mürber Teig, 45% Fett i. Tr., mild und doch kräftig, oft in Olivenöl eingelegt (Menorca, Balearen, Spanien)

mañšī arab.: gefüllt; Speise aus ausgehöhlten Auberginen, Gurken, Kartoffeln, Kürbis, Tomaten, Zucchini mit Füllung aus ged., geh. Hackfleisch, ↑ burgul, Reis, gek. Zwiebeln, Mandeln, Pinien-, Pistazienkernen usw., a. gef. Hammelkopf, Huhn, Taube, Fisch u. a.

Mahuafrucht Frucht des Maobaums, fleischige, rohrzuckerhaltige Blütenblätter werden getr. gegessen oder zu Mehl verarbeitet, daraus a. Speiseöl (Asien, Nordamerika)

maiale ital.: Schwein, Schweinefleisch

Maiblume Würzkraut, ↑ Waldmeister

Maibutter ↑ Butter, Maibutter

Maifisch Süßwasserfisch, ↑ Alse

Maigold ↑ Apfel/Sorten

maigret frz.: Geflügelbrustfilet, ↑ magret

Maikaas holl. Käse, ↑ Graskäse

Maikirsche ↑ Kirsche/Sauerkirsche

Maikraut Würzkraut, ↑ Waldmeister

Mailänder [Mailand, wirtschaftliche und kulturelle Hauptstadt der ital. Lombardei] Kleingebäck aus Mürbeteig mit Konfitfrüchten, Mandeln, Zitronenschale usw., 3–4 Tage nach der Zubereitung am besten, zart und knusprig

Mailänder Art, alla milanese, (à la) milanaise mit Makkaroni u. ä., mit geriebenem Parmesankäse (überbacken), in Tomatensauce; Makkaroni, Risotto usw. mit Schinken-, Pökelzungenstreifen und geh. Champignons; ↑ a. Schnitzel, Mailänder

Mailänder Kohl ↑ Kohl/Wirsing

Mailänderli schweizerd.: Kleingebäck, ↑ Mailänder

Mailänder Schnitzel ↑ Schnitzel/Mailänder Schnitzel

Mailing Süßwasserfisch, ↑ Äsche

Maillot, Porte-Maillot [Stadttor auf dem Weg nach dem Boulogner Wald in Paris] Garnitur aus glasierten Karotten, Weißen Rübchen und Zwiebelchen, Grünen Bohnen, Erbsen und ged. Kopfsalat, zu Schmorfleisch, Schinken in gebundenem Kalbsjus; Madeirasauce mit geh. hartgek. Eigelb und Schalotten in Weißwein mit Cayennepfeffer

Mainauer Käse [Mainau, dt. Insel im Bodensee] halbfetter Schnittkäse aus Kuhmilch, geschmeidiger Teig, 30, 40, 45 und 50 % Fett i. Tr., erdiger, aromatisch milder bis voller Geschmack (Bodenseegebiet)

Maine lobster [Maine, Bundesstaat der USA in Neuengland am Atlantischen Ozean] Hummer von der Nordostküste der USA, einer der besten Nordamerikas

Maintenon [nach einem Koch des Schlosses Maintenon im Besitz des frz. Adelsgeschlechts Noailles] Garnitur aus Champignons, Zwiebelpüree und Béchamelsauce mit Pökelzunge und Trüffelscheiben, zu weißem Fleisch, gef. Kartoffeln, pochierten Eiern, Omeletts usw.; Geflügelrahmsuppe, als Einlage Gemüsewürfel; Kalbsbries mit gerösteten Weißbrotscheiben, Trüffelscheiben und Zwiebelpüree in sauce suprême

Mainzer (Hand-)Käse [Mainz, Hauptstadt von Rheinland-Pfalz am Rhein] Sauermilchkäse mit goldgelber bis rotbrauner Schmiere und geschmeidigem bis festem Teig, a. mit Kümmel gewürzt, sehr wenig Fett i. Tr., eiweißreich und fettarm, milchsaurer, milder bis pikanter Geschmack, zu deftigen Mahlzeiten; ↑ a. Handkäs mit Musik

Mainzer Rippchen mild gepökeltes Schweinekarree, mit mildem Sauerkraut in Weißwein geschm., dazu Kartoffelpüree

Maipilz, Georgs-, Mairitterling, Mai-, Moosschwamm sehr guter Speisepilz, mehlig saftig, darf nicht roh gegessen werden, a. zum Einlegen, Trocknen, Würzen geeignet, gute Zeit Ende April (23. 4.: Georgstag) bis Mitte Juni

Mairekartoffeln [frz. *maire,* Bürgermeister] in Brühe und Milch mit etwas Butter sämig gek. Kartoffelscheiben

Mairenke, Schiedling, Seeanke, -laube der Ukelei verwandter Süßwasserfisch aus dem Donaugebiet und den bayerischen Seen, ↑ Renke

Mairitterling Speisepilz, ↑ Maipilz

Mairübchen, -rübe kl. weiße Speiserübe, ↑ Rübchen

Mais, Türken-, Welschkorn, Türkischer Weizen [Indianersprache der Karibik: *taino*] wichtiges Futter- und Gemüsegetreide, hellgelbe oder gelbe Körner, schwer verdaulich; wird nach *Gemüse-, Süß-, Zuckermais* und *Feld-, Körnermais* unterschieden; sollte trocken, glänzend sein und sofort verbraucht werden; läßt sich als ↑ Maiskolben oder Korn im Ofen oder auf Holzkohle grillen oder (ohne Salz) ausbacken, dünsten, kochen, pürieren (↑ Polenta), a. knabbern, als Gemüse, Salat, für Suppen, Pfannkuchen, Puddings usw. verwenden.
Frisch, gemahlen (↑ Maisgrieß, Maismehl) oder, ohne Qualitätsverlust, in Konserven im Handel; gute Zeit einh. Aug.–Mitte Nov., imp. Juni–Dez., hält sich im Gemüsefach des Kühlschranks bis 3 Tage, läßt sich sofort nach der Ernte blanchiert unverpackt oder verpackt sehr gut bis 8 Mon. tiefkühlen und dann gefroren zubereiten (urspr. Bergschluchten des Hochlandes in Mexiko, Guatemala, Honduras, heute ganze Welt zwischen 58 °Nord und 42 °Süd); ↑ a. corn on the cob, Polenta, Popcorn

 Mini ≏, Baby ≏ junges, unreifes Zuckermaiskölbchen, zart süßlich, nicht nur sauer eingelegt, sondern a. als Frischgemüse genießbar

 Puff ≏ ↑ Popcorn

Mais|brot ↑ Brot/Spezialsorten

 -flocken ↑ Cornflakes

 -grieß aus gemahlenem Mais, für ↑ Polenta u. ä.

Maiskolben mit prallen Körnern

-keimöl ↑ Öl/Sorten

-kolben Zuckermaiskörner am Kolben, lassen sich im Ofen oder auf Holzkohle grillen und mit Salzbutter, Käsecreme o. ä. verzehren, in Wasser (ohne Salz) gek. a. feines Gemüse; ↑ a. corn on the cob

-kuchen, corn cake kl. Kuchen aus Maismehl mit Backpulver und geschlagenem Ei, Milch und Speck

-mehl gemahlene Maiskörner, a. mit anderen Getreidearten (Roggen, Weizen) vermischt, für Brote, Kuchen, Ausbackteig, Puddings u. ä.

-öl ↑ Öl/Maiskeimöl

-pudding ↑ Polenta; USA: im Ofen mit zerlassener Butter, geschlagenen Eiern, Milch und geh. Paprikaschoten, Zwiebeln geb. Maiskörner

-stärke von Eiweiß, Fett und Fasern befreite Stärke des Mais, als Puder für Kindernahrung, Nährmittel, Puddingpulver, Suppen, als Backzutat

-zucker aus Maisstärke hergestellter Traubenzucker

Maisahne ↑ Sahne/Maisahne

Maischolle, (Finkenwerder) zarte, mit Zitronensaft gesäuerte Scholle, in Mehl gewendet und mit Würfeln von fettem Räucherspeck goldbraun gebacken (Finkenwerder, Fischerdorf und Hamburger Vorort zwischen Norder- und Süderelbe)

Maischwamm Speisepilz, ↑ Maipilz

maison, à la, nach Art des Hauses Hausspezialität; wenn ehrlich angegeben: nach eigenem Rezept selbst hergestellt

maître d'hôtel frz.: urspr. Haushofmeister; heute a. Erster Oberkellner im Restaurant

beurre –, Haushofmeister-Butter mit geh. Petersilie, Pfeffer, Salz und Zitronensaft gewürzte Butter, als Paste oder gekühlt in Stücken zu Grilladen, frischen Gemüsen usw.

Maizena Markenartikel, ↑ Maisstärke

Majestic [Name versch. bekannter Hotels] Garnituren aus gebr. Kalbsnierenscheiben und Tomaten, Kartoffelkroketten, Okra, geh. Champignons, zu kl. Fleischstücken in Béarnaisesauce, oder aus mit Champignon-, Spinatpüree gef. Artischockenböden, Lachs- und Seezungenklößchen in Fond mit Trüffelscheiben, zu in Champagner pochiertem Fisch; Salat aus Würfeln von Äpfeln, Bleichsellerie und grünen Paprikaschoten in leichter Mayonnaise

majiritsa Suppe aus Lamminnereien mit Reis und Zwiebeln, mit Eiern gebunden und mit Anis, Fenchel, Zitronensaft gewürzt (Griechenland)

Majonäse eingedeutscht für ↑ Mayonnaise

Majoran, Braten-, Kuchel-, Kuttel-, Wurstkraut, Meiran Küchenkraut, dessen Blätter Gerb-, Bitterstoffe und ätherische Öle enthalten, wirken nervenberuhigend und verdauungsfördernd, cholesterin- und fettspiegelsenkend; frisch pikant blumiges Aroma, zu klaren Suppen, (Rind-)Fleisch, Hackbraten, Leber, Geflügel, Füllungen, Fischsaucen, Gemüse (Kürbis, Paprika usw.), Pilzen, frischen Salaten, Rührei, Kräuterbutter, Mayonnaise usw.; getrocknet (ohne viel Qualitätsverlust) herzhaft kräftiges Aroma, zu fetten Gerichten, Suppen, Eintöpfen, Gulasch, Ragouts, Fleisch, Hackbraten, Innereien, Würsten, Füllungen, Pasteten, Terrinen, Fisch, Bratkartoffeln, Kartoffelsalat, Pizza, Spaghetti, Kräutersaucen, in Schmalz usw.; sollte frisch erst gegen Ende der Garzeit zugegeben werden, kann getrocknet die ganze Zeit mitkochen; ganzes Jahr im Handel, beste Zeit frisch Juni–Sept., läßt sich getr. oder tiefgekühlt lange lagern (urspr. Westindien, südöstl. Mittelmeergebiet, heute fast alle gemäßigten Zonen)

Wilder – Würzpflanze, ↑ Oregano

Makai(-Quark) Speisequark mit Sahne, Zucker und Zimt, mit zerriebenem Pumpernickel bestreut (Rheinland)

makhallal ägypt.: pikantes Essiggemüse

Makkaroni, maccheroni [ital. urspr. Knödel] kurze oder lange dicke Röhrennudeln aus Hartweizengrieß und Eiern
 -pastete Blätterteigpastete mit Füllung aus gek. Teigwaren in Sauce aus Butter, Sahne, Molke mit Schinken und Pilzen (von Mailand nach Zürich gebracht)

Makrele Familie von Hochseefischen mit fettreichem, ölhaltigem, leichtverderblichem, aber zartem und schmackhaft würzigem Fleisch, hoher Kaliumgehalt, fördert Herz- und Kreislauftätigkeit, läßt sich (am besten zu säuerlichen Saucen) kochen, backen, braten, dämpfen, grillen, pochieren, a. ausgenommen mit Kopf räuchern oder in Öl eingelegt konservieren; gute Zeit frisch: Juli–Sept. (nördl. Atlantik einschl. Nord-, Ostsee, Mittelmeer, Schwarzes Meer, Pazifik, überhaupt die meisten gemäßigten und trop. Meere); im Rheinland (fälschlich) a. Name für die ↑ Nase

Makrobiotik [griech. *makrós*, lang, *bios*, Leben] auf dem Zen-Buddhismus beruhende Ernährungs- und Lebenslehre, vorw. Getreide, jahreszeitengerechtes Gemüse und wenig Flüssigkeit, keine Milchprodukte, kein Fleisch, Zucker, Kaffee, Tee; ernährungsphysiologisch eine Mangelbeköstigung, deshalb zwar durchführbar, aber streng eingehalten gesundheitlich nicht unbedenklich

Makroelemente ↑ Mineralstoffe

Makrone Dauerbackware aus (ohne nähere Bezeichnung) zerkleinerten Mandeln oder anderen eiweißreichen Ölsamen (Cashew, Haselnuß, Kokos, Walnuß usw.), Eiweiß, a. Eigelb, Zucker und/oder Honig usw.

Majoran im Topf

maksalaatikko Auflauf aus panierter Schweineleber, gek. Reis, Rosinen, Zuckermelasse und Majoran, heiß mit Moor- oder Johannisbeergelee und zerlassener Butter bestrichen (Finnland)

Malabarpfeffer Pfeffer bester Qualität, nicht zu scharf, aber sehr aromatisch (Malabar an der Südwestküste Vorderindiens)

Malabarspinat trop. Gemüsepflanze, ↑ Ceylonspinat

Málaga Stadt und Provinz an der Costa del Sol, der Südküste Spaniens am Mittelmeer; von daher Dessertwein aus Muskatellertrauben, der seines ausgeprägten Aromas wegen gern zum Kochen verwendet wird

Malagarosine, -traube ↑ Rosine

malai ind.: Sahne
 – kofta Fleischklößchen in sahniger Tomatensauce

malakoff [Malakow, Bastion der russ. Festung Sewastopol, im Krimkrieg 1855 vom frz. Marschall Pélissier, späterem Herzog von Malakoff, mit vielen Schweizer Söldnern erstürmt] versch. Gebäck, meist aus Biskuitmasse mit Kaffeecreme und Puderzucker; Nordostfrankreich, Westschweiz: mit geriebenem Comté-, Greyerzer-, Jura- o. ä. Käse fritierte altbackene Brotschnitte, heiß serviert; Westschweiz: durch Backteig mit Milch oder Weißwein gezogene, goldgelb fritierte Käsescheiben oder -stengel; a. passierte Püreesuppe aus Kartoffeln, Porree und Tomaten, als Einlage ged. Spinatblätter

Malaquina Zitrushybride, Kreuzung zwischen Mandarine und Orange

malfatti [ital.: die Mißgestalteten] Bällchen aus Weißmehl mit versch. Gemüse (meist Spinat), Ricotta und/oder Käse, Eiern usw., mit zerlassener Butter und geriebenem Parmesankäse serviert (Lombardei)

malfūfa arab.: Kohl

Maltit Zuckeraustauschstoff, ↑ Zuckeralkohol

malloreddus mit Safran gewürztes Klößchen aus Hartweizengrieß (urspr. Sardinien)

mallorquina [span.: von der Insel Mallorca] Fischsuppe mit geh. Tomaten, angeschwitzten Zwiebelstückchen, Knoblauch, Petersilie usw., dazu in Öl gebr. Weißbrotwürfel (Spanien)

Malmesbury [John Howard Earl of M., 1807–1889, brit. Außenminister] kräftige Fischsamtsuppe mit Hecht-, Hummerwürfeln und Muscheln

malossol russ.: schwach, wenig gesalzen; ↑ a. Kaviar

malsūqa papierdünner Teig aus Mehl, kaltem Wasser und Salz (Tunesien, Nordafrika); ↑ a. brik

Malta-Art, Malteser Art, (à la) maltaise [Malta, Inselgruppe südl. von Sizilien im Mittelmeer mit Orangenzucht] mit (Blut-)Orangen(saft); Bombe mit Orangeneis; ↑ a. Sauce/sauce maltaise

Malteser Reis süßer, ausgekühlter Milchreis mit Blutorangensaft und Schlagsahne, als Nachtisch

Maltose ↑ Zucker/Malzzucker

Maluns Gericht aus geriebenen Kartoffeln mit Mehl, Butter und/oder Schmalz, in der Pfanne langsam zu Klümpchen geröstet, mit Butterflocken bestreut, mit Apfelmus und/oder Bergkäse serviert, dazu Milchkaffee oder Veltliner Wein (Graubünden, Ostschweiz)

Malve exot. Pflanze, ↑ Rosella

Malz künstlich gekeimte Gerste, a. Hafer, Roggen, Weizen, für Backhilfsmittel, Nährpräparate usw.
-**bonbon, Bayrisch Malz, Blockmalz** dunkelbraune Hartkaramelle mit mind. 5% Malzextrakt oder 4% Trockenmalzextrakt, angenehmer Malzgeschmack
-**brot** Spezialbrot mit mind. 8% gemälztem Getreide
-**essig** Essig aus doppelt gegärter, gemälzter Gerste (England u. a.)
-**extrakt** süßlich aromatischer Sirup aus eingedicktem Malzauszug, für Bonbons, diätetische Nährmittel, Kräftigungsmittel usw.
-**zucker** ↑ Zucker/Sorten

mamali(n)ga, mamalyga mit geschmolzener Butter übergossener dicker Brei aus Maisgrieß oder -mehl, als Beilage oder Brotersatz (Griechenland, Moldawien, Rumänien, Serbien, Ungarn, jüd. Küche)

Mamey-Apfel, Mammi-Apfel kugelige exot. Frucht, butterweich saftiges, süßsäuerliches Fleisch mit aprikosenähnlichem Geschmack, wird frisch verzehrt, in Obstsalate gemischt oder zu Kompott, Marmeladen, Saucen, a. Konserven verarbeitet (Karibik, Norden Südamerikas, Florida)

Mamirolle [Stadt mit Molkereischule am Doubs in der Franche-Comté] halbfester Schnittkäse aus pasteurisierter Kuhmilch, geschmeidiger Teig, 40% Fett i. Tr., dem Limburger ähnlich, aber milder (Nordostfrankreich)

mämmi süße Osterspeise aus gemälztem, geb. Roggenmehl mit Orangenschale, mit Sahne und Zucker serviert (Finnland)

Mammi-Apfel ↑ Mamey-Apfel

Mancelle-Art, (à la) mancelle [Le Mans, Stadt an der Sarthe in Westfrankreich] mit Produkten aus der Umgebung: Geflügel (Hühnerfrikassee, gebr. Masthähnchen) oder im eigenen Fett eingemachtem Schweinemett oder mit (Wild-)Kaninchen; Omelett mit Artischockenboden- und Kartoffelwürfeln; mit Wild- und Maronenpüree gef. Torteletts mit Sellerie und kräftiger Wildsauce

manchamanteles [span.: Flecken auf dem Tischtuch] Eintopf aus Huhnstücken mit Ananas- und Bananenwürfeln in gewürzter Chilisauce, dazu tortillas (Oaxaca, Mexico)

Manchego [aus der Mancha, Hochebene von Neukastilien] Hartkäse aus Schafmilch, fester bis elastischer Teig, 50–62% Fett i. Tr., leicht säuerlich und angenehm frisch; a. Gericht aus dieser Region (Kastilien, Kernland Spaniens)

Mandalay-Salat [Mandalay, Stadt und Handelsplatz in Birma] Würfel von Paprikaschoten und Tomaten, Scheibchen von Frühlingszwiebeln und körnig gek. Reis in Currymayonnaise mit Tomatenketchup und Mango-Chutney

Mandarine [nach der gelben Amtstracht der Mandarine, einst chin. Staatsbeamter und Ratgeber] Zitrusfrucht mit dünner, leicht ablösbarer Schale und meist vielen Kernen, aromatisch und saftig süß; einige Handelssorten: *Mandarine*, saftig mit vielen Kernen, ausgeprägtes Aroma, gute

Mandarinen, Zitrusfrüchte mit dünner Schale und süßem Fruchtfleisch

Zeit Nov.–Jan.; *Satsuma,* grünlich und kernlos, süßsäuerlich, gute Zeit Mitte Okt.–Dez., ↑ Satsuma; *Tangerine,* ohne oder mit nur wenigen Kernen, zart und säurearm, aber sehr aromatisch, gute Zeit Dez.–März, als Konserve ↑ Mandarin-Orangen.

Die Mandarine wird normalerweise frisch roh verzehrt, läßt sich aber a. in Obstsalaten oder (eingemacht) als Beilage und Dekoration wie die Orange verwenden; kann bei 6–8 °C bis 6 Wo. aufbewahrt werden (urspr. Südostchina, Nordostindien, Philippinen, heute a. ganz Ostasien, Nord-, Südafrika, Israel, Mittelmeerländer, Südamerika, USA)

Mandarin-Orangen Stücke von geschälten oder ungeschälten kernlosen Mandarinen in Zuckersirup

Mandel Steinfrucht, ovaler, flachgewölbter Samen des Mandelbaums mit poröser *(Krachmandel)* oder harter *(Steinmandel)* Schale, süß oder bitter (mit geringem Blausäureanteil, dann nicht roh zu essen); wirkt energie- und nervenstärkend, für Diabetiker geeignet, feiner, lieblich milder Geschmack; in der Schale, als Kern mit oder ohne Haut, zu Blättchen gehobelt, zu Stiften geschnitten, zu Mehl pulverisiert (selbstgemahlen am besten) erhältlich, läßt sich angeröstet in kochendem Wasser überbrüht gut schälen, leichter knacken; als delikate Würze für Gebäck, Torten, Süßspeisen, Obstsalate, a. (Schweine-)Fleisch, Geflügel, Nudeln, Reis, Salate usw. verwendbar; Grundstoff von Marzipan, Nougat, Pralinen usw.; Kern wird a. als Zuckerware mit Zuckerguß übergossen oder gebrannt; kann gut verschlossen dunkel und kühl aufbewahrt werden, hält sich gehäutet und zerkleinert nicht länger als 4 Wochen (urspr. Euphrat, Tigris, dann alle Mittelmeerländer, Kalifornien, Südafrika, Australien)

Mandel|bienenstich nur mit Mandeln belegter ↑ Bienenstich

   -bogen   ↑ tuile aux amandes

   -brot   dünnes Backwerk in Scheiben aus Mandeln, Ei, Zucker, a. Butter und Mehl

   -creme   ↑ Creme/Mandelcreme

   -essenz   in Milch oder Wasser erhitzte zerriebene süße Mandeln, durch ein feines Tuch passiert, für Desserts, Blanc-manger u. ä.

   -kerne   geschälte Mandeln

   -kren   weiße Sahnesauce mit Mandelmilch und geriebenem Meerrettich, a. kalt mit Eigelb, Essig und Öl wie Mayonnaise zubereitet (Österreich)

   -kuchen   feine Backware aus versch. Massen und Teigen nur mit Mandeln oder Mandelcreme

   -lebkuchen, Makronen-, Marzipanlebkuchen Lebkuchen mit mind. 25% Mandeln oder Mandel-Nuß-Masse

   -makrone Dauerbackware aus Marzipanrohmasse, Makronenmasse oder zerkleinerten süßen Mandeln, Eiweiß und Zucker, a. Eigelb

   -masse Biskuitmasse mit geriebenen Mandeln oder Marzipanmasse

-milch durch das Enzym Emulsin gewonnene weiße Flüssigkeit aus zerstoßenen süßen Mandeln
-nugat Süßware aus geschälten, zerkleinerten süßen Mandeln mit mind. 28% Fett und max. 50 3% Zucker
-öl ↑ Öl/Sorten
-pudding mit Vanille aromatisierte Auflaufmasse aus Mandelmilch, Eigelb, Eischnee und Zucker
-reis körniger, lockerer Reis mit Mandelstiften, Beilage zu Geflügel, Fisch
-schokolade Schokolade mit Zusatz von mind. 5% und max. 40% ganzen oder grob zerkleinerten süßen Mandelkernen
-stollen Stollen mit mind. 20 Teilen Mandeln auf 100 Teile Getreideerzeugnissen mit oder ohne Trockenfrüchte, Orangeat, Zitronat, ↑ Stollen
- -Strauben luftiges Gebäck aus Eischnee, geriebenen Mandeln und Zucker, auf Oblaten gestrichen und überbacken
-sulz ↑ blanc-manger
-törtchen ↑ amandine
Gebrannte – roher oder gerösteter Mandelkern mit karamelisiertem Zuckerüberzug

Mandel, Grüne Schalenfrucht, ↑ Pistazie

Mandioka Wurzelstärke, ↑ Maniok

mandorla ital.: Mandel

mandragora [pers.: Zauber wirkende Alraunenwurzel] Salat aus gek. Schwarzwurzelstückchen, Bananen- und Tomatenwürfeln, entsteinten grünen Oliven in Sauce aus Estragonessig, Olivenöl, Senfpulver, Chilisauce und Chutney

Mangan chem. Element, ↑ Spurenelemente

mange-tout [frz.: iß alles] zarte Grüne Bohne oder Zukkererbse, die mit der Hülse gegessen werden kann

Mango birnenförmige, nahrhafte trop. Steinfrucht, wirkt verdauungsfördernd, mild abführend, blutbildend, a. Baby-, Krankenkost, viel Saft (hinterläßt starke Flecken) mit leicht harzigem Aroma und süßlich herbem Geschmack zwischen Ananas und Aprikose; muß reif und duftend sein, auf Fingerdruck nachgeben (reift bei Zimmertemperatur nach); kann frisch und gekühlt – Haut mit Messer eingeschnitten und abgeschält – (mit Zitronen-, Orangensaft, Portwein, Rum usw.) aus der Schale gelöffelt (als Ersatz z. B. von Sommerobst), zu Gelee, Kompott, Konfitüre, rohem gek. Püree verarbeitet werden, für Suppen, Kuchen, Speiseeis verwendbar oder als mannigfaltige (nicht gegarte, nur erwärmte) Beigabe zu vielen Speisen, (Schweine-)Fleisch, Schinken, Geflügel, Lachs, Käse usw., unreif grün a. als Gemüse; nach dem Verzehr weder Alkohol noch Milch oder Wasser trinken; passende Würzen: Curry, Gewürznelken, Ingwer, Koriander, Zimt, Zitronensaft; sehr druckempfindlich, muß kühl gelagert und bald verbraucht werden, läßt sich jedoch ohne Zuckersirup bis 4 Mon., mit Zuckersirup bis 8 Mon. tiefkühlen (urspr. Ostasien, dann alle Tropen und Subtropen); ↑ a. Chutney

Mangold, Beißkohl, Krautstiel der Roten Rübe und der Steckrübe verwandtes Gemüse, das mit Kraut und Stiel verwend- und genießbar ist als *Blatt-, Schnittmangold, Römischer Kohl* mit großen, spinatartigen Blättern, meist grün, aber rot aromatischer, oder als *Rippen-, Stengel-, Stielmangold* mit weißen, fleischigen Stengeln und längerer Garzeit, wirkt gegen Darmträgheit und dämpfend bei Nervosität, spinat- bzw. spargelartig milder, nussiger Geschmack; sollte feste, knackige Blätter haben; diese wie die Stiele werden schonend gesäubert und nur (getrennt) gedünstet, ein einst hierzulande (und anderswo heute noch) beliebtes Gemüse, das wiederzuentdecken sich lohnt; gute Zeit einh. Mai–Mitte Juni, Sept.–Okt., imp. März–Apr., Mitte Okt.–Dez.; Blattmangold hält sich im Gemüsefach des Kühlschranks 2–3 Tage, Stielmangold bis 8 Tage, Blätter lassen sich blanchiert bis 8 Mon. tiefkühlen und dann gefroren weiterverwenden, Stiele vorgekocht bis 6 Mon. (Mittelmeerküsten, Schweiz, Holland u. a.)

Mangopflaume trop. Frucht, ↑ Balsampflaume

Mangopulver Gewürz, ↑ amchoor

Mangostane, Mangostene kugelförmige exot. Frucht mit dicker, lediger rotbrauner Schale (enthält Tannin) und weichem, weißem saftigem Fleisch von süßsäuerlichem Ge-

Die fleischigen Blattstiele des Mangolds

schmack (konserviert fade); ausgezeichnete Dessertfrucht, läßt sich vollreif mit den Kernen frisch verzehren sowie als Speisezusatz oder (mit Eis und Sahne) für Gebäck, Puddings, Sorbets u. ä. verwenden; bei 4–6 °C bis 7 Wo. haltbar (Malaysia, Thailand, Kamerun, Zaire, Tropen Südamerikas)

Manhattan clam chowder [Manhattan, Stadtteil und Kern von New York] Suppentopf von Sandklaffmuscheln, feingeh. Speck, geh. Bleichsellerie, Möhren, Paprikaschoten, Tomaten und Zwiebeln mit Kartoffelwürfeln, Thymian, Pfeffer und Tabasco (Ostküste der USA); ↑ a. chowder, clam

Manhattan-Salat Apfelscheiben, rote Paprikaschoten, Selleriestreifen in Mayonnaise, mit grünen Paprikaschoten und Haselnußkernen garniert

Maniok, Mandioka, Manihot, Yucca trop. Strauch, aus dessen Wurzelknollen Stärke gewonnen wird, a. sind diese und die Blätter als Gemüse genießbar (Thailand, Afrika, Brasilien); ↑ a. Pfeilwurz, Sago, Tapioka

manis indon.: süß, gezuckert

manjar blanco dicker Brei aus mit Zucker und Vanille goldbraun gek. Milch, leichter Karamelgeschmack (Peru, übriges Lateinamerika)

Manna [bibl.: durch ein Wunder vom Himmel gefallene Nahrung für die Kinder Israels in der Wüste] ausgeschiedener oder abgezapfter eingetrockneter Saft versch. Eschen- und Nadelholzbäume in Mittelmeerländern und im Orient, honigähnliches Aroma, süß-herber Geschmack, wird als Zuckerersatz für Diätspeisen verwendet, für Backwerk und als Süßstoff; Frucht der trop. Röhrenkassie mit ungenießbarer Schale, aber schwarzbraunem, klebrigsüßem Mark, als Naschwerk usw. genossen (Südasien, Indonesien, Indien, a. Afrika, Mittelmeerländer, Amerika)

Mannagrütze, Schwadengrütze Samen eines Ufersüßgrases, als Mehl oder für Suppen (Norddeutschland, Polen u. a.)

Mannit Zuckeraustauschstoff, ↑ Zuckeralkohol

Manonsalat [Manon, Oper von Jules Massenet, 1884] Pampelmusenstücke in Zitronen-Öl-Sauce mit etwas Zucker auf Salatblättern

Manteca, Manteche mit Molkereibutter gef. Knetkäse aus Büffel-, a. Kuhmilch, wird manchmal leicht geräuchert, 44% Fett i. Tr., feiner, durch die Butter leicht säuerlicher Geschmack (Süditalien)

mantecada span.: Butterbrot mit Zucker

mantecado span.: Schmalzgebäck; Eiscreme

manteiga port.: Butter

mantequilla span.: Butter

Mantua-Art, alla mantovana [Mantua, ital. Stadt und Provinz in der Po-Ebene] mit grüner Sauce aus grobgeh. Gemüsen, Kräutern, Sardellen usw.; Fischfilets in Italienischer Sauce, ↑ Sauce/sauce italienne, mit geriebenem Weißbrot und Parmesankäse überbacken

Manzanilla [span.: Kamille] kl. Olivensorte

manzo ital.: Ochse, Rind; Rindfleisch
 – **brasato** mit Bleichsellerie, Möhren, Zwiebeln, Speck, Tomatenmark, Rosmarin, Salbei und Rotwein geschm. Rindsbraten

maple engl.: Ahorn
 – **sirup, sugar** ↑ Ahornsirup

maqlūba Gericht aus (Hühner-)Fleisch und Auberginen, Blumenkohl oder Tomaten, geb. und gestürzt (arab. Länder)

maqrūdh süßer Grießkuchen mit Dattelfüllung (Tunesien)

maquero frz.: Makrele

Maracuja gelbe Abart der ↑ Passionsfrucht

maraîchère, (à la) ↑ Gemüsegärtnerin-Art

Maräne, (Große, Kleine) Süßwasserfisch, ↑ Renke

Die zylindrischen Wurzeln des Manioks

Maranta(stärke) Stärkemehl, ↑ Pfeilwurz

maraq arab.: Brühe; Sauce

Maraschinokirsche [lat. *amarus,* bitter, sauer] in weißem Maraschino-Kirschlikör, a. sonst Trinkbranntwein oder geeignetem Likör mit Zucker eingelegt gr. rote, meist gefärbte Kirsche, als Einlage in versch. Cocktails, Getränken; ↑ a. Maraskakirsche

Maraskakirsche kl. Sauerkirsche, sehr aromatisch (Dalmatien); ↑ a. Kirsche/Sauerkirsche

marbré(e) frz.: marmoriert, geadert

marcassin frz.: Frischling, junges Wildschwein

Marcellin weicher Schimmelkäse, ↑ Saint-Marcellin

marchand de vin ↑ Weinhändler-Art

Marcilly-Suppe, potage à la Marcilly [Marcilly-le-Hayer, Ort im Süden der frz. Champagne] Geflügelrahmsuppe mit Püree von frischen Grünen Erbsen und Japanperlen, als Einlage Geflügelklößchen

maréchale, (à la) ↑ Marschalls-Art

Marende Tirol: Zwischenmahlzeit, Imbiß, Vesper, meist mit Schinken und/oder Speck

Marengo [ital. Dorf in der Po-Ebene, 1800 Sieg Napoleons über die Österreicher] urspr. Hähnchenragout mit Knoblauch, Tomaten, fritierten Eiern und Krebsen, heute meist (a. aus Kalbfleisch) mit Champignons, glasierten Zwiebelchen und gerösteten Weißbrotwürfeln

Marenke Süßwasserfisch, ↑ Renke/Kleine Maräne

Marennes Gemeinde an der Atlantikküste Frankreichs, Zentrum der Austernkultur und des Austernhandels; Austernsorte von dort, ↑ Auster

Margaretenkuchen Rührkuchen aus Butter, Marzipanmasse, steifgeschlagenem Eiweiß und Zucker, Mehl, Speisestärke, in einer mit weicher Butter und feinen Semmel- oder Biskuitbröseln ausgestreuten Margaretenform vorsichtig gebacken

Margaretensalat Würfel von Gurken, gek. Kartoffeln und Tomaten sowie Garnelen in leichter Mayonnaise

Margarine streichfähige, butterähnliche Wasser-in-Öl-Emulsion aus früher Rindertalg, heute vorw. pflanzlichen Ölen und Fetten mit Zusatz von Sauermolke oder gesäuerter Magermilch, Fettgeh. mind. 80%, darf nicht mehr als 1% Milchfett und 2–3% Stärkemehl enthalten, meist (künstlich) vitaminiert und praktisch cholesterinfrei; kühl und trocken aufbewahrt mehrere Wochen haltbar, läßt sich in Verkaufspackung sehr gut bis 8 Mon. einfrieren.
Für den Feinschmecker ist Margarine nicht von bes. Wert, denn wegen ihres Wassergehalts eignet sie sich schlecht zum Braten, und a. geschmacklich bleibt sie immer nur Ersatz für die hochwertige Butter

Margeritensalat, salade marguerite [Margerite, Maßliebchen, Gänseblume] gek. Blumenkohlröschen, Grüne Bohnen, Kartoffelscheiben und Spargelstückchen in Essig-Öl-Sauce mit leichter Mayonnaise, mit Margeriten aus hartgek. Eigelb und Eiweiß dekoriert

Margot Garnitur, ↑ Königin Margot

Marguery [Nicola M., frz. Koch, 1834–1910] Seezungenfilets in Weißwein, mit Garnelen und Muscheln unter dem Salamander glasiert; Tournedos auf Artischockenböden

marha ung.: Rind

Marianne [frz.: Freiheitsheldin, heute allg. Scherzname für Frankreich] Püreesuppe von Kartoffeln und Kürbis, als Einlage Kopfsalat- und Sauerampferstreifen, dazu mit Käse bestreute, überbackene Brotscheiben

Marianne-Art Garnitur aus in Butter ged. Spinat und Muscheln, zu ged. Fisch in Weißweinsauce

Mariannesalat Streifen von gek. Knollensellerie, grünen Paprikaschoten, Pökelzunge und Trüffeln in leichter Mayonnaise, mit Tomatenscheibchen garniert

Maria Stuart [Königin von Schottland, 1542–1587] leicht mit Tapioka gebundene Rinderkraftbrühe mit Geflügelklößchen und Trüffeln; Samtsuppe von Geflügel und Gerste mit Mohrrübenkugeln sowie Perlgraupen; Salat aus geschn. Lattich, Streifen Knollensellerie und Trüffeln in saurer Sahne, mit geh. Kerbel gewürzt, mit Eierscheiben garniert

Maria-Suppe, purée Maria Püreesuppe aus Weißen Bohnen, als Einlage Gemüsekugeln und Kerbelblätter, a. Markklößchen

Maria Theresia [Kaiserin von Österreich; Königin von Ungarn, 1717–1780] Garnitur aus Kroketten von getrüffeltem Risotto und Demiglace mit Tomatenmark, zu Fleisch

Maribo [Klosterstadt auf der dän. Insel Lolland] Schnittkäse aus Kuhmilch, 20, 30 oder 45% Fett i. Tr., ohne Rotflora mild herb, mit Rotflora kräftig säuerlich (Dänemark)

marides ngriech.: kl. Heringsfische, ↑ marithes

Marie-Antoinette [Tochter des Kaisers Franz I. und der Maria Theresia von Österreich, 1755–1793, Königin von Frankreich] sahnige Spargelrahmsuppe mit Würfelchen von Spargel-Eierstich

Marie-Jeanne Garnitur aus mit Champignonpüree gef. Torteletts und Nußkartoffeln, zu kl. Fleischstücken in Madeirasauce

Marie-Louise [österr. Kaisertocher und zweite Gemahlin Napoleons, 1791–1847] Garnitur aus mit Champignon- und Zwiebelpüree gef. Artischockenböden, mit Grünen Erbsen, Karotten, Weißen Rübchen gef. Torteletts und Schloßkartoffeln, zu kl. Fleischstücken, Schaffleisch, Geflügel, in gebundenem Jus oder Madeirasauce; Geflügelrahmsuppe mit Gerstenpüree, als Einlage gek. Makkaronistückchen

Mariettesalat [frz. *Mariette,* Mariechen] Würfelchen von Birnen, Essiggemüse und Gurken in leichter Mayonnaise

marignan frz.: Hefekuchen mit Aprikotur und Meringe

Marigny [Marquis de M., 1727–1781, Bruder der Marquise de Pompadour, Verwalter der königlichen Bauten in und um Paris] Garnitur aus Grünen Erbsen, Prinzeßbohnen (in Torteletts) und Schmelzkartoffeln oder aus mit Maiskörnern gef. Artischockenböden und Nußkartoffeln, zu kl. Fleischstücken in gebundenem Kalbsjus; Püreesuppe aus Grünen Erbsen, Prinzeßbohnen, Kerbel und Sauerampfer

Marille [lat. *armeniacum,* armenischer Apfel] böhm., österr. u. a.: Aprikose

Marinade, Beize würzige Flüssigkeit aus (verdünntem) Essig oder Wein, a. Butter-, Sauermilch, Zitronensaft mit Gemüsen, Kräutern und Gewürzen, zur Geschmacksverbesserung, zum Mürbe- oder kurzen Haltbarmachen von Nahrungsmitteln; mit Essig oder anderen Genußsäuren und Salz usw. gargemachte frische, gefrorene oder gesalzene Fische; oft a. Name für Salatsauce

Marinadenöl ↑ Öl/Sorten

marinara, alla [ital.: auf Seemannsart] Teigwaren, a. Fisch mit Tomatensauce und Mittelmeerkräutern (Basilikum, Knoblauch, Oregano usw.), a. Oliven, Kapern, Anchovis; a. in Sud aus Weißwein mit Kräutern

Marinebraten mit Knollensellerie-, Möhren- und Zwiebelscheiben angebraten, mit Weißwein und braunem Fond geschm. Rindsfilet, mit Sahne vollendet, dazu Butterreis oder Spätzle

Marinetta Garnitur aus mit Spinatpüree in Béchamelsauce gef. Torteletts und Blätterteighalbmonden, zu Fleisch oder Geflügel in Tomatensauce

marinière, (à la), auf Seemanns-Art frz.: Fische, Schal- und Krustentiere in einem Sud aus Weißwein mit Kräutern, a. Schalotten oder Zwiebeln; ↑ a. Sauce/sauce marinière, Seemanns-Art

marisco span.: eßbares Meerestier, insbes. Krusten-, Schaltier

marithes, marides kl. in Öl gebr. Heringsfische (Griechenland)

Maritta erdige, mehligkochende Kartoffelsorte, zum Gratinieren geeignet

Marivaux [Pierre de M., frz. Lustspieldichter, 1688–1763] Garnitur aus Prinzeßbohnen und mit feingewürfelten Artischockenböden, Champignons, Karotten, Sellerie gef. Herzoginkartoffeln, mit geriebenem Parmesankäse überbacken, zu gr. Fleischstücken

marjolaine frz.: Majoran

Mark das innere Gewebe pflanzlicher Sprossen oder Wurzeln; ↑ a. Fruchtmark

Mark, Knochenmark zartes, blutbildendes Zellgewebe im Innern der Röhrenknochen, mildwürzig und leicht nussig, muß gewässert werden, bis es hell ist, und wird als Beilage, Klößchen, ↑ Markklößchen, usw. gargezogen; damit es nicht zerkocht, Markknochen vorher kurz in den heißen Backofen legen, Mark herausdrücken, abkühlen und gegebenenfalls in Scheiben schneiden; kann verpackt für 1 Mon. tiefgekühlt und aufgetaut zubereitet werden.
Hummer, Languste: die beim Zerteilen aus dem Rumpf auslaufende Flüssigkeit aus cremigen Innereien und Meerwasser; Jakobsmuschel: der orangefarbige Rogen (Corail)
-**klößchen** Klößchen aus (meist unter 50%) Rindermark, Semmelbröseln, Butter, Eiern, weißem Pfeffer, geriebener Muskatnuß, geh. Petersilie, als Suppeneinlage
-**sauce** ↑ Sauce/sauce à la moelle
-**schöberlsuppe** Fleischbrühe mit Einlage von im Ofen geb. Teig aus mit Eigelb schaumig gerührtem Mark, ein-

Das Moorhuhn, ein nicht nur in Schottland beliebtes Jagdwild

geweichten Milchbrötchen und geh. Petersilie (Österreich)

markat left Eintopf aus Hammel-, Hühner- usw. Stücken mit Kichererbsen, feingeschn. Paprikaschoten, weißen Rettichen, Tomaten, Zwiebeln usw., in Öl gebr. und mit Petersilie, Pfeffer, Zucker gewürzt (Tunesien)

Markenbutter ↑ Butter/Handelsklassen

Markerbse Hülsenfrucht, ↑ Erbse/Sorten: Gartenerbse

Marketenderin-Art, (à la) vivandière mit Duxelles bestrichene Fischfilets in dicker Sauce mit geh. Estragon und Kerbel, mit geriebenem Parmesan bestreut überbacken

Markgräfin-Art Garnitur aus mit Rindermark, Spargelköpfen und Trüffelscheiben gef. Torteletts, zu kl. Fleischstücken in sauce allemande; Rinderkraftbrühe mit Selleriegeschmack mit Markscheiben, dazu geb. Weißbrotwürfel; Kroketten aus Kartoffeln mit Butter und Tomatenpüree; Holländische Sauce mit Kaviar; ↑ a. marquise

Märkisches Rübchen ↑ Rübchen/Teltower Rübchen

Markkürbis Kürbisart mit hellgelbem, zartem Fleisch, kann als Gemüse verwendet werden

Markpfeife Fleischscheibe, ↑ Beinscheibe

Marksauce ↑ Sauce/sauce bordelaise

Marly [Schloß mit Gartenanlagen in der Nähe von Paris] Geflügelkraftbrühe mit Streifen von Geflügel, Kopfsalat, Porree, Sellerie und Kerbel, dazu Käsecroutons; Kalbssamtsauce mit Butter, Sahne und geh. Champignons garniert

Marmelade [griech. *melimelon*, Honigapfel, Quitte] ugs. allg. für Konfitüre aus einer oder mehreren Früchten ohne Fruchtstücke, strenggenommen aber nur Erzeugnis aus einer oder mehreren herben Zitrusfrüchten, a. Ananas, Quitten mit Zucker und/oder Geliermitteln; bei Zimmertemperatur dunkel und luftig aufbewahrt 1–2 Jahre haltbar, läßt sich gut bis 8 Mon. einfrieren; ↑ a. Konfitüre

marmite frz.: gr. hoher Schmortopf; a. sein Inhalt, meist ein (unpassierter) Suppentopf; engl.: Hefepaste

Marmorierung feines Netz von Fettablagerungen im Fleisch

Marmorkarpfen ↑ Karpfen/Arten

Muskatnüsse, ein stimulierendes Gewürz

Maronenpilze, ein weitverbreiteter Speiseröhrling

Marmorkuchen lockerer, luftiger Kuchen aus heller und mind. 33,3 % dunkler Sand- oder Rührmasse mit Kakao, oft mit Kuvertürestückchen und Mandelblättchen

Maroilles [Marktflecken im nordfrz. Hennegau nahe Belgien] fetter Weichkäse aus Kuhmilch mit Rotschmiere, geschmeidiger Teig, 45–50 % Fett i. Tr., pikanter, kräftiger Erdgeschmack, ohne Rinde zu essen, gute Zeit Juli–März (Flandern, Pikardie)

Marokkanische Art [Marokko, Königreich zwischen Atlantischem Ozean und Atlasgebirge in Nordwestafrika] Schaffleisch auf Sockeln von Pilawreis mit Safran und Tomatenpüree

Marokkanischer Salat Würfel von Bananen, Datteln, gek. Kartoffeln und Tomaten in Essig-Öl-Sauce, auf Kopfsalatblättern angerichtet, mit Streifen von Bleichsellerie und roter Paprikaschote garniert

Marone eßbare Kastanie

Maronen... ↑ Kastanien...

Maronenpilz, Maronenröhrling Speisepilz, angenehm nussig wohlschmeckend, läßt sich auf alle Arten zubereiten, ged. als Gemüse, in Gulaschs usw., aber nicht dörren, gute Zeit Juli–Oktober

Maroni südd., österr., schweizerd.: (eßbare) Kastanien

marquise [frz.: Markgräfin] geeiste Schaumsüßspeise aus Frucht- oder Schokoladepüree und crème anglaise oder Schlagsahne; Wassereis mit i. a. Ananas-, Erdbeer-, Kirschenaroma und Schlagsahne; ↑ a. Markgräfin-Art

marron   frz.: Edel-, Eßkastanie
  -glacé   ↑ Glacierte Marone

Marroni   südd., österr., schweizerd.: (eßbare) Kastanien

marrow   engl.: (Kochen-)Mark; Eier-, Markkürbis, kl. Kürbisart mit weißem Fleisch (England, USA)

Marsala   [Hafenstadt an der Westküste Siziliens] goldgelber, feuriger Süßwein, wegen seines ausgeprägten Aromas gern zum Kochen verwendet
  -sauce   Bratensauce aus Bratenfond, Kraftsauce und Marsala, zu gebr. Fleisch oder Geflügel
  -schnitzel   ↑ Schnitzel

Marschalls-Art, (à la) maréchale   [Marschall, hoher Beamter an fürstlichen Höfen] sautierte, panierte kl. Fleischstücke mit Spargelspitzen und Trüffelscheiben, dazu Chateaubriandsauce, gebundenem Kalbfleischjus oder beurre maître d'hôtel; in Weißwein und Fischsud pochierter Fisch mit Champignons und geschälten, entkernten Tomaten

Marsch-Käse   ↑ Wilstermarsch-Käse

Marseiller-Art, à la marseillaise   [Marseille, südfrz. Hafenstadt am Mittelmeer] Garnitur aus mit Knoblauch und Olivenöl ged. Tomatenhälften, darauf mit Sardellenfilet gef. Oliven und Kartoffeln, zu Fleisch in ↑ Sauce/sauce provençale

marshmallow   zäh elastisches Schaumkonfekt, meist rundlich mit gepuderter Oberfläche (England, USA)

martabak   indon.: Gewürzpfannkuchen

Martha   [romantisch-komische Oper von Friedrich von Flotow, 1847] Geflügelsamtsuppe mit Zwiebelpüree, als Einlage Geflügelklößchen mit feinen Kräutern, angerösteten Gemüsewürfelchen, Grünen Erbsen und Kerbelblättchen

Martinisalat   [Martini, der Tag des heiligen Martin am 11. Nov.] Würfel von Äpfeln, Bleichsellerie und Orangen, halbierte Weintrauben und geh. Haselnüsse in gewürzter Mayonnaise, in ausgehöhlte Orangen gef. und mit geh. Haselnüssen bestreut

Martinsfisch   Meerfisch, ↑ Petersfisch

Martinsgans   zum Martins- (11. Nov.) oder Kirchweihtag aufgetischte Gans, meist knusprig gebraten und kräftig (mit Beifuß, Majoran u. ä.) gewürzt

Marzipan   [lat. *Marcis panis,* Brot des heiligen Markus, Schutzpatrons von Venedig] weiches, knetbares Gemisch aus Marzipanrohmasse (gebrühte, geschälte süße Mandeln mit zugesetztem Rübenzucker) und höchstens der gleichen Menge Puderzucker, evtl. mit gemahlenen bitteren Mandeln und Rosenwasser abgeschmeckt; läßt sich in Folie eingewickelt gut bis 6 Mon. tiefkühlen
  Königsberger –   durch Flämmen leicht gebräuntes Marzipan, meist als Törtchen oder Torte
  Lübecker –   hochwertiges weißes Marzipan, meist mit Schokoladenüberzug

masa   Auswahl von Vorspeisen und Salaten (Israel)

masala   ind.: Gewürze, Gewürzmischungen (grüne Chilis, Fenchelsamen, Gelbwurz, Knoblauch, getr. Kokosnuß, Koriander, Kreuzkümmel, Kurkuma, Mohn, Zimt usw.)

masar dal   ind.: rosa Linsen

Mascagni, à la   [Pietro M., ital. Opernkomponist, 1863–1945] Garnitur aus Kalbshirnscheibe und mit Kastanienpüree gef. Torteletts, Strohkartoffeln in Tomatensauce, zu Fleisch

Mascarpone   sahniger Doppelrahmfrischkäse, streichfähig und geschmeidig mild, 45–55% Fett i. Tr., kann Schlagsahne ersetzen, wird nicht nur für Backwerk und süße Cremes verwendet, sondern a. als Füllung für Teigwaren usw., selbst für Gorgonzola; zum Tiefkühlen ungeeignet (urspr. Mailand, Norditalien)

mascotte, (à la)   [nach der Operette «Mascotte» des frz. Komponisten Edmond Audran, 1880] Garnitur aus ged. Artischockenböden, in Butter gebr. Kartoffeln, Trüffelstreifen, a. kl. gedünsteten Tomaten, zu kl. Fleischstücken und Geflügel in Fleischglace mit Kalbsjus, in feuerfester Form zubereitet; Salat aus hartgek. Eiern, Hahnennieren, Krebsschwänzen, Spargelköpfen und Trüffelscheiben, mit Senf und Sahne angemacht; kl. Butterbiskuitkuchen, mit Kirsch oder Rum getränkt, mit Pralinen- oder Kaffeecreme gefüllt und mit Mandeln garniert

mash   engl.: Brei; amerik.: Maisbrei mit Sirup

mash, (to)   engl.: zerquetschen, zerstampfen

mashed potatoes   engl.: zerquetschte, zerstampfte Kartoffeln, Kartoffelpüree

Mashua   Knollenpflanze von hohem Vitamin-C-Gehalt, wirkt beruhigend und schmerzstillend, läßt sich nur gek. essen (Andenländer Südamerikas)

Maske Kopfhaut des Schweins

maskierte Speise Gericht, das durch seine Hülle (als Pastete, Krapfen, Teigtasche u. ä.) oder Form (als Püree, Wurst u. ä.) den Inhalt verbirgt, sei es aus Sparsamkeitsgründen, zur Umgehung religiöser Gesetze (Fleisch statt Fisch) oder einfach als kulinarische Überraschung

masoor dal ind.: rosa Linsen

massalam in Joghurt, Chilis, Kümmel, Zwiebeln mariniertes Huhn, mit vielen Gewürzen geschm. und mit geh. Nüssen serviert (Indien)

MASSE UND GEWICHTE

Deutsch	Englisch*	Amerikanisch
Hohlmaße		
1 Hektoliter (hl) = 100 l	21,997 gal	26,41 gal
1 Liter (l) = 1 dm³	1,76 pt	2,144 pt
1 Deziliter (dl) = 0,1 l	0,176 pt	0,2144 pt
1 Zentiliter (cl) = 0,01 l	0,0176 pt	0,02144 pt
1 Milliliter (ml) = 0,001 l	0,00176 pt	0,002144 pt
1 Tasse = 2,25 dl	1 cup = 2,5 dl	1 cup = 2,25 dl
1 Eßlöffel = 0,15 dl	1 tablespoon = 0,2 dl	1 tablespoon = 0,15 dl
1 Teelöffel = 0,05 dl	1 teaspoon = 0,05 dl	1 teaspoon = 0,05 dl
1 Messerspitze	die Menge eines Gewürzes, die auf 1 cm Spitze eines kl. Messers Platz hat	
1 Prise	die Menge, die zwischen Daumen und Zeigefinger Platz hat	
4,546 l	1 gallon (gal) = 4 qt	
3,787 l		1 gallon (gal) = 4 qt
1,136 l	1 quart (qt) = 2 pt	
0,946 l		1 quart (qt) = 2 pt
0,568 l	1 pint (pt) = 4 gills	
0,473 l		1 pint (pt) = 4 gills
Gewichte		
1 Tonne (t) = 1000 kg	0,984 tons	0,984 tons
1 Dezitonne (dt) = 100 kg	0,0984 tons	0,0984 tons
1 Kilogramm (kg) = 1000 g	2,205 lb	2,205 lb
1 Pfund (Lb) = 500 g	1,1025 lb	1,1025 lb
1 Dekagramm (dag) = 10 g	0,353 oz	0,353 oz
1 Gramm (g) = 1000 mg	0,0353 oz	0,0353 oz
1 Milligramm (mg) = 0,001 g	0,506 dr	0,506 dr
12,7 kg	1 quarter (qt) = 2 st	
11,339 kg		1 quarter (qt) = 2 st
6,35 kg	1 stone (st) = 14 lb	1 stone (st) = 14 lb
453,59 g	1 pound (lb) = 16 oz	1 pound (lb) = 16 oz
28,35 g	1 ounce (oz) = 16 dr	1 ounce (oz) = 16 dr
1,772 g	1 dram (dr)	1 dram (dr)

* Am 1. Oktober 1995 hat Großbritannien auf das metrische System umgestellt; bis zur Jahrtausendwende gibt es jedoch Ausnahmen und darf auch noch nach dem traditionellen System gemessen werden.

Masse durch Mischen, Rühren, Schlagen und/oder Rösten hergestelltes Gemengsel aus Getreideerzeugnissen und/oder Stärken sowie anderen Zutaten (Eier, Fett, Zucker usw.), schaumig oder weich bis dickflüssig, läßt sich nicht auswallen oder formen, höchstens aufspritzen; zu den Massen zählen ↑ Biskuit-, Brand-, Eischwer-, Genueser-, Rührkuchenmasse, Wiener Masse, für feine Backwaren; a. Rohmasse aus Marzipan, Nugat u. ä. zur Herstellung von Süß- oder Zuckerwaren; ↑ a. Teig

Masséna [André M., 1758–1817, frz. Marschall] Garnitur aus Artischockenböden mit pochierten Markscheiben, zu kl. Fleischstücken in leichter Trüffel-, a. Tomatensauce; wachsweiche oder pochierte Eier in Béarnaisesauce mit Markscheibe

Massenet [Jules M., frz. Komponist, 1842–1912] Garnitur aus mit kleingewürfeltem Mark gef. kl. Artischocken, Grünen Bohnen und Annakartoffeln, zu Fleisch; Eier mit Artischockenböden und Spargelspitzen

Massentierhaltung industrielle, fabrikähnliche Produktion in der Landwirtschaft, bei der ein Tier in kürzester Zeit bei geringem Arbeitsaufwand und qualvoller Aufzucht möglichst gr. Schlachtgewicht erreicht, ethisch, gesundheitlich und kulinarisch fragwürdig

massepain frz.: Marzipan; Gebäck, Konfekt aus zerstoßenen Mandeln, Eiweiß und Zucker

Mastbulle männl. Rind, ↑ Bulle

Masthahn ↑ Huhn/Züchtungen: Kapaun

Masthähnchen ↑ Huhn/Züchtungen

Masthuhn ↑ Huhn/Züchtungen: Poularde

Mastix geronnene Klümpchen aus dem gek. Stamm des Mastixbaums, einer Pistazienart, blutdruck- und cholesterinsenkend, wird wie Kaugummi gekaut, dient als Gewürz für Backwaren und Spirituosen, wird a. für viele andere Zwecke in der Kosmetik und Pharmazie verwendet (Chios, griech. Insel in der Ägäis, Türkei, Nahost)

Mastochse 3–4 Jahre altes männl. Rind, das mit Kraftfutter ernährt wurde, zartes, saftiges Fleisch

masurka [poln. Nationaltanz] Süßspeise aus schaumig geschlagenem Eigelb mit Zitronenschale, Zitronensaft, Zucker sowie Eischnee und Haselnüssen, in Springform gebacken und gestürzt (Rußland u. a.)

matafan süßer Auflauf aus Brotscheiben mit Mehl, Milch, Butter, Eiern und Zucker, mit Zucker bestreut, dazu Apfelmus oder Kompott (Kt. Freiburg, Schweiz)

matambre [span.: Hungerstiller] gr. Roulade aus in Essig und versch. Gewürzen marinierter Querrippe vom Rind mit Füllung aus gewürzten Möhren, Spinat, Zwiebelscheiben, hartgek. Eihälften usw., heiß oder kalt in Scheiben geschnitten (Ostküste Südamerikas)

matar ind.: Erbsen, Kichererbsen

matelote [frz.: Matrosengericht] herzhaftes Anglerragout, i. a. aus Süßwasserfischen, insbes. Aal und Karpfen, aber a. mit Hirn, Kalbfleisch, hartgek. Eiern usw. in Rot- oder Weißwein mit Zwiebelchen, Pilzen, Speckstücken, gerösteten Weißbrotwürfeln usw. (Frankreich)

Mathilda Samtsuppe aus Reiscreme und frischen Gurken, als Einlage kl. Gurkenkugeln

mathurin [frz.: Matrose] Garnitur aus gebr. Steinpilzen, Kartoffelpüree, Sauerkraut und gebr. Speckscheiben, zu geschm. Fleisch in gebundenem Fleischjus

matignon frz.: feingeschn. Gemüse (Möhren, Sellerie, Zwiebeln usw.) und Lorbeer, Thymian, Zucker usw. mit oder ohne Schinkenwürfeln als Würzbeilage; a. Garnitur aus mit dieser Mischung gef., gratinierten Artischockenböden mit ged. Lattich, zu Fleisch

Matjesfilet Hausfrauen-Art ↑ Hering Hausfrauen-Art

Matjeshering junger ↑ Hering, ↑ a. Hering Hausfrauen-Art

matriciana ↑ amatriciana, all'

Matrosen-Art ↑ marinière, matelote, ↑ Sauce/sauce marinière, Seemanns-Art

Matrosensauce ↑ Sauce/sauce marinière

matsudake, -take dem Hallimasch ähnlicher Kiefernpilz, wird auf Holz gezüchtet und getrocknet (Japan)
– **-fu** Suppeneinlage aus zu kl. Pilzen geformten Weizenmehl

Matte bad.: Frischkäse, Quark

Mattenkümmel Gewürz, ↑ Kreuzkümmel, Kümmel

Matz mitteld.: Frischkäse, Quark

Matze(n), Maze(n), Mazzah, Mazze hebr.: ungesäuertes Brot der Juden, ausschließlich aus Mehl und Wasser, evtl. Eiern gebacken, urspr. zum Frühlingsfest Pessach gegessen

Mauerraute Küchenkraut, ↑ Raute

Maulbeere, Weiße, Rote, Schwarze Fruchtarten des Maulbeerbaums, leicht verdaulich und schleimlösend, wirkt gegen Fieber, Verstopfung; weiß (China, Ostasien) sehr süß, rot (Nordamerika) säuerlich, schwarz (Iran, Kaukasus, Mittelmeerregion, südl. USA) aromatisch süßsauer, läßt sich wie die Brombeere verwenden

Maulbeerfeige maulbeerartige, gelbe Frucht der Sykomore, nur ohne den bitteren Saft genießbar

Maulschelle [ugs.: Ohrfeige] kl. geschälter, ausgestochener und mit gezuckerter Butter gef. Apfel, im Ofen in Blätter- oder Mürbeteigtasche überbacken

Maultasche quadratische Tasche aus ausgerolltem Nudelteig mit Füllung von Fleisch(resten), Hackfleisch, Spinat und/oder anderen Gemüsen, in Milch eingeweichtem Weißbrot usw., in gebräunten Zwiebeln mit Gewürzen geschmalzt, in Fleischbrühe mit Gemüse oder zu (Kartoffel-) Salat, a. als Suppeneinlage serviert (Schwaben); ↑ a. Ravioli

Maurerloabi bayer.: Roggenbrötchen

Maus Kugel, Nuß vom Schwein
  -schinken ↑ Schinken/Nußschinken

Mäuseöhrchen ↑ Salat/Feldsalat

Max, (Strammer) ↑ Strammer Max

Maximiliansauce Holländische Sauce mit Sardellenessenz

Maxim's seit 1893 fashionables Restaurant an der rue Royale in Paris, nach ihm und seinen Köchen zahlreiche Rezepte und Gerichte

ma yau chin.: Sesamöl

Mayo-Diät ↑ Abmagerungsdiät

Mayonnaise [altfrz. *moyeu*, Eigelb] weiche, homogene, kalte Emulsion aus bei Raumtemperatur geschlagenem Eigelb (mit etwas Essig, Salz, Senf) und (Oliven-, Pflanzen-) Öl, nach Belieben mit Essig oder Zitronensaft, Pfeffer, einer Prise Zucker abgeschmeckt; kann mit vielen Zutaten (Kräutern, Chilis, Knoblauch, Meerrettich, Paprikapulver, Senf, Ketchup, Sherry, Weinbrand usw.) gewürzt oder mit Sahne bzw. Joghurt verlängert werden; industriell hergestellt mit mind 50% Öl; *Salatmayonnaise:* Emulsion aus Speiseöl pflanzlicher Herkunft, Hühnereigelb und -eiweiß, Milch- und/oder Pflanzeneiweiß, Kochsalz, Zucker, Gewürzen und anderen Würzstoffen, Dickungsmitteln usw.; äußerst vielseitig verwendbar, zu kalten und warmen Gerichten, Fleisch, Aufschnitt, pochiertem Geflügel, Fisch, Meeresfrüchten, rohem Gemüse, hartgek. Eiern, Kartoffeln, Nudeln, für Salate, Saucen, als Brotaufstrich usw.; selbst hergestellt zum Tiefkühlen ungeeignet, läßt sich aber industriell hergestellt in Originalverpackung sehr gut bis 3 Mon. einfrieren

mazagran frz.: mit Hackfleisch, Ragout gef., überbackenes Kartoffeltörtchen; Glasbecher für Eisspeisen

mazamorra südamerik.: Maisbrei

mazarin frz.: Kuchen aus einer Schicht Pralinencreme zwischen zwei Meringeböden

mazarine, (à la) frz.: Garnitur aus mit kleingeschn. Gemüsen gef. Artischockenböden, Champignons und Reis, zu kl. Fleischstücken

Maze(n) jüd. ungesäuertes Brot, ↑ Matze(n)

Mazedonische Art ↑ macédoine

Mazerat auf kaltem Wege hergestellter Auszug aus aromatischen Kräutern, Gewürzen und pflanzlichen Rohstoffen

mazza arab.: kl. Vorspeise, ↑ meza

Mazzah, Mazze ungesäuertes Brot der Juden, ↑ Matze(n)

m. B. Fleisch: mit Knochenbeilage

meat (dish) engl.: Fleisch(gericht)

Meaux-Senf ↑ Senf/Sorten

méchoui, meschuia arab., i. a. von Männern bereitetes Festessen: über Holzfeuer am Spieß gebr. Hammel, a. Lamm, Mufflon, Gazelle oder gar Kamel (v. a. Beduinen Nordafrikas)

Medaillon [frz.: Denkmünze, Rundbild, ausgespr. *medajõ*] runde oder ovale Scheibe Fleisch aus dem Filet von Kalb, Rind, Schwein, a. Reh, Geflügel, Fisch, Krustentieren, Gänseleber

Medici-Art, (à la) Médicis [Maria Medici, florentinische Adelige, 1573–1642, brachte als Gemahlin König Heinrichs IV. die Kochkultur Italiens nach Frankreich] Garnitur

Meeresfrüchte – kulinarische Früchte des Meeres

aus Artischockenböden mit Grünen Erbsen, Kugeln von Karotten und Weißen Rübchen sowie Nußkartoffeln, zu Tournedos oder Lammnüßchen in Béarnaisesauce; ↑ a. Medicisauce

Medicisauce Béarnaisesauce mit feingeh. Estragon, Kerbel und Schalotten, zerdrückten Pfefferkörnern und Rotwein mit gewürztem Tomatenpüree, zu gebr. Fleisch

medium (rare) ↑ Fleisch/Garstufen

medley engl. für ↑ macédoine

Meer... ↑ a. See...

Meeraal, Conger Meerfisch, fettes, derbes, aber schmackhaftes Fleisch, eignet sich für alle Zubereitungen außer Grillen, bes. für Fischsuppen, Eintöpfe und Schmorgerichte (alle Weltmeere)

Meeralge eßbare Meerpflanze, ↑ Alge

Meeräsche, Granäsche barschartiger Meerfisch, wird a. gezüchtet, festes, etwas fettes, aber dennoch leichtes Fleisch, für alle Zubereitungen; liefert a. Rogen als Art Kaviarersatz, ↑ bottarga, boutargue, karasumi (küstennah in gemäßigten und trop. Meeren)

 Großköpfige –, Großkopf gr. Art der Meeräsche (Ost-, Westatlantik, Mittelmeer)

Meerbarbe, Rote, Rotbarbe, rouget de vase festes mageres, aromatisches, aber grätiges und leicht verderbliches Fleisch, braucht, da ohne Galle, nicht ausgenommen zu werden; Leber eine Delikatesse; für alle Zubereitungen (Mittelmeer, Schwarzes Meer, Karibik u. a.)

Meerbarsch Meerfisch, ↑ Wolfsbarsch

Meerbrasse Familie von Meerfischen, ↑ Goldbrasse, Rotbrasse

Meerbricke Meerfisch, ↑ Neunauge

Meerengel Meerfisch, ↑ Haie/Engelhai

Meeresalgen eßbare Meerpflanze, ↑ Alge

Meeresbohne Gemüsepflanze vom Meeresrand, ↑ Glasschmalz

Meeresfisch ↑ Fisch/Meerfische

Meeresfrüchte alle eßbaren Tiere des Meeres, Fische ausgenommen; ↑ Auster, Garnele, Hummer, Languste, Krebs, Krustentiere, Muscheln, Schaltiere, Seeigel, Tintenfisch und weitere Stichwörter

Meerfische, Meeres-, Seefische alle zum Verzehr bestimmten Fische aus dem Meer, ↑ Fisch/Meerfische

Meerforelle Meerfisch, ↑ Forelle/Lachsforelle

Meergrundeln Familie barschartiger Meerfische, ↑ Grundel, Schwarzgrundel (alle Weltmeere)

Meerhase Meerfisch, ↑ Seehase

Meerhecht Meerfisch, ↑ Seehecht

Meerigel Stachelhäuter aus dem Meer, ↑ Seeigel

Meerkohl, Seekohl, Strandkohl kohlartige robuste Strandstaude, fleischige Blattstiele können wie Spargel als feines, kohlrabiartiges Gemüse verwendet werden, junge gebleichte Triebe als Vorspeise, zarte Blätter als Salat; gute Zeit Dez.–Apr., hält sich im Gemüsefach des Kühlschranks bis 1 Wo. (Küsten Nord- und Westeuropas, a. des Schwarzen Meers)

Meerneunauge Meerfisch, ↑ Neunauge

Meerohr Meerschnecke, ↑ Abalone

Meerrabe, Seerabe barschartiger Umberfisch aus dem Meer, schmackhaftes Fleisch (Ostatlantik, Mittelmeer, Schwarzes, Asowsches Meer)

Meerrettich, Beiß-, Grein-, Scharfwurz(el), Kren [mhd. *mer-rettich,* größerer Rettich] Pfahlwurzel einer frostharten Staudenpflanze, eines der schärfsten Gewürze, regt Appetit und Verdauung an, brennend scharfer, nussiger Geschmack; sollte sauber, fest und nicht ausgetrocknet sein, frisch Sept.–Apr. am würzigsten, jedoch im Herbst am intensivsten, frisch und unmittelbar vor der Verwendung selbstgeraffelt am besten, sollte sofort mit Zitronensaft oder Essig beträufelt, abgedeckt und erst zum Schluß warmen Gerichten beigegeben werden, darf nie mitkochen, als Kochgemüse ungeeignet.
Meerrettich eignet sich als (scharfe) Würze zu gebr., gek. Fleisch, Würstchen, Grillgerichten, Räucherfisch, Eiern, für Salatsaucen usw., geraffelt an Stelle von Senf; gute Zeit einh. Sept.–Nov., frische Stange hält sich eingewickelt oder konserviert bis 6 Mon. im Gemüsefach des Kühlschranks, läßt sich roh unblanchiert bis 6 Mon. tiefkühlen.
Wird a. feingerieben als *Gemüse-Meerrettich* roh ohne zusätzliche Geschmacksstoffe konserviert angeboten, wie frisch gerieben zu verwenden, oder als ebenfalls roh konservierter *Tafelfertiger Meerrettich,* mit Mayonnaise vermischt und mit Essig, Salz usw. gewürzt (urspr. Osteuropa, inzw. a. Nordeuropa); ↑ a. Apfelkren, wásabi

Meerrettich|butter Meerrettich mit Butter, Salz und Zitronensaft, zu Steaks, Fisch, a. Sandwiches usw.

-sahne süße Schlagsahne mit geriebenem Meerrettich, mit Paprika, Zitronensaft (England: Essig, Senf) usw. gewürzt, wird mit geriebenen Äpfeln milder, zu kaltem Braten, Fleisch, Roastbeef, blau gek. oder geräuchertem Fisch, Lachs, Pfannkuchen usw.

-sauce helle Béchamelsauce mit geriebenem Meerrettich, mit Cayennepfeffer oder Senf und Zitronensaft, Zucker usw. gewürzt, zu Rind-, Schweinefleisch, Fisch usw.

-sauce, Englische Buttersauce mit geriebenem Meerrettich, mit engl. Senf und Essig gewürzt

-sauce, Polnische Meerrettich mit geriebenen Äpfeln in Essig und Öl

-senf ↑ Senf/Sorten

Apfelkren, Apfelmeerrettich Meerrettich mit ged. Äpfeln, Salz, Zucker und Zitronensaft, zu gek. Rindfleisch (Österreich u. a.)

Grüner – jap. Gewürz, ↑ wásabi

Preiselbeer-Meerrettich-Sauce geriebener Meerrettich mit Preiselbeeren und Sahne, zu Wild, Forelle u. a.

Meersalat eßbare Meerpflanze, ↑ Alge

Meersalz Mineralsalz aus dem Erdboden, durch Grundwasser und Regen in Flüsse gelangt und ins Meer getragen, gewonnen durch Verdunsten von Meerwasser

Meerspinne, Seespinne, Teufelskrabbe Meereskrebs, eines der empfindlichsten, aber feinsten Krustentiere mit

Meerrettichstangen, als Heilmittel und Würze geschätzt

hummerähnlichem Fleisch, am besten weibl. und nicht zu groß, läßt sich backen, braten, dämpfen, grillieren, pochieren; gute Zeit Mitte Dez.–Febr. (Ostatlantik, Mittelmeer)

Meertang   eßbare Meerpflanze, ↑ Alge

Meertrübeli   schweizerd.: Johannisbeere

Meerwolf   Meerfisch, ↑ Seewolf

mefarka   mageres Rinderhack mit Dicken Bohnen, Eiern, Gewürzen (Cayennepfeffer, Gewürznelken, Muskatnuß, Zimt und Zitronensaft) (Vorderer Orient)

mehemalou   Hammel-, Lammragout (Iran)

Mehl   [mhd. *mel*, Gemahlenes, Zerriebenes] Nahrungsmittel aus zu Puder gemahlenen Getreidekörnern, meist zum Backen verwendet, sollte griffig locker und aromatisch sein, am vollwertigsten in der eigenen Getreidemühle frisch gemahlen; je nach Backeigenschaft versch. Ausmahlungsgrade, deren Nummer den Aschegehalt angibt, die nach dem Verbrennen zurückgebliebenen, chemisch analysierbaren Mineralstoffe, u. a.: *Type 405*, Weizenmehl, weiß und fein, schwach ausgemahlen, wenig Geschmack, für Haushalt und Feingebäck; *Type 550*, Weizenmehl, stärker ausgemahlen, für Brötchen, Weißbrot; *Type 630*, Weizenmehl, neutral, für frz. Baguettes u. ä.; *Type 812–1050*, Weizenmehl, mittelstark ausgemahlen, dunkler und kräftiger, für Mischbrote, zum Binden von Saucen; *Type 1370*, Roggenmehl, gut ausgemahlen und fein, für Mischbrote; *Type 1700*, Roggenmehl, Weizenbackschrot, stark ausgemahlen und kräftig, für Mischbrote – je höher die Typenzahl, desto größer der Anteil an Vitaminen, Mineralstoffen, Eiweiß und Fett; wird schnell ranzig und sollte deshalb rasch verbraucht werden, läßt sich jedoch im Beutel bis 8 Wo. einfrieren; ↑ a. Auszugsmehl, Backmehl, Braunmehl, Dunst

Mehl | butter   ↑ beurre manié
  -**koch**   österr.: mit Mehl verkochter Milchbrei
  -**leberwurst, Mehlpiepe**   Kochstreichwurst aus Schweinefleisch und -masken, Binde-, Fettgewebe, Leber, anderen Innereien und Mehl
  -**nocken**   Klößchen aus einem halbfesten Teig von Mehl, Butter und Ei, in Salzwasser gegart, mit brauner Butter übergossen
  -**panade**   dick eingekochte Masse aus Butter, Mehl, Milch oder Wasser und Gewürzen, zum Lockern von Farcen, Füllungen von Fleisch, Geflügel und Fisch
  -**schmarrn, Eierhaber**   Schmarren aus Mehl, Milch, Eiern, Fett und Zucker, zum Ausbacken, wird gezuckert und mit Kompott serviert (Bayern)
  -**schwitze, Einbrenne, Einmach, Schwitzmehl, roux**   Gemisch aus Butter oder Fett und Mehl, zum Binden von Saucen, Gemüsen usw., je nach Kochzeit weiß (für Béchamelsauce u. ä.), blond (für Samtsaucen u. ä.) oder braun (für Demiglace)
  -**spatzen**   Klößchen aus einem festen Teig von Mehl, Ei, Milch und zerlassener Butter, in Salzwasser gegart, darüber in Butter geröstetes Paniermehl (Süddeutschland)
  -**speise**   aus Mehl oder einem aus Mehl hergestellten Produkt mit Milch, Butter, Eiern usw. zubereitetes Gericht; Österreich: Süßspeise mit oder ohne Mehl, Abschluß einer Mahlzeit oder Fastenspeise, ↑ Germ-, Topfenknödel, Kaiserschmarren, Nockerln, Strudel, Topfenpalatschinken
  -**suppe**   ↑ Basler Mehlsuppe
  -**wasser**   leicht gesalzenes, mit etwas Mehl verrührtes, evtl. mit Essig oder Zitronensaft gewürztes Wasser, in dem bestimmte Gemüse (Mangold, Schwarzwurzeln usw.) eingelegt werden, um ihre weiße Farbe zu erhalten

Mehlbanane   exot. Frucht, ↑ Banane/Gemüsebanane

Mehlbeere   Rosenfrucht, ↑ Hagebutte

Mehlschwamm, Mehlröhrling, Moosling   ausgezeichneter Speisepilz, aber sehr zerbrechlich, muß deshalb möglichst rasch nach dem Pflücken und vorsichtig zubereitet werden; gut Zeit Juni–Sept.

Mehrkornbrot   ↑ Brot/Spezialsorten: Dreikornbrot

Meiran   Küchenkraut, ↑ Majoran

Meisel   ↑ Rind/Fleischstücke Österreich

mejillón   span.: Miesmuschel

mekabu   Meerespflanze mit braunen Blättern, für Suppen, Salate, zum Garnieren (Japan)

mela   ital.: Apfel

mélange   frz.: Mischung

Melano   israel. Name für ↑ Kiwano

melanzana   ital.: Aubergine

Melanzane, Melanzani   österr.: Aubergine(n)

Melasse   Rückstand der Zuckergewinnung aus Zuckerrohr oder -rüben, dunkelbraun und zähflüssig, Futtermittel, aber a. Brotaufstrich und zu Backzwecken

Melba   ↑ Pfirsich Melba; a. kl. gefüllte Tomaten zu kl. Fleischstücken

Melde, Gartenmelde Krautpflanze, dem Spinat verwandt, Blätter wie dieser verwendbar, gute Zeit Mai–Okt. (urspr. Südosteuropa, Kaukasus, Zentralasien, heute meist aus Hausgärten)

meli ngriech.: Honig

melidsana, meltzana ngriech.: Aubergine

melindjo indon: eßbarer Samen des Gnemonbaums

Melisse Würzkraut, ↑ Zitronenmelisse

melloco Knollenpflanze, wird gekocht gegessen oder roh mit Zitronensaft beträufelt und mit Salz und Chilipfeffer gewürzt (Andengebiete Lateinamerikas)

Melone [griech: *melon*, großer Apfel] Frucht einer trop. Gemüsepflanze, belebend und erfrischend, wirkt fiebersenkend, gegen Leber-, Nierenbeschwerden; zwei Hauptsorten:

Wassermelone Kürbisgewächs, rotfleischig und sehr saftig (95% Wasser) mit nicht eßbaren Kernen, verdauungsfördernd, guter Durstlöscher, aber gekühlt a. als Nachtisch oder in Kaltschalen, Obstsalaten; gute Zeit imp. Mai–Nov., zum Tiefkühlen ungeeignet; zu den Wassermelonen zählt a. die israel. *Ananasmelone,* gut geeignet für pikante (mit Hühnerfleisch u. ä.) oder süße Salate, Kaltschalen usw. (urspr. südl. Afrika, heute a. ganz Südeuropa, Südrußland, Orient, China, Südamerika)

Zuckermelone Gurkengewächs, festfleischiger und aromatischer als die Wassermelone, süß und wohlschmeckend; sollte ohne Druckstellen sein, aber möglichst vollreif mit aromatischem, moschusartigem Geruch; kann roh und gekühlt, nach Belieben mit Pfeffer bestreut, als Vorspeise genossen werden (a. zu Räucher-, luftgetrocknetem Fleisch, Schinken, Garnelen usw.), in salzigen Salaten oder, nach Belieben, mit Süß-, Portwein, Weinbrand usw. begossen, als Nachtisch; gute Zeit Mai–Sept., läßt sich in Würfeln mit Zucker bis 12 Mon. tief-

Melonen, auf viele Arten erfrischendes Gemüse und Obst

kühlen (urspr. Vorderasien, Persien, heute a. Südeuropa, Mittelmeerländer, Südrußland, Tropen); zu den Zuckermelonen gehören:

Honigmelone leuchtend gelb, a. dunkelgrün mit intensivem, ananasartigem Duft, zartgrünes Fleisch, sehr süß und harmonisch

Kantalup-Melone, Warzenmelone [Cantalupa, «Wolfsgeheul», Dorf bei Rom] saftig, aromatisch und sehr süß, gute Dessertfrucht, aber sehr empfindlich, sollte nicht später als 6–7 Tage nach der Ernte verzehrt werden; hierzu zählen a. die frz. *Cavaillon-, Charentais-, Vaucluse-Melonen* (Frankreich, Italien, Senegal, Südafrika, Neuseeland u. a.)

Netzmelone Schale von korkigem Netz überzogen, aprikosenfarbenes Fleisch, je nach Sorte mehr oder weniger aromatisch; hierzu zählt a. die israel. *Galia-Melone*

Ogen-Melone [Ogen, Kibbuz in Israel] Kreuzung zwischen Kantalup- und Netzmelone, klein, aber sehr saftig und leicht säuerlich aromatisch (Israel)

Melonenbirne Südfrucht, ↑ Pepino

Melonenkürbis Gemüsefrucht, ↑ Kürbis/Patisson

Memminger Brot [Memmingen, Stadt und Kreis im bayer. Schwaben] Hefegebäck mit Anis

ménagère, (à la) ↑ Haushälterin-Art

menazzeleh Fleischpastete aus Hack, Tomaten und Zwiebeln, mit Knoblauch, Kreuzkümmel, Minze, Petersilie usw. gewürzt, mit verquirlten Eiern übergossen und im Ofen gebacken (Syrien)

menemen [Menemer, Städtchen im Bezirk İzmir, 1930 Derwisch-Aufstand] in geschlossenem Schmortopf ged. Eigelbe mit feingeh. gerösteten Zwiebeln, Paprikaschoten, Tomaten und Eiweiß (Türkei)

Mengenelement ↑ Mineralstoffe

Mengwurst ↑ Oberhessische Mengwurst

menthe frz.: Pfefferminze

Menthol Aromastoff mit pfefferminzartigem, brennendem, später kühlendem Geschmack, zur Herstellung von Süßwaren, a. Likören usw.

Menton-Art, (à la) mentonnaise [Menton, Kurort an der frz. Riviera] Garnituren aus ged. kl. Artischocken, mit Tomatenreis gef. Zucchini und Schloßkartoffeln, zu kl. Fleischstücken, oder aus Tomaten, schwarzen Oliven und Knoblauch, zu Fisch; a. mit Spinat gef. Zucchini

Menü, Gedeck, menu Speisenfolge, die eine ganze Mahlzeit umfaßt und nach bestimmten Regeln ablaufen sollte: mind. drei Gänge – Vorspeise (kalt oder warm), Hauptgang und Nachspeise –, von Vorgericht und/oder Suppe über Fisch, Fleisch, Käse zum Dessert; alle Gänge müssen harmonisch und saisongerecht aufeinander abgestimmt sein, sie sollen sich in Farbe, Geschmack, Garmethode, Konsistenz und Schwere voneinander unterscheiden; ↑ a. Speisenfolge

menu gastronomique frz.: (üppiges) Menü für Feinschmecker

menu touristique frz.: (einfaches und billiges) Menü für Touristen

menudo Suppe aus Kutteln mit kl. roten Chilischoten, geh. Zwiebeln, Limettensaft, a. Knoblauch, Koriander, Oregano und getr. Mais (Mexiko)

Mephisto-Art [Mephisto, volkstümlicher und dichterischer Name des Teufels] geb. Kartoffeln und ↑ Sauce/sauce diable, zu gegr. Fleisch

Meraner Konfekt [Meran, Kurort in Südtirol] Fondantkonfekt mit glasiertem Schmelzzuckerüberzug

Mercedes-Art, Mercédès [span. weibl. Vorname «die Gnadenreiche»] Garnitur aus grillierten Tomaten und gr. Pilzen, ged. Kopfsalat und Kartoffelkroketten, zu gr. Fleischstücken; Rinderkraftbrühe mit Cayennepfeffer und Sherry, dazu Hahnenkämme und -nierchen sowie Kerbelblätter; Salat aus Chicoréestückchen, Streifen von Roten Rüben, Scheibchen Stangensellerie in Essig-Öl-Sauce mit zerdrücktem hartgek. Eigelb, getr. Kräutern, Senf und Zitronensaft

merenda port.: Frühstück

merguez kl. Grillwurst, urspr. aus Schaffleisch mit Knoblauch, heute meist aus Lamm- und Rindfleisch mit rotem Paprika (urspr. Nordafrika, Spanien)

méridional frz.: südlich

merienda span.: Nachmittagsimbiß, Vesper; Picknick

Meringe, Baiser, Meringel, Meringue, Spanischer Wind [1720 von einem Schweizer Konditor in Meiringen kreiert] zartes, sprödes Schaumgebäck aus steif geschlagenem Eischnee (mit etwas Backpulver), und Zucker bzw. Zuckersirup, a. Speisestärke (Weizenpuder), evtl. mit Geschmackszutaten (Mandeln, Nüsse, Kaffee, Schokolade usw.), dient a. als Schale für Füllungen u. ä., als Grundmasse für Kuchen- oder Tortenböden, als Überzug oder zum Garnieren

   Italienische – gezuckerter Eischnee

Meringemasse ↑ Baisermasse

Merk Würzpflanze, ↑ Sellerie/Knollensellerie

Merlan Meerfisch, ↑ Wittling

merlu(s), merluche frz.: Seehecht

merluza span.: Seehecht

merluzzo ital.: Dorsch, Kabeljau

mermelada span.: Marmelade

mero span.: Riesenzackenbarsch

merveille [frz.: Wunder] leichter, in Butter fritierter, überzuckerter Krapfen, kalt, lau oder warm gegessen (Südfrankreich)

měsa serbokroat.: Fleischstrudel

meschuia arab. Festessen, ↑ méchoui

mesclun [südostfrz.: *mesclumo,* Gemisch] junger zarter, sehr aromatischer Wildsalat aus Bocksbart, Eichblatt, Endivie, Kerbel, Kresse, Löwenzahn, Portulak, Rauke, Schnittsalat usw. in Essig-Öl-Sauce, passende Kräuter: Kerbel, Knoblauch, Schalotte, Zwiebel; im Frühling am besten (urspr. Nizza, heute ganz Frankreich)

meshi jap.: Mahlzeit; gek. Reis

Messalina-Suppe, consommé Messaline [nach der ausschweifenden römischen Kaiserin, 25–48, frz. Name für sittenloses Frauenzimmer] Geflügelkraftbrühe mit Tomatenessenz, als Einlage Hahnenkämme, Paprikaschotenstreifen und gek. Reis

Messerscheide, Scheiden-, Schwertmuschel Meeresweichtier mit langgezogener Schale, roh oder gedämpft, pochiert eßbares, aber nicht bes. schmackhaftes Fleisch, gute Zeit Winter (alle Meere, v. a. Tropen)

Messerspitze ↑ Maße und Gewichte

metélt ung.: Nudel

Klemens Fürst von Metternich, brillant auch als Gastgeber

met(t)on frz.: Dickmilch; Magerkäse aus erwärmter Molke von entrahmter Kuhmilch, max. 1% Fett i. Tr. (Franche-Comté, Nordfrankreich)

Mett [altsächsisch *meti,* Speise] Hackfleisch vom Schwein, ↑ Hackepeter; nordd. a.: Fleisch
   -wurst streichfähige Rohwurst aus fein zerkleinertem, geräuchertem Schweine-, Rindfleisch und Fettgewebe; a. schnittfeste, salamiartige Rohwurst, ↑ Grobe Mettwurst, luftgetrocknete Mettwurst

Metternich [Klemens Fürst von M., 1773–1859, österr. Staatsmann und Feinschmecker] Fasanenkraftbrühe oder -rahmsuppe mit Fasanenbruststreifen und Artischocken-Eierstichwürfeln; geschm. Kalbs- oder Lammrücken in mit Paprika-Béchamel-Sauce bestrichenen und bedeckten Scheiben; Rotkohl mit glasierten ged. Kartoffeln

Metzelsuppe, Schlacht-, Wurstsuppe Brühe, die nach dem Schlachten beim Kochen von Fleisch und Würsten entsteht, oft mit zerkleinerten Grieben-, Leberwürsten und gerösteten Zwiebeln angereichert (Süddeutschland)

Metzger-Art, (à !a) charcutière Fleisch in einer braunen Sauce aus Butter, Demiglace, feingeh. Essiggürkchen mit Zwiebeln, Senf und Weißwein; pochierte oder wachsweiche Eier auf sautierten Hackfleischwürstchen in obiger Sauce

Metzgerzwiebel größere Zwiebel, für den Spieß geeignet

Metzgete schweizerd.: Schlachtfest, a. das dabei (reichlich) aufgetragene Schweinefleisch

meunière, (à la) ↑ Müllerin-Art

meurette frz.: braune Sauce mit (Burgunder) Rotwein, Speckstücken, Champignons, kl. Zwiebeln usw.; Eintopf aus Flußfischen (Aal, Karpfen, Schleie usw.), a. Kalb, Huhn, selbst Eiern, Hirn in obiger Sauce (urspr. Burgund)

Meusch Würzkraut, ↑ Waldmeister

mevlâna köfte [türk.: Mohammedklöße] gebr. Hackfleischklöße mit Stück Schafskäse in der Mitte

méxicaine, (à la) ↑ Mexikanische Art

Mexican Relish [engl.: mexikanische Würze] scharfe Würzsauce, Handelsprodukt

Mexican slaw [amerik.: mexikanischer Krautsalat] Salat aus feingehobeltem Weißkohl und feingeh. Blattsalat mit geh. Avocados, grünen Chilischoten, Speck und hartgek. Eiern in Salatsauce mit Anchovis, Knoblauch, Oregano, grünem Pfeffer usw. (USA)

Mexikanische Art, (à la) mexicaine [Mexiko, Bundesrepublik in Mittelamerika zwischen Golf von Mexiko und Stillem Ozean] Garnitur aus grillierten Beilagen (Auberginenhälften, gr., mit geschmolzenen Tomaten gef. Champignonköpfen, Paprikaschoten usw.) in scharf gewürzter, tomatisierter Demiglace mit Paprikastreifen, zu großen gebr. oder geschm. Fleischstücken; Fischrouladen mit Füllung aus mit geschmolzenen Tomaten gef. Champignons in Weißwein-Tomaten-Sauce mit feinen Paprikastreifen; ↑ a. Mexikanische Sauce

Mexikanische Sauce, salsa mexicana Sauce aus feingeh. Chilis, Tomaten, Zwiebeln mit Koriander und Limettensaft, zu Appetithappen, Vorspeisen u. ä.

Meyerbeer [Giacomo M., dt. Komponist, 1791–1864] Spiegeleier mit Lammnieren und Trüffelsauce

meza, mazza, meze, mezethakia, mezédes, mezethes Appetithappen zum Aperitif, als Imbiß oder (Vor-)Speise in vielen reizvollen Kombinationen und Varianten, oft mit Dill, Koriander, Minze, Mohn, Sesam, Thymian u. ä. gewürzt, a. zu Wein, Arrak, Ouzo, Raki, Retsina gegessen (Griechenland, Balkan, Vorderer Orient u. a.)

Mg chem. Zeichen für Magnesium, ↑ Mineralstoffe

mḥallabijja Milchreis mit Nüssen, Rosenöl und Zucker (Ägypten)

mĭ chin.: ungekochter Reis
  – **-fàn** gekochter Reis

mi(e) indon.: Nudel(n)

Miamisalat [Miami, Stadt und Seebad an der Ostküste der Halbinsel Florida in den USA] Mandarinenfilets und Tomatenscheiben auf Salatblättern in Salatsauce mit Zitronensaft

miàn-tiáo chin.: Nudel

Michelangelosalat [Michelangelo Buonarroti, 1475–1564, ital. Bildhauer, Maler, Baumeister und Dichter] Schwarzwurzelstückchen und Gurkenwürfel in Mayonnaise, mit Tomatenvierteln garniert

Micker(n) Fettgewebe zwischen den Därmen von Schlachttieren, v. a. vom Schwein

Midder Wachstumsdrüse von Kalb und Lamm, ↑ Bries

midinette [frz. Modistin, Näherin, die man mittags ihr Atelier verlassen sieht] gebundene Geflügelkraftbrühe mit pochierten Eiern; Salat aus Erbsen und körnigem Reis in Essig-Öl-Sauce mit Estragon und Kerbel

midye türk.: Mies-, Pfahlmuschel
  – **doması** gef. Miesmuscheln

mie frz.: weiche Brotkrume
  – **de pain** durch ein Drahtsieb geriebenes oder sehr fein geh. Weißbrot ohne Rinde
  pain de – Toastbrot

mie indon.: Nudeln
  – **goreng** gebr. Nudeln; Gericht daraus mit Schweinefleisch, Garnelen, Weißkohl, Zwiebeln usw., mit Chilis, Knoblauch, Krabbenpaste, Sojasauce usw. gewürzt

miên vietn.: Chinesische Glasnudeln

Miesmuschel, Pfahlmuschel, Seemuschel, cozza, moule [mhd. *mies*, Moos, Sumpf] eßbare Meermuschel, meistens künstlich in Muschelgärten gezüchtet, festes, schmackhaftes Fleisch, muß immer frisch sein, roh geschlossen (oder sich nach leichtem Anklopfen schließend), nach dem Kochen geöffnet; läßt sich als Hauptgericht, Beilage, in Suppen, zu Fisch- und Saucengerichten, Omeletts usw. vielfältig zubereiten, in (aromatisiertem) Sud, in Rahmsauce u. ä. kochen, backen, braten, dämpfen, dünsten, fritieren, gratinieren, panieren, sautieren, füllen usw.; wird das ganze Jahr (a. konserviert) angeboten, ist aber in den kälteren Monaten immer noch am besten; hält sich in kühlem Keller (aber nicht im Kühlschrank) und an der Luft 6–7 Tage (nördl. Weltmeere, a. Mittelmeer, insbes. einh. aus Nord-, Ostsee, Dänemark, Holland, Belgien, Spanien, Frankreich, Italien u. a.)

mǐfàn chin.: ged., gek. Reis

mǐfěn chin.: Reismehl

Mifines mittelgroße ↑ Kapern

mǐfun chin.: hauchdünne Nudeln aus Reismehl, als Suppeneinlage

mignon [frz.: klein, niedlich] kl. Steak aus der Filetspitze des Rinds

Mignon kl. ↑ Maroilles-Käse

Mignon-Art [Mignon, Titelgestalt einer Oper von Ambroise Thomas, 1866] Garnitur aus mit Erbsen und Trüffelscheiben gef. Artischockenböden und Geflügelklößchen, zu kl. Fleischstücken, Kalbsbries, Geflügel in Madeirasauce; Salat aus Würfeln von Artischockenböden und Garnelen oder Krebsschwänzen mit Trüffelscheiben in mit Cayennepfeffer gewürzter Rahmmayonnaise

Mignonnesalat Artischockenboden-, Kartoffel- und Knollenselleriewürfel mit Spargelspitzen und Trüffeln in Mayonnaise

mignonnette frz.: grob zerstoßener oder gemahlener (weißer) Pfeffer; Mischung aus Koriander und Pfeffer; a. bes. fein zubereitetes Stück Fleisch, Geflügel, Gänseleber usw.; sehr dünne Streichholzkartoffel

Mikado [Titelgestalt einer Komischen Oper von Arthur Sullivan, 1885] Geflügelkraftbrühe mit Tomatenpüree, als Einlage Hühnerbrust- und Tomatenwürfel; Kalbs- oder Geflügelschnitzel auf Reiskroketten mit Curry, dazu mit Sojakeimen gef. Torteletts; Tournedos, Kalbsnüßchen o. ä. auf grillierten Tomatenhälften mit in Butter ged. Stachys und geschmolzenen Tomaten; Holländische Sauce mit Mandarinensaft und -schalenstreifen; Salat aus Austern, grünen oder roten Paprikaschoten und gek. Reis in Essig-Öl-Sauce mit Senf; Salat aus Tomatenwürfeln, Stachys und Zwiebeln in Essig-Öl-Sauce mit gef. Oliven; Torte aus Böden von Meringe- oder Wiener Masse mit Rum-Buttercreme-Schichten, mit geh., gerösteten Mandeln und Puderzucker bestreut

Mikroelemente [griech. *mikrós,* klein] ↑ Spurenelemente

milak arab.: Innereien, insbes. Leber

milanaise, (à la), alla milanese frz., ital.: Mailänder Art

Milch [mhd. *miluh,* melken] nahrhafte Flüssigkeit, die vom Euter der weibl. Säugetiere abgesondert wird, reich an lebenswichtigen Stoffen (Eiweiß, Mineralstoff Kalzium, Vitamine usw.); obwohl in diesem Lexikon sonst keine Getränke angeführt werden, sei sie hier erwähnt, weil sie und ihre Produkte ein hochwertiges Nahrungsmittel sind, das a. gern als Speise oder zum Kochen verwendet wird, ↑ Butter, Dicke Milch, Joghurt, Käse, Kefir, Kondensmilch, Quark, Sahne, Speiseeis; a. milchiger Saft bestimmter Pflanzen, weißlicher Samen des männl. Fisches

Milch | bonbon, Milchkaramelle, Vollmilchbonbon Hart- oder Weichkaramelle mit mind. 2,5% Milchfett aus frischer Vollmilch, Kondensmilch oder Milchpulver

-braten Braten aus in Milch eingelegtem Fleisch

-brot ↑ Brot/Spezialsorten

-brötchen Weizenkleingebäck mit mind. 5 l Vollmilch auf 10 kg Mehl

-brotschöberl Teig aus Butter, Eigelb, in Milch eingeweichten Milchbrötchen und geschlagenem Eiweiß, im Ofen geb., in kl. Stücken als Suppeneinlage

– -Butterkeks Keks mit mind. 100 g Butter und mind. 200 ml Vollmilch pro kg Getreide und/oder Stärke

-eis ↑ Speiseeis

-eiweißbrot Spezialbrot mit mind. 2% Milcheiweiß

-fladen, Elsässer Mürbeteigboden mit ged. Apfelscheiben, mit Eiermilch bedeckt und überbacken (Elsaß)

-halbfett, Halbfettbutter Milchfett mit 39–41% Fettgehalt, magerer als die gewöhnliche Butter

-karamelle ↑ Milchbonbon

-keks Keks mit mind. 0,2 l Vollmilch pro kg Getreide und/oder Stärke

-kuvertüre Überzugsmasse aus Milchschokolade mit mind. 31% Fettgehalt

-nugat Nugat mit mind. 3,2% Milchfett und 9,3% fettfreier Milchtrockenmasse

-panade Masse aus aufgek. Milch, Mehl und Butter, zum Lockern von Farcen, Füllungen

-pulver ↑ Trockenmilch

-reis Brei aus mit kalter Milch und vorher in Wasser aufgek., a. mit Eischnee unterzogenem Rundkornreis, nach Belieben mit Kompott, Zimt, Zucker usw. angerichtet; ↑ a. Reis/Rundkorn

-sauce ↑ Béchamel

-säure organische pflanzliche Säure, bildet sich bei körperlicher Tätigkeit ebenfalls in den Muskeln usw., entsteht aber a. bei der Vergärung von Kohlenhydraten durch Bakterien, ist an der Erzeugung von Milchproduten (Joghurt, Kefir, Sauermilch u. ä.) beteiligt, fördert die Verdauung

-schokolade Schokolade mit mind. 3,5% Milchfett und 10,5% anderen Milchprodukten (Milcheiweiß, -zucker usw.)

-serum ↑ Molke

-speiseeis ↑ Speiseeis

-teigware Teigware mit mind. 20 g Milch oder Milchpulver pro kg Getreideerzeugnisse

-tier zur Milchgewinnung gehaltenes Haustier wie Kuh, Schaf, Ziege, andernorts a. Büffel, Esel, Pferd, Kamel, Rentier

-zucker, Lactose, Laktose Zuckerart, Verbindung von Galaktose und Traubenzucker, in der Milch von Säugetieren vorhanden, aus der Molke gewonnen, nicht sehr süß, für Kindernahrung, Suppen, Saucen, Trockenprodukte usw.

Milchbrätling Speisepilz, ↑ Brätling

Milcher Wachstumsdrüse des Kalbs und Lamms, ↑ Bries

Milch(n)er männl. Samenflüssigkeit enthaltender Fisch; ↑ a. Rogner

Milchferkel ↑ Spanferkel

Milchkalb höchstens 6 Wo. altes Kalb, das nur mit Milch oder Milchersatz aufgezogen wurde

Milchlamm nicht mehr als 2 Mon., ugs. jedoch selbst bis 6 Mon. altes Lamm

Milchling Gattung von Speisepilzen, ↑ Brätling, Echter Reizker

Milchner Wachstumsdrüse des Kalbs und Lamms, ↑ Bries

Milchschwein ↑ Spanferkel

mildgesäuerte Butter ↑ Butter/Sorten

Milke(n) südd., schweizerd.: Bries

millefanti Einlaufsuppe mit Eiern und Weißbrotkrumen, geriebenem Parmesankäse, mit Muskat und Pfeffer gewürzt (Italien)

millefeuille, mille-feuille [frz.: tausend Blätter] Cremeschnitte

millet frz.: Hirse

Millikensalat geschälte Avocados, rote Paprikaschotenwürfel und gek. Reis in Salatsauce aus Olivenöl, Pampelmusensaft und geh. Estragon

Millionärssalat Scheiben von geschälten Avocados und Trüffeln auf Salatblättern in Mayonnaise mit Trüffelessenz und gehobelten Mandeln

Millirahm bayer.: Milchsahne, die Haut auf der gek. Milch

Milton, (à la) [John M., 1608–1674, engl. Dichter] Garnitur aus Hahnenkämmen, -nierchen, grünen Spargelspitzen und Trüffelscheiben, zu Geflügel in Geflügelrahmsauce

Milz [ahd. *milzi*, die Weiche, Auflösende] Innerei, Organ aus der Bauchhöhle von Schlachttieren, meist vom Rind, vorw. in Würsten verarbeitet, aber a. geschabt als Suppeneinlage, durch den Fleischwolf gedreht (mit Leber) zu Leberknödeln oder in Würfeln gegrillt

-schnittensuppe, -schöberlsuppe Aufstrich von geschabter Milz mit kleingeschn. Schalotten, Petersilie, Bröseln, Sahne, Majoran und Zitronenschale auf goldbraun geb. Brotscheiben, mit heißer Brühe übergossen und mit geh. Schnittlauch bestreut (Bayern)

-wurst Brühwurst aus Milz, Bries, Kalbskopf, Kalbs-, Jungrindfleisch und Speck

Mimolette kugelrunder Schnittkäse aus pasteurisierter Kuhmilch, Typ des Edamers, gepreßter Teig, 45% Fett i. Tr., mild, leicht säuerlich und bitterlich, je älter, desto trockener und pikanter, zum Frühstück, Imbiß, Dessert, gerieben a. in warmen Gerichten (Nordfrankreich, Nordholland u. a.)

mimosa [frz.: Mimose, gelbblühende Pflanze] hartgek., mit durchgesiebtem Eigelb, Mayonnaise und Petersilie gef. Eiweißhälften; mit geh. Eigelb bestreuter Salat

Mimosensalat Apfelspalten, Bananenscheiben, geviertelte Kopfsalatherzen und Weinbeeren in dicker Sahne mit Zitronensaft

Minarettkohl ↑ Kohl/Romanesco

mince engl.: zerhacken, zerschneiden

-meat Hackfleisch; Füllung aus fein geh. Trockenobst, Korinthen, Rosinen, Sultaninen, Gewürzen, Orangenschalen, Zitronensaft und Rum oder Weinbrand, mit Rindernierenfett gebunden, für den mincepie

-pie mit mincemeat gef., im Ofen geb. Pastete, trad. engl. Weihnachtsgericht

Minell Schnittkäse aus Kuhmilch, Art fettarmer ↑ Gouda, geschmeidiger Teig, 29% Fett i. Tr., milder Geschmack (Holland)

Min(n)eola Zitrusfrucht, Kreuzung zwischen Grapefruit und Tangerine, sehr saftig und aromatisch mit wenig Kernen, säuerlich erfrischend und doch süß (Israel, Türkei, Südafrika, Uruguay, USA)

Mineralstoffe, Makro-, Mengenelemente, Mineralsalze lebensnotwendige chem. Elemente, die man mit der Nahrung aufnimmt, dienen dem Aufbau von Zellen und Körpersubstanz, regeln den Stoffwechsel und entwickeln physiologische Wirkungen, werden durch Hitze nicht zerstört, liefern aber keine Energie; ↑ a. Spurenelemente, Vitamine

MINERALSTOFFE

Name	Hauptvorkommen	durchschn. Tagesbedarf	Wirkung	Mangelerscheinungen
Chlor Chlorid (Cl)	Kochsalz, mit Salz konservierte, zubereitete Lebensmittel, Pökelwaren, Fleisch-, Wurstwaren, gesalzener, geräucherter Fisch, Gewürze, Brot, Salzgebäck, Käse, Bananen usw.	3–5 g	Gewebespannung, Säure-Basen-Gleichgewicht, Muskel-, Nervenfunktionen, Magensäure-, Salzsäurebildung	Kreislaufbeschwerden, Muskelkrämpfe, Übelkeit, Kopfschmerzen, Schwindelgefühl
Kalium (K)	Fleisch, Kartoffeln, bestimmte Gemüse (Spinat u. a.), Hülsenfrüchte (Bohnen), Pilze (Champignons, Pfifferlinge, Trüffeln), Vollkornprodukte, Reis, bestimmtes Obst (Ananas, Bananen, Kirschen, Johannisbeeren, Trauben), Trockenobst (Aprikosen), Nüsse, Tomatensaft	2–4 g	Entwässerung, Säure-Basen-Gleichgewicht, Herz-, Muskel-, Nervenfunktionen, Gewebespannung, Zelldruck, blutdrucksenkend	Herz-, Muskelstörungen, Lähmungserscheinungen, Darmträgheit, Appetitlosigkeit
Kalzium Calcium (Ca)	Ölsardinen, Milch(produkte), Käse (Emmentaler, Parmesan), bestimmte Gemüse (Grünkohl u. a.), Hülsenfrüchte (Zuckerschoten u. a.), Sesamsamen, Fruchtsäfte, kalziumhaltige Mineralwässer	800–1200 mg	Knochen-, Zahnaufbau, Herz-, Muskel-, Nervenfunktionen, Blutgerinnung	Knochenentkalkung, Wachstumsstörungen (Rachitis), Parodontose, Übererregbarkeit, Krämpfe von Muskeln und Nerven, Knochenschwund
Magnesium (Mg)	Fleisch, Wurstwaren, Fisch, Kartoffeln, Milch(produkte), bestimmte Gemüse (Mais, Spinat u. a.), Hülsenfrüchte (Sojabohnen), Getreide-, Vollkornprodukte, unpolierter Reis, bestimmtes Obst (Bananen, Beeren), Nüsse, Kakao, Schwarztee	300–400 mg	Eiweiß-, Fett-, Kohlenhydratstoffwechsel, Knochen-, Zahnaufbau, Muskel-, Nervenfunktionen, Vorbeugung gegen Herzinfarkt	Stoffwechselstörungen, Krämpfe, Muskelzuckungen, Nervenstörungen, Konzentrationsschwäche
Natrium (Na)	Kochsalz, mit Salz konservierte, zubereitete Lebensmittel, Pökelwaren, Fleisch-, Gemüsebrühen, Fleisch, Wurstwaren, gesalzener, geräucherter Fisch (Matjeshering u. a.), Schal-, Krustentiere, Backpulver, Brot, Salzgebäck, Käse (Gouda, Schmelz-, Weichkäse) usw.	650 mg	Regulation des Wasserhaushalts, Gewebespannung, Zelldruck, Muskel-, Nervenfunktionen	Kreislaufschwäche, Nervenstörungen, Muskelkrämpfe, Übelkeit, Kopfschmerzen

Name	Hauptvorkommen	durchschn. Tagesbedarf	Wirkung	Mangelerscheinungen
Phosphor (P)	fast alle Lebensmittel, insbes. Fleisch, Wurstwaren, Innereien, Geflügel, Fisch, Hülsenfrüchte, Vollkornprodukte, Weizenkeime, Bierhefe, Brot, Käse (Schmelzkäse), Nüsse	800–900 mg	Energie-, Kraftspender, Knochen-, Zahn-, Zellbildung, Energiestoffwechsel	Störung des Knochenaufbaus, Wachstumsstörungen
Schwefel (S)	eiweißhaltige Lebensmittel, insbes. Fleisch(waren), Fisch, bestimmte Gemüse (Kohl, Zwiebeln u. a.), Hülsenfrüchte, Eier, Milch(produkte), Nüsse	bisher nicht festgesetzt	Energiestoffwechsel, Haut, Haare, Binde-, Stützgewebe, Entgiftungsprozesse	Hautveränderungen

Minervasalat [Minerva, altitalische Göttin des Handwerks und der Kunstfertigkeit] Prinzeßböhnchen und Tomatenscheiben in Essig-Öl-Sauce, getrennt davon Streifen von gek. Kartoffeln und roten Paprikaschoten in leichter Mayonnaise, als Dekoration Kapern, Scheiben gef. Oliven und Sardellenfilets

minestra ital.: Suppe, a. erster Gang eines Essens (Reis, Teigwaren)

minestrone dicke Suppe aus fein geraspeltem Gemüse (Knollensellerie, Möhren, Porree, Weißkohl usw.) mit Weißen Bohnen, Kartoffeln, Nudeln, fettem (Schweine-)Fleisch, durchwachsenem Speck usw., kann warm, lauwarm, kalt oder – bes. gut – aufgewärmt gegessen werden (Italien)

Mini-Eisberg ↑ Salat/Sorten

Zutaten für den italienischen Minestrone

Minigurke ↑ Gurke/Sorten

Mini-Lattich ↑ Salat/Mini-Eisberg

Minimais ↑ Mais

mint engl.: (Pfeffer-)Minze
  – **jelly** Minzengelee
  – **sauce** kalte Sauce aus feingeh., frischen Minzenblättern, a. (Zitronen-)Thymian, mit Essig und Zucker oder Zitronensaft, paßt zu Schafbraten, Rindfleisch u. ä.

minute, (à la) [frz.: auf die Minute, auf den Punkt] schnell, auf Bestellung frisch zubereitet; kurzgebraten

Minutenfleisch dünne Filetscheibchen, in der Stielpfanne rasch gebr., ohne oder mit Sauce serviert

Minze stark aromatische Pflanzenfamilie mit versch. Arten: *Grüne Minze (spearmint)*, ↑ *Pfefferminze, Wasserminze* u. a., erfrischend kühlendes Aroma, pikant pfeffriger Geschmack, würzt sparsam dosiert Suppen, Fleisch (Hack, Lamm, Huhn, Ente usw.), Gemüse (Auberginen, Bohnen, Erbsen, Gurken, Karotten, Tomaten, Zucchini usw.), Salate, Saucen, Chutneys, Marinaden, Frischkäse, Obstsalate, Süßspeisen usw., gute Zeit Juni–Aug., läßt sich einfrieren (urspr. Mittelmeerraum, heute wild und aus dem Garten in allen gemäßigten Zonen)

Minzsauce ↑ mint sauce

Mirabeau [Honoré Gabriel Graf von M., 1749–1791, Politiker der Französischen Revolution] Garnitur aus Sardellenfilets, entsteinten Oliven, Estragonblättern und Sardellenbutter, zu Grillfleisch, a. Seezungenfilets, Spiegeleiern; Salat aus Würfeln von Tomaten und gek. Kartoffeln sowie Gurkenscheiben in Senfmarinade, mit Scheiben gef. Oliven und Sardellenfilets garniert

Mirabelle ↑ Pflaume/Sorten

Miramontsuppe [Miramont-de-Guyenne, Urlaubsort in Südostfrankreich] Geflügelsamtsuppe mit Kartoffelpüree und gerösteten Weißbrotwürfeln

Mireille [Oper von Charles Gounod nach dem provenzalischen Gedicht von Mistral, 1864] Annakartoffeln mit Scheiben roher Artischockenböden und Trüffeln; Garnitur aus Mireillekartoffeln (Annakartoffeln mit Trüffelscheiben und rohen Artischockenböden) und Tomatensauce, zu Fleisch; Geflügelkraftbrühe, als Einlage Torteletts oder Würstchen mit Geflügelfarce, Safranreis und Tomatenpüree

Mireland Garnitur aus gebr. Bananen und Mais- oder Reiskroketten in Tomatensauce, zu gebr. Geflügel

mirepoix [nach dem Koch des Herzogs von M., 1699–1757, Marschall und Gesandtem König Ludwigs XV. von Frankreich] ↑ Röstgemüse

Mirettesalat [frz. *mirette,* Augapfel] grobgeschn. Bleichsellerie und Kopfsalat in Essig-Öl-Sauce, mit feingeh. Ei bestreut

mirin süßer, 14prozentiger Reiswein (Japan)

mirliton [frz.: Rohrflöte] mit Mandelcreme, a. (Aprikosen-)Marmelade gef. Blätterteigrollen, -törtchen

miroton frz.: dünne Scheiben gesottenes Rindfleisch, mit geh. Zwiebeln aufgewärmt

Mischblütenhonig ↑ Honig/Sorten

Mischbrot ↑ Brot/Sorten: Roggenmischbrot, Weizenmischbrot

Mischfrüchte, Mischobst gemischte Trockenfrüchte, i. a. Apfelringe, Aprikosen, Pfirsiche, Pflaumen, a. Birnen, Mandeln, Pistazien, Rosinen

Mischgemüse Gemisch aus kleingewürfelten ged. Gemüsen, a. in Konserven erhältlich

Mischkost, Gemischtkost Kost aus allen pflanzlichen und tierischen Lebensmitteln
   Energiereduzierte – ↑ Abmagerungsdiät

Mischpilz Speisepilz, der sich für eine Zubereitung zusammen mit anderen Sorten eignet

miso Würzpaste aus mit Reis, Sojakeimen oder Gerste und Wasser vergorenen pürierten Sojabohnen, viele Sorten: elfenbeingelb *(shiro)* mild süßlich, rot *(aka)* intensiver, dunkel *(hatcho,* nur aus Sojabohnen) kräftig salzig, für Suppen, Saucen, Gemüse-, Eintöpfe, Getreidegerichte, Marinaden usw. (Asien)

Misoxer Schinken ↑ Schinken/Sorten

Mispel, Nespel orangefarbene Kernfrucht eines dornigen Baums oder Strauchs, leicht verdaulich, wirkt antiseptisch, harntreibend, gegen Durchfall, schmeckt wie Aprikose und läßt sich überreif wie diese verarbeiten (urspr. Südosteuropa, Vorderasien, heute a. Japan, Türkei und ganz Europa bis England, nordöstl. USA)
   Japanische – subtrop. Frucht, ↑ Loquat

Miss Helyett Salat aus Artischocken, Kartoffelwürfeln und Spargelspitzen

Mistkratzerle, Mistkratzerli ↑ Huhn/Züchtungen

Mistral, à la [Frédéric M., 1830–1914, provenzalischer Dichter] mit ausgekühlten ↑ Provenzalischen Tomaten, zu kaltem Fleisch u. ä.

mitonner [westfrz. *miton,* Brotkrume] urspr. altbackenes Landbrot in Brühe oder Suppe mitkochen, heute überhaupt langsam köcheln

mitsuba jap.: Sellerie

Mittelkornreis ↑ Reis/Arten

Mittelkrebs Unterordnung und Gattung der ↑ Krustentiere

Mittelmeer-Sternrochen flacher Meerfisch, ↑ Rochen

Mittelrippenstück ↑ Entrecote

Mittelscharfer Senf ↑ Senf/Sorten

Mixed Grill [engl.: gemischtes Grillfleisch] auf dem Grill, am Spieß, a. in der Pfanne gebr. versch. Sorten Fleisch (Kalb, Lamm, Rind usw.), Kalbsleber, -bries, -nieren, Würstchen, Speck usw., meist mit gegr. Tomaten, anderen Gemüsen, Champignons, fritierten Kartoffeln usw. serviert (urspr. England)

Mixed Pickles, Mixpickles [engl.: gemischtes Gepökeltes] in Essig mit Gewürzen und Kräutern eingelegtes Mischgemüse (Blumenkohl, Cornichons, a. Maiskölbchen oder Paprika sowie evtl. Bohnen, Grüne Erbsen, Gurkenstücke, Karotten, Spargeln, Oliven, Pilze usw.), pikante Beilage zu versch. Gerichten, Suppenfleisch, a. Raclette usw. (urspr. England)

mixta Gericht aus Weißen Bohnen, Fleisch und Reis (Dominikanische Republik, Puerto Rico)

mizu jap.: Wasser

mizutaki Schmorgericht aus Hühnerfleisch, Bambussprossen, Chinakohl, Spinat, Tofu usw. (Japan)

Mn chem. Zeichen für Mangan, ↑ Spurenelemente

mo jap.: eßbare Alge, Seetang

Mo chem. Zeichen für Molybdän, ↑ Spurenelemente

mock engl.: falsch, unecht

Mocke, Möcke schweizerd.: gr. Brocken Brot, Käse, Fleisch usw.; in Milch, Milchkaffee eingebrocktes Brot; ↑ a. Mostbröckli, Saure Mocken

Mockturtle [engl.: *mock turtle,* nachgemachte, unechte Schildkröte] Ragout aus Herz, Lunge vom Kalb und gemischten Fleischklößen; Suppe aus Fleischbrühe mit feinzerschn. Kalbskopffleisch und weiteren Zutaten (Gewürze, Schildkrötenkräuter, Zwiebeln, Pfeffer, Sherry oder Madeira usw.); beides a. in Dosen erhältlich, ersetzt die heute weltweit geschützte Schildkröte

mode, (à la) frz.: modern, in Mode; nach Art; ↑ a. bœuf à la mode

Modenasuppe [Modena, ital. Stadt und Provinz in der Emilia-Romagna] Kalbssamtsuppe mit Spinatpüree und gerösteten Weißbrotwürfeln

Moderne Art, (à la) moderne Garnitur aus ged. Kopfsalat, Fleischklößchen mit Streifen von gepökelter Zunge oder Trüffeln und Schloßkartoffeln, zu gr. Fleischstücken in gebundenem Kalbsjus; ged. Kopfsalat und Tomaten mit Kartoffelkroketten, zu kl. Fleischstücken auf gegr. Champignonköpfen

Moderner Salat Ananas-, Apfel- und Bananenscheiben in Mayonnaise mit Sahne und Zitronensaft

Modifiziertes Fasten ↑ Abmagerungsdiät

moelle frz.: (Knochen-)Mark

Mogador [marokkanische Stadt, heute Essaouira] Geflügelsamtsuppe mit Gänseleberpüree und Hühner-, Pökelzungen-, Trüffelstreifchen

Samenkapseln des Mohns

moghlai kabab mit Ingwer, Koriander, Kreuzkümmel, Safran und Zitronensaft gewürzte Lammhackwürstchen, am Spieß gebraten (Nordindien)

Mohn, Mag-, Ölsamen kugeliger, blaugrauer, a. cremeweißer Samen des Schlafmohns, nur reif verwendbar; das angenehm nussige Aroma entfaltet sich erst, wenn er vor Gebrauch leicht angeröstet und evtl. möglichst frisch gemahlen oder zerstoßen wird, Würze für Backwaren, pikante Gerichte, Füllungen, Mehl-, Süßspeisen usw., (a. ungemahlen) zum Bestreuen von salzigen oder süßen Teigen (China, Indien, Mittlerer Osten, Balkanländer, Mittel-, Südeuropa)

-beugel mit Gemisch aus gebrühtem Mohn, Butter, Milch, Zitronenschale, Zimt und Zucker gef. Hefeteighörnchen, mit Eigelb bestrichen und im Ofen gebacken (Österreich)

-brot Spezialbrot mit mind. 8% Mohnsamen

-brötchen Weizensemmel, mit Mohn bestreut

-kuchen Kuchen aus Hefe-, a. Rühr-, Sandmasse mit 60% Mohnmasse und Mandeln, Rosinen, Zitronat usw. (urspr. Ostdeutschland)

-öl ↑ Öl/Sorten

-stollen Stollen mit 70% Mohnfüllung, a. Trockenfrüchten, Orangeat, Zitronat, ↑ Stollen

-strudel Strudel mit gemahlenem oder zerstoßenem Mohn, zerlassener Butter, Eigelb, Honig, Rosinen, Vanille, abgeriebener Zitronenschale, Rotwein und Zucker

Möhre Wurzelgemüse, ↑ Rübe/Arten

Mohrenhirse afrik. Hirse, ↑ durra

Mohrenkopf, Negerkuß dunkelbraun glänzende Biskuitkugel mit Füllung aus Schlagsahne, a. leichter Vanillecreme und Schokoladenglasur

Mohrrübe Wurzelgemüse, ↑ Rübe/Möhre

Moïna frz.: pochierte Seezungenfilets mit ged. Artischockenbodenvierteln und Rahmmorcheln

moitié-moitié [frz.: halb-halb] Fondue aus zu gleichen Teilen Greyerzer Käse und Vacherin (Kt. Freiburg, Schweiz)

moje span.: Sauce

Mokka bes. starke, aromatische Sorte Kaffee, nach dem jemenitischen Hafen Al-Muḥa am Roten Meer, wo sie seinerzeit umgeschlagen wurde
-**bohne** ↑ Mokkaschokolade in Form einer Kaffeebohne
-**creme** gemahlener Kaffee oder Kaffeepulver mit steifgeschlagenen Eiweißen, feingemahlenen Mandeln, Zucker, Vanillezucker, Zitronensaft und Weinbrand, oft mit Schlagsahne serviert
-**schokolade, Kaffeeschokolade** Schokolade mit mind. 1% feinzerkl. Röstkaffee oder Kaffee-Extrakt

Molbo [aus Mols, Südteil einer Halbinsel an der Ostküste Jütlands] Schnittkäse aus Kuhmilch, dem Edamer ähnlich, aber weicher als dieser, 40 oder 45% Fett i. Tr., mild würzig und leicht säuerlich, a. zum Kochen geeignet (Dänemark)

Moldau [Hauptfluß Böhmens und rumän. Landschaft in den Karpaten] Fischkraftbrühe mit Lake von sauren Gurken, Madeirawein und Einlagen aus Störfleisch und -rückenmarkwürfeln sowie Zitronenscheiben; Salat aus Mischgemüse und Trüffeln in Mayonnaise, mit Bücklingfilets und Kaviar garniert

mole Sauce oder Gewürzmischung mit Chili usw., a. Schokolade (Mexiko)
– **poblano de guajolote** mexikanisches National- und Festgericht aus mit Knoblauchzehen und Zwiebel gek. Truthahn-, a. Hühnchen-, Schweinehalsstücken in Sauce aus Chilischoten, Tomaten, Knoblauchzehe, Sesam, Zwiebel, Erdnüssen, Mandeln, Anis, Gewürznelken, Pfefferkörnern, Rosinen, Zimt usw. und Block- oder Kochschokolade (urspr. Puebla)

Molière [Jean Baptiste M., frz. Komödiendichter, 1622–1673] Rinderkraftbrühe mit Klößchen aus Schalotten, Ei, gerösteter Brotkrume und geh. Petersilie; Püreesuppe von frischen Grünen Erbsen mit Béchamelsauce und Sahne, Einlagen aus Kalbsbrieswürfeln, Hahnenkämmen und Spargelspitzen

Molitero fetter Käse aus Schaf-, a. Kuhmilch, kräftiges Aroma, pikanter Geschmack (Basilikata, Kalabrien, Italien, Argentinien)

Molke, Käsewasser, Milchserum die bei der Käseherstellung nach Abzug von Milchfett und Kasein zurückbleibende grünliche Flüssigkeit, süß oder sauer, kalorien- und fettarm, jedoch reich an Nährsalzen und Mineralstoffen, wirkt entschlackend und entwässernd (Schlankheitskuren), entlastet Kreislauf, Verdauung und Nieren, fördert Leberfunktion und Darmflora, entgiftet und entsäuert

Molken|brot ↑ Brot/Spezialsorten: Buttermilchbrot
-**käse** aus entwässerter Molke mit Sahne, Butter oder anderen Milchbestandteilen; ↑ Mysost, Ricotta, Zigerkäse u. a. Stichwörter

Molkerei Betrieb zur Behandlung und Verarbeitung von Frischmilch
-**butter** ↑ Butter/Handelsklassen

mollet frz.: weich(gekocht)

Mollusken wirbellose Weichtiere aus dem Meer, im Süßwasser und auf dem Land (Muscheln, Schnecken, Tintenfische usw.)

molokhia schleimhaltige Blätter der Gemüsepappel, werden wie Spinat zubereitet oder als Suppe gekocht, a. in Dosen oder tiefgefroren im Handel (Ägypten, Sudan, trop. Afrika und Asien)

Molt(e)beere, Arktische Brombeere, Kranichbeere, Molter, Mult-, Torfbeere gr. gelbe Staudenfrucht, Art Sumpfbrombeere, herb-würziger Geschmack, kann roh (mit Zucker und Sahne) gegessen, eingemacht oder gesüßt zu Marmelade verarbeitet werden (Hoher Norden Skandinaviens, Asiens, Nordamerikas u. a.)

Molybdän chem. Element, ↑ Spurenelemente

Mombinpflaume trop., subtrop. Frucht, saftig-säuerliches Fleisch, für Gelees, Marmeladen, Konserven geeignet (Karibik, Südamerika, Philippinen u. a.)

Monaco-Art, Monegassische Art, (à la) monégasque [Monaco, Fürstentum an der Mittelmeerriviera] kalte, mit geh. hartgekochten Eiern, Thunfisch, Zwiebel und feinen Kräutern gef. Tomaten; Hühnerbrühe mit Kugeln von Karotten, Weißen Rüben und Trüffeln; pochierte Seezungenfilets in Sauce aus Tomaten, feinen Kräutern und Weißwein, mit gerösteten Weißbrotwürfeln, a. Austern garniert

Mona Lisa [Bildnisfigur von Leonardo da Vinci] Geflügelkraftbrühe mit Geflügelklößchen und Grünen Erbsen; Salat aus Apfel- und Trüffelstreifen auf Salatherzen in Mayonnaise mit Tomatenketchup

Monatsrettich Pflanzenknolle, ↑ Radieschen

Mönchskäse ↑ Tête de Moine

Mönchskopf, Riesentrichterling ausgewachsen ohne Stiel guter Speisepilz, süßlich-aromatischer Geruch nach Bittermandeln, gute Zeit Sep.–Okt.

Mönchsalat, salade des moines Streifen weißes Hühnerfleisch, körniger Reis, Spargelspitzen in Essig-Öl-Sauce, evtl. mit geriebenen Trüffeln bestreut

Mondbohne ↑ Bohne/Limabohne

Mondfisch gr. runder Meerfisch, angenehm festes Fleisch (trop., subtrop. Meere, insbes. Hawaii)

Mondsee-Käse, Mondseer (Schachtelkäse) [Mondsee, See und Marktgemeinde im nordwestl. Salzkammergut] halbfester Schnittkäse aus Kuhmilch mit Schmiere, 45% Fett i. Tr., mild und leicht säuerlich (Umgebung von Salzburg, Österreich)

Monegassische Art ↑ Monaco-Art

Mongolischer Feuertopf [Mongolei, Gebiet im Nordosten Innerasiens] Kochtopf in der Art eines Tischofens über einem Wärmebehälter, in dessen Mitte ein Gefäß mit gewürzter Fleisch-, Hühnerbrühe samt Glasnudeln, Selleriewürfeln usw. warmgehalten wird; jeder Gast kocht darin Fleisch-, Fisch-, Gemüsestücke, Pilze usw. am Stäbchen, um sie dann zum Verzehr in eine Würzsauce zu dippen

Monreal Zitrusfrucht in der Art der Clementine, aber mit mehr Kernen, gute Zeit Nov.–Mitte Febr. (Spanien, Nordafrika u. a.)

Monseigneur [frz.: Hochwürden] mit Weißwein und Aromaten ged. Meerfisch, mit Champignonköpfen belegt und mit Weißweinsauce übergossen, als Garnitur mit Garnelen gef. Torteletts

Monselet [Charles Pierre M., frz. Schriftsteller und Feinschmecker, 1825–1888] mit Artischockenböden und Trüffeln; Garnitur aus gef. Auberginen und Pariser Kartoffeln, zu kl. Fleischstücken in Foyotsauce

Montagné [Prosper M., frz. Meisterkoch, 1864–1948] Garnitur aus mit sautierten Champignonscheiben gef. Artischockenböden und gef. Tomaten, zu kl. Fleischstücken in Madeirasauce

Montasio [Berggruppe in den Julischen Alpen] Halbhartkäse aus Rohmilch, mind. 40% Fett i. Tr., jung milder Tafelkäse, gereift pikanter Reibkäse (Nordostitalien)

Montbazon [Herzogin von M., 1612–1657], intrigante Dame am Hof des frz. Königs Ludwig XIII.] Garnitur aus Lammbries, Geflügelklößchen, Champignonköpfen und Trüffelscheiben, zu Geflügel in Geflügelrahmsauce

Montblanc, mont-blanc [frz.: der Weiße Berg, höchster Gipfel der Alpen] Süßspeise aus Kastaniencreme-Strängen mit Schlagsahne auf Boden aus Meringe oder Sandmasse

Montblancsalat Würfel von grünen Paprikaschoten, Ananas und Grapefruit sowie kl. Erdbeeren in Essig-Öl-Sauce, mit ungesüßter Schlagsahne bedeckt

Mont-Cenis [Paß der frz. Alpen] Blauschimmelkäse aus Kuh- und/oder Ziegenmilch, 45% Fett i. Tr., ausgeprägter, aromatischer Geschmack, gute Zeit Juli–Dez. (Savoyen, Frankreich)

Mont-d'Or Weichkäse früher aus Ziegen-, heute aus Kuhmilch, geschmeidiger Teig, 45% Fett i. Tr., sehr fein und würzig (Landschaft um Lyon, Frankreich); ↑ a. Vacherin Mont d'Or

Mont-d'Or-Kartoffeln mit Sahne und Käse überbackenes Kartoffelpüree

Montebello [Ort in der Lombardei, Schauplatz zweier Siege der Franzosen über die Österreicher 1800 und 1859] Fischsamtsuppe mit Sardellenbutter und Austern; Garnitur aus mit Pökelzungenwürfeln und Trüffeln gef. Torteletts, zu kl. Fleischstücken in Choronsauce; mit Fischfarce bedeckter, mit Trüffelstreifen gespickter, in Weißwein pochierter Fisch, dazu Garnelenkroketten; mit Fischmilch gef. Schiffchen und Krebse

Monte Carlo [Hauptstadt des Fürstentums Monaco an der Mittelmeerriviera] Geflügelkraftbrühe, als Einlage mit Käse goldbraun geröstete Scheiben aus Biskuitmasse; Geflügelkraftbrühe mit kl. Geflügelklößchen, Kopfsalatstreifen und Kerbel, dazu Kugeln aus Brandmasse; Garnitur aus gef. Gurke, Kartoffelkroketten und mit gebutterten Erbsen sowie Grünen Bohnen gef. Torteletts, zu Fleisch in Jus; Salat aus Langustenscheiben, körnigem Reis, Selleriestreifen und Trüffelscheiben, mit Mayonnaise leicht gebunden, in Essig-Öl-Sauce mit rotem Pfeffer

Monte Christo [Graf von M. Chr., Romanfigur von Alexandre Dumas Vater] Geflügelrahmsuppe mit jungen Nesselsprossen und Champignon-, Trüffelstreifen; Salat aus Würfeln von Hummerfleisch, Kartoffeln, hartgek. Eiern und Trüffeln in Senfmayonnaise

Montélimar Stadt an der Rhone im frz. Dép. Drôme, Herkunftsort des Weißen ↑ Nougats

Montespan [Françoise de M., 1641–1707, Mätresse des frz. Königs Ludwig XIV.] Samtsuppe mit Spargelpüree, frischen Grünen Erbsen und Japanperlen

Montesquieu [Charles Baron de M., 1689–1755, frz. Schriftsteller und Staatsphilosoph] Rahmsuppe mit Champignons, frischen Gurken und Gurkenwürfeln

Montgelas [Maximilian Joseph Graf von M., 1759–1838, bayerischer Staatsmann aus savoyischem Geschlecht, ausgespr. *möschöla*] Geflügelrahmsuppe mit gewürfelten Steinpilzen und Trüffeln; Ragout aus Gänseleber, Pökelzunge, gebr. Champignons oder Trüffeln, a. Geflügelklößchen in Madeirasauce, als Füllung für Blätterteigpasteten

Montgomery [Grafschaft und Geschlecht normannischen Herkommens in Wales, England] dünne Stücke von mit Spinat gef. Eierkuchen und mit weißem Zwiebelpüree gef. Torteletts, zu Fleisch; Salat aus Stückchen gek. Schwarzwurzeln, Artischockenboden-, Eier- und Kartoffelwürfeln in Salatsauce mit geh. Kräutern

Montigny [Ort an der Oise in Nordfrankreich] Kalbssamtsauce mit Tomatenpüree, Fleischglace und geh. Kräutern

Montmorency [Ort nördl. von Paris mit Kirschenzucht, Stammsitz eines illustren Adelsgeschlechts] helle Sauerkirsche, saftig süßsäuerlich herb, ↑ Kirsche/Sauerkirsche; salziges oder süßes Gericht damit; Garnitur aus mit Mischgemüse gef. Artischockenböden, glasierten Karotten, Spargelspitzen und Nußkartoffeln, zu kl. Fleischstücken in Madeirasauce mit Fond; Geflügelkraftbrühe mit Tapioka, Hühnerklößchen, Spargelspitzen, Reis und Kerbel; Geflügelrahmsuppe mit geriebenem Parmesankäse, mit gef. Hühnerflügeln, Kopfsalatstreifen und Fadennudeln garniert; Salat aus Selleriestreifen und entsteinten (Montmorency-)Kirschen in Meerrettichsahne mit Zitronensaft

Montmort [Gemeinde im frz. Jura] Geflügelkraftbrühe mit Scheibchen von Karotten, Weißen Rübchen, pochierter Hühnerfarce und Trüffeln, Erbsen- und Eierstichwürfeln, Spargelspitzen und Kerbelblättern

montone ital.: Hammel

Montpellier-Butter [Montpellier, südfrz. Stadt nahe dem Mittelmeer] mit Butter und Öl gebundenes Püree aus Brunnenkresse, Knoblauch, Schalotten, Spinat, Kräutern, Cornichons, Kapern und Sardellen, zu kaltem pochiertem, aber a. zu warmem grilliertem Fisch

Montpensier [Antoine-Marie Philippe Louis d'Orléans, Herzog von M., 1824–1890, fünfter Sohn des Königs Louis-Philippe, frz. Marschall] Garnitur aus Spargelspitzen und Trüffelstreifen, zu kl. Fleischstücken, Geflügel; Kuchen aus Biskuitmasse mit kandierten Früchten, geriebenen Mandeln und Rosinen

Montreuil [Vorstadt von Paris] Garnituren aus ged. Artischockenböden mit Grünen Erbsen und glasierten Karottenkügelchen, zu kl. Fleischstücken, oder aus Kartoffelkugeln in Samtsauce mit Krebspüree, zu pochiertem Fisch in Weißweinsauce

Montrouge [Vorort von Paris mit einst bekannter Champignonzucht] mit (Zucht-)Champignons

Monvoisin [Raymond M., 1790–1870, frz. Historienmaler] Fisch in Weißweinsauce mit Garnelen und geh. Schalotten, dazu geschmolzene Tomaten

moong dal ind.: halbe gelbe Mung(o)bohne

Moorbeere Beerenfrucht, ↑ cranberry

Moorhuhn, grouse Geflügel aus der Familie der Schneehühner, jung dunkles, zartes und würziges Fleisch, älter nur für Füllungen, Pasteten, Terrinen verwendbar; Jagdzeit Sept.–Nov. (Schottland, Nordengland, Nordirland, Wales, Skandinavien)

Moorwurzel Wintergemüse, ↑ Pastinak

Moosbeere, Rausch-, Torfbeere Beere eines Heidekrautgewächses, der Preiselbeere verwandt, jedoch größer, für Gelees, Kompott, Marmeladen, Saft usw. geeignet (Nordeuropa, Voralpen, Rußland, Nordamerika); ↑ a. cranberry

Moosling Speisepilz, ↑ Mehlschwamm

Moosschwamm Speisepilz, ↑ Maipilz

Moppen kl. mit Kümmel oder Gewürznelken kräftig gewürztes Gebäck, mit Zuckerglasur überzogen; ↑ a. Pfeffernuß

Möppkenbrot ↑ Westfälische Beutelwurst

mör niederd.: mürbe, weich

Spitzmorcheln, verschrumpelt, aber vorzüglich

mora ital.: Brombeere, Maulbeere

Morbier [Gemeinde im frz. Jura] fester Schnittkäse aus Kuhmilch mit dunkler Schicht aus Ruß, Asche oder Holzkohlenpulver in der Mitte, 45% Fett i. Tr., mild und eher neutral, gute Zeit Frühling (Franche-Comté, Savoyen, Ostfrankreich)

Mörbrad(en), Mörbraten niederd.: Mürb(e)braten

morceau frz.: Stück

Morchel [ahd. *morhala,* Möhre] edler Speisepilz, vorw. in zwei Arten auf dem Markt, als *Spitz-* oder als *Rund-, Speisemorchel,* sehr feines Aroma, würziger Geschmack; verdirbt schnell, also frisch sofort verwenden, muß frisch unter laufendem Wasser gründlich gereinigt, trocken lange eingeweicht werden; läßt sich ganz oder feingeh. in Fett oder sonst einer Flüssigkeit dünsten, kochen, eignet sich a. für Suppen, (Rahm-)Saucen, Pilzgerichte, Omeletts, Ragouts, auf Toast usw.; passende Gewürze: Petersilie, weißer Pfeffer, Schalotten, Thymian, Sherry, Wein, Zitronensaft usw.; frisch Mai–Mitte Juni auf dem Markt, meist aber das ganze Jahr getrocknet mit konzentrierterem, kräftigerem Geschmack, a. gefroren oder in Dosen erhältlich (einheimisch, Indien, Pakistan, Türkei, Kanada u. a.)

morcilla span.: (Blut-)Wurst, Bratwurst

morel engl.: Morchel

Morelle Kirschengruppe, ↑ Kirsche/Sauerkirsche

Morgenrotsauce ↑ Sauce/sauce aurore

morille frz.: Morchel

Mornaysauce ↑ Sauce/sauce Mornay

Moro-Orange ↑ Orange/Blutorange

Morsellen [engl. *morsel,* Bissen, Leckerbissen] Fondantkonfekt aus geschmolzenem Zucker mit zerkleinerten Mandeln, Orangeat, Sukkade und versch. Gewürzen (Gewürznelken, Ingwer, Kardamom, Muskat, Zimt usw.) in Spanschachteln (Norddeutschland)

Mortadella Italien: dicke gepökelte, leicht geräucherte Brühwurst aus feingeh. Schweine-, a. anderem Fleisch (*S* reines Schwein, *E B* Pferd und Rind, *S B* Schwein und Rind, *S E* Schwein und Pferd) mit Speckwürfeln, Pfeffer und anderen Gewürzen, mild aromatisch, meist kalt als Aufschnitt gegessen (urspr. Bologna); Norddeutschland: Brühwurst aus Rind-, Schweinefleisch und Speck, meist mit Pistazien; Süddeutschland: Brühwurst aus Rind-, Schweinefleisch und Speck mit Würfeln von Herzmuskulatur, Zunge und Brät mit Blut; Österreich: Fleischwurst aus magerem Schweinefleisch, Speck und Rindfleischbrät; läßt sich in Verkaufspackung gut bis 6 Mon. tiefkühlen

morue frz.: Kabeljau
 – sèche Stockfisch

Moschusente gezähmte Wildente, ↑ Ente/Hausente

Moschuskürbis Gemüsefrucht, ↑ Kürbis/Riesenkürbis

moscovite [frz.: Moskauer] ↑ bavarois mit Früchten; Mandel- oder Vanilleeis mit Schlagsahne und kandierten Früchten; mit Kirsch getränkte Eistorte; ↑ a. Moskauer Art

Möserich Würzkraut, ↑ Waldmeister

Moskauer Art, Moskowiter Art, (à la) moscovite [nach Art der russischen Küche oder nach Manier frz. Köche, die im 19. Jh. in Rußland wirkten] Garnitur aus mit russischem Salat gef. Artischockenböden und mit Kaviar gef. hartgek. Eiern; Fischbrühe aus Stör und Gurken mit Pilzen und gewürfeltem Störmark, kalter pochierter Salm mit Mayonnaise, hartgek. Eiern, Estragonblättern und Trüffeln in Gelee; pochierte Eier, kalt mit russischem Salat, warm mit Sauerkraut; braune Pfeffersauce mit gerösteten Mandeln oder Pinienkernen, Korinthen und zerdrückten Wacholderbeeren, zu Wildbret; Wacholderbeeren zu Wild; kaltes, mit Gelatine und Schlagsahne gebundenes, gestürztes Fruchtpüree; kaltes, mit Kirsch getränktes Biskuit mit geeister Sahne oder Rahmfrüchten

Moskauer Sauce Pfeffersauce mit Pinienkernen, Rosinen und Wacholderbeeren, zu Wild

mostarda ital.: Senfsauce; als Ganzes oder in Stücken gek. Früchte (Äpfel, Aprikosen, Birnen, Kirschen, Melonen,

Pflaumen, Weintrauben usw.) in Sirup aus Zucker und/oder Honig mit Gewürzen, Senfpulver und Gewürzen, pikante, süßlich scharfe Würzbeilage zu gek. (Rind-, Schweine-) Fleisch, kaltem Braten, Ente, Wild usw. (Cremona, Sizilien u. a., Italien)

Mostbröckli, Mostmöckli kl. Stücke Dauerfleisch ohne Sehnen, die beim Zuschneiden von Bindenfleisch anfallen und wie dieses gepökelt, leicht geräuchert und luftgetrocknet werden (Ostschweiz)

Mostert, Mostrich im genauen Sinn ↑ Senf aus Most von jungen grünen Trauben bzw. Wein und Alkohol statt Essig, in Nordwestdeutschland auch allg. Senf

Mothe-Saint-Héray, (La) [Ort im Poitou] Weißschimmelkäse aus Ziegenmilch, weicher Teig, 45% Fett i. Tr., je älter, desto kräftiger und würziger, gute Zeit Juni–Dez. (Nordwestfrankreich)

Motte Wetterau, Hessen: Mohrrübe

Mottenbohne ↑ Bohne/Sorten

moule frz.: Miesmuschel; Back-, Kuchenform

mourtaïrol Mittelfrankreich: Eintopf mit Huhn, Rindfleisch, Schinken, Gemüse und Safran; Südfrankreich: Hühnerbouillon mit Safran

mous(s)aka ngriech.: Auberginenauflauf, ↑ musaka

Mousse [frz.: Schaum, ausgespr. *muß*] luftiges, sahnig sanftes Schaummus aus geschlagener Sahne, Crème fraîche, Eiweiß mit Butter oder Gelatine usw. sowie fein untergemischten Zutaten, salzig (mit Schinken, Geflügel, Gänseleber, Wild, Fisch, Meeresfrüchten, Gemüse usw.) als Vorspeise oder süß (mit Früchten, Schlagsahne, Kaffee, Schokolade usw.) als Nachspeise, meist kalt oder gar gekühlt, aber a. lauwarm bis warm serviert

   – **au chocolat, Schokoladenschaum** Mousse (oft mit Eischnee statt Schlagsahne) aus Schokolade (meist bitter, aber a. halbbitter, sogar süß, weiß), Mokkakaffee, Vanillezucker, a. Rum, Kirsch, Likör o. ä.; hält sich im Kühlschrank 1–2 Tage

mousseline [frz.: Musselin, ausgespr. *müßlin*] feine Schaumspeise aus pürierten Zutaten, oft in kl. Portionen- oder Teigförmchen angerichtet; Speise mit bes. feinen, delikaten Zutaten wie Biskuit, Kartoffelpüree oder anderen Massen für Klößchen, Saucen usw.; ↑ Sauce/sauce mousseline

Mousseron, Echter Speisepilz, ↑ Knoblauchschwindling

mousseron frz.: Name versch. Speisepilze in schaumiger Hülle wie ↑ Maipilz, Mehlschwamm, Nelkenpilz, Ritterling u. a.

moutarde frz.: Senf; ↑ a. Sauce/sauce moutarde

mouton frz.: Schaf, Hammel(fleisch)

Möwenei ↑ Ei/Sorten

Mowi-Lachs in Fjorden gezüchteter Lachs (Norwegen u. a.)

Mozart [Wolfgang Amadeus M., 1756–1791, österr. Komponist] Garnitur aus Selleriepüree auf Artischockenböden und Soufflékartoffeln, zu kl. Fleischstücken

Mozartkugel [im 19. Jh. vom Salzburger Konditor Paul Fürst kreiert] Marzipankugel mit Überzug von zartbitterer Schokolade auf Schicht von Haselnuß-Nougat-Creme (Österreich)

Mozzarella vollfetter Frisch-Knetkäse original aus Büffelmilch (mind. 50% Fett i. Tr.), heute manchmal aus Büffel- und Kuhmilch, meist jedoch aus reiner Kuhmilch, elastischer, schnittfester Teig, mind. 44% Fett i. Tr., zart süß-säuerlich und aromatisch milchig, muß als Tafelkäse frisch verzehrt werden, läßt sich a. überbacken und als Beilage zu Salaten oder sonst in der Küche verwenden (Kampanien, Latium, Italien, a. USA u. a.)

   – **in carrozza** [ital.: Mozzarella in der Kutsche] mit Mozzarella und Sardellenfilets belegte, panierte und in Öl ausgebackene Brotscheibe, üppige Vorspeise, Zwischenmahlzeit

muckalica, muskalica geschm. Würfel von Kalbs- oder Schweineschulter mit Streifen von grünem Paprika und Peperoni, mit Zwiebeln, Petersilie und Pfeffer gewürzt (Jugoslawische Länder)

Mückenbohne ↑ Bohne/Mottenbohne

mu-err, Baum-, Braunpilz, Chinesische Morchel, Holz-, Judasohr, Ohrlappenpilz, Wolkenohr Speisepilz, v. a. in Ostasien beliebt, etwas gallertiges, fades Fleisch, roh oder blanchiert für Salate, als Mischpilz, meist getr. in chin. und asiat. Gerichten

Müesli (oft fälschlich immer noch Müsli, was «Mäuschen» heißt), schweizerd.: Birchermüesli, a. sonst Mus

Muffelwild, Mufflon horntragendes Wildschaf, jung helles, feinfaseriges, sehr saftiges und nicht nach Schaf schmeckendes Fleisch; Hauptjagdzeit Aug.–Jan. (Bergwälder Europas, v. a. Korsika, Sardinien, a. Deutschland)

muffin [engl.: kl. Muff] rundes Gebäck aus lockerem, luftigem Hefeteig, a. mit frischen Früchten, geh. Nüssen, Speck usw., wird zum Verzehr heiß mit zwei Gabeln aufgerissen und mit kalter Butter bestrichen

Muffkuchen Biskuitkuchen mit Mandeln und Zimt (Braunschweig)

Mufflon ↑ Muffelwild

mughalai [ind.: mogulische Türken, Mongolen pers. Herkunft] nach mogulischer Art

mughal garam masala ind.: Gewürzmischung für mogulische Gerichte

muhallebi türk.: Reismehlpudding, ↑ mahallebi

muhamara rotes, scharfes Gemisch aus zerstoßenen Nüssen, rotem Paprika und Weizen, mit Knoblauch, Gewürzen und Öl angerichtet (Türkei)

muikku finn: Kleine Bodenrenke

mulato gr. dunkle Pfefferschote, sehr scharf, wird getr. verwendet (Lateinamerika)

mulet frz.: Meeräsche

mullagatanni ind. Suppe, ↑ mulligatawny

Müllerin-Art, (à la) meunière in Mehl gewendeter, in der Pfanne mit Butter gebr. Fisch, dazu braune Butter, Zitronensaft und geh. Petersilie

mulligatawny, mullagatanni [tamilisch *milakutanni*, Pfefferbrühe] Dicke Suppe aus Huhn und/oder Poularde, (Reis-)Mehl, Butter, Kokosmilch, Joghurt oder Quark mit Suppengrün, Zwiebeln, Pistazienkernen usw., gek. Reis, Zitronensaft und viel Currypulver, manche Varianten (Südindien, England)

Multbeere arktische Beerenfrucht, ↑ Moltbeere

mulukhiyya Gemüse aus den Sprossen und Blattspitzen der Jute, wird feingeh. in einer mit Knoblauch und Koriander gewürzten Fleischbrühe gekocht (Ägypten, Sudan, getrocknet a. Naher Osten)

Münchner G'schwollene, Nackerte gewürztes, gek. Brät aus Kalbfleisch und Schweinebacken, gebr. serviert (Bayern)

Münchner Leberkäs, Laiberkäs ↑ Leberkäs(e)

Münchner Weißwurst ↑ Weißwurst, Münchner

Mundtäschchen ↑ Ravioli

Mung(o)bohne ↑ Bohne/Sorten

Mung(o)bohnensprossen Keimlinge der Mung(o)bohne, den Sojasprossen gleichwertig roh als Salat, gek. als Gemüse

Muni schweizerd.: Bulle, Zuchtstier

munkatšina Salat aus Orangenscheiben, Zwiebelringen, schwarzen Oliven, Öl, Salz und Pfeffer (Ägypten)

Münsterkäse, munster [Munster, Ort und Tal in den Südvogesen] original Frankreich: halbfetter Weichkäse mit Rotschmiere aus (pasteurisierter) Kuhmilch, geschmeidiger Teig, 46–52% Fett i. Tr., erdig pikant, Imbißkäse, aber a. gut (nach Belieben mit Kümmel) zu Pellkartoffeln, gute Zeit Nov.–Mai (Elsaß); Deutschland, Schweiz: aus pasteurisierter Kuhmilch, a. klein als Kleinmünster erhältlich, 45–50% Fett i. Tr., mit Rinde eßbar; USA (Muenster): festerer Teig, mind. 50% Fett i. Tr.

Münsterländer Bauernstuten [Münsterland, Agrarlandschaft in Nordrhein-Westfalen] ↑ Bauernstuten

mûr frz.: reif, abgelagert

murabbajāt arab.: Eingemachtes

Muräne schlangenförmiger Meerfisch, fettes, aber sehr schmackhaftes, grätenloses Fleisch, kann je nach Jahreszeit leicht giftig sein (Mittelmeer, a. Nordostatlantik)

Murat [Gioacchino M., 1767–1815, frz. Heerführer, König von Neapel] Garnitur aus gek., gewürfelten Arti-

Angriffslustige Muräne

schockenböden, a. in Öl sautierten Tomatenscheiben und Kartoffeln mit geh. Petersilie, zu gebr. Seezungenfilets in Nußbutter und Zitronensaft; Kraftbrühe mit Gemüse, dazu pochierte Ravioli und geriebener Parmesankäse

Mürb(e)braten nordd.: Lendenbraten vom Schwein, a. aus der äußeren Hüftmuskulatur des Rinds

Mürbegebäck trockene Backwaren aus Mürbeteig wie Sand-, Spritzgebäck, Vanillekipferl usw.

Mürbekeks ↑ Weichkeks

Mürb(e)teig ↑ Teig/Sorten

Murcott [Farmer Charles M., Florida, USA] Zitrusfrucht, Kreuzung zwischen Orange und Tangerine, saftiges, angenehm süßes Fleisch, aber viele Kerne

Mure Tirol: Brombeere

mûre frz.: Brombeere, Maulbeere

Murgersalat [Henri Murger, 1822–1861, frz. Schriftsteller, schrieb die «Scènes de la vie de bohème» und brachte die Boheme in Mode] Streifen von Artischocken und gek. Kalbsfüßen in Essig-Öl-Sauce mit geh. Kräutern und Senfsauce

murgh(i) ind.: Huhn, Geflügel

Murillo-Suppe, consommé Murillo [Bartolomé Murillo, 1618–1682, span. Maler] Geflügelkraftbrühe mit Einlage von Erbsen, Kürbis-Eierstich und gek. Reis; Geflügelkraftbrühe mit Fadennudeln, Tomatenwürfeln und Kerbel

Murol [Dorf in der Auvergne] halbfester Schnittkäse aus pasteurisierter Kuhmilch mit Loch in der Mitte, gepreßter Teig, 45 % Fett i. Tr., sanft aromatisch, gute Zeit Juli–Nov. (Mittelfrankreich)

Mus [ahd. *muos*, Essen, Nahrung, Speise] Brei, Püree aus Obst, gek. Kartoffeln, Hülsenfrüchten, Mehl oder Fleisch; ↑ a. Brei, Püree

musacham mit Zwiebeln und Pinienkernen geb. Huhn (Arabien)

musaka, mousaka, musakka, mussaka Auflauf aus Auberginen-, Kartoffel-, Tomatenscheiben, Lamm- oder Rinderhack, Knoblauchzehen, Zwiebel usw., mit Rosmarin, Salbei, Thymian, Cayennepfeffer usw. gewürzt, mit Mehl oder Milch, verquirlten Eiern, Semmelbröseln und Olivenöl goldgelb gebacken; viele weitere reg. Rezepte und

Muscheln, feines Fleisch in harter Schale

Varianten; läßt sich einfrieren (Griechenland, Balkan, Vorderer Orient)

Muschel Schal-, Weichtier aus dem Meer mit Gehäuse aus zwei Klappen oder Schalen; sollte roh geschlossen sein und sich erst beim Kochen öffnen, muß frisch verarbeitet und gegessen werden; frisch, gesalzen, mariniert, geräuchert im Handel; etwa 8000 Arten, i. a. aber Name der ↑ Miesmuschel; ↑ a. Auster, Jakobsmuschel, Kammmuschel, Venusmuschel und weitere Stichwörter

  flaue – kranke, ungenießbare Muschel
  grüne – Miesmuschel aus Neuseeland mit grüner Schale, aber cremefarbigem (männl.) oder orangenem (weibl.) Fleisch; meist tiefgekühlt im Handel

Muschelpilz Speisepilz, ↑ Austernpilz

muscolo ital.: Muskel; Kalbshachse; Miesmuschel

museau frz.: (Ochsen-)Maul

mushroom engl.: Speisepilz, Champignon

muskalica serbokroat. Gericht, ↑ muckalica

Muskat(nuß), Bonda-, Papua-, Suppennuß [lat. *muscatus*, nach Moschus duftend] das Samenkorn des Muskats, wirkt stimulierend, gegen Kreislaufbeschwerden und niederen Blutdruck, schmeckt angenehm süß-bitterlich gewürzhaft, würzt gerieben schon in kl. Dosen (in großen giftig), kann mitgekocht, aber besser am Ende der Garzeit, vor dem Anrichten über die Speisen gestreut werden; paßt als Gewürz zu klaren oder gebundenen Suppen, weißen Saucen, Curry, Fleisch-, Wurstwaren, Frikassees, Fisch-, Muschelsud, Teigwaren, Gemüsen (Blumen-, Rosenkohl, Erbsen, Schwarzwurzeln, Spinat, Wirsing u. ä.), Kartoffeln, Salaten, Käsegerichten, Fondue, Raclette, Grießspeisen, a. Backwaren (Berliner Pfannkuchen), Kuchen, Süßspeisen usw.; hält sich ganz im Glas verschlossen 3 und mehr Jahre, ist gerieben sofort zu verwenden (urspr. Indonesien, Philippinen, heute alle Tropengebiete, insbes. Karibik)

-**blüte, Macis** getr. Fäden des Samenmantels der Muskatnuß, milder und feiner als diese, aber ebenso verwendbar, muß immer mitgekocht werden

Muskateller Aprikose kl. frühreifende Aprikose

Muskatellerkraut Würzkraut, ↑ Salbei

Muskatelrosine ↑ Traubenrosine

Muskattraube weiße und dunkle Tafeltraube mit muskatartigem Aroma und charakteristischem Geschmack

Muskazone österr.: Blechkuchen mit geriebenen Mandeln, Muskatnuß, Ei, Gewürznelken, Zimt und Zucker

Müsli [schweizerd.: Mäuschen] irrtümliche Eindeutschung des schweizerd. Müesli, ↑ Birchermüesli

Müsli|chru(u)t schweizerd.: «Mäuschenkraut», Salbei
-**chüechli, Müüsli** in Ausbackteig fritierte Salbeiblätter, deren Stiele wie Mäuseschwänze heraushängen

Musmehl grob gemahlenes Weizenmehl

mussaka Auberginenauflauf, ↑ musaka

mussel engl.: Muschel, insbes. Miesmuschel

mustard engl.: Senf

Mutschelmehl südd.: Paniermehl, Brösel

Mutschli schweizerd.: Brötchen, Semmel; a. Name des ↑ Brienzer Käses und anderer kl. Schweizer Halbhartkäse

Mutterkümmel Gewürz, ↑ Kreuzkümmel

mutton engl.: Hammel(fleisch)
- **broth** Hammelbrühe mit Perlgraupen und Gemüse
- **chop** Hammelkotelett

Mutze, Mutzenmandel, Muuze, Muuzemändelchen Karnevalsgebäck aus leichtem Mandelknetteig, in Fett schwimmend ausgebacken, mit Puderzucker bestreut (Rheinland)

Müüsli ↑ Müslichüechli

Muuze, Muuzemändelchen ↑ Mutze

Mycella [griech. *mycel,* Pilzgeflecht] Blauschimmelkäse, dem Gorgonzola ähnlich, 50% Fett i. Tr., aromatisch mild (Dänemark)

my fancy [engl.: nach meinem Sinn] Salat aus Orangenfilets und Streifchen von grünen Paprikaschoten auf Salatherzen in Essig-Öl-Sauce

myko... [griech. *mýkēs,* Pilz] Pilz...

myrtille frz.: Heidelbeere

Mysost [norw. *myse,* saure Molke] bräunlicher Molkekäse aus Kuh-, a. Ziegenmilch, 10–30% Fett i. Tr., streichfähig und süßlich karamelartig (Norwegen u. a., USA)

N

Na chem. Zeichen für Natrium, ↑ Mineralstoffe

nabe jap.: Pfanne, Topf; a. Schmorgericht daraus

Nabel-Orange ↑ Orange/Blondorange

Nachbouillon, Nachbrühe Brühe aus Knochen, die nach dem Passieren ein zweites Mal ausgekocht wurden

Nachbrust der hintere Teil der Rinderbrust

Nachtisch der letzte Gang einer Mahlzeit, ↑ Dessert

Nachtkerze fleischige Pflanzenwurzel, ↑ Rapontika

Nacken Fleischstück, ↑ Kalb, Lamm, Rind, Schwein/Fleischteile, Fleischstücke
  -kotelett Rippenstück, ↑ Kotelett

Nackerte ↑ Münchner G'schwollene

Nackthafer ↑ Hafer/Sorten

Nacktkarpfen ↑ Karpfen/Lederkarpfen

Nagami kl. Zitrusfrucht, ↑ Kumquat

nage, à la [frz.: schwimmend] Krebs- oder Schaltier aus dem Meer, a. aus Süßwasser im eigenen, aromatisierten Sud oder in Crème fraîche, warm oder kalt serviert

Nägelchen, Nägelein, Nägeli mdal., schweizerd.: Gewürznelke

Nagelfleisch luftgetrocknetes, nicht geräuchertes Rindfleisch (Westfalen)

Nagelholz gepökeltes, geräuchertes (luftgetrocknetes) Rindfleisch

Nagelkäse, Nageles, Nagelkaas [holl. *nagel,* Nelke, Gewürznelke] Schnittkäse aus Magermilch mit Gewürznelken, a. Kümmel, 20–40% Fett i. Tr., würzig (Holland); ↑ a. Friese Nagelkaas

Nagelrochen flacher Meerfisch, ↑ Rochen

Näglein mdal.: Gewürznelke

Nährhefe getr., nicht gärfähige Hefe, reich an Eiweiß, Mineralstoffen und Vit. B, würziger Geschmack, aromatisiert Speisen und kann Trockenprodukten zugegeben werden

Nährmittel Sammelbegriff für Getreideerzeugnisse, Reis und Teigwaren; Bezeichnung a. für Ergänzung oder Ersatz der normalen Nahrung; ↑ a. Nahrungsmittel

Nährsalze ↑ Mineralstoffe

Nährstoffe die in Lebensmitteln enthaltenen Stoffe, die durch die Verdauung dem Aufbau des Körpers, dem Ersatz verbrauchter Körpersubstanz und der Lieferung von Energie dienen, haupts. Eiweiß, Fett und Kohlenhydrate, werden in Kilokalorien, kcal, und Kilojoule, kJ, angegeben; ↑ a. Vitamine, Mineralstoffe, Spurenelemente

Nahrungsfaser ↑ Ballaststoffe

Nahrungsmittel Lebensmittel pflanzlicher oder tierischer Herkunft, die einen Nährwert besitzen; teilen sich nach heutiger Erkenntnis in fünf Gruppen von abnehmender Wichtigkeit, die aber alle, mit Ausnahme der letzten, zu einer ausgewogenen Ernährung gehören: Getreideerzeugnisse, Gemüse und Früchte; Fleisch, Geflügel, Fisch, Eier, Hülsenfrüchte und Milchprodukte; Fette; Süßigkeiten, Zucker

Nährwert Qualität eines Lebensmittels als Aufbau- und Betriebsstoff für den Körper, abhängig vom Gehalt an Nährstoffen, Energie und von seinen essentiellen Bestandteilen (Aminosäuren, Fettsäuren, Mineralstoffe, Vitamine), wird mengenmäßig in Kilokalorien, kcal, und Kilojoule, kJ, angegeben; ↑ Tabelle «Die Nährwerte»

Nährzwieback Zwieback mit mind. 0,1 kg Butter und 0,1 kg Vollei oder 35 g Eigelb pro kg Getreideerzeugnisse und/oder Stärke

Der Golfo di Napoli, Golf von Neapel, von der Insel Ischia aus

naleśnik dünner Pfannkuchen mit Füllung aus Quark, mit Eiern schaumig gerührter Butter, Gewürzen und evtl. Milch, durch Backteig gezogen und schwimmend ausgebakken (Polen)

nam plaat asiat. Fischsauce, ↑ nuoc mam

nān ind.: tropfenförmiges Brot, das im Lehmofen geb. wird

nana Marokko: Pfefferminze

Nanette Garnitur aus Kopfsalatstreifen in Sahne auf kl. Artischockenböden und mit kleingewürfelten Trüffeln gef. Champignonköpfen, zu Kalbsschnitzeln, Kalbsbries oder Lammkoteletts

Nangka, Jáca, Jackfrucht exot. Frucht mit vielen Kernen, weiches, trockenes Fleisch, angenehm mild-fruchtiger, feigenähnlicher Geschmack, reif, frisch und gekühlt als Tafelobst, unreif als Salat, gek., gebr., geröstet oder geschm. als Gemüse, aus dem getr., gemahlenen Fruchtfleisch läßt sich Brot backen; geröstete Samen schmecken wie Kastanien; a. in Dosen erhältlich (urspr. Vorderasien, dann a. Südostasien, Kenia, Brasilien, Jamaika u. a.)

Nansensuppe [Fridtjof Nansen, 1861–1930, norw. Polarforscher und Philanthrop] Rinderkraftbrühe mit Wodka, dazu Kaviarbrötchen

nantais frz.: (Blut-)Ente aus der Landschaft um die frz. Stadt Nantes; Weichkäse aus Kuhmilch, 40% Fett i. Tr., ausgeprägter Geschmack (Bretagne); Sandmassekuchen mit gemahlenen Mandeln und/oder kandierten Früchten, mit Kirsch oder Rum parfümiert

Nantaiser, Nanteser Art, (à la) nantaise [Nantes, Stadt beidseits der Loire nahe dem Golf von Biscaya in Westfrankreich] Krustentiere, Fisch in mit Butter aufgeschlagener Weißweinsauce, oft mit Schalotten; gebr. oder geschm. Fleisch mit Erbsen, glasierten Weißen Rübchen und Kartoffelpüree; Salat aus körnigem Reis, Thunfischscheibchen und Tomatenwürfeln in Essig-Öl-Sauce mit geh. Estragon, Kerbel und Schnittlauch

Nantaiser, Nanteser Ente Entenrasse, ↑ Ente/Hausente

Nantaiser, Nanteser Salat Garnelen, Räucherlachsstreifen und Spargelspitzen in Essig-Öl-Sauce, mit Eierscheiben und geh. Petersilie garniert

Nantua, (à la) [Städtchen der Franche-Comté im Nordwesten Frankreichs, einst berühmt für die Krebse aus seinem See] Fisch mit Krebsen oder Krebsschwänzen, ganz oder püriert; ↑ a. Sauce/sauce Nantua

Napfkuchen, Asch-, Topfkuchen Gugelhupf aus Hefe- oder Rührteig, oft mit Haselnüssen, Mandeln, Pistazienkernen, Rosinen, kandierten Früchten, Marzipanmasse usw. angereichert (Nord-, Mitteldeutschland u. a.)

Napfpaste ↑ Terrine

Napfschnecke eßbares Meeresweichtier, festes, etwas fades Fleisch, aber starker Salzwassergeschmack, roh, grilliert oder als Füllung genießbar (europäischer Atlantik, a. Mittelmeer)

Naphtali [bibl. Eigenname] Kleingebäck aus schaumiger Butter, Eigelb und -schnee, Zitronenschale und Zucker

Napoleon zwei ovale Blätterteigscheiben, mit Mandelcreme gefüllt und bedeckt, mit Puderzucker bestreut und gebacken

Napoléon, (à la) [Feldherr und Kaiser der Franzosen, 1769–1821] Geflügelkraftbrühe, als Einlage kl. dreieckige, mit Gänseleberpüree gef. Teigtaschen

Napoleon-Torte Konditorcreme zwischen 16 dünnen Teigböden, mit Mandelblättern bestreut (urspr. Rußland)

napoletana, alla [ital.: auf neapolitanische Art] mit Sauce aus frischen Tomaten, Basilikum und geriebenem Parmesankäse; ↑ a. Neapolitanische Art

Napolitain Täfelchen aus meist dunkler, bitterer Schokolade

napolitain [frz.: Neapler] Schichtkuchen aus Biskuitmasse mit Aprikosenkonfitüre, Johannisbeergelee o. ä. und Mandeln

napolitaine, (à la) ↑ Neapolitanische Art

nappieren ganz mit einer dicken Flüssigkeit (Creme, Sauce u. ä.) oder Gelee überziehen

naranja span.: Orange, Apfelsine

Naranjilla, Lulo, Quito-Orange tomatenähnliche trop. Beerenfrucht, aromatisches, säuerlichsüßes Fleisch mit eßbaren Kernen und viel Vit. C, aber empfindlich und leicht verderblich; kann zu Cremes, Gelee, Kompott, Konfitüre, Speiseeis usw. verarbeitet werden (subtrop. Südamerika)

nargisi kofta in Öl fritierter Kloß aus mit rohem Ei gebundenem, gewürztem Lammfleischhack, darin ein hartgek. Ei (Nordindien)

Nase schlanker Weißfisch aus dem Süßwasser, viele Gräten, aber sehr wohlschmeckendes Fleisch, läßt sich braten, grillen (Donau-, Rhein-, Rhonegebiet bis Kaspisches Meer)

Nashi, Asiatische, Japanische Birne, Sandbirne Kernfrucht mit rauher oder glatter Schale, knackig festes, körnig saftiges Fleisch, erfrischender Geschmack, wird wie ein Apfel mit oder ohne Schale gegessen; läßt sich bei 0–1 °C bis 6 Mon. lagern, bleibt nach 15 Tage konsumfähig, hält sich im Kühllager reif 2–3 Mon., unreif bis 7 Mon. (urspr. Nordchina, Japan, Korea, inzw. a. Australien, Neuseeland, mildere Zonen Europas, westl. USA)

nasi indon.: gek., gebr. Reis
- **goreng** ↑ goreng, nasi
- **kuning** gewürzter, mit Kurkuma gelb gefärbter Langkornreis

Näsling Süßwasserfisch, ↑ Zährte

Nassausalat [Nassau, Hauptstadt der Bahama-Inseln] Streifen von roten und grünen Paprikaschoten, Staudensellerie und Tomatenscheiben auf Salatblättern in Mayonnaise mit ungesüßter Sahne

nata span.: Sahne, Rahm
- **batida** Schlagsahne

natilla(s) span.: Cremespeise aus Eiern, Milch und Zucker

native [engl.: einheimisch] kl. in England gezüchtete Austernsorte

Natrium chem. Element, ↑ Mineralstoffe

Natriumchlorid ↑ Salz

Natriumglutamat pflanzliches Salz, ↑ Glutamat

Natron, (Doppelkohlensaures) saures Natriumsalz der Kohlensäure, weißes, leicht in Wasser lösliches Pulver, a. in Tablettenform erhältlich, milder, leicht alkalischer Geschmack, in Backpulver, zum Weichmachen von Hülsenfrüchten, zum Beseitigen von Magensäure bei Sodbrennen usw.; kühl und trocken in gut verschlossenem Gefäß aufzubewahren

Natte Herzkirsche

nattō ged. Bohnen mit vergorener Sojabohnenpaste, hoher Eiweiß- und Mineralstoffgehalt, kräftiger Geschmack (Japan)

Nashis, japanische Apfel-Birnen

Natura Beef Mastrindzüchtung, ↑ Rind

Naturdarm natürlicher Darm von Schlachttieren (vorw. Rind, Schaf, Schwein, a. Ziege) zur Umhüllung von Würsten; ↑ a. Kunstdarm

Naturkost, Biokost, Demeter Lebensmittel, die naturgerecht und umweltschonend produziert werden – rechtlich allerdings nicht geschützte Begriffe, also auf Verbraucherinformation achten

Naturreis enthülster, jedoch nicht geschälter, nicht polierter brauner Reis

navarin [frz.: *navet*, Weißes Rübchen] Hammel-, Lamm-, a. sonst Fleischragout mit tournierten Kartoffeln, glasierten Zwiebeln und versch. anderen Gemüsen, insbes. Weißen Rübchen

Navarra [Landschaft beidseits der westl. Pyrenäen] Tomatensuppe mit Fadennudeln und geriebenem Käse; Tomatensauce mit Knoblauch und geh. Kräutern; ↑ a. Salat/Mini-Eisberg

Navel [engl.: Nabel] kernlose Orangensorte mit kl. verkümmerter zweiter Frucht im Innern; ↑ Orange/Blondorange

navet frz.: Weißes Rübchen

navette frz.: kl. Teigboot, Teigschiffchen

Neapolitanische Art, (à la) napolitaine Tomatensauce oder geschälte, geschmolzene Tomaten mit aromatischen Kräutern (Basilikum, Oregano, a. Knoblauchzehen, Paprikaschoten, Zwiebeln usw.), Olivenöl und geriebenem Parmesankäse, zu Teigwaren, Pizzas, Grillfleisch usw.; Spanische Sauce, ↑ Sauce/sauce espagnole, mit Meerrettich, Schinken, Johannisbeergelee, Zitronat und Madeirawein, a. Rosinen, zu Wild und Wildgeflügel; ↑ a. napoletana, alla

Neapolitanischer Salat Hartkäse- und Tomatenwürfel mit kurzgeschnittenen gek. Spaghetti in Essig-Öl-Sauce, mit Knoblauch gewürzt

Nebelgrauer Trichterling, Nebelkappe Speisepilz, ↑ Graukappe

neccio kl. Pfannkuchen aus Kastanienmehl, wird meist zu Frischkäse gegessen (Toskana, Italien)

Negerkuß dunkelbraune Krapfenkugel, ↑ Mohrenkopf

Nektarinen, purpurrote Pfirsiche mit glatter Haut

Negresco [berühmtes Hotel in Nizza] Salat aus Avocadoscheiben, Trüffeln und gehobelten Mandeln auf Salatblättern in Mayonnaise mit Trüffelessenz

Negritas Schokoladengebäck, mit Schokoladencreme gef., mit Schokoladenfondant überzogen und gewürfelt

neige frz.: Schnee; Eischnee; zerriebenes Eis

Nektarine Steinobstfrucht, vermutlich Kreuzung zwischen Pfirsich und Aprikose bzw. Pflaume, glatte Schale, saftig aromatisches Fleisch, wenig säuerlich, pfirsichähnlicher Geschmack; kann wie Pfirsich mit oder ohne Haut frisch gegessen werden, eignet sich für Obstsalate, als Kuchenbelag, zu Quark, Sahne, Speiseeis usw.; beste Zeit Juni–Aug., gelangt meist noch recht hart in den Handel, muß nachgereift jedoch bald verwendet werden; läßt sich entkernt und gezuckert unverpackt oder verpackt bis 9 Mon. tiefkühlen (urspr. Asien, dann Mittelmeerländer, Israel, Südafrika, Mittel-, Südamerika)

Nelke ↑ Gewürznelke

Nelkenkäse ↑ Friese Nagelkaas, Nagelkaas

Nelkenpfeffer exot. Gewürz, ↑ Piment

Nelkenpilz, Nelkenschwindling kl. Speisepilz, aromatisches Fleisch von würzigem Geruch, für Suppen, als Mischgemüse oder Würze geeignet, läßt sich gut trocknen, gute Zeit Mai–Okt.

Nelkenpulver feingemahlene Gewürznelken

Nelson-Art, à la Nelson [Horatio Nelson, 1758–1805, britischer Admiral] mit Pfeilwurz gebundene Fischkraftbrühe, dazu körniger Reis und kl. mit Hummerragout gef. Brandmassekrapfen; Stintrahmsuppe mit Hummerbutter sowie Einlagen von Hummerklößchen und Reis; mit weißem Zwiebelpüree bedeckte, mit Brotbröseln gratinierte

Lamm-, Kalbskoteletts; mit weißem Zwiebelpüree bestrichene Scheiben Kalbs-, Lammsattel und Schinken, mit Käse-Auflaufmasse und Trüffelmus gebacken

Nelusko, nélusko [Sklave in Giacomo Meyerbeers Oper «Die Afrikanerin», 1864] Geflügelrahmsuppe mit Haselnußbutter und Klößchen aus Geflügelfarce; mit Johannisbeerkonfitüre gef. Kirsche in mit Kirsch parfümiertem Fondant; mit Curaçao aromatisierte Schokoladen-, Pralinéeisbombe

Neluskosalat kleingeschn. Rote Rüben und Spargelspitzen mit olivenförmig ausgestochenen gek. Kartoffeln in Mayonnaise mit Chilis, Paprika, geh. Schnittlauch und Zitronensaft

nem in Bananenblätter gewickeltes Röllchen aus zerkleinertem Schweinefleisch (Vietnam, Hinterindien)

Nemours [Stadt am Seine-Nebenfluß Loing südl. von Paris] leicht mit Tapioka gebundene Geflügelkraftbrühe, garniert mit Karotten-Eierstich, Tapiokakugeln und Trüffelstreifen; mit Sahne, Eigelb und Tapioka gebundene Kartoffelsuppe; Garnituren aus Grünen Erbsen, glasierten Karotten und Herzoginkartoffeln, zu Braten, oder aus Fischklößchen, Champignons, Trüffelscheiben, zu Fisch in Garnelensauce

Nemrod frz.: Nimrod

Neptun [römischer Gott des fließenden Wassers] Salat aus marinierten, gek., auseinandergezupften Fischen auf Salatherzen in Essig-Öl-Sauce mit geh. Estragon, Kerbel, Petersilie, Kapern und Zwiebeln

Nerfling Süßwasserfisch, ↑ Orfe

néroli frz.: Orangenblüten

Nespel Kernfrucht, ↑ Mispel

nespola ital.: Mispel

Nesselrode [Karl Robert Graf von N., 1780–1862, russ. Staatsmann aus niederrheinischem Geschlecht] Kastanienpüree zu gesalzenen (Wildbrühe, Kalbsbries, Rehnüßchen usw.) oder süßen (Eisbombe, Pudding, Windbeutel usw.) Gerichten

Netz Innerei, weiche, fetthaltige Bauchfellfalte unterhalb des Magens von Schlachttieren, läßt sich backen, braten, grillieren; jene vom Schwein, a. Lamm, bes. groß und stabil, wird als (Gar-)Hülle von Fleischerzeugnissen verwendet, ↑ Schweinenetz

Netzannone trop. Frucht, ↑ Annone/Sorten

Netzbraten in Schweinenetz gehüllter Braten aus geh. Fleisch

Netzmagen faltiger Vormagen der Wiederkäuer

Netzmelone Zuckermelone, ↑ Melone

Netzwürstchen ↑ crépinette

Neuenburger Fondue Fondue aus dem westschweizerischen Kanton Neuchâtel

Neufchâtel [Marktstädtchen nahe der Kanalküste Frankreichs] Frischkäse aus Kuhmilch mit leichtem bis stärkerem Schimmel, weicher Teig, 40–45 % Fett i. Tr., reiner, frischer, leicht salziger, nach der Reifung kräftigerer Geschmack, als Dessertkäse, zu Wein usw. (Normandie, Frankreich)

Neugewürz Böhmen, Österreich u. a.: Piment

Neunauge, Bricke, Brikke, Lamprete, Pricke dem Aal ähnlicher Fluß- und Meerfisch, von Feinschmeckern wegen seines sehr fetten, aber zarten Fleisches mehr als jener geschätzt, läßt sich wie Aal zubereiten; die (seltenen) Flußexemplare sind a. eingesalzen, geräuchert, mariniert erhältlich (Europa, a. Australien, Südamerika u. a.)

Neuseeländer Spinat, Neuseeland-, Pflück-, Sommerspinat, Tetragon fleischige Blätter einer a. kultivierten Gemüsepflanze, werden wie Spinat zubereitet, roh als Salat, kurz ged. als Gemüse (Australien, Tasmanien, Neuseeland, Polynesien, Japan, a. Europa, England, Florida, USA)

neutral lard, Neutralschmalz feiner Schweineschmalz aus frischem Bauchwandfett vom Schwein

Neverser Art, (à la) nivernaise [Nevers, Stadt an Loire und Nièvre im nordwestfrz. Nivernais] Garnitur aus glasierten Karotten und kl. Zwiebeln, zu großen gebr., geschm. Fleischstücken, Ente; Gemüsesuppe aus feingeschn. Karotten, Rosenkohl, Fadennudeln und Kerbelblättern

Newa-Art, à la Néva [Newa, nordruss. Fluß im Gebiet von St. Petersburg] mit ↑ Russischem Salat, insbes. als Beilage zu mit Gelee überglänzter gef. Poularde

Newburg(h), (à la) [Stadt am Hudson nördl. von New York, um 1890 nach ihr vom Küchenchef Alexandre Filippini im Restaurant Delmonico's in New York benannt] in Sahne sautierte Würfel von Hummer, a. sonst Krustentieren und/oder Fischen, a. mit Cognac, Sherry u. ä. abgelöscht

-sauce Sauce aus in Butter angebratenen, mit Sherry abgelöschten, mit Sahne verkochten Scheibchen gek. Hummer, ohne die Hummerscheiben mit Eigelb gebunden, mit Cayennepfeffer gewürzt, aufgeschlagen und mit den Hummerscheiben angerichtet; zu ged. Seezunge, Austern, Hummer, Muscheln

New Orleans [Stadt im Mississippidelta der südl. USA] Salat aus Avocado-, Bananen-, Orangen-, Pampelmusenwürfeln, geschälten, entkernten Weinbeeren auf Salatblättern in Essig-Öl-Sauce

New York [größte Stadt der USA an der Mündung des Hudson in den Atlantik] Rinderkraftbrühe mit Wildklößchen, Tomaten-, Zwiebel-, Eierstichwürfeln und Kerbel; Salat aus Würfeln von Äpfeln, mürben Birnen, Orangen und entkernten, geschälten Weinbeeren auf Salatblättern in Essig-Öl-Sauce

New York cut amerik.: Steak aus dem Filet des Rinds

New Yorker Salat Würfel von Äpfeln, Birnen sowie Weintrauben in Essig-Öl-Sauce auf Kopfsalatblättern

ngo thailändisch: Rambutan

Ni chem. Zeichen für Nickel, ↑ Spurenelemente

Niacin Vitamin B_5, ↑ Vitamine

Nickel chem. Element, ↑ Spurenelemente

niçoise, (à la) ↑ Nizzaer Art, Nizza-Salat

Nicola ↑ Kartoffel/Sorten

Nicotinsäure Vitamin Niacin, ↑ Vitamine

Nidel, Nidle schweizerd.: Sahne, Rahm
 -zeltli Rahmtäfelchen, Sahnebonbon aus Milch, Butter und/oder Sahne und Zucker
 geschwungene – Schlagrahm, -sahne

Niederbayerisches Geselchtes ↑ Schinken/Sorten

Niederwild das urspr. dem Volk überlassene Wild: Reh, Hase, Kaninchen, Fuchs, Murmel-, Flugwild; ↑ a. Hochwild

Nieheimer Hopfenkäse [Nieheim, Stadt im Kreis Höxter] Sauermilchkäse, in Hopfen gereift, mit Kümmel u. a. gewürzt, 1½–10 % Fett i. Tr., feines Hopfenaroma, zum Reiben geeignet (Nordrhein-Westfalen)

Niere Innerei, drüsiges Ausscheidungsorgan von Kalb, Rind, Schaf, Schwein, a. Geflügel, eigenwilliger Geschmack; meist längsdurchschnitten und in Milch gewässert, muß vor Gebrauch gut geputzt werden; Kalb: zart und saftig, läßt sich ganz, in Scheiben oder geschnetzelt braten, dünsten, grillieren, schmoren; Rind: bißfest und saftig, läßt sich halbiert oder geschnetzelt schonend braten, dünsten, grillieren, schmoren; Schaf: bißfest und saftig, ausgeprägter Geschmack, läßt sich braten und grillieren; Schwein: ausgeprägter Geschmack, läßt sich braten, grillieren, schmoren; kann verpackt bis 2 Mon. eingefroren und dann aufgetaut zubereitet werden

Nieren|braten ↑ Kalbsnierenbraten
 -fett ↑ Rindernierenfett
 – mit Hirn Gericht aus Schweinenieren und -hirn mit Fett, Majoran, Pfeffer oder Paprika und Zwiebeln (Österreich)
 -stück ↑ Roastbeef
 -suppe, Tschechische ↑ ledvinková polevká
 -talg ↑ Rindernierenfett

Nierle, Saure ↑ Saure Nierle

Nigella Gewürz, ↑ Schwarzkümmel

nigiri jap.: Reiskloß (mit versch. Zutaten)

Nignon [Edouard N., 1865–1934, frz. Meisterkoch] Kalbsbries, -nieren mit Morcheln in Cremesauce

Nikolaus-Art [Nikolaus I., 1841–1921, König von Montenegro] gebr. Stopfleber- und Trüffelscheiben in Madeirasauce, zu Zwischengerichten, Fleisch

nikú jap. Fleisch

nikujū jap.: Fleischbrühe, Bouillon

Nilssonsalat [Christine Nilsson, 1843–1921, schwed. Sängerin, die an der Pariser Oper Erfolg hatte] in Zitronen-Öl-Sauce eingelegte Streifen von Champignons, rohen Möhren und gek. Knollensellerie in Kräutermayonnaise, mit halbierten Kopfsalatherzen und Eierachteln garniert

Nilssonsuppe leicht gebundene Geflügelkraftbrühe mit Geflügelklößchen unter Zusatz von geh. Schinken, Trüffeln und Schnittlauch sowie Kerbelblättchen

Nîmes-Suppe [Nîmes, Stadt im südfrz. Languedoc] Fischsamtsuppe mit Tomatenpüree und gerösteten Weißbrotwürfeln

Naturkost – ein biologisches Stilleben

Nimrod-Art, Nemrod [Nimrod, großer Jäger vor dem Herrn im Alten Testament] mit Pfeilwurzmehl gebundene Wildkraftbrühe mit getrüffelten Wildklößchen und Portwein; Haarwild mit Preiselbeerkompott, Champignonköpfen, Kastanienpüree, Kartoffelkroketten usw.; Spießgericht aus Wild- und Schinkenklößchen, Champignons und Kiebitzeiern

Ninettesalat aus gek. Weißen Bohnen, Kartoffelwürfeln und Kopfsalat in Salatsauce mit geh. Estragon

Ninon [Ninon de Lenclos, 1620–1705, galante, geistreiche Frau, deren Salon in Paris Treffpunkt bedeutender Persönlichkeiten war] Garnitur aus mit feinem Ragout von kleingewürfelten Hahnenkämmen und -nierchen gef. Anna-, Herzoginkartoffelkroketten und Spargelspitzen, zu kl. Fleischstücken in Mark- und/oder Madeirasauce; diese Masse a. auf runden, im Ofen gerösteten Toastbrotscheiben; Geflügelkraftbrühe, als Einlage mit Geflügelfarce gef. Torteletts, Kügelchen von Karotten, Weißen Rübchen, Trüffeln und Kerbelblätter; Salat aus halbierten Kopfsalatherzen und Orangenfilets, mit Orangen-, Zitronensaft, Salz und Öl angemacht

Niolin, Niolo Weichkäse aus Schaf- und/oder Ziegenmilch, geschmeidiger Teig, mind. 45% Fett i. Tr., mild sahnig, gereift kräftig pikant, gute Zeit Mai–Dez. (Korsika)

nira jap.: Schnittknoblauch

Nißler, Nüßler fehlerhafter Hartkäse, insbes. Emmentaler, mit sehr vielen, aber kleinen Löchern, saftloser Körper und streng herber Geschmack

Nißlsalat bayer.: Feldsalat

Nitrat Salz der Salpetersäure, an sich harmlos, in größeren Dosen aber gesundheitlich bedenklich; viele Nitrate enthalten Feld-, Kopfsalat, Kohlrabi, Kresse, Lattich, Mangold, Radieschen, Rettich, Spinat

Nitrit Salz der salpetrigen Säure, in höherer Konzentration gesundheitlich bedenklich und krebserregend

Nitritpökelsalz Kochsalz mit 0,4–0,6% Natriumnitrit, zum Pökeln und Röten von Fleisch, gesundheitsgefährdend, ↑ Nitrit

niú-ròu chin.: Rindfleisch

nivernaise, (à la) ↑ Neverser Art

Beerenobst, Sommerlust für Augen und Gaumen

Ninon de Lenclos, wortgewandte Vertreterin ihres Zeitalters

nixtaval [aztekisch] durch Fermentation von der Schale gelöster weißer Mais zur Herstellung von Tortillas (Mexiko, Mittelamerika)

Nizamperle Tapiokakügelchen, Suppeneinlage

Nizzaer Art, (à la) niçoise [Nizza, Stadt und Kurort an der frz. Riviera] mit Grünen Bohnen, Tomaten, a. Zucchini, und Estragon, Knoblauch, schwarzen Oliven, Anchovis; ↑ a. Nizza-Salat

Nizza-Salat, salade niçoise Salat aus kl. Artischocken, Puffbohnen, Gurken, grünen Paprikaschoten, Tomaten, kl. Zwiebeln mit Basilikum, Knoblauch, hartgek. Eiern, Sardellen, schwarzen Oliven in Olivenöl, heute oft a. mit Thunfisch, aber nie mit gek. Gemüsen, Kartoffeln oder Essig (urspr. Nizza)

noce ital.: (Wal-)Nuß

noček tschech.: Nocken

Nocken kl. längliches Teigklößchen aus Mehl, Eiern, Butter und Milch, oft a. Brandmasse, in Salzwasser gegart

Nockerln österr.: Nocken
    Salzburger – luftige, zarte Nocken aus Eigelb, Eischnee, Butter, Mehl und Zucker, in heißer Milch oder Butter im Ofen geb., bis sie unter hellbrauner Kruste

innen noch cremig weich sind, mit Zucker bestreut sofort nach der Zubereitung zu essen

nodino   ital.: Kalbsrippenstück

noisette   frz.: Nüßchen; Haselnuß; Nüßchen, kl. dicke Fleischscheibe aus dem Rücken, insbes. Filet von Kalb, Lamm, Reh; ↑ a. beurre noisette, Kartoffel/Zubereitungen: Nußkartoffeln, Sauce/sauce noisette

noix   frz.: (Wal-)Nuß

nok   tschech.: Nocken

Nonnen-Art   ↑ Stiftsdamen-Art

Nonnenfürzchen   luftiger, gezuckerter Krapfen aus Brandmasse, oft mit Creme, Konfitüre usw. gefüllt; ↑ a. Schürzkuchen

Nonnenkräpflein, -plätzchen   kl., mit Gewürznelken, Ingwer, Pfeffer usw. stark gewürzter Lebkuchen

Nonnensalat, salade des nonnes   gek. Reis und Hühnerfleischstreifen in Essig-Öl-Sauce mit Senf

Nonpareille   [frz.: Unvergleichliches] hartes buntes Drageekügelchen aus Zucker, kleiner als die ↑ Liebesperlen, zum Bestreuen von Gebäck, Schokolade usw.; a. sonst das Kleinste seiner Art; die kleinste, feinste Kaper

Norasauce   [Nora, Titelgestalt eines Dramas von Henrik Ibsen, 1880] Pfeffersauce mit Preiselbeerpüree, Worcester(shire)sauce und Zitronensaft

Norddeutsche Mortadella   ↑ Mortadella

Norddeutsche Rotwurst   Blutwurst aus fein zerkleinerter, bluthaltiger Schwartenmasse, Schweinefleisch und gewürfelten Einlagen von Speck, Zunge, Leber und Herz

Nordische Eismeerkrabbe, Schneekrabbe   Meereskrebstier, ausgezeichnetes Fleisch, in Japan, Kanada und in den USA frisch beliebt, in Europa Scheren gek. und tiefgefroren auf dem Markt (Nordpazifik, a. Nordatlantik)

Nordischer Salat, Norwegischer Salat   Streifen von gek. Rindfleisch, Bücklingen, Kartoffeln, Roten Rüben und Äpfeln in Essig-Öl-Sauce, mit Sardellenfilets garniert

Nordmeerkrabbe, -garnele   Meereskrebs, ↑ Garnele/Tiefseekrabbe

Nordseekrabbe, -garnele   Meereskrebs, ↑ Garnele/Nordseegarnele

Nordseeschnäpel   Süßwasserfisch, ↑ Renke/Kleine Schwebrenke

nori   jap.: Meeresgemüse, gek., gepreßte und getr. Braun-, Grün- und Rotalgen, leicht süßlich, als Hülle für ↑ sushi, a. Würzmittel für Nudel-, Reis-, Salatgerichte; ↑ Alge

Normannische Art, (à la) normande   [Normandie, hist. Landschaft am Kanal im Nordwesten Frankreichs] allg. mit Butter, Crème fraîche, Meeresfrüchten und/oder Äpfeln, Calvados; Rahmsuppe mit in Röstgemüse sautiertem Garnelen- oder Krebspüree, a. pochierten Austern und Garnelenschwänzen; Gemüsesuppe von Weißen Bohnen, Möhren, Porree und Kartoffeln mit Butter, Milch und Sahne; Seezunge oder ein anderer Meerfisch (in Apfelwein) mit Austern, Garnelenschwänzen, fritierten Gründlingen, Krebsen, Miesmuscheln, Champignons und Trüffeln; kl. Fleischstücke oder Hühnchen in Sahne, Apfelwein und evtl. Calvados; Rebhuhn mit Renette-Äpfeln und Sahne; Salat aus Scheiben säuerlicher Äpfel und körnigem Reis in Sahne mit Salz, Pfeffer und Zitronensaft; Crêpes, Gebäck, Kuchen u. ä. mit Äpfeln; ↑ a. Sauce/sauce normande

Norway lobster   [engl.: Norwegen-Hummer] engl.: Kaisergranat

Norwegen-Lachs   ↑ Lachs/Atlantiklachs

Norweger Hering   ↑ Hering/Vollhering

Norwegische Art, (à la) norvégienne   Garnituren aus mit Räucherlachspüree gef. Gurken oder aus mit Garnelenmus gef. hartgek. Eihälften, kl. Tomaten usw., zu kaltem Fisch, Krustentieren, meist in Gelee, oder aus geräucherten Schellfisch- und Sardellenscheiben, mit Sardellen oder Sardellenbutter gef. Blätterteigschnitten, zu warmem Fisch; innen geeistes, unter der Grillschlange geb. Meringe-Omelett («Überraschungs-Omelett»)

Norwegischer Salat   ↑ Nordischer Salat

Nougat, Nugat   [lat. *nux*, Nuß] süße, weiche bis schnittfeste Masse aus gerösteten, a. ungerösteten, fein zerkl. geschälten Nußkernen oder Mandeln mit karamelisiertem Zucker, Kakaoerzeugnissen und evtl. geschmackgebenden Stoffen; Süßware, Füllung oder Garnitur von Gebäck, Desserts, Speiseeis usw.

Brauner –, Hartkrokant   harte, dunkle Masse aus geschälten Hasel-, Walnüssen und/oder Mandeln mit karamelisiertem Zucker, evtl. mit Kakao gefärbt; ↑ a. Krokant

Weißer, Türkischer – Schaumzuckerware aus Eiweiß, Mandeln, Pistazien, evtl. a. kandierten Früchten

nouilles frz.: (Band-)Nudeln

nouvelle cuisine frz.: Neue Küche, ↑ cuisine, nouvelle

Novel Food Nahrungsmittel, das eine gentechnische Komponente aufweist, ↑ Gentechnik

Nudeln i. a. ↑ Teigwaren; im strengeren Sinn Erzeugnisse aus dünn ausgerolltem, in Streifen oder Bänder geschnittenem Teig, müssen immer in reichlich Wasser gek. werden, a. für Mikrowelle geeignet; ↑ Chinesische Nudeln, Dampfnudeln, Glasnudeln, Pasta, Reisnudeln, Rohrnudeln u. a. Stichwörter; landsch. a. in schwimmendem Fett geb. Hefegebäck

Nugat Süßware, ↑ Nougat

Nulldiät ↑ Abmagerungsdiät

nuoc mam, nam plaa dünne Sauce aus gesalzenen, fermentierten Fischen, Garnelen und Salz, als pikante Würze zu Fleisch, Fisch, warmem Gemüse, Saucen usw. (sparsam) verwendbar (Thailand, Vietnam u. a.)

nuò-mĭ chin.: Klebreis

Nürnberger Bratwurst, Rostbratwurst [Nürnberg, Stadt in Mittelfranken, Bayern] Brühwürstchen aus Schweine-, evtl. Kalb-, Rindfleisch und Grundbrät, mit Ingwer, Kardamom, Majoran, Muskatblüte usw. gewürzt, nicht lange haltbar, wird zum Verzehr (meist mit Sauerkraut) gebraten oder gebrüht

Nürnberger Gwerch Ochsenmaulsalat, ↑ Gwerch

Nürnberger Lebkuchen Elisen-, Oblaten- ↑ Lebkuchen aus Nürnberg

Nürnberger Stadtwurst grobe Brühwurst aus Rind-, Schweinefleisch und Speck

nuróc vietn.: Flüssigkeit
 – **canh** Suppe
 – **châm** Sauce

Nuß [lat.: *nux*] Schließfrucht mit harter, holziger Fruchtknotenwand oder Schale und festem Kern (handelsüblich und lebensmittelrechtlich: nur Hasel- und Walnuß), eiweiß-, mineralstoff-, vitaminreich, fett- und ölhaltig, wohlschmeckend mit je nach Art ausgeprägtem Aroma; sollte trocken und für ihre Größe schwer sein mit Schale ohne Löcher, Risse, Schimmel; eignet sich nicht nur zum (geschält) roh Essen, sondern a. vielseitig zum Kochen, Backen, als wertvolle, geschmacksanreichernde Würze und Zutat; kurzes Rösten im Backofen intensiviert i. a. das Aroma; hält sich in der Schale kühl, trocken und luftig aufbewahrt 2–3 Mon., geschält und/oder zerkleinert nur kurze Zeit, läßt sich in der Schale, entkernt oder gerieben a. bis 12 Mon. tiefkühlen; ↑ Cashewnuß, Erdnuß (keine eigentliche Nuß, sondern Hülsenfrucht), Kokos, Macadamia, Mandel, Muskat, Para-, Pecannuß, Pinienkern, Pistazie, Walnuß und weitere Stichwörter; a. Teilstück von der Keule des Rinds (Kugel), Kalbs (Nußstück) oder vom Schinken des Schweins (Blume, Maus)

Nuß|beugel mit süßer Nußmasse gef. Mürbeteighörnchen (Süddeutschland)
 -gipfel Gebäck aus Hefeteig mit Haselnußfüllung (Ostschweiz)
 -kipfel mit Masse aus Nußkernen, Milch, Honig und geriebener Zitronenschale gef. Blätterteighörnchen (Österreich)
 -kuchen Kuchen in Kasten-, oder Rehrückenform aus Rührkuchenmasse mit Hasel- und/oder Walnußkernen
 -lebkuchen Oblatenlebkuchen mit mind. 20% Hasel- und/oder Walnußkernen, Mandeln
 -makrone Makrone mit zerkleinerten Hasel- und/oder Walnußkernen
 -öl ↑ Öl/Nußöl, Walnußöl
 -paste nougatähnliche Rohmasse aus geschälten Nußkernen und Zucker
 -schokolade Schokolade mit 5–40% ganzen oder grob zerkleinerten Haselnußkernen (andere Nußarten müssen kenntlich gemacht werden)
 -striezel ↑ Striezel
 -torte, (Engadiner) ↑ Engadiner Nußtorte

Nußbutter ↑ beurre noisette

Nußkartoffeln ↑ Kartoffel/Zubereitungen

Nüßler fehlerhafter Hartkäse, ↑ Nißler; schweizerd.: Feldsalat

Nüßlisalat schweizerd.: Feldsalat

Nußschinken ↑ Schinken/Erzeugnisse

Nußstück Fleischstück, ↑ Nuß/letztes Stichwort; das feste, weiße Muskelfleisch der Jakobsmuschel

nut engl.: Nuß

nutmeg engl.: Muskat(nuß)

O

oat engl.: Hafer

oatmeal, oats engl.: Haferflocken, Hafergrütze

Obatzta, Obatzter, Obazter [bayer.: Angemachter, Gemischter] mit zimmerwarmer Butter, a. Eigelb, Kümmel, feingeh. Zwiebeln, a. edelsüßem Paprikapulver, Salz, Pfeffer und Bier angemachter reifer, weicher Camembert- und/oder Doppelrahmfrischkäse, a. Gervais, Limburger, Quark usw., viele reg. Varianten; als Imbiß zu oder auf kräftigem Schwarzbrot (Bayern)

Oberhessische Mengwurst [Oberhessen, Provinz Hessens nördl. vom Main] schnittfähige Kochwurst aus Blutschwarte, Schweinefleisch und Innereien, insbes. Herz, Leber, Zunge

Oberjägermeister-Art, Großjägermeister-Art, grand veneur Pfeffersauce mit Johannisbeergelee und Sahne, a. Blut des Tieres, zu Haarwild, oft mit Kastanienpüree; Salat aus Streifen von Fasanenbrust, rohen Champignons, Staudensellerie und Trüffeln in Senfmayonnaise mit geriebenem Meerrettich und Johannisbeergelee

Oberkohlrabi ↑ Kohlrabi

Oberländer Brot freigeschobenes, a. angeschobenes Roggen- oder Weizenmischbrot, lang, stark ausgebacken und mit glänzender oder gemehlter Oberfläche

Oberrübe ↑ Kohlrabi

Obers österr.: süße Sahne; ↑ a. Schlagobers
 -kren dicke Sauce aus Schlagsahne (oder Milch), Mehl, Butter, Zucker, Salz und Meerrettich, Beilage zu gek. Rindfleisch

Oberschale Fleischstück aus der Keule vom Rind, a. Kalb oder Schwein mit dünner Fettschicht, zum Braten, Kurzbraten, für Rouladen

Oblate weiße Dauerbackware aus Weizenmehl und/oder Stärke mit Wasser, papierdünn zwischen heißen Platten gebacken; Unterlage für Kleingebäck, Konfekt, Lebkuchen, Makronen usw., a. als Isolierung

Obst [ahd. *obaz,* Zukost] alle roh genießbaren Früchte von mehrjährigen Pflanzen, gesund (Mineralstoffe, Vitamine), verdauungsfördernd (insbes. Trockenobst: Ballaststoffe), wasserreich und erfrischend; am besten frisch in der Saison; sollte als Ganzes gewaschen und erst vor dem Verzehr zerschnitten werden; man unterscheidet i. a.:
 Beerenfrüchte botanisch: Früchte mit fleischiger Fruchtwand und innen meist mehreren Samen: Eberesche, Heidel-, Holunder-, Johannis-, Moos-, Preisel-, Stachel-, Vogel-, Wacholderbeere, Weintraube, aber a. Gemüsearten wie Gurke, Kürbis, Tomaten u. a.; handelsüblich: ↑ Sammelfrüchte, Maulbeere, Sanddorn; ↑ a. Obst/Beerenobst
 Beerenobst Sammelbegriff für Brom-, Erd-, Heidel-, Him-, Johannis-, Preisel-, Stachel- usw. Beeren; lassen sich verlesen, gewaschen, abgetropft im Kühlschrank 3–10 Tage, mit Zucker bestreut einzeln oder gemischt 8–12 Mon. einfrieren, aufgetaut, aber noch etwas kühl am besten
 Exotische Früchte trop. oder subtrop. Obst wie Ananas, Annone, Banane, Feige, Guave, Granatapfel, Kaki, Kaktusfeige, Kiwi, Lychee, Papaya, Passionsfrucht usw.; ↑ a. Exoten
 Festfleischige Früchte Äpfel, Birnen, Holzäpfel, Loquats, Mispeln, Quitten u. ä.
 Kernobst Äpfel, Birnen, Quitten, halten im Kühlschrank 10–30 Tage
 Sammelfrüchte ↑ Sammelfrucht
 Schalenobst Sammelbezeichnung für Früchte mit harter, ungenießbarer Schale, aber genießbarem Kern wie Hasel-, Kokos-, Para-, Walnuß, Kastanie, Mandel, Pistazie u. a.
 Steinobst Sammelbezeichnung für fleischige Schließfrüchte mit lederiger oder samtiger Außenhaut, saftigem Fleisch und hartem, ungenießbarem Kern wie Aprikose, Kirsche, Mirabelle, Nektarine, Pfirsich, Pflaume, Reneklode, Zwetschge u. a.; halten sich im Kühlschrank 7–10 Tage
 Südfrüchte Sammelbezeichnung für eßbare Früchte aus südl. trop. oder subtrop. Ländern wie Ananas, Banane, Dattel, Feige usw.; ↑ a. Exoten, Obst/Exotische Früchte

Wildfrüchte fleischige, eßbare Früchte heimischer wildwachsender Bäume oder Sträucher wie Eberesche, Hagebutte, Holunder, Sanddorn, Schlehe u. ä.

Zitrusfrüchte Sammelbezeichnung für Früchte der botanischen Gattung Citrus, deren Fleisch in Spalten eingeschlossen ist, wie Bergamotte, Clementine, Grapefruit, Kumquat, Limette, Mandarine, Min(n)eola, Orange, Pomelo, Pomeranze, Satsuma, Sweetie, Tangelo, Zitrone u. a.; halten sich im Kühlschrank 10–20 Tage.
↑ a. Nuß, Scheinfrucht, Schließfrucht

Obst|banane reif als Obst verzehrte Banane, ↑ Banane/Sorten
  -essig ↑ Essig/Sorten, Fruchtessig
  -konserve durch Wärmebehandlung haltbar gemachtes Fruchterzeugnis in luftdicht verschlossener Packung; *sehr leicht gezuckert:* 9–14% (g/100 g), *leicht gezuckert:* 14–17% (g/100 g), *gezuckert:* 17–20% (g/100 g), *stark gezuckert:* über 20% (g/100 g)
  -kraut, Birnenkraut, Obsthonig stark eingedampfter Saft von Äpfeln und/oder Birnen, Brotaufstrich oder Süßungsmittel; ↑ a. Apfelkraut
  -kuchen feine Backware aus Teigen oder Massen mit Aufstrich, Belag oder Füllung von Früchten, auf einem Blech oder in der Springform gebacken
  -mark ↑ Fruchtmark
  -paste reines Fruchtpüree, mit etwas Zucker dick eingekocht und in Tafeln getrocknet
  -salat Mischung zerkleinerter roher und/oder getr. eingezuckerter Früchte; läßt sich bis 8 Mon. einfrieren

Oca Knolle eines Sauerkleegewächses, leichter Feigengeschmack, roh verwendbar, a. getr. als Gemüse (Anden Südamerikas, a. übriges Lateinamerika, Mexiko, Neuseeland)

Ochse kastriertes männl. Rind, feinfaseriges, fettmarmoriertes Fleisch, kräftig und doch so zart wie saftig; Fleischteile und -stücke ↑ Rind

Ochsen|hack ↑ Hackfleisch/Arten
  -mark ↑ Mark
  -maulsalat Feinkostsalat aus mind. 20% Streifen oder Scheiben von gepökeltem, lange gek. und geschn. Rindermaulfleisch, mit Essig, Öl, Zwiebeln und Gewürzen angemacht, Vor-, Zwischenspeise und pikante Beilage zu Kartoffelgerichten
  -schlepp österr.: Ochsenschwanz
  -schwanz Schwanz männl. oder weibl. Rinder, läßt sich, gut gewürzt, schmackhaft zubereiten, grillieren, panieren, schmoren, sieden, für Suppen, Eintöpfe usw. verwenden; kann verpackt bis 2 Mon. tiefgekühlt und dann aufgetaut zubereitet werden
  -schwanzsuppe klare oder gebundene Brühe aus Ochsenschwanzstücken, Rindfleisch und/oder Rindfleischextrakt, würzenden Zutaten, Salz und Pfeffer
  ↑ a. Rinder...

Ochsenauge Setzei, Spiegelei; Gebäck aus Mürbeteig mit roter Marmeladenfüllung

Ochsengurgel Schmalzgebäck (Bayern)

Ochsenherz trop. Frucht, ↑ Annone/Netzannone

Ochsenzähne Eintopf aus fettem Schweinefleisch, Weißen Bohnen und Zuckerrübensirup (Thüringen)

Ochsenzunge ovales Gebäck aus Blätterteig, mit Puderzucker bestreut gebacken; Name a. für die ↑ Schuhsohle

Octopus Meeresweichtier, ↑ Krake

Odalisken-Art [türk. *odalyk,* Zimmergefährtin, weiße Haremssklavin, Schleiertänzerin] Garnitur aus Lammbrieschen, geb. Auberginenscheiben und Grünen Erbsen, zu Lammfleisch in ↑ Sauce/sauce italienne

Odenwälder Brot [Odenwald, Mittelgebirge in Süddeutschland] freigeschobenes Roggen- oder Weizenmischbrot, lang oder rund mit matter Oberfläche, milder Geschmack

oedang indon.: Garnele

oelsupa schwed.: Biersuppe

œuf frz.: Ei
  – à la coque weichgek. Ei
  –s à la neige Schnee-Eier
  – brouillé Rührei
  – dur hartgek. Ei
  – mollet wachsweiches Ei
  – moulé pochiertes Ei aus dem Förmchen
  – sur le plat Setzei, Spiegelei
  plat aux -s Eierspeise

Ofechüechli, Ofenküchlein schweiz.: Windbeutel

Ofenkatze dünner Flädle- oder Hefeteig und versch. Obst, mit viel Butter in der Pfanne oder im Ofen(rohr) gebacken (Vorarlberg, Österreich)

Ofennudeln ↑ Rohrnudeln

Ofenplent Tirol: Maisbrei mit Obstschnitzen

Ofenschlupfer Auflauf aus altbackenen Brötchen oder Brotscheiben und Eiermilch oder -sahne, salzig mit durchwachsenem Speck und Zwiebeln, süß mit Apfelscheiben, Mandelblättchen und Rosinen (Schwaben)

off-season engl.: außerhalb der üblichen Saison aus Import oder Treibhaus angebotene Gemüse und Früchte

Ogenmelone Melonensorte, ↑ Melone

ogurets russ.: Gurke

Ohren in der Küchensprache knorpelige Organe von Kalb oder Schwein, lange Garzeit, lassen sich (vorgegart) braten, fritieren, garziehen, grillen, schmoren

Ohrlappenpilz Speisepilz, ↑ Judasohr

Ohrschnecke Meeresweichtier, ↑ Abalone

oie frz.: Gans

oignon frz.: Zwiebel

o. Kn. (Fleisch) ohne Knochen

Ökologischer, biologischer (biologisch-dynamischer, biologisch-organischer), organischer Anbau Landwirtschaft, die auf den Einsatz chem. Pflanzenschutzmittel wie auf den Gebrauch von Mineraldünger verzichtet, versch. Richtungen, verringert die Umweltbelastung und erzeugt gesundheitlich wie kulinarisch hochwertige Produkte

Okra, Gambo, Gombo, Gumbo, Ladyfinger dunkelgrüne Gemüsefrucht, unreife, fingerlange, faserige Kapsel eines Malvengewächses mit eßbaren Kernen, wirkt entzündungshemmend, schleimige Konsistenz, bohnenähnlicher, mild herb-würziger, säuerlich pikanter Geschmack, sollte frisch sein, aber a. getr. oder in Dosen erhältlich; läßt sich blanchiert, angedünstet, gebr. als Gemüse oder mit anderen Gemüsen (Möhren, Paprika, Sellerie, Spinat, Tomaten, Weißkohl, Zwiebeln) und/oder Maiskörnern, Pilzen, Reis usw. vielseitig zubereiten, eignet sich roh als Salat, gegart als Beilage zu kräftigem Fleisch, Leber, Eintöpfen, Ragouts, Stews, Curry- oder Schmorgerichten, Fisch, Garnelen, Krabben usw., eingelegt als Vorspeise; passende Gewürze: Chili, Curry, Knoblauch, Koriander, Pfeffer, Zitronensaft usw.; gute Zeit Sept.–Mai; frisch nicht haltbar, läßt sich aber bis 1 Jahr tiefkühlen (urspr. Äthiopien, Ostafrika, inzw. ganz Afrika, südl. Balkan, Mittelmeerraum, Vorderer Orient, Ferner Osten, Ostindien, Süd-, Mittelamerika, Karibik, Westindien, Südstaaten der USA); ↑ a. Gumbo

okróschka eisgekühlte Suppe aus Kwaß und saurer Sahne mit Gemüsen, hartgek. Eivierteln, Kräutern und geh. Gurken, als Einlage Ragout aus Rinderfilet, Schinken, gepökelter Zunge, Hühnerfleisch, Fisch oder Krebsschwänzen in kl. Würfeln (Rußland)

okrugljice serbokroat.: Knödel

Oktopus [griech. *októpous*, achtfüßig] Meeresweichtier, ↑ Krake

Öl, Speiseöl [griech. *élaion*, lat. *oleum*] in der Küchensprache Speisefett aus (Öl-)Früchten, Keimen, Körnern, Samen, Nüssen mit je nach Sorte versch. Duft und Geschmack (am reinsten aus nur einer Art), das schonend und ohne gesundheitliche oder geschmackliche Einbuße kalt (bei max. 50 °C, naturbelassen) oder warm (bei etwa 80 °C) gepreßt wurde; wird gern ranzig, deshalb nur in kl. Mengen kaufen, kühl, lichtgeschützt aufbewahren und möglichst rasch verbrauchen.

Sorten
Babassu-Öl aus den Nüssen der Babassupalme, hochwertiges Palmkern-, Pflanzenöl (Brasilien)
Barbecue-Öl aus Traubenkernöl mit Provencekräutern, kräftig würzig, für Fleisch- und Grillgerichte
Bittermandelöl ätherisches Öl aus Bittermandeln, heute meist jedoch synthetisch aus Benzaldehyd hergestellt, frei von Blausäure, tropfenweise zum Aromatisieren von Nahrungsmitteln (Marzipan u. a.) oder Backwaren
Brat-, Grillöl aus Soja-Öl mit versch. Kräutern und Gewürzen, macht auf Steaks, gr. Fleischstücke, Geflügel u. ä. gestrichen das Fleisch aromatisch würzig
Distel-, Safloröl aus den Samen der Färberdistel, schonend kaltgepreßt, goldgelb, sehr mild, leichtes, aber wertvolles Öl für den täglichen Gebrauch, insbes. für Salate, Marinaden, als Diätspeiseöl

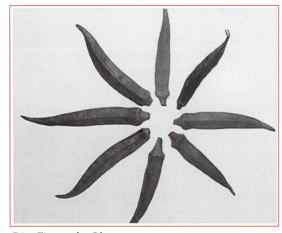

Die «Finger» der Okra

ÖLSORTEN

Speiseöle, flüssige Grundnahrung in der Flasche

Erdnußöl, Arachid-, Arachisöl aus geschälten Erdnußkernen, hellgelb, unaufdringlich mild und leicht nussig (aus den USA ausgeprägter, aus Asien dunkler und kräftiger), stark erhitzbar, ratsam bei Bluthochdruck, Herzkrankheiten, Diabetes, zum Braten und insbes. Fritieren, zu Gemüse- und nussigen Salaten; sehr gut haltbar
Estragonöl Olivenöl mit Estragonzweigen aus der Provence, intensiv aromatisch, zum Dünsten und Grillieren von Fisch, zu ged. Tomaten und anderen Gemüsen, Pilzen usw., für Salate
Fenchelöl ↑ Fenchel, Gartenfenchel
Fondue-Öl aus Traubenkernöl und Provencekräutern, stark erhitzbar, für ↑ Fondue/Fondue bourguignonne
Gewürzöl mit Gewürzen (Chili, Ingwer usw.) aromatisiertes Öl
Haselnußöl aus gepreßten zerriebenen oder zerkleinerten Haselnußkernen, fett und aromatisch, für Rohkost und Salate
Kokosöl, Kokosbutter, -fett festes Öl aus gepreßtem frischem oder getr. Kokosfleisch, wertvolles Speisefett, angenehm nussig, zum Ausbacken, Backen, Braten, Kochen
Kräuteröl meist Olivenöl mit versch. würzigen Kräutern (Basilikum, Bohnenkraut, Estragon, Fenchel, Knoblauch, Majoran, Minze, Rosmarin, Thymian, a. Chili usw.)

Kürbiskernöl aus gerösteten Kürbiskernen, dunkelgrün, dickflüssig und hocharomatisch nussig, beste Qualität: *Bauernkernöl,* viel Vit. E, zu Gemüsen (Kartoffeln, Linsen usw.), Frischkäse, auf geröstetes Brot oder (evtl. mit neutralem Öl gemischt) für Salate, Mayonnaisen usw. (Steiermark, Burgenland, Österreich, ehem. Jugoslawien u. a.)
Leinöl aus den meist kaltgepreßten Samen der Lein-, Flachspflanze, fett, klar und sehr gesund, eigenwilliger Geschmack, für Salate usw.; wird schnell ungenießbar, deshalb rasch verbrauchen
Maiskeimöl aus Maiskeimlingen, hell- bis goldgelb, fett und reich an essentiellen Fettsäuren, ziemlich neutraler Geschmack, leicht mehlig und sehr mild, vorw. für die kalte Küche, aber a. zum Backen und Braten
Mandelöl aus süßen oder bitteren Mandeln, fett, dünnflüssig und klar, mild süßlicher Geschmack, wird meist zu medizinischen, kosmetischen Zwecken verwendet, eignet sich aber a. zum Braten von Fischen, zu Salat, Rohkost und für (Mandel-)Gebäck, Desserts, Süßigkeiten
Marinadenöl Olivenöl mit Kräutern, Salz und Pfeffer, wie Bratöl verwendbar
Mohnöl, huile blanche aus weißem Mohn, kalt oder warm gepreßt, zartgrün, fein-herber Geschmack, für Salate, Gebäck, Süßspeisen

Nußöl aus gerösteten Wal-, Haselnüssen, Pinienkernen, Pistazien usw., duftiges Aroma, zu grünen Salaten, Nudeln, gegr. Ziegenkäse, pikanten Backwaren usw.

Olivenöl kaltgepreßtes Öl aus der Frucht des Ölbaums, eines der feinsten Speiseöle mit vielerlei Geschmacksnuancen, zart mild bis kräftig würzig, bitter bis süßlich, erdig oder fruchtig.
In Italien, dem Hauptherkunftsland, unterscheidet man: *olio raffinato, rettificato,* raffiniertes, industriell und mit chemischen Mitteln hergestelltes Öl, geruch- und geschmacklos; *olio miscelato,* reines Olivenöl, Verschnitt aus naturreinem und raffiniertem Öl mit schwachem Aroma, und *olio vergine,* naturreines «Jungfernöl» aus der ersten Pressung mit reinem aromatischem Olivengeschmack; je nach Fettsäuregehalt in Prozenten (je geringer, desto hochwertiger): *olio vergine (lampante),* mehr als 3,3%, *olio fino vergine (corrente),* mittelfein-kaltgepreßt, 1,5–3,3%, *olio sopraffino vergine,* fein-kaltgepreßt, 1–1,5%, *olio extra vergine,* extra-kaltgepreßt, bis 1%.
Die Europäische Union kennt folgende Güteklassen: *Olivenöl,* Mischung aus naturreinem und raffiniertem Öl, max. 1,5%, *Natives Olivenöl,* max. 2%, und *Natives Olivenöl Extra,* bis 1%.
Olivenöl soll bei nicht weniger als 10–12 °C aufrecht dunkel gelagert werden; ↑ a. Kaltgepreßtes Öl

Palmöl aus dem Fleisch von Palmfrüchten, orangerot, angenehm nussig, wird aber schnell ranzig; ↑ a. Palmkernfett

Petersilienöl ätherisches Öl aus Blatt, Kraut, Samen und/oder Wurzel der Petersilienpflanze, zum Herstellen von Gewürzaromen, zum Aromatisieren von Suppen usw. (Frankreich, Ungarn u. a.)

Pfefferminzöl ätherisches Öl aus den Blättern der Pfefferminze, brennend würzig mit kühlendem Nachgeschmack, zum Aromatisieren von Back- und Süßwaren

Pflanzenöl aus Ölsamen oder Fruchtfleisch (Avocados, Oliven, Palmherzen usw.) gewonnenes flüssiges Speiseöl, ↑ a. Pflanzenfett

Pizza-Öl aus Traubenkernöl mit Chilis und Oregano, kräftig würzig, zum Bestreichen der Pizza und für weitere ital. Gerichte

Rapsöl, Rüböl aus zerkleinerten Rapssamen, hellgelb und fett, regt Magen-, Gallensekretion an, unaufdringlicher Geschmack, für die kalte Küche, aber a. zum Kochen; etwa 6 Mon. haltbar

Rosmarinöl herb und leicht kampferartig, zu Gerichten mit Kalb, Lamm, Huhn, Meerfisch und Muscheln

Rübsenöl, Rüböl aus zerkleinerten Rübsensamen, fett

Safloröl ↑ Distelöl

Sesamöl aus gerösteten oder ungerösteten Sesamsamen, kaltgepreßt, ratsam bei Bluthochdruck, Herzkrankheiten, Korpulenz, Diabetes, bernstein- bis hellgelb, aparter Nußduft, eher Aromazutat und Würze als Fett; teuer, wird aber kaum ranzig und ist sparsam im Gebrauch, für die fernöstliche Küche, zu Suppen, Fleisch, Geflügel, ged. Fisch, Gemüse, Kartoffeln, Salaten, (mit anderen Ölen vermischt) zum Fritieren usw. (Asien)

Sojaöl fettes Öl aus zerkleinerten, raffinierten Sojabohnen, hoher Eiweißgehalt, stark erhitzbar, hellgelb, angenehmer Geruch, milder Geschmack, wird pur oder mit anderen Ölen vermischt angeboten, a. Rohstoff für Margarine und Speisefette (Asien)

Sonnenblumenöl aus den (a. kaltgepreßten) Kernen der Sonnenblume, biologisch wertvoll, hellgelb und klar, ratsam bei Herzkrankheiten, Korpulenz, Diabetes, angenehmer Geruch, milder Geschmack, vielseitig zum Braten, Dünsten, Kochen, für Salate und die kalte Küche (Osteuropa, Mitteleuropa, Südamerika)

Tafelöl Mischung versch. Pflanzenöle ohne Sortenangabe

Thymianöl zu gebr. oder geschm. (Rind-)Fleisch, Fisch, zu Auberginen, Gemüsepaprika, Kartoffeln, Tomaten

Traubenkernöl aus den getr. Kernen der Weinbeere, kaltgepreßt, fein-herber, mild-fruchtiger Geschmack, zum Braten und Fritieren, für Marinaden, milde Salate und Mayonnaisen

Trüffelöl delikat aromatisch, zu Risotto, Teigwaren, Kartoffelsalat, Kalbsschnitzel usw.

Walnußöl, Baumnußöl aus gereiften Walnußkernen, starkes, aber angenehmes Nußaroma, zu kräftigen Blatt- und Gemüsesalaten, a. Fisch, wird aber leicht ranzig und bitter

Zitronenöl hellgelbes ätherisches Öl, aus reifen Zitronenschalen gepreßt oder durch Wasserdestillation gewonnen, für Fleisch, Fisch, Back- und Süßwaren, Getränke (Südeuropa, Florida, Kalifornien, USA, Brasilien u. a.), in Mitteleuropa für industriell hergestellte Nahrungsmittel

Zitronen-Olivenöl Olivenöl mit Saft und Schalen gepreßter Zitronen, für Salatsaucen oder als Aromazutat

Oldenburger (Schwarz-)Brot [Oldenburg, Stadt und Landkreis in Niedersachsen westl. von Bremen] angeschobenes oder im Kasten geb. Roggenschrotbrot, lange Backzeit, rauhe Oberfläche

Oldenburger Palme niedersächsisch: Grünkohl

Old Heidelberg amerik. Käse, ↑ Liederkranz

Olga [Königin von Griechenland, Nichte des russ. Zaren Nikolaus I.] Rinderkraftbrühe mit Portwein, als Einlage feine Streifen von Karotten, Porree, Salzgurken, Sellerieknolle und Trüffeln; Salat aus feinen Streifen von Chicorée, Knollensellerie und Roten Rüben in Essig-Öl-Sauce

olio ital.: Öl

Oliven sind auch reizvolle Appetitanreger

Olive [griech. *elaía,* lat. *oliva*] pflaumenförmige Steinfrucht des Ölbaums, je nach Reife grün über rötlich-violett bis dunkelblau (am mildesten), regt die Gallensekretion an, herber, leicht bitterlicher Geschmack; bei uns meist in Salzwasser, Essig oder Öl, a. mit Kräutern und Gewürzen eingelegt, ebenfalls gefüllt (mit Kapern, Mandeln, Paprika, Sardellen usw.) erhältlich, sehr vielseitig verwendbar, zum Knabbern, zu versch. (südl.) Gerichten, Saucen, als Dekoration usw. (urspr. Palästina, Griechenland, inzw. alle Mittelmeerländer, a. Südamerika, Kalifornien); ↑ a. Öl/Olivenöl

Olivenkartoffeln gek. Kartoffeln, mit einem Ausstecher in Olivenform ausgebohrt, blanchiert, aber nicht abgeschreckt und in Butter goldgelb gebraten

Olivenöl ↑ Öl/Olivenöl

Olivet (cendré) [Ort südl. von Orléans] Weichkäse aus Kuhmilch, mit Asche, a. bläulichem Schimmel bedeckt, a. als Frisch- oder Blauschimmelkäse hergestellt, speckig geschmeidiger Teig, 40–55 % Fett i. Tr., kräftig würziger Geschmack, gute Zeit Juli–Febr. (Orléanais, Frankreich)

olla span.: Topf (mit zwei Griffen); Gericht daraus, Hausmannskost
- **podrida** Volksgericht aus Rindfleisch, Wurst, Speck, Gemüsen, Kichererbsen usw.

Olmützer Quargel [Olmütz, Stadt in Nordmähren] ↑ Quargel

Oloron [Oloron-Sainte-Marie, Marktflecken im frz. Baskenland] Schafskäse, gepreßter, ungek. Teig, 45% Fett i. Tr., je nach Alter mild bis pikant, gute Zeit Juni–Dez. (Atlantische Pyrenäen, Frankreich)

Ölsamen, Ölsaat Samenkerne mit über 30% Fettgeh., meist zu Speiseöl verarbeitet; a. Name des Mohnsamens
- **-brot** ↑ Brot/Sorten

Ölsardinen Fischkonserve aus kl. in Salzwasser gepökelten, ged. und in siedendes Öl getauchten Sardinen ohne Kopf und Eingeweide, hoher Fettgeh. und sehr nahrhaft, unbegrenzt haltbar (Frankreich, Marokko, Portugal, Spanien u. a.)

ölsupa schwed.: Biersuppe

omáčka tschech.: Sauce

omble chevalier frz.: Wandersaibling

Omelett, Omelette [altfrz.: *amelette,* kl. Scheibe] Eier(pfann)kuchen aus mind. 3 Eiern mit Salz und geschmolzener Butter (ohne Mehl oder Milch), sollte innen eben gestockt und noch feucht sein, läßt sich flach oder gerollt zubereiten und salzig (mit Geflügelleber, Käse, geh. Kräutern, Pilzen, Ragouts, Spargelspitzen, Tomaten usw.) oder süß (mit Bananen, Beeren, Fruchtsalat, Konfitüre, ged. Obst usw.) vielfältig füllen; kann zubereitet gut bis 2 Mon. tiefgekühlt werden; ↑ a. blin, crêpe, frittata, Palatschinken, pancake, Pfannkuchen, Tortilla
   Schaum-, omelette soufflée Auflaufomelett aus mit Zucker, Vanillemark und abgeriebener Zitronenschale schaumig gerührtem Eigelb und daruntergezogenem Eischnee mit Zucker und Kartoffelmehl, in mit zerlassener Butter bestrichener Metall- oder Silberplatte und mit Puderzucker bestreut im Ofen gebacken, läßt sich a. mit Früchten, Konfitüre u. ä. füllen
   Stephanie- [Stephanie, einst berühmtes Hotel in Baden-Baden] mit (Aprikosen-)Marmelade bestrichenes, mit Früchten oder Kompott gef. Biskuitomelett

omelette surprise ↑ surprise, omelette

o-misoshiru Sojabohnensuppe mit Algen, Gemüsen usw. (Japan)

Onaga Hawaii: Meerfisch, Schnapper

onion engl.: Zwiebel

ontbijt holl.: (ausgiebiges) Frühstück

Opatzta südd. Obatzta

Opern-Art, Opéra Garnitur aus mit Madeirawein sautierten Geflügellebern in Torteletts und Spargelspitzen, zu Tournedos oder kurzgebr. Lammnüßchen; Spiegeleier mit Geflügellebern und Spargelspitzen; Salat aus feinen Streifen von Pökelzunge, Hühnerbrust, Staudensellerie, Trüffeln mit Spargelspitzen in leichter Mayonnaise, mit Pfeffergurkenscheiben und Hahnenkämmen garniert; gestürzte Karamelcreme mit zerstoßenem Krokant, a. Meringeschalen, Kirscherdbeeren und Schlagsahne

Ophelia [weibl. Figur in Shakespeares «Hamlet»] Garnitur aus kl. Stücken durch Backteig gezogener, geb. Schwarzwurzeln und Kartoffelkroketten in weißer Rahmsauce mit Tomatenpüree und -ketchup, zu Fisch

Oportozwiebel gr. milde Zwiebelsorte, zum Füllen geeignet

Opuntia trop. Frucht, ↑ Kaktusfeige

Orange, Apfelsine, Süßorange [frz. *pomme d'orange*, Goldapfel] wichtigstes Zitrusobst, Frucht des Orangenstrauchs oder -baums, leicht verdaulich, wirkt darmregulierend, verdauungsfördernd und heilend, Schale von Saftfrüchten dünner und feinporiger als von fleischigen Sorten, sollte frisch und reif glänzend sein, muß beim Einritzen Saft verspritzen; saftig süßsäuerliches, wohlschmeckendes Fleisch; man unterscheidet zwei Gruppen: *Blondorangen* (darunter *Navel-, Nabel-Orangen* mit Nebenfrucht) und *Blutorangen*:
Kleine, dünnschalige Orangen sind ebenso gut wie große, dickschalige; alle werden am Baum gespritzt, manche aber für bessere Haltbarkeit zusätzlich behandelt – dann ist die Schale nur ohne gegensätzliche Kennzeichnung verwendbar;

Orangenfrüchte am Baum

die Frucht eignet sich zum Frischverzehr, (filetiert) aber a. zum Kochen als Beilage oder Würze zu (Schweine-)Fleisch, Kalbshachse und -leber, (Wild-)Geflügel, Meer- und Süßwasserfische, Krustentiere, für Saucen, Würzbutter, Cremes, Omeletts, Gebäck und Torten, Marmeladen, Gelees, Speiseeis, Getränke usw.; beste Zeit Nov.–Juni, läßt sich einmachen, aber nicht einfrieren (urspr. Südchina, heute a. Kleinasien, Mittelmeerländer, Südafrika, Lateinamerika, südl. USA, Australien u. a.); ↑ a. Bergamotte, Clementine, Mandarine, Pomeranze und weitere Stichwörter

EINIGE ORANGENSORTEN

Name	Eigenschaften	Haupteinfuhr	Herkunft
Blondorangen			
Brasil-Orange	mittelgroß, gelblich-orangenes Fleisch, kernlos, süßlich fade, gut haltbar	Aug.–Okt.	Brasilien
Cap-Orange	mittelgroß, gelblich-orangenes Fleisch, kernlos, süß, gut haltbar	Juni–Aug.	Südafrika (Markenname «Outspan»)
Comuna, Comune	gelblich-orangenes Fleisch, viele Kerne, sehr saftig, zum Auspressen geeignet	Mitte Jan.–Febr.	Italien, Spanien
Florida-Orange	mittelgroß, gelblich-orangenes Fleisch, saftig und süß	Aug.–Okt.	Florida, USA
Jaffa Late	mittelgroß, orangenes Fleisch, saftig und süß	Apr.–Juni	Israel
Marokko	dünne, intensiv gefärbte Schale, gelblich-orangenes Fleisch, saftig	März	Marokko

Name	Eigenschaften	Haupteinfuhr	Herkunft
Navel	Navel-Orange, groß und dicke Schale, gut teilbar, kernlos und süß	Nov.–Jan.	Spanien
Navelina	Navel-Orange, groß und dünne Schale, gut teilbar, orangenes Fleisch, saftig mit viel Fruchtsäure, oft künstlich nachgereift	Okt.–März	Spanien
Navel Late	Navel-Orange, groß und dicke Schale, gut teilbar, gelblich-orangenes Fleisch, kernlos und süß	Febr.–Apr.	Spanien
Salustiana	schwer ablösbare Schale, orangenes Fleisch, fast kernlos, sehr saftig, kräftig und süß	Jan.–März	Spanien, Marokko, Argentinien
Shamouti, Ovali	groß, dicke Schale, orangenes Fleisch, kernlos, saftig und säurearm, aromatisch süß, gut haltbar	Jan.–Apr.	Spanien, östl. Mittelmeerraum, Zypern, Israel (Markenname «Jaffa»)
Sunkist-Orange	mittelgroß, gelblich-orangenes Fleisch, kernlos, süß und haltbar	Juli–Sept.	Kalifornien, USA
Valencia	schwer ablösbare Schale, gelblich-orangenes Fleisch, wenig Kerne, saftig	Apr.–Dez.	Spanien, a. Zypern, Israel, Griechenland, Südafrika, Argentinien, Brasilien, Ungarn, USA
Valencia Late	mittelgroß, süßsäuerliches Fleisch, kernlos, gut haltbar	Apr.–Aug.	Israel, Marokko, Spanien
Washington, Thompson Navel	Navel-Orange, leicht zu schälen, gelblich-orangenes, knackig festes Fleisch, kernlos, saftig und intensiv aromatisch	Nov.–Juli	Spanien, Griechenland, Zypern, Marokko, Südafrika, Argentinien, Brasilien
Blutorangen Halbblut: Schale gelb, Fleisch rötlich bis rot; Vollblut: Schale und Fleisch rot; Doppelblut: Schale und Fleisch tiefrot			
Moro	Halbblut, mittelgroß, kernarm, säuerlich-süßes Fleisch	Dez.–März	Sizilien, Italien
Sanguine, Sanguinello	Doppelblut, mittelgroß, kernarm, aromatisch säuerlichsüß	Febr.–Apr.	Spanien, Sizilien, Italien, Marokko
Tarocco	Halbblut, groß, dünne Schale, kernarm, feines Aroma, sehr süß, Spitzenqualität	Dez.–März	Sizilien, Italien
Washington Sanguine	Vollblut, kernarm, süßsäuerlich	Febr.–März	Spanien, Marokko

Orangeat, Sukkade kandierte Schale der Pomeranze, in drei Formen im Handel: unzerkleinert und mit Zuckerglasur überzogen *(glasiert)*, unzerkleinert ohne Zuckerglasur *(abgelaufene Schalen)* oder in Würfel geschnitten *(gewürfelt)*; am intensivsten die ganze glasierte Schale, vor Gebrauch als Backzutat von Hand zerstückelt; ↑ a. Zitronat

Orangenblütenwasser klares, duftendes Destillat aus noch geschlossenen Knospen des Orangenbaums, zum Aromatisieren von Cremes, Gebäck, Süßspeisen, Speiseeis, a. Salaten

Orangen(blüten)honig ↑ Honig/Sorten

Orangensauce ↑ Sauce/sauce bigarade

Orangenschnitzel in Zucker gek. Mohrrüben (Rheinland)

Orangenzucker an der Schale von unbehandelten Orangen geriebener Würfelzucker

Orangeroter Becherling Speisepilz, ↑ Becherling

orecchiette [ital.: Öhrchen] kl. runde, ohr- oder hutförmige Nudeln aus Hartweizengrieß, a. Weizenmehl, meist für Tomaten- oder andere Saucen, Ragouts usw. (Apulien, Basilikata, Italien)

Oregano, (Wilder), Dost, Origano, Wilder Majoran Heil- und Kräuterpflanze, wirkt cholesterin- und fettsenkend, husten-, krampfstillend, gegen Blähungen, Durchfall, Appetitlosigkeit und rheumatische Erkrankungen, wichtiges Gewürz insbes. der ital. Küche, herbes Aroma, pikant pfeffriger Geschmack, frisch am besten, getr. aromatischer als aus dem Treibhaus, muß (sparsam dosiert) mitgegart werden, paßt zu Pizzas, Minestrone, Suppen, (Schmor-)Fleisch, Würsten, Geflügel, Wildgeflügel, Fisch, Grillmarinaden, Eintöpfen, Kartoffeln, Tomaten und anderen Gemüsen (Auberginen, Hülsenfrüchte, Möhren, Paprika, Zucchini usw.), (Kartoffel-)Salaten, Käse; gute Zeit Mitte Juni–Sept. (Europa, Kleinasien, Nordafrika, Iran, Himalaja, Sibirien, nordöstl. Amerika)

oreille frz.: Ohr, i. a. von Kalb oder Schwein

orektiká ngriech.: Vorspeise

Orfe, Aland, Nerfling Süßwasserfisch, grätiges, aber sehr schmackhaftes Fleisch, läßt sich v. a. braten oder grillen (westl. Europa vom Rhein bis zum Ural)

Organischer Anbau ↑ Ökologischer Anbau

orge frz.: Gerste
 – **perlé(e)** Perlgraupen; Gerstensuppe

Orientalische Art, (à l') orientale allg. mit Auberginen, Gemüsepaprika, Tomaten, Zwiebeln, Safranreis usw.; Garnitur aus kl. mit Pilaw(safran)reis gef. Tomaten und geschältem, ged. Gemüsepaprika, zu Fleisch, Geflügel in Tomatensauce; Hammelkraftbrühe mit Tomatenpüree und Safran, als Einlage Eierfäden, Hirn-Eierstich und Reiskörner; Salat aus Grünen Bohnen, grünen und roten Paprikawürfeln, mit Knoblauch gebr. Tomatenhälften und Reis in Essig-Öl-Sauce mit Sardellenfiletwürfeln

Orient-Rettich ↑ Japanischer Rettich

Origano Gewürzpflanze, ↑ Oregano

Orlando Zitrushybride, Kreuzung zwischen Grapefruit und Tangerine

Orlean trop. Farbstoff, ↑ Achote

Orléaner Art, (à l') orléanaise [Orléans, Stadt an der Loire in Zentralfrankreich] Garnitur aus ged. Chicorée und in Milch oder Wasser mit Butter gek. Kartoffelscheiben mit geh. Petersilie, zu gr. Fleischstücken; gebundene Rinderkraftbrühe, als Einlage weiße Klößchen mit Sahne, rote Klößchen mit Tomaten, grüne Klößchen mit Pistazien- oder Spinatpüree und Kerbelblättern; Roulade aus Seezungenfilets mit kleingewürfelten Garnelen und Champignons; pochierte wachsweiche Eier, Spiegeleier in Torteletts mit kleingewürfeltem Mark und Trüffeln in Madeirasauce oder mit Geflügelfleisch in Tomatensauce

Orlow, Orloff [Fürst Aleksej Feodor O., 1780–1861, russ. Staatsmann und eine Zeitlang Diplomat in Paris] Garnitur aus ged. Kopfsalat und Sellerie sowie Schloßkartoffeln, zu gr. Fleischstücken; geschm. Kalbsrücken in Scheiben mit Champignon- und Zwiebelpüree, a. Trüffelscheiben, in Béchamelsauce, mit geriebenem Parmesankäse im Ofen glasiert; Salat aus Würfeln gek. Artischockenböden und Melonen in Essig-Öl-Sauce

Orly [Gemeinde am Val-de-Marne südl. von Paris, für ihre Teigwaren bekannt] durch Backteig gezogene fritierte Fische oder besser Fischfilets (Aal, Hecht, Lachs, Seezunge, Stint, Wittling usw.) mit Tomatensauce

ormeau frz.: Abalone, Meerohr

Orsay [Gabriel Graf von O., 1801–1852, einer der berühmtesten Dandies seiner Zeit] Garnitur aus Champignons, gef. Oliven, Schloßkartoffeln, zu Fleisch in Madeirasauce; Geflügelkraftbrühe mit Taubenklößchen, Taubenbruststreifen, pochiertem Eigelb, grünen Spargelspitzen und Kerbel

Ortanique Zitrushybride, Kreuzung zwischen Orange und Tangerine, viele dicke Kerne, aber sehr saftig und pikant säuerlichsüß, gute Dessertfrucht (Westindien, Uruguay, Israel, ↑ Topaz, Südafrika, ↑ Tambor)

Oregano, das klassische italienische Gewürz

Ortolan, Fettammer [lat. *hortus,* Garten] Finkenvogel, gilt als feinstes Federwild, ist aber in den meisten Ländern geschützt

os frz.: Knochen
    à l'os mit Knochen

oseille frz.: Sauerampfer

Osetra Sorte ↑ Kaviar

Osietra Stör-Art, ↑ Waxdick

Ossau-Iraty [Tal im frz. Baskenland] Halbhartkäse aus frischer Schafmilch, dem ↑ Oloron sehr ähnlich, wenn nicht gleich, weißer, glatter Teig, 50% Fett i. Tr., mild und erdig würzig, gute Zeit Frühling–Herbst (Atlantische Pyrenäen, Frankreich)

Oss(i)etra Sorte ↑ Kaviar

ossjotr(ina), Ossiotr russ.: Stör

ossobuco [ital. *osso,* Knochen, *buco,* Loch] Rinder- oder Kalbshachse, in Italien meist in Scheiben mit Knochen und Mark geschnitten, am besten aus dem Hinterbein; (mit Tomaten usw.) geschm. Gericht daraus, dazu Parmesan- oder Safranrisotto

Ostende [belg. Seebad und Hafen in Westflandern] Art gezüchteter Austern; starke Fischkraftbrühe mit Austernwasser und pochierten Austern; mit Fischfarce gef. in Austernwasser pochierte Seezungenfilets, mit Austern und Trüffelscheiben garniert, mit Sauce normande bedeckt, dazu kl. Fischkroketten

Osterbrot, Russisches ↑ kulisch

Osterlamm 3–5 Mon. altes Milch-, Stallmastlamm, grilliert delikat, sonst aber etwas fade

Osterquarkspeise ↑ paßcha

Ostigliato ↑ Reis/Sorten

ostra span.: Auster

ostrica ital.: Auster

Ostseebückling ↑ Bückling

Ostseegarnele, -krabbe Meereskrebs, ↑ Garnele/Steingarnele

Ostseelachs Lachs-Art, ↑ Lachs/Atlantiklachs

Othello [Held eines Trauerspiels von Shakespeare sowie zweier Opern von Rossini und Verdi] Garnitur aus gebutterten Grünen Erbsen und Strohkartoffeln, zu kl. Fleischstücken und Grillfleisch in Trüffelsauce; Geflügelkraftbrühe mit Tomatensaft, als Einlage Risotto mit weißen (Piemont-) Trüffeln

Othello-Masse Biskuitmasse aus Eiern, Mehl oder Stärke und Zucker, für Mohrenköpfe u. ä.

o-tsuyu jap.: Suppe

Ottosalat Ananas-, Apfel-, Melonen- und Orangenwürfel sowie entkernte Weinbeeren in Mayonnaise auf Salatstreifen

oublie frz.: Hohlhippe

oursin frz.: Seeigel

Ovale Tomate ↑ Tomate

Ovari dem Tilsiter ähnlicher Schnittkäse aus Kuhmilch, 30–50% Fett i. Tr. (Ungarn)

ovnetina serbokroat.: Hammelfleisch

ovo port., a. ital.: Ei

Ovo-Lakto-, Ovo-Vegetarismus Ernährungsweisen, ↑ Vegetarismus

ox engl.: Ochse, Rind

Oxalis südamerik. Knollengemüse, ↑ Sauerklee

oxbringa gepökelte, gek. Rinderbrust mit Sahnekartoffeln (Schweden)

oxel schwed.: Elsbeere, schwedische Hagebutte

Oxfordsalat [Oxford, engl. Universitätsstadt westl. von London] Würfel von Hühnerfleisch, Pfeffergurken, Tomaten und Trüffeln auf Salatblättern in Essig-Öl-Sauce mit geh. Estragon, mit Eierscheiben garniert

oxtail engl.: Ochsenschwanz
    -suppe klare Ochsenschwanzsuppe

oyster engl.: Auster
    – sauce Sojasauce mit Austern, Maismehl, Salz und Zucker, sehr intensiv, zu Fisch, Geflügel, Gemüse (urspr. China)

P

P chem. Zeichen für Phosphor, ↑ Mineralstoffe

Paarweck Rheinland: Wasserteigbrötchen

pachamanca [indianisch: Erdofen] in einem Erdloch auf aromatischem Laubwerk gek. Ferkel, Zicklein, Huhn, Meerschweinchen usw. mit Gemüsen, grünen Maiskolben, süßen und weißen Kartoffeln, Reis und Brühe (südamerik. Andengebiete)

Pächter-Art, Pächterin-Art, (à la) fermière Garnitur aus feingeschn., in Butter ged. Gemüsen (Möhren, Weißen Rübchen, Sellerie, Zwiebeln usw.), zu Fleisch, Geflügel, a. Fisch aus dem Ofen, Omeletts; ↑ a. Schöne-Pächterin-Art

Pächterinsuppe Fleischbrühe mit Scheiben von Möhren, Porree, Weißen Rüben und Zwiebeln sowie Weißkohlstreifen

padang-korintji-cassia Zimtsorte aus Sumatra

Paddy gedroschener, noch von Spelzen umgebener, ungeschälter Reis

Paderborner Brot [Paderborn, Stadt und Landkreis in Nordrhein-Westfalen] ganz- oder zweiseitig angeschobenes langes, helles Roggenmischbrot, kräftiger Geschmack

Paella [span.: flache schwarze Stielpfanne, ausgespr. *paëlja*] Pfannengericht aus (möglichst span. Rundkorn-)Reis, Safran, Olivenöl, a. Oliven und Knoblauch, mit je nach Region und Saison versch. Zutaten: Hummer, Languste, Garnelen, Mies-, Venusmuscheln, Tintenfisch, Fisch, Schinken, Würsten (chorizos), Huhn, Kaninchenfleisch und Gemüsen (Erbsen, Paprika usw.), am besten mit dem Holzlöffel aus der Eisenpfanne gegessen (urspr. Valencia, Spanien)

Pafese, Bovese, Pavese, Pofese, Povese [ital. *pavese*, aus Pavia] in Schmalz geb. Weißbrotschnitte; Gericht aus zwei zusammengeklappten, mit Marmelade, Pflaumenmus, Farce o. ä. dick bestrichenen Pafesen, die in Eimilch getränkt, paniert (oder in Ausbackteig gewendet) und in viel Butter ausgebacken wurden (Bayern, Böhmen, Österreich)

Pagel Meerfisch, ↑ Rotbrasse

pàglia e fieno [ital.: Stroh und Heu] weiße und (mit Spinatzusatz) grüne Bandnudeln (fettucine, tagliatelle, tagliolini usw.) aus Weizenmehl und Eiern, a. mit geh. Fleisch, Pilzen, Knoblauch und geriebenem Parmesankäse zubereitet (Italien)

Paglietta Weichkäse aus Kuhmilch, 50% Fett i. Tr., je nach Reife zarter bis kräftiger Geschmack (Piemont, Norditalien)

Pahlerbse ↑ Erbse/Gelbe Erbse

páigǔ chin.: Rippenstück (in süßsaurer Sauce)

paillard(e) frz.: gr. dünngeklopftes Kalbsschnitzel, a. Rindfleischscheibe, kurzgebraten; ↑ a. Schnitzel

Paella, das berühmte südspanische Pfannengericht

pain frz.: Brot; Pastete aus geh. Fleisch und Fett von Kalb, Rind oder Schwein mit versch. Gewürzen, a. Trüffeln, in einer Form ohne Teigkruste geb., meist in Dosen, Gläsern, Steingutbehältern als pastöser Brotaufstrich angeboten; ↑ a. Sulzbrot
  – **de Gênes** ↑ Genueser Brot
  – **perdu** frz.: Armer Ritter

Päitala fränkisch: Petersilie

pájusnaja, (ikra) russ.: gepreßter Kaviar

Pak-Choi, Paksoi Blattstielgemüse, ↑ Kohl/Chinesischer Blattsenf

palacsinta ung.: Palatschinken

palak ind.: Spinat

palamita ital.: Bonito

Palamut kl. Thunfisch mit dunklem Fleisch aus dem Schwarzen Meer

Palästina [Landschaft der südl. Levante zwischen östl. Mittelmeer und Jordan] Garnitur aus ged. Artischockenbodenvierteln, Grießnocken und glasierten Zwiebelchen, zu Fleisch und Geflügel in Madeirasauce; Rinderkraftbrühe mit Topinambur-Scheiben, gerösteten, zerstoßenen Haselnüssen und Beinwurz; Rinderkraftbrühe mit kl. Kugeln von Möhren und Weißen Rüben, Grünen Erbsen und Würfeln von Grünen Bohnen

Palatinit Handelsname des Zuckeraustauschstoffes Isomalt

Palatschinken [griech. *plakoūs*, lat. *placenta*, flacher Kuchen] dünn ausgeb. Pfannkuchen aus Mehl, Eiern, Milch, Puder- und Vanillezucker sowie geriebener Zitronenschale, meist mit Füllung aus Quark (Topfen), Obst, Konfitüre, Creme u. ä. (Ungarn, Österreich, Balkan u. a.)

Palbohne ↑ Bohne/Sorten

palen nordd.: enthülsen

Palererbse ↑ Erbse/Gelbe Erbse

Palermer Art [Palermo, Haupt- und Hafenstadt Siziliens] Garnitur aus gef. Auberginen, gegr. Tomaten, Makkaronikroketten, zu Fleisch in Tomatensauce; Geflügelkraftbrühe mit kleingeschn. Spaghetti, Hühnerfleisch, Würfeln von Tomaten-Eierstich und geriebenem Käse; Demiglace mit Rotwein, Schalottenbutter und Orangenschalenstreifen; zerstoßener Knoblauch mit Eigelb, Olivenöl, Cayennepfeffer und Zitronensaft

paleron frz.: Schulter mit Halsstück vom Rind

Palestro-Suppe, consommé Palestro [Palestro, lombardische Gemeinde in der ital. Provinz Pavia, dort 1859 Sieg der Franzosen über die Österreicher] Geflügelkraftbrühe mit geschmolzenen Tomaten und pochierten Eiern, mit geriebenem Käse bestreut; a. Rinderkraftbrühe mit Streifen von Wurzelgemüsen, Kopfsalat, Reis und Würfeln von Tomaten-Eierstich

palette frz.: Fleisch vom Schulterblatt des Schweins, a. Schafs

Pálffy, (à la) [ungar. Magnatengeschlecht] Garnitur aus in Fleischbrühe gek. Nudeln, zu geschm. Fleisch in ↑ Sauce/sauce diable

paling holl.: Aal

Palme, Oldenburger niedersächsisch: Grünkohl

Palmenherz, Palmenkohl, Palmherz, Palmito, Palmmark exot. Gemüse, Markstangen aus der Spitze von 10–15 Jahre alten Palmen, bei uns in Dosen erhältlich: zart und knackig, milder, neutraler Geschmack, eignet sich als Vorspeise mit (Trocken-)Fleisch, Schaltieren usw., für Suppen, (in Butter, Béchamel-, Käsesauce, a. überbacken) Gemüse, Salate usw. (Argentinien, Brasilien, Paraguay u. a.)

Palmfett fetthaltiger Samenkern der Ölpalme

Palmherz exot. Gemüse, ↑ Palmenherz

palmier [frz.: Palme, ausgespr. *palmjē*] Blätterteiggebäck, ↑ Schweinsohr

Palmitinsäure gesättigte Fettsäure

Palmito exot. Gemüse, ↑ Palmenherz

Palmkäse eingelegtes, vergorenes Palmenherz

Palmkern fetthaltiger Fruchtkern der Ölpalme
  -fett, -öl pflanzliches Speisefett aus den Samenkernen der Ölpalme, angenehmer Geruch, neutraler Geschmack, ähnelt dem Kokosfett, v. a. zur Herstellung von Kunstspeisefetten und Margarine

Palmkohl Palmenherz mit jungen, umhüllenden Blättern, wird als Gemüse gekocht; Friesland: Grünkohl; Frankreich: Grünkohlsorte Italienischer Kohl

Palmmark exot. Gemüse, ↑ Palmenherz

Palmöl ↑ Öl/Sorten

Palmzucker, jaggery eingek. Nährsaft versch. wildwachsender Palmen Asiens, zu Granulat zerkleinert; nicht raffiniert und vollwertig mit zahlreichen Mineralstoffen; in Reformhäusern, Ökoläden und Drogerien erhältlich

paloise, (à la) ↑ Pau-Art

palourde frz.: Kreuzmuster-Teppichmuschel

palta span.: Avocado

Pampelmuse, Riesenorange [holl. *pompelmoes,* prächtige Frucht] gr. Zitrusfrucht mit dicker Schale und wenig, aber würzig-süßem Saft, gute Zeit imp. Nov.–Apr.; ugs. a. (falscher) Name für die Grapefruit, mit der sie aber nur entfernt verwandt ist (urspr. trop. Südostasien, dann a. Westindien, Kalifornien, Florida, USA, Südafrika, Mittelmeerländer)

pan span.: Brot

panaché [frz.: gemischt, bunt, ausgespr. *panaschē*] Mischung einer oder mehrerer Zutaten von versch. Farbe, Form und/oder Geschmack

Panade Lockerungs- und Streckungsmittel für Fleisch-, Geflügel- oder Fischfüllungen, aus in heißer Milch oder Sahne mit Gewürzen eingeweichten Weißbrotkrumen *(einfache Panade),* aus Mehl, Butter, Wasser und Salz *(Mehlpanade)* oder aus Eigelb, Milch, Butter, Mehl und Gewürzen *(Frangipanepanade)*

pan-bagnat [provenzalisch: gebadetes Brot] gr. rundes, waagrecht halbiertes, mit Olivenöl durchtränktes Brot mit Nizza-Salat o. ä. zwischen den Hälften, wird haupts. im Freien, zu Picknicks usw. gegessen (frz. Riviera)

pancake engl.: Pfann-, Eierkuchen; insbes. in der Pfanne gebackener runder Pfannkuchen aus Mehl, Backpulver, evtl. Natron, Ei, Butter- oder Magermilch, flüssiger Butter, Salz und Zucker; wird gern mit Ahornsirup zum Frühstück gegessen (Kanada, USA)

pancetta ital.: Bauch vom Kalb; leicht durchwachsener, luftgetr. Bauchspeck vom Schwein, wird gewürzt und in Scheiben oder gerollt roh, gebr. oder gek. verwendet, a. zum Bardieren (Oberitalien, Tessin)

pandoro, pan d'oro [ital.: Goldkuchen] Kuchen aus Mehl, Hefe, viel Butter, Eiern und Vanille in Puderzuckerschicht, goldgelb und zart, zu Weihnachten üblich (Verona, Italien)

pane ital.: Brot(laib), Fladen, Kuchen

panecillo span.: Brötchen

Panettone [ital. *pane di Toni,* Brot des Toni, eines Mailänder Bäckers] gr. Hefekuchen mit viel Butter und Eiern, Korinthen, Sultaninen, Orangeat und Zitronat, locker und leicht süßlich, am besten, frischesten von Sept. bis Jahresende (Mailand, Oberitalien)

panforte Art Lebkuchen mit kandierten Früchten, Mandeln, Haselnüssen, Gewürznelken, Koriander, Zimt, Orangeat und Zitronat, zu Weihnachten üblich (urspr. Siena, Italien)

Panhas, Pannas, Pannhas [niederd.: Pfannenhase] fester Brei aus in Wurstbrühe verkochter Buchweizengrütze oder Graupen mit durch den Fleischwolf gedrehtem Bauchfleisch oder Dickbein, mit Gewürznelken, Majoran, Piment gewürzt und erkaltet in daumendicken Scheiben in einer Pfanne mit Schweineschmalz beidseitig kroß gebraten (Westfalen)

Paniermehl, Mutschelmehl geriebenes, leicht geröstetes (und gewürztes) Weißbrot, zum Panieren von Speisen, die gebraten oder fritiert werden sollen; ↑ a. Semmelbrösel

Panierung eine Speise in Mehl, Ei und Semmelbröseln wenden, damit sie beim Braten knusprig wird und das Fleisch saftig bleibt; ↑ a. Panade

panino ital.: Brötchen, Semmel, Wecken

Pankoken niederd.: Pfannkuchen
  -kraut Schnittlauch

panna ital.: Sahne, Rahm; schwed. Pfanne
  – cotta [ital.: gek. Sahne] gestürzte Creme aus mit Gelatine gekochter Sahne und versch. Aromazutaten, meist Vanille, wird als Dessert gern mit Erdbeersauce serviert (Piemont, Ligurien, Italien)

Pannas westfälisches Pfannengericht, ↑ Panhas

pannequet frz.: mit Konfitüre, a. Hack, Püree, Creme usw. gef. hauchdünner Pfannkuchen, süß oder salzig

Pannfisch nordd. Fischgericht, ↑ Pfannfisch

Pannhas westfälisches Pfannengericht, ↑ Panhas

pan pepato Pfefferkuchen mit gedörrten, kandierten Früchten, Honig, Schokolade und Gewürzen, darunter Pfeffer (Italien)

Pansen, Rumen größter Abschnitt des Vormagens der Wiederkäuer, Teil der ↑ Kutteln

Pantothensäure ↑ Vitamine

Panzerkrebse, Ritterkrebse Familie der Zehnfußkrebse aus dem Meer, z. B. Bärenkrebs, Einsiedlerkrebs, Krabbe, Languste u. a.

pão port.: Brot

papa span.: Kartoffel; Brei
– **asada** Ofenkartoffel mit Kräuterbutter aus zerdrückter Knoblauchzehe und geh. Petersilie

pāpad knusprig geb. Linsenmehlfladen (Indien)

Papagei(en)fisch Meerfisch, läßt sich braten, dämpfen (trop. Meere, a. südöstl. Mittelmeer)

Papaifrucht exot. Frucht, ↑ Papaya

Papain, Papayotin eingetrocknetes, pulverisiertes Enzym aus dem schleimigen Milchsaft unreifer Papayas, macht zähes Fleisch zart, wird a. mit Salzen oder Gewürzen vermischt

papar serbokroat.: Pfeffer

papas a la huancaina gek. Kartoffeln in dicker, scharfer Sauce aus zerriebenen Pfefferschoten, Frischkäse, süßer Sahne, Gelbwurz, Olivenöl, Zitronensaft und schwarzem Pfeffer, mit hartgek. Eihälften, Paprikaschotenstreifen, Oliven, Zwiebelringen usw. garniert (Peru)

papas chorreadas gek. weiße Kartoffeln oder Grüne Bohnen in Sauce aus Frischkäse (Mozzarella), Frühlingszwiebeln oder Schalotten, Tomaten, süßer Sahne und Kräutern, a. Pfefferschoten (Kolumbien)

Papaya, Baummelone, Papaifrucht birnenförmige Frucht eines Melonenbaums, wirkt verdauungsregulierend, butterweiches Fleisch mit wenig Säure, saftig, mild-süßer aprikosen-, melonenähnlicher Geschmack, Kerne werden meist entfernt; die glatte Lederhaut sollte an einigen Stellen gelblich werden und auf Fingerdruck nachgeben, reift bei Zimmertemperatur nach; a. gewürfelt, als Kompott, Konfitüre, Nektar in Dosen erhältlich; reif (evtl. mit Zitronensaft beträufelt) zum Frühstück genießbar, mit Schinken, gepökeltem, geräuchertem Fleisch als Vorspeise, zu scharfen

Papayatraube am Melonenbaum

Saucen, mit Portwein, Weinbrand in Cremes, Kompotten, Obstsalaten usw.; unreif geb., ged., gek. als Konfitüre, Kompott, Gemüse, Chutney; bei +10 °C bis 2 Wo. haltbar, läßt sich ohne Zuckersirup bis 4 Mon., mit Zuckersirup bis 8 Mon. tiefkühlen (urspr. Mexiko, heute alle trop. und subtrop. Länder, insbes. Süd-, Mittelamerika, Westindien, Florida, Hawaii, USA, Elfenbeinküste, Südafrika, Indien)

Papayotin Enzym, ↑ Papain

Papenschinken ↑ Schinken/Kernschinken

Papenstück der beste Teil des Schinkens, ↑ Schinken

papet (vaudois) deftiger Eintopf aus mit Butter, Speckschwarte, Brühe, Weißwein und Béchamelsauce oder Sahne, a. Kartoffelmehl verkochten Porree, Kartoffeln und kl. Zwiebeln, dazu Waadtländer Wurst (saucisson, saucisse au foie) Nationalgericht der Waadtländer, viele reg. Varianten, meist im Winter zubereitet (Kt. Waadt, Westschweiz)

Papierhülle ↑ papillotte

papillotte, en [frz.: (im) Schmetterlingsflügel] im eigenen Saft in Papier-, Pergamenthülle oder Alufolie schonend gegartes Fleisch, Geflügel, Fisch, behält dadurch seinen Eigengeschmack

pappadam in Erdnuß- oder Maisöl ausgebackene, aufgetriebene Linsenwaffel (Indien)

pappardelle rechteckige, längliche Bandnudeln aus Hartweizengrieß, a. hausgemacht aus Mehl und Eiern, meist zu Hase, Wild, a. Steinpilzen in Sauce (urspr. Toskana, Norditalien)

Paprika [serb. *papar,* Pfeffer] hohle Beerenfrucht eines Nachtschattengewächses, fördert Kreislauf, Verdauung, wirkt bakterienhemmend, muß frisch sein mit glatter, glänzender Haut und grünem knackigem Stiel; sollte vor Gebrauch gründlich geputzt und dann gewaschen werden; gute Zeit einh. Juli–Sept., imp. Juni–Nov., hält sich im Gemüsefach des Kühlschranks 3–5 Tage, läßt sich roh unblanchiert verpackt sehr gut bis 12 Mon. tiefkühlen; wird handelsüblich in zwei Hauptsorten geteilt:
  Gemüsepaprika, Paprika, Süßpaprika, dt. (nicht ganz korrekt) **a. Peperoni** als Gemüse oder Salat verwendbar, grün (unreif) mild würzig, rot (reif, am gesündesten und fruchtigsten, weniger intensiv und leicht süßlich) oder gelb (reif) am mildesten, aus Italien, Brasilien u. a. auch weiß, orangefarben, schwarzviolett erhältlich. Kann bis 20 Min., in der Mikrowelle 4 Min. gegr. leichter gehäutet werden; ist roh ganz, geteilt, in Streifen geschn. als Rohgemüse, Salat genießbar, geb., gek., gegr., geschm. (a. gef.) als Gemüse; aus der Mikrowelle zarter und verträglicher (urspr. trop. Süd-, Mittelamerika, heute a. Asien, Afrika, Mittelmeerraum, Ost-, Süd-, Mitteleuropa, u. a. Israel, Holland, Deutschland usw., Süd-, Mittelamerika, südl. USA u. a.)
  Gewürzpaprika, Spanischer, Türkischer Pfeffer, dt. (nicht ganz korrekt) **a. Peperoni** Frucht mit dünner, lederner Haut, je kleiner, desto schärfer, als Salat (passendes Kraut: Zwiebel), als Würze für Fleisch, Gulasch, Suppen, Eintöpfe, Saucen, Eier-, Käsegerichte usw., als Beilage zu (Grill-)Fleisch, für Fondues, als Salat usw.; a. getr. und gemahlen als ↑ Paprikapuder oder in der Tube erhältlich; hält sich frisch gemahlen dunkel, kühl und trocken aufbewahrt etwa 1 Jahr (urspr. Südost-, Osteuropa, heute a. Israel, Mittelmeerraum, Afrika, Chile, Karibik, USA sowie Holland u. a.); ↑ a. Cayennepfeffer, Chili, Sambal, Tabasco
  Tomatenpaprika in Ungarn entwickelte Abart des Gemüsepaprikas, tiefrot würzig, etwas schärfer als dieser, aber angenehm süßlich fruchtig, verliert durchs Kochen jedoch an Aroma; a. süßsauer eingelegt gut, liefert das ↑ Paprikamark

Paprika|mark in Butter angeschwitzte, gewürzte und durch ein Sieb passierte Stücke des Tomatenpaprikas
  -puder, -pulver getrocknete, gemahlene Gewürzpaprikaschoten: *Delikateß* sehr mild, *edelsüß* aus Fruchtfleisch und wenig Samen, würzig mild, *halbscharf, halbsüß*

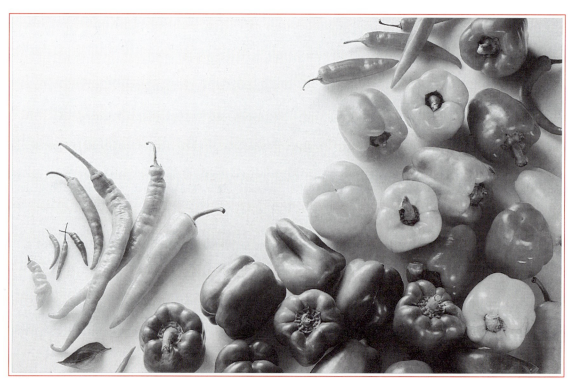

Pfefferfrüchte, knackiges Gemüse und Gewürz in vielerlei Farben und Formen

blassere Farbe und schärferer Geschmack, *Rosenpaprika* aus ganzen Früchten, am schärfsten
-sauce braunrote, gebundene Sauce mit Paprikapulver und Sahne, für pikante Fleischgerichte, Kartoffeln, Reis, Teigwaren usw., a. industriell hergestellt
-schnitzel ↑ Schnitzel/Ungarisches Schnitzel
-speck ↑ Speck/Sorten
-speckwurst ↑ Zigeunerwurst

paprikás, Paprikasch ung.: mit Paprika gewürzt; feines Gulasch aus hellem Fleisch (Kalb, Lamm, Huhn) oder Fisch, a. Pilzen in milder Paprikasauce mit saurer und/oder süßer Sahne (Ungarn); ↑ a. Gulasch, Pörkölt, tokány

Papuanuß Gewürz, ↑ Muskat

Paquita Püreesuppe aus Grünen Erbsen mit Sago und Tomatenwürfeln; kl. Blätterteigschiffchen mit Hummer- und Champignonragout in Krebssauce, zu Fisch in Weißweinsauce mit Sardellenbutter

Paradeis(er) österr.: Tomate

Paradiesapfel ugs. Tomate

Paranuß, Amazonenmandel, Brasilkastanie, -nuß, Juvia-, Tucannuß [Para, Provinz in Brasilien] Steinfrucht des Brasilnußbaums, der im trop. Südamerika a. gezüchtet wird, heller, öliger Samenkern in dreikantiger, harter Schale, reich an Mineralstoffen und Vitaminen; sollte möglichst frisch verwendet werden, a. an Stelle von Mandeln, für Mehl-, Süßspeisen, Naschereien usw. (Amazonasgebiet, Lateinamerika)

Parasolpilz [frz. *parasol*, Sonnenschirm] Speisepilz, ↑ Schirmling

parboiled [engl.: halbgekocht] Bearbeitungsmethode des Reiskorns, ↑ Reis/Arten

Parenica, Parenitza Schafskäse, dem Caciocavallo ähnlich, elastischer Teig, 48% Fett i. Tr., pikant säuerlich (Slowakei, Ungarn)

Parfait [frz.: perfekt, vollendet, ausgespr. *parfä*] urspr. bes. feine Eiscreme aus Eigelb, Eischnee, Sahne und Zuckersirup, heute a. feine Masse aus Enten-, Gänseleber, Hummer usw., (in feiner Spirituose) mariniert und in gefetteter Form im Wasserbad gedünstet; ↑ a. Galantine, Pastete, Terrine
 glacé ↑ Eisparfait

Pargel Weichkäse mit rötlicher Schmiere, dem Harzer Käse ähnlich (Österreich)

«Paukenschlegel», junge, noch geschlossene Parasolpilze

parillada span.: gegrilltes Fleisch

Paris–Brest [1891 von einem Konditor an der Radrennstrecke Paris–Brest kreiert] Ring aus Brandmasse mit Füllung aus Konditorcreme oder Schlagsahne und feingestoßenem Krokant, mit Puderzucker bestreut

Pariser | Art, (à la) parisienne [Paris, Hauptstadt und Zentrum von Frankreich] allg. mit Geflügelstücken, Champignons, Pökelzungenstreifen oder kleingewürfeltem gemischtem Gemüse; Garnitur aus Nußkartoffeln mit feinen Kräutern und geschm. Kopfsalat oder Pökelzungenstreifen und Champignons auf Artischockenböden, zu Fleisch und Geflügel; Suppe aus Porree und Kartoffeln mit Milch und Kerbelblättern; kalter Fisch oder Krustentiere mit kleingewürfeltem Gemüse und/oder hartgek. Eiern in Mayonnaise auf Artischockenböden sowie geröstete Weißbrotwürfel in Gelee; Salat aus gemischtem Gemüse mit Langustenwürfelchen in kräftig gewürzter Mayonnaise; ↑ a. Kartoffel/Parmentierkartoffeln
– **Brot** ↑ Baguette
– **Creme** ↑ Creme/Pariser Creme
– **Kartoffeln** ↑ pommes parisiennes
– **Lachsschinken** Lachsschinken in dünner Speckhülle
– **Rotwurst** Blutwurst aus Schweinefleisch, Speck und würfeligen Einlagen von bluthaltiger Schwartenmasse
– **Salat** versch. in Essig-Öl-Marinade eingelegte Gemüse mit Hummerfleischwürfeln in gelatinierter Mayonnaise, in Gelee gesetzt
– **Schinken** ↑ Schinken/Sorten
– **Schnitzel** ↑ Schnitzel/Pariser Schnitzel
– **Zwiebelsuppe, soupe à l'oignon** Fleischbrühe mit in Butter angeschwitzten, mit Mehl bestäubten und hell-

braun gerösteten Zwiebelstreifen, mit Portwein oder Madeira aromatisiert, über geröstete Weißbrotscheiben angerichtet

Parma|-Art, alla parmigiana [Parma, ital. Stadt und Provinz in der Emilia-Romagna] Auberginen mit Tomatensauce und Parmesankäse; ↑ a. parmigiana, alla
-schinken ↑ Schinken/Sorten

Parmäne feine Apfelsorte, ↑ Apfel/Goldparmäne

Parmentier [Antoine Augustin P., frz. Heeresapotheker und Agronom, 1737–1813, lernte im Siebenjährigen Krieg als Gefangener in Westfalen die Kartoffel schätzen und propagierte sie später in Frankreich als wertvolles Nahrungsmittel] allg. mit Kartoffeln zubereitet oder garniert; Kartoffelrahmsuppe; Püreesuppe aus Kartoffeln mit Porreescheibchen, als Einlage in Butter geb. Brotwürfel und Kerbelblätter; gratiniertes Kartoffelpüree; Hackfleisch, Kalb-, Lammfleisch zwischen zwei Schichten von im Ofen überbackenem Kartoffelpüree; Omelett, Rührei mit fritierten Kartoffelwürfeln usw.; ↑ a. Kartoffel/Parmentierkartoffeln

Parmentiersalat lauwarme Kartoffelwürfel in leichter Mayonnaise, mit geh. Petersilie bestreut

Parmesan, Parmigiano [ital.: aus Parma] dreiviertelfetter Extrahartkäse aus frischer, roher, teilentrahmter Kuhmilch nach 2–5 Jahren Reife, körniger, fester Teig, mind. 32% Fett i. Tr., würzig mild, der klassische Reibkäse, verfeinert (frisch) gehobelt, gerieben, geraspelt viele ital. Spezialitäten, ist aber in Stücke gebrochen ebenso gut als Tafel- und Desertkäse zu Obst, Mandeln, Oliven, zu Aperitif und Wein, ebenfalls zum Kochen, Überbacken, in Salaten usw.; hält sich kühl in abgedecktem Steintopf mit Salz aufbewahrt mehrere Wochen, gerieben luftdurchlässig verpackt im Kühlschrank oder Tiefkühlflach wenige Tage (urspr. Parma, Bologna, Mantua, Modena, Reggio-Emilia, Italien, heute aber a. – der Name ist keine Herkunftsgarantie mehr – Argentinien, Brasilien, USA u. a.); ↑ a. Grana

parmigiana, alla, al parmigiano ital.: mit geriebenem Parmesankäse und Butterflöckchen in Öl ausgeb. Speise

Parmigiano-Reggiano auf der linken Seite des Po hergestellter, lange gereifter, ursprungsgeschützter Parmesankäse, gute Zeit Apr.–Nov.

parnaja malossol russ.: mildgesalzener Kaviar von im Winter gefangenen Stören

parsley engl.: Petersilie

parsnip engl.: Pastinak

part, à ↑ à part

Partybrötchen [engl. *party*, Einladung, zwangsloses (privates) Zusammensein] appetitlich, phantasievoll belegte frische oder geröstete Brötchenhälfte; ↑ a. Canapé, Sandwich

Partyspießchen mit kl. Appetithappen (Bratenscheiben, -würfel, Früchte, Gurken, Käse, Maiskölbchen, Paprikastreifen, Schinken, Tomaten usw.) bestecktes Holz- oder Plastikspießchen

Partysteak leicht gesalzenes, eingeöltes Kluftsteak, mit Knoblauchpulver, Oregano, geh. Petersilie gewürzt und in Öl gebraten, mit Champignons, Chutney, Eierachteln u. ä. garniert

Parüre(n) [frz.: zugerichtet, geschält] ↑ Abgänge

paschka ↑ paßcha

paschtét russ.: Pastete

passa-crassana hartschalige Winterbirne mit grobem Fleisch (Frankreich, Italien)

paßcha, paschka [russ.: Ostern] pyramidenförmige Ostersüßspeise aus Quark, saurer und/oder süßer Sahne mit Eiern, Rosinen, Mandeln, kandierten Früchten, Orangeat, Zitronat usw., versch. Varianten

Passionsfrucht, (Purpur-)Granadilla; Abart und Saft: **Maracuja,** pflaumengroße Frucht einer Lianenpflanze, wirkt beruhigend, Blätter blutdrucksenkend, sehr aromatisch und angenehm säuerlich, purpurrot geschmackvoller als gelb; läßt sich roh (mit Zitronensaft oder Sahne) auslöffeln, ausgeschabtes Fruchtfleisch für Cremes, Saucen, Obstsalate, Puddings, Süßspeisen, Speiseeis, Getränke usw. verwendbar; geschrumpelt rasch zu verbrauchen, mit glatter Schale jedoch im Gemüsefach des Kühlschranks einige Tage haltbar (urspr. Brasilien, dann alle trop. und subtrop. Länder, insbes. Afrika, Australien, Neuseeland, Indien, Neuguinea, Südamerika, Kalifornien, Hawaii, USA u. a.)

Pasta ital.: Teig; i. a. Nudeln, ↑ Teigwaren, aus Hartweizengrieß und Wasser, a. Ei, ein Urnahrungsmittel der Menschheit, einfach herzustellen und lange haltbar, in China, Ostasien und Italien entwickelt und in unzähligen Formen, a. mit versch. Zutaten zu einer kulinarischen Delikatesse verfeinert als Basis und Medium zahloser Gerichte und Kombinationen, frisch selbstgemacht besser als fertig gekauft; ↑ die einzelnen Stichwörter; türk.: Kuchen
  ⁰asciutta, pastasciutta in Wasser gek. Nudeln in einer würzigen Sauce

Pastinak wird von alters her geschätzt

Paste streichbare, teigartige Masse

Pasteke ↑ Wassermelone

pastel span.: Kuchen; Törtchen; (Fleisch-, Obst- usw.) Pastete

pasteles span.: Teigtasche, meist mit Quittengelee gefüllt

Pasterna Wurzelrübe, ↑ Pastinak

Pastete [lat. *pasta*, Teig] in einer Hülle aus geriebenem Teig, a. Blätter-, Brioche-, Hefeteig geb. feine Farce aus (gewürztem) Fleisch, Wild, Geflügel, Fisch, Meeresfrüchten usw., warm, a. kalt gegessen; ↑ a. ballotine, Becherpastete, confit, Galantine, Parfait, pâté, pie, Terrine, Timbale
   Gänseleber≈ ↑ Gänseleberpastete, a. foie gras
   Geflügelleber≈ Füllung aus Geflügel- und Schweineleber, Geflügel-, Schweinefleisch, Flomen und Speck
   Wild≈ ↑ Wildpastete

Pastetengewürz fein zerstoßene, gesiebte Gewürzmischung (Basilikum, Cayennepfeffer, Gewürznelke, Ingwer, Koriander, Lorbeer, Neugewürz, weißer Pfeffer, Piment, Rosmarin, Thymian, Zimt usw.) für Pastetenfüllungen

Pastetenhaus ↑ vol-au-vent

Pastetenteig ↑ Teig/Sorten

Pasteurisieren [Louis Pasteur, 1822–1895, frz. Biologe, Chemiker und Mediziner] das begrenzte Haltbarmachen von Lebensmitteln und Getränken durch schonendes Erhitzen auf 60–100 °C

pašticada serbokroat.: Rinderbraten mit Speck, Wurzelgemüse, Gewürzen, Oliven, Weißwein usw. (Dalmatien)

Pastille hartes Zuckerkügelchen, -plätzchen mit erfrischenden Zutaten (Menthol, Pfefferminze u. ä.)

Pastinak(e), Hammel-, Hirschmöhre, Moorwurzel, Pasterna, Wurzelrübe Wintergemüse, aromatisch würzig und süßlich, gek. als karottenähnliches (Vollwert-)Gemüse für Suppen, Saucen, Eintöpfe, Gratins oder als Püree, Beilage zu Fleisch usw., roh oder gekocht a. als Salat; gefiederte Blätter wie Petersilie zum Würzen; gute Zeit einh. Okt.–Febr., hält sich in Plastikbeutel im Gemüsefach des Kühlschranks mehrere Wochen (urspr. Eurasien, heute v. a. England, Frankreich, Holland, Skandinavien, Ungarn, USA u. a.)

pastırma Dörrfleisch (meist Rinderlende) mit Knoblauch und Kümmel, hauchdünn in Scheiben oder Streifen geschnitten (Türkei)

pastizio, pastitsio Auflauf aus gewürztem Hackfleisch mit Paniermehl, Tomatenmark, Weißwein und geriebenem Käse, unter einer Hülle aus gek., mit Ei gebundenen Makkaroni im Ofen überbacken (Griechenland)

pasto ital.: Speise; Mahlzeit

Pastorenstück ↑ Rind/Fleischteile, -stücke: Bürgermeisterstück

pastourelle, purée ↑ Hirtenmädchensuppe

pastr'má bulg.: Dörrfleisch

pastry engl.: Backwaren, Torten; Pasteten, Blätterteig

pasulj Eintopf aus Weißen Bohnen und Rauchfleisch, mit Knoblauch und Paprikaschoten gewürzt (Ungarn, Serbien)

Pata Negra ↑ Schinken/Sorten

patata ital., span.: Kartoffel

Patate Süßkartoffel, ↑ Batate

pâte frz.: Teig, Masse; Paste
- **à choux** Brandmasse
- **à frire** Back-, Bierteig
- **brisée** leicht gesalzener Mürbeteig
- **feuilletée** Blätterteig
- **levée** Hefeteig
- **sucrée** süßer Mürbeteig

en – in Teigkruste

pâté frz.: Pastete; a. streichfähige Füllung aus fein zerkleinertem gek. Fleisch, Fett mit Gewürzen und Kochsalz, evtl. Eiern, Pilzen, Rotwein usw. in dünner Teighülle; wird kalt oder warm, oft mit Sauce, verzehrt; ↑ a. Pastete, Terrine
- **– de campagne** kräftige Bauernpastete aus versch. grobgeh. Fleisch und Innereien mit Gewürzen, oft ohne Teigkruste
- **– de foie gras** ↑ Pastete/Gänseleberpastete; in Frankreich Gänseleberpastete mit Hülle von geh. Kalbfleisch in Teigkruste
- **– de fromage** Quark-, Käsekuchen
- **– de gibier** Pastete mit mind. 20% (aber meist nicht mehr) Wildfleisch
- **– de tête** Schweinekopfsülze, Preßsack
- **– de volaille** Pastete mit mind. 15% (aber meist nicht mehr) magerem Geflügel-, a. Kaninchenfleisch
- **– en croûte** Pastete im Teigmantel
- **– maison** hausgemachte Pastete, Pastete nach Hausmacherart

Paterkorn Kornfrucht, ↑ Buchweizen

pâtes (alimentaires) frz.: Nudeln, Teigwaren

patience frz.: Garten-, Gemüseampfer
- **♀ -Gebäck** [Patience, Gedulds-, Kartenspiel] ↑ Russisch Brot

pâtisserie frz.: feines Backwerk; Abteilung in der Restaurantküche, wo diese hergestellt wird; Feinbäckerei, Konditorei

Patisson, pâtisson Gemüsefrucht, ↑ Kürbis/Sorten

patlıcan türk.: Aubergine
- **kebabi** ↑ kebap

Patnareis ↑ Reis/Sorten

pato port., span.: Ente

Patti [Adelina P., 1843–1919, ital. Koloratursopran] Geflügelsamtsuppe mit Artischockenpüree und Artischockenwürfeln; in Kirschwasser getränkte Erdbeeren auf Schokoladeneis mit Schlagsahne

patty engl.: Pastetchen

Pau-Art, à la paloise [Pau, Stadt am Rande der Pyrenäen in Südfrankreich, hat aber nichts mit den folgenden Zubereitungen zu tun] Garnituren aus Grünen Bohnen in Sahne und Nußkartoffeln, zu kleinen gegr. Fleischstücken, oder aus Blumenkohlröschen und Grünen Bohnen in Butter sowie Kartoffelkroketten, zu großen gegr. Fleischstücken in Holländischer Sauce; Béarnaisesauce mit Minze statt Estragon

pauchouse frz.: Fischsuppe, ↑ pochouse

Paupau-Suppe Suppe aus Melone, Papaya, Zwiebeln, Milch und Papayasaft, mit Macis und Pfeffer gewürzt (Afrika)

paupiette frz.: Roulade, dünne Kalb-, Rind-, a. Lammfleisch- oder Fischscheibe, mit Farce bestrichen, eingerollt und geschmort

Pavese in Schmalz geb. Weißbrotschnitte, ↑ Pafese

pavese, (zuppa alla) [ital.: Suppe aus Pavia] klare Fleischbrühe über in Butter goldbraun gebr. Brotscheiben und darüber aufgeschlagenen Eiern, mit weißem Pfeffer und geriebenem Parmesankäse gewürzt

pavo span.: Truthahn

pawpaw Karibik: Papaya

paw pia tod knusprige Pfannkuchenrolle mit süßsaurer Füllung aus Schweine-, Garnelenfleisch und Bohnensprossen (Thailand)

paysanne, (à la) ↑ Bäuerinnen-Art

Pazifiklachs Lachsart, ↑ Lachs

Pecannüsse, reich an energetischen Stoffen

Aufzucht von Peking-Enten in China

Pazifische Rotzunge Plattfisch aus dem Meer, ↑ Rotzunge, Pazifische

pea engl.: Erbse

peach engl.: Pfirsich

peanut engl.: Erdnuß

peau frz.: Haut

Pecannuß, Hickory-, Pekannuß [Indianer der südl. USA: *pecan*, schwer zu öffnende Nuß] Frucht eines Walnußbaums, der Walnuß ähnlich, aber dünnere Schale und feiner, leicht süßlicher Geschmack, wie diese genießbar, roh zum Knabbern, (geh.) als aromatische Zugabe zu Gemüsen, Kartoffeln, Füllungen, Salaten, Fisch, Gebäck, Desserts, Speiseeis usw.; hält sich bei Raumtemperatur 2 Mon., im Kühlschrank oder kühlen Keller 9 Mon., tiefgekühlt bis 2 Jahre (Mississippi-Gebiet, Südstaaten der USA, a. Mexiko, Westeuropa, Indien, Australien)

pecan pie Mürbeteigkuchen mit Füllung aus geh. Pecannüssen, Butter, Honig, Sahne, a. Rum, mit Nußhälften oder geh. Nüssen garniert (USA)

peces span.: Fische

pêche frz.: Pfirsich
  - Melba ↑ Pfirsich Melba

pečne, pečený serbokroat., tschech.: gebacken, gebraten, geröstet

Pecorino [ital. *pecora*, Schaf] gepreßter Käse aus Schaf-, manchmal a. mit Kuh-, Ziegenmilch, kompakter, körniger Teig, 36–40% Fett i. Tr., haselnussig mild, mit zunehmendem Alter immer pikanter, als Reib-, jung aber a. als Tafelkäse verwendbar, eignet sich a. zum Überbacken und Füllen; gute Zeit frisch Dez.–Mai, alt das ganze Jahr, hält sich am Stück luftdurchlässig verpackt im Gemüsefach des Kühlschranks mehrere Wo., gerieben luftdicht verpackt im Kühlschrank oder Tiefkühlfach wenige Tage (Italien inkl. Sardinien, Sizilien); ↑ a. Romano

peixe port.: Fisch

Pekannuß ↑ Pecannuß

Peking-Ente, Bĕ-jīng tián-yā chin. Eßkunstwerk, das 4 Tage Zubereitung braucht: die durch ein kl. Loch unterm Flügel ausgenommene, gesäuberte, mit Malzzucker bestrichene, an der Luft getr., mit kochendem Wasser gef. Ente (↑ Ente/Arten) mit Luft zwischen Haut und Fleisch wird im Spezialofen oder über offenem Holzkohlenfeuer gebraten und in mehreren Gängen serviert: zuerst die eingelegten Eier, Leber, Flügel, Magen, Schwimmhäute als kalte Vorspeise, dann Suppe aus Fleisch, Zunge, Bauchspeicheldrüse und Schwimmhäuten, Herz, Muskelmagen, Leber (mit Grünkohl und Morcheln), schließlich die lackrote, knusprige Haut mit 80–100(!) Fleischteilen, die von Hand in papierdünne Pfannkuchen aus Weizenmehl gerollt und in eine dicke, halbsüße Sauce (jiang) aus Sojabohnenmus, Sesamöl und Zucker getaucht werden; der übriggebliebene Rumpf samt Fleischresten wird später weiterverwendet (Peking, Nordostchina)

Pekingkohl ↑ Kohl/Chinakohl

Peking-Sauce ↑ Hoisin-Sauce

pekmez Balkan, Österreich: Pflaumenmus, ↑ Powidl

Pektin pflanzliches Gewebe aus sauren, unreifen Früchten, meist Äpfeln, a. Aprikosen, Johannis-, Preisel-, Stachelbeeren, Rüben, Zitrusschalen mit unverdaulichen Nahrungsfasern, flüssig oder als Puder im Handel, zum Gelieren, Dick- und Steifmachen von Gelees, Konfitüren, Marmeladen, Tortengüssen usw.; kann verpackt bis 12 Mon. tiefgekühlt werden

Pelamide Meerfisch, ↑ Bonito, Atlantischer

Pélardon einer der feinsten frz. Ziegenkäse, weicher, kompakter Teig, 45% Fett i. Tr., mild nussig (Languedoc, Südwestfrankreich)

Pelati ↑ Tomate/Arten

Pelau Langkornreis und Gericht daraus, ↑ Pilaw

pelé(e) frz.: geschält

Pellkartoffeln ↑ Kartoffel/Zubereitungen

pelmeni kl. Taschen aus Eiernudelteig mit Fleisch- oder anderen Füllungen, heiß mit geschmolzener Butter oder saurer Sahne, geh. Dill und Petersilie serviert (Sibirien, Litauen u. a.)

pelure frz.: Haut, Schale

Pemmikan Dauerfleischware, an der Sonne getrocknete oder geräucherte, gestampfte Fleisch- und Fettstücke, urspr. vom Büffel (Indianer Nordamerikas)

penne [ital. *penna*, Feder] kl. diagonal geschn., gerippte Röhrennudeln aus Hartweizengrieß, zu Saucen, sugo usw.

pepe ital.: Pfeffer

peperkoek holl.: Pfefferkuchen

peperonata Gemüseragout aus Paprikaschoten, reifen Tomaten, Knoblauchzehen und/oder Gemüsezwiebeln, Peperoncino, Kapern, Weinessig usw., ausgezeichnet warm oder kalt zu gek. Fleisch

peperoncino ital.: Gewürzpaprika, Chili

peperone ital.: kl. scharfe Pfefferschote, Züchtung des Gewürzpaprikas; in Italien a. milde Schote des Gemüsepaprikas, ↑ Peperoni

Peperoni kl. scharfe Paprikaschoten, ↑ Chili; ugs. Name a. für Gemüse- oder Gewürzpaprika

Pepino, Birnenmelone, Melonenbirne Südfrucht, sehr saftig und süß, melonenähnlicher, aber etwas fader Geschmack, läßt sich geschält roh essen sowie zu Vorspeisen (mit Garnelen, Schinken usw.), in Obstsalaten oder zu Desserts verwenden; bei +7–10 °C 1 Wo. haltbar (urspr. Kolumbien oder Peru, dann übriges Südamerika, USA, a. Neuseeland, Südafrika, Spanien, Rußland u. a.)

pepper engl.: Pfeffer
 – **pot** ↑ Philadelphia pepperpot

Pepperoni schnittfeste, mittel- bis feinkörnige Rohwurst aus Rind-, Schweinefleisch und Fettgewebe, meist geräuchert und ohne Hülle

pequén Fleischpastete (Chile)

perche frz: Flußbarsch, Egli

perdreau frz.: weniger als ein Jahr altes Rebhuhn

perdrix frz.: das jagdbare Rebhuhn

perejil span.: Petersilie

Peretti ↑ Tomate/Ovale Tomate

Pergamon [antike Stadt in Westanatolien mit monumentalem Zeus-Altar, der heute in einem Berliner Museum steht] Garnitur aus Kartoffelkroketten und Trüffelscheiben, zu kl. Fleischstücken in Madeirasauce

Périgord-Art, (à la) périgo(u)rdine [Périgord, Landschaft im Südwesten Frankreichs, berühmt für ihre Schweine, Gänse, Steinpilze, insbes. aber Gänse-, Entenlebern und Trüffeln] mit Gänse-, Entenleber, Trüffeln und/oder sauce périgourdine; ↑ a. Sauce/sauce Périgueux

Périgueux ↑ Sauce/sauce Périgueux

Perilla Gewürz- und Ölpflanze, ↑ shiso

Perkölt Gulaschgericht, ↑ Pörkölt

Perlbohne ↑ Bohne/Sorten

Das Perlhuhn, ein schöner Hühnervogel

Perlgerste entspelzte Gerstenkörner, ↑ Graupen

Perlgraupen extrafeine ↑ Graupen

Perlhuhn, pintade zierlicher Hühnervogel, das von Feinschmeckern bevorzugte Huhn, 800–1000 g schwer, heute vorw. in Farmen aufgezogen und 8–14 Wo. alt geschlachtet, feines aromatisches Fleisch mit zartem Wildgeschmack, bei uns a. tiefgefroren erhältlich (langsam auftauen!), wird nicht durchgebraten, sonst gern trocken und zäh, läßt sich wie Fasan zubereiten (urspr. Nordafrika, heute a. Frankreich, Polen u. a.)

Perllauch ↑ Zwiebel/Perlzwiebel

Perlpilz, Rötender Wulstling zarter Lamellenpilz, jung süßlich, später nicht bes. angenehm, sehr madenanfällig und nicht roh genießbar, muß bei abgezogener Huthaut gut gebr., ged. oder gek. werden, a. als Mischgemüse verwendbar; gute Zeit Juni–Okt.

Perlsago ↑ Sago

Perlwürstchen ↑ cipollata

Perlzwiebel ↑ Zwiebel/Sorten

persane, (à la) ↑ Persische Art

persil frz.: Petersilie

persillade frz.: Würzmischung aus feingeh. Petersilie und Knoblauch, a. mit Brotkrumen und/oder Zitronensaft, wird einem Gericht vor Ende der Garzeit zugegeben

persillé frz.: mit Petersilie zubereitet oder bestreut; Fleisch: von weißen Fettadern durchzogen; Käse: grünblaugeädert, mit Schimmelpilz

Persimone, Dattelpflaume mispelähnliche Beerenfrucht, hellgelbes Fleisch mit vielen Kernen, stark gerbstoffhaltig, läßt sich roh verzehren (urspr. USA, insbes. Kalifornien, a. China, Japan)

Persipan [lat. *persicus*, Pfirsich] marzipanähnliche Backmasse aus süßen oder entbitterten Aprikosen-, a. Pfirsichkernen, Kartoffelstärke und Puderzucker, zum Verzieren von Gebäck, als Ersatz für Marzipan

Persische Art, (à la) persane [Persien, islamische Republik in Vorderasien, heute Iran] Garnitur aus in Öl angebr. Auberginenscheiben, mit Piment geschmolzenen Tomaten und in Öl ausgeb. Zwiebeln, zu Hammel-, Lammfleisch; Pilaw-Reis mit Würfeln von mit Zwiebeln usw. gewürztem Hammelfleisch, mit flüssigem Hammelfett übergossen

Peruanische Art, à la péruvienne [Peru, Republik im südwestl. Südamerika] Garnitur aus mit ihrem Mark, geh. rohem Schinken und Hühnerfleisch gef., geschm. Sauerkleeknollen, zu kl. Fleischstücken in leichter Tomatensauce

pescado span.: Fisch; Fischgericht

pesce (pesci) ital.: Fisch(e)

pesto [ital.: gestoßen, zerrieben] kalte, aromatische Würzpaste aus im Mörser zerstoßenen Knoblauchzehen, Pinien-, a. Walnußkernen, frischem Basilikum, grobem Salz und/ oder schwarzem Pfeffer mit Olivenöl und geriebenem Parmesankäse, zu Teigwaren (Spaghetti, trenette u. ä.), Gnocchi, Fleisch, Fisch, Krustentieren, grünem Gemüse, für Salatsaucen, Kräuterbutter usw., a. in Tuben erhältlich (Ligurien, nördl. ital. Mittelmeerküste)

Peter der Große [russ. Zar, 1682–1725] Rinderkraftbrühe mit Streifen von Kopfsalat, Weißen Rüben, Sellerie, Champignons und Kerbel; Champignonsamtsuppe mit Haselhuhnpüree, Streifen von Knollensellerie und Möhren sowie Wodka; Samtsuppe mit Knollenselleriepüree und Knollensellerieüwrfeln

Peterle, Peterlein, Peterli südd., schweizerd.: Petersilie

Peterling Hefekuchen vom Backblech mit Belag aus Eiern, Sahne, viel geh. Petersilie und gewürfeltem Frühstücksspeck, gut zu Wein (Baden-Württemberg)

Petermännchen, Queise eher unterbewerteter Meerfisch, festes, etwas trockenes, aber sehr aromatisch-schmackhaftes Fleisch, meist ohne Kopf und (wegen der giftigen Stacheln) Rückenflosse im Handel, a. geräuchert oder gefroren; läßt sich (filetiert) braten, überbacken, pochieren, a. für Fischsuppen geeignet (Ostatlanik, Mittelmeer)

Petersfisch, Christusfisch, Heringskönig, Martinsfisch, Sankt-Peter-Fisch, saint-pierre [runder schwarzer Fleck auf den Seiten, nach der Legende die Fingerabdrücke des Apostels Petrus, da er dem Fisch als Tribut für Jesus ein Goldstück aus dem Maul zog] feiner Meerfisch, weißes, wohlschmeckendes, aber empfindliches Fleisch; sollte natürlich glänzende Haut haben, gut erhaltene Rückenflosse und leuchtend rote Kiemen; eignet sich (meist filetiert, mit viel Abfall) für alle Zubereitungen (Ostatlantik, Mittelmeer, Schwarzes Meer, um Neuseeland, Australien, Japan); Name a. eines im See Genezareth gezüchteten Süßwasserfisches, dem Karpfen ähnlich, wenig aromatisches Fleisch, läßt sich braten, grillen, kochen (Israel)

Petersilie, Peterlein, Silk [griech. *petrosélinon,* Felsenteppich] Küchenkraut, Universalgewürz, regt Appetit und Verdauung an, wirkt gegen Blutarmut, Infektionskrankheiten, Rheuma, schmeckt roh süßlich-würzig, warm prickelnd scharf, *glattblättrig* kräftig aromatisch, wird aber schnell welk, Blätter und Stengel geh. oder zerschnitten und kurz mitgekocht als Würze, *krausblättrig* milder, zum Fritieren, Garnieren, Dekorieren, *Stiele* oder, besser, dünne weiße *Wurzeln* (Herbst, Winter) als Gemüse oder zur Verfeinerung von Bouillons, Fischsud u. ä.
Petersilie paßt zu praktisch allen salzigen Gerichten, insbes. zu Suppen, Fleisch, Fisch, Gemüsen, gek. Kartoffeln, Eiergerichten, Omeletts, Sandwiches, Salaten, in (Kräuter-) Saucen, Gewürz-, Kräutermischungen, Quark; wird erst zum Schluß der Garzeit zugegeben; beste Zeit einh. Mitte Apr.–Nov., Wurzeln Okt.–Frühling, aber das ganze Jahr im Handel; läßt sich in Essig einlegen und gut tiefkühlen (urspr. südöstl. Mittelmeerraum, inzw. ganz Europa, insbes. Frankreich, Holland, Osteuropa u. a.)

Petersilienkartoffeln mit Petersilie bestreute Butterkartoffeln

Petersilienöl ↑ Öl/Sorten

petis indon.: Sülze; Garnelen in Sülze

petit frz.: klein
- **déjeuner** Frühstück
- **-duc** [(Klein-)Herzog] Garnitur aus mit Geflügelpüree gef. Torteletts, Spargelspitzenbündeln und Trüffelscheiben, zu kl. Fleischstücken
- **-e mariée, consommé** ↑ Bräutchensuppe
- **-e marmite** kl. Suppentopf, klare Kraftbrühe mit Rindfleisch, Ochsenschwanz, Markknochen, Geflügel(klein) und den Gemüsen des ↑ pot-au-feu
- **four** [frz.: kl. Backwerk] Konfektgebäck, Minitörtchen, die Kleinkunst des Konditors
- **pain** Brötchen, Semmel, Wecken
- **pois** frische, junge Grüne Erbsen

Gefüllter Pfannkuchen

- **radis** Radieschen
- **salé** Pökelfleisch
- **-suisse** Doppelrahmfrischkäse, ↑ Suisse

pétoncle frz.: Kammuschel

Petrarca [Francesco P., 1304–1374, ital. Dichter und Humanist] Rinderkraftbrühe mit Porreestreifen, gehobelten, gerösteten Pistazienkernen und überkrusteten Käsetoaststücken

pe tsai chin.: Chinakohl

petto ital.: Brust

peumo Holzgewächs, dessen Blätter als Gewürz verwendet werden (Chile)

peynir türk.: Käse

pez span.: Fisch
- **espada** Schwertfisch

Pfaffenkümmel Gewürz, ↑ Kreuzkümmel

Pfaffenlaus kl. Süßwasserfisch, ↑ Kaulbarsch

Pfahlmuschel eßbare Meermuschel, ↑ Miesmuschel

Pfälzer (Jagdwürstchen) [Pfalz, Kulturland in Rheinland-Pfalz] Brühwürstchen aus feingekuttertem Rind-, Schweinefleisch und Speck mit erbsengroßen Einlagen

Pfälzer Bratwurst grobes Brühwürstchen aus gewürztem Schweinefleisch, meist roh angeboten, erst gebrüht, dann gebraten verzehrt

Pfälzer Hausmacher Blutwurst Wurst aus bluthaltiger Schwartenmasse mit erbsengroßen Speckwürfeln

Pfälzer Himmelreich Nudelgericht, ↑ Himmelreich

Pfälzer (Hausmacher) Leberwurst grobe Kochstreichwurst aus Schweinefleisch, Flomen, Speck und mind. 20% Leber

Pfälzer Saumagen ↑ Saumagen, Pfälzer

Pfälzer Schneebällchen Klößchen aus gek. Kartoffeln, Mehl und Gewürzen

pfannenfertig Lebensmittel oder Fertiggericht, das bereits alle Zutaten enthält und nur noch erhitzt werden muß

Pfannfisch, Pannfisch Gericht aus gek., entgräteten Fischstücken, Bratkartoffeln, Speck und Senf, mit Zwiebelringen belegt, mit geschmolzener Butter begossen, mit geh. Petersilie bestreut (Norddeutschland)

Pfannkuchen Eierkuchen, ↑ Ei/Zubereitungen, a. Berliner Pfannkuchen, blin, crêpe, frittata, Palatschinken, pancake, tortilla
   -teig ↑ Eierkuchen

Pfeffer (A) [altind. *pippalī*, Pfefferkorn] korngroße Beerenfrucht eines Kletterstrauchs, das bekannteste, meistverwendete Gewürz der Welt, bekömmlich, wirkt appetitanregend und verdauungsfördernd, gesünder als Salz und deshalb diesem vorzuziehen, leicht süßlicher Geruch, würzig scharfer Geschmack; kommt in drei Sorten vor: *Grüner Pfeffer,* ausgewachsen, aber noch grün, unreif gepflückt in Salzlake, Essig oder Alkohol eingelegt oder schockgetrocknet, ganz oder zerdrückt mild fruchtig, frisch bes. aromatisch, zu hellen Saucen, Fleisch-, Currygerichten, gegr. Fisch, Gemüseeintöpfen und -speisen, Kräuterbutter, Quark, Salaten, Omeletts, eingelegten oder getr. Früchten, (urspr. Vorderindien); *Schwarzer Pfeffer,* unreif gepflückt und getrocknet, die würzigste Sorte, aromatisch und scharf, ganze Körner immer mitkochen, gemahlene erst zum Schluß beigeben, zu dunklem Fleisch, gebr., gek. Fisch, Kohl, Pilzen, dunklem Saucen u. v. m.; *Weißer Pfeffer,* rot, reif gepflückt, gewaschen (wodurch sich die Schale ablöst) und getr., die mildeste Sorte, zu hellen Suppen, hellem Fleisch, Geflügel, gebr., gek. Fisch, Gemüsen, Pilzen, Aufläufen, Teigwaren, hellen Saucen u. v. m.
Je schwerer das Pfefferkorn, desto besser ist es, sollte immer als Ganzes unzerteilt gekauft und erst vor Gebrauch gemahlen, geschrotet (weniger scharf) oder zerstoßen und i. a. erst gegen Ende der Garzeit zugegeben werden, hält sich dunkel, kühl und trocken aufbewahrt ungemahlen 3–5 Jahre, gemahlen 2–3 Jahre (urspr. Südindien, Indonesien, heute a. Ceylon, Brasilien und weitere trop. Gebiete); ↑ a. Cayennepfeffer, Piment, Rosa, Roter Pfeffer, Szechuanpfeffer

Pfeffer (B) Ragout von in Marinade aus Weinbrand oder Cognac und geh. Zwiebel eingelegten Wildfleischstücken (Gemse, Hase, Hirsch, Reh usw.), mit Möhren, Zwiebeln und Speck angebraten, mit Knoblauch, Kräutersträußchen, Rotwein usw. gewürzt und geschmort

Pfeffer, kolumbianischer, spanischer, türkischer ↑ Chili, Paprika/Gewürzpaprika

Pfefferfenchel Würzpflanze, ↑ Fenchel/Gewürzfenchel

Pfeffergürkchen ↑ Gurke/Sorten: Einlegegurke

Pfeffergurke kl. in Wasser, Essig, Salz, Zucker mit Cayennepfeffer, Dill, Estragon, Gurkengewürz, Pfefferkörnern u. ä. eingelegte Gurke

Pfefferkorn ↑ Pfeffer (A)

Pfefferkraut Küchenkraut, ↑ Bohnenkraut

Pfefferkuchen kräftig gewürzter Lebkuchen

Pfefferkümmel Gewürz, ↑ Kreuzkümmel

Pfefferminzbonbon, -drops Zuckerware aus Fondant und Pfefferminzöl, oft mit Schokolade o. ä. gefüllt

Pfefferminze, Balsam, Englische, Grüne, Krause Minze, Schmeckerts Würzkraut, Kreuzung zwischen Grüner Minze und Wasserminze, 1696 in Herdfordshire, England,

Die krausen, gezähnten Blätter der Pfefferminze

gezüchtet, wirkt appetitanregend und verdauungsfördernd, als erfrischend kühlender Aromaträger vielseitig verwendbar, als Zugabe zu Fleisch, Gemüsen, Saucen, Essig bis zu Obstsalaten, Desserts, Sorbets, Sirups, Tees und Kaugummi; Mai–Sept. im Handel, Juni–Aug. am besten (nördl. gemäßigte Zone vom Mittelmeer bis Nordeuropa, Osteuropa, Balkan, subtrop. Länder)

Pfefferminzöl ↑ Öl/Sorten

Pfefferminzrolle Pfefferminztabletten aus Pfefferminzöl und Puderzucker

Pfefferminzsauce ↑ mint sauce

Pfeffernuß, Braunkuchen kl. rundlicher, kräftig gewürzter Lebkuchen, ↑ Lebkuchen, Brauner, a. Moppen

Pfefferone, Pfefferoni österr.: Pfefferschote, (Gemüse-)-Paprika, aber a. kl. scharfe Pfefferschote

Pfefferpotthast [westfälisch *Pott,* Topf, *Hast,* gek. Fleisch] Ragout aus mit viel Zwiebeln gek., stark gepfefferten mageren Rindfleischwürfeln (Rippe), dazu mit geriebenem Zwieback oder Weißbrot gebundene Sauce, eingelegte Rote Rüben, Gewürz- oder Pfeffergurken und Salzkartoffeln (Westfalen)

Pfifferling, der Speisepilz schlechthin

Pfeffersauce ↑ Sauce/sauce poivrade

Pfefferschinken ↑ Schinken/Sorten

Pfefferschote Würzfrucht, ↑ Chili, a. Paprika

Pfeffersteak, steak au poivre mit grob zerstoßenem (weißem) Pfeffer gewürztes Rindsteak

Pfeifente ↑ Ente/Wildente: Schwimmente

Pfeilhecht Raubfisch, ↑ Barrakuda

Pfeilwurz(mehl), Arrowroot, Maranta, Tike-, Tikor-, Tikurmehl feines Stärkemehl aus der Knolle der trop. Maranta-, a. Kurkuma-, Maniokpflanze, neutrales, leicht verdauliches Bindemittel (urspr. Guyana, Westbrasilien, heute gesamte Tropen, Subtropen); ↑ a. Maniok, Sago, Tapioka

Pferdebanane Bananensorte, ↑ Banane/Gemüsebanane

Pferdebohne ↑ Bohne/Ackerbohne, Dicke Bohne

Pferdefleisch in unseren Breiten noch vielfach tabu, da es einst als heidnisch galt und von der jüdischen, christlichen Kirche verboten wurde; ist jedoch bes. zart und schmeckt kräftig, aber leicht süßlich; braucht zum Garen länger als Rindfleisch, kann von mehr als 2 Jahre altem Tier nur noch als Sauer-, Schmorbraten zubereitet werden

Pferscher Tirol: Pfirsich

Pfifferling, Dotterpilz, Eierpilz, -schwamm, Galuschel, Geelchen, Gelbling, Gelbröhrchen, Rehling [mhd. *pfefferlinc* nach dem leicht pfeffrigen Geschmack] einer der beliebtesten Speisepilze, bleibt lange frisch, ist aber durch rüchsichtsloses Pflücken rar geworden und läßt sich (bisher) nicht züchten; milder, angenehm pfeffriger Geschmack, aber gern zäh und, obwohl kalorienarm, schwer (ohne Haut leichter) verdaulich; jung besser als alt, kann roh nicht gegessen werden, sollte, gründlich geputzt oder gewaschen, immer kurz angebraten und erst anschließend ged., blanchiert, gek., sautiert werden, bis fast alle Flüssigkeit verdampft ist, eignet sich aber a. zum Einlegen und Sterilisieren; hält sich trocken auf einem Tuch im Gemüsefach des Kühlschranks 1–2 Tage, kann roh blanchiert und/oder ged. (nur bedingt, wird gern bitter und zäh) bis 10 Mon. eingefroren werden; gute Zeit einh. Juli–Nov., sonst aus Polen, Slowakei, Tschechien, ehem. Jugoslawien, Türkei, a. Frankreich, Spanien, Portugal, Kanada, Kalifornien, USA u. a.

Pfirsich [lat. *persicum,* persischer Apfel] Steinfrucht mit samtener Haut, gr. Kern und gelbem oder (aromatischer)

weißem Fleisch, leicht verdaulich und magenfreundlich, wirkt lindernd, harntreibend und schleimlösend, saftig und süß, schmeckt roh (a. mit anderen Früchten zusammen) am besten, a. als Obstsalat, Kuchenbelag, Kompott, rohes Püree, zu Quark, Sahne, Speiseeis usw.; beste Zeit Juni–Aug.; kann gelbfleischig entsteint, in Zuckersirup und verpackt gut bis 12 Mon. eingefroren werden, eignet sich weißfleischig nicht zum Tiefkühlen (urspr. China, Ostasien, a. im Sommer Südwestdeutschland, Österreich, Schweiz, Italien, Frankreich, Griechenland, USA, im Winter Südafrika, Argentinien, Uruguay u. a.)

Pfirsich Melba, Coupe Melba, pêche Melba [1892 vom frz. Meisterkoch Auguste Escoffier im Savoy-Hotel London für die dort gastierende austral. Koloratursängerin Nellie Melba kreiert] Süßspeise aus in Vanillesirup pochierten Hälften weißer Pfirsiche auf Vanille-Eis, mit Himbeerpüree, -sauce übergossen

Pfitzauf Schaumauflauf aus Mehl, Milch, Eiern usw., im Förmchen geb. und gestürzt, mit Puderzucker (und Kompott) als Nachtisch, ohne Zucker zu grünem Salat u. ä. (Baden-Württemberg)

Pflanzel, Pflanzl, Pflanzerl Frikadelle aus Hackfleisch; a. kl. Suppeneinlage aus Grieß, Mehl oder Semmeln (Bayern)

Pflanzenfett aus fetthaltigen pflanzlichen Rohstoffen gewonnenes Fett, bei Zimmertemperatur fest oder halbfest; ↑ a. Öl/Pflanzenöl

Pflanzengelatine Dickungsmittel, ↑ Agar-Agar

Pflanzenöl ↑ Öl/Sorten

Pflanzerl ↑ Pflanzel

Pflasterstein Lebkuchen (↑ Lebkuchen, Brauner) in Form eines Pflastersteins, mit Zucker überzogen

Pflaume [griech. *proûmnon*] Steinobstfamilie, rundliche bis ovale, dunkelblaue, violette, rote oder gelbe Früchte, regen, v. a. gedörrt, Appetit und Darmtätigkeit an, wirken blutreinigend, fiebersenkend, gute Diätfrüchte; können entsteint und gezuckert verpackt bis 9 Mon. tiefgefroren werden (urspr. Vorderasien, Kaukasus, Turkestan, inzw. ganze Welt, v. a. Balkan, Mittelmeerländer, Mitteleuropa, Kalifornien, USA); es gibt etwa 2000 Pflaumensorten, darunter:

Mirabelle [im 15. Jh. von König René von Anjou aus Asien nach Frankreich eingeführt] kirschengroß und orangegelb, leichtlöslicher Kern, festes, sehr süßes Fleisch, zum Rohessen, Einmachen (mit Kern), Einlegen, als Kompott, a. zum Dörren; gute Zeit Juni–Aug.; läßt sich in Zuckersirup bis 12 Mon. tiefkühlen

Pflaume, Eier-, Rundpflaume rundlich mit stumpfen Enden, dunkelrote, violette, rote oder grüngelbliche Schale mit Bauchnaht, Kern fest im weichen, saftigen Fruchtfleisch, süßsäuerlich aromatisch, frühe Sorten (Sommerpflaumen) zum Rohessen, spätere Sorten (bis Okt., süßer und saftiger) für Kompott, Kuchen, Marmelade, Rote Grütze, rohes, gek. Püree usw., a. süßsauer eingelegt; gute Zeit Juli–Sept. (Balkan, Mittelmeerländer, Deutschland u. a., westl. USA)

Reneklode, Reineclaude, Prunelle, Ringlotte [urspr. Armenien, nach der frz. Reine Claude, Gemahlin des Königs Franz I.] kugelig mit gelber, grüner, a. roter Schale und festhaftendem Kern, helles Fleisch, feines Aroma, zum Rohessen oder als Kompott, Konfitüre, Konserve, a. zum Trocknen, gute Zeit Juli–Aug., läßt sich in Zuckersirup bis 12 Min. tiefkühlen

Zwetsche, Quetsche, Zwetschge, Zwetschke [lat. *damaszena*, die Damaszenerin] länglich oval mit spitzen Enden und blau-violetter Schale, aromatisch saftiges, säurehaltiges Fleisch, am meisten Zucker, am wenigsten Wasser, je reifer und später, desto süßer, leicht entsteinbar, läßt sich roh essen, aber a. gut (zu Pflaumenmus, Kompott, für Kuchen usw.) verarbeiten, dörren (zu Fleisch, Geflügel usw.), einmachen, einlegen; gute Zeit einh. Aug.—Mitte Okt., hält sich länger als die übrigen Sorten, läßt sich gut ohne Zucker ganz bis 6 Mon., halbiert bis 8 Mon. tiefkühlen (urspr. Kleinasien, heute a. Mitteleuropa, Balkan, Kalifornien)

Pflaumen|mus, Zwetschgensülz, Zwetsch(g)enmus Brei aus eingek. Pulpe oder Mark von frischen Pflaumen oder Zwetschgen mit wenig Zucker, a. Milch-, Wein- und/oder Zitronensäure, als Brotaufstrich, Gebäckfüllung usw.; ↑ a. Knödel, Powidl

-röster, Powid(e)l österr.: Mus aus reifen, entkernten blauen Zwetsch(g)en, a. Pflaumen mit Zucker und abgeriebener Zitronenschale

Pflückerbse Hülsenfrucht, ↑ Erbse

Pflückkohl Wintergemüse, ↑ Kohl/Grünkohl

Pflücksalat Gruppe von Salatpflanzen, ↑ Salat/Blattsalat

Pflückspinat Gemüsepflanze, ↑ Neuseeländer Spinat

Pflutten, Flutten, Plute(n) schwäb., schweizerd.: Mehlspeise aus in Fett gerösteten Mehlteigflocken; ↑ a. Kartoffelflutten

Pfote, Pfötchen ↑ Schwein/Fleischteile

Pfundkuchen, pound cake, quatre-quarts urspr. Kuchen aus je gleichen Mengen (ein Pfund) der Hauptzutaten Fett, Eier, Getreideerzeugnisse und/oder Stärke sowie Zucker; heute meist langer oder runder Kuchen aus Sand- oder Rührmasse, oft mit Trockenfrüchten, Kakaopulver oder Ölsamen gebacken

Philadelphia pepperpot [Philadelphia, viertgrößte Stadt der USA im Staat Pennsylvania] deftige Wintersuppe aus in Stücke geschn. Kutteln, fettem Schweinerücken, Kartoffeln, Porree, Sellerie, Zwiebeln und grünem Pfeffer in Fleischbrühe mit Kräutern (Lorbeer, Petersilie, Rosmarin, Sellerieblätter, Thymian usw.) und Körnern weißen Pfeffers, lange bedeckt gekocht

Phosphat Salz und Verbindung der Phosphorsäure mit Eiweiß, Fetten oder anderen organischen Stoffen, kommt im Menschen und in allen Lebensmitteln (v. a. Milch und Milchprodukten) vor, ist für den menschlichen Körper unentbehrlich (Skelett, Zellen, Zähne usw.), a. als Binde- und Frischhaltemittel verwendet

Phosphor chem. Element, ↑ Mineralstoffe

Phyllochinon Vitamin K, ↑ Vitamine

Phylloteig ↑ Teig/Sorten

Physalis exot. Frucht, ↑ Kapstachelbeere

piadina dünner knuspriger Fladen aus Mehl, Hefe, Schmalz und Wasser, a. mit Honig und Mehl, wird anstelle von Brot gegessen und/oder (mit Parmaschinken, Salami, Spinat, Tomaten, Mozzarella, Parmesankäse usw.) gefüllt (Emilia-Romagna, Italien)

piatto ital.: Teller, Gericht, Speise; Gang
  - **del giorno** Tagesgericht
  - **di carne** Fleischgericht

picada [span.: Schnabelhieb] breiige Sauce aus im Mörser zerstampfter Knoblauchzehe mit Petersilie, gerösteten Mandeln, Pinienkernen, Haselnüssen, a. geröstetem Brot in Brühe oder Wasser (Katalonien, Spanien)

picadillo Hackfleisch mit geh. Bananen, Tomaten, Zwiebeln, Kartoffelwürfeln und exot. Gewürzen, als Füllung oder zu Tortillas (Oaxaca, Mexiko)

Piccadilly-Sauce [Piccadilly, eine der Hauptstraßen Londons] sämige Sauce aus Mayonnaise, saurer Sahne, feingeh. Fenchelkraut, Worcester(shire)sauce und Zitronensaft, zu kaltem Fisch (England)

Piccalilli, Senfgemüse geschn. Blumenkohl, Gurken in Scheiben oder Stücken und Perlzwiebeln in gebundener Senfsauce, zu kaltem Fleisch, Fisch u. ä.; ↑ a. Sauce/Picalilli-Sauce

piccata ital.: mit Zitrone zubereitet; insbes. mit Zitronensaft zubereitetes Schnitzel, ↑ Schnitzel, piccata

Pichelsteiner (Fleisch, Topf) [Büchelstein im Bayerischen Wald] trad. deutscher Eintopf aus gewürfeltem Fleisch (Rind, Schwein und/oder Kalb, a. Hammel), grob geschn. Gemüse (Kartoffeln, Möhren, Porree, Sellerieknollen, Wirsing, Zwiebeln usw.), Knochenmark, Gewürzen (Kümmel, Pfeffer), in Fett (Butterschmalz, Öl, Schmalz, Speck) zugedeckt gebraten, dazu meist Bauernbrot und Bier

piche-pache Ragout aus in Butter mit geh. Knoblauch, Zwiebeln gebräuntem Putenklein, Möhren, Weißen Rüben, Weißkohl, in Bouillon mit Knochenmark gek., mit Tomatensauce serviert (Spanien)

picholine frz.: gr. grüne Tafelolive, in Sole oder Olivenöl eingelegt

pickapeppa sauce würzige Sauce aus Mangos, Tamarinden, Zwiebeln mit Gewürzen, Essig, Zucker, Rosinen und Gewürzen (Jamaika)

pickerel England: junger Hecht; Kanada, USA: Hecht

Pickert Pfannkuchen aus Kartoffeln, Mehl, Eiern und saurer Sahne, in der Pfanne gebr. (Lappen-, Pfannenpickert) oder zuerst geb. und dann gebr. (Kastenpickert), versch. Varianten und Zutaten, schmeckt a. aufgewärmt gut, dazu meist Rübenkraut, Kaffee und Korn oder Marmelade (Westfalen)

pickle engl.: Pökel-, Essigsauce; darin eingelegtes Gemüse und/oder Obst; Essig-, Gewürzgurke

pickled engl.: gepökelt, eingesalzen

Picknick urspr. engl.: Landpartie, Mahlzeit im Freien aus mitgebrachten Speisen und Getränken

Picodon fetter Ziegenkäse, weicher Teig, 45 % Fett i. Tr., mild bis pikant nussig, je reifer, desto intensiver, Rinde wird vor Verzehr abgekratzt; gute Zeit Juni–Nov. (Dauphiné, Languedoc, Frankreich)

'pide türk.: Fladenbrot
  - **ramadān, ramazan** Fladenbrot, das im islamischen Fastenmonat gegessen wird

pideli kebap ↑ kebap, pideli

pie engl.: Schüsselpastete, eher mit Teig bedeckt als von Teig umhüllt, versch. Füllungen (Fleisch, Geflügel, Fisch, Gemüse usw.); a. Torte, (mit Obst usw.) gef. Kuchen

shepherd's – [engl. Schäferpastete] aromatisches Gericht aus Zwiebelfleisch mit vielen Kräutern und Gewürzen unter einer Kruste von Kartoffelpüree (England)

pieczeń poln.: Lamm(braten)

pied frz.: Fuß, Pfote; Knolle, Stiel

Piemontese Mastrind-Rasse, ↑ Rind

Piemonteser Art, alla piemontese, (à la) piémontaise [Piemont, hist. Landschaft zwischen Alpen und Po-Ebene in Oberitalien, Heimat der weißen Trüffeln und edler Weine] mit einfachem Risotto ohne Safran oder Tomaten, evtl. jedoch weißen Trüffeln; mit Polenta, Ravioli, Makkaroni; Gebäck mit Haselnüssen

Piemonteser Salat Tomatenwürfel, Scheiben von weißen Trüffeln und körnig gek. Reis in Essig-Öl-Sauce mit Knoblauch

Piesl Tirol: Mangold

pietanza ital.: Gericht, Speise
– **d'uova** Eierspeise

Pieukerke Salat aus Huhn-, Trüffelstreifen, Grünen Bohnen und weißen Spargelköpfen in Mayonnaise, mit roten und grünen Paprikaschoten garniert

pig engl.: Ferkel, Schwein

pigeon engl., frz.: Taube

Pignol(i)e österr., schweizerd., südd.: Pinienkern

pignolo ital.: Pinienkern

pike engl.: Hecht

Pilaf Langkornreis(gericht), ↑ Pilaw

pilâki Gericht aus Porree, Öl und Zitrone mit versch. Beilagen, Bohnen, Fisch usw. (Türkei)

pilâv türk.: Pilaw, Reisgericht

Pilaw, Pelau, Pilaf, Pilau, Pilav urspr. locker, körnig ged. Langkornreis, später a. Gericht damit sowie mit Hammel- und/oder Hühnerfleischwürfeln, Hammelfett usw., unzählige reg. und lokale Varianten (Orient u. a.)

Pilchard ausgewachsene, größere ↑ Sardine

piletina serbokroat.: Hühnchen

Pilézucker ungeformte, unregelmäßige Stücke Rohrzucker

Pilgermuschel Meeresweichtier, ↑ Jakobsmuschel

Pillekuchen, Pillekoken, Pinnchenskuchen [niederrheinisch Pille, dünner Stift] Eierkuchen aus Weizenmehl mit in Fett ged. rohen Kartoffelstiften, Räucherspeckwürfeln, saurer Sahne usw., in Öl knusprig gebacken (Bergisches Land, Nordrhein-Westfalen)

pil-pil Hirse-, Weizenvollkornschrot, reich an Eiweiß und Mineralsalzen, für Suppen, zu Gemüsen, Pürees, als Salat usw., wertvolle vegetarische und Vollwertkost (Nordafrika); ↑ a. tabboulet

Pilze, Schwämme [griech. *bōlítēs*, lat. *boletus*] die unterste, blattgrünfreie Art der Sporenpflanzen, im engeren Sinn die eßbaren Fruchtkörper höherer Sporenpflanzen, etwa 40 000 Arten, werden gebräuchlich in versch. Ordnungen unterteilt, u. a. *Blätterpilze* mit strahlig angeordneten Blättern sowie Lamellen auf der Hutunterseite und *Röhrenpilze* mit Röhren auf der Hutunterseite (werden bei gr. schwammigen Exemplaren herausgeschnitten); beliebtes Nahrungsmittel, das allerdings wegen der steigenden Umweltbelastung mit Ausnahme der gezüchteten Exemplare nicht mehr uneingeschränkt genießbar ist; oft schwer verdaulich, aber verdauungsfördernd; können am Fundort bei festem Fleisch nicht zu alt und ohne Maden in offenen, luftdurchlässigen Körben gesammelt werden, aber Achtung: nur genau bekannte oder anhand von Pilzbüchern zweifelsfrei bestimmbare Sorten aufnehmen, bei Bedenken – obwohl nur 2%, einige davon bloß zeitweise und je nach Lage giftig sind – einer Pilzberatungsstelle zur Prüfung vorlegen.

Pilze sollten beim Einkauf fest, aber saftig sein und ohne feuchte Stellen; luftig, trocken und kühl (aber nicht im Kühlschrank) ausbreiten und möglichst am Sammeltag (nur Champignons und Pfifferlinge halten bis 2 Tage) verarbeiten, sollen i. a. nicht roh genossen werden (Gifte bestimmter Pilze wie Lorcheln u. a. werden erst beim Erhitzen zerstört), sind sauber geputzt und nur bei Bedarf rasch gewaschen sowie, wenn nicht zu klein, möglichst fein in Scheiben geschnitten in der Küche verwendbar; lange genug, mind. 10–15 Min. in der Pfanne oder im offenen Topf gegart und zurückhaltend gewürzt (passende Kräuter: Estragon, Knoblauch, Melisse, Petersilie, Zwiebel u. a.) als eigenständiges Gericht, als Beilage zu Fleisch, Gemüse, Reis, Teigwaren, für Suppen, Füllungen, Omeletts, Ragouts, Saucen, Salate usw.

Der unaufdringlich würzige Pimpernell

Pilze sollten (kurz) kühl und gut durchlüftet gelagert werden, lassen sich gegart 2–3 Tage im Kühlschrank aufbewahren, gut roh bis 4 Mon., ged. bis 6 Mon. tiefkühlen und dann gefroren weiterverwenden; können a. sterilisiert, (in Essig) eingelegt oder zum Würzen getrocknet werden; ↑ einzelne Stichwörter

Pilzfarce   ↑ duxelles

Piment, Allspice, Englisches Gewürz, Gewürzkörner, Jamaika-, Nelkenpfeffer, Neugewürz [lat. *pigmentum*, Würze] die nicht ganz gereiften, getr. kugeligen Beerenfrüchte eines immergrünen Myrtengewächses, die ganz oder (weniger intensiv) kurz vor Gebrauch gemahlen, zerdrückt, zerstoßen als milde Würze verwendet werden, erinnern im Aroma an Gewürznelke, Muskat und Zimt, eignen sich für Bouillons, Suppen, (Lamm-, Rind-)Fleisch, Wurstwaren, Wild, Ragouts, Fisch, Saucen, Marinaden, Gemüsen (Bohnen, Kohl), Curries, süße Kompotte, Puddings, (Frucht-, Leb-)Kuchen, Obstsalate usw.; halten sich dunkel, kühl und trocken aufbewahrt bis 4 Jahre (Jamaika, Mexiko, Mittelamerika, Venezuela, Afrika)

pimentero   span.: Schwarzer Pfeffer; Pfefferbüchse

pimento, pimentón   span.: Paprikapulver

pimienta   span.: Pfeffer

Pimola   gr. grüne Olive, mit Streifchen roter Paprikaschoten gefüllt

Pimpernell, Bibernell(e), Pimpinelle, Steinpetersilie feines, vielseitiges Küchenkraut, gurkenähnlicher, zart bitterlicher Geschmack, kann, da leicht bekömmlich, den Pfeffer ersetzen; frisch gepflückte, kleingeh. Blätter (mit Olivenöl, Essig oder Zitronensaft beträufelt) sparsam dosiert, als Würze zu Salaten, hellen oder grünen Saucen, a. Suppen, Fleischragouts, Frikassees, gek., gebr. Fisch, Gemüsen (Kürbis, Tomaten u. a.), Eierspeisen, Quark, Käse, Marinaden, zum Aromatisieren von Essig und Getränken usw.; junge Blätter ganz a. als spinatähnliches Gemüse, Salat, wird nicht mitgekocht, sondern erst kurz vor dem Anrichten zugegeben; gute Zeit Juni–Sept., läßt sich nicht trocknen, aber in Essig einlegen und einfrieren (urspr. Kleinasien, dann a. Mittel-, West-, Südeuropa, Asien, Südamerika)

Pimpernuß   Samen eines Zierstrauchs aus der Familie der Klappernußgewächse; ugs. a. Name für die Haselnuß, Pistazie

Pimpinelle   Küchenkraut, ↑ Pimpernell

piña   span.: Ananas

Pin-Bone-Steak   ↑ Steak/Ochsensteak: Amerikanischer Schnitt 5

pine-apple   engl.: Ananas

Pinienkern, Piniennuß, Pignol(i)e, Piniole   der ungeschälte, getr. Ölsamen junger Zapfen der Pinie, einer Kiefernart, cremiges Fleisch, angenehm süß-herber Geschmack, zum roh Essen, (oft geröstet) als Würze zu mediterranen Fleisch-, Fischgerichten, Suppen, Saucen, Salaten, Füllungen, ged. Gemüsen, Vollwertschrot, Obstsalaten, Süßspeisen usw., kann Mandeln ersetzen (Mittelmeerländer)

Pink   [engl.: rosa] Sorte ↑ Lachs

Pinkel   [ostfriesisch: Mastdarm] mit Fettgewebe, Flomen, Speckstücken usw. vom Schwein, Hafergrütze, Zwiebeln, Piment und anderen scharfen Gewürzen gef. Rinderdarm oder Leinenbeutel (Bremen, Niedersachsen, Westfalen); ↑ a. Kohl und Pinkel

pink pepper   engl.: Rosa Pfeffer

Pinnchenskuchen   Eierkuchen, ↑ Pillekuchen

pinnekjøtt   [norw.: Holz-, Nadelfleisch] gepökelte, geräucherte Lammrippe, im Ofen auf Birkenzweigen gegart

pinola   ital.: Pinienkern

pintade   frz.: Perlhuhn

pinza   [ital.: Greifzange] flacher runder Brotfladen aus Weizenmehl, süß oder salzig, wird gern warm gegessen (Emilia, Venetien u. a.); zarte, süße Pizza aus Mehl, Eiern, Zucker, a. altbackenem, in Wasser eingeweichtem Brot mit Pinienkernen usw. (Friaul, Julisch Venetien)

Malaiin beim Trocknen von Pfefferkörnern

Pinzgauer Bierkäse [Pinzgau, Längstal der Salzach im österr. Bundesland Salzburg] magerer bis halbfetter Schnittkäse aus Kuh-, a. mit Ziegenmilch in Laibform, geschmeidiger Teig, 15% Fett i. Tr., mild aromatisch bis pikant, am besten mit kl. dünnen Rissen (Österreich)

Pio Hartkäse aus Kuhmilch, dem Emmentaler ähnlich, mind. 45% Fett i. Tr. (Tessin, Südschweiz)

Piombino, à la [P., ital. Hafenstadt in der Provinz Livorno gegenüber der Insel Elba] Garnitur aus Austern, Champignons, grünen Oliven und Zwiebelchen, zu mit Wurzelwerk in Fischfond und Weißwein ged. Meerfisch in brauner Sauce mit etwas Madeirawein

pipe [ital. *pipa*, Pfeife] kurze dicke Hohlnudeln, zu Ragouts usw., mit Tomaten-, Käsesaucen (Kampanien, Ligurien u. a.)

piperade, pipérade [südwestfrz.: *piper*, Pfefferschote] kräftiges Omelett oder Rührei mit Knoblauch, Paprikaschoten, Tomaten, Zwiebeln, a. Schinken-, Huhn-, Thunfischstücken usw. (Baskenland, Südfrankreich)

pi(i)rakka finn.: (mit Fisch gef.) Pastete, Piroge

Piratensalat ugs.: Roter Kopfsalat

pireschnaje russ.: Kuchen, ↑ piróschnoje

pirinç türk.: Reis

Piroge, Pirogge, piróg, pirok, piroschki [russ. *pir*, Gastmahl, Schmaus] dreieckiges oder halbmondförmiges, geb. oder fritiertes Pastetchen aus salziger Hefe-, Blätter- oder Mürbeteighülle mit Füllung aus gewürztem (Hack-)Fleisch, Geflügel, Fisch, Gemüse, Pilzen, Eiern, Quark und/oder Käse, wird herkömmlich zu Borschtsch gereicht (Rußland)

piróschnoje, pireschnaje russ.: Kuchen (meist aus süßem Butterteig, gewöhnlich mit Füllung)

pisang indon.: Gemüsebanane

Pischingertorte Torte aus Oblaten oder Waffeln mit Haselnuß-Krokant-Buttercremefüllung, mit Kuvertüre überzogen

pissala(t) salzige Würzpastete aus Sardellen und Sardinen mit Gewürznelken, Lorbeer, Thymian und Pfeffer in Olivenöl (Nizza, Provence, Südfrankreich)

Speisepilze, Sammlerglück in Feld und Wald

Pistazien, delikate Nüsse in harter Schale

pissaladella, pissaladier, pissaladière Zwiebelpizza mit Sardellenpüree und schwarzen Oliven, warm oder kalt (Ligurien, Italien, Nizza, Provence, Südfrankreich)

pissenlit [frz.: Bettnässer] Löwenzahn

Pistazie, Pimpernuß, Pistazienmandel Steinfrucht des Pistazienbaums, hellgrüner, ölhaltiger Samenkern, roh, geröstet und leicht gesalzen in der Schale oder ungeröstet ohne Schale erhältlich, angenehm mandelartiger Geschmack, zum Knabbern, als Würze und Dekoration ganz in Fleisch-, Wurst-, Geflügelfüllungen, Nudelgerichten, Pilaws, feinem Gebäck, Torten usw., geh. in Gebäck, Konfekt, Obstgerichten, gemahlen in Saucen, Süßspeisen, Konfekt, Speiseeis usw.; muß in luftdurchlässigen Gefäßen kühl und trocken gelagert werden (urspr. Persien, heute ganzer östl. Mittelmeerraum, Naher Osten und andere subtrop. Gebiete, Kalifornien u. a.)

Pistolenschnitt Zerlegung des Rinderkörpers in Hinterviertel mit Fehlrippe und Vorderviertel mit Fleisch- und Knochendünnung

pistou [provenzalisch: zerstampft] Würzpaste aus Basilikum, Knoblauch und Olivenöl, a. Tomatenfleisch, -mark und/oder (Parmesan-)Käse als kräftige Zutat zu (Bohnen-)Suppen, gebr. oder gegr. Fisch, Teigwaren usw. (Provence, Südfrankreich)

soupe au – dicke, nahrhafte Gemüsesuppe mit Tomaten, Kräutern und pistou

Pitahaya, Pitaya Beerenfrucht einer trop. Kaktee, erfrischend säuerlich und sehr aromatisch mit verdauungsfördernden Samenkörnern, läßt sich reif mit gelber Schale auslöffeln, für Obstsalate zerschneiden, a. als Würze von Fleischsaucen usw. verwenden; hält sich frisch kühl, aber nicht kalt aufbewahrt bis 12 Tage (Kolumbien, Tropen, Subtropen, Südamerika)

Pitanga, Surinamkirsche rote Steinfrucht eines Myrtengewächses, je dunkler, desto säuerlicher, läßt sich roh essen oder zu Gelees, Konfitüren, Chutneys, Sorbets, Getränken usw. verarbeiten (urspr. Brasilien, heute viele Tropen- und Subtropengebiete)

Pitaya trop. Frucht, ↑ Pitahaya

Pithiviers [frz. Stadt in der Gegend von Orléans] Weichkäse aus Kuhmilch mit Heuauflage, geschmeidiger Teig, 40–45% Fett i. Tr., erdig aromatisch, gute Zeit Nov.–Mai; gr. runder Blätterteigkuchen mit Mandelcreme, a. süß mit Füllung aus kandierten Früchten, weißem Fondant oder salzig mit Füllung aus Reis mit Hühnerleber, Nieren usw. und Sahne

Pizza mit Schinken und Oliven

pitta flaches knuspriges Brot aus mit Öl verfeinertem, a. ungesäuertem Hefeteig mit dicker brauner Kruste, läßt sich a. mit Fleisch, Käse, Salat usw. füllen, wird von Hand gebrochen (Balkan, Vorderer Orient, jüd. Küche)

Piz(z)okel, pizzocheri Spätzle aus hellem oder dunklem (Buchweizen-)Mehl und Kartoffeln mit Paniermehl, Knoblauch, Mangold, Spinat, Parmesankäse, a. gedörrten Birnen, Minze usw., mit heißer Butter goldbraun übergossen (Graubünden, Ostschweiz)

Pizza dünn ausgerollter Brot- oder Hefe-, a. Hartweizengrießteig, mit Olivenöl oder Schweineschmalz auf dem heißen Ofen, Ziegelstein oder Steinfliesen trocken und knusprig oder auf dem Stahlblech mit etwas Zucker und mehr Hefe weich geb., mit versch. Zutaten bedeckt, original *p. margherita, p. napoletana* mit Mozzarellakäse, gesalzenen Tomaten und frischen Basilikumblättern, später *p. aglio e olio* mit geh. Knoblauchscheiben, Oregano, Pfeffer und Salz, *p. alla romana,* Mozzarellabrocken, geschälten geh. Tomaten, entsalzenen Sardellen, Oregano, Pfeffer und Salz, *p. bianca* mit frischem Pecorinokäse, Zwiebelscheiben und Pfeffer, *p. calabrese* mit Thunfisch und Sardellen, *p. marinara,* wie p. aglio e olio, aber zusätzlich mit geschälten geh. Tomaten oder mit Sardellenstücken, Kapern, Oliven und Tomaten; die Pizza ist der Inbegriff der einfachen ital. Küche und heute weltweit (in «Pizzerias» und leider oft lieblos aus pappigem Teig und nur mit dünnem Tomatenmus bestrichen) mit den verschiedensten Belägen wie Fleisch, Fisch, Gemüsen, Pilzen, Käse usw., salzig oder süß, verbreitet; a. für Mikrowelle geeignet (urspr. Neapel, dann Mittel-, Süditalien, inzw. ganze Welt)

pizzaiola [ital.: nach Art des Pizzabäckers] mit Tomatensauce und aromatischen Gewürzen (Oregano, a. Knoblauchzehen, Paprikaschoten, Zwiebeln usw.)

Pizza-Öl ↑ Öl/Sorten

pizzicheria ital.: Lebensmittelgeschäft, Wurstwarenladen

pizzocheri ital.: Pizokel

placek poln.: (flacher) Kuchen, Fladen

plain engl.: einfach, unkompliziert

plakija Balkan: in der Röhre geb., gebr., ged. Gericht

plantain engl.: Gemüsebanane

Plante ↑ Banane/Gemüsebanane

plat frz.: Platte, flache Schale, Schüssel; Gericht, Speise, Gang

Pla(n)tane, Platano ↑ Banane/Gemüsebanane

plateau frz.: Tablett, Platte

Plat(t)enkuchen Blechkuchen, häufig mit Hefeteig und Buttertupfern, mit Zuckerglasur bestrichen, oft mit Mandeln oder Nüssen bestreut, a. mit Sahne abgestrichen

plato span.: Gericht, Speise
– **de huevos** Eierspeise
– **del día** Tagesgedeck

Platteise Meerfisch, ↑ Scholle

Plattenfett hitzebeständiges Fett, weiß und fest in Blökken, zum Fritieren, kühl und trocken aufbewahrt monatelang haltbar

Platt-Erbse ↑ Kichererbse

Plattfische platte, seitlich verbreiterte Meerfische mit beiden Augen auf einer Seite, wohlschmeckendes, zartes Fleisch, werden außer der Scholle meist ohne Haut zubereitet, damit gebraten aber mit der geschuppten hellen Bauch-, Blind-, Unterseite nach oben serviert, gekocht mit der dunklen Außenseite nach oben; ↑ Flunder, Heilbutt, Limande, Rotzunge, Scholle, Seezunge, Steinbutt u.a.

Platz Rheinland: feine Backware, ↑ Stuten; Thüringen: Hefekuchen

Plätzchen Kleingebäck, meist zu Weihnachten geb.; sollte erst vollständig ausgekühlt und nach Sorten getrennt in geruchsfreien Blechdosen mit Deckel, Einmachgläsern u. ä. verwahrt werden; hält sich kühl und trocken gelagert je nach Bestandteilen und Zubereitung versch. lange, meist 4–8 Wo.; läßt sich (außer Makronen oder mit Schokoladen-, Zuckerguß) für 3–4 Mon. einfrieren

Plätzli schweizerd.: Schnitzel

Plaza-Dressing [Plaza, Hotel an der 5th Avenue am südl. Central Park in New York] Salatsauce aus Estragonessig und Öl mit Chilisauce, Pilz-Chutney und Senfpulver

Plenten Südtirol: Polenta

Plettenpudding [niederd. *Plette,* Platte, Schicht] Süßspeise aus Schichten von mit Himbeermarmelade bestrichenen Biskuitböden, dazu Makronen, Orangeat, Zitronat, Himbeergeist usw. (Lübeck)

Pletzel Plätzchen aus Hefeteig mit geh. Zwiebeln und Mohn, warm oder kalt gegessen (jüd. Küche)

Pleurotus Speisepilz, ↑ Austernpilz

plie frz.: Scholle

Pliete Süßwasserfisch, ↑ Güster

plik bon thailändisch: gerösteter Chilipfeffer

Plinse, Plinze Eierkuchen, oft aus Buchweizenmehl oder flüssigem Hefeteig (Ostmitteldeutschland); dt. a. für ↑ blin

pljeskavica mit Knoblauch, Paprika usw. scharf gewürztes Kalbs-, Rinder- oder Schweinehack, zu Laibchen geformt, am Rost gegrillt und mit roten Zwiebeln serviert (Serbien)

Plochfinken, Plockefinken Bremen: Eintopf aus Weißen Bohnen, Möhren, Kartoffeln, Zwiebeln, Speckscheiben und Apfelstücken, mit Petersilie überstreut; Schleswig-Holstein: süßsaurer Eintopf aus Rind- und Schweinefleisch (zum Teil gepökelt), a. Innereien, Würfeln von Möhren und Zwiebeln, Apfelstücken usw., mit Petersilie überstreut

Plockwurst, Blockwurst [niederd. *Plock,* Hackblock] schnittfeste, grob- bis mittelkörnige, geräucherte Rohwurst aus Schweine-, a. Rindfleisch, Fettgewebe und evtl. Sehnen und/oder Schwarten

Ploderkäse, Toggenburger ↑ Toggenburger Ploderkäse

plombières [frz.: in einer Bleipfanne zubereitet] Eisspeise aus Englischer Creme mit Mandelmilch und Schlagsahne, mit kandierten Früchten garniert oder mit Aprikosenkonfitüre überzogen

Plötze, Rotauge, Schwal karpfenähnlicher Süßwasserfisch (a. aus Ostseehäfen), fettarmes, feines, aber grätiges Fleisch, wird deshalb meist filetiert und paniert gebacken, gebraten oder fritiert (Mittel-, Nordeuropa)

Plotzer Kuchenauflauf mit Obst, insbes. Kirschen (Süddeutschland)

plow Gericht aus körnig gek. Reis oder Nudeln mit (getrennt gereichtem) Fleisch, Geflügel, Wild, Trockenfrüchten, Würzkräutern usw. (Mittelasien)

pluches frz: Blattspitzen aromatischer Kräuter, die frisch (Estragon, Kerbel, Petersilie usw.) oder blanchiert (Bleichsellerie, Estragon usw.) einer rohen od. gek. Zubereitung ihren Duft geben

pluckfisk in Wasser und Weißwein ged. Dorsch- oder Kabeljaustücke, mit Lorbeer und Pfeffer gewürzt, darüber Sauce aus Fond, Mehlschwitze, Milch und Senfkörnern mit Fisch-, Pellkartoffelstückchen und geh. Petersilie (Dänemark)

plum engl.: Pflaume, Zwetsch(g)e; Rosine
- **cake** Kuchen aus schwerer Rührmasse mit viel Rosinen, Korinthen, a. kandierten Früchten, und Zitronat (England)
- **pudding, Christmas pudding** trad. engl. Weihnachtspudding aus lange im Wasserbad gek. Mehl, Nierenfett resp. Rindertalg, Eiern, Brotkrumen, Möhren, braunem Zucker usw. mit reichen Zutaten wie geh. Haselnüssen oder Mandeln, Korinthen, Rosinen, Sultaninen, säuerlichen Äpfeln, gedörrten Aprikosen, kandierten Kirschen usw., Orangeat, Sukkade, Gewürzen (Muskat, Nelken, Zimt), dunklem Bier und Rum oder Weinbrand, sollte vor dem Verzehr einige Mon. durchziehen, hält 1–2 Jahre, wird mit Rum- oder Weinbrandbutter und Schlagsahne gegessen oder mit Rum übergossen und flambiert

Plunder(gebäck) blättrige, knusprige Backware aus feinem gezogenem, mehrfach ausgerolltem Hefeteig, in den durch mehrmaliges Touren schichtweise Butter eingearbeitet wird, mit versch. Füllungen wie Marmelade, Nougat-, Nußmasse, Vanillecreme usw. (Dänemark); ↑ a. Kopenhagener

Plunze, Plunzen ostmitteld., bayer., österr.: Blutwurst

Plute(n) ↑ Kartoffelflutten, Pflutten

Plutzer österr.: Kürbis

poached engl.: pochiert

pochouse, pauchouse [frz. *poche,* Fischertasche] Suppe aus versch. Sorten Süßwasserfischen (Aal, Aalquappe, Flußbarsch, Gründling, Hecht, Karpfen, Schleie, Zwergwels usw.), meist mit Mehlbutter, Knoblauch und Weißwein gebunden, wird mit gebutterten, mit Knoblauch eingeriebenen, gerösteten Brotwürfeln gereicht (Burgund)

Pöckling heißgeräucherter Hering, ↑ Bückling

Pofese geb. Weißbrotschnitte, ↑ Pafese

poffertje [holl.: Pufferchen] kl. Eierkuchen

Poganze, (Steirische) Kuchen aus fünf mit Butter bestrichenen Hefeteigschichten, dazwischen Lagen aus Apfelraspeln, Rosinen und Zucker (Steiermark, Österreich)

Pogatsche, pogácsa flacher Eierkuchen mit Grieben (Ungarn, Österreich)

Pohe exot. Frucht, ↑ Kapstachelbeere

pointe frz.: Spitze; Stachel; Schweinekappe, -stert

poire frz.: Birne

poiré (à carde, blonde) frz.: Mangold

poireau frz.: Porree, Lauch

pois frz.: Erbse

poisson frz.: Fisch(gericht)

poitrine frz.: Brust, Schweinebauch

poivrade frz.: Pfeffersauce, ↑ Sauce/sauce poivrade

poivre frz.: Pfeffer

poivre d'âne [frz.: Eselspfeffer] Bohnenkraut; in Bohnenkraut und/oder Rosmarin sowie anderen Aromaten gehüllter Ziegen-, Schafs- und/oder Kuhmilchkäse, weicher Teig, 45 % Fett i. Tr., angenehm mild, gute Zeit Apr.–Juni (Schaf), Juni–Sept. (Ziege), ganzes Jahr (übrige Mischungen) (Provence, Südfrankreich)

poivron frz.: große Gemüsepaprikaschote

Pojarski [russ. Restaurateur zur Zeit des Zaren Nikolaus I.] gehacktes, gemehltes oder paniertes, in Butter gebr. Kotelettfleisch vom Kalb, Geflügel, a. Lachs

Pökelfleisch, Lakfleisch in Lake oder durch Einspritzen von Lake begrenzt haltbar gemachtes (Rind-, Schweine-) Fleisch, salziger Geschmack; *Rohpökelfleisch:* trockengepökelt und meist roh verzehrt (Bündnerfleisch, Coppa, Mostmöckli, Pancetta, Rohschinken, Speck u. a.), an einem kühlen Ort aufbewahrt wochenlang haltbar, wird meist in feine Scheiben geschnitten; *Kochpökelfleisch:* naß- oder schnellgepökelt, gek. oder zum Kochen bestimmt im Handel (Koch-, Rohschinken, Rippchen, Schüfeli, Zunge u. a.), im Kühlschrank begrenzt haltbar

Pökeling heißgeräucherter Hering, ↑ Bückling

Pökellake ↑ Salzlake

Pökeln [niederd. *pekeln,* einsalzen] das Haltbarmachen von Fleisch, Fleischerzeugnissen, a. Fischen mit Kochsalz (unter Zusatz von Nitrat oder Nitrit und Umrötestoffen);

Tessiner Polenta

verliert und zerstört allerdings teilweise Eiweißstoffe, Mineralsalze und Vitamine

Pökelsalz Mischung aus Kochsalz und Nitrat oder Nitrit, zum Einsalzen, Pökeln

Pökelzunge von Schleimhaut, Speicheldrüsen und Muskulatur befreite (Rinder-)Zunge, voll (25 Std. gewässert) oder halb (10–12 Std. gewässert) gepökelt, a. konserviert in Dosen erhältlich

Polack Meerfisch, ↑ Pollack

Polenta [lat. *pollen*, Mehlstaub] dicker Brei aus feinem Mais-, a. Buchweizengrieß oder grobem Maismehl, unter Rühren (a. mit Milch, Bouillon, Weißwein) gek. cremig weich oder in Butter, Öl kroß gebacken, gebraten, geröstet (Italien, Südschweiz, Tirol u. a.); österr. a. Maismehl

polévka tschech.: Suppe

Polignac [Fürsten von. P., frz. Adelsgeschlecht] Rahmsuppe aus Möhrenpüree mit Tapioka, Eigelben und Sahne; Geflügelbrüstchen in sauce suprême mit Champignon- und Trüffelstreifen; pochierter Plattfisch in Sahne-Weißwein-Sauce mit Trüffelstreifen; Eier im Förmchen mit Champignon- und Trüffelscheiben; wachsweiche Eier in ↑ Sauce/sauce Périgueux

Pollack, Kalmück, Polack, Steinköhler Meerfisch, mageres, feines, aber etwas trockenes, leichtverderbliches Fleisch, wird oft als *Heller Seelachs* angeboten, eignet sich für alle Zubereitungen außer Grillen (Nordostatlantik, Nordsee, Skagerrak, Kattegatt)

pollame ital.: Geflügel

pollo ital., span.: (junges) Hähnchen, Hühnchen

Polnische schnittfeste Rohwurst aus Schweine-, Rindfleisch und Fettgewebe, mittelkörnig und mit Knoblauch gewürzt, oft als Beilage zu Grünkohl, Sauerkraut o. ä. gekocht

Polnische Art, (à la) polonaise [Polen, mitteleuropäische Republik zwischen Karpaten und Ostsee] in Wasser gek. Gemüse (Blumenkohl, Spargeln usw.) mit in Butter gerösteten Brotbröseln, geh. Ei und Petersilie oder feinen Kräutern; ↑ a. Polnischer Salat, Polnische Sauce, Polnische Suppe

Polnische Kartoffeln Salzkartoffeln mit viel Butter und Brotbröseln

Polnische Meerrettichsauce ↑ Meerrettichsauce, Polnische

Polnischer Salat gewürfelte Champignons, Gurken, Kartoffeln, Möhren, Pfeffergurken, Rote und Weiße Rüben, mit Mayonnaise gef. hartgek. Eier und Heringsfilets in Essig-Öl-Sauce mit geh. Estragon und Petersilie; ↑ a. Heringssalat

Polnischer Sud Kochwasser mit Bier, Kümmel und Salz, für Krebse

Polnische Sauce, sauce polonaise Kalbssamtsauce mit saurer Sahne, Zitronensaft, geriebenem Meerrettich und geh. Fenchelkraut; Demiglace mit Essig, Rotwein und Zucker, mit blanchierten gehobelten Mandeln und Rosinen garniert

Polnische Suppe Geflügelkraftbrühe mit Eierkuchenscheiben, die mit Geflügelfarce bestrichen, zusammengerollt und im Ofen gegart sind

Polonaise [frz.: polnischer Tanz] in ausgelassener Butter braun geröstete Semmelbrösel, Beilage zu Mehlspeisen usw. (Österreich u. a.)

polonaise (à la) ↑ Polnische Art

polpa ital.: (mageres, knochenloses) Fleisch; Fruchtfleisch, -mark

polpetta ital.: Frikadelle, Klößchen aus geh. Fleisch, a. Fisch oder Gemüse

polpettone ital.: Hackbraten, Hackfleischpastete (Oberitalien, Tessin, Südschweiz)

polpo ital.: Krake, achtarmiger Tintenfisch

pølse dän.: Wurst

Polsterkartoffeln ↑ Kartoffel/Zubereitungen

Polyensäure mehrfach ungesättigte Fettsäure

Polyp [griech. *polýpous*, vielfüßig] ugs.: Tintenfisch

Pomelita Zitrushybride, Kreuzung zwischen Grapefruit und Pomelo, sehr süß (Israel)

Pomelo sehr gr. Zitrusfrucht, Kreuzung zwischen Grapefruit und Pampelmuse mit dicker, unbehandelter Schale, die deshalb zum Würzen und Kandieren verwendet werden kann, festes, gern etwas strohiges Fleisch, gelb etwas säuerlicher als rosa, erfrischender, angenehm bitterlicher Geschmack, läßt sich roh essen oder zu Marmelade (Schale mit etwas Fruchtfleisch) verarbeiten, in Salaten, zu pikanten oder süßen Gerichten verwenden; gute Zeit Dez.–Febr. (urspr. Südostasien, heute a. Israel, Südafrika); oft (fälschlich) a. Name für ↑ Grapefruit, Pampelmuse

Pomeranze, Bigaradie, Bitterorange, Sauerorange, Sevilla-Orange Stammform vieler Zitrusfrüchte, kernreich und fast saftlos, nicht zum Rohgenuß geeignet, jedoch für Konfitüren, Jam verwendbar (urspr. China, Himalaya, Indien, dann a. ganz Südostasien, Süd-, Ostafrika, Spanien, Italien, Frankreich, Süd-, Mittelamerika, Florida, südl. USA)

Pomeranzensauce ↑ Sauce/sauce bigarade

Pomfret Meerfisch aus der Familie der Brachsenmakrelen, festes, ausgezeichnetes Fleisch (Indischer Pazifik); a. Name des Deckfisches aus dem Ostatlantik und Mittelmeer

pommade [frz.: Salbe] Würzpaste aus Eiern, Käse, Gewürzen und Öl

pomme frz.: Apfel

pomme (de terre) [frz.: Erdapfel] Kartoffel

Pommerscher Kaviar [Pommern, ehem. preußische Provinz an der Ostsee] Aufstrich aus Gänsedarmfett oder -schmalz mit zerriebenem Majoran, Thymian, a. feingeschn. Zwiebeln, wird auf Bauernbrot gestrichen

pommes (de terre) | allumettes frz.: ↑ Kartoffel/Streichholzkartoffeln
- **Anna** ↑ Kartoffel/Annakartoffeln
- **Annette** ↑ Kartoffel/Annettekartoffeln
- **Berny** ↑ Kartoffel/Bernykartoffeln
- **château** ↑ Kartoffel/Schloßkartoffeln

Madame Pompadour, eine gescheite Amouröse

- **chips** ↑ Kartoffel/Kartoffelchips
- **Croquettes** ↑ Krokette
- **dauphine, Dauphine-Kartoffeln** mit Brandmasse vermischte, in Fett geb. Kartoffelnocken
- **duchesse** ↑ Kartoffel/Herzoginkartoffeln
- **fondantes** ↑ Kartoffel/Schmelzkartoffeln
- **frites** in Fett schwimmend ausgeb. Kartoffelstäbe
- **Lorette** ↑ Kartoffel/Lorettekartoffeln
- **Macaire** ↑ Macaire
- **mousseline** ↑ Kartoffel/Schaumkartoffeln
- **noisette** ↑ Kartoffel/Nußkartoffeln
- **paille** ↑ Kartoffel/Strohkartoffeln
- **parisiennes, Pariser Kartoffeln** Kartoffelkugeln, die blanchiert, in Butter gebraten und mit Petersilie sowie Kräutern zubereitet werden
- **Parmentier** ↑ Kartoffel/Parmentierkartoffeln
- **pont-neuf** ↑ pont-neuf
- **soufflées** ↑ Kartoffel/Polsterkartoffeln
- **vapeur** ↑ Kartoffel/Dampfkartoffeln

pomodoro ital.: Tomate

Pompadour [Antoinette Marquise de P., 1721–1764, Geliebte König Ludwigs XV. von Frankreich] Geflügelkraftbrühe, als Einlage Geflügelklößchen, in Champagner gek. Krebsschwänze, Sellerie- und Trüffelstreifen; Tournedos oder Lammnüßchen mit ↑ Sauce/sauce Choron und Nußkartoffeln auf Artischockenböden in ↑ Sauce/sauce Périgueux; Füllung aus Ragout von Champignon-, Gänseleber-, Pökelzunge- und Trüffelwürfeln, für Pasteten, Teigwaren usw.; Fisch mit Champignons und Trüffeln

Pompadoursalat Würfel von gek. Kartoffeln und Knollensellerie sowie Blumenkohlröschen in leichter Senfmayonnaise

pompano engl.: Gabelmakrele

Pom Pom Blanc, Pom-Pom-Pilz Baumkorallenpilz, heilkräftig und sehr aromatisch (urspr. China, heute a. Holland u. a.)

pomponette [frz.: *pompon,* Troddel] kl. Pastetchen mit versch. Füllungen, überbacken warm als Vorspeise

Pomuchel ostpreußisch: Kabeljau, Dorsch aus der Ostsee

Pondichéry, Pondicherry [Stadt und Gebiet an der Südostküste Indiens, ehem. frz. Territorium] Hammelkraftbrühe mit Currypulver, Reis und mit Hammelhaschee gef. Eierkuchenstreifen; Kalbssamtsauce mit Currypulver und etwas Tomatenpüree

Pontigny [Gemeinde im nordwestfrz. Dép. Yonne, in der Zwischenkriegszeit Treffpunkt von Künstlern und Literaten] Garnitur aus Champignonköpfen, Fischklößchen mit weißem Zwiebelpüree und Krebsschwänzen, zu Fisch; sauce marinière mit Garnelenschwanzwürfeln, zu Fisch

Pont-l'Évêque [Gemeinde im nordwestfrz. Pays d'Auge] fetter Weichkäse aus Kuhmilch mit Rotschmiere, geschmeidiger, glatter Teig, 45–50% Fett i. Tr., mild pikant und erdig, kann, muß aber nicht ohne Rinde gegessen werden, gute Zeit Juli–März (Normandie)

pont-neuf [Pont-Neuf, Doppelbrücke über die Seine, mit ihren Läden und Boutiquen einst eine der belebtesten Promenaden von Paris] dickes fritiertes Kartoffelstäbchen; Mürbeteigförmchen mit Füllung aus Brandmasse, Konditorcreme und rotem Johannisbeergelee

póntschik russ.: in Schmalz geb. Krapfen, Pfannkuchen

ponty ung.: Karpfen (aus der Donau)

ponzu jap.: Sojasauce mit Zitronensaft

poor boy [engl.: armer Junge] Sandwich aus leichtem, ungesäuertem Weizenbrot mit geschm. Rindfleisch, Tomaten, Salatblättern oder mit geb., panierten Austern (New Orleans, USA)

poor knight engl.: Armer Ritter

Popcorn, Puffmais kl., unter Überdruck gedämpfte, geplatzte, helle, unreife Maiskörner, gesalzen oder gezuckert, zum Knabbern; im Gefrierfach aufbewahren

Popkekäse mit Anis, Gewürznelken, Piment usw. gewürzter Schnittkäse, dem Tilsiter ähnlich (Ostfriesland)

popover sehr leichtes, luftiges Gebäck für alle Gelegenheiten, ohne Treibmittel bei hoher Temperatur gebacken, je nach Zutaten salzig oder süß, wird heiß serviert und von Hand gebrochen (USA)

porc frz.: Schwein

porc(h)etto ital.: Spanferkel

porcino ital. Steinpilz

porción span.: Happen

porco ital.: Schwein

pork engl.: Schweinefleisch

Pörkölt Gulaschgericht aus mit Paprika und feingeschn. Zwiebeln in brauner Sauce geschm. größeren Stücken Rind-, Kalb-, Schweine-, Schaf-, Wild- oder Geflügelfleisch, a. Innereien, Pilzen; als Beilage separat gek. Nudeln oder Nocken (Ungarn); a. Gulasch, paprikás, tokány

poro finn.: Ren, Rentier

Porree, (Breit-, Gemüse-, Küchen-)Lauch, Welschzwiebel [lat. *porrum*] das mildeste Zwiebelgemüse, reich an Eisen, Kalium und Vitaminen der B-Gruppe, angenehmer, leicht süßlicher Geschmack; die Stangen werden vor der Zubereitung gründlich gesäubert (großer Abfall), blanchiert, längshalbiert, gewaschen und in Stücke geschnitten; sie sollten blanchiert werden und lassen sich in Fett schmoren, überbacken, aber a. in Salzwasser knackig dünsten, garen, als Würze für Suppen und Saucen verwenden oder als pikante Vorspeise, Beilage einlegen; sie eignen sich für die Mikrowelle.
Juni–Aug., Sept.–Dez. mit dünner, zarter Stange (je dünner, desto milder) für Salate, Kuchenbelag, feingeschnitten a. als Rohkost, hellgrüne Blätter als Würze, Suppengrün, für Kräuterbuketts; Okt.–Mai mit kräftigen, intensiveren Stangen als Gemüse, Füllung, Kuchenbelag, für Suppen, Aufläufe, Eintöpfe, zu Fleisch, Frikadellen, Würsten, Geflügel, Fisch usw.; passende Gewürze: Curry, Estragon, Kerbel, Knoblauch, Liebstöckel, Lorbeer, Piment, Selleriegrün, Thymian; (ohne Blätter) im Gemüsefach des Kühlschranks

Portulak mit dickfleischigen Blättern

10–12 Tage haltbar, kann roh unblanchiert sehr gut bis 6 Mon. tiefgekühlt werden (urspr. Vorderasien, Mittlerer Orient, dann Türkei, Ägypten, ganz Europa, insbes. Deutschland, Schweiz, Frankreich, Italien, Spanien, Holland, Belgien)

   Bleichlauch, Gelber Lauch unter schwarzer Folie und/oder in dunklen, nicht geheizten Räumen gebleichter Sommer-, Herbstlauch, feines Aroma, gute Zeit Sept.–März, als Gemüse bes. in der Schweiz (Bernbiet, Westschweiz) beliebt, kann blanchiert sehr gut bis 8 Mon. tiefgekühlt werden

Porridge warmer, sparsam gesalzener Brei aus Haferflocken oder -mehl, mit Salz und warmer Milch oder kalter Sahne zubereitet, in England u. a. verbreitetes Frühstücksgericht (urspr. Schottland)

Pörschkohl ↑ Kohl/Wirsing

Porte-Maillot ↑ Maillot

Porterhouse Steak [amerik. *porterhouse*, einfaches Bier-, Wirtshaus] ↑ Steak/Ochsensteak: Amerikanischer Schnitt 4

Port-Salut [Port-du-Salut, Trappistenabtei in Entrammes] halbfester Schnittkäse aus pasteurisierter Kuhmilch, geschmeidiger Teig, 45–50% Fett i. Tr., sehr mild bis pikant, gut haltbar (Normandie, Westfrankreich); ↑ a. Saint-Paulin, Trappistenkäse

portugaise portugiesische ↑ Auster

Portugiesische Art, (à la) portugaise [Portugal, Republik auf der Pyrenäenhalbinsel im Südwesten Europas] i. a. Garnitur aus (gef. gewürfelten) Tomaten, Reis oder Schloßkartoffeln zu kl. Fleischstücken, Nieren, Geflügel, Fisch, Eiern usw. in Tomatensauce; kalte, a. warme Rinderkraftbrühe mit Tomatenmark und Cayennepfeffer; leichte Tomatensauce mit rohen Kartoffelwürfeln, Lorbeer, Knoblauch und Zwiebeln; Salat aus gewürfelten Tomaten, gek. Champignon- und Kartoffelscheiben, Paprikaschotenstreifen usw. in Salatsauce mit Weißwein; ↑ a. Sauce/sauce portugaise

Portulak, Burzelkraut, Kreusel, pourpier [lat. *portula*, Pförtchen, nach den Deckelchen der Samenkapseln] alte Gemüse- und Würzpflanze mit zarten, fleischigen Blättern, erfrischender, sanft säuerlich-nussiger Geschmack; frisch (am besten) roh oder gek. für Fleischbrühen, Suppen, zu Eiergerichten, (wie Spinat ged.) Gemüsen, geh. in (Misch-)Salaten, kalten Saucen und Quark, die Blätterknospen als Kapernersatz; gute Zeit Juni–Sept.; wird manchmal unrichtig und unzulässig als *Sumpfdottersprossen* angeboten, denn diese sind giftig (urspr. Griechenland, Vorderasien u. a., heute alle Tropen, Subtropen, darunter Nordwesteuropa, Nord-, Mittelamerika, Australien)
   Winter ♀ ↑ Kuba-Spinat

Portweinsauce mit Portwein gewürzte, dick eingek., verfeinerte braune Bratensauce

posten schweizerd.: einkaufen

postre span.: Dessert, Nachtisch
  – **de coco** Süßspeise aus verquirlten Eiern, Kartoffelmehl, geriebener Kokosnuß, Kokosmilch, Milch, Rosinen, Vanille, Weißwein und Zucker, wird mit Zimt bestreut, im Ofen überbacken und heiß serviert (Kolumbien, Südamerika)

pot engl., frz.: Topf; Kanne, Krug
  – **-au-feu** [frz.: Topf auf dem Feuer] trad., nahrhafter Eintopf, der in zwei Gängen serviert wird: zuerst (oder danach) die klare, kräftige Bouillon mit Mark auf gerösteten Weißbrotscheiben, dann das darin gek. Fleisch (Rind, a. Kalb, Schwein) und Geflügel mit Gemüsen (original Möhren, Pastinak, Weiße Rüben, Zwiebeln, aber a. Kohl, Porree, Stangensellerie, Tomaten usw.), Gewürzen (Aromate, Gewürznelken, Kräuterbukett, Lorbeer, Muskat, Petersilie, Pfefferkörner, Thymian, Wacholderbeeren usw.) und separat gek. Kartoffeln, unzählige reg. Varianten (Frankreich)
  ♀ **-roast** mit gewürztem Mehl eingeriebenes, in heißem Fett und in Brühe lange in der Pfanne geschm. (Rind-)Fleisch, a. Wild, (Wild-)Geflügel oder Fisch mit Kartoffeln, Möhren, Zwiebeln usw. (USA)

potage frz.: Suppe, meist gebunden
  – **crème** Rahmsuppe
  – **lié** gebundene Suppe
  – **puré** Püreesuppe

potato engl.: Kartoffel

potée [frz.: Topfvoll] in irdenem Topf gek. Gericht; deftiger Eintopf aus (gepökeltem) Fleisch, Würsten, a. Fisch, Kohl und anderem Gemüse, viele reg. Varianten (Frankreich)

Potemkinsuppe [Potemkin, russ. Großfürst und Staatsmann, 1739–1791] kräftige Fischkraftbrühe mit Preßkaviar, grünen Spargelspitzen sowie Möhren-, Selleriestreifen und Weißwein

Pothast westfälischer Eintopf, ↑ Pfefferpothast

potiron frz.: Riesenkürbis

Potitze österr.: gef. Hefeteigstrudel

Potpourri [frz.: Mischmasch] gebr. Hammel- und Schweinekotelett, Naturschnitzel und/oder Lendenschnitte, abwechselnd mit Demiglace und Tomatensauce überzogen, dazu sautierte Champignons, Prinzeßbohnen, Grüne Erbsen und Kartoffelkroketten

potrochá russ.: Innereien, Gänseklein

Pottasche, Kaliumcarbonat [niederd.: Topfasche] weißes körniges, geruchloses Kaliumsalz der Kohlensäure, Backtriebmittel, v. a. für Honigkuchen und Weihnachtsgebäck

potted engl.: in einem Topf gekocht oder eingemacht
  – **beef** Rindfleischpaste, Brotaufstrich
  – **chicken** Hühnerpaste, Brotaufstrich
  – **ham** Schinkenpaste, Brotaufstrich
  – **salmon** Lachspaste, Brotaufstrich
  – **steak** beidseits in Öl angebratenes, gesalzenes und gepfeffertes Filetsteak mit kleingeschn. Gemüsen (Blumenkohl, Grünen Bohnen, Kohlrabi, Möhren, Tomaten usw.), mit Champignons, Zwiebeln und Fleischbrühe zugedeckt gargeschmort

Potthast westfälischer Eintopf, ↑ Pfefferpotthast

Pottkäse ↑ Kochkäse

Pottsuse mit Zwiebeln und Gewürzen gek. Schweinefleisch als Brotaufstrich (Magdeburg)

Poularde Masthuhn, ↑ Huhn/Züchtungen

poule frz.: Henne, (Suppen-)Huhn, 18–20 Mon. alt; a. allg. Weibchen anderer Hühner- und Fasanenvögel
  – **au pot** [König Henri IV von Frankreich, 1589–1610: «Wenn Gott mir noch Leben schenkt, will ich

dafür sorgen, daß jeder Landmann in meinem Reich sonntags ein Huhn im Topf hat»] Suppeneintopf aus mit Hühnerleber, Schinkenspeck, Ei, Knoblauchzehen, Zwiebel, Weißbrot ohne Rinde, Pfeffer, Muskat, Milch oder Armagnac, Crème fraîche, Weißwein usw. gef. Suppenhuhn, Suppenfleisch, Gemüsen (Möhren, Porree, Bleichsellerie, Wirsing, Zwiebeln usw.) und Kräuterstrauß (Lorbeer, Petersilie, Thymian)

Poulet   frz.: Hähnchen, junges Masthuhn, 8–16 Wo. alt

poulette, (à la)   ↑ Sauce/sauce poulette

Pouligny-Saint-Pierre   [kl. Dorf im Indre] feiner Ziegenkäse, weicher Teig, 45 % Fett i. Tr., erdig pikant, gute Zeit Mai–Sept. (Berry, Loiretal, Mittelfrankreich)

pound cake   engl.: Pfundkuchen

pourpier   frz.: Portulak

pousse   frz.: Schößling, Trieb

poussin   frz.: Küken

poutargue   frz.: Meeräschenrogen, ↑ boutargue

Povese   geb. Weißbrotschnitte, ↑ Pafese

Powid(e)l   böhm., österr., ungar.: Zwetsch(g)enmus, a. Pflaumenmus
  -ta(t)scherl   [altfrz. *targe,* Tartsche, Turnierschild] flache, halbkreisförmige «Mehlspeise» aus Kartoffelmasse mit Butter, Eiern, Milch und Salz, mit Powidl gefüllt, in geröstetem Paniermehl gewälzt und mit Puderzucker bestreut (Böhmen, Österreich u. a.)

Prager Schinken   ↑ Schinken/Sorten

Prager Schnitzel   ↑ Schnitzel

praire   frz.: Rauhe Venusmuschel

pralin   frz.: Krokant, geröstete Mandelmasse

Praline, Praliné   [frz.: gebrannte Mandel, nach dem Koch des frz. Marschalls du Plessis-Praslin] mundgerechtes Konfekt aus meist Schokoladenüberzug mit Füllung aus Creme, Frucht, Krokant, Marzipan, Nougat, Nüssen, Zuckermasse und/oder Spirituosen usw., a. aus Schokolade- usw. Schichten oder aus Schokolade mit anderen Lebensmitteln; gehört nicht in den Kühlschrank

pranzo   ital.: Mittagessen; allg. Mahl, a. Abendessen

Präserve, Halbkonserve   Behältnis, Dose, Packung, in der verderbliche Lebensmittel durch physikalische Verfahren und/oder zugelassene Konservierungsstoffe bis zu 1 Jahr haltbar gemacht werden, nicht angebrochen kühl oder (besser) gekühlt aufzubewahren; ↑ a. Konserve

Prasselkuchen   flacher Blätterteigkuchen mit Streuseln und Zuckerglasur (Sachsen, Schlesien)

prawn   engl.: Felsengarnele; ↑ a. shrimp

Preis(s)elbeere, Bernitschke, Grandel, Kran-, Kraus-, Krons-, Riffel-, Steinbeere   kl. Frucht eines Heide-, Moor- und Waldstrauchs, weiß bis je nach Reife hell-, dunkelrot mit wenig saftigem rotem Fleisch, wirkt gegen Blasenentzündung, Durchfall, Gicht, Rheuma; herb-säuerlich-aromatisch, läßt sich frisch und ganz reif roh essen, wird aber meist mit Zucker zu Gelee, Kompott, Konfitüre verarbeitet, gekocht als Püree, für Saucen, Suppen usw. verwendet, paßt zu Fleisch (Sauerbraten), Geflügel, Wild, in Eierkuchen, (Speck-)Pfannkuchen, Kartoffelpuffern, Pasteten, Quarkspeisen usw.; gute Zeit Aug.–Okt.; hält sich in Glas oder Steintopf eingemacht lange, tief-, schockgefroren bis 2 Jahre, läßt sich (nicht zu reif) roh ohne Zucker bis 10 Mon., püriert und gezuckert sehr gut bis 12 Mon. tiefkühlen (Eurasien, insbes. Skandinavien, Deutschland, Österreich, Balkan); ↑ a. cranberry

Preiselbeersauce   ↑ cranberry sauce

premier-jus   [frz.: erster Saft] mit Wasser ausgeschmolzenes, gereinigtes tierisches Gewebefett, i. a. vom Rind, zur Herstellung von Backwaren, Margarine usw.

pré-salé   [frz.: Salzweide] Fleisch von Schafen, die auf fetten, jod- und meersalzhaltigen Wiesen auf Deichen und an einer Meeresküste geweidet haben, von bes. würzigem Geschmack und spezieller Güte (Ostküste Frankreichs, weitere Salzweidenschafe kommen von der dt. Nordseeküste, aus
Irland, Schottland)

preserve   engl.: Eingemachtes, Konserve; Konfitüre

Pressato, (Asiago)   Schnittkäse aus Kuhmilch, weicher Teig, mind. 45 % Fett i. Tr., mild bis pikant, frisch guter Tafelkäse (Lombardei, Veneto u. a., Italien)

Preßhefe   entwässerte, gepreßte ↑ Backhefe

Preßhonig   ↑ Honig/Gewinnung

Pralinen machen das Leben süß

Preßkaviar ↑ Kaviar

Preßkohlsuppe Rinderkraftbrühe mit geschm. Kugeln aus in Weißkohlblättern gewickeltem Bratwurstbrät, eingeweichten Semmeln, Ei und Schnittlauchröllchen (Österreich)

Preßkopf, Preßwurst Brühwurst aus Rind-, Schweinefleisch, Speck und Schweinemasken mit groben Einlagen von schwartenhaltigem Schweinefleisch in gr. Schweinemagenhülle, als Aufschnitt

Preßsack, (Weißer) Sülzwurst aus Schweinefleisch, Speck, Schweinemasken und -schwarten, a. Gallerte aus Brät, Leber usw. in weißer Hülle; ↑ a. Schwarzer Preßsack

Preßwurst ↑ Preßkopf

presunto port.: gepökelter, geräucherter Schinken

Pricke Fluß- und Meerfisch, ↑ Neunauge

prime rib amerik.: Steak vom Rind, ↑ Steak/Ochsensteak: Amerikanischer Schnitt 1

primeurs [frz.: Erstlinge] frühzeitig angebotene Lebensmittel, insbes. das erste zarte Frühlingsgemüse, a. Obst am Anfang der Saison

Prince Albert [Prinz Albert, 1819–1861, Gemahl der engl. Königin Victoria] mit getrüffelter Gänseleber gef., mit Gemüsen und Portwein geschm. Rinderfilet

Princess-Dressing Essig-Öl-Salatsauce mit Eischnee

princesse, (à la) ↑ Prinzeß-Art

princière, (à la) ↑ Fürsten-Art

printanier, (à la) printanière ↑ Frühlings-Art

Printe, (Aachener) [holl. *prenten,* aufdrucken] rechteckiger brauner Lebkuchen mit Haselnüssen, Mandeln, Walnüssen, a. Gewürzen, und Kandiszucker, knusprig hart oder saftig weich (Nordrhein-Westfalen)

Prinzen-Art ↑ Fürsten-Art

Prinzensalat Gurkenwürfel und Trüffelscheiben in Remoulade

Prinzeß-, Prinzessin-Art, (à la) princesse Garnitur aus Spargelspitzen und Trüffelscheiben (in Champignon- oder Rahmsauce), zu Kalbsbries, Geflügel, Lachsscheiben, Eiern, Pasteten usw.; Geflügelrahm- oder -samtsuppe mit Reismehl und Spargeln, als Einlage Geflügelbrustscheiben, weiße Spargelspitzen und Kerbelblätter

Prinzeßbohne ↑ Bohne/Sorten

Prinzeßerbse sehr junge, zarte und leicht süßliche Grüne Erbse

Prinzessin-Alice-Suppe leicht gebundene Geflügelkraftbrühe mit Artischockenböden und Hühnerfleisch-, Kopfsalatstreifen

Prinzessin-Art ↑ Prinzeß-Art

Prinz Heinrich von Preußen [Bruder Kaiser Wilhelms II., 1862–1929] Garnitur aus Artischockenböden und Strohkartoffeln, zu Kalbsrippenstück

Prinz-Nikolaus-Suppe [Nikolaus, Nikoljewitsch, 1856–1929, russ. Großfürst] Geflügelkraftbrühe mit roten Paprikaschoten, Staudenselleriestreifen, Tomaten und Krebsschwänzen

Prinzregententorte Torte aus mehreren Biskuitschichten und Schokoladenbuttercreme dazwischen, mit Kuvertüre überzogen (Österreich)

Prinz von Wales, Prince of Wales [Titel des engl. Thronfolgers] Geflügelkraftbrühe mit getrüffelten Geflügelklößchen und Spargelspitzen

Prise [frz.: Ergreifen] ↑ Maße und Gewichte

Procope [das älteste Café von Paris] Bombe aus Erdbeerschaumeis in Hülle aus Vanilleeis

profiterole [frz.: kl. Gefälligkeit] kl. Windbeutel aus Brandmasse, salzig mit pikanten Cremes, Pürees u. ä., süß mit Cremes, Konfitüre, (aromatisierter) Schlagsahne oder Eis gefüllt, oft in warmer Schokoladensauce

Prophetenkuchen ↑ Brioche

prosciutto ital.: Schinken, *affumicato* geräuchert, *cotto* gekocht, *crudo* roh; ↑ a. Schinken/Sorten

Protein [griech. *prōtos*, erster] Eiweiß

provençale, (à la) ↑ Provenzalische Art, ↑ Sauce/sauce provençale

Provence-Essig ↑ Essig/Gewürzessig

Provencekräuter [Provence, hist. Landschaft Südfrankreichs] Mischung aromatischer Kräuter (Basilikum, Bohnenkraut, Lorbeer, Rosmarin, Thymian), meist gehackt, oft getrocknet

Provence-Öl das Öl der zweiten kalten Pressung der Olive, feines Speiseöl

Provenzalische Art, (à la) provençale i. a. mit geh. Knoblauch, Petersilie und Olivenöl gewürzt; Garnituren aus gehäuteten Tomaten und mit knoblauchgewürztem Püree gef. Champignonköpfen oder aus geschmolzenen Tomaten mit entkernten Oliven oder aus Auberginenstücken mit Tomatenmark, Grünen Bohnen und Schloßkartoffeln, zu Fleisch oder Geflügel; Salat aus Scheiben oder Würfeln von Artischockenböden und Tomaten, a. Kürbisblüten, sowie entsteinten schwarzen Oliven in Essig-Öl-Sauce mit geh. Basilikum, Knoblauch und Sardellen(püree); ↑ a. Provenzalische Tomaten, Sauce provençale

Provenzalische Tomaten ausgedrückte, gesalzene, gepfefferte Tomatenhälften, mit der Schnittseite nach unten in Olivenöl angebraten, gewendet und mit Mischung aus Knoblauch, geh. Petersilie und Paniermehl bedeckt, im Ofen überbacken, warm oder kalt serviert

providence, à la [frz.: Vorsehung] Garnitur aus Champignons, Kalbs- oder Leberklößchen, Scheiben sautierter Gänseleber, Trüffeln und entsteinten Oliven, zu Fleisch und Geflügel

Provitamin natürliche Vorstufe eines ↑ Vitamins, die mit der Nahrung aufgenommen und im Körper in ein Vitamin umgewandelt wird

Provola kl. Knetkäse aus Büffel- und/oder Kuhmilch, mild, frisch, reif oder geräuchert erhältlich (Mittel-, Süditalien)

Provolone harter Knetkäse aus Vollmilch von der Kuh, fester Teig, mind. 44% Fett i. Tr., kurz gereift, *dolce,* wird mit dem Alter rezenter, *piccante,* jung als Tafelkäse, nach etwa 6 Mon. zum Reiben (Kampanien, Italien)

pršut luftgetr., aromatischer Rohschinken aus Schweine-, a. Rind-, Hammel-, Gänse- oder Puterfleisch (Serbien)

Prügelkuchen Dauergebäck, Art Baumkuchen aus Mehl, Butter, Eiern und Zucker (Tirol)

Prummetaat kölnisch: Pflaumenkuchen

prune frz.: Pflaume

pruneau frz.: Back-, Dörrpflaume; Westschweiz: frische Zwetsch(g)e

Prunelle Steinfrucht, ↑ Pflaume/Reneklode

prunelle frz.: Schlehe, Schwarzdorn

Prünelle geschälte, getr., gepreßte Pflaume, meist aus Frankreich, Italien

Prunkbohne ↑ Bohne/Feuerbohne

psari ngriech.: Fisch

P S E-Fleisch [engl. **p**ale, blaß, **s**oft, weich, **e**xudative, wäßrig] (Schweine-)Fleisch mit Qualitätsmängeln, zum Braten und Kochen nicht geeignet

puchero [span.: (eiserner, irdener) Koch-, Fleisch-, Suppentopf] Topfgericht aus Hammel-, Schweine- Hühnerfleisch, Schinken, Würsten, Speck mit Kartoffeln, Kichererbsen, Kohl, Paprikaschoten, Porree, Sellerie, Tomaten, Zwiebeln und Knoblauch, Lorbeer, Petersilie usw., mit hartgek. Eiern und Oliven garniert, viele reg. Varianten (Spanien, Argentinien u. a.)

Pückler-Eis [vom Lausitzer Konditor Schultz dem Fürsten Hermann von Pückler-Muskau, 1785–1871, dt. Reiseschriftsteller, Gartenarchitekten und verschwenderischem Lebemann, gewidmet] dreifarbige Bombe aus Schichten mit Zucker steif geschlagener, geeister Schlagsahne und in Kirschwasser oder Maraschino getränkten Makronenstücken: einer roten mit zerdrückten Erdbeeren, einer weißen mit Kirschwasser oder Marschino und einer braunen mit aufgelöster Schokolade

Pudding [frz. *boudin,* Wurst] cremig geschmeidige Süßspeise aus Mehlschwitze und mit Vanilleschote aufgekochter Milch, ungeschlagenem Eiweiß, Eigelben, gezuckertem, geschlagenem restlichem Eiweiß sowie Geschmackszutaten (Früchten, Kakao, Aromen usw.), mit dem Spritzbeutel in Förmchen, Formen gefüllt; a. warmes, pastoses Gericht mit viel Fett und Eiern, im Wasserbad gegart, salzig oder süß; ↑ a. Flammeri

Puddingkrem-Pulver Gemisch zur Bereitung – meist mit Milch – von weichen, cremigen Flammeris

Puddingpulver Gemisch aus Dickungs- und/oder Geliermitteln mit Aromazutaten, ergibt mit Milch oder Wasser, evtl. a. Zucker, Puddings, Süßspeisen u. ä.

Puddingröhrenbaum trop. Baumart, ↑ Manna

Pudelmütze feine Backware aus Stutenteig mit Trockenobst und Zuckerglasur

Puderkakao ↑ Kakao/Kakaopulver

Puderraffinade, -zucker ↑ Zucker/Puderzucker

pudim, pudin span.: Pudding
– **special** Vanillepudding

Puerto-Rico-Kirsche [die kleinste Insel der Großen Antillen, Bundesstaat der USA] ↑ Acerola

puf böreği türk.: Blätterteigpastete mit Hackfleisch- oder Käsefüllung

Puffbohne ↑ Bohne/Dicke Bohne

Puffer ↑ Kartoffelpuffer, Reibekuchen

Puffmais ↑ Popcorn

Puffreis durch Überdruck gelockerter und vergrößerter geschälter weißer Reis, manchmal mit Schokolade überzogen, zum Knabbern, a. ungek. mit Fruchtsäften und Milch gegessen, leicht verdaulich

pulaw, pullao ind.: Pilaw

Pulp(e), Pülpe breiig flüssige Masse aus frischen Fruchtstücken, a. ganzen Früchten, nicht zum unmittelbaren Verzehr bestimmt, sondern für Backwaren, Gelees, Konfitüren, Marmeladen, Süßwaren, Getränke

pulpo span.: Krake, achtarmiger Tintenfisch

Pultost Sauermilchkäse aus entrahmter Kuhmilch, manchmal mit Kümmel gewürzt und/oder mit Sahne angereichert, versch. Fettgeh., wird frisch oder nach kurzer Reifung gegessen (Norwegen)

Pumpernickel ↑ Brot/Spezialsorten

pumpkin engl.: (Sommer-)Kürbis
– **pie** Kuchen mit Füllung aus kleingeschnittenem Kürbisfleisch, Eiern, Sahne, Muskat, Zimt, Ingwer-, Nelkenpulver, Weinbrand und Zucker, trad. zum Thanksgiving Day im November (Neuengland, USA)

punjene paprika längs halbierte, mit Schafs- und Schmelzkäse, Schinken, Zwiebeln usw. gef. Paprikaschoten (Kroatien, Serbien)

Punkt(e)diät ↑ Abmagerungsdiät

Punschbohne Praline mit flüssiger alkoholischer Füllung

Püree, purée [altfrz. *purer,* passieren] breiartige Masse aus Gemüse, Kartoffeln, Früchten usw.; ↑ a. Brei, Mus
   -suppe gebundene Suppe

Purin organische Verbindung, z. B. in der ↑ Harnsäure enthalten; purinreich sind u. a. Fleisch, Innereien, Fisch, Hefe, purinarm Milch, Milchprodukte

Purpurgranadilla ↑ Passionsfrucht

Purpurschnecke eßbares Meeresweichtier, wird a. gekocht oder in Essig eingelegt angeboten (Mittelmeer)

Purpurtang ↑ laver

Pußtasuppe [ung. *puszta,* karge, sandige Steppe] braune, bes. scharf gewürzte ↑ Gulaschsuppe

Pusterer Türtlen [Pustertal, Alpental in den Dolomiten] mit Sauerkraut oder Spinat, gef. Pfannkuchen resp. Teigtaschen aus Roggenmehl (Südtirol)

Pute [Lockruf *put, put*] weibl. Truthuhn, Truthenne, ↑ Truthahn

Puten|brust Brust der Pute, v. a. gepökelt und geräuchert im Handel
   -leberwurst fein gekutterte Kochstreichwurst aus Puten-, Schweinefleisch, Fettgewebe und mind. 15% (Puten-)Leber

Puter [Lockruf *put, put*] männl. ↑ Truthahn

Putiz Strudel aus Hefeteig mit Mohn- oder Nußfüllung (Österreich)

putra lettisch: Brei, Grütze

Puy-Linse eine der feinsten, schmackhaftesten ↑ Linsen aus dem Velay an der oberen Loire in Frankreich

Pyramide reiner Ziegenkäse von der Art des Valençay, *blanche* ohne Belag, *cendrée* mit Holz- oder Pflanzenkohle, weicher Teig, 45% Fett i. Tr., mild bis pikant (Anjou u. a., Nordwestfrankreich)

Pyrenäenkäse, Pyrénées [Pyrenäen, Hochgebirge zwischen Atlantik und Mittelmeer] halbfester Schnittkäse aus Kuh- und/oder (seltener) Schafmilch, geschmeidiger Teig, über 45% Fett i. Tr., je nach Inhalt leicht säuerlich bis kräftig aromatisch (nördl. Pyrenäen, Südfrankreich)

Pyridoxin Vitamin B_6, ↑ Vitamine

pytt i panna [schwed.: Häppchen in der Pfanne] deftiges Bauernfrühstück, Restepfanne aus goldbraun gebr., gek. oder rohen Kartoffelwürfeln, gek. oder gebr. Fleisch-, Schinkenwürfeln und/oder Bratenresten und Zwiebeln mit geh. Petersilie, dazu rohe Eigelbe im Schälchen (Schweden)

Q

qar arab.: Eierkürbis

qatr Sirup aus in Wasser verrührtem und gek. Zucker, meist mit Orangenblütenessenz oder Rosenwasser und Zitronensaft parfümiert, für Gebäck und Süßigkeiten (Arabische Länder)

quaglia ital.: Wachtel

Quahogmuschel Meeresschaltier, ↑ Venusmuschel

quail engl.: Wachtel

Quakelbeere ↑ Wacholderbeere

Quaker oats [Quakers, engl.-amerik. Sekte, ausgespr. *kweikar outs*] Sorte ↑ Haferflocken

quando ci sono ital.: wenn vorrätig

Quappe Süßwasserdorsch, ↑ Aalquappe

Quargel, Quärgel [mhd. *quarg,* Quark] Sauermilchkäse aus Mager-, heute a. Buttermilch, fester Teig, 10% Fett i. Tr., pikant und milchsäuerlich (urspr. Olmütz, Nordmähren)

Quark, Siebkäse, Speisequark [mhd. *quarg*] weißer, saftiger Frischkäse aus entrahmter, pasteurisierter geronnener Milch, eines der gesündesten Lebensmittel, vier Fettstufen: *mager* (unter 10% Fett i. Tr.), *viertelfett* (mind. 10%), *halbfett* (mind. 20%) und *fett* (mind. 40%), sollte gleichmäßig weich, zart geschmeidig und streichfähig sein; für pikante (passende Kräuter: Estragon, Knoblauch, Kresse, Kümmel, Meerrettich, Petersilie, Salbei, Schnittlauch, Sellerie, Ysop, Zwiebel) und süße Speisen, aber nicht kochfest, selbst im Kühlschrank nicht länger als 2 Tage haltbar; ↑ a. Topfen

Quark|brot ↑ Brot/Spezialsorten
 -keulchen ovales Plätzchen aus Teig mit Quark, durchgepreßten gek. Kartoffeln, Eiern, Mehl und Korinthen, in Butter oder Leinöl gebacken, mit Puderzucker bestreut (Sachsen)
 -kuchen ↑ Käsekuchen
 -stollen feine Backware, meist in Stollenform, mit mind. 4 kg Quark oder Quarktrockenprodukten und 2 kg Butter, Margarine oder Milchfett auf 10 kg Getreideerzeugnissen und/oder Stärken, a. mit Trockenfrüchten, Orangeat, Zitronat, ↑ Stollen
 -strudel, Topfenstrudel Strudel mit Füllung aus Quark, Butter, Eigelb, Eischnee und Zucker (Bayern, Österreich)
 -torte Torte aus (Mager-)Quark, Butter, Grieß, Eiern und Zucker

quart frz: Viertel; kl. ↑ Maroilles-Käse (Flandern)

quasi frz.: dickes Stück aus der Keule des Kalbs zwischen Nierenbraten und Schwanz ohne Knochen

quatre-épices [frz.: vier Gewürze] Würzmischung aus gemahlenen, geriebenen Gewürznelken, Muskat, Pfeffer und Zimt, a. Ingwer; zu Schweinefleisch, Wildbret, Ragouts, Pasteten, Terrinen usw.; Tunesien: Gewürzmischung aus Paprika, Pfeffer, getr. Rosenknospen, Zimt

quatre-quarts [engl., aus dem Französischen: vier Viertel] Pfundkuchen

queen crab engl.: Nordische Eismeerkrabbe

Queene weibl. Jungrind, ↑ Färse

queijo port.: Käse
 – da serra Bergkäse aus Schaf-, a. Ziegenmilch, mit dem Saft von Blumen und Distelblättern eingelabt, halbfester bis harter Teig, 40–55% Fett i. Tr., mild bis kräftig würzig, mehrere Varianten (Gebirgsgegenden Mittelportugals)

Queise Meerfisch, ↑ Petermännchen

Queller Gemüsepflanze, ↑ Glasschmalz

Quellgemüse ↑ Getrocknetes Gemüse

Quellkartoffeln schweiz.: Pellkartoffeln

Quendel, (Welscher), Feldthymian Würzkraut, wilder Verwandter des Thymians, wie dieser verwendbar, aber mit schwächerer Wirkung
  –, Römischer ↑ Thymian

quenelle [frz., nach dem dt. *Knödel*] Kloß aus fein zerstoßenem, fettarmem Fleisch, Geflügel, Wild oder Fisch (Hecht u. ä.)

Querrippe Teilstück des Rinderviertels, ↑ Spannrippe

queso span.: Käse
  – de Mahón ↑ Mahón

Quetsche Steinfrucht, ↑ Pflaume/Zwetsch(g)e

Quetschkartoffeln ↑ Kartoffel/Zubereitungen: Kartoffelpüree

queue frz.: Schwanz, Fruchtstiel

quiche [frz., nach dem dt. «Kuchen»] herzhafter flacher Kuchen aus urspr. Brot-, heute a. Mürbe- oder Blätterteig, original mit Eiern, Crème fraîche, Milch und Sahne, heute a. mit Speck, Schinken, Zwiebeln; für Mikrowelle geeignet (urspr. Lothringen)

quillet frz.: rundes Biskuitküchlein, mit aromatisierter Butter gefüllt

Quinoa, Inkareis, Reismelde, -spinat [ausgespr. *kīnwa*] Samen eines Gänsefußgewächses (also kein Getreide), als Körner oder Flocken erhältlich, wie Mais oder Reis (als Vollwertkost) verwendbar, gemahlen mit anderem Mehl a. zum Backen; Blätter, angenehm mild, frisch als Salat, gekocht in Suppen, Maisgerichten usw. (Andengebiete Südamerikas, Wallis, Westschweiz)

Quirinal-Art [Quirinal, der nördlichste der sieben Hügel Roms, einst Sommerresidenz des Papstes, heute Sitz des ital. Staatspräsidenten] Garnituren aus Champignons, Krebsschwänzen, zu Fisch in Rotweinsauce, und aus Champignonköpfen mit Ochsenmark, Brunnenkresse und Strohkartoffeln, zu kl. Fleischstücken; gebundene Fasanensuppe mit Fasanenfleisch-, Trüffelstreifen und Sherry

Quirinalsalat Würfel von Roten Rüben und Trüffeln sowie Ei-Achtel und Tomatenstücke in leichter Mayonnaise, mit Kopfsalatherzen garniert

Quito-Orange ↑ Naranjilla

Quitte [griech. *mélon kydónion*, Apfel aus Kydonía, später Chanía, zweitgrößter Stadt auf Kreta] runde (*Apfelquitte*)

Quitten, Duftspender in der Schale

oder längliche (*Birnenquitte*) Kernfrucht mit hartem, holzigem, körnigem Fleisch, das nicht roh gegessen werden kann, aber viel Pektin enthält, welches den Saft gelieren läßt; wirkt darm-, magenberuhigend, entzündungshemmend; starker, angenehmer Geruch, herb-säuerlicher Geschmack; muß vor der Zubereitung mit Tuch oder Bürste abgerieben, dann halbiert und ohne Kerngehäuse zerkleinert werden; läßt sich kochen, backen, dämpfen, zu Gelee, Kompott, Konfitüre, Püree, Konfekt oder Trockenobst verarbeiten, paßt als Beilage zu Kurzgebratenem, (Wild-)Geflügel, Reis, Kuchen usw.; gute Zeit Sept.–Nov., ist luftig, kühl und trocken aufzubewahren, kann roh und ganz sehr gut bis 8 Mon., gekocht und abgepreßt bis 10 Mon. tiefgekühlt werden (urspr. Transkaukasien, heute a. Südostarabien, Balkan, Mittelmeerländer, Deutschland u. a., Japan)

Quitte, Chinesische ↑ Kaki

Quitten|gelee, -käse, -speck mit Zucker eingekochtes, geliertes Quittenmark
  -paste schnittfestes Konfekt aus Püree von vollreifen Quitten mit Hagelzucker, Zucker und Öl, kann a. mit Orangen-, Zitronensaft oder -schale, Rosenwasser usw. aromatisiert werden
  -würstchen Süßware aus Quitten, Mandeln, Zimt, Zitronat und Zucker

Quorn Einzelleiweiß, unter versch. Markennamen aus Glukose, Salzen, Vitaminen, Stick-, Sauerstoff industriell hergestellter, mit Hühnereiweiß gebundener Schimmelpilz als Ersatz für Eiweiß ohne Cholesterin, tierische Fette und als Alternative zum Fleisch

R

rabbit engl.: Kaninchen; ↑ a. Welsh rabbit

Räbe schweizerd.: Weiße Rübe, Kohlrübe

râble frz.: Hasen-, Kaninchenrücken

Rachel [Theatername der schweiz.-frz. Tragödin Elisabeth Félix, 1820–1858, Geliebte des Arztes und Feinschmeckers Véron, mit dem sie ein großes Haus führte] Garnituren aus Artischockenböden mit Markscheiben und Rotweinsauce, zu kl. Fleischstücken, Kalbsbries, pochierten Eiern, oder aus Trüffelstreifen sowie sauce bordelaise oder à la moelle, zu pochiertem Meerfisch; leicht gebundene Geflügelkraftbrühe mit Artischockenbodenstreifen, dazu geröstete Weißbrotwürfel mit Rindermark; Salat aus Streifen von Artischockenböden, gek. Kartoffeln, Staudensellerie, Spargelspitzen und Trüffeln in leichter Mayonnaise

ración span.: vollbeladener Teller
 media – halber Teller voll

Rackelhuhn Mischling zwischen Auer- und Birkhuhn, sehr selten geworden, wie diese zuzubereiten (Nord-, Mitteleuropa)

Raclette [frz. *racler,* abschaben] am Holzfeuer oder (elektrischen Raclette-)Ofen geschmolzener und abgeschabter Raclettekäse, wird samt Rinde, der *religieuse,* mit schwarzem Pfeffer bestreut heiß zu Pellkartoffeln, a. pikanten Beilagen wie Cornichons, Essigzwiebeln, Salzgurken, eingelegten Pilzen u. ä. gegessen; dazu ein herber trockener (Walliser) Weißwein oder Schwarztee und Kirsch (urspr. Wallis, Westschweiz)

Raclettekäse vollfetter, halbharter Alpkäse aus roher, heute a. pasteurisierter Kuhmilch, elastisch-weicher Teig, 52% Fett i. Tr., würzig mild und leicht schmelzend, ohne zu zerfließen, am besten reif, 6–7 Mon. alt, eignet sich nicht nur für ↑ Raclette, sondern a. als schnittfester Tafelkäse (Wallis, Westschweiz); im weiteren Sinn a. anderer Schweizer Bergkäse (Bagnes, Forclaz, Gomser, Illiez, Orsières, Simplon usw.), der sich für die Raclette eignet

Radener Käse Hartkäse aus Magermilch von der Kuh (Mecklenburg)

Räderkuchen ↑ Hobelspäne

Radi, Bierrettich [lat. *radix,* Wurzel] bayer., österr.: Staudenrettich, wird zur Brotzeit längs oder rund geschnitten, gesalzen und meist zu Bier gegessen

Radicchio ↑ Salat/Sorten
 – di Treviso ↑ Salat/Radicchio di Treviso

Radieschen, Monatsrettich [lat. *radix,* Wurzel] kl. kugelige oder ovale Wurzel einer Knollenpflanze mit roter oder weißer Schale, mit dem Rettich nur entfernt verwandt, knackig scharf, am besten Juni–Okt. frisch mit vollem Laub und nicht geplatzt vom Freiland, meist jedoch aus (holl.) Treibhäusern, zum Knabbern (zu Bier), als Vorspeise, Garnitur, in Suppen, rassigen Salaten, läßt sich a. dünsten; passende Kräuter: Petersilie, Schnittlauch; gute Zeit einh. Mai–Okt., kann nur kurz mit den Blättern nach unten in Wasser aufbewahrt werden, eignet sich nicht zum Tiefkühlen (urspr. China oder Vorderasien, heute ganze Welt)

Radziwill [Elisa R., 1803–1834, Jugendliebe Kaiser Wilhelms I.] Garnitur aus Aalquappenleber, Karpfenmilch, Champignonköpfen und Trüffelscheiben, zu Fisch in Genfer Sauce, ↑ Sauce/sauce genevoise

Raffael [ital. Maler und Architekt, 1483–1520] Garnitur aus Karottenscheiben in abwechselnd Béarnaise- und Rahmsauce auf Artischockenböden mit Strohkartoffeln, zu kl. Fleischstücken; Rinderkraftbrühe mit Knollenselleriewürfeln

Raffinade ↑ Zucker/Sorten

Raffination [frz. *raffiner,* verfeinern, läutern] Entfernen von Verunreinigungen und unerwünschten Begleitstoffen, die Farbe, Geruch, Geschmack und/oder Haltbarkeit eines Rohstoffs (Fett, Öl, Zucker usw.) ungünstig beeinflussen

Ragout, Würzfleisch [frz. *ragoûter,* Appetit machen] Schmorgericht aus bissengroßen, angebratenen Fleischstükken von Kalb, Rind, Schaf, Schwein, Wild oder Geflügel, a. Innereien, Fisch, Meeresfrüchten usw., in Flüssigkeit gegart und in aromatisch gewürzter Sauce, oft mit Gemüsen, Pilzen usw., eignet sich a. als Füllung; läßt sich in Würfeln verpackt oder unverpackt sehr gut bis 6 Mon. (Kalb, Lamm, Rind) bzw. 2 Mon. (Schwein) tiefkühlen

– **fin** [frz.: feines Ragout] Ragout aus Kalb-, a. Geflügelfleisch, Kalbsbries und -zunge sowie Champignons, oft in weißer, mit Eiern und Sahne verfeinerter, pikant gewürzter Sauce überbacken, als Pastetenfüllung usw. verwendet

ragù ital.: Ragout
– **(alla) bolognese** dickflüssiges Ragout aus Rind- und/oder Schweinefleischstücken mit Speck, Möhren, Tomaten, Zwiebeln und trockenem Rotwein, viele lokale Varianten (urspr. Emilia-Romagna)

Ragusano [Ragusa, Stadt und Provinz auf Sizilien] harter Knetkäse aus Vollmilch von der Kuh, nach 6 Mon. Reifung als milder, zarter Tafelkäse, später als würzig pikanter Reibkäse, a. geräuchert, erhältlich (Italien)

Rahm ugs., südd., österr., schweizerd.: Sahne
-**bonbon, Sahnebonbon** Weich-, a. Hartkaramelle mit mind. 4% Milchfett, milder Milch-, Sahnegeschmack
-**bratensauce** cremige, hellbraune Bratensauce, ↑ Bratensaft, für kurzgebr. oder geschm. Fleisch-, Wild-, Geflügelgerichte, Kartoffelpüree, Knödel, Teigwaren usw.
-**eis** ↑ Speiseeis/Sorten
– -**Emmentaler** ↑ Emmentaler, Rahm-
-**frischkäse, Doppelrahmfrischkäse** fetthaltiger Weißkäse aus geronnener, gereifter, dickgelegter Milch, über 50% bzw. 60% Fett i. Tr., der herzhafteste, würzigste Frischkäse, streichfähiger Teig, leicht säuerlicher Geschmack, je jünger, desto besser; fest verschlossen, kühl und dunkel gelagert jedoch bis 4 Wo. haltbar
-**glace** schweizerd.: Rahmeis
-**kartoffeln** ↑ Kartoffel/Zubereitungen
-**käse** Käse aus Sauer- oder Süßrahm mit mind. 50% Fett i. Tr.
-**sauce** ↑ Sauce/sauce crème
-**schaum, -schnee** ↑ Schlagsahne
-**schokolade** ↑ Schokolade
-**suppe, Sahnesuppe** ↑ Suppe/Arten
Süßer – Deutschland: ↑ Sahne mit 30% Milchfett

Rahmapfel trop. Frucht, ↑ Annone/Schuppenannone

Rahm-Emmentaler ↑ Emmentaler

Rahne ↑ Rübe/Rote Rübe

raie frz.: Rochen

raifort frz.: Meerrettich

raisin frz.: (Wein-)Traube
– **sec** Rosine

raita ind.: Joghurtsalat

rajma ind.: Rote Bohne

rak(e)fisk, rakaure angegorene Forelle, die 3 Mon. in Salzlake lag (Norwegen)

Rákóczi [Fürst Franz II. R., 1675–1735, Führer der ung. Freiheitsbewegung] in Butter gebr. Auberginen, zu Fleisch in Paprikasauce

rakott káposzta, Siebenbürgener Kraut mit (geh.) Schweinefleisch, Speck, Wurstscheiben und Reis gef., mit Knoblauch, Paprika und Zwiebeln gewürztes Sauerkraut, mit brauner Sauce übergossen im Ofen überbacken (Siebenbürgen, Rumänien, Ungarn)

Rambutan [indon. *rambut*, Haar] exot. Frucht mit haariger, stacheliger Schale und weißlich durchscheinendem Fleisch, süßsäuerlich, der Lychee ähnlich und wie diese verwendbar (urspr. Malaysia, heute ganz Südostasien, Australien, Mauritius, trop. Ostafrika, Costa Rica, Ecuador)

ramequin [frz. nach dem dt. *Ramken,* Rahm] kl. runde Auflaufform, in der Einzelportionen serviert werden, warm (überbacken) aus Eiern, Käse, Fisch, Meeresfrüchten usw., kalt aus Cremes, Karamel, Puddings usw. oder aus Eiern u. ä. in Gelee; Deutschland: Käsetörtchen aus geriebenem Teig, Eiern, Milch, Sahne, Käse und Gewürzen; Westschweiz: Gratin aus Toastbrot, geriebenem (Emmentaler,

Die rubinrote Haarschale des Rambutan

Leuchtendgelbe Weite: blühendes Rapsfeld

Greyerzer) Käse mit Guß aus Butterflocken, Eiern, Milch, Sahne, a. Weißwein usw., mit Muskat und Pfeffer gewürzt

Rammler Männchen des Hasen und Kaninchens

Rampolla [ital. Marchese und Kardinal, 1843–1913] Fischkraftbrühe mit Krebsfond, Aalquappenstreifen, Austern, Krebsschwänzen und Champignonwürfeln

Rand ↑ Bordüre

Rande schweizerd.: Rote Rübe

Ranft [ahd. *ramft*, Rand] Kantenstück eines Gebäcks, Brotkruste, -rinde

Rangunbohne ↑ Bohne/Limabohne

Ranne bayer.: Rote Rübe

ranzig [lat. *rancere,* faulen, stinken] verdorbenes, schlecht riechendes, schmeckendes Fett, Öl oder fetthaltiges Nahrungsmittel, kann durch dunkle, kühle, verschlossene und nicht zu lange Lagerung vermieden werden

Rapfen, Schied Karpfenfisch aus dem Süßwasser mit grätigem, jedoch ausgezeichnetem Fleisch, läßt sich grillen, aber a. anderweitig zubereiten (Nord-, Mitteleuropa bis zum Kaspischen Meer)

râpé frz.: gerieben, insbes. geriebener (Hart-)Käse

Rapontika, Nachtkerze Pflanze mit fleischiger Pfahlwurzel, kann gekocht als Salat verwendet werden

Rappa Rübenkohl, ↑ cima di rapa

Raps [niederd. *rapsād,* Rübsamen] wichtige Ölpflanze, junge Blätter a. als Gemüse oder Salat verwendbar
  -fett gehärtetes Rapsöl, ↑ Öl/Sorten, geschmacklich neutral und sehr lange haltbar
  -honig ↑ Honig/Sorten
  -öl ↑ Öl/Sorten

Rapünzchen, Rapunzel ↑ Salat/Feldsalat

rare engl.: roh, blutig, ↑ Fleisch/Garstufen

rarebit Käseschnitte, ↑ Welsh rabbit

ra's al-ḥānūt, el-ḥānūt [arab. Ladendach] Pulver aus mind. 13 Gewürzen, darunter Erdmandeln, Galgant, Gewürznelken, Ingwer, Kardamom, Koriander, Kümmel, Kurkuma, Lavendel, Muskat, schwarzem Pfeffer, Piment, Zimt, a. getr. Rosenknospen, Tollkirsche, Veilchenwurzeln usw. (Nordafrika)

rascasse frz.: Drachenkopf, Skorpionsfisch

rasnici Fleisch vom Spieß, ↑ ražnjići

Raspail [Boulevard in Paris, nach dem Politiker François Vincent R. benannt] Rinderkraftbrühe mit Geflügelklößchen und Spargelspitzen

raspberry engl.: Himbeere

Raspelschokolade durch Raspeln oder Spänen zerkleinerte Schokolade, meist zum Bestreuen von Süßspeisen und Speiseeis

raß, räß südd., österr., schweizerd.: rezent, scharf (gewürzt, gesalzen)

rassólnik heiße, saure Suppe aus Salzgurken, Kartoffeln, Graupen oder Reis, (Wurzel-)Gemüsen, Kräutern sowie Fleisch (Kalb, Rind, Innereien) und/oder Geflügel (Ente usw.), a. Fisch, wird mit saurer Sahne angerichtet (Rußland)

rastegáj halbmondförmiges Hefeteigpastetchen mit Füllung aus gewürzter Fischfarce, Vesiga, a. Honig usw., heiß gegessen (Rußland)

Ratatouille [frz. *touiller,* umrühren] provenzalischer Gemüseeintopf aus möglichst sortenweise geschm. Auberginen, Gemüsepaprikaschoten, Tomaten, Zucchini und Zwiebeln, mit Basilikum, Knoblauch, Thymian usw. in Olivenöl, a. trockenem Weißwein ged., zu kl. Fleischstükken, Braten, Geflügel, geschm. Fisch, Reis, Omeletts, Rühreiern usw.; a. kalt als Vorspeise oder Salat genießbar (urspr. Nizza, heute ganz Südostfrankreich)

Ratsherrentopf, (Zürcher) nahrhaftes Gericht aus Kalbs-, Rindermedaillons, Kalbsleber- und Räucherspeckscheiben sowie Bratwürstchen in einem Bett von in Fleischbrühe gegarten Erbsen, Möhren-, Kartoffelwürfeln und Champignonscheiben (Zürich, Ostschweiz)

Rauch-Ende Rohwurst, ↑ Räucherende

Räucher|aal, Spickaal gepökelter, heißgeräucherter ausgenommener Aal mit Kopf
 -**ende** schnittfeste Rohwurst aus Rind-, Schweinefleisch und Fettgewebe, kräftig gewürzt
 -**fisch** mit frisch entwickeltem Rauch haltbar gemachter frischer, gefrorener, tiefgefrorener, gesalzener usw. Fisch, heißgeräuchert (Aal, Forelle, Hai, Hering, Stör usw.) oder kaltgeräuchert (Hering, Lachs, Lachsforelle, Makrele usw.)
 -**hering** nicht mehr zulässige Benennung des Lachsherings
 -**(schnitt)käse, Rauchkäse** zusätzlich geräucherter Schmelzkäse, schnittfester Teig, würziger Rauchgeschmack
 -**lachs, Geräucherter Lachs** gesalzener, kaltgeräucherter Lachs oder ebensolche Meerforelle, hell- bis dunkelrosa, von Rückengräte befreites Fleisch, zart und schnittfähig, milder, leicht salziger Geschmack; hält sich frischgeschnitten höchstens 3 Tage im Kühlschrank, kann aber tiefgefroren werden
 -**makrele** ↑ Geräucherte Makrele

Räuchern, Räucherung Fleisch-, Wurstwaren, Fisch, Fischerzeugnisse mit frischem Rauch von verschwelendem, naturbelassenem Holz behandeln, um sie zu konservieren und/oder zu aromatisieren; je nach Rauchtemperatur und Räucherzeit wird kalt (18–22 °C), warm (30–40 °C) oder heiß (40–90 °C und mehr) geräuchert; ↑ a. Schwarzräuchern

Räucherspeck ↑ Speck

Räucherwaren, Geselchtes geräucherte Fleischwaren wie Rauchfleisch, Schinken, Speck, Roh-, Dauerwürste usw.

Rauchfleisch Rohpökelware, durch Salzen haltbar gemachte rohe, abgetrocknete, geräucherte oder ungeräucherte Fleischstücke

Rauchkäse ↑ Räucherkäse

Rauchsalz Gewürzmischung, ↑ barbecue spice

Rauchspeck ↑ Speck/Räucherspeck

Rauhe Scharbe Plattfisch aus dem Meer, ↑ Doggerscharbe

Rauhfußhühner, Waldhühner Hühnervogel mit befiederten Läufen (Auerhuhn, Birkhuhn, Haselhuhn, Moorschneehuhn u. a.)

Rauke, Senfkohl [lat. *eruca*] alte Kulturpflanze, wirkt verdauungsfördernd und harntreibend; ganze, zerzupfte oder in Streifen geschn. Blätter, leicht säuerlich, angenehm pfeffrig bitter, als Mischsalat oder gedämpft zu Wildgemüse; aus dem Samen wird ein Speiseöl gewonnen (Frankreich, Italien, übriger Mittelmeerraum, Vorder-, Mittelasien, Indien, Brasilien)

Rauschbeere Heidekrautbeere, ↑ Moosbeere

Raute, Garten-, Mauer-, Weinraute [lat. *ruta*] wildwachsendes, a. in Gärten kultiviertes Küchenkraut, reich an ätherischen Ölen, wirkt magenstärkend; junge Blätter, herbaromatisch und leicht bitterlich, dürfen nur sparsam verwendet werden, sonst giftig, fein gehackt zu Saucen, Marinaden, Salaten, Quark, Käse, als Brotbelag, a. zu Wildgerichten, Fischsud usw.; können a. in Essig oder Wein eingelegt werden (urspr. südeuropäischer Mittelmeerraum, heute a. Mitteleuropa und andere wärmere Länder)

ravigote [frz. *se ravigoter*, sich stärken] pikante Salatsauce mit Kapern, geh. Zwiebeln und Kräutern (kalt) oder weiße Kalbssamtsauce mit geh. Schalotten, Kräutern, Weinessig und/oder Weißwein (warm); Mayonnaise mit geh. Schalotten und Kräutern, a. Senf; zu gegr. und kaltem Fleisch, Innereien, Kalbskopf, -füßen, Hammelfüßen, ged., pochiertem Geflügel, hartgek. Eiern usw.

Ravioli, Mund-, Teigtäschchen [altital. *rabiole*, kl. Rüben, Rübenkraut] viereckige, runde oder halbrunde Teigtaschen aus Weizenmehl, Eiern (und Öl) mit versch. Füllungen, urspr. Ricotta und Kohlblätter, heute zahllose (mehr oder weniger gewürzte) Varianten, von Fleisch und Meeresfrüchten bis zu Gemüsen und Frischkäse; Ränder müssen vor dem Kochen gut festgedrückt werden; lassen sich ungekocht auf gebuttertem Pergamentpapier bis 2 Wo. einfrieren (urspr. Ligurien, heute ganz Italien u. a.)

ražnjići, rasnici Rindfleischstücke, Paprikaschoten und Zwiebeln vom Bratspieß (ehem. Jugoslawien u. a.)

Rebbelcher rheinländisch: Spätzle

Rebhuhn [mhd. *rep*, rotbraun, scheckig] delikates Flugwild, das feinste Feldhuhn, im Freien heute immer seltener, aber a. – dann allerdings ohne den charakteristischen Wildgeschmack – gezüchtet erhältlich, leicht verdauliches, fettarmes und doch saftiges zartes Fleisch, von Hahn oder Henne gleichwertig, jung (gelbliche Ständer, Füße) zum Braten, Schmoren (oft mit Speckstreifen oder Weinblättern umwickelt), älter (graue Ständer) für Farcen, Pasteten, Ragouts, Suppen usw.; Jagdzeit Sept.–14. Dez., beste Zeit Okt.–Nov., sollte vor der Zubereitung ausgenommen im Federkleid 4–5 Tage abhängen (Europa, Asien)

Das Rebhuhn, ein zarter Feld- und Feinschmeckervogel

Rebkresse ↑ Salat/Feldsalat

Reblochon [frz. *reblocher*, ein zweites Mal machen] halbfester Schnittkäse aus Milch von Kühen auf Almweiden, geschmeidiger Teig, mind. 45% Fett i. Tr., sahnig mild, gute Zeit Juli–Nov. (Savoyen, Ostfrankreich, Westschweiz u. a.)

Récamier [Madame R., frz. Bankiersgattin, 1777–1844, führte einen literarischen und politisierenden Salon, prägte einen Stil ihrer Epoche] leicht gebundene Geflügelkraftbrühe mit Geflügelklößchen und Trüffelkügelchen; Taubenrahmsuppe mit grünen Spargelspitzen

Red Delicious Apfelsorte mit ausgeprägt süßem Geschmack, nicht mit dem Golden Delicious verwandt, im Winter in Italien und in den USA geerntet

redfish engl.: Rotbarsch

Red King ↑ Lachs/Sorten

Red Snapper, Roter Schnapper Meerfisch, guter Speisefisch, wenige gr. Gräten, trockenes, weißes Fleisch, wird manchmal als Rotkarpfen angeboten, läßt sich backen, braten, grillieren (Westatlantik)

Reduktion stark eingekochte Flüssigkeit

reform sauce, Reformsauce Würzsauce aus Demiglace mit Champignon-, Eiweiß-, Pfeffergurken-, Pökelzungenstreifen, geh. Schalotten, Pfefferkörnern, Weinessig und Weißwein, zu (paniertem) Schaffleisch, als Füllung für Omeletts usw. (England)

Regenbogenforelle ↑ Forelle/Arten

Régence [Epoche der Regentschaft des frz. Königs Philipp von Orléans, 1715–1723] Garnitur aus Champignonköpfen, Trüffelscheiben und je nach Gericht Kalbs-, Geflügel-, Fischklößchen, ferner manchmal mit (zu Fisch) pochierten Austern und ↑ Sauce/sauce normande oder (zu Fleisch) Gänseleberscheibe und weißer Samt- oder Geflügelrahmsauce; Geflügelrahmsauce mit geh. Schalotten, Zwiebeln, Schinkenwürfeln und (Graves-)Wein; Salat aus feingeschn. Hahnenkämmen oder -nierchen, Sellerie, Spargelspitzen, Trüffeln in Sauce aus Öl und Zitronensaft

Regensburger [Regensburg, Stadt und Landkreis in der bayer. Oberpfalz] kurzes dickes Brühwürstchen aus Rind-, Schweinefleisch und Speck, wird warm mit Senf und als Wurstsalat gegessen

Regentschafts-Art ↑ Régence

Reggiano ital. Käse, ↑ Parmesan

Regina [weibl. Vorname, lat.: Königin] Garnitur aus gerösteten Paprikaschoten, mit Risotto und Parmesankäse gef. Tomaten, zu Fleisch in Madeirasauce mit geh. Essiggemüsen

Reh(wild) [ahd. *rēh(o)*, das Gesprenkelte] Schalenwild, das wohl beliebteste Wildbret, sollte nicht älter als 2–3 Jahre sein, rotbraunes, kurzfaseriges, saftiges und sehr aromatisches Fleisch; 1. Lebensjahr *Kitz(e)*, männl. *Kitzbock*, weibl. *Kitzgeiß, -kalb*, Jagdzeit Sept.–Jan.; 2. Lebensjahr männl. *Spießbock*, weibl. *Schmalreh*, Jagdzeit Mitte Mai–Jan.; ältere Tiere männl. *Bock*, Jagdzeit Mitte Mai–Mitte Okt., beste Zeit Okt., weibl. *Geiß, Ricke,* Jagdzeit Sept.–Jan., beste Zeit Dez.–Jan.
Bis zum 3. Lebensjahr saftig zartes, später grobfaseriges, schwerer verdauliches Fleisch, sollte in der Decke und ausgenommen etwa 1 Wo. abgehängt und/oder gebeizt werden, läßt sich bei Fettarmut bardieren oder spicken; bevorzugte Fleischstücke: *Hals, Bauch* (für Füllungen, Pasteten, Pfeffer, Ragouts), *Blatt, Schulter* (als Rollbraten, für Füllungen, Pasteten, Pfeffer, Ragouts, Terrinen), *Rippenbogen* (als Rollbraten, für Ragouts usw.), bes. aber *Keule* (als Ganzes gebr. oder geschm., in Einzelstücken kurzgebr.) und *Rükken, Ziemer* (als Ganzes gebr. oder – fälschlich – als Filet, Medaillon usw. ausgelöst kurzgebraten; *Keule, Schlegel* läßt sich wie Schinken räuchern; Rehfleisch hält sich pfannenfertig verpackt tiefgekühlt sehr gut bis 12 Mon:, ↑ a. Schnitzel/Rehschnitzel

Reherl, Rehling mdal.: Pfifferling

Rehpilz Speisepilz, ↑ Habichtspilz

Rehrücken länglicher Schokoladekuchen, mit Aprikosenglasur bestrichen, mit Mandelspitzen gespickt und mit Schokoladenglasur überzogen

Rehrücken Baden-Baden [Baden-Baden, Stadt und Badeort in Baden-Württemberg] in Wildsauce mit saurer Sahne rosa gebr. Rehrücken, dazu ged., mit Johannisbeergelee gef. Birnenhälften, Kartoffelkroketten oder Spätzle und in Butter ged. Waldpilze

Reibebrot geriebenes Weißbrot, meist ohne Kruste

Reibe(r)datschi [südd. *Reiber*, Raffel] südd.: goldbraunknuspriger Kartoffelpuffer; ↑ a. Datschi

Reibeknödel Kloß aus rohen und gek. geriebenen Kartoffeln mit eingeweichtem Weißbrot und Salz (Bayern u. a.)

Reibekuchen Puffer aus mehligen Kartoffeln mit Eiern und geh. oder geriebener Zwiebel, in Öl beidseitig knusprig gebr., am besten frisch aus der Pfanne; ↑ a. Kartoffel/Kartoffelpuffer

Reibgerstel österr.: Suppeneinlage aus fein geriebenem Nudelteig

Reibkäse Hartkäse zum Reiben, Hobeln, z. B. Parmesan, Sbrinz, verfeinert und würzt viele Speisen

Reiche Art (falsch) eingedeutscht für ↑ Riche

Reifpilz, Runzelschüppling, Zigeunerpilz sehr guter Speisepilz, zartes, aber madenanfälliges Fleisch, angenehmer Geruch, milder Geschmack, als Einzel- oder Mischgemüse, transportempfindlich, gute Zeit Juli–Okt.

rein(sdyr) norw.: Ren, Rentier

Reinanke südd., österr.: Blaufelchen

Reinbraten [österr. *Reindl*, Kasserolle] Rostbraten mit grünen Paprikaschoten-, Tomaten-, Zwiebelscheiben und Kartoffelvierteln (Österreich)

reine, à la ↑ Königin...

Reineclaude ↑ Pflaume/Reneklode

Reine Margot ↑ Königin Margot

Reinette versch. Apfelsorten, ↑ Renette und Apfel/Sorten

Reis [griech. *óryza*] Korn eines Sumpfgewächses, Rispengrases, die älteste, wichtigste Getreideart, «Erhalter der Menschheit» (Sanskrit), weltweit über 10 000 Arten, wird ganz (Vollreis) oder während der Behandlung gebrochen (Bruchreis) verschieden bearbeitet: *Paddy, Rohreis,* ungeschält, noch von Spelzen umgeben, *Cargo,* mit Paddy

REISSORTEN

Reisähren

Arten

Langkorn etwa 8–9 mm lang, harter, durchsichtig glasiger, kleberreicher Kern, quillt mäßig auf, bleibt beim Kochen trocken, fest und körnig, Garzeit ungeschält 25 Min., geschält oder parboiled 18–20 Min., die vielseitigste, meistverwendete Art, für Trockenreis, asiat., indon. Gerichte, Füllungen, Salate usw. (Ostasien, USA)
Mittelkorn etwa 6–7 mm lang, mittelhart, glasig mit weißem Kern im Innern, quillt stark auf, wird beim Kochen nur etwas klebrig, verbindet sich gut mit Flüssigkeiten, Garzeit 30 Min., für (südeuropäische) Gerichte mit Bouillon, Sauce, Pilaw, Risotto (Italien)
Rundkorn, Milchreis etwa 5 mm lang, weich, kalkig weiß, quillt stark auf, wird beim Kochen klebrig und verliert Stärke, Garzeit ungeschält 10–20, geschält 30 Min. (als Milchreis 10 Min. länger), für Aufläufe, Breie, Suppen, süße Reisspeisen u. ä. (Italien)
Wilder Reis, Indianer-, Wildreis kein Getreide, sondern Samen eines Wassergrases aus den Sümpfen an den Oberläufen des Mississippi, braunschwarzes Korn, reines Naturprodukt, enthält mehr Eiweiß, Kalium, Magnesium, Phosphor und quillt stärker auf als der andere Reis, angenehm rauchig-nussiger Geschmack, wegen der mühsamen Ernte und dem geringen Ertrag in Kanada und den nördl. USA früher kostspielig und mehr Delikatesse als Nahrungsmittel, heute a. in Minnesota, Wisconsin und Kalifornien kultiviert und deshalb günstiger

Sorten

Arborio Rundkornreis mit ovalem, Korn, sehr ergiebig, muß langsam gegart werden, um im Inneren Biß zu behalten; a. parboiled, *cristallo*, erhältlich, sonst als *superfino* (Italien)
Basmati [ind.: der Duftende] eine der besten Langkornsorten, sanft milchiger Geruch, fein nussiger Geschmack, muß vor dem Kochen gründlich gewaschen werden, wird in kochendes Wasser gegeben und bei abgeschalteter Energie 6–8 Min. quellen gelassen (Brahmaputragebiet, Himalaja, Indien und Pakistan)
Carnaroli der beste ital. Reis, Langkorn mit rundovalem Korn, klebt fast nicht, muß sehr langsam gegart werden
Carolina Langkorn, beste Qualität, halbhart kochend (Nordamerika)
Duftreis seltener Langkorn, bleibt nach dem Kochen nahezu trocken, zartes, liebliches Aroma (Thailand)
Grüner Reis vor der Ernte gewonnen, an der Sonne getrocknet, wird zu Brei verkocht (Vietnam)
Ostigliato halbgeschälter Langkorn mit rötlicher Schale (Italien)
Patna [Stadt am Ganges im ind. Staat Bihar] dünne Langkornsorte, meist geschält, sehr gute Qualität, körnig kochend

vermischter geschälter, ebenfalls noch ungenießbarer Reis; *Naturreis, Braunreis,* enthülster, unbehandelter Reis mit Samenmantel, dem Silberhäutchen, und Keimen, vitaminreich – der würzige, intensive Geschmack, der gesundheitliche Wert und die leichte Bekömmlichkeit wiegen die unansehnliche Farbe, längere Garzeit und kürzere Haltbarkeit auf; *Weißer Reis, Weißreis,* das umgebende Silberhäutchen, das wertvolle Vitamine und Mineralstoffe enthält, ist abgeschliffen, das Korn schneeweiß poliert, eiweiß- und ballaststoffarm, aber praktisch unbeschränkt haltbar; Zwischenstufe: *Parboiled Reis,* drei Viertel der Vitamine und Mineralstoffe des Silberhäutchens wurden durch Dampf und Wasserdruck ins Korn übertragen, bes. ergiebig, klebt nicht; *Schnellkochreis,* weiß, geschliffen, vorgegart mit kurzer Kochzeit; *Reisflocken,* mit Dampf vorbehandelte, flachgewalzte Körner, für Suppen, als Brei, zum Abnehmen und Entschlacken; dunkel und trocken aufbewahrt etwa 2 Jahre haltbar (urspr. trop. Asien und Australien, heute alle trop., subtrop. Gebiete und gemäßigten Zonen, in Südasien, China, Malaysia, Japan Mittelpunkt der landwirtschaftlichen Erzeugung)

Roter Reis Naturreis mit roter äußerer Schale, etwas kräftiger als Braunreis (Indien, Thailand)
Schwarzer Reis Mittelkornreis, ungeschliffen, würziger Geschmack (Japan, Thailand)
Vialone nano Rundkornreis, *semifino* und nicht bes. ergiebig (Italien)

Zubereitungen
Reis auf griechische Art mit kl. Bratwurststücken, gek. Grünen Erbsen, Kopfsalatstreifen und gewürfelten ged. roten Paprikaschoten
Reis auf indische Art in Salzwasser körnig gekocht, mit Wasser abgespült, abgetropft und ausgebreitet getrocknet, bis jedes Korn einzeln trocken ist
Reis auf italienische Art ↑ Risotto
Reis auf spanische Art in Butter mit Zwiebelwürfeln angeschwitzt, mit hellem Fond, Tomatenpüree, gewürfeltem rohem Schinken, grünen Paprikaschoten und frischer Butter; ↑ a. Paella
↑ a. Condé, Kaiserin-Art, Kreolenreis, Milchreis, Pilaw, Reisauflauf, Reisrand, Reistafel, Trauttmansdorff

Reis|auflauf süßer Milchreis, mit Eigelb und Eischnee in gebutterter Auflaufform geb., mit Puderzucker bestreut und glasiert
   -backmehl gek., getr. und vermahlener Bruchreis, Backzutat
   -(teig)blätter, Wan-Tan-Blätter dünne viereckige Blätter aus Reismehl, werden vor der Zubereitung kurz in Wasser getaucht, lassen sich weich mit eingerollter Füllung kochen, braten, fritieren oder als Suppeneinlage verwenden (Südostasien)
   -diät ↑ Abmagerungsdiät
   -essig ↑ Essig/Sorten
   -mehl Bindemittel aus feingemahlenem schneeweißem Reis, stärkehaltig, aber klebarm, für Diät- und Babyernährung, aber nicht zum Backen
   -nudeln feine schneeweiße Nudeln aus Reis-, manchmal zusätzlich a. Weizenmehl, dünn, dick oder als Bandnudeln erhältlich, müssen vor dem Kochen meist eingeweicht werden, zu asiat. Gerichten (Südostasien)
   -rand, -ring aus Ringform gestürzter salziger oder süßer Reis zum Füllen mit salzigen oder süßen Beilagen
   -tafel, (indonesische) abendfüllendes Essen aus vielen Schälchen mit gebr. und geschm. Fleisch (v. a. Leber), Geflügel, Fisch, Garnelen, Nüssen usw., saurem oder salzigem Gemüse zu Würzpasten und -saucen (Sambal, Chilisauce, süße Sojasauce usw.), weiteren Beilagen, Gewürzen und ↑ krupuk sowie weißem, duftendem, festem, aber doch klebrigem Langkornreis, wovon allem sich jeder Gast nach persönlichem Geschmack bedient (Indonesien, aber a. Holland, Kalifornien u. a.)
   – Trauttmansdorff ↑ Trauttmansdorff

Reisbohne ↑ Bohne/Sorten

Reisfleisch, Serbisches ↑ Serbisches Reisfleisch

Reiskoch österr.: Milchreis

Reismelde, Reisspinat Samenkorn, ↑ Quinoa

Reisstrohpilz Speisepilz, ↑ Schwarzstreifiger Scheidling

Reiterkäse eingedeutschter Name des ↑ Caciocavallo

Reizker Gattung der Blätterpilze mit eßbaren, aber a. giftigen Arten, ↑ Brätling, Echter Reizker

Réjane [Theatername der frz. Schauspielerin Gabrielle-Charlotte Réju, 1856–1920] Garnitur aus ged. Artischockenböden, Blattspinat, Herzoginkartoffeln im Förmchen mit Markscheiben, zu kl. Fleischstücken oder Kalbsbries in Madeirasauce; Fleischbrühe mit Hühnerfleisch-, Kartoffel-, und Porreestreifen; Zwischengericht aus wechselweise mit Gänseleberpüree und grünen Spargelspitzen gef. Torteletts; Fischrouladen mit Austern, Garnelen, Champignonköpfen, Herzoginkartoffeln und Trüffelscheiben; Salat aus Kartoffelscheiben oder -würfeln, Spargelspitzen und Trüffelspitzen in Essig-Öl-Sauce

relevé(e) [frz.: Aufeinanderfolge] der auf die Suppe, a. Fisch, Braten folgende Gang einer Mahlzeit; a. scharf, pikant gemachte Speise

Relish [engl.: Gewürz, Würze] pikante, süßsaure Würzsauce aus mit Cayennepfeffer, Essig, Zimt usw. eingelegten oder kurz eingek. Frucht- oder Gemüsestücken, dickflüssig und etwas säuerlicher als ↑ Chutney

Rembrandt [R. Harmensz van Rijn, 1606–1669, holl. Maler] Geflügelkraftbrühe mit Würfeln von Erbsen-Eierstich und Hühnerbrust

Remoulade(nsauce) [evtl. pikardisch *rémola,* schwarzer Pfeffer] mit hartgek. zerdrücktem Eigelb, Gewürzen, geh. Kräutern, Kapern, Pfeffergurken, Senf, Sardellenfilets, Zwiebelstücken usw. kräftig gewürzte Mayonnaise, zu kaltem Fleisch, Roastbeef, kaltem Geflügel, kalten Krustentieren, rohem Gemüse, hartgek. Eiern usw.

rempah indon.: Gewürz, Würze

Rémusatsuppe [Gräfin von Rémusat, 1780–1821, Hofdame der frz. Kaiserin Joséphine] Rinderkraftbrühe mit Klößchen aus Wurzelgemüsewürfeln, Spinat-, Tomatenpüree und Kerbelblättchen

Ren, nordisches Hirschtier

Ren, Rentier nordische Hirschart, a. domestiziert und gezüchtet, bes. jung zartes, wohlschmeckendes Fleisch (Rücken, Keule); der rohe Schinken wird gepreßt, a. luftgetr. und in hauchdünnen Scheiben gegessen; Hauptjagdzeit Sept.–Okt. (Skandinavien, Sibirien, Norden Amerikas)

Renaissance, (à la) [frz.: Wiedergeburt, Kulturstil zwischen Mittelalter und Neuzeit] Garnituren aus Blumenkohlröschen, Grünen Bohnen, glasierten Karotten, ged. Kopfsalat und Spargelspitzen, zu großen gebr. oder geschm. Fleischstücken oder Poularde in Bratensauce oder sauce suprême; Geflügelkraftbrühe mit Einlage von jungem Gemüse, Eierstich mit aromatischen Frühlingskräutern und Kerbelblättern

rendang indon.: gewürztes Fleisch

Reneklode ↑ Pflaume/Sorten

Renette, Reinette [frz. *reine,* Königin] festfleischiger, saftiger, schmackhafter Apfel, versch. Sorten

Renke, Felchen, Maräne Familie von forellenähnlichen Lachsfischen aus dem Süßwasser, wird generell in *Schwebrenken* (im freien Wasser schwimmend) und *Bodenrenken* (über dem Boden der Gewässer) unterteilt; weiches weißes, relativ fettarmes, schmackhaftes Fleisch, eignet sich für alle Zubereitungen, a. zum Fritieren und Räuchern; gute Zeit Mai–Okt., läßt sich pfannenfertig vorbereitet gut bis 2 Mon. tiefkühlen; viele regionale und lokale Arten und Benennungen, darunter:

Große Bodenrenke, Große Maräne, Sand-, Weißfelchen (Alpenseen, Norddeutschland, Skandinavien, Polen, Sibirien, Neu-England bis kanadische Arktis)

Große Schwebrenke, Anke, Blaufelchen, Stubben (Voralpen-, Alpenseen, Ostsee, Skandinavien, Britische Inseln, Alaska, Sibirien, wird a. gezüchtet)

Kleine Bodenrenke (Nordeuropa, Sibirien, Alaska); ↑ a. Albeli

Kleine Maräne, Marenke, Zwergmaräne bes. zartes Fleisch von feinem Aroma, wird meist fritiert (Nordeuropa)

Kleine Schwebrenke, Edelmaräne, Gangfisch, Nordseeschnäpel (Nordeuropa, Sibirien, Alaska)

Rentier nordische Hirschart, ↑ Ren
-käse gesalzener Käse aus Rentiermilch (Lappland, Norwegen, Schweden)

renversé(e) frz.: gestürzt

resch bayer., österr.: knusprig

Restaurant [frz.: *restaurer,* wiederherstellen, stärken] Gaststätte, in der Essen zubereitet und serviert wird, die Auswahl reicht von einfach, regional und bürgerlich bis zu Spezialitäten und Luxusangeboten

rétes ung.: Strudel

Retinol, Retinsäure Vitamin A, ↑ Vitamine

Rettich, Rettig [lat. *radix*, Wurzel] alte Kulturpflanze mit rübenartig verdickter, fleischiger Wurzel, wirkt harntreibend, schmeckt brennend würzig; versch. Sorten: *Pflanzenrettich,* ausgeprägt würzig, *Sährettich,* etwas weniger würzig, beide Juli–Okt. vom Freiland, sonst aus dem Treibhaus; *Hybrid-, Familienrettich,* mild, eignet sich zum Kochen (urspr. Japan, heute a. einheimisch, Italien u. a.); *Schwarzer Rettich,* sehr scharf, Mai–Okt. frisch, im Winter auf Sandboden eingelagert, muß geschält werden, wird in Scheiben geschn. mit Salz roh gegessen, eignet sich aber a. zum Dünsten, Kochen, für Salate (passende Kräuter: Petersilie, Schnittlauch), Suppen, als Gemüse oder als Rohkost; zum Tiefkühlen ungeeignet (urspr. Vorderasien, inzw. a. Ostasien, China, Japan, Korea, Europa u. a.); ↑ daikon, Keimling, Radi, Radieschen

revani türk.: süße Grießspeise; Grießgebäck

revoltillo Rührerei mit Erbsen, grünen Paprikaschoten, Petersilie, schwarzem Pfeffer usw. (Kuba)

Reynière, à la [Grimod de La R., 1758–1837, frz. Schriftsteller und Feinschmecker] Garnitur aus glasierten Kastanien, kl. gebr. Schweinewürstchen, zu Geflügel in Madeirasauce mit sautierten Kalbsnieren- oder Geflügelleberwürfelchen

rezānci serbokroat.: Nudeln

Rhabarber [griech. *rhā,* Wurzel, *bárbaros,* fremdländisch] lange, fleischige Blattstiele eines Staudengewächses, botanisch ein Gemüse, in der Küchensprache eine Frucht, grünlich zart und herb, *Blutrhabarber* rot und kräftig säuerlich, *Himbeerrhabarber* rote Schale, hellgrünes Fleisch, mild säuerlich; wirkt appetitanregend, bei Gicht und Rheuma jedoch nicht empfehlenswert; erfrischend säuerlicher Geschmack, Stangen sollten fest, saftig fleischig und nicht zu dick sein, werden selten roh gegessen, lassen sich geputzt und evtl. geschält in Stücken kurz aufkochen oder im eigenen Saft leicht dünsten, a. einmachen, eignen sich für Aufläufe, Cremes, Grütze, Kompott, Marmelade, Saucen, als Chutney, Kuchenbelag, a. Beilage zu Fleisch (Rind, Schwein, Ente); werden von süßen, aromatischen Zugaben (Erd-, Himbeeren, Orangen, exot. Früchten, Ingwer u. ä.) angenehm ergänzt; gute Zeit Apr.–Juni (nachher gesundheitsschädlich); dürfen nicht in Metallgefäßen aufbewahrt werden, halten sich gewaschen, aber ungeschält 3–4 Tage im Gemüsefach des Kühlschranks, geputzt und unblanchiert roh in Plastikbeutel (nicht Alufolie!) bis 6 Mon. im Tiefkühler (urspr. Zentralasien, heute alle gemäßigten Zonen, Europa, v. a. Deutschland, Belgien, Holland, England u. a.)

Rheinanke Süßwasserfisch, ↑ Renke/Große Schwebrenke

Rheinische Blutwurst [rheinisch: Landschaft beidseits des Mittelrheins] Wurst aus Blut, Schwartenmasse mit kl. Speckwürfeln, a. zerkleinerten Innereien usw.

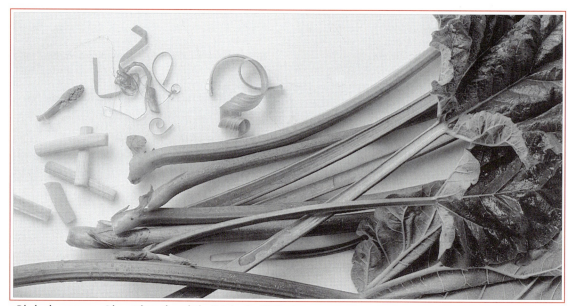

«Rhabarberstangen», Blattstiele und geschälte Stücke des Rhabarbers

Rheinische Bratwurst Brühwürstchen, ↑ Bratwurst

Rheinische Brühbohnen ↑ Schneidebohnen, milchsäurevergorene

Rheinische Fleischwurst fein zerkleinerte Brühwurst aus Rind-, Schweinefleisch und Speck

Rheinischer Handkäse ↑ Handkäse

Rheinische Rotwurst Blutwurst mit Würfeln bluthaltiger Schwartenmasse

Rheinischer Rostbraten Rostbraten mit Kartoffelscheiben in Sauce aus Bouillon, Tomaten(püree) und feingeh. Zwiebeln, mit Kümmel und Majoran gewürzt

Rheinischer Salat Würfel von Kalbfleisch, Pökelzunge, Schinken, Schlackwurst mit Sardellen, Salzhering, Äpfeln, Champignons, Salzgurken und Zwiebeln in Mayonnaise mit Heringsmilchpüree

Rheinischer Sauerbraten in Essig mit Gewürznelken, Lorbeer, Pfefferkörnern, Wacholderbeeren, Karotten, Zwiebeln usw. mariniertes Pferde-, heute meist Rindfleisch, angebraten, mit Rotwein und Marinadeflüssigkeit abgelöscht, mit Korinthen oder Rosinen geschm., dazu mit Honig- oder Pfefferkuchen gebundene Sauce

Rheinisches (Land-)Brot freigeschobenes Roggenbrot, lang oder rund, stark ausgeb. mit gemehlter oder blanker Oberfläche, kräftiger Geschmack

Rheinisches (Schrot-, Schwarz-)Brot langes Brot aus v. a. grobem Roggenschrot, frei angeschoben oder in Kästen ausgeb., glänzende Oberfläche, milder Geschmack

Rheinisches Weinkraut mildes Sauerkraut, mit geh. Zwiebeln in Schweineschmalz angeschm., mit Weißwein und Wasser abgelöscht, mit geriebenen säuerlichen Äpfeln und Wacholderbeeren gewürzt, mit Schweinefleisch, durchwachsenem Speck u. ä. ged., dazu Fleischbeilagen

rib engl.: Rippe; Rippenstück; Rippenspeer

Ribbsche hessisch: in Sauerkraut gek. Schweinerippchen

Ribele Suppeneinlage, ↑ Riebele

rib-eye (steak) [engl.: das Auge der Rippe] ↑ Steak/Ochsensteak: Delmonico-Steak

Ribisel [arab. *ribās*, säuerliche Pflanze] österr.: rote, heute a. schwarze Johannisbeere

Riboflavin Vitamin B_2, ↑ Vitamine

rib steak ↑ Steak/Ochsensteak: Amerikanischer Schnitt 1

riccio ital.: Seeigel

rice (dish) engl.: Reis(gericht)
 – **griddle cake** [amerik.: Reispfannkuchen] kl. Reiskuchen, mit Ahorn- oder einem anderen Sirup, a. Honig und/oder zerstoßenen Beeren der Saison serviert (USA)

Riceys, Les [kl. Ort in der Champagne mit Rotweinproduktion] Weichkäse aus Magermilch, manchmal *cendré*, in Weinrebenasche gewälzt, weicher Teig, 30–40% Fett i. Tr., (Aube, Nordwestfrankreich)

Riche, (à la) [nach Art des einst berühmten Café Riche in Paris] gebr. Schnepfe auf gerösteter Brotscheibe; Seezunge (heute allg. feiner Meerfisch) in mit Sahne und Eigelben legierter Fischrahmsauce mit Austern-, Champignonfond und Hummerbutter oder in sauce normande mit Hummerbutter, Trüffeln, Cayennepfeffer und Cognac

Richelieu [Herzog von R., 1696–1877, Großneffe des frz. Kardinals und Staatsmanns dieses Namens] Garnitur aus gef., a. gratinierten Champignonköpfen, ged. Kopfsalat, Tomaten und gebr. Kartoffelwürfeln oder Schloßkartoffeln, zu gr., a. kl. Fleischstücken; in Butter panierte Seezunge mit Kräuterbutter und Trüffelscheiben; Sauce aus Fleischbrühe mit Geflügelglace, Butter, Zwiebelwürfeln, Puderzucker, Koriander, Muskat, Pfeffer usw.; Gemüsesalat in leicht gelatinierter Mayonnaise

Richepin, (à la) [Jean R., 1849–1926, frz. Dichter und Bohémien] Geflügelkraftbrühe, als Einlage Geflügelklößchen, Möhren- und Rübenstreifen sowie gef. Salatblätter

Ricke ausgewachsenes weibl. Reh

ricotta [ital.: die Wiedergekochte] Milchprodukt, Art Frischkäse aus Molke, der aus geronnener Schaf- oder Kuhmilch abgelaufenen Flüssigkeit, welcher frische Milch zugesetzt wird, deutsch oft fälschlich als Quark übersetzt, 8% Fett i. Tr., leicht säuerlich und sehr gesund, je nach Sorte mager oder fett, streichfähig, krümelig oder körnig, mild, salzig oder herb, wird a. geräuchert, paßt zu salzigen oder süßen Gerichten, als Füllung, Kuchen-, Pizzabelag, anstelle von Käse usw.; hält sich im Kühlschrank bis 7, vakuumverpackt bis 10 Tage, kann nicht tiefgekühlt werden (urspr. Mittel-, Süditalien)

Riebele, Ribele Suppeneinlage aus gesiebtem, körnigem, in der Pfanne mit Milch und Butter gebr. Mais- oder Weizengrieß (Baden, Vorarlberg)

Riefkoken Nordrhein-Westfalen: Reibekuchen

Riegel mit Erdnüssen, Kokosflocken, Nüssen, Toffee usw. gefüllter, meist mit Schokolade überzogener Zuckerstrang

Riesenbohne ↑ Bohne/Sorten

Riesenbovist jung eßbarer, guter Speisepilz, etwas strenger Geschmack, kann in Scheiben in Ei und/oder Semmelbröseln gebacken werden, gute Zeit Aug.–Okt.

Riesengarnele ↑ Garnele/Arten

Riesenkrabbe gr. Steinkrabbe aus dem Meer (Australien, Japan u. a.); oft a. fälschliche Bezeichnung der ↑ Königskrabbe

Riesenkürbis ↑ Kürbis/Arten

Riesenorange ↑ Pampelmuse

Riesenschirmling Speisepilz, ↑ Schirmling

Riesenträuschling, Rotbrauner, Braunkappe guter Speise- und Zuchtpilz, im Geschmack dem Steinpilz ähnlich, läßt sich wie dieser zubereiten, insbes. grillieren, ganz frisch a. roh essen, einmachen, trocknen, einfrieren; kann im Freiland oder auf Sand, Stroh usw. unter Folie kultiviert werden; gute Zeit Juni–Okt.

Riesentrichterling, (Falber) Speisepilz, ↑ Mönchskopf

Riesenzackenbarsch gr. Meerfisch, festes weißes, etwas süßliches, aber vorzügliches Fleisch, eignet sich bes. zum Grillen, für Fischsuppen, Eintöpfe usw. (Südatlantik)

Riev(e)ko(o)che kölnisch: Reibekuchen

Riffelbeere ↑ Preiselbeere

rigatoni [ital. Gefurchte] kurze dicke, gerippte Röhrennudeln aus Hartweizengrieß, zu Fleischsaucen, Ragouts, dicken Tomatensaucen usw. (Mittel-, Süditalien)

Riis schweizerd.: Reis

rijsttafel holl.: (indonesische) Reistafel

rillette(s) [altfrz. *rille,* Scheibe] Terrine aus in (eigenem) Fett eingemachtem zerkleinertem Schweine-, a. Kaninchen-, Gänse-, Geflügelfleisch mit Gewürzen, Kräutern, Zwiebeln, Pökelsalz usw., etwas faserig, aber sehr fett und streichfähig, als Vorspeise oder Brotaufstrich (Loiretal u. a., Frankreich)

rillon frz.: Griebe

Rind [ahd.: *rint,* Horntier] männl. oder weibl. Wiederkäuer, Nutztier, das zur Gewinnung von Milch und/oder Fleisch gezüchtet wird, je nach Geschlecht und Alter *Kalb* (1. Lebensjahr, ↑ Kalb), *Färse, Kalbe, Queene, Starke* (weibl. Jungrind bis zum ersten Kalb), *Jungbulle* (männl. Jungrind), *Ochse* (kastriertes männl. Rind), *Bulle, Farren, Fasel, Stier* (geschlechtsreifes männl. Rind) oder *Kuh* (weibl. Rind nach dem Kalben); gutes Rindfleisch ist dunkelrot mit glänzenden Schnittflächen, feinfaserig, von weißen Fettadern durchzogen (marmoriert) und mit hellgelber Fettschicht; es muß vor dem Zubereiten 2–3 Wo. abhängen; kann verpackt bis 12 Mon. tiefgekühlt und dann aufgetaut zubereitet werden; passende Gewürze: Curry, Estragon, Knoblauch, Liebstöckel, Lorbeerblätter, Majoran, Meerrettich, Paprika, Pfeffer, Senf, Suppengrün, Thymian, Tomatenmark, Wacholder.

Am zuverlässigsten ist das sogenannte Öko-Fleisch aus der biologischen Landwirtschaft, am besten von gesund, natürlich aufgezogenen 5- bis 6jährigen Ochsen; unter den vielen Fleischrassen ragen u. a. folgende Mastzüchtungen mit meist langsamem Wachstum und deshalb festerer Fleischstruktur hervor: *Aberdeen, Black Angus,* hohe Schlachtausbeute, fett und zart, v. a. für Beefsteaks, urspr. Schottland; *Deutsch Angus,* Kreuzung von Angus mit dt. Rassen, geringer Fettansatz; *Belgier,* übermäßige Muskulatur; *Charolais,* zartes, saftiges Fleisch, wenig Fett, urspr. Südburgund; *Chianina,* Italien, Nord-, Südamerika; *Galloway,* zartes marmoriertes Fleisch, urspr. Schottland; *Hereford,* frühreif und fett, urspr. England, a. Nord-, Südamerika; *Kobe,* durch Natur- und Biermast extrem verfettete Muskulatur, bes. zart, Japan; *Longhorn,* von versch. europäischen Rassen, mit Mais gemästet, westl. USA, a. Andalusien u. a.; *Natura Beef,* von jungen Tieren aus kontrollierter und natürlicher Tierhaltung, bes. armomatisch, zart und saftig, *Piemontese,* ausgeprägte Muskulatur, Nordwestitalien.

In letzter Zeit sorgt der *Rinderwahnsinn BSE, Bovine Spongiforme Enzephalopathie,* für Verunsicherung des Konsumenten, eine Degeneration des zentralen Nervensystems, deren Erreger im Hirn, Rückenmark (nicht Knochenmark), Bries, Milz und Därmen (aber nicht im Muskelfleisch) von Rindern sitzen, die artfremd und kostensparend mit Tierkörpermehl gefüttert werden – ein Wahnsinn also ebensosehr des Menschen wie des Wiederkäuers. Eine Übertragung dieser Rinderseuche auf andere Tierarten und den Menschen kann nicht ausgeschlossen werden. Da der Rinderwahnsinn bisher vor allem in England auftrat (wo die Verfütterung von Tiermehl seit Juli 1988 wie in andern Ländern verboten ist), empfiehlt es sich, auf einen lückenlosen Herkunftsnachweis zu achten.

RIND

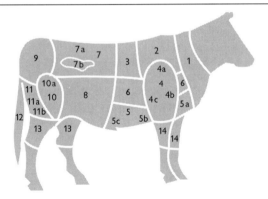

Fleischteile

Es gibt von Land zu Land, von Region zu Region so viele Schnitte und Bezeichnungen für die Fleischteile und -stücke des Rinds – in Deutschland rund 20, in Österreich gar über 65 –, daß die Aufteilung hier nur annähernd und pauschal angegeben werden kann.

Fleischteile Deutschland
1 Hals, Kamm, Nacken
2 Fehlrippe, Dicke Rippe, Schmorrippe
3 Hochrippe, Hohe Rippe, Rippenstück
4 Bug, Blatt, Schaufel, Schulter
4a Bugschaufelstück, Schaufelstück, Schulterspitz(e)
4b Falsches Filet, Falsche Lende
4c Dickes Bugstück, Dicke Schulter
5 Brust
5a Brustspitz(e)
5b Brustkern, Rinderbrust
5c Mittelbrust, Nachbrust
6 Spannrippe, Leiterfleisch, Quernierenstück, Querrippe
7 Roastbeef, Lende; ↑ a. Steak
7a Flaches Roastbeef, Nierenstück
7b Filet
8 Fleischdünnung, Bauchlappen, Flanke, Flemen, Lappen
9 Blume, Hüfte, Kleine Nuß, Rose mit Tafelspitz
10 Kugel, Kopfstück, Maus, Nuß
10a Bürgermeisterstück, Pastoren-, Pfaffenstück
11 Schwanzstück, Frikandeau mit Unterschale
11a Schwanzrolle
11b Euterschale, Klappe
12 Ochsenschwanz
13 Hinterhesse, Beinfleisch, Hachse, Haxe, Ochsenbein, Wadschenkel mit Oberschale
14 Vorderhesse

Fleischteile Österreich (Auszug)
1 Kamm, Halsstück (Drüstel, Tristel), Vorderes Ausgelöstes
2 Rieddeckel, Hinteres Ausgelöstes, Kavalierspitz, Meisel, Rippenspitz
3 Rostbraten, Krustelspitz
4 Schulter, Fettes Meisel, Mageres Meisel
5 Brust
5a Brustkern, Brustspitz
5b Dickes Kügerl
5c Mittleres Kügerl
6 Platte (Zwerchried, Palisade), Kronfleisch
7 Beiried
7b Lungenbraten
8 Bauchfleisch, Dünnes Kügerl, Riedhüfel
9 Beinscherzel, Tafelspitz, Tafelstück, Hiefer-, Hüferschwanzel
10 Zapfen
11 Gestutztes, Schwarzes Scherzel
11a Hiefer-, Hüferscherzel
11b Weißes Scherzel
11c Gschnatter Anschnitt
12 Schlepp
13 Hinteres Pratzel
14 Vorderes Pratzel, Bugschnitzel, Wadschinken

Fleischteile Schweiz
1 Hals
2 Abgedeckter Rücken
3 Hohrücken
4 Laffe, Schulter
4a Schulterspitz
4b Schulterfilet
4c Dicke Schulter
5 Brust
5a Brustspitz
5b Brustkern
5c Nachbrust
6 Federstück
7 Nierstück, Huft
7b Filet
8 Lempen
9 Rumpsteak, Huftdeckel
10 Vorschlag mit Schale, Flacher Nuß, Runder Nuß, Weißem Stück
11 Unterspälte
12 Ochsenschwanz
13 Hinterschenkel, Hachse, Stotzen (ganze Keule)
14 Vorderschenkel

Innereien
↑ Euter, Herz, Hirn, Kutteln, Leber, Milz, Nieren, Ochsenmaulsalat, Zunge

Fleischstücke
(Zahlen in Klammern: Fleischteile)

Abgedeckte Querrippe, Abgedecktes Leiterstück (6) vorderes Stück der Spannrippe, für Gulasch, Ragout u. ä.

Beefsteak (7) ↑ Beefsteak, Steak/Ochsensteak: Europäischer Schnitt 4

Beinfleisch (13) ↑ Beinfleisch

Beinscheibe (13) ↑ Beinscheibe

Blume, Hüfte (9) zart, feinfaserig und bröselig, sehr wohlschmeckend mit schmalem schmackhaftem Fettrand, zum Braten, Kurzbraten, Dünsten, Kochen, Schmoren, Sieden, als Schmorbraten, für Geschnetzeltes, Rouladen sowie, von jungen Tieren und gut abgehängt, Steaks

Brust (5) fettreich, zum frisch oder gepökelt, a. geräuchert Garziehen, Kochen, als Suppenfleisch; ↑ a. Rinderbrust

Brustkern (5b) von Fett umgeben, aber nicht durchzogen, zum frisch oder gepökelt Kochen, a. Sieden

Brustspitz (5a) schmackhaft, von Fett durchzogen, etwas grobfaserig, zum (mit Brustknochen) Dünsten, Kochen, Sieden

Bugschaufelstück, Schaufelstück (4a) Hauptteil des Bugs, Muskelfleisch mit Sehnen, zum Kochen, Schmoren, Sieden, für Gulasch, Ragout (Fettschicht entfernen)

Bugstück, Dickes (4c) saftig, jedoch ziemlich fest und sehnenreich, zum (ohne Fettschicht) Kochen, für Sauer-, Schmorbraten, Gulasch, Ragout, Rouladen

Bürgermeisterstück (10a) über der Kugel gelegen, saftig und nicht fett, etwas grobfaserig, zum Braten, Dünsten, Sieden, für Sauer-, Schmorbraten, Gulasch, Ragout

Chateaubriand (7) ↑ Steak/Ochsensteak: Europäischer Schnitt 2c

Club-Steak (7) ↑ Steak/Ochsensteak: Amerikanischer Schnitt 2

Contrefilet (7) ↑ Steak/Ochsenfilet: Europäischer Schnitt 2

Delmonico-Steak, rib eye (7) ↑ Steak/Ochsenfilet: Amerikanischer Schnitt 1

Entrecote, Zwischenrippenstück (7) ↑ Steak/Ochsensteak: Europäischer Schnitt 2

Falsches Filet, Falsche Lende (4b) vom äußeren Schulterblatt, grobfaseriger und weniger zart als das Filet, aber zum Braten, Kochen, Schmoren, für Sauer-, Schmorbraten, Gulasch, Ragout

Fehlrippe (2) saftig, zum Kurzbraten, Kochen, Schmoren, für Gulasch, Ragout, als Klärfleisch

Filet, Lende (7b) das wertvollste, zarteste Stück des Rinds, je fetter das Tier, desto besser, vom Ochsen zarter, vom Stier größer, aber fettärmer, zum als Ganzes Braten, Kurzbraten, für Chateaubriand, Filets mignons, Filetgulasch, Tournedos

Filet mignon (7b) ↑ Steak/Ochsensteak: Europäischer Schnitt 2a

Filetsteak (7b) ↑ Steak/Ochsensteak: Europäischer Schnitt 2d

Flaches Roastbeef (7a) hinterer Teil des Roastbeefs, für (Minuten-)Steaks, ↑ Steak

Fledermaus, Schalblattel (11) Österreich: kl. Stück aus dem Kreuzbein ausgelöstes Siedfleisch, sehr saftig, leicht fett, schmackhaft

Fleischdünnung (8) bindegewebe-, fettreich, mit oder ohne Knochen, zum Dünsten, Kochen, Sieden, a. für Gulasch, meist jedoch verarbeitet

Große Lende, Nierstück (7) Filet und Roastbeef mit Knochen

Gschnatter Anschnitt (10) Österreich: sehniges Stück Siedfleisch aus dem Schwanzstück

Hals, Kamm (1) sehr saftig, ohne Fett und grobfaserig, zum Braten, Kurzbraten, Dünsten, Kochen, Schmoren, Sieden, für Eintöpfe, Gulasch, Fleischfondue, Hackfleisch, Ragout, Tatar

Hesse (13, 14) gutes, kräftiges und saftiges Fleisch, zum Dünsten, Kochen, Schmoren, Sieden, für Gulasch, Ragout, als Klär-, Suppenfleisch

Hiefer-, Hüferscherzel (10a) Österreich: aus der Vorderkante der Keule, mager, zum Dünsten, Sieden

Hiefer-, Hüferschwanzel (10a) Österreich: dreieckiger Muskel aus der Vorderkante der Keule, mürbe und saftig, etwas grobfaserig, zum Dünsten, Sieden

Hochrippe (3) 6.–12. Rippe, fettmarmoriert und wohlschmeckend, etwas herb und faserig, zum (mit Rippen) Braten, Dünsten, Grillen, für Steaks, ↑ Steak/Ochsensteak: Europäischer Schnitt 1, Entrecote, Kotelett, Rostbraten

Huftsteak (7) ↑ Steak/Ochsensteak: Europäischer Schnitt 3

Kavalierspitz (4a) Stück unter dem Schulterblatt, mürbe und sehr saftig, feine Fettschicht, zum Sieden

Kluftsteak (7) ↑ Steak/Ochsensteak: Europäischer Schnitt 4

Kobe-Steak (7) Steak vom Kobe-Rind, außerordentlich zart, wird meist mit Sojasauce bestrichen und im geschlossenen Steinofen über Holzkohle oder auf sehr heißer Eisenplatte gegrillt, a. als ↑ sukiyaki zubereitet

Kronfleisch (6) Bayern, Österreich: aus dem Zwerchfell, grobfaserig und trocken, muß nicht gelagert werden, zum Sieden

Kruspelspitz, Dünner Spitz (4) Österreich: unter Schulter und Rieddeckel, von einem weichen Knorpel (Kruspel) durchzogen, sehr saftig, etwas grobfaserig, aber wohlschmeckend, zum Kochen

Kugel (10) zart und fast fettfrei, zum Dünsten, Schmoren, für Fleischfondues, Gulasch, Hackfleisch, Rouladen, Tartar

Meisel (4) Österreich: vorderer Schulterblattmuskel, ohne Knochen; *Fettes* –: sehr saftig, muß lange gekocht werden, zum Sieden; *Mageres* –: zum Dünsten, Sieden
Mittelbrust, Nachbrust (5c) verhältnismäßig mager, zum Schmoren, Sieden, für Suppen, Eintöpfe
Oberschale (11) recht zart, fettarm, zum Braten, Kurzbraten, Dünsten, Schmoren, für Rouladen, Tatar
Ochsenschwanz (12) gelatinös und kernig, für Suppen, zum Dünsten und (in Rotwein mariniert) für Ragouts
Porterhouse-Steak (7) ↑ Steak/Ochsensteak: Amerikanischer Schnitt 4
Rauchfleisch, Geselchtes (5, 7) Brust- oder Rippenstück, meist mit Kopfkohlherz, Wurzelgemüse und gespickter Zwiebel zubereitet; a. gepökelte, kaltgeräucherte Blume, Oberschale, Schwanzstück, roh oder gekocht als Aufschnitt
Rib-Steak (7) ↑ Steak/Ochsensteak: Amerikanischer Schnitt 1
Roastbeef (7) der beste Teil des Rückens, lockere, mürbe Fleischfaserstruktur, meist zwischen 4. und 5. Rippe geschnitten, kräftig und wohlschmeckend, zum Braten, Kurzbraten, Dünsten, Grillen, für Contrefilets, Entrecotes, Roastbeef, Rostbraten, Steaks u. ä.; ↑ a. Roastbraten, Rumpsteak, Steak/Ochsensteak: Europäischer Schnitt 2
Rostbraten ↑ Rostbraten
Roulade ↑ Roulade
Roundsteak (11) ↑ Steak/Ochsensteak: Amerikanischer Schnitt 7
Rumpsteak (9) ↑ Steak/Ochsensteak: Europäischer Schnitt 3
Schwanzrolle (11b) zum als Steak Braten, Grillen, in Marinade einlegen
Schwanzstück, Unterschale (11) sehr gutes, bröseliges Fleisch, zum Braten, Kurzbraten, Schmoren, als Sauer-, Schmorbraten, für Rouladen
Siedfleisch ↑ Suppenfleisch
Sirloin-Steak (7) ↑ Steak/Ochsensteak: Amerikanischer Schnitt 6
Spannrippe, Querrippe (6) zum Kochen, Sieden, als Bein-, Sied-, Tellerfleisch, für Brühen, Suppen, Eintöpfe, wird a. gepökelt
Stichfleisch (1) Österreich: fettes Fleisch vom unteren Teil des Halses, muß nicht gelagert werden
Tafelspitz, Kluftschale, Rosen-, Stertspitz (11a) ↑ Tafelspitz
T-Bone-Steak (7) ↑ Steak/Ochsensteak: Amerikanischer Schnitt 3
Tournedos (7) ↑ Steak/Ochsensteak: Europäischer Schnitt 2b
Weißes Scherzel (11b) Österreich: aus der Hinterkante der Keule, mager und mürbe, als Siedfleisch ↑ a. bœuf à la mode, bœuf bourguignon, brasato al Barolo, Gulasch, Ochsenmaulsalat, Ochsenschwanzsuppe, Rinderkraftbrühe, Rostbraten Esterházy, Sauerbraten, Schmorbraten, Steak/Ochsensteak, Stroganow

Rinder|brust frisches oder gepökeltes, a. entbeintes Brustfleisch vom Rind mit Wurzelgemüse und gespickter Zwiebel, dazu meist Salzkartoffeln und Meerrettich-, Senf- o. ä. Sauce
-fett, -talg, Rindsfett ausgeschmolzenes Fett aus der Körperhöhle des Rinds, hart, spröde und nicht streichfähig; ↑ a. Talg
-fleck ↑ Fleck
-hack, -mett ↑ Hackfleisch/Ochsenhack
-kraftbrühe klare, passierte Fleischbrühe mit Eiweiß, Rinderhack und Wurzelgemüse
-kraftschinken ↑ Schinken/Erzeugnisse
-magen österr.: Kutteln
-mark ↑ Mark
-nierenfett Talg aus dem Fettgewebe im Bereich der Nieren des Rinds, zum unmittelbaren Verzehr geeignet
-rauchfleisch ↑ Rauchfleisch aus Oberschale, Schwanzstück oder Blume des Rinds
-talg ↑ Rinderfett
-zunge ↑ Zunge
↑ a. Ochsen...

Rindfleisch|salat gekochtes, in Würfel geschnittenes mageres Rindfleisch mit versch. Beigaben und Würzzutaten in Mayonnaise oder Würz-, Salatsauce
-sülze Sülzwurst aus gewürfeltem und zerfasertem Rindfleisch in Gallerte oder Gelatine in großer Hülle oder Form

Rindsbeere reg.: Himbeere, a. Brombeere

Rindsbratwurst fein zerkleinertes Brühwürstchen aus Rind-, Schweinefleisch und Fettgewebe

Rindsgeselchtes ↑ Rinderrauchfleisch

Rindswurst fein zerkleinertes Brühwürstchen aus Rindfleisch und Rinderfett (Frankfurt a. M. u. a.)

Ringäpfel Trockenobst, ↑ Apfelringe

Ringeltaube Wildtaube aus dem Wald, Jagdzeit Juli–Apr., beste Zeit Juli-Okt. (Mitteleuropa), ↑ Taube/Wildtaube

Ringkuchen ↑ savarin

Ringlo bayer.: Reneklode

Ringlotte österr. u. a.: Reneklode

riñón span.: Niere; Nierenstück

ripario ital.: Strandkrabbe

ripieno ital.: gefüllt

Rippchen in Salzlake mild gepökeltes Kotelettstück aus Karree oder Nackenstück des Schweins, oft kalt oder aufgewärmt mit Senf, Brot, Sauerkraut und/oder Kartoffelpüree gegessen (Hessen, Süddeutschland)

Rippenhirse kleinkörnige Hirse (China, Zentralasien, Indien, Südrußland, Mittlerer Osten, a. Donauländer, Mittelmeergebiet)

Rippenkohl, -mangold Gemüse, ↑ Mangold

Rippenkotelett ↑ Kotelett

Rippenspeer ↑ Kotelett
   Kasseler – ↑ Kasseler Rippe(n)speer

Rippenstück ↑ Kotelett, Rind/Roastbeef, Kasseler Rippe(n)speer

Rippli schweizerd.: (Schweine-)Rippchen, meist geräuchert oder gesalzen

ris frz.: Bries, Milke

Risibisi, Risi-Bisi, risi e bisi [venezianisch: Reis und Erbsen] dickflüssiger Risotto mit zarten jungen Erbsen, Hühnerbrühe, a. Pilzen, geh. Schinken oder Bauchspeck, Zwiebeln und Petersilie, wird mit Parmesankäse überstreut und aus dem Suppenteller mit der Gabel gegessen (Venedig, Italien)

riso ital.: Reis(gericht)
   – **brillato, levigato** Weißreis, enthülst, geschält, geschliffen und poliert
   – **preggio** ungeschälter Reis
   – **in paglia, risone** ungeschälter Vollreis
   – **svestito** geschälter Reis, enthülst und geschliffen
   – **vestito** Natur-, Braunreis

Risotto cremig flüssiges Reisgericht, bei dem ital. Reis (fino, superfino, Vialone u. ä.) orig. in Olivenöl, a. Butter oder Weißwein angeschwitzt wird und darin mit Gewürzen und anderen Zutaten unter Rühren ausquillt, bis die Körner glasig werden, er soll dann al dente, bißfest sein, leicht und körnig, aber feucht und saftig; je nach Region wird er mit versch. Zutaten angerichtet: Tintenfisch und seiner Tinte (Florenz), Pilzen (Genua), Hackfleisch, Speck, Karotten, Sellerie und Weißkohl (Imola), Mozzarella, Eiern und geriebenem Brot (Kalabrien), Rindermark und Safranfäden (Mailand), Schweinewurst (Mantua), Speck und Tomaten (Neapel), Hühnerfleisch, Rindermark, Karotten, Stangensellerie und Pilzen (Padua), weißen Trüffeln, gesottenem Rindfleisch, gek. Schinken, Speck, Karotten und Stangensellerie (Piemont), Artischocken, Sardellen und Zitrone (Sizilien), Hackfleisch, Hühnerleber, Karotten, Stangensellerie, Tomatenmark und Rotwein (Toskana) usw.; Risotto muß sofort nach der Zubereitung aufgetischt werden und wird meist mit Parmesankäse bestreut (urspr. Lombardei, Piemont)

Rispen|getreide Hafer, Hirse und Reis
   -hirse kleinkörnige Hirse, für Breie oder Fladen (Zentralasien, China, Indien, Südrußland, Mittlerer Osten, a. Donau-, Mittelmeerländer)

Rissole, rissole kl. Blätterteig-, a. Hefe-, Mürbeteigtasche, in Fritüre geb. und salzig (mit geh. Fleisch, Geflügel, Meeresfrüchten, Champignonpüree usw.) oder süß (mit Cremes, Kompott, Konfitüre usw.) gefüllt (Frankreich)

rissolé(e) frz.: braun gebacken, gebraten

Ritscher(t) Eintopf aus Grünen Bohnen, Graupen, Räucherspeck und Zwiebeln mit gek. Schinken, Wurstscheiben u. ä. (Steiermark, Österreich)

Ritscherl ↑ Salat/Feldsalat

Ritter, Armer süße Brotspeise, ↑ Armer Ritter

Ritter-Art, (à la) chevalière Garnituren aus Austern, Krebsnasen, -schwänzen und Champignons in sauce américaine mit Trüffelscheiben, zu pochierten Seezungenfilets auf Fischfarce oder zu Eiern in Teigkruste, aus Hahnenkämmen, Champignons und Trüffelscheiben in weißer Rahmsauce, zu weißem Fleisch oder Geflügel

Ritterkrebse Zehnfußkrebse aus dem Meer, ↑ Panzerkrebse

Ritterling Pilzfamilie mit versch. eßbaren, aber a. ungenießbaren Arten
   Nackter, Violetter – nicht roh eßbar, läßt sich jung in Würzessig einlegen und roh einfrieren, gute Zeit Apr., Mitte Sept.–Nov.
   Schwarzfaseriger –, Rußkopf weiches, zartes Fleisch, mehliger Geruch und Geschmack, nicht roh eßbar, für Einzel- oder Mischgerichte, läßt sich jung in Würzessig einlegen und roh einfrieren, gute Zeit Sept.–Dez.; ↑ a. Graukappe

Risotto mit Zutaten

Ritterschürzen ↑ Schürzkuchen

Ritzkartoffeln [nach der vom Schweizer Hotelier Cäsar Ritz begründeten Kette von Luxushotels, zuerst in Paris] gek. Kartoffelwürfel, mit gewürfelten Paprikaschoten und Zwiebeln in Butter gedünstet

Rivierasalat [Riviera, Küstenraum des Mittelmeers von Cannes bis La Spezia] Ananas-, Knollenselleriestreifen, Orangen-, Mandarinenfilets und kl. (Wald-)Erdbeeren auf Salatblättern in Mayonnaise mit geh. grünen Paprikaschoten

Rivolisuppe [Rivoli, Stadt in der ital. Provinz Turin] Fischkraftsuppe mit Fischklößchen und kleingeschn. Spaghetti

riz frz.: Reis
- **au lait** Milchreis
- **casimir** Trockenreis mit geschnetzeltem Kalb-, Schweine- oder Geflügelfleisch, Früchten und gerösteten Mandelstiften in Currysauce
- **colonial** Trockenreis mit geschnetzeltem Kalb-, Schweine- oder Geflügelfleisch, Ananasstücken, gebr. Banane und Pinienkernen in Curry-Sauce
- **créole** Pilawreis mit Pfefferschoten und Tomaten

roast engl.: braten, rösten

Roastbeef [engl.: gebr. Rindfleisch] das (evtl. ausgebeinte) äußere Rippenstück vom Rind, der Braten daraus, ↑ Rind/Fleischteile, -stücke

robalo port.: Seebarsch

Robbioletto, Robbiolino kl. Frischkäse aus Kuh-, Ziegen- und Schafmilch, heute meist nur Kuhmilch, wenige Tage gereift, weicher, sahniger Teig, 30–50% Fett i. Tr., leicht säuerlich, wird gern mit Öl und Pfeffer gegessen (Alpenvorland der Lombardei, Italien); ↑ a. Rob(b)iola

Robert [wohl fälschlich Robert Vinot, frz. Koch Ende des 16. Jh., zugeschrieben] in der Schale gebackene, die Pulpe mit Butter, geschlagenen Eiern und Schnittlauchröllchen zerdrückte und in der Pfanne geb. Kartoffeln; ↑ a. Sauce/sauce Robert

Robespierresuppe [Maximilien de Robespierre, 1758–1794, Politiker und Diktator der frz. Revolution] Rinderkraftsuppe mit Tomatensaft, in Tassen serviert

Rochen auf dem Meeresgrund

Ein Bote des Spätherbstes: der (Seidige) Ritterling

Robinson [Robinson Crusoe, Held eines engl. Abenteuerromans, 1719] Garnitur aus Artischockenböden mit Füllung aus sautierten, mit Madeirasauce gebundenen Geflügelleberwürfeln, für Zwischengerichte

Rob(b)iola Frischkäse aus Magermilch von der Kuh, weicher, sahniger Teig, 48–50% Fett i. Tr., erfrischend mild-säuerlich, versch. Sorten, guter Dessertkäse (Norditalien);
↑ a. Robbioletto

robolo port.: Seebarsch

Röbstill Blattstielgericht, ↑ Stielmus

rocambole frz.: Schlangenlauch

Rochambeau [Marquis von R., 1724–1807, frz. Marschall und Held des amerik. Unabhängigkeitskriegs] Garnitur aus Torteletts von Herzoginkartoffeln mit Füllung aus Blumenkohlröschen mit Semmelbröseln, Karotten, ged. Kopfsalat, Annakartoffeln und Demiglace, zu großen gebr. oder geschm. Fleischstücken

Rochen [niederd. *roche*, der Rauhe] Familie von flachen Knorpelfischen aus dem Meer mit vergrößerten Brustflossen, den «Flügeln», deren festes, mageres, wohlschmeckendes Fleisch nach Enthäutung meist allein zubereitet wird; sie werden vorw. pochiert und mit Kapern, Zitronensaft, gerösteten Weißbrotwürfeln in brauner Butter serviert, lassen sich aber a. backen, braten, dünsten, fritieren, gratinieren oder lauwarm in Court-Bouillon pochiert als Salat herrichten; für den Konsumenten wichtige Arten sind v. a. der

Keulen-, Nagelrochen, einer der besten Rochen, der a. geräuchert angeboten wird, ferner der *Fleckenrochen, Geigenrochen, Glattrochen,* frisch, geräuchert oder gesalzen im Handel, der *Mittelmeer-Sternrochen,* der *Spitzrochen* usw. (Nordostatlantik, Nord-, Ostsee, Ärmelkanal, Mittelmeer u. a.)

rock crab [engl.: Felsenkrabbe] Jonah-, Springkrabbe u. ä., mittelgroßes Krebstier aus der Meeresbrandung, delikates Fleisch (Ost-, Westküsten beider Amerika)

Rockenbolle Gemüsepflanze, ↑ Schlangenlauch

rock lobster [engl.: Felsenhummer] versch. Langusten- (nicht Hummer-)Arten (Indopazifik, südl. Atlantik u. a.)

Rocks Hartkaramellen in weißem Zuckermantel, versch. Formen und Muster

rødgrød med fløde dän.: Rote Grütze mit flüssiger Sahne

Rodonkuchen [frz. *raton,* kl. Kuchen, Törtchen] Rührkuchen aus der Napfform, häufig mit Trockenfrüchten, Nüssen, Quark, Schokolade, a. Kakaopulver in der Rührmasse und oft mit Schokolade o. ä. überzogen

roebuck [engl.: Rehbock] Wildsauce aus Demiglace mit gerösteten Schinken- und Zwiebelwürfeln, mit Essig abgelöscht, mit Johannisbeergelee und Portwein gewürzt; angeröstete Wildabfälle und Röstgemüse, mit Pfeffersauce, Rotwein abgelöscht und verkocht, mit Cayennepfeffer und Zucker gewürzt

Rogen die Eier weibl. Fische, ↑ Fischrogen

Rogener ↑ Rogner

Röggelche(n) gr. Roggenbrötchen aus zwei zusammengeb. Hälften (Rheinland)
 – **met Kies** ↑ Halve Hahn

Roggen [ahd. *rocko*] wichtiges Brotgetreide Nordeuropas, Getreideart, die lange nur als grober Ersatz für den feineren, milderen Weizen galt, inzw. jedoch als herzhafte, gesunde Alternative erkannt wurde mit kräftigem Geschmack; muß vor dem Zubereiten über Nacht eingeweicht werden, Garzeit gequollen 1½ Std.; wird, gewöhnlich zusammen mit Weizen, zu Mehl gemahlen und für dunkles, kompaktes Brot, aber a. für Teigwaren, Roh- und Vollwertkost verwendet; die gut verdaulichen Roggenkeime eignen sich roh als Zugabe zu Suppen, Müesli, Salate (urspr. Westasien, heute a. nördl. Europa und Amerika); ↑ a. Keimling
 -brot, -mischbrot, -schrotbrot, -vollkornbrot, Sauerteigbrot ↑ Brot/Sorten, Spezialsorten

røget dän.: geräuchert

Rog(e)ner weibl. laichreifer Fisch, ugs. bes. Hering, Karpfen

rognon, rognone frz., ital.: Niere

rognonnade frz.: Kalbsnierenbraten (mit der Niere in ihrem Fett)

Rohan, (à la) [frz. Adelsgeschlecht aus der Bretagne] Garnitur aus mit Gänseleber und Trüffelscheiben gef. Artischockenböden sowie aus mit Hühnernieren in Geflügelrahmsauce gef. Tortelletts, dazwischen evtl. Hahnenkämme, zu geschm. sautiertem Geflügel

Rohe Krakauer schnittfeste Rohwurst aus Rind-, Schweinefleisch und Fettgewebe, kräftig mit Knoblauch gewürzt

Roher Kloß ↑ Kloß

Roheßspeck ↑ Speck/Bauernspeck

Rohfleisch deutsch für ↑ Carpaccio, Tatar

Rohkost Ernährung aus frischen, naturbelassenen, unbehandelten und nicht erhitzten Lebensmitteln, v. a. Gemüsen, Pflanzenprodukten und Früchten, führt viele Vitamine,

Roggen, Getreide mit vierkantigen Ähren und langen Grannen

Mineral- und Ballaststoffe zu, aber wenig Eiweiß, Fett und Kohlenhydrate, kann zu streng eingehalten zu Mangelerscheinungen führen, dient sonst aber der Regeneration und Heilung, ↑ a. Vegetarismus; bei gemischter Ernährung wird mit der Roh- vor der Kochkost begonnen; Lebensmittel, die a. der Feinschmecker öfter roh genießen darf: Champignons, Grüne Erbsen, Frühlingszwiebeln, Karotten, Knollensellerie, Pfifferlinge, Porree, (geraspelter) Rot-, Weißkohl, grüner Spargel, blanchierter Spinat, Sprossen, Zuckerschoten; Lebensmittel, die sich nicht roh essen lassen: Auberginen, Bohnen und übrige Hülsenfrüchte, Kartoffeln, die meisten Kohlarten, schwarze Johannisbeeren, Preiselbeeren, Quitten, Schwarzwurzel, Spargel

Rohmilch naturbelassene Milch vom Bauernhof, muß bestimmten Anforderungen (Stallungen, Gesundheitszustand der Kühe usw.) genügen und vor dem Gebrauch abgekocht werden; ↑ a. Vorzugsmilch

Rohne   ↑ Rote Rübe

Rohpökelung gepökelte, meist geräucherte rohe Fleischstücke, gewöhnlich in dünnen Scheiben; ↑ a. Pökelfleisch

Röhrenkassie, Manna, Puddingröhrenbaum sehr alte Baumart, dunkelbraunes, klebriges Fruchtmark, angenehm süßlich (Südostasien, Indien, Afrika, Amerika)

Röhrenlauch   kl. Zwiebel, ↑ Winterzwiebel

Röhrenpilz, Röhrling   Pilzgattung mit versch. eßbaren Arten, ↑ Birkenpilz, Maronenpilz, Rotkappe, Steinpilz; ↑ a. Pilze

Rohrnudeln, Ofennudeln   [landsch. *Rohr*, Backröhre] Klöße aus süßem Hefeteig, meist mit gemahlenen Haselnüssen, Pflaumen-, Zwetsch(g)enmus, a. frischen Kirschen oder Zwetsch(g)en gef. in gefettetem Topf ohne Deckel im Backofen gegart, oft mit Vanillesauce oder Kompott als Dessert serviert, schmecken warm so gut wie kalt; lassen sich einfrieren (Süddeutschland); ↑ a. Dampfnudeln

Rohrzucker im weiteren Sinn Zucker aus Zuckerrohr oder aus Zuckerrüben, im engeren Sinn Zucker nur aus Zuckerrohr; ↑ a. Zucker/Brauner Zucker

Rohschinken, Rohschneider   ↑ Schinken/Erzeugnisse

Rohwurst Wurst aus rohem, zerkleinertem Muskelfleisch mit Fett, a. Bindegewebe, Schwarten, Speck, Pökelsalz und Gewürzen, getrocknet und geräuchert oder gereift und kalt- oder luftgetrocknet, schnittfest (ohne Kühlung lagerfähig) oder streichfähig (nicht länger lagerfähig); kann roh verzehrt werden, sollte kühl, aber, außer Mett-, Teewurst, nicht gekühlt aufbewahrt werden; ↑ Landjäger, Mettwurst, Plockwurst, Salami, Schlackwurst, Teewurst, Zervelatwurst u. a.

Rohzucker   ↑ Zucker/Brauner Zucker

rökt schwed.: geräuchert

roll engl.: Brötchen, Semmel; (Fleisch-)Roulade

Rollbraten dünne oder zum Braten zu kl. Fleischteile, die zum Garen zusammengerollt oder (in Netz) gefaßt werden, meist bratfertig gewürzt

Rolle   ↑ Roulade

Rollende Ware   stückweise tiefgefrorene Lebensmittel (Gemüse, Obst, Pommes frites usw.), die portionenweise verwendet werden können; ↑ a. Blockware

Rollerbse   Hülsenfrucht, ↑ Erbse/Sorten: Gelbe Erbse

Rollgerste   ↑ Graupen

Rollmops   [urspr. berlinerisch, nach der rundlichen Form des Mopses] mageres, hartes Fleisch vom ausgenommenen, entgräteten Hering ohne Kopf und Schwanzflosse mit eingerollten Gewürzkörnern und anderen Beigaben (Gurken, Möhren, Paprika, Zwiebelringe usw.), in Essiglake mariniert und mit Holz- oder Kunststoffstäbchen zusammengehalten, als Halbkonserve im Handel
   Berliner –   mit Zwiebeln gef. Rollmops
   Gabel –   Rollmops aus halben Heringslappen

Rollot   [Städtchen im frz. Dép. Somme] Rahmkäse aus Kuhmilch mit Rotschmiere, weicher Teig, 45% Fett i. Tr., kräftig aromatisch und pikant erdig, gute Zeit Nov.–Juni (Pikardie, Nordfrankreich)

Rollpastete   ↑ galantine

Rollschinken   ↑ Schinken/Erzeugnisse

Romadur, Romadour   Weichkäse aus pasteurisierter Kuhmilch mit Rotschmiere, dünne Haut, geschmeidiger Teig mit festerem Kern, 20–60 % Fett i. Tr., als Doppelrahmkäse 60–85 % Fett i. Tr., kräftig pikant bis (nach Entfernen der Haut) mild, für Brotzeit, Vesper u. ä. (urspr. Belgien, heute a. Deutschland, Österreich, Schweiz, Israel u. a.)

romaine, (à la)   ↑ Römische Art, a. Salat/Römersalat

Romana   ↑ Salat/Römersalat

romana, alla   ↑ Römische Art

Romanesco grüne Blumenkohlzüchtung, ↑ Kohl/Sorten

Romano in Mittel-, Süditalien *(pecorino romano)* Hartkäse aus Schafmilch, fester Teig, 36% Fett i.Tr., pikant; in den USA, Kanada u. a. rezenter Reibkäse aus Kuh-, Schaf- und/ oder Ziegenmilch, mind. 38% Fett i. Tr.

Romanow, (à la) [russ. Herrschergeschlecht] Garnitur aus Gurken und mit Champignon-, Knollenselleriewürfeln in Meerrettichsauce gef. Torteletts aus Herzoginkartoffeln, zu Fleisch; Süßspeise aus in Curaçao eingelegten Erdbeeren mit Schlagsahne

rombo ital.: Plattfisch aus der Familie der Schollen

rombosse Apfel in Mürbeteig (Wallonien, Belgien)

Romeosuppe [Romeo, Titelgestalt eines Trauerspiels von Shakespeare] Kartoffelrahmsuppe mit Zwiebelpüree, hart-gek. Eiweiß, Schinkenwürfeln und Kerbelblättchen

Römerbraten gepökelter, geräucherter Schweinebraten, gek. und knusprig gebraten

romerito kl. Kuchen aus Hefeteig mit Butter und Eiern, mit Garnelen belegt, mit Rosmarin, Pfeffer und Zitronensaft gewürzt, in der Pfanne geb. und heiß gegessen (Kuba)

Römerkohl südd.: Schnittmangold, ↑ Mangold

Römersalat ↑ Salat/Sorten

Römer Schnitzel ↑ Schnitzel/saltimbocca

romesco rote Fischsauce mit Chili-, Paprikasauce, Knoblauch, Brotkrumen, gemahlenen Mandeln und Olivenöl (urspr. Tarragona, Spanien)

Römische bayer.: Roggenbrötchen mit Kümmel

Römische Art, alla romana, (à la) romaine [Rom, zweieinhalb Jahrtausende alte Kulturstadt, Hauptstadt Italiens] mit Spinat, Parmesankäse, a. Grünen Erbsen und Schinken; gratinierte Gnocchi mit Spinattörtchen in heller Tomatensauce oder tomatisiertem Kalbsfond; ↑ a. Römische Sauce

Römische Pflaume ↑ Trockenpflaume

Römischer Beifuß Würzpflanze aus Italien; ↑ Beifuß

Römischer Kohl südd.: Schnittmangold, ↑ Mangold

Römischer Kümmel Gewürz, ↑ Kreuzkümmel

Römischer Quendel Würzkraut, ↑ Thymian

Römischer Salat ↑ Salat/Römersalat

Römische Sauce, salsa alla romana, sauce à la romaine süßsaure Sauce aus in Essig aufgelöstem, mit Kraftsauce und Wildfond aufgekochtem hellbraun karamelisiertem Zucker, als Einlage eingeweichte Rosinen und Korinthen sowie geröstete Pinienkerne, zu weißem Fleisch, gebr. Wildbret oder Wildgeflügel

Römischer Wermut Würzpflanze aus Italien, ↑ Beifuß

rømme norw.: dicke saure Sahne
 -graut, -grøt Brei aus dicker saurer Sahne mit etwas Mehl oder Grieß, wird mit Zucker und Zimt gegessen
 -kolle Schüssel mit dicker saurer Sahne

Rondino Kürbisgemüse, kl. runde Frucht einer Kletterpflanze, leicht verdaulich, milder Geschmack, gek. als Vorspeise oder Beilage (urspr. Subtropen, heute v. a. Frankreich, Schweiz)

roomkaas [holl.: Rahmkäse] halbfester Schnittkäse aus Kuhmilch, einem weichen Gouda ähnlich, 60% Fett i. Tr.

Roosevelt [Theodore R., 1858–1919, amerik. Staatsmann, 26. Präsident der USA] Garnitur aus Linsenpüree sowie mit sautierten Morcheln und Trüffelwürfeln gef. Torteletts, zu Wild in Jägersauce: Tomatensauce mit Apfelmus und Zitronenschalenstreifen; Salat aus mit Champignon-, Orangen- und Spargelwürfeln gef. Tomatenhälften in Öl-Zitronensaft-Sauce

Roquefort [R.-sur-Soulzon, Gemeinde in Aveyron] Edelpilzkäse aus roher, nicht entrahmter Schafmilch, der älteste Käse Frankreichs, bei guter Qualität weicher, buttriger (und nicht etwa trockener, bröckeliger) Teig mit Spuren von Blauschimmeladern innen, mind. 52% Fett i. Tr., stark aromatisch und würzig pikant, darf mit der Rinde, aber nie mit Butter gegessen werden, a. hervorragender Kochkäse, der viele Speisen würzt und verfeinert; am besten bei Zimmertemperatur; läßt sich nur kurz im Gemüsefach des Kühlschranks aufbewahren, aber auf keinen Fall einfrieren (orig. mit rotem Label aus den Naturhöhlen des Combalou in der Rouergue, aber a. übriges Südfrankreich und Korsika)
 - -Dressing feine Salatsauce aus zerdrücktem Roquefort mit Sahne, a. Rahmmayonnaise, und Zitronensaft, geh. Petersilie sowie etwas Zucker

rosa ↑ Fleisch/Garstufen

Rosa Krabbe ↑ Garnele/Sägegarnele

Roquefort, der rangälteste Käse Frankreichs

Rosamunde-Suppe, velouté Rosamonde [Rosamunde, Titelgestalt eines romantischen Schauspiels von Hermina von Chézy mit Musik von Schubert, 1891] Hühnersamtsuppe mit Champignonpüree und Krebsbutter, als Einlage Trüffelstreifen

Rosa Pfeffer getr. oder eingelegte Beeren eines brasilianischen Pfefferbaums, schwach aromatisch und süßlich fruchtig, greift in zu großen Mengen aber Mundschleimhäute an, zu Fleisch, Fisch, Saucen, Käsegerichten

rosbif frz.: Roastbeef

rösch alemann.: knusprig

Röschele Kalbsinnereien in saurer brauner Sauce (Baden)

Rose schöne Kultur- und Zierpflanze mit angenehmem Duft und edler Form, deren Blumen, Blüten und Blätter aber a. kulinarisch verwertet werden können, in Teig ausgebacken, als Gelee, Konfitüre, Bonbon usw.; Nuß vom Lamm, ↑ Lamm/Fleischteile, -stücke: Filet, Nüßchen; Hüfte vom Rind, ↑ Rind/Fleischteile

Roseberry, à la [Archibald Graf von R., 1847–1929, engl. Staatsmann] Garnitur aus sautierten Morchelwüfeln gef. Grießkroketten, ged. Gurkenstückchen, Prinzeßböhnchen, gef. Tomaten, Fleisch in Fleischsaft

Rosella, Malve rote, fleischige Blütenknospen einer exot. Pflanze, säuerlicher Geschmack, werden als Obst gegessen, als Gemüse gekocht oder zu Eingemachtem, Gelees, Konfitüren usw. verabeitet; die Samen werden geröstet (trop. Afrika)

Rosenapfel exot. Beerenfrucht, ↑ Jambos

Rosenbeere Rosenfrucht, ↑ Hagebutte

Rosenberggarnele ↑ Garnele/Arten

Rosen|blütenblätter in Zucker eingelegt zum Aromatisieren von Speisen, kandiert als Dekoration

-**essig** mit duftenden Rosenblütenblättern versetzter Weinessig

-**öl** ätherisches Öl aus Rosenblütenblättern zum Aromatisieren von Süßwaren usw. (Bulgarien, Türkei, Algerien, Marokko, Südfrankreich u. a.)

-**wasser** urspr. bei der Gewinnung von Rosenöl anfallendes wäßriges, duftendes Konzentrat, heute meist in Wasser aufgelöstes Rosenöl, für orient. Gerichte, zum

Die immergrünen Triebe des Rosmarins

Aromatisieren von Cremes, Gebäck, Gelees, Konditorwaren, Marmeladen, Marzipan, Speiseeis usw.

Rosenbrötchen Kleingebäck, rundgestoßenes Teigstück in Form einer aufgeblühten Rose

Rosenkohl ↑ Kohl/Arten

Rosenkranz Kranz aus zusammenhängenden Mettwürstchen, in der Pfanne gebraten und mit Kartoffeln aus der Pfanne gegessen, meist zum Schlachtfest (Westfalen)

Rosenpaprika scharfes Paprikapulver, ↑ Paprikapulver

Rosensalat Scheibchen von Äpfeln, Karotten und gek. Roten Rüben in Essig-Öl-Sauce mit Portulak und Spargelspitzen

Rosenspitz ↑ Rind/Tafelspitz

Rosenwasser Lösung von Rosenöl im Wasser, zum Aromatisieren von Gebäck, Konditorwaren usw.

Rosenwirsing Winterkohl, ↑ Kohl/Rosenkohl

Rosine [lat. *racemus*, Weinbeere] vollreif an der Luft oder im Ofen getr. Weinbeere versch. Rebsorten, bei uns meist als Sultanine im Handel, wirkt herzstärkend, stuhlregulierend; unbehandelt und nicht geschwefelt zum Rohessen, sonst für Schmorgerichte, Salate, Backwaren usw.; hält sich luftdicht und dunkel aufbewahrt etwa 1 Jahr (in steigender Güte aus Griechenland, Türkei, Zypern, Iran, Kalifornien, Australien, Südafrika, Afghanistan u. a.)
  Korinthe klein, dunkel und kernlos mit zarter Schale, entstielt und ungeschwefelt, sehr aromatisch, kräftig und herb, für Schmorgerichte u. ä. (urspr. Korinth, heute griech. Peloponnes und Ionische Inseln)
  Sultanine, Sultana aus der Sultana- oder Thompson-Traube, hell und kernlos, an der Luft getrocknet, entstielt und ungeschwefelt, fleischig und süß (Türkei, Griechenland)
  Traubenrosine aus der Malaga-, Muskattraube, groß und saftig, zum Rohessen (Malaga, Spanien, a. Griechenland, Türkei, Kalifornien)
  Zibebe, Elemes groß, fleischig und mit vielen Kernen (Griechenland, Türkei)

Rosinen|brot ↑ Brot/Spezialsorten
  -höckli gezuckerter, mit Rosinen vermischter Eierschnee, in nußgroßen Häufchen auf dem Blech im Ofen trockengebacken (Ostschweiz)
  -sauce mit weißem Fond und Weißwein verkochte weiße Mehlschwitze, mit Salz, Zitronensaft und Zucker gewürzt, mit Sultaninen und gehobelten, blanchierten Mandeln garniert

Röslikohl schweizerd.: Rosenkohl

Rosmarin, Anton-, Braut-, Weihrauchkraut [lat. *ros marinus*, Meertau] Würzkraut, Nadeln und Ästchen eines immergrünen Holzstrauchs, stärken Kreislauf, fördern Verdauung und Gallentätigkeit, wirken anregend, gegen Asthma, Gicht und Rheuma; harziges, kräftiges herbwürziges Aroma, getr. bitterer und schärfer als frisch, sollten sparsam verwendet, wenige Nadeln oder ganze Zweiglein mitgek. und vor dem Servieren herausgenommen werden; in Italien vielverwendet, passen zu Gemüsesuppen, Schaf-, Schweinefleisch, Kaninchen, Wild, gebr., gegr. Fisch, (Brat-)Kartoffeln, südländischen Gemüsegerichten (Auberginen, Tomaten, Zucchini, Pilze usw.), Salaten (a. frische Blüten), Saucen, Füllungen, Marinaden, Weichkäse usw.; lassen sich in Essig einlegen und einfrieren (Mittelmeerländer, a. England, Mexiko, USA u. a.)
  -honig ↑ Honig/Sorten
  -öl ↑ Öl/Sorten

Rosny, (à la) [Pseudonym des belg. Brüderpaars Joseph Henri Honoré, 1856–1940, und Justin François, 1859–1948, Boex, in Frankreich erfolgreicher Schriftsteller] Garnitur aus geschm. Gurken in Pfeffersauce, zu Fleisch und Geflügel

Roßblume bad.: Löwenzahn

Rossini, (à la) [Gioacchino R., 1792–1868, ital. Komponist und Feinschmecker] mit Gänseleber und Trüffeln; Salatsauce aus Olivenöl, Weinessig, engl. Senf, etwas Zitronensaft und evtl. kl. Trüffelstückchen (von Rossini selbst aufgezeichnet); ↑ a. Tournedos Rossini

Roßkartoffel Wintergemüse, ↑ Topinambur

Rostand, à la [Edmond R., 1868–1918, frz. Dramatiker] Garnitur aus in Butter sautierten Artischockenbödenvierteln, Champignons in Rahmsauce und Sauce Colbert, zu kl. Fleischstücken, Braten

Rostbraten fingerdicke saftige, marmorierte Scheibe aus dem vorderen, hohen Rostbeef (Rieddeckel) des Rinds, wird gebr., gegr. oder a. geschm. (vorw. Österreich); ↑ a. Schwäbischer Rostbraten

– **Esterházy, Esterhácy rostélyos** [Fürst Nikolaus Joseph von E., 1714–1790, österr.-ung. Magnat und Feldmarschall] angebratener Rostbraten, mit Wurzelgemüsestreifen (Karotten, Petersilienwurzeln, Porree, Knollensellerie), Zwiebeln und braunem Schmorfond gegart, mit saurer Sahne, geh. Kapern und Zitronenschalenstreifen vollendet, dazu Bandnudeln oder Serviettenknödel (v. a. Österreich, Ungarn)

Rostbratwurst grob gekörntes Brühwürstchen aus Schweinefleisch, meist mit Grundbrät, a. Kalb- oder Rindfleisch, vorw. gebrüht, aber a. roh angeboten, wird gebrüht oder gebraten verzehrt; nicht lange haltbar

Röstbrot deutsch für Toast

Röster österr.: Kompott oder Mus aus Holunderbeeren oder Zwetsch(g)en

Gioacchino Rossini, genialer Komponist und Lebenskünstler

Röstfisch ↑ Bratfisch

Röstgemüse, mirepoix 1–2 cm große Würfel oder Scheiben von angeschmorten Karotten (1/3) und Zwiebeln (2/3), a. Selleriestengeln, nach Belieben mit Schinken-, Speckwürfeln und aromatischen Zutaten (Gewürznelken, Lorbeer, Rosmarin, Thymian usw.), würzende Beigabe zu Suppen, Saucen, Schmorbraten, Ragouts, Fisch usw.; ↑ a. brunoise, chiffonade, Julienne, Suppengrün

Rösti deutschschweiz. Nationalgericht aus zu einer Art Fladen geformten, nicht zu weich gek., geschälten, geraffelten, leicht mehligen Kartoffeln der Sorte Urgenta o. ä., die mit Schweineschmalz, eingesottener Butter oder Öl und Salz, evtl. etwas Milch in einer flachen Pfanne dicht zugedeckt auf beiden Seiten oder nur einer Seite knusprig goldgelb angebraten werden; läßt sich a. aus rohen Kartoffeln in dünnen Scheiben herstellen; je nach Geschmack und Region versch. Zutaten: Hörnli, Käse, Speck, Zwiebeln usw.; nahrhaftes Einzelgericht oder Beilage zu Fleisch, (Spiegel-)Eiern, Gemüse usw.; a. aus Beutel oder Dose erhältlich (Ostschweiz)

Röstkartoffeln ↑ Bratkartoffeln

Rotalge Meerpflanze, ↑ Alge

Rotauge Süßwasserfisch, ↑ Plötze

Rotbarbe Meerfisch, ↑ Meerbarbe

Rotbarsch, Bergilt, Goldbarsch gr. Meerfisch, rötliches, fettarmes, vitaminreiches, festes und schmackhaftes Fleisch, wird (meist filetiert) frisch, geräuchert, gesalzen oder tiefgefroren angeboten; eignet sich für alle Zubereitungen außer Dünsten und Schmoren; aus der vitaminreichen Leber wird Öl gewonnen (Nordatlantik vor Grönland, Norwegen, Irland)

Rotbrasse(n), Pagel, Rote Meerbrachse barschartiger Meerfisch, wird frisch und tiefgefroren angeboten, läßt sich backen, braten, dämpfen, garziehen, grillen; gute Zeit Juli–Okt. (Ostatlantik, Mittelmeer)

Rotbrauner Riesenträuschling Speisepilz, ↑ Riesenträuschling, Rotbrauner

Rote Brühwürstchen, ↑ Knackwurst

Rote Banane ↑ Banane/Sorten

Rote Bete nordd.: Rote Rübe

Rote Bohne ↑ Bohne/Kidneybohne

Rote Endivie ↑ Salat/Radicchio

Rote Grütze kaltes, erfrischend süßsaures Mus aus kurz aufgek., passierten roten Beeren (orig. Hamburg: halb Himbeeren, halb schwarze Johannisbeeren, ein Teil davon noch bißfest, aber a. Brombeeren und/oder Sauerkirschen) und Dickungsmitteln (Gerstengrütze, Grieß, Sago, Speisestärke), wird gekühlt und im letzten Augenblick mit kalter Milch, flüssiger Sahne, a. Vanillecreme übergossen im Suppenteller serviert; a. als Pulver oder Instant-Rote-Grütze angeboten, dann aber meist weicher und weniger fruchtig (Norddeutschland, Dänemark u. a.)

Rote Johannisbeere ↑ Johannisbeere

Rötel Süßwasserfisch, ↑ Rotfeder, Saibling

Röteli, (Zuger) delikater Süßwasserfisch, kl. Unterart des Seesaiblings, wird 15. Nov.–Mitte Dez. gefangen, zartes, rötliches Fleisch; Zubereitung lokal: gesalzen, gepfeffert, mit Mehl bestäubt in der Pfanne mit feingeh. Kräutern und Weißwein, a. Sahne gedämpft; sonst. ↑ Saibling (Zugersee, a. Aegeri-, Vierwaldstätter-, Walensee, Ostschweiz)

Rote Linse Linsensorte, ↑ Linse

Rote Meerbarbe, Rotbarbe Meerfisch, ↑ Meerbarbe

Rote Meerbrachse, -brasse Meerfisch, ↑ Rotbrasse

Rötender Schirmling, Safranschirmling jung sehr guter Speisepilz, angenehmes, saftiges Fleisch, kann ohne holzigen Stiel gebraten werden; gute Zeit Juli–Okt.

Rötender Wulstling Speisepilz, ↑ Perlpilz

Rote Preßwurst, Schlesische Preßwurst Blutwurst mit Streifen oder Würfeln Schweinefleisch, Speck, Schweinemasken und -herz in blut-, a. leber-, lungenhaltiger Schwartenmasse

Roter Chicorée ↑ Salat/Sorten

Roter Fleischkäs(e) umröteter, grober ↑ Fleischkäse

Roter Kappes Rheinland: Rotkohl

Roter Kaviar ↑ Kaviar/Keta-Kaviar

Roter Knurrhahn Art ↑ Knurrhahn mit kl. Knochenstacheln und gr. Brustflossen, ausgezeichnetes Fleisch, wird frisch a. ohne Kopf und enthäutet angeboten

Roter Kopfsalat ↑ Salat/Sorten

Roter Magen ↑ Roter Schwartenmagen

Roter Pfeffer reifer roher, in Salzlake oder Essiglösung eingelegter, a. künstlich getr. Pfeffer

Roter Preßsack Blutwurst, ähnlich wie ↑ Roter Schwartenmagen

Roter Reis ↑ Reis/Sorten

Roter Salat ↑ Heringssalat

Roter Schnapper Meerfisch, ↑ Red Snapper

Roter Schwartenmagen, Blutmagen, Roter Magen Blutwurst aus Streifen oder Würfeln Schweinefleisch und -masken, Eisbein, Speck, Herz in blut-, a. leber-, lungenhaltiger Schwartenmasse; ↑ a. Schwartenmagen

Roter Senf ↑ Senf/Sareptasenf

Roter Thunfisch ↑ Thunfisch

Rote Rübe ↑ Rübe/Sorten

Rote Wellwurst Blutwurst aus Speck, bluthaltigen Schwarten, Schweinemasken und Semmeln

Rote Zwiebel ↑ Zwiebel/Sorten

Rotfeder, Rötel, Rotkarpfen Süßwasserfisch, grätiges, aber schmackhaftes Fleisch, läßt sich v. a. grillieren (Europa)

Rotfisch Lachsfisch, ↑ Huchen

Rotfußröhrling, Rotfüßchen fleischiger Speisepilz, schwach fruchtiges Aroma, milder Geschmack, aber madenanfällig, läßt sich nicht dörren; gute Zeit Juli–Nov.

Rotgelegter fränkisch: Blutwurst

Rothäubchen Speisepilz, ↑ Rotkappe

Rothirsch männl. ↑ Rotwild

Rothschild, (à la) [internationale, begüterte Bankiersfamilie, verschiedentlich geadelt] Garnitur aus Gänseleberpüree, Trüffelscheiben und Portwein, zu Fleisch; Soufflé aus Konditorcreme mit in Danziger Goldwasser marinierten Früchten in Kranz von frischen Erdbeeren

Rothuhn freilebendes Feldhuhn, dem Rebhuhn ähnlich (Südwesteuropa)

Rothirsch

rôti frz.: (im Ofen, in offener Pfanne) gebr.; Braten, ohne nähere Bezeichnung, a. Roastbeef vom Rind

Rotisserie, rôtisserie Grillrestaurant

rôtisseur frz.: Bratenkoch, Fleischbrater

Rotisseursenf ↑ Senf/Sorten

Rotkabis schweizerd.: Rotkohl

Rotkappe, Rothäubchen Speisepilz aus der Gattung der Röhrlinge, jung festes, derbes, älter weiches Fleisch, angenehmer Geschmack, vielfältig verwendbar, läßt sich a. in Essig einlegen oder trocknen; gute Zeit Juni–Okt.

Rotkarpfen Süßwasserfisch, ↑ Rotfeder; ↑ a. Red Snapper

Rotkohl ↑ Kohl/Arten

Rotkraut südd.: Rotkohl

Rotscheer längs gespaltener ↑ Stockfisch

Rotschmiere farbstoffbildende Bakterien in der Käserinde, die zur Reife beitragen und dem Käse eine orange bis rötliche Farbe sowie ein kräftig würziges bis strenges Aroma verleihen

Rotschmierkäse meist kl. Käse mit abgetrockneter (Schnittkäse) oder schmierig feuchter (Weichkäse) Rotschmiere, sollte, kühl und luftig aufbewahrt, innerhalb weniger Tage und bei Zimmertemperatur verzehrt werden; bei halbfestem Schnitt- und scharfem Weichkäse wird die Rinde entfernt, bei mildem Weichkäse kann man sie mitessen; läßt sich nicht einfrieren; ↑ Epoisses, Gérómé, Herve, Limburger, Münsterkäse, Pont-l'Evêque, Rollot, Romadur, Saint-Paulin, Steinbuscher, Vacherin, Weinkäse u. a.

Rotweinbutter ↑ Weinhändlerbutter

Rotweinsauce in Butter angeschwitztes Röstgemüse und geh. Schalotten mit Demiglace und Rotwein; Fischglace mit geh. Schalotten in Rotwein, mit Butter aufgeschlagen, mit Cayennepfeffer und Sardellenbutter gewürzt

Rotwild Schalenwildfamilie der Edelhirsche, dunkelbraunes, kerniges, jung feinfaseriges Fleisch, beste Zeit i. a. Sept.–Nov.; 1. Lebensjahr *Kalb,* männl. *Hirschkalb,* weibl. *Wildkalb,* Jagdzeit Aug.–Jan.; bis 2½ Jahre männl. *Schmalspießer,* Jagdzeit Juni–Febr., weibl. *Schmaltier,* Jagdzeit Juni–Jan.; ältere Tiere männl. *Hirsch,* weibl. *Alttier,* Jagdzeit Aug.–Jan.; für die kulinarische Verwertung eignen sich bes. Kälber und Schmalspießer, -tiere; Fleischstücke ↑ Reh (Europa, Nordafrika, Asien, Nordamerika, a. Argentinien, Australien, Neuseeland); ↑ Damwild

Rotwurst Blutwurst mit Muskelfleisch; Blutwurst aus fein zerkleinerter Schwarte mit Blut, a. Leber enthaltender Grundmasse aus Schweinefleisch, a. Speck, Schwarte, Leber und Herz

Rotzunge, Limande Meerfisch, mageres, aber sehr schmackhaftes Fleisch mit leichtem Jodgeschmack, etwas weicher als jenes der verwandten Seezunge, dafür dickere Filets, eignet sich mit oder ohne Haut für alle Zubereitungen außer Dünsten und Schmoren; gute Zeit Nov.–März (Nordwestatlantik einschl. Ärmelkanal, Nordsee, Weißmeer)

Pazifische –, Dover sole (USA) wird bei uns meist nur tiefgefroren als Filet angeboten (Nordpazifik)

ròu chin.: Fleisch

rouelle [frz.: Rädchen] runde Scheibe Fleisch (insbes. aus der Kalbskeule), Fisch, Kartoffel, Gemüse

Rouen-Ente Entenrasse, ↑ Ente/Hausente

Roueneser Art, (à la) rouennaise [Rouen, Hafenstadt an der Seine unweit ihrer Mündung in den Ärmelkanal, a. berühmt für ihre Mastentenzucht] Gerichte aus, mit Rouen-Ente oder Entenleber; kräftig gewürzte Bordeauxsauce,

↑ Sauce/sauce bordelaise, mit Enten-, Geflügelleber (Normandie, Frankreich)

Rougemont [Name versch. Ortschaften in Mittelfrankreich] mit Senf und geh. Estragon gewürzte Mayonnaise

rouget [frz.: rötlich] Name für rotfarbige Meerfische aus den Familien der Meerbarben oder Knurrhähne

rouille [frz.: die Rostrote] scharfe Knoblauchmayonnaise mit Chili-, Paprikaschoten, a. Safran, eingeweichtem Weißbrot oder gek. Kartoffelpulpe und Olivenöl, zu Fischgerichten und -suppen, wird dazu meist auf in Olivenöl geb. Weißbrotscheiben gestrichen, nur frisch gut (Provence, Südfrankreich)

Roulade [frz.: *rouler,* rollen] allg. Fleisch-, Fisch- oder Kohlblattrolle mit Füllung, in Deutschland meist Rinderroulade aus einer plattgeklopften Scheibe von der Oberschale der Rinderkeule, die um eine Füllung von rohem Schinken, Hackmasse, Speck, Sardellenfilets mit Gewürz- oder Salzgurkenstreifen, gebräunten Zwiebel- oder Schalottenscheiben und Pfeffer usw. gewickelt wird; mit Küchengarn oder Spießchen zusammengehalten, wird sie angebraten und im gedeckten Topf oder Backofen geschmort, dazu eine kräftige Sauce aus Fleischsaft, Gewürzen usw.; läßt sich in der Gefrierdose tiefkühlen; a. Feinkostartikel mit meist brühwurstartiger Füllung aus Hackfleisch, Brät, Gurken-, Schinken-, Speckstreifen, Pilzen, Zwiebeln usw. als Aufschnitt; feine, gerollte Backware aus Biskuit- oder Wienermasse mit Füllung aus Creme oder Konfitüre; ↑ a. Kalbsröllchen

Roumanille [Joseph R., 1818–1891, provenzalischer Dichter] Garnitur aus in Olivenöl geb. Auberginenscheiben, entsteinten Oliven und Sardellenfilets, zu mit tomatisierter sauce Mornay gratinierten kl. Fleischstücken

round steak ↑ Steak/Ochsensteak: Amerikanischer Schnitt 7

roux frz.: Mehlschwitze

royale [frz.: königlich] Eierstich in Streifen oder Würfeln als Einlage für klare Suppen; ↑ a. Sauce/sauce royale

royale, (à la) ↑ Königliche Art, Sauce/sauce royale

Royalp Exportname des Schweizer Tilsiters aus Rohmilch

røykt norw.: geräuchert

Rübchen die kleinste, feinste Speiserübe, elfenbeinern bis weiß und süßlich erdig; die mild süßlichen *Teltower Rübchen* aus der gleichnamigen Stadt in der Mark Brandenburg, heute a. Vierlanden, plattrund und spitzig, gute Zeit Mai–Aug., Okt.–Dez., sind selten geworden, die zarten *Mairübchen* aus Rheinland und Süddeutschland, klein, kugelig und weißfleischig, gute Zeit Frühjahr und Herbst, können sie ersetzen, ebenfalls die frz. *navets* im Frühling; sie werden

Die längliche Möhre, kürzer und rundlicher auch Karotte genannt

geschält oder abgeschabt sofort zubereitet, a. glasiert, karamelisiert, süßsauer eingelegt als delikate Beilage zu fettem Fleisch, in Ein- und Suppentöpfen, als Gemüse, Auflauf, Püree usw.; ↑ a. Stielmus

Rübe fleischige, knollig verdickte Pflanzenwurzel, im Gemüsefach des Kühlschranks 1 Wo. haltbar; versch. eßbare Arten:
Möhre, Gelbe Rübe, Mohrrübe (Speise-)Rübe, Wurzel zylindrische Wurzel einer Gemüsepflanze, seit Jahrtausenden genutzt, appetitanregend und magenfreundlich, wirkt blutreinigend, blutbildend; zart süßlichnussiger Geschmack; bes. im Frühling als *Bundrübe* mit Grün oder als verwandte, kurze und rundlichere ↑ *Karotte* sehr fein, bei 0–1 °C ohne Kraut trocken, luftig und kühl aufbewahrt bis 10 Tage haltbar, vom Sommer bis Frühherbst *Waschmöhre,* Winter bis Mai *Lagermöhre, Spätmöhre; Sandmöhre:* ungewaschene Möhre, meist aus Bio-Anbau.
Die Wurzel sollte ausgewachsen, mittelgroß, kräftig rot sein und stumpf, leicht abgerundet auslaufen, die Blätter nicht welk, sie wird am besten lose gekauft; sie bleibt frischer, wenn das Grün erst kurz vor Zubereitung entfernt wird, es kann feingeh. aber a. mitgekocht werden; Möhren lassen sich äußerst vielseitig verwenden, wobei sie immer mit etwas Butter, Fett, Öl, Sahne, a. einer Prise Zucker angemacht werden sollten; sie lassen sich jung und frisch roh von Hand essen, geraspelt mit Zitronensaft und Zucker als Rohkost, Salat, a. als Saft genießen; ferner kann man sie einzeln oder mit anderen Pflanzen als Gemüse zubereiten, als Zutat für Brühen, Suppen, Fleisch, Fisch, selbst für Kuchen (↑ Rüeblitorte), Kompott, Marmelade usw.; passende Kräuter und Gewürze: Basilikum, Dill, Estragon, Kerbel, Koriander, Kresse, Minze, Petersilie, Schnittlauch, Zucker, a. Ingwer, Muskat, weißer Pfeffer, Zimt u. a. (aber keine Zwiebeln); beste Zeit einh. Juni–Nov.; halten sich luftig, trocken und kühl, aber nicht kalt aufbewahrt 3–4 Wo., lassen sich roh blanchiert unverpackt oder verpackt sehr gut bis 10 Mon. tiefkühlen und dann gefroren weiterverwenden (urspr. Asien, Europa, heute alle gemäßigten Zonen); ↑ a. Karotte
Rote Rübe, Rahne, Rande, Rohne, Rote Be(e)te, Salatrübe, -runkel [lat. *beta,* Rote Rübe] Zuckerrübenart, wirkt antibiotisch, blutbildend und verdauungsfördernd, regt Leber und Galle an; fein erdiger, angenehm säuerlicher Geschmack, sollte tiefrot und unbeschädigt sein (Blätter deshalb abdrehen und nicht abschneiden), für Gemüse, Salat, Rohkost möglichst groß, zum Einlegen möglichst klein; wird nach langem Garen (im Dampfkochtopf zwei Drittel schneller) im Kochwasser mit etwas Essig abgeschreckt und dann (mit Gummihandschuhen) geschält, kann (ganz) als Gemüse zubereitet werden, als Rohkost, Beilage zu (Rind-) Fleisch, Fisch, Bratkartoffeln, hartgek. Eiern, Käse, in Suppen (Borschtsch), Eintöpfen (Bauernfrühstück, Labskaus) usw., ist als Salat (mit Äpfeln und Zwiebeln) selbstgemacht viel besser als aus Dose oder Glas; passende Gewürze und Kräuter: Dill, Estragon, Koriander, Kümmel, Lorbeer, Meerrettich, Petersilie, Pfeffer, Schnittlauch, Sellerie, Senf, Zwiebeln, a. säuerliche Äpfel, Orangen, saure Sahne; gute Zeit einh. Sept.–Nov., imp. bis Febr.; lassen sich (sauer eingelegt) konservieren und gek. unblanchiert gut bis 8 Mon. einfrieren (urspr. Nord-, Zentralasien, Osteuropa, heute alle gemäßigten Zonen, u. a. England, Belgien, Holland, Frankreich, Deutschland, Polen, Skandinavien)
Weiße Rübe, Herbst-, Speise-, Wasserrübe, Jettinger Rübe Wurzelgemüse, der Kohlrübe verwandt und wie diese verwendbar; saftig würziges, pikantes weißes oder gelbliches Fleisch; gute Zeit Okt.–Apr.; ↑ Rübchen, a. Karotte, Kerbel-, Kohlrübe, Pastinak

Rübenkohl ↑ cima di rapa

Rübenkraut, Rübenkreude, -saft, -sirup eingedickter, süßer Saft gekochter bzw. gedämpfter Zuckerrüben, meist als Brotaufstrich, a. würziges Süßungsmittel, gesunder Ersatz des Zuckers für Gebäck, Saucen, Nachtische usw.; a. gehobelte, 2 Tage gesäuerte Weiße Rüben, Nov.–Mai auf dem Markt (Bayern)

Rübenreps Nutzpflanze, ↑ Rübsen

Rubens [Peter Paul R., 1577–1640, flämischer Maler] tomatisierte Geflügelkraftbrühe mit Hopfensprossen; Sauce aus in Butter angeschwitztem, mit Fischfond und Weißwein abgelöschtem und reduziertem, mit Butter, Eigelb, Krebspüree und Sardellenbutter aufgeschlagenem Röstgemüse

Rübensaft-, sirup ↑ Rübenkraut

Rübenzucker weißer Zucker, Eigenschaften wie Brauner Zucker, ↑ Zucker/Sorten

Rubinsauce [Rubin, roter Edelstein] Sauce aus rohen reifen, durchgestrichenen Tomaten in Essig, Öl, Pfeffer und einer Prise Zucker; Sauce aus gebundenem Kalbsjus mit Wildglace, Blutorangensaft und Portwein, zu Federwild

Rübkohl schweizerd.: Kohlrabi

Rüblitorte eingedeutscht für ↑ Rüeblitorte

Rüböl ↑ Öl/Rapsöl, Rübsenöl

Rübsamen ↑ Rübsen

Rübsen, Rübenraps, Rübsaat, Rübsamen fetthaltige Samen einer rapsähnlichen Nutzpflanze (Polen, Baltikum, Finnland, Schweden, Indien, China, Kanada)

Rübsenöl ↑ Öl/Sorten

Rübstiel Blattstielgemüse, ↑ Stielmus

Ruchbrot schweizerd.: dunkles Normalbrot, hochwertig mit kräftigem Geschmack

ruchetta ital.: Rauke

Rückenmark ↑ Mark

rucola ital.: Rauke

Rüebli schweizerd.: Karotte, Möhre
 -torte Kuchen aus der Springform mit feingeraffelten Karotten, Möhren in Eicreme mit geriebenen Haselnüssen oder Mandeln, Mehl oder Maizena, Back-, Nelken-, Zimtpulver usw., mit Aprikosenkonfitüre bestrichen, mit Spritzglasur überzogen oder mit Puderzucker bestreut, mit Marzipanrübchen usw. garniert (Kt. Aargau, Ostschweiz)

Rügenwälder Teewurst [Rügenwalde, Stadt in Ostpommern] ↑ Teewurst

Rührei ↑ Ei/Zubereitungen

Rührkäse Speisequark mit Salz und Kümmel, a. anderen Gewürzen

Rühr(kuchen)masse Mischung aus gesiebtem Mehl und Backpulver mit weicher Butter oder Margarine, Eiern, Milch, Salz und (wenig) Zucker, a. mit würzenden Zutaten (Mandeln, Nüssen, Trockenfrüchten usw.), für Napf-, Obstkuchen, (Sand-)Torten, Waffeln u. ä.; hält sich tiefgekühlt 3 Monate

Rührteig unzutreffender Ausdruck für ↑ Rühr(kuchen)masse

rumaki mit Pinien- oder Pistazienkernen gespickte, mit Frühstücksspeck umwickelte Kumquats, an Spießchen gegrillt (Südseeinseln, USA u. a.)

Rumänischer Salat [Rumänien, Republik nördl. der unteren Donau in Südosteuropa] Maiskörner, Streifen grüner Paprikaschoten, Tomatenwürfel mit geh. Zwiebel und ausgedrückter Knoblauchzehe in Essig-Öl-Sauce, darüber schwarze Oliven

Rumänischer Senf Gemüsepflanze, ↑ Sareptasenf

Rumen Vormagen der Wiederkäuer, ↑ Pansen

Rumfordsuppe [Benjamin Graf von Rumford, 1753–1814, amerik. Physiker und Wohltäter in bayerischen Diensten] nahrhafte Suppe aus Gelben Erbsen und Perlgraupen mit Würfeln von gebr. Speck, gebr. Kartoffeln und geröstetem Weißbrot, urspr. an die Armen abgegeben

Rumfrüchte Früchte zum oder nach dem Einlegen in den Rumtopf

Rumglasur Kokosfett mit Puderzucker und Rum

Rumkugel Konfekt aus Pflanzenfett mit geriebener Schokolade, Puderzucker und feingeh., mit Rum verrührten Rosinen, mit Schokoladenstreuseln bestreut (Norddeutschland u. a.)

Rumohr [Carl-Friedrich von R., 1785–1843, dt. Kunsthistoriker und Feinschmecker] sahnige Creme aus Mandelmilch mit Ananaswürfeln, Erdbeeren, Makronen und Schlagsahne

Rumpsteak ↑ Steak/Ochsensteak: Europäischer Schnitt 3

Rumtopf mit Haushaltzucker und hochprozentigem Rum in Steintopf oder Glas nach Sorten schichtweise eingelegte aromatische, unbeschädigte, frische und reife Sommer- und Herbstfrüchte (ausgenommen Äpfel, Blau-, Him-, rote Johannis-, Preiselbeeren, Rhabarber, Weintrauben), als Nachtisch (a. mit Vanillesauce oder Sahne), Beilage zu Fleisch, Belag von Tortenböden, in Kompotten, Obstsalaten, zu Quark, Reis, Vanille-, Schokoladenspeisen, Speiseeis usw.

Runder Fenchel Heil- und Würzpflanze, ↑ Anis

Rundes Roastbeef der innere Kern der Hochrippe, ↑ Rind/Fleischteile

Runde Tomate ↑ Tomate

Rundkornreis ↑ Reis/Arten

Rundpflaume Steinfrucht, ↑ Pflaume

Rundstück mit Hefe, etwas Fett und Zucker geb. rundes, glattes Weizenbrötchen (Hamburg, Berlin u. a.)
 - warm mit warmen Schweinebratenscheiben und heißer Bratensauce belegte, zusammengeklappte Rundstückhälften (urspr. Speise auf den Auswandererschiffen von Hamburg nach Amerika)

Runkelrübe krautige Pflanze, deren dicke Wurzel als Viehfutter verwendet wird

Runzelschüppling Speisepilz, ↑ Reifpilz

ruota [ital. Rad] kl. dekoratives Teigrad aus Hartweizengrieß

Rupfsalat Gruppe von Salatpflanzen, ↑ Salat/Blattsalat

Ruppe Süßwasserdorsch, ↑ Aalquappe

russe, (à la) ↑ Russische Art

Russian Dressing Salatsauce aus leichter Mayonnaise mit feingeh. roten und grünen Paprikaschoten, Petersilie, Roten Rüben und Schnittlauch, mit Chilisauce und Paprika gewürzt, evtl. mit Kaviar garniert

Russisch Brot, Patience-Gebäck Backware aus Eiweißschaummasse ohne Fett, meist zu Buchstaben oder Zahlen geformt, kühl und trocken gelagert lange haltbar

Russische Art, (à la) russe Krustentiere und/oder Fisch in Gelee oder Mayonnaise; Mayonnaise mit Kaviar; Krustentiere und/oder gewürztes Hackfleisch mit gef. Gemüsepaprika, Gurken, Gürkchen, Heringen, Rinderfiletfleisch usw.; ↑ bitók, kascha, Pirogge, Russische Eier, Russischer Salat, Russische Sauce

Russische Charlotte Charlotte russe

Russische Creme ↑ Creme/Russische Creme

Russische Eier hartgekochte, halbierte Eier mit Remouladensauce und einem Häufchen Kaviar, meist auf russ. Salat serviert; raffiniertere Version: mit Farce aus schaumig gerührtem Eigelb, Butter und saurer Sahne gef. hartgekochte Eiweißhälften, nach Geschmack mit Anchovis, Garnelen, schwarzem, rotem Kaviar, Lachs, Trüffeln usw. garniert

Russische (Hefeteig-)Pastete ↑ rastegáj, watrúschka

Russischer Salat Feinkostsalat aus gek. oder gebr. Fleisch mit versch. Beilagen, i. a. Würfeln von hartgek. Eiern, Gurken, Schnittwurst, mit Paprika, Pfeffer oder Curry kräftig gewürzt, mit Mayonnaise gebunden, je nach Geschmack mit gewürfelten Grünen Bohnen, Möhren, Weißen Rüben, Champignons, Pökelzunge, Schinken, Sardellenfilets, Kapern, a. Hummer, Kaviar zu ergänzen oder zu ersetzen; ↑ a. Heringssalat

Russischer Senf ↑ Senf/Sareptasenf

Russische Sahne Schlagsahne mit etwas frischem Quark

Russische Sauce Weiße Grundsauce, ↑ velouté, mit saurer Sahne, mit geriebenem Meerrettich, Kräutern und Kräuteressig gewürzt

Rußkopf Speisepilz, ↑ Ritterling, Schwarzfasriger

Rußnase Süßwasserfisch, ↑ Zährte

Rutte Süßwasserdorsch, ↑ Aalquappe

ryba russ.: Fisch

Rys schweizerd.: Reis

S

S chem. Zeichen für Schwefel, ↑ Mineralstoffe

Saanenkäse, Saanen-Hobelkäse [Saanen, Bezirk im Tal der Saane, südl. Teil des Kantons Bern, Schweiz] Hart-, Reibkäse aus Vollmilch von der Kuh, jung schnittfest, kann 10–12 Jahre gelagert werden, harter bis spröder Teig, 50% Fett i. Tr., mild aromatisch und nussig, wird mit Messer und Gabel gegessen oder zu Spänen gehobelt, die von Hand zu Brot und Weißwein gegessen werden, a. zum Kochen geeignet (Kantone Bern und Wallis, Schweiz)

Saanensenf Brei aus grob gemahlenem, hellbraun geröstetem, in Wasser aufgek. Weizenmehl mit Kirschenmus, Rosinen, Rotwein, Zuckerwasser, Pfeffer, Zimt usw., Beilage zu Fleisch usw. (Bezirk Saanen, Kt. Bern, Schweiz)

Saatblatterbse braune Erbsensorte (Mittlerer Osten)

Saatgans Wildgans aus der Tundra, nur jung verwertbar, Jagdzeit Nov.–14. Jan.

Saatgut zum Säen vorgesehene Samen oder Früchte

sabat moong ind.: grüne, ganze Mungbohnen

sabat urad ind.: Schwarze Bohnen

Sabayon frz.: Schaumsauce, -speise aus Eigelb, Zucker, a. Gewürzen (Vanille, Zimt) und im Wasserbad hineingerührtem Wein (trocken oder süß, Champagner, Marsala, Portwein, Spirituosen usw.); a. Schaumsauce mit Champagner zu Fisch und Krustentieren

sablé(e) [frz.: *sable*, Sand] Sandmasse

Saccharose Grundsubstanz des Haushaltzuckers im Saft fast aller Pflanzen, insbes. des Zuckerrohrs und der Zuckerrüben

Sac(c)harin [altind. *śárkarā*, Grieß, Körnerzucker] der erste, 1878 erfundene künstliche Süßstoff, weißes, feinkristallines Pulver, mit Natriumkarbonat in Tablettenform, 300–500mal so süß wie Zucker, ohne Nährwert, koch- und backfest, leicht bitterer Beigeschmack, wird deshalb meist mit ↑ Cyclamat vermischt angeboten

Sachertorte [1832 vom Wiener Konditor und Hotelier Franz Sacher für die Tafel des Fürsten Metternich erfunden; das Originalrezept machen sich inzwischen das Hotel Sacher und die Konditorei Demel in Wien streitig] runde Schokoladentorte aus Butter, Staubzucker, erwärmter Kakaomasse und gesiebtem Mehl mit Eigelb, Eischnee und Vanille, mit bitterer Schokoladenglasur überzogen, in der Mitte (Demel: a. unter der Kuvertüre) Schicht aus süßherber Aprikosenmarmelade; wird mit Schlagsahne gegessen

Sächsische Art [Sachsen, Bundesland im östl. Mitteldeutschland] Garnitur aus Blumenkohlröschen und Krebsschwänzen, zu pochiertem Geflügel in Krebssauce; Rinderkraftsuppe mit Schinken-, Zungenstreifen, Sauerkraut und gerösteten Weißbrotwürfelchen; gebr. Kalbschnitzel unter Rührei mit Steinpilzen und geh. Petersilie; weiße Buttersauce mit in Fischfond und Weißwein reduzierten geh. Schalotten, mit Senf und Zitronensaft gewürzt

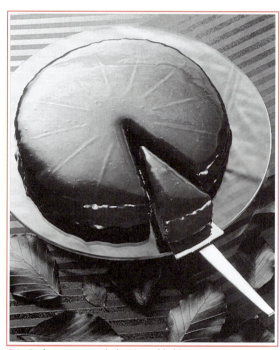

Die Sachertorte, eine k. k. Unsterblichkeit

Sächsische Leberwurst grobe Kochstreichwurst aus Schweinefleisch, Speck, Flomen und Bindegewebe mit mind. 15% Leber und max. 40% anderen Innereien

Sächsische Quarkkeulchen ↑ Quarkkeulchen

Sächsischer Pudding gestürzter Vanillepudding, mit Himbeer-, Vanillesauce oder Weinschaum serviert

Sächsischer Speckkuchen ausgerollter Hefeteig aus Weizen- und Roggenmehl mit Belag von Speckwürfeln, verquirlten Eiern und Kümmel

Sackbrasse(n) seltener Meerfisch, festes, feines Fleisch, läßt sich backen, braten, dämpfen, dünsten, grillieren, pochieren, a. für Eintöpfe (Atlantik)

Saffernblume Gewürz, ↑ Safran

Saflor getr. Blüten der Färberdistel, werden als Ersatz des Safrans benutzt, als Lebensmittelfarbstoff nicht zugelassen
   -kerne Samen der Färberdistel, den Sonnenblumenkernen ähnlich, ↑ Saflor
   -öl ↑ Öl/Distelöl

Safran, Saffernblume, Safrich, Suppengelb, Zaffran [arab. *zafran*] das kostbarste Gewürz aus von Hand gepflückten, getr. Blütennarben einer Krokuspflanze (80 ergeben 1 g), a. vielseitiges Heilmittel, wirkt appetitanregend, nervenberuhigend, krampflösend, magenstärkend; schmeckt leicht honigartig süßlich und zartbitter, sollte frisch orangerot sein – wird und färbt erst gek. gelb – und vor Verwendung in heißer Flüssigkeit (Brühe, Milch, Wasser, Wein) aufgelöst werden, zerfällt aber bei längerer Kochzeit von selbst; darf nur sparsam gebraucht werden, paßt zu rezenten und süßen Speisen wie Bouillabaise, Paella, Risotto (milanese) sowie zu Bouillons, (Kalb-, Lamm-)Fleisch, Innereien, Geflügel, Fisch, Schaltieren, feinen Backwaren usw.; höchstens 1 Jahr haltbar; wird gern aus oder mit Gelbwurz, Paprika, Kochsalz, Mehl usw. gefälscht oder gestreckt (urspr. Ost-, Kleinasien, Südosteuropa, heute a. ganzer Mittelmeerraum, Mancha, Spanien, Mund, Kt. Wallis, Schweiz, Kaschmir, Mittelamerika)

Safranschirmling, -schirmpilz Speisepilz, ↑ Rötender Schirmling

Saftfasten ↑ Abmagerungsdiät

Saftgulasch Gulasch aus gleichviel Volumen Zwiebeln wie Fleisch und ohne Mehl

Saftschinken ↑ Schinken/Erzeugnisse

Saftwürstchen ↑ Würstchen

Sagan [Dorothea Herzogin von Talleyrand-Périgord, 1793–1862, Prinzessin von S.] Garnitur aus mit Hirnpüree und Trüffelspänen gef. Champignonköpfen und Risotto, zu Kalbsbries, -schnitzeln und Hühnerbrüstchen in Madeirasauce

Sage Derby [engl. *sage*, Salbei] engl. Schnittkäse, ↑ Derby

Sägegarnele Meereskrebstier, ↑ Garnele/Arten

Sago Bindemittel, echt aus Körnern, Flocken, Perlen vom mehligen Mark trop. Palmen und Pflanzen (Pfeilwurz, Sagopalme, Tapioka) oder aus (Kartoffel-)Stärke, quillt in heißer Flüssigkeit auf und wirkt beim Erkalten verdickend, wird als Einlage in Brühen, Suppen verwendet oder zum Binden von Grützen, Kaltschalen, Puddings, Süßspeisen u. ä.; läßt sich trocken bei etwa 15 °C aufbewahren

Saharasalat [Sahara, Wüstenregion in Nordafrika] Scheiben von Bananen, gek. Kartoffeln und Knollensellerie in Kräutermarinade, evtl. mit Trüffelscheiben garniert

Sahne, Rahm der durch Abschöpfen oder Zentrifugieren gewonnene fettreiche Anteil der Milch, Fettgeh. mind. 10%; kann ohne weiteres mitgebr., mitgek., mitgeschm. werden; läßt sich UHT-behandelt, aber nicht geöffnet ungekühlt aufbewahren, pasteurisiert im Kühlschrank, jedoch nicht einfrieren; ugs. a. Name für Schlagsahne; ↑ a. crema, Creme, crème
   Doppel-, Doppelrahm mind. 45% Milchfett, dickflüssig süßlich, kochfest und säurebeständig, jedoch nicht gut schlagbar, für Saucen, Suppen, Farcen, Nachtische, (Beeren-)Früchte, statt Schlagsahne auf Kuchen usw. (Begriff in Deutschland nicht üblich); ↑ a. Mascarpone
   Halb-, Halbrahm mind 25% Milchfett, wie Vollsahne verwendbar, aber weniger Kalorien, bei etwa 5 °C schlagbar, nicht kochfest, als Bindemittel, für Saucen, Suppen, Cremes, Garnituren, Nachtische, auf Kuchen, als Dip (Begriff in Deutschland nicht üblich)
   Kaffee-, Kaffeerahm 10–15%, in Deutschland auch weniger, Milchfett, meist für längere Haltbarkeit homogenisiert und sterilisiert, kochfest, säurebeständig, aber nicht schlagbar, für Gebäck, heiße Getränke und auf Kuchen
   Mai- Sahne aus Milch von Kühen, die nach dem Winter Frühlingsgräser und -kräuter gefressen haben, kräftiger
   Saure -, Sauerrahm, -sahne mit Milchsäurebakterien geimpfte Voll- oder Halbsahne, 10–35% Milchfett, cremig und angenehm säuerlich, nicht schlagbar, kochfest und säurebeständig, für Suppen, Saucen, Gratins, Kartoffeln, Dips, Nachtische, (Beeren-)Früchte, auf Kuchen; ↑ a. crème fraîche

Süße –, Süßer Rahm Sahne mit wenig, aber mind. 10% Milchfett; Deutschland: ↑ a. Rahm, Süßer

Trink‑ Sahne mit mind. 10% Milchfett

Voll‑**, Vollrahm** mind. 35% Milchfett, schlagbar und kochfest, für Suppen, Saucen, Gratins, Mousses, Terrinen, Garnituren, Cremes, Nachtische usw.

Sahne|baiser ↑ chou à la crème

 -bonbon ↑ Rahmbonbon

 -creme mit Gelatine gebundene Milch, Eigelb und Zucker, Schlagsahne daruntergezogen

 -eis ↑ Speiseeis/Rahmeis

 -joghurt Joghurt aus Sahne mit mind. 10% Milchfett

 -kartoffeln ↑ Kartoffel/Rahmkartoffeln

 -kefir Kefir aus Sahne mit mind. 10% Milchfett

 – -Leberwurst Kochstreichwurst, ↑ Delikateßleberwurst mit Sahnezusatz

 -marinade Salatsauce aus 3 Teilen saurer oder süßer Sahne und 1 Teil Weinessig oder Zitronensaft mit Salz und Pfeffer

 -mayonnaise Mayonnaise mit nicht zu steifer, ungesüßter Sahne, zu kaltem Geflügel, Fisch, Krusten-, Schaltieren; ↑ a. Sauce/sauce chantilly

 -pulver, Trockenrahm, -sahne Trockenmilch aus eingestellter Sahne oder aus Milch und Sahne mit mind. 42% Milchfett, max. 5% Wasser

 -quark Quark mit 40–60% Milchfett

 -rolle mit Schlagsahne gef. Blätterteigrolle oder -tüte

 -sauce ↑ Sauce/sauce crème

 -suppe Suppe/Rahmsuppe

 -trüffel feine, mit Sahnemasse und evtl. Alkohol gef. runde Praline

Sährettich ↑ Rettich/Sorten

Saibling, Salmling, Rötel edler, forellenartiger Lachsfisch aus kaltem Süßwasser, wird a. gezüchtet, zartrosa gefärbtes feines, festes, nussiges Fleisch, fettarm und überaus schmackhaft, läßt sich in Butter braten, dünsten oder pochieren; versch. Unterarten: *Bachsaibling,* aus dem Norden der USA und Kanadas nach Europa importiert, wird bei uns meist in Teichen gezüchtet, *Wandersaibling,* aus dem nördl. Eismeer und Gebirgseen, sowie der edelste *Seesaibling* (aus Alpenländern, a. England, Skandinavien, Island, Nordrußland, Japan, Nordamerika); ↑ a. Röteli

saignant frz.: blutig, ↑ Fleisch/Garstufen

saindoux frz.: Schweineschmalz

Saingorlon, Saint-Gorlon fetter, halbfester Schnittkäse aus Kuhmilch mit blauem Innenschimmel, dem Gorgonzola ähnlich, weicher Teig, 48% Fett i. Tr., schmackhaft würzig und mild bis pikant (Auvergne u. a., Frankreich)

Saint-Albray Weichkäse aus Kuhmilch mit oranger und weißer Schimmeloberfläche, geschmeidiger Teig, 50% Fett i. Tr., mild aromatischer Geschmack (Frankreich)

Saint-André, à la [frz.: Sankt Andreas, Fischer am See Genezareth und Apostel Jesu] in Butter gebr. Fisch auf Sauerampferpüree, mit hartgek. Ei und Petersilie bestreut, mit brauner Butter übergossen

Saint-Charles [monegassischer Orden] Rinderkraftbrühe mit kl. pochiertem Ei und Kerbelblättchen

Saint-Cloud [Wohnvorort von Paris an der Seine gegenüber dem Bois de Boulogne] Garnitur aus ged. Erbsen und Kopfsalat, zu Fleisch mit Madeirasauce; Püreesuppe aus Grünen Erbsen und Kopfsalat mit Kopfsalatstreifen, Kerbelblättchen und gerösteten Weißbrotwürfeln

Saint-Florentin [mittelfrz. Städtchen im Dép. Yonne] kl. Kugeln aus Kartoffelkrokettenmasse mit geh. Schinken und Pökelzunge, mit Ei und zerdrückten Nudeln paniert, in Fett schwimmend gebr.; Garnitur daraus sowie mit geh. Schalotten und Petersilie ged. Morcheln, zu Fleisch in sauce Bonnefoy; in (Chablis-)Weißwein gek., mit Gewürznelken und Muskat gewürzte Forelle

Saint George [Sankt Georg, Schutzheiliger Englands] Hasenkraftbrühe mit Hasenklößchen, Hasen-, Trüffelstreifen und Rotwein; Hasenpüree und Champignonsamtsuppe mit Hasenklößchen, Hasen-, Trüffelscheiben und Rotwein

Saint-Germain [Claude Louis Graf von S.-G., 1707–1778, Kriegsminister des frz. Königs Ludwig XV.] mit frischen Grünen Erbsen; Garnitur aus mit Eigelb gebundenem Püree von Grünen Erbsen, separat oder auf Artischockenböden, a. mit Béarnaisesauce serviert, zu kl. Fleischstücken; Rinderkraftbrühe mit Geflügelklößchen, Grünen Erbsen,

Saibling, der feinste aller feinen Süßwasserfische

Kopfsalatstreifen und Kerbel; Püreesuppe aus ungeschälten Gelben oder Grünen Erbsen mit Kerbelblättern; mit Butter und frisch geriebenem Weißbrot panierte, gebr. Glattbutt- oder Seezungenfilets mit Nußkartoffeln und Béarnaisesauce

Saint-Gorlon   frz. Blauschimmelkäse, ↑ Saingorlon

Saint-Honoré-Torte   [Sankt Honoratus, Schutzheiliger der frz. Bäcker; 1846 vom Pariser Konditor Chiboust an der rue Saint-Honoré erfundene Torte] Brandmassenring auf Mürbe-, a. Blätterteigboden mit karamelisierten Windbeutelchen, mit crème Chiboust oder Schlagsahne gefüllt

Saint-Hubert   [Sankt Hubertus, Schutzpatron der Jäger] i. a. mit Feder-, Haarwild oder Püree daraus; Haarwildkraftbrühe mit Wildstreifchen, Würfeln von Wild- und Linseneierstich sowie eingek. Weißwein; Püreesuppe aus Haarwild, Kastanien, Linsen mit Sahne, Johannisbeergelee und Cognac, als Einlage Würfelchen von Haarwildfleisch und Trüffeln

Saint James   [vornehmes Londoner Viertel mit dem engl. Königsschloß] Salat aus gek. Reis, Champignon- und Trüffelwürfeln in Öl-Zitronensaft-Sauce

Saint-Jean   [Apostel Johannes, galiläischer Fischer und Evangelist] Fischrahmsuppe mit geb. Fischklößchen; Salat aus kleingeschn. Grünen Bohnen, Grünen Erbsen, grünen Spargelspitzen, Scheiben von Artischockenböden und Gurken in Zitronenmayonnaise mit geh. Kerbel, Eierscheiben, Pfeffergurken und geh. Estragon als Garnitur

Saint-Lambert   [Sankt Lambert, Bischof von Maastricht und Heiliger, 705/06 ermordet] Garnitur aus Blumenkohlröschen, Grünen Bohnen, Grünen Erbsen, glasierten Karotten, Zwiebelchen, zu gebr. Fleisch in Fleischjus

Saint-Malo   [frz. Hafenstadt auf einer Insel gegen den Ärmelkanal, Hochseefischerei und Frühgemüse] Fisch-, Meeraalsamtsuppe mit Fischklößchen und Garnelen; Fischrahmsauce mit Schalotten, Weißwein, mit Eigelb und Sahne legierter Sardellenessenz, Senf, a. Champignonfond, zu ged. Meerfisch; Taschenkrebse in Mayonnaise; Kutteln und hartgek. Eiern in Cidre, vergorenem Apfelsaft

Saint-Mandé   [Vorort von Paris am Rande des Parks von Vincennes] Garnitur aus Grünen Bohnen, Grünen Erbsen und Macaire-Kartoffeln, zu kurzgebr. Fleisch in gebundenem Jus

Saint Marc   [S. M. Girardin, 1801–1873, frz. Schriftsteller und Politiker] Garnitur aus Morcheln, Kastanienkroketten sowie mit Wildjus und Wacholderbeeren verkochter Kraftsauce, zu Wild

Saint-Marcellin   [Ort an der Isère] Weichkäse mit Oberflächenschimmel aus Kuh-, früher Ziegenmilch, geschmeidiger Teig, 50% Fett i. Tr., jung milchigsäuerlich, gereift kräftig würzig, gute Zeit Apr.-Sept. (Dauphiné, frz. Alpen)

Saint(e)-Maure   [Sainte-Maure-de-Touraine, Städtchen im Dép. Indre-et-Loire] Weichkäse aus Ziegenmilch mit Oberflächenschimmel, reift auf Strohmatten, vom Bauernhof, *fermier*, besser als aus der Molkerei, *laitière*, geschmeidiger Teig (darf nicht krümelig sein), 45% Fett i. Tr., mild aromatisch, Tafel- und Dessertkäse, gute Zeit Apr.–Nov. (Touraine, Mittelfrankreich)

Saint-Menehould   [Stadt an der Aisne in der Champagne] Garnitur aus geb. Miesmuscheln in Weißweinsauce, zu Fisch (Nordostfrankreich)

Saint-Nazaire   [frz. Hafenstadt an der Mündung der Loire in den Atlantik] Garnitur aus Austern und Hummerfleischwürfeln in Weißweinsauce mit Blätterteigfleurons, zu Meerfisch

Saint-Nectaire   [vom Seigneur de S.-N., Marschall Frankreichs, am Hofe König Ludwigs XIV. eingeführt] sehr feiner halbfester Schnittkäse aus Rohmilch von der Kuh mit Schimmel, reift auf Strohmatten, geschmeidiger Teig, 45% Fett i. Tr., mild aromatisch und erdig würzig, am besten 6 Mon. alt, Juli–Nov. (Auvergne, frz. Zentralmassiv)

Saint-Paulin   [Paul Mazé, frz. Käsefabrikant] halbfester Schnittkäse aus pasteurisierter Kuhmilch, teilweise mit Rotschmiere, Nachfolger des geschützten ↑ Port-Salut, weicher Teig, 45–50% Fett i. Tr., leicht säuerlich, je nach Reife mild bis pikant (ganz Frankreich, am besten aus Anjou, Bretagne und Maine)

saint-pierre   frz.: Petersfisch

Saint-Pierre   [Sankt Petrus, Apostel Jesu] Salat aus Kartoffelscheibchen, weißen Spargelspitzen, Staudenselleriestreifen, Ananaswürfeln und Pampelmusenfilets in Essig-Öl-Sauce mit geh. Pfefferminze

Saint-Saëns   [Camille S.-S., 1835–1921, frz. Komponist] Garnitur aus kl. Krapfen mit getrüffelter Gänseleber, Hahnenkämmen und Spargelspitzen in Geflügelrahmsauce mit Trüffelfond, zu Geflügelbrüstchen

sai-nun   mongolischer ↑ Feuertopf

Saitenwürstchen   Brühwürstchen aus Rind-, Schweinefleisch und Speck in zarter, eßbarer Naturhülle aus dem Dünndarm des Schafs, ↑ Saitling

Saitling Dünndarm des Schafs, dient als zarte, eßbare Hülle von Würsten und Würstchen (Brüh-, Grill-, Knackwurst, Halberstädter, Frankfurter, Wiener u. a.)

sajt ung.: Käse

sakaná jap.: Fisch

sakúski, zakúski reiches Büfett mit kalten und warmen Vorspeisen, dazu Wodka (Rußland)

sal span.: Salz, Würze

salad engl.: Salat

salada port.: Salat

salade frz.: Salat
- **de fruits** Obstsalat
- **niçoise** ↑ Nizza-Salat

salaison frz.: Eingesalzenes, Pökelfleisch

Salak trop. Palmenfrucht mit harter Schuppenhaut und saftigem, süßsaurem Fruchtfleisch, herbfrischer Geschmack (Kerne ungenießbar), wird roh gegessen, a. für Obstsalate, Desserts usw. verwendet; nur wenige Tage haltbar, läßt sich mit Schale in zuckerhaltigem Salzwasser eingelegt jedoch wochenlang aufbewahren (Indonesien, Malaysia, Thailand, Südostasien)

salam Myrtenbeere, als Gewürz verwendet (Indonesien)

salam(m)bô [Oper von Louis Reyer nach einem Roman von Gustave Flaubert, 1890] kl. Windbeutel aus karamelisierter Brandmasse, mit von Rum, Kirsch u. ä. durchtränkter Konditorcreme gef. und mit Karamel überzogen

salame ital.: Salami, mehrere Monate luftgetr., schnittfeste Rohwurst aus Schweine- (*S* auf Metallplombe), Rind- (*B*), seltener Pferde- (*E*) Fleisch mit Speck und versch. aromatischen Gewürzen in vielen reg. Varianten

Salami schnittfeste, mittelkörnige Rohwurst aus Rind-, Schweinefleisch, Speck, Knoblauch, Pfeffer, Rotwein usw., meist kalt geräuchert, ohne weißen Überzug zu essen, läßt sich unangeschnitten ohne Kühlung lagern
- **Italienische –** nicht geräuchert, intensiver Geschmack, ↑ salame
- **Ungarische –** anfangs leicht geräuchert, mit gleichmäßig dünnem Schimmelpilzbelag

Salangane schwalbenähnliche Art der Segler, die eßbare Nester baut (Ost-, Südasien), ↑ Schwalbennestersuppe

Salami, Italien und Ungarn in der Wursthülle

Salat [lat. *herba salata*, salzige Pflanze] mit versch. ↑ Salatsaucen angemachte Speise aus praktisch allen Nahrungsmitteln (Salat-, Wurzel- und sonstiges Gemüse, Fleisch, Würste, Geflügel, Fisch, Kartoffeln, Reis, Eier, Pilze, Früchte u. v. m.), Bedingung sind einzig Qualität, Reinheit und Frische der Bestandteile, Ausgewogenheit von Farbe, Struktur und Geschmack sowie harmonische Würze der Sauce; Salat kann vor, mit, nach dem Hauptgang oder als komplette Mahlzeit genossen werden (die Mode, grünen Salat als Vorspeise zu servieren, bleibe aus gesundheitlichen Gründen – vorausgesetzt, er sei nicht chemiegeschädigt – unbestritten, ist kulinarisch jedoch fragwürdig, denn er drosselt den Appetit); ↑ Bärlauch, Brennessel, Feldsalat, Fenchel, Gurke, Karotte, Kohl/Chinakohl, Löwenzahn, mesclun, Obstsalat, Portulak, Radieschen, Rauke, Rote Rübe, Sauerampfer, Spargel, Spinat, Tomate und weitere Stichwörter.
In engeren Sinn ist Salat a. Name für grünen Kopfsalat und andere Sorten roh verzehrbarer Blattgemüse (vor der Zubereitung immer nur kurz unter fließendem Wasser waschen):

Sorten
Bataviasalat in Frankreich entwickelter Eissalattyp, locker geschlossener Kopf, wellig krause, gelb- bis rotgrüne Blätter, herzhaft würzig, aber empfindlich; sollte ein geschlossenes Herz haben und frische Außenblätter, dazu am besten leichte Essig-Öl-Sauce; gute Zeit einh. Juni–Sept., imp. Apr.–Dez., hält sich bei 0 °C einige Tage (urspr. Frankreich, inzw. a. Italien, Westschweiz, Deutschland, Holland aus dem Treibhaus)
Blattsalat, Pflück-, Rupf-, Schnitt-, Stechsalat, Lattich Gruppe nicht kopfbildender Salatpflanzen mit offenen Blattrosetten, z. B. Eichblattsalat, Lollo usw.; passende Kräuter: Basilikum, Estragon, Kerbel, Petersilie, Pimpernell, Schnittlauch; zum Tiefkühlen ungeeignet
Blattzichorie, Catalogna Abart der Chicorée, lange, löwenzahnähnliche zarte grüne Blätter mit viel verdauungsfördernden Bitterstoffen, sehr wohlschmeckend bitterlich, sollte feste, knackige Stiele und frische Blätter haben, läßt sich roh einzeln oder für Mischsalate zu-

bereiten, aber a. dünsten oder kochen; gute Zeit Juni–Mitte Nov., hält sich in Plastikbeutel im Gemüsefach des Kühlschranks bis 7 Tage, kann blanchiert oder als Fertiggericht eingefroren werden (urspr. Italien, inzw. a. Frankreich, Spanien u. a.)

Buttersalat zarter Kopfsalat mit biegsamen, weichen Blättern, meist aus dem Treibhaus und deswegen nitratgefährdet (West-, Mitteleuropa)

Chicorée, Brüsseler Endivie, Brüsseler Salat, Salatzichorie, Witloof, frz. **endive** längliche Blattsprossen einer Zichorienwurzel, in Kellern oder Treibräumen abgedunkelt gebleicht, wurden Mitte 19. Jh. zufällig vom Brüsseler Gärtner Brézier entdeckt; wirkt entwässernd und entschlackend, zartbitter aromatischer Geschmack; der druckempfindliche Sproß sollte weiß sein, fest geschlossen mit blaßgelben, nicht grünlichen Spitzen, Strunk sollte, falls verfärbt, herausgeschnitten werden, erst kurz vor Verwendung vorbereiten; nicht nur guter (Winter-)Salat, sondern (mit einigen Tropfen Zitronensaft) gek., ged., überbacken usw. ausgezeichnetes Gemüse; passende Kräuter: Kerbel, Liebstöckel, Petersilie; gute Zeit Nov.–März, beste Zeit Dez.–Febr., hält sich in feuchtes Papier gewickelt im Gemüsefach des Kühlschranks 4–5 Tage, kann blanchiert bis 4 Mon. eingefroren werden (Belgien, Frankreich, Holland, Deutschland, Schweiz u. a.); ↑ a. Radicchio, Rote Chicorée

Chinasalat, Chinesischer Salat oval geschlossener Kopf, gewellte, weißgelbe Blätter, knackig, aber eher neutraler Kohlgeschmack; wird für Salat meist in feine Streifen geschnitten, kann aber a. als mildes Gemüse zubereitet werden; gute Zeit Aug.–März (urspr. Kanton, China, inzw. a. ganz Ostasien, Italien, Holland, Norddeutschland, Österreich, USA u. a.)

Cicorino Italien: Wilde Zichorie; Deutschland u. a.: Radicchio

Crispsalat lockere Variante des Eisbergsalats, im Winter aus dem Treibhaus (Holland)

Eich(en)blattsalat, Eichenlaubsalat Pflück-, Schnittsalat mit roten oder grünen Blättern in Form eines gezackten Eichenblatts, dekorativ und schmackhaft nussig, herzhaft würzig, aber sehr empfindlich; am besten in leichter Essig-Öl-Sauce; passende Kräuter: ein Hauch Knoblauch, Petersilie, Schalotten, gute Zeit einh. Juni–Sept., imp. Mai–Okt. (Frankreich, Italien, Spanien, Benelux, Deutschland u. a.)

Eisbergsalat, Eis-, Krachsalat [wurde einst unter gr. Eisstücken von der West- an die Ostküste der USA transportiert] gr. dicht geschlossener Kopf mit gelbgrünen,

Salat, ein gesunder Genuß

krausen, fleischigen und glänzenden Blättern, knackig, zart und geschmacksneutral; sollte fest sein mit gelbem Herz, wird für die Zubereitung in Viertel, a. in Streifen geschnitten; paßt in pikanten oder süßen Saucen zu Fleisch, Schinken, Krustentieren, Käse, Früchte usw., mischt sich als warmes Gemüse a. mit Gurken, Paprika, Sellerie, Tomaten u. ä., passende Kräuter: Kerbel, Petersilie, Zwiebel; gute Zeit einh. Mitte Apr.–Okt., hält sich in Folie verpackt im Gemüsefach des Kühlschranks 2 Wo., angeschnitten bis 5 Tage (urspr. Kalifornien, inzw. a. Italien, Spanien, Frankreich, Süddeutschland, Österreich, Israel, unter Glas Frankreich, Holland, England, Deutschland u. a.).

Endivie, frz. **chicorée** hellgelbe, veredelte Zuchtform der Zichorie, wirkt gallenfreundlich, harntreibend, für Diabetiker, Rheumatiker, zart bitterlicher Geschmack; glatt-, breitblättrig: *Glatte Endivie, Escar(i)ol, Winterendivie,* appetitanregend und verdauungsfördernd; geschlitztblättrig: *Krause Endivie, Frisée;* länglich schmale, locker aufrecht stehende Blätter: *Schnittendivie;* sollte sauber, ohne Erdreste sein und gr. gelbes Herz haben, wird als Salat oder Rohkost zubereitet, in Streifen a. als (Winter-) Gemüse, in Suppen, Eintöpfen usw.; passende Kräuter: Knoblauch, Petersilie, Schnittlauch, Zwiebel; gute Zeit Mai–Dez., sonst ganzes Jahr; hält sich in Küchenpapier im Gemüsefach des Kühlschranks 2 Tage, läßt sich konservieren und tieffrieren (urspr. Mittelmeerraum bis Zentralasien, inzw. a. Westeuropa, v. a. Italien, Frankreich, Belgien, Holland, Süd-, West-, Norddeutschland, USA u. a.).

Feldsalat, Ackersalat, Mauseöhrchen, Rapunzelsalat, Rebkresse, Ritscherl, Schafmaul, Österreich: **Vogerlsalat,** Schweiz: **Nüsslisalat** Blattrosetten eines winterharten Nutzpflänzchens, enthalten ätherisches, baldrianähnliches Öl, wirken magenberuhigend; rundblättrig am besten, feinherb und nussig, aber empfindlich; wird meist als Salat zubereitet, aber a. ged. als Gemüse, in Suppen, Eintöpfen, Blättchen als Dekoration; passende Kräuter: Knoblauch, Schnittlauch, Zwiebel; gute Zeit frisch Sept.–Febr., aus dem Treibhaus bis März, neigt dann aber zu Nitratbildung; hält sich in Folie im Gemüsefach des Kühlschranks höchstens 1 Wo. (urspr. Eurasien, heute v. a. Frankreich, Italien, Belgien, Holland, England, Deutschland, Österreich, Schweiz u. a.).

Fleischkraut, Herbst-, Winterzichorie, Zuckerhut Entwicklung der Wilden Zichorie, Verwandter von Chicorée und Radicchio mit hochgeschlossenem, festem Kopf, regt Darmtätigkeit an, würziger und leicht bitterlicher, nussiger Geschmack, kann roh als Salat, seltener gek., überbacken als Gemüse zubereitet werden; gute Zeit einh. Sept.–Nov., lange haltbar (Norditalien, Österreich, Südschweiz, Südfrankreich)

Frillice [engl.: gekräuselter Eis(bergsalat)] Kreuzung aus Krauser Endivie und Eisbergsalat, verbindet deren zartbitterliches Aroma mit dessen knackigem Biß und Saftigkeit

Gartensalat ↑ Kopfsalat
Grüner Salat ↑ Kopfsalat
Kopfsalat Gruppe von Salatpflanzen mit mehr oder weniger geschlossenem Kopf, weit über 100 Sorten; im engeren Sinn der eigtl. *Kopf-, Gartensalat, Grüne Salat, Lattich,* Österreich: *Schmalzsalat,* grüne, wellige, im Innern a. bleiche Blätter, a. rot, bes. zart, angeboten; saftig milder, aber eher neutraler Geschmack; sollte zarte Blätter und wohlgeformtes Herz haben, muß vor der Zubereitung gründlich verlesen und in oder unter Wasser gewaschen werden; wird von Feinschmeckern gern mit (meist warmen) Zutaten genossen (Bries, Gänseleber, Geflügelbrüstchen oder -lebern, Fischfilets, Kaviar, Krebsschwänze, Räucherlachs, Pilze, Trüffeln, Käse usw.) oder mit Grünen Bohnen, Tomatenstücken, hartgek. Eiern usw. angereichert und dekoriert, a. als ged., gek. Gemüse geschätzt; passende Kräuter: Basilikum, Dill, Estragon, Kerbel, Petersilie, Pimpernell; sollte, möglichst ernteflrisch, mit Besteck aus Holz, Horn oder Plastik angemacht werden; gute Zeit Mai–Okt., hält sich geputzt, gewaschen, aber unzerkleinert im Gemüsefach des Kühlschranks 4–5 Tage (ganz Europa, insbes. Frankreich, Spanien, Benelux, England, Deutschland, Österreich, Schweiz u. a.).

Kraussalat Kreuzung zwischen Batavia- und Grünem Kopfsalat
Lattughino ↑ Lollo
Lavata [ital.: gewaschen] glatter oder krauser Endiviensalat, der nach der Ernte in Wasser gelegt wurde, weniger Bitterstoffe, weiche Rippen
Lollo, Lattughino Pflück-, Schnittsalat mit zarten, krausen, hellgrünen *(biondo)* oder dunkelroten *(rosso)* und kompakten Blattrosetten, knackig, leicht herb und nussig, wird meist als Salat, aber a. warm als Gemüse zubereitet; passende Kräuter: Knoblauch, Schalotte, Zwiebel; gute Zeit Mai–Okt., hält sich im Gemüsefach des Kühlschranks bis 4 Tage (Italien, Frankreich, Schweiz, Holland, Süddeutschland u. a.).
Mini-Eisberg, Little Gem, Mini-Lattich, Navarra Herzblätter einer Kreuzung aus Eisberg- und Kopfsalat, leicht süßlicher Geschmack
Pflücksalat ↑ Blattsalat
Radicchio (rosso), Rote Endivie rote Form der Salatzichorie aus dem Freiland, lockerer Kopf oder Rosette mit weinroten Blättern, weißen Adern und Rippen sowie verdicktem Stiel; knackig, leicht herb und nussig; eignet sich als Salat oder Mischsalat (a. mit Äpfeln, Bananen, Champignons, Orangen, Pfirsichen, Schinken usw.), Blätter und geschälte oder abgeschabte Wurzeln in Scheiben a. als Gemüse (Wurzelansatz und Strunk müssen dann herausgeschnitten werden); gute Zeit einh. Aug.–Okt., imp. Dez.–März (urspr. Verona, Italien,

inzw. weitere südl. Länder, Frankreich, Deutschland u. a.)
– di Treviso mit Warmwasserschläuchen aufgezogener Radicchio, milder und zarter als dieser, lange Wurzeln lassen sich geschält mitessen (urspr. Treviso, Po-Ebene, Italien)
Römersalat, Römischer Salat, Bindesalat, Florentiner Salat, Kochsalat, Romana Kopfsalat mit aufrecht wachsenden Blättern, im Herzen bleich und zart, etwas herber als der Grüne Salat, wird in Streifen geschnitten oder in Streifen zerzupft; meist als herzhaftes Kochgemüse kurz ged., a. gratiniert, überbacken, kann aber roh ebenfalls in pikanter Sauce als Salat gereicht werden; passende Kräuter: Basilikum, Knoblauch, Oregano, Zwiebel; gute Zeit einh. Juni–Sept., imp. Nov.–Mai, hält sich im Gemüsefach des Kühlschranks 2–3 Tage, kann blanchiert gut bis 12 Mon. tiefgekühlt werden (urspr. Westasien bis Mittelmeer, inzw. a. Südeuropa, insbes. Italien, Frankreich, Spanien, bis Holland, Deutschland, Österreich u. a.)
Roter Kopfsalat rötlicher, zarter Kopfsalat
Schnittsalat ↑ Blattsalat
Spargelsalat Varietät des Kopfsalats ohne Kopf, aber mit dicker, fleischiger Sproßachse, kann roh oder gek. als spargelähnliches Stengelgemüse zubereitet werden (urspr. China, heute a. USA, Europa)

saláta choriátiki [ngriech.: Dorfsalat] Salat aus Gurken, Tomaten, Fetakäse und schwarzen Oliven

Salatchrysantheme, Speisechrysantheme krautige Gemüsepflanze, kresseähnlicher Geschmack, junge Blätter, zarte Triebe roh als Salat, Garnitur, gek. als spinatartiges Gemüse, für Suppen usw. (Ost-, Südostasien, a. Kalifornien)

Salatcreme Feinkostemulsion aus pflanzlichem Speiseöl mit Hühner-, Milch-, Pflanzeneiweiß und/oder Hühnereigelb, a. mit Gewürzen, Kochsalz und Zucker

Salatdressing ↑ Salatsauce

Salatgemüse Gemüse, das als Salat zubereitet werden kann

Salatgurke ↑ Gurke/Sorten

Salatkartoffel kl. festkochende Kartoffelsorten, (in der Schale) gek. als Salat geeignet

Salatkräuter frische junge Kräuter zum Aromatisieren und Würzen von Salat

Salatmayonnaise ↑ Mayonnaise

Salatöl Speiseöl ohne Sortenangabe, für die kalte Küche, zum Erhitzen weniger geeignet

Salatrübe, -runkel ↑ Rübe/Rote Rübe

Salatsauce klare oder cremige Sauce mit harmonischem Verhältnis von Säure und Würze als Geschmackszutat zu Salaten, a. vorfabriziert in Flaschen erhältlich und oft durchaus genießbar; unzählige Möglichkeiten, die der Phantasie keine Grenzen setzen, aber meist nach drei Grundrezepten zusammengestellt sind:
Klare Salatsaucen aus Essig und Pflanzenöl für alle Salate, klassisch aus ¼ versch. Essigen, etwas Pfeffer, Salz und ¾ Öl, nach Belieben mit Würzzutaten *(Vinaigrette)*; aus Essig, Öl, Wasser, Eiern, Senf, Zucker, Salz und Pfeffer *(Amerikanische Salatsauce)*; aus Essig oder Zitronensaft, Öl, Wein, frz. Senf, Salz und weißem Pfeffer *(French Dressing,* entspricht aber nicht der echten frz. Vinaigrette); aus Vinaigrette mit Knoblauch, geh. Zwiebeln und Kräutern *(Italian Dressing)*
Cremige Salatsaucen sämig und mild gewürzt, lassen sich mit Eigelb, Joghurt, frischen Kräutern, Senf, Zitrone usw. nachwürzen, für Gemüsesalate (Chicorée, Gurken, Möhren, Tomaten usw.), zu kaltem Fleisch und Geflügel, Fischsalaten, hartgek. Eiern, Fleischfondue, kalten Vorspeisen, Toasts, als Dip usw.; Amerikanische Salatsauce, ↑ oben, mit Joghurt, Mayonnaise, Sahne u. ä. *(American Dressing)*; aus Tomatenpüree, Weinessig und/oder Zitronensaft, Öl, Paprika, Salz, Pfeffer usw. (fälschlich manchmal a. *French Dressing* genannt); aus *Salatmayonnaise* mit mind. 50% Öl oder Fett, ↑ Remoulade; aus Joghurt, Magerquark, Zitronensaft, Salz und Pfeffer *(Quarksauce);* aus flüssiger Sahne, Pfeffer und etwas Senf *(Sahnesauce)*
Käsesaucen lassen sich mit Joghurt, Quark oder Sahne verlängern, warm zu Muscheln, Fisch, Spaghetti, hartgek. Eiern, Fenchel, Sellerie, Tomaten u. ä., kalt als Dip usw.; Vinaigrette mit Zugabe von Blauschimmelkäse *(Blue Cheese, Gorgonzola, Roquefort* usw. *Dressing)*; ↑ a. Sauce/sauce Mornay

Salatzichorie feine Salat- und Gemüsepflanze, ↑ Salat/Chicorée

Salbei, Altweiberschmecken, Muskateller-, Scharleikraut, Zupfblatteln [lat. *salvia,* das Heil] feines Würz- und Heilkraut, wirkt anregend blutreinigend und entzündungshemmend; würzig herbduftiges Aroma, Blätter ganz, geh. oder zerstoßen und vorsichtig dosiert verwendbar, lassen sich a. trocknen, werden mitgekocht; in Italien Standardgewürz (Kalbsleber, Saltimbocca, Teigwaren), passen zu Fleischbrühe, Cremsuppen, hellem (Schaf-, Schweine-) Fleisch und Geflügel, Wurstwaren, Innereien, Wild, fettem Fisch (Aal), Gemüsen, Pilzen, Saucen, Marinaden, Füllun-

Die würzigbitteren Blätter des Salbeis

gen, Pasteten, geh. zu Salaten, Tomatengerichten, Rohkost; gute Zeit frisch Mitte Mai–Sept. (Italien, Südeuropa u. a.)

Salbei|honig   ↑ Honig/Sorten
  -mäuschen, -müsli   ↑ Müslichüechli
  -sauce Demiglace mit Salbeiauszug, Weißwein und geh. Salbeiblättern

salçali kebap   ↑ kebap, salçali

salchica, salchicón   span.: Würstchen, (Brat-)Wurst, Schlackwurst

salé(e) frz.: gesalzen, salzig

salée Eier-Butter-Fladen (Westschweiz)
  – sucrée süßer Rahmfladen

salicorne frz.: Glasschmalz

Salinensalz   ↑ Salz/Siedsalz

Salisbury-Salat [Salisbury, Hauptstadt von Wiltshire, England] Salat aus Endivien, Gartenkresse, Knollensellerie, Löwenzahn und Roten Rüben in Essig-Öl-Sauce mit rohem rotem Rübensaft und geh. hartgek. Ei

Salm Lachs, oft Name für den rohen Fisch

salmerino ital.: Saibling

Salmiakpastillen salmiakhaltige Lakritzen, Zuckerware und a. Arzneimittel

salmis [frz. *sel,* Salz] Federwild-, a. Geflügelragout in würziger brauner Sauce, ↑ Salmisauce

Salmisauce braune Sauce aus Demiglace, Wildabgängen, kleingeschn. Knoblauchzehen, Schalotten, Zwiebeln, Weiß- oder Rotwein, Lorbeer, Petersilie und Thymian, zu Wildgerichten; ↑ a. salmis

Salmling Süßwasserfisch, ↑ Saibling

salmon engl.: Lachs, Salm

Salmonellen Darmbakterien, die sich bei unhygienischer Be- und Verarbeitung von Lebensmitteln (Fleisch, Fleischerzeugnisse, Würste, Geflügel, Eier, Mayonnaise, a. Cremes, Puddings, Konditoreiwaren u. a.) ausbreiten und beim Menschen Magen- und Darmerkrankungen mit evtl. sogar tödlichem Ausgang hervorrufen können; werden bei Temperaturen über 70 °C abgetötet, können sich im Kühlschrank nicht vermehren; ganz frische Nahrungsmittel (Eier, Geflügel usw.) und peinliche Sauberkeit in der Küche verhindern die Verbreitung von Salmonellen; bes. Nährboden für Salmonellen: Massentierhaltung und/oder zu warme Lagerung, nicht oder unzureichend erhitzte Eier-, Rohmilchspeisen, Desserts mit rohen Eiern oder Sahne, Salate mit hausgemachter Mayonnaise, rohes (Hack-)Fleisch, Innereien, Geflügel, Krustentiere, Eier

salmonete span.: Meerbarbe

Salmoniden lachsartige Fische aus Meer und/oder Süßwasser mit zusätzlicher Fettflosse, ↑ Forelle, Lachs, Renke, Saibling

Salonbeuschel   ↑ Beuschel/Salonbeuschel

Salpeter Kalium- und Natriumsalz der Salpetersäure, ↑ Nitrat

salpicon [frz., aus dem span. *sal,* Salz, und *picar,* hacken] feines Ragout aus kleingewürfeltem Fleisch, Geflügel, Wild, Krustentieren, Gemüse usw. an brauner oder weißer Sauce; gemischte Fruchtstücke in Sirup

salpicón span.: geh. Fleisch (mit Salat); Fleischsalat; Sauerbraten; Art Nußgebäck

salsa ital.: Sauce, span.: Brühe, Sauce; port.: Petersilie; Mexiko: pikante Sauce aus geh. geschälten Tomaten und Zwiebeln mit Chili, Knoblauch, Koriander, Olivenöl und Zitronensaft
  – alla napoletana [ital.: neapolitanische Sauce] Sauce aus reifen, enthäuteten, pürierten Tomaten mit Butter, Olivenöl, feingeh. Basilikum, a. Knoblauch und Zwiebeln, Pfeffer, Salz und geriebenem Parmesankäse, zu Teigwaren, Polenta, Reis, Eiern, Omeletts usw.

– **criolla** [span.: kreolische Sauce] würzige Sauce in vielen Varianten, meist mit Chilis, Orangen, Zwiebeln, Oregano, Pfeffer, Salz, Öl und Zitronensaft (Südamerika)
– **mexicana** ↑ Mexikanische Sauce
– **pizzaiola** ↑ pizzaiola, alla
– **verde** [ital.: grüne Sauce] Sauce aus geh. Essiggurken, Knoblauch, Sardellenfilets, Essig-Kapern, a. grünen Paprikaschoten, Schalotten, Weißbrot usw. mit Basilikum und Petersilie in Öl und Zitronensaft, zu gek. Fleisch, kaltem Fisch, Eiern, Gemüsen und Salaten; a. Mayonnaise mit pürierten Kräutern und Gemüsen, zu Fisch

Salsa dünne scharfe Würzsauce aus rohen Chilis, rot oder grün, mehr oder weniger pikant, zu Fleisch, Fisch, Mais-, Reisspeisen, Gemüsen, südamerik. Gerichten usw. (urspr. USA)

salsicha port.: Wurst

salsifis (noir) frz.: Schwarzwurzel

Salsiz kl. schnittfeste, gepreßte Rohwurst aus magerem Kuh-, Rindfleisch sowie Schinkenstück vom Schwein und Rückenspeck, die, vorher in Gewürzen mit Salz eingelegt, wochenlang an der Luft getrocknet oder bei niedriger Temperatur im Kamin geräuchert wird (Graubünden, Schweiz)

saltato ital.: geröstet; sautiert; kurzgebraten

salteado span: in der Pfanne gebacken, angebraten

saltimbocca [ital.: Spring in den Mund] ↑ Schnitzel/ saltimbocca

salt-lammelår in Salz- und Zuckerlake gebeizte, im Ofen geb. Lammkeule (Norwegen)

salumi ital.: Wurstwaren

Salustiana ↑ Orange/Sorten

Salvator [lat.: Erretter, Erlöser] Garnitur aus festkochenden Kartoffeln mit geschmolzener Butter und Petersilie in Portugiesischer Sauce mit Thymian, zu Fisch; tomatisierte Rinderkraftbrühe mit Tomatenwürfeln und Kerbelblättchen

salvia ital.: Salbei

Salz, Koch-, Speise-, Tafelsalz, Natriumchlorid [ahd.: das Schmutziggraue] chemische Verbindung von Natrium und Chlor, durch bergmännischen Abbau, Eindampfen von Sole oder aus Meerwasser gewonnen, wichtiges Würzmittel aus dem Mineralreich, das den Eigengeschmack von Lebensmitteln, Speisen unterstreicht und fördert, diesen bei süßen Gerichten als Prise sogar verstärkt; Bestandteil des menschlichen Körpers (Blut usw.) und lebenswichtiger Nährstoff, der den Wasserhaushalt reguliert sowie das Nervensystem beeinflußt; anderseits führt übermäßige Zufuhr zu gesundheitlichen Schäden, sie verstärkt akute und chronische Erkrankungen (Blutdruck, Herz, Nieren usw.); deshalb die Faustregel: so viel wie nötig, so wenig wie möglich, nicht weniger, nicht mehr als 8–10 g pro Tag (Salzgehalt in 100 g Lebensmitteln: Gemüse, Kartoffeln, Nudeln, Reis, Quark, Obst bis 100 mg, Fleisch, Fisch, Eier bis 300 mg, Frischkäse, Gebäck, Konserven bis 1 g, Brot, Wurst, Käse usw. mehr als 1 g, Schinken, Salzheringe, Ketchup mehr als 3 g); hält sich trocken aufbewahrt mind. 2 Jahre; dient in höherer Konzentration der Konservierung von Nahrungsmitteln

Salzgewinnung mit dem Förderband

SALZARTEN

Arten

Diätsalz, Kochsalzersatz Salzmischung, bei der das Natrium durch Kalium, Kalzium, Magnesium mit einem Rest von nicht mehr als 0,12 g Natrium ersetzt wird, gern bitterer, metallischer Nebengeschmack, zum Würzen von diätetisch zubereiteten Lebensmitteln und Speisen, aber eigentlich keine gesunde Alternative zum normalen Salz

Meer-, Seesalz durch Eindampfen oder Verdunsten von Meerwasser in flachen Becken (Salzgärten) meist bei Sonnenbestrahlung und Wind gewonnenes Gemisch aus 98% Natriumchlorid und 2% Mineralstoffen, Spurenelementen wie Fluor, Kalzium, Jod, Magnesium, leicht graue Färbung und charakteristischer Geschmack, aber ernährungsphysiologisch dem Kochsalz nicht überlegen und deshalb wie dieses einzusetzen; von grob bis fein im Handel, ↑ a. Meersalz

Siede-, Salinensalz nach Konzentrierung der Sole an Salinen durch Abdampfen des Wassers oder durch Eindampfen der Salzlösung gewonnen, von sehr grob bis sehr fein im Handel

Steinsalz durch bergmännischen Abbau als Mineralkristall aus in uralten Gesteinsschichten verdunstetem Meersalz gewonnen und anschließend gemahlen, von grob bis sehr fein im Handel

Salz... mit Salz oder in Salz(lake) eingelegtes, gepökeltes, pikant schmackhaft und/oder haltbar gemachtes Lebensmittel

Salzaster Gemüsepflanze, ↑ Strandaster

Salzburger Goldhühner [Salzburg, Bundesland und Stadt im Salsachtal im nördl. Teil Mittelösterreichs] kl. in Schweineschmalz ausgeb. Auflaufkrapfen

Salzburger Nockerln ↑ Nockerln, Salzburger

Salzfisch ohne Eingeweide und Kiemen eingesalzener Fisch

Salzfleisch ungenaue Bezeichnung für ↑ Pökelfleisch

Salzgebäck Dauerbackwaren wie Brezeln, Crackers, Stangen u. ä. mit Zusatz von 3–6% Salz im Teig oder als Streue; ↑ a. Laugenbrezel

Salzgemüse in hoher Salzkonzentration konserviertes Gemüse

Salzgurke ↑ Gurke/Sorten

Salzhering ↑ Hering

Salzkartoffeln ↑ Kartoffel/Zubereitungen

Salzkruste, croûte au sel Masse aus Haushaltsalz, Eiweiß und Mehl, in die ein Nahrungsmittel (meist Fisch, aber a. Fleisch) gelegt wird, um sein reines Aroma zu bewahren; wird vor dem Servieren aufgeklopft und beseitigt

Salzlake, Pökellake mit Salz, a. Zucker aufgek., mit Gewürznelken, Lorbeer, Muskat, Thymian, Wacholderbeeren u. ä. gewürztes Wasser zum Marinieren und Konservieren von Nahrungsmitteln

Salzmandel gebrühte, enthäutete, in Öl geröstete und mit Salz bestreute süße Mandel, zum Knabbern

Salzstange ↑ Salzgebäck

Salzung mit Salz, in Salz(lake) garen und begrenzt haltbar machen, Fisch: 6–20 g Salzgehalt in 100 g Gewebsmasse *mild*, mehr als 20 g *hart*

Salzweck Brötchen mit Salzauflage (Baden-Württemberg u. a.)

samak, samaka arab.: Fisch

Samariter-Art, (à la) samaritaine [Samariter, israelitische Volksgruppe aus Samaria, von Jesus den Juden in seinem Gleichnis vom barmherzigen Samariter als Vorbild dargestellt] Garnitur aus ged. Kopfsalat, Dauphine-Kartoffeln, ↑ pommes dauphine, und Reisförmchen, große geschm. Fleischstücke

sambal dickflüssige, sehr scharfe Würzpaste aus Chilischoten, zerstampften Garnelen und Tamarinde *(assem)*, Chilischoten mit Zucker *(manis)*, Chilischoten und Zwiebeln *(nasi goreng)*, Chilischoten *(oelek)*, Chilischoten, Zwiebeln und zerstampften Garnelen *(petis, trassi)*; zum Kochen, als Dipsauce, Würzbeilage (Indonesien)

Samengemüse Gemüsegruppe, ↑ Gemüse

samfaina Sauce aus Auberginen, Kürbisstücken, Paprikaschoten, Tomaten, Zwiebeln mit Schweinshachse, Huhn, Kabeljau usw. und ↑ sofregit, heiß zu Fleisch oder Fisch (Katalonien, Spanien)

sämig dickflüssig

Sammelfrucht aus kl. zusammengewachsenen oder um ein Achsengewebe, einen Stiel angeordneten Früchtchen bestehende Frucht, z. B. Brom-, Erd-, Himbeere u. ä.; ↑ a. Obst/Beerenfrüchte, Beerenobst

samosa pikante Teigtäschchen mit Füllung aus Rinder- oder Schafhack, Curry, Knoblauch, Koriander, Ingwer, Minze, Zwiebeln und Öl (Indien)

Samsø, Samsoe [Insel im südl. Kattegatt] Schnittkäse aus pasteurisierter Kuhmilch mit Löchern, fester Teig, 30% oder 45%, a. mehr Fett i. Tr., mild nussiger, leicht säuerlicher bis süßlicher Geschmack (Dänemark)

Samtsauce ↑ velouté

Samtsuppe ↑ Suppe/Arten: velouté

Sancerre, Sancerrois [Weinbaugebiet in der Landschaft Berry] kl. runder Ziegenkäse, oft mit Holzkohlenasche bestäubt, weicher Teig, 45–58% Fett i. Tr., kräftig pikant, gute Zeit Juni–Dez. (Dép. Cher, Mittelfrankreich)

San-Daniele-Schinken ↑ Schinken/Sorten

Sandbirne Kernfrucht, ↑ Nashi

Sandaal Familie von aalähnlichen Schwarmfischen, wird meist paniert und gebacken (sandige Küstengebiete von Südnorwegen bis zur Biskaya, a. des Mittelmeers und des Schwarzen Meers)

Sandbutt Plattfisch aus dem Meer, ↑ Flunder

Sanddorn kl. rotgelbe, beerenartige Scheinfrucht eines dornigen Ölweidenstrauchs, bei uns unter Naturschutz, wirkt antiseptisch, aufbauend, gegen Appetitlosigkeit, Infektionskrankheiten; herbsäuerlich erfrischend, kurz vor Vollreife am aromatischsten, meist das ungesüßte oder mit Zucker u. ä. eingedickte süße Mark erhältlich, für Gelee, Marmelade, zu Grießbrei, Milchreis, Müesli, Frischkäse, Joghurt, Quarkspeisen usw.; gute Zeit Ende Aug.–Sept. (urspr. Asien, heute a. Kasachstan, Balkan, Osteuropa bis Alpen und Meeresküsten Europas)

Sandfelchen Süßwasserfisch, ↑ Renke/Große Bodenrenke

Sandgarnele Schwimmkrebs, ↑ Garnele/Arten

Sandgebäck ↑ Mürbegebäck

Sandklaffmuschel, Große, Sandmuschel, Strandauster schmackhaftes Meeresweichtier, läßt sich lange gewässert roh essen, aber a. backen, braten, in Fett ausbacken, dämpfen, kochen, farcieren (Nordatlantik, Nord-, Ostsee, Pazifik)

Sandkuchen, Sandtorte locker luftige Backware aus Sandmasse

Das Sandwich, oft vollmundiger Ersatz für eine Mahlzeit

Sandmasse Masse aus Volleiern, Zucker, Mehl und Butter, Margarine oder anderen Fetten

Sandmöhre ↑ Rübe/Möhre

Sandmuschel ↑ Sandklaffmuschel, Große

Sandpilz Speisepilz, ↑ Sandröhrling

sandre frz.: Zander

Sandröhrling, Sandpilz Speisepilz, enthäutet und gut gewürzt genießbar, läßt sich fritieren, eignet sich als Mischpilz usw., gute Zeit Juli–Okt.

Sandteig unzutreffende Bezeichnung für ↑ Brandmasse

Sandtorte ↑ Sandkuchen

Sandwaffel Waffel aus Rührmasse

Sandwich [John Montagu, 4. Earl of S., 1718–1792, engl. Politiker und leidenschaftlicher Spieler, der den nach ihm benannten S. als handliche Verpflegung erfand] urspr. Fleisch zwischen Brotscheiben, heute i. a. eine bzw. zwei zusammengeklappte, mit Butter bestrichene (dreieckige) Weißbrotscheiben ohne Kruste mit Belag von (kaltem) Fleisch, Wurst, Geflügel, Fischerzeugnissen, Meeresfrüchten, Eiern, Gemüsen, Salat, Käse usw. mit oder ohne Garnitur, unzählige Varianten; meist als Zwischenmahlzeit; ↑ a. club sandwich

⚬ **spread** [engl. Sandwich-Aufstrich] Masse aus feingeh. Gemüsen, Gurken, Kräutern, Oliven usw. in gewürzter Mayonnaise, als Sandwich-, Brotbelag

Sandzunge Meerfisch, Verwandter der Seezunge, meist gefroren angeboten, alle Zubereitungen außer Dünsten und Schmoren (südl. Atlantik, Mittelmeer)

sanglier frz.: Wildschwein

Sanguine, Sanguinello Blutorange, ↑ Orange/Sorten

Sankt-Florian-Kartoffeln [Sankt Florian, röm. Legionär und Schutzheiliger Oberösterreichs, Patron gegen Feuergefahr] mit geh. Schinken vermischte Krokettenmasse durch Ei gezogen, in zerdrückten Nudeln gewälzt und in Fett ausgebacken

Sankt-Peter-Fisch Meerfisch, ↑ Petersfisch

san-la-tang sauer-scharfe Suppe aus Schweinefleischstreifen, Garnelen, geschnittenem Gemüse und Glasnudeln in Hühnerbrühe (China)

San Leo ↑ Schinken/Sorten

San Marzano ↑ Tomate/Ovale Tomate

Sanoghurt Sauermilcherzeugnis, ↑ Bioghurt

San Remo [Hafenstadt und Kurort an der ital. Riviera] Geflügelkraftbrühe mit Karottenscheibchen und Reis, dazu geriebener Parmesankäse

Sans-Gêne [Madame S.-G., Titelgestalt eines Lustspiels von Sardou und Moreau] Garnitur aus geb. Artischockenböden, gegr. Tomaten, gef. Oliven und Annakartoffeln in mit Johannisbeergelee gewürzter Sherrysauce, zu Fleisch und Geflügel; Geflügelkraftbrühe mit Hahnenkämmen, -nierchen und Trüffelstreifen

Sansibarnuß, Zansibarnuß braunes Hartdragée aus Haselnußkernen, Kakao und Zucker

Sanssouci [frz.: ohne Sorgen, Sommerschloß der dt. Könige in Potsdam] Salat aus Artischockenboden- und

Sarah Bernhardt, Grande Dame der Comédie Française

Fasanenbrustwürfeln in Johannisbeermayonnaise mit Melonenkugeln

Santa Maria Geflügelkraftbrühe mit Estragon, Fadennudeln und Geflügelklößchen, dazu mit Champignonpüree gef. Windbeutelchen

santan indon.: Kokosmilch, Saft aus Kokosraspeln

Santos-Dumont [bras. Luftfahrtpionier, 1873–1932] mit Tapioka gebundene Geflügelkraftbrühe mit Streifen von Grünen Bohnen, Möhren und Weißen Rüben

Sapodilla, Sapote, Sapotilla-Apfel trop. Beerenfrucht, wirkt abführend, muß reif oder nachgereift sein; süßes Aroma, milder, aprikosenähnlicher Geschmack, läßt sich frisch aus den Hälften löffeln, aber a. für Cremes, Kompott, Konfitüre, Obstsalate, Speiseeis geeignet (Mittel-, Südamerika, Westindien, Florida, Tropen Südostasiens)

Sapote, Zapote [mexikanisch *zapotl*, süß] Sammelname recht verschiedenartiger Früchte von Ebenholz-, Rauten-,

Sapodillas, Fruchtgelee in rauher Schale

Sapoten- usw. Gewächsen; meist wird darunter die ↑ Sapodilla verstanden

Schwarze - trop. Beerenfrucht, ↑ Dattelpflaume

Sapotilla-Apfel trop. Beerenfrucht, ↑ Sapodilla

šara Suppe aus Rauchfleisch mit viel Gemüse wie Kohlrabi, Möhren, Rüben, Kartoffeln usw. (Slowenien)

Saragossakraut [Saragossa, span. Provinz am wasserreichen Ebro] Algenart, kann als Meeresgemüse verwendet werden

Sarah Bernhardt [frz. Schauspielerin, 1844–1923] mit Tapioka leicht gebundene Geflügelkraftbrühe mit Geflügelklößchen, pochiertem Rindermark, Spargelspitzen und Trüffelstreifen; Salat aus Artischockenbodenwürfeln, grünen Spargelspitzen und hartgek. Eivierteln auf Salatblättern in Essig-Öl-Sauce

Saratoga Chips, Saratogakartoffeln [vom Gastwirt George Crumbs in Saratoga, amerik. Heilbad im Staate New York, erfunden] dünne fritierte, mit Salz bestreute Kartoffelscheiben, halten sich kühl und dunkel in Behälter aufbewahrt lange knusprig

sarcelle frz.: Krickente

sarde, (à la) ↑ Sardische Art

Sardelle, engl. **anchovy,** frz. **anchois,** ital. **acciuga** fetter Heringsfisch, intensiv würziges Fleisch, fangfrisch gebr., fritiert oder gegr., a. geb., ged., geschm. ausgezeichnet, wird aber meist roh hartgesalzen als Filet, gerollt usw. angeboten, eignet sich als Würze oder Dekoration, muß als Halbkonserve kühl gelagert werden; nicht mit ↑ Anchovis zu verwechseln (Nordostatlantik, Mittelmeer, Schwarzes, Asowsches Meer)

Sardellen|butter Brotaufstrich aus Butter oder Butterfett mit Paste aus fein zerkleinerten Sardellenfilets, a. Gewürzen und Kräutern (Estragon, Petersilie)
  -kartoffeln rohe Kartoffelscheiben, mit geh. Sardellenfilets, Petersilie und Zwiebeln in saurer Sahne ged.; Bratkartoffeln mit geh. Sardellenfilets und Petersilie
  -leberwurst Kochstreichwurst, ↑ Leberwurst, mit rund 2 % Sardellenzusatz
  -paste streichfähige Masse aus fein zerkleinerten Salzsardellen
  -sauce ↑ Sauce/sauce aux anchois
  -senf Senf mit Zugabe von geh. Sardellenfilets oder Sardellenpaste

sardina ital., span.: Sardine
  - en aceite Ölsardine
  - en escabeche marinierte Sardine
  - frita geb. Sardine

Sardine [lat. *sarda,* Hering] kl. Heringsfisch (größere Exemplare: *Pilchard*), fettes, würziges, aber etwas salziges und empfindliches Fleisch, läßt sich am besten jung im Frühling, Sommer fangfrisch filetiert fritieren, grillieren, a. braten, dünsten, schmoren oder zu Terrinen verarbeiten, wird aber oft a. eingesalzen und mit versch. Beilagen in Öl konserviert (Nord- und Ostatlantik, im nördl. Mittelmeer immer seltener)

Sardinops Heringsfisch, Gattung von Sardinen im Pazifik, vor Japan, Südafrika, Südamerika, meist zu Dauerkonserven verarbeitet

Sardinen, auch als Frischfisch vorzüglich

Sardische Art, (à la) sarde [Sardinien, ital. Insel im Mittelmeer] Garnitur aus kl. runden Reiskroketten mit in Butter ged. Grünen Bohnen und Champignons oder Gurkenstücken und gef. Tomaten, zu gr. Fleischstücken in leichter Tomatensauce

Sareptasenf, Amsoi, Indischer, Rumänischer Senf Gemüse- und Ölpflanze, kresseartiger Geschmack, junge Blätter roh als Salat, ältere Blätter, Blattstiele, Blütenknospen gek. als Gemüse, Stengel, blühende Triebe in Salz und Essig eingelegt (urspr. China, heute ganz Asien, Afrika, Osteuropa)

Särettich ↑ Rettich/Sorten

sarladaise, à la [Sarladais, Region in der Dordogne mit Frucht-, Nuß- und Trüffelhandel] in Gänseschmalz gebr. Kartoffelscheiben mit geh. Knoblauch und Petersilie (urspr. Périgord, Westfrankreich)

sarma, sarmale Kohl-, a. Weinblattroulade mit Füllung aus geh. Kalb-, Rind-, Schweinefleisch, Reis mit Edelsüßpaprika, Knoblauch, Petersilie, Zwiebeln usw., Olivenöl und saurer Sahne (Bulgarien, Serbien u. a.)

sarrabulho port.: geronnenes Schweineblut; Schweineschwarzsauer

Sarrazin [La Sarraz, Ort im schweiz. Kt. Waadt] Schnittkäse aus Kuh-, a. Schaf-, Ziegenmilch mit Innenschimmel (Westschweiz)

Sasaka Aufstrich aus Griebenschmalz mit durchgedrehtem Speck, geh. Knoblauchzehe, Zwiebel und schwarzem Pfeffer, evtl. zusätzlich mit Gewürznelken, Kümmel, Senf, Wacholder u. ä. gewürzt (Kärnten, Südösterreich)

sasán russ.: Karpfen

sashimi die reinste, aber a. brutalste Art, Fisch zu genießen: Das rohe Filetfleisch wird kunstvoll aus dem lebenden Fisch geschnitten und in Streifen, Scheiben, Würfeln, Stückchen auf den Gräten serviert; der sensible Feinschmecker be- und vergnügt sich mit der gleichen Prozedur am immer noch rohen, aber frisch getöteten Fisch, welche die aromatische Frische der Zubereitung weitgehend bewahrt; sashimi kann man aus Meer- und Süßwasserfischen, Meeresfrüchten, aber a. rohem Rindfleisch u. ä. bereiten; dazu Dipsaucen auf Basis von Soja, Bohnenpaste oder Zitrone, shoga, wásabi usw. (Japan)

şaşlik Spießfleisch, ↑ Schaschlik

sataraš Pfannengericht aus versch. Zutaten, Fleisch, Innereien, Geflügel, Käse usw. (Serbokroatien)

satay, saté, sateh auf Holzkohlenglut gegr. Spießchen mit Schweine- und/oder Hühnerfleischwürfeln, dazu meist Erdnußsauce, Gurkenwürfel, Zwiebelscheiben und gepreßter Reis (Bali, Indonesien)

satsivi Sauce aus Paprika, Zwiebeln, Walnußkernen mit Gewürznelken, Knoblauch, Koriander, Zimt, Granatapfelsaft und Essig, zu Fleisch, Geflügel, Fisch (Georgien)

Satsuma [jap. Provinz] orangene Zitrusfrucht, Mutation der Mandarine, leicht schälbar, kaum Kerne, säurearm und angenehm süßlich, gute Zeit Mitte Okt.–Febr. (Mittelmeerländer, Spanien, Griechenland, Türkei, Nordafrika, Japan, USA, Südamerika)

Sattel(stück) hinterer Rückenteil von Kalb, Lamm, Hammel, Reh usw., in dem sich das Filet und die Nieren befinden

Saturei Küchenpflanze, ↑ Bohnenkraut

Satzaal junger Aal, der in den Flußmündungen als Besatz für Binnengewässer, Zuchtbecken usw. gefangen wird

Sau weibl. Haus-, Mutterschwein; Jägersprache: Wildschwein

Saubohne ↑ Bohne/Dicke Bohne

Sauce, Soße [lat. *salsus*, salzig, scharf] mehr oder weniger dicke, verschieden zusammengesetzte, gebundene oder ungebundene (Jus) Flüssigkeit, die als Beigabe Speisen geschmacklich abrunden, unterstreichen, verbinden, verfeinern soll – kann, aber muß nicht kompliziert herzustellen sein, immer noch Prüfstück für den sicheren Geschmack, die feine Zunge und das handwerkliche Können des Kochs, der Köchin; viele hundert Kompositionen, die alle sich jedoch fast immer von einer der vier Grundsaucen, *sauces mères,* ableiten lassen:

Braune Saucen, sauces brunes aus konzentriertem, leicht gebundenem braunem Fond, ↑ fond brun, oder Kraftsauce, ↑ demi-glace, **1a**; a. aus konzentriertem, leicht gebundenem weißem Fond, ↑ fond blanc, **1b**
Helle, weiße Saucen, sauces blanches, blondes aus konzentriertem, leicht gebundenem weißem Fond, ↑ fond blanc, und Mehlschwitze; velouté de veau aus Kalbsfond, **2a**, velouté de volaille aus Geflügelfond, **2b**, fond de poisson aus Fischfond, ↑ fumet de poisson, **2c**, aus Sahne oder Milch und Mehlschwitze, **2d**
Buttersaucen, sauces au beurre mit heißem Wasser glattgerührte helle Mehlschwitze, mit etwas Zitronensaft und Salz gewürzt, mit Butter verrührt, a. mit Eigelb abgerührt, **3**

Ölsaucen klare Ölsaucen, sauces vinaigrette aus Essig, Pfeffer, Salz und Öl, **4a**; gebundene Ölsaucen, Mayonnaisen aus Eigelben, Öl und Gewürzen, **4b**
Daneben noch viele Spezialsaucen, ↑ aïoli, beurre blanc, bolognese, bread sauce, butterscotch, coulis, cranberry sauce, Cumberlandsauce, Currysauce, Grüne Sauce, Hoisin-Sauce, Mayonnaise, mint sauce, oyster sauce, pesto, Piccadilly-Sauce, reform sauce, Remoulade, Salatsauce, salsa, smetana, smitane, Sojasauce, Souwaroff, Spargelsauce, velouté, Worcester(shire)sauce und weitere Stichwörter.
In der Folge sei die Zusammensetzung nur einiger in der Gastronomie wichtiger Saucen in der internationalen Küchensprache – immer noch Französisch – nach ihren Originalrezepten sehr summarisch erklärt:
sauce à la moelle, Marksauce **1a** ↑ sauce bordelaise mit Weißwein, mit blanchierten Scheiben Rindermark und geh. Petersilie garniert; zu kl. Fleischstücken, gegr. Fisch, Karden, Eierspeisen usw.
sauce à la reine ↑ Königinsauce
sauce Albert, Albert-, Meerrettichsauce [Albert, Prinzgemahl der engl. Königin Victoria, 1819–1861] **3** Buttersauce mit geriebenem Meerrettich, Brotkrumen, Eigelben, Crème fraîche und Senf in Essig oder Zitronensaft; zu Schmorfleisch
sauce Albuféra, Albuferasauce [↑ Albufera] **2b** Geflügelrahmsauce mit Fleischglace und roter Paprikabutter; zu Geflügel, a. Bries
sauce à l'estragon, Estragonsauce **1a, 2a, b** braun: Demiglace mit Reduktion von Estragonblättern in Weißwein, mit geh. Estragon vermischt; weiß: ↑ sauce allemande oder Geflügelrahmsauce, mit Butter aufgeschlagen, mit geh. Estragon vermischt; zu gebr. Fleisch, Geflügel, Fisch, Ragouts, Reis, Gemüsen, Pilzen usw.
sauce allemande, Deutsche Sauce **2a, b** mit Eigelben verrührter Champignon- und Kalbsfond, in Kalbssamtsauce geschlagen, unter ständigem Rühren aufgekocht und mit Sahne, weißem Pfeffer (kein Salz), geriebenem Muskat und Zitronensaft vollendet; zu Innereien, Geflügel, gek. Gemüse, Pasteten, Eierspeisen usw.; zu Fisch: mit Champignon- und Fischfond
sauce américaine, Amerikanische Sauce **2c** warm: mit zerstoßenen Hummerschalen angeschwitztes Röstgemüse, mit Weinbrand flambiert, mit Weißwein abgelöscht, mit Tomatenmark verkocht, mit Fischsamtsauce gek., scharf gewürzt, mit Butter aufgeschlagen; kalt: Mayonnaise mit zerstoßenem Hummerfleisch und Senf; zu Hummer, Krustentieren, Fisch, Eierspeisen usw.
sauce andalouse, Andalusische Sauce [Andalusien, hist. Landschaft Südspaniens] **4b** Mayonnaise mit dickem Tomatenpüree und gewürfelten Paprikaschoten; zu Bries, hellem Geflügel, Eierspeisen usw.
sauce au curry ↑ Currysauce
sauce au raifort, Meerrettichsauce ↑ sauce Albert

sauce aurore, Aurorasauce [↑ Aurora] **2d** Samtsauce, a. Béchamel mit Tomatenpüree und Butter; zu (weißem) Fleisch, Bries, pochiertem Geflügel, Gemüse, Eierspeisen usw.; zu Fisch: mit Fischsamtsauce
sauce au verjus ↑ Traubensauce
sauce au vin blanc, Weißweinsauce **2c** Fischgrundsauce mit Eigelben, Weißwein, frischer Butter, Salz, Pfeffer und etwas Zitronensaft; zu Fisch
sauce aux anchois, Sardellensauce **2c** ↑ sauce au vin blanc mit Sardellenbutter, -essenz, zerstoßenen Sardellenfilets o. ä.; zu Fisch (Sardellen), rohem Gemüse
sauce aux câpres, Kapernsauce **3** Buttersauce mit Kapern; zu gek. Lammfleisch, Fisch
sauce aux champignons, Champignonsauce **2a, b** Demiglace mit Champignonfond; zu Fleisch, Innereien, Wild, Geflügel, a. Fisch
sauce aux fines herbes, Kräutersauce **2a, b** ↑ sauce à l'Estragon mit geh. Estragon, Kerbel, Petersilie, Pimpernelle, Schalotte, Schnittlauch u. ä. statt nur Estragon; zu pochiertem Geflügel, a. Fisch
sauce bâtarde, Bastardsauce **3** Buttersauce mit weißer Mehlschwitze, mit Eigelb legierter süßer Sahne und Zitronensaft; zu gegr. Geflügel, gegr., gek. Fisch, gek. Gemüse wie Spargeln o. ä.
sauce béarnaise, Béarner Sauce **3** ↑ Béarnaise
sauce béchamel, Béchamelsauce **2d** ↑ Béchamel
sauce Bercy, à l'échalote, Bercy-, Schalottensauce [↑ Bercy] **2c, 1a** zu Fisch: Reduktion von in Butter ged. geh. Schalotten, Fischfond und Weißwein, mit Fischsamtsauce verkocht, mit Butter aufgeschlagen, mit geh. Petersilie vermischt; zu Fleisch: Reduktion von in Butter ged. geh. Schalotten, Weißwein und Pfeffer, mit Fleischglace verkocht, mit Butter aufgeschlagen, mit gewürfeltem Rindermark und geh. Petersilie vermischt
sauce bigarade, Pomeranzensauce **1a** in Orangen- und Zitronensaft aufgelöster karamelisierter Zucker, mit Demiglace und Entenfond verkocht, mit in Curaçao, Portwein oder Sherry ged. Streifen Orangen-, Zitronenschale vermischt; zu Ente
sauce bohémienne, Bohémienne-Sauce [The Bohemian Girl, Erfolgsoper von Michael William Balfe, 1869] **2d** kalte Béchamel mit Eigelben, Öl und Estragonessig; zu kalten Gerichten
Bolognese-Sauce ↑ bolognese, alla
sauce Bonnefoy, Bonnefoy-Sauce [Bonnefoy, Pariser Restaurant in der Mitte des 19. Jh.] **1a** nicht passierte ↑ sauce bordelaise mit Weißwein; zu Fisch(filets), a. weißem Fleisch
sauce bordelaise, Bordeaux-, Bordelaise-Sauce **1a** mit Rotwein verkochte geh. Schalotten, Thymian, zerdrückte weiße Pfefferkörner, mit Demiglace gek. und passiert, mit Butter aufgeschlagen, als Einlage zu Fleischgerichten Rindermarkwürfel und geh. Petersilie; zu Fleisch vom Grill oder aus der Pfanne, Gemüse (Chicorée, Fenchel, Sellerie u. ä.) usw.

sauce bourguignonne, Burgunder Sauce 1a, b mit Rotwein eingekochte gewürfelte oder geh. Stücke Bauchspeck oder Schwarten, Champignonabfälle, Lorbeer, Petersilienstiele, Schalotten, Thymian, mit Mehlbutter gebunden, passiert, mit Butter aufgeschlagen, mit Cayennepfeffer gewürzt; zu (rotem) Fleisch, gek. Kalbs-, Rinderzunge, gek. Schinken, sautiertem Geflügel usw.; zu Fisch: mit Weißwein
sauce bretonne, Bretonische Sauce [↑ Bretonische Art] 2c mit in Butter gebräunten Frühlingszwiebeln und Weißwein eingekochte Demiglace mit Knoblauch und Tomatenpüree, mit Butter aufgeschlagen, mit geh. Petersilie vermischt; a. mit Butter und Sahne verfeinerte ↑ sauce au vin blanc mit kleingeschn. Champignons, Porree, Sellerie, Frühlingszwiebeln; zu weißem Fleisch, Innereien, pochiertem Geflügel, Fisch, Weißen Bohnen, Eierspeisen usw.
sauce Café de Paris ↑ Café de Paris
sauce cardinal, Kardinalssauce [↑ Kardinals-Art] 2d Rahmbéchamel mit Fischfond und Trüffelsud, mit (roter) Hummerbutter aufgeschlagen; zu Fisch (aus dem Ofen)
sauce chantilly, Chantillysauce [↑ chantilly] 3, 4b Mayonnaise mit Zitronensaft, Cayennepfeffer, Salz und geschlagener Sahne; zu weißem Fleisch, pochiertem Geflügel, gek. Fisch, Krustentieren, gek. Gemüse wie Artischocken, Spargeln u. ä.; ↑ sauce mousseline
sauce chasseur, Jägersauce 1a in Butter sautierte rohe Champignonscheiben und geh. Schalotten, mit Weißwein reduziert, mit Demiglace verkocht, mit Butter verfeinert, mit geh. Petersilie vermischt; zu kl. Fleischstücken, Geflügel(lebern), Eierspeisen usw.
sauce chaud-froid, Chaudfroid-, Deck-, Sulzsauce 1a, 2a, c mit Gelatine gebundene Demiglace oder Fond mit oder ohne Sahne mit versch. aromatischen, geschmackgebenden Essenzen (Curry, Kräuter, roter Krustentierrogen, Madeira, Pistazien, Safran, Spinat, Tomatenmark usw.); zu kalten Gerichten
sauce Chivry, Chivrysauce 2b mit feingeh. Estragon, Kerbel, Schalotten eingekochter Weißwein, mit Geflügelrahmsauce und ↑ beurre Chivry aufgekocht; zu Grillfleisch, Geflügel, Eierspeisen usw.
sauce Choron, Choronsauce [↑ Choron] 3 ↑ Béarnaise mit eingekochtem Tomatenmark, evtl. Estragon und Kerbel; zu Tournedos und anderen gebr., gegr. Fleisch-, a. Fischstücken, Nieren, Eierspeisen usw.
Cocktailsauce 4b Tomatenketchup oder Chilisauce mit geriebenem Meerrettich und Gewürzen, a. geh. Dill, Estragon, Tabasco, Cayennepfeffer, Weinbrand, Zitronensaft usw.; a. Mayonnaise mit Tomatenketchup, geschlagener Sahne, Gewürzen und Cognac oder Weinbrand; zu Salaten von Meeresfrüchten, Geflügel und anderen kalten Vorspeisen

sauce Colbert, Colbertsauce [↑ Colbert] 2a, b mit Butter aufgeschlagene, mit Zitronensaft gewürzte Fleisch- oder Geflügelglace, mit Estragon und Petersilie vermischt; zu gebr. Fleisch, Fisch
sauce crème, Rahmsauce 2d ↑ Béchamel mit Crème fraîche oder Sahne; zu gek. Geflügel, Fisch, Gemüse, Eierspeisen usw.
sauce Cumberland ↑ Cumberlandsauce
sauce diable, Teufelssauce 1a in Butter angeschwitzte feingeh. Schalotten in Tomatenpüree, mit Paprikapulver bestäubt, mit Weißwein abgelöscht und reduziert, mit Demiglace gek., mit Cayennepfeffer abgeschmeckt; zu gegr. Fleisch und Geflügel, Schweinsfüßen usw.
sauce Diane, Diana-Sauce [↑ Diana-Art] 1a ↑ sauce poivrade mit saurer Sahne, mit geh. hartgekochtem Eiweiß und Trüffeln als Einlage; zu Wildbret
sauce dijonnaise, Dijon-Sauce [↑ Dijoner Art] 3 ↑ sauce hollandaise mit (Dijon-)Senf; zu gegr. oder kaltem Fleisch, rohem Gemüse, Salaten
sauce diplomate, Diplomatensauce 2c ↑ sauce normande mit Hummerbutter, Hummerfleisch- und Trüffelwürfeln; zu großen gek. oder geschm. Fischen
sauce divine [frz.: göttliche Sauce] 3 ↑ sauce hollandaise mit Geflügelglace und/oder Spargelfond und ungesüßter Schlagsahne; zu weißem Fleisch, Geflügel, Fisch, geh. Gemüse wie Artischocken, Blumenkohl, Brokkoli u. ä., Eierspeisen usw.
sauce espagnole, Spanische Sauce 1a Grundsauce aus braunem Fond, Mehlschwitze, Speckwürfeln, Röstgemüse, a. Tomatenmark, Lorbeer, Thymian
sauce financière ↑ Finanzmannsart
sauce Foyot, Foyotsauce [bis 1983 bekanntes Pariser Restaurant] 3 ↑ Béarnaise mit Fleischglace; zu gegr. Fleisch und Geflügel, Bries
sauce genevoise, Genfer Sauce [Genf, Genève, Stadt und Kt. in der Westschweiz] 2c mit Fisch-, insbes. Lachsabfällen angeschwitztes Röstgemüse, mit Rotwein eingekocht, mit Demiglace und Kräuterbündel verkocht, mit Butter verfeinert, zu Lachs, Süßwasserfischen
sauce Godard, Godardsauce [↑ Godard] 1a mit Weißwein eingekochte Röstgemüse und Schinkenabfälle, mit Demiglace und Champignonfond verkocht; zu gr. Fleischstücken, Bries, geschm. Geflügel usw.
sauce grandveneur ↑ Oberjägermeister-Art
sauce gribiche, Gribiche-Sauce 4b Mayonnaise aus hartgek., durchgestrichenem Eigelb mit Öl und wenig Essig, mit Senf gewürzt, mit hartgek. Eiweißwürfelchen, Estragon, Kapern, Petersilie, Schnittlauch usw. garniert; zu gek. Kalbskopf, Fleisch oder Fisch (kalt oder warm), kalten Krusten- und Schaltieren, kalten Eiern usw.
sauce hollandaise, Holländische Sauce 3 Reduktion von in Essig und Wasser eingekochten Schalotten oder Zwiebeln und zerdrückten weißen Pfefferkörnern, im Wasserbad mit Eigelben und kaltem Wasser aufgeschla-

gen, mit warmer Butter aufmontiert, leicht gesalzen, mit etwas Zitronensaft und wenig Cayennepfeffer gewürzt und passiert; muß lauwarm gehalten werden; zu Fisch, Krusten-, Schaltieren, feinem Gemüse, Eierspeisen usw.
sauce homard, Hummersauce 2c ↑ sauce normande mit Hummerpüree; a. Fischsamtsauce mit Hummerbutter und Hummerwürfeln
sauce hongroise, Ungarische Sauce 1a in Butter oder Schmalz angeschwitzte Räucherspeck- und Zwiebelwürfel, mit saurer Sahne und Rosenpaprika sämig gekocht, mit Fleischglace vervollständigt; zu gebr. Rindfleisch, gek. Auberginen, Gurken, a. Eierspeisen usw.
sauce italienne, Italienische Sauce 1a in Butter geschwitzte Schalotten und/oder Zwiebeln und geh. Champignons, mit Weißwein eingekocht, mit Demiglace und Tomatensauce verkocht, mit feingewürfeltem gek. Schinken und geh. Petersilie vermischt
sauce ivoire, Elfenbeinsauce 2b Kalbssamtsauce mit Fleischglace und Sahne; zu Bries, Innereien, hellem Geflügel, Eierspeisen usw.
sauce Joinville, Joinvillesauce [↑ Joinville] 2c ↑ Béchamel mit Garnelen- oder Krebsbutter, a. Austernsaft und Trüffeln, Garnelen- oder Krebsschwänze als Einlage; zu (Platt-)Fischen
Knoblauchsauce ↑ aïoli
Kraftsauce ↑ demi-glace
sauce lyonnaise, Lyoner Sauce [↑ Lyoner Art] 1a in Butter angeschwitzte feingeh. Zwiebeln, a. Knoblauch und Kräuter, mit Weinessig und Weißwein reduziert, mit Demiglace verkocht; zu gegr. Fleisch, Kalbskopf, Fleischresten, gek. Gemüse wie Artischocken, Karden u. ä., warmen hartgek. Eiern usw.
sauce madère, Madeirasauce [↑ Madeira] 1a mit Madeira gewürzte Demiglace; zu Fleisch, Nieren, Zunge, gek. Schinken, Geflügel, Omeletts usw.
sauce maltaise, Maltasauce [↑ Malta-Art] 3 ↑ sauce hollandaise mit Saft und abgeriebener Schale einer (halben) Blutorange; meist zu Spargeln, aber a. zu pochiertem Fisch, Blumenkohl, Brokkoli, Mangoldstielen, Porree u. ä.
sauce marchand de vin, Weinhändlersauce 1a ↑ marchand de vin
sauce marinière, Matrosensauce 2c ↑ sauce Bercy mit eingerührtem Eigelb und eingekochtem Muschelfond; a. mit Butter angeschwitzte grobgeh. Fischgräten und -abfälle, Röstgemüse, a. Champignonabfälle, Kräutersträußchen, geh. Schalotten usw. mit Rotwein aufgekocht, passiert und mit Demiglace reduziert, mit Zitronensaft und weißem Pfeffer abgeschmeckt, Butterflöckchen daruntergerührt; zu Fisch und Meeresfrüchten
sauce Mornay, Käse-, Mornaysauce [vom Küchenchef Joseph Voiron Ende des 19. Jh. seinem Vorgänger Mornay gewidmet] 2d mit Eigelben und Sahne gebundene ↑ Béchamel mit Butterflocken und geriebenem (Parmesan-, Emmentaler) Käse, zuletzt etwas Schlagsahne untergehoben; zum Überbacken (helles Fleisch, helles Geflügel, Fisch, Krustentiere, Gemüse, Pilze, Eier)
sauce mousseline, Schaumsauce 3 ↑ sauce hollandaise mit etwas Schlagsahne; zu pochiertem Fisch, gek. Gemüse
sauce moutarde, Senfsauce 2a, b, 3 Butter-, Rahmsauce oder ↑ sauce hollandaise mit Senf; kalt: mit Senf gewürzte Mayonnaise; zu ged., gegr., gek. Fleisch, Bries, Froschschenkeln, gegr., pochiertem Fisch, Eierspeisen usw.
sauce Nantua, Nantuasauce [↑ Nantua] 2d ↑ Béchamel mit süßer Sahne, Krebsbutter und -stücken, etwas Cayennepfeffer, a. Cognac; zu (gratinierten) Krebsen, Krustentieren und weißem Fisch, a. Bries, pochiertem Geflügel, Eierspeisen usw.
sauce napolitaine, Neapolitanische Sauce 1b ↑ Neapolitanische Art
sauce noisette, Haselnußsauce 3 ↑ sauce hollandaise mit brauner Butter; zu gek. Lachs, Zander, feinem Gemüse wie Artischocken, Blumenkohl, Spargeln
sauce normande, Normannische Sauce [Normannische Art] 2 Fischsamtsauce mit Fischfumet, Austern-, Muschel- und Champignonfond, mit Eigelb und Sahne gebunden, mit Butter aufgeschlagen; zu Fisch aus dem Ofen, Pasteten usw.
sauce périgourdine, Périgord-Sauce [↑ Périgord-Art] 1a ↑ sauce Périgueux mit Gänseleberpüree und größeren Trüffelringen oder -würfeln; zu kl. Fleischstücken, Bries, Haarwild, sautiertem Geflügel, Pasteten, Eierspeisen usw.
sauce Périgueux, Trüffelsauce [Périgueux, Stadt im südwestfrz. Périgord, Heimat der schwarzen Trüffeln] 1a ↑ sauce madère mit kleingewürfelten oder geh. Trüffeln, zu kl. Fleischstücken, Geflügel, Wild, Pasteten usw.
Piccalilli-Sauce 3 ↑ sauce hollandaise mit feingeh. Senfgemüse; zu gegr. Fleisch
sauce poivrade, Pfeffersauce 1a in Butter angeschwitztes Röstgemüse, mit Weißwein, Essig und zerdrückten Pfefferkörnern reduziert, mit Demiglace verkocht, passiert, mit Butter verfeinert; zu (mariniertem) Fleisch, Federwild
sauce polonaise ↑ Polnische Sauce
sauce portugaise, Portugiesische Sauce 1b in Butter angeschwitzte Würfel von geschmolzenen Tomaten und geh. Zwiebeln mit Weißwein reduziert, mit Fleischglace, Tomatensauce und Knoblauch aufgekocht, mit geh. Petersilie vermischt; zu gebr. Fleisch, Nieren, sautiertem Geflügel, Fisch aus dem Ofen, Gemüse, Ravioli, Spaghetti, Eierspeisen
sauce poulette, Poulette-Sauce 2a, c ↑ sauce allemande mit Champignonfond, Zitronensaft und geh. Petersilie; zu Fisch (Aal), Innereien (Hammelfüße, Hirn,

Rindermagen), Geflügel, Hühnerfrikassee, Schnecken, Pilzen usw.

sauce provençale, Provenzalische Sauce [↑ Provencekräuter] **1b** in Olivenöl angeschwitzte Stücke von geschmolzenen Tomaten und geh. geschälte Zwiebeln, mit einer zerdrückten Knoblauchzehe, Demiglace, Kalbsjus oder Fleischbrühe gek. und reduziert, mit geh. Basilikum oder Petersilie garniert; zu Rinderfilet, Kalbsleber, Hammellende, Backhuhn, in Öl gebr. Fisch, Teigwaren (Ravioli), Eierspeisen usw.

sauce ravigote, Ravigote-Sauce **4a**, ↑ ravigote

sauce Riche, Riche-Sauce **2b**, ↑ Riche

sauce Robert, Robert-Sauce [Robert Vinot, frz. Koch Ende des 16. Jh., ausgespr. *robär*] **1a** in Butter angeschwitzte geh. Zwiebeln, mit Essig und Weißwein abgelöscht und reduziert, mit Demiglace verkocht, passiert, mit Pfeffer, (Dijon-)Senf und einer Prise Zucker gewürzt; zu gegr. Fleisch, Schweinekoteletts usw.

sauce romaine, Römersauce, Römische Sauce ↑ Römische Art

sauce royale **2b** Geflügelrahmsauce und heller Geflügelfond mit Sahne reduziert, vor dem Servieren Butter mit geh. rohen Trüffeln und Sherry hineingeschlagen; zu gek. (weißem) Fleisch, Bries, Geflügel usw.

sauce salmis ↑ Salmisauce

sauce Soubise, Soubise-, Zwiebelsauce [↑ Soubise] **2d** ↑ Béchamel mit Zwiebelpüree; zu weißem Fleisch, Innereien, Pasteten, Eierspeisen usw.

sauce suprême, Geflügelrahmsauce **2b** Geflügelrahmsauce mit Geflügel- und Champignonfond eingekocht, mit süßer Sahne nochmals reduziert, frische Butter daruntergeschlagen, mit Cayennepfeffer und Zitronensaft abgeschmeckt; zu hellem Geflügel, a. Bries, Eierspeisen usw.

sauce tartare, Tatarsauce **4b** Mayonnaise mit geh. hartgekochtem Eigelb sowie Püree von Zwiebeln und Schnittlauch; zu kaltem Fleisch, Innereien, Kalbsfüßen, geb. oder kaltem Fisch, Austern, Krustentieren, Pommes frites, hartgekochten Eiern usw.

sauce tomate, Tomatensauce **1b** Grundsauce, die viele Varianten zuläßt: kl. Würfel Brustspeck, Möhren und Zwiebeln mit Basilikum, Lorbeer, Thymian in Butter oder Öl angeröstet, mit Mehl bestäubt, mit halbierten entkernten, geschälten Tomaten oder mit Tomatenmark und Fleischbrühe, zerdrückten Knoblauchzehen, Kräutersträußchen, Schinkenwürfeln, Pfeffer, Salz und Zucker sanft gek. und ohne Beigaben passiert; zu gebr. Fleisch, Geflügel, Fisch, geb. Muscheln, Krustentieren, Froschschenkeln, Gemüsen, Teigwaren, Reis usw.

sauce tortue Schildkrötensauce **1a** ↑ sauce madère mit Tomatenpüree und ↑ Schildkrötenkräutern; zu Kalbskopf

sauce toulousaine, Toulouser Sauce [↑ Toulouser Art] **2b** Geflügelrahmsauce mit Eigelben und Sahne; zu Innereien, Geflügel, Pilzen, Trüffeln, Pasteten usw.;

↑ sauce allemande mit Champignon- und Trüffelfond; zu Geflügel

sauce tyrolienne, Tiroler Sauce [↑ Tiroler] **4b** tomatisierte ↑ Béarnaise mit Öl statt Butter; a. Mayonnaise mit Tomatenpüree; zu gebr., gegr. Fleisch, Nieren, Geflügel, Meerfischen, Krustentieren, Eierspeisen usw.

sauce velouté, Samtsauce ↑ velouté

sauce vénitienne, Venezianische Sauce [↑ Venezianische Art] **2a, b** ↑ sauce allemande oder sauce au vin blanc mit Reduktion von geh. Schalotten, Estragon, Kerbel, Pfefferkörnern in Essig, passiert, mit grüner Butter aufgeschlagen, mit feinen Kräutern garniert; zu Fisch: ↑ sauce normande mit feinen Kräutern und geh. Kapern zu pochiertem Geflügel, Fisch

sauce verte, Grüne Sauce kalte **4b**, ↑ Grüne Sauce, salsa verde

sauce Villeroi, Villeroi-Sauce [Nicolas Herzog von V., 1644–1730, Marschall von Frankreich, Erzieher und Regent König Ludwigs XV.] **2a** weiße Grundsauce, mit Eigelb und Kalbsfußextrakt gebunden, mit weißem Pfeffer und Zitronensaft gewürzt, mit frischer Butter vollendet; läßt sich mit geh. Champignons, Gänseleber-, Zwiebelpüree, geriebenem Käse, Tomatenmark usw. geschmacklich abwandeln; zum Überziehen, Panieren, zu (Hammel-)Fleisch, Innereien, Geflügel, Fisch, Meeresfrüchten

sauce vinaigrette **4a**, ↑ Vinaigrette

sauce Vincent, Vincent-Sauce [Vincent, Name mehrerer Heiliger, ausgespr. *wäßä*] **4b** Mayonnaise mit grünem Kräuterpüree (mind. Kerbel, Kresse, Petersilie, Sauerampfer, Schnittlauch) und weißem Senf, a. mit Worcester(shire)sauce gewürzt; zu kaltem Fleisch und Fisch, rohem Gemüse usw.

sauce zingara, Zigeunersauce **1b** Reduktion von feingeschn. Schalotten, zerdrückten Pfefferkörnern in Weißwein mit Demiglace und Tomatenpüree, mit Paprika gewürzt, mit Butter vollendet, mit Streifen Champignons, Trüffeln, Pökelzunge und gek. Schinken garniert; zu gebr. Fleisch, Hackfleisch, warmem Schinken, pochiertem Geflügel und Fisch, geschm. Gemüse wie Fenchel, Sellerie o. ä., Eierspeisen usw.

Saucenfleisch ↑ Geschnetzeltes

Saucenspiegel mit (rundem Fleck) Sauce bedeckter Tellerboden, auf dem Speisen und Beilagen angerichtet werden

saucisse frz.: Wurst, Würstchen, Bratwurst

 – au foie aus reinem Schweinefleisch mit wenig Rinderleber, wird nicht in Scheiben, sondern in Stücke von ei-

Saucisson mit Weißkohl, Magenspeise der Westschweizer

nigen Zentimetern Länge geschn. und aus der Haut geschabt, gute Zeit Sept.–Juni, meist zu Lauchgemüse gegessen (Westschweiz)

- **aux choux** aus reinem Schweinefleisch mit Kohl, wird nicht in Scheiben, sondern in Stücke von einigen Zentimetern Länge geschn. und aus der Haut geschabt, gute Zeit Sept.–Juni, meist zu Lauchgemüse gegessen (Westschweiz)
- **sêchée** luftgetr. ↑ saucisson vaudois

saucisson Frankreich: dicke (Brüh-, Schnitt-)Wurst; Westschweiz: grobkörnige Räucher-, Rohwurst aus reinem Schweinefleisch, a. Speckwürfeln usw. und Gewürzen, wird vor dem Verzehr in heißem Wasser erhitzt

- **à l'ail** aus reinem Schweinefleisch mit Knoblauch, zum roh, noch weich a. warm Essen (Westschweiz)
- **fribourgeois** schwarz geräucherte Dauerwurst aus reinem Schweinefleisch, zum roh, noch weich a. warm Essen (Freiburg, Kt. der Westschweiz)
- **de Neuchâtel** aus reinem, fein geh. Schweinefleisch und Würze, wird gekocht (Neuenburg, Kt. der Westschweiz)
- **de Neuchâtel séché** luftgetr. Dauerwurst aus reinem, fein geh. Schweinefleisch mit Pfefferkörnern; etwa 2 Mon. haltbar, kann noch weich a. warm gegessen werden (Neuenburg, Kt. der Westschweiz)
- **vaudois** aus reinem grob geh. Schweinefleisch, wird gek. gegessen (Waadt, Kt. der Westschweiz)

Sauerampfer, Garten-, Gemüseampfer, Sauergras, Englischer Spinat würziges Wildkraut von feuchten Wiesen, wird a. kultiviert, wirkt verdauungsfördernd, blutbildend, entschlackend, gegen Leber-, Nierenbeschwerden; elegant bitterlich und säuerlich, je älter, desto schärfer; rohe Blätter als Salat, geh. zu Kräutermayonnaisen, Saucen (Grüne Sauce), als Würze für (Gemüse-, Gurken-, Kartoffel-)Suppen, Eintöpfe, Omeletts usw., in Streifen kurz blanchiert oder mitgek., a. püriert als Spinatgemüse, für Saucen, Suppen, zu warmen Gerichten mit Fleisch, Geflügel, Fisch usw.: passende Kräuter und Gemüse: Kerbel, Muskat, Pfeffer, Schalotten, Schnittlauch, Steinpilze; gute Zeit frisch März–Mai vor der Blüte, a. Juli; läßt sich nicht trocknen (Europa, insbes. England, Frankreich, Belgien, Holland u. a., Asien, Amerika)

- **-sauce** Demiglace oder weiße Buttersauce mit Sauerampferpüree oder -streifchen, dazu Croûtons, zu Kalb-, Lammfleisch, Fisch, Eierspeisen usw.
- **-suppe** Rahmsuppe mit Sauerampferpüree, Brotkrumen oder Kartoffeln, dazu Croûtons, Fleischwürfel, Eierstich, Eiviertel u. ä.

Weißkohl zum ungeschnitten Einlegen

Sauerbraten, (Rheinischer) Schmorbraten in vielen Varianten, i. a. in Rotweinessig und Rotwein mit zerkleinerten Knollensellerie, Möhren, Porree, Zwiebeln, Gewürznelken, Lorbeer, Pfefferkörnern, Wacholderbeeren marinierter und mit Schmalz, Speck, Rosinen geschm. Braten aus magerem Rind-, a. Pferdefleisch ohne Knochen, daneben Beiz- und Bratflüssigkeit mit zerbröckeltem Honig-, Pfefferkuchen oder Pumpernickel als Sauce, dazu Backobst und Kartoffelklöße oder Reibekuchen (Rheinland, a. Westfalen); ↑ a. Schwäbischer Sauerbraten

Sauerbrot ↑ Brot/Spezialsorten: Buttermilchbrot, Sauerteigbrot

Sauerdattel exot. Hülsenfrucht, ↑ Tamarinde

Sauerdorn Strauchbeere, ↑ Berberitze

Sauerfleisch in Sud mit Lorbeer, schwarzen Pfeffer- und Senfkörnern, Suppengrün, Wacholderbeeren usw. gargek. magerer, gepökelter Schweinebauch, in Scheiben im mit Weinessig und Zucker abgeschmeckten Sud über Nacht geliert; dazu Bratkartoffeln und Remouladensauce (Norddeutschland)

Sauergras Wildkraut, ↑ Sauerampfer

Sauergrauech ↑ Apfel/Sorten

Sauergurke ↑ Gurke/Salzgurke

Sauerkäse Deutschland, Österreich u. a.: Sauermilchkäse, entweder *Gelbkäse* wie Harzer, Mainzer Käse, Quargel usw. oder *Edelschimmelkäse* wie Handkäse, Korbkäse, Stangenkäse usw.; England, Frankreich: Frischkäse; ↑ a. Käse/Sauermilchkäse

Sauerkirsche Kirschengruppe, ↑ Kirsche

Sauerklee(knolle, -rübe), Oxalis Wurzelgemüse, Knollen von scharf säuerlichem Geschmack werden an der Sonne gereift, manchmal roh geschabt, meist jedoch gek., geb., ged. als Gemüse, für Eintöpfe usw. zubereitet (südamerik. Anden, Neuseeland als ↑ Yam u. a.)

Sauerkohl ↑ Sauerkraut

Sauerkonserve in Essig, Gewürzen, Kräutern und Speisesalz süßsauer eingemachte, a. zusätzlich pasteurisierte Gemüse (Gurken, Sauerkraut usw.); ↑ a. Mixed Pickles

Sauerkraut feingeschnittener, gehobelter Weißkohl, der in Bottichen mit Salz zum Gären gebracht wird (a. mit Rotkohl möglich), wobei sich Milchsäure entwickelt, wirkt darm-, magenfreundlich, bakterienabtötend und entschlakkend; früher winters gegen Mangelkrankheiten gegessen, heute nicht nur zu Schlachtplatten u. ä., sondern a. sonst vielseitig verwendbar; läßt sich (am besten, da bes. mild und fruchtig) selbst herstellen, wird aber meist industriell produziert angeboten, lose (nicht vorgegart) sanfter als sterilisiert in Dosen oder Gläsern, muß vor Verwendung nicht gewaschen, aber gut ausgedrückt werden, wird je nach Geschmack kurz knackig oder lange gekocht bzw. aufgewärmt; paßt zu deftigen Gerichten, Blutwürsten, Eisbein u. ä., aber a. gut zu Wildgeflügel, Flußfischen, für Rouladen, als Auflauf, Salat usw.; abgepackt sofort zu verbrauchen, hält sich jedoch nicht sterilisiert im Faß kühl und dunkel gelagert bis 9 Mon., sterilisiert bis 4 Jahre, läßt sich roh unblanchiert, gek. blanchiert bis 6 Mon. tiefkühlen; ↑ a. Berner Platte, bigos, Champagnerkraut, choucroute, Krautroulade, Szegediner Gulasch, Weinkraut

Sauermilch durch Milchsäurebakterien geronnene Milch, Ausgangsprodukt erfrischend säuerlicher Speisen und Getränke wie Joghurt, Kefir, Quark, a. für Saucen, Salate usw.
   -brot ↑ Brot/Spezialsorten: Buttermilchbrot
   -käse ↑ Käse/Festigkeit

Sauerorange ↑ Pomeranze

Sauerrahm ↑ Sahne/Saure Sahne

Sauerrahmbutter ↑ Butter/Sorten

Sauerrübe schweiz.: wie Sauerkraut eingelegte Weiße Rübe

Sauersack trop. Frucht, ↑ Annone/Stachelannone

Sauersahne ↑ Sahne/Saure Sahne

Sauerteig ↑ Teig/Sorten
   -brot ↑ Brot/Spezialsorten

Saukraut Würzkraut, ↑ Liebstöckel

Saumagen, (Pfälzer) Schweinemagen mit Füllung aus gewürztem Hackfleisch von Rind und Schwein, Würfeln von vorgek. Kartoffeln, Eiern und Brötchen, oft a. gewürfeltem Schweinebug, -kamm, Vorderschinken, Möhren, Porree u. a., in Wurzelbrühe gebrüht, im Ofen goldbraun überbacken und in Scheiben geschnitten, meist mit Sauerkraut serviert (urspr. Rheinland-Pfalz); ↑ a. Schwartenmagen

saumon frz.: Lachs, Salm
   – fumé Räucherlachs

Saure Gurke ↑ Gurke/Einlegegurke

Saure Kutteln in Brühe aus mit Gewürznelken, Lorbeer, Tomatenmark, Essig, Zucker, aufgek. Fleisch und Mehlschwitze gegarte Kutteln (Schwaben)

Saure Lappen Marinade von ausgenommenen, entgräteten Heringen ohne Kopf in saurer Lake

Saure Limette Zitrusfrucht, ↑ Limette

Saure Mocken Art Sauerbraten: in Rotwein, Rotweinessig mit Karotte, Zwiebel, Gewürznelken, gepreßter Knoblauchzehe, Lorbeerblatt und Pfefferkörnern mariniertes Ochsenfleisch mit Würfeln von Gelben Rüben und Tomaten, Mehl, Fleischbrühe usw. (Ostschweiz)

Saure Nierle Kalbs- oder andere Nieren mit Butter, Mehl, Lorbeer, Zwiebeln in Bratensauce, Essig, Rotwein und saurer Sahne, dazu Brot oder Kartoffelpüree, a. Reis oder Nudeln (Südwestdeutschland)

Saurer Aal ↑ Aal, Saurer

Saurer Hering Marinade von ausgenommenen, nicht entgräteten Heringen mit Kopf

Saurer Käse Salat aus Scheiben von Limburger Käse in Weinessig-Öl-Sauce mit weißem Pfeffer und Zwiebelringen, dazu Bauernbrot oder Pellkartoffeln (Allgäu)

Saurer Klops ↑ Königsberger Klops

Saurer Zipfel Bratwurst, ↑ Zipfel, Blauer

Saure Sahne ↑ Sahne/Saure Sahne

Saures Zuckerl südd., österr.: Fruchtbonbon

sausage engl.: Wurst

sauté(e) frz.: sautiert, in wenig Fett oder Öl bei starker Hitze kurzgebraten; Ragout, Würzfleisch

savarin, Ringkuchen [vom Pariser Konditormeister Julien dem Gastrosophen Jean-Anthelme Brillat-Savarin gewidmet] Hefekuchen aus der Ringform, mit Zuckersirup, Kirsch oder Rum getränkt, mit Schlagsahne, Konditorcreme, frischen oder ged. Früchten usw. gefüllt, als Dessert warm oder kalt serviert

Savarinsuppe Rinderkraftbrühe, als Einlage mit Zwiebelpüree gef. Kalbsbrieskößchen

Savary [Anne S., frz. General, 1774–1833, Politiker und Adjutant Napoleons] Torteletts aus Herzoginkartoffelmasse mit Bleichselleriepüree und gebundener Sauce; zu kl. Fleischstücken

savory, savoury engl.: würzig, pikant; appetitanregendes, scharf gewürztes Häppchen

Savoy-Art [Savoy, berühmtes Hotel in London] Braten auf Kartoffelscheiben Savoyer Art mit Tomaten-Braten-Sauce

Savoyer Art, (à la) savoyarde [Savoyen, Landschaft und Dép. in den frz. Alpen] mit Milch oder Crème fraîche und geriebenem (Gruyère-)Käse überbackene Kartoffeln, dazu u. a. wachsweiche, pochierte Eier oder Spiegeleier und sauce Mornay; Püreesuppe aus Kartoffeln, Knollensellerie, Porree und Zwiebeln, dazu mit Gemüsepüree bestrichene, mit geriebenem (Gruyère-)Käse überbackene Roggenbrotscheiben (Ostfrankreich)

Savoyer Kohl ↑ Kohl/Wirsing

sayoor, sayur indon.: Gemüse
  – **asin** Salzgemüse

Säzwiebel aus Samen gezogene einjährige Zwiebel, gute Zeit Mitte Aug.–Sept.

Sbrinz [lombardisch *sbrinzo,* der Brienzer (Käse)] extraharter, vollfetter Bergkäse aus Rohmilch von der Kuh, echt mit dem Original-Schriftzug SBRINZ SWITZERLAND und Markenzeichen Alphornbläser, mind. 17 Mon., meist 20–24 Mon. gereift, mürber und trotzdem geschmeidiger Teig, 48% Fett i. Tr., volles, kräftiges Aroma, würzig und herb pilzig; nicht nur guter Reibe-, sondern a. ausgezeichneter Tafel-, Aperitif-, Dessertkäse, wird zu diesem Zweck in Brocken, «Möckli», gebrochen, a. gehobelt; zerfließt bei Hitze ohne Fäden, eignet sich deshalb für warme Gerichte wie Suppen, Gemüse, Kartoffeln, Teigwaren, Käsesaucen, zum Überbacken; läßt sich in Papier eingeschlagen im Gemüsefach des Kühlschranks oder in kühlem Keller lange aufbewahren, a. gut tiefkühlen und dann gefroren weiterverwenden (urspr. Brienz, Kt. Bern, heute Zentralschweiz)

scallop engl.: Kammuschel, a. Jakobsmuschel

scalloped engl.: in der Schale zubereitete (überbackene) und servierte Muscheln, a. Austern

scaloppa, scaloppina ital.: Fleischschnitte, Schnitzel

Scamorza, Scamorze kürbisförmiger Knetkäse aus Kuhmilch, der Mozzarella ähnlich, weicher Teig, mild, wird oft geräuchert (urspr. Abruzzen, Italien)

scampo, scampi ital.: Kaisergranat(e)

scelta ital.: Auswahl

sch… ↑ a. sh…

Schabefleisch mit einem scharfen Löffel vom Bindegewebe abgeschabte Fasern Rindfleisch, Zubereitung ↑ Tatar

Schäberl südd.: Suppenbiskuit

Schabziger, Zigerstock, -stöckli [ahd. *ziger,* Masse aus geronnener Molke] der älteste Schweizer Käse aus Magermilch von der Kuh und Milchsäure in Kegelform, dem Pulver von ↑ Zigerklee den charakteristisch würzigen Geschmack verleiht, fast fettfrei, trockenbröseliger Teig, mit Butter vermischt als Brotaufstrich, zu Pellkartoffeln, als Würze zu Suppen, Saucen, Pizzas, Gebäck usw., selten geworden (Glarus, St. Gallen, Uri, Schweiz)
  -klee ↑ Zigerklee

Schachbrettpastete Brühwurstpastete aus Rind-, Schweinefleisch und Speck mit schachbrettartig angeordneten Feldern hellem und dunklem Brät

Schachtelkäse ↑ Schmelzkäse

schächten [hebr. *schachat,* schlachten] rituelles Schlachten von Tieren mittels raschem Schnitt durch den Hals bis auf die Wirbelsäule ohne vorherige Betäubung und durch restloses Ausbluten, soll sicherstellen, daß nur Fleisch von lebenden Tieren zur Verwendung vorbereitet wird (jüd. Küche)

Schaden Süßwasserfisch, ↑ Wels

Schaf Nutztier zur Gewinnung von Wolle, Milch, Schafskäse und Fleisch, ↑ Hammel, Lamm; in der Küchensprache bis 12 Mon. altes weibl. oder kastriertes männl. Tier; ↑ Lamm/Fleischteile, -stücke, Schaffleisch

Schafchampignon Speisepilz, ↑ Anis-Champignon

Schäferin-Art, à la bergère mit Tapioka leicht gebundene Rinderkraftbrühe mit Champignonwürfeln, Spargelspitzen, Estragon und Kerbel; Rahmsuppe aus Weißen Bohnen, Kartoffeln, Porree und Zwiebeln mit Estragonstreifchen und gerösteten Weißbrotwürfeln; Salat aus körnigem Reis, Scheiben von hartgek. Ei und Schnittlauchröllchen in Schlagsahne mit Salz, Pfeffer und weiteren Gewürzen

Schafeuter Speisepilz, ↑ Schafporling

Schaffleisch in der Küchensprache das Fleisch über 2 Jahre alter Schafe und kastrierter Böcke; jüngere Tiere ↑ Lamm/Fleischteile, -stücke

Schafgarbe wildwachsende Wiesen- und Heilpflanze, wirkt desinfizierend und krampflösend, fördert Blutzirkulation und Magensaftabsonderung, charakteristisches Aroma, bitterlich salziger Geschmack, heute außer für Frühjahrskuren nur noch selten verwendet, aber junge Blätter des frühen Frühlings eignen sich in kl. Mengen als Würze für Suppen und Saucen (gemäßigte nördl. Zonen); ↑ a. Wildkräuter

Schafkäse   ↑ Schafskäse

Schafmaul   ↑ Salat/Feldsalat

Schafmilch eiweiß- und fettreicher als die Kuhmilch, wird meist zu ↑ Schafskäse verarbeitet

Schafporling, Schafeuter Speisepilz, jung fein pilziger Geschmack, alt gern bitterlich, hart und madig, gute Zeit Juli–Okt., gefährdete Art, sollte geschont werden

Schafskäse, Schafkäse Käse aus Schafmilch (a. mit Zusatz von Kuhmilch), Geschmack sehr unterschiedlich, meist jedoch ziemlich fett, läßt sich in Folie eingewickelt bis 3 Mon. einfrieren; ↑ Asco, Feta, Kaschkawal, Manchego, Pecorino, Roquefort und weitere Stichwörter

Schafsnut   Plattfisch aus dem Meer, ↑ Flügelbutt

Schaid   Süßwasserfisch, ↑ Wels

Schalblattel   ↑ Rind/Fleischstücke: Fledermaus

Schalenfrucht   ↑ Schalfrucht

Schalenobst   ↑ Obst

Schalentier   ↑ Schaltier

Schalenwild Wild mit Schalenhufen, wird sofort nach dem Erlegen aufgebrochen; feinfaseriges, aromatisches Fleisch; ↑ Damwild, Elch, Reh, Ren, Rot-, Schwarz-, Sika-, Steinwild

Schalerbse   Hülsenfrucht, ↑ Erbse/Sorten: Gelbe Erbse

Schälerbse   getr. Hülsenfrucht, ↑ Erbse/Sorten: Trockenerbse

Schales   Saarland: Apfelkompott

Schalet, Scholet, Tscholent [altfrz. *chauld*, warm] Sabbatspeise aus Fleisch, Gemüse, Graupen, Zerealien, Brühe, Gewürzen, a. Früchten usw., salzig oder süß, wird am Freitag spätnachmittags sachte geschm., um am Sabbat gegessen zu werden (jüd. Küche)

Schalfrucht Grasfrucht mit verwachsener Frucht- und Samenschale wie Gerste, Hafer, Hirse, Mais, Reis, Roggen u. ä.

Schälgurke   ↑ Gurke/Sorten

Schälnuß   frische Walnuß, die sich noch feucht schälen läßt

Schalotte   ↑ Zwiebel/Sorten

Schalotten|butter   Butter mit feingeh. Schalotten
  -essig   ↑ Essig/Gewürzessig
  -sauce   ↑ Sauce/sauce Bercy

Schälrippe   ↑ Schwein/Fleischstücke

Schaltier, Schalentier wirbelloses Weichtier in Schale, meist aus dem Wasser (Auster, Muschel, Schnecke), eine der feinsten, delikatesten Meeresgaben; läßt sich verpackt bis 1 Mon. einfrieren und dann aufgetaut zubereiten; ↑ Abalone, Auster, Dreiecksmuschel, Herzmuschel, Jakobsmuschel, Kammuschel, Klaffmuschel, Kreuzmuster-Teppichmuschel, Messerscheide, Miesmuschel, Schnecke, Strandschnecke, Teppichmuschel, Venusmuschel, Wellhornschnecke

Schänkeli   schweizerd.: schwimmend ausgeb. Festtagsgebäck

Scharbe   Plattfisch aus dem Meer, ↑ Kliesche
  Rauhe –   Plattfisch aus dem Meer, ↑ Doggerscharbe

Scharfe Tüften deftiges Gericht aus Scheiben mehliger Kartoffeln in Buttermilch und Schlagsahne mit fein geh. Heringen, Gurken, Essig und Gewürzen (Mecklenburg)

Scharfwurzel   Würzwurzel, ↑ Meerrettich

Scharleikraut   Würzkraut, ↑ Salbei

Schaschlik, şaşlik urspr. am Spieß gebr. Hammelfleischstückchen, heute auf Holzstäbchen aufgespießte Würfel mageres Kalb-, Rind-, Schaf-, Schweinefleisch, Leber und/oder Nieren mit Gurken-, Paprikaschoten-, Tomaten-, Zwiebelstückchen, grilliert, gebraten oder in heißem Fett gegart (Orient, Balkan, Rußland)
  -sauce dickflüssige Grillsauce aus Tomatenmark, Zwiebeln, Gewürzen und Essig, zu Schaschliks und Fleischspeisen
  -suppe Suppe aus Rind-, Schaf-, Schweinefleisch, Leber, Nieren, Speck und Paprika, Tomaten, Zwiebeln, a. trocken oder als Paste erhältlich
  -zwiebel größere Perlzwiebel, für den Spieß geeignet, ↑ Zwiebel/Sorten

Schaschliks, kleine Spieße vom Rost

Schattenmorelle ↑ Kirsche/Sauerkirsche

Schaufel Bug, Schulter des Schweins
 -**deckel** dünnes Stück Fleisch vom Schulterblatt des Rinds, für Gulasch geeignet; ↑ a. Bug
 -**stück** ↑ Bug vom Rind, für Sauerbraten geeignet

Schäufele, Schäuferl bad., südd.: zart gepökeltes und geräuchertes Rücken-, Schulterstück vom Schwein

Schaum|brot fälschlich für Schaummousse, ↑ Mousse
 -**brötchen** mit Gelee vermischte ↑ Schaumfarce in ausgebuttertem Förmchen, abgekühlt und eiskalt serviert
 -**creme** dicke Creme aus Milch, Zucker, Vanille mit Speisestärke und Schlagsahne, gekühlt und oft mit Früchten usw. serviert
 -**eis** ↑ Soufflé glacé
 -**erdbeeren** weiche Schaumzuckerware mit Erdbeergeschmack, meist in Zucker gewälzt
 -**farce** Füllung aus rohem, durchgedrehtem und gut gewürztem Kalb-, Geflügel-, Wild-, Fisch- oder Krustentierfleisch mit Eiweiß und, nach Abkühlung, flüssiger oder geschlagener Sahne, zum Füllen von Geflügel, für Aufläufe usw.
 -**gebäck** feine Backware aus Eiweiß- oder Schaummasse, ↑ Meringe
 -**kartoffeln** ↑ Kartoffel/Zubereitungen
 -**masse** ↑ Baisermasse
 -**mousse** ↑ Mousse
 -**mus** dt. für Schaummousse, ↑ Mousse
 -**omelett** ↑ Omelett/Schaumomelett
 -**pudding** in heißem Wasserbad aufgeschlagene dicke Creme aus Eigelb, Zucker, Vanillezucker mit Butter und steifgeschlagenen Eiweißen, in einer Auflaufform im Wasserbad stehend im Ofen geb., oft mit Sabayon, Weinschaum serviert
 -**rolle** österr.: mit Schlagsahne gef. Blätterteigrolle
 -**sauce** ↑ Sauce/sauce mousseline
 -**schokolade** ↑ Aero-Schokolade
 -**suppe** schaumig geschlagene Cremesuppe
 -**waffel** mit Schaumzuckerware gef. Waffel
 -**zuckerware** aus geschlagenem Eiweiß, Gelatine oder Agar-Agar, Sirup und Zucker hergestellte süße Masse, weich oder hart, ↑ Meringe, (industriell hergestellter) Mohrenkopf u. ä.

schawā arab.: am Spieß oder auf dem Grill, Rost braten

schawarma, šawarma dünne, auf einem vertikalen Drehspieß gegr. Lammfleischscheiben, meist in Fladenbrot gepackt und mit Tomaten, Zwiebeln, Minze garniert (Arabische Länder); ↑ a. kebab, döner

Sche(e)fsnut Plattfisch aus dem Meer, ↑ Flügelbutt

Scheibenbauch Meerfisch, ↑ Seehase

Scheibenbrot ↑ Schnittbrot

Scheibenfleisch ↑ Geschnetzeltes; Mitteldeutschland: gebr. Filetscheiben

Scheibenhonig ↑ Honig/Gewinnung

Scheibletten(käse) dt. für in Scheiben geschn. Schmelzkäse

Scheidenmuschel Meerweichtier, ↑ Messerscheide

Scheidenstreifling Familie eßbarer Pilze, zartes Fleisch, neutraler, manchmal leicht süßlicher Geschmack, als Mischgemüse verwendbar, gute Zeit Juni–Okt.

Scheidling Familie eßbarer Speisepilze, ↑ Schwarzstreifiger Scheidling

Scheinfrucht Frucht, an deren Wachstum Teile der Blüte (Blütenachse, -boden usw.) beteiligt sind (Ananas, Apfel, Birne, Erdbeere u. ä.)

Scheinquitte jap. Frucht, ↑ Zierquitte

Scheiterbeige [schweizerd.: Holzstoß] mit Eiermilch übergossene Brotstangen, im Ofen geb. und mit Zucker bestreut (Ostschweiz)

Scheiterhaufen zu einem Scheiterhaufen errichtete gek., erkaltete Grüne Bohnen, Achtel von hartgek. Eiern, Tomaten und Champignonscheiben, mit Marinade aus Dill, Knoblauch, Petersilie, Essig, Öl und Senf übergossen, als Vorspeise; süßer Auflauf aus im Ofen überbackenen, mit Milch, Ei und Zucker getränkten Semmelscheiben, dazwischen geraspelte Äpfel, Rosinen und Mandeln, darüber Milch, Zimt und Zucker, dazu oft Fruchtsauce (Süddeutschland, Österreich u. a.)

Schellfisch [niederd. *schelle,* nach dem schichtweise auseinanderfallenden Fleisch] dorschartiger Meerfisch, sehr mageres, zartes weißes Fleisch, wird frisch aus der Küstenfischerei als *Angelschellfisch* (nur Größenbezeichnung), gute Zeit Okt.–Apr., oder tiefgefroren als Filet angeboten, eignet sich für alle Zubereitungen; a. geräuchert erhältlich, ↑ haddock (Nordatlantik, Nordsee, Kattegatt, Skagerrak); ↑ aber a. Angelschellfisch

Schenkeli schweizerd.: schwimmend ausgeb. Festtagsgebäck

Scherben in heißem Fett schwimmend ausgeb. dünne Küchlein (Baden)

Scherbet ↑ Sorbet

Scherg Störfisch aus den russ. Meeren, ↑ Kaviar, Sevruga

Scherz(e)l österr.: Fleischteil zwischen Hüfte und Schwanzstück des Rinds, ↑ Rind/Fleischstücke; bayer.: Brotanschnitt, -ende

Schichtkäse dem Quark ähnlicher Frischkäse aus einer fetten zwischen zwei mageren Schichten, gallertiger, geschmeidiger Teig, mind. 40% Fett i. Tr., milchig säuerlich, Herstellung recht arbeitsaufwendig, deswegen immer seltener

Schied Süßwasserfisch, ↑ Rapfen

Schiedling Süßwasserfisch, ↑ Mairenke

Schiel Süßwasserfisch, ↑ Zander

schiena ital.: Rücken(stück), Rippe

Schieres Fleisch Fleisch ohne Fett, Knochen und Sehnen

Schiffchen, barquette oval-spitzes Förmchen aus Mürbe-, Blätterteig oder Sandmasse, blind geb. und salzig gef. als warme oder kalte Vorspeise, süß gef. als Nachspeise

Schildkröte gedrungenes Reptil mit Bauch- und Rückenpanzer, dessen schmackhaftes Fleisch früher vielfältig verarbeitet und genossen wurde; das Tier ist aber heute vom Aussterben bedroht und sollte deshalb nicht mehr gefangen oder verzehrt werden; Ersatz ↑ Mockturtle

Falsche – ↑ Mockturtle

Schildkröten-Art ↑ tortue, en

Schildkröten|kräuter Würzmischung aus Basilikum, Bohnenkraut, Koriander, Lorbeer, Majoran, Petersilie, Pfeffer, Rosmarin, Salbei, Thymian und Zitronenschale

-sauce ↑ Sauce/sauce tortue

-suppe ↑ Schildkröte

Schill Süßwasserfisch, ↑ Zander

Schillerlocken (A) [wegen der den Haarlocken des Dichters Friedrich von Schiller ähnlichen Form so genannt] enthäutete und in Streifen geschn. Bauchlappen des Dornhais, die sich beim Heißräuchern geringelt haben

Schillerlocken (B) Tüten aus Blätterteig mit Mehl, Zucker, Zimt und Füllung aus Schlagsahne, Vanillezucker usw.

Schillgassen Westfalen: Graupensuppe

Schimmel niedere Pilzarten, die auf organischen Stoffen einen Überzug bilden und sie ungenießbar machen; nicht zu verwechseln mit Reinkulturen von Edelschimmel, ↑ Schimmelkäse

Schimmelkäse Sauermilchkäse mit Edelschimmel, reich an Protein, arm an Fett, glatter, fester Teig, mild aromatisch (Brie, Camembert, Danablu, Gorgonzola, Roquefort usw.); ↑ a. Käse/Blauschimmelkäse, Weichkäse mit Schimmel

Schindelbraten in Spindelform gebr. Fleischscheiben

Schinken [ahd. *scinco,* Knochenröhre, Schenkel] im eigentlichen Sinn das frische Fleisch aus der Hinterkeule des Schweins, a. anderer Tiere (Elch, Gemse, Hirsch, Ren, Rind, Wildschwein u. a.), im engeren Sinn jedoch meist das durch versch., zum Teil altüberlieferte Verfahren behandelte und konservierte Erzeugnis daraus: durch *Einsalzen, Pökeln* (trocken mit Salz und Gewürzen eingerieben, naß in Lake eingelegt und gepreßt oder durch Einspritzen einer Salzlösung, schnellste, aber am wenigsten dauerhafte Methode), durch schonendes kaltes (unter 25 °C, mild) oder warmes (über 25 °C) *Räuchern* unter dem Dach, in Kammern, Öfen oder durch *Lufttreifung.*

Schinken wird bei abgetrennter Kappe und ausgelöstem Schlußknochen immer quer, gegen die Fleischfaser geschnitten und in *Blume, Nuß* (schmale Seite) und *Papenstück* (bestes Stück, innen *Kluft* aus Oberschale sowie *Semer* aus Unterschale mit Speck und Schwarte) zerteilt; je nach

SCHINKENERZEUGNISSE

Landschaft, aus der er stammt, charakteristisches Aroma, eigener Geschmack; er kann im natürlichen Zustand gegessen werden, eignet sich aber a. als Beilage für oder mit Speisen; sollte luftig und kühl hängend aufbewahrt werden, ist nur begrenzt haltbar und verliert im Kühlschrank sein Aroma, läßt sich jedoch roh (nicht gek.) bis 2 Mon. einfrieren.

Erzeugnisse

Bauern-, Landschinken aus einem oder mehreren Teilstücken des Schinkens, a. der Schulter vom Schwein

Beinschinken aus der Hinterkeule des Schweins, manchmal ohne Knochen und Nuß, wird meist im Ofen gegart

Bierschinken ↑ Bierschinken

Burgunderschinken gepökelter Rohschinken ohne Schwarte und Fettschicht

Frühstücksschinken ↑ Speck/Schinkenspeck

Kernschinken, Keulen-, Kronen-, Papenschinken aus der Unter- oder Oberschale der Schweinekeule, ↑ Rollschinken

Knochenschinken ganzer Schinken mit oder ohne Bein, aber mit Speck, Schwarte und eingewachsenem Röhrenknochen, besteht aus Kappe mit viel Fett, ↑ Schinkenspeckstück, oder aus der Blume, Nuß mit wenig Fett, lange gepökelt, kalt geräuchert und nachgereift, ergibt nur kl. Scheiben, Schwarte muß vor Anschneiden entfernt werden; bes. zart

Kochschinken aus der Hinterkeule oder Schulter (gek. Vorderschinken) vom Schwein, ohne Knochen mild gesalzen, kurz geräuchert und dann gekocht; grobe Faser und fettreich, frisch und saftig; nur wenige Tage haltbar, im Kühlschrank 3–5 Tage

Lachsschinken, Karbonadenschinken, Lachsfleisch aus dem fett-, haut- und sehnenfreien Kotelettstrang (Lachs) des Schweins, wird mit dünnen Speckscheiben umwickelt in Naturdarm oder Folie warm, kalt geräuchert, aber a. naturgereift, gerollt und geschnürt, mager und zart

Nußschinken, Kugel-, Mausschinken aus dem Nußstück der hinteren Schweinekeule, meist ohne Kugel-

Schinken, in jeder Form das beste Stück vom Schwein

SCHINKENSORTEN

knochen und Speck schnell gepökelt und warm geräuchert, sehr mager, deshalb gern etwas trocken, aber zart und mild-würzig
Rinderkraftschinken aus dem zarten Schwanzstück junger Mastrinder, 2–3 Tage in pikanter Gewürzlake eingelegt, gepreßt und gekocht
Rohschinken, Rohschneider aus der Hinterkeule des Schweins, mit Salz eingerieben, in der Regel kalt geräuchert oder langsam luftgereift
Rollschinken Kernschinken aus Pape oder Nuß ohne Knochen und mit nur dünner Schwarte, naß gepökelt, gepreßt und 5–6 Wo. warm geräuchert, schnell gereift, deshalb nur begrenzt haltbar, mit Garn oder Folie umwickelt, kräftiger Rauchgeschmack
Saftschinken rundgeschn., mild gepökelter, goldgelb geräucherter Schinken ohne Knochen und Lake in Dosen
Schinken in Heu bei max. 72 °C in Sud aus frischem Wiesenheu, Gewürznelken, Lorbeer, Wacholderbeeren, Thymian usw. gegart
Spaltschinken flacher, ausgebeinter Schinken aus der längs geteilten Schweinekeule, trocken oder naß gepökelt, kalt geräuchert, herzhaft saftig
Truthahn-Lachsschinken aus der Brustmuskulatur eines Truthahns
Vorderschinken gepökelte, gek. Schweineschulter
Wildschinken Rohschinken von Dachs, Gamswild, Hirsch, Reh usw., meist geräuchert, fettarm und zart

Sorten
Ammerländer Schinken mit oder ohne Knochen, aber mit voller Oberschale trocken gesalzen, über Buchenholz mit Gewürzen langsam kalt geräuchert, mild aromatisch (Ammerland westl. von Oldenburg, Niedersachsen)
Aosta-Schinken, jambon d'Aoste, prosciutto d'Aosta wenig gesalzen, mind. 10 Mon. an der Bergluft getr., fettarm (Aosta, Italien, Rhône-Alpes, Frankreich)
Ardennen-Schinken, jambon des Ardennes naß gepökelt, ohne Knochen über Wacholder kalt geräuchert, sehr mager, herzhafter Geschmack, wird leider oft zu gesalzen exportiert; a. luftgereift hergestellt (Eifel, belgische, französische, luxemburgische Ardennen, a. Elsaß)
Bayonne-Schinken, jambon de Bayonne [Bayonne, südfrz. Stadt zwischen Atlantik und Westpyrenäen] mit Knochen und Natursalz trocken gepökelt, 6–12 Mon. an der Luft gereift, zart-mild, saftig und leicht süßlich-nussig, erinnert an den Parmaschinken (Baskenland, Südfrankreich)
Bocage-Schinken, jambon de Bocage mit Meersalz gepökelt, nach 6 Wo. Reifung über Apfelbaumholz geräuchert (Normandie, Frankreich)
Bündner Kern-, Rohschinken gesalzen, in Gewürz-, Kräutermischung eingelegt und monatelang luftgetrocknet sehr fest und schmackhaft (Graubünden, Nordostschweiz)

Coburger Schinken Kernschinken ohne Knochen, wie Ardennen-Schinken hergestellt, sowohl geräuchert wie a. luftgetr., sehr mager, zart und mild (Coburg, Kreisstadt im bayer. Oberfranken)
Culatello (di Zibello) aus dem Kernstück der Schweinekeule, mit Knoblauch, Pfeffer, Salz und Weißwein gewürzt, in Schweineblase gef. und zu einer Wurst verschnürt, rund 9 Mon. an der Luft gereift, saftige, aber seltene Sorte, wird hauchdünn geschn. serviert (Zibello, Provinz Parma, Norditalien)
Eichsfelder Schinken luftgetrocknet, wird hauchdünn geschnitten (Eichsfeld, Region in Thüringen)
Eisacktaler Bauernschinken gepökelt und über Wacholdersträuchern geräuchert, bis 10 Mon. an der Bergluft und/oder in Weinkellern gereift, mild aromatisch (Südtirol)
Fränkischer Bauernschinken über Buchen-, a. Eichenholz kalt geräuchert, kräftiger Geschmack (Franken, Landschaft am Mittel- und Ober-Main)
Gewürzschinken ohne Knochen, mit Knoblauch, Kräutern, Zwiebeln, Pfeffer und Salz eingerieben, nach der Reifung 1 Wo. kalt geräuchert und 3 Wo. abgehangen (Niederbayern)
Heideschinken trocken gepökelt, mit Knochen kalt geräuchert, mild, geringer Rauchgeschmack (Heide, Kreis in Norderdithmarschen, Schleswig-Holstein)
Jabugo von halbwilden schwarzen Schweinen, die mit Eicheln gemästet wurden, luftgereift, Spitzenqualität, mild nussiger Geschmack (Jabugo, Ort bei Huelva, Südspanien)
Katenschinken, Deelen-, Dielen-, Tennenschinken, (Holsteiner) ganzer Schinken ohne Knochen, von Hand trocken gepökelt, 3–4 Wo. abgedeckt gelagert, 4–8 Wo. über harzfreiem Buchen- und Knickholz kalt geräuchert, herzhaft, aber mild nussig, wird dick geschnitten (Schleswig-Holstein, Norddeutschland)
Misoxer Schinken, prosciutto della Mesolcina mit Gewürzmischung (Gewürznelken, Knoblauchpastete, Lorbeer, Pfeffer, Rosmarin) und Rotwein (vino nostrano) eingerieben, an mehreren Tagen kurz geräuchert und 4–5 Mon. gereift (Misox, kl. Tal in Graubünden, Südschweiz)
Niederbayerisches Geselchtes, Schwarzgeräuchertes ausgelöste Schinkenstücke mit viel kernigem Speck, in Lake gepökelt und über harziger Holzkohle warm schwarzgeräuchert, zart mürb und mild nussig (eignet sich nicht zu Spargeln), sehr haltbar (Niederbayern)
Pariser Schinken, jambon de Paris Kochschinken aus der Hinterkeule ohne Knochen und Sehnen, aber mit Fettrand und Schwarte, 1 Wo. in milder Pökellake gereift und langsam gegart, manchmal leicht angeräuchert (Bretagne, Burgund, Lothringen, Frankreich)
Parmaschinken, prosciutto di Parma von speziell gezüchteten, mind. 1 Jahr alten Schweinen, Spitzen-

qualität, ausschließlich in Handarbeit hergestellt, trocken schwach gesalzen, luftgetrocknet, in luftigen Trockenhäusern bis 18 Mon. gereift, nur echt mit Brennstempel Herzogskrone von Parma, mild süß und leicht nussig (eignet sich aber nicht zu Spargeln), nicht lange haltbar (Provinz Parma, Emilia-Romagna, Italien)
Pata Negra [span.: schwarze Pfote] von Schweinen mit schwarzen Füßen, die sich vorw. von Eicheln ernähren, mit Meersalz gewürzt, 27–36 Mon. luftgetrocknet (Spanien)
Pfefferschinken, jambon au poivre magerer Rollschinken, mit Kruste von grobgeschrotem Pfeffer umhüllt, welche gern das eigentliche Schinkenaroma überdeckt, schmeckt leicht salzig (Frankreich)
Prager Schinken urspr. von speziell gezüchteten tschechischen Schweinen, wird mild gepökelt und gek., aber nicht gepreßt, im Backofen natur oder in Brotteig gebacken (urspr. Böhmen)
Prosciutto crudo mit Knochen luftgereifter roher Schinken (Italien)
San-Daniele-Schinken, prosciutto di San Daniele urspr. von schwarzen Bauernschweinen aus dem Friaul, nach dem Salzen gepreßt, luftgetrocknet und dann 12–14 Mon. in luftigen Trockenhäusern gereift, dem Parmaschinken ähnlich und ebenbürtig, etwas würziger (San Daniele, Provinz Udine, Norditalien)
San Leo von alten ital. Hausschweinrassen, die mit Mais und Molke ernährt wurden, mit Meersalz eingerieben, getr. und mind. 14 Mon. gereift, milder Geschmack, einer der besten ital. Schinken (Marken, Italien)
Schwarzwälder (Bauern-)Schinken, Speck ohne Knochen trocken und mit Gewürzen von Hand (schwach) gesalzen, nach mehreren Wochen Reife über harzigem Nadelholz kalt geräuchert, rauchiger, kräftig würziger Wacholdergeschmack (Schwarzwald, Süddeutschland)
Serrano-Schinken, jamón serrano urspr. von Schweinen, die sich von Eicheln oder Korkeiche ernähren, heute meist vom normal gefütterten Schwein, mit Meersalz gepökelt und rund 12 Mon. luftgereift, würziges Aroma (Spanien)
Smithfield-Schinken, Smithfield ham von Schweinen, die mit Erdnüssen gemästet wurden, am Knochen trocken gepökelt, geräuchert und mind. 6 Mon. gereift, wird meist gek. und mit braunem Zucker glasiert (Virginia, USA)
Südtiroler Bauernspeck über Nadelholz kalt geräuchert, lange gereift, kernig, kräftig und würzig (Südtirol)
sugar ham, Virginia ham ↑ sugar ham
Veneto-Schinken, prosciutto veneto dem Parmaschinken ähnlich, echt mit dem Brennstempel eines venezianischen Löwen und Schriftzug «Consorzio Berico Euganeo», delikat zart (Venetien, Italien)

Wacholderrollen aus der ganzen Schweinekeule ohne Knochen, mit Wacholder aromatisiert, im Netz heiß geräuchert (Niederbayern)
Wacholderschinken ohne Knochen und Schwarte mit Pfefferkörnern, Salz und Wacholderbeeren eingerieben, 2 Tage über heimischen Hölzern geräuchert und bis 3 Wo. gereift (Lüneburger Heide)
Westfälischer (Knochen-)Schinken trocken von Hand gepökelt, mit Knochen über Buchenholz kalt geräuchert, Mitte und obere Hälfte mit Eisbein besser als die untere, die manchmal etwas salzig ist, wird a. luftgereift hergestellt, trocken, fest und würzig, sehr haltbar (Westfalen, Niedersachsen)
    Luftgetrockneter – von Hand gesalzen, 2–3 Mon. im Salzkeller, mind. 3 Mon. auf dem Reifeboden gelagert
Wildschweinschinken luftgetr. und sehr mager (Toskana u. a.)
York-Schinken, York ham mit Knochen gepökelt, gek. oder ged. und manchmal leicht geräuchert, mild und sehr aromatisch, kann kalt oder warm, insbes. zu warmen Gerichten gegessen werden (York, Grafschaft in Ostengland)

Schinken|brot ↑ Brot/Spezialsorten
-ecke ↑ Speck/Schinkenspeck
-fleckerln Auflauf aus gek., geh. Schinken, vorgek. Bandnudeln, Eiern und Sahne (Österreich)
– im Teig gek. (Prager) Schinken in Mantel aus Brotteig, a. Brot-Fertigmischung, bleibt so bes. saftig
– in Heu ↑ Schinken/Erzeugnisse
-käse i. a. Schmelzkäse mit mind. 10 % magerem Schinken
-mettwurst schnittfeste Rohwurst aus Schweinefleisch und Speck, grobkörnig und geräuchert; ↑ a. Feldkieker
-nudeln Auflauf aus Nudeln, Schinkenstücken, Sahne, geriebenem Emmentaler Käse usw. aus dem Backofen (Süd-, Südwestdeutschland)
-pastete Brühwurstpastete aus feingemahlenem Rind- und Schweinefleisch mit grober Einlage von Schinken- und Speckwürfeln
-plockwurst, Rohe Schinkenwurst schnittfeste Rohwurst aus Schweine-, Rindfleisch und Speck, grobkörnig und kalt geräuchert
-sauce, Brogliesauce Demiglace mit Butter, Champignonfond und Madeirawein, als Einlage in Butter gebr. Schinkenwürfel
-schmalz Schweineschmalz aus dem Fettgewebe von geräuchertem Schinken
-speck ↑ Speck/Schinkenspeck
-sülze Sülzwurst aus Schweinefleischwürfeln in Gelatine oder mit Schwarte abgek. Gallerte
-wurst Brühwurst aus fein zerkleinertem Rind-, Schweinefleisch und Speck, als Aufschnitt; ↑ a. Grobe Schinkenwurst; Rohwurst, ↑ Schinkenplockwurst

Schlachtplatte für Fleischschlemmer

-würstchen Brühwürstchen aus fein oder grob zerkleinertem Schweinefleisch, a. heiß geräuchert

Schinken im Heu ↑ Schinken/Erzeugnisse

Schipp russ. Störfisch, ↑ Kaviar/Asetra

Schirmling, (Großer, Riesen-), Parasol, Schirmpilz jung sehr guter Speisepilz, saftig und zart nussigsüßlich mit Waldgeschmack, nur Hut verwendbar, nicht roh essen, läßt sich braten, zum Trocknen geeignet; gute Zeit Juli–Okt.

Schischkebab eingedeutscht für ↑ kebap, şiş

Schlachtbraten Rinderfilet

Schlachtfett bei der Schlachtung angefallenes Fett aus Tierkörpern

Schlachtgeflügel zur baldigen Schlachtung, nicht für Zucht und Eierproduktion bestimmtes Geflügel

Schlachtgewicht Gewicht des geschlachteten Tierkörpers ohne Abgänge: Fleisch, Fett und Knochen

Schlachtplatte bäurisch-ländliches, meist deftiges Gericht mit den Produkten von der (Haus-)Schlachtung, von Ort zu Ort, von Region zu Region abweichende Traditionen, z. B. Bayern mit Eisbein, Würstchen, Leber-, Semmelknödeln, Bayerisch Kraut usw., Norddeutschland mit Eisbein, Schweinebauch, Würsten, Erbsenpüree, Sauerkraut und Speckkartoffeln, deutsche Schweiz mit Schweinehachse, -rippe, Magerspeck, Rinderfleisch und -zunge, gek. Bohnen, Sauerkraut und Salzkartoffeln, ↑ Berner Platte, Elsaß mit Schweinebacke, -rippe, Rippenspeer, Mettwürstchen, Sauerkraut, Röstkartoffeln usw., ↑ choucroute

Schlachtsuppe ↑ Metzelsuppe

Schlachttiere, Schlachtvieh Haussäugetiere, die zur Fleischgewinnung gemästet werden und zum Schlachten bestimmt sind: Kalb, Rind, Schaf, Schwein, a. Kaninchen, Ziege, Pferd; die hierfür angewendeten Methoden sind heute allerdings oft so widernatürlich und qualitätsmindernd (künstliche Zeugung, Doping durch Milchpulver, Hormone, brutale Transporte usw.), daß nicht nur Tierschützer, sondern a. Feinschmecker (was kein Gegensatz zu sein braucht) sie bekämpfen sollten

Schlachtung fachgerechtes (und möglichst schonendes) Töten eines Tieres, das ganz oder teilweise zur menschlichen Ernährung bestimmt ist, durch Betäuben, Entbluten, Brühen, Ausweiden, Abhäuten

Schlachtvieh ↑ Schlachttiere

Schlackwurst schnittfeste Rohwurst aus Rind-, Schweinefleisch und Speck, bes. feinkörnig und oft geräuchert, meist im Mastdarm (Schlacke) vom Schwein

Schlagobers österr.: Schlagsahne

Schlagsahne, Rahmschaum, -schnee, Süße Sahne, Süßrahm schaumig geschlagene gesüßte Sahne; Fertigprodukt: Sahne, die durch Zusatz von Milchsäurebakterien, Pasteurisieren, Entgasen in Kühllagern schlagfähig gemacht wurde, Fettgeh. mind 30%; sollte kühl gelagert gewesen sein, Becherdeckel nicht hochgewölbt; Verfalldatum beachten, nach Einkauf sofort verschlossen in den Kühlschrank stellen; muß beim Schlagen (am besten in vorgekühltem Gefäß mit vorgekühltem Handrührer) kalt sein, gegebenenfalls (Puder-)Zucker erst zum Schluß beigeben; bleibt im Kühlschrank nur 5 Tage frisch, läßt sich aber a. tieffrieren, muß hinterher jedoch im Kühlschrank langsam aufgetaut werden; ↑ a. Süße Sahne

Schlangengurke ↑ Gurke/Salatgurke

Schlangenkraut Würzkraut, ↑ Estragon

Schlangenkürbis schlangenförmige Kürbissorte mit dünner grüner Schale, meist als Gemüse verwendet (Australien, Neuseeland)

Schlangenlauch, Rockenbolle Gemüsepflanze, Abart des Knoblauchs, Blütenzwiebelchen als Gewürz

Schlankheitskur ↑ Abmagerungsdiät

Schlappkraut Gericht aus Weißkraut mit Schweinebauch und -nacken (Pfalz)

Schlauchpilze Pilzklasse, zu der a. die Becherlinge, Lorcheln, Morcheln, Trüffeln usw. gehören

Schleckbrause pulverförmige, a. feste Zuckerware, angenehm prickelnd, kann direkt verzehrt oder als Füllung, ↑ Brausebonbon, verwendet werden

Schledderle Teigstück als Suppeneinlage (Schwaben)

Schlegel reg. Bezeichnung für Keule bzw. Schinken von Kalb, Schaf, Schwein oder Wild

Schlegelwurst Blutwurst aus Schweinefleisch, Speck, bluthaltigen Schwarten mit stückigen Einlagen von Fleisch, Speck, a. Zunge

Schlehe, Schwarzdorn blauschwarze, kugelige Steinfrucht des wildwachsenden Schlehdorns, eines Rosengewächses, roh herbsäuerlich und adstringierend, gek. jedoch intensiv fruchtig-würzig, schmeckt nach dem ersten Frost Nov., Dez. nicht mehr so herb, für Gelees, mit Gewürzen, Honig usw. zum Einlegen, gut zu Wildgerichten usw., wird a. getrocknet (urspr. Asien, inzw. ganz Europa, Nordafrika)

Schleibückling ↑ Bückling

Schleie, Schleihe karpfenartiger Süßwasserfisch aus Teichen und ruhig fließenden Gewässern, heute a. in Karpfenteichen gezüchtet, sollte, wenn er aus schlammigen Weihern kommt, vor dem Verbrauch einige Tage lebend in fließendem Wasser gehalten werden; gute Zeit Aug.–Febr., am besten Okt.–Dez., etwa 3 Jahre alt, fettarmes, wohlschmeckend aromatisches, aber grätenreiches Fleisch, läßt sich blau kochen, braten, fritieren, grillen, für Suppen, Eintöpfe, Ragouts usw. (ganz Europa bis Sibirien, ausgenommen Island, Schottland, Nordskandinavien, Dalmatien, Griechenland)

Schleifchen zu Schlaufen gebundene Suppennudeln

Schleihe Süßwasserfisch, ↑ Schleie

Schleimsuppe schleimige Diätsuppe aus in Wasser gek. Buchweizengrütze, Haferflocken o. ä.

Schleie, aromatischer Fisch aus schlammigen Wassern

Schlepp österr.: Schwanz

Schlesische Bratwurst [Schlesien, ehem. ostdeutsche Landschaft im Gebiet der Oder] Brühwürstchen nach Art der Bratwurst

Schlesische Grützwurst Blutwurst aus Schweinefleisch, Speck, bluthaltiger Schwarte, zerkleinerten Innereien und Buchweizengrütze

Schlesische Preßwurst Blutwurst, ↑ Rote Preßwurst

Schlesisches (Land-)Brot freigeschobenes Roggenbrot, lang oder rund, stark ausgeb. mit gemehlter oder blanker, seitlich vielfach eingekerbter Oberfläche, kräftiger Geschmack

Schlesisches Himmelreich ↑ Himmelreich

Schleuderhonig ↑ Honig/Gewinnung

Schlickermilch landsch.: Sauermilch

Schlickkrapfen landsch.: Ravioli

Schließfrucht Frucht, die bei der Reifung geschlossen bleibt

Schlitzwegerich, Kapuzinerbart bei uns Unkraut, in Italien a. (gute) Salatpflanze; ↑ Wildkräuter

Schlodderkappes Eintopf aus Rindfleisch, Blutwurst, Speckscheiben, Kartoffeln, Weißkohl usw. (Westfalen)

Schlögel österr.: Keule, insbes. von Kalb, Reh

Schlosserbuben in Backteig getauchte, mit Zucker und Zimt gewürzte Dörrpflaumen, deren Kerne durch eine Mandel, eine Walnuß und/oder ein Stück Marzipan ersetzt wurden, in heißem Fett ausgeb. und in Staubzucker und geriebener Schokolade gerollt (Österreich); ↑ a. Wiener Wäschermädel

Schloßkartoffeln ↑ Kartoffel/Zubereitungen

Schloßkäse Deutschland: Phantasiename; Österreich: Weichkäse aus Kuhmilch mit Schmiere, dem Romadur ähnlich, geschmeidiger Teig, 35–45 % Fett i. Tr., je nach Reife mild bis pikant

Schlotfeger Hippengebäck, ↑ Hippe

Schlunz Suppe aus Wasser, Butter und Roggenmehl, mit Sellerie gewürzt (Ostpreußen)

Schlüpfkrapfen ↑ Schlutzkrapfen

Schlüterbrot ↑ Brot/Spezialsorten

Schlutzkrapfen, -krapferl, Schlüpfkrapfen, Schlutzer mit Quark, Spinat usw. gef. Teigtasche, in Fett ausgebacken (Österreich, Südtirol)

Schmaltier Dam-, Rotwild im 2. Lebensjahr; männl.: Schmalspießer, weibl.: Schmalreh

Schmalz [ahd. *smalz,* geschmolzen] bei 20 °C weiche, streichfähige Paste aus dem Fettgewebe eines Tieres, meist von Gans, ↑ Gänseschmalz, oder Schwein, ↑ Schweineschmalz, hält sich tiefgekühlt bis 6 Mon.; Deutschland a.: «Butterschmalz», ausgelassene Butter ohne Molke

Schmalzbohne ugs. (Weiße) Bohne, die beim Kochen cremig wird

Schmalzfleisch Konserve aus fettem Schweinefleisch mit Flomen, Speck und Bindegewebe

Schmalzgebäck im Fettbad schwimmend ausgeb. Gebäck

Schmalzkraut hessisch: Feldsalat

Schmalznudeln, Ausgezogene, Kirchweihnudeln runde, dünn ausgezogene, in der Mitte durchsichtige Hefeteigplätzchen, in Butterschmalz schwimmend ausgeb., in Puderzucker gewälzt und heiß serviert (Bayern, a. Österreich)

Schmalzöl, Lard-, Speck öl aus Schweineschmalz abgepreßtes Öl

Schmalzrübe Gemüseknolle, ↑ Kohlrübe

Schmalzsalat österr.: Kopfsalat

Schmand, Schmant [osteuropäisch *smetana,* Sahne] leichter Sauerrahm mit 24 % Fettgeh.; Nord-, Ostdeutschland: a. Sahne
  -sauce österr.: Sahnesauce
  -schinken ↑ Schmantschinken

Schmankerl bayer., österr.: etwas kleines Feines, Leckerbissen, leckeres Essen

Schmant ↑ Schmand
  -hering Ostpreußen: Hering Hausfrauen-Art
  -kartoffeln ↑ Kartoffel/Rahmkartoffeln
  -schinken in Milch eingelegte Schinkenscheiben, in der Pfanne mit Butter gebräunt, mit Mehlschwitze, saurer

Sahne, Schlagsahne und der Schinkenmilch verrührt und mit Salz, Pfeffer, Zucker, Zitronensaft abgeschmeckt (ehem. Ostpreußen)

Schmarr(e)n [ahd. *smero*, Fett] in der Pfanne geb., mit einer Gabel in kl. Stücke zerzupfter Eierkuchen, mit Puderzucker bestreut (Bayern, Österreich)

Schmeckerts Würzkraut, ↑ Pfefferminze

Schmelzbutter ↑ Butterschmalz

schmelzen hartes Fett durch Erwärmen flüssig machen

Schmelzglasur Zuckerglasur, ↑ Fondant

Schmelzkartoffeln ↑ Kartoffel/Zubereitungen

Schmelzkäse, Schachtelkäse [1911 in Thun von den schweizerischen Käseproduzenten Walter Gerber und Fritz Stettler durch Einschmelzen von Emmentaler zum Haltbarmachen für den Export erfunden] aus einer oder mehreren Handelssorten durch Erhitzen mit emulgierenden Salzlösungen hergestellter Käse, eiweißhaltig und leicht verdaulich, oft mit Milchprodukten (Butter, Molkecreme, -paste) und/oder versch. Geschmackszutaten, Kräutern, Gewürzen (Gurken, Kräuterklee, Nüssen, Paprika, Pfefferkörnern, Pistazien, Salami, Schinken, Schnittlauch, Traubenkernen, Würsten, selbst Likören, Wein usw.) angereichert, schnittfest oder streichfähig, i. a. 45 %, aber a. weniger oder mehr Fett i. Tr., zahllose versch. Arten und Sorten, als Brotbelag, zu Toast, jedoch a. für Suppen, Saucen, Aufläufe, Pizzas, Snacks, zum Überbacken usw. verwendbar; meist in verbrauchsfreundlichen Portionen abgepackt, a. im Block, in Bechern, Dosen, Folie, Scheiben usw., hält sich im Kühlschrank 3–6 Mon., läßt sich aber nicht einfrieren; ↑ a. Räucherkäse

Schmelzkroketten, Schmelzkrusteln mit dicker Sauce gebundene Pürees aus Fleisch, Geflügel, Fisch usw., in Ei und Paniermehl gewendet und in Fett ausgebacken

Schmelzkrusteln ↑ Schmelzkroketten

Schmelzmargarine ausgeschmolzene Margarine, mind. 99,5 % Fettgehalt

Schmelzsalz Phosphate und/oder Citrate, die den Käse in eine cremige, formbare Masse verwandeln; ↑ Schmelzkäse

Schmelzschokolade bes. fein verarbeitete, hochwertige Schokolade

Schmer [ahd. *smero*, Fett] Fettgewebe aus der Bauchhöhle des Schweins nahe Rippen und Nieren; ↑ a. Flomen

Schmerle, Bartgrundel Süßwasserfisch aus seichten Bächen, schmackhaftes Fleisch (Europa)

Schmetten [osteuropäisch *smetana*, Sahne] ost-, mitteldt., böhm.: Sahne

Schmetterlingsschnitzel dicke Scheibe aus dem Schinken oder entbeinten Kotelettstrang des Schweins, bis fast zur Durchtrennung aufgeschn. und in zwei Flügel aufgeklappt, zum Kurzbraten

Schmetterlingssteak gleicher Zuschnitt wie ↑ Schmetterlingsschnitzel aus Steakfleisch vom Rind

Schmiere ↑ Rotschmiere

Schmierkäse Weichkäse mit Rotschmiere, die vor dem Verzehr wegzuschneiden oder abzuschaben ist; mit Salz und Gewürzen tafelfertig zubereiteter Quark

Schmierling, Großer Speisepilz, ↑ Kuhmaul

Schmierwurst streichfähige Rohwurst aus Schweine-, Rindfleisch und Fettgewebe, fein zerkleinert, manchmal geräuchert und sehr fett

Schmorbraten größeres, oft gespicktes Stück Fleisch ohne Fett, Sehnen, Knochen (Kalb: Brust, Schulter, Hachse; Rind: Kamm, Schulter, Hüfte, Unterschale; Schwein: Hals, Schulter), das vor dem Anbraten Zimmertemperatur haben muß und im gut schließenden Schmortopf mit Fett und Flüssigkeit gegart wird; für die Zubereitung versch. Beigaben (Champignons, geh. Knoblauchzehen, Möhren, Porree, Zwiebeln usw.), Kräuter (Gewürznelken, Lorbeer, Rosmarin, Thymian, Zitronenschale usw.), Madeira, Rot-, Weißwein, viele Varianten; ↑ a. Reinbraten, Rostbraten

Schmorgurke ↑ Gurke/Sorten

Schmutz schweizerd.: tierisches Fett, (Schweine-)Schmalz

Schnäfel(i) schweizerd.: dünne Scheibe Brot, Fleisch, Schinken, Speck, Butter, Käse usw.

Schnäpel, Schnepel lachsartiger Fisch in der Art der Schwebrenken, ↑ Renke/Große, Kleine Schwebrenke, sehr schmackhaftes Fleisch (südl. Nordsee, a. Ostsee und in sie mündende Flüsse)

Schnapper Familie von trop. Meerfischen, ↑ Red Snapper, Snapper

Schnauze [niederd. *snut(e)*] Mundregion (Maul und Nase) versch. Tiere; in der Küchensprache Innerei von Rind oder Schwein, läßt sich garziehen oder schmoren

Schnecke, Weinbergschnecke, escargot (A) [ahd. *snekko*, Kriechtier] Klasse von Weichtieren von Land oder Meer mit Schale; im engeren Sinn die Weinbergschnecke vom Land mit weißgrauem bis bräunlichem Gehäuse aus hartem Kalk, deren Muskelfleisch gek. seit alters her eine kulinarische Delikatesse, a. willkommene Fastenspeise ist; am schmackhaftesten die gr. weißliche, fleischige Schnecke aus den Weinbergen des Burgund, *gros bourgogne*, weniger ergiebig die kl. gesprenkelte *petit gris* aus Polen, Türkei, Deutschland, a. China, Taiwan; steht teil- und gebietsweise unter Schutz, wird aber in Schneckengärten gemästet und frisch (am besten im Herbst), tiefgefroren oder in Dosen angeboten; korrekt mit Zange zum Halten des Häuschens und kl. Gabel zum Herausziehen des Fleisches mit pikanter, würziger Sauce (Kräuter-, Schneckenbutter u. ä.) aus der Schneckenpfanne zu essen; pochiert, überbacken usw. a. als Füllung oder Beilage verwendbar; ↑ Abalone, Napfschnecke, Strandschnecke, Wellhornschnecke

Schnecke (B) Hefekleingebäck mit Rosinen, Nüssen und Zuckerglasur

Schneckenbutter, beurre d'escargot schaumig gerührte Butter mit verriebenem Knoblauch, feingeh. Petersilie und Schalotten, zu Weinbergschnecken

Schneckenkaviar die hellgelben Eier der Weinbergschnecke, teuer (und nicht überzeugender) Kaviarersatz

Schnecken, ein begehrter Leckerbissen

Schneckensuppe Geflügelkraftbrühe mit Schneckenbrühe, kl. Weinbergschnecken, gewürfeltem Wurzelgemüse und feinen Kräutern, dazu geröstete Weißbrotwürfel; a. Fischsamtsuppe mit Weinbergschnecken in Weißwein, Meerrettich, gewürfeltem Schneckenfleisch, Fischklößchen und geh. Kräutern

Schnee Küchensprache: steifgeschlagenes Eiweiß

Schneeball feine Backware aus Brandmasse mit Rosinen und geh. Orangeat, in Fett schwimmend ausgeb. und mit Puderzucker bestreut

Schneebällchen kl. Klöße aus gek., durchgepreßten Kartoffeln mit Mehl, Milch, Eiern, Majoran, Muskatnuß, geh. Zwiebeln und Semmelbröseln, Beilage zu Braten in Sauce (Rheinland u. a.)

Schnee-Eier, Schwimmende Eier, île flottante Süßspeise aus lockeren, mit Zucker und Karamel oder Vanille angereicherten, in siedender Milch gegarten Klößen aus Baisermasse, Eischnee in Englischer oder Vanille-Sauce, gekühlt serviert

Schneehuhn Wildgeflügel aus der Gattung der Rauhfußhühner von nordischen Tundren, Mooren und Felsgebieten, gewöhnlich im Winter schneeweiß, im Sommer bräunlich mit weißen Flügeln, darunter *Moor(schnee)huhn* und *Alpen-, Felsenschneehuhn;* beliebtes Jagdwild, Zubereitung ↑ Moorhuhn (Skandinavien, nördl. Britische Inseln, Nordrußland, a. Alpen, Pyrenäen)

Schneekartoffeln ↑ Kartoffel/Zubereitungen, Kartoffelfäden

Schneekrabbe Meereskrebstier, ↑ Nordische Eismeerkrabbe

Schneetorte ↑ vacherin (glacé)

Schneidebohne ↑ Bohne/Sorten

Schneiderkarpfen Süßwasserfisch, ↑ Karausche

Schnellkochreis nach dem Schleifen vorgek. oder nur mit Wärme vorbehandelter und getr. Weißreis, bruchanfällig, Kochzeit 3–5 Minuten

Schnepel Süßwasserfisch, ↑ Schnäpel

Schnepfe [ahd. *snepfa*, verwandt mit dem Wort Schnabel] feinstes Wildgeflügel, Gruppe von Sumpfvögeln mit langem, dünnem Schnabel, darunter die *Sumpfschnepfe, Bekassine* und die größere *Waldschnepfe*, steht gebietsweise unter

Schutz und wird deshalb, wenn überhaupt erhältlich, meist importiert, Jagdzeit sonst Mitte Okt.–Mitte Jan., beste Zeit Nov.–Dez.; sollte vor der Zubereitung im Federkleid unausgenommen 4–5 Tage abhängen; wurde früher gewöhnlich mitsamt ihrem Inneren, ↑ Schnepfendreck, heute oft ausgenommen gebr., ein Vogel ergibt eine Portion; a. als Füllung, Ragout, Terrine usw. ausgezeichnet (Europa, insbes. Mittelmeerländer)

Schnepfendreck die Eingeweide der Schnepfe ohne Magen, Galle, enthalten tatsächlich viel «Dreck», den Darm mit Kot und unverdauten Resten, wird aber von vielen als Beigabe zum gebr. Vogel geschätzt: mit Speck, Brotbröseln, Eigelb, Rosmarin, Thymian, Cayennepfeffer auf Weißbrot überbacken

Schnibbelbohne, Schnippel-, Snippelbohne landsch.: ↑ Bohne/Schneidebohne, meist in dünne, schräge Streifen geschnitten

Schnittbohne ↑ Bohne/Schneidebohne

Schnittbrot, Scheibenbrot in Scheiben geschnittenes Brot aller Sorten in Packungen zu 125, 250 oder 500 g, gegen Schimmelbefall anfällig, deshalb chem. Konservierung erlaubt

Schnittendivie ↑ Salat/Endivie

Schnitterin-Art Garnitur aus Brustspeckwürfeln, Grünen Erbsen und Scheiben gek. Kartoffeln, mit Mehlbutter gebunden; zu Fleisch und Geflügel

Schnittkäse ↑ Käse/Festigkeit

Schnittknoblauch, Chinalauch, ku chai, kui ts'ai kräftige Wurzel und hohe, grasähnliche Blattstiele einer Staudenpflanze, mildes Knoblaucharoma, fleischige Blätter geschn. oder geh. als Würze für Suppen, Saucen, Fleischgerichte, Salate, mit Butter oder Quark als Brotaufstrich, ganz ged. oder sautiert a. als Gemüsebeilage (Südostasien, Indien, Philippinen)

Schnittkohl ↑ Kohl/Arten

Schnittlauch, Breis-, Graslauch, Jakobszwiebel, Schnittling universales Küchenkraut, das feinste Zwiebelgewächs, bei uns bes. beliebt und meistgebraucht, wirkt magenstärkend, blutdrucksenkend, verdauungsfördernd; würzig frischer, aber ausgeprägt zwiebeliger Geschmack, zarte Stengel milder als dickere Blattröhrchen, sollte nicht mitgek., sondern mit Messer (oder Schere) in Röllchen geschnitten oder im Mixer püriert und erst zuletzt roh zu den Speisen gegeben werden, verstärkt das Aroma anderer Kräuter; paßt

Schnittlauch, Zwiebelkraut mit hohen, hohlen Blattröhren

zu klaren Suppen, kalten cremigen Saucen, Siedfleisch, gek. Gemüse, Eierspeisen, Salaten, Kräuterbutter, -quark, Frischkäse, a. in Eintöpfe, Teigwaren usw.; gute Zeit Juni–Okt., läßt sich in verschlossenem Glas im Kühlschrank aufbewahren und tieffrieren (urspr. Zentralasien, heute alle gemäßigten Zonen)

-blüten lassen sich von den Stielen gezupft und kurz ged. als feine Würze verwenden, zu Lammfleisch u. ä.
-sauce Kalbssamtsauce mit kleingeschn. Schnittlauch; Geflügelrahmsauce mit Krebsbutter und kleingeschn. Schnittlauch; Österreich: Rinderkraftbrühe mit Eigelben, Reismehl, Essig, Öl, Zitronensaft und kleingeschn. Schnittlauch; Mayonnaise mit hartgek., passierten Eiern, eingeweichten Semmeln und kleingeschn. Schnittlauch

Schnittmangold Gemüsesorte, ↑ Mangold

Schnittnudeln schmale Bandnudeln

Schnittsalat Gruppe von Salatpflanzen, ↑ Salat/Blattsalat

Schnittsellerie ↑ Sellerie/Blattsellerie

Schnittzwiebel Stengelzwiebel mit Laub statt Stengeln, meist als Schnittlauch angeboten

Schnitz schweizerd.: kleingeschn. Stück (Dörr-)Obst; Orangen-, Zitronen- usw. Spalte; ↑ a. Schnitz und Drunder

Schnitzbrot Früchtebrot, ↑ Hutzelbrot

Schnitzel [mhd. *snitzel,* abgeschnittenes Stück] weniger als 2 cm dünne, feinfaserige, fett- und sehnenarme Scheibe Fleisch vom Kalb aus Keule (Ober-, Unterschale), Nuß, a. Rücken, vom Lamm aus Keule, Schulter, vom Schwein aus Keule, Schinkenstück, magerem Hals, von Hähnchen, Poularde, Puter aus Brustfleisch, von Reh, Hirsch aus der Keule; ein Schnitzel sollte normalerweise dünngeklopft werden, dann meist mit Mehl bestäubt, durch verquirlte, gewürzte Eier gezogen und in Paniermehl gewendet, zuletzt in Butterschmalz oder geklärter Butter in nicht zu kleiner Pfanne rasch gebr., darf innen nicht mehr roh sein (urspr. wohl Byzanz, dann Andalusien, Lombardei, heute überall); viele Zubereitungen, deren Namen ihre reg., nationale oder andere Herkunft verraten, darunter:
Badisches Schnitzel natur gebr. Kalbsschnitzel, dazu in Sahne gegarte Spinatblätter und Nudeln
Cordon bleu, Käseschnitzel [frz.: Blaues (Ordens-)Band, von daher a. Bezeichnung für hervorragenden Koch] quer aufgeschnittenes, mit gek. Schinken und (Emmentaler) Hartkäse gef. und paniertes Kalbsschnitzel
Holsteinschnitzel, Schnitzel (à la) Holstein [Lieblingsgericht des Berliner Geheimrats und Diplomaten Friedrich von Holstein, 1837–1909] in Butter gebr. Kalbsschnitzel mit Spiegelei, Sardellen, a. Räucherlachs, und Kapern, Pfeffergürkchen, Zitronenscheiben usw.; original dazu (geröstete) Weißbrotdreiecke mit pikantem Belag
Mailänder Schnitzel, cotoletta alla milanese gewürztes Kalbsschnitzel, durch Mehl und Ei gezogen, mit geriebenem Parmesankäse und frischen Weißbrotbröseln paniert, gebraten, mit Rosenpaprika auf Zitronenscheiben, in Deutschland a. mit Tomatensauce serviert; a. kalt mit Tatarsauce gut
Marsalaschnitzel kl. Kalbsschnitzel natur, mit Marsalawein abgelöscht
Paillard [bekannter Pariser Restaurateur im 19. Jh.] gr. quergeteiltes, dünngeklopftes und kurzgebr. Kalbs-, a. Rinderschnitzel aus dem Filet
Pariser Schnitzel paniertes und mit Ei umhüllt goldbraun gebr. Kalbsschnitzel, dazu Tomatenscheiben, a. junge Kartoffeln und Salat
piccata [ital.: mit Zitrone abgeschmeckt] kl. zartes, dünngeklopftes und kurzgebr. Kalbsschnitzel, in Mehl gewendet und vor dem Braten durch eine gewürzte Masse aus Ei und geriebenem Käse gezogen, mit Zitronensaft zubereitet (urspr. Mailand, Oberitalien)
Polnisches Schnitzel aus geh. Rindfleisch, Eiern, Knoblauchzehen, eingeweichten Semmeln und Paniermehl (jüd. Küche)
Prager Schnitzel paniertes Kalbsschnitzel, mit Rührei belegt und mit geh. rohem Schinken bestreut, dazu hartgek. Eier, Tomaten und grüner Salat
Rehschnitzel aus der Keule des Tiers, wird nur max. ½ Min. scharf angebr. und dann sofort behutsam weitergegart
Rheinisches Schnitzel gepfeffertes, paniertes, in Butter und Öl hellblond gebr. Kalbsschnitzel, mit einem Gitter aus Sardellenfilets belegt, dazu Schmorkartoffeln
saltimbocca, Römer Schnitzel [ital.: Spring-in-den-Mund] kl., sehr dünne Kalbsschnitzel, über Scheibe (Parma-)Schinken zusammengeklappt, mit aufgestecktem Salbeiblatt kurzgebr. und mit Bratenfond übergossen (urspr. Rom)
Serbisches Schnitzel natur gebr. Schweineschnitzel, mit Schichten grob geh. Zwiebeln und Bratfett im Ofen gargezogen
Truthahnschnitzel, Putenschnitzel aus dem gr. Brustmuskel des Truthahns
Ungarisches Schnitzel, Paprikaschnitzel mit Salz, Pfeffer, Zitronensaft in Öl gebr. Schweineschnitzel, mit Sauce aus Sahne und Paprika übergossen
Wiener Schnitzel [von Feldmarschall Joseph Graf Radetzky, 1766–1858, österr. General-Gouverneur in Oberitalien, nach Wien gebracht] am Rand mehrmals eingeschnittenes, ohne Folie sehr dünn geklopftes, gesalzenes Kalbsschnitzel, in Mehl, Eiern und Semmelbröseln paniert und in heißem Butter-, a. Schweineschmalz schwimmend goldbraun gebr., wird ohne Sauce mit Zitronenscheiben und Petersiliensträußchen angerichtet, dazu meist Kartoffelsalat mit Mayonnaise, a. Petersilienkartoffeln und Bier (mittags) oder Wein (abends)
↑ a. Schmetterlingsschnitzel

Schnitzerbrot ↑ Brot/Spezialsorten

Schnitz und Drunder ländlicher Eintopf aus gedörrten oder frischen Apfel-, a. Birnenschnitzen, Kartoffeln, Speck und Gewürzen (Ostschweiz)

Schnöck Süßwasserfisch, ↑ Hecht

Schnörrli schweizerd.: (gek.) Schweineschnauze

Schnupfnudeln bad.: Schupfnudeln

Schnürrle bad.: (gek.) Schweineschnauze

Schnürsenkelkartoffeln ↑ Kartoffel/Streichholzkartoffeln

Schnusch, Schnüsch süßliches Gemüsegericht aus Grünen Bohnen, Dicken Bohnen, Erbsen, Porree, Sommerwirsing u. ä. und Kartoffeln mit Butter, Milch, weißem Pfeffer, Zucker, geh. Petersilie; dazu roher oder geräucherter Schinken, geräucherter Speck, Salz-, Matjesheringe, Rollmops usw. (Schleswig-Holstein); ↑ a. Snusch

Schöberl im Rohr oder Backofen geb. (quadratische) Suppeneinlage aus Biskuit mit Hirn, Milz, Schinken u. ä. (Österreich u. a.)

Schöfigs schweizerd.: Schaffleisch

Schoggi schweizerd.: Schokolade
 -taler gr., in Goldpapier gewickelter Schokoladentaler, wird oft für den Schweizer Heimatschutz und andere gemeinnützige Zwecke auf der Straße verkauft

Schokolade [mexikanisch, *chocolatl*, Kakaotrank] wertvolles und feines Nahrungsmittel, Erzeugnis aus Kakaokernen, Kakaomasse, Kakaopulver und Zucker mit oder ohne Zugabe von Kakaobutter, Milchbestandteilen, Sahne(pulver), Gewürzen, Nüsse u. v. m., ↑ Kakao; die Masse wird heute in automatischem, computerisiertem Verfahren geröstet, gemischt, gemahlen, geknetet, gerührt und flüssig in Formen abgefüllt: *Bitterschokolade,* Braune Schokolade mit mind. 60% Kakaomasse, herber Kakaogeschmack; *Braune, Dunkle Schokolade* besteht aus fettfreien Trockenbestandteilen des Kakaos, Kakaobutter, Milch und Zucker; *Cremantschokolade,* Braune Schokolade mit Vanillearoma; *Halbbitterschokolade,* Braune Schokolade aus mind. 60% Kakaomasse und max. 50% Zucker; *Helle Schokolade,* aus mind. 25% Kakaobestandteilen, Milch- oder Sahnepulver und Zucker, aromatisch süßer Kakaogeschmack; *Milch-, Vollmilchschokolade,* aus mind. 25% Kakaobutter, max. 18% Milch(pulver) oder Sahne und 55% Zucker; *Sahne, Rahmschokolade,* Milchschokolade mit mind. 7% Milchfettgehalt; *Weiße Schokolade* (eigentlich keine Schokolade, da ohne Kakaomasse), nur aus Milch(pulver), Kakaobutter und Zucker, mit mind. 3,5% Milchfett, milder Kakaogeschmack
Schokolade wird in vielen Formen hergestellt: als Tafel, Täfelchen (Napolitain), Bonbon (Praline), Phantasieartikel (Osterei, -hase) usw., a. mit Füllmasse und versch. Zutaten (Getreideflocken, Krokant, ganzen oder zerkleinerten Nüssen, kandierten Früchten, Fruchtmark, Rosinen u. v. m.); Speiseschokolade hält sich trocken, dunkel und kühl (bis max. 20 °C) aufbewahrt bis 15 Mon., Milch- u. ä. Schokolade 8–9 Mon., Kaffee-, Nuß- u. ä. Schokolade etwa 6 Mon., (Kakaobohnen wurden im 15. Jh. von den Spaniern bei den Azteken in Honduras entdeckt; 1875 entwickelte der Schweizer Daniel Peter Trockenmilchpulver, 1880 stellte der Berner Rudoph Lindt die ersten Schokoladetafeln her); ↑ a. Blockschokolade, mousse au chocolat, Praline u. a. Stichwörter

Schokolade-Dragée Dragée mit Schokoladenüberzug

Schokoladelinsen harte Zuckerwarenkerne mit Schokoladenüberzug

Schokoladen|auflauf Creme aus aufgelöster Schokolade, Mehl, schaumig gerührtem Eigelb mit Zucker und Eischnee, im Ofen gebacken
 -bonbon, Schoko-Bonbon Bonbon aus mind. 50% Kakaomasse; a. ↑ Praline
 -creme Bayerische Creme mit weniger Zucker und in der Milch aufgelöster Schokolade
 -cremeschnitte feines Backwerk aus gehaltvollem Schokoladeteig mit Füllung aus Schokoladencreme mit Butter, Mehl, Eiern und Überzug von gezuckerter Kuvertüre (Budapest, Ungarn)
 -fettglasur mit Kakao verarbeitetes Pflanzenfett, Ersatz für Kuvertüre
 -flocken ↑ Schokoladestreusel
 -fondant geraspelte, mit Zuckersirup eingek. Schokolade, als Gebäck-, Kuchen- usw. Aufstrich
 -glasur, Kochschokolade Überzugsmasse in Tafeln, werden aufgelöst lauwarm mit Läuterzucker verrührt, für Gebäck, Torten, Mohrenkopf, Sachertorte u. ä.
 -guß ↑ Kuvertüre
 -konfekt mit Schokolade überzogene Zuckerware
 -kuchen feine Backware mit Überzug von brauner Schokolade
 -nuß Schokoladenkern mit Zuckerüberguß
 -pudding im Wasserbad aufgelöste, mit Eigelben, Vanillemark und Zucker schaumig gerührte Schokolade (Kuvertüre), fein geriebene Mandeln, Semmelbrösel mit steifem Eischnee untergehoben, in Form im Wasserbad im Ofen schonend gegart, ausgekühlt gestürzt und mit Vanillesauce, a. halbsteif geschlagener Sahne und/oder heißer Schokoladensauce serviert, versch. Varianten (Österreich: «Mohr im Hemd», u. a.)
 -pulver gezuckertes ↑ Kakaopulver
 -sauce im Wasserbad mit Butter und Milch geschmolzene (Koch-)Schokolade mit Crème fraîche oder süßer Sahne und Zucker, zu Süßspeisen
 -überzugsmasse ↑ Kuvertüre, Mousse

Schokoladenstreusel, Schokoladenflocken Schokolade in Streuseln oder Flocken, zum Überstreuen von Backwaren, Süßspeisen, als Brotbelag

Scholet jüd. Sabbatspeise, ↑ Schalet

Scholle, Goldbutt, Platteise [ahd. *scolla,* Abgespaltenes] platter Meerfisch, sehr mageres, aber saftiges und leicht verdauliches Fleisch, am besten jung, 20–25 cm lang, wird oft als Filet (a. als Flunderfilet) angeboten, neben (nicht zu langem) Kochen alle Zubereitungen außer Dünsten und

Schmoren, am besten Braten, Fritieren, Grillen; gute Zeit Mai–Nov., im Mai nach dem Überwintern als kl. *Maischolle,* wieder im Fleisch, bes. mild und zart (Nordostatlantik einschl. Nord-, Ostsee bis Weißmeer, westl. Mittelmeer); ↑ a. Speckscholle, (Finkenwerder)

Schönbrunner Suppe [Schönbrunn, ehem. kaiserliches Lustschloß in Wien] Rahmsuppe mit Fasanenpüree, Zitronensaft, Sherry und Cayennepfeffer

Schöne der Nacht Salat, ↑ belle-de-nuit

Schöne Helena Garnituren, Salat und Süßspeise, ↑ Belle-Hélène

Schöne-Pächterin-Art ↑ belle fermière, (à la)

Schonkost Kost für Leute mit empfindlichen Mägen oder latenten Darm-, Leber- und Gallenbeschwerden, heute meist durch leichte ↑ Vollkost ersetzt; ↑ a. Diät, Fasten

Schonzeit die für Nutzwild und Fische gesetzlich vorgeschriebene jagd-, fangfreie Zeit, dient der Nach- und Aufzucht; Gelege von Flug- und Federwild sind ganzjährig geschont, Möweneier dürfen nur bis zum 15. Juni gesammelt werden

Schopfbraten ↑ Schweinekamm

Schopftintling Speisepilz, weißes, weiches, zartes Fleisch, angenehmer Geruch und Geschmack, aber rasch verderblich, muß sofort zubereitet werden und darf nicht mit alkoholischen Getränken genossen werden, gute Zeit Mai–Nov.

Schoppa da Giutta, da Jotta rätoromanisch: (Bündner) Gerstensuppe

Schöps ostmitteld., österr.: Hammel

schorba Balkan, Vorderer Orient: Suppe

Schorrippe ↑ Rind/Fleischteile, -stücke: Hochrippe

Schote, Schotenfrucht [mhd. *schōte,* die Bedeckende] längliche Kapselfrucht aus zwei miteinander verwachsenen Fruchtblättern, die reif an zwei Seiten aufspringen, und mehreren Samen an einer Mittelwand; ↑ a. Hülsenfrüchte

Schotenerbse veraltet, unkorrekt für frühreif geerntete Erbse

Schotenfrüchte, Schotengemüse ↑ Hülsenfrüchte

Schotenpfeffer veraltet für Paprika

Schotte durch Erhitzen vom Eiweiß befreite Molke (Schweizer Emmentaler-Käserei)

Die Scholle, ein populärer Plattfisch

Schotten südd., österr.: Frischkäse, Quark

Schottische Art, (à l')écossaise [Schottland, nördl. Teil der britischen Hauptinsel] Garnituren aus in Butter geschwenkten Grünen Bohnen und Schmelzkartoffeln mit Schottischer Sauce, zu Fleisch, oder aus kleingewürfeltem Wurzelgemüse in sauce normande zu Fisch; Hammelfleischbrühe mit gek. Gerste, Gemüse- und Hammelfleischwürfeln; mit Lachs; ↑ a. cock-a-leekie, haggis, hotchpotch, Scotch broth, woodcock

Schottische Hühnersuppe ↑ cock-a-leekie

Schottischer Eintopf ↑ hotchpotch

Schottischer Lachs ↑ Lachs/Sorten

Schottischer Salat in Streifen geschn. Kopfsalat, Kartoffel- und Trüffelwürfel in Essig und Öl, mit Curry-Mayonnaise überzogen, mit Sardellenfilets garniert, mit geh. Ei bestreut

Schottische Sauce leichte Béchamelsauce, mit zerdrücktem hartgek. Eigelb vermischt, mit hartgek. Eiweiß bestreut; weiße Rahmsauce mit kleingewürfelten, in Butter ged. Grünen Bohnen, Möhren, Weißen Rüben, Sellerie und Zwiebeln

Schottmocken österr.: Quarkklöße

Schötzenmiere Wurzelgemüse, ↑ Schwarzwurzel

Schreinen landsch.: Grieben

Schrippe eingekerbtes Brötchen, Semmel mit starker Kruste aus Weizen-, a. Roggen- oder Mischmehl, kräftiger Geschmack (Berlin, Mitteldeutschland)

Schrot [ahd. *scrōt*, abgeschnittenes Stück] grob zerkleinerte, keimlose Getreidekörner, lassen sich im Tiefkühlbeutel sehr gut bis 10 Mon. einfrieren
  -brot ↑ Brot/Sorten

Schroth-Kur ↑ Abmagerungsdiät

Schtorzenärla (ital.: *scorzonera*, Schwarzwurzel] fränkisch: Schwarzwurzel

schtschi bäurische Suppe aus Kohl, Fleisch, Wurzelgemüse, Zwiebeln, Pilzen, Kräutern und Gewürzen, mit saurer Sahne gebunden, viele reg. Varianten, wird mit saurer Sahne und dunklem Roggenbrot serviert (Rußland)

Schtunggis, Stunggis [schweizerd.: durcheinander gemischt, geschüttelt] Eintopf aus Schweinefleischwürfeln oder Fleischresten mit kleingeschn. Gemüse (Grüne Bohnen, Möhren, Porree, Weißkohl, Zwiebeln usw.), Gewürzen (Majoran, Muskatnuß, Thymian usw.) und Fleischbrühe (Innerschweiz)

Schubert, à la [Franz Schubert, 1797–1828, österr. Komponist] Grüne Erbsen in ausgehöhlten gebr. Kartoffeln, mit Kartoffelpüree gef. Sellerieknollen und grünen Spargelspitzen in Torteletts in Madeirasauce, Zwischengericht

Schüblig (schwarz) geräucherte Brühwurst aus Rind-, Schweinefleisch, Speck und Schwarten (Ostschweiz)

Schübling Brühwürstchen, ↑ Knackwurst

Schüfeli saftiges, aromatisches Stück Fleisch von der Schweineschulter (Bug), wird wie Schinken behandelt (Baden, Süddeutschland, Ostschweiz)

Schuhmacherpastete, Schusterpastete gek. Kartoffelscheiben, mit Kümmel und Speckwürfeln gebr., mit Schinkenstücken und mit Sahne verquirlten Eiern und Petersilie im Ofen überbacken, mit Petersilie bestreut und mit grünem Salat serviert (Ostpreußen)

Schuhsole knuspriges Gebäck aus zwei dünn ausgerollten, karamelisierten Blätterteigscheiben in Sohlenform mit Schlagsahne, Preiselbeermarmelade u. ä. dazwischen; ↑ a. Ochsenzunge

Schulter Fleischteil von (Schlacht-)Vieh, ↑ Bug
  -filet schweiz.: Schulterspitz, Falsches Filet vom Rind
  -naht mittleres Stück des Bugs vom Rind
  -spitz(e) der vordere Teil des Bugs vom Rind

Schunke bad.: Schinken

Schupfnudeln, Bubenspitzle, Wargelnudeln [südd. *schupfen*, rollen, wälzen] kleinfingergroße gerollte Masse aus Mehl, Eiern und durchgepreßten Kartoffeln, in Salzwasser gegart und in Fett gebacken (Süddeutschland)

Schuppenannone trop. Sammelfrucht, ↑ Annone/Sorten

Schuppenfisch Süßwasserfisch, ↑ Ukelei

Schuppenkarpfen Stammform des Karpfens, kräftige Schuppen, aber sonst diesem ebenbürtig

Schüppling Speisepilz, ↑ Stockschwamm

schurba Balkan, Vorderer Orient: Suppe

Schürzkuchen, Nonnenfürzchen, Ritterschürze leichtes, lockeres, in Fett ausgeb. Spritzgebäck, in Vanillezucker gewälzt

schuschbarak arab.: mit Fleisch gef. Teig in Joghurt

Schuß kl. Menge einer Flüssigkeit, etwa 1 Eßlöffel voll

Schüsselhecht Hechtpastete

Schüsselpastete ↑ Terrine

Schüsselwurst, Berliner ↑ Grützleberwurst

Schusterjunge Berlin: billiges, einfaches (Roggen-)Brötchen

Schusterkarbonade Fleischscheibe aus dem Schweinebauch, wie Kotelett paniert und gebraten

Schusterpastete ↑ Schuhmacherpastete

Schusterpilz Speisepilz, ↑ Hexenröhrling, Flockenstieliger

Schüttelbrot dünnes, hartes und knuspriges Fladenbrot aus Mehl und Vollkornschrot von Roggen und Weizen mit Anis, Kümmel, im Frühjahr und Herbst geb., wird von Hand gebrochen und zu Milch, Kaffee, a. Wein gegessen (Südtirol)

Schützenwürstchen mit Knoblauch gewürztes Brühwürstchen (Stuttgart)

Schwabenkorn alte Getreide-Art, ↑ Dinkel

Schwäbische Brotsuppe [Schwaben, Region in Südwestdeutschland] Rinderkraftbrühe mit geriebenem Brot, Wurst, Ei und gerösteten Zwiebeln

Schwäbische Flädle ↑ Flädle

Schwäbische Kalbsvögel flachgeklopfte, gespickte Scheiben aus der Kalbskeule, mit Kalbsfarce bestrichen, zusammengerollt und -gebunden, angebr. und auf Möhren und Zwiebeln in Weißwein geschmort; dazu der mit Eigelb und Sahne gebundene Fond, Kapern und geh. Sardellen

Schwäbische Kartoffeln längsgeviertelte Kartoffeln, in Fleischbrühe und Butter ged., mit in Butter gebr. Zwiebeln bedeckt

Schwäbische Maultaschen ↑ Maultasche

Schwäbischer Landkäse halbfester Schnittkäse aus Kuhmilch mit rotbräunlicher Flora, geschmeidiger Teig, 50 % Fett i. Tr., je nach Reife mild säuerlich bis aromatisch pikant

Schwäbischer Rostbraten Steak aus Blume oder Roastbeef vom Rind mit Speckscheiben, gerösteten Zwiebelringen, gek. Sauerkraut und Spätzle (Württemberg)

Schwäbischer Sauerbraten in Essig, Gewürznelken, Pfefferkörnern, Wacholderbeeren, Wurzelwerk, Zwiebeln usw. mariniertes Rindfleisch aus Blume, Oberschale, Schwanzstück, angebr., mit Mehl bestäubt, mit Fleischbrühe abgelöscht und im Ofen geschm., dazu i. a. Tomatenpüree und Kartoffelklöße

Schwäbische Spätzle ↑ Spätzle

Schwaden verdichteter Dampf aus in einem Gefäß im Ofen erwärmtem Wasser, läßt das Gebäck auf dem Backblech über dem Behälter besser aufgehen

Schwadengrütze ↑ Mannagrütze

Schwal Süßwasserfisch, ↑ Plötze

Schwalbennestsuppe Suppe aus den speichelhaltigen Nestern der asiat. Seglerart Salangano, die in heißem Wasser gelieren und ungewürzt nach nichts schmecken, werden deshalb meist in Fond aus Hühner-, Kalbfleisch, versch. Gewürzen und Wein gekocht (China-, Hinterindien)

Schwamm, Schwämmchen, Schwammerl südd., österr.: Pilz

Schwanz in der Küchensprache Innerei von Kalb, Rind oder Schwein, lange Garzeit, läßt sich garziehen, grillen, schmoren

  -rolle der hinterste Teil der Rinderkeule, zum Braten, Grillen, Schmoren

  -stück oberer Teil der Rinderkeule, ↑ Rind/Fleischteile

Schwarte die gebrühte, enthaarte Haut des Schweins, roh oder gek. und zerkleinert als Zutat für Fleischerzeugnisse und Wurstwaren

Schwärtelbraten Gericht aus Schweinekeule ohne Knochen, aber mit Schwarte, Möhren, Zwiebeln, saurer Sahne, Kümmel und schwarzem Pfeffer, dazu Sauerkraut und Semmelklöße (Schlesien)

Schwartenmagen, (Weißer) Sülzwurst aus bindegewebehaltiger Gallerte mit gewürfeltem Schweinefleisch, -masken und Speck in zerkleinerter Schwarte, a. Brät und Leber; ↑ a. Saumagen, Roter Schwartenmagen

Schwartenzug unter der Schwarte liegende bindegewebereiche Speckschicht

Schwarzbeere südd., österr., böhm.: Heidelbeere

Schwarzbrot aus (überwiegend) Roggenmehl oder -schrot geb. Brot

Schwarzdorn Steinfrucht, ↑ Schlehe

Schwarze Bohne ↑ Bohne/Sorten

Schwarze Dattel trop. Beerenfrucht, ↑ Dattelpflaume

Schwarze Johannisbeere ↑ Johannisbeere

Schwarzenberger (Käse) [Schwarzenberg, Ort in Vorarlberg] Weichkäse aus Kuhmilch mit Schmiere, elastischer Teig, 45 % Fett i. Tr., dem Limburger ähnlich (Österreich, a. Südböhmen, Ungarn)

Schwarzer Flieder Wildbeeren, ↑ Holunder

Schwarzer Heilbutt Meerfisch, ↑ Heilbutt

Schwarzer Kandis ↑ Kandis

Schwarzer Pfeffer ↑ Pfeffer

Schwarzer Preßsack Blutwurst, dem ↑ Roten Schwartenmagen ähnlich; ↑ a. Preßsack

Schwarze Sapote trop. Beerenfrucht, ↑ Dattelpflaume

Schwarzfaseriger Ritterling Speisepilz, ↑ Ritterling, Schwarzfaseriger

Schwarzfleischiges Geflügel Enten, Gänse, Tauben

Schwarzforelle ↑ Forelle/Bachforelle

Schwarzgeräuchertes ↑ Schinken/Niederbayerisches Geselchtes, Schwarzräuchern

Schwarzgrundel sehr kl. karpfenartiger Fisch aus Meer und Flußmündungen, delikates Fleisch, meist fritiert (Nordatlantik, Mittelmeer, Schwarzes Meer)

Schwarzkümmel, Nigella Gewürz, kl. schwarze Samen eines Hahnenfußgewächses, bitterlich scharf und pfeffrig, zu asiat. Gerichten, Curries, Gemüsegerichten, getr. Hülsenfrüchten, auf Brot usw. (Asien, Naher Osten, Mittel-, Südeuropa)

Schwarznessel Gewürz- und Ölpflanze, ↑ shiso

Schwarzplenten Tirol: Buchweizen

Schwarzräuchern ↑ Räuchern mit dichtem Rauch, führt zu verstärkter Ablagerung von Rauch und dunkler Farbe des behandelten Nahrungsmittels

Schwarzsauer Gericht aus in gewürzter Brühe gek. Enten-, Gänse- oder Schweinefleisch; dazu die daraus entstandene Brühe, mit Weizenmehl, Blut und Essig verrührt und sämig gekocht (Schleswig-Holstein u. a.)

Schwarzstreifiger Scheidling, Reisstrohpilz Speisepilz, weißes Fleisch, wird in Ostasien auf Reisstroh kultiviert

Schwarzwälder Bauch [Schwarzwald, Mittelgebirge in Südwestdeutschland] Bauchspeck vom Schwein, in Gewürzlake gepökelt und geräuchert; vor dem Verzehr Oberfläche abwaschen; kalter oder warmer Aufschnitt, a. zu Hülsenfrüchten oder Sauerkraut

Schwarzwälder Brot, Badisches Landbrot freigeschobenes Weizenmischbrot, lang oder rund, stark ausgeb. mit gemehlter oder ungemehlter Oberfläche, milder Geschmack

Schwarzwälder Eierküchlein mit Kirschwasser parfümierte Butter-Eiweiß-Creme mit pochierten, zerkleinerten Sauerkirschen, in kl. Eierkuchen gerollt und kurz überbacken, a. mit Schokoladenröllchen garniert

Schwarzwälder (Bauern-)Schinken, Speck ↑ Schinken/Sorten

Schwarzwälder (Kirsch-)Torte drei runde Schokoladenbiskuitböden, dazwischen Schichten aus unten gezuckerter Schlagsahne mit Sauerkirschenkompott, oben Sahne mit Kirschwasser-Läuterzucker, das Ganze mit Schlagsahne eingestrichen, mit Schokoladespänen, -röllchen, Puderzucker und Kirschen garniert

Schwarzwild Wildschweine

Schwarzwurst Blutwurst mit kl. Würfeln von Speck, a. mit anhaftender Schwarte

Schwarzwurzel, Salsifis, Schötzenmiere, Skorzoner Wurzel, Winterspargel zylindrische Pfahlwurzel einer Gemüsepflanze, nicht bloß Spargelersatz, sondern eigenständig «feines und liebliches» (Freiherr von Rumohr) Kochgemüse, insulinhaltig, wirkt entzündungshemmend, magen- und darmschonend; unter der nicht eßbaren braunschwarzen Schale markig weißes Fleisch von herb-säuerlichem, mild-würzigem Geschmack; sollte frisch glatt, unbeschädigt und nicht gebrochen sein mit hellem, saftigem Fruchtfleisch; Borke wird unter fließendem Wasser mit dem Sparschäler abgeschält oder von der gek. Wurzel abgezogen, Rückstände lassen sich mit Bimsstein von den Fingern, mit Spiritus aus dem Topf entfernen; so vielseitig wie Spargel verwendbar, aber a. für pikante Suppen, Salate, als Spargelgemüse, im Teigmantel u. v. m.; gute Zeit einh. Sept.– Mitte Dez., imp. Okt.–Apr., läßt sich im kühlen Keller in feuchtem Sand, a. im Gemüsefach des Kühlschranks bis 14 Tage lagern sowie geschält und in Stücken blanchiert sehr gut bis 12 Mon. einfrieren (urspr. Spanien, heute a. Belgien, Holland, Frankreich, Schweiz u. a.)

Schwebrenke, (Große, Kleine) Süßwasserfisch, ↑ Renke

Schwedenfrüchte [Schweden, Königreich im Osten der skandinavischen Halbinsel] versch. mit Punsch und Zucker mazerierte rohe Früchte, mit dicker süßer Sahne in hohen Glasbechern serviert

Schwedenmilch Sauermilch aus einer besonderen Milchsäurebakterienkultur

Schwedenplatte Platte mit gemischten Vorspeisen, v. a. Fischspezialitäten, ↑ smörgåsbord

Schwedische Art, (à la) suédoise Schweinebraten und Äpfel, beide mit entsteinten Backpflaumen gef.; Salat aus Würfeln von gek. Rindfleisch, Bücklingen, Pellkartoffeln, Roten Rüben, Salzgurken, Äpfeln usw. mit Kapern und geh. Kräutern in Essig-Öl-Sauce; Mayonnaise mit Apfelmus und geriebenem Meerrettich; ↑ a. suédoise

Schwedischer Sud Kochwasser mit Dill, a. Fenchel oder Kümmel, und Weißwein, zu Krebsen

Schwefel chem. Element, ↑ Mineralstoffe

Schwefeln das Behandeln von Lebensmitteln mit Schwefeldioxyd, schwefliger Säure oder deren Salzen, zum Konservieren und/oder Bleichen

Schwein eines der nützlichsten Haustiere, denn es gibt kaum ein Stück von ihm, das nicht in Kochtopf, Pfanne, auf dem Teller oder in einer Wurst Platz und Verwendung hätte; ein empfindsames Lebewesen jedoch obendrein, und es wäre ihm deshalb zu gönnen, daß es sein kurzes Dasein artgerecht verbringen kann und auf seinem letzten Gang keine unnötigen Qualen, keinen Streß erleiden muß – in unserm ganz eigenen Interesse übrigens, denn die grausame Methode der Massentierhaltung und die törichte Mode der Magerzucht auf viel Fleisch und wenig Fett bewirken, daß einem immer noch «P S E-Meat» vorgesetzt wird, «**p**ale, **s**oft and **e**xudative», blaß, fade und ausgetrocknet; kräftig rosarot, nicht blaß- oder dunkelrot, mit feinen zarten Fasern und marmoriert von einem 7–8 Mon. alten Mastschwein ist und bleibt es hingegen ein Fleisch für Feinschmecker, saftig und aromatisch; passende Kräuter und Gewürze: Beifuß, Estragon, Fenchel, Gewürznelken, Kerbel, Knoblauch, Kümmel, Meerrettich, Petersilie, Porree, Quendel, Salbei, Sojasauce, Thymian, Wacholder, Wermut, Zwiebel u. a.; kann verpackt fett bis 4 Mon., mager bis 7 Mon. tiefgekühlt und dann aufgetaut verwendet werden; ↑ a. Schinken, Spanferkel, Speck

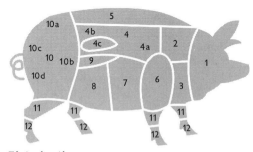

Fleischteile
1 Kopf mit Backen, Ohren, Rüssel, Schnauze
2 Kamm, Hals, Nacken
   Österreich: Schopfbraten
3 Brust, Brustspitze, Dicke Rippe, Rippenbrust
4 Karree, Kotelett, Kotelettstrang, Rücken
4a Kotelettstück
   Österreich: Lange Karbonaden, Schweiz: Rippli
4b Nierenstück, Lendenstück, Sattel
   Österreich: Kurze Karbonaden, Schweiz: Nierstück
4c Filet
   Österreich: Jungfern-, Lungenbraten
5 Rückenspeck
6 Bug, Blatt, Schaufel, Schulter
   Schweiz: Laffe, Schüfeli
7 Bauch
   Schweiz: Brust
8 Wamme
9 Flomen, Liesen
10 Schinken, Keule, Schlegel
   Schweiz: Stotzen
10a Schinkenspeck, Hüfte
10b Nuß, Maus
10c Oberschale, Kluft
10d Schinkenstück (Unterschale)
11 Eisbein, Hachse, Haxe, Hämmchen, Schinkenbein
   Österreich: Stelze, Schweiz: Wädli
12 Spitzbein, Fuß, Pfote
   Schweiz: Füessli

Innereien
↑ Herz, Hirn, Leber, Lunge, Milz, Niere, Zunge

Fleischstücke

Backe fettes Stück vom Kopf, meist naß gepökelt und kalt geräuchert, a. für Sülze

Bauch frisch oder gepökelt mit oder ohne Knochen, zum Braten, Kochen, Schmoren, Füllen; geräuchert als Bauchspeck (Dörrfleisch, magerer Speck)

Braten Stück aus Bug, Kamm, Karree oder Schinken, zum Braten, Schmoren

Brust frisch oder gepökelt zum Braten, Kochen, Füllen, für Rippchen (spareribs), Eintöpfe, Gulasch

Bug, Schulter «wie gewachsen» mit Knochen und Schwarte angeboten, zum Braten, Schmoren, für Blankett, Frikassee, Gulasch, Ragout, Schweinepfeffer, Spießchen, gepökelt und gek. als *Vorderschinken*, gepökelt und geräuchert als *Bauernschinken*; magerer Teil für Hackfleisch

Eisbein zum Braten, gepökelt Kochen, für Aspikgerichte, Sülze; ↑ a. Eisbein

Filet der feinste, zarteste Teil des Karrees, mager und saftig, zum (als Ganzes oder in Scheiben als Medaillons) Braten, Kurzbraten, in knuspriger Teighülle Backen

Filet-, Lenden-, Lummerkotelett aus dem Karree mit kl. Knochen und angewachsenem Fett, sehr fein, sollte zimmerwarm in die Pfanne kommen, zum Braten, Kurzbraten, Grillen, Kochen, für Koteletts, Schnitzel

Flomen, Liesen für Schmalz, Schweinefett

Kamm, Hals gut durchwachsenes, saftiges Fleisch, zum (als Ganzes) Braten, Kurzbraten, Kochen, Schmoren, für Braten, Geschnetzeltes, Gulasch, Ragout, Rouladen, Schmorgerichte, Schnitzel; gepökelt und gek. oder ungekocht als ↑ *Surfleisch*, gepökelt und gek. als *Pökelrippchen*, geräuchert als ↑ *Kasseler Rippe(n)speer*, ausgelöst und geräuchert als *Kasseler Rauchbraten*

Karree, Kotelett als Ganzes ausgelöst als Braten, gewickelt als Rollbraten, für Koteletts, Steaks, geräuchert als *Kasseler Rauchbraten, -rippen*, ausgelöst, gesalzen und selten geräuchert als milder *Lachsschinken*

Kasseler Rippe(n)speer ↑ Kasseler Rippe(n)speer

Knöchel ↑ Schweinsknöchel

Kopf für Eintopfgerichte, Sülze; ↑ a. Backe

Kotelettstück frisch oder gepökelt zum Braten, Kurzbraten, Kochen, Schmoren, für Stielkoteletts, als Ganzes gepökelt roh oder gek. als *Pökelrippchen*

Kronenbraten ↑ Kronenbraten

Lummerbraten aus dem Nierenstück, ausgelöst zum Braten, Kurzbraten, Kochen

Nierenbraten Braten aus dem Karree oder Sattel, a. in entschwartetes, gerolltes Bauchfleisch gewickelte Schweineniere

Nierenstück, Sattel frisch, gepökelt oder geräuchert, zum Braten, Glasieren, Grillen, Kochen, in Teighülle Einbacken; mit angewachsenem Filet für *Lummerkoteletts*

Nuß, Maus sehr zart, zum (als Ganzes) Braten, Kurzbraten, Kochen, für Schnitzel, als *Nußschinken*, wird a. gepökelt

Oberschale, Kluft zart, zum (als Ganzes) Braten, Kurzbraten, Kochen, für (quer zur Faser geschnittene) Schnitzel, gek. oder geräuchert als *Rollschinken*

Rippchen flaches Rippenstück aus dem Bauch, meist gepökelt und gekocht

Rückenspeck frisch als *Grüner Speck*, für Schmalz, zum Anbraten, Bardieren, Spicken, für Pasteten; ↑ a. Speck

Schälrippe längliche Stücke aus gepökeltem Bauch- oder Karreefleisch, würzig, zum Kochen für Eintöpfe, zum Rösten, Marinieren

Schinken, Keule der fleischreichste Teil des Schweins, von einer dünnen Fettschicht bedeckt, zum mit oder ohne Knochen Braten, Kurzbraten, Kochen, als Schwarten-, Rollbraten, für Schnitzel, Steaks; i. ü. ↑ Schinken

Schinkenspeck, Hüfte der zarteste Teil des Schinkens, zum (als Ganzes) Braten, Kurzbraten, als Schnitzel, Steak

Schinkenstück, Unterschale zum Braten, Kurzbraten, Kochen, für Rouladen, Schnitzel, mit der Schwarte gek. oder geräuchert als Koch-, Räucherschinken, für Schinkenfett

Spitzbein zum frisch oder gepökelt Kochen, für Aspikgerichte, Sülze

Stiel-, Mittelkotelett aus dem Kotelettstück mit gr. Knochen und Fettrand, zum Braten, Kurzbraten, Kochen

Schweine... ↑ a. Schweins...

Schweine|fett das gesamte aus Schweinefettgewebe gewonnene Fett, umfaßt mehr als ↑ Schweineschmalz

-**hasen** mit fettem Speck gespickte Schweinefilets, mit Mehl, Wasser und einer Prise Zucker geschm., in Sauce aus saurer Sahne mit Champignonscheiben

-**magen** Drüsenmagen, Hülle (↑ Preßkopf, Saumagen) oder Bestandteil versch. Wurstsorten wie Kochwurst u. a.

-**maske** Kopfschwarte des Schweins mit anhaftendem Binde-, Fett- und Muskelgewebe

-**netz** Anhang des Bauchfells, Fettgewebe, das die Eingeweide umschließt, hält die damit umwickelten Nahrungsmittel saftig und aromatisch, löst sich beim Kochen zu einer Kruste auf

-**schmalz** aus dem Bauchwandfett, a. Rückenspeck und/oder sonstigem Fettgewebe geschmolzenes Fett, streichfähig mit angenehmem Geruch und Geschmack, muß trocken, dunkel und kühl aufbewahrt werden; ↑ a. Bratenschmalz

-**sülze** mit Wurzelwerk, Kräuterbündel, gespickter Zwiebel und Gewürzen gek. Kopf, gek. Füße und Schwarten des Schweins, in Würfeln geliert, mit Cornichons, hartgek. Ei- und Möhrenscheiben garniert, dazu meist Remoulade oder Salatsauce

Schweins... ↑ a. Schweine...

Schweins|hachse, -haxe ↑ Eisbein
  -jungfer österr.: Schweinefilet
  -käse grobes brühwurstartiges Erzeugnis aus Schweinefleisch und Speck, in Formen geb. oder gebrüht
  -knöckel, -knöcherl, Solberfleisch Schnauze, Hals, Ohren, Füße, Rückgrat des Schweins, in Stücke geh. und gepökelt
  -kopfsülze Sulzwurst aus gewürfeltem Schweinekopffleisch und Schweinemaske in klarer Gallerte
  -kopfwurst grobe Brühwurst aus Rindfleisch, Fettgewebe und Schweinemasken, nachgeräuchert a. als Dauerware
  -(brat)würstchen Brühwürstchen aus Schweinefleisch in Schweinedünndarm, wird meist gebr. oder gebrüht

Schweinskäse grobe Brühwurst aus Jungrind-, Kalb-, Schweinefleisch und Speck (aber ohne Käse), gebacken oder in Formen gebrüht

Schweinsohr, palmier Gebäck aus dicken, auf Streuzucker ausgerollten Blätterteigscheiben, geb. und karamelisiert

Schweizer Art, (à la) suisse [Schweiz, Bundesstaat im Südwesten Mitteleuropas] in Milch gegarte Kartoffelscheiben, mit geriebenem Käse im Ofen überbacken; Nocken aus Brandmasse mit geriebenem Emmentaler Käse, mit zerlassener Butter übergossen im Ofen überbacken; Mus aus dick eingekochtem, in Butter angeschwitztem Mehl mit Milch, Holunderbeeren und Zucker, dazu Zimtzucker; ↑ a. Basler Mehlsuppe, Berner Platte, Fondue, Geschnetzeltes, (Zürcher), Leckerli, Raclette, Ratsherrentopf, Rösti, Rüeblitorte, Schweizer Salat, Zuger Kirschtorte u. a.

Schweizer Käse ugs. ↑ Emmentaler Käse, aber a. sonst Käse aus der Schweiz, echt mit dem Schriftzug SWITZERLAND und Markenzeichen Alphornbläser, ↑ Appenzeller, Greyerzer, Royalp, Sbrinz, Schabziger u. a.

Schweizer Kräuterkäse, Zigerkäse ↑ Schabziger

Schweizer Salat Würfel von gek. Knollensellerie und Roten Rüben in Essig-Öl-Sauce, mit Feldsalat garniert

Schweizer Tilsiter Schnittkäse, ↑ Tilsiter

schwellen schweizerd.: in Wasser garen

Schwemmklöße nordd.: Nocken

Schwenkbraten über Holzfeuer auf einem schwingenden Rost gegartes Rind- oder Schweinefleisch in Portionsstücken

Schwenkkartoffeln in Butter geschwenkte, sautierte Salzkartoffelstücke, mit geh. Petersilie bestreut

Schwerg Störfisch, ↑ Sevruga

Schwertbohne ↑ Bohne/Coco-Bohne

Schwertfisch haiähnlicher Meerfisch, sehr festes, fettes, aber zart aromatisches Fleisch, fangfrisch, v. a. jung im Sommer, ausgezeichnet, eignet sich (als Steak) für alle Zubereitungen; a. in Konserven erhältlich (Nordostatlantik, Ärmelkanal, Nordsee, Mittelmeer, Schwarzes Meer)

Schwertmuschel Meeresweichtier, ↑ Messerscheide

Schweser nordd.: Bries

Schwiini(g)s schweizerd.: Schweinernes

Schwimmende Eier, Insel ↑ Schnee-Eier

Schwimmente Entenrasse, ↑ Ente/Wildente

Schwimmkrabbe Meereskrebs, schmackhaftes Fleisch, wird meist gek., a. geb., gebr., ged., geschm., (Atlantikküsten, a. Mittelmeer)

Schwindling Familie von Blätterpilzen, versch. kl. eßbare Arten von gern zähem, aber aromatischem bis würzigem Fleisch, lassen sich gut trocknen, gute Zeit Mai–Okt.

Schwitzmehl ↑ Mehlschwitze

Schwyni(g)s schweizerd.: Schweinernes

scone Teegebäck, Teigplätzchen aus Mehl, Butter oder Margarine, Buttermilch und Zucker, in der Mitte durchschnitten und süß oder salzig mit Butter, Marmelade, Kartoffelpüree, Käse, Kompott usw. und fetter Sahne bestrichen, warm gegessen (England, Irland)

Scotch broth [engl.: Schottische Brühe] kräftiger Suppeneintopf mit Würfeln von Hammelfleisch, Graupen und Gemüsen (Erbsen, Kohl, Kohlrabi, Möhren, Porree, Weiße Rüben, Weißkohl, Sellerie, Zwiebeln usw.), mit geh. Petersilie heiß serviert (Schottland)

Scotch eggs [engl.: Schottische Eier] mit Wurstscheiben umwickelte hartgek. Eier, kalt oder warm mit Salat serviert (Schottland)

Scotch haggis ↑ haggis

Scotch hotchpotch ↑ hotchpotch

Scotch woodcock ↑ woodcock

scrambled engl.: durcheinandergerührt
 – **eggs** Rühreier

Scribe, à la [berühmtes Pariser Hotel, nach dem frz. Lustspieldichter Eugène S., 1791–1861] Garnitur aus mit Gänseleberpüree gef. Reistörtchen, zu kl. Fleischstücken

Se chem. Zeichen für Selen, ↑ Spurenelemente

sea engl.: Meer, (die) See
 -**food** eßbare Meerestiere (Fische, Krebse, Muscheln u. ä.)
 -**kale** See-, Strandkohl
 -**weed** Alge

sedani, sedanini ital.: kl. gebogene, gerillte Röhrennudeln, für (Creme-, Gemüse-)Saucen, Tomaten usw.

sedir Suppe aus tomatisierter Kraftbrühe und Weizengrieß mit Knoblauch, Kreuzkümmel, Pfeffer (Tunesien)

See... ↑ a. Meer...

Seeaal Meerfisch, ↑ Haie/Dornhai

Seeanke Süßwasserfisch, ↑ Mairenke

Seebarbe Meerfisch, ↑ Meerbarbe

Seebarsch Meerfisch, ↑ Wolfsbarsch
 Gefleckter – barschartiger Meerfisch, dem ↑ Wolfsbarsch ähnlich und diesem ebenbürtig

Seebohnen junge, aromatisch schmeckende Algentriebe

Seebrasse Meerfischfamilie, ↑ Goldbrasse

Seebulle Meerfisch, ↑ Seehase

Seedrachen Familie von Knorpelfischen aus dem Meer

Seefische Handelsbezeichnung für alle zum Verzehr bestimmten Meerfische, ↑ Fisch/Meerfische

Seeforelle Süßwasserfisch, ↑ Forelle/Arten

Seegarnele Meereskrebstier, ↑ Garnele/Sägegarnele

Schwertfisch im Sprung

seegefroren auf See fangfrisch bearbeiteter und tiefgefrorener Meerfisch

seegekehlt auf See fangfrisch gekehlter Meerfisch, ↑ kehlen

Seegurke, Seewalze Stachelhäuter aus dem Meer, getr., geräuchert und vor der Zubereitung eingeweicht als ↑ Trepang in Asien u. a. geschätztes Nahrungsmittel (Südostasien, Karibik)

Seehahn Meerfischfamilie, ↑ Knurrhahn

Seehase, Lumpfisch, Scheibenbauch, Seebulle plumper Meerfisch, wasserhaltiges Fleisch, als Speisefisch nicht bes. begehrt, läßt sich jedoch dämpfen oder garziehen, kommt ab und zu geräuchert oder eingesalzen auf den Markt; Lieferant des Deutschen Kaviars (Küsten des Nordatlantiks)

Seehecht, Hechtdorsch, Küsten-, Meerhecht, melu schlanker Dorschfisch, weißes, festes, sehr mageres Fleisch, wenig Gräten und fein aromatisch, meist als Filet tiefgefroren im Handel, eignet sich für alle Zubereitungen außer Grillen, a. für Fischtöpfe und -spieße, ist a. geräuchert erhältlich; gute Zeit frisch Apr.–Sept. (Nordostatlantik, Mittelmeer, Schwarzes Meer, südamerik. Küsten)

Seeigel, Meerigel runder Stachelhäuter aus dem Meer, wird heute (bes. in Frankreich) a. in Aquakulturen gezüchtet; der köstliche Eierstock wird roh oder gek. wie ein Ei aus der Schale gelöffelt oder gesaugt, verfeinert püriert aber a. Suppen, Mayonnaisen, Saucen, Omeletts usw. (Mittelmeer, a. europäischer Atlantik u. a.)

Seekarpfen Meerfisch, ↑ Graubarsch

seek(h) kabab dünner ↑ kebap aus Hackfleisch und Kräutern (Indien)

Seekohl Strandgemüse, ↑ Meerkohl

Seekuckuck stacheliger Meerfisch aus der Familie der ↑ Knurrhähne

Seelachs Meerfisch, ↑ Köhler
 -**paste** streichfähige Masse aus Salzfischen mit Fett und Gewürzen, in Blechdosen oder Plastikbechern angeboten, kühl zu lagern
 -**scheiben** Scheiben von Salzfischen, lachsrot gefärbt, kalt geräuchert, in Öl konserviert und in Blech- oder Plastikdosen verpackt, kühl zu lagern
 -**schnitzel** Seelachsscheiben ohne Gräten in Öl
 Heller – Meerfisch, ↑ Köhler

Seeigel, köstliche Meeresfrucht unter stachligem Panzer

Seelaube Süßwasserfisch, ↑ Mairenke

Seemanns-, Matrosen-Art, (à la) marinière mit Miesmuscheln, a. Garnelenschwänzen; Kaisergranat, Krebse, Meeresfrüchte, a. Froschschenkel mit gerösteten Weißbrotscheiben, in Pasteten u. ä.; ↑ a. marinière, Sauce/sauce marinière

Seemuschel eßbare Meermuschel, ↑ Miesmuschel

Seeohr Meerschnecke, ↑ Abalone

Seequappe dem ↑ Lumb sehr ähnlicher Meerfisch (Nordostatlantik, Mittelmeer)

Seerabe Meerfisch, ↑ Meerrabe

Seesaibling Süßwasserfisch, ↑ Rötel, Saibling

Seesalz ↑ Meersalz, Salz/Meersalz

Seeskorpion Meerfisch aus der Familie der Groppen, ausgezeichnetes festes, weißes Fleisch, eignet sich bes. für Fischsuppen

Seespinne Meereskrebs, ↑ Meerspinne

Seestör geräucherter Heringshai, ↑ Kalbfisch

Seetang eßbare Meerpflanze, ↑ Alge

Seeteufel, Angler(fisch), baudroie Meerfisch, weißes, fettarmes, kernig-festes, schmackhaftes Fleisch ohne Gräten, erinnert an Hummer; meist wird das Schwanzstück (als Lotte) ohne den häßlichen Kopf mit oder ohne Haut portionsweise angeboten; eignet sich für alle Zubereitungen außer Kochen, läßt sich mit Languste, Hummer kombinieren, eignet sich a. für Fischsuppen u. ä., Rogen in Japan eine Delikatesse (Nordostatlantik, Nord-, Ostsee, Mittelmeer)

Seewalze Stachelhäuter aus dem Meer, ↑ Seegurke

Seewolf, Gestreifter, Austern-, Katfisch, Steinbeißer, Wolfsfisch langgestreckter Meerfisch, frisch oder gefroren als Ganzes (ohne Kopf), als Filet oder in Scheiben (als Karbonadenfisch) im Handel, festes, fettarmes, feines und sehr würziges Fleisch; läßt sich backen, braten, dämpfen, dünsten, grillen, kochen, pochieren, schmoren, a. räuchern (Nordatlantik); ↑ a. Wolfsbarsch

Seezunge, sole länglich ovaler Plattfisch aus dem Meer mit den Augen auf der rechten Seite, wertvoller Feinschmeckerfisch, fettarmes, leichtverdauliches und sehr delikates Fleisch, frisch oder gefroren, als Ganzes oder als Filet angeboten; eignet sich für alle Zubereitungen außer Dünsten und Schmoren; am besten im Juni (Nordostatlantik, Nordsee, Ostsee, Mittelmeer)

Ségursuppe [Ségur, frz. Diplomaten- und Historikergeschlecht] Geflügelkraftbrühe mit Streifen von Hühnerbrust und Pökelzunge

Sehne straffes Bindegewebe, Verbindung zwischen Knochenskelett und Muskulatur

Seicher bad.: (harntreibender) Löwenzahn

Seidenbonbon, Seidenkissen geprägte Hartkaramelle aus gezogener Zuckermasse, gef. oder ungefüllt

Seimhonig ↑ Honig/Gewinnung

selchen bayer., österr.: räuchern

Selch|fleisch, G(e)selchtes bayer., österr.: gek. gepökeltes und geräuchertes Schweinefleisch
  -karree geräuchertes Rippenstück, Rippenspeer
  -speck Räucherspeck

Selen chem. Element, ↑ Spurenelemente

self raising flour engl.: Gemisch aus Mehl und Backpulver

selle frz.: Rücken, Sattel von Hammel, Lamm oder Reh

Sellerie, Eppich Wurzelgemüse, seit dem Altertum bekannte und beliebte Kultur-, Heil- und Würzpflanze, ungewöhnlich mineral- und vitaminreich, appetit-, kreislauf- und stoffwechselfördernd, entschlackend und entwässernd, eigenwillig würziger, typischer Geschmack; läßt sich roh essen, in Scheiben oder Stücken kochen, dämpfen, fritieren, überbacken (nimmt in Stückchen mitgekochtem Kohl den oft lästigen Geruch), passende Gewürze: Basilikum, Estragon, Minze, Thymian; beste Zeit einh. Juli–Okt., läßt sich blanchiert (Knollensellerie) oder unblanchiert (Staudensellerie) bis 8 Mon. einfrieren. Aus dem wilden Sellerie werden drei Sorten kultiviert:

Blatt-, Schnittsellerie ohne Knollen, Blätter werden haupts. als Blatt-, Suppengrün oder -kraut zum Würzen verwendet; lassen sich a. gut trocknen (Heimat wie Knollensellerie)

Knollen-, Wurzelsellerie, Merk faustgroße, fleischige Wurzelknolle, derber als der Staudensellerie, muß frisch hart und ohne dunkle Stellen sein; bes. gut als Rohkost, jung als Salat; gute Zeit einh. Aug–Nov., hält sich im Gemüsefach des Kühlschranks bis 8 Tage, läßt sich blanchiert sehr gut bis 8 Mon. tiefkühlen; a. in Scheiben oder Würfeln als Essiggemüse erhältlich (urspr. Mittelmeerraum, heute ganz Europa bis Skandinavien)

Stauden-, Bleich-, Stangen-, Stengel-, Stielsellerie hellgrüne fleischige, zarte Blattstiele, wachsen oberirdisch, regen Kreislauf, Säurebildung und Stoffwechsel an, wirken belebend und entwässernd, angenehm würzig; werden a. gebleicht, sollten fleckenfrei und nicht angewelkt sein; lassen sich roh als Dip zu Käse, Bier usw.,

Sellerieknollen, Pflanze mit eigenem Geruch und Geschmack

Staudensellerie in der Kiste

gef. als Vorspeise, feingeschn. als Salat verwenden, als Gemüse dämpfen, dünsten, überbacken (kurze Garzeit); gute Zeit einh. Juni–Okt., halten sich im Gemüsefach des Kühlschranks bis 2 Wo., lassen sich unblanchiert sehr gut bis 8 Mon. tiefkühlen (urspr. Mittelmeerküsten, dann ganz Europa bis Skandinavien, Westafrika, USA u. a.; Hauptimporte Jan.–Apr. aus Spanien, Mai–Nov. aus England, Juli–Anf. Nov. Inland, Sept.–Dez. aus Holland, Nov.–Juni aus Israel, Dez.–Mai aus Italien)

Sellerie|herz die feinen inneren Stangen des Staudenselleries, a. als Konserve erhältlich
  -kraftbrühe mit Sellerie gewürzte Rinderkraftbrühe
  -öl ätherisches Öl aus Teilen des Knollenselleries
  -salat feine Streifen Knollen- oder Staudensellerie, in Salz und Zitronensaft mit Mayonnaise gebunden; Scheibchen oder Streifen von gek. Knollensellerie in Essig-Öl-Sauce mit geh. Petersilie
  -salz Kochsalz mit pulverisiertem Knollensellerie, meist Ersatz für Salz
  -sauce Béchamelsauce mit in weißem Fond gek. Staudensellerie und Sahne; Demiglace mit Selleriefond und Streifchen von ged. Sellerie, zu gek. Schaf-, Rindfleisch u. a.

-suppe Püree von Sellerie und Kartoffeln mit Milch und Butter; Selleriepüree mit Kalbsrahmsuppe, Eigelb und Sahne

Selles-sur-Cher [Dorf im frz. Dép. Indre] Weichkäse aus Ziegenmilch mit bläulichem Schimmel, mit Holzkohlenasche bestreut, geschmeidiger Teig, 45% Fett i. Tr., mild haselnussiger Geschmack, guter Dessertkäse, wird mit Rinde gegessen; gute Zeit Juni–Sept. (Orléanais, Berry, Sologne)

sem ind.: Grüne Bohne

semifreddo ital.: Halbgefrorenes

semino ital.: Samenkörnchen; samenartige Teigware als Suppeneinlage

Semmel [lat. *simila*, Weizenmehl] bayer., ostmitteld., österr.: Brötchen (meist aus Weizenmehl), a. feine Backware

Semmel|brösel helle, ungeröstete, ungewürzte Krümel von Brötchen oder Weißbrot, zum Binden von Fleischmassen, für salzige Gerichte; ↑ a. Paniermehl
  -knödel ↑ Knödel
  -kren entrindete, in Fleischbrühe verkochte passierte Milchbrötchen mit geriebenem Meerrettich, zu gek. Rindfleisch (Österreich)
  – -Leberwurst Kochstreichwurst aus Schweinefleisch, Leber und anderen Innereien, Bindegewebe und Semmeln oder Weißbrot
  -mehl, -panade Semmelbrösel

Semmeli schweizerd.: Weißbrötchen aus Wasserteig

Semmel(stoppel)pilz eßbarer Stachelpilz, mürbes Fleisch, jung mild säuerlich, alt gern bitter, sollte dann deshalb abgebrüht werden, paßt zu Fleisch und Fisch, aber a. allein gebr.; gute Zeit Juli–Nov.

semoule frz.: (Weizen-)Grieß

senape ital.: Senf

Senf, Speise-, Tafelsenf [griech.: *sinapi*] alte Kulturpflanze, deren gemahlene weißgelbe, milde oder braunschwarze, scharfe Samenkörner mit Wasser, Essig oder Most aus unreifen Trauben, ↑ Mostert, heute a. oft mit Wein und Alkohol, Kräutern, Gewürzen, Aromazutaten zu einer würzigen Paste verarbeitet werden, dem *Speisesenf;* ganz oder gemahlen sind die Samen aber a. (nicht mitgek., sondern zuletzt beigegeben) ein eigenständiges Gewürz für Braten, gegr. Geflügel, Eintöpfe, Bohnen, Linsen, Sauerkraut, Sellerie, Fisch, Krustentiere, Saucen, Marinaden, zum Einlegen von

Gurken usw.; fördert in beiden Fällen die Durchblutung, erleichtert die Fettverdauung (Mittelmeerraum, Frankreich, Italien, Deutschland, Holland, England, Dänemark, Nordamerika, Ungarn, Rußland, Indien, Japan u. a.); ↑ a. Chutney, Keimling, Mixed Pickles, mostarda, Piccalilli, Senfkörner

Bayerischer Senf, Süßer Senf, Weißwurstsenf aus Mehl von weißen Senfkörnern, Weinessig, Farinzucker und Nelken, mild süßlich, zu (Weiß-)Würsten, Leberkäse, Schweinebraten, derben Pasteten, Bauernbrot, (Emmentaler) Käse usw. (Deutschland)

Bordeaux-Senf aus schwarzen Körnern mit der Samenhülle, Tarragona-Wein, Kräutern und Gewürzen, sehr würzig (Frankreich)

Champagnersenf mit Weinen aus der Champagne, mild und rund, zu Fleisch, kalten Senf- und Salatsaucen (Frankreich)

Dijon-Senf aus gesiebten schwarzen Körnern mit Most bzw. Wein und Alkohol, sehr fein, scharf und doch fruchtig, neutraler Geschmack, zum Kochen, Braten, Grillen (Frankreich u. a.)

Düsseldorfer Senf ↑ Senf/Extrascharf

Englischer Senf, Colman-Senf, custard aus grob gemahlenen schwarzen und weißen Körnern mit Weizenmehl, Kurkuma und Aromazutaten, scharf und doch fruchtig, a. als Pulver erhältlich; zu Fleisch und Geflügel (England)

Estragonsenf mit Estragon gewürzt, mittelscharf, zu Geflügel, Fisch, für Salatsaucen (Frankreich u. a.)

Extrascharf, Düsseldorfer Senf aus schwarzen Körnern mit Weißweinessig, sehr scharf, zu fettem Fleisch, herzhaften Braten, Schinken, (Gouda-)Käse

Früchte-, Frucht-, Tomatosenf mit Tomatenmark und Johannisbeeren, mild, zu Geflügel, Wild und Käse

Grüner-Pfeffer-Senf, Senf mit grünem Pfeffer mittelscharf mit intensivem Pfeffergeschmack, zu Grillfleisch, für Marinaden

Kräutersenf mit Estragon, Kerbel u. ä., mild würzig, zu Geflügel, Wild, für Mayonnaisen, Salatsaucen

Meaux-Senf, moutarde de grains aus grob gemahlenen Körnern, Wein, Gewürzen und Kräutern, mittelscharf und sehr aromatisch (Frankreich)

Meerrettichsenf mit Meerrettich gewürzt, sehr scharf, zu gek. Rindfleisch, ged. Fisch

Mittelscharf, Delikateß-, Tafelsenf der normale Speisesenf aus fast nur weißen Körnern, mild aromatisch, zu Würstchen, gek., gebr. Fleisch, Schinken, Fisch, (Harzer) Käse, für Saucen usw. (Deutschland)

Rotisseursenf körnig und mild, zum Bestreichen von Fleischstücken, die gebr. werden sollen

Sareptasenf, Roter Senf, Russischer Senf aus den rötlichen bis violettbraunen Samen des ↑ Sareptasenfs mit viel Senf- und anderen ätherischen Ölen (Rußland, Osteuropa)

Tomatosenf ↑ Früchtesenf

Weißwurstsenf, (Münchner) ↑ Bayerischer Senf

Zitronensenf mit Obstessig und Zitronensaft, milde scharf, zu gek., geschm. Fleisch, ged. Fisch, für Salatsaucen usw.

Senf|blüten gelbe Blüten der Senfpflanze, lassen sich als Würze und Dekoration von Fleisch- oder Fischgerichten verwenden

-butter mit Speisesenf und hartgek. Eiern vermischte Butter, zu kaltem Braten, ged. Fisch, (hartgek.) Eiern, als Brotaufstrich usw.; warm: mit warmer Butter aufgerührt

-cremesauce mit Speisesenf und Sahne verrührte Mayonnaise, mit Zucker und Zitronensaft gewürzt, zu Suppenfleisch, gek. Fisch usw.

-früchte ↑ mostarda

-gemüse ↑ Piccalilli

-gurke ↑ Gurke/Senfgurke, Zuckergurke

-keimlinge aus dem Schotensamen der Senfpflanze, sehr vitaminreich, als spinatartiges Gemüse, pikante Würze von Salaten, Garnitur von Speisen usw.

-körner, -saat Samen der Senfpflanze, Grundstoff des Speisesenfs, hellgelb weniger scharf als dunkelbraun, schmecken gek. oder angeröstet mild nussig, passen als pikante Würze weiß in helle (Béchamel-)Saucen, Fischsud, zu Kartoffelsalat, schwarz zu ind. Gerichten usw.; ↑ a. Senf

-marinade Salatsauce aus Weinessig, Öl, Senf, Salz und Pfeffer

-mayonnaise mit Speisesenf vermischte Mayonnaise, zu (rohem) Rindfleisch usw.

-mehl ↑ Senfpulver

-öl fettes Öl aus gepreßten Senfkörnern, milder Geruch und Geschmack, hauptsächl. in Indien und China verwendet; ätherisches Öl aus schwarzen Senfkörnern, farblos bis gelb, durchdringend würzig und scharf; Aromastoffe aus zerkleinerten, fermentierten Nutz-

Senf, helle oder dunkle, milde bis scharfe Würzpaste im Glas

pflanzen (Kohl, Kohlrübe, Kresse, Meerrettich, Radieschen, Rüben, Senfkörner)
-pulver, -mehl entölte, gemahlene Senfkörner ohne Zusätze, reiner Senfgeschmack, werden in kaltem Wasser angerührt, evtl. mit Zusatz von Essig, Wein, Madeira-, Portwein oder Bier; in England und Amerika so verbreitet wie der Speisesenf
-saat ↑ Senfkörner
-sahne Speisesenf mit Sahne, gemahlenem Pfeffer und Zitronensaft
-sauce ↑ Sauce/sauce moutarde

Senfkohl ↑ Kohl/Chinesischer Blattsenf; Rauke

Senfsauce mit Speisesenf gewürzte Holländische, Sahne-Sauce oder Mayonnaise usw., viele Varianten; ↑ a. Cumberland-Sauce, Sauce/sauce moutarde, sauce Robert

seniah gewürztes Hackfleisch in flüssigem Sesamkörnerbrei (Arabien)

Senkhonig ↑ Honig/Tropfhonig

Senser Art, (à la) sénoise [Sens, Stadt und Hafen an der Yonne in Mittelfrankreich] ↑ Sauce/sauce marinière mit Sardellenbutter, zu Fisch

Sepia Meeresweichtier, ↑ Tintenfisch

serai, sere(h) indon., malaiisch: Zitronengras, frisch, getr. oder als Puder pikante Würze (Ostasien)

Serbischer Bohnentopf Eintopf aus Weißen Bohnen, Würfeln von gepökeltem geräuchertem Schweinefleisch, Kartoffeln, Knoblauch, Möhren, grünen Paprikaschoten und Zwiebeln mit Paprikapulver, viele reg. Varianten (Serbien)

Serbischer Salat Streifen von grünen Paprikaschoten und Tomaten sowie Zwiebelscheibchen in Essig-Öl-Sauce mit geh. Petersilie

Serbisches Reisfleisch Ragout aus Kalb- oder Schweinefleisch, Paprikaschoten, Tomaten und Zwiebeln, mit Reis im Ofen gegart, viele Varianten (Österreich)

Serbisches Schnitzel ↑ Schnitzel/Serbisches Schnitzel

sere(h) Zitronengras, ↑ serai

Serge, à la paniertes Kalbsschnitzel oder -bries mit geh. Champignons und Trüffeln sowie in Butter ged. Artischockenvierteln und in Madeirawein erwärmten Schinkenstreifen, dazu Demiglace mit Trüffelessenz

Serrano-Schinken ↑ Schinken/Sorten

sertés ung.: Schwein
-borda Schweinerippe
– pörkölt ↑ Pörkölt aus Schweinefleischwürfeln und Zwiebeln mit Paprikaschoten und Tomaten, mit Knoblauch, Paprika, Pfeffer gewürzt

serunding pikante Würze aus gerösteten getr. Kokosflocken und Erdnüssen mit feingeh. Gewürzen wie Ingwer, Knoblauch, Koriander, Kurkuma, Muskatnuß, Zwiebeln usw. (Indonesien)

Servela Brühwürstchen aus feingeschn. Rind-, Schweinefleisch und Fettgewebe, der Knackwurst ähnlich; ↑ a. cervelas, Cervelatwurst

Service [frz., ausgespr. ßärwīß] Bedienung; Tafelgeschirr (pro Gast)

Servicetopf meist kupferne, innen verzinnte Kasserolle, in der Speisen gegart und aufgetischt werden

servieren [frz.: *servir,* (be)dienen] zum Essen, Trinken auftragen

Serviette Tuch aus Stoff oder zumindest saugfähigem Papier, das beim Essen zum Abwischen des Mundes und Schützen der Kleidung benutzt wird

Serviettenkloß, -knödel Rolle aus von Milch, zerlassener Butter, Eiern vollgesogenen Semmelwürfelchen, in mit Butter bestrichene Serviette eingebunden und in Salzwasser gek.; wird vor dem Anrichten mit in Butter gerösteten Semmelbröseln bestreut und mit kräftigem Faden in Scheiben geschnitten; selbständige Mahlzeit oder Beilage zu Fleisch (Österreich, Süddeutschland)

Sesam kl. Samenkörner einer alten Kultur- und Ölpflanze, im Orient Grundnahrungsmittel und -gewürz, wirkt magen-, darmfreundlich, gegen Bluthochdruck, Fettleibigkeit, braun: ungeschält, intensiv aromatisch, hell: milder, schwarz: für exot. Gerichte; feines nussiges Aroma, das sich jedoch erst beim Braten oder Rösten entwickelt; wird ungeröstet oder geröstet a. als Nußersatz, ganz zum Bestreuen, als Garnitur (auf Gebäck, zum Panieren, für Müesli, Rohkost usw.) verwendet, gemahlen als Würze (in Brot-, Kuchenteig, Füllungen, Saucen, Salaten usw.) (China, Indien, Afrika, Türkei, Süd-, Zentralamerika); ↑ a. gomasio, Öl/Sesamöl, tahin(a)

Sesam|brot ↑ Brot/Spezialsorten
-öl ↑ Öl/Sorten
-paste ↑ tahin(a)

-salz ↑ gomasio

-sauce ↑ tehine

Setzei Spiegelei, ↑ Ei/Zubereitungen

Setzmilch ↑ Sauermilch

Severinsuppe, consommé Séverin [Severin, Mönch und Schutzpatron Bayerns] Geflügelkraftbrühe mit Erbsen, Gurken-, Kartoffelkugeln und gek. Reis

seviche gek., in Essig, saurem Orangensaft mit Knoblauch, Paprikapulver und Zwiebeln marinierte Meerraben oder Miesmuscheln, mit Maiskolben, Paprikaschoten und Tomatenvierteln garniert (Ecuador, Peru, Südamerika)

Sévigné-Art, à la Sévigné [Marquise de S., geistreiche frz. Literatin, Briefstellerin und Gastrosophin, 1626–1696] Geflügelkraftbrühe mit Hühnerklößchen, Erbsen, ged. Kopfsalat und Kerbel; wachsweiche oder pochierte Eier in Geflügelrahmsauce mit Trüffelscheibe

Sevilla-Art [Sevilla, span. Stadt und Provinz in Andalusien] leicht gebundene, tomatisierte Rinderkraftbrühe mit Würfeln von Tomaten-Eierstich; Rahmsauce mit Tomaten- und Paprikaschotenpüree; Salat aus Orangenfilets und entkernten, geschälten Weinbeeren auf Salatblättern in Essig-Öl-Sauce

Sevilla-Orange Zitrusfrucht, ↑ Pomeranze

Sevruga, Schwerg, Sternhausen Störfisch, liefert Kaviar (Schwarzes, Asowsches, Kaspisches Meer)

sfincione Pizzafladen mit Ragout aus geh. Schweinefleisch, Fenchelwurst oder Sprotten, Tomaten, Zwiebeln, Oliven, Kräutern, Gewürzen, Rotwein usw. (Sizilien, Süditalien)

sfogliatella [ital. *sfoglia,* Blätterteig] Blätter- oder Mürbeteigtasche mit Füllung aus Frischkäse, Konditor- oder Fruchtcreme, kandierten Früchten usw. (Kampanien, Apulien, Süditalien)

sh... ↑ a. sch...

shabjahani biryani Schmorgericht aus Lammfleisch und Reis in Hühnerbrühe und Joghurt, gewürzt mit Cayennepfeffer, Gewürznelken, Ingwer, Kardamom, Knoblauch, Kreuzkümmel, Muskat, Pfeffergurken, Safran und Zimt, dazu Cashewnüsse, Mandeln, Pistazien, Rosinen und Safranfäden (Indien)

shabushabu Fleisch- und Gemüse-Fondue aus in kochender Hühnerbrühe mit Seetang laufend gegarten klein geschn. Gemüsen (Bambussprossen, Champignons, Chinakohl, Frühlingszwiebeln, Möhren, Porree, Shiitake-Pilzen usw.), Glasnudeln, Tofuscheiben und Rindfleisch in hauchdünnen Scheiben; der Gastgeber gibt jedem Gast aus dem Kochgefäß eine Portion in seine kl. Schüssel mit Sesamsauce; dazu heißer Reiswein (Japan)

shaddock engl.: Pampelmuse

shalet Eintopf aus geräuchertem Rindfleisch, Erbsen, Graupen und Knoblauch (Ägypten u. a.); ↑ a. Schalet

Shamouti ↑ Orange/Sorten

Shanghai crab ↑ Wollhandkrabbe

shāo chin.: gekocht, gebraten, geschmort
– **mài** Teigtaschen, ↑ won-tan, mit würziger Mischung aus Schweinefleisch, Garnelen, getr. schwarzen Pilzen und Garnelenrogen, Grünen Erbsen oder Möhrenwürfeln

Sharonfrucht [Sharon, Küstenebene zwischen Tel Aviv und Haifa] Kaki-Neuzüchtung, dünne Schale, kernloses Fruchtfleisch ohne Tannin, zuerst knackig schnittfest, später geleeweich und saftig, angenehm aromatischer Geschmack, läßt sich aus der Hand roh essen oder für Cremes, süße Pürees, Speisen attraktiv anrichten (Israel)

sheet steak [engl.: Blattsteak] amerik.: Steak aus dem Filetstück des Rinds

shellfish engl.: Schaltier, Krebs, Muschel usw. aus dem Meer

shepherd's pie engl.: Schäferpastete, ↑ pie, shepherd's

Sherryessig ↑ Essig/Weinessig

Sherrysauce mit Sherry abgeschmeckte Demiglace

shichimìtōgarashi Mischung aus sieben scharfen Gewürzen: zerriebenen Chilis, zerbröselten Nori-Algenblättern, Mohnsaat, schwarzem Sesam, Mandarinenschale, Hanf und getr. Shisoblättern (Japan)

shichù jap.: Schmorfleisch

Shiitake, shii-take, Donkopilz, tong-ku schmackhafter, sehr würziger Baumpilz, der wie wild gewachsen schmeckt, im Fernen Osten schon seit 2000 Jahren ein wichtiges Lebensmittel, dem starke Heilkraft nachgesagt wird, heute meist auf künstlichen Nährböden in klimatisierten Räumen kultiviert und oft getrocknet, fördert Kreislauf, senkt Blut-

Shiitake, Baumpilze aus dem Fernen Osten

druck und Cholesterinspiegel; frisch festes, saftiges Fleisch, getr. würziger, läßt sich – sowohl frisch wie getr. eingeweicht – trocken geputzt und ohne Stiel (nicht zu lange) kochen, braten, dünsten, grillieren oder pfannenrühren und nicht nur als Würze, sondern a. als Pilzgemüse, Vorspeise, Beilage zu Fleisch, Geflügel, Wild, für Suppen, Salate usw. verwenden; hält sich roh im Gemüsefach des Kühlschranks, kann roh eingefroren werden (urspr. Ostasien, heute a. USA, Kanada, Deutschland, Holland u. a.)

shinghara ind.: Gemüsepastetchen (Bengalen)

Ship russ. Störfisch, ↑ Kaviar/Asetra

shiritake Glasnudeln aus dem Mehl der stärkehaltigen Amorphophallus-Wurzel (Japan)

shish kebab ↑ kebap, şiş

shiso, Perilla, Schwarznessel Gewürz- und Ölpflanze, grüne spatenförmige Blätter, Blüten und Samen als Gemüse zu gebr., gegr. Fleisch, rohem Fisch usw., Keimlinge als Sprossengemüse, Knospen und Samen zum Würzen (urspr. Himalaja, China, inzw. ganz Asien, Iran, Südeuropa)

shoe strings [engl.: Schnürsenkel] Schnürsenkelkartoffeln

shōga jap.: Ingwer, meist frisch geraspelt, a. in Essigmarinade eingelegt, zu rohem Fisch

shortbread [engl.: Mürbebrot] knuspriger, süßer Butterkuchen, runde Scheibe aus Mürbeteig, manchmal mit geh. Nüssen und/oder Früchten gefüllt (Schottland)

shortcake engl.: Mürbe-, Teekuchen

shortening engl.: Backfett (Butter, Schmalz o. ä.) für Mürbeteig

Shorthorn amerik. Mastrind-Rasse

shortribs engl.: Rindfleisch vom unteren Rippenstück

shōyu jap.: Sojasauce

shrimp engl.: Sandgarnele; ↑ a. prawn

shungiku Blätter und Blüten der Gelben Margerite, einer Chrysanthemen-Art, die wie Gemüse oder als Salat zubereitet werden (Japan)

Siam-Ingwer [Siam, früherer Name von Thailand] Würzwurzel, ↑ Galgant

Siamreis körnig kochender Langkornreis

Siamwurzel Würzwurzel, ↑ Galgant

Sibkäs hessisch: Frischkäse, Quark

Sichling Süßwasserfisch, ↑ Ziege

Sichuan, Szechuan, Szechwan, Szetschuan südwestchin. Provinz mit alter kulinarischer Tradition, für ihre Reichhaltigkeit an süßsauren Gewürzen berühmt
  -pfeffer Gewürz aus den getr. Samenschalen eines Pfefferstrauchs, nicht pfeffrig, sondern beißend aromatisch und säuerlich, für fernöstl. Gerichte, Braten, Fisch, Marinaden usw. (Nordchina, Korea, Japan)

sicilienne, à la ↑ Sizilianische Art

Siebenbürgener Holzplatte, Erdélyi fatányéros [Siebenbürgen, rumän. Transsilvania, ung. Erdély, von den Karpaten umschlossenes Hochland in Rumänien] knusprig gebr., gewürzte Scheiben von Kalb-, Rind-, Schweinefleisch und Räucherspeck auf Kartoffelstiften in Kranz von versch. Salaten, auf Holzplatte angerichtet (Rumänien, Ungarn)

Siebenbürgener Kraut ↑ rakott káposzta

Siebkäse ↑ Frischkäse, Quark

Siedefett, Siedeöl ↑ Fritürefett

Siedesalz ↑ Salz/Arten

Siedewürstchen Würstchen zum warm Verzehren

Siedfleisch ↑ Suppenfleisch

Sukiyaki, japanisches Fleisch- und Gemüsefondue mit Reis

Siegelstück Kamm vom Rind

Sieglinde festkochende Kartoffel für Salate usw., ↑ Kartoffel/Sorten

Sienboon-Sopp in Arrak, Branntwein oder Rum eingelegte Rosinen, zum Nachtisch ausgelöffelt (Friedland)

sien mien chin.: Fadennudeln

Sießchen [frz.: *saucisse*, Bratwurst] sehr kl. Kalbsbratwürstchen (Norddeutschland)

siew mai ged. Nudelteigtäschchen, mit Schweinefleisch usw. gef., in Bambuskörbchen (China)

Sigi-Kaviar Hechtrogen

Signalkrebs Wasserkrebs, ausgezeichnetes Fleisch, ↑ Flußkrebs (urspr. hohe Bergseen bis Pazifikküste der USA, heute a. in Europa ausgesetzt)

Signorasalat [ital. *signora*, Frau, Dame] gewürfelte frische Früchte auf Salatblättern in Essig-Öl-Sauce

Sigurd, à la [S., Held einer nordischen Edda-Saga] Garnitur aus kl. Schinkenkroketten und gef. Tomaten, zu Fleisch in Trüffelsauce

Sikawild ostasiat. Hirschart, heute a. in Mittel-, Westeuropa eingeführt, rotbraunes, kurzfaseriges, feines und saftiges Fleisch; zur kulinarischen Verwertung eignen sich Kälber und Schmalspießer, -tiere; Jagdzeiten ↑ Damwild

Silage Bereitung von Gärfutter durch Einlagerung von frischem oder angewelktem und zerkleinertem Pflanzenmaterial, das unter Fernhaltung der Luft in Silos konserviert wird

Silberfelchen forellenähnlicher Süßwasserfisch aus der Familie der Renken, ↑ Renke/Große Schwebrenke (Westschweizer Seen u. a.)

Silberkarausche, Giebel der ↑ Karausche sehr ähnlicher, karpfenartiger Süßwasserfisch

Silberkarpfen Süßwasserfisch, ↑ Karpfen/Arten

Silberlachs ↑ Lachs/Pazifiklachs

Silbersuppe Kartoffel- und Lauchpüreesuppe mit Tapioka, gerösteten Weißbrotwürfeln und Kerbelblättern

Sorbets, erfrischendes Eis ohne Fett und Eigelb

Sikas, Edelhirsche aus Ostasien

Silberzwiebel ↑ Zwiebel/Perlzwiebel

Silbkäse hessisch: Frischkäse, Quark

sild dän., norw.: Hering

Silk Küchenkraut, ↑ Petersilie

silke Baltikum: (Ostsee-)Hering

sill schwed.: Hering

sillabub schaumige Creme, ↑ syllabub

Silver Bright ↑ Lachs/Pazifiklachs

simit türk.: (Sesam-)Kringel

Simone-Suppe, potage Simone Kraftsuppe mit Möhren- und Kartoffelcreme, Perlgerste, gek. Kopfsalat und Hühnerbruststreifen

Simonsbrot ↑ Brot/Spezialsorten

singara pikanter Krapfen mit Füllung aus gek. Kartoffel- und Möhrenwürfeln, geh. Chilis, Currypulver, Kreuzkümmel, Limettensaft usw. (Indien)

Single Cell Protein Einzelleiweiß, ↑ Quorn

sippet engl.: Brot-, Toastbrocken zum Eintunken in Suppen, Saucen, Milch u. ä.; geröstete Brotschnitte

sir russ.: Käse

Sírene bulg. Lakekäse, ↑ bjalo salamureno sírene

Sirloin Steak [engl. aus dem frz. *surlonge,* obere Lende] ↑ Steak/Ochsensteak: Amerikanischer Schnitt 6

sirnik, ciernik kl. Teigkugel aus Quark, Mehl, Eigelb und Muskat, Pfeffer, Salz oder Zucker, in Fett gebräunt, im Ofen geb., mit zerlassener Butter übergossen, dazu saure Sahne und Puderzucker (Rußland)

Sirrboon-Sopp ↑ Sienboon-Sopp

Sirte schweiz.: Molke

Sirtema ↑ Kartoffel/Sorten

šiš, şiş serbokroat., türk. usw.: (Brat-)Spieß
 - kebap, kebabi Fleischspießchen, ↑ kebap

siwriuga russ.: Sevruga, Störfisch

Sizilianische Art, à la sicilienne [Sizilien, südlichste Mittelmeerinsel Italiens] Garnitur aus gef. Tomaten, Reishalbkugeln und Kartoffelkroketten, zu kl. Fleischstücken und Geflügel aus der Pfanne

Sizilianischer Salat Würfel von Äpfeln, Artischockenböden, gek. Knollensellerie und Tomaten in leichter Mayonnaise

sjömansbiff [schwed.: Seemannsbeef] Eintopf aus angebr., geschichteten Rindfleisch-, Kartoffel-, Zwiebelscheiben, mit Pfeffer gewürzt, mit Bier übergossen geschmort

skalka russ.: Teigrolle

Skipjack Meerfisch, ↑ Bonito

skorthalia Sauce aus zerquetschten Kartoffeln, Knoblauch und gemahlenen Mandeln in Öl und Zitronensaft, zu kurzgebr. Fleisch, Fisch und/oder Krustentieren (Griechenland)

skorupaca Gericht aus Mehl, Eiern und saurer Sahne, dazu Brot (Wojwodina, Serbien)

Skorzoner Wurzel Wurzelgemüse, ↑ Schwarzwurzel

skyr gegorenes, joghurtähnliches Milchprodukt, dicklich und leicht sauer, wird a. mit Milch verdünnt und mit Zucker bestreut (Island)

sliced engl.: in Scheiben geschnitten

şlifki russ.: Rahm, Sahne

sloe engl.: Schlehe, Schwarzdorn

Sloehering ↑ Hering/Vollhering

smaczny kąsek poln.: Leckerbissen

småwarmt [schwed.: das kl. Warme] der warme Teil des ↑ smörgåsbord

smetána russ.: saure Sahne

Smetanasauce dicke saure Sahne mit in Butter angeschwitzten, mit Weißwein abgelöschten geh. Zwiebeln, mit weißem Pfeffer und Zitronensaft gewürzt, zu Wild oder Wildgeflügel

Smithfield-Schinken ↑ Schinken/Sorten

smoked engl.: geräuchert
 - haddock geräucherter Schellfisch, ↑ haddock

smør, smör dän., norw., schwed.: Butter

smørbrød norw.: Butterbrot

smörgås schwed.: Butterbrot
 -bord üppiges Büffett, das auf einem Tisch mit zahlreichen (bis 60 und mehr) Speisen angerichtet und in trad. Reihenfolge eingenommen wird: zuerst eine oder mehrere Heringsspezialitäten, dann kalter Fisch (Aal, Lachs, Schellfisch usw.), Fleisch (Aufschnitt, Kalbsbraten, Rippenspeer, Roastbeef, Schinken usw.), Salate und Eingelegtes, anschließend warme Gerichte, das *småwarmt* (Fleisch, Fleischklößchen, Geflügel, Aufläufe, Omeletts usw.) und zuletzt Käse und/oder Obstsalat, dazu Bier und Aquavit (Dänemark, a. übriges Skandinavien)

smørrebrød dän.: Butterbrot; als Sandwich mit versch., geschmacklich harmonisierendem Belag zu einem kulinarischen Kunstwerk erhoben: dünne, mit Butter bestrichene, mit Salatblatt belegte Scheibe säuerliches Roggen-, a. Weißbrot, darauf Appetitsild mit Eiern, Tomaten; Bückling mit rohem Eigelb, geh. Radieschen, Schnittlauch; Fischfilet mit Remoulade, Zitrone; Räucheraal mit Rührei, Schnittlauch; Kaviar mit Eigelb, Zwiebelringen; Leberpastete mit süßsaurem Gurkensalat; Roastbeef mit geriebenem Meerrettich, gerösteten Zwiebeln; Schweinebraten mit Backpflaumen, Rotkohl; dän. Käse mit Trauben, Walnußkernen u. v. m. – das Mittagessen der Dänen

Smyrna-Würstchen ↑ soudzoukáki

Snack engl.: Happen, Bissen; kl. Imbiß
 -artikel ↑ Knabberartikel
 -bar (Steh-)Imbißstube

Snapper Schnapper, Familie von ausgezeichneten Meerfischen aus trop. Gewässern; ↑ a. Red Snapper

snert Erbsensuppe mit etwas Schinken oder Schweinefleisch und viel Gemüse, dazu Roggenbrot (Holland)

Snippelbohne ↑ Schnibbelbohne

snow crab engl.: Nordische Eismeerkrabbe

Snusch, Snüsch Gericht aus jungen (Schnitt-)Bohnen, Erbsen, Kartoffeln, Gelben Rüben mit geh. Petersilie und Butter in heißer Milch, zu Schinken, Räucherspeck oder Salzhering gegessen (Schleswig-Holstein); ↑ a. Schnusch

Snuten und Poten niederd.: Schweineschnauzen und -füße, frisch oder gepökelt

soba [jap.: Buchweizen] feine bräunliche Nudeln aus Buchweizen- und Weizenmehl, als Suppeneinlage oder mit Fleisch, Gemüsen, Pilzen usw. in wenig Öl gebraten

sobrasada luftgetr. Rohwurst aus Rind-, Schweinefleisch und Speck, mit Knoblauch, Paprika u. ä. gewürzt (Balearen, Spanien)

sobremesa port.: Dessert, Nachtisch

sobronade kräftige Bauernsuppe aus Schweinefleisch und Gemüsen (Südwestfrankreich)

Sockel Unterlage aus Grieß, Kartoffelmasse, Reis, a. gerösteten Weißbrotscheiben usw., auf der Speisen angerichtet werden

Sockeye Meerfisch, ↑ Lachs/Pazifiklachs

soffritto [ital.: angebr., angeröstet] dicke aromatische Mischung aus geh. und angerösteten Gemüsen (Möhren, Sellerie, Zwiebeln, a. Knoblauch usw.) mit Petersilie, zu Schmorgerichten

sofregit Sauce aus feingeh. Tomaten, Zwiebeln, Knoblauch, Petersilie und Öl in Schweineschmalz (Katalonien, Spanien)

sofreir span.: braten, leicht rösten

sofrito [span.: leicht geröstet] dickflüssiger Brei aus geh. ged. Paprikaschoten, Würfeln von enthäuteten, entkernten Tomaten, Zwiebeln, Knoblauch und weiteren Gemüsen und Gewürzen, Grundlage vieler span. Gerichte

Getrocknete Sojabohnen

sofrit pagés kräftiger Fleisch- und Kartoffelauflauf mit Gewürznelken, Knoblauch, Safran, Pfeffer und Zimt (Spanien)

soft engl.: weich, geschmeidig

soft-boiled engl.: weichgekocht

soft(-shell) clam engl.: Sandklaffmuschel

soft(-shell) crab engl.: frisch gehäutete (Blau-, Strand-) Krabbe, bes. zartes, weiches Fleisch (Ostküste der USA, Frankreich, Italien u. a.)

Softeis weiches Speiseeis zum sofortigen Verzehr

Soissonsbohne ↑ Bohne/Riesenbohne

Soissons-Suppe, purée soissonnaise [Soissons, Stadt in der Pikardie in Nordostfrankreich, Marktzentrum] Püreesuppe aus Weißen Bohnen mit Butter und Milch

Soja(bohne) exot., Hülsenfrucht mit über 3000 Sorten, außergewöhnlich vollwertiges Nahrungsmitel, meist weiß, gelb (mild) oder grau, schwarz (kräftig süßlich) als Trockenfrucht angeboten, frisch oder getr. als Gemüse verwendbar (sollte gründlich gek. oder erhitzt werden, Einweichzeit 7–8 Std., Garzeit 45–60 Min.), aber a. Lieferant von lebenswichtigen Grundstoffen wie Lecithin, Linolsäure usw. für Fett, Mehl, Öl; reife Samen kühl und trocken aufbewahrt praktisch unbeschränkt haltbar, Hülsen lassen sich blanchiert bis 8 Mon. tiefkühlen (urspr. China, später ganz Asien und USA, a. Rußland, Afrika, Europa u. a.); ↑ miso, natto, témpé, Tofu

Soja|bohnenkäse   ↑ Tofu

  -brot   ↑ Brot/Spezialsorten

  -eiweiß   hochwertiges pflanzliches Eiweiß aus Sojabohnen, anstelle oder als Ergänzung von anderen Eiweißen in Suppen, Back-, Teigwaren, Süßspeisen usw. verwendbar

  -keimlinge   ↑ Sojasprossen

  -mehl   aus gereinigten, geschälten, gerösteten oder ungerösteten gemahlenen Sojabohnen, für Back-, Teig-, Süßwaren usw.

  -öl   ↑ Öl/Sorten

  -quark   ↑ Tofu

  -sauce   pikant scharfe Würzflüssigkeit aus in langem Verfahren fermentiertem Sojabohnenextrakt, gedörrtem, zerkleinertem Weizen, Salz, Zucker und Hefe, hell oder dunkel, salzig oder süßlich, leicht oder schwer: *Chinesische S., jiang, yong* dunkel und würzig, ausgeprägtes, gehaltvolles Aroma, *Indonesische S., ketjap,* eher dickflüssig, *asin* gesalzen, *manis* süß, *Japanische S., shōgu* hell, weniger salzig und leicht süßlich; intensiviert den Eigengeschmack von Speisen und paßt nicht nur zu asiat. Gerichten, sondern a. zu Fleisch, Wild, Geflügel, Fisch, Gemüsen, Salaten, Reis, Teigwaren, Eierspeisen, in Suppen, Cocktail-, Fleisch-, Salatsaucen usw.; muß schnell verbraucht werden, kann, ist die Flasche einmal geöffnet, nur kurz im Kühlschrank aufbewahrt werden; es gibt im Schnellverfahren hergestellte, nicht gebraute Sojasaucen aus Pflanzenprotein und Salzsäure (auf dem Etikett Hinweis auf Karamel, Zucker, künstliche Aromen usw.), sie sind nicht empfehlenswert (Ostasien)

  -sprossen   Keimlinge der Sojabohne, ersatzweise manchmal für die Keime der Mung(o)bohne, pikantes Aroma, knackig und wohlschmeckend; kurze Garzeit, je frischer, desto besser, passen nicht nur zu asiat. Gerichten, sondern a. als Salat, Gemüse, Beilage, Füllung von Suppen, Fleisch, Eierkuchen, Omeletts, Vollwertkost; halten sich im Kühlschrank 3–4 Tage; ↑ a. Bohne/Mung(o)bohne, Keimlinge

Solange-Suppe, consommé Solange [Solange, Hirtenmädchen und Märtyrin, Patronin der frz. Landschaft Berry] Kraftbrühe mit Perlgerste, gek. Kopfsalat und Hühnerbruststreifen

Solberfleisch   ↑ Schwein/Fleischstücke: Knöcherl

Sole   Kochsalz enthaltendes Wasser

sole   frz.: Seezunge

Solei   in Salzlake mit Dill, Lorbeer, Pfeffer-, Senfkörnern, Wacholderbeeren usw. und mit ungeschälter Zwiebel in der Schale hartgek. Ei, das mit der Sole übergossen und durchzogen in ein großes Glas geschichtet wird, hält dort etwa 3–6 Tage; wird halbiert und mit würziger Füllung aus Pfeffer, Senf, Essig, Öl usw. unter dem Dotter von Hand gegessen (Berlin, a. Rheinland)

Solferino-Art [Solferino, Gemeinde in der ital. Provinz Mantua, 1859 Schlacht der Franzosen gegen die Österreicher] Rinderkraftbrühe mit Perlgraupen, Hühnerfleischwürfeln und Kopfsalatstreifen; Sauce aus Fleischglace mit dem eingedickten Saft ausgedrückter Tomaten, mit Kräuter-Schalotten-Butter aufgeschlagen, mit Cayennepfeffer und Zitronensaft gewürzt

soljánka   dicke, scharf sauer-salzige Suppe, urspr. aus Fisch (Barsch, Forelle, Hecht, Zander usw.), Garnelen, Muscheln, heute meist (gepökeltem) Rindfleisch oder Pilzen mit Fleischbrühe, Mehl, Tomaten, Dill, Kapern, Öl, Zitronensaft und saurer Sahne (Rußland)

solomillo   span.: Lendenstück, Filet

Somborski Sir   [Sombor, Stadt in der Wojwodina] Weichkäse aus Schaf- und/oder Kuhmilch, geschmeidiger Teig, 50 % Fett i Tr., bitterer Geschmack (Serbien u. a.)

sōmen   zarte Fadennudeln aus feinstgemahlenem Weizenmehl, kurze Garzeit, Beigabe zu Suppen oder Salaten, aber a. eigenständiges Teigwarengericht (Japan)

Sommerendivie   ↑ Salat/Römersalat

Sommergetreide   nicht winterfeste Gerste, Hafer, Roggen, Weizen, im Frühjahr ausgesät, im Sommer geerntet

Sommerkürbis   ↑ Kürbis/Gartenkürbis

Sommersalat, salade d'été   Sträußchen von Brunnenkresse, Kopfsalat, Gurken-, Rote-Rüben-Scheiben in Essig-Öl-Sauce mit halben hartgek. Eiern

Sommerspelt   alte Weizenart,   ↑ Zweikorn

Sommerspinat   Gemüsepflanze, ↑ Neuseeländer Spinat

Sommertomate   ↑ Tomate

Sommertrüffel   ↑ Trüffel

Sommerzwiebel   ↑ Zwiebel

Sonnenblume, Helianth   hochwachsende Korbblütenpflanze mit gr. Blütenköpfen und ölhaltigen Kernen (urspr. Mittel-, Südamerika, heute a. Südosteuropa, Rußland)

Sonnenblumen|honig ↑ Honig/Sorten
 -kerne Samen der Sonnenblume, enthalten fettes Öl, Eiweiß und Lecithin, wirken cholesterinspiegel-, blutfettsenkend, geschält, ungeschält und geröstet im Handel, für Brot, Gebäck, als Vollwertkost, Ersatz von Nüssen usw. vielseitig verwendbar
 -öl ↑ Öl/Sorten

Sonnenwirbele alemann.: Feldsalat

sopa port., span.: Suppe
 – de aguacate Cremesuppe aus pürierten Avocados, mit Avocadoscheiben und Tortillavierteln garniert (Guatemala, Mexiko u. a.)
 – de albondiguillas Rinderkraftbrühe mit Hackfleischklößchen und gerösteten Brotscheiben, mit Chili, Tomatenmark und Pfeffer gewürzt (Kolumbien u. a.)
 – de almendras Mandelsuppe mit vielen reg. Abwandlungen, in Spanien trad. Weihnachtssuppe (Spanien, Südamerika)
 – de cozido nahrhafte Fleischbrühe mit Kohl, a. Fadennudeln (Portugal)
 – de frijol Suppe aus pürierten Schwarzen Bohnen, geh. Speck, Zwiebeln, Oregano und Teekraut auf dicker Sahne, mit Tortilla-, Speckstreifen und Limettenscheiben garniert (Mexiko u. a.)
 – de juliana Suppe aus ↑ sofrito und zerkleinerten Gemüsen wie Erbsen, Kartoffeln, Möhren, Weißen Rüben, Zwiebeln usw. (Spanien)
 – de pescado span.: Fischsuppe
 – marinera span.: Suppe aus Meeresfrüchten
 – seca Reis- oder Nudelgericht (Mittelamerika)

sopes Fladen aus Maisteig mit Füllung aus Fleisch und Bohnen in Paprikaschotensauce (Mexiko)

šoraba, šorba arab.: Suppe

Sorbais [Dorf in der Pikardie] fetter Weichkäse aus Kuhmilch nach Art des Maroilles, geschmeidiger Teig, 45–50 % Fett i. Tr., kräftiger Erdgeschmack, gute Zeit Juli–Nov. (Flandern, Nordostfrankreich)

Sorbet, Scherbet [arab. *scharbat,* Trank] schwach gefrorenes, luftig leichtes Speiseeis aus Eischnee, Läuterzucker und pürierten Früchten, Fruchtsäften, Kräutern, selbst Gemüsen, a. mit Weiß- oder Schaumwein, sollte kurz vor dem Servieren hergerichtet und weich in vorgekühlten Gefäßen serviert werden, wird zur Neutralisierung des Geschmacks und Beruhigung des Magens gern zwischen dem Fisch- und dem Fleischgang eines Menüs angeboten (aber manchmal a. angefochten, denn die Kälte betäubt die Zunge, und das oft ausgeprägte Aroma schockt die Geschmacksnuancen vor- und nachher), ist jedoch als kühlender Dessert unumstritten

Sorbinsäure organische Säure, die v. a. in Ebereschen-, Vogelbeeren, Kirschen und Pflaumen vorkommt und gegen bestimmte Bakterien sowie viele Hefen und Schimmelpilze wirkt, wird als gesundheitlich unbedenklicher Konservierungsstoff für Backwaren u. a. Lebensmittel eingesetzt

Sorbit Zuckeraustauschstoff, ↑ Zuckeralkohol

Sorel ↑ Agnès Sorel

Sorg(h)um, Dari, Mohrenhirse Getreidepflanze, Gattung der Hirse, gr. Körner, meist als Mehl für Breie, (ungesäuerte) Fladen usw. verwendet (trop., südl. Afrika, Vorderasien, China, heute alle wärmeren Zonen)

sōsu jap.: Sauce, Brühe

Soß österr.: Sauce

Soße eingedeutscht für ↑ Sauce

Soßklops ↑ Königsberger Klops

sottaceto ital.: in Essig eingelegt

Sotteville [Vorstadt von Rouen am linken Ufer der Seine in Nordwestfrankreich] Römischer Salat in dickflüssigem Doppelrahm mit Zitronensaft

Soubise, (à la) [Charles de Rohan, Fürst von S., frz. Marschall und Feinschmecker, 1715–1787, Günstling der Pompadour und der Dubarry] mit (feingewürfelten oder zu einem Püree eingek.) Zwiebeln, Beilage oder Füllung zu Fleisch, Gemüsen, Eiern usw.; ↑ a. Sauce/sauce Soubise

Soubrettensuppe [frz. *soubrette,* eigtl. schalkhafte Zofe, im Musiktheater heiter-naive, komische Sopranistin] tomatisierte Geflügelkraftbrühe mit Cayennepfeffer und Geflügelklößchen, mit Garnelenschwänzen und Trüffelring garniert

Souchet [frz.: Zyperngras] Weißweinsauce mit Möhren-, Porree- und Selleriestreifen, in Butter und Fleischfond gedünstet

soudzoukáki, sudzukáki, Smyrna-Würstchen dicke Würstchen aus geh. Fleisch, Semmelbröseln, Knoblauch und Zwiebeln, vor dem Braten in Mehl gewälzt (Griechenland)

sou-fassum mit geh. Fleisch, Speck, Mangold, Zwiebeln und Reis gef. Wirsingkohlkopf (Nizza, Provence, Südfrankreich)

Soufflé [frz.: aufgeblasen] schaumiger, luftig geb. Auflauf aus mit Mehlbutter gebundener Milch oder Mehlschwitze mit Milch, Eigelben, Eischnee und Geschmacksträgern (salzig: Panade oder Brandmasse, Fleisch, Schinken, Innereien, Geflügel, Fisch, Krusten-, Schaltieren, Gemüse, Kräutern, Käse usw.; süß: möglichst pektinhaltige Früchte, Spirituosen usw.), sollte innen sahnig, außen knusprig sein, muß gleich nach der Zubereitung in der Form aus dem Ofen serviert und gegessen werden; für Mikrowelle ungeeignet; ↑ a. Auflauf, Nockerln, Salzburger

    ♀ **au Grand Marnier** mit Grand-Marnier-Likör und zerbröselten Löffelbiskuits

    ♀ **glacé, Eisauflauf, -soufflé, Schaumeis** im Wasserbad mit Zuckersirup und Wasser geschlagene, mit Sahne unterzogene, beliebig aromatisierte Eigelbe, in Förmchen gefroren, oft mit Kakaopulver bestreut

Soufflékartoffeln ↑ Kartoffel/Polsterkartoffeln

soufflieren auflaufen, aufblähen

soup engl.: Suppe

soupe frz.: (nahrhafte, rustikale) Suppe
- **à l'oignon** ↑ Pariser Zwiebelsuppe
- **au pistou** dicke Gemüsesuppe mit Tomaten, Kräutern und ↑ pistou (Provence, Südfrankreich)
- **aux poissons** Suppe aus pürierten Fischen oder Fischfond; ↑ a. soupe de poissons
- **aux truffes noires V. G. E.** [vom Meisterkoch Paul Bocuse nach dem ehemaligen frz. Staatspräsidenten Valéry Giscard d'Estaing benannt] klare Trüffel-Kraftbrühe unter einer Haube von geb. Blätterteig
- **cultivateur** Gemüsesuppe
- **de poissons** Fischsuppe; ↑ a. soupe aux poissons
- **gratinée** mit trockenem Brot und geriebenem Käse gratinierte Zwiebelsuppe (Paris)

Souper [frz.: Suppenmahlzeit] (festliches, spätes) Abend-, Nachtessen; ↑ a. Diner

sour engl.: sauer, scharf, herb, bitter

soursop engl.: Stachelannone, Cherimoya

sous la cendre ↑ cendre

Southdown schwarzköpfige, kurzwollige Mastschafrasse von den engl. Grasküsten; Gericht daraus; ↑ a. pré-salé

Souwaroff, Souwarow, Souworow ↑ Suworow

Soya... ↑ Soja...

soyble griech.: Bratspieß

Spaghetti [ital. *spago*, Bindfaden] die berühmteste, beliebteste Teigware Italiens: lange, dünne, runde Nudeln aus Hartweizengrieß, nach dem sie a. mild schmecken sollen; um sie korrekt *al dente*, bißfest, und dennoch geschmeidig, auf keinen Fall jedoch klebrig, weich oder gar matschig zuzubereiten, müssen einige Regeln beachtet werden: für 100 g braucht es 1 l gesalzenes Kochwasser, in das kein Öl gehört; die ideale Kochzeit kann nur durch laufendes Probieren bestimmt werden; nach dem Garen die S. nicht mit kaltem Wasser abschrecken, sondern nur abtropfen lassen; die gek. Nudeln in einer vorgewärmten Schüssel nach Belieben mit geriebenem Käse bestreuen und darauf mit Butter, einer Sauce, einer Zutat, einem Ragout o. ä. vermischen (urspr. wohl Arabien, dann Sizilien, Neapel u. a.)

Italien bittet zu Tisch, mit Spaghetti und Chiantiwein

spaghetti | aglio e olio Spaghetti mit Knoblauch und Olivenöl
- **alla bolognese** ↑ bolognese
- **alla carbonara** ↑ carbonara
- **alle vongole** Spaghetti mit Venusmuscheln
- **al pomodoro** Spaghetti mit Sauce aus pürierten Tomaten, Zwiebeln und Basilikum oder Petersilie

Spaghettibohne ↑ Bohne/Spargelbohne

Spaghettikürbis Gemüsefrucht, ↑ Kürbis/Sorten

spaghettini ital.: sehr dünne Spaghetti

Spaghettisauce ↑ bolognese, alla

Spalen(käse) Hartkäse aus Kuhmilch in der Art des Sbrinz, aber stärker gesalzen, geschmeidig körniger Teig, 47 % Fett i. Tr., kräftig nussig, zum Hobeln, Reiben (Innerschweiz)

Spalier ↑ Lamm/Fleischstücke

Spaltfrucht reif in mehrere Samen, Teilfrüchte zerfallende Frucht wie Anis, Kümmel u. ä.

Spaltschinken ↑ Schinken/Erzeugnisse

spanakópit(t)a mit Schafskäse und Spinat gef. Pastete, reichlich mit Dill und Petersilie gewürzt (Griechenland)

Spanferkel, Milchferkel [mhd. *spen,* Brust] noch säugendes Ferkel, frühestens mit 6 Wo. geschlachtet, am besten 8–9 Wo. alt, sehr feines Fleisch, oft als Ganzes (auf dem Rost, am Grill) gebr. und gefüllt

Spanische Art, (à l') espagnole [Spanien, südwesteuropäische Monarchie auf der Pyrenäenhalbinsel] mit (in Öl fritierten) Gemüsepaprikaschoten, Knoblauch und Tomaten; Garnitur aus mit Tomatenreis gef. Tomaten, kleingeschn. Zwiebeln, zu kl. Fleischstücken in Madeirasauce; Mayonnaise mit geh. Schinken, Knoblauch, roten Paprikaschoten und Senf; wachsweiche oder pochierte Eier auf gek., mit Paprikaschotenwürfeln gef. Tomaten in Tomatensauce mit fritierten Zwiebelringen; Spiegeleier auf geh. Paprikaschoten, Tomaten, Zwiebeln in Paprika-Tomaten-Sauce; Rühreier mit Paprika-, Tomatenwürfeln und fritierten Zwiebelringen; Suppe aus Tomatenpüree und Rahmsuppe mit Reis und Zwiebeln; Salat aus Grünen Bohnen, Tomaten, roten, grünen Paprikaschotenwürfeln und Zwiebelringen in Essig-Öl-Sauce; ↑ a. sauce espagnole

Spanische Artischocke ↑ Karde

Spanische Milch Milch mit einer Decke von süßem Eischnee

Spanischer Pfeffer Gewürzschote, ↑ Chili, Paprika/Gewürzpaprika

Spanischer Salat ↑ Spanische Art

Spanischer Wind Schaumgebäck, getr. Eischnee in Form kl. Halbkugeln; ↑ a. Meringe

Spanische (Grund-)Sauce ↑ Sauce/sauce espagnole

Spanische Suppe Spanische Art

Spanische Zwiebel ↑ Zwiebel/Gemüsezwiebel

Spankartoffeln Kartoffelspäne, in Fett schwimmend ausgebacken

Spannrippe, Blatt-, Flach-, Querrippe, Spannbrust Fleisch vom Brustkorb des Rinds, flach, von Rippen durchzogen und von Fett durchwachsen, zum Kochen; ↑ Rind/Fleischstücke

sparerib engl.: Rippenstück vom Schwein, Rippenspeer
- **sauce** Würzsauce aus Aprikosen, Pfirsichen, Gewürzen (Ingwer u. a.) Worchester(shire)sauce, Essig und Zucker, zum Überglänzen von Schweinerippen, -braten, -koteletts u. ä.

Spargel [griech. *spargān,* Sprossen] kalorienarme Gemüsepflanze, zarte junge Stengelsprosse eines fleischigen Wurzelstocks, wirkt entschlackend, nierenstimulierend, beruhigend; in Deutschland, Elsaß u. a. meist als *Bleichspargel* durchgängig weiß aus dem Dunkel angehäufter Erdwälle gestochen, in Frankreich, Italien u. a. aber a. mit herausgewachsenem bläulichem, violettem oder grünem, etwas aromatischerem Kopf oder längere Zeit auf flachen Beeten über der Erde gewachsen als *Grünspargel;* lieblich milder Geschmack mit, wenn unverfälscht, einer Spur Bitterkeit; sollte möglichst frisch sein mit festem, geschlossenem Kopf sowie heller, glatter, noch etwas saftiger und nicht brüchig trockener Schnittfläche; die dt. Handelsnormen kennzeichnen nur die optische Erscheinung (*Güteklasse Extra:* gleichmäßig lang, dick und gerade, für Spargel pur; *Güteklasse I:* nicht ganz so gleichmäßig, für Spargelgerichte mit Saucen, Eierspeisen usw.; *Güteklasse II:* für Suppen, Frikassees, Salate, Rohkost usw.; *Bruchspargel:* für Suppen, zum Einfrieren usw., für den typischen Spargelgeschmack aber von keiner bes. Bedeutung).
Spargel wird vom Kopf zum Stiel großzügig geschält und in einem Sud mit einem Stückchen Butter, wenig Salz und einer Prise Zucker gegart; Spargel schmeckt am besten, rein-

sten mit zerlassener Butter, Schinken und jungen Kartoffeln, wird auf der Gabel von Hand gegessen, wobei heute a. das Messer erlaubt ist, dazu nach Belieben versch. Saucen wie sauce hollandaise, (Kräuter-)Mayonnaise, Remouladensauce, Vinaigrette u. ä.; er läßt sich gek. (aber nie zerkocht) oder␣ged., jedoch a. kalt oder warm als Mischgemüse, für Suppen, Salate usw. zubereiten, sofern sein Eigengeschmack dabei nicht beeinträchtigt wird; Spargel läßt sich gut in der Mikrowelle garen; gute Zeit einh. Apr.–24. Juni, imp. Febr.–Juli, hält sich in ein feuchtes Tuch eingeschlagen im Gemüsefach des Kühlschranks 2–3 Tage und kann geschält und blanchiert in Folie verpackt bis 3 Mon. tiefgekühlt werden (urspr. Kleinasien, heute alle gemäßigten und warmen Zonen, v. a. Deutschland, Schweiz, Holland, Belgien, Frankreich, Italien, Spanien, a. Ungarn, Griechenland u. a.); ↑ a. Buntspargel

Französischer Spargel bläulicher oder violetter Kopf, kräftig würzig und etwas herb

Grüner Spargel, Grünspargel über der Erde aus flachen Beeten gewachsen, dünner und intensiver würziger, «gemüsiger» als der Bleichspargel, bes. reich an Vit. C und Beta-Carotin; braucht, wenn überhaupt, nur dünn vom unteren Ende nach oben geschält zu werden und benötigt weniger Garzeit als der weiße Spargel; läßt sich wie dieser zubereiten, a. in Vinaigrette als Vorspeise, in brauner Butter zu Fleisch usw.; läßt sich blanchiert gut bis 6 Mon. einfrieren (Italien, andere Mittelmeerländer, USA, a. einheimisch u. a.)

Spargel|salat marinierte Stücke von gek. Spargel in Essig-Öl-Sauce oder Mayonnaise; a. Name einer Salatpflanze, ↑ Salat/Sorten

-sauce Sauce aus Spargelenden und -schalen, Hühnerbrühe, Milch, Sahne, Kräutern (Basilikum, Estragon, Kerbel, Schnittlauch usw.) und Zitronensaft

-spitzen die zart-feinen Kopf-Enden des Spargels

Spargelbohne ↑ Bohne/Sorten

Spargelerbse ↑ Erbse/Sorten

Spargelkohl Blütenkohl, ↑ Kohl/Brokkoli

Spargelsalat ↑ Salat/Sorten

spas Suppe aus Sauer-, a. Buttermilch, Butter, Mehl, Reis, Eiern, geh. Koriander, Minze und Zwiebeln (Moldawien u. a.)

Spätmöhre ↑ Rübe/Möhre

Spatz schweiz. Soldatensprache: Stück Siedfleisch mit (Suppen-)Gemüse

Spätzle, Spätzli kl. unregelmäßiges, längliches Stück Teig aus Mehl, Eiern, Salz, mit wenig Wasser kräftig geschlagen, vom Brett (oder mit Spätzlepresse, -reibe) geschabt und

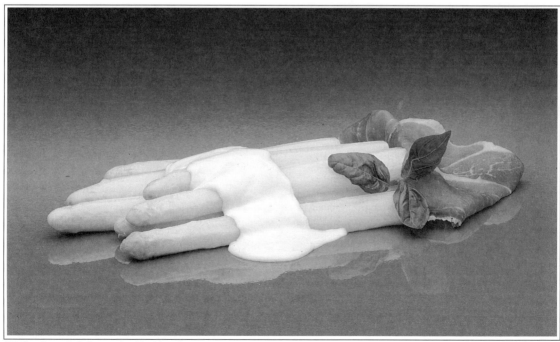

Weißer Spargel, kulinarischer Frühlingsbote

in Wasser gek., Beilage zu Braten in brauner Sauce u. ä.; läßt sich gek. und blanchiert gut bis 3 Mon. tiefkühlen (Schwaben, a. Ostschweiz, Tirol u. a.)

spearmint engl.: Grüne Minze

Speck [ahd.: *spek*, Fettes] Fettgewebe des Schweins (manchmal a. anderer Tiere) ohne Schwarte, nach Herkunft als Bauch-, Kamm-, Rücken- oder Schinkenspeck benannt; sollte kühl, luftig und trocken aufbewahrt werden, hält sich dann bis 6 Mon., im Kühlschrank am Stück in Folie eingeschweißt 3 Mon., in Scheiben vakuumverpackt 1 Wo., am Stück in Pergamentpapier 2–3 Wo., tiefgekühlt 2 Monate

Sorten
Bauchspeck, durchwachsener Speck aus Schweinebauch und -brust mit Streifen Muskelfleisch, mager mit etwa 50% Fett, roh gepökelt und geräuchert; kräftig im Geschmack, für Eintöpfe, zum Anbraten usw.
Bauernspeck, Roheßspeck gepökelte, geräucherte oder luftgetr. Schweinebrust, fettarm
Fetter Speck schierer Rückenspeck, trocken gepökelt und geräuchert, zum Anbraten, Umwickeln usw.
Frischer Speck ungeräucherter Speck
Frühstücksspeck gepökelter, geräucherter Rückenspeck mit Fleischstreifen; ↑ a. Bacon, Schinken/Erzeugnisse, Speck/Schinkenspeck
Grüner Speck frischer, ungesalzener und ungeräucherter Rückenspeck, fett mit neutralem Geschmack, läßt sich kurz angefroren besser schneiden
Karbonadenspeck Frühstücksspeck mit anhängendem Fleisch
Paprikaspeck mit Salz eingeriebener, in Rosenpaprikapulver gewälzter Rückenspeck, an der Luft getr. und nicht geräuchert
Räucherspeck, Rauchspeck fetter Rückenspeck, trokken gepökelt, kalt geräuchert
Schinkenspeck, Eckschinken, Frühstücksschinken, Schinkenecke Schinken mit gr. Fettanteil, schnell gepökelt, eher derb, als Aufschnitt usw.
Schwarzwälder Speck trocken gepökelter, manchmal mit Knoblauch und Wacholder gewürzter Bauchspeck, langsam geräuchert, kräftig würzig, als Aufschnitt usw.

Speck|kartoffeln olivenförmig geschn. Kartoffeln mit in Butter gebräunten Speckwürfeln und Zwiebelchen, geh. Knoblauch und Kräutern in Rinderbrühe
-**klüten** Kloß aus mit Mehl und Eiern durchgedrehtem Speck, in Salzwasser gekocht (Norddeutschland)
-**knödel** Knödel mit gerösteten Speckwürfeln
-**kuchen** in Paniermehl gewälzte Speckwürfel mit Schalotten, eingeweichten Brötchen und Sahne auf Brotteig (Kassel, Hessen); ↑ a. quiche, Sächsischer Speckkuchen

-**marinade** Salatsauce aus Würfeln von durchwachsenem Räucherspeck in warmem Weinessig mit Salz und Pfeffer
-**öl** ↑ Schmalzöl
-**pfannkuchen** Eierkuchen mit dünnen Speckscheiben
-**rollmops** Rollmops in Gelee mit Einlage von Speck
-**salat** Kopfsalat, der statt mit Öl mit ausgebr. Speck angemacht wird
-**schmalz** ausschließlich durch Auslassen von (Rücken-) Speck hergestelltes Schweineschmalz
-**scholle** mit knusprigen Räucherspeckwürfeln gebr. Scholle (Niederelbe)
-**stippe** in der Pfanne mit karamelisiertem Zucker kroß gebr. Räucherspeck- und Zwiebelwürfel, mit Essig und Kalbsjus abgelöscht, mit Wasser gek., a. mit saurer Sahne, Salz und Pfeffer abgeschmeckt (Norddeutschland)
-**wurst** Blutwurst mit kl. Speckstücken, a. anhaftender Schwarte

Speckaal fälschlich für Spickaal, ↑ Räucheraal

Speckbirne weichgedörrte ganze Birne, kann wie Dörrobst ungek. gegessen werden, a. gek. als Beilage, Füllung

Speckbohne ↑ Bohne/Sorten

Speckfisch knorpelfreie, heißgeräucherte Stücke vom Grauhai u. ä.; a. Speckscholle

Speckgriebe ↑ Griebe

Specksau schweres, ausgemästetes weibl. Schwein

Speckwurz Küchenkraut, ↑ Beinwell

Speisechrysantheme Gemüsepflanze, ↑ Salatchrysantheme

Speisedistel Gemüsepflanze, ↑ Artischocke

Speiseeis, Gefrorenes Genußmittel aus Milch, Eiern oder Sahne, Butter mit Zucker und geschmackgebenden Zutaten in gefrorenem Zustand, meist zum Sofortverzehr hergestellt; ↑ a. Eis..., Sorbet
Creme-Eis, Eierkremeis, Konditoreis, Kremeis enthält auf 1 l Milch mind. 270 g Vollei oder 100 g Eigelb
Eiscreme, Eiskrem maschinell hergestellt, pasteurisiert und homogenisiert
Fruchteis enthält mind. 20%, bei Zitrusfrüchten mind. 10% Fruchtfleisch, -saft oder sonst. Fruchterzeugnisse
Kunstspeiseeis aus künstlichen Geschmacks-, Geruchsstoffen hergestellt
Milchspeiseeis enthält mind. 70% Vollmilch
Rahm-, Sahneeis enthält mind. 60% Schlagsahne

Speiseessig ↑ Essig/Sorten: Handelsessig

Speisefett festes, schnittfestes oder streichbares Fett von Pflanzen (Kokos, Oliven, Soja usw.), Schlachttieren (Rind, Schwein usw.), Schlachtgeflügel (Ente, Gans usw.) oder Seetieren (Fisch usw.)

Speisegelatine geschmacklich neutrale, farblose oder künstlich gefärbte ↑ Gelatine

Speisehonig ↑ Honig/Sorten

Speisekleie Randschicht des Getreidekorns, enthält Vit. der B-Gruppe und Vit. E, Mineralstoffe, Spurenelemente und hochwertiges Öl

Speisekrabbe Krabbe, Nordseegarnele in der Schale

Speisekürbis ↑ Kürbis/Riesenkürbis

Speiselorchel Speisepilz, ↑ Lorchel

Speisemöhre Wurzelgemüse, ↑ Rübe/Gelbe Rübe

Speisemuschel eßbare Meermuschel, ↑ Miesmuschel

Speisenfolge klassische Zusammenstellung: kalte Vorspeise (hors-d'œuvre varié froid); Suppe (potage clair, lié); warme Vorspeise (hors-d'œuvre varié chaud); Fischgericht (poisson); Fleischgang (relevé); warmes Zwischengericht (entrée chaude); kaltes Zwischengericht (entrée froide); evtl. leichtes, luftiges Speiseeis (sorbet); gebr. Fleisch (rôti) mit Gemüse und Salat; warme Süßspeise (entremet chaud); kalte Süßspeise (entremet froid); Käse (fromage); Nachtisch (dessert); heute beschränkt sich diese üppige Folge meist auf eine Auswahl von drei bis fünf Gängen; ↑ a. Menü

Speiseöl bei Zimmertemperatur flüssiges pflanzliches Fett für den menschlichen Verzehr, ↑ Öl

Speisepilz genießbarer wildwachsender oder gezüchteter Pilz, ↑ Pilze

Speisequark Frischkäse mit versch. Fettgehalt, ↑ Quark

Speiserübe Gemüseart, ↑ Rübchen, Rübe/Weiße Rübe

Speisesalz für die menschliche Ernährung verwendetes ↑ Salz

Speisesenf ↑ Senf

Speisesirup Sirup aus Invertzucker, Karamel oder Zuckercouleur, Saccharose usw., zur Verwendung im Haushalt, als Brotaufstrich usw.

Speisestärke Bindemittel aus Arrowroot, Kartoffelmehl, Maisstärke, Reismehl u. ä., für Suppen, Saucen, Puddings, Cremes usw., bindet erst beim Siedepunkt

Speisetalg Rindertalg zur Herstellung von Speisen, Backwaren, Margarine usw.

Speisetäubling Speisepilz, festes Fleisch, mild süßlichnussiger Geschmack, gute Zeit Juni–Okt.

Speisewürze ↑ Würze

Speisezwiebel ↑ Zwiebel/Sorten
  Kleine – ↑ Zwiebel/Sorten

spekekjøtt, -mat norw.: Pökelfleisch

Spekulatius [lat. *speculum,* Spiegelbild] herzhaft würzige, süße, knusprige Gebildbackware aus Mürbeteig mit Gewürzen, ↑ Spekulatiusgewürz, zur Weihnachtszeit im mit versch. Motiven ausgeschnitzten Holzmodel gebacken (urspr. Rheinland)
  -gewürz Würzmischung aus pulverisierten Gewürznelken, Kardamom, Muskatblüten, Zimt usw.

Spelt, Spelz(weizen) alte Getreideart, ↑ Dinkel

Spezialbrot ↑ Brot/Spezialsorten

spezzatino ital.: Ragout

spice engl.: Gewürz, Würze

Spickaal [niederd. *spiken,* räuchern] ↑ Räucheraal

Spickbrust, Spickgans gepökelte, zusammengebundene und geräucherte Gänsebrust, sollte dünn geschnitten werden (Pommern u. a.)

Spickspeck fester Rückenspeck des Schweins, gesalzen, luftgetr. und zum Spicken in Streifen geschnitten

Spickzwiebel geschälte, mit Gewürznelken und Lorbeerblatt gespickte Zwiebel als Würze zu Schmorbraten oder -gerichten

spiedino, spiedo ital.: (Brat-)Spießchen, Spieß

Spiegelei ↑ Ei/Zubereitungen

Spiegelkarpfen Zuchtkarpfen-Art, ↑ Karpfen/Arten

Spierling Meerfisch, ↑ Stint

Die fleischigen, heilsamen Stielblätter des Spinats

Spieß [ahd. *spiz,* Spitze, spitze Stange] spitzer Stab (aus Metall), auf den Fleisch zum Braten und Wenden (über offenem Feuer) gespießt wird

Spießbock, Spießer männl. Reh im 2. Lebensjahr

Spießbraten über Holzfeuer am Spieß gebr. Stück Fleisch (Steak, Schweineschulter u. ä.), meist gewürzt (Basilikum, Majoran, Petersilie, Pfeffer usw.)

Spiggel Älperspeise aus frisch gebrochenem Quark, Topfen, mit Butter, Milch, Salz, a. Pfeffer (Vorarlberg, Österreich)

spillånga schwed.: luftgetr. Lengfisch

spinacio, spinaci ital.: Spinat

Spinat delikates, gesundes (obwohl gar nicht bes. eisenhaltiges) Blattgemüse, als zarter *Blattspinat* (nur handgeerntete Blätter mit ihren Stielen; ↑ aber a. Blattspinat) oder als derberer *Wurzelspinat* (ganze maschinengeerntete Pflanze) im Handel, glatte Blätter feiner als krause, wirkt blutbildend und verdauungsfördernd; sollte frisch sein ohne zu viele gelbe, welke Blätter, ist überwintert und im Frühjahr geerntet gröber als im Sommer oder Herbst bis Dez.; beim Wurzelspinat sind Wurzel und Stiel wegzuschneiden; wird meist blanchiert und ged., läßt sich a. in der Mikrowelle zubereiten, darf aber, einmal gegart, nicht aufgewärmt werden, eignet sich für Suppen, Aufläufe, Kuchen, als Salat (Blattsalat) oder (a. zu Püree gek.) als Beilage zu Fleisch, Geflügel, Fisch, Eierspeisen, Polenta, Reis, Teigwaren usw.; passende Gemüse, Zutaten und Gewürze: Chilis, Knoblauch, Möhren, Paprikaschoten, Porree, Tomaten, Zwiebeln, Pilze, Nüsse, Zitrusfruchtsäfte; (geriebener) Käse (Emmentaler, Fontina, Mozzarella, Parmesan usw.), Sahne; Basilikum, Cayennepfeffer, Curry, Knoblauch, Koriander, Muskat, Oregano, Pfeffer, Zitronengras usw.; gute Zeit einh. Mitte Apr.–Mitte Juni, Sept.–Okt., imp. Mitte März–Apr., Mitte Okt.–Mitte Dez., tiefgekühlt das ganze Jahr erhältlich und rasch zubereitbar; hält sich in Plastikbeutel im Gemüsefach des Kühlschranks höchstens 1, 2 Tage, läßt sich blanchiert jedoch sehr gut bis 10 Mon. einfrieren (urspr. Mittelasien, heute weltweit); ↑ a. Neuseeländer Spinat

Spinat|matte, Spinatfarbe, -grün dünne Schicht von grünen Spinatflocken nach Zerstoßen der Blätter im Mixer oder Mörser, Erhitzen im Wasserbad und Gerinnen, zum Einfärben von Saucen usw.
  -nudel mit Spinatmatte grün gefärbte Nudel
  -wähe dünner, flacher Blechkuchen aus Blätterteig mit Belag von Spinat, verquirlten Eiern und Sahne (Süddeutschland, Ostschweiz)

Spinnzucker feines Gespinst aus bis zum Bruch gekochtem, mit dem Schneebesen geschleudertem Läuterzucker, als Garnitur für Desserts, Torten und Eisspeisen

spiny lobster [engl.: stacheliger Hummer] Languste

Spirgel landsch.: Griebe

Spitzbein fleischiger Teil des Schweinefußes

Spitzbrötchen, Gedrücktes Brötchen mit wenig Fett und Zucker geb. Brötchen, in Westdeutschland meistverbreitet

Spitzbube Kleingebäck aus zwei Mürbeteigscheiben mit Johannisbeer-, Himbeergelee, Marmelade u. ä. dazwischen

Spitzkäse Gelbkäse oder Rotschmierkäse aus Sauermilch, glatter Teig, 1½–10% Fett i. Tr., pikant bis scharf (Deutschland)

Spitzkohl ↑ Kohl/Sorten

Spitzkopfaal Aal mit spitzem Maul, fetter als der Breitkopfaal und von besserer Qualität

Spitzkuchen dreieckiger brauner Lebkuchen, gef. oder ungef., meist mit Schokolade überzogen

Spitzrochen flacher Meerfisch, ↑ Rochen

Spitzwegerich Wildkraut, ↑ Wegerich

Splittererbse ↑ Erbse/Trockenerbse

Spofackl bayer.: Spanferkel

sponge (cake) [engl.: Schwamm(kuchen)] leichter Biskuitkuchen mit oder ohne Zucker

spoom Sorbet mit Weiß- oder Schaumwein und süßem Eischnee (USA)

spoon engl.: Löffel

Sportsmannsalat Räucherlachsstreifen, Blumenkohlröschen, gewürfelte Rote Rüben, Brunnenkresse und Scheiben hartgek. Eier in Senfsauce

Spring Lachsart/Lachs

Springer Süßwasserfisch, ↑ Äsche

Springerle Dauerbackware aus Mehl, Vollei und Zucker, meist mit Anis gewürzt oder auf mit Anis bestreuter Unterlage geb., plastisch geformt (Süddeutschland, Ostschweiz)

Springkrabbe Meereskrebs, ↑ rock crab

Springkraut Wildgemüse, ↑ Balsamine

Spritessig österr.: Branntwein-, Handelsessig

Spritzgebäck, Dressiergebäck Dauerbackware aus weichem Mürbe-, a. Butter- oder Sandteig, in versch. Formen auf das eingefettete Backblech gespritzt

Spritzglasur dicke, geschmeidige Masse aus rohem Eiweiß und Zucker, a. Zitronensaft, zum Dekorieren auf Gebäck, Torten u. ä.

Spritzkuchen, Auflaufkrapfen leichte, lockere Ringe aus Brandmasse mit Puderzucker, Rum usw., in Fett schwimmend ausgebacken

Spritzpökelung ↑ Pökelung

Sprossen botanisch die mit Blättern besetzten Stengel einer Jungpflanze, in der Küchensprache keimende Samen von Alfalfa, Azuki-, Sojabohnen, Gerste, Kichererbsen, Klee, Leinsaat, Radieschen, Rettich, Senf usw., reich an hochwertigen Nährstoffen, können als feines, gesundes Gemüse zubereitet, a. für Kartoffel-, Quark-, Curry-, Reisgerichte, Saucen, Salate, als Brotaufstrich, Rohkost usw. verwendet werden; ↑ a. Keimlinge

Sprossengemüse Gemüse, dessen Keimlinge und Sprossen verwertbar sind, hoher Nährwert, konzentrierter Geschmack: Bohnen, Erbsen, Kichererbsen, Kresse, Luzerne, Senf, Sojabohnen, Sonnenblume, Weizen u. a.; manchmal a. Name für Rhabarber, Spargel

Springerle, Weihnachtsgebäck aus dem Holzmodel

Sprossenkohl Wintergemüse, ↑ Kohl/Rosenkohl

Sproßhefe, -pilz ↑ Hefe

Sproßknolle fleischige Verdickung der Sproßteile bestimmter Pflanzen wie Kartoffel, Kohlrabi u. ä.; ↑ a. Knolle

Sprotte kl. heringsähnlicher Meerfisch, fettreiches Fleisch, wird meist als Vollkonserve unausgenommen geräuchert *(Kieler Sprotte)* oder eingesalzen, schmeckt aber a. frisch geb., gebr., ged. oder gegr. ausgezeichnet (Nordostatlantik einschl. Nord-, Ostsee, nördl. Mittelmeer, Schwarzes Meer)

spumone ital.: Schaum; Schaumgebäck; Eisbombe

Spundekäs, Spunt(e)käs [*Spund*, Faßverschluß, Zapfen] mit saurer Sahne und geh. Zwiebeln glattgerührter Speisequark, oft mit (separat servierten) Gewürzen wie feingeh. Petersilie, Paprikapulver, Kümmel usw., gut zu jungem Wein (Rheinland)

Spurenelemente, Mikroelemente, Spurenstoffe anorganische chem. Elemente, die im menschlichen Organismus im Gegensatz zu den ↑ Mineralstoffen nur in kleinsten Mengen vorkommen, aber für viele Stoffwechselfunktionen lebenswichtig sind, jedoch keine Energie liefern

SPURENELEMENTE

Name	Hauptvorkommen	durchschn. Tagesbedarf	Wirkung	Mangelerscheinungen
Chrom (Cr)	Fleisch, Fisch (Aal), Kartoffeln, bestimmte Gemüse (Kopfsalat, Zwiebeln u. a.), Getreide-, Vollkornprodukte, Nüsse, Honig, Kakao, schwarzer Tee	50–200 µg	Kohlenhydratstoffwechsel, Fett-, Zuckerverwertung	verminderte Zuckerverträglichkeit, Erhöhung der Cholesterinwerte, Altersdiabetes
Eisen (Fe)	Fleisch, Innereien (Leber), Geflügel, Wild, Austern, Kaviar, bestimmte Gemüse (Brennessel, Kohl, Kopfsalat, Kresse, Mangold, Petersilie, Schnittlauch, Schwarzwurzel, Spinat u. a.), Hülsenfrüchte, Vollkornerzeugnisse, Sojaprodukte, Bierhefe, Sesam, Aprikosen, Nüsse	12 mg	Sauerstofftransport im Blut	Blutarmut (Anämie), Müdigkeit, Kopfschmerzen
Fluor Fluorid (F)	fluoridiertes Kochsalz und Trinkwasser, Fisch (Heringsfilets, Lachs, Saibling, Sardinen, Sprotten, Stockfisch u. a.), Getreide-, Vollkornprodukte, Walnüsse, Schwarztee	1–3 mg	Kariesverhütung, Knochenfestigung, Bildung von Bändern, Bindegewebe, Muskeln, Haut und Haaren	Zahnkaries, Knochenentkalkung
Jod (J)	Meeresfische (Kabeljau, Schellfisch, Scholle, Seelachs u. a.), Schal-, Krustentiere (Garnelen, Mies-, Steckmuscheln u. a.), Lebertran, bestimmte Gemüse (Feldsalat, Grünkohl, Spargel u. a.), Jodsalz und damit zubereitete Lebensmittel	180–200 µg	Schilddrüsenfunktionen	Kropfbildung, Wachstumsstörungen, Konzentrationsschwäche, Müdigkeit
Kobalt (Co)	Baustein des Vit. B_{12} in Fleisch, Innereien (Leber, Herz, Nieren), Geflügel (Truthahn), Seefischen (Flunder, Heilbutt, Lachs u. a.), Gemüse (Grüne Bohnen, Rot-, Weißkohl, Tomaten u. a.), Getreide (Gerste, Hafer), Vollkornprodukten, Milch, Eiern, Birnen, Erd-, Walnüssen, Orangensaft	5–10 µg	Blutbildung, Zellwachstum, Eiweißverwertung	Blutarmut, nervöse Störungen, Appetitlosigkeit
Kupfer (Cu)	Fleisch, Innereien (Leber), Fisch, Austern, grünes Blattgemüse, Hülsenfrüchte (Bohnen u. a.), Trockenerbsen, Vollgetreide, Brot, Pilze (Pfifferlinge, Steinpilze u. a.), schwarzer Pfeffer, Nüsse, Kokosnuß	2–4 mg	Bildung von Blutfarbstoff, Knochen- und Bindegewebe, Aufbau der Fettstoffe im Gehirn	Blutarmut, Knochenveränderungen, Haarausfall
Mangan (Mn)	Kartoffeln, Gemüse, Hülsenfrüchte, Getreide (Haferflocken, Weizenkleie), Vollkornprodukte, Bierhefe, Gewürze (Ingwer, Kardamom, Lorbeer, Petersilie u. a.), Bananen, Heidelbeeren, Nüsse (Haselnüsse, Walnüsse), Kakao, Schwarztee	2–5 mg	Aufbau, Erhalt von Knochen, Zähnen und Bindegewebe, Zuckerstoffwechsel, Abbau von Fettsäuren und Cholesterin, Abwehr von Krankheiten	Stoffwechselstörungen, Knochenveränderungen, Wachstumsstörungen
Molybdän (Mo)	Innereien, Blumenkohl, Hülsenfrüchte, Vollkornprodukte (Weizenkeime, Sojamehl u. a.), Milchprodukte, Bierhefe, Kakao	75–250 µg	Stoffwechselfunktionen, Immunsystem, Vorbeugung gegen Gicht, Schutz vor Karies	Gicht, Karies
Nickel (Ni)	Hülsenfrüchte, Getreide, Nüsse (Pekannüsse u. a.), Kakao, Schwarztee	200–500 µg	Wirkung versch. Hormone (z. B. Insulin)	Blutarmut

Name	Hauptvorkommen	durchschn. Tagesbedarf	Wirkung	Mangelerscheinungen
Selen (Se)	Fleisch, Innereien (Leber), Süßwasser- und Meeresfische (Aal, Renke, Rotbarsch, Scholle u. a.), Meeresfrüchte (Auster, Hummer), Sojabohnen, Eierteigwaren, Getreideprodukte, Knoblauch, Zwiebeln, Eier, Milch	50–100 µg	Stärkung der Immunabwehr, Förderung der Bauchspeicheldrüsen-, Leber-, Muskel-, Zellfunktionen, Schutz der Zellen	Muskelschwund, Leberschäden, Abwehrschwäche
Zink (Zn)	Fleisch, Innereien (Leber), Fische, Schaltiere (Austern), Hülsenfrüchte (Erbsen, Linsen u. a.), Getreide, Vollkornprodukte (Haferflocken, Weizenkleie, Knäckebrot, Bierhefe, Erdnüsse, Kakao, Schwarztee)	12–15 µg	Bestandteil von Enzymen und Hormonen, Eiweiß und Fettstoffwechsel, Insulinspeicherung, Haut, Wundheilung, Haar, Fortpflanzungsfähigkeit	Wachstumsstörungen, Hauterkrankungen, Haarausfall

squab   engl.: Jungvogel, insbes. Hühnchen, Täubchen

squash   engl.: Kürbis: Moschus-, Riesen-, a. Gartenkürbis, insbes. Patisson

squid   engl.: zehnarmiger Tintenfisch, Kalmar

srpska salata   [serbokroat.: serbischer Salat] Salat aus Tomaten und Zwiebeln

srpski   serbokroat.: serbisch

Stäbchenkartoffeln   ↑ Kartoffel/Streichholzkartoffeln

Stabwurz   Würzkraut, ↑ Eberraute

Stachelannone   trop. Frucht, ↑ Annone/Sorten

Stachelbeere, Kraus-, Kruse(l)beere   traubengroßes Beerenobst eines Steinbrechstrauchs, grün (unreif), weiß-gelb oder rot, glatte oder behaarte, dünne zarte oder dicke feste Schale, wirkt appetitanregend, blutbildend, entzündungshemmend, harntreibend, verdauungsfördernd, für Frühlingsdiät geeignet; sehr saftig und säuerlich, aber je reifer, desto süßer; frisch vom Strauch und reif roh genießbar, wird aber meist unreif (a. möglichst rasch nach der Ernte) und grün eingek., eingemacht, eignet sich für Kaltschalen, Grützen, Cremes, Chutneys, Kuchen usw. sowie für Gelees, (leicht gelierts) Kompott, Marmelade; gute Zeit einh. Juni–Aug., läßt sich in Zucker blanchiert und ausgekühlt gut bis 12 Mon. einfrieren und dann unaufgetaut weiterverwenden (urspr. Eurasien, Nordafrika, heute alle gemäßigten Zonen, insbes. Tschechien, Slowakei, Ungarn, Rumänien, a. Deutschland u. a.)

Stachelbeere, Chinesische   exot. Frucht, ↑ Kiwi

Stachelbirne, -feige   exot. Frucht, ↑ Kaktusfeige

Stachelhäuter   auf seinem Panzer mit Stacheln ausgerüstetes Meerestier, darunter einige eßbare Arten: Stachelschnecke, Seegurke, Seeigel, Stachelige Herzmuschel

Stachelhummer   die europäische Languste

Stachelige Herzmuschel   Art aus der Familie der ↑ Herzmuscheln (Ostatlantik, Mittelmeer)

Stachelrochen   Meerfisch, Familie der ↑ Rochen, meist zähes Fleisch

Stachelschnecke   Familie von stachelbewehrten eßbaren Meeresweichtieren wie Mittelmeer-, Purpurschnecke

Stachys, Chinesische Artischocke, Japanische Kartoffel, Knollenziest, Ziest(knollen)   kl. weißes Wurzelknöllchen einer buschigen Pflanze, enthält das Kohlenhydrat der Stachyose und ist deshalb a. für Diabetiker geeignet, saftig und zart mit delikatem Artischocken-, Blumenkohlgeschmack, sollte nur unter fließendem Wasser abgebürstet und nicht zu lange gek. werden, als feines Gemüse verwendbar; gute Zeit einh. Nov.–Dez., imp. Okt.–März (urspr. Japan, China, heute a. Frankreich, «crosne», Schweiz, Belgien, England, Neuseeland u. a.)

Stadtchampignon   wild wachsender ↑ Champignon

Stadtwurst   südd.: Fleischwurst; a. Grobe Stadtwurst
  – mit Musik   Fleischwurst mit roten Zwiebeln in Essig (Nürnberg)

Staël, à la (de)   [Baronin de Staël-Holstein, 1766–1817, Tochter des Finanzministers Necker, frz. Literatin und Feministin schweiz. Herkunft] Garnitur aus flachen runden Hühnerfleischkroketten, gr., mit Geflügelpüree gef. Champignonköpfen und Grünen Erbsen, zu kl. Fleischstücken und Geflügelbrüstchen in Madeirasauce; Geflügelkraftbrühe mit Erbsen und pochierten Taubeneiern, dazu mit Parmesankäse gef. Windbeutelchen aus Brandmasse

stagione ital.: Jahreszeit, Saison

Stallhase gezüchtetes ↑ Kaninchen

Stallmast... mit Kraftfutter gemästetes Schlachtvieh; -*hammel:* 9–23 Mon. alt, dunkles, kerniges, von genügend Fett durchzogenes Fleisch; -*lamm:* 3–5 (Osterlamm) oder 6–9 Mon. alt, mit Milchfett; -*ochse:* 2–5 Jahre alt, vollfleischig mit Fettansatz

Stampes südd.: Kartoffelpüree

Stampfkartoffeln ↑ Kartoffel/Kartoffelpüree

Stangenbohne Bohnenform, ↑ Bohne

Stangenkäse Limburger, Tilsiter, Sauermilchkäse in Form einer rechteckigen Stange

Stangensellerie ↑ Sellerie/Staudensellerie

Stangenspargel ganzer, als Hauptgericht gereichter Spargel

Stangenwurz Würzstrauch, ↑ Eberraute

Stangenzimt ↑ Zimt

Stanislaussalat [Stanislaus, slawischer Vorname] Staudenselleriestreifen, Pampelmusenfilets und entkernte, geschälte Weinbeeren auf Salatblättern in Essig-Öl-Sauce, mit geh. Nüssen bestreut

Stanitz(e)l österr.: spitze Tüte

Stanley [Sir Henry S., 1841–1904, engl. Afrikaforscher] mit Curry und Zwiebeln

Starke weibl. Jungrind, ↑ Färse

Stärke in fast allen pflanzlichen Samen, Wurzeln und Knollen abgelagertes Kohlenhydrat, als weißes, glänzendes, geruch- und geschmackloses Mehl, Pulver aus Kartoffeln, Mais, Reis, Weizen usw. zum Binden, Gelieren, Verdicken von Suppen, Saucen, Mayonnaisen, Remouladen usw.; ↑ a. Stärkezucker

   -**mehl** stärkehaltiges Mehl zum Binden von Suppen, Saucen, Kaltschalen und Süßspeisen

Stachelbeeren, erfrischend süß-säuerliche Früchte in fester Schale

-sirup, Glukosesirup raffinierte, konzentrierte, wäßrige Lösung aus Traubenzucker, für Süßwaren, Konfitüren, Fondants, Marzipan, Persipan u. ä.

-zucker zu Glukose verwandelte Stärke, in Stücken oder geraspelt, leicht bitterlich süß, zur Herstellung von Back- und Süßwaren, Cremes, Fondants, Marmeladen, Obstkonserven, Puddings usw.

starter engl.: der, die, das Erste, als Erstes

Staubzucker österr. u. a.: Puderzucker

Staudensellerie ↑ Sellerie/Sorten

Steak [engl., ausgespr. *ßteek*] etwa 2–6 cm dicke sehnenfreie, saftige Scheibe Fleisch vom Rind (↑ Rind/Fleischstücke, Steak/Ochsen-, Rindersteak), vom Kalb (↑ Kalb/Fleischteile Rücken, Keule), vom Schwein (↑ Schwein/Fleischteile Rücken, Keule) oder von anderen Tieren (Hirsch, Reh, Truthahn usw.), zum Kurzbraten oder Grillieren; muß gut abgehangen sein, wird in heißem Öl oder Pflanzenfett gebr. oder gegr. und erst nachher gewürzt; läßt sich verpackt gut bis 8 Mon. (Kalb, Pferd, Rind) oder bis 4 Mon. (Schwein) einfrieren; ↑ a. Fleisch/Garstufen

    Ochsen-, Rindersteak marmoriertes, butterweiches, aber nicht schwammiges Fleisch ohne Häute und Sehnen, enthält wenig sichtbare Fasern, sollte vor dem Braten mit Öl massiert werden

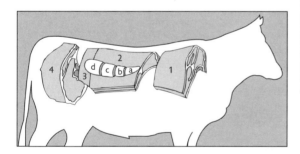

Europäischer Schnitt
1 Hochrippensteak, bistecca, côte de bœuf aus der Hohen Rippe, eines der schmackhaftesten Stücke vom Rind, 4–5 cm bzw. für zwei Personen 5–6 cm dick, soll vor dem Braten oder Grillieren mit feinem Speiseöl und/oder Senf und Gewürzen eingerieben werden; heiß anbraten und bei zurückgenommener Hitze weiterbraten
2 Roastbeef, Lende, flaches Rippenstück, contre-filet, faux-filet, strip loin zwischen Entrecote und Rumpsteak über dem Filet, fetter und nicht so zart, aber würziger als dieses
    Entrecote, entrecôte, Zwischenrippenstück aus der Mitte des flachen Roastbeefs, 4–6 cm dick, je dicker, desto saftiger, wird schräg zu den Fasern in Scheiben geschn., zum Kurzbraten, meist mit Buttermischung oder Sauce serviert
    – double doppeltes Entrecote für zwei Personen
2a Filet mignon aus dem oberen Teil der Filetspitze, quer zur Faser geschn., zum Kurzbraten
2b Tournedos, Lendenschnitte, tenderloin aus dem dünneren Filetherz, 2–3½ cm dick, wird zuerst beidseitig heiß angebr. und erst dann weitergebraten; ↑ a. Tournedos Rossini
2c Chateaubriand, doppeltes Filet-, Lendenstück doppeltes Steak aus dem Kopf und/oder Mittelstück des Filets, meist für zwei Personen quer zur Faser geschn. und mit Béarnaisesauce, beurre maître d'hôtel oder sonst einer Kräuterbutter serviert
2d Filetsteak das zarteste Stück vom Rind aus dem dikkeren Mittelstück des Filets, 2–3 cm dick, quer zur Faser geschn., vom Ochsen am besten; wird zuerst beidseitig heiß an- und erst dann weitergebraten
3 Rumpsteak, Huftsteak aus der Hüfte in der Verlängerung des flachen Roastbeefs, 2–3 cm dick, mit weißem Fettrand
4 Beefsteak, Kluftsteak aus dem feinfaserigen Keulenfleisch (Blume, Oberschale, Schwanzrolle), etwa 3 cm dick; ↑ a. Hamburger Steak

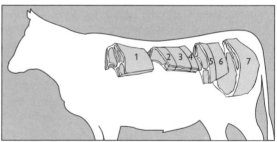

Amerikanischer Schnitt
1 Rib Steak, Prime Rib Ochsenkotelett, Hochrippensteak mit Knochen ohne Filet, 600–1000 g schwer, meist für zwei Personen
    Delmonico Steak, Rib Eye [Delmonico, einst bekanntes Restaurant in New York] aus dem inneren Kern der Hochrippe, etwa 600 g schwer, mit Fett durchwachsen, saftig und sehr zart
2 Club Steak aus dem hohen Roastbeef, mit oder ohne Knochen, saftig und aromatisch
3 T-Bone Steak aus der vorderen Hälfte des Roastbeefs mit Filet und T-förmigem Knochen, gut durchwachsen und marmoriert, etwa 500 g schwer, reicht für zwei Personen
4 Porterhouse Steak aus der hinteren Hälfte des Roastbeefs zur Keule hin, etwa 6 cm dick, 600–1000 g und mehr schwer, wird schräg aufgeschnitten
5 Pin-Bone Steak aus der Hüfte, zart und saftig

6 Sirloin Steak aus dem Schlußstück des Roastbeefs und anschließender Hüfte, mit Knochen, 4 cm dick, etwa 180 g schwer, mit Fett durchzogen, saftig und sehr zart

7 Round Steak aus der Keule (Unterschale, Schwanzrolle), etwa 5 cm dick, bis 2 kg schwer, nicht bes. zart, aber saftig, muß lange gegart werden

steak and kidney pie [engl.: Steak- und Nierenpastete] im heißen Ofen geb. Pastete aus Rindfleischstücken (Rumpsteak ohne Fett) und geschm. Nieren (Ochse, a. Kalb, Hammel oder Lamm), gewürztem Mehl und geh. Zwiebeln, a. hartgek. Eiern, Pilzen, Austern, in mit geschlagenem Ei bestrichenem Teig aus Mehl, Rindertalg und Wasser (England)

steakburger amerik.: Hacksteak aus Rindfleisch

steam lard engl.: Dampfschmalz

Stechsalat Gruppe von Salatpflanzen, ↑ Salat/Blattsalat

Steckerlfisch [Fisch am Stecken] ausgenommener, gesalzener, gepfefferter, auf einen Haselnußstab gespießter kl. Weißfisch, a. Hering, Makrele u. ä., über offenem Holzfeuer knusprig braun gebraten (Bayern, Österreich)

Steckrübe ↑ Kohlrübe; in Bremen a. Stück Käse zu Bier, Wein o. ä.

Steckzwiebel durch Einpflanzen kl. vorjähriger Zwiebeln gezogene Zwiebel; ↑ a. Säzwiebel

Steert nordd.: (Ochsen-)Schwanz; ↑ a. Stert

Steinaal Meerfisch, ↑ Haie/Dornhai

Steinbeere Heidekrautfrucht, ↑ Preiselbeere

Steinbeißer Meerfisch, ↑ Seewolf, Gestreifter

Steinbuscher halbfester Schnittkäse aus vorgereifter Kuhmilch, geschmeidiger Teig, 30–50% Fett i. Tr., je nach Alter mild bis angenehm pikant, hält sich kühl (aber nicht im Kühlschrank) aufbewahrt lange frisch (urspr. ehemaliges Hofgut Steinbusch in Brandenburg, heute a. Allgäu, Schleswig-Holstein)

Steinbutt, Tarbutt, turbot gr. edler, runder Plattfisch aus dem Meer, fettarmes, wohlschmeckend weißes, kerniges und nicht faseriges Fleisch mit dicken Gräten, eignet sich ganz oder filetiert für alle Zubereitungen außer Dünsten und Schmoren, läßt sich a. füllen oder überbacken, gute Zeit Mai–Juli (Nordostatlantik einschl. Nord-, Ostsee, Mittelmeer, a. Schwarzes Meer)

Steinpilze, edle, dickfleischige Waldbewohner

Baby- –, turbotin junger Steinbutt, weniger festes und aromatisches Fleisch, sollte wegen Fortbestand der Art geschont werden

Steinforelle schlanke Forelle aus steinigen, flachen, schnellfließenden Gebirgsbächen, ↑ Forelle/Bachforelle

Steinfrucht ↑ Obst/Steinobst

Steingarnele Meereskrebs, ↑ Garnele/Arten

Steinköhler Meerfisch, ↑ Pollack

Steinkrabbe, stone crab Meereskrebs, fast alles Fleisch in den Scheren, meist vorgek. auf dem Markt (westl. Atlantikküste von North Carolina bis Karibik)

Steinkraut Küchenkraut, ↑ Tripmadam

Steinmandel Sorte ↑ Mandel mit harter Schale

Steinmetzbrot ↑ Brot/Spezialsorten

Steinobst ↑ Obst

Steinofenbrot ↑ Brot/Spezialsorten

Steinpetersilie Küchenkraut, ↑ Pimpernell

Steinpilz, Herrenpilz edler Speisepilz aus der Gattung der Röhrlinge, am besten aus Eichenwäldern, festes, später schwammiges Fleisch, butterweich nussig; soll nicht gewaschen werden, läßt sich in kl. Mengen roh essen und für Salate, Carpaccio u. ä. zubereiten, besser jedoch gebr., gegr., aber a. sonst vielseitig verwenden für Suppen, Saucen, in Risotto, als Beilage zu Fleisch usw., a. eingelegt oder getr. ausgezeichnet; gute Zeit Juli–Okt., wird jedoch a. importiert, roh oder vorged., aber unblanchiert eingefroren 10–12 bzw. 4–6 Mon. haltbar, muß dann aber nicht mehr aufgetaut, sondern nur kurz angetaut werden

Steinsalz ↑ Salz/Arten

Steinwild horntragende, ziegenähnliche Wildtiere (Steinbock u. a.) kräftig würziges, zum Teil talgig fettes Fleisch, Hauptjagdzeit Sept.–Nov. (Europa, Asien)

Steirische Poganze [Steiermark, gebirgiges Bundesland im Süden Österreichs] Hefekuchen, ↑ Poganze

Steirisches Wurzelfleisch ↑ Wurzelfleisch

stekt fläsk schwed.: gebr. geräucherter Schweinebauch und -speck in Scheiben, meist auf süßsauren Braunen Bohnen

Stelze(n) österr.: Hachse, Eisbein

Stem-Ingwer, stem ginger Süßware, junge Wurzelknolle asiat. Ingwerarten, in Zuckerlösung kandiert, a. mit Schokolade überzogen oder glasiert (Südostasien, Australien)

Stengelgemüse ↑ Gemüse/Stengelgemüse

Stengelkohl Rübenkohl, ↑ cima di rapa

Stengelmangold Gemüse, ↑ Mangold

Stengelsellerie Gemüse, ↑ Sellerie/Staudensellerie

Stengelzwiebel ↑ Zwiebel/Lauchzwiebel

Stephanie-Omelett ↑ Omelett/Stephanie-Omelett

Steppenkäse Schnittkäse aus urspr. Steppenrinder-, heute Kuhmilch, geschmeidiger Teig, 30–50% Fett i. Tr., mild pikant (Südosteuropa, Rußland, Deutschland, Skandinavien)

Sterilisieren [lat. *sterilis,* unfruchtbar] Konservierungsverfahren, das Abtöten sämtlicher Mikroorganismen durch physikalische Einwirkung (trockene, feuchte Hitze, ionisierende Strahlen) oder chemisch, macht Lebensmittel bei normaler Raumtemperatur sehr lange haltbar, zerstört aber Vitamine; ↑ a. Pasteurisieren

Sterilisierte Milch durch Erhitzen keimfrei gemachte Milch, in ungeöffneter Packung bei Zimmertemperatur ½–1 Jahr haltbar

Sterlet Flußfisch, kl. Art des Störs, wohlschmeckendes Fleisch, wird a. gezüchtet, Lieferant eines feinkörnigen Kaviars (Asowsches, Kaspisches, Schwarzes Meer, Nordrußland, Sibirien, östl. Ostsee)

Sternanis mit seinen dekorativ angeordneten Samenhülsen

Sternanis, Badian trop. Gewürz, kl. achteckig sternförmig angeordnete Samenfrucht eines Magnoliengewächses, intensiv bittersüßlich nach Lakritze schmeckend, am kräftigsten erst kurz vor der Verwendung zerstoßen, aber a. pulverisiert im Handel, eignet sich für asiat. Gerichte, fettes Fleisch, Fisch, Suppen, Eintöpfe, Eierspeisen, Fondues, (Weihnachts-)Gebäck, Puddings, Pflaumenmus, a. Gurken, Möhren usw. (Südchina, Hinterindien)

  -öl ätherisches Öl des Sternanis, intensiv süß und anisartig, für Zuckerwaren

Sternapfel exot. apfelförmige Frucht, gallertiges, geschmacksneutrales, leicht süßliches Fleisch, wird meist roh gegessen oder zu Konfitüre verarbeitet (Mittelamerika, Westindien)

Sternchen sternchenförmige Suppennudel

Sternfrucht trop. Beerenfrucht, ↑ Karambole

Sternhausen Stör-Art, ↑ Sevruga

Sternrochen platter Meerfisch, ↑ Rochen

Sternsemmel sternähnlich geformtes Brötchen, oft mit Salz oder Kümmel bestreut

Stert, Steert nordd.: (Ochsen-)Schwanz
  -spitz ↑ Rind/Tafelspitz

Sterz Speise aus einem Teig von Buchweizen-, Grieß-, Mais- o. ä. Mehl, der in Fett geb. oder in heißem Wasser gek. und dann zu kl. Stücken zerstochen wird, zum Frühstück mit Milch oder süßem hellem Kaffee übergossen, als Mahlzeit mit Schmalz durchtränkt (Ostösterreich, Kärnten, Steiermark, a. Bayern, Ostschweiz)

stew engl.: Eintopf-, Schmorgericht; ↑ a. Irish Stew

Stewardsuppe [engl. *steward,* Verwalter, Tafel-, Küchenmeister] Püreesuppe aus Rebhuhn, Schinken, Linsen und Kräutern mit Rebhuhnklößchen

stewed engl.: gedämpft, gedünstet, geschmort

Stich, einen Stich haben Mangel eines Nahrungsmittels, einer Speise, das bzw. die nicht mehr ganz einwandfrei und leicht verdorben ist

Stichbrust ↑ Rind/Fleischteile: Brustspitze

Stichfleisch ↑ Rind/Fleischstücke

Stichgrütze bes. feine (Gersten-)Grütze

Stichling kl. Meer-, a. Süßwasserfisch

stick gum [engl.: Stangengummi] Zuckerware, undragierter Kaugummistreifen

Stielbonbon, Lolly, Stiellutscher geprägte, gef. oder massive Hartkaramelle am Stiel

Stielgemüse ↑ Gemüse/Stengelgemüse

Stielkotelett Rippenstück, ↑ Kotelett

Stiellutscher Hartkaramelle, ↑ Stielbonbon

Stielmangold Gemüse, ↑ Mangold

Stielmus, Röbstill, Rübstiel Blattstielgemüse, Mangold-, Speiserübenstiele, meist in Sauce aus Butter, Mehl, Milch und/oder Sahne, Frühlingszwiebeln, Speck, Muskatnuß und Pfeffer (Nordrhein-Westfalen, Rheinland, Holland)

Stielsellerie Gemüsepflanze, ↑ Sellerie/Staudensellerie

Stier männl. Rind, ↑ Bulle

Stierenauge schweiz.: Spiegelei

Stierhoden ↑ amourette(s)

stifado, stifatho Ragout aus mageren Rindfleischwürfeln, ganzen geschälten Tomaten, ganzen Zwiebeln mit Gewürznelken, Zimt, Rotwein usw., stundenlang leise gek., dazu meist Reis (Griechenland)

Stiftsdamen-, Nonnen-Art, (à la) chanoinesse Garnituren aus mit Krebsschwänzen in ↑ Sauce/sauce suprême und Krebspüree gef. Torteletts, zu pochierter Poularde, oder aus kl. Rahmkarotten in Kalbsbrühe mit Sherry, zu Kalbsbries, wachsweichen Eiern

Stiftsdamensuppe mit Krebsbutter aufgeschlagene Fischrahmsuppe mit pochierten Fischmilchscheiben

štike tschech.: Hecht

Stilton [Städtchen in Cambridgeshire] Schimmelkäse aus pasteurisierter Kuhmilch, weicher, grünblaugeäderter Teig, 48% Fett i. Tr., kräftiger, würzig scharfer Geschmack, gute Zeit Frühjahr und Herbst, als Dessertkäse von den Engländern mit einem Glas Portwein geschätzt, von Kennern a. wochenlang mit Madeira-, Portwein oder Sherry getränkt, wird mit dem Löffel aus Steinguttöpfen gehöhlt (Leicestershire, Derbyshire, Nottinghamshire, Mittelengland)

Stinkasant Gewürz, ↑ Asant

Stinkfrucht Tropenfrucht, ↑ Durian

Stint, Spierling [niederd. *stint,* der Kurze, Gestutzte] kl. lachsartiger Küsten-, Binnenseefisch, fettarmes, zart aromatisches Fleisch, gurkenähnlicher Geschmack, läßt sich ganz braten, dünsten, grillieren, schmoren, insbes. fritieren (England, Norddeutschland, Schweden, Finnland, Nordwestrußland)

Stippe breiige Sauce aus ausgebr. Speck mit Mehl und Wasser bzw. Milch oder mit Quark, Zwiebeln, Essig o. ä.; ugs. a. Sauce, in die sich ein Nahrungsmittel einstippen läßt (Norddeutschland)

Stippmelk nordd.: Dickmilch, saure Milch

Stippmilch Süßspeise aus Quark, Milch, a. Sahne und Zucker, mit Vanille oder Zimt gewürzt (Norddeutschland)

stoccafisso ital.: Stockfisch

Stock schweizerd.: (Kartoffel-)Püree

Stockente Entenrasse, ↑ Ente/Wildente

Stöcker, Bastard-, Holzmakrele barschartiger Meerfisch aus der Familie der Stachelmakrelen, fettes, aber feines Fleisch, delikates Aroma, eignet sich für alle Zubereitungen außer Dünsten, Schmoren, wird a. geräuchert und zu Konserven verarbeitet (Ostatlantik, Mittelmeer, Südafrika, Japan)

Stockfisch [wegen des Trocknens auf Stangengerüsten] geköpfter, ausgenommener Magerfisch (Kabeljau, Leng, Lumb, Schellfisch, Seelachs usw.), ungesalzen an der Luft getr., einst eine natürliche Konserve, vielerorts aber immer noch eine trad., beliebte (Fasten-)Speise; Fleisch soll weißlich sein, hart und trocken; wird vor der Zubereitung

Stockschwämme mit gewölbtem Hut

gewässert (in Frankreich a. noch ungewässert gegr.), dann in Portionsstücke geschn. und wie frischer Fisch zubereitet; ↑ a. Klippfisch, Laberdan

Stockmorchel   Speisepilz, ↑ Lorchel

Stockschwamm, -schwämmchen, Schüppling   kl. sehr guter Speisepilz, wächst büschelig an Laub- und Nadelholz, läßt sich züchten; in Fett ged. allein oder mit anderen Pilzen als Gemüse verwendbar, a. für Suppen, Saucen usw., kann getr. und/oder in Essig eingelegt werden; gute Zeit Apr.–Dez.

Stockwurst   fein gekuttertes Brühwürstchen aus Rind-, Schweinefleisch, Fett- und Bindegewebe

Stollen   [ahd. *stollo*, Pfosten] länglich flache Backware aus feinem, schwerem Hefeteig mit Trockenfrüchten (v. a. Korinthen, Rosinen, Sultaninen), a. kandierten Früchten, Orangeat, Zitronat, kann mit Marzipan, Nougat, Persipan o. ä. gef. sein, wird nach dem Backen oft mit Fett bestrichen und mit Puderzucker bestreut, trad. Weihnachtsgebäck (Deutschland); ↑ a. Butter-, Christ-, Mandel-, Mohn-, Quarkstollen, Dresdner Stollen

Stolzer Heinrich   gebrühte Bratwurst in Sauce aus dunklem Braun-, Malzbier, Butter, geriebenem Lebkuchen, Salz, Pfeffer, Zucker und Zitronensaft, manchmal auch mit geh. Zwiebeln; dazu Salz- oder Stampfkartoffeln (urspr. Schlesien, a. Berlin, Norddeutschland)

stone crab   amerik.: Steinkrabbe

Stopfleber   die gemästete Leber von Gans oder Ente, ↑ Gänseleber

Stör   Fluß- und Meerfisch, nicht nur Kaviarlieferant, sondern guter Speisefisch, heute wegen Überfischung vom Aussterben bedroht, wird deshalb (in Italien u. a.) a. gezüchtet und dann tiefgefroren angeboten, festes, sehr wohlschmeckendes Fleisch, läßt sich roh in dünnen Scheiben marinieren, in Scheiben grillieren, a. sonst für alle Zubereitungen außer Dämpfen, Garziehen geeignet (früher alle europäischen Küstengewässer, heute vorw. Osteuropa)

Storzemiere   [ital. *scorzonera*, Schwarzwurzel] hessisch: Schwarzwurzel

Stotzen   südd., schweiz.: Keule, Hinterschenkel

stoven, stowen   nordd.: dämpfen, dünsten

St.-Peter-Fisch   Meerfisch, ↑ Petersfisch

Stracchino (Crescenza)   [ital. *stracchino*, ermattet] Frischkäse aus der Milch von urspr. «ermüdeten» Kühen, die im Winter wenig Milch geben, rahmig weicher, a. festerer Teig, 50% Fett i. Tr., mild und säuerlich frisch, am besten immer noch Spätherbst und Winter (Lombardei, a. Piemont, Norditalien)

stracciatella   [ital. *stracciare*, zerreißen] Einlaufsuppe, Fleischbrühe mit Eiereinlauf

Strammer Max   handfestes zweites Frühstück, a. Imbiß oder Abendessen aus gebutterter Bauern-, Vollkornbrotscheibe mit Katenrauchschinkenwürfeln, gepfeffertem, gesalzenem Spiegelei und kleingeschn. Schnittlauch, dazu oft eine Gewürzgurke, Bier und ein Klarer (Holstein)

Strandaster, Salzaster   Blattgemüse, fleischige Blätter zu Austern, Muscheln u. ä., gute Zeit Apr.–Juni (Küstengebiete Europas, Nordafrikas, Mittelasiens, Japans)

Strandauster   Meeresweichtier, ↑ Sandklaffmuschel

Strandkohl   Strandstaude, ↑ Meerkohl

Strandkrabbe   kl. Krabbe, ↑ Garnele/Nordseegarnele

STRAUSS

Strandschnecke, bigorneau eßbares Meeresweichtier, a. aus Zucht; Fleisch wird mit Nadel oder Spießchen herausgeholt, schmeckt roh oder ged., pochiert vorzüglich (Nordatlantik)

Straßburger Art, à la strasbourgeoise [Straßburg, Hauptstadt des frz. Unterelsaß] gr. Fleisch-, Geflügelstücke mit Sauerkraut, magerem Bauchspeck und Gänseleberschnitten; Tournedos auf einer Gänseleberschnitte mit Madeira-Demiglace; kräftige, mit Stärkemehl gebundene Fleischbrühe mit Knackwurstscheiben, Rotkohlstreifen und Wacholderbeeren; ↑ a. Baeckeoffa, choucroute garnie, Elsässer Art

Straßburger Gänseleber(pastete) ↑ Gänseleber, Gänseleberpastete

Straube, Straubn [mhd. *strûbe*, rauhe Oberfläche] Schmalzgebäck aus Hefeteig oder Brandmasse mit rauher, zerklüfteter Oberfläche (Bayern, Österreich)

Strauchbohne Bohnenform, ↑ Bohne

Straucherbse trop. Hülsenfrucht, grüne unreife Hülsen als Salat, Hülsen, Blätter und unreife Samen getr. als Gemüse, für Suppen, Eintöpfe, Kuchen usw. (Afrika, Ostindien, Ostasien, Karibik, Westindien u. a.)

Strauchtomate ↑ Tomate/Sorten

Strauß gr. Laufvogel mit zartem, cholesterin- und fettarmem (Brust-)Fleisch ohne starken Eigengeschmack, läßt sich wie gutes Rindfleisch zubereiten (Afrika, Arabien,

Strauße, Laufvögel, die zunehmend auch in die Küche kommen

Syrien, Züchtung heute a. in Deutschland, Frankreich, England, Israel, USA u. a.)

strawberry engl.: Erdbeere

Streichholzkartoffeln ↑ Kartoffel/Zubereitungen

Streichkäse streichfähiger Käse wie Frischkäse, weicher Kochkäse, Liptauer, Schmelzkäse, Speisequark u. ä.

Streichleberwurst fein gekutterte Kochstreichwurst mit über 10% Leberanteil

Streichmettwurst ↑ Mettwurst

Streichsahne mit Milcheiweiß und Bindemittel streichfähig gemachte gesäuerte Sahne, Brotaufstrich

Stremellachs hängend heißgeräucherte Filetstücke von Lachs oder Meerforelle, bes. mürbe und mild (Baltikum u. a.)

Streuobst Kern- und Steinobst von unregelmäßig angelegten, nicht intensiv gepflegten Hoch- und Halbstammpflanzungen

Streusel stäbchenförmige Schokoladenerzeugnisse und Zuckerwaren, meist dragiert, a. krümelartiger Belag aus Butter, Mehl und Zucker, zum Verzieren von Back-, Süßwaren, Speiseeis usw.

Streuselkuchen Backware aus feinem Hefeteig vom Blech oder in Tortenform, dick mit Streuseln belegt gebacken

Streuwürze streufähiges Produkt aus Glutamat und Salz, a. mit versch. Aromazutaten, zur Geschmacksverbesserung und -verstärkung gesalzener Speisen

Streuzucker ↑ Zucker/Puderzucker, Raffinade u. a.

Stricknadelbohne ↑ Bohne/Spargelbohne

Striezel südd., ostmitteld., böhm., österr.: längliches Gebäck aus Hefe- oder Plunderteig in Stollen- oder Zopfform, oft mit Marzipan, Mohn, Nüssen, Obst usw. gef.; Südostösterreich: Maiskolben

strip steak amerik.: Steak aus dem Filetstück des Rinds

Stroganow, Stroganof(f) [geadeltes Geschlecht von russ. Bojaren, Staatsmännern und Mäzenen] Streifen oder Würfel vom zarten, sehnenarmen Filetkopf eines (jungen) Ochsen mit feingeh., in Butter gebr. Zwiebeln, mit Paprika, Salz, Pfeffer gewürzt, mit Mehl bestäubt und mit kräftiger Fleischbrühe abgelöst, mit Senf und Zitronensaft abgelöscht, mit saurer Sahne, a. Gewürzgurken und Steinpilzen abgerundet

Strohgäuschinken mild gesalzenes, geräuchertes und aromatisiertes rohes Schweinefleisch (Strohgäu, Württemberg)

Strohkartoffeln ↑ Kartoffel/Zubereitungen

Strohpilz langstieliger Zuchtpilz, zum Würzen (China, Ostasien)

Strömling kl. Rasse des Herings (östl. Ostsee u. a.)

Strommaräne Süßwasserfisch, ↑ Äsche

Strudel [mhd.: spiralig geschn. Stück] Mehlspeise aus sehr dünn ausgezogenem Teig, mit Äpfeln, Marmelade, Mohn, Nüssen, Rosinen, Topfen usw. gefüllt, zusammengerollt und in flacher Kasserolle geb. oder gek., wird frisch und warm serviert (Österreich, Süddeutschland u. a.)
 -**teig** ↑ Teig/Sorten

Strudler Österreich: für Strudel geeigneter, kräftig säuerlicher Apfel

Struffbutt Plattfisch, ↑ Flunder

Strumpfbandbohne ↑ Bohne/Spargelbohne

Strunk der stengel-, stielähnliche kurze, dicke, fleischige oder holzige Teil bestimmter Pflanzen (Kohl, Salat usw.), meist nicht verzehrbar

Stubben Süßwasserfisch, ↑ Renke/Große Schwebrenke

Stubenküken ↑ Huhn/Züchtungen

Stückenflunder geräucherte ↑ Doggerscharbe

Studentenfutter Knabbermischung aus Nüssen, Erdnüssen, Mandeln, Rosinen, Trockenfrüchten usw.; a. Mischung aus Lakritz- und billigen Zuckerwaren; Waffelbruch

stufato ital.: geschmort; Schmorbraten

Stufentorte ↑ Terrassentorte

stuffed engl.: gefüllt; gemästet

Stulle [holl. *stul*, Brocken, Klumpen] bestrichene, belegte Scheibe Brot (Berlin, Norddeutschland)

Stunggis innerschweiz. Eintopf, ↑ Schtunggis

Stuten [niederd. *stūt,* dicker Teil des Oberschenkels] Backware aus feinem Hefeteig, in Kastenform oder freigeschoben geb.; *Bauern-, Wochenendstuten* oft mit Trockenfrüchten, *Mürbestuten* meist ohne Trockenfrüchte (Niedersachsen)

Stuttgarter [Stuttgart, Hauptstadt des Landes Baden-Württemberg] grobe Brühwurst aus Rind-, Schweinefleisch und Speck

Stuttgarter Leberkäs(e) grobe, brühwurstartige Fleischware aus Rind-, Schweinefleisch, Speck und mind. 5% Leber

sū chin.: knusprig, mürbe

suān chin.: sauer
 - **làtāng** sauer-scharfe Paprikasuppe mit Essig
 - **tián** süßsauer

suàn chin.: Knoblauch

subric [frz.: auf *briques,* Backsteinen gek.] kl. Krokette aus geh. oder pürierten Zutaten (Fleisch, Fisch, Gemüse, a. Früchte usw.)

Succade kandierte Schalen von Zitrusfrüchten, ↑ Orangeat, Zitronat

Succanat ↑ Zucker/Vollrohrzucker

succotash amerik.-indianisch: Gericht aus Limabohnen mit Maiskörnern, Fett oder Öl, Sahne und Pfeffer

Suchet [Louis Gabriel S., Herzog von Albufera, 1772–1826, frz. Marschall] Garnitur aus in Butter ged. Streifen von Möhren, Porree, Sellerie, Trüffeln in Weißweinsauce, zu Seezunge u. ä.

Sud würzige Flüssigkeit, in der etwas gekocht wurde

sudák russ.: Zander

Süddeutsche Mortadella fein gekutterte Brühwurst aus Rind-, Schweinefleisch, Speck und groben Würfeln von Herzmuskulatur, Zunge sowie mit Blut rot gefärbtem Brät

Süddeutsche Rotwurst Blutwurst mit gr. Anteil von bluthaltigen Würfeln Schwartenmasse

Sudeltorte Torte aus gleichviel Butter, Mehl, Mandeln und Zucker (Zürich, Ostschweiz)

Sudfett ↑ Knochenfett

Südfrüchte ↑ Obst

Südliche Art Garnituren aus Grünen Erbsen, ged. Sauerampfer, gebr. Steinpilzen und gef. Tomaten, zu Fleisch in Madeirasauce, oder aus Tomatenwürfeln und Safran zu in Fischfond und Öl ged. Fisch

Südtiroler Bauernspeck ↑ Schinken/Sorten

sudzukáki dicke griech. Würstchen, ↑ soudzoukáki

suédoise ↑ Schwedische Art; im engeren Sinn Sirupfrüchte in Fruchtsaft-, Wein- oder Likörgelee

sugar engl.: Zucker
 - **corn** Zuckermais
 - **ham, Virginia ham** mit braunem Zucker, a. Ananassaft, Honig glasierter gek. Schinken (USA)

sugo [ital.: Gemüse-, Fruchtsaft] geschm., dickflüssiges Püree aus Gemüsen, aromatischen Kräutern, Pilzen, Fleisch, Fisch, Meeresfrüchten usw., unzählige reg. Varianten, oft zu Teigwaren gereicht

Suisse, (Demi-, Petit -) [frz.: Schweizer] Doppelrahmfrischkäse aus mit Sahne angereicherter pasteurisierter Kuhmilch, der Vorläufer des ↑ Gervais, glatter, ungesalzener Teig, 60% und 75% Fett i. Tr., sehr mild und sahnig, beliebter Dessertkäse, a. zum Kochen verwendet (Frankreich u. a.)

sukiyaki [jap.: auf der Pflugschar gegr.; ausgespr. *skijaki*] jap. Fleischfondue, in einer mit Sojasauce, Sake und Zucker gewürzten Brühe angek. hauchdünne Scheiben (Kobe-)Rinderfilet, dazu versch. frische Gemüse, Pilze, Bohnenkäse, a. Reis; *Osaka-Style:* in Eisenpfanne mit Nierenfett, karamelisiertem Zucker, Sojasauce, Sake und Brühe gegart, mit Stäbchen in Dipsauce aus rohem verquirltem Ei getaucht; *Tokyo-Style:* mit Kochsud aus Sojasauce, Zucker, Seetangbrühe und Sake

Sukkade kandierte Schalen von Zitrusfrüchten, ↑ Orangeat, Zitronat

Sully, à la [Sully-Prudhomme, frz. Dichter und Nobelpreisträger, 1839–1907] Garnitur aus Hahnenkämmen, ged. Kopfsalat, Trüffelscheiben, Pariser Kartoffeln und Demiglace, zu kl. Fleischstücken

Sultana, Sultanine kernlose, getr. Weinbeere, ↑ Rosine

Sultans-Art, (à la) sultane [Sultan, islamischer Herrscher] mit Pistazienkernen (in Würzbutter, Geflügelrahmsuppe, zu Fisch, in Süßspeisen mit Früchten wie Aprikosen,

Birnen, Pfirsichen u. ä., in Speiseeis usw.); Garnitur aus kl. mit Trüffelpüree gef. und mit geschälten Pistazienhälften besteckten Torteletts, zu Geflügelbrüstchen; a. Garnitur aus halbmondförmigen Herzoginkartoffeln mit ged. Rotkohlstreifen; Rahmsuppe mit Hühnerpüree, Béchamelsauce, Pistazienbutter, Haselnußmilch und Sahne

Sulz(e) südd., österr., schweiz.: Sülze

Sulzbrot Sulzpastete, ↑ pain, in Aspik

Sülze [ahd. *sulza*, Salzwasser, Gallert] Fleisch, Geflügel, Fisch, Gemüse, Eier, a. Käse, Obst usw. in Gelee, säuerlich oder süß; zum Tiefkühlen ungeeignet; ↑ a. Aspik, Gallerte, Gelatine

Sulzgericht ↑ Aspik, chaud-froid, Gelee

Sülzkotelett leicht gepökeltes Schweinekotelett mit Kalbsfußbrühe, Möhre, Zwiebel, Pfeffer-, Pimentkörnern in Aspik, mit hartgek. Eischeiben, Estragonblättern, Gewürzgurken usw. garniert (Berlin u. a.)

Sulzmayonnaise mit Gelatine versteifte Mayonnaise

Sulzsauce ↑ Sauce/sauce chaud-froid

Sülzwurst durch erstarrte, erkaltete Gallertmasse, ↑ Aspik, schnittfest gemachte Kochwurst aus Stücken Fleisch, Innereien, Wurstbrät, Speck usw.; ↑ a. Wurstsülze

Sumach, Sumak Gewürz aus den roten, getr. und grob gemahlenen Steinfrüchten des Sumachbaums, sauer-fruchtig, haupts. in der levantinischen und arab. Küche verwendet, bei uns zum Säuern, für Salate, kalte Speisen, Marinaden usw. (Mittelmeerraum, Nahost, Mittelasien)

Sumpfkrebs ↑ Galizierkrebs

Sumpfschnepfe Wildgeflügel, ↑ Schnepfe

sundae [amerik.: a. am puritanischen *sunday*, Sonntag, erlaubt] Eiscreme(becher) mit Früchten, Sirup und/oder Sahne

sundries engl.: Diverses, Verschiedenes; versch. pikante Happen

sunny side up [engl.: sonnige Seite oben] nur auf einer Seite gebr. Spiegelei mit weichem Eigelb

Suntina Zitrusfrucht, Kreuzung zwischen Clementine und Orlando, zart, süß, saftig und ohne Kerne (Israel)

suolakurkku finn.: Salzgurke

sup russ.: Suppe

suplemento port.: Beilage, Zulage

Suppe [altfrz. *soupe*, Fleischbrühe] dünn, sämig oder breiig flüssiges Gericht aus Fleisch, Geflügel, Fisch, Meeresfrüchten, Gemüse, Getreideerzeugnissen usw. mit Wasser, Kochsalz, Gewürzen, Kräutern u. a. Zutaten (Eier, Käse, Sahne, Wein usw.), das mit dem Löffel gegessen wird und als Vorspeise den Magen öffnen, Appetit und Verdauung anregen soll; kann als Hauptgang (Eintopfsuppe) eine ganze Mahlzeit ersetzen; a. in Konserven, als Paste, Pulver kochfertig angeboten; viele versch. Arten, meist warm, aber a. kalt, meist salzig, aber a. süß, die man grundsätzlich in zwei Gruppen aufteilen kann:

Klare Suppen, potages clairs aus geklärtem Fond mit Zutaten: Kraftbrühe, *consommé*; Fleischbrühe, *bouillon*
Gebundene Suppen, potages liés mit Stärke und/oder stärkehaltigen Produkten: Püreesuppe, *potage puré* (mit Kartoffeln, Gemüsen, Hülsenfrüchten gebunden, oft mit Sahne verfeinert); Rahm-, Sahnesuppe, *potage crème* (mit Mehl, Reis oder Reismehl gebunden, mit Sahne verfeinert); Samtsuppe, *velouté* (mit Eigelb und Sahne gebunden)
↑ a. Consommé, Eintopf, Suppenkonserve und einzelne Stichwörter

Suppen|biskuit flaches, ungesüßtes Biskuitstück als Suppeneinlage

-einlage kl. Formen, Klößchen, Streifen, Würfel usw. aus Grieß, Teig, Fleisch, Leber, Speck, a. Backerbsen, Eiern, Gemüse, Kartoffeln, Reis, Sago usw. als (nahrhafte) Geschmackszutat zu Suppen

-gemüse, -grün frisches, aromatisches und zugleich dekoratives Gemüse (Möhre, Petersilie, Porree, Sellerie usw.), das ganzjährig im Bund zum Mitkochen in einer Brühe, Suppe angeboten wird, das aber a. anderweitig in Speisen (Fleisch, Geflügel, Fisch, Kartoffeln, Omeletts, Crêpes, Salaten usw.) mitverwendet werden kann; sollte in gleich große bzw. starke Stücke geschn. werden, Schnittmethoden ↑ brunoise, Julienne, mirepoix; hält sich tiefgekühlt 7 Mon.

-gewürz Gewürzmischung, insbes. aus getr. Würz-, Suppenkräutern und würzenden Gemüsen; a. als ↑ Suppengemüse, -grün angeboten

-konserve vorgefertigte Suppe, *tafelfertig*: bedarf nur noch des Wärmens, *konzentriert*: bedarf der Zugabe von Flüssigkeit und des Wärmens, *kochfertig (Instant-Suppe)* in Pasten-, Pulverform, bedarf der Zugabe von Flüssigkeit, des Wärmens oder Kochens

-kräuter zum Würzen von Brühen, Suppen geeignete Kräuter (Basilikum, Beifuß, Bohnenkraut, Borretsch,

Dill, Estragon, Kerbel, Liebstöckel, Majoran, Meerrettich, Petersilie, Porree, Schnittlauch, Sellerie, Thymian, Zwiebel u. a.)
-makrone kl. ungesüßte Makrone als Suppeneinlage
-nudeln kl. Teigwaren mit kurzer Kochzeit als Suppeneinlage
-topf klare, kräftige Fleischbrühe mit nahrhaften Einlagen (Fleisch, a. Fisch, Gemüse, Kartoffeln, Nudeln, Reis), Hauptgericht; ↑ a. Eintopf, marmite, pot-au-feu
-würfel ↑ Suppenwürfel
-würze ↑ Würze

Suppenbasil Würzkraut, ↑ Basilikum

Suppenblatt Würzblatt, ↑ Lorbeer

Suppenfleisch, Siedfleisch in schwimmender Flüssigkeit pochiertes Rindfleisch, als Suppeneinlage oder meist mit warmer Brühe, Gemüse und Kartoffeln serviert, a. kalt mit Kräuterbutter, Saucen u. ä.; ↑ a. bollito misto, pot-au-feu, Tafelspitz

Suppengelb Gewürz, ↑ Safran

Suppenhenne, -huhn ↑ Huhn/Züchtungen

Suppenkraut Würzkraut, ↑ Kerbel

Suppennuß Gewürz, ↑ Muskatnuß

Suppenspargel ↑ Spargel/Bruchspargel

Suppenwürfel, Brühwürfel zu einem Würfel gepreßte, kochfertige Mischung, die mit heißem Wasser zubereitet eine Brühe, Suppe ergibt; nicht mitkochen, sondern der kochenden Flüssigkeit zusetzen

supper engl.: Abendessen, Nachtmahl

supplément [frz.: Ergänzung] Beilage, Zugabe

suprême [frz.: das Beste, Höchste] Gericht aus dem besten Stück eines Tieres, auf bes. feine Art zubereitet, z. B. enthäutete, entbeinte und halbierte Geflügelbrust, Wild-, Fischfilet; ↑ a. Sauce/sauce suprême

Surbrode kölnisch: Sauerbraten

sureau frz.: Holunder

surette [frz. reg.: Sauerampfer] Geflügelrahmsuppe mit Sauerampferstreifen und grünen Spargelspitzen

surfine [frz.: erstklassig] kl. feine Kaper

Surfleisch südd., österr.: gepökeltes, aber nicht geräuchertes Fleisch, meist Nacken oder Bauch vom Schwein

Surhachse, -haxe südd., österr.: Eisbein

surimi glatte weiße Masse aus ausgewaschenem, gek., geknetetem Fischfleisch (meist vom Alaska-Pollack), geruch- und geschmacklos, aber mit Krebsfleisch und anderen, künstlichen Geschmackszutaten aromatisiert, in Paprika gewälzt und zu Stäbchen, Stückchen, Krabbenscheren u. ä. geformt, tiefgekühlt und als *crabmeat* im Handel; nach dem Auftauen servierfertig, schmeckt nach Garnelen, Jakobsmuscheln, Krebsen, Lachs, Languste, Scampi u. ä. (Japan, a. USA, Israel u. a.)

Surinamkirsche [Surinam, Fluß in Niederländisch-Guyana] trop. Steinfrucht, ↑ Pitanga

Surinam-Portulak trop. Gemüsepflanze, ↑ Ceylonspinat

surkål norw.: Sauerkraut, in Norwegen mit viel Kümmel und wenig Essig zubereitet

surprise, (en) [frz.: Überraschung] auf unerwartete, überraschende Art zubereitet
  consommé –, Überraschungskraftbrühe mit Rote-Rüben-Saft gefärbte Geflügelkraftbrühe, als Einlage mit Geflügelgelee gef. Geflügelklößchen
  omelette –, Überraschungsomelett in Biskuit eingehülltes Speiseeis, mit Soufflémasse garniert und überbacken, wird a. flambiert
  pommes de terre (en) –, Überraschungskartoffeln in der Schale geb. Kartoffeln, mit pürierter Pulpe, Butter, Sahne, geh. Petersilie im Ofen aufgewärmt
  salade (en) –, Überraschungssalat mit Apfel-, Staudenselleriewürfeln und geh. Haselnüssen in Mayonnaise gef. geschälte, ausgehöhlte Tomaten auf Salatblatt

Susanne-Art, à la Suzanne [Susanna, bibl. Frauengestalt] Garnitur aus Artischockenböden, gef., ged. Kopfsalat, Estragonsauce und geh. Estragon, zu kl. Fleischstücken; Rahmsuppe aus Hafercreme, Milch und Sahne, als Einlage gek. Erbsen; a. Rahmsuppe von grünen Gurken mit Erbsenpüree, mit grobgeh. hartgekochtem Eigelb garniert

sushi [jap.: mit Essig gesäuerter Reis] kl. Päckchen aus gek., mit süßlichem Essig gewürztem Reis und rohem, a. gek. Fisch (Seeaal, Thunfisch, Tintenfisch usw., Europa a. Forellenfilets), Meeresfrüchten (Abalone, Garnelen, Muscheln usw.) mit Seetang, ↑ nori, Gemüsen, Eiern, Tofu usw. und ↑ wásabi, zahllose Varianten, in dekorativen Röllchen oder Scheiben meist zu zweit oder mehr, aber

Sushi, handgeformte japanische Happen

nie zu viert als leckere Vorspeise oder mit Bouillon als Hauptgericht serviert (Japan)

Susine trop. Steinfrucht, ↑ Japanische Pflaume

Susirahm halbsteif geschlagene, mit Vanille aromatisierte Schlagsahne, meist zu Roter Grütze (Hamburg, Norddeutschland)

Süßapfel trop. Sammelfrucht, ↑ Annone/Schuppenannone

Süßer Kümmel Heil- und Würzpflanze, ↑ Anis

Süßer Rahm ↑ Sahne/Süße Sahne, Schlagsahne

Süßer Senf ↑ Senf/Bayerischer Senf

Süße Sahne ↑ Sahne/Süße Sahne, Schlagsahne

Süße Suppe ↑ Fruchtsuppe, Kaltschale

Süßfenchel Stengelgemüse, ↑ Fenchel

Süßholz getr. Wurzel des Süßholzstrauches, eigenartig süßlicher Geschmack, geschält oder ungeschält, ganz oder geschn. für die Süßwarenindustrie im Handel; aus dem ausgekochten Saft wird ↑ Lakritze hergestellt (Mittelasien, Südeuropa)

Süßkartoffel ↑ Batate

Süßkäse ↑ Lab/Labkäse

Süßkastanie eßbare Kastanie

Süßkirsche Kirschengruppe, ↑ Kirsche

Süßmais ↑ Mais

Süßmilchkäse ↑ Lab/Labkäse

Süßmittel Mittel zum Süßen von Speisen: Honig, Sirup, Zucker; ↑ a. Süßstoff

Süßorange ↑ Orange

Süßpaprika ↑ Paprika/Gemüsepaprika

Süß|rahm ↑ Schlagsahne
  -butter ↑ Butter/Sorten
  -käse ↑ Rahmkäse

Süßsack   trop. Frucht, ↑ Annone

Süßspeise   kaltes oder warmes süßes Gericht wie Auflauf, Creme, Eierspeise, Grieß-, Mehl-, Reisspeise, Pudding usw.

Süßstoff   natürliche oder artifiziell gewonnene Substanz mit höherer Süßkraft als Zucker, die nicht zu den Kohlenhydraten zählt; liefert keine oder nur sehr wenig Energie und ist deshalb für Diabetiker, Kranke und Linienbewußte geeignet; als Tablette, Pulver oder Lösung erhältlich und bei vernünftiger Verwendung (nicht mehr als 12 Tabletten täglich) nicht gesundheitsschädlich; ↑ Acesulfam, Aspartam, Cyclamat, Saccharin, Thaumatin, Zuckeralkohol

Süßwaren   Lebensmittel, die als wesentlichen, geschmacklich hervortretenden Bestandteil Zucker enthalten: Dauerbackwaren, Knabberartikel, Kunsthonig, Schokolade-, Kakaoerzeugnisse, Nougat, Speiseeis, Zuckerwaren usw.; Frischbackwaren, Konditoreierzeugnisse, Konfitüren und Marmeladen, süße Suppen usw. gelten hingegen nicht als Süßwaren

Süßwasserfisch   zum Verzehr bestimmter Fisch aus Binnengewässern wie Bächen, Flüssen, Teichen, Seen, kann sich aber zeitweilig a. im Meer aufhalten (Aal, Finte, Forelle, Maifisch, Maräne, Stint, Stör u. a.)

Süßweichsel   ↑ Kirsche/Bastardkirsche

Süster   Kuchen aus Hefeteig mit Mandeln

sütlâç   türk.: Milchreis

su'un   indon.: Glasnudeln

suur   bad., schweizerd.: sauer
  ≈chrut   schweizerd.: Sauerkraut
  ≈esse   bad.: sauer zubereitete Leber oder Niere

Suwarow, Souwaroff, Suworow   [Aleksandr S., 1730–1800, russ. Fürst und Feldherr unter Katharina II., überquerte die Alpen] weißes Geflügel mit Füllung aus Gänseleber- und Trüffelwürfeln, in Madeirawein ged. und mit Sauce aus kräftigem Geflügelfond angerichtet; Béarnaisesauce mit Fleischglace und Trüffelstreifen

sūyóu   chin.: Rahm, Sahne; Butter

Suzanne, à la   ↑ Susanne-Art

Suzette   ↑ crêpe Suzette

Svecia (Ost)   Käse in der Art des Tilsiters, a. geräuchert und mit Gewürzen (Gewürznelken, Kümmel u. ä.) versetzt, schnittfester Teig, 30–45% Fett i. Tr., jung oder gereift angeboten (Schweden)

Swanimelone   exot. Frucht, ↑ Kiwano

sweet   engl.: süß
  -bread   Bries, Milke
  -corn   Süßmais, grüner Maiskolben, als Gemüse (USA)

Sweetie   [engl.: Liebling] Zitrushybride, Kreuzung zwischen Grapefruit und Pomelo, grünliche Schale, saftiges gelbes Fleisch, sehr süß und aromatisch, v. a. als Frischobst (Israel)

sweet potato   engl.: Batate, Süßkartoffel

Swiss steak   [engl.: Schweizer Steak] amerik.: geschm. Rindfleisch mit Zwiebeln und Tomatensauce

syllabub, sillabub   [engl.: Schaumschlägerei] Art Sahnepunsch, schaumige Creme aus mit Saft und abgeriebener Schale einer Zitrone, Sherry, Weißwein, a. Süßwein, Weinbrand und Zucker aufgeschlagener Sahne, zum Dessert

Sylvia-Sauce   Holländische Sauce mit Auszug von Estragonblättern in Weißwein und geh. Estragon

Szechuan, Szechwan   ↑ Sichuan

Szegediner Gulasch   [Szeged, Szegedin, südung. Stadt an der Theiß] meist irrtümlich für ↑ Székely-Gulasch

Szegedi rostélyos, Szegediner Rostbraten   Rindfleisch mit Kartoffeln, Möhren, Paprikaschoten, Petersilienwurzeln, Tomaten, Zwiebeln, Knoblauch, Kümmel, Rosenpaprika usw. und gezupften Nudeln (Ungarn)

Székely-Gulasch, Székelygulyás, Ungarisches Krautfleisch   [Székely, Rechtsanwalt Ende des 19. Jh. in Budapest] Gulasch aus Schweinefleisch mit Sauerkraut, Paprikaschoten, Zwiebeln, Knoblauch, Kümmel, saurer Sahne usw. (Ungarn)

szelet   ung.: Filet, Schnitzel

Szetschuan   ↑ Sichuan

T

Tabakrolle Fastnachtsgebäck aus Mandel-, Sahne-Weißwein-Teig mit Zucker und Zimt, auf Holzstab in Öl geb. und mit Himbeermarmelade oder Schlagsahne gefüllt (Ostschweiz)

Tabasco [Bundesstaat Mexikos, Sauce 1868 von Edmund McIlhenny auf Avery Island im Mississippidelta kreiert, Markenname] konzentrierte, intensiv scharfe Pfeffersauce aus vergärten roten Chilischoten, Weinessig und Salz, wird zum Würzen und Aromatisieren tropfenweise an Speisen und Getränke gegeben (McIlhenny Co., Avery Island, Louisiana, USA)

tabbūla, tabbouleh, taboulé erfrischender, nahrhafter Salat aus Weizenschrot, ↑ bulgur, mit abgezogenen, gewürfelten Tomaten, feingeh. Frühlingszwiebeln, Minze, Petersilie, Schnittlauch usw. in Sauce aus Zitronensaft, a. Olivenöl, Salz und Pfeffer, kalt oder lauwarm (auf Salatblättern) serviert (Libyen, Syrien u. a.)

taco zwei Tortillas, mit Hack-, Hühnchenfleisch, Käse usw. gefüllt (Mexiko)

Tafelbouillon ↑ Fleischextrakt

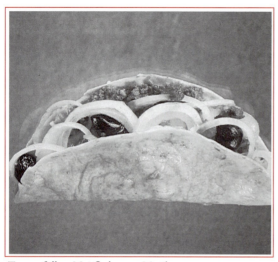

Taco, gefüllter Maisfladen aus Mexiko

Tafelbrötchen kl. Brötchen mit wenig Fett und Zucker, rösche, mürbe Krume, als Beilage zu Brühen, Suppen, Vorspeisen usw.

Tafelbutter in Deutschland nicht mehr zulässige Bezeichnung; Österreich, Schweiz: Butter aus pasteurisierter Sahne mit geringen Geruchs- und Geschmacksfehlern

Tafelessig ↑ Essig/Handelsessig

tafelfertig durch Pasteurisieren, Sterilisieren, Tiefkühlen haltbar gemachtes Nahrungsmittel, als luftdicht verschlossene Konserve im Handel, braucht nur aufgewärmt zu werden

Täfeli schweizerd.: Bonbon

Tafelobst zum Frischverzehr bestimmte reife Früchte von guter Qualität

Tafelöl ↑ Öl/Sorten

Tafelpilz ↑ Champignon

Tafelsalz ↑ Salz

Tafelsauce ↑ Würzsauce

Tafelsenf ↑ Senf/Mittelscharf

Tafelspitz, Hüftdeckel, Kluftschale, Rosen-, Stertspitz Spitze der Unterschale aus der Hüfte des Rinds auf der Blume zwischen Roastbeef und Schwanz, feinfaserig, bröselig, etwas trocken, aber äußerst wohlschmeckend mit schmalem, schmackhaftem Fettrand, zum Dünsten, Kochen, Sieden; orig. mit Apfelkren und Schnittlauchsauce angerichtet, dazu Salzkartoffeln mit Semmelmeerrettich oder Röstkartoffeln (Wien, Österreich); ↑ a. Rind/Fleischstücke

Tafeltraube, Weintraube möglichst kernarme, meist gr. süße Beere einer Kletterpflanze, nicht die zum Keltern für Faß und Flasche bestimmte, sondern die zum Frischverzehr gezüchtete Frucht, wohlschmeckender Energie- und Gesundheitsspender, wirkt günstig auf Kreislauf, Leber,

TAFELTRAUBE

Weiße und dunkle Tafeltrauben, nicht nur Weinlieferanten, auch wichtiges, gesundes Obst

Nieren, entschlackend und entwässernd; viele versch. Sorten, worunter die Gruppen *Datteltrauben*, länglich-oval mit fester Schale, und *Muskattrauben* mit Muskatgeruch und charakteristischem Geschmack, alle in den Farben Grünbis Goldgelb oder Rot bis Dunkelblau; sollten knackig frisch ohne Spritzbelag und faule Stellen sein, je reifer, desto süßer; nicht nur roh genießbar (täglich einmal 1 kg Trauben als Hauptmahlzeit ideale Schlankheitskur), sondern a. (geschält, entkernt) als Würze, Zutat, Dekoration vielfältig verwendbar; gute Zeit einh. Aug.–Dez., imp. aber das ganze Jahr erhältlich; hält sich kühl, luftig und trocken oder im Gemüsefach des Kühlschranks aufbewahrt bis 1 Wo., läßt sich mit Zucker bis 10 Mon., in Zuckersirup bis 12 Mon. tiefkühlen (urspr. Transkaukasien, Mittelasien, heute ganze Welt); ↑ a. Muskattraube, Rosine

EINIGE TRAUBENSORTEN

Name	Hauptangebot	Herkunft	Eigenschaften
Aledo	Nov.–Dez.	Spanien	kl. gelbe Beeren, dünne Schale, aromatisch würzig
Americana	Sept.–Okt.	Italien, Tessin	kl. schwarzbraune Beeren, leichter Erdgeschmack
Cardinal	Febr.–März Juli–Nov.	Chile Griechenland, Italien, Frankreich, Spanien	runde rötliche Beeren, grünliches Fleisch, saftig und süß
Chasselas	Aug.–Okt.	Schweiz, Italien, Frankreich, Spanien	längliche grüngelbe Beeren, sehr dünne Haut, saftig und süß
Gros-Vert	Okt.–Mitte Nov.	Frankreich	grün- bis goldgelbe Beeren, feste dünne Haut, knackig und sehr saftig, eher neutraler Geschmack
Italia Idéal	Mitte Sept.–Okt.	Italien	längliche goldgelbe Beeren, zarter Muskatgeschmack
Lavallée, (Alphonse)	Jan.–Apr. März–Apr. März–Mai Aug. Aug.–Nov.	Südafrika Argentinien Chile Griechenland, Spanien Frankreich, Italien	dunkelblaue, knackig feste Beeren, herbsüß
Ohanes Almeria	März–Apr. Apr.–Juni Mai Okt.–Dez.	Argentinien Chile Südafrika Italien, Spanien	längliche gelbe Beeren, knackig und gut haltbar
Olivette	ab Okt.	Spanien	feste dunkelblaue Beeren, süß und haltbar
Panse	Juli–Aug.	Italien	grüngelbe Beeren, aus früher Ernte noch säuerlich
Regina	Aug.–Okt.	Italien	längliche gelbe Beeren, knackig süß und mild
Rosetti	Sept.–Dez.	Spanien	längliche gelbe Beeren, süß
Rozaki	Aug.–Okt.	Griechenland	längliche gelbe Beeren, süß
Regina dei Vigneti	Mitte Aug.	Italien	längliche gelbe Beeren, süßes Muskataroma
Uva	Sept.–Okt.	Italien	goldgelbe Beeren, Muskatgeschmack

taffy engl.: Karamelle, Sahnebonbon

Tagalog-Topf philippinischer Eintopf, ↑ kari kari

tagin nordafrik. Schmorgericht, ↑ tajin

tagliatelle, tagliatelli [ital. *tagliato,* geschnitten] dünne Bandnudeln aus je nach Region versch. zusammengesetztem Teig (Italien)

tagliatini, taglierini, tagliolini schmale, sehr dünne und feine Bandnudeln aus Weizenmehl und Eiern oder Kleiemehl und Wasser, dazu meist Butter-, Rahm-, Tomatensauce (Italien)

tahin(a), Sesampaste öliger, gesalzener oder ungesalzener Brei aus gerösteten und zerstoßenen oder gemahlenen Sesamsamen, hell aus geschälter Saat milder als dunkel aus ungeschälter, feiner Geschmack, Grundzusatz für viele orient. Speisen, für aromatische Saucen, Teigwaren, a. (evtl. mit Honig vermischt) als Brotaufstrich (Griechenland, Naher Osten)

Tahitiapfel [Tahiti, größte der Gesellschaftsinseln im Stillen Ozean] trop. Frucht, ↑ Balsampflaume

täidetud vasikarind mit Kalbfleischfarce, Brotkrumen und hartgek. Eiern gef. Roulade (Estland)

taillole, taillaule ringförmiger Kuchen aus Mehl, Eiern, Butter und Zucker (Westschweiz)

tais arab.: (Ziegen-)Bock

tajin, tagin arab.: flaches irdenes Schmorgefäß mit konischem Deckel; das Gericht daraus (Nordafrika)

takenoko jap.: Bambussprößling

Taleggio [Tal in den Bergamasker Alpen] halbfester Schnitt- bis Weichkäse aus Vollmilch von der Kuh, geschmeidiger Teig, mild und aromatisch fruchtig, erfrischender Dessertkäse, gute Zeit Mitte Juni–Mitte Dez. (urspr. Bergamo, heute a. ital. Alpen und lombardische Ebene)

Talg, Unschlitt [niederd. *talch,* Festgewordenes] Fett von Wiederkäuern, insbes. aus der Nierengegend des Rinds oder Schafs, fest und spröde, hoher Schmelzpunkt, kann ausgelassen werden, zum Backen, Braten, a. zur Margarineherstellung; kann verpackt bis 2 Mon. tiefgekühlt und dann aufgetaut weiterverarbeitet werden; ugs. allg. Rinderfett

Talken böhm. Gebäck, ↑ Dalken

Talleyrand, (à la) [Charles Maurice de T., 1754–1838, frz. Fürst, Staatsmann und illustrer Gastgeber] Garnitur aus Butter-Käse-Makkaroni mit Gänseleber- und Trüffelwürfeln, zu Kalbsbries, -kotelett, Tournedos, gr. Fleischstücken, Geflügel in sauce Périgueux mit Trüffelstreifen; Geflügelkraftbrühe mit Geflügelklößchen, Hahnennierchen und ged. Trüffelstreifen; Curry-Omelett mit Kalbsbries; Hefekuchen, ↑ savarin, mit geh. und gewürfelter Ananas

Talmasuppe [François Joseph Talma, frz. Tragöde, 1763–1826, Reformator der Comédie Française] Geflügelkraftbrühe mit Reis und gewürfeltem Mandelmilch-Eierstich

talmouse mit Käse-, a. Mandelcreme gef. und überbackenes Blätterteig- oder Mürbeteigtörtchen (Paris)

tamal in Maishüll- oder Bananenblatt gewickelter, mit Schweinefleisch geb. Maisteig, meist mit würziger (Fleisch-) Füllung, pikante Vorspeise; a. allg. Gericht, das Maismehl enthält (Lateinamerika)

Tamara festkochende Kartoffelsorte

Tamarillo, Baumtomate exot. Beerenfrucht eines Nachtschattengewächses, der Kartoffel und Tomate verwandt,

Charles Maurice de Talleyrand

geleeartiges Fleisch, saftig und herbsüß; wird ohne bittere Schale (mit Zucker) roh gegessen oder aus der Schale gelöffelt, eignet sich aber a. als tomatenartiges Gemüse, Marmelade, Gelee, Kompott, Chutney, Kuchenbelag, für Saucen, süße Obstsalate, Sorbets usw.; läßt sich kühl und trocken bis 1 Wo. aufbewahren (urspr. peruanische Anden, heute a. übriges Südamerika, Kalifornien, Madeira, Kenia, Indonesien, Indien, Australien, Neuseeland u. a.)

Tamarinde, Indische Dattel, Sauerdattel [arab. *tamar hindi*, indische Dattel] exot. Hülsenfrucht mit dicken Kernen und klebrigem Mark (Tamarindenmus) zwischen den Hüllen, das einen braunen Saft liefert, wirkt gegen Fieber, Gallenbeschwerden, Durchfall; ausgeschabt, zu Platten gepreßt oder als Paste herbsäuerliche Würze für indon., ind. Gerichte, für Chutneys, Curries, Pickles, Fisch, a. Saucen, Gelees, Konfitüren, Bonbons usw., junge Schoten und unreife Blätter als Gemüse (urspr. Ostafrika, dann Indien, trop., subtrop. Länder, Karibik, Florida u. a.); ↑ a. asam

Tamarinden|mehl zerkleinerte Samen der Tamarinde, in Wasser aufgek. Verdickungsmittel
 -paste getr. Fruchtfleisch der Tamarinde, zum Säuern, Würzen von Speisen

Tambor Zitrushybride, Kreuzung zwischen Orange und Tangerine, dünne Schale, wenig Kerne, fruchtig und sehr saftig (Zypern, Afrika, Südamerika, USA); ↑ a. Tangor

tāmiya gebr. Klößchen aus gemahlenen Bohnen und Petersilie (Ägypten)

Tanagra-Salat [Tanagra, altgriech. Stadt] Staudensellerie-, Tomaten- und Bananenstücke in Sauce aus saurer Sahne, Zitronensaft, Salz und Pfeffer

tandir, tandoor, tandūrī türk., ind.: Erd-, Lehmofen zum Backen von Fladenbroten, (Lamm-)Fleisch, Geflügel usw.; Gericht daraus
 - masala Gewürzmischung aus Chilis, Kardamom, Knoblauch, Koriander, Kurkuma, Safran, Tamarinde u. a.; darin marinierte und grillierte Hühnchenstücke (Nordwestindien)
 -Paste angenehm scharfe Würzpaste aus Chilis, Fenchel, Ingwer, Knoblauch, Koriander, Kümmel, Kurkuma, Linsen, Essig und Erdnußöl, zu (Kalb-)Fleisch, Huhn, Saucen usw. (Indien u. a.)

tāng, t'ang chin.: heißes Wasser; Brühe, Suppe (a. mit Einlagen wie Klößchen, Nudeln, Suppenfleisch usw.)
 - miàn Nudeln in Brühe

táng chin.: Zucker

Tangelo apfelsinengroße Zitrushybride, Kreuzung zwischen Grapefruit und Mandarine, Satsuma oder Tangerine (Israel: Jaffarine), dünne Schale, kernlos, sehr saftig, erfrischend süßlich und leicht fade (Israel, Südafrika, Sizilien, Süd-, Mittelamerika, Antillen u. a.)

Tangerine [aus marokkanischer Ernte über Tanger verschifft] Zitrusfrucht, Varietät der Mandarine, kernlos oder mit nur wenig Kernen, zart, säurearm, aber sehr aromatisch; gute Zeit Dez.–März

Tangor mittelgroße Zitrushybride, Kreuzung zwischen Mandarine, Orange und Tangerine, viele Kerne und saftig, erfrischend aromatisch-süß (Israel, Afrika, Australien, Kalifornien, Florida u. a.)

Tannenhonig ↑ Honig/Sorten

tanner crab [engl.: Gerberkrebs] Nordische Eismeerkrabbe, als ↑ crab meat in Konserven (Japan, USA, Kanada)

Tannia trop. Nutzpflanze, Tochterknollen, a. junge Blätter und Triebe als Gemüse (urspr. trop. Südamerika und Karibik, heute a. Westafrika, Indonesien, Malaysia, Südpazifik u. a.)

taoco Sauce aus gepreßten Sojabohnensprossen (Indonesien); ↑ a. ketjap

taoge indon.: Sojabohnensprosse

tapa, tapita [span.: Deckel, Deckelchen, urspr. Stück Weißbrot, mit dem das Glas Sherry oder Bier bedeckt wird, dann wie ein Deckel auf dem Weinglas serviert] Appetithäppchen, zu Sherry, Aperitifs oder Bier serviert: Fleischklößchen, Scheibe Schinken und/oder Wurst, Herzmuscheln, Garnelen, Tintenfisch, Käsewürfel, Mandeln, Oliven usw.

tapenade [provenzalisch *tapeno*, Kaper] würzig-pikante Paste aus zerstoßenen Kapern, schwarzen Oliven und gewässerten, entsalzenen Sardellen mit Aromaten, Olivenöl, Zitronensaft, a. einem Schuß Marc, zusätzlich nach Belieben Thunfischstückchen, Knoblauch, Lorbeer, Senf; zu rohem Gemüse, als Aufstrich auf gerösteten Brot, zu hartgek. Eiern, a. gegr. Fleisch oder Fisch, Ziegenkäse usw. (Nizza, Provence, Südfrankreich)

Tapioka, Cassave, Kassave körniges Bindemittel aus naß vermahlenen, getr. Wurzelknollen vieler trop., strauchartiger Pflanzen, insbes. des ↑ Manioks, zur Dickung von Speisen; ↑ a. Pfeilwurz, Sago

tapita span.: Appetithäppchen, ↑ tapa

tarabagani jap.: Königskrabbe

Tarakihi Meerfisch mit mittelfestem Fleisch, der Goldbrasse ähnlich, am besten ged. oder gegr. (Japan, Südafrika, Südamerika, Australien, Neuseeland)

taramá, taramo(salata), taran arab., türk., ngriech.: Paste aus rotem, gesalzenem und gepreßtem Dorschrogen mit Brotkrumen, Eigelb, Zwiebeln, Dill, Olivenöl, Zitronensaft usw., zu Vorspeisen und pikanten Gerichten

tarana geriebener (Sauer-)Teig aus Mehl, Eiern, Milch, a. gemahlenen Sesamkörnern, püriertem Gemüse (Paprikaschoten, Zucchini u. ä.) usw., getr. und leicht in Butter geröstet als Beilage zu Fleisch (Balkan)

tarator (A) Kaltschale oder (mit weniger saurer Sahne) Salat aus frischen Salatgurken, Knoblauchzehe, Paprikaschote, Frühlingszwiebeln und saurer Sahne oder Joghurt, a. aufgeweichtem Brot, zerstoßenen Haselnüssen in Essig und Öl, viele reg. Varianten (Balkan)

tarator, taratur (B) Art dicke Mayonnaise aus mit Knoblauch oder Petersilie und Zitrone gewürztem, mit Brotkrumen angedicktem Pinien- oder Walnußbrei in Fischbrühe, zu weißem Fisch (Naher Osten)

Tarbutt Meerfisch, ↑ Steinbutt, Name a. des ↑ Glattbutts

tarhana mit Joghurt und Fleischbrühe vermengtes Weizenmehl, an der Sonne getr. und fein zerrieben (Türkei)
 - **çorbası** Suppe aus tarhana mit Paprikaschoten-, Tomatenstücken und Fleischwürfeln

tarhonya kl. Nudelgraupen aus Hartweizenmehl und Eiern, in Schweineschmalz (mit Paprikaschoten-, Zwiebelstücken) angeröstet und in Butter gek., Beilage zu Gulaschs, Paprikás u. ä. (Ungarn)

Taro, Dasheen Wurzelknolle einer trop. Sumpfpflanze, läßt sich wie Kartoffeln verwenden und zubereiten, a. als Süßspeise (urspr. Südostasien, Indien, heute a. Mittelmeergebiet, Westafrika, Karibik, USA)

Tarocco ↑ Orange/Blutorangen

Tartar fälschlich für ↑ Tatar

tarte frz.: flacher, meist runder (Blech-)Kuchen mit salzigem oder süßem Belag
 - **flambée** ↑ Flammkuchen
 - **Tatin** [nach den Schwestern Tatin, die diesen Kuchen, eine alte Spezialität der Sologne, Erholungslandschaft bei Paris, im Bahnhofrestaurant von Lamotte-Beuvron auftischten] gestürzter Kuchen aus dünnem Mürbeteig und saftigen, in Butter karamelisierten Apfelstücken, umgekehrt geb., heute a. mit anderen Früchten (Aprikosen usw.) zubereitet
 - **tropézienne** [Saint-Tropez, Seebad und Fremdenverkehrszentrum des Dép. Var] runde Torte mit Schichten einer Creme aus Eiern, Mandelmakronen, Orangenschale und Sahne (Côte d'Azur, Südfrankreich)

Tartelett(e) Teigtörtchen, ↑ Tortelett

tartine frz.: Butterbrot, bestrichenes Brot

Tartuffesalat [Tartuffe, der Heuchler, Titelheld einer Komödie von Molière] Artischockenböden-, Paprikaschoten- und Tomatenstreifen in knoblauchgewürzter Essig-Öl-Sauce, mit Sardellenfilets und grünen Oliven garniert

tartufo ital.: Trüffel, meist weiß aus Italien; Venusmuschel; Kugel in Trüffelform aus Schokolade, Karamel, Sahne usw.; Halbkugel aus halbgefrorenem Kakao, Schokolade

Taschenkrebs, Knieper zehnfüßiger Meereskrebs mit gr. ovalen Panzerplatten, wenig, aber sehr schmackhaftes, aromatisch kräftiges Fleisch (beim männl. Tier mit schmaler Panzerplatte mehr als beim weibl.), weiß, rot oder grünlich, nicht nur in den Scheren, sondern a. als Brei, der aus den Schalen geschabt werden kann; wird zuerst gek. und dann kalt oder warm weiterverarbeitet, pur, für Gratins, Salate usw.; die braune sahnige Leber und Eier sind eine bes. Delikatesse (Küstengewässer kalter und gemäßigter Meere, u. a. Ostatlantik, Nordsee, a. westl. Mittelmeer, Adria u. a.)

Tascherl bayer., österr.: mit Marmelade gef. Teigtasche

Tasso mehligkochende Kartoffelsorte

Tatar, Beefsteakhack [Tataren, mongolischer Reiterstamm, der das rohe Fleisch unter dem Sattel weichritt] schieres Rindmuskelfleisch (Blume, Oberschale) ohne Fett und Sehnen zum Rohessen, sollte möglichst kurz vor dem Verzehr durch den Fleischwolf gedreht werden; dazu Gewürz-, Pfeffergurken, Kapern, edelsüßer Paprika, Sardellenfilets, feingeh. Zwiebeln, Salz, frisch gemahlener Pfeffer und ein Eigelb (in der halben Schale), nach Geschmack a. frischer Majoran, geh. Petersilie, Thymian, Selleriesalz, scharfer Senf, Angostura, Tabasco oder Worcester(shire)-sauce, Calvados, Weinbrand, Whisky usw.; hält sich im Kühlschrank 2–3 Std. frisch; ↑ a. Sauce/sauce tartare, Schabefleisch

Tapas, spanische Appetithappen mit Meeresfrüchten

Tatarenkorn Kornfrucht, ↑ Buchweizen

Tatarensalat Salzheringwürfel, Pfeffergurkenscheiben und dünne, in Öl weißged. Zwiebelscheiben in Essig-Öl-Sauce auf Kopfsalatblättern

Tatarenspieß in Öl und Kräutern marinierte Lammfleischstücke mit Schinken- und Räucherspeckwürfeln, am Spieß gegr. und zu körnigem Reis serviert

Tatarsauce ↑ Sauce/sauce tartare

tatbīla ägypt.: Fleisch mit Reis

Taterkorn Kornfrucht, ↑ Buchweizen

tatlılar türk.: Süßigkeiten

Tatura mehligkochende Kartoffelsorte

Taube [ahd. *tūba*, die Dunkle] Geflügelfamilie; die *Haustaube*, am besten mit Maiskörnern gemästet und im Alter von etwa 1 Mon. geschlachtet, meist aus Zuchtbetrieben in Frankreich oder Italien, wird wie Hähnchen (in Speck) gebr. oder (gef.) geschmort, die *Wildtaube*, Jagdzeit Aug.–Apr., jung (und gef.) wie Rebhuhn zubereitet, ältere Tiere für Brühen, Suppen oder als Ragout; ↑ a. Ringeltaube, Türkentaube

Taubenerbse erbsengroße Samen eines exot. Strauchs, wird als Gemüse zubereitet oder zu Mehl verarbeitet (Indien u. a.)

Taubenweizen fleischige Pflanze, ↑ Tripmadam

Täubling Pilzgattung mit versch. eßbaren Arten, ↑ Grünschuppiger Täubling, Grüntäubling, Speisetäubling

Tauchente Entenrasse, ↑ Ente/Wildente

Tausendblätterkuchen ↑ Cremeschnitte

Tausend-Inseln-Sauce ↑ Thousand Island Dressing

Tausendjährige Eier ↑ Chinesische Eier

tava türk.: Bratpfanne; Pfannengericht

Taybeere Kreuzung zwischen Brombeere und Himbeere, roh ziemlich sauer, aber für Gelees, Marmeladen, Kuchenbelag usw. geeignet (urspr. Dundee, Schottland)

Teigwaren, ein Nahrungsmittel von weltweiter Bedeutung und großer Vielfalt

T-Bone-Steak ↑ Steak/Ochsensteak: Amerikanischer Schnitt 3

techina [hebr.: das Gemahlene] ↑ tahina

Teebrezel Dauerbackware aus Mehl, Butter, Milch und Zucker, oft mit Vanille aromatisiert

Teebrot Weißbrot mit (wenig) Fettstoffen und Malz (Rheinland, Westfalen)

Teebutter österr.: Markenbutter

Teecreme im Wasserbad aufgeschlagene gelatinierte Creme aus Wasser oder Milch, frisch gebrühtem, starkem (Ostfriesen-)Tee, Eigelb und (Vanille-)Zucker, mit leicht geschlagener Sahne serviert (Friesland)

Teegebäck feine Backware, meist aus Mürbeteig oder Brandmasse, a. gefüllt und/oder glasiert

Tee-Leberwurst fein gekutterte Kochstreichwurst, der Delikateßleberwurst ähnlich

Teesamenöl fettes, dem Olivenöl ähnliches Speiseöl aus getr., gemahlenen, gedämpften und gepreßten Samen von Teesträuchern (China, Japan, Nordindien)

Teewurst streichfähige Rohwurst aus Rind-, Schweinefleisch und Fettgewebe, fein gekuttert oder grobkörnig (grobe T.)

téfteli russ.: kl. Fleischkügelchen

tegame ital.: (Brat-)Pfanne

Tegethoffsuppe [Wilhelm von Tegethoff, österr. Admiral, 1827–1871] Püreesuppe von frischen Grünen Erbsen mit weißen Spargelspitzen

teḥina arab.: Sesamöl

teḥine, Sesamsauce dicke Sauce aus Sesamöl, Zitronensaft mit zerdrückter Knoblauchzehe, geh. hartgek. Ei und Petersilie, Beigabe zu Hammelfleisch, Gemüse, Salaten usw. (Ägypten, Syrien u. a.); mit Kichererbsenpüree, ↑ ḥummus

Teichfisch in Teichen oder ablaßbaren künstlichen Gewässern aufgezogener Süßwasserfisch (Bach-, Regenbogenforelle, Karpfen, Schleie u. ä.)

Teig [ahd. *teig*, Geknetetes] aus Getreideerzeugnissen und/oder Stärken sowie Flüssigkeit und anderen Zutaten durch Kneten, Auswallen, Formen hergestellte weiche, zähe Masse zum Backen von Brot, Brötchen, Kuchen, Pasteten u. ä.; ↑ a. Masse

Sorten

Ansatz, Hefestück Vorteig aus Mehl, Milch oder Wasser und Hefe zur Bereitung von Hefeteig, zum Backen von Brot u. ä.

Ausbackteig dickflüssiger Teig aus Mehl, Eigelb, Bier oder Wein mit Eischnee, durch den Fleisch-, Fisch-, Gemüse-, Fruchtstücke zum Fritieren gezogen werden

Auslegeteig glatter Mürbe-, a. Blätter-, Hefeteig als Hülle für Pasteten u. ä.

Backteig dickflüssiger Teig aus Öl oder ausgelassener Butter, Mehl, lauwarmem Wasser und Eischnee (als Hülle von Bries, Hirn, Fischen, für Pasteten usw.), aus ausgelassener Butter, Mehl, Ei und Wasser (für Gemüse) oder aus ausgelassener Butter, Mehl und Bier (für Obstspalten, Süßspeisen); a. dickflüssiger Eierkuchenteig

Bierteig ↑ Ausbackteig mit Bier statt Wein; ↑ Bierteig

Biskuitteig unzutreffender Ausdruck für ↑ Biskuitmasse; ↑ a. Wiener Masse

Blätterteig gekneteter, dünn ausgerollter Teig aus Mehl, Wasser und Salz, der einen Teig aus Butter und Mehl mit Wasser oder Eiweiß umhüllt, beide abermals ausgerollt und mehrfach zusammengefaltet, was viel Präzision, Sorgfalt und Zeit erfordert, deshalb a. tiefgekühlte Version durchaus verwendbar; luftig, zart knusprig und aromatisch; läßt sich verpackt 3–4 Mon. tiefkühlen und dann gefroren oder aufgetaut weiterverwenden

Blitzblätterteig durch rasches, unvollständiges Unterwirken der Butter schnell hergestellter Blätterteig, bes. mürbe, für Tortenböden u. ä.

Brandteig unzutreffender Ausdruck für ↑ Brandmasse

Briocheteig buttriger Hefeteig; für Pasteten: ungezuckerter Hefeteig

Brühteig unzutreffender Ausdruck für Brühmasse, ↑ Brandmasse

Eischwerteig unzutreffender Ausdruck für ↑ Eischwermasse

Geriebener Teig leicht gesalzener Mürbeteig aus von Hand zerriebenem Fett mit Mehl, Ei, Wasser ohne oder mit nur wenig Zucker, für Pasteten, Obsttorten usw.

Hefeteig aus lauwarmer Milch mit Hefe, Mehl, weicher Butter, Eiern und Salz, a. Zucker; für schweren, fetteren Hefeteig zuvor ↑ Ansatz, dann erst übrige Zutaten; luftig und leicht säuerlich, sehr vielseitig verwendbar; hält sich tiefgekühlt 3 Mon.

Kartoffelteig kompakte Masse aus ged. mehligen Kartoffeln mit Eiern, Mehl und Salz, für Knödel, Kroketten u. ä.

Linzerteig feiner Mürbeteig mit geschälten, geriebenen Mandeln

Mürb(e)teig, Knetteig aus Mehl, kalter Butter, Ei und Zucker, a. Marzipanrohmasse, Zitronenschale, und Geschmackszutaten, salzig oder süß, buttrig und eher geschmacksneutral, am einfachsten herzustellen und vielseitig verwendbar, für Creme-, Obsttorten, Kleingebäck u. ä., hält sich in luftdichter Folie 8–10 Tage, läßt sich bis 3 Mon. einfrieren und aufgetaut verwenden; ↑ a. Geriebener Teig

Pastetenteig, Knetteig Mürbeteig aus Mehl, Butter oder Schweineschmalz, Salz und Wasser ohne Zucker

Pfannkuchenteig ↑ Eierkuchen

Phylloteig, Filoteig [griech. *phýllon,* Blatt] hauchdünn ausgezogener, strudelähnlicher Teig aus kräftigem Mehl und Wasser, locker und knusprig, für Teigtaschen, orient. Gebäck, ↑ baklava; fertig in Blättern erhältlich, hält sich tiefgekühlt 4–5 Mon. (Griechenland, Vorderer Orient)

Plunderteig ↑ Plundergebäck

Rührteig unzutreffender Ausdruck für ↑ Rühr(kuchen)masse

Sandteig Mürbeteig mit hohem Zuckeranteil, krümelig und sandig; ↑ a. Brandmasse

Sauerteig aus Roggenschrot, gemahlenem Kümmel und lauwarmem Wasser, für (Roggen-)Brot

Strudelteig aus mit lauwarmem Wasser, Öl und Salz verknetetem Mehl, ausgewalkt, mit zerlassenem Fett bestrichen und durchsichtig ausgezogen, mit zerlassener Butter betropft und um eine salzige oder süße Füllung gerollt, ↑ Strudel

Weinteig Backteig mit Wein statt Bier

Wiener Masse ↑ Wiener Masse

Zucker-, Trockenteig Mürbeteig mit viel Butter, Ei, Zucker und wenig Mehl, für Tortenböden mit (sauren) Früchten

Teigmantel (Ausback-, Blätter-, Brot-, Strudel- usw.) Teig als Umhüllung für versch. salzige oder süße Füllungen aus Fleisch, Schinken, Geflügel, Fisch, Meeresfrüchten, Gemüse, Käse, Früchten usw.; ↑ a. dim sum, empanada, Filet Wellington, Frühlingsrolle, Pastete, pâté, Ravioli u. a. Stichwörter

Teigtäschchen ↑ Ravioli

Teigwaren, Nudeln uraltes Grundnahrungsmittel aus Weizengrieß oder -mehl (in geringem Maß a. aus Amaranth, Buchweizen, Dinkel usw.), eingeteigt, getr. und kochfertig, am besten aus Durum-, Hartweizengrieß mit oder ohne Eiern sowie etwas Wasser und Salz, a. zerlassener Butter, Öl, Milch, Gemüsen (Paprika, Spinat, Tomaten u. ä.), weiteren Geschmackszutaten usw., so vielseitig herstell- und verwendbar wie kaum ein anderes Lebensmittel, in unzähligen Formen, lang oder kurz, dick oder dünn, rund oder eckig, gerade oder gebogen, gef. oder hohl, glatt oder gerippt in versch. Farben; leicht verdaulich, fein und geschmacksneutral, entfalten sich Teigwaren durch Zutat von der einfachen Butterflocke bis zur raffinierten Sauce zu

kulinarischen Wunderwerken, schlicht und im höchsten Sinn geschmackvoll zugleich; man unterscheidet *Eierteigwaren* aus Grieß oder Mehl mit mind. 2¼ Eiern oder Eidottern, *Eifreie Teigwaren* mit keinen oder wenig Eiern, *Grießteigwaren* aus Weichweizengrieß oder Mischungen von Hart- und Weichweizen, jedoch ohne Mehl, *Hartgrießteigwaren* aus Durumweizengrieß, *Mehlteigwaren* aus Weizenmehl oder Mischungen von Weizenmehl mit Hartweizengrieß oder Mischungen von Weizenmehl mit Hart- oder Weichweizengrieß und *Vollkornteigwaren* aus Mehl oder Grieß des vollen, keimfähigen Weizenkorns.
Teigwaren sollten hell- bis dunkelgelb sein ohne Flecken mit glatter Oberfläche ohne Risse; 100 g werden mit mind. 1 l Wasser gek., bis sie bißfest, *al dente* sind, außen weich und innen kernig fest, und sie sollten sofort nach dem Kochen aufgetragen werden; halten sich kühl, trocken und dunkel aufbewahrt 2–3 Jahre, mit Eiern, Gemüse, Vollkorn hergestellt nur 1 Jahr, gek. im Kühlschrank 2 Tage, in der Tiefkühltruhe 6 Mon. (urspr. wohl China, heute weltweit, insbes. Italien, ↑ Pasta); ↑ a. Glasnudeln, Gnocchi, Knödel, Makkaroni, Nudeln, Ravioli, Reisblätter, Spaghetti, Spätzle, Tagliatelle, Tortellini und weitere Stichwörter

Teilsames österr.: in einzelnen Stücken geräucherte Schulter und Keule vom Schwein

Telemea halbfester Lakekäse aus pasteurisierter Kuh- oder Schafmilch, oft mit Kümmel vermischt, 42% Fett i. Tr., salziges Aroma, zart säuerlich und würzig (Rumänien)

Telemes Nordgriechenland: Feta

Tellerfleisch zartes, mit Suppengemüse in kräftiger Brühe weichgek. Rindfleisch, meist auf Holzteller mit frisch geriebenem Meerrettich, a. Senf serviert, dazu Brot, Laugenbrezeln oder in Fleischbrühe gegarte Kartoffeln (Süddeutschland, Österreich); Niedersachsen: Sauerfleisch

Tellergericht in der Restaurantküche auf einem Teller fertig bereitetes Gericht

Tellerlinse ↑ Linse

Tellersulz, Tellersülze mit Suppengrün, Lorbeer, Pfeffer-, Pimentkörnern, Zitronenscheiben gelierte Kalbsfüße, -zunge, Schweinefleisch, -füße, dazu Brot, Bratkartoffeln und/oder Essig-Öl-Zwiebelsauce

Teltower Rübchen [Teltow, Stadt in der Mark Brandenburg] ↑ Rübchen

témpé, Tempeh Kuchen aus mit einem Schimmelpilz fermentiertem Sojabohnenmehl, hoher Eiweißgehalt, meist in Öl gebraten (Indonesien)

Temperatur [lat. *temperatura,* gehörige Mischung] Wärme eines Stoffes, in Graden auf Skalen des schwed. Astronomen Anders *Celsius,* des frz. Biologen René-Antoine *Réaumur* oder des dt. Physikers Daniel Gabriel *Fahrenheit* gemessen

°C	°R	°F
100	80	212
90	72	194
80	64	176
70	56	158
60	48	140
50	40	122
40	32	104
30	24	86
20	16	68
10	8	50
0	0	32

Temple Zitrushybride, Kreuzung zwischen Mandarine und Bitterorange, der Clementine ähnlich, kernreich, mäßig saftig und kräftig würzig, gute Zeit Febr.–Apr. (Israel, Spanien, Florida, Mexiko)

tempura, tenpura [port. Kolonisatoren in Ostasien: *temporas,* Fastenzeit] kl. weißfleischige Fische, Meeresfrüchte, Gemüse, Pilze am Stäbchen in Ausbackteig aus Eiern, geriebenem Mehl, Wasser getaucht und in sehr heißem Sesam- oder Sonnenblumenkernöl fritiert, wird in Schälchen mit Fischsud, Sojasauce, Zucker und geriebenem Ingwer, Meerrettich, Rettich getunkt, viele Varianten, delikate Vor- oder Hauptspeise (Japan)

tenderizer engl.: Zartmacher

tenderloin engl.: zartes Lendenstück von Rind (Tournedos), a. Schwein

tendron frz.: Brustknorpel vom Kalb, a. Rind; ↑ a. Kalb/Fleischstücke

Tenkawangfett, Borneotalg, (irrtümlich) **Illipéfett** Samenfett vom Salbaum, dem Kakao ähnlich und wie dieser verwendbar (Südostasien)

Tennenschinken ↑ Schinken/Katenschinken

tenpura ↑ tempura

teppan jap.: Eisenplatte; eiserne Kochplatte; auf der heißen, in Tisch oder Tresen eingelassenen Edelstahl- oder Steinplatte gegarte Speise

Teppichmuschel Meeresweichtier, ↑ Venusmuschel

terasi, tras(s)i sehr scharfe Paste aus getr., zermahlenen und in Salzlösung marinierten Garnelen, Würze für asiat. Gerichte, (Schweine-)Fleisch, Geflügel, Fisch, Eintöpfe, Reis und Gemüse (Indonesien)

terbiye türk.: Joghurtsauce

teriyaki Fleisch oder Fisch in Sojasauce, herbem und süßem Reiswein mariniert, auf Holzkohle gegr. und mit der Marinade glasiert (Japan)

ternera span.: Kalb(fleisch)

Terrassentorte, Stufentorte Torte mit zwei verschieden gr. Böden

Terrine [frz.: die Irdene] gr. runde oder ovale nach unten zulaufende Schüssel (mit Deckel); Napfpastete daraus: in einer gefetteten oder mit Speck, Folie ausgelegten Porzellan-, Steingut-, a. Metallform ohne Teig im Wasserbad (ausgenommen rustikale Terrinen) ausgeb. Masse, Füllung, aus (gewürztem) Fleisch, Wild, Geflügel, Fisch usw.; konserviert a. in Dose oder Glas erhältlich; sollte vor Verzehr (Fischterrinen ausgenommen) 2–3 Tage ruhen, läßt sich im Kühlschrank bis 8 Tage aufbewahren, in der Tiefkühltruhe 2–3 Mon.; ↑ Galantine, Parfait, Pastete

tēs arab.: (Ziegen-)Bock

tessa hauchdünne Scheiben Kugelfisch, ↑ fugu, in Sojasauce und Zitronensaft getaucht, mit Peperoni, Rettich und Schalotten (Japan)

tête frz.: Kopf
 – **de porc** Schweinekopf
 – **de veau** Kalbskopf

Tête de Moine, Bellelay-Käse [frz.: Mönchskopf mit Tonsur] vollfetter, halbfester Schnittkäse aus roher, a. (weniger gut) pasteurisierter Vollmilch von der Kuh mit Schmiere, dünne, etwas klebrige Rinde (die nicht mitgegessen wird), geschmeidig fester Teig, 54% Fett i. Tr., pikant und kräftig würzig; wird mit einem Schneidegerät, der *girolle*, abgehobelt, a. gut auf mit Kümmel und Pfeffer bestreuter Brotscheibe; gute Zeit Mitte Sept.–Mitte März (Berner Jura, Schweiz)

tétine frz.: Euter, Zitze

Tetragon ↑ Neuseeländer Spinat

Teufelsgurke mit Chilis und anderen scharfen Gewürzen eingelegte Gewürzgurke

Terrine mit Oliven

Teufelskrabbe Meereskrebs, ↑ Meerspinne

Teufelspfeffer Gewürzschote, ↑ Chili

Teufelsremoulade Remoulade mit zerdrückten, in Essig reduzierten Pfefferkörnern und Wacholderbeeren, Senf, Cayennepfeffer und Zucker, zu kaltem Roastbeef u. ä.

Teufelssauce ↑ Sauce/sauce diable

Texassauce [Texas, südwestl. Mittelstaat der USA] Fleischbrühe mit in Butter angeschwitzten feingeh. Zwiebeln, Mehl, Currypulver, Safran, Tomatenmark, mit Zitronensaft, geh. Petersilie und Champignon-Ketchup abgeschmeckt, zu gebr., gegr. Rindfleisch (Steaks)

t'fina Nordafrika: Hackfleischkloß

Thaumatin künstlicher Süßstoff, 2000- bis 3000mal süßer als Zucker, meist für die Herstellung von Kaugummi verwendet

Thenay [Dorf im Dép. Loir-et-Cher] Weichkäse aus Kuhmilch, dem Camembert ähnlich (Orléanais, Nordwestfrankreich)

Theodora-Suppe, consommé Théodora [Theodora, byzantinische Kaiserin] Geflügelkraftbrühe mit Streifen von Hühnerbrust und Trüffeln, Spargelspitzen und Eierstichwürfeln

Theresa-Art kalte Geflügelkraftbrühe mit kl. Kugeln aus Geflügelmousse und Kerbelstreifen; Salat aus Scheiben von gek. Kartoffeln, Knollensellerie und Äpfeln in Mayonnaise

thermidor [Hitzemonat des frz. Revolutionskalenders] Zubereitungsart des Hummers, ↑ Hummer Thermidor

Thiamin Vitamin B_1, ↑ Vitamine

Thompson Navel Navel-Orange, ↑ Orange/Sorten

Thon schweiz.: Thunfisch

thon frz.: Thunfisch

Thorner Katharinchen, Thorner Lebkuchen [Thorn, Toruń, poln. Stadt rechts der Weichsel, ehemals Stützpunkt des Deutschen Ordens] kräftig gewürzte braune Pfeffernuß, klein und rundlich

Thousand Island Dressing, Tausend-Inseln-Sauce Salatsauce aus Chilisauce, Mayonnaise, Worcester(shire)sauce, geh. Piment und Schnittlauch (USA)

Thronfolger-Art ↑ Dauphin-Art

Thunfisch Familie gr. makrelenartiger Meerfische mit fettreichem Fleisch von hohem Vit.-A-Gehalt, die nicht nur in Ölkonserven gut schmecken, lassen sich (am besten das Bauchfleisch) backen, braten, dünsten, grillen, schmoren, werden in Japan a. roh gegessen; a. tiefgefroren im Handel; ↑ a. Bonito, Pelamide, Yellowfin

Roter Thunfisch, Großer Thun dunkles, fettes Fleisch, das Kalbfleisch ähnelt, a. geräuchert im Handel (Ostatlantik, Mittelmeer, Pazifik)

Weißer Thunfisch, Albacore, Germon, Langflossenthun kleiner, aber feiner als der Rote Thunfisch, fettes, vitaminreiches Fleisch (alle warmen und gemäßigten Meere)

Thurgauer [Thurgau, Kt. der Nordostschweiz mit gr. landwirtschaflicher Nutzung] Käse aus pasteurisierter Kuhmilch, weichschnittiger Teig, 45% Fett i. Tr., herber Geruch, milder Geschmack

Thüringer Blutwurst, Rotwurst [Thüringen, grünes Land im Herzen Deutschlands] Blutwurst aus Schweinefleisch, Blut, Speck und Schwarten mit Fleisch-, Speck-, zum Teil a. Leber-, Herzeinlagen

Thüringer Käse Sauermilchkäse, meist in Form von Stangen- oder Spitzkäse

Thüringer Kloß, Grüner, Wollener Kloß gr. runder Kloß aus geriebenen rohen und gek. Kartoffeln mit Grieß, Milch, Würfeln von gerösteten Brot und Fett; mit viel Sauce Beilage zu Braten von Rind, Schwein, Wild, Gans

Thüringer Kümmelkäse Thüringer Käse mit Kümmel

Thüringer Leberwurst grob gekutterte Kochstreichwurst aus mind. 25% Schweineleber und Schweinefleisch

Thüringer Mett mit Salz und Pfeffer gewürztes Hackfleisch vom Schwein

Thüringer Rostbratwurst ↑ Rostbratwurst

Thunfische, weltweit wichtige Nutzfische

Thüringer Rotwurst   ↑ Thüringer Blutwurst

Thüringer Stangenkäse   ↑ Thüringer Käse

thym   frz.: Thymian

Thymian, Demut, Küchenpolei, Römischer Quendel [lat. *thymiama,* Räucherwerk] Würzpflanze (am feinsten ↑ Zitronenthymian), Blätter und Blüten intensiv würzig mit leichtem Nelkengeschmack, wirkt beruhigend, blutreinigend, keimtötend, verdauungsfördernd und gegen Bronchialbeschwerden, gehört in die provenzalische, italienische Küche und in den Kräuterstrauß, ↑ bouquet garni; wird mit Stiel (vor dem Servieren herauszunehmen) oder nur den fein zerschnittenen Blättern mitgek., paßt zu deftigen (Schmor-)Gerichten, Suppen, Fleisch (Kalb, Lamm usw.), Innereien (Leber usw.), Wild, Wurstwaren, Geflügelfüllungen, Fisch, Pasteten, (Brat-)Kartoffeln, Gemüse (Auberginen, Hülsenfrüchten, Tomaten, Zucchini usw.), Pilzen, Saucen, Eierspeisen, Quark, Rohkost, Essig; verträgt sich mit Lorbeerblättern, Petersilie, Zwiebeln; behält in Essig oder Öl eingelegt seine starke Würzkraft, kann a. tiefgekühlt werden; das ganze Jahr über im Handel, beste Zeit Mai–Sept. (urspr. Mittelmeergebiet); ↑ a. Quendel
- **-honig**   ↑ Honig/Sorten
- **-öl**   ↑ Öl/Sorten

Thymusdrüse   ↑ Bries

tian   frz.: gr. flache, meist irdene Auflaufform für überbackene Speisen; das Gratingericht darin aus Kartoffeln, versch. Gemüsen, a. Fisch usw. (Provence, Südfrankreich)

tián-yā   chin.: Mastente
- **Běi-jīng –**   Peking-Ente

tiēbingzi   chin.: geb. Kuchen aus Mais- oder Hirsemehl

tiebizi   chin.: Bratrost

tiède   frz.: lauwarm

Tiefkühlen, Einfrieren, Tiefgefrieren Konservierungsmethode durch rasches Abkühlen auf mind. -18 °C oder (bei steigender Lagerfähigkeit) tiefere Temperatur in Gefrierschrank, Tiefkühltruhe oder Gefrierkombination (Eisfach des Kühlschranks genügt nicht), wobei Geschmacksstoffe, Vitamine usw. weitgehend geschont werden; ist für fast alle Lebensmittel anwendbar, ungeeignet sind u. a. mit Ei oder Stärke angedickte Speisen, Blattsalat, Joghurt, Mayonnaise oder ähnliche Emulsionen, Radieschen, Rettiche, Rote Grütze, rohe Zwiebeln; an- oder aufgetaute Lebensmittel sind sofort zu verbrauchen und sollten nicht wieder eingefroren werden; ↑ a. Gefrieren

Tiefkühlprodukte, TK-Produkte durch Tiefkühlen haltbar gemachte Lebensmittel, Nährwert, Aussehen, Farbe und Geschmack bleiben unverändert, werden schneller gar als Frischkost; sind saisonunabhängig, eignen sich zur Vorratshaltung

Tiefsee|garnele, -krabbe   Meereskrebs, ↑ Garnele/Tiefseegarnele
- **-hummer, -krebs**   Meereskrebs, ↑ Kaisergranat

Tientsin-Gemüse [Tientsin, Hafenstadt und Handelsplatz Nordchinas] konserviertes, leicht süßliches Kohlgemüse

Tiffany-Salat [Tiffany, Juweliergeschäft in New York] Salat aus Bleichsellerie, Birnen, Kirschen, Orangen und Roquefortkäse in Sahne

tigerlily buds   engl.: blaßgoldene Lilienknospen

tiger prawn   engl.: Bären-, Riesengarnele

Tikemehl, Tikor-, Tikurmehl   Stärkemehl, ↑ Pfeilwurz

Till   Würzkraut, ↑ Dill

tilliliha   [finn.: Dillfleisch] Eintopf aus Hammelfleisch in Mehlschwitze mit Dill, Essig und Zucker

Tilsiter [Tilsit, russ. Stadt an der Memel, ehemals Ostpreußen] halbharter Schnittkäse aus Kuhmilch mit ausgetr. Schmiere, mehrere Mon. Reife, geschmeidiger Teig, 30–50% Fett i. Tr., mild bis herb, pikant säuerlich, guter Frühstückskäse, a. für Käseplatten, Salate usw. (Deutschland, insbes. Allgäu, Schleswig-Holstein u. a.); ↑ a. Wilstermarschkäse
- **Dänischer –**   ↑ Havarti
- **Schweizer –, Royalp** [durch aus Ostpreußen rückgewanderte Schweizer Melker eingeführt] kl. runde Löcher, zarter Teig, mild bis kräftig pikant, aber nicht säuerlich; drei Sorten: *Rohmilch-T.,* pikant, rotes Etikett, *Pasteurisierter T.,* milder, grünes Etikett, *Rahm-T.,* milchig, goldenes Etikett (Thurgau u. a., Ostschweiz)

Timbale   [frz.: Kesselpauke, Becher] ↑ Becherpastete

Tintenfisch, Sepia   zehnarmiges Meeresweichtier mit schwarzer Flüssigkeit in Drüsenbeutel, festes, ausgezeichnetes Fleisch, gern etwas zäh, muß deshalb vor der Zubereitung gut weichgeklopft (und bei den Franzosen mit Flaschenkorken im Topf gekocht) werden; läßt sich backen, braten, dämpfen, dünsten, köcheln, fritieren, panieren, schmoren; Tinte dient als meeresherbe Würze (Atlantik, Mittelmeer u. a.); ↑ a. Kalmar, Krake

Tippe-Haas Rheinland: Hase im Topf, ↑ Dippehas

Tiramisù [ital.: zieh' mich hoch] Süßspeise aus im Wasserbad aufgeschlagener Creme aus Eigelb, Zucker und trockenem Marsalawein, Mascarpone und in Espresso-Kaffee getränkten Löffelbiskuits, mit Kakaopulver bestreut und eiskalt serviert (urspr. Venetien, Treviso)

Tirggel [schweizerd.: Tolpatsch] kl. Fest-, Weihnachts-, Neujahrsgebäck aus Mehl, Wasser, Honig und Gewürzen, dünn und spröde, mit eingeprägten Bildern und Sprüchen geschmückt, wird in kl. Stücke zerbrochen, die man im Mund zergehen läßt (Zürich, Ostschweiz)

tiri griech.: Käse

tirikeftedes Frikadellen aus durchgedrehtem Hammelfleisch, eingeweichtem Weißbrot, durchgepreßten Knoblauchzehen, ged. Zwiebelwürfeln, Pfefferminze, Pfeffer, Schafskäse usw., in Mehl gewendet und in Öl gebraten (Griechenland)

Tiroler [Tirol, österr. Bundesland und nordital. Provinz] grobe Brühwurst aus Rind-, Schweinefleisch und Speck in schwarz geräuchertem Kunstdarm; a. geräuchert als Dauerwurst

Tiroler Art, à la tyrolienne Garnitur aus geschmolzenen Tomaten und geb. Zwiebelringen, zu kl. Fleischstücken, grillierten Nieren, Hähnchen, Glattbutt aus dem Ofen, Eiern usw. in sauce tyrolienne; Kraftbrühe mit Tomaten und Fasanenessenz, als Einlage Fasanenfleischstreifen, gek. Nudeln, dazu Parmesankäse

Tiroler Graukäse ↑ Graukäse

Tiroler Knödelsuppe Rinderkraftbrühe mit Klößchen aus eingeweichtem Weißbrot mit Mehl, Eiern, geh. Zwiebeln und Speckwürfeln

Tiroler Leber gebr. Leber in Sauerrahmsauce

Tiroler Rostbraten Scheibe vom Rippenzwischenstück des Rinds, mit kleingewürfelten Pellkartoffeln, hartgek. Eiern in Béchamelsauce bestrichen, gewürzt und eingerollt geschmort

Tiroler Sauce ↑ Sauce/sauce tyrolienne

Tiroler Speckknödel Knödel aus Mehl, Milch, Eiern mit altbackenem Weißbrot, gek. Räucherspeckwürfeln und gerösteten, geh. Zwiebeln

Tiroler Strudel Strudel mit Füllung aus Butter, Eigelb, geh. Datteln und Feigen, geriebenen Nüssen, Rosinen, Zimt, Zitronenschale, Eischnee und Zucker

Tiroler Suppe Püree von Grünen Erbsen, frischer Gurke, Kopfsalat und Sauerampfer mit Würfelchen von geröstetem Graubrot

titbīla arab.: Reis mit Fleisch

titbit engl.: Leckerbissen; ↑ a. Ananas

titling norw.: (getr.) Kabeljau, insbes. ungespaltener Stockfisch

Tivoli [im 18., 19. Jh. Name versch. Pariser Restaurants mit Vergnügungsparks] Garnitur aus Spargelspitzen und mit Hahnenkämmen, -lebern gef. Champignonköpfen, zu kl. Fleischstücken in Geflügelrahmsauce

TK-Produkte ↑ Tiefkühlprodukte

toad-in-a-hole, toad-in-the-hole [engl.: Kröte im Loch] Teigpastete, -pudding mit Füllung aus Hackfleisch (Roastbeef, Nieren usw. vom Rind) in Bratenfett

Toast [engl. aus dem altfrz. *tostée*, geröstete Brotschnitte] geröstete Scheibe (Toast-, Weiß-)Brot, sollte zum Verzehr braun, kroß und noch warm sein
   -brot ↑ Brot/Spezialsorten
   French ⁻ ↑ French toast

Tocopherol Vitamin E, ↑ Vitamine

Toffee engl.: Sahne-, Weichkaramelle

Tofu, Bohnenkäse, -quark, Sojaquark weißliches, quarkähnliches Pflanzenprodukt aus Sojabohnen, viel Eiweiß, wenig Kalorien und Kohlenhydrate, kein Cholesterin, leicht verdaulich; wenig Eigengeschmack, muß deshalb meist gewürzt werden; in Ostasien Grundnahrungsmittel, läßt er sich als gesunde, billige vegetarische Alternative zu Milchprodukten, Fleisch und Fisch vielfältig salzig oder süß zubereiten, braten, dünsten, grillen, kochen, a. mit Sojasauce oder mit Salz, Meerrettich und Öl marinieren oder mit Stärkemehl paniert in Öl ausbacken, als Suppeneinlage, Zutat zu Gemüse, Saucen, Füllungen, Salaten, Aufläufen, Cremes, Süßspeisen, als Brotaufstrich usw. verwenden; frisch, in Dosen, im Tetrapack, als Pulver im Handel, *Seidentofu:* weich, für cremige Saucen, Puddings u. ä.; *japanischer Tofu:* mittelfest, gepreßt, für Salate u. ä.; *chinesischer Tofu:* fest, stark gepreßt, zum Braten, Kochen); hält sich frisch in Wasser oder vakuumverpackt kühl aufbewahrt 2–3 Tage (urspr. Tempelmönche in China und Japan, Ostasien, heute überall)

Toggenburger Ploderkäse [Toggenburg, Talschaft im schweiz. Kt. St. Gallen; schweizerd. *plodere,* schwatzen] Sauermilchkäse aus Magermilch (Ostschweiz)

tokány Gulaschgericht aus länglichen, gebr. (Rind-) Fleischstücken mit Gänseleber, Mehl, versch. Gemüse (nicht unbedingt Paprika), Kräutern usw., in saurer oder süßer Sahne, a. Rotwein geschmort (Ungarn, Siebenbürgen); ↑ a. Gulasch, paprikás, Pörkölt

Tollatsche in Wurstbrühe gegarter Kloß aus Mehl, Semmelbröseln mit Anis, Kardamom, Thymian, Rosinen, Zimt, Zucker und Zitronenschale, in Scheiben gebr. und mit in Schmalz gebr. Apfelscheiben angerichtet (Pommern)

töltött ung.: gefüllt

tōm arab.: Knoblauch

tôm Vietnam, Thailand: Garnele, Krebs
– **hùm** Hummer

Tomate, Gold-, Liebes-, Paradiesapfel, Paradeiser [aztekisch *tomana,* geschwollen] rotes, rosa, gelbes oder grünes Fruchtgemüse, nahrhaft und leicht verdaulich, wirkt blutbildend, verdauungsfördernd, gallenfreundlich; sollte frisch, fest, gesund und sauber sein, am besten Juni–Sept. nach natürlicher Sonnenbestrahlung vollreif gepflückt, saftig und würzig süß, heute jedoch leider meist geschmackloses Kunstprodukt aus der Zucht unter Plastik und Treibhausdächern, fade und wäßrig (Holland, aber a. Belgien, Deutschland, Italien, Spanien, Marokko u. a.); läßt sich roh essen oder (mit genug Öl) als Salat zubereiten, gegart für Suppen, Saucen verwenden oder als Gemüse (enthäutet) dünsten, (gefüllt) grillen, (mit einer Prise Zucker) kochen, schmoren usw., geritzt a. für Mikrowelle geeignet, kann mit Reis, Teigwaren, auf Pizzas usw. serviert werden, verträgt sich mit Auberginen, Basilikum, Chilis, Dost, Estragon, Kapern, Knoblauch, Mozzarellakäse, Oliven, Oregano, Petersilie, Rosmarin, Salbei, Schnittlauch, Thymian, Zucchini, Zwiebeln, a. Parmesankäse und Pfeffer, in Salaten zudem mit Chicorée, Fenchel, Rauke; ganzjährig erhältlich, gute Zeit einh. Juli–Okt., imp. Apr.–Nov.; druckempfindlich, läßt sich unblanchiert gut roh bis 6 Mon., ged. bis 8 Mon. einfrieren, dann allerdings nicht mehr für Salat geeignet (urspr. Anden Südamerikas, heute a. Holland, Belgien, Deutschland, Mittelmeerländer, Rumänien, Bulgarien, Türkei u. a.)

Sorten und Arten

Flaschentomate länglich flaschenförmig mit festem, kernarmem Fleisch, voll und fruchtig, manchmal etwas

Tomaten, in aller Welt eines der bedeutendsten Fruchtgemüse

mehlig, überwiegend für Konserven verwendet, aber a. zum Rohessen, für Salate, Sugos usw.
Fleischtomate groß und rund mit dicken, aromatischen Wänden zwischen mehr als fünf Fruchtkammern, festes, kernarmes, süßliches Fleisch mit wenig Saft, zum Füllen, Grillen, Schmoren und für Salate
Gelbe Tomate Neuzüchtung, schnittfest, etwas süßlich mit geringer Säure, gute Zeit Juli–Aug., für Salate, zum Einmachen usw. (Deutschland, Holland u. a.)
Gerippte Tomate, Vierländer unterschiedlich groß und nicht sehr ansehnlich, aber gutes, knackiges Fleisch mit wenig Saft und süßsaurem Geschmack, läßt sich a. halbreif und grün verwenden, zum Grillen, Schmoren, für Salate
Getrocknete Tomate in Olivenöl eingelegt, a. mit Gewürzzutaten (Chili, Knoblauch, Oregano, Rosmarin, a. Kapern, Sardellen), intensiv herbwürzig, kann Tomatenmark ersetzen, als Vorspeise, zu Schmorgerichten, Teigwaren, Salaten, in Fleischsaucen
Grüne Tomate unreife rote Tomate, meist gegen Ende der Saison gepflückt, paßt in würzige Saucen oder als pikante Zutat in Scheiben geschnitten und paniert, wird a. zu Pickles verarbeitet; ↑ a. Tomatillo
Halbfleischtomate mittelgroß und rund, schnittfest, zum Füllen
Kirschtomate, Cherry-, Cocktailtomate die kleinste Tomate, bes. aromatisch, zum Rohessen, für Salate, als Dekoration, in Olivenöl mit frischen Kräutern eingelegt als Vorspeise
Ovale Tomate, Peretti, San Marzano länglich, kernarmes, vollreif dunkles, aromatisches Fleisch mit wenig Saft, läßt sich gut abhäuten (Mittelmeerländer u. a.)
Pelati [ital.: Geschälte] mit Basilikumblättern eingek., geschälte Tomaten, für Suppen, Eintöpfe, Teigwaren usw.; meist als Mus in Konserven
Runde Tomate, Holländer gewöhnlich fader Konsumartikel, viel Saft, wenig Geschmack (Holland, Belgien, Deutschland)
Sommertomate meist im Sommer in Treibhäusern gezogen, nicht viel besser als die Runde Tomate
Strauchtomate würzige kl. Frucht, vorwiegend für Konserven verwendet, aber a. zum Rohessen, für Salate, als Dekoration usw.

Tomaten|flocken getr. Tomatenstücke, für Suppen, Gemüsemischungen usw. (Portugal, Spanien, Italien, Türkei, Balkan, Marokko)
    – **-Ketchup** süß-säuerlich pikantes ↑ Ketchup aus passierten Tomaten oder Tomatenmark mit Kochsalz, Essig, Gewürzen, würzenden Zutaten (Knoblauch, Paprika, Zwiebeln, Pilzen usw.) und Zucker, zu kurzgebr. oder gegr. Fleisch, Pommes frites, Reis, Teigwaren, a. Saucen daraus

-mark, -mus, -püree passierte reife Tomaten ohne Kerne und Schale, mit Salz eingedickt, einfach, doppelt oder dreifach konzentriert angeboten (Italien, Griechenland u. a.)
-paprika ↑ Paprika/Gemüsepaprika
-paste konzentriertes Tomatenmark
-pulver, -grieß aus luftgetr., vermahlenen Tomaten oder getr. Tomatenmark (Marokko, Portugal, Italien, Frankreich, Balkan)
-salat Salat aus Scheiben von geschälten Tomaten, geh. Zwiebeln und Petersilie in Sauce aus Essig und genug Öl
-sauce ↑ Sauce/sauce tomate
-senf ↑ Senf/Früchtesenf
-suppe Suppe aus oder mit Tomatenstücken, viele reg. Varianten, z. B. Italien: mit geh. Knoblauch, Zwiebeln, Basilikum, Majoran, Pfefferminze und Reis als Einlage, darüber geriebener Parmesankäse; USA: Sahnesuppe mit Tomatenstücken, Krebsbisque und Tapiokaperlen

Tomaten, Geschmolzene ↑ concassée de tomates

tomatieren, tomatisieren Tomatenmark zusetzen

Tomatillo, Grüne Tomate kirsch- bis pflaumengroße Gemüsefrucht, vollreif leuchtend gelb bis violett, bei uns aber unreif blaßgrün im Handel, roh an Salate, gek. in deftigen Suppen, Eintöpfe o. ä. (Mexiko, südwestl. USA)

tomatisieren ↑ tomatieren

Tomatosenf ↑ Senf/Früchtesenf

Tome, Tomme halbfester Schnittkäse aus Schaf-, Ziegen- oder Kuhmilch, 45 % Fett i. Tr. (Südostfrankreich – Dauphiné, Savoyen –, Westschweiz)
    – **de Savoie** aus Kuhmilch, geschmeidiger Teig, 20–40 % Fett i. Tr. (30 % am besten), muß reif sein, mild haselnussig, a. mit Traubentrester aromatisiert (Savoyen, nördl. frz. Alpen)
    – **vaudoise** kl. runder Weichkäse aus Rohmilch von der Kuh mit Weißschimmel, cremiger, leicht flüssiger Teig, 52 % Fett i. Tr., sehr mild, manchmal mit Kümmel gewürzt, guter Dessertkäse (Waadtländer Jura, Westschweiz)

Tondra mehligkochende Kartoffelsorte

tong holl.: Seezunge

tong-ku jap. Baumpilz, ↑ Shiitake

tonnato in Thunfischsauce, ↑ vitello tonnato

Tonnellosalat [ital. *tonno,* Thunfisch] kleingezupfter Thunfisch, Würfel von Grünen Bohnen, grüne und gelbe Paprikastreifen und Tomatenscheiben in Essig-Öl-Sauce, mit hartgek. Ei und schwarzen Oliven garniert

tonno ital.: Thunfisch

toor dal, toovar dal ind.: Rote Linsen

Topaz Zitrushybride, Kreuzung zwischen Orange und Tangerine, wenig Kerne, sehr saftig und aromatisch

Topfbraten süßsaures Ragout aus Stücken Schweinebauch, -herz, -kopf, -nieren, -zunge mit Weinessig, Gewürznelken, Lorbeer, Zwiebeln und Lebkuchen in Fleischbrühe mit Pflaumenmus (Thüringen)

Topfen bayer., österr.: Frischkäse, Quark
  -knödel Kloß aus Butter, Ei, Mehl, Quark und Bröseln, a. Grieß
  -kolatsche ↑ Kolatsche mit Quarkfüllung
  -palatschinken ↑ Palatschinken mit Quarkfüllung
  -strudel ↑ Quarkstrudel
  -tascherl mit Quark gef. Mehlspeise aus Kartoffelteig

Topfkäse ↑ Kochkäse

Topfkuchen Kuchen aus geriebenen Kartoffeln mit Zwiebeln, Dörrfleisch, Ei, Muskatnuß und Öl, früher im Backhaus oder vom Bäcker gebacken (Rheinland); a. ↑ Napfkuchen

Topinambur, Erd-, Jerusalem-Artischocke, Roßkartoffel [fälschlich nach dem bras. Indianerstamm Topi benannt] Wintergemüse, nahrhafte, der Kartoffel ähnliche Knolle einer Sonnenblumenpflanze mit dünner Haut, enthält Stärke und Insulin, gegen Galle-, Leber-, Magenleiden wirksam und für Diabetiker geeignet; leicht süßlich-erdiger, nussiger, gek. artischockenartiger Geschmack; Knollen sollten fest und perlweiß sein, brauchen nur unter fließendem Wasser gründlich gereinigt zu werden; lassen sich roh essen oder (in brauner Butter) braten, dünsten, gratinieren, panieren, ausbacken, pürieren usw.; gute Zeit Nov.–März; halten sich feucht im Gemüsefach des Kühlschranks aufbewahrt 2–4 Tage, lassen sich roh unblanchiert bis 8 Mon. einfrieren (urspr. Nordamerika, heute a. Rußland, Asien, Australien, Europa, u. a. Südfrankreich, Holland, Deutschland, Israel usw.)

topped engl.: bedeckt

toque frz.: ausgespr. *tock:* Kochmütze

tordo ital.: Drossel

Torfbeere nordische Beerenfrucht, ↑ Moltbeere, Moosbeere

tori jap.: Huhn

torrada port.: mit viel Butter bestrichene warme Scheibe Toast

torrado port.: geröstet

tørrfisk norw.: Stockfisch

torrone harter, süßer Konfektriegel aus gerösteten Mandeln, Haselnüssen, Pistazien u. ä. mit Honig, Eiweiß und Zucker, a. mit Feigen, Schokolade usw. (urspr. Spanien)

torsk dän., norw., schwed.: Dorsch, Kabeljau,; norw. a. Lumb

Törtchen Teigförmchen, ↑ Tortelett

Torte [lat. *torta,* rundes Brot, Gebäck] meist kreisrundes Feingebäck aus Biskuit- oder einem anderen leichten Gebäck, mit Creme gef., mit Früchten, Mandeln, Nüssen usw. belegt, nach Geschmack überzogen und dekoriert; hält sich im Kühlschrank 3–6 Tage

Torten, Meisterwerke der Bäckerei

Tortelett, Tartelett rundes oder ovales, meist blind geb. Törtchen aus Pasteten-, a. Blätter-, Sandteig, salzig gef. als warme Vorspeise oder Garnitur, süß gef. als Nachspeise

tortellino kl. Teigring mit versch. Füllungen aus meist (Hack-)Fleisch, aber a. Pilzen, Ricotta, Spinat usw. (Norditalien)

tortelloni eckige oder halbrunde Teigtaschen mit Füllung aus (Hack-)Fleisch, Wurst, Geflügel, Parmesankäse, a. Kürbis, Ricotta usw. (Norditalien)

Tortenboden flache, runde Biskuitmasse oder Mürbeteig (mit erhöhtem Rand), zum Belegen mit Früchten, Cremes u. ä.

Tortenguß mit Wasser und/oder Fruchtsaft zubereitetes Geleepulver zum Überziehen von Torten

Tortilla [span.: kl. Fladen] flaches Omelett mit Kartoffeln oder Stockfisch, das wie ein Kuchen zerschnitten wird, schmeckt warm oder kalt; runder dünner Fladen aus Mais-, a. Weizenmehl, wird ohne oder mit Füllung, Beigaben gegessen (Mittel-, Südamerika); ↑ a. enchilada, taco, tostada

tortue frz.: Schildkröte; ↑ a. Sauce/sauce tortue
  en -, Schildkröten-Art Garnitur aus Kalbsklößchen, Kalbshirn-, Zungenscheiben, Champignons, gef. Oliven, Pfeffergurken, Eivierteln und geb. Weißbrotscheiben, zu Kalbskopf in Schildkrötensauce

Tosca, à la [Titelfigur einer Oper von Giacomo Puccini, 1900] mit Risotto gef. Geflügel mit ged. Fenchel; mit Fischfarce und Krebsbutter gef. Fischfilets, dazu Krebsschwänze, Fischmilch- und Trüffelscheiben in mit Krebsbutter aufgeschlagener Mornay-Sauce; mit Tapioka leicht gebundene Geflügelkraftbrühe mit Hühner-, Trüffelklößchen und Möhrenstreifen, dazu mit Gänseleber- oder Hühnerpüree gef. Brandmassenkrapfen; mit Tapioka gebundene Geflügelkraftbrühe mit Porreestreifen, Kräutern und Madeirawein, dazu Profiteroles; Salat aus Streifen von Pökelzunge, Hühnerfleisch, Artischockenböden und Roten Rüben in Mayonnaise; Salat aus Hühnerfleischwürfeln, weißen (ital.) Trüffeln und Parmesankäse in Senfmayonnaise mit Sardellenpüree

tosk norw.: Stockfisch

Toskanische Art, alla toscana, à la toscane [Toscana, mittelital. Landschaft vom Apennin zum Tyrrhenischen Meer] mit Parmesankäse und ital. Schinken; Makkaroni mit Gänseleberpüree und Trüffelwürfeln; Garnitur aus mit Rosenkohl gef. Artischockenböden, mit Duxelles gef. Tomaten, zu kl. panierten, in Butter gebr. Fleischstücken;

Totentrompeten, die, wie der Name sagt, einem schwärzlichen Trompetentrichter gleichen

Rinderkraftbrühe mit Champignon- und Tomatenwürfeln, geb. Auberginenstückchen und kurzen Makkaroni

tostada [span.: Geröstete] fritierte ↑ Tortilla, dient als Unterlage für versch. Speisen (Bohnen, Wurstwaren usw.) und Salate (Mexiko)

Totentrompete Speise- und Würzpilz, ↑ Herbsttrompete

Töttchen, Töttken Ragout aus urspr. halbiertem Kalbskopf, Herz, Lunge und Zunge, heute meist Kalbfleisch, a. Herz, mit Lauch, Zwiebeln, alles in Würfeln, mit Suppengrün, Gewürznelken, Lorbeer, Thymian, Pfefferkörnern, Butter, Mehl, Weinessig und Zucker, a. Weißwein (Münsterland)

toucinho port.: Speck; Süßspeise aus Eiern, Mandeln und Zucker

Toulouser Art, (à la) toulousaine [Toulouse, Stadt in Südwestfrankreich zwischen Zentralmassiv und Pyrenäen] pochiertes, in der Pfanne gegartes Geflügel, Pastete, Tortenboden oder Törtchen mit Füllung aus Klößchen von Geflügelfleisch, Hahnenkämmen und -nieren, Lammbries, Champignons oder Trüffeln in Deutscher Sauce, ↑ Sauce/sauce allemande; Gemüsekraftbrühe mit Champignons und Gänsekeulen, als Einlage Klößchen aus Gänsefleischfarce mit Trüffeln und Sahne, dazu Blätterteigpastetchen mit Gänseleberpüree; ↑ a. cassoulet, Sauce/sauce toulousaine

Tourainer Art, (à la) tourangelle [Touraine, der «Garten Frankreichs» im westl. Mittelfrankreich beidseits der Loire] Garnitur aus Grünen und/oder Flageolet-Bohnen in Butter- oder Rahmsauce, zu gebr. Schaffleisch, a. Eiern; Salat aus

Grünen und/oder Flageolet-Bohnen und Kartoffelstreifen in dünner Mayonnaise mit Estragon und Sahne

tourin Zwiebel-, manchmal a. Knoblauch- oder Tomatensuppe mit Gänse- oder Schweineschmalz (Südwestfrankreich)

Touristenwurst schnittfeste, mittel- bis feinkörnige Rohwurst aus Rind-, Schweinefleisch und Fettgewebe; Brühwurst aus Schweinemasken, -schwarten, Speck und Blut

Tournedos [im Rücken, *dos,* der Markthallen von Paris aufbewahrtes, angebotenes Fleischstück, ausgespr. *túrndo*] dicke runde Lendenschnitte vom Rind, grilliert besser als mit Fett gebraten, ↑ Steak/Ochsensteak: Europäischer Schnitt 2b
 – Rossini [Gioacchino Rossini, 1792–1868, ital. Komponist und Feinschmecker] ↑ Tournedos auf in Butter gerösterem Weißbrot mit Gänseleber- und Trüffelscheiben, mit Brat- und Madeirasauce überzogen

tourte frz.: runder, gef. Blätter- oder Mürbeteigkuchen; Pastete mit Teigdeckel; rundes Brot

tourteau frz.: Taschenkrebs

Tourville [Anne-Hilarion de Cotentin, Comte de T., 1642–1701, frz. Admiral und Marschall] Garnitur aus Austern, Miesmuscheln, Champignon- und Trüffelscheiben, zu mit ↑ Sauce/sauce Mornay überbackenem Meerfisch

Tr. Trockenmasse, Käsemasse nach Wasserentzug; ↑ Fett i. Tr.

Tragant(h) trüber, schlüpfriger Pflanzengummi, Dickungsmittel für Cremes, Füllungen, Saucen, Süßwaren (Iran, Syrien, Türkei)

trahana Teigwaren aus pürierten Paprikaschoten, a. Chilis, Mehl, gemahlenen Sesamkörnern und gegorenem Sauerteig, Beilage zu Fleisch, Fisch oder Käse (Balkan)

Traiteur [frz.: Speisewirt] Feinkosthändler; Büffett-, Plattenservice

tramezzino [ital. *tramezzare,* dazwischenschieben] Sandwich aus zwei dreieckigen, zusammengeklappten Weißbrotscheiben mit herzhafter, saftiger Füllung, viele Varianten

Tran [niederd.: Tropfen] aus dem Fett von Meeressäugetieren und Fischen gewonnenes Öl mit ungesättigten Fettsäuren, unangenehmer Geschmack, versorgt aber den Körper mit lebenswichtigen Substanzen, stärkt seine Abwehrkräfte; geruch- und geschmacklos a. in Kapseln erhältlich; ↑ a. Fischöl, Lebertran

tranbär schwed.: Moosbeere

Tranche frz., ausgespr. *träsch(e):* Scheibe, Schnitte (Brot, Fleisch, Fisch usw.)

trancia ital.: Scheibe, Schnitte

Trappe Wildgeflügel, hühnerähnlicher Kranichvogel, meist gezüchtet, da in fast allen europäischen Ländern geschützt (Norddeutschland, Österreich, Polen, Tschechien, Slowakei, Ungarn; kleinere Arten Südeuropa, Frankreich)

Trappistenkäse [Trappisten, strenger katholischer Mönchsorden, der sich vegetarisch ernährt] halbfester Schnittkäse aus Vollmilch von der Kuh, a. mit Schaf-, Ziegenmilch, 45–50% Fett i. Tr., angenehm mild bis kräftig (Deutschland, Österreich, Frankreich, a. Tschechien, Slowakei, Ungarn u. a.); ↑ a. Port-Salut

tras(s)i scharfe Paste, ↑ terasi

Traube [ahd. *trûbo,* Klumpen] Blütenstand; im engeren Sinn Fruchtstand des Weinstocks, ↑ Tafeltraube

Traubenkernöl ↑ Öl/Sorten

Traubenkohl ↑ Kohl/Blumenkohl

Traubenrosine, Muskatelrosine Trockenfrucht, gr. saftige Rosine mit Kernen (Malaga, Südspanien), ↑ Rosine

Traubensauce, sauce au verjus mit dem Saft unreifer Trauben verk. Demiglace, mit Butter aufgeschlagen, mit Sherry gewürzt; Polen: mit weißem Fond und Traubensaft verk. weiße Mehlschwitze

Traubenzucker, Dextrose, Glucose, Glukose natürlicher Zucker aus Pflanzensäften, Früchten (nicht nur Trauben), Honig usw., meist durch Aufspalten von Kartoffel-, Maisstärke gewonnen, $\frac{2}{5}$mal so süß wie Zucker, als sirupartige süße Flüssigkeit erhältlich, für Nährmittel, Süßwaren, ein gutes, energiespendendes Stärkungsmittel, a. gegen Verdauungsstörungen

Träubli ↑ Johannisbeere, Rote

Träuschling Speise- und Zuchtpilz, ↑ Riesenträuschling

Trauttmansdorff, (Reis) [Maximilian Graf von T., 1825–1870, österr. Diplomat] mit Gelatine gebundener, gestürzter süßer Milchreis mit Vanille und gewürfelten, in Maraschino marinierten festen, entkernten, geschälten Früchten (Ananas, Aprikosen, Birnen, Erdbeeren, Kirschen, Pfirsichen, Pflaumen, Weintrauben usw.), mit Schlagsahne garniert, dazu Sauce aus Erdbeer- oder Himbeermark

Trawlhering [engl. *trawl*, Schleppnetz] mit dem Scheerbrettnetz gefangener frischer, grüner Hering

Treibmittel ↑ Triebmittel

trenette lange flache Spaghetti mit gewelltem Rand, zu Pesto, Butterrahm- oder würzigen Saucen usw. (Ligurien, Norditalien)

Trennkost (Haysche) ↑ Abmagerungsdiät

Trepang, Tripang ausgeweidete Seegurken, abgek., entsalzt, getr. und geräuchert, werden zu Gallerte gek., für Suppen, Frikassees, Ragouts usw.; a. als Suppe tafelfertig in Dosen (Südsee, Karibik, China, Japan u. a.)

Tresterfleisch kräftiges Winzergericht, einst mit in Trester eingelegtem Fleisch, heute meist aus in Fleischbrühe, Moselwein mit Gewürznelken, Senfkörnern und Wacholderbeeren gek. Schweinenacken und Porree-, Zwiebelringen, Möhrenscheiben (Moseltal, Deutschland)

trévise frz.: Radicchio (rosso)

Treviso-Art, alla trevigiana, (à la) trévise [Treviso, ital. Provinz in der Po-Ebene] Garnitur aus mit Champignonpüree gef. ausgehöhlten, geb. Croûtons, durch Backteig gezogenen, geb. Artischockenbodenvierteln und Nußkartoffeln, zu kl. Fleischstücken in sauce Choron; leicht gebundene Geflügelkraftbrühe mit Hühnerbrust-, Ochsenzungen- und Trüffelstreifen

Trianon, à la [Lustschlösser im Park von Versailles] Garnitur aus mit Püree von Grünen Erbsen, Möhren und Kastanien oder Champignons gef. Torteletts, zu kl. Rindfleischstücken in Madeirasauce; ged. Scheiben Fisch mit geh. Trüffeln und abwechselnd Grüner, Nantua- und Weißweinsauce; leicht mit Tapioka gebundene Geflügelkraftbrühe mit Scheiben von Geflügel-, Karotten- und Spinateierstich; mit Tomaten- und Zwiebelpüree vermischte kalte Mayonnaise mit geh. Pfeffergurken und roten Paprikaschoten

Trichine [griech. *trichinos*, aus Haaren] parasitöser Fadenwurm, der sich in den Muskelfasern von Säugetieren einkapselt, kann durch Fleischverzehr auf den Menschen übertragen werden und schwere Erkrankungen hervorrufen, wird durch Erhitzen auf mehr als 70 °C oder mind. 10 Tage Tiefkühlung abgetötet

Trichterling, Trichterpilz Familie der Blätterpilze mit vielen eßbaren Arten, ↑ Graukappe, Mönchskopf

Triebmittel, Treibmittel Gemisch oder Stoff, der durch den Einfluß von Feuchtigkeit und/oder Hitze Kohlendioxid entwickelt und dadurch Mehl oder Teig lockert sowie Gebäck daraus kaubar und leichter verdaulich macht; ↑ a. Backpulver

Triel ↑ Wamme

Triester Art, alla triestina [Triest, ital. Hafenstadt und Provinz am Adriatischen Meer] Fisch auf in Butter ged. Kopfsalatstreifen mit hartgek. Eivierteln, gek. Kartoffelkugeln und brauner Butter

trifle [engl.: Kleinigkeit] süßer Nachtisch aus mit (Erdbeer-, Himbeer-)Marmelade bestrichenen, mit Sherry getränkten Biskuitwürfeln, mit einer im Wasserbad gerührten Creme aus Eigelben, Milch und Zucker übergossen, mit Früchten, Plätzchen, Nüssen, Schlagsahne usw. garniert und kalt serviert (England)

trifles engl.: gemischte kl. Vorspeisen; Dessertgebäck

triglia ital.: Meerbarbe

Triglycerid Blutfettstoff, der bei erhöhtem Wert und übermäßigem Genuß von Kohlenhydraten (Zucker, Alkohol) das Blut verdickt sowie die Gefäße verkalkt; ↑ a. Cholesterin

Tripang Seegurkengallerte, ↑ Trepang

tripas port., span.: Kaldaunen, Kutteln

tripes frz.: Kaldaunen, Kutteln
  – **à la mode de Caen** [Caen, Hauptstadt des nordfrz. Dép. Calvados in der Normandie nahe der Ärmelkanalküste] Rinderkutteln und Kalbsfüße mit Suppengemüse, Zwiebeln und Knoblauch in gewürzter Bouillon mit Apfelwein, Cidre, und/oder Calvados

Tripmadam, Steinkraut, Taubenweizen alte, fast vergessene immergrüne Pflanze aus der Gattung der Fetthennen, wächst wild, kann aber a. gezogen werden; die frischen fleischigen Blätter von milder Schärfe würzen zerdrückt oder feingeh. Suppen, Gemüse-, Kartoffelgerichte, Kräutersaucen, Salate und Diät-, Rohkost; zum Trocknen ungeeignet, lassen sich aber a. als delikates Sauergemüse in Essig einlegen; gute Zeit Juli–Aug. (Mitteleuropa)

trippa, trippe ital.: Kaldaunen, Kutteln
  – **alla romana** in Scheiben geschn. Kalbs- oder Rinderkutteln in Kraftbrühe oder Tomatensauce mit geriebenem Parmesankäse und grünen Minzeblättern

Trockenäpfel ↑ Apfelringe; Würfel oder Flocken aus Apfelringen; pulverisierte Apfelringe

Trockenaprikose entkernte, getr. ganze oder halbe Aprikose, bei unter 8 °C mehrere Jahre, sonst bis 1 Jahr haltbar

Trockenbirnen getr. Birnen, teilweise entkernt und halbiert (Südafrika, Australien, Argentinien, Chile)

trockene Erbse ↑ Erbse/Sorten: Trockenerbse

Trockenei ↑ Eipulver

Trockeneis verfestigte Kohlensäure, wird zum Kühlen benützt, ungiftig, nicht brennbar, geruch-, geschmacklos

Trockenerbse getr. Hülsenfrucht, ↑ Erbse/Sorten

Trockenflachbrot ↑ Brot/Spezialsorten

Trockenfleisch durch Wasserentzug haltbar gemachtes Fleisch

Trockenfrüchte, Back-, Dörr-, Trockenobst an der Luft oder in besonderen Anlagen bei hoher Temperatur (Backobst höher als Dörrobst) getr. reife ganze oder halbierte Früchte, sollten aus gesundheitlichen Gründen nicht geschwefelt sein, lassen sich bes. gut in der Mikrowelle garen, können in verschließbaren Gefäßen und dunkel bis 1 Jahr aufbewahrt werden, lassen sich gut verpackt bis 6 Mon. einfrieren

Trockengemüse ↑ Getrocknetes Gemüse

Trockenhefe durch Gefriertrocknung haltbar gemachte, pulverisierte ↑ Backhefe, reich an Eiweiß und Vit. B

Trockenkartoffeln geschälte, getr. Kartoffelscheiben, -streifen, -würfel

Trockenkochbohne ↑ Bohne/Sorten

Trockenkonserven alle durch Trocknen haltbar gemachten Lebensmittel

Trockenmasse, -substanz alle in Lebensmitteln, insbes. Käse nach Entfernen des Wassers vorhandenen festen Stoffe (Eiweiß, Fette, Kohlenhydrate, Mineralstoffe); ↑ a. Fett in der Trockenmasse

Trockenmilch, Vollmilchpulver getr., pulverisierte Vollmilch mit mind. 26 % Fett und höchstens 5 % Wasser

Trockenobst ↑ Trockenfrüchte

Trockenfrüchte, Dörrobst

Trockenpfirsich entkernter, getr. Pfirsich (Kalifornien, Australien, Südafrika, Argentinien, Chile)

Trockenpflaume, Kurpflaume, Römische Pflaume getr. große, festfleischige Spätzwetsch(g)e mit oder ohne Stein, oft in Kristallzucker gelegt; wird vor dem Anrichten in Wasser oder, besser, in Schwarztee eingeweicht

Trockenpilz getr. oder gefriergetr. Speisepilz, aromatischer und würziger als der frische Pilz, muß vor Verwendung kurz kalt abgespült und in lauwarmem Wasser eingeweicht werden, kann luftdicht verschlossen kühl aufbewahrt werden (v. a. Osteuropa, Ostasien)

Trockenpökelung Pökelung mit Kochsalz und Salpeter oder Nitritpökelsalz

Trockenquark Sauermilchquark mit höchstens 12 % Wasser

Trockenrahm, -sahne ↑ Sahnepulver

Trockensubstanz ↑ Trockenmasse

Trockenteig ↑ Teig/Zuckerteig

Trocknung altes Verfahren zum Haltbarmachen von Lebensmitteln durch Verdampfen des Wassers aus dem Gut, verliert Provit. A, Vit. A und C

Trombetta trompetenförmige Art des ↑ Zucchino, leicht nussiger Geschmack (Italien)

Trompetenpfifferling kl., aber ausgezeichneter Speisepilz, milder Geschmack, für Mischgerichte oder als Beilage zu Fleisch, Pasteten usw., blanchiert als Salat, eignet sich als Essigpilz; gute Zeit Aug.–Nov., läßt sich roh und blanchiert einfrieren

tronchine Westschweiz: Meringe

tronçon frz.: abgeschn. Stück eines länglichen Nahrungsmittels

Tropfhonig ↑ Honig/Gewinnung

tropitakia ngriech.: Teigdreiecke mit Schafs- und Ziegenkäse

trota ital.: Forelle

Trouviller Art, à la trouvillaise [Trouville-sur-Mer, frz. Seebad am Ärmelkanal in der Normandie] Garnitur aus Garnelenschwänzen, Miesmuscheln und Champignonköpfen, zu Fisch in Garnelensauce; Fischrahmsuppe mit Garnelenbutter und -schwänzen

Trübeli schweizerd.: kl. Beere, Traube

trucha span.: Forelle

truffe frz.: Trüffel; Schokoladenkugel; ↑ a. soupe aux truffes noires V. G. E.

Trüffel (A) der edelste Speisepilz, «Diamant der Küche», für den Feinschmecker mit seinem in jedem Sinn unbeschreiblichen, ambrosianischen und moderig-morbiden Geschmack das wiedergefundene Paradies, wächst in kalkhaltigem Boden in Symbiose mit dem Wurzelwerk bestimmter Bäume (Flaumeiche u. ä.) zur Reife, bis abgerichtete Hunde oder, heute immer seltener, Schweine mit guter Nase ihn aufschnüffeln; seiner Kostbarkeit entspricht allerdings a. der Preis, er ist eine der teuersten Delikatessen.
Die Trüffel muß frisch mit einer harten (Zahn-)Bürste vom Sand gereinigt werden; die Methode, sie in Reis aufzubewahren, ist fragwürdig, denn der entzieht ihr Feuchtigkeit, besser ist eine Schüssel mit feuchtem Sand; sie hält sich frisch in ein weiches Papier gewickelt bis zu einer Woche im Kühlschrank und läßt sich luftdicht verpackt bis 12 Mon. einfrieren; konservierte Trüffeln sind selten erstklassig; Zuchtversuchen hat sie bisher widerstanden, hingegen wird das echte Produkt in letzter Zeit ab und zu mit einer billigen (chinesischen) Fälschung gestreckt, die zwar mit Trüffelöl aromatisiert wurde, aber nach nichts schmeckt und wertlos ist.
  Schwarze Trüffel wächst unter Eichen und Kastanienbäumen, am besten frisch, jedoch kurz abgek. zu einer Scheibe Landbrot mit Butter und Salz, aber a. (in Madeira-, Portwein oder gar Champagner, im Blätterteigmantel o. ä.) gesotten zubereitet, für Suppen, Salate oder als Würzbeilage und -mittel; gute Zeit Mitte Sept.–Mitte März (Périgord, Quercy, südl. Rhonetal, Provence, Frankreich, a. Umbrien, Toskana, Italien, Spanien u. a.)
  Weiße Trüffel wächst unter Eichen, Linden, Nußbäumen, Pappeln, Weiden, riecht leicht nach Knoblauch und Gorgonzola, wird am besten über warme Gerichte gehobelt, etwa eine in Olivenöl geröstete Scheibe Brot, Carpaccio, Risotto, Omeletts, Rühreier, Teigwaren, bagna cauda, fonduta, minestrone usw.; gute Zeit Okt.–Dez. (Alba, Piemont, a. Nord-, Mittelitalien, Sardinien, Istrien u. a.)
  Sommertrüffel kann es in Duft und Geschmack nicht mit der Périgord- oder Piemonttrüffel aufnehmen; gute Zeit Juni–Dez. (Frankreich, Italien, a. Süddeutschland u. a.)
  Wintertrüffel kann es in Duft und Geschmack nicht mit der Périgord- oder Piemonttrüffel aufnehmen
  Kalahari-Trüffel eine Trüffelart aus Südwestafrika, wird bei uns schock- oder tiefgefroren eingeführt und kann es deshalb nicht mit der echten Trüffel aufnehmen, eignet sich jedoch für Suppen, Saucen u. ä.

Trüffel | essenz konzentrierter, kurz eingek. Trüffelfond, zum Aromatisieren von Speisen
  -fond Sud, in dem Trüffeln gegart worden sind, oder aus Trüffelschalen, zum Aromatisieren von Speisen, a. in Dosen erhältlich
  -kartoffeln in Butter gebr. dünne Kartoffelscheiben mit Trüffelspänen oder -scheiben
  -nägel, -splitter Trüffelstreifchen
  -öl ↑ Öl/Sorten
  -oliven olivenförmig zugeschnittene Trüffeln
  -salat Trüffelscheiben oder -streifen in Essig-Öl-Sauce mit Pfeffer, Salz, Zitronensaft usw.
  -sauce ↑ Sauce/sauce Périgueux

Trüffel (B) kl. Kugel aus dunkler oder heller, im Wasserbad mit Sahne verschmolzener Schokolade, dazu oft versch. Aromastoffe (Amaretto, Kirsch, Orangenlikör, Orangensaft, Rum, Weinbrand, Whisky usw.), Zutaten (Kaffeepulver, Kastanienpüree, Kokosflocken, Krokant, Mandeln, Nüsse, Orangenschalen, Rosinen usw.) und/oder Füllungen (Haselnüsse, Kirschen, Marzipan usw.), am Tage der Herstellung am besten, im Kühlschrank bis 3 Tage haltbar
  -streusel Schokoladestreusel gehobener Qualität

truite frz.: Forelle
  – de lac, des lacs Seeforelle
  – de mer, saumonée Meer-, Lachsforelle

Trüsche Süßwasserdorsch, ↑ Aalquappe

Der Truthahn, «eine der besten Gaben der Neuen Welt an die Alte» (Brillat-Savarin)

Truthahn, Puter, Truthenne, Pute, Truthuhn, Welschhahn (Lockruf *trut*) vom mittelamerik. Wildtruthuhn abstammendes, von den Spaniern nach Europa gebrachtes gr. Hausgeflügel, Laufvogel, der inzwischen (leider) oft a. aus industrieller Massenhaltung kommt; *Baby-Truthahn:* junges Truthuhn, 9–13 Wo. gemästet, 2–3,5 kg schwer; *Truthahn:* 22–24 Wo. gemästet, 7–10 kg schwer; *Truthenne:* 14–16 Wo. gemästet, 3,5–6 kg schwer; *Zerlegetruthahn:* 5–11 kg schwer, zum Zerlegen und Weiterverarbeiten, am besten 1 Jahr alt, 5–7,5 kg schwer (↑ Schnitzel/Truthahnschnitzel).
Das Fleisch des Truthahns ist gern etwas trocken und sollte deshalb gef., bardiert, in Alufolie gebr., die Keulen geschmort werden; daneben Einzelteile im Handel: *Brust* mit Filet, Schnitzel, Steak, weißes Fleisch, zum Braten, eignet sich a. für Mikrowelle oder zum Räuchern; *Oberkeule, -schenkel,* rotes Fleisch, zum Braten, Grillen, Hacken, Schmoren, Schnetzeln, für Frikassees, Ragouts, Rollbraten; *Unterkeule, -schenkel* und *Flügel,* rotes Fleisch, zum Grillen und Schmoren, kann pfannenfertig verpackt bis 8 Mon. tiefgefroren und dann langsam aufgetaut zubereitet werden; ↑ a. Schnitzel/Truthahnschnitzel, Wildtruthuhn

Truthahn-Lachsschinken ↑ Schinken/Erzeugnisse

tsarine, (à la), Zarin-Art pochiertes Geflügel mit in Sahne ged. Gurken; pochierter Fisch (Glattbutt, Seezunge o. ä.) mit in Butter ged. Gurken in Mornay-Sauce; a. andere klassische Zubereitungen der russischen Küche

tsatsiki Joghurt mit geraspelten Salatgurken, püriertem Knoblauch, Dill u. a. Gewürzen, Essig sowie Nüssen, als Vorspeise (Griechenland)

tschanakhi Schmortopf mit Hammel-, Lammfleisch, gef. Auberginenhälften, Grünen Bohnen, Kartoffelscheiben, feingeh. Zwiebeln, Basilikum, Koriander, Paprikapulver usw. (Transkaukasien)

tsch'ao chin.: Reisnudeln

tschāwal ind.: Reis

tscheburek mit geh. Hammelfleisch, Speck, Reis und Kräutern gef. Nudelteigdreiecke (Kaukasien)

Tschechische Sauce [Tschechien, Republik in Mitteleuropa zwischen Böhmischem Massiv und Westkarpaten mit alter, a. kulinarischer Kultur] kalte Béchamelsauce mit Mayonnaise

Tschechische Suppe Geflügelkraftbrühe mit Würfeln von Hühnerfleisch, Erbsen, Tomaten und Eierkuchenstreifen

Tscholent jüd. Sabbatspeise, ↑ Schalet

tschorba, ciorba, čorba in ganz Südosteuropa und den arab. Ländern verbreitete Suppe in vielen reg. Versionen; Bulgarien, Moldawien, Rumänien u. a.: säuerliche Suppe aus Fleisch oder Geflügel mit Gemüsen und Kwas; ehem. Jugoslawien: Suppe aus Rindfleisch mit Gemüsepaprika und Zwiebeln, mit Reis gebunden; Arabische Länder: dicke Suppe aus Hammelfleischstücken mit Weißen Bohnen oder Kichererbsen, Tomaten, Zucchini, Zwiebeln, rotem und schwarzem Pfeffer, Safran, oft mit Fadennudeln, Makkaroni, Trockenfrüchten serviert

tschun-djüän chin.: Frühlingsrolle

tsigane, (à la) frz.: Zigeuner-Art

tsui-ji, -dji [chin.: betrunkenes Huhn] in Hühnerbrühe mit Wein mariniertes Huhn, in Scheiben geschn. kalt serviert

Tucannuß [Tukano, südamerik. Indianerstamm] ↑ Paranuß

tucupi port.: scharfe Manioksauce (Brasilien)

Tüftel Mecklenburg, Pommern: Kartoffel

Tüften, Scharfe mecklenburgisches Gericht, ↑ Scharfe Tüften

tuile [frz. Dachziegel] ziegelförmiges Mandelplätzchen aus Rührteig, wird gern zum Kaffee als Abschluß einer Mahlzeit gereicht

Tukannuß [Tukano, südamerik. Indianerstamm] ↑ Paranuß

Tulip [engl.: Tulpe] Gemüsepflanze, Kreuzung zwischen Kohlrabi und Rettich, süßlich und mild scharf, läßt sich schmoren oder als Rohkost verwenden

tulumba tatlısı mit Sirup durchtränkter Spritzkuchen (Türkei)

tūm arab.: Knoblauch

Tuna Kaktusfrucht, ↑ Kaktusfeige

Tün(n)e schweizerd.: flacher Blechkuchen aus Brotteig, nach Belieben mit Belag

Tunke [mhd. *tunken,* anfeuchten, benetzen] dt. für Sauce

Tunkmasse österr.: Kuvertüre

tuorta da nusch(s) rätoromanisch: Nußtorte

turban [frz.: Turban] spektakuläres Gericht aus Füllung von Fisch-, Krustentier-, Geflügel-, Wild- usw. Fleisch aus der Ringform oder im Reisring

Turbigo, (à la) [Turbigo, lombardische Stadt, bei der die Franzosen zweimal die Österreicher besiegten] Garnitur aus grillierten Würstchen und sautierten Champignons, zu Lammnieren oder kl. Fleischstücken in tomatisierter Kraft-, a. Weißweinsauce; Rahmsauce aus Béchamelsauce mit Fleischbrühe und Tomatenpüree, als Einlage pochierte Teigwaren, dazu geriebener Parmesankäse

turbot, (turbotin) frz.: (kleiner) Steinbutt

turf and surf [engl.: Brandung und Rasen] Zutaten aus dem Meer (Hummer, Garnelen u. ä.) und vom Land (Steak usw.) auf dem gleichen Teller (USA)

Türgge schweizerd.: Mais, Maismehl; Maisspeise
  -ribel ↑ Türkenribel

Türggen Tirol: Mais, Maismehl; Maisspeise

Türken Kärnten, Steiermark u. a.: Mais, Maismehl; Maisspeise
  -ribel Gericht aus feinem Maisgrieß und geraspelten Kartoffeln, a. mit Weißmehl und Speck (Innerschweiz u. a.)
  -sterz Speise aus Maismehl, das in Fett geb. und in kl. Stücke zerstochen wird (Oberösterreich u. a.)

Türkenbrot karamelisierte Erdnüsse

Türkenkorn ↑ Mais

Türkentaube zierliche Wild- und Haustaube, Jagdzeit Juli–Apr., beste Zeit Juli–Okt., darf in Deutschland nicht gehandelt werden (urspr. Vorderindien, heute a. ganz Europa); ↑ a. Taube

turkey engl.: Truthahn

Türkische Art, (à la) turque [Türkei, Republik in Vorderasien und Südosteuropa] mit Pilaw und Lammnüßchen, gebr. Auberginen, Spiegeleiern, Omelett usw.; Geflügellebern mit geh. Zwiebeln und tomatisierter Demiglace; mit geh. Schaffleisch, Reis usw. gef. Auberginen oder Paprikaschoten mit geschmolzenen Tomaten und Zwiebeln

Türkische Bohne ↑ Bohne/Feuerbohne

Türkische Kartoffeln in Öl gebr. rohe Kartoffelscheiben auf Pilawreis in Currysauce

Türkische Krokette, Pastete ↑ börek

Türkischer Honig, Nougat ↑ Nougat, Weißer

Türkischer Pfeffer Gewürzschote, ↑ Chili, Paprika/Gewürzpaprika

Türkischer Salat feingeh. entkernte rote Chilischoten, rote Paprikaschoten, Tomaten, geschälte Zwiebeln, Minzeblätter und Petersilie in Öl-Zitronensaft-Sauce mit Salz und Pfeffer

Türkischer Weizen Getreideart, ↑ Mais

Türkissalat Streifen von Chicorée, roten Paprikaschoten, Staudensellerie und geschälten, entkernten Tomatenvierteln in Mayonnaise

türlü [türk.: Allerlei] Gericht aus Lamm- oder Rindfleischwürfeln mit durcheinander gek. Auberginen, Brechbohnen, Kartoffeln, Knoblauchknolle, Paprikaschoten, Tomaten, Zucchini, Zwiebeln und Petersilie

Türmchenblumenkohl ↑ Kohl/Romanesco

turmeric engl.: Kurkuma

turnip engl.: (Steck-)Rübe (in Deutschland: Futterrübe)

turque, (à la) ↑ Türkische Art

Tuttifrutti ital.: alle Früchte; i. a. allerlei eingemachte, ged. oder getr. Früchte

tutu (à mineira) port.: Schwarze Bohnen mit gepökeltem Schweinefleisch, Speck und Mais- oder Maniokmehl (Brasilien)

TVP [engl.: *Textured Vegetable Protein*, strukturiertes Pflanzenprotein] hochwertiges Pflanzen-, meist Soja-Eiweiß, Fleischersatz oder Einlage für Suppen und Saucen

twatsche Bohnengericht (Mazedonien)

twóróg russ.: Quark, Frischkäse

tyán chin.: süß

Tybo Schnittkäse aus Kuhmilch, elastischer Teig, 20–45 % Fett i. Tr., mild aromatisch, wird a. mit Kümmel gewürzt (Provinz Thy in Nordjütland, Dänemark)

tyrolienne, (à la) ↑ Tiroler Art

tyttebær norw.: Preiselbeere

tyúk ung.: Huhn

tzigane, (à la) frz.: Zigeuner-Art

überbackenes, überkrustetes Gericht ↑ Gratin

überkrustete Kartoffeln in Milch und Butter gek. Pellkartoffelscheiben, gewürzt, mit Reibekäse überstreut und mit Butter beträufelt überbacken

Überläufer junges Wildschwein im 2. Lebensjahr

Überraschungs... ↑ surprise

Überzugsmasse, -schokolade ↑ Kuvertüre

Überzwerch ↑ Rind/Querrippe

ucha russ.: Fischsuppe

Uckelei, Uckeley Süßwasserfisch, ↑ Ukelei

udang indon.: Hummer

udon weiße Nudeln aus Weizenmehl, dünn und rund oder flach (Japan)

Ugly, Ugli [engl.: die Häßliche] Zitrushybride, Kreuzung zwischen Grapefruit, Orange und Tangerine mit grüner oder gelbbrauner Schale und dunkelgelbem Fruchtfleisch, wenig Kerne, bes. saftig und aromatisch, pur, in Obstsalat oder als Creme verwendbar (Jamaika, Südamerika)

UHT [engl. *ultra high temperature*] ↑ Ultrahocherhitzung

Uhu Hawaii: Papageienfisch

uitsmijter [holl.: Rausschmeißer] Butterbrot mit Roastbeef oder Schinken und Spiegeleiern, mit Gurkenscheiben, Silberzwiebeln und Salatblättern garniert

Ukelei, Ickelei, Laube, Schuppenfisch, Uckelei, Uckeley Weißfischchen aus dem Süßwasser, angenehmes, aber grätiges Fleisch, meist fritiert

Uku fetter Meerfisch (Südsee)

Ulmergerstel österr.: geriebener Teig, Suppeneinlage

Ulmer Kuchen Sandkuchen aus Weizen- und Reismehl, Butter und Rosinen, mit weißer Glasur überzogen, mit Mandeln bestreut (Österreich)

Ultrahocherhitzung, UHT, Uperisation Konservierungsverfahren für flüssige Lebensmittel durch rasches, sehr kurzes Erhitzen auf 130–150 °C und schnelles Abkühlen, zerstört wertvolle natürliche Inhaltsstoffe und beeinträchtigt Vitamine, macht die Produkte aber 6–8 Wo. haltbar

Umberfisch langgestreckter Meerfisch mit vielen, weit verbreiteten Arten, mageres, festes, ausgezeichnetes weißes Fleisch, eignet sich für alle Zubereitungen (Ostatlantik, Mittelmeer, Schwarzes, Asowsches, Rotes Meer, Westatlantik, Indopazifik)

umeboshi in Salzlake eingelegte unreife Aprikosen, in Japan zum Frühstück, im Westen ganz zu Geflügel und Fisch, geh. oder püriert als Dip, für Füllungen, warme scharfe Saucen, Salate usw.; im Glas lange haltbar (Japan)

Umesterung ↑ Fetthärtung durch Austausch von Fettsäuren in den Fettmolekülen

Umlage Beilage, Garnitur

underdone engl.: nicht gargekocht, nicht durchgebraten, ↑ Fleisch/Garstufen

Unechter Bonito, Fregatt(en)makrele kl. Meerfisch aus der Familie der Makrelen, läßt sich dünsten, garziehen, grillen, schmoren (Mittelmeer, Ostatlantik, Pazifik)

Ungarische Art, (à la) hongroise [Ungarn, Republik in Mitteleuropa mit alter, a. kulinarischer Kultur] allg. mit Paprika; Garnitur aus mit Mornaysauce, die mit Paprika und geh. Schinken gewürzt wurde, überbackenen Blumenkohlröschen, Schmelzkartoffeln und Paprikasauce, zu kl. Fleischstücken

Ungarische Fischsuppe ↑ halászlé

Ungarische Gulaschsuppe ↑ Gulasch, Gulaschsuppe

In Ungarn hängt der Himmel nicht nur voller Geigen

Ungarische Kartoffeln in Schweineschmalz angeröstete Zwiebel, rohe Kartoffelscheiben und Tomatenwürfel mit Paprika, in hellem Fond oder süßer Sahne gedünstet

Ungarischer Pfeffer Gewürzschote, ↑ Chili

Ungarischer Salat gehobeltes, kurz blanchiertes Weißkraut in Essig-Öl-Sauce mit Meerrettich und heißen gebr. Speckwürfeln; Streifen von Pökelzunge, Chicorée, roten Paprikaschoten, Salzgurken, a. Trüffeln in Essig-Öl-Sauce

Ungarische Salami schnittfeste, haltbare Rohwurst aus Schweinefleisch und Speck, kaltgeräuchert und monatelang getr., evtl. mit Paprika gewürzt (Ungarn)

Ungarische Sauce ↑ Sauce/sauce hongroise

Ungarisches Krautfleisch ↑ Székely-Gulasch

Ungarisches Schnitzel ↑ Schnitzel/Ungarisches Schnitzel

Ungesättigte Fettsäure ↑ Fettsäure

ungesäuertes Brot ↑ Mazzah

uni frz.: ohne Garnitur, Verzierung angerichtet

Unschlitt [nhd.: Eingeweide] Rindertalg

Untere Weiche Brust vom Rind

Unterschale hinterer Teil der Keule von Kalb oder (Schwanzstück) vom Rind

uovo, uova ital.: Ei, Eier

Uperisation ↑ Ultrahocherhitzung

Uppsala, à la [U., Universitätsstadt im Südosten Schwedens] pochierter Fisch in Weißweinsauce mit in Butter ged. Fenchelknollenstreifen

upside-down engl.: gestürzte Speise

Urdbohne ↑ Bohne/Sorten

Urgenta ↑ Kartoffel/Sorten

uri jap.: Melone

Ursüße ↑ Zucker/Vollrohrzucker

usli (ghee) ind.: Butter

Uxelles, (d') ↑ duxelles

Uzès [Gemeinde im südfrz. Dép. Gard, für ihre schwarzen Trüffeln bekannt] Kraftbrühe mit Hasenessenz, als Einlage Hasenklößchen, Möhrenwürfelchen und Perlgerste

vacherin (glacé), Himalaja, Schneetorte Ring, Torte o. ä. aus geb. Baisermasse, mit Speiseeis und Schlagsahne oder Creme usw. gefüllt (Frankreich, Westschweiz)

Vacherin fribourgeois, Freiburger Vacherin [frz. *vache*, Kuh] vollfetter Halbhartkäse aus original roher, heute a. pasteurisierter Vollmilch von der Kuh, geschmeidiger Teig, 50% Fett i. Tr., mild und erfrischend säuerlich, für Fondue oder als Tafelkäse (Kt. Freiburg, Schweiz)

Vacherin Mont d'Or [Mont d'Or, Berg an der Landesgrenze zwischen Frankreich und der Schweiz) vollfetter Weichkäse aus original roher, heute in der Schweiz thermisierter Kuhmilch (weniger charakteristisch), rötliche Rinde, geschmeidiger Teig, 53% Fett i. Tr., aromatisch sahnig, am besten Sept.–März, wird fließend reif ohne Rinde aus der Spanschachtel gelöffelt, sehr guter Dessertkäse (Schweiz, frz. Jura, Franche-Comté, Savoyen)

Vakuumpackung Packung aus Blech, Folie, Glas, aus denen die Luft abgesaugt wurde, für sauerstoff- und aromaempfindliche Güter

valaisanne, à la ↑ Walliser Art

Valençay [Ort im frz. Dép. Indre] fester Weichkäse aus Ziegenmilch mit weißem Schimmel oder mit Holzkohlenasche bestäubt, geschmeidiger Teig, 45% Fett i. Tr., frisch und mild mit ausgeprägtem Ziegenmilcharoma, gute Zeit Mai–Nov. (Berry, Loiretal, a. Charentes, Touraine, Frankreich)

Valencia-Art, à la valencienne [Valencia, span. Stadt und Provinz am Mittelmeer mit reichen Gemüse-, Öl-, Reis-, Wein- und Zitrusfruchtkulturen] fetter Reis, a. Risotto mit Garnitur aus Würfeln von grünen Paprikaschoten, geschmolzenen Tomaten und rohem Schinken, zu kl. Fleisch- und Geflügelstücken

Valencia Late ↑ Orange/Sorten

Valenciennes-Art [Valenciennes, Stadt an der Schelde in Nordfrankreich] Pökelzungenscheiben in Gänseleberpüree; Kaninchen mit Backpflaumen und Rosinen

Valenciennes-Salat Würfel von gek. Knollensellerie in leichter Mayonnaise, mit geh. Ei bestreut, mit Kopfsalatherzen und hartgek. Eierscheiben garniert

Valentin, (à la) mit Champignons und Trüffeln angeschwitzte, mit Sherry abgelöschte, mit Orangensauce ged. Geflügelstücke, dazu Champignonköpfe, hartgek. Eiviertel und Blätterteighalbmonde

Valentine Mayonnaise mit Senf, geriebenem Meerrettich und geh. Estragon

Valentinosuppe [Rodolfo Valentino, 1895–1926, italoamerik. Filmschauspieler und Herzensbrecher] Geflügelkraftbrühe mit Hühnerfleisch-, Trüffelscheiben und herzförmigen Geflügelklößchen

Valeriasauce Rotweinsauce mit Senf, geriebenem Meerrettich und geh. Kerbel

Valois [alte frz. Grafschaft nordöstl. von Paris, Adelsgeschlecht, aus dem sieben Könige hervorgingen] Garnituren aus kleingeschn. Artischockenböden (mit gef. Oliven) und Annakartoffeln, dazu Weißweinsauce mit Kalbsjus, zu kl. Fleischstücken und Geflügel, oder aus Krebsen, in Butter ged. Fischmilcher, kleinen gek. Kartoffeln, zu Fisch in Valoissauce

   -sauce Béarnaisesauce mit Kalbsglace, zu gebr. Fleisch, gek. Fisch

Vanderbilt, à la [Cornelius V., 1794–1877, reicher amerik. Finanzmann und Mäzen] Garnitur aus Austern, Garnelen, Champignons und Trüffeln, zu Fisch in Newburgsauce

Van-Duzer-Suppe Tomatenpüreesuppe mit Perlgraupen

Van Dyck [Antonis van D., 1599–1641, flämischer Maler] Garnitur aus Geflügelrahmsauce mit ged. Hopfensprossen, zu pochierter Poularde

Vanille [span. *vainilla*, kl. Hülse, Schale] Kapselfrucht einer trop. Orchideenpflanze, edles, zartaromatisches Gewürz, dessen Hauptaroma nicht im Mark, sondern in der Schote sitzt, wirkt nervenstärkend, stimulierend, eignet sich

Verführerisch duftende Fruchtstangen der Vanille

für Süßspeisen, Obstsuppen, Kaltschalen, Kompotte, süße Saucen und Milchspeisen, Quarkspeisen, Eierkuchen, Omeletts, süße Aufläufe, Obst, (Eis-)Cremes, Schlagsahne, Gebäck, Kuchen, Quark usw., aber a. zu jungen Gemüsen, Fleisch, Fischmarinaden, Leberwürsten usw.; verträgt sich mit Gewürznelken, Ingwer, Zimt, Rum, Schokolade, selbst Pfeffer; kann in verschlossenem Gefäß mit Zucker (der nachher als Vanillezucker dient) aufbewahrt werden.
Vanille wird in versch. Arten angeboten: längliche, schwarzbraune *Vanilleschoten, -stengel,* enthalten am meisten Aroma, weißlicher Belag ist auskristallisierter Aromastoff, also nicht schädlich, muß langsam erhitzt und ausgek. werden, läßt sich verschlossen, kühl und trocken lagern; *Vanillemark,* wird aus der aufgeschlitzten Schote herausgekratzt oder aus der halbierten Schote herausgedrückt, weniger intensiv als die Schote, aber Zeichen der Echtheit; *Vanille-Essenz, -Extrakt,* flüssiger Auszug von Vanille mit Alkohol, a. etwas Zuckersirup; *Vanillepulver,* feingemahlene Schoten, dunkelbraun; *Vanillezucker,* Zucker mit mind. 25 % echter Vanille; ↑ a. Vanillin

Vanillecreme Buttercreme mit Vanilleschote oder Vanillepulver

Vanillekipferl süßes Mandel- oder Nußgebäck in Form eines Hörnchens, mit Vanillemark und Puderzucker oder Vanillezucker bestreut (Österreich)

Vanille-Rostbraten Rostbraten mit der «Vanille des armen Mannes», Knoblauch (Österreich)

Vanillesauce Englische Sauce, ↑ Creme/Englische Creme, aus Eigelben, Zucker, Milch, a. Speisestärke und Vanilleschote

Vanillezucker ↑ Zucker/Sorten

vanilliert mit Vanille gewürzt

Vanillin der Hauptaromastoff der Vanille, formt sich bei der Fermentation zu feinen weißen Kristallnadeln, wird aber meist synthetisch aus Kumarin, Nelkenöl o. ä. hergestellt, kann als Würze die echte Vanille ersetzen
  -zucker ↑ Zucker/Sorten

vapeur frz.: Dampf

varénik russ.: Teigtasche, ↑ warénik

varsovienne, à la ↑ Warschauer Art

vatapá Eintopf afrik. Ursprungs aus getr. oder frischen Garnelen mit gebr. Fisch, Fleisch oder Geflügel in Sauce mit Erdnüssen, Ingwer, Palmöl, rotem Pfeffer usw. (Bahia, Brasilien)

Vatel, à la [Fritz Karl Watel, genannt Vatel, 1635–1671, schweiz. Küchenchef in frz. Diensten] Garnitur aus Scheiben von Fischmilcher, Krebsschwänzen und Trüffeln, zu Fisch in Garnelensauce; Fischkraftbrühe (aus Seezunge u. ä.) mit Seezungenfiletstreifen und Würfelchen von Hummer- oder Krebs-Eierstich

vatrúschka russ.: Pastetchen, ↑ watrúschka

Vauban-Kartoffeln [Sébastien de Vauban, 1633–1707, frz. Festungsbaumeister und Volkswirtschaftler] blanchierte gr. Kartoffelwürfel, in Butter gebraten

Vaucluse-Art [Vaucluse, südostfrz. Dép. um die Stadt Avignon] in Olivenöl gebr., mit Zitronensaft gewürzte, mit geh. Petersilie bestreute Fischfilets oder kl. Fische in Sauce aus Bratöl und brauner Butter

Vaucluse-Melone ↑ Melone/Kantalup-Melone

vaudois(e) frz.: waadtländisch

veal engl.: Kalb(fleisch)

veau frz.: Kalb(fleisch)

Veesen oberschwäbisch: Dinkel

Véfoursuppe Geflügelrahmsuppe mit Tomatenpüree, Tapioka und Geflügelklößchen

Vegetabilien [lat. *vegetabilia,* Pflanzenreich] pflanzliche Nahrungsmittel

vegetable engl.: Gemüse; pflanzlich

Vegetarismus ausschließlich oder vorwiegend pflanzliche Ernährung aus religiösen, ethischen und/oder gesundheitlichen Gründen; Mischformen: *Lakto-V.* (Milch und Milchprodukte, aber keine Eier erlaubt); *Ovo-Lakto-V.* (Eier, Milch und Milchprodukte erlaubt); *Ovo-V.* (Eier erlaubt)

Veilchenblüten, Kandierte kandierte Blüten aromatischer Veilchenarten, zum Dekorieren von Süßspeisen, Torten u. ä.

Veilchenwurzel, Iriswurzel getr. Wurzelstock der Schwertlilie, veilchenartiger Geschmack, ganz, geschn. oder pulverisiert im Handel, zur Geschmacksverfeinerung von Back-, Süßwaren, Aufgußgetränken usw.
-öl ätherisches Öl aus destillierten Veilchenwurzeln, stark nach Veilchen riechend (Südfrankreich, Italien, Marokko, Indien)

velours [frz.: Samt] mit Tapioka gebundene, sämige Karottensuppe

velouté [frz.: samtig] weiße Grundsauce aus heller Mehlschwitze mit gebundener Kalbs-, Hühner- oder Fischbrühe und flüssiger Sahne; Samtsauce aus mit Mehl, Butter, Eigelb und Sahne sämig gebundenem Fleisch, Fisch, Krustentieren, Gemüse usw.

venaison frz.: Rotwild, a. allg. Wildbret

Veneto-Schinken ↑ Schinken/Sorten

Venezianische Art, alla veneziana, (à la) vénitienne [Venedig, ital. Stadt auf einer Lagune am Adriatischen Meer, bedeutender Kulturmittelpunkt, Hafen und Fremdenort] mit geh. Zwiebeln; mit ↑ Venezianischer Sauce; Rinderkraftbrühe mit Basilikum, Estragon, Kerbel und Reis, dazu gratinierte Kartoffelnocken; Geflügelrahmsuppe, als Einlage mit Spinat gef. kleine Ravioli; Garnituren aus Champignonköpfen, Hahnenkämmen und Kalbshirnscheiben, zu ged. Geflügel, oder aus Blätterteighalbmonden und Venezianischer Sauce, zu Fisch; grüne Mayonnaise mit Püree von sautierten Geflügellebern; Salat aus Orangenfilets, entsteinten grünen Oliven, Staudensellerie- und Trüffelscheiben

Venezianische Sauce ↑ Sauce/sauce vénitienne

Ventadour, à la [Bernart de V., altprovenzalischer Troubadour, 12. Jh.] Püree von Artischockenböden mit Rindermark-, Trüffelscheiben und Oliven-Kartoffeln, zu kl. Fleischstücken

Ventimiglia-Suppe [V., Grenzstadt in der ital. Provinz Imperia an der ligurischen Küste] mit Tapioka gebundene Krebssuppe mit Krebsschwänzen

Venusmuschel Familie von Meeresschaltieren mit über 500 Arten, darunter: *Rauhe V.,* die in Europa beliebteste Venusmuschel, feiner Geschmack, sollte vor dem Verzehr geschlossen sein, am besten roh zu essen, kann aber a. wie die Miesmuschel vielfältig zubereitet werden (sandige Küsten Westeuropas, des Mittelmeers und Westafrikas); *Braune, Glatte V.,* fangfrisch oder, noch besser, ged., pochiert wohlschmeckend (Atlantik, Mittelmeer u. a.); *ostamerikanische V., Quahogmuschel,* aus Nordamerika an die frz. Kanalküste eingeführt, roh gern etwas grob und zäh, gek. aber ausgezeichnet; ↑ a. Kreuzmuster-Teppichmuschel

Verdi, à la [Giuseppe V., ital. Komponist, 1813–1901] pochierte Fischfilets auf Makkaronistückchen mit Butter, Hummer-, Trüffelwürfeln und geriebenem Parmesankäse, mit Mornaysauce bedeckt und glasiert; Rinderkraftbrühe mit Makkaronistückchen und Klößchen aus Geflügel-, Spinatpüree und geriebenem Parmesankäse; kalte, mit Spinatmatte gefärbte Mayonnaise mit geh. Essiggemüsen und Kerbel, a. Schnittlauch

Verdickungsmittel ↑ Dickungsmittel

Verdisauce Mayonnaise mit dicker, saurer Milch, geh. Schnittlauch und Mixed Pickles, mit Spinatmatte grün gefärbt

verdura ital.: Gemüse(gericht), Grünzeug

verdure frz.: eßbare Kräuter

verjus [frz.: grüner Saft] Saft unreifer Trauben, wird in der Küche statt Zitronensaft verwendet

Verlorene Eier ↑ Ei/Zubereitungen: Pochiertes Ei

Verlorenes Brot ↑ Armer Ritter

Verlorenes Huhn Eierstich mit Würfelchen von gek. Hühnerfleisch, kleingeschn. als Suppeneinlage

Vermicelles [frz.: Würmchen] Fadennudeln, meist als Suppeneinlage; Schweiz, Frankreich a. zu Strängen durchgedrehtes, süßes Kastanienpüree, meist mit Schlagsahne und Vanillezucker

vermicelli [ital.: Würmchen] Fadennudeln aus Hartweizengrieß; Neapel u. a. auch: Spaghetti

Verna Blondorangensorte

Vernetsauce [Vernet, Familie frz. Maler und Graphiker, 18./19. Jh.] mit Kräuterbutter aufgeschlagene weiße Rahmsauce mit geh. Eiweiß, Pfeffergurken und Trüffeln

Verneuil, à la [Catherine Henriette Marquise von V., 1579–1633, Mätresse des Königs Heinrich IV. von Frankreich] Artischockenpüree zu durch Mehl, zerlassener Butter gezogenen, mit frisch geriebenem Weißbrot panierten, in Butter gebr. Kalbs-, Lammstückchen oder Geflügelbrüstchen in sauce Colbert; Gerstenrahmsuppe mit frischen Grünen Erbsen sowie Champignon-, Karotten- und Eierstichstückchen

Vernon [Stadt nordwestl. von Paris] Garnitur aus Artischockenböden mit Spargelspitzen sowie mit Äpfeln, Erbsen und Kartoffelpüree gef. Torteletts, zu kl. Fleischstücken

Veronikasalat [Veronika, legendäre Heilige] Rote-Rüben-, Staudenselleriestreifen und kleingeschn. Kopfsalat mit hartgek. Eierscheiben in Essig-Öl-Sauce mit gebr. Speckwürfeln

Véronsauce [Louis Désiré Véron, 1798–1867, frz. Arzt, Journalist und Gastgeber] Normannische Sauce mit Kräutern und Kalbsfond oder Fischglace sowie geh. Estragon oder Kerbel

Versoffene Jungfer ↑ Armer Ritter

vert-pré [frz.: grüne Wiese] gegr. Fleisch mit Brunnenkresse, Kräuterbutter und Strohkartoffeln; weißes Fleisch oder Geflügel mit Grünen Bohnen, Erbsen und Spargelspitzen; a. mit Grüner Sauce

very rare engl.: sehr roh, ↑ Fleisch/Garstufen

Vesen oberschwäbisch: Dinkel

Vesiga, visíga Rückenmark des Störs, getr. im Handel, muß vor dem Kochen eingeweicht und grob geh. werden

Vesperwurst streichfähige Rohwurst in der Art der Groben Mettwurst, oft mit Zwiebeln gewürzt

V. G. E. [Valéry Giscard d'Estaing, *1926, frz. Politiker, 1974–1981 Staatspräsident] ↑ soupe aux truffes noires

Vialone nano ↑ Reis/Sorten

viande frz.: Fleisch von Schlachtvieh; Fleischspeise

Vichy, (à la) [Stadt und Heilbad in der südfrz. Auvergne] mit (original in Vichy-Mineralwasser) glasierten Karottenscheiben, frischer Butter und Petersilie

vichyssoise [Rezept vom frz. Koch Louis Diat aus der Gegend von Vichy in New York ersonnen] sämige Suppe aus Kartoffeln und Porree, a. weiteren Gemüsen, mit Crème fraîche verfeinert, meist kalt serviert, im Winter a. warm

Vicomtesalat [frz. *vicomte,* Adelstitel zwischen Graf und Baron] Würfel von Pökelzunge, Knollensellerie, grünen Paprikaschoten und Spargelspitzen in Tomatenmark mit Zitronensaft, Salz und Pfeffer

Victor-Emanuel-Suppe [Vittorio Emmanuele II., ital. König, 1820–1878] Rinderkraftbrühe mit Makkaroni, Tomatenwürfeln und geriebenem Parmesankäse

Victoria, à la [engl. Königin, 1819–1901] auf königliche, reiche Art zubereitet, u. a.: mit kleingewürfeltem Hummerfleisch und Trüffeln oder mit Champignons und Trüffeln in sauce Nantua; Garnitur aus ged. Artischockenbodenvierteln und mit Champignonpüree gefüllten kl. überbackenen Tomaten, zu kl. Fleischstücken und mit Madeira- oder Portwein abgelöschtem Bratensaft; pochierter Fisch in Weißweinsauce mit Hummerbutter und Hummer-, Trüffelwürfeln; Wild in mit Portwein, Johannisbeergelee, Orangensaft und Gewürzen angereicherter Spanischer Sauce; Salat aus Gurken- und Langustenwürfeln, geh. Artischok-

Queen Victoria, Symbol des britischen Weltreichs

kenböden, Knollensellerie, Kartoffeln und Trüffelscheiben in rosa Mayonnaise; Eisbombe mit Hülle aus Erdbeereis; ↑ a. Viktoria-Salat
– **cake** Plumpudding mit viel Gewürzen, Zucker und kandierten Kirschen statt Rosinen

viennoise, (à la) ↑ Wiener Art

Viereck-Hartkäse vollfetter Hartkäse aus erhitzter Milch in Würfel- oder Backsteinform, meist in Scheiben verpackt

Vierfruchtmarmelade Marmelade aus vier unterschiedlichen, sich in Aroma, Süße und Säure ergänzenden Fruchtsorten

Vier-Jahreszeiten-Salat Salat aus Gurken-, Radieschen-, Tomatenscheiben und Kopfsalatblättern, -herzen oder -vierteln in Essig-Öl-Sauce

Vierkantkäse Schnittkäse aus holl. Edamer oder Gouda

Vierkornbrot ↑ Brot/Spezialsorten: Dreikornbrot

Vierländer Tomate [Vierlande, Marschniederung in der Nähe Hamburgs zwischen Elbe oder Norderelbe und Geestrand, Gemüse-, Obst-, Blumenkultur] ↑ Tomate/Gerippte Tomate

Viertelfettkäse Käse mit 10–24,9 % Fett i. Tr.

vigneronne, à la ↑ Winzerin-Art

Vigo, à la [Hafenstadt im span. Galicien] Garnitur aus kl. geb. Tomaten, zu Fleisch, Steaks u. ä. in Madeirasauce

Viktoria-Kristallzucker reiner, raffinierter Weißzucker mit kl. Körnern

Viktoria-Salat, salade Victoria [Victoria, engl. Königin, 1819–1901] Würfel von Gurken, Langustenfleisch, Spargelspitzen und Trüffeln in Mayonnaise mit Langustenmark; ↑ a. Victoria, à la

Viktualien [lat. *victus*, Lebensunterhalt] Lebensmittel für den täglichen Bedarf, zum sofortigen Verzehr

villageoise, (à la) ↑ Dörfliche Art

Villalón Labfrischkäse aus Schafmilch, weicher Teig, 54 % Fett i. Tr., frisch und leicht säuerlich (Tierra de Campos, Spanien)

Villarssuppe [Louis Hector Villars, frz. Herzog und Marschall, 1653–1734] Püreesuppe aus grünen Bohnenkernen und Artischocken mit Zwiebeln, als Einlage geröstete Weißbrotwürfel

Villeneuvesuppe [Villeneuve d'Ascq, Stadt in der Nähe von Lille in Nordfrankreich] Geflügelkraftbrühe mit Einlagen von mit Schinkenfarce gef. Eierkuchendreiecken, mit Pökelzungen- und Hühnerpüree gef. Salatblättchen und Eierstichwürfeln

Villeroi ↑ Sauce/sauce Villeroi

vinaigre [frz.: saurer Wein] (Wein-)Essig

Vinaigrette die klassische Salatsauce aus 1 Teil hochwertigem Essig, in dem Salz, Pfeffer, Gewürze, evtl. eine Prise Zucker aufgelöst wurden, und 3 Teilen ebenso hochwertigem Öl; als Würzzugaben eignen sich Kapern, frische Kräuter, Knoblauch, Schalotten, Zwiebeln, Speck, Senf, a. hartgek. Eier, Roquefortkäse, Sardellen, Tabasco, Worcester(shire)sauce usw.; paßt zu allen (grünen) Salaten, aber ebenfalls zu Fleisch, Wurstwaren, gek. Gemüse (Spargel usw.) oder Käse; ↑ a. Dressing, French

Vincent [frz. Name versch. Heiliger] Mayonnaise mit geh. oder pürierten frischen Kräutern und einem gehackten hartgek. Eigelb, zu rohem Gemüse, kaltem Fleisch oder Fisch; ↑ a. Sauce/sauce Vincent

Vintschgauer, Vintschgerl [Vintschgau, Talschaft oberhalb Merans in Südtirol] Roggengebäck in Form von zwei zusammenhängenden runden Fladen (Südtirol, Österreich, a. Bayern)

Violetter Ritterling Speisepilz, ↑ Ritterling, Nackter

Virginia crab [Virginia, einer der südatlantischen Staaten der USA] Meereskrebs, ↑ Blaukrabbe

Virginia ham ↑ sugar ham

Virginiasalat Würfel von gek. Knollensellerie, Roten Rüben und Kartoffeln in Essig-Öl-Sauce

Viginiaschinken ↑ sugar ham

Viroflay [Ort östl. von Versailles mit parkartiger Umgebung] Garnitur aus mit Kräutern, sautierten Artischockenbodenvierteln, Spinatkugeln und Schloßkartoffeln, zu gr. Fleischstücken in gebundenem Jus

visíga russ.: Rückenmark des Störs, ↑ Vesiga

vit vietn.: Ente

Vitamine [lat. *vita*, Leben, Kunstwort *Amin*, Stickstoffverbindung] Nährstoffe, die keine Energie liefern, aber für den ungestörten Ablauf vieler Stoffwechselfunktionen des menschlichen Körpers lebensnotwendig sind, von ihm selbst jedoch nur unzureichend hergestellt werden; der Mensch muß deshalb mit und in seiner Nahrung Vitamine zu sich nehmen (wobei nicht verschwiegen sei, daß heute normale Kost ihn ausreichend damit versorgt, künstliche Zufuhr durch Pillen und Tabletten sich in den meisten Fällen also erübrigt, und daß schließlich ein Übermaß auch zu gesundheitlichen Schäden führen kann); Vitamine kräftigen das Immunsystem, schützen vor Arterienverkalkung, Herzinfarkt und anderen Zivilisationskrankheiten; ↑ a. Provitamin

VITAMINE

Name	Hauptvorkommen	durchschnittl. Tagesbedarf	Wirkung	Mangelerscheinungen	bei Überdosis
A (Retinol) fettlöslich	Fleisch, Leber, Lebererzeugnisse, Fisch (Flußaal u. a.), Lebertran, Süßkartoffeln, Gemüse (Brokkoli, Feldsalat, Grünkohl, Karotten, Löwenzahn, Möhren, Spinat), Hülsenfrüchte, Pilze, Milch (Voll-, Kondensmilch), Butter, Margarine, Käse, Eier, Aprikosen	0,9–0,13 mg	Sehprozeß, Haut, Schleimhäute, Infektionsabwehr	Nachtblindheit, Erblindung, Störung des Knochenwachstums und der Fortpflanzung, Schädigung der Haut und der Schleimhäute. Infektanfälligkeit	Sehstörungen, Gehirn-, Hautschädigung, Lebervergrößerung, Skelettveränderungen, Übelkeit, Erbrechen, Kopfschmerzen
Provitamin A (Beta-Carotin, pflanzliche Vorstufe des Vit. A) fettlöslich	Panzer von Krustentieren, Gemüse (Brokkoli, Karotten, Kürbis, Mangold, Möhren, Paprika, Salat, Spinat, Tomaten u. a.), Keime, gelbe, rote Früchte (Aprikosen u. a.)	mind. 2 mg	wie Vit. A	wie Vit. A	wie Vit. A.
B₁ (Thiamin) wasserlöslich	fast alle pflanzlichen und tierischen Lebensmittel, insbes. Muskelfleisch, (v. a. Schwein), Herz, Leber, Geflügel (Hühnerbrust), Fisch, Kartoffeln, grünes Blattgemüse, Hülsenfrüchte, Keimlinge, Vollkornerzeunisse (Haferflocken), Hefe, Kerne, Milch, Früchte	1,2–1,4 mg	Nervennahrung, Kohlenhydrat-, Energiestoffwechsel	Störungen im Kohlenhydratstoffwechsel, Beriberi	normalerweise unschädlich
B₂ (Riboflavin) wasserlöslich	fast alle Lebensmittel außer Früchten, insbes. Muskelfleisch, Innereien (Herz, Leber, Nieren, Zunge), Meerfische, Gemüse (Spinat), Champignons, Getreidekeime, Vollkornprodukte, Hefe, Eier, Milch(produkte), Käse	1,5–1,7 mg	Eiweiß-, Fett-, Kohlenhydratstoffwechsel, Haut, Schleimhäute	Wachstumsverzögerung, Haut-, Schleimhautschäden, verlangsamte Wundheilung	Hautreizungen

VITAMINE

Name	Hauptvorkommen	durch-schnittl. Tagesbedarf	Wirkung	Mangelerscheinungen	bei Überdosis
B₆ **(Pyridoxin, Adermin)** wasserlöslich	nahezu alle Lebensmittel, insbes. Fleisch (Schwein), Leber, Geflügel (Huhn), Fisch (Lachs, Sardine), Kartoffeln, Gemüse (Grüne Bohnen, Feldsalat, Kohl, Linsen, Mais), Weizenkeime, Vollkornprodukte, Hefe, Soja, Avocados, Bananen	1,8 mg	Eiweißstoffwechsel, Blutbildung	neurologische Störungen, Hautveränderungen, Infektanfälligkeit	Nervenschäden
B₁₂ **(Cobalamin)** wasserlöslich	Leber, Muskelfleisch (Hammel, Lamm, Pferd, Rind), Fisch (Hering, Lachs, Makrele, Rotbarsch, Seelachs, Thunfisch), Fischdauerwaren (Bückling, Hering, Lachs), Krusten-, Schaltiere, Blutwurst, Sauerkraut, Hefe, Eier, Milch(produkte), Käse	3–5 µg	Baustein für das Blut, Aufbau der Zellsubstanz	Blutarmut (Anämie), Schäden des Nervensystems, Gewebeschwund, Nervenstörungen, Gedächtnisschwäche	praktisch ungiftig, nur allergische Reaktionen, Akne
Biotin wasserlöslich	Innereien (Leber, Nieren), Fisch (Sardinen), Gemüse (Blumenkohl, Linsen), Getreide(produkte), Sojabohnen, Hefe, Eigelb, Milch(produkte), Nüsse (Haselnüsse), Johannisbeeren	30–100 µg	Eiweiß-, Fett-, Kohlenhydratstoffwechsel, Stärkung von Haar, Haut und Fingernägeln	Hautveränderungen, Haarausfall, Muskelschmerzen, Appetitlosigkeit, Depressionen	normalerweise unschädlich
C **(Ascorbinsäure)** wasserlöslich	Innereien (Bries, Lunge), Kartoffeln, Gemüse (Kohl, Paprika, Petersilie, Tomaten u. a.), Obst (Hagebutten, schwarze Johannisbeeren, Kiwis, Sanddorn, Zitrusfrüchte u. a.)	75–100 mg	Aufbau von Bindegewebe, Eisenverwertung, Stärkung der Abwehrkräfte	Leistungsminderung, Schwäche, Müdigkeit, Skorbut	Durchfall, Harnsteinbildung
D **(Calciferol)** fettlöslich	Kalbfleisch, Leber, Fettfische (Aal, Heilbutt, Hering, Lachs, Makrele, Sardine, Thunfisch), Fischdauerwaren (Bückling, Sprotten), Lebertran, Pilze (Champignons, Morcheln, Pfifferlinge, Steinpilze), Eigelb, Margarine	5 µg	Kalzium-, Phosphatstoffwechsel, Knochen-, Knorpelbildung	Knochenerweichung, (Rachitis), verlangsamte Zahnbildung, Muskelschwäche	Nierenschäden, Ablagerungen in den Adern, Erbrechen, Durchfall

VITAMINE

Name	Hauptvorkommen	durchschnittl. Tagesbedarf	Wirkung	Mangelerscheinungen	bei Überdosis
E (Tocopherol) fettlöslich	Innereien, Fettfische, Gemüse (Mais, Paprika, Schwarzwurzeln), Pflanzensamen und deren Produkte, pflanzliche Fette und Öle, Vollkornprodukte, Hefe, Eier, Himbeeren, Nüsse	12–15 mg	Schutz der Zellwände, Zellatmung, Muskel- und Nervenfunktionen	Muskel-, Nervenabbau, Zellwandschäden, verkürzte Lebensdauer der roten Blutkörperchen	selten: Darmstörungen, Übelkeit, Kopfschmerzen
Folsäure wasserlöslich	weißes Fleisch, Leber, Geflügel, Kartoffeln, Gemüse (Fenchel, Gurken, Kohl, Pastinaken, Rote Rüben, Spargel, Spinat, Tomaten u. a.), Hülsenfrüchte, Pilze, Weizenkeime, Vollkornprodukte, Brot, Backwaren aus Vollkornmehl, Sojabohnen, Hefe, Eier, Milch(produkte), Käse	300 µg	Zellbildung, -teilung, Eiweißstoffwechsel, Blutbildung	Blutarmut, Verdauungsstörungen, Schleimhautveränderungen	normalerweise unschädlich
K (Phyllochinon) fettlöslich	Muskelfleisch, Leber, Geflügel (Huhn), Kartoffeln, Gemüse (Grüngemüse, Karotten, Kohl, Kopfsalat, Mangold, Sauerkraut, Spargel, Spinat, Tomaten, Zwiebeln), Hülsenfrüchte (Erbsen), Vollkornprodukte, Weizenkeime, Sojabohnen, Eier, Milch(produkte), Früchte	60–80 µg	Blutgerinnung	verlängerte Blutgerinnung, Blutungen, Zahnfleischbluten	grundsätzlich unschädlich
Niacin (B$_3$ Nicotinsäure) wasserlöslich	Fleisch, Leber, Geflügel (Huhn, Truthahn), Fisch (Sardine), Pilze (Birkenpilz, Champignon, Pfifferling, Steinpilz), Nüsse, Vollkornprodukte, Hefe, Eier, Milch(produkte), Kaffee	15–20 mg	Eiweiß-, Fett-, Kohlenhydratstoffwechsel	Haut-, Schleimhautveränderungen, Pellagra, Nervenstörungen, Durchfall, Schlaflosigkeit, Gedächtnisschwäche, Kopfschmerzen	Gefäßerweiterung, Hautjucken, Übelkeit, Kopfschmerzen
Pantothensäure (B$_5$) wasserlöslich	fast alle Lebensmittel, insbes. Muskelfleisch, Innereien (Leber, Niere), Geflügel, Fisch (Hering), Grüngemüse, Hülsenfrüchte (Erbsen), Pilze (Champignon, Steinpilz), Getreide, Vollkornprodukte, Hefe, Eier, Milch, Obst (Wassermelone), Nüsse (Erdnüsse)	5–8 mg	Energiestoffwechsel, Hautaufbau, Haar	Haut-, Leberschäden, Nervenstörungen, Reizbarkeit	normalerweise unschädlich, selten Durchfall, allergische Reaktionen

Vitamin F falsche Bezeichnung für essentielle Fettsäuren

Vitamin-Hefe schonend getr. reine Hefe, reich an Vit. insbes. der B-Gruppe, für diätetische Lebensmittel und Säuglingsnahrung

vitela port.: Kalb(fleisch)

vitello ital.: Kalb(fleisch)
– **tonnato** dünne Scheiben Kalbfleisch (Nuß, Schenkel, Hinterstück), in einer Marinade mit Karotten, Sellerie, Zwiebeln, Gewürznelken, Lorbeer, Essig, Weißwein usw. gegart, in einer sämigen Sauce aus passiertem Thunfisch mit Sardellen, Mayonnaise, Zitronensaft und Kapern (urspr. Lombardei, Norditalien)

vivandière, (à la) ↑ Marketenderin-Art

vive frz.: Drachenfisch, Petermännchen

viveur [frz.: Lebemann] Geflügelkraftbrühe mit Essenz von Roten Rüben und eingek. Bier, als Einlage ged. Sellerie und kl. mit Paprika gewürzte Käseschnittchen

vizcaino span.: aus der Provinz Biscaya am Atlantik

Vogelbeere, Drosselbeere Scheinfrucht der Eberesche, herbsäuerlich und bittersüß, gute Zeit Aug.–Okt., sollte nach dem ersten Frost gepflückt werden, nicht nur zum Rohessen, sondern a. für Gelees, Kompotte, Marmeladen, Pfannkuchen, als Saft u. ä. geeignet, wird mit etwas Apfel- oder Birnensaft etwas milder (Europa, Kleinasien, Westsibirien u. a.)

Vogelheu in der Pfanne mit Butter leicht geröstete Weißbrotscheibe, mit Eiermilch übergossen, mit Kompott oder Salat gegessen (Ostschweiz)

Vogelnest Körbchen aus in Fett schwimmend ausgeb. Strohkartoffeln, kann nach Belieben gef. werden

Vogelnest(er)suppe ↑ Schwalbennestsuppe

vogel zonder kop [holl.: Vogel ohne Kopf] Kalbsschnitzel oder dünne Scheibe Rindfleisch mit Füllung aus Schinken, Speck und/oder Wurstbrät, in Speckhülle geschmort

Vogerlsalat österr.: Feldsalat, Rapunzel

Voisin [einst berühmtes Restaurant an der rue Saint-Honoré in Paris] Geflügelrahmsuppe mit kleingewürfeltem Frühlingsgemüse, Grünen Bohnen und Erbsen; Anna-Kartoffeln mit geriebenem Parmesankäse zwischen den Lagen

voiture frz.: (Vorspeisen-, Käse-, Dessert-)Wagen

volaille frz.: Federvieh, Geflügel, insbes. Huhn

vol-au-vent, Pastetenhaus [frz.: fliegt mit dem Wind] leichte, delikate Hohlpastete aus Blätterteig, hoch und rund, i. a. blind geb. und mit warmem Ragout gefüllt

Vollfettkäse Käse mit mind. 45% Fett i. Tr.

Vollhering ↑ Hering

Vollkonserve mind. 1 Jahr haltbare Konserve

Vollkorn (Roggen-, Weizen- usw.) Korn, das die Randschichten und den Keimling mit Eiweiß, Vit. und weiteren Wirkstoffen enthält
-**brot** ↑ Brot/Sorten
-**mehl** Getreidemehl, das sämtliche Bestandteile des Korns feinzerkleinert enthält

Vollmeersalz Salzgemisch, das neben Natriumchlorid Mineralstoffe des Meeres enthält

Vollmehl ↑ Vollkornmehl

Vollmilch wärmebehandelte Konsummilch mit mind. 3,5% Fettgehalt
-**pulver** ↑ Trockenmilch

Vollrahm ↑ Sahne/Vollsahne

Vogelbeeren, leuchtender Träger wertvoller Inhaltsstoffe

Vollwertige Nahrungsmittel

Vollreis Weißreis ohne Bruchkörner

Vollrohrzucker ↑ Zucker/Sorten

Vollsahne ↑ Sahne/Vollsahne

Vollsalz Kochsalz mit mind. 10 mg Jod

Vollwerternährung, -kost Nahrung aus naturbelassenen, höchstwertigen Eßwaren und Zutaten aller Gattungen und Gruppen, möglichst schonend gegart oder gar roh verzehrt, wodurch Nahrungsmittel zu Lebensmitteln werden; wurde im Laufe des 19. Jh. von der engl. Vegetarier-Bewegung eingeführt und später von Ärzten und Forschern wie Maximilian Oskar Bircher-Benner, Werner Kollath, Aare Waerland u. a. weiterentwickelt; Grundregeln sind: vielseitig, aber nicht zuviel, weniger Fett, würzen statt salzen, mehr Vollkornprodukte mit ihren Nähr- und Ballaststoffen, frisches Gemüse und Obst mit Vit. und Mineralstoffen, weniger tierisches Eiweiß, statt dessen pflanzliches Eiweiß, Milchprodukte und Fisch, weniger Süßes.
Die Vollwerternährung ist also keine Diät oder Schonkost, sondern eine Synthese von Gesundheit und Kulinarik, deren natürlicher, unverdorbener, manchmal überraschender Geschmack «mit Biß» a. den Feinschmecker, wenigstens zur Abwechslung und wo angebracht, überzeugen, ja zu neuen Entdeckungen führen kann.

Vollwertzucker ↑ Zucker/Vollrohrzucker

Voltairesuppe [Voltaire, 1694–1778, frz. Philosoph und Schriftsteller] Geflügelkraftbrühe mit Hühnerfleisch-, Tomatenwürfeln und Geflügelklößchen

vomatschka böhm.: Sauce

vongola ital.: Kreuzmuster-Teppichmuschel, Venusmuschel

Vorderhachse ↑ Kalb/Fleischteile: Hachse

Vorderhesse ↑ Rind/Fleischteile: Beinfleisch

Vorderrippe ↑ Rind/Fleischteile: Kamm

Vorderschinken ↑ Schinken/Erzeugnisse

Voressen schweizerd.: Ragout

Vorgericht ↑ Vorspeise

Vormagen Pansen und Netzmagen der Wiederkäuer, Teil der ↑ Kutteln

Vormas Tirol: Zwischenmahlzeit am Morgen

Vorschmack russ. Heringsgericht, ↑ forschmák

Vorspeise, Vorgericht der Hauptmahlzeit vorangehender Gang aus kl. appetitanregenden Gerichten in zahllosen Varianten von Meeresfrüchten bis zu Obst, kalt oder warm

Vorstadtsalat, Faubourgsalat Scheiben von gek. Kartoffeln, Knollensellerie und gebr. Äpfeln in Essig-Öl-Sauce

Vorteig ↑ Teig/Ansatz

Vorzugsbutter schweiz.: Sauer-, Süßrahmbutter, ↑ Butter/Sorten

Vorzugsmilch Rohmilch von mehreren Kühen, nicht vorerhitzt und von bester Qualität, darf nur im Erzeugerbetrieb abgefüllt werden

Vuillemotsuppe [Denis-Joseph Vuillemot, frz. Küchenchef, 1811–1876] Püreesuppe von Weißen Bohnen, Butter und Sahne mit Sauerampferstreifen und Reis

Waadtländer Eintopf, Lauchgemüse [Waadt(land), dt. Name des Kt. Vaud in der Westschweiz] ↑ papet (vaudois)

Waadtländer Suppe Rinderkraftbrühe mit Rindfleischwürfeln und Suppengemüse, dazu getr. Stangenbrotscheiben und geriebener Käse

Waadtländer Wurst ↑ saucisson/Westschweiz, saucisson vaudois

Wabenhonig ↑ Honig/Scheibenhonig

Wacholder, Feuer-, Machandelbaum immergrünes Nadelholz, das als Baum, Zierpflanze oder, oberhalb der Waldgrenze, Strauch wächst, steht stellenweise unter Naturschutz (Mitteleuropa)

-beere, Kaddig-, Krammetsbeere, Kranawett, Kranewit, Quakelbeere rundliche Frucht bzw. Beerenzapfen des Wacholders, herb und leicht süß würzig, wirkt blutreinigend, magenfreundlich, entschlackend; getr. ganz, zerdrückt oder gemahlen als Würze für Fleisch-, Wildsud, kräftiges Fleisch (Sauerbraten), Geflügel, Wild, Ragouts, Fisch, Gemüse, Kohl, Sauerkraut, eingelegte Gurken, Pilze, Rote Rüben, dunkle Saucen, Füllungen, Marinaden, Pasteten usw.; gute Zeit Sept.–Okt., hält sich getr. luftdicht verschlossen und dunkel, kühl gelagert 2–3 Jahre

-rahmsauce ↑ Wildrahmsauce

-sauce aus zerdrückten Wacholderbeeren, geh. Schinkenresten, Zwiebeln und Rotwein mit Demiglace; aus zerdrückten Wacholderbeeren, geh. Wildknochen, Röstgemüse und Rotwein mit Demiglace und Wildessenz

Wacholderdrossel ↑ Krammetsvogel

Wacholderrollen ↑ Schinken/Sorten

Wacholderschinken ↑ Schinken/Sorten

Wachsbohne ↑ Bohne/Sorten

Wachsei ↑ wachsweiches Ei

Wachskürbis, Chinesische Wintermelone Frucht einer rankenden, krautigen Gemüsepflanze, geringer Nährwert, Fruchtfleisch in Stücken oder Streifen ged. oder gek. jedoch für Suppen, als Gemüse usw. (Südostasien, Indonesien, Polynesien, Australien u. a.)

Wachsweiches Ei, Wachsei in der Schale 5–6 Min. gek. Ei, bis das Eigelb dickflüssig, aber noch nicht hart ist, abgeschreckt und geschält

Wachtel kl. Wildgeflügel, das unter Naturschutz steht, heute aber in Mastfabriken meist wenig artgerecht gezüchtet wird, feiner, wildähnlicher nussiger Geschmack, zartes, saftiges Fleisch, am besten 6 Wo. alt, wird a. tiefgefroren grill-, küchenfertig geliefert, 1–2 Vögel pro Person, beste Zeit Sept.–Okt. (urspr. Naher Osten, heute a. Deutschland, Schweiz, Norditalien, Mittelfrankreich, England, Japan u. a.)

-ei ↑ Ei/Sorten

Wachtelbohne ↑ Bohne/Sorten

Wackelpeter ↑ Geleespeise

Wade Beinfleisch; ↑ Hesse; a. Hachse des Schweins

Beeren des Wacholderstrauches, einer grünen Apotheke

Wädli schweizerd.: Eisbein

Waffel dünne Dauerbackware, aus Getreideerzeugnissen und/oder Stärke, a. mit Fett, Gewürzen, Zucker zwischen zwei erhitzten Flächen geb., manchmal mit Creme, Fruchtzubereitungen, Schaumzucker usw. gefüllt
  -brot knuspriges, knäckebrotähnliches Flachbrot in Scheiben, gut haltbar
  -röllchen heiß gerollte Waffel
  Lütticher –, gaufre de Liège, Luikse wavel [Lüttich, wallonische Provinz und Stadt im Tal der Maas] knusprig goldbraun geb. Waffel aus Hefeteig (Belgien)

Wähe, Waihe schweizerd., a. südwestdt.: dünnes, flaches Gebäck aus (Brot-)Teig mit salzigem (Kartoffeln, Käse, Speck, Gemüse [Porree, Spinat, Zwiebeln] usw.) oder süßem (Obst, Nüsse, Eiercreme usw.) Belag

wakame [jap.: Sprößling, junger Sproß] Meeresgemüse, Braunalge, enthält wenig Kalorien, aber versch. Mineralstoffe, frisch oder getr. als Gemüse vielseitig verwendbar, zerstoßen a. als Würzmittel (Japan); ↑ Alge

Waldbeere ↑ Heidelbeere

Waldchampignon, -egerling kl. Speisepilz, ausgezeichnet, aber wenig ergiebig, a. roh genießbar, gute Zeit Juli–Okt.

Walderdbeere ↑ Erdbeere/Walderdbeere

Waldhimbeere wildgewachsene Himbeere

Waldhonig ↑ Honig/Sorten

Waldhühner ↑ Rauhfußhühner

Waldknoblauch Wildkraut, ↑ Bärlauch

Waldmeister, Maiblume, -kraut, Meusch, Möserich meist in Buchenwäldern, an schattigen Plätzen, a. im Garten wildwachsendes Würzkraut, feiner, nach frischem Heu duftender Geschmack, wird im Frühjahr kurz vor dem Blühen gepflückt und möglichst frisch, aber a. getr. als Würze für Gelees, Puddings, Fruchtsuppen, Desserts, Sorbets usw., insbes. aber für Bowlen verwendet; beste Zeit frisch Mai, im Handel Apr.–Juni erhältlich (Mittel-, Ost-, Südeuropa)

Waldorfsalat [Waldorf-Astoria, luxuriöses Hotel in New York, dessen Oberkellner, der Schweizer Oscar Tschirky, dieses Rezept 1893 kreierte] mit Zitronensaft beträufelte Scheiben oder Würfel von säuerlichen Äpfeln mit Knollenselleriescheiben und geh. Walnußkernen, a. blauen Weinbeeren in (mit geschlagener Sahne, a. Milch, Joghurt) verdünnter Mayonnaise, bes. als Vorspeise, zu kalten Büffets oder Wild verwendet

Waldpilz preiswerter, nicht edler Speisepilz

Waldschnepfe Wildgeflügel, ↑ Schnepfe

Walewska, (à la) [Marie W., Gattin des Herzogs von Walewski, poln. Gesandter in London und Staatsminister, 1810–1868] pochierter Fisch, meist Seezunge, mit Langusten- und Trüffelscheiben, dazu Mornay-Sauce mit Langustenbutter und Sahne

Walfleisch zarte Filetscheiben des Wals, mit Gewürzen in Dosen konserviert

Walküren-Art [«Die Walküre», zweite Oper aus dem «Ring der Nibelungen» von Richard Wagner, 1852–1858] Garnitur aus gef. Champignons und Kartoffelkroketten, zu Wild in Bratensaft mit süßer Sahne und Wacholderbeeren

Waller Süßwasserfisch, ↑ Wels

Walliser Art, à la valaisanne [Wallis, Westschweizer Alpenkanton, der an den Genfersee grenzt] ↑ Sauce/sauce genevoise mit geh. Essiggemüse und Kapern, zu gek., pochiertem Fisch

Walliser Käse, fromage valaisan Halbhartkäse aus Rohmilch von der Kuh, schnitt- und schmelzfähiger Teig, 45–52% Fett i. Tr., mild pikant, am besten nach mehrmonatiger Lagerung, guter Tafelkäse, aber bes. zum Überbacken und für Raclette (Alpentäler des Wallis)

Wallwurz Küchenkraut, ↑ Beinwell

Walnuß, Welsche Nuß [mhd.: welsche Nuß] Schalenobst, Steinfrucht des Walnußbaums, wertvolles Nahrungs- und Stärkungsmittel, wirkt gegen Neuritis, Rheuma, Rachi-

Walnüsse, «vegetarisches Fleisch»

Weizen, das wichtigste Brotgetreide

tis, Lungentuberkulose; mild nussig, am besten die Sorten »Grenoble« aus Frankreich, «Torrento» aus Italien oder als frische, ungetr. *Schälfrucht,* deren Kernhaut sich abziehen läßt, «aus frischer Ernte» (zu jungem Wein, Portwein u. ä.) Sept.–Mitte Nov., nicht nur für (Weihnachts-)Gebäck, sondern das ganze Jahr als vielseitiges Gewürz für Salate, pikante Füllungen, Saucen usw., muß geschlossen dunkel, trocken und kühl aufbewahrt werden, hält sich nicht länger als 3–4 Wo. (Osteuropa, Frankreich, Italien, Kalifornien, Chile, China u. a.)

Grüne – mit Gewürzen süßsauer eingelegte unreife Walnuß, als Beilage zu insbes. asiatischen Gerichten

Walnuß | käse Schmelzkäse mit in Weinbrand flambierten Walnüssen

-kerne geschälte Kerne der Walnuß

-öl ↑ Öl/Sorten

Walterspiel [Alfred W., 1881–1960, dt. Hotelier und Meisterkoch] Seezungenfilet, mit Hechtfarce und Estragon gef., durch Backteig gezogen und mit Hummersauce serviert; Tortelett aus Nußmürbeteig mit Hummerfleisch

Waltran das aus Walen gewonnene Öl, ↑ Fett

Wamme, Koder, Triel vom Hals bis zum Bauch an der Unterseite des Rinderkörpers herabhängende, fettgewebereiche Hautfalte; Schwein: fettreiche untere Bauchseite, ↑ Speck/Bauchspeck

Wammerl österr., südd.: Bauchfleisch, -speck vom Schwein, a. Bauchfleisch vom Kalb; ↑ a. Wamperl

Wamperl bayer.: durchwachsener, geräucherter oder ungeräucherter, gesalzener oder ungesalzener Bauchspeck vom Schwein

Wandersaibling Unterart des Süßwasserfischs ↑ Saibling

Wan-Tan-Blätter ↑ Reisblätter

Wanzenbeere ↑ Johannisbeere, Schwarze

Wanzendill Würzpflanze, ↑ Koriander

Wanzenkraut Würzkraut, ↑ Zitronenmelisse

wárabi jap.: Adlerfarn

Ware, Rollende ↑ Rollende Ware

Wildkaninchen, gedrungen-graziöse Hasentiere

warénik, varénik Teigtasche aus Weizenmehl, Eiswasser, Eiern und Salz, salzig (mit Leber, Speck, Kraut, Quark usw.) oder süß (mit Äpfeln, Sauerkirschen usw.) gefüllt (Ukraine)

Wargelnudeln ↑ Schupfnudeln

Warmräuchern nur wenige Std. bei 30–40 °C räuchern

Warschauer Art [Warschau, Warszawa, Hauptstadt Polens] Fleisch oder Fisch mit geh. Petersilie und hartgek. Ei, mit geröstetem Paniermehl bestreut und mit ausgelassener Butter übergossen; weiße Rahmsauce mit geriebenem Meerrettich und Orangensaft

Warzenmelone ↑ Melone/Zuckermelone, Kantalup-Melone

wásabi jap.: (grüner) Meerrettich, fruchtig und brennend scharf, wird, wenn nicht frisch erhältlich, als Puder mit Wasser angerührt oder mit europäischem Meerrettich, Öl und grüner Pflanzenfarbe vermengt als Paste angeboten, zum Würzen, Marinieren von Fisch usw., mit Schlagsahne, Wasser, Zitronensaft, Zucker als Sauce zu Rindfleisch, (Räucher-)Fisch usw.

Wäschermädel, (Wiener) in Aprikosenbranntwein und Staubzucker marinierte Aprikosen mit Marzipan statt Kernen, in Wein- oder Milchbackteig schwimmend in Fett geb., mit geriebenen Mandeln und Staubzucker bestreut (Österreich)

Waschmöhre ↑ Rübe/Möhre

Washington [George W., 1732–1799, erster Präsident der USA, in dessen Amtszeit der Mais ein Grundnahrungsmittel Amerikas war] in dicker Sahne gek. Maiskörner zu oder in Geflügel; Rahmsuppe von jungem Mais mit Portwein oder Whiskey; mit hartgek. Eierscheiben belegte Scheiben Rote Rüben auf Salatblättern in Essig-Öl-Sauce

Washington Navel ↑ Orange/Blondorange

Washington Sanguine ↑ Orange/Blutorange

Wasserglasur mit wenig Wasser angerührter Puderzucker, zum Glasieren von Backwaren

Wasserkastanie, Chinesische Kastanie maronenähnlicher, knackiger Samen einer Schwimmpflanze, festes weißes Fleisch, süßlich nussiger Geschmack, läßt sich geschält grillieren, wird in Suppen, (weißem) Fleisch, Fischgerichten, Eintöpfen, Schmorgerichten, a. als Füllung von Geflügel, Back- und Teigwaren zubereitet; frisch oder in Dosen ganz,

Wassernüsse, «Kastanien des Wassers»

in Scheiben oder Würfeln erhältlich (trop. Westafrika, Madagaskar, Indien, Ostasien, Südosteuropa, Pazifische Inseln, südl. USA, Hawaii); oft a. Name für die ↑ Wassernuß

Wasserkresse Gewürzkraut, ↑ Kresse/Brunnenkresse

Wasserkringel Gebäckkranz aus Hefeteig, der so lange im Wasser lag, bis er an die Oberfläche stieg, mit Kardamom, geh. geschälten Mandeln und Zitronenschale, mit zerquirltem Eigelb bestrichen, mit Zimt und Zucker bestreut (Norddeutschland)

Wassermelone ↑ Melone/Wassermelone

Wassernuß eßbare Frucht einer Wasserpflanze, maronenähnliche, dünnschalige Nuß von angenehmem Geschmack, darf nicht roh gegessen werden, gek. oder geröstet jedoch als Gemüse verwendbar (Süd-, Mitteleuropa, Rußland, Südasien); ↑ a. Wasserkastanie

Wasserrübe Rübe/Weiße Rübe

Wasserschnalle Suppe aus Wasser, a. Fleischbrühe, Brotresten, Zwiebeln mit Kümmel, Majoran, Thymian, viele reg. Varianten (Schwaben)

Wassersenf Gewürzkraut, ↑ Kresse/Brunnenkresse

Wasserspatzen in Salzwasser gegarte Teignocken aus Mehl, Eiern und gerösteten Weißbrotwürfeln

Wasserspinat, kang kong trop., subtrop. Wasser- und Sumpfpflanze, deren junge Blätter und zarte Triebe roh als Salat oder mit etwas Knoblauch und Öl gek. oder blanchiert als Spinatgemüse zubereitet werden können, lassen sich a. als Suppe kochen oder einlegen (China, Südostasien, Ostindien, Australien, Afrika u. a.)

Wasseryam Knollengemüse, ↑ Jamswurzel

water chestnut engl.: Wasserkastanie

waterzooi Suppentopf aus Nordseefischen und Aal, a. Süßwasserfischen, Geflügelstücken, Kalbshachse mit Porree, Sellerie, Wurzelpetersilie, Zwiebeln usw. in viel Butter oder Sahne, dazu Butterbrot, a. Schweinefleischklößchen usw. (Flandern)

watrúschka Törtchen aus Pastetenteig mit versch. Füllungen, meist Frischkäse, Quark (Rußland)

Wattekloß Kloß aus Pellkartoffeln mit Butter, Mehl, Milch und in Butter gebr. Semmelwürfeln, dazu ↑ Topfbraten (Thüringen)

Waxdick, Osietra der kleinste ↑ Stör, bes. gegrillt ausgezeichnet, läßt sich a. räuchern; Kaviarlieferant (Asowsches, Kaspisches, Schwarzes Meer)

Waxymais Zuchtform des Maises mit erhöhtem Stärkegehalt

Weck, Weckchen, Wecke(n), Weckerl südd., österr. usw.: längliches Weizenbrötchen

Weckeweck, Weckewerk ↑ Kasseler Weckeweck

Weckkloß südd.: Semmelknödel

Weckmänner geformtes Gebäck aus Brötchenteig, oft mit reichlich Fett und Zucker

Weckmehl südd.: Paniermehl

Wegerich [an Wegen wachsend] (Un-)Krautgewächs, Blätter für Mischsalate, gek. als Gemüse, gute Zeit Mai–Okt., nicht lange haltbar (Mittel-, Südeuropa, insbes. Italien, Nordafrika, Vorderasien u. a.)

Weggli schweizerd.: feines weißes (Milch-)Brötchen, meist längs eingeschnitten

Wegwarte Rübenpflanze, ↑ Zichorie

Weiberkraut Küchenkraut, ↑ Beifuß

Weichbonbon ↑ Weichkaramelle

Weicheis Speiseeis, das nach Lagerung bei -20 °C noch weich und portionierbar ist

Weiches Ei ↑ Ei/Zubereitungen: Gekochtes Ei

Weichfett Fett mit einem Schmelzpunkt unter 36 °C

Weichkaramelle, Toffee meist viereckiger weicher, kaubarer Bonbon mit erhöhtem Gehalt von Milch, Fetten und Quellstoffen, oft mit Fruchtpasten, Schokolade usw. gefüllt

Weichkäse ↑ Käse/Festigkeit

Weichkeks, Mürbekeks zarter, mürber Keks aus einem fettreichen Teig mit hohem Zuckergehalt

Weichkrokant Krokant mit Zusatz von Butter, Hartfett, Kondensmilch, Früchten, Marzipan usw.

Weichmais mehlige Sorte Mais

Weichobst Beeren- und Steinobst

Weichsel Kirschengruppe, ↑ Kirsche/Sauerkirsche

Weichtiere ↑ Mollusken

Weichweizen ↑ Weizen

Weide... Mastvieh (Kalb, Lamm, Hammel, Ochse), das neben Weidegang mit Kraftfutter gefüttert wurde

Weidmanns-Art Garnitur aus mit Rindermark gef. Pastetchen, mit Kastanienpüree gef. Champignonköpfen, Preiselbeeren auf Blätterteigtorteletts, zu Wild in Wildkraftsauce; ↑ a. chasseur

Weight-Watchers-Diät [engl. *weight-watcher,* Gewichtsaufpasser] ↑ Abmagerungsdiät

Weihnachtsgebäck Gruppe von ↑ Kuchen

Weihnachtspudding ↑ Plumpudding

Weihnachtsstollen ↑ Christstollen

Weihrauchkraut Würzkraut, ↑ Rosmarin

wèi-jīng chin.: Glutamat

Weinbeere ↑ Tafeltraube; südd., österr., schweiz.: Rosine
 Getrocknete – ↑ Rosine

Weinbergschnecke ↑ Schnecke

Weinblätter, dolmadaki junge Blätter des Weinstocks, leicht säuerlich, oft in Salzlake eingelegt und mit Zitronensäure versetzt, werden im östl. Mittelmeerraum gern mit (Schaf-)Hackfleisch, Wildgeflügel, Reis, Minze usw. gef. und geschm. oder in Öl eingelegt (Naher Osten, Türkei, Griechenland u. a.)

Weinchaudeau österr.: Sabayon, Zabaione

Weinessig ↑ Essig/Sorten

Weingelee mit bukettreichem (Dessert-)Wein aromatisiertes Gelee

Weinhändler|-Art, marchand de vin mit Rotwein und geschälten, geh. Schalotten gegart (Fleisch, Fisch)
 -butter mit Butter verarbeitete Reduktion von Rotwein, Rinderkraftbrühe und feingeh. Schalotten mit geh. Petersilie, Zitronensaft, Salz und Pfeffer
 -sauce ↑ marchand de vin

Weinkäse kl. runder Weichkäse aus Kuhmilch mit rötlicher Schmiere, fester Kern in nach außen geschmeidigem Teig, 30–50 % Fett i. Tr., mild sahnig (Deutschland)

Weinkraut feinnudelig geschn., in kochendem Wasser abgebrühter Weißkohl und angeröstete geh. Zwiebeln, mit Brühe und Weißwein aufgekocht (Österreich)

Weinraute Küchenkraut, ↑ Raute

Wein(stein)säure organische Genußsäure in vielen Pflanzen und Früchten, saurer Geschmacksträger für Back-, Brause-, Puddingpulver, Bonbons, Speiseeis usw.

Weinschaumcreme, -sauce feines, duftiges Dessert aus im heißen Wasserbad (möglichst von Hand) mit Zucker schaumig geschlagenen Eigelben und Wein (trockener Weißwein oder Schaumwein, a. Likör-, Port-, Süßwein oder trockener Weißwein mit Branntwein oder Likör); Frankreich: *Sabayon* mit Champagner, Sauternes u. a., Italien: *Zabaione* mit Marsala, Asti u. a.; wird lauwarm aus dem Topf serviert (urspr. Italien)

Weinsenf mit Weinessig hergestellter Senf

Weinsuppe mit Tapioka oder Eigelb und Mandelmilch gebundener, mit Zucker und Zitronenschale gewürzter, evtl. mit Wasser verdünnter Wein, aufgekocht und kalt serviert

Weinteig ↑ Teig/Sorten

Weintraube ↑ Tafeltraube

Weißbrasse(n) Meerfisch, ↑ Geißbrasse(n)

Weißbrot ↑ Brot/Sorten: Weizenbrot

Weiße Bohne ↑ Bohne/Sorten

Weiße Butter ↑ beurre blanc

Weiße Dame Dessert, ↑ dame blanche

Weiße Decksauce ↑ chaud-froid, Sauce/sauce chaud-froid, Sauce/sauce Villeroi

Weiße grobe Lyoner grobe Brühwurst aus Kalb-, Jungrind-, Schweinefleisch und Speck

Weiße Grundsauce ↑ Sauce/Helle Saucen

Weißei das Weiße des Eies, ↑ Ei

Weiße im Ring feine Brühwurst aus Rind-, Schweinefleisch und Fettgewebe

Weiße Johannisbeere ↑ Johannisbeere

Weiße Kresse Gewürzkraut, ↑ Kresse/Brunnenkresse

Weiße Lyoner feine Brühwurst aus Rind-, Schweinefleisch und Fettgewebe

Weiße Mehlschwitze ↑ Mehlschwitze

Weiße Nuß Kern der ↑ Gingkopflaume

Weiße Rahm-, Sahnesauce ↑ Béchamel

Weißer Fleischkäse brühwurstartiger Laib aus Kalb-, Jungrind-, Schweinefleisch und Speck

Weißer Fond ↑ Fond

Weißer Heilbutt Meerfisch, ↑ Heilbutt

Weißer Kandis ↑ Kandis

Weißer Lebkuchen rechteckiger Lebkuchen mit mind. 15% Vollei, Eierprodukten oder Milcheiweißerzeugnissen und höchstens 40% Getreideerzeugnissen auf Oblate

Weißer Nougat ↑ Nougat, Weißer

Weißer Pfeffer ↑ Pfeffer

Weißer Preßsack Sülzwurst, ↑ Preßsack

Weißer Reis ↑ Reis

Weißer Riesenrettich ↑ daikon

Weißer Schwartenmagen Sülzwurst, ↑ Schwartenmagen

Weißer Schweinskäse grobes brühwurstartiges Erzeugnis aus in Form gek. oder gebrühtem Kalb-, Jungrind-, Schweinefleisch und Speck

Weißer Thunfisch Meerfisch, ↑ Thunfisch

Weiße Rübe ↑ Rübe/Weiße Rübe

Weiße Schlesische Wellwurst Kochstreichwurst, ↑ Semmelleberwurst

Weiße Schokolade schokoladeähnliches Erzeugnis aus mind. 20% Kakaobutter, 3,5% Milchfett und höchstens 55% Zucker

Weißes Fleisch Fleisch von Kalb, Lamm, Geflügel mit infolge Art, Haltung und Fütterung wenig Muskelfarbstoff, ernährungsphysiologisch nicht bes. wertvoll

Weißes Ragout ↑ Blankett

Weißes Rübchen ↑ Rübchen

Weiße Zwiebel ↑ Zwiebel/Sorten

Weißfelchen Süßwasserfisch, ↑ Renke/Große Bodenrenke

Weißfisch Sammelname für kleinere Arten von Süßwasserfischen wie Blei, Döbel, Elritze, Karausche, Plötze, Rotfeder, Ukelei usw., wird meist geb. oder gebr.; Name a. für Fische mit weißem, fettarmem Fleisch wie Kabeljau, Schellfisch, Seelachs u. ä.

Weißkäse ↑ Käse/Frischkäse

Weißkohl, -kraut ↑ Kohl/Arten

Weißlacker, Bierkäse halbfetter Schnittkäse aus Kuhmilch, geschmeidig speckiger Teig, 40% Fett i. Tr., pikant kräftig und salzig, gut zur Brotzeit mit Bier (Allgäu, Bayern)

Weißling Meerfisch, ↑ Wittling

Weißmehl ↑ Weizenmehl

Weißreis ↑ Reis

Weißweinsauce ↑ Sauce/sauce au vin blanc

Weißwurst ↑ Kalbsbratwurst
 Münchener – [am Rosenmontag 1857 erstmals in München kreiert] feines Brühwürstchen aus Kalb-, Jungrind- und Schweinefleisch, Speck, gek. Schwarten usw., meist mit kleingeh. Petersilie, Zwiebeln, Zitronenschalen und gemahlenem weißem Pfeffer gewürzt, wird a. roh angeboten, nicht lange haltbar, sollte zum sofortigen Verzehr in heißem Wasser aufgewärmt und trad. bis zum Mittagsläuten gegessen werden (München, Bayern)
 -senf ↑ Senf/Bayerischer Senf

Weißzucker ↑ Zucker/Raffinade

Weizen [mhd. *weize,* der Weiße] alte, schon vor 6000 Jahren angebaute Kulturpflanze und formenreiches Brot-, Backgetreide, das wichtigste pflanzliche Lebensmittel, nahrhaft und wohlschmeckend, regeneriert und regt Darmtätigkeit an; *Durum-, Hartweizen* mit harten glasigen Körnern, vorw. zu Teigwaren verarbeitet, *Weichweizen* mit weichen bis mittelharten Körnern, meist zu Mehl, Vollkornerzeugnissen und Grieß verarbeitet; Garzeit gequollen 1 Std. (urspr. Vorderasien, heute alle gemäßigten und subtrop. Zonen); ↑ a. Keimling, Weizenkorn, Weizenmehl

Weizen|brot ↑ Brot/Sorten
 -flocken ↑ Cerealien, Getreideflocken
 -grieß ↑ Grieß
 -keimbrot ↑ Brot/Spezialsorten
 -keime fallen bei der Vermahlung an, reich an Enzymen, Mineralstoffen und Vitaminen
 -keimöl kaltgepreßtes, hochwertiges Pflanzenöl aus Weizenkeimen
 -korn Mehlkörper mit Schale, hochwertig und reich an Eiweiß, Fett, Mineralstoffen, Zellulose, gesund und schmackhaft, schmeckt nach Mais und Nüssen; die harten, getr. Körner müssen vor Gebrauch über Nacht eingelegt werden, eignen sich für Vollwertkost, für Brot, Brötchen, Müesli, Aufläufe, Salate usw.
 -mehl, Weißmehl weißes, staubzartes Mehl mit wenig Eigengeschmack, das sich für feines, feinstes Gebäck eignet, aber nur noch aus leeren Kohlenhydraten und Stärke besteht und keine weiteren Wirkstoffe mehr enthält
 -mischbrot ↑ Brot/Sorten
 -pulver ↑ Weizenstärke
 -schrot ↑ Schrot
 -schrotbrot ↑ Brot/Sorten
 -stärke, -pulver Stärke aus Weizenmehl, Bindemittel für Suppen, Saucen, Desserts und Backmischungen
 -vollkornbrot ↑ Brot/Sorten

Welfencreme [Welfen, altes dt. Herrschergeschlecht] Süßspeise aus weißer Vanillecreme und gelber Weinschaumhaube (Niedersachsen, Westfalen)

Welfenspeise Süßspeise aus zwei Cremes, die eine weiße aus Milch mit Stärke, Vanille, Zitronenschale und Zucker, die andere gelbe aus Eigelb mit Weißwein und Zucker, schichtweise in gekühltem Glas serviert (Niedersachsen, Westfalen)

well-done engl.: (Fleisch) gut durchgebraten, völlig gar; ↑ Fleisch/Garstufen

Weller Süßwasserfisch, ↑ Wels

Wellfleisch [mhd. *wallen,* wälzen] Schweinefleisch, ↑ Kesselfleisch

Wellhornschnecke eßbares Meeresweichtier, nicht bes. feines, aber angenehmes Fleisch, wird in der Schale gek., ausgeb., ged., fritiert, pochiert, eignet sich a. für Suppen, Füllungen, wird manchmal in Essig eingelegt (Nordatlantik)

Wellington, (à la) [Arthur Herzog von W., 1769–1852, brit. Feldmarschall und Staatsmann] Rinderfilet (mit Duxelles) in Blätterteig; Samtsuppe mit Knollenselleriepüree und Reis

Wellwurst, Rote ↑ Rote Wellwurst

Wels, Waller, Weller, Schaden, Schaid gr. karpfenartiger Süßwasser-, a. Meerfisch, wird oft in Teichen gezogen;

gute Zeit: Nov.–Febr., Juni–Juli; fettes, schmackhaftes Fleisch praktisch ohne Gräten, aber nur jung, nicht zu groß und frisch gut, läßt sich (ganz oder filetiert) braten, grillen, fritieren, panieren, a. räuchern und salzen (Mittel-, Osteuropa, Ostsee, Schwarzes Meer); ↑ a. Zwergwels

Welsche Nuß [mhd. *welsch*, romanisch] ↑ Walnuß

Welscher Kümmel Gewürz, ↑ Kreuzkümmel

Welscher Quendel, Thymian wilder Feldthymian, ↑ Quendel, (Welscher)

Welschhahn ↑ Truthahn

Welschhasel ↑ Haselnuß

Welschkohl, -kraut ↑ Kohl/Wirsing

Welschkorn ↑ Mais

Welschzwiebel Zwiebelgemüse, ↑ Porree

Welsh rabbit, rarebit [engl.: Waliser Kaninchen] hellbraun geröstete Käseschnitte, orig. gebutterte Weißbrotscheibe mit geschmolzenem Cheshire- oder Gloucesterkäse, nach Belieben a. mit Eigelb, Paprika, (Cayenne-)Pfeffer, Senf, Tabasco-, Worcester(shire)sauce, hellem Bier usw. gewürzt

Wensleydale Halbhartkäse aus Vollmilch von der Kuh mit (blue) oder – meist – ohne (white) Innenschimmel, geschmeidiger Teig, 48 % Fett i. Tr., mild buttrig und leicht säuerlich, frisch feiner Honigton, wird im Herkunftsgebiet gern mit Apfelkuchen gegessen (Yorkshire, Nordengland)

Wermut, Absinth, Hilligbitter, Magen-, Wiegen-, Wormkenkraut Würz- und Heilpflanze, wildwachsender, hier und dort a. angebauter Beifußstrauch, erleichtert Galle, Leber, Verdauung, wirkt krampflösend; sehr bitter und herbwürzig, am besten zu Beginn der Blüte gepflückt, wird getr. meist für Gesundheitstees und alkoholische Getränke verwendet, eignet sich aber a. als aromatische Würze für Tomatensuppen, fette Speisen (Gans), Eintöpfe usw. (Mittel-, Osteuropa, Mittelmeerländer, Balkan)

Weserbutt Flunder von der Nordseeküste

Wespennest mit Mandelstiften, Rosinen, Zimt, feingeschn. Zitronat bestreute, aufgerollte Hefeteigplatte (Österreich, Süddeutschland)

Westfälische Art [Westfalen, dt. Stammesland im südl. Niedersachsen] Püreesuppe aus Weißen Bohnen, Porreestückchen, Kartoffel-, Knollensellerie- und Möhrenstücken mit Plockwurstscheiben; Püree von Kartoffeln, Butter und säuerlichen Äpfeln, mit in Butter geröstetem Paniermehl bestreut; Butternudeln mit geh. Schinken, zu Schmorbraten in Béchamelsauce; Näpfchen mit Füllung aus gewürztem, geschmortem Kalbsherz, -hirn, -lunge und Zwiebeln, dazu Senf und Bauernbrot

Westfälische Beutelwurst, Möppkenbrot Blutwurst aus bluthaltiger Schwartenmasse, Schweinefleisch und/oder Innereien mit Speck-, Schwarten- und/oder Fleischwürfeln, mit Roggen- oder Weizenmehl gebunden, mit Rosinen vermischt, mit Gewürznelken und Piment gewürzt; wird heiß aus der Pfanne gegessen (Westfalen)

Westfälische Götterspeise ↑ Götterspeise

Westfälische grobe Mettwurst schnittfeste, grobkörnige, geräucherte Rohwurst aus Schweine-, etwas Rindfleisch und Speck

Westfälische Grützwurst Kochstreichwurst aus Rind-, Schweinefleisch, Schweinemasken und Getreidegrütze

Westfälischer Bauernstuten ↑ Bauernstuten

Westfälischer Pfefferpotthast ↑ Pfefferpotthast

Westfälischer Pumpernickel ↑ Brot/Spezialsorten: Pumpernickel

Westfälischer (Knochen-) Schinken ↑ Schinken/Sorten

Westfälisches Blindhuhn Eintopf, ↑ Blindes Huhn

Westindische Kirsche trop. Steinfrucht, ↑ Acerola

Westinghouse-Salat [George W., 1846–1914, amerik. Ingenieur und Gründer eines elektrotechnischen Unternehmens] Avocadoscheiben, Staudenselleriestreifen und entkernte, geschälte Weinbeeren auf Salatblättern in Essig-Öl-Sauce

Westmorland-Art [W., Grafschaft in Nordwestengland] Kalbszunge oder Schweinefilet in Bratensaft mit Kraftsauce und Wein, mit geh. Champignons, Mixed Pickles und Kapern gewürzt; leicht mit Pfeilwurzmehl gebundene Kalbskraftbrühe mit Kalbskopfwürfeln, Geflügelklößchen, Pfeffergurken-, Trüffelwürfeln und Madeirawein

Wetzstein Kartoffelkloß, ↑ Glitscher

wff [engl. *water, fat free,* fettfreies Wasser] Wassergehalt in der fettfreien Käsemasse; ↑ a. Fett in der Trockenmasse

w. gew. wie gewachsen, ↑ Fleisch

whipped cream engl.: Schlagrahm, -sahne

whitebait [engl.: weiße Lockspeise] kl. Speisefische (junge Heringe, Sprotten u. ä.), gebr. oder fritiert als Delikatesse

White Cheese, Stilton [engl.: weißer Käse] junger, nur kurz gereifter Stilton-Käse ohne Schimmel

white herring engl.: Matjeshering

white onion sauce ↑ Zwiebelsauce, Englische

Whitstable [Ort an der südengl. Nordseeküste] engl. Austernsorte

WHO [engl. *World Health Organization*] Weltgesundheitsorganisation der Vereinten Nationen

whole leg engl.: ganzer Geflügelschenkel

Wi(e)bele [um 1790 vom Langenburger Hofkonditor Wibel kreiert] feines Gebäck aus Eiweiß und Zucker, a. Getreideerzeugnissen und/oder Stärke in Form von Punkten oder Stäbchen mit glänzender Oberseite

Wickelbrötchen fettes Gebäck (Skandinavien)

Wickelkloß Kloß aus einem festen Teig von gek. geriebenen Kartoffeln mit Mehl, Milch, Ei und Salz, mit in Butter gerösteter Semmel bestrichen, in Stücke geschn., in Salzwasser gek. und mit in Butter gerösteten Semmelbröseln bestreut

Wickenblüten weiß-rötliche Blüten und Knospen einer Zierpflanze, mild süßlich, als Würze und Dekoration versch. Gerichte

Widder das männl. Schaf, in der Küchensprache über 12 Mon. alt und nicht kastriert; Fleischteile, -stücke ↑ Lamm

Wiegenkraut Würzpflanze, ↑ Wermut

wie gewachsen ↑ Fleisch

Wiener (Würstchen, Würstl), Wienerle, Wienerli [zu Anfang des 19. Jh. vom Franken Johann George Lahner in Wien hergestellte Abwandlung des Frankfurter Würstchens] Brühwürstchen aus fein zerkleinertem Rind-, Schweinefleisch und Speck

Wiener Apfelstrudel ↑ Strudel

Wiener Art, (à la) viennoise [Wien, lange Zeit Metropole der österr.-ungar. Habsburg-Monarchie, heute Hauptstadt und Bundesland Österreichs] panierte, knusprig gebr. Kalbs-, Rinderschnitzel, Hühnerbrüstchen, Fischfilets usw. mit geh. Petersilie und Zitronenscheiben, dazu Kartoffelsalat, grüner Salat usw.

Wiener Backhendl ↑ Backhendl

Wiener Beuschel ↑ Beuschel

Wiener Boden dicker runder Boden aus Wiener Masse, zum Herstellen von Torten oft in mehreren Schichten

Wiener Bonbon Hartkaramelle mit zäher, halbfester Füllung aus Fruchtpulpe oder Konfitüre

wienerbrød dän. Feingebäck, dt. ↑ Kopenhagener genannt

Wiener Brotknödel Knödel aus Semmelwürfeln, angebr. Zwiebelstücken mit geschlagenem Ei, lauwarmer Milch und Muskat

Wiener Creme hell karamelisierter Zucker in warmer Milch mit geschlagenem Ei und Zucker, im Wasserbad gegart und gestürzt

Wiener Gulasch ↑ Gulasch aus Rindfleisch

Wiener Hackbraten ↑ Hackbraten als Fleisch-Saucen-Gericht in Konserven

Wiener Knödelsuppe kräftige Rinderbrühe mit Einlage von Wiener Brotknödeln

Wiener Krapfen Schicht Konfitüre zwischen zwei Hefeteigscheiben, in Fett schwimmend ausgeb. und mit Puderzucker bestreut

Wienerle ↑ Wiener (Würstchen)

Wienerli schweizerd.: Wiener (Würstchen)

Wiener Mandeln Hartdragées aus Mandeln mit Schokoladenüberzug, mit Zucker dragiert und weiß oder pastellfarbig getönt

Wiener Masse, Genueser Masse, génoise lockere, luftige Biskuitgrundmasse aus warm (im Wasserbad) oder kalt angeschlagenen Eigelben und Eiweißen (kalt: getrennt) mit Mehl, Speisestärke (Weizenpuder) und untergezogener warmer Butter, im mit Backtrenn- oder Pergamentpapier eingeschlagenen Tortenring gebacken, für Tortenböden, feine Backwaren u. a.; a. ↑ génoise

Wiener Rostbraten ↑ Rostbraten

Wiener Sahnenudeln in Milch mit Vanille gek. Bandnudeln, mit Schaummischung aus Butter, Eigelb, Zucker, geriebener Zitronenschale und Sahne in Kastenform geb., gestürzt in Scheiben geschn. und mit Kompott serviert

Wiener Salat Scheiben von Gurken, gek. Kartoffeln, Knollensellerie und hartgek. Eiern in Essig-Öl-Sauce mit geh. Schnittlauch, mit Kopfsalatherzen garniert

Wiener Schnitzel ↑ Schnitzel: Wiener Schnitzel

Wiener Tafelspitz ↑ Tafelspitz

Wiener Tascherl mit Johannisbeerkonfitüre gef. Mürbeteigtasche, mit Eiweiß bestrichen und im Rohr gebacken

Wiener Tortenboden dünner runder Boden aus Wiener Masse mit Rand, zum Belegen mit Früchten

Wiener Wäschermädel ↑ Wäschermädel

Wiener Würstchen, Würstl ↑ Wiener

Wiesenchampignon wildwachsender ↑ Champignon

Wiesenkümmel Gewürz, ↑ Kümmel

Wiesenschaumkraut Wildkraut von feuchten Wiesen und Auenwäldern, junge Triebe im Frühling würzig und appetitanregend; ↑ a. Wildkräuter

wig [engl.: Perücke] Gewürzbrötchen

Wild alle jagdbaren Tiere, feinfaseriges, aromatisches Fleisch, leicht verdaulich und gut bekömmlich; darf nicht roh gegessen, sollte immer durchgebr. werden, bleibt aber trotzdem zart und saftig; gute Fleischstücke: *Hals, Brust, Bauch,* für Suppen, Gulasch, Pasteten; *Blatt, Schulter,* für Braten, Geschnetzeltes, Gulasch; *Rücken,* zum als Ganzes Braten, ausgelöst für Koteletts, Medaillons; *Keule, Schlegel,* als Ganzes für Braten, geschn. als Schnitzel; passende Gewürze und Kräuter: Beifuß, Bohnenkraut, Estragon, Gewürznelken, Knoblauch, Koriander, Lorbeer, Melisse, Petersilie, Pfeffer, Piment, Rosmarin, Salbei, Schalotten, Suppengemüse, Thymian, Wacholder, Zwiebeln; hält sich tiefgekühlt bis 12 Mon.; ↑ a. Ballenwild, Schalenwild, Wildgeflügel

WILD

	Haarwild		Feder-, Flugwild
	Schalenwild	Ballenwild	
Hochwild	Schwarzwild	Niederwild	
Damwild	Wildschwein	Biber	Auerhahn
Elch		Dachs	Birkhuhn
Gemse		Feldhase	Entenvögel
Muffelwild		Wildkaninchen	Fasan
Rehwild			Haselhuhn
Rentier			Rebhuhn
Rotwild			Schnepfe
			Trappe
			Wachtel
			Wildgans
			Wildtaube

Wildbeize Marinade zum Einlegen von Wildfleisch, je nach Alter des Tiers 1 Std. bis 2, 3 Tage lange, zum Mürbemachen, zur Würzung, a. zur Milderung des Wildgeschmacks; besteht üblicherweise aus Rotwein, Zwiebeln, Gewürzen oder aus Rotwein, Rotweinessig, Zwiebeln, Gewürzen oder aus Weißwein, Weißweinessig, Gewürzen; passende Gewürze: Lorbeerblatt, Pfefferkörner, Wacholderbeeren, a. Suppengrün; kann bis 6 Mon. tiefgekühlt werden

Wildbret [mhd. *wildbræte,* Wildbraten] das eßbare Fleisch erlegter Wildtiere, von artentypischem Geschmack, meist feinfaserig, bindegewebe-, fettarm und leicht verdaulich; sollte in der Regel abgehangen, evtl. gebeizt werden, wird normalerweise gebr., geschm. oder zu Pfeffer verarbeitet, muß mit scharfem Messer mit den Fasern geschn. werden; ↑ a. Wild
  -sauce ↑ Wildsauce

Wild(kraft)brühe Kraftbrühe aus Reh-, Hasen-, Fasanen- und/oder Rebhuhnfleisch, a. deren Knochen, mit Möhren, Porree, Stangensellerie, Zwiebeln und Gewürznelken, Knoblauchzehen, Lorbeerblatt, Petersilienwurzel, Thymian, Wacholderbeeren usw.; kann verpackt bis 1 Mon. tiefgekühlt und dann gefroren oder aufgetaut angerichtet werden

Wildente Entenart, ↑ Ente/Wildente

Wilder Knoblauch Wildgemüse, ↑ Bärlauch

Wilder Majoran Würzpflanze, ↑ Oregano

Wilder Reis ↑ Reis/Arten

Wildessenz, -fond stark eingek. Fond aus Abfällen und Knochen von Wildbret mit Champignons, Röstgemüsen, Zwiebelscheiben usw.

Wildfarce, -füllung feingeh. Wildbret, mit Ei und Sahne gebunden, mit Wacholderbranntwein gewürzt

Wildfond ↑ Wildessenz

Wildfrüchte ↑ Obst

Wildgans ↑ Gans

Wildgeflügel, Feder-, Flugwild in freier Wildbahn geschossenes, eßbares Geflügel mit magerem, hitzeempfindlichem Fleisch, läßt sich braten, dünsten, fritieren, kochen, poëlieren, schmoren; passende Kräuter: Beifuß, Bohnenkraut, Estragon, Knoblauch, Koriander, Meerrettich, Salbei, Wacholder, Zwiebel; kann verpackt je nach Fettgeh. 6–9 Mon. tiefgekühlt und dann langsam aufgetaut zubereitet werden; ↑ Ente/Wildente, Fasan, Gans/Wildgans, Haselhuhn, Moorhuhn, Rebhuhn, Schneehuhn, Schnepfe, Taube, im übrigen a. Geflügel, Hausgeflügel

Wildgemüse wildwachsende, in der Regel nicht kultivierte eßbare Pflanzen wie Bärlauch, Brennessel, Brunnenkresse, Huflattich, Löwenzahn, Sauerampfer u. a.

Wildgeschmack ↑ Hautgout

Wildhase ↑ Hase

Wildhühner wildlebende, jagdbare Vögel wie Fasan, Rebhuhn, Schnepfe u. ä.

Wildkalb weibl. Jungtier des Dam- und Rotwilds im ersten Lebensjahr

Wildkaninchen Ballenwild, dem Hasen verwandtes Nagetier, sehr helles, leicht süßliches Fleisch von feiner Struktur und kräftigerem Geschmack als jenem des Hauskaninchens, am zartesten vom Jungtier; Jagdzeit: ganzes Jahr; Fleischstücke ↑ Hase, Kaninchen

Wildkarpfen ↑ Karpfen/Arten

Wildkraftbrühe ↑ Wildbrühe

Wildkräuter, -pflanzen wildwachsende Kräuter, reich an Vit., Mineralstoffen, ätherischen Ölen und appetitanregenden Bitterstoffen wie Bärlauch, Brennessel, Brunnenkresse, Gänseblümchen, Giersch, Gundelrebe, Huflattich, Löwenzahn, Schafgarbe, Spitzwegerich, Wiesenschaumkraut u. a., sollten an möglichst staub- und düngefreien Stellen in Brachland, Waldlichtungen, an Bachrändern, Teichufern, a. im eigenen Garten gesucht werden; frisch eine willkommene, würzige Alternative zu den herkömmlichen Küchenkräutern; halten sich feucht verpackt 2–3 Tage im Kühlschrank, geh. oder püriert 6 Mon. im Tiefkühler

Wildpastete streichfähige bis schnittfeste Kochwurstpastete aus mind. 40 % Wildbret, Schweinefleisch, Flomen und etwas Leber, a. mit Zugabe von Kondensmilch, Sahne und Eiern

Wildpfeffer Ragout aus Wildbretstücken, ↑ Pfeffer (B)

Wildpflanzen ↑ Wildkräuter

Wildpilz Speisepilz, ↑ Wolkenohr

Wildpüreesuppe geröstete Wildknochen und -abgänge, Röstgemüse, Mehl oder Linsen, mit braunem Fond, Gewürzen und Rotwein ausgek., als Einlage geröstete Weißbrotwürfel

Wildschwein mit Frischling

Wildrahmsauce mit saurer oder süßer Sahne gebundener Wildfond, mit Zitronensaft gewürzt

Wildreis ↑ Reis/Wilder Reis

Wildsalat Salat aus kleingeschn., gegartem Wildbret, oft mit Schinken und/oder anderem Fleisch, wird mit Mayonnaise oder sonst einer würzigen Salatsauce angerichtet

Wildsau weibl. Tier des Schwarzwilds, ↑ Wildschwein

Wildsauce Pfeffersauce mit Johannisbeergelee und Sahne; Demiglace mit Wildessenz, Butter und Cayenpfeffer; ↑ a. Oberjägermeister-Art

Wildschaft ↑ Muffelwild

Wildschinken ↑ Schinken/Erzeugnisse

Wildschwein Schalen-, Schwarzwild, sollte in der Decke und ausgenommen etwa 1 Wo. abgehängt werden, dunkles, jung kernig-zartes, schmackhaftes, älter grobfaseriges, zähes Fleisch, muß in jedem Fall durchgebraten werden; passende Kräuter: Bohnenkraut, Estragon, Fenchel, Knoblauch, Koriander, Melisse, Salbei, Wacholder, Zwiebel; läßt sich a. räuchern; Jagdzeit 16. Juni–Jan., am besten Nov.–Dez.; 1. Lebensjahr *Frischling*, 2. Lebensjahr *Überläufer*, ältere Tiere männl. *Keiler*, weibl. *Bache*, wird, solange sie Frischlinge führt, nicht bejagt; für die kulinarische Verwertung eignen sich eigentlich nur Frischlinge und Überläufer (Europa, Nordafrika, Vorderasien)

-schinken ↑ Schinken/Sorten

Wildsuppe ↑ Wild(kraft)brühe

Wildtaube ↑ Taube

Wildtruthahn gr. Hühnervogel aus Nordamerika, in Deutschland meist ausgesetzt, Jagdzeiten 1. Okt.–15. Jan., Truthähne a. 16. März–15. Mai; im übrigen ↑ Truthahn

Wildzwiebel ↑ Zwiebel/Sorten

Wilhelminasuppe [Wilhelmina, Königin der Niederlande, 1880–1962] Rahmsuppe von Geflügel und Reis mit Karotten-, Trüffelstreifen und grünen Spargelspitzen

Wilking Zitrushybride, Kreuzung zwischen zwei Mandarinensorten, sehr saftig und aromatisch, kräftiger Geschmack (urspr. Kalifornien, a. Algerien, Marokko, Spanien)

Williams Christbirne ↑ Birne/Sorten

Wilstermarsch(käse) [Wilstermarsch, Elbmarschlandschaft in Holstein] halbfester Schnittkäse aus Kuhmilch, geschmeidiger Teig, 45–50% Fett i. Tr., herbsäuerlich, guter Frühstückskäse (Schleswig-Holstein u. a.)

Windbeutel kugeliges, locker-luftiges Hohlgebäck aus Brandmasse, mit (aromatisierter) Schlagsahne gef., mit Puderzucker bestreut; ↑ a. Eclair, Profiterole

Windermere-Sauce [Lady Windermere, Titelfigur eines Schauspiels von Oscar Wilde, 1892] mit Tomatensauce verk. Champignonscheiben, mit geh. Estragon bestreut

Windhamsuppe [Windham, Stadt in Connecticut, USA] mit Tapioka gebundenes Püree aus jungem Mais mit Reis

Windmasse gesüßter Eischnee, für Baisers

Windsor-Art, (à la) Windsor [Burg bei der Stadt Windsor an der Themse, Stammschloß und Sommerresidenz des engl. Königshauses] Garnitur aus Austern und Fischmilch, zu Fisch in Austernsauce; mit Kalbsfarce und geh. Champignons gef. Kalbskoteletts oder -steaks; Samtsuppe aus Kalbsfond und Reismehl mit Schildkrötenkräutern und Geflügelklößchen, als Einlage püriertes hartgek. Eigelb und Kalbsfußstreifen; Salat aus Hühnerfleisch-, Champignon-, Gurken- und Knollenselleriescheiben in Mayonnaise mit geriebenem Meerrettich und Worcester(shire)sauce in Ring von Feldsalat; Salat aus mit Mayonnaise gebundenen Ananas- und Apfelwürfeln in ausgehöhlten Apfelhälften aus Salatblättern, mit Tomatenscheiben dekoriert

Winterendivie ↑ Salat/Endivie

Wintergetreide winterfeste Formen der Getreidearten Gerste, Hafer, Roggen und Weizen, im Herbst ausgesät und im Sommer des folgenden Jahres geerntet

Winterkohl ↑ Kohl/Grünkohl

Winterkresse Gewürzkraut, ↑ Kresse

Winterkürbis ↑ Kürbis/Riesenkürbis

Winterportulak Gemüsepflanze, ↑ Kuba-Spinat

Wintersalat Streifen von gek. Knollensellerie, Roten Rüben und Kartoffeln in Essig-Öl-Sauce mit geriebenem Meerrettich

Winterspargel Gemüsepflanzenwurzel, ↑ Schwarzwurzel

Winterspinat gröberer Spinat, der für die Frühjahrsernte im Freien überwintert

Wintertrüffel ↑ Trüffel

Winterzichorie Salatpflanze, ↑ Salat/Fleischkraut

Winterzwiebel, Röhrenlauch kl. winterharte Zwiebel, wird gern als Essigzwiebel verarbeitet, ↑ Perlzwiebel; verdickte Stengel a. als lauchartiges, würziges Gemüse (China, Japan u. a.)

Winzerin-Art, (à la) vigneronne mit Weinbeeren und/oder herbstlichen Zutaten; mit Weinbeerkernen im Tontopf gek. Kleingeflügel; mit Knoblauch und Schalotten gegarte Weinbergschnecken ohne Schale im Backteig mit Schnittlauch; Löwenzahn-, a. Feldsalat mit knusprig gebr. Speckstreifen

Winzerspeck mit Fett durchzogenes, gepökeltes, geräuchertes Schweinefleisch

Wirrteig zu einer Kugel geformte Blätterteigreste, wie Halbblätterteig für Käsestangen, Pastetchen, Teigtaschen u. ä. verwendbar

Wirsing(kohl, -kraut) ↑ Kohl/Arten

Wirz schweizerd.: Wirsing

wisíga russ.: Rückenmark des Störs, ↑ Vesiga

Witloof [holl. *wit*, weiß, *loof*, Kraut, Laub] feine Salat- und Gemüsepflanze, ↑ Salat/Chicorée

Wittling, Gadden, Merlan, Weißling [niederd.: Weißling] kl. dorschartiger Meerfisch, sehr mageres, eher fades, aber fein aromatisches Fleisch, leicht verdaulich, ganz oder filetiert möglichst frisch zu genießen; alle Zubereitungen, aber a. geräuchert oder mariniert erhältlich, gute Zeit frisch Jan.–Apr., Aug.–Dez. (Nordostatlantik einschl. Nord-, Ostsee, a. Mittelmeer)

    Blauer – schmackhaftes, aber sehr weiches Fleisch, kommt meist sofort tiefgefroren auf den Markt (Nordostatlantik, Mittelmeer)

Wladimir [russ. Fürstenname] Garnitur aus in Butter ged. olivenförmigen Gurken und Zucchetti in Bratensaft und saurer Sahne, mit Paprika gewürzt, mit geriebenem Meerrettich bestreut, zu kl. Fleischstücken; Geflügelkraftbrühe mit Käseklößchen; Salat aus Würfeln von Stör, Räucherlachs, Krebsschwänzen, Champignons, Essiggemüse und sauren Gurken in Meerrettichmayonnaise

Woddel nordd.: Möhre

Wohlmutsblume Würzkraut, ↑ Borretsch

Wolfsbarsch, Meerbarsch, Seebarsch, Seewolf, branzino, bar (Atlantik), **loup de mer** (Mittelmeer) der wohl feinste Meerfisch, wird in Italien und Frankreich a. gezüchtet, mageres, festes weißes, aromatisches, allerdings a. druckempfindliches Fleisch mit wenig Gräten, sollte nicht zu groß sein und wird meist geschuppt, läßt sich bes. gut mit Haut braten oder im Salzmantel garen, wird a. grilliert oder pochiert kalt serviert – je einfacher zubereitet, desto besser (Ostatlantik einschl. Nord-, Ostsee, Mittelmeer, Schwarzes Meer)

Wolfsfisch Meerfisch, ↑ Seewolf, Gestreifter

Wolkenohr ostasiat. Speisepilz, ↑ mu-err

Wollener Kloß ↑ Thüringer Kloß

Wollhandkrabbe, Shanghai crab Krebstier aus Meer und Süßwasser, in China als Delikatesse geschätzt (ostasiat. Küsten-, und Brackgewässer, a. Nordseeküste)

Wollmispel subtrop. Frucht, ↑ Loquat

Wollwurst, Geschwollene feines Brühwürstchen aus Kalb-, Jungrind-, Schweinefleisch und Speck, ohne Hülle nur kurz haltbar, vorw. zum Braten

won-tan, won-ton Bouillon mit jap. Ravioli, hauchdünn geschn. Fleisch, feingeschn. Gemüse, Pilzen, Kräutern usw. (Japan); a. mit feingeschn. Schweinefleisch, Garnelen, Bambussprossen, Pilzen, gerösteten Sesamkörnern usw. in Erdnußöl und Sojasauce, a. mit gef. Nudeln (China)

woodcock [engl.: Waldhahn] Waldschnepfe

Worcester(shire)sauce [Worcestershire, Stadtgrafschaft bei Birmingham, ausgespr. *wustersoße*] Flüssigwürze aus Chilis, Knoblauch, Limonen, Malzessig, Melasse, Muskat, Nelkenköpfen, Pfefferschoten, Sardellen, Schalotten, Sojabohnen, Tamarindensaft, Zwiebeln, Pfeffer, Salz, Zucker und weiteren, geheimgehaltenen Gewürzen, reift mind. 3 Jahre in Fässern, würzt mit wenigen Spritzern Suppen, Eintöpfe, Grilladen, Pasteten, Saucen, Salate, Getränke usw. (orig. Lea & Perrins, Worcester, a. andere Fabrikate)

Wormkenkraut Würzpflanze, ↑ Wermut

Woronzow, (à la) [Prinz Mikhail W., 1782–1856, Befehlshaber der russ. Truppen in Frankreich 1805–1818] Geflügelrahmsuppe mit Gänseleberpüree, Bleichsellerie-, Möhrenstreifen und Madeirawein sowie kl. mit Gänseleberpüree gef. Ravioli; Würzsauce mit Kräuterbutter, Süß-, Sauerrahm, dünnen Gurkenscheiben und Roten Rüben (Rußland u. a.)

Wrackhering ↑ Hering

Wruke niederd.: Kohlrübe

Wuchtel Hefeteigkloß, ↑ Buchtel

Wulstling Gattung der Blätterpilze mit versch. eßbaren Arten, ↑ Kaiserling, Perlpilz

Würfelkandis ↑ Kandis

Würfelzucker ↑ Zucker/Sorten

Wurmkraut, -lauch Wildgemüse, ↑ Bärlauch

Wurst, Wurstware schnittfestes oder streichfähiges Nahrungsmittel aus zerkleinertem Fleisch und Fettgewebe, a. Blut, Innereien, Gewürzmischungen usw., geräuchert oder ungeräuchert in Wursthülle oder Behältnis; um die Haut abziehen zu können, mit kaltem Wasser übergießen oder kurz in Eiswasser legen; hält sich in der Regel im Kühlschrank frisch 1–2 Tage, geräuchert 1–4 Tage, läßt sich in Scheiben 4–6 Mon. einfrieren.
In Deutschland allein gegen 1500 Sorten, ↑ einzelne Stichwörter, die generell in folgende Sammelgruppen unterteilt werden:
    Blutwürste mit Blut versetzte Kochwürste, erkaltet meist schnittfähig; ↑ a. Blutwurst
    Bratwürste Brüh-, Koch- wie a. Rohwürste, vorw. zum Verzehr in gebr. Zustand, ↑ a. Bratwurst
    Brühwürste aus durch Brühen, Backen, Braten usw. hitzebehandeltem rohem Muskelfleisch, Fettgewebe mit Salz und Gewürzen, häufig geräuchert; ↑ a. Brät, Brühwurst
    Brühwursthalbfabrikate rohe Würste, die vor dem Verzehr durch Brühen, Backen, Braten usw. hitzebehandelt werden
    Kochstreichwürste schnittfeste bis streichfähige Kochwürste mit erstarrtem Fett und koaguliertem Lebereiweiß; ↑ a. Kochstreichwurst
    Kochwürste aus vorw. vorgekochtem (Fleisch, Innereien, Schwarten, Speck) und rohen (Blut, Leber usw.) Materialien, Salz, Gewürzen, hitzebehandelt, oft a. geräuchert, meist nur erkaltet schnittfähig; ↑ a. Kochwurst
    Rohwürste aus rohem, zerkleinertem Muskelfleisch und Speck, a. Bindegewebe, manchmal luftgetr. oder schwach geräuchert, streichfähig oder schnittfest, roh zu verzehren, ungekühlt lagerfähig; ↑ a. Rohwurst
    Sülzwürste Kochwürste, erkaltet durch erstarrte Gallertmasse schnittfähig; ↑ a. Sülzwurst

Wurstbrät ↑ Brät

Wurstbulle männl. Rind, ↑ Bulle

Würstchen feines Brühwürstchen aus Rind-, Schweinefleisch und Speck, meist geräuchert, sollte saftig, zart und knackig sein

Wurstdarm als Wursthülle verwendete Teile des Darms von Schlachttieren

Wurstebrei Leberwurstmasse mit Gerstengrütze, warm gegessen (Westfalen)

Wurstebrot in Beutel luftgetr. oder in Teig eingeb. grober Roggenschrot mit Schweineblut, Speckwürfeln und Schlachtgewürzen, in der Pfanne heiß gebr. und mit Apfelkompott serviert (Niedersachsen, Westfalen)

Wurstfett, Wurstschmalz Misch-, Schweinefett, das bei der Wurstherstellung anfällt, kann als Brotaufstrich verwendet werden

Wursthülle Umhüllung von Wurstbrät und/oder Wurstmasse, urspr. aus Därmen, a. Harnblasen, Mägen, Speiseröhren von Schlachttieren, heute meist künstlich hergestellt, kann oft mitverzehrt werden

Wurstkraut Küchenkraut, ↑ Majoran

Wurstsalat ↑ Fleischsalat mit Wurstscheiben, -stücken statt Fleisch

Wurstschmalz ↑ Wurstfett

Wurstsülze Brühwurstbrät in Streifenform oder Würfeln, a. Schweinefleisch in Gallerte aus Gelatine oder abgek. Schwarten in gr. Hülle oder Form; ↑ a. Sülzwurst

Wurstsuppe ↑ Metzelsuppe

Wurstwaren ↑ Wurst

Wurstweggen mit Wurstbrät, Hackfleisch, Gewürzen usw. gef. Blätterteigtasche (Ostschweiz)

Würze flüssiges, pastöses oder festes Erzeugnis aus Gewürzen, Gewürzkräutern und/oder anderen geschmackgebenden Zutaten zum Aromatisieren, Verfeinern und/oder Verstärken des Geschmacks einer Speise

Wurzel im Boden befindlicher Teil der Pflanze, oft fleischig und eßbar; Norddeutschland a. Name für die Möhre, Mohrrübe

Wurzelbrühe Wasser mit Wurzelgemüse, Gewürznelken, Knoblauchzehe, Lorbeerblatt, Pfefferkörnern und Zwiebeln, zum Kochen von Fleisch usw.; ↑ a. Wurzelsud

Wurzelfleisch, (Steirisches) Bauerngericht aus Schweinefleisch, feinen Streifen Möhren, Petersilienwurzeln, Sellerieknollen, Zwiebeln und Kartoffelvierteln mit Gewürzen (Knoblauchzehen, Lorbeerblatt, Neugewürz, Pfefferkörnern, Thymian), mit geriebenem Meerrettich und Petersilie bestreut (Steiermark, Österreich)

Wurzelgemüse, Wurzelwerk Gemüsepflanzen, deren Wurzeln fleischig und eßbar sind, wie Möhren, Radieschen, Rettiche, Rüben, Schwarzwurzeln, Sellerie, Topinambur, Wurzelpetersilie, a. Batate, Kartoffel usw.; hält sich im Gemüsefach des Kühlschranks 10–30 Tage; ↑ a. Knollengemüse

Wurzelknolle fleischige Verdickung der Wurzelteile bestimmter Pflanzen wie Maniok u. ä.; ↑ a. Knolle

Wurzelpetersilie ↑ Petersilie

Wurzelrahm Sahnesauce mit geraspelten Möhren (Österreich)

Wurzelrübe Wintergemüse, ↑ Pastinak

Wurzelsellerie ↑ Sellerie/Knollensellerie

Wurzelspinat ↑ Spinat

Wurzelsud Kochbrühe mit Möhren, Petersilienwurzeln, Sellerieknollen und Zwiebeln; ↑ a. Wurzelbrühe

Wurzelwerk ↑ Wurzelgemüse

Würzfleisch ↑ Ragout

Würzgemüse Gemüsegruppe, ↑ Gemüse

Würzkräuter ↑ Kräuter

Würzmischung Streuwürze mit mind. 10% Gewürzen und Kräutern

Würzsauce, Würzsoße industriell hergestellte, stark würzende Flüssigkeit aus Bestandteilen pflanzlicher, a. tierischer Herkunft und Genußsäuren, um Geschmack und Aroma einer Speise zu verstärken, hochkonzentriert und nur tropfenweise verwendbar

Wybeeri schweizerd.: Weinbeere, Rosine

Xanthan aus Bakterien gewonnenes Dickungs-, Geliermittel für Brotaufstriche, Konditorwaren, Konserven, Puddinge, Sahnen usw.

Xavier Rahmsuppe oder mit Pfeilwurz gebundene Kraftbrühe oder Suppe aus Reismehl mit kl. Würfeln von Eierstich oder Geflügel, kann mit Madeirawein aromatisiert und mit Eierkuchenrondellen oder Eierfäden garniert werden

Xérès frz.: Sherry

Xeresdressing Salatsauce mit Sherry-Essig

xiāng-cháng chin.: Wurst

xinxim Hühnerfrikassee mit gek. Garnelen, kleingeschn. Zwiebeln, Kürbis- oder Wassermelonenkernen und Kokos- oder Olivenöl (Bahia, Brasilien)

xuxu bras.: Chayote

Xylit Zuckeraustauschstoff, ↑ Zuckeralkohol

yā-dsi chin.: Ente

yahni Fleisch- oder Fischragout mit Gemüsen, Knoblauch, gerösteten Zwiebeln usw. (Türkei)

yaki, yaita jap.: gebacken, gebraten
- **buta** Schweinebraten
- **kome** gerösteter Reis
- **meshi** gebr. Reis
- **niku** Braten
- **nori** getr. Seetangblätter, für kl. Rouladen, ↑ hosomaki, verwendet

yalançı dolma Rouladen aus Weinblättern mit Füllung aus Reis und Zwiebeln, evtl. Hackfleisch, in Olivenöl ged. und warm gegessen, oder aus Reis, Zwiebeln, Dill, Petersilie, Korinthen und Pinienkernen, in Olivenöl ged. warm und kalt gegessen (Türkei)

Yam Knollengemüse, ↑ Jamswurzel

Yambalaya Eintopf, ↑ Jambalaja

Yamsstärke Stärke aus den Wurzelknollen trop. Jam-Bäume

Yam-Yam-Salat Sträußchen von Grünen Bohnen, Gurkenscheiben, Knollensellerisstreifen und Vierteln von Artischockenböden, Kopfsalatherzen in Essig-Öl-Sauce

yáng-ròu chin.: Hammelfleisch

yāo-zi chin.: Nieren

yasái jap.: Gemüse

yā-zi chin.: Ente

Yellowfin, Gelbflossen-Thunfisch Thunfischart aus Atlantik, Pazifik, Indischem Ozean, ↑ Thunfisch

yellow man [engl.: gelber Mann] Konfekt aus Butter, Rohrzucker und Rohrzuckersirup (urspr. Nordirland)

yema [span.: Knospe] das Beste eines Nahrungsmittels, das «Gelbe vom Ei»; Eigelb; Konfekt damit

Yhle(nhering) abgelaichter Hering

Yoghurt Sauermilchprodukt, ↑ Joghurt

York-Art, (à la) yorkaise [York, Stadtgrafschaft in Yorkshire, England, mit berühmter Schweinezucht] pochierte Eier auf runden (York-)Schinkenscheiben mit Estragon und Kerbel in Madeira-Gelee; hartgek. Eihälften, deren Gelbe mit kleingewürfeltem (York-)Schinken in Béchamelsauce vermischt sind, paniert, fritiert und mit Tomatensauce serviert

York-Schinken ↑ Schinken/Sorten

Yorkshire, (à la) [Größte Grafschaft, Herzogtum Englands] mit geb. (Yorkshire-)Schinken und Kalbsfarce gef. Geflügel, dazu versch. Geflügel in Madeirasauce

Yorkshire-Pudding Teig aus Eiern, Mehl und Milch, im Ofen (möglichst unter dem Fleisch) in Bratenfett oder Schmalz krustig geb., urspr. Vorspeise vor dem Roastbeef, heute meist Beilage zu Roastbeef, paßt aber a. zu Hammelfleisch u. ä. und kann sogar gesüßt als Nachtisch gereicht werden (England)

Yorkshire-Sauce Demiglace und Johannisbeergelee, Cayennepfeffer, Zimt und Orangenschalenstreifen, mit Portwein stark reduziert, zu Ente oder geschm. Schinken (England)

yosenabe jap.: Eintopf-, Pfannengericht

Youngbeere Kreuzung zwischen Brom- und Himbeere, wenig Kerne

Ysop, Essigkraut, Hyssop, Ibsche, Josefskraut, Josop [aus dem Semitischen] Küchenkraut, wirkt appetitanregend, entzündungshemmend, schleimlösend; kräftig und aromatisch herb, paßt frisch geh., sparsam verwendet und nicht mitgek. zu (Kalb-, Lamm-, Hasen-)Fleisch, Ragouts, Aufläufen, Gratins, Pasteten, Kartoffeln (a. als Suppe,

Salat), Gemüsen, grünen Salaten, Reis, Rohkost, Quark, a. Kompott, ged. Aprikosen, Pfirsichen usw.; getr. weniger intensiv (urspr. Mittlerer Osten, heute a. südl. Mittel-, Osteuropa, Nordafrika, Vorderasien, westl. Mittelasien, Pazifikküste der USA)

yú, yü   chin.: Fisch
  – -chì, -tschi   Haifischflossen

Yucca   südamerik. Knollenfrucht, ↑ Maniok

yufka   türk.: Blätterteig
  – börek   Blätterteigpastete

Yvette, (à l')   [Fluß in der Umgebung von Paris, an seinen Ufern Gemüsekultur) Fisch mit grüner Kräutersauce glasiert, dazu kl. mit Seezungenpüree gef. Tomaten; Geflügelkraftbrühe mit Geflügelklößchen und Schildkrötenkräutern; Fischsamtsauce mit Hummerpüree und Sahne, als Einlage Fischklößchen, Hummer- und Trüffelwürfel

Z

Zabaglione, Zabaione [neapolitanisch *zapillare*, schäumen] Weinschaum(creme) mit urspr. Marsala, heute a. Asti, Madeira-, Portwein u. ä.; ↑ a. Sabayon, Weinschaum

Zabe(d), Zabig [schweizerd.: zum Abend] Zwischenmahlzeit, Vesper

Zackenbarsch, grouper Familie barschartiger Meerfische mit vielen Arten, festes, blättriges weißes Fleisch von hervorragender Qualität, läßt sich backen, braten, dämpfen, dünsten, garziehen, grillen, schmoren (gemäßigte, trop. Meere mit Fels- und Korallenriffen)

Zaffran Gewürz, ↑ Safran

Zahnbrasse(n) gr. Meerfisch aus der Familie der Doraden, saftiges, etwas grobes, schwer verdauliches Fleisch, läßt sich backen, braten, dämpfen, dünsten, grillen, pochieren, schmoren (Ostatlantik, Mittelmeer)

Zahnmais mehlige Ursprungsform des Mais

Zahnstocher Konfekt aus Mandel-Eiweißteig-Streifen (Österreich)

Zährte, Näsling, Rußnase Süßwasserfisch, feines, festes Fleisch, wohlschmeckend, aber grätenreich, läßt sich a. räuchern (Einzugsgebiete der Nord-, Ostsee, Donau u. a.)

zakúski russ. Vorspeisenbüffet, ↑ sakúski

zampone gepökelter, mit gewürztem Schweinehack gef. Schweinsfuß, wird langsam gegart oder vorgek. aufgewärmt, in dicken Scheiben zu Kartoffelpüree und/oder gek. Ge-

Roter Zackenbarsch, ein schöner Meerfisch

müse (Modena, Emilia-Romagna, Italien, a. Tessin, Südschweiz)

Zander, Fogosch, Hechtbarsch, Schiel, Schill edler Süßwasserfisch, heute oft gezüchtet, frisch besser als tiefgekühlt, gute Zeit Sept.–März; festes, fast grätenloses, sehr mageres Fleisch, schneeweiß und zart aromatisch, eignet sich für alle Zubereitungen, a. für Fischsuppen, Pasteten; gute Zeit Sept.–Febr. (Mittel-, Osteuropa)

Zansibarnuß ↑ Sansibarnuß

Zapote trop. Frucht, ↑ Sapote

Zaren-Art [Zar, russ. Herrschertitel] Garnitur aus olivenförmig geschn., in Butter ged. Salzgurkenstückchen und Champignonköpfen, zu mit Mornaysauce glasiertem Fisch; gebundene Suppe von Haselhuhn mit Gänseleberpüree, mit Madeirawein gewürzt, mit Trüffelstreifen garniert

Zarewitsch-Art [Zarewitsch, der russ. Thronfolger] Wildkraftbrühe mit Sherry, Haselhuhnklößchen und Trüffelstreifen

Zarin-Art ↑ tsarine, (à la)

Zartbitterschokolade ↑ Halbbitterschokolade

Zartmacher pflanzliche Enzyme, die das Eiweiß im Fleisch abbauen und es deshalb besser kaubar und verdaulich machen

zarzuela [span.: volkstümliches Singspiel] Eintopf aus Fischen und Krustentieren mit geh. Knoblauch, Paprikaschoten, Zwiebeln, pürierten Tomaten, Schinkenwürfeln, Lorbeerblatt, Petersilie, Safranpulver, Mandeln, Weißwein, Sherry, Anisschnaps usw. (Katalonien, Nordostspanien)

za'tar Würzmischung aus getr., zerkl. Majoran, Thymianblättern, Sumachbeeren u. a., wird gern zu in Olivenöl getauchtem Fladenbrot gegessen (Naher Osten)

zatūn arab.: Olive

Zaziki eingedeutscht für ↑ tsatsiki

Zeder Zitrusfrucht, ↑ Zitronatzitrone

Zedernbrot kl. Gebäck aus steifgeschlagenem Eiweiß, geriebenen Mandeln, Puderzucker, Zitronensaft und -schale, Zucker (Süddeutschland, Ostschweiz)

Zedrat ↑ Zitronat

Zedratzitrone, Zitronatzitrone grüngelbe Stammfrucht der Zitrusfrüchte mit dicker, wulstiger Schale und wenig Fruchtfleisch, das jedoch saftig und säuerlich herb ist (urspr. Südostasien oder Indien, heute a. Italien, Korsika, Griechenland, Kalifornien, Puerto Rico, Brasilien u. a.)

Zehnarmiger Tintenfisch ↑ Tintenfisch

Zeilensemmel Kleingebäck, in Reihenform aneinandergesetzt und leicht auseinanderzubrechen (Mitteldeutschland)

Zeilkarpfen Süßwasserfisch, ↑ Karpfen/Arten

Zeitbeere Ulm: Johannisbeere

Zeller österr.: Sellerie

zelná polévka tschech.: Kohl-, Krautsuppe

Zelten südd., österr., schweizerd.: flaches Gebäck aus Teig mit Zutaten; westösterr.: Früchtebrot

Zelt(e)l, Zeltli bayer., österr., schweizerd.: Bonbon

Zephir, zéphyr [griech. *zephiros*, milder Südwestwind, griech. Gott] kl. in Förmchen gegarte Schaumspeise aus mit Schlagsahne verfeinerter Farce aus Fisch, Krustentieren oder (Wild-)Geflügel

zerde süßer Milchreis mit Safranfäden, Granatapfelsamen, Pinienkernen, Rosinen, Rosenwasser usw., Hochzeitsessen (Türkei)

Zerealien Getreidefrüchte, ↑ Cerealien

Zerlassene Butter ↑ Butter, zerlassene

Zervelatwurst ↑ Cervelatwurst

Zespri neuseeländischer Markenname für die ↑ Kiwi

Zeste dünn abgeschältes Stück Schale von Zitrusfrüchten, enthält aromatisches Zitrusöl

Zettlkraut Tirol: Sauerkraut

zeytin ngriech.: Olive

zhú-sŭn chin.: Bambussprossen

Zibarte, Zipparte wildwachsendes, grüngelbes oder a. blaues Pfläumchen, wenig Fleisch und herbsäuerlicher

Geschmack, vorw. für Obstwässer verwendet (Südbaden, a. Elsaß, Ostschweiz)

Zibebe [arab. *zibiba*, Rosine] gr. Rosine mit vielen Kernen, v. a. aus Kreta und Türkei; böhm., österr.: allg. Rosine

Zibele berndeutsch: Zwiebel(n)

zibulka böhm.: Frühlingszwiebel

Zichorie, Wegwarte [griech.: *kichōrion*] Rübenpflanze, deren fleischige Pfahlwurzel gek. und gemahlen als Kaffee-Ersatz verwendet werden kann; die aus deren Wurzel treibenden Blattsprossen nennen sich *Chicorée* und dienen im Winter als Gemüse und Salat, ↑ Salat/Sorten, eine weitere Zuchtart heißt *Endivie*, ↑ Salat/Sorten

Zicklein, Kitz, Ziegenlamm 6–8 Wo. altes weibl. oder männl. Jungtier der Ziege, sehr zartes, schmackhaftes Fleisch, wird ganz oder halbiert, a. nur Schlegel, Gigot, im Ofen gebr. (passende Kräuter: Estragon, Knoblauch, Petersilie, Porree, Rosmarin, Zwiebel), in Stücken für Ragout geschmort; gute Zeit: Frühlingsanfang (Ostern) bis Juni

Ziege Haustier, wird v. a. zur Milch- und Käsegewinnung gehalten, Fleisch nur vom ↑ Zicklein

Ziege, Sichling der Zährte verwandter und ähnlicher Meer- und Süßwasserfisch (Ostsee bis südruss. Meere, mittlere Donau)

Ziegelkäse südd.: Limburger Käse

Ziegenbart, Bärentatze, Hahnenkamm, Hirschschwamm, Keulen-, Korallenpilz Gattung von Speisepilzen, darunter die Kammkoralle, leicht bitterlich mild; gute Zeit Aug.–Okt.

Ziegenfisch, Blauer Meerfisch, ↑ Blauer Ziegenfisch

Ziegenhornklee Küchenkraut, ↑ Bockshornklee

Ziegenkäse, chèvre Käse aus Ziegenmilch, oft a. mit Kuh- und/oder Schafmilch, in hunderterlei Arten und Formen, meist in kleineren Betrieben hergestellt und vom Erzeuger angeboten, für den einen (darunter den Feinschmecker) eine Delikatesse als Abschluß eines Mahls, für den anderen eine Zumutung, vor der er sich die Nase zuhält; frisch, angereift, halb durchgereift oder trocken und durchgereift im Handel, mind. 45 % Fett i. Tr.; mit glatter weißer Schimmelrinde mild und säuerlich, mit Rinde eßbar, mit gelblich-grauer, runzeliger Schimmelrinde pikant bis streng, ohne Rinde zu essen, mit grauschwarzer Holzkohlenasche bestreut säuerlich mild, mit trockener, harter

Zicklein, Frühjahrsboten auf dem Feld und in der Küche

Rinde sehr streng (v. a. Frankreich, aber a. Bayern, Belgien und übriges Mitteleuropa); ↑ a. Banon, Chabichou, Crottin, Pélardon, Picodon, Saint-Maure, Valençay u. a.

Ziegenlamm junge Ziege, ↑ Zicklein

Ziegenlippe Speisepilz aus der Familie der Pilzröhrlinge, jung zartes, saftiges Fleisch, fruchtiger Geruch, milder Geschmack; gute Zeit Juli–Okt.

Zieger(käse) Sauermilchquark, ↑ Käse/Festigkeit

Ziehbutter wasserhaltiges Milchfett mit mehr höherschmelzenden Fettanteilen als die normale Butter, macht Teig dünner ausziehbar, Gebäck mürbe und zart, wird für Blätter-, Butterteig verwendet

Ziemer alte Bezeichnung für Rücken des Schalenwilds

Zierquitte, Scheinquitte gelbliche Frucht eines jap. Dornstrauchs, roh nicht eßbar, läßt sich aber wie Äpfel, Birnen kochen und zu Gelee, Konfitüre u. ä. verarbeiten

Ziest(knollen) Pflanzenknollen, ↑ Stachys

Ziger Sauermilchquark, ↑ Käse/Zieger(käse); Schweiz a. Frisch-, Magermilchkäse, Quark, ↑ Schabziger; Tirol: Sauermilchquarkkäse

Zigerklee, Bisamklee, Schabzigerklee würzige Krautpflanze, wird getr. und gemahlen dem ↑ Schabziger beigemischt (Voralpen)

Zigerstock, Zigerstöckli Kräuterkäse, ↑ Schabziger

Zigeuner-Art, zingara [Zigeuner, europäisches Volk ind. Ursprungs mit eigenen Sitten, Brauchtum und Kultur] mit Paprika und Tomaten; Garnitur aus Champignon-, Schinken- und Trüffelscheiben in tomatisierter Demiglace mit Estragonessenz, zu Kalbfleisch, Geflügel; Geflügelkraftbrühe mit Eierstich in drei versch. Farben; ↑ a. Sauce/sauce zingara

Zigeunerbraten gewürzter, a. gepökelter Schweine- oder Rinderbraten

Zigeunerfleisch entbeintes Fleisch vom Kamm oder Kotelettstrang des Schweins, mild gepökelt, in Blut getaucht und kalt geräuchert

Zigeunerkraut, -lauch Wildgemüse, ↑ Bärlauch

Zigeunerpilz Speisepilz, ↑ Reifpilz

Zigeunersauce ↑ Sauce/sauce zingara

Zigeunerspieß ↑ Dragonerspieß, Fleischspieß

Zigeunerwurst, Paprikaspeckwurst grobe Brühwurst aus Rindfleisch und Backenspeck mit Paprikaspeckwürfeln

zimino, ziminu in einer Brühe mit Mangold, Spinat u. ä. geschm. Klipp-, Tinten- und andere Fische (Ligurien, Toskana, Sardinien, Italien, Korsika, Frankreich)

Zimmes Speise aus mit Honig oder Zucker gesüßten Möhren, a. anderen Gemüsen, Fleisch, Obst, Dörrfrüchten usw. (jüd. Küche)

Zimmis schweizerd.: Imbiß

Zimt Gewürz aus der abgeschälten, getr. Innenrinde von Zweigen eines trop. Lorbeergewächses, wirkt appetitanregend, krampflösend und nervenstärkend; süßlich und brennend würzig, aus Ceylon, Madagaskar, Sumatra milder als der verwandte und oft damit verwechselte ↑ Kaneel; in Stangen oder als Puder (meist aus Kaneel) im Handel; aparte Würze zu Bratäpfeln, Apfelkompott, -strudel, Beignets, Cremes, Grieß-, Milchbrei, Gebäck (Biskuit, Pfefferkuchen, Zimtstern usw.), Mehl-, Süßspeisen, süßen Aufläufen, Obstsalaten, Speiseeis, aber a. (Schaf-, Wild-)Fleisch, Schinken, (Wild-)Geflügel, Fisch, Curries usw.; hält sich in Stangen oder gemahlen dunkel, kühl und trocken gelagert 2–3 Jahre (Südostasien, a. Afrika, Südamerika)

Zimtapfel trop. Sammelfrucht, ↑ Annone/Schuppenannone

Zimtstern feine Dauerbackware aus Eiweiß, Mandeln und/oder Nußkernen, Zucker und Zimt, a. Kirschwasser u. ä.

zingara ↑ Zigeuner-Art, a. Sauce/sauce zingara

Zink chem. Element, ↑ Spurenelemente

Zipfel Endstück der Wurst
Blauer, Saurer – in siedendem Wasser, Essig- oder Weinsud mit viel Zwiebelringen und Gewürzen (Gewürznelken, Lorbeer, Pfeffer-, Senfkörner, Wacholderbeeren usw.) gek. rohe Schweinebratwurst, dazu Schwarzbrot (Franken)

Zipolle [ital. *cipolla*, Zwiebel] mitteld., nordd.: Zwiebel

Zipparte kl. Pflaumensorte, ↑ Zibarte

Zirbelnuß der eßbare Samen der Zirbelkiefer, dem Pinienkern ähnlich, mandelartiger Geschmack (Alpen, Karpaten, Nordrußland)

Zirggeie Tirol: kl. Hefekrapfen

zite, ziti gr. dicke Nudeln aus Hartweizengrieß, passen zu Saucen, Ragouts und zum Überbacken (urspr. Kampanien, Italien)

zito Süßspeise aus gek. Weizen, Muskatnuß, Nüssen, Vanille, Zucker und Rum (Serbien)

Zitronat, Citronat, Sukkade, Zedrat kandierte Schale der Zedratzitrone, mit Zucker überzogen (glasiert) oder unglasiert (abgelaufene Schale), a. unglasiert in Würfel geschn. (gewürfelt, weniger Aroma), Backzutat; ↑ a. Orangeat

Zitronatzitrone ↑ Zedratzitrone

Zimt, wunderbar würzige Rindenrollen und Pulver

Zitronenmelisse und Zitronen, Zitrusdüfte des Südens

Zitrone [lat. *citrus,* Zitronenbaum] Frucht des Zitronenbaums, der mind. zweimal im Jahr blüht, hoher Vit.-C-Gehalt, wirkt appetitanregend, blutreinigend, gegen Übelkeit und Verdauungsstörungen; saftiges, aromatisch saures Fleisch, mit dünner glatter Schale saftiger als mit dicker grober, weich besser als hart; ein paar Tropfen oder die unbehandelte Schale würzen salzige und süße Speisen, Fleisch, Fisch, Paella, Salate (als Essigersatz), frische Kräuter, Gebäck, Kuchen, Sorbets, Speiseeis usw.; sollte dunkel und kühl (im Gemüsefach des Kühlschranks), aber nicht kalt aufbewahrt werden (urspr. Vorderindien oder China, heute a. Mittelmeerländer, Florida, Kalifornien, Argentinien, Mexiko, Südafrika, Australien u. a.); ↑ a. Limette, Limone, Zedratzitrone

Zitronellgras asiat. Würzgras, ↑ Citronelle

Zitronengelb die abgeriebene (unbehandelte) Schale der Zitrone

Zitronengras asiat. Würzgras, ↑ Citronelle

Zitronenkraut Würzkraut, ↑ Zitronenmelisse

Zitronenmayonnaise Mayonnaise mit Zitronensaft statt Essig

Zitronenmelisse, Frauenkraut, Gartenmelisse, Herztrost, Honigblatt, Melisse, Wanzen-, Zitronenkraut Würz- und Gartenkraut, enthält ätherische Öle und magenfreundliche Bitter-, Gerbstoffe, wirkt beruhigend, krampflösend, gegen Asthma; erfrischend zitroniges, aber nicht säuerliches Aroma, frisch intensiver als getr., sollte nicht mitgek. werden; würzt Suppen, Fleisch, Geflügel, Wild, Fisch, Gemüse, Pilze, Salate, (Kräuter-, Salat-)Saucen, Essig, Füllungen, Kräuterbutter, -quark, Mayonnaise, Obstsalate, süßsaure Desserts; verträgt sich mit allen frischen Kräutern und Zitronensaft; gute Zeit Apr.–Okt., abgezupfte Blättchen lassen sich in Essig einlegen oder luftdicht verpackt einfrieren (Vorderasien, Mittelmeerraum)

Zitronenöl ↑ Öl/Sorten

Zitronen-Olivenöl ↑ Öl/Sorten

Zitronensauce ↑ Sauce/sauce hollandaise mit Zitronensaft und abgeriebener Zitronenschale

Zitronenschale die dünne äußere, gelbe Schale der Zitrone, sollte zum Würzen unbehandelt sein und sehr dünn geschn. oder abgerieben werden

Zitronensenf ↑ Senf/Sorten

Zitronenthymian feine Sorte des ↑ Thymians, duftet nach Zitrone, schmeckt nach Thymian, würzt frisch und sparsam verwendet Gemüse-, Kräutersuppen, Salate, Marinaden, Kartoffelgerichte, Schmorbraten usw.; läßt sich im Tiefkühlfach aufbewahren (Europa bis Kaukasus, Vorderasien u. a.); ↑ a. mint sauce

Zitronenzucker Würfelzucker, an der Schale unbehandelter Zitronen gerieben

Zitrusfrüchte ↑ Obst/Sorten

Zizis Köln: sehr feine, frische Bratwurst

zlévanka, zlívanka Nocken aus Buchweizen-, a. Mais-, Weizenmehl mit süßer oder saurer Sahne und Eiern (Slowenien)

Zmittag schweizerd.: Mittagessen

Zmorge schweizerd.: Morgenessen, Frühstück

Zn chem. Zeichen für Zink, ↑ Spurenelemente

Znacht schweizerd.: Abend-, Nachtessen

Znaimer Gulasch [Znaim, Znojmo, tschech. Stadt in Südmähren] Rindergulasch mit Gewürzgurkenscheiben

Znaimer Gurken mit Dill, anderen Kräutern und Gewürzen süßsauer eingelegte Gurken

Znüni [alemann.: um neun Uhr] zweites Frühstück, Imbiß am Vormittag zwischen 9 und 10 Uhr; im Schwarzwald insbes. mit Speck, Bauernbrot und Kirsch (Baden, Ostschweiz)

Zucchini mit Blüten, Kürbisgemüse für den Feinschmecker

Zobe(d), Zobig [schweizerd.: zum Abend] Zwischenmahlzeit am Nachmittag, Vesper

Zola-Suppe, consommé Zola [Emile Zola, 1840–1902, frz. Schriftsteller und Gourmet] Rinderkraftbrühe mit kl. Nocken aus Brandmasse mit Käse und geh. weißen (Piemont-)Trüffeln, dazu geriebener Parmesankäse

Zölestine ↑ Célestine

Zopf feines Weißbrot in Form von geflochtenem Butter-Hefe-Teig (urspr. Kt. Bern, Schweiz)

Zorillasuppe, consommé Zorilla [Zorilla, afrik. Iltis] Geflügelkraftbrühe mit Kichererbsen, Tomaten und gek. Reis

zraz, zrazik poln.: Steak

zrazy poln.: ged. Lendenschnitte
 – **siekane** Hackfleischklöße, Buletten

Zuavensauce [Zuaven, kühner Kabylen-, Soldatenstamm in Algerien] tomatisierte Demiglace mit Knoblauch, Senf und geh. Estragon

Zubereitetes Hackfleisch ↑ Hackepeter

Zucchetto, Zucchetti venezianisch: Zucchino

Zucchino, Zucchini, Kleinkürbis [ital. *zucchina,* kl. Kürbis] Gemüsekürbis, schmeckt wie Gurke, aber neutraler und mild nussig, sollte jung, fest, gerade und klein mit weicher Schale sein; braucht nicht geschält, sondern nur gewaschen, gekappt und blanchiert zu werden, äußerst vielseitig verwendbar, roh (in Scheiben) als Salat, Rohkost, geb., gebr., ged., gef., eingelegt als Gemüse (mit anderen Gemüsen wie Auberginen, Endivie, Gurken, Kartoffeln, Knoblauch, Paprika, Pilzen, Tomaten, Zwiebeln, a. Käse, Nüssen), zu Hack-, Schaffleisch, Geflügel, Fisch usw.; passende Gewürze: Basilikum, Curry, Dill, Dost, Knoblauch, Koriander, Muskatnuß, Oregano, Paprikapulver, Petersilie, Rosmarin, Thymian, Salz und Pfeffer; gute Zeit einh. Juni–Okt.; frisch eingewickelt im Gemüsefach des Kühlschranks bis 12 Tage haltbar, blanchiert eingefroren 4–6 Mon. (urspr. Süd-, Mittelamerika, im Sommer aus Südeuropa, a. Süddeutschland, Schweiz, Holland, England, Israel, USA u. a., im Winter aus Afrika)

Zucchiniblüte gelbe Blüte des Zucchino, läßt sich (groß) mit Fleisch usw. füllen, in heißem Fett ausbacken oder in Öl fritieren

Zuchtchampignon Kulturpilz, ↑ Champignon

Zuchtfisch Süßwasserfisch, der in künstlichen Gewässern, Naturteichen oder Kunststoffbecken als Speisefisch gezüchtet wurde

Zuchtwildente wilde Entenrasse, die gezüchtet wird

Zucker [arab. *sukkar*, Zucker] Nahrungs- und Genußmittel, kristallisiertes natürliches, in Flüssigkeit leicht lösliches Kohlenhydrat aus Zuckerrohr (Tropen) oder Zuckerrübe (gemäßigte Zonen), frei von Ballaststoffen, Energiespender, Gehirn- und Nervennahrung, die sofort ins Blut geht, erst über 60 g pro Tag gesundheitlich fragwürdig; zum Süßen, Färben, Konservieren, Würzen von Nahrungsmitteln; trocken aufbewahrt 2 Jahre und länger haltbar (urspr. Indien); ↑ a. Bastardzucker, Farin, Fondant, Fruchtzucker, Karamel, Kristallzucker, Läuter-, Palmzucker, Nougat, Süßstoff, Traubenzucker, Xylit

Sorten
Brauner Zucker, Farinzucker, Kassonade, Rohrzucker, Rohzucker meist aus Zuckerrohr gewonnen, ungereinigt und mehr oder weniger raffiniert, hell- bis dunkelbraun und würzig klebrig mit wenig Mineralstoffen, süßer, aber nicht gesünder als der Haushaltzucker, für Honig-, Lebkuchen, Weihnachtsgebäck u. ä.
Dekorierzucker aus feinster Puderraffinade mit wenig Fett und Reisstärke, schmilzt nicht, zum Bestreuen von Gebäck
Demerara-Zucker brauner Rohrzucker mit groben Kristallen
Doppel-Raffinade extraweißer Zucker, ↑ Raffinade
Einmachzucker Weißzucker von hoher Reinheit, fein oder gekörnt, beim Aufkochen nicht schäumend, zum Einmachen
Gelierzucker Weißzucker mit reinem Pflanzenpektin und Zitronen-, a. Weinsäure, süßt und geliert, zum Einmachen, Herstellen von Gelees, Kompotten, Konfitüren, Marmeladen usw.
Hagelzucker aus reinem Weißzucker, grobkörnig, zum Bestreuen, Verzieren von Gebäck, Kuchen, Desserts, Pralinen u. ä.
Haushaltsraffinade, -zucker reiner Weißzucker, zum Backen, Kochen, Einmachen
Invertzucker Gemisch aus ↑ Fruchtzucker und ↑ Traubenzucker, für Marmeladen, Bonbons, Kunsthonig usw.
Kandis(zucker) ↑ Kandis
Kastorzucker reiner, sehr feinkörniger Kristallzucker
Kristallzucker ↑ Raffinade
Malzzucker, Maltose aus Gerstenmalz, schwache Süßkraft, aber kräftigend
Puderzucker, Staubzucker aus reinem Weißzucker, staubfein gemahlen, schnell löslich, für Gebäck, feine Desserts, Karamel, für Guß und Glasur, zum Bestäuben
Raffinade, Kristall-, Weißzucker bes. reiner weißer Streuzucker von hoher Qualität, grob-, mittel- oder feinkörnig
Rohrzucker aus Zuckerrohr, im weiteren Sinn a. aus Zuckerrüben
Rohzucker Zwischenerzeugnis bei der Herstellung von Rohr- und Rübenzucker mit an den Kristallen zum Teil noch anhaftendem Sirup, daher braun gefärbt
Rübenzucker aus der Zuckerrübe
Vanillezucker Mischung von reinem Weißzucker mit mind. 10 % echtem, fein verriebenem Vanillemark, sollte nicht gek. werden
Vanillinzucker Mischung von reinem Weißzucker mit mind. 1 % synthetisch hergestelltem Vanillin, hitzebeständig
Vollrohrzucker, Vollwertzucker, Succanat, Ursüße nicht raffinierter Zucker aus dem eingedickten, getr. Saft des Zuckerrohrs, enthält wertvolle Mineralstoffe und Vitamine, aber a. Schmutzpartikel
Weißzucker ↑ Raffinade
Würfelzucker aus reinem, angefeuchtetem Weißzucker oder braunem Zucker gepreßt, weiß zu Kaffee, Tee, für Zuckersirup, braun zu starkem Kaffee
Zuckerhut aus reinem Weißzucker in Kegelform gepreßt, Spitze bleibt länger feucht und wird deshalb nach dem Trocknen härter, aber nicht etwa süßer, meist für Getränke (Feuerzangenbowle, Punch)

Zuckeralkohol, Zuckeraustauschstoff durch Hydrierung von Zucker gewonnener Süßstoff, zahnschonend und für Diabetiker geeignet
Isomalt 0,45mal so süß wie Zucker, 2 kcal, 8 kJ
Lactit 0,4mal so süß wie Zucker, 2 kcal, 8 kJ
Maltit 0,85mal so süß wie Zucker, 2 kcal, 8 kJ
Mannit 0,5mal so süß wie Zucker, 4 kcal, 17 kJ
Sorbit 0,6mal so süß wie Zucker, 4 kcal, 17 kJ, a. Dickungs-, Frischhaltemittel
Xylit 0,9mal so süß wie Zucker, 4 kcal, 17 kJ

Zuckerapfel trop. Frucht, ↑ Annone/Schuppenannone

Zuckerbanane, Gelbe Bananensorte, ↑ Banane/Babybanane

Zuckercouleur, -kulör, Farbzucker durch Erhitzen tiefbraun gefärbter Zucker, zum Färben von Lebensmitteln

Zuckererbse Hülsenfrucht, ↑ Erbse/Sorten

Zuckerglanz, -glasur, -guß ↑ Fondant, Glasur, Guß

Zuckergurke ↑ Gurke/Sorten

Zuckerhut ↑ Zucker/Sorten; a. Name der Herbstzichorie, ↑ Salat/Fleischkraut

Zuckerkand, -kant ↑ Kandis

Zuckerkuchen Hefeteig mit Muskatblüten und Zitronenschale, belegt mit Mandeln, Zimt, Zucker, Vanillinzucker und saurer Sahne (Westfalen)

Zuckerkulör ↑ Zuckercouleur

Zuckerlinse ↑ Linse

Zuckermais ↑ Mais

Zuckermehl ugs. für Puderzucker

Zuckermelone ↑ Melone/Sorten

Zuckerrohr hohes bambusartiges Rispengras, aus dessen Stengeln durch Abpressen Zuckersaft gewonnen und dessen süßes, saftiges Mark verzehrt wird (urspr. Südostasien, heute alle heißen, feuchten Tropen)

Zuckerrübe saccharosereiche Züchtung der Runkelrübe, aus deren zerschn. Wurzeln durch Auspressen oder Auslaugen und Eindicken des Saftes Zucker gewonnen wird

Zuckerschote Hülsenfrucht, ↑ Erbse/Sorten, Zuckererbse

Zuckersirup ↑ Läuterzucker

Zuckerstange runde Hartkaramelstange, farbig mit weißen Streifen, haupts. Naschwerk für Kinder

Zuckerstreusel harte Streusel aus Fondantmasse und Zucker, meist farbig, zum Verzieren

Zuckertang Braunalge mit langen Blattbändern (Nord-, Ostseeküsten), ↑ Alge

Zuckerteig ↑ Teig/Sorten

Zuckerwaren Süßwaren, Lebensmittel mit Zucker(arten), viele Varianten

Zuger Kirschtorte [Zug, Kt. und Stadt am Zugersee, Innerschweiz] rosa Buttercremetorte mit Meringeboden und -decke, dazwischen mit Kirschwasser getränkter Biskuit, sollte feucht sein

Zuger Röteli Süßwasserfisch, ↑ Röteli

zu man po Gericht aus Schweinefiletstreifen, Porree und Champignons, mit feingeh. Zwiebeln in Schmalz gebr., mit

Zuger Kirschtorte, Gipfel der Schweizer Zuckerbäckerei

Knoblauch, Sojasauce usw. gewürzt, dazu Sojasprossen und Klebreis (China)

Zunge Muskelorgan aus der Maulhöhle von Kalb, Rind, Schaf oder Schwein, fettreiche Innerei, feines Muskelfleisch, wird frisch, gepökelt oder geräuchert auf viele Arten kalt oder warm zubereitet und am besten nicht zu dünn, sondern stattlich dick in Scheiben geschnitten; passende Gewürze: Gewürznelken, Lorbeerblatt, Piment u. a.; läßt sich gepökelt 4–6 Mon. einfrieren und dann aufgetaut verwenden

Zungenblutwurst ↑ Zungenrotwurst

Zungenbutt, Hundszunge platter Meerfisch, der Scholle ähnlich, festes Fleisch von durchschn. Qualität, eignet sich für alle Zubereitungen außer Dünsten und Schmoren (beide Seiten des Nordatlantiks)

Zungenleberwurst Kochstreichwurst aus Schweinefleisch und Speck mit mind. 20 % Leber und Einlage von Zungenwürfeln

Zungenpastete Brühwurstpastete aus Rind-, Schweinefleisch und Speck mit Einlage von gepökelter, vorgek. Zunge, oft von dünner Speckschicht umhüllt

Zungenrotwurst, Zungenblutwurst Blutwurst aus bluthaltiger Schwartenmasse mit Einlage von kl. Speck-, Fleischwürfeln und ganzer oder grob gewürfelter Zunge

Zungenroulade Zungenpastete nach Art einer Roulade

Zungenstück ↑ Rind/Fleischteile: Kamm

Zungenwurst Brühwurst aus Rind-, Schweinefleisch und Speck mit groben Würfeln vorgek. Zunge, für Aufschnitt

zupa poln.: Suppe

Zupfblatteln Würzkraut, ↑ Salbei

Züpfe ↑ Berner Züpfe

Zupfen sofort nach dem Fang auf See entkehlte Jungheringe oder Sprotten

zuppa ital.: Suppe, oft a. Süßspeise
– **inglese** [ital.: englische Suppe] Süßspeise aus im Ofen überbackenen Schichten Vanillecreme, mit Rum getränkten Biskuitstreifen, kandierten Fruchtwürfeln und Meringe- oder Sahnehaube, kühl in Stücken serviert
– **(alla) pavese** Fleischbrühe über in Butter goldbraun gebr. Brotscheiben und darüber aufgeschlagenen Eiern,
mit weißem Pfeffer und geriebenem Parmesankäse, a. geh. Petersilie gewürzt
– **romana** Biskuittorte mit Schichten aus Obst (Aprikosen, Birnen, kandierten Früchten usw.), bitterer Schokolade, Vanillecreme, Schlagsahne usw.

Zürcher Geschnetzeltes, Züri-Gschnätzlets [Zürich, größte Stadt der Schweiz] ↑ Geschnetzeltes, Zürcher

Zürcher Ratsherrentopf ↑ Ratsherrentopf, (Zürcher)

Zusatzstoffe, Lebensmittelzusatzstoffe Substanzen, die als Zusatz von Lebensmitteln deren Beschaffenheit beeinflussen oder bestimmte Eigenschaften und Wirkungen erzielen. Sie sind nur zugelassen, wenn sie gesundheitlich unbedenklich sind und als solche deklariert werden, wobei die diesbezüglichen lebensmittelrechtlichen Verordnungen nicht unumstritten sind: sie sind lückenhaft und oft verwirrend, Menge, Zuträglichkeit, Zusammenwirkung untereinander sind nicht immer ersichtlich, und sie lassen sich manipulieren. In jedem einzelnen Fall ist die Verwendung jedoch genehmigungspflichtig.
Als brauchbare Norm haben sich die *E-Nummern* erwiesen, mit welchen die Europäische Union seit 1986 die Zusatzstoffe kennzeichnet, wobei auch diese Liste nach den neuesten Erkenntnissen laufend überarbeitet, verändert und ergänzt werden muß. Sie weist u. a. folgende Kategorien auf:
E 100–102, 104, 110, 120, 122–124, 127–129, 131–133, 140–142, 150, 151, 153–155, 160–163, 170–175, 180, 579, 585 *Farbstoffe* zum Einfärben von Lebensmitteln, dienen nur der Verkaufsförderung, aber nicht der Qualitätsverbesserung; i. a. harmlos, können aber in Einzelfällen Allergien auslösen
E 200, 202, 203, 210–224, 226, 227, 249–252, 280–283 *Konservierungsstoffe,* verzögern oder verhindern das Wachstum von Mikroorganismen (Bakterien, Hefen, Pilze), beeinflussen die Haltbarkeit von Lebensmitteln und bewahren sie vor Gärung, Fäulnis, Schimmelbildung; nicht immer unbedenklich, bes. in Säuglings- und Kindernährmitteln nicht zu empfehlen
E 260, 270, 290, 296, 297, 325–327, 330–338, 350–357, 363, 380, 507–511, 513–517, 524–529, 574–578 *Säuerungsmittel und Säureregulatoren,* regeln den Säuerungsgrad von Lebensmitteln und verlängern ihre Haltbarkeit; die Chloride E 508, 509 und 511 sollten bei Leber- und Nierenschäden gemieden werden, die Sulfate E 514–517 können bei hoher Dosierung abführend wirken
E 270, 300–312, 315, 316, 320–322, 325–327, 330–337, 339–341, 472 *Antioxidantien, Antioxidationsmittel,* verhindern Veränderungsprozesse durch Luftsauerstoff, Licht, Metallspuren, Enzyme und wirken der Oxydation und dem Verderb von Lebensmitteln entgegen, hemmen das Ranzigwerden von Fetten und Ölen

sowie die Verfärbung vom Gemüse- und Obstprodukten; können synthetisch hergestellt (310–312, 315, 316, 320, 321) Allergien auslösen
E 400–407, 410, 412–418, 440, 460, 461, 463–466, 1404 *Dickungs- und Geliermittel,* binden Wasser, stabilisieren Gemische aus Wasser und Fett oder aus festen und flüssigen Bestandteilen; i. a. keine Nebenwirkungen
E 322, 432–436, 442, 444, 445, 470–477, 479, 482, 483, 491–495, 570 *Stabilisatoren und Emulgatoren,* verbinden normalerweise nicht mischbare Stoffe (Öl und Wasser u. a.) und erhalten die Konsistenz, kaschieren aber a. den Fettanteil von Fleischprodukten oder erhöhen das Gewicht von Lebensmitteln durch Wasserzusatz; i. a. keine Nebenwirkungen
E 420, 421, 953, 965–967 *Zuckeraustauschstoffe,* vermitteln einen süßen Geschmack, ohne daß zur Verarbeitung Insulin benötigt wird; können bei übermäßigem Verzehr abführend wirken
E 950–952, 954, 957, 959 *Süßstoffe,* natürlich oder synthetisch hergestellte chem. Verbindungen als Ersatz der echten Zucker; sollten nicht in zu gr. Dosen oder im Übermaß verwendet werden
E 338–341, 450–452 *Phosphate,* lebensnotwendig, sollten aber nicht übermäßig aufgenommen werden
E 420–422, 640 *Feuchthaltemittel,* verhindern das Austrocknen von Backwaren
E 450–452 *Schmelzsalze,* ermöglichen die Herstellung einer cremigen Käsemasse
E 530, 535, 536, 538, 541 *Mittel zur Erhaltung der Rieselfähigkeit,* verhindern das Verkleben feinkörniger oder pulveriger Produkte, erleichtern das Ablösen von Süß- und Backmitteln aus der Form; meist harmlos
E 341, 500–504 *Backtriebmittel,* neben der natürlichen Hefe chem. Substanzen, die den Teig auflockern
E 551–556, 570, 901–903 *Trennmittel,* um Backwaren voneinander zu trennen, Lebensmittel aus der Form zu lösen
E 620–625, 626–628, 630–635 *Geschmacksverstärker,* um bestimmte Geschmacksrichtungen zu intensivieren
E 901–904, 912, 914 *Überzugsmittel,* um Austrocknen und Geschmacksveränderungen zu verhindern, können verzehrbar oder ungenießbar sein
E 432, 436, 491–495 *Schaumstabilisatoren,* um schaumige Back- und Süßwaren zu stabilisieren
E 1414, 1420, 1422 *Modifizierte Stärken,* zum Binden und Andicken

zu za yok in Brühe aus Essig, Pfeilwurzmehl, Sojasauce, Wasser und Zucker geschm. Spanferkel auf ged. Chinakohl, dazu Reis (China)

Zvieri schweizerd.: nachmittägliche Zwischenmahlzeit

Zweierlei geh. Rind- und Schweinefleisch

Zweikorn, Emmer, Sommerspelt Weizenart, meist zu Graupen verarbeitet; ↑ a. Dinkel, Einkorn

Zwerchrippe Querrippe vom Rind, ↑ Rind/Fleischteile

Zwergbohne Bohnenform, ↑ Bohne

Zwergbrombeere ↑ Moltbeere

Zwergfelchen kl. Süßwasserfisch, ↑ Albeli

Zwergmaräne Süßwasserfisch, ↑ Renke/Kleine Maräne

Zwergorange, -pomeranze kl. Zitrusfrucht, ↑ Kumquat

Zwergschnepfe ↑ Schnepfe/Bekassine

Zwergwels Süß-, Brackwasserfisch aus der Familie der Welse, kann enthäutet und ohne Kopf ganz gebr., a. filetiert und in Scheiben geschn. zubereitet werden; urspr. aus Nordamerika von den kanadischen Seen bis zum Golf von Mexiko, wird dort als *catfish* a. gezüchtet, seit mehr als 100 Jahren ebenfalls in Europa (Frankreich, Schlesien, Rußland u. a.) ausgesetzt

Zwergzitrone kl. Zitrusfrucht, ↑ Limequat

Zwetsche, Zwetschge, Zwetschke Steinfrucht, ↑ Pflaume/Sorten

Zwetsch(g)en, saftig süße Pflaumen

Zwetsch(g)en|datschi Kuchen aus Hefeteig mit entsteinten Zwetschen, a. Pflaumen, dicht belegt, mit Streuseln, geh. Mandeln und gemahlenem Zimt bedeckt und geb. nach Bedarf gezuckert (Bayern, Österreich)
-**gesülz** Süddeutschland: Pflaumen-, Zwetschenmus
-**knödel** Knödel mit Zwetschen-, Pflaumenmus
-**mus** ↑ Pflaumenmus
-**röster** österr.: Pflaumenmus
-**tascherl** ↑ Powidltascherl

Zwetschgenbaames Bamberg: Rinderschinken

Zwieback Dauerbackware, dicke Gebäckschnitte, die nach dem Backen (meist mit Hefe) noch geröstet wurde, knusprig hart, leicht verdaulich und kühl, trocken aufbewahrt bis 1 Jahr haltbar

Zwiebel, Bolle, Zipolle [lat. *cepula*] allg. knollenförmiger, meist unterirdischer Sproß einer Pflanze; im besonderen Sproß einer alten Kulturpflanze, eines Lauchgewächses, nicht nur Universalgewürz, sondern ausgezeichnetes, gesundes Gemüse, wirkt appetitanregend, blutdrucksenkend, abführend, harntreibend, schleimlösend, cholesterinsenkend; sollte ausgereift, prallfest und trocken sein; bleibt knackig, wenn man sie vor der Zubereitung (gewürfelt) kurz unter fließendes Wasser hält; eignet sich für die Mikrowelle; gute Zeit einh. Aug.–Dez., imp. das ganze Jahr hindurch, muß luftig, kühl und trocken aufbewahrt werden, hält sich ganz und unblanchiert (einzeln in Folie eingewickelt) tiefgekühlt bis 4 Mon. (urspr. Zentralasien, heute alle Erdteile und Länder, u. a. Ägypten, Israel, Italien, Spanien, Deutschland, Österreich, Schweiz, Holland, Polen, Ungarn); ↑ a. Porree, Säzwiebel, Winterzwiebel

Sorten
Frühlingszwiebel klein, flachrund und silberweiß mit Wurzeln und langen grünen Blättern, die a. (wie Schnittlauch) mitverwendet werden können, zartmild, feinwürzig und magenfreundlich; muß nicht geschält, aber sofort verbraucht werden, läßt sich (mit Salz und Brot) roh essen, eignet sich (bei kurzer Garzeit) als Gemüse, Rohkost, zu Geflügel, asiat. Gerichten usw. (Ägypten, Südeuropa, Deutschland, England, Irland, Belgien, Holland, Skandinavien u. a.); ↑ a. Lauchzwiebel
Gemüsezwiebel, Bermuda-, Madeirazwiebel, Spanische Zwiebel bes. groß, goldbraune bis kupferfarbene Schale, saftiges weißes Fleisch, mild und leicht süßlich, wie Speisezwiebel verwendbar; ganzjährig erhältlich, für längere Aufbewahrung ungeeignet (Spanien, Ägypten, Chile u. a.)
Lauchzwiebel, Bund-, Grün-, Stengelzwiebel weißer Schaft und frisches grünes Laub, milder als die Speisezwiebel, muß möglichst frisch zubereitet und verzehrt werden, eignet sich als Gemüse und Würze für Suppen, Salate usw. (Inland u. a.)
Luftzwiebel, Ägyptische Zwiebel, Bulbenzwiebel nicht nur in der Erde, sondern a. oberirdisch wachsende kl. Brutzwiebel, kann roh gegessen, gebr. und als Gewürz verwendet werden
Perlzwiebel, Essig-, Silberzwiebel, Perllauch die feinste Speisezwiebel, haselnußgroßes weißes Brutzwiebelchen versch. Laucharten, mild würzig, läßt sich mitbraten und -schmoren, meist aber in Essig-Salz-Aufguß als Würzbeilage zu Aufschnitt, Käse (Raclette) usw.; ↑ a. Mixed Pickles
Rote Zwiebel dünne Schale, süßlich mild und zugleich würzig scharf, zum Rohgenuß, für dunkle Suppen und Saucen, roh in Ringen oder Würfeln zu pikanten kalten Gerichten, (Kartoffel-)Salaten usw.; nur frisch verwendbar – Achtung: färbt bei der Zubereitung (Balkan, Italien)
Schalotte, Askalonzwiebel, Eschlauch die edelste Zwiebel, aromatischer als die Speisezwiebel, würzt ohne den scharfen Zwiebelgeschmack, für Suppen, Fisch, Saucen, Salate; gut zum Einlegen, läßt sich mit Butter und Zucker glasieren; wird schnell gar und verkocht nicht (trop. Asien, Japan, Westafrika, Holland, Frankreich, Karibik, Südamerika u. a.)
Schaschlikzwiebel größere Perlzwiebel, aber kleiner und flacher als die Speisezwiebel, mild und leicht süßlich, eignet sich bes. für Spießgerichte
Speisezwiebel, Haushalt-, Küchenzwiebel braune Schale, mild würzig oder scharf, klein oder groß, kugelrund oder länglich, saftig würzig und leicht süßlich, am feinsten im Frühsommer; erst kurz vor der Zubereitung abziehen und zerkleinern; zum Rohessen, gek. (und gef.) als Gemüse oder Gemüsebeilage, in Ringen ausgeb. zu Fleisch, Würsten usw., für Zwiebelsuppen, -kuchen, Suppen, deftige Gerichte, Eintöpfe, Gulasch, Saucen, Pasteten, Salate usw.; sollte nicht länger als 1 Wo. aufbewahrt werden (Ostasien, Ägypten, Griechenland, Italien, Frankreich, Spanien, Deutschland, Australien, Tasmanien, Neuseeland, Chile u. a.)
Kleine Speisezwiebel eignet sich geschält und ganz zum Mitgaren, Mitschmoren für Eintöpfe, Ragouts, Stews u. ä.; ↑ a. Zwiebel/Perlzwiebel
Weiße Zwiebel Art der Gemüsezwiebel, mild und süßlich (Italien, Spanien u. a.)
Wildzwiebel in Deutschland geschützt, im Mittelmeerraum (v. a. Italien, Spanien, Portugal) jedoch als Gemüse geschätzt
Winterzwiebel ↑ Winterzwiebel

Einige Zubereitungen
braun glasierte Zwiebeln in Butter hellbraun gebr. geschälte Zwiebelchen, in Rotwein mit Honig oder Zucker gedünstet
gebackene Zwiebeln in Mehl gewälzte Zwiebelringe, in Schmalz goldgelb gebacken

Zwiebeln, ein gesundes Gemüse und Gewürz

gefüllte Zwiebeln geschälte, halbgar gek. ausgehöhlte Zwiebeln mit Füllung aus Hackfleisch, Pilzen, feinen Farcen usw., in Fleischbrühe gedünstet
griechische Zwiebeln in Sud aus Weißwein, Wasser, Olivenöl, Lorbeer, Pfefferkörnern und Zitronensaft gegarte Zwiebelchen, kalt im Sud serviert

Zwiebel|brot ↑ Brot/Spezialsorten
-essig ↑ Essig/Gewürzessig
-fleisch Gericht aus in heißem Fett gerösteten, feingeh. Zwiebeln mit dünnen Rindfleischscheiben oder -würfeln und Gewürzen (Knoblauch, Majoran, Thymian, Zitronenschalen), dazu Nockerln, Nudeln, Kartoffeln oder Reis (Österreich)
-käse Quark mit Zwiebeln, Butter und Gewürzen; ↑ a. Liptauer
-kartoffeln kl. rohe, geschälte Kartoffeln, mit Zwiebelscheiben in Butter gebraten
-kuchen Hefe- oder Mürbeteigboden mit Belag von gerösteten Zwiebel- und Speckwürfeln, Butter oder Schmalz, Eiern, saurer Sahne, Kümmel usw., goldgelb geb., wird warm (zu neuem Wein) gegessen (Südwestdeutschland); Mürbeteigboden mit Zwiebelmus, Butternüßchen und Semmelbröseln, im Ofen überbacken (*tarte à l'oignon,* Frankreich); viele weitere reg. Varianten
– -Leberwurst Kochstreichwurst, der Leberwurst ähnlich, aber mit starkem Zwiebelanteil
-mus, -püree in Butter weich ged., aber nicht angeröstete Zwiebelscheiben, mit Béchamelsauce gebunden, mit wenig Zucker gewürzt, gek. und passiert, mit Butter und/oder Sahne aufgeschlagen; ↑ a. Soubise
-omelett Omelett mit in Butter ged. Zwiebelscheiben und geh. Petersilie
-pfannkuchen Eierkuchen mit in Öl gebr. Zwiebelstreifen
-saft Saft ausgepreßter Zwiebeln, Würze für Saucen usw.
-salat in Weinessig marinierte gebr. Zwiebelringe
-sauce helle Sauce mit Zwiebelmus oder -streifen, für gek. Fleisch, Fisch; braune gebundene Sauce mit Zwiebelstücken, für gek., gebr., geschm. Fleisch, Kartoffeln, Knödel u. a.
-suppe sämige Suppe aus zerkl. Zwiebeln oder Zwiebelmus mit (Fleisch-)Brühe und Gewürzen; daneben zahlreiche sonst. Varianten, z. B. Frankreich: Suppe aus mit Mehl gebundenen geh. Zwiebeln auf geröstetem Brot *(soupe à l'oignon)* oder mit trockenem Brot und geriebenem Käse gratinierte Suppe aus geh. Zwiebeln *(gratinée);* ↑ a. Pariser Zwiebelsuppe
-wähe schweizerd.: Zwiebelkuchen
-wurst streichfähige Rohwurst, der Mettwurst ähnlich, kräftig mit Zwiebeln gewürzt

Zwiebelfenchel Stengelgemüse, ↑ Fenchel

Zwiebelgemüse Gemüsepflanze der Zwiebelgewächse (Knoblauch, Porree, Schnittlauch, Zwiebel)

Zwiewel, Zwiw(w)el südwestdt.: Zwiebel

Zwischenrippenstück Entrecote vom Rind, ↑ Steak/Ochsensteak: Europäischer Schnitt 2

Die Küche, Geräte und Geschirr

Kochen ist Kunsthandwerk, und wie bei diesem sollten Geräte und Geschirr dafür funktionstüchtig, arbeitsfreundlich und von hochwertiger Qualität sein – «Ein Mann, der recht zu wirken gedenkt, muß auf das beste Werkzeug halten», steht selbst im Goetheschen «Faust»; heute gibt es für jede Zubereitung, für jeden Kochvorgang das passende, präzis gearbeitete Hilfsmittel.

A

Abfallzerkleinerer meist im Abflußrohr der Spüle eingebaut, zum Zerhäckseln von Küchenresten, Knochen, Obstkernen usw., die mit fließendem Wasser durch den Abfluß geschwemmt werden

Abhäutemesser   ↑ Messer

Abtropfgestell   Gitterrost aus Holz oder Kunststoff, zum Abtropfen von Geräten und Geschirr nach dem Reinigen

Abtropfsieb   ↑ Sieb

Abziehstahl   ↑ Wetzstahl

Aero-Steamer   ↑ Herd/Kombimatic

Allesschneider, Brotmaschine elektromotorisches Gerät mit Schalter für Moment- und Dauerbetrieb, rundes, a. glattes Messer aus Edelstahl mit scharfer Säge, an welches das Schneidgut mit einem Transportschlitten herangeführt wird, zum Schneiden von Brot, Fleischwaren (Braten, Schinken, Speck, Würste), Gemüse, Käse usw.; sollte in der Küche einen festen (eingebauten) Platz haben

Alpaka   [südamerik. *paco,* rot(braun)]   ↑ Geschirrmaterialien

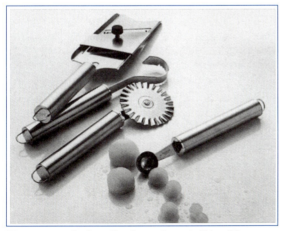

Von unten nach oben: Kugelausstecher mit Teigrädchen, Butterroller, Trüffelhobel

Alufolie   ↑ Folie

Aluminium   ↑ Geschirrmaterialien

Aluminiumfolie   ↑ Folie

Apfelausstecher   ↑ Ausstecher

Auflaufform   Behälter aus Glas oder Keramik, oval flach mit schrägem glattem Rand zum offen Dünsten, Gratinieren, Überbacken, rund hoch mit geradem geriffeltem Rand für Nocken, Rohrnudeln, Soufflés u. ä.

Aufschnittgabel   ↑ Gabel

Aufschnittmesser   ↑ Messer

Ausbeinmesser   ↑ Messer

Ausstecher   rundes oder gezacktes Schneidegerät, um eine Zutat in eine bestimmte Form und Größe zu bringen; ↑ a. Ausstechform, Ausstechformer, Eisproportionierer, Entkerner, Gemüseaushöhler

   Kugelausstecher   zum Ausstechen von runden Perlen oder Kugeln aus Gemüsen (Avocados, Karotten, Kartoffeln, Möhren, Sellerie usw.) oder Früchten (Äpfel, Mangos, Melonen usw.), a. zum Formen von Butterkugeln

   Olivenausstecher   zum ovalen Ausstechen von Nuß-, Oliven-Kartoffeln

   Parisienne-Ausstecher   zum runden Ausstechen von blanchierten, gebr. Kartoffeln für Parisienne-Kartoffeln

   Teigausstecher   zum Herstellen versch. Formen von Gebäck

Ausstechform   runde Form, um Gurken, Käse, Zitronen usw. in Ringe oder Scheiben zu schneiden

Ausstechformer   Schneidegerät, um Radieschenröschen auszustechen

Austernbrecher, Austernmesser, -öffner   kurzes kräftiges, stabiles Spezialmesser mit spitz zulaufender Klinge und Handschutz, zum Öffnen von Austern und gr. Muscheln

Austerngabel   ↑ Gabel

Austernmesser, -öffner   ↑ Messer

B

Backbeutel   ↑ Folie

Backblech   ↑ Blech

Bäckermesser   ↑ Messer

Backfolie ↑ Folie

Backform, Kuchenform [lat. *forma*, Gebilde] Gefäß aus Metall (Aluminium, Gußeisen, Kupfer, Stahlblech), viele Formen, Größen, Zwecke, u. a.:
- **Briocheform** nach oben sich öffnend mit geripptem höherem Rand und flachem Boden, für Brioches, Creme-, Gelatinespeisen
- **Frankfurter-Kranz-Form** 20, 24 oder 26 cm Durchmesser
- **Kasten(kuchen)form** rechteckig mit leicht abgeschrägten Seiten, 20, 25, 30 oder 35 cm groß, für Brote, Früchte-, Sandkuchen u. ä.
- **Königskuchenform** Kastenform, 25, 30 oder 35 cm groß
- **Kranzform, Rodon-, Rundform** aus (a. kunststoffbeschichtetem) Aluminium, Kupfer, Stahlblech, gerippt, 24, 26 oder 28 cm Durchmesser, zum Backen von Rühr-, Sandkuchen u. ä., auch zum Füllen mit gestürzter Creme
- **Napfkuchen-, Gugelhopfform** aus Kupfer, Eisenblech, Email, Glas, gerippt mit «Schornstein» in der Mitte, 16 oder 22 cm Durchmesser
- **Obstkuchenform** aus Metall oder feuerfestem Material, mit 3 cm hohem gewelltem Rand, 18 bis 26 cm Durchmesser
- **Papierbackförmchen, Pralinenform** Förmchen aus fettabweisendem Papier für kl. Portionen, Backwerk, Konfekt, Pralinen u. ä.
- **Pieform** [engl. *pie*, Kuchen, Pastete, ausgespr. *peiform*] kl. Backblech, oval für Schüsselpasteten, rund für Kuchen mit schrägem Rand
- **Ringform** rund aus (kunststoffbeschichtetem) Stahlblech, zum Backen von Kuchen; ↑ a. Springform
- **Springform** aus (kunststoffbeschichtetem) Stahlblech, hoch und rund mit auswechselbarem flachem Boden und Schnappverschluß, 22 bis 28 cm Durchmesser, für hohe Kuchen, die nach dem Backen nicht gestürzt werden

Backgerät, Back-, Bratofen Ofen, in dem man nicht nur backen, braten, sondern ebenfalls dünsten, einkochen, kochen, oft a. grillen kann, mit Strahlungswärme durch (getrennt regulierbare) Ober- und Unterhitze, im *Heißluftofen* mit an der Rückwand ringförmig um einen Ventilator installierter Heizung durch stetig bewegte erhitzte Luft, im *Umluftofen* mit Heizschlangen und Gebläse durch gleichmäßig umgewälzte Luft; heute werden die Geräte meist kombiniert angeboten, oft im Herd eingebaut, a. mit integrierter Mikrowelle; ↑ a. Herd

Backpapier ↑ Backtrennpapier

Backpinsel, Kuchenpinsel breit oder schmal mit langen weichen Naturborsten und abgerundeten vorderen Kanten, zum großflächigen Bestreichen von Gebäck, Blätterteigstücken, Pasteten mit Eigelb, Eiweiß, Milch, Sahne, zum Bestreichen von Nudelteig mit Wasser, zum Auftragen von Glasuren, zum Anbringen von Verzierungen (schmal), zum Bestreichen von Backwaren mit Güssen, zum Einfetten von Backformen und Blechen (breit)

Backplatte ↑ Blech, Pfanne/Griddle-Pfanne

Backschaufel ↑ Schaufel

Backtrennpapier, Backpapier imprägniertes Papier zum Auslegen von Backblechen, Kuchenformen, verhindert das Austrocknen, macht Einfetten und Bemehlen überflüssig

bain-marie [frz.: Bad der Maria, Schwester Mosis] Wasserbad

Ballonbesen ↑ Besen

Bambuskörbchen chin. Dämpfgefäß aus Bambus mit Deckel

barbecue [engl., aus dem südamerik. *barbacoa*, Holzrost, ausgespr. *bābikju*] (Brat-)Rost, Grill

Barman-Korkenzieher ↑ Korkenzieher/Kellnerkorkenzieher

Batterie zusammengehöriges Küchengeschirr, Gefäße (Kasserollen, Schüsseln, Töpfe usw.) versch. Größe

Bayerischer Bräter ↑ Bräter

Becherbesen ↑ Besen

Becherform zylindrisch hohe, sich nach oben leicht verbreitende Form, aus verzinntem Eisen zum Garen von Fleisch, Geflügel, Farcen, Teigwaren usw., aus feuerfestem Porzellan, versilbertem Metall, rostfreiem Stahl zum Anrichten von Ragouts, Rühreiern usw.; ↑ a. dariole

Becki schweizerd.: rechteckige Kupferpfanne; a. Becken, henkellose große Tasse

Besen, Drahtbesen mit einem Verschluß dicht an einem rostfreien, hitzebeständigen Stiel stabil verankerte, elastische Drahtschlaufen, meist aus Edelstahl, zum Rühren, Mixen, Quirlen; a. elektr. betrieben erhältlich, dann aber weniger subtil

Von unten nach oben: Schneebesen, Ballonbesen, Tellerbesen

Ballonbesen elastische Drähte in Ballonform an dünnem Stiel, zum Einschlagen von viel Luft, für leichte Cremes, Eierspeisen, Nocken, Sabayon usw.
Becherbesen, Cocktailbesen, Champagner-, Sektquirl kl. mit dünnen Drähten an dünnem Stiel, zum Verquirlen mehrerer Zutaten in schmalen Bechern, Gefäßen, Gläsern, zum Aufschlagen, Aufrühren von Getränken, zum Herausschlagen von Kohlensäure aus Getränken
Quirlbesen dünne, sehr elastische Drähte in Spiralform an dünnem Stiel, zum Verquirlen von Eiweiß, Saucen, zum Anquirlen pulvriger Lebensmittel (Kakao, Stärke usw.)
Rührbesen starke Drähte in Tropfenform, zum Rühren von Teig
Schlagbesen lange dicke Drähte in Tropfenform an dickem, stabilem Stiel, zum Vermischen, Verrühren von festeren Speisen (leichte Cremes, Mayonnaisen, Mousses, Quarkspeisen, Rote Grütze u. ä.)
Schneebesen, Schneerute dünne Drähte an dünnem Stiel, zum Verrühren flüssiger Zutaten, Cremes, Saucen, zum Schaumschlagen von leichten Flüssigkeiten, zum Aufschlagen von Sahne, zum locker Verschlagen von Eiern, zum Steifschlagen von Eischnee, zum Zubereiten von Eierstich; das Schlagen von Hand ergibt lockerere Substanzen als mit dem elektr. Quirl
Spiralbesen mit umlaufender Spiralfeder, zum Verrühren von Saucen und halbfesten Speisen (Rührei), zum vorsichtigen Umrühren von kurzgedämpftem Gemüse (wenn nicht ein Holzlöffel vorgezogen wird)
Tellerbesen flach angeordnete Drahtschlaufen an dünnem Stiel, zum Zerschlagen von Eiern im Teller, zum Aufschlagen von Saucen, zum Unterheben, Herausnehmen von Kräutern u. a. Zutaten, zum sanften Umrühren (Rühreier, kurzgedämpftes Gemüse)

Besteck [urspr. Werkzeugfutteral mit Inhalt] die zum Essen benutzten Geräte (Eßbesteck) – bis zum 16. Jh. waren bei uns nur Löffel und Messer üblich, die Gabel kam später aus Italien hinzu; Satz Gabel, Löffel, Messer von je nach Material, Verarbeitung, Oberfläche, Form, Verzierung und Reinigungsmöglichkeiten sehr unterschiedlicher Beschaffenheit und Qualität; ↑ a. Salatbesteck und die einzelnen Stichwörter

Bindenadel ↑ Nadel

Bircherraffel ↑ Reibe/Rohkostraffel

Blanchierlöffel ↑ Löffel

Bratenheber, Bratkartoffelwender

Blech, Back-, Kuchenblech, Backplatte Platte aus schwarzem, dünn ausgewalztem (Eisen-)Metall, eckig oder rund mit, wenn überhaupt, sehr niedrigem Rand, auf der man im Ofen Teige, Kuchen, a. Meringen, Pasteten usw. bäckt

Blitzhacker ↑ Hacker

Bohnenschnitzler mech. Gerät zum Schneiden von Grünen Bohnen, Wachsbohnen u. ä. in kl. Stücke

Bol-Form ↑ Puddingform

Boucherie-Messer [frz. *boucherie,* Fleischerei, ausgespr. *buschriemesser*] ↑ Messer/Fleischmesser

bowl engl., ausgespr. *boul:* Becken, Schale, Schüssel

braisière frz., ausgespr. *bräsjär:* Schmorpfanne, Schmortopf

Bratbeutel ↑ Folie

Bratengabel ↑ Gabel

Bratenheber flaches Metallblatt mit breiten Schlitzen, durch die flüssiges Fett ablaufen kann, zum schonenden Einlegen, Wenden und Herausnehmen empfindlichen Kochguts (Frikadellen, Hackfleisch usw.); ↑ a. Schaufel/Backschaufel

Bratenthermometer mißt mit spitzem Metallstab in ein Fleischstück gesteckt die Innentemperatur

Bratentopf ↑ Topf

Bräter, Bratgeschirr, rôtissoire Brat- und Kochgeschirr, meist aus Stahlblech oder Chromnickelstahl, rechteckig mit abgerundeten Ecken (Bayerischer Bräter, Nudelpfanne, Reindl, Reine), oft mit Dünsteinsatz, zum Braten von gr. Fleischstücken, Geflügelteilen, zum Dämpfen und Gratinieren im Bratofen, oder oval mit geraden hohen Wänden (Gänsebräter), zum Garen gr. Braten (Gans, Lamm, Rehkeule, -rücken usw.) im Backofen
Saftbräter, Dofeu runde oder längliche Form mit porösem Tropfeinsatz im Deckel, aus dem Wasser, Bier oder eine andere Flüssigkeit, a. Eiswürfel, während des Schmorens auf die Oberfläche des Fleisches tropfen

Bratfolie ↑ Folie

Bratofen ↑ Backgerät

Bratpfanne ↑ Pfanne/Spezialpfannen

Bratreine südd.: Bräter

Bratrost ↑ Grill

Bratspieß ↑ Nadel/Bindenadel

Bridiernadel ↑ Nadel/Bindenadel

Briocheform [frz. *brioche,* Hefebrot, ausgespr. *brioschform*] ↑ Backform

broche frz., ausgespr. *brosch:* Bratspieß

brochette frz., ausgespr. *broschätt:* kl. Bratspieß

Brotmaschine ↑ Allesschneider

Brotmesser ↑ Messer

Brotröster ↑ Toaster

Brotschneidebrett Holzbrett mit Rillen zum Auffangen der Krümel, oft auf der Rückseite als Tranchierbrett verwendbar

Brotteller ↑ Teller

Brühsieb ↑ Sieb/Küchensieb

Bunt(schneide)messer ↑ Messer

Burgunderpfanne schwerer hoher Metalltopf, zum Zubereiten von Fondue bourguignonne

Butcher-Block [engl. *butcher,* Fleischer, ausgespr. *butscherblock*] Hackblock aus mehrfach verleimtem Hartholz auf Füßen oder Rollen, zum Hacken von Fleisch mit dem Beil; ↑ a. Hackblock, Schneidbrett

Butterbrotpapier Spezialpapier mit wasserfester Beschichtung auf beiden Seiten, gegen sehr hohe Ofentemperaturen empfindlich; ↑ a. Butterpapier

Buttergarnierer geriffeltes Messer, zum Herstellen von Butterkugeln oder -röllchen; ↑ a. Butterroller

Butterpapier weißes oder gelbes, mit Butter beschichtetes, möglichst ungeleimtes Papier zum Bedecken von Speisen, um das Austrocknen an der Luft zu verhindern oder die Ofenhitze abzuhalten; ↑ a. Butterbrotpapier

Butterpfännchen ↑ Fettpfännchen

Butterroller Spezialmesser zum Formen von Butterflokken, -röllchen; ↑ a. Buttergarnierer

C

cafetière frz.: Kaffeekanne; Kaffeemaschine

caisse [frz.: Kasten, Kiste, ausgespr. *käß*] kl. Backform aus Folie, Porzellan; Papierhülle für Gebäck

canneliert [frz. *cannelé*] gerieft, gerippt

caquelon Südfrankreich: innen glasierter Tontopf zum Schmoren; Westschweiz: Tontopf mit Stiel für Fondues

cassolette, Kassolette frz.: Pfännchen, kl. Form aus feuerfestem Porzellan, Glas oder Metall mit kurzen seitlichen Griffen zum Zubereiten und Anrichten von warmen, a. kalten Vorspeisen

Chacheli schweizerd.: gr. henkellose Tasse, kl. Schüssel

chafing dish [engl. *to chafe,* warmreiben] Wärmepfanne, -platte; Tischkochgerät

Champagnerkorkenzieher ↑ Korkenzieher

Champagnerkühler ↑ Weinkühler

Champagnerquirl ↑ Besen/Becherbesen

Charlotte [wahrsch. zu Ehren der Gemahlin des Königs George III. von England] glattwandige, zylindrische, leicht konische Form mit flachen Henkeln, für Süßspeisen, Puddings, Soufflés u. a.

chinois [frz.: Chinese, nach dem alten Spitzhut, ausgespr. *schinoa*] ↑ Sieb/Spitzsieb

Chromnickelstahl ↑ Geschirrmaterialien/Stahl

Chromstahl ↑ Geschirrmaterialien/Stahl

Chuchi schweizerd.: Küche

cloche [frz.: Glocke, ausgespr. *klosch*] gewölbter Schüsseldeckel aus rostfreiem Stahl oder versilbertem Metall mit Griff oder Knauf, um Speisen auf dem (einst längeren) Weg von der Küche zum Tisch warm zu halten, heute meist zur rituellen, überflüssigen Farce verkommen

Cocktailbesen ↑ Besen/Becherbesen

cocotte [altfrz.: Henne] Kasserolle, Kochtopf; ↑ a. Kokotte
– **minute** Schnellkochtopf

coquille frz.: (Muschel-)Schale für Vorspeisen

cornet frz.: (Spritz-)Tüte

coupe frz., ausgespr. *kūp*: kl. Schale, Schüssel; a. Champagner-, Sektglas

couscoussier [frz.-arab. *couscous*, nordafrik. Nationalgericht, ausgespr. *kuskusjè*] Kochtopf aus Aluminium oder rostfreiem Stahl, der nach dem Prinzip des Dampftopfs arbeitet und a. für andere Dämpfgerichte verwendet werden kann; der obere Teil hat einen perforierten Boden, durch den Dampf aus dem unteren aufsteigt

Crêpe-Pfanne ↑ Pfanne/Spezialpfannen

crêpière frz.: Crêpe-Pfanne

D

Dämpfaufsatz, Dämpfeinsatz gelochter Behälter, der auf einen passenden Topf eingesetzt wird, oder Siebeinsatz mit Bügeln, der in einen Topf mit siedendem Wasser eingehängt wird, zum Dünsten und Garen von Fleisch, Geflügel, Fisch, Gemüse

Dampfdrucktopf, Dampfkochtopf ↑ Schnellkochtopf

Dampfnudelpfanne ↑ Pfanne/Spezialpfannen

Dämpftopf ↑ Topf

dariole [provenzalisch *daurar*, vergolden] kl. niedrige, sich leicht verbreiternde, innen glatte Becherform für Gebäck, Flans, Puddings, a. kalte Vorspeisen, Farcen usw.; ↑ a. Becherform

daubière [frz. *dauber*, dämpfen, schmoren] Kochgefäß aus Ton, Steingut, Gußeisen oder verzinntem Kupfer, oft mit gerandetem Deckel, der glühende Kohle oder kochendes Wasser aufnehmen kann, zum lange langsam Schmoren im Ofen

Deckel flache oder gewölbte Platte mit Griff, Knopf oder Stiel, die ein Kochgeschirr abdeckt, um äußerliche Einflüsse und/oder das Verdünsten von Wasser oder Säften zu verhindern

Dekoriermesser ↑ Messer

Diätwaage ↑ Küchenwaage

Dofeu ↑ Bräter/Saftbräter

Doppelnadel ↑ Nadel

Dörrapparat Behälter mit Heizspirale am Boden und Ventilator darüber, der die erwärmte Luft durch einen Gittereinsatz dem zu trocknenden Gut zuführt

Dosenlocher Gerät zum Einpieksen von kl. Löchern in den Blechdeckel von (Konserven-)Dosen

Dosierlöffel ↑ Löffel

Drahtbesen ↑ Besen

Drehkorkenzieher ↑ Korkenzieher

Drehspieß ↑ Spieß

Dressierbeutel, Dressiersack ↑ Spritzbeutel

Dressiernadel ↑ Nadel

Druck-Braisière ↑ Pfanne/Kippbratpfanne

Druckgarer ↑ Herd/Steamer

Druckkochtopf ↑ Schnellkochtopf

Dunstabzug Haube zum elektr. Abzug der beim Backen, Braten, Kochen vom Herd aufsteigenden Dämpfe, Dünste aus Wasserdampf, Fettpartikeln, Geruchs-, Räucherstoffen, verhindert Fettablagerungen in der Küche, beseitigt unangenehme Gerüche

Dünster ↑ Sieb, Stielseiher

Durchschlag ↑ Sieb, Stielseiher

Dutch oven [engl.: holländischer Ofen] schwerer tiefer, a. flacher Metallkochtopf mit Deckel, zum Schmoren; Backsteinofen; Röstblech

E

Edelstahl ↑ Geschirr/Materialien: Stahl

egg coddler [engl.: Eierkocher] kl. Porzellangefäß, in dem Eier gek. und serviert werden

E-Herd ↑ Herd/Elektroherd

Eierbecher kl. Gefäß zum Servieren und Essen eines weichgekochten Eies

Eierkocher beschichtete, beheizbare, mit Wasser gef. Schale, in der Eier durch Wasserdampf weich, wachsweich oder hart gek. werden

Gemüsetopf mit Siebeinsatz

Eierköpfer zwei runde, innen gezahnte Metallscheiben, die durch Griffe gegeneinander verschoben werden und das durch die Innenöffnung hervortretende Ei-Ende abtrennen

Eierpfanne ↑ Pfanne/Spezialpfannen

Eierpiekser ritzt ein kl. Loch in die Eierschale, um beim Kochen ihr Platzen zu verhindern

Eierplatte ↑ Pfanne/Eierpfanne

Eierschneider Kleingerät aus Aluminiumguß oder Kunststoff, mit dem hartgek. Eier mittels Schneidedrähten in gleichmäßige Scheiben geschn. werden, als Kombigerät a. zum Spalten von hartgek. Eiern

Eimer hohes, zylindrisches oder kegelstumpfförmiges Gefäß mit beweglichem Henkel zum Aufbewahren und Transportieren von Flüssigkeiten, Abfällen usw., a. zum Kühlen

Einhandwiegemesser ↑ Messer/Wiegemesser

Einkochautomat Einkochtopf mit eingebauter Heizung, stromsparend

Einkochtopf ↑ Einmachgeräte

Einmachgeräte die Geräte, die zum Einmachen von Nahrungsmitteln wie (getr.) Früchten, Pilzen, Gelees, Kompott, Marmeladen, Säften u. a. benötigt werden: Dörrapparat, Einkochtopf, Entsafter, Sieb usw.

Einmachglas, Einweck-, Weckglas Glas mit Gummidichtung unter dem Deckel, zum Einmachen

Einweggefäß, Einwegglas, Wegwerfflasche Behälter (Flasche, Glas usw.), der vom Erzeuger zum Verbraucher geht, um nur einmal benutzt und dann leer zum Abfall geworfen zu werden

Eisbereiter ↑ Eismaschine

Eisbrecher ↑ Eiszerkleinerer

Eisen ↑ Geschirrmaterialien

Eismaschine, Eisbereiter Gerät zum Zubereiten von Speiseeis: Kübel aus Holz (Edelkiefer u. ä.) und Metall, in dem das Kühlgut durch Kurbeldrehen von Hand in Eiswürfeln und Salz gerührt wird; elektr. Eismaschine mit Motor und Rührarm; elektr. Eismaschine mit eingebautem Kühlaggregat

Eismühle ↑ Eiszerkleinerer

Eisproportionierer Gerät zum Abstechen von Kugeln oder kl. Portionen Speiseeis, Eiscreme, Sorbet u. ä.

Eiszerkleinerer, Eisbrecher, -mühle Gerät zum Zerkleinern von Eiswürfeln

Elektrogrill ↑ Grill

Elektroherd ↑ Herd

Elektromesser ↑ Messer

Email, Emaille [frz. *émail,* Schmelzglas] glasharter, gegen Korrosion und Temperaturschwankungen beständiger Schmelzüberzug auf Metallen (Gußeisen, Stahlblech usw.), als Schutz vor Laugen, Säuren, a. als Verzierung aufgetragen; emailliert werden neben Kochgeschirr a. Schalen, Schüsseln, Brotkästen usw.; ↑ Geschirrmaterialien

Entkerner, (Kern-)Ausstecher Gerät zum Herausdrehen des Kerngehäuses von Kernobst, a. zum Ausstechen von Kartoffeln; ↑ a. Entsteiner, Gemüseaushöhler

Entpresser, Entsafter von Hand, heute jedoch meist elektr. betriebene Zentrifuge zum Entzug des Saftes von Gemüsen (Möhren usw.) oder Früchten (Orangen usw.), oft mit stufenloser Regelung der Geschwindigkeit und automatischem Auswurf der Rückstände

Entsteiner Zange, deren einer Griff in einer gelöcherten Halbkugel endet, der andere in einem Stift zum Eindringen ins Fruchtfleisch, um Obst (Kirschen, Pflaumen, Oliven usw.) ohne Verletzung der Pulpe zu entsteinen; ↑ a. Entkerner

Espressomaschine Elektrowärmegerät zum Zubereiten von Espresso-, evtl. Capuccino-Kaffee, a. zum Erhitzen von Instantgetränken, Kakao, Milch u. a., in dem Wasserdampf mit Druck durch das Kaffee- u. a. Puder gepreßt wird, viele Ausführungen, oft mit eingebauter Mühle; als Ersatz a. dreigeteiltes Aluminiumgefäß, das auf dem Herd erwärmt wird und mit Hilfe von durch einen Filter aufsteigendem Wasserdampf den Kaffee u. a. kocht; ↑ a. Kaffeeautomat

Eßbesteck ↑ Besteck

Eßstab, Eßstäbchen asiat. Eßgerät, mit dem aus der in Mundhöhe gehaltenen Schale die Speise (v. a. Reis) eingeschaufelt wird

Etamin(e) [lat. *stamineus,* faserig] durchsichtiges Gewebe aus Baumwolle oder Chemiefaser, ↑ Passiertuch

F

Fadenschneider, Julienne-Reißer, -Schneider Schneidegerät mit gezahnter Klinge und sehr kl. Lochungen, um gleichmäßig Streifen von Gemüse (Gurke, Kohlrabi, Möhre usw.) oder von Zitrusschalen ohne die Bitterstoffe der weißen Haut abzuziehen; ↑ a. Zestenmesser

Federkorkenzieher ↑ Korkenzieher

Federwaage ↑ Küchenwaage

Feinschnittmesser ↑ Messer

Fettpfännchen, Butter-, Schmalz-, Schmelzpfännchen kl. runde Pfanne mit hohem schrägem Rand, a. Ausguß, und Stiel, sollte vor dem Füllen erwärmt werden, zum Verflüssigen und Warmhalten von Butter sowie anderen Fetten, zum Ausschmelzen von Speck, zum Auslassen von (Grieben-)Schmalz, zum Erwärmen, Warmhalten von Saucen

feuerfest, ofenfest Geschirr aus emailliertem Gußeisen, Glas, Keramik, Porzellan oder Steingut, das die zum Garen notwendigen Temperaturen verträgt und in dem man Gerichte sowohl im Ofen, in der Backröhre (ofenfest) oder auf dem Herd (feuerfest) backen, kochen als a. (auf einer Unterlage) am Tisch servieren kann, allerdings meist schlechter Wärmeleiter; eignet sich für Suppen-, Schmor-, Topfgerichte, Gemüse, Saucen, Aufläufe, Soufflés, Pizzas usw.

Filetiermesser, Filiermesser ↑ Messer/Feinschnittmesser

Filter [lat. *filtrum,* Durchseihgerät aus Filz] Gerät aus durchlässigem oder gelöchertem Material, wodurch flüssige Stoffe von festen getrennt werden können

Filterpapier meist ungeleimtes Papier, das zum Filtern (von Kaffee usw.) in eine konische Form gelegt wird

Fingerbowle, Fingerschale kl. mit (lauwarmem) Wasser, einem Stück Zitrone, einem Rosenblatt o. ä. gef. Schale, in die man während des Essens die fettigen, beschmutzten Finger tauchen kann

Fischbackschaufel, Fischheber ↑ Schaufel

Fischkessel, poissonnière ovale oder rechteckige Kasserolle mit Siebboden und Deckel, eignet sich zum Dämpfen, Kochen, Pochieren und Anrichten ganzer Fische oder gr. Fischstücke; ↑ a. Fischpfanne

Fischmesser ↑ Messer

Fischpfanne ↑ Pfanne/Spezialpfannen

Fisch(ent)schupper Schaber mit senkrechter gezahnter Klinge, a. mit Lochungen, zum schnellen Entschuppen von Fischen

Flachkasserolle ↑ Kasserolle

Flambierpfanne ↑ Pfanne/Spezialpfannen

Flanring flache runde oder eckige Backform, meist aus Metall, mit herausnehmbarem randlosem Boden

Fleischerfaden festes, gedrehtes Baumwollband zum Binden von Braten, Geflügel

Fleischgabel ↑ Gabel

Fleisch(hack)maschine ↑ Fleischwolf

Fleischmesser ↑ Messer

Fleischpfanne ↑ Pfanne/Spezialpfannen

Fleischthermometer wärmeempfindlicher Metallstab mit eingebautem Thermometer zum Messen der Innentemperatur von Fleisch, Geflügel, a. Galantinen, Pasteten, Terrinen u. a. während des Garens

Fleischtopf ↑ Topf

Fleischwolf, Fleisch(hack)maschine, Scheffel, Wolf stabiles mech. oder elektromech. Schneidegerät aus Gußeisen oder Kunststoff mit Lochscheibe und Kreuzmesser für das Durchdrehen von Fleisch, Geflügel-, Fischstücken, a. Gemüse usw. zum Herstellen von Farcen, Hackfleisch, Tatar usw.; a. mit austauschbaren Einsätzen zum Reiben von Kartoffeln, Zwieback usw., zum Formen von Kroketten, Füllen von Wursthäuten, für Spritzgebäck, zum Pressen von Beeren usw.

Flügelkorkenzieher ↑ Korkenzieher

Folie, Garfolie [lat. *folium*, Blatt] Blatt aus Metall (Alu-, Aluminiumfolie, blanke Seite hitzeabweisend) oder hitzestabilisiertem, klarsichtigem Kunststoff (Brat-, Backbeutel), kann bis –40 °C abgekühlt, bis über 200 °C erhitzt werden, in Bahnen, Beuteln, als Rolle, Schlauch hergestellt, zum locker eingewickelt aromatisch, saftig und zart Garen von Fleisch, Fisch, Gemüsen und Obst im eigenen Saft ohne oder mit nur wenig Fett, Flüssigkeit im vorgeheizten Ofen, spart Energie und Zeit, brät das Gargut knusprig braun, ohne es auszutrocknen, erhält alle wichtigen Nährstoffe, schont Vitamine, verhindert das Herausdringen von Essensdünsten, hinterläßt sauberen Ofen; muß vor dem Garen angestochen werden, darf die heißen Ofenwände nicht berühren und nicht auf ein heißes Backblech gelegt werden; a. zum Frischhalten, Gefrieren verwendbar

Folienschweißgerät Instrument, um mit einem erhitzten beschichteten Draht und evtl. Vakuumpumpe Folien, Folienbeutel fest zu verschließen und abzudichten

Fonduegeschirr Kochtopf aus Ton, der «Caquelon», a. aus Edelstahl, Gußeisen, auf Spirituskocher, Gasrechaud, Heizplatte oder elektr. Warmhalter; dazu Teller, Schälchen und langstielige, zwei-, dreizinkige Gabeln zum Zubereiten und Servieren der versch. Fondues

Form [lat. *forma*] Behälter, in den man eine Masse, Substanz füllt, um ihr eine bestimmte Form zu geben; ↑ a. Auflaufform, Ausstechform, Backform, Becherform, dariole, Parfaitform, Puddingform, Ragoutförmchen, Teigförmchen

forno ital.: Back-, Bratofen, Back-, Bratröhre

four frz.: Back-, Bratofen, Back-, Bratröhre

fourneau frz.: Koch-, Küchenherd

Frankfurter-Kranz-Form ↑ Backform

Friteuse, Fritiergerät, -topf, Fritte [lat. *frigere*, rösten] weiträumiges rundes oder eckiges, elektr., a. mit Gas betriebenes Wärmegerät meist aus Stahl, normalerweise mit eingebautem Heiz- oder Tauchheizkörper, Dunst-, Fettfilter und Thermostat, zum Backen in heißem flüssigem Fett oder Öl von Kartoffelchips, Pommes frites, Strohkartoffeln, Kroketten, Frikadellen, panierten Schnitzeln, Fisch(stäbchen), Berliner Pfannkuchen u. v. m.; ↑ a. Fritierpfanne

Fritierpalette Gerät zum Wenden von Gargut in Ausbackteig in der Friteuse, wodurch ein Aufreißen der Teighülle vermieden wird; ermöglicht a. das Abtropfen der Stücke beim Herausnehmen aus dem heißen Fett oder Öl

Fritierpfanne ↑ Pfanne/Spezialpfannen

Fritte ↑ Friteuse

Fritürekelle ↑ Löffel

Frühstücksbrettchen hölzerne Unterlage für Frühstück oder einen Teil davon

G

Gabel [ahd. *gabala*, gegabelter Ast] Eßgerät mit zwei oder mehr Zinken zum Zerlegen, Aufnehmen und/oder Vorlegen von Speisen, gr. für Hauptgerichte, Gemüse (Artischocken, Spargel u. ä.), Teigwaren usw., kl. für Vorspeisen, geräucherten Fisch, Salat, Käse, Desserts, Früchte usw., als Fischgabel für Fische und zum Filetieren von Fischen, als Kuchengabel für Gebäck, Kuchen, Torten; in der Küche noch versch. Spezialanfertigungen, u. a.:

Aufschnittgabel zum Zerteilen, Trennen und Servieren von Aufschnitt

Austerngabel kl. mit drei breiten Zinken, zum Loslösen und Essen von Austernfleisch

Fleischgabel, Tranchier-, Vorlegegabel massiv mit zwei, drei oder mehr langen schmalen Zinken, zum Festhalten eines Bratens beim Aufnehmen, zum Wenden von Fleisch und Fisch, zur Garprobe

Fonduegabel ↑ Fonduegeschirr

Pellkartoffelgabel mit meist drei langen Zinken in weiten Abständen, zum Aufspießen von Kartoffeln und gek. Gemüsen, zum Halten von gek. Kartoffeln beim Schälen

Spaghettigabel aus zwei elastisch miteinander verbundenen Armen, zum Herausnehmen von Spaghetti u. a. langen Teigwaren

Pellkartoffelgabel und Gemüsemesser

Gänsebräter ↑ Bräter

Garfolie ↑ Folie

Garnierkamm aus Kunststoff, zum Garnieren von Creme- und Sahne-Oberflächen

Garniermesser ↑ Messer

Gasherd ↑ Herd

Gazesieb ↑ Sieb/Haarsieb

Gebäckspritze zylindrische Presse mit Druckhebel und Zahnstange, dazu versch. Formscheiben, Garnier-, Krapfentülle, um den Teig für Käse-, Salz-, Spritzgebäck zu pressen, zum Garnieren, zum Füllen von Krapfen usw.

Geflügelpresse [Anfang 19. Jh. vom Restaurateur Méchenet in Rouen eingeführt, seit 1890 im Restaurant La Tour d'Argent in Paris zelebriertes Gerät] Schraubenpresse, welche die Karkasse von Geflügel, v. a. Ente, ohne die Keulen auspreßt

Geflügelschere stabile Schere mit starken, leicht gebogenen Schneidblättern; mit denen man mit Hilfe gefederter Hebelübersetzung das Fleisch von Geflügel zerlegen, ihre Knochen durchtrennen kann

Gefriergerät, Gefrierschrank, -truhe ↑ Tiefkühlgerät, a. Kühlgerät

Gefrierverpackung muß luft- und wasserdicht, fett- und säurebeständig sein sowie vor Geruchs-, Geschmacksübertragung und Vitaminverlust schützen; aus *Weichplastik* bes. stabil und haltbar, geeignet für Suppen, Saucen, Gemüse, druckempfindliche Früchte; aus *Kunststoff* dünnere Wände, erleichtert das Gefrieren, ist aber weniger haltbar, geeignet für Suppen, Gemüse, Suppenkräuter; der *Gefrierbeutel* eignet sich für kl. Mengen Fleisch, Fisch, Backwaren, Brötchen, der *Gefrier-Kochbeutel* zum Einfrieren und anschließend im Wasserbad Erhitzen von gek. Speisen

Gemüseaushöhler Messer mit scharfen Zacken und glatten Laufflächen zum Durchstechen der Schale und zum Entkernen des Inneren von Gurken, Zucchini u. ä.

Gemüsehobel ↑ Hobel

Gemüsemesser ↑ Messer

Gemüsetopf ↑ Topf

Geschirr [mhd. *geschirre,* das Zurechtgeschnittene] alle Gefäße und Geräte, die man zum Kochen (Kochgeschirr) und Essen (Tafelgeschirr) gebraucht, im engeren Sinn die Gefäße, die man zum Essen und Trinken benutzt; ↑ a. Kaffeegeschirr

Kochgeschirr das zum Kochen benötigte Geschirr aus Metall, ↑ Geschirr/Materialien, feuerfestem Glas oder Porzellan, je nach Gewicht und Handlichkeit, Korrosions-, Kratz- und Stoßfestigkeit, Wärmeleitfähigkeit, Reinigungs- und Pflegeleichtigkeit unterschiedlich; ↑ a. Kochgeschirr

Tafelgeschirr aus Porzellan, Steingut, Glas, a. Keramik, Holz, Kunststoff, Metall u. a., viele versch. Formen, Dekors und Designs

Materialien

Alpaka, Neusilber silbrige Legierung aus Kupfer, Nickel und Zink

Aluminium [lat. *alumen,* Alraun] sehr weiches, silberweißes Leichtmetall, das nicht rostet, Oberfläche wird oft künstlich oxidiert, damit sie laugen-, stärke- und abreibfest wird; für Geschirr heute nur noch wenig gebräuchlich

Chromnickelstahl ↑ Stahl

Chromstahl ↑ Stahl

Edelstahl ↑ Stahl

Eisen weiches, silberweißes Schwermetall, grobkörnig und spröde, rost- und säureanfällig; wird in dickwandige, schwere Formen mit rauher Oberfläche gegossen (Gußeisen), die Wärme speichern und sie gleichmäßig verteilen; zum Braten, für deftige Zubereitungen; ↑ a. Gußeisen

Gold [mhd. *golt,* das Blanke, Gelbe] weiches, rötlichgelb glänzendes Edelmetall, das als Luxusartikel a. für Bestecke, Tafelgeschirr usw. verwendet wird

Gußeisen flüssig gegossenes Eisen, schwer und robust, porös und rauh, schlechter Wärmeleiter; vor Gebrauch mit Öl einzureiben und zu erhitzen; bes. für langwieriges Garen geeignet; i. ü. ↑ Eisen

Kupfer [lat. *cyprium,* zyprisches Erz] weiches, rötlich glänzendes Schwermetall, das «Gold der Küche», außerordentlich guter Wärmeleiter und -verteiler, wird innen a. verchromt, versilbert, verzinnt, a. mit Edelstahl plattiert; für Kochgeschirr, Butter-, Saucenpfännchen, Fonduegeräte, Käseglocken, Rührschüsseln, Wasserkessel usw., nicht nur zum Garen, sondern a. zum Auftischen geeignet

Leichtmetall Metall mit geringem spezifischem Gewicht (Aluminium u. a.), leicht und gut wärmeleitend

Silber weiches, weißglänzendes Edelmetall, wird zur Härtung oft mit anderen Metallen, v. a. Kupfer, legiert (massiv Silber: *Echtsilber;* 800 Teile Silber mit 200 Teilen Kupfer: *Silber 800;* 925 Teile Silber mit 75 Teilen Kupfer: *Sterling-Silber*); häufig wird ein anderes Metall mit einer Schicht von Silber, der Silberauflage, «versilbert»; meist für Eßgeräte, vereinzelt a. für Kochgeschirr

Stahl [ahd. *stahal,* der Feste, Harte] mit Chrom, Nickel, a. Molybdän, Vanadium, Wolfram oder Kobalt legiertes Roheisen, das sich schmieden, stanzen, walzen oder auf andere Art vielseitig verformen läßt, durch und durch rostfest, aber säureempfindlich; Legierung von Eisen mit Chrom, bläulich weiß: *Chromstahl, rostfreier Stahl;* Legierung von Eisen mit Chrom und Nickel, gelblich weiß: *Chromnickelstahl, rostfreier Edelstahl;* für Kochgeschirr (Sauteusen usw.), Schneidewaren, Reiben, Mühlen, verchromt und vernickelt für Scheren, Korkenzieher, Nußknacker usw., verzinnt für Backformen, Hobel, Reiben, Raspeln, usw.; ↑ a. Email

Stahlblech ausgewalzter Stahl, warm gefertigt, nicht gegen Korrosion geschützt (Schwarzblech) oder elektrolytisch verzinnt (Weißblech)

Teflon ↑ Kunststoff

↑ a. Email, Glas, Glaskeramik, Kunststoff, Porzellan, Steingut, Steinzeug, Ton

Geschirrspüler, Geschirrspülgerät, -maschine, Spüler [von der Amerikanerin Josephine Cochran 1893 an der Weltausstellung in Chicago erstmals vorgeführt] Apparat zum vollautomatischen Reinigen und Trocknen von gebrauchtem Geschirr, Bestecken, Küchengeräten in vier Arbeitsgängen: sie werden, in Gestelle eingeordnet, mit kaltem (enthärtetem) Wasser vorgespült, mit 55 °C heißem Wasser unter Zugabe von Reinigungsmitteln gereinigt, zwischengespült und zuletzt mit entspanntem, 60 °C heißem Wasser klargespült; ↑ a. Spüle

Getreidemühle ↑ Mühle

Gewürzmühle ↑ Mühle

Gießlöffel ↑ Löffel

Glas (A) [ahd.: Bernstein] lichtdurchlässiger, meist durchsichtiger, leicht zerbrechlicher Werkstoff aus mit Erdalkalien geschmolzenen Quarzsand, Soda, Kalk u. a., mit Borsäure feuerfest, ist gegen Temperaturschwankungen weitgehend unempfindlich, nimmt weder Geruch noch Geschmack auf; wird geblasen, gepreßt, gewalzt zu vielerlei Gebrauchsformen verarbeitet; ↑ a. Keramik

Glas (B) Trinkgefäß aus Glas (A)

Glaskeramik Material aus wärmebehandeltem, meist undurchsichtigem Glas mit Kristallen, für Haushaltgeschirr

Glaskeramikkochfeld ↑ Herd

Glasmensur Gefäß zum Abmessen kleinster Flüssigkeitsmengen

Glocke ↑ cloche, Käseglocke

Glockenkorkenzieher ↑ Korkenzieher

Gold ↑ Geschirr/Materialien

Grapefruitmesser, Grapefruitschäler, Orangenschäler ↑ Schäler

Gratinpfanne ↑ Pfanne/Fritierpfanne

Griddle [engl. *to griddle,* auf einem Blech backen] ↑ Herd/Griddle, Pfanne/Spezialpfanne

Grill, Barbecue, (Brat-)Rost [engl. *to grill,* rösten] Gerät mit meist verstellbarem Rost oder Drehspieß und Tropfpfanne zum Rösten von Fleisch, Geflügel, Fisch u. a., geheizt wird drinnen oder im Freien mit Holzkohle, Gas unter Druck, elektr. Strom oder infraroter Bestrahlung, spart Fett, schont Nährstoffe und Vitamine, bei Verbrennung und Verkohlung des Grillguts bilden sich allerdings gesundheitsschädliche (krebserregende) Substanzen
   Heißluftgrill, -automat Erhitzen des Grillguts durch umgewälzte, erhitzte Luft
   Kontaktgrill Übertragung der Hitze nicht durch Strahlung, sondern durch möglichst engen Kontakt des Grillguts mit einer oder zwei aufgeheizten Flächen, für flaches Grillgut (Hackfleisch, Sandwiches, Steaks, Fische u. ä.); ↑ a. Waffeleisen
   Strahlungsgrill Erhitzung durch Heizkörper oberhalb, a. unterhalb des Grillguts, für flache Grilladen, Schaschliks, Geflügel, zum Überbacken von Aufläufen und Gratins, zum Toasten von Brot, Sandwiches; ↑ a. Toaster

Grillpfanne ↑ Pfanne/Spezialpfannen

Grillstein, Heißer Stein erhitzter Stein zum Grillen ohne Fett am Tisch

Grillzange ↑ Zange

Gugelhopfform ↑ Backform/Napfkuchenform

Gurkenhobel ↑ Hobel

Gußeisen ↑ Geschirr/Materialien: Eisen, Gußeisen

H

Haarsieb ↑ Sieb

Hackbeil, Hackmesser, Spalter Fleischmesser mit großflächiger, starker, starrer Klinge zum Zerteilen von Knochen (für Fonds usw.) und Kotelettsträngen, zum Durchtrennen von Geflügel, zum Flachklopfen von Fleisch, zum Einklopfen von Gewürzen mit dem Klingenblatt usw.

Hackblock, Hackbrett, -stock stabiler Block oder dickes Brett aus mehrfach verleimtem Hartholz, auf denen Fleisch usw. kräftig gehackt werden kann; ↑ a. Butcher-Block, Schneidbrett

Hacker, Blitzhacker Gerät zum Hacken von Gemüse, Kräutern, Zwiebeln, Nüssen, Schokolade usw.

Hackmesser ↑ Hackbeil

Hackstock ↑ Hackblock

Häfeli, Häfli schweizerd.: kl. Topf, Schale

Hafen südd., österr., schweizerd.: (irdenes) Gefäß, Schüssel

Halogenheizung ↑ Herd

Handmixer ↑ Handrührer, Mixstab

Handrührer, Handmixer vielseitiges Elektrogerät mit zwei Quirlen (für Mayonnaise, Eischnee, Schlagsahne, Biskuitmasse, Creme-, Quarkspeisen, Puddings, Rührmasse) und zwei Knetwerken (für leichte bis mittelschwere Teige), meist mit Wandhalterung, zum Rühren, Mixen, Quirlen, Passieren, Pürieren, Schlagen, Zerkleinern; Sonderzubehör: Passier-, Schneidesieb, Rührbecher, Elektromesser, Kartoffel-, Messerschärfer, Dosenöffner usw.; ↑ a. Küchenmaschine

Haushaltwaage ↑ Küchenwaage

Hebel-Greifarm-Korkenzieher ↑ Korkenzieher

Hebelkorkenzieher ↑ Korkenzieher/Flügelkorkenzieher

Hebepalette ↑ Palette

Heißer Stein ↑ Grillstein

Heißluftautomat, Heißluftgrill ↑ Grill

Heißluftdämpfer ↑ Herd/Kombimatic

Heißluftherd, Heißluftofen ↑ Herd

Heißluftsteamer ↑ Herd/Kombimatic

Herd, Kochherd [ahd.: der Glühende] Feuerstelle zum Garen mit Hitze, seit jeher ein Mittelpunkt des Hauses, um den herum sich der Mensch versammelt, wärmt und sättigt, hat sich von der primitiven Feuerstätte aus prähistorischer Zeit zu den raffinierten, hochtechnisierten Apparaten unserer Tage entwickelt. Das Grundmuster ist geblieben, das Kochen auf einer oder mehreren beheizten Platten über einem Feuer, einer Wärmequelle, aber die Methoden haben sich radikal gewandelt und sind a. vielfältig kombinier- und variierbar; ↑ a. Backgerät, Grill, Pfanne/Kippbratpfanne, Kochkessel, Salamander

Elektroherd, E-Herd elektr. betriebenes Kochgerät mit auf Normal-, Automatik- oder Blitzkochplatten übertragener Strahlungshitze; meist mit ↑ Backgerät ausgestattet; ↑ a. Heißluftherd

Gasherd durch Verbrennen von Erd-, Propan-, Stadtgas mit offener, sichtbarer Flamme, a. mit abgedeckten Glühplatten betriebenes Kochgerät, erzielt sofort nach dem Zünden volle Wärme, läßt sich gut kontrollieren und strahlt nach dem Abstellen keine Wärme mehr aus.

Stufen Gasherd	Grade E-Herd
1–2	150–175 °C
2	175 °C
2–3	175–200 °C
3	200 °C
3–4	200–225 °C
4	225 °C
4–5	225–250 °C
5	250 °C
6–7	250–275 °C
7	275 °C
7–8	275–300 °C
8	300 °C

Glaskeramikkochfeld Erhitzung eines feuerfesten Glasfeldes mit Strom oder Gas durch gut sichtbare Infrarotheizspiralen, kurze Aufheizphase, für alle Kochgeschirre, reinigungsfreundlich

Griddle freistehende oder eingebaute, thermostatisch regulierte Bratplatte aus Stahl, Chromnickelstahl oder Glaskeramik für Strom oder Gas, mit Fettauffangschale, erlaubt insbes. Sautieren mit wenig Fett

Grill ↑ Grill

Halogenheizung Erhitzung durch intensiv weiß strahlende Halogenröhren oder -ringe unter dem Glaskeramikfeld, je heller das Licht, desto höher die Temperatur; Einschalten läßt sich sofort optisch erkennen, Hitze gut regulierbar, gr. Strahlungsteil, pflegeleicht

Heißluftherd, Heißluftofen ↑ Umluftherd

Induktionskochfeld elektromagnetisches Glaskeramikfeld, das den Boden von Kochgeschirr aus Gußeisen oder Stahlemail erhitzt, selbst aber (eine Zeitlang) kalt bleibt, erlaubt energie-, zeitsparendes Garen

Kippbratpfanne, Druck-Braisière mit Strom oder Gas erhitzte Bratfläche aus Stahl oder Chromnickelstahl, zum Anbraten, Sautieren, Schmoren

Kombimatic, Aero-Steamer, Heißluftdämpfer, -steamer, Kombidämpfer, -steamer Heißluftherd mit zusätzlichem Dampf, zum Backen, Braten, Gratinieren (bei 120–250 °C), Dämpfen, Pochieren (bei 60–96 °C) oder Speisen Fertigkochen (bei 120–140 °C)

Mikrowellenherd Gerät zum Auftauen, Erwärmen und (begrenzten) Garen von Lebensmitteln durch elektromagnetische Wellen, die organische Stoffe durchdringen, ihre Moleküle in Schwingungen versetzen und dadurch Reibungswärme erzeugen, die das Gargut in wenigen Minuten erhitzt, nach neuesten Erkenntnissen gesundheitlich unbedenklich; kein Ersatz des Herds, aber, a. damit kombiniert, eine willkommene Ergänzung (allerdings nur für nicht mehr als 500–750 g schwere Portionen), spart Zeit, benötigt wenig Geschirr, läßt sich leicht reinigen.

Als Geschirr eignen sich Glas, Glaskeramik, Keramik, Steingut, viele Kunststoffe, Folien, Papier, Pappe; außer zum Auftauen von Tiefkühlkost geeignet zum Erwärmen und zum Garen von Fisch (ideal), Muscheln, Geflügel (Haut wird allerdings weich und blaß), Gemüse, Süßspeisen (in kl. Portionenformen), Konfitüren, Chutneys usw.; ungeeignet zum Backen (bildet keine Krusten), Braten (bräunt nicht), Schmoren (Fleischfasern bleiben zäh), für Lebensmittel, die in Wasser quellen sollen (Getreide, Reis, Teigwaren).

Niedertemperatur-Gargerät elektr. Beheizung rund um den Garraum oder mit Warmluft, zum Garen insbes. von gr. Fleischstücken und zum Warmhalten

Steamer, Druckgarer, Hochleistungsdämpfer [engl. *steam*, Dampf] Erhitzung durch Einspritzen von heißem Dampf auf das Gargut, erhält schonend Eigengeschmack, Nährwert und Farbe, spart Energie, ist umweltfreundlich und einfach zu reinigen; geeignet zum Blanchieren, Dämpfen, Pochieren und Speisen Fertigkochen; ↑ a. Schnellkochtopf

Umluftherd, Konvektomat, Heißluftofen Erwärmung durch mit Strom oder Gas erhitzte Luft, die mit einem Ventilator von allen Seiten zugeführt wird, erlaubt gleichzeitiges Garen auf mehreren Ebenen, braucht kein Vorheizen, erfordert nur etwa 30 °C geringere Temperaturen; zum Aufkochen, Backen, Grillen, Sautieren, a. Erwärmen, Dörren

hibachi jap. Holzkohlenbecken, -grill

Hobel [mitteldt. *Hübel*, kl. Erhöhung] Gerät aus Kunststoff, Weißblech, a. Edelstahl, mit geschliffener Schneideklinge, um Nahrungsmittel zu zerkleinern oder in dünne Scheiben zu schneiden; ↑ a. Reibe

KARTOFFELHOBEL

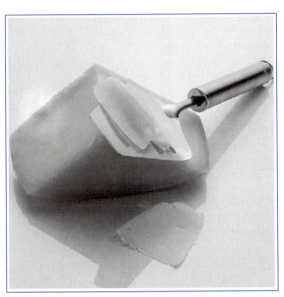

Käsehobel

Gemüsehobel, Kartoffelhobel flach mit schrägem, manchmal verstellbarem Messer, oft mit Wellenschliff, für rohe oder gek. Kartoffeln (Annakartoffeln, Gratin, Rösti), zum Schnitzeln von Gemüse (Möhren, Rettich, Rote Rüben, Rot-, Weißkohl, Sellerie, Zucchini usw.)
Gurkenhobel, Krauthobel flach mit schrägem, wellenförmigem Messer, zum Schneiden von Gurken, zum Schnitzeln von Rettich, Rot-, Weißkohl usw.
Käsehobel flach mit schrägem Messer an Handgriff, zum feinschichtig Schneiden von Halbhart- und Hartkäse in Späne, zum Raspeln von Schokolade
Mandoline, Universalhobel aus Edelstahl, zum Schneiden von dünnen Scheiben, feinen Streifen, Waffelkartoffeln usw.
Spätzlehobel flach mit aufsetzbarem Kasten für den Teig, zum Herstellen von Knöpfle, Spätzle über dem kochenden Wasser
Trüffelhobel flach mit verstellbarer, sehr scharfer Klinge, zum Schneiden von Trüffeln in feine hauchdünne Scheiben

Hobelreibe ↑ Reibe

Hochleistungsdämpfer ↑ Herd/Steamer

Holzkohle schwarze, poröse, sehr leichte Kohle, die durch schwelendes Verbrennen von Holz entstanden ist

Holzlöffel ↑ Löffel

Hummergabel Gerät zum Herausholen und Zerteilen des Fleisches von Hummern und anderen Krustentieren

Hummerschere Zange zum Öffnen der Scheren von Hummern und anderen Krustentieren, meist mit Pinzette zum Herausziehen des Fleisches

I

Induktionskochfeld ↑ Herd

Isolierbehälter abgedichtetes Gefäß zum Warm- oder Kalthalten von Speisen, Fassungsvermögen meist ½, ¾ oder 1 l

Isolierflasche, Isolierkanne abgedichtetes, innen verspiegeltes Gefäß aus Metall und/oder Kunststoff, das den Inhalt etwa 6 Std. lange auf seiner Temperatur hält, Fassungsvermögen ½ bis mehrere Liter

J

Joghurtgerät beheiztes Gefäß mit Deckel, in dem mit Joghurt oder Joghurtbakterien geimpfte Milch in Gläsern bei 40 °C reift

Julienne-Schneider, -Reißer [frz. *julienne*, Gemüsestreifen] ↑ Fadenschneider, Zestenmesser

K

Kaffeeautomat, Kaffeemaschine elektr. Wärmegerät zum Zubereiten von 2–12 Tassen Kaffee auf einmal, indem man siedendes Wasser durch einen Filter mit mittelfein gemahlenen Kaffeebohnen seiht, zahlreiche Methoden und Modelle; mit Teefilter a. zum Zubereiten von Tee erhältlich; ↑ a. Espressomaschine

Kaffeemaß kl. halbkugeliger oder konischer Löffel mit langem Stiel aus Edelstahl oder Kunststoff, zum Abmessen von gemahlenem Kaffee

Kaffeemühle ↑ Mühle

Kaffeesieb ↑ Sieb/Milchsieb

Kanne [lat. *canna*, Röhre] Gefäß mit Henkel, Schnabel und meist Deckel als Eßgeschirr für Kaffee, Milch, Tee usw.

Kanneliermesser ↑ Messer

Kapselheber Gerät zum Öffnen von Flaschen mit Kapselverschluß

Kartoffelausstecher ↑ Ausstecher/Parisienne-Ausstecher

Kartoffelhobel ↑ Hobel/Gemüsehobel

Kartoffelmesser ↑ Messer/Gemüsemesser

Kartoffelpresse ↑ Presse

Kartoffelreibe ↑ Reibe

Kartoffelstampfer stabile flache Platte mit großen, dichten Löchern an ein- oder zweiarmigem Stiel in einem Stück zum schonenden Stampfen von geschälten, gek. Kartoffeln für Püree

Käsebeil, Käseabstecher, -messer Spezialmesser mit Loch an der vorderen, oberen Ecke der Klinge, damit der Käse nicht anklebt, zum Schneiden und Abheben von Halbhart-, Hartkäse, a. Wurst, oft mit zweizinkiger Spitze zum Aufspießen der Käsescheiben

Käseglocke halbkugelige Form aus Glas oder Drahtgewebe, meist auf einer runden Platte aus Holz oder Marmor, schützt den Käse vor Zugluft und Fliegen; heute, im Zeitalter der Kühlapparate, selten geworden

Käsehobel ↑ Hobel

Käsemesser ↑ Käsebeil

Käseraffel, Käsereibe ↑ Reibe

Kasserolle [frz. *casserole*, aus der provenzalischen *cassa*, Backgeschirr] zylindrischer Kochtopf aus (ausgekleidetem) Aluminium, verzinntem Kupfer, feuerfestem Porzellan, rostfreiem Stahl, emailliertem oder vernickeltem Gußstahl, Eisen-, Schwarzblech u. a. mit Stiel, oft a. Ausguß und Deckel, zum Blanchieren, Dünsten, Poëlieren, Schmoren, Sieden usw. bei milder, gleichmäßiger Hitze; a. allg. (Koch-)Topf
    Flachkasserolle, Schwenkpfanne, Sautoir kl. niedrige Kasserolle mit Stiel, aber ohne Deckel, zum Dünsten, Pochieren, Sautieren, Schmoren, Sieden von kl. Portionen, zum Anbraten von kl. Fleischstücken, zum Rühren, Schlagen, Schwenken von Speisen (Breie, Saucen u. ä.) auf der Kochstelle, zum Braten, Dünsten von Gemüse, zum Abkochen von Eiern, zum Erhitzen von Flüssigkeiten usw.
    Schwenkkasserolle, Schwenkpfanne, Stielkasserolle, Sauteuse Kasserolle aus Edelstahl oder geschichtetem Kupfer mit schwerem Boden und schrägen, unten abgerundeten Wänden, niedrigem, a. hohem Rand mit Stiel, aber ohne Deckel, zum Dünsten, Glasieren, Sautieren, zum Rühren von feinen Speisen und Saucen auf Butter-, Ei-, Sahnebasis, zum Anbraten von Fleischstücken und Gemüsen, Durcharbeiten von Pürees, Ausschwenken von geschnetzeltem Fleisch, Gemüsen, Pilzen, Früchten, Aromaten in Butter, zum Reduzieren von Saucen, Schlagen von Sabayons usw.

Kassolette eingedeutscht für ↑ cassolette

Kästchen dt. für ↑ caisse

Kasten(kuchen)form ↑ Backform

Kastenreibe ↑ Reibe

Kelle gr. runder, tiefer Schöpflöffel; ↑ a. Löffel
    Fritürekelle mit weitmaschigem Geflecht, zum sanften Senken von Nahrungsmitteln in siedendes Fett, Öl, zum Abtropfen nach dem Herausnehmen
    Saucenkelle mit kl. kugeliger Schale; ↑ a. Löffel/Saucenlöffel (A), (B)
    Schaumkelle ↑ Löffel/Schaumlöffel
    Schöpfkelle ↑ Löffel/Schöpflöffel

Kellnerkorkenzieher ↑ Korkenzieher

Keramik [griech. *keramikē*, Töpferton] Koch- und Eßgeschirr aus gebranntem Ton oder tonhaltigen Mischungen (Porzellan, Steingut, -zeug), feuerfest, unempfindlich gegen Temperaturwechsel; ↑ a. Porzellan

Kernausstecher ↑ Entkerner

Kessel [lat. *catinus*, flache Schüssel] gr. Metallgefäß zum Kochen; sehr gr. Topf; ↑ a. Kochkessel, Topf

Kippbratpfanne ↑ Herd

Kirschenentkerner ↑ Entkerner

Klingenkorkenzieher ↑ Korkenzieher

Knoblauchpresse ↑ Presse

Kochgeschirr kleineres Gefäß mit Deckel zur Aufnahme, zum Transport von Essensportionen u. ä.; ↑ a. Geschirr/Kochgeschirr

Kochherd ↑ Herd

Kochkessel mit Strom, Gas oder Dampf direkt oder indirekt beheiztes Gargerät

Kochlöffel ↑ Löffel

Kochmesser ↑ Messer

Kochtopf ↑ Topf, Schnellkochtopf

Kokotte, cocotte [frz.: Henne] kl. feuerfestes rundes oder ovales Kochgeschirr mit dicken Wänden aus (eingeklidetem) Metall, Porzellan, Steingut oder Ton mit Deckel, a. zwei Griffen, in dem die darin gegarten Speisen a. angerichtet werden können, zum langsam Kochen, Schmoren, zum Servieren von Ragoûts fins usw.

Kombidämpfer ↑ Herd/Kombimatic

Kombimatic, Kombisteamer ↑ Herd

Konditorsäge ↑ Messer

Königskuchenform ↑ Backform

Kontaktgrill ↑ Grill

Konvektomat ↑ Herd/Umluftherd

Korkenzieher Gerät zum (möglichst) mühelosen und sorgfältigen Öffnen einer Weinflasche, meist mittels einer etwa 60 mm langen, unzentrierten Spirale aus gehärtetem Eisen oder Stahl mit scharfer Spitze, zahlreiche Methoden und Modelle
  Champagner-, Sektkorkenzieher klemmt Flaschenhals und Korken ein, der sich dann durch das hineingedrehte Gewinde herausziehen läßt
  Drehkorkenzieher das Gewinde bohrt sich beim Rechtsdrehen in den Korken und zieht ihn beim Weiterdrehen heraus, meist aus Messing
  Feder-, Klingenkorkenzieher Griff mit Schaft, der unten in zwei Stahlfedern mündet, die zwischen Flaschenhals und Korken eingeführt werden, den er drehend herauszieht; der Korken bleibt wiederverwendbar; bes. für poröse Korken
  Flügel-, Hebelkorkenzieher mit Aufsetzer zum Zentrieren des Gewindes und Hebelarmen, die sich beim Einbohren seitlich heben und beim Hinabdrücken den Korken emporziehen
  Glockenkorkenzieher Griff mit Schaft, der unten in einer offenen oder geschlossenen Form zu einem Gewinde ausläuft
  – mit Aufsetzer die Glocke setzt auf dem Flaschenhals auf und erzeugt Gegendruck, der beim Drehen des Griffes in entgegengesetzter Richtung den Korken herauszieht
  – mit Doppelspindel die Eindrehspindel mündet in ein Linksgewinde mit größerer Spindel, das den Korken herauszieht
  – mit umlegbarer Spindelnocke durch Umlegen der Nocke im Griff zieht das Gewinde nach Einbohren den Korken heraus
  – mit Spiralfeder eine Spiralfeder um den Schaft drückt sich beim Drehen zusammen und verstärkt beim Weiterdrehen die Zugkraft
  Kellner-, Barman-Korkenzieher das professionellste Gerät, Griff als Taschenmesser aus Edelstahl mit herausklappbarem Gewinde und Schnabel, der beim Herausziehen des Korkens als Hebelarm dient
  Scherenkorkenzieher öffnet sich beim Herausziehen des Korkens wie ein Scherengitter
  Screwpull [engl.: Schraubenzieher] zwei Greifarme halten das Gerät am Flaschenhals fest, beim Drehen der Griffe oder Bewegen eines Hebels bohrt sich die Spindel in den Korken und zieht ihn anschließend heraus
  Stangenkorkenzieher Griff mit Schaft, der unten in ein Stahlgewinde ausläuft, das in den Korken gebohrt wird
  Taschenkorkenzieher Gewinde in einer Hülse, die angeschraubt und in eine Öse am Schaft eingesteckt als Griff dient
  Teleskopkorkenzieher zieht sich beim Entkorken wie ein Teleskop auseinander

Korkheber Gerät zum Herausholen eines in die Flasche gefallenen Korkens

Kranzform ↑ Backform

Krauthobel ↑ Hobel/Gurkenhobel

Krebsmesser ↑ Messer

Kronenreibe ↑ Reibe

Kronkorkenöffner Gerät zum Öffnen von Flaschen mit Kronkorkenverschluß

Kuchenblech ↑ Blech

Kuchenform ↑ Backform

Küchengabel in der Küche verwendete ↑ Gabel

Küchengarn fester, hitzebeständiger, farbechter Baumwollfaden, zum Binden oder Zunähen von Nahrungsmitteln

Kuchengitter rundes oder eckiges Metallgitter zum Abkühlen von Brot, Gebäck, Kuchen usw.

Küchenkrepp Papiergewebe mit aufgerauhter, saugfähiger Oberfläche, zum Abtrocknen von überbrühten, marinierten Speisen, zum Aufsaugen überschüssigen Fetts von fritiertem Backgut

Küchenlöffel in der Küche verwendeter ↑ Löffel

Küchenmaschine elektromotorische Vielzweckmaschine mit Metall- oder Kunststoffmesser (mit Wellenschliff) und

Schneidescheiben, a. Passier-, Schneidestab, zum Hacken, Kneten, Pürieren, Raspeln, Reiben, Rühren, Schlagen, Zerkleinern; Zubehör: Fleischwolf, Mixaufsatz, Schnitzelwerk, Zitruspresse, a. Einsatz zum Eiweißschlagen und zur Eisbereitung, Getreidemühle, Kartoffelschäler, Saftzentrifuge bis zu Dosenöffner, Messerschärfer usw.; ↑ a. Handrührer, Standgerät

Kuchenmesser   ↑ Messer

Küchenmesser   in der Küche verwendetes ↑ Messer

Kuchenpalette   ↑ Palette

Kuchenpinsel   ↑ Backpinsel

Kuchenrädchen   Stiel mit rollendem, meist wellenförmig geschnittenem Metallrad, zum Ausrädeln, Schneiden dünner Teigplatten

Küchenschere, Universalschere   robuste, rostfreie Schere mit nachstellbarer Verschraubung, oft mit Kronkorkenöffner, zum Abschneiden von Schwarten und Krusten, zum Zerteilen von flachen Fischen, Durchtrennen von starken Gräten, Wegschneiden von Flossen, zum Schneiden von Kräutern, Blumen, Rhabarber u. ä., zum Schneiden von Papier, Folie, Pergament, Fäden, Garn u. ä., zum Öffnen von Packungen, allg. als Küchenwerkzeug; ↑ a. Geflügelschere

Küchensieb   ↑ Sieb

Küchenwaage   [ahd. *wäga*, das Hinundherschwingen] Meßgerät zum mechanischen oder elektronischen Bestimmen des Gewichts von Lebensmitteln (über 1 kg: *Haushaltswaage*) durch zusammengedrückte Spiralfeder *(Federwaage)* oder Gegengewicht an einem Hebel *(Neigungswaage)*, viele Modelle und Typen, je nach Aufstellen oder Anbringen auf dem Tisch *(Standwaage)* oder an der Wand *(Wandwaage)*; Skaleneinteilung meist bis 1% der Tragkraft; ↑ a. Zuckerwaage
   Diätwaage   Computerwaage, Tragkraft etwa 1 kg, errechnet Kalorien, Joules, Broteinheiten, Eiweiß, Fette und Kohlenhydrate von Nahrungsmitteln bis auf 2 g genau; für diät-, kalorienbewußte Ernährung
   Stand-, Tischwaage   standfeste Waage mit Meßskala und abnehmbarer Schale, Tragkraft bis etwa 10 kg, zum Abwiegen größerer Mengen
   Wandwaage   mit Wandaufhängung und hochklappbarer Schale, Tragkraft bis etwa 3 kg, zum Abwiegen küchenüblicher Zutaten

Kugelausstecher   ↑ Ausstecher

Kühler   ↑ Weinkühler

Kühlgerät, Gefriergerät, Kühlschrank   gegen Wärme isolierter Behälter in Kasten-, Schrankform, dessen verschlossenes Inneres durch eine Kältemaschine, die tiefe Temperaturen erzeugt, auf 4–6 °C gekühlt wird, dient dem Haltbarmachen von Nahrungsmitteln, verbraucht aber viel Strom, weshalb es regelmäßig abgetaut, enteist werden sollte; viele Ausführungen, aber meist in Fächer unterteilt, *2-Sterne-Fach* erreicht –12 °C, hält Tiefkühlkost (aber nicht Speiseeis) bis 2 Wo., *3-Sterne-, 4-Sterne-Fach* erreicht –18 °C, hält Tiefkühlkost (a. Speiseeis) bis 3 Mon.; *Gefrierfach* erreicht –18 bis –24 °C, für Tiefkühlkost, Eiswürfel; normaler Bedarf an Kühlraum 50–70 l pro Person; ↑ a. Tiefkühlgerät

Kullenmesser   ↑ Messer/Lachsmesser

Kunststoff, Plastik   Werkstoff, der chemisch künstlich, synthetisch hergestellt wird, geringeres Gewicht als Metall, geruch- und geschmacklos, unempfindlich gegen Laugen und Säuren, Hitzebeständigkeit unterschiedlich, kratz- und schnittempfindlich; wird für Behälter, Dosen, Schüsseln, a. Folien usw. verwendet
   Teflon   [1938 von einem Forscher des amerik. Chemiekonzerns Du Pont entwickelt] Kunststoff, der zum Beschichten von Pfannen verwendet wird, nicht hitzebeständig und kratzfest, zum Garen, Sautieren ohne oder mit nur wenig Fett und ohne gr. Hitze

Kupfer   ↑ Geschirr/Materialien

L

Lachsbrett   Schneidebrett aus Hartholz oder Vollkunststoff mit Saftrille als Unterlage zum Schneiden von Lachs u. ä. in mehr oder weniger dünne Scheiben

Lachsmesser   ↑ Messer

légumier   [frz. *légume*, Gemüse] tiefe rechteckige, ovale oder runde Schüssel mit Deckel aus Fayence, Porzellan, Silber, heute a. emailliertem Gußeisen oder rostfreiem Stahl, in der (geschm.) Gemüse angerichtet wird

Leichtmetall   ↑ Geschirrmaterialien

Litermaß   ↑ Meßkrug

Löffel   [ahd. *laffan,* lecken] Eß- und Küchengerät, an dessen Stielende sich eine schalenartige Vertiefung (Laffe) zum Schöpfen und Sieben befindet, versch. Anfertigungen für viele Zwecke, als Eßbesteck gr. für Suppen im Teller, Spaghetti, Saucen usw., kl. für Suppen in der Tasse, Desserts, Melonen usw., als Kaffee-, Teelöffel für Kaffee, Tee, heiße Schokolade, Krustentier-, Früchtecocktails, Speiseeis usw.,

Halbtiefer Blanchierlöffel

als Espressolöffel für Espresso, zum Auslösen des Markbeins usw., als Coupe-Löffel für Eiscremes, Eiskaffee u. ä., in der Küche versch. Spezialausführungen; ↑ a. Kelle, Schaufel

Blanchierlöffel mit flachem Boden, Lochungen und hochgezogenem Rand, zum Blanchieren

Dosierlöffel mit Ausguß und langem Griff, zum Dosieren, Schöpfen und genauen Ausgießen kleinerer Mengen

Eßlöffel a. Mengenangabe: 15 ml

Gießlöffel Längs- oder Querlaffe mit vorn oder seitlich schmal auslaufendem Ausguß an langem Stiel, zum Aus- und Übergießen von gek. Nahrungsmitteln und Speisen, a. zum Überstreuen mit geriebenem Käse

Holzlöffel, Kochlöffel aus Holz, zum Rühren

Honiglöffel gewellte statt gehöhlte Laffe

Kaffeelöffel a. Mengenangabe: etwa 5 ml

Milchlöffel mittelgroß mit kl. Ausguß und langem Stiel, zum Schöpfen und Dosieren von Flüssigkeiten

Nudellöffel, -freund mit ausgeprägtem Zackenrand, zum Halten von Nudeln und anderen Teigwaren

Saucenlöffel (A) tief mit Schüttrand und ein bis zwei Ausgüssen, zum Schöpfen und Dosieren von Saucen

Saucenlöffel (B) Teil des Eßbestecks, flache, nur leicht gewölbte Schale, zum Schmecken von Saucen

Schaumlöffel, -kelle, Sieblöffel gelochte Laffe oder flaches Drahtsieb in rundem oder ovalem Rahmen an Stiel, zum Abschöpfen des Schaums auf Brühen, Suppen, Saucen, zum Herausnehmen von Fleisch, Klößen, Fisch, Gemüse usw. aus dem Topf

Schöpflöffel, -kelle tiefe runde oder ovale Schale mit Schüttrand und oft Maßeinteilung am Stiel, zum Schöpfen und Dosieren von Brühen, Suppen, Eintöpfen, zum Eingleitenlassen von aufgeschlagenen Eiern in kochende Flüssigkeit, zum Herstellen von Zuckergußornamenten und sehr dünnen Küchlein auf dem glatten Rücken

Seihlöffel breite, großlöcherige Schale an Stiel für den Abfluß von Fett und Flüssigkeiten, flach zum Klären einer Brühe, Suppe, zum Einlegen und Herausnehmen von empfindlichem Kochgut, zum Herausheben aus der Fritüre, zum Schwenken von Gemüse in Butter, halbtief mit hochgezogenem Rand zum Blanchieren von empfindlichem Kochgut, tief mit Schüttrand zum Herausnehmen und Abtropfen von schwimmendem Gut, zum Abschöpfen von aufgestiegenem Schaum

Teelöffel a. Mengenangabe: 4–5 ml

Lyoner Pfanne ↑ Pfanne/Spezialpfannen

Mandoline ↑ Hobel

marmite [altfrz. *marmite,* Hypokrit, Heuchler, der sein Inneres verbirgt] gr. zylindrischer Kochkessel mit Fassungsvermögen von 50 und mehr Litern, heute ugs. a. Fleisch-, Kochtopf

– à pression Schnellkochtopf

Marmorplatte die kalte glatte Fläche eignet sich zum Aufstreichen und Abkühlen von heißen Massen, zum Bearbeiten von fetten Teigen, Kuvertüre, zum Festwerdenlassen von Bonbons, Fondant, Karamel, Krokant, Marzipan usw.

Mar(r)onimesser Spezialmesser zum Einschneiden von Eßkastanien

Maschensieb ↑ Sieb

Massivblock ↑ Messerblock

Mehlsieb ↑ Sieb

Menage [frz. *ménage,* Hausrat, ausgespr. men*āsch*] Gestell für Salz und Pfeffer, Essig und Öl

Meßbecher Becher aus Edelstahl, Glas, Porzellan oder Kunststoff mit Meßskala bis ½ l, zum Abmessen von Flüssigkeitsmengen oder Abwiegen kleinerer Mengen von Mehl, Stärke, Zucker usw.

Messer [ahd. *mas,* Speise, *sahs,* kurzes Schwert] Eß- und Küchengerät aus einem Griff und mit einer Schneide versehen Klinge (am besten handgeschmiedet), als Eßbesteck gr. für Hauptspeisen usw., kl. für Frühstück, Brot, Toast, geräucherte Fische, Vorspeisen usw., als Fischmesser für Fische, zum Filetieren von Fischen; in der Küche das «Musikinstrument des Kochs», grundsätzlich in drei Kategorien eingeteilt, zum Zerkleinern von Nahrungsmitteln, zum Säubern von Fleisch und Fisch, zum Putzen von Gemüse; je nach Bedarf und Verwendung zahllose Typen und Ausführungen, wobei Material (vom billigen Bandstahl bis zum geschmiedeten, gehärteten Stahl), Verarbeitung und Pflege (nicht in der Spülmaschine, sondern durch Abwischen der Klinge unter heißem Wasser von Hand) eine Rolle spielen; ↑ a. Allesschneider, Fadenschneider, Schäler, Wetzstahl, Zestenmesser

Abhäutemesser stark gebogene Klinge, zum Abhäuten von Fleisch

Aufschnittmesser, Schinkenmesser 14 bis 32 cm lange elastische oder starre Klinge mit oder ohne Zahnung, zum sauberen Schneiden von Schinken oder Wurst, a. Braten, zum Zerteilen von kaltem oder warmem Fleisch

Ausbeinmesser, Polker (1) 12 bis 16 cm lange schmale, flexible und spitz auslaufende oder abgerundete Klinge, wird wie ein Dolch gehandhabt zum Auslösen von Knochen, zum Enthäuten, Trennen, Zerlegen von Fleisch, zum Entfernen von Sehnen, zum Parieren von Fleischstücken, zum Entbeinen von Geflügel usw., a. zum Filetieren von Fisch

Austernmesser, Austernöffner (2) kräftiger Griff mit kurzer, aber solider, auf einer Seite scharfer Klinge und Fingerschutz, zum Öffnen von Austern

Bäckermesser breites gerades Messer mit doppelter Klinge, die eine glatt geschliffen, die andere mit feiner Zahnung, zum Aufschneiden von empfindlichem Gebäck

Brotmesser (3) 18 bis 20 cm lange starke, gerade Klinge mit Wellenschliff, oft mit feiner bis grober Säge, zum Schneiden von Brot, Brötchen und Backwerk mit frischer, harter Kruste, a. Tomaten

Bunt(schneide)messer (4) einseitig gezackte oder gefräste, oft am Rücken wellig geschliffene Klinge, zum dekorativen Zuschneiden von rohem oder gek. Gemüse (Gurken, Möhren, Rote Rüben, Sellerie usw.), zum Portionieren von Butter

Dekoriermesser (5) spitze, scharfe Klinge, zum Verzieren von Melonen und Zitrusfrüchten, zum Herauslösen von Zitrusfilets, zum Herstellen von Fruchtkörbchen

Elektromesser zwei gezahnte Klingen, die sich elektromotorisch gegeneinander bewegen, zum Schneiden von weichem Kochgut (Braten, Geflügel, Torten, Ananas usw.), zum Schneiden von Gefrorenem (mit Spezialklingen)

Feinschnittmesser, Filetier-, Filiermesser (6) 18 bis 22 cm lange dünne, flexible Klinge, zum Parieren, Zuschneiden, zum Entfernen von Fett, Haut, Knorpeln und Sehnen, zum Schneiden von Geschnetzeltem, zum Abziehen dünner Haut, zum Filetieren von Platt- und Rundfischen, zum Abtrennen von Haut und Gräten von Fischfilets, a. zum Zuschneiden von Gemüse und Obst

Fischmesser flache, stumpfe Klinge, die das schonende Zerteilen von gegarten Fischen erlaubt, wird heute meist durch ein Messer mit rostfreier, zackenloser Schneide ersetzt.

Fleischmesser, Boucherie-, Tranchiermesser (7) 22 bis 30 cm lange (je länger, desto besser) gerade, feste oder elastische, glatt und dünn geschliffene Klinge, zum Schneiden von rohem und getr. Fleisch, a. Schinken, Wurst, Fisch, zum Tranchieren von Fleisch und Geflügel

Garniermesser gerade gezahnte Klinge, zum Garnieren, zum Schneiden gleichmäßig dicker Schalenstücke von Zitrusfrüchten; ↑ a. Zestenmesser

Gemüsemesser, Kartoffelmesser (8) 5 bis 10 cm kurze gerade, dünne, flexible und spitze Klinge, für Vorarbeiten, um Kartoffeln, Zwiebeln usw. in Scheiben, Stäbchen, Würfel zu schneiden, um Gemüse, Salate zu zerkleinern, zum Putzen

Hackmesser (9) ↑ Hackbeil

Kanneliermesser, Ziselierer (10) zum Herausarbeiten von Mustern bei Gemüsen, Früchten, Schokoladen, Eisbomben usw., zum Einritzen von Rillen in gr. Gemüse (Rettich u. a.), zum Einschneiden von Zackenrändern in die Schalen von Gurken, Zucchini u. ä.

Käsemesser (12) ↑ Käsebeil

Kochmesser (13) 14 bis 32 cm lange starke Klinge mit breiter, spitz zulaufender und leicht nach oben gebogener Schneide, vielseitig verwendbar, zum Schneiden, Portionieren von Fleisch, Geflügel, zum Schuppen von Fisch, Putzen und Zerkleinern von Gemüse und Salaten, Raffeln von Kohl, Abziehen von Knoblauchzehen, Hacken von Kräutern und Nüssen u. v. m.; ↑ a. Küchenmesser

Konditorsäge etwa 25 cm lange Klinge mit Wellenschliff, zum waagerechten Durchschneiden von Kuchen, Torten u. ä.

Krebsmesser zum Aufschneiden des Panzers von Krebsen; in der Klinge kl. Loch, um die dareingesteckten Beine und Scheren zu brechen

Kuchenmesser (14) mit feiner Zahnung, zum glatten Schneiden von Teigen, zum senk- oder waagerechten Schneiden von Kuchen, Torten u. ä.

Küchenmesser gerade Klinge, v. a. zum Schälen und Zerkleinern von Kartoffeln, Gemüse und Obst; ↑ a. Kochmesser

Lachsmesser, Kullenmesser (15) etwa 30 cm lange schmale, dünne und elastische Klinge mit versetztem Kullenschliff auf beiden Seiten, a. mit abgerundeter Spitze, zum gleichmäßig fein Schneiden von Lachsscheiben, a. Aal oder rohem Fleisch, Schinken, Fischen

Schälmesser, Tourniermesser (16) kurze, leicht gebogene Klinge, zum Schälen, Formen, Zuschneiden und Verzieren von Gemüsen (Karotten, Möhren, Zucchini u. ä.), Kartoffeln

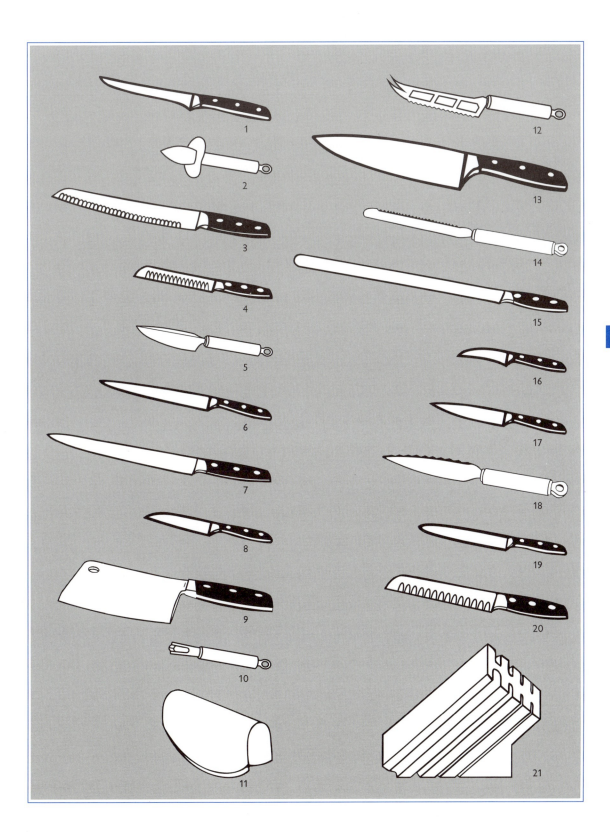

Schlagmesser etwa 33 cm lang mit schwerer, breiter, flacher, spitz zulaufender Klinge, zum Spalten und Zerschlagen von Knochen, Fisch und Krustentieren, zum Fleischklopfen, a. zum Hacken von Kräutern usw.

Spickmesser (17) kurze breite Klinge, mittelspitz geschliffen, zum Einschneiden und Lochen von Fleisch, zum Spicken mit Speckstreifen, a. zum Entfernen kl. Knochen, zum Schälen und Schneiden von Gemüse und als kl. Küchenmesser

Steakmesser spitze feste Klinge mit Anreißsäge oder Wellenschliff, zum mühelosen Schneiden und Teilen von Braten, Fleisch (Steaks), zum Durchtrennen von Knorpeln und Sehnen

Tomatenmesser längliche Klinge mit Säge- oder Wellenschliff, Spitze läuft manchmal in zweizinkige Gabel aus, zum Aufschneiden der Haut von Tomaten, a. Würstchen usw.

Tortenmesser (18) breite flache Klinge mit feiner Zahnung oder glattem Schliff, zum Aufschneiden, Abheben von Tortenböden, Torten und Gebäck

Universal-, Zubereitungsmesser (19) starke Klinge mit spitzem Rücken, zum Zerteilen von Fleisch, Wurst, Gemüse, zum Bearbeiten von festen Fischen (Steinbutt, Thunfisch u. ä.), zum Schälen größerer Früchte (Ananas, Melone usw.) u. a. m.

Wiegemesser (11) eine oder zwei parallele halbrunde Klingen in einem Stück mit angesetzten Griffen, die man mit einer oder zwei Händen hin und her bewegen kann, zum Hacken, Schneiden von Gewürzen, Kräutern, Gemüse (Kohl, Spinat, Zwiebeln u. ä.), Mandeln, Nüssen usw.

Wurstmesser (20) mit Wellenschliff, zum sauberen Schneiden von Würsten durch die Haut, a. von Käse in Scheiben

Messerbank kl. niedriger Ständer zum Auflegen des Messers usw. neben dem Teller

Messerblock, Massivblock (21) Block aus hartem Kunststoff oder Holz mit schrägen Einschnitten zur Ablage von Messern

Meßkrug, Litermaß Krug mit Einteilungen für ⅛, ¼, ½, ¾ und 1 l, oft mit zusätzlicher Grammskala, zum Abmessen von Mehl, Reis, Zucker usw.

Metall [griech. *métallon*] chem. Werkstoff, hart und zäh, zeichnet sich durch Glanz, Undurchsichtigkeit sowie hohe Leitfähigkeit für Wärme und Elektrizität aus, läßt sich gut verformen; wird deshalb legiert für stabile, robuste Kochgeschirre verwendet, für Hackgeräte, Schneidewaren, Bestecke usw.; ↑ a. Email, Geschirrmaterialien

mezzaluna [ital.: Halbmond] Wiegemesser

Mikrowellenherd ↑ Herd

Milchlöffel ↑ Löffel

Milchschäumer Becken mit Schüttrand und Stielgriff aus Draht, zum Abschäumen von Milch mit Wasserdampf

Milchsieb ↑ Sieb

Milchtopf ↑ Topf

Mixer [engl. *to mix,* mischen] vielseitiges elektr. Küchengerät, um mit drei oder mehr rotierenden Flügeln im Inneren eines aufgesetzten Bechers aus dickem Glas oder Plastik bei regulierbarer Geschwindigkeit versch. Küchenarbeiten zu verrichten: Gemüse und Früchte pürieren, Saucen herstellen, Früchte und Kompott für Cremes, Grützen pürieren, Mayonnaisen zubereiten, Fleisch, Fisch, Gemüse, Kräuter kleinhacken, Obst für Sorbets vorbereiten u. v. m.; oft a. als Zusatzbehör für die Küchenmaschine hergestellt; ↑ a. Handrührer

Mixerschüssel hohe breite oder schmale Schüssel mit breitem Haltegriff und Daumenring, um darin mit dem elektr. Mix- oder Pürierstab Kleingemüse, Kräuter und Saucen aufzumischen; ↑ a. Handrührer, Mixstab

Mixstab, Pürierstab, Stabmixer elektr. Solo- oder Zusatzgerät zum Handrührapparat mit Schlagmesser am freien Ende zum Pürieren von Kartoffeln, Feinhacken von (Suppen-)Gemüse, Zubereiten von glatten Saucen, zum Mixen von Getränken

Model [lat. *modulus,* Maß] alte, meist aus Holz geschnitzte Backform mit eingekerbten, überlieferten Mustern

Molton [frz. *mollet,* weich] weiche Decke aus Kunststoff, a. Flanell als Unterlage für die Eßtischplatte

Mörser, Reibstein [lat. *mortarius*] dickwandige Schale aus Marmor, Porzellan o. ä. mit gerundeter, rauher Innenseite, zum fein Zerstoßen, Zerreiben, a. Verbinden (mit dem ↑ Stößel) von Gewürzen und Kräutern, deren Aroma dadurch intensiviert wird

mousseline frz.: leichter, feinfädiger Stoff, Siebtuch

Mühle [lat. *molere,* mahlen] Haushaltsgerät aus Holz, Stahl, Stein, Keramik zum Zerkleinern hartkörniger Lebensmittel (für jede Art ein eigenes erforderlich), von Hand oder elektr. betrieben; ↑ a. Passiergerät

Getreidemühle aus Keramik, Stahl, Stein, zum Mahlen zu Mehl oder Schrot von trockenem Getreide (Buchweizen, Gerste, Grünkern, Hirse, Roggen, Weizen usw.,

ausgenommen Rundkornreis) und Ölsaat (Kürbis-, Sonnenblumenkerne, Sesamkörner u. ä.)
Gewürzmühle mit handbetriebenem Mahlwerk, zum Zerkleinern von Gewürzen
Kaffeemühle meist elektrisch, für Kaffeebohnen
Pfeffermühle mit Fein- oder Grobeinstellung und drehbarem Knopf, manchmal a. kl. Kurbel, wird von Hand bedient, zum Mahlen frischer Pfeffer-, a. anderer Gewürzkörner
Rohkostmühle zum groben oder feinen Reiben von Äpfeln, Karotten, rohen Kartoffeln, Meerrettich, Möhren usw.); ↑ a. Reibe
Salzmühle Tischgerät zum Feinmahlen von grob- oder feinkörnigem Salz

Muskatreibe   ↑ Reibe

N

Nadel [ahd. *nājen,* knüpfen, weben] feines dünnes, spitzes Steckgerät, a. in der Küche verwendet
Bindenadel, Bridiernadel aus Metall, zum Formen von Geflügel, zur Garprobe von Fleisch
Doppelnadel für Rollbraten, Rouladen u. ä.
Dressiernadel zum Zunähen von gef. Braten, Geflügel u. ä.
Spicknadel zum Ziehen von Speckstreifen durch Fleisch

Napfkuchenform   ↑ Backform

nappe   frz.: Tischtuch

napperon   frz.: kl. Tischtuch

Neigungswaage   ↑ Küchenwaage

Nesseltuch grobes Gewebe, meist aus ungebleichtem Baumwollgarn, zum Einschlagen und zum Auslegen eines Siebes; ↑ a. Seihtuch

Neusilber   ↑ Geschirrmaterialien/Alpaka

Niedertemperatur-Gargerät   ↑ Herd

Nudelfreund   ↑ Löffel/Nudellöffel

Nudelholz   ↑ Teigroller

Nudellöffel   ↑ Löffel

Nudelmaschine mech., a. elektromotorisches Küchengerät zum Kneten von Nudelteig und zum Pressen durch versch. Einsätze, ebenfalls für andere Teige geeignet

Walzennudelmaschine zum Ausrollen von Nudelteig in versch. Dicken mit Hilfe mehrfachen Drehens durch eine Schnittwalze, für Bandnudeln, Lasagne, Tagliatelle u. ä.

Nudelpfanne   ↑ Bräter

O

Obstkuchenform   ↑ Backform

Obstreibe   ↑ Reibe

Ofen   [ahd. *ovan,* Kochtopf] ↑ Backgerät

ofenfest   ↑ feuerfest

Office   [lat. *officina,* Werkstätte] schweiz.: Anrichteraum

Officemesser   schweiz.: Gemüsemesser

Omelettpfanne   ↑ Pfanne/Spezialpfannen

Orangenreibe   ↑ Zitronenreibe

Orangenschäler   ↑ Schäler/Grapefruitmesser

oxidiert, oxydiert   ↑ S. 626

P

paella [span., ausgespr. *paëja*] runde Pfanne aus Gußeisen, Stahlblech oder Steingut mit geschwungener, niedriger, bauchiger Wand und zwei Griffen, zum Zubereiten von Paellagerichten, aber a. für andere Eintöpfe, zum Garen und Warmhalten von Gemüse (Ratatouille u. ä.) und Reis (Risotto usw.), zum Garnieren von Fonds und Saucen, zum Glasieren von Früchten usw.

Palette [lat. *pala,* Schaufel] flaches Blatt aus rostfreiem Stahl an einem Stiel, zum Durchschneiden, Wenden, Herausholen, Verstreichen von gegarten Speisen; ↑ a. Fritierpalette, Spatel
Hebepalette breites elastisches Blatt, gerade oder gekröpft, glatt oder gelocht; kurz zum Abheben von Gebäckstücken, Sandwiches, Toasts usw. vom Backblech oder aus der Pfanne, zum Abstechen, Ausheben, Servieren von Lasagne u. ä., zum Herstellen von Schupfnudeln, zum Zubereiten von Rühreiern, zum Schaben von Schokoladeflocken usw., mittellang bis lang zum Ausheben, Servieren von Fisch, empfindlichen Speisen usw.
Kuchenpalette langes schmales, gerades, elastisches Blatt mit feiner Zahnung auf der einen Seite und glattem Schnitt auf der anderen, zum senkrechten Schneiden und waagerechten Teilen von Kuchen, Torten u. ä.

Pizzapalette, Pizzabackschaufel breites elastisches Blatt oder Schaufel, a. mit grober Zahnung auf einer Seite und Lochung vorne, zum Schneiden und Herausnehmen von Pizzen, zum Teilen und Herausnehmen von Schnitten u. ä.
Streichpalette langes schmales, elastisches Blatt, gerade zum Glattstreichen von Cremes, Glasuren, Teigen, zum Lösen und Wenden von Crêpes, Pfannkuchen, gekröpft zum Lösen und Herausnehmen von Kuchen und Tortenböden, zum Aufsetzen von Böden, Ringen und Deckeln für Pasteten, zum Herausholen von Pasteten und überbackenen Speisen aus der Form
Tortenpalette langes elastisches, dreieckiges Blatt mit Zahnung auf der einen Seite und glattem Schliff auf der anderen, zum Zerteilen und Verteilen von Kuchen und Torten

Papierbackförmchen ↑ Backform

papillote frz.: Hülle aus (gefettetem) Papier

Parfaitform kegel- oder pyramidenförmig, wird eingefettet, um darin Parfaits im Wasserbad zu dünsten und aufzubewahren

Parisienne-Ausstecher ↑ Ausstecher

Parmesanreibe ↑ Reibe/Käsereibe

Pfannen aus Eisen

Passetout [frz.: läßt alles durch, ausgespr. *paßtu*] Passiergerät

Passiergerät mech. Mahlgerät, stabiler Topf mit versch. Siebeinlagen und Stiel, zum Durchdrücken von gek. Kartoffeln für Püree, Suppe, zum Pürieren von gek. Gemüse, zum Passieren von weichen Früchten für Gelees, Marmelade, Mus; ↑ a. Mühle

Passiertuch gazeartiges Gewebe, Etamin, zum Durchdrücken, Durchseihen von Suppen, Saucen und leichten Pürees; ↑ a. Nesseltuch

Pellkartoffelgabel   ↑ Gabel

Pendelschäler   ↑ Schäler

Pergament(papier) [lat. *pergamentum*, Papier aus Pergamon] Stoff aus enthaarten, geglätteten, ungegerbten Tierhäuten, fettundurchlässig, zum Auslegen von Backformen, zum Garen in der Hülle

Pfanne [lat. *patina*, Schüssel] flaches, unzerbrechliches Brat-, Backgefäß mit meist niedrigem Rand und langem, stabilem hitzebeständigem Stiel, oft a. fest aufliegendem Deckel, sollte nicht über die größte Herdplatte hinausragen; schweizerd. a. Kochtopf mit Stiel; ↑ a. Bräter, Kasserolle, paella, Topf

Materialien
Aluguß hochwertiges Aluminium mit Glimmerschiefer, ausgezeichnete Hitzeverteilung, verhindert das Haften, leicht zu reinigen; für fettarme (aber nicht fettlose) Zubereitungen
beschichtetes Material (Eisenblech, Leichtmetall, Stahl usw.) leitet die Wärme gleichmäßig, aber nicht kratzfest und nicht beständig; ↑ a. Kunststoff/Teflon
Bratemaille Kombination von Beschichtung und Emaillierung, matte, stumpfe Oberfläche
Edelstahl nahezu unverwüstlich, kratz-, säure-, schlag- und stoßfest, nimmt Wärme nur langsam auf, deshalb oft mit Aluminium-Kupfer-Boden, leicht zu reinigen; für schonendes Garen
emailliertes Metall verträgt hohe Temperaturen, dunkel besser als hell, glatte Oberfläche; braucht viel Fett
Gußeisen sehr stabil und schwer, verträgt große Hitze und hält sie lange; zum Garen mit langer Kochzeit, zum Schmoren
Kupfer oft innen verchromt, versilbert, verzinnt, mit einer dünnen Schicht aus Aluminium, Nickel, Stahl ausgekleidet, nimmt rasch Wärme auf und verteilt sie gleichmäßig; zum Garen bei beständiger Temperatur, für schnelles Braten, Zubereiten von Saucen
Schwarzeisen träger Hitzeleiter, aber guter Wärmehalter; zum Kurzbraten

Spezialpfannen
Bratpfanne rund mit leicht ausgestelltem, erhöhtem Rand, hält die Wärme lange, zum Braten von Kartoffeln, aber a. Fleisch, Pfannkuchen auf der Herdplatte; rechteckig für gr. Fleisch-, Geflügelstücke; ↑ a. Schnellbratpfanne
  – **mit Grillbratfläche** mit vielen kl. Vertiefungen, die eine Art Grillieren erlauben; ↑ a. Grillpfanne
Crêpepfanne klein, leicht und rund aus Stahl mit niedrigem Rand, für Blini, Crêpes, Pfannkuchen u. ä.; ↑ a. Flambierpfanne
Dampfnudelpfanne rund mit ausgestelltem hohem Rand, für Dampfnudeln und andere in Fett oder Öl ausgeb. Speisen
Eierpfanne, Eierplatte klein, leicht und rund, meist aus feuerfestem Porzellan oder Steingut, möglichst nur für Eierspeisen, sollte nie mit Wasser und Spülmitteln gereinigt, sondern nur mit Papier oder Tuch ausgerieben werden
Fischpfanne oval mit ausgestelltem flachem Rand, zum Backen, Braten, Pochieren von (ganzen) Fischen; ↑ a. Fischkessel
Flambierpfanne rund und flach mit leicht geschwungenem Rand, zum Sautieren von Crêpes, warmen Fruchtdesserts, zum Flambieren usw.; ↑ a. Crêpepfanne
Fleischpfanne rund mit leicht geschwungener, bauchiger Wand, möglichst handgeschmiedet mit verstärktem Boden, a. mit Gegengriff, zum scharfen Anbraten und langsamen Braten von Fleisch sowie Speisen, die viel Platz brauchen (Bratkartoffeln, Rühreier, Gulasch, Geflügel, gef. Paprikaschoten, Tomaten, Pilzen usw.)
Fritierpfanne, Gratinpfanne rund mit ausgestelltem Rand und Henkeln, dazu metallener Gitterkorb mit Einhängegriffen, zum Ausbacken von kl. Fleisch-, Fischstükken, für Kartoffeln (Pommes frites u. ä.), paniertem Gemüse usw. in heißem Fett oder Öl; ↑ a. Friteuse
Griddle(-Pfanne), Backplatte schwer und rund, meist aus Gußeisen mit einem schmalen Rand und herunterklappbarem Tragegriff; ↑ a. Herd/Griddle
Grillpfanne rund, eckig oder oval mit niedrigem Rand aus Gußeisen mit beschichtetem Metall, dicker gerillter, gewellter Boden, mit oder ohne Ausguß und zwei Henkeln, lange Aufheizzeit, kann aber hoch erhitzt werden; zum Grillieren, Rösten von Fleisch (Steaks), Würstchen, Fisch, zum Überbacken im Ofen
Kippbratpfanne ↑ Herd
Lyoner Pfanne meist aus Gußeisen oder Stahl mit hohem Rand, zum Anbraten, Rösten, Sautieren
Nudelpfanne ↑ Bräter
Omelettpfanne rund mit dickem Boden und abgerundet hochgezogenem höherem Rand sowie angewinkeltem Stiel, aus Aluminium, Gußeisen oder Stiel, für Omeletts und andere Eier-, Mehlspeisen, Crêpes, Pfannkuchen, a. zum Sautieren von Fleisch und Gemüse

Paellapfanne ↑ paella
Schmorpfanne, Schmortopf, braisière mit hohen Wänden, Deckel und zwei Fallgriffen, zum Poêlieren, Schmoren
Schneckenpfanne mit sechs Vertiefungen, in denen Weinbergschnecken zubereitet und angerichtet werden
Schnellbratpfanne rund mit mittelhohem Rand, Durchmesser 22 und 26 cm, Inhalt 2–4 l, wie ↑ Schnellkochtopf eingerichtet

Pfannenwender ↑ Schaufel/Backschaufel

Pfannkuchenwender langes breites Blatt mit Stiel, zum Wenden von Crêpes, Pfannkuchen in der Pfanne

Pfeffermühle ↑ Mühle

Pfefferstreuer kl. Gefäß mit durchlöchertem Deckel zum Streuen von Pfeffer beim Essen, würzt aber bedeutend weniger intensiv als frisch gemahlen aus der Pfeffermühle

Pflaumenentsteiner ↑ Entsteiner

Pieform ↑ Backform

Pipette [frz.: Pfeifchen] Saugglas, -röhre, Stechheber

Pizzabackschaufel, -palette ↑ Palette

Pizzaschneider gr. ↑ Teigrädchen mit glattem Schliff, zum sauberen Zerteilen einer geb. Pizza und von schweren Teigen

Plafond [frz.: (Zimmer-)Decke] rundes oder viereckiges Blech mit aufgezogenem Rand

Plastik ↑ Kunststoff

plat [frz., ausgespr. *pla*] Platte, Schale; Gericht

Platte [spätlat. *plata*] flaches Geschirr aus Glas, Glaskeramik, Keramik usw. mit schrägem Rand, rechteckig zum Überbacken, für die Mikrowelle, viereckig zum Backen, Gratinieren, für die Mikrowelle; a. aus Metall rund, oval oder viereckig mit oder ohne Deckel zum Anrichten von Fleisch- und Fischgerichten ohne Sauce usw.

Platzteller ↑ Teller/Platzteller

poêle frz., ausgespr. *poal:* (Brat-)Pfanne mit Stiel

poissonnière frz.: Fischkessel, -pfanne

Polker [nordd. *polken,* auslösen, schälen] ↑ Messer/Ausbeinmesser

Pommes-frites-Schaufel ↑ Schaufel

Pommes-frites-Schneider mech. Gerät zum Schneiden von Kartoffelstäbchen für Pommes frites

Porzellan [ital. *porcellana,* Meeresschnecke mit weißglänzender Schale] edles keramisches Erzeugnis aus Kaolin, Quarz und Feldspat, leicht zerbrechlich, kann durch Drehen, Gießen, Pressen zu (feuerfestem) Geschirr geformt werden; ↑ a. Keramik

Pralinenform ↑ Backform/Papierbackförmchen

Presse [lat. *pressus,* Druck] Gerät zum Zusammendrücken, Zerkleinern oder Auspressen von Saft aus Früchten usw.; ↑ a. Gebäckspritze, Geflügelpresse
  Kartoffelpresse zum Durchdrücken von warmen gek. Kartoffeln
  Knoblauchpresse zum Ausdrücken geschälter Knoblauchzehen, mit Siebeinsatz zum Zurückhalten der Schale, a. zum Zerquetschen von Petersilie, Schnittlauch, Zwiebelstücken u. ä.
  Spätzlepresse, Spätzleschwab, -sieb mit Lochung und Einsatz zum Pressen oder Streichen von Spätzleteig ins kochende Wasser
  Vermicelles-Presse zum Durchdrehen von Kastanienpüree zu dünnen Strängen

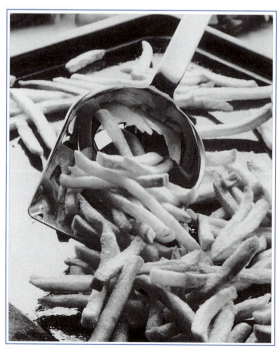

Pommes-frites-Schaufel

Zitruspresse zum Auspressen von Zitrusfruchthälften, handbetrieben oder elektrisch, je nach Größe für Grapefruits, Orangen, Zitronen u. ä.

Puddingform, Bol-Form fest verschließbare Form aus Edelstahl oder Messing, für den im Wasserbad ged. Pudding, a. Aspik, Bayerische Creme u. ä.

Pürierstab ↑ Mixstab

Quirl [adh. *dweran,* drehen] sternförmig gekerbte Halbkugel aus Holz mit längerem Stiel, zum Verrühren von Flüssigkeiten; ↑ a. Besen/Becherbesen, Quirlbesen, Radschneeschläger

Quirlbesen ↑ Besen

Rohkostraffel

R

Radschneeschläger mech. Rührgerät mit zwei parallelen Quirlen, die durch ein Rad verbunden sind und mit einer Kurbel angetrieben werden, zum Schlagen von Eischnee und Sahne

Raffel [mhd. *raffen,* rupfen, zupfen] Gerät zum Abstreifen von Beeren; ↑ a. Reibe

Ragoutförmchen, Ragoutnäpfchen kl. Töpfchen aus Glas oder Keramik mit fein geriffeltem, geradem Rand, Portionsförmchen für Vorspeisen, Hauptgerichte, Nachspeisen, zum Aufbewahren von feinen Speisen (Enten-, Gänseleber u. ä.)

Raine   ↑ Bräter

Raspel [mhd. *raspen,* kratzen, scharren] ↑ Reibe/Kronenreibe

Räuchergerät, -ofen urspr. Raum zum Räuchern von Fleisch oder Fisch (Räucherkammer), heute zum Hausgebrauch Schale oder Topf in Rohr-, Kastenform aus emailliertem Aluminium oder blankem Metall mit herausnehmbarem Rost und dicht schließendem Deckel, auf einem Untersatz mit Spiritus beheizt, kann meist a. zum Grillieren verwendet werden

ravier [altfrz. *rave,* Radieschen] kl. längliche oder rechteckige Platte, Schüssel aus Glas, Keramik oder Metall, zum Anrichten von kalten Vorspeisen

Rechaud [frz. *réchaud,* Wiedererwärmer, ausgespr. *rescho*] transportable, mit Kerzen, Spiritus oder Strom heizbare Platte, um Speisen am Tisch zu kochen und/oder warm zu halten, a. Installation zum (elektr.) Vorwärmen von Platten und Tellern; südd., österr., schweiz. a. (Gas-)Kocher; ↑ a. Warmhalteplatte

Reibe, Raffel, Raspel Gerät aus Kunststoff-, Eisenblech-, a. Edelstahlfläche mit kronenförmig gezackten Lochrändern (*Kronenreibe, Raspel*), scharfkantigen Zähnen (*Stiftelreibe*) oder aufgestellten, aber geschlossenen Zacken mit zwei Griffen aus starkem Draht oder beweglichen Stützbügeln (*Zackenreibe*), a. mit glatter oder gewellter Schneide (*Hobelreibe*)

Kartoffelreibe flache oder halbrunde Kronenreibe mit feiner oder grober Lochung zum fein Raspeln von mehligen Kartoffeln, zum grob Raspeln von Äpfeln, Meerrettich, Möhren, Rettich, Sellerie usw.

Käsereibe, Parmesanreibe flache oder halbrunde Stiftelreibe mit mittelgroßen Zacken, a. mit aufklappbarem Stützbügel, zum Reiben von Hartkäse

Kastenreibe Stiftelreibe mit beweglichen Stützbügeln und Kasten zum Auffangen nach dem Reiben

Kronenreibe, Raspel Spitzen mit scharfem Lochrand

Muskatreibe flache oder halbrunde Kronenreibe mit feiner Lochung, oft a. Schieber zum Hinundherbewegen der Nuß, zum Reiben von Muskatnüssen

Obstreibe Schale aus Glas oder Kunststoff, Zackenreibe aus aufgestellten Zacken und Auffangrinne, zum Pürieren von Obststücken

Rohkostraffel, Bircherraffel flache Stiftelreibe mit grober gegenläufiger Lochung, für Müesli u. a. rohe Obst-, Gemüsespeisen

Röstiraffel flache Stiftelreibe mit grober Lochung, zum Reiben in der Schale gek., geschälter Kartoffeln für die Rösti

Zitronenreibe kl. flache oder halbrunde Stiftelreibe mit feinen Zähnen zum Abreiben der Schale von Zitrusfrüchten, zum Raspeln fester Produkte wie Schokolade usw.

Reibeisen, Reiber   landsch.: Raspel

Reibstein   ↑ Mörser

Rein, Reind(e)l, Reine   ↑ Bräter

Ring   2 cm hoher Metallring, der auf das Backblech gelegt und mit Teig ausgekleidet wird

Ringform   ↑ Backform

Rodonform   ↑ Backform/Kranzform

Rohkostmühle   ↑ Mühle

Rohkostreibe   ↑ Reibe/Rohkostraffel

Rohmilchsieb   ↑ Sieb

Rohr   österr.: Bratröhre

Rollholz   ↑ Teigroller

Römertopf   ↑ Topf/Tontopf

rondeau [frz. *rond,* rund, ausgespr. *rõdo*] runder Topf aus Aluminium, verzinktem Eisen, Kupfer oder rostfreiem Stahl mit senkrechten, niedrigen Wänden, Deckel und zwei Griffen, zum Dünsten, Sautieren, a. Warmhalten usw.; ↑ a. Topf/Bratentopf

Rost [ahd. *rōst,* Glut] ↑ Grill

Röstiraffel   ↑ Reibe

Röstischaufel ↑ Schaufel

rôtissoire [frz. *rôtir,* braten] ↑ Bräter

Rouladenring in der Größe verstellbares Gerät zum Halten der Form von Rouladen

Rührbesen ↑ Besen

Rührschüssel ↑ Schlagschüssel

Rundform ↑ Backform/Kranzform

Rundsieb ↑ Sieb/Küchensieb

Rüstmesser schweizerd.: Gemüsemesser

Rüttelsieb ↑ Sieb

S

Saccharimeter [altind. *śárkarā,* Grieß, Körnerzucker] ↑ Zuckerwaage

Saftbräter ↑ Bräter/Saftbräter

Saftzentrifuge [lat. *centrum,* Mittelpunkt, *fugere,* fliehen] Gerät zum Entsaften durch Ausnutzung der beim Drehen entstehenden Flieh-, Schwungkraft

Sägemesser ↑ Messer/Brotmesser

sai-nun mongolisch: Feuertopf

saladier [frz. *salade,* Salat] Salatschüssel

Salamander [urspr. Schwanzlurch, der nach dem Aberglauben im Feuer leben kann] mit Strom oder Gas betriebenes Kochgerät mit intensiver Oberhitze, zum Glasieren, Gratinieren, a. Warmhalten

Salatbesteck leichte Schöpfgeräte, Gabel und Löffel aus säurebeständigem Holz, Horn oder Kunststoff mit langem Griff

Salatschleuder mech. Gerät, Außenbehälter aus Stahl oder Kunststoff (a. als Salat-, Teigschüssel usw. verwendbar) mit sich darin drehendem Korb aus Kunststoff (a. als Abtropfsieb verwendbar), zum schonenden Trocknen von gewaschenen frischen Salaten, Gemüse, Obst

Salatschüssel tiefe Schüssel ohne Henkel aus Glas, (Oliven-)Holz u. a. mit rundem, nach unten gewölbtem Boden, in der Salat a. am Tisch angemacht, gemischt und angerichtet wird

Salatseiher konische, runde oder zylindrische Schüssel mit flachem Boden und Platte mit Lochungen, damit bei Salaten, Gemüsen, Kräutern, Obst das Wasser ablaufen kann

Salatzange ↑ Zange

Salzmühle ↑ Mühle

Salzstreuer kl. Gefäß mit durchlöchertem Deckel zum Streuen von Salz beim Essen

Samowar [russ. *sam,* selbst, *varit,* kochen] ei-, frucht-, kugel-, a. urnenförmiger (kupferner) Kessel, in dem Wasser mit glühender Holzkohle erhitzt, gespeichert und durch ein Ausgußrohr mit Zapfhahn herausgegossen wird zum Zubereiten von Tee

Saucenkelle ↑ Kelle

Saucenlöffel ↑ Löffel

Saucenschüssel, saucière längliches Tischgeschirr aus Keramik, Porzellan, a. Edelstahl oder Silber mit hohen Wänden, Griff und oft ein, zwei Ausgußschnäbeln (obwohl man sich meist eines Löffels bedient), zum Servieren von Saucen, Jus, Fleischsaft u. ä.

Saucensieb ↑ Sieb

saucière frz.: Saucenschüssel

Sauteuse [frz. *sauter,* springen] ↑ Kasserolle/Schwenkkasserolle

Sautoir [frz. *sauter,* springen] ↑ Kasserolle/Flachkasserolle

Savarinform [frz. *savarin,* gr. Hefering] ↑ Backform/Ringform

Schäler Gerät zum Schälen von Gemüsen, Kartoffeln und Früchten; ↑ a. Messer/Schälmesser
  Grapefruitmesser, Grapefruit-, Orangenschäler mit gebogener, grob gezahnter Klinge und Ziselierhaken zum Aufreißen der Schale von Zitrusfrüchten, zum Abziehen der Schale und zum Auslösen der Filets
  Pendelschäler mit stabil verankerter, beweglicher Klinge zum Schälen von Gemüse und Obst mit dünner bis mittelfester Haut (Gurken, Karotten, Kartoffeln, Möhren, Äpfel, feste Birnen, Rhabarber usw.); ↑ a. Sparschäler
  Spargelschäler mit je nach Spargelstärke verstellbarer Klinge zum gleichmäßig Abziehen der Haut von Spargel und Schwarzwurzeln
  Sparschäler ↑ Pendelschäler mit zwei feststehenden scharfen Klingen zum Schälen von dünnschaligem Gemüse, Obst

Schälmesser ↑ Messer

Schaufel [ahd. *scūvala*, Schieber] Küchengerät mit breitem, leicht vertieftem Blatt und Stiel, ↑ a. Löffel
Backschaufel, Pfannenwender, Spaten langes flaches, breit auslaufendes Blatt, a. gelocht hergestellt, zum Zerteilen von Aufläufen, zum Zerkleinern von geb. Mahlspeisen, a. zum Wenden von Fleisch; ↑ a. Bratenheber
Fischbackschaufel, Fischheber flaches Blatt mit abgerundeten Ecken und Schlitzen für den Fettablauf, zum Wenden von Fischen in der Pfanne, a. zum Wenden anderer empfindlicher Produkte in Fett oder Öl
Pommes-frites-Schaufel tief mit abgerundeten Kanten zum schonenden Aufnehmen von Pommes frites u. a. aus dem siedenden Fett oder Öl; a. mit Lochung zum Herausfallen überschüssigen Salzes
Röstischaufel mit kl. flachem Blatt, zum Unterheben und Wenden von Röstikartoffeln

Schaumkelle, Schaumlöffel ↑ Löffel/Schaumlöffel

Scheffel [landsch.: Bottich] ↑ Fleischwolf

Schere ↑ Geflügelschere, Küchenschere

Scherenkorkenzieher ↑ Korkenzieher

Schinkenmesser ↑ Messer/Aufschnittmesser

Schlagbesen ↑ Besen

Schlagmesser ↑ Messer

Schlagschüssel, Rühr-, Schneeschlagkessel, Rührschüssel Schüssel aus Edelstahl oder Kunststoff mit Daumengriff sowie einem oder zwei Griffen und Stellring, zum Aufschlagen von Cremes, Mousses, Sahne, Mayonnaise, Saucen, zum Anrühren von Dressings, Salatsaucen

Schlemmertopf ↑ Topf/Tontopf

Schmalz-, Schmelzpfännchen ↑ Fettpfännchen

Schmorpfanne, Schmortopf ↑ Pfanne/Spezialpfannen

Schnaupe südd.: Ausguß an Kannen, Löffeln usw.

Schneckenpfanne ↑ Pfanne/Spezialpfannen

Schneckenzange ↑ Zange

Schneebesen ↑ Besen

Schneerute ↑ Besen/Schneebesen

Schneeschlagkessel ↑ Schlagschüssel

Schneid(e)brett harte, (kratz)feste Platte aus Hartholz oder Kunststoff, versch. Formen und Größen, als Unterlage zum Schneiden von Fleisch, Fisch, Gemüse, Kräutern usw., oft mit Rille zum Auffangen des Bratensaftes, mit Haftfüßen und rundem Griff zum Aufhängen

Schnellbratpfanne ↑ Pfanne/Spezialpfannen

Schnellkochtopf, Dampfdruck-, Dampfkochtopf schon um 1800 in Frankreich eingeführtes Kochgerät zum schnellen, schonenden Garen, Dämpfen, Dünsten, Schmoren bei 104–119 °C unter Dampfüberdruck, energie-, zeitsparend, erhält Aroma, Biß und Eigengeschmack des Garguts; fest verschließbarer, betriebssicherer Topf aus stabilem Material (Edelstahl, emaillierter Stahl, Leichtmetall) in versch. Größen mit Deckel unter Bajonettverschluß und Gummidichtung, Sicherheits-, Entlüftungsventil, Kochstufenregler (Druckanzeigestift), a. Siebeinsatz usw.; eignet sich für empfindliches Gemüse und Obst (Artischocken, Bohnen, Kohl, Mais, Möhren, Rote Rüben, Sellerie, Spargel, Vollreis, Äpfel in der Schale usw.), Geflügel, Fisch u. a. (Gar-, Schonstufe 1) sowie für Fleisch (Sauer-, Schmorbraten, Eisbein, Geräuchertes, Frikassees, Gulasch, Rouladen, Schafffleisch, Zunge, Suppenhuhn usw.), gr. Fischstücke, Hülsenfrüchte, festkochende Kartoffeln, Teigwaren, Vollreis, Fonds, Suppen, Eintöpfe, Terrinen, Puddings usw. (Gar-, Schonstufe 2); für Braten mit Kruste, für Kurzgebratenes oder Spaghetti hingegen nicht geeignet; a. zum Auftauen, Entsaften, Sterilisieren verwendbar

Schöpflöffel, Schöpfkelle ↑ Löffel

Schraubdeckelöffner, Schraubdeckelzange Gerät, das Drehverschlüsse von Konserven-, Marmeladengläsern fest umschließt und durch Hebelwirkung öffnet

Schüssel [lat. *scutella*, Trinkschale] vertieftes, meist rundes oder ovales, konisches, oben offenes Gefäß aus Edelstahl, Kunststoff u. a., zum Zubereiten, Auftragen und Aufbewahren von Speisen; ↑ a. Salatschüssel, Schlagschüssel

Schwarzblech ↑ Geschirrmaterialien/Stahlblech

Schwenkkasserolle ↑ Kasserolle

Schwenkpfanne ↑ Kasserolle/Flachkasserolle, Schwenkkasserolle

Schwingbesen schweizerd.: Drahtbesen

Screwpull ↑ Korkenzieher

Spitzsieb

Seiher ↑ Sieb

Seihlöffel ↑ Löffel

Seihtuch ↑ Siebtuch

Sektkorkenzieher ↑ Korkenzieher/Champagnerkorkenzieher

Sektkühler ↑ Weinkühler

Sektquirl Besen/Becherbesen

Servierwagen Gestell auf Rädern mit versch. Platten, oft mit Warmhalte- und/oder Kühlvorrichtung, um Nahrungsmittel, Speisen usw. von der Küche in den Eßraum zu bringen und dort (zur Auswahl) zu präsentieren; ↑ a. Vitrine

Serviette [frz. *servir*, dienen, bedienen] quadratisches Mundtuch aus Leinen, Stoff, Zellstoff, Damast, a. Papier o. ä., zum Abwischen des Mundes beim Essen und zum Schutz der Kleidung beim Essen

Sieb, Durchschlag, Seiher Gerät aus versch., im Ganzen oder am Boden durchlöchertem Material oder einem gitter-, netzartigen (Draht-)Geflecht, um Festes von Flüssigem, Grobes von Feinem zu trennen; ↑ a. Kelle/Fritürekelle, Löffel/Schaumlöffel, Siebdeckel, Siebeinsatz, Siebkugel, Standseiher, Stielseiher, Teebrühlöffel, Tee-Ei

Abtropfsieb um größere Mengen Gemüse, Salate, Früchte usw. abtropfen zu lassen; ↑ a. Salatseiher

Haarsieb, Gazesieb aus zartem, hauchfeinem Geflecht (meist Kunstfasern), zum Absieben von Brühen, Kräutern, Tees usw.

Küchensieb, Brüh-, Rundsieb rund mit feinmaschigem Netz, oft aus Nylon, mit verstärktem Rand, breiter Auflage und stabilem Griff, zum Passieren von Mousses, Pürees, Saucen, zum Zubereiten von Gemüsefarcen und Parfaits, zum Abgießen von Brühen, Fonds, Gemüsen, Teigwaren, zum Sieben von Mehl, zum Bestäuben mit Puderzucker usw.

Maschensieb aus vernickeltem Draht zum hängend oder stehend Aufbewahren von Gemüse, Salat, Obst, zum Abtropfen

Mehlsieb Holzrand mit flacher Metallbespannung zum Sieben von Mehl, Stärke u. a. pulvrigen Substanzen, zum Passieren von Fleischfarcen, Gemüsen, Früchten, zum Verstäuben von Mehl, Puderzucker, geh. Mandeln, Haselnüssen u. ä.

Milchsieb, Kaffee-, Teesieb kl. mit engen Maschen zum Abgießen von frisch gebrühter Milch, Kaffee, Tee in Tassen, zum Bestäuben mit Puderzucker, Kakao u. ä., zum Überpudern mit gemahlenen Gewürzen; ↑ a. Rohmilchsieb

Rohmilchsieb feinmaschig mit weiter Öffnung und flachem Siebeinsatz zum Ausscheiden von Unreinheiten aus der frisch gemolkenen Milch

Rüttelsieb kastenförmig mit hin- und herbewegbarem Einsatz über dem Geflecht, zum Sieben von Mehl und anderen pulvrigen Produkten

Saucensieb oval und grobmaschig, um Saucen mit Luft zu vermischen, leichter und schaumiger zu machen

Spitzsieb, chinois spitz zulaufend aus Ganzmetall oder als Drahtgewebe mit dichter, feiner Lochung, breiter Auflage und stabilem Griff, zum Passieren von Saucen durch Klopfen, zum Abgießen von Fonds, Suppen und anderen Flüssigkeiten, Teigwaren, Parfaitmassen usw.

Siebdeckel halber flacher, gelochter Pfannendeckel, der das Gargut im Topf zurückhält, während durch ihn Kochflüssigkeit abgeschüttelt wird

Siebeinsatz dient in der passenden Pfanne als Dämpfvorrichtung für Fleisch, Fisch, Gemüse, Kartoffeln usw., aber a. zum Abziehen oder Überbrausen, Abtropfen von Gemüse, Salat, Beeren, Früchten usw.

Siebkugel kl. oder gr. verschließbare Kugel aus Drahtgeflecht, zum Trennen von Festem (Suppengemüse, Gemüsesträußchen, Trockenreis, Teeblätter usw.) und von Flüssigem a. während des Kochens

Sieblöffel ↑ Löffel/Schaumlöffel

Siebtuch, Passier-, Seihtuch Tuch aus locker gewebtem Leinen, Baumwolle, Nylon o. ä. zum Passieren oder Durchstreichen von Flüssigkeiten und flüssigen Speisen

Silber ↑ Geschirrmaterialien

Simmertopf ↑ Topf

sorbetière [frz. *sorbet*, Wassereis] Eismaschine

Soßenlöffel eingedeutscht für Saucenlöffel

Spachtel ↑ Spatel

Spaghettigabel ↑ Gabel

Spaghettiheber breiter Löffel mit Zinken oder gezacktem Rand und Ablaufloch zum Heben, Schöpfen, Portionieren, Vorlegen von Spaghetti u. ä. langen Teigwaren aus dem Kochwasser

Spaghettitopf ↑ Topf

Spaghettizange ↑ Zange

Spalter ↑ Hackbeil

Spargelheber breites gebogenes Blatt mit gr. Löchern am Stiel zum Herausnehmen von Spargel aus dem Kochwasser

Spargelschäler ↑ Schäler

Spargeltopf ↑ Topf

Spargelzange ↑ Zange

Sparschäler ↑ Schäler

Spatel, Spachtel [lat. *spatha*, (Holz-)Blatt] flaches, längliches Blatt aus Holz, Kunststoff, a. Metall mit oder ohne Griff, zum Aufstreichen von pastösen Substanzen; a. Palette

Spaten ↑ Schaufel/Backschaufel

Spätzlehobel ↑ Hobel

Spätzlepresse, -schwab, -sieb ↑ Presse

Speicherplatte ↑ Warmhalteplatte, die nach dem Aufheizen die Wärme speichert

Speiseeisbereiter ↑ Eisbereiter

Spickmesser ↑ Messer

Spicknadel ↑ Nadel

Spieß, Brat-, Drehspieß, Spießchen [ahd. *spiz*, Stangenspitze] an einem Ende spitzer Metallstab, auf den Fleisch u. a. Lebensmittel zum Braten, a. zum in Fett Backen aufgespießt werden, manchmal mit mech. oder elektr. Drehautomatik; kl., a. aus Holz zum Befestigen, Halten von Speisen, Dekorierstücken

Spiralbesen ↑ Besen

Spitzsieb ↑ Sieb

Springform ↑ Backform

Spritzbeutel, Dressierbeutel, -sack, Spritzsack Beutel aus imprägniertem Leinengewebe mit versch. auswechselbaren Loch-, Stern- usw. Tüllen, zum Formen von weichen Massen, Teigen, zum Verzieren mit Baiser-Masse, Creme oder Schagsahne

Spritztüte kegelförmige Düse aus Weißblech oder Kunststoff, a. Papier, gleiche Verwendung wie Spritzbeutel

Spüle, Spüler Küchenmöbel mit einem oder mehreren Becken und Abstellfläche, meist aus Edelstahl oder emailliert, a. mit Restebecken oder Schacht für Abfälle, zum Abwaschen von Geschirr, Abbrausen von Tellern, Gemüse, Obst, zum Putzen von Gemüse, Obst usw., viele versch. Ausführungen und Modelle; ↑ a. Abfallzerkleinerer, Geschirrspüler

Spülgerät, Spülmaschine ↑ Geschirrspüler

Stab, Stäbchen ↑ Eßstäbchen

Stabmixer ↑ Mixstab

Stahl ↑ Geschirrmaterialien

Stahlblech ↑ Geschirrmaterialien

Stampfer ↑ Kartoffelstampfer

Standgerät, Standküchenmaschine elektromotorisches Gerät mit Kraft- und Schnellantrieb, versch. Arbeitsteile, z. B. Aufsatzschnitzler, auf der Rührschüssel aufgesetzt, mit grober oder feiner Schneid-, Schnitzel-, Reibscheibe, Fleischwolf mit Vorsätzen (Fruchtpresse, Nudel-, Reib-, Spritzgebäckvorsatz, Wurststopfer), Mixer zum Emulgieren, Mischen, Pürieren, Zerkleinern, Rühr-, Knetwerk für Eiweiß, Sahne, zur Verarbeitung von mittelschweren bis schweren Teigen; daneben viele Zusatzgeräte: Getreide-, Kaffeemühle, Kartoffelschälmaschine, Entsafter, Zitruspresse, Eismaschine, Messerschleifer usw.; ↑ a. Handrührer, Küchenmaschine

Standmixer elektromotorisches Gerät zum Mischen von Flüssigkeiten und Getränken, zum Zerkleinern von festen Lebensmitteln (Kräutern, Mandeln, Nüssen usw.)

Standseiher Siebtopf mit Boden- und Seitenlochung, rund mit angeschweißtem Fuß oder konisch mit ausgestelltem Fuß, zum Abtropfen von Gemüse, Salaten, Obst nach dem Waschen, zum Ausbluten von Innereien, zum Abschütten und Abtropfen von Teigwaren; a. zum Abschrecken und Blanchieren von (grobem) Gemüse, zum Abschütten von Saucen, zum Aufwärmen von Teigwaren usw.

Standwaage ↑ Küchenwaage

Stangenkorkenzieher ↑ Korkenzieher

Steakmesser ↑ Messer

Steamer ↑ Herd

Steingut tonkeramischer Werkstoff, aus dem weiße poröse Irdenware hergestellt wird; ↑ a. Steinzeug

Steinzeug tonkeramischer Werkstoff, aus dem graue, bräunliche verglaste Irdenware hergestellt wird; ↑ a. Steingut

Stellring Gestell zum Abstellen eines Gefäßes mit rutschfestem unterem Rand und rutschfesten Höckern am oberen

Sterntülle Tülle zum Spritzen von Cremes, Pasten, Schlagsahne, leichter Teigmasse u. a. zu dekorativen Mustern

Stielseiher, Durchschlag konischer oder halbrunder Topf mit hochgezogener Lochung, Haltegriff und langem Stiel zum Abschrecken und Blanchieren von (grobem) Gemüse, zum Garen von empfindlichem Gemüse, zum Abschütten von Saucen, zum Aufwärmen von Teigwaren usw.

Stößel kl. unten verdickter und gerundeter Stab zum Zerstoßen, Zerreiben von körnigen Substanzen im ↑ Mörser

Stovchen, Stövchen [niederd. *stove*, beheizte Fußbank] Kohlenbecken; Untersatz mit Kerze zum Warmhalten von Speisen und Getränken; ↑ a. Rechaud, Warmhalteplatte

Stove nordd.: Trockenraum

Strahlungsgrill ↑ Grill

Streichpalette ↑ Palette

Sturz südd., österr., schweiz.: Glas-, Käseglocke

Suppenteller ↑ Teller

Suppentopf ↑ Topf

T

Tafelgeschirr ↑ Geschirr

tajin, tagin Nordafrika: gewölbte Schale aus glasiertem Ton mit konischem Deckel, der genau auf den Rand paßt, zum langsamen Schmoren von Eintöpfen, Ragouts u. ä.

tamis frz.: (feines) Sieb

tampon [frz.: Pfropfen] Untersatz aus Holz, a. Brot, Reis usw.

tanarir arab.: Backgrube, -ofen für flache Fladenbrote

Taschenkorkenzieher ↑ Korkenzieher

Tasse [arab. *tāsa*, Napf] Trinkgefäß mit Henkel an der Seite, versch. Formen und Materialien; a. Mengenangabe: 250 ml; Eßgeschirr für Bouillons, Suppen

Teeautomat ↑ Kaffeemaschine

Teebrühlöffel rundum geschlossener Löffel mit Lochung, zum Aufgießen des Tees in der Tasse

Tee-Ei rundum geschlossenes Sieb, das mit Teeblättern gef. in eine Kanne gehängt und mit heißem Wasser übergossen wird

Teesieb ↑ Sieb/Milchsieb

Teflon ↑ Kunststoff/Teflon

Teigausstecher ↑ Ausstecher

Teigförmchen kl. Behälter zum Herstellen von Backwerk (Kekse, Kuchen usw.) in versch. Mustern

Teigkneifer Gerät zum Formen, Garnieren von Teigwaren

Teigmatte Unterlage auf der Arbeitsfläche, um das Ankleben des Teigs unter dem Teigroller zu verhindern

Teigrädchen Metallrädchen mit scharfem Rand an einem Stiel, zum sauberen Zerteilen von ausgerolltem Teig, glatt für Blätter-, Mürbeteig u. ä., gezackt für dekorative Teigrauten, -quadrate, -streifen usw.; ↑ a. Pizzaschneider

Teigroller, Nudel-, Roll-, Wellholz Walzenrolle aus Holz, Kunststoff, a. Marmor, Edelstahl, Aluminium mit Leichtlaufgriffen oder Kugellagern (bes. leichtgängig) an beiden Enden, zum gleichmäßig dünnen Ausrollen von Teig (für Butterteig gekühlt, für Hefeteig erwärmt) auf einer bemehlten Arbeitsfläche

Teigrollerhülle Überzug, um das Ankleben von Teig an der Teigrolle zu verhindern

Teigschaber flexibles Blatt aus Gummi oder Kunststoff mit geradem Ende, einer festen und einer weicheren Seite sowie hitzebeständigem Griff, zum Glattstreichen von Teig, zum Mischen von Cremes, Teigwaren und Sahne, zum restlosen Herausholen von Teig (feste Seite), Cremes und Sahne (weiche Seite) aus der Schüssel

Teleskopkorkenzieher ↑ Korkenzieher

Teller [lat. *talea,* abgeschnittenes Stück] rundes, flaches oder tiefes Geschirr, von dem Speisen gegessen werden; gr. flach: für Hauptspeisen, versch. Vorspeisen, Crêpes u. ä., mit Papierserviette als Unterteller für gratinierte Speisen, Eintöpfe, Teigwaren; kl. flach: für das Frühstück, für versch. Vorspeisen, Salat, Desserts, mit Papierserviette für Krustentiercocktails, Becherformen (Timbale, Eiscoupes u. ä.), Gemüse-, Saucenschüsseln usw.; als Resteteller für Knochen, Fischgräten u. ä.
   Brotteller klein, für Brot, als Unterteller für Butter-, Zuckerschalen, Konfitüren, Gewürzsaucen, Menagen, Saucenschüsseln, Fingerbowlen usw.
   Platzteller Untersatz von mind. 30 cm Durchmesser aus Silber, Zinn, Edelstahl, Porzellan oder Glas, wird nebst Brotteller für die folgenden Teller eingedeckt, aber nicht selbst gefüllt, dient als einladende Visitenkarte und Dekoration für das anschließende Menü von Vorspeisen, Suppe bis und mit Hauptgang
   Suppenteller tief, für Suppen, Eintopfgerichte, ital. Teigwaren, Muscheln, Schnecken usw.

Tellerbesen ↑ Besen

Tellerbrett Wandbrett, auf dem Teller aufgestellt werden

Terrine [lat. *terrenus,* irden] rechteckiges, ovales oder rundes Gefäß aus Porzellan, glasiertem Ton, a. emailliertem Gußeisen mit ausgestelltem Rand, Deckel und manchmal Griff oder Knauf, mittelhoch für Schmorbraten, Ente, ged. Gemüse, Pasteten, hoch für Bouillabaisse, Fischsuppen u. ä., Eintöpfe

Thermometer [griech.: *thérmē,* Wärme, *métron,* das Maß] Gerät zum Messen der Temperatur, bei uns meist in Grad Celsius, ↑ Temperatur, S. 513; ↑ a. Bratenthermometer, Weinthermometer, Zuckerthermometer

Thermosflasche, Thermoskanne doppelwandiges Gefäß aus Kunststoff, a. Edelstahl, verchromtem Messing usw. in versch. Formen mit Drehverschluß, Klapp- oder Schraubendeckel, zum Warm-, a. Kühlhalten von Getränken und Speisen

Tiefkühlgerät, Gefriergerät, -schrank, -truhe elektr. betriebene Anlage zum Einfrieren auf unter −18 °C und Konservieren v. a. von Lebensmitteln (etwa 70 kg pro 100 l Nutzraum), versch. Größen mit 92–435 und mehr Litern Inhalt; allerdings hoher Stromverbrauch

timbale [frz.: Becher] Becherform

Tischgarnitur Tafelbürste und -schippe zum Entfernen von Krümeln, Abfällen usw. auf dem Eßtisch

Tischwaage ↑ Küchenwaage/Standwaage

Toaster, Brotröster [engl. *to toast,* wärmen, rösten, ausgespr. *tōster*] elektr. Wärmegerät aus Edelstahl, Gußaluminium usw. zum Rösten und Warmhalten von Brot-, Baguettescheiben, zum Aufbacken von Brötchen, oft mit (elektr.) Regelung des Röstgrades und Hebel oder Automatik zum Herauswerfen der Scheiben

Tomatenmesser ↑ Messer

Ton [adh. *dāha,* Ausgetrocknetes] lockeres, feinkörniges Sedimentgestein, wird u. a. zur Herstellung von keramischen Erzeugnissen und Töpferwaren verwendet; ↑ a. Steinzeug

Tontopf ↑ Topf

Topf, Kochtopf [mhd. *topf,* trichterförmige Vertiefung] tiefes Gefäß, Brat-, Kochgeschirr aus (oxidiertem) Aluminium, Leichtmetall, Gußeisen, verzinntem Kupfer, Nickel, rostfreiem Stahl, feuerfestem Glas, Glaskeramik, Keramik, Porzellan u. a.; die Größe richtet sich genau nach dem Durchmesser der Herdplatte, der Boden muß eben sein, der Deckel mit wärmeisoliertem, oben flachem Knopf fest verschließbar (Glockendeckel aus schwerem Material), daneben sollte der Topf einen mit Chrom oder Edelstahl verstärkten Gieß-, Schüttrand haben sowie handliche, wärmeisolierte Griffe: mit niederem Rand zum Blanchieren, Braten, Dünsten, Pochieren, Poêlieren, Schmoren, Sieden, mit hohem Rand zum Blanchieren, Sieden; ↑ a. Bräter, couscoussier, Fischkessel, Kochkessel, Pfanne, Schnellkochtopf, tajin, Terrine, Wok

Bratentopf, rondeau zylindrisch rund, mit niederer Wand zum Braten von flachen Stücken Fleisch, Rouladen, Geflügel, Gemüse, mit mittelhoher Wand zum Braten von Fleisch (Braten, Suppenfleisch usw.), zum Schmoren von Fleisch (Gulasch, Roll-, Schmorbraten usw.)
Dämpftopf, vapeur aus zwei Teilen, die genau ineinander passen müssen, so daß ein Gericht im oberen Teil im Dampf garen kann, der vom im unteren simmernden Wasser aufsteigt
Dünster länglich mit mittelhoher Wand, abgerundeten Ecken und metallenem Siebeinsatz, zum Garen von Spargelstangen, zum Braten, Dämpfen, Pochieren von ganzen Fischen und gr. Fleischstücken
Einkochtopf ↑ Einmachgeräte
Fleischtopf zylindrisch rund mit hoher Wand, nicht nur zum Anbraten von Fleisch, sondern a. zum Zubereiten von Gerichten mit viel Wasser oder Brühe (Klöße, Knödel, Kartoffeln, Teigwaren usw.)
Fonduetopf ↑ Fonduegeschirr
Friteuse ↑ Friteuse
Gemüsetopf zylindrisch rund mit sehr hoher Wand, a. mit metallenem Siebeinsatz und/oder Dämpf-, Wasserbadeinsatz, zum Abkochen von umfänglichem Gemüse, mit Dämpfeinsatz zum schonenden Garen von zartem Fleisch, Fisch, Gemüse im Wasserdampf, zum Kochen von Kartoffeln, stark schäumenden Hülsenfrüchten, Teigwaren
Kasserolle ↑ Kasserolle
Milchtopf zylindrisch rund mit hoher Wand und Griff, a. Ausguß, aber ohne Deckel, zum Erwärmen und Aufbewahren von Milch, zum Kochen von Puddings, Süßspeisen u. ä.
Sauteuse ↑ Kasserolle/Schwenkkasserolle
Sautoir ↑ Kasserolle/Flachkasserolle
Schmortopf ↑ Pfanne/Spezialpfannen, Schmorpfanne
Simmertopf zylindrisch rund mit hoher Wand und Wassermantel zwischen Außen- und Innenwand sowie Griff, aber ohne Deckel, zum Garen im Wasserbad unter dem Siedepunkt, zum Erwärmen und Aufwärmen von Speisen im Wasserbad
Spaghettitopf zylindrisch rund mit sehr hoher Wand und gelochtem Topfeinsatz mit Griffen, zum Garen von Spaghetti und anderen langen Teigwaren
Spargeltopf zylindrisch rund mit sehr hoher Wand, gelochtem Topfeinsatz und Griffen sowie metallenem Siebeinsatz, zum aufrechten Garen von Spargelstangen
Suppentopf zylindrisch rund und breit mit sehr hoher Wand, zum Aufkochen von Suppen, Fleisch, Knochen usw. in größeren Mengen, a. zum Einkochen von Marmeladen auf Vorrat
Tontopf, Römer-, Schlemmertopf länglich, oval oder rund mit Deckel, aus feuer-, flammfestem, unglasiertem Ton, nur für den Backofen, darf nicht leer und nur mit zimmerwarmer Flüssigkeit gef. auf die heiße Herdplatte gestellt werden; erlaubt fettfreies Garen von vorher gewässertem Gut, bewahrt den arteigenen Geschmack

Tortenmesser ↑ Messer

Tortenpalette ↑ Palette

Tourniermesser ↑ Messer

Tranchiergabel ↑ Gabel/Fleischgabel

Tranchiermesser ↑ Messer/Fleischmesser

Tranchierzange ↑ Zange

Trichter [lat. *traiectorium*] konisches Gerät, das am Ende in ein enges Rohr übergeht, zum Abfüllen, Eingießen, Umfüllen von Flüssigkeiten oder rieselnden Stoffen in kl. Gefäße

Trüffelhobel, -schneider ↑ Hobel

Tülle [adh. *tulli*, röhrenartige Verlängerung der Pfeil-, Speerspitze] trichterförmiges Gerät mit Ausguß zum Spritzen; landsch. a. Ausguß, Schnabel eines Gefäßes; ↑ a. Spritzbeutel, Sterntülle

turbotière [frz. *turbot*, Butt] Fischkessel für Steinbutt u. ä.

U

Umluftherd ↑ Herd

Umluftofen ↑ Backgerät

Universalhobel ↑ Hobel/Mandoline

Universalmesser ↑ Messer

Universalschere ↑ Küchenschere

V

vapeur [frz., nach dem lat. *vapor,* Dampf] Dämpftopf

Vermicelles-Presse ↑ Presse

Vitrine [frz. *vitre,* Glasscheibe] Wagen zur appetitanregenden Präsentation von fertig zubereiteten Gerichten (Vorspeisen, kalte Platten, Sandwiches, Desserts, Gebäck usw.) hinter Glas

Vorlegebesteck Besteck zum Anrichten von Speisen

Vorlegegabel ↑ Gabel/Fleischgabel

W

Waage ↑ Küchenwaage

Waffeleisen Grillgerät, ↑ Grill/Kontaktgrill, mit zwei (elektr.) beheizten Flächen, zum Backen von Waffeln

Walzen-Nudelmaschine ↑ Nudelmaschine

Wandwaage ↑ Küchenwaage

Warmhalteplatte elektr., a. mit Kerzen beheizte Platte aus Glas, Edelstahl, Messing, Zinn, emailliertem Metall, Metallringen usw. mit Untersatz, zum Wärmen und Warmhalten von Tellern, Butter, Fondues, Saucen, Suppen, Kaffee, Tee usw.; ↑ a. Rechaud, Stövchen

Wasserbad, bain-marie halbkugelige Schüssel mit breiten Haltegriffen oder mit einem kurzen Griff auf der einen Seite und einem langen auf der anderen zum Einhängen in einen Wassertopf mit Stellring, zum Abstellen und/oder sanften Simmern von empfindlichen Speisen (Béarnaisesauce, sauce hollandaise, Mousses, Zabaione u. ä.), zum Abkühlen von Gerichten, ohne sie mit Wasser in Berührung zu bringen, zum Abschrecken von Gemüse, zum Schmelzen von Schokolade usw.

Weckglas ↑ Einmachglas

Wegwerfflasche ↑ Einweggefäß

Weinkühler, Champagner-, Sektkühler hohes Gefäß aus Glas, Edelstahl, versilbertem Metall usw., in dem Eiswürfel die hineingestellten Flaschen kühlen, a. aus porösem Ton oder – oft doppelwandig – einem anderen Isoliermaterial, die sie ohne Zutat kühl halten

Spargeltopf

Weinthermometer mißt wie eine Manschette um den Flaschenhals gelegt die Temperatur des Weines

Weißblech ↑ Geschirrmaterialien/Stahlblech

Wellholz ↑ Teigroller

Wetzstahl, Abziehstahl [ahd. *hwaz,* scharf] etwa 25 cm langer Stahl-, a. Keramikstab, rund oder oval mit geraffelter Oberfläche und Handsicherung, für Fein- oder Grobschliff, zum Abziehen und Nachschleifen von Messern

Wiegemesser ↑ Messer

Wiegemesserbrett Schneidbrett aus Hartholz oder Vollkunststoff mit Mulde, als Unterlage zum Schneiden (mit dem Wiegemesser)

Wok [chin. *wōk,* Kochgefäß] das Universalkochgerät der Chinesen, urspr. konischer Topf aus dünnem Stahl mit unten abgerundetem Boden für ein Feuerloch im Herd, heute a. Schale aus Aluguß, Gußeisen, Kupfer, Stahl mit abgeflachter Bodenplatte für unsere Herde oder sogar elektr. Betrieb, evtl. mit Dämpfeinsatz, Fritierablage, erreicht schnell gleichmäßig hohe Hitze, eignet sich für kurzes heißes, schonendes und knackiges Garen unter ständigem Rühren von feingeschn. Zutaten (Fleisch, Fisch, Gemüse) usw., a. zum Räuchern über Einsatz

Wolf ↑ Fleischwolf

Wurstmesser ↑ Messer

Z

Zackenreibe ↑ Reibe

Zackenschaber rechteckiges Edelstahl- oder Kunststoffplättchen mit gezacktem Rand, manchmal auf der einen Seite fein, auf der anderen grob, zum Verstreichen von Teigen und Massen, zum Verzieren von Tortenoberflächen usw.

Zange [ahd. *zanga,* die Beißende] Gerät aus zwei durch ein Scharnier verbundene Backen mit Schenkeln, zum Greifen, Festhalten, Durchtrennen
  Grillzange zum Fassen und Transportieren von Lebensmitteln für den Grill
  Salatzange zum Aufnehmen, Auflegen von Salat
  Schneckenzange zum Festhalten des heißen Schneckenhauses, während das Fleisch herausgegabelt wird
  Spaghettizange zum Herausnehmen der gek. Spaghetti oder anderer langer Teigwaren bei Tisch

Tranchierzange zum Festhalten von Bratenfleisch, Aufschnitt, Wurst u. ä. während des Zerteilens

Zapfenzieher schweiz.: Korkenzieher

Zestenmesser, Julienne-Reißer, Zesteur Spezialmesser zum Schneiden von feinsten Streifen (juliennes) oder Zesten (dünn abgeschälten Zitrusschalen); ↑ a. Messer/Garniermesser

Ziselierer ↑ Messer/Kanneliermesser

Zitronenpresse ↑ Presse/Zitruspresse

Zitronenreibe ↑ Reibe

Zubereitungsmesser ↑ Messer/Universalmesser

Zuckerstreuer länglicher oder zylindrischer Behälter mit perforiertem Deckel zum Ausstreuen von (Puder-)Zucker

Zuckerthermometer Thermometer mit Einteilung bis 180 °C hinter Metallgitter, zum Messen des Grades beim Zuckerkochen

Zuckerwaage, Saccharimeter Senkwaage in Form einer Glasröhre mit Skala, die in einer Flüssigkeit die Dicke von Zucker nach der Maßeinheit Baumé angibt

Das Zubereiten und Kochen

In diesem Kapitel sind nur die eigentliche Kochkunst, die Garmethoden, Kochvorgänge, Zubereitungstechniken beschrieben. Alle dafür benötigten Hilfsmittel finden sich im Kapitel *Die Küche, Geräte und Geschirr*, die Bestandteile, Garnituren, Zutaten usw. im Kapitel *Das kulinarische A bis Z*.

A

abaisser [frz.: dünn ausrollen, ausgespr. *abäße*] einen Teig auf leicht gemehlter Arbeitsfläche mit dem Rollholz auf die gewünschte Dicke ausrollen

abäschern schleimige Fische mit Holzasche abreiben und dadurch entschleimen

abbacken, ausbacken backen, insbes. in viel heißem Backfett bei etwa 160–180 °C garen und bräunen

abbarten ↑ entbarten

abbrennen eine Masse, einen Teig (insbes. Brandmasse) im Topf bei mittlerer Hitze so lange mit dem Holzlöffel rühren, bis die überflüssige Feuchtigkeit verdampft ist und sie sich glatt von Löffel und Topfboden lösen lassen; Österreich: mit brauner Butter übergießen; ↑ a. absengen

abbröseln Butter mit Mehl verreiben, bis sich kl. Brösel bilden

abbrühen, abwällen, überbrühen ein Nahrungsmittel, eine Speise in kochendes Wasser tauchen, um das Gewebe zu straffen, die Fasern aufzuweichen, die Herbheit zu mildern, Unsauberkeiten von der Oberfläche abschöpfen zu können und das Rupfen, Schälen zu erleichtern; ↑ a. abziehen, blanchieren, schälen

abdämpfen gegartes und abgegossenes, abgetropftes Gemüse, Kartoffeln, Reis oder Teigwaren über der heißen Herdplatte schwenken, bis alles Kochwasser verdampft ist

abdrehen ↑ entfetten

abfetten ↑ entfetten

abflämmen, flämmen einer Speise, einem Gebäck, einer Backmasse (Eischnee u. a.) im heißen Ofen rasch Farbe geben; ↑ a. flambieren

abgießen das Gargut mit der Einweich-, Kochflüssigkeit durch ein Sieb mit (Leinen-)Tuch in ein anderes Gefäß schütten, um diese abfließen zu lassen und es zu trocknen

abhangen, abhängen Fleisch, Wild oder Wildgeflügel nach dem Schlachten, Töten im Kühlraum oder auf Eis lagern, damit es fester und mürbe wird; längeres Abhangen von Wild gilt heute diätetisch und gastronomisch als überholt

abklären ↑ klären

abkühlen eine Speise, Creme, einen Fruchtsalat usw. in den Kühlschrank stellen, um sie kühl servieren zu können; ↑ a. abschrecken

ablagern Fleisch, Wild oder Wildgeflügel vor der Zubereitung kühl lagern, damit es zart wird; ↑ a. abhangen

ablassen Eiweiß und Eigelb voneinander trennen

ablöschen angebr. Fleisch, Knochen, a. Gemüse mit einer kalten oder warmen Flüssigkeit (Fleischbrühe, Wein u. a.) übergießen, Arbeitsgerät: halbtiefer Gießlöffel; Bratenfond, Mehlschwitze, Karamel usw. durch Zugießen von Flüssigkeit (Wasser, Brühe, Milch, Wein u. a.) lösen und verdünnen

abmildern den Geschmack einer salzigen, versalzenen Speise mit sanfter Fleischbrühe, Milch oder Wasser abschwächen; bitteres Gemüse durch Blanchieren genießbarer machen

abnetzen durch Befeuchten des Papiers Makronen o. ä. vom Boden lösen

abrahmen, absahnen, entrahmen, écrémer die sahnige Oberfläche von der Milch trennen

abrösten Nüsse u. ä. auf einem Blech in der Röhre backen, damit sich die Schalen ablösen lassen; ↑ a. rösten

abrühren eine flüssige Mischung bis kurz vor dem Aufkochen rühren; feingeh. Fleisch mit Flüssigkeit durcharbeiten, ohne daß die Bindung verlorengeht; a. einen Teig bis zur gewünschten Beschaffenheit rühren

absahnen ↑ abrahmen

abschäumen, abschöpfen Fonds, Jus, Brühen, Suppen, Saucen, a. Ragouts, Marmeladen usw. vom geronnenen Eiweiß und von Unreinheiten befreien, die an die Oberfläche gestiegen sind; sie werden dadurch klarer, reiner und geschmeidiger; Arbeitsgerät: flacher Schaum-, Seihlöffel

abschlagen eine Sauce oder Creme im Wasserbad unter ständigem Schlagen mit dem Schneebesen langsam erwärmen, bis sie sich bindet; einen aufgegangenen Hefeteig zusammenkneten, bis die Luftblasen verschwunden sind

abschmälzen, abschmelzen gek. Gargut (Gemüse, Salzkartoffeln, Spätzle, Teigwaren usw.) mit heißer, leicht gebräunter Butter übergießen, a. mit geh., in Butter oder Schweineschmalz gerösteten Zwiebeln bestreuen

abschmecken ein Gericht auf Geruch, Geschmack prüfen und diese dann evtl. (mit Gewürzen usw.) verbessern, verstärken

abschmelzen ↑ abschmälzen

abschöpfen ↑ abschäumen

abschrecken, rafraichieren eine heiße, kochende Flüssigkeit oder Speise mit kaltem Wasser übergießen oder darin eintauchen, um die Temperatur rasch zu senken, ein Kleben zu verhindern (Nudeln, Reis), den Garprozeß aufzuhalten (Gemüse) oder das Schälen zu erleichtern (Eier)

abschuppen einen Fisch mit dem Messerrücken oder Fischschupper von seinen Schuppen befreien, ohne die Haut zu verletzen

absengen gerupftes Geflügel vor dem Ausnehmen und Waschen über einer Flamme schwenken, bis die letzten Flaumenfedern versengt sind

abstechen aus einer Masse, einem Teig mit einem Löffel kl. Klöße ausstechen, damit diese in siedendem Wasser, Fett o. ä. gegart werden können

absteifen Fleischfilets, Leber, Nieren, Fisch, Schaltiere kurz in einer siedenden Flüssigkeit erhitzen, damit sie bei der weiteren Zubereitung saftig bleiben

abstellen einen Braten nicht sofort nach dem Garen anschneiden, da er dann zuviel Fleischsaft verliert, sondern ihn unbedeckt und ohne Wärme, evtl. auf einer vorgewärmten Platte, unter Alufolie im Wärmeofen oder ausgeschalteten Ofen eine Viertelstunde ruhen lassen

abtreiben österr.: Butter oder Fett mit andern Zutaten zu einer glatten Masse verrühren

abtrocknen glasiertes Gebäck, glasierte Früchte bei mäßiger Wärme trocknen lassen, damit sie glänzend bleiben und nicht matt werden

abtropfen durch ein Sieb, auf einem Gitter oder Tuch das Wasser oder Fett abtropfen lassen, das sich beim Waschen oder Garen angesammelt hat

abwällen, abwellen ↑ abbrühen, blanchieren

abziehen eine Flüssigkeit, Suppe, Sauce leicht mit Stärke binden, ↑ binden; Paprikaschoten, Tomaten, Mandeln, Pistazien u. ä. kurz in kochendes Wasser legen, um die Haut ablösen, abreiben zu können; ↑ a. blanchieren, schälen

abziehen, zur Rose eine Flüssigkeit (Creme, Milch) bis knapp vor dem Siedepunkt erhitzen und durch Zugabe von Eigelb unter ständigem Rühren so andicken lassen, daß sich auf einem hineingetauchten Löffel beim Daraufblasen rosenartige Kringel bilden

à cheval [frz.: zu Pferd, ausgespr. *a schwal*] ein Nahrungsmittel (Fleisch, Geflügel, Gemüse, Frucht) in dünne Scheiben schneiden, ohne daß diese auseinanderfallen, und sie fächrig auseinanderdrücken

à la nage [frz.: schwimmend, ausgespr. *a la näsch*] Hummer, Jakobsmuscheln, Krebse, Langusten und andere Meeresfrüchte in aromatisierter Court-Bouillon kochen und in dieser (a. zusätzlich gewürzt oder mit Crème fraîche) warm oder kalt servieren

al dente [ital.: für den Zahn] bißfest, außen ziemlich hart, innen knapp gar

al forno [ital.: *forno*, Ofen] im (Back-)Ofen zubereitet, gebacken, überbacken

altbacken Backwaren: nicht mehr frisch, schon trocken und hart

anbraten, ansautieren Fleisch oder Fisch bei starker Hitze in wenig Fett kurz so lange braten und bräunen, bis der Saft nicht mehr austreten kann, bewahrt den Geschmack

anbrennen zu starkes und langes Erhitzen eines Garguts, so daß es sich mit dem Boden des Kochgefäßes verbindet und einen verdorbenen, unangenehmen Geschmack erhält; kann durch Glasmurmel im Topf vermieden werden

andämpfen, andünsten Gemüse in wenig Fett bei kl. Hitze zugedeckt erwärmen, bis es zusammenfällt und eine intensivere Farbe erhält, jedoch immer noch Geruchs- und Geschmacksstoffe ausströmt

angehen lassen ein Nahrungsmittel in heißem Fett anbraten oder andämpfen, -dünsten, ohne daß es Farbe annimmt

anglaise, (à l') frz.: auf englische Art, ↑ S. 133

anlaufen lassen ↑ anschwitzen

anrichten ein bereitetes Gericht auf, in einem Teller, einer Platte, einer Schüssel appetitlich herrichten und (garniert) auftischen

ansäuern mit Essig oder Zitronensaft säuerlich machen, würzen

ansautieren ↑ anbraten

anschieben Brot: Teigstücke dicht nebeneinandergesetzt im Ofen backen, so daß sich an den aneinandergrenzenden Seiten keine Kruste bildet; schimmelanfälliger als ↑ freischieben

anschlagen versch. Zutaten für eine Masse cremig rühren

anschwitzen, anlaufen Kochgut bei geringer Hitze in Fett leicht andünsten, anrösten, ohne daß es Farbe annimmt; ↑ a. anziehen, schwitzen

anwirken eine Rohmasse (Marzipan o. ä.) mit Zucker verkneten, bevor sie weiterverarbeitet wird

anziehen (lassen) ein Kochgut unter Wenden leicht dämpfen, dünsten, rösten, ohne daß es Farbe annimmt; ↑ a. anschwitzen

à part frz., ausgespr. *a pār:* für sich; gesondert serviert

à point [frz., ausgespr. *a pŏä:* «auf den Punkt» gar gekocht, durchgebraten]; ↑ a. Garstufen des Fleisches, S. 152

aprikotieren Gebäck, Süßspeisen, Obst auf Kuchen mit flüssig erwärmter, durch ein Sieb getriebener Aprikosenmarmelade bepinseln oder dünn bestreichen, damit sie glänzen und nicht matt werden

arrosieren [frz. *arroser,* begießen] gr. Fleischstücke mit heißem Bratenfett übergießen; Arbeitsgerät: halbtiefer Gießlöffel

assaisonnieren [frz. *assaisonner,* ausgespr. *aßäsonnieren*] mit Salz, Pfeffer, Aromaten, Gewürzen, Öl, Essig usw. würzen, schmackhaft machen

attaschieren [frz. *attacher*] anbinden; Fleisch oder Geflügel mit etwas Fleisch-, Geflügelbrühe einkochen, bis es sich vom Knochen löst

au blanc ↑ kochen/au blanc kochen

aufbacken, aufkrossen das Wiedererhitzen von Backwaren oder (altbackenem) Brot, damit sie erneut frisch schmecken

aufkochen Flüssigkeit zum Kochen bringen

auflösen, Gelatine Gelatineblätter in kaltem Wasser quellen lassen, gut ausdrücken und unter ständigem Umrühren in Flüssigkeit (Brühe, Fond usw.) erhitzen und auflösen

aufmixen mit kalter Butter mischen, um eine Bindung herzustellen

aufmontieren [frz. *monter,* aufschlagen] fein pürieren; ↑ a. montieren

au four frz.: im (Back-)Ofen zubereitet, gebacken, überbacken

aufschäumen kurz mischen, um Schaum und Volumen zu bilden; Butter: erhitzen, ohne zu bräunen

aufschlagen ein rohes Ei an eine harte Kante schlagen, um die Schale zu zerbrechen; ↑ a. montieren, schlagen

aufsetzen ein Gefäß mit Inhalt zum Garen auf den Herd stellen; *Kaltaufsetzen* zieht Aroma heraus, *Heißaufsetzen* verhindert das Auslaugen

auftauen (lassen) Gefrorenes zum Tauen bringen; Tiefkühlprodukte unter fließendem Wasser oder im Backofen (bis max. 50 °C), im Kühlschrank, Mikrowellengerät, Umluftofen (trockenes Gebläse) auf über 0 °C bringen

aufwellen das Kochgut in einer Flüssigkeit bis kurz vor dem Siedepunkt erhitzen

aufziehen einen Brei, ein feines Püree, eine Sauce, Creme u. ä. mit Butter und/oder Sahne verrühren, um sie zu verfeinern; Arbeitsgerät: Schneebesen

ausbacken ↑ abbacken, fritieren

ausbeinen, auslösen, desossieren aus dem rohen Fleisch eines Schlachttiers mit einem scharfen Messer die Knochen ganz oder teilweise lösen, möglichst ohne das Fleisch zu verletzen

ausbraten ↑ auslassen

ausbröseln eine Auflauf-, Kuchenform einfetten und mit Bröseln, Paniermehl o. ä. bestreuen

ausdrücken ↑ entsaften

ausfuttern, ausfüttern, auslegen eine Form mit dünn ausgerolltem Teig, dünnen Scheiben fetten Specks usw. auskleiden

ausgräten ↑ entgräten

auskehlen einem Fisch nach Schnitt an der Kehle Kiemen, Herz und Eingeweide herausreißen; ↑ a. ausnehmen, kannelieren

auskleiden ↑ chemisieren

auslassen, ausbraten Speck, Flomen anbraten, bis das Fett ausgelaufen und goldbraun ist

auslegen ↑ ausfuttern

auslösen ↑ ausbeinen

ausnehmen die Eingeweide eines erlegten, geschlachteten, getöteten Tieres herauslösen; *Geflügel:* mit der Schere die Haut neben der Darmöffnung aufschneiden, von Hand Eingeweide und Fett von der Bauchdecke lösen und alles zusammen herausziehen; *Fisch:* von Rücken oder Bauch her von Eingeweiden samt Kopf, Gräten, evtl. a. Haut befreien; ↑ auskehlen

auspalen ↑ entschoten

auspolstern ↑ chemisieren

auspressen ↑ entsaften

ausrollen, auswalken, auswällen, auswellen einen Teig mit dem Rollholz gleichmäßig auseinandertreiben

ausstechen eine Zutat (Gurken-, Möhren-, Trüffelscheiben, Kartoffeln usw.) in eine bestimmte Form und Größe zurechtschneiden; aus einer Teigplatte mit einer Form Plätzchen o. ä. stechen; a. Fleisch-, Geflügel-, Wildstücke nach dem Garen mit einer Fleischgabel in ein anderes Gefäß geben, um daraus ein Ragout o. ä. zuzubereiten, sie zu garnieren und (mit Sauce) zu servieren

ausstreichen eine Form oder ein anderes Kochgeschirr mit dem Backpinsel innen mit Butter, Fett, Öl bestreichen, um das Gargut später leicht herauslösen zu können

ausstreuen, bestauben, bestäuben ein Backblech, eine Form innen mit Butter, Fett, Öl ausstreichen und anschließend gleichmäßig dicht mit (Panier-)Mehl, geriebener Semmel, geh. Mandeln, Zucker u. a. bestreuen

auswalken mit dem Rollholz aus-, glattrollen; ↑ a. ausrollen

auswällen ↑ ausrollen, a. blanchieren

ausweiden die Eingeweide von Wild, a. Fischen, entfernen, ohne das Fleisch zu verletzen; ↑ a. auskehlen, ausnehmen

ausweinen lassen Gemüse (Auberginen, Rettich u. a.) einsalzen, um den bitteren oder ungenießbaren Saft herauszuziehen; ↑ a. degorgieren

auswellen ↑ ausrollen

B

backen [ahd. *backen,* erwärmen] das Garen in geschlossenem (Back-)Ofen, in der Backröhre, in einer Form ohne Deckel, auf einem Blech oder in Alufolie bei trockener Hitze (150–250 °C) ohne Fettzugabe, Wärmeträger ist die heiße Luft, a. Dampf; geeignet für Teige aller Arten, Kartoffeln, Pasteten, Aufläufe, Puddings, warme Süßspeisen, Gebäck, Brot, Brötchen, Kuchen; a. schwimmend in Fett garen, ↑ fritieren

bähen österr.: im Backrohr leicht rösten; schweizerd.: Brot, Brötchen rösten, toasten

bain-marie [frz.: Bad der Maria, Schwester Mosis] Wasserbad

bardieren [frz. *barder,* einen Harnisch anlegen] mageres Fleisch, Wild, (Wild-)Geflügel mit breiten, dünnen Scheiben von fettem, mild gesalzenem Speck umwickeln oder belegen, damit es beim Braten nicht zu sehr austrocknet, eher als ↑ spicken zu empfehlen; die Speckscheiben werden nur beim Rebhuhn o. ä. Wildgeflügel mitserviert, dann aber auf dem Tellerrand liegengelassen; ↑ a. lardieren

beizen [ahd.: beißen machen] Schlacht-, Geflügel- oder Wildfleisch in eine gewürzte säuerliche Flüssigkeit (↑ Marinade, Beize, S. 304) einlegen, um sie mürbe und pikant zu machen; wegen der heutigen Kühlmöglichkeiten ist es überflüssig, (Wild-)Fleisch zu beizen, um es länger haltbar zu machen; ↑ a. marinieren

bestauben, bestäuben mit Mehl bestreuen; ↑ a. ausstreuen

beurre frz.: Butter, ↑ S. 81

bien cuit frz.: gut gekocht, geb., gebr.; Garstufe des Fleisches, ↑ S. 152

bigarrieren [frz. *bigarré,* buntscheckig] Fleisch, Geflügel mit Pökelzunge, Speck und Trüffeln spicken

binden, legieren, liieren Kochgut (Suppen, Saucen, Cremes, a. Blanketts, Pfeffer usw.) durch Einrühren von Bindemitteln (↑ S. 52) wie Milch, Mehlschwitze, Butter, Eigelb, Crème fraîche, Sahne, a. Blut, Leber usw. andicken und sämig machen; Arbeitsgerät: Tellerbesen u. a.

bißfest ↑ al dente

blanc, au ↑ kochen/au blanc kochen

blanchieren, überbrühen [frz. *blanchir,* weiß machen, ausgespr. *bläschieren*] frische Gemüse (Auberginen ausgenommen), Früchte oder andere Lebensmittel kurz mit kochendem Wasser übergießen oder in es hineintauchen, um die Enzyme, Fermente abzutöten, die Farbe zu kräftigen, einen zu starken, unangenehmen Eigengeschmack zu neutralisieren (Kohl), die Blätter fürs Füllen, Rollen biegsam zu machen (Mangold), zum Gratinieren vorzubereiten (Fenchel), sie leichter schälen zu können (Knoblauchzehen, Mandeln, Pfirsiche, Schalotten, Tomaten, Zwiebeln), Verunreinigungen zu entfernen (Fleischstück, Innereien, Kopf, Füße), etwas vorzugaren und fürs Tiefkühlen besser haltbar zu machen; ↑ a. brühen

blaukochen, bläuen frische Süßwasserfische mit klarem Schleim auf der Haut (Aal, Forelle, junger Hecht, Karpfen, Renke, Saibling, Schleie, Wels) mit intakter Schleimschicht und ungeschuppt in einer Court-Bouillon, einem aromatisierten Essigsud schonend garziehen, so daß sie sich hellblau färben; nach dem Blaukochen sofort mit ausgelassener Butter bestreichen; biegt sich der Fisch beim Zubereiten und reißen die Seiten leicht auf, war er wirklich frisch

bleu [frz.: blau, ausgespr. *blö*] Garstufe des Fleisches, ↑ S. 152; Fisch: blaugekocht

blindbacken, leer-, vorbacken Pasteten oder andere Teighüllen ohne Füllung backen; um dabei ihre Form zu bewahren, werden sie vorher oft provisorisch mit Alufolie, Papier, Pergament ausgelegt und mit Backerbsen, Bohnen, Reis o. ä. gefüllt

blondieren Schalotten-, Zwiebelscheiben u. ä., a. Mehl für weiße Mehlschwitze in Butter bräunen; ↑ a. anschwitzen

blutig Garstufe des Fleischs, ↑ S. 152

bouilli [frz., ausgespr. *buji*] gekocht, abgekocht, gesotten

brägeln, brägle bad., fränk., schweizerd.: braten, schmoren; in Schmalz backen, leicht rösten

braise [frz.: Kohlenglut, ausgespr. *bräs*] Bratensaft, Brühe

braisieren, bräsieren [frz. *braiser,* ausgespr. *bräsieren*] Fleisch, Geflügel, geschmacksintensive Gemüse (Fenchel, Kohl, Sellerie u. ä.) in fettem Fleischsaft oder kräftiger Brühe halb schmoren, halb braten, Arbeitsgeräte: Bräter, Fleischtopf, halbtiefer Gießlöffel; in anderen Ländern a. für dämpfen, dünsten, kurzbraten; ↑ a. kurzbraten

brandig werden Teig: die Bindung verlieren

bräsieren eingedeutscht für braisieren

braten in offenem, dickwandigem Geschirr oder ungedeckt im (Back-)Ofen, in der Bratröhre, auf dem Grill, am Spieß mit heißem Fett oder durch Übergießen damit, möglichst ohne eine andere Flüssigkeit, garen; Wärmeträger sind Fett und heiße Luft; das Gargut darf währenddessen nicht angestochen werden, damit es keinen Saft verliert und den natürlichen Geschmack bewahrt; geeignet für zarte Stücke Schlachtfleisch, Geflügel, Wild, Fisch, Kartoffeln, Gemüse, Eier usw.; ↑ a. kurzbraten, sautieren, schmoren

bräunen durch Anbraten, Rösten, Überbacken braun werden lassen

bridieren [frz. *brider,* zusammenbinden] ausgenommenes, unzerlegtes Geflügel, Federwild, a. Fleisch, Fisch mit Faden und einer oder mehreren Binde-, Bridiernadeln in eine bestimmte Form bringen, damit es gleichmäßig gebräunt, gegart und appetitlich angerichtet werden kann; ↑ a. dressieren, façonnieren, ficelieren

broil, to engl.: (über einem Feuer, auf einem Rost) braten, grillen, kochen

Brot schneiden frisches Brot läßt sich mit einem angewärmten Messer leichter schneiden

brühen ein Nahrungsmittel (Gemüse usw.) vor der Zubereitung mit siedendem Wasser übergießen oder mit Schaumlöffel, im Sieb kurz dareintauchen, um es zu reinigen, von unangenehmen Geruchs-, Geschmacksstoffen und Verunreinigungen (Würmern usw.) zu befreien oder das Schälen zu erleichtern; ↑ a. abbrühen, blanchieren

buttern eine warme Speise (Gemüse, Reis, Teigwaren, Sauce o. ä.) vor dem Anrichten mit einem Stück frischer Butter verfeinern

Butter zerlassen ↑ zerlassen

C

cannelieren ↑ kannelieren

chaud-froid, chaudfroid [frz.: warm-kalt, ausgespr. *schofrọa*] Kochgut (Fleisch, Geflügel, Federwild, Wild, Fisch usw.), das warm zubereitet und kalt serviert wird, meist für kaltes Büffett, aber a. als Vorspeise; ↑ a. S. 93

chauffer frz., ausgespr. *schöfë*: erhitzen, erwärmen

chemise, (en) [frz.: (im) Hemd, ausgespr. *(ā) schmīs*] Hülle oder natürliche Haut; darin gegart; ↑ a. chemisieren

chemisieren, auskleiden, -polstern [frz. *chemise*, Hemd, ausgespr. *schömisieren*] eine Speise mit Überzug versehen; eine Form mit Teig auslegen, mit Farce ausstreichen oder mit Gelee ausgießen, das Kochgut darin fest werden lassen und dann stürzen

ciselieren ↑ ziselieren

clarifizieren ↑ klären

colle [frz.: Klebstoff, Leim, ausgespr. *koll*] in Wasser eingeweichte, ausgedrückte und aufgelöste Gelatine zum Festigen einer salzigen (Mayonnaise o. ä.) oder süßen (Gelee o. ä.) Speise

collé(e) [frz.: gekleistert] mit Gelatine versteifte Masse

colorieren ↑ kolorieren

conchieren [fr. nach dem griech. *konchē*, Muschelschale, ausgespr. *kōschieren*] Schokoladenmasse in sogenannten *Conches*, muschelförmigen Rundreibemaschinen, fein und glatt mahlen

confit frz., ausgespr. *kōfi*: eingemacht, kandiert; im engeren Sinn im eigenen Fett eingemachtes Stück Schweinefleisch, Geflügel usw.

Couleur, Kulör frz.: Farbe, insbes. braune Zuckerfarbe

cremig rühren eine Mischung so lange rühren, bis sie sämig ist

cuttern [engl. *to cut*, schneiden, ausgespr. *köttern*] in kl. Scheiben oder Stücke schneiden; ↑ a. kuttern

D

dampfdruckgaren Garen bei 104–119 °C unter Dampfüberdruck, ↑ Schnellkochtopf S. 604, energie-, zeitsparend, nährstoffschonend und geschmacksverstärkend

dämpfen [ahd. *demphan*, rauchen machen] in einem zugedeckten Kochgeschirr oder dem Dampfkochtopf auf einem Dämpfeinsatz (Gitter, Sieb) über siedendem Wasser bei etwa 100 °C, ohne daß das Gargut mit diesem in Berührung kommt, in heißem Dampf kochen, Wärmeträger ist Wasserdampf; verstärkt das Aroma, schont Nährstoffe, Vitamine, spart Energie, Kalorien und Zeit; eignet sich für fast alle nicht fetthaltigen Nahrungsmittel, insbes. mageres (Hack-) Fleisch, Geflügel, Fisch, Garnelen, Muscheln, Kartoffeln mit oder ohne Schale, zartes Gemüse inkl. Maiskolben, Getreideprodukte (Graupen, Hefeklößchen, Reis u. a.), Puddings usw.; ↑ a. dünsten

dampfentsaften Früchte in einem Spezialtopf auf einem Sieb in Dampf schonend entsaften

darren pflanzliche Produkte mit Heißluft trocknen, manchmal verbunden mit gleichzeitigem Rösten (Trockenfrüchte)

darunterrühren eine Zutat in das Kochgut einrühren

darunterschlagen eine Zutat mit dem Schneebesen in das Kochgut hineinschlagen

darunterziehen eine Zutat (Eischnee u. a.) mit einem Löffel, Spatel o. ä. langsam und vorsichtig einrühren

découpage [frz.: Zerschneiden, ausgespr. *dekupāsch*] das mundgerechte Zerlegen von Fleisch, Geflügel, Fisch und Meerestieren; ↑ a. tranchieren

deglacieren, ablöschen den braunen Bratensaft, die «Glace», mit einem Schuß Flüssigkeit (heißes Wasser, Brühe, Wein usw.) durch Rühren, Schrappen mit einem Holzlöffel, Pinsel, einer Bratenbürste von Boden und Wänden des Topfes, der Pfanne lösen

degorgieren [frz. *dégorger*, ausschlämmen, ausgespr. *degorschieren*] Fleisch, Geflügel, Fisch, Innereien (Bries, Herz, Hirn, Leber usw.) mehr oder weniger lange in kaltes Wasser mit oder ohne Essig tauchen, um sie von Unreinheiten zu befreien, das Blut herauszuziehen oder bei Flußfischen den Schlammgeschmack zu beseitigen; bestimmte Gemüse (Gurke, Kohl usw.) mit Salz bestreuen, um ihnen das pflanzliche Wasser zu entziehen und sie verdaulicher zu machen; Schnecken salzen und in verschlossene Behälter füllen; ↑ a. ausweinen lassen

degraissieren [frz. *graisse,* Fett, ausgespr. *degräßieren*] ↑ entfetten

Dekor die Verzierung eines Gebäcks, einer Torte

dekorieren [frz. *décorer,* schmücken] ein Gericht verzieren, um es für Geschmack und Auge anziehend zu machen, z. B. salzige Speisen mit Blätterteigfiguren, hartgek. Eiern in Vierteln, Achteln, Scheiben, mit Herzoginkartoffeln, Kräutern (Estragon, Kresse, Petersilie u. ä.), Radieschen, Tomaten, Orangen-, Zitronenspalten usw., süße Speisen und Gebäck mit Karamel, Mandeln, Schlagsahne, Schokolade, Zucker usw.

demoulieren [frz. *moule,* Form, ausgespr. *demulieren*] ↑ stürzen

desossieren [frz. *os,* Knochen] ↑ ausbeinen

dessechieren, egouttieren [frz. *sécher,* trocknen, ausgespr. *deßäschieren; goutte,* Tropfen; ausgespr. *egutieren*] eine Speise abtropfen lassen oder mit Küchenkrepp, Tuch trockentupfen

döppen ugs. für entschoten

doré(e) [frz.: golden] goldgelb (gebacken)

dörren an der Luft oder mit einem Apparat dürr, trocken machen; Arbeitsgeräte: Dörrapparat, a. Heiß-, Umluftofen, Elektrobackofen

doublieren [frz.: *double,* Doppel] verdoppeln; zwei Gebäckstücke zusammensetzen

dragieren [frz. *dragée,* Zuckerwerk, ausgespr. *draschieren*] rohe oder geröstete Samenkerne von Erd-, Haselnüssen, Mandeln u. ä. mit rotbraunem Zucker überziehen, krokantähnlicher Geschmack, reich an Kalorien

dressieren mit Nadel und Faden in eine gewünschte, gefällige und praktische Form bringen; Geflügel, a. Fleisch, Fisch vor dem Braten mit Küchengarn, a. Holz-, Metallspießchen, Klammern so zusammenbinden, daß die Stücke möglichst kompakt sind, die Form behalten und gleichmäßig bräunen; einer Masse mit Spritzbeutel und Tülle eine bestimmte Form geben; ↑ a. bridieren, façonnieren, ficelieren

druckgaren ↑ schnellkochen

dünsten in geschlossenem Geschirr bei geringer Hitze mit wenig Flüssigkeit (Fett, Fond, Wasser, Wein) kochen oder im eigenen Saft schmoren, Wärmeträger sind Dampf, Flüssigkeit, a. Fettstoffe; erhält Aroma und Geschmack, schont die Nährstoffe; geeignet für weißes Fleisch, Fisch, (möglichst frisches) Gemüse, Mehl, Reis, Obst; ↑ a. dämpfen, glacieren, poêlieren, schmoren

durchbraten ↑ Garstufen des Fleischs, S. 152

durchbrechen Gehacktes, Gemüsemasse usw. durch den Fleischwolf drehen

durchpassieren ↑ passieren

durchrühren so lange rühren, bis alle Zutaten gut vermischt sind; ↑ a. durchschlagen

durchschlagen eine gek. Speise durch ein grobgelochtes, tiefes Sieb streichen, damit sie sämig wird

durchschwenken versch. Zutaten vermischen; Gemüse, Teigwaren in Butter durcheinanderschütteln

durchseihen ein Kochgut mit dem Stampfer durch ein Sieb drücken, damit es sämig wird; feste und flüssige Substanzen durch ein (Leinen-)Tuch streichen, damit sie sich trennen

durchstreichen durch ein feines Sieb (Haar-, Spitzsieb) oder durch ein (Leinen-)Tuch streichen

durchziehen lassen gebr. Fleisch oder Geflügel sofort nach dem Garen im vorgewärmten Ofen auf einem Kuchengitter über einem Kuchenblech wenden, damit der ausgelaufene Saft zurückfließen kann und es saftig bleibt

E

écrémer [frz. *crème,* Sahne] entrahmen

egalisieren Gemüse u. a. in die gleiche Form schälen oder schneiden; Arbeitsgeräte: Buntmesser, Schälmesser

egouttieren ↑ dessechieren

Eier kochen vorher mit einer Nadel oder einem Stecher am stumpfen Ende anstechen; *weichgek.:* 3–4 Min., *wachsweich:* 5–6 Min., *hart:* 7–10 Min.

Eierprobe rohe Eier in Salzwasser legen: gehen sie unter und bleiben sie waagerecht am Boden liegen, sind sie frisch

einbrennen Gemüse, Saucen usw. mit Mehlschwitze binden und sämig machen

einbröseln ↑ panieren

eindicken ↑ reduzieren

einfetten, abfetten, (en-)graissieren ein Blech, eine Backform, Pfanne o. ä. mit Butter, Fett, Öl bestreichen oder bepinseln

einfrieren ↑ tiefkühlen, S. 516

einkochen ↑ reduzieren, sterilisieren

einlassen gespritzte Konturen ausfüllen, um damit zu garnieren

einlegen, einsalzen Fleisch, Fisch, Gemüse, Eier usw. in Salz(lake) einlegen, um sie haltbar und würzig zu machen; ↑ a. marinieren, pökeln

einmachen ↑ sterilisieren

einmehlen, mehlen ein Kochgeschirr mit Mehl bepudern; ein Nahrungsmittel mit Mehl bestäuben, bevor man es fritiert oder sautiert; in Saucen und Flüssigkeiten zum Binden Mehl einrühren; ein Kuchenbrett, Nudelholz o. ä. mit Mehl bestäuben, damit der Teig nicht klebt

einpassieren mit brauner oder weißer Mehlschwitze sämig machen

einpökeln ↑ pökeln

einsalzen ↑ einlegen, marinieren, pökeln

einschlagen ↑ schlagen

einwässern, wässern längere Zeit in Wasser legen (Salzheringe usw.), um die Schärfe zu mildern

einwecken [Erfinder Johann Weck, 1841–1914] Lebensmittel bei 75–100 °C in Gläsern einmachen und darin abkühlen lassen, so daß diese sich durch Luftverdünnung dicht verschließen

einweichen Hülsenfrüchte, Stockfisch u. a. trockene oder in Salzlake eingelegte Nahrungsmittel eine Zeitlang in Wasser legen, damit sie weich werden und/oder der Schmutz sich löst

emincieren [frz.: *émincer,* schnetzeln, ausgespr. *emä̃ßieren*] ↑ schnetzeln

emulgieren mit Schneebesen, elektrischer Küchenmaschine, Mixer o. ä. zu einer Emulsion, ↑ S. 133, vermischen

englische Art ↑ S. 133

englisch panieren ↑ panieren

engraissieren [frz. *graisse,* Fett, ausgespr. *ägräßieren*] ↑ einfetten

entbarten, abbarten vor der Zubereitung den außen sitzenden Mantelrand, den «Bart», und die auf der Schale haftenden Fäden von Austern, (Mies-)Muscheln u. a. Schaltieren entfernen

entbeinen ↑ ausbeinen

entfetten, abfetten, degraissieren das erstarrte Fett erkalteter Brühen von der Oberfläche abheben; nach dem Garen das überflüssige Fett abgießen; von heißen Saucen das flüssige Fett mit einer möglichst flachen Schöpfkelle vorsichtig abheben oder mit Küchenkrepp absaugen

entgräten, ausgräten einen Fisch von seinen Gräten befreien; ↑ a. ausnehmen

entrahmen ↑ abrahmen

entsaften, ausdrücken, -pressen durch Ausdrücken, Pressen, Schleudern, mit dem Entsafter den Saft aus Obst, a. Gemüsen herausbringen

entschoten, auspalen Bohnenkerne, Erbsen usw. aus den Schoten lösen

escalopieren [frz. *escalope,* Fleischschnitte, Schnitzel] Fleischstücke (Kalbsnuß, Leber), Fischfilets, Hummerfleisch, Gemüse (Artischockenböden, gr. Champignonköpfe) usw. schräg in mehr oder weniger dicke Scheiben schneiden

Etamin Passier-, Seihtuch

étouffer, étuver frz.: dämpfen, schmoren

evaporieren [lat. *vapor,* Dampf] eine Flüssigkeit durch Verdampfen, Verdunsten konzentrieren

F

façonnieren [frz. *façonner,* formen, ausgespr. *faßonnieren*] Fleischstücke, Geflügel, Gemüse usw. zurechtschneiden oder binden, abstehende Teile wegschneiden, damit sie beim Garen eine appetitliche Form bewahren; ↑ a. bridieren, dressieren, ficelieren

Farbe geben Gargut langsam anbraten oder rösten, bis es bräunlich ist

färben einer Sauce o. ä. durch Gemüse, Gewürze eine (andere) Farbe geben (goldgelb durch Safranfäden, grün durch pürierten Spinat, rot durch gegr., abgezogene und pürierte Paprikaschoten, Tomaten usw.); ↑ a. kolorieren

farci(e) frz.: gefüllt

farcieren [frz. *farce,* Füllung] das Innere von Fleischstücken, (Wild-)Geflügel, Fischen, Schaltieren, Gemüsen, hartgek. Eiern, Früchten oder versch. Zubereitungen wie Crêpes, Kroketten u. a. meist vor dem Garen, aber a. kalt mit einer mageren oder fetten, gut abgeschmeckten Masse füllen oder ausstreichen

faschieren mdal., österr.: fein hacken, durch den Fleischwolf drehen; ↑ a. durchdrehen

ficel(l)ieren [frz. *ficelle,* Bindfaden, ausgespr. *fißellieren*] Fleisch, Innereien, Geflügel usw. vor dem Garen mit einem Faden umschnüren, um sie in Form zu halten; ↑ a. bridieren, dressieren, façonnieren

filet d'eau frz.: einige Tropfen Wasser

filetieren fleischige Seitenteile eines Fischs von den Gräten lösen; Muskelfleisch von Schlachttieren beidseits des Rückgrats herauslösen, Arbeitsgerät: Filetiermesser; ↑ a. filieren

filieren Zitrusspalten aus den Trennhäuten lösen, Arbeitsgerät: Dekoriermesser; ↑ a. filetieren

filtern, filtrieren eine Flüssigkeit durch einen Filter, ein Leinentuch oder Filterpapier seihen, um feste Bestandteile zurückzuhalten oder abzutrennen; durch heißes Wasser aus gemahlenen Genußmitteln Aroma- und Geschmacksstoffe lösen

Fischzubereitung Fisch läßt sich backen (v. a. ganz in der Haut), (nach Einlegen in Milch) braten, dämpfen (v. a. zarte Filets oder Stücke ohne Haut), dünsten (v. a. Filets ohne Haut), grillen, kochen (↑ a. blaukochen), pochieren (v. a. ganz in der Haut), schmoren (v. a. derbe Fische), kalt anrichten oder räuchern

flamber frz.: flambieren

flambieren, ab-, überflämmen [frz. *flamber,* abflammen, ausgespr. *flābieren*] eine bereits gegarte salzige oder süße Speise (kl. Fleischstücke, Geflügel, Crêpes, Omelett usw.) mit einem aromatischen Branntwein (Aquavit, Armagnac, Calvados, Cognac, Cointreau, Curaçao, Grand Marnier, Kirschwasser, Rum, Whisky usw.) übergießen und die Dämpfe kurz abbrennen lassen, unterstreicht den Geschmack mit einem eigenen Parfum

flämmen ↑ abflämmen, flambieren

Fleischzubereitung Fleisch läßt sich backen (v. a. kleine Stücke), braten (ergibt kräftige dunkle Kruste), dämpfen, dünsten, grillen, poêlieren (harte Stücke, weißes Geflügel, ergibt hellbraune Kruste), schmoren

fleurieren [frz. *fleurir,* aufblühen, ausgespr. *flörieren*] das Aufgehen von (Blätter-)Teig

foncieren [frz. *foncer,* einen Boden machen, ausgespr. *foßieren*] eine Back-, Pastetenform mit Teig auslegen; Topfboden mit Speckscheiben, (Wurzel-)Gemüse belegen

frappieren [frz. *frapper,* schlagen] eine Speise oder ein Getränk zwischen Eisstücken, a. im Kühlschrank, stark abkühlen

freischieben Brot: freiliegende Teigstücke von runder oder ovaler Form im Ofen mit allseitiger Kruste backen; ↑ a. anschieben

fritieren, ausbacken [frz. *frire,* in der Pfanne backen, braten] Fleisch-, Geflügel-, Fischstücke, Meeresfrüchte, Gemüse, Kartoffeln usw. bei gleichbleibenden 140–190 °C auf einem Siebeinsatz im Fritiertopf in reichlich unvermischtem, heißem Fett, der «Fritüre», goldbraun backen und knusprig garen; ↑ a. gratinieren

Fritüre Fettbad zum Fritieren; a. das Backfett selbst oder das darin Ausgebackene

G

garen [ahd. *garo,* bereit] das Zubereiten von Lebensmitteln durch die erforderliche Erhitzung; ↑ backen, braten, dämpfen, dünsten, fritieren, gratinieren, grillen, kochen, pochieren, poêlieren, sautieren, schmoren

garen, unter Druck ↑ schnellkochen

garnieren [frz. *garnir,* ausstatten, verzieren] ein Gericht mit eßbaren, in Form und Farbe passenden (a. kontrastierenden) Zutaten (Ei, Klößchen, Kräuter, Gemüse, Pilze usw.) belegen, umlegen, verzieren; Arbeitsgeräte: Butterroller, Dekorier-, Garniermesser, Grapefruit-, Orangenschäler, Kugelausstecher usw.

Garnitur Beilage, Umlage, Zutat, Verzierung einer Speise, Einlage einer Suppe, Sauce

garschwenken   ↑ sautieren

Garstufen des Fleisches   ↑ S. 152

garziehen   ↑ pochieren

Geflügelzubereitung Geflügel und Federwild wird warm oder kalt, aber nie roh angerichtet; es läßt sich backen, in Pfanne oder Ofen braten, fritieren, grillen, kochen, pochieren, sautieren, schmoren (bes. ältere, größere Tiere und Innereien)

Gefrieren   ↑ Tiefkühlen, S. 516

gefriertrocknen Brühen, Kräutern, Kaffee usw. nach dem Schnellfrosten bei –20 bis –30 °C das Wasser entziehen, schont das Aroma, als Instantprodukt lange haltbar

Gelatine auflösen   ↑ auflösen

gelieren [frz. *gelée,* die Gefrorene, Festgewordene, ausgespr. ~~schölieren~~] eine Gallerte, Speise, Sülze (Fleisch, Geflügel, Wild, Fisch, Creme, Charlotte, Mousse usw.) mit Gelatine fest werden lassen; ↑ a. stocken

Gemüsezubereitung Gemüse läßt sich backen, blanchieren, dämpfen, dünsten, fritieren, gratinieren, grillen, kochen, schmoren und roh (als Salat, Vollwertkost usw.) zubereiten; in gesalzenem Wasser mit Prise Zucker ungedeckt garen erhält die Farbe

givrieren [frz. *givré,* mit Rauhreif überzogen, ausgespr. ~~schwirieren~~] ein Glas, einen Behälter mit Eiswürfeln ausschwenken, um sie vorzukühlen; eine Speise mit geraspeltem, a. gezuckertem Eis bedecken; eine ausgehöhlte Frucht (Orange, Zitrone usw.) mit Sorbet aus ihrem Fleisch füllen

glacieren, überglänzen das Übergießen von Speisen, um ihnen Farbe, Glanz und ein apartes Aussehen zu verleihen: Fleisch, Geflügel mit dem eigenen, stark eingek. Fond oder mit Fleischextrakt; Gemüse (Karotten, Kastanien, Kohlrabi, Weiße Rüben, kl. Zwiebeln usw.) mit dem Fond vom vorgängigen Dünsten mit Butter, Salz, Zucker in Fleischbrühe oder Wasser; kalte Speisen mit Gelee; der Ausdruck wird oft a. für ↑ glasieren verwendet

glasieren, überglänzen das Überziehen von süßen Speisen, meist Gebäck, Kuchen, Torten, mit Zuckerguß oder Schokolade, um Geschmack und Dekor zu geben; Früchte in Zuckersirup einlegen; der Ausdruck wird oft a. für ↑ glacieren verwendet

Glasur (Zucker-)Glanz

graissieren [frz. *graisse,* Fett, ausgespr. *gräßieren*] fetten, ↑ einfetten, entfetten

granulieren [lat. *granulum,* Körnchen] zu Körnern zermahlen, zerreiben

gratinieren, überflämmen, -krusten [frz. *gratin,* Kruste von Speisen im Gefäß] mit geriebenem Weißbrot, Käse, Fettflöckchen bestreute, a. mit Butter, Ei, Sahne, Sauce bedeckte, evtl. vorgek. salzige Speise oder mit Zucker bestreute süße Speise bei starker Hitze oder unter dem Grill so lange erhitzen, bis sich die Oberfläche bräunt und eine knusprige Kruste bildet; ↑ a. überbacken

grillen, grillieren [engl. *to grill,* rösten] Speisen durch Strahlungshitze, etwa 350 °C von durchglühten Holzkohlen oder Eisenstäben garen, eignet sich für zartes, fettarmes, ungepökeltes und ungeräuchertes Fleisch und Würste, a. für Geflügel, Fisch, Gemüse und Obst; ↑ a. rösten

H

habillieren [frz. *habiller,* ankleiden] Geflügel, Federwild, Fisch zum Garen vorbereiten

hacken [mhd. *hacken,* mit einem Haken bearbeiten] durch kurze, schnelle Schläge mit einem scharfen Messer oder durch Hin- und Herbewegen eines Wiegemessers zerkleinern

halb durch   ↑ Garstufen des Fleisches, S. 152

haschieren [frz. *hacher,* hacken] fein hacken, zerkleinern, a. durch den Fleischwolf drehen

heißräuchern   ↑ räuchern

hellbraun dünsten   ↑ poêlieren

hobeln   ↑ schneiden

I

ishiyaki jap.: auf heißen Kieselsteinen grillen, rösten

K

kalträuchern ↑ räuchern

kalt schlagen ↑ schlagen

kandieren [frz. *candir*, einzuckern] Früchte oder Fruchtschalen mit konzentrierter Zuckerlösung überziehen oder darin tränken und anschließend trocknen

kannelieren, cannelieren [frz. *canneler*] Gemüse (Karotten, Möhren, Champignons usw.) oder Früchte, Fruchtschalen mit einem geeigneten Messer, Ziselierer auskehlen, riefen, rillen, mit Zackenrand versehen

karamelisieren mit zu Karamel verk. Zucker überziehen oder vermischen und braun färben, bräunen (Mandeln, Nüsse usw.)

kehlen ↑ auskehlen, kannelieren

klären, abklären, klarifizieren durch Binden mit rohem Eiweiß oder feingeh. magerem Schlacht-, Wild-, Geflügel-, Fischfleisch und Eiweiß oder heißem Gelee und Eiweiß aus Kraftbrühen, klaren Suppen, Gelees, Fruchtsäften usw. alle Trübstoffe entfernen, um sie klar und durchsichtig zu machen; a. Eierschalen 10 Min. in eine kochende Brühe geben

klarkochen Suppen, Saucen so lange langsam garen, bis alle Unreinheiten, Fett und Schaum abgeschöpft werden können

kneten einen Teig oder eine andere Masse (am besten auf einer glatten, bemehlten Arbeitsfläche und oft mit etwas Flüssigkeit) mit den (bemehlten oder leicht eingeölten) Händen oder der Küchenmaschine drückend bearbeiten; ↑ a. verkneten

köcheln bei schwacher Hitze sanft brodelnd kochen

kochen [lat. *coquere*] bis zum Siedepunkt erhitzen; allg. Nahrungsmittel mit Hitze behandeln, um sie gar, genießbar, schmackhaft und leichter verdaulich zu machen; im besonderen ↑ sieden
    am Tisch – in geeignetem Geschirr (Fonduekasserolle, -kessel, Glas-, Kupferpfännchen, Rechaud usw.) auf dem Eßtisch zubereiten
    au blanc – [frz. *blanc*, weiß, ausgespr. *o blä*] Gemüse u. ä. in Wasser mit etwas Milch, Öl und Zitronensaft garen, damit es sich nicht verfärbt
    blau – ↑ blaukochen

kolorieren, colorieren [lat. *color*, Farbe] bräunen, färben; mit einem pflanzlichen Farbstoff (Saft von Roten Rüben, Spinatgrün, Tomatenmark, a. Rogen von Krustentieren u. a.) die Farbe einer Speise (Sauce, Creme usw.) hervorheben oder verändern; Fleisch an der Oberfläche goldgelb karamelisieren; ↑ a. färben

konfieren [frz. *confire*, einlegen, einmachen] bestimmte Nahrungsmittel haltbar machen: *Fleisch, Geflügel:* im eigenen Fett einmachen; *Gemüse (Gürkchen, Kapern, Pickles):* in Essig einlegen; *Früchte (Kirschen, Pflaumen usw.)* in Branntwein einlegen, *(Ananas, Zitrusfrüchte)* im Innern mit Läuterzucker anreichern

konservieren [lat. *conservare*, erhalten] Lebensmittel durch Kühlen, Gefrieren, Erhitzen (Pasteurisieren, Sterilisieren), Wasserentzug (Dörren, Trocknen) oder energiereiche Bestrahlung (umstritten) physikalisch, durch Pökeln, Räuchern, Salzen, Säuern, Zuckern, Alkoholisieren oder mit Konservierungsstoffen chemisch behandeln, um mikrobiologische und biochemische Reaktionen zu verhindern oder zu verlangsamen und sie haltbar zu machen, meist mit einer Wertverminderung verbunden

kühl stellen eine zubereitete Speise bis zum Weiterverarbeiten oder Anrichten in den Kühlschrank stellen

Kulör eingedeutscht für Couleur

kurzbraten Fleisch, Geflügel usw. mit wenig heißem Fett bei 180–200 °C rasch in der offenen Pfanne braten; ↑ a. sautieren

kuttern [engl. *to cut*, schneiden] (Wurst-)Fleisch, Speck u. ä. im Fleischwolf oder Kutter fein zerkleinern

L

Lagerung von Lebensmitteln Vorschrift *gekühlt lagern:* bei 3–9 °C im Kühlschrank aufbewahren; *kühl lagern:* bei max. 18 °C aufbewahren; *Zimmertemperatur:* bei 18–22 °C aufbewahren; *vor Licht schützen:* in Dosen, Kartons oder in einer dunklen Kammer aufbewahren; *vor Wärme schützen:* nicht an die Sonne oder neben eine Heizung legen; *trocken lagern:* bei weniger als 70 % relativer Luftfeuchtigkeit lagern

langzeitgaren ↑ pochieren

lardieren [frz.: *lard*, Speck] ein Stück mageres Fleisch mit mehr oder weniger dicken Streifen Speck belegen; ↑ a. bardieren, spicken

läutern von fremden Stoffen reinigen, insbes. Zucker; Arbeitsgerät: flacher Seihlöffel; ↑ a. klären

leerbacken ↑ blindbacken

legieren ↑ binden

leichtrühren schaumig rühren

liieren [frz. *lier,* binden] ↑ binden

Löffeltest ↑ S. 289

M

macerieren ↑ mazerieren

mahlen körnige, bröcklige o. ä. Nahrungsmittel (Kaffeebohnen, Nüsse, Pfeffer, Schokolade, Zwieback usw.) durch Mühle, kl. Hand- oder Elektromahlwerk mehr oder weniger fein zerkleinern

marinieren [frz. *marine,* Seewesen] urspr. Nahrungsmittel durch Einsalzen für Seefahrten haltbar machen, heute a. Fleisch, Fisch, evtl. Gemüse vor dem Braten, Schmoren in eine Mischung von Öl, Essig oder Zitronensaft, Wein und Senf, Gewürzen, Kräutern legen oder damit einreiben, um den Geschmack zu verbessern, sie mürbe, würzig, a. haltbar zu machen

marschieren sich in Zubereitung befinden

maskieren, übergießen, -ziehen eine salzige oder süße Speise vollständig mit Sauce, Gelee, Creme o. ä. überziehen; Arbeitsgeräte: Gitter, Saucenlöffel; ↑ a. nappieren

Masse ↑ S. 310

mazerieren, macerieren [frz. *macérer,* einweichen] eine Speise (Biskuit, Frucht usw.) mit Puderzucker bestreuen, mit einer aromatischen Spirituose durchtränken und ziehen lassen

medium Garstufe des Fleisches, ↑ S. 152

mehlen ↑ einmehlen

melangieren [frz. *mélanger,* vermengen] vermischen, unterziehen

melieren [frz. *mêler,* vermengen] ohne Vermischen unterziehen; Arbeitsgeräte: Küchenmaschine, Handrührer, Rührbesen

meunière, (à la) frz.: Müllerin-Art

mijotieren [frz. *mijoter,* ein Gericht mit Liebe zubereiten, ausgespr. *mischotieren*] ein (Saucen-)Gericht bei schwacher Hitze langsam dünsten oder schmoren

mise en place [frz. Aufstellung, ausgespr. *mis ā plaß*] die Anordnung aller in der Küche und auf dem Tisch für die Zubereitung, für Anrichten und Verzehr benötigten Zutaten, Geräte und Geschirre

mitonnieren [westfrz. *miton,* Brotkrume] urspr. Scheiben altbackenes Brot in Fleischbrühe oder Suppe kochen, heute allg. in einer Flüssigkeit bei schwacher Hitze langsam kochen lassen

mixen [engl. *to mix,* mischen] mit Schneebesen, a. Mixer, Schüttelbecher gründlich und schnell vermischen

modellieren eine Masse (Marzipan usw.) formen

montieren, aufmontieren, -schlagen eine Suppe, Sauce, Creme, Püree (meist mit frischer kalter Butter) mit dem Schneebesen bearbeiten, um sie cremig, leicht und luftig zu machen; eine Suppe, Sauce vor dem Anrichten mit kalten Butterstücken aufschlagen; Eiweiß zu Schnee schlagen und unterheben

mortifizieren [frz. *mortifier,* abtöten] durch längere Aufbewahrung, durch Aufhängen usw. an der Luft mürbe und schmackhafter machen

Müllerin-Art einen weißfleischigen Fisch (fast alle See- und Flußfische, a. Garnelen o. ä.) ganz oder in Stücken, aber a. Fischmilch, Hirn, Froschschenkel, Jakobsmuscheln usw. in Mehl wenden und sofort mit schäumender Butter kurz in der Pfanne braten; wird meist mit heißer Butter und Zitronensaft übergossen sowie mit Petersilie, Zitronenscheiben dekoriert angerichtet

N

nage, à la ↑ à la nage

nappieren, übergießen, -ziehen [frz. *nappe,* Tischtuch] mit einer Creme-, Gelee-, Marmeladenschicht überziehen, Arbeitsgeräte: Gitter, Saucenlöffel; ↑ a. maskieren

naßpökeln ↑ pökeln

O

ölig werden Marzipan: durch zu langes Bearbeiten mit den Händen das Mandelöl von den festen Stoffen trennen

oxidieren, oxydieren sich mit Sauerstoff verbinden; durch Dünsten in bleihaltigen oder verzinkten Gefäßen blau-violett werden (Himbeeren, Johannisbeeren, schwarze Kirschen u. ä.)

P

panieren, einbröseln [lat. *panis,* Brot] ein Nahrungsmittel vor dem Fritieren, Grillen, Kurzbraten durch ein leichtgeschlagenes Ei, flüssige Butter oder Milch ziehen und mit Mehl, Weißbrotbröseln, a. Mandeln, gemahlenen Nüssen, Kokosflocken usw. bestreuen oder in Ausbackteig wenden, wodurch es außen knusprig wird, innen aber saftig bleibt, Arbeitsgeräte: Edelstahlschüssel, Tellerbesen; erhöhter Kalorienwert

> **englisch –** Koteletts, Schnitzel, Fischfilets, Kroketten usw. vor dem Ausbacken mehlen, durch geschlagene Eier mit etwas Öl, Salz und Pfeffer ziehen und mit Paniermehl bestreuen

paprizieren eine Speise mit Paprika kräftig würzen

parfümieren einer Speise durch eine wohlriechende Zutat (Essenz, Gewürz, Wein, Spirituose usw.) einen aromatischen Geruch und Geschmack verleihen

parieren [frz. *parer,* zurechtmachen] Fleisch, Geflügel, Fische, Meeresfrüchte, Gemüse usw. von allen nicht eßbaren Teilen, Fett, Haut, Schalen, Sehnen usw., befreien, in gleichmäßige Form schneiden und für die Zubereitung herrichten

passieren, durchpassieren eine Suppe, Sauce, ein leichtes Püree u. ä. durch ein feines Sieb oder (Leinen-)Tuch drücken, gießen, seihen, streichen, um sie sämig zu machen; rohe oder gegarte Zutaten durch ein Sieb oder Tuch streichen, so daß Fasern, Kerne, Schalen zurückbleiben; ↑ a. pürieren

pellen nordd. ↑ schälen

pfannenrühren feine Streifen Fleisch, Fische, Gemüse unter ständigem Rühren sekundenschnell in heißem Fett braten

pikieren [frz. *piquer,* stechen] Fleisch, Gemüse, Früchte, Teigböden leicht anstechen

pilieren [frz. *piler,* zerkleinern] Fleisch, Fische, Gemüse, Kräuter usw. im Mörser zerreiben, zerstoßen, zerquetschen und miteinander verbinden

plattieren eine Scheibe Fleisch (Filetsteak, Lendenschnitte o. ä.) mit dem Handballen flachdrücken oder mit dem Hackbeil, Kochmesser, Plattiereisen oder einer schweren Kasserolle flachklopfen, damit das Gewebe locker und zart wird

pochieren, garziehen, langzeitgaren [frz. *poche,* Tasche, ausgespr. *poschieren*] urspr. das Kochen verlorener Eier, bei denen das Eigelb wie in einer Tasche im Eiweiß liegt; heute allg. das langsame Garen bei einer Temperatur unter dem Siedepunkt (70–95 °C) in viel Flüssigkeit, die als Wärmeträger dient, aber nicht wallen darf; die für Nährstoffe und Geschmack schonendste Garmethode, geeignet für Eier, Klöße, geräuchertes Schweinefleisch (in Wasser), Geflügel, Fisch, Austern (in Fond), Eierstich, Füllungen, Kartoffeln mit Gemüsetimbale, gestürzte Cremes, Süßspeisen (im Wasserbad ohne Bewegung), Saucen, Cremes, Biskuitmassen (im Wasserbad mit Bewegung)

poêler frz.: in einer Pfanne in Butter oder Öl kochen

poêlieren, irrtümlich a. **poëlieren** [frz. *poêle,* Bratpfanne, ausgespr. *poalieren*] in der Bratröhre oder im Bratofen in einem zugedeckten Kochgeschirr auf aromatischem Wurzelwerk im eigenen Saft mit zerlassener Butter oder Öl zart garen, Bratensatz mit Flüssigkeit (Bouillon, Wein u. a.) loskochen; eignet sich für zarte Fleischstücke (Frikandeau, Nuß, Lende, Schulter vom Kalb, Filet vom Rind, Eckstück, Lende vom Schwein), Leber, Geflügel (Ente, Hühnchen, Kapaun, Perlhuhn, Poularde, junger Truthahn usw.); kl. Fleischstücke und sehr kl. Geflügel werden a. in einer geschlossenen feuerfesten Form oder Kokotte aus Glas, Kupfer, Porzellan oder Steingut auf dem Herd poêliert und serviert

pökeln, einpökeln, -salzen, salzen [niederd. *pekel,* Salzlake] Fleischwaren mit Hilfe von Kochsalz, (gesundheitsgefährdendem) Nitrit haltbar machen, oft mit Lufttrocknen oder Räuchern verbunden, erhöht den Geschmack, erhält die natürliche rote Farbe, denaturiert aber Eiweißstoffe, zerstört Mineralstoffe und Vitamine; Fisch mit Kochsalz behandeln

> **naßpökeln** das Fleisch während 1–3 Wo. in etwa 10- bis 18prozentiger Pökellake einlegen
> **schnellpökeln, spritzpökeln** Pökelsalzlösung mittels Hohlnadel ins Fleisch einspritzen und es daraufhin 1–3 Tage in Pökelsalzlösung einlegen
> **trockenpökeln** das Fleisch ohne Zusatz von Flüssigkeit mit (gewürztem) Salz einreiben und anschließend je nach Größe 2–6 Wo. in Gefäßen lagern

poschieren eingedeutscht für pochieren

prägeln schweizerd.: in der Pfanne knusprig braten

pralinieren [frz. *praline,* gebrannte Mandel] in Zucker braun rösten; ↑ a. karamelisieren

prötle schweizerd.: braten

pürieren [frz. *purer,* reinigen] aus rohen oder gek. Produkten durch Zerdrücken, Zerkleinern, Zerstampfen mit Küchenmaschine, Mixer, Pürier-, Schneidstab, Sieb, Stampfen eine breiige Masse herstellen, wobei keine Rückstände übrigbleiben; ↑ a. aufmontieren

putzen nicht eßbare Teile von Gemüse (harte Außenblätter, Strunk, Wurzeln), Früchten (Schalen, Stiele) usw. mit dem Messer entfernen

Q

quellen das Aufnehmen von mehr oder weniger Flüssigkeit und damit Vergrößern bestimmter Lebensmittel (Hülsenfrüchte, Mehlspeisen, Reis, Teigwaren usw.) beim Garen

quirlen, verquirlen durch kräftiges Rühren mit dem Quirl, Mixer Zutaten, eine Flüssigkeit oder nicht zu feste Masse gut vermischen

R

racler frz.: abschaben, raspeln

raffeln ↑ reiben

rafraichieren [frz. *rafraîchir,* kühlen, ausgespr. *rafräschieren*] ↑ abschrecken

rapieren [frz. *râper*] ↑ schaben

rare engl. Garstufe des Fleisches, ↑ S. 152

raspeln ↑ reiben, schaben

räuchern uraltes Konservierungsverfahren: Fleisch (Brüh-, Dauer-, Rohwürste, Schinken, Speck usw.), Geflügel, Fisch (Aal, Bückling, Forelle, Lachs, Makrele usw.) in Rauchfang (Esse) oder Rauchkammer dem Rauch von glimmenden Spänen, Sägemehl von Laubbäumen (Buche, Eiche, Erle, Wacholder, a. Fichte, Kiefer usw.) aussetzen und dadurch haltbar machen, wirkt keimtötend und austrocknend, beeinflußt Geruch und Geschmack, denaturiert jedoch Eiweißstoffe, laugt Vitamine aus
    heißräuchern leichtverderbliche Ware bei 40–90 °C eine halbe bis wenige Std. räuchern
    kalträuchern länger haltbare Ware bei 17–26 °C räuchern
    schwarzräuchern intensives Räuchern mit erhöhter Ablagerung von Rauchpartikeln

raw [engl.: roh] Garstufe des Fleisches, ↑ S. 152

reduzieren, eindicken, -kochen das Wasser in Bratensaft, Brühe, Fonds, Marinade, Sahne, Saucen, Suppen usw. durch Kochen bei gr. Hitze verdampfen, um ein Konzentrat von intensivem Geschmack zu erhalten; Arbeitsgerät: Sauteuse

refraichieren [frz. *rafraîchir,* abkühlen, ausgespr. *refräschieren*] gek. Fleisch oder Gemüse mit kaltem Wasser abkühlen; ↑ a. abschrecken

reiben, raffeln Lebensmittel (Gemüse, Obst u. a.) auf einer Hand-, Rohkostreibe oder einem mechanischen, elektrischen Schnitzwerk sehr fein zerkleinern; ↑ a. schaben

renversé(e) frz.: erkaltet aus der Form gestürzt

revenieren [frz. *revenir,* wiederkommen] Fleisch, Geflügel, Fische, Gemüse in Fett schnell anbraten, damit sich die Poren, Zellen schließen und sie beim weiteren Garen saftig bleiben

rissolieren [frz. *rissoler*] Fleisch, Geflügel, Gemüse, Kartoffeln usw. bis zum Karamelisieren braun und knusprig backen, braten, rösten

rosa Garstufe des Fleisches, ↑ S. 152

Rose abziehen, zur ↑ abziehen, zur Rose

rösten Brot, Gemüse (Zwiebeln u. a.), Getreide, Nüsse, Zucker usw. ohne Flüssigkeit oder Fett durch starkes, direktes Erhitzen, durch Braten auf dem Rost bräunen, damit sich Aromastoffe entwickeln

rôtir frz.: braten

rühren, verrühren ein Kochgut bei der Zubereitung oder während des Garens mit einem Koch-, Rührlöffel, Schneebesen, Quirl, Spatel, mit elektrischer Küchenmaschine sanft zu einer einheitlichen Masse vermengen, vermischen, damit die Bestandteile sich nicht verkleben, sich keine Klumpen bilden und sie sich nicht auf dem Boden festsetzen; Salat wird immer zuletzt in einer Sauce (Dressing) angemacht

rüsten schweizerd.: putzen, waschen (Gemüse, Kartoffeln, Salat usw.)

S

saignant [frz.: blutig, ausgespr. *ßänjä*] Garstufe des Fleisches, ↑ S. 152

saisieren [frz. *saisir,* ergreifen, packen, ausgespr. *ßäsieren*] ein Nahrungsmittel (Braten, Bries, Fisch, Eier usw.) vor dem Garen schockartig kurz in heißem Fett oder in kochender Flüssigkeit auf einer Seite scharf anbraten, damit sich die Oberfläche zusammenzieht

salzen mit Salz würzen; ↑ a. pökeln

sämig kochen Suppen, Fonds, Saucen u. ä. einkochen, bis sie die gewünschte cremige Konsistenz haben

saucieren [frz., ausgespr. *ßoßieren*] unmittelbar vor dem Anrichten mit einer Sauce bedecken, übergießen

sautieren, garschwenken, schwenken [frz. *sauter*, springen, ausgespr. *ßotieren*] in offenem Geschirr bei milder, zerkleinertes Fleisch (Geschnetzeltes, Gulasch usw.) bei starker Hitze in wenig Butter, Fett, Öl garen oder zu Ende garen, geeignet für rotes Fleisch (Entrecote, Rumpsteak, Tournedos vom Rind, Kotelett, Nüßchen vom Lamm, Filet, Kotelett vom Schwein, Kotelett, Nuß von Wild), Geflügel-, Fischstücke, blanchiertes Gemüse, Kartoffeln usw.; ↑ a. kurzbraten

schaben, rapieren raspeln, reiben; Fleisch durch Reiben von Knochen, Sehnen und aus den Häuten befreien; Gemüse, Kartoffeln reiben

schälen, pellen, schrappen Gemüse oder Früchte (Tomaten, Pfirsiche, Mandeln, Pistazien usw.) von ihrer Haut, Schale befreien, evtl. nachdem man sie kurz in kochendes Wasser getaucht hat; ↑ a. abziehen

schaumig rühren eine Masse, ein Gemisch von festen und flüssigen Zutaten mit dem Schneebesen so lange schlagen, bis alles gebunden und durch die aufgenommene Luft schaumig geworden ist

schlagen, aufschlagen mit Gabel, Schneebesen, Hand-, elektrischem Rührer oder Mixer Luft in eine Flüssigkeit oder Masse (Biskuitmasse, Eiweiß, Sahne usw.) einschlagen; ↑ a. montieren
    kalt – in einer Schüssel, die mit Eiswürfeln und Wasser gef. ist, schlagen
    warm – im bis 82 °C heißen Wasserbad schlagen

schleifen Teigstücke auf der Arbeitsfläche von Hand rund formen

schmälzen Lebensmittel, insbes. Teigwaren, mit brauner Butter oder Schweineschmalz, a. gebräunten Zwiebeln, übergießen

schmelzen hartes Fett durch Erwärmen flüssig machen

schmoren, braisieren, bräsieren in gut schließbarem Geschirr bei nicht zu starker Hitze in der Ofenröhre in sehr heißem Fett gut bräunen, Flüssigkeit (eigener Saft, Wasser, Brühe, Fett, Sauce, Wein) aufgießen und bei gleichmäßiger Hitze zu Ende garen, Wärmeträger sind Fett, Flüssigkeit und Dampf; geeignet bes. für Fleischstücke (Huftdeckel, Nuß, Schulterstück vom Rind, Eck-, Nierenstück vom Kalb), Innereien (Bries, Zunge), Geflügel, Wild, festfleischige Fische, Gemüse (Gurke, Kopfsalat, Porree, Rot-, Weißkohl, Sellerie) usw.; ↑ a. braisieren

schneiden Lebensmittel mit Messer, Schere, Schneider, Hobel, elektrischer Küchenmaschine in Scheiben, Stifte, Streifen, Würfel usw. schneiden; ↑ a. Brot schneiden

schnellkochen, druckgaren in luftdicht verschließbarem Gefäß (Schnellkochtopf) unter erhöhtem Druck bei 100–120 °C in Flüssigkeit kochen oder auf einem Siebeinsatz dämpfen, verkürzt die Kochzeit, schont das Aroma, hat aber wenig Einfluß auf die Erhaltung der Vitamine

schnellpökeln ↑ pökeln

schnetzeln, emincieren Fleisch, a. Fische, Gemüse in kl. dünne Scheiben schneiden

schnitzeln ↑ schneiden

schrappen ↑ schälen

schuppen mit einem Fischschupper oder Messerrücken die Schuppen eines Fischs in Richtung Kopf abschaben

Schuß kl. Menge Flüssigkeit, i. a. ein Eßlöffel voll

schwarzräuchern ↑ räuchern

schwellen schweizerd.: in (Salz-)Wasser kochen

schwenken gebr. Fleischstücke in Sauce, Gemüse in Butter durchschütteln; ↑ a. sautieren

schwimmend ausbacken ↑ fritieren

schwingen sautieren; schweizerd.: Eiweiß, Sahne usw. schlagen

schwitzen Gemüse usw. in einem geschlossenen Geschirr bei schwacher Hitze in wenig Fett garen, bis es Saft abgibt, oft eine Vorstufe des Schmorens; ↑ a. anschwitzen

servieren [frz. *servir*, dienen] Speisen anrichten, auftragen (von links: Brötchen, Platten, Salate, von rechts: Teller, Gedecke, Getränke); bei Tisch bedienen

sieden, wallen kochen; im besonderen Nahrungsmittel, die quellen müssen (Getreide, Graupen, Grieß, Hülsenfrüchte, Teigwaren), aber a. Fleisch, Eier usw. in viel auf 90–100 °C erhitzter Flüssigkeit (meist Salzwasser), in der Blasen aufsteigen, blanchieren oder garkochen; Wärmeträger ist die Flüssigkeit; Arbeitsgerät: Henkelkasserolle u. a.
 leise – ↑ simmern

simmern, leise sieden in Flüssigkeit kurz unterm Siedepunkt, ohne daß schon Blasen aufsteigen, garen; Arbeitsgeräte: Topf, Wasserbadschüssel u. a.

siroper frz.: tränken

soufflieren [frz. *souffler,* blasen, ausgespr. *ßuflieren*] mit Soufflé-Masse füllen und dann dünsten oder überbacken

spicken mageres Fleisch mittels einer Spicknadel mit kalten, feinen Streifen fetten Specks durchziehen; durch das Einstechen wird es jedoch eher trocken als saftig, weshalb heute das Belegen mit Speck, ↑ bardieren, lardieren, vorgezogen wird

Spiegel gießen, einen einen Eßlöffel Sauce aus der Mitte eines Tellers durch Klopfen mit der Hand von unten über die ganze Oberfläche verteilen

spritzpökeln ↑ pökeln

Stäbchenprobe ein Holzstäbchen in einen Teig hineinstecken – wenn dieser nicht mehr daran haften bleibt, ist er durchgebacken; ein Holzstäbchen ins Fritierfett hineintauchen – wenn dieses keine Blasen wirft, hat es den richtigen Hitzegrad

steifmachen durch kurzes Erhitzen ein Kochgut äußerlich verschließen: Fleisch, Geflügel durch Anbraten oder Bräunen oder durch Begießen mit siedendem Wasser, Austern durch Erhitzen im eigenen Saft

sterilisieren ↑ S. 494

Stich die Menge einer Zutat, die mit der Messerspitze oder einem Teelöffel abgestochen werden kann; ↑ a. (einen) Stich (haben), S. 495

stifteln ↑ schneiden

stocken gerinnen; (beim Garen) fest werden; ↑ a. gelieren

stoven nordd.: dämpfen, dünsten

stupfen schweizerd.: einstechen

stürzen, demoulieren eine Speise (Creme, Gebackenes, Gelee, Mehlspeise, Pudding usw.) aus der Form stürzen, in der sie gegart, gestockt wurde

T

tablieren gek. Zucker am Kesselrand oder auf einer Marmorplatte rühren, reiben, bis er weiß wird, für Fondant

Teig ↑ S. 511ff.

Tellerprobe von einer Kochmasse (Creme, Gelee, Pudding usw.) einen Löffel voll abschöpfen und auf einer sauberen Unterlage gleichmäßig verteilen, um festzustellen, ob sie die gewünschte Konsistenz hat

temperieren, tempieren [frz. *tempérer,* auf das richtige Maß bringen] Schokoladenkuvertüre im Wasserbad auf Körpertemperatur erwärmen, um einen gleichmäßigen Überzug und den feinen, echten Geschmack zu erhalten

tiefgefrieren, tiefkühlen ↑ S. 516

toasten [engl. *to toast,* rösten, ausgespr. *tösten*] das Rösten von Brotscheiben im Toaster, auf dem Rost

tomatieren, tomatisieren mit Tomatenmark, -püree, -sauce versetzen und aromatisieren

touren Blätter-, Plunderteig mehrfach auseinanderrollen und wieder zusammenfalten, damit er blättrig aufgeht

tournieren, abdrehen [frz. *tourner,* drehen, kreisen] (Knollen-, Wurzel-)Gemüse, Kartoffeln, a. Champignons, Knoblauchzehen, Oliven usw. durch Zuschneiden in eine einheitliche, dekorative Form bringen und gleichmäßiges Garen ermöglichen

tranchieren, zerlegen [frz. *tranche,* Scheibe, ausgespr. *träschieren*] Fleisch, Geflügel, Fische auf hölzernem Brett mit Gabel und scharfem, spitzem, elastischem (Tranchier-)Messer (ziehend, nicht drückend) zum Anrichten in Scheiben schneiden, in Stücke zerlegen.
Braten, Filet: quer zur Faser schräg in dünne Scheiben schneiden; *gr. Steak, Entrecote:* das Fleisch mit einem runden Schnitt vom Knochen lösen, mit der Faser leicht schräg schneiden; *Kasseler, Kotelett, Rippenbraten:* die Rippen vor dem Garen so einhacken, daß sie nachher mit einem scharfen Messer leicht abgetrennt werden können; *Schafkoteletts:* das Fleischstück mit der Innenseite flach aufs Brett legen, zwischen den Rippen Kotelett um Kotelett durch- und abschneiden; *Keule:* seitliche Fleischteile quer zum Knochen in schräge Scheiben schneiden; *gr. Rücken:* längs des Rückgrats beidseits bis zu den Rippen einschneiden, das Messer die

Rippen entlang nach außen führen, das ausgelöste Fleisch in schräge Scheiben schneiden; *kl. Rücken:* den Rücken mit der Gabel festhalten, die Filets mit einem Löffel von den Knochen lösen und in schräge Scheiben schneiden; *Schinken:* parallel zum Knochen Scheiben schneiden; *gr. Geflügel:* die Keulen mit dem anhaftenden Fleisch vom Rumpf trennen und evtl. teilen, die Flügel mit dem anhaftenden Fleisch im Schultergelenk abtrennen, das Bruststück mit der Geflügel- oder einer guten Küchenschere vom Rücken lösen, die Brust längs halbieren, das Fleisch parallel zum Brustbein in Scheiben schneiden; *kl. Geflügel:* halbieren, die Hälften mit Keule und Flügel anrichten; *Fisch:* die Flossen abschneiden, den Fisch längs aufschneiden und ausnehmen, die Kiemen entfernen, den Kopf abschneiden, die Mittelgräte auslösen, die Filets parieren und evtl. in Stücke schneiden

tränken ein Gebäck, einen Kuchen (Baba, Löffelbiskuit, Plumpudding, Savarin o. ä.) mit Zuckersirup, Fruchtsaft, Alkohol oder Spirituosen anfeuchten, um sie weich und aromatisch zu machen

trempieren [frz.: *tremper,* eintauchen] ein Nahrungsmittel mehr oder weniger lange in kaltem Wasser einlegen, um es zu entwässern (Gemüse, Trockenfrüchte), das Kochen zu erleichtern (Trockengemüse), es zu entsalzen (Pökelfische), zu reinigen und zu waschen (Gemüse) oder vorübergehend haltbar zu machen; Gebäck, Pralinen u. ä.: in Kuvertüre eintauchen

trockenpökeln pökeln

U

überbacken eine Speise bei starker Oberhitze im Backofen oder unter dem Grill erhitzen, bis sich die Oberfläche bräunt; ↑ a. gratinieren

überbrühen   ↑ abbrühen, blanchieren

überflammen   ↑ flambieren

überflämmen   ↑ gratinieren

übergießen   ↑ maskieren, nappieren

überglänzen   ↑ glacieren, glasieren

überkochen vermeiden etwas Butter oder Öl ins Kochwasser geben; gr. Kochlöffel zwischen Topf und Deckel legen

überkrusten   ↑ gratinieren

überziehen   ↑ maskieren, nappieren

ultrahocherhitzen   ↑ Ultrahocherhitzung, S. 529

underdone   engl. Garstufe des Fleisches, ↑ S. 152

unterheben, unterziehen Eiweiß oder Schlagsahne vorsichtig in eine Masse rühren; Arbeitsgerät: Rührbesen

V

vanillieren Creme, Milch, Sahne, Schlagsahne, a. Reis u. ä. mit Vanille oder Vanillin aromatisieren und würzen

verkneten Mehl mit Butter und einer Flüssigkeit (Wasser u. a.) zu einem Teig verarbeiten; ↑ a. kneten

verquirlen   ↑ quirlen

verrühren   ↑ rühren

versiegeln ein Kochgeschirr durch Teigring zwischen Topf und Deckel oder durch Paste aus mit Wasser verknetetem Mehl luftdicht verschließen, um das Aroma zu bewahren

vorbacken   ↑ blindbacken

W

wallen [ahd.: wälzen, winden] ↑ sieden

warm halten   ↑ warm stellen

warm schlagen   ↑ schlagen

warm stellen, warm halten kurz: eine Speise auf vorgewärmtem Geschirr (Pfanne, Teller usw.) gut zudecken oder auf dem Herd überm Wasserbad warm halten; länger: eine Speise im auf etwa 50 °C vorgeheizten Ofen oder in der Wärmeschublade zugedeckt warm halten

Wasserbad zum Teil mit kochendem Wasser gef. größerer Topf, in den ein kleineres Gefäß gestellt wird, dessen Inhalt warm gehalten werden soll (Suppe, Sauce, zubereitetes Gericht), geschmolzen werden soll, ohne zu verbrennen (leicht gerinnende Sauce, Creme, Flan, Karamel, Sabayon, Weinschaum, Zabaione usw.), oder schonend pochiert werden soll (empfindliche Gerichte, Puddings, Terrinen usw.)

wässern   ↑ einwässern

well done   engl. Garstufe des Fleisches, ↑ S. 152

wiegen Kräuter u. ä. mit dem Wiegemesser fein zerkleinern

würzen [ahd. *wurz*, Wurzel] ein Nahrungsmittel, eine Speise mit Gewürzen, Kräutern usw. aromatisch, schmackhaft, pikant machen; mit einer Prise Zucker, Salz den Eigengeschmack salziger, süßer Gericht verstärken

Z

zerlassen, auslassen   reines Fett, Speck u. ä. anbraten, bis das Schmalz aus dem Gewebe heraustritt, dieses kann zum Garen verwendet werden; ↑ a. auslassen

   Butter –   Butter bei schwacher Hitze schmelzen, abschäumen und ohne Bodensatz in ein Pfännchen umfüllen

zerlegen   Tierteile, größere Fleischstücke vor der Verarbeitung mit großem scharfem Messer, Fleischbeil, Knochensäge, Geflügelschere zerteilen; ↑ a. tranchieren

zerwirken   das Zerlegen des Wilds

ziehen (lassen)   ↑ pochieren

ziselieren, ciselieren   [frz.: *ciseler*, meißeln] mit dem kl. Ziseliermesser Gemüse, (Zitrus-)Früchte einkerben; a. Fleisch, kleinere Fische leicht einschneiden, damit sie beim Garen nicht zerreißen und die Hitze schneller eindringt

zur Rose abziehen   ↑ abziehen, zur Rose

zusammenwaschen   beim Zuckerkochen an der Kesselwand klebende Kristalle mit dem Pinsel in die Lösung zurückreiben

Die Küchen der Welt

Bei dem gedrängten Programm, das man heute auf Reisen meist ableisten muß, bleibt selten Zeit, vor einer Ansicht, einem Bild lange genug zu verweilen, um es in sich aufzunehmen und seinem Gedächtnis einzuprägen. Anders ist es mit den Mahlzeiten, die man unterwegs genießt: Sie kann man nicht abkürzen, sie muß man in der gemessenen Abfolge im Wortsinn auskosten. So werden Essen und Trinken in der Fremde zu einer realen Geschmacksprobe, zum Ausdruck des Bodens, der Aromen, der Witterung des betreffenden Landes, seines Zusammenlebens, seiner Gastlichkeit, kurz: seiner Lebensart. Der reisende Gourmet wird zum Kenner der vielen Kulturen dieser Welt.

A

Abu Dhabi ↑ Vorderasien/Emirate

Afghanistan ↑ Vorderasien

Afrika ↑ Ägypten, Nordafrika, Schwarzafrika, Südafrika

Ägypten Die Lebensader dieser arabischen Präsidialrepublik ist der mächtige Nil, an seinen Ufern erstreckt sich vom Sudan durch die Sahara zum Mittelmeer, von Assuan, Luxor bis Kairo und Alexandria ein fast tausend Kilometer langer Saum bestellten Ackerlands, eine Korn- und Schatzkammer, überquellend fruchtbar mit zwei, drei Ernten im Jahr; dazwischen lebhafte Ballungs- und Touristenzentren, Lehmhütten neben luxuriösen Hotelanlagen und, vor allem, die steinernen Zeugen der ältesten Kultur der Menschheit, ein Tal jahrtausendealten Herkommens mit Pyramiden, Nekropolen und Pharaonentempeln, «Ägypten ist reicher an Wundern als jedes andere Land und weist größere Werke auf, als beschrieben werden kann» (Herodot, um 450 vor Christus). Der Rest, ganze 96%, ist gnadenlos gleißende Wüste (geographische Lage siehe S. 725).
So gegensätzlich wie diese Archelandschaften an der Schnittstelle zwischen Orient, Asien und Afrika ist das Nahrungsangebot: Der einfache Ägypter lebt wie seine Vorfahren noch frugal von ungesäuertem Fladenbrot, *kyllestis,* und Trockengemüse in Form von braunen, grünen, roten, schwarzen Linsen, *schorbit adas,* oder vom Allzeitgericht *fūl* aus kleinen dicken braunen Bohnen mit Eiern, Olivenöl und pikanten Gewürzen. Sie überhaupt verwandeln die eher schlichte Kost in Duftpoeme aus Tausendundeiner Nacht: Kreuzkümmel, Sesam als Korn oder Paste, *teḥina,* zerquetschter Knoblauch, Koriander, Muskat, Nelken, Safran, Zimt, mit wunderbar frischer Petersilie, Pfefferminze, mit Zwiebel-, Zitronensaft, Joghurt, gehackten Nuß-, Pinienkernen usw. raffiniert vollendet.
Daneben kommt frisches Gemüse das ganze Jahr auf den Tisch: weiße, schwarze Auberginen, *bitingān,* weiße, braune Bohnen, *fasulja,* Kichererbsen, *hummus,* Melonen, *schammama,* Okra-, Paprikaschoten, *bamja, filfil* und vieles mehr, das man auch lecker gefüllt, *maḥschi,* zubereitet.
In den Hotels und Restaurants findet man bei einiger Insistenz neben der gewohnten okzidentalen Küche noch weitere orientalische Spezialitäten, wie sie meist auch in anderen mediterranen, muselmanischen Ländern anzutreffen sind, ↑ Nordafrika, Vorderasien, überaus reichhaltige, üppige Vorspeisen, *mezzes,* die allein eine Mahlzeit ersetzen, den herzhaften Auberginenauflauf *musaka,* grillierte Fleischspießchen, *kebab, schisch,* Frikadellen aus feinst gemahlenem Schaffleisch, *kofta,* während die zarte, mit Grünkern- oder Weizengrütze gefüllte, in Olivenöl gebratene junge Taube, *hamām maḥschi,* die Krönung der typisch ägyptischen Gastronomie bildet. Zu ihr gehören auch die Fische aus dem Mittelmeer und dem Nasser-See, selbst im Nil tummeln sich noch Barsche und Karpfen.
Das opulente Finale einer Mahlzeit sind die im ganzen Vorderen Orient so beliebten Süßspeisen (die diesen Namen mehr als verdienen) aus Blätter-, Strudelteig, Milchreis mit Rosinen, Mandeln, Nüssen, Pistazien, Honig-, Mandel-, Rosensirup, karamelisiertem Zucker, Datteln, Feigen, *ḥalawa, konāfa, mhallabijja* und wie sie alle heißen – der Phantasie und Lust sind keine Grenzen gesetzt.
Zum Essen trinkt man Wasser, Mineralwasser oder Bier (welch letzteres schon die alten Ägypter brauten), obwohl es auch einheimischen Wein gibt, zum Abschluß einer Mahlzeit einen Tee aus Malvenblüten, Pfefferminze oder einen starken orientalischen Kaffee, gegen den Durst eine erfrischende Limonade oder einen Saft aus gepreßten kleinen grünen Zitronen, Mangos, Zuckerrohr.
Trotz aller Betriebsamkeit im Labyrinth der Gassen und Basare, dem brodelnden Gedränge von Fußgängern, fliegenden Händlern und geduldigen Eseln, dem hupenden Chaos von Autos und Aberautos wartet in Ägypten auch manche Oase erholsamen Genießens auf den ermatteten Feinschmecker, insch'Allah.

Algerien ↑ Nordafrika

Antigua ↑ Mittelamerika/Antillen

Antillen ↑ Mittelamerika

Arabien ↑ Vorderasien, a. Ägypten, Nordafrika, Türkei

Arabische Emirate, Vereinigte ↑ Vorderasien

Argentinien ↑ Südamerika

Äthiopien ↑ Schwarzafrika

Australien, Neuseeland Wer nach einer Reise um die halbe Welt in Australien ankommt, dem nehmen zunächst die ungeheuren Entfernungen in dieser «Terra australis», dem

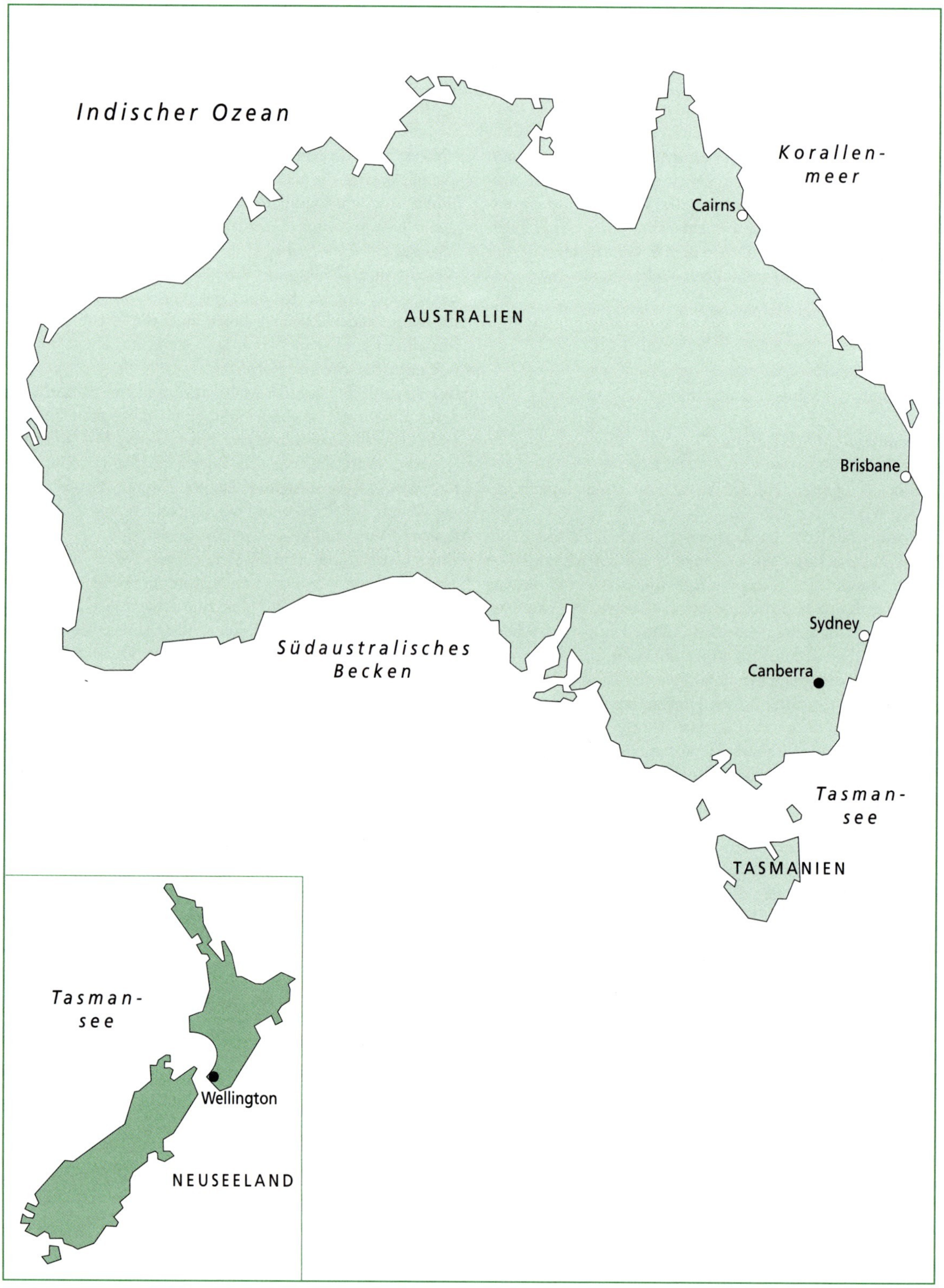

Indischer Ozean

Korallenmeer

Cairns

AUSTRALIEN

Brisbane

Sydney

Canberra

Südaustralisches Becken

Tasmansee

TASMANIEN

Tasmansee

Wellington

NEUSEELAND

«Südland», den Atem: Von Norden nach Süden ist es so lang wie von Murmansk bis Madrid, von Westen nach Osten so breit wie von San Francisco bis New York. Der Besucher betritt die zweitgrößte Insel der Erde, einen ganzen Kontinent. Dieser hat sich seine urtümliche Eigenart bewahrt, Buschsteppen, Regenwälder und weite Wüsten, die Meere entlang Großstädte mit Traumstränden und grünen Parks, Naturwunder wie das 2000 km lange Korallenriff Great Barrier, der leuchtend farbenwechselnde Sandsteinmonolith Ayers Rock, eine Tierwelt, wie sie nirgends sonstwo mehr vorkommt, Echsen, Emus und Krokodile, Kängurühs, Koalas und andere Beuteltiere – sie sind zusammen mit den Aborigines, steinzeitlichen Nomadenstämmen, die Urbewohner dieses fünften Erdteils.

Es ist deshalb etwas überheblich, immer noch, wie das gern geschieht, darauf hinzuweisen, daß Australien in der Neuzeit zuerst von englischen Kettensträflingen und Abenteurern besiedelt wurde – inzwischen sind Ströme von Einwanderern aus aller Herren Länder hinzugestoßen, es entstand eine junge, sportliche und sportversessene Nation voller Lebenskraft, mit vielen Gesichtern.

Das zeichnet sich auch in der Gastronomie dieses Landes ab, man kann dort deutsch oder orientalisch essen, französisch, italienisch, griechisch oder asiatisch, es gibt keine Küche der Welt, die in diesem Schmelztiegel der Völker nicht, meist in ausgezeichneter Qualität, vertreten wäre. Rohstoffe aus klaren Wassern und gutem Boden liefern ein Angebot, das selbst den ausgefallensten Appetit stillt. Vor den Küsten die Felsenauster, *rock oyster* (Sydney), der Bärenkrebs, *Moreton Bay bug* (Brisbane), die fleischige Mangrovenkrabbe, *mud crab*, die Süßwasserkrebse *crabfish, marron* und *yabbie,* aus dem Indischen und dem Stillen Ozean der Kaiserschnapper, *emperor,* Heringskönig, *John Dory,* der schmackhafte *barramundi,* die Bastardmakrele *trevally,* der Speerfisch *marlin* (Cairns) und was sonst noch herumschwimmt – gebraten oder gegrillt sind sie allemal ein Leckerbissen.

Auf dem Festland werden Lämmer, Rinder und Schweine gezüchtet, die man besonders gern als Steak oder Kotelett im Freien auf dem Rost, *barbie,* vorzüglich zubereitet. Daneben kann der neugierige Feinschmecker Büffel-, Känguruh-, Krokodilfleisch probieren, während Echsen, Fledermäuse, Käfer-, Falterlarven und Weißwürmer wohl eher von naturkundlichem Interesse sind. Von den Feldern kommt frisches Gemüse, das allerdings, hier schlägt das britische Erbe durch, meist zerkocht auf den Tisch kommt, wie einem auch das Fleisch durchgebraten vorgesetzt wird, wenn man es nicht ausdrücklich anders bestellt. In und um Adelaide sollte man sich den deftigen *pie floater* nicht entgehen lassen, eine Fleischpastete in dicker Erbsensuppe mit Tomatensauce.

Der australische Käse *cheddar, cheedam* usw. unter der Schutzmarke «Kangarooh» ist einen Versuch wert, und Früchte gibt es aus allen Klimazonen, von Äpfeln, Kirschen, Pflaumen bis zu den Exoten Ananas, Avocados, Mangos, Papayas. Sie werden auch zu Desserts verarbeitet, zu Kuchen, Obsttorten, zur *Pavlova* zu Ehren der berühmten Tänzerin, einer mit Bananen, Kiwis, Passionsfrüchten gefüllten Meringe mit dick geschlagener Sahne; der *lemington* ist ein Biskuitkuchen mit Schokolade und Kokosnuß.

Der König der Getränke Australiens ist das Lager-Bier, das stark ist und klirrend kalt getrunken wird. In letzter Zeit macht auch der australische Wein von sich reden, er ist unverfälscht und redlich, vielleicht nicht so raffiniert wie seine überseeischen Vettern, aber immer ein Trinkvergnügen. Für den Konsum wird er zu zwei, vier, fünf Litern in Pappkartons, *casks,* abgefüllt, und so kann man ihn auch in die BYO-Lokale mitnehmen, Restaurants ohne Ausschanklizenz, wo man, *bring your own,* sein Getränk selbst mitbringt. Aus den Weinbergen am andern Ende der Welt kommen auch – das warme Klima macht's möglich – Sherry, Portwein, Vermouth und Weinbrand. Zuletzt der Hinweis, daß das Leitungswasser in Australien, heute nicht mehr selbstverständlich, im allgemeinen unverseucht und trinkbar ist.

Östlich Australien vorgelagert liegen im Südpazifik die Inseln **Neuseelands,** eines Staats des Commonwealth und entsprechend britisch geprägt. Hier steht die Welt für uns buchstäblich auf dem Kopf, die Sonne scheint von Norden, der Mond nimmt andersrum ab und zu. Die Küche ist einfach und natürlich: Die fünfundsechzig Millionen Schafe liefern nicht nur Wolle, sondern feines Fleisch, in den *deer farms* wird Rotwild gezüchtet, in den Flüssen und Seen schwimmen bis elfpfündige Lachsforellen, im Meer warten Austern, Muscheln und Fische in mehr als siebzig Arten auf den Genießer. Die immergrüne Inselwelt ist ein Korb, in dem Gemüse und Obst gedeihen, darunter Artischocken, Avocados, Kumaras (Süßkartoffeln) und Tamarillos (Baumtomaten), Aprikosen, Boysenberries, Erdbeeren, Kirschen, Trauben und Zitrusfrüchte, die bemerkenswerten Weine sind vorwiegend aus den Rebsorten Chardonnay, Sauvignon blanc (weiß) und Cabernet Sauvignon (rot). Dazu kommt Milch-, Landwirtschaft, und der kuriose Straußvogel Kiwi schließlich, das Emblem Neuseelands, hat nicht nur den Bewohnern selbst, sondern auch ihrer Lieblingsfrucht den Namen gegeben.

Dies Füllhorn der Natur mit weißen Sandstränden, fruchtbaren Weiden, üppigen Urwäldern und schneebedeckten Bergen ist das ideale Ferienland – nur leider gar weit weg!

Azoren ↑ Pyrenäenhalbinsel/Portugal

B

Bahamas ↑ Mittelamerika/Antillen

Bali ↑ Südostasien

Balkan ↑ Griechenland, Jugoslawische Länder, Südosteuropa, Türkei

Baltikum Baltia nannte man in der Antike eine sagenhafte Bernsteininsel in der fernen Ostsee, und die baltischen Länder dort oben, für die der Krieg eigentlich erst 1994 mit dem Abzug der letzten russischen Besatzer zu Ende ging, sind Schatzbewahrer der westlichen Kultur in dieser Nordostecke Europas geblieben, drei ethnisch, sprachlich und kulturell verschiedene Nationen, die im Grunde nur die Region gemeinsam haben, die Küste mit weißen Stränden am «Baltischen Meer», dahinter flaches grünes Land, Fichten-, Kieferwälder, Moore, Seen und sanft gewellte Hügel. Bei den kühlen, feuchten Sommern bringt der Boden nur eher anspruchslose Frucht hervor, Gerste, Hafer, Roggen, Kartoffeln, Kohl, Rüben, aber die fleißigen Balten richteten auf ihren Höfen und Gutssiedlungen Viehzucht und Milchwirtschaft ein, aus den Wäldern kommen Wild, Beeren und Honig, aus dem Wasser Fische.

Litauen, der westlichste Baltenstaat beidseits der Memel an der Grenze zu Polen, ist ein Land der Heiligen und, bis in unsere Tage, Helden. Es hatte schon immer Handelsbeziehungen zum Nahen und zum Fernen Osten. So finden wir dort Gerichte, die russisch anmuten, den *Borschtsch,* mit Pilzen gefüllte *Piroggen* und Teigtaschen, *pelmeni,* den geräucherten Schweineschinken *kumpis,* die Gans, *žąsis,* den Leibvogel der Litauer, mit Sauerkohl, Grütze und Äpfeln gebraten, oder den Brei aus fermentierten Haferflocken, *avižiėnė kose.* Aus der ostjüdischen Küche stammt der Kartoffelkuchen *kùgelis,* und als Würze dienen außer den üblichen Dill, Kümmel, Majoran orientalischer Lorbeer, Muskat und Piment.

Lettland sodann, entlang der Düna bis zur Rigaer Bucht, ließ sich ebenfalls (nur kulinarisch!) vom großen Nachbarn im Osten anregen: Fleisch wird geräuchert, Fisch gesalzen und mariniert, und neben vielen Eiern geben saure Milch, saure Sahne und Quark den – wie anders – säuerlich erfrischenden Ton an. So besteht das Nationalgericht Lettlands, die kühl gereifte Grütze *putra,* aus Getreideerzeugnissen mit Milch, Milchprodukten, Dill und Zwiebellauch. Speziell sind auch die geräucherten Ostseesprotten, *brētliņa,* die mannigfach gefüllten Pasteten, Piroggen, *pīrādziņš,* und, nicht zu vergessen, der köstliche *Alexander-Kuchen* mit Himbeermarmelade.

Estland schließlich, zwischen dem Finnischen Meerbusen und Lettland, ist der dritte Baltenstaat im Bunde, er mutet mit seinen Sagas und seiner Sangeslust schon fast skandinavisch an, ein Hort und Hafen kühner Seefahrer, eine Landschaft zugleich, der man die lange Herrschaft des Deutschen Ordens anmerkt, obwohl sich darunter einst keine Bauern befanden, sondern Adlige und Bürger. Milch, saure, süße Sahne und Kartoffeln sind die Hauptressourcen, sie gehen, oft mit Speck, in Suppen und Saucen, sie machen die *Strömlinge,* Ostseeheringe, Fleisch und Pfannkuchen so wohlig mild, daß sie alle Unbilden, alle Unbill überdauern halfen, bis die drei Baltikumstaaten ihr Schicksal wieder in die eigene Hand nehmen konnten.

Barbados ↑ Mittelamerika/Antillen

Belgien ↑ Benelux

Benelux Sammelname, der seit 1947 drei Länder am Westrand Europas durch eine Wirtschafts- und Zollunion zusammenfaßt, die kulturell manches gemeinsam haben, sich kulinarisch aber deutlich schmeckbar voneinander unterscheiden. Sie seien deshalb jedes für sich vorgestellt.

Im Königreich **Belgien** wohnen zwei Seelen, eine flämisch sprechende flämische und eine französisch sprechende wallonische. Wenn diese politisch auch gern in hitzigen Sprachstreit geraten, so hat die Symbiose von germanischer Opulenz und galloromanischer Eleganz doch ein Schlemmerparadies hervorgebracht, wie es in der Welt kaum anderswo anzutreffen ist.

Dazu trug auch die Geschichte bei: Belgien gehörte zum westfränkischen Reich, war Teil Burgunds, und die Habsburger, Spanier, Österreicher stritten sich um das reiche Land. Von der derben Sinneslust seiner Einwohner zeugen heute noch die barock wollüstigen Interieurs, Stilleben und Genrebilder der Flamen Aertzen, Bruegel, Brouwer, Teniers.

Etwas von dieser, fast könnte man sagen gefräßigen Lebensfreude weht einem schon in den Straßen der Hauptstadt Brüssel entgegen, auf deren buckeligem Kopfsteinpflaster Fritierstände mit ihren brutzelnden Würsten und Pommes frites, *fritje* (die hier außen schön knusprig, ja, aber innen wirklich saftig fleischig sind), ihren appetitanregenden Fettgeruch ausströmen, in der Butter-, Fleischhauer-, Herings-, Hopfengasse, auf dem Hühner-, Käse-, Kräutermarkt, bis man zur Grand'Place gelangt, dem «schönsten Platz der Welt» (Cocteau), einem städtebaulichen Juwel, das ringsum von einladenden Bistros und Brasseries bis hin zum Gourmettempel besetzt ist, wo noch die Grande Cuisine zelebriert wird, wie man sie in dieser klassischen Perfektion selbst in ihrem eigenen Land, in Frankreich, nicht mehr oft vorfindet.

Weltruf haben auch, ein Gegenstück zu den Brüsseler Spitzen, Pralinen und Konditorwaren, kleine Kunstwerke aus Gianduja-, Trüffelcreme, Sahne, Mandeln und Likören unter schwarzer, brauner oder weißer Schokolade.

Waffeln, *gaufres,* warm mit Zucker bestreut oder mit Marmelade, Schlagsahne bestrichen, sind eine weitere belgische Spezialität, und der *Café Liégeois,* ein Eiskaffee, hat den Ruhm der alten Bischofsstadt Lüttich in alle französischsprachigen Lande getragen.

Von der Nordseeküste kommt Meeresgetier in Hülle und Fülle, kleine graue Krabben, die zu Kroketten verarbeitet werden, die milchweißen fetten Muscheln auf zerstoßenem Eis, *moules parquées,* die übrigens mit Pommes frites, sie seien nochmals gelobt, überraschend gut schmecken, der Aal grün, *paling in het groen,* mit Kerbel, Salbei, Sauerampfer, und was der Meeresfreuden mehr sind.

Wer sich nicht an den breiten Stränden mit feinem Sand um Oostende und Knokke ausruhen will, der mache einen Abstecher nach Brügge oder Gent, mit ihren Grachten, Gildehäusern und Beginenhöfen wahre Freilichtmuseen, und im Hafen Antwerpen, der Stadt der Diamanten, kann er gar eine kuriose Hinterlassenschaft der spanischen Besetzung goutieren, *caricoles,* Meeresschnecken in heißem, aromatischem Gemüsesud.

Auch im brettflachen Polderland Flandern einwärts mit seinen Gemüse-, Obstgärten, saftgrünen Wiesen und schnurgeraden, von Pappeln umsäumten Kanälen muß man nicht hungern: Neben den gebräuchlichen Produkten gibt es weißen Spargel, frische Hopfensprossen, Rosenkohl mit dem bezeichnenden französischen Namen *choux de Bruxelles* und die Chicorée, eine Zufallszüchtung belgischer Bauern von 1870.

Auf dem Land erwartet einen abermals nahr- und schmackhaftes Eßvergnügen: der *waterzooi,* gekochtes Huhn, auch Fisch mit Bouillon, Sahne, Eigelb und Porree, der *hutspot,* ein dampfender Eintopf aus verschiedenen Fleischstücken und Gemüsen, die *choesels,* Ragout aus der Bauchspeicheldrüse von Rind oder Kalb mit Zwiebeln und Bier, die *carbonade,* ebenfalls mit Zwiebeln und Bier geschmortes Rindfleisch, der *lapin rôti,* in Bier und Essig eingelegtes Kaninchen (die Belgier haben dafür eine eigene Rasse) auf einem Bett von Backpflaumen mit Porree und weiteren Gemüsen.

«Ar Duenn», «die Düstere», nannten die Kelten die Moorlandschaft mit Sümpfen, Heide und Hochwald im Süden Belgiens. Dort gibt es noch Fasane, Rehe, Hirschkälber, Hasen und Wildschweine, die gern mit Wacholderbeeren und, leicht zu erraten, Bier zubereitet werden. Unter Feinschmeckern sind die Ardennen zudem für ihren Schinken von freilaufenden Schweinen bekannt, die mit Eicheln, Getreide und Kartoffeln gefüttert werden; er wird vor dem Räuchern an der Luft getrocknet und mit Ginster, Wacholder, auch wildem Thymian gewürzt.

Der aufmerksame Leser wird es schon gemerkt haben: Das Bier gehört in Belgien zu den Nahrungsmitteln. Grundlage ist meist das säuerliche *Lambic* aus Malz und Weizen, das verschnitten naturtrüb zu *Gueuze* oder mit Kirschsaft versetzt zu *Krick* wird, der Vielfalt sind keine Grenzen gesetzt. Dazu die besten Weine Frankreichs, das heilsame Wasser aus der Badestadt Spa – was wollen Herz und Magen mehr? Ein «Schlemmerparadies» nannten wir eingangs Belgien – haben wir zuviel versprochen?

Das Königreich der **Niederlande**, holländisch «Nederland», dessen Westprovinzen ihm bei uns nicht ganz zutreffend den Namen Holland eingetragen haben, befindet sich an der Nordsee zwischen Belgien und dem deutschen Friesland. Zwei Drittel liegen zum Teil mehrere Meter unter dem Meeresspiegel, und seit eh müssen die Bewohner ihr Land durch Dämme und Deiche dem Wasser abtrotzen, es durch ein verflochtenes System von Kanälen, Schleusen und Pumpen entwässern – eine glatte Fläche, die sich aus lauter Inseln zusammensetzt.

Wer die Niederlande kennenlernen will, fährt am besten übers Land an fetten Triften vorbei, auf denen schwarzweiße Kühe mit Möwen auf dem Rücken grasen, Windmühlen sich drehen, Mastschiffe lautlos durch die Kanäle ziehen, zwischen kilometerweiten Hortikulturen und Tulpenfeldern hindurch, die zu einem wichtigen Wirtschaftszweig des Landes geworden sind. Dazwischen schmucke Ortschaften mit blitzblanken Häusern, Kirchtürmen und Glockenspielen bis hin zur alten Universitätsstadt Leiden, dem malerischen Delft, Heimstätte der berühmten blauen Fayence und ihrer Kacheln, der Residenz Den Haag und dem pulsierenden Hafen Rotterdam.

Selbst die Hauptstadt Amsterdam besichtigt man vorzugsweise vom Rundfahrtboot aus, an den Kulissen schmaler Giebelhäuser vorbei durch belebte Grachten unter unzähligen Brücken hindurch, mit einem Halt vielleicht in einer der Gassen mit Antiquitäten, orientalischen Gewürzen und Dirnen hinter schummrigen Schaufenstern, im (von Touristen überlaufenen) Museumsviertel oder vor, in dem Concertgebouw, Hort eines weltberühmten Orchesters.

Kulinarisch ist das Angebot allerdings wesentlich bescheidener, die holländische Küche ist bieder und simpel, nicht mehr. Als Ausweg wird einem oft eine der vielen indonesischen Gaststätten empfohlen, Übrigbleibsel aus dem ehemaligen Kolonialreich Niederländisch-Indien; die Reistafel dort, *rijsttafel,* ist aber meist nur ein schwacher Abklatsch des asiatischen Originals, weswegen wir sie für die Beschreibung Indonesiens (↑ Südostasien) aufsparen.

Der Niederländer selbst bleibt und ißt lieber zu Hause, dort empfängt er seine Gäste zu einer Tasse Kaffee, einem *kopje koffie.* Gefrühstückt wird zweimal am Tage, morgens und mittags, das aber reichlich, mit verschiedenen Sorten Brot, Schinken, Würsten, Salaten, Käse, Marmelade, Korinthen-, Honiggebäck und Obst; während der Arbeitszeit sucht der Einheimische eine Brötchenstube, *broodjeswinkel,* auf zu einem auch wieder üppigen länglichen Sandwich, *belegde boterham.* Dazwischen immer wieder eine Schwatzpause beim Nationalgetränk Kaffee, bei heißer Milch oder kräftigem Tee.

Nach Büroschluß genehmigt er sich in einer der Probierstuben, *proeflokalen,* einen geselligen Umtrunk, *borrel,* bei einem bis über den Rand eingeschenkten, gebückt geschlürften Genever, *jenever,* einem mit Wacholderbeeren und anderen Zutaten gewürzten Destillat aus Malz, Roggen und Mais, *oud,* alt, bei Zimmertemperatur, oder *jong,* jung, stärker und gekühlt, daneben vielleicht ein gutes holländisches Bier. Daneben gibt es jede Menge Bitterschnäpse und Liköre – *juffertje in 't groen,* Jüngferchen im Grünen, *bruidstranen,* Brautstränen, *hemdje licht op,* hoch das Hemd, oder welchen hübschen Namen sie alle sonst noch tragen –, wenn nicht einen dickflüssigen *advocaat,* Eierlikör, der aus dem Glas gelöffelt wird.

Die einzige warme Mahlzeit des Tages ist das Abendessen, eine kräftige Erbsensuppe mit Eisbein, *erwtensoep met kluif,* ein Eintopf aus Möhren, Kartoffeln, Zwiebeln und Rippenfleisch, der auch in Belgien beliebte *hutspot,* ein Grünkohl oder Kartoffel-Gemüse-Brei mit Bauernwurst, *boerenkool, stamppot,* oder was des Deftigen noch mehr ist. Auch der Pfannkuchen, *pannekoek,* oft mit Speck und Rübensirup, und der Apfelkuchen, *appeltaart,* mit Rosinen und Zimt sind nach wie vor beliebt.

Kulinarische Lichtblicke sind die frischen Fische aus dem Meer, die großen Austern und Miesmuscheln, die in Zeeland gezüchtet werden, der Räucheraal sowie, nun wahrlich eine Delikatesse, der Matjeshering, *nieuwe haring,* den man als Doppelfilet am Schwanz gehalten kopfvoran und pur genüßlich die Kehle hinabgleiten läßt.

«Kaaskoppen», «Käseköpfe» nennen die südlichen Nachbarn die Holländer, und in der Tat, die Käse sind ein weiterer gastronomischer Exporthit der Niederlande, der *Gouda* zuvorderst, in Pyramiden auf dem besuchenswerten Markt von Alkmaar gestapelt, je nach Alter zart sahnig, herzhaft würzig oder kräftig pikant, sowie sein rundlicher Vetter aus dem wunderhübsch erhaltenen Flecken *Edam* und noch manche leckere Sorte.

So wird der Feinschmecker gleichwohl nicht enttäuscht aus den gastlichen Niederlanden scheiden.

Das kleine, aber feine Großherzogtum **Luxemburg** schließlich liegt, nicht nur wegen der internationalen Behörden und Banken, im Herzen Europas, einem Schnittpunkt – der Vergleich mit Belgien drängt sich auf – germanischer und romanischer Kultur, und diesen Stempel trägt auch seine Küche: Sie ist sowohl bürgerlich regional wie auch phantasievoll elegant, immer jedoch erstklassig. Neben dem bodenständigen *Geheck,* einer Suppe aus Innereien, dem *Kuddelfleck,* den wir übrigen Europäer als Kuttelfleck kennen, nahrhaft und würzig in Senf- oder Tomatensauce, dem *Judd mat Gaardebounen,* geräuchertem Schweinenacken mit grünen Bohnen, den *Liewerknuddelchen,* Kalbsleberklößchen mit Sauerkraut und Kartoffeln, dem Ardennenschinken, der *Friture de la Moselle* aus in heißem Fett gebackenen kleinen Fischen, die allerdings nur noch ausnahmsweise aus der Mosel kommen, oder den *écrevisses à la luxembourgeoise,* Flußkrebsen auf Luxemburger Art in Weißweinsud, findet man dort die besternte Grande und Nouvelle Cuisine von Austern bis zum Ziegenkäse in Vollendung. Begossen werden sie, wenn man im Lande bleiben will, mit einem Wein vom linken Ufer der Mosel, einem Auxerrois, Elbling – den nur der Zugereiste *pétillant,* schäumend trinkt –, Pinot

SHETLAND-INSELN

Atlantischer Ozean

SCHOTTLAND

Edinburgh

NORDIRLAND
Belfast

Nordsee

Dublin

IRLAND

WALES

Cardiff

ENGLAND

London

Atlantischer Ozean

blanc (Weißer Burgunder), Pinot gris (Ruländer), Riesling, Rivanter (Müller-Thurgau) oder Traminer (Gewürztraminer), alle weiß, sauber, duftig und fruchtig.
Weltweit die meisten Michelin-Sterne und Gault-Millau-Kochmützen pro Kopf – Luxemburg ist ein Land nicht nur für Diplomaten und Bankkunden, sondern auch für Genießer.

Birma   ↑ Hinterindien

Bolivien   ↑ Südamerika

Bosnien-Herzegowina   ↑ Jugoslawische Länder

Brasilien   ↑ Südamerika

Britische Inseln Die dem Kontinentsockel Europa vorgelagerte, von ihm durch den 560 km langen Ärmelkanal getrennte Inselgruppe besteht aus dem Vereinigten Königreich von Großbritannien und Nordirland sowie aus der Republik Irland (geographische Lage siehe S. 641).
Großbritannien riegelt das Festland im Westen gegen den Atlantik ab, eine parlamentarisch-demokratische Monarchie, die sich vom schottischen Gebirgsland, den Highlands im Norden, landschaftlich reizvoll wechselnd und agrarisch-industriell intensiv genutzt bis zu den geradezu mediterranen Strichen im Süden, dem eigentlichen England, erstreckt. Die Hauptstadt London ist eine Weltstadt geblieben, auch wenn sie kein Weltreich mehr regiert, eine Drehscheibe von Kultur und Handel, Wirtschaft und Unterhaltung mit einem atemberaubenden Angebot: Westminster, Tower und West End, Bond Street und Soho, Museen und Galerien, Konzerte, Theater und Musicals, das Shopping nicht zu vergessen für die Lady und den Gentleman, neueste Mode, Schmuck, Silber, Hemden, Schuhwerk, selbst Schirme nach Maß vom Hoflieferanten sowie Nahrungsmittel und Delikatessen aus aller Herren Länder – es gibt nichts, was nicht zu haben ist.
Daß London einst jedoch der Kopf eines Empire war, macht sich heute noch in den ungezählten Gaststätten bemerkbar, in denen man hervorragend indisch oder chinesisch essen kann wie auch auf Art jeder andern Nationalität. Über die englische Küche hingegen wird gern die Nase gerümpft (die Zunge kann das bekanntlich nicht) – wir meinen: nicht ganz zu Recht. Denn es stimmt zwar, das Gemüse wird nach wie vor recht lieb- und geschmacklos in Wasser gekocht und trockengedrückt, bis es nach nichts mehr schmeckt, und die in Zeitungspapier gewickelten, von abgestandenem Fett triefenden *fish and chips*, in Teig ausgebackene Fischfilets mit Pommes frites, sind selten eine Gaumenweide, aber schließlich wurde das *sandwich*, die handliche, lecker belegte Brotschnitte, in England geboren, und ein *snack* in einem *pub*, was nicht ein öffentliches Haus ist, sondern eine Mischung aus Kneipe, Stehbierhalle und Schnellimbißstand, oder ein *dinner* in einer der traditionsreichen *taverns* mit viel Edelholz und Messing, sie sind allemal ein kulinarisches Erlebnis der besonderen englischen Art. In den besseren Restaurants wird freilich vorwiegend französisch gekocht, aber an einigen Orten lernt man auch den feinen British Way of Life kennen bei einer *Dover sole*, der vorzüglichen Seezunge aus der Hafenstadt am Kanal, dem unübertrefflich saftig gebratenen *roastbeef* von der Hochrippe des Rinds, dem *roast mutton*, einem Schaf, das gar nicht talgig schmeckt, in einer *mint sauce* aus Minzeblättern mit Essig und Zucker, dem *steak and kidney pie* aus Rindfleisch und Nieren im Blätterteig oder dem *Yorkshire pudding* aus Eiern, Weizenmehl, Milch und Schmalz, der salzig als Beilage zu Fleisch oder süß als Nachtisch gereicht wird. Denn die Briten sind Schleckmäuler: Sie goutieren den euphemistisch *trifle*, «Kleinigkeit» genannten Biskuitkuchen mit Milch, Eigelben, Erdbeer- oder Himbeermarmelade, Nüssen, Sahne, süßem Sherry, Makronen und Kirschen (ihm haben die Italiener die Ehre erwiesen, ihn als *zuppa inglese* in ihre Speisekarte aufzunehmen), das *gingerbread*, einen Rührkuchen mit Sirup und Ingwer, den schaumigen *syllabub* aus Sahne, Zucker und Sherry wie auch, versteht sich, den üppigen *plumpudding* zu Weihnachten. Sie sind die sättigende Krönung eines Mahls, falls Sie sich nicht, fast noch englischer, für einen guten englischen Käse, *Cheddar, Leicester, Stilton* und so weiter, entscheiden zu einem Schluck jahrealtem Portwein.
Neben diesem *Port* und *Sherry* aus Portugal, das zu einem Flüssigkeitsreservat Britanniens geworden ist, gibt's Bier, *beer*, zu trinken, das allerdings meist lauwarm und ohne Schaumkrone ausgeschenkt wird, oder *cider*, leicht moussierenden Apfelwein. Daß *Gin* und *Whisky* Engländer sind, dürfte sich herumgesprochen haben. Zu jeder Tageszeit aber ist der schwarze Tee, *tea*, omnipräsent; er wird zwar heute selbst in Britannien leider meist im Beutel aufgesetzt, ist aber der Angel-, Treff-, Mittelpunkt der englischen Gastlichkeit geblieben. Dazu spachtelt man *muffins*, lockere, mit Butter bestrichene Hefeküchlein, oder ein sonstiges Hefegebäck, *scones*. Der *cream-tea* ist nicht etwa Tee mit Sahne – die Engländer nehmen ihn ohnehin nur mit einem Tropfen – Milch –, sondern Tee mit ebendiesen, mit Marmelade bestrichenen *scones*.
Tee gehört auch zum legendären englischen Frühstück, dem *full breakfast*, das vieles gutmacht. Es besteht aus *cornflakes*, gerösteten Maisflocken, *kippers*, gebratenen oder gegrillten geräucherten Heringen, Eiern, *eggs*, in jeder Form mit Speck, *bacon*, Bratwürsten, Pilzen, Tomaten und Toast mit salziger Butter und Marmelade.
Nachzutragen wäre, daß sich in den schönen, gepflegten Landschaften Großbritanniens, in Kent, Wales (wo das *Welsh rabbit* herkommt, eine mit Cheddarkäse, dunklem

Parlamentsgebäude und Tower mit dem Big Ben, Herz Londons an der Themse

Bier und scharfem Senf geröstete Brotschnitte), in den Midlands und im Lake District in letzter Zeit ein Küchenwunder ereignet hat: Dort praktizieren intelligente junge Chefs auf Herrschaftssitzen, die eines Lords würdig wären (und oft auch einem solchen gehörten) – noblesse oblige –, eine ebensolche Küche, sie zaubern ein kulinarisches Hoch über England, das keine kontinentale Konkurrenz zu fürchten braucht.

Im stolzen **Schottland** oben weht ein Atem von Romantik – hier dichtete Macpherson den «Ossian» – und Pioniergeist – hier erfand James Watt die Dampfmaschine. Die stammesstolzen Bewohner betrachten sich als eigenständiges Volk von *clans,* Sippen, im *kilt,* im gemusterten Faltenrock, und das gilt auch für ihre Kulinarik. Hauptnahrungsmittel waren seit je Hafer und Gerste (was einen Nachbarn zur bissigen Bemerkung reizte, die Schotten äßen, womit man anderswo die Pferde füttere…), und mit dem *porridge,* einem leicht gesüßten Brei aus Haferflocken, beginnt noch heute der Tag. Der *cock-a-leekie* ist eine gewürzte Hühnerbrühe mit Lauchzwiebeln, gekochten Eiern und Dörrpflaumen, der *Scotch broth* eine mit Gerste angedickte Suppe mit viel Gemüse und Fleisch. Die Lachse sind so berühmt wie das Angus-Rind und das Shetland-Schaf, die hier gezüchtet werden, und der *haggis* ist ein kräftiger Eintopf aus frischen Innereien dieses Schafs mit geröstetem Hafermehl, Zwiebeln und Rinderfett im umgestülpten Magen des Tieres (wozu der Esser ein robustes Gegenstück braucht). Wild und Wildgeflügel, die es, bis zum delikaten Moorhuhn, *grouse,* reichlich gibt, schmecken tatsächlich nach der freien Wildbahn. Zu ihnen reicht man gern eine *Cumberland sauce* aus rotem Johannisbeergelee, Orangen, Zitronensaft, Senfpulver und Portwein.

Daß viele dieser Speisen mit Whisky zubereitet werden, erinnert daran, daß wir uns in der Heimat des echten *Scotch Whisky* befinden, *Malt* aus gemälzter Gerste, *Grain* aus Gerste und Korn.

Irland gegenüber, jenseits der Irischen See gelegen, ist die westlichste der Britischen Inseln. Auf ihr ist die Einsamkeit stiller, das Gras grüner, und die Iren – zu ihnen gehörten ein Shaw, Beckett, Joyce und Behan – haben sich ihren angestammten Freiheitsdurst bewahrt (den sie mit schwerem, schwarzsamtenem Bier, *stout,* oder ihrem eigenen *Irish Whiskey* löschen). Ihnen schmecken die aromatischen Austern aus Galway, der *scallop pie* aus den schmackhaften Jakobsmuscheln mit Pilzen unter einer Teigdecke, der wilde Lachs oder das *Irish stew* aus kräftigem Schaffleisch mit Kartoffeln, Möhren, Zwiebeln, Petersilie und Thymian. Zum Abschluß der inzwischen weltbekannte *Irish Coffee* aus heißem Whiskey, braunem Zucker und schwarzem Kaffee unter einer kühlen Schicht dicker Sahne (nicht Schlagsahne!) – wenn dazu noch eine Gruppe rothaariger Folksinger und Fiedler aufspielt, ist die Harmonie perfekt!

Die Große Mauer, längstes Bauwerk der Erde mit 2500 km

Bulgarien ↑ Südosteuropa

Burma ↑ Hinterindien/Birma

Cayman Islands ↑ Mittelamerika/Antillen

Ceylon ↑ Indien/Sri Lanka

Chile ↑ Südamerika

China Der Philosoph Lao-tse verglich die Kunst des Regierens mit jener, einen kleinen Fisch zu braten. Diese Hochachtung chinesischer Denker, Gelehrter und Kaiser vor dem Kochen hat bewirkt, daß die Küche dieses Riesenreichs in Ostasien, des volkreichsten Landes der Erde, zu einem Kunstwerk wurde, der Dichtung und Kalligraphie gleichgestellt, sondergleichen und vielbewundert in aller Welt. Die «Mutter der Küchen» seit Jahrtausenden ist Teil der konfuzianischen Kultur und Philosophie, die der Glaube an Harmonie bewegt, die Regel vom Gleichgewicht in der Natur und das Gesetz der Bindung der Gegensätze *Yīn,* dem weiblich Weichen, Sanften, Dunklen, Kühlen, und dem *Yáng,* dem männlich Starken, Harten, Hellen, Heißen; demgemäß folgt auf ein krosses Gericht ein cremig weiches, auf ein gewürztes ein mildes, salzig und süß, sauer und mild werden subtil gegeneinander abgewogen.

Das brachte auch mit sich, daß die chinesische Küche zu einem komplizierten Ritual wurde voll magischer, mythischer, selbst medizinischer Bedeutung. So sind viele ihrer Bestandteile zu erklären, die uns fremd, wenn nicht ekelerregend sind wie knorplige Hühnerfüße, gallertige Entenschwimmhäute, gebackene Schweineaugen, enthäutete Ochsenfrösche, abgezogene Schlangen, Affenhirn und was es der – für uns – im wahrsten Sinn abscheulichen Abstrusitäten mehr gibt, die schon wegen der Qual, unter der die Tiere häufig ihr Leben lassen müssen, nicht jedermanns Sache sind, denen in China aber obendrein eine heilsame, wenn nicht gar aphrodisische Wirkung nachgesagt wird.

Der erschreckte Leser sei jedoch beruhigt und – neugierig gemacht: In der chinesischen Küche gibt es neben den auch bei uns «normalen» Stoffen noch manches, an deren Genuß man keinen Anstoß nehmen muß, das aber Entdecker- und Gaumenfreuden verspricht, außer allerlei Getier, Bambus, Bittermelonen, Farnkraut, Lotos, Schlangenbohnen, Senfgemüse, Sojabohnen, *dòu,* deren Quark wir als «Tofu» inzwischen auch kennen, Wasserkastanien, überdies viele aparte Pilze, die meist getrocknet in Suppen kommen.

Die Garmethoden in der halbrunden Allzweckpfanne, dem *Wok,* im Dampfkoch- oder Feuertopf weisen auf den Mangel an Brennstoff hin: Alle Nahrungsmittel werden fein säuberlich vorbereitet, zerschnitten und bereitgestellt, damit sie ohne Zeitverlust in wenig Öl aus Erdnüssen, Sesam, Soja-

bohnen oder Sonnenblumen rasch «à la minute» auf Holzglut gekocht werden können, «so lange ein Bündel Reisig brennt». Durch die Zerstückelung saugen sie alle Zutaten in sich auf, durch die kurze Garzeit bleiben sie knackig und saftig.

Das Reich der Mitte und der 80 000 Rezepte erstreckt sich von fruchtbaren Ebenen bis zu dürren Wüsten, von reichen Küstenlandschaften bis zu kahlem Hochgebirge, die Klimate reichen von Tundrakälte bis zu subtropischer Wärme. Deshalb kann man nicht, wie etwa in Frankreich oder Italien, von einer chinesischen Küche reden, sie verteilt sich in groben Zügen auf vier große Regionen in ebenso vielen Himmelsrichtungen.

Im Norden mit der Kaiser- und Hauptstadt Beijing (Peking) als Mittelpunkt ist die Küche relativ einfach und sparsam, statt Reis gibt es gedämpftes Brot, Hirsebrot und, vor allem, die Nudeln, die bekanntlich, wie so vieles, in China erfunden wurden. An jeder Straßenecke ziehen Artisten den Teig von Hand in der Luft blitzschnell zu dünnen Strängen, während aus Mungobohnenmehl oder Speisestärke Glasnudeln werden. Dazu viele Sorten Kohl, Süßkartoffeln, Knoblauch und Zwiebeln, nicht übertrieben gewürzt und mit viel Sesamöl, Essig und Salz angemacht. Prunkstück ist die lackrote, knusprige Peking-Ente, deren so aufwendige wie kunstvolle Zubereitung im *Kulinarischen A bis Z* auf S. 363f. nachzulesen ist. Der Feinschmecker wird sich auch eines der ausgezeichneten Hammelgerichte aus der nahen Mongolei nicht entgehen lassen.

In den Westen, in die zentralen Provinzen Sichuan (Szetschuan) und Hunan, haben Buddhisten aus Birma und Indien Würzgemüse mitgebracht, Chilis und Peperoni sind dort immer noch verbreitet, daneben Knoblauch, Zwiebeln, Sojabohnen, Auberginen, Bambussprossen, Kohl und Erdnüsse; Fisch, Schweinefleisch und Geflügel werden vorwiegend geschmort, knusprig gebraten oder geröstet, Sojasauce und fermentierte schwarze Bohnen verleihen ihnen einen sauer-salzigen Geschmack.

Im wohlhabenden Osten, um Shanghai, Nanjing (Nanking) und Hangzhou (Hangtschou) herum, ist die Küche phantasievoll und aromatisch, tiefbraune Saucen und Zucker sorgen nebst den gebräuchlichen Würzzutaten für Abwechslung. Die lebenslustigen Einwohner konnten sich schon früh Delikatessen leisten wie Süßwasserkrebse mit behaarten Scheren, Spanferkel, vielerlei Gemüse – allein siebzehn

Sorten Bohnen, junge Erbsentriebe, spinatähnlichen Raps, mit Puderzucker bestreute Riesentomaten –, getrocknete Pilze, in Asche gereifte Tausendjährige Eier, ↑ Chinesische Eier, S. 96, und Obst.

Im Süden, um die alte Kolonialstadt Guanzhou (Kanton), haben arabische, portugiesische und andere Händler ihre Spuren hinterlassen. Immer sorgen jedoch dünne, klare Saucen und leichte Würzen dafür, daß der Geschmack einer jeden Zutat erhalten bleibt, aber nie fade wirkt. Meeresfrüchte, Fische (darunter Rückenflossen vom Hai) und Reis aus der Provinz Guangdong sind gefragt, und hier ist auch die Wiege der verführerischen *dim sum* im Bambuskörbchen, die mit «Appetithappen» nur sehr prosaisch übersetzt sind, das chinesische «Seelenwärmer» kommt der Sache schon näher. Es sind gedämpfte, in Brühe gegarte Teigtaschen aus Weizen- oder Reismehl, die in vielerlei Formen und zahllosen Variationen salzig oder süß, mit Fisch oder Krustentieren, Fleisch oder Gemüsen gefüllt, aufs Köstlichste ein Frühstück, Mittagessen versehen können.

Normalerweise werden in China alle Speisen zusammen in Porzellanschalen auf einem drehbaren Tisch angerichtet, aus denen der Gast mit Eßstäbchen schöpft, nach was ihm der Appetit steht. (Dieses Eßgerät ist überhaupt zu empfehlen, denn es erhält die kulinarischen Kontraste, während Gabel und Löffel sie vermischen, was nicht nach chinesischem Geschmack ist.) Den Abschluß macht zum «Gaumenreinigen» immer eine Suppe aus Wasser mit feinen Gemüsestreifen, denn Desserts in unserem Sinne sind unbekannt. Selbstverständlich gibt es aber sehr wohl Süßes, auf den Naschmärkten oder in den Restaurants für die Fremden, glasierte Fruchtspieße und Walnüsse, Konfekt aus mit Zucker, Ingwer, Sesam überzogenen Bohnen und Erbsen.

Zum Essen trinkt der Chinese grünen, roten oder schwarzen Tee, *chá*, aus tausenderlei Sorten, auch Bier, Limonade, Mineralwasser oder Wein, *jiŭ*, aus Trauben oder Reis (aufgepaßt: der «Red Wine» ist eine Art süßlicher Portwein, der aus kleinen Gläsern getrunken wird), zur Verdauung einen starken *máotái* aus Sorgumhirse.

Das Essen in China ist Ritual, Zeremonie und – raffinierter Genuß: Die Welt ist in glückseligem Gleichgewicht der Zweieinigkeit von *Yīn* und *Yáng*.

Ein Hinweis zum Schluß: Die chinesische Küchenkunst hat zwar alle Kaiserdynastien und Fünfjahrespläne überdauert. Feinschmecker waren die Machthaber alle, ob safrangelb oder blutrot, aber auf dem Präsentierteller sozusagen, als spiegelbildliches Gastrorama findet man sie in Perfektion ebenfalls in **Hongkong**, auch wenn es seit Juli 1997 keine britische Kronkolonie mehr ist, sondern eine administrative Region Chinas mit mehr oder weniger kapitalistischer Ordnung, und in der Inselrepublik **Taiwan**, die viele chinesische Traditionen besser bewahrt hat als die sozialistische Volksrepublik.

Cook-Inseln   ↑ Südsee

Costa Rica   ↑ Mittelamerika

D

Dänemark   ↑ Skandinavien

Deutschland Ein Aufenthalt in den Metropolen Berlin, Frankfurt, Hamburg, München, eine Flußfahrt auf dem sagenumwobenen Rhein, ein Ausflug zu den unwirklichen Königsschlössern Bayerns, der Bummel durch eine der mittelalterlich erhaltenen Städtchen, sie gehören zweifellos zu den touristischen Reizen der Bundesrepublik Deutschland, genügen aber nicht, sie wirklich kennenzulernen. Vom blauen Band der Berge bis zur stahlgrauen Waterkant, zwischen Waldesruh und Meeresgischt, romantischer Einsamkeit und geschäftigen Industriekomplexen gibt es so viele Landschaften mit eigenem, unverwechselbarem Gesicht, daß ihre Aufzählung allein den Rahmen dieses Buches sprengen würde. Wir müssen uns deshalb auf einige pauschale, persönlich gefärbte Hinweise beschränken und alles weitere der Reise-, Finder- und Essenslust des hungrigen, durstigen Lesers überlassen.

Seit Deutschland nach einer grauenvollen, heillosen Interdictatura von Tausend Jahren in den Kreis der Kulturnationen zurückgefunden hat, macht dort auch das Essen wieder Spaß. Der Mahr von der fetten, mehligen Kost, dicken Suppen, trockenem Rindfleisch, verkochtem Gemüse mittagaus, mittagein ist zwar noch nicht ausgeträumt – keiner, der in einem «Bürgerkeller», einer «Altdeutschen Stube» einkehren mußte, wird das bestreiten –, und die Empfehlung deutscher Freunde lautet oft nicht «da ißt man gut», sondern «da gibt's viel», aber immer mehr talentierte, geschmackssichere Köche verstehen ihren Beruf auch als Berufung. Ihnen stehen Produkte zur Verfügung, die allerdings abermals das Klischee vom deftigen Deutschen heraufbeschwören: Hering und Scholle, die «nützlichen Fische» (Henriette Davidis), Ochse, «das beste liegt zwischen Hörnern und Schwanz» (Volksmund), und Schwein, «der ist ein abgefeimter Gauch, der solches Fleisch verachtet» (Ludwig Uhland), Würste, Würste, Würste (allein gegen 1500 Sorten), die Kartoffel, «für Mann und Frau und Kind ein rechtes Magenpflaster» (Matthias Claudius), Knödel, Kraut und Käse, Honigbrot und Pfeffernüsse. Die vielen kräftigen Nahrungsmittel Deutschlands sind aber auch sein kulinarischer Reichtum, ihre Zusammenstellung und Zubereitung lassen der Imagination freien Lauf je nach Tradition, Jahreszeit und Landschaft.

Der Freistaat **Bayern** im Südosten ist das größte Land der Bundesrepublik, in solider Harmonie geht es vom Hochgebirge ins wald-, seen-, wiesenüberzogene Alpenvorland über, in dem die Großstädte München, Hochburg europäischer Kunst und Kultur mit südlichem Fluidum, und

Augsburg, feudale Fuggerresidenz, Akzente setzen, wo Baiern, Franken und Schwaben das Sagen haben, auch kulinarisch. Hier gelang das Kunststück, aus bodenständiger Überlieferung eine neue deutsche Küche erstehen zu lassen, das Millionendorf München ist heute eine der Feinschmecker-Metropolen der Welt.

Dazu Biergärten, Brauhäuser und behäbige Gasthöfe rundherum unter glänzend weißblauem Föhnhimmel, Kirchweihen, Maitänze und die «Wies'n», das Oktoberfest, wo das neue Bier «o'zapft» wird, die «Dulten» und Christkindlmärkte, der einmalige Viktualienmarkt das ganze Jahr hindurch, ein irdischer Garten Eden, vor den malerischen Kulissen von Voralpenseen, Bergen, Klöstern und Schlössern – der Reigen kulinarischer und pittoresker Verführungen höret nimmer auf.

Das beginnt mit einer zünftigen «Brotzeit» bei «Schmankerln» und Bier um den Neun-Uhr-Schlag oder auch am späten Nachmittag: ofenfrische *Brezen*, knusprige Laugenbrezeln, hauchdünn in Spiralen geschnittener *Radi*, Rettich, der nirgends so saftig schmeckt wie hier, warmer *Leberkäse* (ohne Leber, ohne Käse), gebratenes Hirn, Spanferkelleber oder *saures Lüngerl*, Kalbslungenhaschee in gewürzter Sauce, wie auch andere Innereien oder ein *Bierkäse*, *Weißlacker* oder *Obatzta*, würzig mit Bier und Gewürzen angemachter Rahmkäse, die traditionellen *Weißwürstl* mit süßem Senf nicht zu vergessen, die das Mittagsläuten nicht hören dürfen (heute nimmt man's nicht mehr so genau) und entweder von Hand «gezuzelt» oder mit einem Längsschnitt aus der Haut gelöst werden.

Es bleibt immer ein Rätsel, wie die Bayern nach solch einer Magenstärkung noch eine Mahlzeit herunterkriegen, aber sie schaffen's: ein Ochsenfleisch, eine Kalbszunge oder ein krustiger Schweinebraten, Schweinshaxe, Wammerln mit *Kren*, Meerrettich, Leber-, Semmelknödeln, *Reiberdatschi*, Kartoffelpuffern, Sauerkraut und *Schwammerln*, Pilzen. Auch Renken, Saiblinge, Huchen und Trüschen aus den frischen Seen und Flüssen, Geflügel vom Bauernhof oder Wild aus Wald und Gebirge werden nicht verachtet. Die ebenfalls beliebten Mehlspeisen, *Dampf-*, *Finger-*, *Rohrnudeln*, *Nockerln*, *Schmarrn* und *Strudel*, sind Erbstücke der benachbarten ehemaligen Donaumonarchie, haben inzwischen aber auch in Bayern ihren festen Platz.

Es wäre eine Unterlassung, würde man bei einer Beschreibung Bayerns das Alpenvorland zwischen Bodensee und Lech übergehen, das **Allgäu** mit seinen saftigen Matten, fetter Milch und «allgäufrischem» Käse, oder dann in entgegengesetzter Richtung das alte Reichsland **Franken** am Main, «Schlupfwinkel des deutschen Gemüts» (Jean Paul). Dort sind nicht nur die prächtigen geistlichen und bürgerlichen Bauten in Bamberg, Nürnberg, Regensburg, Würzburg und die Bilderbuchstädte Dinkelsbühl, Rothenburg einen Besuch wert, auch die natürliche Landschaft und die pfälzisch-schwäbisch-thüringische Küche. Hier herrschen zwar immer noch die bayerischen Würste, fingerlange *Nürnberger Rostbratwürste,* etwas dickere *Regensburger, Blaue Zipfel* aus würzigem Essig-Zwiebel-Sud und *Wollwürste* ohne Haut, aber Franken ist auch der Gemüse- und Weingarten Bayerns, er liefert für dessen Bauernküche Kartoffeln (die der Franke als *Klöß* oder Salat, zu gebackenem Karpfen etwa, am liebsten ißt), Knoblauch, Kren, Kraut und Rüben im weitesten Sinn, der Hopfen nicht zu vergessen, denn Bayern ist, kein Geheimnis, ein Bierland, das edle Bräu, hell oder dunkel, klar oder trüb, Braun-, Rauch-, Weizenbier und was der feinen Unterschiede mehr sind, ist das eigentliche Lebenselixier des Bayern, mehr Nahrungsmittel als Getränk. Der Weinfreund wird aber gern zur Kenntnis nehmen, daß Franken auch ein Weinland ist, eines der östlichsten der Bundesrepublik, sein erdiger Charakterwein im flachen Bocksbeutel hat viele Liebhaber.

Die *Lebzelten,* Knusperkuchen mit Bienenhonig und orientalischen Gewürzen wie die berühmten *Nürnberger Lebkuchen* oder *Elisenkuchen,* erinnern daran, daß Bayern und Franken einst an der großen venezianischen Handelsstraße lagen im Schnittpunkt von Nord und Süd.

Der Südwestzipfel **Baden-Württemberg** zwischen Bodensee, Rhein, Neckar und Lech ist mit seinem teilweise geradezu südlichen Klima die Sonnenstube Deutschlands, eine bezaubernde Natur- und Kulturlandschaft voller Schönheiten und Schätze (wozu wir Talmi wie die Kuckucksuhr und die Klinik im Glottertal nicht rechnen); die Landeshauptstadt Stuttgart, Herzog Liudolfs «Stuotgarten», Gestüt, zwischen Wäldern und Weinbergen eingebettet, der Schwarzwald und die Schwäbische Alb, das Markgräfler Land mit seinen vorzüglichen Gutedel- und Traminerweinen, die Täler von Neckar, Rems und Tauber, das vom Rhein durchflossene «Schwäbische Meer», Freizeitparadies mit reicher Kulturgeschichte – aus ihnen allen erstand eine Schmuckschatulle, der wir wohl auch die heitere, schaffige, genußfrohe Lebensart ihrer Bewohner zu danken haben, der Alemannen, Franken, Kurpfälzer, Schwaben. Wir belächeln gern ihren Spruch «Schaffe, spare, Häusle baue», aber darin schwingt vermutlich auch eine Spur Neid mit, denn mit ihrer gründlichen Gemütlichkeit haben sie es nicht nur zu Lebensqualität und Wohlstand gebracht, sondern ebenso zur besten Landesküche Deutschlands. Seien es die Töpfe der Nachbarn aus dem nahen Elsaß (Bäckerofen, Flammenkuchen), aus der alemannischen Schweiz (Geschnetzeltes) und dem österreichischen Vorarlberg (Mehlspeisen), sei es der Reichtum aus den Gewässern, von Gemüsen, Salaten (bis zu Löwenzahn und Kresse) und Früchten, von Pilzen, Honig und Wild aus dem schwarzen Wald mit seinen «herrlich aufgeschossenen Tannen» (Hauff) – all das hat dazu beigetragen, daß es im «Musterländle» so viele erstklassige Gaststätten von geradezu legendärem Ruf gibt wie selten sonst auf so kleinem Raum, im Südwesten geben sich Großmeister der Küche die Hand bzw. den Löffel.

Daneben Spezialitäten aus heimischem Boden, an ihrer Spitze *Flädle, Maultaschen, Spätzle,* kleine Nudelteiggebilde, die mit schwäbischer Findigkeit, Ausdauer und Sparsamkeit von Hand geschabt zur Delikatesse werden. Mit Eigelb und Sahne werden die Graupen der alten Weizenart Dinkel zur kräftigen *Grünkernsuppe,* die *Metzelsuppe* dagegen ist eine Kesselbrühe, zu der eine üppige Schlachtplatte gehört. Ähnlich deftig ist der *Gaisburger Marsch,* ein Eintopf, zu dem vor dem Ersten Weltkrieg die Einjährigen aus ihrer Kaserne nahe Stuttgart marschierten. Das *Schäufele* aus der Schweineschulter, meist mit Sauerkraut oder *Filderkraut,* einem spitzköpfigen Weißkohl von der fruchtbaren Filder südlich der Landeshauptstadt, serviert, ist milder als die üblichen Pökelfleischwaren. *Rehrücken Baden-Baden* mit preiselbeergefüllten Birnen hat den Namen dieses berühmtesten aller badischen Heilbäder und Luftkurorte in alle Welt getragen, und die Fische aus den Flüssen, Forellen, Hecht, Zander, wie aus dem Bodensee, Felchen, Kretzer, Trüsche, steuern ebenfalls zum Ruhm der badisch-württembergischen Küche bei. *Schwarzwälder Schinken,* aromatisch über harzigem Tannenholz geräuchert, und kerniger, fingerdicker *Speck* gehören zum «Veschper» wie der *Zwiebelkuchen* zum jungen Wein.

Überhaupt zählt der trockene, meist säurearme, aber stets redliche Wein aus dem weiten Gebiet vom Bodensee rheinabwärts bis zum Taubertal zur Gastronomie Baden-Württembergs. Man trinkt ihn im Weinwirtschäftle und daheim zum Essen, oder man «schlotzt» ihn gegen den Durst als «Schöpple», «Viertele» zum z'Vieri, z'Obe – «e Trunk in Ehre, wer will's verwehre», predigte schon der Schatzkästlein-Dichter Peter Hebel auf gut alemannisch.

Die vielen Früchte und Beeren werden in jeder Form genossen, die *Hollerküchle* aus Holunderblüten im Brandteig, der *Pfitzauf,* Eierkuchen mit Kompott, *Träubleskuchen* aus Mürbeteig mit Johannisbeeren und Baiser sind begehrte Süßspeisen, und die *Schwarzwälder Kirschtorte,* ein Mürbeteigboden mit Biskutteig, Sauerkirschen, Schlagsahne, geraspelter Schokolade und viel Kirschwasser, saftig und fruchtig, gehört inzwischen zu den beliebtesten deutschen Torten.

Damit sind wir bei einer weiteren Spezialität Baden-Württembergs, den gebrannten Wässern: Himbeergeist, Kirsch-, Mirabellen-, Zwetschgenwasser, *Zibärtle* aus wilden Pflaumen. Wer es etwas derber mag, der genehmigt sich einen *Obstler* von verschiedenen Früchten aus dem Bauerngarten oder einen *Topinambur* aus erdiger Knolle.

Landschaft und Küche, das ist in Baden-Württemberg eine wohlabgestimmte Harmonie. «Mir behagt die Lebensweise, Hilf Himmel, was gibt's da für Speise!» rief Goethe aus, den man bei jeder Gelegenheit zitieren kann.

Im allmählichen Übergang von Süden nach Norden liegt **Hessen** mit fruchtbaren Senken zwischen den bewaldeten Höhenzügen von Odenwald, Rhön, Spessart und Taunus, unter deren dunklem Dach von Buchen und Fichten, Eichen und Ulmen zwar keine Räuber mehr lauern, sich aber heute noch wandern läßt und sich Wildschweine, Rotwild als Leckerbissen anbieten wie die Fische zwischen Main und Donau.

Mitte und Schwerpunkt Hessens ist die Kapitale Frankfurt am Main, wo über Jahrhunderte hinweg in Kaiserdom, Paulskirche und Römer deutsche Geschichte geschrieben wurde, die Stadt Goethes und des Geschäfts, Bildungsstätte und «Mainhattan», in dem Geld und Geist eine urbane Liaison eingehen. Die *Franzosesupp* aus vielen frischen Gemüsen mit Rindfleisch und Knochen, das *Franzosenbrot,* sie erinnern daran, daß die reiche Stadt in ihrer wechselvollen Geschichte mehrmals in die Hände der Franzosen geriet. Vielleicht gilt dies sogar für die berühmte *Grie Soß,* eine grüne Sauce, die der französischen Vinaigrette ähnelt, aber mindestens sieben taufrische Frühlingskräuter enthalten soll: Borretsch, Kerbel, Kresse, Petersilie, Pimpernell, Sauerampfer und Schnittlauch mit hartgekochtem Eigelb und Öl; zu gekochtem Rindfleisch, gegrilltem Hecht, gekochtem Schellfisch, neuen Pellkartoffeln oder mit Quark vermischt, den man hier *Schmierkäse, Matte* nennt, als Brotaufstrich schmeckt sie lenzlich erfrischend. Überhaupt gehören Kräuter, das «vegetabilische Vermögen» (Goethe), in die Küche Hessens, in Suppen, Saucen, Kartoffelpuffer, und selbst der *Handkäs mit Musik,* ein Sauermilchkäse aus der fruchtbaren Wetterau mit Salz, Pfeffer und Öl bezieht seine pikante Würze aus gehackten Zwiebeln.

Ihn wie den *Blatz,* einen Blechkuchen aus Brotteig mit Auflagen, sollte man zu einer weiteren hessischen Spezialität essen, dem *Äppelwoi, Stöffche,* einem herben, leicht säuerlich gegärten, möglichst selbstgekellerten Wein aus Mostäpfeln. Der Wein- und Biertrinker muß sich an ihn gewöhnen, kommt ihm aber auf die Spur, wenn er ihm am späten Nachmittag bei einem Schwatz mit hemdsärmeligen, schlagfertigen Frankfurtern «dribbedebach», in Sachsenhausen auf der anderen Seite des Mains, am blankgescheuerten Holztisch aus dem *Bembel,* einem bauchigen Krug, zuspricht.

Hessen müßte kein deutsches Land sein, gäbe es da nicht auch Würste, die *Aale,* Alte, oder *Dürre Runde,* was eine geräucherte Schweinemettwurst ist, aber auch sonst eine Blut-, Leberwurst, ein Preßsack sein kann, die lange schmale *Eschte Frankforter,* das Frankfurter Würstchen aus fein gewürztem, magerem, leicht geräuchertem Schweineschinkenfleisch, die für unseren Geschmack noch wohlschmeckendere heißgeräucherte *Rindswurst* oder die nahrhafte große *Flaaschwurst* aus Schweine-, Kalbfleisch, Speck und Gewürzen. Saftiger als seine Vettern von jenseits ist auch das Schweinerne, dessen Namen allein schon hessische Geselligkeit versprechen: *Rippche,* ein gepökeltes, aber nicht geräuchertes Stück Schweinerippe oder -hals, *Haspel,* gekochtes Eisbein, *Leiterchen,* Schälrippen, *Solber,* gepökelte Schnäuzchen, Füßchen und Schwänzchen vom Schwein oder dito Brustkern vom Rind.

Die süßen Seiten Hessens sind der *Frankfurter Kranz,* ein Ring aus Brandmasse mit Buttercreme, der *Brenten,* ein

Konfekt aus Marzipanmasse, für das jede Hausfrau ihr Rezept hat, und das kugelrunde *Bethmännchen* aus der gleichen Masse, zum Gedenken an die ebenso vielen überlebenden Söhne des Staatsrats Simon Moritz von Bethmann mit drei halben Mandeln besteckt.

Gegen Westen zu, über die Ausläufer des Taunus zwischen der einstigen Weltkurstadt Wiesbaden und Rüdesheim, in dessen Drosselgasse der Geist und, wenn Touristenmassen in albernen Strohhüten sich hindurchwälzen, auch Ungeist des Weines weht, mündet Hessen in den **Rheingau**, dessen erlauchte Lagen Schloß Johannisberg, Steinberg, Lenchen, Schloßberg, Klosterlay, Marcobrunn dem Kenner verraten, daß wir in der klassischen Rebenlandschaft Deutschlands angelangt sind.

Der Wein vom Rhein reimt sich nicht nur, er gehört, so unterschiedlich er auch sein kann, zu den besten der Bundesrepublik, ja der Welt. Das kann man ruhigen Gewissens behaupten, seit er nicht mehr vorwiegend «lieblich» ausgebaut wird voll widernatürlicher Süße, sondern rein und trocken, fein und doch gehaltvoll, «ein Riesling im eleganten Zweireiher» (August F. Winkler). «In ganz Europia, Ihr Herren Zecher, ist solch ein Wein nicht mehr» (Claudius), und wo Wein wächst, könnte man hinzufügen, herrscht auch Lebensfreude.

Sie erfüllt uns in den herrlichen Landschaften **Rheinhessen, Pfalz** und **Rheinland** den ganzen sagenumwobenen, vielbesungenen Strom hinauf, wo Kaiser und Könige, geistliche und weltliche Herren ihre Dome, Burgen, Schlösser errichteten, Zeigefinger Gottes und Mahnmale irdischer Macht, und wo die Römer nördlich der Alpen zuerst Fuß faßten (und die Rebstöcke mitbrachten). Hier horteten die Nibelungen ihren Schatz, hier sang die Lorelei die Schiffer ins Verderben, hier wächst an den Hängen der Ruine Drachenfels roter Wein, das *Drachenblut* – vom Binger Mäuseturm bis zum Rolandseck, Romantik an allen Ecken und Enden. Ob all der Vergangenheit hat das Volk aber die Freude am Dasein nicht verlernt, an «Weck, Worscht und Woi» bei geselliger Einkehr und frohen Festen bis in die närrischen Tage des Karnevals, an denen man singt und lacht.

So blieb auch die Kost prall und drall, «welch ein entzücktes Spiel, zu hohen Festen erles'ner Bissen Liebreiz zu erfleh'n, und welche Lust: sich mächtig voll zu mästen, satt und mit Saft gefüllt vom Hals bis zu den Zeh'n», besang sie ein Sohn dieses Bodens, Carl Zuckmayer. Der *Pfälzer Saumagen* ist nicht bloß Gericht, sondern eine ganze Mahlzeit, ein mit Schweinefleisch, Wurstbrät, Kartoffeln, Gemüsen, Weißbrotwecken, Eiern und Gewürzen gefüllter Schweinemagen. Der *Rheinische Sauerbraten* hat sich inzwischen ganz Deutschland erobert, muß hier aber in einer Sauce mit Lebkuchen, Printen oder Pumpernickel und Rosinen schwimmen. Dazu ißt man einen *Rievkooche*, Reibekuchen, einen knusprigen Puffer aus Kartoffeln, die hier *Grumbeere*, Grundbirnen, heißen. *Himmel un Äd,* Himmel und Erde verspricht ein Püree aus diesen Grumbeeren mit säuerlichem Apfelmus, gebratenen Speckwürfeln und gerösteten Zwiebelscheiben, *Hoorige Knepp* sind Klöße aus roh geriebenen Kartoffeln, deren Fasern wie die Stacheln eines Igels abstehen.

Wenn man in der so sinnenfrohen wie besinnlichen Domstadt Köln einen *Kölschen Kaviar* bestellt, erhält man nicht etwa Störrogen, sondern Scheiben *Blootworsch, Flönz,* Blutwurst mit hackten Zwiebeln, Senf und einem *Röggelche,* Roggenbrötchen; die gleiche Lust an der Maskerade spricht aus dem *Halve Hahn,* der kein halbes Hähnchen ist, sondern ein ebensolches Brötchen mit Limburger, Mainzer oder Holländer Käse und Senf. Der *Spundekäs* ist mit Eigelb und Gewürzen angemachter Quark.

Dazu läßt man sich vom Köbes im blauen Leinenschurz an der Theke einer der vielen gemütlichen Weetschaften mit gewachstem Fußboden, wo es nach verschüttetem Bier, Tabak und Zwiebeln riecht, zur Abwechslung ein *Kölsch* einschenken, ein obergäriges Bier, stark gehopft mit wenig Kohlensäure. Und was über Köln gesagt wurde, gilt im allgemeinen auch für Düsseldorf, das «Schaufenster des Westens», nur ist dort das würzig-süffige Bier, das *Alt,* dunkel.

Neben solch herzhaften Genüssen muß man auf Feineres nicht verzichten: Das milde Klima bringt Gemüse und Früchte hervor, die anderswo rar sind, Knoblauch, Mandeln, Pfirsiche, *Keschte,* Edelkastanien und anderes; letztere schmecken zum jungen Wein, aber auch zum Feder- und Niederwild, das im waldigen Hügelland gejagt wird.

Zwischen Rhein und Saar, Mosel und Nahe liegt der burgenreiche Hunsrück, Revier des «Jägers aus Kurpfalz», des berühmt-berüchtigten «Schinderhannes» und des Michael Obertraut, Reiterkommandeurs im Dreißigjährigen Krieg, des «Deutschen Michel». Nicht weit davon entfernt liegt das waldige **Saarland,** und dessen Nachbarn wiederum sind im Westen Luxemburg, im Süden Frankreich. Das merkt man auch seiner Küche an, die zwar jener von Rheinland-Pfalz ähnelt, daneben aber das französische Savoir-vivre kennt, die *flute,* das weiße Stangenbrot, die *Specktorte,* der man in Lothringen als Quiche begegnet, und manches mehr; überhaupt wird hier durchweg leichter und raffinierter gekocht, der reisende Gourmet schmeckt das bald heraus.

Auch die kristallgrüne **Mosel** entspringt in den französischen Vogesen, bevor sie nach vielen Kehren, Windungen und Schleifen durch ein von Wingerten und Wäldern überzogenes Tal von Trier bis Koblenz beim Deutschen Eck in den Rhein mündet. Die Atmosphäre ist hier ebenfalls heiter beschwingt, und die Spitzenweine (leider gibt es daneben viele billige, zuckrige Dutzendware, die das Prädikat «Qualitätswein» nicht verdient), zu denen wir der gebotenen Kürze halber auch jene von Saar, Ruwer und Nahe zählen wollen, sind ein unvergleichlich zarter und doch ausdrucksvoller Riesling, eingefangener Sonnenschein. Die Kost dazu ist damit übereinstimmend elegant: mit Kräuerbutter gefüllte Schnecken, der mit Wein begossene Aal oder Hecht, Fisch-

Deutschland – Bundesländer

Nordsee   *Ostsee*

- **SCHLESWIG-HOLSTEIN** — Kiel
  - Lübeck
- **HAMBURG**
- **MECKLENBURG-VORPOMMERN** — Schwerin
- **BREMEN**
- **NIEDERSACHSEN** — Hannover
- **BRANDENBURG** — Potsdam
- **BERLIN**
- **SACHSEN-ANHALT** — Magdeburg
- **NORDRHEIN-WESTFALEN** — Düsseldorf
- **SACHSEN** — Dresden
- **THÜRINGEN** — Erfurt
- **HESSEN** — Wiesbaden, Frankfurt/M.
- **RHEINLAND-PFALZ** — Mainz
- **SAARLAND** — Saarbrücken
- **BADEN-WÜRTTEMBERG** — Stuttgart
- **BAYERN** — München

terrinen, Kalbsfrikassee in Pastetchen, sie halten Speise und Trank in harmonischem Gleichgewicht.

Je weiter man den Strom hinabkommt, desto öfter mahnen Werkanlagen und Fördertürme, Öltanks und Halden daran, daß der **Nieder-**, **Nordrhein** das Wachstum nährt, das unsere Industriegesellschaft für ihren Wohlstand zu brauchen scheint. Aber selbst hier wird nicht nur Stahl gekocht, und immerhin haben die Kumpel des Ruhrgebiets sonntags ihre hausgezogene Taube, die *Duve,* im Topf oder einen Stallhasen, das «Rennpferd des Bergmanns», und auf den Feldern und Bauernhöfen des wie durch ein Wunder unberührt gebliebenen Hinterlands werden Zuckerrüben und Weizen angebaut, Roggen, Hafer, Kartoffeln, Gemüse und viele Blumen, weiden schwarzgescheckte Kühe und muntere Schweine, schnattert Federvieh.

Auf dem Weg dorthin sei eine *Bergische Kaffeetafel* empfohlen, Korinthenstuten mit Butter und Honig, Milchreis mit Zimt und Zucker, gefüllte Waffeln, Zwiebäcke mit Guß, Rosinenplätzchen, Schwarzbrot mit Apfelkraut und anderes mehr zu Kaffee aus der *Dröppelminna* mit Zucker und Sahne – kein Schlecker wird hungrig von der Tafel aufstehen! Wen es nach Herzhafterem gelüstet, der bestellt einen *Pfefferpotthast,* wie ihn die Dortmunder zu einem guten Pils mögen, ein kräftig gewürztes Rindfleischragout mit viel Zwiebeln und saurer Gurke, während die *Potthucke* zwar auch aus dem Pott, dem Topf, kommt, aber ein salziger Kuchen aus Kartoffelteig mit Wurstscheiben ist.

Aachen, die westlichste Großstadt der Bundesrepublik im Länderdreieck, gilt seit Karl dem Großen als «Wiege des Abendlandes» und ist bis zum heutigen Tag eine europäische Stadt geblieben. Ihren Namen tragen auch die traditionellen *Aachener Printen,* Lebkuchen mit Gewürzen, Nüssen und braunem Kandiszucker. Im übrigen fühlt man sich, was die Ernährung anbelangt, nach wie vor den Nachbarn Belgien und Holland über die Grenze verbunden: Man schätzt den Ardenner Schinken, die gesülzten *Flebbes* aus Limburg, die Käse *Herve* aus Lüttich und *Rommedou,* Romadur, aus Maastricht oder den *knapkoek,* ein knuspriges Buttergebäck von der Maas – kulinarisch sind die Schlagbäume bei Aachen schon lange weit geöffnet.

Zwischen Rhein und Weser liegt **Westfalen**, das «seltsame, schlummernde Land» der Annette von Droste-Hülshoff, «so sachte Elemente! So leise seufzender Strichwind, so träumende Gewässer, so kleine friedliche Donnerwetterchen ohne Widerhall»! Eine offene Landschaft mit weitem Horizont, verträumten Parks und üppigen Triften, nassem Moos und trockener Heide. Dazwischen von Wassergräben geschützte Burgen, Herrenhäuser und alte Bauerngehöfte mit schwarzverbälktem Fachwerk, ein Gefilde, das keine Abenteuer verspricht, keine atemraubende Ausblicke, sondern das man im wörtlichen Sinn erfahren sollte, auf dem Fahrrad, für das ein weitverzweigtes Netz von Pättkes, Radelwegen, bereitsteht, kreuz und quer durch Feld, Wald und Wiesen mit stillen Dörfern und weitverstreuten Gehöften.

In der Mitte das Münsterland, die «grüne Weste Westfalens», und die Hauptstadt Münster mit Dom und Hallenkirchen, Bürgerhäusern und Bogengängen.

Wo Herren und Bauern einträchtig zusammenleben, wächst bodenständige Kultur. Auf einem Kirchenfenster in Soest bewirtet Jesus seine Jünger zu einem westfälischen Abendmahl mit Schinken, Schweineköpfen, Pumpernickel und Tonkrügen voll Bier und Schnaps. Das sind auch die Säulen der Küche dieses Landes, der köstliche, unter den Balken eines Speicherhauses langsam über Buchenholz geräucherte *Knochenschinken* mit seinem unvergleichlich würzigen Aroma zuvörderst. Und wo Schinken ist, da sind auch Schweine. Sie liefern Blut- und Leberwürste, aus ihnen bereitet man das *Blindhuhn,* einen Gemüse-Eintopf mit Schinken und Speck, den *Pickert* aus Kartoffeln, Eiern, Sahne und Speckschwarte, der aufgewärmt besonders gut schmeckt, die *Möppkesbraut,* den *Panhas,* gewürzte steife Wurstbreie mit Wurstbrühe und Buchweizenmehl in Scheiben, wozu man *Schmörappelkes,* geschmorte Apfelscheiben reicht. Speck gehört ebenfalls in die *Graute Baunen,* junge Bohnenkerne und Bohnenkraut, und der *Westfälische Rosenkranz,* auch er ein Muster des naiven, unbekümmerten Nebeneinanders von Religion und Volkstum in diesem Park Gottes, ist nichts anderes als ein Ring von kleinen Bratmettwürstchen aus der Pfanne. Ausnahmsweise nicht vom Schwein ist das *Töttchen,* ein Ragout, früher aus Kopf, Lunge, Herz, Magen, heute meist anderen Stücken des Kalbs mit Suppengemüse, Gewürzen, Zwiebeln und Essig. Als Beilage zu solch herzhaften Genüssen passen unter anderem ein *Stielmus* aus frühlingsfrischem Blattstielgemüse in einer hellen Mehlschwitze mit Kartoffeln oder ein *Pfannekuchen* aus Buchweizenmehl.

Dunkles Brot, im Steinofen gebacken, und *Pumpernickel* gehören, es wurde schon vermerkt, zu den weiteren Grundpfeilern der westfälischen Küche. Dieses, schwarzdunkel aus reinem Roggenschrot mit Keimen und Schalen lange sanft gebacken, feucht und angenehm süßlich, fand längst nicht immer den Zuspruch, den es heute weltweit genießt: «Armes Volk, das seine eigene Erde essen muß», bedauerte der niederländische Philologe Lipsius die Westfalen, und es heißt, seinen kuriosen Namen verdanke es einem französischen Soldaten im Siebenjährigen Krieg, «bon pour Nickel», «gerade gut genug für mein Pferd Nickel», rümpfte er die Nase. Im Lande selbst jedoch taucht Pumpernickel zerkrümelt sogar in der *Stippmilch* auf mit Zucker und Zimt oder in anderen Süßspeisen, in Cremes, Puddings oder Eis mit Kompott.

Heruntergespült und verdaut wird diese urige Kost mit kernigem hellem, obergärigem *Altbier* und einem *Klaren,* Kornbranntwein aus Roggen, Weizen, oder einem würzigen Wacholderschnaps aus Steinhagen, dem *Steinhäger.*

«Mit Speise und Trank wurden wir also traktiert, daß ich in Kürze wieder einen glatten Balg hatte», so ähnlich schwärmte Grimmelshausen alias Simplizissimus, Söldner und Chronist des Dreißigjährigen Krieges, dem Besucher Westfalens wird es noch heute nicht anders ergehen.

Nord- und ostwärts setzt sich die Tiefebene über **Niedersachsen** fort bis zu dessen südlichem Ende, den Mittelgebirgen des Teutoburger Waldes und des Harzes, in denen man noch die Waldeinsamkeit findet, von der Ludwig Tieck sang. Des letzteren Namen trägt auch der herzhafte *Harzer Käse* aus Sauermilchquark, «zu gewissen Stunden das Anheimelndste, Bekömmlichste, Wohlschmeckendste, das diese Erde für mich bereithält» (Hagelstange). Die weitverbreiteten *Braunschweiger Mettwürste* aus der gleichen Ecke schmecken nirgends besser als in der alten Residenz- und Handelsstadt selbst, und dem stolzen Geschlecht der Welfen, seinem Hause Braunschweig-Lüneburg verdanken wir, wenigstens dem Namen nach, neben zahlreichen kostbareren Schätzen die süße *Welfenspeise* aus Vanillecreme und Weinschaumsauce. Bleibt noch zu erwähnen, daß auf dem Wege nach der Haupt- und Messestadt Hannover, das kulinarisch, man verzeihe den Vergleich, so farblos ist wie seine Kekse, Einbeck liegt, wo seit alters ein starkes dunkles Bier aus Gerstenmalz gebraut wird, das hinfort auch anderswo verballhornt «Bock» heißt.

Wir kommen in die vielbesungene Lüneburger Heide, eine lieblich-herbe Urlandschaft, in der die *Heidschnucken* leben, eine kleine alte Schafrasse, deren köstliches Fleisch man getrost einem zarten Wildbret gleichstellen kann. Wieder gesellt sich Süßes hinzu, der *Heidehonig* aus der Erika, einem wohlduftenden Heidekraut, das hier inmitten von Birkenstämmen, Kieferforsten und Sandwegen weite Flächen bedeckt und zur Blütezeit violettrosa färbt. Der *Heidesand* knirscht nicht nur zwischen den Zähnen, sondern schmilzt als Mürbeteiggebäck buttrig auf der Zunge.

Um die Heide und dahinter erstreckt sich meerwärts Bauernland, schwarz-weißes Fachwerk, Wohnraum und Stallungen unter einem reetgedeckten Dach, und ebenfalls schwarz-weiße Kühe auf Marschweiden, viel Gemüse und Obst, welch letzteres allerdings, wir sind immer noch in Deutschland, am liebsten «gestowt» angerichtet wird, in einer pappigen Butter-Mehl-Sauce.

Flach und flächer wird es gegen die Waterkant zu an der Nordsee zwischen Emden und Wilhelmshaven, dem Land trockener Geest, fetter Marschen und feuchter Moore mit Fischerdörfern, Hafenstädten und Werften, das die Ostfriesen ihr ganzes Leben mit Dämmen und Deichen den Naturgewalten abringen müssen, denn immer noch heißt es in Notzeiten «Land unter!». Als Außenposten, durch das Watt von der Küste getrennt, sieben Ferieninseln mit weißen Sandstränden und langen Promenaden. «Platt as'n Pankook» nennen die knorrigen, wortkargen Bewohner ihr Land, und in der Tat, der *Janhinnerk* ist ihr Nationalgericht, ein fetter Speckpfannkuchen aus Buchweizen, auch Gerste, Hafer oder Weizen, mit dünnem Kaffee angerührt.

Aus diesem Getreide stellt man noch Breie, Grützen, Suppen her oder ein massives, körniges dunkles Brot.

Das Fleisch wird zumeist – es mußte einst ja auch als Schiffsproviant dienen – gepökelt, und selbst die Gemüse sind widerstandsfähig, der *Grönkool*, Grünkohl, die *updrögt Bohnen* mit Mettwürstchen, Speck und Kartoffeln. Althergebracht ist ebenfalls die Buttermilch, «mein Leibgericht, mein Leben», schwärmte Hoffman von Fallersleben, der Dichter des Deutschlandliedes.

Zur Verdauung all der Kalorien helfen ein friesisch-herbes *Jever Pils* und ein «ostfriesischer Landwein», ein klarer Kornbrand aus dem zinnernen Löffel, wie ihn zum Beispiel die Firma *Doornkaat* in Noden brennt. Das eigentliche Stammesgetränk der Ostfriesen ist jedoch der Tee, mit einer *Teetafel* wird man empfangen, zu ihr wird man den lieben langen Tag eingeladen. Dabei muß man wissen, daß dazu ein bestimmtes Ritual gehört: Die heiße *Ostfriesenmischung* aus vielen verschiedenen Sorten wird aus dem summenden Teekessel über knisternde Kandiswürfel, *Kluntjes,* gegossen, darein gleitet über die Wölbung eines runden Löffels ein *Wulkje Room,* ein Wölkchen dicken Rahms – aber bitte nicht rühren, denn er soll vielschichtig schmecken, erst das reine Tee-Aroma, dann die weiche Sahne und zuletzt die Süße des schmelzenden Kandis. So übersteht der Ostfriese behaglich Sturmgebraus und Fremdenverkehr.

Die Freien Hansestädte **Bremen, Hamburg** und **Lübeck** verdienen eine besondere Erwähnung, denn alle drei sind weltoffene Stadtstaaten, eine einmalige Mischung von bürgerstolzer Unabhängigkeit und wagemutigem Handelsgeist, in denen «viele Arten einer erlesenen Steifheit» herrschen (Siegfried Lenz). Es wäre aber ein Mißverständnis, in ihnen nur Stätten Merkurs sehen zu wollen, auch die Musen fühlten sich hier heimisch, und es ist wohl kein Zufall, daß selbst ihre eigenständige, schnörkellose Gastronomie ihre Lobsänger fand: Wilhelm Hauff fabulierte 1827 seine beschwingten «Phantasien im Bremer Ratskeller», Heinrich Heine erinnerte sich an seine Lehrzeit in Hamburg, «seine Sitten sind englisch und das Essen ist himmlisch», und Thomas Mann schilderte in den «Buddenbrooks» genüßlich die Tafelfreuden einer Lübecker Patrizierfamilie vom «kolossalen, ziegelroten, panierten Schinken» bis zum «prickelnden, spirituösen Russischen Topf aus konservierten Früchten».

In **Bremen** halten sich Tradition und Moderne die Waage, im Spoor, dem malerischen alten Handwerkerviertel, und in der Böttcherstraße, einem eindrücklichen Kunst- und Geschäftszentrum, das von hanseatischem Mäzenatentum zeugt. Mittendrin der Marktplatz mit dem fünf Meter hohen steinernen Roland, dem Sankt-Petri-Dom und der Renaissancefassade des Rathauses, in dessen Festsaal die Bremer Kaufleute und Kapitäne jeden zweiten Freitag im Februar zur Schaffermahlzeit einladen, wer Rang und Namen hat, zu Stockfisch und *Braunkohl und Pinkel,* Grünkohl mit Grützwurst. Wer nicht zu diesen Ehrengästen gehört, kann sich im gewaltigen Ratskeller mit der ebenso gewaltigen Weinkarte trösten, denn in den alten Gewölben lagern mehr als 500 000 Flaschen, darunter erlesene Bordeaux und Burgunder – Bremen ist neben Lübeck der Hauptimporteur solcher Originalabfüllungen.

Daß fast jede zweite Tasse Kaffee in Deutschland aus einer Bremer Großrösterei kommt, ist ein weiteres Zeichen hanseatischen Unternehmertums. Daneben wird aber einheimische Kost nicht verschmäht: die *Plockfinken*, weiße Bohnen mit Speck und Äpfeln, das *Kükenragout,* das mit Kalbsbries, -zunge, *Klüten,* Klößchen, und Pilzen angereichert wird, oder dann etwa der *Klaben*, ein haltbares Hefebrot mit Korinthen, Rosinen und Mandeln, ein Bruder des Christstollens.

Hamburg, das deutsche Tor zur Welt, die Stadt der zweimal drei K's, der Kirchen, Kräne, Kontore, der Kaufleute, Kapitäne, Konsuln, zu denen man noch die zwei k's konservativ und kosmopolitisch zählen könnte, ist ebenfalls traditionsreich und dynamisch zugleich, bewahrend und jung: Der lärmige Hafen und die gediegene Alster, Börse, Medien und Pop, Kultur und St. Pauli sorgen dafür, daß hier nicht nur die Nächte lang sind. Auch gastronomisch ist die Hansestadt eine Oase im Norden, zahllose besternte Restaurants, pittoreske Gaststätten und Kneipen, junge Köche und solide Chefs machen die Wahl zur Qual. Wir wollen uns auf das beschränken, was man auch kulinarisch Hamburgensien nennen könnte.

Wer zu einem *Börsenfrühstück* eingeladen wird, muß sich auf ein nahrhaftes Mahl gefaßt machen, wie es auch die dem Herzen des anglophilen Hamburgers so nahen Briten gern haben – mit vollem Magen läßt sich gut handeln: Ein paar Austern vorweg, darauf gebratene Seezunge oder ein zartes Beefsteak, Chesterkäse, Schwarzbrot und anderes mehr. Das *Hamburger Rauchfleisch* ist gepökeltes, geräuchertes Rind mit Meerrettich- oder Rosinensauce, «eine gute, für den Menschen heilsame Erfindung» (Heine). Das *Kluftsteak* ist, der Feinschmecker wird's mit Vergnügen zur Kenntnis nehmen, hier im «edlen Beefsteakhorst» (Liliencron) zu Hause, ein saftiges Stück aus der Kluftschale oder dem Filet eines Holsteiner Rinds, wie man es anderswo in Deutschland nur selten mehr findet.

Daß es in Hamburg auf dem Fischmarkt und in den vielen Läden immer frisches Meergetier gibt, versteht sich, obwohl geklagt sein muß, daß der Fisch selbst hier oft noch in Speckfett ertränkt wird oder in der Tiefkühltruhe seinen Geist aufgegeben hat. Eine knusprig gebratene *Ewerscholle* (die aber wirklich frisch sein sollte und im Mai am besten schmeckt) oder der *Pannfisch* aus Fischresten (der echte Hamburger ist sparsam!) mit Kartoffeln, sauer eingelegtem Gemüse oder Senfsauce sind aber immer noch eine Delikatesse.

In der berühmten *Aalsuppe* hingegen schwamm ursprünglich gar kein Fisch, sondern «aal'ns drin», alles, was gerade übrig war, Schinkenknochen, Gemüse, Backobst, Kräuter und Gewürze aus den Speicheranlagen am Hafen; daß heute auch Aalstücke zugegeben werden, geschieht wohl eher des ballhornisierten Namens und der Touristen wegen.

Hinter den Elbdeichen, in Vierland und im Alten Land mit den schönen Niedersachsenhäusern, wird saftiges Gemüse und Obst angebaut, weiden Schafe, schnattern Enten und Gänse, und die wenige Wochen alten *Stubenküken* sind eine weitere Spezialität Hamburgs.

Auf die nahe skandinavische Küche läßt schließen, daß der Hamburger gern Salziges, Saures mit Süßem verbindet. An die Prise Zucker zu Grünkohl, Salat und Würsten muß man sich gewöhnen, und selbst das *Hamburger National* besteht aus süßlich karamelisierten Steckrüben mit Schweinebauch. Bei der kühlen *Knicksupp* aus Holunderbeeren mit *Kluntjes,* Teigklößchen, läßt man sich die erfrischende Süße jedoch so gern gefallen wie bei der *Roten Grütze*, einem Pudding aus gekochten roten Johannisbeeren, Himbeeren, vielleicht auch Sauerkirschen und Speisestärke, der mit Milch, Sahne oder Vanillecreme genossen wird. (Was einem heute so überall unter diesem Namen vorgesetzt wird, verdient ihn nicht, es ist meist ein schlabbriges Früchtemus.) Diese erinnert uns abermals daran, daß wir uns im Norden befinden, denn sie ist in ganz Schleswig-Holstein ebenso beliebt wie auch in Dänemark, von wo die «rødgrød med fløde» eigentlich herkommt.

Die reiche Kaufmannstadt **Lübeck** schließlich strahlt mit ihrem siebentürmigen Dom und den wuchtigen Holstentürmen, seinen alten Salzspeichern und Patrizierhäusern zwischen Mühle- und Burgtor bürgerliche Wohlhabenheit aus. Dazu gehört auch eine Mahlzeit im historischen Schabbelhaus oder in der (leider meist von Touristen überlaufenen) Schiffergesellschaft bei einer *Lübschen Ente* mit Apfel-Brot-Rosinen-Füllung, einem Glase guten alten Rotspons und hinterher einem *Plettenpudding* aus Früchten, Makronen, Vanillesauce und Sahne. Aber natürlich schaut auch die nahe Ostsee herein, mit dem *Labskaus,* den man an allen nordländischen Meeresküsten findet, wo Seeleute einkehren, einem «lab's course», einem «Essen für einen Kerl», aus zerstampften Kartoffeln, Zwiebeln und gepökelter Rinderbrust, zu dem man Spiegeleier, Matjesfilets, Salzgurken und einen Salat von Roten Beten, Roten Rüben reicht.

Die kulinarische Visitenkarte der Hansestadt jedoch ist das *Lübecker Marzipan* aus vielen feingestoßenen Mandeln und Puderzucker mit Rosenölparfum, dessen meist mit Schokoladekuvertüre überzogene Laibe inzwischen im ganzen In- und Ausland geschätzt werden.

Schleswig-Holstein ist das nördlichste Land der Bundesrepublik, so platt wie seine Sprache, «aus Himmel gemacht» (Wapnewski), mit einem Rest Erde und Wasser im Wechsel der Gezeiten, denn es ist sturmgeprüft und «meerumschlungen», von der Nord- und von der Ostsee. Und gegen diese Fluten mußten sich die Bewohner von jeher behaupten, ein Kampf ohne Sieger, aus ihnen zogen sie aber auch einen Teil der Fülle, für die dieses Land bekannt ist: Fische und Krustentiere natürlich, im besonderen Heringe, die gesalzen und geräuchert zum *Bückling* werden oder als fette *Sprotten* den Namen der Hauptstadt Kiel tragen, an dessen langer

Förde Fisch- und Reisedampfer liegen, wo Segelschiffe auf die Regatta in der letzten Juniwoche warten. Weniger bekannt ist, daß in der Nordsee auf der anderen Seite, dem «blanken Hans» der Schleswiger, wieder Austernbänke angelegt werden, die sich vielversprechend entwickeln. Sie liegen vor den Nordfriesischen Inseln, deren Namen Halligen, Amrum, Föhr, Sylt allein schon mit ihren Seebädern, Wanderdünen und Sandstränden Ferienfreuden verheißen. Aus dem Wattenmeer vor den hübschen Küstenhäfen Husum, Theodor Storms «Grauer Stadt am Meer», und Büsum kommen Miesmuscheln und *Krabben,* kleine Garnelen, die hier «Porren» heißen, in Ostfriesland «Granat», und die man in ganz Norddeutschland «gepult» so gern ißt, die hier frisch vom Kutter aber am besten schmecken.

Auf den Deichen grasen Lämmer gegen den Wind, deren Fleisch so zart und würzig ist, daß es sogar von den verwöhnten Franzosen begehrt wird, und dahinter breitet sich die «große grüne Speisekarte» Schleswig-Holsteins aus. Hier weiden die berühmten schwarzbunten Friesenkühe, die für fette Milch und saftiges Fleisch sorgen, hier werden Schweine gezüchtet, die den köstlichen *Holsteiner Schinken* liefern und die *Mettwürste,* die in Katen, bescheidenen, aber beschaulichen Landarbeiterhäuschen aus rotem Backstein mit weißem oder grünem Fachwerk, über dem offenen Herd geräuchert werden und entsprechend verführerisch nach Rauch schmecken. Weizen, Gerste, Raps, Zuckerrüben und Steckrüben, die «Dithmarscher Ananas», werden angebaut, Hülsenfrüchte und Gemüse.

Neben Speck ist Mehl nach wie vor eine der Grundfesten der Küche. So spielen *Grützen* aus Getreide in Milch, Buttermilch oder Brühe eine Hauptrolle, oft mit Backobst, denn auch der Schleswig-Holsteiner schätzt «broken söt», «gebrochene Süße», wohl wegen des Salzhauchs vom Meer immer auf den Lippen. Der Mehlbüdel, der *Große Hans* ist ein riesiger Kloß aus Mehl, Eiern, Milch, Butter und Backpulver mit Korinthen und Rosinen, der in einem Serviettenbeutel in Wasser gekocht wird und den man mit geräucherter Schweinebacke oder aber Backobst anrichtet. Bohnen mit Speck und Birnen heißen *Gröner Hein,* und sogar in den *Schnusch,* ein Gemüsegericht mit Schinken, Speck, Heringen, gehört eine Prise Zucker. Die *Förtchen* hingegen sind echte Süßspeisen, kleine Hefepfannkuchen mit Korinthen, Zimt und Zucker, oft auch aus Eierteig mit *Bickbeeren,* Heidelbeeren.

Schleswig-Holstein wurde früher oft mit einem Schwein oder einem Pfannkuchen verglichen – an den Seiten, am Rand fett, auf dem Rücken, in der Mitte mager. Nach den Marschen im Westen also die Geest, Moor, Heide, Kieferwälder, und im Osten wieder weiches Hügelland, Buchen und Wiesen. Die waldreiche Holsteinische Schweiz mit den Städten Eutin und Plön ist eine der malerischsten Gegenden Deutschlands, mit ihren Parks und Koppen, Gutshöfen und Bauerndörfern ein vielbesuchtes Erholungsgebiet, das nicht nur das Fernsehen und umtriebige Musikmanager entdeckt haben. Aus den vielen Seen und Teichen werden ausgezeichnete Süßwasserfische geholt, die seltenen Maränen, Ukeleie und Karpfen. Am Rande an der Ostsee, von Großenbrode bis Travemünde, wieder eine Kette einladender Meerbäder, Ferienziele seit alters.

Hoch im Norden, an der Grenze zu Dänemark, liegt die Seestadt Flensburg, die wir weniger ihrer zentralen Verkehrssünderkartei als ihres *Rums* wegen erwähnen wollen. Sie ist seit den Zeiten des Westindienhandels die Metropole dieses belebenden Zuckerrohrbrannts für Europa. In ihm werden frische Früchte von Sommer und Herbst mit Zukker in einem Steingefäß, dem *Rumtopf,* konserviert, er darf in *Grog* nicht fehlen («Rum muß, Wasser darf»), der bei steifer Brise so wohlig wärmt – «Sommer ist, wenn man den Grog im Freien trinkt» –, und er gehört in den *Teepunsch* und in den *Pharisäer,* wie ihn die Friesen trinken: ein Gläschen Rum in aufgebrühtem starkem Kaffee mit einem luftigen Häubchen Schlagsahne obenauf. Nach der Devise des Schleswig-Holsteiners: «Mehr sein als scheinen.»

Mecklenburg-Vorpommern an der von der Lübecker Bucht bis zum Stettiner Haff 340 km langen Ostseeküste ist eine der bewahrtesten, erholsamsten Landschaften Deutschlands, «wenn die Welt untergeht, ziehe ich nach Mecklenburg, denn da passiert alles fünfzig Jahre später», soll Bismarck gesagt haben. In der Tat fühlt man sich hier angesichts der alten Pracht der Seebäder Kühlungsborn, Warnemünde und anderer ursprünglicher Fischerdörfer mit ihrer wilhelminischen Architektur samt gläsernem An- und Vorbau in vergangene Gründerzeiten versetzt. Vorgelagert die Inseln Poel und Rügen, das größte, schönste Eiland Deutschlands, «wo der stille Ernst des Meeres von den freundlichen Halbinseln und Tälern, Hügeln und Felsen auf mannigfaltige Art unterbrochen wird», schrieb der Maler Philipp Otto Runge an Goethe, an seiner Westseite das Prominentenrefugium Hiddensee, das «Capri des Nordens», weiter im Osten die Badeinsel Usedom mit Bansin, Heringsdorf, Ahlbeck und ihren eleganten Seebrücken aufs offene Meer als Wahrzeichen bis nach Swinemünde, das heute die Grenze zu Polen bildet.

Im Binnenland die Platte von über tausend Seen, eine Landschaft von heute noch solch silberglänzender Verwunschenheit, daß man sich nicht wundern würde, tauchte unversehens eine liebliche Undine mit wasserblauen Augenhimmeln auf, ein Paradies für Tiere, Naturfreunde und Wassersportler, in der Mitte die Landeshauptstadt Schwerin mit ihrem Märchenschloß. Und wenn die Sonne keine Lust hat, wenn Wolken und Regen aufziehen, kann man einen Abstecher machen nach Wismar, Rostock, Stralsund, Greifswald und Anklam, freien Hansestädten einst, betriebsamen Seehäfen heute mit Backsteingotik und reichen Kunst-, Kulturschätzen, denn Mecklenburg-Vorpommern ist auch das Land eines Caspar David Friedrich, Ernst Barlach, Ernst-Moritz Arndt und Uwe Johnson.

In den verträumten Dörfern, um die stattlichen Herrenhäuser, zu denen buckelsteinige Alleen führen, verwurzelte Bauernwirtschaft, auf dem lockeren, sandigen Boden gedeihen Kartoffeln, Raps, Getreide, Gemüse, gefedertes und vierbeiniges Vieh, und bodenständig ist auch die Küche des Landes. Natürlich gibt es Würste jede Menge – die von dort stammende *Rügenwalder Teewurst* wird inzwischen auch anderorts hergestellt –, und der Speck vom Schwein ist eine Grundzutat, im *Mecklenburger Speckkartoffelsalat,* im *Speckkuchen* mit Kümmel und Salz, der warm aus dem Ofen köstlich mundet, und in vielen anderen Gerichten. Die weiterum geschätzte Pommersche Gans ferner ist ein vielseitiger Lieferant nahrhafter Gaumenfreuden: als knuspriger Braten, als gepökelte, geräucherte *Spickbrust,* mit Kalbsfüßen, Wurzelwerk, Kräutern und Gewürzen geliert als *Gänseweißsauer* oder mit Gänse-, Schweineblut als *Swartsur,* Schwarzsauer, und der *Pommersche Kaviar* ist nichts anderes als Gänseflomen mit Majoran und Zwiebeln, auf Bauernbrot gestrichen ein herzhafter Imbiß. Bei vielen Speisen stoßen wir wieder auf Backpflaumen, Äpfel und Rosinen, kurz jene Vorliebe für eine Verbindung von Sauer mit Süß, der wir im Norden so oft begegnen (und wer da glaubt, das sei ein kulinarischer Fauxpas, der sollte an die großartige asiatische Küche denken, die sie als Geschmacksziel oft geradezu anstrebt). Die *Tollatschen* sind in Schmalz gebackene Kloßscheiben aus Schweineblut, Mehl, Grieben, Gewürzen mit gebratenen Apfelscheiben, *Plummen und Tüffel* sind eine Mischung von Backpflaumen mit Kartoffeln und Bauchschinken oder Rinderfleisch.

Auch bei den eigentlichen Süßspeisen mag der «Meckelborger» und Pommer Gegensätze: ein Apfel-Brot-Auflauf mit Rosinen heißt *Scheiterhaufen,* kleine Pfannkuchen aus Buttermilch mit Schmalz und Pflaumenkompott oder frischen Beeren nennen sich – wir nähern uns dem Osten – *Plinsen,* und die *Rode Grütt,* Rote Grütze, ist auch hier heimisch.

Über all dem Deftigen darf man die Fische nicht vergessen, Dorsch, Flunder, Hering, Scholle aus der Ostsee und den Hornhecht, der im Mai zum Laichen hierher kommt, oder dann aus den Bodden-, Strandgewässern und Binnenseen Hecht, Barsch, Zander und Aal, ersterer kommt mit Gemüse, Tomaten und saurer Sahne in eine empfehlenswerte Fischsuppe, letzterer wird gern heiß geräuchert.

Das heimische Bier läßt sich gut trinken, dazu ein norddeutscher *Köm,* Kümmelschnaps, bei warmem Wetter ein *Vorpommerscher Umtrunk,* eine Pomeranzenbowle, bei kühlem der allgegenwärtige *Grog.*

«Wer't mag, der mag't», sagte der mecklenburgische Heimatdichter Fritz Reuter in seinem anheimelnden Platt, «un wer't nich mag, de mag't jo woll nich moegen». Das gilt eigentlich für alle Spezialitäten, denen wir auf unserer gastronomischen Reise begegnen.

Die **Mark Brandenburg,** Land der preußischen Geschichte, der Wälder und Wasser voller anmutig stiller Reize, umschließt Berlin, das seit der Wiedervereinigung seinen historischen Anspruch, Hauptstadt Deutschlands zu sein, wieder Geltung verschafft, wie ein erholsamer grüner Ring, in dem man «seine Seele baumeln lassen könnte» (Tucholsky), zumal seit der Wende mustergültig unternommen wird, durch Schaffung von Biosphärenreservaten Mensch und Natur, Ökonomie und Ökologie in Einklang zu bringen.

«Jeder soll nach seiner eigenen Façon selig werden», befand der tolerante König Friedrich der Große schon im 18. Jahrhundert, und wie seine Vorgänger holte er Vertriebene, Auswanderer und Unternehmungslustige in sein schwach besiedeltes Land. Sie kamen aus allen Himmelsrichtungen und brachten in ihrer Heimat erworbene Fähigkeiten mit: Schlesier richteten Webstuben ein, Holländer und Flamen entwässerten Sümpfe, züchteten Vieh, stellten Käse her, pflanzten Getreide, Glaubensflüchtlinge aus dem Salzburgischen und aus Frankreich führten ihre Lebenskunst und ihre Rezepte ein. So entstand aus der «Streusandbüchse» eine fruchtbare, blühende Landschaft «in großem Stil, nicht von relativer Schönheit, sondern absolut», schrieb Theodor Fontane, er selbst ein Abkömmling französischer Hugenottengeschlechter, in seinen wunderbar sprachklaren, heute noch lesenswerten «Wanderungen durch die Mark Brandenburg».

Im Norden Schorfheide und Uckermark, in deren Sandböden die Kartoffeln wachsen, die auch wieder der Alte Fritz seinen Untertanen per Dekret anzubauen befahl und die der Brandenburger bis zum heutigen Tag so heiß liebt, als *Pellka,* Pellkartoffel, «Gipfel meines Entzückens» (Ringelnatz), zur *Speckstippe,* Speckwürfeln in heller Mehlschwitze, zerquetscht oder als Puffer. Auch der *Kniepenkohl,* Sauerkraut, das mit Weinblättern im Steintopf gegärt wurde, stammt aus dieser Gegend. Westlich schließt sich das Havelland an mit Potsdam, der Sommerresidenz der preußischen Könige und deutschen Kaiser, heute auch sonst immer noch sehenswerte Landeshauptstadt mit «Klein-Amsterdam», dem Holländischen Viertel, und den Filmateliers Babelsberg, Parkanlagen, Obst-, Gemüsegärten und Kartoffel-, Roggenfeldern ringsum. Östlich von Potsdam wachsen die kleinen *Teltower Rübchen,* eine würzig-süße Zuchtform der Weißen Rübe, die heute allerdings immer seltener wird, und, ebenfalls im Frühling, ausgezeichnete Spargel, die von den Hugenotten hergebracht wurden. Wieder begegnen wir der Vorliebe für Süßes zu Saurem: Kürbis mit Essig, Linsen mit Speck und Backpflaumen und Pflaumen oder Zwetschgen in Essig mit Nelken, Zimt und Zucker – aparte Kombinationen sie alle. Gegen den Sommerdurst hilft ein *Potsdamer,* ein Bier mit Fruchtlimonade.

Weiter im Kreise gen Süden Spreewald und Lausitz mit Wasserstraßen sonder Zahl zwischen alten Inselhöfen, auf denen seit Jahrhunderten die Sorben, Wenden, ein alter Slawenstamm mit eigener Sprache und kleidsamen Trachten, wirtschafteten. Auf langen, flachen Fährkähnen staken sie geschickt – eine Art nordischer Gondolieri – Vieh zu den

Weidetriften, Gemüse zum Transport nach Berlin und – Touristen zur nächsten Wirtschaft. Berühmt sind die *Spreewälder Gurken,* die aus dem Salzwasser von Hand gegessen köstlich würzig schmecken, sowie Meerrettich und Sellerie. In der Oberlausitz bäckt man *Quarkkeulchen* aus Kartoffel- und Quarkteig, in der Niederlausitz *Hefeplinsen* aus Eierkuchenteig mit Apfelmus und einem Sahnehäubchen, mit Marmelade oder einfach mit zerlassener Butter, Zucker und Zimt. Getrunken wird ein süffiges Schwarzbier. Bei Cottbus liegen Park und Schloß Branitz des Fürsten von Pückler-Muskau, der Gartenarchitekt, Reiseschriftsteller und Feinschmecker war. Ihm zu Ehren schuf der Konditormeister Schultz das heute noch beliebte *Fürst-Pückler-Eis,* eine Bombe aus Lagen Erdbeer- oder Himbeer-, Schokoladen- und Vanilleeis mit in Maraschino getränkten Makronenkrümeln und Schlagsahne.

Nach Osten schließt das wellig-hügelige Oder-Spree-Seengebiet den Ring, in dem auch Frankfurt an der Oder liegt, das «Tor zum Osten». In den sauberen kleinen und großen Seen tummeln sich Hechte, Karpfen und Zander, werden neuerdings sogar fette Störe gezüchtet. Um nochmals Fontane zu zitieren: «Wer das Auge dafür hat, der wag es und reise. Eigentümliche Freuden und Genüsse werden ihn begleiten.»

Mitten im Land Brandenburg liegt **Berlin,** die alte neue Hauptstadt Deutschlands, an der heftig herumpoliert wird, um sie wieder auf Metropolenglanz zu bringen – «Welt, jetzt kannste wieder losjehen!» spornte schon der Eckensteher Nante an –, und heute bereits ist sie ein quicklebendiger, multikultureller Schnittpunkt Europas wie zugleich immer noch ein Ort nachbarlichen Nebeneinanders im «Milljöh». Dieser Kontrast strahlt auch auf die kulinarische Szene aus: Toprestaurants und das obere Stockwerk im KaDeWe, dem Kaufhaus des Westens, eine der splendidesten, spendabelsten Feinschmeckeretagen des Kontinents, wetteifern auf der einen Seite um die Gunst des Gourmets, auf der anderen altväterische Weinstuben und gastliche Kneipen, wo man in Tuchfühlung kommt mit dem mutterwitzigen, nie um eine fixe Antwort verlegenen Berliner.

Dort kann man sich auch zu Gemüte führen, was zu Berlin gehört wie die Spree, Ku'damm und Unter den Linden: *Soleier,* hartgekochte Eier aus der Salzwassersole, wie sie auf der Theke in hohen Gläsern stehen und die man schält, teilt und unter dem Dotter mit Salz, Pfeffer, Senf, Essig und Öl füllt, *Buletten,* Hackfrikadellen, kalt zu einer *Schrippe,* einem Brötchen, oder warm zu Kartoffelsalat, eine *Bockwurst* aus Schweinefleisch, eine *Currywurst* mit Ketchup, Curry und weiteren Gewürzen, wie sie die Wurstbudenbesitzerin Hertha Heuwer 1994 erfand, in der Zwischenzeit ein Renner an allen Wurstständen der Bundesrepublik, ein *Stolzer Heinrich,* Schweinebratwurst in Braunbier mit Zwiebeln, oder ein *Strammer Max,* Butterbrot mit Schinkenwürfeln und Spiegelei.

Dazu trinkt, «zischt» man eine *Molle,* ein Bier, mit Korn oder, wenn es warm ist, eine *Weiße,* obergäriges Weißbier, *ohne,* pur, *mit Strippe,* mit Korn oder Kümmel vermischt, oder *mit Schuß,* Himbeersaft oder Wacholderlimonade.

Die Berliner Speisekarte wird vervollständigt durch den *Hoppelpoppel,* ein Bauernfrühstück mit Schweineschnitzel, Pellkartoffeln, Zwiebeln und Speck, das *Eisbein,* eine gepökelte, geräucherte Schweinehaxe mit Erbspüree und Sauerkraut, sowie die *Leber Berliner Art,* mit Apfel-, Zwiebelscheiben gebraten und mit Kartoffelpüree serviert, und der *Kasseler Rippenspeer,* ein gepökeltes, geräuchertes Rippenstück vom Schwein, stammt nicht etwa aus der deutschen Stadt dieses Namens, sondern vom Berliner Schlachter Cassel an der Potsdamer Straße; der *Berliner Pfannkuchen,* ein mit Marmelade gefüllte, in Fett ausgebackene Hefeteigkugel, ist als «Berliner» heute in ganz Deutschland bekannt, und die vitale *Berliner Luft,* die der Urberliner Paul Lincke 1901 «mit ihrem holden Duft» besang, macht nicht nur Lust auf kräftige Kost, sondern läßt sich sogar als Dessert aus Eigelben, Eiweiß, Gelatine, Weißwein, Zucker, Zitrone und süßer Sahne einnehmen.

Der Freistaat **Sachsen** ist der südöstlichste Teil der Bundesrepublik, «Sachsenland ist Deutschland en miniature», schrieb Anfang des 19. Jahrhunderts der «lachende Philosoph» Karl Julius Weber, und in der Tat, hier findet sich auf kleinem Raum, was Deutschland an Landschaften und Reizen zu bieten hat, lange Bergzüge und schroffe Felsen, weite Flußtäler und ruhige Seen, pulsierende Städte und beschauliche Dörfer, mittelalterliche Burgen und königliche Schlösser, dazu weltberühmte Kunstschätze und kulturelle Institutionen: Die alte Messe-, Buch-, Musikstadt Leipzig, geistiger Angelpunkt zwischen Ost und West, das malerische Elbland mit Flußauen und Weinhängen, der Porzellanstadt Meißen und der Landeshauptstadt Dresden, dem «Elbflorenz» Augusts des Starken, 1945 in Schutt und Asche versunken, heute glanzvoll wiedererstanden; die wildromantische Sächsische Schweiz sodann, die Industriemetropole Chemnitz, das Vogtland, in dessen «Musikwinkel» kunstfertige Handwerker Geigen und Harmonikas bauen, wo die Plauener Spitzen geklöppelt werden, die namensgleich als Eischneehäubchen sogar die *Fliederbeersuppe* aus Holunderbeeren zieren; hier auch das Tor zum Erzgebirge, in dem einst Silber abgebaut wurde, wo heute Ski gefahren und immer noch Spielzeug geschnitzt, gedrechselt wird, bis an die Grenze nach dem böhmischen Tschechien und niederschlesischen Polen – so viele Namen, so viele Gesichter.

Auf die sächsische Küche hat diese Vielfalt jedoch nicht abgefärbt, Kartoffeln und Gemüse, Forellen und Spiegelkarpfen, Fleisch und Wild sind die Grundpfeiler wie anderswo auch, obwohl das *Leipziger Allerlei* aus zarten Frühlingsgemüsen, Morcheln und gefüllten Krebsen, frisch angemacht und nicht aus der Konserve, durchaus seinen Reiz hat, und auch der *Kartoffelsalat* mit sauren Äpfeln und Speckgrieben ist nicht zu verachten.

Hingegen mögen's die Sachsen süß, und so setzt Gezuckertes ihrer Küche Glanzlichter auf, von der *Schokoladensuppe* mit Eidottern und Wein oder Milch bis zur *Eierschecke*, einem Hefegebäck mit «scheckigen» Belägen von süßem Quark und Buttercreme. Überhaupt die Kuchen, meist vom Blech, sie haben Sachsen zur «Backstube der Nation» gemacht: die *Leipziger Lerchen,* einst tatsächlich die niedlichen Singvögel, die gefüllt gebraten wurden, inzwischen aber zu ihrem Glück, zu unserm Vergnügen kleine Marzipantörtchen wurden, der *Klexelkuchen* mit verschiedenen Füllungen nebeneinander, Streusel, Bienenstich, Mohn, Äpfeln, Nüssen, eine Palette für jeden Geschmack, oder die *Leipziger Räbchen,* kleine Eierkuchenkugeln mit marzipangefüllten Pflaumen in der Mitte, in Zimtzucker gewälzt. Die Krone jedoch ist der berühmte *Dresdner Christstollen,* seit langem das Weihnachtsgebäck eines jeden Deutschen, der hier aber besonders unverfälscht schmeckt, herbsüß und würzig aromatisch.

Den ebenfalls beliebten *Streuselkuchen,* der aus Schlesien stammt, «ditscht», stippt der Sachse gern in sein «Scheelchen Heeßen», in seine Schale Kaffee, der sein Lieblingsgetränk geblieben ist, schließlich stand das erste deutsche Kaffeehaus in Leipzig, komponierte ebendaselbst Johann Sebastian Bach 1732 die ergötzliche Kaffeekantate «ey! wie schmeckt der Coffee süße». Vorbei sind allerdings die Zeiten der dünnen «Bliemchen-Briehe», da man die Bohnen abzählte und die Blümchen auf dem Boden der gefüllten Porzellantasse erkennen konnte, er ist heute auch in Sachsen schwarz, heiß und, eben, süß.

Natürlich gibt es auch Bier, *Radeburger* und *Wernesgrüner Pils,* und die *Gose,* ein obergäriges, leicht säuerliches Weißbier, löscht den Durst. Der Weinfreund wird sich den trocken würzigen, angenehm milden Weißwein von der «Sächsischen Riviera» an der Elbe zwischen Seußlitz und Pillnitz nicht entgehen lassen.

Im Westen schließt sich seit der Wiedervereinigung **Sachsen-Anhalt** an, ein neues Bundesland mit alter Geschichte, Gau der Märchen und Mythen, der Reichsgründer, Reformatoren und Romantiker – ihre Blaue Blume blühte im Garten der Burg Griebichenstein bei Halle, Geburtsstadt Georg Friedrich Händels. In Wittenberg predigten Luther und Melanchthon, in Dessau baute Walter Gropius 1926 das Bauhaus, eine richtungsweisende Lehrstätte der Einheit von Kunst, Handwerk und Technik, und in der Landeshauptstadt Magdeburg wurde Georg Philipp Telemann geboren. Auch agronomisch ist der Boden der Börde und Heide ringsum fruchtbar, er fördert Ackerbau und Viehzucht, Weizen und Zuckerrüben. «An der Saale hellem Strande» im sanften Süden wachsen Tafelobst, Kirschen und Reben.

Die Küche gleicht jener Sachsens, während umgekehrt der feine, biskuitähnliche *Baumkuchen* mit Zuckerguß von hier aus seinen Weg durch ganz Deutschland angetreten hat. Der *Harzer Roller* schließlich, ein gekümmelter Sauermilchkäse, erinnert daran, daß in Sachsen-Anhalt auch der größte Teil des Harzgebirges liegt mit Barbarossas Kyffhäuser und dem in der Walpurgisnacht von Hexen umtanzten Brocken – ein Herzstück deutscher Sagen und Legenden.

Zwischen Saale und Kyffhäuser, Unstrut und Rhön liegt «ausgedehntes Ländergebiet, das gesegnete Fluren, blühende Städte, mäandrische Flüsse, ein höchst romantisches Waldgebirge umfaßt und große geschichtliche Erinnerungen bewahrt», so beschrieb der weimarische Märchendichter Ludwig Bechstein seine Heimat **Thüringen**, das «grüne Herz Deutschlands», und besser könnte man sie noch heute nicht schildern: inmitten dichtbewaldeter oder kuppiger Bergzüge leicht welliges Land von naher Ferne, «über allen Gipfeln ist Ruh'» (Goethe), dazwischen wie bunte Perlen Kultur- und Geistesstätten, die turmreiche Landeshauptstadt Erfurt mit sehenswerten Baudenkmälern und Gartenanlagen, Weimar, die Hauptstadt der deutschen Klassik, Hort der Dichter, Denker und Demokraten, die Zeiss- und Universitätsstadt Jena an der Saale sodann und Eisenach am Nordwestrand des Thüringer Waldes mit der legendenträchtigen Wartburg, wo der Sage nach die Minnesänger ihren Sängerkrieg ausfochten, wo Martin Luther als «Junker Jörg» 1521 das Neue Testament in ein hinreißend sprachgewaltiges Hochdeutsch übersetzte und in seiner Zelle das Tintenfaß gegen den Teufel schleuderte – diese und andere Orte sind seither zu ganz und gar deutschen Pilgerstätten geworden für Kulturhungrige aus aller Welt.

Der Thüringer wird als maßvoll vernünftig hingestellt, als umgänglich und gastfreundlich. Geht man aber die lange Liste der Geistesgrößen durch, die hier geboren wurden, lebten und wirkten, ist man zu vermuten geneigt, daß noch einiges mehr in ihm steckt: die Cranachs, Martin Luther, die Musikerfamilie Bach, Wieland, Herder, die Dichterfürsten Goethe und Schiller, Franz Liszt, Nietzsche.

Die Küche Thüringens folgt allerdings den Höhenflügen dieser unsterblichen Gestalten nicht, sie blieb auf dem soliden Boden der Hausmannskost, «gut gefrühstückt hält für den ganzen Tag, gut geschlacht' für das ganze Jahr, gut geheirat' für das ganze Leben». Die Würste sind für ihre Güte bekannt, darunter der *Feldkieker,* eine grobkörnige Schinkenmettwurst, und vor allem die *Rostbratwurst* aus kräftig mit Koriander, Kümmel und Majoran gewürztem Fleisch, die über Holzkohlenfeuer gebraten einen betörenden Duft verströmt, einer der kulinarischen Markenzeichen des Landes; das andere sind die *Klöße* aus nichts als Mehlkartoffeln, in Butter oder Schmalz gerösteten Semmelwürfeln und Salz; man kann sie natürlich auch mit Grieß und Milch anreichern, mit Eiern und Kartoffelmehl werden sie *Seidene Klöße,* mit Kräutern *Grüne Klöße.* Sie werden meist zu Fleisch gegessen und mit viel Sauce, denn der Thüringer, oder besser: die Thüringerin versteht sich ebenfalls auf den Braten: *Rostbrätel* sind in Bier marinierte Schweinekammscheiben, der *Topfbraten* besteht aus Schweinefleisch und -innereien mit Pflaumenmus und geriebenen Lebkuchen.

Im Herbst findet in Weimar der Zwiebelmarkt statt, der mit seinen hängenden Zwiebelzöpfen kurios an den Berner Zibelemärit erinnert, und das ist auch die Zeit für den *Zwiebelkuchen,* einen mit feingeschnittenen, in ausgelassenen Speckwürfeln gedünsteten Zwiebeln belegten, mit Eiern und saurer Sahne übergossenen ungezuckerten Hefeteig. Wie die Sachsen schätzen auch die Thüringer ihre Blechkuchen, auf einer Unterlage von Grießbrei, mit einem dicken Belag von Sahne, als *Schmantkuchen* kommen die feinen Früchte und Waldbeeren Thüringens zu köstlich saftiger Entfaltung. Ludwig Bechstein sei nochmals das Wort gegeben: «Mit Freundlichkeit wird angeboten, was das Haus vermag, und mit Bereitwilligkeit wird gezeigt, was der Fremde zu sehen wünscht.»

Man wird uns hoffentlich nicht des Revanchismus bezichtigen, wenn wir zum Ende unserer kulinarischen Deutschlandreise zwei Regionen hineinnehmen, die seit dem Zweiten Weltkrieg zwar nicht mehr zur Bundesrepublik gehören, in der deutschen Küche aber bis heute ihre Spuren hinterlassen haben.

Das eine ist **Schlesien** an der Oder, einst eine Provinz Preußens, heute als Śląsk eine Woiwodschaft Polens. Es gibt in Deutschland so viele Heimwehschlesier, daß man dort den Produkten und Gerichten dieser Landschaft auf Küchenzetteln und Speisekarten immer noch begegnet.

Vieles verrät schon durch den Namen seine Herkunft, so der *Bigusch,* polnisch *bigos,* ein fetter Eintopf aus Sauerkraut mit Schweinefleisch, Speck und Knoblauchwürstchen, zu Weihnachten kommt der *Karpfen polnisch* in einer *polnischen Sauce* aus Bier, Gewürzen und Pfefferkuchen auf den Tisch, und *Polnische* sind schnittfeste Rohwürste oder Brühwürstchen aus Schweine-, auch Rindfleisch, die gern mit Knoblauch gewürzt werden; die *Wellwurst* ist eine Leberwurst mit Semmeln.

Alltags gab es Pellkartoffeln jeder Art, mit Quark und Leinöl, einfach mit Salzheringen oder dann mit *Heringshäckerle,* einem Wüfelgemisch von Salzheringen, Speck, hartgekochten Eiern, Gurken, säuerlichen Äpfeln mit Senf und Sahne, Sonntag gehörte wie das Kirchengeläut der *Schwärtelbraten* vom Schwein mit knuspriger Kruste, den «Schwärteln», in einer fetten Sahnesauce. Immer und zu jeder Gelegenheit begleiteten *Kließla* das Essen, Klöße aus Kartoffeln, Semmeln, Mehl, süß aus Hefe, als Höhepunkt die *Mohnkließla* aus in Milch eingeweichten Semmelscheiben, Rosinen, Mandeln und Mohn, der überhaupt viel und reichlich Verwendung fand, in Kuchen und im *Striezel,* der schlesischen Version des Christstollens, einem Hefeteiglaib mit Mandeln und Rosinen, der gern mit in Milch gekochtem gemahlenem Mohn gefüllt wurde. Kließla gehören auch ins *Schlesische Himmelreich* zu geräuchertem Schweinebauch und Backobst mit Gewürzen, einer eigenartigen, aber überraschend wohlschmeckenden Geschmackskomposition.

Wir dürfen annehmen, daß der weitverbreitete *Streuselkuchen,* dick verschmolzen mit Streuseln bestreut, aus dieser Gegend stammt, die *Liegnitzer Bomben* hingegen, mit Schokolade überzogene Honiggebäckkegel, die kommen ganz sicher aus Schlesien (geographische Lage siehe S. 808). Das andere verlorene Land ist **Ostpreußen** an der Ostsee zwischen Weichsel und Memel. Es war der nordöstlichste Teil des Reichsgebietes, einst Staat des Deutschen Ordens; seit der Potsdamer Konferenz 1945 gehört der nördliche Teil zu Rußland, der südliche zu Polen.

Die ostpreußische Küche war seit alters vom Osten beeinflußt, als alle Gegensätze mild ausgleichendes Bindemittel diente wie dort der *Schmant,* dicke gelbe Sahne in Art der Crème fraîche; mit ihm rundete man den Hering ab, Klopse, Kartoffeln und sogar die *Glumse,* wie die Ostpreußen den Quark zärtlich nennen. Der *Beetenbartsch,* Suppenfleisch mit Roten Rüben, Kartoffeln und Gewürzen, erinnert nicht nur dem Namen nach an den slawischen Borschtsch, Klöße heißen masurisch *Keilchen,* die *Königsberger Fleck* ist eine herzhafte Kuttelsuppe aus gewürfelten Rinderkaldaunen, Gemüsen und Gewürzen, die heiß gegessen im Winter wohlig wärmt, und die *Königsberger Klopse* sind inzwischen zu einem Standardgericht Berlins, um nicht zu sagen Deutschlands aufgerückt: Hackfleischklöße mit Sardellen in einer sahnigen Kapernsauce mit Semmelbröseln. Den Namen der Landeshauptstadt Königsberg, die heute Kaliningrad heißt, trug jedoch insbesondere das *Königsberger Marzipan* in alle Welt, im Ofen überflämmt mit braunem Rand, ein hübsch verziertes Konfekt, «unser schönstes Stilleben» (Agnes Miegel), etwas weniger süß als das gleichberühmte Lübecker Marzipan. Nicht vergessen sei schließlich, daß die Stadt Tilsit, heute Sowjetsk, wo ein Käse herkommt, der ihren Namen trägt und inzwischen auch in anderen Ländern, in Dänemark, Deutschland und der Schweiz, hergestellt wird, im Norden Ostpreußens an der Memel liegt.

An der Ostsee wächst Korn die Fülle, und die Ostpreußen waren erstaunlich erfinderisch in seiner bekömmlichen Verarbeitung zu hochprozentigen Getränken: Das Glas klarer Schnaps wird zum *Pillkaller,* wenn man eine Scheibe grobe Leberwurst mit einem Klacks Senf drauflegt, der *Manchandel* ist Wacholderschnaps mit einer Backpflaume, der *Bärenfang* ein Schnaps mit Honig und Gewürzen, der *Nikolaschka* ein Glas Weinbrand mit einer gezuckerten, mit grobem Kaffeepulver bestreuten Zitronenscheibe obenauf (die erst nach dem Trinken gegessen wird), und im *Danziger Goldwasser,* einem wasserhellen süßen Likör, schwimmen winzige Blattgoldflitter. So hat das ehemalige stolze Ostpeußen selbst in der deutschen Küche seine Unsterblichkeit bewahrt.

Dominica   ↑ Mittelamerika/Antillen

Dominikanische Republik   ↑ Mittelamerika/Antillen

Dubai   ↑ Vorderasien/Emirate

E

Ecuador ↑ Südamerika

El Salvador ↑ Mittelamerika

Emirate ↑ Vorderasien

England ↑ Britische Inseln/Großbritannien

Estland ↑ Baltikum

F

Fidschi-Inseln ↑ Südsee

Finnland ↑ Skandinavien

Frankreich Mag einem der Franzose mit seiner unerschütterlichen Egozentrik, dem «égotisme» Stendhals, auch manchmal gelinde auf die Nerven gehen, hat er für seinen Hang zu Gloire und Grandeur doch einen guten Grund, denn über sein Land hat der Himmel ein Füllhorn herrlicher Gaben ausgeschüttet: Vielgestalt im weiten Raum zwischen den schneebedeckten Bergen im Nordosten und den Gestaden des Atlantiks und des Mittelmeers, Fruchtbarkeit unter mildem Klima, reichen Besatz mit historischen und kulturellen Erbstücken aus dem Besitz einer ruhmreichen Geschichte – nicht zufällig schwärmt der Volksmund vom «Leben wie Gott in Frankreich», und nicht ohne Absicht zog es immer wieder große Geister, Künstler und – Ferienreisende aus allen Ländern und Richtungen zu diesem jahrtausendalten Jungbrunnen, dem Land des Lichts und der Vernunft, der Klarheit und des Esprits, aber auch des «angenehmsten, süßesten und natürlichsten Genusses» (Montaigne). Und seit 1600, da Maria von Medici einen Stab italienischer Köche zu ihrer Vermählung mit dem allerchristlichsten, eß- und lebenslustigen König Henri Quatre (der mit dem «Huhn im Topf») mitbrachte, gehört auch die Kochkunst zu den Pfeilern der französischen Kultur, «alles, Hochzeiten, Taufen, Duelle, Begräbnisse, Gaunereien, Staatsaffären, endet in Frankreich mit einem guten Mahl» (Anouilh).

Bis zum heutigen Tag ist **Paris** nicht nur die Hauptstadt des Landes, sondern sein Kristallisations- und Repräsentationszentrum, die Spinne sozusagen in seinem Netz. Es würde den Rahmen dieses Kapitels sprengen, wollte man alles Merk- und Sehenswürdige aufzählen, das diese glorreiche, vitale Millionenstadt, dieses Konglomerat Hunderter von Dörfern geprägt hat und immer noch prägt; B wie Boulevards und Boutiquen, Bistrots, Bois de Boulogne und baguette, M wie Métro und Montmartre, Maxim's, Moulin Rouge und madeleine, P wie Parks und Promenaden, Centre Pompidou, Pigalle und pommes frites – man könnte ein ganzes urbano-kulinarisches Alphabet erstellen vom Savoir-vivre in dieser zeitlosen Metropole, ohne je damit zu Rande zu kommen.

In Paris wird gewohnt und gearbeitet, gehetzt und flaniert, aber auch dejeuniert, diniert, soupiert. Dabei gibt es eigentlich gar keine Pariser Küche, es sei denn, man rechne die *gratinée* dazu, jene gratinierte Zwiebelsuppe, die eine durchzechte Nacht so wundersam glättet, den *miroton,* ein Ragout aus dünnen Scheiben von gesottenem Rindfleisch und Zwiebeln, oder das *entrecôte marchand de vin,* ein saftiges Zwischenrippenstück vom Rind mit Rotwein und Schalotten. Die knusprige Weißbrotstange *baguette* und die *pommes frites* gehören zwar ebenfalls zu Paris, sie sind aber auch aus dem übrigen Frankreich nicht wegzudenken. Nein, der kulinarische Reiz von Paris liegt darin, daß man sich dort, neben allem Fremdländischen, Exotischen, in über viertausend Restaurants von der mehr oder weniger einfachen Brasserie bis zur Haute cuisine der Gourmettempel durch all die Provinzen essen kann, die uns im folgenden verführerisch beschäftigen sollen.

Um Paris herum liegt die **Île-de-France,** eine von Flüssen durchzogene Gemarkung, Keimzelle und Herzstück Frankreichs mit den Schlössern von Versailles, Fontainebleau, Chantilly, Compiègne und Malmaison als strahlenden Symbolen. Heute ist sie arg verstädtert, aber die malerische, anmutige Landschaft erinnert immer noch daran, daß sie einst die Korn-, Gemüse- und Obstkammer der Kapitale war, Argenteuil lieferte Spargel, Clamart grüne Erbsen, Crécy Karotten, Verrières Morcheln, alles Begriffe, die in den französischen Speisekarten nach wie vor auftauchen; das Geschlecht der Montmorency lieh seinen erlauchten Namen einer Sorte kleiner, süßsaurer Kirschen, und nach dem Barockschloß der Condés heißt Schlagsahne auf Französisch *chantilly.* Immerhin werden dort heute noch Getreide und Rüben angebaut, wächst an der Essonne die in Frankreich als Würze, Gemüse und Salat so beliebte Kresse, werden in weiten dunklen Kellern Champignons gezüchtet, die in Frankreich *champignons de Paris* heißen; die Umgebung der Stadt Meaux an der Marne ist bekannt als Heimat eines besonders aromatischen, grobkörnigen Senfs, der *moutarde de Meaux,* sowie vor allem des sahnigen *brie,* dem «König der Käse» (Talleyrand), wie auch des ähnlichen *coulommiers* – kulinarische Juwelen der Île-de-France sie alle.

Die Türme der ehrwürdigen Kathedralen der **Picardie** im Nordwesten, in Laon, Soissons und vor allem Amiens, dem «absoluten Gipfel höchster Anmut» (Rodin), ragen wie Male der Hoffnung in den Himmel: Nach elenden Zeiten, da während kriegerischem Gemetzel Ströme von Blut im Boden versickerten, trägt er wieder Frucht, Weizen, Zuckerrüben und Mais, wird frisches Gemüse bis nach England exportiert, liefern Schlachtvieh und Schafe von den Salzwiesen der Somme-Bucht schmackhaftes Fleisch, wird das

Straßencafés prägen das Stadtbild von Paris

nützliche Schwein zu *andouillettes*, gewürzten Gekrösewürsten, verarbeitet, kommen Heringe, *harengs*, und Herzmuscheln, *hénons*, vom kurzen Streifen am Ärmelkanal, während Flug- und Wasserwild, Enten, *colverts*, *sarcelles*, Drosseln, *grives*, der pikardischen Küche einen aparten Gout verleihen. Die Rezepte für diese Gaben haben ebenfalls gute und böse Zeiten überlebt, die *soupe aux tripes*, Kuttelsuppe, *caghuse*, Schweinshachse mit Butter und Zwiebeln in der irdenen Terrine, *flamiche*, ein üppiger Blätter-, Mürbeteigkuchen mit Lauch, Kürbis oder Zwiebeln. Vom legendären *pâté de canard d'Amiens* schwärmte die Marquise de Sévigné schon im 17. Jahrhundert in einem Brief an ihre Tochter, eine Entenpastete, in welcher der Vogel «wie in einer Schmuckschatulle ruht, von balsamischen Gewürzen und Kräutern eingehüllt, deren geheimnisumwitterte Zusammensetzung das Pläsier verdoppelt». Auch die Nachspeisen sind nahrhaft, die *rabottes* und *taliburs*, Äpfel und Birnen im Teig, der *gâteau battu*, «geschlagener Kuchen» aus Butter, Eiern und Zucker – von allen französischen Provinzen haben die Pikarden die Rezepte ihrer Ahnen am reinsten bewahrt.

Der Weg an die Küste des Ärmelkanals, den die Franzosen hier «Pas-de-Calais» nennen, führt von der Pikardie ostwärts durch den **Nord** mit, man übersieht das gern, neben langgestreckten schmuddelig grauen Industrierevieren um die Zukunftsmetropole Lille herum saftig grünen Marschen und einladend roten Backsteinhäusern zwischen gewundenen Wasserwegen. Manche Ortschaft von weltabgewandter Betulichkeit verrät schon durch ihren Namen, daß wir uns in den Regionen **Artois** und **Flandre** nahe dem niederländischen Flachland Belgiens und Holland befinden: Hazebrouck, Rosendaël, Steenvoorde. Hier werden Flachs, Hopfen und Kartoffeln angebaut, Blumenkohl, Chicorée und, eben, Rosen gezüchtet, und hier wird nicht nur Französisch gesprochen, sondern auch Flämisch (General de Gaulle entstammte einem frankoflämischen Geschlecht). Daran erinnert der auch in Belgien und Holland heimische *hochepot*, ein Ochsenschwanz-Eintopf mit Gemüsen und Gewürzen, die *carbonnades flamandes*, Rinderrouladen mit Bratkartoffeln, die *endives*, unsere Chicorée, die mit Zucker karamelisiert als Gemüse gebacken werden. Dazu das gute einheimische Bier, das auch zum Kochen verwendet wird – selbst den pikanten Käse *maroilles* wäscht man damit ab.

Auch an der Küste des Ärmelkanals stoßen Gegensätze aufeinander: Den betriebsamen Fähren- und Fischereihäfen Dunkerque, Calais und Boulogne kann man in die kilometerlangen Dünen an der Côte d'Opale, der Opalküste entfliehen, in Pinienhaine, Ferienhäuser, aber auch immense Campingplätze. Überall findet man, solange es das zunehmend verschmutzte Wasser zuläßt, jede Menge Meeresfauna, Krusten-, Schaltiere und Fische, vor allem Heringe, Makrelen in jeder Form, leicht gesalzen und geräuchert als

Kapelle auf der griechischen Kykladen-Insel Thera, Santorin

bouffis, *craquelots*, nur gesalzen als *harengs fumés* (also eben nicht geräuchert, sondern mariniert), *gendarmes*, nach englischem Vorbild – dieses liegt ja nah gegenüber – gespalten und gesalzen als *kippers*, in Öl eingelegt als *hareng saur* – an diesen Gestaden kann man trefflich Clupeidologie betreiben, Heringskunde. Und wer alles Getier zusammen goutieren will mit einer Prise Meeresbrise, der schöpfe einen großen Löffel *caudière*, der Bouillabaisse des Nordens.

An der anderen, östlichen Seite der Pikardie liegt die **Champagne**, die von allen französischen Provinzen den wohl klangvollsten Namen hat, kommt von daher (und *nur* von daher) doch der edle, kostbare *Champagner*, Metapher französischer Lebensfreude und Lebenskunst, «uns Franzosen ist der prickelnde Schaum dieses frischen Weines lebendiges Abbild unseres Seins» (Voltaire).

Dabei bedeutet der Name im Grunde nichts anderes als *campagne*, weites, ebenes Feld, und diesen Begriff kann man mit gutem Grund auch auf «Schlachtfeld» ausweiten, denn jahrhundertelang war diese Region Schauplatz mörderischer Kriege zwischen den «Erzfeinden» Frankreich und Deutschland, Sedan, Valmy und Verdun im nahen Lothringen, das klingt heute noch wie Totengeläute, und man sagt, kaum sonstwo blühe der Mohn so rot wie dort, denn nirgends ist der Boden so blutgetränkt.

In der ehrwürdigen Kathedrale der alten Krönungsstadt Reims, jahrhundertelang Sinnbild religiöser und nationaler Hingabe, besiegelten de Gaulle und Adenauer aber auch die Versöhnung zwischen Franzosen und Deutschen, und wir wollen dankbar sein, ist eine Reise in die Champagne kein Feldzug mehr, sondern die erholsame Fahrt in ein freundliches Land, dessen sanft verträumte Dörfer mit ihren Kirchen und Kneipen, deren Täler, Hügel und Wälder eine friedvollere Zukunft versprechen. Gewiß wird man in Reims und Épernay auch den Champagnerkellereien einen Besuch abstatten wollen, die wahre unterirdische Städte sind.

Die Küche der Champagne ist, des eleganten Champagners ungeachtet, rustikal geblieben. Dazu eine Nebenbemerkung: Die Bezeichnung «champenois» heißt in den wenigsten Fällen, daß ein Rezept aus der Champagne stammt, sondern meist, daß es mit Champagner oder einem stillen Wein dieser Region zubereitet wird. Eher ist das Panieren und Grillieren *à la Sainte-Menehould* mit Senf oder einer Zwiebelsauce typisch, es gilt nicht nur für Schweinsfüße, sondern auch für Hammel-, Kalb-, Rindfleisch, selbst für gefüllte Rochen, die alle gern von einem Palerbsenbrei begleitet werden. Daneben finden wir, außer den auch hier verbreiteten *andouillettes* des ganzen Nordens, den *boudin blanc*, eine Wurst aus weißem Geflügel, auch Kaninchen oder Schinken, die *potée*, einen «Topfvoll» Wurst, Speck, Räucherschinken mit Kohl und anderen Gemüsen, die *salade de pissenlits*, Löwenzahnsalat mit Speck und lauwarmen Kartoffeln, aus dem Wasser Hechte, Forellen und Flußkrebse. Viele Käse der Île-de-France werden heute auch in der Champagne hergestellt, daneben würzige oder milde *chèvres*, Ziegenkäse, wie auch der sahnige *chaource*, der in der Asche gereifte *cendré* und der rahmige *caprice des dieux*. Als Abschluß empfehlen sich ein Zuckerkuchen, *tarte au sucre*, oder einige der trockenen und, wie schon die Namen sagen, knusprigen Biskuits *cruquettes, croquignoles*.

Die **Ardennes**, das waldreiche Hochland der Ardennen, schirmen die Champagne gegen Belgien und Luxemburg ab. Das viele Wild wird mit Salbei und Wacholder würzig zubereitet, und der herzhafte *jambon des Ardennes*, Ardennen-Schinken, ist seinen Namensvettern aus den angrenzenden Ländern ebenbürtig.

Ein Zankapfel zwischen Deutschland und Frankreich war lange auch die **Lorraine**, das alte Herzogtum Lothringen. Heute ist es mit seinen Eisenerzlagern, seiner Kohleverhüttung, mit seinen Hochöfen, Stahlwerken und Schloten der französische Pfeiler des Montandreiecks Lothringen–Saarland–Luxemburg, und es ist wohl kein Zufall, daß dessen Baumeister Maurice Schuman ein Lothringer war.

Dieser Schwerpunkt Industrie und Wirtschaft soll aber nicht darüber hinwegtäuschen, daß diese Provinz auch landschaftlich, kulturgeschichtlich und nicht zuletzt kulinarisch einiges zu bieten hat. Stanislas Leszczyński, polnischer Exilkönig und Schwiegersohn Ludwigs XV., machte Nancy zu seiner Residenz und verhalf ihr mit Bauten und Plätzen von selbstbewußtem Stolz, mit vergoldeten Gittern und Brunnen einen Glanz, den sie heute noch ausstrahlt. Vom nahen Domrémy aus zog Jeanne d'Arc – die «heilige Johanna» – aus, Frankreich von den Engländern zu befreien.

In den waldigen Vogesen sprudeln heilkräftige Quellen, *Vittel, Contrexéville, Plombières*, und auf dem Weg dorthin, in Baccarat, wird seit 1764 schweres Bleikristall zu schwerelosem Glas geschliffen. Von der Esplanade der Zitadellenstadt Metz an der Mosel schließlich schweift der Blick über eine ruhige Ebene mit Pappeln und Hügeln, Feldern und Wäldern, Weilern und Seen, deren Reichtum die lothringische Tafel ziert: Aus den Eichen- und Buchenwäldern kommen Wildschweine, Pilze und Heidelbeeren, aus den Gewässern Karpfen, Hechte, Forellen, von den Weiden und Gehöften Rinder und, vor allem, Schweine, die Nahrhaftes liefern für die *potée* aus Speck, Schweinefleisch, mancherlei mit Schweineschmalz geschmortem Gemüse und Kartoffeln, die *échine à la bière*, Schweineschulter im Biersud, das *cochon de lait en gelée*, Spanferkel mit Gemüsen und Kräutern in Aspik, sowie auch Milch für den kräftigen, aromatischen Käse *carré de l'est*. Mit Käse und Räucherspeck werden auch Eier auf mannigfaltige Art appetitweckend *à la lorraine* angerichtet.

Der Ruhm der lothringischen Küche begründete über die Grenzen hinaus die *quiche*, deren Name sich vom deutschen «Kuchen» herleitet, ein dünner Mürbeteig- oder Blätterteigboden mit, ursprünglich und immer noch am besten, nichts als geschlagenen Eiern, Crème fraîche und Räucherspeck. Dazu trinkt der Lothringer sein Bier oder einen *vin gris*, Schillerwein von den Côtes-de-Toul, wenn nicht einen *vin de Moselle*, einen (französischen) Moselwein.

Seit der Polenkönig den Gugelhupf seiner Heimat mit Rum zur *baba* verfeinern ließ – «babka» heiß auf polnisch «Großmutter» –, sind die Süßspeisen ein weiteres Ruhmesblatt im Kochbuch Lothringens: die *madeleins de Commercy*, luftige Muschelküchlein mit Vanille-, Orangen-, Zitronenparfum, die *macarons de Nancy*, aromatisiertes Mandelgebäck, die *tarte au fromage blanc*, ein Käsekuchen aus Quark und Sahne, der *gâteau de Metz*, ein Schokoladenkuchen.

In weiten Obstgärten reifen Kirschen, Himbeeren, Johannisbeeren, Zwetschgen und, vor allem, Mirabellen. Der Feinschmecker hat die Wahl, ob er sie gern auf Fruchtkuchen genießen will, in Konfitüren oder als klaren Brand – am besten wohl eines nach dem andern!

Ein kulinarisches Souvenir aus Lothringen ist auch die Gänseleberpastete, *pâté de foie gras*, die der lothringische Küchenchef Jean-Pierre Clause 1780 in Straßburg erstmals hergestellt hat. Seitdem ist sie ein gastronomisches Wahr- und Gütezeichen des **Alsace**, Elsaß, Grenzprovinz zwischen Vogesen im Westen und Rhein im Osten, zwischen gallischem Esprit und alemannischer Beharrlichkeit bis in die Sprache hinein, das heimelige «Elsässerditsch», das noch in manchem Rezept steckt. Sie ist «der gemeinsame Garten, worin deutscher und französischer Geist ungehindert verkehren« (Schickelé), hier wurden im 17. Jahrhundert die ersten Weihnachtsbäume geschmückt, hier entstand aber auch die «Marseillaise», das Revolutions- und Freiheitslied der Franzosen. Straßburg – hie Kathedrale und Altstadt, da moderne Glaspaläste, wo Europäisches Parlament und Europarat tagen –, die alte Reichsstadt Colmar, das Wirtschaftszentrum Mühlhausen, sie sind Mahnmal einer ehrfurchtgebietenden Historie und pulsierender Gegenwart. Das Land dazwischen, waldige Hügelketten und fruchtbare Tiefebene, lädt zum Verweilen ein und zur Einkehr in eine der unzähligen «Winstube» und behaglichen Auberges, wo hinter gewürfelten Gardinen Gastfreundschaft und große Kochkunst gleichermaßen zu Hause sind – ein Schlaraffenland für Feinschmecker. Das nützliche Schwein gibt das *Schiefele* her, die geräucherte Brust, und vielerlei *charcuterie*, Schinken, Speck, Würste, Würstchen, als Krönung kommt alles in die *choucroute garnie*, eine opulente Schlachtplatte auf jungem, frischem, mit Weißwein (Champagner ist purer Snobismus) angemachtem Sauerkraut. Der *Baeckeoffa* enthält auch anderes Fleisch, ein Auflauf aus Kartoffeln, Lauch, in Wein mariniertem Rind, Schaf und Schwein, den einst der Bäcker in seinem Ofen mitbacken ließ, damit ihn die Hausfrau mittags auftischen konnte. Der *Flammeküeche* ist eine Art nördliche Pizza, ein hauchdünner, kroß gebackener Brotteigboden mit Speck, Zwiebeln und abgeschöpfter Creme. Die Gans (nicht nur ihre Stopfleber) kommt festtags auf den Tisch, zu ihr gesellen sich im Herbst Fasan, Rebhuhn, Wachteln. Aus dem Wasser fischt man Aal, Forelle, Karpfen und Zander, von den Hängen des Münstertals gegen die Vogesen zu kommt der würzig sahnige Käse, der seinen Namen trägt, *munster*, und weiter unten sprießt makellos weißer Spargel (in Frankreich sonst eher eine Rarität), Hopfen, Kartoffeln, Zwiebeln und saftiges Obst, das nebst wilden Beeren auch zu erlesenen klaren Wassern destilliert wird, den berühmten *eaux-de-vie d'Alsace*, von *alisier*, Hagebutte, Aprikose und Birne über *églantine*, Holunder, und *houx*, Stechpalme, bis zu *sureau*, Schlehe, und Zwetschgen.

Den altväterischen Gugelhupf nennt der Elsässer *kouglof*, zu ihm trinkt er morgens, mittags und abends einen der famosen Elsässer Weine, denn wenn hier auch das meiste Bier Frankreichs gebraut wird, so sind die würzig-feinen, meist weißen Kreszenzen *gewurz* (Gewürztraminer), *muscat, riesling, sylvaner, tokay* und wie sie alle heißen die Juwelen der elsässischen Gastronomie. «Gäll, du wecksch mi, wenn i Durscht han», sagt Jean zu seiner Marianne, als er schlafen geht. «Wänn häscht dänn Durscht?» fragt sie besorgt. «Immer wänn d'mi wecke tuesch!»

Dem weiß-grauen Höhenzug, die Grenze zur Schweiz entlang, liegt zwischen Elsaß und Burgund die **Franche-Comté**, die «Freie Grafschaft», die sich in der Tat selbst in unruhigen Zeiten von allen Wirren freihalten konnte und sich mit ihrem romantischen Mosaik von dunklen Wäldern, hellen Fluren und Wasser in allen Formen und Farben den Charme der Abgeschiedenheit bewahren konnte, wenngleich vielleicht gerade diese in den Départements Haute-Saône, Doubs und Jura auch Industrie angelockt hat, Sochaux wurde zur Peugeot-Stadt, es entstanden Uhrenfabriken, Metallwerkstätten, und wenn man will, könnte man auch den Käse dazuzählen, der von großen Käsereigenossenschaften, den *fruitières*, nach den Mustern im benachbarten Schweizer Jura in Mengen hergestellt wird, der elastische *comté*, der so sämig schmelzende *beaufort*, der milde *morbier* mit der Holzkohlenschicht in der Mitte, der Edelpilzkäse *bleu du Haut-Jura, de Septmoncel*, der aromatische Frischkäse *cancoillotte*, und wenn man in Frankreich einen *emmenthal* oder *gruyère* ißt, stammt er meist aus der Franche-Comté.

Von der Festungsstadt Besançon aus kann man zu Spaziergängen und Wanderungen aufbrechen in eine teils idyllische, teils wildromantische Natur, und vielfältig sind auch ihre Produkte: In den Gießbächen, Flüssen, Seen und Sümpfen tummeln sich feine Fische, in den Wäldern finden sich Wild und wilde Pilze, auf den Felsen, Almen und Weiden vielerlei Vieh, von der Gemse bis zum Rind. Das alles läßt sich schmackhaft zubereiten, mit Morcheln die köstlichen *croûtes*, Morchelschnitten, aus Rindfleisch das luftgetrocknete, dem Bündnerfleisch ähnliche *brési*, in den Kaminen um *Morteu* hängen kräftige Schweinewürste im Rauch. Dazu ißt man *gaudes* aus Maisbrei, die ihren Namen nach einer gelbblühenden Resedapflanze tragen, oder einen *matafan*, nahrhaften Pfannkuchen aus Kartoffeln, Speck und Spinat, dessen Name daran erinnert, daß die Franche-Comté im 15. Jahrhundert spanisch besetzt war: bei den Spaniern heißt «matar el hambre» nämlich «den Hunger stillen».

Nennt man endlich – wir können uns hier ja immer nur recht kurz fassen – einige Süßspeisen, *gâteau aux marrons*, Kastanienkuchen, *pets-de-nonne*, «Nonnenfürzchen», Brandmassekrapfen, *pain d'épice*, Lebkuchen, und wie sie alle heißen, bleiben nur noch die Weine. Sie sind in der Franche-Comté wirklich ein besonderes Kapitel, denn selbst der große Bakteriologe und Chemiker Louis Pasteur, ein Sohn dieser Provinz, hat sich mit diesen guten Tropfen beschäftigt, unter ihnen der *vin jaune*, der «gelbe Wein», den man mit seinem edlen Sherry-Geschmack lieber «Goldwein» hätte taufen sollen, und der edelsüße *vin de paille*, dessen Trauben vor dem Keltern auf Strohmatten getrocknet werden. Zählt man die großen Weißweine Frankreichs auf, vergißt man sie gern.

Die stolze Rhone hinab (die Franzosen nennen sie passender der Rhône) gelangen wir, ehe sie gen Süden abschwenkt, nach **Lyon**, Stadt der Geschäftemacher, der Banken und des Handels mit Seidenstoffen. Wir Feinschmecker merken uns jedoch, daß wir uns im Mekka der französischen Gastronomie befinden, wo Genießen ein natürliches Bedürfnis ist. «Man ißt dort bewunderswert gut und meiner Meinung nach besser als in Paris», bemerkte 1838 schon Stendhal; das mag wie manches Bonmot dieses unerbittlich geistesscharfen Dichters etwas überspitzt sein, aber im Lyonnais schrieb, wohl nicht zufällig, der Magistrat und Gastrosoph Brillat-Savarin bereits 1825 seine meisterhafte «Psychologie des Geschmacks», hier wurde 1972 die *nouvelle cuisine* ausgeheckt, die «Neue Küche», die besser ist als ihr Ruf inzwischen, denn die Abkehr von allem Überladenen, Mastigen zu naturbelassener Frische hat der Kochkunst seither neue Wege gewiesen. In Lyon sind die begehrten Kochmützen und Sterne der Restaurantführer am dichtesten gesät, hier gibt es daneben, das kann der Besucher nicht übersehen, Wirtschaften sonder Zahl, nach dem Büschel Grünem über dem Eingang *bouchons* genannt, in denen noch eine *mère*», eine kochkundige Mutter, oder ein beleibter Patron am Herd steht, um für die hungrigen Mägen ihrer Kunden, Handwerker, Arbeiter, Passanten einen wohlschmeckenden *mâchon* zuzubereiten, einen «Imbiß zum Kauen» aus warmem oder kaltem Schweinernem, prallen Würsten mit Zwiebeln, aus Kartoffel-, Linsen-, Löwenzahnsalat mit Speck, aber auch Ochsenbraten mit Mark, gefülltes Kalb *en vessie*, in der Blase, eine sieben Stunden geschmorte Lammkeule, *gigot d'agneau*, oder gar die Poularde *demi-deuil*, «in Halbtrauer» mit schwarzen Trüffeln auf dem weißen Fleisch.

Dieses exquisite Prachtgeflügel, das keine Käfiggitter kennt und seine Maiskörner im Freien pickt, stammt aus der **Bresse**, die man den Vorgarten Lyons nennen könnte, der auch zarte *cardons*, eine Art wilder Artischocken, liefert und den aromatischen Blauschimmelkäse *bleu de Bresse*.

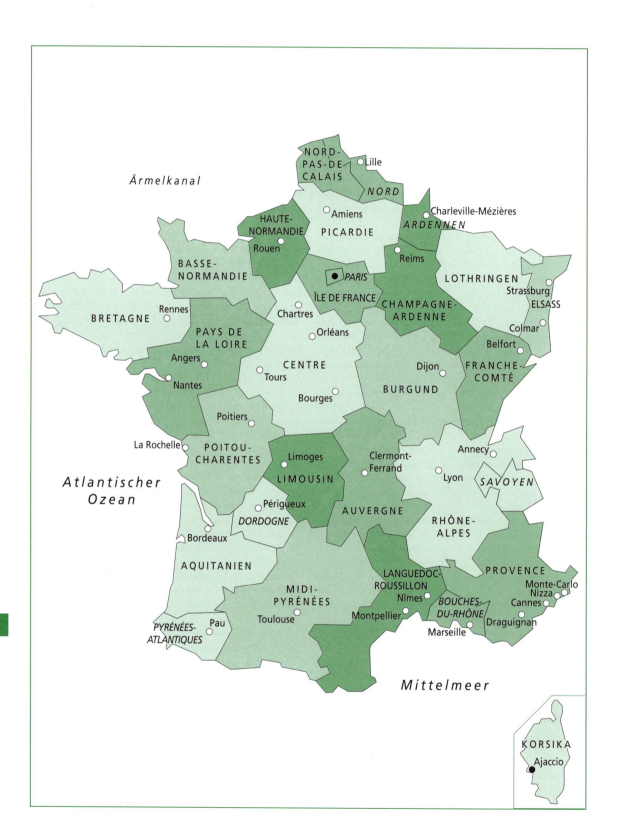

Umspült, begossen wird die Lyoner Küche, wie das schon der Dichter Daudet konstatierte, vom *Beaujolais*, einem liebenswert beschwingten Wein, den heute jeder Önophile kennt und den man eher kühl als zu warm trinken sollte. Zu wenig bekannt hingegen ist das **Beaujolais** zwischen Lyon und Mâcon, jenes «Biotop der Lebensfreude» (Götze), das so harmonisch auf das angrenzende Burgund einstimmt.

Die **Bourgogne** ist mit ihren Abteien, Kirchen, Landschlössern und verschlafenen Ortschaften wohl die französischste Provinz des Landes, «la France profonde», wie die Franzosen sagen. «Ich genieße den Frieden der weiten und heiteren Fluren», besang der Friedensdichter Romain Rolland seine Heimat, «die sanften Wellen der blauen Hügel, die klaren Flüsse, die sich zwischen Pappelreihen durch die Wiesen schlängeln, und die Juwelen der Architektur, die das Land jenen Jahrhunderten verdankt, da das erhabene Rom und das alte Frankreich hier herrschten». Eine Gegend, die «wie keine andere in sich den Norden mit dem Süden versöhnt» (Michelet).

Wir müßten nicht in der Douce France sein, würde sich dieser Reichtum nicht auch kulinarisch ausdrücken; aus dem *Charolais* das milchweiße Rind mit saftig zartem Fleisch, aus dem *Nivernais* wohlgenährte Schweine und Lämmer, aus der Saône leckere Flußfische, vom *Morvan* Schinken und Wildbret, aus den Teichen der alten Grafschaft *Dombes* Frösche und Krebse, aus dem *Auxois* frisches Gemüse und Obst. Aus ihnen lassen sich üppige Tafeln herrichten mit *gougères*, Käseküchlein (die auch zur Weindegustation passen), *matelotes* und *pochouses* aus Flußfischen, *quenelles* und *suprêmes de brochet*, Klöße und Pasteten vom Hecht, *escargots*, Schnecken in Weißwein, dem klassischen *bœuf bourguignon*, in Rotwein mit Zwiebeln und Kräutern geschmortem Rindfleisch, oder dem ebenfalls zu Recht berühmten *coq au vin*, Hähnchen in Rotwein, bis hin zu den *bugnes*, fetten Krapfen, und der *flamusse*, einem herzhaften Apfelauflauf. Zu vielem davon, der Leser wird's schon gemerkt haben, gehört Burgunderwein, und die *meurette*, eine Sauce aus Rotwein, Speck, Schalotten und Zwiebeln, ist denn auch das kulinarische Wappen der Provinz.

Womit wir beim Burgunder wären, dem *vin de bourgogne*, den nicht zum Essen zu trinken eine Sünde wäre, mit dem zu kochen keine Sünde ist. Es lohnte sich, ein ganzes poetisches Kapitel darüber zu schreiben, aber wir müssen uns hier mit der prosaischen Aufzählung seiner illustren Lagen begnügen: *Chablis*, die *Côte d'Or* mit der *Côte de Nuits* und die *Côte de Beaune*, die *Côte Chalonnaise* und das *Mâconnais*. Sie alle rufen beim Kenner und Genießer Erinnerungen wach an unvergeßliche Genüsse.

Etappenorte auf einer Entdeckungsreise durchs Burgund könnten das mittelalterliche Beaune sein mit dem Hôtel-Dieu, dem «Hospiz des lieben Gottes», wo jedes Jahr am dritten Sonntag im November eine vielbesuchte Weinauktion stattfindet, oder die Hauptstadt Dijon, wo einst die Herzöge von Burgund Hof hielten und wo der bekannteste Senf Frankreichs herkommt, die *moutarde de Dijon*, scharf und würzig aus gemahlenen violett-braunen Körnern sowie Wein und Alkohol, wie auch ein hocharomatischer Likör aus kleinen schwarzen Johannisbeeren, die *crème de cassis*; eine Mischung davon mit Weißwein machte den Namen des Domherrn und ehemaligen Bürgermeisters der Stadt weltbekannt, Félis Kir.

Im gesegneten Burgund wird nicht nur Schaum geschlagen, sondern auch mit dem Kochlöffel kräftig gerührt, Kunst wird zum Vergnügen, Vergnügen zur Kunst.

Weiter östlich, dem Meer zu, liegt die **Normandie**, das Land, wo Milch, Apfelwein und Calvados fließen: bis zu den kalkweißen Klippen fruchtbarer Boden, nahrhafte Wiesen und üppige Obstgärten. Sie mögen schon die dänischen Nordmänner, Normannen bewogen haben, nach der ersten Landung Ende des 9. Jahrhunderts gleich dazubleiben, und seither trägt diese Provinz ihren Namen.

In ihr Wappen gehörte eigentlich der Apfel, denn «der Geist meiner Heimat ist in einem Apfel enthalten» (Lucie Delarue-Mardrus), er prägt nicht nur die Landschaft, sondern auch die Gastronomie. Er ist zwar eher unansehnlich klein, verschrumpelt und schmeckt nicht, aber er läßt sich hervorragend kochen, braten und destillieren, zum *cidre*, Apfelwein, zum Beispiel, der hier gepflegt wird wie anderwärts der Wein, oder zum Branntwein *Calvados* aus dem Pays d'Auge, dessen appetit- und verdauungsfördernden Kräften Erich Maria Remarque und Georges Simenon zu literarischem Ruhm verhalfen.

Der Apfel wandert aber auch in Blutwürste, *boudins*, er begleitet Fleisch, Wild und Geflügel wie die feine Ente, den *caneton* von Rouen, der behäbig bourgeoisen Hauptstadt, wo Madame Bovary Zuflucht fand, oder er verleiht den berühmten *tripes à la mode de Caen*, Rinderkutteln und Kalbsfüßen mit Gemüsen und Kräutern in Form von Cidre und Calvados ihren ganz besonderen Duft; in Teig gebacken, mit grobem Zucker bestreut ist er als *bourdelot* die stimmige Krönung eines schwelgerischen Mahls. Und wem es gar zu opulent wird, der schalte eine Schluck Calvados zwischen den Gängen ein, das *trou normand*, das «normannische Loch» (ich persönlich ziehe den weichen, wärmenden Tropfen dem sonst an dieser Stelle üblichen eiskalten Sorbet vor).

Zwischen Apfelbäumen und Hecken weiden Kühe, die einen weiteren kulinarischen Schatz liefern: normannische Milch und Butter sind die bekanntesten, besten Frankreichs, dazu Sahne, Doppel-, Tripelrahm und Käse. An deren Spitze der sahnige *camembert*, der inzwischen überall nachgemacht wird, aber mit dem Markenzeichen VCN, Véritable Camembert de Normandie, unerreicht bleibt, daneben sind unter anderen auch die ebenfalls bekannten *livarot* und *pont-l'évêque* erwähnenswert.

Die Normandie wird bis zu ihrer Mündung in den Ärmelkanal von der Seine durchflossen, und die nahen Pariser sind es auch, die hier (zum Verdruß manches Ansässigen) ihre Landsitze einrichten, *manoirs* mit Fachwerk, Decken- und Stützbalken, wenn es sie nicht gleich an die Küste zieht unter jenem so überwältigend lichtgrauen Himmel, der schon Maler wie Corot, Monet, Matisse, Braque, Dufy und Léger anzog. Er verzaubert kalkweiße Klippen, lange Strände, Seebäder von nostalgischer Eleganz wie Honfleur, Trouville, Deauville, Cabourg, dem «Balbec» des Marcel Proust, wo seit bald zwei Jahrhunderten eine Schickeria die andere ablöst. Im wörtlichen Sinn Angelpunkte sind die betriebsamen Hafenagglomerationen Dieppe, Le Havre und Cherbourg.

Selbstredend gibt es dort Meeresgetier in Hülle und Fülle, Austern und Miesmuscheln in Weißwein, *marinières*, oder, auch wieder, in Sahne, *à la crème*, Jakobsmuscheln, *coquilles Saint-Jacques*, in heller Buttersauce, *au beurre blanc*, Krustentiere und Seefische aus dem tiefen Wasser – hier kann der meereshungrige Feinschmecker nach Magenlust schwelgen.

Mit dem sagenhaften Mont Saint-Michel, dem außerhalb von Paris meistbesuchten Monument Frankreichs, sind wir am südlichsten Ende der Normandie, gelangen wir in eine weitere großartige Meereslandschaft des Landes, die **Bretagne**.

Diese größte Halbinsel Frankreichs ist ein selbstbewußtes Eck mit eigener Kultur und eigener Sprache, die sich auf alte keltische Wurzeln zurückführen lassen, von denen auch die Menhire zeugen, riesenhafte kultische Grabsteine. Stolze Vergangenheit sind gleichfalls die frommen Kalvarienberge und ummauerten Kirchhöfe, zu denen die Gläubigen in anmutiger Tracht mit Bannern und Heiligenbildern wallfahrten. Und die Köpfe der eigensinnigen Bretonen – zu ihnen gehören Asterix und Obelix –, die sind so hart wie die Panzer ihrer Hummer und Langusten, wie überhaupt die *plateaux aux fruits de mer*, die Platten mit Meeresfrüchten auf zerstoßenem Eis und Seetang, die wie in der benachbarten Normandie zur kulinarischen Folklore gehören, Austern, Herzmuscheln, *coques*, Strandschnecken, *bigorneaux*, Meerspinnen, *araignées*, Taschenkrebse, *tourteaux*, Crevetten und was das Meer an Reichtum noch hergibt. Sie werden alle meist naturbelassen angerichtet, ohne viel Firlefanz, und die Zubereitung «*à l'armoricaine*» hat mit Armor, dem alten Namen der Felsküste, wenig zu tun, sie ist bloß eine Verballhornung von «*à l'américaine*».

Unter den ebenfalls (noch) vorhandenen Fischen ragen neben den edlen Arten die Makrelen, Sardinen, Barsche heraus, die auch gern in die *cotriade* wandern, eine Bouillabaisse des Atlantiks.

Wir wären nicht in Frankreich, gäbe es daneben nicht noch manche regionale Köstlichkeit, meist deftig rustikal wie der *kig-ha-farz* (er erinnert an die keltische Sprache), ein Rinder-Gemüse-Topf mit Buchweizenknödeln, das *gigot d'agneau*, die Lammkeule mit kleinen weißen Bohnen, dem Lieblingsgemüse der Bretonen, das *porc au lait*, Schweinefleisch in Milch und Kräutern, oder dann die althergebrachte *galette*, ein Butterkuchen aus Buchweizen, der hier oft mit Käse, Ei, Wurstscheiben oder grillierten Sardinen belegt wird, der *far breton* mit Backpflaumen oder der *kouin-gaman*, ein weiterer Butterkuchen, diesmal karamelisiert.

Die andere Landesspezialität der Bretagne ist die *crêpe*, ein hauchdünner Pfannkuchen aus Weizen, *froment*, oder Buchweizen, *sarrasin*, mit Puderzucker, Eiern und Milch. Sie gibt es auf tausenderlei Arten, schlicht oder raffiniert, salzig oder süß gefüllt mit Schweinewürstchen, Schinken, Käse, Tomaten, Pilzen, Meeresfrüchten, Sardinen oder mit Marmelade, Kastanienpüree, Apfelmus, Schokolade, Schlagsahne, Eis – so wurde die *crêpe bretonne* zum «Hamburger» ganz Frankreichs, den Studenten wie Arriviert mit Genuß futtern. Zu dem allen trinkt man auch hier einen *cidre*, Apfelwein, wie wir ja überhaupt schon oft bemerkt haben, daß sich die Regionen nicht rigoros trennen lassen. Natürlich darf es auch ein frischer trockener Weißwein sein, während der *chouchon*, eine Art Honigmet, wieder ein Sonderfall ist, und der im ländlichen Frankreich so beliebte Schuß Schnaps im Kaffee heißt hier *mic*.

Sei es im Inneren, um die Hauptstadt Rennes herum mit ihren mittelalterlichen Gassen und modernen Viertel, sei es an den Küstenstrichen mit hohen Wellen und weiten Stränden, mit Fischernestern und Seebädern, in Brest, dem größten Kriegshafen Frankreichs, oder in Saint-Malo, der alten Korsarenstadt, überall stößt der Besucher auf lebendige Vergangenheit und vitale Gegenwart.

Einer der elegantesten Badeorte die Atlantikküste hinunter, La Baule, liegt nahe der Loire, wo der längste Fluß Frankreichs ins Meer mündet. Wir wollen ihn stromaufwärts verfolgen, zunächst durchs flache **Pays de la Loire** mit der *métropole d'équilibre* Nantes, die uns die *sauce nantaise* geschenkt hat, jene herrlich sämige Sauce aus Butter und Weißwein, der wir schon in der Bretagne und Normandie begegneten. Dazu die kleine fette und feine Zuchtente *canard nantais*, die inzwischen ebenfalls in ganz Frankreich und darüber hinaus bekannt und begehrt ist. Auch die Weine aus den alten Grafschaften Anjou und Maine, die «weißen Beaujolais» *Muscadet* (am besten jung und aus Sèvre-et-Maine) und *Gros-Plant*, trocken, herb und prickelnd lebendig, gehören allüberall zu den gefragten Begleitern von Meeresfrüchten und Fisch; die Plantagenêts, Seigneurs d'Anjou und Könige von England kredenzten sie schon damals ihren erlauchten Gästen.

Weiter hinauf durchfließt der Strom in kapriziösen Windungen das eigentliche **Val de Loire**, das Loiretal, ein Wunderwerk der Natur, das Menschenhand zu einem Denkmal der Kultur gebildet hat. Hier droht es dem simplen Schreiber, ist er kein begnadeter Schilderer wie Rabelais, George Sand, Jules Romains oder selbst der «Prinz der Gastronomen» Sailland alias Curnonsky, die alle aus dieser lieblichen Landschaft stammten, die Sprache zu verschlagen. «Ich liebe sie, wie ein Künstler die Kunst liebt», sagte Balzac. Die Kathedrale von Chartres, die mehr als hundert königlichen

Schlösser, die Abteien, Wehrtürme und altertümlichen Ortschaften wie aus alten Stichen im Einklang mit dem anmutigen Gelände unter weichem Licht, sie atmen Ebenmaß, Harmonie und Charme.

Das läßt sich auch von der Küche der Loire sagen, nach der Augenweide die Gaumenlust: Alsen, Hechte und Salme im schon bekannten *blanc*, *rillettes*, *rillons* aus im eigenen Schmalz eingemachtem Schweinefleisch, Geflügel, Haar- und Federwild aus der Sologne, oft als *pâté*, Pastete, auch in dünnem Teig, in die gern Mangold, Sauerampfer und Spinat mit Kräutern als *tourte aux herbes* hineinkommen. Die Touraine und das Orléanais liefern Bohnen, Erbsen, Kürbis, Lauch, Minitomaten, Rockenbolle, Schalotten, Spargel, und Birnen, Erdbeeren, Kirschen, Pfirsiche, Nüsse sorgen für Abwechslung auf der Speisekarte. In Naturhöhlen und dunklen Kellern werden Champignons gezüchtet, *champignons de couche*, und die alte Universitätsstadt Tours, wo es ein «Institut du Goût» gibt, ein «Geschmacksinstitut», ist für seine *pruneaux*, Backpflaumen bekannt, die der *matelote d'anguilles*, einem Aalragout seinen überraschenden, herbsüßen Akzent verleihen oder in Rotwein eingelegt ein apartes Dessert abgeben.

Das Loiretal ist das Land der frischen, kräftig würzigen Ziegenkäse, die man auch gern mit Speckwürfeln zu grünem Salat ißt, das *crottin de Chavignol, olivet, sainte-maure, selles-sur-cher, valençay*, und auch das Backwerk hat Tradition, darunter die schon von Rabelais besungene *fouace*, ein flacher im Ofen oder Asche gebackener Kuchen aus Weizen-, heute auch Hefe- oder Briocheteig mit Eigelben, Butter, Safran (er wird in der Nähe angepflanzt) und Gewürzen, der *pithiviers* aus Blätterteig mit Mandelcreme oder vor allem die inzwischen weiterum beliebte *tarte Tatin*, ein gestürzter Blätterteigkuchen mit karamelisierten Äpfeln oder anderen Früchten.

Seit der Römerzeit sind die sanften Hügel Galliens mit Reben bestückt. Es muß genügen, nur einige ihrer Weine zu nennen: die Weißen *Pouilly-Fumé, Sancerre, Quincy* und *Reuilly*, die glorreich süßen *Quarts-de-Chaume, Saumur, Savennières*, die Rosés des *Vouvray*, die roten *Bourgueil, Chinon* und vor allem wieder aus dem *Vouvray* – sie alle sorgen dafür, daß man nach einem Besuch der zahllosen Denk- und Sehenswürdigkeiten Erholung und Entspannung findet.

Weiter vom Meer weg und vom Loiretal kommen wir in den hohen Osten Frankreichs, in die **Savoie**, nach Savoyen, das erst 1860 vom italienischen Königshaus zu Frankreich kam. Heute befindet sich dort um den Montblanc, den «Weißen Berg» herum, dem höchsten Gipfel Europas, das – wer würde das glauben? – größte Skigebiet der Welt. Chamonix, Megève, Courchevel, Val d'Isère, das sind für den Wintersportler und Bergsteiger Namen von verführischem Klang. Aber wie alle Alpengebiete ist Savoyen mit seinen weiten, hügeligen Almweiden auch ein Land der Milch, der Sahne und der Käse, des *beaufort*, Rivale des Emmentalers (dessen französische Version auch hier hergestellt wird), des mild sahnigen *reblochon*, der erdigen *tomme* oder des weichen *vacherin*, der reif aus der Rinde oder aus dem Spanring gelöffelt wird. Sie sind es auch, die vielen sättigenden Gerichten jenen sämigen Geschmack verleihen, für den die savoyardische Küche bekannt ist, die wärmende *fondue*, die *péla* aus Kartoffeln, Zwiebeln und Reblochonkäse oder die zahlreichen *gratins* und *soufflés* mit geriebenem Käse.

Wo Milchwirtschaft ist, gedeiht auch Vieh und Gemüse, und die feste, schmackhafte Kartoffel ist die Lieblingsknolle der Savoyarden. Als mit Eiern, Milch und Kräutern goldgelb überbackenes Püree wird sie zum *farçon*, mit Speck und Spinat als Pfannkuchen zum uns bereits bekannten *matafan*.

An Weiden und Wäldern, vorbei an behäbigen, blumengeschmückten Holzchalets geht es nordwärts bis zum Genfer See, dessen französisches Ufer, die «Côte Savoie», ein heute noch besuchenswerter, idyllischer Flecken ist. Im Chablais, dem «caput lacensis» Karls des Großen, findet man erholsame Uferstreifen, Strände bis zu den Bade- und Luftkurorten Thonon und Évian, deren Mineralquellen Heilung versprechen. Aus dem Wasser kommen Barsche, *perches*, und Felchen, *féras*, während die feinsten Seefische, der Blaufelchen, *lavaret*, und der delikate Saibling, *omble chevalier*, in den nahe gelegenen, schönen Lacs d'Annecy und de Bourget schwimmen.

Aus dem Städtchen Yenne, an letzterem gelegen, stammt auch der *biscuit de Savoie*, ein zartes Gebäck aus zu Schnee geschlagenen Eiern, Zucker, Mehl mit Vanille und abgeriebener Zitronenschale, und der *mont-blanc* aus Kastanienmus und Schlagsahne läßt uns zum Wahrzeichen Savoyens zurückkehren.

Was wir über die Savoie schrieben, gilt in vielem auch für die **Dauphiné**, das ehemalige Erbland der französischen Thronfolger, der dauphins, mit zwei wichtigen Ergänzungen allerdings: den *pommes dauphine*, ursprünglich nichts anderes als mit Crème fraîche überbackenen, mit etwas Butter und Knoblauch parfümierten Kartoffelscheiben, heute meist mit Eiern, Milch, Sahne und geriebenem Käse angereichert, und dann den Kastanien und Walnüssen aus der Umgebung der Hauptstadt Grenoble mit alten Kirchtürmen und modernen Hochhäusern, Stätte der Olympischen Winterspiele des Jahres 1968 und Sitz eines Atomforschungszentrums.

Bei Lyon haben wir die Rhone verlassen, wo sie gegen Süden abbiegt, und ihr wollen wir jetzt auf ihrem Weg ins Mittelmeer folgen durch die **Vallée du Rhône**, das Rhonetal, Vermittler zwischen Nord und Süd, zwischen dem Reich der Butter und dem Reich des Olivenöls. Normalerweise durchrast man es auf der «Autoroute du soleil», aber ein Halt hie und da ist in mehr als einer Hinsicht zu empfehlen, man kommt durch manch besuchenswerten Ort, das lebhafte Valence, durch dessen Umgebung man wie durch einen Obstgarten fährt, die Städte Orange und Arles mit ihren eindrücklichen antiken Bauten aus der Römerzeit, die Nougatstadt Montélimar, in deren Gassen es bei Mistral, dem trockenen Fallwind, manchmal fast unangenehm süßlich riecht, und Avignon, ehemalige Palastresidenz der Exilpäpste, wo man im Sommer in natürlichen Kulissen nachholen kann, was man im Winter versäumt hat, gar nicht provinzielles Theater und Konzerte von Molière und Shakespeare bis Michel Petrucciani, von Weltstars und Newcomern. Und die ganze Fahrt geht durch gemüse- und fruchtschweres Land, vorbei an terrassierten Hängen und an ausgedehnten Talsohlen, wo Wein wächst.

Es gibt Fachautoren, welche die *Côtes du Rhône* für «gewöhnliche Weine aus gewöhnlichen Traubensorten» (Johnson) halten, andere Liebhaber wieder (zu denen wir uns zählen) entdecken dort manchen Tropfen, der es mit berühmteren Rivalen aufnehmen kann. Einige davon seien kurz beschrieben: die *Côte Rôtie*, der «versengte Abhang» im Norden, wo die Römer in Gallien zuerst Wein anbauten, ist wuchtig und tanninreich, trotzdem aber fein und duftig, der *Condrieu*, ein charaktervoller Weißwein mit ausgeprägtem Aroma, und der darin eingeschlossene *Château Grillet*, eine reine Viognier-Appellation, feurig goldgelb, ist ein Geheimtip; der *Saint-Joseph* stammt aus der vorherrschenden Traube des Rhonetals, der alten Syrah, und er ist auch typisch, fruchtig zart und jung zu trinken; die *Crozes-Hermitage* sind gehaltvoller, der *Cornas*, gern unterbewertet, kräftig und elegant, einer der feinsten Weine von der Rhone; der *Saint-Péray* hingegen ist wieder trocken weiß, es gibt ihn auch als spritzigen, ernstzunehmenden Schaumwein, *mousseux;* die berühmteste Appellation des nördlichen Rhonetals ist der *Hermitage*, dunkelrot und kräftig wie ein guter Bordeaux; den ausgewogenen *Lirac* aus dem südlichen Abschnitt gibt es weiß, rot und, vor allem, rosé; der *Châteauneuf-du-Pape* schließlich aus der, wie der Name sagt, Nähe der Papststadt Avignon ist kräftig und vollmundig, von ihm ist insbesondere der weniger bekannte körperreiche Weiße einen Versuch wert.

Wir sind am Mittelmeer, Wiege unserer Kultur und «mare nostrum» der Lateiner. Dieses nostrum können wir getrost auch auf uns späte Nachfahren beziehen, denn immer noch pilgern Jahr für Jahr Scharen von Sonnenhungrigen an seine Küsten. Die **Provence** am südöstlichen Ende Frankreichs ist eine seiner magischen Provinzen, «als mir klar wurde, daß ich dieses Licht jeden Morgen wiedersehen würde, konnte ich mein Glück kaum fassen», rief der Maler Matisse aus, und andere, Cézanne, van Gogh, Picasso konnten ihm ebensowenig widerstehen. Sie hielten fest, was seither Abertausende von Besuchern überwältigt hat, ein Land der leuchtenden Farben, des lila Lavendels, der gelben Sonnenblumen, des roten Mohns, des goldenen Weizens, der silbergrünen Olivenbäume und auch der sattgrünen Rebe, in dem die bizarren Formen der Kiefern, Korkeichen, Pinien, Platanen, die dunklen Strauchdickichte der garrigues, der Heide, und das wirklich azurne Wasser an der **Côte d'Azur** Akzente setzen.

Ihr entlang die Sonnenstädte Nizza, Refugium der vermöglichen Rentner und vermögenjonglierenden (nicht immer ganz stubenreinen) Geschäftemacher, Cannes, Stadt der Filmfestivals und Musikmessen, das berühmt-berüchtigte Saint-Tropez, hinter dessen schicken Schicht vor allem in ruhigeren Zeiten immer noch das alte Fischerdorf schlummert, und etwas landeinwärts das großbürgerliche Aix-en-Provence mit seinen Musikfestspielen. Dazwischen die vielen pittoresken Jachthafen und verschlafenen Nester, wo man immer noch Gestalten trifft, die ein Daudet oder Pagnol – nein, eben nicht erfunden, sondern geschildert haben könnte. Das alles lädt nicht nur zum Faulenzen, sondern auch zum Genießen mediterran lockerer Lebensart, auf den Boule-Plätzen, wo das Kugelspiel zum Volkssport wird (mit ruhiger Passion betrieben, versteht sich, ohne übermäßige körperliche Anstrengung), auf den Märkten, lukullischen Paradiesen mit unendlichem Angebot, in den Bistrots und Straßencafés, die vom Apéritif, einem *pastis*, bis zum Eis- oder Schlummerbecher immer noch Mittelpunkt der dörflichen Gemeinschaft sind.

Und die Sonne ist immer mit von der Partie, auch wenn's ums Kochen geht. Sie gibt den Reichtümern aus dem Boden, an der Spitze Knoblauch, Oliven und ihr Öl, ihren unbeschreiblichen Duft, den Gemüsen, Kräutern und Früchten, zu denen wir auch die erwähnten Oliven zählen wollen, die in der Provence nicht bloß eine Cocktaildekoration sind, sondern aromatische Delikatessen. Selbst Basilikum, Fenchel, Kerbel, Petersilie schmecken hier anders – nach Basilikum, Fenchel, Kerbel und Petersilie, von Knoblauch (hier kann man Vorbehalte gegen die penetrante Knolle getrost fahren lassen, so süßlich mild schmeckt sie oft), Minze, Portulak, Rosmarin, Salbei Sarriette (Bohnenkraut), Zitronenmelisse und Co. ganz zu schweigen.

So scheinen mir oft die *petites farcis*, die «kleinen gefüllten» Auberginen, Paprikas, Tomaten, Zucchini(blüten), Zwiebeln der Inbegriff der provenzalischen Küche, ein Sonnentraum, zu dem auch die *ratatouille* gehört, ein Topf aus all diesen Gemüsen, ohne einen Tropfen Wasser geschmort.

Das Meer spendet immer noch verschwenderisch seine Schätze, von denen nur der *chapon*, Drachenkopf, genannt sei, der *loup*, Wolfsbarsch, dem wir am Atlantik als *bar* begegnet sind, der *pageau*, Rotbrasse, der *rouget de roche*, die Streifenbarbe aus Felswasser, oder die *cigale de mer*, ein langustenähnlicher Meereskrebs. Viele von ihnen wandern frisch in die *bouillabaisse*, die «Sonnensuppe» der Provence, die gekocht (bouillie) «heruntergeholt» (abaissée) wird. Für sie gibt es so viele Rezepte wie Fische und Köche, von denen jeder schwört, seine sei die einzig wahre. Eine etwas feinere Verwandte ist die *bourride* aus weißfleischigen Edelfischen, mit aïoli gebunden und ebenfalls auf gerösteten Brotscheiben mit der *rouille*, einer scharfen, rostroten Knoblauchmayonnaise, angerichtet.

Die Provenzalen müßten keine sinnenfrohe Genießer sein, hätten sie nicht pikante Muntermacher erfunden, die Appetit und Geschmack anregen. So einer ist die *anchoïade*, eine mit jungem Knoblauch, Weinessig, Olivenöl und Kräutern gewürzte Sardellenpaste, die man kalt auf geröstetes Brot schmiert oder in die man *crudités*, rohes Gemüse dippt; die *bagna cauda*, das «warme Bad» ist ihr warmes Gegenstück, und die *tapenade*, ein rezenter Aufstrich, besteht abermals aus Sardellen, schwarzen Oliven und Kapern, die hier wirklich nach den Blütenknospen schmecken, die sie eigentlich sind. Auf provenzalisch heißen sie *tapenos*, wie überhaupt diese kantable Sprache, in der Frédéric Mistral so vollendet dichtete und die heute dort wieder immer mehr geprochen wird, verrät, daß wir uns in Frankreichs Süden in einem romanischen Kulturraum befinden.

Auch das *aïoli*, eine würzige Knoblauchmayonnaise, gehört als Dip in diese Kategorie, wird allerdings mit Stockfisch, Meeresschnecken, Artischocken und anderen Gemüsen sowie Kartoffeln als *grand aïoli* zu einem üppigen Mahl nicht nur am Karfreitag, an dem es ursprünglich aufgetischt wurde. Für noch mehr Abwechslung auf der Tafel sorgen die *salade niçoise* aus rohen Gemüsen, vor allem Tomatenvierteln, harten Eiern, Sardellen und schwarzen Oliven, zu denen auch Thunfisch kommen kann, nie aber gekochte Gemüse und Kartoffeln – zwischen zwei große runde Brothälften gepackt, in Olivenöl gebadet, wird sie zum *pan bagnat* –, die *soupe au pistou*, eine nahrhafte Gemüsesuppe mit einer Würzpaste aus Basilikum, Knoblauch und Olivenöl, oder die *pissaladière*, eine Zwiebelpizza mit Sardellenpüree und Oliven, die wieder an das italienische Erbe dieses Landstrichs erinnert.

Die *tourte aux blettes*, die *tarte au citron*, Mangold-, Zitronenkuchen, wenn nicht die *fouace* mit Anis-Orangen-Safran-Aroma, sie sind die duftende Krone der provenzalischen Sonnenküche.

Das Lieblingsfleisch des Provenzalen ist jenes vom Lamm, das auf den kräuterreichen Hochweiden der Haute-Provence im Sisteron frei herumläuft. Es bringt in Erinnerung, daß auch das hoffentlich noch lange unberührte Hinterland dieser schönen Provinz den Bergen entgegen viel zu bieten hat: die je nach Sonnenstand ocker- bis rosenrotfarbenen Massive von Lubéron und Vaucluse, den Mont Ventoux, das «Dach der Provence», den großartig wilden Grand Cañon du Verdon und manche urtümliche Schönheiten mehr.

Bevor wir an die Küste zurückkehren, ein Wort noch zu den Reben, die den Lavendelfeldern den Platz streitig machen: Die Weine der Provence haben in den letzten Jahren große Fortschritte gemacht, nicht nur als frische, erfrischende Ferienrosés, sondern als rote und weiße *Côtes de Provence, Coteaux d'Aix, Coteaux des Baux, Bandols, Coteaux Varois* gehören sie inzwischen zu den gefragten Appellationen Frankreichs – dafür sorgt allein schon die Sonne.

Nahe dem Mündungsdelta der Rhone liegt Frankreichs zweitgrößte Stadt und bedeutendster Mittelmeerhafen **Marseille**, dessen Vieux Port nicht nur berüchtigt ist als Umschlagplatz für Drogen und für dubiose Mafiamachenschaften, sondern auch berühmt für die besten Bouillabaisses und eine weitere Spezialität, die *pieds et paquets*, Päckchen von gefüllten Hammelkaldaunen und Hammelfüßen mit Speck in Bouillon und Weißwein, eine echte Geschmackssache, denn sie müssen überaus sorgfältig zubereitet werden, sollen sie einem nicht den Appetit verderben.

Fast 200 km vor der Küste liegt die Insel **La Corse**, Korsika, ein Schmelztiegel alles Mediterranen, der eigentlich Italien näher ist, gegenüber der Schwesterinsel Sardinien. Das erklärt auch die vielen bewegten Unabhängigkeitsrevolten, die das Eiland immer wieder erschüttern. Trotzdem ist es bis heute ein französisches Département geblieben, nicht nur seines berühmtesten Sohnes Napoleon wegen, sondern auch kraft der engen persönlichen, beruflichen, wirtschaftlichen Bindungen der Korsen an das Festland, dort leben ihrer Zehntausende als Zollbeamte und Gendarmen, Rechtsanwälte und Ärzte, Schauspieler und Sänger wie einst Tino Rossi.

Korsika ist mit seinen Traumstränden, dem tief zerfurchten, romantischen Innern bis zu den hohen Bergen hinauf eine «Île de Beauté», eine Insel der Schönheit geblieben, die sich bis ins Kulinarische ihre wilde Eigenart bewahrt hat: neben Oliven, Auberginen, Tomaten, Zucchini vor allem Kastanien, das «Brot der Korsen», und rare Früchte, Beeren, Blätter vom Erdbeerbaum, *arbousier*, und Myrte.

Die *charcuterie*, Fleisch-, Wurstwaren, stammt vom emsig schnüffelnd herumlaufenden Schwein, das sich von den Wurzeln und Kräutern der nur ihm zugänglichen Macchia ernährt, dem dichten Buschgestrüpp, von Beeren und Kastanien. Diese tauchen denn auch in vielen korsischen Speisen auf, zu Mehl gemahlen zusammen mit dem *brocciu*, einem Quark aus Schafs- oder Ziegenkäse, als *brilloli*, einer aparten Art der Polenta des nahen Italiens, oder süß mit Mandeln, Pinienkernen und Rosinen als *torta castagnina*. Ein Erbe des Nachbarlands sind auch die mit gehacktem Schaf-, Kalb-, Rindfleisch gefüllten *raviolis*. Von Teigwaren, Nudeln wird auch das *stufato* begleitet, ein Schmortopf aus Hammel-, Rindfleisch mit Tomaten, Zucchini, Pilzen und Kräutern.

Korsika ist rundum von Meer umgeben, also gibt es dort auch Fische und anderes Getier. Von ihnen sei die *morue* besonders erwähnt, der Klipp-, Stockfisch, der es allen Seefahrervölkern angetan hat. Hier wird er zum Beispiel mit Mangold und Korinthen zubereitet. Und natürlich haben auch die Korsen ihre Fischsuppe, sie heißt *ziminu* und ist reich mit Knoblauch, Tomaten, Zwiebeln, Fenchel, Safran, Thymian gewürzt.

Setzen wir von Marseille aus unsere Wanderung entlang der Mittelmeerküste Frankreichs fort, gelangen wir zwischen den beiden Mündungsarmen der Rhone, die **Bouches-du-Rhône**, in die Camargue, jenen im wörtlichen Sinn wundervollen Naturpark von Sümpfen, Lagunen, Seen, von Reisfeldern und Salinen, welche Wunder allerdings oft mit Zäunen und Stacheldraht gegen die Trampeltouristen geschützt werden müssen. Hier machen Flamingoschwärme dem rosenroten Abendhimmel Konkurrenz, hier hüten *gardians*, die Cowboys der Camargue, weiße Pferde und schwarze Rinder. Das gibt uns Gelegenheit nachzutragen, daß man in der Provence auch Rindfleisch sehr wohl zu schätzen weiß, nicht nur als *bœuf à la gardian* mit Speck, Knoblauch, Kartoffeln, Zwiebeln und Kräutern, sondern auch als Ragout, *bœuf à la provençale*, aus Rinderbratenstücken, als Rouladen, *paupiettes*, oder als die im ganzen Süden so beliebte *daube* (die man auch mit anderem Fleisch oder Geflügel zubereiten kann), mit Gemüsen stundenlang leise geschmort.

Ein Umweg über das verwitterte Felsennest Les Baux und die Römerstädte Arles und Nîmes lohnt sich, bevor man ins **Languedoc-Roussillon** kommt. Zwar zählt man es ebenfalls zum sonnigen Süden, aber es ist, als brenne dieses Himmelsgestirn hier unerbittlicher, sengender. Entsprechend trocken, verschlossen ist auch der Languedocien, die Natur schenkt ihm nichts, Dürre wechselt mit Überschwemmungen, und er muß sich sein bescheidenes Leben hart erarbeiten.

Die Küste jedoch, früher versumpft und mückenverseucht, ist heute ein verlockendes Ferienland mit einladenden Stränden, Badeorten und Häfen – unter diesen das alte Sète, aus dem der Chansonnier Georges Brassens stammte und der Dichter Paul Valéry, der von seiner Heimatstadt sagte, er sei dort geboren, wo er auch habe geboren werden wollen.

Die Küche des Languedoc widerspiegelt diese Gegensätze: am Meer, Austern, *bouzigues*, Venusmuscheln, *clovisses*, Seeigel, *oursins*, Langusten und Fische, die man einfach, aber köstlich *au fenouil*, mit Fenchel zubereitet, oder als *brandade*, ein Stockfischpüree mit Milch und Olivenöl, als *bouillade* in den Suppentopf gibt (wie überhaupt viele mit -ade endende Gerichte darauf schließen lassen, daß sie aus dem Languedoc stammen). Ansonsten ist die Kost auch im Landesinneren robust, aber beileibe nicht reizlos. Das gilt besonders für das *cassoulet*, eine Kasserolle voll in Gänseschmalz, Speck und Würzzutaten lange und langsam geschmorten weißen Bohnen mit Schweinefleisch (*cassoulet de Castelnaudary*), Hammelfleisch oder Rebhuhn (*cassoulet de Carcasson*) oder eingemachter Gans, Ente und Knoblauchwurst (*cassoulet de Toulouse*) – ich wage nicht zu entscheiden, welches das beste ist. Überhaupt ist das *confit*, im eigenen Fett eingemachtes Fleisch, vor allem Gans, Ente, aber auch Kaninchen und anderes, ein Labsal für hungrige Mägen und Seelen. Auch der *tourain*, eine Brotsuppe mit Knoblauch, Tomaten, Zwiebeln und Schmalz, wie das nahrhafte *millas*, ein salziger oder, mit Zucker bestreut, süßer Maisbrei, sind probierenswert.

Das angrenzende Roussillon – der Name kommt von den rötlichen Wänden seiner Felsen – ist hingegen wieder ein Land der segensreichen Sonne, dafür sorgt schon das nahe Spanien. In Perpignan, Prades, wo sich der integre Patriot und Meistercellist Pablo Casals wohlfühlte, und an der Küste spricht man schon Katalanisch, und – im guten Sinne – spanisch kommen einem auch die Gerichte vor, die *paella*, die Knoblauch-Paprika-Wurst *chorizo*, die Kohlsuppe *oulade*, die *cargolade* (Sie wissen ja: -ade …), auf Rebholz gegrillte Schnecken oder die geradezu iberisch süßen *tourons*, ein aromatischer Konfekt aus zerstoßenen Nüssen mit getrockneten Früchten, Eiweiß und Zucker.

Im Roussillon wachsen zudem *primeurs*, Frischgemüse, Aprikosen, Pfirsiche und Muskatellertrauben, denn man realisiert nicht immer, daß die ganze Provinz auch das größte zusammenhängende Rebgebiet ist, die *Costières-du-Gard, Coteaux du Languedoc*, der *Minervois, Fitou, Corbières* passen nicht nur zu den Regionalgerichten, ganz zu schweigen von den wunderbar edelsüßen *Rivesaltes* und *Banyuls*, die, «les contraires se touchent», die Gegensätze berühren sich, so ausgezeichnet zum pikant würzigen *roquefort* schmecken, der in Höhlen der Cevennen am Rande des Zentralmassivs reift.

Weiter die französischen Pyrenäen entlang kommen wir in die Provinz **Midi-Pyrénées**, die erst seit der Verwaltungsreform in den sechziger Jahren diesen Namen trägt, der aber enthält, was er verspricht: sonnigen Süden und hohe Berge. Diese natürlichen Landschaften haben auch natürliche Menschen hervorgebracht voller Daseinsfreude und unbändigem Freiheitsdrang seit alters – wen wir Prahlhans nennen, der gilt für die Franzosen als «ein echter Gascogner». Diese eigenwillige Gemarkung war die Heimat der fecht- und trinkfreudigen drei Musketiere, des Freigeists Cyrano de Bergerac, und nahe der «purpurnen» Stadt Albi stand das Schloß, in dem der unkonventionelle Graf und Maler Toulouse-Lautrec geboren wurde. Solch draufgängerisches Ungestüm läßt sich selbst in der Gegenwart im bürgerstolzen Toulouse erkennen, das sich zum Zentrum der französischen Luftfahrtindustrie entwickelt hat.

Es ist wohl kein Zufall, daß aus dieser Provinz auch der *Armagnac* herkommt, der älteste Edelbranntwein Frankreichs, der gute Geist des **Sud-Ouest**, des Südwestens, voll Kraft und Feuer. Diese starke Würze zeichnet ebenfalls die Gerichte dieses Landstrichs aus, die *garbures* und *tourins*, dicke Suppen, die eine ganze Mahlzeit versehen, oder die *alicots*, derb rustikale Ragouts, sie alle duften nach Knoblauch, Schalotten, Zwiebeln und Gewürzen, und die maisgefütterten Gänse, Enten liefern das Fleisch dazu, wenn sie nicht im Schmalz als *confit* eingemacht werden oder gar als begehrte Stopfleber auf den Tisch kommen. Dazu kommen Rind, Schwein, Schaf bis zu Wild, Wildschwein, Tauben und anderes Fluggetier. (Die Drosseln, Fettammern, Lerchen, Schnepfen wage ich aus Tierschutzgründen fast nicht hinzuzuschreiben.) Und wer wieder einmal Lust auf Bratkartoffeln hat, wird von den *pommes sarladaises* nicht enttäuscht sein, in Gänseschmalz mit Petersilie und Knoblauch gebratenen Kartoffelscheiben.

Die Römer nannten diese Provinz die «Kornkammer Galliens», und selbst die *cruchade*, eine oft gezuckerte Art Polenta, besteht aus Mais, es sei denn, man kehre zum

Armagnac zurück, in dem man Apfelscheiben einweicht, die dann auf einen Teigboden gelegt als *stis gascon* einen zu guter Letzt stärkenden Nachtisch ergeben.

Am südwestlichsten Eck Frankreichs befindet sich das **Pays basque**, das Baskenland, dessen Name schon sagt, daß Spanien nicht fern ist. «Hier will niemand erlöst werden, weil niemand sich unterdrückt fühlt», hat Kurt Tucholsky bei einem Besuch festgestellt. Hier wird, versteht sich, die krempen-, schirmlose Baskenmütze getragen, das kraftvolle Ballspiel pelote gespielt und noch Baskisch gesprochen, jenes alte iberische Idiom, das sogar in den Namen mancher Speisen durchschimmert: die *elzekaria* ist eine bäuerische Suppe aus weißen Bohnen, Weißkohl, Zwiebeln und Speck, die *tripotcha* eine derbe Wurst aus Innereien von Hammel oder Kalb, die *hachua* ein würziges Ragout aus geschmortem Kalb- oder Rindfleisch. Die Fischsuppe der Basken heißt *ttoro* (ausgesprochen «tioro»), und die *piperade*, ein Paprika-Tomaten-Omelett, erinnert daran, daß das Pays basque ein Land der milden oder scharfen, grünen oder roten Pfefferschoten ist, die hier «piper» genannt werden. Zählt man die *pibales*, winzige Glasaale, und *chipirons*, Tintenschnecken, aus dem Atlantik hinzu sowie den milden, süßlich-nussigen Knochenschinken aus Bayonne, wird man inne, wie herzhaft abwechslungsreich die Tafeln auch des Baskenlands gedeckt sind.

In Pau, der Hauptstadt der **Pyrénées-Atlantiques**, wurde der gute König Henri Quatre geboren, dessen Lippen bei der Taufe mit einer Knoblauchzehe eingerieben, mit goldenem *Jurançon*-Wein benetzt wurden, um aus ihm einen ganzen Mann zu machen, der er ja auch wurde. Die Franzosen lieben ihn heute noch als toleranten Calvinisten, dem Paris eine Messe wert war, als sozialen Wohltäter, der jedem Untertanen sonntags sein Huhn im Topf wünschte, «une poule dans le pot», und als – Frauenhelden.

Am Meer, ab dem Badeort Biarritz etwa, der nostalgisch und immerjung ist wie eine launische Diva, beginnt an der unteren Atlantikküste die **Aquitaine**, Aquitanien, das «Reich der Gewässer», aber auch, könnte man hinzufügen, des Knoblauchs, denn die *aillade* («ail» heißt er auf Französisch), eine Zubereitung mit Knofel, ist hier so heimisch wie das aïoli in der Provence.

Wir ersparen es uns, wieder auf die unendlichen Meeresgaben hinzuweisen, die auch hier im Überfluß angeboten werden (mit Ausnahme vielleicht der Austern aus *Arcachon*, die mit würzigen Würstchen so überraschend gut schmecken), dies um so mehr, als es im grünen, hügeligen Binnenland wieder einmal manches Schlemmerparadies gibt mit einer «Küche ohne Butter und Tadel» (Curnonsky), das selbst im verwöhnten Frankreich herausragt, an der Spitze das **Périgord** mit seinen zu bastides wehrhaft ausgebauten Dörfern und, was hier gewiß mehr interessiert, den Stopflebern von Gänsen und Enten, den *foies gras*, und den wundersamen Trüffeln, *truffes*, den «schwarzen Diamanten der Küche»; wohl nicht gesteigert, aber ergänzt werden diese Pretiosen durch weitere Naturgüter, Kastanien, Walnüsse und Waldpilze, Ente (von ihr das rosa gebratene *magret*, Brustfilet), Gans, Truthahn und Schwein, *lou moussu*, Puffbohnen, *fèves*, weiße, grüne, rote Kohlköpfe und Salate, meist mit mild-aromatischem Nußöl angemacht. Das alles läßt sich auf mancherlei appetitliche Art zubereiten, füllen, kombinieren.

Die kleinen Schafs- und Ziegenkäse *cabécou*, *rocamadour* sind der geziemende Abschluß solch eines genußreichen Mahls, wenn man nicht lieber gleich zu einem süßen *pescajoun* greift, einem Obstpfannkuchen, während der *pastis* hier für einmal kein Aperitif ist, sondern ein hauchdünn ausgerollter Strudelteig mit Äpfeln und Armagnac.

Auch in den benachbarten Landschaften, der so sanften wie manchmal wilden **Dordogne** oder dem abgelegeneren **Quercy**, kann man es sich wohl sein lassen, wir wollen die Qual der Wahl nicht verlängern. Und das **Béarn** beziehungsweise ein Koch aus dieser Gegend hat uns die inzwischen international bekannte *sauce béarnaise* geschenkt, jene raffinierte Buttermayonnaise ohne Öl.

Wem nach all diesen Genüssen die Verdauung zu schaffen macht – wen würde's wundern? –, der helfe mit in Rotwein eingelegten Backpflaumen, *pruneaux*, nach, oder mit einem Lokalwein von überregionalem Reiz, *Bergerac*, *Gaillac*, dem dunklen *Cahors*, sie kommen überhaupt allmählich – zu Recht – wieder in Mode; schließlich sei zu einer *vieille prune* geraten, einem exzellenten Zwetschgenwasser, oder gar, das Gute liegt so nah, zu einem alten *Cognac* aus den Charentes, dem edelsten aller Weinbrände, einem wahren Lebenswasser, über das schon Bände geschrieben worden sind.

Womit wir im nördlichen Teil Aquitaniens wären, dem **Poitou-Charentes**. Dort gibt es abermals manche Zehr aus dem Meer, von denen nur die Austern von *Marennes-Oléron* genannt seien, die man wieder gern mit heißen Grillwürstchen oder gratiniert ißt, sowie die Miesmuscheln, *moules*, die als *mouclade* in einer deliziösen Sauce aus trockenem Weißwein (*Muscadet*, *Entre-Deux-Mers*), Sahne, Kräutern und Gewürzen gekocht werden. Die obligate Fischsuppe nennt sich hier *chaudrée*.

Hauptanziehungspunkt wird für den Gourmet jedoch wohl die Gegend um Bordeaux sein, die alte Hafen-, Handels- und Kulturstadt am linken Ufer der Garonne, bevor sie durch den Gironde-Trichter in den Atlantik mündet. «Nehmt Versailles und fügt Antwerpen hinzu, dann habt ihr Bordeaux!» schrieb Victor Hugo, und «nehmt das Bordelais, und ihr habt die größten Rotweine der Welt!» möchten wir fortfahren. Die *sauce bordelaise* mag eines der kulinarischen Wahrzeichen des **Bordelais** sein, eine braune Sauce aus Rot-, auch Weißwein, Markwürfeln, Schalotten, Lorbeer, Thymian und schwarzem Pfeffer, aber ansonsten wird es den Kenner in eines der größten, berühmtesten Rebgebiete der Erde ziehen. Wieder einmal können wir nur die herausragendsten Lagen aufzählen: *Médoc*, *Saint-Émilion*, *Pomerol*, *Fronsac*, in ihnen die Premiers Grands Crus und Châteaux von *Pauillac*, *Margaux*, *St-Estèphe*, *St-Julien*, *Moulis* – das sind alles Namen, die auf den Connaisseur geradezu sinnbetörend wirken. (Ein Tip: Die Zweitetiketten der *grands vins* lassen an Ebenbürtigkeit oft wenig zu wünschen übrig, sind aber ihren etwas bescheideneren Preis wert.)

Nicht übersehen sei, daß es auch großartige weiße Bordeauxweine gibt, die trockenen *Graves*, die natursüßen *Sauternes* und den unübertrefflichen *Château d'Yquem*. Kein Wunder, füllen die Bücher über die Weine von Bordeaux ganze Bibliotheken, es bleibt in diesem gedrängten Rahmen nichts, als auf sie hinzuweisen.

Landeinwärts, gegen den Nordwestrand des Zentralmassivs zu auf der Scheide zwischen Süd und Nord, gelangen wir ins **Limousin**, in dem neben Landwirtschaft und Viehzucht einst das Gewerbe blühte, aus dem manchenorts Kunsthandwerk wurde. In Aubusson entstanden und entstehen heute noch farbenprächtige Gobelins und Tapisserien, in der Hauptstadt Limoges ein kostbares Porzellan, das seit 1836 unverändert begehrt und beliebt ist. Aus dem lange abgelagerten Holz der Steineiche zimmern Böttcher kleine dünnwandige Fässer, die heute wieder so verbreiteten *barriques*, in denen Wein und Destillate aufbewahrt werden, im Limousin selbst ausgezeichnete *eaux-de-vie* aus Kirschen, Pflaumen, Zwetschgen, wenn nicht, besonders duftig, Heidelbeeren, Himbeeren, Quitten, Wacholder, Walnüssen.

Arbeit macht Hunger. Ihn stillte man mit einer *bréjaude*, einer dicken Kohlsuppe mit Speck und Kartoffeln auf Roggenbrotscheiben, mit einem *boudin*, einer Blutwurst mit Kastanienfüllung, mit anderen Würsten, Schinken, dem *lièvre en cabessal*, dem würzig gefüllten Hasen, der so mürb ist, daß man ihn mit dem Löffel essen kann, oder weiteren *farcidures*, gefüllten Kartoffeln, Klößen, Kohlköpfen, Pilzen.

In der Saison verdingten sich die Limousins als Bauarbeiter, Maurer, Polierer nach Paris, und der Schutzmantel ihrer Fuhrleute, die «limousine», gab ihren Namen bis heute für eine geschlossene Karosserie. Vielleicht packten sie auch einen *clafoutis* ein (oder wenigstens das Rezept dafür) als kulinarisches Mitbringsel, jenen köstlich saftigen Auflauf aus schwarzen Kirschen, dem wir als *millard* auch in der benachbarten **Auvergne** begegnen.

Warum diese Provinz, auch bei den Franzosen selbst, als karg und dürftig gilt, ist nicht recht einzusehen, denn diese Landschaft inmitten des Zentralmassivs, die «Minister, Käse und Vulkane hervorbringt» (Vialatte), hat sehr wohl ihren Reiz, gepflegte Felder, beschauliche Flußauen, malerische Ortschaften mit wehrhaften Kirchtürmen, das traditionsreiche **Bourbonnais**, Stammland der Bourbonen, die auf so viele Throne Europas gelangten, die winklige Hauptstadt Clermont-Ferrand mit ihren Häusern aus düsterschwarzem Lavagestein, Sitz der Gummikönige Michelin, das berühmte Thermalbad Vichy mit seinen sprudelnden Quellen aus vulkanischem Boden, die auf einem Hügel malerisch gelegene Stadt der Spitzen Le Puy.

So natürlich wie diese Landschaft, so festverwurzelt wie ihre Bewohner ist auch die Küche der Auvergne. Wir haben auf unserer kulinarischen Tour de France schon manches Mal erfahren, wie erfinderisch die Franzosen auf dem Gebiet der Suppen und Eintöpfe sind, und hier fühlt man sich vollends in einem Kern dieser bodenständigen Kochkunst. Die *potée* besteht aus Schweinefleisch, Würsten, Kohl, Möhren und weißen Rüben, und in die *soupe aux choux* – der Name ist ein Understatement! – kommen zusätzlich noch gefülltes Huhn, Kalbshachse und Rinderkotelett; der *mourtayrol* enthält Huhn, Rindfleisch, Schinken, Gemüse und Safran, er wird gern zu Ostern aufgetischt, das *cousinat* ist eine Kastaniensuppe mit Lauch, Sellerie und Zwiebeln, aus den Flußfischen Aal, Felchen, Hecht, Karpfen, Schleie wird die würzige *matelote* zubereitet, ein Anglergericht – nicht ohne Grund liegen solch deftige, rustikale Genüsse aus der Familie des pot-au-feu den Feinschmeckern aus und in Frankreich neben allem Raffinierten, das es zu bieten hat, besonders wohlgefällig an Herz und Magen, sie sind der natürliche Ausdruck der Sinnenfreude einer jeden Region, einer jeden Landschaft.

Entbeinte Hammel-, Lamm-, Kalbsbrüste werden mit weißen Bohnen, Möhren, Zwiebeln gefüllt zu *faletts*, die *omelette brayaude*, nach den «braies», den Hosen der alten Gallier so benannt, ist ein Omelett mit Kartoffeln, den «Trüffeln der Auvergne», Schinken, geriebenem Käse und Rahm; die Karotten, *carottes*, aus Vichy und die frischen grünen Linsen, *lentilles*, aus dem Puy, die besten weit und breit, sind zu Recht berühmt, und Früchte aus den Gärten, Äpfel, Birnen, Kirschen, Aprikosen, Pfirsiche und manche mehr, werden, neben den bereits erwähnten *millards*, als *flaugnardes* in Teig überbacken oder zu Konfitüren wie auch, besonders typisch, Obstpasten verarbeitet.

Die Käse von den Weiden sind ein weiteres Ruhmesblatt der auvergnatischen Küche, die blauschimmligen *bleus* wie die leicht bitterliche *fourme d'Ambert*, Verwandte des Roquefort, der grasig-nussige *saint-nectaire*, verschiedene aromatische Ziegenkäse – das flachwellige Zentralplateau wird zur Käseplatte. Zur Besänftigung von Gemüt und Magen sei noch nachgetragen, daß aus Velay die beruhigende *verveine* kommt, das Eisenkraut, aus dem man einen sanften Tee aufbrüht.

Wie sagt doch der prominente französische Restaurantführer Michelin, wenn er auf etwas Besonderes hinweisen will? – «Vaut le voyage.» Und in der Tat, Frankreichs Küchen sind eine – nein: v i e l e Reisen wert.

Französisch-Polynesien ↑ Südsee

Grenada ↑ Mittelamerika/Antillen

Griechenland, Malta, Zypern Eigentlich ist **Griechenland** nichts als eine kleine zerklüftete Halbinsel am Rande Südosteuropas, und doch ist es das, «was jedermann kennt,

GRIECHENLAND

auch wenn er noch nie dort gewesen ist» (Henry Miller). Wer hierher reist, will meist nicht nur in die Sonne ans Mittelmeer, die Ägäis, sondern zurück nach Hellas, der Wiege des Abendlands, in der unsere Kultur sich nach langer Starre bewegen lernte. Die fatalistischen Schicksalsmächte wichen lebendigen Göttern, denn «der Sinn der Griechen war, den Menschen zu vergöttern, nicht die Gottheit zu vermenschlichen» (Goethe). Die Säulen und Statuen, die Palasttempel und Pantheons, deren Überreste dort heute noch zu besichtigen sind, erinnern uns daran, daß für die Griechen der Mensch das Maß aller Dinge war, «die tiefsten und kühnsten, die frömmsten und frechsten Gedanken über Götter, Welt und Menschenwesen haben ihren Ursprung in Griechenland» (Rohde).

Wer mit solch hehren Gedanken in die Hauptstadt Athen kommt, wird zunächst enttäuscht sein, denn sie ist heute eine wuchernde, brodelnde Megalopolis, durch die sich Herden von (unpassend gekleideten) Touristen wälzen, Scharen von Autos, diesen mechanischen Eseln, ihren Weg bahnen, bis der alljährlich wiederkehrende Smog allen Verkehr lahmlegt. Ein paar Schritte jedoch, und wir stehen vor dem Felsklotz, auf dem die ehrfurchtgebietende Akropolis, die «hohe Stadt», mit dorischen Säulen, ionischen Friesen, marmornen Altären, Tempeln und Höfen antiken Geist ausströmen. Viele der Kunstwerke kann man angenehm kühl und in Ruhe im Mousío Akropóleos anschauen, aber auch mit den vielen Museen ist es in Griechenland so eine Sache: Man sollte sie allein und nicht länger als ein, zwei Stunden besuchen, denn sonst vernebelt einem das Übermaß die Sinne.

Dies ist kein Reiseführer, und so lassen wir die unzähligen verlockenden Ziele Griechenlands weg, die Natur und Geschichte hier ausgebreitet haben: Bergketten mit in Steinwälle gepferchten Dörfern und mythische Provinzen, Makedonien, seit Alexander dem Großen ein Land politischer, ethnischer, kultureller Auseinandersetzungen, Thrakien, der Peloponnes mit Olympia, Epidaurus, Mykene und Sparta, Bergklöster, Ölberge, Weinberge mit Ruinenstätten und Grillengezirpe, weißgetünchte Häuser und pastellfarbene Mauern bis hinunter zu den hellen Sandstränden am azurblauen Meer, und darin zahllose Inseln, die Sporaden, Ionischen, Saronischen Inseln, Dodekanes, Kykladen, Rhodos, Kreta und mehr, für jeden Geschmack ein Eiland, gelüste es einen nach Fremdenrummel oder Ruhe und Einsamkeit.

Es bleibt nachzutragen, daß man mit seinem Schulgriechisch nicht weit kommt, denn das verstehen auch die Neugriechen nicht; geblieben sind nur die griechischen Buchstaben, und so versuche man es lieber mit Englisch oder Französisch, es sei denn, man stoße auf einen ehemaligen Gastarbeiter aus Deutschland.

Kehren wir also in einer der Tavernen ein mit Knoblauchschnüren und Artischockenkugeln vor der Tür, die hier so zahlreich sind wie der Sand am besagten Meer. Auch hier muß die Vorfreude gedämpft werden: Die Gastronomie Griechenlands ist nicht so raffiniert wie in manch anderen Ländern am Mittelmeer, Stoffdecken und neue Bestecke für jeden Gang gibt es nur in den besseren Gaststätten, das Essen kommt oft lauwarm auf den Tisch, man ißt, um satt zu werden und – sich dabei zu unterhalten. Trotzdem wird man sich einige bäuerliche Spezialitäten mit türkischem oder arabischem Einschlag merken, mit Olivenöl, Zitrone, Knoblauch, Tomaten, Zwiebeln und Kräutern wie Oregano. Sie vertreiben die Eintönigkeit, besonders, wenn man sie vorher in der Küche auf dem Herd oder im Kühltresen ansehen und auswählen kann, was ein Zeichen ist für ein echt griechisches Lokal – Bouzouki-Musik kann man auch anderswo hören.

Choriátiki saláta ist ein griechischer Salat aus Gurken, Tomaten, Zwiebeln, Oliven und Feta (auf den wir später kommen), *dolmadákia* sind kalt servierte, mit Reis gefüllte Weinblätter, *dolmádes* ebensolche mit Reis und Hackfleisch gefüllt und warm aufgetischt, *piperjés* gebratene grüne Paprikaschoten, *dsadsíki* ist Joghurt mit geriebener Salatgurke, Knoblauch, Zwiebeln und Olivenöl, der zu gebratenen Zucchini besonders gut schmeckt.

Als Hauptgang (in Griechenland kommt allerdings oft alles zusammen auf den Tisch) empfiehlt sich eine deftige *mussaká*, ein Auflauf mit Lagen von Auberginen, *melidsanes*, Kartoffeln und Hackfleisch in weißer Milchsauce, ein *pastítsio*, ein italienisch angehauchter Auflauf aus Makkaroni und Lamm-, Hammel-, Ziegenhack in weißer Sauce, *suvláki*, Fleisch und Gemüse vom Grillspieß, oder einfach

eine *brizóla*, ein Rinds-, Schweinekotelett, eine *paidákia*, ein Lammkotelett, während das *stifádo*, ein Rinder- oder Kaninchengulasch mit Zwiebelgemüse in einer Tomaten-Zimt-Sauce, schon einige Zeit im Topf gebrodelt haben muß.
Natürlich gibt es Fische und anderes Meergetier zuhauf, hier seien nur die *chalkidikí*, frische Meermuscheln, sowie *kalamária* und *oktopus*, Tintenfische, genannt, die man gekocht warm oder kalt als leicht säuerlichen Salat herrichtet. Die Fischsuppe *kakavia* kann es mit ihren vielen Kolleginnen von anderen Mittelmeerküsten aufnehmen, und der als «Hummer» angepriesene *astakós* entpuppt sich als Languste, ist aber deswegen nicht weniger vorzüglich.
Der griechische *feta*, ein bröckeliger Salzbadkäse, der aus Schafmilch sein sollte, pikant und leicht säuerlich, aber nicht bitter, gehört in fast jeden Salat. Die frisch geernteten Früchte sind in jedem Fall ein Genuß: Aprikosen, Erdbeeren, Feigen, Granatäpfel, Pfirsiche, Trauben, Wasser-, Honigmelonen. Die Süßspeisen verraten den nahen Osten, *baklavás* aus in Honig getränktem Blätterteig mit Mandel-, Walnußfüllung, *kataïfi*, eine mit Mandel- und Haselnußsplittern gefüllte Blätterteigrolle in Honigsirup, oder *galaktobreko*, ein mit Grießpudding gefüllter Blätterteig (es handelt sich immer um den orientalischen, locker knusprigen Phylloteig).
Dazwischen knabbert man Kürbis-, Sonnenblumenkerne, Mandeln, Kichererbsen oder vor allem Pistazien. Sie erhält man auch in einem der Kaffeehäuser vorgesetzt, wo schon die nahe Türkei herüberwinkt. Im dickflüssigen griechischen Kaffee, *kafé ellinikó*, wird nämlich das Kaffeepulver in langstieligen Kännchen mit Wasser und auf Wunsch Zucker zusammen aufgekocht, es gibt ihn ungesüßt, *sketó*, leicht gezuckert, *métrio*, oder sehr süß, *glikó*. Hier trafen sich einst (und heute noch), wir sind schon halb im Orient, die Männer unter dem Blätterdach einer Platane oder am gußeisernen Ofen unter sich zu einem Schwatz, zum Rauchen, Trinken, Spielen und – Faulenzen am Morgen, Nachmittag und Abend, heute ist man nicht mehr so streng.
In solch einem Lokal darf's – es nennt sich dann Ouzerí – auch ein *Ouzo* sein, jenes Nationalgetränk der Griechen, das zu jeder Gelegenheit paßt, als Aperitif zu *mezédes*, Appetithappen, *taramosalata*, einer Fischrogenpaste mit Zwiebeln, Dill, Olivenöl und Zitronensaft, oder zu *keftedes*, würzigen fritierten Hackfleischbällchen mit Minze, Zwiebeln, Eiern und Speck, aber auch zum Essen und danach. Er schmeckt nach Anis, und man trinkt ihn unverdünnt klar oder mit Wasser milchig trüb wie den französischen Pastis. Auf der südlichsten Insel, Kreta, Schnittpunkt von Asien, Afrika und Europa, nimmt der *Rakí* seine Stelle ein (wohingegen – so kompliziert kann die Gastronomie sein – der türkische Raki dem Ouzo entspricht), er wird, eine Art Grappa, aus Weintrester gebrannt, dem man oft Sultaninen und Melonenscheiben beigibt.
Eigenartig ist auch der *Retsina*, ein recht rauher Wein, der seinen Terpentingeschmack von den mit Harz von den Aleppo-Kiefern verpichten Fässern herhat und deshalb Geschmackssache ist. Daneben gibt es, das soll noch gesagt sein, sehr anständige griechische Weine, rote und weiße, trockene und süße; ihnen und ihrem Gott Dionysos huldigten schon die alten Griechen.
Was immer man in Griechenland auch ißt und trinkt (selbst das kühle klare Leitungswasser *neró*, das einem bereitwilligst offeriert wird, als Begrüßung, zum Kaffee, zum Essen, zum Kuchen, gar zu Bier oder Limonade), es wird übergoldet von der Sonne und von der überwältigenden Gastfreundschaft seiner Bewohner, seien es einfache Bauern, Fischer, geschäftige Städter oder schwerreiche Reeder.
Da wir schon in den Inselreichen des Mittelmeers sind, machen wir noch eine Schiffsreise nach **Malta**, einem seit 1964 unabhängigen Staat im Rahmen des Commonwealth, nahe südlich von Sizilien. Es ist mehr als nur eine Bade- und Tauchinsel, hier stoßen Abend- und Morgenland aufeinander, auf kleinstem Raum steinzeitliche Megalithen, punische Felsgräber, römische Mosaiken, byzantinische Ikonen, maurische Moscheen, normannische Patrizierpaläste, christliche Kirchenkuppeln, das reiche Erbe der Staufen, Spanier, des Ordens der Malteserritter. Heute ist diese jüngste Republik Europas ein moderner, ja fast postmoderner Staat, dessen Küche sich dennoch eine Tradition bewahrt hat, zu der Araber und Spanier, Italiener und Griechen beigetragen haben.
So gibt es italienische Teigwaren, *paste*, die als *timpana*, ein im Rohr gebackener Fleisch- und Ricotta-Auflauf, an das griechische Pastitsio erinnern, als *ravjuls* mit Schafskäse gefüllt an die italienischen Ravioli oder als *pastizzi*, mit Käse, Erbsen und Zwiebeln, auch Sardellen gefüllten Blätterteigtaschen, an den Nahen Osten.
Der Fisch Maltas schlechthin ist der makrelenähnliche *lampuki*. Schafe, Geflügel und Kaninchen, *fenech*, liefern, mit Kartoffeln und Zwiebeln geschmort, das Fleisch, und die frischen Gemüse, Auberginen, Bohnen, grünen Paprikaschoten, Spinat, Zucchini sind mit Kräutern, Kapern, Oliven zubereitet die willkommene Beilage. Der Schafs- oder Ziegenkäse *gbejna* wird mit Pfefferkörnern pikant gewürzt oder in Salzlake mit Kapern eingelegt.
Die Nachbarinsel Gozo steuert saftige Südfrüchte bei, wilde Erdbeeren, Granatäpfel, Kürbisse, Mandarinen, Melonen, Orangen, Weintrauben.
Neben den üblichen Durstlöschern sorgt der alkoholfreie *kinnie* aus ungeschälten Orangen und Wermutkräutern dafür, daß auf dieser Insel auch die Tranksame Sonne verbreitet.
Zypern, keine hundert Kilometer vor der Südküste Kleinasiens gelegen, eine vorderasiatische Republik mit europäischer Kultur, erwähnen wir nur, weil es nach Sizilien und Sardinien die drittgrößte und südlichste Insel des Mittelmeers ist, eine homerische Landschaft mit Klippen, Stränden, glitzerndem Meer, schattigen Wäldern und kühlen Bergen, wo Aphrodite dem Schaum der Wellen entstieg und

steinzeitliche Bauern, indogermanische Stämme, Perser, Griechen, Phönizier, Ägypter, Römer, Byzantiner, Kreuzritter, Franken, Türken, Engländer Fuß faßten, praktisch alle Mittelmeerkulturen haben hier ihre Spuren hinterlassen. Seit 1974 ist die Insel durch Stacheldrahtverhaue zwischen einer zypriotisch-griechischen und einer türkischen Volksgruppe geteilt, und was über ihre Küche zu sagen ist, steht, je nach Aufenthaltsort, in den Abschnitten über Griechenland und die Türkei.

Guadeloupe ↑ Mittelamerika/Antillen

Guatemala ↑ Mittelamerika

H

Haiti ↑ Mittelamerika

Hawaii ↑ USA

Hinterindien Diese Halbinsel im Südosten Asiens liegt, von uns aus gesehen, tatsächlich «hinter Indien» zwischen dem Indischen Ozean und dem Chinesischen Meer. Ihre Landschaften sind zum Teil versteppt und trocken, aber daneben herrscht eine üppige Pflanzenwelt vor, vom tropischen Ur- und Monsunwald bis zu den Kokospalmen und Mangrovenwäldern an den Küsten, eine Vegetation, die kulinarischen Reichtum hervorbringt und raffinierte Kochkünste wachruft.

Was wir **Birma** nennen, die Engländer **Burma**, heißt seit 1948 offiziell Myanmar. Es liegt im Nordwesten Hinterindiens zwischen China, Laos, Thailand und Pakistan. Die Hauptstadt Rangun mit ihren schachbrettartig verlaufenden, numerierten Straßen, durch die dreirädrige Fahrzeuge radeln und grazile Frauen Körbe voller Früchte auf dem Kopf tragen, mit der Goldenen Pagode und den Mönchsklostern, in denen der Buddhismus zu heiligen Stätten erstarrt ist, mit Parks, Gärten und dem Rangunfluß, durch dessen lehmbraunes Wasser schmale, zierliche Boote unter Lianengirlanden hindurch gerudert werden, in der Umgegend Reisfelder und niedrige, schilfbedeckte Holzhütten – wir befinden uns, wie überhaupt in ganz Hinterindien, in einem Land, wo die Zeit eine ganz andere Geschwindigkeit hat.

Viele Gepflogenheiten der birmanischen Küche kamen aus dem nahen Indien herüber, und schon vor dem Essen stehen meist *chutneys* und *pickles, balachaung*, eine intensiv gewürzte Beilage – «relish» würde der Engländer sagen – aus getrockneten, zerstoßenen Garnelen, und *pazum nga-pi*, eine scharfe Garnelenpaste, auf dem Tisch.

Ebenfalls nach indischem Muster sind die *curries*, die in Kokosnußmilch und Sahne cremig zubereitet werden, süßlich mit Anis, Kardamom, Nelken und Zimt, scharf mit *garam masala*, Currypulver; immer aber gehören Knoblauch, Ingwer und geröstete Zwiebeln hinein.

Das Mittag- und Abendessen der Birmanen besteht stets aus weißem Langkornreis oder Reisnudeln. Sie werden wie die Curries zu Suppen, zu Rind-, Schweinefleisch, Geflügel, Fisch (meist aus dem Süßwasser) serviert wie zu angebratenen Gemüsen, unter denen Auberginen, *brinjals*, Bambus-, Bohnensprossen, Chinakohl, Kürbisse, Okra besonders beliebt sind.

Als Beigaben werden gebratene Snacks, *tolee molee*, gereicht, *kyaws*, knusprige Küchlein aus zermahlenen gelben Linsen oder feingehackten Garnelen, Omelettstreifen, gebratenen Knoblauchzehen, Schalottenscheiben, gemahlenen, gerösteten Kichererbsen, Stückchen Eiernudeln. Das Nationalgericht Birmas ist die *mohinga* aus dünnen Reisnudeln, *moh*, in einer dicken Fischsuppe mit Curry, *hinga*, zu der eine Scheibe vom Stamm einer Bananenstaude gehört, mit den erwähnten Beilagen ein im wahrsten Sinn geschmackvolles Mahl.

Den Durst nach all diesen gemischten Würzen löscht ein kühler, erfrischender Saft aus Sago, Tapioka oder Algengelee mit braunem Palmzucker, *jaggery*, Kokosnußmilch oder Rosenessenz und Granatapfelsaft.

Thailand, am Golf von Siam im Osten Hinterindiens, exportiert Reis und importiert Touristen, denen allerdings der Sinn oft nach anderen, eher schmuddelig fleischlichen Genüssen steht. Das soll uns aber nicht daran hindern, einen Blick auf das schöne, immer noch verlockende, mehr als siebenhundert Jahre alte Königreich Siam zu werfen: Im Norden nebelverhangene Berge und grüne Täler, eine hügelige Hochebene bis zum Mekong, der die Grenze zu Laos bildet, das zentrale Tiefland mit unendlichen Reis-, Maniokfeldern, ergiebigen Obstplantagen, in denen Ananas, Bananen, Mango-, Durian-, Zitrusfrüchte, süße Melonen und Weintrauben reifen, die später für den Tisch dekorativ zurechtgeschnitzt werden, durchzogen von Kanälen und Teichen, auf denen flache Barken und Lastkähne ziehen, in denen Fische schwimmen. Der Süden sodann, eine langgestreckte Halbinsel bis nach Malaysia mit Dschungel und palmengesäumten Stränden; in ihm liegt auch die Hauptstadt Bangkok, eine glitzernde, chaotische, anziehende Millionenmetropole, mit seinen Wasserstraßen das «Venedig des Fernen Ostens».

Neben den Thais, die zur Hauptsache von Acker-, Naßreisbau, Viehzucht, Fischerei und Handwerk leben, finden noch viele andere Volksgruppen ihr Auskommen, Chinesen, Vietnamesen, Laoten, Malaysier, Kambodschaner, Inder und Birmanen, die vielen zugereisten Fremden aus Übersee nicht hinzugerechnet, und die zahllosen buddhistischen Klöster, die kuppligen Moscheen der Moslems, die uralten Tempel, in denen Geister um Fruchtbarkeit, Regen, Wohlstand oder gar einen Lotteriegewinn angerufen werden, geben dem Alltagsleben Farbe.

So verschieden und von eigener Art wie Land und Leute sind auch die elementaren, aber so geschmackssicher zusammengesetzten Küchen, in denen mit Fett und Kokosmilch statt Butter und Sahne gekocht wird, sie gehören zu den reizvollsten ganz Asiens. Sie kombinieren und vereinen die verschiedensten Geschmacksrichtungen, süß, scharf, salzig und bitter, sind aber vor allem eine Symphonie der Aromen von Kaffirzitronenblättern, Kardamom, Kurkuma, Sternanis und Zimt, Basilikum, Ingwer, Knoblauch und Koriander, Chilis und Pfeffer. Die Gerichte daraus werden in kleinen Bissen mit Löffel und Gabel verzehrt und kommen meist alle zusammen auf den Tisch. Ein thailändisches Mahl besteht aus mindestens vier, fünf Gängen, einer Suppe (mit der man sich auch dazwischen erfrischt), einem Curry, einer Chilipaste, grün leicht süß, orange würzig oder rot scharf, mit Aal, Garnelen, Krebsen, Fleisch, Huhn, Bambussprossen und anderen Gemüsen, einer Gemüse- oder Salatschale, Fisch und eventuell Fleisch – als Begleitung immer Reis. Dazu trinkt man kühles Wasser oder Tee, aber es gibt auch einen thailändischen Whisky, den man mit Sodawasser und einem Schuß Limettensaft verdünnt; in den Touristenlokalen gibt es natürlich immer auch Bier und importierten Wein, die sich selbst die Einheimischen genehmigen.

Obligatorisch ist, es wurde schon erwähnt, der Reis, der als rundkörniger Klebreis, *khao neow*, angeboten wird, der mit den Fingern zu kleinen Kugeln gerollt wird, oder als langkörniger, herrlich aromatischer Duftreis, *khao suay*, der gedämpft in Schüsseln serviert wird; der schwarze bzw. rote Reis von nussigem Geschmack bleibt dagegen meist süßen Speisen vorbehalten.

Im Norden herrscht der Klebreis vor, und zu ihm wie zu den meisten Gerichten wird *nam prik* bereitgestellt, eine scharfe Chilisauce, die ursprünglich aus Laos stammt; *khao* können auch Eiernudeln sein mit Huhn, Rind- oder Schweinefleisch in einer würzigen Currysauce, und eine weitere Spezialität der Region ist *haem*, eine würzige Schweinswurst, die oft appetitlich in einem Körbchen aus Bananenblättern liegt.

Der Nordosten, Esan, ist abgelegen, und so mußte man sich, wie im benachbarten Laos und Kambodscha, lange Zeit mit dem begnügen, was die dürftige Natur bot, mit gebratenen Maden, Heuschrecken, gegrillten Eidechsen, Ameisen, Schnecken. Trotzdem (oder deswegen?) hat dieser Teil des Landes, eine «Region der Zukunft», von allen kulinarisch den besten Ruf. Der *pla buk*, ein riesiger Wels, der bis zu einhundertfünfzig Kilogramm schwer werden kann, wird – wie eigentlich jede Speise – scharf mit Chilis gewürzt wie auch der *khaw pun* aus langen dünnen Reisnudeln, den man, die Zubereitung ist aufwendig, bei festlichen Gelegenheiten auftischt, oder das *gai yang Esan*, ein Huhn, das mit Knoblauch, Korianderblättern, frisch gemahlenem weißem Pfeffer und gehacktem Zitronengras gegrillt wird.

Im zentralen Tiefland mit Bangkok, dem kulturellen und wirtschaftlichen Herzen des Landes, in dem schon ein Rudyard Kipling, Joseph Conrad, Somerset Maugham und andere Weltenbummler den Osten einsogen, «East is East», gibt es alles, was die thailändische Küche so faszinierend macht, angefangen beim *nam plaa*, einer klaren, hellbraunen Sauce aus fermentierten Fischen und Meerestieren, die als Würze auf jeder thailändischen Tafel steht, bei den Suppen mit dem *tom yam gung*, einem scharf-sauren Sud aus Garnelen mit Zitrusduft, als Basis, den Fischen, Pomfrets, *pla jaramet*, Schnapper, *pla gapong*, Zackenbarsch, *pla karang*, die man als *pla kem* auch gesalzen an der Sonne trocknet, den Tintenfischen, Schal- und Krustentieren bis hin zum *tom jabchai* aus zehnerlei Gemüsen oder dem pfannengerührten *pad pak*, zu denen auch Rind-, Schweine-, Hühnerfleisch, Fisch, Meeresfrüchte oder Tofu kommen können. Diese Gemüse, Bambussprossen, Blätter-, Senfkohl, Bleichsellerie, chinesische Brokkoli, Frühlingszwiebeln, Mangold, Möhren, Nappa-Kohl, Spinat, sie werden mit getrocknetem Fisch, Schweinefleisch und sonst mancherlei appetitlich angerichtet; gegrilltes Fleisch und als Nachtisch Bananen, fritiert, *gluay kaeg*, oder mit Kokosmilch, *gluay guan*, gebackene Mungbohnen, *kanom maw gaent*, Kokosraspeln, *ma prov kaew*, süße Nudeln mit Kokos, *kanom duang*, oder mit Zuckersirup übergossene Taroscheiben, sie vervollständigen das reiche Angebot.

Ob diese Köstlichkeiten in den Verkaufsständen und Garküchen in den Straßen, auf den (schwimmenden) Märkten angeboten werden, in einer schlichten Gaststätte oder in einem eleganten Restaurant, immer ist das thailändische Essen eine Augen- und Gaumenweide – es mag einem zu Anfang scharf vorkommen, hat man sich aber daran gewöhnt, enthüllt es seine Harmonie. Man könnte es mit den leuchtend bunten Glas- und Porzellanmosaiken vergleichen, mit denen viele Tempel dieses «Königreichs des Weißen Elefanten» geschmückt sind.

Vietnam ist eines der letzten kommunistischen Länder der Welt, aber es löst sich zusehends vom Schatten Ho Chi Minhs, aus dem Staatssozialismus wird privates Unternehmertum, der Aufschwung steht vor der Tür, und die fast zweitausend Kilometer lange Reise vom asketisch kühlen Hanoi im Norden bis zum heißen, heiteren Saigon (das offizielle «Ho-Chi-Minh-Stadt» ist nicht mehr populär) im Süden führt wie seit je aus den Bergen durch feuchte Niederungen und endlose Reis-, Zuckerrohrfelder.

Vietnam stand tausend Jahre unter der Kolonialherrschaft Chinas, des großen Nachbarn im Norden, sein Einfluß macht sich seither bemerkbar, auch in der Gastronomie. Nur wird hier noch feiner, noch leichter gekocht, Essen gehört zur Kultur, «wer mit Eßstäbchen umzugehen versteht, weiß auch mit Worten umzugehen», und der Vietnamese sagt, seine Küche habe drei Seelen; die Gewürze, die Gemüse und Salate und *nuoc mam*, das «Wasser vom salzigen Fisch».

Um mit letzterem, wichtigstem zu beginnen: diese Sauce aus fermentiertem Fisch, intensiv würzig und duftig, wird als Kochgewürz oder schmackhafter Dip verwendet. Eben-

Am Stadtpalast von Dschaipur, im indischen Radschasthan

sowenig darf, wie in ganz Hinterindien, der Reis fehlen, poliertes, strahlend weißes Langkorn. Er wird auch zu Reismehl feingemahlen, das als Speisestärke dient und aus dem wiederum Reispapier hergestellt wird in getrockneten, fast transparenten Blättern; sie umhüllen die vielen Häppchen, Röllchen, Teigtäschchen, die als Imbiß, Vorspeise oder kleine Mahlzeit den ganzen Tag über genossen werden. So sind auch die vietnamesischen Frühlingsrollen, *cha giò*, aus feinem Reisteig, klein und knusprig gebraten mit einer Füllung aus Schweinehack, Hummerfleisch, Glasnudeln, Karotten, Pilzen, Eiern, Sojakeimen und vielem mehr.

Die Gemüse und Salate spielen eine große Rolle, sie werden behutsam knackig zubereitet und nicht zerkocht, darunter Bananenblätter, kleine weiße Bohnen, Kopfsalat, Knoblauch, Lilienblüten, Pfefferschoten, Sellerie, Sojabohnen, Wasserkastanien und Zwiebeln.

Die Gewürze Vietnams strömen Duft und Charme Ostasiens aus, manche davon sind bei uns wenig bekannt und kaum erhältlich: der *dinh huong*, eine Art Gewürznelke, der Sternanis und die Muskatnuß, die in die kräftig duftende, fettfreie Nationalsuppe *pho* gehören, welche lange ziehen muß, um ihre Aromen zu entwickeln; eine asiatische Baumrinde wird zu roter Fruchtfarbe gemahlen, die wie das Fünfgewürzpulver aus wildem Fenchel, Nelken, Sternanis, Sichuanpfeffer und Zimt zu Grillgerichten und Ente passen; die Ingwerknolle gibt gedämpftem Fisch und gedämpftem Tofu eine aparte Note, und auch das vietnamesische Koriandergrün schmeckt anders als bei uns, Melisse und Minze haben einen exotischen Geschmack; Kurkuma kommt in Curries und Reisteig, und getrocknete Paprikaschoten eignen sich für Meeresfrüchte, Rindfleisch (das sonst eher selten ist) und Saucen, während getrocknetes, gehacktes Zitronengras Fleischspieße, Hühnerfleisch und Meergetier würzt.

Aus dem langen Küstenstrich am Chinesischen Meer gibt es Fisch, Schal-, Krustentiere, die Ente wird rot lackiert und als Nachtisch werden neben frischem Obst frische, fast unreife Bananen karamelisiert – die Küche Vietnams ist die Nouvelle cuisine Asiens, die Franzosen, die in der «Cochinchine française» mit Kanonen und Köchen sechzig Jahre lang herrschten, haben ihre Spuren hinterlassen (und die besten Vietnam-Küchen außerhalb des Landes finden sich nach wie vor in Paris).

Der Staatenbund **Malaysia** auf der Halbinsel Malakka südlich von Thailand gehört strenggenommen nur zum Teil zu Hinterindien, denn der Norden der östlich gelegenen Insel Borneo zählt ebenfalls dazu; kulturell und kulinarisch kann man ihn jedoch gewiß in dieses ostasiatische Inselreich einbeziehen. Obwohl neben Erdölgewinnung und Zinnförderung die Industrialisierung stark vorangetrieben wird, ist Malaysia ein Agrarland geblieben, Erdnüsse, Hirse, Harthölzer und Kautschuk, Kohl, Kokosnüsse, Mais, Palmöl, Pfeffer, Reis, Süßkartoffeln, Tapioka, Yamswurzeln und Zuckerrohr werden nicht nur im Land verwertet, sondern auch exportiert. Kein Wunder deshalb, ist das Verkehrs- und Straßennetz vorzüglich ausgebaut, nicht nur in Kuala Lumpur, einer aufstrebenden Metropole mit fernöstlicher Exotik und Manhattan-Architektur, und der Tag und Nacht lebenslustigen Insel Penang.

In Malaysia leben drei Nationalitäten, allerdings mehr nebeneinander als miteinander, Malaysier, Inder und Chinesen, und diese Unterschiede gelten auch für seine Küchen: Zwei ihrer Richtungen kann man in den Abschnitten über Indien und China nachlesen, was als typisch malayisch übrigbleibt, zählt man verschiedene Bemerkungen über Hinterindien allgemein hinzu, nicht gar viel. Die Gerichte sind pfannengebraten oder gedämpft, Curries, hier wie in Indien *kari* genannt, Reis und Nudeln, Gemüse und Gewürze sind wieder die Hauptbestandteile einer Mahlzeit, die mit Löffel und Gabel gegessen wird. Der meist nicht ausgenommene Meerfisch grillt als *ikan panggang* auf Holzkohle, *nasi goreng* ist mit Chilis und anderen Gemüsen, auch Fleisch oder Garnelen gekochter Reis, *nasi lemak* in Kokosmilch gekochter Reis mit verschiedenen Beilagen, und *mie goreng* sind mit Gemüse gebratene Nudeln. Gemüse wird zum Eintopf *gado-gado* gekocht, über den eine süße Erdnußsauce gegossen wird.

Etwas Besonderes sind in Malaysia hingegen die Süßspeisen, es gibt aus Tapioka, Sago, Mais, Yam, Teig raffiniert zubereitetes Gebäck, zahllose Kuchen, Pasteten und Puddings; sehr beliebt ist *ais kacang* aus Seetanggeleewürfeln, süßen roten Bohnen und Mais, das mit einer dicken Kokosmilchsauce übergossen wird.

Mit dem Festland am südlichsten Ende durch eine Dammbrücke verbunden liegt die «Löwenstadt» **Singapur**, die sich 1965 von der Malaysischen Föderation gelöst hat, um ein unabhängiger Stadtstaat zu werden, in dem kraft Stockhieben und Todesstrafen eine rigorose Ordnung herrscht und (deswegen?) Geschäft, Welthandel und High-Tech blühen. Gastronomisch ist Singapur ein Teil Malaysias und Hinterindiens geblieben. Was es dort zu essen gibt, findet man auch hier beim umherziehenden Essenverkäufer, in den Garküchen oder im riesigen Restaurant, und das gehört, wie wir gesehen haben, zum Besten, was der asiatische Kontinent zu bieten hat.

↑ a. Südostasien

Holland   ↑ Benelux/Niederlande

Honduras   ↑ Mittelamerika

Hongkong   ↑ China

In der Altstadt von Israels Hauptstadt Jerusalem

BURMA
(MYANMAR)

VIETNAM
• Hanoi

LAOS
• Vientiane

Yangon
•

*Andamanen-
see*

THAILAND

Bangkok
•

KAMBODSCHA
Pnom Penh
•

*Südchinesisches
Meer*

MALAYSIA
• Kuala Lumpur

BRUNEI

MALAYSIA

SINGAPUR

BORNEO
(KALIMANTAN)

*Indischer
Ozean*

I

Iberische Halbinsel ↑ Pyrenäenhalbinsel

Indien, Sri Lanka Es ist nicht zu leugnen: der erste Eindruck, kommt man nach **Indien**, ist nicht sehr ansprechend, nach dem Flug über rötlich schlammige Hügelzüge zwischen fauliggrünen Morasten, über lange Reihen von Hütten und elenden Neuhaussiedlungen in der Stadt dann ein Strudel von Menschen, Taxis und, etwas weiter hinaus, zwei-, dreirädrigen Karren mit Büffeln davor, in den Straßen ein Gedränge barfüßiger Bettler, Kranker, Krüppel auf und in schmutziggrauen Lumpen und hungrige Kühe, die heiligen Tiere der Hindus, mit traurigen, trostlosen Augen – man ist nach aller Bedrückung erleichtert, wenn man im Hotel anlangt mit dem gewohnten Komfort, wenn nicht gar in einem der fast unwirklich noblen Paläste, die heute zu Luxusetablissements eingerichtet sind. Einst residierten hier märchenhaft reiche Maharadschas, unterhalten von Tänzerinnen in grellbunten Saris, umsorgt von Fliegenwedlern und einem Heer von Dienern, bewacht von schnurrbärtigen Kämpfern mit Krummdolch und purpurrotem Turban.

So oder so erkennt man: Dies ist ein anderes Land mit einem andern Leben und anderen Menschen. Der Inder ist sanft und ergeben, indolent und elendgewohnt, sein Lächeln ist nicht Fröhlichkeit, sondern Fügung ins Unabänderliche; Absterben, Verwesen und göttliche Wirkung liegen nahe beieinander, daran hat auch die fast zwei Jahrhunderte währende imperiale Kolonialherrschaft der Briten nicht viel geändert. Diese Schicksalsdemut lehren den Inder schon seine Religionen, der Buddhismus, Dschaismus, Hinduismus, Sikhismus, wie sie ihre Meister, die Gurus, unterweisen – schließlich kommt ja auch das Yoga, die Lehre vom Weg zu Gott durch geistig-körperliche Konzentration, aus Indien –; hinzu kommen der Islam, Parsismus und das Christentum. Dies sei so genau aufgezählt, weil jede Gruppe auch ihre eigenen Eßgewohnheiten hat: Die Hindus und Sikhs dürfen kein Rindfleisch essen, die Moslems und Juden kein Schweinefleisch, die Brahmanen, die vornehmste Hindukaste, sind strikte Vetetarier. Die Ernährung ist ein Ritus, gegessen wird mit den Fingerspitzen in reinlicher Kleidung.

Noch eines erfährt der Besucher rasch: Indien ist nicht bloß ein Land, sondern ein ganzer Subkontinent mit siebenundzwanzig Staaten und gegen neunhundert Millionen Einwohnern. Es ist deshalb falsch, von einer «Indischen Küche» zu reden, es sind ihrer, je nach Lage, Tradition, Religion und Kultur, viele. Eines ist ihnen jedoch gemein: die Vorliebe für Gewürze und der meisterliche Umgang mit ihnen, der Gemüsemischer ist in der Küche so angesehen wie der Koch, denn für jedes Gericht werden die Bestandteile erst vor der Zubereitung zusammengestellt, das vorgefertigte Allerweltsmischmasch, das wir Currypulver nennen, hat hier keinen Platz. Jede Region hat ihre eigene Kombination, im Norden eher aus getrockneten Gewürzen, im Süden aus frischen. Die *curries* werden mit der Speise gekocht, die *masalas* erst kurz vor dem Anrichten hinzugefügt. Bei beiden Gewürzmischungen werden vor allem Bockshornklee, *methi*, bevorzugt sowie Fenchelsamen, *saunf*, Koriander, *dhania*, *sookha*, Kreuzkümmel, *jeera*, Kurkuma und Zimt, *dalchini*. Daneben gibt es natürlich noch viele andere Pflanzen, die indischen Speisen ihre unverwechselbare aromatische Würze verleihen. Die *chutneys* sind eine Art süß-saurer Konserve aus Gemüsen (Gurken, Karotten, Tamarinde, Zwiebeln usw.), Früchten (Äpfel, Aprikosen, Bananen, Birnen, Guaven, Kokos, Mangos, Pfirsiche usw.) oder Kräutern (Basilikum, Ingwer, Koriander, Minze, Muskatnuß, Zimt usw.), die mit Essig, Zucker und Gewürzen eingekocht werden und als Beilage dienen. Eine andere beliebte Würzpaste, *sambal assem*, aus Chilis, Garnelen, Tamarinde und Zwiebeln stammt ursprünglich aus Indonesien.

Der Norden Indiens erstreckt sich vom Himalaja bis nach Delhi, der Hauptstadt des Landes mit Hunderten von Baudenkmälern, Basaren, Karawansereien, Parks, Gärten, Brücken und Slumvierteln. Im Hochtal von Kaschmir, der «indischen Schweiz», wo auch der unvergessene Staatsmann Pandit Nehru aus vornehmem Brahmanengeschlecht herstammt, werden Schafe und Ziegen gezüchtet, welch letztere ebenfalls ihre besonders weiche Wolle für das weltberühmte Kaschmirgewebe lassen müssen, wird neben Weizen, Mais und Obst seit etwa sechstausend Jahren Reis, *chawal*, angebaut, von dem der *basmati* mit langen dünnen Körnern als der beste der Welt gilt.

Aus dem Pandschab, dem reichsten Staat des Landes und der Kornkammer Indiens, kommt auch eines der schmackhaftesten Reisgerichte, der Pilaw, *pullao*, mit Gewürzen (die nicht mitgegessen werden) und Fleisch, *gosht*, Huhn, *murgh*, oder Gemüsen, *sabzi*. Von den Mogulen im nördlichen Persien wurde der *tandoor* herübergebracht, ein eiförmiger Lehmofen, der oft im Boden versenkt ist; seither dient er einer der gängigsten Garmethoden ganz Indiens, nicht nur für Brot: Die *tandoori*, Fleischstücke, Hühner, werden in eine mit Kümmel, Nelken und Pfeffer gewürzte Joghurtsauce gelegt, mit Butter bepinselt, am Spieß in die Tandoorgrube hinuntergelassen und im Rauch gegart; sie bleiben dadurch saftig zart und schmecken apart leicht erdig. Das erwähnte Brot, *chapati*, *roti*, wenn nicht an der Wand der Lehmgrube, als *nan* täglich frisch in der Pfanne gebacken, gebraten oder in Öl schwimmend fritiert, mundet zum Anbeißen und ist eine der großen kulinarischen Gaben Indiens.

Die Küche von Zentralasien, die von aus der Türkei eingewanderten Mongolen beeinflußt ist, gilt als die raffinierteste Küche Indiens, sie ist bekannt für ihre delikaten Pilaws, Fleischgericht vom Lamm, auch Rind, sowie für ihre mild aromatischen Rahmsaucen, *malai* (nicht alles, was Indien zu bieten hat, ist scharf, nicht einmal alle Curries!). In Radschasthan werden *samosas* serviert, gefüllte fritierte Teigtäschchen, in Uttar Pradesch, wo auch der Tadsch Mahal steht, jenes marmorne muselmanische Mausoleum mit seinen Treppen, hängenden Gärten, Springbrunnen, imposanten Kuppeln und Minaretten, der «Petersdom Indiens» (Pasolini), gibt es *kebaps*, kleine gegrillte, gebratene Fleischstücke, meist vom Lamm, wie auch die ähnlichen *koftas*, die ebenfalls aus Hackfleisch sind, aber nach dem Grillen, Braten in einer köstlichen Sauce weiterschmoren und zu Kügelchen gerollt werden. In Madhja Pradesch, dem größten, an Bodenschätzen reichen Staat Indiens, wachsen Weizen, Hirse, Hülsenfrüchte, Erdnüsse, und die gefüllten Gemüse, vor allem Auberginen, *baigan* (die aus religiösen Gründen nie dienstags auf den Tisch kommen), sind eine Delikatesse. Zu allem wird auch in dieser Region in der Pfanne gebratener Brotfladen, *paratha*, gereicht, er ist neben Reis eines der Hauptnahrungsmittel.

Aus Assam an den Südhängen des Himalajas im östlichen Indien kommt der beliebte *Darjeeling-Tee*. Daraus zu folgern, dies sei deshalb die Heimat der im ganzen Land so geschätzten Backwaren und Süßspeisen, wäre wohl etwas weit hergeholt, aber tatsächlich gibt es hier besonders viele Rezepte für all die Puddings, Cremes, das Konfekt, die, in kleinen Schüsseln serviert, an den Schluß eines jeden indischen Mahls gehören.

In Bengalen, der Schwemmlandebene des unteren Ganges und des Brahmaputra, wachsen Reis, Kokospalmen, Senfpflanzen, und viele Gewässer wie auch der Indische Ozean spenden Süß- und Salzwasserfische im Überfluß. In Kalkutta, einer riesigen brodelnden Menschenansammlung, Hafen-, Geschäfts- und Slumstadt, kommen sie häufig auf den Tisch. Nicht übersehen sei, daß hier auch ein Ramakrischna und ein Rabindranath Tagore herkommen, die Bengalen sind energiegeladen und phantasievoll.

Im westlichen Indien, auf der anderen Seite, leben viele Vegetarier, sie nähren sich von Linsen und anderen Hülsenfrüchten, *dal*, sowie von sonstigen in Sesamöl geschmorten Gemüsen. An der Küste liegt auch Porbandar, Geburtsort des heute noch religiös verehrten Reformers und Heiligen der Gewaltlosigkeit Mahatma Gandhi, und Mittelpunkt dieser Region ist die übervölkerte Hafenstadt Bombay mit lärmenden, schiebenden, stoßenden, spuckenden Menschentrauben. Auch hier kennt man eher Fisch als Fleisch, darunter den *bombay duck*, die «Ente von Bombay», einen silbrigen Heringsfisch, der an der Sonne getrocknet und in Öl ausgebacken oder grilliert wird. Aus der ehemaligen portugiesischen Kolonie Goa, in der viele Christen leben, stammt das *vendaloo*, ein besonders scharfes Schweinefleischcurry.

Das südliche Indien ist tropisch warm und feucht, nahe am Äquator und von Monsunregen bewässert. In den Küstengebieten gibt es Muscheln, Krebse, *jheenga, kekada*, und Fische, *machi*, wie den *pomfret*, eine Brachsenmakrele mit festem Fleisch, die in Fett, *ghee*, schwimmend ausgebacken wird. Im Landesinnern ist wieder der Reis tonangebend, und Bananen, Datteln, Kokosnüsse ergänzen den Speisezettel.

Indien hat eine der ältesten Kulturen der Welt, die mit jeder Zuwanderung von Menschen verschiedener Rassen, Hautfarben und Religionen angereichert wurde. Das erklärt die fast verwirrende Vielfalt der indischen Küchen.

Sri Lanka, den von Bürgerkriegen heimgesuchte Inselstaat südlich von Indien mit der Hauptstadt Colombo, der einst Ceylon hieß, kann man kulinarisch zu Indien zählen. Hier machte sich neben buddhistischen Singhalesen und hinduistischen Tamilen aber auch manch fremder Völkerstamm seßhaft, Araber, Portugiesen, Holländer, Briten, die alle ihre Spuren hinterließen. Die Gewürze der *curries* werden, bevor man sie mahlt, geröstet, wodurch sie ein besonderes Aroma entfalten. Als Zutaten verwendet man Rind-, Schweinefleisch, Geflügel und alle Arten von Meerestieren, deren Geschmack die scharf-saure Tamarinde erhöht.

Die Insel ist mit vielerlei Gemüse gesegnet, Auberginen, Avocados, Bambussprossen, Gurken, Kohl, die mit Kokosraspeln als *mallung* in den Topf kommen, wie auch mit Früchten, Ananas, Bananen, Cashewnüssen, Mangos, Nangkan, Papayas, die unreif gern als Gemüse zubereitet werden. Die Holländer haben buttriges Gebäck beigesteuert, die Portugiesen süße Kuchen, während der *vatalappum*, ein Pudding aus geschlagenen Eiern, Palmzucker und dicker Kokosmilch, aus Malaysia stammt.

Sri Lanka ist nicht nur ein koloniales Klischee – wenn einmal die Waffen schweigen, verspricht es, wieder ein Ferienparadies zu werden mit weiten Stränden, Reisfeldern und Teeplantagen.

Indonesien ↑ Südostasien

Irak ↑ Vorderasien

Iran Seit dem 7. Jahrhundert bestimmt Mohammeds Lehre Geschick und Geschichte dieser Islamischen Republik, aber früher schon war sie ein Schnittpunkt der Völkerwanderungen und Kulturen, Namen wie Zarathustra, Dareios und Xerxes haben immer noch einen magischen Klang. Die Sprengkraft des iranischen Fundamentalismus und Terrorismus hingegen lehrt uns im Augenblick das Fürchten.

Das Land liegt auf einem Hochplateau, das von zwei mächtigen Gebirgen abgeschirmt wird, dem Elburs im Norden gegen das Kaspische Meer und dem Zagros im Westen gegen Mesopotamien. Dazwischen erstrecken sich glühende Steppen und Wüsten, in die oasengleich grüne Täler eingebettet sind mit schattigen Hainen, klarem Wasser, Dattelpalmen und Orangenbäumen.

Die wenigen Großstädte, unter ihnen die Teppichkapitale Täbris, das verführerisch orientalische Isfahan und die modern geprägte Hauptstadt Teheran, sind von jeher Zentren des Levantehandels, zu dem auch Datteln, Granatäpfel,

Zitronen- und andere Südfrüchte, Mandeln, Pistazien, Tabak, Tee sowie vor allem Gewürze und Aromate gehören. Die iranische Hausfrau selbst kommt in ihrer Küche nicht ohne Angelika, Berberitze, Bockshornklee, das Lauchgewächs *talē* aus, vom allgegenwärtigen Rosenwasser ganz zu schweigen. Im übrigen ↑ Vorderasien (geographische Lage siehe S. 828).

Der Feinschmecker wird sich schließlich merken, daß der iranische Kaviar von Stören aus dem Kaspischen Meer heute zu den besten der Welt zählt.

Irland ↑ Britische Inseln

Island Die nach Großbritannien zweitgrößte Insel unseres Kontinents liegt am Polarkreis im Nordatlantik auf halbem Weg zwischen Moskau und New York, ist mit ihren viele tausend Jahre alten Vulkanen, Gletschern, heißen Springquellen, den «Geysiren», ihren Wasserfällen und Fjorden aber auch ein Land zwischen Eiszeit und moderner Zivilisation, eine der jüngsten Republiken Europas mit dessen nördlichster Hauptstadt Reykjavik. Die Evolution von Natur und Geschichte hat sich seit der Entdeckung Islands durch irisch-schottische Mönche und norwegische Wikinger im 9. Jahrhundert besonders in seiner Literatur offenbart: Die sagenumwobene Insel ist ein Land der Märchen und Legenden, in dem die Skalden am Königshof Eddalieder, Sagas und eigene kunstvolle Epen vortrugen, und Dichter wie Gunnar Gunnarsson und der Nobelpreisträger Hallór Laxness belegen, daß diese Kunst nicht ausgestorben ist, «wer kein Buch liest, ist blind», sagen die Isländer.

Der Fang von Meerfischen und ihre Verarbeitung sind der Haupterwerb Islands, und abgesehen von einigen fruchtbaren Küstenstreifen im Südwesten erlaubt der eher unwirtliche Boden nicht viel mehr als die Zucht von Schafen und der zähen, robusten Kleinpferde, der ‹Isländer› im rauhen Haarkleid. Im übrigen werden die meisten Nahrungsmittel eingeführt, wenn es inzwischen auch mit heißem Quellwasser beheizte Gewächshäuser gibt, in denen Gemüse, Obst und Blumen gezogen werden.

Die Fische, vor allem Heilbutt, Lodde, Kabeljau, Rotbarsch, Schellfisch und Scholle, sind, natürlich, von frischester Qualität, werden aber auch als *karáfiskur*, Stockfisch, angeboten. In den Küstengewässern werden große schmackhafte Garnelen gefangen, im Meer und in Flüssen Lachse und Forellen gezüchtet. Typische Zubereitungen sind die *fiskebollur*, Klößchen aus Fisch mit Kartoffelmehl und Gewürzen, *reyngi*, Walschwanz in saurer Milch, und *hakarl*, Haifischfleisch, das monatelang im Boden vergraben wurde. Hammel und Lamm schmecken sympathisch unaufdringlich und ausgezeichnet, besonders geräuchert und gepökelt als *hangikjöt*. Für den *slátur*, am Schlachttag mit Blut durchgedrehten Hammelkopf und -füße im Schafdarm, braucht es allerdings einen Wikingermagen. Rindfleisch wird oft durch Pferde-, Fohlenfleisch ersetzt.

Eine Spezialität ist das *rùgbraud*, ein süßes dunkles, pumpernickelähnliches Roggenbrot, das oft stundenlang in heißer vulkanischer Erde gebacken wird. Zu ihm passen *mysingur*, ein brauner süßer Molkekäse, oder *skyr*, ein quarkähnlicher Weichkäse.

Überall und zu jeder Zeit wird Kaffee getrunken, stark gebrannt, aber manchmal dünn aufgegossen. Dazu gibt es reichlich Kuchen, *kleinur*, in Hammelfett ausgebackene Brandmassestückchen, *vinarbraud*, das wir als Dänischen Plunder kennen, oder sonsterlei Gebäck.

Israel, Jüdische Küche Der Staat **Israel** ist der längste Anrainer des östlichsten Mittelmeers zwischen Wasser und Wüste, zwischen Afrika und Europa. Er ist die ursprüngliche Heimat der Juden, das Land Kanaan, das Jahwe, der Gott Israels, dem Erzvater Abraham und seinem Stamm vor viertausend Jahren verkündigte. Immer wieder wurden sie gewaltsam daraus vertrieben, und erst 1948 gewann es endlich seine Unabhängigkeit. Seither sind die Juden nach Massakern, Pogromen und Holocaust – sie hatten mehr als die sieben biblischen Plagen zu erleiden – aus dem Exil in vielen Ländern und Kulturen ins Land ihrer Väter zurückgekehrt, die Aschkenasim aus Ost- und Mitteleuropa, die Sephardim aus Spanien und Portugal, jüdisch-orientalische Einwanderer aus mohammedanisch-arabischen Gebieten. Sie alle hielten an Überlieferung, Geschichte, Glauben (und am Mythos der Verfolgung) in der Diaspora fest, halfen aber aller Bedrängnis und Gefahr zum Trotz am Aufbau eines selbständigen, freiheitlichen Staates mit, in dem alle Gegensätze zu einer vielschichtigen Einheit verschmelzen (geographische Lage siehe S. 828).

An der Mittelmeerküste, früher Einfallstor von Eroberern und Kreuzfahrern, Händlern und Pilgern, laden heute schöne saubere Strände zu sonnigen Badefreuden, aber schon in Städten und Siedlungen wie Tel Aviv, dem wirtschaftlichen und kulturellen Zentrum das Landes, in Caesarea, Haifa an den Hängen des Karmelberges und in Ashqelon stößt man neben moderner Zivilisation auf Spuren der Antike, der Bibel und auf orientalisches Leben.

Im Norden, dem Galiläa der Heiligen Schrift, erinnern Bethlehem, Gethsemaneh, Golgatha und Tiberias rund um den See Genezareth daran, daß wir uns im Lande Jesu befinden. Die umkämpfte, wieder und wieder zerstörte und aufgebaute Stadt Jerusalem ist für die Israeli der «Ort des Friedens», für die Araber El Quds, «die Heilige», wo König Salomon für die Juden den Großen Tempel errichtete, wo Jesus wirkte, starb und auferstand, wo die Muslime zu den geweihten Stätten des Islams pilgern.

Den Süden, zwischen Totem und Rotem Meer, bedeckt die grandiose Sand- und Steinwüste Negev, «die Trockene», in der man noch Beduinen trifft, wo man den steilen Berg Moses hinaufgehen kann, auf dem dieser die Zehn Gebote empfing, wenn man nicht gleich zu Heilung und Erholung, zum Tauchen, Surfen, Schnorcheln an eines der Meere weiterreist, nach En Gedi, En Boqeq oder Eilat.

Dank der Bewässerung und dem Fleiß seiner Bewohner sind in Israel überall fruchtbare, blühende Felder entstanden, ein «Land voll Weizen und Gerste, Reben und Feigen und Granatäpfeln, ein Land voll Olivenöl und Honig», wie es schon die Thora, die fünf Bücher Mose, verhießen. Bereits im Mittelalter kamen Bananen- und Zitrushaine hinzu, und Gemüse gibt es reichlich, Auberginen, Blumenkohl, Erdnüsse, Hülsenfrüchte, Kartoffeln, Kohl, Kürbisse, Möhren, Pfeffer und Zwiebeln (einer besonderen Art, der Schalotte, gab die Küstenstadt Ashqelon ihren Namen).

Meist arabische Bauern züchten Rinder, Schafe, Ziegen und Geflügel, in Teichen schwimmen die begehrten Karpfen, im Mittelmeer, im See Genezareth und im Roten Meer Tiefseefische. Viele dieser Erzeugnisse sind inzwischen auf Märkten in aller Welt die Gewähr für ein Produkt von besonderer Güte.

Die Einwohner und Köche Israels kochen wie die Generationen zuvor. So kann man dort russisch, polnisch oder k. k. österreichisch essen, spanisch, argentinisch oder brasilianisch, nordafrikanisch, persisch oder indisch. Der neugierige Feinschmecker wird sich aber nach den Urspeisen Vorderasiens umsehen, die sich Jahrtausende hindurch erhalten haben: *kebabs*, Hackfleisch von Hammel oder Rind mit Knoblauch, Minze und Zwiebeln, *schischliks*, geröstete Fleischspießchen, *shuarma*, geröstete Hammelfleischstückchen. Dazu gibt es *pitah*, einen flachen runden Hefeladen (Urvater der neapolitanischen Pizza), der mit Falafelkugeln, Hühnerfleisch- und Melonenwürfeln, Schafskäse, einem scharf gewürzten Steak gefüllt in den Straßen feilgeboten wird. Überhaupt ist *falafel* etwas vom wenigen, über das sich Araber und Juden verstehen, in heißem Öl gebackene Kügelchen aus *ḥummus*, Kichererbsen. Diese wiederum wie viele andere Gerichte lassen sich auch mit *tahina*, einer Paste aus gemahlenen Sesamsamen, genießen. Sie gibt ihrerseits pürierten Auberginen ihre aparte Würze.

Die israelischen Süßspeisen verweisen wieder auf die orientalischen Ursprünge des Judentums, sie sind auch im ganzen Nahen Osten, vor allem in der Türkei, anzutreffen: die *chalva* aus gemahlenen Sesamkörnern, Mandelmehl oder Nüssen und Honig, Melasse oder Zuckersirup, *rachat laqum*, ein großer Gummibonbon aus Maismehl, Nüssen oder Pistazien, Traubenzucker, Rosenwasser und Zitronensaft, *shirkuma*, ein Pudding aus Fadennudeln, Datteln, Nüssen, Milch und Zucker, den die Araber nach dem Ende des Fastenmonats Ramadan essen, *muhalabiyah*, eine weitere arabische Spezialität aus Reis, Milch und Rosenwasser. Im übrigen sei auf den folgenden Abschnitt über die Jüdische Küche verwiesen, der natürlich auch für Israel gilt.

In den Berggegenden Israels findet man noch aus dem Felsen geschlagene Weinpressen, ein Zeichen, daß der Rebbau seit biblischen Zeiten Tradition hat. Die Bankierfamilie Rothschild hat durch großzügige Schenkungen dafür gesorgt, daß die Weine Israels, Carmel und andere, wieder weltweit angesehen sind.

Die **Jüdische Küche** ist nicht auf den Staat Israel beschränkt, sondern wird überall gepflegt, wo fromme Juden nach den religiösen Vorschriften der mosaischen Gesetze leben. «Koscher» heißt auf Jüdisch nichts anderes als «rein, tauglich», was sich religiös wie hygienisch auslegen läßt. Zu den reinen Speisen zählt das Fleisch von ausgebluteten, geschächteten Wiederkäuern mit gespaltenen Hufen, verboten hingegen sind Fisch ohne Schuppen und Flossen (also etwa Seeteufel, Stör und Kaviar), alle Kriech- und Weichtiere (also Schnecken, Austern, Langusten), Schweinefleisch sowie Hammel-, Rindertalg und jene Hüftsehne, die der Engel nach dem Kampf mit dem Erzvater Jakob berührt haben soll (also keine Filetstücke). Gemüse und Obst jedoch unterstehen keinen mosaischen Geboten.

Ebenfalls in den Büchern Mosis steht der Satz «Du sollst das Böcklein nicht in der Milch seiner Mutter bereiten». Obwohl man sich über die Auslegung streiten kann, hält sich der fromme Jude streng daran, Milch- und Fleischspeisen werden nicht miteinander vermischt, und selbst der Ärmste besitzt alle Küchengeräte, Töpfe, Geschirr und Bestecke doppelt.

Noch ein Gesetz des Talmuds befolgt der Gläubige gewissenhaft: Am Sabbat darf man kein Feuer anfachen, denn am siebenten Tag soll der Mensch ruhen. Das hat dazu geführt, daß der findige Jude Gerichte ersann, die um so besser schmecken, je länger sie vor sich hin köcheln konnten, vom Freitag vor Sonnenuntergang zum Beispiel bis zum Sabbat, unserm Sonnabend.

Zu solchen Sabbatspeisen gehört der kräftige Eintopf *Tscholent*, vom altfranzösischen «chauld», warm, hergeleitet, der verschieden zusammengesetzt sein kann, aus Fleisch, Zerealien und Gemüsen mit oder ohne Suppenbrühe, immer aber mit reichlich Fett. Setzen sich die Bestandteile aus Mehl, Grieß, Nudeln, Mürbeteig oder eingeweichten Semmeln und Obst zusammen, heißt das Gericht *Kugel*; es braucht nicht rund zu sein, aber der Genus ist immer männlich, d e r Kugel also.

Es gab und gibt so viele jüdische Gerichte, wie es vordem Diasporagemeinden gab. Deshalb seien nur einige davon herausgegriffen, die man heute noch in koscheren Restaurants überall findet. Darunter der *Gefillte Fisch*, ein mit seinem gehackten oder durchgedrehten Fleisch, Zwiebeln, Brösseln, Eierküchlein und zerschlagenen Eiern gefüllter großer Karpfen oder Hecht, auch Forelle oder Hering, in der Haut (die Füllung wird manchmal nur zu Klößen geformt serviert), er leitet das festliche Mahl am Vorabend des Sabbats ein. Die *Goldene Joich*, eine klare Suppe mit Hühnerfleisch, Suppengemüse und Suppengrün, auch Klößchen und Nudeln, läßt sich ebenfalls für den Sabbat warm stellen.

Dazu werden gern *Lokschen* gereicht, breit geschnittene Nudeln aus Mehl, Ei und Salz, die ihren Namen vom alttatarischen «lakscha» herhaben; mit viel Butter und Quark sind sie ein wohlschmeckendes, leicht milchig-säuerliches

Gericht. *Farfel* sind gefüllte gekochte Taschen aus feinem Nudelteig, *Kreplech* eine Art kleine fleischgefüllte Ravioli, die am Versöhnungstag Jom Kippur in die Hühnerbouillon gehören.

Gerichte, die aus dem europäischen Osten stammen, Barschtsch, Kascha, Blinsen, Piroggen, lassen wir hier beiseite, sie sind unter den betreffenden Ländern nachzulesen, auch die Fleischspeisen werden nach Rezepten von dort zubereitet, immer aber gehört ein fettdurchwachsenes Stück dazu. Gemüse und Dörrobst, der *Zimmes*, werden mit etwas Zucker oder Honig in viel Fett gargeschmort. Typisch ist wieder die *Mazze*, ein ungesäuertes Flachbrot, zart und knusprig, das der orthodoxe Jude zum Andenken an den Auszug aus Ägypten am Pessach, zu Ostern, ißt. Es schmeckt aber auch sonst ausgezeichnet, zu Wein und zu jenen Gelegenheiten, bei denen wir Knäckebrot essen. *Berche* und *Challe*, weißes Zopfbrot ohne Milch und Zucker, aber mit etwas Speiseöl, wie auch *Bejgl*, Beugel, eine Art Bretzel aus Brotteig, und *Lekach*, ein Lebkuchen, dessen Name vom hebräischen «leb», Herz, herrührt, passen nicht nur zur festlichen Tafel – in jedem Fall wird sich auch der Nichtjude dem Dankgebet anschließen können, das der gastfreundliche, gottesfürchtige Jude nach einem jeden Mahl anstimmt.

Italien Die große Halbinsel am südlichen Ende Europas, so lang wie die Entfernung von Stockholm bis Wien, ist von jeher das Traumziel nicht nur der Sonnensüchtigen, sondern auch die Vision der Dichter, Schriftsteller und Künstler, denn zum einen sind ihre vielfältigen Landschaften, Berge, Hügel, Ebenen, Seen und Küsten ein Naturerlebnis, zum andern ist ganz Italien ein Produkt der Geschichte, in dem man zu sich selbst kommt und zu den Wurzeln unserer Kultur, vom antiken Erbe bis zum maßgebenden Design unserer Tage, von den Cäsaren über Michelangelo und Leonardo da Vinci bis Fellini, Visconti und Armani.

«Ich möchte, daß die Häuser, die sich im Besitz der Aristokraten befinden, nicht auf dem fruchtbaren Teil des Landes erbaut werden, daß sie sichtbar bleiben und man von ihnen aus die Städte, die Landschaft und das Meer betrachten kann, die weiten Ebenen und die bewaldeten Hügelketten und die Bergspitzen – und daß direkt vor dem Haus anmutige Gärten angelegt werden», so schreibt der Renaissance-Architekt Leon Battista Alberti vor. Die Landschaften Italiens widerspiegeln, so sehr sie heute von Autobahnen zerschnitten, von Betonklötzen zuzementiert, von Autos vollgepfropft werden, die natürliche Lebensart der Italiener, denn diese sind agil, vital und witzig geblieben, spontan und theatralisch – die Piazza war und ist in Stadt wie Dorf die Bühne des Lebens, wo man sich zur Schau stellt, flaniert, schwatzt, klatscht und temperamentvoll über Politik, Fernsehen und Fußball diskutiert.

Ein Abbild dieser geradezu exzessiven Daseinsfreude ist auch Italiens «schmachtend idealische Küche» (Heine). Was man so gemeinhin darunter versteht, Pasta, Pizza, Risotto, ist nur eine arge Simplifikation, und was man so im Ausland in Pizzerias und Trattorias vorgesetzt bekommt, ist meist nur ein kläglicher Abklatsch, fad und fett. In Italien selbst aber wird das Essen bis in die lokalen Verästelungen hinein dank der erstklassigen Produkte und der Kreativität der Köchinnen und Köche zu einem naturnahen Erlebnis, das den vielen anderen in diesem Lande des guten Geschmacks gleichkommt.

Es ist aber doch zu sagen, daß die so oft bemühte *pasta*, Teigwaren aus nichts als Mehl, Wasser und manchmal einem Ei, in der Tat ein kulinarisches Wunderding ist, ehrlich und originell. Sie steht zwar schon seit Urzeiten auf dem Speisezettel der Menschheit, der Chinesen, Griechen, Etrusker, Römer, Araber, Russen, aber ihre Einfachheit scheint besonders die Phantasie der Italiener beflügelt zu haben. Dick oder dünn, hohl oder voll, gerade oder gedreht, glatt oder gerippt, in gegen zweihundert Formen ist sie mit ihrem unaufdringlichen Geruch und Geschmack nach Getreide und Mehl die ideale Basis für die verschiedensten Gerichte, ein gar nicht roher Naturstoff für spielerisch zivilisierte Ernährung.

Wer die *cucina italiana* in ihrem Reichtum und ihrer genialen Einfachheit kennenlernen will, muß durch den ganzen «Stiefel» fahren, von oben bis unten, denn sie ist eine Küche der Regionen.

Doch beginnen wir im Zentrum **Rom,** der «Ewigen Stadt» auf sieben Hügeln, wo alle Zeitalter gegenwärtig sind, wo «Kontinuität in der Beständigkeit» herrscht (Goethe), es kann vorkommen, daß ein Gebäude auf antiken Grundmauern steht, das Erdgeschoß aus dem Mittelalter stammt, der erste Stock aus der Renaissance, der zweite aus dem Barock, der dritte aus dem Ottocento, während die Wohnung unterm Dach in unserem Jahrhundert ausgebaut wurde.

Diese Abfolge der Ären läßt sich auch auf die ganze Stadt übertragen, in ihr begegnet man auf Schritt und Tritt Spuren vergangener Epochen, dem Rom der Etrusker, dem Rom der Römer, dem Rom der Päpste, dem Rom der Renaissance, dem Rom des Barocks, aber auch dem Rom des Faschismus. Einige wenige Namen schon beschwören die beispiellose Mischung von Mythos und Geschichte herauf, von Kunst und Architektur, von Religion und Weltlichkeit, die Rom zu einer so unvergleichlichen Stadt macht: Forum Romanum, Kapitol, Kolosseum, Pantheon, Via Appia; Engelsburg, der Vatikan, von der Schweizergarde bewachter Staat in der Stadt mit Petersplatz und Petersdom; die Fontana di Trevi, der Palazzo Farnese. Dazwischen eine Unzahl von Kathedralen und Kirchen, Säulen und Statuen, Galerien und Museen, Piazze und Gärten, malerisch verwinkelte Viertel und zwischen der Spanischen Treppe und der Via del Corso ein Einkaufsparadies mit den elegantesten Läden und Boutiquen Europas – die Aufzählung allein droht ins Uferlose zu gehen. Rom wurde nicht an einem Tag gebaut, Rom läßt sich schon gar nicht in wenigen Zeilen beschreiben.

Angesichts dieser Fülle überrascht es, daß die Küche Roms eher einfach und rustikal ist, nicht zu vergleichen mit der Raffinesse Turins, der Eleganz Mailands, der Üppigkeit Bolognas. Das läßt sich vielleicht damit erklären, daß der Römer im Grunde natürlich und unverbildet geblieben ist, Geselligkeit ist ihm wichtiger als die Speisekarte. So spielen die Innereien eine Rolle, *trippa alla romana*, Kutteln mit Tomaten, Minze und geriebenem *pecorino*, Schafskäse, *coratella*, ein Ragout aus Herz, Leber und Lunge von Schaf oder Ziege mit Artischocken oder Zwiebeln, Knoblauch und Petersilie, oder die *paiata*, ein Voressen aus dem Gedärm junger Milchkälber mit Tomaten und Wein in Schweineschmalz. Als Vorspeise ist das auch anderswo in Italien verbreitete *fritto misto*, gemischte Gebackene, köstlich, aber fast zu reichlich: in Ei und Mehl gewendete, in Fett ausgebackene Stückchen Bries, Kalbshirn, weiche Leber, weißes Hühnerfleisch, junger Blumenkohl und andere Zutaten.

An Festtagen (für den reisenden Feinschmecker ist hier jeder Tag ein Festtag) kommt ein *arrosto di agnello* auf den Tisch, ein Braten vom zarten jungen Lamm, zu Ostern *abbacchio*, Milchlamm mit Rosmarin, oder *porchetto*, Spanferkel, wie auch die inzwischen weiterum bekannte *saltimbocca*, «spring in den Mund», eine dünne, gerollte Scheibe Kalbsnuß mit Rohschinkenscheiben und Salbeiblatt, mit Marsalawein in Butter gedünstet.

Dazu, aber auch einfach als Hauptgang gibt es natürlich auch in Rom *pasta*, Teigwaren wie die *rigatoni*, kurze gerippte Röhrennudeln, *spaghetti alla carbonara* in einer Sauce aus Butter und Rahm mit Eiern, Speck und geriebenem Käse, *spaghetti aglio e olio* nur mit Knoblauch, Olivenöl und höchstens noch *peperoncini*, kleinen Pfefferschötchen, *bucatini*, große dicke Spaghetti, oder *fettucine*, breite Bandnudeln.

Die frischen, farbenprächtigen Gemüse kann man auf den vielen Märkten bewundern, Artischocken, violette Auberginen, Bohnen, ein Grundnahrungsmittel der Italiener, Brokkoli, Erbsen, grüner Spargel, Zucchini und viele Pilze. Sie ersetzen als Mahl oft Fleisch und Fisch. Eine besondere Delikatesse sind die *carciofi alla giudia*, kleine zarte Artischocken, die man auf Art des jüdischen Ghettos in gewürztem Olivenöl goldbraun knusprig ausbäckt und mit Zitronensaft, Pfeffer und Salz samt Stumpf und Stiel essen kann.

Der ständige kulinarische Begleiter nicht nur der Römer, sondern der Italiener überhaupt ist der starke, aromatische *caffè*, zum beziehungsweise als Frühstück der *cappuccino* mit etwas heißer schäumender Milch und bitterer Schokolade (die Mode, den Cappuccino bei jeder anderen Gelegenheit zu trinken, kennt der Italiener nicht, dazu ist er ihm zu gehaltvoll), oder zwischendurch wie nach dem Essen als *espresso*, besonders konzentriert als *ristretto* aus lange geröstetem, fein gemahlenem Kaffee, der heiß mit oder ohne Zucker, meist ohne Milch oder Sahne in wenigen Zügen aus kleinen vorgewärmten Täßchen getrunken wird.

Viele der Produkte, die der Küche Roms ihre natürliche Frische verleihen, kommen aus dem **Lazio**, Latium, jener sich nahe der Metropole von der tyrrhenischen Küste bis zu den Abruzzen erstreckenden bäuerlichen Landschaft, die aber auch manche historische und kunstgeschichtliche Sehenswürdigkeit birgt wie ebenfalls einladende Badeorte am Meer – das alles liegt in Italien ja so oft nah beieinander. Von hier kommen die Schafe und Schweine, die *asciutti*, Gerichte aus hausgemachten Nudeln, *aglio fresco*, frischer Knoblauch, der gar nicht immer penetrant scharf ist, sondern, besonders im Frühling, auch mild süßlich sein kann *agretto*, Gartenkresse, *broccoletti*, Rübensprossen, *fiori di zucca*, Kürbisblüten, *puntarelle*, Endivien, *rughetta*, Rauke, *sedano*, Sellerie, wie auch der weitverbreitete *pecorino*, ein mild-fetter Reib- oder Tafelkäse aus Schafmilch. Nicht vergessen sei, daß hier auch Reben wachsen, in *Frascati*, den *Castelli Romani* und auf den *Colli Albani*, deren Weine nicht nur die Römer gern trinken.

In den **Abruzzi**, Abruzzen, dem höchsten Plateau des Appenins, liegt der älteste, bekannteste Nationalpark Italiens, in dem noch Königsadler, Gemsen, kleine Braunbären, Wildschweine (die hier nur Wilderer schießen «dürfen»), Wölfe und zottelige Hunde hausen. Mit seinen ausgedehnten Wander- und Reitwegen, mit seinen Skipisten auch war er das bevorzugte Erholungsrevier der abgasgeplagten Römer und Neapolitaner – im Augenblick ist er nämlich aus Geldmangel für Touristen nicht mehr zugänglich.

Der Boden ernährt seine Bewohner nur kärglich, und die Verarmung, Verschuldung trieb sie als Handwerker und Händler ins nahe Rom, wo sie für ihren Fleiß und ihre Geschicklichkeit bekannt und beliebt sind.

Das harte Leben zwischen Hoffnungslosigkeit und Auflehnung hat auch den Geist vieler Söhne dieser Region entflammt, von hier aus wanderte der lateinische Dichter Ovid nach Rom aus, der Denker Benedetto Croce nach Neapel, brach Ignazio Silone auf, ein Christ ohne Kirche, Sozialist ohne Partei, um in seinen Romanen aus dem Exil gegen Armut und Unterdrückung in seiner korrumpierten Heimat zu schreiben.

Not macht erfinderisch, und die *peperoncini*, leuchtend rote Pfefferschötchen, die nur Licht und Wärme brauchen – man begegnet ihnen in vielen ärmlichen Gegenden Italiens –, würzen die meisten Speisen, den *minestrone*, eine dicke Fleisch-, Nudel- und Gemüsesuppe, die *cottura del abbacchio brodettato*, ein geschmortes Lamm oder Zicklein in rezenter Sauce. Nudelteig wird durch einen mit Metalldrähten bespannten Holzrahmen zu *maccheroni alla chitarra*, «Gitarrenmakkaroni», gepreßt, die weichen Knetkäse *caciocavallo*, *scamorza* brät man wie den *pecorino* gern über Holzkohlenfeuer, um sie dann auf einer Scheibe Brot mit einer kräftig gewürzten Sauce zu essen.

Den Durst löscht man mit einem kühlen weißen *Trebbiano d'Abruzzo* von den Küstenbergen oder mit einem kräftigen roten *Montepulciano d'Abruzzo*, wenn man als Kontrast nicht einen der Desserts wählt, die schon geradezu orientalisch süß sind, einen *parrozzo*, ein «pane rozzo», «rauhes Brot» aus Mehl, gerösteten Mandeln, Ei und viel Zucker

AOSTA-TAL
Aosta
TRENTINO-SÜDTIROL
Trient
FRIAUL-JULISCH VENETIEN
Triest
Mailand
LOMBARDEI
Turin
PIEMONT
VENETIEN
Venedig
Genua
LIGURIEN
EMILIA-ROMAGNA
Bologna
Ligurisches Meer
Florenz
TOSKANA
Ancona
Perugia
MARKEN
UMBRIEN
Adriatisches Meer
ELBA
L'Aquila
ABRUZZEN
Rom
LATIUM
MOLISE
Campobasso
KAMPANIEN
Bari
Neapel
Salerno
Potenza
APULIEN
BASILIKATA
SARDINIEN
Cagliari
Tyrrhenisches Meer
KALABRIEN
Catanzaro
Palermo
SIZILIEN
Ionisches Meer

mit Schokoladenüberzug, oder den *tarallo*, einen Hefebiskuit mit mancherlei Aromen. Der Verdauung hilft man mit dem *Centerbe* nach, einem siebzigprozentigen Hundertkrautschnaps, oder mit einem *Nocino*, herbsüßem Nußlikör, den man schon im 18. Jahrhundert herzustellen verstand.

Die Region **Molise** im südlichen Appenin ist von den Hügeln bis zu den langen Badestränden an der Küste eine friedlich fruchtbare Landschaft. Teigwaren und Maisbrei, *paste e polenta,* werden nach bewährtem Familienrezept hausgemacht, und die Gemüse, Bohnen, *fagioli*, kleine Brokkoli, *broccolini,* Rübensprossen, *cime di rape,* und andere, werden mit Knoblauch, Olivenöl und Bauchspeck lecker gewürzt. Vor allem sind die köstlichen Tomaten, frisch oder an der Sonne getrocknet, omnipräsent.

Schaf, *pecora*, und Schwein, *suino,* liefern das meiste Fleisch, zu dem aus den Wäldern noch Hase, *lepre*, und Wildschwein, *cinghiale,* kommen. Sie alle werden mit Wein, Kakao, Zucker, Essig und Aromaten höchst apart süß-sauer angemacht. Aus dem Meeresfang wird eine der besten Fischsuppen des Mittelmeers bereitet, der *brodetto di pesce*.

Die Insel **Sardegna**, Sardinien gegenüber dem Latium im Tyrrhenischen Meer ist eigentlich mehr als ein Eiland, sie ist ein Mikrokontinent am Rande des Stiefels und der Welt, ein Mosaik der verschiedensten Landschaften und Menschenrassen. Am kristallklaren Meer – Sardinien hat Kläranlagen, nicht selbstverständlich in Italien – pulverfeine weiße Strände, Buchten und Klippen, im Innern Eichenwälder und Macchia, ein fast undurchdringliches Dickicht mit Feigenkakteen, Mastixbäumen, Myrten, Steinlinden, Wacholder und wilden Rosen, deren schwerer Duft über der ganzen Insel schwebt, sanfte Felder, Weide- und Kulturland mit Ähren und Reben, gegen die Berge zu einsame Hirtentriften.

Hierher setzten im Laufe der Jahrhunderte Phönizier, Griechen, Römer, Byzantiner, Araber, Spanier und schließlich Festlanditaliener über, und alle hinterließen sie ihr Zeichen, zuletzt der Hodscha-Prinz Aga Khan, der im Nordosten die «Costa Smeralda» einrichtete, die «Smaragdküste» mit noblen Hotelanlagen, Häfen und Golfplätzen, ein splendides Refugium für die Reichen, Schönen und Mächtigen, das sich aber gut in die Natur einfügt, man möchte wünschen, andere Überbauungen am Mittelmeer seien mit ebensoviel Geschmack unternommen worden.

Eines tut man in diesen Hotels allerdings wie in den meisten übrigen dieser Klasse auch: Man ißt gut, aber international. Wer der Küche Sardiniens auf die Spur kommen will, muß sich in eine der einfacheren Tavernen begeben oder, besser noch, von einem Sarden einladen lassen. Dort erwarten ihn aparte Genüsse, angefangen beim Brot, das noch gern selbst gebacken wird, dem dünnen Fladen *carasáu* oder seiner pergamentdünnen Version *carta da musica*, die tatsächlich einem Notenblatt ähnelt; einst war sie eine haltbare Wegzehrung für die Hirten und Schäfer, heute mit Schafskäse, Eiern und Tomaten als *fratàu* ein appetitlicher Imbiß oder eine einladende Vorspeise. Als weiteres Entree empfehlen sich – um die Teigwaren kommen wir in Italien nicht herum – die *maccarones*, mit *ricotta*, Frischkäse aus Molke, zubereitete, mit Nuß- oder Tomatensauce gewürzte Makkaroni; besonders raffiniert schmecken sie mit *botteriga*, gepreßtem Meeräschen- oder Thunfischrogen in braunen Platten. Ebenfalls typisch sind hier die *malloreddus*, kleine Grießnocken mit Safran.

In allen Meeresgegenden sind Fischsuppen das kulinarische Fundament. In Sardiniens Haupt- und Hafenstadt Cagliari und die ganze Küste entlang ist es die *burrida*, in die hier Haie und Rochen gehören; sie werden mit Karotten, Petersilie, Sellerie und Zwiebeln in gewürztem Salzwasser gekocht und mit einer Sauce aus in Öl und etwas Essig gerösetem Knoblauch, zerstampften Nüssen und Pinienkernen bedeckt. Vom vielen feinen Meeresgetier sind die *aragoste*, Langusten, und *bucconi*, kleine Meeresschnecken, hervorzuheben.

Das Fleisch, Lamm, Zicklein, auch Spanferkel, *porceddu*, wilde Schweine und Wildschweine (was bekanntlich nicht dasselbe ist, aber kulinarisch gleich interessant), wird mit Baumerdbeeren, Myrten, Oliven und Wacholder eingerieben am Spieß oder in einem Erdloch, *a carraxiu*, auf Holzkohle gebraten, es duftet köstlich. Schaf und Ziege liefern ebenfalls Milch für den *fiore sardo*, eine Art von jungem Pecorino, er schmeckt, auch wieder eine Spezialität, höchst apart mit einem Löffel des herbsüßen Wildhonigs Sardiniens. Dieser *miele*, dick- oder dünnflüssig, mild, *dolce*, oder herb, *amaro*, von Eukalyptus oder Orangenblüten, Erdbeerbaum oder Kastanien, ist einer der kulinarischen Schätze Sardiniens; mit ihm werden auch die *sebadas* bestrichen, mit säuerlichem Frischkäse und Zitronenschalen in Öl ausgebackene Teigtaschen, eine der vielen leckeren Süßspeisen der Insel.

Die Weine sind «so eigenartig und vielfältig wie ganz Sardinien selbst» (Waterley Root), leicht bis schwer, trocken bis likörartig süß. Sie werden meist an Ort und Stelle getrunken, die weißen *Vermentino*, *Torbato*, *Nuragus*, die roten *Cannonau*, *Monica*, wobei der sherryähnliche *Vernaccia* oder der süße, schwere *Anghelu Ruju* besonders konzentriert sind – vom Aperitif und Tafelwein bis zum Dessertwein, für alles ist gesorgt, selbst für den duftigen Myrtenlikör aus den jungen zarten Blättern oder Beeren, den *Mirto bianco* oder *rosso*.

Einem Gürtel gleich umfangen die «drei Schwestern» Toskana, Umbrien und Marken die Taille Mittelitaliens zwischen der tyrrhenischen und der adriatischen Küste, eine harmonische Landschaft mit hellen Olivenhainen und Weinbergen, dunklen Zypressen und Hügelstädten unter leuchtendem Licht. Wollen wir im Bild bleiben, wäre die Stadt **Firenze**, Florenz, die «Blühende», die kostbare Schnalle. «Unter dem Balkon des Piazzale Michelangelo», schwärmte der Weltenbummler Kasimir Edschmid, «erscheint Florenz wie die Bühne eines Theaters, auf der die

Gebäude wie die Schauspieler eines Dramas stehen, das nicht mit Worten, sondern mit Monumenten den Ruhm und die Tragik der Vergangenheit erzählt». Mit seiner ungeheuren Domkuppel, seinen hochragenden Türmen und Palästen, seinen Gärten, Hainen und Brücken erschien es dem apollinischen Jacob Burckhardt als das «wahr gewordene Ideal», und wenn der Stadt auch die maßlose Wucherung durch Geschäftssinn und Tourismus in den letzten Jahren arg zugesetzt haben, ist es doch die kunstreichste Stadt Europas geblieben.

Für uns Feinschmecker ist Florenz auch gastronomisch einzigartig: Hier, am Hofe der Medici, entstand in der Renaissance die abendländische Kochkunst. «Es ist bestimmt nicht unwichtig, genau zu wissen, wie sich der scharfe und bittere Geschmack einiger Blätter mit den süßen und weicheren Aromen anderer lindern läßt und auf diese Weise eine abgerundete Mischung herzustellen, bei der man nicht aufhören möchte zu essen», schrieb der streitbare und damit echt florentinische Publizist Pietro Arentino im 16. Jahrhundert. Die heute noch beliebt Sauce *dolceforte* aus Essig, Knoblauch und Zucker, zu der noch Pinienkerne, Rosinen und kandierte Zitronenschale kommen können, ist zum Beispiel nach diesem Prinzip zusammengestellt, man serviert sie zu Zunge, Hase, Wildschwein und anderem Fleisch. In den Palästen des Adels wurden zur Erholung des Magens schon *sorbetti*, Sorbets aus Orangen und Zitronen, gereicht, und *alla fiorentina* heißt in der Küchensprache heute «mit Spinat». Die kulinarische Visitenkarte von Florenz jedoch ist die *bistecca alla fiorentina* (die der Florentiner einfach *costata* nennt), ein großes Lendenstück samt Filet am Knochen in T-Form vom jungen Rind, am liebsten vom berühmten toskanischen Chiana-Rind. Es ist siebenhundert und mehr Gramm schwer und wird auf dem Grill oder einer heißen Platte außen braun, innen blutig oder rosa gebraten; erst nachher salzt, pfeffert und begießt man es mit etwas Olivenöl.

Die **Toscana**, Toskana, zwischen Apennin und Tyrrhenischem Meer, ist ein Herz und Sinne gefangennehmender Zusammenklang von Natur, Geschichte und Kultur, «duft- und geistreich, wie geschaffen für intelligente, aufgeweckte Leute» (Prezzolino). Sie ist die Geburtsstätte des Humanismus und hat einen Botticelli, Leonardo, Machiavelli, Galileo, Boccaccio, Dante hervorgebracht. Deshalb wohl ist sie heute das Sehnsuchtsziel streßgeplagter Zeitgenossen, Umsteiger und Aussteiger, die in der unendlich gewellten Hügellandschaft zur Ruhe, zu sich selbst finden wollen. Sogar so überlaufene Orte wie die einstigen Etruskersiedlungen Arezzo und Fiesole, Lucca, Italiens größtes Freilichtmuseum, das ritterliche Siena, das dreizehntürmige San Gimignano, das schieftürmige Pisa wußten inmitten allen Trubels ihre Ruhe und Ordnung zu bewahren.

Ein Sinnbild der ausgewogenen Harmonie der Toskana scheint mir auch ihr *olio d'oliva*, das edle, aromatische Olivenöl, fein, bekömmlich und duftig, das je nach Geschmack zartmild bis kräftig, bitter bis süßlich den Speisen nicht nur Italiens ihre ganz besondere Nuance verleiht. In ihm werden die *crostini* gebraten oder geröstet, runde Brotscheiben, die mit einer Paste aus Hühnerleber oder schwarzen Oliven, Pilzen, Tomaten bestrichen, mit Wurst oder Käse belegt werden, wie auch die *fett'unte*, ebenfalls geröstete, aber mit Knoblauch eingeriebene Brotscheiben, die mit Auberginen-, Bohnen-, Fenchel-, Tomatenpüree bedeckt sind – die vollendete Vereinigung von Einfachheit und Raffinesse. Überhaupt nimmt in der toskanischen Küche das salzlose Brot von bestem Schrot und Korn mit harter Kruste und fester Krume die Stelle von Teigwaren, von Reis und Mais ein. So ist auch die *panzanella* aus nichts als altbackenem Brot ein kleines Wunderwerk, es wird mit Sellerie-, Tomatenstücken, Zwiebelscheiben, Sardellenfilets in Olivenöl und Essig eingelegt und kalt oder warm gegessen.

Als Würze dienen in der Toskana Kräuter und Pflanzen, die vor der Haustür wachsen, Basilikum, Estragon, Fenchel, Majoran, Minze, Oregano, Rosmarin, Salbei und Thymian. Sie geben weiteren *antipasti*, Vorspeisen, ihr verführerisches Flair, Schinken und Würsten, der *salami* mit Fenchel und Knoblauch, der Blutwurst *bicoldo* mit Pinienkernen und Rosinen, der *finocchiona* mit Fenchelsamen.

«Mangia fagioli», «Bohnenfresser» nennen die übrigen Italiener die Toskaner, und ausgepalte Bohnen sind in der Tat ihr Lieblingsgemüse, lange, nierenförmige weiße *cannellini* und ovale, beigebraune, rötlich gefleckte *borlotti*. Sie sind die Grundlage vieler Gerichte, der *zuppa di fagioli*, Bohnensuppe mit einem Schinkenknochen, dem *passato di fagioli*, Bohnenpüree, als Beilage zu Fleisch oder als Füllung von Ravioli, in einer bauchigen Flasche, *al fiasco*, mit Olivenöl, Knoblauch und Salbei im Ofen sanft gegart als *fagioli al forno* oder mit mageren Sieneser Bratwürsten als *fagioli con salsicce*.

Die *bistecca alla fiorentina* wurde schon erwähnt, ihr kann man die *arista di maiale* hinzufügen, das Schweinskarree, das gern mit Rosmarinzweigen gebraten wird. Dazu, natürlich, mancherlei Teigwaren, aber die *rici* sind wieder etwas Besonderes, Nudeln aus Weizenmehl und Wasser, dem ein bißchen Maismehl hinzugefügt wird.

Die Süßspeisen und Kuchen der Toskana sind oft zu Feiertagen entstanden, die *cenci*, süße Krapfen aus Mehl, Eiern und Olivenöl mit verschiedenen Aromen, Anis, Vanille, Orangenschalen oder süßem Wein, zum Karneval, zu dem auch der knusprige *castagnaccio* gebacken wird aus Kastanienmehl, Olivenöl, Zucker und Sultaninen; aus diesem Mehl bereitet man ebenfalls *fritele*, Pfannkuchen, oder auch *pattone*, einen Brei, und anderes Gebäck, *necci*. Die Aniswaffeln *brigidini*, das *pan pepato*, *panforte* aus Siena, ein Lebkuchen mit kandierten Früchten, Haselnüssen, Mandeln, Gewürznelken, Koriander, Orangeat und Zitronat, kam ursprünglich zu Weihnachten auf den Tisch, und die *cantucci*, trockene Mandelkekse mit Anissamen und Pinienkernen, taucht man zum Schluß einer Mahlzeit gern in

Marsala, den schweren Dessertwein *Vin santo* oder sonst einen Rotwein.

Die Küstenstädte am Tyrrhenischen Meer, Livorno, Marina di Massa, Forte dei Marmi, Pietrasanta, Viareggio, sucht man weniger ihrer Kunstschätze als ihrer Badestrände und Pinienhaine wegen auf. Hier werden die omnipräsenten Bohnen mit gesalzenem, gepreßtem Thunfischrogen zubereitet, *fagioli alla bottarga*. Überhaupt wird Fisch häufig mit mildem Gemüse angerichtet, mit Artischocken, Erbsen, Kichererbsen, Lauch, Tomaten, eine aparte Kombination.

Der toskanischen Küste vorgelagert ist die Insel *Elba*, eines der bevorzugten Reisegebiete Italiens mit schönen Stränden am azurblauen Meer und gebirgigem Hinterland. Die Küche ist toskanisch, einfach (aber nicht eintönig), fettarm und bäuerlich ländlich, *casalinga*. Die *zuppa dei morti* ist eine trotz ihres makabren Namens nahrhafte Brotsuppe mit Eiern, Kartoffeln und Zwiebeln, das *gurguglione* geschmortes Gemüse mit Paprika.

Hinzu kommen die *frutti di mare*, Meeresfrüchte, und *pesce*, Fische: *cozze*, *muscoli*, Miesmuscheln, die mit Wurstbrät, Semmelbröseln, gehackten Knoblauchzehen, Petersilie, Eiertomaten und Ei gefüllt, *ripieni*, besonders gut schmekken, außerdem *gamberetti*, Garnelen, *polpette di mare*, Tintenfische, *ricci di mare*, Seeigel. Von den üblichen Mittelmeerfischen sind die *acciughe*, Sardellen, erwähnenswert, sie sind nicht nur in Öl oder Salzlake eingelegt, sondern auch fangfrisch gegrillt, fritiert oder gebraten ausgezeichnet, sowie die *sardine ripiene*, mit einer Masse aus Eiern, Knoblauch, geriebenem Parmesankäse, Pfeffer und Salz gefüllte Sardinen. Selbstverständlich hat auch Elba ihre Fischsuppe, den *cacciucco*, der aus Katzenhai, Knurrhahn, Meerbarbe, Seezunge, Garnelen, Miesmuscheln, Tintenfischen und anderen Meeresfrüchten besteht und mit Knoblauch, Zwiebeln und Pfeffer kräftig gewürzt wird.

«Insula vini ferax», nannte der lateinische Schriftsteller Plinius *Elba*, «Insel des ergiebigen Weins». Der Elba bianco, Procanico ist trocken weiß, der Elba rosso, Sangioveto, aromatisch rot, die Aleatico und Moscato sind harmonische Dessertweine.

Eine Region der Toskana wurde mit Absicht für zuletzt aufgespart, das hügelige **Chianti** zwischen Florenz und Siena, dessen Name zum Synonym für italienischen Rotwein geworden ist. Er wurde schon im 17. Jahrhundert besungen, «del buon chianti il vin decrepito», «des guten Chianti altgereifter Wein», und wäre wieder einmal einen eigenen Abschnitt wert. Hier nur soviel, daß er mit seinem leichten Veilchenduft jung fruchtig würzig, leicht erdig und tanninhaltig ist, nach vier bis fünf Jahren weich, fein und elegant. Aus der traditionellen Ursprungsregion, als *Classico*, darf er sich nach dreijähriger Faßlagerung *Riserva* nennen. In jedem Fall ist er mit dem DOCG-Schutzsiegel des Gallo Nero, des schwarzen Hahns, einer der großen Weine der Welt, zu denen wir in der Toskana neben manch anderem den kompakten *Brunello di Montalcino* und den *Vino nobile di Montalcino* (der nicht mit jenem ebenfalls ausgezeichneten aus der gleichen Traubensorte von den Abruzzen verwechselt werden darf) zählen wollen.

An den Ausläufern des Apennins schließt sich im Osten der Toskana **Umbria** an, Umbrien, eine der wenigen Regionen Italiens, die keinen Zugang zum Meer haben. Mit ihren sanft gewellten Hügeln, auf deren Kuppeln mittelalterliche Städte thronen, mit ihren weiten Tälern, in denen sich Weinreben, Mais- und Tabakfelder ausbreiten, mit den silbrigen Olivenhainen, Seen und dunklen Bergen ist sie das «grüne Herz» Italiens, eine seiner lieblichsten Landschaften. Sie wird von einem Netz alter Stadtrepubliken überzogen, in deren Bogengängen und Stufentreppen, in deren Domen mit ihren Pilastern, Fresken und Reliefs das Mittelalter noch lebendig ist, unter ihnen die Haupt- und Universitätsstadt Perugia, die Pilgerstadt Assisi, die Festspielstadt Spoleto und Norcia, Stadt des heiligen Benedikt. Sie alle bergen Meisterwerke, die von einer über tausend Jahre alten stolzen Vergangenheit zeugen.

Für einmal verspüre ich kein schlechtes Gewissen, wenn ich diesen Schätzen die *tartufi* zuzähle, die schwarzen Trüffeln, die vom November bis März in den Wurzeln von Eichen, Pinien, Pappeln und Weiden wachsen. Der Feinschmecker weiß: Diese «Diamanten der Küche» schmecken um so besser, je einfacher sie angerichtet werden auf Rühr-, Spiegeleiern, Teigwaren; sie geben aber auch Fleisch-, Fischgerichten und Saucen ihr unvergleichliches Parfum. Wenn man Glück hat, erhält man die bereits erwähnten *crostini*, in Olivenöl geröstete Brotscheiben mit einer Trüffelpaste, *intartufati*, sie allein lohnen eine Reise nach Umbrien.

Das Olivenöl der Umbria zählt zu den feinsten ganz Italiens und ist die Hauptzutat ihrer Küche, in der Fleisch eine große Rolle spielt. Es wird am Spieß, *allo spiedo* über offenem Holzkohlenfeuer gebraten und mit wilden Kräutern gewürzt, Rind, Schwein, Lamm, Ziege, aber auch Hase, Rebhuhn, Wildtaube, Waldschnepfe. Die *porchetta* ist ein ganzes, 40 bis 50 kg schweres Schwein, das mit Innereien und wildem Fenchel gefüllt im Backofen zubereitet wird. Das nützliche Tier liefert auch *guanciale*, *pillotto*, *ventresco*, den durchwachsenen Speck, mit dem das Grillfleisch eingefettet wird, sowie Schinken und Würste, für die insbesondere Norcia berühmt ist, Heimat einer mageren schwarzen Schweinerasse – der Schlachter heißt in Italien oft «Norcino». Zu diesen fleischlichen Genüssen serviert man gern *lenticchie*, die zarten Linsen von der Hochebene des Castelluccio. Dem mit *pancetta*, luftgetrocknetem Speck, in Olivenöl geschmorten *galletto*, Masthähnchen, verleihen Knoblauchzehen, Lorbeerblätter, Rosmarinzweige, Balsamessig und Honig ihren eigenen, köstlichen Duft.

Der flache, warme Trasimenische See, «l'ombelico d'Italia», «Nabel Italiens», wo Hannibal im zweiten Punischen Krieg die Römer schlug, ist das reichste Süßwasserreservoir des Landes. In ihm schwimmen Aale, Hechte und große Karpfen, die mit einer delikaten Fenchelsauce aufgetischt werden, *carpa regina al finocchio*.

Das Weihnachts- und Neujahrsgebäck *serpentone*, der Schlangenkuchen mit Rosinen, Mandeln, Walnußkernen, Backobst und Vin Santo, erinnert daran, daß Umbrien hexengläubig ist, es geht auf die magischen Sibyllen zurück, die in Grotten weissagten und sich freitags in Schlangen verwandelten.

Den weißen oder besser strohgelben Weinen von den vulkanischen Tuffböden beim mediävalen *Orvieto* sprachen vor Jahrhunderten schon Päpste, Kardinäle und Bischöfe zu, wobei sie die Wahl hatten zwischen einer fein und harmonisch trockenen Variante, *secco*, oder einer charmant lieblichen, *abboccato*, die nach Edelfäule duftet.

Der Name **Marche**, Marken, erinnert daran, daß diese Provinz zwischen Apennin und Adriaküste einst eine fränkische Lehensmark war, die Pippin der Jüngere dem Papst schenkte. Ein halbes Jahrhundert später wurde in Iesi der große Staufenkaiser Friedrich II. geboren, «der erste moderne Mensch auf dem Thron» (Burckhardt), im Malatestakastell von Gradara nahm die Liebestragödie der Francesca da Rimini ihren verhängnisvollen Lauf, in Urbino kam Raffael zur Welt, in Iesi wiederum ein Pergolesi, in Pesaro ein Rossini – es ist unmöglich, nicht allerorts auf eine gloriose Vergangenheit zu stoßen. Die anmutige, beschauliche Landschaft mit ihren vielen Dörfern, mittelalterlichen Städtchen und Abteien läuft gegen das Adriatische Meer aus, wo ein 170 km langer Strand sich jeden Sommer gegen eine Touristenflut zu wehren hat, welche sie zu verschlingen droht.

Die Küche der Marken widerspiegelt diesen Gegensatz zwischen Wasser und Land, zu ihr haben Seeleute und Fischer, Bauern und Winzer, Hirten und Gebirgler beigetragen. Der *brodetto di pesce* ist eine Fischsuppe mit so vielen Sorten und Arten wie sonst nirgends, und der *potacchio*, der seinen Namen vom französischen «potage» herleitet, ist keine Suppe, sondern eine kräftige Sauce, die Stockfisch, Hase, Huhn und anderen Gerichten Würze gibt. Die *vincisgrassi* tragen ihren Namen nach dem österreichischen Feldmarschall zu Windischgrätz, der 1799 mit seinen Truppen die Hauptstadt Ancona von der Belagerung durch Napoleon entsetzte. Sie sind ein üppiger Auflauf von *lasagne*, breiten, mit Fleisch, Gemüse und Käse überbackenen Teigblättern, während die *ravioli* mit *ricotta*, Molkekäse, Butter, Eiern, Petersilie, Muskatnuß und Pfeffer gefüllt werden. Zu ihnen reicht man eine Sauce aus Seezunge, *sogliola*, und Tomaten in Weißwein.

Unter den Wurstwaren sind die *coppa marchigiana*, eine Art Preßkopf, die *cotechini di San Leo*, würzige Schlackwürste, der *prosciutto di Montefeltro*, aromatischer Schinken, und die *soppressata di Fabriano*, ein Preßsack, beliebt.

Von den grünen Matten kommt knackiges Wildgemüse, Feldsalat, Fenchel, Kresse, Löwenzahn, Pimpinelle, Rapunzel, Rauke, die man sich als Salat zur *misticanza* zusammenstellt, aus den Waldungen weiße Trüffeln, die man roh genießen kann, und frische Pilze, von den Weiden gute, gesunde Käse, *caciotte* und *pecorini*.

Zu den Weinen der Marken gehören der delikate strohgelbe, leicht bitterliche *Verdicchio* in der Amphorenflasche, inzwischen von internationalem Ruf, und der elegant schäumende rote *Vernaccia di Serrapetrona* von eigenartigem Geschmack.

Die Stadtrepublik **Venezia**, Venedig, war über ein Jahrtausend lang ein Machtzentrum zwischen Orient und Okzident, zwischen Byzanz und Europa. Sie besteht aus einem Archipel von Inselchen inmitten einer langen breiten Lagune am Adriatischen Meer, und Wasser ist ihr Lebenselement. Linienboote, *vaporetti*, besorgen den öffentlichen Verkehr, Fähren, *traghetti* setzen vom einen zum andern Ufer über, kleine und große Barken, *gondole*, befördern Waren und Touristen (die ja auch eine Art Ware sind), Schnellboote, *motoscafi*, dienen Polizei, Feuerwehr und Krankenhäusern. Zum Wasser hin sind auch die Paläste, Handelshöfe, Kirchen und Glockentürme gebaut, «Stein gewordene Erinnerungen, vom Meer gelassen hingeschenkt» (Hagelstange), die durch geschwungene Brücken miteinander verbunden sind.

So kann man per Schiff vom Canal Grande, dieser großartigen Hauptstraße Venedigs, aus durch zahllose Wasserläufe oder zu Fuß brückauf, brückab um viele Ecken eintauchen in die Welt der Renaissance, da der Mensch *rinasciato*, wiedergeboren wurde. Geschäftssinn wandelte sich in Grandezza, denn wer mächtig ist, will glänzen, aus den Kaufleuten und Seefahrern wurden Kunstförderer und Sammler. Der Markusplatz mit dem romanisch-byzantinischen Dom wird zum Mittelpunkt des Abendlands, zum «schönsten Salon Europas» (Napoleon), die Dogen, Herrscherfürsten Venedigs, bauen sich als Denkmal ihrer Weltgeltung einen schwebeleichten Palast, Maler wie Bellini, Tizian, Tintoretto, Veronese, Tiepolo schmücken nicht nur Altäre und Kirchendecken mit lichten Farben aus, sondern auch repräsentative und private Gemächer, Banner und Baldachine, ein Carlo Goldoni sagt in seinen Komödien lachend die Wahrheit, Komponisten wie Monteverdi, Albinoni, Vivaldi, Marcello beseelen ihre Musik mit neuer Dramatik und Melodik, der Frauenverführer Casanova erhebt die Erotik zur Lebensdevise.

Wer dies Reich des uomo universale erkunden will, dem sei geraten, Venedig im Winter (mit Gummistiefeln im Gepäck, dies ist auch die Zeit der Hochwasser) aufzusuchen, wo es den Venezianern gehört, in neblige Melancholie gehüllt. Dann ist sie wieder ganz die «Serenissima», die «Durchlauchtigste», «Luzideste», unwirklich und formvollendet, unnahbar und kokett schmeichlerisch.

Aus dem Wasser kommen auch viele Spezialitäten der venezianischen Küche, *bovoleti*, Kreiselschnecken, *capelunghe*, Scheidemuscheln in Röhren, *garusole*, Herkulessäulen, *granseole*, Meeresspinnen, *moleche*, männliche Krebse, *masanete*, weibliche Krebse, *peòci*, Miesmuscheln, *scampi*, Kaisergranat, *tartufi di mare*, Venusmuscheln, und sonst allerlei. Am Besten schmecken sie mit etwas Zitrone und schwarzem

Pfeffer oder gemischt als *fritto misto del mare* mit Petersilie und Zitronensaft in Öl gebacken – das Einfachste ist wieder einmal das Raffinierteste. Auch auf Meerfische verstehen sich die Venezianer, auf den *branzino*, Wolfsbarsch, *ghiozzo*, Grundel, *muggine*, Meeräsche, *orata*, Goldbrasse, *sfogo*, Seezunge, wie auch *baccalà*, Stockfisch; sie werden auf dem Rost gebraten, in Olivenöl gebacken, auch gern *in saor* süß-sauer mariniert.

Gemüse, Kräuter und exotische Früchte wurden schon vom Weltreisenden Marco Polo aus dem Orient mitgebracht wie vor allem auch der Reis, der eines der Hauptnahrungsmittel Venedigs geblieben ist, vom *risotto nero* mit Tintenfischstükken in ihrem schwarzen Saft bis zum *risi e bisi* mit kleinen jungen, zarten Erbsen. Der Mais wurde aus Amerika herübergeholt, und es heißt, die *polenta*, der dicke Brei daraus, der weich und cremig ebenso wie kroß gebraten oder sogar gebacken sein kann, sei in Venedig erfunden worden. Sie paßt zum *fegato alla veneziana*, in Butter und Öl mit süßen gedünsteten Zwiebeln und Petersilie, auch Salbei gebratenen Kalbsleberscheiben. Ein weiterer internationaler Exportartikel ist der *carpaccio*, den der Erfinder Giuseppe Cipriani von der Harry's Bar, Treffpunkt von Prominenz und Touristen aus aller Welt, nach dem venezianischen Maler dieses Namens taufte, hauchdünne rohe Scheiben von Rindfleisch, heute auch Kalb, Lamm, Wild, Fisch, die mit Salz und Pfeffer gewürzt, mit Olivenöl und Zitronensaft beträufelt werden.

Zum Nachtisch gibt es *fritole*, kleine Krapfen mit Rosinen, Pinienkernen und Zitronat, und es sei nicht zu erwähnen vergessen, daß auch der in letzter Zeit so populäre *tirami su* oder *tiramisù* wahrscheinlich aus Venedig stammt; «zieh' mich hinauf» heißt auf deutsch diese süße Nachspeise aus gekühltem *zabaione*, Schaumcreme aus Eigelb, Zucker und Marsala, mit *mascarpone*, Doppelrahm-Frischkäse, frischer Sahne und mit starkem Kaffee getränkten Löffelbiskuits, mit bitterem Kakaopulver bestreut und eiskalt serviert.

Den obligaten *caffè* trinkt man in einem der berühmten Cafés am Markusplatz, um den zutraulichen Tauben, den vergoldeten Bronzepferden und geflügelten Löwen *arrivederci* zu sagen.

Die meisten Gemüse und Früchte Venedigs kommen, wenn nicht von einer der Laguneninseln, aus dem **Veneto**, Venetien, dem grünen Hinterland Venedigs, das «wie ein Mantel von den Hüften der Alpen niederschleift bis ans Meer, an schöngebauten Städten reicher als irgendeine Landschaft der Erde» (Hofmannsthal). Der Name ihrer einiger allein ergibt schon einen Dreiklang klassischer Harmonie: die stolze Universitätsstadt Padova, Padua, «la Dotta», «die Gelehrte», Hauptsitz des Humanismus mit Giottos Fresken und Donatellos Reiterstatue, Vicenza, die der aus Padua stammende Andrea Palladio mit noblen Bauten, Marmorfassaden und Arkaden zu einer «Chimäre der Architektur» (Piovene) von antiker Klarheit und Würde ausbaute, und inmitten von Olivenhainen, Weinreben und sanften Hügeln Verona, Schauplatz der Liebestragödie von Romeo und Julia aus zwei verfeindeten Geschlechtern mit tödlichem Ausgang sowie heute gigantischer Opernaufführungen im römischen Amphitheater – Arena und Aida, sie setzen uns um Jahrhunderte zurück und sind doch ungeheuer lebendig.

Zypressen und Maulbeerbäume umsäumen die prachtvollen Villen des venezianischen Adels wie auch die weiten Maisfelder, und die schon erwähnte gelbe oder weiße *polenta* ist denn auch eine der Grundspeisen der venetischen Küche, sie wird auf mancherlei Art geschmacklich verfeinert, im Frühling zartgrün mit Artischockenspitzen, im Herbst cremebraun mit Pilzen. Die goldene Jahreszeit schüttet über Venetien ein Füllhorn von solchen Pilzen aus, Eierpilze, Morcheln, Pfifferling, Steinpilze und den seltenen *barbone*, einen schwarzen Stachelpilz; sie werden roh als Salat gegessen, in Suppen, Gratins, zu Risotti, Teigwaren und Fleisch.

Es wurde bereits gesagt, daß Venedig viele Gemüse vom Festland Venetien bezieht. Dazu gehören die *rapa*, kleine weiße Rübe, *rughetta*, Rauke, *cardo*, die artischockenähnliche Karde, und *erbe miste*, gemischte wilde Wiesenkräuter, vor allem aber der inzwischen ebenfalls bei uns bekannte *radicchio*, eine langblättrige, rotweiße, leicht bitterliche Salatpflanze, die aus dem mittelalterlichen Städtchen Treviso stammt und in Venetien als Universalgemüse mit Blättern und Wurzeln gedünstet, gegrillt, gefüllt überbacken oder für Saucen püriert wird.

Natürlich ißt man – wo nicht in Italien? – auch sonst ausgezeichnet, wir begegnen seinen Speisen auf unserer kulinarischen Italienreise ebenfalls anderwärts, wir können sie hier deshalb überspringen.

Die Weine Venetiens sind, obwohl weiterum bekannt, wiederum typisch, der liebenswerte rote *Bardolino* vom Gardasee und von der Umgebung Veronas, in guter Qualität leicht und elegant, duftig und fruchtig, ein angenehmer Tischwein, die *Colli Berici* aus der Provinz Vicenza, trocken und kräftig, die *Vini del Piave*, körperreich würzig und leicht herb, der *Prosecco*, Venetiens und heute auch ganz Italiens bekanntester Schaumwein, der gleichfalls allgemein beliebte weiße *Soave*, der «wie ein sonnig-klarer Himmel schmecken würde, wenn man den trinken könnte» (Charles Bode), der populäre *Valpolicella* von den Hügeln um Verona, rubinrot, trocken und leicht süßlich-bitter mit vollem Bukett.

In Conegliano nördlich von Treviso findet alljährlich eine Grappa-Messe statt, und diese inzwischen in Mode gekommene *grappa*, ein Tresterdestillat, kann man in Venetien in allen Varianten aus verschiedenen Trauben-, Weinsorten probieren, lieblich oder herb aus Barolo, Dolcetto, Grignolino, Merlot, Moscato, Prosecco, Raboso, sogar mit Kräutern, Gewürzen und selbst Gemüse wie dem Radicchio aromatisiert.

Die Adriaküste weiter hinauf liegt zwischen Meer und Karnischen Alpen die Provinz **Friuli-Venezia**, Friaul-Julisch

Venetien, die nordöstlichste Ecke Italiens gegen Österreich und Slowenien. Ein Grenzland und Spannungsfeld, das nicht nur politisch, sondern auch kulturell wie kulinarisch die Nähe, die Beziehung zu den Nachbarn spüren läßt, «un piccolo dell'Universo» (Ippolito Nievo). Wirkt es die obere Adriaküste entlang mit Lagunen und den Badeorten Lignano sowie dem romantischen Grado mit ihren Samtstränden, deren Sand sonnenheiß auch als Therapie dient, noch venezianisch, nur ruhiger und weniger überlaufen, so gelangen wir im Innern in ein mitteleuropäisches Land (der Ausdruck ist mit Bedacht gewählt, denn hier entstand der Sprachzwitter «mitteleuropeo»), das jahrhundertelang umkämpft, überfallen, geplündert, zuletzt 1976 von einem grausamen Erdbeben geschüttelt wurde, heute jedoch mit seinen bewaldeten Bergen, sanften Hügeln und fruchtbaren Feldern Frieden ausströmt. Udine, die Hauptstadt des Friaul, ist mit seinen Loggien, Uhrtürmen und Markuslöwen ein Minivenedig, Triest, jene von Julisch Venetien, der größte Meerhafen Italiens an der östlichen Adria, läßt hingegen immer noch ahnen, daß es einst zum österreichisch-ungarischen Vielvölkerstaat gehörte. «Es gibt Tage», schrieb Hilde Spiel, die Grande Dame der österreichischen Literatur, «an denen Triest nur eine seiner Facetten hervorkehrt, nur venezianisch oder nur slawisch erscheint, nur österreichisch oder ungarisch, aber auch nur jüdisch, griechisch, levantinisch», in diesem Tiegel wurde der Schriftsteller Italo Svevo als Ettore Schmitz geboren, nahebei, in Fiume oder heute Rijeka, der Dramatiker Ödön von Horváth, hier begann der Ire James Joyce als Englischlehrer den «Ulysses».

Die ganze Region ist wieder einmal der Boden für zwei recht verschiedenartige Küchen. Jene des Friaul hat ein fast archaisch einfaches, bäuerliches Gepräge. Daß dies nicht herabsetzend gemeint ist, beweist schon der *prosciutto San Daniele*. Dieser lange, platte Schinken von freilaufenden Friaul-Schweinen wird in San Daniele nahe Udine sanft mit Meersalz einmassiert, gepreßt und zwischen Berg- und feuchter Meeresluft zum Trocknen aufgehängt. Das Resultat ist einer der besten Schinken der Welt, durchsichtig dünn geschnitten von unvergleichlich zartem, nussigem Geschmack, mit frischen Feigen und saftigen Melonen ein köstlicher Genuß.

Aus magerem Schweinefleisch, Speckschwarte und Schnauze ist auch der *musetto*, eine schmackhafte Wurst, die mit Muskatnuß und einem lokalen Weißwein gewürzt wird. Dazu reicht man eine *brovade*, in Scheiben geschnittene saure weiße Rüben mit Knoblauch und Schmalz. Auf dem *focolar*, einem gemauerten, offenen Herd mit Kaminabzug durch die rußgeschwärzte Decke, kocht man auch die *iota*, eine bodenständige Suppe aus den kleinen rostroten, dunkelgefleckten Bohnen aus den Tälern der Alpenlandschaft Carnia im Norden, die mit Maismehl, Kohl, Speck, Kreuzkümmel und Lorbeerblättern zubereitet wird, oder den *suf*, eine goldgelbe Polenta mit Butter. Der Gipfel der Einfachheit ist aber wohl die *frittata*, die hier *settemplice* heißt: ein weiches Omelett aus Eiern (ohne Milch) mit feingehackten Kräutern aus der Topfpfanne. Die Ravioli heißen im Friaul *cialzons*, sie werden mit Parmesan oder Ricotta, Brotkrumen, Kräutern und anderen salzigen oder süßen Zutaten gefüllt. Die Vorliebe der Friulaner für Käse zeigt sich auch im *frico*, einem knusprigen Käsekuchen mit Kartoffeln, Zwiebeln oder süßem Honig.

Die Küche Julisch Venetiens ist dagegen kosmopolitisch, die Habsburgermonarchie läßt grüßen: *gulasch* ist leicht zu erraten, die bewährte Gulaschsuppe, warmer gekochter Schinken wird mit *kren*, einer Sauce aus Meerrettich mit saurer Sahne, genossen, die *cotoletta* ist ein echtes Wiener Schnitzel, und die Namen *buchteln, cugeluf, gubana, palacinche, strucolo, torta dobos* entpuppen sich auch ohne Übersetzung als die alterprobten Mehlspeisen Buchteln, Gugelhupf, Presnitz, Palatschinken, Strudel und Dobostorte.

Quer durch die Provinz führt eine kurvige Strada del Vino, eine auch landschaftlich reizvolle Straße des Weins. Hier wachsen Kreszenzen, die über Italien hinaus eigentlich zu wenig bekannt sind, denn sie alle lohnen einen Versuch, der goldgelbe *Tocai friulano*, mild und fein mit Duft nach Wiesen und ihren Blumen, der hellrote *Schioppettino*, trocken und körperreich, der grüngelbe *Verduzzo*, angenehm süßlich frisch und fruchtig, an der Spitze die Raritäten *Ribolla*, strohgelb, trocken und eigenwillig, und der goldgelbe *Picolit*, einer der großen Dessertweine Italiens, rassig nobel mit Honigbukett – wieder einmal nur eine kleine Auswahl, die aber hoffentlich Lust macht auf weitere eigene Entdeckungen.

Über das **Trentino**, die Umgebung der alten Konzilstadt Trient, geht es die Etsch und die Brennerlinie entlang durch Wälder aus Kastanienbäumen, Arven, Zirbelkiefern und Lärchen hinauf ins **Alto Adige**, das Oberetschtal, das als südlicher Teil Tirols erst 1919 zu Italien kam, von altersher ein Puffer zwischen Deutschtum und Italianità, Land der Minnesänger, Chorherren, Kaufleute, Holzschnitzer und Bauern, der waldgrünen Täler und Berglehnen, Burgen und Klöster, Schlösser, Ruinen und Einödhöfe bis hin zum «Reich der bleichen Berge», den Dolomiten, eine der berühmtesten, schönsten Alpenszenerien, Ferienziel für Wanderer, Bergsteiger und Skifahrer unter südlicher Sonne. Fixpunkte sind neben den Winter- und Sommerkurorten die Städte Bressanone, Bolzano und Merano, Scharniere altdeutscher Kultur und italienischer Lebenskunst, nicht mehr Norden, noch nicht Süden, das geschichtsträchtige Brixen im Eisacktal mit seinem historischen Kern, das mittelalterliche, aber schon südlich heitere Bozen mit seiner malerischen Altstadt, den Laubengängen, Bürgerhäusern und dem farbenprächtigen Markt, und westlich durchs Burggrafenland auf einer Sonnenterrasse das nostalgische Meran, die «Kurpromenade Europas» in üppig mediterraner Natur; nicht weit davon das Schloß Tirol, das der ganzen Gegend seinen Namen gab. «Alles, was man auf den höheren Gebirgen zu vegetieren versucht, hat hier schon mehr Kraft und

Leben, die Sonne scheint heiß, und man glaubt wieder einmal an einen Gott» (Goethe).

In dieser Region wird noch das melodiöse Ladinisch gesprochen, ein Dialekt der rätoromanischen Sprache, aber man versteht auch Deutsch und schreibt Italienisch. Das gilt ebenfalls für die Speisekarten, deren Gerichte sich in unsere Sprache übersetzt als traditionelle Alpenspeisen entpuppen. Die *canederli* sind nichts anderes als Knödel aus alten Semmeln, Milch und Eiern mit Grieß; mit *Topfen*, Quark, *Marillen*, Aprikosen, oder Zwetschgen gefüllt werden sie zu aparten Nachspeisen. Zu einer rechten *merenda*, Jause, gehören Käse oder, am liebsten, *speck*, der seinen Namen auch auf italienisch behalten hat und eines der kulinarischen Wahrzeichen Südtirols ist, herzhaft aromatisch mit Wacholderbeeren über Holz geräuchert.

Suppen sind auch in Südtirol echte Bauernkost, die *minestra di trippe*, Kuttelsuppe mit Knoblauch, Möhren, Porree, Sellerie, Zwiebeln, Kartoffeln und geriebenem Brot, oder, ganz einfach, aber köstlich, die *mosa*, eine flüssige Milchpolenta aus gelbem und weißem Maismehl mit zerlassener Butter und Mohnsamen, sowie die *zuppa al vino*, Weinsuppe aus Fleischbrühe, Eigelben und lokalem Wein.

Die *gnocchi* aus Mehl, Milch, Fett und Eiern nennt der Österreicher Nockerln, sie sind die obligate Beigabe zu Fleisch, Wild, Geflügel und frischen Pilzen. Der *piatto elefante* aus Brixen, das wohl üppigste der robusten, gradlinigen Gerichte Südtirols, ist eine Platte mit Kalb-, Rind-, Schweinefleisch, Huhn, Leberwürsten und vielen Gemüsen im Reisbett.

Aus den vielen Wildbächen, Flüssen und Seen kommen Forellen, Äschen, Barben, Hechte und Schleien, von den fruchtbaren Feldern frische Gemüse, darunter die südlichen *melanzane*, Auberginen, *peperoni*, grüne Paprikaschoten, *Paradeiser*, Tomaten, und Zucchini, aus den Wäldern Kastanien, Pfifferlinge, Ritterlinge und Steinpilze.

Der Südtiroler muß also nicht lange suchen, wenn er essen will, was er selbst hat, und erzeugt wie Generationen vor ihm Roggen, Gerste, Buchweizen, Milch und Kastanien, *Schöpsernes*, Schaffleisch, und Schweinernes. Aus Roggenmehl macht er das rösche *Schüttelbrot*, einst ohne Hefe über Holzfeuer gebackener steinharter, bröckeliger Fladen mit Anissamen, aus Gerste den *orzetto alla trentina*, eine kräftige Suppe mit Gemüsen und Kartoffeln, aus Buchweizenmehl mit gerösteten Speckstücken eine dunkle Polenta, den *Schwarzplenten*, aus der Milch den *Graukäse* aus Sauermilchquark mit natürlichem Grauschimmel, aus Kastanienmehl dunkle, schwere Kuchen.

Wer noch mehr wissen will über diese Kost, über Kasnudeln, Schlutzkrapfen, das Gröstl, der schlage in den Absätzen Steiermark, Kärnten und Tirol nach unter dem Stichwort Österreich. Dort sind auch die Mehlspeisen vermerkt, die sich ebenfalls im Alto Adige erhalten haben. Hinzuzufügen wären vielleicht noch die *torta di fregoletti* aus dem Trentino, ein recht harter Brotkuchen, sowie die *Zelten*, ein Weihnachtsgebäck mit Eiern, Mandeln und Weinbrand.

Wie alle Bergvölker verstehen sich die Südtiroler aufs Brennen von magenstärkenden, wärmenden klaren Wässern aus duftigen *Marillen*, Aprikosen, Pflaumen oder, soll's etwas Stärkeres sein, Enzian oder Wacholder, dem *Kranewitter*. Zwischen Etsch und Eisack liegen malerische Weindörfer, deren Erzeugnisse schon Vergil lobte und die, in einer holzgetäfelten Weinstube getrunken oder an einer Törggelpartie (Törggel ist eine Weinpresse oder Baumkelter) mit Speck, *Kaminwurzen*, geräucherten Würsten, und gebratenen *Kästen*, Kastanien, genossen, ausgezeichnet zur sagenhaften Landschaftskulisse ringsum passen. Seit langem sind sie aber auch außer Landes populär, wobei allerdings auf die Qualität geachtet werden muß, es gibt noch zuviel Massenware darunter. Einen guten Tropfen vom *Lago di Caldaro*, Kalterer See, kann man hingegen getrost zu den besseren Weinen Italiens zählen. Das gilt auch für den Spitzenwein *Santa Maddalena*, Sankt Magdalener von oberhalb Bozen, geschmeidig und ausgeglichen, den *Meranese di Collina*, Meraner Hügelwein, mild fruchtig, oder die *Colli di Bolzano*, Bozener Leiten, einen süffigen Sommerwein, oder den *Lagrein rosato*, Lagrein-Kretzer, einen der besten Rosés nicht nur Italiens. Um Terlan herum wachsen ausgezeichnete, feinblumige, meist weiße Weine. Sie tragen wie alle übrigen aus den Provinzen Bozen und Meran die Namen ihrer Traubensorten: *Pinot bianco*, Weißburgunder, *Riesling Italico*, Welschriesling, *Riesling renano*, Rheinriesling, *Riesling × Sylvaner*, Müller-Thurgau, *Sauvignon, Sylvaner, Traminer aromatico*, Gewürztraminer – seinen Namen hat er in aller Welt von der Bozener Gemeinde Tramin –, *Malvasia, Merlot, Pinot nero*, Blauburgunder, *Moscato rosa*, Rosenmuskateller; die verbreitetste Rebsorte Südtirols (und Kurtraube Merans) ist die kräftige *Schiava*, der Vernatsch, unser Trollinger, der ja wohl ursprünglich «Tirolinger» hieß. Eine besondere Erwähnung verdient auch der *Vin Santo* des Trentino, ein elegant aromatischer, edelsüß samtiger Dessertwein, für Liebhaber dieser feinen Art eine Verlockung, der nur schwer zu widerstehen ist.

Wenn man die **Laghi del nord**, die oberitalienischen Seen am Rande der Alpen aufzählt, sollte man mit dem östlichsten, größten beginnen, dem Lago di Garda, Gardasee, mit Weinbergen, Olivenhainen, Zitronenbäumen und edlen weißen Zedern eine Ferienfrische nicht nur für Wassersportler, so ursprünglich wie elegant. Über die schwülstige Villa des Faschistendichters Gabriele d'Annunzio (hier wäre der Begriff «entartet» angebracht) sei der Mantel des Schweigens gedeckt, aber Erinnerungen von Stendhal, Stifter, Rilke, Lawrence haben diesem wundersamen Panorama besseren Geschmack abgewonnen. Das Ostufer gehört zum Veneto, der Nordzipfel zum Trentino, das Westufer zur Lombardei, und deren drei Küchen bestimmen auch die Gastronomie

Rom, die «Ewige Stadt» mit dem Kolosseum, antikem Amphitheater der Kaiser Vespasian und Titus

rund um den Gardasee. Im Osten herrscht der *risotto* in allen möglichen Varianten, im Norden werden die *spaghetti* mit einer Sauce aus Tomaten, Zwiebeln, Bauernspeck und Kräutern gewürzt, kommen *polenta*, *canederli* und *Schlutzkrapfen* hinzu, im Westen werden die lombardischen Fleischgerichte aufgetischt, die *costoletta milanese*, Kalbsschnitzel, oder der *ossobuco*, Kalbshachsenscheiben mit Karotten, Tomaten, Kräutern und Rotwein. Dieser, der leichte, delikate *Bardolino*, wird auch zum *carpione*, einer feinen Forellenart, getrunken, der an diesem fischreichen See überall ein Genuß ist. In einer leichten Sauce aus Essig, Knoblauch und frischem Thymian eingelegt, *in carpione*, hält er sich wochenlang.

Der Lago di Como, Comer See, ist mit seinen reizvollen Uferorten vor der mächtigen Alpenkulisse schon lange ein Refugium der Mächtigen und Reichen. Como, einst Herkunftsort berühmter Steinmetze, der «magistri comacini», heute Zentrum der Seidenindustrie, bringt das Kunststück fertig, Erholung, Mode und Geschäft unter einen Hut zu bringen.

Den Lago Maggiore, Langensee, romantisch palmengesäumt, teilen sich die Italiener mit den Südschweizern, aber die Borromäischen Inseln mit der Isola Bella und Stresa sind eindeutig mediterrane Perlen.

Der Lago di Lugano, Luganer See, gehört, wie schon der Name sagt, zum größten Teil dem schweizerischen Tessin und wird in jenem Kapitel behandelt.

Die Küchen der italienischen Seiten dieser drei Seen lassen sich wiederum den Provinzen zuordnen, in denen sie liegen, man kann also eine piemontesische Vorspeise (Trüffeln!) mit einem lombardischen Hauptgang kombinieren (und mit einer Tessiner Süßspeise abschließen).

Die Talschaft im Osten des Comer Sees, die **Valtellina**, das Veltlin, inmitten eines imposanten Alpenpanoramas, sei vor allem ihrer Weine wegen vermerkt. Der kräftig rote *Veltliner* ist trocken und tanninhaltig, ein Wein, der vor allem in den Bergen gut schmeckt, was auch die Schweizer im angrenzenden Graubünden zu schätzen wissen. Besonders kraftvoll aus leicht getrockneten Trauben und länger gelagert nennt er sich *Sforzato*, *Sfurzat*.

Neben diesem Wein bleibt aber doch noch einiges nachzutragen, was dem Veltlin auch kulinarisch Farbe verleiht, die *bresaola*, gepökeltes, an der Luft getrocknetes, aber trotzdem geschmeidiges, saftiges Rindfleisch, das in hauchdünnen Scheiben meist mit Olivenöl, Zitronensaft und frisch gemahlenem schwarzem Pfeffer angemacht wird, sowie die kräftigen *pizzoccheri*, dunkle Bandnudeln aus Buchweizen- und Hartweizenmehl, die man mit Butter, Käse, Kartoffeln, Wirsing und anderem Gemüse, Knoblauch und Salbei lecker herrichtet. Und die Käse sind auch in diesem Alpenland von besonderer Güte, der pikant-würzige *bitto*, jung als

Tafel-, gereift als Reibkäse, wie auch der *gorgonzola*, dem wir in der Lombardei wiederbegegnen.

Zwischen Alpen und Appenin durchfließt Italiens größter Strom, der Po, eine breite Ebene, die weniger eintönig ist, als es bei einer oberflächlichen Durchfahrt über die Autostrada scheinen mag. Die schier endlosen Korn-, Reis- und Maisfelder in einem dichten Raster von Flüssen und Kanälen, das von hohen Pappelreihen abgesteckt ist, üben einen eigenen Charme aus, vor allem, wenn sie der hier häufige Nebel in opakes Weiß hüllt.

Seit die Langobarden sie im frühen Mittelalter eroberten, ist die **Lombardia**, Lombardei, ein Durchgangsland geblieben zwischen Nord und Süd, zwischen Mitteleuropa und der italienischen Halbinsel. Mit der europäischen Geschichte verknüpft sind auch ihre Städte, deren historischer Kern meist noch gut erhalten ist, Pavia aus rotem Backstein, wo einst der Gotenkönig Theoderich residierte, wo Karl der Große und Friedrich Barbarossa gekrönt wurden, über sechshundert Jahre bereits Sitz einer stolzen Universität, Cremona, seit den Familien Amati, Guarneri, Stradivari Stadt des Geigenbaus, Bergamo, unten eine pulsierende City, auf 370 m Höhe die Città Alta, die «hohe» Altstadt mit Türmen, Kirchen und Palästen im Renaissanceglanz, das altehrwürdige Parma, in dessen Mauern Musik klingt, denn in ihm liegt Niccolò Paganini begraben, in seiner Nähe wurde Giuseppe Verdi geboren, und als Neunjähriger bereits trat Arturo Toscanini im Konservatorium seine Karriere als Jahrhundertdirigent an.

Parma erlaubt uns auch, eine Brücke zur Gastronomie der Lombardei zu schlagen, denn von hier stammt einer der großen Schinken Italiens, ja der Welt, der *prosciutto di Parma* von der Keule ausgesuchter Schweine, die mit reinem Meersalz eingerieben und anschließend mindestens zehn, zwölf Monate an der würzigen Luft getrocknet wird. Den Namen Parma trägt auch der *parmigiano reggiano* in alle Welt, der auf der Zunge zerschmelzende Parmesan von den dafür besonders geeigneten Rindern der Reggiana-Rasse, zusammen mit seinem Vetter *grana padano* ein Gespann der besten Würzkäse zum Reiben, aber auch, was gern vergessen wird, für die Tafel und als Nachtisch. Bemerkenswerte lombardische Käse sind ferner der klassische *gorgonzola*, ein sahnig weicher Blauschimmelkäse, der *mascarpone*, ein cremiger Doppelrahm-Frischkäse, der sogar Sahne ersetzen kann, die feinwürzige *robiola*, die mit Basilikum, Fenchel, Rosmarin, Thymian und Wacholder heranreift, oder der *stracchino*, ein säuerlicher Frisch-, Dessertkäse.

Die *zuppa pavese* leitet sich von Pavia her, wo sie eine einfache Bäuerin erfand, um den Hunger des 1525 von den Österreichern besiegten Kaisers Franz I. von Frankreich zu stillen: mit Fleischbrühe übergossene, mit gedünstetem Gemüse bedeckte vertrocknete Weißbrotscheiben mit frischen Eiern und geriebenem Käse – alles, was sie auftreiben konnte, ein Gericht mit Geschichte, das zum internationalen Standard wurde. Selbst die Weine der Lombardei führen

Die Spitze der Insel Rab im kroatischen Dalmatien

den Namen Pavias, sie wachsen «oltre il Po», jenseits des Pos, südlich vor der Stadt und heißen deshalb *Oltrepò Pavese.*

Die Küchen der Lombardei liegen, es wurde schon erwähnt, an einer Nahtstelle zwischen Nord und Süd, und so herrschen hier noch Butter vor Olivenöl, Reis vor Pasta. Dieser ist auch eine der Hauptstützen der lombardischen Agrarwirtschaft. Er wird – schon ehe ihn die wohlproportionierte kurzgeschürzte Silvana Mangano im Film «Riso amaro» weltbekannt machte – in riesigen Feldern auf Terrassen zwischen Wassergräben angebaut. Der *risotto* ist denn auch der bevorzugte *primo piatto,* er wird auf mannigfache Art angereichert, mit Bohnen, Kohl, Zucchini und anderen Gemüsen, mit Pilzen, Fleisch und Geflügel, immer jedoch leicht und körnig zubereitet, feucht und saftig, immer auch von dünn geschnittenen (nicht etwa gehackten), in Butter gedünsteten weißen Zwiebeln oder Eschalotten begleitet, um ihm den *sapore lombardo* zu geben, den unaufdringlichen, aber unverkennbaren lombardischen Geschmack; eine Spezialität ist der *risotto alla certosina* von der Certosa, der marmornen Kartause vor Pavia, nach den Fastenregeln des Ordens mit Froschschenkeln, Krebsen, Süßwasserfischen und jungen Erbsen. Die Krönung der Risotti ist jedoch das gelbe *risotto milanese* mit Safran, Kalbs- oder Rindermark, viel Butter, Weißwein und Parmesan.

Ihn ißt man besonders gern zum *ossobuco,* Rinder- oder Kalbshaxe in Scheiben mit Knochen und Mark. Weitere beliebte Fleischspeisen sind der *bollito,* gesottenes Fleisch von Rind, Kalb, Huhn und Zunge mit verschiedenen Gemüsen, oder ein anderer Eintopf, die deftige *caseoeûla,* außer Schweinefleisch, -füßen, -schwarte und -würsten viele Gemüse, vor allem Wirsing. Neben dem Reis wächst in der Lombardei auch viel Mais, und so ist als Beilage ebenfalls die *polenta* beliebt, in dieser Region ein Brei aus Maisgrieß oder grobem Maismehl, der cremig weich, fast flüssig sein darf. Sie paßt wiederum zu den *trippe,* Kutteln, die würzig mit Gemüsen und Kräutern angemacht werden. Das Glanzstück der lombardischen Küche ist zweifellos die *cotoletta alla milanese,* ein in Ei und Paniermehl oder Semmelbröseln paniertes Schnitzel, in Schmalz knusprig gebraten, am besten vom zarten *lattone,* Milchkalb.

«Alle milanese» heißt «auf Mailänder Art», und **Milano**, die Hauptstadt der Lombardei, prägt nicht nur kulinarisch das Gesicht der ganzen Region, es ist ihr Kopf und ihr dynamisches Zentrum. «Alla milanese» ist zum Synonym geworden für elegante Lebenskunst und Zukunftsglaube, der sich nicht auf vergangenem Ruhm ausruht. Es gibt nicht viele Orte auf der Welt, wo moderne Geschäftigkeit und beschaulicher Kunstgenuß so nahtlos und, möchte man sagen, naiv ineinander überfließen.

Neben dem grandiosen spätgotischen Dom mit seinen aberhundert Fialen und Figuren, Spitztürmen und Statuen die verführerischen Auslagen der Warenhäuser, Geschäfte und Boutiquen, durch die Galleria Vittorio Emanuele II., eine von Stahl und Glas überkuppelte Einkaufs- und Flanierpassage, in ein paar Gehminuten zum gefeierten Opernhaus La Scala, von der Gemäldesammlung Pinoteca di Brera zum Künstler- und Antiquitätenviertel um die Via Fiori Chiari, durch den Parco Sempione zur Renaissancekirche Santa Maria delle Grazie mit da Vincis Abendmahl im Refektorium, die Bezüge ließen sich beliebig fortführen.

Es versteht sich, daß man in der Metropole Mailand gut essen kann, in den Pizzerien, Spaghetterien und Paniniteche, Brötchenbars, bis zu den exquisitesten Restaurants und Cafés, in denen man nach einem *Campari,* jenem kräuterigen Bitterlikör, der hier erfunden wurde, vor einem *espresso* herrlich nicht nur italienisch, sondern vor allem lombardisch essen kann. Dafür möge hier nur der *panettone* stehen, jener Hefekuchen mit viel Butter und Eiern, Korinthen, Sultaninen, Zitronat und kandierter Orangenschale, den man nicht nur, wie ursprünglich, zu Weihnachten, sondern zu jeder Tageszeit genießen kann; dies «Brot des Toni» vergaß einst ein über die Ohren verliebter Bäckergesell, in den Ofen zu schieben, um erleichtert zu entdecken, daß es mit Verspätung trotzdem schön aufging – *gentile,* einfach und elegant wie Mailand und die ganze Lombardei.

«Al pié dei monti», «am Fuße der Berge» liegt die Provinz **Piemonte**. Zusammen mit der **Valle d'Aosta**, dem Aostatal, Italiens kleinster, seit 1948 autonomer Region mit den höchsten Gipfeln, füllt sie den Nordwesten des Landes aus. Jahrhunderte lang war sie das Herrschaftsgebiet der Grafen von Savoyen, die sie aus allen Wirren herauszuhalten verstanden und die später die Könige von Italien stellten. Hier spricht man deshalb auch Französisch, erst 1884 wurde Italienisch Amts- und Gerichtssprache, es herrschen frankoitalienischer Geschmack und Stil.

Zu den erwähnten Gipfeln gehören die Viertausender Monte Bianco (Montblanc), Cervino (Matterhorn), Monte Rosa, Gran Paradiso, und entsprechend großartig sind auch die Gelegenheiten zum Wandern, Klettern und Skifahren, von der alten Feste Aosta aus oder von Winter- und Sommerkurorten wie Cervinia und Courmayeur (in dem wieder die französische Wurzel auftaucht).

Für das leibliche Wohl sorgt die *seupa,* eine kräftige Fleischsuppe mit altbackenem Brot, Wirsing und dem feinen *Fontina*-Käse, aus dem man mit Milch, Butter und Eiern auch eine italienische Fondue macht, die *fonduta.*

Panoramastraßen führen zwischen Bergen und Hügeln ins breite Ende der Po-Ebene mit Äckern, Weiden und, vor allem, den Reisfeldern um die Provinzhauptstadt Vercelli, Europas wichtigstem Produzenten, dessen *riso superfino Carnaroli* der beste Reis Italiens ist. Das mittelalterliche Städtchen Alba hat, für einmal darf man's sagen, weniger seiner Geschlechtertürme und Kirchen als seiner kulinarischen Schätze wegen für den Feinschmecker einen magischen Klang: Von hier kommt der *tartufo bianco,* die weiße Trüffel, jener äußerlich so unansehnliche, schrumplige, aber in jedem Sinne kostbare Edelpilz, der mehr kostet als

Gänseleber, Kaviar und Hummer, dessen unbeschreiblich subtil-dekadente Geschmack aber jeden Preis wert ist. Am besten schmeckt er von Oktober bis Dezember, wenn die Landschaft vom Nebeldunst und vom ersten Schnee überpudert ist, hauchdünn über ein einfaches Gericht gehobelt, über in Olivenöl gerösteten Weißbrotscheiben, *crostini,* auf Rühr-, Spiegeleiern, zur *carne cruda,* dünn geschnittenem Rindfleisch mit Pfeffer und Zitronensaft, aber auch über Teigwaren, *tagliatelle,* die hier *tarjarín* heißen, oder in der bereits erwähnten *fonduta.* Die Trüffel gibt auch der *polenta cunsa* mit Parmesan und Fontinakäse den letzten Pfiff.

Haselnüsse und Kastanien sind mit diesen Pretiosen nicht zu vergleichen, aber auch sie tragen zum verführerischen Geruch und Geschmack der piemontischen Küche bei, die einen mit Mehl, Hefe, Eiern, Kakao, Rum und Vanille als *torta di nocciole,* die anderen in Sirup eingelegt und mit Vanille zart gewürzt als *marroni canditi.* Es heißt auch, daß der weitverbreitete *torrone,* ein süßer Konfektriegel aus Eiweiß-Honig-Zucker-Teig mit Mandeln und Haselnüssen, aus dem Piemont stammt.

Das Glück machen die Provenienzen voll, die auf den Hügeln um Alba wachsen, der *Barolo* und *Barbaresco* gehören zu den besten Rotweinen Italiens, voller Kraft und Fülle, körperreich und tanninhaltig. Sie sind die idealen Begleiter zu Fleisch, der *brasato al Barolo,* Schmorbraten von Kalbskeule, Entrecote oder Rumpsteak mit Karotten, Sellerie, Knoblauch, Kräutern, Gewürzen und eben diesem Wein im Kochtopf und im Trinkglas, ist die Apotheose der Gastronomie Piemonts auf ihrer Gratwanderung zwischen Einfachheit und Raffinesse.

Neben dem B&B-Paar Barolo und Barbaresco gibt es aber noch weitere erwähnens- und trinkwerte Weine, den ansprechenden, fröhlichen *Dolcetto* (der trotz seines Namens nicht lieblich oder gar süß ist), den geschmeidigen *Nebbiolo* oder den apart würzigen, oft perlenden *Freisa;* selbst der früher meist gar sirupsüße *Asti spumante,* lange Italiens bekanntester Schaumwein aus *Moscato*-Trauben, hat in letzter Zeit Fortschritte gemacht.

Die verführerischen Speisen Piemonts sind noch nicht alle aufgezählt, darunter die *bagna cauda,* der wir auch in Südfrankreich begegnen, eine pikante warme Sauce aus Knoblauchzehen und Sardellen in Oliven- oder Nußöl und Butter, die heiß auf den Tisch kommt und in die rohes Gemüse gedippt wird, oder der *bollito misto,* gesottenes Fleisch von Rind, Kalb, Zunge, Huhn, mit *salsa verde,* einer grünen Sauce aus Essig-Kapern, Knoblauch, gehackten Zwiebeln und Sardellenfilets.

All dies läßt sich auf dem Wege über die Gemeinde Ivrea, ein Industriegelände mit mustergültigen Gebäuden und Einrichtungen des riesigen Olivetti-Konzerns, natürlich auch in Torino, Turin genießen, aus dem die Freiheitshelden Garibaldi und Cavour stammten. In ihren schnurgeraden Avenuen und kilometerlangen Arkaden laden Restaurants und Cafés von strenger Eleganz zum Verweilen und Genuß, die man mit einem Glase *Vermouth* einleiten kann, jenem mit Kräuterinfusionen versetzten Weißwein, der von hier aus die Welt eroberte, und mit ein paar *grissini,* dünnen knusprigen Brotstangen, die ebenfalls hier entstanden.

Turin ist nicht nur die Stadt der Fiat-Autos und der Pavesi-Kekse, seine geometrisch-klare Gliederung macht es zu einem architektonischen Gesamtkunstwerk, «hier ist alles frei und weit geraten, so daß man mitten in der Stadt ein stolzes Gefühl von Freiheit hat – der erste Ort, in dem ich möglich bin!» rief Nietzsche aus, als er es betrat.

Am andern Ende des Piemont gelangt man über Alessandria mit seiner sternförmig angelegten Zitadelle an die Küste des Mittelmeers nach **Liguria**, Ligurien, das wir auch die **Italienische Riviera** nennen. Diese Bezeichnung ist allerdings ebenfalls dem Italiener geläufig, denn der westliche Teil der Provinz von Ventimiglia heißt bei ihm «Riviera di ponente», «Gestade der untergehenden Sonne». Gleichzeitig ist sie die «Riviera dei fiori», und über ihr schwebt tatsächlich der Duft von Oleander, Rosen und Nelken, von Orangen- und Zitronenbäumen.

An ihr liegt vor bergigem Hinterland mit alten Städtchen, Terrassenäckern und Grotten, mit Kastanien- und Olivenhainen eine Kette von Familienferienorten mit breitem Sandstrand, als Medaillon San Remo, die Stadt der vier C, *casinò, cura, congressi, cultura* – Kasino, Kuren, Kongresse und Kultur. Weitere Rivieraperlen sind die Palmenstadt Bordighera und die Gartenstadt Alassio.

Immer wieder tauchen Hiobsbotschaften auf von der Verschmutzung dieses Teils des Mittelmeers, und in der Tat hat der leichtfertige Umgang der Ligurer mit ihrer schönen Natur viel Unheil angerichtet. Inzwischen ist aber auch dort das Gebot der *protezione ecologica,* des Umweltschutzes, verstanden worden, man kann an den meisten Orten wieder getrost ins Wasser steigen. Daß man dabei auf Horden ferien-, sonnensüchtiger Nordländer, Deutscher, Schweizer, Engländer, Skandinavier und ihresgleichen stößt, steht auf einem anderen Blatt.

Im Scheitelpunkt des *arcobaleno,* Regenbogens, wie die Ligurer ihre Küste nennen – rot wie die Blumen, gelb wie die Mimosen, grün wie die Palmen, blau wie Himmel und Meer –, liegt die Hauptstadt Genova, Genua, wegen ihrer Lage und Macht «La Superba», «die Stolze» genannt. Der Hafen und zahlreiche schwarz-weiß gestreifte Renaissance- und Barockpaläste, Banken und Museen zeugen in der Tat vom Reichtum, den Meer und Handel einst hier angesammelt haben, schließlich sind Bankausdrücke wie Konto und Skonto, Giro und Saldo italienischen, wenn nicht gar ligurischen Ursprungs. Und es ist wohl kein Zufall, daß Genua kühne Seefahrer hervorbrachte wie die Admirale Andrea Doria und Christoph Kolumbus.

Im östlichen Teil, folgerichtig der «Riviera di levante», «der aufgehenden Sonne», geben schroffe Felsen den atemraubenden Blick frei aufs Tyrrhenische Meer, auf Fischer- und Jachthafen in geschützten Buchten. In Portofino und Santa

Margherita mit ihren farbenprächtigen Häusern geht der Jet-set vor Anker, laden nebenan bei Lerici Sandstrände zum Bade. La Spezia ist heute nicht mehr nur ein Hafen, sondern ein lebendiges Handels- und Industriezentrum. Und die fünf Dörfer auf den Klippen von Cinqueterre gegen die Toskana zu sind wohl der malerischste Flecken dieses mit schönen Ausblicken und gepflegten Wanderwegen gesegneten Landstrichs.

Weite Felder und Weideflächen sind in Ligurien selten, aber terrassierte Gärten und Hügel machen die Enge mit frischen Gemüsen (die kleinen violetten Artischocken von Albenga sind mit die besten Italiens), Obst, wilden Nüssen, Pilzen und Pinien mehr als wett, vor allem mit betörend duftenden Kräutern, Oregano, Rosmarin, Salbei, Thymian, Wacholder, die hier wachsen wie anderswo Unkraut. So ist das deliziöse Basilikum das Wahrzeichen der *cucina verde*, der grünen Küche Liguriens. Es gehört, frisch von der blühenden Pflanze, in den *pesto*, eine zusätzlich mit Knoblauch, Pinienkernen (nicht Erdnüssen, so wie auch das Basilikum nicht durch Petersilie ersetzt werden darf!), Olivenöl und geriebenem Pecorino oder Parmesan im Mörser zerstoßene, kalt gerührte Würzpaste, welche die Ligurer einst als konservierten Duft der Heimat auf die hohe See mitnahmen; heute genießt man sie zu gekochtem Gemüse, gesottenem Fleisch und hauptsächlich zu Teigwaren wie den *trenette*, langen flachen Spaghetti mit gewelltem Rand.

Um diese Düfte zu bewahren, erfanden die Ligurer mancherlei Füllen für Hüllen. *Ripieni* sind Teigtaschen mit einer breiigen Farce von Fleisch, Fisch, Gemüsen und Kräutern, die inzwischen weltbekannten *ravioli* sollen ebenfalls aus Ligurien oder von einem seiner Schiffsköche stammen, *alla genovese* zubereitet enthalten sie Kalbfleisch, Kalbshirn, Bries, Schweinebrust, Eier, Parmesan und altes, in Milch eingeweichtes Brot; *pansotti* sind Teigdreiecke mit einer Füllung von Blattgemüse, wilden Kräutern, Ricotta oder Käse, Ei und Knoblauch. Auch Fleisch ist für eine leckere Hülle nicht zu schade, die *cima alla genovese* besteht aus einer Kalbsbrust mit Bries, Hirn, Mark, Gemüse, Knoblauch, Majoran und geriebenem Parmesan.

Würzige Saucen geben diesen Gerichten den Pfiff, außer dem allgegenwärtigen Pesto die *aggiata* aus Knoblauch, der *maro* aus frischen Bohnen, der *zemin* aus mit frischen Kräutern vermengten Tomaten.

All diese Speisen wären nur halb so gelungen ohne das kalt gepreßte *olio vergine*, Jungfernöl aus Oliven. Es ist hell, leicht und weniger fett als die meisten anderen Italiens. Der Kenner ersteht es nach Farbe, Duft und Geschmack direkt ab der Mühle. Die feinen, herbbitteren Oliven werden auch *in salamoia*, in einer Salzlauge eingelegt oder zu einer *pasta*, Paste verarbeitet, die man auf Knoblauchbrot streicht oder zu salzigem Gebäck ißt, einer *focaccia*, einem Fladen mit Belag von Ziegen-, Schafskäse oder Zwiebeln, Gemüsen, Wurst, Käse und Kräutern, aber auch einem *tortino*, einem Eierkuchen aus dem Holzofen.

Fester Bestandteil der ligurischen Küche sind nach wie vor Meeresfrüchte und Fische, die *datteri di mare,* den Miesmuscheln verwandte Meerdatteln, die *filetti d'acciughe con capperi,* in Öl und Zitronensaft marinierte Sardellenfilets mit Kapern, die *bianchetti,* kleine, eben ausgeschlüpfte Sardellen oder Sardinen, die gebacken ausgezeichnet schmecken. Viele Mittelmeerfische kommen in den *ciuppin,* eine mit Knoblauch und Petersilie in Öl und Weißwein legierte Fisch-, Muschel- und Tintenfischsuppe. Der Kabeljau, *merluzzo,* wird mit wildem Fenchel, *finocchio selvatico,* gewürzt. Der an so vielen Meeresküsten heimische *stoccafisso*, Stockfisch, spielt auch in Ligurien eine Rolle, mit Kartoffeln und Nüssen gekocht als *brandacoion,* in Tomatensauce geschmort als *burrida,* mit Tomaten, Weintrauben und Pinienkernen als *stocco accumodou*. Der *cappone magro* ist kein magerer Kapaun, sondern der Deckname für eine Fastenspeise, eine Languste auf warmem Gemüsesalat, die trotzdem oder vielmehr erst recht verführerisch mundet.

Die Auswahl an Süßspeisen ist, wie überall in Italien, groß. Um nur einige wenige zu nennen: die *baci*, «Küßchen», mit Nuß gefüllte Schokoladepralinen, die *millesimi,* kleine Rumpralinen aus Millèsimo im Ligurischen Appenin, die *cobaita,* Nougat mit Haselnüssen in Honig aus der Gegend von Ventimiglia, der *pandolce*, ein aromatischer Stollen mit getrockneten und kandierten Früchten aus Genua.

Die Weine Liguriens sind außerhalb der Region noch wenig bekannt. Sie verdienen jedoch Beachtung, der goldgelbe *Vermentino ligure* zum Beispiel, trocken herb und harmonisch, der ausgezeichnet zu den würzigen Speisen des Landes paßt, der eigenwillige *Cinqueterre* von steilen Lagen, darunter der likörartige *Sciacchetrà* aus teilgetrockneten Trauben, der allerdings nur selten echt zu finden ist.

Zwischen Po und Appenin, zwischen Lombardei und Adria erstreckt sich die **Emilia-Romagna.** Boccaccio muß an sie gedacht haben, als er im Dekameron schrieb: «Dort ist ein Berg aus geriebenem Parmesan, auf dem Menschen stehen, die nichts anderes machen als Makkaroni und Ravioli, die sie in Kapaunenbrüsten kochen und dann den Berg hinunterkollern lassen», denn diese Provinz ist der Bauch Italiens. Es ist deshalb sinnvoll, für einmal nicht mit der Schilderung der Landschaft und Städte zu beginnen, sondern mit den kulinarischen Köstlichkeiten, die sie zu bieten haben.

In diesem Schlaraffenland hängt der Himmel voller herrlicher Würste, dicken und dünnen, kurzen und langen, angefangen bei der weltbekannten, oft nachgemachten *mortadella* mit Speckwürfeln, Pfeffer und anderen Gewürzen; weiter wären der *zampone* zu nennen, gefüllter Schweinefuß, der *cotechino*, eine Schlackwurst aus gehacktem Schweinefleisch, Schwarte und kräftigen Gewürzen, der rare *culatello*, luftgereiftes Schinkenstück, der *salame gentile*, die «freundliche» Salami mit Schinkenstreifen und grobem Pfeffer, weich und mild, oder der *salame da sugo* mit Leber, Zunge, Gewürzen und Kräutern, der dreizipflige *cappelletto del prete,* Pfaffenhut, und was es sonst noch Leckeres aufzu-

zählen gäbe – man gehe in eine *salumeria* und lasse sich von den verschwenderischen Auslagen verführen.
Die *pasta sfoglia,* ein aus Mehl und frischen Eiern zubereiteter, hauchdünn ausgerollter Nudelteig in den verschiedensten Formen, gehört, das wußte schon Boccaccio, zu den weiteren Schätzen der Emilia-Romagna, und auch hier fällt die Wahl nicht leicht: *cappelletti,* Teighütchen mit Hackfleisch oder Käse, *lasagne,* überbackene Nudelbänder, *strichetti,* Schmetterlingsnudeln, *taglierini,* dünne Bandnudeln, und *tagliatelle,* 1847 zur Hochzeit der Lucrezia Borgia erfunden, *tortellini,* zierliche Teigringe mit verschiedenen Füllungen, von den Emilianern zärtlich «Nabel der Venus» genannt – genug der Lobhudelei! Dazu oder darin Fleisch, Gemüse, Käse von den fruchtbaren Ebenen und kilometerlangen Gärten der Provinz, in die man über Piacenza einfährt, in dem einst die mächtigen Geschlechter der Visconti, Sforza und Farnese herrschten.
In Vignola gibt es die besten Kirschen Italiens, gelb, hell- und dunkelrot. Von hier aus ist es nicht mehr weit zur Hauptstadt Bologna, «von göttlicher Schönheit und Anmut» (Burckhardt). Sie trägt die Beinamen «la Rossa», «die Rote» wegen der rotgetönten Ziegelbauten ihrer Altstadt, «la Dotta», «die Gelehrte» wegen ihrer ersten Universität Europas aus dem 12. Jahrhundert, an der schon ein Petrarca, Tasso, Kopernikus studierten, wo Umberto Eco einen Lehrstuhl für Semiotik innehat, und «la Grassa», «die Fette», was man getrost auch mit «die Verfressene» übersetzen könnte, denn nirgendwo gehört das opulente Essen so zum Sinn des Lebens, wird jedes Mahl zum Fest. «Alla bolognese» heißt in Italien nicht nur ein *ragù,* ein Ragout aus Kalb-, Schweinefleisch, Karotten, Zwiebeln und Butter oder eine ähnliche, kräftig würzige Sauce, sondern alles, was sich genießerisch kosten läßt.
Am Küstenstreifen der Romagna, von den Lagunen des verästelten Po-Deltas aus Flußarmen, Kanälen und Schilf, dessen alter etruskischer Hafen Adria dem Meer seinen schönen Namen gegeben hat, bis nach Ravenna hinab mit seinem alten Mosaikschmuck (es müssen nicht immer die schier endlosen, übervölkerten Reihen von Badekabinen und Liegestühlen sein) lasse man sich einen Fisch frisch aus dem Netz auftischen, eine *anguilla,* Aal, einen *cefalo,* Meeräsche, oder *san Pietro,* Petersfisch, *ai ferri,* auf dem Rost gegrillt, gratiniert, mit Sauce angereichert, mit Kräutern gewürzt.
Dazu sei als Wein ein frischer, blumig trockener *Trebbiano* empfohlen, aber auch für alle anderen Speisen gibt es in der Emilia-Romagna einen passenden Begleiter, von den *Colli Piacentini* und den *Colli Bolognesi* aus den Traubensorten *Albana* oder *Sangiovese* in vielen Spielarten, weiß oder rot, trocken, *secco,* lieblich, *amabile,* oder gar schäumend, *spumante,* den *Lambrusco* nicht zu vergessen, der unverfälscht besser ist als der oft unter diesem Namen vorgesetzte Verschnittwein. Der *nocino* zum Beschluß ist ein wunderbar nach Zimt und Nelken schmeckender Likör aus unreifen Walnüssen.

«Wenn ich Worte schreiben will, so stehen mir immer Bilder vor Augen des fruchtbaren Landes, des freien Meeres, der duftigen Inseln, des rauchigen Berges, und mir fehlen die Organe, das alles darzustellen», schrieb Goethe 1787 aus Neapel, und so kann es einem noch heute gehen, versucht man den Süden Italiens zu beschreiben, der unterhalb von Rom beginnt. Er ist ein Land extremer Natur und ebenso reicher Geschichte, aber auch voller Gegensätze, er kann heiter und verschwenderisch sein, unversehens jedoch verschlossen und trostlos rückständig – «Christus kam nur bis Eboli», schrieb der nach Lukanien verbannte Carlo Levi noch 1945, und dieses, so sei erklärt, befindet sich am Golf von Salerno.
An der Adriaküste, im Absatz und Sporn des italienischen Halbstiefels, liegt unter hellenischem Licht **Puglia**, Apulien, von Oliven-, Mandelbäumen und weiten Rebflächen bedeckt, denen strahlend weiße Häuser leuchtende Tupfer aufsetzen. In den *trulli,* archaischen, kalkgetünchten Behausungen mit konischem Spitzdach, fristen Hirten, Bauern und Tagelöhner ein ärmliches Leben.
Die Hauptstadt Bari, das «Mailand des Südens» mit hektischem Verkehr (den sich auch geschickte Taschendiebe und Autoräuber zunutze zu machen verstehen), ist das Handelstor zum hier wirklich Nahen Osten. «Barensis nisi vendit moritur» hieß es schon in römischen Zeiten, «wenn der Bareser nichts verkaufen kann, stirbt er». In der Nähe, auf einem Pinienberg die «Krone Apuliens», das Castel del Monte, das achteckige Kastell mit acht Türmen, acht Innenräumen und achteckigem Innenhof, ein geometrisch ideales Bauwerk, das sich der exzentrisch geniale Staufenkaiser Friedrich II. zur Erholung, zur Jagd erbauen ließ. Brindisi sodann, wo einst die römische Via Appia endete, wo der Dichter Vergil starb und sich die Kreuzritter einschifften, ist ebenfalls noch ein Fährhafen, aber auch das Landwirtschaftszentrum der Provinz. Tarent am Ionischen Meer, auf der Grenze zwischen Okzident und Orient, ist mit seinem Gürtel von rußigen Stahlwerken um eine Altstadt mit engen, gewundenen Gassen und weiten Barockbauten auf dem Weg ins Industriezeitalter. Der einheitlich gestaltete Domplatz von Lecce ist hingegen ein eindrückliches Manifest des italienischen Barock geblieben.
Auf den Ebenen ringsum werden Gemüse, Getreide, Wein, Oliven und Tabak angebaut. Artischocken, *carciofi,* Auberginen, *melanzane,* dicke Bohnen, *fave,* Brokkoli, *broccoli,* Erbsen, *piselli,* Fenchel, *finocchio,* Rübensprossen, *cime di rapa,* Sellerie, *sedano,* Spinat, *spinaci,* kleine Tomaten, *pomodorini,* und wilde Zwiebeln, *lampasciuni,* sind denn auch die Grundpfeiler der apulischen Küche, sie werden mit dem hier säurehaltigen und deshalb intensiveren Olivenöl angemacht. Man ißt sie gern mit Teigwaren, den für diese Region typischen *orecchiette,* «Öhrchen», oder *calzoni, panzerotti,* Teigtaschen, die salzig oder süß gefüllt werden. Auch in die *maritata* gehören Chicorée, Endivie, Fenchel und Sellerie, die mit Pecorino und Pfeffer in Fleischbrühe aufgegossen werden.

IV

Ausgezeichnet sind die Krusten-, Weichtiere und Fische aus dem Meer, hier liegen die größten Austernbänke Italiens, und als Vorspeise, *antipasto,* kann man sich *cozze,* Muscheln, *polpi,* Kraken, *ricci,* Seeigel, oder *seppiette,* Sepien, bestellen. Kleine Seefische gehen mit Pfefferschötchen und Tomaten in Olivenöl in den *ciambotto,* eine würzige Beigabe zu Teigwaren.

Selbstverständlich gibt es auch Fleisch, oft vom Lamm, das meist als *caldariello,* in Schafmilch geschmortes Ragout, *cazzmarr,* Roulade aus Schafkaldaunen, *cutturidde,* Schmorfleisch mit Gemüsen, oder *gliomariéddri,* Päckchen oder Spieße vom Gedärm eines Lamms oder Zickleins mit Speck, Salbei, Petersilie und Pecorino.

Die Puglia ist nicht nur ein Gemüse-, sondern auch ein Obstland, und einige saftig aromatische Birnen oder Trauben sind der perfekte Nachtisch. Ansonsten lassen die Süßspeisen den nahen Orient ahnen, die *cupeta,* aus Arabien stammender Mandelkrokant, *marzapane bianco,* weißes Marzipan ebenfalls arabischen Ursprungs, *zeppole,* süße, fette Kringel aus Mehl, Zucker und aromatischen Zutaten, oder *cartellate,* ein Weihnachtskuchen mit eingekochtem Traubenmost oder Honig, für den jeder Haushalt sein eigenes Rezept hat.

Apulien ist, wer würde das glauben, der größte Weinproduzent Italiens, und seitdem man von der Verschnittware weggekommen ist, befinden sich einige lohnende Kreszenzen im Angebot. Die weißen *San Severo, Locorotondo* und *Martina Franca* sind trotz der südlichen Sonne erstaunlich trocken und frisch, die roten gehören gar zu den besseren Italiens, körperreich und wuchtig. Daneben gibt es bemerkenswerte *Rosati,* Rosés wie den vornehm trockenen *Five Roses* und edelsüße Muskateller wie die *Moscati* von Trani, dessen ragende Kathedrale Seefahrern den Weg nach Apulien wies.

Mit der **Campania**, Kampanien, zwischen Appenin und Tyrrhenischem Meer beginnt der *mezzogiorno,* der «Mittag», der eigentliche Süden Italiens.

Hier segelten im 8. Jahrhundert die Griechen an Land, um die «Magna Graecia» zu gründen, die bald mächtige Kolonie Großgriechenland, der bald die Römer folgten. Auf ihre Spuren stößt man noch überall im Land, am augenfälligsten in den einzigartigen Ruinenstädten Herculaneum und Pompeji, die beide 79 nach Christus bei einem Ausbruch des steilen Vesuvs von Lavamassen verschüttet wurden. Heute bieten sie mit ihren geraden Straßen, mit Forum und Abwässerkanälen, fresken-, mosaikgeschmückten Häusern, Thermen und Kneipen ein anschauliches Bild vom Alltag in einer Stadt zu Beginn des römischen Kaiserreichs.

Im Schatten des Vesuvs, eines schlummernden, aber immer noch nicht erloschenen Vulkans, holt einem im Gewimmel der Kapitale Napoli, Neapel, der «orientalischsten Stadt des Abendlands, der westlichsten des Orients» (Fortunato), die Neuzeit ein. Im Gewirr der Gassen lebhaftes Treiben, Werkstätten, Straßenmärkte, zwischen armseligen Behausungen prächtige Palazzi, Juwelier- und Buchläden, Elend und heitere Sinnenlust auf engem Raum nah beieinander, miteinander – das Lied «O sole mio» ist zu abgedroschen, als daß man es bemühen möchte, aber es ist doch der klingende Ausdruck der lebensgewandten, lebenskundigen Neapolitaners.

Hier müssen wir auch einen kulinarischen Halt machen, denn in Neapel wurde die *pizza* geboren, jener brutzelnd heiße Hefefladen mit vielerlei Belag, der, ursprünglich Armeleutekost, in der ganzen Welt Metapher geworden ist für das «mangiare italiano», «Essen auf Italienisch». Am echtesten, besten schmeckt immer noch die Originalversion, die *pizza Margherita* mit gehäuteten und gepreßten Tomatenwürfeln, Basilikumblättern, Mortadella, Salz, Pfeffer und Olivenöl. Ein anderer beliebter Bestandteil der Pizza und eine weitere kulinarische Spezialität Kampaniens ist die *mozzarella,* ein gebrühter Knetkäse ursprünglich aus der Milch von Wasserbüffelkühen, *di bufala,* die König Pyrrhos aus Kleinasien mitgebracht haben soll; sie ist süß-säuerlich mild und eignet sich famos zum Überbacken, geschmolzen zwischen zwei in Eiermilch getränkten Weißbrotscheiben als *mozzarella in carrozza.*

Auf den fruchtbaren Feldern Kampaniens wächst, neben viel Gemüse, *grano duro,* Hartweizen, und so sind wieder einmal Teigwaren, die hier allgemein *maccheroni* heißen, auf den Speisekarten reichlich vertreten, *spaghetti,* oft *vermicelli,* «Würmchen» genannt, *bavette, linguine,* schmale Bandnudeln, *fettucine, tagliatelle,* breite Bandnudeln, *canelloni,* überbackene Teigrollen, *panzerotti,* gefüllte Taschen, die eigentlichen Makkaroni, die kurz, dick und gerillt, *pennette,* oder lang, dünn und geriffelt, *bucatini,* sein können, es soll ihrer einige Hundert geben. Sie werden alle mit besonderer Sorgfalt und Hingabe zubereitet, *al dente,* bißfest natürlich. Eingebunden werden sie von der gleichfalls berühmten Tomatensauce mit ihrem wunderbar fruchtigen und dennoch weichen Geschmack. Wer es gern feurig macht, fügt einen Tropfen *olio santo* hinzu, in Öl zerstampfte rote Pfefferschötchen.

Die Küche der Campania ist häuslich-bürgerlich, Fleisch mit vielem feinem Gemüse als nahrhafte, dicke *minestra, zuppa* oder *ragù* bis hin zum *fritto alla napoletana,* überbakkene Innereien, Fischen oder Fleisch und Gemüsen, einer köstlichen Kombination verschiedener Geschmacksrichtungen. Die *sfogliatelle,* Blätter- oder Mürbeteigtaschen mit Frischkäse, Konditor- oder Fruchtcreme und kandierten Früchten, setzen den Schlußpunkt hinter so ein rundum genußvolles Mahl.

Begleiten kann man es mit der *Lacrima Christi del Vesuvio,* welcher Wein ursprünglich von Jesuiten in der Nähe Neapels erzeugt wurde und, wenn er wirklich von den Südhängen des Vulkans kommt, sehr ordentlich trocken ist, weiß, rosé oder rot, manchmal etwas rauh, aber ehrlich und angenehm kräftig. Oder dann der *Falerno,* den man allerdings wohl eher zur Erinnerung an die Antike trinken wird, deren berühmtester Wein er war; heute ist er selten mehr als ein einfacher Durchschnittswein. «*La Strega*», «die Hexe» aus Benevent, einer der berühmtesten Liköre Italiens aus vielen Kräutern und Rinde, ist in der Tat ein Zaubertrank, eigenartig bittersüß und glutvoll feurig.

Das Tyrrhenische Meer spendet Fische, darunter *alici*, Sardellen, und *sarde*, Sardinen, die mit Kräutern gebraten werden, wie auch *vongole, cozze, calamari, seppie*, Muscheln und Tintenfische, ein Volksnahrungsmittel Italiens.

Jener zauberhafte Küstensaum am gleißenden Meer ist so oft besungen worden, daß wir uns wieder einmal mit einigen summarischen Stichwörtern begnügen müssen, mit der Halbinsel von Sorrent, in deren Klippen Terrassengärten gehauen sind mit Kamelien, wilden Rosen und Bougainvillen, Zitronen-, Mandel-, Walnuß- und Olivenbäumen, der Costa Amalfitana mit Positano und seinen pastellfarbenen Häuserkuben, Amalfi, einem Knäuel strahlend weißer Bauten an Stufen, Treppen, steilen Gäßchen, und Ravello, einem mittelalterlichen Landstädtchen, dann dem malerischen Golf von Salerno, vorgelagert die Inseln Capri, «ein Tempel der Schönheit» (Turgenjew), und Ischia mit ihren heilsamen Mineralbädern – eine paradiesische Traumlandschaft, wo die Götter wohnen und Jahr für Jahr Tausende hinziehen, sie «mit der Seele» zu suchen.

Die **Basilicata**, Basilikata, am Golf von Tarent gegen das Ionische Meer, trägt ihren Namen nach dem basilikòs, dem einstigen byzantinischen Statthalter, denn hier kamen im Lauf der Jahrhunderte Osmanen und Griechen, Araber und Sarazenen, Normannen und Hohenstaufen an Land, angelockt von den grünen Wiesen, weiten Flußtälern, klaren Seen und dichten Pinienwäldern bis hinauf zum Vorgebirge des Apennins. In bescheidenen Unterkünften, Hütten und den in Tuffwände eingebauten *sassi* lebten, leben besitzlose Bauern und Kunsthandwerker, und ländlich ist auch die Küche der Basilikata, die sich stark an jene Apuliens und Kampaniens lehnt. Mittelpunkt ist das Schwein, der Reichtum des armen Mannes. Die *lucaniche*, dünne, längliche Salamiwürste aus Schweinefleisch mit Knoblauch, Wein, Pfeffer und anderen Gewürzen, erwähnt schon Apicius in seinem Kochbuch aus der römischen Kaiserzeit, und ihr Name ruft wach, daß wir uns im klassischen Lukanien befinden, wo der lateinische Dichter Horaz geboren wurde und wohin der griechische Philosoph Pythagoras im 5. Jahrhundert vor Christus zog, seine Lehren zu verbreiten.

Die *maialatura*, die Schweineschlachtung, ist ein Festtag, an dem aufgefahren wird, was der Tisch trägt, Geschmortes, Gesottenes, Gebratenes, Schinken, Speck und Würste. Die *peperonata con carne di porco,* in der Pfanne gekochtes Schweinefleisch mit in Essig eingelegten Paprikastreifen, ist ein solides, aber nichtsdestoweniger schmackhaftes Gericht. Das frische Schmalz wird gesalzen mit Pfefferschoten eingelegt und dient als Brotaufstrich, Vorspeise oder geht mit Grieben und Oregano in einen allerdings recht schwerverdaulichen Fladen, die *focaccia a brazzudd'*.

Ein weiteres Nutztier ist das Schaf. Von ihm schmort man mit Kartoffelstücken, Zwiebelscheiben und den unvermeidlichen Paprikaschoten lange langsam in der Pfanne ein *spezzatino*, Ragout. Aus herrlich frischen *funghi al bosco*, Waldpilzen, wird mit Knoblauch, Zwiebeln, Petersilie und feinen Kräutern ebenfalls ein duftendes Schmorgericht zubereitet.

Die *tagliolini*, Bandnudeln – ohne Teigwaren geht's auch hier nicht – mit Milch und Safran oder Mandelmilch und Zimt, künden den Nahen Osten an.

Aus dem Meer kommen Brachsen, *saragi*, Drachenköpfe, *scorfani*, Meerpfaffen, *lucerne*, Zackenbarsche, *cernie*, und Tintenfische, *seppie*, die alle, mit eher mildem Paprikapulver gewürzt, in die *zuppa di pesce alla santavenere* wandern.

Der im Alter weiche, samtige *Aglianico del Vulture* von einem erloschenen Vulkankegel ist der Spitzenwein der Basilikata. Der Name leitet sich vom griechischen *hellenikàs*, hellenisch, her und verrät, daß er schon von den ersten antiken Siedlern angebaut wurde.

Calabria, Kalabrien, an der äußersten Spitze der italienischen Halbinsel, ist eine der ärmsten Provinzen des Landes. Ihre Bewohner hatten sich von jeher gegen eine unbarmherzige Natur und ebenso mitleidlose Grundbesitzer zu wehren. Erst 1980 zerstörte ein Erdbeben weite Teile des ohnehin kargen Bodens mit zerklüfteten Bergen, vertrockneten Flußläufen, verbrannter Erde, sie zwangen bis heute Millionen von Kalabriern zum Auswandern.

In die Fremde nahmen sie, außer ein paar Habseligkeiten, ihre heimatlichen Eßgewohnheiten und Rezepte mit, und das erklärt das Paradox, daß die kalabresische Küche, in der Olivenöl, Tomatensauce und Paprika die Hauptrolle spielen, im Ausland eine der bekanntesten Italiens ist. Das hat wiederum auch seinen kulinarisch-historischen Reiz, denn sie hat sich wie selten eine ihre Wurzeln bewahrt. In der achäischen Kolonie Sybaris, die zum Synonym für Schlemmerei wurde, waren schon die *lagane* bekannt, unsere heutigen Lasagne, und die *makaríe*, kleine zylindrische Teignocken, aus denen dann die Makkaroni wurden. Die *'ndugghia*, eine Wurst aus Fleisch, Leber, Lunge und Speck vom Schwein, ähnelt der französischen Andouille. Die *melanzane,* Auberginen, kamen aus Indien herüber, ihre besonders saftige, länglich violette Sorte ist das Lieblingsgemüse der Kalabrier geworden. Sie werden vielfältig zubereitet, am aufwendigsten als *parmigiana di melanzane*, in der Pfanne geschichtete Scheiben von fritierten Auberginen und hartgekochten Eiern, Klößchen von Gemüse oder Fleisch, Schnitten von Mozzarella oder einem ähnlichen Knetkäse, Basilikum und Tomatensauce. Erwähnenswert sind noch die *carciofini selvatici*, kleine wilde Artischocken, die man nicht kultivieren kann und deshalb von eigenartigem, zartem und doch intensivem Geschmack sind.

Die Meeresküste ähnelt jener der gegenüberliegenden Insel Sizilien, zu ihr gehören der *pesce spada*, Schwertfisch, der mit Oregano, Petersilie, Olivenöl, Zitronensaft und Kapern zubereitet wird, aber auch die *sarda,* Sardine, die *a scapece* mit Brotbrösel bestreut und mit einer kochenden Mischung von Olivenöl, Essig, Knoblauch und Minze übergossen wird. Gleichfalls beliebt ist die *mústica* kretisch-arabischen Ursprungs, kleine gesalzene Weißfische, die mit Pfeffer oder *peperoncini,* Pfefferschötchen, in Olivenöl eingemacht werden. Natürlich fehlt auch hier der *pesce stocco* nicht, der Stockfisch, der fritiert oder mit Oliven, getrockneten Trauben, Kartoffeln, Tomaten und den obligaten pikant roten Paprikaschoten gekocht wird.

An der Küste wie im Inneren Kalabriens finden wir das *murseddu* oder *suffrittu* aus Kaldaunenstreifen, Kalbs- und Schweineleber, Brotkrume, Paprikaschoten, Olivenöl und Tomatensauce. «Gottverlassen, wer kein Schwein zum Schlachten hat, denn er kann von Würsten nur träumen», sagt ein kalabresisches Sprichwort, und die *salumi* haben ihren eigenen, herzhaft würzigen Geschmack. Die *butirri,* mit Molkenbutter gefüllte Käse, und *cacíocavalli,* säuerlich pikante Knetkäse, eignen sich zum Kochen wie als feine Tafelkäse.

Auch der Wein hat in Kalabrien Tradition, der kraftvolle *Cirò* wurde schon den siegreichen Athleten der Olympischen Spiele in Griechenland kredenzt, der leicht säuerliche *Dónnici* und der blumig frische *Pollino* sind seit langem Vertreter einer alten Kultur.

Schon die abwechslungsreiche Küche verrät, daß man das arme Kalabrien, «über dessen Mühsal die Jahreszeiten dahingleiten» (Carlo Levi), nicht nur grau sehen darf, da ist schon die alles überglänzende Sonne davor, wer sucht, wird sie auch dort finden, wilde, unberührte Natur, fruchtbare Felder, grüne Gartenflächen und Tausende von Zitronen-, Orangenbäumen, dazwischen neben unansehnlichen Dörfern freundliche Weiler und hübsche Badeorte, zu denen die Italiener selbst pilgern, was allein schon eine Empfehlung ist. Und von der Uferpromenade der Hauptstadt Reggio di Calabria aus hat man über die Straße von Messina einen zauberhaften Blick auf das vorgelagerte Sizilien.

Diese **Sicilia** ist die größte Insel Italiens und des Mittelmeers, durch eine nur drei Kilometer breite Meerenge vom Festland getrennt, schon nahe zu Nordafrika. Hinter weiten Sandstränden mit Felsküsten, Buchten, Grotten erstreckt sich fruchtbares Land mit Gemüse-, Obst- und Weinbau bis hinauf ins faltige, zerfurchte Bergland im Inneren mit dem höchsten, immer noch tätigen Vulkan Europas, dem Ätna. Siziliens Geschichte ist eine zwanzigtausend Jahre alte Kette von Invasionen und Kämpfen, Eroberungen und Vertreibungen; Sikaner und Sikuler aus Afrika kamen und gingen, Phönizier aus Kleinasien, Griechen und punische Karthager, Römer, Iberer und Byzantiner, Araber, Normannen, Schwaben und Spanier, Habsburger, Bourbonen und Piemonteser, bis Sizilien 1861 endlich zu Italien kam. Sie alle hinterließen ihre Spuren, vorgeschichtliche Grottenmalereien, griechische, römische, arabische, normannische Bauten, barocke Kirchen, Klöster und Paläste, und auch die Sizilia-ner wurden von ihnen geprägt, sie sind zurückhaltend zäh und selbstbewußt stolz (bis zur immer noch gegenwärtigen Blutrache und Mafia), aber, wenn sie sich einem erschließen, herzlich, ja überströmend gastfreundlich. Sie haben auch viel zu bieten, Oliven, Orangen, Mandarinen und Zitronen, Kichererbsen, Johannisbrot und Feigen, Wein aus vulkanischem Boden und Sardellen, Thunfische, Schwertfische aus dem Meer.

Auf den betriebsamen Märkten mit ihren bunten Ständen, schreienden Verkäufern und grellbemalten zweirädrigen Karren wähnt man sich in einem orientalischen Basar, da gibt es alles zu bestaunen, anzufassen, mit Feilschen einzukaufen, von Fleisch, Geflügel, Fisch, Gemüse, Käse und Früchten bis zu Textilien, Antiquitäten, Billigware und Plastik. Auch kann man sich dort angenehm zwischenverpflegen, sei es mit knusprig ausgebackenen Brokkoliröschen, *broccoletti fritti,* dünnen Crêpes aus Kichererbsenmehl mit gehackter Petersilie, *panelle,* oder mit Hackfleisch, Gemüse, gekochten Eiern, Käse gefüllten fritierten Reisbällchen, *arancine,* Vorboten der schlichten und doch phantasievollen Küche Siziliens.

In den Städten ringsum, in den Häfen und Felsnestern gibt es Gelegenheit genug, diese Köstlichkeiten zu genießen, von der einfachen Trattoria bis zum mehr oder weniger schicken Restaurant, wobei hier schon angemerkt sei, daß vieles davon mit einer typischen, aparten warmen Sauce angemacht wird, dem *sammurigghiu* mit Olivenöl, Zitronensaft, Wasser, Knoblauch, Oregano, Petersilie, Salz und Pfeffer.

Zu diesen meist geschichtsträchtigen Stätten gehören Taormina, die wohl schönste Stadt der Insel voll Duft und Farben mit einem der traumhaftesten Blicke Italiens und damit wohl der Welt von den Rängen des griechischen Theaters hinab über die Küste zum rauchenden Ätna, Catania, oft von diesem Vulkan zerstört, heute aber eine Gartenstadt mit barockem Zentrum und vielbesuchtem Fischmarkt, Siracusa, einst eine mächtige griechische Kolonie, wo Archimedes und Plato lebten und lehrten, immer noch berühmt für seine Schönheit und Pracht, Marsala, der «Hafen Allahs» der Karthager, wo der berühmte goldfarbene Aperitif- und Dessertwein dieses Namens herkommt, das freundliche Trapani, die arabischste Stadt und Fischereizentrum der Insel, schließlich an der Conca d'Oro, der «Goldenen Muschel», die Hauptstadt Palermo, ein lebhafter Hafen mit Parks, Palmen, Kakteen und außerordentlichen Baudenkmälern aus allen Epochen.

In Sizilien wurde schon sehr früh Weizen angebaut, zu Mehl gemahlen und zu Teig verknetet, es ist die Heimat der italienischen *pasta.* Hinzu kamen Anissamen, Gewürznelken, Knoblauch, Lorbeer, Minze, Pistazien und Zimt. Zusammen mit jenem von Zitrusfrüchten schwebt der Wohlgeruch von tausendundeiner Nacht über der ganzen Insel. Wie ein Symbol dafür – und für die kulinarische Rafinesse der Sizilianer – scheint mir die *insalata di arance e finocchio,* ein herrlich erfrischender Salat aus Orangenscheiben, geraffelten Fenchelknollen und Frühlingszwiebelringen mit einem Hauch von Anis.

Auch der *cuscusù* ist nichts als die sizilianische Version des arabischen Kuskus, in Trapani wird er mit Fisch zubereitet. Aus dem Maghreb stammt ebenfalls die *cassata*, eine Torte aus gekühltem *zabaione*, Schaumcreme aus Eigelb, Zucker und Marsalawein mit *mascarpone*, Doppelrahm-Frischkäse, frischer Sahne und mit starkem Kaffee, auch Grappa oder Weinbrand getränkten Löffelbiskuits, mit bitterem Kakaopulver bestreut und *gelato*, eiskalt serviert, oder der *sorbeto*, der luftig leichte Sorbet, wie überhaupt sich keiner so aufs Eis versteht wie der Sizilianer, er bereitet es immer aus reifen (nicht nachgereiften!) Früchten von unvergleichlichem Aroma.

Um die Liste vollzumachen, sei hier noch die in ganz Italien verbreitete *zuppa inglese* nachgeführt, eine Süßspeise aus im Ofen überbackenen Schichten Vanillecreme («crème anglaise», daher der Name), mit Rum getränkten Biskuitstreifen, kandierten Fruchtwürfeln unter einer Meringe- oder Sahnehaube. *Se non è vero* – sie könnte in Sizilien erfunden worden sein.

In Palermo werden die Teigwaren mit frischen Sardellen und wildem Fenchel, auch Rosinen und Pinienkernen gewürzt, *pasta con le sarde*. Ebenfalls gibt es dort das *farsumauro*, eine Becherpastete aus Makkaroni mit Fleischbrühe. Ähnlich und je nach Lesart ist der *farsomagru*, eine Kalbsroulade mit Füllung aus rohem Schinken, Wurst, hartgekochtem Ei, Käse, Knoblauch, Petersilie und Kapern.

Bekannt ist diese sinnenfrohe Stadt – wie überhaupt die ganze Insel – für ihre dekorativen Leckereien, die *frutti della Martorana*, wie Früchte geformte und gefärbte Mandelmasse, den *buccellato*, einen Hefekranz mit Trockenfrüchten. All dies Gebäck wird mit buntem Flitter, Bändchen, Silberperlen und imitierten Blumen farbenfroh geschmückt, selbst die *cannoli*, in Öl ausgebackene Teigrollen mit süßer Ricotta oder Schokolade, kandierten Früchten und Puderzucker. Marzipan heißt *pasta reale*, und aus ihr werden in der Tat Nahrungsmittel aller Art zum Anbeißen täuschend ähnlich nachgeahmt.

Catania ist stolz auf ihre *caponata*, ursprünglich eine Beilage zu Kapaun, aus Auberginen, Caciocavallokäse, Tomaten sowie gelben und roten Pfefferschötchen. Bekannt ist auch die *pasta alla Norma* zu Ehren des 1801 dort geborenen Komponisten Bellini, Spaghetti oder Penne mit fritierten Auberginen, geschälten Tomaten, Basilikum und gesalzener, geriebener Ricotta. In Syrakus heißen die Spaghetti *«alla siracusana»*, wenn sie mit Thunfischrogen, Heringsfilets, Olivenöl, schwarzen Oliven und verschiedenen Aromen gewürzt sind.

Der bekannteste Wein vom vulkanischen Boden Siziliens ist der schon erwähnte *Marsala*, der, nach uralten Methoden hergestellt, sherryähnlich trocken bis süß sein kann – man sollte ihn nicht nur zum Kochen verwenden.

Daneben gibt es aber auch trockene, fruchtig frische Weiße, darunter den *Alcamo*, einen der großen Weine Siziliens, *Corvo*, ebenfalls ein Spitzenwein, *Etna*, besser als seine rote Ausgabe, und den *Regaleali*, überraschend elegant; von den Roten seien neben dem *Etna* der *Faro* genannt aus Messina, der Fährstadt zum Festland, wo einst ein großer Leuchtturm vor den gefährlichen Wirbeln der Meerenge warnte, einer der besseren Weine Siziliens, *Ombra*, ein anständiger Tafelwein, und wiederum der *Regaleali*.

Einer besonderen Erwähnung sind die *moscati* wert, gefällige, fruchtig süße Muskateller, die in Sizilien, die Sonne macht's möglich, von besonderer Güte sind, der reinsortige *Noto*, der natürliche *Pantelleria* und der *Siracusa*, bernsteinfarben und samtig süß. Last not least der *Malvasia delle Lipari* von den Liparischen Inseln vor der Nordküste, einer der delikatesten Dessertweine Italiens. Zum Abschluß einer Mahlzeit gehört in Sizilien ein *amaro*, ein versöhnlicher Bitterlikör aus Rinden, Wurzeln, Blättern von Gewürz- und Heilpflanzen, in dem die vielen Gegensätzlichkeiten der Insel vereint sind, Herbe und Süße, Kraft und Milde.

«Italien ohne Sizilien macht gar kein Bild in der Seele, hier ist der Schlüssel zu allem», sagte einmal Goethe. Und, möchten wir fortfahren, ohne seine Sonne wäre Italien nicht das Land des guten Geschmacks und der guten Küche. «O wie wird mich nach der Sunnen frieren», seufzte Albrecht Dürer, als er Italien verlassen mußte.

J

Jamaika ↑ Mittelamerika/Antillen

Japan Das Kaiserreich Nippon liegt auf einem Archipel von vier Hauptinseln und fast viertausend kleinen, kleinsten Inseln vor der Ostküste Asiens, ein Land mit dichtbesiedelten Küsten und langgestreckten Bergketten zwischen von Geistern belebtem Mythos und zukunftsgläubiger, computergesteuerter Moderne. «Wir sehen im sogenannt westlichen Stil und in der japanischen Tradition nicht zwei Kulturen», beobachtete der Volkskundler Mitsukushi Yoashida, «denn mit all dem, was wir aus China und dem Westen aufnehmen, leben wir nicht in zwei Kulturen zerbrochen, sondern in einer, der unseren». So wurde aus dem «Reich der aufgehenden Sonne» der fortschrittlichste Industriestaat des Fernen Ostens, dessen alte Überlieferungen aber trotzdem in vielem lebendig geblieben sind.

Wer zum ersten Mal nach Japan kommt, wird wahrscheinlich enttäuscht sein, denn er findet sich in einem westlich modernen, ja amerikanisierten Land mit Stoßverkehr, Gedränge, Ballungen und Menschen, Menschen, Menschen, die immer in Bewegung sind, sich ständig voreinander verbeugen, Visitenkarten austauschen und gegenseitig photographieren. Bis er zu seinem Erstaunen entdeckt, mit welch asiatischer Gelassenheit sie sich selbst im Millionenmoloch Tokio bewegen, beherrscht, reibungslos und rücksichtsvoll wie auf einer Brücke gewissermaßen zwischen Neu und Alt, hier futuristische Kommerzbauten aus Stahl und Glas mit Namen, die Weltgeltung haben, Hitachi, Honda, Mitsubishi, Sony, das Ginza-Viertel, tagsüber Einkaufs-, abends Vergnügungsmeile mit modernsten Warenhäusern und flimmernden Leuchtreklamen, kühn geschwungene Hochstraßen, prallvolle S- und U-Bahnhöfe, dort der Kaiserpalast, Shinto- und Buddha-Tempel mit stillen Zen-Gärten aus geharktem Sand und ein paar Steingruppen, abstrakt und doch so unglaublich beruhigend wie herausfordernd, großzügige Parkanlagen, grüne Oasen, in denen Kirschblüte und farbiger Herbst gefeiert werden, öffentliche Badehäuser, denn die Japaner baden gern und viel (und heiß), kleine Gaststätten mit roten Lampions, in denen sich abends die Männer, die «sakarimen», vom Leistungszwang in der Firma bei Alkohol und Gesang abreagieren, und ein Gewirr von alten Häusern mit verschnörkelten Dächern, Holzveranden und Papierschiebefenstern, wo drei, vier Generationen nach hergebrachter Art zusammen leben und unter denen sich der Fremde schwer zurechtfindet, denn die Straßen tragen keine Namen und keine Nummern.

Aber so fremd uns auch Sprache und Schrift der Japaner sind, so haben sie uns doch klangvolle Wörter geschenkt, die zum Inbegriff geworden sind für fernöstliche Lebensqualität, *kabúki* und *nō*, streng stilisierte Dramenkunst, *kimono*, das fließende Seidengewand, das die Schwächen der sonst so hübschen Japanerin, Busen und Beine, gnädig verhüllt, *ikebana* und *bonsai*, die Kunst des Blumensteckens und der Dressur von Miniaturbäumen, *sumon, kendo, judo*, die alten Kampf- und Verteidigungssportarten – die Japaner sind, entgegen einem verbreiteten Fehlurteil, nicht bloß eklektische Nachahmer, sondern schöpferische, innovatorische Lehrmeister.

Das gilt auch für die japanische Küche, die man auf den Nenner Natürlichkeit und ästhetische Perfektion bringen kann. Sie ist eine der gesündesten der Welt, viel hochwertiges, leicht verdauliches Protein (Soja, Fisch), ungesättigte Fettsäuren (Fisch, Pflanzenöle), wenig tierisches Fett, wenig Zucker, ausreichend Ballaststoffe und Kohlenhydrate (Reis), hinlänglich Vitamine, Mineralien und Spurenelemente (Gemüse, gesalzene und milchsauer vergorene Nahrungsmittel, Algen, Reis), kurze Garzeiten, viele Früchte, dazu ungesüßter Tee – das liest sich wie der Wunschzettel eines Ernährungsphysiologen.

Als Lebensmittel verwertet der Japaner, was das Meer und der Boden seiner Inseln hervorbringen, aus dem Wasser Seetang und Fische, entlang den Küsten bis hin zum Gebirge mit dem ebenmäßig aufsteigenden Kegel des Fuji-san, Heiligtum und Wahrzeichen Japans, Algen, Meeresgetier, Fische, Reis, Gemüse, Obst und Tee.

Die Algen, billiger Rohstoff aus dem Meer, *kómbu* und *norí*, sind eines der Grundnahrungsmittel Japans, gesund, nahrhaft und mild herb wie Meeresduft. Ihre über hundert Arten, braun, rot, grün, blaugrün, schwarzgrün, werden tonnenweise zu papierdünnen, biegsamen Blättern getrocknet und dienen zum Aromatisieren, als Würze, Hülle oder Gemüse, für *hijiki*, überbrühte Röllchen, *wakáme*, erfrischenden Salat. Japan ist die größte Fischereination der Erde, und ihre Erträge, vor allem Thunfische, Barsche, Meerbrassen, Makrelenfische, werden roh und ungewürzt kunstvoll formgerecht in Würfel, Stückchen, Scheiben, *sashimi*, zerlegt, die man in eine mit *wásabi*, mit beißendem grünen Meerrettich gewürzte, frische leichte Sauce, *shōju*, aus Sojabohnen und geröstetem Weizen dippt; mit rohem Fisch werden auch die *sushi*, «gesäuerter Reis», garniert, aus gekochtem Reis mit verdünntem Essig geformte kalte Klöße – Meervergnügen pur!

Reis ist, von aller Technik abgesehen, der Reichtum des Landes. Er ist weiß, rundkörnig, geschält und wird ohne jede Zutat leicht klebrig gekocht. Er gehört zu jeder Mahlzeit, und diese heißt denn auch wie er, *góhan*. Der wichtigste Eiweißlieferant ist die vollwertige Sojabohne, *dáizu*, das «Fleisch der Vegetarier», und der Quark daraus, der nahrhafte, aber recht fade *tófu*, wird in Wasser schwimmend im Holzbottich serviert; besonders begehrt ist er in der alten Kaiserstadt Kioto, mit ihren Tempeln und Palästen der Schrein der Nation, dessen Mönche ihn vor Jahrtausenden als Symbol für Reinheit und Askese erfanden.

Wer in Japan frühstücken will, wird in den meisten Hotels die kontinentale Version oder den «morning service», Toast und Kaffee, finden, aber es sei empfohlen, es einmal den Einheimischen nachzumachen mit einer heißen Suppe aus Gemüse und Tofu, etwas kaltem Fisch, einer Schale Reis und Tee, ein substantieller Auftakt.

Der Japaner kennt keine feste Speisenfolge, er wählt sich aus verschiedenen, möglichst unterschiedlichen Gerichten aus immer absolut frischen Lebensmitteln aus, was seinem Auge und Gaumen zusagt, Fast food für Ästheten und Feinschmecker. Das können *sóba, udón, shiná-sóba* oder *harúsame* sein, Buchweizen-, Weizen, Reis- oder Glasnudeln, die man aus einer Schale mit Fischbrühe und verschiedenen Einlagen, geschnetzeltem Fisch, Garnelen, Muscheln, Fleisch, Gemüsen, Pilzen, unter Schlürfen, Schmatzen mit den Eßstäbchen in sich hineinschaufelt.

Eine Platte mit Fisch und Meeresfrüchten heißt *ichínmae*, «eine Portion», und unter den Fischen haben es Thunfisch und Bonito, *máguro* und *katsuó*, den Japanern besonders angetan; letzterer wird geräuchert, luftgetrocknet und zu hauchdünnen Flocken gehobelt gern als Würze verwendet. Eine heikle Spezialität ist der Kugelfisch *fúgu*. Werden seine giftige Leber, Gallenblase und Eierstöcke unterhalb der Schwanzflosse nicht unverletzt und kunstgerecht entfernt – der staatlich geprüfte Fugu-Koch braucht Jahre, bis er seine Lizenz erwirbt –, ist der Genuß tödlich, in einem dafür spezialisierten Restaurant ist das transparente Fleisch mit einer Sauce aus Soja, Zitrone, geriebenem Rettich, Schnittlauch und Chilipfeffer jedoch von prickelndem Reiz. Weniger abenteuerlich ist die *tempura*, deren Rezept portugiesische Missionare zur katholischen Fastenzeit, «ad tempora», einführten: Streifen oder Stücke von Garnelen, Muscheln, weißfleischigen Fischen oder auch Rohgemüse werden in einen Teig aus Mehl, Wasser und Ei getaucht, in Pflanzenöl sehr heiß fritiert und um Stäbchen gewickelt.

Als Zutaten gibt es vielerlei Würzen, *dashi,* einen klaren, nach Meer duftenden Sud aus Kombu, Bonitoflocken und kochendem Wasser, *shisonomi,* Gewürzkräuterknospen, *miso,* eine Würzpaste aus fermentierten Sojabohnen, mild süßlich bis kräftig salzig, *shōga gari,* eingelegter Ingwer in Scheiben oder Streifen, *shiso,* nussig aromatische Blätter der Schwarznessel, *ponzu,* kräftige Zitronensauce, milder *Reisessig* aus Reiswein; *teriyáki* ist eine Marinade aus *shōju,* Sojasauce, und *mirin,* süßlichem, sherryähnlichem Reiswein, mit der hauchdünne Scheiben von fetten Fischen oder Fleisch bepinselt und grilliert werden.

Früher, während der jahrhundertelangen Isolation, aßen die Japaner wenig Fleisch, *nikú,* aber seit die Ausländer danach fragen, haben sie auch daraus etwas Besonderes gemacht: Das *Kobe-Beef* des Rinds von den Weiden an der Osaka-Bucht, das sorgfältig mit Bier gemästet und liebevoll massiert wird, ist sehr kostspielig, aber ebenso wohlschmeckend, fettmarmoriert und wunderbar saftig zart, im geschlossenen Steinofen über Holzkohle gegrillt eine Investition, die den hohen Preis lohnt. Man kann es auch als *sashimi* genießen, feingeschnitten zusammen mit Bambussprossen, Chinakohl, Lilienblüten, Schalotten, Pilzen in einer Sauce gegart, als *sukiyáki* oder in Fleischbrühe gekocht als *shabu-shabu* sowie mit Glasnudeln, gehacktem Gemüse und Pilzen aus der Pfanne als *shiriataki.*

Okonomiyaki ist ein Eierpfannkuchen mit Garnelen oder Fleisch und gekochtem Gemüse, und auch die Süßigkeiten sind in Japan weniger Nachspeise als Ausgleich zum bittersüßen Tee, *wagáshi,* aus Reis- und Weizenmehl, roten Bohnen, Süßkartoffeln, Pfeilwurz, Ei und Zucker, *yokán,* ein Gelee aus Bohnenteig, *manju,* mit süßer Bohnenpaste gefüllte Brötchen, *senbei,* süße Kekse, und *higáshi,* getrocknete Plätzchen aus Reisbrei.

Gegessen wird in Japan, wenn es nicht in einem westlichen Restaurant ist, mit ausgezogenen Schuhen auf dem *tatami,* einer Reisstrohmatte, an niedrigen Tischen – für den Europäer ist es ein rechtes Kunststück, sich darunter zu setzen. Vorher und nachher reinigt und erfrischt man sich mit dem *oshibori,* einem heißen feuchten Tuch, die Speisen schaufelt man aus verschiedenfarbigen Lackschalen und Schüsselchen, dem *dómburi,* Löffel kennt man nicht, hingegen wird stets frisches Wasser umsonst bereitgestellt. Die Wahl der Eßwaren wird dem Fremden durch die Schaukästen erleichtert, in denen das Angebot nach Form, Farbe und Größe aus Kunststoff täuschend ähnlich nachgebildet vorgestellt wird.

Zum Essen trinkt der Japaner *bīru,* das meist recht gute einheimische Bier, oder einen ebenfalls einheimischen Whisky sowie (nur zu Reis) einen warmen, heute auch eisgekühlten *saké,* wasserhellen Reiswein (der eigentlich kein Wein ist, sondern gebraut wird). Das Nationalgetränk Japans ist und bleibt jedoch der unfermentierte grüne Tee, *cha,* den man als Haushaltstee, *senchá,* oder gröber als *banchá* oft gratis erhält.

Die Spitzensorte *gyokuro* bleibt indes der klassischen Teezeremonie, *chanoyù,* vorbehalten, einer schon seit dem 15. Jahrhundert entwickelten hohen Kunst. In eine Schale, nach Form und Größe der gewölbten Hand nachgebildet, wird mit einem hölzernen Löffel etwas Teepulver geschöpft und heißes Wasser darüber gegossen, das mit einem kleinen Bambusbesen grün und schaumig geschlagen wird. Wenn man Glück hat, ist die Teemeisterin eine grazil trippelnde Geisha, jene, so wörtlich, «Kunstperson», die jahrelang in Gesang, Musik, Dichtung und Konversation ausgebildet wurde, – dann wird das geistvolle, zart poetische Ritual zu einer Kraft, nach allen Störungen des Alltags das Gleichgewicht der Seele wiederzugewinnen gemäß der Lehre des Zen-Buddhismus.

«Das 21. Jahrhundert wird den Japanern gehören», prophezeite der amerikanische Zukunftsforscher Herman Kahn. Wir wagen die Behauptung, daß auch die naturbelassene Kochkunst Japans uns noch einiges zu lehren hat.

Java ↑ Südostasien/Indonesien

Jemen ↑ Vorderasien

Jordanien ↑ Vorderasien

Jüdische Küche ↑ Israel, Jüdische Küche

Jugoslawische Länder «Das Kreuz zu tragen ist uns bestimmt, das Kreuz eines grauenhaften Kampfes gegen Eigene wie gegen Fremde!» klagte der montenegrinische Fürst, Bischof und Dichter Peter II. Njegoš schon im 18. Jahrhundert, und er sollte bis in unsere Tage recht behalten: Unter mörderischem Gemetzel ist die ehemalige Sozialistische Föderative Republik Jugoslawien zwischen Donau und Adria in fünf wesensverschiedene, wenn nicht wesensfremde Staaten auseinandergebrochen (fast kommt es so weit, daß wir den unzimperlichen Diktator Tito postum bewundern). Sie sind aber Puffer geblieben zwischen Ost und West, zwischen Orient und Okzident mit drei Sprachen, Serbokroatisch, Slowenisch, Mazedonisch, und zwei Alphabeten, lateinisch, kyrillisch. Bis sie aber wieder zum Reise-, Ferienparadies werden, wie es viele von uns gekannt haben, dürfte es noch eine Weile dauern. In Hoffnung auf eine bessere Zukunft und in Hinsicht auch auf die vielen jugoslawischen Restaurants im Ausland – nur dort gibt es eigentlich eine einheitliche jugoslawische Küche – wollen wir dennoch einen Blick auf die neuen Staatsgebilde werfen.

Slowenien, als Tor Europas zum Balkan schon immer recht eigenständig, hat sich, scheint es, am ehesten in die neue

Unabhängigkeit gefunden, wohl auch seiner Nachbarschaft zu Österreich und Italien wegen, die nicht nur landschaftlich, sondern auch kulturell und wirtschaftlich überall zu spüren ist, von den Karawanken und Julischen Alpen im Norden hinab erstreckt sich waldreiches Gebirgsland mit kargem Karst, blumen- und fruchtgeschmückten Tälern, klarblauen Seen bis zum Ufersaum an der Adria. Doch wenn auch die anmutig helle Hauptstadt Ljubljana, das frühere Laibach, mit ihrer Altstadt, mit ihren Bürgerhäusern und Barockkirchen ein österreichisches Gesicht hat, ist Slowenien schon ein slawisches Land.

Dazu gehört auch die Vorliebe für kräftige Brühen, *juha* und *supe*, sowie dicke Suppen, *čorbe*, mit Schweinefleisch, Gemüsen, Wurzelwerk, Sauerkraut und saurer Sahne. Der *ričet* ist ein nahrhafter Eintopf aus Graupen mit Schweinefleisch, in dem der Löffel steckenbleibt. Überhaupt herrscht in der slowenischen Küche das Schweinefleisch, der ausgezeichnete *pršut* etwa, ein luftgetrockneter Rohschinken, dem Gräser vom Karst Aroma und Kraft geben. Für Abwechslung sorgen Wild, Pilze und Beeren aus den weiten Wäldern.

Die Mehlspeisen verraten, daß Slowenien vom 13. Jahrhundert bis 1918 Teil der österreichisch-ungarischen Monarchie war. «Man nehme einen sonnigen Tag, an dem der Wind schweigt, eine ruhige Stunde, in der die Kinder schweigen, eine zufriedene Hausfrau, deren Mann schweigt, zwei gefühlvolle Hände, viel Liebe, einen Eimer Geduld und eine Portion Glück», steht in den Anweisungen für eine «Strudelmacherin» von 1860. Das Resultat ist ein delikates Gebäck, das gebacken als *štrdel*, gekocht als *štruklji* mit Quark, Nußmasse oder anderem gefüllt wird. Der *palačinke*, Palatschinken, ist uns ebenfalls von Ungarn und Österreich her bekannt. Die *potica*, ein gefüllter Hefeteigkuchen, ist umgekehrt von Slowenien in die Steiermark ausgewandert, die *žliwanke* sind Nockerln aus Buchweizen-, Mais- oder Weizenmehl, zu denen saure oder süße Milch und Eier gereicht werden.

In Slowenien wachsen auch Reben, deren gleichfalls in Österreich, Ungarn und Italien heimische Sorten, *Rizling, Laški-Rizling*, Welschriesling, *Muškat-Ottonel, Sauvignon, Šipon, Sylvanec, Traminec, Gewürztraminer* herzhaft würzige

Weißweine ergeben, aber auch, aus *Barbera, Kabernet, Merlot,* aromatisch milde Rote. Als Gebirgsvolk verstehen sich die Slowenen auf Käse wie den *bohinjski sir,* der dem Emmentaler ähnelt, wie aufs Brennen von klaren Wässern, dem *brinovec* aus Wacholderbeeren oder dem *sadjevec,* eine Art Obstler aus Äpfeln, Birnen und Pflaumen.

Kroatien zerfällt in drei Landschaften, ins Gebirge mit dürrem Gesträuch auf karstigem Boden, in die fruchtbare Tiefenebene mit der malerischen Hauptstadt Zagreb, früher Agram, an der Save, in der man sich mitteleuropäisch vertraut fühlt, und in die adriatische Küste mit Dalmatien, Nahtstelle zwischen slawischer und romanischer Zivilisation mit der Halbinsel Istrien und der vorgelagerten «Welt der tausend Inseln», ehedem und hoffentlich bald wieder ein Ferienland par excellence.

So gegensätzlich wie seine Regionen sind auch die Küchen Kroatiens: Im trockenen, steinigen Zagorien wachsen nur etwas Gerste, Mais, Kartoffeln, leben Hühner und wenig Vieh. So ist auch die Nahrung bescheiden bäuerlich. Der *djuveč,* der traditionelle serbische Fleisch-Gemüse-Reistopf, besteht hier nur aus Kartoffeln, Gemüse und ein bißchen Hühnerfleisch, der *žganci* ist ein Brei aus Kartoffeln und Weizenmehl, oft werden Hühnchen, Kartoffeln, Gemüse paniert zu kleinen Röllchen geformt, *kroketi*.

In der innerkroatischen Niederung gedeihen hingegen vorzügliches Gemüse und Obst, und die Kräuter wachsen vor der Haustür. Daraus wird die *krompirčorba* bereitet, eine angenehm säuerliche Kartoffelsuppe mit Bohnenkraut, Majoran und Estragonessig. Grüne oder rote Pfefferschoten werden mit Fleisch, Schinken, Reis, Schafskäse, Zwiebeln und Petersilie gefüllt, *punjene paprike,* oder sie begleiten als feuriger *paprikaš* Fleischgerichte. Eine andere Beilage sind die *mlinci,* mit brauner Sauce, besser noch saurer Sahne überzogene, mit geriebenem Käse bestreute Teigflecken.

Die endlos langen Reihen von Pflaumenbäumen sind ein weiterer Reichtum Kroatiens, aus der *šljiva* wird auch das Nationalgetränk Jugoslawiens, der aromatische *Šljivovica,* gebrannt, der als Slibowitz inzwischen den Weg in alle Welt gefunden hat. Der *vinjak* dagegen, der einheimische Weinbrand, wird vor allem im Lande selbst getrunken.

Wo das Meer ist, sind auch Schal-, Krustentiere und Fische, und die Dalmatiner bereiten sie köstlich zu, auf dem Olivenholz gegrillt oder gebraten, als *brodet* in einer Fischsuppe mit Knoblauch, Tomaten, Zwiebeln, Kräutern, Lorbeerblättern und Weißwein. Viel Meergetier, Austern, *ostrige,* Hummer, *jastog,* Muscheln, *prstaci* und *školjke,* Tintenfische, *kalamari,* Scampi, *škampi,* Sardellen, *sardelice,* Thunfische, *tune,* wird – ein österreichisches Erbe – gern überbacken.

Im mediterranen Dalmatien sprießen Agaven, Zistrosen, Erdbeer-, Mandel-, Johannisbrotbäume, Lorbeer, Myrten, Oliven, Opuntien, Pistazien, Zypressen, und in die Küche wandert vielerlei Gemüse und Obst, Artischocken, *artičoke,* Knoblauch, *bijeli luk,* Spargeln, *špargle,* Feigen, *smokve,* die feinsäuerlichen Maraskakirschen nicht zu vergessen, aus denen der Likör *Maraschino* hergestellt wird.

Die Küstenstädte Zadar, Šibenik, Split, Dubrovnik führten einst regen Austausch und Handel mit der gegenüberliegenden Seemacht Venedig, und von daher holten sie *špageti* und *rižoto* herüber. Bleiben noch die *pasticada* zu erwähnen, ein in Weißwein geschmorter, gespickter und stark gewürzter Rinderbraten, sowie die *svinjski kotleti,* Schweinekoteletts mit Pflaumen und Slibowitz.

Neben den weißen haben auch die dunklen Rebsorten Dalmatiens einen besonderen Ruf, der *Plavac Mali* liefert die besten Rotweine Jugoslawiens, darunter den samtig schweren *Dingač*.

Bosnien-Herzegowina, Land der kahlen Berge, Felsen, Flüsse und Wälder, hat unter den Wirren der vergangenen Jahre wohl am meisten gelitten, denn es war bis 1878 unter türkischer Herrschaft und blieb seither ein Spielball der Mächte, Ethnien und Religionen. Sie alle haben ihre Spuren auch in der bosnischen Küche hinterlassen, sie ist ein Sammelsurium anatolischer, griechischer Einwirkungen, zu dem auch Janitscharen, Nomaden und Zigeuner beitrugen. So ein Gemengsel ist auch der *bosanski lonac,* ein Eintopf aus allem, was zur Hand ist, mit scharfen Gewürzen und Weißwein stundenlang im Steinguttopf geköchelt.

In Sarajevo, der jungen Hauptstadt mit alter Vergangenheit, saßen einst osmanische Wesire und mohammedanische Beis. Sie brachten den Kaffee, den *turška kava,* im Kupferkännchen mit langem Stiel, der inzwischen aus ganz Jugoslawien nicht wegzudenken ist: kochendes Wasser über möglichst fein gemahlenem starkem Kaffee, der zweimal aufkochen muß und mit viel Zucker, aber ohne Milch serviert wird. Aus der Türkei stammt auch die *sarma,* Hackfleisch, Knoblauch, Zwiebeln und Reis im Kohl- oder Weinblatt, der *šiš čevap,* Fleischspießchen auf Reis, oder der *hadžijski,* Pilzfleisch in der Tüte aus Fettpapier, wogegen die *musaka,* ein Auflauf meist aus Auberginen, von Griechenland herkam.

Die **Bundesrepublik Jugoslawien,** das eigentliche **Serbien,** ist fruchtbar mit weiten Flußtälern.

Am östlichen Rand die Hauptstadt Belgrad, Beograd, zwischen Donau und Save, die ebenfalls immer wieder überfallen, zerstört und aufgebaut wurde, weshalb sie eine moderne Metropole geworden ist, deren wenige Zeugnisse vergangener Kunst und Kultur sich zumeist in Museen verkrochen haben.

Gastfreundlich sind die Serben jedoch geblieben, dem Fremden wird zum Willkomm noch oft ein *slatko* angeboten, ein Gelee aus mit Zucker konserviertem Obst, Pflaumen, Feigen, Wassermelonen. Die *Alaska čorba,* eine Suppe aus Donaufischen über geröstetem Weißbrot, und der *pasulj,* eine kräftig gewürzte Suppe aus getrockneten weißen Bohnen mit Schweinebauch, geräuchertem Schweinefleisch-, -pökelfleisch, -speck und -würstchen, dazu Wurzelwerk, Knoblauch und Zwiebeln, können eine ganze Mahlzeit versehen, aber man sollte Platz lassen für die verschiedenen Fleischspezialitäten vom Rost, *na žaru:* ćevapčići, daumenlange Hackfleischröllchen, *ražnjići,* Grillspieße mit Lorbeerblättern und einer scharfen Gewürzpaste, *salata, jajdučki ćevap,* Fleischspieße nach Art der Haiduken, umherziehender Räuberbanden, *pljeskavica,* Hackfleischfrikadellen mit frisch gehackten Zwiebeln oder *ajvar,* einem Püree von Auberginen und Paprikaschoten, *džulbastija,* über Holzkohle geröstete Schweinerippchen; zum *burek,* einem Fleischstrudel, genießt man an heißen Tagen einen erfrischenden *tarator,* eine Gurkenkaltschale mit Joghurt.

Auch in Serbien ist der *djuveč* zu Hause, diesmal opulent aus kräftig gewürztem Schweine- oder Hammelfleisch, frischem jungen Gemüse, Kartoffeln und Reis.

Die Käse Serbiens dienen als Vor- und Nachspeise: *javorski sir,* ein pikanter Schafskäse, weicher *somborski sir* aus Schaf- und Kuhmilch, *kajmak,* ein jung weicher, gereift krümeliger Käse von zartem bis ausgeprägt salzigem Geschmack im Holzbottich.

Die Süßspeisen sind meist wieder türkischen, arabischen Ursprungs, darunter *ratluk,* kleine Würfel aus Stärkemehl, Mandeln, Zucker, Wasser, Zitronenöl und Rosenöl.

Die Provinz Kosovo ist berühmt für ihren *Kosovsko Vino,* einen milden, körperreichen Rotwein, der bei uns als «Amselfelder» verkauft wird nach der Stätte, wo 1389 die Serben sich dem türkischen Heer unterwerfen mußten.

Im südlichsten jugoslawischen Staat **Mazedonien,** zwischen zwei hohen Gebirgsketten mit fruchtbaren Becken- und Flußlandschaften, herrscht noch Landwirtschaft vor, mit Oliven, Weintrauben, Zitrusfrüchten, Reis, Mais, Weizen, Tabak und Opium, und die Hauptstadt Skopje, 1963 erst von einem Erdbeben verheert, liegt an einem Kreuzpunkt alter Handelsstraßen.

So ist auch die Küche wieder ein Spiegel vieler Einflüsse. Schon der Aperitif *mastika,* ein mit Anis aromatisierter Obstbranntwein, erinnert an ähnliche Getränke anderer Mittelmeervölker. Aus Maismehl wird mit geriebenem Schafskäse *kačamak,* eine dicke Polenta, zubereitet. Im Gegensatz zu anderen jugoslawischen Ländern wird hier viel Reis angepflanzt und gegessen, zum Beispiel als *salata od riže,* ein sommerlicher Salat mit Garnelen, Oliven, Paprikaschoten, Tomaten und Zitronensaft, ist er sehr erfrischend. Lammfleisch wird mit Zitrone und saurer Sahne angenehm verfeinert, *šketo,* oder in einer Mischung aus Mehl, Eiern und Sauermilch gebacken, *janjija.*

Zu den üblichen balkanischen Süßigkeiten gehören die *halvas,* unser «Türkischer Honig», eine dicke Creme aus Eiweiß, Honig, Zucker, gehackten Walnüssen und kandierten Kirschen zwischen Oblaten, sowie *tufahije,* mit gezuckertem Eischnee, Honig, Walnüssen und Zimt in Weißwein gefüllte Äpfel – es braucht keine Eva, um uns hineinbeißen zu lassen!

«Die wahrlich einzige verläßliche Perspektive für die Nationen und nationalen Bewegungen in Osteuropa sind ihre eigenen Kräfte», sagte der kämpferische montenegrinische Politiker und Schriftsteller Milovan Djilas. Mit uns warten viele darauf, daß aus dem geschüttelten Krisenherd der jugoslawischen Länder wieder ein brodelnder Kochherd werde.

K

Kanada Das Dominion of Canada, der nördliche Teil Nordamerikas, ist ein Staat des britischen Commenwealth und schon fast ein Kontinent mit riesigen Dimensionen, die für uns Europäer fast nicht zu fassen sind, jetzt, da es die Sowjetunion nicht mehr gibt, das größte Land der Erde, vom Atlantik bis zum Pazifik – «a mari usque ad marem», wie der Wahlspruch Kanadas lautet –, mehr als 5500 km breit über sechs Zeitzonen hinweg, wenn im Osten der Abend herniedersinkt, erreicht im Westen die Sonne ihren höchsten Stand – alles ist größer, maßloser, weiter.

«Weil die Erschließung des Landes im Norden eine Grunderfahrung ist», stellte der Historiker W. L. Morton fest, «hat das Leben in Kanada bis auf den heutigen Tag eine nordische Qualität, die Trennlinie zwischen Außenposten und Farm, Wildnis und Kernland, Etappe und Metropole verläuft auch durch unsere Psyche.» Die Kanadier sind ein Volk von Pionieren geblieben, von den Ureinwohnern, den Eskimos und Indianern, deren Totems, holzgeschnitzte, bunt bemalte Mahnpfähle, noch in manchen ihrer Dörfer stehen, über die ersten Pelzjäger und Siedler bis zu den Einwanderern aus aller Herren Länder, aus England, Frankreich, Deutschland, Italien, der Ukraine, Asien und der Karibik. Es entstand eine multikulturelle Gesellschaft, deren gegenseitige Toleranz sich wohltuend vom Chauvinismus so manch anderer Nation abhebt.

Die Immigranten brachten auch die Essensgewohnheiten ihrer Heimat mit, und so findet man in Toronto ebenso gute Trattorien wie in Italien, in Montreal bessere Delis als im ehemaligen Osteuropa, in Quebec feinste französische Restaurants, in den Prärie-Lodges ukrainische Spezialitäten und in Vancouver eine Chinatown, wie man sie in Ostasien heute suchen muß. Daneben gibt es aber doch eine typisch kanadische Küche, angefangen beim Zuckerahorn, dessen gezacktes rotes Blatt die Nationalflagge ziert und aus dem jener dickflüssige, wohlschmeckende Sirup, der *maple sirup,* abgezapft wird, der mit Pfannkuchen, *pancakes,* zu keinem kanadischen Frühstück fehlen darf.

Aus den beiden Weltmeeren, aus Flüssen und Seen kommt ausgezeichnetes Wassergetier, an der Spitze der Wildlachs, *salmon,* den Sportangler an der Pazifikküste gern am Unterlauf der Flüsse fangen, wenn er zum Laichen zieht, der bis zu 45 kg schwere Königslachs, *chinook, spring salmon,* der wohl beste überhaupt, der Silberlachs, *coho, silver salmon,* der auch gezüchtet wird, der Ketalachs, *sockeye salmon,* der als Industriefisch verarbeitet wird, und der Buckellachs, *gorbuscha, pink salmon,* die kleinste Art. Auch sonst kommen die Jünger Petri wie die Feinschmecker auf ihr Vergnügen, mit dem Arktischen Saibling, *arctic char,* der es mit dem

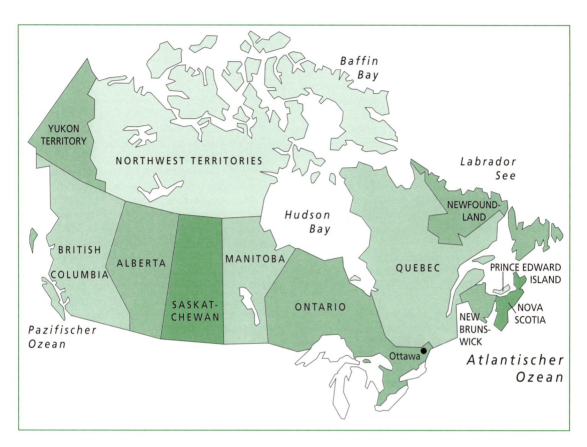

Lachs aufnehmen kann, dem Kohlenfisch, *black cod,* der Forelle aus Binnensee oder Meer, *lake, sea trout,* dem Hecht, *pickerel,* dem Seebarsch, *striped bass,* um nur sie zu nennen.

Die in Streifen geschnittene tranige Walschwarte *muktuk* ist hingegen Geschmackssache. Der Atlantikhummer, *northern lobster,* wächst im kalten Wasser noch langsamer als sein südlicher Genosse, hat aber um so schmackhafteres Fleisch, die großen festen *digby scallops,* Jakobsmuscheln, gehören zu den besten der Welt, und die *malpeque oysters* braucht man dem Kenner nicht zu empfehlen.

Das *Alberta steak* mit Folienkartoffel und einem in Butter geschwenktem Maiskolben und das *polar beef* vom Moschusochsen sind zart und saftig. Wild darf hingegen nur für den Eigengebrauch gejagt werden. Schon seit Jahrhunderten ziehen die Indianer schließlich in den flachen Seen der Prärien *wild rice,* einen Wassergrassamen von angenehm rauchigem Geschmack, der als Beilage inzwischen auch bei uns geschätzt wird.

Die reichste, auch volkreichste Provinz Kanadas ist **Ontario** im zentralen Westen, das «Land der glitzernden Wasser» der Indianer mit Wildnis und Wäldern, Treff der Holzfäller, Jäger und Angler, mit den Niagarafällen, einem spektakulären Naturschauspiel mit donnerndem Wasser und kitschigem Kommerz, mit Städtchen und Städten im Süden wie der Metropole Toronto am Lake Ontario, dem Wirtschaftszentrum des ganzen Landes, modern und lebens-, unternehmungslustig, dabei ganz unamerikanisch sauber und sicher, sowie der gepflegten, freundlichen Bundeshauptstadt Ottawa mit dem zeremoniellen Wachtwechsel vor dem Parlament und den rotberockten «Mounties», der Royal Canadian Mounted Police, der berittenen Bundespolizei, die nicht nur Dekorationszwecken dient, sondern im ganzen Land die Ordnung hütet.

Die klimatisch bevorzugte Halbinsel Niagara liefert vorzügliches Gemüse, Obst, Birnen, Kirschen, Pfirsiche und sogar Trauben, in den vielen Seen und Flüssen schwimmen Forellen, Hechte und Weißfische.

Ostwärts schließt sich Québec an, die älteste bewohnte Siedlung Nordamerikas, deren Name schon ankündigt, daß wir uns in der zweiten Kultur des zweisprachigen Kanada befinden mit eigener Identität, die so weit geht, daß immer wieder Versuche aufkommen, sich vom Mutterland abzuspalten. Im 16. Jahrhundert nahmen bereits französische Kolonisten diese «belle provence» vom Sankt-Lorenz-Strom her für ihren Kaiser in Besitz. Seither ist sie eine Bastion der Grande Nation in der Neuen Welt geblieben, Kanadas größte Provinz und eine seiner landschaftlich reizvollsten –

an der Atlantikküste bizarre Klippen und Felsen, im Binnenland Mischwälder, die im Herbst, dem «Indian Summer», farbenprächtig leuchten, Seen, Flüsse zum Kanufahren und malerische Bauerndörfer.

Die Altstadt von Québec City strahlt mit ihren winkligen Gassen und steinernen Stadttoren heute noch kontinentalen Alte-Welt-Charme aus, a «living museum», und Montreal, auf einer Insel zwischen dem Ottawa River und dem Sankt-Lorenz-Strom, ist nach Paris die größte französischsprachige Stadt der Welt, kopfsteingepflasterte Gassen neben breiten Fußgängerzonen, malerische Häuser aus dem 18. Jahrhundert, Bistrots, Straßencafés neben postmodernen Wolkenkratzern – der «Cirque du soleil», ein Spiel aus Akrobatik und Phantasie, Licht und Musik, trägt etwas vom frankokanadischen Zauber lebendiger Vergangenheit in die Welt.

Die *soupe aux pois,* Suppe aus gelben Erbsen mit Schinken, ist zum Spottnamen für die Quebecer geworden. *Doré,* eine Barschart, die *truite,* Forelle, und *ouananishe,* ein Lachs, kommen aus dem Süßwasser, aus den Wäldern und Zuchten Huhn, Truthahn, Ente, Rebhuhn, Wildhuhn und Gans, *outarde,* die zur Abwechslung gern mit Ahornsirup zubereitet werden. Rindfleisch ist überall zu haben – wir sind in Amerika –, aber Schweinernes ist ebenfalls geschätzt, mit Bohnen und fettem Speck, *fèves au lard,* oder als Ragout in *cidre* geschmort, dem Apfelwein, der hier ein verbreitetes Getränk ist, herb und erfrischend. Die *tourtière* ist eine Pastete aus Wild, Rebhuhn, Hase, auch Schweine-, Kalbfleisch, Huhn mit Kartoffelstückchen. Viele altfranzösische Rezepte haben überlebt, selbst als Snack wie die *poutine,* Pommes frites mit geschmolzenem Käse und BarbecueSauce, *guedille,* Salat in einem Hot-dog-Brötchen, oder der *sandwich de bœuf fumé,* dicke Scheiben Rauchfleisch zwischen Roggenbrot mit sauren Gurken und Kohlsalat.

Auch die Süßspeisen sind französisch, worunter sich die *tarte au sucre* zu einer Montrealer Spezialität entwickelt hat, ein schwerer Kuchen aus Eiern, Butter, Ahornsirup, braunem Zucker und gehackten Nüssen.

Die Atlantikprovinzen **Newfoundland**, Neufundland, **New Brunswick**, Neubraunschweig, und **Nova Scotia**, Neuschottland, sind abgeschieden und noch weitgehend unberührt, vom rauhen Nordatlantik und von der Seefahrt geprägt. Karges Hochland, dunkle Wälder und ungestüme Flüsse mit Stromschnellen, Fjorde und Watt werden von Fischerdörfern, Hafenstädten und Leuchttürmen aufgelockert, während die Inselprovinz **Prince Edward Island** grün ist mit Kartoffelfeldern und feinen Sandstränden.

Zu den Reizen, die eine Fahrt an die Atlantikküste lohnend machen, gehören die bereits erwähnten Meeresfrüchte und Fische, wobei erstere in den *chowder* wandern, eine dicke, mit Milch zubereitete Suppe. Vom Dorsch, *cod,* wird alles verwendet, vom Rogen bis zu Bäckchen und Zunge. Daneben werden vorwiegend Makrelen, Sardinen und Thunfisch gefangen. Der *solomon grundy* ist ein Ragout aus Hackfleisch und in Öl, Essig, Paprika und Zwiebeln mariniertem Hering nach schottischem Rezept. *Dulse* nennt sich ein dunkler Seetang, der getrocknet und wie Kartoffelchips geknabbert wird.

Früchte und Beeren, darunter die Moltebeere, *bakeapple berry,* und die Blaubeere, *blueberry, bleuet,* sorgen dafür, daß der Appetit auch nach dem Essen nicht vergeht.

Westlich von Ontario schließen sich die Provinzen **Manitoba**, **Saskatchewan** und **Alberta** an mit brettebenen Prärien, wogendem Grasland und offener Steppe bis zur Mauer der Rocky Mountains, wo bis vor gar nicht langem Trapper und Pelzhändler ihre Forts errichteten, heute der «Brotkorb Kanadas» mit unendlich weiten Weizenfeldern und aufstrebenden jungen Städten, Winnipeg, Regina und Edmonton, urban und ländlich zugleich, wo die berühmten Mannschaften des Nationalsports der Kanadier, des Eishockeys, ihr Powerplay betreiben. Hier, aber auch über das ganze restliche Land erstreckt sich ein Gürtel von National Parks, geschützten Naturlandschaften, 37 an der Zahl auf einer Gesamtfläche von über 200 000 km², Dorados zum Wandern, Kanufahren, Angeln (und nicht zum Jagen) – «take only pictures, leave only footprints», «nimm nur Fotos mit, hinterlasse nur Fußspuren», heißt es am Eingang.

Mit Mais gefüttertes Geflügel und Federwild wie Rebhuhn, Truthahn, Wildente sind in Butter gebraten vorzüglich, und der darin geschwenkte goldgelbe Maiskolben, der sie begleitet, könnte allein schon eine Mahlzeit versehen. Das Paradegericht ist jedoch das kolossale Steak vom AlbertaRind, das gern mit Hummer, Hühnchen oder Schweinerippen auf den Teller kommt, ein Fressen für Cowboys und solche, die es werden wollen. Auch ein Büffelsteak, *buffalo steak,* ist erstaunlich saftig.

Ein Lied des kanadischen Chansonniers Gilles Vigneault beginnt mit den Worten: «Mein Land ist kein Land, mein Land ist der Winter», und der Norden, die **Northwest Territories** und das **Yukon Territory,** liegt in der Tat am Saum der Arktis: Eis, wilde Bergwelt und Tundra unter Dauerfrost, am Klondike River alte, verlassene Goldgräberstädte und in den gewaltigen Flußtälern Bisonherden, denen man auf den abenteuerlichen Spuren von Jack London folgen kann. «Ich werde nie dorthin fahren», schrieb der kanadische Erzähler Stephen Leacock, «aber ich wäre sehr einsam, wenn es sie nicht gäbe».

An der Westküste, den Stillen Ozean hinunter, liegt die vielleicht schönste Provinz Kanadas, **British Columbia**, Britisch-Kolumbien, und was Rudyard Kipling 1908 darüber schrieb: «Dieses Land ist gut für tatkräftige Männer; aber auch für Faulenzer ist es nicht schlecht», gilt bis heute, grüne Berge, rauhe Wildnis, unberührte Natur bis zu den Fjorden am Meer mit Ankerplätzen, und als Prachtstück vor einer dramatischen Kulisse die Skyline von Vancouver,

Vancouver, Kanadas Tor zum Stillen Ozean

mit turmhohen Wolkenkratzern aus spiegelndem Glas im Art-déco-Stil, viktorianischen Häuserzeilen, gepflegten Parks und Badestränden eine Stadt von europäischem Flair und amerikanisch-asiatischer Geschäftigkeit, die man mit Fug zu den reizvollsten der Welt zählen kann.

Der ganze Stolz Britisch-Kolumbiens ist der Pazifische Silberlachs, der wohltuend einfach zubereitet wird, gebraten, pochiert oder gegrillt. Auch das übrige Meeresgetier, Garnelen, Krabben, Heilbutt und Schwarzer Dorsch, *black cod*, und anderes, ist immer von bemerkenswerter Frische, weshalb die japanischen Restaurants dort zu den besten gehören.

Aus den Wäldern Yukons kommen Elchsteaks, *moose steaks*, die nach unserer Erfahrung nirgends besser schmecken. Im Fraser Canyon im Okanagan Valley gedeihen Äpfel, Aprikosen und Pfirsiche.

Das meistverbreitete Getränk ist in Kanada das Bier, das wohl wegen des frischen Wassers der Flüsse und Seen stark, würzig und kräftig ist. In den französischsprachigen Gebieten tritt der schon erwähnte *cidre* an seine Stelle, während der *Canadian Whisky* im ganzen Land und in der ganzen Welt getrunken wird. Seine Ausgangsmaterialien sind Mais und wieder frisches kanadisches Quellwasser (selbst wenn er sich *Rye* nennt, wird nur wenig Roggen zugesetzt). Er ist gemeinhin leicht und mild und schmeckt am besten pur «on the rocks», auf Eis oder in Mixgetränken wie dem klassischen Manhattan. Aus ihm wird auch der *Yukon Jack* destilliert, ein gefährlich starker Whiskylikör.

Was immer man sich im riesigen Land Kanada zu entdecken anschickt, Einsamkeit oder Urbanität, Natur oder Kultur, man wird immer um ein Erlebnis reicher zurückkommen. «England wäre besser dran ohne Kanada», notierte Napoleon in sein Tagebuch aus dem Exil. Wir wagen das zu berichtigen: Die Welt wäre ärmer dran ohne Kanada.

Kanarische Inseln ↑ Nordafrika

Karibik ↑ Mittelamerika/Antillen

Kolumbien ↑ Mittelamerika

Korea ↑ Südostasien

Kreolische Küche   Die Kreolen sind, grob umschrieben, Nachkömmlinge europäischer Kolonisatoren und afrikanischer Sklaven, Mischlinge aller Farben zwischen weiß, braun und schwarz. Man trifft sie in vielen ehemaligen und noch bestehenden Dominien, von Brasilien, Mittelamerika, den südlichen USA bis zu den Ostafrikanischen Inseln. An ihrem jeweiligen Lebensort haben sie sich, ebenfalls mit Abtönungen, ihre Sprache bewahrt und ihre Kultur – der Literaturkundige denkt an Maria Luiza da Silva, die Groß-

Indio-Markt in Chiapas, Mexiko

mutter Heinrich und Thomas Manns, eine brasilianische Kreolin, der Jazzfreund an Duke Ellingtons «Creole Love Call», der Aficionado lateinamerikanischer Musik an den «Tango Criollo» und last not least der Feinschmecker an aparte Zubereitungen *«à la créole»*, *«Creole Style»*, die auch wieder je nach Herkunft variieren, aber doch auf einige wesentliche, typische Merkmale zurückgeführt werden können, welche die Überlieferung der afrikanischen Vorfahren zum Ursprung haben. A. Veille beschreibt sie als «Kamee aus karibischen, afrikanischen und hinduistischen Rezepten, in der sich Subtilität mit Kraft verbindet, überglänzt vom Parfum vieler Kräuter und Gewürze».

Nach Jim Plauché, einem anderen Kenner, gehören fünf Grundelemente zur kreolischen Küche: ein großer Kochtopf aus Eisen – «in alten Töpfen macht man die besten Suppen», lautet ein kreolisches Sprichwort –, in den die Produkte der Region kommen, Krustentiere, tropische Gemüse und Früchte, sowie eine braune Einbrenne, Fleisch- oder Fischbrühe, feine Kräuter und Gewürze, zuletzt Alkohol. Wie so oft bei Naturvölkern stehen meistens Frauen am Herd, die ihre Rezepte von Generation zu Generation weitergeben. Oft wandern die verschiedenen Brocken, zu denen auch Kabeljau, Huhn und Schweinefleisch gehören können, alle zusammen in den gleichen Topf, in dem sie gekocht oder überbacken werden. Als Beilage gibt es meist in Wasser gekochten, abgetropften, in einer gebutterten Form im Ofen getrockneten Reis. Und für die Geschmacksharmonie sorgt der Dreiklang Ananas–Banane–Rum.

Kroatien ↑ Jugoslawische Länder

Kuba ↑ Mittelamerika/Antillen

L

Laos ↑ Südostasien

Lateinamerika ↑ Mittel- und Südamerika

Lettland ↑ Baltikum

Libanon ↑ Vorderasien

Liechtenstein, Fürstentum ↑ Schweiz/Appenzell

Litauen ↑ Baltikum

Luxemburg ↑ Benelux

M

Madagaskar ↑ Ostafrikanische Inseln

Madeira ↑ Nordafrika

Malaysia ↑ Hinterindien

Malediven ↑ Ostafrikanische Inseln

Malta ↑ Griechenland, Malta, Zypern

Marokko ↑ Nordafrika

Martinique ↑ Mittelamerika/Antillen

Mauritius ↑ Ostafrikanische Inseln

Mazedonien ↑ Jugoslawische Länder

Mexiko ↑ Mittelamerika

Mittelamerika Die Landbrücke zwischen Nord- und Südamerika teilt sich in drei große Zonen, das randtropische Mexiko zwischen Pazifischem Ozean und Golf von Mexiko, den schmalen Steg Zentralamerika von Guatemala bis Kolumbien auf dem südamerikanischen Kontinent und die Inseln Westindiens mit den Großen und Kleinen Antillen. Die Mannigfaltigkeit des Bodens, des Klimas, der Vegetation, der Bevölkerung, der Wirtschaft und Kultur hat Mesoamerika zu einem zersplitterten Kontinent heranwachsen lassen, dessen indianische Ureinwohner Jahrhunderte brauchten, um sich unter zum Teil unsäglichen Anstrengungen von der Herrschaft vieler fremder Kolonialmächte zu befreien.

Mexiko vor der Haustür der USA, wo die spanischen Conquistadores zum ersten Mal den Fuß auf amerikanisches Festland setzten, um es dreihundert Jahre lang zu unterwerfen, ist ungefähr so groß wie ganz Westeuropa, und die Hauptstadt Ciudad de México gilt mit ihren zwanzig Millionen Bewohnern als die größte Polis der Erde.

Mexico City, auf einer Hochebene 2227 m über dem Meeresspiegel, von Bergen und schneebedeckten Vulkanen wie dem Popocatépetl («Rauchender Berg») und dem Istaccihuatl («Weiße Frau») umgeben, die aber leider meist vom Smogschleier verhüllt sind, ist ein explosiver Hexenkessel mit der Zona Rosa, dem Viertel der Boutiquen, Hotels und Restaurants, eleganten Vorstädten und vor allem übervölkerten Wohngegenden mit Müllhalden, ohne Wasser und Kanalisation.

Es wäre vermessen, ein Land von solchen Dimensionen zwischen Maya-Kultur und Moderne, zwischen den Tempelpyramiden der Azteken, «Gebäuden aus Zeit, die war, ist und sein wird» (Octavio Paz), und den Glitzerstränden von Acapulco, zwischen steinreichen Großgrundbesitzern und bettelarmen Mestizen in ein paar Zeilen abhandeln zu wollen, und so bescheiden wir uns mit der Kulinarik, denn Mexiko hat auch eine alte Eßkultur, schließlich schenkte es der Welt die Avocados, Erdnüsse, süßen Kartoffeln, Tomaten, den Truthahn und die Schokolade. Schon um 5000 vor Christus wurde Mais angebaut, er gehört seither zu den Grundnahrungsmitteln. Die gerösteten, gekochten weißen, gelben, blauen und roten Körner werden zur *masa* zerstampft, aus der ein runder flacher Fladen gebacken wird, die *tortilla,* das «Brot Mexikos», dem eine Füllung vielerlei Geschmack gibt, *taco* mit Hackfleisch, Hühnchen, Käse und vielem anderem, *tostada* knusprig gebraten mit Wurst, Bohnen oder scharf gewürztem Avocadopüree, *enchilada* mit Hühnerfleisch bestrichen, zusammengerollt, mit Chilisauce übergossen und gebacken. *Tamales* sind Maisteigrollen mit einer salzigen oder süßen, milden oder scharfen Füllung, die mit Schweineschmalz in Maisblättern gedämpft werden. Diese Happen kann man den ganzen Tag über an den Straßenecken als Snack oder in Gaststätten als Mahlzeit genießen.

Unumgänglich sind in der mexikanischen Küche auch die kräftigen tropischen Würz- und Gemüseschoten *chilis,* welche ebenfalls schon die Mayas, das alte indianische Kulturvolk, kannten. Sie kommen in über hundert Sorten vor, mild oder scharf, roh oder getrocknet, von Blaßgelb und Grün bis Rot und Dunkelbraun, und werden meist gewässert und enthäutet, oft auch eingelegt, *en escabèche.* Weitere beliebte Würzen sind *cilantro,* frische Korianderblätter, und *epazote,* ein wildes Teekraut. *Salsas,* Saucen, werden mit Fett oder Öl, Knoblauch, Zwiebeln und pürierten Chilis gebraten oder dann ungekocht, aber geröstet aus zerriebenen Knoblauchzehen, gemahlenen Chilis, Tomaten vermengt und mit Koriander abgeschmeckt, *salsa de molcajete.* Tomatillos schließlich sind nicht etwa unreife, sondern grüne Tomaten.

Als Vorspeisen beliebt sind auch die *ceviche,* in Limettensaft oder Essig marinierte, scharf gewürzte Meeresfrüchte oder rohe Fische, oder die *nopales, nopolitos,* Blätter des Feigenkaktus, eine der 120 Kakteenarten, die in den Wüsteneien Mexikos in bizarrer Schönheit überleben; mit Tomaten, Zwiebeln, Koriander und geriebenem Käse werden sie zu einem Salat zerschnitten. Auch die *sopas,* Suppen, werden apart gewürzt, *caldo tlalpeño* scharf mit Reis, Hühnerfleisch, Kichererbsen, Möhren, Korianderblättern, einem Spritzer Limettensaft und einer Avocadoscheibe, *pozole* aus großen Maiskörnern, *nixtaval,* mit Schweine- und Hühnerfleisch, weißen Zwiebeln mit Chilipfeffer, Knoblauch und Pfeffer, *sopa de ajo* mit mildem Knoblauch und zerquirlten oder verlorenen Eiern. Zu Beginn einer Mahlzeit wird gern eine *sopa seca* serviert, ein Reis- oder Nudelgericht.

Aus dem Wasser kommt feines frisches Meeresgetier auf den Tisch, *camarones,* Garnelen, würzig angeröstet oder mit Knoblauch in schwimmendem Fett gebacken, *huachinango,* Roter Schnapper, *pátzcuaro,* ein weißer Süßwasserfisch. Schweine-, Rindfleisch oder Geflügel werden im *mole poblano* angerichtet, einer scharfen Sauce aus Anis, Knoblauch, Tomaten, Tomatillos, weißen Zwiebeln, Erdnüssen, Kochbananen, Koriander, Mandeln, Nelken, Pfeffer, Rosinen, Sesamsamen, bitterer Schokolade, Zimt und – natürlich –

vielen Sorten Chilis. Ähnlich zubereitet werden das *cabrito,* Zicklein, und die *cochinita pibil,* ursprünglich in einer Grube, heute meist im Backofen gebratenes Ferkel.

Das Steak wird ebenfalls phantasievoll zugerichtet, dünn und gepfeffert als *carne enchilada* in einer sehr scharfen Sauce, gedünstet als *carne asada,* von der Rinderlende als *filete de res,* paniert vom Kalb als *milanesca.* Die *frijoles refritos,* gebratene Bohnen, sind eine beliebte Beilage.

Als Nachtisch gibt es wie in Spanien den *flan,* einen Eierpudding mit Karamelsauce, oder *arroz con leche,* einen Pudding aus Langkornreis mit Milch, Zucker, Rosinen und Zimt. Die Auswahl an frischen Früchten ist groß, Bananen, Datteln, Erdbeeren, Feigen, Kokosnuß, Limetten, Mangos, Melonen, Papayas und viele mehr.

Der Nationalschnaps *tequila* wird aus dem Wurzelknollensaft der blauen Maguey-Agave gewonnen, man trinkt ihn pur mit Zitrone und Salz oder mit Limonensaft und Triple Sec als Mixgetränk, *Margarita.* Dazu wird gern eine *Sangrita* aus Orangen- und Limettensaft mit gerösteten Chilis, feingehackten Zwiebeln und Salz getrunken. Andere Agavenschnäpse sind *Mezcal* und *Pulque,* trüb und schleimig, mehr Fusel und Droge als Genußmittel. Sie alle betäuben die Sinne wie die Klänge der Mariachis, Musikgruppen in breitrandigen Hüten mit Trompeten, Geigen und Gitarren, die zu jeder Gelegenheit aufspielen, «La cucaracha», «Guantanamera», «Las mañanitas», «El. Rey». «Es mágico, es México», sagt der Mexikaner.

Von Mexiko aus führt die gebirgige Festlandbrücke Zentralamerika zwischen Pazifischem Ozean und Karibischem Meer südwärts nach Lateinamerika. Vulkane, Erdbeben, aber nicht zuletzt auch Aufstände und Umstürze lassen viele seiner Länder nicht zur Ruhe kommen, denn die eingeborene und zugewanderte Indiobevölkerung mußte zwar lernen, mit den Spaniern und übrigen Eroberern zusammenzuleben, sie konnte aber noch nicht überall Frieden schließen. So sind die zentralamerikanischen Staaten **Guatemala, El Salvador, Honduras, Nicaragua, Costa Rica** und **Panama** Konflikterde geblieben, in denen sich Befreiungsbewegungen immer wieder gegen die Macht der Oligarchen und ausländischen Konzerne, aber auch gegen diktatorische Politiker erheben. «Sólo el pueblo salva el pueblo», «nur das Volk vermag das Volk zu retten», stellte ein salvadorianischer Historiker halb resigniert, halb hoffnungsvoll fest.

Die Mythen der Geschichte, die alten und neu entstandenen Kulturen, die landschaftlichen Reize machen Zentralamerika immer noch zu einem lohnenden Reiseziel, auch für den Gastrophilen. Im feuchtheißen Tiefland wechseln immergrüne Regenwälder mit riesigen Bananenplantagen, es wachsen Mais und Bohnen, daneben *achia,* Bambussprossen, *aguacate,* Avocados, Ananas, *camote,* Bataten, Chilis, Kaktusfrüchte, Tomaten und *yucca,* Palmenlilien. Aus den Wäldern kommen *coche de monte,* Wildschweine, Eichhörnchen, Gürteltiere, Hasen, Rehe, Tapire und Wachteln, auf den Bauernhöfen werden Enten, Hokkohühner, Tauben und Truthühner gezüchtet, der Tisch ist gedeckt. Alles wird einfach, aber schmackhaft zubereitet, oft nach Art der ↑ Kreolischen Küche. Die *olla de carne* ist eine dicke Suppe mit Fleisch und bis zu zwanzig Sorten Gemüse, der *tamal* Schweinefleisch im Maisteig, das in einem Bananenblatt gekocht wird. Natürlich wird überhaupt die Banane als Gemüse geschätzt, der *platano,* den wir Gemüsebanane nennen, ist gebraten eine beliebte Beilage.

Als Christoph Kolumbus 1492 die Westfahrt nach Indien aufnahm, führte er eine Karte mit sich, in die eine sagenhafte «Insula Antilia» eingetragen war – hatte man sie in grauer Vorzeit schon einmal erkundet, war sie ein alter Traum der Menschheit? Jedenfalls erhielten die ersten Entdeckungen in «Westindien», Guanahani in den Bahamas, Kuba und Haiti, den Namen **Antillen.** Piraten und Freibeuter, Spanier, Engländer, Franzosen und Holländer nutzten den Reichtum der Inseln, indem sie Zuckerrohr und Tabak anpflanzten, mit den eingeborenen Indios und eingeschleppten Sklaven Plantagen bewirtschafteten. Erst in unserem Jahrhundert entwickelte sich allmählich das Bild einer sorglosen Ferienwelt mit üppiger Vegetation, kleinen Buchten und Sandstränden an türkisblauem Meer mit fröhlichen milchfarbenen bis schokoladenbraunen Menschen in bunten Gewändern und mit Steelbands.

Ein Sonderfall ist **Kuba,** das 1959 nach Guerillakämpfen unter Fidel Castro seine Unabhängigkeit als sozialistische Republik errang. Aber aus dem Rebell ist ein starrköpfiger Macho-Diktator geworden, und auf schwere Zeiten folgten schwerere. Obwohl den Touristen natürlich die Verarmung und Vewahrlosung ringsum bedrücken, merkt er in seinem Hotel, Restaurant oder am Strand bei Rumba-, Cha-cha-cha- und Sambaklängen doch nicht viel davon. Meeresfrüchte und Fische kommen nach wie vor frisch vom Fang. In Rum getränkt, mit Lorbeer oder Oregano, Nelken, Knoblauch und Pfeffer werden sie zu Reis als *arroz con pescada al ron* serviert.

Suppen werden in spanisch-maurischer Manier aus Knoblauch, *sopa de ajo,* gekochten Kürbissen, *calabazas,* schwarzen Bohnen, *frijoles,* zubereitet. Das Fleisch von Rindern der schwarz-bunten Holsteinrasse ist ausgezeichnet, wird aber meist durchgebraten. Als Beilage gibt es Reis mit schwarzen Bohnen, *arroz moro,* gekochte Ignamen, *yams,* oder *yuccas,* Maniokwurzeln.

Ein rechter Trost sind die edlen Habanos – Zigarren, die den Namen der Hauptstadt Havanna tragen – immer noch, da werden nicht viele widersprechen, die besten der Welt. Und auch der *Ron,* Rum, ist in Kuba nicht zu verachten, wir werden ihm auf allen Antilleninseln begegnen.

Die Inseln der **Bahamas** im Atlantischen Ozean zwischen Florida und Haiti (also nicht eigentlich in Westindien) mit einigen tausend Riffen, Eilanden und Buchten sind ein unabhängiges Mitglied des britischen Commonwealth. Sie exportieren Ananas, Bananen, Melonen, Orangen, Tomaten und Trauben, uns aber wird es (wenn nicht zum Steuerparadies) ans Meer ziehen, das dort unwahrscheinlich blau und klar ist.

Die *conchs* (ausgesprochen *konks*), rosafarbene Schnecken daraus, sind gern etwas zäh, werden aber lecker zubereitet, als *chowder*, Suppe mit Sahne oder Tomatencoulis, *cracked*, paniert und mit Zitronensaft fritiert, *fritters*, in Stücken fritiert, *stewed*, geschmort, als *salad* in Würfeln mit Gurken, Paprika, Sellerie, grünen Tomaten und Zwiebeln und was der Varietäten mehr sind. *Crab*, Krabbe, und *crawfish*, ein Meereskrebs, sind ebenfalls einen Versuch wert. Geschätzt werden auch *grouper*, Zackenbarsch, und *shark*, Hai, von dem man Filets und Steaks herrichtet.

Als Beilage gibt es *peas'n' rice*, Erbsen und Reis mit Speckwürfeln, Zwiebeln, Thymian, Tomatenmark sowie mit schwarzem Pfeffer, oder *Johnny cake*, einen gebutterten Maiskuchen heiß aus dem Ofen. Unter den Früchten wären *guavas*, Guaven, Mangos, Sapodillas, *soursops*, Stachelannonen, und *sugar apples* vom Flaschenbaum zu erwähnen, die man mit geraspelter Kokosnuß auch für Kuchen und Puddings verwendet.

Wie in ganz Westindien ist neben eiskaltem Bier der *Ron*, Rum, der meistgetrunkene Alkohol; hier ist er meist weiß, und der Cocktailliebhaber wird es begrüßen, daß er auf allen Antilleninseln oft in erfrischenden Mixgetränken auftritt, im *daiquiri* mit einem Würfel Zucker im Limettensaft, im *cuba libre* mit Limettensaft und Coca-Cola, im *planter's punch* mit Limettensaft, Puderzucker und Wasser, in der *piña colada* mit Ananassaft und Kokosnußcreme, im *yellow bird* mit Fruchtsaft und Likören – die Phantasie der Barkeeper ist schier unerschöpflich.

Jamaika, Harry Belafontes «Island in the Sun», südlich von Kuba im Karibischen Meer, gehört zu den Großen Antillen. Die Indios nannten es «Xaymaca», «Land der Wasser», und das ist es geblieben, im Innern gebirgiges Hinterland, auf dessen Flüssen man mit Bambusflößen romantische Fahrten machen kann, Bananen- und Kaffeeplantagen, an den Küsten Palmen, Papageien und feinster weißer Strand, dem der Hibiskus und Orchideen Farben und Duft verleihen, dem Calypsos und Reggaes Rhythmus und Melodie geben, und ringsherum Wasser, von Türkisgrün zu Azurblau changierendes Meer – man verfällt auf den Antillen immer wieder in die Litanei vom Traumparadies auf Erden.

Auch die Speisen Jamaikas sind flamboyant, der *pepperpot*, würziger Suppentopf mit *callaloo*, einer Art Spinat, Okra und Kokosnußmilch, die *peppered shrimps*, marinierte Flußkrebse, *ackee'n' salt fish*, Akipflaumen mit Stockfisch, *ron dogs*, in eingedickter Kokosmilch oder Palmöl gedünstete Makrelen mit Kochbananen, *escoviched*, werden Scheiben großer Fische in einer pfeffrigen Essig-Zwiebel-Sauce. *Bammies* sind Maniokfladen, *patties* Teigtaschen mit Hackfleischfüllung. Schweinefleisch oder Hühnchen wird offen über Pinienholzfeuer gegrillt, *jerk pork, jerk chicken*.

Neben den auch anderswo beliebten Kartoffeln werden *batatas*, Süßkartoffeln, beigelegt, *breadfruits*, Brotfrüchte, *cochos*, stachlige Kürbisfrüchte, *plantains*, Gemüsebananen, oder *yams*, Yamswurzeln, die gebraten, gekocht oder geröstet werden. Die Desserts schmecken meist nach Kokos und einem Spritzer Rum, und die Früchte werden alle höchst erfrischend zubereitet, *matrimony* aus Orangenfleisch, *star apples*, Sternäpfel und Sahne, *guave cheese* aus kandiertem Guavensaft; im Mixbecher verwandeln sie sich mit oder ohne Alkohol in belebende Durstlöscher.

Auf den **Cayman Islands**, Cayman-Inseln, mit kilometerlangen Stränden werden in einer Farm Meerschildkröten gezüchtet, so daß man hier einmal eine Suppe oder ein Steak davon ohne Gewissensbisse vertilgen kann. Auf der gleichen Insel wie **Haiti**, das immer noch ein Hungerland ist – «Unsere Augen sind größer als der Magen», sagen die Haitianer –, liegt der zweitgrößte Staat Westindiens, die **Dominikanische Republik**, älteste europäische Siedlung mit modernsten Ferienanlagen auf der Schwelle zwischen Entwicklungsland und neuzeitlichem Industriestaat. Das Nationalgericht ist die *bandera dominicana*, die «dominikanische Flagge» aus Reis, *arroz*, Schwarzen Bohnen, *habichuelas*, Fleisch oder Fisch und Salat, und in den *sancocho*, einen nahrhaften Eintopf, gehören neben allerlei anderem Yams, Yucca und *cassavas*, Maniok. Zu den meisten Speisen werden gebratene Kochbananen gereicht, und Zuckerrohr und Rum sind auch hier die gastronomischen Anker. Die «Merengue» hingegen ist kein Dessert, sondern ein afro-lateinamerikanischer Tanz.

Puerto Rico ist der südlichste, «spanischste Bundesstaat der USA, und die Hauptstadt San Juan ist eine amerikanische Kapitale, in der nur noch der historische Stadtkern mit seinen Festungsanlagen, Plätzen und Gassen, Kirchen und Gebäuden aus der Kolonialzeit altspanischen Charme ausstrahlt. Am tintenblauen Meer erstrecken sich schöne Strände und Hotelpaläste mit Pool und Bar, die das ganze Jahr von Touristen belagert werden. Auch sie können jedoch dem Latin Life der Einheimischen nichts anhaben, man fühlt sich in einem alten Teil der Neuen Welt.

Diese Mischung gilt auch gastronomisch: Neben dem *asopo*, einer dicken Suppe aus Reis und Fleisch, gibt es noch andere Gerichte der ↑ Kreolischen Küche, aber auch internationale Kost (ich selbst wurde dort, nach einem Rumdrink natürlich, jeweils mit einem Schweizer Fondue empfangen!) und vor allem American Food, Hamburgers, Steaks, Fried Chicken.

Die südlichen Inseln der Karibik, die Kleinen Antillen, schlagen zwischen Atlantik und Karibischem Meer eine Brücke zum lateinamerikanischen Festland. Aus Platzgründen müssen wir wieder einmal generalisieren, es sind zwar alles kleine exotische Bilderbuchinseln, aber jede hat doch, schon wegen ihrer Zugehörigkeit, ihren ganz eigenen Charakter. Im Eiltempo also einige der wichtigsten: **Antigua** ist eine selbständige konstitutionelle Monarchie des britischen Commonwealth, «very british indeed» und erstklassig gepflegt, **Gouadeloupe** und **Martinique** wiederum sind

IV

seit 1946 französische Départements, Cocktails von Côte d'Azur und Karibik mit Baguettes, gelben Autoscheinwerfern und Gendarmes. Das wieder englischsprachige **Dominica** hat seine Natur gegen allen Rummel zu bewahren gewußt, Dschungel und Regenwälder, Kraterseen und Wasserfälle; **Saint Lucia** ist eine der schönsten Karibikinseln mit englisch-französischer Atmosphäre, auf der «Brotbauminsel» **Saint Vincent** wachsen außer jenem Maulbeergewächs Bananen, Kakao, Kokosnüsse, Pfeilwurz, Taro und Yamsbohnen; **Barbados** ist wieder ein tropisches «Little England», die «Bajans» leben und fühlen englisch, wogegen allerdings die lauten Touristen mit Erfolg ankämpfen; **Grenada** ist eine «Isle of Spice», «Insel der Gewürze», die Touristen kommen, Gewürznelken, Ingwer, Lorbeer, Muskat und Piment gehen hinaus; **Trinidad** und **Tobago** am südlichen Ende sind Nachbarn, wo Europäer, Afrikaner und Asiaten zusammenleben und für Turbulenz sorgen, gleichzeitig aber Gegensätze: ersteres ist kosmopolitisch lebhaft mit Steelbands an allen Ecken und Enden, letzteres ein beschauliches Urlaubsdorado. Die schier endlose Reihe von Ferienparadiesen ist zu Ende, wenn man nicht noch die **Niederländischen Antillen** vor Venezuela hinzuzählen will, einen unabhängigen Teil Hollands (mit dessen höchstem Berg auf der Insel Saba notabene), wo man ihn am wenigsten erwartet: in der Karibik. Strände sucht man hier freilich vergebens, aber auf der Insel Curaçao, dessen Likör den Namen weltgebräuchlich gemacht hat, wird Erdöl raffiniert und Pomeranzenöl destilliert.

In den Hotels der Antillen wird meist die übliche internationale Kost aufgetischt, aber es lohnt sich, in Restaurants einzukehren, welche «Creole Food», «Home Cooking» und (in Barbados) «Bajan Cuisine» anbieten, sie sind so abwechslungsreich wie die braunen, roten, weißen, gelben Einwanderer, die dort indianisch und indisch, afrikanisch, chinesisch, levantinisch und europäisch kochen. Dazu gehören Bestandteile wie *batatas,* süße Kartoffeln, *breadfruits,* Brotfrüchte, *plantains,* Kochbananen, Okra, Gumbos und vielerlei Obst, Ananas, Grapefruits, Mangos, Papayas, Passionsfrüchte und vieles mehr.

Nach ein paar knackigen Chips aus in Kokosmilch ausgebackenen grünen Bananen hat man die Wahl zwischen manchen appetitlich erfrischenden Vorspeisen, den *accras,* kleinen Krapfen mit einer Füllung von Garnelen, Kabeljau, Seeigel, Stockfisch, Fleisch oder Gemüse mit Kräutern, gebackenen Scampi oder *pastelles,* mit Mais und Fleisch gefüllten Maisblättern.

Die vielerlei Suppen sind, warm oder kalt serviert, köstlich erquickend, aus Avocados, Brotfrüchten, *christophenes,* Gurkenkürbissen, Straucherbsen mit Schinken oder Pökelfleisch und Kokosmilch, auch und besonders die gelierten Consommés aus Orangen oder Zitronen.

Die Languste wird, was den Puristen stört, den Feinschmecker aber nicht, als *lobster,* Hummer angeboten, oft zutreffender auch als *crawfish, langosta, langouse.* Der uns schon bekannte *pepperpot* aus Rind-, Schweine-, Hühnerfleisch wird mit *cassareep* gewürzt, einer Mischung aus geriebener Kassave, Zimt und braunem Zucker. Huhn, Ente, Perlhuhn und Truthahn, aber auch Ziege und Hase werden von den Kreolen sehr schmackhaft zubereitet. Zum Fisch oder Fleisch wird *coo-coo* gereicht, ein Maismehlauflauf, und die exotischen Früchte sind nicht nur Nachtisch, sondern gebraten, gekocht, geschmort oder gratiniert auch Beilage oder Hauptgericht.

Auf den französischen Antillen gibt es den *matété, matoutou,* gedünstetes Garnelenfleisch mit Knoblauch, Thymian, Zwiebeln und Zitronensaft, *blaff,* gedünsteten oder gesottenen Fisch mit Knoblauch, Pfeffer, einheimischen Gewürzen und Zitronen oder Limonen, *lambi,* wie die Meeresschnecken hierherum heißen, oder *ouassous,* große Flußkrebse, die allerdings immer seltener werden.

Auf Dominica werden Süßwasserkrebse und *mountain chikken* angeboten, was nicht etwa Berghühner sind, sondern große Froschschenkel. Ebensowenig ist hier der *dolphin* ein Delphin, sondern eine weißfleischige, delikate Goldmakrele. In und um Barbados wird gern und gut der *flying gurnard,* Fliegender Fisch, aufgetischt, gebacken oder fritiert. Spezialität Trinidads ist der *callalou,* ein Eintopf aus Krebs-, Rind-, Schweinefleisch mit Knoblauch, Okra, Taroblättern, Zwiebeln in Hühnerbrühe mit Kokosmilch und frischem Chilipfeffer.

Kolumbien ist der Stützpfeiler Mittelamerikas auf dem lateinamerikanischen Kontinent (und, es sei geklagt, des internationalen Drogenhandels), von der karibischen Küste erstreckt es sich zu den Tiefländern des Amazonas und Orinoco. Schon bald nach der Entdeckung der Neuen Welt durchforschten die Spanier das Land auf der Suche nach dem Dorado, fanden jedoch «nur» fruchtbare Ebenen bis hinauf zum Altiplano, wo sich heute die Hauptstadt Bogotá befindet, in 2650 m Höhe, mit ihren Wallfahrtskirchen und einstöckigen Lehm- und Steinhäusern und Cafés, mit Stahlhochbauten, Kaufhäusern und hübschen Wohnvierteln aber auch, in denen sich jedoch überall Reste der hispanischen Kolonisation finden lassen (zur geographischen Lage siehe S. 793).

Auch viele Nahrungsmittel – unser Thema ist ja die Küche – sind indianischen Ursprungs, die *arepa* zum Beispiel, ein primitives, hartes Brot aus weißem oder gelbem Maismehl, in der leicht eingefetteten Pfanne geröstet, man muß sich daran gewöhnen. Noch weiter oben, in den kühlen Tälern, wachsen gute weiße Kartoffeln, die *papas chorreadas* werden mit einer Sauce aus Schalotten, Tomaten, Kräutern, Käse und Sahne zu einem aparten Gericht. In tieferen, subtropischen Gebieten gedeihen *yuccas,* die weißen, gelben, stärkehaltigen Wurzeln des Maniokstrauchs, die in Suppen und Schmortöpfe wandern wie den *puchero fereno* aus Kalb-, Schweinefleisch, Würsten, Kartoffeln, Mais, Kohl und Käsesauce. In die ledernen Blätter der Mehl- und Gemüsebanane gehüllt, gleichen sie den mexikanischen *tamales.*

Das Fleisch der mageren Rinder von den flachen Llanos, Hochgrassteppen, ist meist zäh, es wird deshalb durch den Wolf gedreht, weichgeklopft, ausgekocht und gespickt. Anderes Fleisch liefern die Hokkohühner, *pekaris,* wilde Nabelschweine, Tapire und selbst Affen.

Im tropischen Tiefland, an den Stränden und Flußläufen stehen Reihen großer Palmen voller Kokosnüsse, die gerieben, *coco rollado,* oder deren Milch, *leche de coco,* zahllosen Gerichten von Suppen und Schmorfleisch bis zu Süßigkeiten, Puddings, Kuchen und Speiseeis ihren typisch exotischen Geschmack verleihen. Fehlt nur noch der *tinto,* der sagenhafte kolumbianische Kaffee, von dem der Kolumbianer täglich unzählige Tassen trinkt, und man findet sich wieder im einzigartigen Ambiente von spanischem Stolz und indianischer Gelassenheit, das ganz Mittelamerika auszeichnet. ↑ a. Südamerika/Ecuador

N

Naher Osten ↑ Vorderasien

Neuseeland ↑ Australien, Neuseeland

Nicaragua ↑ Mittelamerika

Niederlande ↑ Benelux

Niederländische Antillen ↑ Mittelamerika/Antillen

Nordafrika «al-Maġrib», den «Maghreb» nennen die Araber den Westen ihrer Welt im Norden des afrikanischen Kontinents an Mittelmeer und Atlantischem Ozean. Zu ihm zählen Tunesien, Algerien und Marokko.

Tunesien, Tūnis, der kleinste Maghrebstaat, grenzt im Südosten an Libyen. Seine Landschaft ist vielfältig, im Nordwesten das Küstengebirge mit Eichenwäldern, auf die im Winter oft Schnee fällt, im Flachland weite fruchtbare Hügel und Ebenen, von Ölbäumen, Dattelpalmen, Weizen, Zitrusfrüchten, Weintrauben und Frühgemüse bewachsen, am Mittelmeer die Küstenzone mit sonnensicheren Stränden, südlich des Salzsumpfs Schott al-Djarīd die heiße, trockene Sahara mit ihren endlosen Sanddünen. «Auf dem rauhen, prächtigen Boden Afrikas ist die Schönheit dieses Landes einzigartig; alles ist sanft und licht, und selbst die Melancholie der Horizonte ist weder bedrohlich noch trostlos. Die Luft ist belebend und rein, ihr Himmel von unvergleichlicher Klarheit» (Isabelle Eberhardt).

Sieben Jahre schon nach dem Tode des Propheten Mohammed kamen die Araber von Sues her nach Tunesien, wo sie Römer und Vandalen, Berber (ihnen entstammten der Sophist Apuleius und der heilige Augustin) und Phöniker antrafen, Nomaden, Handelsleute und Ackerbauern, deren Spuren in vielen Ruinenstätten heute noch zu besichtigen sind: megalithische Ganggräber in Ellès, die Stadtmauern der punischen Häfen von Karthago, einst Heimat- und Standort des genialen Feldherrn Hannibal, heute Villenvorstadt von Tunis, das Tophet, eine Opferstätte der Erstgeburten in Salammbô, die phönizische Stadtanlage von Kerkouane auf Cap Bon vor der Insel Sizilien, eine der bedeutendsten Fundstellen der Antike, römische Aquädukte, Anlagen und Kulturstätten im ganzen Land zwischen Kornfeldern und Olivenhainen. Die Islamiten hinterließen Festungen, Stadtmauern, Moscheen und Paläste in Monastir, Geburtsort des ersten Staatspräsidenten Habib Bourgiba, und im wehrhaft ummauerten Sousse am Golf von Hammamet.

Die Medina der Hauptstadt Tunis, das alte Viertel, erinnert mit ihren nach Handwerk eingeteilten Suks voller Werkstätten, Badehäusern und Läden, in denen man von Teppichen bis Trödel um alles feilschen kann, mit der Großen Zaituna-, Olivenmoschee und ihrem achteckigen Minarett aus dem Jahr 732 daran, daß der Islam die Staatsreligion (nicht nur) Nordafrikas ist. Aber auch die Kolonialherrschaft der Franzosen von 1882 bis 1956 macht sich in ganz Tunesien bemerkbar, Französisch ist nach wie vor die zweite Bildungs- und Verkehrssprache. So haben sich in Bizerte mit seinem spanischen Fort und der Korallenküste im Norden, auf der flachen grünen Insel Djerba vor der Südküste moslemischer Glaube und mediterran-französische Lebensart in Harmonie zusammengefunden; letztere ist mit ihren langen Sandstränden, dem seichten, warmen und klaren Wasser zum Erholungsziel vieler Sonnenanbeter geworden. «Ich verlasse Tunis mit einer gewissen Traurigkeit, da ich von der Natur der Dromedare bin, die man nicht in Bewegung setzen, aber auch nicht anhalten kann» (Gustave Flaubert).

Algerien liegt ebenfalls am Mittelmeer und grenzt im Osten an Tunesien und Libyen, im Nordwesten an Marokko. Seit 1882 ein Protektorat der Franzosen, wurde es 1963 eine unabhängige Republik. Da in den letzten Jahren die Fundamentalisten das Land destabilisieren und versuchen, es mit Gewalt und terroristischen Anschlägen in einen Islamstaat umzuwandeln, ist die Zukunft schwer vorauszusagen.

Dabei ist Al-Djazāir, wie es auf Arabisch heißt, ein Stück Nordafrika, das einiges zu bieten hat, eine jahrtausendalte Kultur, die Karthager, Griechen und Römer vor den islamischen Eroberern brachten, und eine eigentümliche, nie langweilige Natur, im Norden die Ketten des zum Teil bis zu 2000 m steil aufsteigenden Atlasgebirges, in dessen Wadis, Trockentälern, Schafe und Kamele herangezogen werden, im Süden die gelbrote Sahara, weiteste Wüste der Erde mit wasserspendenden Oasen, in deren weißen Hauskuben um plätschernde Brunnen, Palmen und Gärten die künstlerisch und kriegerisch begabten Tuareg Aprikosen, Baumwolle, Datteln, Feigen, Gerste, Hirse, Mais, Orangen, Sorghum, Tabak anbauen und von wo aus die Nomaden mit ihren Herden und Karawanen ausziehen.

Die Großstädte sind um die Medina herum angelegt, die hier Kasba heißt, das jeweilige Verteidigungs-, Zufluchts-

und Marktzentrum, die helle, wie ein Amphitheater oder Halbmond der Hafenbai am Meer zugewandte Hauptstadt Algier, «Alger la blanche», das sehenswerte Constantine auf einem mächtigen Klotz aus Kreidekalk und Oran, heute eine moderne Siedlung – «diese reiz-, pflanzen- und seelenlose Stadt wirkt mit der Zeit ausruhend, und zuletzt schläft man ein», sagte Albert Camus, der hier als Schauspieler und Journalist lebte und später als Schriftsteller und Résistancekämpfer in Frankreich wirkte.

Marokko, das die Araber einfach «Al-Maghreb», «den Westen» nennen, wird vom Mittelmeer bis zum Atlantischen Ozean vom Atlasgebirge durchzogen, Wasser, Berge und Wüste umschließen das Königreich. Es liegt im Schnittpunkt iberischer, islamischer und schwarzafrikanischer Kulturen, islamischer und christlich-spanischer Lebensart, ist aber, obwohl zutiefst islamisch, prowestlich eingestellt.

An der Mittelmeerküste vor dem zerklüfteten Rifgebirge gibt es überraschenderweise nicht gar viele Badegelegenheiten, ausgenommen die geschäftigen Fährhäfen Ceuta und Tétouan mit ihren maurischen Altstädten, Mellahs, jüdischen Vierteln, und Ferienanlagen sowie der lange Sandstrand von Tanger, dem Nordwestportal Afrikas an der Straße von Gibraltar und berühmt-berüchtigem Pol der Drogen- und Waffenschmuggler, der Schieber und Spione, der Mädchenhändler und Diplomaten, aber auch der Reichen und Geschäftigen, das immer noch einen zweifelhaften Nimbus genießt. Am Atlantik jedoch liegen schöne Badeorte wie zum Beispiel Agadir, nach dem verheerenden Erdbeben von 1960 ein wiedererstandenes Ferienzentrum zwischen Eukalyptus, Pinien und Tamarisken mit Sonne, Wasser und allem, was dazugehört. In diesem Küstenstrich liegen auch zwei Ballungszentren des Landes, die Hauptstadt Rabat an einem umbrandeten Felsen, Regierungs- und Verwaltungsherz Marokkos, das sich in die Ville Nouvelle, die Neustadt, teilt im maurischen Kolonialstil mit Alleen und hochstämmigen Palmen und in die Kasba, die Altstadt mit reichen Baudenkmälern, weiter südlich dann die Wirtschaftsmetropole Casablanca, das nicht nur seit Ingrid Bergman und Humphrey Bogart nostalgisch verklärte «Weiße Haus», der zweitgrößte Hafen Afrikas mit breiten Boulevards, der 1987 bis 1993 erbauten gigantomanischen Moschee Hassans II. und verführerischem Kunsthandwerk – Teppichknüpferei, Koranschriften, Schmuck.

Auf dem Zentralplateau weiter im Landesinnern liegen die drei ferneren wichtigen Großstädte Marokkos, Fès, das geistige und religiöse Zentrum des Landes, ein «Born islamischer Weisheit», Meknès, die alte Königsstadt inmitten einer viele Kilometer langen ockergelben Stadtmauer mit Monumentaltoren, und Marrakesch mit breiten Alleen, rosa Fassaden und subtropisch wuchernder Flora, auf den Plätzen Wasserverkäufer, Feuerspeier und Schlangenbeschwörer, Falkenzüchter und Märchenerzähler, eine Szene aus einer anderen Welt, dem sagenhaften Morgenland.

Die ganze Hochebene wird landwirtschaftlich intensiv genutzt, Getreidefelder, Olivenhaine und Weinhänge wechseln mit riesigen Dattelpalmenpflanzungen. Gegen die Sahara zu liegen inmitten der Schuttwüste an den ehemaligen Handelswegen durch die Sahara fruchtbare Oasen, Karawanenumschlagsplätz der Nomaden, die hier aus Stampflehm und Palmenholz ihre Ksars, Wehrdörfer errichteten und Feigen, Granatäpfel und Mandeln züchten. Nordafrika, wie es sich der europäische Besucher vorstellt, eine Oase für die Sinne.

Die nordafrikanische Küche weist je nach Bodenbeschaffenheit und kolonialer Vergangenheit der betreffenden Region manche Unterschiede auf, kann insgesamt aber doch auf einen, auf den berberisch-arabischen Nenner gebracht werden, zu dem französische und maurisch-andalusische Einflüsse kommen.

Wer in Nordafrika in ein Haus oder Zelt eingeladen wird, der sollte zunächst seine Schuhe ausziehen. Daraufhin wird ihm ein Becken gereicht, in dem er die Hände waschen kann. So gesäubert, darf er, wenn es stilecht zugehen soll, die ersten drei Finger der rechten Hand (die linke gilt als unrein) zur Nahrungsaufnahme benutzen. Der Hausherr legt dem Gast die erlesensten Bissen vor (mir ist passiert, daß darunter glubschige Hammelaugen waren, eine zweifelhafte Geschmackssache, die aber nicht abgelehnt werden durfte).

Eines der Nationalgerichte Nordafrikas ist unbestreitbar der safrangelbe *kuskus* aus gemahlenem und zu kleinen Kügelchen gerolltem Getreidegrieß (im Norden vor allem aus Hartweizen, im Süden aus Hirse), das in einem Siebtopf über kochendem Wasser gedämpft wird; dazu reicht man Hammel-, Kalbfleisch, Geflügel, Fisch, Schmorgemüse (Artischocken, Auberginen, Kartoffeln, Kichererbsen, Kohl, Kürbis, Möhren, Puffbohnen, Sellerie, Tomaten usw.), aber auch gezuckerte Milch. Traditionell kommt der Kuskus nach sorgsam gehütetem Familienrezept zubereitet am Freitag mittag auf den Tisch, wenn die Gläubigen aus der Moschee zurückkommen. Ein anderes ist die süß-würzige *pastilla*, eine Art Pastete aus vielen übereinander geschichteten Blätterteiglagen, zwischen die Täubchenfleisch, Mandelpaste, geschlagene Eier, geriebene Zwiebeln gefüllt werden; Pfeffer, Safran, Zimt und Zucker verleihen eine delikate Würze.

Die *kaskrut* (vom französischen «casse-croûte», Stulle) ist ein beliebter Imbiß, kann aber auch eine ganze Mahlzeit versehen: ein seitlich aufgeschlitztes Sandwichbrot, das mit Kartoffel-, Paprika-, Tomatensalat, Kapern, Oliven und Thunfisch gefüllt wird. Dazu gibt man die allgegenwärtige *harissa*, eine sehr scharfe, aber ebenso aromatische Würzsauce aus Knoblauch, getrockneten Paprikaschoten, Petersilie, Tomatenmark usw. in Olivenöl. Überhaupt spielen Gewürze in der nordafrikanischen Küche eine große Rolle, *atterchia*, Geranienwasser, zum Parfümieren, *curcub*, Gelbwurz, zum Färben und Parfümieren, *kamun*, Kümmel,

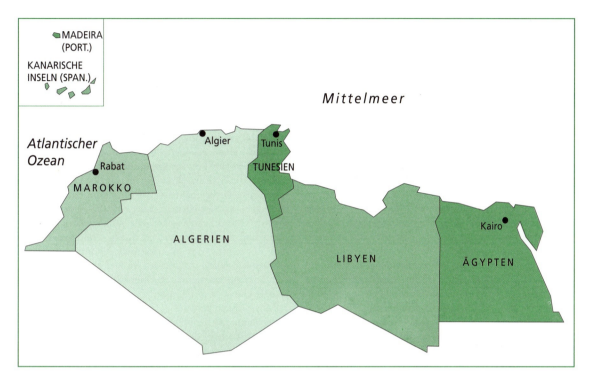

karouia, Kreuzkümmel, meist mit Knoblauch zusammen verwendet, *naanaa*, grüne Pfefferminzblätter, für Tee und zum Parfümieren, *ma ward*, Rosenwasser zum Parfümieren von Zuckerwaren, *tabei*, Koriander, dessen süßliche Herbe dem nordafrikanischen Geschmack besonders entgegenkommt, *zhar*, Orangenblütenwasser, zum Parfümieren selbst von Kaffee.

Sie alle und einige mehr geben den nordafrikanischen Speisen ihr unverwechselbares Aroma, den *blebi*, gekochten Kichererbsen mit Harissa, Kümmel und Zitrone, dem *brik*, einem mit Thunfisch, Fleisch oder Gemüse gefüllten, in Öl knusprig ausgebackenen Blätterteigdreieck, der *odja, odscha*, einem Rührei mit Harissa, Knoblauch, dem Saft von Tomaten und Fleischbällchen, Fischstücken oder *merguez*, kleinen gegrillten, scharf gewürzten Würsten aus Hammel-, Lamm-, auch Rindfleisch.

Zum Frühstück gibt es *droh*, einen Brei aus gemahlener Gerste mit Zucker, Brot in Olivenöl mit Oliven, in Öl ausgebackenes, in Honig getränktes Gebäck oder Datteln und Milch, zu den Hauptmahlzeiten Suppen, die sämige *harira* aus Kichererbsen, Linsen und Reis, die besonders nach den Fastenzeiten des Ramadan geschätzt wird, dem heiligen neunten Monat des Islamkalenders, oder eine *chorba*, Suppe aus Hammelbeinen. Aus dem Meer kommen Riesengarnelen, Tintenfische, Rote Meerbarben, Meerbrassen, verschiedene Thunfische und anderes Meeresgetier.

Erfrischend sind die Salate aus rohem, gedünstetem oder gekochtem Gemüse in Orangen- oder Zitronensauce mit Knoblauch und Paprika oder die *mechouia* aus feingeschnittenen, auf Holzkohle gerösteten Paprikaschoten, Tomaten mit Knoblauch und Zwiebeln. Sie sollte nicht mit dem ähnlich lautenden *mechoui* verwechselt werden, einem im Erdofen oder am Spieß im eigenen Saft gebratenen jungen Hammel. Dieser und Lamm sind das bevorzugte Fleisch der Nordafrikaner, *kammounia* sind kleingeschnittene Leber und gekochte Fleischstücke mit Kümmel, *osban* gefüllte Magen- und Darmteile, *tajines* ein Schmorragout mit Frischgemüse (Artischocken, Erbsen, Kichererbsen, Kürbis, grünen Oliven, Möhren, Topinambur, Zwiebeln), zwischen zwei Feuern im *qanun* gebacken und mit gerösteten Mandeln, Ingwer, Koriander, Paprika, Safran gewürzt; dazu kann man ebenfalls Fleisch von Kalb, Huhn, Truthahn sowie Hirn, Leber und Nieren der Schlachttiere verwenden; eine weitere Variante ist süß-sauer mit Birnen, Datteln, Quitten, Rosinen, Trockenpflaumen, Zitronen, Honig und Zimt.

Zum Abschluß gibt es frisches Obst oder *haloua*, honigsüßes Gebäck, mit Pistazien, geraspelten Mandeln, Nüssen und Sesam bespickt, *kab al-ghazal*, «Gazellenfüßchen» aus Mandelteig, *mehannecha*, eine Blätterteigrolle mit Mandelcreme, und vieles mehr, die Nordafrikaner lieben wie alle Orientalen Süßigkeiten. Dazu wie den ganzen Tag durch trinkt man *thé à la menthe*, Tee aus grünen chinesischen Teeblättern mit frischer Pfefferminze und viel Zucker, der belebt, den Durst löscht und sogar den Hunger stillt.

Die Nordafrikaner sind Moslems, und da der Koran vor Alkohol warnt (er ist nicht überall ausdrücklich verboten), trinken sie Granatapfelsaft, Butter-, Mandelmilch und Mineralwasser. Daneben etwa ein kühles Bier, und hier und da werden selbst Reben angebaut, so daß der Besucher in Tunesien, Algerien und Marokko nicht auf einheimischen Rot-, Rosé- und Weißwein verzichten muß, der meist trocken ist, angenehm mundig, aber nicht zu schwer. Und der *Boukha* aus destillierten Feigen zum *caféturc* ist ein veritabler tunesischer Schnaps. Dazu kann man gemächlich eine *nargile* schmauchen, eine Wasserpfeife, deren Rauch in einem Wassergefäß aus Glas, Keramik oder Metall gekühlt, gefiltert und oft mit Rosen-, Orangenessenz parfümiert wird, bevor man ihn durch einen Schlauch mit Mundstück einsaugt, während der auf- und abschwellende Ruf des Muezzin durch die dunklen Gassen hallt in der «ewigen Trunkenheit der Abende». Nordafrika im Wandel von großer Vergangenheit zu hoffnungsvoller Zukunft ist mehr wert als einen oberflächlichen Besuch, es verspricht neben Bade- und Entdeckungsfreuden märchenhafte Erlebnisse.

Westlich von Marokko liegen im Atlantischen Ozean zwei Inselgruppen, Madeira und die Kanaren. Im engeren Sinn gehören sie nicht zu Nordafrika, sondern sind portugiesische und spanische Überseedistrikte, geographisch darf man sie jedoch wohl an dieser Stelle hineinnehmen.

Madeira, auf der Höhe von Marrakesch und Tripolis, ist ein Blumengarten, der das ganze Jahr hindurch blüht, der «Botanische Garten Gottes» – Primavera, Frühling ist hier keine Jahreszeit, sondern immerwährend. 1351 erst erscheint es auf einer florentinischen Seekarte, aber seit es in unserer Zeit von den Engländern entdeckt wurde, an ihrer Spitze George Bernard Shaw und der Premier Sir Winston Churchill, ist es zum Ganzjahresziel aller geworden, die Ruhe und Entspannung suchen, wobei nicht übersehen werden sollte, daß Madeira ebenfalls steile Küsten, ein Hochland mit strohbedeckten Bauernhäusern und wilde Wasserfälle sein eigen nennt.

Zu dieser romantischen Atmosphäre gehört auch gutes Essen, und Madeira bleibt ebenso auf diesem Gebiet seinem paradiesischen Ruf nichts schuldig, die reichen Naturschätze geben der vorwiegend portugiesischen Küche den exotischen Pfiff.

Im Ozean ringsum schwimmen hunderterlei Meeresfrüchte und Fische wie die *lapa*, Napfschnecke, *lula*, Tintenfisch, *caramujo*, Strandschnecke, *polvo*, Krake, *atum*, Thunfisch, aus dem köstliche *bife*, Steaks, geschnitten werden, *barbo*, Barbe, *bodião*, Papageienfisch, *cavala*, Makrele, *espadarte*, Schwertfisch, *fumado*, geräuchert, besonders gut, *marlin*, Marlin, *perco*, Barsch, *sardinha*, Sardine; auch der *bacalhau fresco*, Kabeljau, und *bacalhau seco*, Stockfisch, sind hier beliebt wie die *caldeirada*, Fischsuppe mit viel Tomaten, und die *cataplana*, ein Eintopf aus *amêijoas*, Venusmuscheln, Schinken, Wurst, Paprika, Zwiebeln, Knoblauch, Petersilie und Weißwein.

Neben den gängigen Früchten, Äpfeln, Birnen, Brom-, Erd-, Heidelbeeren, Kirschen und Melonen, wachsen auf Madeira auch Exoten wie *annonas*, Cherimoyas, *bananas anas*, Obstbananen, *mamãos*, Papayas, *mangas*, Mangos, *maracujás*, Passionsfrüchte, aus denen man einen Sirup und einen Likör herstellt, und *tamarillos*, Baumtomaten.

Es wurde schon erwähnt, daß die meisten Rezepte aus dem Mutterland Portugal stammen, aber es gibt doch einige typisch madeirensische Spezialitäten, darunter die *sopa de tomato con cebola*, eine Suppe aus abgezogenen Tomaten und kleingehackten Zwiebeln mit einem verlorenen Ei, *milho cozido*, einen gekochten Maisbrei, *espetada*, am Spieß über glühendem Lorbeer gegrillte Rindfleischstücke, *carne e vinho e allos*, kurzgebratene, in jungem Landwein mit Knoblauch, Lorbeerblättern und Pfefferkörnern marinierte Stückchen Schweinefleisch, *bolo de caco*, Fladenbrot aus Mehl und zerdrückten gekochten Süßkartoffeln; süß hingegen sind der *bolo de mel*, ein Kuchen mit Melassesirup vom Zuckerrohr, den man als Souvenir mit nach Hause nehmen kann, und der *bolo rei*, ein Hefekuchen zum Dreikönigstag mit kandierten Früchten. Wer ein Beefsteak will, bestelle einen *prego no prato*, «Nagel auf dem Teller», der beileibe nicht so hart ist!

Weltbekannt ist der *Vinho da Madeira*, Madeirawein aus Malvasia-Trauben, den schon Shakespeare im «Henry IV» Falstaff mit seinen Saufkumpanen trinken ließ. Der blasse *Sercial* ist nussig trocken, der goldene *Verdelho* halbtrocken, sie passen als Aperitif, der dunklere *Bual*, blumig süß und schwer, zum Dessert, während der vollmundige, lange Jahre gereifte *Malvasia*, Malmsey einen Abend krönen kann – wir plädieren dafür, daß der feine Madeirawein nicht nur zum Kochen und für Saucen in die Küche verbannt werde.

Neben den Weinen vom portugiesischen Festland gibt es einige Getränke, die für Madeira typisch und höchst erfrischend sind: *chá de limão*, Zitronentee, *pé de cabra*, «Ziegenfuß» aus süßem Madeirawein mit Dunkelbier, Eigelb, Orangeade und Zucker, *pesoco de galo*, «Hahnenhals» aus Bier, Wein und Orangeade, *poncha*, ein Punsch aus *aguardente*, Rum, Honig und Zucker. Der Kaffee zum Schluß läßt sich ebenfalls verführerisch mischen, als *cortado* mit süßem Madeirawein und Zitronenschale, als *guentinha* mit Zuckerrohrschnaps, Honig und Zitronenschale. ↑ a. Pyrenäenhalbinsel, Portugal.

Die weiter südlich, 140 km vor Nordafrika liegenden sieben **Kanarischen Inseln,** Islas Canarias, Vulkanfelsen auf dem Seeweg nach Afrika und Amerika, gehören, wie bereits erwähnt, als autonome Provinzen seit 1402 zu Spanien, und auch sie bieten etwas für jeden Geschmack, denn hier begegnen sich die Gegensätze eines Minikontinents, neben überlaufenen Touristenstränden aus Saharasand, Hafenmolen und einsamen Badebuchten steile Klippen, blühende Wiesen, üppige Wälder und zerklüftete Dreitausender, die höchsten Spaniens, verträumte Bauerndörfer und laute Städte.

«Teneriffa ist bereits mit den Pflanzen geschmückt, welche den Landschaften in der Nähe des Äquators ihre Großartigkeit verleihen», berichtete der Naturforscher Alexander von Humboldt schon 1799 von einer Wanderung auf diesem Archipel, und heute werden auf von Sonne und Nordostpassat begünstigten, terrassierten Feldern, in Plantagen und Obsthainen vielerlei Gemüse und Früchte angebaut, die nicht nur den Eigenbedarf decken: Avocados, Bananen, Erdbeeren, Feigenkakteen, Kartoffeln, Orangen, Reben, Tomaten, Zitronen und Blumen, Blumen, Blumen.

Die kanarische Küche riecht nach Knoblauch, Safran und Geschmortem von Fisch, Geflügel, Kaninchen, Kartoffeln und verschiedenen Gemüsen, denen man ja auch im Mutterland begegnet. Eine insulare Spezialität hingegen sind die *papas arrugadas*, kleine schrumplige Kartoffeln, die im zugedeckten Top im Meerwasser oder in mit Meersalz versetztem Leitungswasser so lange gedünstet werden, bis alle Flüssigkeit verdampft ist. Man genießt die mit einer weißen Salzschicht überkrusteten Knollen mit oder ohne Schale als Beilage zu vielen Speisen, zu denen ebenfalls die *mojos* passen, wahre Teufelssaucen, deren Feuer aber bald einem wärmenden Wohlgeschmack weicht, *mojo rojo* aus Chilis oder Paprika, Knoblauch, Essig, Öl und Meersalz oder *mojo verde* mit Koriander oder Petersilie statt Paprika. Sie vervollständigen auch oft die *cernada*, ein Gericht aus Stockfisch und gebratenem Schweinefleisch, oder den *sancoche*, Stockfisch mit Süßkartoffeln, Knoblauch und Zwiebeln.

Eine weitere traditionelle Spezialität ist *gofio*, Mehl aus gerösteten Mais, Weizen oder auch Gerste, Kichererbsen, das mit Honig und Wasser zu einem Teig geknetet und zu Kugeln oder Kegeln gerollt wird – «no cambio un almuz de gofio por la hembra más hermosa que el gofio nos da substancia y la mujer nos lo roba», sagt der Kanarer, «ich tausche kein Quent Gofio für eine noch so schöne Frau ein, denn der Gofio gibt uns Kraft, während jene sie uns raubt».

Für uns ungewohnt, aber gar nicht schlecht ist ferner der *puchero*, ein kräftiger Eintopf aus Rind- und Schweinefleisch, einem Maiskolben, Kichererbsen, Süßkartoffeln, Yamswurzeln, Äpfeln und Birnen. *Puchero siete carne* enthält, wie der Name sagt, siebenerlei Fleischsorten: Rind, Kalb, Schwein, Huhn, Wildkaninchen, Rebhuhn und Wildtaube; er wird zu festlichen Gelegenheiten in einer Schale aus kanarischem Kiefernholz aufgetischt.

Die im Überfluß vorhandenen einheimischen *plátanos*, Bananen, ergeben mit Likör und Honig flambiert einen leckeren Nachtisch. Ansonsten hat man die Wahl zwischen einem *frangollo* aus Mais mit Milch, dem *bienmesabe*, einer Mandelcreme mit Ei, einem *turrón de gofio* aus Mais, Feigen, Honig und Mandeln, wie auch anderem mehr.

Überraschenderweise trinkt der Kanare vor allem gern ein kühles Bier, *cerveza*, aber auch die einheimischen Landweine, weiß oder rot, hell aromatisch oder dunkel schwer, sind nicht zu verachten.

«Purpurarien» nennt man die zwei östlichen Inseln Lanzarote und Fuerteventura – die Kanaren sind in der Tat ein Geschmeide vor der Westküste Nordafrikas. ↑ a. Pyrenäenhalbinsel, Spanien

Nordamerika ↑ Kanada, USA

Norwegen ↑ Skandinavien

Oman ↑ Vorderasien/Emirate

Ostafrikanische Inseln Vor der Ostküste Afrikas liegen im Indischen Ozean einige Inseln, die im Zeitalter der schrumpfenden Distanzen so herangerückt sind, daß es auch naheliegt, einen Blick auf die Länder zu werfen, wo der Pfeffer wächst.

Madagaskar, die viertgrößte Insel der Erde und seit 1902 eine demokratische Republik, wird durch den 400 km breiten Kanal von Mozambique vom afrikanischen Festland getrennt, ein Minikontinent mit vielen endemischen Tier- und Pflanzenarten, Borstenigeln, den altertümlichsten lebenden Säugern, Chamäleons, Fröschen, Lemuren, Halbaffen, in die nach dem Glauben der Madegassen die Seelen ihrer Toten geschlüpft sind, Schmetterlingen, Faltern, Vögeln und Palmen, wie man sie sonst nirgendwo mehr findet.

Die Kultur Madagaskars ist eine Mischung von Afrika und Asien, polynesische Siedler haben es geprägt mit ihren terrassierten Reisfeldern und den «pousses-pousse», Rikschas. Vor der Nordspitze liegen Badeinseln mit feinen Sandstränden, Kokospalmen und Korallenriffen, idealen Tummelplätzen für Unterwassersportler, auf dem Festland dahinter Naturschutzgebiete und Plantagen mit Zuckerrohr, Gewürznelken, Pfeffer, Vanille, Ylang-Ylang, Zimt und Zitronelle.

Im Landesinnern erstreckt sich das zentrale Hochland mit sanften, baum- und strauchlosen Hügeln, Reisfeldern, aber auch dichten Tannenwäldern, Gemüse-, Obstgärten und sogar Rebstöcken, man wähnt sich einmal in Südostasien, ein andermal in einer europäischen Voralpenlandschaft. Gegen den Westen zu an der Straße von Mozambique fällt das Hochplateau ab zur zerklüfteten Küste mit Hafen- und Badestädtchen, wir befinden uns in Afrika, wo Baobabs, Affenbrotbäume, und Satranapalmen wachsen, wo Zebu-Rinder und Geflügel gezüchtet, Zuckerrohr und Gewürze angepflanzt werden, deren Duft zur Blütezeit über dem ganzen Landstrich schwebt.

Die fast schnurgerade, steile Küste im Osten fängt die tropisch feuchten Wolken ab, Regenwälder wechseln mit Fluren von üppiger Fruchtbarkeit, in denen Kaffee und Kakao gedeihen, Gewürze und exotische Früchte, Kokos, Lychees, Mangos, Papayas. Über den Süden fällt das ganze Jahr durch kaum Regen, auf der kargen Steppe suchen große Zebuherden zwischen Dornbüschen und Kakteen ihre

Nahrung, an der Küste warten schöne Strände auf die Touristen.

In Madagaskar kann man französisch essen, chinesisch und indisch, das Grundnahrungsmittel morgens, mittags und abends ist jedoch Reis, aus dem man auch *moukare,* einen Kuchen bäckt. Die Auswahl an Meeresgetier ist an den Küsten groß, Austern, Barrakudas, Garnelen, Haifische, Krabben, Langusten, Thunfische, Tintenfische kommen frisch auf den Tisch, während das Fleisch meist vom *omby,* Zebu, oder Schwein stammt. Nationalgerichte Madagaskars sind der *neem,* eine Art Frühlingsrolle aus Hackfleisch, kleingeschnittenem Gemüse und vielen scharfen Gewürzen im ausgebackenen Teig, *sambos,* ähnlich gefüllte Teigtaschen, und *romazava,* ein Rinderfrikassee mit *bredes,* Spinatgemüse, Knoblauch und Tomaten. Der *ravitoto* ist ein Eintopf aus Schweinefleisch, zerstampften Maniokblättern, Peperoni und Tomaten, *mi sao* ein asiatisches Nudelgericht mit Gemüse, manchmal auch Fleisch oder Fisch. *Anambazaha,* Gemüse, wird weich gekocht und mit viel Butter zubereitet. Obst sollte man immer schälen, dafür ist das Angebot schier endlos: Ananas, Äpfel, Aprikosen, Bananen, Birnen, Erdbeeren, Lychees, Mangos, Papayas, Zitrusfrüchte und vieles mehr.

Der Wein wurde auf Madagaskar, was bei den vielen französischen Siedlern seit dem 19. Jahrhundert verwunderlich ist, von Schweizern eingeführt, er schmeckt angenehm jugendlich frisch. Die Limonade *Caprice Orange* ist bei dem feuchtheißen Klima wohltuend erfrischend, besonders, ein asiatisches Radlermaß, mit Bier gemischt als *Fresh.* Aus Zuckerrohr wird ein einheimischer Rum destilliert, *Djamandjary* oder *Vohibinany* – mit Lemongras oder Vanille parfümiert heißt er *Rum arrangé,* mit Kokosmilch gemischt *Punch coco* –, aus Lychees der feine Fruchtschnaps *Litchel.* Vor dem Genuß von Leitungswasser, vor dem Gebrauch von Eiswürfeln ist hingegen zu warnen.

Östlich und nördlich von Madagaskar liegen Inselgruppen, die schon früh kolonialisiert (rüder gesagt: ausgebeutet und versklavt) wurden, heute jedoch frei sind und gesuchte Ferienziele. Die Bevölkerung, hell- oder dunkelhäutig, glattgescheitelt oder kraushaarig, ging aus Europäern, Arabern, Indern, Madegassen und Chinesen hervor, und so verschieden sind neben vielem Gemeinsamem auch die Beschaffenheit und Kultur der einzelnen Inseln bis hin zur Gastronomie, immerhin liegen sie Hunderte, ja Tausende von Kilometern voneinander entfernt, nicht mehr Afrika, noch nicht Asien.

Die Maskarenen wurden nach dem portugiesischen Seefahrer Dom Pedro Macarenha benannt, der sie 1506 (nicht als erster) betrat. **Réunion,** eine an Naturschönheiten reiche vulkanische Insel, ist seit 1946 ein Übersee-Département Frankreichs, Vorposten frankophoner Kultur im Indischen Ozean. Es exportiert Zucker, Melasse, Rum, Duftessenzen und Blumen, muß ansonsten aber fast alle übrigen Nahrungsmittel und Getränke einführen. Die Nachbarinsel

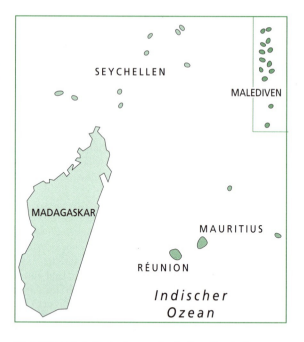

Mauritius wird den meisten nur als Ausgabeort des ersten englischen Kolonialpostwertzeichens von 1847 bekannt sein, das heute Millionenpreise erzielt. Seit 1968 ist es eine autonome Republik im britischen Commonwealth. Mit seinen von – nein, nicht Palmen, sondern Filaos, lärchenähnlichen Bäumen, gesäumten Küsten am Fuße sanft ansteigender Berge, mit seinen blendend weißen Stränden und dem glasklaren Wasser ist es (noch) eines der letzten unberührten Ferienparadiese im fernen Süden. «Zucker ist das tägliche Brot von Mauritius; die ganze Bevölkerung lebt für ihn und durch ihn», schrieb Joseph Conrad schon zu Anfang unseres Jahrhunderts, und das gilt heute noch. Die **Seychellen,** ein Archipel von Granitklippen und Korallenriffen nahe dem Äquator, sind seit 1976 wiederum eine unabhängige Republik des britischen Commonwealth. Die vielgestaltige Natur bietet jedem Besucher etwas, dem Wander-, Wunderfreund und dem Wassersportler, vor allem laues Meer, Sonne, das ganze Jahr durch ein seidenweiches Klima und leuchtende Farben.

Auf den Inseln vor Ostafrika verdrängten die Einwanderer die ursprünglichen Regenwälder durch teils kilometerlange Plantagen für Ananas, Kaffee, Tee, Vanille und mannshohes Zuckerrohr, für Kokospalmen, Zimtbäume und allerlei Gewürzgewächse. Darunter sind einige Elemente, die in die ↑ Kreolische Küche gehören, welche hier verbreitet ist. Überall wird *carri* gegessen, ein Curry aus in Butter oder Öl gebräuntem Hammel-, Zicklein-, Hühnerfleisch (selbst Affen kommen dafür in die Pfanne, «Carry No 2», oder gar Fledermäuse), auch Fische, Langusten, Tintenfische oder Gemüse, denen die starke indische Gewürzmischung massala (die hier *massalé* heißt) und Safran beigemengt wurde;

serviert wird es mit in Wasser gekochtem weißem Reis, Bohnen, Linsen, Kohlherzen, Kürbissen, Salatblättern und duftenden Kräutern sowie dem *rougail,* einer Sauce aus Paprikaschoten, roten und grünen Tomaten sowie zerstoßenen Erdnüssen oder Pistazien; manchmal begleitet es ein *achard,* eine Mischung aus kleingeschnittenen, in gewürztem Essig und Öl marinierten Gemüsen (Karotten, Kohl, Zwiebeln) oder Früchten (grüne Zitronen). Auch die *rôtis* – auf den Inseln wird noch viel Französisch gesprochen und meist, wenn man nicht indische, chinesische, afrikanische Kost vorzieht, auch exquisit französisch gegessen – sind beliebt, dünne, schwach gekochte oder fritierte Teigfladen, Teigtaschen mit einer Füllung von Carri – schließlich liegt Indien ja «nur» 3000 km weit! Der andere wichtige Einfluß ist die chinesische Küche, an vielen Orten ißt man ausgezeichnet asiatisch.

Unter den Fischen, die an den verschiedenen Küsten allerdings unterschiedlich vorkommen, werden Barrakuda, Bonito, Goldbrasse, Hai, Job, Makrele, Blauer Marlin, Rochen, Roter Thun, Roter Schnapper geschätzt. In Mauritius sind Muränen eine Spezialität, und wenn Sie dort einen *bouillon* bestellen, ist das keine Brühe, sondern eine Fischsauce, die über weißen Reis gegossen wird; um die Seychellen herum ist es voll von Schal- und Krustentieren, Austern kommen sogar noch wild vor.

Aus Auberginen oder Kürbissen wird mit Kokosmilch ein erfrischendes Püree zubereitet, aus Gurken und Zwiebeln ebensolche Salate; Bananen und Mangos werden frisch hergerichtet. Ein kulinarischer Tip noch: Hervorragend schmecken die delikaten *palmitos,* Palmenherzen aus dem oberen Ende ausgewachsener Palmen, die man frisch sonst nur noch in Brasilien vorfindet. Das sehr süße Gelee aus der *coco de mer,* der Seychellenpalme, von der man früher fälschlich annahm, sie stamme aus dem Wasser, ist eine weitere besondere Delikatesse. Viele Früchte werden in Kokosmilch gegart, was ihnen einen apart rauchigen Geschmack verleiht.

Diese Früchte sind im Überfluß vorhanden, es seien nur Ananas, die süßen Früchte des Affenbrot-, Brot-, Schraubenbaums, Bananen, Kokos, Papayas und Mangos herausgegriffen.

Weine und Spirituosen müssen importiert werden, sie sind deshalb teuer. Den Durst löscht, außer Fruchtsäften, Limonaden, Orangeaden und Mineralwasser, aber auch das gute Bier einheimischer Brauereien. Auf Mauritius wird, Zuckerrohr wächst ja so nah, ein eigener Rum erzeugt, auf den Seychellen aus dem nicht ganz vergorenen Saft halbreifer Kokosnüsse der exotisch süße *Calou;* der Schnaps für alle Tage, Abende und Nächte, *Bacca,* wird aus Ananas und anderen Früchten gebrannt (aus Kartoffeln und Zucker ist er nichts als billiger Fusel). Auch in paradiesischen Gefilden braucht man scheint's ein Lebenswasser, hier nennen es die Eingeborenen zutreffend *Jungle Juice,* Dschungelsaft.

Da wir uns schon im Indischen Ozean befinden, statten wir noch den **Malediven** einen Besuch ab, einer Gruppe von über tausend Atollen südwestlich Sri Lankas im Wendekreis des Krebses am Äquator, einst ein gefürchtetes Hindernis auf dem Seeweg nach Indien, heute das Traumziel aller, die mit Taucherbrille, Flossen und Schnorchelausrüstung die faszinierende, bunt schillernde Wunderwelt unter Wasser bestaunen und erkunden wollen. In Korallengärten wimmelt es von Fischen und Muscheln in allen Formen und Farben, über vierhundert Arten, von Schneeweiß und Silbrig durch den ganzen Regenbogen, eine natürliche Disney-World.

Auf den Malediven ist Meerwert garantiert, auch für Gabel und Messer gibt es, wen wundert's, zur Hauptsache *mas,* Fisch; Barsche, Barrakudas, Haie, Makrelen, Marlins, Rochen, Rote Schnapper, Seezungen, Thunfische, Tintenfische sind das Grundnahrungsmittel. Wenn man sie nicht einzeln genießen will, bereitet man sie mit europäischen Gewürzen, Salz und Paprika, zu einem schmackhaften Gulasch. Die *garudiya* ist eine andere Art Eintopf aus verschiedenen mit Zwiebeln in Salzwasser gekochten, mit Zitronensaft beträufelten Fischstücken. Ist der Fisch getrocknet, heißt er *hiki mas,* trocken geraspelt *huni mas.*

Sonst müssen sozusagen alle Nahrungsmittel importiert werden, Reis und Nudeln, Mehl und Fleisch, Gemüse und Früchte. Dabei soll nicht übersehen werden, daß auf einzelnen Inseln da und dort aromatisches Obst reift, Acerolas, Annonen, Granatäpfel, Guaven, Jackfrüchte, Kokos, Mangos, Papayas, Tamarillos und Tomaten.

Meist lehnt sich die Küche der Malediven, wenn sie in einem der Tourist Resorts nicht international (aber selten außergewöhnlich) ist, jener von ↑ Indien an – es reicht, um satt zu werden, aber der enragierte Taucher hat mehr von den Malediven als der Feinschmecker.

Österreich Die Bundesrepublik im Süden Mitteleuropas ist «eine kleine Welt, in der die große ihre Probe hält» (Hebbel), eine Großmacht, die 1918 zum Kleinstaat geschrumpft ist. Trotzdem blieb sie Vermittlerin zwischen vielen Kulturen, seit der k. k. österreichisch-ungarischen Monarchie durch gemeinsame Geschichte mit Polen, Tschechien, der Slowakei, Ungarn, Slowenien, Rumänien und Teilen Italiens verbunden, durch die gemeinsame Sprache mit Deutschland und der Schweiz.

Auch landschaftlich ist Österreich mit seinen Bergen, Hügeln und Ebenen vom Böhmerwald bis zu den Karawanken, vom Neusiedler See bis zum Bodensee ein Land der ausgleichenden Mitte und der konträren Gegensätze zugleich. Will man es beschreiben und kennenlernen, muß man deshalb in die neun Bundesländer gehen – um am Schluß festzustellen, daß es eigentlich unausschöpfbar ist, der «Beweis für die Möglichkeit des Unmöglichen» (Torberg).

Allein schon die imperiale Metropole **Wien**: «Diese Stadt muß wie ein kostbares Nachtessen, langsam, Stückchen für Stückchen, mit Prüfung ausgekostet werden, ja du mußt selbst ein solches Stückchen geworden sein, ehe der ganze Reichtum ihres Inhaltes und die Reize ihrer Umgebung dein Eigentum geworden sind», befand der Dichter und Maler Adalbert Stifter. Auf kleinem Raum, umzogen vom Ring, der baumbestandenen Prachtavenue, aber um viele Ecken herum stößt man auf all die Denk- und Sehenswürdigkeiten, von denen wir wieder einmal nur einige wenige kursorisch streifen können. In der Mitte der raumgewaltige Barockkomplex der Hofburg, Zeugnis des Aufstiegs und Niedergangs des Habsburgerreiches. Sie umfängt nicht nur die Kaisergemächer, Schatzkammern, Prunk- und Amtsräume, sondern auch die überwältigende Nationalbibliothek mit dem wohl schönsten Büchersaal der Welt von «sinnlicher Fülle und kühnem geistigen Anspruch» (Hausenstein), die Hofkapelle, in der die Wiener Sängerknaben jeden Sonntagmorgen das Hochamt anstimmen, und die Spanische Hofreitschule, in der die stolzen Lipizzanerhengste vor glanzvoller Kulisse unter Bereitern im kaffeebraunen Frack, weißer Kniehose, hohen schwarzen Stiefeln und Zweispitz die klassische Hohe Schule vorführen mit «kreatürlicher Anmut, verklärter Leidenschaft» (Stoessl): Nicht weit, an der hochbarocken Pestsäule vorbei, liegt der Stephansdom, der «Steffl» des Wieners; sein schlanker Südturm über dem steilen, wappengeschmückten Reichsdach ist eines der Wahrzeichen Wiens. Vor dem Riesenportal an der Westfassade warten Pferdedroschken mit den Fiakern im «Halbsteifen» darauf, ihren Fahrgästen die Stadt zu zeigen, immer noch die romantischste und trotz des hohen Preises lohnendste Art, all die Plätze, Brunnen, Kirchen, Adelspaläste, Denkmäler und Parks zu erleben, vom Belvedere, dem ätherischen Lustschloß des «edlen Ritters» Prinz Eugen, mit seinen Laubengängen und Treppen, Brunnenteichen und Kaskaden inmitten eines barocken Gartens, ideale Vereinigung von Kunst und Natur, vom «österreichischen Versailles» in Schönbrunn mit seinen 1700 Räumen in einem grandios angelegten Park bis hinauf in die alten dörflichen Vorstädte voller winkliger Gassen, kleiner gelber Häuser, Höfe und Durchgänge. Rot-weiß-rote Hinweisschilder und Gedenktafeln sonder Zahl ersetzen den Fremdenführer, man findet sich bald zurecht in der ruhmreichen Geschichte der Stadt – hier muß wieder eine dürre Aufzeichnung genügen: eines Mozart, Beethoven und Schubert, eines Johann Strauß, Karl Millöcker, Franz Lehár und Emmerich Kálmán (wenn schon Operette, dann ehestens in Wien), eines Raimund, Grillparzer und Nestroy, eines Fischer von Erlach, Klimt, Loos, Schiele und Hundertwasser, eines Sigmund Freud, eines bitterbösen Helmut Qualtinger und eines sachersüßen Peter Alexander und und und – so viele Namen, so viele Zeichen des Zeitgeistes von Barock über Jugendstil und Sezession (Kitsch als Kunst) bis zu Postmoderne und Pop-art, es gibt nicht nur die musikalische «Wiener Schule» eines Schönberg, Webern und Berg, es gibt Wiener Schulen der Dramaturgie, Literatur, Malerei, Philosophie, Psychoanalyse, es gibt den Wiener Walzer und die Wiener Philharmoniker. Sie alle sind zum Wesensbegriff geworden für eine ganz besondere Seelenverfassung zwischen Dekadenz und Fortschritt.

Die Wiener, «ein tausendgestaltig, ein seltsam Volk» (Stifter), betrachten die Wirklichkeit als Spiel, Spiel als Wirklichkeit, was zur notorischen «Wiener Gemütlichkeit» führt, die man eher heitere Resignation (laut Nestroy «die edelste Nation») nennen sollte mit einem Schuß Wurschtelei und Grant. Wie der kaiserliche Doppeladler trägt der Wiener nicht nur ein einziges Gesicht, «man behandelt in diesem Lande klugerweise das Vergnügen wie eine Pflicht», berichtete schon 1814 die gescheite Madame de Staël.

So legt der Wiener nach des Tages Arbeit, um in der Sprache Nestroys zu bleiben, den Hobel hin, um das Vergnügen zu suchen bei «Musik und Tanz, Wein und Schmaus» (Grillparzer). Das kann volkstümlich entspannend sein im Beisel (das aus dem jiddischen «bajis», Gasthaus, stammt), im Grünen, am Würstelstand oder im Prater mit Riesenrad, Geisterbahn und Watschenmann, beim Heurigen, aber auch anspruchsvoll erholsam, die Auswahl ist immens: Im rot-goldenen Musikvereinssaal mit wunderbarer Akustik – er ist «eingespielt», wie die Musiker sagen, imprägniert von den Schöpfungen eines Brahms, Bruckner und Mahler – wird (meist) vollendet musiziert, in der monumentalen Staatsoper am Ring werden Musiktheater, Krisen und Skandale inszeniert, im Burgtheater wechselt traditionelle Sprechkunst mit provokanter Dramatik, im Theater an der Wien wurden Beethovens «Fidelio», Kleists «Käthchen von Heilbronn» und Lehárs «Lustige Witwe» uraufgeführt, und im Raimund-Theater sind Operetten und heute Musicals zu Hause.

Über die «wundervolle, unerschöpflich zauberhafte Stadt mit dieser rätselhaften, weichen, lichtdurchsogenen Luft» (Hofmannsthal) gäbe es noch viel zu berichten, aber das Thema dieses Buches ist ja die Gastronomie. Was man gemeinhin die «Wiener Küche» nennt, ist im Grunde die Küche noch der k. k. Donaumonarchie – Musil taufte sie «Kakanien», was viel verheißungsvoller klingt –, ihrer vielen Völker und Gustos. Die Wiener Köchin kommt aus Böhmen und Ungarn, der Wiener Koch, so Joseph Roth, ist «fleißig wie ein Tscheche, gründlich wie ein Deutscher, phantasievoll wie ein Slowake und schlau wie ein Jude». Das beginnt schon mit der Sprache: *Karfiol* ist Blumenkohl, *Marillen* sind Aprikosen, *Paradeiser* Tomaten, *Ribiseln* Johannisbeeren, der *Palatschinken* ist kein Schinken, sondern die ungarische «palacsinta», ein Eierkuchen; auch das *Gulyasch* stammt aus Ungarn, das berühmte *Wiener Schnitzel* aus Mailand, das *Reisfleisch* aus Serbien, die *Powideln*, ein Zwetschgenmus, aus Böhmen, der *Apfelstrudel* aus der Türkei, und die *Kaiserschmarren, Esterházy-Rostbraten, Pálffy-Knödel, Reis Trauttmannsdorff* tragen noch adlige Namen. Sie alle und weitere sind im *Kulinarischen A bis Z* erwähnt, weswegen wir hier nicht weiter auf sie eingehen wollen.

Die kulinarische Sonderstellung Wiens, das schon auf der Landkarte aussieht wie ein Schnitzel, gilt besonders für das Rindfleisch, das dort in sage und schreibe vierzig Stücke «ausgeschrotet» wird, *Lungenbraten, Meiried, Beinscherzel,*

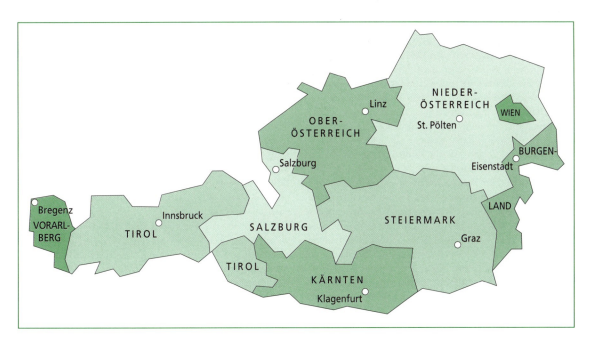

Hieferschwanzel, Scherzel, Spitz, Meisel, Kügerl, Tristel und wie sie alle zärtlich genannt werden, eine wahre Ochsentour. Sie werden ebenfalls im *Kulinarischen A bis Z* unter «Rind, Fleischteile Österreich» angeführt. Einer besonderen Erwähnung wert sind jedoch das *Beinfleisch,* eine spezielle Sorte gekochten Rindfleisches mit Knochen, eine Raffinesse von höchster Einfachheit, sowie der *Tafelspitz,* ein Teil des, wir wollen in Österreich bleiben, Schlegels über Ortsschwanzel und Beinscherzel, ein feinfaseriges, bröseliges Stück mit schmalem, kernigem Fettrand, richtig abgehangen und gekocht von so himmlischem Geschmack, daß man in Hymnen ausbrechen möchte über diese, man verzeihe den Pleonasmus, Inkarnation des Rindfleisches. Mit frischem Apfel-, Essig- oder Obstkren, Senf, Essiggurken, gerösteten Kartoffeln, Schnittlauchsauce und Spinat oder sonst Gemüse eines der großen Gerichte der westlichen Gastronomie.

Auch der Wiener beginnt sein Mahl als Auftakt gern mit einer Suppe, meist einer klaren, duftenden *Rindsuppe* mit Einlagen aus Brandmasse, *Frittaten-, Nudel-, Tropfteig, Nokkerln, Knödeln, Schöberln* und anderem mehr. Der Fleischgang ist, wie bereits erwähnt, vorwiegend vom Rind, aber auch vom Kalb, Schwein, Schöpsen (Hammel) oder Lamm wie von Wild oder Geflügel. Hier sei wiederum das *Backhendl* hervorgehoben, ein flachgeklopftes Hühnchen, das paniert und, soll es echt sein, in Schweineschmalz schwimmend ausgebacken wird.

Zu ihm paßt der ebenfalls traditionelle *Erdäpfelsalat* aus speckigen Kipflerkartoffeln mit Rinderbrühe, Essig, feingehackter Zwiebel, Öl und Petersilie oder Schnittlauch. Etwas ordinärer, aber bei Gelegenheit durchaus versuchenswert ist das *Beuschel* aus Herz und Lunge eines Schlachttiers, meist vom Kalb, die Lieblingsspeise Johann Straußens, oder das *Würstel in Saft,* in Gulyaschsaft.

Gemüse hingegen, das muß gesagt werden, gehören nicht zu den Favoriten des Wieners, lieber nimmt er statt dessen einen Salat, den er gern mit etwas Zucker abschmeckt. Die *Mehlspeisen,* wie die Süßspeisen hier heißen, auch wenn sie kein Mehl enthalten, sind hingegen wiederum ein Kapitel für sich. Abermals muß eine Aufzählung genügen, denn auch sie kommen in diesem Buch an anderer Stelle vor: aus Backteig die *Schlosserbuben, Wiener Wäschermädel,* aus Mürbeteig die *Spitzbuben, Tascherln,* aus Nudelteig die *Fleckerln,* aus Strudelteig die, leicht zu erraten, *Strudel,* aus Brandmasse die *Dunstkochs* (Puddings), aus Biskuitmasse die *Dobostorte, Indianerkrapfen, Malakofftorte, Stanitzel,* aus Germteig (Hefeteig) die *Dalken, Dampfnudeln, Germknödel, Kolatschen, Pogatscherln,* aus Schokolademasse die *Sachertorte,* von der es eine echte gibt und eine ganz echte, um nur einige zu nennen – ein Kaiserreich der Schleckereien!

Selbst frisches oder altbackenes Brot verwandelt die Wiener Küche zu einer Delikatesse, die *Semmeln, Kipferln, Striezen, Weckerln,* als Brösel zum Panieren. Ausdrücklich begrüßt sei schließlich, daß es in Wien und ganz Österreich heute Köche gibt, die der traditionellen Küche ein junges Gesicht geben, ohne ihren Charme zu vertreiben.

Von den Türkenkriegen brachte der Feldherr Prinz Eugen von Savoyen 1697 nicht nur den Sieg, sondern auch die Zuckerbäckerei heim, dessen Tempel heute noch die Hofkonditoreien Demel und Sacher sind. Den türkischen Kaffee kannte man bereits, denn 1683, nach der Türkenbelagerung, war im Bischofshof, in der heutigen Domgasse, der erste Kaffee aus von den Besatzern zurückgelassenen Säcken ausgeschenkt worden. Das war die Geburtsstunde des Wiener Kaffeehauses, einer zeitlosen Institution für «Menschen, die allein sein wollen, aber dazu Gesellschaft brauchen» (Polgar). Sie überdauerte und wurde für Generationen von Literaten und Lebenskünstlern Heim- und Arbeitsstätte in einem Klima von «Klatsch, Neugier und Médisance». Wieder einmal müssen einige Namen für das ganze Phänomen herhalten: Altenberg, Bahr, Kraus, Kuh, Schnitzler, Werfel und eben Alfred Polgar – sie alle kannten einander, «liebten und geringschätzten sich».

Das hat inzwischen zwar geändert, aber allein die vielen Arten Kaffee, die man heute noch dort bestellen kann, beschwören jene «holde Wurschtigkeit des Augenblicks» zwischen Zerstreuung und Konzentration herauf: ein *Brauner* ist eine Schale Kaffee, mit Obers (Sahne) goldbraun gefärbt, *Einspänner* schwarzer Kaffee mit Sahnehaube im Kelchglas, *Gold* Kaffee mit etwas mehr Sahne als im Braunen, *Kaffee verkehrt* Filterkaffee mit viel Milch, *Kaisermelange* schwarzer Kaffee mit Eidotter, *Kapuziner* schwarzer, mit Sahne mönchsbraun gefärbter Kaffee, *Konsul* schwarzer Kaffee mit etwas flüssiger Sahne, *Kurzer* ein Espresso, *Lauf* Kaffee mit geschlagener Sahne im Glas, *Mazagran* kalter schwarzer Kaffee mit Zucker und Maraschino, Rum oder Weinbrand auf zerstoßenem Eis, *Melange* halb Kaffee, halb Milch mit Zucker, *Mocca* schwarzer, besonders stark gefilterter Kaffeeaufguß, *Obers gespritzt* Milch mit wenig Kaffee und Sahne, *Piccolo* kleiner schwarzer Kaffee mit oder ohne Schlag, *Schwarzer* schwarzer Kaffee pur, *Türkischer* Kaffee auf türkische Art, *Wiener Doppelspänner* Doppelmokka mit Zucker und Sahnehaube, *Wiener Fiaker* kleiner schwarzer Kaffee mit Kirschwasser oder Himbeergeist, *Wiener Melange* halb Kaffee, halb leicht aufgeschlagene Milch.

Eines der Hauptvergnügen des Wieners (und seiner Besucher) ist der Heurige, wo Fremde zu Freunden werden. In einem der Weindörfer an den Hängen des Wienerwalds, einer Landschaft heiterer Wehmut, setzt er sich auf wackeligen Bänken am blanken Holztisch allein und doch nicht einsam in schattiger Stille oder in Gesellschaft mit (nicht immer ganz stubenreiner) Schrammelmusik – die Nobelheurigen, die es ebenfalls massenhaft gibt, wollen wir den Touristenhorden überlassen – zum *Heurigen,* dem jungen Wein der letzten Lese. Sollen Trinksame und Stimmung echt sein, wird man die Schenke eines «Weinhauers», Weinbauern, aufsuchen, die einen «Buschen ausgesteckt» hat, einen Strauß grüner Zweige, zum Zeichen, daß er eine Schenklizenz hat und frischen Wein vorrätig. Dazu wird am Buffet deftige Kost geholt, Schweinernes, Haxen und Hähnchen mit Brot und verschiedenen Salaten, zum Abschluß Käse oder ein *Liptauer* aus Topfen (Quark) und Butter mit feingehackten Kräutern und Zwiebeln, Kapern und Paprikapulver. Auf die Weine selbst kommen wir am Schluß dieses Abschnitts zurück.

Das Feriengebiet der Wiener ist **Niederösterreich,** das östlichste, größte und älteste Bundesland, Keimzelle und Namensgeber von Ostarrîchi, wie es hier 996 zum erstenmal urkundlich genannt wird. Kein anderes Gebiet des Reiches weist denn auch neben den Wochenendhäusern der Großstädter so viele historische Bauten und Stätten auf wie das Land unter der Enns, Stifte und Klöster, Burgen und Schlösser. In der Hauptstadt St. Pölten errichtete der berühmte Barockmeister Jakob Brandtauer den Dom Mariae Himmelfahrt, hier veranstaltete Franz Schubert mit seinem Textdichter Schober die ersten Schubertiaden. In einem der Bürgerhäuser wurde der spätere Bundeskanzler Julius Raab geboren, «willst was gelten, kommst aus St. Pölten», lautete einer seiner Wahlsprüche.

Das Waldviertel, Weinviertel und Mühlviertel sind «ein wundersames Land voller Sage, voll Wald und Wein, voll Schönheit, voll Berühmtheit und Vergangenheit». Am nordwestlichen Rand der Slowakei zu, durch den Mozart seine Reise nach Prag machte, liegen Städtchen und Ortschaften, deren Graffitofassaden, gotische Erker, Renaissancegiebel, barocke Denksäulen und weitläufige Kelleranlagen dem Gebiet ein plastisches Gepräge verleihen und deren Hauptprodukt dem Weinviertel seinen Namen gab: Hier wachsen zwei Drittel der Weinkulturen Niederösterreichs, die wiederum über die Hälfte des Ertrags von Gesamtösterreich ausmachen. Das weite, fruchtbare Marchfeld im Osten, wo 1278 mit einem Sieg über die Böhmen der Aufstieg des Hauses Habsburg begann, ist hingegen der Gemüsegarten Österreichs.

Das malerische Engtal der Donau, die Wachau, ist gleichfalls ein von Ruinen, Burgen und alten Städtchen durchsetzter Rebgarten, in Stein geschriebene Geschichte: Die Reichsfeste und Handelsmaut Krems an der Donau taucht schon in einem arabischen Geographiewerk auf, in Dürnstein wurde 1192 der englische König Richard I. Löwenherz gefangengehalten, das Nibelungenlied besingt die Ansiedlung Melk als «Medeliche»; ihr Benediktinerstift, wieder von Jakob Brandtauer, ist ein Bau von höchster künstlerischer und kultureller Bedeutung.

«Die Gegenden, worin ich mich jetzt aufhalte, erinnern mich einigermaßen an die Rheingegenden», rief Ludwig van Beethoven aus, als er hier sein letztes Streichsextett schrieb, und im Frühling besonders ist die Wachau ein blühender Obstgarten voller Aprikosen-, Apfel-, Kirsch- und Pfirsichbäume, eine Symbiose von Natur und Kultur.

Auf dem Ring, den Niederösterreich um Wien bildet, kehren wir in die Nähe der Hauptstadt zurück: Baden wurde seiner Thermalquellen wegen schon von den Römern aufgesucht, Mödling war im Biedermeier eine beliebte Sommerfrische (dem Musikfreund werden Beethovens «Mödlinger

Kaiserlich-Königliches Österreich: der Stephansdom, «Steffl» der Wiener, mit Wappendach

Tänze» einfallen), und die Wiener Neustadt, von altersher ein Stützpunkt auf dem Handelsweg über den Semmering zur Adria, ist heute eine der wichtigsten Industriestädte Österreichs.

Mehr als die Hälfte der Agrarwirtschaft des Landes wird in Niederösterreich betrieben, Getreide, Gemüse, Hülsenfrüchte, Hackfrüchte, Zuckerrüben, dazu, wir wissen es bereits, Obst und Wein. Zusammen mit Mastvieh, Milch und Butter versorgt die niederösterreichische Küche sich selbst. Aus der Donau und ihren versteckten Seitenarmen zieht man Karpfen, Schill (Zander) und Wels, im Machfeld wächst feiner Spargel, die Wachau ist für ihre Marillen (Aprikosen) bekannt, aus denen man auch einen Brand und einen Likör brennt.

Eine Spezialität St. Pöltens ist das *Mostbratl*, hinter dem sich allerdings nichts als ein Schweineschopfbraten verbirgt, im Waldviertel werden *Mohnnudeln* zubereitet, in heißer Butter mit geriebenem Mohn vermengt und mit Zucker bestreut, und daß *Marillenknödel* aus saftigen Aprikosen in einer Hülle aus eingebröseltem, mit Zucker bestreutem Kartoffel-, Nudel-, Strudelteig oder Brandmasse in der Wachau besonders gut munden, versteht sich nach dem Gesagten von selbst.

Das **Burgenland** ist das östlichste Bundesland Österreichs, es grenzt an Ungarn, die Slowakei und Kroatien, «sobald man Wien in dieser Richtung verläßt, fühlt man sich an der Grenze des Abendlandes» (Reinhold Schneider). Mit seinen vielen Wehranlagen und trotzigen Burgen – die ihm aber nicht, wie man annehmen könnte, seinen Namen gab, der stammt von Ödenburg, Preßburg, Wieselburg, die einst dazugehörten – war es dazumal eine Bastion gen Osten. Waldreiches Mittelgebirge geht über sanfte Hügel in eine weite Tiefebene über, die mit ihren Hütten und Ziehbrunnen schon die ungarische Puszta ankündigt. Dazwischen, das Burgenland ist der heißeste Punkt Österreichs, Kornfelder, Obst-, Weingärten und in der Mitte der Neusiedler See, Europas größter Steppensee inmitten von einem dichten Schilfgürtel, über dem Störche kreisen, ein riesiges Biotop und einmaliges Vogelparadies, ein Land der Weite und friedvoller Harmonie, wobei letztere durchaus wörtlich zu verstehen ist, denn im Hauptort Eisenstadt lebte und wirkte einst Joseph Haydn als Hofkompositeur im Schloß Esterházy, «ich war von der Welt abgesondert, niemand in meiner Nähe konnte mich an mir selbst irremachen und quälen, so mußte ich original werden», und im nahen Raiding wurde Franz Liszt geboren, Zentralgestalt der musikalischen Romantik.

Das Völkergemisch zeichnet auch die Küche des Burgenlands, zu ihr haben Österreicher, Bayern und Schwaben, Ungarn, Kroaten und Slowenen beigetragen, und entsprechend üppig ist auch das dampfende Angebot, angefangen bei den deftigen Suppen, der *Bohnensuppe, Knoblauchsuppe* mit Kartoffelwürfeln, Kopfsalatstreifen und gehackten Zwiebeln, *Krautsuppe* mit Kartoffelwürfeln, Sauerkrautstreifen, gehackten Zwiebeln und Wurstscheiben, *Rahmsuppe* aus Sauerrahm, Mehl, Kümmel, Essig und wieder Kartoffelwürfeln als Einlage, selbst *Aalsuppe*, wie überhaupt der Neusiedler See manchen Fisch beisteuert, Aal eben, Fogosch (Zander), Hecht und Karpfen. Will man den See in seiner ganzen kulinarischen Vielfalt genießen, frage man nach dem *Fischpaprika,* in dem diese neben Kartoffeln, Paprika, Zwiebeln und Speck alle Platz haben.

Zu einem Glas des im Burgenland ebenfalls vorzüglichen Weins – wir kommen wie gesagt noch darauf zurück – schmecken *Grammelpogatschen*, kleine runde Hefekuchen mit ausgebratenen Grieben, denn östliche Gerichte sind hier aus naheliegendem Grund an der Tagesordnung, *Borschtsch, Cevapcici, Djuwetsch, Kolatschen, Letscho, Paprika, Pörkölt*, zu denen noch *Knödel, Nockerln, Nudeln, Schmarren, Strudel* und die andern Mehlspeisen alle kommen mit reichlich Milch und Mohn.

In Pannonien watscheln noch große Gänseherden, und dieser Vogel ist auch das Lieblingstier des Burgenländers, er schätzt dessen Fleisch, Schmalz und Leber; aus Gänsebrust (oder geräuchertem Schweinefleisch) wird mit Hülsenfrüchten und Graupen das *Ritschert* bereitet. Daneben wird auch das nützliche Schwein nicht verachtet, besonders das gebratene Spanferkel, während das Huhn weniger gefragt ist – «Der Bauer frißt a Henn nur, wenn er oder die Henn krank ist».

Etwas fernab von der Welt liegt auch die angrenzende **Steiermark**, das zweitgrößte Bundesland Österreichs und «grünes Herz Europas». Aus der pannonischen Tiefebene steigt sie über Aulandschaften empor zu Wiesen und Rebgärten mit Klapotetzen, hölzernen Windrädern mit Klöppeln, die Vögel verscheuchen sollen, mit Kirchweilern und grünen Kuppen, Mulden, Tobeln, der «Waldheimat» Peter Roseggers. Bei Bad Aussee, wo illustre Gäste, Grillparzer, Lenau, Hofmannsthal, Richard Strauß, den Sommer spazierengehend und schreibend «zwischen dem Pathos der Berge und der Sanftmut des Sees» (Torberg) verbrachten, gelangt man zum steirischen Salzkammergut und weiter hinauf ins Hochgebirge mit dem Skigebiet Schladming und dem hohen Dachstein an der Grenze zu Oberösterreich und Salzburg. Gegen Osten und Süden wurde im Mittelalter ein Gürtel wehrbereiter Grenzbefestigungen angelegt, dessen Burgen und Schlösser immer noch sehenswert sind, und im Westen liegt das Bundesgestüt Piber, ein Schloß für Pferde, denn hier werden seit 1922 die edlen Lipizzaner für die Wiener Hofreitschule gezüchtet, dürfen sie auch ihre wohlverdiente Pension verbringen.

Die Hauptstadt Graz, «des Heiligen Römischen Reiches Deutscher Nation Hofzaun», ist sowohl ihrer Parks, Gartenanlagen und Grünflächen wegen besuchenswert – «Hier ist die Umgebung mitten in der Stadt» (Alexander Girardi) – wie auch wegen der intakten Altstadt in habsburgischem

Eine der ostafrikanischen Malediven-Inseln

Gelb und südländisch pastellener Farbigkeit. Auch wirtschaftlich und geistig ist Graz höchst vital, hier mischt sich Provinz mit Pioniergeist: Das «Forum Stadtpark» wurde durch Peter Handke, Barbara Frischmuth, Wolfgang Bauer und andere zornige junge Schriftsteller zur «heimlichen Hauptstadt der deutschen Literatur», und jeden Oktober bis November fordert der «steirische herbst» mit experimentellem Theater, Symposien und oft avantgardistischen Aktionen und Happenings die Kunstwelt heraus. Der Musikfreund wird sich an die «Styriarte» halten, die Nikolaus Harnoncourt dort veranstaltet, und mehr der Kuriosität halber sei vermerkt, daß einer der bekanntesten Österreicher heute ein Steirer ist, Arnold Schwarzenegger, der vom Bodybuilder in Amerika zum erfolgreichen Filmstar und Unternehmer aufstieg.

Dem Feinschmecker werden beim Namen Steiermark die dickfleischigen grünen *Kürbiskerne* näherliegen, die dort im Süden auf den Feldern reifen. Sie kommen aus einer besonderen, nur ihretwegen angebauten Fruchtsorte, das Fleisch wird Schweinen verfüttert. Da sie nicht geschält werden müssen, kann man sie auch roh knabbern. Zermahlen und geröstet liefern sie, der Hauptzweck ihres Daseins, das inzwischen ebenfalls weltbekannte *Kernöl*, das für Salate und Saucen allenthalben in die Haute Cuisine eingezogen ist. In Kernöl getränktes Schwarzbrot mit gerösteten ganzen Kernen ist ein Geheimtip, den allerdings die Steirer längst entdeckt haben. Im warmen Klima der Steiermark wachsen auch die steirischen *Marroni*, Eßkastanien, die zum jungen Wein so gut schmecken.

In einem steirischen Bauernhaus bilden Stube, Küche und Rauchfang einen Raum, und so urtümlich ist auch die Kost. Zu ihr gehören vor allem der *Sterz*, ein fester Brei aus grobem *Heiden-* oder *Türkenmehl*, Buchweizen- oder Maismehl mit Schweinefett und Grammeln sowie ausgelassenem Speck, mit Milch oder hellem süßem Kaffee ein herzhaftes Frühstück, für sich mit Salat oder in Rinderbrühe ein ebensolches Mahl. Ebenfalls aus Getreide, Buchweizen, Gerste, Hirse, ist die *Breinwurst;* mit etwas Fleisch und Gewürzen wird ein Brei daraus in Wursthaut gefüllt und gebraten.

Das steirische Rind, *Styria Beef,* ist hochwertig, und auch *Schöpsernes*, Schaffleisch wird angeboten. Der wichtigste Fleischlieferant bleibt jedoch das Schwein, aus ihm gibt es Braten, Schnitzel, Stelze (Hachse). Die *Klachlsuppe* ist eine saure Brühe mit Beinscheiben, und am Schlachttag kommt *Bluttommerl* auf den Tisch, in der Pfanne mit Getreidebrei, Milch, Eiern und Gewürzen ausgebratenes frisches Blut. Typisch ist sodann das deftige *Wurzelfleisch*, Schweinebauch mit geschnittenem Wurzelgemüse, Lauch, Möhren und Sellerie.

Zur Brettljause, einer in allen Alpenländern Österreichs beliebten Brotzeit, und in der Buschenschenke wird einem neben Geräuchertem, Speck, Kren (Meerrettich) und Bauernbrot *Verhackert* gereicht, kleingehackter luftgetrockneter Bauernspeck, mit Knoblauch, Salz und Pfeffer fest im Kübel eingestampft, eine passende Begleitung auch zum guten steirischen Wein, dem zwiebelfarbenen *Schilcher* zum Beispiel, einem trocken-fruchtigen Rosé, der so recht zum Kneipen einlädt. Auf ihn und die anderen Sorten kommen wir am Schluß zu sprechen.

Nicht übersehen sei auch hier, daß es in der «grünen Mark» junge Köche gibt, welche die bäurische Kost nach heutigen Kenntnissen raffiniert zu verfeinern wissen. So oder so wird man ein steirisches Mahl mit einem der ausgezeichneten Edelbrände abschließen, denn die Steiermark ist auch der Obstgarten Österreichs.

Über die Packalpe gelangt man ins benachbarte **Kärnten**, Österreichs südlichstes Bundesland mit weichem Klima und weichem Dialekt, der mühelos in Jodel umschlägt, Carinthia ist ein Land des Volkslieds und der Chöre. Von stolzer Vergangenheit zeugen romanische Kirchen mit Fresken und Flügelaltären, für betriebsame Gegenwart sorgen über zweihundert warme Badeseen inmitten sanfter Höhenzüge und idyllischer Täler, die von Bergen eingeschlossen sind, den Hohen Tauern mit dem Großglockner, Österreichs höchstem Berg im Norden, den Lienzer Dolomiten im Westen und den Karawanken im Süden. Der Wörther, Ossiacher, Millstätter, Faaker See und was sonst alles noch zur «Riviera der Alpen» gehört, locken jeden Sommer Abertausende von Touristen, vom prominenten Star bis zum Campingfahrer (und Fernsehteams, deren Filme der Seichtheit der Seen nicht nachstehen). Über dem Planschplausch sollte man aber die vielen anderen reizvollen Gegenden des Landes nicht vergessen, schöne Dörfer, Nationalparks und die Bergwelt zum Wandern, Klettern und Skifahren.

Die Hauptstadt Kärntens, das etwas nüchterne Klagenfurt – es war nie Residenz – von aber doch südlich charmantem Flair, ist das politische, wirtschaftliche und kulturelle Zentrum des Landes, und es muß Berufeneren zu ergründen lassen bleiben, warum so bedeutsame österreichische Autoren wie Robert Musil und Ingeborg Bachmann gerade hierherkamen. Seit 1977 sind jedenfalls die Klagenfurter Literaturtage ein weiterum beachteter, oft auch umstrittener Treff deutschsprachiger Schriftsteller, Kritiker und Verlagsvertreter.

Villach nahe der Grenze zu Slowenien und Friaul ist nicht nur ein Eisenbahn- und Straßenknotenpunkt zwischen Nord und Süd, sondern auch ein romanisch-slawisches Einsprengsel, das südliche Farbigkeit und Vitalität ausstrahlt. Von seinen heilsamen Thermalquellen sprach schon Paracelsus, der große Arzt und Naturforscher des ausgehenden Mittelalters, der hier einen Teil seiner Jugend verbrachte und später Kärnten sein «anderes Vaterland» nannte, und im Benediktinerstift Ossiach am gleichnamigen See findet jährlich der «Carinthische Sommer» statt, ein Kulturfestival von übernationalem Ruf.

Das Nationalgericht Kärntens sind die *Kasnudeln*, Nudelteigtäschchen mit einer Fülle von Topfen (Quark), Keferfil (Kerbel) und Minze. Andere Namen verraten andere Füllungen, *Erdäpfelnudeln, Fleischnudeln, Specknudeln, Spinatnudeln*, während die *Kletzernudeln* Kletzen (gedörrte Birnen) mit Rum, Zucker und Zimt enthalten. Aus diesen Kletzen wird auch ein Kletzenbrot gebacken.

Weitere Kärntner Spezialitäten wurden schon in den Absätzen über andere Ostregionen Österreichs behandelt, *Ritschert, Sterz* und *Schmarren*. Auch den süßen *Dampfnudeln* aus Germteig (Hefeteig) mit Marillenmarmelade (Aprikosenkonfitüre) begegnen wir anderwärts, während der *Reinling*, ein Hefekuchen mit Rosinen, Nüssen und Zimt, wieder typisch kärntnerisch zu sein scheint.

Wenn er nicht Bier trinkt, greift der Kärntner zum *Most*, Apfelwein – «Komisch, immer wenn i an Most hab', möcht' i a Jausn, und immer wenn i a Jausn hab', möcht' i an Most», sagt der Kärntner Bauer. Die Weine kommen aus den Rebgebieten des übrigen Landes. Und obendrauf, wie es der schöne Brauch der Alpenvölker ist, ein *Obstler* aus Äpfeln, Birnen oder ein Brand aus Wacholder, Fichten, Enzian.

Das österreichische Bundesland **Tirol** umfängt die Dreitausenderregion Osttirol zwischen Kärnten, Italien und Salzburg und das geographisch getrennte Nordtirol, das sich zwischen Italien, Salzburg, Vorarlberg, der Schweiz und Bayern erstreckt, während das Südtirol jenseits des Brenners nach dem Ersten Weltkrieg an Italien fiel, «Tirol grenzt an Tirol» (Hans Weigel). Es empfiehlt sich deshalb, bei diesem Abschnitt auch im Kapitel Italien unter dem Stichwort «Alto Adige» nachzulesen.

Selbst im verbliebenen österreichischen Teil nimmt Tirol eine Sonderstellung ein, das «Land im Gebirg» hat sich durch alle Wechsel hindurch seine trotzige, katholisch verbrämte Eigenständigkeit zu wahren gewußt, dafür zeugen schon die Muttergotteskapellen, Marterln und Herrgottswinkel im «heiligen Land Tirol» und die einprägsamen Trachten, dunkles Kleid oder schwarzer Rock und blauer Schurz mit Haube und Halstuch bei den Frauen, Kniebundhose, bunte Wadenstrümpfe, kunstvolle Joppe und breitkrempliger Hut bei den Männern, werden noch heute bei den vielen Prozessionen und Schützenfesten landein, landaus getragen.

Die Geschichte Tirols kann man von den eindrücklichen Fresken an den alten Bürgerhäusern ablesen in der Haupt- und Ferienstadt Innsbruck, deren Wahrzeichen das «Goldene Dachl» ist, ein Prunkerker aus dreierlei Marmor mit feuervergoldeten Kupferschindeln. Wer mehr erfahren will über die Historie Tirols, dem sei das Volkskunstmuseum empfohlen mit seiner Krippenausstellung, den Originalstuben, Bauernmöbeln, Trachten und Fasnachtsfiguren.

Unmittelbar vor Innsbruck erhebt sich das Hochgebirge mit Almland und Gletschern zwischen Karwendel und Arlberg, das Tirol zum klassischen Kletter-, Kraxel- und Wintersportland gemacht hat, St. Anton und Kitzbühel, um nur die zu nennen, sind internationale Markenzeichen geworden. Vom westöstlich verlaufenden Inntal, der Lebensader Tirols, zweigen kleinere und größere Seitentäler ab, als deren Muster das vielbesungene Zillertal gelten kann. In ihnen hat sich urtümliches Brauchtum gegen allen Touristenrummel und trotz aller Volksmusiktümelei zu halten gewußt.

Das gilt auch für die Tiroler Küche, wobei es schwer zu entscheiden fällt, ob das nahe Südtirol sie geprägt hat oder umgekehrt. Aus den Gnocchi wurden *Nockerln*, die *Schlutzkrapfen* sind Ravioli mit Fleisch-, Hirn-, Sauerkraut-, Spinat oder Kletzen-, Dörrbirnenfüllung, mit sahnigen Kartoffeln heißen sie *Schlickkrapfen*. Der köstliche *Tiroler Schinken* ist ein Vetter des friulanischen Prosciutto, und hier wie dort liefern die glasklaren Gebirgswasser Äschen, Bachsaiblinge, Forellen und selbst Huchen. Zu ihnen paßt die *Tiroler Soß*, eine Mayonnaise mit Tomatenmark.

Unverkennbar einheimisch sind dagegen das *Tiroler Mus*, ein dünner, aber nahrhafter Grießbrei, die *Gerstlsuppe* aus Graupen und Gemüse, und der kernig zarte *Bauernspeck* hat den Namen Tirol kulinarisch gar in alle Welt getragen, kleingewürfelt gibt er vielen Gerichten Rasse und Würze. Er gehört in die *Tiroler Knödel* aus Semmelbrot, Bauchspeck, Rauchspeck, Milch und Eiern, Zwiebeln, Petersilie und Muskat, der «zu Wasser» in einer kräftigen Rindsuppe schwimmt, «zu Land» mit Kraut und Fleisch oder Salat serviert wird.

Das ebenfalls legendäre *Tiroler Gröstl* ist ein schmackhaftes Mischgericht aus Schweineschulter, Kalb- und Rindfleisch, Kartoffeln, Zwiebeln und Majoran, oft mit in Milch verquirlten Eiern übergossen. Eine andere Leibspeise des Tirolers ist der Schweinsbraten, der nicht nur sonntags auf den Tisch kommt. Etwas feiner ist die *Tiroler Leber*, eine in Weißwein und Fleischbrühe mit Butter, Mehl, Speck, Zwiebel gebratene Kalbs-, auch Schweineleber. Natürlich gibt es von den bewaldeten Hügeln Kräuter, *Schwammerln*, Pilze, und Wild vom Hirsch, Reh bis zur *Gams*, Gemse.

Die *Zillertaler Krapfen* sind nicht etwa süß, sondern mit geraspelten Kartoffeln und Schnittlauch in saurer Sahne gefüllte Nudelteigtaschen, die Ravioli lassen grüßen. Süß hingegen sind Fettgebackenes und die in ganz Österreich üblichen Mehlspeisen, während man die *Nigelen* oder *Paunzen* wohl nur in Tirol antrifft, schmalzgebackene Krapfen mit Honig und Mohn. Die *Schwarzplententorte* ist ein Kuchen aus Buchweizenmehl, Eischnee und Preiselbeermarmelade, der mit Schlagsahne verziert wird.

Die einzige Käsespezialität Tirols ist der erfrischend würzige *Graukas*, ein magerer, mit Schimmel durchwachsener Sauermilchkäse, der mit Essig, Öl und Zwiebeln auf die Brettljause gehört, den Hunger stillt und Durst macht. Ihn löscht der Tiroler mit Bier, der Purist mit Buttermilch, während er den Wein vorwiegend aus dem benachbarten Südtirol bezieht. Vor, zu oder nach dem Mahl genehmigt er ein hausgebranntes Schnapsl aus Äpfeln und Birnen, den *Obstler*, oder aus Enzian, Holunder, Wacholder, Zirben (Bergkiefern) und was sich sonst noch alles brennen läßt, der Phantasie und dem Geschmack sind keine Grenzen gesetzt. Wenn irgendwo, so gilt besonders in Tirol, daß Speis und Trank die Seele zusammenhalten.

Das Bundesland **Oberösterreich** liegt beidseits der Donau vom Unterlauf des Inn im Westen bis zur Enns im Osten, und drei seiner Regionen, das Inn-, Mühl-, Trauviertel, sind auch nach Flüssen benannt, die als Schnittlinien alle für dies Land am Nordrand der Alpen bestimmend sind; der geographische Leckerbissen sozusagen, das «Gustostückl», ist das Salzkammergut, das seinen Namen dem Salzbergbau seit frühester Zeit verdankt.

Oberösterreich ist landschaftlich viergeteilt: im Alpenvorland mit waldbegrünten Hügeln Forstwirtschaft, Acker-, Obstbau und Viehzucht, im Mittelland Eisen-, Stahl- und chemische Industrie, im Norden der Böhmerwald, dessen reine, weihevolle Schönheit Adalbert Stifter so wunderbar beschrieben hat, und im Westen das allsommerlich von Fremden überlaufene Salzkammergut.

Auf einer Flußterrasse über der Donau – also im Gegensatz zu Wien wirklich am Strom – liegt die Hauptstadt Linz mit barocker Altstadt und scheußlichen Betonklötzen in den Außenquartieren, mit einem wuchtigen Schloß, zweischiffigen Dom und Rathaus am prachtvollen Hauptplatz. Im Zuge der Modernisierung hat sich Linz von der Provinz, auf die es sich ja reimt, zur bedeutenden Industriestadt entwickelt. Das ist der «Eisenstadt» Steyr schon früher gelungen, obwohl auch sie noch ein nostalgisches Stadtbild vorzeigt. Gmunden ist der Hauptort des Salzkammerguts, einst Umschlagplatz des Salzhandels, heute Kur- und Sommerfrische, und in Bad Ischl erholte sich Kaiser Franz Joseph I. vom Hofzeremoniell und Regieren, im Lehár-Haus, in der Hofbäckerei Zauner und im «Weißen Rössl» am nahen Wolfgangsee kann man nach Noten in Operettenseligkeit schwelgen.

Traunsee, Attersee, Mondsee, Wolfgangsee und noch andere Gewässer liegen wie Perlen in einer Schmuckschatulle, ein wahres Weltwunder jedoch ist das abseits gegen Linz zu gelegene Stift St. Florian, einer der edelsten Bauten des österreichischen Barock, in dem immer noch die inbrünstige Musik Anton Bruckners zu schweben scheint, des «Musikanten Gottes», der hier vom «Singknaben» zum «systemierten Schulgehilfen» aufrückte.

Gemeinhin wird Oberösterreich kulturell trotzdem als selbstgenügsam und wenig aufregend geschildert. Es hat jedoch, das sei nicht vergessen, über seine Grenzen hinaus manchen wirkungsvollen Anstoß gegeben. Neben den bereits Genannten wurde Hermann Bahr, Regisseur, Schriftsteller und geistvoller Deuter seiner Zeit, in Linz geboren, lebte der expressionistische Zeichner Alfred Kubin in Zwicklecht, starb der umstrittene Dramatiker und Unruhestifter Thomas Bernhard in Gmunden, verführte das Land der lieblichen Täler und Seen einen Lenau, Hebbel, Strindberg, um nur sie zu nennen, zum Dichten. Daß die unheilvolle Bahn eines gewissen Adolf Schicklgruber alias Adolf Hitler in Braunau am Inn ihren Lauf nahm, sei diskret beschwiegen.

Die Küche Oberösterreichs ist unzweideutig auf dem Boden der Pfanne geblieben, obwohl die *Wasserhenn* nicht etwa ein Geflügel ist, sondern Semmelknödelstücke in heißer Rindsuppe, und das *Bratl* ein mit Bier beträufelter Käse mit Salz und Pfeffer. Es heißt, daß der *Kaiserschmarrn* hier zu seinem Namen kam, diese feine Mehlspeise aus Milch, Mehl und Eiern wurde Kaiser Franz Joseph in seinem Jagdrevier jeden Morgen zum Frühstück aufgetischt; heute ist er mit Butter und Rosinen eine weltbekannte Süßspeise, zu der meist *Zwetschkenröster*, Zwetschgenkompott gehört.

Aus der Donau und den Seen kommen Fische, Zander, *Reinanken*, Blaufelchen und viele andere, die als *Steckerlfische* am Haselnußstab über offenem Holzfeuer knusprig braun gebraten werden, von den Donau-Auen Spargel und Frühgemüse, aus dem Voralpenland Obst und Most, und in den Gebirgswäldern gibt es Wild, Beeren und *Schwammerln*, Pilze; in Grieß gedünstete *Eierschwammerln* Pfifferlinge heißen zärtlich *Fillingsmandln*. Am Zusammenfluß von Enns und Steyr wird noch der *Flößerbraten* zubereitet, ein Sauerbraten ohne Knochen mit Knoblauch, Kümmel, Paprika, Pfefferkörnern und Wacholderbeeren. Die *Innviertler Rein* ist ein breiter Kochtopf voll Fleisch, Wurst, kleinen gefüllten Knödeln und Kraut.

Topfen, Quark, wird mit Sahne und Schnittlauch vermengt, und die von Mönchen zuerst hergestellten *Kloster-, Schloßkäse*, weich mit Schmiere, sind weit verbreitet. Der ihnen ähnliche, mild säuerliche *Mondseer* ist eine Spezialität des Salzkammerguts.

Die *Beichtprofesen* oder *Butzenscheiben* sind nicht in Milch, sondern in süßem Most eingeweichte Weißbrotscheiben, die mit Marmelade gefüllt in Fett ausgebacken werden. In die *Lebzeltenomelette* kommen hingegen Lebkuchenbrösel, Gewürze, Haselnüsse und Rum. Und natürlich gehört auch die *Linzer Torte* hierher aus «Linzerteig», einem Mürbeteig mit Biskuitbröseln, geriebenen Mandeln oder Nüssen, gemahlenen Gewürznelken und Zimt, der mit *Ribisel-*, Johannisbeergelee oder Himbeermarmelade bestrichen und einem Teiggitter bedeckt ist.

Most – der hier mehr ist als ein simples Volksgetränk – und Bier sind der Trunk des Oberösterreichers, aber natürlich gibt es hier überall auch die guten österreichischen Weine aus den andern Ländern.

Der Name **Salzburg** könnte Verwirrung stiften: Zum einen gilt er nämlich dem ganzen Bundesland, zum andern seiner Hauptstadt. Und mehr noch: Zum Salzburger Land wird oft das ganze Salzkammergut gezählt, obwohl mehr als zwei Drittel dieser Berg- und Seenlandschaft, wir wissen es bereits, zu Oberösterreich gehören, in den Rest nur teilen sich die Steiermark und, eben, Salzburg. Dessen magischer Klang aber läßt alle Tüfteleien vergessen, ihm erlag auch Hugo von Hofmannsthal: «Herz vom Herzen Europas in der Mitte zwischen Süd und Nord, zwischen Berg und

Ebene, zwischen dem Heroischen und dem Idyllischen, zwischen dem barocken Fürstlichen und dem lieblich, ewig Bäurischen.»

Das Salzburger Land erstreckt sich von der flachen Seenplatte an der Grenze zu Oberösterreich bis zu den Hohen Tauern im Süden, von grünem Hügelland bis hinauf zu den Gletscherregionen. Der abgeschiedene, waldbestandene Lungau im Südosten erinnert mit den Walmdächern seiner Bauernhöfe an das benachbarte Kärnten. Der Pongau ist das Herzstück des Landes, durch den Pinzgau fließt der Hauptfluß, die Salzach. Wald wechselt mit Weideland, die robusten Pinzgauer Pferde und Rinder sind berühmt, aber auch der alte Marktplatz Zell am See hat als Fremdenverkehrsort eine große Anziehungskraft. Im Tenngau, dem Vorgarten der Stadt Salzburg entlang der Salzach, befinden sich über dem spätmittelalterlichen Hallstein die Salzlagerstätten, deren «Weißes Gold» dem ganzen Land Namen und Reichtum gab. Badgastein und Bad Hofgastein sind seit der Römerzeit vielbesuchte Thermalheilbäder. Wer einer Kur vorbeugen will, der benutze die vielen Möglichkeiten zum Wintersport.

Weiter die Salzach entlang auf ihrem Weg durch den Flachgau, der nicht flach ist, sanft hügelig, zum Inn, kündet die herrscherliche Festung Hohensalzburg auf einem Felsen von weitem Salzburg an, die «Schöne Stadt» Georg Trakls, eines ihrer Söhne. Sie verdiente wieder einmal ein eigenes Kapitel, aber wir können hier ihr Gesicht nur in groben, lückenhaften Zügen nachzeichnen: den mächtigen Dom, St. Peter mit dem «traumverschlossenen» Friedhof, die hohe, lichtdurchflutete Franziskanerkirche, die Pferdeschwemme und die Altstadt mit ihren Torbögen und Durchhäusern, die Getreidegasse mit ihren schmiedeisernen Zunft-, Handwerks- und Geschäftsschildern, an der Wolfgang Amadeus Mozart geboren wurde. Sein beschwingter, beschwingender Geist schwebt noch über der Stadt, obwohl, das wollen wir nicht vergessen, er selbst sie gar nicht geliebt hat, «von Salzburg will ich nichts mehr wissen», rief er zornig aus, nachdem er mit einem fürstlichen Fußtritt aus dem erzbischöflichen Dienst entlassen worden war. Nach dem Gassengewimmel bieten die Lustschlösser mit ihren Gartenanlagen, mit zugeschnittenen Buchbaumhecken, Bosketten und Blumenflor Verschnaufpausen, Mirabell mit dem Zwerglgarten voller barocker Marmorskulpturen, Hellbrunn mit den Wasserspielen voller nasser Überraschungen.

1920 inszenierten Hugo von Hofmannsthal und Max Reinhardt auf dem Domplatz den «Jedermann», das Spiel vom reichen Mann, und daraus erwuchsen die wohl berühmtesten Festspiele, an denen der Welt beste Dirigenten, Musiker, Sänger und Schauspieler auftreten. Von Ende Juli bis Ende August herrscht überhitztes Treiben, in der gar nicht toten Saison haben die Einheimischen trotz Adventssingen, Christkindlmarkt, Oster-, Pfingstwochen wieder Zeit zum Zeitunglesen in den Kaffeehäusern, «im Oktober oder April sollte man eigentlich hierherkommen, dann findet man ein Dorf, das Salzburg zum Verwechseln ähnlich sieht», rät Hans Weigel.

In einem Lobspruch auf Salzburg rühmte Hans Sachs, der mittelalterliche Schuhmacher und Meistersinger, die Produkte des Landes, die Fische aus den Gebirgsbächen und Seen, das Wild aus den Wäldern, das vortreffliche Bier. An dieser Naturnähe der Salzburger Küche hat sich nicht viel geändert. «Alles ist von Holz. Das hölzerne Küchengeschirr steht auf hölzernen Stellen, die außen an den Häusern angebracht sind, um welche hölzerne Gänge herumlaufen», berichtete Franz Schubert 1825 von einer Ferienreise ins Salzburgische. Und in solch ländlicher Umgebung wird der *Schmarrn* auch aus *Erdäpfeln*, Kartoffeln, Grieß und Früchten bereitet, aus Äpfeln, Birnen, Heidelbeeren, Kirschen und Zwetschgen. Die *Hasenöhrln* oder *Polsterzipfln* sind gebackene, ausgewalkte Teigecken, die gezuckert und mit *Apfelmandl*, Apfelmus, *Holler-*, Holunder- oder Zwetschgenkompott gegessen werden.

Das *Lingerl* ist eine säuerlich gewürzte Suppe aus vorgekochten Streifen Lunge und Hachse vom Schwein oder, feiner, Kalb. Der *Reindlbraten* wird zusammen mit rohen Kartoffeln gekocht, und das *Katzeng'schroa* ist ein Ragout aus klein gewürfeltem Kalb-, Rind- und Schweinefleisch. Zu diesen Gerichten wird gern ein *Specksalat* gereicht aus knusprig gebratenen Speckwürfeln mit «abgebratenem» Kopfsalat, die mit Essig, Salz und Zucker abgeschmeckt werden.

Im Pinzgau bäckt man altertümliche *Gebildbrote* in sinnbildlichen Formen, einen *Hirschkopf*, *Krampus*, Knecht Ruprecht, *Laiben* zu Weihnachten, *Osterfleck* zum Frühlingsfest oder ein süßes *Klotzenbrot* aus gedörrten Birnen, Zwetschgen, Nüssen sowie Feigen, Rosinen und *Pignolen*, Pinienkernen, sie sollen Gesundheit, Glück und Segen spenden. Die berühmten *Salzburger Nockerln* zum Schluß wurden schon am Hofe der lebenslustigen Fürsterzbischöfe zubereitet, eine Zauberei aus pflaumengroßen Klößen aus Biskuitmasse, die in Milch oder heißer Butter hellbraun gebacken und mit Zucker bestreut werden. Die Salzburger behaupten, mit nichts anderem habe einstmals Eva den Adam verführt. Die gleichfalls berühmten *Mozartkugeln* aus Pistazienmarzipan in einer Nougathülle sind hingegen weniger verführerisch, der Feinschmecker scheut sich, sie in einem Atemzug mit dem Namen des genialen Tonschöpfers in Verbindung zu bringen, sie sind nichts als fett und kitschsüß, also gar nicht mozärtlich.

Zum Abgewöhnen und Abschiednehmen werfe man vom Untersberg einen letzten Blick voller Wehmut und Sehnsucht auf die in der Sonne südlich schimmernde, aber auch unter dem obligaten Schnürlregen silbern glänzende Stadt Salzburg mit ihren blaßgrünen Türmen, Kuppeln und Flachdächern.

Das westlichste und kleinste Bundesland Österreichs ist **Vorarlberg**, es grenzt an Tirol, Liechtenstein, die Schweiz und Deutschland. Dieses Einzugsgebiet des Rheins umfängt auf kleinem Raum eine erstaunlich vielfältige Landschaft, vom Bodensee und der weiten Rheintalebene, altem Kulturboden, zum Bregenzerwald, dessen «Wälder» Häuser mit Holzschindeln und Blumenschmuck Behaglichkeit ausströmen, zu den Allgäuer Alpen mit dem Arlberg, Wiege des alpinen Skisports. Noch weiter hinauf gelangt man zum Rätikon an der Grenze zur rätoromanischen Schweiz und zu den gewaltigen, vergletscherten Verwall- und Silvrettagruppen in den Zentralalpen.

«Eigene Mentalität» und «eigenständiges Denken» sind die Stichworte, die einem zum Vorarlberger einfallen, den nicht nur räumlich hohe Berge vom übrigen Österreich trennen, er hat, wie der k. k. Doppeladler, zwei Gesichter, er ist, in dieser Reihenfolge, Alemanne und Österreicher, fleißig, tüchtig und dem Leben zugewandt.

So ist das «Ländle» bei allen landschaftlichen Reizen hochindustrialisiert, Kirchtürme wechseln mit Fabrikschloten, und zu solcher Industrie darf man auch den stark entwickelten Fremdenverkehr zählen. Im Juli und August finden in der Hauptstadt Bregenz auf der Seebühne am Bodensee vielbesuchte Festspiele statt, wobei der Feinschmecker zusätzlich zu schätzen weiß, daß hier einige innovative Köche wirken, die beweisen, daß es – wie in anderen Landesteilen auch – eine vielversprechende neue österreichische Küche gibt.

Im Winter herrscht in den Gebirgsregionen Hochbetrieb, in den Walsertälern, wohin im 14. Jahrhundert tüchtige Bergbauern aus dem Schweizer Wallis zuwanderten, im Montafon, das Ernest Hemingway 1925 für den Skiurlaub entdeckte, um die Bergsteigerstadt Bludenz und auf dem Arlberg, wo der Ski das Wedeln lernte und die mondänen Orte Zürs und Lech dem verwöhnten Gast alles bieten, was er für Sport und Après-Sport verlangt.

Zwei Drittel der Bevölkerung Vorarlbergs leben zwischen Bodensee und Bregenzerwald, einer blühenden Landschaft voller bewässerter Wiesen, Obstanger, aber auch, es wurde schon gesagt, Industrieanlagen. Wer etwa von der Messestadt Dornbirn nach Lustenau kommt, wird kaum ahnen, daß er sich in einem der größten Stickereizentren der Welt befindet. Hier bewähren sich die alemannischen Tugenden Fleiß, Handfertigkeit und Geschäftstüchtigkeit.

Alemannisch mit einem Schuß Österreich ist auch die Küche Vorarlbergs. Hier gibt es die bewährte *Flädlesuppe* mit dünnen Pfannkuchenstreifen und die *Käsknöpfle* oder *Käsespätzle*, in kochendes Salzwasser geschabte Teigstückchen mit Lagen aus drei verschiedenen Sorten geriebenem Käse, die mit angebräunten Zwiebeln oder Brotbröseln von heißer Butter übergossen werden. Fehlt der Käse und jede weitere Zutat, werden die Knöpfle, eine willkommene Beilage, zu *nackten Spätzle*. Selbstverständlich gibt es in diesem trotz aller Geschäftigkeit bäurischen Land auch manche Suppe, die *Brennsuppe* aus mit Butter gebräuntem, in Wasser aufgerührtem, mit Kümmel gewürztem Hafer-, Mais- oder Weizenmehl, die *Eintropfsuppe*, eine Einbrenne mit geschlagenem Ei, Mehl und Salz, die *Gerstensuppe*, die mit Lauch, Möhren, Speck, Kräutern und Sahne angereichert und in der *Selchfleisch*, gekochtes oder gebratenes geräuchertes Schweinefleisch, mit gekocht wird, oder die *Grießknödelsuppe*, deren Knödel mit Schinken und Schnittlauch durchzogen sind.

Fleisch kam einst nicht jeden Tag auf den Tisch, wenn, dann war das *Diegene* ein Fest, Selchfleisch mit Sauerkraut und Kartoffeln. *Saure Nieren* mit süßsauren Gurken und Sahne werden zu «nackten» Spätzle serviert, der *Hafaloab*, ein «Topflaib» aus Nudelteig, wird in einer kräftigen Brühe gekocht, mit Speck oder Rauchfleisch gefüllt und in Scheiben geschnitten.

Die Würste haben wieder alemannischen Zuschnitt, und im Vorarlberg werden sie auch gern auf besondere Art zubereitet: die *Bratwurst im Häß*, «im Kleid», ist eine enthäutete, mit Ei und Semmelbröseln panierte, in heißem Fett oder Öl ausgebackene Bratwurst, das *Harder Kotelett* ist ein enthäuteter, längs geteilter, in Fett gebratener Schübling mit Spiegelei.

Was dem Österreicher sein Schmarren, ist dem Vorarlberger sein *Riegel*, ein Brei aus Mais- oder Weizengrieß und Butter in kochender Milch, der abgekühlt in Butter oder Öl gebraten und in kleine Stücke zerstochen wird; ihn kann der Vorarlberger morgens, mittags und abends essen. Von den Bergen kommt der *Spiggel*, mit Mehl, Butter, Salz und Pfeffer angerührter *Topfen*, Quark. Das *Schwozamus* aus dem Bregenzerwald ist ein Brei aus Weißmehl, viel Sahne, Salz und Wasser, der mit heißem Butterschmalz verdickt wird. Auf den Voralberger Almen werden zudem *Bergkäse* hergestellt, milde Hartkäse, die gut gelagert am besten schmecken.

Der erprobte Flädleteig läßt sich auch süß herrichten, er wird dann zur eigentlichen Mehlspeise: Die *Ofenkatze* ist ein mit gemischtem Obst bedeckter Hefeteig, der mit viel Butter in der Pfanne oder im Rohr, dem «Ofen», gebacken wird. Die *Äpfelkratzl* sind in Butter gedünstete Apfelschnitte, mit eierreichem Schmarrenteig übergossen und mit Sultaninen bestreut gebacken, und das *Burahockerle* besteht wieder aus dem beliebten dicken Flädleteig, den man mit geschlagenem Eiweiß verfeinert; in schwimmendem Fett bäckt man ihn löffelweise heraus.

Wie in allen Alpenländern gibt es in Vorarlberg neben Bier und Most Schnäpse aller Art, aber typisch alemannisch sind wieder das *Kriesewasser*, ein Kirschenbrand, der *Zwetschkeler*, ein Zwetschgenwasser, und der *Surbierer* aus kleinen «Saubirnen», die sonst nur als Viehfutter taugen. Sparsamkeit und Findergeist, das gehört zur Wesensart des dem Schwaben verwandten Vorarlbergers.

Wir haben eingangs versprochen, ein paar Worte über die Weine Österreichs nachzutragen, denn auch sie gehören bekanntlich zum guten Essen. Vorausgeschickt sei, daß man die 1985 aufgedeckte skandalöse Glykosepantscherei getrost vergessen darf, denn Österreich hat heute eines der streng-

sten Weingesetze überhaupt. Das Wienerlied hat also recht: «Es wird ein Wein sein...».
Im großen und ganzen sind vier der neuen Bundesländer eigentliche Weinregionen, in der Reihenfolge des Ertrags Niederösterreich, das Burgenland (mit den feinsten und ausdrucksvollsten Kreszenzen), die Steiermark und Wien. Überall verbreitet ist der *Grüne Veltliner*, anregend säurebetont und spritzig, ein rechter Heurigenwein. Der *Grüne Sylvaner* aus der Steiermark trinkt sich ebenfalls leicht, er hat ausgewogene Säure und Frucht. Unter den Weißweinen folgt der lieblich-blumige *Müller-Thurgau*, der vor allem in Niederösterreich und der Steiermark angebaut wird. Der *Welschriesling* hat in Österreich Tradition, er ist entweder leicht und zart fruchtig, besonders im Burgenland, oder als Trockenbeerenauslese von hinreißendem Bukett. Der *Rheinriesling*, unser Riesling, ist ein weiterer Spitzenwein aller Gebiete, der in ausgesprochenen Südlagen wächst, finessenreich und elegant; aus ihm wird auch ein ausgezeichneter Sekt hergestellt. Der *Weißburgunder* tritt in zwei Spielarten auf: vor allem in der Steiermark als kompakter, saftiger *Chardonnay*, in Niederösterreich und Wien als spritzig frischer *Klevner*. Der *Traminer*, dem ja ein Ort in Südtirol den Namen gegeben hat, ist alkoholreich würzig mit wenig Säure. Daneben gibt es in Österreich noch einige weiße Spezialitäten: der *Neuburger*, mild, kräftig und voll, wird besonders im Burgenland und in Niederösterreich gepflegt, der *Muskat-Ottonel* aus den gleichen Gebieten ist ein fülliger «Schmeckerter» mit ausgesprochenem Muskatbukett. Der extraktreiche, säurearme *Frührote Veltliner* wird wieder hauptsächlich in Niederösterreich angebaut. Die *Bouviertraube*, voll und mild, ist ein Produkt aus dem Burgenland und der Steiermark. Nur im Rebgebiet um Baden bei Wien schließlich wachsen zwei besondere, in ganz Österreich und darüber hinaus bekannte österreichische Weine, der *Zierfandler*, rassig verspielt, und der ihm ebenbürtige *Rotgipfler*, würzig und alkoholreich; sie beide werden zum allseits beliebten *Gumpoldskirchner* verschnitten.
Der *Schilcher* ist eine Spezialität der Weststeiermark, ein feinsäuerlicher, würzig aromatischer Rosé.
Die führende rote Rebsorte Österreichs ist der *Blaufränkisch*, ziemlich herb, aber gehaltvoll und lagerfähig. Daneben ist der *Blaue Portugieser* verbreitet, ein fester, robuster Heurigenwein, der meist offen ausgeschenkt wird. Die *St.-Laurent-Traube* wird fast nur noch in Österreich angebaut, dort aber mit Erfolg, denn sie bringt geschmeidige, samtige Weine hervor. Ähnliches gilt für den *Zweigelt Blau*. Der *Blauburgunder* aus Niederösterreich und dem Burgenland zuletzt ist einer der edelsten Rotweine Österreichs, körperreich und vollmundig.
Der weiße *Ausbruch* aus dem Burgenland verdient eine besondere Erwähnung. Er wird aus edelfaulen oder überreifen, natürlich eingetrockneten Beeren hergestellt und ist einer der weltbesten Süßweine, man sollte sich ihn nicht entgehen lassen.

Was in Tirol an Wein produziert wird, kommt aus dem italienischen Süden, und auch in den übrigen Bundesländern gibt es da und dort gute Tropfen, die einen Versuch lohnen. Diese kurze Übersicht soll aber genügen, denn ob Tafelwein, Landwein, Qualitätswein, ob Kabinett- oder Prädikatwein, auch der Vinophile oder, um im Lande zu bleiben, Weinbeißer weiß, daß er in Österreich auf seinen Geschmack, auf seine Kosten kommt, die österreichischen Weine brauchen wie seine Küche keinen Vergleich zu scheuen.

Ozeanien ↑ Südsee

P

Panama ↑ Mittelamerika

Paraguay ↑ Südamerika

Persien bis 1935 und von 1949 bis 1951 Name von ↑ Iran

Peru ↑ Südamerika

Philippinen ↑ Südostasien

Polen Die Republik Polen, Polska Republika, ist ein flachhügeliges Land zwischen Karpaten und Ostsee, nur im Süden und Südwesten von Gebirgsketten begrenzt. Bis zum fernen Horizont erstreckt sich endlose Weite, der satt gelbe Flachsfluren, grün schimmernde Getreidefelder, weiß blühende Obstbäume ihr Gepräge geben, Birkenwälder, Weiden und Äcker, die wie seit alters oft noch von Ochsengespannen bestellt werden, und lange Alleen, die Pferdefuhrwerke in versteckte Dörfer mit Gänseherden auf den Angern führen (geographische Lage siehe S. 808).
Die Küste der Ostsee, Bałtyckie Morze, des «Baltischen Meers», im Norden ist über 500 km lang, von der Insel Usedom, die noch halb zu Deutschland gehört, bis zum Frischen Haff, das schon nach Rußland hineinragt. Im Sommer herrscht dort, wo das Wasser noch nicht oder nicht mehr verschmutzt ist, am weißen Strand reges Badetreiben. Einwärts dehnt sich eine Landschaft mit mehr als tausend Seen und dichten Wäldern voller Blaubeeren, *czarne jagody*, und Pilzen, *grzyby*. Die Sudeten und das sagenumwobene Riesengebirge im Westen zwischen Śląsk, Schlesien und Böhmen sowie die alpinen Karpaten laden zum Wandern und Klettern, im Winter in der Hohen Tatra bei Zakopane zum Skilaufen. Nach all diesen Schönheiten wirkt das oberschlesische Kohlenrevier um Katowice bedrückend, es hat neben dem Eisen- und Stahlkombinat von Nowa Huta, einem nordöstlichen Vorort Krakaus, Polen jedoch zu einem wichtigen Industrieland gemacht.
Der Pole mußte sich durch Jahrhunderte gegen Fremdherrschaft wehren, zuletzt gegen die braunen und roten Barba-

ren. Es spricht für seine Lebenskraft, daß er immer wieder aufbaute, was brutale Unterwerfer, die sich oft zynisch «Befreier» nannten, zerstört hatte, «nach jedem Krieg muß jemand aufräumen; leidliche Ordnung kommt doch nicht von allein», steht im Gedicht «Ende und Anfang» der Literaturnobelpreisträgerin Wisława Szymborska. Und aller Unbill zum Trotz hat er sich, es ist bewundernswert, seine Weltoffenheit bewahrt, in seinem Land eine Multikultur entwickelt, die Fremdes aufnimmt, Eigenes weitergibt. Von Toruń, Thorn an der Weichsel aus veränderte der Astronom Kopernikus das mittelalterliche Weltbild, ein weiterer Nobelpreisträger, Isaac Bashevis Singer, wuchs ebenfalls an der Weichsel auf, von Polen aus eroberten Polonaise und Mazurka die musikalische Welt, schon bevor sie der aus der Nähe von Warschau gebürtige Fryderyk Chopin in die Salons der Welt trug, der Pianist Jan Paderewski war 1919 bis 1921 sogar der erste Ministerpräsident der wiederhergestellten Republik, Henryk Górecki und Krzysztof Penderecki gehören heute zu den tonangebenden Komponisten, Andrzej Wajda, Roman Polański und Krzysztof Kieślowski sind international führende Filmregisseure, um nur einige wenige herauszugreifen.

Die Hauptstadt Warszawa, Warschau an der Weichsel, der «Königin der polnischen Flüsse», lag am Kriegsende in Schutt und Asche. Heute ist sie wieder eine pulsierende Großstadt, deren graue Straßen nicht darüber hinwegtäuschen dürfen, daß sie zum Königsschloß, Symbol des Polentums, und in eine großartige Altstadt führen, die, ein architektonisches Unikum, Stein für Stein nach Gemälden des Italieners Canaletto rekonstruiert wurde, der im 18. Jahrhundert am Hof des Königs wirkte und dort starb.

Kraków, Krakau wurde seiner abertausend Baudenkmäler wegen von der Unesco in die Liste des World Heritage, des Welterbes, aufgenommen, obwohl es unter der Giftluft des nahen Nowa Huta leidet und zu zerbröckeln droht. Częstochowa ist mit seinem Paulinenkloster auf Jasna Góra, dem «hellen Berg», Stätte der Schwarzen Madonna von Tschenstochau, ein östliches Lourdes geworden, zu dem auch der polnische Papst Jan Paweł, Johannes Paul II., pilgert.

Wrocław, Breslau, nach einer bewegten Geschichte ebenfalls kunstvoll wiederaufgebaut, ist heute eine moderne polnische Stadt, und an der Ostsee zwischen den alten Hansestädten Szczecin, Stettin, Polens wichtigstem Hafen, und Gdańsk, Danzig, Polens «Tor zur Ostsee», deren Backsteinbauten eine reiche, wechselvolle Geschichte wachrufen, liegen die Masuren, die Kaschubische Schweiz, «Land der dunklen Wälder und kristallnen Seen».

In Gdańsk, dies als Nachtrag, gründete der Schiffselektriker Lech Wałęsa, später Staatspräsident der neuen Republik, die unabhängige Gewerkschaft Solidarność, die aus eigener Kraft den Kollaps des Kommunismus nicht nur in Polen, sondern in ganz Mittel- und Osteuropa auslöste.

Es grenzt an ein Wunder, daß der Pole sich trotz seiner Leidensgeschichte Charme, Galanterie und Gastfreundlichkeit zu bewahren wußte, der Nationaldichter Adam Mickiewicz verglich ihn mit einem harten Stück Lava, in dessen Innerem Feuer glüht. Etwas gewagt läßt sich dieses Bild auch auf die polnische Küche übertragen, sie hat weißrussische, ukrainische, jüdische, jenische, litauische und deutsche Elemente aufgenommen und ist östlich rustikal, versteht sich aufs Pökeln und Räuchern, wahrt aber die Wirkkraft und Geschmeidigkeit ihrer Produkte. Der *barszcz* zum Beispiel ist eine nach ukrainischem Muster klare oder mit Sahne angedickte, mit Zitronensaft oder Essig gesäuerte Suppe aus Roten Rüben, zu der man gern warme, fleischgefüllte *pasztety* oder *uszka*, eine Art Maultaschen mit Fleisch- oder Pilzfüllung, ißt. Im Sommer ist der *chłodnik*, eine kalte Version mit saurer Milch, dicker Sahne, Gurken, Radieschen, jungen Zwiebeln und viel Dill, auch einem hartgekochten Ei, wohltuend erfrischend. Die *botwinka* ist eine weitere Art Barschtsch aus jungen Roten Rüben mit ihren kleingeschnittenen Blättern und Stielen. Nahrhaft wohlschmeckend ist auch der *żur* oder *żurek*, eine Suppe aus gesäuertem Roggenmehl und Wurzelwerk mit Wurststücken und Kartoffeln. Weitere polnische Suppenspezialitäten sind aus Sauergurken, *ogórkowa*, Sauerkraut, *kapuśniak*, Sauerampfer, *szczawiowa*, und Pilzen, *grzybowa*.

Vor dem Hauptgang gibt es *zakąska*, Vorspeisen aus Hering mit Zwiebeln, Tatar, *nóżki*, Sülze aus Schweinshachse mit Essig und Meerrettich, geräucherten Aal, Hecht oder Karpfen in Gelee.

«Auf polnische Art» heißt allgemein: mit Sauerkraut und Kartoffeln. Eines der Nationalgerichte Polens ist denn auch der *bigos*, ein Krautgulasch aus Schweinefleisch, Speck, geräucherter Wurst, auch Wildbret mit Sauerkraut, Weißkohl und Pilzen, dem getrocknete Pflaumen beigefügt werden können. «Schwer zu beschreiben ist das Wunder des Bigos, wie köstlich sein Duft, seine Farbe», beschreibt ihn Mickiewicz sogar in seinem Nationalepos «Pan Tadeusz». Dieser pikant-saure Geschmack ist überhaupt ein Merkmal der polnischen Küche: Die *pieczeń wieprzowa*, Schweinebraten, wird wieder mit Pflaumen verfeinert, *dziczyzna*, Wildbret, mit Preisel- oder Moosbeeren, in die mit Majoran und Rosmarin gewürzte *kaczka pieczona*, Bratente, gehört eine Füllung aus säuerlichen Äpfeln, zum *brojler*, Hähnchen, eine solche aus Leber, Fett, Eiern, Weizenbrötchen, Gewürzen und viel Petersilie. *Kotlet schabowy*, Schweinekotelett, wird hingegen nur mit gedünstetem Kraut serviert.

Die vorzüglichen Fische, Aal, Hecht, Karpfen, Stör, Wels, Zander, sind den Fastengeboten der katholischen Kirche folgend von besonderer Bedeutung für den Speisezettel der Polen. Sie werden vielfältig zubereitet, gebraten, gedünstet, paniert, garniert, gefüllt, in Gelee gelegt. Die Sauce dazu, auch wieder süß-sauer, ist eine braune Grundsauce mit Rosinen und Mandeln.

Die auch in anderen Ostländern beliebten *pierogi*, Piroggen, sind Teigtaschen, die mit Hackfleisch oder Sauerkraut und ausgelassenem Speck, süß mit Quark und Sahne oder

geschmolzener Butter gefüllt und übergossen werden. Die *gołąbki*, Kohlrouladen, werden mit Sahne bedeckt im Ofen überbacken. Der Feinschmecker wird schließlich mit Vergnügen vernehmen, daß auch die Kutteln, *flaki, flaczki* in Polen hervorragend gewürzt zubereitet werden.
Als Beilage gibt es reichlich *ziemniaki*, Kartoffeln, aber auch *ryż*, Reis, oder *kasza gryczana*, Buchweizengrütze. Salate werden mit einer Sahnesauce angemacht, statt ihrer wird oft *surówka* zugegeben, sauer eingelegte Rohkost.
Das Feingebäck ist oft französischen Ursprungs, hat in Polen aber wieder ein eigenes Etwas, *napoleonki*, mit Pudding gefüllter Blätterteig, *szarlotka*, Apfelstrudel, *babeczka*, mit Creme und Früchten gefülltes Mürbeteigtörtchen. *Babka* hingegen heißt polnisch nicht nur «Großmutter», sondern ist der allbekannte Napfkuchen, der von hier aus in die ganze Welt ging.
Zu Ostern kommt *mazurek* auf den Tisch, ein phantasievoll mit Früchten, Rosinen und Nüssen dekorierter Mürbeteigblechkuchen. Er bildet oft den Abschluß des überaus üppigen Osterfrühstücks, zu dem hartgekochte Eier, kaltes Fleisch (Weißwurst, Schinken, Kalbfleischpastete), sogar Bigos, Sauermehlsuppe sowie Butter, Brot und Tee gehören. Das bedeutendste kulinarische Ereignis in Polen ist sodann das Heiligabendessen, das traditionell aufgetischt wird, wenn der erste Stern am Himmel aufgeht, und aus zwölf Speisen besteht analog der Zahl der Apostel, wobei Fleisch und Alkohol ausgeschlossen sind; nicht zu verzichten ist hingegen auf *barscz* mit *pierogi* oder *uszki*, Teigöhrchen, eine Art Ravioli, Pilzsuppe, gebratenen Hecht oder, besser noch, Karpfen, Kompott aus Dörrfrüchten und Mohnkuchen. Dazu können noch weitere Speisen kommen, Kohl mit Pilzen und Kartoffeln, mit Erbsen überbackener Reis, Zander, Schleie, Grünkohl mit Eiern, Rotkohlsalat, Mandelpudding, Apfelstrudel, Ananasgelee oder *kutia*, Weizengrütze mit Mohn und Honig.
Im Kapitel über Deutschland haben wir (aus rein kulinarischen, nicht etwa politischen Gründen) die ehemals deutschen Provinzen Schlesien und Ostpreußen aufgenommen (siehe S. 659). Es empfiehlt sich deshalb, auch dort nachzuschlagen – die Gastronomie kennt keine Grenzen!
Zu einer rechten polnischen Mahlzeit (und vorher, nachher) gehört ein *wódka*, eine *wyborowa* aus Kartoffeln, extrafein, oder *żytnia* aus Roggen, während die *żubrówka* aus Mariengras einen so starken Eigengeschmack hat, daß man sie lieber für sich trinkt. Das polnische Bier ist meist leicht und schäumend, aber es gibt auch andere Sorten wie *piwo mocne*, Starkbier. *Miód pitny* ist ein traditioneller Trank aus vergorenem Bienenhonig. Das Lieblingsgetränk des Polen ist jedoch die *herbata*, der Tee; ihn trinkt er wie der Italiener Kaffee, morgens, mittags und abends – auch aus Freude darüber, daß Polen noch nicht verloren und heute wieder Polen ist.

Polynesien ↑ Südsee

Portugal ↑ Pyrenäenhalbinsel

Puerto Rico ↑ Mittelamerika/Antillen

Pyrenäenhalbinsel Die größte der drei südeuropäischen Landzungen wird wegen ihrer vor- und frühgeschichtlichen Bewohner auch **Iberische Halbinsel** genannt. Sie liegt zwischen Atlantik und Mittelmeer und wird durch das Hochgebirge der Pyrenäen gegen das übrige Europa abgeriegelt. Als Brücke zu Afrika und als Vorposten nach Übersee haben ihre Länder Portugal und Spanien (Gibraltar und Andorra wollen wir beiseite lassen) in der Geschichte und Kultur (zu der für uns auch immer das Kulinarische gehört) unseres Kontinents eine folgenreiche Rolle gespielt.
Den Südwesten der Pyrenäenhalbinsel nimmt **Portugal** ein, einer der ältesten Staaten Europas, schon zur Zeit der Kreuzritter gegründet. Sein Drehpunkt war immer das Meer, es brachte Gefahren, aber auch Reichtum. In früher Zeit bereits entdeckten kühne Seefahrer voller Abenteuerlust, Sendungsbewußtsein und Profitgier wie der Infant Heinrich, Bartolomëu Diaz, Pedro Cabral und Vasco da Gama mit ihren Karavellen die Seewege nach Indien, Brasilien, China und Japan, ließen sie sich an der West- und Ostküste Afrikas nieder, und heute noch zählt Portugiesisch zu den Weltsprachen, es wird in Teilen Afrikas, Asiens, Ozeaniens und in Brasilien gesprochen, ist Grundlage vieler Kreolensprachen in Afrika und Asien.
Lisboa, Lissabon, ein Naturhafen an der breiten Mündung des Tejo, die von der längsten Hängebrücke Europas überquert wird, ist Hauptstadt und Herz des Landes, es «hat am Tage etwas Theatralisches, das bezaubert und gefangennimmt, aber nachts ist es das Märchen einer Stadt, die in Terrassen mit allen Lichtern zum Meere herabsteigt wie eine festlich geschmückte Frau, die sich niederbeugt zu ihrem dunklen Geliebten» (Erich Maria Remarque). Trotzdem aber läßt sich heute nicht übersehen: Die ehemals reiche Weltstadt ist verarmt wie eine wenn auch mit Anmut verwelkte Schöne, aber vielleicht macht gerade dies den nostalgischen Charme ihrer winkeligen Gassen aus mit dekorativen Kachelfassaden und Calçadas de mosaicos, Gehsteigen mit schwarz-weißen Mosaiken, durch die eine hundertjährige Straßenbahn rasselt und bimmelt. Klapprige Elevadores, Freiluft-Lifte, bringen einen von der Unter- in die Oberstadt, und überall kann man gemächlich flanieren, denn der Reichtum des Portugiesen heute sind Gelassenheit und Muße. In einem der vielen Caféhäuser kann man eine Ruhepause einschalten bei einer *bica*, einem rabenschwarzen Espresso, einem *vinho do Porto*, Portwein, oder einer *ginginha, guinjinha*, einem Schnaps aus Kirschen, Zucker und Zimt. Auch der portugiesische Weinbrand *brandy, conhaque* ist nicht zu verachten oder der süße Dessertwein *Moscatel de Setúbal*. Die Schnäpse sind aus Baumerdbeeren, *medronhos*,

aus Feigen, *aquardente de figo*, oder aus Weintrauben, *bagaço*. Ein patenter Magentröster schließlich ist der *chá de limão*, eine kleine Tasse heißen Wassers mit einem Stück Zitronenschale. Dazu gibt es *bolos* und *pastéis*, Gebäck, Pasteten und Kuchen, die exotisch süß schmecken und die der Einheimische zu jeder Zeit in Mengen vertilgen kann. Den Tag beschließe man – nach Mitternacht! – in einer schummrigen Tasca, Kneipe (die aufgemöbelten Etablissements überlassen wir den Touristen), wo bei Kerzenlicht zu Gitarre und Mandoline mit gutturaler Stimme Fados gesungen werden, jener melancholische Sehnsuchtsssang von Liebe, Weltschmerz und der Lust am Leiden – wenn es ihm, etwas despektierlich gesagt, ums Heulen ist, singt der Portugiese. Es heißt, aus dem Fado spreche die arabische Seele Portugals, denn vor tausend Jahren herrschten im Lande die Mauren, sie brachten eine Kultur, die noch in vielem nachwirkt.

Anderntags kann man von einem der vielen Aussichtspunkte über der Stadt, dem Castelo São Jorge oder einem Miradouro, «Goldenem Blick», auf Stadt, Hafen und Meer frischen Lebensmut schöpfen. Weitere Sehenswürdigkeiten in der näheren Umgebung sind der Torre de Belém, der «Turm von Bethlehem», ein mächtiger Wehr-, Wacht- und Leuchtklotz, wo die Seefahrer verabschiedet wurden und sich zurückmeldeten, und die kleine Stadt Sintra, das «wunderschöne Eden» Lord Byrons, mit ihren Königspalästen und deren kegelförmigen Küchenschornsteinen, die einen Schluß erlauben auf den gewaltigen Appetit der Monarchen und ihres Hofstaats.

Lissabon, wir wissen es bereits, ist eine Stadt am Meer, und so sind wie im ganzen Land Meeresfrüchte, *mariscos*, und Fische, *peixe*, Grundnahrungsmittel. Das beginnt schon mit den Vorspeisen, *anchovas com azeitonas*, Sardellen mit Oliven, *sardinhas com azeite*, Sardinen in Olivenöl, oder Tomatensauce, *em tomate, carapaus*, marinierte, gebratene Stichlinge, *atum em azeite e cebola*, Thunfisch in Olivenöl mit Zwiebeln, *mexilhãos com limão*, Miesmuscheln mit Zitrone, oder *filetes de lulas*, gebratene Tintenfischringe, aber auch *pernas da rã*, scharfgewürzte, kroß gebratene Froschschenkelchen, sind beliebt oder *petiscos*, scharf eingelegte Karotten, mit Sardinenpaste und dicken Oliven. Dazu ein *Madeira seco*, trockener Madeirawein.

Meeresgetier kann auch unser Begleiter bleiben, es kommt frisch vom Grill auf den Tisch, *pescada*, Seehecht, *espada*, Schwertfisch (der beste kommt aus Sesimbra, einem Fischer- und Badestädtchen an der Südküste), *cherne*, Seebarsch, *linguado*, Seezunge, *rodovalho*, Steinbutt, *ameijoas*, Herzmuscheln, *lulas* und *polvos*, kleine, große Tintenfische, *camarões*, herrliche Garnelen, und was sonst noch. Der *bacalhau seco*, Stockfisch, nicht zu vergessen, den die Seefahrer seit Jahrhunderten schon als haltbaren Proviant auf ihre Entdeckungsreisen an Bord nahmen. Für ihn gibt es in Portugal mehr als tausend Rezepte, der «fiel amigo», «treue Freund» wird gebraten, *assado*, gekocht, *cozido*, gebacken, *a forno*, gedünstet, *estufado*, zerhackt oder am Stück zubereitet. Die Fische alle finden ihren Platz auch in der *sopa de peixe*, Fischsuppe, und in der *caldeirada*, einem köstlichen Fischragout, die beide ihren französischen Schwestern nicht nachstehen.

Das Hinterland Lissabons ist agrarisch geblieben, im Norden Gemüse- und Obstgärten, im Süden Viehfarmen und Plantagen; so fehlt es in Lissabon auch nicht an anderen Lebensmitteln, die *sopa Alentejana* ist eine höllisch scharfe Knoblauchsuppe, nur für Liebhaber, der *cozido a portuguesa* gekochtes Rindfleisch, der *frango na pucara* ein Huhn im Tontopf mit Erbsen, Kartoffeln, Zwiebeln, Räucherspeck, Pilzen, Rosinen und Portwein, das *carne de porco*, Schweinefleisch, der *leitão assado*, gebratenes Spanferkel, oder der *cabrito assado*, ein gebratenes Zicklein.

Nordwärts zieht sich an der **Costa de Lisboa** die mondäne Sonnenküste des **Estoril** hin, wo Aristokraten und Millionäre in königlichen Residenzen am Badestrand und im Casino, bei Golf und Tennis überwintern. Ihr schließt sich die Costa de Prata an, die wasserdurchzogene «Silberküste», die das glitzernde Meer widerspiegelt. Hier liegen die wichtigsten Thermalbäder des Landes, während Coimbra, eine der ältesten Universitätsstädte Europas, der geistige Mittelpunkt Portugals ist und Fátima das Ziel großer Pilgerfahrten, Zentrum des Marienkults. Und wo Wallfahrer sind, wird auch für des Leibes Wohl gesorgt. Neben den üblichen Meeresfrüchten gibt es *leitão*, Spanferkel, und *guisado de cabrito*, ein köstliches Ragout vom Zicklein. Zum Nachtisch werden *pastéis de Feijão*, Bohnenpastetchen, gereicht oder *pastéis de Tentúgal*, Blätterteigpastetchen, mit einer Creme aus *gila*, einem faserigen Kürbis. Die *ovos moles* sind Eierfäden aus Eigelb und Reiswasser. Wem das alles zu süß ist, der versuche den *rabaçal*, einen Schafs- oder Ziegenkäse.

Es folgt die **Costa Verde**, die «Grüne Küste», die ihrem Namen alle Ehre macht, sie ist eine der schönsten Landschaften Portugals, hinter weißen Stränden und hübschen Städtchen tatsächlich immergrünes Gelände, in dem alte Adels- und Herrenhäuser von vergangener Pracht künden und bescheidenere Wohnstätten von der Arbeitsamkeit der Bauern, die hier Mais, Weizen, Kartoffeln und den typischen hohen, langstieligen Kohl anbauen. An Häusern, Bäumen, Stützpfeilern und Stangen entlang ranken die Reben, aus denen der *Vinho verde* gewonnen wird, der nun nicht etwa seiner Farbe wegen so genannt ist, sondern weil seine Trauben nicht ganz ausgereift sind und ein zweites Mal gären – ein erfrischend prickelnder Sommerwein.

Die wichtigste Stadt der Costa Verde ist das reizvoll am rechten Ufer des Rio Douro bis zu seiner Mündung gelegene **Porto**, das dem Land und seinem berühmtesten Wein den Namen gegeben hat. Vier Brücken überqueren den Fluß, und in Vila Nova de Gaia gegenüber kann man in einer der Caves, Kellereien, eben den *Vinho do Porto* degustieren, der im obern Tal des Douro auf schmalen Terrassen an steilen Schieferhängen heranreift und nach einem altüberlieferten Gärstopverfahren hergestellt wird. Seine Reife, seine Eleganz und sein einzigartiger, einschmeichelnd sanfter Duft haben ihn zu einem Sammlerobjekt für Liebhaber in aller Welt werden lassen, denn er kann fünfzig und viele Jahre mehr alt werden.

Eine weitere Spezialität der Costa Verde und des Minho, des Grenzflusses im Norden zum (nicht besonders geliebten) Nachbarland Spanien, ist der *caldo verde*, eine Suppe aus eben dem bereits erwähnten Grünkohl mit Kartoffeln, in die man auch eine Knoblauchwurst geben kann – sie gehört heute zu den Nationalgerichten ganz Portugals. Im bis zur Landesgrenze schiffbaren Douro werden schmackhafte Fische gefangen, *trutas*, Forellen, *salmãos*, Lachse, und *lampreias*, Neunaugen. Auch für fleischliche Gelüste ist gesorgt, «tripeiros», Kaldaunenesser, nennen die Portugiesen die Einwohner von Porto, die aus Kutteln in der Tat mit Speck, Schweinebauch, Schweinsohren, gekochtem Huhn, gebratenen Blutwurstscheiben, Weißen Bohnen und Zwiebeln einen opulenten, aber delikaten Eintopf zubereiten; *tripas à moda do Porto* sind Därme mit Kalbsfüßen, Weißen Bohnen, Möhren und Hartwürsten, *chouriços*. Dazu schmeckt das dunkle, süßlich schwere Maisbrot *broa*. *Arroz*, Reis, wird gern mit Schweineblut gekocht, er dient als Beilage zu Schweinefleisch mit Kümmel und Muskat, *rojões com arroz de sarrabulho*, oder Poularde, *arroz cabidela de frango do campo*.

Nicht nur den Portwein, auch Patisserie und Desserts lieben die Portugiesen süß, man möchte sagen: orientalisch süß, *barrigas de Freira*, eine Art Arme Ritter, *papos de Anjo*, Teigtaschen.

Landeinwärts, das grüne Tal des Douro hinauf, kommt man vom Tejo bis zur Grenze nach Spanien in die Montanhas, eine romantische Bergwelt aus Stein bis hin zu den granitenen Kirchen und Herrenhäusern. Auf dem Weg hinauf zur Serra de Estrela, Naturpark und Wintersportzentrum des Landes, aber sieht man Gärten, Obstbäume, Weinberge und näher gegen die Felsen weite Wälder mit Eichen, Kastanien, Kiefern, Pinien und aus wirtschaftlichen Gründen heute auch Eukalyptusbäumen. Am Fluß Dão wächst der gleichnamige dunkelrote und kernige Wein, auf den Weiden und Feldern wird Landwirtschaft betrieben, die auch der Küche zugute kommt, es gibt Wurst- und Rauchwaren, Ziegenfleisch, Bohnen, *feijões*, den Schinken, *fiambre*, von Chaves, und von den Bergen kommt ein kräftiger Schafskäse, der *queijo da Serra*.

Gegen Süden erstrecken sich die Planícies, die «Ebenen», ein flaches Gelände mit gewellten Korn- und Reisfeldern, Triften, auf denen große Schaf-, Rinder und Schweineherden weiden, und riesigen Korkeichenwäldern, deren elastische, gas- und wasserdichte Rinde ihre Rolle als Flaschenverschluß wohl bald einmal zugunsten der Schraubkappen und Kronenkorken stark verringern wird. Hier ist auch der *gasbacho* zu Hause, dem wir, etwas anders geschrieben, in Spanien wiederbegegnen werden, und aus den Klosterküchen kommen vielerlei süße Eierspeisen, für welche die Portugiesen ja berühmt sind. Die Provinz Alentejo gab ihren Namen einem inzwischen in ganz Portugal beliebten Gericht, dem *carne de porco à Alentejana*, scharf angebratenen Schweinefleischwürfeln mit Muscheln, Weißwein, viel Knoblauch und Lorbeer.

Da kündigt sich schon die Nähe des Meeres an, des sonnendurchglühten Küstenstreifens im Süden. «Al-Garb», den «Westen» nannten die Araber diesen Teil ihres Großreichs, und seit der Rückeroberung 1292 durch die portugiesische Krone hat er diesen Namen behalten, er nennt sich heute noch Algarve. Die kubischen, weißgetünchten Häuser mit verschnörkelten Fassaden, Dachterrassen und verzierten Schornsteinen erinnern immerfort an die Maurenzeit.

Die **Algarve** ist grün und fruchtbar, ein blühender Garten, in dem Öl- und Johannisbrotbäume, Feigen, Granatäpfel, Mandeln, Orangen und Zitronen üppig gedeihen. Den Normaltouristen wird es aber zu den mediterranen Stränden ziehen zwischen Sandsteinfelsen, obwohl es dort heute zugeht wie in Torremolinos und Benidorm, moderne Hotelkästen und riesige Ferienanlagen verschandeln die einst so schöne Landschaft. Trotzdem gibt es vereinzelt noch Flekken und Strände, die ihre romantische Abgeschiedenheit und Stille bewahrt haben – wir werden uns aber hüten, sie hier zu nennen!

Meeresfrüchte und Fische sind auch hier allgegenwärtig, wenngleich die Ausbeute wegen der Überfischung wie anderswo stark zurückgegangen ist. Das Thunfischsteak, um nur es zu nennen, wird mit viel Zwiebeln zubereitet, und allesamt wandern in die *cataplana*, eine Pfanne mit Muscheln und Schweinefleisch in einer aromatischen Tomatensauce mit viel Knoblauch. Die Süßspeisen enthalten vor allem Eier, Feigen und Mandeln.

Zu Portugal gehören auch die **Azoren** und die Inselgruppe **Madeira** im Atlantischen Ozean. Für erstere gilt das hier Beschriebene, zu dem man noch den Fleischeintopf von Furnas auf der Insel S. Miguel hinzufügen könnte, der im festverschlossenen Eisentopf im Dampf der Schwefelquellen gegart wird, und die *alcatra*, ein Rindfleischgericht. Für Madeira lese man im Abschnitt über Nordafrika nach.

«Hier endet die Erde und erwartet uns das Meer», umschrieb der Nationaldichter Luis Vaz de Camões im 16. Jahrhundert sein Heimatland. Seit der «Nelken-Revolution» von 1974 – die Soldaten verweigerten den Schießbefehl und steckten rote Nelken in ihre Gewehrläufe – nimmt Portugal Kurs auf die andere Seite, gegen Westeuropa, wir sollten es nicht allein lassen.

Das Königreich **Spanien** nimmt etwa vier Fünftel der Pyrenäenhalbinsel ein und ist damit um gut ein Drittel größer als Deutschland. Trotzdem haben sich die Klischees erhalten von Caballeros und Toreros, Gitarren und Kastagnetten, Paella und Sangría «bajo el sol», unter der glühenden Sonne des Südens. Das alles ist Spanien, gewiß, aber es ist auch ein Land der Kontraste «zwischen gemäßigten, bewaldeten, feuchten und bewölkten Regionen der nördlichen Peripherie und den sonnigen, mit viel Mühe bewässerten Gebieten der Levante oder den rauhen und wüstenartigen Gegenden des größten Teils» (Fernando Savater). Es ist ein Land auch mit einer reichen Geschichte seit Altertum und Maurenherrschaft, eine Weltmacht im Mittelalter, und mit einer Kultur, die tief auf den Rest der Welt eingewirkt hat. Wieder einmal müssen einige Namen genügen: die Maler von El Greco, Velázquez, Murillo, de Goya bis Picasso, Miró und Dalí, die Dichter, Schriftsteller und Moralisten von Cervantes, Lope de Vega bis Ortega y Gasset und de Madariaga, die Musiker von Domenico Scarlatti (den gebürtigen Italiener dürfen wir wohl dazuzählen, denn er lebte und wirkte von 1729 bis zu seinem Tod 1757 am spanischen Hof) bis Albéniz, Granados und de Falla, die Aufzählung ließe sich fortsetzen. Und überall stößt man auf Baudenkmäler aus Gotik, Renaissance und Barock, auf Burgen, Kriegswehren der Christen gegen die Mauren während der acht Jahrhunderte dauernden Reconquista, Wiedereroberung Spaniens, und Schlösser, auf Kirchen und Klöster. Es lohnt sich also, in Spanien nicht nur Badeferien zu machen, sondern auf Entdeckungsreise zu gehen.

Madrid, die höchste Hauptstadt Europas, liegt auf der kastilischen Hochebene, eine quirlige Metropole, wo der Puls Spaniens schlägt, die allerdings oft unter einer Smogglocke liegt, Quittung für ihre Vitalität. Das soll uns aber nicht hindern, die Sehenswürdigkeiten aufzusuchen, die Madrid in Fülle bietet, die Prachtbauten und Parkanlagen der Altstadt, Madrid «de los Austrias», der Habsburger, die Gassen und Sträßchen, die zur Plaza Mayor führen, einem mächtigen Geviert mit Arkadengängen und Balkonen, den Palacio Real, das barocke Königsschloß an der Plaza de Moro, pompöse Erinnerung an vergangenen Glanz, der Parque del Retiro, eine Anlage mit fünfzigtausend Bäumen, grüner Rastplatz nach allem Gewimmel, und natürlich der Prado, eine der bedeutendsten Gemäldegalerien der Welt, von habsburgischen, bourbonischen Königen, Klöstern und privaten Sammlern zuammengetragen, die Vergnügungsviertel nicht zu vergessen, wo der Abend am Morgen zu Ende ist. Madrid «schert sich nicht um ehrwürdige Steine und Gedenktafeln; Madrid zu erleben, das hat nicht damit zu tun, daß man sich groß auskennt, es heißt schlicht und einfach auf die Straße gehen und herumlaufen» (Carmen Martin Gaite).

Der Madrider versteht es wie der Spanier überhaupt auch, Feste zu feiern, Ferias und Fiestas. Dazu gehört natürlich die Corrida, der Stierkampf, der in uns zwiespältige Gefühle weckt, für die einen ist sie ein mythisches Ritual, eine Manifestation der spanischen Volksseele, ihres Stolzes und ihres Muts, für den andern eine blutrünstige Tierquälerei, von der er sich mit Grausen und Mitleid für die gepeinigte Kreatur abwendet. Aber der Hang zu Folter und Gewalt hat in Spanien eine lange Tradition, von der Inquisition bis zu den autoritären Diktaturen unter den Rivera und Franco im 20. Jahrhundert, und Tierliebe im mitteleuropäischen Sinn war nun einmal nie Sache des Südländers.

Unblutiger geht es beim Flamenco zu, der von den Gitanos herstammt, in Andalusien seßhaft gewordener Zigeuner, und eigentlich nicht nur Folklore ist, sondern ein strenges choreographisches Kunstwerk. Zwar spielen auch hier Selbstbewußtsein (das für uns nüchterne Mitteleuropäer manchmal fast überheblich wirkt) und Leidenschaft eine fundamentale Rolle, aber sie werden in einem ausdrucksstarken Tanz sublimiert.

Erholung findet man in den zahllosen Caféhäusern, Bars und Restaurants, wobei wir uns an die Essenszeiten der Spanier gewöhnen müssen: Zwischen 11 und 12 Uhr nehmen sie eine Art Lunch ein, den *almuerzo*, gegen 14.30 Uhr ein üppiges Mittagessen, *comida*, nach dem eine lange lethargische Siesta fällig ist, und die Hauptmahlzeit, die *cena*, findet entsprechend spät statt, gegen 22 Uhr.

Das erlaubt uns einen Blick in die spanische Küche, deren von den Römern eingeführte Eckpfeiler *ajo*, Knoblauch, und *aceite*, Öl, sind, wobei zu sagen ist, daß letzteres, *extra vergine* aus Oliven, heute zu den weltbesten zählt; diese Küche ist auch sonst bestens equipiert, die Karthager brachten die Kichererbsen, die Araber das Johannisbrot und die Mandeln. Die Spanier selbst unterscheiden in ihrem Land fünf kulinarische Regionen: die Zona de las salsas, Zone der Saucen im Norden, Zona de los chilindrones, der in Paprika-Tomaten-Sauce geschmorten Gerichte im Ebrotal, Zona de los asados, der Braten, und *cocidos,* Eintöpfe, im Hochland, Zona de los arroces, der Reisgerichte im Osten, und Zona de fritos, der in Öl gebackenen und doch nicht fettigen Fische und Gemüse im Süden.

Zwischendurch ein Halt in einer tasca, Stehkneipe, und als Auftakt empfehlen sich die *tapas*, Happen für den kleinen Hunger, die Appetit machen auf mehr. Die erste tapa, «Deckel», war eine Scheibe Wurst, die man zur Abwehr der Fliegen auf das Weinglas legte. Heute gibt es hunderterlei phantasievolle Abwandlungen, aus winzigen Aalen, Anchovis, Garnelen, Kalmarringen, Makrelen, Muscheln, Innereien, Schinken, Bohnen, Paprika, Tomaten, Käse, Oliven und immer viel Knoblauch. Vielleicht ist es manchmal besser, man weiß nicht, aus was sie bestehen, aber herrlich schmekken sie allemal, «ein Tag ohne Tapas und Gitarren ist ein verlorener Tag» meinen Lope de Castro und mit ihm die meisten Spanier. Andere beliebte Vorspeisen sind *boquerones* und *calamares fritos*, gebackene Sardellen und Tintenfische, oder *gambas a la plancha*, auf dem Blech geröstete Garnelen.

Die berühmte *paella* können wir hier hineinnehmen, sie stammt zwar aus Valencia, ist aber inzwischen in ganz Spanien und darüber hinaus verbreitet: in einer schwarzen Eisenpfanne loser, trockener und doch weicher, mit Brühe in Olivenöl gegarter Safranreis mit Miesmuscheln, Hähnchen, Kaninchen, Weißen, Grünen Bohnen, Paprika und Tomaten; je nach Region wird sie mit weiteren Zutaten an-

gereichert, die gerade zur Hand sind, Garnelen, Tintenfische, Knoblauch und anderes mehr. Eine echte Paella muß man im Restaurant vorbestellen, damit sie zu Mittag oder am Abend auf den Tisch kommt.

Ebenso allgegenwärtig ist der *cocido*, ein Eintopf aus verschiedenem Fleisch, Blutwurst, *morcilla*, Fleischklößen, *pelotas*, Speck, Schinkenknochen und Hülsenfrüchten, meist Kichererbsen, *garbanzos* – zu ihm gehört auch Don Quijotes *olla podrida* –, der in drei Gängen, *vuelcos*, serviert wird, zuerst eine Suppe, die *sopa de cocido* aus der Kochbrühe, dann die Hülsenfrüchte, Kichererbsen, Trockenbohnen und Gemüse, und zuletzt das Fleisch. Ähnlich verbreitet ist die *tortilla de patatas*, Kartoffelomelett mit glasig gebratener Gemüsezwiebel. Auch der *chorizo*, eine scharfe, luftgetrocknete Paprikawurst aus Schweinefleisch, ist weitverbreitet, und die *callos*, Kuttelflecke, werden überall nach eigenem Rezept zubereitet.

Es gibt auch verschiedene Süßspeisen, die ihre arabische Herkunft nicht verleugnen können und in ganz Spanien erhältlich sind: der *flan* aus gestockter, mit Karamel überzogener Eiermilch, der *tourrón*, ein Konfekt aus Mandeln und Zucker oder Honig, Vorläufer des Marzipans und Nougats, oder der *helado*, immer vorzügliches Speiseeis.

Kehren wir nach Madrid zurück. Dahin gehört die *sopa de ajo*, Knoblauchsuppe, von der Alexandre Dumas schwärmte, obwohl sie aus nicht weiter als Knoblauch, Weißbrot, Olivenöl und rotem Pfeffer besteht. Der *besugo al horno*, Meerbrassen, wird mit Paniermehl und Petersilie bestreut, mit ein paar Zitronenscheiben belegt und im Ofen gebakken. Traditionell sind auch die *callos a la madrileña*, Kutteln mit Tomaten, Zwiebeln, Lorbeerblättern und Thymian, denen man Würfel von Blutwurst, Paprikawurst und Schinken beigibt. Nicht ausschließlich madrilenisch sind der *cochinillo asado*, goldbraun gebratenes Spanferkel, und der *cordero lechal*, Milchlamm. Zu den Back- und Süßwaren gehören *mantecados*, Schmalzgebäck, und *churros*, in Öl gebratenes Spritzgebäck.

Zum Essen sollte man in Spanien kein Leitungswasser trinken, sondern *agua mineral*, Mineralwasser, besser noch *vino de la casa*, der meist rot und angenehm kühl ist. Die *sangría* ist im Sommer erfrischend, eine Art Bowle aus Rotwein, Orangen- und Zitronensaft, Selterswasser, Weinbrand, Obst- und Eisstücken. Das spanische Bier, *cerveza*, wird für unsere Begriffe meist zu kalt serviert, was man sich bei der *horchata* jedoch gern gefallen läßt, einer süßen weißen Milch aus Erdmandeln. Der Sekt *cava* ist gut und erschwinglich, und der Weinbrand, *coñac*, wird von manchen sogar dem französischen vorgezogen, er ist weicher, milder, mit einer Spur Süße. Der Kaffee wird gern mit heißer Milch, *con leche*, getrunken, der Espresso ohne Milch, *café solo*, oder mit Milch, *cortado*.

Weiteren spanischen Spezialitäten, die man natürlich auch in der Hauptstadt Madrid antrifft, werden wir auf der folgenden Rundreise begegnen.

Von Madrid aus empfiehlt sich ein Ausflug nach Toledo, einst Stadt der Könige und der Inquisition und heute noch geistlicher Mittelpunkt des Landes mit mittelalterlichen Gassen, die früher von maurischen, jüdischen und christlichen Handwerkern bewohnt waren, die hier ihr Gewerbe ausübten und noch ausüben, Schwerter, Schilde, Messer, Rüstungen und, natürlich, Geschenkartikel. Ein heißes Pflaster, wo man «im August die Koteletts auf den Steinen im Feld oder auf den Straßen in den Dörfern braten kann» (Camilo José Cela). Weitere Ziele sind das malerische Segovia hoch auf einem Felsen mit dem römischen Aquädukt mitten durch die Stadt, heute leider vom Verfall bedroht, mit der königlichen Burg Alcázar und der prachtvollen Kathedrale, sowie der Escorial, ein monumentaler Komplex, Kloster, Palast, Seminar und Bibliothek in einem, zu dem die Madrider vor der Hitze der Stadt fliehen.

Wir befinden uns in **Kastilien,** dem Land der castillos, der Burgen, im Herzen Spaniens, das seit dem Mittelalter seine Geschichte bestimmt. Auf den Feldern «blühen gelblich-weiß die Schlehen. Die Schlehenblüten wechseln mit dem Lila der Thymianpflanzungen. Ein sanftes Grün vergeht zwischen der schwarzen Erde und den spröden Sträuchern. Auf den Feldern zwitschern morgens früh die kleinen dunklen Lerchen mit ihren bunten Brüstchen und dem schwächlichen Schnabel. Die Wege führen durch die weiten, kalkigen Hochebenen, die an jähen Böschungen zu den Tälern in der Tiefe enden» (Rafael Sanchez Ferlosio). Verträumte Städte, Kornfelder, Olivenplantagen, Rebgelände und Viehweiden von schier endlosen Dimensionen fügen sich zu einem Bild von einer Art belebter Stille, es sind die hügeligen Ebenen, auf denen Miguel de Cervantes seinen Don Quijote, den Ritter von der traurigen Gestalt, gegen Windmühlen kämpfen ließ. Aus dieser Mancha stammt auch Spaniens bekanntester Käse, der *manchego* aus vollfetter Schafmilch mit gemusterter Rinde, mild säuerlich und angenehm frisch.

Hauptbestandteile der kastilischen Küche sind die *garbanzos*, Kichererbsen, die schon von den Karthagern eingeführt wurden, zu denen noch Linsen und Trockenbohnen kommen, und der ausgezeichnete *pan*, das Brot, «Erde des Brots» nennen die Kastilianer ihr Land. Der *gazpacho*, eine erquickend kühle Sommersuppe aus Tomaten, Paprikaschoten, Knoblauchzehe mit Öl, Essig und Brotkrumen ist das kulinarische Wahrzeichen Kastiliens. Das Ferkel, *cochinillo* oder *tostón*, wird mit Thymianholz im Ofen gebraten, das Lamm, *cordero*, mit Schmalz eingerieben, mit gesalzenem Wasser begossen und in der Tonkasserolle gebraten. In den weiten Ebenen von León und Salamanca leben auch Kaninchen, Rebhühner, Wachteln und Wild. Sie werden gejagt, gezüchtet und stehen deshalb oft auf dem Speisezettel.

Der *pisto manchego* ist ein weiteres Gericht, das national bekannt geworden ist. Es gibt zahlreiche Varianten, aber in ihn gehören Auberginen, Kürbisse, Paprikaschoten, Tomaten und Zwiebeln. Die *bizochá manchega* ist eine Torte, die in Milch mit Zucker, Vanille und Zimt eingelegt wurde. Aus Burgos, Heimat des Nationalhelden El Cid, der 1094 die Mauren bezwang, kommen die *almendras peladillas*, Zuckermandeln, aus Toledo das *mazapán*, Marzipan aus Mandeln und Zucker, das wieder einmal die Araber hierhergebracht haben.

Die Extremadura im Westen Kastiliens zur Grenze nach Portugal hin, eine der schönsten und zugleich unbekanntesten Gegenden Spaniens, ist ebenfalls sehr fruchtbar, ihre früher mit Eicheln genährten Schweine sind berühmt, insbesondere ihr Schinken, der *jamón de Nontánchez*, sowie verschiedene Würste und Pasteten aus Schweinefleisch. Die *caldereta* enthält gebratene Lamm- oder Zickleinstücke, die mit scharfem Pfeffer gekocht und mit einer Masse aus deren Leber, rohem Knoblauch und dicken Paprikaschoten angemacht werden, ein Hirtengericht wie der *frite* aus Lammfleischstücken, die mit gemahlenem rotem Pfeffer in Öl gebraten werden. Ein weiteres bäurisches Gericht sind die *migas*, in Wasser aufgeweichtes Weißbrot, das mit durchwachsenem Speck und getrockneten Paprikaschoten in der Pfanne gebraten wird.

Galicien im Nordwesten Spaniens – «Finis terrae», «Ende der Welt» nannten es die Römer – ist ein weitflächiges Hochland, das mit fjordähnlichen Einschnitten steil zum Mar Cantábrico, einem Teil des Atlantiks, abfällt. Hier hat sich die alte Volkskunst Spaniens erhalten, die Töpferei, Keramik, Korbflechterei, Holzschnitzerei und Schiffszimmerei. Es ist eine der wenigen immergrünen Landschaften Spaniens, denn hier regnet es fast jeden Tag. Santiago de Compostela mit seinen hundertvierzehn Glockentürmen ist zu Ehren des Apostels Santiago, Sankt Jakob so genannt, des Schutzpatrons Spaniens, dessen vom Meer angeschwemmten Gebeine in der Krypta der mächtigen frühromanischen Kathedrale ruhen. Es ist bis heute einer der bedeutendsten Wallfahrtsorte der abendländischen Christenheit geblieben, zu dem Pilger aus aller Welt in schwarzer Pelerine, derben Sandalen mit Beutel, Stock und einer Jakobsmuschel als Erkennungszeichen auf dem mehr als hundert Kilometer langen Jakobsweg mit Kapellen, Kirchen, Krankenhäusern, Herbergen, Kramläden, Werkstätten und Schenken jedes Jahr im Sommer wallen.

Als Wegzehrung werden *pulpos a freira*, Kraken, die einfach weichgeklopft mit Öl, rotem gemahlenem Pfeffer und Salz zubereitet werden, oder eben die *vieiras*, Jakobsmuscheln, deren Schale mit einem *picadillo* aus im Ofen erhitzten Muschelfleisch, Zwiebeln, Petersilie, Pfeffer und Paniermehl gefüllt wird, wie überhaupt die galicischen Meeresfrüchte von Austern, Miesmuscheln bis zum Hummer hier zu den besten des Landes zählen. Auch die bekannten *empenadas* kommen aus Galicien, eine Art auf dem Kuchenblech gebackene Pasteten mit würzigen Einlagen aus Fleisch, Fisch oder Gemüse zwischen den Teigschichten. Villalba ist bekannt für seine Kapaune, die mit Kastanien, Weizen und Wein gemästet werden, sowie für den *queso de San Simón*, einen birnenförmigen Käse aus Kuhmilch, der über Birkenholzspänen geräuchert wird und leicht süßlich schmeckt. Als Nachspeise gibt es *tortas de Santiago*, Mandelkuchen, und *filloas*, hauchdünne, mit Puderzucker bestreute Pfannkuchen. Erwähnt werden muß noch die *queimada* aus *orujo*, einem Schnaps, der mit Zitronensaft, Zucker und einigen Kaffeebohnen flambiert wird.

Asturien am Nordhang des steil zerschluchteten Kantabrischen Gebirges, einer westlichen Fortsetzung der Pyrenäen, war viele Jahrhunderte Sitz des christlichen Königshauses, von wo aus der Islam bekämpft wurde. Auf Pfeilern ruhende Korn- und Vorratslager, zusammengedrängte Bauern- und Fischerhäuser am Meeresufer geben ihm ein malerisches Aussehen. Es hat wieder eine über die Grenzen hinaus bekannte Spezialität zu bieten, die *fabada* aus den, wie der Name sagt, *fabes*, milden und feinen Weißen Bohnen mit Schweinefleisch, Speck, Schlack- und Blutwurst. In den Küstendörfern wird die *calderata* zubereitet, eine Suppe aus Krusten-, Schaltieren und festfleischigen Fischen, die gern mit dem Apfelwein *sidra* gekocht werden, dem Lieblingsgetränk der Asturier. Das süße Gegenstück ist der *arrzoz con leche*, Milchreis mit einer Schicht Röstzucker.

Das Baskenland, Pais Vasco, in den westlichen Pyrenäen fühlt sich wie der Nachbar Katalonien nicht als ein Teil Spaniens, sondern als seine Kolonie, ja sein Opfer. Deshalb sorgt es durch seinen unzimperlichen, dickschädeligen Unabhängigkeitswillen immer wieder im ganzen Land für Terror und Unruhe. Aber auch kulinarisch nimmt es eine Sonderstellung ein, hier kochen die besten Köche Spaniens. Schon der *bacalao*, Klippfisch, wird so einfach wie raffiniert zubereitet, nur mit getrockneten Paprikaschoten und Zwiebeln, oder, *al pil-pil*, mit Knoblauch, kleinen roten Pfefferschoten, *guindillas*, und Öl. Anderes Seegetier sind der Seehecht, *merluza*, dessen Kiemenbacken eine Delikatesse sind, die Seebrasse, *besugo*, oder die fangfrisch gerösteten Sardinen, *sardinas*.

La Rioja landeinwärts im oberen Ebrobecken ist die Schatzkammer des bekanntesten spanischen Weines, des *Rioja*. Er reift zwei bis zehn Jahre im Eichenfaß, ein unbestritten großer Rotwein, ob verführerisch schmeichelnd, elegant und feurig oder würzig robust kernig und kräftig.

Das wald- und weidereiche Navarra schiebt sich wieder gegen die Atlantikküste. Seine Gemüse, Artischocken, Bohnen, Erbsen, Paprikaschoten und Spargeln geben der *minestra* einen köstlichen Geschmack. Die Forellen, *truchas*, und Geflügel, Rebhuhn, Tauben sind *a la navarra* zubereitet, sogar mit Schokoladensauce, eine Feinschmeckerreise wert.

Obwohl die Hauptstadt Zaragoza, wie eigentlich alle Städte Spaniens, viele Heiligtümer und Baudenkmäler aufweist, ist die Landschaft Aragóns im Ebrotal am Rande der Pyrenäen wenig aufsehenerregend, «fruchtbar, aber staubig und entsetzlich trocken», erinnerte sich der Filmregisseur Luis Buñuel, der von hier stammte, erdfarbene, massive Häuser trotzen den extremen Temperaturschwankungen.

Fleisch von Lamm, Kalb, Schwein, Ziege oder Hähnchen wird im *chilindrón* angerichtet, einer Sauce aus kleinen grünen Paprikaschoten, Tomaten, Zwiebeln, Schinkenscheiben, Öl und Wein, und Schinkenwürfel gehören mit Speck, roter Paprikawurst, Blutwurst und Stücken kräftigen Bauernbrots auch in die *migras*, die oft sogar mit Schokolade oder Weinbeeren angereichert werden. Unter den Gemüsen ist die *borroja*, Borretsch, erwähnenswert. Die Früchte zum Schluß werden gezuckert, kandiert oder mit Schokolade überzogen.

Cataluña, Katalonien, ist die nördlichste Region Spaniens, geschützt von den Pyrenäen und umspült vom Mittelmeer, abseits der Strände eine herbe Gebirgslandschaft mit einer eigenständigen iberoromanischen Sprache, dem catalá, das kein Dialekt ist, sondern aus dem Vulgärlatein entstand. So sind auch Kultur und Brauchtum unverwechselbar geblieben, hier wird auf den Plätzen und gewundenen Gassen mit Rundbögen, Durchgängen, Balkonen und Arkaden noch die Sardana getanzt, ein altertümlicher Reigen, hier wurden eigenwillige Künstler geboren wie der Architekt Antoni Gaudí, die Maler Juan Miró und Salvador Dalí, der Cellist Pau Casals – «Catalunya no es Espanya», sagten sie in ihren verschiedenen Botschaften, aber mit einer Stimme.

Fährt man von Frankreich und dem Zwergstaat Andorra – dessen Amtssprache Katalanisch ist – über die Pyrenäen nach Katalonien ein, so gelangt man an die **Costa Brava,** deren schmale, steinige Strände, zerklüftete Felsenbuchten und Korkeichenwälder zunächst nicht verraten, daß die «unwirtliche Küste», so der spanische Name, bald in eine Region übergeht, von der abertausend Feriengäste nur eines erwarten: Strand, Meer und Sonne. Und sie erhalten es auch, zusammen mit allem, was heutzutage zu Pauschalrummel und Luxustourismus gehört, landschaftszerstörende Hotelkomplexe, Urlaubssiedlungen und Campingplätze, Pizzerien und Teutonengrills, das Wirtschaftswunder wurde zum Wirtschaftsfluch. Tröstlich nur, daß sich Sonne und Meer trotzdem nicht vertreiben ließen.

An einem künstlichen Hafen liegt **Barcelona,** Spaniens zweitgrößte Stadt und seine europäischste zwischen Tradition und Moderne, die stolz ist auf ihr tausendjähriges Parlament, aber auch auf ihre Kunstschätze und die blühende Wirtschaft, auf ihre mittelalterlichen Gassen und schicken Avenues, deren attraktivste die Rambla ist, eine breite, platanenbestandene Prachtsmeile zwischen der Plaça de Catalunya und dem Hafen. Sie ist die Lebensader Barcelonas, auf ihr ist man zum Einkaufen unterwegs, zum Ausgehen und zum Flanieren vorbei an Kiosken, Blumenständen, Vogelhandlungen und Terrassencafés, an Schuhputzern, Gauklern, Straßenmusikanten, Wahrsagern, aber auch Dirnen, Transvestiten, Dealern und Fixern. Es heißt, man müsse nur lange genug auf der Rambla bummeln, und man treffe, woher man auch komme, sicher einen Bekannten oder Freund. Und die Feinschmecker finden sich in den neuen Restaurants wieder, in denen jungen Köchen zu den bewährten Standardgerichten reizvolle leichte, unkonventionelle Varianten einfallen.

Südlich von Barcelona zieht sich die Costa Dorada, deren lange Strände tatsächlich aus goldgelbem Sand sind. Bis zum mittelalterlichen Tarragona erstreckt sich Badeort an Badeort, aber man sollte nicht übersehen, daß das Hinterland auch reich ist an römischen Fundstellen, an alten Städten und Baudenkmälern.

Die Küche Kataloniens könnte man mit vier Saucen umschreiben, die zu Fisch wie Fleisch passen, das sämige *ali-oli* aus feingestoßenem Knoblauch in Olivenöl, die *picada* aus zerstampften Knoblauchzehen, Petersilie, gerösteten Mandeln und zerstoßenen Pinienkernen, die *samfaina* aus nicht ganz durchgekochten Auberginen, Paprikaschoten, Tomaten und Kürbisstöcken, der dicke *sofregit*, sofrito aus feingehackten Knoblauch und Zwiebeln mit Schweineschmalz, wozu noch Tomaten und Petersilie kommen können.

Im Sommer ist der einfache *pa amb tomàquet* sehr erfrischend, auf großen gerösteten, mit Olivenöl getränkten Bauernbrot- oder Weißbrotscheiben zerriebene Knoblauchzehen und Tomaten. Die Fische werden zwischen den Küstenfelsen gefangen, und zu den *mongetes*, Weißen Bohnen, wird *butifarra*, eine Art Bratwurst, gegessen.

Die Eigenwilligkeit der Katalanen kommt auch in zwei originellen, um nicht zu sagen, ausgefallenen Gerichten zum Ausdruck, im *mar y cel*, «Meer und Himmel» aus Garnelen und Seeteufel mit Brühwürsten und Kaninchen, sowie im *langosta i pollastre*, einer Mischung von (hier besonders schmackhafter) Languste und Hähnchen. Den musikalischen Feinschmecker (oder umgekehrt) wird freuen, daß es für das Wort *zarzuela* zwei Bedeutungen gibt: Entweder ist sie ein heiteres, aber kunstvolles Singspiel, wie es wohl zum ersten Mal am königlichen Lustschloß dieses Namens aufgeführt wurde, vielleicht zu einem Text des Hofdichters Calderón, oder so nennt sich ein nahrhafter Eintopf aus Fischen, Meeresfrüchten, Knoblauchzehen, Paprikaschoten, Tomaten, Zwiebeln, Kräutern und Mandeln.

Die *crema catalana* ist international bekannt, eine mit einer Schicht Karamelzucker bedeckte Creme aus Eigelben, Milch, Stärkemehl, Zucker, Vanille und Zimt, die Originalfassung des *flan*. Aus den bergigen Gegenden kommen spritzige Schaumweine, *cavas*, die es durchaus mit anderen Schaumweinen aufnehmen können.

Zum katalanischen Raum gehört auch die der Küste vorgelagerte Inselgruppe der **Balearen,** die Islas Baleares. Mallorca ist so von Fremden, sprich: deutschen Urlaubern und Pensionären überlaufen, daß man es das «17. Bundesland Deutschlands» nennt, und es ist in der Tat schwer, dort vor lauter lautem Rummel, vor Cafeterias, Biergärten, Pubs, Diskos, Top- und Toplessbars einen ruhigen Platz zu finden, obwohl es im bäuerlich gebliebenen Hinterland immer noch mehr als einen gibt. Wie auf den kleineren Inseln

Andalusien: die Plaza España in Sevilla

Menorca und Ibiza, die mit mehr oder weniger Erfolg versuchen, sich dieser Invasion zu erwehren, denn Naturparadiese von leuchtender Schlichtheit sind sie alle drei, wenn man sich die Mühe nimmt, sie zu entdecken.

So findet, wer sucht, auch immer noch einen Ort, wo balearische Kost zubereitet und angeboten wird. Es sei nur daran erinnert, daß nach einer plausiblen etymologischen Erklärung sogar die allbekannte Mayonnaise hier erfunden wurde, sie hieß nach Mahón, der Hauptstadt von Menorca, ursprünglich *mahonesa*. Die mallorquinischen Suppen aus Kohl, anderem Gemüse, Knoblauch, Tomaten, gemahlenem rotem Pfeffer und Weißbrotscheiben sind fast steif gebunden wie ein milder, saftiger Pudding. Schweinefleisch heißt hier *porcella*, es wird als *rostida* gebraten und auch mit einer Füllung aus Schweineleber, Eiern, Weißbrot, Gewürzen, Äpfeln und Pflaumen versehen. Eine typische Wurst ist die *sobrasada*, weich und wegen dem roten Pfeffer von orangener Farbe. Man ißt sie wie zu Zeiten der Muselmanen, die ja Saures gern mit Süßem verbinden, noch gern mit Honig, und sie gehört mit Eiern und einer Sauce aus Gemüse und Milch in die *huevas al estilo de Soller*.

Es versteht sich, daß auf den Inseln Fische, Krusten- und Schaltiere die Hauptsache sind, in der *burrida* und *calderata guisat*, Kesselgerichten, werden Langusten, Rochen, Thunfisch, Tintenfische undsoweiter mit Reis, Gemüsen und Gewürzen lecker zubereitet. Raffiniert süß-sauer ist auch der *borret*, ein Eintopf aus Lammfleisch, Kichererbsen, Knoblauch und Majoran mit Aprikosen und Kirschen.

Daneben sind Auberginen, Paprikaschoten und Tomaten die wichtigsten Gemüse, sie kommen mit Kartoffeln in Schichten in den *tumbet*, eine Art Pastete. Viele Süßspeisen werden aus einem mit Schweineschmalz hergestellten Blätterteig, der *ensaimada*, zubereitet.

Den Küstenstrich am Festland südwärts, die spanische Levante, tauften die Griechen schon vor zweitausendfünfhundert Jahren die Akra Leuka, das «weiße Land», die Provinzstadt Alicante nannten die Römer Lucentum, «Stadt des Lichts», und ein Jahrtausend später schien diese Landschaft den Mauren ein Vorhof der Djanna, des Paradieses, sie brachten die Huertas hierher, die Gartenplantagen mit Datteln, Orangen und Reis, und sie lehrten die Valencianer, sie zu bewässern. Die **Costa Blanca** trägt also ihren Namen zu Recht, zehn Monate im Jahr scheint die Sonne auf weitläufige weiße Strände, auf ockerfarbene Felder, auf Oliven-, Eukalyptusfelder, Mandel-, Orangen,-, Zitronen- und Palmenhaine. Wenn nur nicht «el boom» wäre, der Touristenstrom, der Jahr für Jahr all diese Schönheiten zu verschlingen droht, der zwar Geld bringt, aber Strände, Straßen und Städte verstopft. Es ist staunenswert, wie sich die Hauptstadt Valencia trotzdem ihre Heiterkeit und Lebenslust bewahrt hat, von frühmorgens an im Mercado Central, der riesigen Markthalle, bis zum andern Morgen in den Vergnügungsvierteln – die Nächte sind in Valencia länger als in Madrid.

Die Comunidad Valenciana, bedeutendste landwirtschaftliche Region Spaniens, ist das Reich des Reises, des *arroz*, dessen beste Sorte der *bomba* ist und so einfach wie meisterlich zubereitet wird. Es wurde schon erwähnt, daß die *paella* hierherkommt, inzwischen ein spanisches Nationalgericht. Sie enthält in dieser Gegend allerdings keine Schal- und Krustentiere, sondern nur Hähnchen und Kaninchen. Den *arroz con costra*, Reis mit Kruste, möchten wir der bekannteren Paella gleichsetzen: Reis, Hähnchen- und Kaninchenfleisch, Schweinefleischklöße, Brühwürste, Blutwurst, Kichererbsen, Gewürze und Paniermehl werden mit geschlagenen Eiern überzogen und im Ofen gebraten, bis sich eine appetitliche Kruste bildet.

Die Nachspeisen von Alicante und Valencia sind ebenfalls in ganz Spanien bekannt, süße Datteln und Granatäpfel, wie vor allem der *turrón*, eine Honig- und Zuckerpaste mit ganzen oder gemahlenen Mandeln, der wieder arabischen Ursprungs ist.

Die Provinz Murcia im Tal der Segura ist ebenfalls ein Gemüse- und Obstgarten, hier gedeihen Ackerbohnen, Artischocken, Auberginen, Blumenkohl, Knoblauch, Paprikaschoten und Tomaten, Aprikosen, Kirschen und Pfirsiche, und selbst der Kopfsalat kommt, in vier Stücke zerschnitten und mit Öl, Zitronensaft und Pfeffer angemacht, als *perdiz de huerta*, «Rebhuhn des Gemüsegartens», auf den Tisch.

Andalusien, **Andalucía**, ist die südlichste Provinz Spaniens, nicht mehr Europa, noch nicht Afrika. Von den schneebedeckten Gipfeln der Sierra Nevada geht es über Haine mit Millionen von knorrigen silberbraunen Olivenbäumen, gelb strahlenden Sonnenblumenfeldern und Weideflächen, auf denen schwarze Kampfstiere gezüchtet werden, hinab zur Costa del Sol, der Sonnenküste. Dazwischen liegen mittelalterliche Städte mit Türmen und Patios, und überall die Farbtupfer der pueblos blancos, blendend weiß gekalkte Dörfer unter dem ewig blauen Himmel – Andalusien ist ein Land des Luz, des Lichts.

Das liebenswürdige Málaga, die Geburtsstadt Picassos, lebt heute von Landwirtschaft und Tourismus, Torremolinos und Marbella sind zu Inbegriffen des Feriengetümmels geworden, Sevilla, die Geburtsstadt Velasquez' und Heimat auch von Don Juan und so unsterblichen Opernfiguren wie Rossinis Barbier, Mozarts Figaro und Bizets Carmen, ist eine maurische Mauernstadt mit Alcázar, Judenviertel und Vergnügungsquartieren, Granada ist die Geburtsstadt von García Lorca, dem immer noch lebendigen Nationalpoeten Spaniens, der im Bürgerkrieg von Falangisten erschossen wurde. Er schrieb: «Sevilla ist das Wunder, Granada für die Träume, aber Córdoba zum friedlichen Sterben.» Letztere, letzte Bastion der Araber in Spanien, wird von einer mächtigen Mezquita, Hauptmoschee, in der – ein Unikum – eine christliche Kathedrale eingebaut ist, über braunen Dächern herrscht. Cádiz ist die älteste Stadt Europas, wie wurde

Die Basiliuskathedrale in Moskau, altrussische Baukunst

schon 1106 vor Christus von den Phöniziern gegründet. Auf einem Felsen zum Meer errichtet, wirkt der Hort der Piraten, Seefahrer und Kaufleute – wir wollen ihm zugute halten, daß hier auch der Komponist Manuel de Falla geboren wurde – mit seinen weißen Flachdachhäusern und Aussichtstürmen wie ein Ausguckposten Europas übers Meer, zur Berberei und nach fernen Ländern.

Im Hafen werden Fische in Fritierständen gebraten und oft in *adobe*, einer Gewürzpaste, gewälzt. Auch der bereits erwähnte *gazpacho* wird hier geschätzt, wird aber meist zu einem ziemlich steifen Püree hergerichtet. Die kulinarische Visitenkarte Andalusiens ist jedoch der *jamón de Jabugo*, der Schinken aus Jabugo im Nordwesten, von halbwilden, schwärzlichen, muskulösen Schweinen, die in den Wäldern Eicheln und Pflanzen fressen dürfen; er wird mit Meersalz eingerieben, drei Jahre an der Höhenluft gereift und schmeckt wunderbar mild nussig und saftig würzig, einer der besten, viele sagen: der beste Schinken der Welt.

Neben Meeresfrüchten und Fischen ist auch Fleisch beliebt, nicht nur vom Schwein, sondern auch von Kalb, Rind und Huhn. Das bevorzugte Gemüse ist die *haba*, dicke Bohne, die man gern mit der *ramillete albaicinera* würzt, einem Bündel Lorbeerblätter und Minze. Eine andere typische Würze ist die *pipirrana* aus zerkleinerten Paprikaschoten, Tomaten und Zwiebeln, die zu Salaten paßt. An Festtagen kommt die *tortilla Sacromonte* aus der Umgebung von Granada auf den Tisch, Stücke paniertes und gebratenes Hirn, Erbsen, Kartoffeln und dicke Paprikaschoten, die mit geschlagenen Eiern in der Pfanne gebraten werden.

Arabische Wurzeln haben die Desserts und Backwaren, deren Rezepte die Ordensschwestern in Nonnenklöstern bewahrt haben, genannt seien nur die *torta de aceite*, ein Ölkuchen, den man früher zum Frühstück aß, die *polvorones*, Schmalzgebäck, zu Weihnachten, und die *yemas de San Leandro*, gezuckertes Eidotter, ein Klosterkonfekt.

Auf unserm Rundgang durch Spanien mußten wir uns notgedrungen auf wenige Weine da und dort beschränken. Dabei gibt es in Spanien Kreszenzen, die weiterum zu Recht Rang und Namen haben. Deshalb nur der Rat, man möge sie vor Ort probieren, es gibt viel zu entdecken, am zuverlässigsten mit dem Herkunftssiegel D.O., Denominación de Origen. In Andalusien müssen wir eine Ausnahme machen, hier gibt es zwei Spezialitäten, die unbedingt erwähnt werden müssen. Der *Málaga* aus auf Strohmatten eingetrockneten Beeren, der (sehr) süß, aber auch trocken sein kann, ist etwas aus der Mode gekommen, aber es lohnte sich, ihn wiederzuentdecken, denn er kann ein ausgezeichneter Aperitif- und Dessertwein sein, gut nicht nur zum Kochen. Den *Jerez* hingegen, der seinen Namen nach der freundlichen Stadt Jerez de la Frontera trägt, braucht man wohl nicht zu empfehlen. Englische Kaufleute entdeckten ihn schon im 18. Jahrhundert, tauften ihn *Sherry* («jerez» ist für Ausländer auch schwer aussprechbar) und machten ihn weltberühmt. Seine Herstellung ist kompliziert und arbeitsaufwendig, aber seine sechs Geschmacksrichtungen machen ihn zum idealen Aperitif- und Dessertwein für alle Gelegenheiten; der *Manzanilla* ist nussig aromatisch, einer der typischsten Sherries, leicht salzig nach Meer schmeckend, der *Fino* leicht, duftig und zart, der *Amontillado* mild prickelnd, voll und trocken, der *Oloroso*, wie sein Name sagt, von ausgeprägtem Aroma, voll und tief, aber immer noch trocken; ihn verwendet man mit Süßwein verschnitten für den *Amoroso*, den *Cream Sherry*, der intensiv zuckrig ist. Wie gesagt, ein perfekter Aperitif- und Dessertwein, der zudem den Vorteil hat, selbst in der geöffneten Flasche praktisch unbegrenzt haltbar zu sein.

Zu Spanien gehören auch die **Kanarischen Inseln.** Sie werden am Schluß des Abschnitts über Nordafrika behandelt.

Auf unserer Rundreise haben wir erlebt, daß die eingefahrenen Klischees passión und soberbia nicht das ganze Spanien sind. Trotz aller Kulturschätze ist es kein Museum, trotz aller Sonnestrände kein Rummelplatz, es ist ein lebendiges Land zwischen Gestern, Heute und Morgen, das zu entdecken sich auch für den Feinschmecker lohnt.

R

Réunion   ↑ Ostafrikanische Inseln

Rumänien   ↑ Südosteuropa

Rußland und die GUS   Nach dem Zusammenbruch der Sowjetunion 1991 ist deren Territorium im Gefolge der Perestroika in die GUS, Gemeinschaft Unabhängiger Staaten, zerfallen, das heißt in die Russische Föderation und elf weitere mehr oder weniger autonome Republiken. Zusammen bilden sie immer noch ein gigantisches Gefüge zwischen Europa und Asien über eine Entfernung von fast 10 000 km und über zwölf Zeitzonen. Allein schon die Landschaft vermittelt den Eindruck unendlicher Weite, sie ist überraschend eintönig, eben bis sanft gewellt mit Birken-, Kiefernwäldern und flachen Seen, zwischen denen Flüsse Schleifen ziehen. Sieht man von Kaukasus, Krim und dem zentralasiatischen Pamir ab, dem «Dach der Welt», ist sie ohne Berge, denn selbst den Ural kann man nicht eigentlich ein Gebirge nennen, sondern eher eine Kette von Erhebungen zwischen dem osteuropäischen Flachland und dem westsibirischen Tiefland. Nicht Berge gliedern also das Land, sondern die Flüsse, die – vor allem im eisigen Winter – weniger trennen als vielmehr von Ufer zu Ufer verbinden. Ein weiterer wesentlicher Faktor des russischen Lebens ist das Klima, die Winter sind lang und schneereich, die Sommer kurz und heiß, nur die Schwarzmeerküste im Süden ist subtropisch.

Seit der Abkehr von der sozialistischen Diktatur muß sich Rußland von der Last der Vergangenheit zu befreien und den Weg von alten Wertsystemen zu Demokratie und Marktwirtschaft zu finden suchen. Das Leben dort ist deshalb verwirrlich, ja manchmal chaotisch geworden, aber nicht hoffnungslos. Als Reisender in Rußland wird man bald inne, daß der Tourismus nur ein winziger Teil seiner Wirtschaft ist, der Russe verhält sich dem Fremden gegenüber freundlich, aber abwartend und reserviert (was aber der traditionellen Gastfreundschaft keinen Abbruch tut). Kommt hinzu, daß er meist nur die eigene ostslawische Sprache spricht, die in kyrillischer Schrift festgehalten wird. Im Folgenden ist sie phonetisch wiedergegeben, wobei manchmal ein Akzent die Silbenbetonung markiert.

Der Russe ißt gern üppig und schwer, «Greif recht zu, das lieb' ich sehr, hier steht ein neuer Teller, mach die Schüssel völlig leer, zwei sind noch im Keller», munterte der Dichter Iwan Krylow schon im 19. Jahrhundert auf. Zu dieser Freigebigkeit gehören bereits die *sakúski*, kalte und warme Vorspeisen, die reichlich aufgetragen werden; man muß aufpassen, daß man sich nicht schon an ihnen überißt: *ikrá*, Kaviar, schwarzer *sjirnjístaja* vom Stör oder roter *kjitówaja* vom Lachs, *kaptschjónji*, Hering, *siljódka*, oder Lachs, *losos'*. Außerdem gibt es Fisch oder Fleisch in Aspik, *saljiwmóje*, oder meist in Mayonnaise angemachte *salátji*, Salate (die später nur noch selten auftauchen) aus Matjesfilets, Dorschleber, Schinken, Zunge, Wurst, *kolbassá*, oder Würstchen, *sassíkji*, auch aus Kartoffeln, Erbsen, Gurken, Möhren, Roten Rüben, Zwiebeln, hartgekochten Eiern und so weiter oder aus Rohkost mit saurer Sahne. Weitere Beigaben sind *pelméni*, mit Fleisch gefüllte, in Wasser gekochte Teigtäschchen, *paschtjät*, Pastete, *tjiftjälji*, Hackfleischbällchen mit Gurken, Tomaten und Knoblauch, frisch oder mariniert, obendrein *winegrét*, sauer eingemachtes Gemüse, und *marjinówanji grijibý*, in Essig eingelegte Pilze. Man muß sich, wie gesagt, hüten, von diesen appetitlichen Vorspeisen zu viel zu essen, anderseits sind sie oft aber auch der beste Gang eines Menüs. Und auf jeden Fall verschafft der dazugehörige *wódka* Erleichterung, das «Wässerchen» aus Weizen, das grammweise eingeschenkt wird; fünfzig Gramm sind die kleinste Menge, aber man verträgt gewiß mindestens sto gram, hundert Gramm, denn das Glas wird in einem Zug geleert, und Trinksprüche gehen so leicht über die Zunge wie der Wodka selbst.

Die *bljiní*, Plinsen, leichte Pfannkuchen aus Buchweizen-, Weizenmehl oder Hirse mit Hefe, sind in Rußland schon seit dem 8. Jahrhundert bekannt und beliebt. Sie können eine ganze Mahlzeit versehen, pikant mit Kaviar, Lachs, Salzheringen oder Schafskäse, *brýnsa*, gefüllt, süß mit Marmelade, *war'enje*, oder Kompott, *kampót*; immer aber werden sie mit *smietána*, saurer Sahne, oder zerronnener Butter übergossen, die beide ein wesentlicher, kalorienreicher Bestandteil der russischen Küche sind.

Auch die Suppen, *supjí*, sind eigentlich ein Hauptgang, der zum Eintopf hinneigt, angefangen beim berühmten *borschtsch*, der ursprünglich aus der Ukraine stammt und grundsätzlich Rote Rüben enthalten muß, sowie *kwaß*, eine bierähnliche, säuerliche Flüssigkeit aus gegorenem Roggenmehl und Hefe. Auf der Grundlage dieser Zugaben und einer kräftigen Fleischbrühe gibt es vom Borschtsch viele Varianten mit Rind- oder Schweinefleich, Gans oder Ente, Kartoffeln, Bohnen, Möhren, Tomaten, Kräutern, Gewürzen und anderem mehr.

Wichtig ist noch die *schtschi*, eine nahrhafte Bauernsuppe aus Kohl, Fleisch, Wurzelgemüse, Kräutern, Gewürzen und sauren Zutaten, über die wiederum saure Sahne gegossen wird. Die Troika der typischen russischen Suppen vervollständigt die im Sommer erfrischend kühle *okróschka* aus eher neutral süßlichem und aus würzig scharfem Gemüse mit Kwaß und Gewürzzugaben, der man auch Fisch oder Fleisch beifügen darf. Ebenfalls kalt ist die *botwínja* aus den zerschnittenen Blättern von jungen Rüben, Brennesseln und Sauerampfer, den gewürfelten Rüben selbst, Zwiebellauchröllchen und gehacktem Dill; dahinein gehören gekochter Knorpelfisch und Eisklümpchen, um sie kühl zu halten. Die klassische russische Fischsuppe ist die aromatische *uchá* aus weißfleischigen Fischen, wenig süßem Gemüse, aber immer Zwiebeln, Anis, Fenchel, Ingwer, Muskatnuß oder Safran.

Der Name *buljón* sagt es schon: das ist die bekannte klare Fleischbrühe. Zu ihr kommen jedoch meist verschiedene Ein- und Beilagen, Fleischklößchen, Teigtaschen, geröstete Brotwürfel, Reis oder Nudeln. Aber aufgepaßt: Bestellen Sie eine Bouillon mit Ei, *buljón s jajtsom*, ist dieses hartgekocht. Die *soljánka* zum Schluß besteht aus Fisch- oder Fleischstücken, Gurken, Tomaten und wird mit gekochten Oliven und Zitrone serviert.

Nach der Suppe, aber auch als Zwischenmahlzeit, am Arbeitsplatz oder auf Reisen wird gern ein weiteres russisches Nationalgericht gegessen, *piraschkí*, Piroggen aus Hefe- oder Blätterteig mit einer saftigen, herzhaft würzigen Füllung aus allem, was zur Hand ist: Fisch, Fleisch, Wild oder Geflügel, Kartoffeln, Gemüse, Pilze, Breie, Kräuter, Quark und Ei, auch Marmelade, Mus oder Obst.

Mit seinen langen Küstenstrichen an der Ostsee, an Nordpolarmeer, Pazifischem Ozean, Kaspischem und Schwarzem Meer gehört Rußland zu den führenden Fischereinationen der Welt. Zusammen mit dem Fang aus den Binnengewässern werden deshalb auch gern Meerfische gegessen, möglichst große mit wenig Gräten, einfach zubereitet, gekocht, gedämpft oder geschmort.

Die Fleischgerichte bestehen oft aus Innereien, die mit Graupen gebacken oder gekocht werden, oder aus größeren Fleischstücken, die meist auf die gleiche Art zubereitet werden. Das *bjifstróganof* ist auch bei uns bekannt, Rindfleischstücke in einer Sauce aus Pilzen, Zwiebeln und saurer Sahne. Das *antrekót* hingegen ist meist zäher als sein französischer Namensvetter, und bei *bjifschtékski*, *kotljéti* und *zrázi* heißt es wieder aufpassen: Das alles ist nichts als Hackfleisch vom Rind. Mit Fleisch und Hirse oder Reis gefüllte Kohlrouladen nennen sich *golubzji*, und den *schaschljík* kennt man natürlich auch in Rußland, am Spieß mit Paprika, Zwiebeln und Pilzen gebratenes Schaffleisch. Dem Reisgericht *plow* begegnen wir später in Usbekistan.

Als Beilagen gibt es neben Kartoffeln und Pilzen – vor allem Pfifferlingen und Röhrlingen – und außer den bereits erwähnten Blini oder Pelmeni die weitverbreitete *káscha*, einen dicken Brei (dünn heißt er *kaschítsa*, zähflüssig *rasmásnja*) aus Buchweizengrütze, Gerstengraupen, Weizengrieß oder Hirse. Den Geschmack geben ihm Butter und Milch, Sauermilch, Buttermilch, saure Sahne, Quark oder süße Sahne; angereichert wird er mit Fleisch oder Fisch, mit Hülsenfrüchten, Zwiebeln, Eiern, Pilzen, Kürbismus oder Mohnsaat, süß verfeinert mit Marmelade, frischem Obst, gedörrten Aprikosen, Honig, Rosinen, Nüssen und sogar Schokolade, gewürzt mit Knoblauch, Paprika, Pastinaken, Petersilienlaub und schwarzem Pfeffer oder mit Muskatnuß, Sternanis, Vanille und Zitronenschale – ein Energiespender für alle Situationen und jedes Wetter und so russisch wie ein anderes gastronomisches Ereignis in Rußland, das Ostermahl.

Es hat alle antireligiöse Propaganda überstanden und wird noch, wieder wie seit vier Jahrhunderten gefeiert: Nach der Mitternachtsmesse zum Ostersonntag kehrt man zur festlich bunt gedeckten Tafel zurück mit bemalten Eiern, gesegneten Salzfäßchen und ungesäuertem polnischem Brot, aber auch mit Fleischplatten, Schinken in Gelee, *kulebjáki*, gefüllten Pasteten, *páscha*, einer Quarkspeise, *kulítsch*, dem Osterkuchen, und anderen Herrlichkeiten, an denen sich Familienmitglieder, Freunde und Gäste des Hauses die ganze Festzeit über gütlich tun.

Damit sind wir bei den Desserts, zu denen man auch die erwähnten Mehlspeisen zählen darf, wenn sie süß gefüllt sind. Weiter gehören *watrúschki* dazu, Käseküchlein mit saurer Sahne und braunem Zucker, *kjisjälji*, eine sämige Beerengrütze, über die Milch gegossen wird, *púdink*, Pudding, und *pjiróki*, allerlei Kuchen und Torten. Nicht fehlgehen kann man mit dem ausgezeichneten Speiseeis *maróschenge*, das einem nicht nur im Restaurant, sondern auch auf der Straße angeboten wird und das die Russen im tiefsten Winter essen können. Es wird oft mit *warénje* übergossen, einer dünnen Marmelade mit Fruchtstückchen, und löscht die Lust auf Süßes besser als die ebenfalls überall erhältliche unheimlich zuckrige, oft etwas schmuddelige Limonade.

Der *samowár*, auf russisch «Selbstkocher», ist neben den Matrjoschkas, den bunt bemalten Schachtelpuppen in allen Größen – man kann sie heute auch als Jelzin, Gorbatschow, Breschnjew, Stalin und Zar Nikolaus II. übereinanderstecken –, nicht nur ein beliebtes Mitbringsel aus Rußland, sondern ein so hübsches wie patentes Gerät, in dem früher über Holzkohle, heute mit einer Heizspirale Wasser erhitzt wird. Mit diesem wird in einem Kessel ein Sud von *tschjaj*, Tee, bereitet, von dem man etwas in sein Glas gießt und nach Geschmack mit dem heißen Samowarwasser verdünnt – der gemütlich dampfende Samowar gehört zu Rußland wie Balalaikamusik und Kosakentanz.

Es wurde schon gesagt, daß Russland sich einerseits unermeßlich dehnt und im Umbruch befindet und daß es anderseits (noch) kein eigentliches Reiseland ist. Es sei deshalb gestattet, die Systematik der anderen Abschnitte dieses Kapitels zu verlassen und nach der allgemeinen Schilderung der russischen Küche, die für weiteste Strecken gilt, nur einzelne Landschaften herauszugreifen, soweit sie auch kulinarisch von Belang sind.

Wer allerdings Rußland besuchen will, kommt höchstwahrscheinlich früher oder später einmal nach oder durch Moskau, denn diese Neun-Millionen-Metropole ist nicht nur Hauptstadt der **Russischen Föderation,** sondern Keimzelle des riesigen russischen Reiches, «fast jedem Russen ist Moskau wie die eigene Mutter», schreibt Tolstoj in «Krieg und Frieden», und die belebte Fußgängerzone Arbat, die verwitterten Häuser und verträumten Parks machen hinter den Kulissen der Monsterbauten im Stil des sowjetischen Realismus, der Kristallpaläste der Konzerne auch den Eindruck einer aus den Fugen geratenen Ortschaft, «mit Moskaus Straßen hat es seine eigentümliche Bewandtnis, das russische Dorf spielt in ihnen Versteck» (Walter Benjamin). Kern der Stadt ist der Kreml, eine rot ummauerte, zinnenbewehrte Zwingburg mit goldenen Zwiebelkuppeln, Glockentürmen, Kathedralen und palastartigen Bauten, von denen aus heute noch dieser Teil der Welt regiert wird. An der Ostseite liege der Rote Platz Krasnaja Ploschtschad, was nicht nur «rot» heißt, sondern auf altrussisch auch «schön». Umrahmt wird er von der orientalisch vielgestaltigen Basilius-Kathedrale, von den Ehrentribünen für die Paraden und Aufmärsche, dem Lenin-Museum aus dunkelrotem Granit und dem langgedehnten, glasüberdeckten Riesenkaufhaus GUM. Es gäbe noch viel Sehens- und Merkwürdiges zu nennen, von den Klöstern, Museen und Kopfbahnhöfen bis zu den Banjas, Dampfbädern, und den gar nicht sozialistisch, sondern luxuriös ausgestatteten Stationen der Metro. Wir begnügen uns damit, auf einige Nabelstellen hinzuweisen, wo russische Kultur zur Geltung kommt, das klassizistische Bolschoj-Theater zum Beispiel, in dem Tschaikowskij, Rimskij-Korsakow, Prokofjew uraufgeführt wurden und dessen kraftvoll akrobatisches Ballett mit jenem klassisch eleganten von St. Petersburg wetteifert. Auch der berühmte Staatszirkus ist einen Besuch wert wie das Gastronom I, in dem weniger die Regale als die Ausstattung von kitschigem russischem Jugendstil förmlich überquellen. Neben den Rüstkammern des Kreml, die einen Eindruck geben von der Geschichte und Macht des russischen Reiches einst, vermitteln viele andere Gedenkstätten ungewöhnliche Eindrücke, das Andronikow- und das Nowodjewitschij-Kloster, alte Wehranlagen, in denen es heute sakrale Kunst zu sehen gibt, darunter Ikonen, orthodoxe Tafelbilder von Christus, Maria, Engeln und Heiligen; jenseits des letzteren liegt ein großer Friedhof, in dem Gogol und Tschechow, Skrjabin und Prokofjew, Stanislaskij, Chruschtschow und andere Berühmtheiten begraben liegen. Erinnerungen rufen auch die Häuser und Museen wach, in denen Interieurs, Utensilien und Handschriften verehrter russischer Künstler in ihrer einstigen Umgebung aufbewahrt werden, genannt seien nur Puschkin, Glinka, Dostojewskij, Tolstoj, Tschechow, Gorkij, Schaljapin, Pasternak.

Wer Rußland als einen Teil unseres Kontinents begreift, wird sich St. Petersburg nicht entgehen lassen, das von 1914 an zehn Jahre Petrograd hieß, von 1924 bis 1991 dann Leningrad – wie lange ist das schon her! Es ist kleiner als Moskau, aber nicht nur deswegen leichter zu beschreiben: Anfang des 18. Jahrhunderts wurde es von Peter dem Großen in den Sümpfen des Newa-Deltas am Finnischen Meerbusen auf dem Reißbrett entworfen und von Leibeigenen erbaut, und bis zum heutigen Tag strahlt das «strenge, gerade Gesicht» (Puschkin) seiner Promenaden den Fluß entlang, der Brücken darüber, der schnurgeraden Straßen und der mit dem Zirkel gezogenen Plätze eine harmonische Regelmäßigkeit aus, der man sich auch als Besucher nicht entziehen kann. Sie scheint ebenfalls auf das geistige Leben dieses «Fensters zum Westen» eingewirkt zu haben, denn hier wurde die Russische Akademie der Wissenschaften gegründet, entstanden 1764 die erste Porzellanmanufaktur und 1854 das Kirow-Theater, die erste ständige Bühne des Landes, eine hohe Schule des klassischen Balletts, die Sterne wie Fokin, Nijinskij, die Pawlowa, Ulanowa, Nurejew und Baryschnikow hervorbrachte. Hier fanden zu Anfang des 20. Jahrhunderts aber auch die ersten Streiks und Demonstrationen statt, wurde 1917 die proletarische Revolution eingeleitet, litt die Stadt von 1941 bis 1944 neunhundert Tage unter der Belagerung durch die Deutschen.

Alle Stürme haben der Offenheit St. Petersburgs nichts anhaben können, der Newskij-Prospekt ist einer der prächtigsten Straßen der Welt geblieben, im Winterpalais am Schloßplatz mit seinen blaßgrünen Fassaden und weiß-goldenen Säulen- und Pilasterschmuck, der ehemaligen Zarenresidenz, ist die Ermitage untergebracht, eine der großartigsten und umfangreichsten Kunstsammlungen überhaupt. Nicht nur der prunkvolle Rahmen der Säle, Treppen und Galerien, sondern auch die überwältigende Auswahl von Exponaten aus allen Zeiten, Kulturen und Ländern ist ein Erlebnis. Es bleibt nur zu hoffen, daß all die im Laufe des Umbruchs heute gefährdeten, zum Teil schon recht baufälligen und heruntergekommenen Schätze trotz aller Probleme erhalten bleiben können. Sie gehören zu St. Petersburg wie das Plätschern der Kanäle, der Nebel und die Feuchtigkeit, eine Welt slawischen Kolorits und sinnlicher Dämonie, wie sie Dostojewskij und andere visionäre Erzähler vor uns erstehen lassen.

Auch weitere alte Städte der Russischen Föderation, einst Machtzentren von Adelsgeschlechtern und Fürstendynastien, erschließen uns mit ihren Befestigungsanlagen, Residenzen, Bojarenhäusern, weißen Kirchenbauten und Klöstern, mit ihrem oft schön restaurierten Kern, mit ihren Museen voll Ikonen und farbiger Lackmalerei auf Pappmaché die russische Seele. Sie scheint auch über der Wolga zu schweben, dem längsten Fluß Europas. «Wir Russen alle sind erzogen von ihr, tief und rein sind ihre langsam schweren Wogen» (Jewtuschenko).

Die unermeßlichen Weiten gegen den eisigen Norden und den Fernen Osten können wir hier übergehen, ihre Gastronomie ist mehr von ethnographischem als von kulinarischem Interesse, Fisch, Rentierfleisch und rohe tierische Lebensmittel im Polargebiet, ostasiatische Küchen in Sibirien und der Mongolei.

Im Westen des russischen Flachlands, im Einzugsgebiet von Memel, Düna und Dnjepr, liegt **Weißrußland**, Belaja Rus', das seinen Namen von den schneeweißen linnenen Kleidern ihrer Bewohner herhaben soll. Im Westen grenzt es an Polen, im Norden an Litauen und Lettland, im grünen Geflecht von Wäldern, Sümpfen und Wiesen funkeln Tausende von Seen. Kultureller und wirtschaftlicher Mittelpunkt ist die nach dem Krieg modern wiederaufgebaute Hauptstadt Minsk.

Auch die Küche ist zwischen dem europäischen und dem asiatischen Osten angesiedelt, dem *chladnik*, einer kalten Suppe aus Roten Rüben, und dem *bigos*, einem Krautgulasch, begegnen wir in Polen, Kohl, Bohnen, Erbsen, Möhren und mehlige Kartoffeln sind die bevorzugten Gemüse. Fische aus den Flüssen, vor allem die Brachse, werden ganz und mit Schuppen gebacken, Fleisch und Geflügel, vor allem Schwein und Gans, wird in großen Stücken gebraten, gedünstet, geschmort oder überbacken. Als Würze dienen Dill, Knoblauch, Koriander, Lorbeer, Majoran, Zwiebeln, Salz und schwarzer Pfeffer, auch Pilze, die gekocht, gedünstet und getrocknet werden. Milchspeisen sind in der belorussischen Küche unbekannt, wogegen die Gerichte gern mit Quark, saurer Sahne, Molke und Butter aufgehellt, verflüssigt und geschmacklich angereichert werden.

Im Abschnitt über Deutschland wird auch das ehemalige Ostpreußen erwähnt. Dort schlage man nach über einige (heute meist entschwundene) kulinarische Spezialitäten dieser Provinz, die mit Kaliningrad, Königsberg, heute der westliche Vorposten Rußlands ist.

Die **Ukraine** mit über fünfzig Millionen Einwohnern ist der südliche Teil des europäischen Rußlands, der sich bis zum Schwarzen und Asowschen Meer erstreckt. Zusammen mit der Hauptstadt Kiew, der «Mutter der russischen Städte» mit ihren vielen breiten Straßen, Alleen und Parkanlagen und der Halbinsel Krim ist sie mit ihrer üppigen Flora die wohl einzige Region des heutigen Rußlands, die für Urlaubsreisen bereit ist, die man allerdings am besten immer pauschal unternimmt. An den Hängen wachsen Lorbeer, Magnolien, Mandeln, Oleander, Rosen, Zedern, Zitrusfrüchte und Zypressen; an der Schwarzmeerküste, wo «der Himmel lange blau bleibt» (Puschkin), reihen sich um den Hochseehafen Odessa mit seinen schönen alten Gebäuden kilometerlang gelbe Strände aus Kieseln und Sand bis zu den schneebedeckten Ausläufern des Kaukasus, darunter das helle Jalta im Grün von Fichten, Palmen, Tannen und Zypressen, einst bevorzugter Sommersitz des Adels und der

Nomenklatura, aber auch der geistigen Elite des Landes, hier kurten Tschechow, Glasunow, Gorkij, Rachmaninow, Majakowskij, hier berieten 1945 Churchill, Roosevelt und Stalin die Aufteilung Europas und die Gründung der Vereinten Nationen. Heute verkommt es leider zum Tummelplatz der neureichen russischen Mafia.

Die Ukraine ist, es wurde schon gesagt, die Heimat des *borschtsch* aus Roten Rüben und Kwaß, von dem es viele Zubereitungen gibt, mit Hammel-, Rind-, Schweinefleisch, Gans oder Ente, geschmortem Kohl, Möhren, Tomaten, zu denen noch Gurken, Kürbis und Melonen kommen können. Diese Gemüse wie auch Bohnen, Kartoffeln, Linsen und Mais werden ebenfalls gern mit Zwiebeln, Sonnenblumenöl und Essig püriert als Brei zum Hauptgang aus Fleisch gereicht, das oft durchgedreht oder geschnetzelt wird. Ein ukrainisches Gericht ist sogar ein internationaler Favorit geworden, das Hühnerbrüstchen Kiew, *srázi-pokiewskij*, irreführend auch *kotljéti-po-kiewskij* genannt: eine mit geschmolzener Butter gefüllte und goldbraun gebackene Hühnerbrust. Eier, *jájtsa*, und Speck, *bäkón*, werden viel gebraucht, und gewürzt wird mit Anis, Bohnenkraut, Dill, Knoblauch, Kümmel, Liebstöckel, Lorbeer, Minze, Paprika, schwarzem Pfeffer und Zimt.

Die Ukraine ist wie Belorußland eine der Kornkammern des Landes, und so kommen viele Mehlspeisen aus Buchweizen und Weizen auf den Tisch, *galuschki, wareniki*, die auch in ganz Rußland verbreitet sind. Das ausgezeichnete Obst – Äpfel, Birnen, Himbeeren, Johannisbeeren, Melonenkürbis, Sauerkirschen und anderes – wird meist mit Sirup und Zucker eingeweicht oder gedörrt.

Neben Mineralwasser mit oder ohne Kohlensäure und grünem oder schwarzem Tee wird, wenn er nicht importiert ist, der körperreiche, schwere Rotwein der Provinz getrunken oder Krimsekt.

Im Südwesten Rußlands liegt ferner das ostromanische **Moldawien**, Nahtstelle zwischen Mittelmeer und Orient, deren «Gesicht von Hügeln, Schluchten und Tälern durchfurcht ist» (Lupan), in der Mitte die Hauptstadt Kischinjow aus weißem Stein im Grün kilometerlanger Obst- und Weingärten. Bei mildem Klima werden Schafe und Geflügel aufgezogen und auf schwarzer Erde Mais, Weizen, Gemüse, Sonnenblumen, Tabak und Zuckerrüben, Lavendel, Rosen und Salbei angebaut.

Sie alle spielen eine Rolle in der Küche Moldawiens, Auberginen, Weiße, Grüne Bohnen, Gemüsepaprika, Linsen, Melonenkürbisse, Porree, Sellerie und Tomaten werden auch hier mit Zwiebeln und Öl zu einem Brei verkocht und vor allem mit Knoblauch, aber auch Estragon, ganzer Koriandersaat, Nelken, weißem und schwarzem Pfeffer gewürzt. Zu den Hammel-, Schweine- und Geflügelgerichten kommen die Saucen *muschdej* aus Knoblauch, Salz und Fleischbrühe, *skordelja* aus Knoblauch, Weißbrot, Walnüssen, Sonnenblumenöl und Essig oder eine aparte Mischung aus dem schweren Rotwein und Tomatenmark. Der Mais wird zum dicken Brei *mamalyga* verkocht, Schafskäse und Eier zu einem mit Gemüsen und Kartoffeln gefüllten Omelett, dem *strob*. Die *tschorba, giwetsch* und *musaka* kommen aus dem Balkan herüber.

Südlich des Kaukasus liegt zwischen Schwarzem und Asowschem Meer die Landbrücke Transkaukasiens mit alpinen Hochgebirgsweiden und fruchtbaren Tälern, eine subtropische Region, die ans Mittelmeer erinnert. Ähnlich reich ist sie auch an Naturprodukten, von denen nur einige genannt seien: Borstenhirse, Mais, Spelzweizen, Gemüse wie Auberginen, Gurken, Melonen, Paprika und Tomaten, Hülsenfrüchte, Kohl- und Wurzelgemüse, aromatische Gräser und Würzkräuter, Früchte wie Aprikosen, Feigen, Granatäpfel, Pfirsiche, Pflaumen, Mandarinen, Maulbeeren, Weintrauben und Zitronen, Nüsse wie Mandeln, Walnüsse und Tee. Schaf-, Geflügel-, Schlacht- und Milchviehzucht, Käseherstellung und Imkerei runden das üppige Angebot ab.

Georgien ist durch die Prometheus- und Argonautensage, durch die Erzählungen vom Gral und vom Goldenen Vlies eng mit der Geistesgeschichte Europas verbunden. Die Georgier sind ein freiheitliebendes Volk, «nichts kann den Individualismus ihres Geistes brechen. Dies wurde durch Jahrhunderte versucht, durch Invasoren, durch zaristische Armeen, durch Despoten aller Art – alle wollten sich ihres Wesens bemächtigen, und niemand gelang es, darin eine Kerbe zu hinterlassen» (John Steinbeck).

Im Persisch-Russischen heißt Georgien Grusinien, und die Hauptstadt Tiflis hat neben der modernen Neustadt auch ein orientalisches Viertel mit engen, steilen Gäßchen und Basaren sowie eine russische Altstadt mit vielen Baudenkmälern. «Georgos» heißt auf Griechisch «Bauer», das fruchtbare, regenreiche Land, in dem es im Sommer heiß ist, im Winter kalt, wird von saftigen Feldern und reichen Obstplantagen bestimmt, bis es über Sümpfe und Wüste an das subtropische Schwarze Meer stößt, wo Tee, Tabak und Zitrusfrüchte gedeihen.

Die Küche Georgiens ist von der Türkei und Persien beeinflußt, im Westen schätzt man Mais, Hühner und Truthühner, im Osten Weizen, Hammel und Rinder. Das substantielle Nationalgericht ist ein Ochse, den man in einer duftenden Kräuterpaste mit – in dieser Reihenfolge – Hammel, Pute, Gans, Ente und Hähnchen füllt und viele Stunden am Spieß brät. Ansonsten dominieren Gemüse, Auberginen, Blumenkohl, Bohnen, Rote Rüben, Weißkohl und Tomaten, die man mit Basilikum, Brennesseln, Estragon, Koriander, Malven, Minze, Pfefferkraut, Porree, Portulak und Zwiebeln würzt. Zu allen Gerichten gehören Saucen aus Obst oder Gemüse, sauren Beerensäften, Pflaumenmus, Berberitzen, Brombeeren, Granatäpfeln, Tomaten und Nüssen. Auch milde Salzlakekäse oder scharfe Salzkäse werden reichlich verwendet – die grusinische Küche ist würzig-aromatisch und sehr wohlschmeckend.

Aserbaidschan, Völkerpforte von Vorder- nach Mittelasien, ist ein Land der Berge und fruchtbaren Täler. Die Haupt- und Erdölstadt Baku am Kaspischen Meer wirkt mit ihren Moscheen und persischen Palästen geradezu orientalisch. Dieser tritt auch in der Küche zutage, der Kaviar aus dem Meer wird bis zu uns exportiert, und der *plow* ist der persische Pilaw, ein leichter, körniger Langkornreis, der getrennt gekocht und zu Schüsseln mit Fleisch und Würzkräutern gegessen wird. Fisch bäckt man mit Früchten und Nüssen gestopft im Ofen, Fasane und Hausgeflügel brät man mit Obst gefüllt auf offenem Feuer. Lamm-, Kalbfleisch und Geflügel wird mit sauren Früchten wie Berberitzen, Granatäpfeln, Kornelkirschen und Schlehenpflaumen kombiniert, Fisch mit Obst, Mandeln und anderen Nüssen.

Gemüse wie Artischocken, Grüne Bohnen, Spitzkohl und Spargel, Obst, Küchen- und Wildkräuter sowie mehlige Kastanien, Haselnüsse, Mandeln und Walnüsse begleiten die Fleisch- und Eiergerichte, sie werden meist frisch gegessen. Gewürzt wird mit Estragon, Knoblauch, Koriander, Krauseminze, Kresse, Paprika, Petersilie, schwarzem Pfeffer und Vogelknöterich, aromatisiert mit Rosensirup, Rosenkonfitüre und Rosenöl. In Aserbaidschan wächst auch Safran, er gehört zu den meisten Gerichten, zu denen man meist *airan* trinkt, Sauermilch mit Wasser.

Das Mahl beschließt eine dicke Sauce aus getrocknetem Obst, Mandeln und Granatapfelsaft, worauf die orientalischen Süßspeisen folgen, *chalwa*, Konfitüren, verdünnter Fruchtsirup, Sorbets und Sauermilch mit Honig. Dazu reicht man einen starken schwarzen Tee.

Armenien mit der Hauptstadt Eriwan ist eine Exklave Aserbaidschans, die bis zum heutigen Tag um ihre Unabhängigkeit kämpfen muß. Mit seinen Baudenkmälern aus Basalt, Kalkstein, Marmor und Tuffstein ist es ein riesiges Freilichtmuseum, und daneben haben die Armenier sich auch ihre kulinarischen Traditionen zu bewahren gewußt.

In den fruchtbaren Tälern des Ararat wird Ackerbau betrieben, Gerste, Hirse, Spelzweizen, Weizen, Reis und Hülsenfrüchte, und Vieh gezogen, Kühe, Rinder, Schafe, Schweine und Geflügel. Erstere sind auch Grundlage einer intensiven Milchwirtschaft, die Frischmilch- und Sauermilchprodukte hervorbringt, Buttermilch, Joghurt, Molke, Quark und Salzkäse.

In den Gewässern schwimmen köstliche Forellen mit festem Fleisch, von den Getreidefeldern werden Graupen eingeholt, *dsuwari* aus ungeschält gekochten, getrockneten und dann geschälten Körnern oder *korkot* aus eingeweichtem Getreide, das geschält und getrocknet wird. Zusammen mit rohem, getrocknetem, gesäuertem Gemüse und Obst, darunter Auberginen, Hülsenfrüchte, Kartoffeln und Kürbis, Aprikosen, Granatäpfel, Quitten, Rosinen, Schlehenpflaumen und Zitronen, geben sie den Suppen, Fisch- und Fleischgerichten einen unvergleichlich subtilen Geschmack, zu dem auch die mehr als dreihundert Würzkräuter und Gewürze beitragen.

Im Mittleren Osten Rußlands herrschen Mehlspeisen, Fladen, Gemüse, Hülsenfrüchte und Sauermilch vor, wogegen sich – wenigstens früher – nur Feudalherren, Gutsbesitzer, Beis, Muftis und Mullahs Fleisch, Gemüse, Obst und Süßigkeiten leisten konnten und selbst diese, meist Islamisten, Schweinefleisch und fettes Hausgeflügel mieden. Feld- und Gartenfrüchte waren hingegen immer reichlich vorhanden, Hanf, Kürbis, Möhren, Mungobohnen, Reis, Rettich, Rispenhirse, Rüben, Weizen. Gewürzt wird mit Basilikum, Dill, Koriander, Kreuzkümmel, Kurkuma, Minze, Paprika, selten mit Knoblauch, säuerlich gesüßt mit Aprikosen, Feigen, Pflaumen, Sauerkirschen, Weintrauben und Walnüssen, auch Berberitzen und Sanddorn.

Fleisch wird im tönernen Ofen, dem *tandur*, in Fett gebraten, Gebäck in sehr heißem Fett im Kessel gegart.

Turkmenistan liegt mit der Hauptstadt Aschchabad, die nach einem Erdbeben zuletzt 1948 modern wiederaufgebaut wurde, zwischen dem Kaspischen Meer und dem Fluß Amu-Darja nahe der Grenze zu Iran und Afghanistan. Es ist berühmt für seine Teppiche und Stickereien, für seinen Schmuck und das kunstvolle Lederwerk, ein Wüstenland mit heißem Sand und trockenen Winden, welche die Turkmenen, ein halbnomadisches Volk, kulinarisch nutzen, indem sie große Stücke Fleisch von Hammeln, Bergziegen, Milchkamelen, Fasanen, Rebhühnern und Wachteln auf hohe Stangen gesteckt an der Sonne zum *kakmatsch* dörren. Ebenfalls wird ein fest gefüllter Hammel- oder Ziegenmagen, *garyn*, abwechselnd tagsüber im heißen Wüstensand gedörrt und nachts im Wind getrocknet, bis er wohlschmeckend mürbe ist.

Verbreitet ist mit Graupen, Teig oder Gemüse wie Rettich, Tomaten, auch Kürbis, Möhren und Mungobohnen vermischtes Fleisch, dem Melde, Sauerampfer, Schwarzwurzel und Spinat einen aparten Geschmack geben. Gewürzt wird mit Paprika, schwarzem Pfeffer und Zwiebeln, wozu indischer Kümmel, Minze, wilde Petersilie, Pistaziengalläpfel, Safran, der aus Pakistan und Indien bekannte Asant, auch Aprikosen und Melonen kommen können; gekocht wird mit ausgelassener Kamelbutter und Sesamöl.

Aus Kamel- und Schafmilch werden säuerlich-sahnige Produkte hergestellt, wie sie im ganzen Orient gebräuchlich sind. Aus dem Kaspischen Meer kommen Karpfen, Kutum, ein schuppenloser Fisch, Meeräsche, Sternhausen, Stör, Wels und Zander fangfrisch und süß-sauer zubereitet auf den Tisch.

Das mittelasiatische, gleichfalls wüstenhafte **Usbekistan** mit der Hauptstadt Taschkent in einer bewässerten Oase erstreckt sich vom Aralsee bis zur afghanischen Grenze. Neben den *katykli*, Sauermilchsuppen, ist wieder der *plow* typisch, ein Eintopf aus Reis, Hammelfleisch, Möhren, Zwiebeln und Rosinen oder getrockneten Aprikosen, der mit Kümmel, Paprika und Sumach gewürzt wird. Zum Fleisch gehört immer ein Brei aus Erbsen, Mais, Weizen mit Würz- oder Trockengemüsen. Nicht fehlen darf ferner

Tafelgebäck aus Hefe- und Nudelteig, das mit zerstoßenen Grieben, Hackfleisch, geriebenem Kürbis, gehackten Zwiebeln und Zwiebelsaft geschmacklich angereichert wird.

Wir befänden uns nicht im Osten, bildete nicht eine Süßigkeit den Abschluß eines jeden Mahls, der *kijom*, eine Konfitüre aus Obst, Gemüse und viel Zucker, der *bekmes*, ein hocharomatischer, eingedickter Saft von Obst, Beeren oder Gemüsen, oder die im ganzen Orient verbreitete *halwa*.

Kasachstan mit der grünen Hauptstadt Alma-Ata, einer der schönsten Städte Rußlands inmitten ausgedehnter Fruchtgärten, erstreckt sich von der unteren Wolga und dem Kaspischen Meer über fast 3000 km zum Altai. Durch die uferlosen Weiten zwischen schneebedeckten Gipfeln und lasurfarbenen Seen führten einst Karawanenstraßen durch blaßgelbe Steppen.

Zur Hauptsache werden Hammel-, Pferdefleisch und Hammelleber geräuchert, gesalzen und gedörrt, und aus Stuten-, Schaf-, Kamel- und Kuhmilch werden Frischkäse hergestellt sowie *kumys*, ein quarkähnliches Sauermilcherzeugnis, das meist ein Mahl einleitet. Es folgen Rosinen, Nüsse, getrockneter Quark, kleine Butterteigkugeln und Tee mit Sahne, darauf Fleisch mit Sauermilchsauce, *tabanany*, weißer Fladen aus Weizenmehl mit Butter sowie Rohkostsalate aus Gurken, Rettich und Tomaten, anschließend *kuyrdak*, Hammelleber, -niere und -lunge, in reichlich Fett gebacken, und *samsa*, eine Pirogge mit Fleischfüllung. In Europa sind inzwischen da und dort auch die kasachischen mageren, würzigen Pferdewürste bekannt geworden, *kasy* und *schuschuk*.

Kirgisistan ist die Heimat der Kirgisen, eines kriegerischen nomadisierenden Türkvolks, von dem noch viele Felszeichnungen und Runenschriften zeugen, das aber auch das Handwerk des Teppichknüpfens und der künstlerischen Metallverarbeitung von Eisen und Silber hinterließ. Ein Hochland mit über 7000 m hohen Gebirgszügen im nordöstlichen Teil Mittelasiens an der Grenze zu China, «wo der Wind den milchigwarmen Honigduft blühender Maisfelder und den Geruch von Äpfeln und trockenem Kuhmist» (Tschingis Aitmatow) miteinander mischt. In einem fruchtbaren Tal liegt die Hauptstadt Bischkek, früher Frunse, städtebaulich und mit seinen Grünanlagen eine der schönsten Städte dieses Landstrichs.

Seine Küche ähnelt jener Kasachstans, eine Spezialität sind die *kjomjotsch*, kleine Butterplätzchen in Sauermilch.

Das Zweistromland **Tadschikistans** mit der Hauptstadt Duschanbe liegt im äußersten Südosten des russischen Mittelasiens, grenzt im Süden an Afghanistan, im Osten an China und umfaßt das gewaltige Hochgebirge des Pamir. Nationalgerichte sind der *chuschan* aus Nudeln mit Fleisch und Gemüse sowie die *kultscha*, ein Fladen aus Hefe-Butter-Teig, den man in flüssige Speisen, Kräuterpüree oder saure Sahne tunkt wie auch zu den Fleischgerichten reicht.

Eine Reise durch das unermeßlich weite Riesenreich ist, auch wenn inzwischen die roten Fahnen eingerollt sind, immer noch ein nicht nur touristisches, sondern auch kulinarisches Abenteuer. Immerhin ist die Gastronomie eine jener Konstanten, die hoffen lassen, daß Rußland nach allen Wirren und Rückschlägen endlich einmal zur Ruhe findet und zu besserer Lebensqualität.

Saint Lucia   Mittelamerika/Antillen

Saint Vincent   ↑ Mittelamerika/Antillen

Salvador, El   ↑ Mittelamerika

Samoa   ↑ Südsee

Saudi-Arabien   ↑ Vorderasien

Schottland   ↑ Britische Inseln/Großbritannien

Schwarzafrika Afrika ist der drittgrößte Kontinent der Erde, sein überwiegend von dunkelhäutigen Volksgruppen und Stämmen bewohnter Teil südlich der Sahara beidseits des Äquators wird Schwarzafrika genannt. Er umfängt mehr als dreißig Staaten, die sich irgendwie zurechtfinden müssen zwischen kolonialem Erbe und hartem Existenzkampf, zwischen Reform und Revolution. Dem einen gelingt das mit ehrlichem Engagement, andere geraten in die Hände skrupelloser, korrupter Despoten und Warlords, in einen unheilvollen Mahlstrom von Rassenkriegen, Pogromen und Genozid. Trotzdem gibt es, bei aller landschaftlichen Verschiedenheit auch, ein Band, das sie alle eint: das tropisch heiße Klima. Es erlaubt auch, allgemein von einer afrikanischen Küche zu sprechen, die sich von der übrigen Welt unterscheidet und allein schon wegen der typischen, nur dort erhältlichen Bestandteile bei uns wenig bekannt ist. Altüberlieferte Geräte wie Mörser und Stößel sind noch im Gebrauch, gekocht wird meist auf offenem Holzfeuer, und viele Würzstoffe und Kräuter spielen eine große Rolle, unter ihnen Knoblauch, *tūm*, eine der ältesten Kulturpflanzen aus dem Vorderen Orient, der zauberische Kräfte nachgesagt werden; daneben *lalo*, ein Puder aus Affenbrotblättern, Basilikum, Ingwer, das oft Geflügel und Breie aus Sorghum begleitet, den Körnern einer afrikanischen Hirsegattung, *atokiko*, Kerne der wilden Mango, die aus Ostasien herüberkam und Saucen aromatisiert, Muskatnuß und Piment, *pili-pili*, Kurkuma und Safran, nussige Tamarinde aus Ostafrika, getrocknete Insektenlarven und Heuschrecken. Auch das Öl von Erd-, Kokosnüssen und Palmen gibt den Gerichten ihren eigentümlichen Geschmack.

Ein Merkmal der afrikanischen Küche ist das Zusammenfügen zweier Elemente, einerseits stärkehaltiger Pflanzen (Gemüsebananen, Jamswurzeln, Maniok, Süßkartoffeln, Taro) oder Getreide (Hirse, Sorghum, Reis), die zu einem

Brei verkocht werden, anderseits einem flüssigen Ragout aus Gemüsen (Gombos, Palmenkerne, Spinat, Tomaten und andere), Fleisch, Fisch, grünen Mangos, Erdnüssen, Pistazien und vielem mehr.

Den Anfang eines Mahls machen, wie anderswo auch, Suppen aus Gemüsen, Fleisch oder Fisch. Sie können aber auch den Hauptgang bilden, *caidu* aus Fisch und Reis (Senegal), Hühnchen und Kutteln für Wöchnerinnen (Mali), *nkui* aus Gombos und Mais (Kamerun), *pepe supi* aus Fleisch und Fisch (Guinea). Ins gleiche Kapitel gehören Eintöpfe wie die *besaka*, in Palmöl schwimmend gebackene Hähnchen (Elfenbeinküste), der dem portugiesischen Cocido ähnliche *cosidu* (Benin), *du luf* aus Hachse und Füßen vom Ochsen (Tschad), *kuskuri* aus Schweinefleisch (Obervolta), *mafe* aus Rindfleisch mit Erdnüssen und Hirse (Zentralafrika). Das nordafrikanische *kuskus* hat sich über den ganzen Kontinent verbreitet, wird aber eher aus Hirse und Mais als aus Weizen zubereitet.

Fische und Meeresfrüchte werden gern, aber einfach hergerichtet, gegrillt, gefüllt, im Ofen oder in Bananenblättern gebacken. Fleischige Langusten werden gewürzt fritiert, riesige Austern von den Korallenriffen in einem Püree von Tomaten und Zwiebeln gekocht. In Benin sind Garnelen mit Reis, *ago glain*, an der Tagesordnung, in Senegal magere, würzig gefüllte Meerfische in Erdnußöl auf einem Gemüsebett, *tié bu diéné*, in Guinea und Togo Wolfsbarsch mit Ingwer und gefüllte Meeräschen.

Die Küche des fremden Kontinents kennt natürlich auch ungewöhnliche Nahrungsmittel, das Fleisch von Affen, Elefanten, Flußpferden, Löwen und Schlangen. Da ihrer viele inzwischen geschützt sind, bleiben Hammel, Rind und Ziegen, zu denen noch Antilopen, Büffel, Gazellen, Zebus und Zebras kommen können, das bevorzugte Angebot. Fleisch wurde ursprünglich im Topf ohne Wasser gekocht, heute aber auch mit viel Gewürzen gegrillt, gebraten, geschmort und mit würzigen Gemüsesaucen serviert. Besonders beliebt ist Geflügel, vor allem Huhn, das mit grünen Bananen, Ingwer, Erdnüssen und Kokosnuß gewürzt, auch gefüllt und mit Reis und grünen Bananen aufgetischt wird.

Als Beilage gibt es Hirse, das schon erwähnte Sorghum, Mais, Reis und die von den Portugiesen eingeführten Bataten. Das Gemüse besteht unter anderem aus Gemüsebananen, Jamswurzeln, die auch zu Püree und für Krapfen verarbeitet werden, Kürbisfrüchte wie die Chayoten, aus denen man auch Marmelade macht, und Patisson, der blanchiert in Öl gebraten oder gefüllt wird, Okra, die aus Ostafrika stammt und ebenfalls püriert werden kann, Maniok, dessen Knollen und Blätter man als Gemüse genießt, aus dem man aber auch Stärke gewinnt, und Straucherbsen, die man wie unsere Erbsen als Gemüse ißt, aber auch zu Mehl mahlt. Das beliebte Püree *irio* ist eine Mischung von Erbsen, Kartoffeln, Kürbis und Mais, die zu Fleisch oder Fisch paßt.

Unter den vielen Früchten, die oft auch zwischendurch gegessen werden, wären die herrlich duftende süßsäuerliche Guave zu nennen, die Karambole, eine pikant schmeckende Sternfrucht, die Mango mit orangenem, saftigem Fleisch, die Papaya von melonenartigem Geschmack, die Passionsfrucht, in Afrika als Maracuja bekannt, die ebenfalls süßsäuerliche Stachelannone und, natürlich, alle Bananenarten. Viele dieser Früchte wurden von den Portugiesen und Spaniern aus Mittel- und Südamerika herübergebracht.

Ziegenmilch läßt der Afrikaner gerinnen, aber sonst kennt er außer jenem aus Henna in Belin, Mali und Nigeria sozusagen keine Käse, sie seien denn importiert.

Wer in Afrika auf Abenteuer ausgeht, kann sie, es wurde schon angedeutet, auch kulinarisch erleben, Kamelfleisch mit Jamsfrüchten in Mali, Krokodilschwänze in Obervolta, Vipernragout in Kamerun.

Aus den vielen Früchten, Ananas, Bananen, Kokosmilch, Mangos, geschälten Orangen, Passionsfrüchten, Stachelannonen, werden frische Säfte gepreßt, da und dort aber auch ein sehr anständiges Bier gebraut, auch aus Hirse und Sorghum, das man im Gegensatz zum Wein meist in der gebotenen Kühle erhält. Weitere alkoholische Getränke sind der *mengokrem* aus Mais und Maniok (Gabun), Palmwein und *babin* aus Blättern vom Avokadobaum. Schließlich werden Aufgüsse aus Ingwer, Honig, Zitronen und anderem nicht nur ihrer erfrischenden, sondern auch ihrer gesundheitlichen Werte wegen geschätzt.

Einige Länder, wie Kenia und Namibia, stehen heute den Touristen offen und versprechen, wenn man nicht lieber eine Safari durch die Tierparadiese bucht, erholsame, sorglose Ferienfreuden in Oasen der Farbe und des Lichts, an tropischen Stränden. Die Ernährung dort ist allerdings meist kolonial englisch fade, aber man findet auch gute chinesische, pakistanische und indische Restaurants. In jedem Fall lohnt es sich jedoch, typisch afrikanische Kost zu probieren, wo sie erhältlich ist, denn das so lang unterdrückte Selbstbewußtsein der Afrikaner verdient es, daß wir ihm auch kulinarisch auf die Spur zu kommen suchen.
↑ a. Ägypten, Nordafrika, Ostafrikanische Inseln, Südafrika

Schweden ↑ Skandinavien

Schweiz Die Schweizerische Eidgenossenschaft ist ein 1848 gegründeter Bundesstaat im gebirgigen Südwesten Mitteleuropas mit drei Landesteilen, der deutschen (genauer: schweizerdeutschen, denn Schwyzerdüütsch ist die eigentliche Verkehrssprache) und rätoromanischen Schweiz, Svizra rumantscha, im Norden und Osten, der französischen Schweiz, Suisse française oder romande, im Westen und der italienischen Schweiz, Svizzera italiana, mit namentlich dem Tessin im Süden. Sie teilen sich ihrerseits in zwanzig Kantone und sechs Halbkantone. Dieses Kaleidoskop verschiedener Volksstämme, Traditionen und Kulturen auf kleinstem Raum macht es schwer, von der Schweiz als einer Einheit zu sprechen, es sei denn, man denke an den allen gemeinsamen politischen Willen, die Staatsräson, an die Freiheitsliebe und Toleranzkultur, die «Demokratisierung der Demokratie» (Loetscher), die aus vielen Nachbarn eine Nation geschmiedet haben. Staat und Politik sind die Sache aller und nicht bestimmter Schichten, was allerdings die Bereitschaft zu mühsam erarbeiteten Kompromissen heischt und eine gewisse Schwerfälligkeit mit sich bringt, die dem Schweizer und seinem Selbstverständnis bei allem Fleiß zunehmend zu schaffen macht, «die Schweizer stehen früh auf, aber sie erwachen spät», sagte der nie um ein träfes Wort verlegene Bundesrat Willi Ritschard.

«La Suisse n'existe pas» lautete das Motto des Schweizer Pavillons an der Weltausstellung 1992 in Sevilla, und so umstritten es war, traf es im Kern doch: Dieser Zwergstaat mit der Enge, Weite und unglaublichen Vielfalt seiner Landschaften, mit seiner hochentwickelten Industrie und Wirtschaft, deren drittgrößter Zweig der Tourismus ist, mit seiner direkten Demokratie und dem späten Frauenstimmrecht, dieses Heidi-, Käse- und Schoggi-, Schokoladenland ohne Bodenschätze, dieser Geld- und Drogenumschlagplatz mit hohem Bruttosozialprodukt, der sich der europäischen Integration verweigert und dessen Föderalismus gleichwohl ein europäisches Beispiel gibt, diese Schweiz in ihrer verwirrenden Vielgestalt setzt sich aus so vielen Aspekten zusammen, daß der Einwohner selbst Mühe hat, seine Identität zu finden, und sich hinter seine Spottlust flüchtet. «Wenn die Schweizer die Alpen erschaffen hätten, wären sie nicht so hoch», sagte selbstironisch der Nobelpreisdichter Carl Spitteler, und «wisst ihr noch ein Volk, das sich so unbedarft in Szene setzt, beweihräuchert, befeuerwerkt und gleichzeitig in Frage stellt?» mahnt selbstkritisch Urs Frauchiger, Musiker und damaliger Direktor der Stiftung Pro Helvetia für die Verbreitung Schweizer Kultur im Ausland.

Diese Diversifikation gilt auch für die Schweizer Küche. Sie wird von den Nachbarn Deutschland, Österreich, Frankreich und Italien geprägt – in keinem Land ißt man so gut europäisch wie in der Schweiz, nirgendwo gibt es pro Einwohner so viele Wirtshäuser und Restaurants – wie auch von der regionalen Topographie, ihren abgeschlossenen Tälern, Alpweiden, Flüssen, Seen, Wiesengründen und Obst-, Gemüsegärten – sie bringen eine unverwechselbar bodenständig «urchige» Kost hervor.

Die beginnt schon mit dem währschaften «Zmorge», dem Frühstück, das aus Brot besteht, welches, oft noch im holzbeheizten Ofen gebacken, in allen Arten und Sorten hergestellt wird, man könnte aus ihnen eine gastronomische Geographie der Kantone zusammenstellen, aus der feinen, meist ungesalzenen Butter aus Milch von Schweizer Kühen, die hierfür ja berühmt sind, aus Konfitüre, Honig besteht und aus Käse, dem «schönsten Stück vom Berg» (Gourmet), der seine Qualität auch wieder der frischen, meist nicht pasteurisierten Milch von sauberen Weidekühen verdankt, einem wichtigen Exportgut der Schweiz: der extraharte, kräftig aromatische *Sbrinz* aus der Innerschweiz, am besten in dünnen Scheiben oder gehobelt, der harte, sanft nussige *Emmentaler* heute aus der ganzen Schweiz, der harte, würzig mürbe *Greyerzer* aus der Westschweiz, der halbharte, eigenwillig würzige *Appenzeller* aus Appenzell, St. Gallen und Thurgau, die halbharte, zart kräuterig duftende *Tête de Moine*, «Mönchskopf» aus dem Jura, der halbharte bis halbweiche, mild würzige *Mutschli* aus der ganzen Schweiz, der halbharte, pikante Kräuterkäse *Schabziger* aus dem Glarnerland, der halbweiche, rahmig milde oder rassige *Vacherin* aus dem Kanton Freiburg, die weichen, milchig milden bis herben *Tommes* aus der ganzen Schweiz, die weichen, rezenten Rotschmierekäse *Limburger, Münster, Reblochon* und *Romadour* aus der ganzen Schweiz, der rahmig milde Rotschmierekäse *Vacherin Mont d'Or* aus dem Waadtländer Jura, die Frisch-, Rahm-, Doppelrahm- und Streichschmelzkäse, zu denen noch verschiedene Ziegenkäse, *Geissechäsli*, kommen. Es gibt in der Schweiz gegen fünfhundert Sorten Käse, die auch für Suppen, Gratins, Soufflés, Salate, ja selbst Süßspeisen verwendet werden, von Fondue, Raclette und anderen spezifischen Käsespeisen ganz zu schweigen, wir kommen auf den folgenden Seiten auf sie zurück – die Schweizer Käse sind eine Laibeslust.

Auch das famose *Birchermüesli* ist eine kulinarische Gabe der Schweiz an die Welt. Es wurde vom aargauischen Arzt und Lebensreformer Maximilian Bircher-Benner erfunden, der auf dem Zürichberg ein Sanatorium leitete. Näheres darüber ist im *Kulinarischen A bis Z* nachzulesen.

Zwischen 12 und 14 Uhr nimmt sich der Durchschnittsschweizer Zeit für das «Zmittag», Mittagessen, die Mode des schnellen Lunches am Arbeitsplatz kam erst in den Agglomerationen auf. Am Abend schließt ein eher leichtes «Znacht», Abendessen, den Ernährungskreislauf.

Basel, die Pforte der Schweiz am Rheinknie nahe der Grenze gegen Deutschland und Frankreich, teilt sich in die Halbkantone Basel-Stadt und Basel-Landschaft. Ersterer war einst eine reiche, berühmte Humanisten- und Handelsstadt, Wirkungsstätte eines Erasmus, Paracelsus, Holbein, eines Burckhardt, Jaspers, Barth, heute ist es eine reiche, berühmte Industriestadt, in der immer noch Tradition und Kultur hochgehalten werden. Die Pfalz vor dem romanisch-gotischen Münster aus rotem Sandstein bietet einen schönen Blick auf Fluß, Kleinbasel, Schwarzwald und Vogesen, bevor man in die mittelalterliche Altstadt mit Treppen und Toren gelangt, rheinabwärts liegen moderne Industrieanlagen und der Hafen. Basel leistet sich 27 Museen und ein Theater, vor dem ein Tinguely-Brunnen sein Spiel treibt, und der Dirigent und Mäzen Paul Sacher hat aus ihm ein Zentrum der alten und neuen Musik gemacht.

Die Basler verstehen nicht nur Kunst zu sammeln und Geschäfte zu machen, sondern auch gut zu essen, sie sind Stammgäste in den Schlemmerlokalen des Elsaß, in den behäbigen Gaststätten Badens und haben selbst einige der besten Restaurants des Landes, was etwas heißen will! Ihren phantasievoll ironischen Witz entfalten sie jedes Jahr an der Fasnacht mit ihren künstlerisch bunten Laternen und

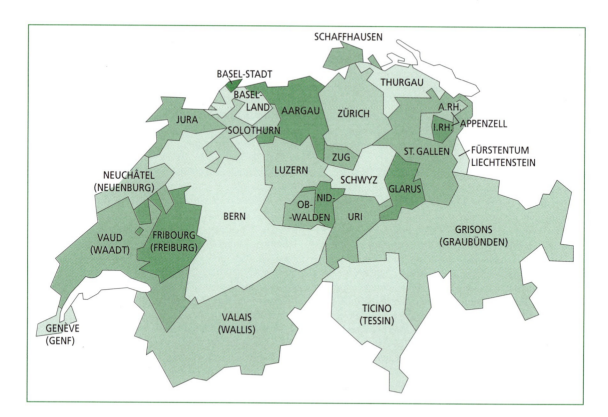

«Larven», Masken. Diese Hochzeit hat natürlich auch kulinarische Folgen: Nach durchtrommelter, durchpfiffener Nacht stärkt sich der «Baslerbeppi» bei einer *Mehlsuppe* mit fein geschnittenen Zwiebeln, Muskat und geriebenem Käse und einer *Zwiebelwähe*, einem Blechkuchen mit weich gedünstetem Zwiebelgemüse, glasig angebratenen Speckwürfeln, mit Milch angerührtem Mehl und Muskat, die frisch aus dem Ofen am besten schmeckt.

In einer Küchenordnung aus dem Mittelalter wurde verboten, dem Hauspersonal mehr als zweimal die Woche *Rheinsalm* vorzusetzen. Heute ist dieser Fisch fast verschwunden, aber er kann durch Hecht oder Zander ersetzt werden; das Basler Rezept ist jedoch geblieben: Der Fisch wird in fingerdicke Scheiben geschnitten, mit Mehl bestäubt und mit goldgelb gebratenen Zwiebelscheiben in Tafelbutter und Fleischbouillon mit gehackter Petersilie gebraten.

Der festliche *Lummelbraten* ist ein mit Fleischbouillon und Weißwein rosa gebratenes Rindsfilet mit Gemüsen, wogegen die gewöhnliche schweizerische Brühwurst in Basel *Klöpfer* heißt.

Die Basler sind auch begabte Bäcker, das *Ruchbrot* aus Graham-, Roggenmehl, Kleie und Hefe hat einen besonders herzhaften Geschmack, die weißen Semmeln heißen Schlumbergerli, *Schlumbi*, und die *Leckerli*, die zur Zeit des Basler Konzils 1431 bis 1449 entstanden sein sollen, sind heute noch weiterum geschätzt, kleine rechteckige Lebkuchen mit Mandeln, Haselnüssen, Muskat-, Nelkenpulver, Honig und Kirsch unter einer Zuckerglasur. Anderes beliebtes Basler Kleingebäck sind zu Weihnachten die *Brunsli* auf dunkler Schokolade, geriebenen Mandeln, Nelkenpulver und Kirsch, von denen jeder Haushalt sein Rezept bewahrt, und die mit Eigelb bestrichenen *Mailänderli*, zur Herbstmesse die *Mässmogge*, bunt gestreifte Stränge aus Zuckermasse mit Vanille, Zitrone, Orangenblütenwasser und Schokolade oder einer anderen geschmackgebenden Zutat, sowie die *Rosechüechli*, im Backeisen zu «Rosen» gebackenen Küchlein aus Mehl, Milch, schaumig gerührter Butter mit Eigelb und Kirsch.

In das Gebiet der vertrauteren Nachtische gehören der *Öpfelwäie*, Apfelkuchen mit einem sämigen Überzug von Eiern, Zucker, Vanillezucker, und der *Schoggitorf*, Schokoladenwürfel mit Eischnee vom gebutterten Blech.

Sogar einen Wein hat die Stadt Basel zu bieten, den weißen oder roten *Schlipfer* aus der Vorortgemeinde Riehen, und aufs neue Jahr wird mit *Hypokras* angestoßen, einem traditionellen Gewürzwein mit Ingwer, Kardamom, Koriander, Muskatnuß, Nelken, Rosinen, Zimt und Zitrone, eine Erinnerung an die Gewürzkrämer der Stadt im Mittelalter.

Basel-Landschaft, das «Baselbiet» mit der Hauptstadt Liestal am linken Ufer des Rheins, ist, wie der Name sagt, ein liebenswürdiges Hügelland zwischen Jurahöhe und Flußebene, im Frühling eingehüllt in den schneeweißen

Blütenschleier der Kirschbäume, und *Chirsi, Chriesi, Kirsi,* Kirschen sind auch das kulinarische Wappen dieses Halbkantons, *Kirsischnitten,* Einbackscheiben mit schwarzen entsteinten Kirschen, ihrem eingedickten Saft und Zimtzucker, und vor allem *Kirsch* aus kleinen Früchten mit wunderbarem Aroma sind im ganzen Land bekannt. Wem das Destillat zu kräftig ist, der greife zu einem leichteren Tropfen aus *Riesling × Sylvaner, Blauburgunder* und, vor allem, eine deutschschweizerische Spezialität, *Chasselas,* dem deutschen Gutedel.

Der Vollständigkeit halber seien noch die *Rahmdääfeli* aus dieser Gegend genannt, kleine weiche Würfel aus karamelisierter Sahne und Zucker, die in ganz Basel zu den Festen, Märkten und Messen gehören.

Es wird öfter vorkommen, daß in der Schweiz ein Kanton und seine Hauptstadt den gleichen Namen tragen. Solch ein Fall ist **Schaffhausen**, der nördlichste Kanton des Landes am rechten Ufer des Hochrheins, auf drei Seiten vom süddeutschen Baden-Württemberg umschlossen. Die mit Statuen, Reliefs, Fassadenmalereien und Erkern reich geschmückten Häuser, Brunnen und Plätze der Altstadt zu Füßen der mächtigen Burgfeste Munot auf einem steilen Hügel erinnern daran, daß Schaffhausen – sein Name kommt vom althochdeutschen «Scafa», Schiff – schon früh ein Handelsplatz war, wo die Flußschiffer wegen der Stromschnellen und dem nahen Rheinfall, heute noch einem einzigartigen Naturschauspiel, ihre Ware umladen mußten. Die fruchtbare Hochfläche des Klettgaus ist die Kornkammer des Kantons, um das Zentrum Hallau und an den Hängen über dem Rhein wachsen Reben, die ein blumig süffiges «Wyli» hervorbringen.

In den Gaststätten der malerischen Altstadt und am Rhein werden *Hecht* und *Äsche* lecker zubereitet, mit ein, zwei Salbeiblättern gefüllt, in Mehl gewendet und in Butter hellgelb gebraten. Die schwarzgeräucherte Brühwurst *Schübling* (in der übrigen Schweiz heißt sie *Schübligg*) wird paarweise in Blätterteig oder einen geriebenen Teig gehüllt zum *Schüblingsweggen* gebacken. Die Zwiebel heißt ostschweizerisch *Bölle, Tünne* ist ein dünner flacher Kuchen mit Belag. *Bölletünne* ist folglich ein Blechkuchen mit Zwiebelstreifen, Speckwürfeln in einem Guß von Eiern, Sauerrahm, Kümmel und Muskatnuß, der heiß oder lauwarm gegessen wird. Der schaffhauserische Dialekt ist voller Kapriolen, und so nennt man dort das schmucke Dorf Schleitheim «Schlaatem»; die *Schlaatemer Rickli* sind zu Schleifen geschlungene, schwimmend knusprig ausgebackene, mit Puderzucker bestreute Küchlein, zu denen ein kräftiger Milchkaffee getrunken wird.

Der **Thurgau** im nordöstlichen Mittelland erstreckt sich vom Bodensee über Seerücken und Thurtal bis zum zürcherischen Tösstal, mit Acker- und Fruchtebenen, sanft gewellten Hügeln, Moränenzügen und stattlichen Riegelhäusern eine offene, überwiegend bäuerisch gebliebene Landschaft, die von den Gästen Hölderlin, der Droste-Hülshoff und Mörike gepriesen wurde und von ihren hohen Wander- und Radelwegen über dem See heute noch ein Gefühl der Weite ausströmt. Im Schloß Arenenberg auf einer Hügelterrasse wuchs der spätere Kaiser Napoleon III. im Exil auf, als Thurgauer Bürger, der den Dialekt akzentfrei sprach.

Die von Arbon bis Kreuzlingen und Stein am Rhein verlaufende, 156 km lange südliche Flanke des Bodensees ist nicht nur landschaftlich reizvoll – hier lassen sich gern Maler, Dichter, Prominente nieder –, sondern auch industriell und wirtschaftlich für den Kanton von Bedeutung. In den Dörfern gibt es noch Berufsfischer, und die *Gangfische,* kleine Schwebrenken, die nur im November zum Laichen hierherkommen, werden ganz gesalzen und, auf einen Stab gesteckt, über qualmendem Eichenholz geräuchert, die *Brachsmanne,* Brachsen, und *Blaufelchen* werden gewürzt in Mehl gewendet, beidseitig in Butter und Weißwein gebraten und mit gedünsteten Champignon-, Speck-, Tomatenwürfeln, gerösteten Mandelsplittern, Salbeiblättern und Petersilie serviert. Der *Chretzer,* Flußbarsch, wird meist fritiert.

Eine weitere kulinarische Spezialität des Bodensees ist das *Belchen,* ein Wasserhuhn, das von September bis Dezember gejagt werden darf. Es wird mit abgezogener Haut und ausgenommen in Essig, Rotwein und Kräutern mariniert und mit Rotkraut, gekochten Kastanien und *Knöpfli,* Spätzle, gegessen, einer anderen typisch alemannisch-thurgauischen Speise. Diese in kochendes Salzwasser geschabten Teignocken werden in Butter geschwenkt und mit Käse überstreut gebacken; besonders beliebt sind die *Leberknöpfli* mit gehackter Kalbs-, Rinds- oder Schweineleber. Vom Bodensee kommen schließlich die *Gottlieber Hüppen,* ein länglich rundes, süßes Mandelgebäck.

Die *Suure Mocke* sind in Rotweinessig, Rotwein mit Gemüsen und Gewürzen sauer gebeizte Stücke Rindfleisch. Hier ist auch der Ort, den *Spatz* zu erwähnen, ein Stück mürbes Suppenfleisch vom Rind in Fleischbrühe, dem man *Kabis,* Weißkohl, *Rüebli,* Möhren, Lauch, Sellerie und Zwiebeln mit Gewürzen zufügen kann, lange in der Kochkiste gegart. Zu ihm hat der Schweizer ein fast zärtliches Verhältnis: Er muß bekanntlich alle ein, zwei Jahre seinen Militärdienst leisten, und bei Biwaks, in Manövern ist der Spatz, aus der Gamelle gegessen, das Standardgericht der Armee.

Auch der bereits erwähnte Zwiebelkuchen, der *Böllewegge,* hat im Thurgau Tradition, und die *Stupfete* ist eine Urform des Kartoffelsalats: Kleine neue Kartoffeln in der Schale werden in eine erhitzte, mit Kräutern gewürzte Zwiebelsauce «gestupft», getunkt.

Der Thurgau ist aber vor allem ein Land der Äpfel, dicht bestanden mit einst Hochstamm-, heute leider meist Niederstammobstbäumen. Die *Öpfelspätzli* sind Spätzle mit geraffelten Äpfeln und geriebenem, hellbraun geröstetem Brot, und die *Öpfelturte* mit weichen Apfelschnitzen ist einer der besten Apfelkuchen der Schweiz. Vor allem wird im Thurgau aus den Äpfeln *Saft,* Most gewonnen, der Kanton wird deshalb auch «Mostindien» genannt – «Besser ohne Brot als ohne Most», notierte die besagte Dichterin Droste-Hülshoff. Dieses erfrischende Getränk aus vergorenen Äpfeln, das, aufgepaßt, auch einigen Alkohol enthalten kann, ist das Nationalgetränk der Thurgauer. Mit ihm wird auch gekocht: Kutteln werden mit Most abgelöscht, zum Most werden *Mostbröckli* aus getrocknetem Rindfleisch gegessen, aus Süßmost wird mit Eiern, Vanillepulver, Zucker, Zitronensaft und geschlagenem Rahm die *Süßmostcreme* zusammengerührt.

Erwähnenswert ist schließlich, daß der größte Teil des Schweizer Nationalkäses heute aus dem Thurgau stammt. Den *Schweizer Tilsiter* brachte ein Käser aus Frauenfeld, dem Hauptort des Thurgaus, aus dem ostpreußischen Tilsit in seine Heimat zurück. Er ist vollfett, zart, weich und wird mit dem Alter rezenter.

Dem Weinfreund wird beim Namen Thurgau jener des Önologen Dr. Hermann Müller einfallen, der in Tägerwilen bei Gottlieben geboren wurde und dem 1882 die Rebkreuzung Riesling × Sylvaner gelang. Heute ist der Müller-Thurgau, in der Schweiz undankbar immer noch *Riesling × Sylvaner* genannt, eine der meistangebauten, extraktreichsten Traubensorten weltweit, mild fruchtig und muskatbetont. Er ist auch die Hauptrebe des Thurgaus geblieben.

Appenzell im Nordosten der Schweiz, «wie das Fünffrankenstück im Kuhfladen» ringsum vom Kanton St. Gallen umgeben, gliedert sich in die Halbkantone Ausserrhoden und Innerrhoden (auf der Übersichtskarte S. 764 A.RH. bzw. I.RH.), die sich zur Zeit der Reformation (unblutig) trennten. Den Besucher erwarten zu Füßen des Alpsteins und des Säntis lieblich geschwungene grüne Hügel, zerstreute hölzerne «Heimetli», Bauernhöfe mit Behausung und Stall unter einem Schindeldach, und blitzsauber ländliche Städtchen mit bunt bemalten Fassaden und Schweifgiebeldächern, eine Welt pastoralen Behagens. Hier haben sich auch Eigenart und Brauchtum erhalten, die Flügelhaube der Frauen, das rote Wams, die gelbe Kniebundhose mit «Chäppi», Käppchen der Mannen mit Ohrring und Deckelpfeife, die Auftriebe von mit Glocken und Blumen geschmückten Kühen auf die Sommeralp im Frühling und zurück im Herbst, die Landsgemeinden, in denen unter freiem Himmel mit offenem Handmehr über die Politik der Gemeinde und des Kantons abgestimmt wird. Die Appenzeller haben pfiffigen, schlagfertigen Witz und sind künstlerisch begabt. Ihre naiv-reizvolle Bauernmalerei und ihre feinen Stickereien, Seiden- und Baumwollgewebe haben Weltruf, und in den Ohren des Berichterstatters ist ihre Volksmusik eine der originellsten, schönsten der Alpen, zu ihr gehören zwei Geigen, Hackbrett, Cello und Kontrabaß. Alles zusammen, Humor und musische Begabung, erklingt im bekannten Volkslied «Mein Vater ist ein Appenzeller, er frisst den Käs' mitsamt dem Teller» – dem Genügsamen sind Käse und Teller eins, er hat und begehrt nichts anderes.

Dieser *Appenzeller Käse* hat Tradition, er ist seit dem Mittelalter bekannt, war einst Zahlungsmittel unfreier Bauern an den Abt des Klosters St. Gallen. Mit einer Sulze geschmiert, ist er vollfett würzig und abgerundet oder viertelfett als *Rässkäse* rassiger, kräftiger. Beide spielen auch in der Ernährung eine Rolle, als fette, sämige *Chäs-Schoope* in Rahm mit Petersilie, einem dicken Brei, den man auslöffelt oder in den man wie bei der Fondue *Chäshäppli* tunkt, als mit Anis und Koriander gewürzter *Chäsflade*, Käsefladen, der mit Sahne, Mandeln und Rosinen zum *Nidleflade*, Rahmfladen, wird, den man mit Bienenhonig oder Melasse bestreichen kann und zu Milchkaffee genießt, oder auch in den in der ganzen Schweiz so populären Formen als *Chäschüechli*, Käseküchlein, und mit Zwiebeln, Schnittlauch in Essig, Öl und Pfeffer als *Chässalat*, Käsesalat.

Appenzeller Spezialitäten sind die *Gsödsupp*, eine Gerstensuppe mit *Wädli*, Eisbein aus dem Salz, und die *Siedwurst* aus Kalbs-, Rinds- und Schweinebrät mit Speck und einer Gewürzmischung, vor allem Kümmel. Sonst bevorzugt man als Fleisch *Chüngel*, Kaninchen, und *Gitzi*, Zicklein, denen man allerdings auch in anderen Kantonen begegnet. Typisch «appenzöllisch» ist hingegen der *Biber*, ein runder Lebkuchen, der mit Gewürzen und oft einer Mandelmasse gefüllt, mit Milch oder einer Honigmelasse bestrichen im Holzmodel gebacken wird; in Ausbackteig getaucht, in Fett schwimmend gebacken und in Zimtzucker gewendet wird der Biber zur *Bacheschnitte*, einem beliebten Fasnachtsgebäck.

Erwähnt sei noch die in vielen deutschschweizerischen Kantonen beliebte *Latweri*, ein mit Sternanis und gemahlenen Nüssen gewürztes Frucht- und Beerenmus, das in Appenzell gern aus Wacholder oder Kirschen hergestellt wird; daneben gibt es die *Holderzune*, ein Holundermus mit Zucker, Zimt sowie wenig Mehl und Rahm.

Wein wächst in diesem Kanton wenig, er wird meist von den Einheimischen getrunken. Hingegen kann man mit einem *Alpenbitter*, einem Magenbitter aus Bergkräutern, vor oder nach dem Essen der Verdauung nachhelfen.

Die Liechtensteiner mögen uns nicht verübeln, wenn wir ihr **Fürstentum Liechtenstein** hier hineinnehmen, an dessen staatlicher Souveränität nicht gerüttelt werden soll. So winzig klein es ist, bringt es das Kunststück fertig, gleichzeitig ein Bauernland, ein Industrieplatz und ein Finanzparadies zu sein, ohne darüber seine österreichisch-alemannische Liebenswürdigkeit zu verlieren.

Seine Küche ist jedoch mit jener der Ostschweiz und Vorarlbergs so verwandt, daß man sie in den betreffenden Abschnitten nachlesen kann. Besonders beliebt sind hier die alemannischen *Käsknöpfli* und die krümeligen *Ribel* aus weißem oder gelbem Körnermaismehl, Milch oder Milchwasser, Salz und Butter, die man gern mit Apfelmus, Holunderbeeren oder Kirschenkompott ißt.

In der fürstlichen Schloßkellerei und in einzelnen Betrieben werden die ausgezeichneten Reben des Landes gekeltert.

Der Kanton **Sankt Gallen** im Nordosten der Schweiz breitet sich vom Mittelland bis zu den Alpen reizvoll aus und ist äußerst vielgestaltig. Zu ihm gehören der anmutige Walensee am Fuß der Churfirsten, das herrschaftliche Thermalbad Ragaz mit der Taminaschlucht, das Festungsstädtchen Sargans am Eingang zu Graubünden, das fruchtbare Rheintal an der Grenze zu Österreich mit seinen Schlössern, Schlößchen, Bauern- und Patrizierhäusern, die Industrie- und Hafenstadt Rorschach am Bodensee, die Rosenstadt Rapperswil auf einer Halbinsel am Oberen Zürichsee.

Die Hauptstadt St. Gallen entstand im 7. Jahrhundert aus der Einsiedelei des irischen Wandermönches Gallus, an deren Stelle im Jahr 720 ein Benediktinerkloster errichtet wurde, jahrhundertelang eine der bedeutendsten, einflußreichsten Kultus- und Kulturstätten des Abendlands. Die barocke Stiftskirche voll heiterer Pracht und die Stiftsbibliothek mit ihrem prunkvollen Rokokosaal, Schatzkammer wertvoller Schriften und Bücher aus dem Mittelalter, wurden zu einem Brennpunkt des Glaubens und der Gelehrsamkeit, und aus den Leinenwebereien rund ums Kloster entwickelte sich die Textilindustrie, deren Schweizer Zentrum der Kanton immer noch ist. Heute birgt die Stadt eine Hochschule, eine Tonhalle, ein Theater und zahlreiche kulturelle Institutionen.

Wenn der Genießer (auch der einheimische) den Namen St. Gallen hört, denkt er zunächst einmal an die *St. Galler Bratwurst* aus viel Kalbfleisch, wenig Speck mit Milch und Gewürzen, die in der Tat besonders fein (und groß) ist und an keiner Geselligkeit und Messe, keinem Fest und Jahrmarkt fehlen darf zu einem knusprigen *Bürli* aus Halbweißmehl und Hefe; der Heimwehsanktgaller läßt sich die Wurst nach Hause schicken, wenn nicht zufällig ein St. Galler Metzger in der Nähe ist. Oft kommt sie auch als ganze Mahlzeit mit einer *Bölleschweizi*, einer kräftigen Sauce aus viel Zwiebeln und Bratensaft, auf den Tisch. Eine weitere ostschweizerische Wurstspezialität ist der *Schübling* aus leicht geräuchertem Schweinefleisch. Mit Rind- und Schweinefleisch, Speck, in Milch eingeweichten Brötchen, Majoran, Petersilie und Zwiebeln werden auch die *Fleischpastetli* aus Blätterteig gefüllt.

Die wirklich samtige *Sammetsuppe* ist eine Fleischbouillon mit Milch, Mehl und schaumig geschlagenen Eiern, aus Hühnerbouillon wird sie als *Chindsbettisuppe* Wöchnerinnen zur Stärkung gereicht. Wie in den benachbarten Kantonen wird auch in St. Gallen gern *Türkenribel* gegessen aus Mais, dem «Türkenkorn», das im Rheintal wächst; Maisgrieß wird mit Weißmehl in einer großen flachen Pfanne mit Butter durchgeröstet und in Klumpen goldgelb gebraten. Nach alter Sitte bedient man sich mit dem Löffel aus der Pfanne und taucht die Ribelstücke in Milchkaffee.

Das *St. Galler Brot* ist ein halbweißes Doppelbrot. So nennt man aber auch Plätzchen aus gezuckertem Teig mit geriebenen Mandeln, Nelkenpulver und Zimt, die mit Eiweiß bestrichen sind. Die *Kräpfli* sind ebenfalls runde Plätzchen aus süßem Teig mit gemahlenen Mandeln, Milch, Muskatnuß und Nelkenpulver, mit Zuckerwasser bestrichen und langsam gebacken. Die *Klostertorte* ist ein delikater Kuchen mit Aprikosen-, Himbeer- oder Johannisbeerkonfitüre, der zu Ostern gereicht wird, und wie im Appenzell ist das *Holdermues* beliebt, ein Brei aus abgezupften Holunderbeeren mit Mehl, Milch, Rahm, Zucker und Zimt.

Das Hauptrebgebiet des Kantons St. Gallen liegt im Rheintal, durch das von den Alpen her der Föhn weht, ein warmer, trockener Fallwind, der «die Trauben kocht», meist *Blauburgunder* und *Riesling × Sylvaner*. Er erlaubt aber auch, andere, weniger gewohnte Sorten anzubauen, *Chardonnay, Gewürztraminer, Grauburgunder, Bacchus, Kerner* und *Freisamer*. Sie alle wie ebenfalls jene aus anderen Kantonsgebieten, vom Boden-, Zürichsee, Sarganser Becken und so fort, sind von beachtlicher Qualität.

Vom Bodensee das Rheintal hinauf gelangen wir in die Bündner Herrschaft, eine fruchtbare, milde Gegend mit Getreide und Obst, Wein und Tabak, mit geschichtsträchtigen Ortschaften und Schlössern, dem südlichsten Teil des Kantons **Graubünden, Grischun, Grigioni**. In diesem flächenmäßig größten, bevölkerungsmäßig am dünnsten besiedelten Glied der Schweiz spricht man drei Sprachen, Schweizerdeutsch, Rätoromanisch und Italienisch, und entsprechend vielfältig sind seine Landschaften und Kulturen. Vom Verkehrsknotenpunkt Landquart aus geht es durchs liebliche Prättigau nach den bekannten Ferien-, Kurorten und Skiparadiesen Klosters und Davos, Thomas Manns «Zauberberg»: durchs Rheintal weiter gelangt man zur Kantonshauptstadt Chur, dem historisch-kulturellen Zentrum Rätiens, einem turm- und problemreichen Bischofssitz mit Laubengängen, Brunnen, bemalten Patrizierhäusern und einem Kunstmuseum mit Werken so bedeutender Bündner Künstler wie Angelika Kauffmann und den Giacomettis.

Von Chur ist es nicht weit zum Schweizerischen Nationalpark, einem prachtvollen Naturreservat, und den vielen Längs- und Quertälern von großartiger Urwüchsigkeit, herrschaftlicher Kultur, bäuerlicher Bodenständigkeit, touristischem Treiben und Jet-set-Trubel in Ortschaften, die allein schon magischen Klang haben: das malerische Arosa, die hochgelegene Lenzerheide-Valbella, das sonnige Flims-Laax, im Engadin sodann, Hochtal des jungen Inns mit seinen sgraffitigeschmückten weißen Häusern, die Luftkur- und Badeorte Schuls, Tarasp, die typischen Engadiner Dörfer Zuoz und Samedan, Stammsitze der Geschlechter Planta und von Salis, das Bergsteigerdorf Pontresina vor Roseggletscher und Piz Palü, das mondäne St. Moritz – inzwischen hat auch der Sprachungeübte gemerkt, daß man seinen Namen auf der zweiten Silbe betont –, die malerischen Seen bei Silvaplana und Sils, dem «lieblichsten Winkel der Erde» des deutschen Philosophen Nietzsche. Der Malojapaß ins wildromantische Bergell, Rilkes «Tal der Träume», und der Berninapaß ins Puschlav schließlich führen in italienisch anmutende Gegenden mit Kastanienhainen, Feigenbäumen und Kletterbergen.

Die Herrschaft über die Alpenpässe und der Kampf mit ihrer gewaltigen Natur haben das Leben der Bündner geprägt, und ihre Küche ist so eigenartig wie die Landschaften, so traditionsbewußt wie die Bewohner. Sie ist von den nahen Österreich und Italien beeinflußt und hat doch ihren eigenen Reiz. Ihre Grundlagen sind Mais, Buchweizen, Gerste, Hafer, Hirse, Reis, Kastanien, Kartoffeln, Speck und Schinken, Klöße und Knödel, und die berühmten Engadiner Zuckerbäcker haben die hohe Backkunst in alle Welt getragen.

Das früher in den kühlen Monaten an der Luft, heute meist in Klimaanlagen getrocknete *Bindenfleisch, Bündnerfleisch* von der Keule des Rinds und der *Bündner Rohschinken* sind, hauchdünn geschnitten und mit frischem Pfeffer gewürzt, mit dunklem Brot und einem Glas Herrschäftler oder Veltliner der ideale Imbiß an der klaren Bergluft. Auch den *Salsiz,* eine luftgetrocknete oder im Kamin geräucherte Rohwurst, kann man dazu einpacken.

Die duftende *schuppa da giutta,* Gerstensuppe mit geräuchertem Rind-, Schweinefleisch, Beinwurst, Engadinerwürsten und Speck, Wurzelgemüse, Bouillon und Gewürzen, kann als Eintopf eine währschafte Mahlzeit versehen. Der *maluns* ist ein Gericht aus zerstampften gekochten Kartoffeln, Gersten-, Buchweizen- oder Maismehl, Butter oder Schmalz und viel Geduld, das mit Alpkäse und Apfelmus jeden Hunger stillt wie auch die *capuns,* in Mangold gewickelter, gut gewürzter Spätzleteig mit allerlei Grünem und fein gehackter Wurst. Die *bizochels,* Pizokels, sind ebenfalls Teignocken mit Knoblauch, Mangold, Spinat und geriebenem Käse, auch gekochten Dörrbirnen, mit heißer Butter überschmolzen.

Aus dem Puschlav stammt die *scarpatscha,* der «Latsche», ein Nudelauflauf mit Mortadellawurst, Tomaten, Zucchinischeiben, Sbrinz und Muskat, und aus der *bramata,* besonders grobem Maisgrieß, werden Knödel und Schnitten bereitet; in dieses Kapitel gehört auch die unter fast gleichem Namen aus Norditalien bekannte *pulenta,* ein dickflüssiger Maisbrei. Die *pèche maghers,* «mageren Fische», sind ein Omelett mit Dörrbirnen oder Weinbeeren, geriebenem Brot, Mandeln und Rosinen.

Schaf, Ziege, Gemse und Hirsch – die Bündner sind leidenschaftliche Jäger – liefern das Fleisch, das *Verdämpf* ist ein Schafsragout mit Kartoffeln, Knoblauch, Lorbeer und Zwiebeln, das Zicklein wird als *Gitziprägel* in einen dünnen Teigmantel gehüllt und mit Dörrobst oder Apfelschnitzen serviert, und die junge Gemse wird wie Reh zubereitet, wegen des Beigeschmacks aber oft vorher gebeizt.

Am 1. März, dem Chalandamarz, dem altrömischen Neujahr «Kalendas Martias», wird der Winter von buntgekleideten Kindern mit dem Geläut von Schellen, Glocken und mit Peitschenknallen vertrieben, und am Abend werden die Mädchen und Buben mit feinen süßen *maruns* traktiert,

karamelisierten Kastanien mit geschlagenem Rahm; dazu gibt es *strüzlas,* Fettgebäck in Hufeisenform, oder *focaccia grassa,* den «fetten Fladen», ein Buttergebäck. Der goldbraune Brotauflauf *tartana* kommt dann wieder alltags auf den Tisch.

Der *tatsch* ist ein solides Omelett mit oder ohne Mehl, das man mit Äpfeln und Zimtzucker bereiten kann, das *Nidelbrot,* altbackenes Brot mit Milch, Eiern, Butter, Sultaninen, Zucker, Zimt und *Nidel,* Rahm, *petta da chanella,* Zimtpitte, ein mürber, würzig duftender Blechkuchen. Das Paradestück der Bündner Backkunst ist jedoch die *Engadiner Nusstorte,* die *tuorta da nuschs,* die es in vielen Varianten gibt, mit geriebenem oder mürbem Teig, die aber immer mit Walnußkernen, Honig, Zucker und Rahm gefüllt und monatelang haltbar ist. *Bündnerli, grassins, Totebeinli* und anderes Kleingebäck sorgen dafür, daß die Lust auf knusprig Süßes nicht zu kurz kommt.

«Wo man pfleget guoten Win, züchend Münch und Ritter hin.» Die Bündner Herrschaft um Fläsch, Maienfeld, Malans und Jenins liefert Rheinweine, die es oft sogar mit ihren berühmteren Namensvettern ennet der Grenze aufnehmen können, noble, ausdrucksvolle *Blauburgunder,* die auch zum *Beerliwein, Schiller,* Süßdruck gekeltert werden, delikat fruchtige *Riesling × Sylvaner* und verschiedene Spezialsorten wie der seltene *Completer,* der an einen alten Sherry erinnert. Die lombardische Valtellina auf der andern Seite des Berninapasses war bis 1797 Untertanenland der Bündner, und die meisten ihrer Rebberge sind noch heute in Schweizer Besitz. Es ist deshalb naheliegend, den kräftigen, robusten roten *Veltliner,* der so gut zur einheimischen Kost paßt, wenigstens ideell zu den Bündner Weinen zu zählen.

Der kleine Kanton **Glarus** führt den irischen Mönch Fridolin im Wappen, der um 600 nach unserer Zeitrechnung den christlichen Glauben hierherbrachte, ins enge Bergtal der Linth zu Füßen der Glarner Alpen bis zum Walensee. Der Hauptort gleichen Namens ist eine vorklassizistische Anlage aus dem 19. Jahrhundert mit geschweiften Giebeldächern. In Näfels steht der prunkvolle Palast, den sich im 17. Jahrhundert Kaspar Freuler, Obrist der Schweizer Garde in Paris, erbaute, und nahebei fand die Schlacht statt, in der sich 1388 die Glarner von den Habsburgern befreiten. Der karge Boden zwang die Bewohner zu Erfindungsreichtum, es entstanden Baumwoll- und Seidenspinnereien, die heute noch einen internationalen Ruf haben, die «Glarner Tüechli» sind weltberühmt.

Das kulinarische Wappen von Glarus ist der *Schabziger,* ein konisches, grünes «Stöckli» Hartkäse aus Magermilch und Kräuterpulver, dem der Zigerklee seinen unverwechselbar pikanten Geschmack verdankt. Man kann ihn mit Butter vermischt als Brotaufstrich genießen, als rezente Würze zu *Chnöpfli,* Spätzle, mit Mangold, Spinat und Petersilie, zu *Hörnli,* kurzen, leicht gebogenen Teigröhrchen, mit Zwie-

Bauernsiedlungen im Senegal

beln und Petersilie, oder zu *Pfaffenklössen* aus Kartoffeln, Zwiebeln und geriebenem Käse. Als Beigabe paßt eine *Kalberwurst* aus Kalbsbrät und in Milch eingeweichtem Weißbrot.

Das *Köch* ist ein Eintopf aus geräuchertem Schweinefleisch, Kartoffeln und Äpfeln, und an Festtagen, besonders am Fridolinstag zu Ehren des Landespatrons, kommt die traditionelle *Glarner Pastete* auf den Tisch, eine Blätterteigpastete mit zwei Füllungen, einer hellen, sehr süßen Mandelmasse und einer dunklen, etwas weniger süßen aus Dörrzwetschgen. Dem *Birebrot*, Birnenbrot, begegnen wir auch in anderen Kantonen, gedörrte Birnen waren bei den Alpenvölkern lange ein Brotersatz. In Glarus enthält es neben Dörrbirnen auch Dörrzwetschgen, Walnußkerne, Sultaninen, Zucker, Orangeat, Zitronat, eine spezielle Gewürzmischung und Kirsch. Es schmeckt übrigens besonders gut zu Käse.

Die Urkantone Uri, Schwyz und Unterwalden sind ein Gebirgsland zwischen Vierwaldstättersee (der Leser wird schon gemerkt haben, daß in der Schweiz das attributive Substantiv der Seen zusammengeschrieben wird) und St. Gotthard, «das königliche Gebirge über alle anderen, weil alle Gebirgsketten bei ihm zusammenlaufen und sich an ihn lehnen» (Goethe), mit Hochtälern, Bergweiden und schroffen Felszügen. Diese Innerschweiz ist die Wiege des Landes, auf der Rütliwiese oberhalb der Urner Bucht des Sees wurde 1291 feierlich der «Ewige Bund der Eidgenossenschaft» beschworen, hier rief 1940 der Schweizer General Henri Guisan in einem Offiziersrapport zum unbedingten Widerstand gegen jeden Totalitarismus auf.

Uri ist das Land des legendären Nationalhelden Wilhelm Tell, Tellskapelle und Tellsplatte am Urnersee sowie ein Denkmal im Hauptort Altdorf erinnern an ihn (und an Friedrich Schiller). Es ist aber auch der Kanton der Durchquerung des Gotthards, Tor zum Süden, mit Straßen, Tunnel, Eisenbahn und Autobahn.

Dabei leisteten arbeitsame, genügsame Italiener tatkräftige Hilfe, und sie brachten auch die Eßgewohnheiten und Waren ihrer Heimat mit, die inzwischen (und schon vorher, denn dem Urnerland war der Süden immer nah) Bestandteil der Urner Küche sind. Die *Cazzuola* zum Beispiel, ein deftiger Eintopf aus *Rippli*, Schweinerippchen, Speck, Kartoffeln, Wurzelgemüse und Rotwein, wie ihn auch das Tessin kennt, der Maisbrei *Polenta*, der *Rispor*, eine Art Risotto mit Lauch, der auf Italienisch «porro» heißt. Sie alle werden gern mit geriebenem *Sbrinz* gewürzt, einem der ältesten Bergkäse, dem «caseus helveticus» der Römer, rassig trokken, den man auch in dünnen Scheiben oder gehobelt als Tafelkäse genießen kann.

Er gehört auch in die *Älplermagrone*, die wiederum ein reines Sennengericht sind, Schichten von Makkaroni oder Hörnli, die mit oder ohne Kartoffeln, mit gerösteten Zwiebelringen, auch Porree, Schinken und so weiter in viel Butter, Milch oder Rahm in einer feuerfesten Form oder Pfanne überbacken werden. Bei der *Magronepaschtete* handelt es sich um Spaghetti und Fleisch in Blätterteig mit Tomatensauce. Der *Häfelichabis* enthält dagegen keine Teigwaren, sondern ist ein Ragout aus Schaf-, Ziegen-, Schweine-, auch Gems- oder Rindfleisch mit fein geschnittenem *Kabis*, Weißkohl, und Kartoffeln.

Die nicht immer leicht verdauliche, «fuhrige» Kost der Innerschweiz hilft ein *Chrüter*, ein würziger Schnaps aus Bergkräutern, verteilen.

Wie in manchen Kantonen der Zentralschweiz ist der *Milchreis* oder *Nidlereis* auch in Uri beliebt, Reis konnten die Sennen als Vorrat auf die Alp mitnehmen, Milch hatten sie dort oben zur Genüge. Der Reis wird mit Milch, Rahm und einer Prise Salz gekocht, darüber gießt man verquirlte Eier und heiße Butter. Eine weitere Urspeise der Alphirten ist der *Fenz*, viel Butter, Mehl und Milch dick eingekocht.

Dem Kanton **Schwyz**, dem größten der Urschweiz, verdankt die Schweiz ihren Namen und ihr Wappen. Am Fuß der sanft aufsteigenden Mythen liegt das charaktervolle Städtchen Schwyz, in dessen Bundesbriefarchiv wertvolle Urkunden und Fahnen der Eidgenossenschaft aufbewahrt werden, am schönen Ufer des Vierwaldstättersees liegen bekannte Ferienorte wie Brunnen und Küssnacht. Auf der Hochebene von Einsiedeln stehen die grandiose Barockkirche des Laienbruders Moosbrugger, die von den Brüdern Asam ausgestattet und erst kürzlich prachtvoll restauriert wurde, und das dazugehörige Benediktinerkloster, benedeiter Wallfahrtsort, Hochburg des Katholizismus und Hort der Gelehrsamkeit; die March am Oberen Zürichsee und die Höfe zwischen Etzel und Zürichsee sind freundlich ländliche Bezirke.

Bäuerlich und kräftig ist auch die Schwyzer Küche. Wie in fast allen Kantonen der Schweiz gibt es auch in dieser Urzelle des Landes eine *Chässuppe*, Käsesuppe, die hier eine Fastenspeise ist mit geriebenem Käse, eingeweichten Brotwürfeln und Zwiebelschwitze, so dick, daß der Löffel drin steckenbleibt. Aus dem streichbaren, krümelig-weichen Molkenkäse *Ziger*, einer Art Quark, werden zur *Chilbi*, Kirchweih, mit Koriander, Rosinen, Zucker und Zimt Krapfen und Kugeln bereitet, wogegen die *Nonnenkräpflein* mit geriebenen ungeschälten Mandeln, Zucker, Zimt und geriebener Zitronenschale gefüllt sind, die *Fasnachtskrapfen* mit Dörrfrüchten, Sultaninen und Gewürzen.

Kartoffeln heißen schwyzerisch *Gummeli*, sie werden, in Scheiben mit Essig, Lorbeer und Nelken sauer gedämpft und mit frischen Kräutern bestreut, *suuri Gummeli*; man ißt sie gern zum Käsekuchen aus Brotteig.

Am Vierwaldstättersee wachsen Kastanienbäume zu Tausenden, und die *Cheschtene* werden gern salzig und süß zubereitet. Die *Bohnen* der March hingegen sind kein Gemüse, sondern Teigwürstchen, die mit Puderzucker bestreut werden.

Die Schweiz, Land der Berge, Täler und Seen, Blick auf den Thunersee mit dem Städtchen Spiez und dem Niesen

Der Rigi (die Schwyzer und Luzerner nennen ihn «die Rigi») ist einer der schönsten Aussichtsberge der Schweiz. Mit den *Rigispitzen,* einem Konfekt aus Schokolade, weißem Fondant und Kirsch auf Nougatbögen, wird ihm kulinarisch Tribut gezollt.

Unterwalden trennt sich in die Halbkantone Obwalden, «ob dem Wald», und Nidwalden, «nid dem Wald», mit eigener Verfassung, Politik und Wesensart, der Eremit Niklaus von der Flüe, der heilig gesprochene und heute noch verehrte Bruder Klaus, ein Mystiker, der Frieden und Versöhnung predigte, war ein Obwaldner, der Freiheitsheld Arnold von Winkelried, ein draufgängerischer Kämpfer, ein Nidwaldner. Obwalden mit dem Hauptort Sarnen umfaßt das Gebiet der Sarner Aa mit den Hochtälern von Lungern und Engelberg, dessen Zentrum ein mächtiges Benediktinerkloster und der gleichnamige Sommer- und Winterkurort sind, Nidwalden mit dem ländlichen Hauptort Stans erstreckt sich vom unteren Engelberger Tal bis zum südlichen Ufer des Vierwaldstättersees.

Die Küche Unterwaldens ist wie jene der übrigen Innerschweiz kräftig und was der Schweizer «urchig» nennt. Der *Stunggis,* ein währschafter Eintopf aus Schweinefleisch, Gemüse, Kartoffeln, gehackten Zwiebeln und Gewürzen, darf stundenlang vor sich hin köcheln. Das *Cholermues* ist ein knusprig braungebackenes, zerzupftes Omelett, dem österreichischen Schmarrn ähnlich, das mit Zimtzucker bestreut wird und zu dem man meist Apfel- oder Birnenschnitze reicht. Die *Fotzelschnitten,* in Milch getauchte, durch Eier gezogene und in heißem Fett gebackene Brotscheiben mit Zimtzucker, kennt man auch in anderen Schweizer Kantonen, desgleichen die *Maisturta,* ein feiner Maiskuchen mit Äpfeln. Das *Ofetori,* ein überbackener Kartoffelbrei mit Magerspeck, geriebenem Sbrinz und Muskatnuß ist hingegen wieder typisch unterwaldnerisch. Der *Bratchäs,* ein aus frischer, noch warmer Milch hergestellter Weichkäse, kann roh gegessen oder über Kohlenglut gebraten werden; besonders gut schmeckt er zu *Gschwellti,* Pellkartoffeln.

Hervorzuheben sind noch die frischen Fische aus dem klaren Alpnacher- und dem noch klareren Sarnersee, die *Albeli,* kleinwüchsige Felchen, werden zum Beispiel gebacken oder fritiert.

Selbstverständlich gibt es auch in Unterwalden Süßes, *Läbchueche,* Lebkuchen mit Rahm, Birnenhonig, Gewürzen und Kernobstschnaps (Träsch); den besonderen Geschmack geben ihm Schweinefett und saurer Most. Der erwähnte *Birnenhonig* ist ein dicker brauner Sirup aus eingekochtem Mostbirnensaft, den man auch als Brotaufstrich genießen kann. Zu allem trinkt man nicht nur in Unterwalden gern einen *Milchkaffee,* der aus Wasser, Kaffeepulver und Milch aufgekocht wird.

Für **Luzern** gilt wieder, daß Kanton und Hauptstadt den gleichen Namen tragen. Einst Umschlagplatz auf dem Handelsweg von Nord nach Süd, von Süd nach Nord, ist Luzern das Herzstück der Schweiz. Am Vierwaldstättersee, «Großtat der Natur» (Goethe, wir folgen auch in der Schweiz seinen Spuren), am Ausfluß der Reuss am Fuß des Pilatus liegt die Leuchtenstadt Luzern («lucēre» heißt auf Lateinisch leuchten), kulturelles Zentrum der Innerschweiz und weltbekannter Fremdenort. Dank seiner einmaligen Lage mit seinen Brücken, Türmen und Kirchen, mit seinen Promenaden, alten Plätzen und Straßen lockt es schon seit Jahrzehnten Massen von schönheitshungrigen Menschen an aus aller Welt, hier erbaute der Walliser Cäsar Ritz 1870 das Grand Hôtel National, hier weilte die Welt von gestern, Alexandre Dumas, Kaiser Wilhelm II., Königin Victoria, Mark Twain und Richard Wagner. Es hat bis heute nichts von seinem Glanz eingebüßt, dafür sorgen die Internationalen Musikfestwochen, das größte und vielseitigste Verkehrsmuseum Europas, aber auch die 170 m lange gedeckte Holzbrücke über die Reuss, die nach einem Brand 1994 stilrein wiederaufgebaut wurde, der achteckige Wasserturm und die Hofkirche im Stil der Spätrenaissance, das Löwendenkmal zur Erinnerung an die 1792 bei den Tuilerien in Paris gefallenen Schweizer Söldner, der Gletschergarten, der Aussichtspunkt Pilatus und vieles mehr.

Die Söldner und Handelsleute brachten Wohlstand und fremde Waren nach Hause, es entstand schon früh eine verfeinerte Eßkultur, die sich von den bodenständigen Gewohnheiten der Innerschweiz abhob. Die *Chügelipastete* ist ein Pastetenhaus aus Blätterteig mit einer Füllung aus Kalbfleisch-, Schweinefleischwürfeln, Kügelchen aus Kalbs- und Schweinebrät mit gehackten Zwiebeln, Äpfeln, Koriander, Majoran und Weißwein in einer raffinierten Sauce mit Champignons, Rosinen, gerösteten Mandeln, Kirsch oder *Träsch,* Tresterbranntwein; oft wird sie allerdings durch eine einfache weiße Sauce ersetzt.

An den steilen Hängen des Rigi und anderswo im schönen Luzernerland wachsen auch köstliche Morcheln, die zu einer *Morchlesuppe* verarbeitet und mit frischem *Ruchbrot,* einem kräftigen dunklen Normalbrot, gegessen werden. Der *Wurschtwegge,* Bratwurstmasse im Teig, ist «glushtige», appetitliche Hausmannskost. Dazu gehört auch das *Tuusig-Bohne-Ragu,* ein Ragout aus Hülsenfrüchten, vielerlei Fleisch mit Kartoffeln, Tomaten, Weißkohl und Petersilie. Als Beilage zu Fleisch wird im Luzernischen manchmal ein *Bireschturm* gereicht, ein Mus aus teigen Eßbirnen, Kartoffeln und Sahne oder Milch. Am 11. November, dem Tag des heiligen Martin, kommt wie in anderen Regionen die mit Walnüssen, Äpfeln, in Milch eingelegten Brötchen und Kräutern gefüllte *Martinigans* auf den Tisch.

Wie in den vielen anderen Schweizer Seen schwimmen im Vierwaldstätter-, Sempacher-, Hallwiler-, Baldeggersee ebenfalls feine Fische, vor allem *Egli,* Flußbarsche, und *Felchen,* Renken, deren schmackhaft zartes Fleisch auf mancherlei Art zubereitet wird, je einfacher, desto besser. Eine Spezialität war und ist der *Stockfisch,* der nicht nur als Fastenspeise auf den Tisch kam. Kirchliches Brauchtum ist auch der *Osterfladen* mit einer Füllung aus geriebenen Mandeln, Milch, Rahm, Rosinen und auch gekochtem Reis, der mit Puderzucker bestreut wird.

Die Reben Luzerns wachsen meist im Seetal um den Baldegger- und Hallwilersee sowie am Vierwaldstättersee. Der Südwesthang am Fuße des stolzen Schlosses Heidegg, um 1951 bepflanzt, gehört dem Kanton selbst, und der nahe romantische Rosengarten verrät das günstige Klima für den blumig duftenden Luzerner Staatswein.

Die Talschaft Entlebuch hat sich bis zu Mundart und Trachten ihr eigenes Brauchtum bewahrt. So wird am «Güdiszischtig», dem Fasnachtsdienstag, um das *Schwynspfäffer*, ein würziger Schweinepfeffer, gejaßt, Karten gespielt. Eine landschaftliche Spezialität sind weiter die *Willisauer Ringli*, ein hartes süßes Gebäck mit Zuckerglasur aus Willisau, einem mittelalterlichen Städtchen nordwestlich von Luzern, Heimat des Dichters und Sängers Hans Roelli und Spielort eines alljährlichen Jazzfestivals.

An dieser Stelle ist es vielleicht am Platz, den im ganzen Alpenland Schweiz, hier ist der Ausdruck angebracht, populären *Kafi fertig* zu erwähnen, Kaffee im hohen Glas mit Würfelzucker und einem *Güggs*, Guß Schnaps aus der Gegend – nach einer alten Regel legt man einen «Fünfliber», ein Fünffrankenstück ins Glas, gießt soviel Kaffee darüber, bis man ihn nicht mehr sieht, und dann soviel Branntwein, bis er wieder zum Vorschein kommt. Dieses Destillat kann *Träsch* sein aus Kernobst, *Kirsch*, *Pflümli*, *Zwätschge* oder *Chrüter* aus herbwürzigen Alpenkräutern.

Zwischen Voralpen und Mittelland liegt **Zug,** der kleinste Vollkanton der Schweiz. Die reizvolle Hauptstadt gleichen Namens hat von der Promenade aus eine schöne Aussicht auf den See, die Berge der Innerschweiz, die Berner Alpen und – günstige Steuersätze. So kam es, daß neben mittelalterlichen Gassen und Bilderbuchfassaden ein futuristisches Quartier emporwuchs aus Glas und Stahl.

Die malerischen Voralpenseen Zugersee und Ägerisee spenden wieder verlockend zarte Fische, unter denen die *Röteli*, kleine festfleischige Seesaiblinge, die vom 15. November bis Mitte Dezember gefangen werden, und die *Balchen*, eine Art Felchen, besonders erwähnt seien. Man bereitet sie mit Kräutern und Weißwein zu oder wie die Forelle.

Die *Chabisbünteli*, Weißkohlbündel, sind in ein großes Weißkohlblatt eingeschlagenes haschiertes Rindfleisch mit gehackten Zwiebeln und Gewürzen oder aber altbackenes Brot mit Milch, Zwiebeln und Kräutern. Der *Ofeguck* ist ein gratiniertes Kartoffelmus mit Speck und Käse, und zur Fasnacht werden *Kropfe* aufgetragen, Krapfen aus Blätterteig mit Ziger, geriebenen Mandeln, Zucker, Zimt und Kirsch.

Dieser *Zuger Kirsch* ist ein Wahrzeichen des Kantons. Aus sonnengereiften und frisch geernteten, gesunden kleinen süßen Bergkirschen mit schweizerischer Präzision gewonnen, ist das *Chriesiwasser* ein erlesener Genuß, herbfruchtig, kräftig und elegant zugleich. Nicht verwunderlich, parfümiert man mit ihm auch eine weitere Spezialität, die *Zuger Kirschtorte*, eine delikate Buttercremetorte mit Meringeboden und -decke, dazwischen mit Kirschwasser getränkter, feuchter Biskuit.

Der Kanton **Zürich** im ostschweizerischen Mittelland erstreckt sich vom Rhein bis zu den Voralpen. Die gleichnamige Hauptstadt beidseits der Limmat am nördlichen Ende des Zürichsees ist die größte Stadt und bedeutendster Bank-, Versicherungs- und Handelsplatz des Landes. Die anderen Schweizer werfen den Zürchern mit einer Spur Neid gern vor, sie seien großmäulig und raffgierig. Vom Staatsschreiber Gottfried Keller, vom formvollendeten Dichter Conrad Ferdinand Meyer bis zu Max Frisch, Adolf Muschg, Hugo Loetscher, vom Cabaret Cornichon zum Schauspielhaus, während des Zweiten Weltkriegs der bedeutendsten deutschsprachigen Sprechbühne – so gar bloß geschäftsbesessen ist Zürich doch wohl nicht, schließlich plante Lenin hier 1914 die russische Revolution, gründete Hugo Ball 1916 die Bewegung des Dada, fanden James Joyce, Thomas Mann, Walter Mehring, Elias Canetti und viele andere in dieser weltoffenen Stadt ihre letzte Heim- und Arbeitsstätte. Ein Bummel durch die noch intakten Altstadtviertel wird den Besucher bald überzeugen, daß in Zürich neben Nummernkonten und Swatch-Uhren noch behagliche Lebensfreude herrscht und alter Bürgersinn. Davon zeugen Bürgerhäuser, grüne Anlagen und Restaurants jede Menge, als Eckpunkte das Großmünster, die Pfarrkirche des Reformators Zwingli, das Fraumünster mit Fenstern von Chagall und Giacometti und die St.-Peters-Kirche mit der riesigen Turmuhr.

Die zahllosen Geschäfte und Läden, Boutiquen, Galerien und Antiquariate machen Zürich zu einem Einkaufsparadies, nicht nur an der berühmten Bahnhofstrasse, sondern auch in den umliegenden Vierteln. Universität und Eidgenössische Technische Hochschule, Oper, Tonhalle und viele Museen von internationalem Ruf machen das kleine Zürich zu einer europäischen Metropole der Kunst und Kultur.

Die alte städtische Tradition wird noch in den Zunfthäusern gehütet, stimmungsvollen Bürgerbauten der Zünfte, die heute allerdings nur noch eine gesellschaftliche Rolle spielen, am Frühlingsfest Sechseläuten und bei anderen Anlässen. In ihren Restaurants gibt es das berühmte *Gschnätzlets,* geschnetzeltes Kalbfleisch, manchmal auch Kalbsniere, in einer würzigen Weißweinsauce. An ehrwürdige Bürger und Bräuche erinnern auch der *Ratsherrentopf*, ein Eintopf aus Fleischplätzchen, *Milken*, Bries oder Hirn, Leber und Nieren mit duftenden Kräutern und dem «Nationalgemüse» der Schweizer, *Erbsli* und *Rüebli*, sowie die *Zouftschpiessli*, in ein Kalbsnetz mit Salbei gewickelte zarte Kalbsleberscheiben. Ein anderer Eintopf, die *Spanischsupp* aus Fleisch, Gemüsen und Kräutern, wurde vermutlich von Söldnern und Handelsleuten nach Zürich gebracht.

«Die Büchsenschmiedin kochte einen Kaffee, so gut sie ihn je gekocht; auch nahm sie eine tüchtige Handvoll Salbeiblätter, tauchte sie in einen Eierteig und buk sie in heisser

Butter zu sogenannten Mäuschen, da die Stiele der Blätter wie Mausschwänze aussehen», schrieb der Zürcher Dichter Gottfried Keller in seiner Novelle vom «Fähnlein der sieben Aufrechten», und diese *Salbeimüsli* (hier können wir im Gegensatz zum Birchermüesli das e also getrost weglassen) gehören heute noch, aus knusprig leichtem Wein- oder Bierteig gebacken, zu den überlieferten Zürcher Rezepten wie die *Triätschnitten*, gebackenen, mit Triätpulver aus Anis, Macis, Muskat, Nelken, Sandelholz, Zimt und Zucker überzogenen, mit warmer Rotweinsauce übergossenen Brot-, Einback- oder Zopfschnitten.

In den vielen feinen Zürcher Patisserien gibt es Kleingebäck zuhauf, das man zu besonderen Gelegenheiten aber auch zu Hause zubereiten kann, die roten, gelben, braunen *Läckerli* aus Marzipan mit Zuckerglasur, die *Tirggel*, in schönen Modeln gebackene dünne Honig-Gewürz-Lebkuchen, die *Tabakrollen*, auf Hölzchen rund gewickelte Teigstücke mit einer Füllung aus Konfitüre oder Schlagrahm, oder die *Chüttenepäschtli*, Konfekt aus Quittenpaste, das an den Weihnachtsbaum gehängt wird.

Nicht vergessen sei, daß der Zürcher Bürgermeister Heinrich Escher 1697 in Brüssel die neumodische Schokolade trank und zu Hause von dieser süßen Verführung schwärmte. Im Abschnitt über das Waadtland, wo in Vevey die erste Schweizer Schokoladefabrik entstand, ist mehr über diese eidgenössische Spezialität nachzulesen. Gewiß aber gehören die *truffes*, Trüffeln, nach Zürich, kleine helle oder dunkelbraune Kugeln aus Schokolade oder Kakaomasse, Milchprodukten und Zucker, die feinste Art Pralinen, einer der nicht mehr geheimen Tips aus den Zürcher Confiserien.

Ob des Sogs der Stadt Zürich vergißt man gern, daß der ganze Kanton Zürich ein vielschichtiges Gefüge ist, so landschaftlich anziehend wie kulturell lebendig. Da ist einmal Winterthur, das zwar große Industrieanlagen umfängt, aber dank dem Kunst- und Sammlersinn von Unternehmern wie den Reinharts durch mehr Parkanlagen, Denkmäler, Museen und Kunstwerke hervorsticht, als sie jede vergleichbare Stadt der Schweiz aufweist, da sind zum andern der Zürichsee, den schon Klopstock und Goethe priesen, das Limmattal, das Zürcher Oberland, Unterland, das Weinland.

In Kappel am Albis löffelten 1529 Reformierte und Katholiken nach einem Krieg zur Versöhnung gemeinsam eine *Milchsuppe;* eine wohl spätere Version besteht aus kochender Milch mit Hafermehl, Eigelben und dünnen, im Ofen gebackenen Brotscheiben. An Sonntagen kommt im Zürcherland wie anderswo auch ein Braten vom Schwein auf den Tisch mit Gemüsen, Majoran, Thymian, Senf, saurem Most oder Weißwein; dazu gibt es (neue) Kartoffeln oder *Boveerli*, eine Verballhornung der französischen «pois verts», grüne Erbsen mit *Brösmeli*, Brotbröseln, und Speck.

Ein kulinarischer Höhepunkt des Jahres ist im ganzen Land meist im November die *Metzgete*, ein Schlachtfest, an dem Schweinernes aufgetragen wird, was der Tisch hält, Schweinefleisch, *Schnörrli*, Rüssel, Ohren, Schwänzli, Rippli, Brat-, Blut-, Leberwürste, Speck, auch *Siedfleisch*, gekochtes Rindfleisch, mit Sauerkraut, Kartoffeln, Apfelschnitzen und anderem mehr. Wer danach noch mag, läßt sich eine *Schyterbygi* kommen, einen Scheiterhaufen aus Brotstengeln mit Eiermilch, Vanille, Zimt und Rosinen. Im Oberland ist auch der *Süsszopf* beliebt, ein mit Eigelb bestrichen im Ofen gebackener Hefezopf mit Anis, Nelkenpulver und Zimt.

Wie schon der Name «Weinland» sagt, wachsen im Züribiet in der anmutigen Gegend um Winterthur und um den Zürichsee auch Reben, zur Hauptsache süffig eleganter *Clevner*, heller Blauburgunder, zuverlässiger, frisch-fruchtiger *Riesling × Sylvaner* und kräftig-herber *Räuschling*, eine alte Sorte, die wieder im Kommen ist. Die Eidgenössische Forschungsanstalt für Obst-, Wein- und Gartenbau in Wädenswil am linken Ufer des Sees ist eine der international führenden Schulen und Forschungsstätten der Önologie.

Der **Aargau** in der Mitte der Schweiz vom Mittelland bis zu den Ausläufern des Juras, zwischen den Kantonen Zürich, Luzern und Bern, ist um das Wassertor der Flüsse Aare, Reuss und Limmat auch ein historisches, kulturelles und wirtschaftliches Zentrum. Hier errichteten die Römer ihre strategischen Stützpunkte Vindonissa, Windisch, und Augusta Raurica, Kaiseraugst, hier gründeten im Mittelalter Adelsgeschlechter wie die Habsburger Städte, das Fricktal am Rhein war vorderösterreichisches Untertanenland, heute hat sich das (immer noch) fruchtbare Acker-, Gemüse- und Viehzuchtland zum Industriekanton entwickelt, neben Schlössern, Klöstern und malerischen Kleinstädtchen wie Zofingen, Bremgarten, Lenzburg und Brunegg, auf dessen Schloß der eminente Historiker Jean Rudolf von Salis lebte, das «Gewissen der Nation», entstanden moderne Agglomerationen wie Baden und Brugg, blieben aber auch weite Wandergebiete.

In Baden, Schinznach, Zurzach, Rheinfelden sprudeln heilsame Thermalquellen, die Hauptstadt Aarau liegt auf Terrassen am Hang an der Aare, vom Rathausturm, der Stadtkirche und einem alten Bergfried überragt. «Rüeblikanton» nennen die übrigen Schweizer den Aargau, und so sei für einmal erlaubt, eine süße kulinarische Spezialität vorauszuschicken, die *Rüeblitorte*, ein Kuchen aus geraffelten Karotten und geriebenen Haselnüssen mit Eiercreme, Mehl oder Maizena, Nelkenpulver und Zimt, mit einer Glasur aus Puderzucker, Eiweiß und Kirsch überzogen und mit Marzipanrübchen garniert. Überhaupt ist der Aargau ein Gemüsekanton, und mit Feldfrüchten werden *Wähen*, dünne flache Kuchen, appetitlich belegt, darunter mit Spinat als *Chrutwähe*, mit Kartoffeln als *Härdöpfelwähe;* diese gehören auch zum typischen *Schnitz und Drunder*, einem Topf aus gedörrten Apfel- und Birnenschnitzen mit Räucherspeck und Kartoffeln, sowie die *Härdöpfelchnöpfli*, Kartoffelnocken mit Zwiebeln.

Aus der Bäder- und Industriestadt Baden an beiden Ufern der Limmat nahe Zürich stammen die *Chräbeli*, ein weiches, zartes weißes Anisgebäck.

Bern ist der flächenmäßig nach Graubünden, bevölkerungsmäßig nach Zürich zweitgrößte Kanton der Schweiz. Das weiträumige hügelige Mittelland beidseits der Aare und Emme erstreckt sich vom gewaltigen Hochalpenkamm, der Wasser, Sprachen und Kulturen scheidet, bis zu den Füßen des Juras.

Mittendrin liegt an einer Schleife der Aare die Hauptstadt Bern. Sie wurde 1191 von Herzog Berchtold V. von Zähringen gegründet, der den Bären als Wächter einsetzte, den «Mutz» der Berner. Mit ihren «fürnehmen» spätbarocken Sandsteinhäusern im Blumenschmuck, ihren Laubengängen, in denen man flanieren und einkaufen kann, ihren tiefen Kellern, farbenprächtigen Brunnen, Toren, Türmen und dem Bärengraben ist Bern eine Stadt des Mittelalters geblieben, wo die Zeit den Atem anhält, ein Kleinod mediävaler Baugesinnung, in dem Patriarchat und Demokratie, bäuerliche Behaglichkeit und städtische Eleganz eine Symbiose eingegangen sind.

Die übrigen Schweizer sagen den Bernern mit dem «unbestürzbaren Gesicht» (Conrad Ferdinand Meyer) leicht spöttisch Bedächtigkeit und Langsamkeit nach – sie haben aber allen Grund, sich der Würde ihres stolzen, mächtigen Erbes gewahr zu bleiben. Seit 1848, als Bern Bundesstadt der Schweiz wurde, ist es auch der politische Mittelpunkt des Landes, in einem wuchtigen Kuppelbau tagen Landesregierung und Volksvertreter.

Die Stadt Thun am Ausfluß der Aare aus dem Thunersee wurde ebenfalls von Berchtold V. gegründet, vom Schlossberg mit Schloß und Kirche steigt man in eine malerische Altstadt hinab. Auf diesem größten Waffenplatz der Schweiz befinden sich auch, was den Feinschmecker mehr interessieren wird, eine Höhere Gastronomie-Fachschule sowie im Schloss Schadau das Schweizer Gastronomie-Museum mit Kochkunstarchiv. Dem Thunersee, vor der Kulisse des Niesen, für den Nationalmaler Ferdinand Hodler aus Bern der Inbegriff aller Berge, schließt sich der idyllische Brienzersee an mit dem Ballenberg in der Nähe, dem Schweizerischen Freilichtmuseum für ländliche Kultur, in dessen originalen Häusern und Hofanlagen traditionelle Handwerke und altes Gewerbe aus vergangenen Zeiten zu bewundern sind. Zwischen den beiden reizvollen Voralpengewässern liegt, wie schon der Name sagt, Interlaken, Eingangstor zum Berner Oberland, dessen Gipfel im sportlichen wie übertragenen Sinn das majestätische Dreigestirn Eiger, Mönch und Jungfrau sind, Herausforderung der Bergsteiger. Eine Bahn führt auf Europas höchstgelegene Station, das Jungfraujoch, mit atemberaubender Fernsicht an klaren Tagen. Auf dem Wege dorthin zweigen alpine Täler ab mit Matten, Wasserfällen, Gletschern und nicht zuletzt Kurorten mit behäbigen Gasthöfen und Luxushotels, die schon seit dem 19. Jahrhundert ein Eldorado des Wintersports sind, das freundliche Adelboden, das lebendige Grindelwald «den Gletschren by», das mondäne Gstaad, wo Yehudi Menuhin, Liz Taylor, Julie Andrews und viele andere Prominente sich erholen und für kulturelles, gesellschaftliches Leben sorgen, das gemütliche Mürren, das Skifahrerparadies Wengen.

Im Seeland gegen den Jurasüdfuß in der entgegengesetzten Richtung mit dem Murten- und Bielersee, blanken, von murmelndem Schilf umsäumten Gewässern, werden Gemüse, Obst, Tabak und Zuckerrüben angebaut. Der zweisprachige Hauptort Biel-Bienne ist so alt wie aufstrebend modern.

Das Emmental im Flußgebiet der Emme östlich von Bern ist wald- und wiesenreich, mit einer ergiebigen Alpwirtschaft, wie schon der berühmte Käse seines Namens verrät. Die Heimat des wortgewaltigen Pfarrers und Dichters Jeremias Gotthelf war schon immer ein Land des guten und vor allem üppigen Essens. Der großartige Seelsorger schildert in seiner Erzählung «Die schwarze Spinne» ein Berner Frühstück so bildhaft, daß wir es voll zitieren wollen: «Neben den Käse stellte sie die mächtige Züpfe, geflochten wie die Zöpfe des Weibes, schön braun und gelb, aus dem feinsten Mehl, Eiern und Butter gebacken, gross wie ein Jähriges und fast ebenso schwer; und oben und unten pflanzte sie noch zwei Teller. Hochaufgetürmt lagen auf denselben die appetitlichen Küchlein, Habküchlein auf dem einen, Eierküchlein auf dem andern. Heiße, dicke Nidel stund im schön geblümten Hafen zugedeckt auf dem Ofen, und in der dreibeinigen, glänzenden Kanne mit gelbem Deckel kochte der Kaffee ... Tausende von Engländern rennen durch die Schweiz, aber weder einem der abgejagten Lords noch einer der steifbeinichten Ladies ist je ein solches Frühstück geworden.»

Schon zu so einem «Zmorge» gehört der *Emmentaler Käse*, vollfett aus Rohmilch von der Kuh, mit Löchern im geschmeidigen Teig, von harmonischem, mild nussigem Geschmack; beim Erhitzen zieht er Fäden, beim Überbacken eine goldbraune Kruste. Er wird überall, nicht nur in der Schweiz, nachgemacht, schmeckt aber nirgends so gut wie im ebenso sanften Emmental. Er wird aber nicht nur mit Brot und *Anke,* Butter, genossen, die *Chässchnitte,* die auch in der übrigen Schweiz beliebte Käseschnitte, versieht einen nahrhaften Imbiß, eine in Butter angeröstete Brotscheibe wird mit Schinken und Emmentaler bedeckt, mit viel Pfeffer bestreut, im Ofen überbacken und mit einem Spiegelei obendrauf serviert.

Die *Erbssuppe* aus gelben Erbsen, *Gnagi*, Eisbein, *Schnörrli*, Schnauze, *Schwänzli*, *Füessli* und Speckschwarte vom Schwein, Karotten, Lauchstengel, Sellerie und Zwiebel ergibt eine «währschafte» Mahlzeit, und die bekannte *Berner Platte* ist fast mehr als das, eine reiche Schlachtplatte mit Schinken, Schweine- und Rindfleisch, Zunge und Speck auf einem Bett von Sauerkraut, Sauerrüben, Dörrbohnen und Salzkartoffeln. Der echte Berner mit unverwüstlichem Magen genehmigt sich zur Krönung noch einen *Schnifu Hamme,* eine nicht zu dünn geschnittene Scheibe hausgeräuchertem Beinschinken.

Das frei herumlaufende *Mischtchratzerli,* ein junges *Güggeli,* Hähnchen, wird mit Rosmarin und Salbei in frischer Butter gebraten, das Schaf wird mit Rahm, Eigelb, Gemüsen und Gewürzen als *Voressen,* Ragout zubereitet.

Zu allem und jedem ißt der Berner – wie alle Schweizer – die *Rösti,* eine weitere Nationalspeise, deren Name sogar als Synonym für die Sprachgrenze, für alles Schwierige, Trennende zwischen Deutsch- und Westschweiz herhalten mußte, man nennt sie den «Röstigraben». Von ihr gibt es unzählige Varianten, Grundlage aber sind immer geraffelte oder gescheibelte, in Butter oder *Schmutz,,* Fett, gebratene Kartoffeln mit einer zusammenhängenden gelbbraunen Kruste, die je nach Belieben und Region angereichert werden kann mit Speck, Zwiebeln, Käse oder *Hörnli,* leicht gebogenen Teigröhrchen.

In den Berner Seen tummeln sich frische, fleischige Fische, *Breitelen, Blagge,* Brachsmen, *Albock, Balchen,* Felchen, *Brienzlinge,* Kleinfelchen, *Egli,* Flußbarsche, *Rötel,* Seesaiblinge, *Winger,* Plötze. Sie werden meist auf herkömmliche Art zubereitet. Eine Spezialität vom Bielersee ist im Winter die *Treberwurst* aus Schweinefleisch mit Tresterbranntwein in der Folie.

Die Bundeshauptstadt Bern ist trotz aller nationaler Repräsentanz ein Marktflecken geblieben, am vierten Montag des Novembers findet der «Zibelemärt» statt, ein traditionelles Volksfest mit Bergen von zu Kränzen geflochtenen siebenhäutigen Zwiebeln, aus denen man eine *Zibelesuppe, Zibelegmües* und einen *Zibelechueche* zubereitet, einen Kuchen mit Butter, Eiern, Schlagrahm und Butterflocken; den, der es lieber süß mag, locken kunstvolle Nachahmungen der Zwiebel aus Marzipan.

Wir sind bei den Süßigkeiten. Zu ihnen gehören in Bern der Lebkuchen aus geriebenen Haselnüssen mit dem «Bärner Mutz», einem weißen Bären aus Eiweißglasur, der *Heitischturm* aus Heidelbeeren mit gerösteten Brotwürfeln, Milch, Zucker und Zimt und die *Meertrübelicreme* aus Johannisbeeren mit Rahm, Eiweiß und Zucker.

Zu vielen Gelegenheiten, bei jeder Gesellikgeit wird reichlich schwimmend ausgebackenes Zuckergebäck aufgetragen, *Bretzeli, Rosechüechli, Schenkeli, Schlüferli* und *Strübli.* Die Krönung eines Berner Mahls ist jedoch die *Meringue,* ein inzwischen in der ganzen Welt bekanntes zartes, bröseliges Schaumgebäck aus Eischnee, Zucker und Rahm, das mit viel, viel *geschwungenem Nidel,* Schlagrahm, gefüllt ist; es wurde 1720 von einem Konditor in Meiringen im Haslital kreiert, daher der französierte Name.

Am Thunersee und im Kandertal wachsen zwar auch Reben, aber die eigentlichen Berner Weine kommen aus dem milden Weinland um den Bieler- und Murtensee. Ihre Hauptsorten sind *Chasselas,* Gutedel, *Pinot noir,* Blauburgunder, *Gamay,* sie haben im allgemeinen einen spritzig-leichten Charakter, eine Brücke zum französischsprachigen Landesteil.

Kanton und Stadt **Solothurn** liegen im westschweizerischen Mittelland beidseits der Aare an den Hängen des Jura. Die Ausflugsziele Weissenstein und Bucheggberg lassen den Blick schweifen über eine weite Landschaft. Gegen Osten erstreckt sie sich über den Passwang bis nach Mariastein, Benediktinerkloster und Wallfahrtsstätte, und Dornach mit seinem anthroposophischen Goetheanum in der Nähe Basels. Im Verkehrsknotenpunkt Olten kann man nicht nur umsteigen, sondern über die hölzerne Alte Brücke über die Aare durch den reizvollen Ortskern schlendern.

Die barocke Stadt Solothurn mit ihren engen Straßenzügen, golden und farbig bemalten Brunnen und Türmen war von 1530 bis 1792 «Ambassadorenstadt», hier residierten die königlichen Botschafter Frankreichs für die Schweiz, und seinen noblen Charme hat sich Solothurn nicht nur geistig und kulturell, sondern auch gastronomisch bewahrt.

Das *Zungenturtli* ist eine Blätterteigpastete mit Zunge, Milken, Bries und Champignons, wie man sie in Paris nicht besser ißt. Auch Dauerbrenner wie die *Leberspiessli,* weißes *Kalbsvoressen,* Kalbsragout, und *Bratwurstkügeli* in einer weißen Sauce sollen hier entstanden sein.

Die *Weissrübensuppe* aus gewürfelten *Räben,* weißen Rüben und Kartoffeln mit Zwiebeln mit gerösteten *Brösmeli,* Brotkrumen, ist schon rustikaler wie auch die *Buzehappe,* ein Brei von ebenfalls weißen Rüben und Kartoffeln mit Speck, Kümmel, Salz und Pfeffer, wie *Funggi,* ein *Stock,* Püree aus Kartoffeln, säuerlichen Kochäpfeln mit Butter, Rahm, Zukker, Salz, Muskat und Weißbrotwürfeln, und *Krausi* aus Weißbrotwürfeln mit Milch, Butter und Zwiebelstreifen, die man alle zu Braten oder Saucenfleisch ißt.

Ein feines Dessert ist die *Wiischnitte,* eine in Butter goldgelb überbackene Einback- oder Weißbrotscheibe, die mit einer heißen Sauce aus Portwein, Rosinen, Zucker, Zimt und abgeriebener Zitronenschale übergossen wird.

In der Nordwestecke der Schweiz liegt der **Jura,** République et Canton du Jura, der jüngste Kanton des Landes, erst 1979 als 23. Glied der Eidgenossenschaft gegründet. Der Gebirgszug, der ihm den Namen gab, ist mit dunklen Tannenwäldern und weiten Weiden überzogen, von denen aus man an klaren Tagen einen phantastischen Blick hat auf die Alpen vom Säntis bis zum Montblanc und in die sich tiefe Schluchten einschneiden. Das Gebiet um die Hauptstadt Delsberg, Delémont liegt in einer breiten Mulde und ist stark industrialisiert, hier und anderswo im Jura werden seit Generationen mit der sprichwörtlichen Sorgfalt und Präzision die berühmten Schweizer Uhren hergestellt. Das Plateau der Freiberge, Franches-Montagnes, der freien, rauhen Berge, ist eine harmonisch bewaldete Parklandschaft mit abgelegenen Gehöften, in der die bekannten rotbraunen Freiberger Pferde und große Viehherden in Freiheit weiden. Der Elsgau, l'Ajoie gegen Westen mit seinem Hauptort Pruntrut, Porrentruy reicht schon weit nach Frankreich hinein.

Der Doubs, der den Jura gegen Norden abgrenzt, ist mit seinen malerischen Seen einer der eigenartigsten, schönsten Flüsse der Schweiz. In ihm schwimmen kleine *truites,* Forellen, die mit gehackter Petersilie und einer kleinen Zwiebel in einer sämigen Rotweinsauce köstlich schmecken, deren zartes, schmackhaftes Fleisch aber auch zu einer *mousse,* einem sanften Schaummus, verarbeitet wird.

Wer im Herbst, was zu empfehlen ist, eine Wanderung durch den Jura unternimmt, der lenke seine Schritt dorthin, wo Rauchfahnen aufsteigen, dort brutzeln nämlich über dem offenen Feuer von Tannennadeln und abgestorbenem Waldholz wunderbar duftende Würste, Koteletts, Hühnchen, Kartoffeln in der Schale und Käseschnitten. In den Wäldern finden sich auch Morcheln und Steinpilze, eine *croûte aux morilles,* Morchelschnitte mit nichts als Doppelrahm und etwas Salz und Pfeffer, ist eine kulinarische Delikatesse, desgleichen der *lapin aux bolets,* Kaninchen mit Steinpilzen. Man kann die Pilze auch in Omeletts verwenden, für die es sogar ein Spezialrezept gibt: Mit Speckwürfelchen, gedünsteter Zwiebel, vorgekochten Gemüsen, Kartoffeln und Jurakäsewürfeln wird sie zur *omelette jurassienne,* zum jurassischen Omelett.

Die kulinarische Glorie des Kantons ist die *tête de moine,* der «Mönchskopf», ein vollfetter Halbhartkäse von unvergleichlich würzigem Aroma, das an die Kräuter der Juraweiden erinnert. Er stammt ursprünglich aus dem Kloster Bellelay und verdankt seinen Namen der Mönchstonsur, der die besondere Weise des Zuschnitts gleicht: Man schneidet vom Hochzylinder einen Rindendeckel ab und schabt die cremig-feste Masse mit einem Messer horizontal zu gekräuselten Rosetten ab.

Durch den Kanton **Freiburg** (im Uechtland), **Fribourg,** verläuft vom Mittelland bis zu den Voralpen die Sprachgrenze zwischen Schweizerdeutsch und Französisch. Die Hauptstadt Fribourg, in einer Schleife der Saane, Sarine, auf einem steil abfallenden Bergrücken, ist eine weitere Zähringergründung, die Altstadt, Vieille Ville, und die Obere Altstadt, Ville Haute, zeugen noch davon, die Kathedrale St. Niklaus, die vielen gotischen Häuser und Brunnen geben ihr ein mittelalterliches Gepräge, und die Universität ist eine Hochburg des katholischen Glaubens.

Der Kanton Freiburg hat sich über weite Strecken seine ländliche Unberührtheit bewahrt, Murten, Avenches, Payerne, Romont und Greyerz sind trotz der zunehmenden Industrialisierung Landstädtchen geblieben wie aus dem Bilderbuch, auf den langgestreckten Wiesen weidet Schwarzfleckvieh, das den Sennen in ihren weißgetünchten Alphütten mit Schindeldach Milch, Rahm und Käse liefert, die Melodien «Ranz des vaches», Kuhreihen, und «Le vieux chalet» des Freiburger Priesters und Komponisten Joseph Bovet gehören zu den beliebtesten Schweizer Volksliedern.

Die Freiburger haben eine urtümliche Phantasie und verstehen es, Feste zu feiern, nicht umsonst war der skurrile, verspielte Maler, Bildhauer und Maschinenbauer Jean Tinguely einer der ihren. Am Bénichon, einem Erntedankfest zur Kirchweih im Herbst, wird aufgetischt, was die Natur schenkt: süße oder salzige *cuchaules,* goldbraune Safranbrote, mit *moutarde de bénichon,* Senf mit Gewürzen, Bienenhonig, Kandis, Birnensaft und Weißwein, *cuquettes,* runde Fladen aus Rahmblätterteig mit Schlagrahm, und vieles mehr.

Natürlich gehört auch die *crème de Gruyères* dazu, ein üppiger Doppelrahm aus dem malerisch ummauerten Städtchen Gruyères, einem «Käse-Rothenburg», den man im «dietzo», einem gedrechselten Holztöpfchen, serviert, ganz zu schweigen vom *Greyerzer,* einem mürben, würzig aromatischen Hartkäse mit wenig Löchern, und dem *Vacherin,* einem rahmig milden Halbweichkäse. Aus ihnen werden auch *Fondues* bereitet, die im Abschnitt über den Kanton Neuenburg beschrieben werden. Die *ramequins,* die auch in den anderen französischsprechenden Kantonen vorkommen, sind ein Auflauf aus Milchbrötchen, Milch, Rahm und geriebenem Greyerzer oder Vacherin. Der *matafan,* den wir schon von Frankreich her kennen, besteht hingegen nur aus Brotscheiben mit Milch, Butter, Mehl, Eiern und Zucker zum Bestreuen.

Zwischen dem Murten- und Neuenburgersee liegt auf dem Mont Vully das kleinste Rebgebiet der Schweiz, aber eines der feinsten. Die Sorten sind *Chasselas,* Gutedel, auch *Riesling × Sylvaner, Pinot gris,* Ruländer, *Pinot blanc,* Weißburgunder, *Traminer, Pinot noir,* Blauburgunder, und – eine Spezialität – *Freiburger,* dem Zürcher Räuschling verwandt, alles von Kennern geschätzte Tropfen, eher leicht und spritzig.

Der Kanton **Neuchâtel**, Neuenburg, hat zwei Etagen, das Parterre an den lieblichen Hügelufern des Neuenburgersees, im Val-de-Ruz und im Gebiet gegen den Bielersee, und ein Obergeschoß im Hochland des Juras. Im Erdgeschoß am See liegt auch die Hauptstadt Neuchâtel, eine Stätte der Geisteswissenschaften, Schulen – hier wird das reinste Französisch der Schweiz, manche behaupten sogar: Frankreichs gesprochen – und Uhrenforschung; die Häuser aus gelblichem Jurakalkstein regte Alexandre Dumas Vater zur Bemerkung an, hier hause man in einem Butterberg. Nicht weit über Neuenburg wohnte von 1952 bis zu seinem Tod 1990 der Schriftsteller und Dramatiker Friedrich Dürrenmatt, «Monument aus helvetischem Bernergips» (Dürrenmatt), der in seinem Werk die Welt der Erfahrung vom Schweizer Dorf bis zu kosmischen Weiten und dunklen Mythen durchmaß.

Dieses Stockwerk ist zugleich auch der Weinkeller des Kantons, hier lagern die *Appellation Neuchâtel* aus den Sorten *Chasselas,* Gutedel, *Chardonnay, Riesling × Sylvaner, Pinot gris,* Ruländer, und *Pinot noir,* Blauburgunder, aus dem auch ein heller Süßdruck gewonnen wird, der *Œil-de-Perdrix,* das Rebhuhnauge, leicht und fruchtig zugleich. In der übrigen Schweiz werden diese Kreszenzen – wir meinen: zu Unrecht – gern als Leichtgewicht abgetan, im Ausland gelten sie hingegen für den Schweizer Wein schlechthin, denn sie sind mit ihrem hohen Kohlensäuregehalt spritzig und elegant, aber auch transportfähig und haltbar.

Das Obergeschoß des Kantons ist das karge Hochland des Juras mit rauhen, kalten Wintern – La Brévine ist das Sibirien der Schweiz – und den Uhrenstädten La Chaux-de-Fonds und Le Locle.

Im Neuenburgersee tummeln sich Fische, darunter die *bondelles,* kleine Silberfelchen, die man in Butter, mit Sauce oder grilliert zubereitet und die mit einem Glas Neuenburger Wein köstlich schmecken. Zu diesem Tropfen paßt auch eine *sèche au lard,* ein mit viel Butter und Speck im heißen Ofen gebackener Teigfladen; die *taillaule* ist eine süße Version, ein Hefefladen mit Eiern, Milch, Zucker, abgeriebener Zitronenschale und Kirsch.

In Neuenburg finden wir wie in der ganzen übrigen Westschweiz *saucissons,* grobkörnige Räucherwürste aus reinem Schweinefleisch mit Gewürzen, die man gekocht unter anderem zu geschmorter *laitue,* Lattichköpfen, oder zu warmem Zwiebelsalat, *salade d'oignons,* ißt. Kutteln, *tripes,* werden in Neuenburg mit Bouillon, Karotten, Lauch, Sellerie, Majoran, Thymian, Pfefferkörnern und Weißwein weich gekocht; dazu gibt es in der Schale gekochte Kartoffeln und eine Vinaigrette. Die *omelette* ist mit Speck und Kartoffeln gefüllt, zu denen noch verschiedene Gemüse kommen können.

Nicht ganz unbestritten heißt es, das *fondue* (warum sie auf Deutsch ein Neutrum ist, wissen die Sprachgötter), der «fromage fondu», geschmolzene Käse stamme aus dem Kanton Neuenburg, heute gilt es im ganzen Land und darüber hinaus als Schweizer Nationalgericht. In einem mit Knoblauch ausgeriebenen *caquelon,* Tongeschirr, wird geriebener oder fein gehobelter reifer Käse mit halb soviel Weißwein, Maizena oder Kartoffelmehl, Kirsch, Pfeffer und Muskatnuß kurz aufgekocht und leise ziehend aufgetischt. Jeder Gast, nein: Freund, denn Fondue gibt gute Laune und macht Freunde, taucht unter Rühren ein auf der Fonduegabel aufgespießtes mundgerechtes Brotstück in die sämige Masse – wenn er es verliert, ist er zu einer Runde Weißwein verpflichtet, der kühl, trocken und herb das passende Getränk ist, obwohl empfindliche Mägen auch Schwarztee trinken dürfen; als *coup du milieu,* Entlastungsschluck trinkt man ein, zwei Gläschen Kirsch.

Je nach Region wird das Fondue aus verschiedenen Käsemischungen zusammengestellt, in Freiburg aus Vacherin und Greyerzer, *moitié-moitié,* halb-halb, oder ganz aus vollreifem Vacherin (dann aber ohne Wein), in Neuenburg aus Greyerzer und Emmentaler oder Jurakäse, im Waadtland aus verschiedenen milden und rezenten Greyerzer Käsen, im Wallis aus Greyerzer, Emmentaler und Raclettekäse. Wer in Neuenburg ist, versuche einmal, den Kirsch durch einen *bérudge* zu ersetzen, einen Zwetschgenbranntwein aus der Béroche, einem reizvollen Landstrich mit ruhmreicher Vergangenheit am See.

Le Pays de **Vaud,** das Waadtland, ist der größte Kanton der Westschweiz, er erstreckt sich von den Jurahöhen bis zu den nördlichen Gestaden des Genfersees, der hier verständlicherweise Lac Léman heißt, von den Alpengipfeln bis zum Mitteland am Neuenburger- und Murtensee, eine Wegkreuzung Europas, «le milieu du monde», die «Mitte der Welt», wie die Waadtländer sagen. Die Hauptstadt Lausanne vereint mit ihren ansteigenden Gassen, der Kathedrale Notre-Dame, der schönsten gotischen Kirche der Schweiz, den überdachten Stufen zur Place de la Palud, dem Marktplatz, bürgerlich-ländliche Beschaulichkeit und mit der Universität, dem Bundesgericht, dem höchsten Schweizer Gericht, dem Sitz des Internationalen Olympischen Komitees, dem Orchestre de chambre de Lausanne, dem Béjart-Ballett und vielen Museen kosmopolitische Ausstrahlung.

Vor der Haustür sozusagen liegt am Nordufer des Léman die «Waadtländer Riviera» von gastfreundlichem Charme, eine Oase für Gourmets auch mit malerischen Städtchen, Schlössern, international renommierten Restaurants und Rebgelände, so weit das Auge reicht. «Im Glas lebt das Land», sagte der Waadtländer Dichter Charles Ramuz, und es sei deshalb erlaubt, die Weinlandschaften des Kantons mit ihren guten Tropfen kurz zu streifen. Die *Côte* westlich von Lausanne mit dem Landstädtchen Coppet, in dessen Schloß die Schriftstellerin Germaine de Staël, Tochter des Genfer Bankiers Necker in französischen Diensten, im Exil lebte, mit Nyon im Schutz seiner Stadtmauern und mit Rolle und seinen einladenden Uferanlagen erzeugt Weine, die im allgemeinen trocken sind, lebhaft und elegant. Östlich von Lausanne liegt das *Lavaux* mit den Weinstädtchen Rivaz, St-Saphorin, «Refugien für Schwalben und Poeten», mit dem Fremdenort Vevey, Sitz des Nestlé-Konzerns, mit Montreux, wo Könige Kunden waren, wo der Kunde König ist bei Musik- und Jazzfestivals, dem Fernsehwettbewerb der Goldenen Rose und, nicht zuletzt, mit Kasino und Uferpromenaden mediterranen Zuschnitts. Hier fanden ein Ramuz, Strawinsky, Nabokov, Chaplin, Ustinov Zuflucht und Ideen für ihr schöpferisches Wirken; die Weine sind fruchtig und mild vollmundig. Das *Chablais* schließlich am oberen Léman bis zum Wallis umfaßt mit Villeneuve, Aigle, Yvorne, Ollon und Bex Gemeinden, deren Weine klingende Namen haben, ihr Aroma ist ausgeprägt, aber fein.

Im Lac Léman und auch in den anderen Seen und Flußläufen des Kantons Waadt gibt es, versteht sich, mancherlei Fische, *truites,* Forellen, *lottes de rivière,* Trüschen, deren übergroße Lebern eine Delikatesse sind, *ombles,* Saiblinge, *perches,* Flußbarsche, *féras,* Felchen, die mit den spritzigen Weißweinen der Gegend gegart und getrunken ein besonderer Genuß sind. Sind die Fische klein, werden sie gewürzt in Mehl gewendet als *friture du lac* hellgelb ausgebacken.

Die bereits erwähnten *saucissons,* geräucherte Würste aus reinem, grob gehacktem Schweinefleisch, die doppelt groß *boutefas* heißen, werden gern mit Rindsleber, *au foie,* oder Weißkohl, *aux choux,* geschmacklich angereichert. Die *atriaux,* Bratwurstbrät mit gehackten Schalotten, Knoblauch, Petersilie und Weißwein im Schweinenetz, die *fricassée* vom Schwein kommt mit Lauch, Möhren, Sellerie, Zwiebeln, Gewürzen und Weißwein an Schlachttagen auf den Tisch.

Das Leibgericht der Waadtländer ist der *papet vaudois,* ein Eintopf mit dem Lieblingsgemüse *poireau,* halbiertem Lauch und zerkochten Kartoffeln, auf denen verführerisch Waadtländer Würste liegen. Der Lauch wird aber auch mit eingeweichten Brötchen, Möhren, Sellerie, Zwiebeln und durchgepreßtem Knoblauch gefüllt, *poireau farci.* Mit gedünsteten Weißkohlstreifen und Speck wird ein Kuchen belegt, *gâteau aux choux.* Ein süßer Speckfladen ist der *taillé aux greubons,* aus Speckgrieben. Originell ist auch die *salée-sucrée,* das «gezuckerte Gesalzene», ein süßer Rahmfladen, dem man das Gesalzene nicht anmerkt.

Die Käse der Waadtländer sind die *tommes vaudoises,* kleine cremig flüssige, oft mit Kümmel gewürzte Weißschimmelkäse aus der hochgelegenen Vallée de Joux und vom Südhang des Juras, woher auch der berühmte *Vacherin Mont d'Or* kommt, ein cremiger, fein duftender Weichkäse mit leicht harzigem Geschmack, der König der Dessertkäse, den man am besten aus der Spanschachtel löffelt. Selbstverständlich macht man aus ihm Fondues, aber er eignet sich auch zum Kochen für *beignets,* fritierte Käsekrapfen wie die *malakoffs,* die Söldner von der Schlacht bei Malakoff mitbrachten, oder die beliebten *croûtes,* mit Käse goldgelb ausgebackenen Brotscheiben, sowie *ramequins,* Brotschnitten mit einer Rahm-, Käse-, Eiermischung und viel Weißwein; die *grande tarte* ist ein Käsespeckkuchen.

Im oft alten, kunstvoll geschmiedeten Bretzeleisen werden dünne *bricelets,* Waffeln gebacken, eine andere Art süßer Waffeln sind die *gaufres.* Am Bettag im September gab es früher statt des Sonntagsbratens einen *gâteau aux pruneaux,* Zwetschgenkuchen, heute wird er aber auch zu anderen Gelegenheiten aufgetischt.

1819 entstand in einer ehemaligen Mühle bei Vevey die erste Schweizer Schokoladefabrik, inzwischen ist diese Süßigkeit zu einem der kulinarischen Wahrzeichen der Eidgenossenschaft geworden. Die Namen der Pioniere Cailler, Suchard, Kohler, Sprüngli, Lindt, Maestrani, Klaus, Peter, Nestlé, Tobler haben heute noch einen Ruf, der einem das Wasser im Mund zusammenlaufen läßt, *Schweizer Schokolade* ist nach wie vor eine Götterspeise – ihr seidiger, fleckenloser Glanz, ihr voller, runder Duft, ihr zarter Schmelz, ihr feiner Geschmack, da zeigt sich die Schweiz von ihrer besten Schokoladeseite.

Am landschaftlich schönen, strategisch wichtigen westlichen Ende des Lac Léman, den man hier füglich Genfersee nennen darf, liegen Kanton und Stadt **Genève, Genf.** Hier weht ein Hauch der weiten Welt, außer Geschäftsleuten im dunkelblauen Nadelstreifenanzug und Touristen begegnet man Arabern in wallenden weißen Gewändern, Afrikanern in pittoresken Trachten. Die Stadt Genf ist nämlich ein Bankenzentrum und Sitz vieler internationaler Organisationen, der europäische Hauptsitz der Vereinten Nationen, des Roten Kreuzes, das der Genfer Philanthrop Henri Dunant 1864 ins Leben rief und dessen Präsident heute der Tessiner Cornelio Sommaruga ist, des Weltkirchenrats, des Internationalen Arbeitsamts, des Europäischen Zentrums für Kernforschung, um nur sie zu nennen. Allen Besuchern bleibt zu wünschen, sie fänden neben Betriebsamkeit und Geschäft, neben Geld einnehmen und Geld ausgeben Zeit für die Schönheiten der Stadt und der sie umgebenden Landschaft, die 145 m hohe Wasserfontäne im Hafen, die Promenaden mit herrlichem Seeblick, die alten Viertel. Zudem besitzt Genf Kulturstätten, deren Bedeutung über seine Grenzen hinaus wirkt, eine protestantische Universität, die Oper im Grand Théâtre, das Konzerthaus Victoria Hall, in dem das weltbekannte Orchestre de la Suisse romande musiziert.

Geistig und kulturell ist Genf, das «protestantische Rom» Calvins, Heimat des sendungsbewußten Jean-Jacques Rousseau, Sohn eines Uhrmachers und einer Calvinistin, eng mit dem westlichen Nachbarland auf drei Seiten verbunden, seine Grenze zu Frankreich ist mehr als 100 km lang, jene zur Waadt nur viereinhalb. Das schlägt sich auch in seiner Küche nieder, man ißt hier so gut wie in Chambéry und Grenoble, ja Lyon und Paris. Zudem gibt es auch in Genf Nahrungsmittel, Speisen und Rezepte von typisch lokaler Note. Dazu gehört der *omble chevalier* aus dem See, einer der feinsten Süßwasserfische, der mit Butter, Perlzwiebeln, Weißwein und Zitrone in einer sämigen weißen *sauce genevoise* angerichtet wird, die inzwischen in die klassische französische Küche eingezogen ist.

Das *gratin de cardons* ist ein Auflauf aus Karden, einem distelartigen Gemüse, mit Milch, Rahm, Butter, Mehl, geriebenem Käse und Muskatnuß. Zum Dessert gibt es eine aparte *tomme au marc,* einen Käse aus teilweise entrahmter Kuhmilch mit Schimmelrinde, der in Weintrester gereift wurde, oder *rissoles aux poires,* Birnenkrapfen.

Mit einer riesigen Kathedrale, deren Mittelschiff das Rhonetal bildet, vergleicht der Schriftsteller Maurice Zermatten seinen Kanton **Wallis, Valais.** Unter den wuchtigen Kulissen von sage und schreibe einundfünfzig Viertausendern mit den Bergriesen Matterhorn, Monte Rosa und kilometerlangen Gletschern ist die breite Furche zum Genfersee, das heißeste und trockenste Gebiet der Schweiz von mediterranem Ambiente, die Lebensader des Kantons, ein einziger Garten mit Apfel-, Aprikosen-, Birnen-, Erdbeer- und Pfirsichkulturen, Spargel, Tomaten und Mais.

Zwischen Wäldern und Weiden an den Hängen mit weißen Kirchen und Kapellen dazwischen, Chalets aus dunkler Lärche und Speichern auf hölzernen oder gemauerten Stelzen, damit die Mäuse nicht ans Getreide kommen, liegen in sonnendurchglühten Mulden alte Handelsplätze wie Brig auf dem Weg zum Grimsel- und Furkapaß, die Haupt- und Bischofsstadt Sion, Sitten mit befestigten Bauten auf Felshügeln und Martigny, Knotenpunkt wichtiger Alpenpässe. Die Walliser, im oberen Teil schwerblütig deutschsprachig, im unteren vital französischsprachig, sind ein Volk, in dem archaische Lebensart, katholische Glaubenstradition und herrschaftliche Kultur erhalten geblieben sind, und so haben sich auch die vielen Ferienorte in den Seitentälern trotz des Fremdenverkehrs ihren eigenen Reiz bewahrt, Champéry mit seinen 180 Skiliften und 500 km Pisten, das sonnige Crans-Montana, die Therme Leukerbad in prickelnder Höhenluft, das autofreie Saas-Fee «in der Weite des Himmels, den die Gipfel wunderbar tragen» (der Dichter und Naturbursche Carl Zuckmayer, der es sich zum Alterssitz erkor), das junge Verbier mit ebenso jugendlicher Klientel und nicht zuletzt das klassische Bergsteigerdorf Zermatt, inzwischen internationaler Sommerkurort und Wintersportplatz, wo man zwölf Monate im Jahr Ski fahren oder laufen kann.

Wie andere Alpenvölker kennen auch die Walliser das *Trokkenfleisch,* die *viande séchée,* in einer gewürzten Salzlake gepökeltes, mit einer Kräutermischung eingeriebenes, an der Luft getrocknetes Rindfleisch. Es schmeckt nicht nur als Imbiß auf Bergeshöhen, sondern auch zu *Spargel,* für die das Wallis bekannt ist. Zu diesen in die ganze Schweiz versandten Produkten gehören auch die *Aprikosen,* die dort 1838 erstmals angepflanzt wurden und, wenn man ihnen Zeit zum Reifen läßt, besonders saftig und süß sind. Aus ihnen machen die Walliser selbst Kompotte, Flans, Biskuits und Konfitüre. Weniger bekannt ist, daß in Mund im Oberwallis auch *Safran* gewonnen wird. Mit ihm würzt man das *Safranbrot* und *Kruchtelen,* ein Gebäck in Form einer Masche.

Die *escalope agaunoise* aus dem Festungsstädtchen St-Maurice am Rhonedurchbruch, das von den Kelten als Augone, «Felsort», gegründet wurde, ist ein dünnes Kalbsschnitzel mit gekochtem Schinken, Tomaten und Raclette- oder Greyerzer Käse, die *tarte saviésanne* aus der Gemeinde Savièse mit ursprünglicher Bevölkerung und Natur ein rahmiger Blätterteigkuchen mit Lauch und Kartoffeln. In Goms im obersten Rhonetal, Empfangssaal des Wallis, trägt ein Kartoffelkuchen mit Lauch, Zwiebeln und Äpfeln den seltsamen Namen *Cholera.* Der auch in anderen Bergkantonen beliebte *Milchreis* wird im Oberwallis mit Lorbeer und Nelken, auch Speck oder luftgetrocknetem Schinken geschmacksverstärkt.

Wie alle Alpenvölker kennen und schätzen die Walliser Käse. Auf den hochgelegenen Almen sind Gras und Kräuter besonders würzig, die Käse aus fetter Kuhmilch einzig aromatisch. Die Bergkäse werden dünn zu *Hobelkäse* geschnitten, und der *Raclettekäse,* halbhart, vollfett und mild, dient, wie der Name sagt, einer besonderen Zubereitung: «racler» heißt auf Französisch schaben, und so wird ein nicht zu junger halber Käselaib gegen ein Lärchen- oder Rebholzfeuer gehalten; sobald er zu schmelzen anfängt, wird mit einem nicht zu scharfen Messer eine Portion auf den Teller geschabt. Man ißt sie nach Belieben mit frisch gemahlenem Pfeffer gewürzt heiß mit «geschwellten», in der Schale gekochten Kartoffeln und einer Garnitur von Essiggürkchen, Perlzwiebeln und sauren Pilzen. Am besten schmeckt die *raclette* an der Bergluft im Freien oder im Winter im «carnotzet», einer heimeligen Stube, aber selbstverständlich gibt es heute spezielle Apparate, Infrarotstrahler, Öfen, Wärmeplatten und Schmelzpfännchen, die ihren Zweck durchaus erfüllen.

Das fruchtbare Wallis ist auch ein Land der Traube, führend im Schweizer Weinbau, mehr als ein Drittel der Reben des Landes wird im Wallis angebaut. Der Kürze halber seien nur die wichtigsten Walliser Weine angeführt, wobei einem vor allem die besonderen regionalen Spezialitäten auffallen. Das gilt allerdings nicht für den Weißen an der Spitze, den weitverbreiteten *Fendant* aus der Chasselastraube, trocken, leicht, süffig und zu allen Gelegenheiten passend; es folgen *Johannisberg* oder *Gros Rhin,* grüner Silvaner, gehaltvoll weich und blumig, *Muscat,* Muskateller, voll, herb und duftend, *Humagne,* eine einheimische Sorte, kernig und belebend, *Arvine,* ebenfalls eine einheimische Sorte, charaktervoll trocken und angenehm bitterlich, *Ermitage* aus der Marsannetraube, von Söldnern aus Frankreich eingeführt, vornehm und nuancenreich, *Amigne,* eine weitere einheimische Rebsorte, charaktervoll und harmonisch mit apartem Bukett, *Malvoisie flétrie,* gehaltvoll und elegant. Die Roten werden von der *Dôle* (französisch *la Dôle*) angeführt, einem Verschnitt von Pinot noir und Gamay, einem der besten Rotweine der Schweiz, körperreich, samtig und harmonisch, aber nicht zu schwer; sodann *Goron* bei geringerem Mindestmostgewicht, ausgewogen frisch, *Rouge du Pays* aus der roten Sorte Humagne, sehr dunkel und gehaltvoll, *Pinot noir,* Blauburgunder, feurig wuchtig, und *Humagne rouge,* fruchtig und bekömmlich.

Wir haben schon festgestellt, wie reich das Wallis an Früchten ist, und so sind die Rebbauern auch Meister im Brennen von Kirschen, Pflaumen, Zwetschgen, vor allem von Aprikosen, *Abricotine,* und Williams Christbirnen, *poire Williams;* diese hat in den 1950er Jahren ein Walliser erfunden, indem er Birnen in die Flasche hineinwachsen ließ und mit Birnendestillat übergoß. Seither ist sie zu einem Modegetränk geworden.

Man muß es betonen: Das **Tessin,** der südlichste Kanton der Schweiz, von ihr durch die Alpenbarriere getrennt, ist trotz dem milden Schonklima, der üppigen Vegetation, den malerischen Tälern, Seen und Dörfern nicht nur die «Sonnenstube der Schweiz», trotz der Italianità, dem lebhaften Temperament seiner Bewohner, die auf den Nachbarn im Süden ausgerichtet sind, nicht bloß ein Anhängsel Norditaliens. Der **Ticino** ist ein unverkennbar schweizerischer Kanton mit eigener Identität und Verwaltung, eine einzigartige Mischung aus helvetischer Ordnungsliebe und italienischer Lebensfreude, der drittgrößte Bankenplatz der Schweiz und ein Zentrum europäischer Kultur. In Ascona forschte der

Mythologe Kerénye, leitete C. G. Jung die Eranos-Tagungen, komponierte Wladimir Vogel, in Montagnola schrieb und gärtnerte Hermann Hesse, in Muralto malte Paul Klee, verbrachte Erich Fromm seinen Lebensabend, in Solduno dichtete, bildhauerte, malte Hans Arp, vom Tessin aus zogen bedeutende Maler und Baumeister in alle Welt, wirkt heute noch Mario Botta, nach Le Corbusier der berühmteste Schweizer Architekt.

Die Hauptstadt Bellinzona liegt an der Gabelung, wo die Nord-Süd-Verbindungen über den St. Gotthard, Lukmanier, Nufenen und San Bernardino zusammentreffen, zwischen drei mächtigen Wehrburgen eine sehenswerte Altstadt mit Arkaden, gepflasterten Gassen und pastellfarbenen Häusern, die an die nahe Lombardei erinnern. Locarno, am Nordende des Lago Maggiore, ist eine Gartenstadt mit tropischer Vegetation, hier blühen schon ab März Hortensien, Kamelien und Magnolien. Nicht weit entfernt liegt das einstige Fischerdorf Ascona mit malerischen Borgos, das trotz seinem Ruf als Touristenziel nie so mondän wurde, wie es sich gab. Im Val Verzasca, Val Onsernone und den Nebentälern der Maggia stößt man noch auf ursprüngliche Tessiner Dörfer mit dicken Mauern aus Bruchsteinen und Steinplatten auf dem Dach. An einer weitgeschwungenen Bucht des Luganersees liegt mit Seepromenade und Lauben Lugano, Wirtschafts-, Kulturzentrum des Tessins und idealer Luftkurort. Bewacht wird es von den Bergen San Salvatore, Monte Brè und Monte Generoso, von denen man einen herrlichen Blick hat auf den See mit den verwinkelten Dörfern Gandria, Morcote bis hin zu den Alpen und, bei guter Sicht, die lombardische Ebene.

«Dal bel u na s'mangia vèe nuta» sagen die Tessiner, «vom Schönen hat man nicht gegessen», und aus der benachbarten Lombardei haben sie viel in ihre Küche hereingeholt, den *minestrone* zum Beispiel, eine gehaltvolle Gemüsesuppe, noch dicker als die italienische, mit Speckwürfeln, Teigwaren oder Reis, die *busecca,* eine Kuttelsuppe mit Kartoffeln und Gemüsen, gewürzt mit Kümmel, Majoran und Safran, oder den *pancotto* aus altbackenem Brot und Fleischbrühe, Butter, Zwiebel und Rotwein.

Jedes Jahr wird am Fastnachtsmontag oder -dienstag auf der Piazza für das ganze Volk in riesigen Kesseln ein sämiger *risotto* mit Rotwein angerührt; dazu gibt es *lesso,* Suppenfleisch, Geschnetzeltes, Pilze, *funghi,* und vor allem *luganighe,* fingerdicke weiche Würste aus stark gewürztem Schweinefleisch. Die *polenta,* ein kompakter Brei aus grobkörnigem oder feinem Maisgrieß, wird im Tessin auf einem Holzbrett oder im Weidenkörbchen angerichtet; wird sie mit Milch weich gekocht, heißt sie *palau.*

Die *mortadella nostrana,* eine dicke Brühwurst aus Schweinefleisch, wird mit *lenticchie,* Linsen, Sellerie, Tomaten, Zwiebeln und Rotwein gekocht, der Rindsbraten, *brasato,* ebenfalls mit Tessiner Rotwein gewürzt. Der lombardische *ossobuco,* Kalbshachse, ist auch im Tessin heimisch, butterzart geschmort und mit geriebener Zitronenschale apart verfeinert. Die *uccelli scapati* sind keine Vögel (obwohl auch diese, es sei geklagt, wie in ganz Italien noch im Tessin gern gegessen werden), sondern kleine, dünn geschnittene Kalbsschnitzel mit Speck und Salbei. Der *stufato* ist ein ländlicher Schmorbraten aus Rind- oder Schafffleisch, Bauchspeck, Gemüsen und Kartoffeln.

Eine Leibspeise der Tessiner ist *coniglio,* das Kaninchen, das man lecker, auch als Ragout, zubereitet und meist mit Polenta ißt. Das gleiche gilt für *pollo,* Huhn, und *capretto,* das junge Ziegenlamm.

An den ersten beiden Sonntagen im Oktober wird im ganzen Tessin die «Festa delle castagne» gefeiert, aus den Pfannen steigt der köstliche Duft der *maroni,* Edelkastanien, die lange zu den Grundnahrungsmitteln des Kantons gehörten. Sie werden auf Holzfeuer geröstet, und man bereitet manches gute Gericht aus ihnen. Davon seien nur der salzige oder süße *castagnaccio* genannt aus passierten, gebackenen Kastanien und die in der ganzen Schweiz so beliebten *vermicelles,* ein Püree aus Kastanien mit Milch, Rahm, Schokoladepulver, Vanille und Zucker, das durch den Fleischwolf oder die Kartoffelpresse zu «Würmchen» getrieben wird.

Die *formaggini,* kleine frische Käse aus Ziegen- oder Kuhmilch, ergeben, mit viel schwarzem Pfeffer, Kräutern und Knoblauchsaft in Olivenöl im Glasgefäß eingelegt, *sott'olio,* einen rezenten Imbiß oder Nachtisch. Süß hingegen ist die *torta di pane,* ein Arme-Leute-Essen, dem auch Vermögende nicht widerstehen können: ein flacher Kuchen aus altbackenem Brot, Zwieback, Milch, Vanille, Mandelaroma, vielerlei Gewürzen, Pinienkernen und Grappa; statt dem Zwieback kann man auch *amaretti* hineintun, Bittermandelmakronen, wie sie in ganz Norditalien bekannt sind.

Dies ist auch der *zabaione,* eine dickliche, aber luftig leichte Schaumcreme aus mit Marsala kräftig verrührtem Eigelb und Zucker; die Tessiner haben ihn seit einiger Zeit so fest in Herz und Magen geschlossen, daß man ihn auch hier anführen darf, statt Marsala nehmen sie einen trockenen Weißwein aus der Gegend.

Wer das Tessin besucht, wird auch in einem der lauschigen Grotti einkehren, glyzinienumrankten Gasthöfen mit schattigem Garten und blankgescheuerten Tischen. Dort trinkt man aus dem boccalino oder tazzino, Trinkgefäßen aus Terracotta, einen beziehungsweise mehrere, viele Schlucke Tessiner Wein, von dem es mehr Sorten gibt, als man annehmen könnte: den ursprünglich französischen *Merlot,* der, jung trinkreif, kräftig und doch weich ist, den *Rodato,* einen Süßdruck aus Merlottrauben, leicht und süffig, die *Bondola,* blumig fruchtig und leicht, den *Nostrano* aus Bondola, Freisa, Malbec und Syrah, Schankwein der Tessiner, und den *Americano* aus Reben amerikanischer Herkunft, ebenfalls ein Tafelwein oder erfrischender Traubensaft. Und immer und überall wird einem als Zeichen der Gastfreundschaft eine *grappa* offeriert, ein aromatischer Tresterschnaps aus blauen Trauben.

Unsere Rundreise hat es aufgezeigt und bestätigt: Die Schweiz ist reich. Damit ist für einmal nicht ihre Finanzkraft allein gemeint, sondern auch ihre Natur und ihre frischen, gehaltvollen Produkte, der Sinn für Qualität, so solide und geschmackssicher wie das weiße Kreuz im roten Feld. Die Schweizer haben eine Lebens- und Eßkultur entwickelt, wie man sie auf so kleinem Raum kaum in Europa, in der Welt antrifft. Sei es in den Küchen der Bauern und Bürger (in denen meist Frauen stehen), in den gastlichen Häusern und Spitzenrestaurants (in denen oft Frauen stehen), von den Alpen bis zum Boden- und Genfersee, vom Tessin bis Basel und Genf erstreckt sich ein Schlemmerparadies.

Seychellen   ↑ Ostafrikanische Inseln

Singapur   ↑ Hinterindien

Skandinavien Im Norden Europas liegt die skandinavische Halbinsel mit Norwegen und Schweden, und zu Skandinavien darf man auch das im Süden vorgelagerte Dänemark sowie das Bollwerk gen Osten Finnland zählen – ein riesiges Gebiet, die Entfernung von Gedster, dem südlichsten Punkt, bis zum Nordkap gleicht jener von Gedster nach Turin, die Breite von Bergen im Westen bis zum Ladogasee im Osten entspricht der Strecke von Paris nach Warschau.

Aus dem Stamm der Wikinger, einem Volk von Seeräubern und Kaufleuten, Eroberern und Staatengründern, haben sich seit der ersten Jahrtausendwende Wohlstandsländer entwickelt mit, so homogen sie nach außen wirken, nationalem Selbstbewußtsein und eigenständigen Kulturen.

Vom Bottnischen Meerbusen erstreckt sich **Finnland**, Suomi, nach Lappland im Norden und bis zur Grenze nach Rußland, eine von den Eiszeiten geformte Urlandschaft von Wäldern, Seen, Schären und Mooren, Backsteinkirchen und Holzhäusern, aus der nicht nur Tagträumer, sondern auch kreative Menschen Inspiration schöpften, der Architekt Alvar Aalto, der Dichter Sillanpää, die Komponisten Sibelius und Rautavaara, der Staatsmann Kekkonen, die Sportler Nurmi, Nykänen, Matikainen und andere mehr – ein Land, dessen Ruhe Kraft ausstrahlt, «im Herbst, wenn du im Wald ganz still bist, kannst du das Rufen des Kukkucks vom nächsten Frühling hören» (Eeva Kilgi).

Die Hauptstadt Helsinki, eine «Metropole ohne Patina», ist das Scharnier von der Ostsee zum Land der tausend Seen. Gleich am Hafen liegt der belebte Marktplatz, über den die dralle Meernymphe Havis Amanda wacht. Er weitet sich zu den Esplanadi, einem langgestreckten Park mit eleganten Einkaufsboulevards. Mit der Straßenbahn kann man bequem eine Rundfahrt durch die liebenswert heitere, locker bebaute Stadt machen, und zur Erholung laden Saunas, von denen es im ganzen Land mehr als Autos gibt, in diesen Heißluftbädern spielt sich ein Teil des finnischen Lebens ab von gleich zu gleich. Danach fühlt man sich sauber, ausgeruht und fit für einen *marskin ryyppy*, wie ihn der legendäre Marschall Mannerheim liebte: halb Aquavit, halb Wodka mit einem Schuß trockenem Wermut und Gin, etwas für starke Männer und für den Appetit eines starken Kerls.

Denn Sauna macht nicht nur Durst, sondern auch Hunger, und den wissen die Finnen wie alle Nordländer kräftig zu stillen, ihre Küche ist ebenfalls ein Stück Natur. Das «smörgåsbord», ein üppiger Schmaus, den wir auch in den anderen skandinavischen Ländern antreffen werden, heißt hier *voleipäpöyta* (die vokalreiche Sprache der Finnen macht auch auf der Speisekarte Mühe, denn sie ist mit keiner indogermanischen auch nur entfernt verwandt). Mit Heringshappen, Fischen, Meeresfrüchten, kaltem und warmem (Rentier-)Fleisch, Salaten und Pilzen ist es wie überall im Norden verschwenderisch bestückt.

Zum vollständigen Mahl gehört der *hernekeitto*, eine deftige Erbsensuppe (der wir in ganz Skandinavien ebenfalls wiederbegegnen werden) mit Schweinefleisch, und dann natürlich köstlich frisches Meeresgetier von der hohen See, aus Küstengewässern und Seen: *ahven*, Barsch, *ankerias*, Aal, *hauki*, Hechte, *kiiski*, Kaulbarsch, *lahna*, Blei, *lohi*, (Wild-)Lachs (roh und leicht gesalzen als *gravilohi*) – «Wenn du Lachs hast, brauchst du keinen Fisch», sagt der Finne –, *made*, Quappe, *muikku*, Kleine Maräne, *siika*, Große Schwebrenke, *silatka*, Strömling, eine Heringsart aus der Ostsee, *turska*, Dorsch, und andere mehr. Sie werden roh gegessen (unbedenklich), gebacken, gebraten, gegrillt, geräuchert, als Vorspeise auch eingesalzen oder mariniert, und meist mit möglichst neuen Kartoffeln serviert. Fisch enthält auch der *kala kukko*, das rustikale Nationalgericht der Finnen, ein Brot aus in Roggenteig gebackenen Kleinen Maränen oder Barsch und fettem Schweinefleisch.

Eine Delikatesse ist der Fischrogen, am begehrtesten der von der Quappe, die man unter den ersten Eisdecken fängt, aber auch von Felchen, Kleinen Maränen oder Regenbogenforellen, selbst Hecht, Stint, Strömling und Zwergwels. Man ißt ihn mit *blinit*, den russischen Plinsen aus Buchweizenmehl, *smetana*, saurem Rahm, gehackten Zwiebeln, frisch gemahlenem schwarzem Pfeffer und, versteht sich, einem eiskalten klaren Wodka. Auch eines der vielen ausgezeichneten Brote paßt gebuttert dazu aus Gerste, Hafer, Roggen, Weizen, mit knuspriger Kruste oder weicher Rinde, Grahambrot, Knäckebrot, säuerliches Schwarzbrot.

Ende Juli, Anfang August, wenn die Nächte hell sind, kommen wie in ganz Skandinavien Berge von Flußkrebsen, *ravut*, auf den Tisch, man ißt sie mit vorgebundenem Latz mit Dill bestreut von Hand und begießt sie vor dem heiß bebutterten Toastbrot mit Wodka und Bier.

Das Fleisch vom *poron*, Rentier, das in großen Herden natürlich heranwächst, schmeckt von September bis Februar apart und nicht zu aufdringlich nach Wild; sautiert mit Kartoffelpüree und Preiselbeeren mundet es als *poronteäistys* ausgezeichnet, «finnischer» noch geschnetzelt mit Butter oder Schweineschmalz in Sahne geschmort. Elchfleisch ist würziger, jedoch seltener – in einer Sahnesauce mit Morcheln «lohnt es die Reise», wie Michelin sagen würde. Bärenfleisch, *karhu*, ist noch rarer, aber allein schon aus Neugierde einen Versuch wert. Als Beilage eignet sich eine Kartoffelauflauf, *imelletty perunalaatikko*, oder ein Steckrübenauflauf, *lanttulaatikko*. Schneehase und Schneehuhn vervollständigen die Wildpalette, sie werden mit Waldbeeren und marinierten Pilzen in Sahnesauce angerichtet. Das gewöhnliche Fleisch schließlich liefert das nützliche Schwein. Aus seiner pürierten Leber wird mit Reis oder Graupen, Rosinen, Zuckermelone und Majoran der schmackhafte Auflauf *maksalaatikko* bereitet.

Ein nahrhafter Imbiß sind die *karjalanpiirakka*, warme Piroggen mit verschiedener Füllung, das nahe (und aus jahrhundertealter Erfahrung nicht besonders beliebte) Rußland läßt grüßen, desgleichen *baba, kulitsa, pascha* zu Ostern. Gleichen Ursprungs sind die in schwimmendem Fett ausgebackenen oder auf dem Blech gebackenen Pasteten mit vielerlei Füllung. Im Herbst sind die Wälder voll von Pilzen, die jedermann sammeln darf und die sofort in die Bratpfanne wandern oder für später eingefroren, getrocknet, gesalzen werden.

Auch für Desserts sorgt die Natur Finnlands freigebig mit Rhabarber und jeder Menge Beeren für Grütze, Kompott, Kuchen und Säfte, darunter *ahomansikka*, Walderdbeere, *karpalo*, Moosbeere, *lakka*, Multbeere, *mesimarja*, Arktische Brombeere, *pihlajanmarja*, Vogelbeere, *puolukka*, Preiselbeere, *tyrnimarja*, Sanddorn, *vadelma*, Himbeere. Aus der Blaubeere, *mustikka*, wird ein köstlicher Kuchen gebacken. Das Waffelgebäck *tippaleipä* paßt zur Eiscreme, die wie in Rußland an jeder Straßenecke, in jedem Park, in jedem Dorfladen zu haben ist.

Vom finnischen Wodka war schon die Rede. Er wird pur als *snapsi* getrunken (aber nie, ohne etwas dazu zu essen) oder mit Fruchtsaft verdünnt. Interessant sind die Liköre aus Arktischen Brombeeren, Himbeeren, Multbeeren oder Preiselbeeren. Eine Art Nationalgetränk Finnlands ist jedoch der Kaffee geworden, man trinkt ihn morgens, mittags, nachmittags, abends und sogar nachts.

«Das ganze Land ist wie ein Märchen aus alten Tagen, ist stark, schön und von verblüffender Ursprünglichkeit», schrieb Maxim Gorkij. Das hat sich nicht geändert.

Das Königreich **Schweden**, Sverige, nimmt vom Skagerrak, Kattegat, Ostsee und Bottnischen Meerbusen bis zum Nordmeer den östlichen Teil der Skandinavischen Halbinsel ein, das größte Land Nordeuropas. Hinter den Schärenküsten aus buckligen Felsinseln erstreckt sich im Süden eine Tiefebene, die im Frühling, Sommer von einem blau-weißen Anemonenteppich und goldgelben Rapsfeldern bedeckt ist. Von ihr aus breiten sich endlos weite Landschaften, Wälder und Seen aus bis zu den Gebirgstälern Lapplands im Norden, eine Strecke, über die Selma Lagerlöf den Däumling Nils Holgersson auf seine «Wunderbare Reise mit den Wildgänsen» schickte, eine weitgehend ebenmäßige Landschaft mit rostroten Holzhäusern und gelb- oder weißgestrichenen Herrenhöfen, deren Extreme der Jahresablauf festlegt: Im Sommer scheint die Mitternachtssonne und kommt der Mensch nicht zur Ruhe, im Winter ist es den ganzen Tag finster und verpuppt sich der Mensch. So formt die Natur den Schweden zugleich hellwach und nostalgisch verträumt. Immer aber bleibt er der Landschaft und dem Meer verbunden, zu jeder Jahreszeit geht er spazieren, schwimmen, läuft er Ski, klettert er auf Berge, und selbst die Städte sind ins Grüne gebettet, das von Kanälen durchzogene Malmö an der Westküste mit seinen Patrizier- und Lagerhäusern, Kontoren und Klinkerfassaden, dessen Theater eine Zeitlang Ingmar Bergman leitete, der weltoffene Fährhafen und Handelsplatz Göteborg im Südwesten und die Hauptstadt Stockholm im Osten auf vierzehn Inseln, eine «Stadt, die auf dem Wasser schwimmt» (Lagerlöf). Mit ihren alten Backsteinhäusern und modernen Glasbauten ist sie eine heitere Metropole zwischen Tradition und Fortschritt. In der Gamla Stan, der Altstadt, liegen das Reichstagsgebäude, Kirchen und Museen, in der Neustadt Norrmalm die Königliche Oper (mit berühmtem Restaurant), wo die «schwedische Nachtigall» Jenny Lind und der Tenor Jussi Björling sangen, das Kungliga Dramatiska Teatern, wo Greta Garbo und Max von Sydow ihre ersten Bühnenerfolge feierten, Banken, Warenhäuser und Einkaufsläden um die Kungsgatan, in denen man Glaswaren, Keramik, Porzellan, Tafelsilber, Möbel in jenem klaren schwedischen Design erstehen kann, in dem der natürliche Geschmack des Nordens so licht zu Tage tritt.

Es muß wieder einmal der Verlockung widerstanden werden, auf die vielen bedeutenden Persönlichkeiten einzugehen, die Schweden hervorgebracht hat, den Naturforscher Linné, den Dramatiker Strindberg, den Erfinder des Dynamits und Menschenfreund Nobel, die Jugendbuchautorin Astrid Lindgren, die Filmschauspielerin Ingrid Bergman, aber uns geht es hier ja um die schwedische Küche, die im wesentlichen eine Vorratsküche ist, die langen Winter haben die Schweden das Räuchern, Salzen, Trocknen gelehrt.

Der Inbegriff der schwedischen Gastronomie, ihre kulinarische Krone ist das *smörgåsbord*, das mit der wörtlichen Übersetzung «Butterbrot-Tisch» nur höchst unzulänglich umschrieben ist. Nein, es ist ein üppiges Büfett, meist mittags auf einem so ein- wie ausladenden Tisch ausgebreitet, von dem man sich aussucht, nach was einem Sinn und Appetit stehen. Um diese nicht zu überfordern, sei empfohlen, sich an die von den Skandinaviern erprobte Reihenfolge zu halten: Zuerst Hering, *sill*, in vielerlei Fassons, eingelegt, *inlagd*, gebraten, geräuchert, in saurer Sahne oder mit scharfen Gewürzen, Karotten, Zwiebeln, Essig und Zucker im Glasgefäß mariniert als *glasmästersill*. Dann wechsle man den Teller für Garnelen, *räkor*, Krabben, *räka*, und weitere Fischgerichte, vor allem den wunderbaren *gravlax*, zwei auf-

Atlantischer Ozean

SCHWEDEN

NORWEGEN

FINNLAND

• Oslo

• Helsinki

• Stockholm

Nordsee

Ostsee

DÄNEMARK

• Kopenhagen

einander gelegte Hälften rohem Lachs mit grobkörnigem Salz, Zucker, zerstoßenen weißen Pfefferkörnern und frischen Dillzweigen dazwischen, dazu eine *gravlaxsås*, eine Senfsauce mit Dill; auch geräucherte und gebratene Lachsflossen werden angeboten, gedünsteter Lachs in Gelee mit Mayonnaise oder Aal, *ål;* dazu paßt ein kühler Gurkensalat in scharfem Essig. Der dritte Gang besteht aus Fleisch und Salaten, gekochtem Schinken, Roastbeef, kaltem Schweinebraten, Zunge, Aufschnitt gefüllten Eiern und eingelegten Gurken, Tomaten, Zwiebeln. Es folgt als viertes das *småvarmt*, das «kleine Warme»: *Jansson's frestelse*, «Janssons Versuchung», ein Auflauf aus jungen Heringen mit Kartoffeln, mit Zwiebeln und Sahne überbacken, *lökdolmar*, gebackene Zwiebelröllchen mit Hackfleischfüllung, *köttbullar*, leichte lockere Fleischklößchen, dünne Pfannkuchen, Rühreier, im Ofen gebackene Omeletts mit verschiedenen Füllungen, gebratene Würstchen und anderes mehr.

Wer noch mag (und im Magen dafür Platz gelassen hat), setzt noch einen gut gereiften Käse, *ost*, drauf oder geht zum Obstsalat über, die Aufzählung ist beileibe nicht vollständig. Immer jedoch gehört schwedisches Brot hinzu, das meist mit Melasse gebacken wird und an das man sich deswegen gewöhnen muß, sowie ein eiskalter, starker Aquavit, *snaps*, mit Kümmel-, auch Anis-, Fenchel-, Koriander-, Sternanisaroma, daneben ein leichtes Bier, *öl*, oder Milch. Der schwedische Barockdichter und Sänger Carl Michael Bellman schrieb einige der schönsten Trinklieder, aber es muß geklagt sein: Der Verkauf von Alkohol, von Wein, Starkbier, Spirituosen liegt in Händen des staatlichen Monopols Systembolag, diese Getränke sind deshalb nur in bestimmten Läden erhältlich und recht teuer. Der Trinklust der Schweden tut dies aber keinen Abbruch, sie stoßen trotzdem oft und gern mit «skål» an, einem Prosit mit königlicher Schankerlaubnis. Auch Kälte kann Durst machen, dann wärmt ein *glögg*, ein Glühwein aus Rotwein und Schnaps mit Ingwer, Kardamom, Nelken, Zimtstangen, Rosinen und Mandeln, Geist und Glieder.

Hering gehört nicht nur aufs Smörgåsbord, sondern ist auch sonst eine willkommene Mahlzeit, er wird gesalzen, gezuckert, gebraten, gegrillt, mariniert, geräuchert. Eine Spezialität ist der vergorene Ostseehering *surströmming*, für den es, wie man sagt, drei Anläufe braucht: das erste Mal verjagt dich der Geruch, und nachdem du das zweite Mal Nase und Zunge mit Schnaps betäubt hast, findest du ihn das dritte Mal wundervoll. Beilagen zum Hering sind *färskpotatis*, gekochte neue Kartoffeln mit Dill und einem Klacks Butter (die der Kenner im Frühling auch für sich allein, ohne jede weitere Zutat genießt), saure Sahne, Petersilie und Knäckebrot.

Von der Westküste kommen Garnelen, Krabben, Austern, *ostron*, Meereskrebse, *havskröftor*, und Hummer, *hummer*, sowie Heilbutt, *hälleflundra*, Seezunge, *sjötunga*, Steinbutt, *piggvar*, und andere. Wie in ganz Skandinavien ist das *kräftorna*, Krebsessen Anfang August unter roten Lampions ein Volksfest, und den *löjrom*, roten Rogen der Kleinen Maräne, sollte man sich in Schweden nicht entgehen lassen.

Die dicke gelbe Erbsensuppe mit Schweinefleisch, Ingwer und Majoran, *ärter med fläsk*, ist bäuerlicher Herkunft, sie hat sich im Haus und auf Speisekarten bis heute erhalten. Anschließend geht man, so nahrhaft ist sie, aber sofort zum Nachtisch über, dem *plätter*, einem knusprigen Pfannkuchen mit eingemachten Moosbeeren. Auch der *pytt i panna*, «Happen in der Pfanne», hat Tradition, in der Pfanne gebratene Fleisch- und Kartoffelwürfel mit feingehackten Zwiebeln, Petersilie, frisch gemahlenem schwarzem Pfeffer und Spiegeleiern oder rohem Eigelb, desgleichen der *kalops*, ein Eintopf aus langsam gekochten Rindfleischwürfeln mit Piment, Lorbeerblatt, Rinderbrühe und saurer Sahne. Rentierfleisch, *renkött*, wird oft mit *tunnbröd*, dünnen Scheiben aus Gerstenmehl, serviert, und neben Schwein, Rind, Lamm, Wild und Geflügel sorgen verschiedene Würste für Abwechslung, die säuerliche *isterband* aus Rindfleisch und Gerstengraupen, die *värmlandskorv* aus Rind-, Schweinefleisch mit Kartoffelmehl und Gewürzen, um nur sie zu nennen.

Im hellen Sommer werden Beeren gesammelt, saftig rote Erdbeeren, *jordgubbe*, zuerst, dann Preiselbeeren, *lingon*, nordische Himbeeren, *åkerbär*, Moltebeeren, *hjorton*, Heidelbeeren, *blåbär*, und was der Wald noch alles hergibt, im Herbst Pilze, *svamp*. Jene nach Natur und Wald duftenden Beeren gehören zu fast jeder schwedischen Mahlzeit, frisch oder aber als Kompott, Marmelade, als Süßspeise zu Eis, *glass*, Pfannkuchen und Waffeln, *våfflor*. Der *spettekaka* ist ein über Holzfeuer auf einer Stange gebackener hoher Baumkuchen aus Zucker und vielen Eiern, der *ostkaka* ein Käsekuchen mit Milch, Mehl, Sahne, Zucker, Eiern und Mandeln; der «Käse» ist die Mischung aus Milch, Mehl und Lab, nachdem die Molke abgegossen ist. Die Hagebuttensuppe, *sockerskorpa*, schließlich mit eiskalter Schlagsahne und Zuckerzwieback sorgt dafür, daß die frische Natur Schwedens auch auf dem Teller in Erinnerung bleibt.

Das Königreich **Norwegen**, Norge, am westlichen Rand der Skandinavischen Halbinsel besteht zu fast drei Vierteln aus Bergen, Gneis und Granit, in die sich gegen einen schmalen Küstensaum bis zu 200 km lange Felsbuchten tief einfräsen, die Fjorde. Das Innere bedecken enge Täler, dichte Wälder, graugrüne Seen und gischtsprühende Wasserfälle, eine Szenerie, die Mythen stiftet und schwermütige Stille verströmt. Im Gegensatz dazu bringen Aluminium-, Kupferhütten, Industriewerke und Ölbohrinseln in der Nordsee neuen Reichtum und – Umweltprobleme, Norwegen ist «Europas größtes Heimatmuseum, aber auch ein riesiges Zukunftslabor» (Enzensberger).

Lange liegt hier viel Schnee, und was heute ein Volkssport ist, war einst das einzige Fortbewegungsmittel: das Skilaufen. In Norwegen entstanden heute so «skiläufige» Ausdrücke wie der Ski selbst («skid», Holzbrett), wie der Christiana (bis 1924 Name der Hauptstadt Oslo), die Loipe («løpe», laufen), der Slalom («slalåm», laufen), und Telemark (südnorwegische Provinz).

Vom Skagerrak her gelangt man durch den Oslofjord in die Hauptstadt Oslo inmitten bewaldeter Hügel mit dem Aussichts- und Skigebiet Holmenkollen: Vom Wasser her begrüßt einen das bullige Rathaus, das den Weg durch die Innenstadt zum Frognerpark weist, in dem der Bildhauer Gustav Vigeland Hunderte von Skulpturen aus Stein, Eisen und Bronze errichtete, als Schwerpunkt im wörtlichen Sinn ein Monolith aus ineinander verschlungenen Menschenleibern, was als Darstellung des menschlichen Lebenslaufs begann, endet als Menschensalat. Vom Ostbahnhof führt die «Karl Johan», die Hauptstraße, an Dom, Parlament, Nationaltheater und Universität vorbei schnurgerade gen Westen zum Königlichen Schloß hinauf. Auf ihr flanieren mit dem ersten Sonnenstrahlen im Frühling helle blonde Solveigs und Olafs in Studentenmützen, in den Cafés und Biergärten treffen sich jung und alt, Einheimische und Touristen zu einem gemütlichen Schwatz.

Die vielen Museen bieten ein anschauliches Bild nordischer Kunst und Kultur, das Munchmuseum und die Universitätsaula mit den düster expressiven Bildern Edvard Munchs, auf der Halbinsel Bigdøy das Volksmuseum, ein Freilichtpark mit Gebäuden, Kirchen und Sammlungen aus allen Landesteilen, eindrückliche Demonstration norwegischen Brauchtums bis zur Kultur der Lappen, das Wikingerschiffsmuseum mit seetüchtigen Booten aus dem 9. Jahrhundert, das Fran-Museum mit dem Dreimastschoner des Polarforschers und Philantropen Fridtjof Nansen. Es werden Erinnerungen wach an die vielen Norweger, die bedeutsame Kapitel schrieben in der Kulturgeschichte nicht nur ihres Landes: der Polarforscher Amundsen, die Schriftsteller Ibsen, Björnson, Hamsun, Sigrid Undset, der Zeichner Gulbransson, der Ethnologe Heyerdahl, der Skispringer Birger Ruud, die Eiskunstläuferin Sonja Henie, die Filmschauspielerin Liv Ullmann.

An Bauernhöfen vorbei aus mit Grassoden bedecktem, mit Schnitzwerk verziertem Blockholz, an Stabkirchen, hölzernen Gotteshäusern aus dem frühen Mittelalter, führt die Fahrt über gewundene Steigungen und Kurven hinab zur zweitgrößten Stadt Bergen an der Westküste, einer alten Hansestadt mit regem Fischerei-, Schiffs- und Handelsverkehr. Enge Gassen führen zum Hafen mit Lagerhäusern und Kränen. Bergen war die Heimat des Dichters Ludwig Holweg und des National- und Volkskomponisten Edvard Grieg, der jenem eine Suite widmete und sich auf Troldhaugen, dem «Trollhügel», eine Villa erbaute, die heute als Museum dient und in der immer noch musiziert wird. Das Fjordland hinauf beginnt auf der Höhe der Inselgruppe der Lofoten, der «schönsten Ecke Norwegens» (Hamsun), Nordnorwegen, eine grandiose Landschaft aus rauhen Gipfeln und Gletschern, die der warme Golfstrom mildert und die sich bis zum Nordkap zieht, wo die Arktis anfängt, wild und lieblich zugleich, eigenwillig wie ihre Bewohner.

Norwegen ist ein Land des Meeres, und so kommen die Fische frisch vom Kutter in die Küche, auf den Tisch – es sei denn, sie stammen aus den Aquakulturen, aus der Intensivmast in abgegrenzten Fjorden und Netzkäfigen, die heute mit einem Ertrag von Tausenden von Tonnen zu einem wichtigen Wirtschaftszweig des Landes geworden sind. Dieser Fisch gehört natürlich auf das Kalte Büfett, das hier *kolbord* heißt und so überbordend hergerichtet wird wie im übrigen Skandinavien. Auch sonst ist er die Standardspeise der Norweger, mit hellem Fleisch für *fiskekake*, Fischkuchen, oder *fiskeboller*, Fischklöße, gemischt für die *fiskesuppe*, Fischsuppe. Die Krone – wir befinden uns in königlichen Landen! – gebührt dem Lachs, *laks*, der wild immer noch besser schmeckt als aus der Zucht. Er wird gedünstet, gebraten und mit Basilikum, Dill, Fenchel, Kerbel, Petersilie, Schnittlauch, Thymian fein gewürzt. Auch der uns schon bekannte *graved laks* ist ein Leckerbissen wie der Räucherlachs, *røkelaks*. Wegen der Überfischung sind Hering, *sild*, und Dorsch, *torsk*, spürbar rar geworden; wenn sie angeboten werden, sollte man zugreifen, die Dorschleber ist eine Delikatesse. An der Lofotküste ragen Holzgerüste empor, auf denen kopflose, ausgenommene Meerfische zum Trocknen an der kalten Luft am Schwanz aufgehängt sind, Dorsch, Leng, Seelachs. Der Stockfisch, *tørrfisk, stokkfisk*, wie der Klippfisch, *klippfisk*, der geräuchert und gesalzen auf Klippen getrocknet wird, sind nicht nur Schiffsproviant und Exportartikel Norwegens, sondern werden, besonders zur Adventszeit, im Lande gern gegessen. Der *lutefisk*, Laugenfisch, ist ein Trockenfisch, der in starker Lauge und Pottasche eingelegt und anschließend in Wasser eingeweicht und gekocht wird, eine wabblige Geschmacks- oder vielmehr Ohnegeschmackssache, über die zumindest das mitservierte Erbsenmus hinweghilft. Ein Genuß sind hingegen gebackener Heilbutt, *kveite*, und gekochter Seelachs, *lei*, denen man die über Tannenholz geräucherte Forelle, *ørret*, aus klaren Bergbächen zuzählen darf, ebenso natürlich die Flußkrebse, *kreps*, die wie in ganz Skandinavien von Ende Juli bis Anfang September ein Festschmaus sind.

Neben dem überall im Norden verbreiteten Rentier, *reindyr*, ist in Norwegen das Schaf besonders verbreitet, das Lamm, *lam*, wird mit vielen frischen Kräutern gewürzt, Hammelfleisch wird mit Lagen Weißkohl aufgekocht, *fårikål*. Die Hammelkeule wird mit Salz, Zucker und Salpeter eingerieben und in Lake gelegt, geräuchert und lange getrocknet; das schwere, kräftige Aroma macht den *fenalår* zu einem typisch norwegischen Mahl. Aus den Bergen kommt vielerlei Wild, Elch, Hase, Schneehuhn, Haselhuhn, Waldschnepfe, Wasservögel, zu denen erdig-würzige Waldbeeren den kulinarischen Rahmen abgeben, *blåbær*, Heidelbeeren, *multer*, Multbeeren, *tyttebær*, Preiselbeeren, oder eine köstliche Sauce aus saurer und süßer Sahne sowie geschmolzenem Ziegenkäse.

Am Nyhaven in Kopenhagen, Dänemark

Das Bergland Norwegen stellt verschiedene Käse her, darunter den erwähnten Ziegenkäse, *geitost*, oder den braunen, süßlichen *mysost* aus eingekochter Molke, den man in sehr dünnen Scheiben aufs Brot legt. Zum Dessert werden eingemachte Früchte mit süßer Sahne, *fløte*, begossen oder mit Schlagsahne, *krem*, verfeinert, die *rømmegrøt* ist eine Grütze aus Mehl, saurer Sahne, *rømme*, und heißer Milch, die im eisernen Topf mit heißer Butter übergossen und mit Zimt und Zucker bestreut wird, ein Nachtisch, wie ihn nicht nur Kinder mögen.

Zu Frühstück und Abendessen wird neben dem allgegenwärtigen Kaffee gern frische Milch, *melk*, getrunken. Ansonsten sind auch in Norwegen die Alkoholgesetze recht rigoros, man beschränkt sich deshalb meist auf das helle Bier, *øl*, in kleinen Flaschen. Hingegen darf auch hier der Aquavit nicht fehlen. Darunter ist der goldgelbe *Linie-Aquavit* aus Kartoffeln oder Korn mit einer Würzzugabe, meist Kümmel, eine Spezialität; er hat in Sherry-Fässern zweimal eine Schiffsreise über den Äquator, die «Linie», gemacht und schmeckt besonders fein, mild und aromatisch – ein Geschenk der Seefahrernation Norwegen an die Welt der Genüsse und Genießer.

Das Königreich **Dänemark**, Danmark, bildet zwischen Nord- und Ostsee das Bindeglied zwischen Skandinavien und Mitteleuropa. Das Herzland ist die Halbinsel Jütland, die im Süden, an der einzigen Landgrenze, an Deutschland anstößt. Sonst besteht es, selbst mit den Außenbesitzungen Faröer und Grönland, aus gegen fünfhundert Inseln, von denen rund ein Fünftel bewohnt ist. Zwischen Öresund und Großem Sund liegt die größte, Seeland, 1997 per Bahn, ab 1998 mit dem Auto über gigantischen Brücken und Tunnelröhren mit dem festen Jütland verbunden, eine gute Verbindung für die vielen Dänemarkfahrer jedes Jahr.

Die höchste Erhebung des Landes ist mit 173 m der Yding Skovhøj, woraus ersichtlich wird, wie flach es ist, höchstens von welligen Hügeln unterbrochen. Wohltuend und beruhigend ist der sanfte Rhythmus von fruchtbaren Feldern, sandiger Heide, Wäldern, Seen, kleinen Flüssen, Buchten, Sanddünen und weißen Stränden. «Alle Straßen, die zur Küste führen, münden in den unbeschreiblichen Anblick, daß eine blaue, graue, spiegelnde oder dumpfe, verhangene oder windgepeitschte Wasserfläche wie in einem ungeheuren Tal sich unter einem ausbreitet» (Hans Henny Jahnn).

Auf der Halbinsel Jütland liegen die Städte Århus mit der Gamle By, einem Freilichtmuseum mitten in der Stadt, und der Handels- und Kaufmannsplatz Ålborg, aus dem zwei der besten *Aquavite* der Welt herkommen, der einfache weiße *Aalborger* in der grünen Flasche und der feinere goldgelbe *Jubiläums-Aquavit* in der hellen Flasche. Die zweitgrößte Insel, Fünen, gegenüber Jütland ist mit ihren reinlich von Hecken und Trockenmäuerchen umsäumten Feldern, mit ordentlichen Gärten und gepflegten Parks, mit schwarzweißen Fachwerkhäusern unter tiefen Reetdächern und wehrhaften Herrensitzen die gute Stube Dänemarks. In ihrem Norden ist Odense gelegen, dessen berühmtester Sohn Hans Christian Andersen sich mit seinen Märchen in die Herzen der Welt geschrieben hat. Der «Süden des Nordens», Lolland-Falster, ist mit langen Sandstränden und malerischen Buchten ein Natur- und Ferienland, und im Nordosten Seelands liegt die alte Hafenstadt Helsingør, in deren Schloß Kronborg Shakespeare den Dänenprinzen Hamlet über Sein und Nichtsein grübeln ließ und wo heute in Roskilde Rock- und Popfestivals stattfinden. Bornholm ist eine Sonneninsel vor der Südspitze Schwedens mit eigenem Charme – ganz Dänemark ist mit seinen zierlichen Anwesen, idyllischen Dörfern und verträumten Städtchen ein Land aus dem Bilderbuch, der starken, reinen Farben auch, das dänische Design ist nicht ohne Grund weltberühmt.

Und dann die Hauptstadt Kopenhagen, København, der «Hafen der Kaufleute» im äußersten Osten des Landes, eine quirlige Metropole, die sich schwer mit wenigen Worten beschreiben läßt. Die bronzene Meeresjungfrau am Hafen und der Vergnügungspark Tivoli, die Fußgänger- und Einkaufsmeile Strøget und die Königliche Porzellan-Manufaktur sowie das Hafenrevier Nyhavn, das Rotlichtviertel Vesterbro und das Königsschloß Amalienborg, vor dem die Wachsoldaten aufziehen – Kopenhagen ist eine der liebenswürdigsten, lebenslustigsten Hauptstädte der Welt, hier herrscht «hygge», was man mit Gemütlichkeit und Gastfreundschaft übersetzen könnte.

Eine dänische Redensart lautet: «Die Dänen leben, um zu essen, die Norweger essen, um zu leben, die Schweden essen, um zu trinken». Diese freundnachbarliche Frotzelei mag überspitzt sein, aber es ist wahr, die Dänen essen gern, es ist ihr «nationaler Zeitvertreib, ihr Sport und ihre Erholung» (Dale Brown). Und hierfür das geeignete Vehikel ist das *smørrebrød*, das mit «Butterbrot» viel zu prosaisch übersetzt ist: Es ist zwar tatsächlich eine gleichmäßig bebutterte Scheibe Weißbrot, *franskbrød*, Graubrot, *surbrød*, Roggenbrot, *rugbrød*, Knäckebrot, aber die ist höchst phantasievoll und abwechslungsreich mit Lachs, Hering, Roastbeef, Schinken, Würstchen, Rührei belegt und überhaupt mit allem, was die kalte und warme Küche hergibt; pikante Geschmackszutaten sind Gewürzgürkchen, Zwiebelringe, Mayonnaise, Meerrettich, Remoulade, Gelee, Backpflaumen, Senffrüchte. Aus dem *smørrebrødsseddel* kreuzt man das Gewünschte an, und die «kalte Jungfer», eine Mamsell im adretten weißen Habit, zaubert es fingerfertig und verblüffend schnell aufs Tablett, eine Auswahl, an der man sich satt sehen, satt essen kann. Ähnlich opulent ist das *kolde bord*, ein Büfett mit kalten und warmen Gerichten nach skandinavischem Muster.

Kein Ort in Dänemark ist weiter als 50 km vom Meer entfernt, Fisch und anderes Meeresgetier sind ein Grundnahrungsmittel, Limfjord-Austern, Krabben, *reje*, Hering,

Teeplantage bei Tsaneen in den südafrikanischen Murchisonbergen

sild, Aal, *ål*, Flunder, *flynder*, Scholle, *rødspætte*, Forelle, *ørred*, und was sonst noch; sie werden gebraten, *stegt*, gekocht, *kogt*, gedämpft, *dampet*, gefüllt, *fyldt*, gegrillt, *grillet*, oder geräuchert, *røget*. Wie im übrigen Skandinavien ist *graved fisk*, mit Dill marinierter roher Fisch, Forelle, Hering, Makrele und vor allem Lachs, ein Leckerbissen.

Typisch dänisch sind hingegen *ærtesuppe*, Erbsensuppe, mit *medisterpølse*, Bratwurst, und Schweinefleisch, *frikadeller* und *hakkebøf*, Klöße aus gehacktem Fleisch mit süß-saurem Gurken- oder Rote-Rüben-Salat sowie *flæskesteg*, Schweinebraten, mit *rødkål*, Rotkraut mit Essig und Zucker.

Aus der Milch glücklicher Kühe von fetten Weiden werden aparte Käse hergestellt, der fette, streichfähige Blauschimmelkäse *Danablu*, der milde *Danbo*, der vollrahmige, leicht süßliche *Esrom*, der frische säuerliche *Havarti*, ein dänischer Tilsiter, der mild aromatische *Tybo* mit Kümmelgeschmack und manch anderer. Mit Brot und Butter oder, besser noch, Schmalz oder gar Johannisbeergelee sind sie ein Genuß.

Die dänische Milch, wir haben sie schon erwähnt, ist auch ein beliebtes, gesundes Getränk. Ihr macht das Bier den Rang streitig, die Marken *Carlsberg* und *Tuborg* sind weltbekannt. Der Zungenbrecher *rødgrød med fløde*, eine rote Grütze aus frischen Beeren und Früchten mit Sahne, hat ebenfalls den Weg über die Grenze gefunden, insbesondere nach Norddeutschland, das ja lange Zeit dänisch war.

Dänemark wäre, kulinarisch wenigstens, nicht Dänemark ohne sein Gebäck. Es ist ein Schlaraffenland der Kuchen, der Cremetorten, Obstkuchen, der mit Buttercreme angereicherten Nußtorte, des mit Vanillepudding oder Sahne, Marzipan gefüllten Blätterteigs, der Kringel, Plätzchen, Schäumchen – eine Kuchenschlacht, die einen, wie sie Siegfried Lenz schildert, das Fürchten lehren kann. Und das berühmte Plundergebäck, das wir «Kopenhagener» nennen, heißt in seiner Heimat *wienerbrød*, Wienerbrot.

Als die Freundin in Thomas Manns Novelle Tonio Kröger diesen fragte, ob er wirklich nach Dänemark wolle, antwortete er: «Ja. Und ich verspreche mir Gutes davon.» Wir können ihm nur beipflichten.

Slowakei ↑ Tschechien, Slowakei

Slowenien ↑ Jugoslawische Länder

Spanien ↑ Pyrenäenhalbinsel

Sri Lanka ↑ Indien, Pakistan, Sri Lanka

Südafrika An der Südspitze des schwarzen Kontinents liegt zwischen Atlantik und Indischem Ozean die Republik Südafrika. Nach mehr als dreihundert Jahren weißer Alleinherrschaft, nach einem «langen Weg zur Freiheit» (Nelson Mandela, ehemals Staatsfeind Nummer eins und Sträfling Nr. 0221141011, heute erster schwarzer Staatspräsident seines Landes) hoben allgemeine und freie Parlamentswahlen im April 1994 die Apartheid, Trennung der Rassen, auf, fand die Nation zu einem trotz aller Geburtswehen und andauernden Reibereien erstaunlich friedlichen Nebeneinander von Buren, den Nachkömmlingen von holländischen, deutschen Landnehmern und Hugenotten, «coloureds», farbigen Mischlingen, und «blacks», schwarzen Einwohnern. Seither ist uns Südafrika auch wieder nähergerückt, ist eine Reise dorthin «politisch korrekt» geworden. Es hat aber auch viel zu bieten: einen Sommer mit viel Sonnenschein, wenn bei uns der Winter herrscht, eine prachtvolle Natur mit weiten Steppen, verschwenderisch blühenden Böden und subtropischen Wäldern, welligen Hochflächen und schroffen Bergen, zahlreichen Nationalparks, herrlichen Sandstränden und Spuren einer alten Geschichte der einheimischen Buschmänner und Zulus, der ersten holländischen, deutschen, französischen und englischen Siedler seit dem 17. Jahrhundert, der Diamanten- und Goldfunde seit dem 19. Jahrhundert – Südafrika war und ist ein Schmelztiegel vieler Völker, Kulturen und Sprachen; heute sind Afrikaans, eine Mischung aus Holländisch, Deutsch und etwas Französisch, sowie Englisch gebräuchlich.

Die größte Stadt Südafrikas ist Johannesburg, Finanz- und Industriezentrum mit Büropalästen, Stadt der Goldminen. In der ebenen Landschaft des Transvaals liegt auch der zwei Millionen Hektar große Krüger-Nationalpark, eines der schönsten und reichsten Tierreservate der Welt. Gegen das felsige Kap der Guten Hoffnung zu, das «anmutigste Kap, das wir auf dem weiten Erdenrund sahen» (Sir Francis Drake), liegt Kapstadt, vor der Kulisse des Hochplateaus vom Tafelberg mit seinem Wolkentischtuch eine der – dieser Superlativ ist hier berechtigt – schönsten Städte der Welt, die «Mutterstadt des weißen Südafrikas». Und in den Tälern der umliegenden Bergketten hegen Nachfahren von Hugenotten, Holländern, Deutschen und Italienern Weingärten, die – der Superlativ läßt sich wiederum fast nicht vermeiden – zu den schönsten der Welt gehören. Einst brachten sie süße Dessertweine hervor, von denen Klopstock, Napoleon, Balzac schwärmten, heute auch frische, angenehm fruchtige Weiße aus *Riesling*, *Steen* (Chenin blanc), *French Grape* (Palomino), *Hanepoot* (Muscat d'Alexandrie) und andere, dazu volle, harmonische Rote aus *Pinot noir*, *Merlot*, *Rubicon* (Cabernet Sauvignon, Cabernet franc und Merlot), *Shiraz*. Die Abschaffung der Apartheid bedeutete auch für die Winzer eine Befreiung aus der Isolation, heute dürfen sie wieder auf einen guten Absatz ihrer erfreulich feinen Weine hoffen.

Hingegen gibt es eigentlich keine authentische südafrikanische Küche, sie kam von Europa oder Asien herüber. Die Malaien brachten den *babottie* mit, einen mit Kartoffeln und Curry im Ofen überbackenen Auflauf aus gehacktem Lammfleisch, *bredies*, Eintöpfe aus Fleisch und Gemüse, und *sosaties*, Fleischspießchen von Schaf und Rind mit kleinen Zwiebeln, Tomaten, Trockenfrüchten und Apfelringen. Die Inder, unter ihnen der junge Rechtsanwalt Mohandas

Gandhi aus Bombay, der spätere Mahatma, führten über den Indischen Ozean sowohl Curry- und Chutneygerichte als auch *samosas* ins tropische Natal ein, kleine dreieckige Teigtaschen mit Gemüse- oder Fleischfüllung.

Sehr beliebt sind in Südafrika das *braai*, der Grill, an dem im Freien Rind-, Hammel-, Lamm-, Schweinefleisch gebraten wird, sowie *boorewors*, eine geringelte, würzige Bratwurst. Dazu gibt es *pap*, einen fast trockengekochten Mais. Das proteinreiche gesalzene, gewürzte, an der Luft getrocknete Fleisch *biltong* vom Rind, aber auch von Kudu, Strauß, Elefant sieht nicht sehr ansprechend aus, schmeckt aber ausgezeichnet.

In den Küstengewässern und heute auch landeinwärts gibt es Meeresgetier und Fische, darunter den *crayfish*, Kap-Languste, die *perlemoen*, Abalone, den *kingclip*, eine Art Kabeljau mit festem weißem Fleisch, und *snoek*, Atun, einen Riesengrundel.

Gemüse und saftiges Obst sind reichlich vorhanden, in der Kapregion Äpfel, Birnen, Trauben und kleine gelbe, erfrischend süß-säuerliche *cape gooseberries*, Kapstachelbeeren, sowie *waterblommetjies*, Blüten einer Seerose, die in eine der erwähnten Bredies hineinkommen, aus Natal und Osttransvaal Ananas, Avocados, Bananen, Papayas und andere.

Den südafrikanischen Wein haben wir schon, wenigstens auf dem Papier, genossen, daneben wird gern das eiskalte, einwandfreie Leitungswasser getrunken wie auch ein sehr annehmbares Bier und erfrischende Fruchtsäfte. Wer etwas Besonderes sucht, versuche einen *Rooibos*-Tee aus den hagebuttenähnlichen Früchten eines Rotbuschs.

Erfreulich und für diesen Erdteil ungewöhnlich ist, daß man in Südafrika alles, Gemüse, Salate, Obst und Getränke, ohne Bedenken verzehren und trinken kann.

Südamerika Der südliche Teil der Neuen Welt, «Lateinamerika» nennt man ihn wegen der dort gesprochenen spanischen und portugiesischen Sprachen auch, ist ein in viele Landschaften und Kulturen zerstückelter Kontinent. Trotzdem weist er, auch auf kulinarischen Gebieten, die uns hier ja im wesentlichen angehen, so viele Gemeinsamkeiten auf, die indianischen Ursprünge, die spanischen, portugiesischen Einflüsse, das Erbe der Sklaven aus Afrika, daß man die diversen Länder wohl gesamthaft betrachten kann.

Als die Spanier sich im 16. Jahrhundert anschickten, Südamerika im Namen Gottes auszuplündern, ahnten sie kaum, daß sie nicht nur auf Gold und eine alte indianische Kultur gestoßen waren, sondern auf eine Schatzkammer in Europa bisher unbekannter Eßwaren, ohne die wir uns heute unsere Gastronomie nicht mehr vorstellen könnten. So zahlreich sind sie, daß wir hier nur einige von ihnen trocken alphabetisch aufzählen wollen: Ananas, Avocados, Bataten, Bohnen, Erdnüsse, Kakao, Kartoffeln (in Südamerika allein gegen achtzig Sorten), Kürbis, Mais, Maniok, Papaya, Tabak, Tomaten, Truthühner, Vanille. Die Behauptung ist also nicht abwegig, unsere Speisezettel sähen ärmer aus ohne Südamerika.

Das Kettengebirge der Anden ist das Rückgrat des Kontinents, es erstreckt sich vom Karibischen Meer bis zum Kap Hoorn. Im Norden, wo es ausläuft, begab sich 1799 Alexander von Humboldt auf eine «Reise in die Äquinoktial-Gegenden des Neuen Kontinents», begann 1811 der Libertador und spätere Volksheld Simón de Bolivar die Befreiung dieses Landstrichs von der spanischen Kolonialherrschaft. Einer der daraus neu entstandenen Staaten ist **Venezuela**, heute eines der bestentwickelten Länder Südamerikas. Die Hauptstadt Caracas in einem Hochtal vor der Küste mit ihren Inseln und Korallenriffen ist eine moderne Metropole mit Wolkenkratzern, Metro und einer intimen Altstadt, in der das Pantéon Nacional die Gebeine des Bolivar und anderer Helden der Unabhängigkeitskriege aufbewahrt.

Die teils kühlen Andentäler münden in warmes Tiefland, wo tropische Früchte wachsen, die natürlich auch in der venezolanischen Küche ihren Platz haben, Avocados, *platanos*, Gemüsebananen, *yukkas*, die festen, fast geschmacklosen, aber stärkehaltigen Wurzeln des Maniokstrauchs, und *maiz*, Mais. Es sind Lebensmittel, wie sie schon im benachbarten Kolumbien auftauchen, dessen Küche der venezolanischen ähnelt und im Abschnitt über ↑ Mittelamerika nachzulesen ist. Auch hier wird aus weißem oder gelbem Maismehl mit wenig Salz und viel Wasser ein massives Brot geröstet, die *arepa*, deren schweren Teig man mit feingehacktem, gewürztem Fleisch zu Knödeln auflockern oder zu knusprigen Kugeln backen kann. Überhaupt sind die venezolanischen Köchinnen wie allgemein ihre lateinamerikanischen Schwestern Meisterinnen darin, das etwas langweilige Maismehl schmackhaft zuzubereiten, es wird in schwimmendem Fett zu Bällchen, Ringen, Stangen goldbraun gebacken, gewürzt, gezuckert, mit Quark verrührt. Das gleiche gilt für die weißen Kartoffeln, *papas*.

Das Fleisch der Llanos-Rinder, die das ganze Jahr auf der Weide und deshalb mager sind, ist meist recht zäh und muß durch den Wolf gedreht, weichgeklopft und ausgekocht werden. Man halte sich statt dessen lieber an den Fischtopf *sancocho* mit Rotbarsch, *gallineta*, von der Küste, Kürbis, Wurzelgemüse, Tomaten und Zitrone. Das geröstete Spanferkel *lechón* ist hingegen saftig, und die knusprige Schwarte, *chicharrón*, wird gern zwischendurch geknabbert.

Die Mehl-, Gemüsebanane *platano* ist ein Allerweltsgemüse, ihre ledrigen Blätter werden mit Fleisch gefüllt zu grünen Päckchen, den *hallacas*, gedämpft, in Scheiben zu *tostones* knusprig gebraten oder mit *queso fresco*, Frischkäse, und Zimt zu leicht süßlichen Aufläufen, *tortas de platano*, geröstet. An den Stränden und Flußufern stehen Reihen von Palmen, und die Kokosnuß, *coco*, wird ebenfalls für mancherlei verwendet, gerieben, *rallado*, zu Schmorfleisch, die Milch, *leche de coco*, für Suppen und Süßspeisen, Puddings und Kuchen, das Öl zum Braten. Die Torte *bien me sabe de coco* ist einer der Leckerbissen Venezuelas.

Im Nordwesten Südamerikas liegt am Stillen Ozean unter dem Äquator, daher der Name, **Ecuador**, ein «Lateinamerika in der Nußschale» mit Hochgebirge, Tropen-Dschungel, dem Amazonastiefland und üppiger Meeresküste sowie den vorgelegenen Galapagosinseln, einst ein Seeräubernest, heute ein Reservat, wo die Natur wie am ersten Schöpfungstag stehengeblieben ist, wo die verfolgte Riesenschildkröte sich erholen darf, Leguane an der Sonne dösen und Seelöwen ins Meer tauchen. Es ist nur zu befürchten, daß auch hier einmal die Touristen einziehen, denn diese bringen dem Staat das vielbenötigte Geld. Die Hauptstadt Quito, wo einst Inka ihre Sonnenriten feierten, von wo aus Pizarro 1541 aufbrach, das sagenhafte El Dorado zu entdecken, ist mit ihrem Kolonialbarock aus indianischen Stilelementen und spanisch-maurischem Schmuck ein kleines Wunderwerk des Synkretismus, in dem allerdings wie anderswo in Südamerika auch die Reichen reicher sind und die Armen ärmer. Besonders pittoresk ist der Indiomarkt, wo Händler und Marktschreier feilhalten, was noch an Mann oder Frau zu bringen ist, von rostigen Schlössern und sexy Unterwäsche bis zu schmuddeligem Gemüse.

Danach sitzen die Indios an großen Aluminiumtöpfen, in denen *salchichas*, kleine rote Würstchen, brutzeln oder eine dicke Maissuppe, *atole* – die Ureinwohner verehrten den Mais als heilige Pflanze. Seit alters sind Truthühner, *pavos*, Hunde, *perros*, und Meerschweinchen, *cuyes*, Haustiere, sie sind gebraten oder gekocht sogar noch in Restaurants zu haben.

An Ecuador schließt sich am Stillen Ozean **Peru** an mit einer fahlen Wüste und Wanderdünen an der pazifischen Küste, in deren Oasen Baumwolle, Mais, Obstbäume und Zuckerrohr stehen, dahinter tropischem Regenwald am Amazonas und tiefen Canyons, durch die es in klapprigen Bussen oder mit der Schmalspurbahn in Serpentinen die Anden hinauf geht bis zu fast 5000 m hohen Pässen, und überall stößt man auf Relikte der präkolumbianischen Kultur der Inkas, der «Römer der Neuen Welt» (Kaulicke). Die Hauptstadt Lima, einst strahlende Kapitale des Vizekönigreichs, zweite spanische Stadt nach Madrid, hat inzwischen einiges von ihrem Glanz verloren. Scharen von Landflüchtigen aus allen Provinzen strömen in falscher Hoffnung herbei, um nur noch Platz in den «barriadas» zu finden, armseligen Behausungen aus Brettern und Wellblech. Aber natürlich merkt der Besucher nicht viel davon, denn daneben gibt es freundliche Viertel, eine China Town, in der *chifa* angeboten wird, eine – wenn man so sagen darf – südamerikanische China-Küche, eine koloniale Plaza de Armas, eine Plaza de la Inquisición (mit zwiespältigen Eindrücken), schöne Kirchen und Museen, und wer Lust hat, kann sich einen Hahnenkampf ansehen oder einen Stierkampf.

Wir besuchen lieber die Küche der Peruaner. Gelbfleischige Kartoffeln sind ihr Hauptnahrungsmittel, die mit *aji* gewürzt werden, einer orange-gelben, milden Pfefferschote aus den Anden, die wie *alho*, Knoblauch, zu den meisten Speisen gehört. Wenn es etwas feiner sein soll, übergießt man die Gerichte mit einer dicken Sauce aus Milch oder Wasser, Käse, *aji* und anderen Gewürzen. Wir Fremden können uns sogar *papas a la huancaina* leisten, Kartoffeln aus Huancayo, in den Bergen mit einer reichen Sauce aus süßer Sahne, verschiedenen Pfefferschoten, Kurkuma, Zwiebeln, viel Frischkäse, hartgekochten Eiern, Pfeffer, Oliven und Olivenöl.

Auch in Peru ist das Meerschweinchen, *cuy*, beliebt. Es wird gezüchtet und wandert mit Öl und Knoblauch bestrichen in den Kochtopf. Es gehört auch in die *pachamanca*, die nun allerdings ein opulentes Festmahl ist: Im mit Steinen und feuchtem, aromatischem Laub ausgelegten «Erdofen» werden Ferkel, Zicklein, Hähnchen, auch anderes Fleisch und eben Meerschweinchen gebraten; mit von der Partie sind *tamales*, grüne Maiskolben, süße und weiße Kartoffeln und viele Gemüse, ein aufwendiges Verfahren, das aber die Vorbereitung und Zubereitung lohnt. Einfacher, aber ebenfalls raffiniert sind *anticuchos*, marinierte, mit einer scharfen Ölsauce bestrichene Stücke Ochsenherz, die über offenem Feuer grilliert werden, man kann sie an jeder Straßenecke am qualmenden Stand haben.

Im kalten Humboldtstrom an der Wüstenküste Perus schwimmt mancherlei Meeresgetier, darunter *conchitas*, eine Art Kammuscheln, die roh wie Austern gegessen werden, *camarones*, Tiefseegarnelen, und die *corvina*, ein barschartiger Fisch mit festem weißem Fleisch, der roh in kleinen Stücken mit Limonen-, Zitronensaft, Knoblauch, dünnen Zwiebelscheiben und Pfeffer mariniert wird; diese *cebiche* serviert man mit süßen Kartoffeln und einem Maiskolben, *choclo*. Die *causa a la limeña* hat wieder mit den Kartoffeln zu tun, sie sind ein festes Püree daraus mit *aji*, gehackten Zwiebeln, Salz, Pfeffer, Zitronensaft und Olivenöl, das mit süßen Kartoffeln, Yucca, Mais, Garnelen, hartgekochten Eiern, Käse und schwarzen Oliven hübsch garniert wird.

Für viele peruanische Gerichte sind Erdnüsse vorgeschrieben, *manís*, die aus den Vor-Anden stammen, in Südamerika ein unentbehrlicher Eiweißlieferant, der dort schon in über 1000 Jahre alten Gräbern gefunden wurde. Selbst die Erdnußbutter war schon den Inkas bekannt – nichts Neues unter der Sonne!

Bolivien ist ein Andenstaat ohne Meeresküsten, das «Dach Südamerikas» in der westlichen Mitte des Kontinents. Der Freiheitsheld Bolivar taufte das wegen seiner Silberminen einst reiche Land auf seinen Namen, seit der Unabhängigkeit 1825 sorgen Caudillos mit endlosen Staatsstreichen und Militärputschen für Unruhe, Unsicherheit, Korruption und – Armut. Die bis gegen 4000 m hohen Berge, die Barriere des öden Altiplano, tropische Savannen und Trockenwüsten haben zusätzliche Abgeschiedenheit zur Folge. An der Grenze zu Peru liegt der Titicacasee, das «Auge der Anden», größter Hochlandsee der Erde, auf dem die Indios wie seit Jahrtausenden in Schilfbooten paddeln, Fische fangen und Schilfrohr ernten. Auf den Weiden an den Ufern werden Schafe, Alpakas und Lamas archaisch gezüchtet, neben Mineralien, Coca, dem unheilstiftenden, aber lukrativen «Grünen Gold», Kaffee, Zuckerrohr und Baumwolle von

den fruchtbaren Ebenen, den Llanos, die verbliebenen Schätze Boliviens.

Der Regierungs- und Verwaltungssitz La Paz ist die höchste Kapitale der Welt. Durch einen Ring von elenden Slums gelangt man steile Hügel hinab in ein modernes Zentrum mit kolonialen Resten, der Basilica de San Francisco, der Plaza Murillo, kleinen Gäßchen und Märkten.

Das Hauptnahrungsmittel Boliviens ist wie in Peru die Kartoffel, *papa*, die im Hochland trotz der Nachtfröste gedeiht. Überhaupt gleicht die bolivianische Küche stark der peruanischen, man kann sie dazuzählen.

Die Westküste entlang erstreckt sich bis zur Südspitze Lateinamerikas das schmale, langgestreckte **Chile**. Ein Land, in dem, ganz unsüdamerikanisch, Ordnung und Pünktlichkeit herrschen, die kurzen Perioden der Volksfront (Allende) und der Militärdiktatur (Pinochet) stecken den Chilenen noch in den Knochen, sie werden sich so schnell nicht wiederholen. Als Lohn laden die Küstengebirge, Gletscher, Fjords (in denen heute Lachse gezüchtet werden) und Golfe zu unbeschwertem, unbedenklichem Reisen, zu Wandern, Trekking, Bergsteigen, Skilaufen, Wassersport und Angeln auf eigene Faust.

Die zu Füßen der Anden schachbrettartig angelegte Hauptstadt Santiago de Chile ist wegen der Erdbebengefahr, von fest verankerten Stahlbetonbauten abgesehen, vorwiegend ein-, zweistöckig überbaut und wirkt deshalb mit ihren Villen, breiten Avenidas und großzügigen Parks großbürgerlich sauber, sie verführt zum Flanieren, Einkaufen und zur Einkehr in eines der vielen Restaurants und Cafés.

Ein chilenisches Essen beginnt mit der *entrada*, Vorspeisen aus Muscheln, *conchas*, Wurst mit Salat aus Bleichsellerie, *apio*, oder Avocades, *pallas*; substantieller ist die *palla rellena*, eine mit Garnelen und Mayonnaise gefüllte Avocado, oder dann die *empanada de horno*, im Ofen gebackene Teigtasche mit einer Füllung aus Rinderhack, Zwiebeln und Rosinen, die, noch feiner, aus Blätterteig in schwimmendem Fett ausgebacken *empanada frita* heißt.

Das nationale Hauptgericht Chiles sind die *porotos granados*, Bohnen mit Kürbis, Mais, Knoblauch und Zwiebeln, wie auch der *pastel dechoclo*, ein pikanter Maisauflauf mit Hackfleisch, Geflügelstücken, hartgekochten Eiern, Zwiebeln und Pfefferschoten. Die *cazuela de cordero* ist eine Hammelsuppe mit ganzen Kartoffeln und Chilischoten.

Das chilenische Rindfleisch stammt vom Jungochsen, Lamm oder Hammel sind saftig, und selbst das Schwein ist nicht überzüchtet. Die dazu gereichten Saucen geben ihnen die besondere Chile-Note, der *color* aus Knoblauch und Paprika in zerlassenem Fett oder Speiseöl oder der *pebre* aus Knoblauch, Pfefferschoten, Zwiebeln, Koriander, Essig und Olivenöl.

Der Zentralmarkt von Santiago ist mit Haufen von Meeresfrüchten beladen, Abalonen, Miesmuscheln, Kammmuscheln, Garnelen, Seeigeln, *pibres*, einer Art Meeraal, *congrios*, Adlerfischen, *corvinas*, und anderen.

Zu ihnen und den andern Gerichten paßt ein Schluck des ausgezeichneten chilenischen Weins. Die Reben brachte 1548 der spanische Pater Francisco de Carabantes herüber, und seither hat sich in Chile eine Weinkultur entwickelt, die es mit manch berühmterer aus anderen Ländern aufnehmen kann. Während die Weißen fruchtig, aber etwas flach sind, haben die dunklen Roten Kraft und Bukett in der Art des Bordelais.

Zum Nachtisch wird frisches Obst mit Puderzucker bestreut oder mit Palmenhonig übergossen, und zum Abschluß gibt es einen *cafecito*, Mokka, eine *aguita*, einen Tee aus aromatischen Andenkräutern, oder einen *pisco*, ein Destillat aus Muskattrauben. Chile liegt am Ende der Welt, aber am Weg zu einer grandiosen Natur und zu einem genießerischen Leben.

Ostwärts von den Anden dehnt sich **Argentinien** bis zur Küste am Atlantischen Ozean, seinen Namen trägt es nach dem «Silberstrom» La Plata. Es ist einer der größten Staaten Südamerikas, ein riesiges Gebiet über siebenunddreißig Breitengrade mit urzeitlichen Landschaften: im Nordwesten tropische Regenwälder, im Hochland der Anden Kakteenwüsten, an der Südspitze Feuerland mit vergletscherten Bergen und tiefen Fjorden, und dazwischen die endlose Weite der Pampa, einer Grassteppe, wo die berühmten Rinder weiden und das argentinische Getreide wächst. «Alles lebt hier von der Ferne und aus der Ferne. Fast niemand ist da, wo er ist, sondern weit voraus am Horizont seiner selbst» (Ortega y Gasset).

Die riesige Hauptstadt Buenos Aires hieß eigentlich «Nuestra Señora del Buen Ayre», «Unsere Heilige Jungfrau der guten Winde». Die guten Winde haben sich inzwischen verzogen, die Luftverschmutzung ist groß, aber immer noch scheinen die Porteños aufs Meer und ferne Ufer im Osten ausgerichtet, wo die Spanier, Italiener, Juden, Araber und Armenier, die Polen, Deutschen, Schweizer und Iren herkamen, um aus Buenoes Aires eine Mischung aus Paris, Rom und Südamerika zu machen. Noch heute zeugen Prachtavenidas und Stadtpaläste von der goldenen Zeit des Aufstiegs; andere Einwanderer mußten mit dem Hafenviertel La Boca vorliebnehmen, wo sie als Fischer, Dockarbeiter, Handwerker und Tagelöhner ihr Leben fristeten.

In den Kaschemmen und Bordellen am Hafen entstand auch der Tango, ein lasziver Tanz, der inzwischen zu den Standardtänzen der Moderne in aller Welt gehört. Der Komponist Discépolo, einer ihrer Meister, nannte ihn einen «traurigen Gedanken, den man tanzen kann». Der Porteño hat den Tango im Blut, in den Straßen, Kneipen, Nachtlokalen, Tanzpalästen und sogar einer Academia Nacional del Tango ist er vierundzwanzig Stunden im Tag gegenwärtig, und eine lange Reihe von Virtuosen des Bandoneons, von Troilo, Villaldo, Gardel bis Astor Piazzolla, sorgt dafür, daß er als Symbol des Stolzes und der Schwermut Argentiniens erhalten bleibt.

Einer anderen Musikkultur dient das Teatro Colón, es ist eines der großen Opernhäuser der Welt. An der nahen Atlantikküste locken Sandstrände, Hotelburgen und Badeorte mit Akazien, Eukalyptusbäumen und Kiefern in den Dünen zu Ferienvergnügen, wenn man das Menschengewimmel nicht fürchtet, das die Argentinier geradezu anzuziehen scheint.

Die vielen Einwanderer machen sich auch in der Küche Argentiniens bemerkbar: *tallarines* und *noquis* sind italienische Bandnudeln und Gnocchi, der *locro* ist ein spanischer Eintopf mit Mais, Rindfleisch, Speck, Kartoffeln, Bohnen, Zwiebeln und Paprika, der *fiambre alemán* ein deutscher Pfannkuchen mit Schinken, Käse und grünem Salat, das *pollo al taratur* ist ein gegrilltes Huhn mit einer Paste aus Sesam und Mandeln mit Auberginen nach levantinischem Geschmack und die *ensalada rusa* ein russischer Kartoffelsalat mit Mayonnaise; die süße *mazamorra*, ein mit Zitronensaft angemachter Maisbrei, erinnert an die Ureinwohner, die Inkas.

Ganz und gar argentinisch ist nun aber das Fleisch der dreißig Millionen stämmigen Rinder, die auf den Pampas natürlich und gesund gezüchtet werden. Das saftige, ungespritzte und äußerst schmackhafte Steak, *churrasco*, dieser Ochsen wurde früher, wird vielfach noch heute ohne weitere Behandlung auf Holzfeuer geröstet, ist aber auch als (immer riesiges) *lomo*, Filetsteak, *bife*, Filet mignon, *bife de chorizo*, Rumpsteak, *asado de tira*, Rippenstück, Brust, Keule, Hoden ein herzhafter Bissen, ohne wenigstens einen davon genossen zu haben, sollte man nicht aus Argentinien wegreisen.

Wer sich die Zeit nehmen kann, versuche es mit einem *asado*, einem Spießbratenessen, oder einer *parillada*, einer Platte auf dem Grillrost über offenem Holzkohlenfeuer gebratenen, innen noch roten, außen knusprig braunen Teilen Fleischs, das nicht nur vom Rind sein kann, sondern auch vom Kalb, Lamm, Hähnchen; dazu können noch mancherlei Zutaten kommen, Leber, Nieren, Gedärme und Würste. Wo der verführerische Duft des gerösteten Fleischs aufsteigt, wird das Mahl zum Gelage, bei dem der Wein mithilft, denn Argentinien ist auch ein Weinland, nach Italien, Frankreich und Spanien eines der größten. In der Provinz Mendoza hauptsächlich, im Regenschatten der Anden, wachsen Kreszenzen aller Arten und Sorten, rot und weiß, trocken, lieblich und süß; sie sind vorwiegend für den raschen Konsum bestimmt, passen aber gut zur kräftigen, unverfälschten Kost Argentiniens.

Als süßen Abschluß gibt es *queso con dulce*, eine Scheibe milden Schnittkäses mit Bataten- oder Quittengelee, oder einen hausgemachten *flan*, Karamelpudding. Nach einem solchen Essen versteht man, warum es so viele Europäer nach Argentinien verschlagen hat auf der Suche nach dem «Echo der Alten Welt und dem Reflex fremden Lebens» (Hegel).

Uruguay am Atlantischen Ozean ist der kleinste Staat Südamerikas, ein flachwelliges Hügelland mit mildem Klima, grünen Auen, Pampas und weißen Sandstränden. Die schön gelegene Hauptstadt Montevideo hat eine hübsche Altstadt im spanischen Kolonialstil, aber auch moderne Wohnviertel am Rio de la Plata und am Rande schäbige Slums, in denen gehungert wird, «aber in Freiheit».

Das Land ist in vielem der kleine Rivale des Nachbarn Argentinien von der anderen Seite des großen Flusses, und so können wir es uns kulinarisch leicht machen: Was über jenes geschrieben wurde, die Pampas und ihre Rinder einbegriffen, gilt auch für Uruguay. Nur daß, sagen die Montevideaner, hier Fleisch, Früchte und überhaupt alles besser schmeckt...

Die Geschichte des Bundesstaats **Paraguay** zwischen Argentinien, Bolivien und Brasilien wurde bis zum heutigen Tag von Caudillos durchgerüttelt, dem Namen nach ist es zwar eine Demokratie, aber die ständigen Auseinandersetzungen, Demonstrationen und Streiks machen es einem schwer, daran zu glauben. Landschaftlich teilt es sich in die Buschsteppe des Gran Chaco westlich des Rio Paraguay und fruchtbare Baumwoll-, Reis- und Tabakfelder östlich davon. Die Hauptstadt Asunción hat mit ihren spanisch-maurischen, einstöckigen Patios den Charakter einer Kolonialstadt bewahrt.

Kulinarisch hat Paraguay nicht mehr als die drei vorerwähnten Staaten zu bieten, eher weniger. Mit einer Ausnahme allerdings: An den Ufern des Paraguay wächst ein Strauch aus der Familie der Stechpalme, *mate*, dessen gewelkte, pulverisierte Blätter, mit heißem Wasser aufgebrüht, einen herb aromatischen Tee ergeben, der durch eine Metallröhre aus einem kleinen Gefäß gesogen wird; er enthält Koffein und wirkt deshalb belebend.

Die Föderative Republik **Brasilien** nimmt die östliche Hälfte des südamerikanischen Kontinents ein und ist sein größtes Land. 1500 nahmen es die Portugiesen in Besitz, 1822 wurde es unter Pedro I. ein unabhängiges Kaiserreich, 1889 rief man die Republik aus, und 1891 erhielt es die Verfassung der Vereinigten Staaten von Brasilien, das «Land der Zukunft» war geboren. Wegen der riesigen Dimensionen dieses fünftgrößten Staates der Erde ist es angezeigt, ihn in fünf wiederum immense Regionen zu gliedern:

Der Norden umfaßt im Stromgebiet des Amazonas den ausgedehntesten Tropenwald der Erde, die «Grüne Hölle», in deren unwegsamem Dickicht einst Abenteurer unter Fieber und Qualen nach dem sagenhaften Dorado suchten; hingegen fühlen sich hier Affen, Fische, Kaimane, Papageien, Schlangen und Schmetterlinge wohl. Heute wird das Land durch das nicht nur ökologisch fragwürdige Abbrennen des Waldes gerodet, es entstehen neue Siedlungen, Industrieanlagen und Großfarmen.

Der Nordosten reicht von den Trockengebieten im Westen bis zur Atlantikküste. Auf dem von Kakteen und Dornbüschen bewachsenen Hochplateau wird in Latifundien

Vieh gezüchtet, und nicht nur Hirten durchstreifen es, sondern auch «Cantadores» mit ihren Saiteninstrumenten, die letzten Troubadours der Erde. Das dicht besiedelte Küstengebiet ist fruchtbar, hier gedeihen Baumwolle, Kakao, Mais und Zuckerrohr, und in dem Streifen Bahia wächst tropisches Obst, Ananas, Banane, Karambole, Kaschunuß, *caju,* Tamarinde, Wassermelone, *melancia,* und anderes; auch der Tabak, *fumo,* soll hier erwähnt werden, aus dem die berühmten Brasilzigarren, *charutos,* gedreht werden mit fülligem Aroma. An der Küste ziehen sich Felsenriffe, Lagunen und Buchten mit zauberhaften Stränden und Dörfern, von denen aus Fischer auf fragilen Flößen mit bunten Dreiecksegeln wie seit Urzeiten auf Fang fahren von Fischen, *peixes,* Garnelen, *camarãoes,* und Hummern, *lagostas.*

In Salvador da Bahia, einer der wenigen Großstädte Südamerikas mit schwarzer Mehrheit, haben sich viele Kulturformen aus der Sklavenzeit erhalten, Frömmigkeit und Vitalität gehen eine Synthese ein. Diese Sklaven, das «Schwarze Gold» aus Afrika, erschufen aus echtem Gold unter Anleitung von Jesuiten und Franziskanern (das Wort «Ausnützung» will hier nicht so recht passen) märchenhafte Kirchen, Klöster und profane Bauten, Salvador ist eine der schönsten Städte Südamerikas.

Im zentralen Westen, zwischen Amazonas und Rio Paraná, wechseln enge Bergtäler, Goldgräberstädtchen und Erzminen mit weiten Hochflächen, auf denen Vieh gezüchtet wird, Hülsenfrüchte, vor allem Schwarze Bohnen, Reis, Soja, Weizen, angebaut werden. Auf einer flachen Steppenebene stampften die brasilianischen Stararchitekten Lucio Costa und Oscar Niemeyer 1957 in tausend Tagen die neue Hauptstadt Brasilia aus dem Boden, die Stadt der Zukunft aus der Retorte. Der Traum dürfte allerdings schon bald ausgeträumt sein, denn bereits überwuchert der Krebs des sozialen Elends – ein Übel, an dem fast ganz Südamerika leidet – Teile auch Brasilias.

Im Süden zog das kältere, kontinentalere Klima europäische Einwanderer an, sie pflanzten Korn und Soja, zogen auf den Pampas Vieh auf, und Deutsche und Italiener versuchten es gar mit Reben, mit Erfolg, denn der Bedarf zumindest des Inlands kann heute gedeckt werden.

Im Südosten sinkt das leicht gewellte, von vielen Flüssen und Wasserfällen durchzogene Gelände gegen die Meeresküste ab. «Hier hat die Natur in einmaliger Laune von Verschwendung von den Elementen der landschaftlichen Schönheit alles in einen engen Raum zusammengedrückt, was sie sonst sparsam auf ganze Länder verteilt», schrieb Stefan Zweig aus dem brasilianischen Exil, das er 1941 bezogen hatte.

Hier liegen auch die zwei größten Städte Brasiliens, die moderne Megalopolis São Paulo, in der zehn Millionen Menschen leben und arbeiten, wirtschaftlich, politisch und kulturell das wichtigste Zentrum des ganzen Landes, und dann die Stadt, in der Glanz und Elend Südamerikas sich in nuce vor uns abspielt. Rio de Janeiro wurde von der Natur mit einer anmutigen, geschützten Bucht am Rio de la Plata und dem «Zuckerhut», einem phallischen Wahrzeichen aus Granit, gesegnet, Menschenhand formte aus ihm ein schillerndes Konglomerat von Luxus und Armut. Von allen Seiten fressen sich schmutzige Barackensiedlungen in die Stadt, deren Avenidas, Galerias, Plätze und Parks, aber auch pittoreske Gassen und Märkte vielrassige Cariocas, Einwohner, Flaneure und Liebespaare, Tauben, Hunde und Touristen mit Leben füllen – eine Stadt auch, wo der friedfertige Priester Dom Helder Camâra und der trickreiche Fußballer Pelé ihren Weg fanden. Vom Corcovado, «Buckelberg», auf dem eine monumentale Erlöserstatue segnend die Arme ausbreitet, hat man einen bezaubernden Blick auf Stadt, Meer und Zuckerhut bis hin zu den berühmten Badestränden Copacabana und Ipanema. Über allem schwebt eine Wolke schier unersättlicher Lebenslust, die zur Zeit des Karnevals zum Orkan anschwillt. Der Carnaval ist mit seinen farbenprächtigen Umzügen und Sambarhythmen eine sinnliche, orgiastische Apotheose der Lebensfreude, ein Ausbruch aus dem Frust in die Lust, in dem das ganze Volk, arm und reich, in einen fieberhaften Rausch gerät.

Es versteht sich, daß bei solch überschäumender Lebensgier auch die anderen Leibesfreuden nicht zu kurz kommen. Überall und immer erhält man die *feijoada,* ursprünglich ein Restegericht für die Sklaven: Schwarze Bohnen mit Reis, das sich mit vielerlei gesalzenem, geräuchertem Fleisch, Schinken, Würsten, Grünkohl, Orangenscheiben, Oliven, verschiedenen Saucen und anderem mehr zur *feijoada completa* auswächst. Auch Brasilien ist ein Viehzuchtland, und so ist der *churrasco,* ein Braten aus über der Glut oder am Spieß geröstetem Rindfleisch, ausgezeichnet. Im Mittelosten und Südwesten wurden aus Indien Zebus eingeführt, sie sind eine willkommene Abwechslung zum Rind, das *copim,* Fleisch und Buckel, ist besonders begehrt. In beiden Fällen wird das Fleisch meist von Reis, Maniokmehl, *farioca,* und einer Vinaigrettesauce aus Tomaten, Zwiebeln, Petersilie, Essig und Öl begleitet. Die *carne de sol, carne seca* oder *charque* ist, wie schon der Name verrät, gesalzenes und an der Sonne getrocknetes Ochsen- oder Ziegenfleisch, das mit Reis oder grünem Mais gegessen wird.

Brasilien hat eine 8000 km lange Küste, Fische sind ein fester Bestandteil seiner Küche, zu ihnen kommen Meeresfrüchte, *mariscos,* Garnelen, *camarãoes,* Hummer, *lagostas,* und Tintenfische, *chocos.* Sie werden oft mit einer Sauce aus Palmöl, *azeite Denté,* Kokosmilch und *pimentão,* Chilipfeffer, angemacht. Das gleiche gilt für die Süßwasserfische, Forelle, *truta,* Karpfen, *carpa,* und Goldbrasse, *dourada,* zu denen aus den gewaltigen Flüssen die zum Teil ebenso gewaltigen *pirapeuaua,* eine Art Wels, *tucumaré,* ein Buntbarsch, und selbst *piranhas,* die gefürchteten Räuber mit dem scharfen Gebiß, kommen.

Im Nordosten hat sich der *cuscu* aus dem arabischen Afrika erhalten, der hier aus Mais bereitet wird, daneben *vatapá,* Fisch oder Fleisch in einer dicken Sauce aus Kokosmilch,

Stärke und Öl, und *xinxim,* in Knoblauch und Zwiebeln gekochtes Huhn mit getrockneten Garnelen und Erdnüssen. Eine Spezialität des Westens ist die *empadão goiana,* eine mit Hühnerfleisch, Eiern, Palmenherzen und Frischkäse gefüllte Pastete, und *arroz com sua* sind mit Reis gekochte Würfel Schweinefleisch.

Im Südosten und Süden sind deutsche und italienische Kost keine Seltenheit, Eisbein mit Sauerkraut und Pasta, der *cozido a portuguesa* hingegen ist, leicht zu erraten, portugiesisch, Suppenfleisch, Würste und Gemüse. Viele Einflüsse durchmischen sich in der *moquenca,* einem Rindfleischgericht mit Knoblauch, Essig und Pfeffer, dem Maniokbrei *pirão* oder dem *tutu de feijão,* Schwarzen Bohnen mit Kräutern und meist einem Spiegelei oder Schweinekotelett. Die *acarajés,* in Öl gebackene, mit Zwiebeln gewürzte Bällchen aus Bohnen, werden in Salvador an jeder Straßenecke feilgehalten. Typisch südlich ist auch der *rodizio,* verschiedene am Spieß gegrillte Fleischstücke mit Reis, Pommes frites, Makkaroni, gebratenen Bananen, Palmenherzen, Tomaten, gebackenen Zwiebeln und Salaten.

Die Süßspeisen, *doces,* und Desserts, *sobremesas,* werden meist mit dickem Zuckersirup übergossen. Der *arroz doce* ist mit Milch, Nelken und Zimt gekochter süßer Reis.

Überall in Südamerika wird, neben Bier, Wein und Fruchtsäften, Kaffee getrunken, *café,* zu den Mahlzeiten und zwischendurch, wenn man aus dem Bett steigt bis man ins Bett geht. In Pflanzungen werden Milliarden von Kaffeebäumen angepflanzt. Kenner rösten sich ihren Kaffee täglich mit viel Geduld und Geschick, er ist dann nachtschwarz, *tinto,* stark (ein Eßlöffel Pulver auf eine Mokkatasse) und von herrlichem Duft, so südamerikanisch wie Machismo und dunkelhäutige Senhoritas.

↑ a. Mittelamerika/Kolumbien

Südostasien Dieser riesige Bereich unserer Erde besteht aus so vielen Völkern, Rassen, Religionen und Kulturen, daß er sich im Rahmen dieses Abschnitts beim besten Willen nicht umfassend behandeln läßt. Trotzdem bleiben neben den separat angeführten Regionen und Reichen China, Japan und Hinterindien einige Länder übrig, die sich zu einer kommenden Wirtschaftsmacht aufzusteigen anschikken und besonders auf kulinarischem Gebiet einen Hinweis verdienen.

Dazu gehört **Korea**, eine Halbinsel, die sich von China her zwischen dem Gelben und dem Japanischen Meer gegen Japan vorschiebt. Von einer breiten Küstenebene im Westen steigen Hügel und Berge hoch hinauf, um gegen Osten steil abzufallen. Ein grausamer Krieg, dessen Spuren heute noch allerorts zu sehen sind, teilte 1950 bis 1953 das Land in den kommunistischen Norden und den straff regierten demokratischen Süden, der auf dem Sprung zum Industriestaat ist. Seine Kultur prägten Konfuzianismus und Buddhismus, an die Pagoden, Tempel und vergoldete Statuen erinnern, und ein traditionelles Kunsthandwerk, Keramik-, Porzellan- und Lackarbeiten mit Perlmutteinlagen, während die Hauptstadt Seoul zu einer der acht größten Metropolen der Welt angewachsen ist mit geraden, sauberen Straßen, drei Königspälästen, dem Sejung-Kulturzentrum, Theatern, Museen und einem Folkloredorf. Sie verbinden den Einfluß asiatischer Kulturen mit einer lebendigen Gegenwart, wie dies auch die koreanische Küche tut (geographische Lage siehe S. 646).

Die Vorliebe für Kleingeschnittenes und eingesalzenes Gemüse deutet auf China und Japan wie auch die koreanischen Nudeln aus Weizenmehl, Wasser und wenig Salz und die bräunlichen Glasnudeln aus Mungbohnen oder Algen. Typisch koreanisch und unentbehrlich ist der *kim-chi,* mit Chilis, Frühlingszwiebeln, Knoblauchzehen und Ingwerstücken sauer vergorener Weiß- oder Chinakohl, eine Art raffiniert gewürztes asiatisches Sauerkraut, das in riesigen Tontöpfen eingelegt wird und zu fast jedem Essen gehört; zur Abwechslung werden auch *daikon,* Riesenrettich, Gurken, Lauch, Rüben, Sojakeime und Spinat auf die gleiche Weise eingemacht.

Daneben bevorzugte Gemüse sind Mung- und Sojabohnen, die das lebenswichtige Protein liefern, und zu jedem Mahl, wir sind in Asien, gehört der klebrig gekochte weiße Reis. Der *guchul pan* ist ein knuspriger Pfannkuchen, der mit vielerlei Füllungen, Rindfleisch, Fischen, Gemüsen, Kim-chi, in Lackschälchen serviert wird.

Da Korea vom Meer umspült wird, gibt es ein reiches Angebot von Seegetier, silbrige Sardellen und Weißfischchen werden gewürzt und kroß gebraten, die Abalonen gehören zu den besten der Welt, und an Garnelen, Krebsen, Muscheln herrscht kein Mangel. Tintenfische werden gewürzt und gefüllt, gekocht und geschmort, und der grüne, rote, gepreßte oder getrocknete Seetang bringt eine Prise Meeresluft auf den Teller.

Vorherrschend ist das Fleisch vom Rind, von dem auch Herz, Leber, Nieren, Kutteln, Zunge und Schwanz herangezogen werden. Der Würze dienen neben frischen oder getrockneten Chilischoten goldbraun geröstete Sesamsamen oder ebenfalls geröstete *nori,* papierdünne, dunkelgrüne Algenblätter. Sie passen zum Beispiel zum *bulgogi,* hauchdünnen Rindfleischscheiben, die in Sesamöl und Sojasauce mit feingehackten Frühlingszwiebeln, Knoblauch und Ingwer mariniert, kurz grilliert und in aromatische Saucen gedippt werden.

Aus Reis, roten, süßlichen Adzukibohnen und Nüssen werden angenehme Desserts hergestellt, oft mit Honig statt Zucker. Als Getränk steht ein Tee aus gerösteter Gerste oder Ginseng bereit, während der rote und weiße koreanische Wein nicht jedermanns Sache ist; dann schon lieber ein *maekchu hanpion,* einheimisches Bier, ein *makkolli,* Reiswein, oder ein *soju,* ein mild süßlicher Schnaps aus Korn oder Kartoffeln.

Das gebirgige **Laos** liegt zwischen China, Vietnam, Kambodscha und Thailand, eine Volksdemokratie, über die sich

der Bambusvorhang vor anmutigen Reisfeldern und schäumenden Wasserfällen sachte zu heben beginnt. In Laos ist als einzigem südostasiatischem Land der Mohnanbau legal und Staatsmonopol. Trotzdem ist es eines der ärmsten Länder der Welt, und bescheiden ist daher seine Küche.

An den Hängen wächst Trocken-, Klebreis, der zum Verzehr von Hand zu Kugeln gerollt wird, in den Bergen leben Schalenwild, Wildschwein, Enten und Fasane, auf den Hochebenen weiden Büffel, in den Grasfluren der Savannen reifen Auberginen, Bambussprossen, Bananen und Yams, im schlammigen Mekong schwimmen Fische, außer einigen Kräutern gibt es fast keine Gewürze.

Es ist bewundernswert, mit wieviel Erfindungsgabe es die Laotin fertigbringt, nichtsdestoweniger schmackhafte Gerichte zustandezubringen. Sie sammelt Pilze und Blätter, Schoten von Büschen und Bäumen, sie versteht es, das wenige mit Phantasie zu kombinieren, sie würzt mit *nam padek,* einer salzigen, aus fermentiertem Fisch hergestellten Essenz, sie verwendet gekochte Auberginen als Bindemittel für Geschmortes, sie püriert gegarten Fisch mit weichgekochten Auberginen zu einer glatten Paste, dem *tom ponh,* sie formt Hackfleisch mit Chilis und Kräutern zu Rollen, die sie in Salbeiblätter und Blattkräuter wickelt.

Zwischen oder nach dem Mahl (nie vorher) gibt es eine Suppe, *keng,* aus Bambussprossen, Kohl und Pilzen, auch mit Fisch, Fleisch oder Kartoffeln, oder eine solche aus Nudeln, Reissträngen, Bananenblüten und Bambussprossen. Das in Kokosmilch gekochte Hühnchen mit einer Füllung aus Erdnüssen und Kräutern, *phaneng kai,* ist schon ein Luxus.

Die **Philippinen** sind eine Gruppe von über siebentausend Inseln im Malaiischen Archipel des Stillen Ozeans, deren märchenhafte Korallenbänke viele Besucher zum Schnorcheln und Tauchen einladen. Die Eilande sind von langgestreckten Bergketten durchzogen mit hoch aufragenden Gipfeln und zum Teil noch aktiven Vulkanen. Zahllose Flüsse durchfurchen sie, und in den weiten Ebenen mit großen Landseen blüht eine üppige tropische Vegetation. Zwischen dem hellen Grün der Reisfelder und Zuckerrohrplantagen, dem Farbenflor von Orchideenhainen verstecken sich unter Kokospalmen Holzhäuser und Bambushütten auf Pfählen. Die Idylle kann aber trügen: Monsunregen und steigende Fluten überschwemmen das Land, Heuschreckenschwärme vernichten die Saat, Vulkanausbrüche und Erdbeben erschüttern die Erde. Der Filipino hat sich jedoch mit der wechselhaften Natur eingerichtet, auch wenn sie ihn nicht in Ruhe läßt, «bahala na», «Gott sorgt für alles», und in hartnäckigen Fällen helfen heidnische Götter mit, die durch Beschwörung Wunder stiften. Der Philippiner weiß zu genießen, was ihm die Natur verschwenderisch schenkt, Bananen, Baumwolle, Indigosträucher, Kaffee, Kakao und wunderbar saftig reife Mangos, er pflügt mit seinem Carabao, dem grauschwarzen Wasserbüffel, das Feld, pflanzt in brackigem Wasser Reis, erntet Kokosnüsse, um deren Öl zu gewinnen, schneidet Bambus und kämmt Manilahanf, um daraus zu weben und Körbe, Matten und Seile zu flechten, er fischt auf Auslegebooten Sardinen, Makrelen, Bonitos und anderes Getier.

Dieses gehört neben viel Reis auch zur täglichen Nahrung, und daneben eigentlich nichts mehr. Darüber darf auch das reichere Angebot nicht hinwegtäuschen, das vor einem in der Haupt- und Hafenstadt Manila ausgebreitet wird und in den Orten, wo die Touristen hinkommen. Die Speisen daraus sind «vorbereitet von den früheren malaiischen Siedlern, gewürzt durch die Handelsbeziehungen mit chinesischen Händlern, gekocht während der Jahrhunderte spanischer Herrschaft und ‹verhamburgert› mit einem Menschenalter amerikanischer Beeinflussung», erklärt eine philippinische Köchin.

Luumpia, mit geschmortem Gemüse gefüllte Crêpes, erinnern an Malaysia, die *pancit molo*, eine klare Brühe mit *wontons*, mit Schweinehack, Garnelen, Frühlingszwiebeln, Wasserkastanien und Gewürzen in Sojasauce gefüllten Päckchen, an China, weitere Gerichte verweisen auf Spanien und Portugal: *adobo*, mit Knoblauch und Essig vorgekochtes, in Öl oder Butter gebratenes Fleisch, Geflügel oder Meergetier, *fritata*, oder *guisado*, Gebackenes, und *chorizo*, eine scharf gewürzte Wurst.

In Spanien heißen kleine Happen *tapas*, sie haben sich ebenfalls auf den Philippinen erhalten, so nennt man dort sonnengetrocknete, in Essig mit Knoblauch marinierte Rindfleischscheiben; in die gleiche Richtung gehen die *ukoy*, Garnelenküchlein, und *pinoy*, angebrütete Enteneier, die man gekocht warm mit einer Prise Salz ißt.

Andere Speisen sind wiederum lokalen Ursprungs, der *kari kari* aus dem Tagalogtopf, der nicht etwa ein Curry ist, sondern ein Eintopf aus Rindfleisch, Gemüsen, Kräutern und Gewürzen, der mit geröstetem gemahlenem Reis und Erdnüssen eingedickt wird. Ein Festmahl ist das am Spieß oder in einer Grube gegarte Schwein, *lechón*.

Vom Überfluß an Meerfischen seien nur einige besondere genannt, der *bangos*, Milchfisch, der in Aquafarmen gezüchtet wird, der *lapu*, ein Zackenbarsch, und Sardellen, *dilis*, die hier so beliebt sind wie an anderen südlichen Gewässern; gleich wie bei den Spaniern, Portugiesen und anderen Seefahrernationen schätzt man auch auf den Philippinen den Stockfisch, *bacalhao*.

Das tropische Klima bringt Gemüse und Obst in Fülle hervor, von ihnen seien wieder nur ein paar typische genannt: Auberginen, Avocados, Bohnensprossen, Cashewnüsse, Chayotas, Flügel-, Spargelbohnen, Makapuno, eine Kokosart mit klebrig weißem Fleisch, Mehlbananen, Okra, Taro, Yams. Viele davon werden mit Kokos- und Kondensmilch zu süßen Speisen verarbeitet, welche die Filipinos besonders lieben, oder zu Marmeladen und Eiscremes. Einer besonderen Erwähnung ist der *bibingka* wert, ein Pudding aus Reismehl mit Eiern, Kokosmilch, braunem Zucker und feingemahlenem Kümmel; er wird bei der Merienda hochgeschätzt, einem Nachmittagsimbiß mit Tee, Kaffee oder Schokolade, den sich die Filipinos nach der Siesta nicht entgehen lassen.

Auf beiden Seiten des Äquators liegt zwischen Malaysia und Australien, zwischen dem Südchinesischen, Indischen und Pazifischen Ozean **Indonesien**, der größte Archipelstaat der Erde; er reichte, würde man ihn auf Europa übertragen, von Lissabon bis zum Ural.

Von West nach Ost zieht sich eine Kette von dreizehntausend Inseln, von denen ein paar in gebotener Kürze herausgegriffen seien: Sumatra ist mit seinen natürlichen Reichtümern, Bauxit, Gold, Kautschuk, Kohle, Öl, Palmöl und Zinn, das wirtschaftliche Rückgrat Indonesiens und, die Kontraste begegnen sich, ein Land der Sumpfgebiete, des tropischen Regenwalds und der Berge, in denen noch Elefanten leben, Leoparden, Nashörner, Tapire und Tiger.

Auf der größten, volkreichsten Insel Java liegt die Hauptstadt Indonesiens, Jakarta, das ehemalige Batavia. Der Indonesier ist nicht leicht aus der Ruhe zu bringen, er ist sanft, verhalten und beherrscht, glaubt aber noch an Magie und Ahnenkult, an Geister und Götter. So liegen auch in der lärmigen Kapitale Vorzeit und Gegenwart nah nebeneinander, moderne Geschäftsviertel neben Gassen mit Wasserhändlern, hinter pompösen Staatsbauten, klimatisierten Büro-, Hoteltürmen und verstopften Straßen breitet sich ein Gewirr von ebenerdigen, eng aneinander geschmiegten Häusern aus, Dörfer in der Stadt.

«Fast jedermann hat schon von Bali gehört. Für die einen ist es ein Reiseziel, das gerade in Mode ist, andere verbinden damit dunkelhäutige, gutgebaute Mädchen, Kokospalmen, wogende Wellen und allerlei romantische Vorstellungen von einem Südseeparadies», das steht nicht in einem Reiseprospekt von heute, das schrieb vor mehr als fünfzig Jahren ein Berichterstatter namens Covarrubias. Dem ist immer noch nichts beizufügen, der «verzaubernde Atem der östlichen Gewässer» (Joseph Conrad) hat nichts von seinem Reiz verloren, Bali, das Land der sanften Menschen und milden Götter, aber auch der rachedurstigen Dämonen, der Reisterrassen und Tempel übt wie eh eine so bezwingende Harmonie aus, daß sie bisher selbst die Touristen nicht haben verscheuchen können. Tanz und Tempelfeste, Schattentheater, Handpuppenspiele und Gamelan-Musik mit Gongs, Holztrommeln, Metallophonen und anderen Schlaginstrumenten im Fünfton, sie sind mehr als Folklore, sie sind das kreatürliche Erbe eines künstlerisch hochbegabten Volkes.

Die «südöstlichen Inseln» Nusa Tenggara sind in unserem Sprachgebrauch die Kleinen Sunda-Inseln, eine Savannenlandschaft mit Tempeln, winzigen Dörfern und wunderschönen Stränden.

Dem Inselband vorgelagert liegen verschiedene weitere, zum Teil große Inseln. Der Urweltwildnis von Kalimantan, dem größten Teil der Insel Borneo, wird durch Brandrodung und Kahlschlag arg zugesetzt, um die Schätze Holz und Erdöl zu gewinnen. Wo sie aber noch steht, hat man das Gefühl, daß es «auf allen Seiten ringsum weitergeht, vielleicht bis zum Ende der Welt», schreibt der dichterische Reiseschriftsteller und Beobachter Cees Nooteboom, «hölzerne, zähe Arme packen dich, die Kleider verhaken sich in scharfen Dornen, du findest keinen Platz für die Füße, der Schweiß strömt dir übers Gesicht», ein unwegsames

Dickicht, in dem aber noch Orang-Utans, die «Menschen des Waldes», und Kopfjäger eine Zuflucht finden.

Sulawesi, früher Celebes, streckt wie eine Krake vier Halbinseln aus mit Korallenriffen, Sandstränden und hohen Bergen, in Flora und Fauna ein Übergang zwischen Indien und Australien. Die Molukken sind die sagenhaften «Gewürzinseln», auf denen seit Jahrhunderten Muskatnuß, Gewürznelken und Pfeffer wachsen. Profitgierige Araber und Inder, Portugiesen und Spanier, Holländer und Engländer machten diesen natürlichen Reichtum für die ausgebeuteten Einheimischen zu einem fragwürdigen Besitz. Im übrigen sind auch diese Inseln mit ihren Palmen, Stränden und weißen Segeln, was man von Südseeromantik erwartet. Irian Jaya ist der westliche Teil Neuguineas, die östlichste, größte und am schwächsten besiedelte Provinz Indonesiens mit schneebedeckten Bergen, breiten Flüssen, Urwaldwildnis und endlosen Sümpfen. Holz, Ölpalmen, Kaffee und Kautschuk sind auch hier das begehrte Gut.

Die Küche Indonesiens ist ein Zusammenklang der Aromen, über ihr schwebt der Duft exotischer Früchte und Gemüse. Kontraste fügen sich zur Harmonie, Saures wird mit Süßem liiert, das Feuer der Chilis löschen Kokosmilch und Gurken, Mildes wird mit *sambal* verschärft, einer brennend roten Würzpaste aus Chilis, anderen Pfefferschoten, Knoblauch, Tomaten und Zwiebeln, zum weichen Reis wird knuspriges *kroepoek* oder *krupuk* gereicht, eine Art Chips aus mit Fisch- oder Garnelenpaste aromatisiertem Reisoder Maniokteig; andere verbreitete Gewürze sind Zitronengras, *seréh*, und *kécap*, das kein Ketchup ist, sondern eine dicke, meist süßliche, *manis*, Sojasauce.

Das Grundlebensmittel der Indonesier ist wie in ganz Südostasien der Reis, *nasi*, was in ihrer Sprache auch «Nahrung» heißt; er wird körnig, aber leicht klebrig gekocht. Diesen Namen trägt auch das Nationalgericht *nasi goreng*, gekochter Reis, der mit verschiedenen Zutaten, einem Ei und frischen Kräutern gebraten wird. Heißt es *bahmi, bakmi* oder *mie goreng*, treten Nudeln an die Stelle des Reises.

Sop ist eine Suppe, die meist mit Kokosmilch verdickt wird, *soto* eine Fleischsuppe mit Gelbwurz. Gern beginnt der Indonesier sein Mahl mit *satés*, Fleischspießchen, die er in Erdnußsauce tunkt. *Cap* ist das chinesische Chop Suey, gekochte kleingeschnittene Fleisch- und Geflügelstückchen, oft mit einem Ei, und *gado gado* ein Gemüsesalat in Erdnußsauce.

Bei den weiten Dimensionen des Landes liegt es nahe, daß die vielen Regionen ihre Spezialitäten haben. Padang im Westen Sumatras hat die schärfste Küche Indonesiens mit stark gewürzten Fisch- und Hühnercurries, *rendang*, Rindfleisch, und *deng deng*, getrocknetem Fleisch mit viel Chilis. Das Hochland Batak ist von Muslimen bevölkert und ernährt sich vorwiegend vegetarisch.

Zentraljava ist bekannt für seine Hühner, die gebraten werden, *ayam goreng;* oft legt man sie vorher in Kokosmilch, *santen*, dann heißen sie *mbok berek*, oder man fügt eine pikante Würzmischung bei, das *besegnek* aus Chilis, *lombok*, Galgant, *laos*, Koriander, *ketumbar*, und Kümmel, *jintan*. Die hinduistische Religion erlaubt den Balinesen den Genuß von Schweinefleisch, es wird gebraten, *babi guling*, oder in süßer Sojasauce vorgelegt, *babi kecap*. Die in Ostasien so beliebte Ente wird dagegen in Bananenblättern gegrillt, *bebek betutu*.

Im Süden von Sulawesi auf den Sunda-Inseln gibt es entlang der Küste viel Fisch, der mild und leicht süßlich zubereitet wird, als Spezialität der Goldfisch, *ikan mas*.

Indonesien ist auch das Reich köstlicher exotischer Früchte, unter ihnen die Banane, *pisang*, die gebraten schon zum Frühstück aufgetragen wird, die pflaumengroße Langsat, *duku*, die glasige Litschi, *kelengkeng*, für die Asiaten eine süße Leckerfrucht, für uns Europäer eher fade, der erfrischende Rosenapfel, *jambu air*, die aromatische Mangostane, *manggis* (nicht mit der Mango zu verwechseln, die hier *mangga* heißt), die grüne, aber süße Pampelmuse, *jeruk Bali*, die noch süßere Sapodilla, *sawo*, die Palmenfrucht *salak*, der behaarte, erfrischend süß-säuerliche *rambutan* – alles Früchte, die am Ort frisch genossen für unsere an nachgereifte Exoten gewöhnten Gaumen unerhört aromatisch schmecken. Sie ergeben nicht nur willkommene Desserts, sondern verleihen auch anderen Gerichten ihren aparten, «indonesischen» Geschmack.

Der Inbegriff der indonesischen Küche ist jedoch die Reistafel, deren Namen ihr nicht die Einheimischen gaben, sondern die Holländer, die bis 1942 die Kolonialherren waren, die «Pfeffersäcke», die mit den «Kolonialwaren», den Gewürzen, einträglichen Handel trieben. Ihre *rijsttafel*, eine Schüssel mit körnig-klebrigem weißem Reis und beliebig vielen Schalen und Schälchen voll verschiedenster Beilagen, ist ein Kompendium farbiger, würzhafter kulinarischer Exotik. Seine Zusammensetzung ist im *Kulinarischen A bis Z* unter Reistafel nachzulesen.

Zu trinken gibt es in Indonesien holländisches Bier, *bir bintong*, ein Überbleibsel aus der Kolonialzeit, daneben Reiswein, *brem*, Palmwein, *tuak*, einen aus Reis destillierten Schnaps, *arak*, einen süßlichen Rotwein, *anggur mérah*, Kaffee, *kopi*, Tee, *téh* (aus Ingwer *sekoteng*), Fruchtsaft, *sari buah*, oder Sojamilch, *sari deléh*.

Streifzüge in den Dschungel und Flußfahrten, historische Stätten und einladende Strände, eine exotische Flora und Fauna, Garküchen und malerische Gaststätten – Reisen und Essen versprechen in Südostasien noch unvergeßliche Abenteuer.

↑ a. China, Hinterindien, Japan

Südosteuropa Zum Südostende Europas zählen neben Ungarn, den Jugoslawischen Ländern und Griechenland, die in diesem Buchabschnitt gesondert aufgeführt werden, noch Rumänien und Bulgarien.

Nach der Wende 1989, in deren Verlauf das Volk mit dem größenwahnsinnigen Diktator Ceaușescu kurzen Prozeß machte, fand die neu ausgerufene Republik **Rumänien**, unter heftigen politischen und wirtschaftlichen Wehen zwar, zur nationalen Eigenständigkeit zurück. Das Land im Donauraum zwischen Karpaten und Schwarzem Meer teilt sich in vier Landschaften:

Die 245 km lange Schwarzmeerküste, die Dobrudscha, welche bereits der griechische Geschichtsschreiber Herodot und der hierher verbannte römische Dichter Ovid schilderten, ist vielen Touristen heute am ehesten bekannt. Vom wilden Donaudelta, einem einzigartigen Naturparadies mit Seeadlern, Schildkröten, Schlangen und den letzten Pelikanen, erstreckt sie sich mit breitem Sandstrand, Badeorten und Fischerdörfern bis zur bulgarischen Grenze.

Die Walachei ist der historische Kern des Landes, durch den Draker, Römer, Walachen und Türken zogen. In ihr liegt in einem Halbkreis von Seen die Hauptstadt Bukarest, Bucureşti, deren Boulevards, Plätze und Grünanlagen, Kirchen, Museen und Sammlungen an die türkische und griechische Vergangenheit mahnen sowie, soweit sie noch erhalten ist, an die Eleganz der Architektur zu Anfang unseres Jahrhunderts, «Paris des Ostens» nannte man sie einst.

Von Bukarest aus ist man rasch in Transsilvanien «jenseits der Berge». Hier wurde im 12. Jahrhundert eine deutsche Volksgruppe von Rhein, Mosel und Maas angesiedelt, ihre neue Heimat heißt seither auch Siebenbürgen, «Land der sieben Burgen». Die «Siebenbürgen-Sachsen» pflanzten im fruchtbaren Ackerland Getreide, Gemüse und Zuckerrüben an, erbauten wehrhafte Städte und Kirchenburgen. In den einsamen Karpaten entstanden später gutbesuchte Ausflugsziele und Wintersportplätze.

Die Moldavia im Nordosten ist die kulturelle Mitte Rumäniens. In ihr stehen alte befestigte Klöster und Gotteshäuser mit bemalten Fassaden, in denen seltene Chroniken, Evangeliare und Ikonen lagern. Sie muten einen an wie «monumentale Gebete, aufgeschlagene Märchenbücher» (Evi Melas). Vom Kunstsinn der Wandervölker, die sich hier niederließen, zeugen ziselierte Armbänder, Fibeln, Ketten, Stirnreifen und Pokale aus Gold und Silber mit Feldkristall und Granat, bestickte Blusen, Decken und Wandteppiche, emaillierte Keramik und nicht zuletzt die hinreißende Musik der Roma, der rumänischen Zigeuner, der größten Volksminderheit des Landes. Es ist wohl kein Zufall, daß so bedeutende europäische Künstler wie der Bildhauer Brancuşi, der Musiker Enescu und der Dramatiker Ionesco aus Rumänien stammten und sich, auch wieder bezeichnend, nach Paris absetzten. Und die gruselige Mär vom Grafen Dracula, der als Vampir nachts den Untertanen das Blut aussog, beschäftigt bis heute Roman- und Filmautoren.

Weniger blutig, aber herzhaft geht es in der rumänischen Küche her, zu der Slawen, Ungarn, Österreicher, Griechen und Türken beitrugen. Das Mahl (das sich so opulent nur mehr die wenigsten Rumänen leisten können) beginnt mit kalten Vorspeisen, Gurken, frischer oder eingelegter Paprika, grünen Tomaten, roten Zwiebeln, Auberginenpaste aus

Weizenbrot, luftgetrocknetem Schaf- oder Rindfleisch, *pastramă*, Salami aus Hermannstadt, *salam de Sibiu,* auch Herings- oder Karpfenrogen in Mayonnaise, *ikre,* oder frischem Schafskäse, *brînză.*

Es folgt die Suppe, *ciorbă*, von der es viele, meist mit saurer Sahne verfeinerte Varianten gibt, aus Rind-, Hühnerfleisch, Fisch und Gemüsen. Von den Fischen sind neben jenen aus dem Schwarzen Meer besonders solche aus dem Süßwasser erwähnenswert, Karpfen, in Salzmarinade mit Knoblauch und Paprika, *saramură,* oder im Rohr mit Zwiebeln und Gewürzen gebacken, *plachie,* oder gebackener Wels, *pană de somn,* mit Kartoffeln und Zitrone.

Das Fleisch wird meist gegrillt oder am Spieß gebraten. Es ist von ausgezeichneter Qualität, denn die Tiere werden meist mit Milch gemästet, das Geflügel läuft frei herum (weswegen auch die Gänseleber zu empfehlen ist). Die *mici, mititei* sind gegrillte Würstchen aus Rinderhack mit Knoblauch, sie werden auf der Straße angeboten, und *sarmale* nennen sich köstliche Krautwickel mit einer Füllung aus Reis und Kalb-, Hühner-, Enten- oder Gänsefleisch, die in sauer eingelegte Kohlblätter gewickelt werden. Zum Brathühnchen vom Spieß wird eine pikante Sauce aus Knoblauch und Wein oder Essig gereicht.

Als Beilage gibt es *mămăligă,* einen steifen, salzigen Maisbrei, eine Art rumänische Polenta, wie ihn sich die Hirten mit Schafskäse bereiteten. Die Gemüse, Auberginen, Gurken, Kürbisse, Melonen, Paprikaschoten, Tomaten, Zwiebeln, sind von echtem, unverfälschtem Geschmack.

Zum Essen und auch zwischendurch trinkt der Rumäne ein, zwei und mehr Gläschen seines *tuiča,* eines meist selbstgebrannten Zwetschengwassers, einen rumänischen Wodka oder einen der zum Teil vorzüglichen Weine von der Schwarzmeerküste, aus Siebenbürgen oder von den Südhängen der Karpaten, trocken oder ölig süß.

Die Süßspeisen verraten den nicht fernen Orient, die türkischen *baclava* und *saralie*, in Honig getränktes Blätterteiggebäck mit Nußfüllung, wogegen die Eierkuchen, Palatschinken, Topfen- und Zwetschenknödel ein Relikt der k. k. Monarchie sind.

Südlich von Rumänien liegt **Bulgarien,** das seinerseits ans Schwarze Meer grenzt, an Griechenland und die europäische Türkei, ein Land zwischen Okzident und Orient. Längs der Donau erstreckt sich ein fruchtbares Tafelland, die Kornkammer Bulgariens, in der Weizen und Mais, Sonnenblumen, Zuckerrüben, Gemüse und Obst angebaut werden. Das Balkangebirge mit seinen Hängen und Almen trennt das Land in zwei Teile, Waldgürtel wechseln mit Weidegebieten, im nach Norden abflachenden Gelände wird Viehwirtschaft und Obstkultur betrieben.

Südlich davon befindet sich auf einer Hochebene inmitten von Höhen und Bergen die Hauptstadt Sofia, Sofija. Sie liegt im Schnittpunkt der Verkehrswege von Wien nach Istanbul, vom Schwarzen Meer zur Adria, von der Donau zur Ägäis, und zahlreiche Bauwerke zeugen von einer bewegten Geschichte, die monumentale Aleksandâr-Nevski-Kathedrale, byzantinische Kirchen, eine osmanische Moschee und eine große Synagoge. Die Bulgaren sind für ihre Musikalität und Stimmgewalt bekannt, der mythische Sänger Orpheus soll im bulgarischen Thrakien gelebt haben, und Vokalisten und Chöre wie die Kabaivanska, die Kasarova, Boris Christoff, Nikolai Ghiaourov und das «Mystère des voix bulgares», der Frauenchor «Wunder der bulgarischen Stimmen», hatten, haben Weltruf. Konzert-, Opern- und Ballettaufführungen im Nationaltheater, in Bulgariensaal und NDK-Studio sind deshalb immer hörens- und sehenswert.

Die Türken führten die Rosenkultur ein, und im «Tal der Rosen», eigentlich mehreren Tälern zwischen Mittelgebirge und Balkan, wird aus Tausenden Kilogramm Blüten das berühmte Rosenöl gewonnen, das in aller Welt für die Duftstoffindustrie begehrt ist, das übriggebliebene Rosenwasser wird für Konditoreiwaren, Konfitüren, Liköre und selbst Medikamente verwendet.

Im Süden liegt das Thrakisch-Mazedonische Massiv mit den höchsten Gebirgszügen Südosteuropas, mit einem Nationalpark und heilsamen Mineralquellen. Die Schwarzmeerküste schließlich ist mit ihren rotleuchtenden Felsen, grünen Waldhängen und im Norden goldenen, im Süden weißen Stränden wieder eine reizvolle Ferienlandschaft, die vorderhand hauptsächlich Gäste aus dem ehemaligen Ostblock anlockt.

Oft wird einem in Bulgarien die nicht sehr verlockende östliche Einheitstouristenkost vorgesetzt, aber es lohnt sich, möglichst bei gastfreundlichen Einheimischen zu Hause, nach typischen Speisen zu suchen. Dazu gehören, nach und mit einem *trojanska slivova,* Pflaumenschnaps, ein gemischter Salat mit geriebenem Schafskäse, *šopska salata,* aus frischen Gurken, Paprika, Tomaten und Weißkohl, ferner eingelegte Gurken mit Walnüssen in Joghurt, *snežanka,* oder, wie bei den Griechen, mit Dill, Knoblauch und geriebenen Nüssen in saurer Milch, *tatatór,* dazu eine Salamiwurst, *lukanka,* weicher Schafskäse, *ofčo sirene,* oder sein hartes Gegenstück, *kaškaval.*

Mittags folgt eine *čorba,* eine kräftige Brühe mit Fleischstücken, die oft mit saurer Milch gebunden wird, dann gekochtes Fleisch und Gemüse, Frikadellen, *kebapčeta, kjfteta, šištšeta,* sowie mit Auberginen oder Kartoffeln überbackenes Hackfleisch, *musaka.* Abends gibt es eher Fleisch vom Rost, *na skára,* Hammel, Kalb, Rind und Schwein, auch Geflügel, *ptitsi.* Dazu ißt man mit Knoblauch, Paprika, Zwiebeln und Kräutern gewürztes Gemüse und reichlich helles oder dunkles Weizenbrot. Das Sauermilchprodukt Joghurt stammt bekanntlich aus dem Balkan, und auch in Bulgarien ist *kiselo mljako* als Begleitung, aber ebenfalls als selbständige, gesunde Nahrung beliebt, obwohl man das hohe Alter vieler Bulgaren nicht unbedingt von ihm ableiten darf. Wie im ganzen Balkan findet man ferner gefüllte Paprikas und einen Fleisch-Kartoffel-Eintopf, sie heißen in Bulgarien auch ähnlich wie in den anderen Ländern, *pâlmeni tšuški* und *gjuveč; banica* oder *bjurek* ist mit Schafskäse oder Fleisch gefüllter Blätterteig, wie man ihn ebenfalls in der Türkei kennt, die überhaupt kulinarisch nahe ist.

Bei der kilometerlangen Küste am Schwarzen Meer liegt es auf der Hand beziehungsweise auf dem Wasser, daß es in Bulgarien Seefische gibt, *marska riba,* aus denen eine schmackhafte Suppe zubereitet wird, die *ribena čorba.* Da dies geschrieben wird, ist allerdings der so köstliche Schwarzmeersteinbutt *kalkan* wegen der Überfischung geschützt und leider nicht erhältlich.

Die Süßspeisen stammen meist aus dem Mittleren Osten und der Türkei, *baklava,* Blätterteig mit Nußfüllung, *kadaif,* Fadennudeln, und *revane,* Grießkuchen, die alle mit dickem Sirup sehr süß überzogen sind. Vieles weitere kann man in den Abschnitten über die anderen Balkanländer nachlesen.

Die Weine Bulgariens, von denen schon Plinius erzählt, sind seit einiger Zeit im Westen wohlbekannt, trockene, milde Rote und ebenfalls trockene, kernig herbe Weiße; die goldgelben, aromatischen Dessertweine finden jedoch die meisten Liebhaber. Sie künden von einem sonnigen Land am Rande Europas, von dem schon der Reiz des Orients ausgeht.

↑ a. Griechenland, Jugoslawische Länder, Türkei, Ungarn

Südsee Als der spanische Konquistador Vasco de Balboa 1513 in den Pazifik vorstieß, den größten aller Ozeane, nannte er ihn «Mar del Sur», Südsee. Dieser nicht sehr vielsagende Name blieb der großen Welt der pazifischen Inseln erhalten, man nennt sie auch, nicht viel genauer, **Ozeanien**. Viele dieser wunderschönen Eilande werden heute im Zeitalter der schrumpfenden Entfernungen mehr und mehr von Touristen besucht, weswegen ihrer einige hier Aufnahme finden sollen.

Die **Cook-Inseln** waren lange unter britischer und neuseeländischer Verwaltung und erhielten erst 1965 ihre Selbstregierung. Wollte man das Blaue vom Himmel herab fabulieren, hier wäre es nicht übertrieben, die Inseln sind vom sprichwörtlichen Zauber der Südsee erfüllt, türkise Lagunen, weiße Strände, liebenswürdige Menschen und eine üppige Vegetation, die Ananas, Bananen, Bataten, Brotfrüchte, Kaffee, Kokosnüsse, Mangos, Tarokknollen, Tomaten, Yams und Zitrusfrüchte hervorbringt. Schafe kommen seltsamerweise nicht vor, aber Rindvieh, Schwein, Hühner und selbst Hunde sind die Fleischlieferanten, und außer in den Atollen leben ebenfalls überraschenderweise weniger Fische, als man es sich vorstellen könnte. Ein Ausdruck der milden Ambiance sind auch die jungen Blätter der Kokospalme, die in Kokosmilch gekocht werden.

Auf den **Fidschi-Inseln**, Fidji Islands, leben zwei Völker mehr nebeneinander als miteinander, fleißige, geschäftstüchtige Inder und eingeborene, dunkelhäutige Fidschianer, die es sich wohl sein lassen, aber sich auch aufs Kunsthandwerk verstehen. Die Korallenriffe sind Taucherparadiese, schöne Küsten und Ferienorte stehen den Touristen offen, und in den Auen der Täler wird intensiv Landwirtschaft betrieben, Ananas und andere tropische Früchte, Knollengewächse und Kopra, Kakao und Kaffee. Aus dem Pulver der zerstampften grünen Wurzeln der *kava*, einer Rauschpfefferpflanze, wird ein Getränk gebraut, das hier wie auch in Samoa und Tonga in einem feierlichen Ritual aus halben Kokosnußschalen getrunken wird.

Französisch-Polynesien mit der Hauptinsel **Tahiti** ist, wie der Name sagt, eine autonome französische Überseeprovinz, in der menschenleere Dschungel, Wasserfälle und farbenprächtige Lagunen sich an der Küste zu frankophoner Zivilisation und Touristenrummel mit Bars und Transvestitenlokalen wandeln. Dem Charme der Farben, Düfte und Klänge Polynesiens sind viele fortschrittsmüde Erdbewohner erlegen. Pierre Loti, Somerset Maugham, der seefahrende Dichter Herman Melville suchten sie auf, der französische Maler Gauguin verlebte auf Tahiti die letzten Jahre seines kurzen Daseins, der belgische Chansonnier Jacques Brel liegt neben ihm begraben, Charles Nordhoff und James Norman Hall schrieben hier die «Meuterei auf der Bounty», und der amerikanische Filmschauspieler Marlon Brando heiratete auf einem eigenen Apoll eine Tahitianerin (nicht seine letzte Frau . . .).

Neben Bananen, Knollenfrüchten, Kokospalmen und Zukkerrohr ist vor allem Vanille ein wichtiges Exportgut, auf dem Grund der Lagunen liegen Korallen und Muscheln, aus denen Perlmutt und schwarze Perlen gewonnen werden, im Meer kriechen und schwimmen Garnelen, Krebse und Langusten, Rochen, Thunfische und vielerlei anderes Meergetier. Die hunderteinundzwanzig Inseln Französisch-Polynesiens erfüllen alle Südseeträume.

Tonga, die «Freundschafts-Inseln» im Südwesten korallinen und vulkanischen Ursprungs, waren als einziger pazifischer Inselstaat nie unter Kolonialherrschaft, sie sind seit erdenklicher Zeit ein Königreich, von dessen langer Tradition noch die monumentalen Terrassengräber und Monarchen und der Thrillithon, ein über fünf Meter hohes Tor aus Koral-

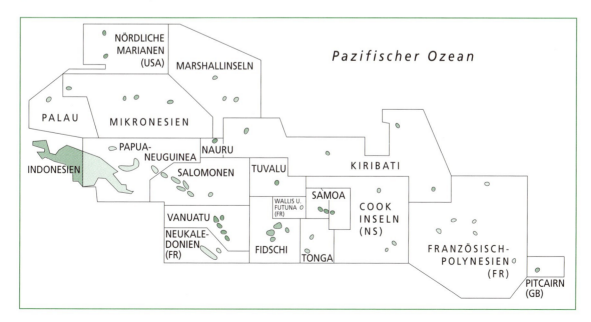

lenkalkblöcken, zeugen. Im maritim milden Klima wachsen Bananen und Kokosnüsse, und in letzter Zeit beginnen auch die Touristen Tonga zu entdecken, bis in die Neuzeit hinein wurde für jeden ankommenden Besucher ein ganzes Schwein geröstet – die Gastfreundschaft ist geblieben.

Das wie fast alle Südsee-Inseln von Korallenriffen umsäumte **Samoa** betrachtet sich als die Wiege Polynesiens, es teilt sich in den seit 1962 unabhängigen Staat Samoa-West und in ein Besitztum der Vereinigten Staaten, Ostsamoa. Die einfachen, aber gepflegten Dörfer mit nach allen Seiten offenen Häusern hat schon der Amerikaner Robert Louis Stevenson geschildert, der hier bis zu seinem Tod lebte, und der Titel des Romans und des Films von James Michener, die in der schönen Lefaga-Bucht spielen, könnte das Motto der ganzen Südsee sein: «Return to Paradise».

Es entspricht wohl dem sanften Temperament der Südsee-Insulaner, daß ihre Küche ausgesprochen milde, um nicht zu sagen fade ist. Die zu Gebote stehenden Nahrungsmittel sind, wie schon angedeutet, hochwertig und abwechslungsreich, aber sie werden ohne Salz gekocht oder gedünstet, und Gewürze gibt es wenig.

Eine Ausnahme machen allerdings die Fidschi-Inseln, wo ausgezeichnet indisch gegessen wird, und Französisch-Polynesien, wo natürlich die gute Cuisine française herrscht. In Samoa wird eine dicke Kokosnußcreme in ein junges Taroblatt gewickelt, auf heißen Steinen gebacken und auf Taroschnitten serviert, *palusami;* zudem gibt es hier *taofolo,* geknetete Brotfrucht und Kokoscreme, in Taroblätter gewickelt und gebraten, sowie *okra,* rohen Fisch.

Auf allen Inseln kommt jedoch eine eigentümliche Kochtradition vor: der Erdofen, *himaa, lovo, umu, umukai.* Im Boden wird eine Grube ausgehoben, in dem erhitzte Steine Wärme ausstrahlen. Darein werden Nahrungsmittel gelegt, die unter Palmenblättern stundenlang garen. Der aufsteigende Essensduft versöhnt mit der langen Wartezeit.

Syrien ↑ Vorderasien

T

Tahiti ↑ Südsee/Französisch-Polynesien

Taiwan Formosa, «die Schöne», nannten die Portugiesen die Insel Taiwan im Stillen Ozean gegenüber Südchina. Als der chinesische Generalissimus Tschiang Kai-schek aus der Volksrepublik China fliehen mußte, fand er hier Zuflucht und gründete 1950 die «Republik China». Taiwan wurde ein aufstrebender, erfolgreicher Industriestaat, jedoch hält die zum größten Teil ebenfalls vom Festland eingewanderte Bevölkerung bei aller Demokratisierung und Fortschrittlichkeit wie in vielem anderen auch in der Küche an den chinesischen Traditionen fest (geographische Lage siehe S. 646). ↑ China

Thailand ↑ Hinterindien

Tonga ↑ Südsee

Trinidad ↑ Mittelamerika/Antillen

Tschechien, Slowakei 1989 zerfällt in einer «Samtenen Revolution» die Tschechoslowakische Sozialistische Republik, 1993 teilt sie sich in die Tschechische und die Slowakische Republik. Und wenn die beiden Binnenstaaten im östlichen Mitteleuropa heute politisch auch nicht mehr zusammengehören, sind sie durch eine gemeinsame bewegte Vergangenheit doch noch so miteinander verknüpft, daß man sie im Rahmen dieses Buches wohl in einem fassen darf.

Man spricht von den Oststaaten Eurpas gern als dem Nabel unseres Erdteils. Im vorliegenden Fall kann man das wörtlich nehmen: Die geographische Mitte Europas liegt im nordöstlichen Böhmerwald bei Lipnice, wo Jaroslav Hašek, der Verfasser des «braven Soldaten Schwejk», des populärsten Tschechen aller Zeiten, zum Schluß lebte, trank und starb, und zentral ist auch die Bedeutung dieses Landstrichs für unseren Kontinent, historisch und kulturell.

Das Herzstück von **Tschechien**, Čeky, ist Böhmen, ein waldreiches Siedlungsgebiet, das vom Fichtel- und Erzgebirge sowie von den Sudeten mit dem Riesengebirge umrandet wird. In diesen allen lagern Bodenschätze, deren Abbau aber schlimme Umweltschäden hinterließ. Sie sind jedoch auch voller landschaftlicher Schönheiten, die zum Wandern einladen, zum Jagen, Bergklettern und Wintersport. In der landwirtschaftlich genutzten Hügelebene vereinen sich Moldau und Eger zur Elbe. Hier errichteten Kaiser, Könige, Adlige, reiche Bürger und gelehrte Mönche großartige Bauwerke, Burgen und Schlösser, Kirchen und Klöster, Herrschaftssitze und heute noch besuchte Bäder. Sie formten aus der lieblichen Natur eine tausend Jahre alte historische Landschaft, wie sie in Europa ihresgleichen sucht. Wir befinden uns an einem Brennpunkt der Geschichte, sei es im Lager, das der Feldherr Wallenstein «vor der Stadt Pilsen in Böhmen» (Schiller) für sein Söldnerheer aufschlug, im Schloß Duchcov, in dem der alte Casanova seine letzten Jahre als Bibliothekar und Memoirenschreiber verbrachte, im Bäderdreieck Karlsbad–Marienbad–Franzensbad, in dessen Promenaden und Wandelhallen sich einst die große Welt traf und in dessen ockergelben Bauten noch die k. k. Monarchie lebendig ist. «Gott war guter Laune: Geizen ist doch wohl nicht seine Art; und er lächelte: da ward Böhmen reich an tausend Reizen», dichtete der Prager Rainer Maria Rilke.

Im Böhmerwald entspringt die Moldau, der Hauptfluß Tschechiens, dessen Lauf Bedřich Smetana in einer wundervoll strömenden Musik geschildert hat von den Quellen bis zur Mündung vorbei an Burgen und Schlössern, Städten und Klöstern, Felshängen und Volksfesten (und die es in

Reisterrassen in Bali

dieser Romantik alle nicht mehr gibt). In einem weiten Tal dieses Stromes liegt die Hauptstadt Prag, Praha, die «Goldene Stadt», überragt von der mächtigen Burganlage des Hradschin, Architektur gewordene Geschichte, und dem Veitsdom, Stein gewordene Frömmigkeit. Den Burghügel hinab gelangt man durch die barock charmante Kleinseite über die Karlsbrücke mit ihren Heiligenstatuen zur verwinkelten Altstadt und Zwiebelkuppeln und steilen roten Dächern, eine «Sinfonie aus Stein».

Prag war bis in unsere Zeit eines der Kulturzentren Europas, und nicht aufzuzählen sind die originellen Geister, die für den empfindsamen Besucher noch über der Stadt schweben, vom rebellischen Reformator Jan Hus und den Hofastronomen Tycho Brahe, Johannes Kepler einst bis zum Dramatiker und Präsidenten der Republik Václav Havel heute. In Prag wurde Mozarts «Don Giovanni» glanzvoll uraufgeführt – «Das sind halt böhmische Musikanten», beglückwünschte sich der Meister –, hier erklang die 7. Sinfonie des böhmischen Komponisten und Dirigenten Gustav Mahler, Bedřich Smetana und Antonín Dvořak schufen Musik, die zum nationalen Erbe wurde, in Caféhäusern saßen die Literaten Max Brod, Franz Kafka, Egon Erwin Kisch, der «rasende Reporter», Johannes Urzidil, Franz Werfel und tranken nicht nur Kaffee – «Es brodelt und kafkat und werfelt und kischt», bemerkte maliziös der wortwitzige Ostböhme Karl Kraus. «Mythos, Geschichte und Gegenwart wogten geschäftig durcheinander in dieser Stadt, in der gereizten Atmosphäre konnten sich in jedem Augenblick die gleichgültigsten Gegenstände, Angelegenheiten, ja bloße Worte in heiligste Güter verwandeln, um derentwillen Tschechen und Deutsche einander die Köpfe einschlugen oder irgendeinem unseligen Juden übel mitgespielt wurde» (Urzidil).

Am schönsten ist, so scheint uns, Prag an einem Wintertag, wenn der Nebel von der Moldau aufsteigt und Goldmachergäßchen, Altstädter Ring, Adelspaläste, Gärten und «Palatschen», Balkonumzäunungen, in den Schleier der Vergangenheit hüllt; dann auch erfüllt einen der Alte Jüdische Friedhof mit seinen verwitterten, aufeinander geschichteten, hebräisch beschrifteten Steintafeln unter alten Holunderbäumen mit einer fast heiteren Melancholie.

Im Flußgebiet der March westlich von Böhmen liegen hinter anmutigen Hügelketten und Tälern Mähren und Mährisch Schlesien. Der Norden ist reich an Bodenschätzen, südwärts erstreckt sich fette, fruchtbare Schwarzerde, es werden Korn und Wein angebaut. Die liebenswerte Gegend scheint ihre Bewohner anzustecken, sie tragen bunte Trachten und singen gern.

In der mährischen Kapitale Brünn, Brno, die das Kunststück fertigbringt, Industrialisierung und Gemütlichkeit zu verbinden, dirigierte und komponierte der dritte tschechische Nationalmusiker, Leoš Janáček, im Garten des Augustinerklosters züchtete der Vererbungsbotaniker Gregor Mendel seine Pflanzen und Blumen, drückte auch Milan Kundera die Schulbank.

Die alte, junge **Slowakei**, Slovensko, schließt sich im Osten an Mähren an. Im Donautiefland mit seinen Wiesen, Büschen und Wäldern liegt im äußersten Westen inmitten von viel Grün Bratislava, Preßburg, eine der jüngsten Hauptstädte Europas, nicht weit von der ungarischen und österreichischen Grenze. Sie war zeitweise Residenz der ungarischen Könige, und die schöne Altstadt mit mittelalterlichen und barocken Bauten von der Burg bis zum Michaelertor, vom Dom bis zum Primatialpalais erzählt Geschichte und Geschichten.

Die Tatra schließlich, der höchste Teil der Karpaten, grenzt die Slowakei gegen die polnische Seite ab, malerische Kalksteingebilde und tiefe, geheimnisvolle Tannenwälder, Latschenhaine und saftige Alpwiesen machen es zu einem der schönsten Feriengebirgsländer Europas, das mit seinen großen Hotelblocks, behaglichen Pensionen und urigen Hütten, mit Seilbahnen, Zahnradbahnen und Sesselifts für alles gerüstet ist.

Trotz allem Schönen, dem man landschaftlich, historisch und kulturell in Tschechien und der Slowakei begegnet, muß es gesagt sein: kulinarisch wird man dort im allgemeinen nicht verwöhnt. In den meisten Wirtshäusern (Ausnahmen bestätigen die Regel) ist die Verpflegung eine Frage der Quantität, viel Fleisch in viel pampiger Mehlsauce, mastige Klöße, Essiggurken und Sauerkraut, wenig frisches Gemüse, dafür aber Pilze.

Nun sei diese Feststellung aber sogleich abgeschwächt: Die Köchin zu Hause versteht es durchaus, aus den nicht sehr vielfältigen Nahrungsmitteln etwas Leckeres zuzubereiten, sie hat «die Gemütlichkeit einer Großmutter, die Kräfte zweier Mägde, das Geschick eines Goldschmiedes und den Geschmack eines Genießers» (Schweikert). Schließlich hat die böhmische Küche seit k. u. k. Zeiten einen verführerischen Ruf, und im benachbarten Österreich feiert sie nach wie vor Urständ. Deshalb seien auch einige der Ausdrücke kurz wiederholt, die in der ehemaligen Tschechoslowakei ihren Ursprung haben, zur Küchensprache, zum «Böhmakeln» gehören und dem Kenner Österreichs bekannt vorkommen werden: *Beuschel:* Lunge, *Buchteln:* Rohrnudeln, *Erdäpfel:* Kartoffeln, *Germ:* Backhefe, *Kolatschen:* gefüllte Hefekuchen, *Liwanzen:* Hefepfannkuchen, *Lungenbraten:* Rinderfilet, *Powidl:* Hefezopf, *Vomatschka:* Sauce.

Und wer Knödel, *knedlíky,* mag, ist hier im Schlaraffenland, es gibt sie aus Semmeln, Kartoffeln oder Grieß, mit Hefe, Fleisch, Leber oder Speck, süß (unsere Favoriten) mit Erdbeeren, Heidelbeeren, *Schwarzbeeren,* Kirschen, Aprikosen, *Marillen,* Zwetschgen, *Zwetschken,* oder Quark. Die letztere Kategorie, mit zerlassener Butter übergossen, mit Zucker, Zimt oder Mohn bestreut, ist, was auch immer wir gesagt haben, ein Glanzlicht der tschechoslowakischen Küche.

Das Standardgericht der Tschechen und Slowaken ist der Braten, meist vom Schwein, ebenfalls vom Rind; bei Gele-

Der Altstädter Ring mit Rathaus und doppeltürmiger Teynkirche in Prag

Buchteln, *buchty,* Dalken, *vdolky,* Hefepfannkuchen, *lívance,* und Palatschinken, *palačinky.* Zu solchem Schwergewicht gehört ein Verteiler, eine *Becherovka,* ein süß-bitterer Kräuterlikör aus Karlsbad, oder ein *slivovice,* ein Pflaumenschnaps. Obwohl es aus der Slowakei (mit einem eigenen Tokajer), Mähren und Böhmen anständige Weine gibt, nimmt in der Rangliste der tschechoslowakischen Getränke das Bier, *pivo,* den ersten Platz ein, wir halten es mit seinem frischen Hopfenduft, der steif weißen Schaumkrone und dem vollen Bukett für eines der besten der Welt. Es wird hauptsächlich in Pilsen, Plzeň (*Prazdoj,* Urquell), und Budweis, České Budějovice (das etwas leichtere *Budvar*), gebraut und von keinem der vielen nachgeahmten «Pilsner» erreicht. Ein Schluck aus dem Maßkrug in einem Bierbeisel «inspiriert den Geist zu phantastischen Geschichten» (Hrabal) – das Geheimnis der so vielen weltberühmten tschechischen Literaten?

Tunesien   ↑ Nordafrika

Türkei   Von manchem Land an der Ostperipherie unseres Kontinents läßt sich sagen, es befinde sich «zwischen Okzident und Orient», nirgends aber kann das so wörtlich genommen werden wie bei der Türkei, sie liegt zu einem (kleinen) Teil in Europa, in Ostthrakien, zum anderen (größeren) in Asien, in Anatolien. Ihre Lage auf dem Weg zum Morgenland zwischen Ägäis, Mittelmeer, Marmarameer und Schwarzem Meer hat dazu beigetragen, daß die Türkei zum Mittler wurde zwischen sehr verschiedenen Kulturen und Wirtschaftsräumen, zum Traumziel aber auch für Turkophile.

Schon die größte Stadt **İstanbul**, die einst Byzanz hieß und Konstantinopel, liegt beidseits des Bosporus und des Goldenen Horns auf zwei Kontinenten, Römer, Byzantiner und Osmanen gaben ihr das einzigartige Gesicht, das neben dynamischer Gegenwart unter Halbmonden, Kuppeln und Minaretten orientalische Züge trägt. Dazu gehören die prachtvolle byzantinische Hagia Sophia, einst heiligstes Gotteshaus Kleinasiens, heute ein Museum mit kostbaren Schätzen, nicht weit davon der Topkapi-Serail, von osmanischen Sultanen mit unter vielem anderem immensen Küchen erbaut, die Blaue Moschee, das Chora-Kloster und nicht zuletzt der Große und der Gewürzbasar, mit ihrem Gewirr von halbdunklen, überdachten Gassen die größten Warenmärkte der Welt, in denen man um alles feilschen kann, was der Orient zu bieten hat, von kostbaren Antiquitäten, Teppichen und Schmuck bis zu Viktualien und billigem Ramsch. Den Zauber İstanbuls erfährt, wer das Verkehrschaos des Zentrums verläßt und sich in die Altstadt begibt mit ihren engen Gassen und Holzhäusern, in eine der über hundert Moscheen, wo sich die gläubigen Muslime zum Gebet vor Allah niederwerfen, zu dem sie der Muezzin vom Minarett (oft ab Band) fünfmal am Tag aufruft, oder auf den Galataturm, von dem aus man einen traumhaften

genheit kommen auch Ente, Gans oder Wild auf den Tisch. Zu allem gehören, das haben wir schon gelernt, Knödel, die meist in Scheiben geschnitten serviert werden. Natürlich gibt es daneben aber auch anderes, kalte oder warme Vorspeisen, *předkrmy,* und Suppen, *polévky,* die alle recht deftig sind, *dršťková* mit Kuttelflecken, *oukrop* mit Knoblauch, *zelňačka* mit Sauerkraut.

Es wundert einen, daß für Imbisse zwischendurch noch Platz bleibt, aber sie werden, selbst auf der Straße, rege zu sich genommen: *bramborák,* dünne Kartoffelpuffer mit Speck oder Wurst, *parék* oder *parók,* Würstchen mit Semmel und Senf, *kukuřice,* frisch geröstete Maiskolben, oder *žený sýr, vyprážený syr,* warmer panierter Käse oft mit Schinken, wozu anzumerken ist, daß es aus der Umgebung von Liptau, Litovský in der Slowakei den ausgezeichneten *bryndza* gibt, einen leicht säuerlich salzigen Schafskäse, aus dem man den auch bei uns bekannten «Liptauer» machen kann. Nachdrücklich sei bei dieser Gelegenheit jedoch auf den Prager Schinken, *Pražská šunka,* verwiesen, der nun wirklich eine besondere kulinarische Delikatesse ist, mild gepökelt, und gekocht, im Backofen oder im Brotteig gebacken, er kann manche Mahlzeit ersetzen.

Eine willkommene Abwechslung sind auch Fische aus den meist klaren Bächen, Flüssen, Seen und feuchtdunklen Teichen, Forelle, *pstruh,* oder Karpfen, *kapr,* auch Hecht, Wels oder Zander; sie werden blau gekocht oder auf dem Rost, im Kochtopf oder Ofen gegart.

Die Tschechen und Slowaken lieben wie alle Ostvölker Süßes, das sie auch gut und kalorienreich zu bereiten wissen:

Blick hat auf die riesige Stadt, die kühne Hängebrücke, die Europa mit Asien verbindet, und aufs türkise («türkis» heißt bekanntlich «türkisch») Marmarameer. «Die Welt hat vielleicht nichts, was sich damit als Ganzes vergleichen läßt» (Grillparzer).

An der zerschnittenen **Ägäischen Küste** hat man die Wahl zwischen Badefreuden und archäologischen Erlebnissen, südlich der Mündung der Dardanellen liegen die Ausgrabungsstätten Trojas, von dem Homer in der «Ilias» erzählt, unter und über Bergama mit der roten Basilika stößt man auf die antiken Überreste von Pergamos, wo das Pergament erfunden wurde, Ephesus war eine der glanzvollsten Städte der Alten Welt, in der Ruinenstadt Milet wurde der griechische Naturphilosoph Thales geboren, einer der «Sieben Weisen», und İzmir, früher Smyrna, war schon im Altertum eine blühende Hafenstadt, in ihr wurde der blinde Seher Homer geboren, der vom Glanz der Schöpfung sang und hier die «Ilias» dichtete. Im Hinterland stehen Feigen-, Oliven- und Obstbäume, werden Baumwolle, Getreide und Trauben angebaut, aus denen man Rosinen und Sultaninen gewinnt.

Die **Mittelmeerküste** ist mit Meeresarmen und Sandstränden die Riviera der Türkei, über der an dreihundert Tagen im Jahr die Sonne scheint. Inmitten von Laub- und Nadelwäldern finden sich wieder eindrückliche Ruinenfelder aus dem antiken Pamphylion. Die heiße Ebene ist der Obstgarten der Türkei, in Tarsus, die Geschichte läßt sich nicht verdrängen, wurde um 10 nach Christus der Heidenapostel Paulus geboren. Hinter der Küste erheben sich bis über 3000 m die Kalkketten des Taurus, wo man bis zum April skilaufen kann.

Umgeben von den Gebirgen der Küstenregionen zwischen Mittelmeer und Schwarzem Meer erstreckt sich das Kernland **Anatolien** mit heißen Sommern und kalten Wintern. Die öden, trockenen Steppen und sanften Hügel, das karge Felsgestein und vulkanische Bergkegel, die endlosen Weizen- und Sonnenblumenfelder und alten Städte inmitten von üppigen Gemüseplantagen und Obstgärten sind eine der Wiegen der westlichen Zivilisation.

Selbst die Geschichte von **Ankara** geht bis in die Bronzezeit zurück. 1923 erklärte es Kemal Atatürk zur neuen Hauptstadt des Landes. Dieser «Vater der Türken» war dank zahlreichen Reformen der Schöpfer der modernen Türkei, er führte die strikte Trennung von Staat und Religion ein (neben der heute allerdings der Ruf nach dem «Gottesstaat» wieder laut wird), die Gleichstellung der Frau, die lateinische Schrift und vieles mehr.

Die dichtbesiedelte **Schwarzmeerküste** von der bulgarischen bis zur georgischen Grenze entlang ziehen sich vor dem Pontnischen Gebirge Wälder und einsame Strände mit feinstem Sand, dazwischen eine reiche Vegetation, die den Anbau von Getreide, Tabak, Tee, Zitrusfrüchten und insbesondere Haselnüssen erlaubt sowie die Zucht von Rindern, Schafen, Ziegen.

Die **Osttürkei** grenzt an Georgien, Iran, Irak und Syrien. Sie ist wildromantisch. Zwischen Euphrat und Tigris dehnt sich der türkische Teil Mesopotamiens, des Zweistromlands, das in den Irak hineinreicht.

In **Ost-** und **Südostanatolien** liegt in einem gebirgigen, schwer zugänglichen Gebiet Türkisch-Kurdistan, von dessen Besuch sogar unternehmungslustige Reiseführer abraten. In ihm lebt nämlich das Nomadenvolk der Kurden, das von der türkischen Republik nicht als nationale Minderheit anerkannt und dessen Widerstand gegen das Regime gnadenlos verfolgt wird.

Das Thema dieses Buches hat uns erspart, hier oder dort auf politische Willkür und Drangsal zu sprechen zu kommen, auf Rechtlosigkeit, Folter und Menschenrechtsverletzungen, wir hätten sonst manchenorts Fragezeichen und Einschränkungen anbringen müssen. Um so nachdrücklicher sei betont, daß die Türken lebenslustig sind, entgegenkommend und gastfreundlich, trotzdem aber immer bereit, die Ehre der Familie, wie sie sie verstehen, zu verteidigen, «wo Vaters Hand hinschlägt, wachsen Rosen». Der Glaube an Allahs Allmacht hilft ihnen, die vielen Unzulänglichkeiten des Lebens mit Demut und Charme hinzunehmen. So wie sie auch die gefürchteten Raubzüge bis ins Herz Europas vielleicht nicht vergessen, aber gewiß nicht mehr im Sinn haben. Sie fanden erst mit dem Fehlschlag der zweiten Belagerung Wiens 1683 ein Ende, brachten uns aber den Kaffee und die Janitscharenmusik, die Gluck, Haydn, Mozart und Beethoven «alla turca» mit Becken und Schellen, Triangel und Trommeln anschlugen.

Zum Wohlbefinden, «keyıf», trägt die Wasserpfeife bei, das *nargile*, aus dem man den Rauch wassergekühlt «trinkt», zum Amüsement der Bauchtanz mehr oder weniger üppiger Mädchen, und die nach traditionellen Mustern handgeknüpften Teppiche, «gewebte Poesie», als Gebetsunterlage, Bodenbelag, Decke oder Wandbehang sowie andere Textilien aus Samt und Seide zeugen vom künstlerischen Geschick der Türkinnen.

Auch die türkische Küche hat eine Geschichte, sie ist vielfältig, erfreut das Auge, befriedigt Sinne und Gaumen. «Sage nie, es sei einfach Essen, das gesegnete Mahl ist eine ganze Kultur für sich», erklärt Abdulhak Şinasi, die Türken leben im wahrsten Sinn von der Hand in den Mund, Schmausen ist Teil des Familienlebens und der Geselligkeit. In der Nomadenzeit und in den frühen Turkstaaten Asiens wurden Fleisch, Getreide, Gemüse und Milchprodukte verwendet, wie das in der Türkei heute noch der Brauch ist. Immer mußte, muß dabei der Eigengeschmack der Hauptzutat bewahrt bleiben, Gewürze werden sparsam und gezielt eingesetzt, Knoblauch ist weniger dominant, als man es sich vorstellen könnte. Dafür gibt es Gemüse, die bei uns, wenn überhaupt, wenig gebräuchlich sind, aber Farbe und Gesundheit ins Menü bringen, Kichererbsen, Okra, Rauke, Saubohnen, Topinambur, und für die Aubergine, *patlıcan*, gibt es mehr als vierzig Rezepte.

Teig aus Weizenmehl ist ein Grundelement der türkischen Kost, für das unentbehrliche *beyas ekmek,* Weißbrot, für das Fladenbrot *pide,* den Sesamkringel *simit,* die fleischgefüllten Teigtäschchen *mantı* und den unnachahmlichen Blätterteig *yufka.* Sie spielen ofenfrisch auch eine Rolle bei den reichhaltigen Vorspeisen, *meze,* kleinen Pasteten, *poğaça,* aus dem Ofen oder aus der Pfanne, kaltem Rindfleisch oder Kutteln in Knoblauchsauce, *pastırma,* dünn geschnittenem Dörrfleisch mit Knoblauch, Kümmel und anderen Gewürzen, türkischem Kaviar, *hayvar,* Gurken in mit Knoblauch gewürztem Joghurt, *çacık,* in Olivenöl gebratenem oder gekochtem, auch in Essig eingelegtem Gemüse, frischen Salaten, Honig-, Wassermelone und anderen Früchten, mit Joghurt gemischtem Schafskäse, Ziegenkäse mit schwarzen Oliven und vieles andere mehr.

Dazu trinkt man einen *Rakı,* einen hochprozentigen Traubenschnaps mit Anisgeschmack, der trotz dem islamischen Alkoholverbot in der Türkei fast überall ausgeschenkt wird. Und zu jedem Essen gehören viel Brot und frisches Wasser, *su.* «Appetitanreger» nennt man die Meze, aber man muß sich überwinden, nicht zuviel davon zu essen, sonst ist bald einmal aller Hunger weg.

Ebenfalls eine ganze Mahlzeit versehen können der *börek,* ein hauchdünn ausgerolltes Teigblatt mit einer Füllung aus Fleisch, Fisch, Gemüse oder Käse, sowie der *pilâv,* ein Brei aus Reis oder Weizengrütze, *bulgur,* mit in Butter sautierten grünen Pfefferschoten, Tomatenscheiben und ganzen Zwiebeln, in Rinderbrühe locker und körnig gekocht.

Wie fast alle Küchen der Welt kennt auch die türkische die Suppe, *çorba,* und zwar auf viele Arten, meist mit Bulgur, Linsen, Reis und mit Joghurt, Milch, Fetten, Minze, Petersilie und Tomatenmark angereichert. Die Fleischgerichte, *etler,* sind fast immer synonym mit dem *kebap* aus Lammfleisch, das gegrillt, gebraten oder gebacken sein kann; je nach Art der Zubereitung wird es verschieden benannt: *döner kebap* sind zusammengepreßte Schichten von Lamm- und Hackfleisch (welche in der Türkei immer einwandfrei natürlich und frisch sind), die an einem sich langsam drehenden Spieß gebraten und mit einem langen scharfen Messer in möglichst dünne Scheiben geschnitten werden, *şiş kebap* sind mit Paprikaschoten, Tomaten und Zwiebeln aufgespießte Fleischwürfel. (Eine Nebenbemerkung: Was sich heute in Deutschland und anderen westlichen Ländern so am Spieß dreht, läßt sich nur in den seltensten Fällen mit dem türkischen Original vergleichen.)

Izgara ist ein gemischter Grillteller mit Lammkoteletts, Leber- und Nierenstückchen, Kalbfleisch- oder Rindfleischwürfeln, die am Spieß serviert werden; *köfte* sind mit Ei, Knoblauch und geriebenen Zwiebeln verknetete Frikadellen, *çiğ köfte* wie unser Steak Tatar, von Hand gehacktes Lamm-, Hammelfleisch, das mit dünnem Bulgur und scharfen Gewürzen durchgeknetet wird.

Die von vier Meeren umgebene Türkei bietet reichlich Meeresfrüchte und Fisch. Muscheln, *mıdye,* werden fritiert, pochiert und gefüllt in Reis serviert, an der Ägäis gibt es Garnelen und Tintenfische. Die Meerfische werden, wie es sich gehört, in ihren guten Monaten angeboten, Seebarsch, *levrek,* Juni bis Juli, Makrele, *uskumru,* Januar bis Februar, Bonito, *palamut,* September bis November, die Liste ließe sich beliebig fortsetzen; von August bis September ist die Schwarzmeersardine, *hamsı,* eine Delikatesse.

Die vielen Gemüse werden mit Pfefferschoten, Tomaten und Zwiebeln in Pflanzenöl oder Butter im eigenen Saft gegart, einfach, aber köstlich (hier lohnt es sich, Vegetarier zu sein). Oft werden sie mit Reis oder Fleisch gefüllt, *dolma.* Eine Vorzugsstellung nimmt die samtig-violette Aubergine, *patlıcan,* ein. Sie wird halbiert, in Öl gebraten, mit Fleisch gefüllt oder als Püree mit Fleischstückchen zubereitet; der berühmte *imām bayıldı,* «der Imam fiel vor Entzücken in Ohnmacht», sind ebenfalls Auberginenhälften, mit Paprikaringen, gehackten Knoblauchzehen, Tomaten- und Zwiebelscheiben überbacken, kalt in der Kasserolle serviert.

Der türkische Käse, *peynir,* ist meist aus Schafmilch und eher salzig. Des Türken liebstes Dessert ist (wir wissen, was wir schreiben) frisches Obst, im Frühjahr Erdbeeren, Kirschen und Aprikosen, im Sommer Pfirsiche, Wasser- und Honigmelonen, im Spätsommer Weintrauben, Feigen, Pflaumen, Äpfel, Birnen und Quitten, im Winter Bananen, Mandarinen, Orangen und Pampelmusen. Diese Früchte werden auch getrocknet oder zu Kompott und Konfitüre verarbeitet. Eine besondere Delikatesse ist Gelee aus Rosenblättern. *Lokma* heißt eigentlich «Stück Brot», aber so prosaisch versteht es kein Türke: Für ihn ist es ein in Öl gebratener, in Zuckersirup getauchter Hefeteig. Dieser trägt dann so poetische Namen wie «Lippen der Schönen», *dilber dudağı,* «Frauennabel», *hanım göbeği,* «Nachtigallennest», *bülbül yuvası* – zum Hineinbeißen! *Muhallebi* nennt sich ein Reismehlpudding, der keine Butter, Eier, mitunter nicht einmal Milch enthält, dafür aber mit Orangen, Zitronen oder Rosenwasser verführerisch parfümiert wird.

Das auch bei uns so beliebte türkische Naschwerk wird im Land meist als Leckerei am Nachmittag oder Abend genossen, die *baklava* aus papierdünnen Teigblättern, die mit Butter bestrichen, mit gemahlenen Pistazien und Walnüssen bestreut und nach dem Backen mit Sirup, auch Sahne übergossen werden, wie auch der *lokum,* der «türkische Honig» aus Stärkemehl, Sirup, aromatischen Essenzen und Nüssen; in diese Kategorie fällt auch die *helva* aus mit Butter in der Pfanne sautiertem Weizenmehl oder Weizengrieß, Pinienkernen, Zucker und Milch oder Wasser. Es braucht orientalische Beharrlichkeit, bis man sich durch all die türkischen Leckereien hindurchgegessen hat.

Der türkische Kaffee, *kahve, Türk kahvesi,* ist zum internationalen Begriff geworden. Er wird im Ursprungsland mitsamt dem Satz in winzigen Täßchen serviert, man trinke ihn also in kleinen, vorsichtigen Schlucken. Und stark ist er auch nicht, nur dick und aromatisch. Das wahre Nationalgetränk der Türken ist wider Erwarten der Tee, *çay,* «abwar-

ten und Tee trinken» ist hier ein reelles Gebot. Auch er wird stark konzentriert in kleinen Kännchen gereicht und nach Belieben mit Wasser verdünnt.

Die Türkei gehört zur Urheimat des Rebbaus. Armenier führten die alte Tradition der Griechen und Römer fort, und obwohl man außer Landes nicht allzuviel von ihm hört, ist der türkische Wein von solider, manchmal sogar überraschender Qualität.

Ein Teil der drittgrößten Mittelmeerinsel Zypern, die «Türkische Republik Nordzypern», ist von Türken bewohnt. Der interessierte Leser kann sich über sie unter dem Stichwort «Griechenland, Malta, Zypern» unterrichten, kulinarisch kann man sie der Türkei zurechnen.

Ungarn Die Republik Magyar Köztársaság liegt zum großen Teil im Pannonischen Becken, einer weiten Tiefebene im südöstlichen Mitteleuropa. «Fährt man von Osten in Richtung Westeuropa, spürt man einen Hauch des Westens zum erstenmal in Budapest. Reist man jedoch von Westen nach Osteuropa, spürt man hier zum erstenmal den Hauch des Ostens», schrieb der amerikanische Nordpolforscher und passionierte Globetrotter Robert Edwin Peary (geographische Lage siehe S. 808).

Diese schöne Hauptstadt **Budapest,** die mit Prag und Wien ein magisches Dreieck bildet, liegt an beiden Ufern der Donau, rechts das hügelige Buda (Ofen), beladen mit historischen und architektonischen Sehenswürdigkeiten, Keimzelle der Stadt und feinste Wohngegend, links in der Ebene das jüngere Pest mit eleganten Ringstraßen und schmalen Gassen, hohen Bürgerhäusern und trist grauen Vierteln. Von der Fischerbastei mit ihren fünf Türmen und einem Terrassenhalbkreis auf einer Budaer Anhöhe hat man einen überwältigenden Rundblick auf die Donau, ihre sechs Brücken und den Stadtteil Pest, das imposante Parlamentsgebäude und barocke Adelspaläste. Die Fußgängerzone Váci utca lädt zum Bummeln, Einkaufen, Einkehren.

Entspannen kann man sich auf der Margareteninsel mitten in der Donau, alte Bäume und Hecken spenden Schatten, gepflegte Anlagen und ein Rosengarten verbreiten nostalgisches Flair, ein Hallenbad und ein Freibad sorgen fürs Wohlbefinden. Wohlklang kann man in der Staatsoper, dem Operettentheater und vielen anderen Konzertstätten erleben, denn für seine Musik ist Ungarn weltberühmt, es war das Vaterland eines Franz Liszt, Béla Bartók, Zoltán Kodály und des Operettenkönigs Emmerich Kálmán. Und überall spielen die legendären Zigeunerkapellen auf, «Während der lärmendsten Ausbrüche tollster Trunkenheit kann man jeden Augenblick von einem halb erstickten Stöhnen überrascht werden, das uns daran erinnert, daß hier ein endloser Schmerz sich nur hinter krampfhaften Freuden versteckt, daß er nur an seiner Oberfläche von diesem Flugsand bedeckt ist, auf dem sich Freuden- und Strohfeuer erheben, durch die aber von Augenblick zu Augenblick eine unstillbare Trauer hindurchdringen kann», beschrieb einer ihre Musik, der es wissen mußte, Franz Liszt.

Die melancholische Luzidität Budapests, ihren «Witz, der über Katastrophen tanzt» (Déry), trugen geistvolle Ungarn in alle Welt, Ferenc Molnár nach New York, George Mikes nach London, Ephraim Kishon nach Israel.

Das landschaftlich abwechslungsreichste Gebiet des Landes ist **Transdanubien** zwischen Donau, Drau, den Voralpen und dem österreichischen Burgenland, von dem es einen Teil des Neusiedler Sees bedeckt. Auf sanften Hügeln wächst Wein, in der Ebene werden Industrie, Gewerbe und Landwirtschaft betrieben, alte Städte strahlen bürgerlichen Glanz aus.

Der **Balaton**, Plattensee, ein ungeheurer Regenwassertümpel, ist trotz oder wegen seiner Mischung von Folklore und Operette, Csárdás und Zigeunerweisen ein vielbesuchtes Urlaubsziel. Sein warmes, weiches, leicht alkalisches Wasser, der feine Sand versprechen nicht nur Ausspannung, sondern auch Heilung. Die Bewohner der Ortschaft Kocs legen seit dem 15. Jahrhundert die langen Strecken im Lande in von Pferden gezogenen vierrädrigen Gefährten zurück, die deshalb «kocsi» heißen; daraus entstand die deutsche «Kutsche», die französische «coche», die englische «coach».

Nördlich von Budapest macht der Strom das **Donauknie**. Es ist das Erholungsgebiet der Städter, dort steigen sie in Herbergen und Gehöften ab, besuchen aber auch die uralten Städte Esztergom, Geburtsort des heiligen Stephan, des Schutzpatrons Ungarns, und einst Residenz der ungarischen Könige, Szentendre mit einer mediterran malerischen Altstadt und Visegrád mit Königspalast und Zitadelle. In dieser malerischen Umgebung fanden ehedem Serben, Dalmatiner und Griechen Zuflucht vor den Türken, wohnen heute viele Künstler.

Nordungarn bietet mit seinen aufgewölbten Mittelgebirgen gegen die Slowakei zu Gelegenheit zum Wandern in den Wäldern, trotz der eher bescheidenen Höhen aber auch für Wintersport. Das Tor zu diesem Gebiet ist das barocke Eger, das König Stephan I. gründete und um das herum einer der besten Rotweine Ungarns wächst, der charaktervolle *Egri bikavér*, Erlauer Stierblut.

Im östlichen Landesteil liegt die oft gepriesene Hortobágy-Ebene, eine baumlose, sich weit öffnende Graslandschaft, in der Hirten leben, auf der zwischen Ziehbrunnen Graurinder und Pferde weiden und in der Sanddünen und seichte Salzseen die Akzente setzen, ein Reiterparadies.

Die ungarische Küche ist weiterum ein Begriff, der allerdings auch in die Irre führen kann: Sie ist nicht mehr nur fett und scharf gewürzt (wogegen immer ein *Barack pálinka* hilft, ein vollmundiger Aprikosenbrand), neben Schweineschmalz wird heute oft Öl verwendet, und vom sprichwörtlichen Paprika gibt es verschiedene Sorten, den mildaromatischen Delikateßpaprika, den pikanten Edelsüßpaprika und dann erst den scharfen Rosenpaprika – ein Paprikagericht muß einem also nicht immer den Mund verbrennen; im übrigen nehmen inzwischen oft Dill, Estragon, Ingwer, Knoblauch, Kümmel, Lorbeerblätter und Majoran seinen Platz ein. Kartoffeln, *burgonya*, sind die übliche Beilage, außerdem gezupfte Teigfleckerln, *csipetke*, Nocken, *galuska*, oder Reis, *rizs*.

Vorspeisen sind wenig gebräuchlich, außer vielleicht dem *hortobágyi palacsinta*, Eierkuchen mit Fleischfüllung und Sahnesauce, eher schreitet man gleich zur Suppe, *leves*, aus Kartoffeln, Blumenkohl, Erbsen, Kohl, Tomaten oder Bouillon, *eröleves*, mit Einlagen; im Sommer sind Kaltschalen beliebt aus Äpfeln oder Sauerkirschen mit Zimt.

Ein Zwischending zwischen Suppen und Hauptgang sind die zahlreichen Eintöpfe, die Gulaschsuppe *gulyásleves*, aus Rindfleisch-, Rinderherzstücken, Kartoffeln, Paprikaschoten, Tomaten, Zwiebeln, Knoblauch, Kümmel, Majoran, Pfeffer, Rosenpaprika – sie ist so gehaltvoll, daß sie von Fremden gern mit dem eigentlichen Gulasch verwechselt wird – und die *ujházi tyúkleves*, eine Hühnersuppe mit Fleisch, Gemüsen, Pilzen und Nudeln.

Überhaupt kann man im weiteren Sinn auch das berühmte Gulasch dazuzählen («gulyás» heißt auf Ungarisch nichts anderes als Rinderhirte). Der «wandernde Epikureer» Joseph Wechsberg schildert in seinem immer noch lesenswerten «Forelle blau und schwarze Trüffeln» die Unterschiede zwischen den vier echten Paprikagerichten Ungarns so klar und deutlich, daß wir ihn nur zitieren können: «*Gulyás* wird zubereitet, indem man feingeschnittene Zwiebeln, Kartoffel- und Fleischwürfel, grüne Pfefferschoten und Tomaten, Kümmel, Knoblauch, Salz und Paprika zusammenkocht. Manchmal gibt man auch ein wenig Nudelteig hinein, den man Stück für Stück zwischen Zeigefinger und Daumen zerreibt. Man nimmt Rindfleisch dazu, und das Gericht muß viel Brühe enthalten, fast soviel wie eine Suppe. *Pörkölt* enthält ebenfalls feingeschnittene Zwiebeln, Paprika und Fleisch, aber man nimmt hierzu größere Stücke und Fleisch von fetteren Tieren – also Kalb, Hammel, Wild, Schwein, Gans oder Ente. Beim *tokány* wird das Fleisch gewöhnlich in längere Stücke geschnitten. Dazu kommt süße oder saure Sahne – die man auch weglassen kann –, Pilze, Spargelspitzen und Petersilienwurzel. Und was schließlich den *paprikás* – für meinen Geschmack das feinste der vier Gerichte – betrifft, so besteht er aus Fisch, Huhn, Lamm- oder Kalbfleisch und entweder süßer oder saurer Sahne oder einer Mischung von beidem.» Das *székelygulyás* ist nicht etwa aus Szegedin, wie das oft interpretiert wird, es war die Leibspeise eines Rechtsanwalts Székely in Budapest – fette Schweinefleischstückchen mit feingehackten Zwiebeln und Rosenpaprika, dazu Sauerkraut mit Knoblauchzehe, Kümmel, zerkleinerten Paprikaschoten und saurer Sahne.

Zu den anderen Fleischgerichten gehören der *rostélyos*, Rostbraten aus dem Zwischenrippenstück eines jungen Ochsen, meist gemehlt und gebraten, gedünstet oder geschmort, oder das *paprikáscsirke*, Paprikahuhn; *rántott csirke* ist, was der Wiener Backhendl nennt. Nicht vergessen sei die Stopfleber ungarischer Gänse, *libamáj*; sie ist etwas gröber, aber weniger fett als die ihrer französischen Schwestern, viele Feinschmecker ziehen sie diesen vor, im Lande wird sie delikat gekocht oder gebraten – nur frisch sollte sie sein.

Der *fogas*, Zander aus dem Plattensee, ist einer der edelsten Süßwasserfische, aber auch der Karpfen, *ponty*, und Wels, *harcsa*, sind nicht zu verachten. Zusammen, auch mit anderen Fischen, kommen sie in die *halászlé*, eine gut gewürzte Fischsuppe.

Sehr beliebt ist bei den Magyaren die Kartoffel, in Stücke geschnitten wird sie mit Paprikaschoten- und Tomatenscheiben, einer Knoblauchzehe und etwas Kümmel zugedeckt gekocht, *paprikás krumpli*, wer sie anreichern will, fügt noch Räucherwurst hinzu oder *Debreceni*, die feinen Brühwürstchen aus Debrecen; *rakott burgonya* sind geschichtete, mit hartgekochten Eiern und Sauerrahm überbackene Kartoffeln. Ein weiteres Gemüsegericht ist der *lecsó* aus Paprikaschoten, Edelsüßpaprika, Tomaten, Zwiebeln und Rauchfleisch. Ebenso geschätzt ist der Kürbis, *tök*, der in Essig oder Zitronensaft, saurer oder süßer Sahne eingelegt wird. Weißkohl, *káposzta*, und Sauerkraut, *savanyú káposzta*, kamen von der ungarischen Minderheit in Siebenbürgen herüber, «Siebenbürgener Kraut», *erdélyi rakott káposzta*, Schichten von gekochtem Schweinefleisch und Sauerkraut mit Reis, Räucherwurst, Speck, Knoblauch, Paprika, Tomaten, Zwiebeln und saurer Sahne, und «Klausenburger Kraut», *kolozsvári töltött káposzta*, mit Schweinefleisch, Hackfleisch und denselben Zutaten gefüllte Kohlblätter.

Die Ungarn schätzen Mehlspeisen, die oft so herzhaft sind, daß sie als Hauptgang dienen können, *kocka*, Teigfleckerln mit Kohl, Schinken oder Topfen, Quark, und Speckgrieben. Das gleiche gilt für die süßen Versionen als Nachtisch, den *palacsinta*, Eierkuchen, mit Füllungen aus Creme, Marmelade, Quark mit Rosinen und anderem mehr; den *Gundel palacsinta* füllt man gar mit Baumnüssen und übergießt ihn mit Schokolade. Der papierdünne Teig aus Mehl, Ei, Fett und Salz läßt sich gleichfalls mit mancherlei zum Strudel, *rétes*, füllen. Echt ungarisch ist die Dobostorte, *dobostorta*, ein Biskuitkuchen mit Schokoladencreme und Karamelglasur.

Ungarn liegt zwischen den nördlichen und südlichen Lagen des Weinbaus, die Gelände befinden sich in der Ebene wie im Hügel- und Bergland, es gibt weiße und rote Tafelweine, Qualitäts- und Prädikatsweine. Erstere sind gehaltvoll trocken bis lieblich, «feurig und stark» nennen sie die Ungarn, letztere kräftig und vollmundig. Der König der ungarischen Weine ist der Tokajer, *Tokaji*, von der nordöstlichen Ecke des Landes. Der Samorodner, *Samorodni*, aus edelfaulen Trockenbeeren und anderen Trauben, der Furmint, *furmint*, und Lindenblättrige, *hárslevelü*, sind eher leicht. Der Ausbruch, *aszú*, ist hingegen immer edelsüß und schwer, ihn gibt es je nach Zahl der edelfaulen, handverlesenen Beeren, die dem Most beigefügt werden, «drei-, vier-, fünf- oder sechsbuttig», die Spitzenqualität ist die Essenz, *essencia*. Diese Tokajer sind mit die besten, ausgesuchtesten Süßweine der Welt. Sie gehören zur Kultur und Historie Ungarns wie die vielen Sehenswürdigkeiten, denen wir begegnet sind.

Dieses alte, junge Herzstück Europas, Schauplatz der Geschichte, hat – dem Schicksal und seiner Lebenskunst sei es gedankt – den Weg zurückgefunden zur politischen Freiheit.

Uruguay ↑ Südamerika

USA Wir sind geneigt, die United States of America, die Vereinigten Staaten von Amerika als einen uniformen Monolithen zu sehen, eine Bürgerschaft (die «Yankees»), eine Regierung, eine Kultur, Land der Maßlosigkeit und Megalomanie, der Blue Jeans, T-Shirts, Holiday Inns und McDonalds. Dabei sind sie ein ganzer Erdteil von ungeheurer Vielfalt, fünfzig Staaten mit eigenem Gesicht, landschaftlich, politisch und kulturell, ein Konglomerat der unbegrenzten Möglichkeiten und Gegensätze. Eines aber ist allen Bewohnern Nordamerikas gemeinsam, woher sie auch kommen: sie sind offen, spontan und aufnahmebereit.

Das spürt man schon, wenn man in **New York** eintrifft, hinter sich Long Island, die Freiheitsstatue und den Atlantik, vor sich den amerikanischen Kontinent bis zum Pazifik auf der anderen Seite, über einem die Himmelslinie der Wolkenkratzer, um einen herum Glanz und Elend einer Weltstadt, an der sich heute alle andern messen müssen, London, Paris, Moskau, Tokio, und mit der sich keine messen läßt. «Bei uns liegen die Städte am Rande des Meeres oder an Flüssen, sie breiten sich über die Landschaft aus, sie erwarten die Ankömmlinge», beobachtete Louis-Ferdinand Céline, «während die amerikanische Stadt keine Bewunderung begehrt, sondern aufrecht dasteht, unbeugsam und gar nicht zu Entgegenkommen bereit». New York, die City, die «nie schläft», wie sie Frank Sinatra besingt, glaubt man von Film, Musicals, Reklame und Schlagern her zu kennen, «Lullaby of Broadway», «Breakfast at Tiffany's», «42nd Street», bevor man sie zum erstenmal sieht, doch trotzdem stößt man bei jedem Schritt wieder auf soviel Neues, Erregendes, daß abermals ein paar Stichwörter für das sinngebende Ganze genügen müssen – wer nicht in New York war, kennt Amerika nicht (aber, das muß auch gesagt sein, wer nur in New York war, kennt Amerika ebensowenig).

Manhattan, die Großstadt in der Großstadt mit ihren Straßenschluchten und gelben Taxis, mit World Trade Center und Empire State Building, deren offene Plattformen über dem 110. und 86. Stockwerk einen grandiosen Blick über die Megastadt bieten, die Wall Street, Bank- und Börsenzentrum, von dem aus die Welt mit Geld regiert wird, die Fifth Avenue, wo man sein Geld in exklusiven Läden und Kaufhäusern fashionabel ausgeben kann, das Hauptquartier der Vereinten Nationen am Hudson, der Central Park mit seinen Baumalleen, mit Wiesen und seinem See, tagsüber eine Erholungsoase zum Spazieren, Joggen, Picknicken, Radeln, Rollschuh- und Schlittschuhlaufen, nachts ein suspektes Dunkel, die Dörfer inmitten der Großstadt, Greenwich Village, Bohemeviertel mit zweigeschossigen Reihenhäusern aus brownstone, rötlich-braunem Sandstein, Little Italy mit Espresso-Bars, Pizzeria und Pasta, die asiatisch anmutige Chinatown mit Pagodendächern, die berüchtigte Bowery mit Betrunkenen und schmutzigen Absteigen, in der aber auch Irving Berlin, Sohn russisch-jüdischer Emigranten und einer der erfolgreichsten Schlagerkomponisten aller Zeiten, als «singing waiter», «singender Kellner» seine Karriere begann; dann das heute nicht weniger verrufene Schwarzenghetto Harlem, in das man sich wegen der hohen Kriminalität nur unter kundiger Führung trauen sollte (wo der Besuch einer Amateurvorstellung im Apollo Theatre sich trotzdem lohnt, schließlich wurde hier eine Ella Fitzgerald entdeckt), sowie die Stadtteile Brooklyn, wo George Gershwin, einer der Meister der leichten amerikanischen Musik, herstammte, Queens und The Bronx, in denen Millionen leben, von den Ärmsten bis zu den Reichsten. Das Metropolitan Museum of Art, Museum of Modern Art und Guggenheim Museum bewahren mehr Kunstschätze als die meisten Museen der Alten Welt, und abends hat man die Qual der Wahl zwischen Konzert und Oper, Musical und Jam Session in der Carnegie Hall und im Metropolitan Opera House, der «Met», im Theater District rund um Broadway und Times Square, in den experimentierfreudigeren Unternehmen Off-Broadway, den Jazzkellern, Rock-, Pop- und Folkloreklubs der Eastside – New York hat Platz für alles, Platz für alle, sogar für den Teddy: Auf einer Jagd verschone der populäre Präsident Theodore Roosevelt, Namensvetter des großen Nachfolgers Franklin Delano, ein Bärenjunges, weshalb nach ihm die volkstümlichen Stofftiere «Teddybären» genannt werden.

Wir wollen nichts beschönigen: Amerika hat uns zweifellos auch manch kulinarisches Unheil beschert, die *fast food,* die man beim Gehen, Fahren, Arbeiten zu sich nehmen kann, die Nahrung aus der Tiefkühltruhe und Dosen, Popcorn, Kaugummi, überzuckerte Knabbereien, Schleckereien und den weltweit Durst stillenden Softdrink Coke. Die Gastronomie der USA daran messen zu wollen, wäre nun aber so falsch, wie wenn man in Deutschland von der pampigen Mehltunke ausginge, in Frankreich vom zähen «bifteck et frites», in Italien von einer ausgemergelten Pizza. Wobei zu sagen ist, daß selbst solche Evergreens wie *hamburger* und *hot dog* in ihrer Heimat meist ehrlicher, besser schmecken als in der Fremde. Ersterer, dessen Name vom Schiffsproviant deutscher Auswanderer hergeleitet wird, ist ein Klops aus frischem, saftig feuchtem Rinderhack zwischen zwei Brötchenhälften, der mit Gewürzen und Zutaten appetitlich bereichert werden kann, letzterer, der «heiße Dackel», wurde vermutlich ebenfalls von deutschen Emigranten herübergebracht, ein angebratenes knackiges Frankfurter Würstchen mit Senf, Ketchup und Mayonnaise, auch Tomaten- und Zwiebelscheiben im warmen länglichen Brötchen.

Die allbekannten *chips,* hellbraun und knusprig gebratene runde dünne Kartoffelscheiben, wurden von einem Wirt namens Crumb in Saratoga am Ufer des Hudson im Staat New York erfunden, und so gibt es noch manchen Bissen, der in Amerika und darüber hinaus zum Begriff wurde: die *doughnuts,* gebackene Teigringe, welche im 17. Jahrhundert Hausfrauen aus Holland nach «Nieuw Amsterdam», nachmals New York, gebracht haben sollen, und ihnen schreibt man auch die *waffles* zu, Waffeln aus Hefe- oder Weizenmehl mit einem Klacks Butter obendrauf.

Das Frühstück ist – ein Erbe Englands? – reichhaltig, *cereals,* (von Kellogg und Post in Amerika erfundene) Getreideflocken, *pancakes with maple syrup,* Pfannkuchen mit Ahornsirup, und immer Eier, meist Spiegeleier, *fried eggs,* entweder wie bei uns *sunny side up* oder von beiden Seiten gebraten, *upside down,* oder Rühreier, *scrambled eggs,* oft mit Speck, *bacon,* Würstchen, *sausages,* Schinken, *ham,* und *hashbrowns,* einer Art Bratkartoffeln.

Die *eggs benedict,* pochierte Eier mit Schinken und Holländischer Sauce auf gerösteten Hefebrötchen oder Toast, sind schon eher ein Teil des reichhaltigen *brunch's,* einem verlängerten Breakfast bzw. vorgezogenen Lunch. Sie genießt man in einem der vielen *deli(catessen)* und *drug stores,* jenen famosen Schnellgaststätten, in die man rund um die Uhr einkehren kann und wo leckere Imbisse angeboten werden: *tender lox,* leicht gesalzene und geräucherte Scheiben Lachs, *pastrami,* dünne Scheiben geräuchertes Rindfleisch mit Koriandersamen und schwarzen Pfefferkörnern, die jüdischen *bagels,* helle runde Kringel mit Mohn, Sesam oder grobem Salz, und der italienische *pizza pie,* ein Teigfladen mit Wurstscheiben, Käse und Gewürzen in Tomatensauce. Am nahrhaftesten ist der *club sandwich,* ein warmer oder kalter «Dreidecker» aus Kastenbrotscheiben mit den verschiedensten Füllungen, Speck, Schinken, Schweine-, Hühner-, Truthahnfleisch, Garnelen, Tomatenscheiben und anderem, als Garnitur ein Blatt grünen Salats und Mayonnaise.

Hier macht sich schon der Einfluß der italienischen, jüdischen und manch anderer Kost bemerkbar, denn die Gastronomie New Yorks beschreiben hieße ein Kompendium der Küchen der Welt erstellen, zu ihr trugen Franzosen, Italiener, Deutsche, Juden, Slawen, Russen, Puertoricaner, Asiaten bei, kurz all die vielen Völker, die in der Neuen Welt eine Zuflucht fanden. Nirgends kann man so (gut) kosmopolitisch essen wie im «Big Apple» New York.

Trotzdem kann man dort auch typische «newyorkeese food and drinks» finden. Das beginnt schon mit dem klassischen Cocktailgespann, dem *Manhattan* aus Rye Whiskey und rotem italienischem Vermouth, dessen Name allein ihn schon sympathisch macht, und dem *Dry Martini* aus eiskühlem Gin, dem eine Flasche trockener französischer Vermouth gezeigt wurde. Sie regen für unsern Geschmack nirgendwo besser Appetit und Laune an.

New York liegt am Meer, und dort befinden sich einige der besten Fischrestaurants des Landes, in denen man ausgezeichnetes *seafood* haben kann. Der *Manhattan clam chowder* ist ein Muscheltopf mit Tomaten, anderen Gemüsen und kleinen Zwiebeln, die *bay scallops,* Kammuscheln, werden mit Knoblauch, *garlick,* gewürzt, der *oyster pan roast* sind Austern in Sahnesauce; der *lobster Newburg,* gekochter Hummer in würziger Sahnesauce, der seinen Namen nach dem kleinen Städtchen im Staat New York trägt, soll im berühmten Restaurant Delmonico's entstanden sein.

In einem anderen bekannten New Yorker Restaurant, jenem des Hotels Waldorf Astoria, kreierte der Schweizer Oscar

USA

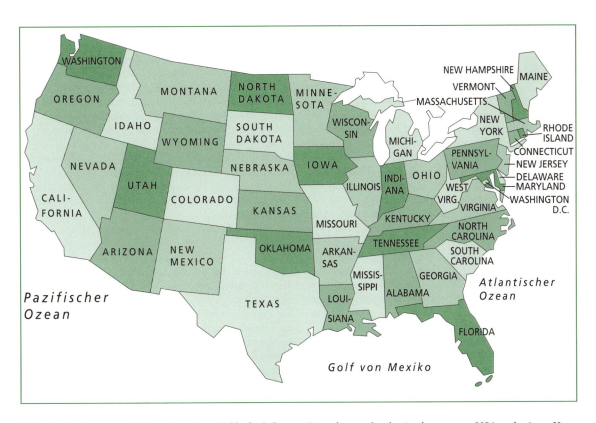

Tschirky Ende des 19. Jahrhunderts den *Waldorf salad* aus Äpfeln, Sellerie und Mayonnaise, dem man heute gehackte Walnußkerne beifügt. Der *corn salad* aus Maiskörnern, Bleichsellerie, Frühlingszwiebeln, gehackten grünen Paprikaschoten und Tomaten mit Mayonnaise und saurer Sahne kommt aus Long Island, einer beliebten Ausflugsinsel vor New York, deren reifes, fruchtiges Gemüse geschätzt ist. Weniger bekannt ist, daß die weiterum verbreitete *vichyssoise*, eine kühle, sämige Sommersuppe aus Kartoffeln, Lauch und Sahne, im Hotel Ritz-Carlton vom französischen Koch Louis Diat ersonnen wurde, der aus Vichy stammte.

An dieser Stelle sei ein Wort verloren über die vielen *dressings*, Salatsaucen, die Nordamerika kennt, *French dressing* aus Essig, Öl, Salz und weißem Pfeffer, *Italian dressing* aus Essig, Öl und Gewürzen, *cream dressing* aus Zitronensaft, Öl und Sahne, *thousand island dressing* aus Essig, Öl und Mayonnaise, *roquefort cheese dressing* aus Essig, Öl und zerbröckeltem Blauschimmelkäse – von ihnen allen gibt es zahlreiche Varianten.

Ein Lieblingsessen der New Yorker ist das *grilled porterhouse steak*, saftig und schmackhaft. Auf die Steaks kommen wir in Texas zurück. Das *chicken à la king*, ein würzig-sämiges Hühnerfrikassee mit grünem Pfeffer, Butter, Sahne, Eigelben und Pilzen, ist ein weiterer Favorit, das *chicken hash*, ebenfalls ein Hühnerfrikassee, verdanken wir dem bereits erwähnten Louis Diat, der großen Einfluß hatte auf die Küche New Yorks und Amerikas.

Der *cheese cake,* der in den ganzen USA verbreitete Käsekuchen, ist nirgends cremiger und sahniger als in New York, und der *chiffon pie,* «Chiffonkuchen» aus zerkrümelten Keksen mit einer leichten Eiercreme, ist der passende Abschluß eines Schlemmermahls à la New York, wenn man sich nicht mit dem *apple pie* begnügt, einem einfachen, köstlichen gedeckten Apfelkuchen, der so typisch ist für Amerika, daß «in apple pie order» soviel heißt wie «alles in Ordnung».

«Zuerst einmal: gibt es eine amerikanische Küche? Amerika ist nicht ein Land, sondern ein Kontinent. Es gibt eine Küche des Südens, eine des Ostens, eine des Westens. Amerika setzt sich aus hundert verschiedenen Nationen zusammen; jedes hat mit seinen Kindern seine Küche eingebracht», schrieb André Malraux, der Amerika liebte, «un immense réservoir de force et d'amitié», in seinem Buch über «die Küche als eine der Schönen Künste betrachtet». Auf unserer Rundreise durch die USA wollen wir einige dieser Völker und Küchen besuchen, wobei wir uns aus verständlichen Gründen auf jene Staaten beschränken müssen, die kulinarisch etwas Besonderes, Typisches zu bieten haben, einige werden ganz wegfallen. Dabei müssen viele landschaftliche Schönheiten, manche kulturelle Attraktionen zu kurz kommen, aber das Thema dieses Kapitels sind schließlich die «Küchen der Welt». Als Hilfe sei immerhin darauf hingewiesen, daß über sozusagen jede amerikanische Stadt gedruckte Restaurantführer erschienen sind, fast jede Zeitung und Zeitschrift regelmäßig gastronomische Kolumnen führt und die Regale der Book Stores mit Kochbüchern aller Art gut assortiert sind.

Die vielen Buchten der stark gegliederten **Mittleren Atlantikküste,** Middle Atlantic Coast, unterhalb des Staates New York boten von früh an Schiffen Schutz und erlaubten Fischfang, lange Sandstrände laden zum Bade, und die Ebene dahinter mit kleinen Kuppen ist voller Seen und Wasserfälle (der berühmteste, die Niagara Falls, die «donnernden Wasser» der Indianer, Magnet für Flitterwöchner und – Selbstmörder, liegt noch im Norden des Staats New York, zum Teil in Kanada). Die – für amerikanische Begriffe nicht ferne – Megalopolis wird von hier mit Gemüse und Obst, Vieh und Geflügel beliefert, die beliebtesten Meerfische sind Jack, *blue runner,* Schnapper, *snapper,* und Streifenbarsch, *striped bass.*

Der Staat **Pennsylvania** reicht von der atlantischen Küste über das Waldgebirge der Appalachen bis zum Eriesee. Die englische Kolonie wurde im 17. Jahrhundert vom Quäker William Penn (der sie nach seinem Vater benannte) so liberal und klug verwaltet, daß sie viele Einwanderer anzog, unter ihnen fromme Deutsche aus dem Rheintal, die Lutheraner, Reformierten, Adventisten, Herrnhuter, Mennoniten und Amischen haben sich ihre einfache Lebensweise bis zum heutigen Tag bewahrt.

Das macht sich auch in der Kost noch bemerkbar, *schnitz und knepp* sind getrocknete Apfelringe mit Klößchen, dicken Schinkenscheiben und braunem Zucker, *soured beef* ist nichts als der bewährte Sauerbraten und *ponhaus* der gute alte westfälische Panhas.

Penn gründete 1682 auch Philadelphia, eine der geschichtsträchtigsten Städte der Vereinigten Staaten, hier wurde die Unabhängigkeitserklärung unterzeichnet, sie war vor Washington die Kapitale des Landes, daran erinnert mancher Bau aus der Kolonialzeit, die Liberty Bell, die Independence Hall. Heute ist sie eine Industriestadt mit regem kulturellem und geistigem Leben. Außer dem berühmten Philadelphia Orchestra trägt der *Philadelphia pepper pot* ihren Namen, der «Pfeffertopf», der einst «piping hot» in den Straßen verkauft wurde, ein heißer, pfeffriger Eintopf mit Kutteln. Der *chicken pot pie,* ein Topf aus Hühnchen, Gemüsen und Nudeln, erinnert wieder an die «Pennsylvanian Dutch», was amerikanisiert von «Deutsche» herkommt. Diese Eiernudeln, *noodles,* sind auch sonst so beliebt wie der Mais, *corn,* – «*Indian corn*», «Indianerkorn» nannten ihn die ersten Kolonisten –, aus ihm stellt man Küchlein her, *corn fritters.*

«I scream, you scream, we all scream for ice cream» hieß ein Hit der zwanziger Jahre, «ich schreie, du schreist, wir alle schreien nach Eiscreme», und diese Eisspeisen sind in allen möglichen und unmöglichen Formen in den USA tatsächlich ein, man muß schon sagen: alltägliches Nahrungsmittel zu jeder Gelegenheit, zu jeder Tageszeit, als *sundae,* ein Eisbecher, den der liebe Gott ehedem nur sonntags erlaubte, *lolly,* Eis am Stiel, *fudgside,* Fondanteis am Stiel, *eskimo,* mit Schokolade überzogener Eisriegel, *frappé,* geeister Fruchtsaft, oder als *banana split,* Bananenhälften mit Eiscreme, Schokoladensirup, Schlagsahne, geriebenen Nüssen und Maraschinokirschen. Jedes Dessert mit Speiseeis erhält das Epitheton «*à la mode*», und sozusagen immer ist es von außergewöhnlicher Qualität; die *Philadelphia ice cream* aus Vanille mit Doppelrahm ist gar besonders cremig und sämig.

Zwischen Philadelphia und New York liegt **New Jersey,** ein Industriestaat mit bedeutenden geistigen Zentren, an den Universitäten von Princeton und Rutgers verbrachte Albert Einstein den Rest seines Lebens, erfand Selman Waksman das Streptomycin.

Auf dem Land wird Gemüse angebaut und Milchwirtschaft betrieben. Deshalb ist dort die *iced tomato soup,* eine gekühlte Suppe aus Freilandtomaten in Sauerrahm, im Sommer eine herrliche Erfrischung, und die *blueberry muffins,* Heidelbeerküchlein, lassen sich zu jeder Tages- und Jahreszeit genießen.

Delaware erstreckt sich über die atlantische Küstenebene, im Meer werden Austern gezüchtet und Fische gefangen, auf dem Land zieht man Milchvieh und Geflügel auf, das nicht nur aus der Massenhaltung kommt. Deswegen ißt man hier wohl auch ein so gutes *roast chicken,* Brathuhn. Der zweitkleinste Staat Amerikas ist noch für zwei andere Produkte bekannt: In Wilmington gründete der französische Immigrant Pierre Samuel du Pont eine Pulverfabrik, die sich zum größten Chemiekonzern der Erde entwickelte, ebenda liegt der Hauptsitz der Firma, die das gesetzlich geschützte Patent zur Herstellung von *Coca-Cola* besitzt, das von einem kleinen Apotheker erfunden wurde und heute der wohl meistverbreitete Softdrink der Welt ist.

Im Süden der Mittleren Atlantikküste liegt beidseits der Chesapeake Bay **Maryland.** Seine Nordgrenze ist die berühmte Mason-Dixon Line, die Trennlinie zwischen Nord und Süd, zwischen den «Freien» und den «Sklaven»-Staaten. Hier entstand das Sternenbanner «Stars and Stripes» mit sieben roten und sechs weißen Streifen für die dreizehn ursprünglichen Staaten und mit fünfzig weißen Sternen in der linken oberen Ecke für die heutigen Bundesstaaten, und die Melodie des Staates selbst, «Maryland, my Maryland», ist – wer sie nicht kennt, wird es nicht erraten – das gute alte «O Tannenbaum», ein Mitbringsel deutscher Einwanderer. Die Hafenstadt Baltimore ist das Heim noch anderer patriotischer Institutionen, der «Orioles», «Amseln», einer legendären Baseballmannschaft, der «Bullets», Basketball, und der «Clippers», Eishockey. Sport ist für den Amerikaner nicht nur Spiel, manchmal sogar Show Business, sondern Ausdruck des harten, aber fairen Wettbewerbs, dem er seine Freiheit verdankt.

Uns interessiert hier vorab, daß die große Bucht reich an Meeresfrüchten ist, an Austern, *Eastern, Atlantic oysters, chincoteaques,* Blaukrabben, *blue crabs,* Sandklaff- und

Venus-, Quahogmuscheln, *soft-shell, hard-shell clams.* Frische Meeresfrüchte werden am liebsten in Butter aus der Schale, *on the half shell,* gegessen, *crab cakes* sind Krabbenküchlein.

In **Neuengland,** New England, im Nordosten der USA von den Toren vor New York bis zur kanadischen Grenze, landeten die «Pilgrim Fathers», englische Puritaner, mit ihrem Schiff «Mayflower» 1620 auf amerikanischem Boden. Sie wurden von den Algonkin-Indianern freundlich und hilfsbereit empfangen, und die neuen Siedler entwickelten das Land bald zu einer der führenden Regionen der Neuen Welt.

Von den Einheimischen lernten sie die Schätze der Natur nutzen, sie jagten Elche, Hirsche, Wapitis, wilde Enten, Gänse, Rebhühner, Truthähne, Wachteln, Wandertauben, sie fingen Fische (der *scrod,* junge Kabeljau, ist heute noch eine Delikatesse) und Meeresfrüchte, pflückten Wildpflanzen, Beeren, darunter die *cranberries,* Riesenkronsbeeren, und *sloes,* süße Schlehen, Holzäpfel, Lauch, Lilienknollen, Pflaumen, Topinambur, Trauben, Zwiebeln und Kräuter, sie übernahmen die Grundnahrungsmittel der Indianer, Bohnen, Kürbisse und Mais.

Der *New England clam chowder* ist einer der klassischen Suppentöpfe Amerikas mit Muscheln, Fleisch, Räucherspeck, mehligkochenden Kartoffeln, Zwiebeln, Mehl, Butter, Milch und Sahne, Petersilie, Thymian und weißem Pfeffer, ein sämiger Kraftspender auch für den größten Hunger.

Vom haltbaren, mineralstoffhaltigen Kürbis gab es schon bei den Indianern verschiedene Sorten, den Riesenkürbis *pumpkin,* den Melonenkürbis *squash* und andere, und auch seiner Zubereitung sind keine Grenzen gesetzt, man macht daraus Suppen, Aufläufe, Püree und sogar einen süßen Kuchen, den *pumpkin pie* mit Doppelrahm, Ingwer, Nelken, Zimt und braunem Zucker. Dieser gehört auch zum «Thanksgiving Day», dem Erntedankfest, das am letzten Donnerstag im November im Gedenken an die ersten Siedler inzwischen in ganz Amerika gefeiert wird, ebenso wie der *roast turkey with cranberry sauce,* der (mit Mais) gefüllte Truthahn, am besten Wildputer, mit Kastanien, Orangenkonfitüre, Preiselbeersauce oder ähnlichem.

Eine weitere mögliche Beilage sind die Bataten, *sweet potatoes,* die in Amerika so verbreitet sind wie die gewöhnlichen Kartoffeln. Sie lassen sich wie diese zubereiten, ihr fein süßlicher Geschmack verleiht manchem Gericht eine aparte Note. Mit Honig, Ahornsirup oder Rohzucker, mit Ananas-, Orangen-, Zitronensaft glasiert sind sie als *glazed sweet potatoes* eine der Spezialitäten, die wir uns in den Vereinigten Staaten gern gefallen lassen.

Was die Franzosen «petite marmite» nennen, heißt in Neuengland *boiled dinner,* ein Eintopf aus leicht gepökeltem Rindfleisch, neuen Kartoffeln, Mohrrüben, Roten Rüben, Weißkohl und kleinen Zwiebeln.

Der südlichste der Neuenglandstaaten, **Connecticut,** grenzt an New York, dessen Luxusvillenquartier und Golfplatz er geworden ist. Davon unbeeinflußt hat das Tal gegen die nördlichen Appalachen seine Ländlichkeit bewahrt. Neben der Metall- und Waffenindustrie wird Milchvieh gehalten, Geflügel gezüchtet und Gemüse, Obst angebaut.

Hier wurden die Nachkommen kolonialer Vorfahren zuerst «Yankees» genannt, und so gibt es einen *Yankee pot roast,* im geschlossenen Topf mit gewürztem Mehl und heißem Fett langsam gebratenes Rindfleisch mit geschältem, geschnittenem Gemüse. Hier soll auch der *cole slaw* Erwähnung finden, ein knackiger Krautsalat, wie ihn die Holländer und Deutschen mitbrachten, feine Streifen von Weißkohl, auch geraspelte Möhren in Mayonnaise. Heute ist er im ganzen Land beliebt und wird gern zu Steaks oder gebratenem Fisch serviert.

Die weiten Wälder, klaren Seen und das hügelige Vorland von **Massachusetts** erstrecken sich bis an die sandige Flachküste am Atlantischen Ozean. Es ist die Wiege Nordamerikas, Geburtsort von Benjamin Franklin, einem der Väter der Vereinigten Staaten, von John F. Kennedy, von Horatio Alger, dessen Geschichten vom Emporkommen «from rags to riches», «von Lumpen zum Reichtum», zu einem Sinnbild des «American dream» wurden, vom Traum von Erfolg und persönlicher Freiheit, und auch von Leonard Bernstein, einem der großen Dirigenten und Komponisten Amerikas. Massachusetts' vornehme Familien gehören heute noch zur führenden Elite der USA, «die Lowells sprechen nur mit den Cabots, und die Cabots sprechen nur mit Gott», in der Gartenstadt Cambridge liegen die zehn ältesten Hochschulen des Landes, darunter die Harvard-Universität, und die Kapitale **Boston,** Stadt der klugen Köpfe, ist ein bedeutendes Kultur- und Finanzzentrum. Die kopfsteingepflasterten Straßen, roten Backsteinhäuser und grünen Parkanlagen heimeln geradezu angelsächsisch an, und in feinen Restaurants, viele davon am Hafen, gibt es ausgezeichnete *seafood,* Mereskost.

Im auch anderwärts bekannten *clam chowder* schwimmt Muschelfleisch diesmal mit Kartoffel-, Speckwürfeln und Zwiebeln in Butter, Milch und Sahne. Vom Kabeljau, der in Neuengland *codfish* heißt, sind die gebratenen Zungen und Backen eine Delikatesse, als Klippfisch getrocknet und gesalzen wird er mit Kartoffelpüree gegessen. Das *clambake* hingegen, ein Muschelessen, gehört als Picknick an den Strand: Auf heißem, mit feuchtem Seetang bedeckten Steinen werden in einer Feuergrube Muscheln gebacken, zu denen nach Belieben Hummer, Schellfisch, Huhn, Kartoffeln, Süßkartoffeln, Maiskolben, Zwiebeln kommen können, eines der größten kulinarischen Vergnügen, das Amerika zu bieten hat und das auf die indianischen Ureinwohner zurückgeht.

Weit über Boston hinaus haben sich die *Boston baked beans* verbreitet, ein nahrhafter Eintopf aus Weißen Bohnen, gepökeltem Schweinefleisch, Pfeffer und Senfpulver, Rohzucker und Melasse oder Ahornsirup; dazu aß und ißt man *brown bread,* ein feuchtes braunes Brot aus Roggen-, Weizen- oder Maismehl. Ein weiteres Bohnengericht, ebenfalls von den Algonkin-Indianern überliefert, ist der *succotash* aus Limabohnen, Maiskörnern (beide wachsen auf dem gleichen Feld) und Sahne. Sehr beliebt sind schließlich die *Parker house rolls,* eine Art Pfefferkuchen aus Hefeteig mit Butter, Milch und Zucker. Die *fudges,* Weichkaramellen, kennt man in ganz Amerika, in Neuengland werden sie gern mit Schokolade oder Kakaopulver angereichert, *chocolate fudges.*

Vermont wird, daher der Name, von den tausend Hügeln der Green Mountains, «grünen Berge», durchzogen. Seine Wiesen, Weiden und Wälder sind in der Tat sattgrün, nur im «Indian Summer», dem Altweibersommer, erstrahlt das Mischlaub in einer unwahrscheinlichen Farbenpracht von Knallrot bis leuchtend Gelb. Rinder, Äpfel, Grünfutter, Kartoffeln und insbesondere Ahornsirup sind die Haupterzeugnisse. Uns Europäern ist der Staat unter anderem durch Carl Zuckmayer und seine Frau Alice Herdan vertraut, die hier während der Emigration 1940 bis 1946 eine «Farm in den grünen Bergen» bewirtschafteten und anschaulich schilderten. Die Kost Vermonts ist auch ausgesprochen ländlich, *cornbread,* ein kräftiges Maisbrot, und das saftige Schweinskarree, *loin of pork,* wird mit Äpfeln aufgefrischt.

New Hampshire ist noch gebirgiger, unserem Jura ähnlich, in ihm liegen vielbesuchte Sommer- und Winterkurorte am Lake Winnipesaukee und in den White Mountains. Im Osten grenzt es an den Atlantischen Ozean, *cod,* Heilbutt, *halibut,* Schellfisch, *haddock,* und Plattfische, *flatfishes,* kommen oft auf den Tisch, meist als Mischgericht, *chowder,* mit Kartoffeln und Gemüsen.

Im äußersten Nordosten der USA liegt **Maine,** an der Grenze zu Kanada, ihm im kühlen Atlantik vorgelagert zahlreiche bewaldete Inseln. Auch das Innere ist großartig wild mit Millionen von Bäumen, die der Papierindustrie dienen, und mit einigen tausend Seen, eine Natur und Einsamkeit, die an Finnland erinnern. Die Küste entlang zieht sich eine Reihe malerischer Städte mit Holzhäusern in bunten Farben, in Brunswick schrieb Harriet Beecher-Stowe den Roman «Onkel Toms Hütte», der, so sentimental er war, die Negerbefreiung vorwärtstrieb, in Portland wurde der Dichter Longfellow geboren, der mit seinen Balladen und Erzählungen bürgerlich unitarische Ideale verkündigte, und heute noch leben dort viele Künstler und Schriftsteller.

Der Feinschmecker aber weiß, daß die Hummer, *lobsters,* von der rauhen zerklüfteten Küste Maines zu den besten der Welt gehören, je einfacher zubereitet, gekocht, grillt mit zerlassener Butter und Zitrone, desto köstlicher. Zum Abschluß braucht es nicht mehr als ein paar *brownies,* Schokoladeschnitten mit Nüssen.

Die **Südstaaten** der USA, ihre South States, nannten sich nach dem Sezessionskrieg, dem blutigen Bürgerkrieg von 1861 bis 1865, die «Confederate Staates of America». Erst 1877 fanden sie zur Union zurück, aber die Rivalität zwischen Nord und Süd ist bis heute noch nicht ganz verschwunden. Immerhin wurde die Sklaverei abgeschafft, und die Rassenfrage hat sich entschärft. Glanz und Elend der Zeit, da reiche Plantagenbesitzer von ihren weißen Herrschaftshäusern mit Säulenveranden über arme Schwarze geboten, die auf den Feldern Baumwolle pflücken mußten, sind heute «vom Winde verweht», wie Margaret Mitchell dies so farbig schilderte. Geblieben ist eine Lebensqualität, in der die Hektik des Nordens keinen Platz hat, in der Gospelsongs, Blues und Dixieland Music den Ton angeben. Hier waren auch die «Hillbillies» «home on the range», «auf dem Weideland zu Hause», jene Hinterwäldner, deren Fiedelmusik später in Country and Western überging.

In **Virginia** dringt die zerklüftete Chesapeake Bay vom mittleren Atlantik hier tief ins Land hinein, sie macht dann einem sanften Hügelgebiet mit Tälern Platz. Die Hauptstadt Richmond ist die Tabakmetropole der Welt, nahebei liegt Williamsburg, eine Stadt als lebendiges Museum: Nicht nur ist sie im Kolonialstil des 18. Jahrhunderts aufgebaut, in ihr gehen die Bewohner ihrem Beruf und Handwerk in historischen Trachten nach, Barbiere, Bäcker, Drukker, Schuster, Schmiede, und hübsche Fräuleins verkaufen in Kramläden und Tavernen Souvenirs.

Auch hier hinterließen die Indianer ihr kulinarisches Erbe, Bohnen, Sonnenblumen und Mais, den man heute noch grob gemahlen als *hominy* für Brot, Fladen, aber auch als breiige Beilage verwendet. In feinerer Form, als Grieß, heißt er *grits* (die Grütze läßt grüßen). Neben Tabak werden vor allem Erdnüsse, *peanuts,* angebaut, in solchen Mengen, daß sie in Amerika zum Gleichwort für «unwichtig» geworden sind; die Erdnußcreme, *peanutbutter,* gehört als Brotaufstrich zum Morgenessen, und aus Erdnüssen wird mit Butter, Mehl, Sellerie, Zwiebeln und Hühnerbrühe die *peanut soup* gekocht.

Aus Virginia kommt ein besonders zarter Schinken, der *Virginia ham,* der gern mit braunem Zucker oder Honig glasiert wird. Das *Brunswick stew* ist ein Eintopf aus Hühnchen (früher Eichhörnchen) mit Dicken Bohnen, Maiskörnern und anderen Gemüsen, und in den Wäldern leben wilde Tauben, *wild pigeons,* und Wachteln, *quails.* Während sie früher meist viel zu lange gebraten und deshalb zäh wurden, hat die amerikanische Küche inzwischen auch hier Fortschritte gemacht.

In der Redaktion der «Territorial Enterprise» in der kleinen Stadt Virginia City saß zwei Jahre lang Mark Twain als sarkastischer Reporter, der schon seine Fäden ziehen konnte zur Landeshauptstadt **Washington**, die nicht weit entfernt liegt, im District of Columbia, der von der Bundesregierung direkt verwaltet wird. Mit ihren blendenden Marmorbauten, dem klassizistischen Kapitol, dem berühmten «Weißen Haus», den Memorials und schönen Grünanlagen ist sie ein eleganter Brennpunkt der heutigen Zeit, dem außer der Weltpolitik nur eins zu schaffen macht: das fürchterlich feuchtwarme Klima.

Kentucky wird im Norden vom Ohio River umflossen, während es im Westen an das Tiefland des Mississippi stößt. Dazwischen liegt eine ausgedehnte Grünweide, das «Bluegrass», wo Pferde gezüchtet werden, die sich im berühmten Kentucky Derby jeden Mai vor Tausenden von rennverrückten Zuschauern messen müssen. Der Habitué genehmigt sich dazu einen *mint julep*, einen erfrischenden Drink aus Whiskey, gezuckertes Wasser und Minze, denn Kentucky ist auch das Land des *Bourbon Whiskey*, der aus Mais gebrannt wird mit einem Zusatz von Gerste, Roggen und Gerstenmalz. Liebhaber schätzen ihn seines typisch runden, weichen, etwas rauchigen Geschmacks wegen. Und nach dem Rennen labt man sich an einem *burgoo*, einem Eintopf aus Huhn, Fleisch vom Knochen und Gemüsen.

Tennessee zieht sich von der Mississippi-Ebene im Westen bis zu den Appalachen, dessen Berge mit den vielen Stauseen Touristenattraktionen sind. Auch hier werden Baumwolle, Tabak, Weizen und Mais angebaut, aus dem man die *hush puppies* herstellt, Maismehlkrapfen, die man früher den bellenden Hunden vorwarf, um sie zur Ruhe zu bringen, «hush, puppie», «still, Hundchen!».

Der *Tennessee Whiskey* ist so gut, so besonders, daß für einmal ein Markenname hier stehen soll: *Jack Daniel's*. Dieser «Sour Mash Whiskey» ist durch die Filterung mit Ahornholzkohle derart mild und zart, daß er sich mit keinem anderen «Lebenswasser» vergleichen läßt, man trinkt ihn, eine Ausnahme in Amerika, meist nicht «on the rocks», über Eiswürfel. Und wem der Sinn nach musikalischer Begleitung steht, der kommt in Memphis auf seine Kosten, wo Blues und Rock zu Hause sind, wo Elvis Presley geboren und begraben wurde, oder in Nashville, dem Mekka der Country and Western Music mit dem Grand Ole Opry Theater und dem Showpark Opryland.

Die Ozark Mountains auf den staubigen Kalksteinplateaus von **Arkansas** werden in Amerika gern als hinterwäldnerisch belächelt, aber fairer und richtiger wäre, sie als eine liebenswürdig ländliche Gegend zu beschreiben, in der Reis, Sojabohnen und Obst angebaut werden, aber auch Erdöl und Erdgas aus dem Boden kommen. Zum *chicken fricassee*, Hühnchenfrikassee, werden *cornmeal dumplings* gereicht, Klößchen aus Maismehl von den Ozarks.

Mit **North Carolina** gelangen wir wieder an die sumpfige Küste des mittleren Atlantiks, wo es Meeresfrüchte und Fische gibt, Austern, *oysters*, und Garnelen, *shrimps*, die mit Reis, Paprikaschoten, Tomaten und Gewürzen zum *pilau* gekocht werden. Der *fish muddle* ist ein Eintopf aus Muscheln und Fisch mit Kartoffelwürfeln und Gemüsen, zu denen zusätzlich oft Reis serviert wird. In den *crab boil* kommen fein gewürzte Meeres- und Flußkrebse. Für den Fleischesser gibt es *barbecued pork*, im Freien auf dem Holzkohlenrost gebratenes Schweinefleisch, zu dem eine scharfe *barbecue sauce* aus Estragonessig, Knoblauch, Worcestershiresauce, Zitronensaft, Chilipuder und braunem Zucker den Pfiff gibt.

Südlich an North Carolina grenzt, der Name sagt es, **South Carolina**. Es liegt ebenfalls an der Atlantikküste, das Klima ist feucht und subtropisch. Es ist einer der wichtigsten Baumwollstaaten – hier beginnt der «cotton belt», der «Baumwollgürtel», der bis nach Texas reicht –, aber die schönen Strände ziehen immer mehr Touristen an. Die Stadt Charleston an der Waterfront hat sich mit ihren eleganten Villen den Charme des Alten Südens, Old South, bewahrt, kein Wunder, war sie der Lieblingsort der Scarlett O'Hara aus «Gone with the Wind».

Die *she-crab soup* ist eine feine, sämige Suppe mit Krebsfleisch, obwohl die «she-crabs», weibliche Garnelen, aus Schutzgründen nicht mehr gefangen werden dürfen, man macht sie heute aus gewöhnlichen crabs, mit Butter, Weizenmehl, Milch, Sahne und würzenden Zutaten. Der *hopping John*, «wütende Hans», ist ein Gericht aus Augenbohnen und Reis, das man am Neujahrstag aufträgt und in das man eine Münze steckt, wer sie findet, hat das ganze Jahr Glück. Das im ganzen Süden verbreitete *spoon bread*, Löffelbrot, ist hingegen für alle Tage, eine Art weiches Soufflé aus Maismehl, Eiern, Butter und Sahne mit weißem Pfeffer, Honig und Sahne.

Georgia liegt, läßt man die Halbinsel Florida beiseite, im äußersten Südosten der Vereinigten Staaten, an der Küste tropische Sümpfe, gegen Westen aufsteigend die Appalachen. Hier wurde der schwarze Bürgerrechtskämpfer Martin Luther King geboren, hier ist der rassistische Geheimbund Ku Klux Klan noch aktiv, «kontrastierende Wahrheiten können in Amerika wohl eher nebeneinander existieren als in irgendeinem Land der Erde» (Raymond Cartier). «Ich stand um vier Uhr morgens auf, um Erdnüsse zu lesen», erinnert sich der spätere Präsident Jimmy Carter, der in Plains aufwuchs und mit ihnen sein Geld machte. Daneben gibt es aber auch Pecannüsse, *pecan nuts*, die milder und süßlicher sind als unsere Walnüsse, aus ihnen macht man einen ausgezeichneten Kuchen, den *pecan pie*.

Der Staat **Louisiana** liegt an der mächtigen Mündung des Mississippi beidseits der Golfküste, der Name allein beschwört Erinnerungen herauf an Fahrten mit dem Raddampfer unter mit Spanischem Moos bewachsenen Zypressen auf den Armen des Deltas, den «bayous», und an Begegnungen mit einer Bevölkerung, deren eine Teil von aus Kanada eingewanderten Franzosen abstammt, den «Cayuns», die auch ihre Sprache mitbrachten, die Hauptstadt heißt heute noch Baton Rouge.

Ursprünglich war Louisiana von feudalen Kreolen spanischer Sprache besiedelt, die schwarze Sklaven und weiße Deportierte für sich arbeiten ließen, das Land der «Ol' Man River», der «jus' keeps rollin' along», wie ihn Richard Rodgers und Oscar Hammerstein 2nd im Musical «Show Boat» besangen: «Colored folks work on de Mississippi, colored folks work while de white folks play.»

Dieses bunte Rassengemisch hat eine ganz besondere, faszinierende Lebenskraft entwickelt, vom Mardi gras, dem Karneval über die Gospel Songs der Mahalia Jackson bis zum Dixieland und Hot Jazz; Jelly Roll Morton, Kid Ory, Sidney Bechet, Louis Armstrong waren «kreolische Schwarze» und sind bis zu Wynton Marsalis Repräsentanten jenes Stils von Musik, der zu einem bedeutenden Teil der heutigen Kultur geworden ist.

Die Zentren des Jazz haben sich im Lauf der Jahrzehnte nach Chicago und New York verschoben, aber sein Ursprung liegt in **New Orleans**, in seinem Vieux Carré, dem French Quarter mit seinen Arkaden, seinen Holzhäusern im spanischen Stil mit schmiedeisernen Balkonen und seinen alten Laternen, wo man sich auf der «sündigen Meile» Bourbon Street, in Honky Tonks, Show-Bars, Jazzlokalen, Restaurants und Cafés mit Jazz und Creole cuisine rund um die Uhr vollpumpen kann. Durch New Orleans rollt Tennessee Williams' «Streetcar named Desire», die Straßenbahn namens Desire, und ein Sehnsuchtsziel seiner vielen Besucher wird New Orleans wohl noch lange bleiben.

Die Küche von Louisiana ist, kein Zweifel, die beste, originellste der Vereinigten Staaten, französische Kochkunst mischt sich mit spanischen Einflüssen, Sklaven brachten afrikanisches Gemüse, Einwanderer aus der Karibik ihre Gewürze. Wir müssen uns wieder einmal damit begnügen, einige besonders typische Gerichte herauszugreifen.

Da wäre zum Beispiel der *gumbo*, der seinen Namen vom afrikanischen «gombo» für Okraschoten hat, ein Eintopf, der heute nicht mehr dieses Gemüse enthalten muß, dafür aber mit Austern, Garnelen, Huhn, Kalbfleisch, Schinkenknochen, verschiedenen anderen Gemüsen und scharfen Gewürzen in einer dicken braunen Mehlschwitze – daher sein rauchiger Geschmack – höchst reichhaltig zubereitet wird. *Shrimp creole*, Garnelen auf kreolische Art, werden mit grünen Pfefferschoten und Tomaten gekocht sowie ebenfalls mit Cayennepfeffer oder Chilisauce scharf gewürzt. Flußkrebse aus den sumpfigen Armen des Mississippi werden in mit Sahne bestrichenen Pastetchen goldbraun gebacken, *crawfish pies*. Die *oysters Rockefeller*, mit Spinat, Bleichsellerie, Frühlingszwiebeln, Pernod und so weiter gratinierte Austern, wurden erstmals 1899 im Restaurant «Antoine's» in New Orleans aufgetischt, «so reich wie Rockefeller». Auch sonst werden Austern auf mancherlei Art zubereitet, in einer sämigen Sauce oder in einer knusprigen Kruste aus Mais- oder Weizenmehl, aus dem Lake Pontchartrain kommen *trouts*, aus dem Golf von Mexiko *redfish*, Rotbarsch, und *pompano*, Stöcker.

Die *black bean soup*, Suppe aus Schwarzen Bohnen, ist, was die Schwarzen *soul food* nennen, ein Seelentrost für die Ärmeren. Zu ihr gehören auch die *red beans and sausages*, Rote Bohnen mit Wurst, oder der *dirty rice*, «schmutzige Reis» mit durchgedrehten Innereien vom Huhn und Würzgemüsen. Der *maquechoux*, «falsche Kohl», ist eine Pfanne aus gemischtem Gemüse, Mais, Paprikaschoten, Tomaten, Zwiebeln, Speck und Sahne, aber ganz ohne Kohl. Den *cush-cush*, einen Fladen aus Maismehl, den die Frankokanadier mitbrachten, essen sie heute noch gern zum Frühstück oder als Beigabe. Der *carrot and turnip escabeche* besteht, wie der spanische Name sagt, aus marinierten Karotten und Weißen Rüben, und das *jambalaya* (von spanisch «jamón», Schinken) ist inzwischen in ganz Amerika beliebt, ein gut gewürzter Reistopf mit den verschiedensten Zutaten, Garnelen, Austern, Flußkrebsen, Huhn, Ente, Schinken, Speck und Knoblauchzehen, Paprikaschoten, Tomaten, Zwiebeln.

Auf Avery Island im sumpfigen Mississippidelta wird übrigens die bekannte *Tabasco Pepper Sauce* produziert, eine scharfe Würzsauce, in einem gewissen Sinn auch ein Bestandteil der louisianischen Küche.

Die *cajun custard tart*, ein mit Eiercreme gefüllter Kuchen, setzt den Schlußpunkt hinter ein «Southern delight», das man höchstens mit einem *café brûlot* krönt, einem starken schwarzen Kaffee mit Nelken, Vanille, Zimt, Orangen-, Zitronenscheibe und einem Schuß Cognac oder Curaçao.

Das Bundesland **Mississippi** liegt im ehemaligen Baumwollgürtel und wird im Süden vom Golf von Mexiko abgeschirmt. In den vielen Binnengewässern kommt der Wels, *catfish*, vor, der hier mit weißem Maismehl paniert in der Pfanne gebraten wird. Dazu ißt man die bereits erwähnten *hush puppies*, Maismehlkrapfen.

Die Halbinsel **Florida** trennt, mit einem schmalen Streifen an der Golfküste, den Atlantischen Ozean vom Golf von Mexiko. Der «Sunshine State» ist mit Sumpfgrasflächen, Zypressensümpfen und Laubwaldinseln, den «hammocks», bedeckt, darunter die berühmten Everglades mit Flamingos, Ibissen und Alligatoren. Die ausgedehnten weißen Sandstrände am Meer sind heute eines der bevorzugten Ferienziele nicht nur der Amerikaner, die hier gern ihren Alterssitz beziehen, Miami und Palm Springs sind vielbesuchte Seebäder. Nahe dem Städtchen Orlando befinden sich riesige Vergnügungsparks, «Fun Centers», wie Walt Disney World, dicht dabei das Raumfahrtzentrum Cape Canaveral.

Der **Mittlere Westen** ist, wie die amerikanischen Namen Great Lakes States und Great Plains States sagen, das Land der großen Seen und der weiten Prärien. Wir werden die einzelnen Gebiete trotz ihrer landschaftlichen Reize nicht alle erwähnen, denn einige davon unterscheiden sich kulinarisch zu wenig vom Rest.

Der Staat **Michigan** an der Grenze zu Kanada besteht aus zwei Halbinseln, einer oberen zwischen dem Lake Superior und dem Lake Michigan, einer unteren zwischen dem Lake Michigan und den Lakes Huron und Erie. Und wenn man hinzufügt, daß die Stadt Detroit 1709 von einem französischen Aristokraten namens Antoine de la Mothe Cadillac gegründet wurde, ist eigentlich schon alles gesagt: sie wurde seit Henry Ford der Hauptsitz der für Amerika so wichtigen Automobilindustrie. Wo noch Platz bleibt (Amerika hat für vieles Platz!) werden Getreide, Hackfrüchte und Sojabohnen angebaut. In den See- und Flußgebieten von Michigan, auch von Wisconsin, Minnesota und dem benachbarten

Kanada, wächst Wildreis, *wild rice*, der keine Reissorte ist, sondern der Samen eines Wassergrases. Die länglichen schwarzbraunen Körner waren schon ein Nahrungsmittel der Indianer, heute werden sie gezüchtet und maschinell geerntet, als Delikatesse in der ganzen Welt geschätzt.

Aus Weißen Bohnen und Sauerampfer – in Michigan leben viele Polen – werden Suppen bereitet, *white bean soup, sorrel soup*, und auf den Wassern kommen noch Wildenten vor, die mit Speck belegt gebraten werden, *roast wild duck*.

Illinois liegt im Norden ebenfalls am Michigansee und erstreckt sich im Süden bis zum Zusammenfluß des Mississippi und dem Ohio, eine Tiefebene mit fruchtbaren Böden, ein landwirtschaftlich führender Staat der USA mit einem der größten Getreidemärkte der Welt. Am Südwestende des Sees liegt Chicago, «the Windy City», was «windig» in beiden Sinnen heißen kann. Einst war es die Stadt der Gangster und Schlachthöfe, Wiege des Chicago-Jazzstils, Geburtsort Benny Goodmans und Wirkungsstätte so unkonventioneller Architekten wie Louis Sullivan, Mies van der Rohe und Frank Lloyd Wright, heute ist es mit seinen Universitäten, Museen und dem Chicago Symphony Orchestra nicht nur wirtschaftlich, sondern auch kulturell eine der Metropolen Amerikas.

Die Küche ist hier ländlich geblieben, von den im ganzen Westen üblichen Rezepten bis zu den *sticky buns*, Hefebrötchen mit Zimt, braunem Zucker und gehackten Pecannüssen.

Im wald- und seenreichen **Wisconsin** zwischen Michigansee und Mississippi sind Holz- und Milchwirtschaft von Bedeutung. So werden hier neben New York und Vermont die meisten amerikanischen Käse hergestellt, die alle nur aus pasteurisierter Milch bereitet werden dürfen. Für sie sollen hier nur einige stehen: der *Cheddar*, der dem englischen Original gleicht, nur etwas krümeliger ist und von dem es so viele Versionen gibt, daß man ihn oft summarisch *American cheese* nennt, der *Brick*, «Ziegelstein», je nach Reife mild süßlich bis kräftig, der *Liederkranz*, nach einem deutschen Gesangsverein in New York benannt, pikant und leicht säuerlich, dem Limburger ähnlich, der *Colby cheese*, körnig weich und mild, und die beiden Frischkäse *Cottage cheese* und *Cream cheese*; daneben gibt es jede Menge Nachahmungen ausländischer Käse, die den Originalen wenig nachstehen.

In Wisconsin ließen sich viele Deutsche nieder, es ist deshalb für sein Bier, *beer*, bekannt und für sein *beef stew*, Schmorfleisch vom Rind nach alter Väter Sitte mit Knoblauch, Zwiebeln, Weizenmehl, Rotweinessig, dunklem Bier, braunem Zucker, Petersilie und Thymian. In vielen Gewässern schwimmen Seeforellen, *lake trouts*, die auf einer Holzplanke an schwelendem Feuer gegart köstlich natürlich schmecken.

Minnesota grenzt im Norden an Kanada. Die über elftausend Seen geben ihm ein skandinavisches Gepräge, Frachtdampfer transportieren Eisenerz vom einen zum anderen.

Die wellige Landschaft erlaubt Viehhaltung, Molkereiwirtschaft und den Anbau von Getreide, Mais, Gemüse, Sojabohnen und Zuckerrüben, und in den Romanen «Main Street» und «Babbitt» schilderte Sinclair Lewis nachfühlsam das selbstzufrieden spießbürgerliche Leben in einer Kleinstadt des Mittelwestens. Holländer führten die Konservierung von Gemüsen durch Einlegen in Gläsern und später Dosen ein, die für die Nahrung in ganz Nordamerika so wichtig werden sollte, nicht immer zum Vorteil des Eingemachten, denn Konserven sind nun einmal selten so schmackhaft wie das frische Produkt. In der Nähe der Nadelwälder leben Fasan, *pheasant*, und Moorhuhn, *grouse*, die gern mit Wildreis gefüllt werden.

Iowa zwischen den Flüssen Missouri und Mississippi, Geburtsland von Herbert Hoover und Henry Wallace, ist ein ausgeprägter Agrarstaat, weshalb es an der Reihe ist, den auch im ganzen übrigen Amerika so beliebten Maiskolben zu erwähnen, den *corn on the cob*, den man in kochendem Salzwasser gart und dessen Körner man mit Butter abbeißt.

Für **Missouri** sind die weiten Prärieflächen und sumpfigen Flußauen typisch, mit dem Tiefland und bergigen Erhebungen im Südwesetn ist es ein Mikro-Amerika. St. Louis ist die letzte Metropole des Ostens, Kansas City die erste des Westens, und im Städtchen Florida (nicht zu verwechseln mit der Halbinsel im Süden) wurde Samuel Clemens alias Mark Twain geboren, einer der großen Erzähler der Weltliteratur, der Lebensglauben mit Humor zu verbinden wußte. Chinesische Arbeiter halfen beim Bau der Eisenbahn von Ost nach West, und man nimmt an, daß sie das *chum-chum* einführten, süß-sauer eingelegtes Gemüse, und das *chicken-fried steak* ist ein flachgeklopftes Rindersteak, das wie ein Hühnchen paniert und gebraten wird.

Nebraska steigt vom Missouri im Osten zu den Hängen der Rocky Mountains im Westen auf, dazwischen liegen die Great Plains, die weiten Prärien, vom Plate River, dem «platten Fluß», durchflossen. Von der Stadt Omaha aus zogen die Goldsucher weiter gegen den «Far West», und in der Nähe befindet sich das Strategic Air Command, das Strategische Luftkommando, einer der Brennpunkte der Weltpolitik. Sich selbst nennt Nebraska den «Maisstaat», und zu diesem Produkt paßt ein *oven-fried chicken*, ein im Ofen auf dem Rost gebackenes, knuspriges Huhn.

Das Bundesland **Kansas** im Zentrum der Vereinigten Staaten ist ebenfalls ein Teil der Great Plains mit baumlosen Steppen, die oft unter Dürre leiden, unter Staubstürmen, Blizzards, eisigen Winterwinden, und Tornados. Ein Teil der in Missouri genannten Industriestadt Kansas City liegt in diesem Staat, und der Jazzfreund wird zur Kenntnis nehmen, daß hier der Altsaxophonist Charlie Parker aufwuchs, der zusammen mit den Trompetern Dizzy Gillespie aus South Carolina und Miles Davis aus East Saint Louis den Bebop und den «Cool Jazz», kreierte, welche diesen Musikstil revolutionierten. Aus dieser Gegend stammt auch das *whole wheat batter bread*, das etwas watteartige Weizenvollkornbrot, das man in ganz Amerika für Sandwiches benutzt. In der flachen, baumlosen Prärieregion des zentralen Tieflandes liegt auch **Oklahoma**, in dessen Farmen Rinder gezogen werden, wo Baumwolle, Erdnüsse, Weizen wachsen und in dessen Vorgärten Bohrtürme stehen, die manchem Frührentner ein sorgenloses Dasein gestatten. Eine kulinarische Visitenkarte ist das *pepper jelly*, ein scharfes Gelee aus Chilischoten, Äpfeln, Zwiebeln, Zitronenschale und Zucker, das zu gebratenem Geflügel schmeckt.

Mit dem **Südwesten**, Southwest, setzt sich der «sunbelt», der Sonnengürtel der USA, fort. Er beginnt mit **Texas**, dem Aufschneiderstaat Amerikas, den man entweder liebt oder nicht ausstehen kann, das Land der großen Hüte und der großen Klappen. «Texas füllt den ganzen nordamerikanischen Kontinent aus, mit Ausnahme eines kleinen Bruchteiles, den es Mexiko, den Vereinigten Staaten und Kanada überläßt», steht im «Texas Almanach». Der Gerechtigkeit halber muß aber auch erwähnt werden, daß aus den Erdölgewinnen bedeutende Kunstsammlungen entsprossen sind, daß in Dallas die angesehene Music Hall, in Houston das führende Medical Center für Herzchirurgie stehen.

Der nach Alaska zweitgrößte Staat der USA, so groß wie Frankreich, Benelux und die Schweiz zusammen, reicht von der Golfküste über die Great Plains bis zu den Rocky Mountains. Neben Baumwoll- und Reiszucht treiben Cowboys, berittene Hirten, auf Farmen und Ranches, die größer sind als manche europäische Provinz, riesige Rinderherden, die weiße Herefordrasse ist zu einem Epithet für saftiges Fleisch geworden. Die Beschaffenheit und Qualität der Steaks, *chuck*, Vorderteil, *club*, Lendenende, *sirloin*, Lende, *T-bone*, T-förmig mit Knochen, *tenderloin*, besonders zart, sind im *Kulinarischen A bis Z* unter «Ochsensteak/Amerikanischer Schnitt» nachzulesen. Nirgends aber schmeckt ein Steak so gut und echt wie von den «Chuck Wagons», den Proviant- und Küchenwagen, die einst die Viehtrails begleiteten und heute wieder in Mode gekommen sind, als Ganzes gebraten oder mit Bohnen und Kartoffeln als Eintopf, die Romantik des Wilden Westens blüht auf.

Texas grenzt aber auch an Mexiko, die scharfen Chilischoten und die Tabascosauce begleiten viele Gerichte der «Tex-Mex-Küche». Die spanischen «tortillas» aus gemahlenen Maiskörnern, weich und heiß oder hart und kalt, heißen hier, mit Huhn oder Rindfleisch gefüllt, *flautas* oder *tacos*. Die *enchiladas* sind mit Rinderhack oder Käse gefüllte Tortillas, die mit Chilis bedeckt sind. Von den Azteken, Inkas und Mayas (und nicht etwa aus dem nahen Mexiko) stammt das *chili con carne*, ein gepfefferter Eintopf aus Rindfleisch, Bohnen (nicht original), Chilischoten, Knoblauchzehen, Tomaten (nicht original) mit Kreuzkümmel, Lorbeer, Thymian und scharfen Gewürzen. Weniger bekannt ist, daß es auch ein sehr schmackhaftes *chili sin carne* gibt ohne Fleisch, aber mit Bohnen, Paprikaschoten, Tomaten und Zucchini. Der *chicken pot pie* ist Hühnchen im Pastetenteig, das *chicken mole* Hühnchen in einer mexikanischen Sauce, die, soll sie echt sein, mit bitterer Schokolade aromatisiert ist, wie sie spanische Nonnen aus Mexiko mitbrachten.

Über den Wüstensteppen von **Arizona** scheint dreihundert Tage im Jahr die Sonne, es ist heiß und trocken. Mit seinen prähistorischen Indianersiedlungen, Säulenkakteen und Yucca-Agaven bietet es eine eindringliche Szenerie der amerikanischen Geschichte und Natur, die sich im Norden bis zum Grand Canyon, jenem atemberaubend weiten und tiefen Tal des Colorado River, steigert, einem überwältigenden Naturschauspiel, das sich schwer beschreiben läßt, das man gesehen haben muß.

Was über die Küche der Südweststaaten gesagt wurde, gilt weitgehend auch für Arizona, es grenzt ebenfalls an Mexiko. Die Schweineschulter wird mit gerösteten grünen Paprikaschoten zubereitet, *green chillied pork*, und mit *burritos*, mit Bohnen gefüllten Tortillas gegessen. Gleichfalls gibt es das mexikanische *arroz con pollo*, Huhn mit Reis und einer Chorizo-Wurst.

Die **Mountain States**, Bergstaaten, bilden ein Viereck im Nordwesten der USA. Ihr Rückgrat sind die Rocky Mountains, die «Rockies», ein Felsengebirge von Norden nach Süden.

Wyoming ist ein dürres Hochland, eine riesige Tafel, die zwischen hohen, schneebedeckten Gipfeln und düsteren Kuppeln herausgemeißelt ist. Im Nordosten befindet sich der Yellowstone National Park, der mit seinen fast neuntausend Quadratkilometern in die Staaten Montana und Idaho hineinreicht, ein großartiger Naturpark mit Geysiren, Schwefelquellen und Schluchten, mit einem Indianermuseum, Bisons, Elchen, Wapitihirschen, Bibern, Murmeltieren, auch Grizzlybären, Koyoten und Wildvögeln. Auf den weiten Ebenen im Inneren hüten Cowboys nicht nur Rinder, sondern, eine Seltenheit in Amerika, Schafe, und hinter jeder Haustür hängen eine Flinte und eine Angelrute, denn hinter einem Hügel kann plötzlich ein Hirsch auftauchen, im nahen Bach kann eine Forelle durchs klare Wasser flitzen.

Die Forelle, *brook trout*, wird mit Maismehl paniert und in Schweineschmalz gebraten, Wildbret, *venison*, wird über Holzkohle, *charcoal*, gebraten, das Lamm, eines der besten der Welt, das selbst im übrigen Amerika noch nicht nach Gebühr gewürdigt wird, erhält mit Buttermilch und Rosmarin einen aparten Geschmack, *roast lamb with buttermilk and rosemary*.

In **Colorado** enden die 1600 km Great Plains, die Prärien, erscheinen die schneebedeckten Rockies, Felsenberge. Auf den Kurzgrassteppen wird Viehzucht betrieben, im Boden befinden sich Schätze wie Kohle, Silber, Gold, Uran, Vanadium und Zink, und Ghost Towns, alte Geisterstädte, erinnern an die Zeit des Goldrausches. In den alpinen Bergen befinden sich Wintersportorte mit trockenem Pulverschnee

Die Freiheitsstatue, Symbol und Verheißung von New York

wie das weltbekannte Aspen, einst ebenfalls ein Bergbaustädtchen.

Im ganzen Westen wird der Schmorbraten, *pot roast*, oft nicht im Backofen, sondern in rußgeschwärzten Töpfen auf dem Rost über Holzkohlenfeuer gebraten, was ihm einen delikaten Rauchgeschmack verleiht. Dazu paßt eine würzige *barbecue sauce*, Barbecue-Sauce.

Idaho ist ebenfalls ein Land der Berge, dessen Hänge von Tannen, Fichten, Kiefern, Lärchen und Zedern bedeckt sind und dessen Wintersportgebiet Sun Valley erfolgreich mit Aspen wetteifert. Seine Bodenschätze sind Silber, Blei, Phosphat, Zink und – die Gegensätze berühren sich – die Kartoffeln von den bewässerten Uferauen des Snake River. Die große, mehlige, festkochende und schmackhafte *Idaho potato* eignet sich besonders zum Backen im Ofen und in der Folie. Die *baked potato*, mit Crème fraîche, saurer Sahne, geraspeltem Cheddarkäse und manch anderem gefüllt, ist eine der Lieblingsspeisen nicht nur der Amerikaner geworden. Eine andere beliebte Zubereitungsart sind die *hash browns*, Bratkartoffeln aus dem Ofen, die gern zum Frühstück oder als Beilage zum Steak gegessen werden.

Früher lockten edle und seltene Metalle nach **Nevada**, heute das Spiel um Geld, Gold und Glück. Wie exzentrische Oasen liegen in der fahlen Wüste Reno, wo man so schnell heiraten wie sich scheiden lassen kann, und Las Vegas, eine Glitzermeile der Spielcasinos und Unterhaltungspaläste, der Showbühnen und Nachtlokale, ein Babel des Vergnügens rund um die Uhr, auf dessen Strip es nachts so hell ist wie am Tag.

Unverwechselbar amerikanisch sind im ganzen Westen auch die Rodeos, Wettkämpfe der Cowboys auf wilden Stieren und ungesattelten Pferden, Mustangs und Broncos, die oft von Square Dances, Volkstänzen von Paaren im Viereck, und Hill-Billy-Musik begleitet werden.

Dazu gehören ferner nicht nur am offenen Feuer gebratene Rindersteaks, sondern auch *baked lamb stew*, ein Lammragout, wie es baskische Schafhirten bereiteten.

Die **Westküste**, die Pacific States entlang des Pazifischen Ozeans im Westen der USA wurden im 16. Jahrhundert von Spaniern und Portugiesen entdeckt, am nördlichsten der waldreiche Staat **Washington** (nicht zu verwechseln mit der Hauptstadt Washington im District of Columbia). Im Gelände des Columbia River wird Getreide, Gemüse und Obst angebaut, werden Rinder aufgezogen, in der Hauptstadt Seattle befindet sich der Sitz der Boeing-Flugzeug- und Raketenwerke, an der Küste ist die Fischerei wichtig. Insbesondere spielen neben den großen Austern, *olympia flat oysters*, die Lachse, *salmons*, eine Rolle. Sie sind wild besser als gezüchtet, aber immer von hervorragender Qualität, der Königslachs, *king, chinook salmon*, Ketalachs, *chum, dog salmon*, Silberlachs, *coho, silver salmon*, Buckellachs, *pink, humpback salmon*, und selbst der Rotlachs, *sockeye salmon*,

Die imposante bergjemenitische Stadt El-Hagrim

der allerdings meist als «Industriefisch» verwendet wird. Der Fisch wird gern am offenen Feuer gegrillt oder gebacken, *grilled, baked salmon*. Aus ihm wird auch mit Knoblauch, Tomaten, Zwiebeln und Kartoffeln, dazu Dill, Thymian, Pfeffer, Zucker und Zitronensaft ein feiner Suppentopf zubereitet, der *salmon chowder*.

Im benachbarten **Oregon**, auf der anderen Seite des Columbia River, wird der Lachs gern pochiert und in einer aromatischen Dillsauce serviert, *poached salmon with dill sauce*.

Am südlichen Ende der Pazifischen Küste liegt **California**, der 1400 km lange «Golden State» mit einem eigenen, dynamischen Lebensrhythmus bis hin zur Denkungsart und Kleidung. Es ist ständig in Bewegung, auf der Suche nach Weltveränderung, Weltverbesserung, hier entstanden die Subkulturen der Beatniks und Hippies, Flowerpower und New-Age-Esoterik, Mountain Bikes, Skate Boards, Windsurfing.

Schon die Natur Kaliforniens bietet Superlative, im Nordosten höchste Berge mit ewigem Schnee, im Südosten das Death Valley, der tiefste, heißeste Punkt des Kontinents, im Yosemite Park am Westhang der Sierra Nevada die höchsten Mammutbäume, im Silicon Valley die maßgebende Mikroelektronik, an der Küste der kilometerlange Saum mit mediterranem, subtropischem Klima, nicht nur eine ideale Badelandschaft, sondern auch ein Tummelplatz für Freizeit und Vergnügen vom Disneyland und der Sea World bis zum San Diego Zoo.

Es ist sicher kein Zufall, daß zwei der lebendigsten Städte nicht nur der Vereinigten Staaten in Kalifornien liegen, **San Francisco**, auf einer Landzunge zwischen dem Pazifik und der San Francisco Bay, und weiter südlich Los Angeles, zweitgrößte Agglomeration der USA. «Frisco ist ein Ort, aufs innigste sich hinzuwünschen» (Koeppen), die viktorianischen Villen, das Klein-Italien North Beach, die Chinatown hinter dem Drachentor, die luxuriösen Läden am Union Square, das bunte Viertel Fisherman's Wharf, «Fischerpier», die bimmelnden Cable Cars, Seilbahnen hügelauf, hügelab, die elf Kilometer lange Golden Gate Bridge von der City zum Marin County – «man kann sich nur schwer von ihm trennen» (Rudyard Kipling).

Gegen den Moloch **Los Angeles** nimmt sich das sonnige San Francisco fast idyllisch aus, hier leben neun Millionen Einwohner auf tausendzweihundert Quadratkilometern in Smog und Stau. L. A. ist aber die Summe vieler Teile, von «hundert Vororten auf der Suche nach einer City» (Huxley), die man nur im Auto durchmessen kann, die aber mit gewagter Architektur und mit hinter Bäumen und Bougainvillea versteckten Villen den Eindruck des Außerordentlichen, der wahrgewordenen Zukunft erwecken. Im Stadtteil Hollywood, «Stechpalmenwald», hat sich am Sunset Boulevard und in großen Studios die Filmindustrie niedergelassen, die sich bis zur Culver City ausdehnte, in Beverly Hills wohnen in Traumhäusern ihre Stars, an der 115 km langen Küste am blauen Ozean von Malibu bis Long Beach leben Berühmtheiten und solche, die es werden wollen (und lebten, wenn nicht in der Stadt selbst, während des Zweiten Weltkriegs so überragende europäische Geister wie Arnold Schönberg, Thomas und Heinrich Mann, Bruno Walter, Alfred Döblin, Lion Feuchtwanger, Franz Werfel und Bert Brecht). Man müßte eine Geschichte der westlichen Kultur und des Films unseres Jahrhunderts schreiben, wollte man die Bedeutung von Los Angeles und seiner Umgebung voll ermessen.

In Kaliforniens gesegnetem Klima wachsen das ganze Jahr hindurch Gemüse, Obst, Zitrusfrüchte und Walnüsse, ein besonderer Genuß sind die Meeresfrüchte und Fische. Die *abalones*, Meerohren, eine Art Meeresschnecken, werden zartgeklopft, paniert und gebraten mit Zitrone serviert, *sautéed abalone steaks*, die *sand dabs*, kleine platte Doggerscharben, oder die *petrale soles*, Pazifische Scharben, auf dem Grill knusprig gebraten und ebenfalls mit Zitrone aromatisiert. Den *cioppino* tauften kalifornische Fischer nach dem «ciuppín» ihrer ligurischen Heimat. In diesen Fischtopf kommt alles hinein, was der Fang beschert hat, Meeresfrüchte und Fische nebst Bleichsellerie, Frühlingszwiebeln, Knoblauchzehen, Paprikaschoten, Tomaten, Zwiebeln, vielen Gewürzen und Weiß- oder Rotwein.

In Kalifornien versteht man sich seit langem auf die Kreuzung exotischer Zitrusfrüchte wie des *tangelo* aus Tangerine und Grapefruit sowie des *tangor* aus Mandarine, Tangerine und Orange. Auch Avocados brachten spanische Siedler aus Südamerika herüber, sie werden mit Hühnerfond, Sahne und Zitronensaft zur erfrischend kühlen *avocado soup* verarbeitet.

Ein internationaler Bestseller ist der *Caesar salad*, den ein italienischer Einwanderer in Mexiko kreiert haben soll, der aber vor allem in Kalifornien heimisch ist und dort manchmal eine ganze Mahlzeit versieht. Er besteht aus Kopfsalat, gekochten Eiern, Knoblauch, Öl, schwarzem Pfeffer, Zitronensaft und gerösteten Croutons; für letztere nimmt man gern ein *sourdough bread*, Sauerteigbrot.

Vom *hangtown fry* geht die Mär, ihn habe zur Zeit des Goldrausches ein Galgenvogel wegen der zeitraubenden Beschaffung der Zutaten als Henkersmahlzeit bestellt: verquirlte Eier, Sahne, Austern, Frühstücksspeck, Räucherschinken, Zwiebeln, Petersilie und anderes mehr; heute begnügt man sich mit panierten Austern, Rührei und zerbröselten Crackers.

Kalifornien ist auch das Land der amerikanischen Weine. Sie wurden von Franziskanern in San Diego als Meßwein eingeführt, und die Täler um die Bucht von San Francisco, das Napa Valley und andere, gehören heute zu den großen Weinbauregionen der Welt. Ihre Erzeugnisse, vollreif und herzhaft, schlagen in Blinddegustationen manchmal (nicht immer!) zur Verblüffung vieler Oenologen und Liebhaber selbst europäische Spitzengewächse. Aber aufgepaßt: Auf den Speisekarten der USA heißt *Chablis* meist einfach Weißwein, *Burgundy* Rotwein.

Ansonsten wird in den ganzen Vereinigten Staaten zum Essen gewöhnlich kühles Eiswasser, Milch oder (meist zu kühles) Bier und sogar Kaffee getrunken, von den unzähligen Cocktails zu schweigen, die zur amerikanischen Lebensart gehören wie Efficiency und Entspannung, Unternehmensgeist und Amüsierbetrieb.

Alaska ist der nördlichste Pazifikstaat der USA, aber ein Sonderfall: Dieser größte Staat liegt, durch kanadisches Staatsgebiet von den anderen getrennt, im äußersten Nordwesten des Kontinents, von ihm aus kann man die sibirische Küste von bloßem Auge erkennen. Zwischen dem Felsengebirge mit dem höchsten Berg Amerikas, dem Mount McKinley, erstreckt sich das Yukon-Becken, Holz, Kohle, Kupfer, Platin, Silber und Erdöl sind die Bodenschätze, und wenn man Glück hat, begegnen einem Elche, Bären, Biber, Wildvögel und Weißköpfige Seeadler, kann man Lachse bei ihrer Wanderung beobachten. Viele davon finden auch ihren Weg in die Töpfe, wie ebenfalls Gemüse, Beeren und Obst. Das Meergetier, Garnelen, Muscheln, Hering, Kabeljau, Thunfisch, Wal, ist natürlich unerreicht fangfrisch.

Seit 1959 sind die vulkanischen Inseln und Korallenriffs von **Hawaii** im Stillen Ozean das fünfzigste Bundesland und Bindeglied der USA zu den asiatischen Ländern (weshalb es von japanischen Touristen überlaufen ist), ein sonniges Archipel fast 4000 km südwestlich vor San Francisco, ein wie wohl kein anderes der Welt berühmtes, gerühmtes irdisches Paradies mit ursprünglicher Natur und auch eigenständiger Kultur. Es lohnt sich, sie neben Baden und Surfen auch kulinarisch zu erkunden, die japanischen, philippinischen, chinesischen, koreanischen, portugiesischen Ursprünge (reinblütige Hawaiianer gibt es nur noch wenige) und die natürliche Freundlichkeit der Bewohner, die einen mit «Aloha» und einem «lei», Kranz von Gardenien und Jasmin begrüßen, die Hula-Tänze zur Hawaii-Gitarre (wobei allerdings die Folklore dem Kitsch oft gefährlich nahe kommt), die Fauna und Flora wie aus dem Treibhaus oder auch die Wale, die sich vor der Küste tummeln.

Frische Fische sind denn auch eines der reichhaltigsten Angebote der hawaiianischen Küste, obwohl höchstens die Wahl erschwert, daß sie oft unter ihrem einheimischen Namen angeführt werden, *mahimahi* ist die Goldmakrele, *ahi* Thunfisch, *mano* Haifisch, *opakapaka* Schnapper.

Auf den Inseln werden, wo der Tourismus noch Platz läßt, Zuckerrohr, Kaffee und vor allem Ananas, *pineapples*, angebaut. Obwohl die Einheimischen gern süß-sauer essen, stimmt es nun aber nicht, daß dort der Begriff «Hawaii» ein Markenzeichen ist für Ananas als Beilage, diese oft zweifelhafte kulinarische Mode haben die Amerikaner vom Festland und Europäer erfunden. Es gibt daneben nämlich auf den Inseln noch vielerlei leckere Gemüse und Früchte, Senfkohl, milde Zwiebeln, Bananen, Guaven, Litschis, Macadamianüsse, Mandarinen, Orangen, Papaya, Wasserkastanien, und die zu einem unansehnlichen Brei gekochten zerstoßenen Tarowurzeln, der *poi,* sind das eigentliche Nationalgericht Hawaiis, er schmeckt leicht säuerlich pappig und für europäische Gaumen wenig anmachend; er gehört aber zu einem echten hawaiianischen Mahl, dem *luau,* der inzwischen allerdings meist dem westlichen oder östlichen Geschmack angepaßt wird, der heute auf Hawaii das Sagen bzw. Schmecken hat. Als Einleitung werden farbenfrohe Südseedrinks angeboten, der *mai tai* aus Limonen-, Orangensaft, weißem Rum, Curaçao und Zuckersirup, der *blue hawaiian* aus Rum, blauem Curaçao und Ananassaft oder die *pina colada* aus Rum, Kokosmilch sowie Ananasstückchen.

Das *lomi lomi* ist ein Salat aus Frühlingszwiebeln und reifen Tomaten mit mariniertem Lachs, und der Hauptgang besteht meist aus in einer abgedeckten Grube auf heißen Lavasteinen gedämpftem Schwein oder Huhn, *kalua pig* oder *chicken.* Honolulu, auf Hawaiianisch «schöner Hafen», ist die Hauptstadt des vorläufig letzten Bundeslands, als «herrliche kleine Stadt mit schneeweißen Landhäusern, die unter Lianen und Blumen verschwinden» beschrieb es einst Mark Twain, heute ist es eine amerikanische Großstadt mit allen Vor- und Nachteilen.

Die *Honolulu spareribs* sind Schweinerippchen mit Ingwerwurzeln, Oregano, Knoblauchzehen, Petersilienstengeln, Zitronenscheiben in Honig und Sojasauce, trockenem Sherry und Fünfgewürzpulver aus Anis-, Fenchelsamen, Nelken, Pfeffer und Zimt. Ebenfalls vom Schwein, das schon die ersten Polynesier herüberbrachten, sind die *pork chops,* Koteletts mit Tomaten, Zwiebelscheiben, grünem Pfeffer und einem Kräuterbukett. Als Nachspeise gibt es *haupia,* einen Pudding aus Kokosnußfleisch.

Die USA sind ein riesiger Kontinent, entsprechend lang war auch unsere kulinarische Rundreise durch die Vereinigten Staaten. Sie sollte uns aber gelehrt haben, daß man der Begeisterungsfähigkeit und Frische des Amerikaners weder kritiklos zwar, aber auch nicht europäisch überheblich begegnen sollte – und mit Dank für den Geist der Freiheit, für den er in der ganzen Welt kämpferisch eingestanden ist und noch einsteht. «Ich mag die Amerikaner», sagte André Maurois, «weil sie, im Gegensatz zur üblichen Annahme, das idealistischste aller Völker sind. Was ist ein Idealist anderes als ein Mensch, der daran glaubt, die Wirklichkeit verändern zu können, bis sie dem Ideal gleicht?»

Venezuela ↑ Südamerika

Vereinigte Staaten von Nordamerika ↑ USA

Vietnam ↑ Südostasien

Vorderasien Es gibt mehrere Möglichkeiten, den Vorderen Orient, den Nahen Osten zu definieren. Im Rahmen dieses Kapitels wollen wir nicht alle Länder aufzählen, die dazugehören, sondern uns auf das beschränken, was man den arabischen Raum nennen könnte zwischen Mittelmeer, Rotem Meer, Arabischem Meer und Persischem Golf, wobei darauf hingewiesen sei, daß die Türkei, Israel, Ägypten und Nordafrika mit selbständigen Einträgen vertreten sind.

Der südwestliche Teil Asiens weist nämlich viele historische, ethnische und kulturelle Gemeinsamkeiten auf, welche die Identität seiner Bewohner stiften und es erlauben, von einem Arabien zu sprechen mit einer eigenen Sprache, Religion und – Küche. Es ist zum großen Teil von Wüste bedeckt und spärlich besiedelt, eine Wiege auch der westlichen Kultur, und lebt, recht pauschal ausgedrückt, von der nomadischen Viehwirtschaft, vom Handel und vom reichen Erdölvorkommen, das es immer wieder in den Brennpunkt, auch im wörtlichen Sinn, des Weltgeschehens rückt.

Der Islam, «Hingabe an Gott», ist die jüngste monotheistische Weltreligion. Er wurde von Muhammad gestiftet, und seine Gesetze bestimmen das Leben auch in jenem Teil Vorderasiens, von dem wir hier sprechen, von der strikten Fastenzeit, dem Ramadan (mit üppigem Festmahl nach Sonnenuntergang), bis zum Verbot von Schweinefleisch und Alkohol. So ist Getreide, gemahlen oder als Korn, von früh an zum Grundnahrungsmittel geworden. Zu ihm gesellen sich Milch und Gemüse, die oft wichtiger sind als Fleisch. An den Meeresküsten spielen Fisch und Meeresfrüchte eine Rolle. Höchst wichtig sind ferner die Gemüse, die in der arabischen Küche reichlich und raffiniert eingesetzt werden wie ebenfalls Kerne und Nüsse. Früchte gehören zu jeder Mahlzeit, und die arabischen Süßigkeiten genießen Weltruf.

Im Folgenden seien ohne Anspruch auf Vollständigkeit einige der wichtigsten Speisen und Zutaten genannt. Eine besondere Bedeutung kommt dabei dem Brot aus hellem Mehl ohne Milch und Fett zu, dem *chubs,* das man aus Weizen, Gerste, Hirse, Mais als dicken Laib oder papierdünnen Fladen herstellt. Es wird nicht geschnitten, sondern gebrochen oder gerissen und dient oft als Besteck für das Einschaufeln der übrigen Speisen.

Aus gemahlenem Getreide werden Teigtaschen zubereitet, *kibbe, kubbe,* die mit zerstampftem Hammelfleisch, gekochtem Reis und gehackten Zwiebeln zu Buletten geformt werden, oder *sambusik,* eine Art Teigpasteten. Zu Graupen oder Grütze verarbeitet werden gekochte, getrocknete Weizenkörner oder Reis zum *burgul* oder zur *djarischa,* Einlagen für Suppen, Beilagen zu Speisen mit oder ohne Fleisch.

Der aus frischer Butter zerlassene Schmalz *samn* dient als Back- und Bratfett, wird aber auch mit burgul gesotten zum beliebten Gericht *mudjaddara.* Fermentierte Dickmilch braucht man für Saucen, Suppen, Salate, sauer mit burgul oder Reis und Fleischstückchen gekocht auch für das beliebte Gericht *labaniyya.* Der *kischk* ist ein an der Sonne getrockneter Quark aus Sauer- oder Buttermilch.

VORDERASIEN

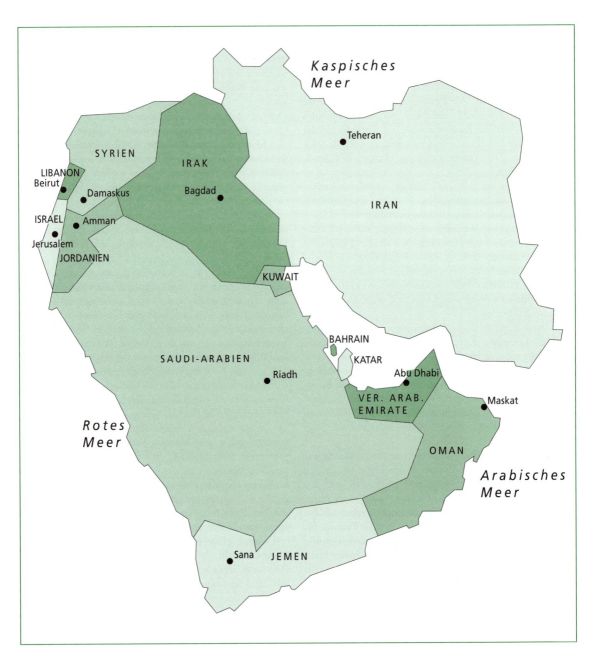

Die Gemüse, *chudar* (arabisch für grün), Auberginen, Blumenkohl, Bohnen, Chicorée, Gurken, Kartoffeln, Knoblauch, Kohlrabi, Kürbis, Lattich, Linsen, Mangold, Möhren, Okra, Paprika, Porree, Sellerie, Tomaten, Zucchini, Zwiebeln, brachten die Araber zum Teil aus Indien und China herüber und führten sie ihrerseits in Nordafrika und Südeuropa ein. Sie werden roh gegessen, gedünstet, eingelegt oder als Salat. Als *yakhna* geschmort sind sie, auch mit Fleisch, Fisch oder Reis, ein ebenso nahr- wie schmackhafter Eintopf. Der *hummus, hommos,* ein Mus aus Kichererbsen mit *tahina,* Sesambrei, ist eine weitverbreitete Vor- oder Nebenspeise.

Das meist fette Fleisch von Hammel, Kamel, Lamm, Ziege und Geflügel, das normalerweise nur bei festlichen Gelegenheiten auf den Tisch kommt, wird gern im Mörser zerstoßen und mit Getreideprodukten und Gemüse kombiniert, als *kabāb* am Spieß grilliert, als *maḥšī* in Gemüse gefüllt, immer aber mit den legendären arabischen Gewürzen fein abgeschmeckt. Diese – Anis, Dill, Fenchel, Gelbwurz, Ingwer, Kardamom, Koriander, Kreuz-, Schwarzkümmel, Majoran, Pfefferminze, Safran, Sesam, Sumach, Thymian, Zimt – brachten die Araber ebenfalls meist aus Asien her; *baharat* ist eine Mischung aus Koriander, Kreuzkümmel, Muskatnuß, Nelken, Paprika und zerstoßenem Pfeffer, die auch in Nordafrika und Südfrankreich beliebte *harissa* eine scharfe Würzpaste aus Cayennepfeffer, Chilis, Knoblauch, Koriander und Olivenöl mit Kreuzkümmel, Eisenkraut-, Pfefferminzblättern und anderem mehr.

Die Meeresfrüchte und Fische, darunter Garnelen, Krebse, Langusten, Seeschildkröten sowie Barsch, Delphine, Haifischflossen, Karpfen, Makrelen, Thunfisch, werden in Öl gebacken, gebraten, gegrillt oder gekocht und meist mit Reis gegessen.

Immer auf dem Tisch stehen köstlich frische Früchte, Äpfel, Aprikosen, Birnen, Datteln (einst ein Hauptnahrungsmittel der Beduinen und Oasenbewohner), Feigen, Granatäpfel, Melonen, Orangen, Pfirsiche, Quitten, Trauben und Zitronen, und die Vorliebe der Araber für Süßigkeiten ist bekannt. Dazu zählen die *baqlava,* der wir schon in der Türkei begegnet sind, der *lokum,* «Wonne des Schlundes» aus Stärkemehl und *qatr,* einem Zuckersirup mit Orangenblütenessenz oder Rosenwasser und Zitronensaft, der *ka'k,* ein Sauerteigkringel mit Gewürzen, der *ma'mul,* ein Plätzchen aus Grießmehl mit flüssiger Kochbutter, und die *mhallabijja,* der traditionelle Milchpudding – die Auswahl ist zu groß, als daß man hier alles aufzählen könnte, man lasse sich überraschen.

Die überlieferten Getränke der Araber waren Wasser und Milch, und der Kaffee, *qahwa,* aus Äthiopien eingeführt und besonders in Jemen angebaut, ist bekanntlich das Getränk des Morgenlands. Er wird aus Kaffeepulver, Wasser und Zucker gekocht, man trinkt ihn, oft mit Koriander gewürzt, zu jeder Gelegenheit und Tageszeit aus kleinen Porzellanschalen und in noch kleineren Schlücken als Zeichen der Gastfreundschaft, des Beisammenseins und des Genusses. Daneben wird in Arabien auch gern heißer, süßer schwarzer Tee getrunken, *schai,* oder *qischr,* ein Aufguß aus getrockneten Kaffeeschalen mit Gewürzen. Selbstverständlich gibt es Fruchtsäfte und Limonaden, und sogar mit dem Alkohol nimmt man es nicht mehr so streng; vorsichtshalber sollte man sich vor einer Bestellung immer nach dem Vorhandensein erkundigen und nichts Unmögliches verlangen. Anderseits tut ein *araq,* ein klarer, mit Anis versetzter Schnaps aus vergorenen Trauben, nach dem fetten Essen oft gut; er ist fast überall erhältlich und wird als Aperitif mit Wasser milchig-weiß verdünnt.

Die im Norden an die Türkei grenzende Arabische Republik **Syrien** ist ein junger Staat mit uralter Vergangenheit. Im «Zweistromland» Mesopotamien des Euphrat und Tigris entstanden die ersten Hochkulturen, wovon noch Tempelreste, Palastruinen und Wasserräder zeugen, während der Asad-Staudamm ein kontemporanes Bauwerk ist, das allerdings – jeder Vergleich mit der gloriosen Vergangenheit muß schief herauskommen – nicht immer funktioniert.

Vor den Mauern der Hauptstadt Damaskus wurde der jüdische Eiferer Saulus zum Apostel Paulus, und heute noch ist das malerische Viertel Bāb Tūmā vorwiegend von Christen bewohnt. Die Omayyadenmoschee ist hingegen das islamische Herzstück des Landes. Im Badehaus, dem hammam, badet man nicht nur in Dampf, man findet dort auch sonst Entspannung, Ruhe und Gesellschaft. In den Karawansereien, khans, und dem Gassengewirr der suks mit ihren Verkaufsständen und Werkstätten nimmt einen heute noch der ganze Zauber des Orients gefangen, Damaskus ist eine der typischsten, schönsten Städte des Nahen Ostens.

Zu ihren Reizen gehören auch die Speisen, die in den vielen Gaststätten von den Garküchen bis zum luxuriösen Restaurant reichlich angeboten werden, angefangen bei den Vorspeisen, *mezze* und *muqabbillāt.* Schon beim Platznehmen stehen Schalen mit reifen schwarzen Oliven, *saitūn,* auf dem Tisch, die man mit etwas Olivenöl und Zitronensaft beträufelt und mit Fladenbrot, *chubs,* ißt. Das syrische Joghurt, *laban,* ist besonders mild und wird gern als cremiger Quark, *labne,* genossen.

Nebst den schon eingangs erwähnten Speisen kann man sich auch ein übriges bestellen, ohne Fleisch – *bamya,* Okraschoten, *kusa maḥši,* mit Reis gefüllte Zucchini, *fasulje,* Bohnen mit viel Öl, *falafel, felafel,* in Öl fritierte Kichererbsen – oder mit Fleisch – *schawirma,* gegrilltes Hammelfleisch vom Drehspieß. Neben den üblichen Früchten und Süßigkeiten ist die frisch zubereitete Eiscreme *būza* in Syrien von besonderer Güte.

Libanon, das Zedernland an der Ostküste des Mittelmeers, hat unter dem Bürgerkrieg 1975 und der Invasion Israels 1982 zur Vernichtung der Palästinenserlager schwer gelitten, ist aber auf bestem Weg, wieder die «Schweiz des Nahen Ostens» zu werden mit schneebedeckten Bergen und Palmenstränden. Auf künstlichen Terrassen wachsen Oliven, Zitrusfrüchte und Wein, etwas höher Getreide, Äpfel und Birnen. Die Hauptstadt Beirut baut die eleganten Boulevards und Strandpromenaden wieder auf, die Place des Martyrs mit ihren Straßencafés ist nach wie vor der Mittelpunkt der Stadt, von dem aus man an Appartementhäusern und Palästen vorbei bis zur Küste schlendern kann, der «Côte des Dieux». Ruinen, Straßenstrich und heile Badewelt – in Libanon wird es nie langweilig. Auch in den Armenier- und Drusenvierteln, im Flohmarkt Bast Tahta, im nahen Chouf mit seinen Emirschlössern inmitten von Palmen und Rosen blüht neues Leben auf.

In Libanon sind ebenfalls die Vorspeisen, *mezze,* das Sesamöffne-dich, sie werden in bis zu fünfzig weißen Porzellanschälchen und braunen irdenen Schüsseln angeboten, die Wahl fällt einem nicht leicht, nur einige wenige, bisher noch nicht erwähnte seien herausgegriffen: *tabbūla* ist ein erfrischender Salat aus Blattpetersilie mit bulgur, Hartweizenschrot, Frühlingszwiebeln, Tomaten und Minzeblättern in einer Marinade aus Olivenöl und Zitronensaft; der *baba ghanusch,* ein Auberginenpüree mit Knoblauch und Zitrone, wird auf dem Holzkohlengrill geröstet und erhält dadurch einen aparten Rauchgeschmack.

Die Fische, *samakāt,* wurden zum Glück nicht vertrieben, sie werden meist gegrillt, aber auch mit Reis in einer Sesamsauce mit Pinienkernen, *sayadiveh,* serviert oder «heiß» in einer scharfen Pfeffersauce, *samaki harra.*

Man fragt sich, was der Prophet dazu gesagt hätte, daß in den Tälern des Libanongebirges ausgezeichnete Weine hervorgebracht werden, weiß, rosé und, am besten und oft berühmteren Gewächsen ebenbürtig, rot.

Die restlichen Länder Vorderasiens können wir – kulinarisch wenigstens, beileibe nicht kulturell – kurz behandeln, denn für sie gilt, was über Arabien allgemein gesagt wurde, für das Haschemitische Königreich **Jordanien,** wo die Beduinen den *mansaf* essen aus Reis mit Mandeln und Pinienkernen, fettem Fleisch wie gekochtem Hammel, dem Fettschwanz der Schafe und Talg aus dem Kamelhöcker, für das Königreich **Saudi-Arabien,** für die **Emirate Abu Dhabi** und **Dubai,** das Sultanat **Oman** und die Republik **Jemen,** wo exotische Früchte reifen, Bananen, Guaven, Mangos, Papayas, und wo *qat* gekaut wird, jene hellgrünen Blätter und Triebe, die euphorisches Behagen verströmen und zum Dösen, Träumen verleiten.

Wem die westliche Kultur am Herzen liegt, der stößt in Vorderasien auf manche ihrer – auch gastronomischen – Wurzeln. Und das Gespenst des Fundamentalismus wird viel von seinem Schrecken für uns verlieren, wenn die Islamisten selbst den Mittelweg finden zwischen ihrem religiösen Traditionalismus und freiheitlichem Individualismus, von den moralischen Gesetzen zur Achtung der Menschenrechte.

↑ a. Türkei, Israel, Ägypten, Nordafrika

W

Westindien ↑ *Mittelamerika/Antillen*

Z

Zentralamerika ↑ *Mittelamerika*

Zypern ↑ *Griechenland, Malta, Zypern*

Die Nährwerte

Die Nährwerte

Der Energiegehalt der Lebensmittel wird in Kilokalorien (kacl) und Kilojoule (kJ), die Mengen an Eiweiß, Fett, Kohlehydraten und Ballaststoffen in g, Cholesterin in mg pro 100 g eßbaren Anteil angegeben.
Besonders fett- und cholesterinreiche, also gesundheitlich bedenkliche Lebensmittel (Fette über 12 %, Cholesterin über 69 mg pro 100 g eßbaren Anteil) sind mit einem Stern (*) markiert.
Lebensmittel, die sehr ballaststoffreich sind und deren empfohlene Verzehrmenge pro Tag über 5 g Ballaststoffe liefern, erhalten zusätzlich das Stichwort «Bal.».
Als guten Speiseplan empfehlen Monika Cremer und Silvia Faller, die beiden Verfasserinnen der nachfolgenden Nährwerttabelle, sehr viel Brot, Nudeln, Reis und Kartoffeln, viel Gemüse und Obst, in Maßen Milch, Käse, Eier, Fisch, Fleisch und Wurst, wenig Fettreiches und Süßes. Unter diesen Gesichtspunkten wurden die Tagesverzehrmengen festgesetzt, die bei der Auslobung der Vitamine und Mineralstoffe eine wichtige Rolle spielen.

Lebensmittel aus Getreide
Brot, Brötchen	200 g
Nudeln, Reis (Trockenprodukt)	75 g
Getreideflocken, Mehl	60 g

Gemüse
Kartoffel	300 g
Gemüse, frisch	300 g
Gemüse, in Dosen	200 g
Blattsalat	75 g
Hülsenfrüchte (Trockenprodukt)	75 g
Pilze, frisch	200 g
Pilze, in Dosen	125 g
Kräuter, frisch	10 g

Obst
Obstsorten allgemein, frisch	350 g
Beerenobst, exotische Obstsorten, frisch	250 g
Obst, in Dosen	150 g
Obst, trocken	50 g
Fruchtsaft	200 g

Milch und Milchprodukte
Milch, Buttermilch, Kefir	200 g
Dickmilch, Joghurt, Quark, Hüttenkäse	200 g
Sahne	15 g
Käse, Frischkäse	45 g

Fisch, Fleisch und Eier
Fisch	175 g
Krustentiere, Muscheln, Räucherfisch, Marinaden	100 g
Fleisch, Geflügel	150 g
Innereien	125 g
Wurst, Schinken	45 g
Bratwurst, Würstchen	150 g
Ei	1 Stück

Fette und Süßes
Öl	20 g
sonstige Fette	10 g
Konfitüre, Marmelade	15 g
Honig, Zucker	15 g
Schokolade, Fruchtgummi	20 g
Bonbons	10 g
Nüsse	40 g
Knabbernüsse und -gebäck	40 g

Alle Energie- und Nährstoffangaben sowie die Gehalte an Mineralstoffen und Vitaminen wurden dem deutschen Bundeslebensmittelschlüssel II.2 (BLS II.2) entnommen. Das Urheberrecht des BLS II.2 liegt beim Bundesinstitut für gesundheitlichen Verbraucherschutz und Veterinärmedizin (BGVV), Berlin.
Als Grundlage für die Bewertung der Mineralstoffe und Vitamine wurden ferner die «Empfehlungen für die Nährstoffzufuhr» der Deutschen Gesellschaft für Ernährung, Frankfurt 1991, sowie «Die große GU-Vitamin- und Mineralstoff-Tabelle», München 1992, herangezogen.
† a. Mineralstoffe, S. 321f., Spurenelemente, S. 489f., Vitamine, S. 536ff.

AAL
834

Nahrungsmittel	Energie		Nährstoffe				Ballast-stoffe	Ballast-stoffe	Mineralstoffe	Vitamine
			Eiweiß	Fett	Chole-sterin	Kohlen-hydrate				
	kcal/100g	kJ/100g	g/100g	g/100g	mg/100g	g/100g	g/100g	Portion pro Tag	besonders reich an	

A

Nahrungsmittel	kcal/100g	kJ/100g	Eiweiß g/100g	Fett g/100g	Cholesterin mg/100g	Kohlenhydrate g/100g	Ballaststoffe g/100g	Ballaststoffe Portion pro Tag	Mineralstoffe	Vitamine
Aal, frisch	278	1162	15	25*	142*	0	0		Mg, P, S, Zn	A, D, E, B_1, B_2, Nia, B_6, B_{12}
Aal, geräuchert	290	1215	16	26*	149*	0	0			A, D, E, B_2, B_{12}
Aal, Konserve in Öl, abgetropft	241	1009	15	20*	148*	0	0		Cl, Na	A, D, E, B_{12}
Aalrauchmettwurst	308	1289	19	26*	71*	0,2	0,1		Cl, Na	B_1
Acerola, frisch	20	85	0,2	0,2	0	4	2			β-Carotin, K, C
Algen, frisch	37	153	6	0,4	0	2	0,3		Mg, J	K, Fol
Algen, getrocknet	337	1400	13	4	0	60	10		Mg, J	K, Fol
Ananas, frisch	59	246	0	0,2	0	13	1		Mg	K, B_1, C
Ananas, Konfitüre	278	1162	0,2	0,1	0	68	1			
Ananas, Konserve, abgetropft	87	365	0,4	0,1	0	20	1			
Anchosen	323	1354	15	30*	82*	0	0		Cl, F, Mg, Na, J, S	D, E, Nia, B_{12}
Apfel, frisch	52	217	0,3	0,4	0	11	2	Bal.	Cu	C
Apfel, getrocknet	278	1165	2	2	0	61	11	Bal.		
Apfel, Konfitüre	275	1152	0,1	0,1	0	67	1			
Apfelessig	20	82	0,4	0	0	1	0			
Apfelkraut, ungesüßt	221	924	2	2	0	49	9			
Apfelmus	40	167	0,3	0,3	0	9	2			
Appenzeller, Rahmstufe	386	1617	25	32*	74*	0	0		Ca, Cl, Na	A
Aprikose, frisch	42	177	1	0,1	0	9	2	Bal.	Cu, Fe, Mg, Mn, K	A, β-Carotin, K
Aprikose, getrocknet	249	1044	5	1	0	50	11	Bal.	Cu, Mn, K	A, β-Carotin, K
Aprikose, Konfitüre	272	1137	0,3	0	0	66	1			
Aprikose, Konserve, abgetropft	78	328	1	0,1	0	18	2			A, β-Carotin
Artischocke, frisch	22	93	2	0,1	0	3	11	Bal.	Cu, Fe, Mg, Mn, K, P	K, B_1, Bio, Fol
Artischocke, Konserve, abgetropft	19	81	2	0,1	0	2	10	Bal.	Cl, Cu, Mg, Mn, Na	K
Artischockenboden, Konserve, abgetropft	16	67	2	0,1	0	2	9	Bal.	Cl, Cu, Mg, Mn, Na	K
Aspik	148	619	18	5	72*	7	0,2		Cl, Na	
Aubergine, frisch	17	72	1	0,2	0	2	3	Bal.	Mg, Mn, K	Fol
Auster, frisch	63	264	9	1	123*	4	0		Cl, Cu, Fe, J, S, Zn	D, Bio, B_{12}
Avocado, frisch	217	909	2	24*	0	0,4	3	Bal.	Cu, Mg, K	E, B_2, Pan, B_6, Bio, Fol

B

Nahrungsmittel	kcal/100g	kJ/100g	Eiweiß g/100g	Fett g/100g	Cholesterin mg/100g	Kohlenhydrate g/100g	Ballaststoffe g/100g	Ballaststoffe Portion pro Tag	Mineralstoffe	Vitamine
Backhefe, gepreßt	64	267	12	1	0	1	0			
Backpulver	155	651	1	0	0	38	0			
Bambussprossen, frisch	18	76	3	0,3	0	1	3	Bal.	Cu, Mn, K	B_1, B_2, Fol
Bambussprossen, Konserve, abgetropft	14	60	2	0,3	0	1	2	Bal.	Cl, Cu, Mn, Na	Fol
Banane, frisch	95	398	1	0,2	0	21	2	Bal.	Cu, Mg, Mn, K	β-Carotin, K, B_6, Bio, Fol, C
Banane, getrocknet	290	1216	4	1	0	65	6		Mg, Mn, K	B_6
Barsch, frisch	82	342	18	1	72*	0	0		Mg, K, P, S, Zn	E, Nia, B_6, B_{12}
Barsch, geräuchert	87	364	20	1	77*	0	0		S	B_{12}
Barsch, Konserve in Öl, abgetropft	146	613	16	9	66	0	0		Cl, Na, S	E, B_{12}
Barsch, Konserve, abgetropft	81	338	18	1	70*	0	0		Cl, Na, S	B_{12}
Basilikum, frisch	41	172	3	1	0	5	3			β-Carotin, K

BOYSENBEERE

Nahrungsmittel	Energie		Nährstoffe					Ballaststoffe Portion pro Tag	Mineralstoffe besonders reich an	Vitamine
	kcal/100g	kJ/100g	Eiweiß g/100g	Fett g/100g	Cholesterin mg/100g	Kohlenhydrate g/100g	Ballaststoffe g/100g			
Batate, Süßkartoffel, frisch	111	466	2	1	0	24	3	Bal.	Cu, Fe, Mg, Mn, K, Zn	A, β-Carotin, E, K, B_1, Pan, B_6, Bio, Fol, C
Bauernbratwurst	321	1343	19	27*	69*	0,2	0		Cl, Mg, Na, S, Zn	K, B_1, B_2, Nia, B_6, B_{12}
Bauernleberwurst	375	1571	18	34*	163*	1	0,1		Cl, Fe, Na	A, B_1, B_2, B_{12}
Beifuß, frisch	42	177	4	1	0	5	3			β-Carotin, K
Bergkäse, Vollfettstufe	384	1607	29	30*	70*	0	0		Ca, P, Zn	B_{12}
Bierhefe	346	1447	45	4	0	31	0			B_1, Fol, B_{12}
Bierschinken	179	751	18	12*	60	0,2	0		Cl, Na	B_1
Bierteig	226	946	8	7	103*	32	2			
Bierwurst, bayerisch	281	1177	14	25*	49	0,2	0		Cl, Na	B_{12}
Birkenpilz, Kapuzinerröhrling, frisch	19	79	3	1	0	0,2	7	Bal.	Cu, Fe, Mn, J, K	D, K, B_1, B_2, Nia, Pan, Bio, Fol
Birkenpilz, getrocknet	142	593	23	5	0	1	55	Bal.	Cu, Fe, Mn	D, K, B_2, Nia, Pan, Bio
Birkenpilz, Konserve, abgetropft	18	75	3	1	0	0,2	7	Bal.	Cl, Cu, Mn, Na	D, K, B_2, Pan, Bio
Birne, frisch	52	219	1	0,3	0	12	3	Bal.	Cu	Fol
Birne, getrocknet	252	1056	2	1	0	60	13	Bal.		
Birne, Konserve, abgetropft	84	350	0,4	0,2	0	20	3			
Bismarckhering, Konserve, abgetropft	180	753	15	12*	83*	3	0		Cl, Na	D, K, Nia, B_{12}
Bittermandel	569	2383	19	54*	0	4	15			
Bitterschokolade	394	1651	11	18*	0	46	18		Cu, Mg	
Blätterteig	418	1748	4	32*	92*	28	2		Cl, Na	A, K
Blattspinat, frisch	17	73	3	0,3	0	1	3	Bal.	Ca, Cu, F, Fe, Mg, Mn, J, K	A, β-Carotin, E, K, B_1, B_2, B_6, Bio, Fol, C
Blauschimmelkäse, Doppelrahmstufe	425	1779	19	39*	90*	0	0		Ca, Cl, Na	A, B_{12}
Blauschimmelkäse, Vollfettstufe	303	1270	22	24*	59	0	0		Ca, Cl, Na	
Bleichsellerie, frisch; siehe a. Knollensellerie	17	70	1	0,2	0	2	3	Bal.	Ca, Cu, Mg, Na, K	A, β-Carotin, K, Pan
Bleichsellerie, Gemüsesaft	14	59	1	0,2	0	2	0,3		Cl, Na, K	A, β-Carotin, K
Blumenkohl, frisch	23	95	2	0,3	0	2	3	Bal.	Mg, Mn, K, S	K, B_1, B_2, Pan, B_6, Fol, C
Blumenkohl, Konserve, abgetropft	20	82	2	0,3	0	2	3		Cl, Na	K, C
Blutwurst, hausgemacht	345	1444	17	31*	33	1	0,2		Cl, Fe, Na	
Bockwurst	295	1236	15	26*	53	0,3	0,1		Cl, Na, S	B_1, Nia, B_6, B_{12}
Bohnen, dick, frisch; siehe a. Buschbohnen, Kidneybohnen, Stangenbohnen	84	351	7	1	0	13	3	Bal.	Fe, Mg, Mn, K, P	β-Carotin, K, B_1, B_2, Nia, B_6, Bio, Fol, C
Bohnen, dick, getrocknet	326	1364	28	2	0	48	12	Bal.	Fe, Mg, Mn, K	K, B_1, B_2, Nia, B_6, Bio, Fol, C
Bohnen, grün, frisch	25	106	2	0,2	0	3	3	Bal.	Fe, Mg, Mn, K	β-Carotin, K, B_1, B_2, Pan, B_6, Bio, Fol, C
Bohnen, grün, Konserve, abgetropft	21	90	2	0,2	0	2	3	Bal.	Cl, Mg, Mn, Na	β-Carotin, K
Bohnen, weiß, reif	263	1101	21	2	0	40	17	Bal.	Cu, Fe, Mg, Mn, K, P	K, B_1, Fol
Bohnen, weiß, reif, Konserve	65	274	5	0,4	0	10	4	Bal.	Cl, Cu, Fe, Mg, Mn, Na, K	K, Fol
Bohnenkraut, frisch	49	205	1	1	0	9	3			
Bonbon, Hartkaramelle	391	1635	1	0,3	0	95	0			
Bonbon, Weichkaramelle	449	1881	2	17*	0	71	0			
Borretsch, frisch	23	95	2	1	0	2	5			K
Boysenbeere, frisch	34	144	1	0,3	0	6	6	Bal.	Cu, Fe, Mg, Mn	K, B_2, Fol

BRANDMASSE

Nahrungsmittel	Energie		Nährstoffe					Ballast-stoffe	Mineralstoffe	Vitamine
			Eiweiß	Fett	Chole-sterin	Kohlen-hydrate	Ballast-stoffe			
	kcal/100g	kJ/100g	g/100g	g/100g	mg/100g	g/100g	g/100g	Portion pro Tag		besonders reich an
Brandmasse	201	843	6	13*	140*	16	1			
Brät, frisch	285	1193	12	27*	48	0	0		Cl, Na	B$_1$, Nia, B$_6$, B$_{12}$
Brathähnchen, Brust, frisch	102	426	24	1	66	0	0		Mg, P, S	Nia, Pan, B$_6$
Brathähnchen, Fleisch mit Haut, frisch	166	694	20	10	81*	0	0		S	B$_2$, Nia, Pan, B$_6$
Brathähnchen, Leber, frisch	139	584	19	5	555*	5	0		Cu, Fe, P, S, Zn	A, D, K, B$_1$, B$_2$, Nia, Pan, B$_6$, Bio, Fol, B$_{12}$
Brathähnchen, Schenkel, frisch	173	723	18	11	73*	0	0		Cu, Fe, Mg, P, S, Zn	B$_1$, B$_2$, Nia, Pan, B$_6$
Brathering, Konserve, abgetropft	193	806	15	10	69*	10	1		Cl, Na	D, K, B$_{12}$
Bratwurst, geräuchert	301	1260	20	25*	70*	0,2	0		Cl, Mg, Na, S, Zn	K, B$_1$, B$_2$, Nia, B$_6$, B$_{12}$
Bregenwurst	363	1518	14	35*	58	0	0		Cl, Fe, Na, S, Zn	B$_1$, Nia, B$_6$, B$_{12}$
Brennessel, frisch	49	206	6	1	0	5	4			A, β-Carotin, K, C
Brie, Doppelrahmstufe	362	1517	17	33*	93*	0	0		Cl, Na	A, B$_{12}$
Brie, Vollfettstufe	284	1191	21	22*	51	0	0		Cl, Na	B$_2$, B$_{12}$
Broccoli, frisch	26	110	3	0,2	0	3	3	Bal.	Ca, Cu, Fe, Mg, Mn, J, K, S	A, β-Carotin, K, B$_1$, B$_2$, Pan, B$_6$, Fol, C
Brombeere, frisch	30	125	1	1	0	3	7	Bal.	Fe, Mg, Mn	β-Carotin, K, Fol, C
Brombeere, Konfitüre	267	1118	0,4	0,4	0	64	2			
Brombeere, Konserve, abgetropft	74	308	1	1	0	14	6	Bal.	Mg, Mn	
Brot siehe jeweilige Sorte										
Brötchen siehe jeweilige Sorte										
Brotfrucht, frisch	113	473	2	0,3	0	25	4	Bal.	Fe, Mg, K	K, B$_1$, Pan, C
Brunnenkresse, frisch; siehe a. Gartenkresse	19	78	2	0,3	0	2	3		Fe	A, β-Carotin, K, C
Buchweizen, Grütze	339	1420	8	2	0	73	3		Cu, Mn	
Buchweizen, Mehl, hell	346	1447	5	1	0	78	3		Mn	B$_1$
Buchweizen, Vollkorn	340	1424	9	2	0	71	10	Bal.	Cu, Mg, Mn, Zn	B$_1$, B$_6$
Burgul	325	1361	9	1	0	69	10	Bal.	Cu, Fe, Mg, Mn	B$_1$
Buschbohnen, grün, frisch	25	106	2	0,2	0	3	3	Bal.	Ca, Fe, Mg, Mn, K	β-Carotin, K, B$_1$, B$_2$, Pan, B$_6$, Bio, Fol, C
Butter	741	3101	1	83*	240*	1	0			
Butter, halbfett	382	1601	4	40*	140*	4	0			
Butterkäse, Doppelrahmstufe	379	1586	17	35*	81*	0	0		Ca, Cl, Na	A, B$_{12}$
Butterkäse, Rahmstufe	322	1347	21	27*	62	0	0		Ca, Cl, Na	B$_{12}$
Butterkäse, Vollfettstufe	299	1250	22	24*	54	0	0		Ca, Cl, Na	B$_{12}$
Butterkäse, Dreiviertelfettstufe	245	1026	26	15*	36	0	0		Ca, Cl, Na	B$_{12}$
Butterkeks	480	2008	10	21*	62	62	3			
Buttermilch	36	150	3	1	3	4	0		Ca	B$_2$
Buttermilch mit Fruchtzubereitung	75	312	3	0,4	3	14	0,1		Ca	B$_2$
Butterpilz, frisch	11	46	2	0,4	0	0,3	6	Bal.	Cu, Fe, J	D, K, B$_1$, B$_2$, Nia, Pan, Bio, Fol
Butterpilz, getrocknet	115	480	18	4	0	3	61	Bal.	Cu, Fe, J	D, K, B$_1$, B$_2$, Nia, Pan, Bio, Fol
Butterpilz, Konserve, abgetropft	11	44	2	0,3	0	0,3	6	Bal.	Cl, Cu, Na	D, K, B$_2$, Pan, Bio
Butterschmalz	880	3686	0,3	100*	340*	0	0			

DATTEL
....
837

Nahrungsmittel	Energie		Nährstoffe				Ballast-stoffe	Ballast-stoffe	Mineralstoffe	Vitamine
			Eiweiß	Fett	Chole-sterin	Kohlen-hydrate				
	kcal/100g	kJ/100g	g/100g	g/100g	mg/100g	g/100g	g/100g	Portion pro Tag	besonders reich an	

C

Nahrungsmittel	kcal/100g	kJ/100g	Eiweiß g/100g	Fett g/100g	Cholesterin mg/100g	Kohlenhydrate g/100g	Ballaststoffe g/100g	Ballaststoffe Portion pro Tag	Mineralstoffe	Vitamine
Cabanossi	311	1304	13	29*	47	0,3	0,1		Cl, Na	B_{12}
Camembert, Doppelrahmstufe	362	1517	17	33*	93*	0	0		Ca, Cl, Na	A, B_{12}
Camembert, Vollfettstufe	288	1204	21	23*	70*	0	0		Ca, Cl, Na	B_2, B_{12}
Camembert, Dreiviertelfettstufe	209	875	23	13*	35	0	0		Ca, Cl, Na	B_2, B_{12}
Camembert, Halbfettstufe	175	734	24	9	20	0	0		Ca, Cl, Na, P	B_2, B_{12}
Cashewkern, frisch	568	2377	18	42*	0	31	3		Cu, Mg	B_1
Cashewkern, geröstet und gesalzen	583	2440	16	47*	0	25	3		Cl, Cu, Mg, Na	
Cervelatwurst	358	1497	19	31*	73*	0,3	0,1		Cl, Na	B_1, B_{12}
Champignon, frisch	15	64	3	0,2	0	1	2		Cu, J, K	D, K, B_1, B_2, Nia, Pan, Bio
Champignon, getrocknet	211	883	38	3	0	8	28	Bal.	Cu, Fe, Mg, J, K, P	D, K, B_1, B_2, Nia, Pan, Bio
Champignon, Konserve, abgetropft	14	60	3	0,2	0	1	2		Cl, Cu, Na, J	D, B_2, Pan, Bio
Chayote, frisch	24	99	1	0,1	0	5	1		Mg, P	Pan, Fol, C
Chayote, Konserve, abgetropft	19	80	1	0,1	0	4	1		Cl, Na	
Cheddar, Rahmstufe	405	1695	25	34*	105*	0	0		Ca, Na, J	A
Cherimoya, frisch	65	272	2	0,3	0	13	7	Bal.	Mg, K	K, B_1, B_2, C
Cherimoya, Konserve, abgetropft	92	386	1	0,3	0	21	6	Bal.		
Chester, Vollfettstufe	367	1538	27	29*	68	0	0		Ca, Cl, Na, J	
Chicorée, frisch	17	72	1	0,2	0	2	1		Cu, Mg, Mn, K	A, β-Carotin, K, Pan, Bio, Fol
Chili, Pfefferschote, grün, frisch	38	158	1	0,2	0	7	4	.		C
Chili, Pfefferschote, rot, frisch	28	117	2	0,3	0	4	4			β-Carotin, C
Chinakohl, frisch	14	57	1	0,3	0	1	2	Bal.	Mg, Mn, S	A, β-Carotin, K, B_6, Fol, C
Clementine, frisch	46	192	1	0,3	0	9	2	Bal.	Mg, K	A, β-Carotin, B_1, Fol, C
Clementine, Konserve, abgetropft	80	337	1	0,2	0	18	2			
Cocktailkirsche	265	1108	0,4	0,1	0	64	1			
Cocktailwürstchen, Konserve, abgetropft	303	1269	14	28*	57	0,2	0,1		Cl, Na	B_1, Nia, B_{12}
Corned beef	141	591	22	6	70*	0	0		Cl, Na	
Cornflakes	355	1488	7	1	0	79	4		Cl, Na	
Cornflakes mit Zucker/Honig, geröstet	353	1479	7	1	0	79	4		Cl, Na	
Cornichons, Sauerkonserve, abgetropft	11	46	0	0,1	0	2	0,4		Cl, Na	
Cracker, Kräcker	376	1574	10	3	0	75	5		Cl, Na	
Crème fraîche, 20% Fett	205	859	3	20*	65	4	0			
Crème fraîche, 30% Fett	288	1204	3	30*	90*	2	0			
Crème fraîche, 40% Fett	373	1560	2	40*	117*	2	0			
Creme-Eis	188	786	7	9	187*	20	0			K, B_2, Bio, B_{12}
Currywurst	288	1207	12	27*	49	0,3	0,1		Cl, Na, S	B_1, Nia, B_6, B_{12}

D

Nahrungsmittel	kcal/100g	kJ/100g	Eiweiß g/100g	Fett g/100g	Cholesterin mg/100g	Kohlenhydrate g/100g	Ballaststoffe g/100g	Ballaststoffe Portion pro Tag	Mineralstoffe	Vitamine
Danlu, Rahmstufe	345	1445	20	30*	97*	0	0		Ca, Cl, Na	
Dattel, frisch	280	1174	2	1	0	65	9	Bal.	Cl, Cu, Fe, Mg, K	K, B_1, Nia, Pan, B_6, Bio, Fol

DATTEL
838

Nahrungsmittel	Energie		Nährstoffe					Ballast-stoffe	Mineralstoffe	Vitamine
	kcal/100g	kJ/100g	Eiweiß g/100g	Fett g/100g	Cholesterin mg/100g	Kohlenhydrate g/100g	Ballast-stoffe g/100g	Portion pro Tag besonders reich an		
Dattel, getrocknet	285	1194	2	1	0	66	9	Bal.		
Dattelpflaume, frisch	71	297	1	0,3	0	16	3	Bal.	Mn	A, β-Carotin, K, C
Debrecziner	312	1307	13	29*	48	0,3	0,1		Cl, Na	B_{12}
Diabetikerschokolade	409	1712	11	10	1	67	7			
Diätmargarine	709	2967	0,2	80*	1	0,2	0			E
Dickmilch mit Fruchtzubereitung, vollfett	95	399	3	3	11	13	1		Ca	B_2, B_{12}
Dickmilch, entrahmt	34	143	3	0,1	1	4	0		Ca	B_2, B_{12}
Dickmilch, teilentrahmt	46	193	3	1,5	6	4	0		Ca	B_2, B_{12}
Dickmilch, vollfett	64	266	3	3,5	13	4	0		Ca	B_2, B_{12}
Dickmilch, 10% Fett	118	496	3	10	37	4	0		Ca	A, B_2, B_{12}
Dill, frisch	55	232	4	1	0	8	5			β-Carotin, K
Distelöl	879	3682	0	100*	0	0	0			E
Dornhai, frisch	154	644	19	9	74*	0	0		Mg, J, P, S	A, B_2, Nia, Pan, B_6, B_{12}
Dornhai, geräuchert	162	680	20	9	78*	0	0		J, S	Nia, B_{12}

E

Nahrungsmittel	kcal/100g	kJ/100g	Eiweiß g/100g	Fett g/100g	Cholesterin mg/100g	Kohlenhydrate g/100g	Ballast-stoffe g/100g	Portion	Mineralstoffe	Vitamine
Echter Reizker, frisch	14	68	2	1	0	0,1	7	Bal.	Cu, Fe, Mn, J, K	D, K, B_1, Nia, Pan, Bio, Fol
Echter Reizker, getrocknet	127	531	17	6	0	1	62	Bal.	Cu, Fe, Mn, J	D, K, B_1, Nia, Pan, Bio, Fol
Echter Reizker, Konserve, abgetropft	13	56	2	1	0	0,1	7	Bal.	Cl, Cu, Na	D, K, Pan, Bio
Edamer, Vollfettstufe	354	1482	25	28*	59	0	0		Ca, Cl, Na	B_{12}
Edamer, Fettstufe	316	1323	26	23*	52	0	0		Ca, Cl, Na	B_{12}
Edamer, Dreiviertelfettstufe	257	1077	27	16*	37	0	0		Ca, Cl, Na	B_{12}
Ei siehe Hühnerei										
Einlegegurken, Sauerkonserve, abgetropft	12	49	0,4	0,1	0	1	0,2		Cl, Na	
Eis siehe jeweilige Sorte										
Eisbein	154	645	17	9	59	1	0		Cl, Mg, Na, S, Zn	K, B_1, B_2, Nia, B_6, B_{12}
Eisbergsalat, frisch	13	55	1	0,2	0	2	2			A, β-Carotin, K
Emmentaler, Vollfettstufe	383	1604	29	30*	90*	0	0		Ca, P, Zn	B_{12}
Endivie, frisch	11	46	2	0,2	0	0,3	1			A, β-Carotin, K
Ente, Fleisch mit Haut, frisch; siehe a. Wildente	225	944	18	17*	76*	0	0		Cu, Fe, Mg, P, S, Zn	B_1, B_2, Nia, Pan, B_6
Ente, Leber, frisch	131	547	19	5	515*	4	0		Cu, Fe, P, S, Zn	A, D, K, B_1, B_2, Nia, Pan, B_6, Bio, Fol, B_{12}
Erbsen, grün, frisch	82	342	7	0	0	12	5	Bal.	Cu, Fe, Mg, Mn, K, P, Zn	A, β-Carotin, K, B_1, Nia, Pan, B_6, Bio, Fol, C
Erbsen, grün, Konserve, abgetropft	70	294	6	0	0	10	5	Bal.	Cl, Cu, Fe, Mg, Mn, Na	β-Carotin, K, B_1
Erbsen, reif, frisch	278	1162	23	1	0	42	17	Bal.	Cu, Fe, Mg, Mn, K, P, Zn	K, B_1, Pan, Bio, Fol
Erdbeere, frisch	32	134	1	0,4	0	6	2	Bal.	Cu, Fe, Mg, Mn	K, Bio, Fol, C
Erdbeere, Konserve, abgetropft	66	276	0,4	0,2	0	15	1			
Erdnuß, frisch	561	2350	25	48*	0	8	11		Mg, Mn	E, B_1, Nia, Bio, Fol
Erdnuß, geröstet und gesalzen	568	2377	25	48*	0	9	11		Cl, Mg, Mn, Na	E, Nia, Bio
Erdnußflips	529	2216	10	35*	0	45	5		Cl, Na	
Erdnußmark	597	2501	26	50*	0	12	8			Bio
Erdnußöl	879	3681	0	99*	1	0,2	0			
Esrom, Vollfettstufe	313	1312	23	25*	58	0	0		Ca, Cl, Na, Zn	B_{12}

GARNELE

839

Nahrungsmittel	Energie		Nährstoffe				Ballast-stoffe	Ballast-stoffe Portion pro Tag	Mineralstoffe besonders reich an	Vitamine
	kcal/100g	kJ/100g	Eiweiß g/100g	Fett g/100g	Chole-sterin mg/100g	Kohlen-hydrate g/100g	g/100g			
Essig	19	79	0,4	0	0	1	0			
Estragon, frisch	49	207	3	1	0	6	5			K

F

Nahrungsmittel	kcal/100g	kJ/100g	Eiweiß g/100g	Fett g/100g	Cholesterin mg/100g	Kohlenhydrate g/100g	Ballaststoffe g/100g	Ballaststoffe Portion pro Tag	Mineralstoffe	Vitamine
Fasan, frisch	135	566	22	5	71*	0	0		P, S	Nia, Pan, B_6, B_{12}
Feige, frisch	63	264	1	1	0	13	2	Bal.	Ca, Mg, K	K, B_6, Bio
Feige, getrocknet	284	1190	6	2	0	58	9	Bal.	Mg	K
Feige, Konfitüre	279	1169	0	0,2	0	68	1			
Feldsalat, frisch	14	60	2	0,4	0	1	2		J	A, β-Carotin, K
Fenchel, frisch	25	103	2	0,3	0	3	4	Bal.	Ca, Fe, Mg, Mn, K	A, β-Carotin, E, K, B_1, B_2, Fol, C
Fisch siehe jeweilige Sorte										
Fleisch siehe jeweilige Tierart										
Fleischbrühe, Brühwürfel	149	624	17	4	0	11	0		Cl, Na	
Fleischbrühe, klar, verzehrsfertig	4	17	0,4	0,1	0	0,5	0,2		Cl, Na	β-Carotin
Fleischkäse	351	1468	4	38*	31	0,3	0,1		Cl, Na	C
Flunder, frisch	95	399	17	3	50	0	0		Mg, J, P, S	D, B_1, B_2, Nia, B_6, B_{12}
Flunder, geräuchert	101	424	18	3	53	0	0		J, S	D, B_1, Nia, B_{12}
Flußkrebs, frisch	90	377	19	1	139*	1	0		Cu, S	Nia, B_6, B_{12}
Fontina, Rahmstufe	382	1600	26	31*	116*	0	0		Ca, Cl, Na	B_{12}
Forelle siehe Regenbogenforelle und Seeforelle										
Frischkäse mit Früchten, Halbfettstufe	124	521	10	3	11	13	1		Cl, Na, S	B_2, B_{12}
Frischkäse mit Früchten, Viertelfettstufe	93	388	12	2	7	6	1		Cl, Na, P, S	B_2, Nia, B_{12}
Frischkäse mit Kräutern, Doppelrahmstufe	249	1044	9	23*	85*	2	0,3			
Frischkäse mit Kräutern, Rahmstufe	187	784	9	15*	57	3	0,3			
Frischkäse, Doppelrahmstufe	335	1403	11	32*	103*	3	0			
Frischkäse, Rahmstufe	281	1177	14	24*	77*	3	0			
Fruchteis	132	551	1	1	5	28	1			
Früchtemüesli	340	1423	10	6	0	60	9	Bal.	Mg, Mn	B_1
Fruchtzucker	405	1697	0	0	0	100	0			
Frühstücksspeck	697	2918	5	77*	57	0	0			

G

Nahrungsmittel	kcal/100g	kJ/100g	Eiweiß g/100g	Fett g/100g	Cholesterin mg/100g	Kohlenhydrate g/100g	Ballaststoffe g/100g	Ballaststoffe Portion pro Tag	Mineralstoffe	Vitamine
Gans, Fleisch mit Haut, frisch	338	1414	16	31*	86*	0	0		Cu, Fe, Mg, K, P, S, Zn	B_1, B_2, Nia, B_6
Gans, Leber, frisch	131	549	18	4	466*	5	0		Cu, Fe, P, S, Zn	A, D, K, B_1, B_2, Nia, Pan, B_6, Bio, Fol, B_{12}
Gänseleberpastete	210	878	18	14*	164*	2	0,3		Cl, Fe, Na	A, K, B_1, B_2, Pan, B_{12}
Gänseleberwurst mit Trüffeln	251	1050	19	18*	407*	3	0,2		Cl, Cu, Fe, Na	A, K, B_1, B_2, Pan, Bio, Fol, B_{12}
Gänseschmalz	883	3698	0	100*	100*	0	0			
Garnele, Krabbe, frisch	102	425	20	2	152*	1	0		Mg, J, S, Zn	E, Nia, B_{12}
Garnele, Krabbe, Konserve	72	300	15	1	108*	1	0		Cu, Mg, J, S, Zn	E, Nia

GARTENKRESSE
840

Nahrungsmittel	Energie kcal/100g	kJ/100g	Nährstoffe Eiweiß g/100g	Fett g/100g	Cholesterin mg/100g	Kohlenhydrate g/100g	Ballaststoffe g/100g	Ballaststoffe Portion pro Tag	Mineralstoffe besonders reich an	Vitamine
Gartenkresse, frisch; siehe a. Brunnenkresse	38	159	4	1	0	2	3			A, β-Carotin, K, Fol, C
Geflügel siehe jeweilige Sorte										
Geheimratskäse, Vollfettstufe	326	1363	24	25*	59	0	0		Ca, Cl, Na	B₁₂
Gelatine	343	1435	84	0	0	0	0			
Gelbwurst	284	1189	11	27*	46	0,3	0		Cl, Na	B₁
Geleefrüchte	329	1378	2	0,2	0	79	12			
Gemüse siehe jeweilige Sorte										
Gemüsezwiebel, frisch	28	117	1	0,3	0	5	2	Bal.	Mg	K, B₆, Bio, Fol
Gerste, Graupen	339	1421	10	1	0	71	5		Mg, Mn	
Gerste, Grütze	314	1314	8	2	0	66	10	Bal.	Mg, Mn	
Gerste, Vollkorn	320	1338	10	2	0	64	10	Bal.	Mg, Mn	B₁, B₆
Gerste, Vollkornflocken	314	1314	8	2	0	66	10	Bal.	Mg, Mn	
Getreide siehe jeweilige Sorte										
Getreidesprossen, frisch	70	291	3	0,4	0	13	3			
Gorgonzola, Rahmstufe	356	1492	19	31*	102*	0	0		Ca, Cl, Na	
Gouda, Vollfettstufe	365	1527	26	29*	114*	0	0		Ca, Cl, Na	B₁₂
Gouda, Fettstufe	300	1258	25	22*	52	0	0		Ca, Cl, Na	B₁₂
Gouda, Dreiviertelfettstufe	256	1071	27	16*	37	0	0		Ca, Cl, Na, P	B₁₂
Grahambrot	218	911	8	1	0	43	5	Bal.	Cl, Cu, Fe, Mg, Mn, Na, P, Zn	K, B₁, B₂, Nia, Pan, B₆, Bio, Fol
Granatapfel, frisch	78	326	1	1	0	17	2		K	K, Pan
Grapefruit, frisch	50	209	1	0,2	0	9	1		Mg, K	Fol, C
Graubrot, Mehrkornbrot	221	924	6	1	0	46	5	Bal.	Cl, Cu, Fe, Mg, Mn, Na, P, Zn	K, B₁, Fol
Graupen	339	1421	10	1	0	71	5		Mg, Mn	
Greyerzer, Rahmstufe	406	1699	29	32*	110*	0	0		Ca, P	A, B₁₂
Grünkern, Grütze	324	1358	11	3	0	63	9	Bal.	Fe, Mg, Mn, Zn	B₁
Grünkern, Mehl	344	1442	10	2	0	71	6		Mg, Mn, Zn	B₁
Grünkern, Vollkorn	324	1358	11	3	0	63	9	Bal.	Fe, Mg, Mn, Zn	B₁
Grünkohl, frisch	37	155	4	1	0	3	4	Bal.	Ca, Fe, Mg, Mn, J, K, S	A, β-Carotin, E, K, B₁, B₂, Nia, Pan, B₆, Fol, C
Grünkohl, Konserve, abgetropft	33	138	4	1	0	2	4	Bal.	Ca, Cl, Fe, Mg, Mn, Na, J, S	A, β-Carotin, E, K, B₂, C
Guave, frisch	38	158	1	1	0	7	5	Bal.	Mg, K, Zn	β-Carotin, K, B₆, Fol, C
Guave, Fruchtnektar	51	213	0,2	0,1	0	12	0			C
Guave, Konserve, abgetropft	76	318	1	0,4	0	17	5	Bal.		C
Gummibonbon	188	789	1	0	0	45	0			
Gurke, frisch; siehe a. Cornichons, Einlegegurke, Senfgurke	12	51	1	0,2	0	2	1			A, β-Carotin, K, Fol

H

Nahrungsmittel	Energie kcal/100g	kJ/100g	Eiweiß g/100g	Fett g/100g	Cholesterin mg/100g	Kohlenhydrate g/100g	Ballaststoffe g/100g	Ballaststoffe	Mineralstoffe	Vitamine
Hackfleisch, Rind/Schwein, frisch	221	926	19	16*	60	0,3	0		Fe, S, Zn	B₁, B₂, Nia, B₆, B₁₂
Hafer, Flocken	370	1548	13	7	0	63	5		Fe, Mg, Mn, Zn	K, B₁, Bio
Hafer, Grütze	371	1553	13	6	0	66	4		Mg, Mn, Zn	K, B₁, Bio
Hafer, Mehl	375	1568	14	7	0	63	5		Fe, Mg, Mn	K, B₁, Bio
Hafer, Vollkorn	353	1478	12	7	0	60	6		Fe, Mg, Mn, Zn	K, B₁, B₆

HÜHNEREI

Nahrungsmittel	Energie kcal/100g	kJ/100g	Nährstoffe Eiweiß g/100g	Fett g/100g	Cholesterin mg/100g	Kohlenhydrate g/100g	Ballaststoffe g/100g	Ballaststoffe Portion pro Tag	Mineralstoffe besonders reich an	Vitamine
Hagebutte, Konfitüre	296	1238	1	0,2	0	70	2			
Hagebutte, Konzentrat	246	1032	9	1	0	42	0		Cu	β-Carotin, C
Hähnchen, siehe Brathähnchen										
Hallimasch, frisch	15	63	2	1	0	0,1	8	Bal.	Cu, J, K	D, K, B$_1$, B$_2$, Nia, Pan, Bio, Fol
Hallimasch, getrocknet	121	506	17	5	0	1	61	Bal.	Cu, J, K	D, K, B$_2$, Nia, Pan, Bio, Fol
Hallimasch, Konserve, abgetropft	14	60	2	1	0	0,1	7	Bal.	Cl, Cu, Na	D, K, B$_2$, Pan, Bio
Hartkaramelle	391	1635	1	0,3	0	95	0			
Haselnuß, frisch	636	2662	12	62*	0	11	8		Cu, Mg, Mn	E, Bio
Haselnußöl	882	3693	0	100*	0	0	0			
Hase, frisch	116	485	22	3	65	0	0		Fe, Mg, P, S, Zn	Nia, Pan, B$_6$, B$_{12}$
Hecht, frisch	82	344	18	1	70*	0	0		Mg, P, S	D, Nia, B$_{12}$
Hecht, geräuchert	87	366	20	1	74*	0	0		S	D, B$_{12}$
Hefeaufstrichpaste	310	1297	3	33*	1	3	0,3			β-Carotin, E, Fol
Hefebrühe, Extrakt	290	1215	15	21*	0	11	0,3			
Hefeflocken	361	1512	43	5	0	34	0			B$_1$
Hefeteig	307	1287	8	11	58	44	2		Cl, Na	
Heidelbeere, frisch	42	176	1	1	0	7	5	Bal.	Mn	E, K, C
Heidelbeere, Konfitüre	271	1136	0,2	0,2	0	66	2			
Heidelbeere, Konserve, abgetropft	74	308	0,4	0,4	0	16	3	Bal.	Mn	
Heilbutt, frisch	97	405	20	2	32	0	0		Cu, Mg, J, P, S	D, Nia, B$_6$, B$_{12}$
Heilbutt, geräuchert	102	429	21	2	34	0	0		J, S	D, Nia, B$_{12}$
Helva	370	1588	1	2	0	82	2			
Hering, frisch; siehe a. Bismarkhering, Brathering, Matjeshering	206	864	18	15*	91*	0	0		Cu, F, Mg, J, K, P, S	D, E, B$_2$, Nia, Pan, B$_6$, Bio, B$_{12}$
Hering, geräuchert	217	909	19	16*	96*	0	0		F, J, S	D, Nia, B$_{12}$
Hering, gesalzen	198	829	17	15*	93*	0	0		Cl, Cu, F, Mg, Na, J, P, S	D, Nia, Bio, B$_{12}$
Heringsfilet in Tomatensauce	184	771	15	13*	72*	2	0		F, J	D, Nia, B$_{12}$
Herzwurst	280	1172	17	23*	80*	1	0,2		Cl, Na	B$_1$
Himbeere, frisch	34	142	1	0,3	0	5	7	Bal.	Cu, Fe, Mg, Mn	E, K, Fol, C
Himbeere, Konfitüre	268	1124	0	0,1	0	65	2			
Himbeere, Konserve, abgetropft	68	283	1	0,2	0	15	4	Bal.		
Hirnwurst	247	1033	12	22*	733*	1	0,4		Cl, Na	
Hirsch, frisch	113	474	21	3	50	0	0		Fe, Mg, P, S, Zn	B$_1$, B$_2$, Nia, Pan, B$_6$, B$_{12}$
Hirse, ganzes Korn	331	1384	10	4	0	64	13	Bal.	Fe, Mg, Zn	B$_6$
Hirse, Mehl	345	1443	6	2	0	75	2		Cu, Fe, Mg, Mn	B$_6$
Holunderbeere, Konfitüre	273	1145	1	0,2	0	66	1			
Holunderbeere, Konzentrat	265	1109	15	3	0	40	0		Mn	
Honig	306	1283	0,4	0	0	75	0			
Hornhecht, frisch	111	464	21	3	82*	0	0		Cu, Mg, J, P, S	D, E, Nia, B$_6$, B$_{12}$
Huhn siehe Brathähnchen, Poularde, Suppenhuhn										
Hühnerbrühe, gekörnt	149	624	17	4	0	11	0		Cl, Na	
Hühnerbrühe, klar, verzehrsfertig	4	16	0,4	0,1	0	0,4	0,1		Cl, Na	β-Carotin
Hühnerei, Eigelb	348	1459	16	32*	1260*	0,3	0			D, K, Bio
Hühnerei, Eiweiß	50	208	11	0,2	0	1	0			

HÜHNEREI
842

Nahrungsmittel	Energie		Nährstoffe				Ballast-stoffe	Ballast-stoffe Portion pro Tag	Mineralstoffe besonders reich an	Vitamine
	kcal/100g	kJ/100g	Eiweiß g/100g	Fett g/100g	Chole-sterin mg/100g	Kohlen-hydrate g/100g	g/100g			
Hühnerei, frisch	154	646	13	11	396*	1	0			D, K, Bio, B_{12}
Hühnerei, Volleipulver	566	2369	46	42*	1440*	2	0			D, K, B_2, Pan, Bio, B_{12}
Hummer, frisch	86	361	19	1	95*	1	0		Cu, Na, J, S	Nia, Pan, B_6, B_{12}
Hüttenkäse, Halbfettstufe	102	428	13	4	16	3	0		Cl, Na, J, P, S	B_2, Nia, Pan, Bio, B_{12}
Hüttenkäse, Viertelfettstufe	90	376	14	3	10	2	0		Ca, Cl, Na, J, P, S	B_2, Nia, Pan, Bio, B_{12}
Hüttenkäse, Magerstufe	81	341	13	1	5	3	0		Cl, Na, J, P, S	B_2, Nia, B_{12}

I

Nahrungsmittel	kcal/100g	kJ/100g	Eiweiß g/100g	Fett g/100g	Chole-sterin mg/100g	Kohlen-hydrate g/100g	Ballast-stoffe g/100g	Portion pro Tag	Mineralstoffe	Vitamine
Ingwer, frisch	50	211	1	1	0	9	1			
Ingwer, kandiert	260	1090	1	0,4	0	63	0,4			

J

Nahrungsmittel	kcal/100g	kJ/100g	Eiweiß g/100g	Fett g/100g	Chole-sterin mg/100g	Kohlen-hydrate g/100g	Ballast-stoffe g/100g	Portion pro Tag	Mineralstoffe	Vitamine
Jagdwurst	229	960	16	18*	58	0,2	0,1		Cl, Na	B_1
Jakobsmuschel, Pilgermuschel, frisch	77	322	11	1	150*	6	0		Cl, Cu, Fe, Mg, J, S, Zn	D, B_{12}
Jakobsmuschel, Pilgermuschel, Präserve, abgetropft	119	500	10	7	136*	5	0		Cl, Cu, Fe, Mg, Na, J, S	D, E, B_{12}
Jambos, frisch	34	143	1	0,3	0	7	3	Bal.		K, C
Jambos, Konserve, abgetropft	73	305	0	0,2	0	17	3			
Jamswurzel, frisch	101	424	2	0,1	0	22	6	Bal.	Cu, Mg, K	K, B_1, B_6, Fol
Jarlsberg, Vollfettstufe	349	1462	27	27*	69*	0	0		Ca, Cl, Na	B_{12}
Jodsalz	0	0	0	0	0	0	0		Cl, Na, J	
Joghurt mit Früchten, fettarm	83	346	3	1	4	14	1		Ca	B_2
Joghurt mit Früchten, vollfett	99	414	3	3	12	14	1		Ca	B_2
Joghurt, entrahmt	38	159	4	0,1	1	4	0		Ca	B_2, B_{12}
Joghurt, teilentrahmt	46	193	3	1,5	5	4	0		Ca	B_2, B_{12}
Joghurt, vollfett	66	275	3	3,5	14	4	0		Ca	B_2, B_{12}
Joghurt, 10 % Fett	118	496	3	10	37	4	0		Ca	A, B_2, B_{12}
Johannisbeere, rot, frisch	43	181	1	0,2	0	7	7	Bal.	Mg, Mn, K	K, C
Johannisbeere, rot, Konfitüre	272	1138	0,4	0,1	0	66	3			
Johannisbeere, rot, Konserve, abgetropft	75	313	1	0,1	0	16	5	Bal.		
Johannisbeere, schwarz, frisch	57	239	1	0,2	0	10	7	Bal.	Cu, Fe, Mg, Mn, K	E, K, C
Johannisbeere, schwarz, Fruchtnektar	70	294	0,3	0	0	16				C
Johannisbeere, schwarz, Konserve, abgetropft	82	342	1	0,1	0	17	5	Bal.		C
Johannisbeere, weiß, frisch	51	213	1	0,2	0	9	6	Bal.	Cu, Fe, Mn, K	K, B_1, C
Jujube, frisch	108	451	1	0,3	0	24	4	Bal.	K	K, Fol, C

K

Nahrungsmittel	kcal/100g	kJ/100g	Eiweiß g/100g	Fett g/100g	Chole-sterin mg/100g	Kohlen-hydrate g/100g	Ballast-stoffe g/100g	Portion pro Tag	Mineralstoffe	Vitamine
Kabeljau, frisch	77	321	17	1	50	0	0		Cu, Mg, J, P, S	D, Nia, B_6, B_{12}
Kabeljau, geräuchert	81	341	19	1	53	0	0		J, Mg, S	D, Nia
Kabeljau, Konserve in Öl, abgetropft	142	596	15	9	45	0	0		Cl, J, Na, S	D, E
Kabeljau, Konserve, abgetropft	75	316	17	1	49	0	0		Cl, J, Na, S	D

KARPFEN

Nahrungsmittel	Energie		Nährstoffe				Ballast-stoffe	Ballast-stoffe	Mineralstoffe	Vitamine
			Eiweiß	Fett	Chole-sterin	Kohlen-hydrate				
	kcal/100g	kJ/100g	g/100g	g/100g	mg/100g	g/100g	g/100g	Portion pro Tag	besonders reich an	
Kaki, frisch	71	297	1	0,3	0	16	3	Bal.	Mn	A, β-Carotin, K, C
Kalb, Bratenfleisch, frisch	107	447	20	3	70*	0	0		Mg, P, S, Zn	K, B_2, Nia, Pan, B_6, B_{12}
Kalb, Bries, frisch	100	418	17	3	268*	0	0		P, S, Zn	Nia, Pan, B_{12}, C
Kalb, Brust, frisch	131	549	19	6	73*	0	0		Fe, Mg, P, S, Zn	K, B_2, Nia, Pan, B_6, B_{12}
Kalb, Filet, frisch	111	466	20	3	70*	0	0		Mg, P, S, Zn	K, B_2, Nia, Pan, B_6, B_{12}
Kalb, Fricandeau, frisch	102	427	21	2	70*	0	0		Fe, Mg, P, S, Zn	K, B_2, Nia, Pan, B_6, B_{12}
Kalb, Gulasch, frisch	125	523	19	5	70*	0	0		Mg, P, S, Zn	K, B_2, Nia, Pan, B_6, B_{12}
Kalb, Herz, frisch	105	441	17	4	104*	0,1	0		Cu, Fe, J, S	D, B_1, B_2, Nia, Pan, B_6, B_{12}
Kalb, Hinterhaxe, frisch	123	513	21	4	70*	0	0		Fe, Mg, P, S, Zn	K, B_2, Nia, Pan, B_6, B_{12}
Kalb, Hinterhaxe, gepökelt, ungeräuchert	104	436	17	3	56	1	0		Cl, Fe, Mg, Na, S, Zn	B_2, Nia, B_6, B_{12}
Kalb, Hirn, frisch	117	488	10	8	2000*	1	0		Fe, P	B_2, Nia, Pan, B_{12}
Kalb, Keule, frisch	102	427	21	2	70*	0	0		Fe, Mg, P, S, Zn	K, B_2, Nia, Pan, B_6, B_{12}
Kalb, Keule, gepökelt und geräuchert	89	374	18	1	59	1	0		Cl, Fe, Mg, Na, P, S, Zn	B_2, Nia, Pan, B_6, B_{12}
Kalb, Kotelett, frisch	146	613	19	8	70*	0	0		Fe, Mg, P, S, Zn	K, B_2, Nia, Pan, B_6, B_{12}
Kalb, Leber, frisch	139	582	20	4	360*	5	0		Cu, Fe, P, S, Zn	A, K, B_1, B_2, Nia, Pan, B_6, Bio, Fol, B_{12}
Kalb, Lunge, frisch	86	362	16	2	150*	0	0		Cu, Fe, S	B_2, Nia, Pan, B_{12}, C
Kalb, Nacken, frisch	128	537	20	6	70*	0	0		Fe, Mg, P, S, Zn	B_2, Nia, Pan, B_6, B_{12}
Kalb, Niere, frisch	112	470	16	5	364*	1	0		Cu, Fe, P, S, Zn	A, B_1, B_2, Nia, Pan, B_6, Bio, Fol, B_{12}
Kalb, Nuß, frisch	102	427	21	2	70*	0	0		Fe, Mg, P, S, Zn	K, B_2, Nia, Pan, B_6, B_{12}
Kalb, Roulade, frisch	102	427	21	2	70*	0	0		Fe, Mg, P, S, Zn	K, B_2, Nia, Pan, B_6, B_{12}
Kalb, Rücken, frisch	146	613	19	8	70*	0	0		Fe, Mg, P, S, Zn	K, B_2, Nia, Pan, B_6, B_{12}
Kalb, Schnitzel, frisch	112	471	21	3	70*	0	0		Fe, Mg, P, S, Zn	K, B_2, Nia, Pan, B_6, B_{12}
Kalb, Schulter (Bug), frisch	107	447	20	3	70*	0	0		Mg, P, S, Zn	K, B_2, Nia, Pan, B_6, B_{12}
Kalb, Steak, frisch	105	439	20	3	70*	0	0		Fe, Mg, P, S, Zn	K, B_2, Nia, Pan, B_6, B_{12}
Kalb, Vorderhaxe, frisch	123	513	21	4	70*	0	0		Fe, Mg, P, S, Zn	K, B_2, Nia, Pan, B_6, B_{12}
Kalb, Vorderhaxe, gepökelt und geräuchert	107	447	17	4	59	1	0		Cl, Fe, Mg, Na, P, S, Zn	B_2, Nia, B_6, B_{12}
Kalb, Vorderhaxe, gepökelt, ungeräuchert	104	436	17	3	56	1	0		Cl, Fe, Mg, Na, P, S, Zn	B_2, Nia, B_6, B_{12}
Kalb, Zunge, frisch	180	754	17	12*	100*	2	0		Fe, S, Zn	B_1, B_2, Nia, Pan, B_{12}
Kalb, Zunge, gepökelt, ungeräuchert	169	708	16	10	89*	3	0		Cl, Fe, Na, S, Zn	B_2, Nia, Pan, B_{12}
Kalbfleischsülze	148	619	18	5	72*	7	0,2		Cl, Na, S, Zn	K, B_1, B_2, Nia, B_{12}
Kalbfleischwurst	320	1340	13	30*	61	0,2	0		Cl, Na	
Kalbsleberwurst	322	1348	17	28*	188*	2	0,1		Cl, Fe, Na	A, K, B_2, Pan, B_{12}
Kalbsleberwurst, grob	408	1709	14	39*	123*	1	0,1		Cl, Na	A, B_1, B_2, B_{12}
Kaninchen, frisch; siehe a. Wildkaninchen	146	610	19	8	76*	0	0		Fe, Mg, P, G, Zn	Nia, Pan, B_6, B_{12}
Kapstachelbeere, frisch	76	319	2	1	0	13	1		Fe, Mn	A, β-Carotin, K, Nia, C
Karambole, frisch	27	111	1	1	0	4	2			K, Fol, C
Karausche, frisch	116	485	17	5	67	0	0		Mg, K, P, S	D, E, Nia, Bio, B_{12}
Karausche, geräuchert	123	515	18	6	71*	0	0		Mg, S	D, E, B_{12}
Kardone, frisch	22	92	1	0,1	0	4	3	Bal.	Ca, Cu, Mg, Mn, Na, K	K, Bio, Fol
Karpfen, frisch	116	484	18	5	67	0	0		Mg, K, P, S	Nia, Bio, B_{12}

KARPFEN
844

Nahrungsmittel	Energie		Nährstoffe				Ballast-stoffe	Ballast-stoffe Portion pro Tag	Mineralstoffe besonders reich an	Vitamine
			Eiweiß	Fett	Chole-sterin	Kohlen-hydrate				
	kcal/100g	kJ/100g	g/100g	g/100g	mg/100g	g/100g	g/100g			
Karpfen, geräuchert	123	513	19	5	71*	0	0		Mg, S	D, B_{12}
Kartoffel, frisch	71	298	2	0,1	0	15	2	Bal.	Mg, K	K, B_1, Nia, Pan, B_6, Fol, C
Kartoffel, Konserve, abgetropft	64	267	2	0,1	0	13	2	Bal.	Cl, Mg, Na, K	K
Kartoffelbreipulver	328	1375	9	1	0	71	15			
Kartoffelchips	535	2242	5	39*	0	41	3			E, B_6
Kartoffelkloß, Trockenprodukt	325	1360	6	0,3	0	74	6		Cl, Na	B_6
Kartoffelstärke	341	1427	1	0,1	0	83	0,1			
Kartoffelwurst	426	1782	8	42*	45	5	1		Cl, Na	
Käse siehe jeweilige Sorte										
Kasseler Rippenspeer, roh, geräuchert	147	615	17	8	51	1	0		Cl, Mg, Na, S	K, B_1, B_2, Nia, B_6, B_{12}
Kastanie, Marone, geröstet	241	1011	2	11	0	33	8	Bal.	Mg, Mn, E	
Kastanienpüree	179	750	3	2	0	37	6			
Katenrauchwurst	316	1323	17	28*	65	0,2	0		Cl, Na	B_1
Kaugummi	387	1620	0,1	0	0	95	0			
Kaviar echt	259	1085	26	16*	300*	4	0		Na	D, E, B_{12}
Kaviarersatz	102	426	18	3	332*	2	0		Cl, Na, J	D, E, B_1, B_{12}
Kefir mit Früchten, vollfett	99	416	3	3	11	14	1		Ca	B_2
Kefir, teilentrahmt	50	208	3	1,5	6	4	0		Ca	B_2, B_{12}
Kefir, vollfett	66	277	3	3,5	13	4	0		Ca	B_2, B_{12}
Kerbel, frisch	48	201	4	1	0	6	5			β-Carotin, K
Kichererbsen, getrocknet	325	1361	18	6	0	48	12	Bal.	Cu, Fe, Mg, Mn, Zn	β-Carotin, E, K, B_1, Nia, Fol
Kichererbsen, Konserve, abgetropft	125	522	7	3	0	17	5	Bal.	Cl, Cu, Fe, Mg, Mn, Na, Zn	A, β-Carotin, E, K, B_1, Nia
Kichererbsensprossen, frisch	32	135	5	0,3	0	2	2			Fol
Kidneybohnen, frisch	251	1051	22	1	0	37	21	Bal.	Cu, Fe, Mg, Mn, K, P, Zn	K, B_1, Fol
Kidneybohnen, Konserve	63	262	6	0,3	0	9	5	Bal.	Cl, Cu, Fe, Mg, Mn, Na, K	K
Kirsche siehe Sauerkirsche, Süßkirsche										
Kiwi, frisch	61	255	1	1	0	11	4	Bal.	Mg, K	β-Carotin, K, Fol, C
Kiwi, Konfitüre	278	1166	0,4	0,2	0	67	1			
Kiwi, Konserve, abgetropft	92	384	1	1	0	19	3	Bal.		β-Carotin
Klippfisch	158	663	36	1	105*	0	0		Cl, Cu, Mg, Na, J, K, P, S	D, Nia, B_6, B_{12}
Klosterkäse, Deutschland, Doppelrahmstufe	379	1586	17	35*	81*	0	0		Ca, Cl, Na	B_{12}
Klosterkäse, Deutschland, Rahmstufe	342	1432	21	29*	67	0	0		Ca, Cl, Na	B_{12}
Knäckebrot	358	1498	11	2	0	73	4		Cl, Na	
Knacker	271	1136	12	25*	46	0,2	0		Cl, Na	B_1, Nia, B_6, B_{12}
Knoblauch, frisch	142	593	6	0,1	0	28	2			K
Knoblauchwurst	351	1471	14	33*	53	0,2	0		Cl, Na	B_1, B_{12}
Knollensellerie, frisch; siehe a. Bleichsellerie	19	81	2	0,3	0	2	4	Bal.	Ca, Cl, Cu, K	K, Pan, B_6
Knollensellerie, Gemüsesaft	16	69	2	0,2	0	2	0,4		Cl, Na, K	K
Knollensellerie, gesäuert	11	44	1	0,1	0	1	2			K
Kochkäse, Vollfettstufe	219	916	12	17*	40	3	0			B_{12}
Kochkäse, Viertelfettstufe	103	432	15	3	7	4	0			B_{12}

LACHS

Nahrungsmittel	Energie		Nährstoffe					Ballaststoffe	Mineralstoffe	Vitamine
			Eiweiß	Fett	Cholesterin	Kohlenhydrate	Ballaststoffe			
	kcal/100g	kJ/100g	g/100g	g/100g	mg/100g	g/100g	g/100g	Portion pro Tag	besonders reich an	
Kochmettwurst, Norddeutsche	306	1280	18	26*	63	0,2	0,1		Cl, Na	B_1, B_{12}
Kohl siehe jeweilige Sorte										
Köhler, frisch	82	344	18	1	71*	0	0		Mg, J, K, P, S	D, B_2, Nia, B_6, Bio, B_{12}
Köhler, geräuchert	87	366	19	1	75*	0	0		J, S	D, Nia, B_{12}
Kohlrabi, frisch	25	103	2	0,1	0	4	2	Bal.	Ca, Cu, Fe, Mg, K	β-Carotin, K, Nia, B_6, Fol, C
Kohlrabi, Konserve, abgetropft	21	86	2	0,1	0	3	1		Cl, Mg, Na	
Kohlrübe, frisch	27	115	1	0,2	0	5	2	Bal.	Mg, K	B_6, Fol, C
Kohlrübe, Konserve, abgetropft	22	94	1	0,1	0	4	2	Bal.	Cl, Na	
Kokosfett	878	3677	1	99*	1	0	0			
Kokosmilch	24	102	0,3	0,4	0	5	0			
Kokosnuß, frisch	358	1498	4	37*	0	5	9		Mn	
Kokosnuß, geraspelt	610	2555	6	63*	0	6	20	Bal.	Mn	
Kondensmilch, 10% Fett	176	738	9	10	38	13	0			
Kondensmilch, 7,5% Fett	133	557	7	7,5	28	10	0			
Kondensmilch, 4% Fett	111	463	8	4	16	11	0			
Kondensmilch, gezuckert, 10% Fett	343	1434	8	10	36	54	0			
Kondensmilch, gezuckert, 7,5% Fett	330	1383	8	7,5	29	56	0			
Kondensmilch, gezuckert, 4% Fett	297	1245	8	4	16	57	0			
Kopfsalat, frisch	12	49	1	0,2	0	1	2			A, β-Carotin, K
Krakauer, Brühwurst	201	842	22	12*	71*	0,2	0		Cl, Na	B_1, B_{12}
Kräuter siehe jeweilige Sorte										
Kräuterbutter	650	2721	1	73*	202*	1	0			
Kräuteressig	20	82	0,4	0	0	1	0			
Kräutersalz	21	90	1	0,2	0	4	2		Cl, Na	
Krebstier, frisch	91	382	19	1	138*	1	0		Mg, J, S, Zn	E, Nia, B_{12}
Krokant	451	1890	2	12*	0	82	2			
Kuhmilch, entrahmt	36	151	4	0,1	2	5	0		Ca	B_2, B_{12}
Kuhmilch, fettarm	48	203	3	1,5	6	5	0		Ca	B_2, B_{12}
Kuhmilch, vollfett	64	269	3	3,5	13	5	0		Ca	B_2, B_{12}
Kuhmilch, Vorzugsmilch	67	281	3	4	14	5	0		Ca	B_2, B_{12}
Kumquat, frisch	68	286	1	0,3	0	15	4	Bal.	Mg, Na	β-Carotin, B_1, C
Kunsthonig	336	1406	0,2	0	0	83	0			
Kürbis, frisch	27	112	1	0,2	0	5	1		Fe, Mg, Mn, K	A, β-Carotin, B_1, Nia, Pan, B_6, Fol, C
Kürbis, gesäuert	14	58	1	0,1	0	2	0,4			β-Carotin
Kürbis, Konserve, abgetropft	22	93	1	0,2	0	4	1		Cl, Mg, Na	A, β-Carotin
Kürbiskern, frisch	560	2344	24	46*	0	14	9		Cu, Fe, Mg, P, Zn	
Kürbiskernöl	879	3682	0	100*	0	0	0			
Kutteln, frisch	94	394	15	4	95*	0	0		Fe, Zn	Nia

L

Nahrungsmittel	kcal/100g	kJ/100g	g/100g	g/100g	mg/100g	g/100g	g/100g			
Lachs, frisch	131	547	18	6	35	0	0		Cu, Mg, J, K, P, S	D, E, B_1, B_2, Nia, Pan, B_6, Bio, B_{12}
Lachs, geräuchert	138	579	19	7	37	0	0		J, S	D, Nia, B_6, B_{12}
Lachs, Konserve in Öl, abgetropft	169	709	16	12*	33	0	0		Cl, Na, J	D, E, Nia, B_6, B_{12}

LACHS
846

Nahrungsmittel	Energie		Nährstoffe					Ballast-stoffe	Mineralstoffe	Vitamine
			Eiweiß	Fett	Cholesterin	Kohlenhydrate	Ballaststoffe			
	kcal/100g	kJ/100g	g/100g	g/100g	mg/100g	g/100g	g/100g	Portion pro Tag	besonders reich an	
Lachs, Konserve, abgetropft	129	540	18	6	34	0	0		Cl, Na, J	D, Nia, B_6, B_{12}
Lakritze	375	1571	4	1	0	86	2			
Lamm, Braten, frisch	222	929	17	17*	70*	0	0		Fe, Mg, S, Zn	B_2, Nia, B_{12}
Lamm, Brust, frisch	163	681	20	9	66	0	0		Fe, Mg, P, S, Zn	B_1, B_2, Nia, B_{12}
Lamm, Gulasch, frisch	139	582	20	7	66	0	0		Fe, Mg, P, S, Zn	B_1, B_2, Nia, B_{12}
Lamm, Hinterhachse, frisch	195	817	19	13*	72*	0	0		Fe, Mg, S, Zn	B_2, Nia, B_{12}
Lamm, Keule, frisch	123	516	21	5	64	0	0		Fe, Mg, P, S, Zn	B_1, B_2, Nia, B_{12}
Lamm, Kotelett, frisch	212	886	18	16*	66	0	0		Fe, Mg, P, S, Zn	B_1, B_2, Nia, B_{12}
Lamm, Rücken, frisch	201	842	19	14*	65	0	0		Fe, Mg, P, S, Zn	B_1, B_2, Nia, B_{12}
Lamm, Schulter, frisch	139	582	20	7	66	0	0		Fe, Mg, P, S, Zn	B_1, B_2, Nia, B_{12}
Lamm, Vorderhachse, frisch	195	817	19	13*	72*	0	0		Fe, Mg, S, Zn	B_2, Nia, B_{12}
Landjäger	374	1566	14	36*	53	0,3	0		Cl, Na, S, Zn	B_1, Nia, B_{12}
Languste, frisch	102	428	21	2	140*	1	0		Cu, J, S, Zn	Nia, Pan
Laugengebäck	340	1423	9	3	0	69	4		Cl, Mn, Na, P	
Leberkäs(e)	283	1184	17	24*	68	0,4	0,1		Cl, Fe, Na, S, Zn	A, B_1, B_2, Nia, B_6, B_{12}
Leberpastete	266	1113	15	23*	128*	1	0		Cl, Fe, Na	A, B_1, B_2, B_{12}
Lebertran	882	3693	0	100*	850*	0	0		J	A, D
Leberwurst, fein	357	1494	16	32*	185*	2	0,1		Cl, Fe, Na	A, K, B_1, B_2, Pan, B_{12}
Leberwurst, grob	322	1347	17	28*	159*	1	0,1		Cl, Fe, Na	A, K, B_1, B_2, B_{12}
Leberwurst, hausgemacht	436	1827	11	44*	138*	1	0		Cl, Na	A, B_2, B_{12}
Leinöl	879	3682	0	100*	7	0	0			
Leinsamen, frisch	372	1558	24	31*	0	0	35	Bal.	Mg	
Leng, frisch	83	346	19	1	50	0	0		Cu, Mg, J, P, S	D, Nia, B_6, Bio, B_{12}
Leng, geräuchert	88	367	20	1	53	0	0		J, Mg, S	D, Nia, B_{12}
Liebstöckel, frisch	42	177	4	1	0	5	3			β-Carotin, K
Limabohnen, reif, frisch	257	1077	21	1	0	40	19	Bal.	Cu, Fe, Mg, Mn, K, Zn	K, B_1, B_6, Fol
Limabohnen, reif, Konserve	64	268	5	0,3	0	10	5	Bal.	Cl, Cu, Fe, Mg, Mn, Na, K	K, Fol
Limburger, Fettstufe	270	1130	23	20*	46	0	0		Cl, Na	B_{12}
Limburger, Halbfettstufe	188	788	26	9	21	0	0		Ca, Cl, Na	B_{12}
Limette, frisch	47	195	1	2	0	2	1			C
Linsen, reif, frisch	309	1293	24	1	0	49	11	Bal.	Cu, Fe, Mg, Mn, K, P, Zn	K, B_1, Pan, B_6, Fol
Linsen, reif, Konserve, abgetropft	77	322	6	0,3	0	12	3	Bal.	Cl, Cu, Fe, Mg, Mn, Na, Zn	K
Linsensprossen, frisch	119	499	9	1	0	19	3			Fol
Loganbeere, frisch	26	108	1	0	0	3	6	Bal.	Cu, Fe, Mg, Mn, K	K, Fol, C
Loganbeere, Konserve, abgetropft	70	292	1	0	0	15	5	Bal.	Mn	
Longane, frisch	49	207	1	1	0	9	1		Cu, K	K, B_2, C
Longane, Konserve, abgetropft	83	349	1	1	0	18	1			
Loquat, frisch	53	223	1	0,2	0	12	2		K	A, β-Carotin, K
Löwenzahn	54	228	3	1	0	9	3		Fe	A, β-Carotin, K
Luzerne, Alfalfa, Sprossen, frisch	32	134	4	1	0	2	2		Fe	A, β-Carotin, K
Lychee, frisch	76	319	1	0,3	0	17	2		Cu	K, Fol, C
Lychee, Konserve, abgetropft	98	411	1	0,3	0	23	1			
Lyoner Wurst, Deutschland	252	1056	16	21*	59	0,2	0		Cl, Na	B_1
Lyoner Wurst, grob, Deutschland	308	1291	16	27*	62	0,2	0,1		Cl, Na	B_1

METTWURST

Nahrungsmittel **M**	Energie kcal/100g	kJ/100g	Nährstoffe Eiweiß g/100g	Fett g/100g	Cholesterin mg/100g	Kohlenhydrate g/100g	Ballaststoffe g/100g	Ballaststoffe Portion pro Tag	Mineralstoffe besonders reich an	Vitamine
Macadamianuß, frisch	676	2829	8	73*	0	0	15	Bal.	Mg, Mn	
Macadamianuß, geröstet und gesalzen	692	2897	7	75*	0	0	13	Bal.	Cl, Mg, Na	Fol
Mais, Grieß	345	1444	9	1	0	74	5			K
Mais, Mehl	354	1482	8	3	0	73	3			K, B_1
Mais, Stärke	351	1469	0,4	0,1	0	86	1			
Maisbrot	240	1005	8	2	0	47	4	Bal.	Cl, Cu, Fe, Mg, Mn, Na, P, Zn	K, B_1, B_2, Nia, Bio, Fol
Maiskeimöl	883	3696	0	100*	1	0	0			E
Majoran, frisch	46	194	2	1	0	7	3			
Makrele, frisch	182	763	19	12*	75*	0	0		Mg, J, K, P, S	D, E, B_1, B_2, Nia, B_6, B_{12}
Makrele, geräuchert	192	804	20	13*	79*	0	0		J, S	D, B_2, Nia, B_{12}
Makrele, Konserve in Öl, abgetropft	196	821	17	14*	72*	0	0		Cl, Na, J	D, E, Nia, B_{12}
Mandarine, frisch	50	210	1	0,3	0	10	2	Bal.	Mg, K	A, β-Carotin, B_1, C
Mandarine, Konfitüre	274	1149	0,3	0,1	0	67	1			
Mandarine, Konserve, abgetropft	83	348	1	0,2	0	19	2			β-Carotin
Mandel, frisch	569	2383	19	54*	0	4	15	Bal.	Cu, Mg, Mn	E, B_2
Mandel, geröstet und gesalzen	574	2405	20	53*	0	7	13	Bal.	Cl, Cu, Mg, Mn, Na	E, Bio
Mandelmus	663	2777	15	59*	0	20	2		Mg	
Mandelöl	882	3693	0	100*	0	0	0			E
Mango, frisch	60	252	1	0	0	13	2		Mg	A, β-Carotin, E, K, B_6, Fol, C
Mango, Konfitüre	278	1164	0,2	0,2	0	68	1			
Mango, Konserve, abgetropft	89	371	1	0,4	0	20	2			A, β-Carotin
Mangold, frisch	25	106	2	0,3	0	3	3	Bal.	Ca, Fe, Mg, Mn, Na, K	A, β-Carotin, E, K, B_1, B_2, Fol, C
Mangostane, frisch	74	309	1	1	0	16	1		Mg	K, B_1
Maracuja, frisch	80	335	2	0,4	0	13	1		Fe, K	β-Carotin, K, B_1, Nia, B_6, Bio, Fol, C
Maracuja, Konfitüre	285	1195	1	0,1	0	68	1			
Margarine, halbfett	362	1514	2	40*	4	0,4	0			
Margarine, pflanzlich	709	2970	0,2	80*	7	0,4	0			
Marzipan, Rohmasse	512	2143	12	35*	0	37	10			E
Matjeshering, frisch	274	1146	18	23*	130*	0	0		Cu, F, Mg, J, K, P, S	D, E, B_2, Nia, Pan, B_6, Bio, B_{12}
Maulbeere, frisch	44	186	1	0	0	8	2		Fe, Mg, Mn, K	K
Mayonnaise, 50 % Fett	482	2018	1	52*	52	5	0			
Mayonnaise, 80 % Fett	743	3112	1	83*	237*	2	0			
Meeräsche, frisch	117	488	19	4	34	0	0		F, Mg, J, K, P, S	D, B_2, Nia, B_6, B_{12}
Meerrettich, frisch	64	266	3	0,3	0	12	8			
Meersalz	0	0	0	0	0	0	0		Cl, Na, J	
Mehrkornbrot	221	924	6	1	0	46	5	Bal.	Cl, Cu, Fe, Mg, Mn, Na, P, Zn	K, B_1, Fol
Melde, frisch	25	106	2	0,3	0	3	3	Bal.	Ca, Cu, Fe, Mg, Mn, Na, K	A, β-Carotin, E, K, B_1, B_2, Fol, C
Melone siehe Wassermelone, Zuckermelone							0			
Meringue, Baiser	364	1524	6	0,1	0	84	0			
Mettwurst, grob	340	1422	18	30*	71*	0,2	0,1		Cl, Na	B_1
Mettwurst, luftgetrocknet	337	1410	18	30*	69*	0,2	0,1		Cl, Na	B_1

METTWURST

Nahrungsmittel	Energie		Nährstoffe				Ballast-stoffe	Ballast-stoffe	Mineralstoffe	Vitamine
			Eiweiß	Fett	Cholesterin	Kohlenhydrate				
	kcal/100g	kJ/100g	g/100g	g/100g	mg/100g	g/100g	g/100g	Portion pro Tag	besonders reich an	
Mettwurst, schnittfest	352	1472	14	33*	53	0,2	0		Cl, Na	B_1, B_{12}
Mettwurst, streichfähig	369	1544	17	34*	69*	0,2	0,1		Cl, Na	B_1
Mettwurst, grob	340	1422	18	30*	71*	0,2	0,1		Cl, Na	B_1
Miesmuschel, frisch	67	280	10	1	126*	4	0		Cl, Fe, Mg, Na, J, S, Zn	D, B_{12}
Miesmuschel, Konserve in Öl, abgetropft	132	553	8	10	114*	3	0		Cl, Na, J	D, E, B_{12}
Miesmuschel, Konserve, abgetropft	66	276	10	1	125*	4	0		Cl, Na, J	D, B_{12}
Milch, siehe Kuh-, Schaf- und Ziegenmilch										
Milchschokolade	536	2245	9	32*	9	54	1			
Milchschokolade mit Erdnüssen	519	2171	9	32*	9	49	6			
Milchschokolade, Blätterkrokant	503	2105	7	30*	0	51	7		Mn	
Milchschokolade, Crunch	521	2180	9	33*	9	48	6			
Milchschokolade, Mokka	520	2179	8	31*	10	52	5			
Milchschokolade, Nougat	515	2157	8	31*	9	52	5			
Milchschokolade, Vollmilch-Nuß	521	2183	9	32*	9	49	6			
Milchspeiseeis	85	355	2	2	9	13	0			
Milchzucker	405	1697	0	0	0	100	0			
Milzwurst	290	1214	17	25*	104*	0,2	0,1		Cl, Na	B_{12}
Mirabelle, frisch	64	269	1	0,2	0	14	1	Bal.	Mg, K	β-Carotin, K, B_1
Mirabelle, Konfitüre	280	1171	0,3	0,1	0	68	0			
Mirabelle, Konserve, abgetropft	91	381	1	0,2	0	21	1			
Mispel, frisch	49	204	1	0,2	0	11	10	Bal.	Cu, Mg, K	
Mispel, Konfitüre	274	1147	0,2	0,1	0	67	4			
Mispel, Konserve, abgetropft	81	340	0,4	0,2	0	19	9	Bal.		
Mispel, Japanische, frisch	53	223	1	0,2	0	12	2		K	A, β-Carotin, K
Mixed Pickles	1	6	0,1	0	0	0,2	0,1		Cl, Na	
Mohn, entölt	186	777	34	2	0	7	35	Bal.	Ca, Fe, Mg, Mn, Zn	
Mohn, frisch	472	1976	20	42*	0	4	21		Ca, Mg, Mn	
Möhre, frisch	26	108	1	0,2	0	5	4	Bal.	Fe, Mg, Mn, J, K	A, β-Carotin, K, B_1, Bio, Fol
Möhre, Gemüsesaft	22	91	1	0,2	0	4	0,4		Cl, Fe, Mg, Na, J	A, β-Carotin, K
Möhre, gesäuert	13	56	1	0,1	0	2	2			A, β-Carotin, K
Möhre, Konserve, abgetropft	21	89	1	0,2	0	4	3	Bal.	Cl, Fe, Mg, Na, J	A, β-Carotin, K
Moosbeere, Konserve, abgetropft	78	325	0,3	1	0	15	3	Bal.		
Morchel, frisch	11	47	2	0,3	0	1	7	Bal.	Cu, Fe, Mn, J, K, P	D, K, B_1, Nia, Pan, Bio, Fol
Morchel, getrocknet	98	410	15	3	0	4	62	Bal.	Cu, Mn, J, K, P	D, K, B_1, Nia, Pan, Bio, Fol
Morchel, Konserve, abgetropft	11	44	2	0,3	0	0,5	7	Bal.	Cl, Cu, Na	D, K, Pan, Bio
Mortadella, norddeutsch	289	1210	15	26*	57	0,3	0,2		Cl, Na	B_1
Müesli, siehe auch Früchte- und Schokomüesli	351	1470	10	7	0	60	8	Bal.	Mg, Mn	B_1
Mung(o)bohnen, reif	273	1142	23	1	0	41	15	Bal.	Cu, Fe, Mg, Mn, P	K, B_1, Nia, Pan, B_6, Fol
Mung(o)bohnensprossen	24	99	3	0,3	0	2	6			
Mürb(e)teig	479	2007	5	28*	78*	53	2			
Muschel siehe jeweilige Sorte										

PECANNUSS

Nahrungsmittel N	Energie kcal/100g	kJ/100g	Nährstoffe Eiweiß g/100g	Fett g/100g	Cholesterin mg/100g	Kohlenhydrate g/100g	Ballaststoffe g/100g	Ballaststoffe Portion pro Tag	Mineralstoffe besonders reich an	Vitamine
Nangka, frisch	72	302	1	0	0	15	4	Bal.	Cu, Mg, K	β-Carotin, K, B$_2$
Nektarine, frisch	57	238	1	0,1	0	12	2	Bal.	Mg, K	A, β-Carotin, K
Nektarine, Konserve, abgetropft	86	361	1	0,1	0	20	2			β-Carotin
Nougat, Rohmasse	511	2141	8	33*	0	46	8		Mn	E
Nudeln siehe Teigwaren und Vollkornteigwaren										

O

Obst siehe jeweilige Sorte										
Obstkraut, Birnenkraut, ungesüßt	208	871	2	1	0	49	11			
Okra, frisch	20	84	2	0,2	0	2	5	Bal.	Ca, Cu, Fe, Mg, Mn, K	A, β-Carotin, B$_1$, B$_2$, Fol, C
Okra, Konserve, abgetropft	17	72	2	0,2	0	2	5	Bal.	Cl, Mg, Mn, Na	β-Carotin
Öl siehe jeweilige Sorte										
Oliven, grün, gesäuert	143	600	1	14*	0	2	2		Cl, Na	
Oliven, schwarz, gesäuert	353	1478	2	36*	0	5	4		Cl, Na	
Olivenöl	881	3689	0	100*	1	0,2	0			
Orange, frisch	47	197	1	0,2	0	9	2	Bal.	Mg, K	B$_1$, Fol, C
Orange, kandiert	259	1084	0,4	0,1	0	63	1			
Orange, Konfitüre	273	1144	0,4	0,1	0	66	1			
Orangeat	309	1294	0,4	0,3	0	74	2		Mn	
Orangenschale	125	524	2	0,2	0	25	0		Mn	
Oregano, frisch	67	280	2	2	0	10	3			K

P

Palmenherz, frisch	36	151	3	0,1	0	6	4	Bal.	Cu, Fe, Mg, Mn, K, P	K, B$_1$, Bio, Fol
Palmenherz, Konserve, abgetropft	30	126	2	0,1	0	5	4	Bal.	Cl, Cu, Mg, Mn, Na	K
Palmkernfett	878	3674	0	99*	2	0	0			E
Pampelmuse, frisch	46	193	1	0	0	9	1		K	Fol, C
Panhas	281	1176	21	22*	67	1	0,2		Fe	B$_1$, B$_{12}$
Paniermehl	358	1499	10	2	0	74	5			
Papaya, frisch	13	54	1	0,1	0	2	2	Bal.	Mg	A, β-Carotin, K, C
Papaya, Konserve, abgetropft	60	250	0,4	0,1	0	14	2		Mg	β-Carotin
Paprikaschote, frisch	20	85	1	0,3	0	3	4	Bal.	Mg	A, β-Carotin, E, K, B$_6$, Fol, C
Paprikaschote, gesäuert	11	45	1	0,1	0	1	2			C
Paranuß, frisch	660	2763	14	67*	0	4	8		Cu, Mg	E, B$_1$
Paranuß, geröstet und gesalzen	680	2846	12	70*	0	3	7		Cl, Cu, Mg, Na	E, B$_1$
Parmesan, Vollfettstufe	440	1842	32	35*	82*	0	0		Ca, Cl, Na, P	A, B$_{12}$
Passionsfrucht, frisch	80	335	2	0,4	0	13	1		Fe, K	β-Carotin, K, B$_2$, Nia, B$_6$, Bio, Fol, C
Pastinake, frisch	22	93	1	0,4	0	3	4	Bal.	Mg, Mn, K, Zn	E, K, B$_1$, B$_2$, Pan, Fol, C
Pastinake, gesäuert	12	50	1	0,2	0	1	2			K
Pastinake, Konserve, abgetropft	19	79	1	0,4	0	2	4	Bal.	Cl, Mg, Mn, Na	K
Pecannuß, frisch	692	2898	9	72*	0	4	9		Cu, Mg, Mn, Zn	B$_1$, Bio

PECANNUSS
850

Nahrungsmittel	Energie kcal/100g	kJ/100g	Nährstoffe Eiweiß g/100g	Fett g/100g	Cholesterin mg/100g	Kohlenhydrate g/100g	Ballaststoffe g/100g	Ballaststoffe Portion pro Tag	Mineralstoffe besonders reich an	Vitamine
Pecannuß, geröstet und gesalzen	702	2938	7	70*	0	14	2		Cl, Cu, Mg, Mn, Na, Zn	Bio
Perlhuhn, Fleisch mit Haut, frisch	146	612	20	7	75*	0	0		Mg, P, S	B_2, Nia, Pan, B_6
Perlzwiebel, gesäuert	37	156	1	0,1	0	8	1			K
Petersilie, frisch; siehe a. Wurzelpetersilie	53	220	4	0,4	0	7	4			β-Carotin, K
Pfefferkörner, grün	117	489	4	1	0	23	2			
Pfefferminzbonbon	406	1700	1	1	0	98	0			
Pfefferminze, frisch	44	184	4	1	0	5	3			K
Pferdefleisch, frisch	115	481	21	3	52	0,4	0		Fe, Mg, P, S, Zn	B_1, Nia, B_6, B_{12}
Pfifferling, frisch	11	48	2	1	0	0,2	6	Bal.	Cu, Fe, K	A, β-Carotin, D, K, B_2, Nia, Pan, Bio, Fol
Pfifferling, getrocknet	120	503	16	5	0	2	58	Bal.	Cu, Fe, Mg, K	A, β-Carotin, D, K, B_2, Nia, Pan, Bio, Fol
Pfifferling, Konserve, abgetropft	11	46	1	0	0	0,2	5	Bal.	Cl, Cu, Fe, Na	A, β-Carotin, D, K, Nia, Pan, Bio
Pfirsich, frisch	41	170	1	0,1	0	9	2	Bal.	Mg, K	A, β-Carotin, E, K
Pfirsich, getrocknet	247	1035	5	1	0	54	14	Bal.		A, β-Carotin, E, K
Pfirsich, Konfitüre	271	1134	0,3	0	0	66	1			
Pfirsich, Konserve, abgetropft	76	320	1	0,1	0	18	2			β-Carotin
Pflaume, frisch	47	197	1	0,2	0	10	2	Bal.	Cu, Mg, K	A, β-Carotin, E, K, B_1
Pflaume, getrocknet	261	1092	3	1	0	56	9	Bal.	K	β-Carotin, K
Pflaume, Konfitüre	273	1144	0,2	0,1	0	67	1			
Pflaume, Konserve, abgetropft	81	340	1	0,2	0	19	2			β-Carotin
Pflaumenmus	195	818	1	0,2	0	48	2			
Physalis, frisch	76	319	2	1	0	13	1		Fe, Mn	A, β-Carotin, K, Nia, C
Pimpernell, frisch	42	177	4	1	0	5	3			β-Carotin, K
Pinienkern, frisch	575	2408	24	51*	0	7	7		Cu, Fe, Mg, Mn	E, B_1
Pinkel, Bremer	337	1368	15	17*	34	20	2		Cl, Cu, Fe, Mg, Mn, Na, P, S, Zn	K, B_1, B_2, Nia, B_6, B_{12}
Pistazie, frisch	574	2405	18	52*	0	12	11		Cu, Fe, Mg	B_1
Pistazie, geröstet und gesalzen	615	2573	18	54*	0	16	6		Cl, Cu, Mg, Na	B_1
Plockwurst	304	1272	17	27*	61	0,2	0		Cl, Na	B_{12}
Pollack, frisch	75	314	17	1	71*	0	0		Cu, Mg, J, P, S	D, B_1, B_2, Nia, B_6, Bio, B_{12}
Pollack, geräuchert	80	334	18	1	76*	0	0		J, P, S	D, B_{12}
Pollack, Konserve, abgetropft	74	309	16	1	70*	0	0		Cl, Na, J	D, B_{12}
Polnische Bratwurst	336	1408	18	30*	68	0,3	0,1		Cl, Mg, Na, S, Zn	K, B_1, B_2, Nia, B_6, B_{12}
Porree, frisch	26	107	2	0,3	0	3	2	Bal.	Ca, Fe, Mg, Mn, K, S	A, β-Carotin, K, B_1, B_6, Fol, C
Popkorn, Puffmais	369	1544	13	5	0	67	10		Mg	
Portulak, frisch	27	113	1	0,3	0	4	3		Fe, Mg	β-Carotin, K
Poularde, Fleisch mit Haut, frisch	240	1004	19	18*	75*	0	0		Mg, P, S	Nia, Pan, B_6
Praline, gefüllt mit Alkohol	387	1620	1	6	0	69	2			
Praline, gefüllt mit Marzipan	502	2102	10	32*	0	42	10			E
Praline, gefüllt mit Milch oder Joghurt	351	1468	2	7	3	69	2			
Praline, gefüllt mit Nüssen	455	1905	7	16*	0	70	5			

REGENBOGENFORELLE

Nahrungsmittel	Energie kcal/100g	kJ/100g	Nährstoffe Eiweiß g/100g	Fett g/100g	Cholesterin mg/100g	Kohlenhydrate g/100g	Ballaststoffe g/100g	Ballaststoffe Portion pro Tag	Mineralstoffe	Vitamine besonders reich an
Praline, gefüllt mit Trüffel	519	2175	4	32*	1	53	7			
Preiselbeere, Konfitüre	270	1131	0,1	0,2	0	66	1			
Preiselbeere, Konserve, abgetropft	76	320	0,2	0,4	0	17	3			
Preßkopf, rot	281	1176	21	22*	67	1	0,2		Fe	B$_1$, B$_{12}$
Preßwurst	304	1274	14	28*	57	0,1	0		Cl, Na	B$_1$
Provolone, Vollfettstufe	340	1425	26	27*	69*	0	0		Ca, Cl, Na	
Puffmais	369	1544	13	5	0	67	10		Mg	
Puffreis	390	1632	8	2	0	84	2		Mn	
Pumpernickel	187	784	6	1	0	37	9	Bal.	Cl, Cu, Fe, Mg, Mn, Na, K, P, S, Zn	K, B$_1$, Bio, Fol

Q

Nahrungsmittel	kcal/100g	kJ/100g	Eiweiß g/100g	Fett g/100g	Cholesterin mg/100g	Kohlenhydrate g/100g	Ballaststoffe g/100g	Ballaststoffe Portion	Mineralstoffe	Vitamine
Quark mit Früchten, Doppelrahmstufe	158	660	4	8	25	17	1			A, K, B$_2$
Quark mit Früchten, Rahmstufe	142	593	4	6	19	17	1			K, B$_2$
Quark mit Früchten, Vollfettstufe	134	563	4	5	16	17	1			K, B$_2$
Quark mit Früchten, Fettstufe	129	540	4	5	14	17	1			K, B$_2$
Quark mit Früchten, Dreiviertelfettstufe	121	507	5	3	10	17	1			K, B$_2$
Quark mit Früchten, Halbfettstufe	112	471	5	2	8	17	1			K, B$_2$
Quark mit Früchten, Magerstufe	103	432	6	1	2	17	1			B$_2$, Fol
Quark mit Kräutern, Fettstufe	117	491	5	5	14	13	2		Ca, Fe, Mg, Mn, K	A, β-Carotin, K, B$_1$, B$_2$, Fol, C
Quark, Doppelrahmstufe	217	909	7	20*	59	3	0		Ca, P, S	A, K, B$_2$, Bio, Fol, B$_{12}$
Quark, Rahmstufe	176	736	8	15*	43	3	0		Ca, P, S	A, K, B$_2$, Pan, Bio, Fol, B$_{12}$
Quark, Vollfettstufe	157	656	9	12*	36	3	0		Ca, P, S	A, K, B$_2$, Pan, Bio, Fol, B$_{12}$
Quark, Fettstufe	143	598	9	10	31	3	0		Ca, P, S	A, K, B$_2$, Pan, Bio, Fol, B$_{12}$
Quark, Dreiviertelfettstufe	122	511	10	7	22	3	0		Ca, J, P, S	A, K, B$_2$, Pan, Bio, Fol, B$_{12}$
Quark, Halbfettstufe	100	418	11	4	16	4	0		Ca, J, P, S	K, B$_2$, Nia, Pan, Bio, Fol, B$_{12}$
Quark, Magerstufe	75	315	14	0,2	1	4	0		Ca, J, P, S	B$_2$, Nia, Pan, Bio, Fol, B$_{12}$
Quitte, frisch	39	162	0,4	1	0	7	6	Bal.	Cu, K	C
Quitte, Konfitüre	270	1131	0,1	0,2	0	66	2			
Quitte, Konserve, abgetropft	76	319	0,3	0,4	0	17	5	Bal.		

R

Nahrungsmittel	kcal/100g	kJ/100g	Eiweiß g/100g	Fett g/100g	Cholesterin mg/100g	Kohlenhydrate g/100g	Ballaststoffe g/100g	Ballaststoffe Portion	Mineralstoffe	Vitamine
Radicchio, frisch	14	57	1	0,2	0	2	2			β-Carotin, K
Radieschen, frisch	15	61	1	0,1	0	2	2			K, Fol, C
Rahmeis	249	1043	2	21*	63	14	0			A, D, K
Rapsöl	875	3663	0	99*	2	0	0			β-Carotin, E, K
Rauchfleisch	128	538	17	6	59	1	0		Cl, Na	B$_{12}$
Rebhuhn, frisch	222	928	35	9	80*	0	0		Fe, Mg, K, P, S	Nia, Pan, B$_6$, B$_{12}$
Regenbogenforelle, frisch	113	474	21	3	56	0	0		Mg, K, P, S	D, E, Nia, Pan, B$_6$, B$_{12}$

REGENBOGENFORELLE
852

Nahrungsmittel	Energie		Nährstoffe				Ballast-stoffe	Ballast-stoffe	Mineralstoffe	Vitamine
			Eiweiß	Fett	Chole-sterin	Kohlen-hydrate				
	kcal/100g	kJ/100g	g/100g	g/100g	mg/100g	g/100g	g/100g	Portion pro Tag	besonders reich an	
Regenbogenforelle, geräuchert	120	502	22	4	59	0	0		S	D, Nia, Pan, B_{12}
Reh, frisch	122	512	22	4	70*	0	0		Fe, P, S, Zn	B_2, Nia, Pan, B_6, B_{12}
Reis, geschält	349	1460	7	1	0	78	1		Mg, Mn	
Reis, parboiled	351	1470	7	1	0	79	1		Mn	B_1
Reis, Stärke	348	1455	1	0	0	85	0,2			
Reis, ungeschält	349	1463	7	2	0	74	2		Mg, Mn	B_1, Nia, Pan, B_6
Remoulade, 65 % Fett	641	2682	1	65*	100*	15	1			
Ren, frisch	171	718	22	9	65	0	0		Cu, Fe, P, S, Zn	B_2, Nia, B_6, B_{12}
Reneklode, frisch	63	264	1	0,1	0	14	2	Bal.	Fe, Mg, K	β-Carotin, E, K
Reneklode, Konfitüre	279	1169	0,3	0	0	68	1			
Reneklode, Konserve, abgetropft	91	379	1	0,1	0	21	2			
Renke, frisch	102	425	18	3	60	0	0		Mg, K, P, S, Zn	D, E, Nia, B_6, Bio, Fol, B_{12}
Renke, geräuchert	108	451	19	3	64	0	0		S	D, E, Nia, B_{12}
Rettich, frisch	14	57	1	0,2	0	2	3			K, Fol, C
Rhabarber, frisch	13	55	1	0,1	0	1	2	Bal.	Ca, Mg, K	K
Rhabarber, Fruchtnektar	52	217	0,1	0	0	12	0			
Rhabarber, Konfitüre	261	1092	0,2	0	0	64	1			
Ricotta, Doppelrahmstufe	174	729	10	15*	59	0,3	0		Ca, Cl, Cu, J, P, S, Zn	A, K, B_2, Pan, Bio, Fol, B_{12}
Ricotta, Vollfettstufe	164	687	11	13*	51	1	0		Ca, Cl, Cu, J, P, S, Zn	A, K, B_2, Nia, Pan, Bio, Fol
Rind, Blume, frisch	108	452	21	2	60	0	0		Fe, P, S, Zn	K, B_2, Nia, B_{12}
Rind, Bratenfleisch, frisch	129	540	20	5	60	0	0		Fe, P, S, Zn	K, B_2, Nia, B_{12}
Rind, Brust, frisch	262	1095	17	22*	60	0	0		Fe, S, Zn	B_2, Nia, B_{12}
Rind, Fehlrippe, frisch	146	613	22	6	70*	0	0		Fe, Mg, S, Zn	K, B_2, Nia, B_{12}
Rind, Filet, frisch	121	508	21	4	70*	0	0		Fe, Mg, S, Zn	K, Nia, Pan, B_{12}
Rind, Gulasch, frisch	129	540	20	5	60	0	0		Fe, P, S, Zn	K, B_2, Nia, B_{12}
Rind, Hackfleisch, frisch	202	846	20	14*	58	0	0		Fe, S, Zn	B_1, B_2, Nia, B_{12}
Rind, Hals, frisch	160	668	19	9	60	0	0		Fe, P, S, Zn	K, B_2, Nia, B_{12}
Rind, Herz, frisch	97	405	17	3	140*	1	0		Cu, Fe, J, P, S, Zn	D, B_1, B_2, Nia, Pan, B_6, B_{12}
Rind, Hinterhesse, frisch	176	738	21	10	58	0	0		Fe, Mg, P, S, Zn	B_1, B_2, Nia, B_{12}
Rind, Hirn, frisch	127	532	10	10	2000*	1	0		Fe, P, S	B_2, Nia, Pan, B_{12}
Rind, Hochrippe, frisch	159	666	22	8	69*	0	0		Fe, Mg, S, Zn	B_2, Nia, B_{12}
Rind, Kochfleisch, frisch	226	945	20	16*	68	0	0		Fe, S, Zn	Nia, B_{12}
Rind, Kotelett, frisch	160	668	19	9	60	0	0		Fe, P, S, Zn	B_2, Nia, B_{12}
Rind, Leber, frisch	139	581	20	4	354*	5	0		Cu, Fe, P, S, Zn	A, D, K, B_1, B_2, Nia, Pan, B_6, Bio, Fol, B_{12}
Rind, Lunge, frisch	94	393	17	3	242*	0	0		Cu, Fe, P, S, Zn	B_2, Nia, Pan, B_{12}, C
Rind, Magen, frisch	94	394	15	4	95*	0	0		Fe, Zn	Nia
Rind, Mark, frisch	837	3504	2	94*	64	0	0			
Rind, Milz, frisch	96	401	19	2	263*	0	0		Fe, P, S, Zn	B_2, Nia, Pan, B_{12}, C
Rind, Niere, frisch	96	404	16	3	375*	1	0		Cu, Fe, P, S, Zn	A, D, B_1, B_2, Nia, Pan, B_6, Bio, Fol, B_{12}
Rind, Oberschale, frisch	111	464	22	3	58	0	0		Fe, Mg, P, S, Zn	K, B_1, B_2, Nia, B_{12}
Rind, Roastbeef, frisch	130	546	22	4	70*	0	0		Fe, Mg, S, Zn	K, B_2, Nia, B_{12}
Rind, Roulade, frisch	121	507	21	4	70*	0	0		Fe, Mg, P, S, Zn	K, B_1, B_2, Nia, B_{12}
Rind, Schnitzel, frisch	121	507	21	4	70*	0	0		Fe, Mg, P, S, Zn	K, B_1, B_2, Nia, B_{12}
Rind, Schulter (Bug), frisch	129	540	20	5	60	0	0		Fe, P, S, Zn	K, B_2, Nia, B_{12}
Rind, Steak, frisch	146	613	22	6	70*	0	0		Fe, Mg, S, Zn	K, B_2, Nia, B_{12}

ROTKAPPE

Nahrungsmittel	Energie kcal/100g	kJ/100g	Nährstoffe Eiweiß g/100g	Fett g/100g	Cholesterin mg/100g	Kohlenhydrate g/100g	Ballaststoffe g/100g	Ballaststoffe Portion pro Tag	Mineralstoffe besonders reich an	Vitamine
Rind, Vorderhesse, frisch	134	562	22	5	58	0	0		Fe, Mg, P, S, Zn	K, B_1, B_2, Nia, B_{12}
Rind, Zunge, frisch	195	816	16	13*	108*	4	0		Fe, S, Zn	B_2, Nia, Pan, B_{12}
Rind, Zunge, gepökelt, ungeräuchert	182	764	15	12*	97*	4	0		Cl, Fe, Na, S, Zn	B_2, Nia, Pan, B_{12}
Rinderbierschinken	203	848	21	13*	64	0,2	0		Cl, Na	B_1, B_{12}
Rinderfett	861	3603	1	97*	100*	0	0			
Rindfleischsülze	148	619	18	5	72*	7	0,2		Cl, Na, S, Zn	K, B_1, B_2, Nia, B_6, B_{12}
Rindfleischsuppe, Brühwürfel	149	624	17	4	0	11	0		Cl, Na	
Rindsbratwurst	241	1008	17	19*	55	0,2	0,1		Cl, Fe, Na, S, Zn	B_1, B_2, Nia, B_{12}
Rippchen	147	615	17	8	51	1	0		Cl, Mg, Na, S	K, B_1, B_2, Nia, B_6, B_{12}
Roggen, Flocken	295	1237	9	2	0	60	14	Bal.	Mg, Mn	B_1, Fol
Roggen, Keim	341	1428	39	11	0	21	12	Bal.	Cu, Fe, Mg, Mn, P, Zn	E, K, B_1, B_2, Nia, Fol
Roggen, Mehl Type 815	324	1355	6	1	0	71	7		Mn	K
Roggen, Schrot Type 1800	293	1228	10	2	0	59	14	Bal.	Fe, Mg, Mn, Zn	K, B_1, Fol
Roggen, Vollkorn	294	1231	9	2	0	60	14	Bal.	Fe, Mg, Mn, Zn	B_1, Fol
Roggen, Vollkornmehl	294	1231	9	2	0	60	14	Bal.	Fe, Mg, Mn, Zn	B_1, Fol
Roggenbrötchen	223	934	6	1	0	46	6	Bal.	Cl, Cu, Fe, Mg, Mn, Na, P, S, Zn	K, B_1
Roggenmischbrot	213	890	6	1	0	45	5	Bal.	Cl, Cu, Fe, Mg, Mn, Na, Zn	K, B_1, Fol
Roggenvollkornbrot	187	784	6	1	0	37	9	Bal.	Cl, Cu, Fe, Mg, Mn, Na, K, P, S, Zn	K, B_1, Nia, Bio, Fol
Rohzucker	396	1656	0	0	0	97	0			
Romadur, Doppelrahmstufe	377	1579	17	35*	81*	0	0		Cl, Na	A, B_{12}
Romadur, Fettstufe	272	1139	23	20*	46	0	0		Cl, Na	B_{12}
Romadur, Halbfettstufe	179	748	24	9	21	0	0		Ca, Cl, Na	B_{12}
Römersalat, frisch	16	67	2	0,2	0	2	1			A, β-Carotin, K
Roquefort, Rahmstufe	361	1512	21	31*	72*	0	0		Ca, Cl, Na	B_2
Rosenkohl, frisch	36	151	4	0,3	0	3	4	Bal.	Fe, Mg, Mn, K, S	A, β-Carotin, K, B_1, B_2, Pan, B_6, Fol, C
Rosenkohl, Konserve, abgetropft	32	133	4	0,3	0	3	4	Bal.	Cl, Mg, Na	β-Carotin, K, C
Rosinen	298	1247	2	1	0	66	5			K
Rosmarin, frisch	57	237	1	3	0	8	3			
Rostbratwurst	243	1018	22	17*	73*	0,3	0,1		Cl, Mg, Na, S, Zn	K, B_1, B_2, Nia, B_6, B_{12}
Rotalgen, getrocknet	345	1445	44	2	0	35	2		Mn, J	K, B_2, Fol
Rotbarsch, frisch	107	450	19	4	42	0	0		F, Mg, J, P, S	D, B_1, Nia, B_6, Bio, B_{12}
Rotbarsch, geräuchert	114	477	20	4	45	0	0		J, S	D, Nia, Bio, B_{12}
Rotbarsch, Konserve in Öl, abgetropft	159	664	16	10	39	0	0		Cl, Na, J, S	D, E, B_{12}
Rotbarsch, Konserve, abgetropft	106	444	18	4	41	0	0		Cl, Na, J, S	D, B_{12}
Rote Rübe, frisch	42	175	2	0,1	0	8	3	Bal.	Fe, Mg, K	Fol
Rote Rübe, Gemüsesaft	35	147	1	0,1	0	7	0,3		Cl, Mg, Na, K	Fol
Rote Rübe, Konserve, abgetropft	34	143	1	0,1	0	7	2	Bal.	Cl, Mg, Na	
Rote Rübe, Sauerkonserve	27	112	1	0,1	0	5	2			
Rote Rübe, Trunk	14	58	1	0	0	3	0,1		Cl, Na	Fol
Roter Thunfisch, frisch	138	578	23	5	38	0	0		Fe, Mg, J, P, S	A, D, B_1, B_2, Nia, Pan, B_6, B_{12}
Rotkappe, frisch	14	58	1	1	0	0,3	5	Bal.	Cu, J, K	D, K, B_1, B_2, Nia, Pan, Bio, Fol

ROTKAPPE

854

Nahrungsmittel	Energie		Nährstoffe				Ballast-stoffe	Ballast-stoffe	Mineralstoffe	Vitamine
			Eiweiß	Fett	Chole-sterin	Kohlen-hydrate				
	kcal/100g	kJ/100g	g/100g	g/100g	mg/100g	g/100g	g/100g	Portion pro Tag	besonders reich an	
Rotkappe, getrocknet	159	665	17	9	0	3	54	Bal.	Cu, Fe, J, K	D, K, B$_1$, B$_2$, Nia, Pan, Bio, Fol
Rotkappe, Konserve, abgetropft	13	54	1	1	0	0,3	5	Bal.	Cl, Cu, Na	D, K, B$_2$, Pan, Bio
Rotkohl, frisch	23	95	2	0,2	0	4	3	Bal.	Mg, K, S	E, K, B$_1$, B$_6$, Fol, C
Rotkohl, gesäuert	12	50	1	0,1	0	2	1			K
Rotkohl, Konserve, abgetropft	19	79	1	0,2	0	3	2	Bal.	Cl, Mg, Na	E, K
Rotwurst	241	1009	21	17*	135*	1	0,2		Cl, Fe, Na	A, B$_1$, B$_2$, B$_{12}$
Rotzunge, frisch	71	297	16	1	60	0	0		Mg, J, P, S	Nia, B$_6$, B$_{12}$
Rotzunge, geräuchert	75	316	17	1	64	0	0		J, S	Nia, B$_{12}$
Rotzunge, Konserve in Öl, abgetropft	137	572	13	9	54	0	0		Cl, Na, J	E, B$_{12}$
Rüböl	875	3663	0	99*	2	0	0			β-Carotin, E, K

S

Nahrungsmittel	kcal/100g	kJ/100g	Eiweiß g/100g	Fett g/100g	Cholesterin mg/100g	Kohlenhydrate g/100g	Ballaststoffe g/100g	Ballaststoffe	Mineralstoffe	Vitamine
Sago	341	1427	1	0,1	0	83	0,1			
Sahne, Rahm, 10% Fett	117	491	3	10	39	4	0			
Sahne, Rahm, 30% Fett	288	1207	3	30*	90*	3	0			
Sahnekaramelle	355	1487	0,4	4	11	79	0			
Saibling, frisch	96	404	10	2	60	0	0		Cu, F, Mg, K, P, S	D, B$_1$, Nia, Pan, B$_6$, B$_{12}$
Saibling, geräuchert	102	429	20	2	64	0	0		F, S	D, Nia, B$_6$, B$_{12}$
Salami, italienische Art	303	1268	19	25*	68	0,3	0,1		Cl, Na	B$_1$, B$_{12}$
Salami, ungarische Art	316	1324	17	28*	65	0,3	0		Cl, Na	B$_1$
Salbei, frisch	54	224	2	2	0	7	3			
Salzgebäck, Salzstangen	347	1452	9	1	0	75	1		Cl, Na	
Sambal Oelek	198	827	7	10	0	19	15		Cl, Na	β-Carotin
Sanddorn, Konfitüre	290	1216	1	3	0	65	1			
Sanddorn, Konserve, abgetropft	123	517	1	6	0	16	3		Mg, Mn	A, β-Carotin, C
Sanddorn, Konzentrat	401	1679	7	30*	0	22	0			β-Carotin, C
Sandklaffmuschel, frisch	65	271	11	1	66	3	0		Cu, Fe, Mg, Mn, J, S	D, B$_{12}$
Sapote, frisch	96	404	1	1	0	21	6	Bal.	Mg, Mn	K, C
Sapote, Konfitüre	291	1220	1	0,2	0	71	2			
Sapote, Konserve, abgetropft	112	470	1	0,4	0	25	5	Bal.	Mn	
Sardelle, frisch	102	427	20	2	13	0	0		Cu, F, Fe, Mg, J, K, P, S, Zn	D, B$_2$, Nia, Pan, Bio, B$_{12}$
Sardelle, geräuchert	108	452	21	2	14	0	0		F, Fe, Mg, J, S	D, Nia, B$_{12}$
Sardelle, Konserve, abgetropft	101	421	20	2	13	0	0		Cl, F, Fe, Mg, Na, J, S	D, Nia
Sardellenpaste	195	817	15	11	10	8	0,1			D
Sardine, frisch	119	498	19	5	15	0	0		F, Fe, Mg, J, K, P, S, Zn	D, B$_2$, Nia, Pan, B$_6$, Bio
Sardine, geräuchert	126	527	21	5	16	0	0		F, J, S, Zn	D, Nia, B$_6$
Sardine, Konserve in Öl, abgetropft	166	693	17	11	14	0	0		Cl, F, Na, J, S, Zn	D, E, Nia, B$_6$
Sardine, Konserve, abgetropft	117	491	19	4	15	0	0		Cl, F, Na, J, S, Zn	D, Nia, B$_6$
Sauerampfer, frisch	22	93	2	0,4	0	2	3		Fe	A, β-Carotin, K
Sauerkirsche, frisch	58	241	1	0,4	0	11	1		Cu	A, β-Carotin, K, B$_1$, Fol, C

SCHNITTSALAT

Nahrungsmittel	Energie		Nährstoffe					Ballast-stoffe	Mineralstoffe	Vitamine
			Eiweiß	Fett	Cholesterin	Kohlenhydrate	Ballaststoffe			
	kcal/100g	kJ/100g	g/100g	g/100g	mg/100g	g/100g	g/100g	Portion pro Tag	besonders reich an	
Sauerkirsche, Konfitüre	277	1160	0,3	0,1	0	67	0,4			
Sauerkirsche, Konserve, abgetropft	88	370	1	0,3	0	19	1			
Sauerkraut, frisch, abgetropft	17	70	2	0,3	0	1	4	Bal.	Cl, Cu, Mg, Na, K	K, B_6, Fol, C
Sauerkraut, Konserve, abgetropft	16	65	1	0,3	0	1	3	Bal.	Cl, Cu, Mg, Na	K
Sauerkraut, Saft	15	64	1	0,2	0	1	0,4		Cl, Na	K
Sauerkraut, Trunk	6	25	1	0,1	0	0,3	0,1		Cl, Na	K
Sauermilchkäse, Magerstufe	131	549	30	1	3	0	0		Cl, Na	B_{12}
Saumagen, Pfälzer	185	776	14	12*	44	6	1		Cl, Mg, Na, K, S, Zn	K, B_1, Nia, B_6, B_{12}
Saure Sahne, 10% Fett	117	488	3	10	37	3	0			
Saure Sahne, 20% Fett	204	855	3	20*	65	3	0			
Saure Sahne, 30% Fett	288	1204	3	30*	90*	2	0			
Saure Sahne, 40% Fett	390	1634	2	42*	123*	2	0			
Schafskäse	236	990	17	19*	45	0	0		Ca, Cl, Na	
Schafmilch	96	404	7	6	11	5	0		Ca, Mg, J, P	B_2, Bio, B_{12}
Schalotte, frisch	22	92	2	0,2	0	3	2			K
Schälrippchen	147	615	17	8	51	1	0		Cl, Mg, Na, S	K, B_1, B_2, Nia, B_6, B_{12}
Schellfisch, frisch	78	327	18	1	57	0	0		Cu, Mg, J, P, S	D, Nia, B_6, B_{12}
Schellfisch, geräuchert	83	348	19	1	61	0	0		Mg, J, S	D, Nia, B_{12}
Schellfisch, Konserve in Öl, abgetropft	144	603	15	9	52	0	0		Cl, Mg, Na, J, S	D, E
Schellfisch, Konserve, abgetropft	77	322	18	1	57	0	0		Cl, Mg, Na, J, S	D
Schichtkäse, Viertelfettstufe	86	361	12	2	8	4	0		Ca, J, P, S	B_2, Nia, Pan, Bio, Fol, B_{12}
Schillerlocken	154	644	19	9	74*	0	0		J, S	A, Nia, B_{12}
Schinken vom Schwein, gekocht, ungeräuchert	125	525	21	5	57	0	0			
Schinken vom Schwein, roh, geräuchert	136	568	21	6	70*	0	0			B_1, B_{12}
Schinkenmettwurst	372	1558	17	34*	69*	0,2	0		Cl, Na	B_1
Schinkenplockwurst	299	1252	20	25*	69*	0,2	0		Cl, Na	B_1, B_{12}
Schinkenspeck, roh, geräuchert	697	2918	5	77*	57	0	0			
Schinkenspeck, roh, ungeräuchert	697	2918	5	77*	57	0	0			
Schinkenwurst	287	1203	15	25*	57	0,3	0,1		Cl, Na	B_1
Schinkenwurst, roh	337	1412	18	30*	70*	0,3	0,1		Cl, Na	B_1
Schinkenwurst, geräuchte	268	1121	18	22*	61	0,3	0,1		Cl, Na	B_1, B_{12}
Schinkenwurst, grob	308	1291	16	27*	62	0,2	0,1		Cl, Na	B_1
Schlagsahne, 10% Fett	118	495	3	10	30	4	0			
Schlagsahne, 30% Fett	288	1207	3	30*	90*	3	0			
Schlagsahne, 40% Fett	358	1498	2	38*	126*	3	0			
Schleie, frisch	78	328	18	1	70*	0	0		F, Mg, K, P, S	B_2, Nia, Pan, B_6, B_{12}
Schleie, geräuchert	83	349	19	1	74*	0	0		Mg, S	Nia, B_{12}
Schmelzkäse, Doppelrahmstufe	327	1371	13	30*	85*	1	0		Ca, Cl, Na, P	
Schmelzkäse, Vollfettstufe	299	1252	20	24*	55	1	0		Ca, Cl, Na, P	B_{12}
Schmelzkäse, Halbfettstufe	221	927	27	12*	27	1	0		Ca, Na, P	B_{12}
Schnecke, frisch	64	266	13	0,4	100*	2	0		Cu, Fe, Mg, S	B_{12}
Schnittlauch, frisch	27	114	4	1	0	2	6			K
Schnittsalat, frisch	20	84	1	0,3	0	3	2			β-Carotin, K

SCHOKOLADE
856

Nahrungsmittel	Energie kcal/100g	kJ/100g	Nährstoffe Eiweiß g/100g	Fett g/100g	Cholesterin mg/100g	Kohlenhydrate g/100g	Ballaststoffe g/100g	Ballaststoffe Portion pro Tag	Mineralstoffe besonders reich an	Vitamine
Schokolade, gefüllt mit Kokosnuß, siehe a. Milchschokolade	412	1726	2	14*	0	69	4			
Schokolade, gefüllt mit Marzipan	502	2102	10	32*	0	42	10			E
Schokolade, gefüllt mit Milch/Joghurt	351	1468	2	7	3	69	2			
Schokolade, gefüllt mit Trüffel	519	2175	4	32*	1	53	7			
Schokolade siehe Milchschokolade, Bitter- und Zartbitterschokolade										
Schokomüesli	390	1632	10	12*	2	60	7		Cu, Mg, Mn	B_1
Scholle, frisch	90	375	18	2	42	0	0		Mg, J, P, S	D, B_1, B_2, Nia, Pan, B_6, B_{12}
Scholle, geräuchert	95	398	19	2	45	0	0		J, S	D, B_1, Nia, B_6, B_{12}
Scholle, Konserve in Öl, abgetropft	149	624	15	10	38	0	0		Cl, Na, J, S	D, E, B_1, Nia, B_{12}
Scholle, Konserve, abgetropft	88	369	18	2	41	0	0		Cl, Na, J, S	D, B_1, Nia, B_{12}
Schwartenmagen	304	1274	14	28*	57	0,1	0		Cl, Na	B_1
Schwarzwurzel, frisch	17	70	1	0,4	0	2	4	Bal.	Cu, Fe, Mg, Mn, K	E, K, B_1, Fol
Schwarzwurzel, gesäuert	9	39	1	0,2	0	1	2			E, K
Schwarzwurzel, Konserve, abgetropft	15	61	1	0,4	0	1	4	Bal.	Cl, Cu, Fe, Mg, Mn, Na	E, K
Schwein, Bauch, frisch	259	1083	18	21*	60	0	0		Mg, S, Zn	K, B_1, B_2, Nia, B_6, B_{12}
Schwein, Bauch, gepökelt und geräuchert	275	1153	14	25*	51	1	0		Cl, Na	B_1
Schwein, Braten, frisch	161	672	20	9	70*	0	0		Fe, Mg, S, Zn	K, B_1, B_2, Nia, B_6, B_{12}
Schwein, Brust, frisch	187	785	20	12*	69*	0	0		Fe, Mg, S, Zn	K, B_1, B_2, Nia, B_6, B_{12}
Schwein, Eisbein, frisch	185	774	19	12*	70*	0	0		S, Zn	K, B_1, B_2, Nia, B_6, B_{12}
Schwein, Filet, frisch	107	448	22	2	70*	0	0		Mg, S, Zn	K, B_1, B_2, Nia, B_6, B_{12}
Schwein, Gulasch, frisch	161	672	20	9	70*	0	0		Fe, Mg, S, Zn	K, B_1, B_2, Nia, B_6, B_{12}
Schwein, Hackfleisch, frisch	250	1045	18	20*	63	0	0		Mg, S, Zn	K, B_1, B_2, Nia, B_6, B_{12}
Schwein, Herz, frisch	103	432	17	4	131*	0,4	0		Cu, Fe, P, S, Zn	B_1, B_2, Nia, Pan, B_6, B_{12}
Schwein, Hirn, frisch	122	512	10	9	2000*	1	0		Cu, Fe, P, S, Zn	B_1, B_2, Nia, Pan, B_{12}
Schwein, Kamm, frisch	169	706	21	10	60	0	0		Fe, Mg, S, Zn	K, B_1, B_2, Nia, B_6, B_{12}
Schwein, Kamm, gepökelt, ungeräuchert	178	744	16	12*	48	1	0		Cl, Mg, Na, S	B_1, Nia, B_6, B_{12}
Schwein, Keule, frisch	136	568	21	6	70*	0	0		Mg, S, Zn	K, B_1, B_2, Nia, B_6, B_{12}
Schwein, Kochfleisch, frisch	187	785	20	12*	69*	0	0		Fe, Mg, S, Zn	K, B_1, B_2, Nia, B_6, B_{12}
Schwein, Kotelett, frisch	133	558	22	5	60	0	0		Fe, Mg, S, Zn	K, B_1, B_2, Nia, B_6, B_{12}
Schwein, Leber, frisch	117	488	19	3	340*	2	0		Cu, F, Fe, P, S, Zn	A, D, K, B_1, B_2, Nia, Pan, B_6, Bio, Fol, B_{12}
Schwein, Lende, frisch	107	448	22	2	70*	0	0		Mg, S, Zn	K, B_1, B_2, Nia, B_6, B_{12}
Schwein, Lunge, frisch	96	403	17	3	320*	0	0		Cu, Fe, P, S, Zn	B_2, Nia, B_{12}
Schwein, Milz, frisch	98	412	17	3	363*	0	0		Fe, S, Zn	B_2, Nia, Pan, B_{12}, C
Schwein, Nacken, frisch	169	706	21	10	60	0	0		Fe, Mg, S, Zn	K, B_1, B_2, Nia, B_6, B_{12}
Schwein, Nacken, gepökelt, ungeräuchert	178	744	16	12*	48	1	0		Cl, Mg, Na, S	B_1, Nia, B_6, B_{12}
Schwein, Niere, frisch	110	462	16	5	365*	1	0		Cu, Fe, P, S, Zn	A, B_1, B_2, Nia, Pan, B_6, Bio, Fol, B_{12}
Schwein, Roulade, frisch	136	568	21	6	70*	0	0		Mg, S, Zn	K, B_1, B_2, Nia, B_6, B_{12}
Schwein, Rücken, gepökelt und geräuchert	116	485	18	4	51	1	0		Cl, Fe, Mg, Na, S	K, B_1, B_2, Nia, B_6, B_{12}

SHIITAKEPILZ

Nahrungsmittel	Energie		Nährstoffe				Ballast-stoffe	Mineralstoffe	Vitamine
			Eiweiß	Fett	Chole-sterin	Kohlen-hydrate	Ballast-stoffe		
	kcal/100g	kJ/100g	g/100g	g/100g	mg/100g	g/100g	g/100g	Portion pro Tag besonders reich an	
Schwein, Rücken, gepökelt, ungeräuchert	142	594	17	8	48	1	0	Cl, Mg, Na, S	K, B_1, B_2, Nia, B_6, B_{12}
Schwein, Schnitzel, frisch	107	448	22	2	70*	0	0	Cu, Fe, Mg, S, Zn	K, B_1, B_2, Nia, B_6, B_{12}
Schwein, Schulter (Bug), frisch	161	672	20	9	70*	0	0	Fe, Mg, S, Zn	K, B_1, B_2, Nia, B_6, B_{12}
Schwein, Schwarte	135	566	30	2	0	0	0		
Schwein, Speck, durchwachsen	697	2918	5	77*	57	0	0		
Schwein, Speck, roh, geräuchert	796	3331	3	89*	57	0	0		
Schwein, Speck, roh, ungeräuchert	697	2918	5	77*	57	0	0		
Schwein, Steak, frisch	133	558	22	5	60	0	0	Fe, Mg, S, Zn	K, B_1, B_2, Nia, B_6, B_{12}
Schwein, Wamme	469	1964	12	48*	59	0	0		B_1, Nia, B_6, B_{12}
Schwein, Zunge, frisch	208	870	15	16*	101*	1	0	Fe, S, Zn	B_1, B_2, Nia, Pan, B_6, B_{12}
Schwein, Zunge, gepökelt, ungeräuchert	194	811	14	15*	90*	1	0	Cl, Fe, Na, S, Zn	B_1, B_2, Nia, Pan, B_6, B_{12}
Schweineschmalz	882	3691	0,1	100*	86*	0	0		
Schweinekopfsülze	105	441	17	3	302*	2	0,2	Cl, Cu, F, Fe, Mg, Na, P, S, Zn	A, D, K, B_1, B_2, Nia, Pan, B_6, Bio, Fol, B_{12}
Schweinsbratwürstchen, grob	355	1485	17	32*	65	0,3	0,1	Cl, Mg, Na, S, Zn	K, B_1, B_2, Nia, B_6, B_{12}
Schweinskopfwurst	322	1349	21	27*	69*	0,2	0	Cl, Na	B_1
Schwertfisch, frisch	116	485	20	4	39	0	0	F, Mg, J, K, P, S, Zn	D, Nia, B_6, B_{12}
Schwertfisch, geräuchert	123	514	21	4	41	0	0	F, J, S	D, Nia, B_{12}
Schwertfisch, Konserve, abgetropft	114	478	20	4	39	0	0	Cl, F, Na, J, S	D, Nia, B_{12}
Seeforelle, frisch	113	474	21	3	60	0	0	Cu, Mg, K, P, S	D, Nia, Pan, B_6, Bio, B_{12}
Seeforelle, geräuchert	120	502	22	4	64	0	0	S	D, Nia, Pan, B_{12}
Seelachs siehe Köhler									
Seewolf, Gestreifter, Katfisch, frisch	68	370	18	2	80*	0	0	Mg, J, P, S	E, B_1, Nia, B_6, B_{12}
Seewolf, Gestreifter, geräuchert	94	393	19	2	85*	0	0	J, S	D, Na, B_{12}
Seezunge, frisch	83	348	18	1	50	0	0	Cu, Mg, J, P, S	Nia, B_6, B_{12}
Seezunge, geräuchert	88	370	19	1	53	0	0	Mg, S	Nia, B_{12}
Seezunge, Konserve in Öl, abgetropft	146	610	15	10	45	0	0	Cl, Mg, Na, S	E, B_{12}
Seezunge, Konserve, abgetropft	82	343	17	1	49	0	0	Cl, Mg, Na, S	B_{12}
Sellerie siehe Bleichsellerie, Knollensellerie									
Selleriesalat, Sauerkonserve	11	45	1	0,2	0	1	2		K
Selleriesalz	0	0	0	0	0	0	0	Cl, Na	
Senf	86	361	6	4	0	6	1		
Senf, süß	87	363	6	4	0	6	1		
Senfgurke, Sauerkonserve	11	47	0	0,3	0	1	0,3	Cl, Na	
Sesam, frisch	559	2339	18	50*	0	10	11	Ca, Cu, Fe, Mg, Zn	B_1
Sesam, geröstet	600	2510	16	56*	0	9	10	Ca, Cu, Fe, Mg	
Sesamöl	880	3685	0,2	100*	0	1	0		
Shiitakepilz, frisch	42	176	2	0,2	0	12	2	Cu, J	D, K, B_2, Pan, Bio, Fol
Shiitakepilz, getrocknet	237	991	9	1	0	69	11	Cu	D, K, Pan, Bio
Shiitakepilz, Konserve, abgetropft	38	161	2	0,2	0	11	2	Cl, Cu, Na	D, K, Pan, Bio

SIMONSBROT
858

Nahrungsmittel	Energie		Nährstoffe				Ballast-stoffe	Ballast-stoffe	Mineralstoffe	Vitamine
			Eiweiß	Fett	Cholesterin	Kohlenhydrate				
	kcal/100g	kJ/100g	g/100g	g/100g	mg/100g	g/100g	g/100g	Portion pro Tag	besonders reich an	
Simonsbrot	187	784	6	1	0	37	9	Bal.	Cl, Cu, Fe, Mg, Mn, Na, K, P, S, Zn	K, B$_1$, Bio, Fol
Softeis	129	542	2	2	9	25	0			
Sojabohnen, frisch	143	598	12	6	0	10	3	Bal.	Ca, Fe, Mg, Mn, P	β-Carotin, K, B$_1$, B$_2$, Nia, B$_6$, Fol, C
Sojabohnen, getrocknet	416	1742	35	17*	0	29	9	Bal.	Ca, Fe, Mg, Mn, P	β-Carotin, K, B$_1$, B$_2$, Nia, B$_6$, Fol
Sojabohnen, Konserve, abgetropft	131	547	11	6	0	8	3	Bal.	Ca, Cl, Fe, Mg, Mn, Na, P	β-Carotin, K, B$_1$, Nia
Sojabrot	388	1623	37	24*	0	6	23	Bal.	Ca, Cu, Fe, Mg, Mn, K, P, S, Zn	E, K, B$_1$, B$_2$, Nia, B$_6$, Bio, Fol
Sojafleischzubereitung, Trockenprodukt	286	1198	34	2	0	33	13	Bal.	Cl, Cu, Fe, Mg, Mn, Na, J, K, P, Zn	K, B$_1$, B$_2$, Nia, Bio, Fol
Sojamehl, halbfett	291	1220	50	7	0	7	23	Bal.	Cu, Fe, Mg, Mn, K, P, Zn	K, B$_1$, Nia, Pan, B$_6$, Bio, Fol
Sojamehl, vollfett	366	1534	43	21*	0	3	20	Bal.	Cu, Fe, Mg, Mn, K, P, Zn	K, B$_1$, Nia, B$_6$, Bio, Fol
Sojamilch, Sojamilchprodukte	34	144	3	2	0	1	2		Mg, Mn, Na	E, K
Sojaöl	871	3648	0	99*	2	0	0			β-Carotin, E
Sojasauce	114	478	11	5	0	6	5			
Sojaspeisekleie	111	465	13	2	0	10	60	Bal.	Mg	
Sojasprossen, frisch	52	217	5	1	0	5	2			
Sojasprossen, gesäuert, abgetropft	40	168	4	1	0	3	2		Cl, Na	
Sojateigwaren	329	1378	17	5	0	53	12	Bal.	Cu, Fe, Mg, Mn, P, Zn	K, B$_1$, Nia, Bio, Fol
Sojawurst, Konserve	292	1222	11	25*	1	5	1		Cl, Mn, Na, J	A, β-Carotin, E, K
Sonnenblumenkerne, frisch	574	2405	22	49*	0	12	6		Cu, Fe, Mg, Mn, Zn	E, B$_1$, Pan, Fol
Sonnenblumenöl	882	3693	0	100*	1	0	0			E
Sorbet	139	581	0,2	0	0	32	0,4			
Spargel, frisch	18	74	2	0,1	0	2	1		Cu, Mg, J, K	A, β-Carotin, E, K, B$_1$, B$_2$, Pan, Fol, C
Spargel, Konserve, abgetropft	15	63	2	0,1	0	2	1		Cl, Na	β-Carotin, E, K
Speisesalz	0	0	0	0	0	0	0		Cl, Na	
Spinat, frisch	17	73	3	0,3	0	1	3	Bal.	Ca, Cu, F, Fe, Mg, Mn, J, K	A, β-Carotin, E, K, B$_1$, B$_2$, B$_6$, Bio, Fol, C
Spinat, Gemüsesaft	15	64	2	0,2	0	0,5	0,3		Ca, Cl, Fe, Mg, Mn, Na, J, K	A, β-Carotin, E, K, B$_2$, Bio, Fol, C
Spitzkohl, frisch	23	96	2	0,3	0	3	3	Bal.	Mn, K, S	β-Carotin, K, B$_6$, Fol, C
Sprotte, frisch	214	898	17	17*	109*	0	0		F, Fe, Mg, J, P, S, Zn	D, E, B$_2$, Nia, Pan, B$_6$, Bio, B$_{12}$
Sprotte, geräuchert	225	944	18	17*	115*	0	0		F, J, S	D, Nia, B$_{12}$
Sprotte, Konserve, abgetropft	212	886	16	16*	107*	0	0		Cl, F, Na, J, S	D, Nia, B$_{12}$
Stachelbeere, frisch	44	184	1	0,2	0	9	3	Bal.	Mg	β-Carotin, K, C
Stachelbeere, Konfitüre	272	1139	0,3	0,1	0	66	1			
Stachelbeere, Konserve, abgetropft	79	332	1	0,2	0	18	3			
Stangenbohnen, grün, frisch	25	106	2	0,2	0	3	3	Bal.	Ca, Fe, Mg, Mn, K	β-Carotin, K, B$_1$, B$_2$, Pan, B$_6$, Bio, Fol, C
Steinbuscher, Vollfettstufe	299	1253	23	23*	54	0	0		Cl, Na, Zn	B$_{12}$
Steinbuscher, Dreiviertelfettstufe	242	1013	27	15*	35	0	0		Ca, Cl, Na, Zn	B$_{12}$
Steinbutt, frisch	83	348	17	2	60	0	0		Mg, J, P, S	D, B$_2$, Nia, B$_6$, B$_{12}$

Nahrungsmittel	Energie		Nährstoffe				Ballast-stoffe	Ballast-stoffe	Mineralstoffe	Vitamine
	kcal/100g	kJ/100g	Eiweiß g/100g	Fett g/100g	Cholesterin mg/100g	Kohlenhydrate g/100g	g/100g	Portion pro Tag	besonders reich an	
Steinbutt, geräuchert	88	370	18	2	64	0	0		Mg, J, S	D, Nia, B_{12}
Steinbutt, Konserve in Öl, abgetropft	144	604	14	10	54	0	0		Cl, Mg, Na, J, S	D, E, B_{12}
Steinmetzbrot	211	883	6	1	0	44	5	Bal.	Cl, Cu, Fe, Mg, Mn, Na, P, Zn	K, B_1, Fol
Steinpilz, frisch	20	83	4	0,4	0	1	7	Bal.	Cu, J, K	D, K, B_2, Nia, Pan, Bio, Fol
Steinpilz, getrocknet	149	623	27	3	0	4	52	Bal.	Cu	D, K, B_2, Nia, Pan, Bio
Steinpilz, Konserve, abgetropft	19	78	3	0,4	0	0	7	Bal.	Cl, Na	D, K, B_2, Nia, Pan, Bio
Steppenkäse, Vollfettstufe	326	1363	24	25*	59	0	0		Ca, Cl, Na	B_{12}
Stielmus, frisch	24	102	2	0,3	0	3	2	Bal.	Ca, Cu, Fe, Mn, Na, K	A, β-Carotin, E, K, B_2, Fol, C
Stilton, Doppelrahmstufe	461	1932	26	40*	120*	0	0		Cl, Na, J	A
Stint, frisch	88	369	18	2	71*	0	0		Cu, F, Mg, K, P, S, Zn	D, B_1, Nia, Bio, Fol, B_{12}
Stint, Konserve, abgetropft	87	364	18	2	70*	0	0		Cl, Na, S	D, Bio, B_{12}
Stint, Süßwasserstint, frisch	88	369	18	2	71*	0	0		Cu, F, Mg, K, P, S, Zn	D, B_1, Nia, Bio, Fol, B_{12}
Stockfisch, tiefgefroren	333	1394	76	3	217*	0	0		Cl, Cu, Mg, Na, J, K, P, S, Zn	D, B_1, B_2, Nia, B_6, Bio, Fol, B_{12}
Sukkade	292	1224	0,4	0,4	0	70	2		Mn	
Sultaninen	298	1247	2	1	0	66	5			K
Sülze	148	619	18	5	72*	7	0,2		Cl, Na	
Sülzkotelett	141	589	17	8	50	0,3	0,2		Cl, Mg, Na, S	K, B_1, B_2, Nia, B_6, B_{12}
Sülzwurst	363	1518	14	35*	58	0	0		Cl, Na	B_1
Suppengemüse, -grün, frisch	24	100	2	0,3	0	4	3			A, β-Carotin, K
Suppengemüse, -grün, getrocknet	226	948	15	3	0	34	29			A, β-Carotin, K
Suppenhuhn, Fleisch mit Haut, frisch	257	1074	19	20*	94*	0	0		Cu, Mg, P, S	B_2, Nia, Pan, B_6
Süßkirsche, frisch	63	265	1	0,3	0	13	2	Bal.	Cu, Mg, K	K, Fol, C
Süßkirsche, Konfitüre	279	1169	0,3	0,1	0	68	1			
Süßkirsche, Konserve, abgetropft	91	380	1	0,3	0	20	1			

T

Nahrungsmittel	kcal/100g	kJ/100g	Eiweiß g/100g	Fett g/100g	Cholesterin mg/100g	Kohlenhydrate g/100g	Ballast-stoffe g/100g	Ballast-stoffe Portion pro Tag	Mineralstoffe	Vitamine
Tabasco	70	292	2	3	0	7	5			
Tafeltraube, rot, frisch	71	297	1	0,3	0	16	1		Mg, K	E, K
Tafeltraube, rot, Konserve, abgetropft	95	399	1	0,3	0	16	1		Mg, K	E, K
Tafeltraube, weiß, frisch	71	297	1	0,3	0	16	1		Mg, K	E, K
Tafeltraube, weiß, Konserve, abgetropft	95	399	1	0,3	0	22	1			
Tamarillo, frisch	59	245	2	1	0	11	2		Mg, K	A, β-Carotin, K, B_1, Fol, C
Tamarillo, Konserve, abgetropft	89	374	1	1	0	19	1			A, β-Carotin
Tamarinde, Sauerdattel, reif, frisch	207	868	2	0,2	0	38	5	Bal.	Ca, Cu, Fe, Mg, Mn, K, S, Zn	K, B_1, B_2, Nia, Bio, Fol
Tangerine, frisch	45	190	1	0,2	0	9	2			B_1, Fol, C
Tapioka	349	1462	1	0,2	0	85	2			
Tatar, frisch	113	475	21	3	58	0	0		Fe, Mg, P, S, Zn	K, B_1, B_2, Nia, B_{12}
Taube, Fleisch mit Haut, frisch	226	945	16	18*	90*	0	0		Cu, Fe, Mg, P, S	B_2, Nia, B_6, B_{12}

TEEWURST
860

Nahrungsmittel	Energie		Nährstoffe				Ballast-stoffe	Ballast-stoffe	Mineralstoffe	Vitamine
			Eiweiß	Fett	Chole-sterin	Kohlen-hydrate				
	kcal/100g	kJ/100g	g/100g	g/100g	mg/100g	g/100g	g/100g	Portion pro Tag	besonders reich an	
Teewurst	366	1532	14	35*	60	0,2	0,1		Cl, Na	B₁
Teewurst, grob	339	1421	19	30*	67	0,2	0,1		Cl, Na	B₁, B₁₂
Teewurst, Rügenwälder Art	314	1314	19	26*	70*	0	0		Cl, Na	B₁, B₁₂
Teigwaren mit Ei (Eierteigwaren)	352	1474	12	3	94*	68	5		Mg, Mn	
Teigwaren ohne Ei	348	1455	13	1	0	70	5		Mg, Mn	
Thunfisch, frisch	222	929	22	15*	70*	0	0		Mg, J, K, P, S	A, D, B₁, B₂, Nia, Pan, B₆, B₁₂
Thunfisch, geräuchert	233	974	23	16*	73*	0	0		Mg, J, S	A, D, Nia, B₆, B₁₂
Thunfisch, Konserve in Öl, abgetropft	222	929	21	16*	69*	0	0		Cl, Na, J, S	D, E, Nia, B₆, B₁₂
Thunfisch, Konserve, abgetropft	219	916	22	15*	69*	0	0		Cl, Na, J, S	D, Nia, B₆, B₁₂
Thymian, frisch	47	195	1	1	0	7	3			
Tilsiter, Vollfettstufe	354	1482	26	28*	95*	0	0		Ca, Cl, Na	B₁₂
Tilsiter, Fettstufe	300	1257	25	22*	52	0	0		Ca, Cl, Na	B₁₂
Tilsiter, Dreiviertelfettstufe	271	1135	29	17*	37	0	0		Ca, Cl, Na	B₁₂
Tintenfisch, frisch	81	340	16	1	125*	2	0		Cu, Fe, Mg, Na, J, P, S	D, E, B₂, Nia, B₆, Bio, B₁₂
Tintenfisch, Konserve in Öl, abgetropft	146	610	14	9	113*	2	0		Cl, Cu, Na, S	D, E, B₁₂
Tintenfisch, Konserve, abgetropft	80	335	16	1	123*	2	0		Cl, Cu, Na, S	D, B₁₂
Toastbrot	259	1085	8	3	0	48	3		Cl, Mn, Na	
Tofu, frisch	72	300	8	4	0	1	1		Ca, Fe, Mg, Mn	K, Nia, Bio, Fol
Tomate, grün, frisch	27	112	1	0,2	0	5	1		Mg, K	β-Carotin, E, K, B₁, C
Tomate, grün, gesäuert	14	59	1	0,1	0	2	0			
Tomate, rot, frisch	17	73	1	0,2	0	3	1		Mg, K	A, β-Carotin, E, K, Bio, Fol, C
Tomate, rot, Gemüsesaft	15	61	1	0,2	0	2	0,1		Cl, Na	β-Carotin
Tomate, rot, gesäuert	10	40	1	0,1	0	1	1			
Tomate, rot, Konserve, abgetropft	15	61	1	0,2	0	2	1		Cl, Na	β-Carotin
Tomatenketchup	110	460	2	0,3	0	24	1			
Tomatenmark	74	309	5	0,2	0	13	3			
Topinambur, frisch	31	130	2	0,4	0	4	13	Bal.	Cu, Fe, Mg, K	K, B₁, Nia, Fol
Touristenwurst	353	1476	18	32*	68	0,2	0		Cl, Na	B₁, B₁₂
Trappistenkäse, Vollfettstufe	338	1416	24	27*	62	0	0		Ca, Cl, Na	B₁₂
Traubenkernöl	879	3682	0	100*	0	0	0			E, K
Traubenzucker	405	1697	0	0	0	100	0			
Trockenobst siehe jeweilige Obstsorte										
Trüffel, frisch	48	202	6	1	0	7	17			
Trüffel, Konserve, abgetropft	46	191	5	1	0	7	17			
Truthahn, Puter, Brust, frisch	107	446	24	1	60	0	0		P, S, Zn	Nia, B₆, Bio, B₁₂
Truthahn, Fleisch mit Haut, frisch	216	905	21	15*	74*	0	0		Mg, P, S, Zn	B₂, Nia, Pan, B₆
Truthahn, Schenkel, frisch	155	647	19	9	75*	0	0		Fe, P, S, Zn	B₂, Nia, Pan, B₆

V

Vanillinzucker	405	1697	0	0	0	100	0			
Venusmuschel, frisch	77	322	11	1	150*	6	0		Cl, Cu, Fe, Mg, J, S, Zn	D, B₁₂

WILDSCHWEINFLEISCH

861

Nahrungsmittel	Energie kcal/100g	kJ/100g	Nährstoffe Eiweiß g/100g	Fett g/100g	Cholesterin mg/100g	Kohlenhydrate g/100g	Ballaststoffe g/100g	Ballaststoffe Portion pro Tag	Mineralstoffe besonders reich an	Vitamine
Vollkornbrot siehe jeweilige Sorte										
Vollkornbrötchen	223	935	8	2	0	44	7	Bal.	Cl, Cu, Fe, Mg, Mn, Na, P, S, Zn	E, K, B_1, B_2, Nia, Pan, B_6, Bio, Fol
Vollkornteigwaren mit Ei (Vollkorneierteigwaren)	333	1394	13	4	74*	60	10	Bal.	Cu, Fe, Mg, Mn, P, Zn	K, B_1, Nia, B_6
Vollkornteigwaren ohne Ei	323	1351	13	3	0	61	12	Bal.	Cu, Fe, Mg, P, Zn	B_1

W

Nahrungsmittel	kcal/100g	kJ/100g	Eiweiß g/100g	Fett g/100g	Cholesterin mg/100g	Kohlenhydrate g/100g	Ballaststoffe g/100g	Ballaststoffe	Mineralstoffe	Vitamine
Wachtel, Fleisch mit Haut, frisch	175	732	22	10	44	0	0		Cu, Fe, Mg, P, S, Zn	B_1, B_2, Nia, B_6, B_{12}
Walnuß, frisch	654	2738	14	63*	0	11	6		Cu, Mg, Mn	E, B_6, Fol
Walnußöl	879	3682	0	100*	1	0	0			
Wasserkastanie, frisch	64	269	1	0,2	0	14	4			
Wassermelone, frisch	38	160	1	0,2	0	8	0,2			β-Carotin, K, Pan, Bio
Weichkaramelle	449	1881	2	17*	0	71	0			
Weinkäse, Vollfettstufe	289	1211	21	23*	54	0	0		Cl, Na	B_{12}
Weißbrot, Weizenbrot	239	1001	7	1	0	49	3	Bal.	Cl, Cu, Fe, Mg, Mn, Na	B_1, Nia, Bio, Fol
Weiße Rübe, frisch	26	107	1	0,2	0	5	3	Bal.	J, K	Fol, C
Weiße Rübe, gesäuert	13	56	1	0,1	0	2	2			
Weiße Rübe, Konserve, abgetropft	21	88	1	0,2	0	4	3	Bal.	Cl, Na	
Weißer Thun, frisch	176	736	22	10	60	0	0		Mg, J, P, S	A, D, B_1, B_2, Nia, Pan, B_6, B_{12}
Weißkohl, frisch	25	104	1	0,2	0	4	3	Bal.	Mg, K, S	E, K, B_6, Fol, C
Weißkohl, Konserve, abgetropft	21	87	1	0,2	0	3	3	Bal.	Cl, Mg, Na	E, K
Weißlacker, Vollfettstufe	291	1218	21	23*	54	0	0		Ca, Cl, Na	B_{12}
Weißwurst, Münch(e)ner	289	1212	16	25*	62	0,3	0,1		Cl, Mg, Na, S, Zn	K, B_1, B_2, Nia, B_6, B_{12}
Weizen, Backschrot Type 1700	321	1346	11	2	0	63	9	Bal.	Fe, Mg, Mn	B_1
Weizen, Flocken	313	1310	12	2	0	61	10	Bal.	Mg, Mn	B_1
Weizen, Grieß	326	1363	10	1	0	69	7			
Weizen, Keim	314	1313	27	9	0	31	18		Mn	E, B_1, Fol
Weizen, Kleie	172	721	15	5	0	17	45	Bal.	Mg	
Weizen, Mehl Type 405	337	1409	10	1	0	71	4			
Weizen, Stärke	351	1470	0,4	0,1	0	86	1			
Weizen, Vollkorn	313	1310	12	2	0	61	10	Bal.	Mg, Mn	B_1
Weizen, Vollkornmehl	309	1293	11	2	0	60	10	Bal.	Cu, Mg, Mn	B_1
Weizenbrötchen	252	1053	8	1	0	51	3	Bal.	Cl, Cu, Fe, Mg, Mn, Na, Zn	B_1, Nia, Bio
Weizenkeimöl	879	3682	0	100*	0	0	0			E
Weizenmischbrot	219	916	7	1	0	45	4	Bal.	Cl, Cu, Fe, Mg, Mn, Na, Zn	K, B_1, Bio, Fol
Weizenvollkornbrot	212	888	8	1	0	41	6	Bal.	Cl, Cu, Fe, Mg, Mn, Na, P, S, Zn	E, K, B_1, B_2, Nia, Pan, B_6, Bio, Fol
Wels, frisch	162	678	15	11	152*	0	0		F, Mg, S	Nia, Pan, B_6, Bio, Fol, B_{12}
Wels, geräuchert	171	717	16	12*	161*	0	0		S	D, B_{12}
Wildente, Fleisch mit Haut, frisch	205	858	17	15*	80*	0	0		Cu, Fe, S	B_1, B_2, Nia, B_6, B_{12}
Wildkaninchenfleisch, mager, frisch	109	456	22	2	81*	0	0		Cu, Fe, Mg, K, P, S, Zn	Nia, Pan, B_6, B_{12}
Wildschweinfleisch, frisch	109	457	20	3	65	0	0		Fe, Mg, S, Zn	B_2, Nia, B_6, B_{12}

WILSTERMARSCHKÄSE

Nahrungsmittel	Energie		Nährstoffe					Ballast-stoffe	Mineralstoffe	Vitamine
			Eiweiß	Fett	Cholesterin	Kohlenhydrate	Ballaststoffe			
	kcal/100g	kJ/100g	g/100g	g/100g	mg/100g	g/100g	g/100g	Portion pro Tag	besonders reich an	
Wilstermarschkäse, Vollfettstufe	319	1336	23	25*	58	0	0		Ca, Cl, Na	B_{12}
Wirsingkohl, frisch	26	109	3	0,4	0	2	3	Bal.	Fe, Mg, Mn, K, S	E, K, B_1, B_6, Fol, C
Wirsingkohl, Konserve, abgetropft	23	95	3	0,4	0	2	2	Bal.	Cl, Na	E, K
Wittling, frisch	75	315	17	1	50	0	0		Cu, Mg, J, S	B_1, B_2, Nia, B_6, B_{12}
Wollwurst, Geschwollene	288	1206	12	27*	49	0,3	0		Cl, Na	B_1
Worcestersauce	153	639	4	2	0	26	4			
Wurst siehe jeweilige Sorte										
Würstchen, Frankfurter	286	1196	15	25*	58	0,2	0,1		Cl, Mg, Na, S, Zn	B_1, B_2, Nia, B_6, B_{12}
Würstchen, grob gekörnt (Rohwurst)	336	1408	18	30*	68	0,3	0,1		Cl, Mg, Na, S, Zn	B_1, B_2, Nia, B_6, B_{12}
Würstchen, Wiener	295	1236	15	26*	53	0,3	0,1		Cl, Na, S	B_1, Nia, B_6, B_{12}
Wurzelpetersilie, frisch	37	155	3	0	0	5	4			K
Wurzelpetersilie, getrocknet	227	951	18	3	0	32	27			K

Z

Nahrungsmittel	kcal/100g	kJ/100g	g/100g	g/100g	mg/100g	g/100g	g/100g	Portion pro Tag	Mineralstoffe	Vitamine
Zander, frisch	84	353	19	1	70*	0	0		Mg, K, P, S	E, B_1, B_2, Nia, B_6, B_{12}
Zander, geräuchert	90	375	20	1	74*	0	0		S	Nia, B_{12}
Zartbitterschokolade	496	2078	7	33*	1	44	12			
Ziegenfleisch, frisch	149	623	20	8	70*	0	0		Fe, P, S, Zn	B_1, B_2, Nia, B_6, B_{12}
Ziegenmilch	69	290	3	4	11	4	0		Ca	B_2
Zigeunerwurst	309	1293	15	28*	56	1	1		Cl, Na	B_1
Zitronat	292	1224	0,4	0,4	0	70	2		Mn	
Zitrone, frisch	56	235	1	1	0	8	1		Cu	C
Zitronenmelisse, frisch	42	177	4	1	0	5	3			β-Carotin, K
Zitronenschale	89	374	2	0,3	0	16	0			
Zucchini, frisch	19	80	2	0,4	0	2	1		Fe, Mg, K	β-Carotin, B_1, B_2, Fol, C
Zucchini, gesäuert	10	43	1	0,2	0	1	1			
Zucchini, Konserve, abgetropft	16	69	1	0,4	0	2	1		Cl, Mg, Na	β-Carotin
Zucker, braun	396	1656	0	0	0	97	0			
Zucker, weiß	405	1697	0	0	0	100	0			
Zuckererbse, frisch	59	249	4	0,2	0	10	5	Bal.	Cu, Fe, Mg, Mn, K, Zn	A, β-Carotin, K, B_1, B_2, Nia, Pan, B_6, Fol, C
Zuckermais, frisch	89	374	3	1	0	16	3	Bal.	Mg, Mn, K, P, Zn	B_1, B_2, Nia, Pan, B_6, Bio, Fol
Zuckermais, gesäuert	44	185	2	1	0	8	1			
Zuckermais, Konserve, abgetropft	76	317	3	1	0	13	3	Bal.	Cl, Mg, Na	B_1
Zuckermelone, frisch	26	110	1	0,1	0	5	1		Mg, K	A, β-Carotin, K, Bio, Fol, C
Zungenblutwurst	363	1518	14	35*	58	0	0		Cl, Na	B_1
Zungenwurst, hell	279	1167	16	24*	66	1	0,2		Cl, Na	B_1
Zwetsch(g)e, frisch	43	181	1	0,1	0	9	2	Bal.	Cu, K	A, β-Carotin, K, B_1
Zwetsch(g)e, getrocknet	253	1058	4	1	0	51	13	Bal.	K	β-Carotin, K
Zwetsch(g)e, Konfitüre	272	1138	0,2	0	0	66	1			
Zwetsch(g)e, Konserve, abgetropft	79	329	0	0,1	0	18	2			
Zwieback	365	1529	9	4	0	71	5			
Zwiebel, frisch; siehe a. Gemüsezwiebel, Perlzwiebel	28	117	1	0,3	0	5	2			K
Zwiebel, Pulver	296	1240	14	3	0	51	20			K
Zwiebelwurst	394	1650	17	37*	68	0,4	0,1			B_1

ZEICHEN, AUSSPRACHE UND BESONDERE BUCHSTABEN

↑   der Verweisungspfeil fordert auf, das dahinterstehende Wort nachzuschlagen, um weitere Auskunft zu erhalten

[ ]   in eckigen Klammern stehen Herkunft, Bedeutung und Aussprache eines Wortes

| der senkrechte Trennstrich dient zur Angabe des gleichbleibenden Wortteils

₀   das betreffende Wort wird im Gegensatz zum Bezugswort mit einem großen bzw. kleinen Anfangsbuchstaben geschrieben

¯   Längszeichen für gedehnte Vokale wie in Café: *kafē*

~   die Schlangenlinie (Tilde) bedeute im Spanischen über einem n die Palatisierung: señor, *ßenjor,* im Französischen, Portugiesischen und Brasilianischen über einem Vokal die Nasalierung: restaurant, *räßtorā,* bien, *bjä̃,* vin, *wä̃,* salon, *ßalō,* parfum, *parfö̃*

‿   der Bindebogen zwischen zwei Vokalen zeigt an, daß sie ineinander übergehend ausgesprochen werden: loyal, *lo‿ajal*

å   skandinavisch: zum o neigendes a

ć   slawisch: tsj

č   slawisch: sch

ħ   arabisch: tief in der Kehle ausgesprochenes h

ø   dänisch, isländisch, norwegisch: ö

š, ş   slawisch, türkisch: sch

~~sch~~   französisch: u.a.: weiches, stimmhaftes sch wie in Journal, *~~sch~~urnal*

ž   slawisch: ~~sch~~

Wörter in nichtlateinischer Schrift werden möglichst unserer Aussprache gemäß umschrieben.

ABKÜRZUNGEN

a.	auch	Dez.	Dezember
afrik.	afrikanisch	dgl.	dergleichen
ahd.	althochdeutsch	d. h.	das heißt
alemann.	alemannisch	dt.	deutsch
allg.	allgemein	durchschn.	durchschnittlich
amerik.	amerikanisch		
Anf.	Anfang	ehem.	ehemals, ehemalig
Apr.	April	eigtl.	eigentlich
arab.	arabisch	einh.	einheimisch
asiat.	asiatisch	einschl.	einschließlich
Aug.	August	elektr.	elektrisch
ausgen.	ausgenommen	engl.	englisch
ausgespr.	ausgesprochen	EU	Europäische Union
austr.	australisch	evtl.	eventuell
		exot.	exotisch
B	Bor		
bad.	badisch	F	Fluor
Bal.	Ballaststoffe	Fe	Eisen
bayer.	bayerisch	Febr.	Februar
belg.	belgisch	feingeh.	feingehackt
bes.	besonders	Fettgeh.	Fettgehalt
β-Carotin	Beta-Carotin, Provitamin A	Fett i. Tr.	Fett in der Trockenmasse
betr.	betreffend	finn.	finnisch
bibl.	biblisch	Fol	Folsäure
Bio	Biotin	frz.	französisch
böhm.	böhmisch		
bras.	brasilianisch	g	Gramm
bulg.	bulgarisch	geb.	gebacken
bzw.	beziehungsweise	gebr.	gebraten
		ged.	gedämpft, gedünstet
C, °C	Celsius, Grad Celsius	gef.	gefüllt
Ca	Kalzium, Calcium	gegr.	gegrillt
ca.	zirka	geh.	gehackt
chem.	chemisch	geschm.	geschmort
chin.	chinesisch	geschn.	geschnitten
Chol.	Cholesterin	getr.	getrocknet
Cl	Chlor, Chlorid	gr.	groß(e)
Co	Kobalt	griech.	griechisch
Cr	Chrom		
Cu	Kupfer	haupts.	hauptsächlich
		hebr.	hebräisch
dän.	dänisch	hist.	historisch
Dép.	Département, Verwaltungsbezirk Frankreichs	holl.	holländisch
		holst.	holsteinisch

ABKÜRZUNGEN

i. a.	im allgemeinen	niederd.	niederdeutsch
imp.	importiert	nordd.	norddeutsch
ind.	indisch	nördl.	nördlich
indon.	indonesisch	norw.	norwegisch
inkl.	inklusive, einschließlich	Nov.	November
insbes.	insbesondere		
internat.	international	o. ä.	oder ähnliche(s)
inzw.	inzwischen	Okt.	Oktober
israel.	israelisch	orient.	orientalisch
ital.	italienisch	orig.	original
i. Tr.	in der Trockenmasse	österr.	österreichisch
i. ü.	im übrigen	östl.	östlich
J	Jod	P	Phosphor
J	Joule(s)	Pan	Pantothensäure
Jan.	Januar	pers.	persisch
jap.	japanisch	poln.	polnisch
Jh.	Jahrhundert	port.	portugiesisch
jidd.	jiddisch		
jüd.	jüdisch	reg.	regional
		röm.	römisch
K	Kalium	rumän.	rumänisch
kcal	Kilokalorie(n)	russ.	russisch
kg	Kilogramm		
kJ	Kilojoule(s)	S	Schwefel
kl.	klein(e)	schles.	schlesisch
kleingeh.	kleingehackt	schwäb.	schwäbisch
kleingeschn.	kleingeschnitten	schwed.	schwedisch
Kt.	Kanton, Gliedstaat der Schweiz	schweiz.	schweizerisch
		schweizerd.	schweizerdeutsch
landsch.	landschaftlich	Se	Selen
lat.	lateinisch	Sept.	September
		serb.	serbisch
männl.	männlich	serbokroat.	serbokroatisch
max.	maximal	Si	Silicium
mdal.	mundartlich	skand.	skandinavisch
mech.	mechanisch	slowen.	slowenisch
Mg	Magnesium	s. o.	siehe oben
Mg	Mikrogramm	sog.	sogenannt
mg	Milligramm	sonst.	sonstig(e)
mhd.	mittelhochdeutsch	span.	spanisch
Min.	Minute(n)	Std.	Stunde(n)
mind.	mindestens	subtrop.	subtropisch
Miner.	Mineralstoff(e)	südamerik.	südamerikanisch
mitteld.	mitteldeutsch	südd.	süddeutsch
mm	Millimeter	südl.	südlich
Mn	Mangan		
Mo	Molybdän	TL	Teelöffel
Mon.	Monat(e)	trad.	traditionell
		trop.	tropisch
Na	Natrium	tschech.	tschechisch
ngriech.	neugriechisch	türk.	türkisch
Nia	Niacin		
Ni	Nickel		

u. a.	und andere(s); und anderswo	vietn.	vietnamesisch
u. ä.	und ähnliches	Vit.	Vitamin(e)
ugs.	umgangssprachlich	vorw.	vorwiegend
ung.	ungarisch		
urspr.	ursprünglich	wahrsch.	wahrscheinlich
USA	United States of America, Vereinigte Staaten von Amerika	weibl.	weiblich
		westind.	westindisch
usw.	und so weiter	westl.	westlich
u. v. a.	und viele(s) andere	Wo.	Woche(n)
u. v. m.	und viele(s) mehr		
		z. B.	zum Beispiel
v. a.	vor allem	zerkl.	zerkleinern
versch.	verschiedene(s)	Zn	Zink

BILDNACHWEIS UND DANK

Die Copyrights für die fotografischen Abbildungen, technischen Skizzen und kartographischen Elemente liegen bei den nachfolgenden Personen und Firmen.

Einband und Schuber
Die Bildvorlage wurde dem Verlag in verdankenswerter Weise von der bulthaup GmbH & Co., Küchensysteme, D-84153 Aich, zur Verfügung gestellt.

Das Kulinarische A bis Z
S. 13: HEIL / laenderpress; S. 14: PRISMA / Gschwend; S. 16: Fossette-Iconos / SUTTER; S. 21: PRISMA / Sonderegger; S. 27: PRISMA / Westlight; S. 28: Schweizerische Käseunion; S. 30: PRISMA / Höflinger; S. 33: KUN / laenderpress; S. 34: GU / laenderpress; S. 36: PRISMA / Benelux; S. 40: Mohn / laenderpress; S. 43 (oben): Robert Maier / SUTTER; S. 43 (unten): Christian Schwitz / SUTTER; S. 47: J. Freeman, London; S. 51: F. Jalain / EXPLORER; S. 53: ZÜ / laenderpress; S. 58: KUN / laenderpress; S. 63: Horn / laenderpress; S. 67: Tim Laman / The Wildlife Collection; S. 68: TBO / laenderpress; S. 72: EXPLORER; S. 73: J.M. Trois / EXPLORER; S. 75: PRISMA / RESO; S. 78: TBO / laenderpress; S. 84: Photo: Pascal QUITTEMELLE; S. 85: CALL / laenderpress; S. 87: J. Freeman, London; S. 88: PRISMA / Spectrum-FM; S. 89: Karger-Decker / INTERFOTO; S. 91: Hans Mauch / Konrad Lauber; S. 93: Karger-Decker / INTERFOTO; S. 94: CALL / laenderpress; S. 95: PRISMA / Horizon; S. 101: Photo: Pascal QUITTEMELLE; S. 102: PRISMA / Rosenfeld; S. 103: Karger-Decker / INTERFOTO; S. 104: PRISMA / Uselmann; S. 108: TBO / laenderpress; S. 110: adn / OVERSEAS / EXPLORER; S. 111: Manuel Frères; S. 112: SCHN / laenderpress; S. 114: PRISMA / Horizon; S. 117: Archiv / INTERFOTO; S. 119: Guy Felix / JACANA; S. 123: Karger-Decker / INTERFOTO; S. 124: Karger-Decker / INTERFOTO; S. 125: The Wildlife Collection / Tim Laman; S. 127: Archiv / INTERFOTO; S. 128: WMB / laenderpress; S. 131: The Wildlife Collection / Gary Schultz; S. 135: Waltraud Klammert-Mochel, Germering; S. 136: Löhr / laenderpress; S. 138: IDE / laenderpress; S. 142: WMB / laenderpress; S. 143: The Wildlife Collection / Gary Schultz; S. 145: PRISMA / Benelux; S. 148: PRISMA / Schuster; S. 149: PRISMA / AGE; S. 150: G. Klammet, Ohlstadt; S. 154: PRISMA / Brännhage; S. 155: Sigloch / Döbbelin; S. 156: PRISMA / Buenos-Dias; S. 159: Sigloch / Döbbelin; S. 161: PRISMA / Stroheim; S. 162: Sigloch / Döbbelin; S. 165: mediacolor's; S. 166: AN / laenderpress; S. 169: PRISMA / Landolt; S. 170: Idem / laenderpress; S. 172: PRISMA / TCL; S. 173: PRISMA / Schmidt; S. 174: Luftbild Klammet & Aberl, Ohlstadt; S. 176: PRISMA / TCL; S. 178 (oben): Schrempp / laenderpress; S. 178 (unten): NDÖ / laenderpress; S. 180: PRISMA / Spectrum-FM; S. 181: PRISMA / Worldview; S. 183: Bergmann / laenderpress; S. 185: Luftbild Klammet & Aberl, Ohlstadt; S. 188: PRISMA / Rosenfeld; S. 189: PRISMA / Etienne; S. 193: PRISMA / Stockimagery; S. 194: PRISMA / Schuster; S. 195: Archiv / INTERFOTO; S. 196: HKL / laenderpress; S. 197: Robert Maier / SUTTER; S. 201 (oben): Yves Lanceau / SUTTER; S. 201 (unten): PRISMA / Brännhage; S. 203: Zucchi / laenderpress; S. 204: mediacolor's; S. 205: Yves Lanceau / SUTTER; S. 206: PRISMA / Schuster; S. 208: Löhr / laenderpress; S. 209: OLI / laenderpress; S. 211: Grafik: HALLWAG AG / Robert Buchmüller; S. 212: Dosio / laenderpress; S. 213: PRISMA / Rosenfeld; S. 216: PRISMA / Rosenfeld; S. 217: Dietrich / SCHUSTER; S. 221: PRISMA / Rosenfeld; S. 222 (oben): Bergmann / laenderpress; S. 222 (unten): PRISMA / Rosenfeld; S. 224: PRISMA / TCL; S. 226: PRISMA / Rauschenbach; S. 227: PRISMA / Höflinger; S. 228: Grafik: HALLWAG AG / Robert Buchmüller; S. 230: PRISMA / TCL; S. 231: PRISMA / TCL; S. 233: PRISMA / Rosenfeld; S. 234: PRISMA / Rosenfeld; S. 236: Die Grüne Fotoagentur / T. Klapp; S. 237: PRISMA / Rosenfeld; S. 238: Schrempp / laenderpress; S. 243: PRISMA / Rosenfeld; S. 245: PRISMA / Diador; S. 247: Rose / laenderpress; S. 250: PRISMA / Rosenfeld; S. 252: PRISMA / Brännhage; S. 254: PRISMA / Rauschenbach; S. 257: PRISMA / H. Schwarz; S. 260: Krömer / laenderpress; S. 263: PRISMA / Rosenfeld; S. 264: Peter W. Baumann / SUTTER; S. 267: PRISMA / Rosenfeld; S. 271: Yves Lanceau / SUTTER; S. 272: PRISMA / Brännhage; S. 274: Guy Felix / SUTTER / JACANA; S. 277: Sylvain Cordier / SUTTER; S. 279: Grafik: HALLWAG AG / Robert Buchmüller; S. 281: PRISMA / Buenos-Dias; S. 285: PRISMA / Rosenfeld; S. 286: PRISMA / AGE; S. 287: PRISMA / Tschanz-Hofmann; S. 288: Yves Lanceau / SUTTER; S. 290: Yves Lanceau / SUTTER; S. 293: PRISMA / Brännhage; S. 297: PRISMA / Stockimagery; S. 298: PRISMA / Rosenfeld; S. 300: PRISMA / Rosenfeld; S. 301: WG / laenderpress; S. 302: Späing / laenderpress; S. 305: Robert Maier / SUTTER; S. 306: PRISMA / Wagner; S. 307: PRISMA / Schuster; S. 312: WMB / laenderpress; S. 313: PRISMA / Tschanz-Hofmann; S. 315: PRISMA / Rosenfeld; S. 317: Archiv / INTERFOTO; S. 322: PRISMA / AGE; S. 324: PRISMA / Fekete;

Bildnachweis und Dank

S. 328: Yves Lanceau / SUTTER; S. 330: PRISMA / TCL; S. 331: HEIL / laenderpress; S. 334: Luftbild Klammet & Aberl, Ohlstadt; S. 335: PRISMA / Hapo; S. 336: PRISMA / Schwarz; S. 339: PRISMA / AGE; S. 340: PRISMA / Rosenfeld; S. 341: Archiv / INTERFOTO; S. 346: PRISMA / Schwarz; S. 347: SUTTER / BAO – CAO; S. 349: PRISMA / Brännhage; S. 350: KRÖ / laenderpress; S. 352: OLI / laenderpress; S. 354: PRISMA / Ball; S. 357: Bergmann / laenderpress; S. 358: PRISMA / Rosenfeld; S. 359: PRISMA / Wagner; S. 361: Schrempp / laenderpress; S. 362: SUTTER / BAO – CAO; S. 363: PRISMA / AGE; S. 365: The Wildlife Collection / John Giustina; S. 366: Callaway / laenderpress; S. 367: PRISMA / Rosenfeld; S. 368: Yves Lanceau / SUTTER; S. 372: PRISMA / Rosenfeld; S. 373: PRISMA / Davis; S. 374: PRISMA / Gaboria; S. 375: PRISMA / Rosenfeld; S. 376: mediacolor's; S. 379: PRISMA / Brännhage; S. 381: Archiv / INTERFOTO; S. 382: PRISMA / Rosenfeld; S. 385: WMB / laenderpress; S. 390: PRISMA / Flury; S. 392: PRISMA / Rosenfeld; S. 393: PRISMA / Horizon; S. 395: Robert Maier / SUTTER; S. 397: Bergmann / laenderpress; S. 399: Robert Maier / SUTTER; S. 400: PRISMA / Rosenfeld; S. 403: Grafik: HALLWAG AG / Robert Buchmüller; S. 407: Sigloch / Döbbelin; S. 408: PRISMA / TCL; S. 409: Yves Lanceau / SUTTER; S. 410: PRISMA / Brännhage; S. 413: PRISMA / Rosenfeld; S. 414: PRISMA / Brännhage; S. 415: mediacolor's; S. 417: Manfred Danegger / SUTTER; S. 418: PRISMA / Rosenfeld; S. 422: PRISMA / Rosenfeld; S. 424: Robert Maier / SUTTER; S. 426: PRISMA / Rosenfeld; S. 427: PRISMA / Benelux; S. 430: PRISMA / Rosenfeld; S. 431: PRISMA / Spectrum-WA; S. 433: PRISMA / Benelux; S. 434 (oben): PRISMA / Popperfoto; S. 434 (unten): PRISMA / Schuster; S. 435: PRISMA / AGE; S. 441: PRISMA / Brännhage; S. 442: PRISMA / Rosenfeld; S. 447: Sirius; S. 449: PRISMA / NSP / PP; S. 452: PRISMA / Gaboria; S. 453: Robert Maier / SUTTER; S. 456: PRISMA / Held; S. 457: PRISMA / Rosenfeld; S. 460: Bittner / laenderpress; S. 464: Grafik: HALLWAG AG / Robert Buchmüller; S. 467: PRISMA / Aus-Stock; S. 468: PRISMA / Brännhage; S. 469: PRISMA / Höflinger; S. 470: PRISMA / Benelux; S. 471: PRISMA / Tschanz-Hofmann; S. 474: PRISMA / Benelux; S. 475: Sigloch / Döbbelin; S. 476: Sigloch / Döbbelin; S. 477: Peter W. Baumann / SUTTER; S. 479: PRISMA / Images; S. 482: Simon Zimmer / SUTTER; S. 484: PRISMA / Landolt; S. 487: PRISMA / Rosenfeld; S. 488: Sigloch / Döbbelin; S. 491: PRISMA / Rosenfeld; S. 492: Grafiken: HALLWAG AG / Robert Buchmüller; S. 493: PRISMA / Benelux; S. 494: PRISMA / Rosenfeld; S. 496: PRISMA / Kunz-RE; S. 497: Robert Maier / SUTTER; S. 502: PRISMA / Premium; S. 504: mediacolor's; S. 505: PRISMA / PREMIUM; S. 506: Sammlung Fried. / INTERFOTO; S. 509: WMB / laenderpress; S. 510: PRISMA / Rosenfeld; S. 514: WMB / laenderpress; S. 515: PRISMA / Benelux; S. 518: WG / laenderpress; S. 520: PWA / laenderpress; S. 521: PRISMA / Flury; S. 524: PRISMA / Rosenfeld; S. 526: PRISMA / Arim; S. 530: PRISMA / Janicek; S. 532: PRISMA / Brännhage; S. 534: PRISMA / Popperfoto; S. 539: PRISMA / Diador; S. 540: PRISMA / Rosenfeld; S. 541: PRISMA / Höflinger; S. 542: PRISMA / Landolt; S. 543: Geiersperger / laenderpress; S. 544: Yves Lanceau / SUTTER; S. 546: PRISMA / Höflinger; S. 554: Van Baelinghem / SUTTER; S. 561: mediacolor's; S. 563: Robert Maier / SUTTER; S. 564: PRISMA / Rosenfeld; S. 565: PRISMA / Rosenfeld; S. 566: PRISMA / Rosenfeld; S. 568: Sigloch / Döbbelin; S. 570: HEIL / laenderpress; S. 572: BAO – CAO / SUTTER.

Die Küche, Geräte und Geschirr

Alle Bildvorlagen dieses Kapitels wurden dem Verlag in verdankenswerter Weise von der RÖSLE Metallwarenfabrik GmbH & Co. KG, D-87610 Marktoberdorf, zur Verfügung gestellt.

Die Küchen der Welt

S. 643: mediacolor's; S. 644: MP / laenderpress; S. 661: PRISMA / NSP / PP; S. 662: mediacolor's; S. 679: mediacolor's; S. 680: mediacolor's; S. 697: Dr. Georg Gerster, Zumikon ZH; S. 698: RA / laenderpress; S. 715: mediacolor's; S. 716: Bildagentur Schuster / Roth; S. 733: Viennaslide; S. 734: mediacolor's; S. 751: PRISMA / Rafa; S. 752: C. Voigt / laenderpress; S. 769: mediacolor's; S. 770: Kurt Müller, Oberhofen, BE; S. 787: Waltraud Klammet, Ohlstadt; S. 788: SKI / laenderpress; S. 805: L. Giraudoux / EXPLORER; S. 806: Vogelsang / laenderpress; S. 823: Merten / laenderpress; S. 824: Magr / laenderpress. Geographische Übersichtskarten: © 1997 Hallwag AG, Bern